Office 2021

Der umfassende Ratgeber

von
Robert Klaßen

Vierfarben

Liebe Leserin, lieber Leser,

mit Microsoft Office 2021 lassen sich viele Aufgaben des digitalen Alltags schnell und unkompliziert erledigen. Möchten Sie etwa einen Brief schreiben, wählen Sie in Word eine Vorlage, schreiben Ihren Text und gestalten bei Bedarf auch noch den Briefumschlag. Mit Outlook organisieren Sie Ihre E-Mail-Kommunikation und führen einen oder mehrere Terminkalender. Und wenn Sie Ihre privaten oder geschäftlichen Finanzen im Blick behalten wollen, steht Excel zur Verfügung. Sowohl für den Einsatz dieser Programme als auch für PowerPoint und Teams gilt allerdings: Voraussetzung für das Gelingen Ihrer Arbeit ist, dass Sie wissen, welche Funktion sicher zum gewünschten Ergebnis führt. Sie zu finden fällt bei so umfassenden Programmen mitunter nicht leicht.

Hierbei hilft Ihnen dieses verlässliche Lern- und Nachschlagewerk. Egal ob Sie das Softwarepaket auf Ihrem Computer installiert haben oder die Abovariante Microsoft 365 nutzen: Robert Klaßen stellt Ihnen alle wichtigen Funktionen von Office vor, und er zeigt Ihnen, wie Sie sie in der Praxis anwenden. Anhand verständlicher Beispiele, ausführlicher Schritt-für-Schritt-Anleitungen und vieler Screenshots lernen Sie, wie Sie die Office-Programme richtig einsetzen. Greifen Sie also auf dieses Buch zurück, wann immer Sie Hilfe bei Ihrer täglichen Arbeit mit Word, Excel, PowerPoint und Co. benötigen, oder stellen Sie es am besten gleich griffbereit auf Ihren Schreibtisch.

Dieses Buch wurde mit größter Sorgfalt geschrieben und hergestellt. Sollten Sie dennoch einmal Fehler finden oder inhaltliche Anregungen haben, freue ich mich, wenn Sie mit mir in Kontakt treten. Für konstruktive Kritik bin ich dabei ebenso offen wie für lobende Worte. Doch zunächst einmal wünsche ich Ihnen viel Freude beim Lesen!

Ihr Erik Lipperts
Lektorat Vierfarben

erik.lipperts@rheinwerk-verlag.de

Auf einen Blick

Wir hoffen, dass Sie Freude an diesem Buch haben und sich Ihre Erwartungen erfüllen. Ihre Anregungen und Kommentare sind uns jederzeit willkommen. Bitte bewerten Sie doch das Buch auf unserer Website unter **www.rheinwerk-verlag.de/feedback**.

An diesem Buch haben viele mitgewirkt, insbesondere:

Lektorat Isabella Bleissem, Erik Lipperts
Korrektorat Friederike Daenecke, Zülpich
Herstellung Janne Brönner
Typografie und Layout Vera Brauner, Denis Schaal
Einbandgestaltung Silke Braun
Coverfoto Shutterstock: 192818006©baranq
Satz Markus Miller, München
Druck Firmengruppe Appl, Wemding

Dieses Buch wurde gesetzt aus der TheSans (9,75 pt/13,6 pt) in Adobe InDesign.
Gedruckt wurde es auf ungestrichenem Offsetpapier (80 g/m²).
Hergestellt in Deutschland.

Bibliografische Information der Deutschen Nationalbibliothek:
Die Deutsche Nationalbibliothek verzeichnet diese Publikation in der Deutschen Nationalbibliografie; detaillierte bibliografische Daten sind im Internet über *http://dnb.dnb.de* abrufbar.

ISBN 978-3-8421-0870-7

4. Auflage 2022

Vierfarben ist eine Marke des Rheinwerk Verlags. Der Name Vierfarben spielt an auf den Vierfarbdruck, eine Technik zur Erstellung farbiger Bücher. Der Name steht für die Kunst, die Dinge einfach zu machen, um aus dem Einfachen das Ganze lebendig zur Anschauung zu bringen.

Informationen zu unserem Verlag und Kontaktmöglichkeiten finden Sie auf unserer Verlagswebsite **www.rheinwerk-verlag.de**. Dort können Sie sich auch umfassend über unser aktuelles Programm informieren und unsere Bücher und E-Books bestellen.

Inhalt

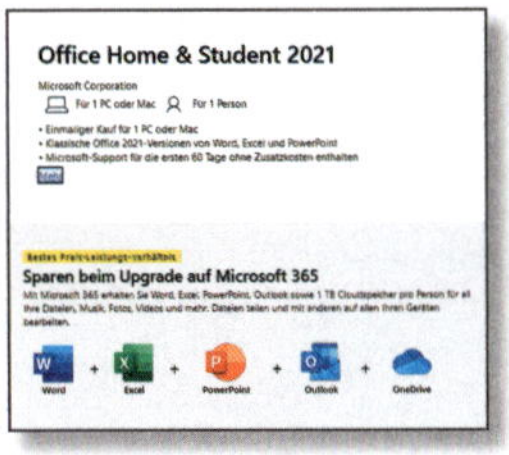

Office Home & Student 2021
Sparen beim Upgrade auf Microsoft 365

Suchen
Erfinder des Computers
Alle
Mehr
Konrad Zuse – der Erfinder des Computers | ki...
Geschichte des Computers – Wikipedia
ERFINDER DES COMPUTERS – Alle Lösungen...

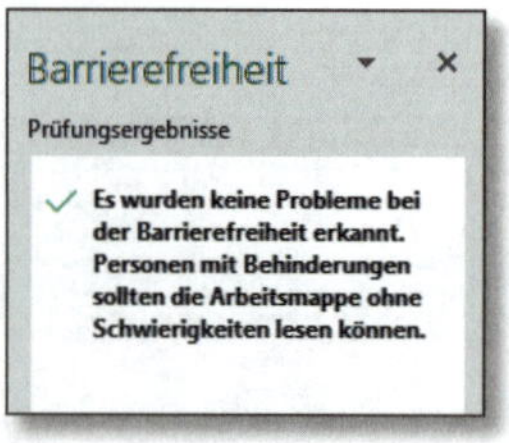
Barrierefreiheit
Prüfungsergebnisse
Es wurden keine Probleme bei der Barrierefreiheit erkannt. Personen mit Behinderungen sollten die Arbeitsmappe ohne Schwierigkeiten lesen können.

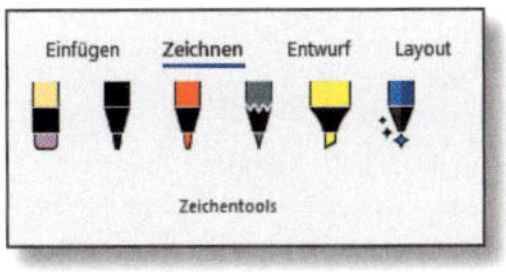
Einfügen
Zeichnen
Entwurf
Layout
Zeichentools

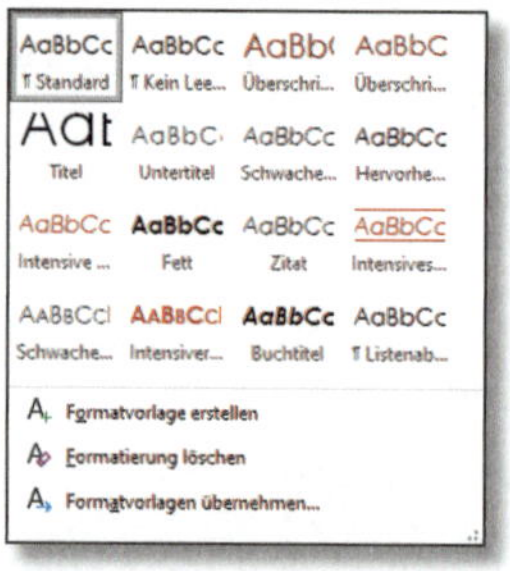

¶ Standard
¶ Kein Lee...
Überschri...
Überschri...
Titel
Untertitel
Schwache...
Hervorhe...
Intensive ...
Fett
Zitat
Intensives...
Schwache...
Intensiver...
Buchtitel
¶ Listenab...
Formatvorlage erstellen
Formatierung löschen
Formatvorlagen übernehmen...

Office
DISKUSSIONEN
ZUHÖREN

Neu
NAME HIER
Aa

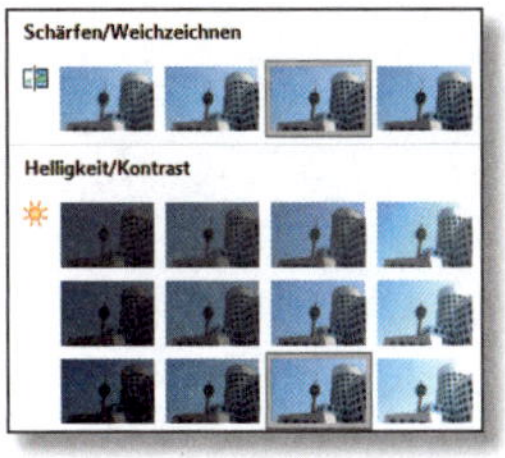
Schärfen/Weichzeichnen
Helligkeit/Kontrast

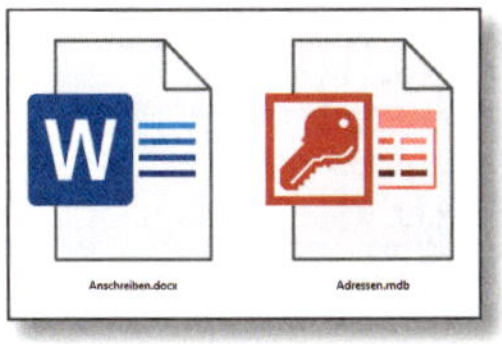

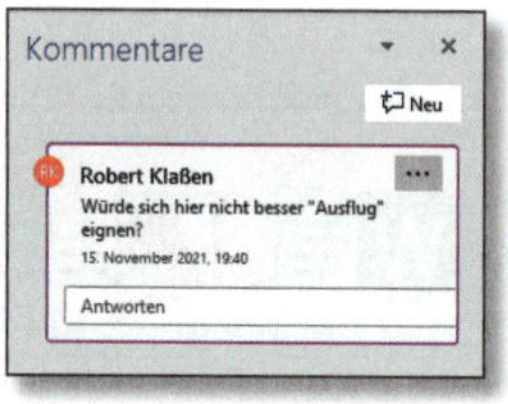
Kommentare
Neu
Robert Klaßen
Würde sich hier nicht besser "Ausflug" eignen?
15. November 2021, 19:40
Antworten

Teil III: Kalkulieren und Analysieren mit Excel

14 Die Oberfläche von Excel 2021 kennenlernen 411

15 Erste Schritte mit Excel 2021 427

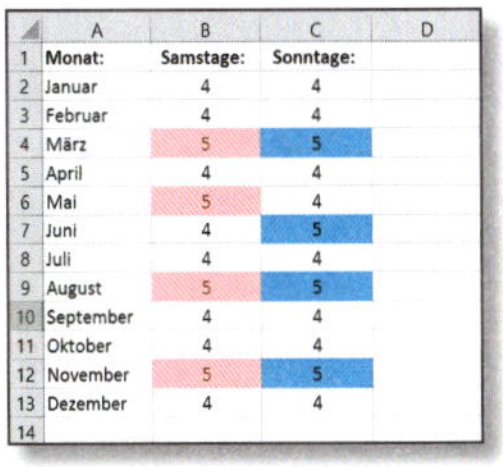

Monat:
Samstage:
Sonntage:
Januar
Februar
März
April
Mai
Juni
Juli
August
September
Oktober
November
Dezember

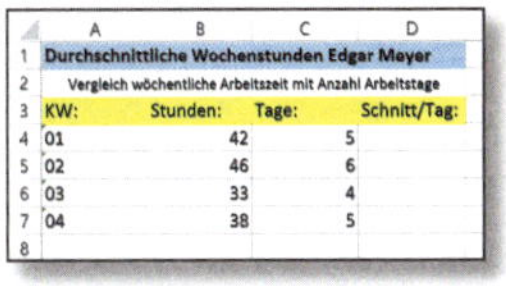
Durchschnittliche Wochenstunden Edgar Meyer
KW:
Stunden:
Tage:
Schnitt/Tag:

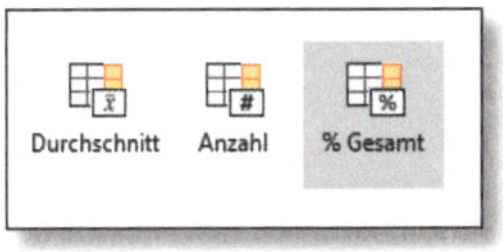
Durchschnitt
Anzahl
% Gesamt

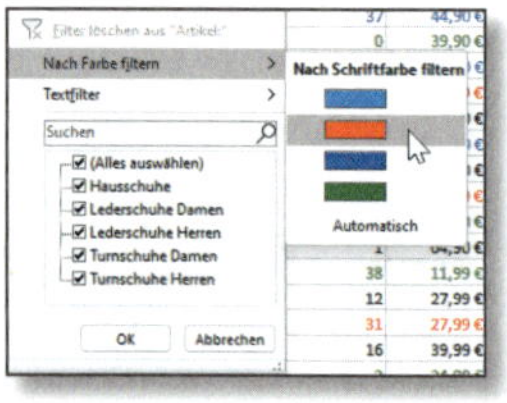

Nach Farbe filtern
Textfilter
Suchen
(Alles auswählen)
Hausschuhe
Lederschuhe Damen
Lederschuhe Herren
Turnschuhe Damen
Turnschuhe Herren
OK
Abbrechen
Nach Schriftfarbe filtern
Automatisch

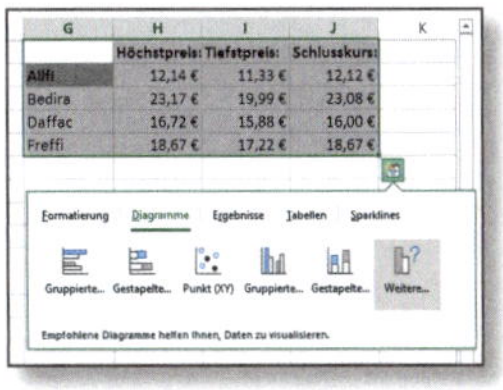

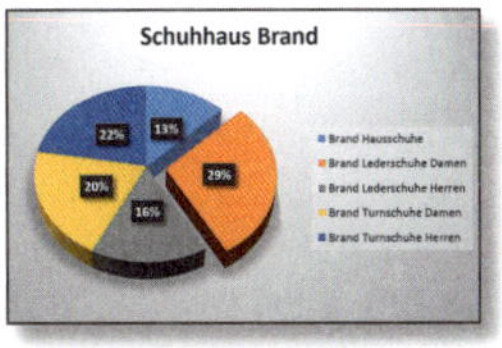
Schuhhaus Brand
22%
13%
29%
20%
16%

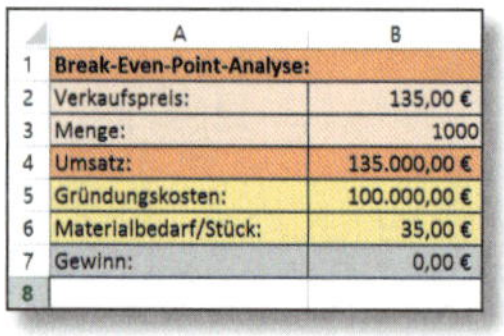
Break-Even-Point-Analyse:
Verkaufspreis: 135,00 €
Menge: 1000
Umsatz: 135.000,00 €
Gründungskosten: 100.000,00 €
Materialbedarf/Stück: 35,00 €
Gewinn: 0,00 €

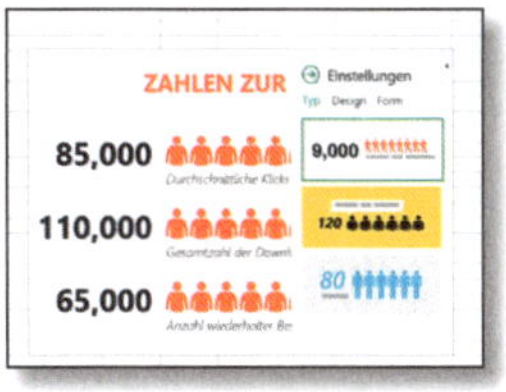

Teil IV: E-Mails und Termine im Griff mit Outlook

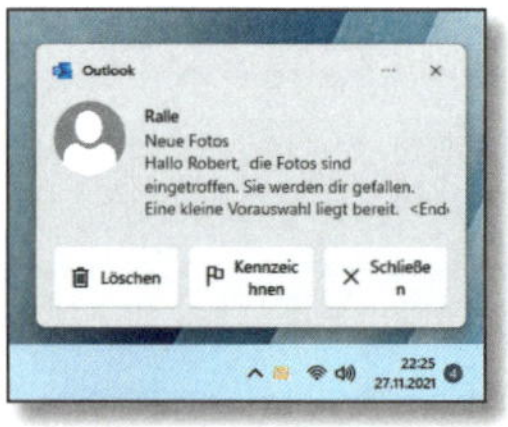

Outlook
Ralle
Neue Fotos
Hallo Robert, die Fotos sind eingetroffen. Sie werden dir gefallen. Eine kleine Vorauswahl liegt bereit. <End
Löschen
Kennzeichnen
Schließen
22:25
27.11.2021

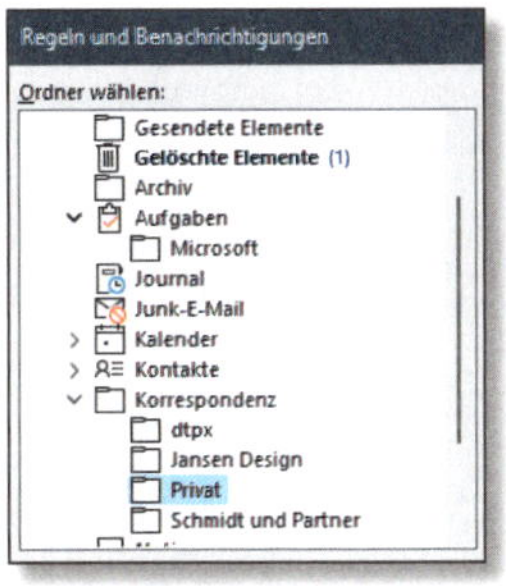

Regeln und Benachrichtigungen
Ordner wählen:
Gesendete Elemente
Gelöschte Elemente (1)
Archiv
Aufgaben
Microsoft
Journal
Junk-E-Mail
Kalender
Kontakte
Korrespondenz
dtpx
Jansen Design
Privat
Schmidt und Partner

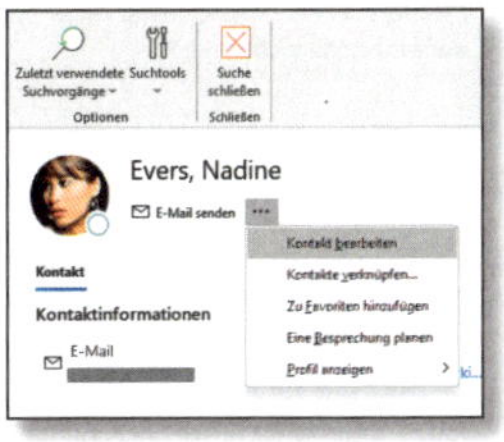

Evers, Nadine
Kontakt
Kontaktinformationen
E-Mail

Einstellungen
Outlook-Einstellungen durchsuchen
Design
Alle anzeigen
Dunkler Modus

Teil V: Präsentieren mit PowerPoint

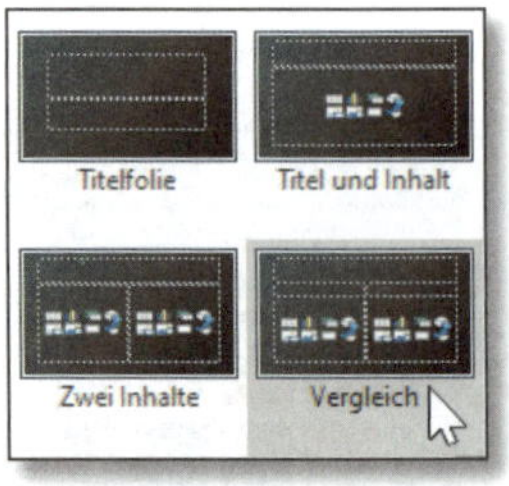

Dezent
Ohne
Morphen
Verblassen
Zufällige Ba...
Form
Aufdecken
Spektakulär
Umfallen
Verhängen
Vorhänge

Bilder
Piktogramme
Personen

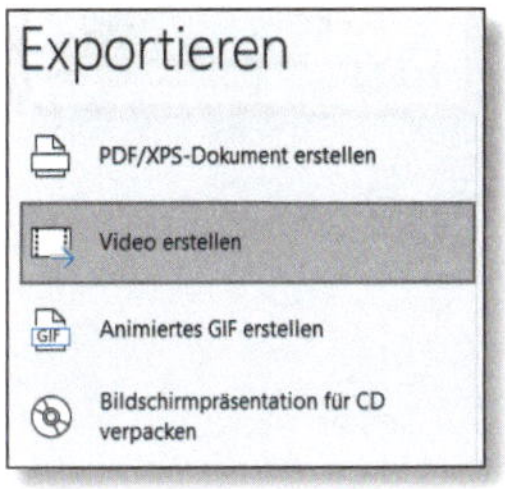

Exportieren
PDF/XPS-Dokument erstellen
Video erstellen
Animiertes GIF erstellen
Bildschirmpräsentation für CD verpacken

Einfaches Verknüpfen
Ziehen Sie eine Folie auf den Zeichenbereich, um einen Folienzoom zu erstellen, der es Ihnen erlaubt, schnell zu einer anderen Folie in Ihrer Präsentation zu springen.
Weitere Informationen

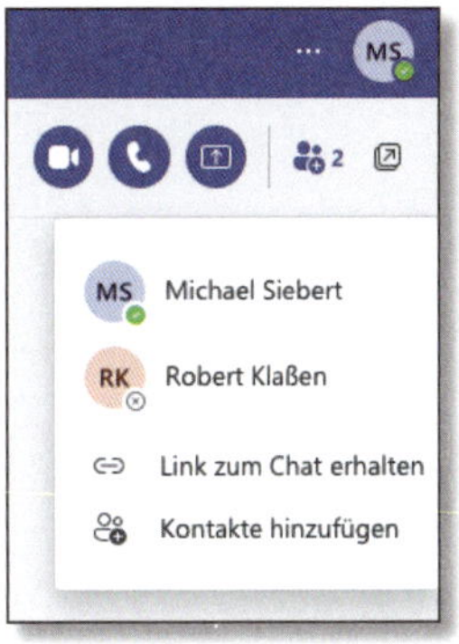

Teil VII: Office-Anwendungen im Zusammenspiel

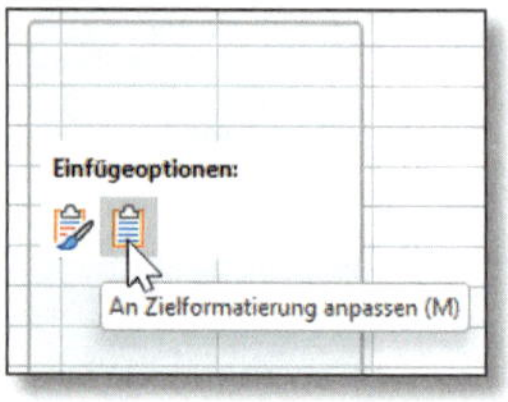
Einfügeoptionen:
An Zielformatierung anpassen (M)

45 Dokumente gemeinsam bearbeiten 1097

Teil VIII: Makros in Microsoft Office

46 Wozu verwendet man Makros? 1113

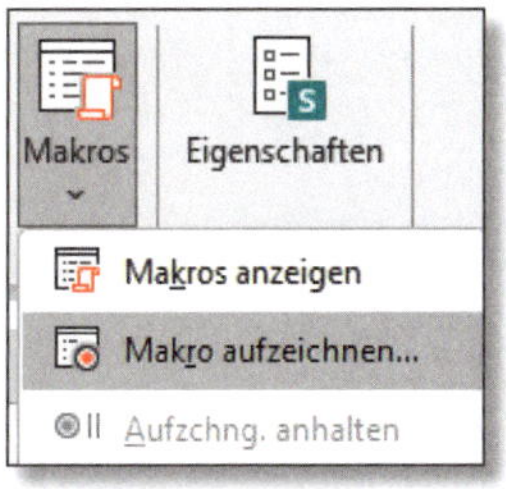

47 Makros in der Praxis 1121

Anhang

Einleitung
2 ½ Kilogramm Office

Es spielt wohl kaum eine Rolle, ob Sie Office 2021 oder Microsoft 365 einsetzen – wenn Sie dieses Buch in die Hand nehmen, werden Sie vielleicht skeptisch fragen: »Sind rund 2½ Kilogramm Office wirklich nötig?« oder »Muss es denn gleich eine Office-Schrankwand sein?« Vielleicht wollen Sie ja gar nicht so tief in die Materie eintauchen oder haben sich im Vorfeld bereits mit Office 2021 oder Microsoft 365 beschäftigt, sodass Sie auf viele Basics verzichten können. Dazu möchte ich Ihnen versichern: »Ihre Ansprüche werden steigen – ganz sicher.«

Antworten finden

Wenn man beginnt, eine Anwendung zu erlernen, kann man in den allermeisten Fällen noch gar nicht abschätzen, was die Software so alles draufhat und wie sie den eigenen Arbeitsalltag erleichtern kann. Dies gilt im Besonderen für Office. Wer beispielsweise die Meinung vertritt: »Excel brauche ich nicht; ich mache alles mit Word«, der ist zunächst einmal zu beneiden. Irgendwann jedoch wird er sich mehr Komfort, mehr Vielseitigkeit wünschen, als Word ihm geben kann. Zudem tauchen an allen Ecken und Enden neue Funktionen und nützliche Effekte auf, die insgesamt Lust auf mehr machen.

Jetzt benötigen Sie einen fundierten und leicht verständlichen Einstieg in Form eines Grundlagen-Trainings. Excel erschließt sich leider nicht von selbst, sondern muss zunächst entdeckt werden. Hier setzt dieses Buch an. Denn Sie benötigen gut nachvollziehbare Antworten auf Fragen, die sich zu Beginn noch gar nicht abgezeichnet hatten. Wenn Sie nun aber bloße Funktionen vorgestellt bekommen, wird sich der Lernerfolg nur zäh einstellen. Besser, Sie erhalten praktische und nachvollziehbare Lösungswege, die immer einen Bezug zur Realität haben. Genau das finden Sie in dieser »Schrankwand« – egal, ob Sie *Office 2021* bzw. *Microsoft 365* privat, für die Schule oder beruflich nutzen.

Was nicht in diesem Buch steht

In diesem Buch will ich Ihnen nicht nur blanke Theorie vorstellen. Vielmehr sollen Sie von Beginn an erfahren, was man mit Office so alles realisieren kann. Allerdings erhebt dieser Wälzer keinen Anspruch auf Vollständigkeit (denn auch 2.000 Seiten wären dafür noch zu wenig). Er schafft aber den Rahmen für einen sattelfesten Einstieg in *Office 2021* und *Microsoft 365* – mitsamt zahllosen Tipps und Tricks, die auch den Fortgeschrittenen an der einen oder anderen Stelle begeistern werden.

Was muss ich als Leser tun?

Sie sollten dieses Buch als Lernmedium benutzen – es aber zwischendurch auch ruhig mal beiseitelegen, um die Schritte eines Abschnitts nachzuvollziehen. Das machen Sie am besten anhand Ihrer Aufgaben, die Sie täglich bewältigen müssen. Sollte allerdings gerade keine konkrete Aufgabe anstehen, macht das gar nichts. Benutzen Sie einfach das gleiche Material, das ich zur Erstellung dieses Buches verwendet habe. Sie können es auf der Internetseite zum Buch (*www.rheinwerk-verlag.de/5443*) herunterladen. Über 130 vorgefertigte Dateien helfen Ihnen beim Direkteinstieg in die jeweilige Software.

Über mich

Bislang habe ich rund 70 Bücher und Video-Trainings verfasst. Da sollte man meinen, dass inzwischen vieles zur Routine geworden ist. Bis zu einem gewissen Grad stimmt das auch. Allerdings versuche ich auch heute noch, die Erinnerung an meinen eigenen Einstieg permanent wachzuhalten. In den 1990er-Jahren kursierten wenige, kaum nachvollziehbare Anleitungen zu Programmen, die größtenteils erheblich mehr Fragen aufwarfen, als Antworten zu liefern. Aufgrund dessen weiß ich, dass passgenaue und jederzeit nachvollziehbare Schritt-für-Schritt-Anleitungen unerlässlich sind. Ich hoffe, das ist mir in diesem Buch gelungen.

Falls nicht bzw. falls Sie über einen Fehler stolpern, sagen Sie es mir. Sie erreichen mich im Internet unter *https://dtpx.de*. Allerdings weise ich in diesem Zusammenhang ausdrücklich darauf hin, dass ich keinen technischen Support leisten kann. Bitte beachten Sie auch, dass die in den Abbildungen dieses Buches ausgewiesenen E-Mail-Adressen nur zur Erstellung der Anleitungen verwendet worden sind und von mir nicht abgerufen oder betreut werden.

So, jetzt aber los!

Ich habe Sie lange genug aufgehalten, oder? Sicher wollen Sie jetzt in die vor Ihnen liegenden rund 2½ Kilogramm Office einsteigen. Das sollen Sie auch. Bleibt mir nur noch, Ihnen dabei viel Spaß und einen raschen Lernerfolg zu wünschen.

Ihr
Robert Klaßen

Teil I

Microsoft 365/Office 2021 kennenlernen

Kapitel 1
Für jeden die richtige Edition

Microsoft Office ist für alle geeignet, die Büroanwendungen privat und geschäftlich nutzen wollen. Jedoch sind nicht immer sämtliche Office-Anwendungen in jedem Paket enthalten. Informieren Sie sich deshalb in diesem Kapitel über die verschiedenen Editionen, und finden Sie heraus, welche am besten zu Ihnen passt. Außerdem erfahren Sie, wo sich die Software herunterladen lässt und welche Mindestanforderungen zur Installation von Office 2021 oder Microsoft 365 an den PC gestellt werden.

1.1 Die Unterschiede zwischen den Editionen

Office ist nicht gleich Office. Denn es kursieren unterschiedliche Versionen am Markt. Zunächst einmal muss man unterscheiden zwischen *Office 2021* und *Office 365*, das inzwischen namentlich zu *Microsoft 365* mutiert ist. Zwar sind sämtliche Office-Anwendungen zunächst einmal identisch – wer also beispielsweise mit Word 2021 arbeitet, findet die gleiche Arbeitsumgebung vor wie unter Word 365, der prägnante Unterschied ist jedoch: Mit dem Kauf von Office 2021 erwerben Sie eine Dauerlizenz, während Microsoft 365 eine Mietvariante darstellt. Auf beiden Schienen werden wiederum unterschiedliche Editionen angeboten.

INFO

2021 = 365
Mathematisch ist diese Gleichung zwar falsch, bezogen auf Office ist sie aber korrekt – na ja, bedingt. Denn mit Office 2021 erwerben Sie im Kern Microsoft-365-Anwendungen – mit dem Unterschied, dass Sie im Anschluss an den Einmalkauf keine weiteren Kosten haben. Der Nachteil: Sie bleiben nicht auf dem Laufenden. Wenn Sie Microsoft 365 mieten, sind sämtliche Updates auch in Zukunft inkludiert.

Einen physikalischen Datenträger gibt es grundsätzlich nicht mehr. Stattdessen erhalten Sie entweder einen Product Key oder einen Onlinecode. Weitere Informationen finden Sie unter *www.office.com*. Klicken Sie anschließend auf **Office erhalten**. Microsoft bewirbt hier allerdings seine 365er-Editionen. Direktkauf-Varianten sind nur noch im Bereich **Support** (*https://support.microsoft.com*) zu finden. Geben Sie in das dort vorhandene Suchfeld z. B. »Einmalkäufe von Office 2021« ein, und scrollen Sie auf der sich öffnenden Seite ein wenig nach unten. Insgesamt bietet Microsoft noch drei Kaufvarianten an (Preise Stand Dezember 2021):

- Office Home & Student 2021 für EUR 149,00
- Office Home & Business 2021 für EUR 299,00
- Office Professional 2021 für EUR 579,00

Die Standard-Apps Word, Excel, PowerPoint und Outlook sind in allen drei Varianten inkludiert, während das teuerste Paket, das sich vor allem an Unternehmen richtet, zusätzlich noch Publisher (zur Erstellung von Druckdaten) und die Datenbank-Software Access enthält.

> INFO
> **Box ohne Datenträger**
> Bitte beachten Sie, dass auch die Kauf-Versionen keine physikalischen Datenträger mehr beinhalten. Vielmehr bekommen Sie eine sogenannte *Product Key Card* mit einem Aktivierungscode. Alternativ können Sie sich den Code auch per Mail zusenden lassen.

Wer sich für eine Mietvariante entscheiden möchte, findet wesentlich schneller, wonach er sucht. Die Webseite *www.microsoft.com/de-de/microsoft-365* ist prall mit Angeboten gefüllt. Für den Home-Bereich werden vor allem Microsoft 365 Family für EUR 10,00 monatlich oder EUR 99,00 jährlich sowie Microsoft 365 Single für EUR 69,00 im Jahr bzw. EUR 7,00 im Monat angeboten. Letzteres ist, wie der Name schon vermuten lässt, nur für den Einzelanwender gedacht, während die Family-Variante für bis zu sechs in einem Haushalt befindliche Personen gedacht ist. Dieses Angebot dürfen Sie, wenn Sie wollen, einen Monat lang testen, wobei erwähnt werden muss, dass Sie dennoch bereits vor dem Download Zahlungsdaten hinterlegen müssen. Darüber hinaus gilt, dass Sie frühzeitig aktiv werden und kündigen müssen, wenn Sie das Produkt nach Ablauf des Probemonats nicht weiter nutzen wollen.

Microsoft
Microsoft 365
Produkte
Ressourcen
Mehr
Jetzt kaufen
Alles von Microsoft
Deutschland
Microsoft 365 kostenlos testen
Holen Sie sich die kostenlose Testversion und probieren Sie die neuesten KI-gestützten Apps, 1 TB Cloudspeicher pro Person und Premiumfunktionen für unterwegs, um von überall auf jedem Gerät auf dem Laufenden zu bleiben.
1 Monat kostenlos testen
Sind Sie bereit für Microsoft 365?
Nach dem kostenlosen Probemonat kostet Microsoft 365 Family 99,00 € pro Jahr. Kreditkarte erforderlich. Sie können jederzeit kündigen, um zukünftige Abbuchungen zu vermeiden.

Abbildung 1.1 *Bitte informieren Sie sich über die Zahlungsbedingungen.*

Office Home and Student 2021

Die am weitesten verbreitete Einmalkauf-Edition dürfte *Office Home & Student 2021* sein. Immerhin kostet sie im Microsoft-Store nur EUR 149,00 und ist im freien Handel oft sogar noch deutlich günstiger zu erstehen – wie gesagt: einmal zahlen, für immer besitzen. Das ist Grund genug, Ihnen dieses Paket etwas genauer vorzustellen.

Die Version beinhaltet die Standardprogramme Word, Excel und PowerPoint, jedoch weder Outlook noch OneDrive – auch wenn es auf den ersten Blick so aussehen mag. Bitte schauen Sie genau hin! Die auf der Website gelisteten App-Icons gehören nicht etwa nach oben zur Home & Student-Version, sondern sind ein Anreiz für das Upgrade auf Microsoft 365 für EUR 7,00 monatlich.

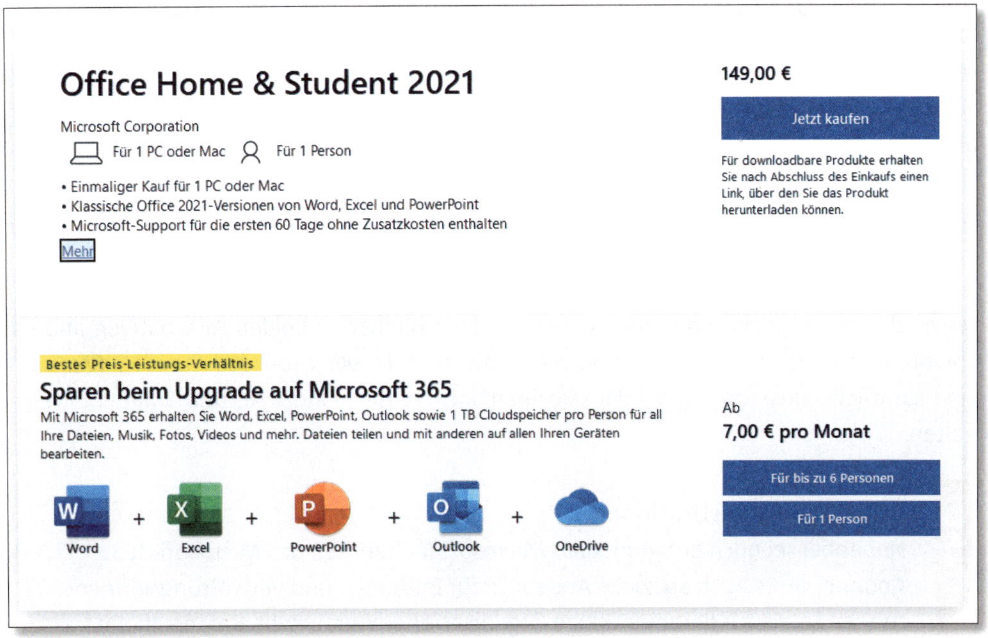
Office Home & Student 2021
Microsoft Corporation
Für 1 PC oder Mac
Für 1 Person
• Einmaliger Kauf für 1 PC oder Mac
• Klassische Office 2021-Versionen von Word, Excel und PowerPoint
• Microsoft-Support für die ersten 60 Tage ohne Zusatzkosten enthalten
Mehr
149,00 €
Jetzt kaufen
Für downloadbare Produkte erhalten Sie nach Abschluss des Einkaufs einen Link, über den Sie das Produkt herunterladen können.
Bestes Preis-Leistungs-Verhältnis
Sparen beim Upgrade auf Microsoft 365
Mit Microsoft 365 erhalten Sie Word, Excel, PowerPoint, Outlook sowie 1 TB Cloudspeicher pro Person für all Ihre Dateien, Musik, Fotos, Videos und mehr. Dateien teilen und mit anderen auf allen Ihren Geräten bearbeiten.
Word
Excel
PowerPoint
Outlook
OneDrive
Ab
7,00 € pro Monat
Für bis zu 6 Personen
Für 1 Person

Abbildung 1.2 *Office Home & Student 2021 dürfte vor allem aufgrund des Preises für viele Anwender interessant sein. Outlook und OneDrive sind jedoch nicht enthalten.*

Wie der Name schon vermuten lässt, darf dieses Paket nur für private Zwecke sowie für schulische Aufgaben genutzt und nur auf einem einzelnen Rechner installiert werden. Kommerzielle Arbeiten sind untersagt.

Office 2021 Professional Plus und Home & Business

Diese beiden Varianten werden für gewerbliche oder freiberufliche Nutzung angeboten. Der Benutzer erhält zusätzlich zu den in Home & Student bereits erwähnten Anwendungen auch Outlook. Wer zudem Access und Publisher benötigt, muss sich Professional Plus zulegen – oder eben die Mietvarianten von Microsoft 365.

Office für Mac

Bitte beachten Sie, dass Office zwar auch für den Mac angeboten wird, jedoch sind Publisher und Access grundsätzlich nur in den Windows-Varianten enthalten. Zudem müssen Sie wissen, dass die 1-Platz-Pakete tatsächlich nur auf einem Rechner installiert werden können. Hier gilt dann: entweder Mac *oder* PC.

Microsoft 365 für Unternehmen

Für Unternehmen gibt es neben den bereits erwähnten beiden Privat-Varianten noch Modelle, deren Preise von EUR 4,20 bis EUR 16,90 monatlich reichen, wobei diese Preise grundsätzlich netto sind, zuzüglich gesetzlicher Mehrwertsteuer. Auskunft gibt hier die Webseite *www.microsoft.com/de-de/microsoft-365/business*. Auch hier ist ein einmonatiger Test (unter Beachtung der zuvor genannten Bedingungen) kostenfrei. Ich möchte Sie noch darauf hinweisen, dass die günstigste Variante (*Microsoft 365 Business Basic*) keine Desktopversionen der Standardprogramme Word, Excel und PowerPoint enthält, sondern lediglich abgespeckte Online-Versionen bereitstellt.

Alternativ ist *Microsoft 365 Apps* für EUR 8,80 netto im Monat nur mit den Standard-Apps zu erstehen. Zwar erscheint auch in dieser Spalte das Outlook-Icon, jedoch findet sich etwas darüber der Zusatz, dass »E-Mail für Unternehmen« (was immer damit gemeint sein mag – vermutlich darf man Outlook dann nur privat nutzen) und Teams nicht enthalten sind. Das ist glücklicherweise bei den noch verbliebenen beiden Alternativen anders. Sowohl in *Microsoft 365 Business Standard* als auch in *Microsoft 365 Business Premium* sind sämtliche Desktop-Apps, inklusive Teams, Exchange, OneDrive und SharePoint enthalten.

INFO

Office 365 für Institutionen
Nebenbei sei noch erwähnt, dass Microsoft im Rahmen des Microsoft-365-Abonnements auch spezielle Angebote für Bildungs- und Verwaltungseinrichtungen sowie für gemeinnützige Organisationen herausgibt. Entsprechende Hinweise und geltende Bedingungen finden Sie ebenfalls im Internet auf *https://products.office.com/de-de/academic/office-365-education-plan*.

Office 365 University – die Universitätsversion

Erwähnenswert ist auch noch die *Office 365 University*-Edition für Schüler, Studierende, Lehrer, Dozenten und Bildungseinrichtungen. Ja, dies ist kein Druckfehler! Im Gegensatz zu den bisher gezeigten Varianten »Microsoft 365« heißen diese Pläne nach wie vor »Office 365«. Sofern Sie berechtigt sind, dürfen Sie die Online-Apps kostenlos benutzen, während die Desktop-Anwendungen im Jahresabo ab EUR 2,45 pro Monat zu erstehen sind.

Für Schüler/Studierende
Für Lehrpersonal und Mitarbeiter
Zahlungsarten
VISA
SEPA
Zahlung auf Rechnung ab 400 Euro, Zahlungsziel 30 Tage. Weitere Infos.
Office 365 A1
Kostenlos
(als Einmalkauf)
Kostenlose Office 365-Version im Web mit beliebten Anwendungen wie Outlook, Word, PowerPoint, Excel und OneNote. So können Lehrkräfte, Schüler oder Studierende zusammenarbeiten, nahtlos kommunizieren und gemeinsam ansprechende Inhalte gestalten.
Office-Anwendungen
Outlook
Office 365 A3
2,45 €
Benutzer/Monat
(im Jahresabonnement)
Preise zzgl. MwSt.
Alle Funktionen aus A1 plus vollumfänglicher Zugriff auf die Office-Desktopanwendungen sowie weitere Management- und Sicherheitstools
Office-Anwendungen
Outlook
Office 365 A5
5,90 €
Benutzer/Monat
(im Jahresabonnement)
Preise zzgl. MwSt.
Alle Funktionen aus A3 plus intelligentes Sicherheitsmanagement, erweiterte Compliance und Analytics-Systeme von Microsoft
Office-Anwendungen
Outlook

Abbildung 1.3 *Kostenlos sind leider nur die Web-Apps.*

INFO

Kaufen vs. mieten

Letztlich müssen Sie für sich entscheiden, ob Sie sich eine Kauf- oder Mietversion zulegen möchten. Wenn Sie kaufen, müssen Sie zwar zunächst tiefer in die Tasche greifen, vermeiden aber auf diese Weise ständige Kosten. Als Mieter hingegen haben Sie einen nicht zu vernachlässigenden Vorteil: Sie bleiben mit Ihrem Abo stets auf dem Laufenden. Kommt eine neue Softwareversion auf den Markt, können Sie diese sofort nutzen. Haben Sie Office zuvor gekauft, wird lediglich die aktuelle Version aktualisiert. Es stehen jedoch keine Nachfolgeversionen zur Verfügung.

Office testen

Bei dieser Vielfalt von Möglichkeiten – und für den Fall, dass man noch gar nicht so genau weiß, was die einzelnen Office-Programme so alles können, bietet es sich an, diese zunächst einmal zu testen. Unter *https://products.office.com/de-de/try* lässt sich *Microsoft 365* einen Monat lang ausprobieren.

1.2 Update, Upgrade, Vollversion

Was benötigt denn nun derjenige, der noch kein Office besitzt? Nutzt es etwas, wenn schon eine ältere Office-Version vorhanden ist? Was ist eigentlich der Unterschied zwischen einem Update und einem Upgrade?

Updates

Ganz allgemein: Wenn Sie eine Version einer bestimmten Software besitzen, sind Sie in der Regel auch update-berechtigt. Das bedeutet: Wenn der Softwarehersteller Programmaktualisierungen herausgibt, in denen er den Leistungsumfang der Anwendung erweitert, zusätzliche Sicherheitsfunktionen einbaut oder bekannte Fehler ausmerzt, sollen Sie davon auch profitieren. In der Regel prüft die Software selbstständig, ob im Internet eine aktuellere Version existiert. Wenn ja, aktualisiert sich die Anwendung automatisch. So ist es auch bei Microsoft Office. Sie müssen sich um nichts kümmern. Wenn allerdings eine neue Programmversion herauskommt, erhalten Sie diese nur, wenn Sie die Software mieten. Haben Sie beispielsweise Office 2019 seinerzeit gekauft, erhalten Sie sämtliche Aktualisierungen, die Office 2019 betreffen, jedoch keine Aktualisierung auf Office 2021. Wenn Sie Office 365 mieten, erhalten Sie auch ganz automatisch die Nachfolgeversion, sofern Sie weitermieten.

Upgrades

Im Gegensatz zu Updates beinhalten Upgrades immer einen Versionssprung, sprich: einen Wechsel von einer Vorgängerversion auf eine neuere Version. Das kann, muss aber nicht die nächsthöhere sein. Es ist nämlich bei manchen Softwareherstellern durchaus legitim, eine oder auch mehrere Versionen zu überspringen. Allerdings sollten Sie in diesem Fall vor dem Kauf des Upgrades prüfen, ob die Vorgängerversion dann noch upgradeberechtigt ist. Wenn ja, lässt sich das Upgrade in der Regel zu einem geringeren Preis erwerben als die Vollversion.

Und jetzt die schlechte Nachricht: Was Upgrades auf Office 2021 angeht, gibt es leider gar nichts zu vermelden. Besitzer einer Vorgängerversion können keine vergünstigten Angebote erhalten, müssen also die Vollversion kaufen – oder mieten.

Vollversion

Die sogenannte Vollversion ist ein eigenständiges Programmpaket, das installierbar ist, ohne dass eine Vorgängerversion oder eine zusätzliche Lizenzierung benötigt wird. Wenn Sie eines der beschriebenen Office-Pakete gekauft haben, sind Sie ebenso stolzer Besitzer einer Vollversion wie derjenige, der die Software mietet. Aber nur auf dem Papier. Denn heutzutage bekommen Sie keine CD oder DVD mehr in die Hände, sondern lediglich einen Lizenzschlüssel (Code). Das heißt: Sie müssen Office selbst aus dem Internet herunterladen. Abschließend ist noch erwähnenswert, dass sich auch eine zuvor installierte Testversion zur Vollversion umwandeln lässt, indem Sie während bzw. nach Ablauf des Testzeitraumes einen Lizenzschlüssel käuflich erwerben. Dazu wählen Sie in einer beliebigen Office-Anwendung **Datei > Konto** und klicken anschließend auf die Schaltfläche **Lizenzoptionen**. Jetzt lässt sich ein Lizenzschlüssel kaufen oder ein zuvor käuflich erworbener Schlüssel eingeben.

Versionsnummer und Produkt-ID für den Software-Service ermitteln

Updates werden anwendungsintern mit Versionsnummern versehen. Sollten Sie einmal Probleme mit der Software bekommen, müssen Sie diese Versionsnummer möglicherweise dem Microsoft-Service mitteilen. Außerdem benötigen Sie die Produkt-ID. Bitte berücksichtigen Sie, dass der Microsoft-Support nur dann Hilfe leistet, wenn Sie eine gültige Produkt-ID angeben können.

1. Sie können beide Nummern einsehen, wenn Sie in der geöffneten Software (z. B. in Excel) oben links auf die Registerkarte **Datei** klicken und anschließend in der linken Spalte die Rubrik **Konto** wählen.
2. Auf der rechten Seite sehen Sie den Bereich **Produktinformationen**. Klicken Sie hier auf die Schaltfläche **Info zu Excel** ❶ (oder zu der Software, die Sie gerade geöffnet haben).

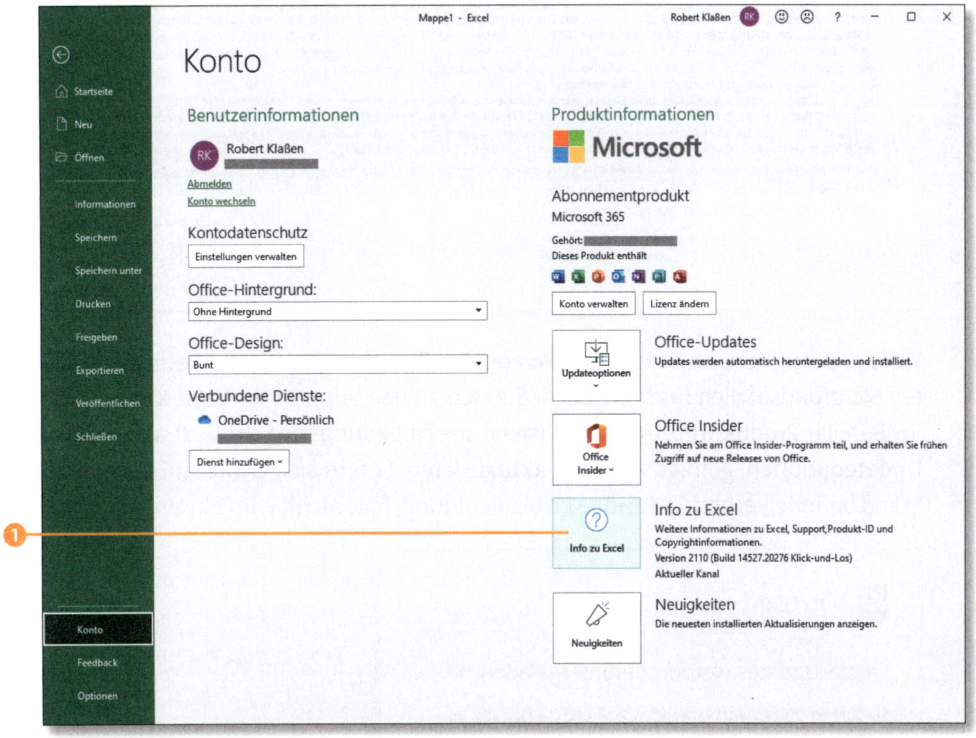

3. Jetzt gelangen Sie in ein Fenster, in dem sich ganz oben die aktuell gültige Versionsnummer ablesen lässt ❷. Bitte berücksichtigen Sie, dass sich diese Nummer nach jedem Update ändert. Werfen Sie auch einen Blick auf die Lizenz-ID etwas tiefer ❸ (in der folgenden Abbildung ausgegraut dargestellt). Sie benötigen diese, wenn Sie sich mit dem Support in Verbindung setzen.
4. Klicken Sie auf **OK**, um das Fenster zu schließen.

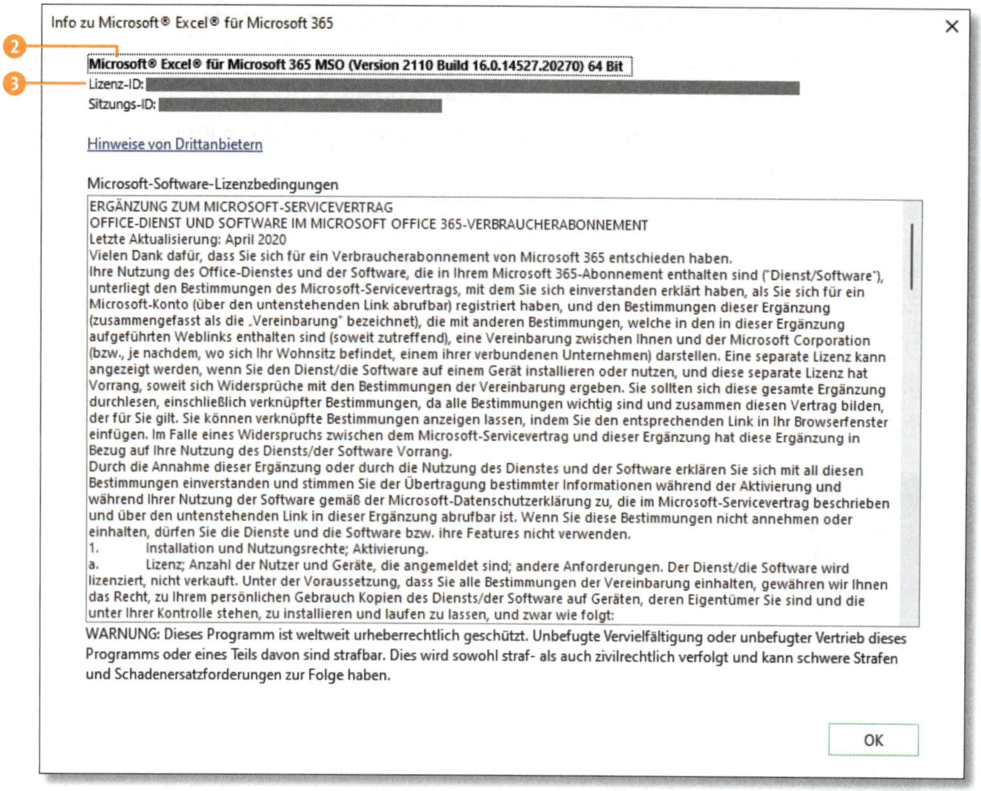
Info zu Microsoft® Excel® für Microsoft 365
2
3
Microsoft® Excel® für Microsoft 365 MSO (Version 2110 Build 16.0.14527.20270) 64 Bit
Lizenz-ID: [redacted]
Sitzungs-ID: [redacted]
Hinweise von Drittanbietern
Microsoft-Software-Lizenzbedingungen
ERGÄNZUNG ZUM MICROSOFT-SERVICEVERTRAG
OFFICE-DIENST UND SOFTWARE IM MICROSOFT OFFICE 365-VERBRAUCHERABONNEMENT
Letzte Aktualisierung: April 2020
Vielen Dank dafür, dass Sie sich für ein Verbraucherabonnement von Microsoft 365 entschieden haben.
Ihre Nutzung des Office-Dienstes und der Software, die in Ihrem Microsoft 365-Abonnement enthalten sind ("Dienst/Software"), unterliegt den Bestimmungen des Microsoft-Servicevertrags, mit dem Sie sich einverstanden erklärt haben, als Sie sich für ein Microsoft-Konto (über den untenstehenden Link abrufbar) registriert haben, und den Bestimmungen dieser Ergänzung (zusammengefasst als die „Vereinbarung" bezeichnet), die mit anderen Bestimmungen, welche in den in dieser Ergänzung aufgeführten Weblinks enthalten sind (soweit zutreffend), eine Vereinbarung zwischen Ihnen und der Microsoft Corporation (bzw., je nachdem, wo sich Ihr Wohnsitz befindet, einem ihrer verbundenen Unternehmen) darstellen. Eine separate Lizenz kann angezeigt werden, wenn Sie den Dienst/die Software auf einem Gerät installieren oder nutzen, und diese separate Lizenz hat Vorrang, soweit sich Widersprüche mit den Bestimmungen der Vereinbarung ergeben. Sie sollten sich diese gesamte Ergänzung durchlesen, einschließlich verknüpfter Bestimmungen, da alle Bestimmungen wichtig sind und zusammen diesen Vertrag bilden, der für Sie gilt. Sie können verknüpfte Bestimmungen anzeigen lassen, indem Sie den entsprechenden Link in Ihr Browserfenster einfügen. Im Falle eines Widerspruchs zwischen dem Microsoft-Servicevertrag und dieser Ergänzung hat diese Ergänzung in Bezug auf Ihre Nutzung des Diensts/der Software Vorrang.
Durch die Annahme dieser Ergänzung oder durch die Nutzung des Dienstes und der Software erklären Sie sich mit all diesen Bestimmungen einverstanden und stimmen Sie der Übertragung bestimmter Informationen während der Aktivierung und während Ihrer Nutzung der Software gemäß der Microsoft-Datenschutzerklärung zu, die im Microsoft-Servicevertrag beschrieben und über den untenstehenden Link in dieser Ergänzung abrufbar ist. Wenn Sie diese Bestimmungen nicht annehmen oder einhalten, dürfen Sie die Dienste und die Software bzw. ihre Features nicht verwenden.
1. Installation und Nutzungsrechte; Aktivierung.
a. Lizenz; Anzahl der Nutzer und Geräte, die angemeldet sind; andere Anforderungen. Der Dienst/die Software wird lizenziert, nicht verkauft. Unter der Voraussetzung, dass Sie alle Bestimmungen der Vereinbarung einhalten, gewähren wir Ihnen das Recht, zu Ihrem persönlichen Gebrauch Kopien des Diensts/der Software auf Geräten, deren Eigentümer Sie sind und die unter Ihrer Kontrolle stehen, zu installieren und laufen zu lassen, und zwar wie folgt:
WARNUNG: Dieses Programm ist weltweit urheberrechtlich geschützt. Unbefugte Vervielfältigung oder unbefugter Vertrieb dieses Programms oder eines Teils davon sind strafbar. Dies wird sowohl straf- als auch zivilrechtlich verfolgt und kann schwere Strafen und Schadenersatzforderungen zur Folge haben.
OK

5 Wollen Sie prüfen, ob sich die Software auf dem neuesten Stand befindet? Das sollten Sie grundsätzlich machen, bevor Sie sich an den Support wenden. Klicken Sie dazu im Bereich **Produktinformationen** (siehe die Abbildung zu Schritt 2) auf den Button **Updateoptionen**, gefolgt von **Jetzt aktualisieren**. Sofern sich Office auf dem neuesten Stand befindet, erhalten Sie eine Erfolgsmeldung, falls nicht, wird ein Update gestartet.

Microsoft
Office-Updates werden heruntergeladen...
Sie können Office weiterverwenden, während die Updates im Hintergrund heruntergeladen werden.

1.3 Diese Mindestanforderungen muss Ihr Rechner erfüllen

Office prüft bereits zu Beginn der Installation, ob Ihr PC für eine Installation von Office 2021 oder Microsoft 365 geeignet ist. Wenn das nicht der Fall ist, kann die Installation nicht ausgeführt werden. Wenn Sie Office jedoch direkt käuflich erwerben oder demnächst einen neuen PC kaufen möchten, auf dem Office dann betrieben werden soll, müssen Sie sich Gedanken über die Systemvoraussetzungen machen, mit denen das Endgerät ausgestattet sein soll.

Zum Betrieb benötigen Sie mindestens:

- einen Dual-Core-Prozessor mit 1,6 Gigahertz
- 4 GByte RAM Arbeitsspeicher (2 GByte RAM für 32-Bit-Systeme)
- noch 4 GByte freien Festplattenspeicher
- zur Grafik-Hardwarebeschleunigung unter Windows eine DirectX9-Grafikkarte (oder höher) mit WDDM 2.0 (oder höher) für Windows 10 (alternativ: WDDM 1.3 oder höher mit Windows 10 Fall Creators Update). Mac-Rechner müssen diese Voraussetzung nicht erfüllen.
- eine Anzeigeauflösung von 1.280 × 768 Pixeln
- Windows 10 oder Windows 11

Bitte beachten Sie, dass es sich hierbei um Mindestanforderungen handelt. Je leistungsfähiger Ihr PC ist, desto effizienter lassen sich auch die Office-Anwendungen betreiben. Außerdem empfehle ich Ihnen, grundsätzlich vor dem Kauf einer Software die Testversion zu installieren. So können Sie sicher sein, dass sich die Software installieren lässt, noch ehe Sie Geld dafür ausgeben.

1.4 Office installieren

Die Installation, die Sie unmittelbar nach dem Kauf vornehmen können, ist denkbar einfach, da Sie unkompliziert per Webanweisungen durch den Einrichtungsprozess geführt werden. Öffnen Sie die Seite *https://setup.office.com*, melden Sie sich mit Ihrem Microsoft-Konto an (oder generieren Sie ein Konto), geben Sie den zuvor erworbenen Code ein, und laden Sie die Software herunter. Die eigentliche Installation geht dann locker von der Hand.

Allerdings bleibt vorab zu berücksichtigen, dass das aktuelle Office nicht parallel mit älteren Office-Versionen betrieben werden kann. Es ist dringend zu empfehlen, die Vorgängerversion zunächst zu deinstallieren. Machen Sie das nicht, werden Sie während der Neuinstallation auf die bereits vorhandene Version hingewiesen. Die Installation wird dann abgebrochen. Deinstallieren Sie den Vorgänger in diesem Fall, indem Sie zunächst die Windows-Einstellungen öffnen, dort auf **Apps** klicken und in der linken Spalte **Apps & Features** auswählen. Suchen Sie den Office-Eintrag aus der Liste der Programme heraus, und klicken Sie ihn an. Dies hat zur Folge, dass der Button **Deinstallieren** angezeigt wird. Nach Ende der Deinstallation sollten Sie das System komplett neu starten, ehe Sie mit der Installation des neuen Office-Pakets beginnen.

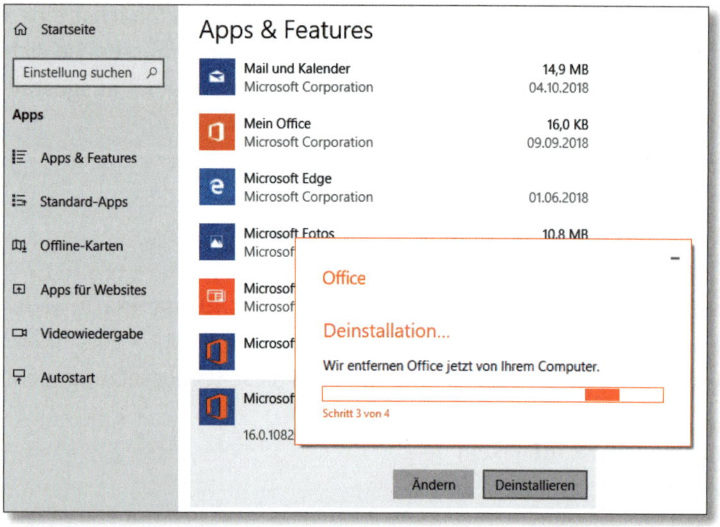

Abbildung 1.4 Entfernen Sie Vorgängerversionen, ehe Sie Office 2021 oder Microsoft 365 installieren – hier unter Windows 10.

1.5 Der erste Start

Nach der Installation und der Anmeldung bei Microsoft sollten Sie kontrollieren, ob Sie korrekt angemeldet sind. In der Regel sieht man entsprechende Hinweise in der oberen rechten Ecke der Anwendung. Sofern Sie hier Ihren Namen oder Ihre E-Mail-Adresse sehen, ist alles korrekt gelaufen.

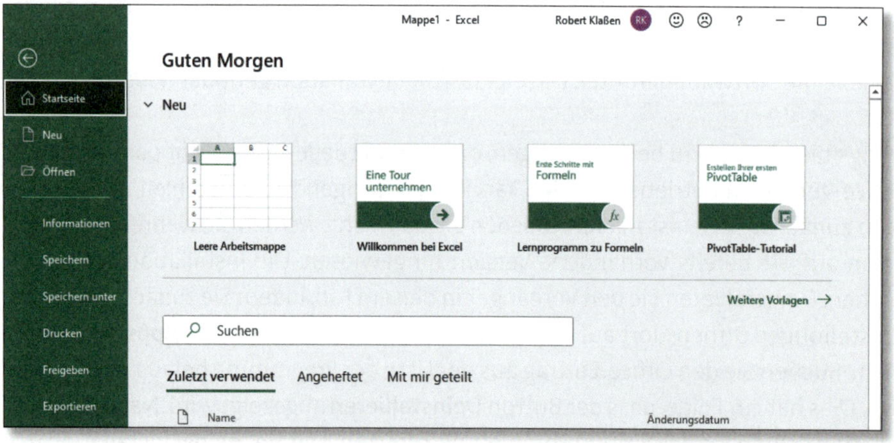

Abbildung 1.5 Sind Sie bereits angemeldet?

Sollten Sie wider Erwarten noch nicht angemeldet sein, finden Sie anstelle des Namens den Hinweis **Anmelden**. Klicken Sie darauf, und geben Sie zunächst die E-Mail-Adresse Ihres Microsoft-Kontos ein.

Kapitel 2
Die Oberfläche kennenlernen

Sie arbeiten zum ersten Mal mit Office oder haben bislang wenig Praxis? Dann sollten Sie sich die folgenden Ausführungen nicht entgehen lassen. Hier geht es um die Grundlagen der Programmoberfläche, die Registerkarten und Symbolleisten. Allerdings findet auch der bereits geübte Anwender hier sicher die eine oder andere nützliche Information, denn ich stelle hier auch Funktionen vor, die vielleicht nicht ganz so populär, jedoch sehr effektiv sind.

2.1 Die Benutzeroberfläche von Office kennenlernen

Auf den ersten Blick sehen sich die Office-Anwendungen sehr ähnlich. Hier besteht fast schon Verwechslungsgefahr. Auf den zweiten Blick wird jedoch ersichtlich, was der Textverarbeitung dient und womit man eher Tabellenkalkulationen vornimmt. Bevor ich Ihnen die Oberfläche von Office genauer vorstelle, noch ein paar grundlegende Begriffe, die in diesem Buch immer wieder auftauchen und deren Bedeutung Sie kennen sollten.

Programm, Anwendung, App – Begriffsdefinitionen

Wir sprechen von einer *Anwendung*, wenn wir eines der in Office enthaltenen Programme meinen. Das sind z. B. Word, Excel, PowerPoint und Outlook. *Apps* hingegen sind kleinere Programme, sogenannte Hilfsprogramme, wie die in Office enthaltenen Web-Apps. Dabei handelt es sich um abgespeckte Onlineversionen der großen Programme, die mit geringerem Funktionsumfang aufwarten, sowie um Zusatz- und Hilfsprogramme, die im Microsoft-Store oder anderen Stores bei Bedarf heruntergeladen werden können. An dieser Stelle weise ich auch auf das Glossar hin, das Sie im Anhang dieses Buches finden. Auch hier gibt es Definitionen zu Begriffen, die in diesem Buch verwendet werden.

INFO

Dokumente

Dokumente sind in erster Linie in Word erstellte Schriftstücke. Darüber hinaus lassen sich alle Produkte, die mit einer Software erzeugt werden, als Dokumente bezeichnen. Im Folgenden sprechen wir also auch von Excel- oder PowerPoint-Dokumenten.

Eine Anwendung öffnen

Sobald Sie eine Anwendung öffnen, sind unterschiedliche Reaktionen zu erwarten. Wenn Sie beispielsweise Outlook öffnen, sind Sie gleich mittendrin – es sei denn, Sie öffnen diese Anwendungen zum ersten Mal. Dann nämlich müssen Sie zunächst ein bisschen Vorarbeit leisten und das eine oder andere konfigurieren. Wie das vonstattengeht, schauen wir uns in den betreffenden Kapiteln noch genauer an. Starten Sie diese Anwendungen jedoch später erneut, öffnet sich die herkömmliche Arbeitsoberfläche. Sie können also gleich loslegen.

Bei Word, Excel und PowerPoint ist das anders. Hier werden Sie standardmäßig von einer Arbeitsumgebung in Empfang genommen, die Ihnen beim Öffnen bzw. der Neuerstellung eines Dokuments behilflich sein möchte. Auf der linken Seite wird Ihnen eine Auflistung der zuletzt verwendeten Dokumente angezeigt. Diese ist leer, wenn Sie das Programm erstmalig starten. Verständlich, denn bislang gibt es ja noch keine Dokumente. In der Mitte finden Sie die sogenannten *Vorlagen*. Das sind vordefinierte und zum Teil bereits toll gestaltete Arbeiten, auf deren Grundlage Sie nun Ihre eigenen Dokumente erstellen können. Der Bereich (in Abbildung 2.1 ist Excel zu sehen) kann hier bereits anders aussehen als in Ihrer Anwendung, da Office die Vorlagen nach Benutzung anordnet. Das heißt: Haben Sie eine Vorlage jüngst verwendet, findet diese sich auch in der oberen Reihe der Vorlagen. Bitte lassen Sie sich also nicht verwirren, wenn die Vorlagenauswahl bei Ihnen derzeit ein wenig anders aussieht.

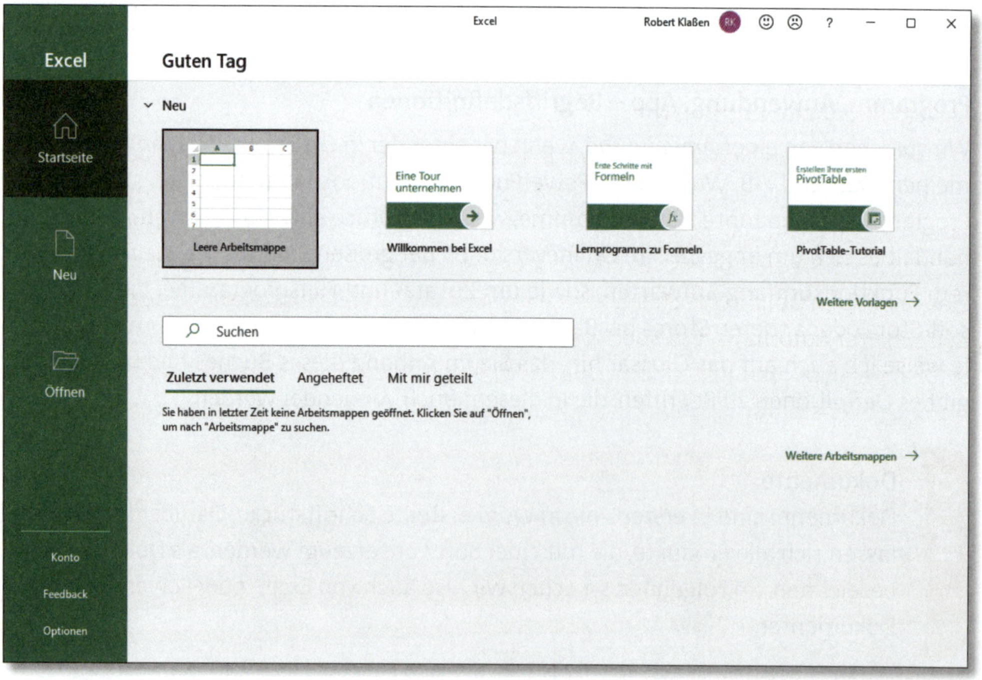

Abbildung 2.1 *Die zuletzt benutzten Excel-Dokumente werden in der linken Spalte aufgelistet.*

Eine Beispieldatei öffnen

In diesem Buch sind zahlreiche Beispieldateien verarbeitet worden, die Sie sich zum Lernen gerne zunutze machen können. Laden Sie sie einfach herunter (siehe den Kasten »Übungsdateien zum Buch«), und öffnen Sie eine der Dateien. Bitte erschrecken Sie nicht, wenn Sie einen Warnhinweis sehen, denn immerhin haben Sie die Dateien aus dem World Wide Web heruntergeladen. Das »merkt« Office natürlich und öffnet die Datei daher nur im Modus **Geschützte Ansicht**. So sollen Sie vor Phishing, Viren und Trojanern bewahrt werden. Der Nachteil: Das Dokument lässt sich nicht bearbeiten. Klicken Sie daher auf **Bearbeitung aktivieren**, und Sie gelangen in den normalen Bearbeitungsmodus.

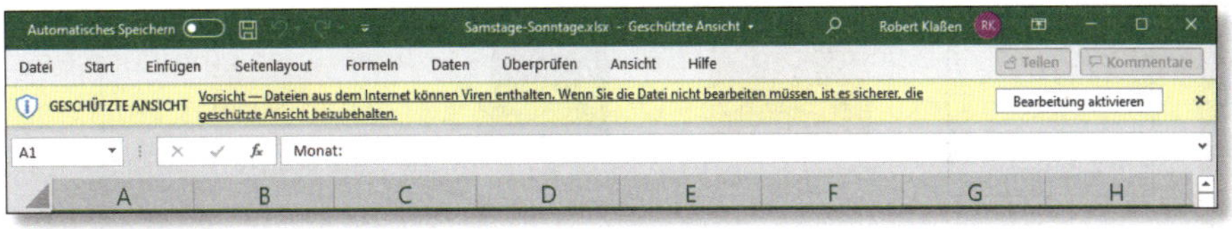

Abbildung 2.2 *Die gelbe Warnleiste soll Sie schützen.*

> **INFO**
>
> **Übungsdateien zum Buch**
>
> Alle Beispieldateien zum Buch stehen Ihnen auf der Verlagswebseite *www.rheinwerk-verlag.de/5443* zum kostenlosen Download zur Verfügung. So können Sie sämtliche Anleitungen leicht am eigenen Computer nachvollziehen.

Unterschiedliche Kopfleisten

Es ist möglich, dass sich die Kopfleiste in Ihrer Anwendung nicht immer exakt mit der hier im Buch gezeigten deckt. Dazu müssen Sie wissen, dass individuelle Einstellungen und Optionen Einfluss auf das Erscheinungsbild nehmen können. So ist beispielsweise nicht unerheblich, ob Sie sich bereits einmal mit OneDrive verbunden haben oder nicht. Wer den gleichnamigen Online-Speicher noch nie aktiviert hat, findet beispielsweise oben links nicht den Schalter **Automatisches Speichern**. Zudem sieht das Symbol **Freigeben** auf der rechten Seite anders aus, und der daneben befindliche Kommentare-Button fehlt gänzlich. Je nach Breite des Fensters sind die Schaltflächen entweder mit Text ausgestattet oder nicht.

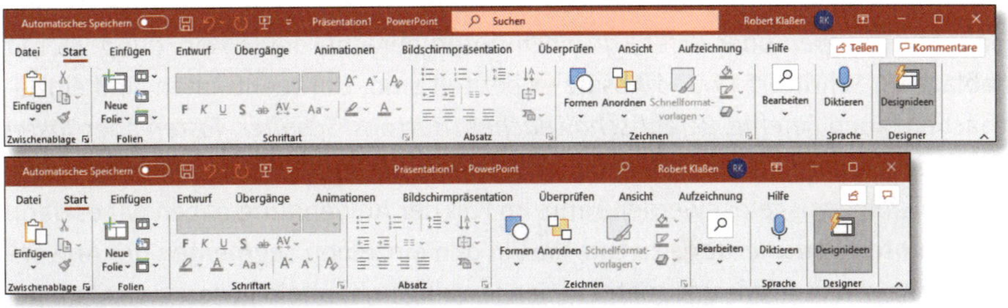

Abbildung 2.3 *Je nach individueller Vorgabe sehen Kopfleisten möglicherweise unterschiedlich aus.*

Mit einem leeren Dokument beginnen

Die Programme Word, Excel und PowerPoint ermöglichen es Ihnen, Ihre Arbeit statt mit einer Vorlage auch mit einem komplett leeren Dokument zu beginnen. Allerdings verwendet nur Word hierzu den Befehl **Leeres Dokument**, während dieser sich in Excel **Leere Arbeitsmappe** und in PowerPoint **Leere Präsentation** nennt. Ein Klick auf diesen Befehl öffnet ein neues leeres Dokument in der entsprechenden Anwendung.

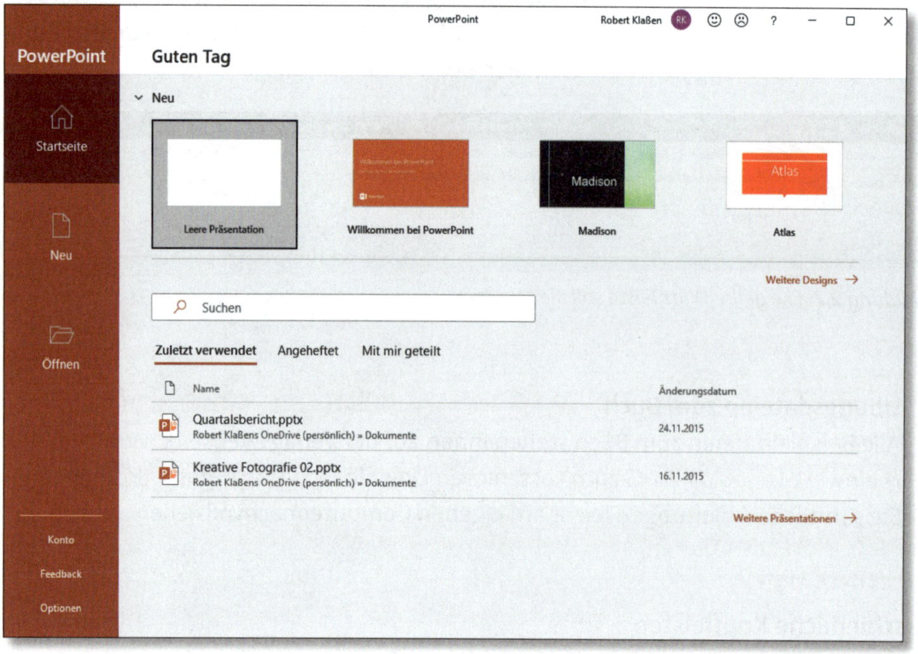

Abbildung 2.4 *In PowerPoint kann man mit einer leeren Präsentation beginnen.*

Office-Anwendungen in der Übersicht

Die verschiedenen Office-Anwendungen gestalten sich im Prinzip alle gleich, sodass Sie sich bereits nach den ersten Schritten mit einer der Anwendungen auch in den anderen Programmen schnell zurechtfinden werden. Ganz oben finden Sie die *Symbolleiste für den Schnellzugriff* ❶, darunter die *Registerkarten* ❷ (auch Registerkartenleiste oder Ribbon-Leiste genannt) und gleich darunter das *Menüband* ❸. Innerhalb des Menübands sind die sogenannten *Gruppen* oder *Befehlsgruppen* untergebracht, die in Abbildung 2.5 mit **Zwischenablage** ❹, **Schriftart** ❺ und **Absatz** ❻ betitelt sind. Darin enthalten sind einzelne Schaltflächen (auch *Befehle*, *Befehlsschaltflächen*, *Buttons*, *Schalter*, *Tasten* oder *Taster* genannt), mit denen per Klick auf die entsprechende Schaltfläche ein bestimmter Befehl oder eine Befehlsfolge ausgelöst werden kann. Im Fuß der Anwendung haben wir es dann mit der sogenannten *Statusleiste* ❼ zu tun. Was in den einzelnen Segmenten der Anwendung so alles geht, schauen wir uns später in den jeweiligen Kapiteln genauer an. Zum gegenwärtigen Zeitpunkt ist es wichtig, dass Sie wissen, wie die Bereiche genannt werden.

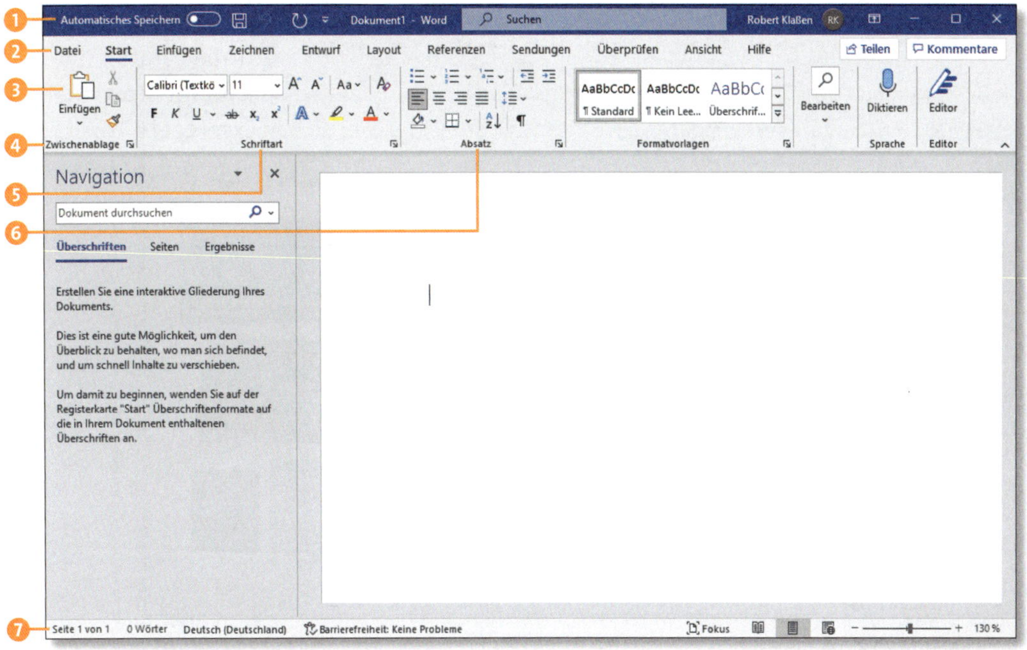

Abbildung 2.5 *Die Oberfläche von Word ist mit der von PowerPoint, Excel und den anderen Anwendungen weitgehend identisch – wenngleich meist andere Befehlsschaltflächen integriert sind.*

> **INFO**
>
> **Weitere Hinweise**
>
> Auf die Bedeutung und Funktion der einzelnen Elemente der Benutzeroberfläche gehe ich in Abschnitt 4.1, »Wo finde ich was? – Die wichtigsten Registerkarten«, auf Seite 101 noch genauer ein. Weitere Hinweise zum Menüband, zu den Registerkarten sowie zur Symbolleiste für den Schnellzugriff finden Sie in den folgenden Abschnitten dieses Kapitels und jeweils im Einstiegskapitel zu den einzelnen Programmen.

Die Benutzeroberfläche anpassen

Die Anwendungen sind in der Regel in unterschiedliche Aufgabenbereiche aufgeteilt, die sich individuell anpassen lassen oder die beim Anwählen bestimmter Schaltflächen automatisch eingeblendet werden und Ihnen in der Regel weitere Bearbeitungsmöglichkeiten bieten. So befindet sich beispielsweise auf der linken Seite zumeist ein separater Bereich, der durch eine Art Zwischensteg vom Dokument getrennt ist. Dieser Zwischensteg lässt sich zur Seite ziehen, indem Sie auf ihn klicken, die Maustaste gedrückt halten und die Maus anschließend nach links oder rechts bewegen. Sie haben die richtige Position für den Mausklick erreicht, sobald sich der Mauszeiger in einen Doppelpfeil 8 verändert.

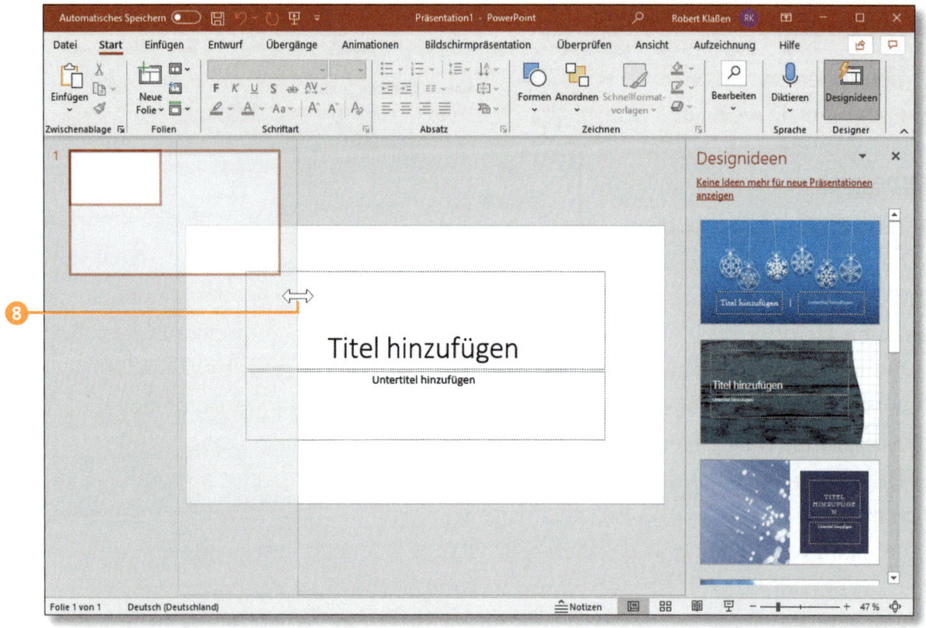

Abbildung 2.6 *Verbreitern Sie die linke Spalte, indem Sie den Zwischensteg mit gedrückter Maustaste in Form ziehen.*

Es existieren noch zahlreiche weitere Optionen, mit denen sich die Arbeitsoberfläche anpassen lässt. So können beispielsweise weitere Fenster über die Anwahl von Checkboxen im Register **Ansicht** hinzugefügt bzw. deaktiviert werden. In Word beispielsweise lassen sich so *Lineale* ein- und ausblenden, mit deren Hilfe Tabulatoren platziert werden können.

Abbildung 2.7 *Schalten Sie Lineale in Word ein oder aus.*

TIPP

Checkboxen nicht sichtbar?

Falls die Checkboxen nicht angezeigt werden, ziehen Sie das Word-Fenster ein bisschen breiter auf, denn wenn es zu schmal ist, wird die Gruppe geschlossen. In diesem Fall finden Sie lediglich einen Schalter mit der Bezeichnung **Anzeigen**. Ein Klick darauf macht die Checkboxen übrigens auch dann temporär sichtbar, wenn Sie die Oberfläche der Anwendung nicht verbreitern.

2.2 Das Menüband

Und damit befinden wir uns mitten im Thema Menüband. Dieses enthält eine Reihe von speziellen Befehlen, die von Anwendung zu Anwendung unterschiedlich sind.

Aufgabenbereiche anzeigen lassen

Wie Sie bereits im Abschnitt »Office-Anwendungen in der Übersicht« auf Seite 52 erfahren haben, ist das Menüband in verschiedene Gruppen aufgeteilt. Der Gruppenname ist grundsätzlich am unteren Rand der Gruppe zu finden. Einige Gruppen weisen rechts neben dem Gruppennamen kleine Symbole mit einem schräg nach unten rechts angeordneten Pfeil auf. Dabei handelt es sich um eine Schaltfläche, mit der entweder ein zusätzliches Fenster geöffnet werden kann oder der sogenannte *Aufgabenbereich* zugänglich wird. Jede derart ausgestattete Gruppe bringt hier ihren eigenen Aufgabenbereich bzw. Dialog mit. Dadurch werden weitere Optionen bereitgestellt. Wenn Sie in Word beispielsweise auf die entsprechende Schaltfläche der Gruppe **Zwischenablage** ❶ klicken (Register: **Start**), erscheint der Aufgabenbereich **Zwischenablage** ❷ auf der Arbeitsoberfläche. Dieser lässt sich durch erneuten Klick auf ❶ oder durch Anwahl der Kreuz-Schaltfläche ❸ wieder schließen.

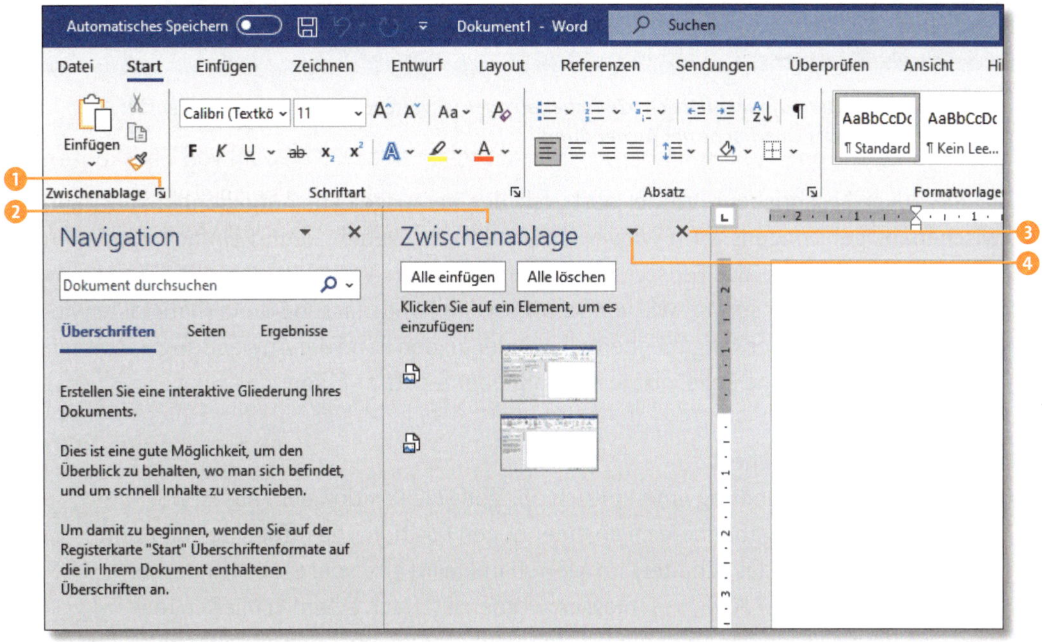

Abbildung 2.8 *Der Aufgabenbereich »Zwischenablage« wird angezeigt.*

Diese Aufgabenbereiche lassen sich sortieren, indem Sie entweder die kleine Dreieck-Schaltfläche ❹ betätigen und aus dem Menü den Eintrag **Verschieben** auswählen oder auf die Bezeichnung des Aufgabenbereichs ❷ klicken, die Maustaste gedrückt halten und das Fenster an eine andere Position verschieben. Wenn Sie die gewünschte Stelle erreicht haben, an der Ihnen dieser Bereich lieber ist, lassen Sie die Maustaste einfach wieder los.

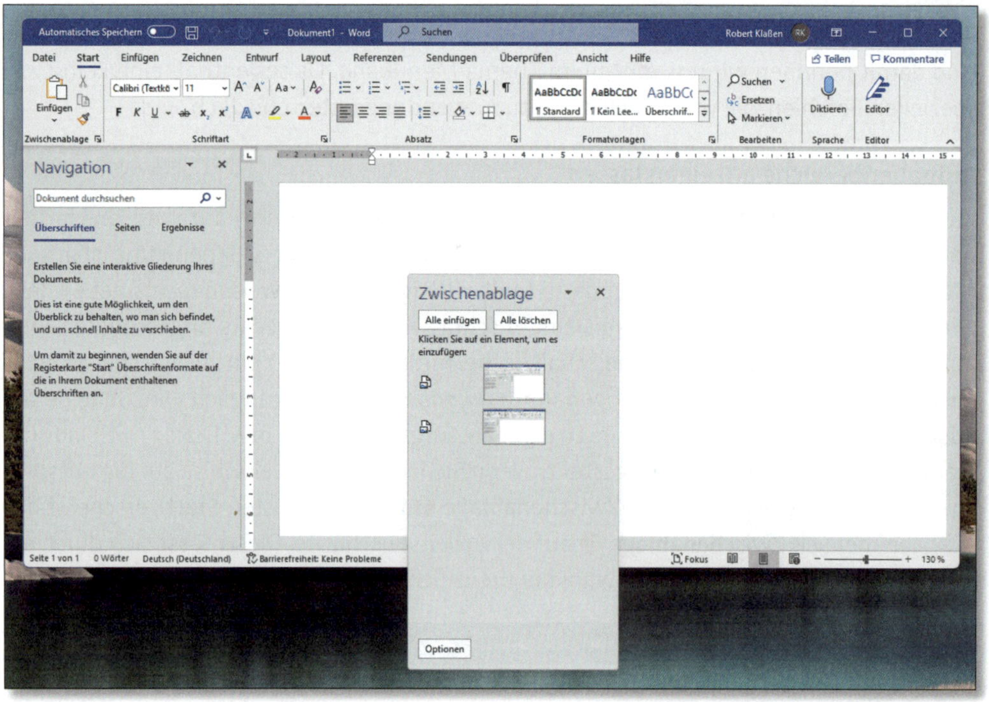

Abbildung 2.9 Der Aufgabenbereich »Zwischenablage« ist verschoben worden – das Fenster schwebt jetzt über der Oberfläche der Anwendung.

Auf die zuvor beschriebene Weise lässt sich der herausgelöste Aufgabenbereich (hier: **Zwischenablage**) übrigens auch wieder zurückbringen. Ziehen Sie ihn einfach wieder an die Position, von der Sie das Fenster zuvor entfernt haben. Wenn Sie eine Art »Einrasten« feststellen (das Fenster springt wie von selbst an den Rand), lassen Sie die Maustaste wieder los. Dadurch wird der Aufgabenbereich wieder an den Rand der Anwendung »angeheftet«. Es spielt dabei keine Rolle, ob Sie ihn links oder rechts anfügen.

INFO

Position gespeichert

Die Office-Anwendung »merkt« sich übrigens die Position des Fensters. Schließen Sie den Aufgabenbereich an einer neuen Position und öffnen Sie ihn dann wieder mithilfe des Schalters im Menüband, wird er an der Stelle wiederhergestellt, an der er zuvor geschlossen worden ist. Nach einem Schließen und erneuten Öffnen der Anwendung bleibt die Position ebenfalls erhalten.

Werfen wir abschließend noch einen Blick auf die herkömmlichen Fenster. Wenn Sie beispielsweise auf das Aufgabenbereichssymbol **Schriftart** der Word-Registerkarte **Start** klicken, erscheint kein eingebettetes, sondern ein losgelöstes Fenster auf der Arbeitsoberfläche. In der folgenden Abbildung handelt es sich um das Dialogfenster **Schriftart**.

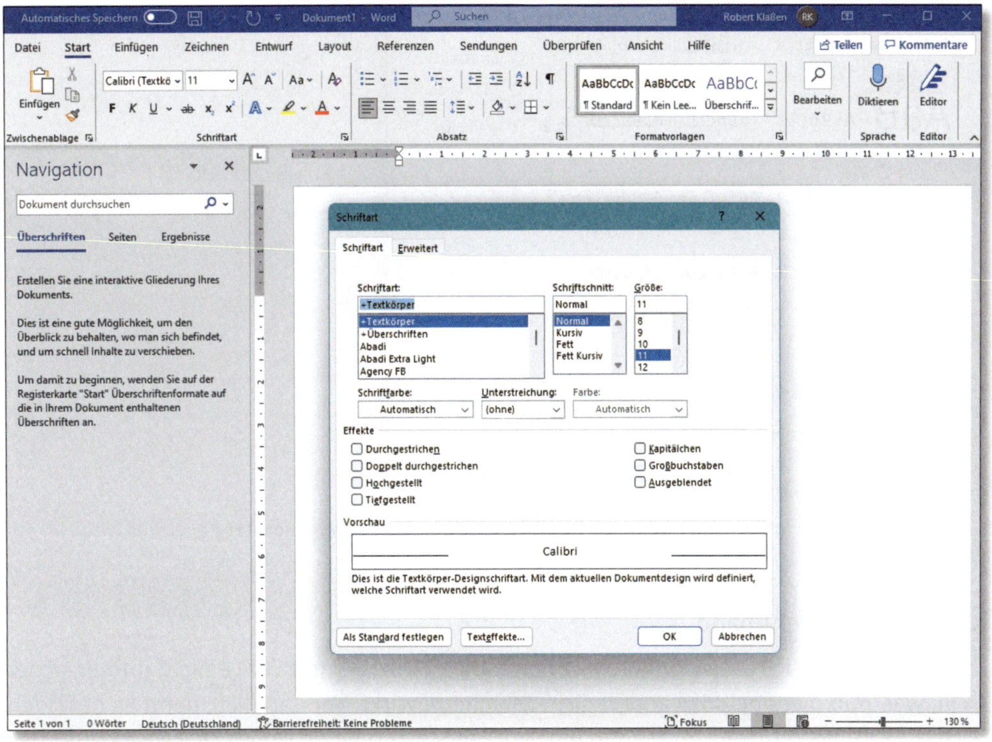

Abbildung 2.10 Hier erscheint ein herkömmliches Dialogfenster, wie Sie es auch vom Windows-Betriebssystem her kennen.

Bereiche erweitern

Manche Menüband-Gruppen, z. B. die Gruppe **Formatvorlagen** der Word-Registerkarte **Start**, weisen noch eine kleine nach unten zeigende Dreieck-Schaltfläche ❶ auf. Es handelt sich dabei um einen Button mit dem klangvollen Namen **Weitere**.

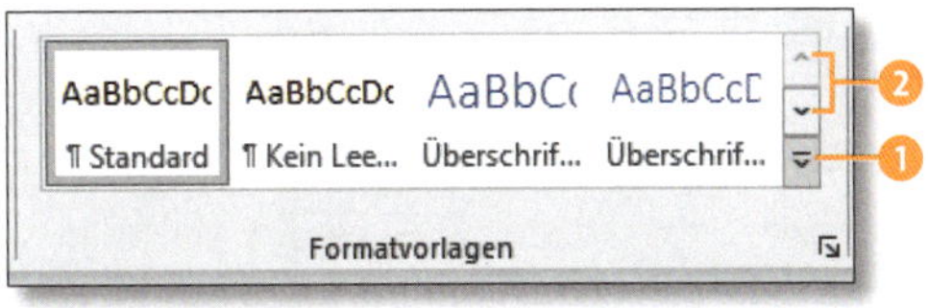

Abbildung 2.11 Es wird nur ein Teil der zur Verfügung stehenden Formatvorlagen angezeigt.

Ein Klick darauf bewirkt, dass weitere Steuerelemente angezeigt werden. Hierbei handelt es sich um eine Gruppe von Steuerelementen, von denen in der Standardansicht nur ein Teil zu sehen ist. Die Inhalte der Liste lassen sich übrigens auch durch Wahl der beiden Pfeilschaltflächen ❷ anpassen. Aber der Klick auf **Weitere** bewirkt letztendlich, dass Sie sich den gesamten Inhalt auf einmal ansehen können. Oftmals sehen Sie dann auch unterhalb der Auswahlmöglichkeiten zugehörige Befehle ❸, die Sie wählen können.

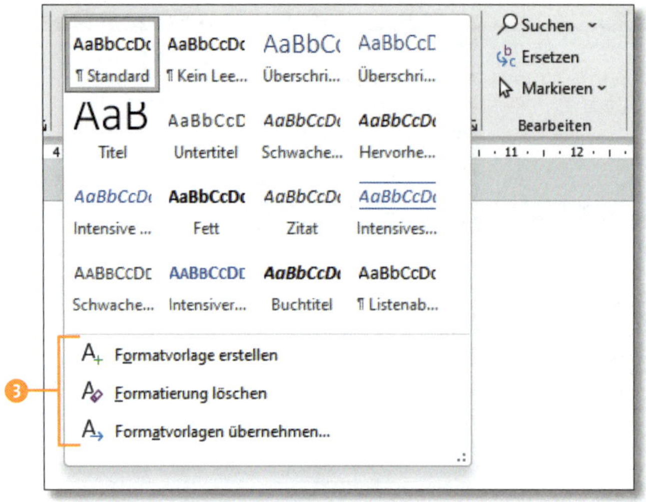

Abbildung 2.12 *Ein Klick auf »Weitere« bewirkt, dass ein vergrößertes Fenster angezeigt wird.*

QuickInfo im Menüband

Nun werden Sie sich insbesondere zu Beginn Ihrer Arbeiten mit Office nicht immer sicher sein, was nun die eine oder andere Schaltfläche bewirkt. Verständlich, denn es befinden sich ja unzählige Buttons im Menüband. Nutzen Sie die sogenannten *QuickInfos*.

QuickInfos sind kleine Fenster, die entsprechende Beschreibungen bieten. Verweilen Sie mit der Maus auf einer dieser Schaltflächen, um sie anzeigen zu lassen. Nach einer Sekunde wird das Fenster unmittelbar unterhalb des Menübands eingeblendet.

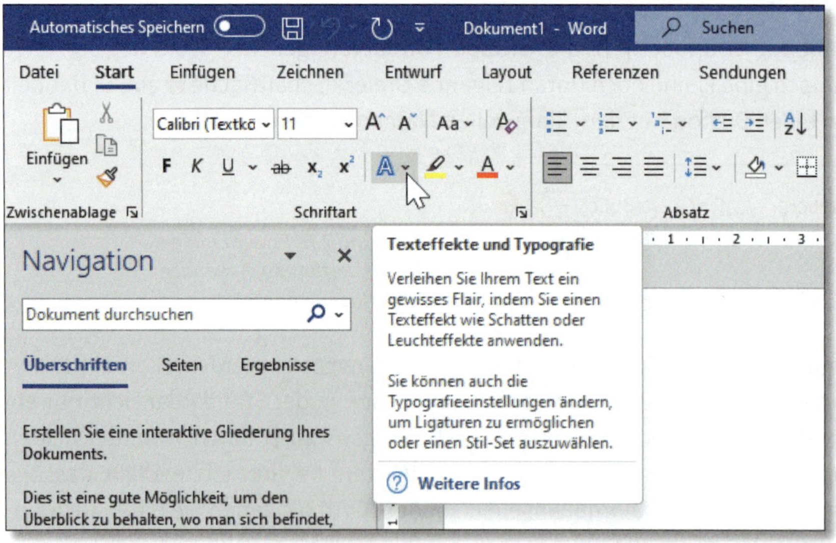

Abbildung 2.13 *Kleine Hinweisfenster verraten mehr über die Schaltfläche.*

INFO

Word-Hilfe benutzen

Einige Tafeln beinhalten ganz unten den Eintrag **Weitere Infos**. Auch hierbei handelt es sich um eine Schaltfläche. Ein Klick darauf öffnet ein zusätzliches Fenster mit der Word-Hilfe. Darin wird nun exakt der Bereich thematisiert, der zum jeweiligen Steuerelement gehört. Um die Hilfe zu öffnen, können Sie auch [F1] benutzen.

Menüband reduzieren

Platz ist ein kostbares Gut auf der Office-Arbeitsoberfläche. Deswegen werden Sie mitunter gewillt sein, jeden Zentimeter Raum für Ihr Dokument zu nutzen – insbesondere wenn Sie mit kleinen Monitoren (z. B. einem Tablet) arbeiten. Blenden Sie den Inhalt des Menübands temporär aus (und bei Bedarf auch wieder ein), indem Sie [Strg] + [F1] betätigen. Alternativ klicken Sie unten rechts im Menüband auf den Schalter **Menüband reduzieren**.

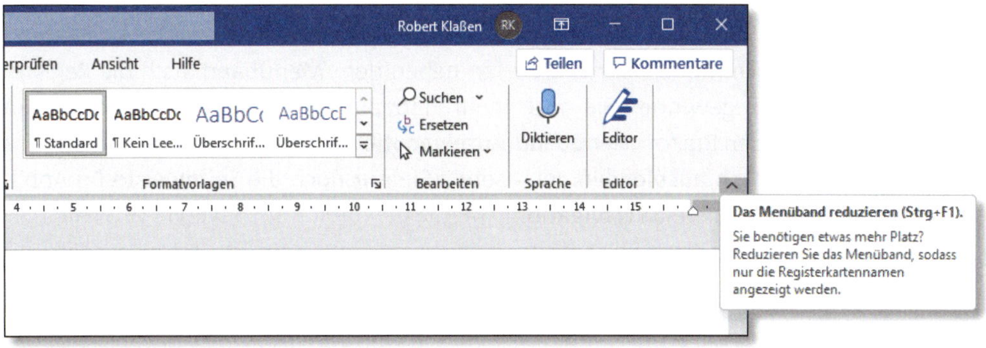

Abbildung 2.14 Das Menüband kann komplett ausgeblendet werden.

Nun bleiben lediglich noch die Registerkarten erhalten, während das Menüband komplett verschwunden ist. Das macht aber nichts, denn wenn Sie ein Steuerelement des Menübands bedienen wollen, klicken Sie zunächst auf die gewünschte Registerkarte. Daraufhin öffnet sich das Menüband, und Sie können eine der Befehlsschaltflächen bedienen. Das Menüband schließt sich daraufhin automatisch wieder – eine gute Methode, um platzsparend zu arbeiten.

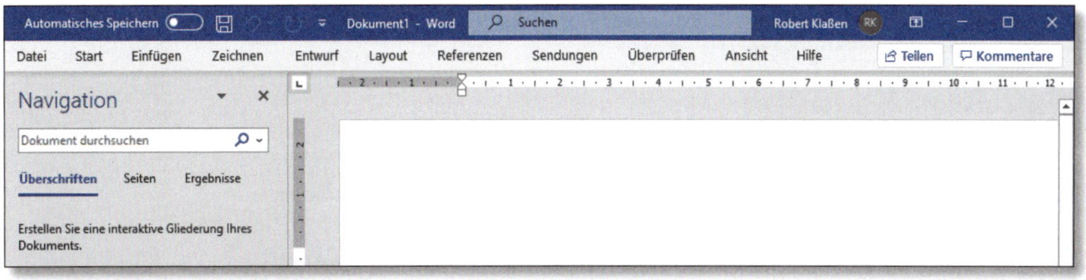

Abbildung 2.15 Das Menüband ist komplett ausgeblendet.

Menüband anzeigen

Nun müssen Sie mit dieser Anzeige nicht für immer leben. Vielmehr lässt sich die herkömmliche Ansicht zurückgewinnen, indem Sie abermals [Strg] + [F1] betätigen oder in der Kopfzeile auf die Schaltfläche **Menüband-Anzeigeoptionen** ❶ klicken. In dem Menü der Schaltfläche entscheiden Sie sich für die Option **Anzeigen von Registerkarten und Commands**.

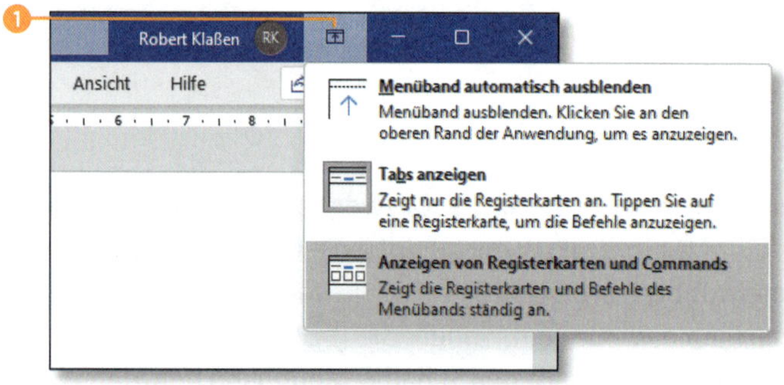
1
Robert Klaßen
RK
Ansicht
Hilfe
Menüband automatisch ausblenden
Menüband ausblenden. Klicken Sie an den oberen Rand der Anwendung, um es anzuzeigen.
Tabs anzeigen
Zeigt nur die Registerkarten an. Tippen Sie auf eine Registerkarte, um die Befehle anzuzeigen.
Anzeigen von Registerkarten und Commands
Zeigt die Registerkarten und Befehle des Menübands ständig an.

Abbildung 2.16 So gewinnen Sie die dauerhafte Menüband-Anzeige zurück.

Menüband ausblenden

Es geht übrigens noch mehr. Denn Sie dürfen neben dem Menüband auch die Register ausblenden. Dadurch gewinnen Sie noch mehr Platz auf der Arbeitsoberfläche. Klicken Sie dazu erneut auf den Button **Menüband-Anzeigeoptionen**, und entscheiden Sie sich für **Menüband automatisch ausblenden**. Jetzt sehen Sie nur noch die Seitenleiste (in Abbildung 2.17 den Aufgabenbereich **Navigation**).

Navigation

Abbildung 2.17 Fast der komplette Kopf der Anwendung ist verschwunden.

Zudem ist die Anwendung automatisch maximiert worden und nimmt nun den kompletten zur Verfügung stehenden Platz auf dem Monitor ein. Wollen Sie das Menüband zugänglich machen, bewegen Sie den Mauszeiger an den oberen Fensterrand. Sobald Sie einen farbigen Balken sehen (in Word ist dieser blau), klicken Sie auf diesen. Jetzt lässt sich das Menüband nach Wunsch bedienen. Nachdem Sie eine Aktion ausgewählt haben, wird es automatisch wieder ausgeblendet.

> INFO
>
> **Menüband dauerhaft einblenden**
>
> Der Button **Menüband-Anzeigeoptionen** bleibt auch in der ausgeblendeten Ansicht permanent sichtbar. Sie können also jederzeit wieder auf **Registerkarten und Befehle anzeigen** klicken und so die Anzeige auf die Standardansicht zurückstellen. Die Maximierung des Fensters heben Sie auf, indem Sie die Kopfleiste anklicken, das gesamte Anwendungsfenster mit gedrückter Maustaste ein wenig nach unten ziehen und zuletzt den Maximierungsmodus deaktivieren (die Schaltfläche links neben dem Schließen-Kreuz).

Das Menüband für die Touch-Eingabe optimieren

Wer an einem Tablet arbeitet, wünscht sich vielleicht mehr Platz zwischen den einzelnen Schaltflächen. Denn die Bedienung mit dem Finger fällt ja letztendlich weniger präzise aus als mit der Maus.

1 Klicken Sie zunächst in der Kopfzeile der Anwendung auf die kleine Dreieck-Schaltfläche **Symbolleiste für den Schnellzugriff anpassen** ❶.

Die folgenden Schritte müssen Sie übrigens nur einmal machen, da sie nur dazu dienen, eine entsprechende Schaltfläche zur Verfügung zu stellen, mit der sich ein Wechsel der Eingabemodi ermöglichen lässt.

2 Im Menü wählen Sie **Touch-/Mausmodus** ❷ aus, wodurch in der Symbolleiste ein neuer Schalter ❸ eingeblendet wird.

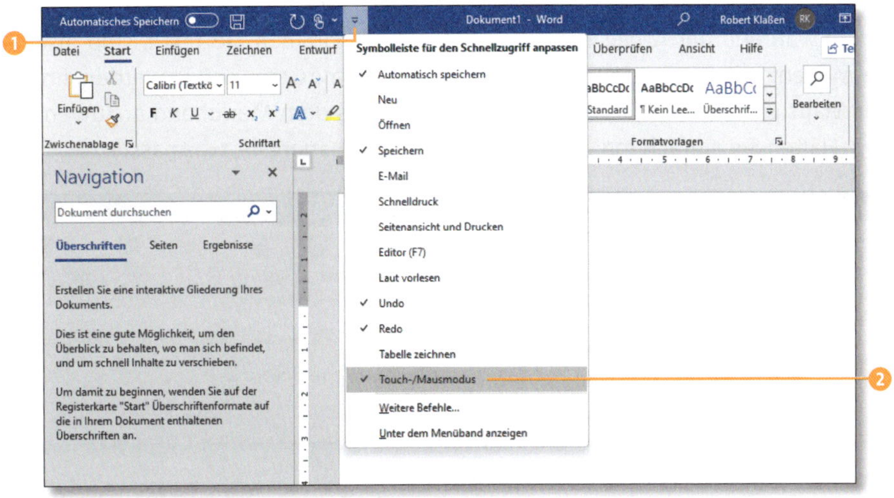

3 Klicken Sie nun auf diesen Schalter, und entscheiden Sie sich im Menü für einen der beiden Untereinträge, je nachdem welche Eingabemethode Sie verwenden möchten (entweder **Maus** oder **Fingereingabe**). Beachten Sie die vergrößerten Abstände zwischen den Schaltflächen bei aktiviertem Fingereingabemodus.

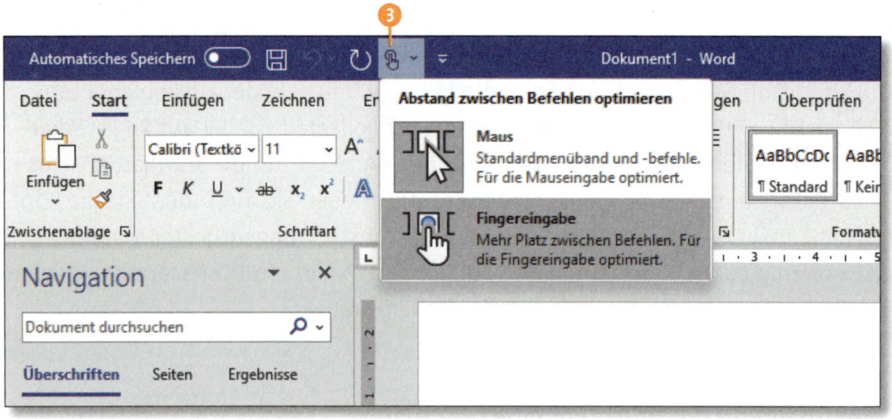

TIPP

Schaltfläche entfernen

Wenn Sie Ihre individuelle Einstellung gefunden haben und nicht mehr beabsichtigen, daran später etwas zu ändern, können Sie den Schalter aus der **Symbolleiste für den Schnellzugriff** ganz einfach wieder entfernen. Dazu wiederholen Sie die Schritte 1 und 2 der Anleitung »Das Menüband für die Touch-Eingabe optimieren«.

Ein Segen: die Menüband-Befehle

Am Ende dieses Abschnitts noch eine ganz tolle Sache für Sie. Auch wenn es sich unglaubwürdig anhört: Sie können das Menüband fast komplett ohne Maus bedienen. Das macht insbesondere während der Arbeit mit Word Sinn. Hier schreiben Sie Texte, sind also im Prinzip permanent mit der Tastatur zugange. Da kann es mitunter nervig werden, immer wieder zur Maus greifen zu müssen, um einen Befehl aus dem Menüband anzuwenden. Die Lösung: Halten Sie einfach mal `Alt` gedrückt, und schauen Sie, was passiert.

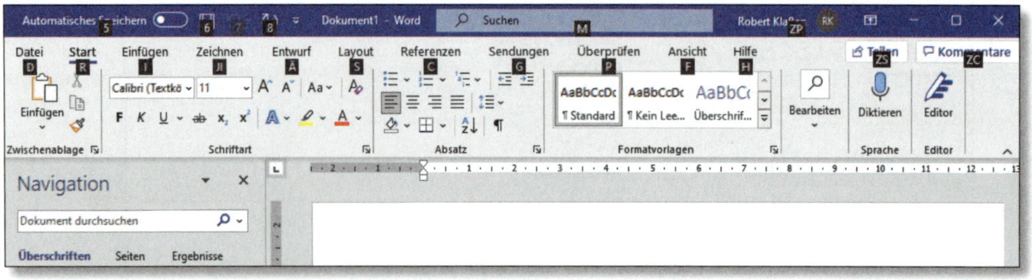

Abbildung 2.18 *Die Register bekommen Buchstaben.*

Um nun eine Registerkarte anwählen zu können, betätigen Sie einfach (bei gedrückter [Alt]-Taste) die Taste auf Ihrer Tastatur, die unterhalb der betreffenden Registerkarte erscheint. Um beispielsweise ein Bild einfügen zu können, müssten Sie als Nächstes die Taste [I] drücken. Damit wechseln Sie zum Register **Einfügen**. Halten Sie bitte die Taste [Alt] weiterhin gedrückt. Ansonsten funktioniert es nicht.

Sogleich erfolgt der Wechsel auf die entsprechende Registerkarte. Was sehen Sie in der Gruppe **Illustrationen** unterhalb der Schaltfläche **Bilder**? Genau: **B1**. Das heißt: Sie drücken zuerst die Taste [B], dann [1]. Jetzt öffnet sich ein kleines Untermenü, über das sich der Speicherort des Bildes zugänglich machen lässt. Wir entscheiden uns für die Taste [G], um ein Foto einzufügen, das sich auf Ihrem PC befindet (**Dieses Gerät**). Daraufhin wird das Dialogfenster **Grafik einfügen** eingeblendet.

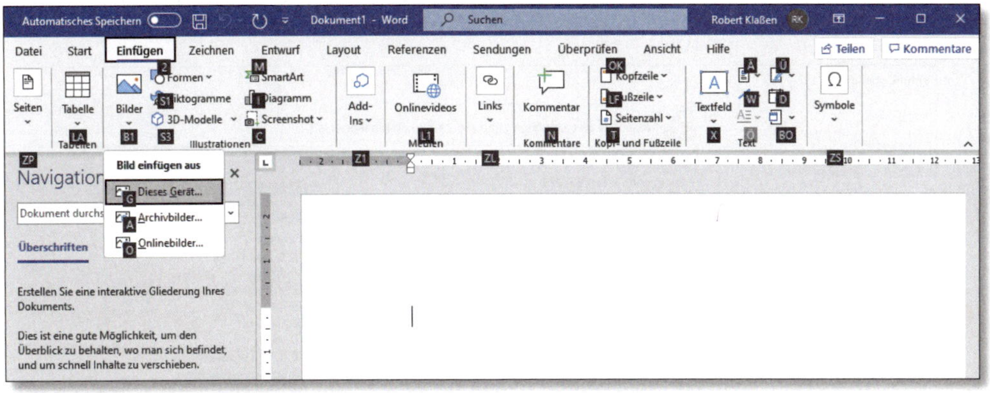

Abbildung 2.19 *Fast alle Menüband-Befehle lassen sich mithilfe der Tastatur aktivieren.*

Das ist doch eine tolle und effektive Vorgehensweise, oder? Am besten merken Sie sich für die Zukunft: Bild von der Festplatte des Computers einfügen = [Alt] + [I] [B] [1] [G]. Eine Onlinegrafik fügen Sie hingegen mit [Alt] + [I] [B] [1] [O] ein. So macht das Arbeiten richtig Spaß.

2.3 Die Standardregisterkarten

Alle Registerkarten, die in den einzelnen Anwendungen zu sehen sind, werden auch als Standardregisterkarten bezeichnet. Die Registerkarten **Start** und **Einfügen** sind genauso Standard wie beispielsweise die Registerkarte **Ansicht**.

Wie sich diese Registerkarten darstellen, an welcher Position der eine oder andere Registerkarten-Reiter auftauchen soll und welche Befehlsschaltflächen im jeweiligen Menüband enthalten sein sollen, können Sie jedoch frei bestimmen.

1. Rufen Sie dazu zunächst die sogenannte *Backstage-Ansicht* auf, indem Sie auf die Registerkarte **Datei** klicken. Gehen Sie anschließend auf die Rubrik **Optionen**. Daraufhin öffnet sich ein Dialogfenster mit den Programmoptionen (hier: **Word-Optionen**).

2 Wählen Sie im Dialogfenster links in der Spalte die Rubrik **Menüband anpassen** 1. Alternativ zu den Schritten 1 und 2 klicken Sie mit rechts auf irgendeinen Bereich des Menübands und entscheiden sich anschließend im Aufklappmenü für **Menüband anpassen**.

3 Wenn Sie beispielsweise möchten, dass die Registerkarte **Entwurf** künftig ganz links direkt neben **Datei** auftaucht, klicken Sie diesen Eintrag 2 in der rechten Spalte an und ziehen ihn mit gedrückter Maustaste an die oberste Position. Sobald ein schwarzer Balken auftaucht, lassen Sie die Maustaste los.

4 Möchten Sie eine Registerkarte komplett von der Anzeige ausnehmen, entfernen Sie einfach das vorangestellte Häkchen. Wie Sie sehen, ist die Registerkarte **Entwicklertools** (ebenfalls eine Standardregisterkarte) zwar vorhanden, wird jedoch nicht auf der Oberfläche angezeigt. Die Checkbox 3 ist inaktiv und könnte bei Bedarf ebenfalls angewählt werden.

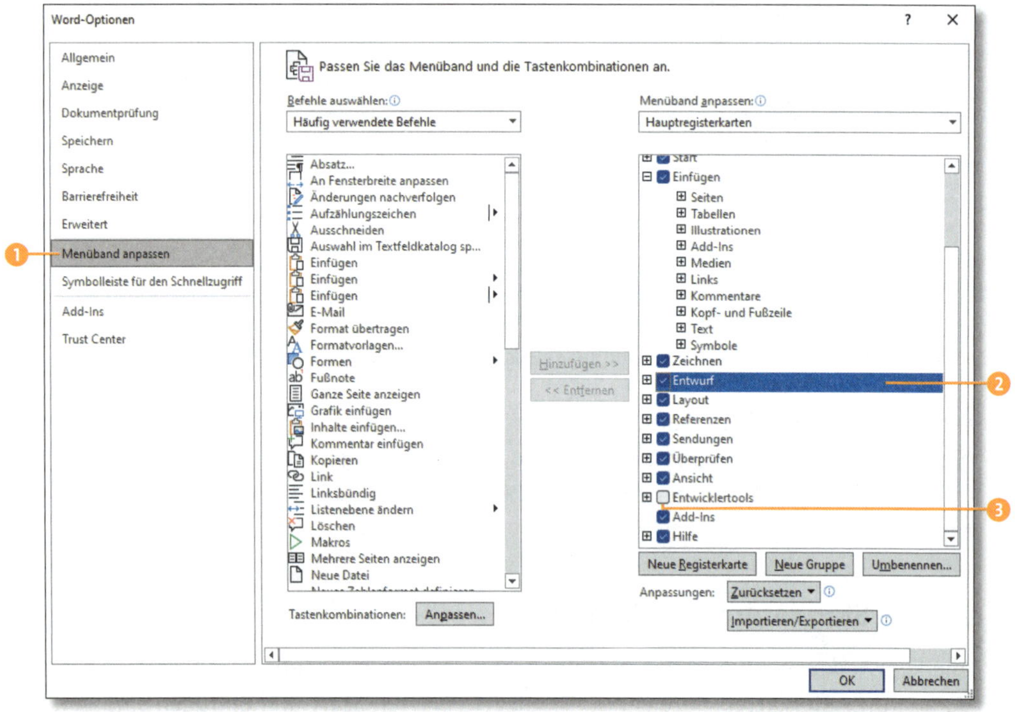

5 Wenn Sie mit Ihren Einstellungen fertig sind, bestätigen Sie Ihre Eingaben mit einem Klick auf **OK**.

INFO

Weitere Informationen

In den folgenden Kapiteln werde ich immer mal wieder auf das Dialogfenster **Optionen** zu sprechen kommen. Sie werden an geeigneter Stelle weitere interessante Einstellungsmöglichkeiten kennenlernen, die Sie hier vornehmen.

2.4 Die Programmregisterkarten

Im Gegensatz zu den Standardregisterkarten sind die Programmregisterkarten ausschließlich in der bereits erwähnten Backstage-Ansicht zu finden. Diese Karten werden links in der Spalte gelistet und können im Gegensatz zu den Standardregisterkarten nicht bearbeitet werden. Der zweite markante Unterschied: Die Bezeichnungen sind in allen drei großen Anwendungen der Office-Suite identisch (Word, Excel, PowerPoint). Weitere Hinweise dazu entnehmen Sie bitte Abschnitt 2.7, »Die Backstage-Ansicht verwenden«, ab Seite 71.

2.5 Bedingte Registerkarten und Kontextbefehle

Bedingte Registerkarten sind, wie der Name schon sagt, nur dann zu sehen, wenn eine bestimmte Bedingung erfüllt ist (sie werden auch *Temporäre Registerkarten, kontextbezogene Registerkarten* oder *Tool-Registerkarten* genannt). Eine solche Bedingung ist immer dann gegeben, wenn zuvor ein bestimmtes Objekt innerhalb eines Dokuments ausgewählt worden ist. Diese Registerkarten bieten Ihnen dann weitere Bearbeitungsmöglichkeiten zu dem markierten Objekt an.

Die bedingten Registerkarten

Fügen Sie beispielsweise ein Bild in ein Dokument ein und markieren dieses anschließend mit einem Mausklick, erscheint die Registerkarte **Bildformat**, die üblicherweise (also wenn kein Bild markiert ist) nicht auf der Arbeitsoberfläche zu sehen ist. Ebenso gibt es die Registerkarten **Tabellenentwurf** und **Layout**, die man nur zu Gesicht bekommt, wenn eine Tabelle markiert ist, oder die beiden Registerkarten **Diagrammentwurf** und **Format** bei Auswahl eines Diagramms – um nur einige Beispiele zu nennen. Sie werden stets ganz rechts in der Reihe der Registerkarten angezeigt.

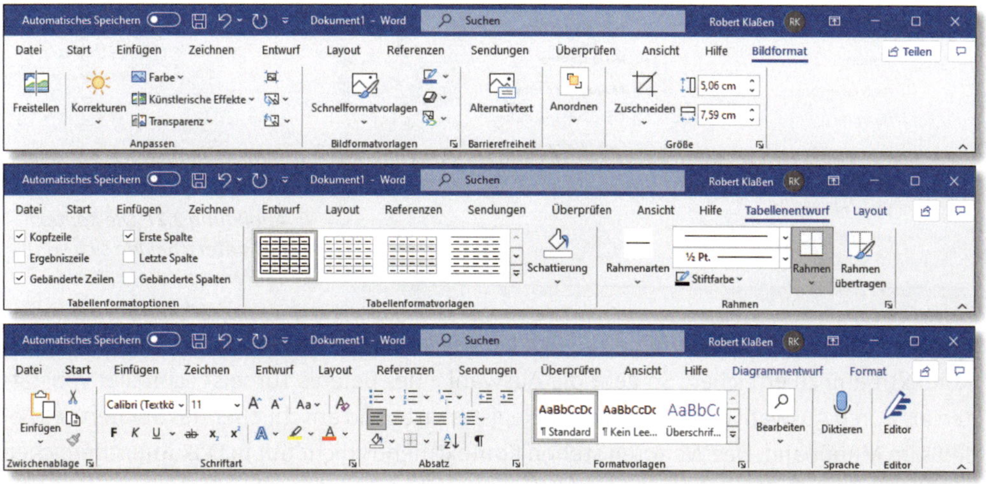

***Abbildung 2.20** Die bedingten Registerkarten heben sich farblich von den Standardregisterkarten ab.*

Kontextbefehle

Kontextbefehle sind ebenso von Bedingungen abhängig. Hier kommt es immer darauf an, ob das Kontextmenü, das übrigens immer per Klick mit der rechten Maustaste zugänglich gemacht wird, auf einem Objekt, einer freien Stelle des Dokuments oder an einem beliebigen anderen Ort geöffnet wird.

Öffnen Sie das Kontextmenü an einer freien Stelle eines Word-Dokuments oder in einer freien Excel-Zelle, gestaltet sich der Inhalt dieses Menüs anders, als wenn Sie den Rechtsklick beispielsweise auf ein zuvor integriertes Foto, ein Diagramm oder eine Form erfolgen lassen. In Abbildung 2.21 habe ich zwei potenzielle Ergebnisse aus Excel nebeneinander platziert. Links sehen Sie das Kontextmenü nach einem Rechtsklick in eine leere Zelle. Hier gesellt sich zum Kontextmenü noch eine Schnellsymbolleiste hinzu, mit der Zelleninhalte formatiert werden können. Beachten Sie zum Vergleich das rechte Kontextmenü, das durch Rechtsklick auf ein zuvor integriertes Foto hinzugefügt worden ist. Den gewünschten Befehl können Sie dann nach dem Öffnen des Kontextmenüs mit einem Klick auf die linke Maustaste auswählen.

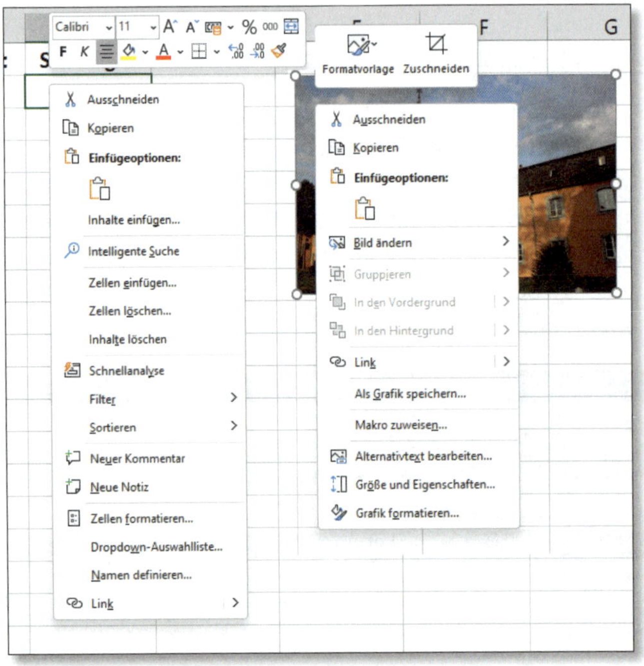

Abbildung 2.21 Die Kontextmenüs unterscheiden sich voneinander.

Darüber hinaus sind viele Befehle, die sich beispielsweise im Menüband befinden, auch im Kontextmenü zu erreichen. So geht die Auswahl eines Befehls zumeist schneller vonstatten als durch Auswahl der gewünschten Registerkarte und anschließendes Suchen des Befehls im Menüband. Des Weiteren stehen Kontextmenüs nicht nur in Dokumentbereichen zur Verfügung, sondern auch auf Schaltflächen (z. B. im Menüband), auf Registerkarten sowie in den Kopf- und Fußleisten einer Office-Anwendung. Auch hier ist der Inhalt mitunter abhängig von der Stelle, auf die Sie klicken.

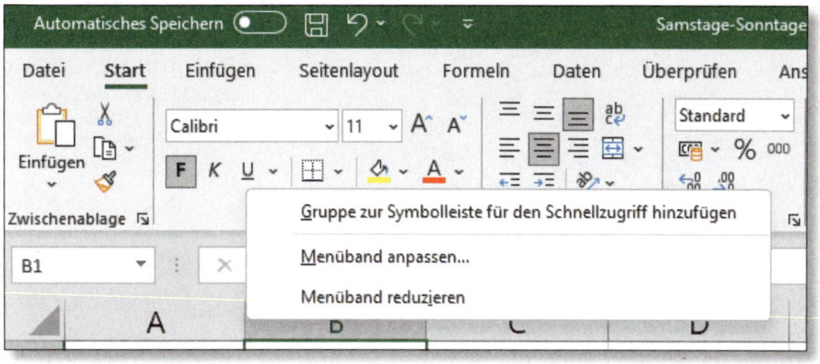

Abbildung 2.22 *Das im Menüband geöffnete Kontextmenü bringt eigene Befehle mit.*

2.6 Die Suchfunktion nutzen

Sicher ist Ihnen bereits der Schriftzug **Suchen** in der Kopfzeile der Anwendungen (oberhalb der Registerkarten) aufgefallen. Auf kleineren Monitoren bzw. bei verkleinertem Anwendungsfenster ist dieses Eingabefeld nur noch als Lupensymbol zu sehen, funktioniert aber in jedem Fall identisch. Dieses Eingabefeld finden Sie in allen Office-Anwendungen, und Sie können mit ihm sehr schnell nach Hilfethemen oder Befehlen zu einem bestimmten Suchbegriff recherchieren. Wie das genau funktioniert, erfahren Sie in den folgenden Abschnitten am Beispiel von Word.

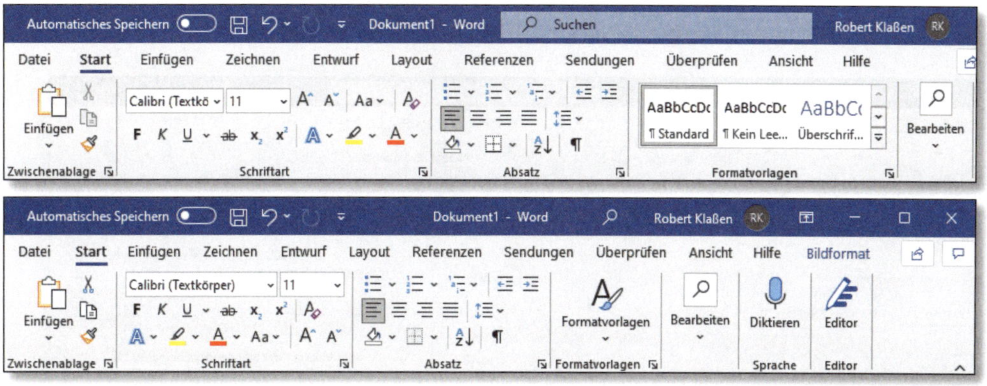

Abbildung 2.23 *Egal, wie die Funktion »Suchen« dargestellt wird – sie erledigt die Aufgaben zuverlässig.*

Eine Suche starten

Klicken Sie auf den Schriftzug **Suchen** (nicht auf die vorangestellte Lupe!), und geben Sie einen Begriff ein. Da Sie beispielsweise im Dokument *Computer heute.docx* gerade mit dem Thema Computer beschäftigt sind, bietet es sich möglicherweise an, etwas über die Entstehungsgeschichte von Computern zu verfassen. Vielleicht wollen Sie ja Konrad Zuse erwähnen, den Erfinder des Computers. Sollte Ihnen der Name entfallen sein oder möchten Sie mehr über ihn erfahren, dann böte sich der Suchbegriff »Erfinder des Computers« an.

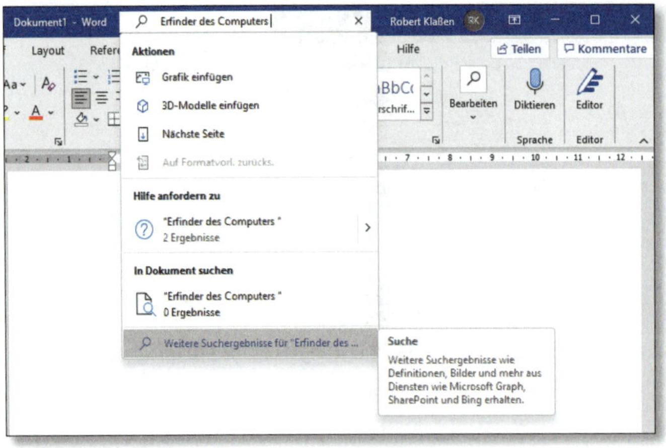

Abbildung 2.24 Suchen Sie im Dokument, im Internet oder in der Hilfe.

Suche im Internet

Nun werden Ihnen im Menü je nach eingegebenem Begriff unterschiedliche Optionen angeboten. Im Zusammenhang mit der Suche ist vor allem die unterste Zeile relevant. Mit dieser dürfen Sie nämlich die Bing-Suchmaschine mit einbeziehen, die das Internet sogleich nach relevanten Infos durchforstet. Auf der rechten Seite der Anwendung wird nun ein Fenster mit potenziellen Ergebnissen angezeigt. Interessieren Sie sich für einen der Einträge, klicken Sie auf die grün ausgezeichnete Zeile. Dies wiederum hat zur Folge, dass Ihr Standard-Browser startet (am PC ist das gewöhnlich der Browser **Microsoft Edge**, während sich am Mac normalerweise **Safari** öffnet).

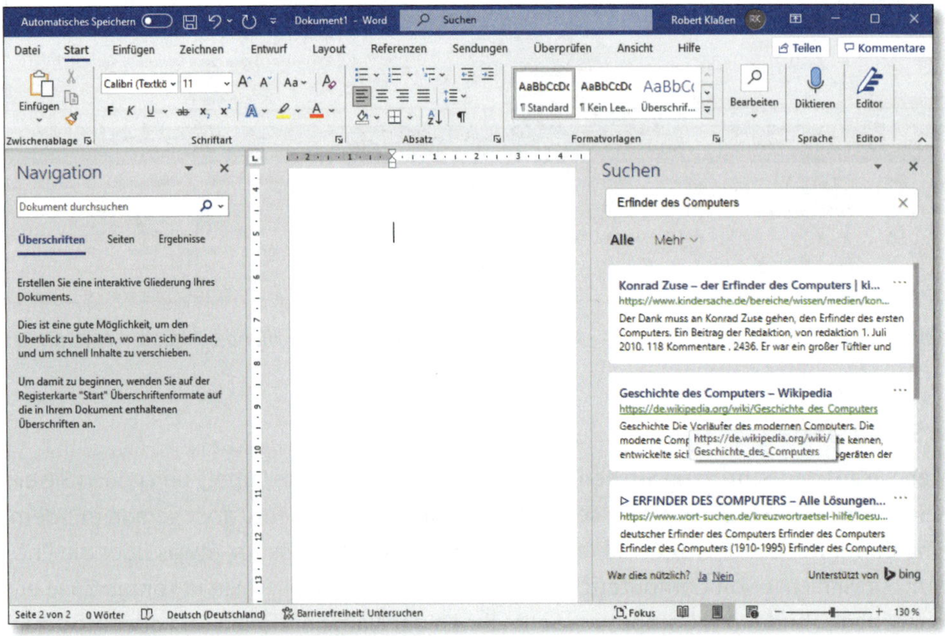

Abbildung 2.25 Die Ergebnisse werden in einem separaten Fenster präsentiert.

Achten Sie darauf, dass jeder dieser Einträge oben rechts über eine kleine Dreipunkte-Schaltfläche verfügt, über die Sie ein Kontextmenü erreichen. Darin ist beispielsweise eine Zeile enthalten, mit der Sie direkt zur Website springen können, also dasselbe erreichen wie mit einem Mausklick auf die zuvor erwähnte grüne Zeile. Viel interessanter ist aber, dass Sie auch eine Verknüpfung zur betreffenden Website in das Word-Dokument einfügen und sogar einen Zitat-Hinweis anlegen dürfen. (Manche politisch tätigen Personen vergessen das ja gern mal. 😉)

Die Suchfunktion als Bedienungshilfe

Die Hilfe bietet sich immer dann an, wenn Sie Unterstützung bei der Arbeit mit Word benötigen. Wenn Sie also z. B. etwas zu *Formatvorlagen* in Erfahrung bringen wollen, sollten Sie nach Eingabe desselbigen Suchworts auf die Ergebnisse in der Liste achten. Denn wenn Sie z. B. wissen wollen, wo sich der **Formatvorlagensatz** befindet, werden Sie nicht einfach nur mit einer Info versorgt, sondern können direkt auf ihn zugreifen, indem Sie den gleichnamigen Listeneintrag anklicken. Sofort öffnet sich der zum Dokument gehörende Satz rechts neben dem Suchfeld. Und er kann sogar gleich bedient werden. Das bedeutet: Sie können von hier aus eine Formatvorlage zuweisen. Das ist doch wirklich praktisch, oder?

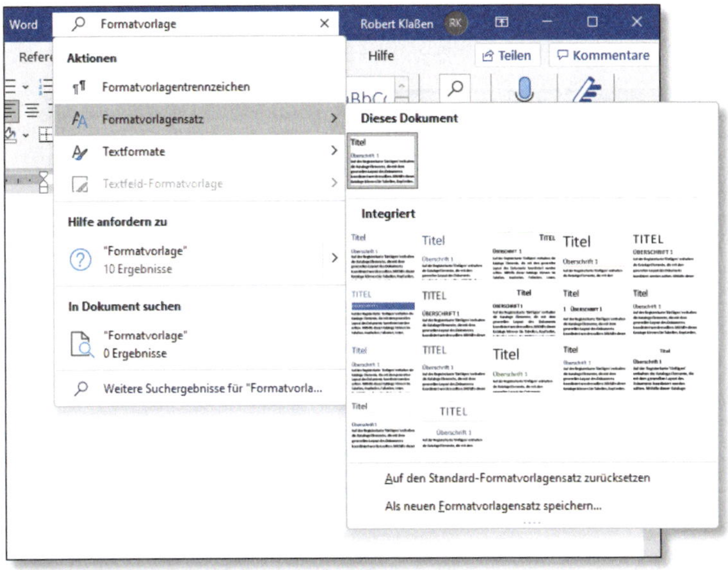

Abbildung 2.26
Elegant und effektiv – die Suchfunktion

Die Word-Hilfe benutzen

Sofern Sie Informationen aus der Word-Hilfe bevorzugen, zeigen Sie zunächst auf die Zeile, die Ihrer Suchanforderung entspricht. Im Beispiel ist das die Zeile **Formatvorlagen** im Bereich **Hilfe anfordern zu**. Wenn Sie jetzt noch ein wenig nach rechts fahren und den Mauszeiger auf der nach rechts weisenden Pfeilspitze parken (bitte nicht klicken!), öffnet sich ein weiteres Untermenü. Hier führen Sie nun einen Mausklick auf der Zeile **Hilfe zu "[Suchbegriff]" erhalten** aus.

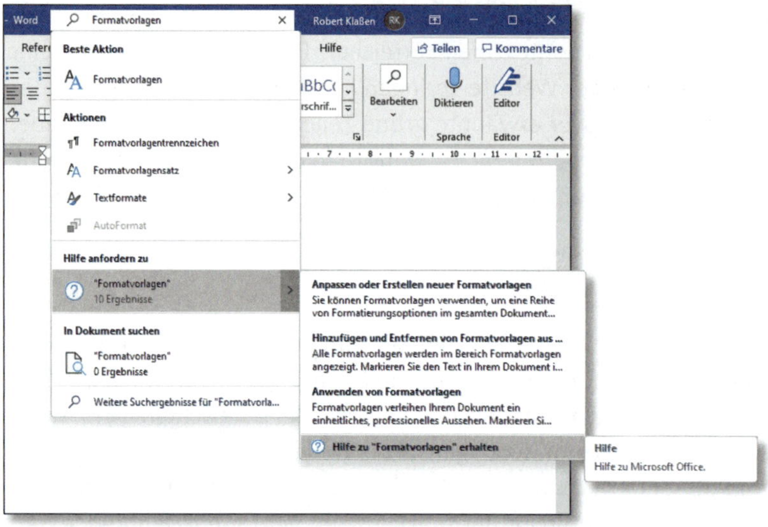

Formatvorlagen
Beste Aktion
Formatvorlagen
Aktionen
Formatvorlagentrennzeichen
Formatvorlagensatz
Textformate
AutoFormat
Hilfe anfordern zu
"Formatvorlagen"
10 Ergebnisse
In Dokument suchen
"Formatvorlagen"
0 Ergebnisse
Weitere Suchergebnisse für "Formatvorla...
Anpassen oder Erstellen neuer Formatvorlagen
Sie können Formatvorlagen verwenden, um eine Reihe von Formatierungsoptionen im gesamten Dokument...
Hinzufügen und Entfernen von Formatvorlagen aus ...
Alle Formatvorlagen werden im Bereich Formatvorlagen angezeigt. Markieren Sie den Text in Ihrem Dokument i...
Anwenden von Formatvorlagen
Formatvorlagen verleihen Ihrem Dokument ein einheitliches, professionelles Aussehen. Markieren Si...
Hilfe zu "Formatvorlagen" erhalten
Hilfe
Hilfe zu Microsoft Office.
Robert Klaßen
Teilen
Kommentare
Bearbeiten
Diktieren
Editor
Sprache

Abbildung 2.27 *Entscheiden Sie sich für die Word-Hilfe.*

Auch in diesem Fall wird rechts im Anwendungsfenster eine neue Spalte erzeugt. Scrollen Sie gegebenenfalls durch die Ergebnisse. Sie werden zahllose Infos finden, die zum Teil mit Fotos und sogar Videos bestückt sind. Wenn Sie die Suche nicht länger benötigen, deaktivieren Sie die Spalte mit einem Klick auf das Schließkreuz oben rechts.

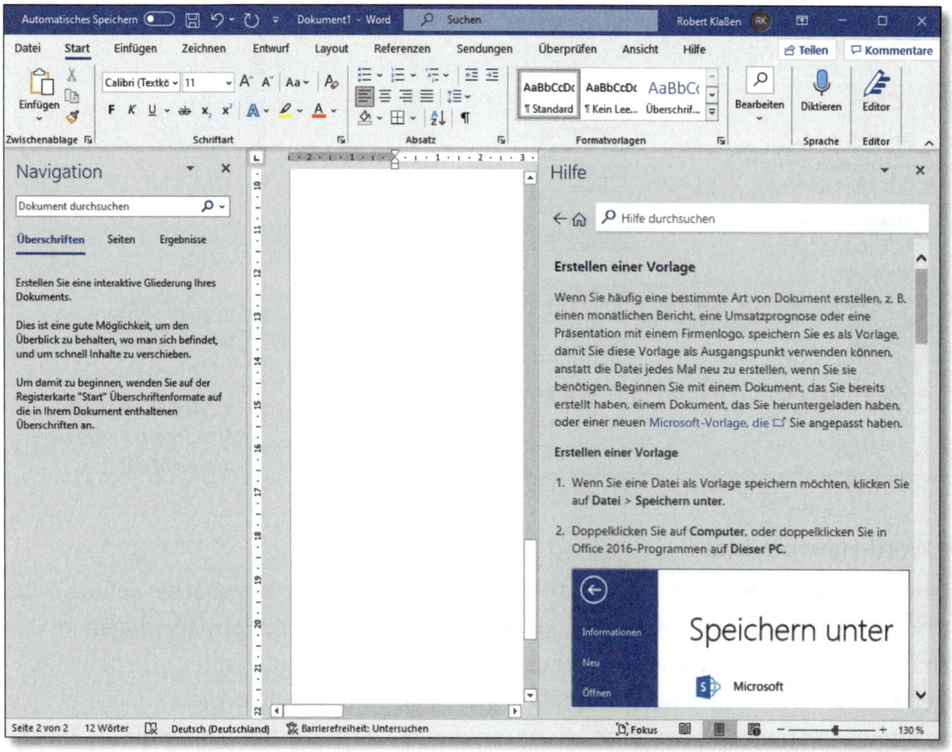

Automatisches Speichern
Dokument1 - Word
Suchen
Robert Klaßen
Datei
Start
Einfügen
Zeichnen
Entwurf
Layout
Referenzen
Sendungen
Überprüfen
Ansicht
Hilfe
Teilen
Kommentare
Navigation
Dokument durchsuchen
Überschriften
Seiten
Ergebnisse
Erstellen Sie eine interaktive Gliederung Ihres Dokuments.
Dies ist eine gute Möglichkeit, um den Überblick zu behalten, wo man sich befindet, und um schnell Inhalte zu verschieben.
Um damit zu beginnen, wenden Sie auf der Registerkarte "Start" Überschriftenformate auf die in Ihrem Dokument enthaltenen Überschriften an.
Hilfe
Hilfe durchsuchen
Erstellen einer Vorlage
Wenn Sie häufig eine bestimmte Art von Dokument erstellen, z. B. einen monatlichen Bericht, eine Umsatzprognose oder eine Präsentation mit einem Firmenlogo, speichern Sie es als Vorlage, damit Sie diese Vorlage als Ausgangspunkt verwenden können, anstatt die Datei jedes Mal neu zu erstellen, wenn Sie sie benötigen. Beginnen Sie mit einem Dokument, das Sie bereits erstellt haben, einem Dokument, das Sie heruntergeladen haben, oder einer neuen Microsoft-Vorlage, die Sie angepasst haben.
Erstellen einer Vorlage
1. Wenn Sie eine Datei als Vorlage speichern möchten, klicken Sie auf Datei > Speichern unter.
2. Doppelklicken Sie auf Computer, oder doppelklicken Sie in Office 2016-Programmen auf Dieser PC.
Speichern unter
Informationen
Neu
Öffnen
Microsoft
Seite 2 von 2
12 Wörter
Deutsch (Deutschland)
Barrierefreiheit: Untersuchen
Fokus
130 %

Abbildung 2.28 *Die Word-Hilfe bietet in Bezug auf Formatvorlagen zahlreiche Ergebnisse an.*

2.7 Die Backstage-Ansicht verwenden

Die Backstage-Ansicht haben Sie ja bereits in diesem Kapitel kennengelernt. Sie befindet sich im wahrsten Sinne des englischen Wortlautes »hinter der Bühne«, also hinter der gewohnten Arbeitsumgebung einer Office-Anwendung, und kann durch einen Klick auf die Registerkarte **Datei** zugänglich gemacht werden.

Abbildung 2.29 Mit einem Klick auf das Register »Datei« geht es in die Backstage-Ansicht.

Übersicht über die Backstage-Ansicht

Im Prinzip kann man die Backstage-Ansicht als den Verwaltungsapparat von Office bezeichnen, in dem jedoch nicht nur Office-spezifische Einstellungen vorgenommen werden können. Auch programminterne Optionen, z. B. die bereits angesprochene Gestaltung des Menübands, lassen sich hier einstellen. Außerdem werden dokumentspezifische Möglichkeiten, wie z. B. das Speichern, Exportieren oder Drucken eines Dokuments, über diesen Bereich ausgeführt. In den drei Hauptanwendungen Word, Excel und PowerPoint gleichen sich die Programmrubriken bis ins Detail – lediglich in Outlook gibt es Abweichungen.

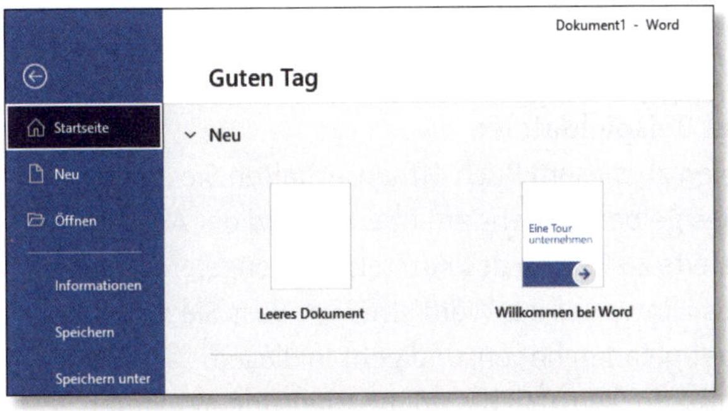

Abbildung 2.30 In Microsoft Office gelangen Sie auch ohne Backstage-Pass hinter die Kulissen.

> INFO
> **Zurück zur Anwendung**
> Mit einem Klick auf den nach links weisenden Pfeil ganz oben links in der Spalte mit den verschiedenen Rubriken der Backstage-Ansicht gelangen Sie stets zurück zur Programmansicht der jeweiligen Office-Anwendung.

Neu, Öffnen, Speichern, Speichern unter

Erzeugen Sie ein neues Dokument, indem Sie in der linken Spalte der Backstage-Ansicht die Rubrik **Neu** wählen und dann eine Vorlage oder ein leeres Dokument aussuchen.

Nach einem Klick auf **Öffnen** (hier in PowerPoint) können Sie auf zuletzt verwendete Dokumente zugreifen, indem Sie den Eintrag **Zuletzt verwendet** markieren. Außerdem haben Sie die Möglichkeit, auf bestimmte Speicherorte zuzugreifen, z. B. auf den Inhalt Ihres Computers oder auf den Onlinespeicher OneDrive.

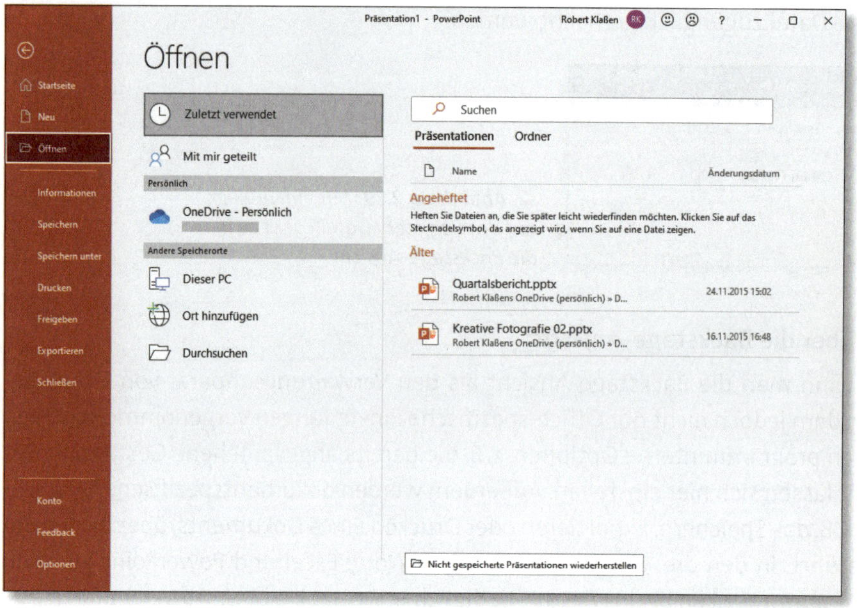

Abbildung 2.31 *Der Bereich »Öffnen« in PowerPoint*

INFO

Warnhinweis beim Öffnen der Beispieldateien

Wenn Sie eine der Beispieldateien zu diesem Buch öffnen, erhalten Sie einen Sicherheitshinweis in Form eines gelben Balkens am oberen Rand der Anwendung. Diesen haben Sie bereits zu Beginn des Kapitels kennengelernt. Der Grund für das Erscheinen dieses Hinweises ist: Word »merkt«, dass Sie die Beispieldateien aus dem Internet geladen haben, und geht in diesem Fall lieber auf Nummer sicher. Deshalb müssen Sie zunächst auf **Bearbeitung aktivieren** klicken, ehe sich das Dokument bearbeiten lässt. Die Beispieldateien zu diesem Buch sind natürlich virenfrei. Grundsätzlich sollten Sie dem Hinweis allerdings Beachtung schenken und die Öffnen-Aktion abbrechen, wenn Sie diesen Hinweis sehen. Checken Sie die Datei mithilfe eines Virenscanners, ehe Sie mit ihr arbeiten.

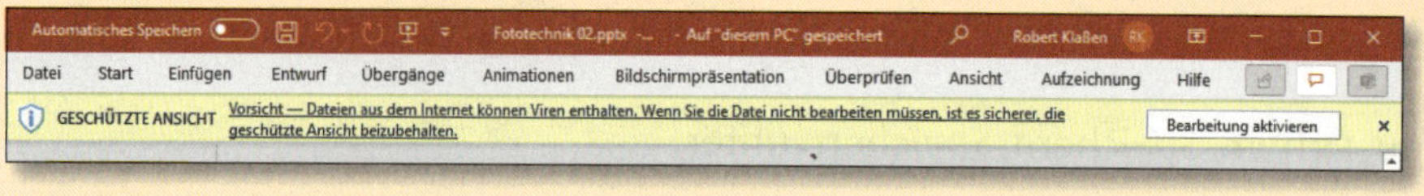

Abbildung 2.32 *PowerPoint & Co. warnen vor unbekanntem Inhalt.*

Speichern Sie ein Dokument, indem Sie sich beim ersten Mal für **Speichern unter** entscheiden. Das erlaubt die Anwahl eines Speicherorts. Um das Dokument später erneut zu speichern, reicht es, wenn Sie **Speichern** auswählen. Alternativ können Sie jedoch direkt aus der Programmumgebung heraus die Tasten Strg + S betätigen. Für den Fall, dass Sie einem Dokument noch keinen Speicherort zugewiesen haben und trotzdem auf **Speichern** klicken, wird automatisch das Dialogfenster **Speichern unter** geöffnet. Auch hier werden übrigens zuletzt verwendete Ordner zur schnellen Auswahl angeboten bzw. die Schaltfläche **Durchsuchen** zur Verfügung gestellt, mit der Sie einen beliebigen anderen Speicherort aussuchen können.

Abbildung 2.33 Wenn Sie den gewünschten Speicherort nicht finden, klicken Sie auf »Durchsuchen«.

Automatisches Speichern

Sicher ist Ihnen bereits der kleine Schaltflächenbereich **Automatisches Speichern** oben links aufgefallen. Dieser ist möglicherweise ausgegraut – was ein Indiz dafür wäre, dass Sie OneDrive, den Online-Speicher von Microsoft (eine sogenannte Cloud), noch nicht benutzt haben.

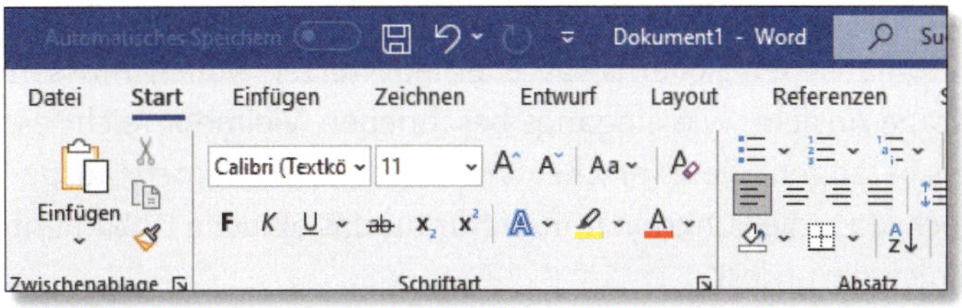

Abbildung 2.34 Das automatische Speichern ist inaktiv.

Das ändert sich schlagartig, nachdem die Datei erstmals auf dem Online-Speicher *OneDrive* gesichert worden ist. Dazu gehen Sie erneut über **Datei**, gefolgt von **Speichern unter**. In der Liste der potenziellen Speicherorte selektieren Sie jetzt aber nicht, wie beim Speichern auf Festplatte üblich, **Dieser PC**, sondern klicken doppelt auf **OneDrive**. Danach weisen Sie einen OneDrive-Speicherort zu (nähere Hinweise finden Sie in Abschnitt 12.4, »Dokumente auf OneDrive und SharePoint freigeben«, ab Seite 389) und betätigen erneut **Speichern**.

Abbildung 2.35 *Benutzen Sie OneDrive als Online-Speicher.*

Die Backstage-Ansicht wird daraufhin automatisch geschlossen. Das automatische Speichern ist nunmehr aktiv (wohlgemerkt nur für dieses Dokument) und Ihre Datei wird permanent auf dem neuesten Stand gehalten. Dazu müssen Sie selbst nichts mehr tun, das erledigt Office für Sie. Sie erhalten sogar einen entsprechenden Hinweis, den Sie mit einem Klick auf **Alles klar** von der Bildfläche verschwinden lassen können.

Abbildung 2.36 *Jetzt wird automatisch gespeichert – und zwar auf OneDrive.*

Wollen Sie das automatische Speichern später doch wieder deaktivieren, klicken Sie einfach auf die jetzt aktive Schaltfläche oben links. – Und jetzt legen wir noch eins drauf: Wenn Sie die Funktion des automatischen Sicherns später erneut nutzen wollen, müssen Sie nicht wieder in die Backstage-Ansicht, wie eingangs beschrieben. Vielmehr reicht es, wenn Sie den Button abermals betätigen. Dieser erscheint nämlich nun nicht mehr ausgegraut. Bitte beachten Sie jedoch, dass die Funktion immer nur für das aktuelle Dokument gilt. Andere Dokumente sind nicht involviert.

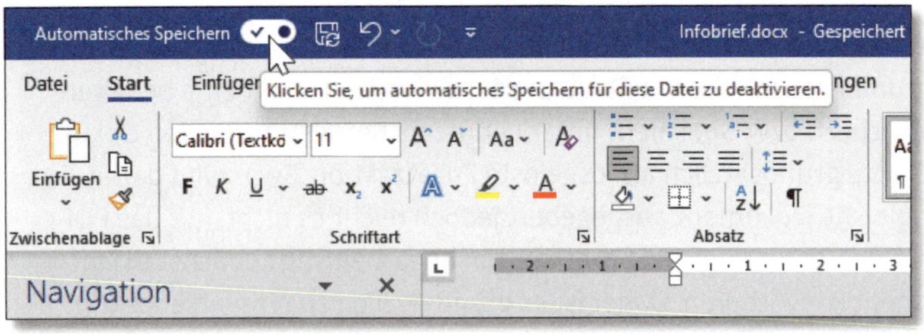

Abbildung 2.37 Die Funktion kann jederzeit deaktiviert und bei Bedarf wieder aktiviert werden.

Drucken, Freigeben, Exportieren

Während sich Dokumente mit einem Klick auf **Drucken** zu Papier bringen lassen, können Sie über die Rubrik **Freigeben** Dokumente per E-Mail versenden oder Personen einladen, das Dokument anzusehen oder daran zu arbeiten. Dazu wird es in der Regel in der sogenannten *Cloud* (z. B. OneDrive) gespeichert und ist somit online für den Empfänger verfügbar.

Beim Exportieren wandelt man ein Dokument hingegen in aller Regel in einen anderen Dateityp um. Das ist interessant, wenn potenzielle Empfänger Ihrer Dokumente nicht über Office verfügen. Ein sehr beliebtes Exportformat ist das sogenannte PDF (*Portable Document File*). Das Format verfügt im Allgemeinen über eine kleine Dateigröße, kann also prima per E-Mail weitergegeben werden und ist qualitativ dennoch auf hohem Niveau. Somit kann es meist auch in Topqualität gedruckt werden. Der Nachteil: PDF-Dokumente können nicht (bzw. nur mit entsprechender Software) bearbeitet werden. Der Empfänger kann also das PDF-Dokument in der Regel nicht editieren. Aber das muss nicht unbedingt ein Nachteil sein. Denn mitunter ist es ja gar nicht gewünscht, dass der Empfänger Dokumente nachbearbeitet.

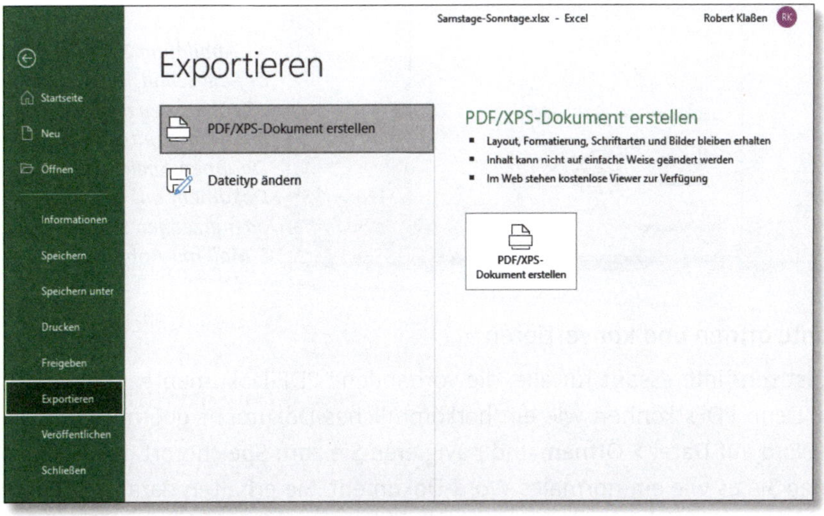

Abbildung 2.38 Backstage ist vieles möglich – unter anderem die Produktion eines PDFs.

INFO

Speichern und Exportieren im Team
Sie sollten grundsätzlich eine Arbeitsdatei des jeweiligen Dokuments behalten, indem Sie **Speichern** bzw. **Speichern unter** benutzen. Betrachten Sie den Dokumentexport bitte grundsätzlich als losgelöste Zusatzaktion. Zwar wird damit im Kern das gleiche Dokument ausgegeben, jedoch reicht es nicht, nur das PDF zu behalten. Denn dann müssten Sie es zur Nachbearbeitung zunächst in ein Word-Dokument konvertieren. Daher ist es grundsätzlich zu empfehlen, ein Word-Dokument zu behalten.

Die Freigeben-Funktion steht übrigens auch oben rechts in den Standardanwendungen zur Verfügung. Sie müssen also nicht zwingend in das Backstage-Menü gehen. Allerdings heißt die Schaltfläche hier nicht mehr (wie noch in Office 2019) **Freigeben**, sondern **Teilen**. Im unteren Bereich des überlagernden Fensters, er ist mit **Stattdessen eine Kopie anfügen** betitelt, leiten Sie den direkten Übergang zu Outlook ein. Hier wird sogleich ein E-Mail-Fenster zur Verfügung gestellt und das entsprechende Dokument (z. B. ein Word-Dokument oder wie hier eine Excel-Arbeitsmappe bzw. ein PDF) als Anhang eingefügt.

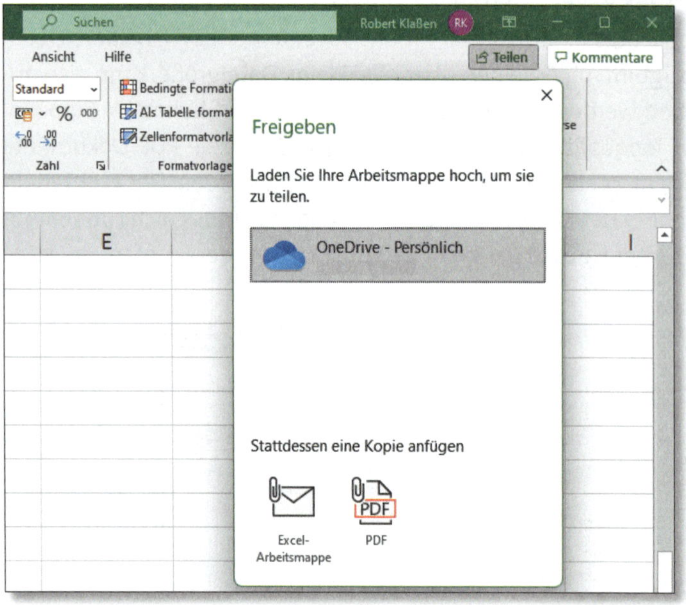

Abbildung 2.39 *Ein Klick auf die Schaltfläche »Teilen« offenbart den direkten Zugriff auf unterschiedliche Optionen. Speichern Sie das Dokument auf OneDrive, oder erzeugen Sie eine E-Mail mit Anhang.*

PDF-Dokumente öffnen und konvertieren

Diese Technik ist sehr interessant für alle, die vorhandene PDF-Dokumente weiterverarbeiten wollen. Denn PDFs können wie ein herkömmliches Dokument geöffnet werden. Klicken Sie in Word auf **Datei > Öffnen**, und navigieren Sie zum Speicherort des PDF-Dokuments. Öffnen Sie es wie ein normales Word-Dokument. Sie erhalten daraufhin einen entsprechenden Hinweis zur Konvertierung, den Sie mit einem Klick auf **OK** bestätigen.

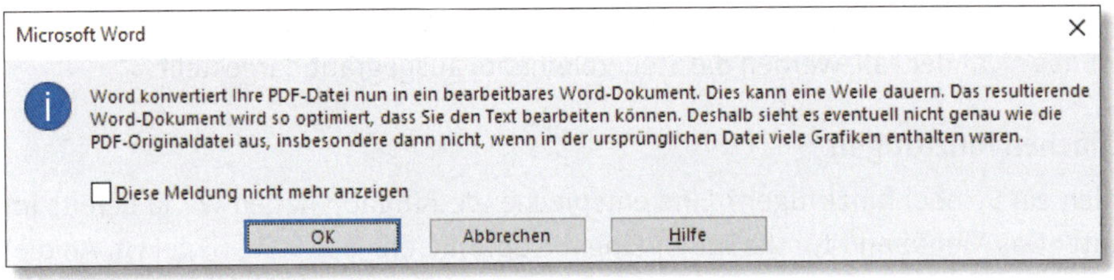
Microsoft Word
Word konvertiert Ihre PDF-Datei nun in ein bearbeitbares Word-Dokument. Dies kann eine Weile dauern. Das resultierende Word-Dokument wird so optimiert, dass Sie den Text bearbeiten können. Deshalb sieht es eventuell nicht genau wie die PDF-Originaldatei aus, insbesondere dann nicht, wenn in der ursprünglichen Datei viele Grafiken enthalten waren.
Diese Meldung nicht mehr anzeigen
OK
Abbrechen
Hilfe

Abbildung 2.40 *Wenn Sie öfter mit PDF-Dokumenten arbeiten, sollten Sie vor dem Klick auf »OK« das Ankreuzkästchen auf der linken Seite aktivieren. Dann bleibt der Hinweis fortan aus.*

Gedulden Sie sich einen Augenblick. Bei umfangreichen PDF-Dokumenten kann es schon mal einen Moment dauern, bis dieser Vorgang abgeschlossen ist. Vergessen Sie zudem nicht, das Word-Dokument zu speichern. Denn bislang gibt es ja nur das PDF – und eben noch keine Word-Datei auf Ihrem Computer.

INFO

PDF außerhalb von Word öffnen

Übrigens können Sie ein PDF-Dokument auch aus einer anderen Office-Anwendung heraus öffnen (z. B. Excel). Die Bereitstellung des Dokuments erfolgt trotzdem in Word. Darüber hinaus können Sie ein PDF-Dokument außerhalb von Office mit rechts anklicken und **Öffnen mit** wählen. Im Kontextmenü wählen Sie anschließend den Eintrag **Word**.

2.8 Die Symbolleiste für den Schnellzugriff

Die Symbolleiste für den Schnellzugriff befindet sich ganz oben links in der Kopfzeile der Programme und beinhaltet eine Sammlung von individuellen Befehlen. Sie unterscheidet sich geringfügig von Anwendung zu Anwendung – Sie können sie jedoch individuell anpassen.

Automatisches Speichern
Automatisches Speichern
Automatisches Speichern

Abbildung 2.41 *Word, Excel und PowerPoint (von oben nach unten)*

Standardmäßig befinden sich folgende Schaltflächen in der Symbolleiste. Mithilfe des kleinen Diskettensymbols, das sich innerhalb der drei »großen« Anwendungen rechts neben dem Programmsymbol befindet, kann das Dokument schnell nachgespeichert werden. Der gebogene, nach links weisende Pfeil ermöglicht Ihnen das Rückgängigmachen der zuletzt ausgeführten Handlung, während Sie mit einem Klick auf den nach rechts weisenden oder im Kreis befindlichen Pfeil zurückgenommene Schritte erneut ausführen können. Beide Schaltflächen sind folgerichtig nur dann anwählbar, wenn es etwas gibt, das rückgängig gemacht wurde oder nach einer Rückgängig-Aktion wiederhergestellt werden kann. Ist das nicht der Fall, werden die Steuerelemente ausgegraut dargestellt.

Schaltflächen hinzufügen

Sie wollen ein Symbol hinzufügen? Eine entsprechende Aufgabe haben wir ja bereits im Abschnitt »Das Menüband für die Touch-Eingabe optimieren« auf Seite 61 gelöst. An dieser Stelle sei daher nur noch einmal in Kürze erwähnt, dass Sie auf den Button **Die Symbolleiste für den Schnellzugriff anpassen** klicken müssen, der sich in der Symbolleiste ganz rechts befindet. Im Auswahlmenü wählen Sie dann den Eintrag, den Sie hinzufügen möchten. Sollte der gewünschte Eintrag im Menü nicht vorhanden sein, klicken Sie auf **Weitere Befehle**. Das öffnet das Dialogfenster **Optionen** (das sich übrigens auch über **Datei > Optionen > Symbolleiste für den Schnellzugriff** aktivieren ließe). Wenn Sie nun aus dem Menü **Befehle auswählen** ❶ in der mittleren Spalte des Dialogfensters **Alle Befehle** wählen und anschließend einen Befehl im darunter befindlichen Feld ❷ aussuchen, wird diese Schaltfläche durch einen Klick auf **Hinzufügen** ❸ in die Symbolleiste für den Schnellzugriff integriert. Der entsprechende Eintrag erscheint daraufhin in der rechten Spalte ❹. Damit die Einstellung wirksam werden kann, müssen Sie das Dialogfenster mit einem Klick auf den Button **OK** verlassen.

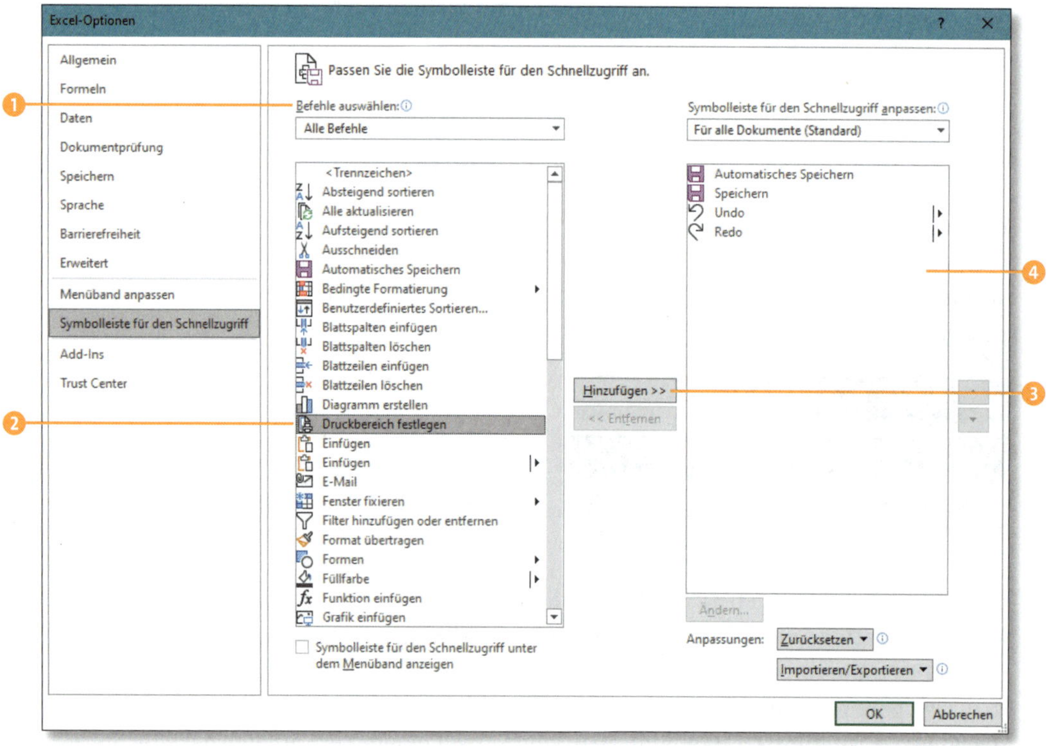

Abbildung 2.42 Hier wird gerade der Befehl »Druckbereich festlegen« in Excel integriert.

> **INFO**
>
> **Schaltflächen entfernen**
> Auf die gleiche Weise können hinzugefügte Buttons auch aus der Leiste entfernt werden. Dazu muss der Eintrag allerdings in der rechten Spalte markiert und mit einem Klick auf die Schaltfläche **Entfernen** herausgenommen werden. Vergessen Sie auch hier den Klick auf **OK** nicht, um die Änderungen zu bestätigen.

Aktive Symbolleistenoptionen

Klicken Sie einmal auf die Schaltfläche **Symbolleiste für den Schnellzugriff anpassen**, die sich ganz rechts in der Symbolleiste befindet. Hier sind im Menü der Schaltfläche einige vordefinierte Befehle integriert, die schnell durch Auswahl der betreffenden Zeile als Schaltfläche in die Symbolleiste für den Schnellzugriff hinzugefügt oder auch deaktiviert werden können. Entscheidend für die Sichtbarkeit des Befehls innerhalb der Symbolleiste ist grundsätzlich, ob dem Eintrag ein Häkchen vorangestellt ist oder nicht.

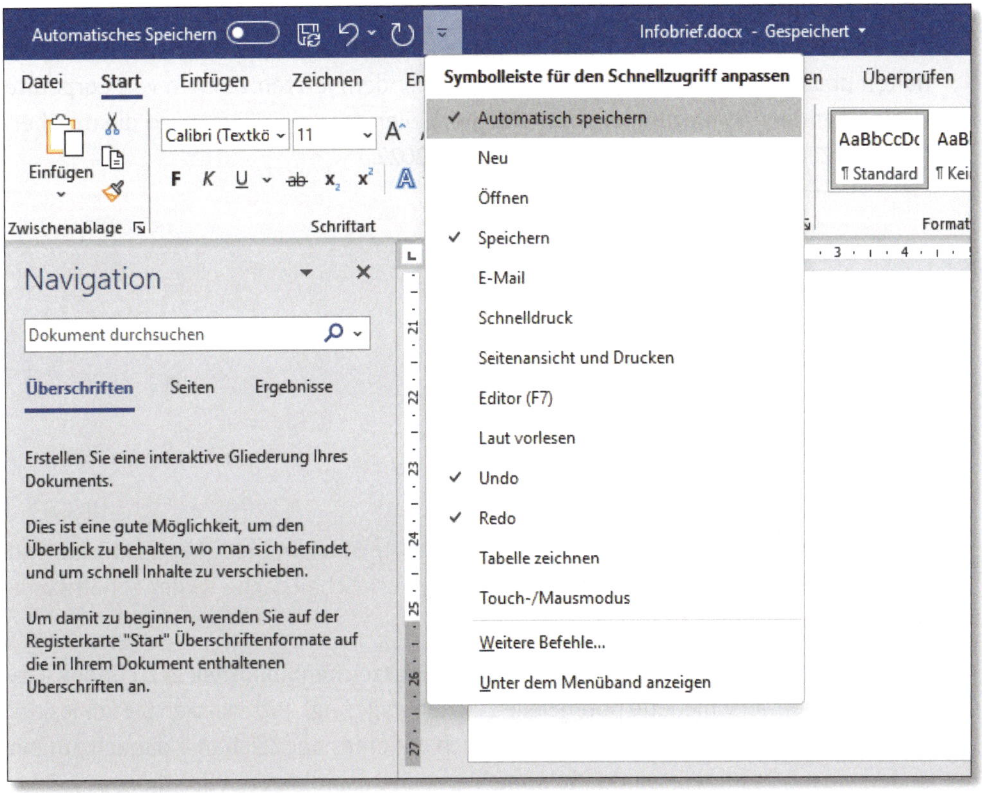

Abbildung 2.43 *Da der Befehl »Undo« (= Rückgängig) in der Leiste vorhanden ist, wird im Menü auch ein Häkchen ausgewiesen.*

2.9 Die Livevorschau nutzen

Die sogenannte *Livevorschau* ist eine wirklich tolle Office-Funktion, die insbesondere dann sinnvoll ist, wenn es um die Gestaltung von Dokumentinhalten geht. Mit ihrer Hilfe können Sie nämlich schon vor der Zuweisung des Befehls sehen, was diese Funktion bewirkt, und sich gegebenenfalls umentscheiden – noch bevor die Einstellung tatsächlich angewendet wird. So können Sie in aller Ruhe ausprobieren, welche Funktion bzw. welches Erscheinungsbild am besten passt.

Aufzählungszeichen mit der Livevorschau begutachten

Zur Livevorschau wollen wir uns ein praktisches Beispiel ansehen. Öffnen Sie doch bitte einmal das Word-Dokument *Tagesordnung.docx*, das Sie im Ordner *02* der Beispieldateien finden. Wir wollen uns ansehen, welches Aufzählungszeichen sich für die Untereinträge von Tagesordnungspunkt 3 eignet.

1 Markieren Sie die drei Zeilen, die im Beispieldokument unmittelbar unterhalb der Zeile **TOP 3: Entwicklung** aufgeführt sind. Das erreichen Sie am schnellsten, indem Sie vor den ersten Buchstaben von **Gestaltungsmerkmale** klicken, die Maustaste gedrückt halten und nach unten ziehen, bis Sie sich hinter dem letzten Zeichen von **Corporate Design** befinden. Daraufhin werden alle drei Zeilen grau markiert, auch die darüberliegende Zeile **Gestaltungsmerkmale der Serie 2022**.

2 Als Nächstes sorgen Sie dafür, dass die Registerkarte **Start** im Menüband aktiv ist, und klicken in der Gruppe **Absatz** auf die kleine Dreieck-Schaltfläche ❶ der Schaltfläche **Aufzählungszeichen**.

3 Im nächsten Menü ist u. a. der Bereich **Aufzählungszeichenbibliothek** ❷ zu finden. Darunter werden verschiedene potenzielle Zeichen angezeigt. Bitte klicken Sie keines davon an, sondern führen Sie die Maus lediglich auf eines der Zeichen – danach auf ein anderes usw. Das Interessante: Solange Sie noch ausprobieren, wird die graue Textmarkierung im Dokument unterdrückt. Dies soll sicherstellen, dass Sie den Text in Verbindung mit der gewünschten Einstellung optimal begutachten können.

4 Erst wenn Sie mit einem Zeichen zufrieden sind, klicken Sie das entsprechende Zeichen im Bereich **Aufzählungszeichenbibliothek** an.

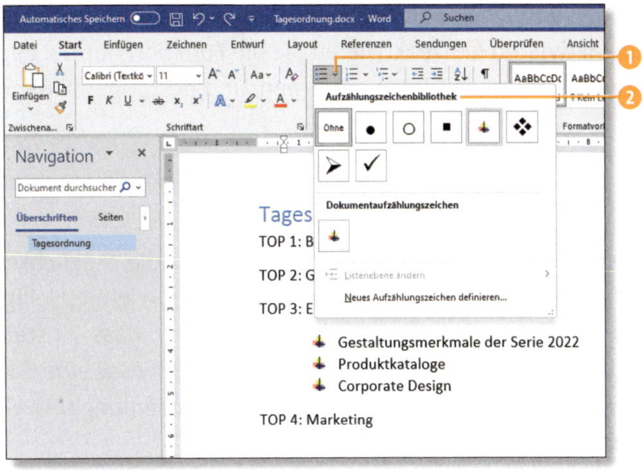

5 Heben Sie die Markierung auf, indem Sie auf eine beliebige Stelle im Dokument klicken.

Möchten Sie später ein anderes Zeichen zuweisen, müssen Sie den Text zunächst wieder markieren. Wechseln Sie erst danach in die Liste der Aufzählungszeichen.

Livevorschau deaktivieren

Für den Fall, dass Sie sich von der Livevorschau gestört fühlen oder auf einem leistungsschwachen Gerät arbeiten, das durch die Livevorschau Verzögerungen des Arbeitsprozesses verursacht, können Sie diese Funktion deaktivieren. Dazu begeben Sie sich in die Programmoptionen (**Datei > Optionen**) und wählen in der linken Spalte des Dialogfensters die Rubrik **Allgemein** per Mausklick aus.

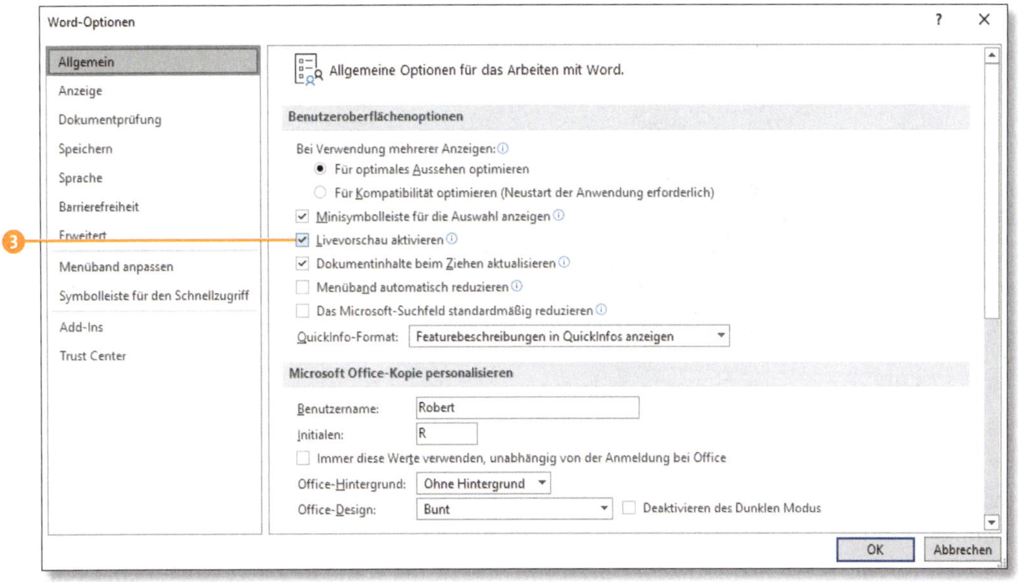

Abbildung 2.44 Deaktivieren Sie die Livevorschau bei Bedarf.

In der Dialog-Mitte finden Sie den Bereich **Benutzeroberflächenoptionen**. Darunter sehen Sie die Checkbox **Livevorschau aktivieren** ③. Deaktivieren Sie die Funktion nur bei Bedarf, indem Sie das Häkchen vor **Livevorschau aktivieren** entfernen, und bestätigen Sie mit einem Klick auf **OK**.

2.10 So individualisieren Sie Ihre Office-Ansicht

Was die optische Gestaltung Ihrer Office-Anwendungen angeht, sind die Möglichkeiten überschaubar. Im Prinzip lassen sich nur das Design der Kopfleiste sowie die Helligkeit des Oberflächenhintergrunds einstellen. Dabei ist zu berücksichtigen, dass Einstellungen anwendungsübergreifend Gültigkeit haben. Wenn Sie also beispielsweise eine dunkle Arbeitsoberfläche in PowerPoint einstellen, nehmen Sie die gleiche Einstellung unweigerlich auch in Excel und allen anderen Office-Anwendungen vor.

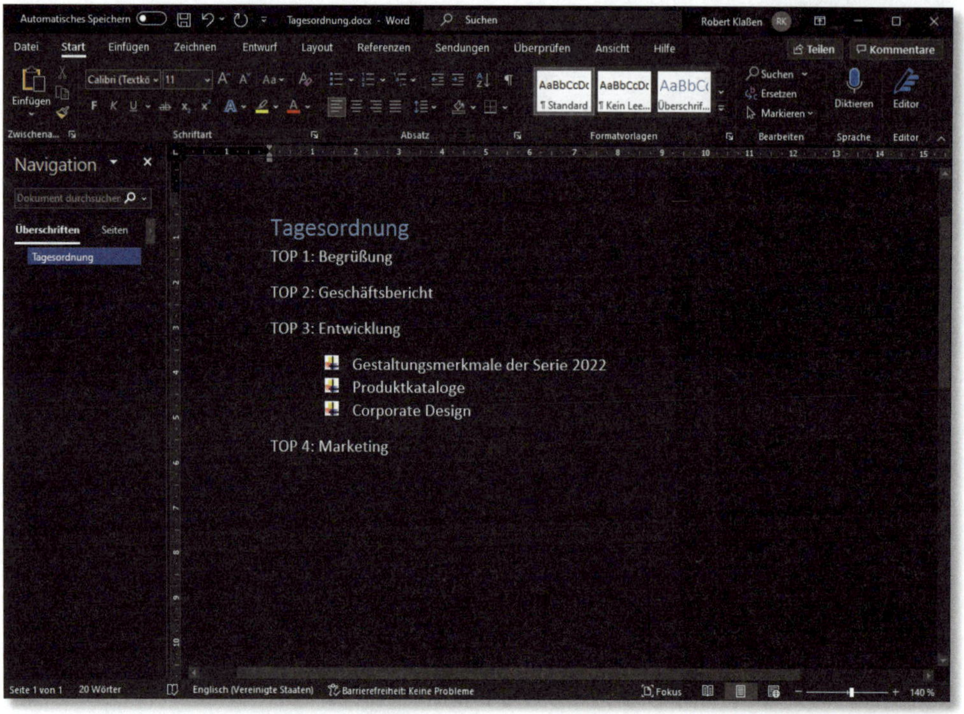

Abbildung 2.45 *Word mit schwarzer Arbeitsoberfläche ist zumindest »gewöhnungsbedürftig«.*

Die Einstelloptionen erreichen Sie, indem Sie zunächst mit einem Klick auf die Registerkarte **Datei** die Backstage-Ansicht aufrufen. Klicken Sie anschließend in der linken Spalte auf **Konto**. Daraufhin lassen sich die Listenfelder **Office-Hintergrund** und **Office-Design** wunschgemäß anpassen. Bitte beachten Sie, dass es sich hierbei nicht um Dokumentbefehle handelt, die mit der Rückgängig-Funktion (z. B. Strg + Z) verworfen werden können. Um die Einstellung zu widerrufen, müssen Sie die Standardwerte einstellen (**Ohne Hintergrund** sowie **Farbig**).

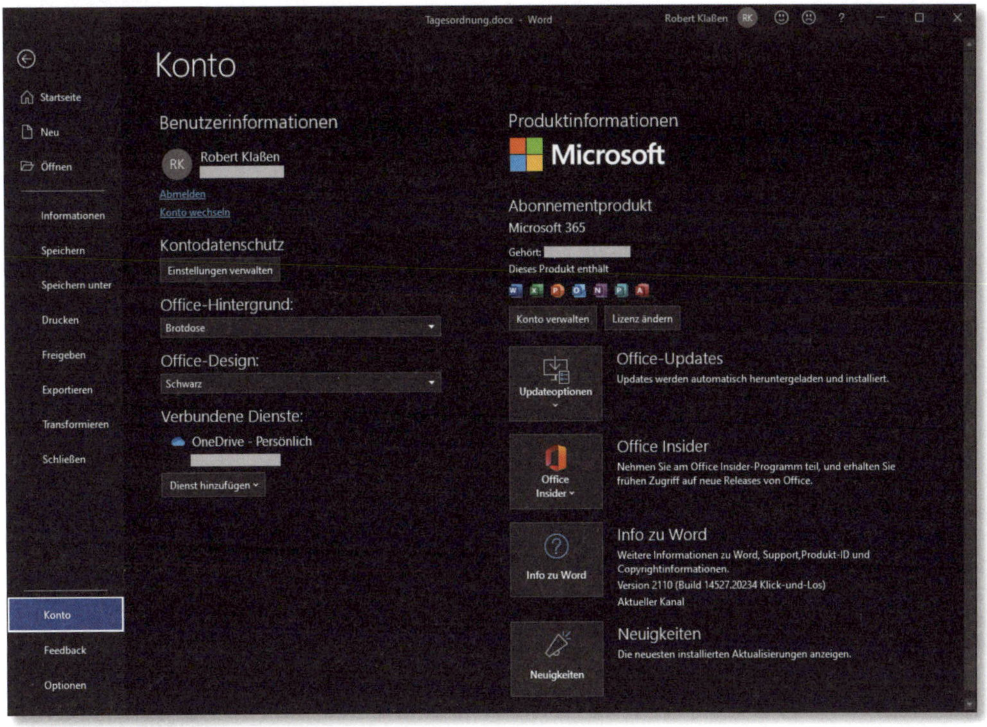

Abbildung 2.46 *Wer es etwas dunkler mag, wählt das Office-Design »Schwarz«.*

2.11 Tastenkombinationen, die Ihnen das Leben leichter machen

Abschließend stelle ich Ihnen noch den einen oder anderen Befehl vor, der sich schnell und unkompliziert mit sogenannten *Shortcuts* (das sind Tastaturbefehle) aktivieren lässt. Die hier gezeigten Befehle sind in der Regel in allen Office-Anwendungen verwendbar.

Dokumentbefehle

Funktion	Befehl	Hinweise
Dokument öffnen	Strg + O	der Buchstabe O, nicht Null
Dokument speichern	Strg + S	Falls das Dokument noch nie zuvor gespeichert worden ist, wird der Dialog **Speichern unter** aktiviert.
Dokument schließen	Strg + W	Falls das Dokument noch gespeichert werden muss, wird eine entsprechende Meldung ausgegeben.
Anwendungsfenster schließen	Alt + F4	
Eine Aktion abbrechen	Esc	

Bearbeitungsbefehle		
Suchen	Strg + F	
Suchen und ersetzen	Strg + H	
Alles markieren	Strg + A	gesamter Dokumentinhalt
Einen Schritt rückgängig machen	Strg + Z	nur verfügbar, wenn zuvor ein Schritt ausgeführt worden ist
Einen rückgängig gemachten Schritt wiederherstellen	Strg + Y	nur verfügbar, wenn zuvor ein Schritt rückgängig gemacht worden ist
Einem Link folgen	Strg + Mausklick auf den Link	Öffnet ein separates Fenster.
Wichtige Funktionstasten		
Hilfe	F1	Öffnet die anwendungsspezifische Hilfe (z. B. Word, Excel usw.).
Suchen und ersetzen	F5	in Excel = Gehe zu
Rechtschreibprüfung	F7	
Speichern unter	F12	
Zwischenablage		
Kopieren	Strg + C	Das kopierte Objekt bleibt am ursprünglichen Ort erhalten.
Ausschneiden	Strg + X	Das kopierte Objekt wird am ursprünglichen Ort entfernt.
Einfügen	Strg + V	Das kopierte Objekt wird an den Zielort eingefügt – unabhängig davon, ob es zuvor kopiert oder ausgeschnitten worden ist.

Tabelle 2.1 *Tastenkombinationen, die Ihre Arbeit enorm erleichtern können*

Bitte beachten Sie, dass im Anhang dieses Buches ab Seite 1141 zahlreiche weitere Tastenkombinationen aufgeführt sind.

Kapitel 3
Office 2021 – Neuerungen in der Kurzübersicht

In diesem Kapitel stelle ich Ihnen einige interessante Neuerungen vor. Dabei wende ich mich einerseits an interessierte Einsteiger, die wissen wollen, was Office 2021 mittlerweile so alles im Gepäck hat, will aber andererseits auch den versierten Anwender ansprechen, der von einer Vorgängerversion auf Office 2021 umsteigt.

3.1 Neues in Office 2021

Verschaffen Sie sich in diesem Kapitel zunächst einen groben Überblick über neue Funktionen in Office 2021. Ich gehe an dieser Stelle nur zu Beginn und am Ende dieses Kapitels jeweils einmal im Detail auf Features ein (gemeinsame Dokumenterstellung und Tabellenansicht in Excel); alle anderen, die einer Erwähnung bedürfen, stelle ich Ihnen hier nur kurz vor. Die Anzahl der inhaltlichen Neuerungen ist recht überschaubar. De facto ist auch diesmal wieder mehr auf den Ausbau vorhandener Möglichkeiten gesetzt worden.

INFO

Neuerungen in Microsoft 365
Alle hier vorgestellten Neuerungen gelten übrigens auch für Microsoft 365, wobei jedoch berücksichtigt werden muss, dass Microsoft 365 ständig erweitert wird. Demzufolge sind die hier vorgestellten Neuerungen als Momentaufnahme der Funktionen zu betrachten, die zur Drucklegung dieses Buches bereits integriert waren.

Design der Arbeitsoberfläche

Die Oberfläche hat sich in einigen Bereichen geringfügig verändert. Auch wenn die Änderungen zunächst kaum auffallen, liefern sie dennoch teils interessante Neuerungen oder Optimierungen. Ganz oben links finden Sie einen Schalter, mit dessen Hilfe Sie das automatische Speichern in der Cloud aktivieren und bei Bedarf auch wieder deaktivieren können ❶. Sollten Sie das Dokument noch nicht, oder bislang lediglich auf Ihrem PC gespeichert haben und den Schalter dann aktivieren, werden Sie mit OneDrive verbunden, Ihrer persönlichen Microsoft-Cloud.

Das kleine Lautsprecher-Symbol ❸ oben rechts (nur in Microsoft 365 enthalten) erlaubt Ihnen einen vorausschauenden Blick auf Neuerungen, die bald verfügbar sein werden. Die Neuerungen werden rechts in einer eigens dafür bereitgestellten Spalte näher beschrieben. Dort finden sich auch einen Schalter ❹, der Ihnen das direkte Ausprobieren gestattet. Nachdem Sie diese Option angewählt haben, müssen Sie die App jedoch zunächst neu starten.

Die Schnellstartleiste kann je nach Einstellung auf der Menü-Schaltfläche ❷ oder unter dem Menüband angezeigt werden. Wiederholen Sie diesen Schritt, um die Schnellstartleiste wieder nach oben zu stellen. (Je nach gewählter Option heißt der Menübefehl entweder **Unter dem Menüband anzeigen** oder **Über dem Menüband anzeigen**.) Weitere Änderungsdetails stelle ich Ihnen in den folgenden Kapiteln vor.

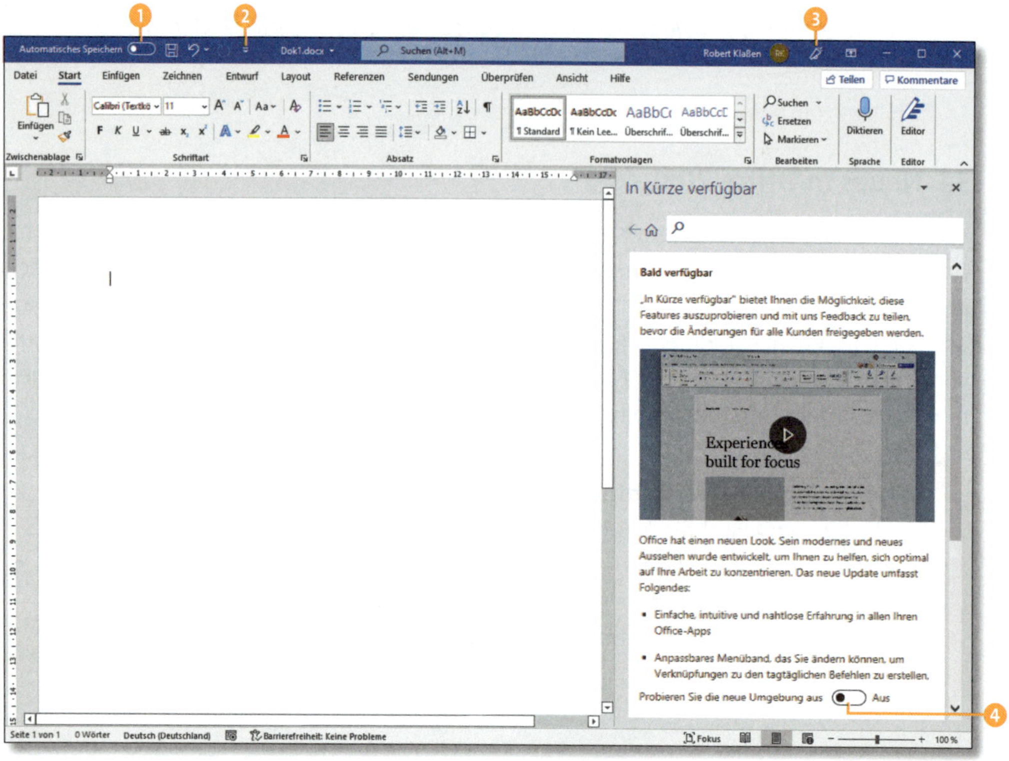

Abbildung 3.1 *Kleine, aber feine Optimierungen auf der Arbeitsoberfläche sorgen für mehr Komfort.*

Gemeinsame Dokumenterstellung

Was die Interaktion und Teamarbeit betrifft, war Office ja bereits seit Langem auf einem guten Weg. Während sich Dokumente schon früh von mehreren Personen »in Echtzeit« bearbeiten ließen, war in Office 2019 sogar ein Chat möglich. Diesmal aber ist Microsoft mit der gemeinsamen Dokumenterstellung noch einen Schritt weiter gegangen.

Voraussetzung ist, dass die gemeinsam zu bearbeitenden Dateien auf OneDrive oder SharePoint abgelegt sind. Alle zugriffsberechtigten Mitglieder können im wahrsten Sinne des Wortes gleichzeitig Hand anlegen, wenn es um Word, Excel oder PowerPoint geht – und zwar sowohl vom PC (oder Mac) als auch vom Tablet oder Handy aus. Und so geht's:

1 Öffnen oder erzeugen Sie ein Dokument in einer der zuvor genannten Anwendungen, und klicken Sie anschließend oben rechts auf **Teilen**.

2 Im Folgedialog wählen Sie Ihr OneDrive- oder SharePoint-Konto aus und benennen das Dokument.

3 Als Nächstes müssen die Personen angegeben werden, die Zugriff auf das Dokument erhalten sollen. Geben Sie im Feld **An:** eine E-Mail-Adresse ein. Wenn Sie lieber auf vorhandene Kontakte zugreifen wollen, wählen Sie den Bleistift aus.

4 Zugriffsrechte werden vergeben bzw. eingeschränkt, indem Sie oben auf **Jeder mit dem Link kann bearbeiten** gehen.

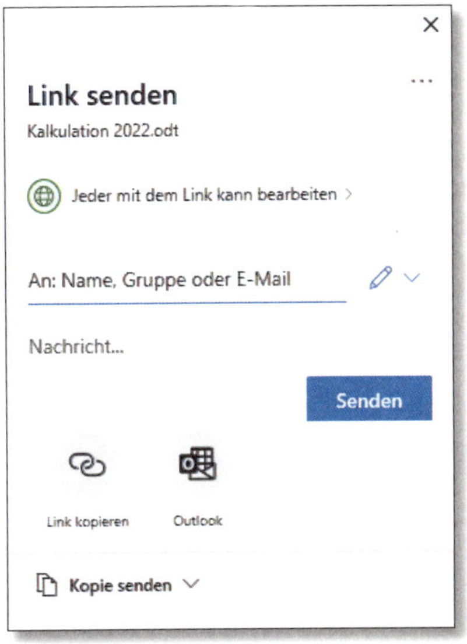

5 Mit Klick auf **Nachricht** fügen Sie jetzt noch eine Info ein, die an alle Mitglieder gesendet wird.

6 Zuletzt klicken Sie auf **Senden**, wenn eine E-Mail verschickt werden soll. Möchten Sie lediglich einen Link erzeugen, den Sie anschließend in einer eigenen, separaten E-Mail (oder als Link innerhalb einer Website) bereitstellen wollen, gehen Sie auf **Link kopieren**, gefolgt von **Kopieren**. Noch komfortabler wird es, wenn Sie den Link gleich in **Outlook** weiterverarbeiten. Dann nämlich wird sofort eine E-Mail bereitgestellt, die bereits an alle Empfänger adressiert ist.

Ich gebe zu, so richtig spektakulär war diese Neuerung bislang nicht, oder? Stimmt, denn das größte Highlight haben Sie noch nicht kennengelernt. Sie sehen nämlich jetzt oben rechts, direkt neben Ihrem Namen all jene Teilnehmer, die gerade an diesem Dokument arbeiten. Sollte die Person ein Profilbild in den eigenen Account eingefügt haben, wird es Ihnen dort präsentiert.

Abbildung 3.2 *In der Kopfleiste sehen Sie, wer gerade mit dem Dokument beschäftigt ist.*

Mit einem Klick auf das Symbol (ohne integriertes Symbolbild werden die Initialen des Vor- und Nachnamens angezeigt) können Sie direkt an den Punkt des Dokuments springen, an dem die Person gerade arbeitet. Eröffnen Sie auf dem gleichen Wege mit der betreffenden Person einen Chat, oder lassen Sie sich deren Visitenkarte anzeigen, sofern sie in Ihren Kontakten gespeichert ist.

Innovative Kommentarfunktion

Dass man in den Office-Anwendungen Word, Excel und PowerPoint Kommentare unterbringen kann, ist keinesfalls neu. Bislang mussten Sie dazu jedoch zur Registerkarte **Überprüfen** wechseln und dort innerhalb der Gruppe **Kommentare** auf **Neuer Kommentar** gehen. Da Kommentarfunktionen jedoch im Zuge der gemeinsamen Dokumenthandhabung immer wichtiger werden, hat Microsoft diese Funktion ebenfalls als separate Schaltfläche ausgelagert. Diese ist jederzeit erreichbar, egal welches Register gerade offen ist. Den Schalter **Kommentare** finden Sie oben rechts. Erzeugen Sie nach Aktivierung einen neuen Kommentar, oder navigieren Sie mit der **Weiter**- und **Zurück**-Funktion durch bereits vorhandene Kommentare.

Abbildung 3.3 *Die Kommentarfunktion ist jetzt omnipräsent.*

Wichtig ist in diesem Zusammenhang auch, dass Kommentare mit Worten, Textabschnitten und Objekten, wie z. B. Bildern, verankert sind. Das bedeutet: Verschieben Sie einen Text oder ein Bild, an dem ein Kommentar angebracht ist, wird der Kommentar mit verschoben. So bleibt zusammen, was zusammengehört.

Das Menüband »Barrierefreiheit«

Dass sich Dokumente auf Barrierefreiheit überprüfen lassen, zum Beispiel um Menschen mit Behinderung den Zugang zu Dokumenten nicht unnötig zu erschweren, ist an sich keine Neuerung. Neu ist aber, dass Sie nach Anwahl des Befehls **Barrierefreiheit überprüfen** im Register **Überprüfen** auch ein Register mit der Bezeichnung **Barrierefreiheit** vorfinden.

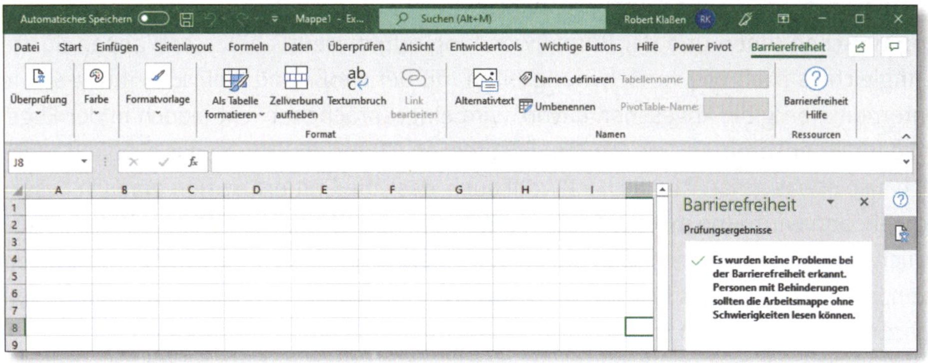

Abbildung 3.4 Wichtige Tools, die zur Barrierefreiheit beitragen, sind in diesem Menüband untergebracht – hier in Excel.

Kommunikation mit Teams

Mithilfe von Microsoft Teams haben Sie nun die Möglichkeit, sich mit anderen unkompliziert und schnell auszutauschen. Sie können nicht nur miteinander chatten, sondern auch telefonieren und sogar Videoanrufe starten. Wir zeigen Ihnen in einem separaten Kapitel, das nur dem Einstieg in Teams gewidmet ist, wie die App funktioniert, wie Sie ein Online-Seminar geben können, dabei Ihren Bildschirm freigeben und in Outlook erstellte Besprechungen editieren können.

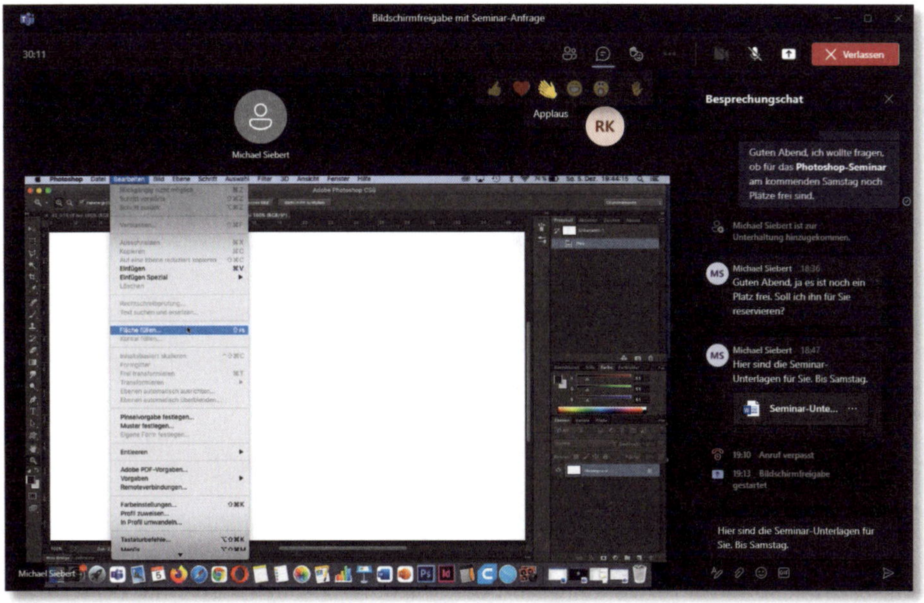

Abbildung 3.5 Mit Microsoft Teams werden Online-Seminare und Videokonferenzen zum Kinderspiel.

Kuck mal, es spricht! – Office kann es nun besser

In meinem Buch »Office 2019« habe ich es bereits als Neuerung präsentiert. Dass Office spricht, ist insofern also ebenfalls keine wirkliche Neuerung. Neu ist aber, dass die Verständigung zwischen Ihnen und der Büroanwendung nun wesentlich besser klappen dürfte – wenngleich es nach wie vor Schwierigkeiten mit der Groß- und Kleinschreibung sowie der Interpunktion gibt. Abgesehen davon, wird eingesprochener Text jedoch in der Regel auch so im PC ankommen, wie Sie ihn einsprechen. Unter der Haube hat sich in diesem Bereich also etwas getan. Nützlich ist wohl auch, dass die Diktierfunktion grafisch besser hervorgehoben wird. Eine externe Diktiersoftware brauchen Sie (zumindest für den Hausgebrauch) daher nicht mehr. Wenn Sie allerdings allzu spezifische Fachtexte formulieren müssen, bei denen es eines besonderen Vokabulars bedarf, gibt es bei der Diktierfunktion jedoch zugegebenermaßen »noch Luft nach oben«.

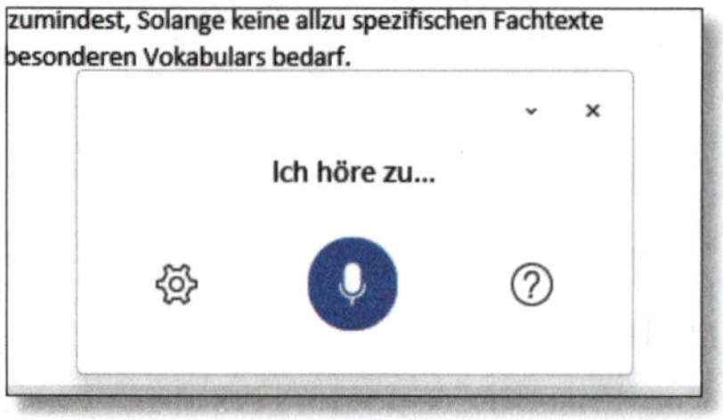

Abbildung 3.6 *Office hört jetzt besser zu, wenn Sie etwas zu diktieren haben.*

Das Register »Zeichnen«

Die Master-Apps Word, Excel und PowerPoint verfügen seit der Version 2021 allesamt über ein Register, das es in dieser Form noch nicht gab, nämlich **Zeichnen**. Ohne den Inhalt der Palette schmälern zu wollen, möchte ich aber nicht unerwähnt lassen, dass es sich hierbei lediglich um ein nettes Zusatzelement handelt. Wirklich brauchbar ist es wohl nur für Menschen, die gern skizzieren, zeichnen oder malen. Nur haben die in der Regel andere Apps am Start, mit denen das Zeichnen besser von der Hand geht. Ich stelle Ihnen das Tool natürlich dennoch kurz vor – und zwar in Kapitel 4 auf Seite 105.

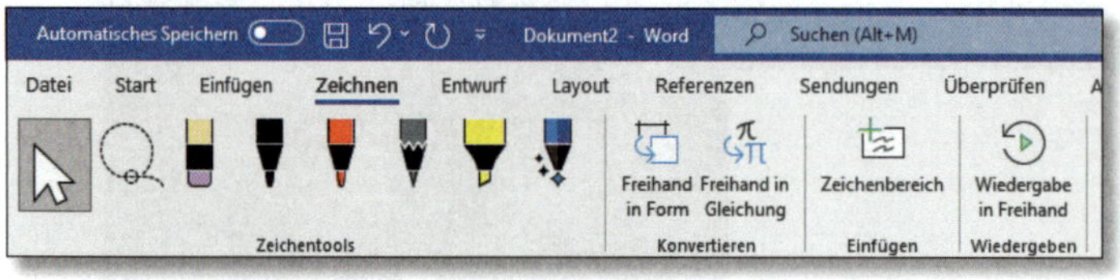

Abbildung 3.7 *Mit den Steuerelementen des Registers »Zeichnen« lassen sich ganz nette Effekte erzielen.*

Speichern im Austauschformat?

Wenn Sie bereits erfahren mit Office sind, wissen Sie, dass Word, Excel und PowerPoint allesamt Speicherformate verwenden, die über jeden Zweifel erhaben sind. Diese – ich nenne sie einmal »Hausformate« – wie **.docx* (für Word), **.xlsx* (für Excel) und **.pptx* (für

PowerPoint) wurden bislang folgerichtig auch als Standard angeboten, wenn eine Datei gespeichert wurde. Das hat sich jedoch offenbar inzwischen geändert (warum auch immer). Sie können Ihre Dateien zwar noch immer in diesen Formaten absichern, müssen sie aber im **Speichern unter**-Dialog explizit einstellen. Vergessen Sie das, werden neuerdings Open-Document-Formate angeboten (zumindest war es auf »meinem« PC so). Für Word ist das **.odt*, für Excel **.ods* und für PowerPoint **.odp*.

Ich möchte nicht verschweigen, dass dies vor allem für Nutzer von Interesse ist, die nicht mit Microsoft Office arbeiten, sondern z. B. mit OpenOffice. Jedoch gehört zur Wahrheit auch, dass diese offenen Formate nicht alle Features unterstützen, die mit den genannten Office-Anwendungen möglich sind. So muss der User beispielsweise Abstriche bei bestimmten Formatierungen oder dem gemeinsamen Einsatz von Texten und Grafiken machen. Noch schlimmer wird es, wenn Dokumente geschützt werden sollen. Dieser Schutz nämlich wird bei Open-Document-Formaten kurzerhand entfernt. Auch beim Seriendruck gibt es Probleme. Warum diese Formate trotzdem angeboten werden, kann ich leider nicht nachvollziehen.

Sie können aber Abhilfe schaffen. Gehen Sie in jeder der zuvor genannten Anwendungen »einmal« in die Backstage-Ansicht. Das ist die Ansicht, die Sie automatisch erhalten, wenn Sie **Datei > Speichern unter** wählen. Klicken Sie unten links einmal auf **Optionen**, und stellen Sie in der linken Spalte **Speichern** ein. Danach wählen Sie auf der rechten Seite das Pulldown-Menü **Dateien in diesem Format speichern** an. Kontrollieren Sie in allen drei Anwendungen, ob das zuvor genannte »Hausformat« eingestellt ist. Falls nicht, stellen Sie es um und bestätigen Ihre Eingabe mit **OK**.

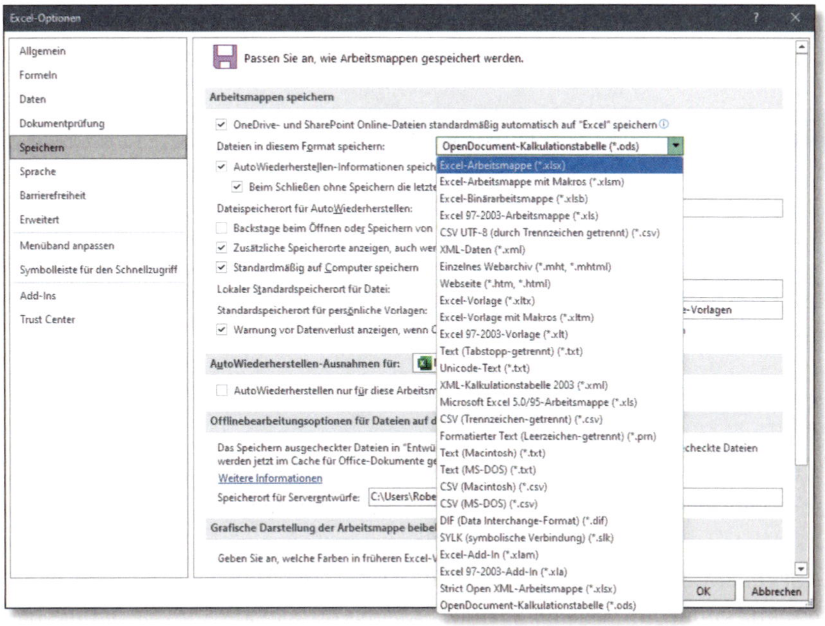

Abbildung 3.8 *Hier sehen Sie, wie die Umstellung in Excel funktioniert. In Word und PowerPoint verhält es sich fast genauso.*

In Word stellen Sie bitte um auf **Word-Dokument (*.docx)**, in Excel auf **Excel-Arbeitsmappe (*.xlsx)** und in PowerPoint auf **PowerPoint-Präsentation**.

Weitere Office-Neuerungen – Fehlanzeige

Wer nach mehr Office-Neuerungen sucht, wird enttäuscht sein. Denn abgesehen von marginalen News, wie einem insgesamt etwas klareren Design, unterstrichenen statt hervorgehobenen Registern und einer vereinfachten und erweiterten Kommentarfunktion gibt es nicht viel zu berichten, was wirklich wichtig wäre.

Ich persönlich finde das nicht schlimm, denn mal ehrlich: Was will man an Word noch verbessern? Wie will man Excel noch auf nützliche Weise ergänzen (noch nicht einmal durch neue Diagramm-Tools)? Office ist Office – und das bleibt es auch.

3.2 Neues in Word 2021

Wie bereits erwähnt, ist auch in Word das Rad nicht neu erfunden worden. Dennoch gibt es ein paar kleine, nützliche Helferlein, die in der Vorgängerversion noch nicht enthalten waren.

Erweiterte Lerntools

Die sogenannten **Lerntools**, die sich im Menü **Ansicht** verbergen, hielten erstmals in Office 2019 Einzug. Jetzt existiert in der neu hinzugefügten Gruppe **Plastisch** ein sogenannter **Fokus**, mit dessen Hilfe Sie einen unverbaubaren Blick auf den Text gewinnen. Die Text-Steuerelemente werden, sofern in der Fokus-Ansicht einmal etwas geändert werden soll, nach einem Rechtsklick zugänglich, während Sie mit Druck auf Esc wieder zurück zur Standardansicht gelangen.

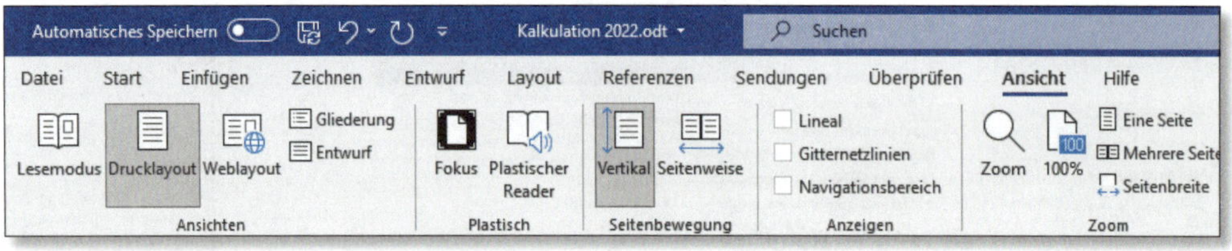

Abbildung 3.9 Erweiterte Ansichten in Word 2021

Plastischer Reader

Interessanter ist da schon der Schalter **Plastischer Reader**, mit dem sich ein Dokument vorlesen lässt. »Gab's schon«, werden Sie sagen. Stimmt. Nur diesmal helfen grafische Unterstützungen aktiv dabei, im wahrsten Sinne des Wortes im Fokus zu bleiben. Klicken Sie beispielsweise auf **Zeilenfokus** und entscheiden Sie sich anschließend für **Eine Zeile**, dann sehen Sie immer ganz genau, an welcher Position sich die vorlesende Stimme gerade befindet. Ein Klick auf **Textabstand** vergrößert die Wort- und Zeichenzwischenräume.

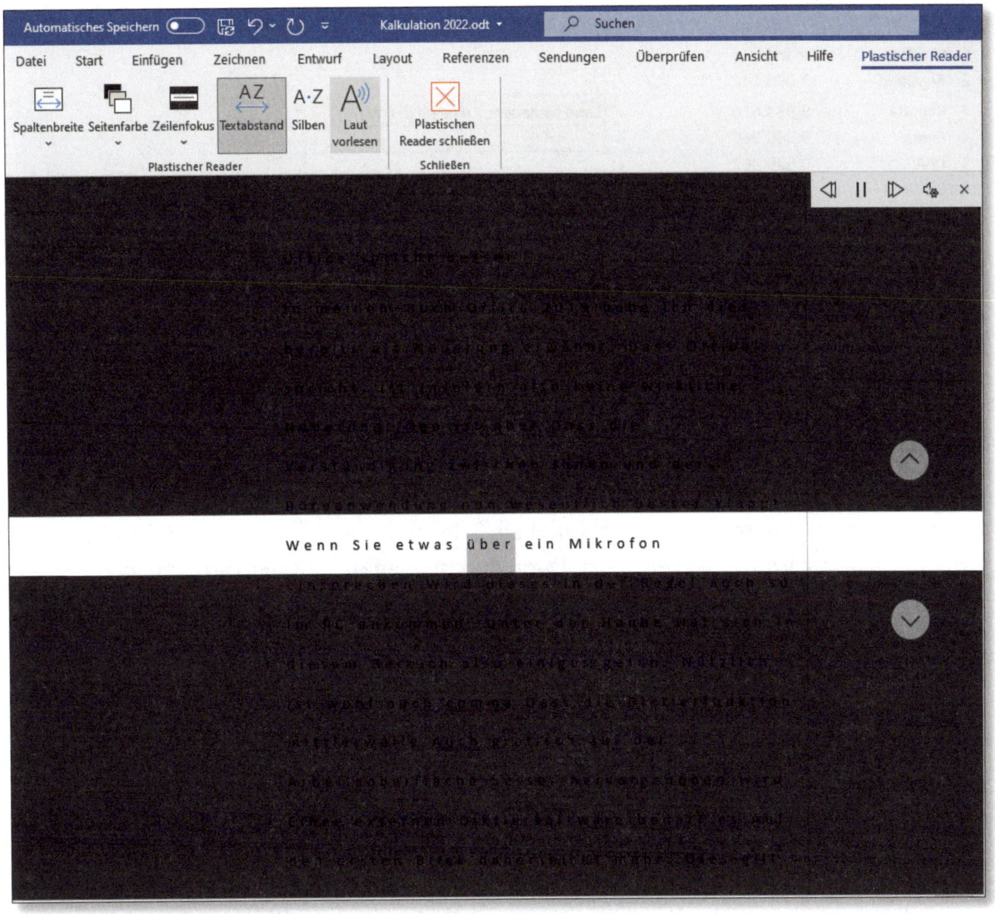

Abbildung 3.10 *Mit den neuen Word-Funktionen müssen Sie die Textstelle, die gerade vorgelesen wird, nie wieder suchen.*

3.3 Neues in Excel 2021

In Excel sind sichtbare Neuerungen auch diesmal wieder rar, da die Anwendung nur »unter der Haube« ein wenig getunt worden ist. So sind beispielsweise ein paar neue Funktionsausdrücke hinzugekommen.

XVERWEIS, XVERGLEICH

Die neuen Codes XVERWEIS und XVERGLEICH stellen ohne Zweifel das Highlight des aktuellen Excel-Upgrades dar. Mit diesen Funktionen schaffen Sie sich gewissermaßen eine Eingabemaske, die bei der Suche bestimmter Daten behilflich ist. Ich stelle die Funktion in Kapitel 19 auf Seite 590 vor.

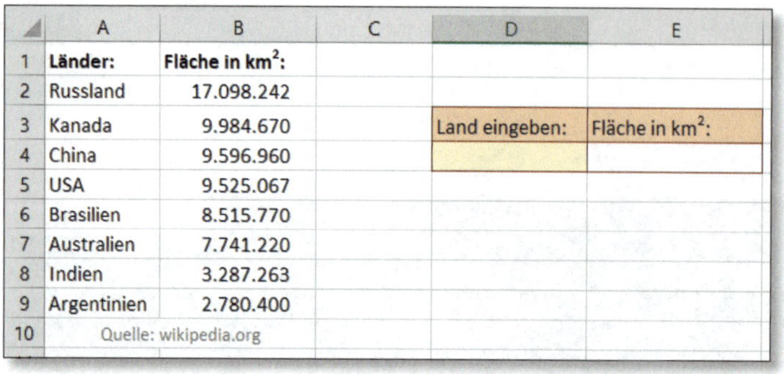

	A	B	C	D	E
1	**Länder:**	**Fläche in km²:**			
2	Russland	17.098.242			
3	Kanada	9.984.670		Land eingeben:	Fläche in km²:
4	China	9.596.960			
5	USA	9.525.067			
6	Brasilien	8.515.770			
7	Australien	7.741.220			
8	Indien	3.287.263			
9	Argentinien	2.780.400			
10	Quelle: wikipedia.org				

Abbildung 3.11 *Lernen Sie in Kapitel 19 die neuen Funktionen kennen.*

Tabellenansicht

Wer häufig im Team mit prallgefüllten Arbeitsblättern umgehen muss, kennt das Problem: Irgendwann wird die Ansicht durch ein Teammitglied verändert und die eigene Arbeit auf unsanfte Weise ausgebremst. Denn die Tabellenansicht wird jetzt auch auf Ihrem Monitor aktualisiert. Dies gehört jedoch inzwischen der Vergangenheit an, da jede Person im Team eigene Blattansichten generieren kann. Darüber hinaus können Blattansichten anderer auch von Ihnen genutzt werden.

Wichtig dabei: Das Dokument muss in OneDrive gespeichert sein. Anderenfalls funktioniert es nicht – was ja auch keinen Sinn manchen würde. (Ihre eigene Ansicht auf Dokumente, die sich auf »Ihrer« Festplatte befinden, kann ja nicht durch andere verändert werden.) Bei der gemeinsamen Arbeit an einem in OneDrive hinterlegten Dokument besteht die Gefahr schon. Um eine eigene Tabellenansicht zu erzeugen, gehen Sie folgendermaßen vor:

1. Stellen Sie auf der Arbeitsoberfläche zunächst Ihre gewünschte Ansicht ein.
2. Aktivieren Sie das Register **Ansicht**, und entscheiden Sie sich anschließend für **Neu** in der Gruppe **Tabellenansicht**. Benutzen Sie das Tool erstmals, erscheint auch gleich ein entsprechender Hinweis, den Sie mit **Anleitung beenden** deaktivieren können.

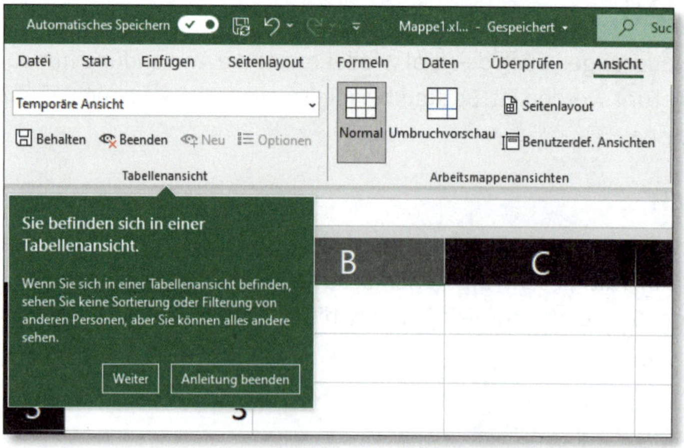

3 Geben Sie der Ansicht danach im Eingabefeld der Gruppe **Tabellenansicht** eine eindeutige Bezeichnung.

4 Wollen Sie die Ansicht verlassen, klicken Sie auf **Beenden**, oder entscheiden Sie sich im zuvor genannten Eingabefeld (es ist inzwischen zu einem Pulldown-Menü mutiert) für **Standard**.

5 Wann immer Sie zurück zur gespeicherten Ansicht wollen, selektieren Sie diese Ansicht im Pulldown-Menü oder klicken auf **Optionen**. Suchen Sie die gewünschte Ansicht im Dialog aus, und klicken Sie auf **Wechseln zu**. In beiden Fällen wird das gespeicherte Layout anschließend reaktiviert.

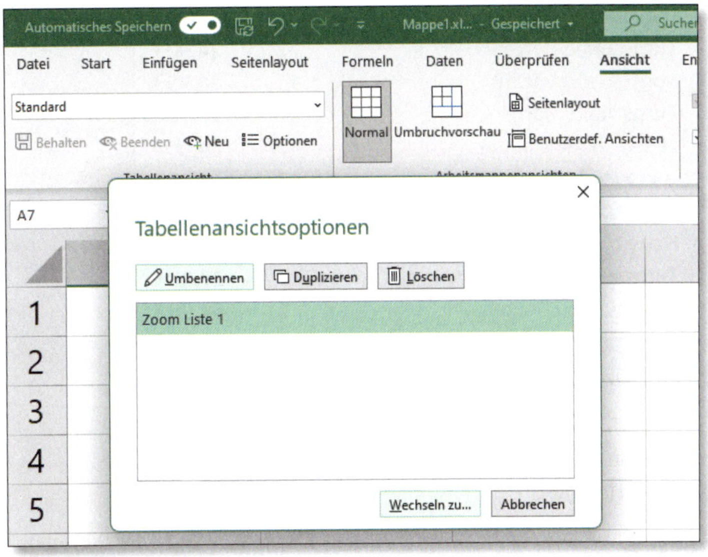

Bitte beachten Sie, dass sich gespeicherte Tabellenansichten immer dadurch auszeichnen, dass die Zeilen- und Spaltenbezeichnungen mit dunklem Hintergrund versehen werden. Verlassen Sie die gespeicherte Ansicht, erscheinen diese wieder neutralgrau.

Transparente Overlay-Palette

Sie kennen die Overlay-Paletten, die nach einem Rechtsklick erscheinen und den Schnellzugriff auf zahlreiche Tools (z.B. zur Textformatierung) offenbaren. Sie sind absolut nützlich und niemand will wirklich auf sie verzichten. In Excel können diese Paletten aber auch mal stören – zumindest konnten sie das bisher. Hier ist inzwischen eine interessante Erweiterung auszumachen: die Overlay-Transparenz. Beim Einfügen von Elementen über die Zwischenablage beispielsweise ist es mitunter wichtig, den Inhalt der Zellen im Auge zu behalten. Overlays könnten eher stören und werden deshalb kurzerhand transparent. Zu sehen ist in diesem Augenblick nur noch, was wirklich wichtig ist, und das sind die Einfüge-Optionen. Sobald der Inhalt der Zwischenablage eingefügt ist, werden die Paletten wieder deckend.

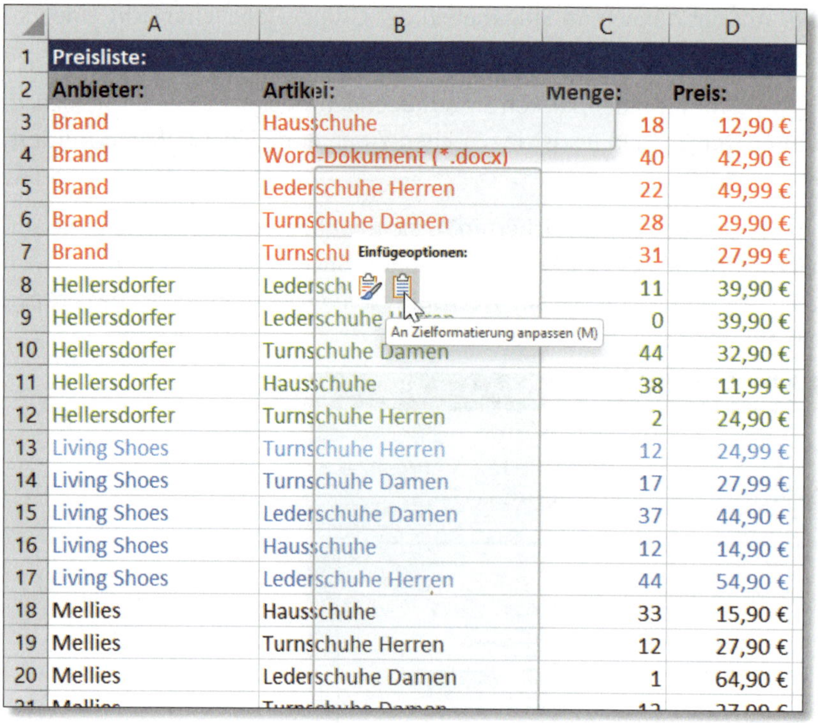

	A	B	C	D
1	Preisliste:			
2	Anbieter:	Artikel:	Menge:	Preis:
3	Brand	Hausschuhe	18	12,90 €
4	Brand	Word-Dokument (*.docx)	40	42,90 €
5	Brand	Lederschuhe Herren	22	49,99 €
6	Brand	Turnschuhe Damen	28	29,90 €
7	Brand	Turnschu	31	27,99 €
8	Hellersdorfer	Lederschu	11	39,90 €
9	Hellersdorfer	Lederschuhe	0	39,90 €
10	Hellersdorfer	Turnschuhe Damen	44	32,90 €
11	Hellersdorfer	Hausschuhe	38	11,99 €
12	Hellersdorfer	Turnschuhe Herren	2	24,90 €
13	Living Shoes	Turnschuhe Herren	12	24,99 €
14	Living Shoes	Turnschuhe Damen	17	27,99 €
15	Living Shoes	Lederschuhe Damen	37	44,90 €
16	Living Shoes	Hausschuhe	12	14,90 €
17	Living Shoes	Lederschuhe Herren	44	54,90 €
18	Mellies	Hausschuhe	33	15,90 €
19	Mellies	Turnschuhe Herren	12	27,90 €
20	Mellies	Lederschuhe Damen	1	64,90 €

Abbildung 3.12 *Transparente Overlay-Paletten. Genial.*

3.4 Neues in PowerPoint 2021

PowerPoint hat auch diesmal wieder die wenigsten Neuerungen erfahren. Wirklich nennenswert ist nur eine einzige, nämlich das Aufzeichnen von Folienpräsentationen. Hiermit lassen sich Präsentationen wie mit einem Rekorder aufzeichnen. Mehr zu diesem Thema finden Sie in Kapitel 37 dieses Buches ab Seite 957.

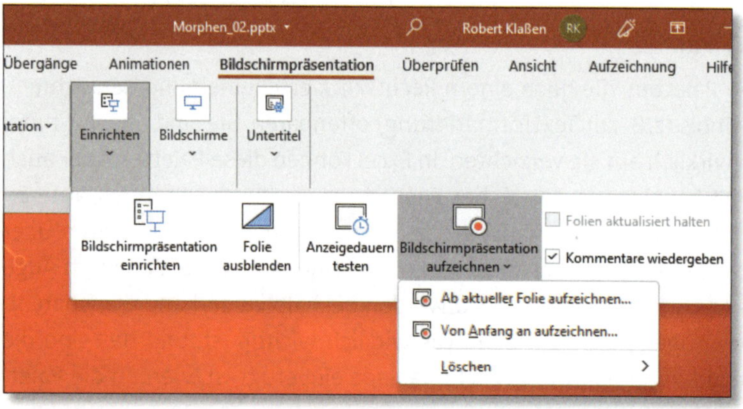

Abbildung 3.13 *Wie Sie Bildschirmpräsentationen aufzeichnen, erfahren Sie in Kapitel 37.*

3.5 Neues in Outlook 2021

Auch in Outlook gibt es nur eine einzige, wirklich erwähnenswerte Neuerung. Die Anwendung wartet nämlich mit einem Übersetzer auf, der E-Mails aus einer anderen Sprache in die von Ihnen verwendete Sprache übersetzt – und umgekehrt. Immerhin stehen mehr als 70 Sprachen zur Disposition.

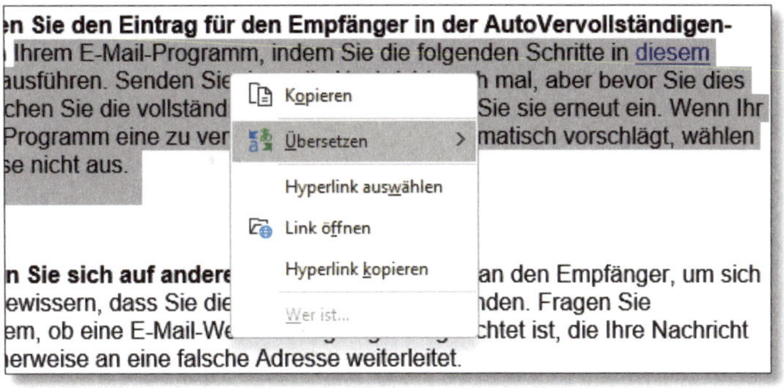
n Sie den Eintrag für den Empfänger in der AutoVervollständigen-
Ihrem E-Mail-Programm, indem Sie die folgenden Schritte in diesem
ausführen. Senden Sie
h mal, aber bevor Sie dies
chen Sie die vollständ
Sie sie erneut ein. Wenn Ihr
Programm eine zu ver
matisch vorschlägt, wählen
se nicht aus.
Kopieren
Übersetzen
Hyperlink auswählen
Link öffnen
Hyperlink kopieren
Wer ist...
n Sie sich auf andere
an den Empfänger, um sich
ewissern, dass Sie die
nden. Fragen Sie
em, ob eine E-Mail-We
chtet ist, die Ihre Nachricht
erweise an eine falsche Adresse weiterleitet.

Abbildung 3.14 *Der Übersetzer in Outlook*

Teil II

Texte schreiben mit Word

Kapitel 4
Die Oberfläche von Word kennenlernen

Die Oberfläche von Office haben Sie ja bereits kennengelernt. Die einzelnen Office-Programme kommen jedoch mit teils eigenen, ganz individuellen Inhalten daher. Es wäre auch durchaus verwunderlich, wenn alle Programme gleich aussähen. Deswegen stelle ich hier die in erster Linie Word-typischen Eigenschaften vor.

4.1 Wo finde ich was? – Die wichtigsten Registerkarten

Die in Word integrierten Befehle sind in Registerkarten zusammengestellt, die sich ganz oben (gleich unterhalb der Kopfleiste) befinden. Zugegeben – seit Office 2021 sehen sie nicht mehr wie Registerkarten aus, sondern werden nach der Anwahl mit einer fetten Linie hervorgehoben. Die Funktionsweise ist aber noch immer die gleiche: Klicken Sie eine dieser Registerkarten an, wird Ihnen deren Inhalt gleich darunter im sogenannten Menüband angezeigt. Auf den Registerkarten befinden sich sogenannte *Gruppen*, die mehr oder weniger zueinander gehörende Schaltflächen beinhalten. Doch werfen wir zunächst einen Blick auf die gesamte Word-Anwendung.

Word in der Übersicht

Auf den ersten Blick sieht Word ja nicht gerade schick aus, und die Oberfläche wirkt eher schmucklos. Allerdings punktet die Anwendung umso mehr mit tollen Funktionen. Denn es ist alles da, was man als Texter (und auch Textgestalter) für die tägliche Arbeit benötigt.

Machen Sie sich zunächst mit den einzelnen Elementen der Bedienoberfläche vertraut:

1. **Symbolleiste für den Schnellzugriff**: Hier lassen sich häufig verwendete Befehle in Form von Symbolen hinzufügen. Mit einem Klick darauf wird der jeweilige Befehl in die Wege geleitet.
2. **Registerkarten**: Über diese werden die unterschiedlichen Menüband-Bereiche aktiviert.
3. **Menüband**: Damit gemeint sind die Inhalte der Registerkarten, genauer gesagt, die Schaltflächen. Sie sind in *Gruppen* unterteilt, die sich auch *Segmente* oder *Bereiche* nennen.
4. **Gruppen**: Eine Gruppe ist eine Zusammenstellung meist mehrerer Schaltflächen, die in der Regel miteinander kooperieren bzw. inhaltlich zusammenpassen. Eine Gruppe

kann im Einzelfall auch nur aus einer einzigen Schaltfläche bestehen (siehe: Registerkarte **Ansicht**, Gruppe **Makros**).

5 **Seitenleiste**: Hier werden zusätzliche Aufgabenbereiche unterschiedlicher Art angeboten. Sofern noch keine Änderungen an der Arbeitsoberfläche vollzogen worden sind, erscheint hier standardmäßig der Bereich **Navigation**.

6 **Einfügemarke**: Diese meist blinkende senkrechte Linie beschreibt die aktuelle Position im Dokument. Hier können Sie beispielsweise Text einfügen oder Bilder in das Dokument integrieren. Die Position der Einfügemarke entscheidet also letztlich darüber, an welcher Position etwas hinzugefügt wird.

7 **Dokumentbereich**: Hier befindet sich Ihr (derzeit noch leeres) Word-Dokument.

8 **Scrollleiste**: Verändern Sie die Teilansicht eines Dokuments, indem Sie die Scrollleiste nach oben oder unten bewegen.

9 **Statusleiste**: Auf der linken Seite erhalten Sie Informationen über die Anzahl der Seiten, die Anzahl Wörter, die verwendete Sprache u. a. Rechts werden Steuerelemente zur Skalierung (Vergrößerung oder Verkleinerung) der Dokumentansicht zur Verfügung gestellt 10. Links daneben befinden sich Buttons, mit denen ein Wechsel der Ansicht herbeigeführt werden kann (**Lesemodus**, **Seitenlayout**, **Weblayout**).

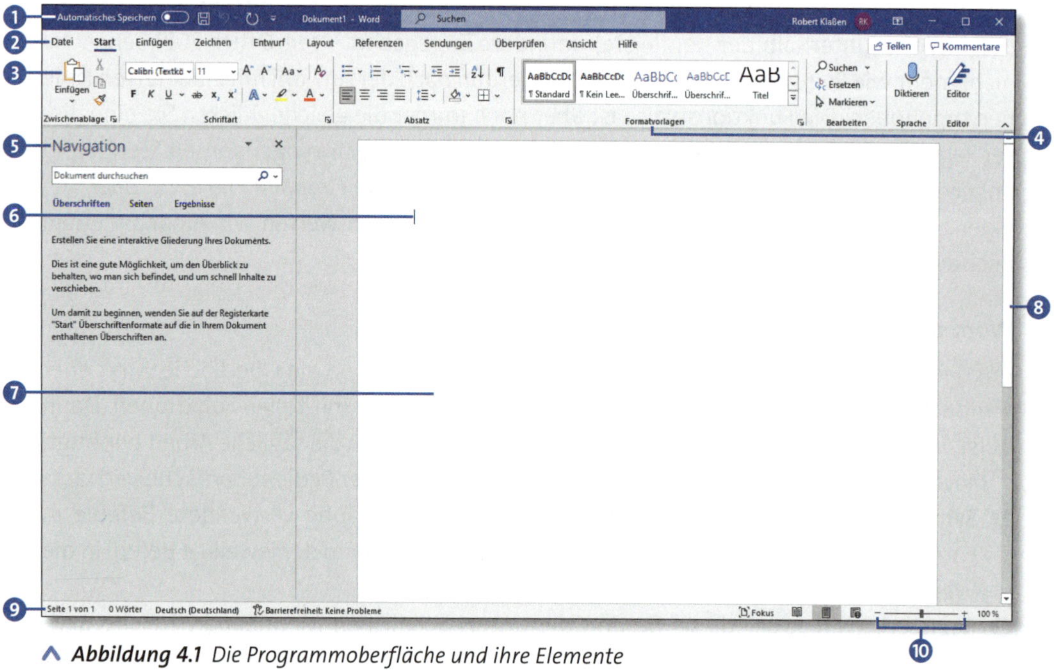

Abbildung 4.1 *Die Programmoberfläche und ihre Elemente*

Nachdem Sie nun die grundlegenden Elemente der Oberfläche von Word kennengelernt haben, werde ich Ihnen in den folgenden Abschnitten die wichtigsten Registerkarten mit ihren Funktionen vorstellen.

Die Backstage-Ansicht

Die Backstage-Ansicht in Word entspricht der anderer Office-Applikationen. Um sie zu erreichen, klicken Sie ganz links auf die Registerkarte **Datei** ⑪.

Abbildung 4.2 Über die Registerkarte »Datei« gelangen Sie in die Backstage-Ansicht.

In der Backstage-Ansicht haben Sie die Möglichkeit, geöffnete Dateien zu speichern, Dokumente zu öffnen sowie Konten zu verwalten und Optionen für Word aufzurufen und anzupassen. Kehren Sie zu Ihrem Dokument zurück, indem Sie oben links auf den im Kreis befindlichen weißen Pfeil klicken oder die Taste [Esc] drücken.

Die Registerkarte »Start«

Wenn Sie ein neues Word-Dokument erstellen, wird oben im Menüband zunächst die Registerkarte **Start** angezeigt. Diese stellt Ihnen verschiedene Schaltflächen zur Textauszeichnung bzw. Textformatierung zur Verfügung. Texte »auszuzeichnen« bedeutet übrigens, deren Schriftart, Größe, Farbe, Ausrichtung usw. zu ändern. Darüber hinaus befindet sich auf dieser Registerkarte auch eine Gruppe von Steuerelementen zur Absatzformatierung. Mit ihnen können Sie die Textabschnitte Ihres Dokuments beispielsweise linksbündig, mittig, rechtsbündig oder im Blocksatz ausrichten. Ferner können hier Nummerierungen, Aufzählungszeichen, Einzüge und vieles mehr definiert werden. Achten Sie auch einmal auf die Schaltflächen der Gruppe **Zwischenablage**. Hierüber können Inhalte (Texte, Bilder, Grafiken) ganz leicht von einer Position des Dokuments an eine andere verschoben oder kopiert werden. Außerdem ist mithilfe der Schaltflächen dieser Gruppe auch die Übertragung von Inhalten zwischen verschiedenen Dokumenten möglich.

Word wartet mit einem dynamischen *Suchfeld* auf, das beim Auffinden von bestimmten Befehlen oder beim Aufrufen der Word-Hilfe ebenso dienlich ist wie bei der Informationsbeschaffung per Internet. Es wird unterschiedlich angezeigt, je nachdem, wie weit das Anwendungsfenster aufgezogen ist – sprich: wie viel Platz der Anwendung auf dem Monitor zur Verfügung steht. Auf kleineren Arbeitsoberflächen ist das Suchfeld lediglich durrch ein Lupensymbol vertreten; steht mehr Platz zur Verfügung, heißt es **Suchen**. Ich stelle Ihnen dieses nützliche Element in Abschnitt 2.6, »Die Suchfunktion nutzen«, ab Seite 67 genauer vor.

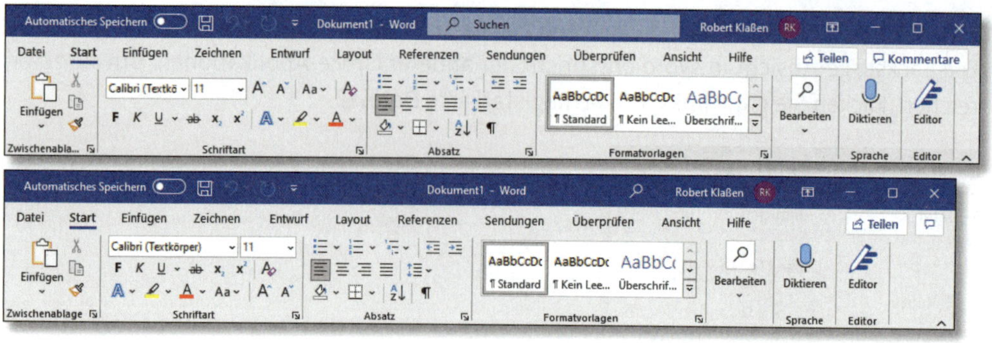

Abbildung 4.3 *Steht der Anwendung mehr Platz zur Verfügung, wird auch das Suchfeld anders betitelt.*

Auf der rechten Seite der Registerkarte **Start** werden Ihnen noch zwei weitere Gruppen angeboten: die Gruppe **Formatvorlagen** sowie die Gruppe **Bearbeiten**. Erstere erlaubt Ihnen das schnelle Zuweisen von vordefinierten Textformaten. In Word ist es nämlich möglich, die Schrift nach Wunsch auszuzeichnen und davon eine Vorlage zu erstellen. Wann immer Sie nun die gleichen Formate auch auf weiteren Text anwenden wollen, müssen Sie die entsprechende Vorlage lediglich noch auswählen, sobald Sie den betreffenden Text markiert haben.

In der Gruppe **Bearbeiten** finden Sie vor allem Schaltflächen, die für die Arbeit mit großen Word-Dokumenten geeignet sind. Hier können Sie nämlich nach Begriffen, Sätzen, Satzteilen und sogar nach einzelnen Zeichen suchen und so komfortabel innerhalb des Textes navigieren. Stellen Sie sich vor, Sie wollen im gesamten Dokument einen oftmals wiederkehrenden Begriff gegen einen anderen austauschen. Dann können Sie das über die Schaltfläche **Ersetzen** erledigen (wenn beispielsweise der Begriff *Computer* durch *Rechner* ersetzt werden soll).

Abbildung 4.4 *Auf der rechten Seite warten die Formatvorlagen und die Steuerelemente der Gruppe »Bearbeiten« auf ihren Einsatz.*

Die Registerkarte »Einfügen«

Die Registerkarte **Einfügen** ist prall mit Steuerelementen gefüllt, mit deren Hilfe sich Objekte zusätzlich zum herkömmlichen Text hinzufügen lassen. So ist es beispielsweise problemlos möglich, Bilder (auch eigene Fotos), Grafiken und Formen zu integrieren. Bei Formen handelt es sich um geometrische Elemente, z. B. Rechtecke, Kreise, Dreiecke usw. Über das Auswahlmenü der entsprechenden Schaltfläche können Sie aus einer Fülle verschiedener Formen die passende aussuchen und in Ihr Dokument integrieren.

Doch damit nicht genug, es können auch Tabellen und Diagramme (beispielsweise aus Excel) hinzugefügt oder eigene direkt in Word erstellt werden. Man höre und staune: Selbst Hyperlinks, mit denen der Leser direkt aus dem Word-Dokument heraus auf eine Internetseite springen kann, sind ebenso integrierbar wie Onlinevideos. Videos in einem Word-Dokument? Auch das ist kein Problem, wie Sie in diesem Buch noch erfahren werden.

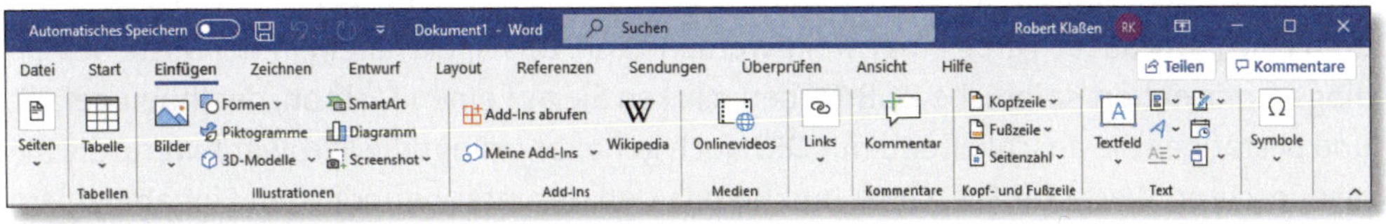

Abbildung 4.5 *Sämtliche Elemente, die zusätzlich zum herkömmlichen Text integriert werden können, lassen sich über die Registerkarte »Einfügen« in das Dokument einbinden.*

Auf der rechten Seite der Registerkarte lassen sich Kopf- und Fußzeilen integrieren. Das sind in der Regel zwar ebenfalls Textelemente, jedoch wiederholen sich diese meist auf jeder Seite. Und dann wären da noch Textbausteine, Signaturen, Formeln und Symbole, auf die man über die Registerkarte **Einfügen** ebenso zugreifen kann wie auf eine Kommentarfunktion.

Abbildung 4.6 *Sie können auch Formeln und Symbole einfügen.*

Kommentare eignen sich insbesondere, wenn mehrere Personen mit der Bearbeitung eines Dokuments beauftragt sind. Übrigens gibt es auch auf der Registerkarte **Überprüfen** eine Kommentarfunktion.

Die Registerkarte »Zeichnen«

Diese Registerkarte ist ein Novum in Office 2021. Sie bietet zahlreiche Möglichkeiten, um Zeichnungen »aufs Papier« zu bringen. Allerdings darf nicht unerwähnt bleiben, dass diese Tools erst dann ansehnliche Ergebnisse zutagefördern, wenn Sie mit einem Zeichenbrett bzw. Tablet arbeiten oder zumindest ein Touch-Pad nutzen.

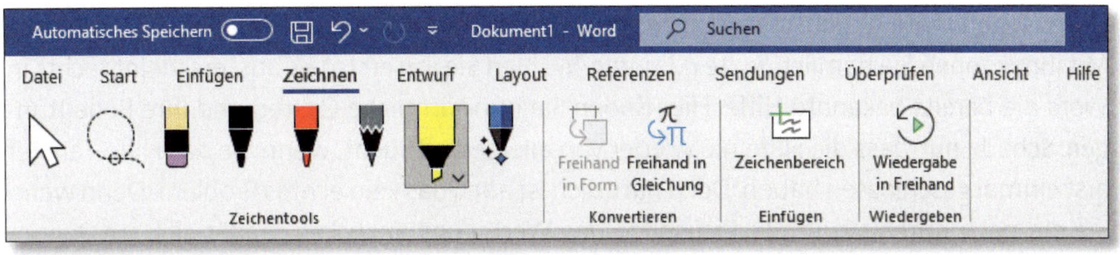

Abbildung 4.7 *Auf dieser Registerkarte finden sich Stifte in allen Größen und Farben.*

Gewöhnlich ist der erste Schritt die Auswahl eines bestimmten Stiftes. Das erledigen Sie per Mausklick. Achten Sie darauf, dass unten rechts am ausgewählten Tool eine kleine, nach unten weisende Pfeilspitze erscheint, mit deren Hilfe Sie das Werkzeug nun nach Ihren Wünschen einstellen können. Hierbei sind nicht nur die Linienstärke und eine Vorauswahl von Farben einstellbar, sondern bei Bedarf gibt es auch ganz unten einen Schalter, der mit **Weitere Farben** betitelt ist. Klicken Sie darauf, erscheint das Fenster **Farben**, mit dem eine individuelle Farbe eingestellt werden kann. Das Spektralfeld in der Mitte des Dialogs repräsentiert sämtliche RGB-Farben. Klicken Sie auf einen Farbton, der Ihnen gefällt, und bestätigen Sie anschließend mit **OK**. Noch genauer gelingt die Farbwahl, wenn Sie die gewünschten Werte für Rot, Grün und Blau in den darunter befindlichen Eingabefeldern festlegen, wobei jeder Farbwert von 0 (null; Farbe nicht vorhanden) bis 255 (Farbe in voller Intensität vorhanden) reichen darf.

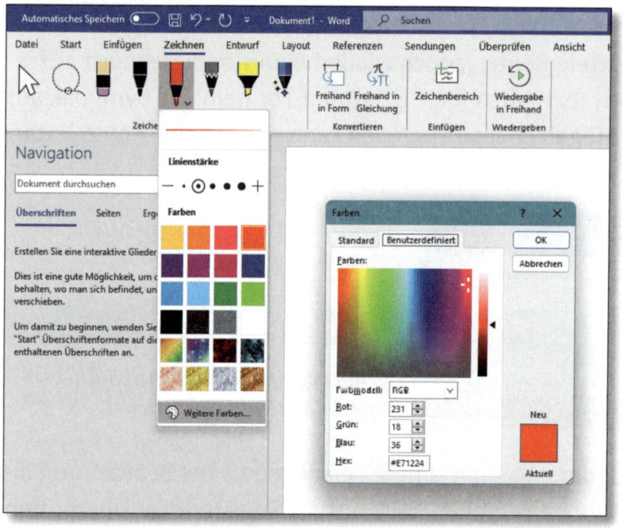

Abbildung 4.8 *Wählen Sie Ihre Wunschfarbe.*

Nachdem Stiftdurchmesser und Farbe eingestellt sind, dürfen Sie mit dem Zeichnen beginnen. Auch wenn Sie kein Zeichenbrett nutzen – zum Ausprobieren funktioniert natürlich auch die Maus. Klicken Sie auf das Blatt, halten Sie die Maustaste gedrückt, und fahren Sie mit der Maus ein wenig hin und her. Wenn Sie fertig sind, lassen Sie los. Wenn Ihnen etwas nicht gefällt, wählen Sie den Radierer und fahren wieder mit der Maus darüber. Besonders interessant ist die Option **Wiedergabe in Freihand**, denn sie spielt gewissermaßen ein Video von Ihrer zuvor angefertigten Zeichnung ab.

Der sogenannte Aktionsstift ganz rechts in der Stiftauswahl bedarf noch einer Erklärung. Mit ihm können Sie nämlich Texte editieren. Wählen Sie ihn erstmals aus, erscheint rechts in Word die bereits bekannte **Hilfe**. Hier finden Sie nun sämtliche Gesten und ihre Bedeutungen. Schade nur, dass die Hilfe nie wieder von alleine auftaucht, wenn Sie das Hilfe-Fenster erst einmal geschlossen haben. Doch natürlich ist auch das kein echtes Problem. Denn wenn Sie die nach unten weisende Pfeilspitze des Werkzeugs anklicken, findet sich im Popup-Menü eine Zeile mit der Bezeichnung **Hilfe zu Freihandgesten**, die die Gesten erneut anzeigt.

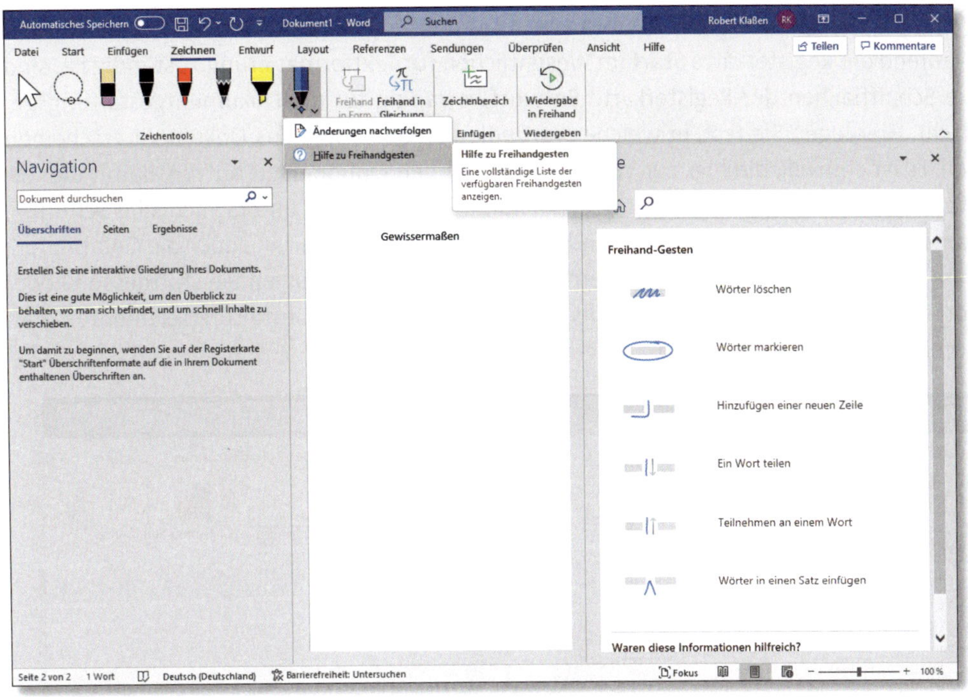

Abbildung 4.9 *So macht die Textkorrektur richtig Spaß. Probieren Sie es aus.*

Zuletzt möchte ich noch auf den Gleichungseditor aufmerksam machen, der über den Schalter **Freihand in Gleichung** der Gruppe **Konvertieren** zugänglich wird. Schreiben Sie eine Formel mit dem Freihand-Werkzeug (z. B. einem Zeichen-Tablett oder zur Probe mit der Maus), wird die Formel ganz oben automatisch erzeugt. Mit einem Klick auf **Einfügen** wird die Formel dann als textbasierte Formel in das Word-Dokument integriert – und zwar genau an der Stelle, an der sich die Einfügemarke aktuell befindet.

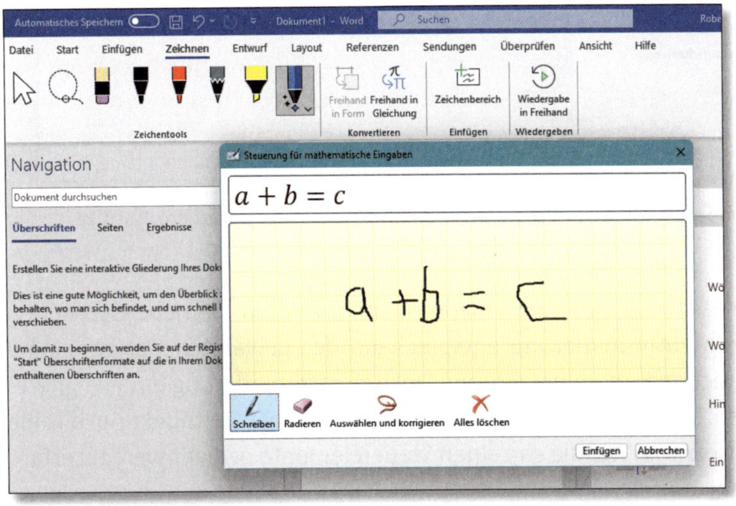

Abbildung 4.10 *Bitte seien Sie nachsichtig, denn diese kleine Test-Formel wurde mit der Maus geschrieben. Dafür sieht sie aber ganz ordentlich aus, oder?*

Die Registerkarte »Entwurf«

Während die Registerkarte **Start** im Wesentlichen für Textformatierung zuständig ist, sind die Schaltflächen der Registerkarte **Entwurf** vorrangig für die Dokumentgestaltung gedacht. Hier legen Sie fest, in welchem grundlegenden Design das Dokument erscheinen soll. Es ist sinnvoll, die hier zur Verfügung stehenden Optionen zu nutzen, damit die Gestaltung zusammenpasst. Besonders Einsteiger neigen dazu, unterschiedliche Schriften, Farben und Stile willkürlich miteinander zu kombinieren. Dabei ist jedoch die Gefahr groß, dass ästhetische Gesichtspunkte vernachlässigt werden. Benutzen Sie stattdessen lieber vorgefertigte Designvorlagen, bei denen die verschiedenen Gestaltungselemente vorab aufeinander abgestimmt sind.

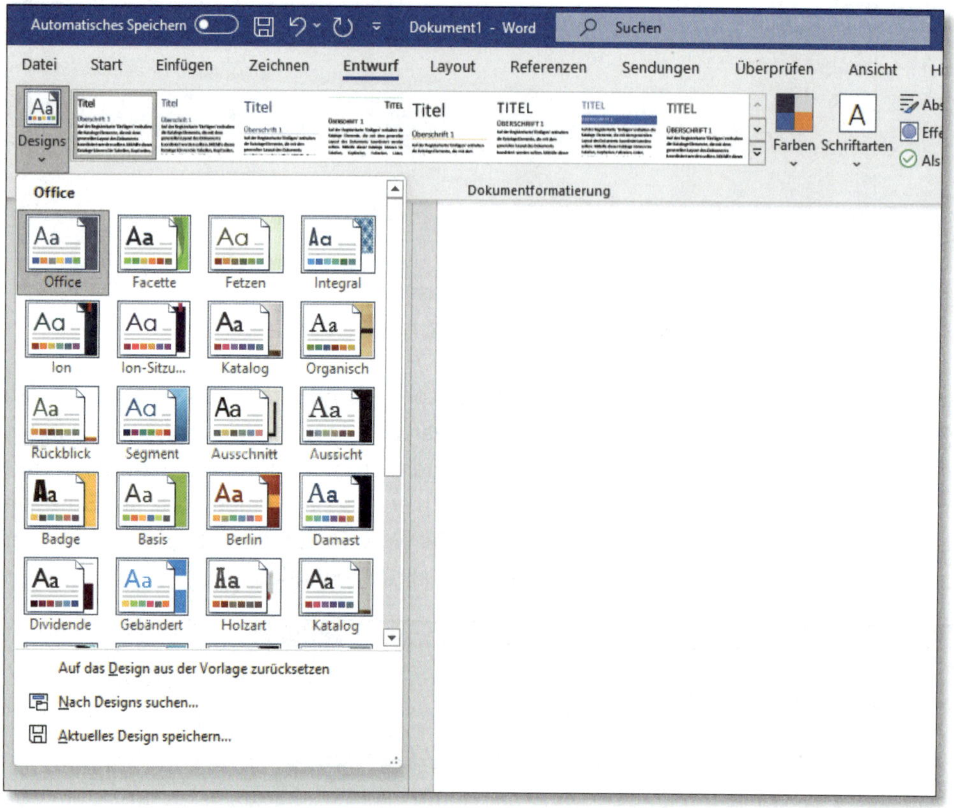

Abbildung 4.11 *Über die Schaltfläche »Designs« lassen sich vorgefertigte Formatierungssätze einstellen.*

Sobald Sie sich für eines der Designs entschieden haben, werden die nebenstehenden Schaltflächen zur Dokumentformatierung entsprechend des gewählten Designs angepasst. Daraufhin lässt sich innerhalb der Gruppe **Dokumentformatierung** ein geeigneter Vorlagensatz aussuchen. Bitte machen Sie sich zum gegenwärtigen Zeitpunkt noch keine Gedanken über die Umsetzung. Wie die einzelnen Steuerelemente bedient werden, erfahren Sie in den folgenden Kapiteln.

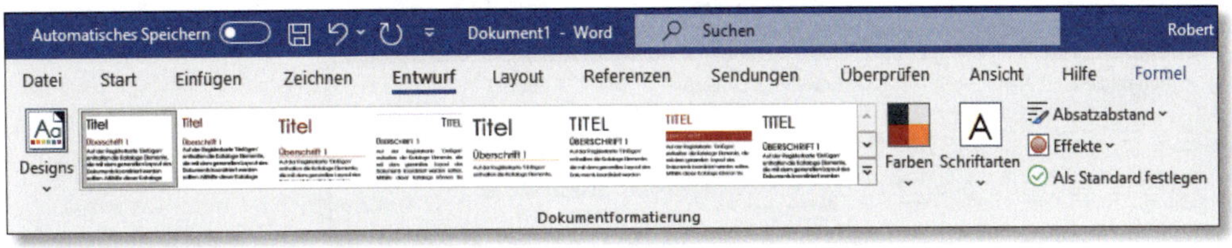

Abbildung 4.12 *Hier ist beispielhaft das Design »Fetzen« verwendet worden.*

Und dann wären da noch die Wasserzeichen, die Ihnen beispielsweise Schutz vor widerrechtlichem Kopieren geben sollen oder ein Dokument als *vertraulich* ausweisen. Damit sind großflächige Markierungen im Hintergrund des Textes gemeint. Gestalten Sie außerdem die Seitenränder oder die Farbe des Papiers.

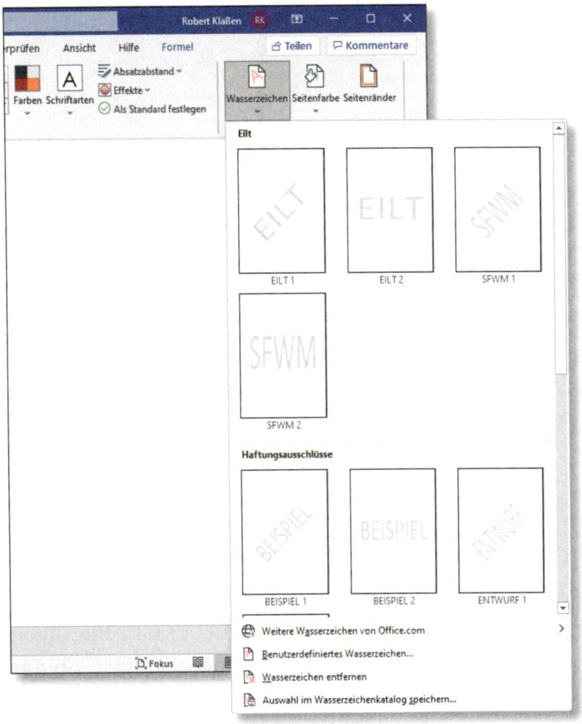

Abbildung 4.13 *Farben, Schriftarten und Seitenränder lassen sich in der rechten Hälfte des Menübands einstellen.*

Werfen Sie zuletzt noch einen Blick darauf, dass die Einstellungen auch registerkartenübergreifend miteinander harmonieren. Nachdem Sie sich nämlich für ein bestimmtes Design entschieden haben, ändern sich in der Gruppe **Formatvorlagen** der Registerkarte **Start** auch die angezeigten Formate entsprechend. Im Beispiel wurde auf der Registerkarte **Entwurf** über die Schaltfläche **Designs** die Dokumentformatierung **Fetzen** gewählt. Wenn Sie anschließend wieder die Registerkarte **Start** aufrufen, finden Sie auch dort in der Gruppe **Formatvorlagen** die zum Design passenden Vorlagen. Klicken Sie einmal auf die Schaltfläche **Weitere** unten rechts neben den Vorlagen (Gruppe: **Formatvorlagen**), um sich alle Formatvorlagen anzeigen zu lassen.

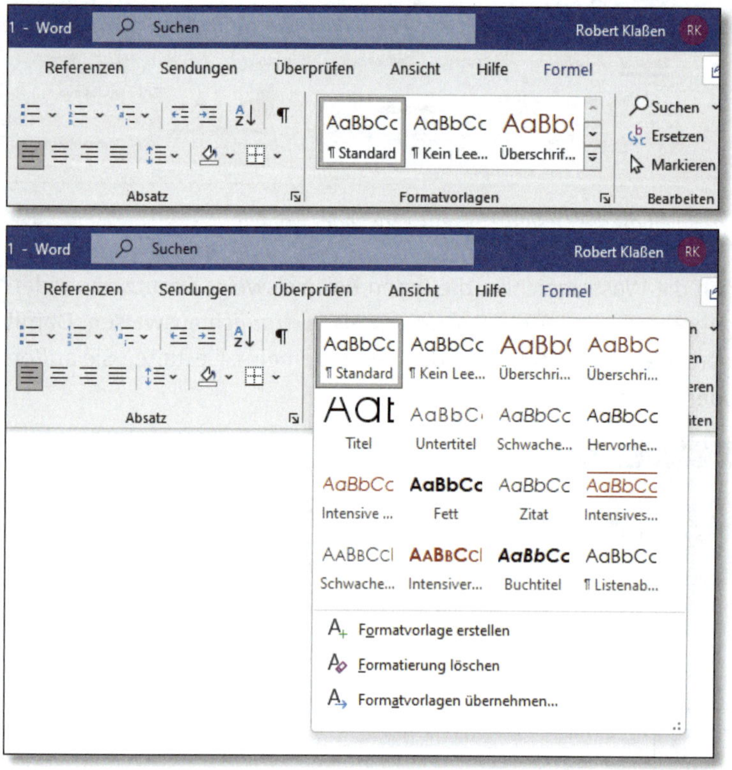

Abbildung 4.14 *Oben sind die Standardformatvorlagen zu sehen, wie sie nach Erstellung eines neuen Word-Dokuments voreingestellt sind. Nach der Anwahl eines neuen Designs werden auch die Formatvorlagen der Registerkarte »Start« angepasst.*

Die Registerkarte »Layout«

Die Registerkarten **Datei**, **Einfügen** und **Entwurf** haben alle (zumindest teilweise) die Aufgabe, die einzelnen Zeichen eines Textes zu gestalten. Damit ist spätestens auf der Registerkarte **Layout** Schluss. Denn dort geht es nur noch um die Gestaltung der einzelnen Seiten sowie um die Ansicht des Textes als Ganzes. Legen Sie hier beispielsweise fest, ob das Dokument im Hoch- oder Querformat ausgegeben werden soll (über die Schaltfläche **Ausrichtung**), wie viele Textspalten zum Einsatz kommen sollen und wie die Ränder auszusehen haben.

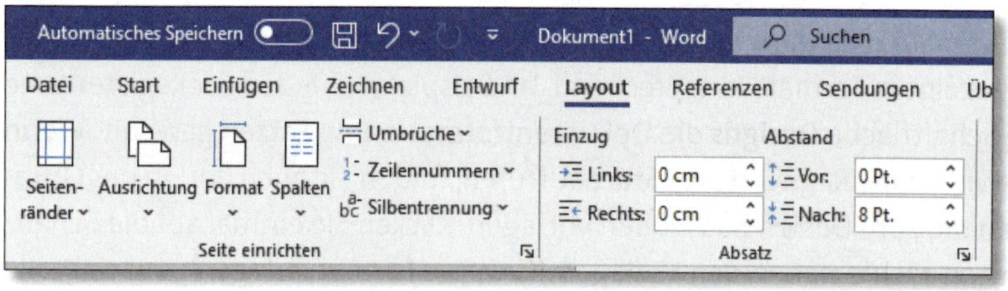

Abbildung 4.15 *Die Dokumentgestaltung erfolgt über das Register »Layout«.*

Über die Gruppe **Anordnen** können Sie hingegen die Ausrichtung einzelner Elemente zueinander anpassen. Das ist z. B. bei Bildern oder Grafiken nützlich, die Sie über die Registerkarte **Einfügen** platziert haben.

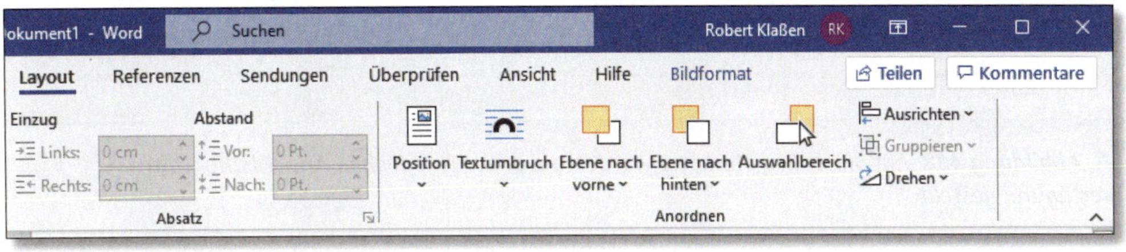

Abbildung 4.16 Viele Ausrichtungsfunktionen sind nur aktiv, wenn ein Objekt ausgewählt ist.

Die meisten Steuerelemente dieser Gruppe stehen Ihnen jedoch nur zur Verfügung, wenn zuvor ein eingefügtes Element markiert worden ist bzw. wenn sich mehrere Objekte übereinander befinden. Ist das nicht der Fall, sind die Steuerelemente ausgegraut. Das bedeutet, sie sind aktuell nicht bedienbar.

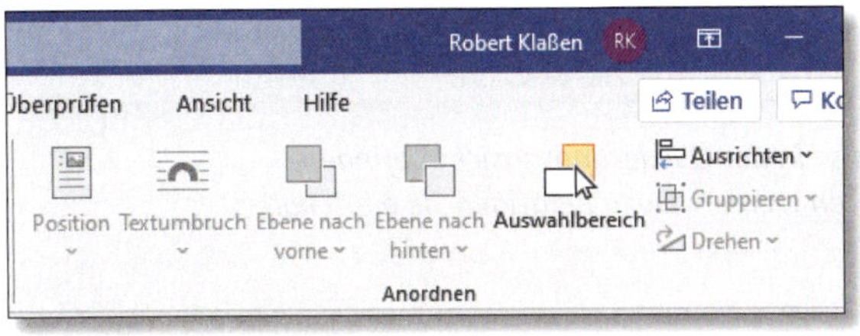

Abbildung 4.17 Wenn kein Objekt angewählt ist, erscheinen einige Schaltflächen ausgegraut.

INFO

Layout vs. Seitenlayout

Die Registerkarte hieß bis zur Version 2013 noch *Seitenlayout*. Da dies jedoch zu Verwechslungen mit der Ansichtsoption **Seitenlayout** führte, wurde das Register kurzerhand in **Layout** umbenannt.

Die Registerkarte »Ansicht«

Innerhalb der Registerkarte **Ansicht** werden in erster Linie Steuerelemente zur Darstellung des Dokuments auf Ihrem Monitor zur Verfügung gestellt. Hier ist insbesondere die Gruppe **Ansichten** hervorzuheben. Schalten Sie vom **Seitenlayout** (es zeigt das Dokument, wie es gedruckt aussehen wird) beispielsweise in das **Weblayout** um, damit Sie besser beurteilen können, wie sich die Arbeit im World Wide Web darstellen wird. Die Ansichten **Gliederung** und **Entwurf** sind ebenfalls noch hervorzuheben, da sich dort die Dokumente am schnellsten formatieren und große Textabschnitte komfortabel verschieben lassen. Der **Lesemodus** hingegen ist, wie der Name schon sagt, am ehesten für das Lesen von Dokumenten optimiert, weniger also für die Bearbeitung oder Korrektur. Insgesamt ist es wichtig zu wissen, dass bei einigen Ansichtsmodi die Registerkarte **Ansicht** verlassen wird.

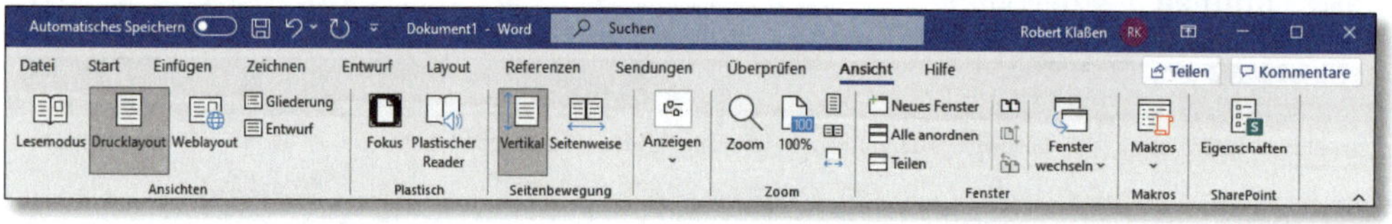

Abbildung 4.18 Auf dieser Registerkarte werden die unterschiedlichen Ansichtsmodi zur Verfügung gestellt.

Um den Ansichtsmodus **Gliederung** zu verlassen, müssen Sie die entsprechende **Schließen**-Schaltfläche betätigen.

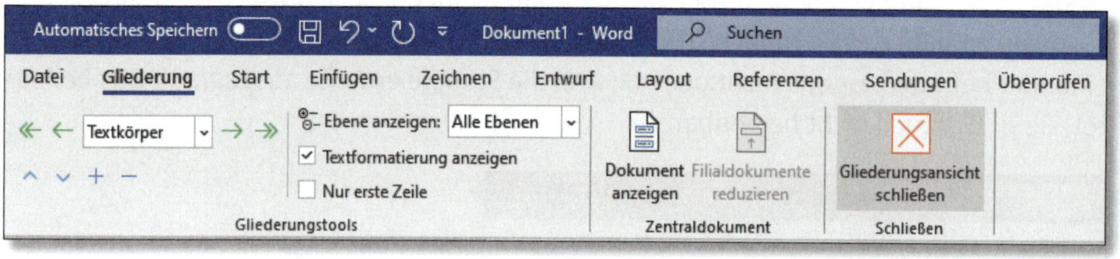

Abbildung 4.19 Wenn Sie sich beispielsweise in der Gliederungsansicht befinden, muss diese nach Gebrauch manuell geschlossen werden. Dazu betätigen Sie die Schaltfläche »Gliederungsansicht schließen«.

Beachten Sie darüber hinaus, dass sich in der Gruppe **Anzeigen** verschiedene Checkboxen befinden, mit denen sich zusätzliche Aufgabenbereiche hinzufügen lassen. Sollte Ihnen also versehentlich einmal der Aufgabenbereich **Navigation** auf der linken Seite abhandengekommen sein, lässt er sich durch Aktivierung des Kästchens **Navigationsbereich** jederzeit zurückholen. Weitere Ausführungen zur Anpassung der Arbeitsoberfläche entnehmen Sie bitte dem Unterabschnit »Die übrigen Registerkarten« auf der folgenden Seite 113.

Horizontal scrollen

Gerne möchte ich Ihnen im Zusammenhang mit der Registerkarte **Ansicht** noch eine interessante Scrollfunktion vorstellen, die sich vor allem dann anbietet, wenn Sie mit einem Mausrad arbeiten: Standardmäßig reicht es ja, wenn Sie die Maus auf das Dokument stellen und das Scrollrad bewegen. Sie verschieben damit die Inhalte eines Dokuments von oben nach unten. Wenn das Dokument über mehrere Seiten verfügt, gelingt damit auch der Seitenwechsel.

Seit Office 2019 können Sie auch horizontal scrollen, was unseren Lesegewohnheiten eher entspricht und ein schnelles Durchforsten großer Dokumente gestattet (beispielsweise zur Überprüfung der Seitenumbrüche). Dazu müssen Sie allerdings zunächst **Seitenweise** im Bereich **Seitenbewegung** der Registerkarte **Ansicht** aktivieren. Nun wird die Darstellungsgröße des Dokuments automatisch so angepasst, dass sich zwei Seiten nebeneinander zeigen. Wenn Sie das Mausrad jetzt auf und ab bewegen, erfolgt der Seitenwechsel nicht mehr vertikal, sondern horizontal. Probieren Sie es einmal aus, vergessen Sie aber nicht, anschließend wieder auf **Vertikal** umzustellen. Anderenfalls ist nämlich kein Zoom (Vergrößerung der Dokumentansicht) mehr möglich.

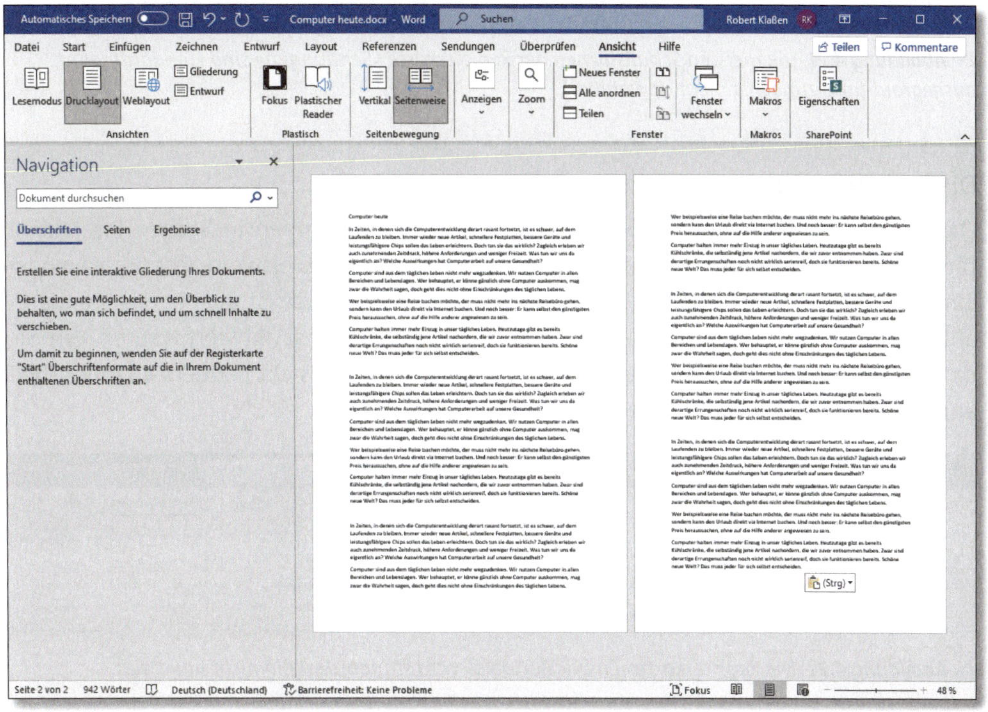

Abbildung 4.20 *Scrollen Sie seitenweise horizontal durch Ihre Word-Dokumente.*

> **INFO**
>
> **Die Scrollfunktion ist dokumentspezifisch**
> Wenn Sie den Horizontal-Scroll aktivieren, wird die Seitenbewegung nur im aktuellen Dokument verändert. Alle anderen Dokumente bleiben davon ausgenommen.

Die übrigen Registerkarten

Die Registerkarten **Referenzen** (ehemals **Verweise**), **Sendungen** und **Überprüfen** haben gewissermaßen einen fortgeschrittenen Status. Diese benutzen Sie beispielsweise bei der späteren Korrektur des Dokuments, bei Übersetzungen in eine andere Sprache (Registerkarte **Überprüfen**) oder bei der sogenannten *Indexierung*. Auf diese Weise lassen sich beispielsweise Suchworte generieren und in einer Übersicht zusammentragen, Inhalts- und Abbildungsverzeichnisse sowie Querverweise generieren (Registerkarte **Referenzen**). Wer viele Briefe gleichen Inhalts an verschiedene Empfänger senden bzw. Umschläge bedrucken möchte oder Etiketten einsetzt, wird auf der Registerkarte **Sendungen** fündig.

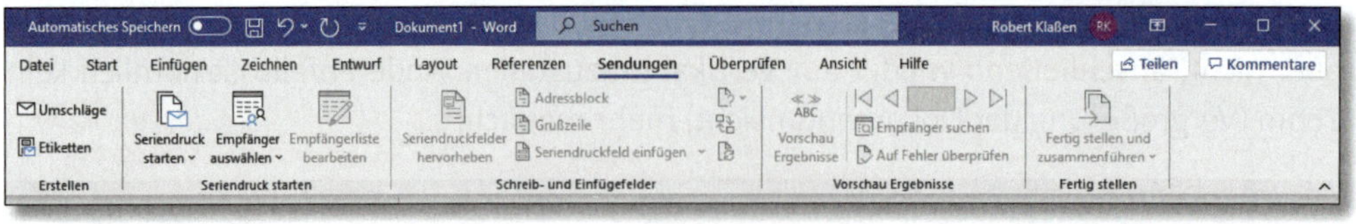

Abbildung 4.21 *Die meisten Schaltflächen der Registerkarte »Sendungen« sind standardmäßig ausgegraut (also zunächst nicht anwählbar).*

Die Registerkarte »Entwicklertools«

Die Registerkarte **Entwicklertools** stellt verschiedene Funktionen in Sachen Interaktivität von Word-Dokumenten zur Verfügung. So lassen sich beispielsweise Checkboxen oder Eingabefelder in das Dokument integrieren. Diese Registerkarte ist aber in der Standardansicht ausgeblendet und muss von Ihnen bei Bedarf zunächst aktiviert werden. Wie Sie dazu vorgehen müssen, erfahren Sie in Abschnitt 4.2, »Die Ansicht bequem an Ihre Arbeit anpassen«, auf der folgenden Seite 115.

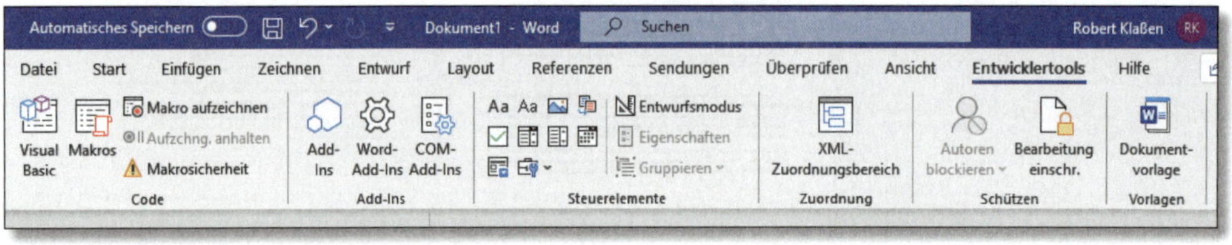

Abbildung 4.22 *Die Registerkarte »Entwicklertools« wird standardmäßig nicht angezeigt.*

Temporäre Registerkarten

Und dann wären da noch jene Registerkarten, die sich nur dann zeigen, wenn eine bestimmte Bedingung erfüllt ist. Das ist beispielsweise bei den Registerkarten **Bildformat** oder **Tabellenentwurf** bzw. **Layout** der Fall.

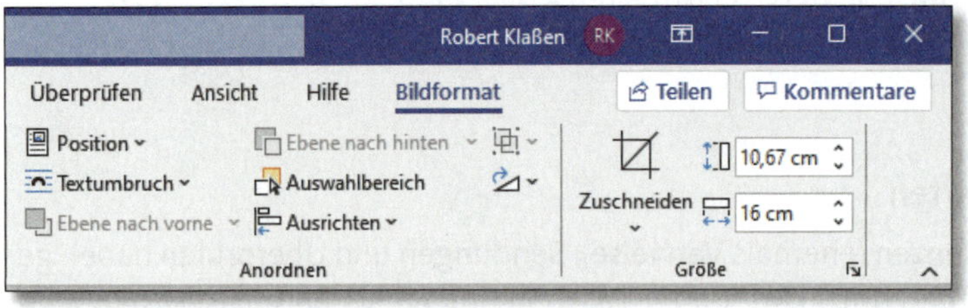

Abbildung 4.23 *Die Registerkarte »Bildformat«*

Diese Registerkarten zeigen sich nur, wenn zuvor ein entsprechendes Objekt angewählt worden ist. Außerdem werden sie wieder ausgeblendet, sobald das Objekt abgewählt wird, sprich: wenn Sie auf eine Stelle außerhalb des Bild- oder Tabellenelements klicken.

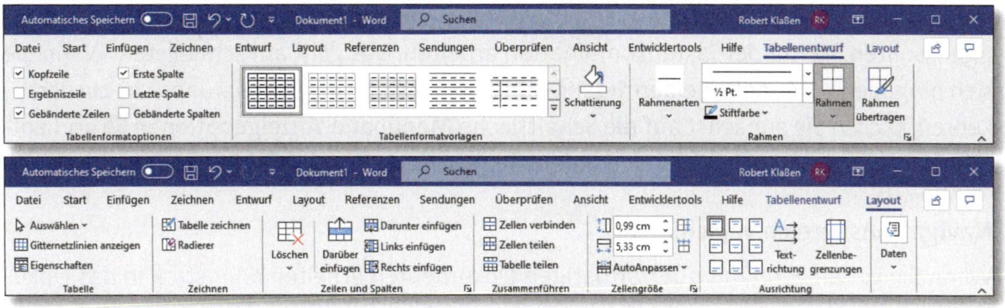

Abbildung 4.24 *Ist eine Tabelle in Word markiert, haben Sie die Wahl zwischen dem Register »Tabellenentwurf« und »Layout«.*

4.2 Die Ansicht bequem an Ihre Arbeit anpassen

Die Arbeitsoberfläche von Word ist keinesfalls in Stein gemeißelt. Sie dürfen einzelne Elemente durchaus verändern, verschieben, hinzufügen oder schließen. Leider gibt es keine Empfehlung dazu, wie eine Oberfläche in Word idealerweise auszusehen hat. Dies ist von zahlreichen Faktoren abhängig. So spielt es einerseits eine Rolle, welche Aufgaben Sie tagtäglich erledigen. Vielleicht benötigen Sie ja den einen oder anderen Bereich gar nicht. Ein weiterer wesentlicher Faktor ist der zur Verfügung stehende Platz. Arbeiten Sie beispielsweise mit einem kleinen Monitor, müssen Sie die zur Verfügung stehende Arbeitsfläche viel effizienter aufteilen, als wenn Sie mit einem großen oder gar zwei Monitoren arbeiten.

Das Menüband temporär deaktivieren

Zunächst einmal wäre da das Menüband zu erwähnen, das sich im Bedarfsfall minimieren lässt, indem Sie auf die Schaltfläche **Das Menüband reduzieren** klicken oder `Strg` + `F1` betätigen. Weitere Hinweise dazu lesen Sie in Abschnitt 2.2, »Das Menüband«, auf Seite 55.

Abbildung 4.25 *Wer mehr Platz benötigt, blendet das Menüband mit einem Mausklick oder einer Tastenkombination temporär aus und wieder ein.*

Wenn Sie wollen, dass das Menüband nur dann eingeblendet ist, wenn Sie es auch benötigen, sollten Sie mit der Tastenkombination arbeiten. Das geht am schnellsten. Wenn Sie sich hingegen dafür entscheiden, irgendwann doch wieder zur Standardansicht zurückzukehren, klicken Sie zunächst auf die Schaltfläche **Menüband-Anzeigeoptionen** ❶ und entscheiden sich anschließend für den Befehl **Registerkarten und Befehle anzeigen**.

Navigationsbereich verschieben

Wenn Sie vorwiegend mit querformatigen Dokumenten arbeiten oder stark in das Dokument einzoomen wollen, ist zu überlegen, ob der standardmäßig aktive Aufgabenbereich **Navigation** (auf der linken Seite) wirklich benötigt wird. Deaktivieren Sie diesen, indem Sie im Aufgabenbereich oben rechts auf die kleine Kreuz-Schaltfläche klicken. Der Navigationsbereich lässt sich jederzeit wieder aktivieren, indem Sie in der Gruppe **Anzeige** der Registerkarte **Ansicht** mit einem Klick die Checkbox **Navigationsbereich** aktivieren.

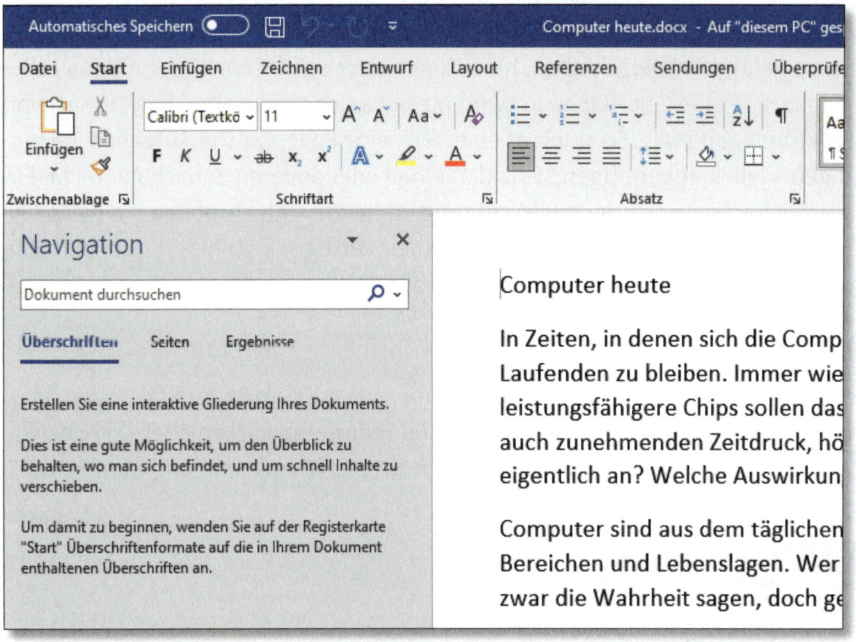
Automatisches Speichern
Computer heute.docx - Auf "diesem PC" ges
Datei
Start
Einfügen
Zeichnen
Entwurf
Layout
Referenzen
Sendungen
Überprüfe
Einfügen
Calibri (Textkö
11
Zwischenablage
Schriftart
Absatz
Navigation
Dokument durchsuchen
Überschriften
Seiten
Ergebnisse
Erstellen Sie eine interaktive Gliederung Ihres Dokuments.
Dies ist eine gute Möglichkeit, um den Überblick zu behalten, wo man sich befindet, und um schnell Inhalte zu verschieben.
Um damit zu beginnen, wenden Sie auf der Registerkarte "Start" Überschriftenformate auf die in Ihrem Dokument enthaltenen Überschriften an.
Computer heute
In Zeiten, in denen sich die Comp
Laufenden zu bleiben. Immer wie
leistungsfähigere Chips sollen das
auch zunehmenden Zeitdruck, hö
eigentlich an? Welche Auswirkun
Computer sind aus dem täglichen
Bereichen und Lebenslagen. Wer
zwar die Wahrheit sagen, doch ge

Abbildung 4.26 *Der Navigationsbereich verfügt über eine eigene »Schließen«-Schaltfläche.*

Falls Sie sich noch nicht so recht entscheiden können, ob Sie den Navigationsbereich wirklich brauchen oder nicht, ihn an seiner aktuellen Position aber eher als störend empfinden, können Sie auch auf das Wort **Navigation** (oder den freien Bereich daneben) klicken, die Maustaste gedrückt halten und den kompletten Bereich verschieben. Der Vorteil: Jetzt existiert links und rechts mehr Platz für den Text, während die Navigationsleiste gewissermaßen über dem Dokument schwebt. Von dort aus kann sie überall im Fenster angeordnet werden.

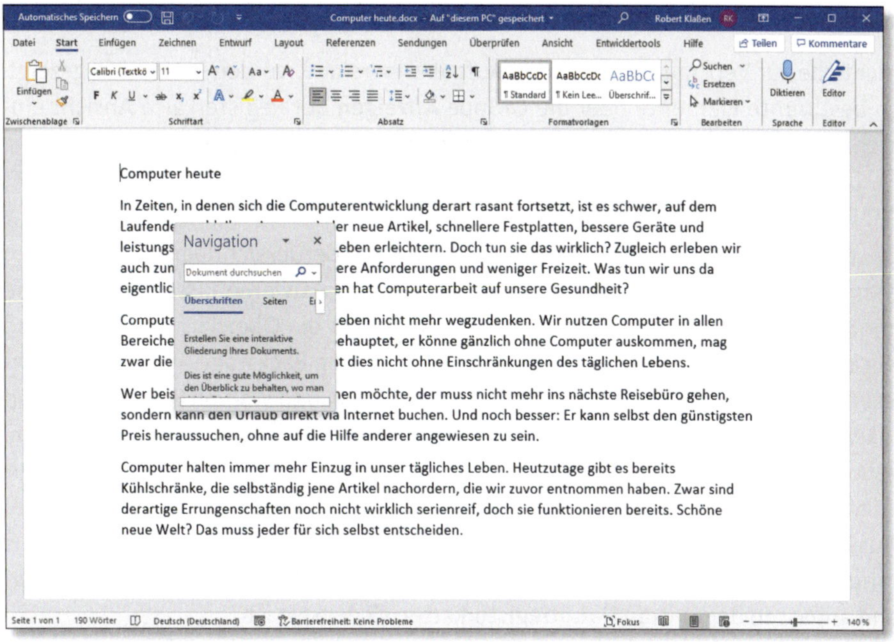

Abbildung 4.27 *Der Navigationsbereich schwebt jetzt über dem Dokument.*

Ziehen Sie den Navigationsbereich wieder an den linken Rand der Anwendung und lassen Sie ihn dort fallen, wird der Aufgabenbereich an seiner ursprünglichen Position »eingeklebt«.

Lineale einblenden

Arbeiten Sie häufig mit Einzügen und Tabulatoren? Dann sollten Sie die Lineale einschalten. Diese werden dann oben und links neben Ihrem Dokument eingeblendet. Aktivieren Sie diese, indem Sie in der Gruppe **Anzeigen** der Registerkarte **Ansicht** auf die Checkbox **Lineal** klicken.

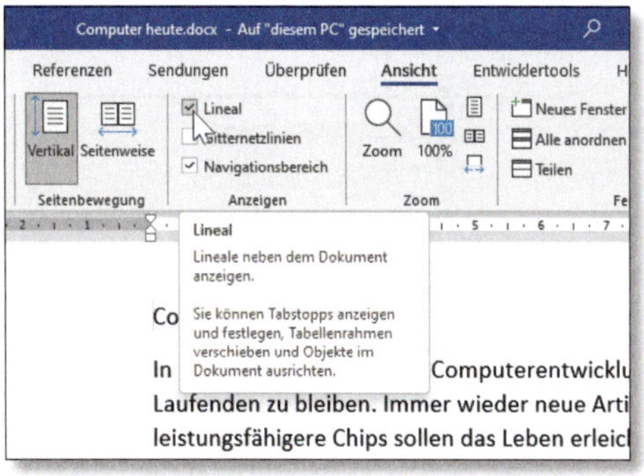

Abbildung 4.28 *Die Lineale sind wichtige Instrumente in Word.*

Wenn Sie sich für die Anpassung der Oberfläche interessieren, sollten Sie auch die folgenden Abschnitte lesen. Diese geben Ihnen weitere Optionen in Sachen Oberflächengestaltung an die Hand.

4.3 Zusätzliche Elemente ein- und ausblenden

Längst nicht alle zur Verfügung stehenden Aufgabenbereiche werden in Word angezeigt. Dass sich bestimmte Elemente über die Gruppe **Anzeigen** der Registerkarte **Ansicht** ein- und ausschalten lassen, ist ja nicht neu. Doch es geht noch individueller.

Gruppen und Registerkarten entfernen

Bei der Gestaltung der Oberfläche sollten Sie auf jeden Fall berücksichtigen, dass sich auch die im Menüband befindlichen Schaltflächen-Gruppen deaktivieren lassen, sofern diese nicht benötigt werden. Das dient der Übersicht und macht die Oberfläche klarer. Und so geht's: Klicken Sie zunächst auf das Register **Datei**, um in die Backstage-Ansicht zu wechseln. Klicken Sie in der linken Spalte auf die Rubrik **Optionen**, und wählen Sie anschließend in der linken Spalte des Dialogfensters **Word-Optionen** den Befehl **Menüband anpassen**. Mal angenommen, Sie könnten prima auf die Gruppe **Links** der Registerkarte **Einfügen** verzichten, dann müssten Sie zunächst die Liste **Einfügen** öffnen, indem Sie auf das vorangestellte Plussymbol klicken. Danach wählen Sie die Zeile **Links** ❶ mit einem Mausklick aus und betätigen **Entfernen** ❷ in der Mitte des Dialogs. Achten Sie darauf, dass im Bereich **Menüband anpassen** der Eintrag **Hauptregisterkarten** ❸ gelistet ist.

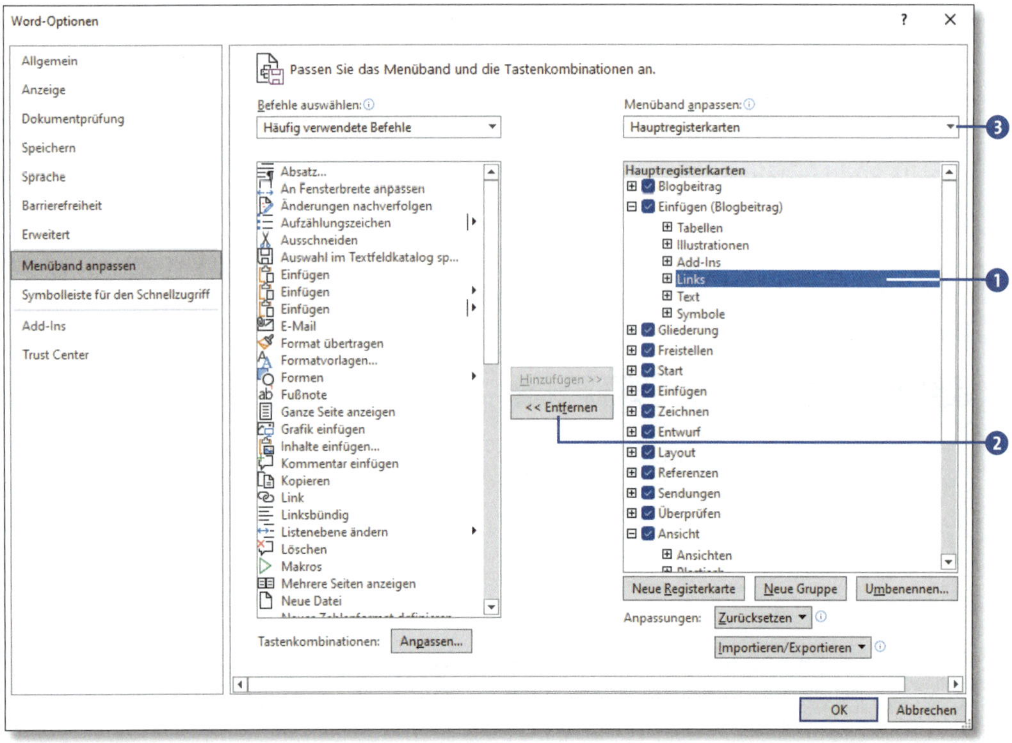

▲ ***Abbildung 4.29*** *Wenn Sie wie beschrieben vorgehen, entfernen Sie markierte Gruppen aus der Registerkarte.*

TIPP

Menüband schnell anpassen
Falls Sie sich den Weg über die Backstage-Ansicht sparen möchten, können Sie auch mit rechts auf einen Registerkarteneintrag, eine Gruppe oder eine Schaltfläche des Menübands klicken und sich im daraufhin erscheinenden Kontextmenü für **Menüband anpassen** entscheiden. Daraufhin wird das Dialogfenster **Word-Optionen** eingeblendet.

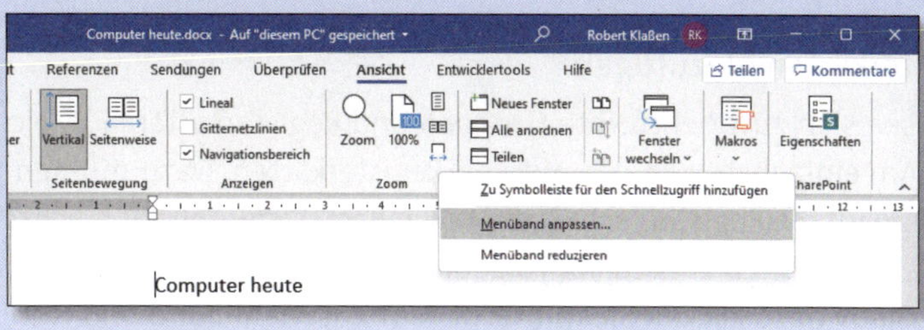

Abbildung 4.30 *So geht es noch schneller.*

Noch einfacher ist das Entfernen ganzer Registerkarten. Dazu müssen Sie nämlich lediglich die vorangestellte Checkbox per Mausklick deaktivieren ❹ und mit einem Klick auf **OK** bestätigen. Fortan ist diese Registerkarte unsichtbar.

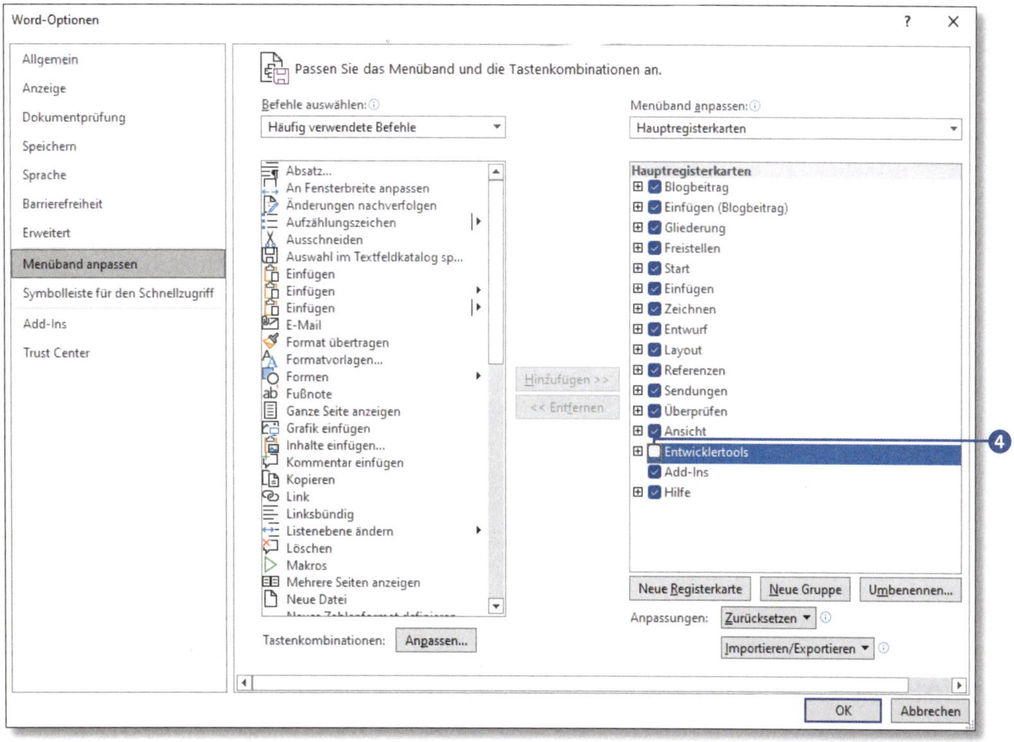

Abbildung 4.31 *Wenn eine Checkbox inaktiv ist (hier: »Entwicklertools«), wird diese Registerkarte im Menüband nicht zur Verfügung gestellt.*

> **INFO**
>
> **Plussymbole**
>
> Vorangestellte Plussymbole sind Indiz dafür, dass sich dahinter weitere Untereinträge verbergen. Um diese zugänglich zu machen, müssen Sie auf das Plussymbol klicken. Es mutiert dann zum Minussymbol und zeigt die darunter befindlichen Einträge.

Gruppen und Registerkarten hinzufügen

Glücklicherweise lassen sich zuvor entfernte Gruppen und Registerkarten auf leichte Art wieder hinzufügen. Am einfachsten ist das mit den Registerkarten. Dazu müssen Sie zunächst mit einem Klick auf die Registerkarte **Datei** in die Backstage-Ansicht wechseln und in der linken Spalte auf **Optionen** klicken. Im Folgedialog selektieren Sie abermals **Menüband anpassen**. Alternativ dazu klicken Sie mit rechts auf das Menüband und wählen anschließend im Kontextmenü den Befehl **Menüband anpassen**. Aktivieren Sie das Häkchen der Registerkarte oder Gruppe, die aktuell nicht angezeigt wird (in Abbildung 4.32 die Registerkarte **Referenzen**). Klicken Sie anschließend auf **OK**.

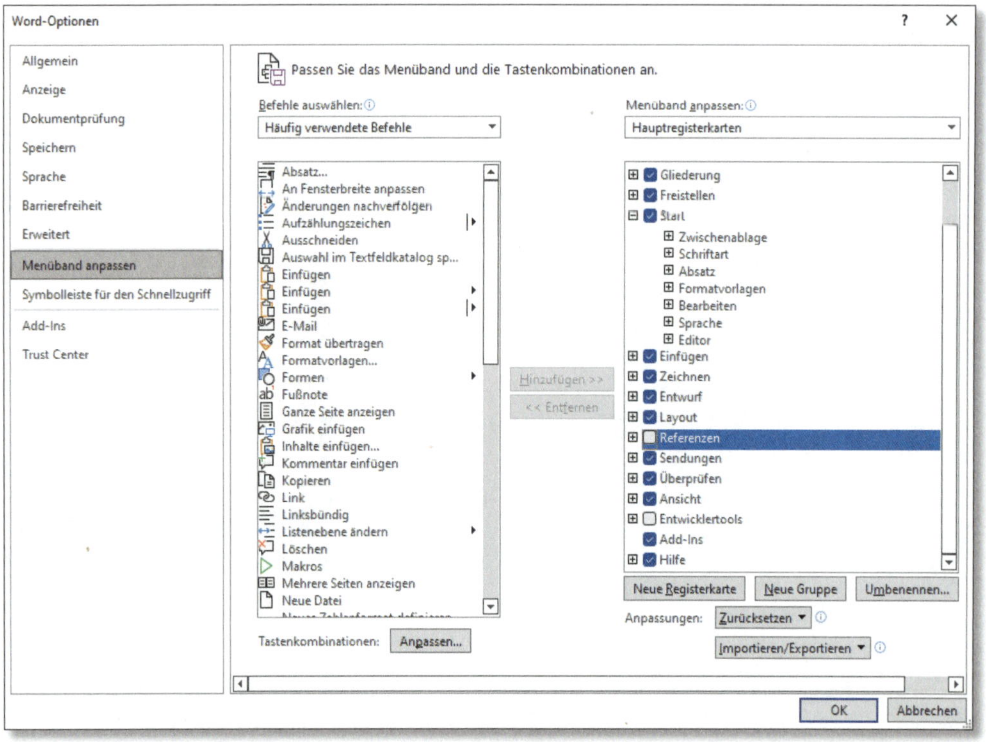

Abbildung 4.32 *Haken Sie die zuvor deaktivierte Registerkarte einfach wieder an.*

TIPP

Register direkt anwählen
Wenn Sie Änderungen an einem bestimmten Register vornehmen wollen, sollten Sie dieses zunächst aktivieren und erst danach per Rechtsklick auf das Menüband den Befehl **Menüband anpassen** selektieren. Dann nämlich wird genau dieses Register in den Word-Optionen ausgewählt und die Liste mit den dazugehörigen Gruppen automatisch geöffnet.

Problematischer wird es, wenn Sie eine zuvor entfernte Gruppe hinzufügen wollen. Dann nämlich müssen Sie zunächst im Dialogfenster **Word-Optionen** im Menü **Befehle auswählen** die Option **Alle Registerkarten** ❶ wählen. In der unterhalb befindlichen Liste klicken Sie auf das Plussymbol der Registerkarte, die standardmäßig die relevante Gruppe beherbergt. Im Beispiel ist das die Registerkarte **Einfügen** ❷. Markieren Sie danach mit einem Mausklick die Gruppe, die hinzugefügt werden soll (hier: **Symbole** ❸), und klicken Sie anschließend auf die Schaltfläche **Hinzufügen** ❹.

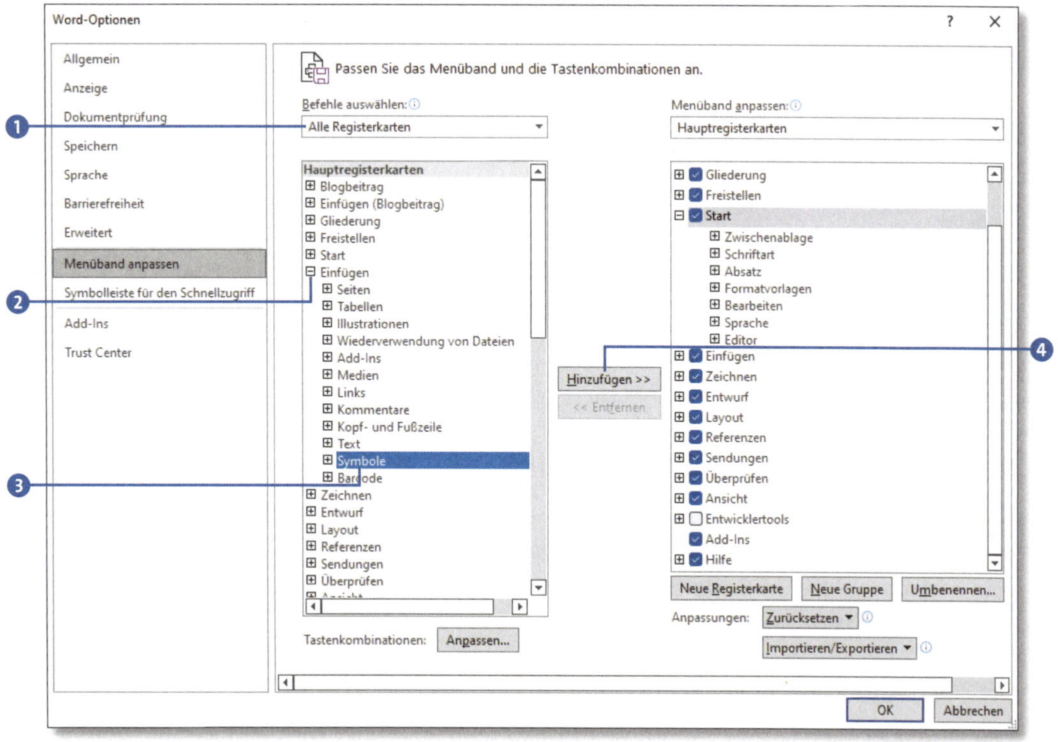

Abbildung 4.33 Jetzt wird die Gruppe wieder hinzugefügt.

Nun wirft diese Vorgehensweise ein kleines Problem auf: Die Gruppe wird nämlich nicht automatisch wieder an der Position platziert, von der sie vorab entfernt worden ist. Vielmehr setzt Word die hinzugefügte Gruppe ganz nach unten, was letztendlich dazu führt, dass diese Gruppe im Menüband ganz rechts auftaucht. Dem können Sie aber etwas entgegensetzen, indem Sie auf den relevanten Eintrag klicken und ihn, während Sie die Maustaste gedrückt halten, an die gewünschte Position ziehen. Beim Ziehen werden Sie feststellen, dass sich zwischen zwei Einträgen jeweils eine horizontale schwarze Linie zeigt. Wenn das der Fall ist, können Sie loslassen. Der Eintrag wird dann dort einsortiert. Im konkreten Beispiel der Gruppe **Symbole** müssten Sie demzufolge loslassen, wenn sich die schwarze Linie zwischen **Tabellen** und **Illustrationen** befindet. Um die Änderungen zu übernehmen, müssen Sie sie noch mit einem Klick auf **OK** bestätigen.

INFO

Anpassungen verwerfen

Sie können mit diesen Funktionen nach Herzenslust experimentieren. Denn sollten Sie auf die zuvor beschriebene Art und Weise Ihr komplettes Word-Layout ruiniert haben, können Sie abermals im Dialogfenster **Word-Optionen** den Befehl **Menüband anpassen** wählen und anschließend im Bereich **Anpassungen** auf **Zurücksetzen** klicken. Im Kontextmenü entscheiden Sie sich dann für **Alle Anpassungen zurücksetzen** und beantworten die danach erscheinende Kontrollabfrage mit **Ja**.

Abbildung 4.34 *Verwerfen Sie sämtliche Anpassungen.*

4.4 Die Darstellungsgröße optimieren

Mit *Darstellungsgröße* werden generell zwei unterschiedliche Präsentationsarten bezeichnet. Zum einen bezieht sich die Darstellungsgröße auf die Größe des angezeigten Textes, zum anderen auf die Größe der Schrift, die innerhalb der Steuerelemente (also letztendlich auch im Menüband) verwendet wird.

Die Darstellungsgröße der Schrift ändern

Wie groß oder klein eine Schrift im Word-Dokument angezeigt wird, ist nicht nur von der verwendeten Schriftgröße abhängig, sondern auch von den Einstellungen in der Statusleiste innerhalb des Zoombereichs unten rechts. Klicken Sie auf das Minus, um die Darstellungsgröße zu verringern, bzw. auf das Plus, um diese zu erhöhen. Mithilfe des Schiebereglers ❶ lässt sich die Vergrößerung oder Verkleinerung besser dosieren. Der aktuell gültige Wert ❷ wird Ihnen im Übrigen ganz rechts angezeigt.

Abbildung 4.35 *Der Zoombalken hilft bei der Vergrößerung der Textanzeige.*

Noch mehr Individualität bringt das Dialogfenster **Zoom** mit, das Sie mit einem Klick auf den aktuellen Wert öffnen können. Hier können Sie weitere Zoommodi anwählen bzw. die Ansicht anpassen.

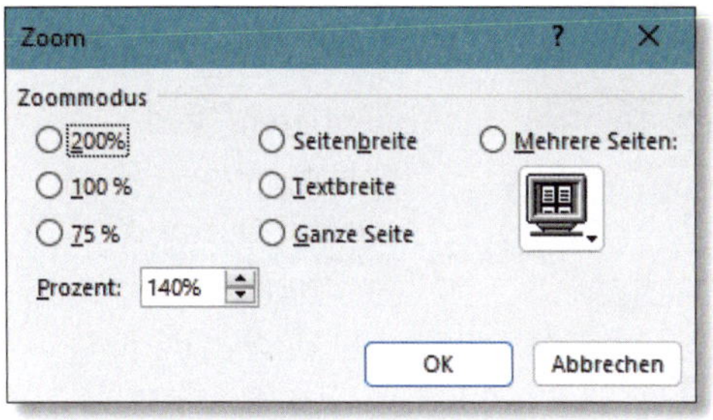

Abbildung 4.36 *Hier sind weitere Zoomeinstellungen verfügbar.*

Beachten Sie in diesem Zusammenhang, dass die einzelnen Anzeigemodi, die sich über die entsprechenden Schaltflächen in der Gruppe **Ansichten** der Registerkarte **Ansicht** einstellen lassen (z. B. **Lesemodus**, **Seitenlayout**, **Gliederung**), sich neuerdings synchron verhalten. Das bedeutet: Wenn Sie beispielsweise im Seitenlayout einen Zoomfaktor von 160 % eingeschaltet haben und dann in die Ansicht **Lesemodus** wechseln, beträgt der Zoomfaktor dort ebenfalls 160 %. Das war in Vorgängerversionen noch anders. Den Zoomfaktor müssen Sie jetzt nicht mehr über die Steuerelemente der Statusleiste anpassen.

Die Darstellungsgröße der Steuerelemente ändern

Auf die Darstellungsgröße der einzelnen Steuerelemente in Word können Sie ebenfalls leicht Einfluss nehmen. Allerdings müssen Sie die Anwendung dazu verlassen. Öffnen Sie die Systemsteuerung des Betriebssystems, indem Sie das Zahnrad-Symbol (**Einstellungen**) innerhalb des Startmenüs wählen. Sie gelangen damit in die Windows-Einstellungen, in denen Sie sich im Anschluss für **System** entscheiden.

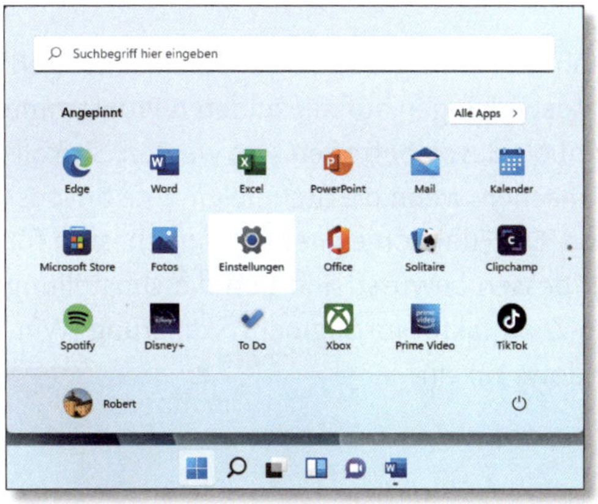

Abbildung 4.37 *Die Windows-Einstellungen finden Sie im Startmenü*

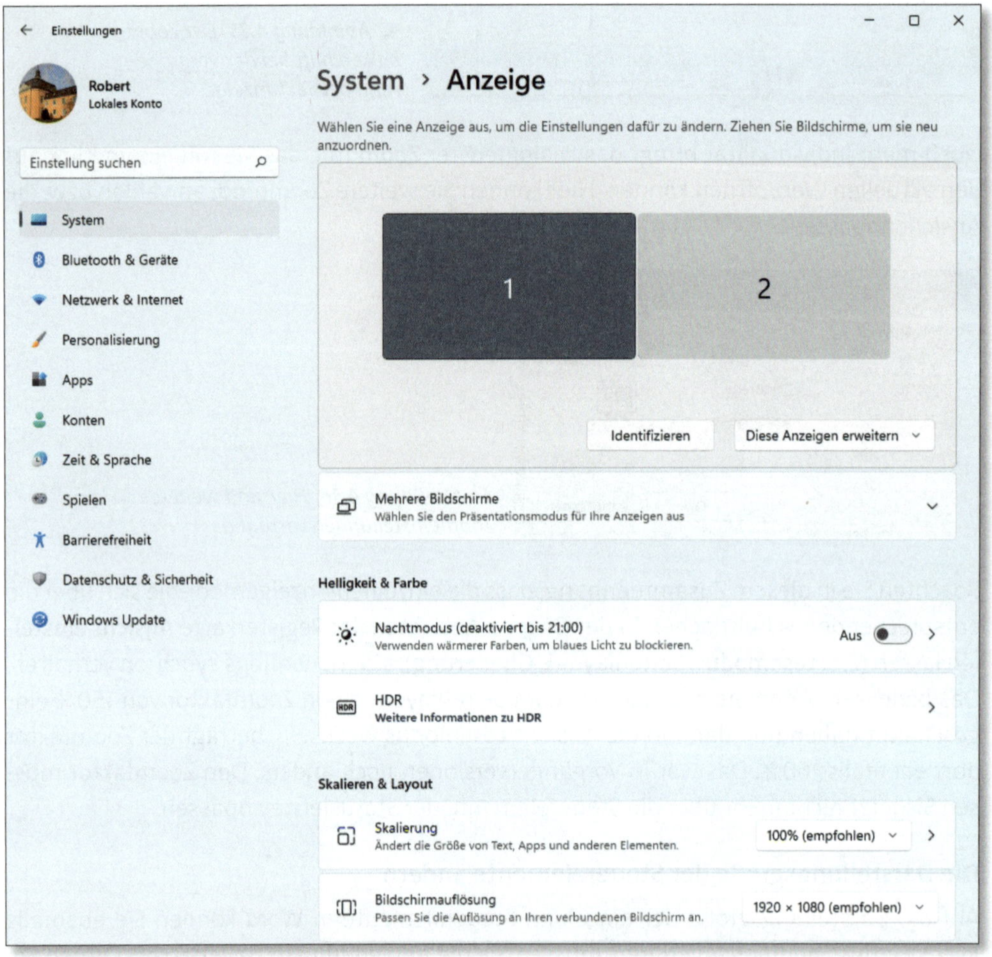

Abbildung 4.38 *Die benötigten Einstellungen verbergen sich hinter dem Button »System«.*

Gehen Sie unter Windows 11 auf **Anzeige**, scrollen Sie ein wenig nach unten, und klicken Sie anschließend auf die Zeile **Skalierung**. Sollten Sie noch unter Windows 10 arbeiten, ist dieser Schritt nicht erforderlich.

Bevor Sie fortfahren: Überlegen Sie genau, ob Sie die Vergrößerung wirklich benötigen. Beachten Sie, dass Veränderungen hier auch Auswirkungen auf alle anderen Programme haben und selbst der Desktop bzw. dessen Symbole davon betroffen sein werden. Sie sollten von der Vergrößerung also nur Gebrauch machen, wenn die Steuerelemente ansonsten für Sie schwer oder kaum zu erkennen sind. Die Funktion eignet sich am ehesten für Menschen, die schlecht sehen. Wenn Sie sich dessen bewusst sind und die Umstellung dennoch wollen, stellen Sie den gewünschten Zoomfaktor im Segment **Skalierung** (Windows 11) bzw. **Skalierung und Anordnung** (Windows 10) ein.

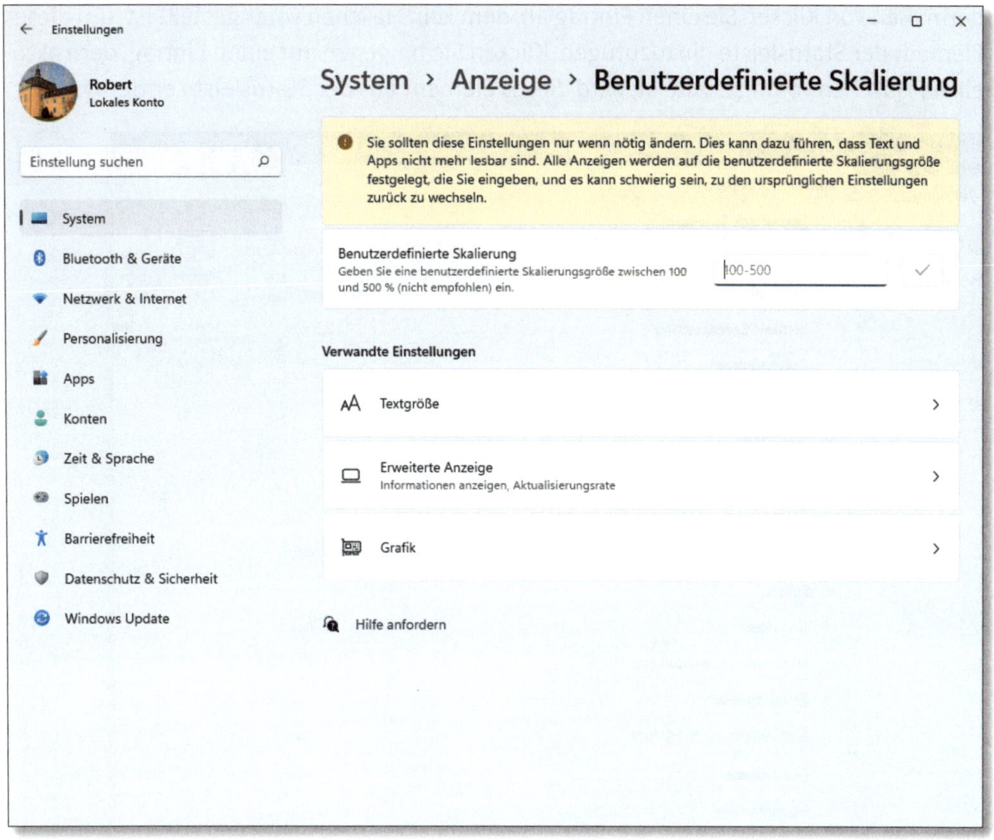

Abbildung 4.39 *Klicken Sie den Vergrößerungsfaktor an, der Ihnen zusagt.*

Zunächst »springt« das Monitorbild etwas, da die Elemente der Arbeitsoberfläche neu angeordnet werden müssen. Des Weiteren gibt Windows 10 unten rechts einen Hinweis aus. Übernehmen Sie die Änderungen, indem Sie auf **Anwenden** klicken und das Fenster mit den Windows-Einstellungen schließen. Falls Sie doch lieber wieder die 100%ige Ansicht genießen möchten, betätigen Sie **Abbrechen** und stellen die Anzeige in den Windows-Einstellungen wieder auf 100 % zurück. Unter Windows 11 bleibt die Meldung hingegen aus.

4.5 Die Statusleiste anpassen

Die Fußleiste von Word wird auch als Statusleiste bezeichnet. Hier befinden sich die bereits erwähnten Steuerelemente zur Vergrößerung oder Verkleinerung der Textansicht (unten rechts). Welche Steuerelemente hier präsentiert werden, ist keinesfalls dem Zufall überlassen.

Klicken Sie mit rechts auf die Statusleiste der Anwendung, wird ein Kontextmenü eingeblendet, mit dessen Hilfe sich der Inhalt der Leiste gestalten lässt. Dabei gehen Sie folgendermaßen vor: Klicken Sie einen Eintrag an, dem kein Häkchen vorangestellt ist, um dieses Element der Statusleiste hinzuzufügen. Klicken Sie hingegen auf einen Eintrag, dem aktuell ein Häkchen vorangestellt ist, wird dieses Element aus der Statusleiste entfernt.

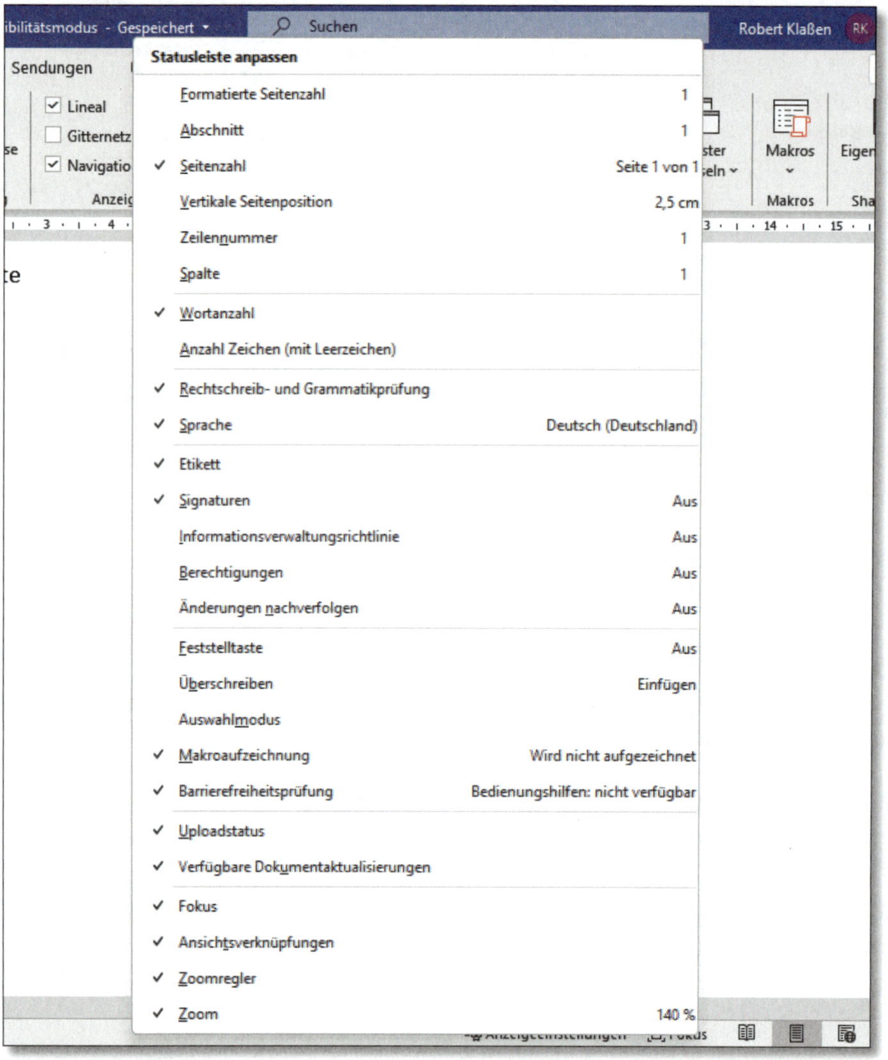

Abbildung 4.40 *Die Statusleiste wartet mit zahlreichen Optionen auf.*

4.6 Mit Fenstern umgehen

Zwar lässt sich immer nur an einem einzelnen Word-Dokument arbeiten, jedoch dürfen durchaus mehrere Word-Dateien gleichzeitig geöffnet sein. Das Problem: Unten liegende Dokumente werden jetzt von den darüber befindlichen verdeckt. Um schnellen Zugriff auf diese Dokumente zu erlangen, klicken Sie in der Gruppe **Fenster** der Registerkarte **An-**

sicht auf die Schaltfläche **Fenster wechseln**. Nun werden Ihnen sämtliche geöffneten Dokumente in Form von Listeneinträgen angezeigt. Wählen Sie das Dokument aus, das Sie weiter bearbeiten wollen.

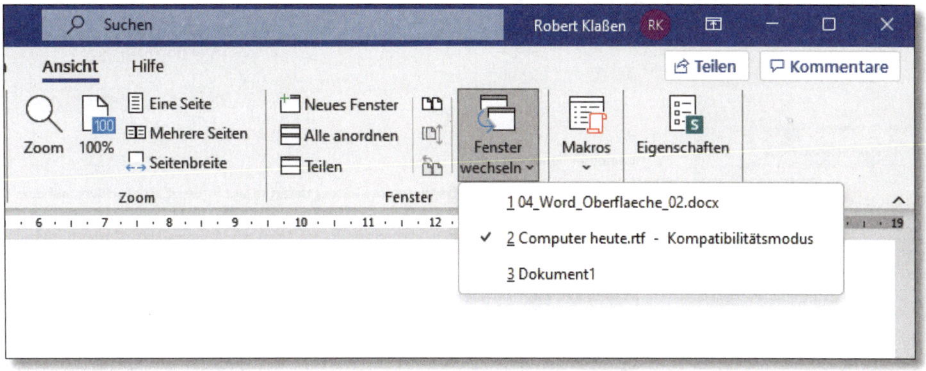

Abbildung 4.41 *Geöffnete Dokumente werden hier aufgelistet.*

Weiter links innerhalb der Gruppe **Fenster** befinden sich weitere Schaltflächen, mit denen Sie die Anordnung der einzelnen Fenster anpassen können:

Abbildung 4.42 *Diese Schaltflächen helfen bei der Anordnung geöffneter Dokumente.*

- **Neues Fenster**: Erzeugen Sie ein neues »zweites« Fenster für das aktuell ausgewählte Word-Dokument. Im Prinzip ist das Dokument nun zweimal geöffnet. Das ist insbesondere dann sinnvoll, wenn größere Textbereiche verschoben werden müssen oder wenn innerhalb des Dokuments an unterschiedlichen Stellen gearbeitet werden soll.
- **Alle anordnen**: Wählen Sie diese Option aus, wenn Sie wünschen, dass sämtliche geöffneten Dokumente gleichzeitig in verkleinerten Fenstern nebeneinander sichtbar sein sollen.
- **Teilen**: Diese Funktion entspricht im Wesentlichen der Schaltfläche **Neues Fenster**. Auch hier wird das aktuelle Dokument zweimal angezeigt, wobei es jedoch nicht in zwei separaten, sondern nur in einem, in der Mitte unterteilten Fenster angezeigt wird. Sofern die Option **Teilen** aktiviert ist, verändert sich dieser Button zu **Teilung aufheben**. Ein Klick darauf verwirft die Teilung wieder.

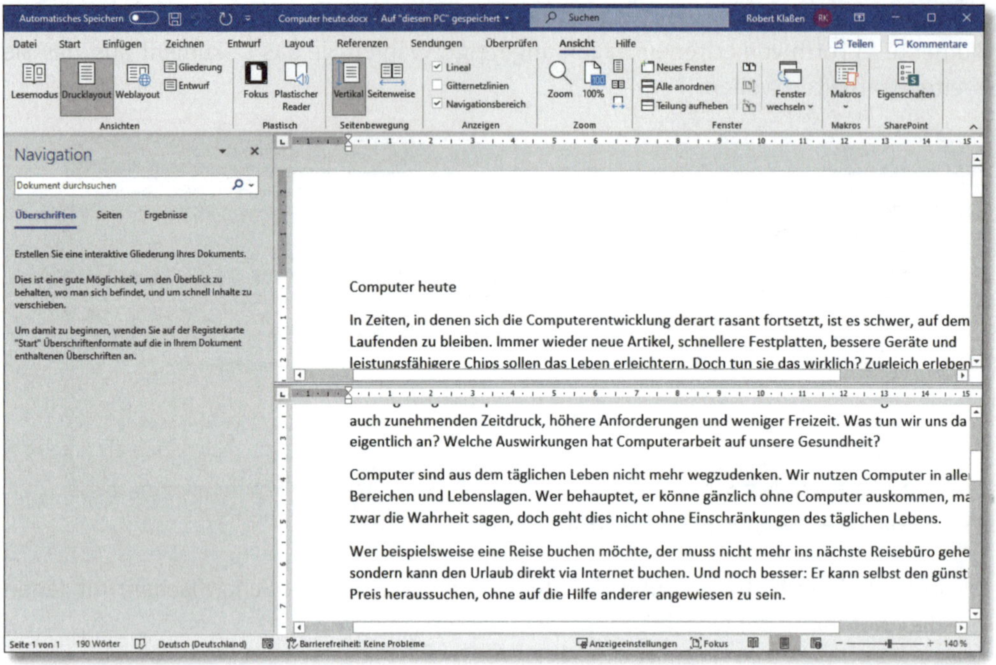
Automatisches Speichern
Computer heute.docx - Auf "diesem PC" gespeichert
Suchen
Robert Klaßen
Datei
Start
Einfügen
Zeichnen
Entwurf
Layout
Referenzen
Sendungen
Überprüfen
Ansicht
Hilfe
Teilen
Kommentare
Lesemodus
Drucklayout
Weblayout
Gliederung
Entwurf
Ansichten
Fokus
Plastischer Reader
Plastisch
Vertikal
Seitenweise
Seitenbewegung
Lineal
Gitternetzlinien
Navigationsbereich
Anzeigen
Zoom
100%
Neues Fenster
Alle anordnen
Teilung aufheben
Fenster wechseln
Fenster
Makros
Eigenschaften
SharePoint
Navigation
Dokument durchsuchen
Überschriften
Seiten
Ergebnisse
Erstellen Sie eine interaktive Gliederung Ihres Dokuments.
Dies ist eine gute Möglichkeit, um den Überblick zu behalten, wo man sich befindet, und um schnell Inhalte zu verschieben.
Um damit zu beginnen, wenden Sie auf der Registerkarte "Start" Überschriftenformate auf die in Ihrem Dokument enthaltenen Überschriften an.
Computer heute
In Zeiten, in denen sich die Computerentwicklung derart rasant fortsetzt, ist es schwer, auf dem
Laufenden zu bleiben. Immer wieder neue Artikel, schnellere Festplatten, bessere Geräte und
auch zunehmenden Zeitdruck, höhere Anforderungen und weniger Freizeit. Was tun wir uns da
eigentlich an? Welche Auswirkungen hat Computerarbeit auf unsere Gesundheit?
Computer sind aus dem täglichen Leben nicht mehr wegzudenken. Wir nutzen Computer in alle
Bereichen und Lebenslagen. Wer behauptet, er könne gänzlich ohne Computer auskommen, ma
zwar die Wahrheit sagen, doch geht dies nicht ohne Einschränkungen des täglichen Lebens.
Wer beispielsweise eine Reise buchen möchte, der muss nicht mehr ins nächste Reisebüro gehe
sondern kann den Urlaub direkt via Internet buchen. Und noch besser: Er kann selbst den günst
Preis heraussuchen, ohne auf die Hilfe anderer angewiesen zu sein.
Seite 1 von 1
190 Wörter
Deutsch (Deutschland)
Barrierefreiheit: Keine Probleme
Anzeigeeinstellungen
Fokus
140 %

Abbildung 4.43 *Ein und dasselbe Word-Dokument existiert nun zweimal – und zwar innerhalb eines einzelnen Fensters.*

INFO

Kopfleiste verschieben

Der Vollständigkeit halber sei noch erwähnt, dass Sie ein Word-Dokument auch mit gedrückter Maustaste an dessen Kopfleiste »fassen« und an den oberen Bildrand schieben und dort fallen lassen können. So lässt sich ein verkleinertes Fenster schnell maximieren. Lassen Sie das Dokument an der linken Seite des Bildschirms fallen, erstreckt es sich von dort aus bis zur Bildschirmmitte. Gleiches wird erreicht, wenn Sie das Dokument am rechten Rand fallen lassen. In diesem Fall erstreckt es sich von dort aus bis zur Mitte des Monitors.

Kapitel 5
Erste Schritte mit Word 2021

Da Sie sich auf der Arbeitsoberfläche bestimmt schon gut zurechtfinden, wollen wir nun die Arbeit mit Word-Dokumenten aufnehmen. In diesem Kapitel erfahren Sie unter anderem, wie Dokumente erzeugt, mit Vorlagen und Deckblättern versehen und entsprechend formatiert werden. Außerdem schauen wir uns einige typische Dokumentstrukturen an, und Sie lernen, was es beim Speichern von Dokumenten zu beachten gibt.

5.1 Ein neues Dokument beginnen

Am Anfang der Arbeit steht die Erstellung eines neuen Word-Dokuments. Sie haben dabei die Wahl, ob Sie mit einem neuen, komplett leeren Dokument beginnen wollen oder auf eine bestehende Vorlage zurückgreifen. Vorlagen sind in der Regel bereits mit Inhalts- und Layoutoptionen versehen. Sie sollten also eine Vorlage benutzen, die optisch zum Thema Ihres Dokuments passt. Der unschlagbare Vorteil von Vorlagen ist der, dass die Vorlage selbst unverändert bleibt. Voraussetzung dafür ist aber, dass das bearbeitete Dokument auch als Word-Dokument (und nicht als Vorlage) gespeichert wird. Auf diese Art können Sie unterschiedliche Inhalte stets mit dem gleichen Layout versehen.

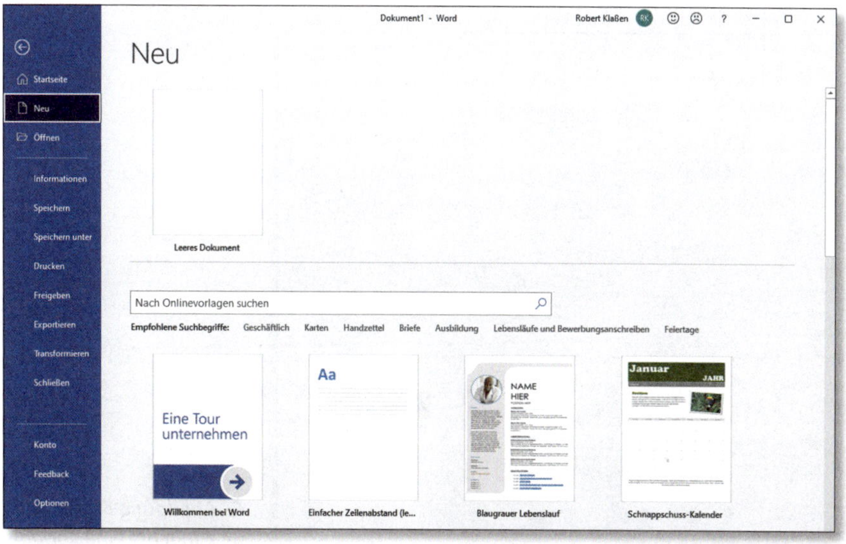

Abbildung 5.1 *Entscheiden Sie sich für eine Vorlage oder ein leeres Dokument.*

> **INFO**
>
> **Andere Vorlagen**
>
> Möglicherweise werden Sie andere Vorlagen oder Sortierreihenfolgen vorfinden als die hier gezeigten. Das liegt daran, dass Office individuell reagiert, wenn beispielsweise bereits Vorgängerversionen von Office 2021 oder Microsoft 365 installiert gewesen sind. Zudem spielt es eine Rolle, ob Sie bereits Vorlagen genutzt oder heruntergeladen haben.

Dokument erstellen

Es existieren verschiedene Möglichkeiten, ein neues Word-Dokument zu erzeugen. Falls Word geschlossen ist, starten Sie die Anwendung jetzt, indem Sie beispielsweise auf das Desktop-Icon oder auf das entsprechende Symbol im Startmenü klicken. Daraufhin wird ein Programmfenster angezeigt, das Ihnen gleich mehrere Auswahlmöglichkeiten anbietet. Zunächst einmal werden unterschiedliche Dokumentvorlagen angeboten (z. B. **Professionelles Anschreiben**, **Lebenslauf** usw.). Wollen Sie ohne eine Vorlage beginnen, reicht ein Klick auf **Leeres Dokument**.

Ist Word bereits geöffnet, wechseln Sie zur Erzeugung eines neuen Dokuments zunächst in die Backstage-Ansicht. Klicken Sie dazu auf die Registerkarte **Datei** und dann auf die Rubrik **Neu**. Falls Sie bei geöffneter Anwendung lediglich ein neues leeres Dokument erzeugen möchten, können Sie auch die Tastenkombination `Strg` + `N` nutzen. Um eine Vorlage auszuwählen, doppelklicken Sie auf die betreffende Miniaturansicht. Daraufhin wird ein neues Dokument geöffnet, das auf der gewählten Vorlage basiert und direkt verarbeitet werden kann. Kehren Sie irgendwann zur Backstage-Ansicht zurück, werden Sie feststellen, dass die zuletzt ausgewählte Vorlage nun nicht mehr an ihrem ursprünglichen Platz, sondern ganz oben zu finden ist.

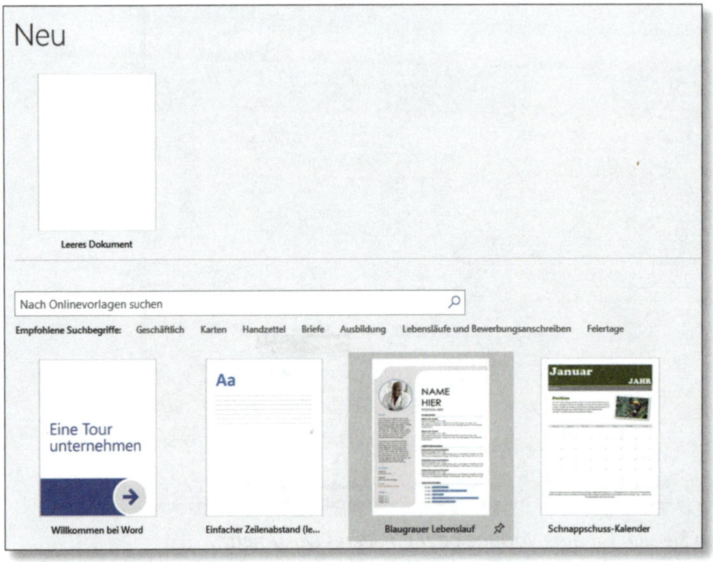

Abbildung 5.2 Wählen Sie zunächst eine Vorlage aus.

Vorlagen anheften

Natürlich liegt die Vermutung nahe, dass eine beliebte Vorlage beim Öffnen einer neuen immer weiter nach hinten rückt, ihren favorisierten Platz also verliert. Wenn Sie das unterbinden wollen, klicken Sie auf den kleinen Pin unten rechts. Wenn die Maus darauf parkt, ist dieser Button mit **An Liste anheften** betitelt. Ein Klick darauf sorgt dafür, dass die Vorlage an genau diesem Ort verbleibt – egal, wie viele Vorlagen Sie noch hinzufügen. Ein erneuter Klick auf den Pin hebt die feste Positionierung der Vorlage wieder auf.

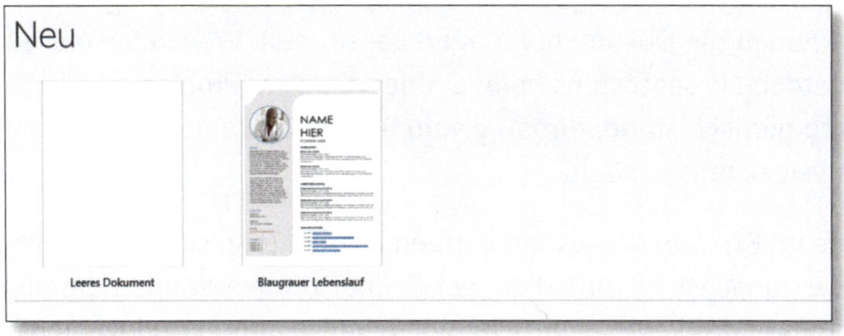
Neu
NAME
HIER
Leeres Dokument
Blaugrauer Lebenslauf

***Abbildung 5.3** Prüfen Sie, ob die Vorlage Ihren Vorstellungen entspricht.*

> **TIPP**
>
> **Vorlagen wieder entfernen**
>
> Möchten Sie eine irrtümlich hinzugefügte Vorlage aus der Liste entfernen, klicken Sie die Vorlage mit rechts an und wählen danach **Aus Liste entfernen**.

Vorlagen-Vorschau aufrufen

Ich empfehle Ihnen, eine Vorlage vorab zu prüfen, also zunächst zu überlegen, ob die Vorlage wirklich zu Ihren Vorstellungen »passt«. Dazu führen Sie einen Rechtsklick auf der Vorlage aus und entscheiden sich im Kontextmenü für **Vorschau**. In einem Overlay-Fenster sehen Sie daraufhin genau, was Sache ist. Das Öffnen geschieht danach mit einem Klick auf **Erstellen**. Wollen Sie kein entsprechendes Dokument erstellen, benutzen Sie stattdessen das Schließen-Kreuz oben rechts.

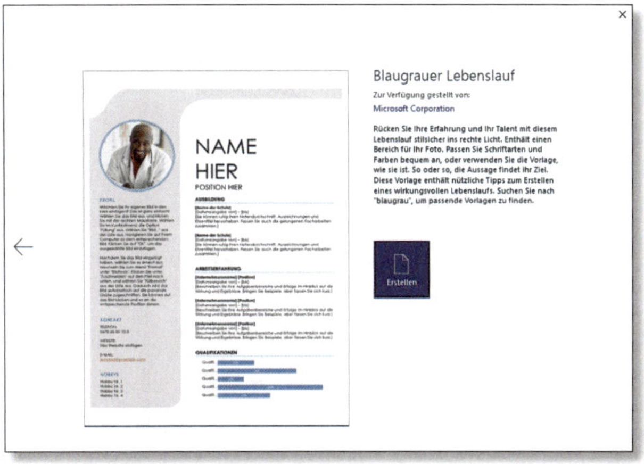
NAME
HIER
POSITION HIER
Blaugrauer Lebenslauf
Zur Verfügung gestellt von:
Microsoft Corporation
Rücken Sie Ihre Erfahrung und Ihr Talent mit diesem Lebenslauf stilsicher ins rechte Licht. Enthält einen Bereich für Ihr Foto. Passen Sie Schriftarten und Farben bequem an, oder verwenden Sie die Vorlage, wie sie ist. So oder so, die Aussage findet ihr Ziel. Diese Vorlage enthält nützliche Tipps zum Erstellen eines wirkungsvollen Lebenslaufs. Suchen Sie nach "blaugrau", um passende Vorlagen zu finden.
Erstellen

***Abbildung 5.4** Informieren Sie sich über Sinn und Zweck der Vorlage.*

Ordner und Dateiendungen sichtbar machen

Ein Word-Dokument trägt normalerweise die Dateiendung *.docx*, während eine Word-Vorlage auf *.dotx* endet. Damit Sie wissen, um welche Art von Dokumenten es sich handelt, wenn Sie diese in Ordnern Ihres PCs sehen, ist es erforderlich, sich die Dateiendungen anzeigen zu lassen. Da dies allerdings von Haus aus weder unter Windows 10 noch unter Windows 11 der Fall ist, möchte ich Ihnen zeigen, wie Sie sich Dateierweiterungen anzeigen lassen. Doch der Reihe nach: Falls Sie eigene Vorlagen erstellen, finden Sie diese standardmäßig unter *[Laufwerksbuchstabe]\Benutzer\[Benutzername]\AppData\Roaming\Microsoft\Templates*. In diesem werden die Dokumentvorlagen gesammelt. Wollen Sie diesen Pfad aber »nachklicken«, werden Sie spätestens beim Ordner *AppData* Probleme bekommen. Dieses Verzeichnis wird nämlich standardmäßig vom Betriebssystem verborgen, da es sich um ein geschütztes Verzeichnis handelt.

1. Damit derartige Objekte im Explorer dargestellt werden können (und sich zudem öffnen lassen), müssen Sie zunächst einen beliebigen Ordner öffnen. Wählen Sie anschließend unter Windows 10 das Register **Ansicht**, während Sie unter Windows 11 die Drei-Punkte-Schaltfläche oben rechts auswählen. Klicken Sie hier auf **Optionen**.
2. Wechseln Sie im Dialogfenster Ordneroptionen auf die Registerkarte **Ansicht**.
3. Scrollen Sie in der Liste im Bereich **Erweiterte Einstellungen** bis zu der Option **Erweiterungen bei bekannten Dateitypen ausblenden**, und deaktivieren Sie das vorangestellte Häkchen. Dies hat zur Folge, dass Ihnen künftig nicht nur Dateinamen, sondern auch deren Endungen angezeigt werden.
4. Scrollen Sie anschließend bis zum Eintrag **Versteckte Dateien und Ordner** herunter. Aktivieren Sie den Radiobutton **Ausgeblendete Dateien, Ordner und Laufwerke anzeigen**. Diese Funktion bewirkt, dass Verzeichnisse wie *AppData* sichtbar werden. Bestätigen Sie Ihre Änderungen mit einem Klick auf **OK**.

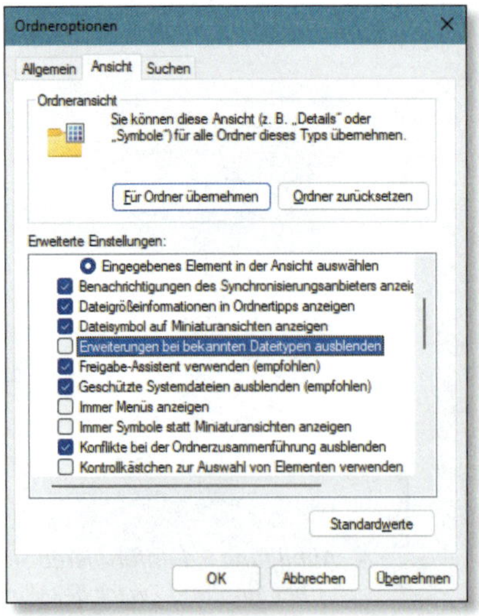

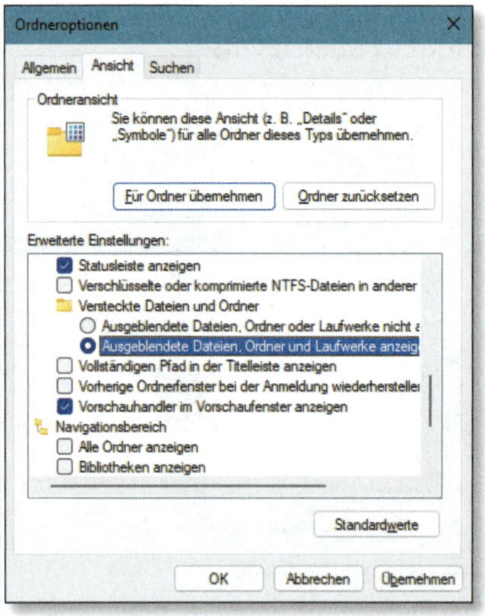

Von jetzt an werden auch nicht sichtbare Ordner angezeigt. Sie erkennen diese im Explorer auf einen Blick, denn sie sind lediglich in einem schwachen Grau schattiert.

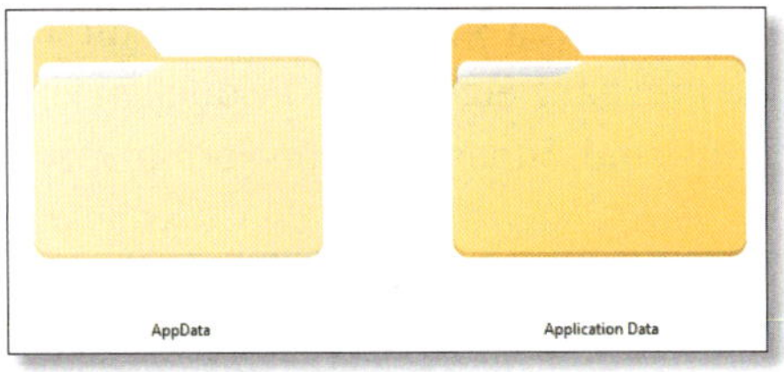

Abbildung 5.5 Der Ordner »AppData« muss erst sichtbar gemacht werden. Andere, wie hier z. B. »Application Data«, sind hingegen standardmäßig aktiv.

5.2 Schnell zum Ziel mit Onlinevorlagen von Office.com

Als Benutzer von Microsoft Word müssen Sie sich nicht mit der doch relativ überschaubaren Anzahl vorinstallierter Vorlagen begnügen. Vielmehr steht Ihnen auf der Internetseite *office.com* eine Fülle weiterer *Templates* zum Herunterladen zur Verfügung. Klicken Sie doch einmal in der Backstage-Ansicht unterhalb des Bereiches **Neu** in das Suchfeld **Nach Onlinevorlagen suchen**. Tragen Sie hier den gewünschten Suchbegriff ein, und drücken Sie die [↵]-Taste, um Ihre Suche zu starten. Alternativ klicken Sie auf das Lupensymbol auf der rechten Seite.

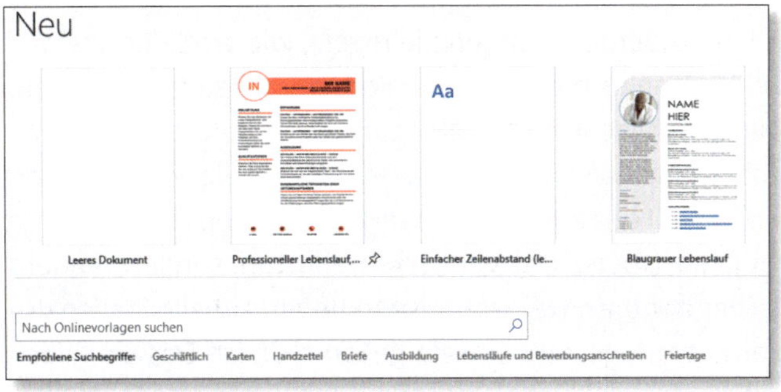

Abbildung 5.6 Zunächst muss ein Suchbegriff eingegeben werden.

Daraufhin werden Vorlagen angezeigt, die zum Suchbegriff passen (hier: »Fußball«). Wählen Sie die gewünschte Vorlage mit einem Doppelklick aus, oder lassen Sie sich mit einem einfachen Mausklick vorab weitere Eigenschaften der entsprechenden Vorlage anzeigen.

Abbildung 5.7 Laden Sie neue Vorlagen auf Ihren Rechner.

5.3 Formatvorlagen, Designs und Deckblätter nutzen

Sämtliche zuvor beschriebene Vorlagen bringen in der Regel eigene Formatvorlagen und Designs mit – und einige sogar eigenständige Deckblätter. Doch Sie müssen sich natürlich nicht mit diesem Angebot abfinden, sondern können Ihre ganz eigenen, individuellen Einstellungen vornehmen. Bevor wir uns mit der Nutzung und Anpassung von Formatvorlagen, Designs und Deckblättern beschäftigen, wollen wir zunächst ergründen, was es damit auf sich hat bzw. warum es so überaus sinnvoll ist, derartige Elemente einzusetzen.

Was sind Formatvorlagen?

Wenn Sie Word lediglich als Notizzettel nutzen, werden Sie sich für Formatvorlagen nicht sonderlich interessieren. Diese sind nämlich immer dann interessant, wenn Texte voneinander unterschieden werden sollen. Sie sehen auch in diesem Buch, dass verschieden große Überschriften genutzt worden sind und dass sich deren Zeichengrößen und Farben voneinander unterscheiden. Nun wäre es müßig, jede einzelne Überschrift immer wieder aufs Neue von Hand auszuzeichnen. Stellen Sie sich vor, was da an Arbeit auf Sie zukäme: Es muss eine andere Schrift eingestellt werden, die Größe muss angepasst werden, eventuell auch die Farbe, und nicht zuletzt wünscht man sich vielleicht auch noch Großbuchstaben. Wer hat schon Lust, das bei jeder neuen Überschrift manuell zu wiederholen?

Nutzen Sie lieber Formatvorlagen! Mit einer Formatvorlage bestimmen Sie nämlich, wie ein bestimmter Text auszusehen hat. Außerdem können Sie regeln, wie groß der Abstand zum nachfolgenden Text sein soll und vieles mehr. Ist eine Formatvorlage erst mal definiert, erfolgt das Zuweisen lediglich per Mausklick (oder sogar noch komfortabler mit einer mehr oder weniger frei wählbaren Tastenkombination). Und wissen Sie, was der allergrößte Vorteil ist? Sollten Sie einmal ein Format (beispielsweise eine Überschrift) ändern wollen, müssen Sie das nicht bei jeder Überschrift wiederkehrend tun, sondern ändern einfach die Formatvorlage selbst. Dies hat unmittelbare Auswirkungen auf alle Stellen des Dokuments, an denen besagte Formatvorlage zum Einsatz gekommen ist. Das sind doch unschlagbare Argumente für den Einsatz von Formatvorlagen, oder?

Es gibt aber zwei Arten von Formatvorlagen:

1. Absatzformatvorlagen
2. Zeichenformatvorlagen

Absatzformatvorlagen sind Vorlagen, die sich auf einen bestimmten Abschnitt (Absatz) beziehen. Eine Absatzformatvorlage wird beispielsweise dann verwendet, wenn ein gesamter Textblock identisch ausgezeichnet werden soll. Aber auch eine Überschrift ist eine Absatzformatvorlage, da diese in der Regel innerhalb der Zeile für sich allein steht. *Zeichenformatvorlagen* hingegen werden immer dann benutzt, wenn einzelne Zeichen, Wörter oder Textbereiche innerhalb eines bestimmten Absatzes mit individuellen Attributen versehen werden sollen. Das bedeutet: Zeichenformatvorlagen können sich innerhalb einer Absatzformatvorlage befinden. Umgekehrt ist das jedoch nicht der Fall. Typische Beispiele für Absatzformatvorlagen sind die Überschriften (»Diskussionen«, »Zuhören«, »Fair bleiben«) in der folgenden Abbildung – aber auch die drei unterhalb der Überschriften befindlichen Textblöcke (der Fließtext). Bei den gesondert ausgezeichneten Begriffen (»Ansichten«, »Argumentation«, »Beleidigungen«) handelt es sich hingegen um Zeichenformatvorlagen. Die Formatvorlagen eines jeweiligen Dokuments finden Sie übrigens auf der Registerkarte **Start** innerhalb der Gruppe **Formatvorlagen**. (Weitere Hinweise zur Erzeugung sowie zum Umgang mit Formatvorlagen finden Sie in Abschnitt 7.3, »Mit Formatvorlagen arbeiten«, ab Seite 248.)

Diskussionen

Diskussionen werden in den seltensten Fällen von Menschen geführt, die einer Meinung sind. Meist werden vollkommen unterschiedliche ***Ansichten*** vertreten. Dennoch sollte jeder der Teilnehmer die Bereitschaft mitbringen, einige Regeln einzuhalten.

Zuhören

Es ist nicht immer leicht, den anderen Gehör zu schenken. Dennoch sollte man auch dem Gegenüber die Möglichkeit zur ***Argumentation*** geben – auch wenn er nicht unserer Meinung ist.

Fair bleiben

Manch eine Debatte läuft temperamentvoll ab, die eine oder andere ist vielleicht sogar hitzig. Dennoch haben ***Beleidigungen*** in einer Diskussion nichts verloren.

*< **Abbildung 5.8** Absatz- und Zeichenformatvorlagen in der Praxis*

Was sind Designs?

Ein *Word-Design* ist die grafische Gestaltung eines Dokuments mit Farben, Schriftarten und Effekten. Im Prinzip werden in einem Dokument vorhandene Formatvorlagen durch die Anwahl eines anderen Designs auch optisch anders interpretiert. Verschiedene Designvorlagen finden Sie in der Gruppe **Dokumentformatierung** der Registerkarte **Entwurf**.

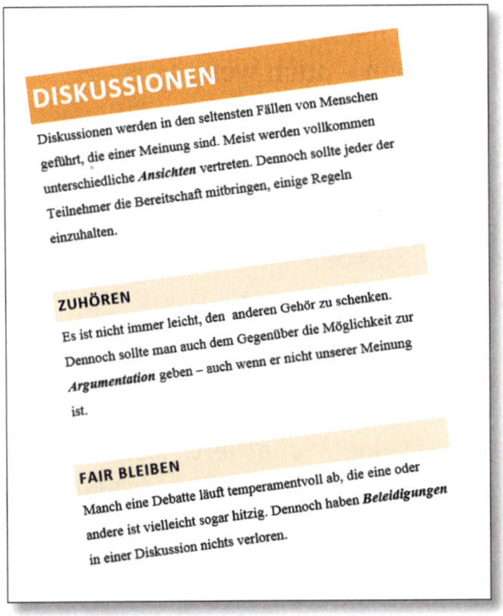
DISKUSSIONEN

Diskussionen werden in den seltensten Fällen von Menschen geführt, die einer Meinung sind. Meist werden vollkommen unterschiedliche ***Ansichten*** vertreten. Dennoch sollte jeder der Teilnehmer die Bereitschaft mitbringen, einige Regeln einzuhalten.

ZUHÖREN

Es ist nicht immer leicht, den anderen Gehör zu schenken. Dennoch sollte man auch dem Gegenüber die Möglichkeit zur ***Argumentation*** geben – auch wenn er nicht unserer Meinung ist.

FAIR BLEIBEN

Manch eine Debatte läuft temperamentvoll ab, die eine oder andere ist vielleicht sogar hitzig. Dennoch haben ***Beleidigungen*** in einer Diskussion nichts verloren.

*< **Abbildung 5.9** Derselbe Text noch einmal – allerdings mit geändertem Design*

Designs sind nicht statisch, sondern können individuell angepasst werden. So dürfen Sie den Vorlagen auch andere Farben, Schriftarten, Abstände und Effekte zuweisen. Klicken Sie in der Gruppe **Dokumentformatierung** zunächst links auf den Button **Designs**, und wählen Sie dort eine Vorlage aus. Wenn Sie nicht sicher sind, welches Design das richtige ist, bewegen Sie die Maus auf eine der Vorlagen (hier: **Berlin**) und schauen sich dann das Dokument im Hintergrund an. Ihnen wird unmittelbar eine Vorschau des Designs in Ihrem Dokument angezeigt. Sind Sie zufrieden, wählen Sie das entsprechende Design mit einem Mausklick aus.

Nachdem das erledigt ist, klicken Sie innerhalb der Gruppe **Dokumentformatierung** der Registerkarte **Entwurf** auf die Schaltfläche **Weitere** ❶.

Abbildung 5.10 *Solange der Mausklick noch nicht erfolgt ist, genießen Sie eine unverbindliche Vorschau.*

Im sich öffnenden Menü gilt das Gleiche wie bei der Wahl des Designs: Solange der Mauszeiger noch über einer Formatvorlagen-Variante schwebt (hier: **Schattiert**), lässt sich die gewünschte Formatvorlage begutachten. Zugewiesen wird das Ganze auch hier erst, wenn Sie die entsprechende Formatvorlage anklicken. Sie sehen: Jedes Design bringt unterschiedliche Formatvorlagensätze mit.

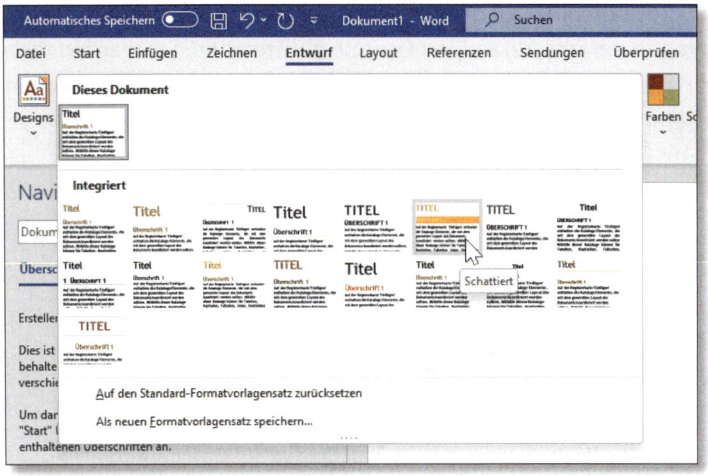

Abbildung 5.11 *Entscheiden Sie sich für einen der integrierten Formatvorlagensätze.*

Nachdem Design und Formatvorlagensatz bestimmt sind, ist noch lange nicht Schluss. Nun dürfen Sie nämlich individuell weitergestalten. Im rechten Bereich der Gruppe **Dokumentformatierung** stehen Ihnen beispielsweise bei den Schaltflächen **Farben**, **Schriftarten** oder **Absatzabstand** weitere Auswahlmöglichkeiten zur Verfügung. Auch diese können noch wunschgemäß beeinflusst werden. Entscheiden Sie sich beispielsweise für einen anderen Farbsatz (in Abbildung 5.12: **Rotorange**), kann das Dokument in seiner Wirkung noch einmal verändert werden.

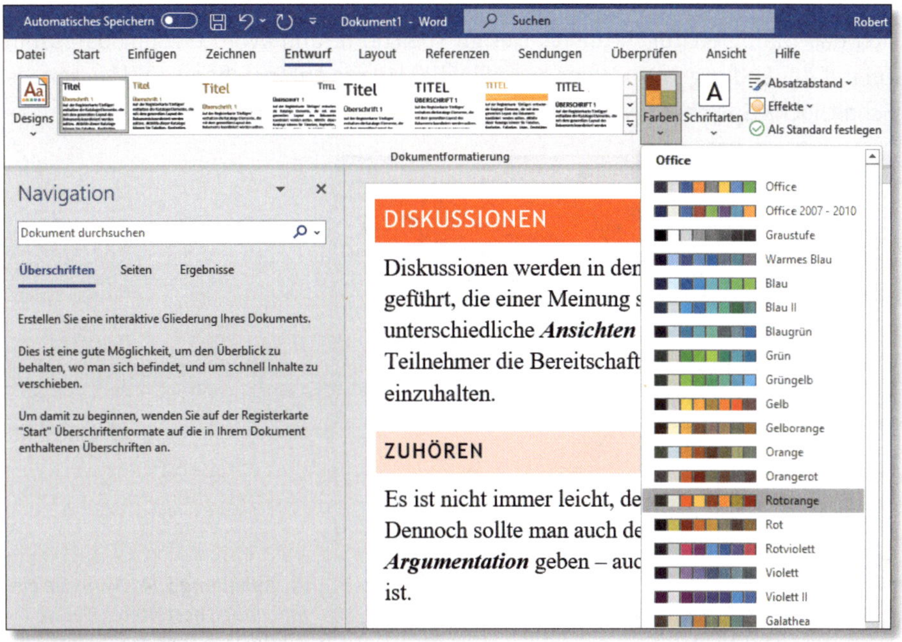

Abbildung 5.12 *Suchen Sie die passenden Farben aus.*

Abschließend sollten Sie noch einen Blick auf die Registerkarte **Start** werfen. Sie wissen ja, dass dort die Formatvorlagen in der gleichnamigen Gruppe gelistet sind. Sie werden feststellen, dass die Formatvorlagen mit Änderung des Designs ebenfalls angepasst worden sind. Öffnen Sie bei Bedarf einmal die Liste der Formatvorlagen.

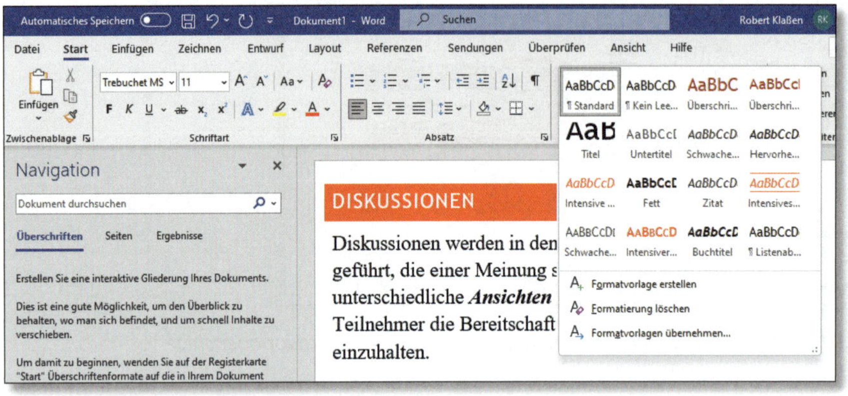

Abbildung 5.13 *Auch die Formatvorlagen sehen jetzt anders aus.*

Designs speichern und weiterverwenden

Sollten Sie ein interessantes Design zugewiesen und anschließend individuell angepasst haben, können Sie dieses zur Wiederverwendung direkt auf dem Rechner sichern – und zwar als Vorlage. Dazu klicken Sie noch einmal auf die Schaltfläche **Designs** der Registerkarte **Entwurf** und wählen im Auswahlmenü die Option **Aktuelles Design speichern**. Nun öffnet sich das Dialogfenster **Aktuelles Design speichern**, und Word erzeugt daraufhin eine Datei mit der Endung *.thmx*. Benennen Sie die Vorlage entsprechend, und klicken Sie auf die Schaltfläche **Speichern**.

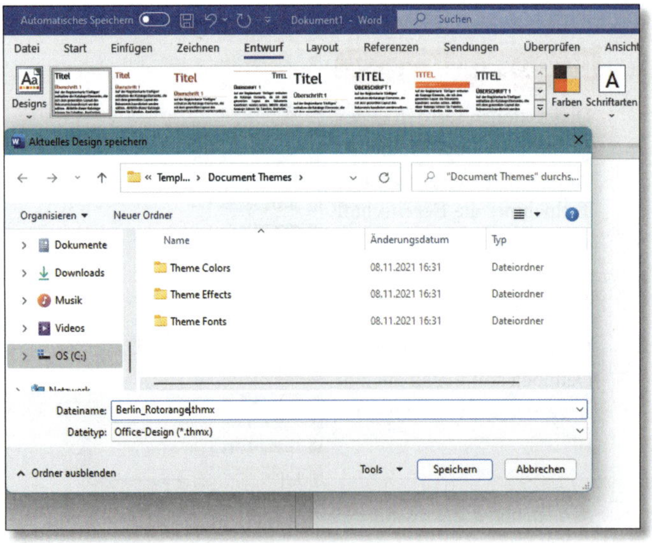

Abbildung 5.14 *Wenn Sie ein individuell gestaltetes Design häufiger verwenden, sollten Sie es als Vorlage speichern.*

Übrigens wird von Word standardmäßig als Speicherort *[Laufwerksbuchstabe]\Benutzer\[Benutzername]\AppData\Roaming\Microsoft\Templates\Document Themes* vorgeschlagen. Behalten Sie diesen Speicherort idealerweise bei, damit alle Vorlagen zukünftig am gleichen Ort gespeichert werden können. Arbeiten Sie im Team, können Sie später auch den Ordner *Document Themes* an Ihre Kollegen weitergeben (siehe auch den folgenden Kasten »Designs weitergeben«). Diese können den Inhalt dann in ihren Ordner *Document Themes* integrieren und fortan alle Ihre Designs ebenfalls nutzen. Wann immer Sie das Menü der Schaltfläche **Designs** aufrufen, wird Ihnen im Bereich **Benutzerdefiniert** das zuvor gespeicherte Design angezeigt. Dieses kann dann neuen Dokumenten einfach mit einem Mausklick zugewiesen werden.

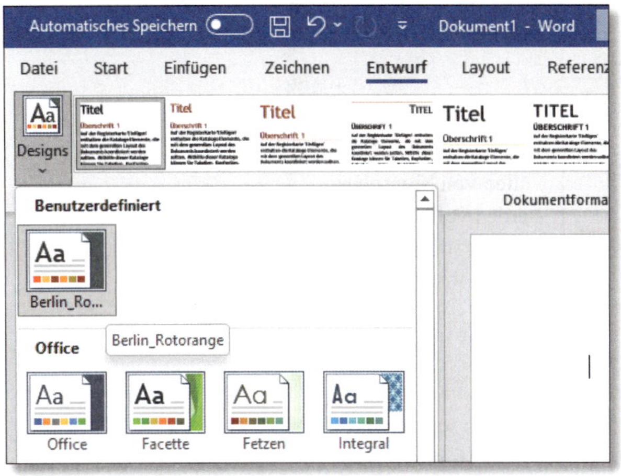

Abbildung 5.15 *Die gespeicherte Vorlage steht ab sofort zur Verfügung.*

INFO

Designs weitergeben

Die soeben im Unterabschnitt »Designs speichern und weiterverwenden« erzeugte Vorlage kann an andere weitergegeben werden, die diese Vorlage dann ihrerseits in Word integrieren können. Ebenso können Sie selbst verfahren, wenn Sie ein entsprechendes Design von anderen Benutzern erhalten. Dazu klicken Sie noch einmal auf **Designs** und entscheiden sich im Auswahlmenü für **Nach Designs suchen**. Noch interessanter ist die Möglichkeit, Designs aus herkömmlichen Office-Dokumenten (z. B. *.docx* oder *.dotx*) zu nutzen. Zum Import gehen Sie genau den gleichen Weg. Allerdings sollten Sie das Design nach dem Import, wie zuvor beschrieben, als Vorlage sichern (*.thmx*).

Was sind Deckblätter?

Deckblätter sind gewissermaßen Ihre Seite 1. Sie schützen die Inhalte ausgedruckter Dokumente vor neugierigen Blicken, können aber auch als reines Schmuckelement (Cover) eingesetzt werden. Standardmäßig sind Deckblätter in Dokumenten nicht mit eingeplant. Das heißt, Sie müssen diese bei Bedarf separat zuweisen.

Deckblätter hinzufügen

In Word sind bereits zahlreiche fertig gestaltete Deckblätter enthalten. Darin befinden sich Platzhaltertexte, die vom Anwender noch wunschgemäß geändert werden müssen.

1 Zum Zuweisen eines Deckblatts klicken Sie zunächst auf die Schaltfläche **Deckblatt** in der Gruppe **Seiten** der Registerkarte **Einfügen**.

2 Wählen Sie die gewünschte Deckblattvorlage mit einem Klick auf das Miniaturbild aus.

Scrollen Sie bei Bedarf mithilfe des Scrollbalkens rechts etwas herunter. Sie werden erstaunt sein, wie viele Vorlagen Word bereithält. Sollten Sie nicht fündig werden, klicken Sie auf **Weitere Deckblätter von Office.com**. Sie haben dann die Möglichkeit, weitere Deckblattvorlagen nachzuladen.

Deckblätter anpassen

Die in der Deckblattvorlage enthaltenen Texte dienen lediglich als Platzhalter. Sobald Sie den Platzhaltertext anklicken, haben Sie die Möglichkeit, individuellen Text zu verfassen. Sollten Sie einen der Textbausteine nicht benötigen, drücken Sie die Taste [←], nachdem der Text markiert worden ist, und löschen den entsprechenden Text einfach heraus. Für den Fall, dass Sie bereits an einem Dokument gearbeitet haben und das Deckblatt erst nachträglich zuweisen, werden bereits formatierte Elemente (wie z.B. Name und Untertitel) automatisch eingesetzt. Sollte es noch keine derartigen Formate geben, müssen Sie den Titel manuell hinzufügen.

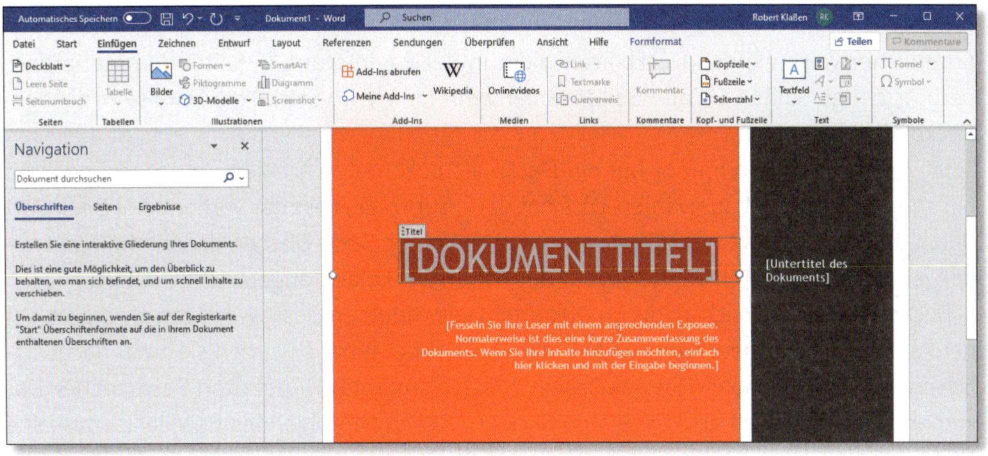
Automatisches Speichern
Dokument1 - Word
Suchen
Robert Klaßen
Datei
Start
Einfügen
Zeichnen
Entwurf
Layout
Referenzen
Sendungen
Überprüfen
Ansicht
Hilfe
Formformat
Teilen
Kommentare
Deckblatt
Leere Seite
Seitenumbruch
Tabelle
Bilder
Formen
Piktogramme
3D-Modelle
SmartArt
Diagramm
Screenshot
Add-Ins abrufen
Meine Add-Ins
Wikipedia
Onlinevideos
Link
Textmarke
Querverweis
Kommentar
Kopfzeile
Fußzeile
Seitenzahl
Textfeld
Formel
Symbol
Seiten
Tabellen
Illustrationen
Add-Ins
Medien
Links
Kommentare
Kopf- und Fußzeile
Text
Symbole
Navigation
Dokument durchsuchen
Überschriften
Seiten
Ergebnisse
Erstellen Sie eine interaktive Gliederung Ihres Dokuments.
Dies ist eine gute Möglichkeit, um den Überblick zu behalten, wo man sich befindet, und um schnell Inhalte zu verschieben.
Um damit zu beginnen, wenden Sie auf der Registerkarte "Start" Überschriftenformate auf die in Ihrem Dokument enthaltenen Überschriften an.
Titel
[DOKUMENTTITEL]
[Untertitel des Dokuments]
[Fesseln Sie Ihre Leser mit einem ansprechenden Exposee. Normalerweise ist dies eine kurze Zusammenfassung des Dokuments. Wenn Sie Ihre Inhalte hinzufügen möchten, einfach hier klicken und mit der Eingabe beginnen.]

Abbildung 5.16 *Passen Sie den Platzhaltertext der Deckblattvorlage an.*

Auch grafische Elemente, die Bestandteile des Deckblatts sind, können mit einem Mausklick markiert, auf Wunsch verschoben, aber auch gelöscht werden. Letzteres erreichen Sie ebenfalls mit der Taste [←], sobald das entsprechende Element markiert wurde. Möchten Sie ganz individuelle Elemente (z. B. Grafiken oder Formen) hinzufügen, wechseln Sie auf das Register **Einfügen** und klicken danach auf **Bilder** (gefolgt von der Wahl eines Untermenü-Eintrags) oder **Formen**. Klicken Sie zuletzt an die Position des Deckblatts, an der das Element erscheinen soll.

Diskussionen
DIE KUNST DES ZUHÖRENS
[Fesseln Sie Ihre Leser mit einem ansprechenden Exposee. Normalerweise ist dies eine kurze Zusammenfassung des Dokuments. Wenn Sie Ihre Inhalte hinzufügen möchten, einfach hier klicken und mit der Eingabe beginnen.]

Abbildung 5.17 *Fügen Sie bei Bedarf weitere Elemente hinzu, oder entfernen Sie nicht benötigte Objekte.*

INFO

Befehl nicht anwählbar?

Bitte beachten Sie, dass bestimmte Befehle nicht ausgeführt werden können, solange ein Objekt im Dokument markiert ist. So steht beispielsweise der Befehl **Formen** nicht zur Disposition, wenn ein Textfeld markiert ist. Der Schalter erscheint ausgegraut. Klicken Sie in diesem Fall bitte zunächst auf einen freien Bereich des Dokuments, was zur Folge hat, dass das Textfeld abgewählt wird. Danach kann **Formen** selektiert werden.

Wissenswertes zu Deckblättern

Erfreulicherweise werden Deckblätter nicht in der Paginierung (= Seitennummerierung) berücksichtigt. Sollten Sie also Seitenzahlen benutzen, wird Seite 1 die Seite sein, die dem Deckblatt folgt.

Ein Dokument kann immer nur ein Deckblatt bekommen. Sie können jedoch jederzeit ein anderes Deckblatt auswählen. Dies hat dann zur Folge, dass das vorhandene Deckblatt durch das neue ersetzt wird. Die bereits eingegebenen Texte bleiben dabei erhalten, werden jedoch automatisch an das Layout des neuen Deckblatts angepasst.

Deckblätter passen sich an die im Dokument verwendeten Designvorlagen an, die Sie auf der Registerkarte **Entwurf** ausgewählt haben. Darüber hinaus werden sie auch nachträglich noch angepasst, sofern Sie das Design Ihres Dokuments umgestalten. Bei manchen Dokumenten ist das nicht auf den ersten Blick ersichtlich. Im folgenden Beispiel ist dasselbe Deckblatt einmal im Design **Organisch** (links) sowie im Design **Wichtiges Ereignis** (rechts) zu sehen. Nicht nur die Farbe, sondern auch die Schrift ist automatisch angepasst worden.

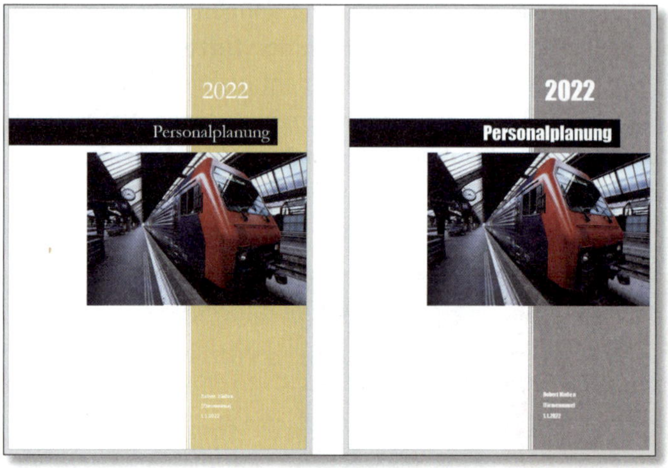

Abbildung 5.18 Ein Deckblatt mit unterschiedlichen Gesichtern

Deckblätter entfernen

Sollten Sie sich am Ende dafür entscheiden, das Dokument doch lieber ohne Deckblatt auszustatten, entfernen Sie das vorhandene ganz einfach. Klicken Sie dazu in der Gruppe **Seiten** der Registerkarte **Einfügen** auf die Schaltfläche **Deckblatt**, und wählen Sie im Auswahlmenü **Aktuelles Deckblatt entfernen**.

5.4 Dokumente formatieren

Unter *Formatierung* versteht man die Anpassung bestimmter Eigenschaften. Im vorangegangenen Beispiel wurde beispielsweise die Farbe des Deckblatts von Gelb zu Grau geändert. Gleichzeitig sind die Textattribute angepasst worden. Links hatten wir es mit der Schriftart *Times* zu tun, während rechts *Impact* verwendet worden ist. Sie können das selbst einmal nachvollziehen, indem Sie auf einen der Texte doppelklicken (hier: den Dokumenttitel). Bleiben Sie mit der Maus an der Position, damit die Minisymbolleiste, die sich aufgrund des Doppelklicks automatisch öffnet, nicht wieder geschlossen wird. Im Feld oben links können Sie ablesen, welche Schriftart in welchem Schriftgrad in dem entsprechenden Textbereich verwendet wird.

Abbildung 5.19 *Die Minisymbolleiste verrät, um welche Schriftart es sich handelt.*

Zunächst einmal müssen wir zwischen manueller Formatierung und der Anwendung von Formatvorlagen unterscheiden. Letztere eignen sich immer dann, wenn wir es mit umfangreichen Texten und Dokumenten zu tun haben. Wer nur mal eben eine einzelne Seite gestalten möchte, kann indes auf Formatvorlagen verzichten und den Text stattdessen manuell formatieren. Wie das funktioniert, schauen wir uns im folgenden Abschnitt an einem Beispiel an.

INFO

Schriftgrad

Die Größenangabe einer Schrift (in Abbildung 5.19) ist nicht, wie man vielleicht meinen könnte, eine Millimeterangabe, sondern erfolgt in der Größeneinheit *Punkt*. Maßgeblich für die Punktgröße ist aber nicht etwa die Höhe eines Schriftzeichens. Vielmehr setzt sie sich aus mehreren Werten zusammen, die der klassischen Typografie entstammen. So können unterschiedliche Schriftarten der gleichen Größe auch unterschiedlich groß aussehen. Die Größe einer Schrift wird übrigens als *Schriftgrad* bezeichnet. Die Kurzbezeichnung für die Punktgröße ist *pt*.

Abbildung 5.20 *Diese drei Schriftgrade sind gleich groß (36 pt). Links sehen Sie »Calibri«, in der Mitte »Arial Black« und rechts »Arabic Typesetting«.*

Text manuell formatieren

In dieser Übung geht es nicht um die Anwendung von Formatvorlagen, sondern vielmehr um das manuelle Auszeichnen eines Textes mit unterschiedlichen Schriftattributen. Sie erfahren hier, wie sich Textattribute mit wenigen Handgriffen zuweisen lassen. Ich werde die einzelnen Schritte ausführlich behandeln, um Einsteigern in Word das nötige Hintergrundwissen zu vermitteln.

1 Grundsätzlich können Sie ein Dokument Ihrer Wahl einsetzen. Sollten Sie jedoch gerade keins zur Hand haben, benutzen Sie stattdessen die Datei *Computer heute.docx*, die Sie im Ordner *05* der Beispieldateien finden.

2 Der Text des Beispieldokuments ist komplett in einer einzigen Formatierung erstellt. Klicken Sie an einer beliebigen Stelle des Dokuments in den Text, und schauen Sie sich die Textformatierung in der Gruppe **Schriftart** der Registerkarte **Start** an. Die verwendete Schrift ist **Calibri** ❶ in der Größe **11** ❷.

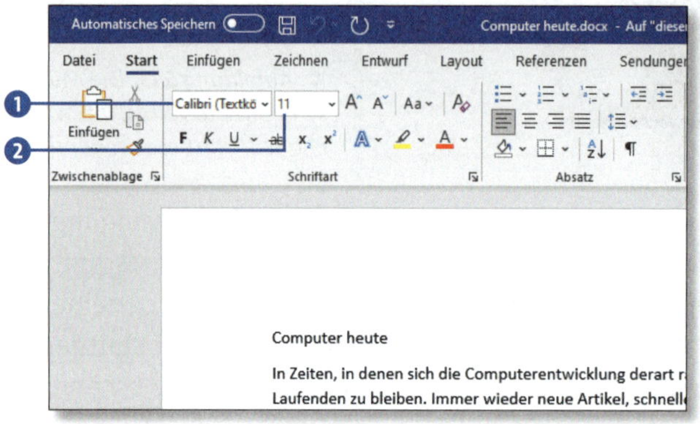
Automatisches Speichern
Computer heute.docx - Auf "diese
Datei
Start
Einfügen
Zeichnen
Entwurf
Layout
Referenzen
Sendunge
Calibri (Textkö
11
Einfügen
Zwischenablage
Schriftart
Absatz
1
2
Computer heute
In Zeiten, in denen sich die Computerentwicklung derart r
Laufenden zu bleiben. Immer wieder neue Artikel, schnell

3 Zunächst soll die Überschrift gestaltet werden. Diese sollte sich stets vom übrigen Text (dem sogenannten *Fließtext* oder *Mengentext*) abheben. Die Überschrift sollte in der Regel größer sein und könnte zudem eine andere Farbe bekommen. Um das zu erreichen, setzen Sie zunächst einen Dreifachklick auf die Zeile »Computer heute«. Dadurch wird der komplette Absatz ausgewählt (während mit einem einfachen Mausklick die Einfügemarke im Text platziert wird und ein Doppelklick die Markierung eines einzelnen Wortes bewirkt).

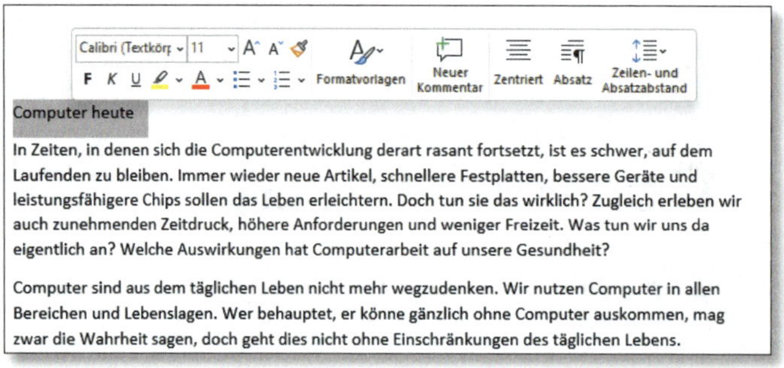
Calibri (Textkörp
11
Formatvorlagen
Neuer Kommentar
Zentriert
Absatz
Zeilen- und Absatzabstand
Computer heute
In Zeiten, in denen sich die Computerentwicklung derart rasant fortsetzt, ist es schwer, auf dem Laufenden zu bleiben. Immer wieder neue Artikel, schnellere Festplatten, bessere Geräte und leistungsfähigere Chips sollen das Leben erleichtern. Doch tun sie das wirklich? Zugleich erleben wir auch zunehmenden Zeitdruck, höhere Anforderungen und weniger Freizeit. Was tun wir uns da eigentlich an? Welche Auswirkungen hat Computerarbeit auf unsere Gesundheit?
Computer sind aus dem täglichen Leben nicht mehr wegzudenken. Wir nutzen Computer in allen Bereichen und Lebenslagen. Wer behauptet, er könne gänzlich ohne Computer auskommen, mag zwar die Wahrheit sagen, doch geht dies nicht ohne Einschränkungen des täglichen Lebens.

4 Nachdem der gewünschte Text grau hinterlegt erscheint (damit wird symbolisiert, dass er ausgewählt ist), können Sie mit der Formatierung beginnen. Am schnellsten erledigen Sie das mithilfe der Minisymbolleiste, die oberhalb des markierten Textes eingeblendet wird. Falls Sie die Maus zwischenzeitlich von der Markierung wegbewegen, schließt diese Leiste sich jedoch wieder. In diesem Fall können Sie die Auszeichnung auch über das Menüband vornehmen, und zwar innerhalb der Gruppe **Schriftart** der Registerkarte **Start**.

Stellen Sie entweder dort oder in der Minisymbolleiste einen Schriftgrad von »24« ein. Dazu klicken Sie auf die kleine Pfeilspitze-Schaltfläche ❸. Klicken Sie im Menü auf den Wert für die gewünschte Größenangabe ❹. (Alternativ können Sie auch die linke Maustaste nach dem Klick auf die Dreieck-Schaltfläche gedrückt halten, nach unten fahren und über der gewünschten Größenangabe die Maustaste wieder loslassen.)

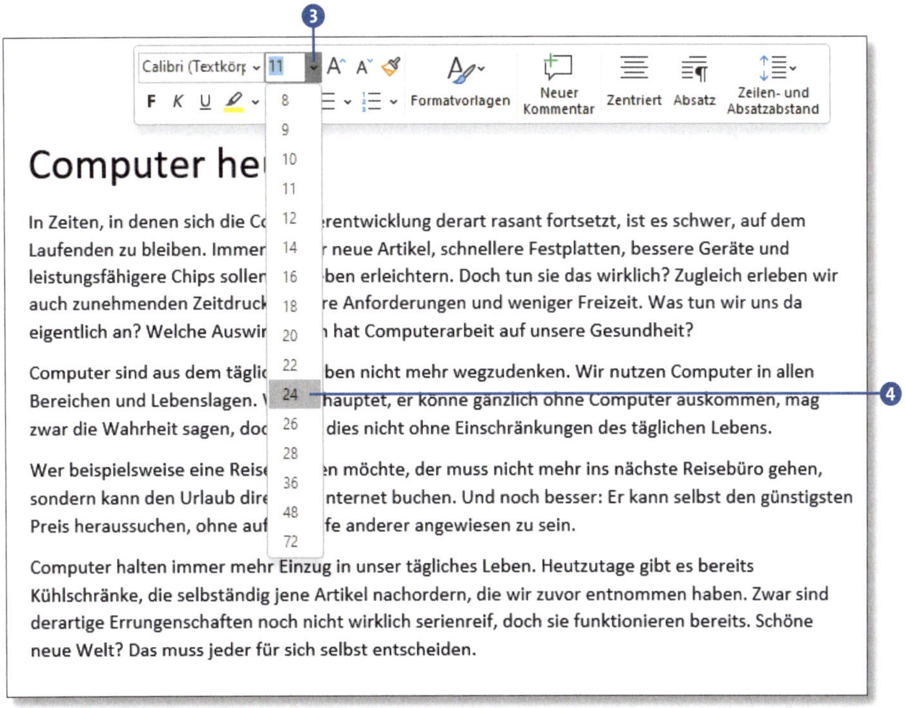
3
Calibri (Textkörp
11
Formatvorlagen
Neuer Kommentar
Zentriert
Absatz
Zeilen- und Absatzabstand
8
9
10
11
12
14
16
18
20
22
24
26
28
36
48
72
4
Computer he
Computer halten immer mehr Einzug in unser tägliches Leben. Heutzutage gibt es bereits Kühlschränke, die selbständig jene Artikel nachordern, die wir zuvor entnommen haben. Zwar sind derartige Errungenschaften noch nicht wirklich serienreif, doch sie funktionieren bereits. Schöne neue Welt? Das muss jeder für sich selbst entscheiden.

5 Als Nächstes betätigen Sie die Schaltfläche **F** bzw. **Fett** ❺. Das bewirkt, dass die Überschrift in Fettschrift angezeigt wird. Zuletzt klicken Sie auf die Pfeilspitze-Schaltfläche am Button **Schriftfarbe** ❻ und entscheiden sich (wie zuvor bei der Schriftgröße beschrieben) für eine andere Farbe (hier: **Blau, Akzent 1, dunkler 25 %**). Praktischerweise wird Ihnen bereits, wenn Sie den Mauszeiger auf eine Farbe bewegen, die Wirkung im Dokument als Vorschau angezeigt.

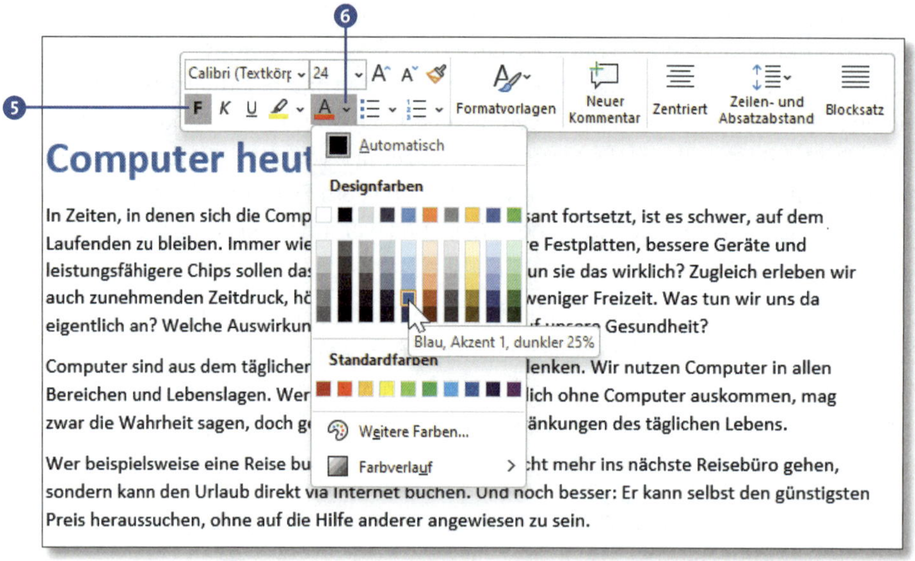

6 Im nächsten Arbeitsgang soll ein sogenannter *Anleser* erzeugt werden. Dabei handelt es sich in der Regel um den ersten Absatz eines Dokuments. Dieser soll den Leser für den gesamten Artikel begeistern und wird deshalb in einer auffälligeren Schriftart dargestellt. Normalerweise reicht es, die Einfügemarke mit einem Klick in den entsprechenden Absatz zu positionieren. Denn wenn nichts markiert ist, wird die folgende Änderung automatisch auf den gesamten Absatz übertragen, in dem sich die Marke befindet. Um den Vorgang jedoch optisch deutlicher zu machen, markieren wir den gesamten Absatz trotzdem. Prinzipiell ist nämlich gegen diese Vorgehensweise auch nichts einzuwenden. Platzieren Sie daher zunächst einen Dreifachklick auf den ersten Absatz (beginnend mit »In Zeiten, in denen sich …«), und betätigen Sie die Schaltfläche **K** bzw. **Kursiv**, die sich gleich neben der soeben verwendeten Schaltfläche **Fett** befindet. Die Schrift wird daraufhin schräg gestellt.

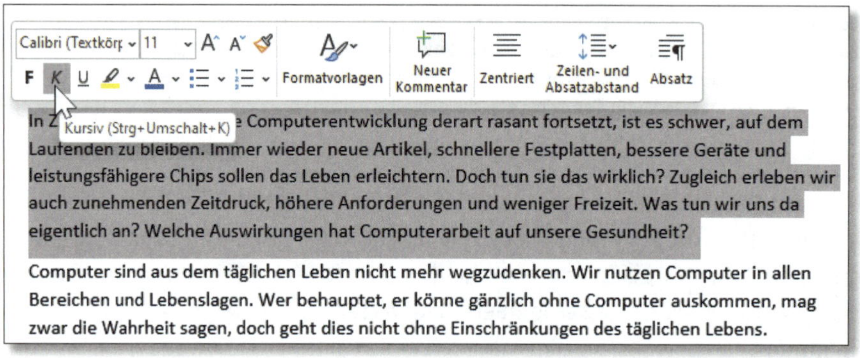

7 Die Schrägstellung der Schrift allein reicht aber noch nicht aus. Heben Sie den Absatz noch deutlicher hervor, indem Sie die Abstände der einzelnen Zeilen zueinander erhöhen. Diese Änderung können Sie seit Office 2021 direkt im ganz rechts befindlichen Menübefehl der Minisymbolleiste vornehmen. Sie müssen also nicht extra in der Gruppe **Absatz** der Registerkarte **Start** auf den Button **Zeilen- und Absatzabstand** klicken. Wählen Sie einen Zeilenabstand von »1,5« aus.

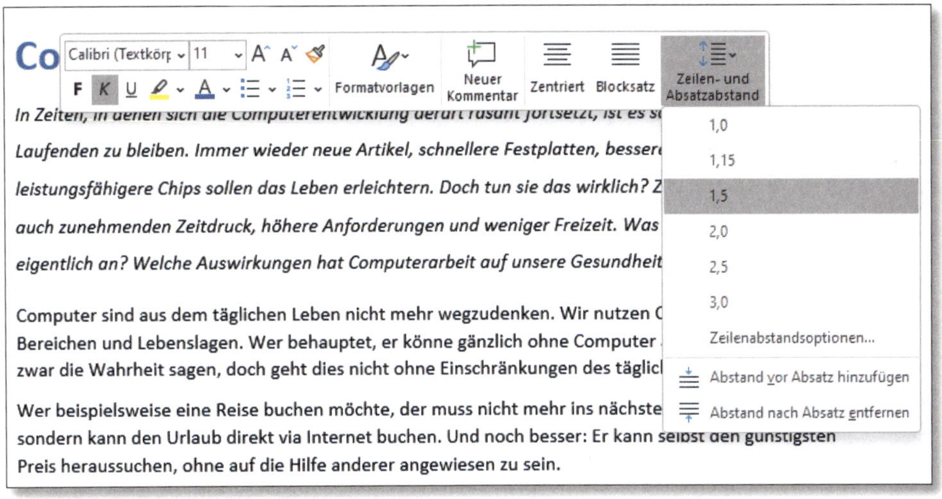
Calibri (Textkörp
11
Formatvorlagen
Neuer Kommentar
Zentriert
Blocksatz
Zeilen- und Absatzabstand
1,0
1,15
1,5
2,0
2,5
3,0
Zeilenabstandsoptionen...
Abstand vor Absatz hinzufügen
Abstand nach Absatz entfernen
Laufenden zu bleiben. Immer wieder neue Artikel, schnellere Festplatten, besser
leistungsfähigere Chips sollen das Leben erleichtern. Doch tun sie das wirklich? Z
auch zunehmenden Zeitdruck, höhere Anforderungen und weniger Freizeit. Was
eigentlich an? Welche Auswirkungen hat Computerarbeit auf unsere Gesundheit
Computer sind aus dem täglichen Leben nicht mehr wegzudenken. Wir nutzen
Bereichen und Lebenslagen. Wer behauptet, er könne gänzlich ohne Computer
zwar die Wahrheit sagen, doch geht dies nicht ohne Einschränkungen des täglic
Wer beispielsweise eine Reise buchen möchte, der muss nicht mehr ins nächste
sondern kann den Urlaub direkt via Internet buchen. Und noch besser: Er kann
Preis heraussuchen, ohne auf die Hilfe anderer angewiesen zu sein.

8 Zuletzt wollen wir noch ein einzelnes Wort innerhalb des Fließtextes verändern. Das Wort »Reise« in der ersten Zeile des vorletzten Absatzes soll hervorgehoben werden. Markieren Sie es daher zunächst mit einem Doppelklick. Danach klicken Sie auf die Schaltfläche **Fett** oder betätigen die Tastenkombination [Strg] + [⇧] + [F]. Heben Sie danach die Markierung wieder auf, indem Sie an eine beliebige Stelle des Dokuments klicken.

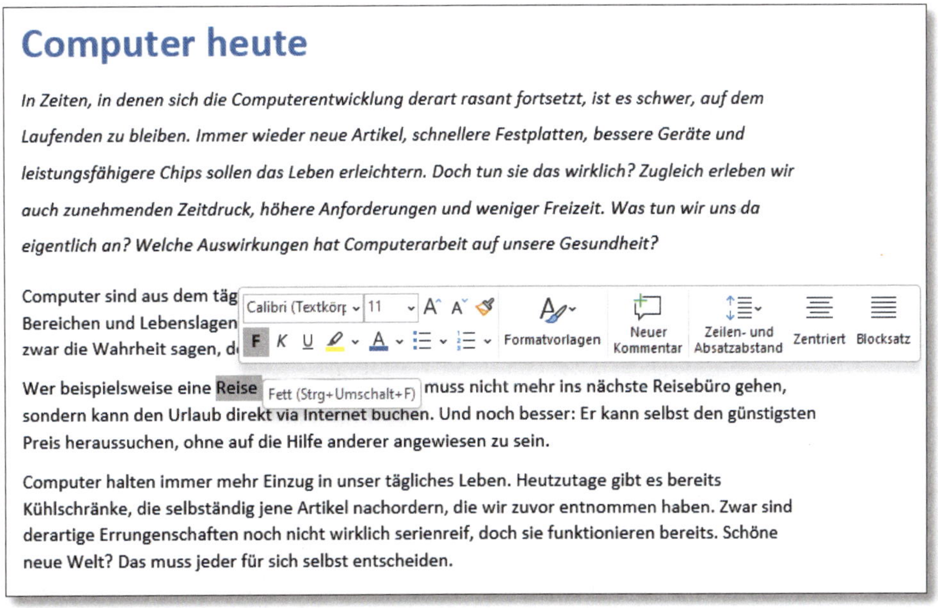
Computer heute
In Zeiten, in denen sich die Computerentwicklung derart rasant fortsetzt, ist es schwer, auf dem
Laufenden zu bleiben. Immer wieder neue Artikel, schnellere Festplatten, bessere Geräte und
leistungsfähigere Chips sollen das Leben erleichtern. Doch tun sie das wirklich? Zugleich erleben wir
auch zunehmenden Zeitdruck, höhere Anforderungen und weniger Freizeit. Was tun wir uns da
eigentlich an? Welche Auswirkungen hat Computerarbeit auf unsere Gesundheit?
Computer sind aus dem täg
Bereichen und Lebenslagen
zwar die Wahrheit sagen, d
Calibri (Textkörp
11
Formatvorlagen
Neuer Kommentar
Zeilen- und Absatzabstand
Zentriert
Blocksatz
Wer beispielsweise eine Reise
Fett (Strg+Umschalt+F)
muss nicht mehr ins nächste Reisebüro gehen,
sondern kann den Urlaub direkt via Internet buchen. Und noch besser: Er kann selbst den günstigsten
Preis heraussuchen, ohne auf die Hilfe anderer angewiesen zu sein.
Computer halten immer mehr Einzug in unser tägliches Leben. Heutzutage gibt es bereits
Kühlschränke, die selbständig jene Artikel nachordern, die wir zuvor entnommen haben. Zwar sind
derartige Errungenschaften noch nicht wirklich serienreif, doch sie funktionieren bereits. Schöne
neue Welt? Das muss jeder für sich selbst entscheiden.

Vergleichen Sie Ihr Endergebnis, wenn Sie mögen, mit der Datei *Computer heute formatiert.docx*, die sich im Ordner *Ergebnisse* der Beispieldateien befindet.

INFO

Markierung temporär ausgeblendet
Solange Sie sich mit der Maus im Menü **Zeilen- und Absatzabstand** befinden (siehe dazu die Abbildung zu Schritt 7 der vorangegangenen Schrittanleitung), wird die Markierung des Textes ausgeblendet. So können Sie viel besser beurteilen, wie sich die Änderungen auf den Text auswirken. Nach Anwahl des neuen Wertes erscheint dann auch wieder die graue Markierung.

INFO

Dynamische Steuerelementleiste
Möglicherweise werden Sie monieren, dass ich in Schritt 7 behauptet habe, der Schalter für die Zeilenabstände befände sich in der überlagernden Menüleiste ganz rechts. Nun schauen Sie noch einmal nach und stellen fest: Stimmt ja gar nicht. Nun, Sie haben vollkommen recht. Allerdings muss ich zu meiner Verteidigung einwerfen, dass auch die Anordnung der Steuerelemente dieser Leiste dynamisch ist. Durch die Benutzung des Befehls haben Sie diesen in der Hierarchie der wichtigsten Schalter gewissermaßen nach links befördert.

Abbildung 5.21 *Nach erneuter Betrachtung ist der Zeilenabstand-Schalter nach links »gewandert«.*

Schnellformatvorlagen verwenden

Wenn Sie große Textdokumente formatieren müssen oder ständig wiederkehrende Textattribute benötigen, sollten Sie die sogenannten *Schnellformatvorlagen* nutzen. Diese sind bereits vordefiniert und können per Mausklick oder Tastenkombination schnell auf die Texte übertragen werden.

Schnellformatvorlagen zuweisen

Da die Schnellformatvorlagen in Word bereits vordefiniert sind, müssen Sie sich um deren Anpassung (damit sind beispielsweise Änderungen der Größe, Schriftart, Farbe usw. gemeint) keine Gedanken mehr machen. Schnellformatvorlagen werden daher besonders von Einsteigern gern benutzt.

1 Wie bereits bei der manuellen Auszeichnung müssen Sie auch beim Zuweisen einer Schnellformatvorlage zunächst den gewünschten Text in Ihrem Dokument markieren.

Wollen Sie eine Textpassage (z. B. eine Überschrift oder einen Absatz) formatieren, markieren Sie diese mit einem Dreifachklick. Alternativ können Sie auch die Einfügemarke mit einem Mausklick in den entsprechenden Absatz setzen.

2 Sie finden die Schnellformatvorlagen in der Gruppe **Formatvorlagen** der Registerkarte **Start**. Standardmäßig wird nur die erste Reihe der vorhandenen Schnellformatvorlagen angezeigt. Innerhalb der Liste können Sie aber nach unten scrollen, indem Sie auf den kleinen Pfeil ❶ klicken. Die gesamte Liste machen Sie mit einem Klick auf **Weitere** ❷ zugänglich.

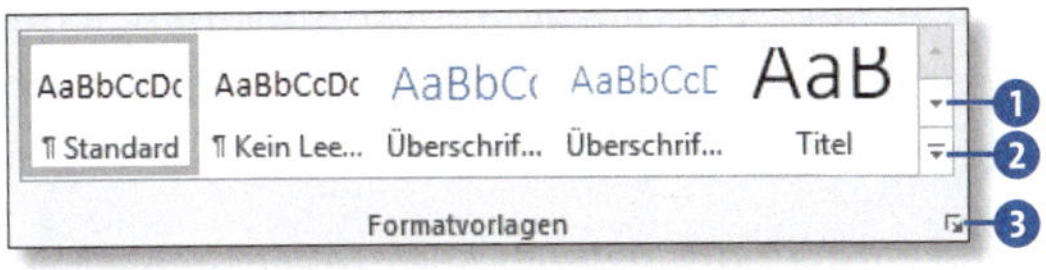

3 Haben Sie die gewünschte Formatvorlage gefunden, wählen Sie sie mit einem Mausklick aus. Der Text wird entsprechend geändert (hier: **Zitat**).

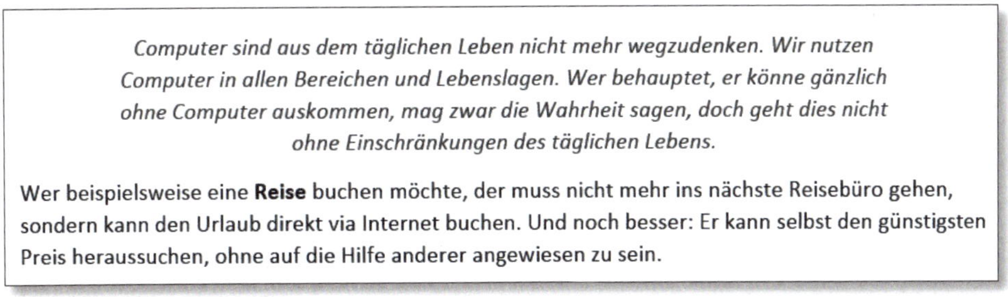

Computer sind aus dem täglichen Leben nicht mehr wegzudenken. Wir nutzen Computer in allen Bereichen und Lebenslagen. Wer behauptet, er könne gänzlich ohne Computer auskommen, mag zwar die Wahrheit sagen, doch geht dies nicht ohne Einschränkungen des täglichen Lebens.

Wer beispielsweise eine **Reise** buchen möchte, der muss nicht mehr ins nächste Reisebüro gehen, sondern kann den Urlaub direkt via Internet buchen. Und noch besser: Er kann selbst den günstigsten Preis heraussuchen, ohne auf die Hilfe anderer angewiesen zu sein.

Beachten Sie in diesem Zusammenhang immer, dass nur der Absatz berücksichtigt wird, in dem sich aktuell die Einfügemarke befindet.

TIPP

Schnellformatvorlagen herauslösen

Wenn Sie an einem umfangreichen Dokument arbeiten, können Sie die Schnellformatvorlagen der Einfachheit halber aus dem Menüband herauslösen und in einem eigenen Aufgabenbereich **Formatvorlagen** nutzen. Das geht mit einem Klick auf die kleine Pfeilschaltfläche (❸ in der Abbildung zu Schritt 2 der vorangegangenen Schrittanleitung) in der rechten unteren Ecke der Gruppe **Formatvorlagen** der Registerkarte **Start** und erspart Ihnen das permanente Öffnen der Vorlagenliste.

Schnellformatvorlagen anpassen

Auch wenn Schnellformatvorlagen komfortabel sind, bleibt bei ihrer Verwendung die Individualität gänzlich auf der Strecke. Manche Vorlagen wirken, als seien sie mal eben auf die Schnelle entworfen worden. Recht bald werden Sie feststellen, dass eine wirklich passende Vorlage nicht ausfindig gemacht werden kann. Möglicherweise sind es aber auch nur Kleinigkeiten, die Sie für veränderungswürdig halten. In diesen Fällen gibt es zwei Möglichkeiten: Entweder Sie erzeugen eine neue Formatvorlage, oder Sie passen die vorhandene ganz einfach an.

Möchten Sie eine Formatvorlage an Ihre Bedürfnisse anpassen? Dann führen Sie die folgenden Schritte aus. Darin wird zunächst eine Schnellformatvorlage zugewiesen und anschließend geändert. Diese Reihenfolge ist zwar nicht zwingend erforderlich, macht allerdings deutlich, wie sich Änderungen auf vorhandene Auszeichnungen auswirken.

1 Setzen Sie die Einfügemarke in einen Absatz, den Sie verändern möchten. Ich habe mich hier für den vorletzten Absatz des Beispieldokuments *Computer heute.docx* entschieden. Sie finden die Datei im Ordner *05* der Beispieldateien.

2 Klicken Sie anschließend in der Gruppe **Formatvorlagen** der Registerkarte **Start** auf die Vorlage **Intensives Zitat**.

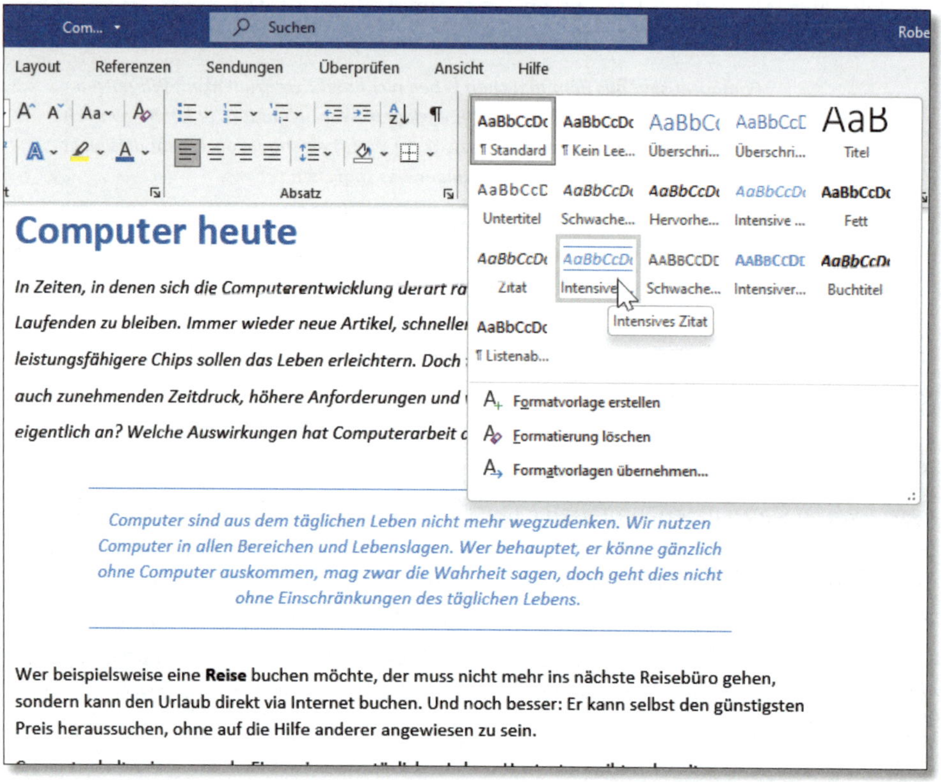
Com...
Suchen
Layout
Referenzen
Sendungen
Überprüfen
Ansicht
Hilfe
Absatz
¶ Standard
¶ Kein Lee...
Überschri...
Überschri...
Titel
Untertitel
Schwache...
Hervorhe...
Intensive ...
Fett
Zitat
Intensive
Schwache...
Intensiver...
Buchtitel
Intensives Zitat
¶ Listenab...
Formatvorlage erstellen
Formatierung löschen
Formatvorlagen übernehmen...
Computer heute
Computer sind aus dem täglichen Leben nicht mehr wegzudenken. Wir nutzen Computer in allen Bereichen und Lebenslagen. Wer behauptet, er könne gänzlich ohne Computer auskommen, mag zwar die Wahrheit sagen, doch geht dies nicht ohne Einschränkungen des täglichen Lebens.
Wer beispielsweise eine Reise buchen möchte, der muss nicht mehr ins nächste Reisebüro gehen, sondern kann den Urlaub direkt via Internet buchen. Und noch besser: Er kann selbst den günstigsten Preis heraussuchen, ohne auf die Hilfe anderer angewiesen zu sein.

3 Um nun die Formatvorlage anzupassen, klicken Sie im Menüband mit rechts auf die Schaltfläche **Intensives Zitat**. Im Kontextmenü der Vorlage wählen Sie den Befehl **Ändern**.

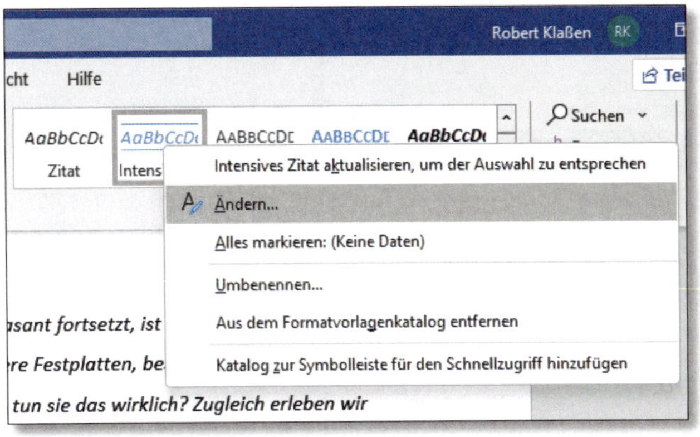

4 Daraufhin öffnet sich das Dialogfenster **Formatvorlage ändern**. Klicken Sie hier unten links auf die Schaltfläche **Format**, und wählen Sie daraufhin im Menü die Option **Schriftart**.

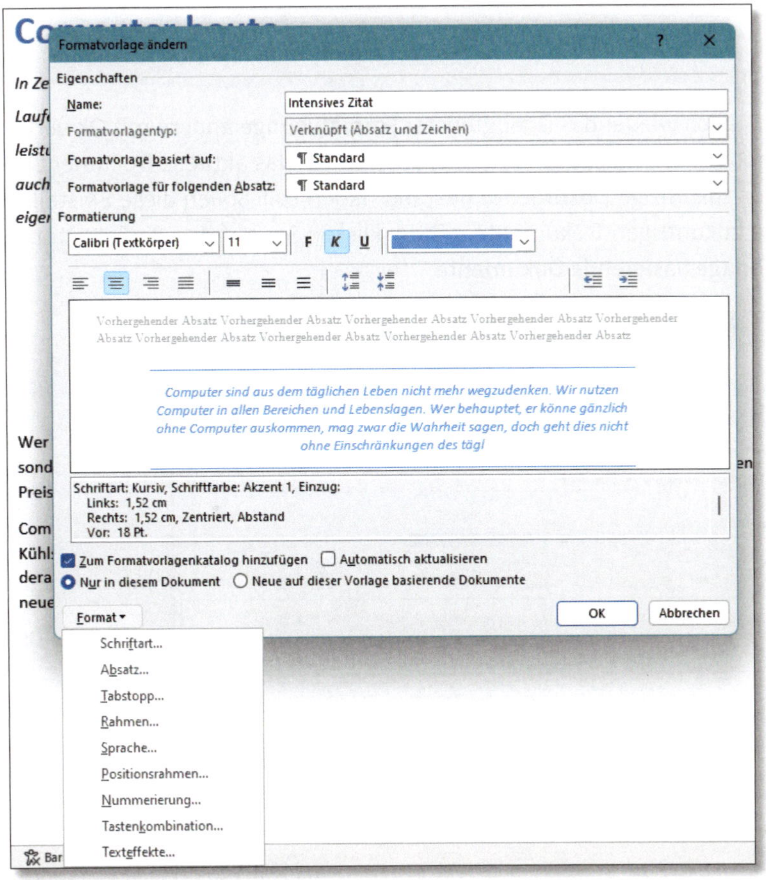

5 Das Dialogfenster **Schriftart** wird geöffnet. Aktivieren Sie hier die Checkbox **Kapitälchen**, und bestätigen Sie mit **OK**.

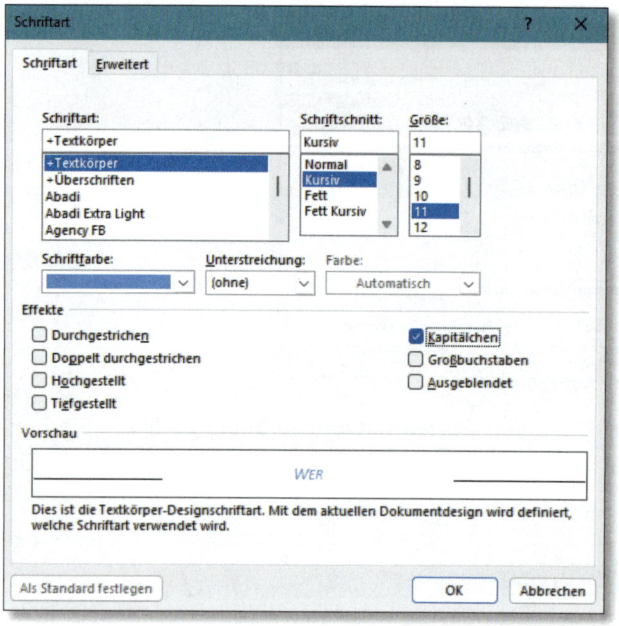

6 Bevor Sie nun auch wieder das Dialogfenster **Formatvorlage ändern** mit **OK** verlassen, sollten Sie noch entscheiden, ob die Änderung nur für das aktuelle Dokument gelten oder auch für zukünftige Dokumente Bestand haben soll. Sollen diese Einstellungen auch für alle zukünftigen Dokumente gelten, klicken Sie auf den Radiobutton **Neue auf dieser Vorlage basierende Dokumente**.

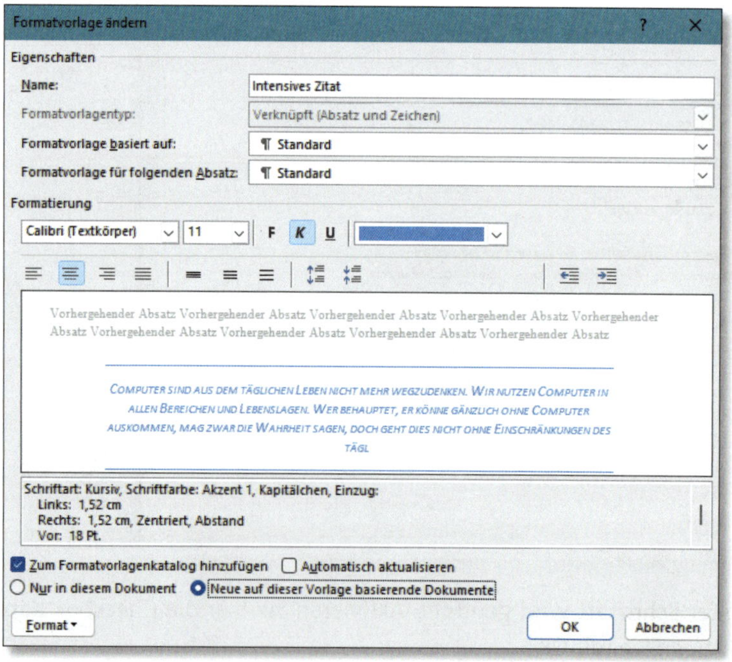

7 Vergessen Sie nicht, die Aktion mit einem Klick auf **OK** abzuschließen.

> **INFO**
>
> **Kapitälchen**
> Die im vorangegangenen Unterabschnitt »Schnellformatvorlagen anpassen« erwähnten Kapitälchen sind übrigens daran zu erkennen, dass sie ausschließlich aus Versalien (d. h. Großbuchstaben) bestehen, wobei echte Großbuchstaben (z. B. am Satzanfang oder bei Substantiven) größer sind als die übrigen Zeichen des Textes, die sogenannten *Gemeinen* (Kleinbuchstaben).

Eigene Formatvorlagen anlegen

Im vorangegangenen Workshop »Schnellformatvorlagen anpassen« haben Sie erfahren, wie sich eine bereits vorhandene Schnellformatvorlage individuell anpassen lässt. Was aber, wenn die ursprüngliche Formatvorlage erhalten bleiben soll? Für diesen Fall ist es empfehlenswert, eine neue Formatvorlage auf Grundlage einer bestehenden Schnellformatvorlage zu erzeugen. Der Vorteil dieser Vorgehensweise: Die bereits vorhandene Vorlage wird nicht verändert – steht also auch weiterhin zur Auswahl.

1 Wählen Sie zunächst eine bereits vorhandene Schnellformatvorlage aus. Markieren Sie danach den gesamten Text, den Sie formatieren möchten. Nutzen Sie zur Formatierung des Textes auf der Registerkarte **Start** die beiden Gruppen **Schriftart** und **Absatz**. Alternativ bieten sich zur Formatierung auch die Schaltflächen der Minisymbolleiste an. Im konkreten Beispiel habe ich zunächst die Formatvorlage **Intensiver Verweis** zugewiesen und anschließend über die Schaltfläche **Schriftart** die Schrift **Times New Roman** gewählt. Zuletzt habe ich in der Gruppe **Schriftart** den Button **Fett** abgewählt, um die Lesbarkeit des Textes nicht noch mehr zu strapazieren.

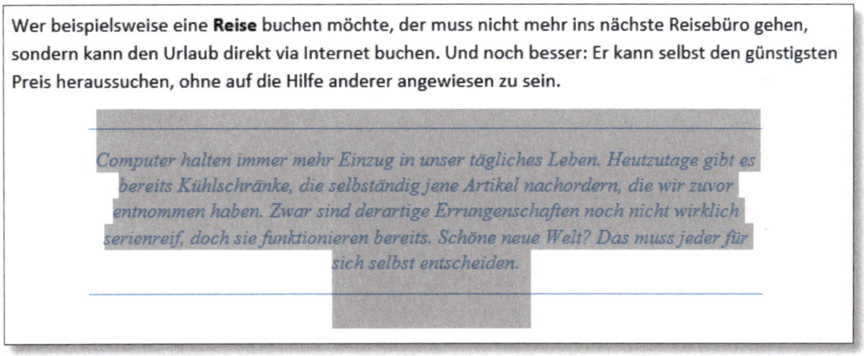
Wer beispielsweise eine **Reise** buchen möchte, der muss nicht mehr ins nächste Reisebüro gehen, sondern kann den Urlaub direkt via Internet buchen. Und noch besser: Er kann selbst den günstigsten Preis heraussuchen, ohne auf die Hilfe anderer angewiesen zu sein.

Computer halten immer mehr Einzug in unser tägliches Leben. Heutzutage gibt es bereits Kühlschränke, die selbständig jene Artikel nachordern, die wir zuvor entnommen haben. Zwar sind derartige Errungenschaften noch nicht wirklich serienreif, doch sie funktionieren bereits. Schöne neue Welt? Das muss jeder für sich selbst entscheiden.

2 Klicken Sie mit einem Rechtsklick auf den soeben ausgezeichneten Text, und betätigen Sie die Schaltfläche **Formatvorlagen** innerhalb der Minisymbolleiste. Wählen Sie danach im Menü die Option **Formatvorlage erstellen**.

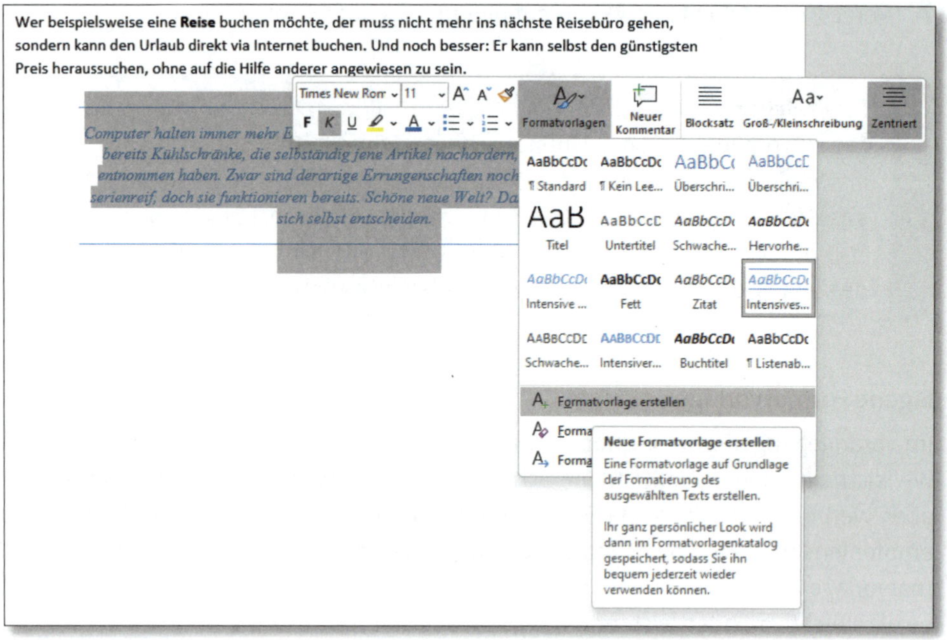

3 Geben Sie der neuen Vorlage einen aussagekräftigen Namen, und bestätigen Sie mit **OK**. Falls Sie aber noch weitere Anpassungen vornehmen möchten, klicken Sie vorab auf den Button **Ändern**. Daraufhin öffnet sich das Dialogfenster **Formatvorlage ändern**, in dem Sie noch weitere individuelle Anpassungen vornehmen können.

4 Die neue Vorlage wird Ihnen übrigens nicht zusammen mit den anderen Vorlagen innerhalb der Schnellformatvorlagen (**Start > Formatvorlagen**) angezeigt, sondern ausschließlich in der Schwebepalette (dem sogenannten *Aufgabenbereich*).

Um den Aufgabenbereich **Formatvorlagen** zugänglich zu machen, betätigen Sie unten rechts in der Gruppe **Formatvorlagen** der Registerkarte **Start** die kleine Pfeilschaltfläche **Formatvorlagen**. Sollte sich die Einfügemarke innerhalb des soeben formatierten Textes befinden, wird die Vorlage dort umrandet angezeigt ❶. Bewegen Sie die Maus darauf, werden Ihnen wichtige Attribute der Formatvorlage in einer QuickInfo ❷ angezeigt.

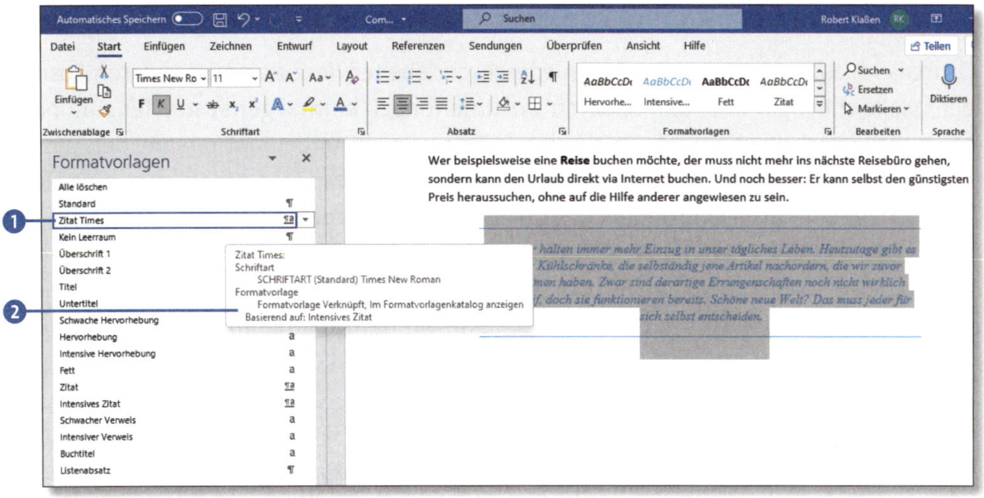

5 Die Vorlage lässt sich übrigens auch von dort aus erneut anpassen, indem Sie auf die kleine Dreieck-Schaltfläche **3** klicken. Diese wird jedoch nur sichtbar, wenn Sie den Mauszeiger darauf parken. Anschließend klicken Sie im erscheinenden Auswahlmenü auf den Befehl **Ändern**. Nehmen Sie Ihre Änderungen im Dialogfenster **Formatvorlage ändern** vor.

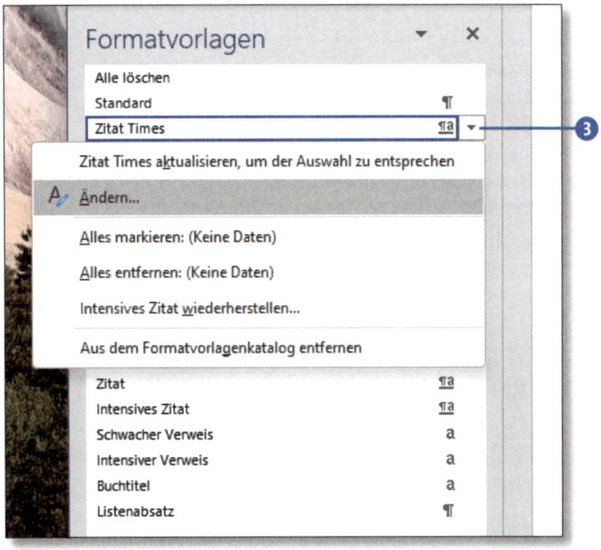

Auf diese Weise können Sie jederzeit bequem bestehende Formatvorlagen an Ihre eigenen Bedürfnisse anpassen und zur Wiederverwendung speichern, ohne jedoch die ursprüngliche Formatvorlage zu verlieren.

5.5 Textinhalte markieren, kopieren, ausschneiden, einfügen

Oftmals ist es so, dass man bereits niedergeschriebenen Text an einer anderen Position oder vielleicht sogar in einem anderen Dokument noch einmal genauso oder zumindest so ähnlich verwenden möchte. In diesem Fall ist es nicht unbedingt ratsam, den gesamten Textabschnitt noch einmal einzutippen. Ebenso kann es vorkommen, dass eine kleine Textpassage einmal an eine andere Position geschoben werden muss. In beiden Fällen hilft die sogenannte *Zwischenablage* weiter. Dabei handelt es sich um einen zunächst unsichtbaren Speicher, der in der Lage ist, Dokumentinhalte kurzzeitig aufzunehmen. Mit dieser Zwischenablage können übrigens nicht nur Texte, sondern auch Grafiken, Bilder, Links usw. verarbeitet werden.

Text markieren

Bevor Sie Text kopieren können, muss dieser markiert werden. Doppelklicken Sie dazu auf ein einzelnes Wort, um es auszuwählen. Einen gesamten Absatz markieren Sie mit einem Dreifachklick. Wollen Sie nur bestimmte Bereiche eines Absatzes markieren, müssen Sie das von Hand tun. Platzieren Sie dazu einen Mausklick auf das erste Wort, das markiert werden soll. Halten Sie die linke Maustaste gedrückt, ziehen Sie die Maus über den gesamten Textbereich, und lassen Sie die Taste erst wieder los, nachdem Sie sich hinter dem letzten aufzunehmenden Zeichen befinden.

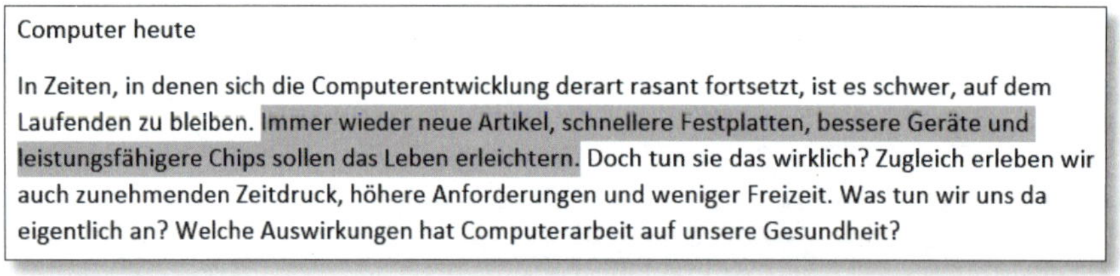
Computer heute

In Zeiten, in denen sich die Computerentwicklung derart rasant fortsetzt, ist es schwer, auf dem Laufenden zu bleiben. Immer wieder neue Artikel, schnellere Festplatten, bessere Geräte und leistungsfähigere Chips sollen das Leben erleichtern. Doch tun sie das wirklich? Zugleich erleben wir auch zunehmenden Zeitdruck, höhere Anforderungen und weniger Freizeit. Was tun wir uns da eigentlich an? Welche Auswirkungen hat Computerarbeit auf unsere Gesundheit?

Abbildung 5.22 *Der markierte Satz erscheint grau hinterlegt.*

INFO

Markierung ungenau?

Word versucht, beim Markieren einer Textstelle behilflich zu sein. Das ist prinzipiell ganz nett, leider aber auch fehleranfällig. So kann es beispielsweise passieren, dass das letzte Wort, das sich unmittelbar vor dem zu markierenden Bereich befindet, mit aufgenommen wird. In diesem Fall hat sich die Einfügemarke vor dem ersten Mausklick zu weit links befunden. Sollte Ihnen das einmal passieren, klicken Sie zunächst an eine beliebige andere Stelle (die Markierung wird dadurch aufgehoben), und versuchen Sie es erneut. Sie dürfen ruhig mitten auf dem ersten Wort beginnen.

Hier noch einige Alternativen zur Textmarkierung: Klicken Sie kurz vor das erste zu markierende Zeichen. Anschließend halten Sie die [⇧]-Taste gedrückt und klicken hinter das letzte Zeichen. Lassen Sie erst anschließend [⇧] wieder los. Ebenso können Sie nach dem Klick vor dem ersten Zeichen [⇧] gedrückt halten und mit der [→]-Taste weitere Zeichen aufnehmen. Jeder Druck auf die Pfeiltaste bewirkt, dass ein einzelnes Zeichen hinzugefügt wird. Soll das Ganze wortweise geschehen, halten Sie zusätzlich noch die Taste [Strg] gedrückt. Nur am Rande sei erwähnt, dass das Ganze natürlich auch rückwärts funktioniert. In diesem Fall würden Sie die Einfügemarke hinter das letzte Zeichen setzen und mit der [←]-Taste arbeiten.

Mehrere Textbereiche markieren

Schauen wir abschließend noch auf einen Sonderfall: Was ist beispielsweise zu tun, wenn ein Satz aus dem ersten Absatz und ein weiterer aus dem dritten Absatz hinzugefügt werden soll? Würden Sie so vorgehen wie bisher, würde ja der Text zwischen diesen beiden Sätzen ebenfalls markiert. Damit das nicht geschieht, müssen Sie Folgendes tun: Markieren Sie den ersten Textbereich auf eine der zuvor beschriebenen Arten. Danach halten Sie die Taste [Strg] gedrückt und markieren alle weiteren Textbereiche, die ebenfalls mit aufgenommen werden sollen.

Computer heute

In Zeiten, in denen sich die Computerentwicklung derart rasant fortsetzt, ist es schwer, auf dem Laufenden zu bleiben. Immer wieder neue Artikel, schnellere Festplatten, bessere Geräte und leistungsfähigere Chips sollen das Leben erleichtern. Doch tun sie das wirklich? Zugleich erleben wir auch zunehmenden Zeitdruck, höhere Anforderungen und weniger Freizeit. Was tun wir uns da eigentlich an? Welche Auswirkungen hat Computerarbeit auf unsere Gesundheit?

Computer sind aus dem täglichen Leben nicht mehr wegzudenken. Wir nutzen Computer in allen Bereichen und Lebenslagen. Wer behauptet, er könne gänzlich ohne Computer auskommen, mag zwar die Wahrheit sagen, doch geht dies nicht ohne Einschränkungen des täglichen Lebens.

Wer beispielsweise eine Reise buchen möchte, der muss nicht mehr ins nächste Reisebüro gehen, sondern kann den Urlaub direkt via Internet buchen. Und noch besser: Er kann selbst den günstigsten Preis heraussuchen, ohne auf die Hilfe anderer angewiesen zu sein.

Computer halten immer mehr Einzug in unser tägliches Leben. Heutzutage gibt es bereits Kühlschränke, die selbständig jene Artikel nachordern, die wir zuvor entnommen haben. Zwar sind derartige Errungenschaften noch nicht wirklich serienreif, doch sie funktionieren bereits. Schöne neue Welt? Das muss jeder für sich selbst entscheiden.

*^ **Abbildung 5.23** Hier sind mehrere Textstellen markiert worden, die nicht unmittelbar zusammenstehen. Die [Strg]-Taste macht es möglich.*

Bilder und Grafiken markieren

Wollen Sie ein Bild oder eine Grafik markieren, reicht dazu ein einzelner Mausklick. Wenn Sie mehrere Bilder oder Grafiken in eine Markierung einbeziehen möchten, müssen Sie das Bild hingegen wie ein einzelnes Schriftzeichen behandeln. Am besten erledigen Sie das, wie zuvor beschrieben, mit ⇧ und den Pfeiltasten. Das händische Markieren (also mit gedrückter Maustaste über das Bild bzw. die Grafik zu fahren) ist in diesem Fall oft problematisch.

Computer sind aus dem täglichen Leben nicht mehr wegzudenken. Wir nutzen Computer in allen Bereichen und Lebenslagen. Wer behauptet, er könne gänzlich ohne Computer auskommen, mag zwar die Wahrheit sagen, doch geht dies nicht ohne Einschränkungen des täglichen Lebens.

Wer beispielsweise eine Reise buchen möchte, der muss nicht mehr ins nächste Reisebüro gehen, sondern kann den Urlaub direkt via Internet buchen. Und noch besser: Er kann selbst den günstigsten Preis heraussuchen, ohne auf die Hilfe anderer angewiesen zu sein.

Abbildung 5.24 *Zwei nebeneinander angeordnete Grafiken befinden sich hier in einer gemeinsamen Auswahl. (Grafiken: Office.com)*

INFO

Copy & Paste

Das sogenannte *Copy & Paste* bezeichnet Arbeitsvorgänge, mit denen Dokumentinhalte schnell an die Zwischenablage übergeben und an anderer Stelle eingefügt werden können. Grundsätzlich bieten sich zwei unterschiedliche Wege an. Entweder Sie benutzen die eigens dafür bereitgestellten Schaltflächen oder setzen Tastaturkürzel ein.

INFO

Zielposition überschreiben

Anstelle der bloßen Platzierung der Einfügemarke können Sie auch zunächst einen vorhandenen Text markieren und erst anschließend auf **Einfügen** klicken. Das hat dann zur Folge, dass der unmittelbar zuvor markierte Text entfernt und stattdessen der Inhalt der Zwischenablage eingefügt wird.

Nach dem Markieren des Textes oder der Objekte klicken Sie in der Gruppe **Zwischenablage** der Registerkarte **Start** auf **Kopieren**. Das hat zur Folge, dass der markierte Inhalt in die Zwischenablage gespeichert wird und gleichzeitig an seiner ursprünglichen Position erhalten bleibt. Word zeigt dabei keinerlei Status oder Änderung an; es wird also nicht verdeutlicht, dass soeben ein Arbeitsgang erledigt worden ist.

Alternativ zum Kopieren können Sie auch auf den Button **Ausschneiden** klicken. Auch in diesem Fall wird der markierte Bereich in die Zwischenablage gespeichert. Allerdings wird er zusätzlich an seiner ursprünglichen Position gelöscht. Diese Vorgehensweise eignet sich also auch prima, um einen Textbereich schnell an eine andere Position im Dokument zu schieben.

Setzen Sie nun die Einfügemarke an die Position in Ihrem Dokument, an der der Inhalt der Zwischenablage eingesetzt werden soll. Klicken Sie abschließend auf das Symbol der Schaltfläche **Einfügen** ❶.

Abbildung 5.25 *Ein Klick auf »Einfügen« bewirkt, dass der Inhalt der Zwischenablage hinzugefügt wird.*

TIPP

Tastaturkürzel benutzen

Alternativ zu den erwähnten Schaltflächen im Menüband können Sie auch Tastaturkürzel verwenden, die die Arbeit wesentlich beschleunigen:

- Strg + C = Kopieren
- Strg + X = Ausschneiden
- Strg + V = Einfügen

Bedenken Sie, dass die Zwischenablage gefüllt bleibt. Betätigen Sie also die Einfügen-Option mehrfach, wird der Inhalt der Zwischenablage auch mehrfach hinzugefügt.

Einfügeoptionen

Wenn Sie statt auf das Einfügen-Symbol auf die Schaltfläche **Einfügen** ❶ klicken, gelangen Sie zu den sogenannten *Einfügeoptionen*. In diesem Menü können Sie bestimmen, auf welche Art und Weise die Einfügung erfolgen soll. Klicken Sie auf die entsprechende Schaltfläche, um den Befehl auszuführen.

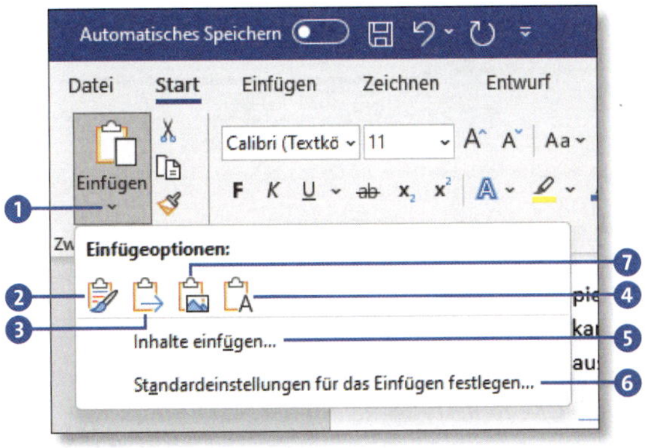

Abbildung 5.26 *Wenn Sie Einfluss darauf nehmen möchten, mit welchen Eigenschaften der Inhalt der Zwischenablage eingefügt werden soll, nutzen Sie den unteren Bereich der Schaltfläche.*

❷ **Ursprüngliche Formatierung beibehalten**: Die Formate (z.B. Schriftart, Größe, Farbe usw.) des in der Zwischenablage befindlichen Textes bleiben auch nach dem Einfügen erhalten.

❸ **Formatierung zusammenführen**: Der einzufügende Text wird an die Formatierung des an der Einfügestelle vorhandenen Textes angepasst. Der Text aus der Zwischenablage übernimmt also die dort gültige Schriftart, Farbe usw. Auszeichnungen mit hervorhebendem Charakter wie z.B. Fett- oder Kursivschrift bleiben jedoch erhalten.

❹ **Nur den Text übernehmen**: Hierbei werden alle Textattribute des Zwischenablagetextes verworfen und an den Text angepasst, der an der Einfügestelle Gültigkeit hat (also auch Fett- und Kursivschrift).

❺ **Inhalte einfügen**: Hierüber werden weitere Einfügeoptionen zur Verfügung gestellt. Diese werden jedoch eher bei der Verknüpfung von Dokumenten benutzt als bei der Arbeit mit der Zwischenablage.

❻ **Standardeinstellungen für das Einfügen festlegen**: Hierüber wird das Dialogfenster **Word-Optionen** mit der Kategorie **Erweitert** geöffnet. Scrollen Sie im Dialogfenster herunter, bis der Bereich **Ausschneiden, Kopieren, Einfügen** angezeigt wird, und nehmen Sie dort die gewünschten Einstellungen vor. Gefallen Ihnen die Standardeinfügeoptionen von Word nicht, können Sie hier umfangreiche Änderungen vornehmen. An dieser Stelle lässt sich beispielsweise festlegen, wie beim Einfügen aus anderen Programmen vorgegangen werden soll ❽. Klicken Sie auf die Pfeilschaltfläche, um im Auswahlmenü eine andere Einfügeoption als Standard festzulegen.

❼ **Grafik**: Mit dieser neuartigen Funktion lässt sich beispielsweise Text in eine Grafik umwandeln. Der Text ist anschließend nicht mehr wie Text editierbar, sondern ist eine Bilddatei.

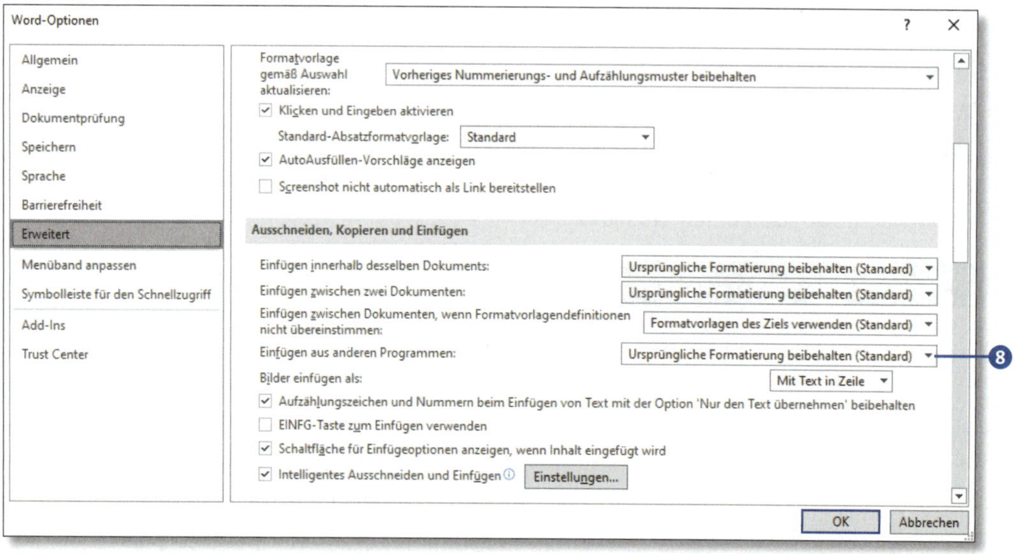

Abbildung 5.27 *Regeln Sie hier, wie die Einfügungen vonstattengehen sollen. Denken Sie daran, Ihre Änderungen mit einem Klick auf »OK« zu bestätigen.*

Zwischenablage öffnen

Die Zwischenablage ist kein Word-spezifisches Phänomen, sondern funktioniert auch in anderen Anwendungen sowie im Betriebssystem. Allerdings ist die systemweite Zwischenablage in den meisten Fällen im wahrsten Sinne des Wortes ein »Einsitzer«. Sie kann nämlich immer nur einen einzigen Inhalt archivieren. Fügen Sie neuen Inhalt hinzu, wird der alte gelöscht.

Das ist in Word glücklicherweise anders. Hier können zahlreiche Inhalte gesammelt werden. Um zu sehen, was sich in der Zwischenablage befindet, klicken Sie in der Gruppe **Zwischenablage** der Registerkarte **Start** unten rechts auf den kleinen Pfeil. Daraufhin öffnet sich der Aufgabenbereich **Zwischenablage** ❾ mit seinem derzeitigen Inhalt. Klicken Sie mit der Maus auf einen dieser Einträge ❿, wird dieser an der aktuellen Position der Einfügemarke in das Dokument eingefügt. Ein Klick auf die Pfeilschaltfläche ermöglicht das Löschen einzelner Einträge.

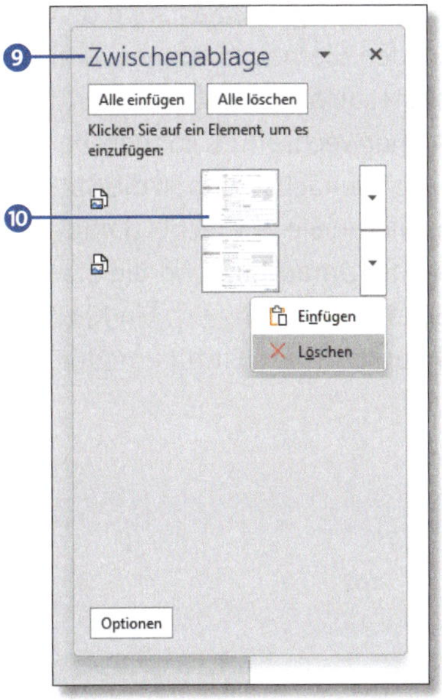

Abbildung 5.28 Machen Sie den Inhalt der Zwischenablage sichtbar.

Die Zwischenablage ist nicht unbegrenzt belastbar. Wie viel sie aufnehmen kann, lässt sich nicht genau sagen, denn dies hängt von sehr vielen Faktoren ab (z.B. Größe des Arbeitsspeichers, Auslastung des Rechners usw.). Sollte ein kopiertes Element zu groß sein, um es in Word in die Zwischenablage zu speichern, wird ein entsprechender Hinweis unten rechts in Word ausgegeben. Konkret bedeutet das: Das Element landet zwar trotzdem in der Zwischenablage, kann aber nicht in die Word-Sammlung integriert werden.

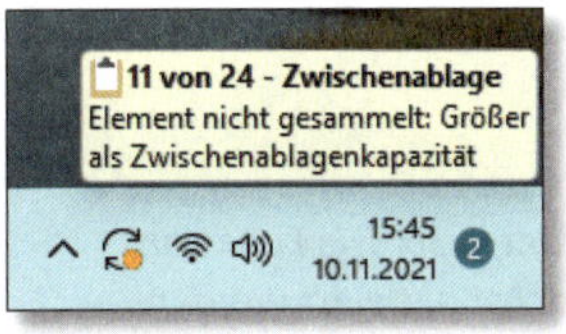

Abbildung 5.29 Falls nach dem Kopieren kein neues Element in der Word-Zwischenablage auftaucht, achten Sie darauf, ob ein entsprechender Hinweis unten rechts ausgegeben wird.

> **INFO**
>
> **Begrenzte Haltbarkeit**
> Der Inhalt der Zwischenablage bleibt nicht ewig bestehen. Zwar können Sie das Dokument schließen und wieder öffnen, ohne die Daten zu verlieren, die Sie in der Zwischenablage gespeichert haben, doch spätestens nach dem Herunterfahren des PCs gehen sämtliche Inhalte der Zwischenablage verloren.

5.6 Den Einfüge- und Überschreibmodus nutzen

Den *Einfügemodus* haben Sie bereits hinlänglich kennengelernt. Wann immer Sie nämlich die Einfügemarke in Ihr Dokument setzen (und diese blinkt), befinden Sie sich im Einfügemodus. Wenn Sie nun losschreiben oder etwas einfügen (z. B. eine Grafik), wird der nachfolgende Text (oder was auch immer sich hinter der Einfügemarke in Ihrem Dokument befindet) automatisch nach rechts verschoben. So weit, so gut. Allerdings gibt es auch den sogenannten *Überschreibmodus*, der mit jedem Buchstaben, den Sie neu eintippen, den jeweils rechts neben der Einfügemarke befindlichen Text »frisst«, also entfernt.

Um zwischen dem Einfüge- und Überschreibmodus hin- und herwechseln zu können, bedarf es beim ersten Mal ein wenig Vorarbeit. Sie müssen nämlich zunächst einmal die Statusleiste (also die Fußleiste in Word) entsprechend anpassen. Klicken Sie mit rechts darauf, und aktivieren Sie die Option **Überschreiben** ❶ im Kontextmenü. Daraufhin wird die Statusleiste um den Eintrag **Einfügen** erweitert, der fortan als Schaltfläche fungiert. Ein Klick darauf bringt Sie in den Überschreibmodus, ein erneuter Klick zurück in den Einfügemodus.

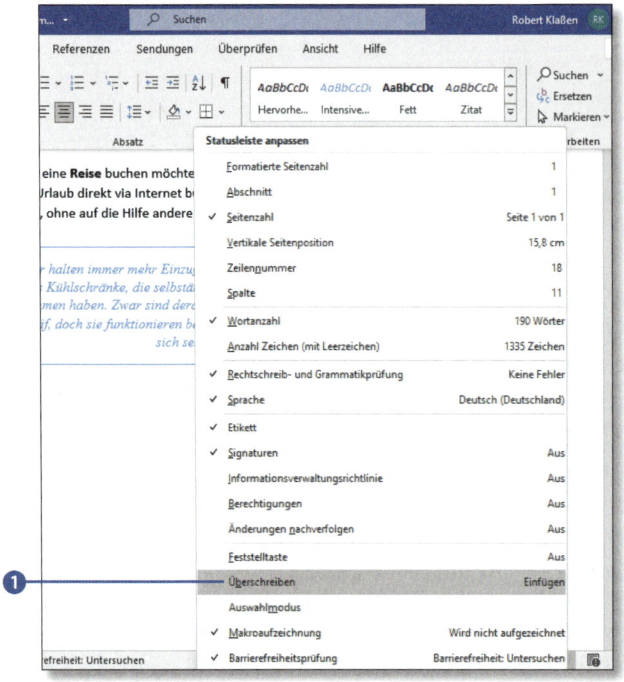

Abbildung 5.30 *Die Funktion muss zunächst aktiviert werden.*

INFO

Per Taste umschalten

In älteren Word-Versionen konnte mithilfe von `Einfg` zwischen beiden Modi umgeschaltet werden. Da sich diese Funktion jedoch als sehr fehleranfällig erwiesen hat (unbeabsichtigtes Aktivieren), ist die Taste seit einiger Zeit nicht mehr entsprechend belegt. Sie können die Funktion jedoch wieder zuweisen, indem Sie die Word-Optionen aufrufen (**Datei > Optionen > Erweitert**) und dort im Bereich **Bearbeitungsoptionen** die Checkbox **EINFG-Taste zum Steuern des Überschreibmodus verwenden** aktivieren und den Dialog mit **OK** verlassen.

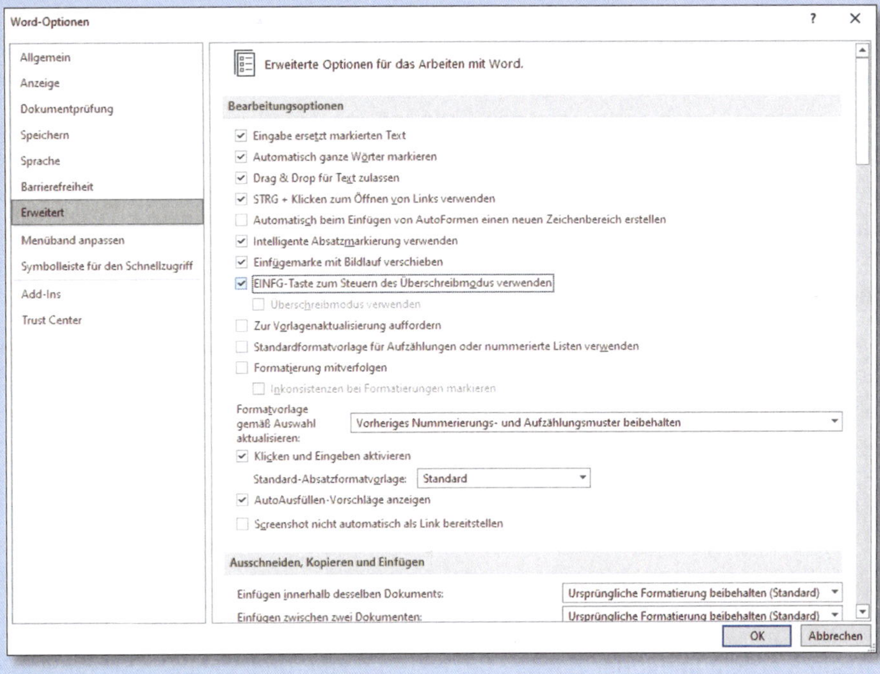

***Abbildung 5.31** Falls Sie schnell zwischen beiden Funktionen hin- und herspringen möchten, sollten Sie die alte Funktionsweise wieder einrichten.*

5.7 Mit Aufzählungen, Nummerierungen und Listen arbeiten

Wenn Sie eine Liste erzeugen, sollten Sie diese optisch vom übrigen Text abheben. Zwar können Sie auch einfach weiterschreiben und jeden Punkt der Liste in einer neuen Zeile beginnen, jedoch sieht das nicht allzu schön aus. Besser ist es da, den einzelnen Zeilen Listenelemente voranzustellen und diese etwas einzurücken (also den Zeilenanfang nach rechts zu versetzen). Hier gibt es verschiedene Möglichkeiten. Word bringt von Haus aus Aufzählungen, Nummerierungen und Listen mit. Eines haben alle drei miteinander gemeinsam: Sie kennzeichnen jeden Punkt der Liste und halten diese übersichtlich bzw. machen deren Inhalt schnell erfassbar.

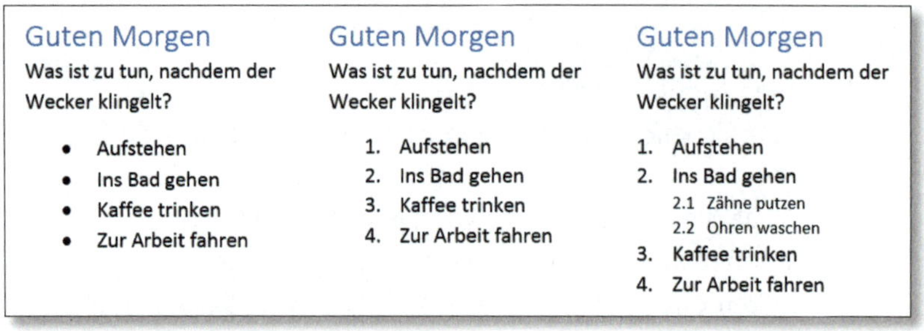
Guten Morgen
Was ist zu tun, nachdem der Wecker klingelt?
• Aufstehen
• Ins Bad gehen
• Kaffee trinken
• Zur Arbeit fahren
Guten Morgen
Was ist zu tun, nachdem der Wecker klingelt?
1. Aufstehen
2. Ins Bad gehen
3. Kaffee trinken
4. Zur Arbeit fahren
Guten Morgen
Was ist zu tun, nachdem der Wecker klingelt?
1. Aufstehen
2. Ins Bad gehen
2.1 Zähne putzen
2.2 Ohren waschen
3. Kaffee trinken
4. Zur Arbeit fahren

Abbildung 5.32 *Links eine Aufzählung, in der Mitte eine Nummerierung und rechts eine Liste*

Wodurch unterscheiden sich diese drei Elemente nun voneinander? Bei der Aufzählung wird jedem relevanten Punkt ein grafisches Zeichen vorangestellt (im obigen Beispiel ein Punkt), während Nummerierungen mit Ordnungszahlen ausgestattet sind. Das kann die klassische Nummerierung 1. – 2. – 3. sein, aber auch a) – b) – c) oder i. – ii. – iii. Eine Liste hingegen wird immer dann eingesetzt, wenn es innerhalb einer Aufzählung oder Nummerierung über- und untergeordnete Elemente gibt.

Schnell eine Aufzählung oder Nummerierung erzeugen

In diesem Abschnitt erfahren Sie, wie eine Aufzählung oder Nummerierung erzeugt wird. Sofern Sie sich innerhalb eines Textabschnitts befinden, sollten Sie zunächst eine Zeilenschaltung vornehmen ([↵]), damit die Einfügemarke an den Anfang einer neuen Zeile gestellt wird.

1. Um direkt mit dem Erstellen einer Aufzählung zu beginnen, erzeugen Sie ein Sternchen (* = [⇧] + [+]), gefolgt von einem Leerzeichen. Danach schreiben Sie den Text des ersten Aufzählungspunkts. Wollen Sie eine Nummerierung erzeugen, geben Sie stattdessen beispielsweise »1.«, »a)« oder »i.« ein. Lassen Sie auch hier ein Leerzeichen folgen.

2. Beginnen Sie nun mit der Eingabe des ersten Textes, und schließen Sie die Aktion mit [↵] ab. Daraufhin wird der Text des Abschnitts entsprechend eingerückt, die Abstände zwischen dem Aufzählungszeichen bzw. der Nummerierung und dem Text werden erhöht, und das nächste Zeichen wird in der darauf folgenden Zeile hinzugefügt. Bei einer Nummerierung wird die nächste logische Ziffer bzw. der nächste logische Buchstabe vergeben.

3. Wenn Sie mit der Eingabe fertig sind, betätigen Sie zweimal [↵] oder drücken die Taste [←].

Auf diese Weise können Sie schnell Ihre Dokumente übersichtlich gestalten und somit Ihre Inhalte besser vermitteln.

Aufzählungszeichen und Nummerierung einstellen

Sie haben gesehen, wie schnell sich eine Aufzählung oder Nummerierung erzeugen lässt. Allerdings haben Sie bei der zuvor genannten Vorgehensweise keine Möglichkeit, das Aussehen des Aufzählungszeichens oder der Nummerierung zu verändern. Wenn Sie dies jedoch wünschen, können Sie auch das sehr schnell erledigen. Wechseln Sie dazu auf die Registerkarte **Start**, und klicken Sie in der Gruppe **Absatz** auf das Dreiecksymbol der Schaltfläche **Aufzählungszeichen** ❶ oder **Nummerierung** ❷, je nachdem, ob Sie ein anderes Aufzählungszeichen oder eine andere Form der Nummerierung wünschen.

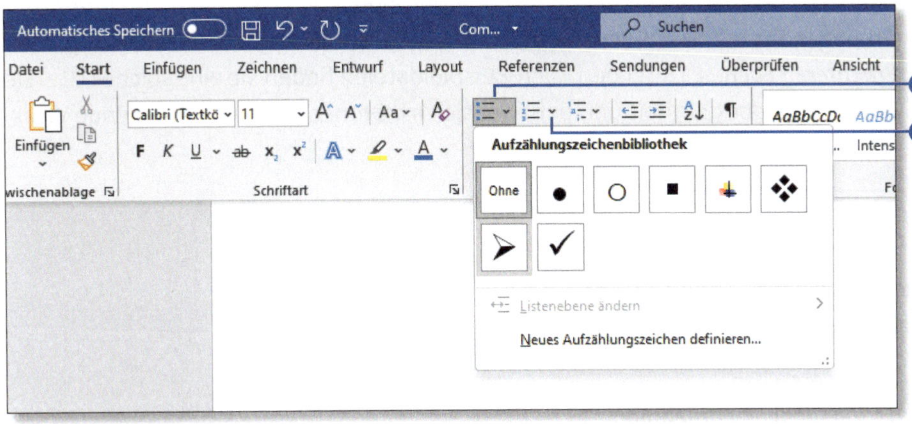

Abbildung 5.33 *Suchen Sie bei Bedarf ein neues Aufzählungszeichen aus.*

Klicken Sie anschließend auf das gewünschte Vorzeichen, um es in Ihr Dokument einzufügen. Auf diese Weise können Sie übrigens auch ganz leicht die Aufzählungsart anpassen. Klicken Sie dazu auf die Schaltfläche **Nummerierung**, und wählen Sie im Bereich **Nummerierungsbibliothek** die passende Aufzählungsart aus (siehe Abbildung 5.34).

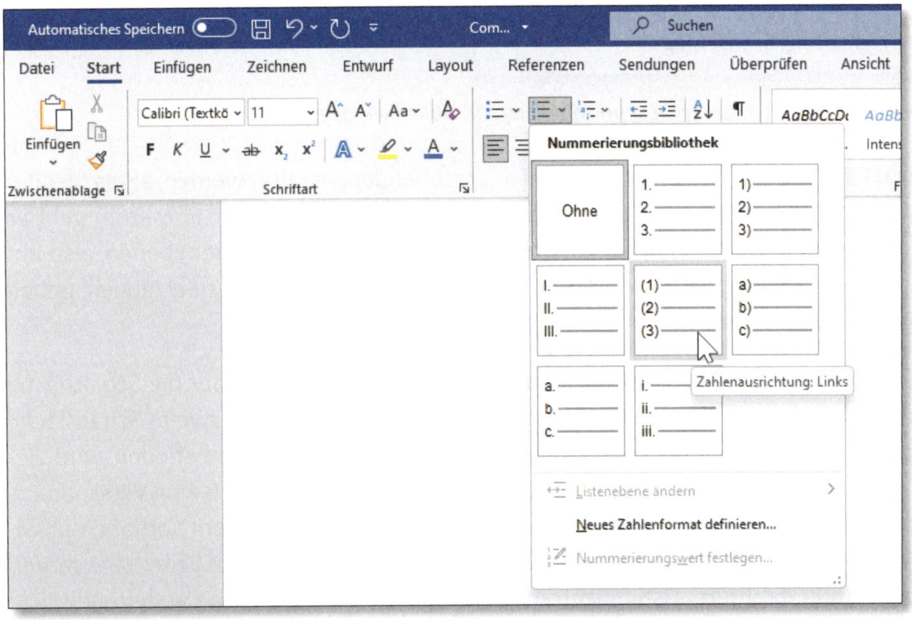

Abbildung 5.34 *Auch die Art der Nummerierung kann mithilfe eines Menüs angepasst werden.*

Danach können Sie den Text des Aufzählungspunkts eingeben und die Eingabe mit ↵ abschließen. Der Text wird daraufhin wieder automatisch eingerückt, der Zeichenabstand zum Aufzählungszeichen erhöht und in der Folgezeile das nächste Zeichen hinzugefügt.

Eine Liste mit mehreren Ebenen erzeugen

Listen unterscheiden sich insofern von Nummerierungen, als dass sie auch Untergruppierungen, sogenannte *Ebenen*, beinhalten. Deswegen ist die korrekte Bezeichnung auch *Liste mit mehreren Ebenen*. Unter den Buch-Beispieldateien finden Sie eine solche Liste. Sie ist mit *Car Check-in.docx* betitelt und befindet sich im Ordner *05*. Der nachfolgende Workshop verrät, wie diese Liste erstellt worden ist.

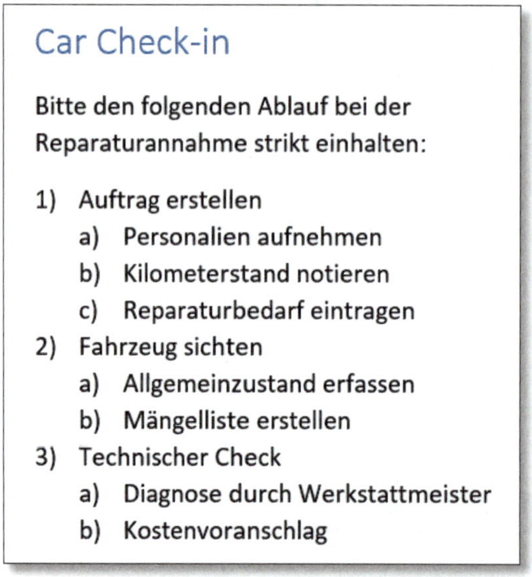
Car Check-in

Bitte den folgenden Ablauf bei der Reparaturannahme strikt einhalten:

1) Auftrag erstellen
   a) Personalien aufnehmen
   b) Kilometerstand notieren
   c) Reparaturbedarf eintragen
2) Fahrzeug sichten
   a) Allgemeinzustand erfassen
   b) Mängelliste erstellen
3) Technischer Check
   a) Diagnose durch Werkstattmeister
   b) Kostenvoranschlag

Abbildung 5.35 *Mit dieser recht spartanischen Liste wollen wir beginnen.*

Natürlich könnte die Liste optisch sehr viel ansprechender gestaltet werden, als es hier der Fall ist, doch wollen wir uns mit einem schlichten Beispiel begnügen. Immerhin geht es uns ja in diesem Beispiel zunächst generell um die Erzeugung mehrerer Ebenen, also um die Technik, die hinter einer Liste steht. Um ein derartiges Dokument zu erzeugen, gehen Sie folgendermaßen vor:

1. Klicken Sie innerhalb der Gruppe **Absatz** der Registerkarte **Start** auf die Schaltfläche **Liste mit mehreren Ebenen**. Im Auswahlmenü klicken Sie auf die zweite Schaltfläche im Bereich **Listenbibliothek**. Solange Sie sich mit der Maus darüber befinden, wird dieser Button vergrößert angezeigt, sodass Sie sich zunächst in der kleinen Vorschau die Listenstruktur ansehen und entscheiden können, ob diese zu Ihrem Vorhaben passt. Mit einem Klick übernehmen Sie die Struktur für Ihr Dokument. Auf Seite 168 erfahren Sie im Unterabschnitt »Liste nachträglich formatieren«, wie Sie eine bestehende Liste gestalten können.

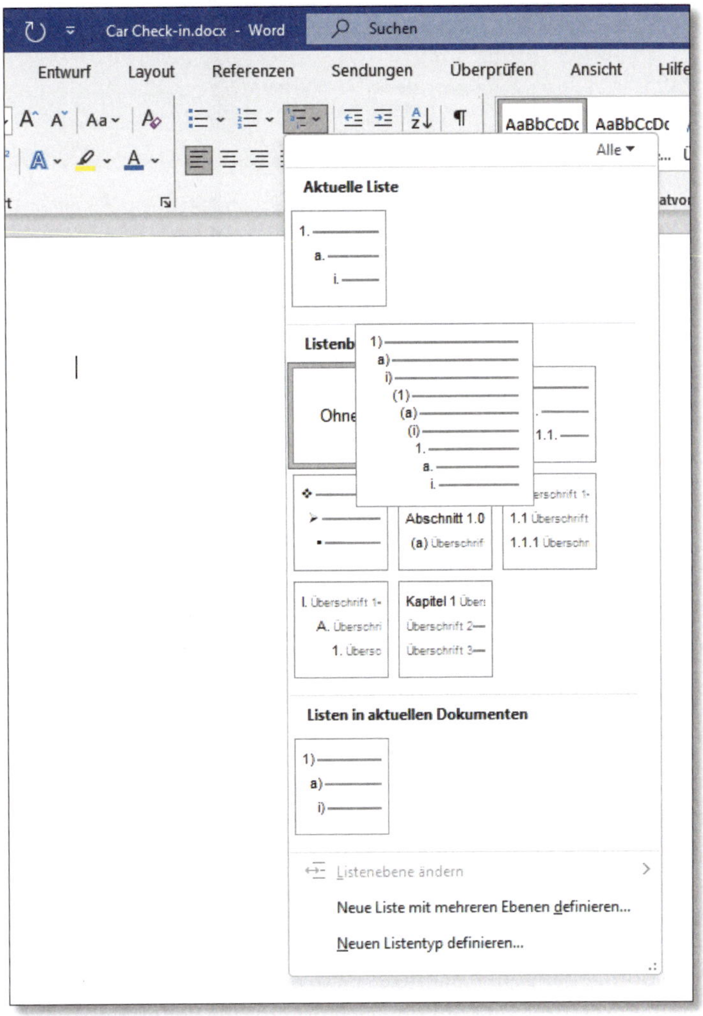

2 Die erste Ziffer der Liste ist bereits automatisch in Ihrem Dokument erzeugt worden, und Sie dürfen mit der Eingabe des Textes der ersten Zeile beginnen. Im Beispiel ist das die Zeile »Auftrag erstellen«. Drücken Sie anschließend nach Eingabe des Textes die Taste [↵].

3 Jetzt müssen Sie bereits erstmals die Ebene wechseln, denn »Personalien aufnehmen« soll in unserer Liste eingerückt und somit der erste Unterpunkt des Listenpunkts »Auftrag erstellen« werden. Dazu bieten sich Ihnen nun zwei Möglichkeiten: Entweder Sie klicken noch einmal auf die Schaltfläche **Liste mit mehreren Ebenen** und wählen im Auswahlmenü den Punkt **Listenebene ändern**, gefolgt von **a)**, oder Sie drücken schlicht [Tab] auf der Tastatur.

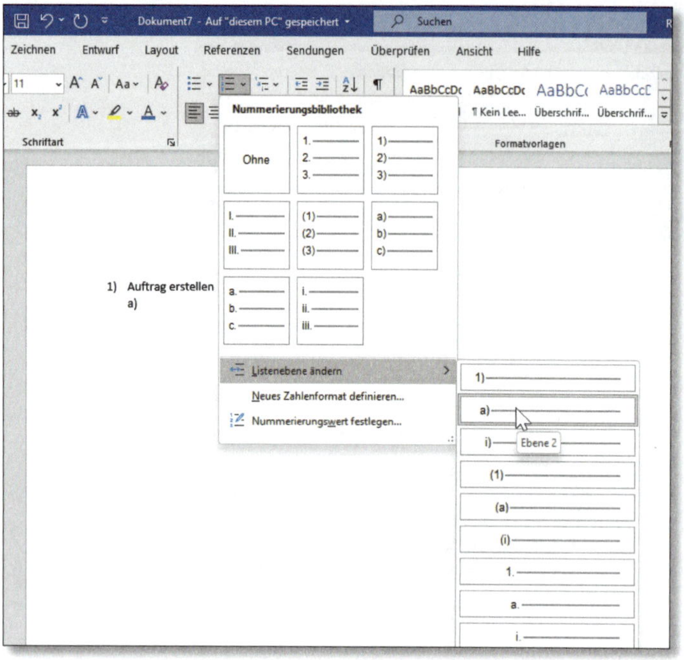

4 Tippen Sie nun »Personalien aufnehmen« ein, und drücken Sie abschließend erneut [↵]. Verfahren Sie ebenso mit den Einträgen b) und c).

5 Wenn Sie wie beschrieben vorgehen, wird bald die Zeile d) erzeugt. Diese wird jedoch nicht benötigt. Vielmehr mussen Sie jetzt wieder eine Ebene höher. Sie könnten die Listenebene zwar abermals über das Menü der Schaltfläche **Liste mit mehreren Ebenen** ändern, können das aber auch durch Drücken der [↵]-Taste erledigen. Das ist doch viel komfortabler, oder?

6 Durch die Aktion des vorangegangenen Schrittes ist d) nun zu 2) geworden. Die Listenebene wurde also angepasst, und Sie befinden sich erneut auf der ersten Ebene. Das bedeutet, dass Sie, unserem Beispiel folgend, mit der Eingabe »Fahrzeug sichten« fortfahren können.

Verfahren Sie entsprechend mit allen weiteren Aufzählungstexten. Am Ende drücken Sie zweimal [↵], um die Bearbeitung der Liste abzuschließen.

Liste nachträglich formatieren

Zum Abschluss dieses Themas werden wir noch einen kurzen Blick darauf werfen, was zu tun ist, wenn bereits fertiger, jedoch nicht gelisteter Text vorliegt und Sie diesen nun im Nachhinein als Liste formatieren möchten.

1 Zunächst müssen Sie dafür sorgen, dass die Formatierung des Dokuments *Car Check-in.docx* verworfen wird. Dazu markieren Sie im Dokument den gesamten Listentext, also von **Auftrag ... bis ... Kostenvoranschlag**. Anschließend setzen Sie einen Rechtsklick

auf den markierten Text und betätigen die Schaltfläche **Formatvorlagen**, gefolgt von **Formatierung löschen**.

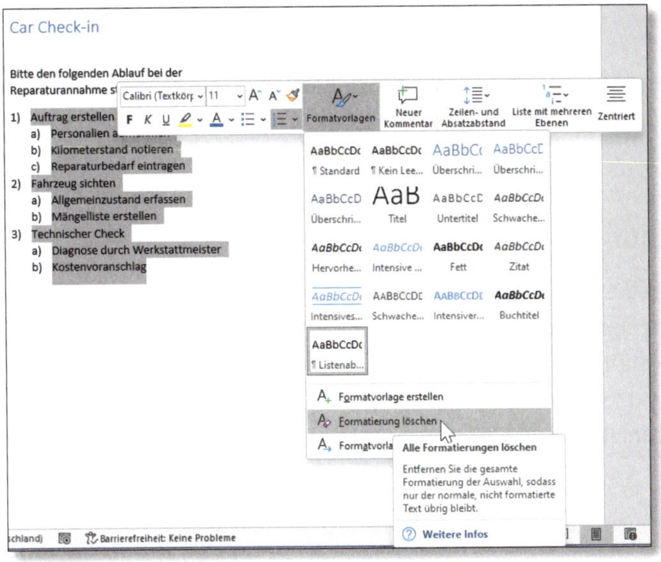

2 Sorgen Sie dafür, dass der relevante Text markiert bleibt. Klicken Sie nun in der Gruppe **Absatz** der Registerkarte **Start** auf den Button **Liste mit mehreren Ebenen**. Klicken Sie im Menü erneut auf die zweite Schaltfläche im Bereich **Listenbibliothek**, um die zuvor genutzte Listenvorlage auszuwählen.

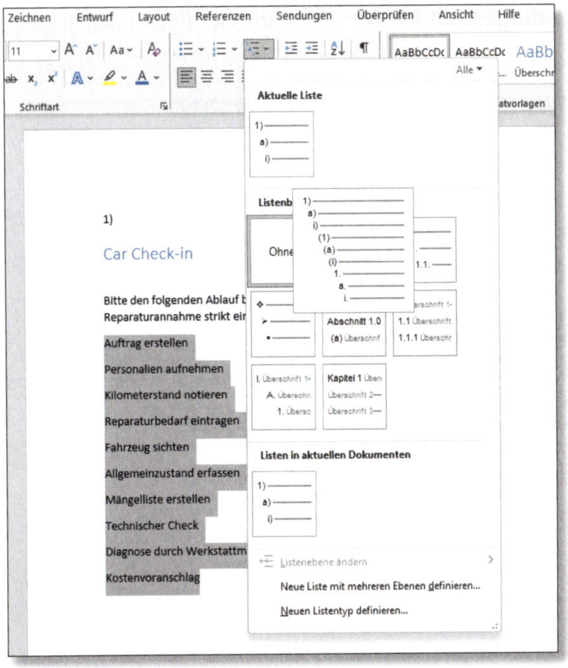

3 Nun muss zu Recht bemängelt werden, dass die gesamte Liste nur aus einer einzelnen Ebene besteht. Um das zu ändern, wählen Sie zunächst alles ab, indem Sie an eine beliebige Stelle im Dokument klicken. Danach markieren Sie die Zeilen 2) bis 4) und drücken die Taste [⭾].

Somit wird die Ebene dieser Aufzählungspunkte angepasst, und diese werden zu a) bis c). Wiederholen Sie diesen Schritt auch bei den anderen Zeilen, die eine Ebene tiefer angeordnet werden müssen.

5.8 Die Absatzeinstellungen anpassen

Zur Formatierung von Absätzen bietet Word Ihnen eine eigene Zeile mit Schaltflächen innerhalb der Gruppe **Absatz** der Registerkarte **Start**. Um Änderungen vorzunehmen, muss der Text übrigens nicht komplett markiert werden. Es reicht, wenn die Einfügemarke irgendwo innerhalb des Absatzes platziert wird. Einzige Ausnahme: Sie wollen mehrere Absätze gleichzeitig bearbeiten. In diesem Fall muss der gesamte Text wie gewohnt markiert werden.

Die Absatzmarke

Zwar sieht man oft schon auf den ersten Blick, wo zwei Absätze voneinander getrennt sind, jedoch lässt sich dafür auch ein grafisches Zeichen einblenden, die sogenannte *Absatzmarke*. Um sie einzuschalten, drücken Sie entweder [Strg] + [⇧] + [+] (also *), oder Sie klicken in der Gruppe **Absatz** der Registerkarte **Start** auf den Button **Alle anzeigen** ❶. Dadurch wird am Ende eines Absatzes die Absatzmarke ❷ angezeigt. Zudem wird jedes Leerzeichen durch einen Punkt dargestellt ❸. Wiederholen Sie diesen Schritt, um die *Formatierungssymbole* wieder auszublenden.

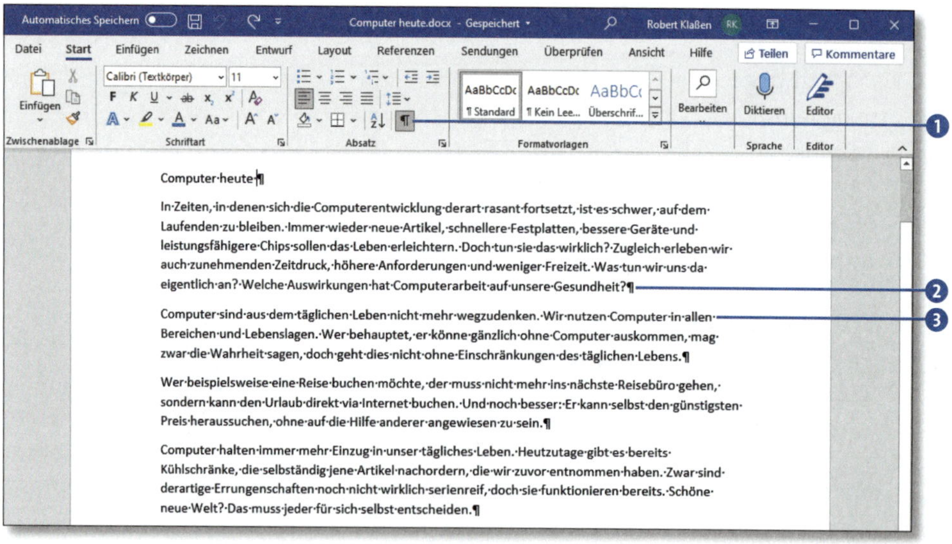

Automatisches Speichern
Computer heute.docx - Gespeichert
Robert Klaßen
Datei
Start
Einfügen
Zeichnen
Entwurf
Layout
Referenzen
Sendungen
Überprüfen
Ansicht
Hilfe
Teilen
Kommentare
Einfügen
Calibri (Textkörper)
11
AaBbCcDc
¶ Standard
¶ Kein Lee...
Überschrif...
Bearbeiten
Diktieren
Editor
Zwischenablage
Schriftart
Absatz
Formatvorlagen
Sprache
Editor
1
Computer·heute¶
In·Zeiten,·in·denen·sich·die·Computerentwicklung·derart·rasant·fortsetzt,·ist·es·schwer,·auf·dem·Laufenden·zu·bleiben.·Immer·wieder·neue·Artikel,·schnellere·Festplatten,·bessere·Geräte·und·leistungsfähigere·Chips·sollen·das·Leben·erleichtern.·Doch·tun·sie·das·wirklich?·Zugleich·erleben·wir·auch·zunehmenden·Zeitdruck,·höhere·Anforderungen·und·weniger·Freizeit.·Was·tun·wir·uns·da·eigentlich·an?·Welche·Auswirkungen·hat·Computerarbeit·auf·unsere·Gesundheit?¶
2
Computer·sind·aus·dem·täglichen·Leben·nicht·mehr·wegzudenken.·Wir·nutzen·Computer·in·allen·Bereichen·und·Lebenslagen.·Wer·behauptet,·er·könne·gänzlich·ohne·Computer·auskommen,·mag·zwar·die·Wahrheit·sagen,·doch·geht·dies·nicht·ohne·Einschränkungen·des·täglichen·Lebens.¶
3
Wer·beispielsweise·eine·Reise·buchen·möchte,·der·muss·nicht·mehr·ins·nächste·Reisebüro·gehen,·sondern·kann·den·Urlaub·direkt·via·Internet·buchen.·Und·noch·besser:·Er·kann·selbst·den·günstigsten·Preis·heraussuchen,·ohne·auf·die·Hilfe·anderer·angewiesen·zu·sein.¶
Computer·halten·immer·mehr·Einzug·in·unser·tägliches·Leben.·Heutzutage·gibt·es·bereits·Kühlschränke,·die·selbständig·jene·Artikel·nachordern,·die·wir·zuvor·entnommen·haben.·Zwar·sind·derartige·Errungenschaften·noch·nicht·wirklich·serienreif,·doch·sie·funktionieren·bereits.·Schöne·neue·Welt?·Das·muss·jeder·für·sich·selbst·entscheiden.¶

Abbildung 5.36 *Die Absatzmarke symbolisiert, an welcher Stelle die Eingabetaste benutzt worden ist.*

Ausrichtung ändern

Zur Formatierung des Absatzes ist es unerheblich, ob die Formatierungssymbole aktiviert sind oder nicht. Nachdem die Einfügemarke entsprechend platziert worden ist, klicken Sie in der Gruppe **Absatz** der Registerkarte **Start** auf einen der vier Buttons zur Textausrichtung: **Linksbündig ausrichten**, **Zentriert**, **Rechtsbündig ausrichten** oder **Blocksatz**. In Abbildung 5.37 sehen Sie, welcher Knopf für die jeweilige Textausrichtung sorgt.

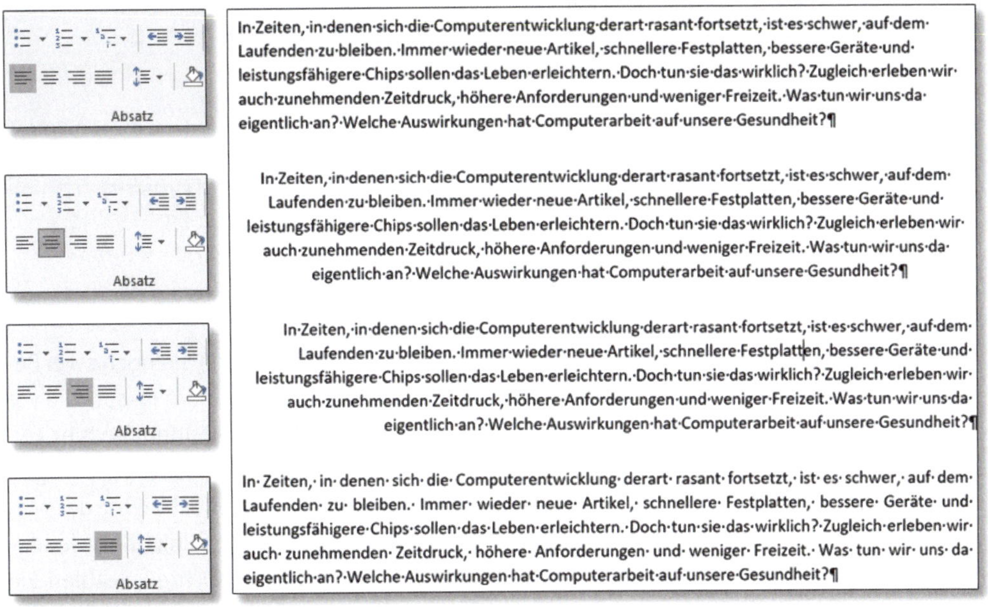

Abbildung 5.37 *Oben: linksbündig; zweite Reihe: zentriert; dritte Reihe: rechtsbündig; unten: Blocksatz (alle Zeilen mit Ausnahme der letzten sind exakt gleich lang).*

> **INFO**
>
> **Lesbarkeit beachten!**
> Bitte bedenken Sie bei der Wahl der Ausrichtung, dass linksbündig unseren Lesegewohnheiten am ehesten entspricht. Bei der rechtsbündigen Ausrichtung muss der Leser den Anfang jeder Zeile zunächst kurz suchen. Das hemmt den Lesefluss. Auch der Blocksatz ist nicht die beste Wahl, da die Laufweite (Abstände der Buchstaben zueinander) unterschiedlich groß ist.

Zeilenabstände verändern

Rechts neben den vier Schaltflächen zur Ausrichtung befindet sich die Schaltfläche **Zeilen- und Absatzabstand**, mit deren Hilfe die Zeilenabstände innerhalb eines Absatzes angepasst werden können. Nach einem Klick darauf fahren Sie in dem Auswahlmenü so weit nach unten, bis im Text der gewünschte Zeilenabstand erscheint. Klicken Sie auf den gewünschten Wert.

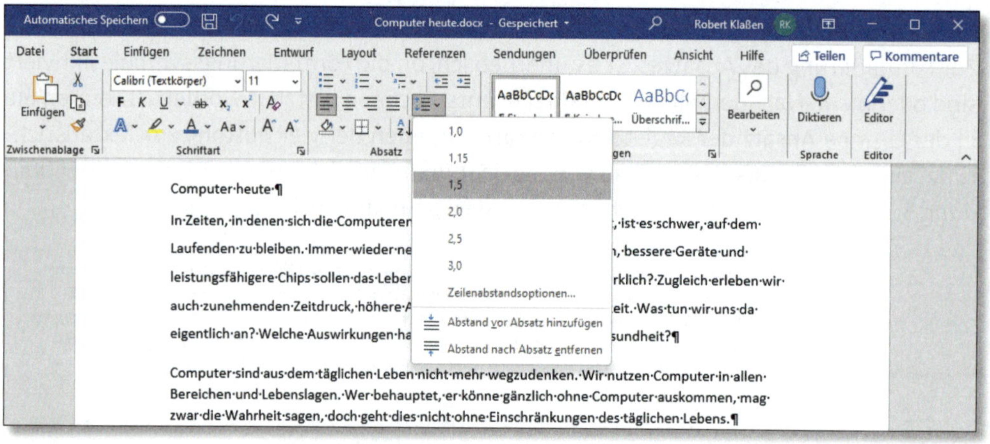

Abbildung 5.38 *Hier wird der Zeilenabstand auf 1,5 gesetzt.*

Abstände zu anderen Absätzen einstellen

Ganz unten im Menü der Schaltfläche **Zeilen- und Absatzabstand** finden Sie noch zwei Befehle, mit denen sich die Abstände vergrößern und auch wieder verkleinern lassen, die vor und hinter dem besagten Absatz Gültigkeit haben sollen. Allerdings können Sie hier keine Werte vergeben. Denn wenn Sie beispielsweise auf **Abstand nach Absatz hinzufügen** klicken, wird der Zwischenraum zum nächsten Absatz zwar erhöht, jedoch heißt der Menüeintrag danach **Abstand nach Absatz entfernen**. Wenn Sie sich damit nicht zufriedengeben und die Zeilen- bzw. Absatzabstände noch genauer steuern möchten, wählen Sie in besagtem Menü die **Zeilenabstandsoptionen** aus. Hier können Sie dann punktgenaue Werte vergeben.

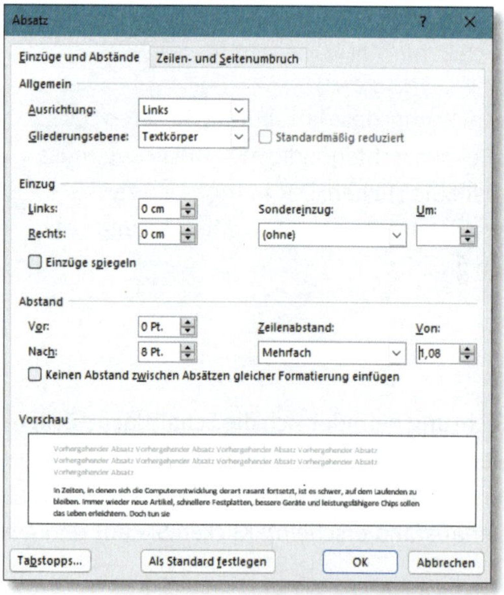

Abbildung 5.39 *Wie groß die Abstände zwischen zwei Absätzen sein sollen, kann in diesem Dialog eingestellt werden.*

5.9 Textinhalte in großen Dokumenten suchen

Wenn Sie mit umfangreichen Dokumenten arbeiten, werden Sie nicht immer genau wissen, an welcher Position nun das eine oder andere Thema behandelt worden ist. Um derartige Stellen schnell wiederzufinden, benutzen Sie am besten die in Word integrierte Suchfunktion – die sogenannte *Navigation*.

Navigation aktivieren

Sollten Sie noch keine Änderungen an der Arbeitsoberfläche vorgenommen haben, finden Sie den Aufgabenbereich **Navigation** standardmäßig auf der linken Seite der Anwendung. (Dabei ist es unerheblich, in welchem Ansicht-Modus Sie sich gerade befinden.) Sollte der Navigationsbereich nicht geöffnet sein, betätigen Sie auf der Tastatur die Tastenkombination `Strg` + `F` oder aktivieren in der Gruppe **Anzeigen** der Registerkarte **Ansicht** die Checkbox **Navigationsbereich**.

Begriffe wiederfinden

Innerhalb des Navigationsbereichs sehen Sie ein Eingabefeld. Klicken Sie dort hinein, und geben Sie einen aussagekräftigen Suchbegriff ein. Die Suchfunktion ist übrigens *kontextsensitiv*. Das bedeutet, dass die Treffer schon angezeigt werden, während Sie noch mit der Eingabe beschäftigt sind.

Nun ist es sinnvoll, möglichst genaue Begriffe einzugeben. Verwenden Sie beispielsweise das Dokument *Computer heute.docx*, das Sie im Ordner *05* der Beispieldateien finden, werden Sie durch die Eingabe von »computer« (Sie müssen dabei nicht unbedingt auf Großschreibung achten) noch eine Fülle von Treffern erzielen, jedoch bei »computera« nur noch das Ergebnis »Computerarbeit« erhalten.

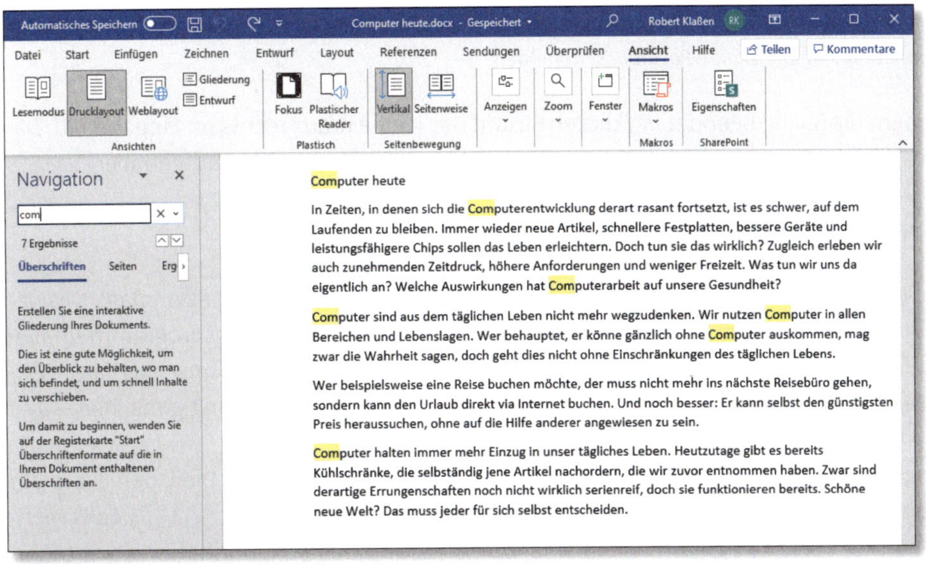
Automatisches Speichern
Computer heute.docx - Gespeichert
Robert Klaßen
Datei
Start
Einfügen
Zeichnen
Entwurf
Layout
Referenzen
Sendungen
Überprüfen
Ansicht
Hilfe
Teilen
Kommentare
Lesemodus
Drucklayout
Weblayout
Gliederung
Entwurf
Ansichten
Fokus
Plastischer Reader
Plastisch
Vertikal
Seitenweise
Seitenbewegung
Anzeigen
Zoom
Fenster
Makros
Makros
Eigenschaften
SharePoint
Navigation
com
7 Ergebnisse
Überschriften
Seiten
Erg
Erstellen Sie eine interaktive Gliederung Ihres Dokuments.
Dies ist eine gute Möglichkeit, um den Überblick zu behalten, wo man sich befindet, und um schnell Inhalte zu verschieben.
Um damit zu beginnen, wenden Sie auf der Registerkarte "Start" Überschriftenformate auf die in Ihrem Dokument enthaltenen Überschriften an.
Computer heute
In Zeiten, in denen sich die Computerentwicklung derart rasant fortsetzt, ist es schwer, auf dem Laufenden zu bleiben. Immer wieder neue Artikel, schnellere Festplatten, bessere Geräte und leistungsfähigere Chips sollen das Leben erleichtern. Doch tun sie das wirklich? Zugleich erleben wir auch zunehmenden Zeitdruck, höhere Anforderungen und weniger Freizeit. Was tun wir uns da eigentlich an? Welche Auswirkungen hat Computerarbeit auf unsere Gesundheit?
Computer sind aus dem täglichen Leben nicht mehr wegzudenken. Wir nutzen Computer in allen Bereichen und Lebenslagen. Wer behauptet, er könne gänzlich ohne Computer auskommen, mag zwar die Wahrheit sagen, doch geht dies nicht ohne Einschränkungen des täglichen Lebens.
Wer beispielsweise eine Reise buchen möchte, der muss nicht mehr ins nächste Reisebüro gehen, sondern kann den Urlaub direkt via Internet buchen. Und noch besser: Er kann selbst den günstigsten Preis heraussuchen, ohne auf die Hilfe anderer angewiesen zu sein.
Computer halten immer mehr Einzug in unser tägliches Leben. Heutzutage gibt es bereits Kühlschränke, die selbständig jene Artikel nachordern, die wir zuvor entnommen haben. Zwar sind derartige Errungenschaften noch nicht wirklich serienreif, doch sie funktionieren bereits. Schöne neue Welt? Das muss jeder für sich selbst entscheiden.

Abbildung 5.40 *Die Anwendung reagiert sofort.*

Sollten Sie es nicht schaffen, die gewünschte Stelle nach Eingabe des Suchbegriffs ausfindig zu machen, kontrollieren Sie die Liste auf der linken Seite (also im Aufgabenbereich **Navigation**). Hier sehen Sie standardmäßig nur Überschriften, können aber auf **Ergebnisse** umschalten, um dort ebenfalls den Fließtext angezeigt zu bekommen. Wenn Sie nun mehrfach auf die nach unten weisende Pfeilspitze klicken, die sich gleich unterhalb des Eingabefeldes befindet, so wird jede Stelle, die ein Ergebnis liefert, das identisch mit unserem Suchbegriff ist, mit einem Rahmen im Aufgabenbereich hervorgehoben ❶. Zeigen Sie mit der Maus auf die hervorgehobene Stelle, verrät eine QuickInfo noch mehr über die gefundene Position. Und was noch besser ist: Innerhalb Ihres Word-Dokuments wird genau zu dieser Dokumentposition gesprungen. Sollte es mehrere relevante Begriffe in der Nähe geben, schauen Sie etwas genauer hin. Die betreffende Stelle ist nämlich in einem etwas dunkleren Gelbton markiert ❷ als die anderen Texthervorhebungen.

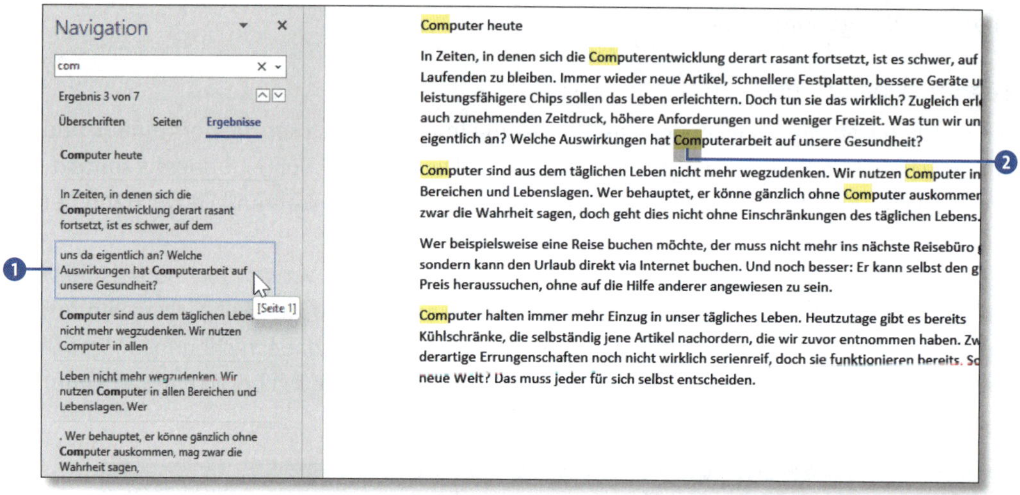
Navigation
com
Ergebnis 3 von 7
Überschriften
Seiten
Ergebnisse
Computer heute
In Zeiten, in denen sich die Computerentwicklung derart rasant fortsetzt, ist es schwer, auf dem
uns da eigentlich an? Welche Auswirkungen hat Computerarbeit auf unsere Gesundheit?
[Seite 1]
Computer sind aus dem täglichen Leben nicht mehr wegzudenken. Wir nutzen Computer in allen
Leben nicht mehr wegzudenken. Wir nutzen Computer in allen Bereichen und Lebenslagen. Wer
. Wer behauptet, er könne gänzlich ohne Computer auskommen, mag zwar die Wahrheit sagen,
1
2
Computer heute
In Zeiten, in denen sich die Computerentwicklung derart rasant fortsetzt, ist es schwer, auf
Laufenden zu bleiben. Immer wieder neue Artikel, schnellere Festplatten, bessere Geräte u
leistungsfähigere Chips sollen das Leben erleichtern. Doch tun sie das wirklich? Zugleich erl
auch zunehmenden Zeitdruck, höhere Anforderungen und weniger Freizeit. Was tun wir un
eigentlich an? Welche Auswirkungen hat Computerarbeit auf unsere Gesundheit?
Computer sind aus dem täglichen Leben nicht mehr wegzudenken. Wir nutzen Computer in
Bereichen und Lebenslagen. Wer behauptet, er könne gänzlich ohne Computer auskommer
zwar die Wahrheit sagen, doch geht dies nicht ohne Einschränkungen des täglichen Lebens.
Wer beispielsweise eine Reise buchen möchte, der muss nicht mehr ins nächste Reisebüro
sondern kann den Urlaub direkt via Internet buchen. Und noch besser: Er kann selbst den g
Preis heraussuchen, ohne auf die Hilfe anderer angewiesen zu sein.
Computer halten immer mehr Einzug in unser tägliches Leben. Heutzutage gibt es bereits
Kühlschränke, die selbständig jene Artikel nachordern, die wir zuvor entnommen haben. Zw
derartige Errungenschaften noch nicht wirklich serienreif, doch sie funktionieren bereits. S
neue Welt? Das muss jeder für sich selbst entscheiden.

Abbildung 5.41 *Die exakte Position ist gefunden.*

Nachdem die Suche beendet ist, klicken Sie auf das kleine Kreuz rechts im Eingabefeld. Dadurch wird der Suchbegriff verworfen, und die Markierungen werden aufgehoben.

5.10 Fehlerhafte Bearbeitungen rückgängig machen

Niemand ist fehlerfrei (auch wenn der eine oder andere das von sich denken mag). Deswegen sind Fehler auch im täglichen Umgang mit dem Textverarbeitungsprogramm unausweichlich. Word hat aber im Gegensatz zum »richtigen Leben« einen unschlagbaren Vorteil: Fehlerhafte Aktionen lassen sich nämlich ruckzuck wieder rückgängig machen – und zwar stets in umgekehrter Reihenfolge ihrer Ausführung.

Um einen Schritt zurückzunehmen, klicken Sie auf den gebogenen Pfeil, den Sie in der Symbolleiste für den Schnellzugriff finden. Alternativ betätigen Sie `Strg` + `Z`. Falls mehrere Schritte rückgängig zu machen sind, dürfen Sie die Tastenkombination auch mehrfach benutzen. Übersichtlicher wird das Ganze im **Rückgängig**-Menü der Symbolleiste für den Schnellzugriff. Wenn Sie nämlich das kleine Dreieck rechts neben der Pfeilschaltfläche **Rückgängig: Eingabe** betätigen, sehen Sie noch einmal alle Schritte in der korrekten Reihenfolge. Der zuerst ausgeführte Schritt steht ganz unten, der letzte ganz oben. Scrollen Sie also innerhalb der Liste nach unten, und betätigen Sie die Zeile, deren Funktion wieder aufgehoben werden soll. Damit erreichen Sie, dass alle nachfolgenden Schritte ebenfalls editiert werden. Unterhalb befindliche Schritte (also vorangegangene) bleiben hingegen erhalten.

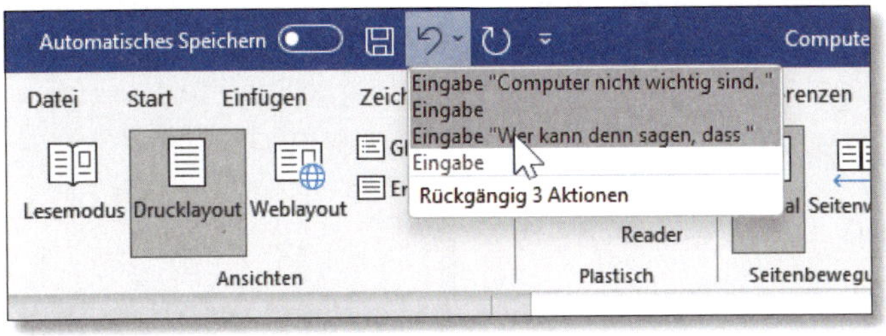

Abbildung 5.42 *Hier werden die letzten drei Schritte verworfen, während das Verschieben des Textes erhalten bleibt.*

Sollten Sie übrigens einen oder mehrere Schritte rückgängig gemacht haben, wird die Symbolleiste für den Schnellzugriff um die Schaltfläche **Wiederherstellen: Eingabe** erweitert. Jetzt finden Sie nämlich auch einen im Kreis angeordneten Pfeil, mit dessen Hilfe sich zurückgenommene Schritte wiederherstellen lassen. Entsprechendes wird auch mit der Tastenkombination Strg + Y erreicht.

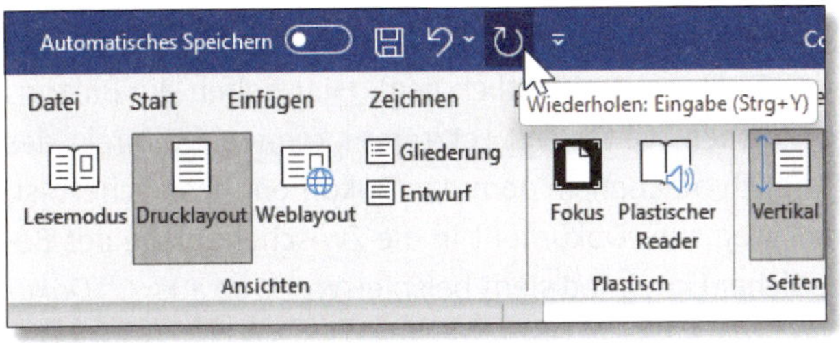

Abbildung 5.43 *Stellen Sie einen zurückgenommenen Schritt wieder her.*

5.11 Dokumente speichern

Was das Speichern von Word-Dokumenten betrifft, müssen Sie, wie bei allen anderen Office-Anwendungen auch, zwischen den beiden Befehlen **Speichern** und **Speichern unter** unterscheiden. Verwenden Sie letzteren Befehl, um dem Dokument einen Platz auf dem Speichermedium zuzuweisen. Zum Nachspeichern, wenn beispielsweise Änderungen am Dokument vorgenommen worden sind, benutzen Sie stattdessen den **Speichern**-Befehl. Die Schaltflächen zu diesen Speicheroptionen sind in der Backstage-Ansicht zu finden, die Sie mit einem Klick auf die Registerkarte **Datei** erreichen. Sollten Sie ein Dokument nie zuvor gespeichert haben, wird beim Klick auf den Befehl **Speichern** automatisch der **Speichern unter**-Befehl ausgeführt. Denn immerhin müssen Sie dann ja noch einen Speicherplatz zuweisen.

Das bedeutet auch: Nachdem Sie ein Dokument erstmals gespeichert haben, können Sie es jederzeit mit einem Klick auf **Speichern** in der Backstage-Ansicht oder durch Betätigung von `Strg` + `S` nachspeichern. Interessant sind auch die vier Buttons, die in der Backstage-Ansicht **Informationen** zu finden sind. Hierüber lassen sich Dokumente ohne Umwege auch auf OneDrive hochladen und für andere Benutzer freigeben. Bedenken Sie aber, dass diese Steuerelemente nur angezeigt werden, wenn das Dokument bereits einmal gesichert worden ist.

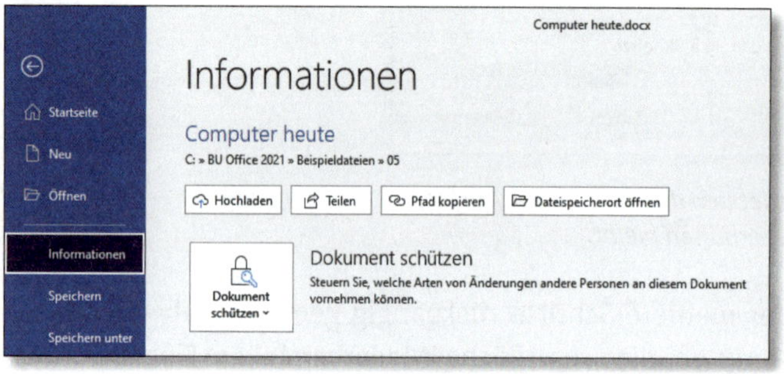

Abbildung 5.44 *Das Hochladen und Freigeben ist noch einmal vereinfacht worden.*

Mitunter benötigen Sie den Dateipfad, also gewissermaßen den Weg zum Speicherort des Dokuments. Denn wer große Datenmengen auf seinen Festplatten untergebracht hat und sich insgesamt nicht sonderlich um eine ordentliche Ordnerstruktur kümmert, wird sich manchmal fragen, wo denn das Dokument eigentlich liegt. Hier helfen die Buttons **Pfad kopieren** und **Dateispeicherort öffnen** weiter. Mit Letzterem können Sie direkt das Verzeichnis (also den Ordner) zugänglich machen, in dem das Dokument gespeichert ist, während sich mit **Pfad kopieren** der Weg zum Dokument in die Zwischenablage des Betriebssystems befördern lässt. Ein solcher Dateipfad sieht beispielsweise so aus: *C:\Dokumente\Word-Dokumente\Einkaufsliste.docx*.

OneDrive umgehen

Office-Pakete bieten den Microsoft-Dienst *OneDrive* an, wodurch sich Dokumente auf einem entfernten Server speichern lassen. Dass Word diesen Speicherort seit der Version 2013 bevorzugt, behagt nicht jedem. Denn oftmals möchte man seine Dokumente lieber an einem anderen Speicherort ablegen – und eben nicht auf dem Onlinespeicher OneDrive.

Wenn Sie ebenso denken, sollten Sie in der Backstage-Ansicht einmalig auf **Optionen** klicken und in der linken Spalte des Dialogfensters **Word-Optionen** die Rubrik **Speichern** auswählen. Aktivieren Sie anschließend auf der rechten Seite die Checkbox **Standardmäßig auf Computer speichern** ❶. Eine Zeile tiefer lässt sich auf Wunsch sogar der bevorzugte Speicherort festlegen. (Weitere Hinweise zu OneDrive finden Sie in Abschnitt 45.1, »Mit OneDrive Dokumente austauschen«, auf Seite 1097.)

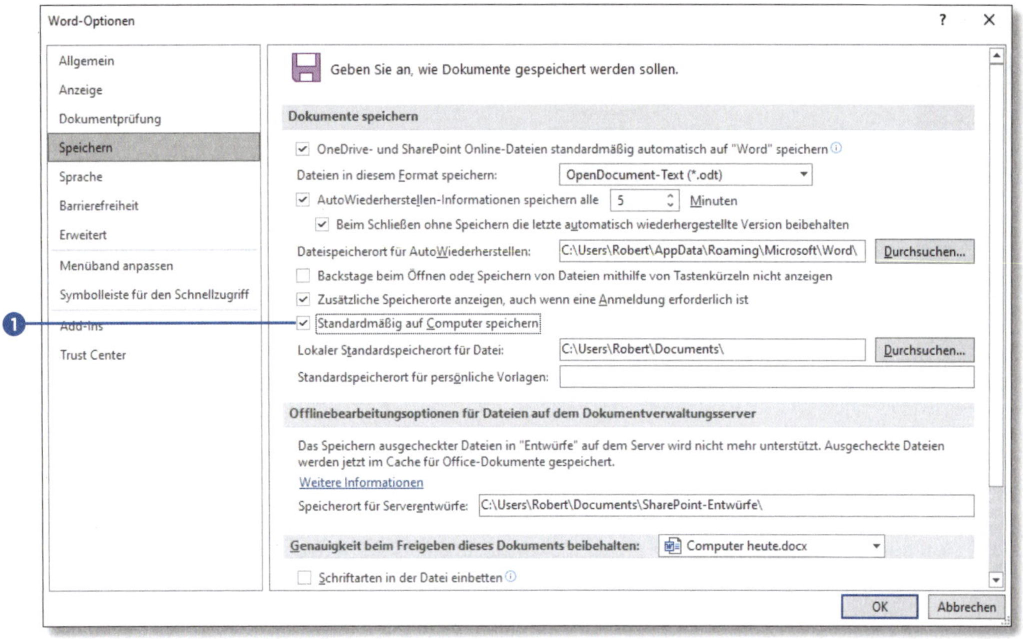

Abbildung 5.45 *Wenn Sie mit dem Speichern auf OneDrive nicht einverstanden sind, ändern Sie das entsprechend in den Word-Optionen.*

Der Kompatibilitätsmodus

Das hauseigene Speicherformat von Word ist *.docx*, während ältere Dokumente seinerzeit im Format *.doc* gesichert worden sind. Das aktuelle Format bietet jedoch eine größere Vielfalt. So lassen sich beispielsweise grafische Elemente verwenden, die im alten Format noch nicht eingesetzt werden konnten. Es ist jedoch so, dass alte Word-Versionen (vor Word 2007) keine *.docx*-Dokumente öffnen können. Umgekehrt ist es jedoch möglich, alte *.doc*-Dokumente mit Word 2021 zu öffnen und zu bearbeiten. Wann immer Sie das tun, befinden Sie sich im sogenannten *Kompatibilitätsmodus*. Dies wird auch entsprechend in der Kopfleiste der Anwendung angezeigt.

Sollten Sie ältere Word-Dokumente mit Word 2021 bearbeiten, ist dringend zu empfehlen, das vorhandene *.doc*-Dokument als *.docx* abzuspeichern. Denn nur dann stehen Ihnen auch alle grafischen Elemente und Funktionen Ihrer neuen Software zur Verfügung. Speichern Sie nur dann im Format *.doc*, wenn Sie das Dokument an eine Person weitergeben, die nicht über eine Word-Version verfügt, die mit *.docx*-Dokumenten umgehen kann.

Speichern unter

Und so läuft das eigentliche Speichern ab: Entscheiden Sie sich beim ersten Speichern für **Datei > Speichern unter**, und klicken Sie auf **Durchsuchen**, sofern nicht oberhalb bereits ein gewünschter Speicherort angeboten wird (den Sie im Übrigen ebenfalls mit einem Klick auswählen können).

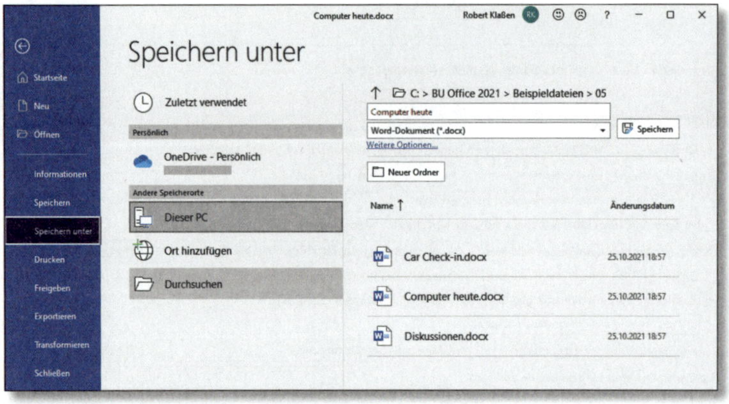

Abbildung 5.46 *Benutzen Sie »Durchsuchen«, sofern nicht bereits ein geeigneter Speicherort erscheint.*

TIPP

Als PDF speichern

In der Liste **Dateityp** befindet sich auch der Eintrag **PDF (*.pdf)**. Benutzen Sie diesen, wenn Sie aus Ihrem Word-Dokument ein *Portable Document File* erstellen wollen, das sich optimal zur Weitergabe eignet. Mein Tipp: Speichern Sie Ihr persönliches Dokument niemals nur als PDF, sondern zusätzlich noch als *.docx* für Ihre eigenen Zwecke. Denn dieses lässt sich sehr viel besser und individueller verarbeiten. Das PDF ist in diesem Fall ja nur für die Weitergabe gedacht.

Im Dialogfenster **Speichern unter** kann nun der Speicherort zugewiesen werden. Öffnen Sie vor dem Klick auf den Button **Speichern** die Liste **Dateityp**, können Sie hier das bereits erwähnte Format einstellen.

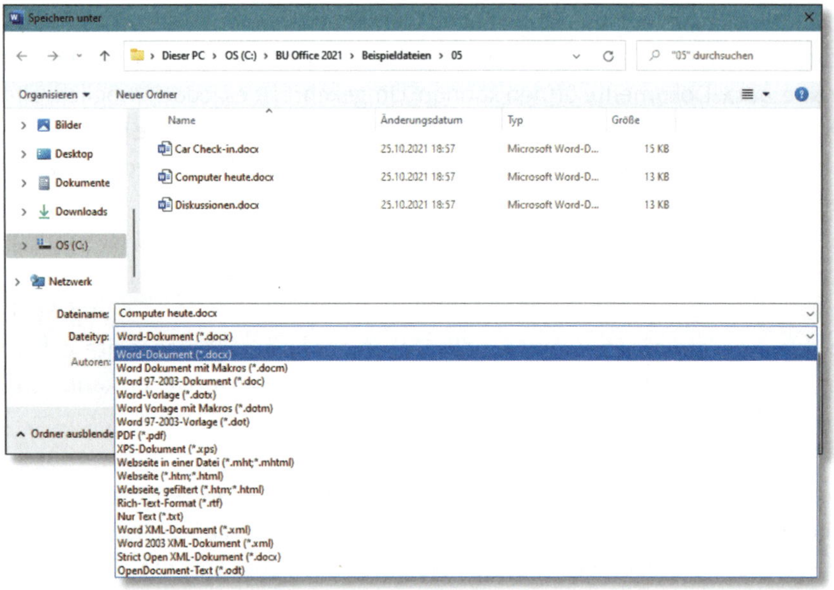

Abbildung 5.47 *Vor dem Speichern kann der Dateityp noch angepasst werden.*

Dokumente nachspeichern

Nachdem das Word-Dokument erstmals gespeichert worden ist, sollten Sie es von Zeit zu Zeit nachspeichern. Zwar lässt sich das auch in der Backstage-Ansicht mit einem Klick auf die Schaltfläche **Speichern** erledigen, jedoch geht es am schnellsten, wenn Sie zwischendurch einmal die Tastenkombination `Strg` + `S` drücken.

5.12 Zuletzt verwendete Office-Dokumente öffnen

Mit einem Klick auf die Registerkarte **Datei**, gefolgt von **Öffnen**, erhalten Sie Zugriff auf sämtliche Word-Dokumente der letzten Zeit. Dazu müssen Sie in der mittleren Spalte auf **Zuletzt verwendet** klicken. Auf der rechten Seite der Backstage-Ansicht werden alle Dokumente archiviert, die Sie kürzlich bearbeitet haben. Bei Bedarf scrollen Sie nach unten, um die etwas älteren Dokumente anzeigen zu lassen. Mit einem Klick auf einen dieser Einträge öffnen Sie das betreffende Dokument. So ersparen Sie sich die Suche nach der Datei.

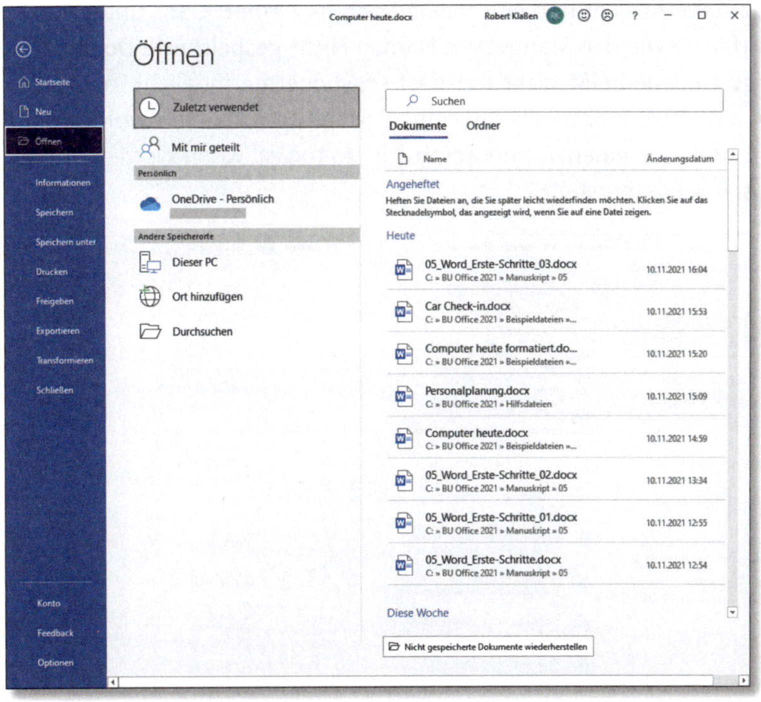

Abbildung 5.48 Word fertigt eine Liste der zuletzt verwendeten Dokumente an.

Noch eines ist wichtig zu wissen: Word beherbergt Ihre Dokumente nicht, sondern legt lediglich einen Pfad zum Dokument an. Sollten Sie ein Dokument löschen oder verschieben, wird die Liste der zuletzt verwendeten Dokumente nicht angepasst. Ein nicht mehr am ursprünglichen Speicherort vorhandenes Dokument bewirkt eine Fehlermeldung, wenn Sie es öffnen wollen. Sie müssen nun außerhalb von Word nach dem Dokument suchen und es mit einem Doppelklick öffnen.

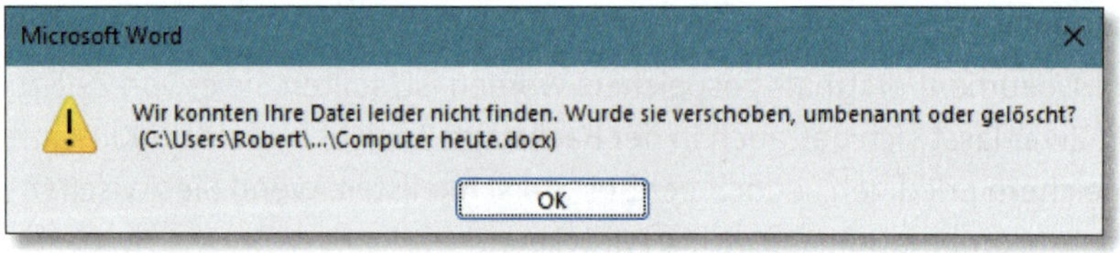

Abbildung 5.49 *Word kann nicht mehr auf das Dokument zugreifen.*

Nicht gespeicherte Dokumente wiederherstellen

Diese neuartige Funktion ist wirklich genial: Stellen Sie sich vor, Sie entwerfen ein Word-Dokument. Nach reiflicher Überlegung kommen Sie jedoch zu dem Schluss, dass Sie das Projekt nicht behalten wollen, und schließen es. Die anschließende Kontrollabfrage (Speicheroption) beantworten Sie konsequenterweise mit **Nicht speichern**. So weit, so gut. Tragisch wäre es, wenn Sie eigentlich auf **Speichern** gehen wollten, sich aber schlicht und ergreifend »verklickt« haben. Das Dokument ist nun unwiederbringlich verloren. Oder? ... Nein, ist es nicht. Denn jetzt greifen Sie einfach auf ein beliebiges anderes Dokument zu, gehen dort in die Backstage-Ansicht und entscheiden sich für **Öffnen**. Ganz unten rechts finden Sie eine Schaltfläche, die den klangvollen Namen **Nicht gespeicherte Dokumente wiederherstellen** trägt. Und sie heißt nicht umsonst so, sondern ermöglicht tatsächlich den Zugriff auf eben jene Dokumente, die ohne zu speichern geschlossen worden sind. (Jetzt wissen Sie auch, was nach einem Computerabsturz zu tun ist, wenn Word das Dokument nicht automatisch wiederherstellt.)

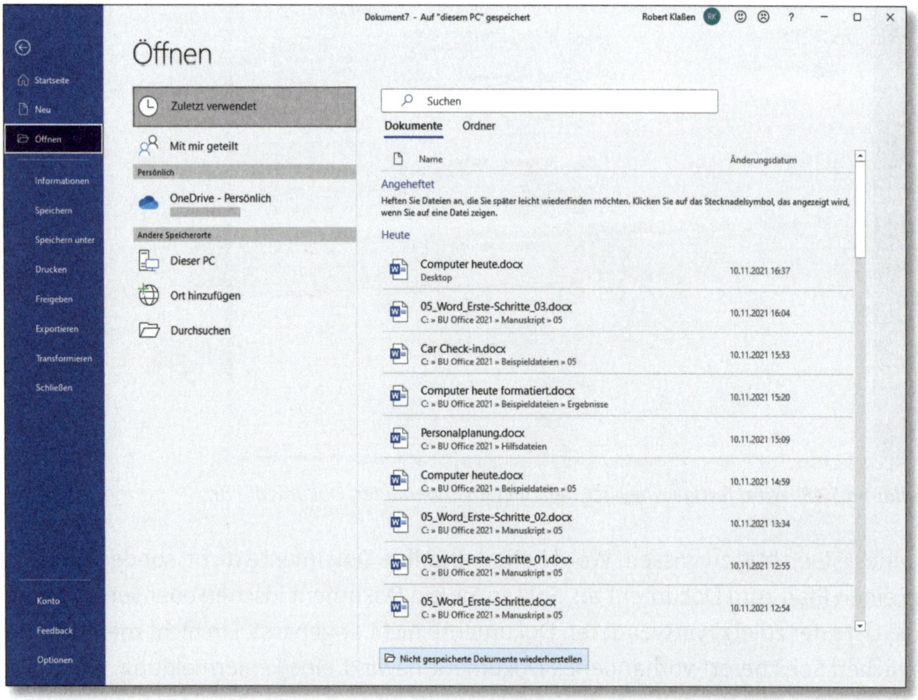

Abbildung 5.50 *Dieser unscheinbare Button dürfte für viele User die Rettung sein.*

Word bringt Sie daraufhin in einen Ordner, der sich *UnsavedFiles* nennt. Markieren Sie den relevanten Eintrag (man kann sich hier gut an Datum und Uhrzeit orientieren), wählen Sie ihn an, und gehen Sie auf **Öffnen**. Danach sollten Sie das Dokument jedoch umgehend speichern. Sobald Sie erneut in die Backstage-Ansicht gehen, finden Sie im Bereich **Informationen** nämlich rote Markierungen. Wichtig ist hier vor allem **Dokument verwalten**. Auch hierüber ist das Speichern möglich (sofern Sie nicht direkt über **Speichern unter** gehen). Im Übrigen finden Sie auch hier eine Zugriffsmöglichkeit auf den erwähnten Ordner *UnsavedFiles*.

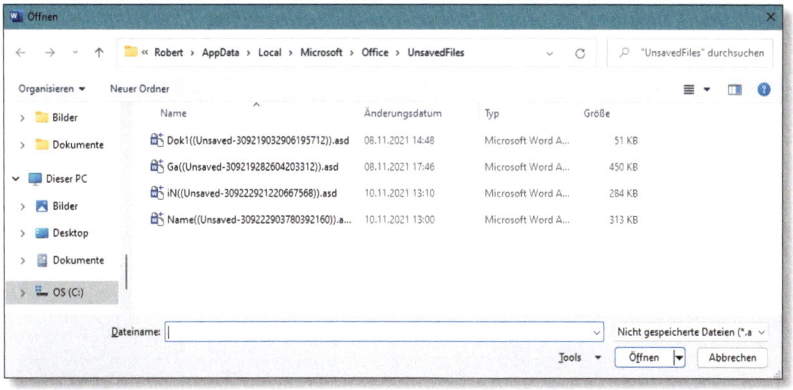

Abbildung 5.51 *Einige Dokumente wurden nicht gespeichert.*

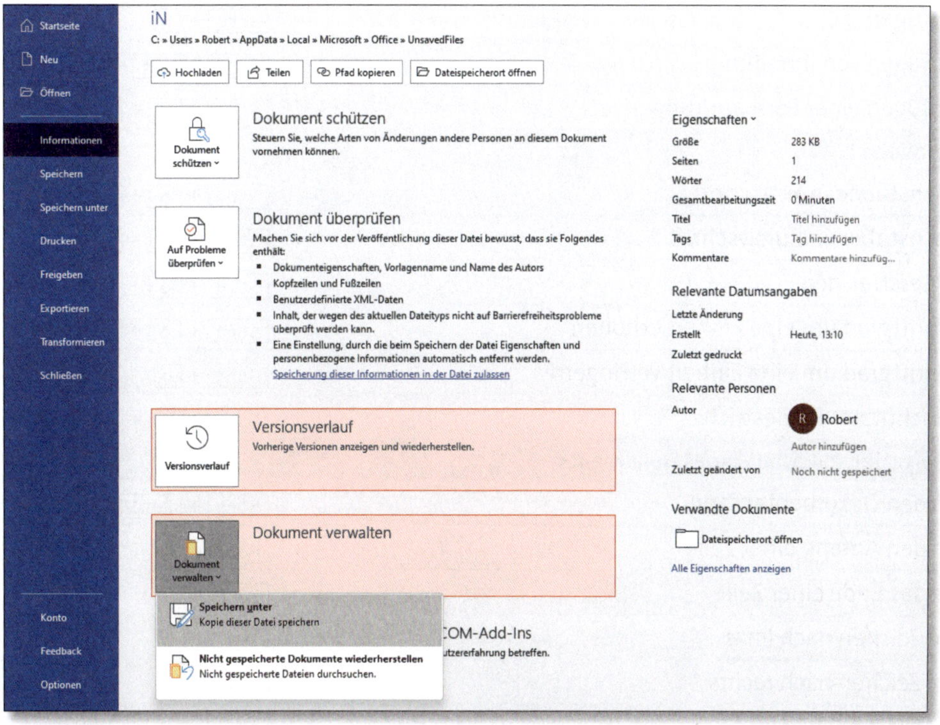

Abbildung 5.52 *Die Dokumentverwaltung erlaubt nicht nur das Speichern, sondern auch den Zugriff auf den Ordner, der ungespeicherte Dokumente enthält.*

5.13 Tastenkombinationen für die Arbeit mit Word-Dokumenten

Tastenkombinationen (auch *Tastaturkürzel* oder *Shortcuts* genannt) vereinfachen die Arbeit mit Word beträchtlich. In Tabelle 5.1 finden Sie ein paar sinnvolle Tastenkombinationen für die tägliche Arbeit.

Dialogfenster	
Öffnen in der Backstage-Ansicht bereitstellen	Strg + O
Speichern in der Backstage-Ansicht bereitstellen	⇧ + F12
Öffnen-Dialog bereitstellen	Strg + F12
Kontextmenü anzeigen	⇧ + F10
Rückgängig, Wiederherstellen, Abbrechen	
Letzte Aktion rückgängig machen	Strg + Z
Rückgängig gemachte Aktion wiederherstellen	Strg + Y
Eine Aktion abbrechen	Esc
Kopieren, Ausschneiden, Einfügen	
Kopieren	Strg + C
Ausschneiden	Strg + X
Einfügen	Strg + V
Einfügen von Inhalten	Strg + Alt + V
Einfügen einer Formatierung	Strg + ⇧ + V
Schreiben	
Buchstaben in Fettschrift	Strg + ⇧ + F
Buchstaben in Kursivschrift	Strg + ⇧ + K
Unterstreichen	Strg + ⇧ + U
Schriftgrad um eine Einheit erhöhen	Strg + ⇧ + >
Schriftgrad um eine Einheit verringern	Strg + <
Geschützter Bindestrich	Strg + ⇧ + -
Navigation innerhalb eines Dokuments	
An den Dokumentanfang	Strg + Pos1
An den Anfang einer Zeile	Pos1
An das Ende einer Zeile	Ende
Ein Zeichen nach links	←
Ein Zeichen nach rechts	→
Ein Wort nach links	Strg + ←
Ein Wort nach rechts	Strg + →

Navigation innerhalb eines Dokuments (Forts.)	
Eine Zeile nach oben	↑
Eine Zeile nach unten	↓
Einen Absatz nach oben	Strg + ↑
Einen Absatz nach unten	Strg + ↓

Tabelle 5.1 Hilfreiche Tastenkombinationen für die Arbeit mit Word

5.14 Wichtige grundlegende Programmeinstellungen festlegen

Word ist im Auslieferungszustand bereits optimal konfiguriert. Dennoch ist es möglich, einige individuelle Einstellungen an die persönlichen Bedürfnisse anzupassen.

Word personalisieren

Wer in einem Team arbeitet, in dem Word-Dokumente untereinander ausgetauscht und von mehreren Personen betreut werden, muss sich zu erkennen geben. Denn immerhin soll ja jeder wissen, wer welche Änderungen am Dokument vornimmt. Aufgrund dessen sollten Sie einen Benutzernamen sowie Initialen vergeben. Entsprechende Eingabefelder finden Sie im Dialogfenster **Word-Optionen** (**Datei > Optionen**) in der Rubrik **Allgemein**. Im mittleren Bereich **Microsoft Office-Kopie personalisieren** können Sie in die Felder **Benutzername** und **Initialen** entsprechende Informationen eintragen.

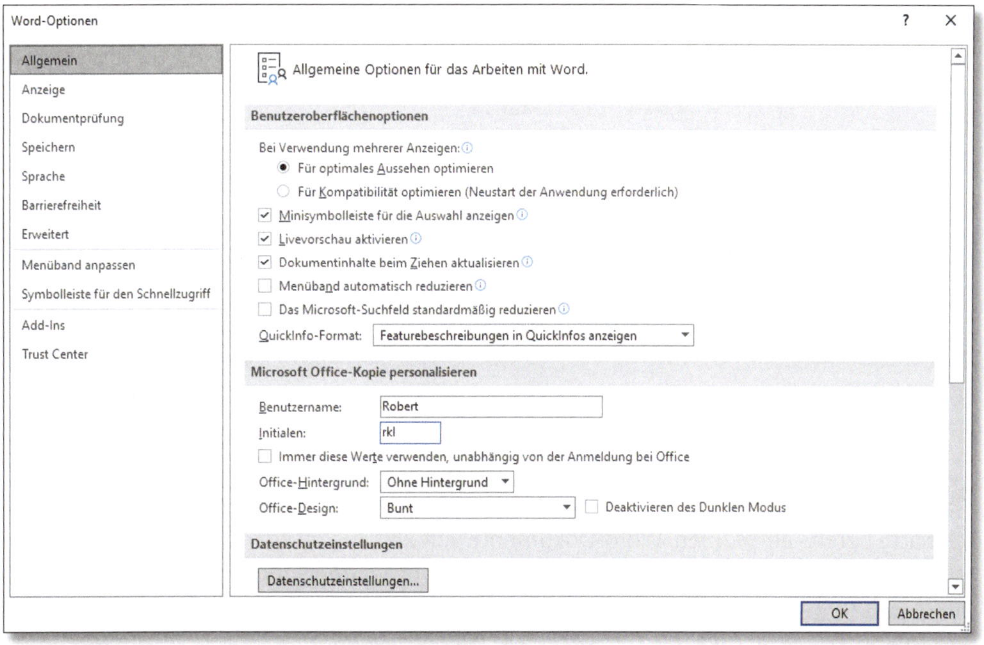

Abbildung 5.53 Geben Sie sich unter Kollegen zu erkennen.

Fügen Sie beispielsweise später Kommentare ein oder antworten Sie auf vorhandene Kommentare, wird auch der entsprechende Benutzername sichtbar, den Sie in den Word-Optionen eingerichtet haben.

Formatierungszeichen permanent anzeigen

Sie haben im Unterabschnitt »Die Absatzmarke« auf Seite 170 bereits erfahren, wie sich geschützte Zeichen ein- und wieder ausblenden lassen. Allerdings ist es mitunter sinnvoll, einige Formatierungszeichen permanent anzeigen zu lassen. So ist beispielsweise jedem zu empfehlen, der häufig mit Tabulatoren arbeitet, die Tabstoppzeichen dauerhaft zu aktivieren. Was immer zu sehen sein soll, muss im Dialogfenster **Word-Optionen** in der Rubrik **Anzeige** und dort im Bereich **Diese Formatierungszeichen immer auf dem Bildschirm anzeigen** explizit angewählt sein. Aktivieren Sie dazu die entsprechenden Checkboxen.

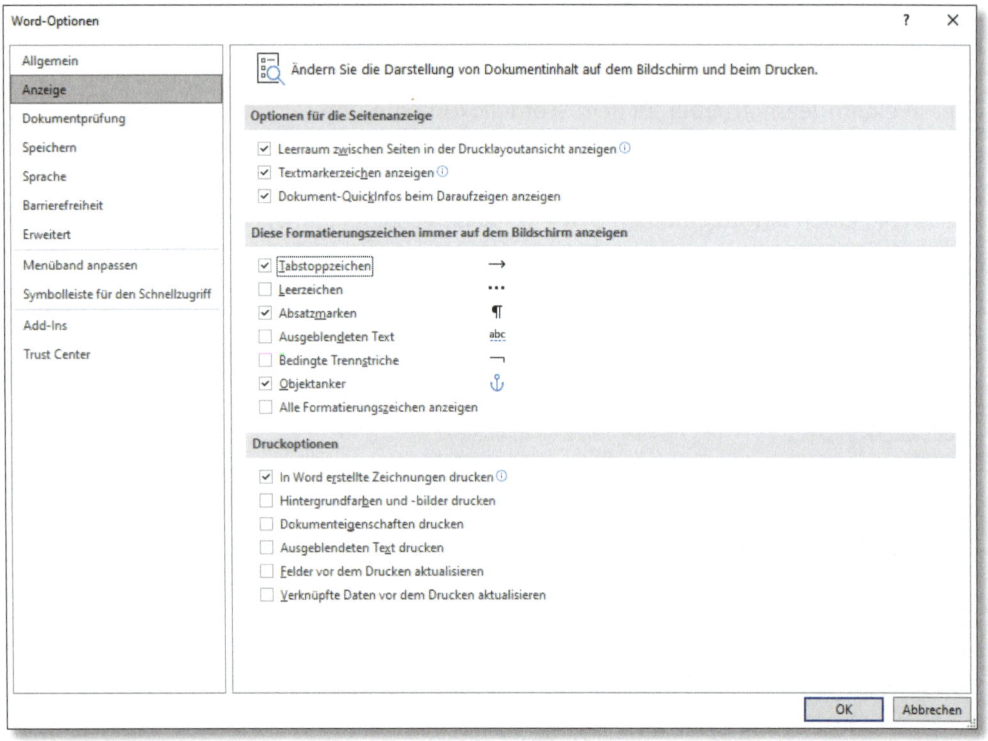

Abbildung 5.54 *Es kann durchaus sinnvoll sein, Tabstoppzeichen permanent sichtbar zu machen.*

Automatisches Speichern

Ich hatte bereits empfohlen, Word-Dokumente von Zeit zu Zeit manuell nachzuspeichern. Wenn Sie das im Eifer des Gefechts einmal vergessen, werden Sie sich darüber freuen, dass Word den Status des aktuellen Dokuments in Form von Wiederherstellungsinformationen alle 10 Minuten automatisch generiert. Dieser Zeitraum ist aber keineswegs festgeschrieben. Vielmehr lässt er sich in den **Word-Optionen** in der Rubrik **Speichern** verändern. Schauen Sie in die Zeile **AutoWiederherstellen-Informationen speichern alle**, und passen Sie den Wert gegebenenfalls an.

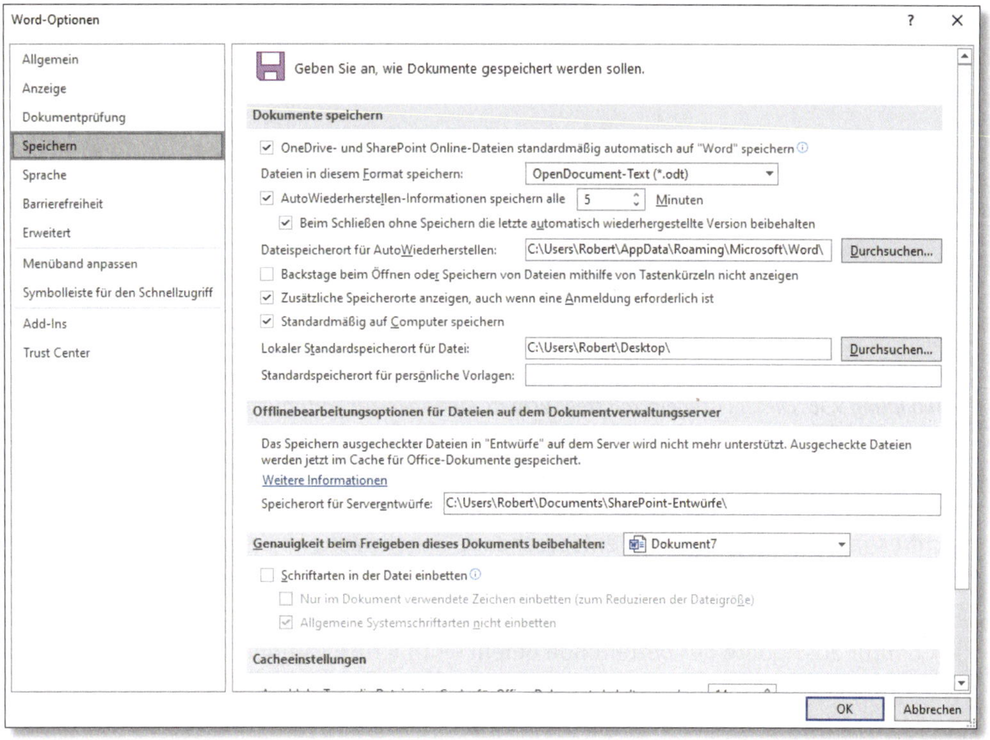

Abbildung 5.55 *Word denkt mit.*

Achten Sie zudem darauf, dass die Checkbox aktiv bleibt, da ansonsten keine derartigen Informationen gesichert werden. Zwei Zeilen tiefer wird Ihnen übrigens im Feld **Dateispeicherort für AutoWiederherstellen** der Speicherort der Wiederherstellungsinformationen angezeigt, den Sie mit einem Klick auf die Schaltfläche **Durchsuchen** ebenfalls anpassen können.

Schnellzugriff-Symbole erzeugen

Sie kennen ja bereits die Symbolleiste für den Schnellzugriff mit ihren kleinen Icons ganz oben links am Rand der Anwendung. Wollen Sie dieser Leiste weitere nützliche Schaltflächen hinzufügen, können Sie das mit einem Klick auf die Schaltfläche mit dem nach unten weisenden Pfeil ❶ (**Symbolleiste für den Schnellzugriff anpassen**) erledigen. Einige gängige Schaltflächen wie beispielsweise **E-Mail** oder **Schnelldruck** können Sie hier mit einem Mausklick hinzufügen. Doch was ist zu tun, wenn die gewünschte Taste hier nicht aufgeführt ist? In diesem Fall sollten Sie auf den Menüpunkt **Weitere Befehle** ❷ klicken.

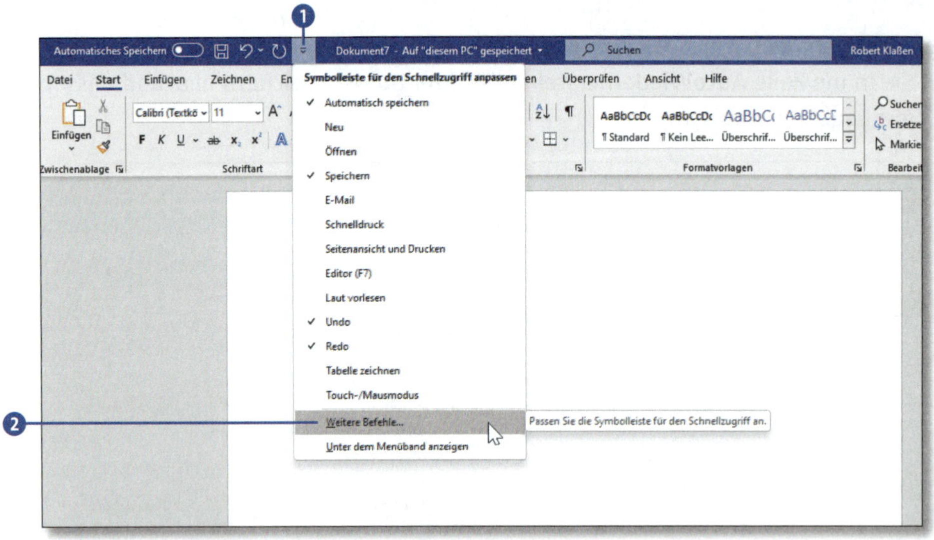

Abbildung 5.56 *Dieser Listeneintrag stellt weitere Optionen zur Verfügung.*

Daraufhin wird das Dialogfenster **Word-Optionen** mit der Rubrik **Symbolleiste für den Schnellzugriff** geöffnet. Fügen Sie etwa häufig Formen in Ihre Word-Dokumente ein, dann macht es ja durchaus Sinn, eine entsprechende Schaltfläche in der Symbolleiste für den Schnellzugriff anzubringen. Zunächst scrollen Sie in der linken Spalte **Befehle auswählen** bis zu dem gewünschten Eintrag (hier: **Formen**) und wählen ihn anschließend mit einem Klick darauf aus. (Sollte der betreffende Befehl einmal nicht aufgeführt sein, schalten Sie oben im Aufklappmenü von **Häufig verwendete Befehle** 3 auf **Alle Befehle** um.)

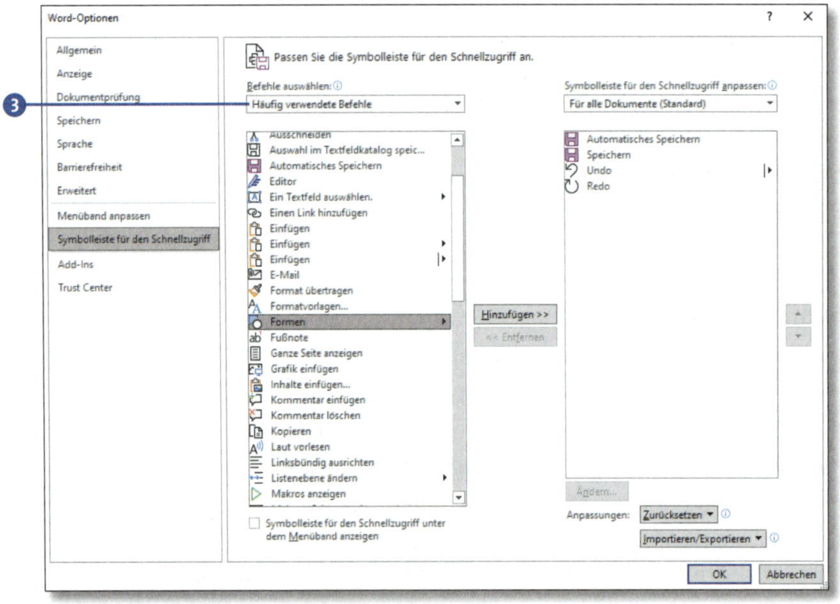

Abbildung 5.57 *Die Schaltfläche »Formen« wird hinzugefügt.*

Ein anschließender Klick auf **Hinzufügen** (bzw. ein Doppelklick auf den Eintrag) sorgt dafür, dass das Listenelement auch in der rechten Spalte auftaucht – und genau hier sind die Elemente der Symbolleiste für den Schnellzugriff aufgeführt. Bestätigen Sie Ihre Änderungen mit **OK**.

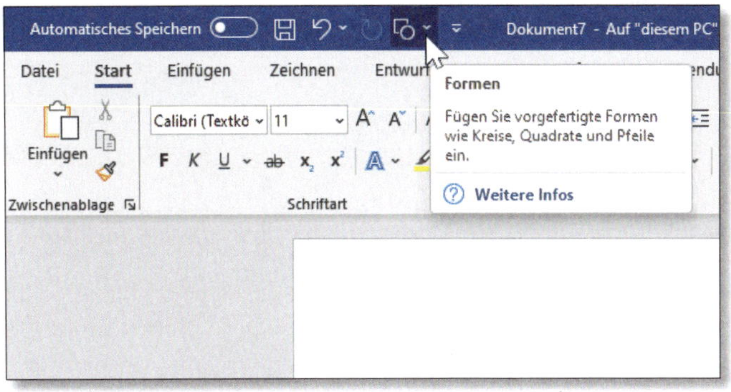

Abbildung 5.58 Die Leiste ist entsprechend erweitert worden.

INFO

Symbole entfernen
Falls Sie den Wunsch verspüren, das Zeichen wieder loszuwerden, gehen Sie zunächst genauso vor wie beschrieben. Sobald Sie sich im Dialogfenster **Word-Optionen** befinden, wählen Sie allerdings die Bezeichnung des zu entfernenden Buttons in der rechten Spalte an und klicken danach auf **Entfernen**. Bestätigen Sie auch diesmal mit **OK**.

5.15 Wenn Sie einmal Hilfe brauchen

Natürlich haben Sie sich dieses Buch gekauft, um alles schnell nachschlagen zu können. Dennoch kann auch das umfangreichste Buch nicht alles beinhalten, was mit Word möglich ist. Sollten Sie in der Lektüre also einmal nicht fündig werden oder einfach keine Zeit zum Nachschlagen haben, benutzen Sie stattdessen die Word-Hilfe. Dazu benutzen Sie das Eingabefeld **Sie wünschen** bzw. **Was möchten Sie tun?** rechts neben den Registerreitern. Weitere Informationen dazu erhalten Sie in Abschnitt 2.6, »Die Suchfunktion nutzen«, auf Seite 67. Wer auf die nützlichen Erweiterungen dieses Steuerelements verzichten kann und nur die **Word-Hilfe** benötigt, kann auch [F1] betätigen. Im oberen Bereich des sich nun öffnenden Fensters können Sie Ihren Suchbegriff in das Eingabefeld eintragen. Nach Eingabe des Textes klicken Sie entweder auf das Lupensymbol oder drücken [↵]. Meist verhält es sich so, dass Ihnen gleich mehrere Ergebnisse angeboten werden. Überprüfen Sie also zunächst, welche Information am ehesten zutrifft. Beachten Sie in diesem Zusammenhang, dass jede blaue Zeile einen Link darstellt, der nach einem Mausklick weitere Informationen bereitstellt. Ein Klick auf das Haussymbol, das sich links neben dem Eingabefeld für die Suchbegriffe befindet, bringt Sie stets zurück zur Startseite der Word-Hilfe.

Kapitel 6

Das Seitenlayout festlegen

In diesem Kapitel dreht sich alles um die Dokumentgestaltung und die Ästhetik, die Bestandteil Ihrer Arbeit sein soll. Überzeugen Sie den Empfänger Ihrer Dokumente mit ansprechenden Layouts und schicken Designs. In diesem Kapitel werden Sie nicht nur die Techniken erlernen, sondern bekommen auch einige Hintergrundinformationen zur Gestaltung.

6.1 Ein wenig Fachkunde

Bevor wir uns näher mit diesen Themen beschäftigen, hier noch einige Hinweise zu Begriffen. Denn auf den folgenden Seiten sollten Sie wissen, was gemeint ist, wenn beispielsweise von einem *Satzspiegel* oder *Bundsteg* die Rede ist.

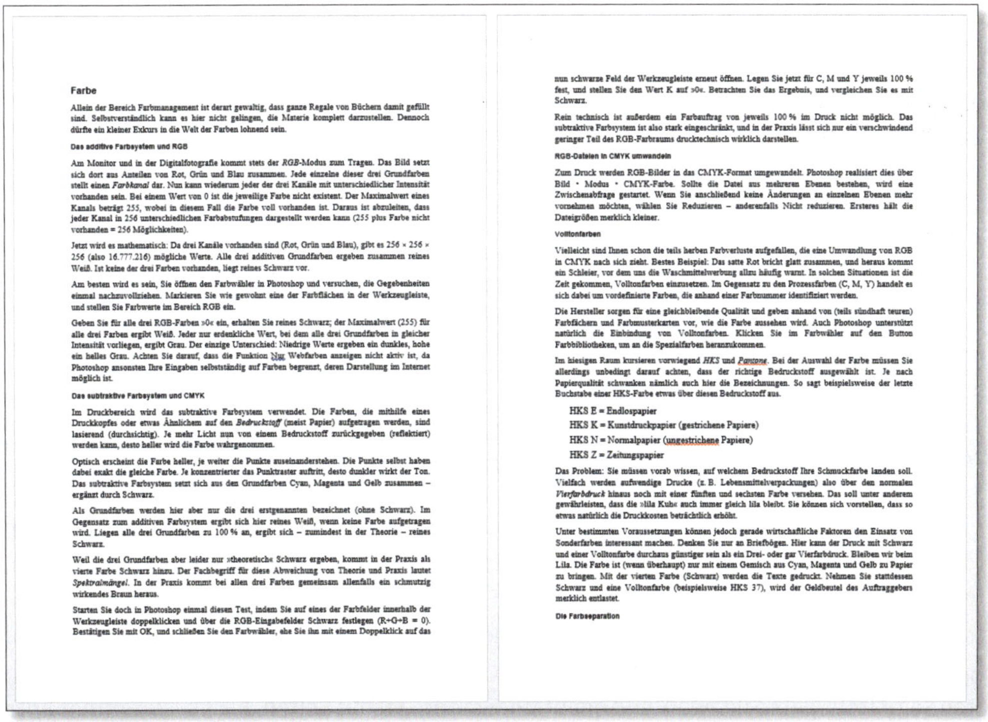

Farbe

Allein der Bereich Farbmanagement ist derart gewaltig, dass ganze Regale von Büchern damit gefüllt sind. Selbstverständlich kann es hier nicht gelingen, die Materie komplett darzustellen. Dennoch dürfte ein kleiner Exkurs in die Welt der Farben lohnend sein.

Das additive Farbsystem und RGB

Am Monitor und in der Digitalfotografie kommt stets der *RGB*-Modus zum Tragen. Das Bild setzt sich dort aus Anteilen von Rot, Grün und Blau zusammen. Jede einzelne dieser drei Grundfarben stellt einen *Farbkanal* dar. Nun kann wiederum jeder der drei Kanäle mit unterschiedlicher Intensität vorhanden sein. Bei einem Wert von 0 ist die jeweilige Farbe nicht existent. Der Maximalwert eines Kanals beträgt 255, wobei in diesem Fall die Farbe voll vorhanden ist. Daraus ist abzuleiten, dass jeder Kanal in 256 unterschiedlichen Farbabstufungen dargestellt werden kann (255 plus Farbe nicht vorhanden = 256 Möglichkeiten).

Jetzt wird es mathematisch: Da drei Kanäle vorhanden sind (Rot, Grün und Blau), gibt es 256 × 256 × 256 (also 16.777.216) mögliche Werte. Alle drei additiven Grundfarben ergeben zusammen reines Weiß. Ist keine der drei Farben vorhanden, liegt reines Schwarz vor.

Am besten wird es sein, Sie öffnen den Farbwähler in Photoshop und versuchen, die Gegebenheiten einmal nachzuvollziehen. Markieren Sie wie gewohnt eine der Farbflächen in der Werkzeugleiste, und stellen Sie Farbwerte im Bereich RGB ein.

Geben Sie für alle drei RGB-Farben »0« ein, erhalten Sie reines Schwarz; der Maximalwert (255) für alle drei Farben ergibt Weiß. Jeder nur erdenkliche Wert, bei dem alle drei Grundfarben in gleicher Intensität vorliegen, ergibt Grau. Der einzige Unterschied: Niedrige Werte ergeben ein dunkles, hohe ein helles Grau. Achten Sie darauf, dass die Funktion Nur Webfarben anzeigen nicht aktiv ist, da Photoshop ansonsten Ihre Eingaben selbstständig auf Farben begrenzt, deren Darstellung im Internet möglich ist.

Das subtraktive Farbsystem und CMYK

Im Druckbereich wird das subtraktive Farbsystem verwendet. Die Farben, die mithilfe eines Druckkopfes oder etwas Ähnlichem auf den *Bedruckstoff* (meist Papier) aufgetragen werden, sind lasierend (durchsichtig). Je mehr Licht nun von einem Bedruckstoff zurückgegeben (reflektiert) werden kann, desto heller wird die Farbe wahrgenommen.

Optisch erscheint die Farbe heller, je weiter die Punkte auseinanderstehen. Die Punkte selbst haben dabei exakt die gleiche Farbe. Je konzentrierter das Punktraster auftritt, desto dunkler wirkt der Ton. Das subtraktive Farbsystem setzt sich aus den Grundfarben Cyan, Magenta und Gelb zusammen – ergänzt durch Schwarz.

Als Grundfarben werden hier aber nur die drei erstgenannten bezeichnet (ohne Schwarz). Im Gegensatz zum additiven Farbsystem ergibt sich hier reines Weiß, wenn keine Farbe aufgetragen wird. Liegen alle drei Grundfarben zu 100 % an, ergibt sich – zumindest in der Theorie – reines Schwarz.

Weil die drei Grundfarben aber leider nur »theoretisch« Schwarz ergeben, kommt in der Praxis als vierte Farbe Schwarz hinzu. Der Fachbegriff für diese Abweichung von Theorie und Praxis lautet *Spektralmängel*. In der Praxis kommt bei allen drei Farben gemeinsam allenfalls ein schmutzig wirkendes Braun heraus.

Starten Sie doch in Photoshop einmal diesen Test, indem Sie auf eines der Farbfelder innerhalb der Werkzeugleiste doppelklicken und über die RGB-Eingabefelder Schwarz festlegen (R+G+B = 0). Bestätigen Sie mit OK, und schließen Sie den Farbwähler, ehe Sie ihn mit einem Doppelklick auf das nun schwarze Feld der Werkzeugleiste erneut öffnen. Legen Sie jetzt für C, M und Y jeweils 100 % fest, und stellen Sie den Wert K auf »0«. Betrachten Sie das Ergebnis, und vergleichen Sie es mit Schwarz.

Rein technisch ist außerdem ein Farbauftrag von jeweils 100 % im Druck nicht möglich. Das subtraktive Farbsystem ist also stark eingeschränkt, und in der Praxis lässt sich nur ein verschwindend geringer Teil des RGB-Farbraums drucktechnisch wirklich darstellen.

RGB-Dateien in CMYK umwandeln

Zum Druck werden RGB-Bilder in das CMYK-Format umgewandelt. Photoshop realisiert dies über Bild • Modus • CMYK-Farbe. Sollte die Datei aus mehreren Ebenen bestehen, wird eine Zwischenabfrage gestartet. Wenn Sie anschließend keine Änderungen an einzelnen Ebenen mehr vornehmen möchten, wählen Sie Reduzieren – anderenfalls Nicht reduzieren. Ersteres hält die Dateigrößen merklich kleiner.

Volltonfarben

Vielleicht sind Ihnen schon die teils herben Farbverluste aufgefallen, die eine Umwandlung von RGB in CMYK nach sich zieht. Bestes Beispiel: Das satte Rot bricht glatt zusammen, und heraus kommt ein Schleier, vor dem uns die Waschmittelwerbung allzu häufig warnt. In solchen Situationen ist die Zeit gekommen, Volltonfarben einzusetzen. Im Gegensatz zu den Prozessfarben (C, M, Y) handelt es sich dabei um vordefinierte Farben, die anhand einer Farbnummer identifiziert werden.

Die Hersteller sorgen für eine gleichbleibende Qualität und geben anhand von (teils sündhaft teuren) Farbfächern und Farbmusterkarten vor, wie die Farbe aussehen wird. Auch Photoshop unterstützt natürlich die Einbindung von Volltonfarben. Klicken Sie im Farbwähler auf den Button Farbbibliotheken, um an die Spezialfarben heranzukommen.

Im hiesigen Raum kursieren vorwiegend *HKS* und *Pantone*. Bei der Auswahl der Farbe müssen Sie allerdings unbedingt darauf achten, dass der richtige Bedruckstoff ausgewählt ist. Je nach Papierqualität schwanken nämlich auch hier die Bezeichnungen. So sagt beispielsweise der letzte Buchstabe einer HKS-Farbe etwas über diesen Bedruckstoff aus.

HKS E = Endlospapier
HKS K = Kunstdruckpapier (gestrichene Papiere)
HKS N = Normalpapier (ungestrichene Papiere)
HKS Z = Zeitungspapier

Das Problem: Sie müssen vorab wissen, auf welchem Bedruckstoff Ihre Schmuckfarbe landen soll. Vielfach werden aufwendige Drucke (z. B. Lebensmittelverpackungen) also über den normalen *Vierfarbdruck* hinaus noch mit einer fünften und sechsten Farbe versehen. Das soll unter anderem gewährleisten, dass die »lila Kuh« auch immer gleich lila bleibt. Sie können sich vorstellen, dass so etwas natürlich die Druckkosten beträchtlich erhöht.

Unter bestimmten Voraussetzungen können jedoch gerade wirtschaftliche Faktoren den Einsatz von Sonderfarben interessant machen. Denken Sie nur an Briefbögen. Hier kann der Druck mit Schwarz und einer Volltonfarbe durchaus günstiger sein als ein Drei- oder gar Vierfarbdruck. Bleiben wir beim Lila. Die Farbe ist (wenn überhaupt) nur mit einem Gemisch aus Cyan, Magenta und Gelb zu Papier zu bringen. Mit der vierten Farbe (Schwarz) werden die Texte gedruckt. Nehmen Sie stattdessen Schwarz und eine Volltonfarbe (beispielsweise HKS 37), wird der Geldbeutel des Auftraggebers merklich entlastet.

Die Farbseparation

Abbildung 6.1 Das Dokument sieht auf den ersten Blick sehr ansprechend aus.

Schauen Sie sich die Abbildung 6.1 einmal etwas genauer an. Es bedarf eigentlich keiner Erwähnung, dass der Bereich, der zum Druck des Textes benutzt wird, sehr viel kleiner ist als die Seitenränder des Blatts. Hierbei handelt es sich um eine Beispieldatei, die Sie auch im Ordner *06* der Beispieldateien finden. Das Dokument heißt *Farbe.docx*.

Der Satzspiegel

Der Bereich, in dem der Text untergebracht ist, wird als *Satzspiegel* bezeichnet. Er beinhaltet den gesamten Text mit Ausnahme von Buchüberschriften, Kapitelanmerkungen, Seitenzahlen usw. (die man in der Regel in die Stege verlagert). Der Satzspiegel ist also nur für den eigentlichen Dokumentinhalt, den Text mit seinen Bildern und Überschriften, vorgesehen.

Die Stege

Die jeweils äußeren Seitenränder werden als *Außenstege* bezeichnet, während die beiden inneren den *Innensteg* wiedergeben. Letzteres ist jedoch nur dann der Fall, wenn wir es mit einer Doppelseite (also zwei nebeneinanderliegenden Seiten) zu tun haben.

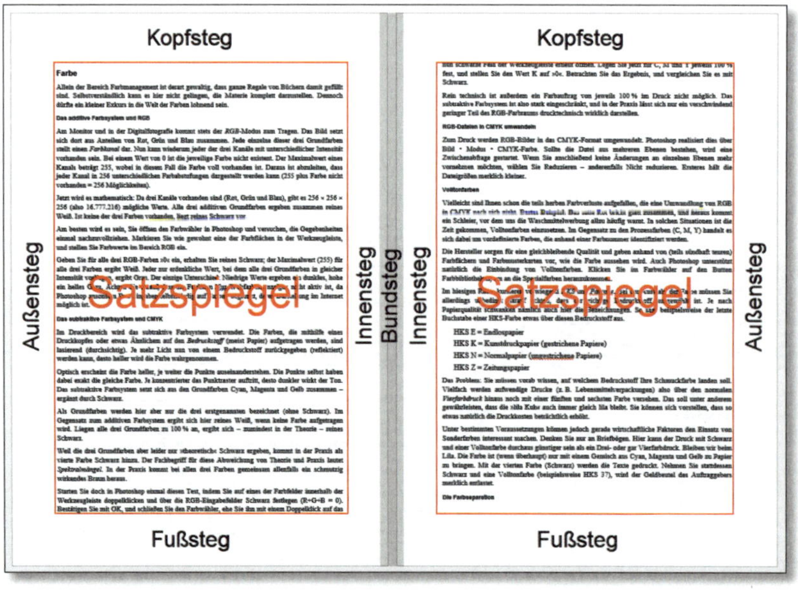

Abbildung 6.2 *Die einzelnen Elemente einer Doppelseite*

Eine Einzelseite besteht hingegen aus zwei Außenstegen. An einer der Seiten befindet sich der sogenannte *Bundsteg*. Dieser Bereich ist für die Heftung, Klebung oder Lochung von mehrseitigen Dokumenten vorgesehen. Bei Einzelseiten ist er am linken Blattrand zu finden, während Doppelseiten ihre Bundstege jeweils innen haben. So ist beispielsweise auf geraden Seiten (2, 4, 6 usw. – diese befinden sich immer links) der Bundsteg auf der rechten Seite untergebracht, während er auf ungeraden (rechte Seiten, 1, 3, 5 usw.) immer links zu finden ist. Oben befindet sich der *Kopfsteg* und unten der *Fußsteg*.

6.2 Die Seitenränder des Dokuments einrichten

Alle Stege zusammen ergeben den Seitenrand eines Blatts. Wie der auszusehen hat, ist keineswegs dem Zufall überlassen, sondern kann individuell eingerichtet werden.

Ansicht optimieren

Sie können gern mit dem Beispieldokument *Farbe.docx* aus dem Ordner *06* arbeiten. (Speichern Sie aber bitte keine der folgenden Änderungen, da das Dokument später noch einmal benötigt wird.) Um die Ansicht genauso einzustellen, wie auf den folgenden Abbildungen zu sehen ist (also zwei Dokumentseiten nebeneinander), sollten Sie zunächst in der Gruppe **Zoom** der Registerkarte **Ansicht** auf **Seitenweise** klicken. Standardmäßig sollten dann zwei Seiten nebeneinander angezeigt werden. Ist das bei Ihnen nicht der Fall, verkleinern Sie die Ansicht mithilfe der Steuerelemente unten rechts so weit, bis sich zwei Seiten komplett auf der Arbeitsfläche zeigen.

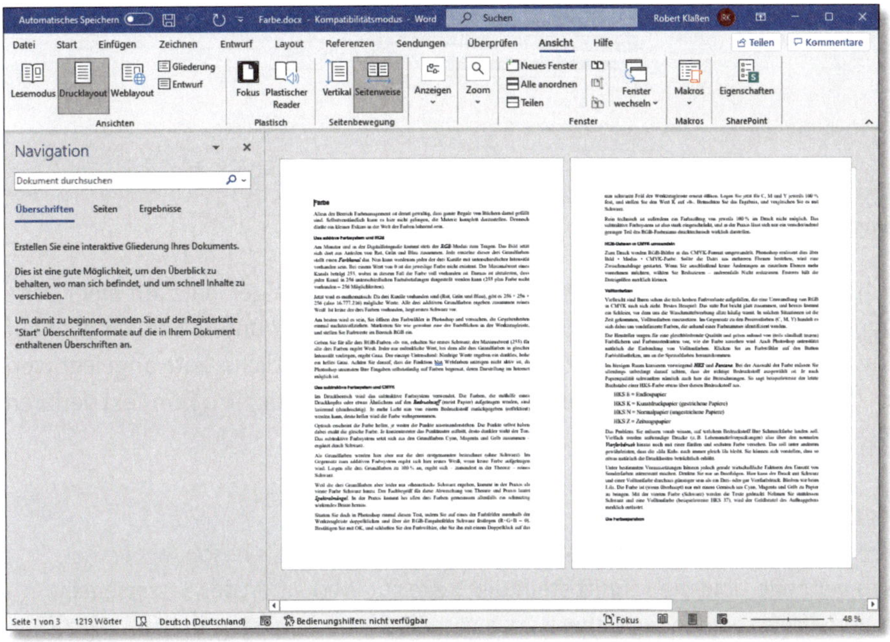

Abbildung 6.3 *Optimieren Sie die Ansicht zur besseren Beurteilung der Seitenränder.*

Vorgegebene Seitenränder auswählen

Word bringt einige Seitenränder mit, die schnell anhand von Vorgaben zugewiesen werden können. Klicken Sie in der Gruppe **Seite einrichten** der Registerkarte **Layout** auf die Schaltfläche **Seitenränder**. Entscheiden Sie sich beispielsweise im Auswahlmenü für **Breit**. Sie werden feststellen, dass das gesamte Dokument entsprechend umgestaltet wird. Die Seitenränder werden daraufhin beträchtlich vergrößert – was natürlich auf Kosten der Satzspiegelgröße geschieht.

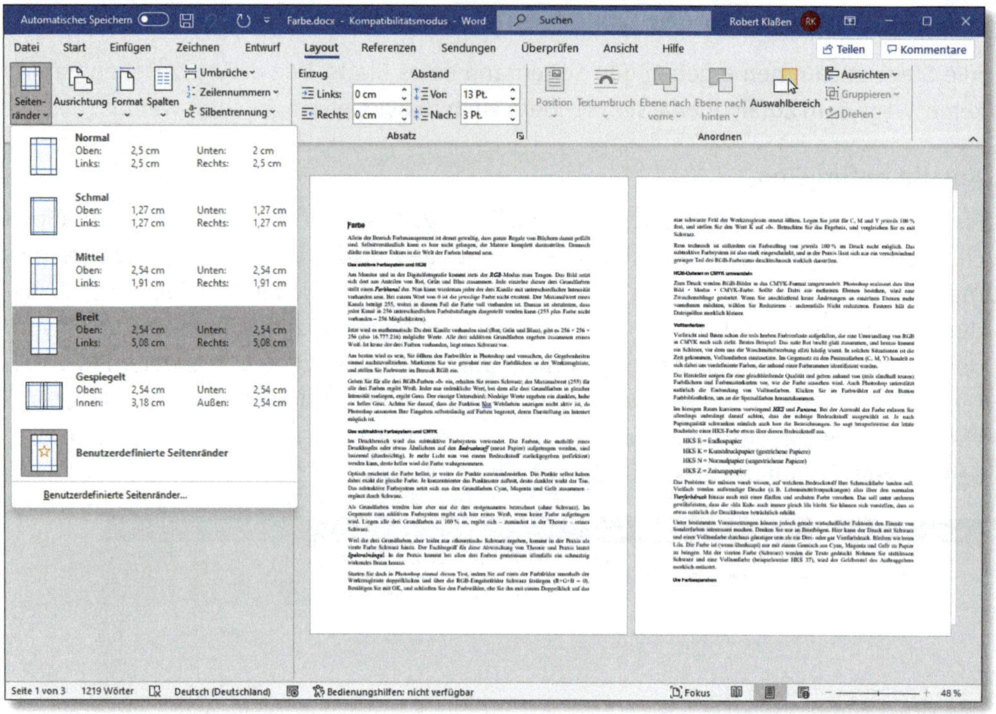

Abbildung 6.4 *Der Satzspiegel ist beträchtlich geschrumpft.*

Da aufgrund der vorangegangenen Aktion nun für den Text weniger Platz auf einer Seite zur Verfügung steht als zuvor, wird der Text neu umbrochen (der untere Bereich wird auf die nächste Seite verschoben). Das hat zur Folge, dass eine zusätzliche Seite angelegt werden muss. Dies macht Word automatisch. Denn es soll ja grundsätzlich kein Text verloren gehen.

INFO

Der Goldene Schnitt

Der im klassischen Buchdruck bisweilen verwendete und als besonders ästhetisch geltende Goldene Schnitt stellt die Stege zur Produktion des Satzspiegels ins Verhältnis zueinander. Dabei ist das Verhältnis von Bundsteg zu Kopfsteg zu Außensteg zu Fußsteg 2 : 3 : 5 : 8.

Benutzerdefinierte Seitenränder einrichten

Die Zahl der Vorgaben im Menü **Seitenränder** hält sich in Grenzen. Außerdem empfindet das Auge es nicht als sonderlich ästhetisch, wenn alle Seitenränder gleich groß sind. Ein etwas kleinerer Bund- und Kopfsteg bei größerem Fuß- und Außensteg wirken sehr viel ansprechender. Deswegen sollten Sie die Seitenränder (bzw. die Größe der einzelnen Stege) lieber selbst bestimmen.

> **INFO**
>
> **Maßeinheiten**
> Wenn Sie in Word die Abmessungen manuell anpassen, ohne eine Maßeinheit hinzuzufügen, geht Word grundsätzlich von Zentimetern aus. Wollen Sie die Angaben lieber z. B. in Millimeter angeben, muss dem jeweiligen Wert »mm« angehängt werden (z. B. »10 mm«).

Ich verwende hier das Dokument *Farbe.docx* aus dem Ordner *06* der Beispieldateien. Die Seiten des Dokuments sollen im Folgenden mit unterschiedlich großen Stegen ausgestattet werden, und zudem werde ich dafür sorgen, dass sich die Seiten gegenüberliegen, sodass sich ein Erscheinungsbild wie bei einem Buch ergibt.

1 Klicken Sie in der Gruppe **Seite einrichten** der Registerkarte **Layout** auf die Zeile **Seitenränder**, und entscheiden Sie sich im Menü für **Benutzerdefinierte Seitenränder**. Wählen Sie nicht die Zeile mit der kleinen Sternchen-Grafik (diese aktiviert lediglich zuvor definierte Seitenränder), sondern den zuunterst angeordneten Menüeintrag.

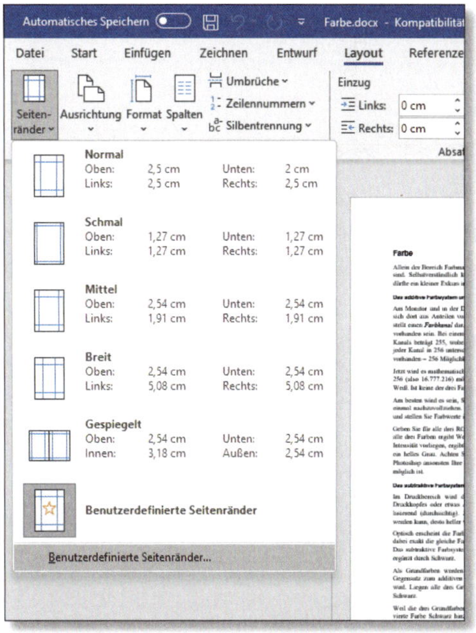

2 Schauen Sie zunächst in die Mitte des Dialogfensters **Seite einrichten**. Im Bereich **Seiten** steht das Listenfeld **Mehrere Seiten** auf **Standard**. Damit sind grundsätzlich Einzelseiten gemeint, die am Schluss beispielsweise linksseitig geheftet oder gelocht werden könnten. Schalten Sie jedoch um auf **Gegenüberliegende Seiten**, da unser Dokument zweiseitig (also auf der Vorder- und Rückseite) gedruckt werden soll und wir demzufolge auch Innenstege definieren müssen. Jetzt ist zu beobachten, dass die beiden Steuerelemente **Links** und **Rechts** oben im Bereich **Seitenränder** zu **Innen** und **Außen** mutiert sind. Verständlich, denn ab sofort haben wir es ja mit Doppelseiten zu tun.

3 Setzen Sie nun einen Dreifachklick in das Feld **Oben**. Der Dreifachklick bewirkt, dass sämtliche Informationen innerhalb dieses Feldes blau markiert werden. Tragen Sie hier »3« ein. Auf die Angabe einer Maßeinheit dürfen Sie gerne verzichten (siehe dazu auch den Kasten »Maßeinheiten« auf Seite 193).

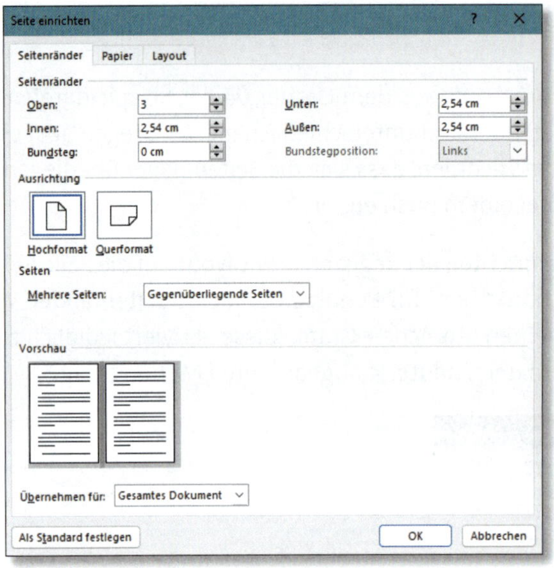

4 Drücken Sie einmal die Taste [Tab], um in das Eingabefeld **Unten** zu gelangen. Geben Sie »5« ein. Drücken Sie erneut [Tab], und vergeben Sie für **Innen** »2,5« sowie für **Außen** noch einmal »5«. Zuletzt definieren Sie noch einen **Bundsteg** von »1«. Bestätigen Sie Ihre Eingaben per Klick auf **OK**. Klicken Sie vor dem Bestätigen unten links auf **Als Standard festlegen**, werden die Änderungen für alle neuen Dokumente übernommen.

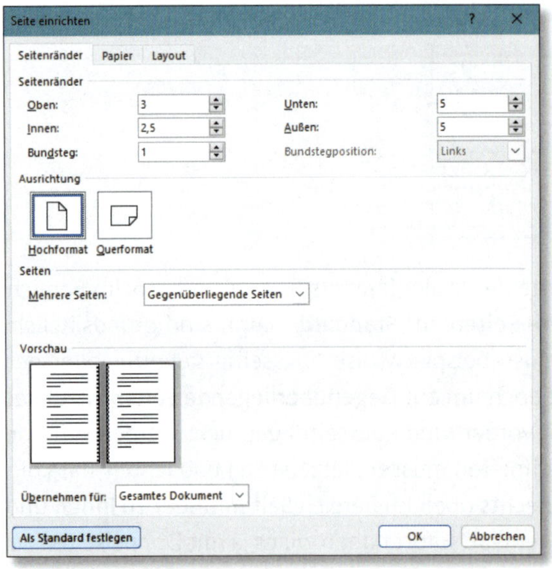

5 Nun gibt es in diesem Zusammenhang noch etwas Wesentliches zu beachten: Wir hatten für **Innen** einen Wert von 2,5 cm und für **Außen** 5 cm festgelegt. Im Dokument sieht es jetzt aber so aus, als seien beide Werte miteinander vertauscht worden. Der vermeintliche Innensteg ist sehr viel größer als der Außensteg. Doch dem liegt eine falsche Betrachtungsweise zugrunde. Es ist nämlich so, dass Seite 1 eines Dokuments grundsätzlich eine rechte Seite ist. Auf der Word-Oberfläche wird sie allerdings als linke Seite präsentiert.

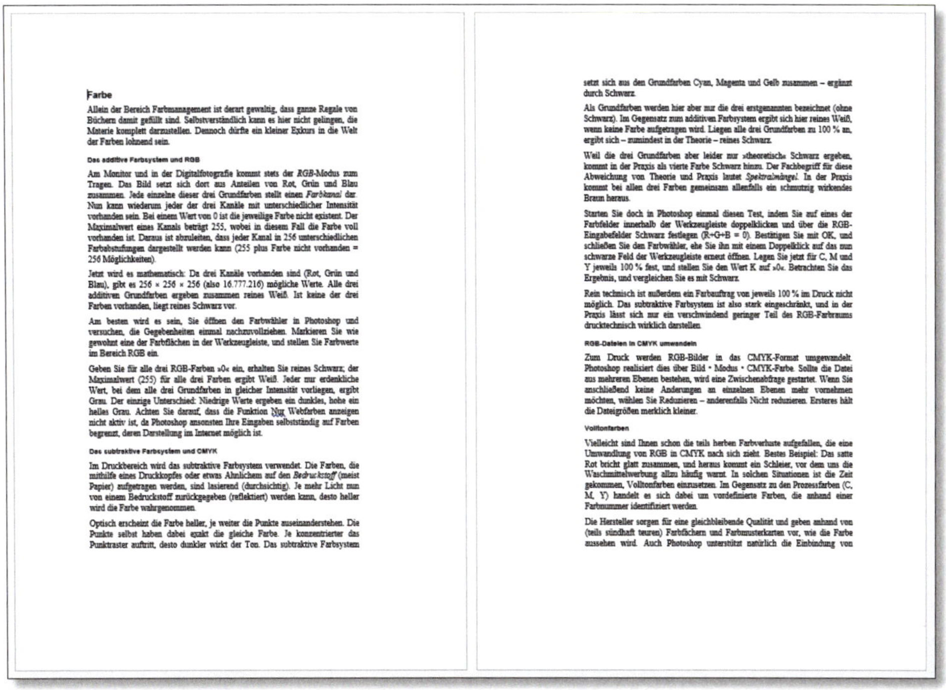

Farbe

Allein der Bereich Farbmanagement ist derart gewaltig, dass ganze Regale von Büchern damit gefüllt sind. Selbstverständlich kann es hier nicht gelingen, die Materie komplett darzustellen. Dennoch dürfte ein kleiner Exkurs in die Welt der Farben lohnend sein.

Das additive Farbsystem und RGB

Am Monitor und in der Digitalfotografie kommt stets der *RGB*-Modus zum Tragen. Das Bild setzt sich dort aus Anteilen von Rot, Grün und Blau zusammen. Jede einzelne dieser drei Grundfarben stellt einen *Farbkanal* dar. Nun kann wiederum jeder der drei Kanäle mit unterschiedlicher Intensität vorhanden sein. Bei einem Wert von 0 ist die jeweilige Farbe nicht existent. Der Maximalwert eines Kanals beträgt 255, wobei in diesem Fall die Farbe voll vorhanden ist. Daraus ist abzuleiten, dass jeder Kanal in 256 unterschiedlichen Farbabstufungen dargestellt werden kann (255 plus Farbe nicht vorhanden = 256 Möglichkeiten).

Jetzt wird es mathematisch: Da drei Kanäle vorhanden sind (Rot, Grün und Blau), gibt es 256 × 256 × 256 (also 16.777.216) mögliche Werte. Alle drei additiven Grundfarben ergeben zusammen reines Weiß. Ist keine der drei Farben vorhanden, liegt reines Schwarz vor.

Am besten wird es sein, Sie öffnen den Farbwähler in Photoshop und versuchen, die Gegebenheiten einmal nachzuvollziehen. Markieren Sie wie gewohnt eine der Farbflächen in der Werkzeugleiste, und stellen Sie Farbwerte im Bereich RGB ein.

Geben Sie für alle drei RGB-Farben »0« ein, erhalten Sie reines Schwarz; der Maximalwert (255) für alle drei Farben ergibt Weiß. Jeder nur erdenkliche Wert, bei dem alle drei Grundfarben in gleicher Intensität vorliegen, ergibt Grau. Der einzige Unterschied: Niedrige Werte ergeben ein dunkles, hohe ein helles Grau. Achten Sie darauf, dass die Funktion Nur Webfarben anzeigen nicht aktiv ist, da Photoshop ansonsten Ihre Eingaben selbstständig auf Farben begrenzt, deren Darstellung im Internet möglich ist.

Das subtraktive Farbsystem und CMYK

Im Druckbereich wird das subtraktive Farbsystem verwendet. Die Farben, die mithilfe eines Druckkopfes oder etwas Ähnlichem auf den *Bedruckstoff* (meist Papier) aufgetragen werden, sind lasierend (durchsichtig). Je mehr Licht nun von einem Bedruckstoff zurückgegeben (reflektiert) werden kann, desto heller wird die Farbe wahrgenommen.

Optisch erscheint die Farbe heller, je weiter die Punkte auseinanderstehen. Die Punkte selbst haben dabei exakt die gleiche Farbe. Je konzentrierter das Punktraster auftritt, desto dunkler wirkt der Ton. Das subtraktive Farbsystem setzt sich aus den Grundfarben Cyan, Magenta und Gelb zusammen – ergänzt durch Schwarz.

Als Grundfarben werden hier aber nur die drei erstgenannten bezeichnet (ohne Schwarz). Im Gegensatz zum additiven Farbsystem ergibt sich hier reines Weiß, wenn keine Farbe aufgetragen wird. Liegen alle drei Grundfarben zu 100 % an, ergibt sich – zumindest in der Theorie – reines Schwarz.

Weil die drei Grundfarben aber leider nur »theoretisch« Schwarz ergeben, kommt in der Praxis als vierte Farbe Schwarz hinzu. Der Fachbegriff für diese Abweichung von Theorie und Praxis lautet *Spektralmängel*. In der Praxis kommt bei allen drei Farben gemeinsam allenfalls ein schmutzig wirkendes Braun heraus.

Starten Sie doch in Photoshop einmal diesen Test, indem Sie auf eines der Farbfelder innerhalb der Werkzeugleiste doppelklicken und über die RGB-Eingabefelder Schwarz festlegen (R+G+B = 0). Bestätigen Sie mit OK, und schließen Sie den Farbwähler, ehe Sie ihn mit einem Doppelklick auf das nun schwarze Feld der Werkzeugleiste erneut öffnen. Legen Sie jetzt für C, M und Y jeweils 100 % fest, und stellen Sie den Wert K auf »0«. Betrachten Sie das Ergebnis, und vergleichen Sie es mit Schwarz.

Rein technisch ist außerdem ein Farbauftrag von jeweils 100 % im Druck nicht möglich. Das subtraktive Farbsystem ist also stark eingeschränkt, und in der Praxis lässt sich nur ein verschwindend geringer Teil des RGB-Farbraums drucktechnisch wirklich darstellen.

RGB-Dateien in CMYK umwandeln

Zum Druck werden RGB-Bilder in das CMYK-Format umgewandelt. Photoshop realisiert dies über Bild • Modus • CMYK-Farbe. Sollte die Datei aus mehreren Ebenen bestehen, wird eine Zwischenabfrage gestartet. Wenn Sie anschließend keine Änderungen an einzelnen Ebenen mehr vornehmen möchten, wählen Sie Reduzieren – anderenfalls Nicht reduzieren. Ersteres hält die Dateigrößen merklich kleiner.

Volltonfarben

Vielleicht sind Ihnen schon die teils herben Farbverluste aufgefallen, die eine Umwandlung von RGB in CMYK nach sich zieht. Bestes Beispiel: Das satte Rot bricht glatt zusammen, und heraus kommt ein Schleier, vor dem uns die Waschmittelwerbung allzu häufig warnt. In solchen Situationen ist die Zeit gekommen, Volltonfarben einzusetzen. Im Gegensatz zu den Prozessfarben (C, M, Y) handelt es sich dabei um vordefinierte Farben, die anhand einer Farbnummer identifiziert werden.

Die Hersteller sorgen für eine gleichbleibende Qualität und geben anhand von (teils sündhaft teuren) Farbfächern und Farbmusterkarten vor, wie die Farbe aussehen wird. Auch Photoshop unterstützt natürlich die Einbindung von

6 Am deutlichsten wird das, wenn Sie dem Dokument jetzt eine typische Seite 1 geben, also ein Deckblatt hinzufügen. Klicken Sie dazu in der Gruppe **Seiten** der Registerkarte **Einfügen** auf die Schaltfläche **Deckblatt**, und wählen Sie ein passendes Deckblatt für Ihr Dokument aus. Übrigens ist im Beispiel die Vorgabe **Austin** verwendet worden.

7 Wenn Sie das Dokument anschließend ein wenig nach unten scrollen bzw. das Dokument derart verkleinern, die Seiten 2 und 3 nebeneinander angezeigt werden (dazu müssen Sie im Register **Ansicht** wieder auf **Vertikal** umschalten), erkennen Sie, dass die Außenstege tatsächlich sehr viel größer sind als die Innenstege. Beurteilen Sie das anhand der Seiten 2 und 3.

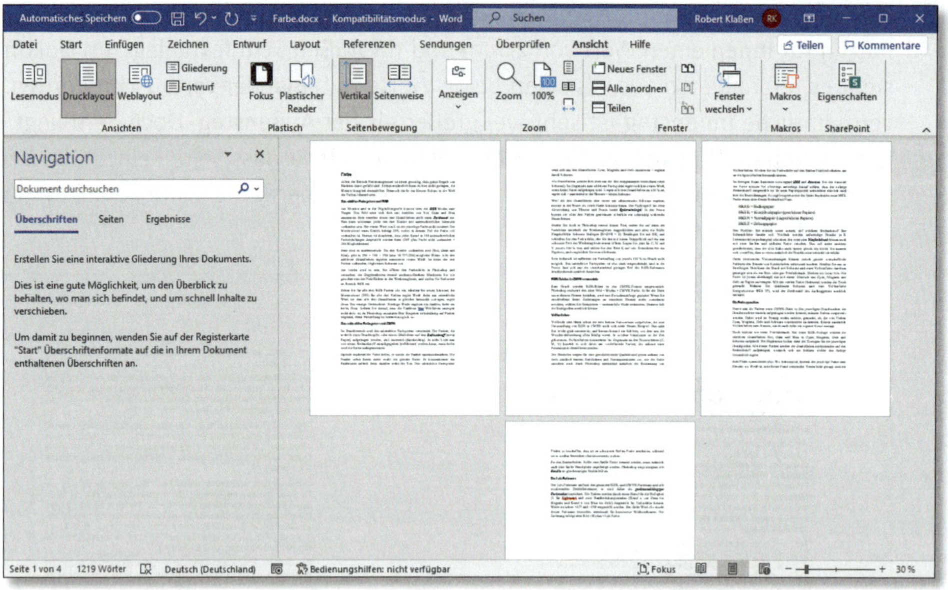

6.3 Einzüge und Abstände anpassen

Innerhalb des Satzspiegels lassen sich Änderungen in Bezug auf die Textdarstellung vornehmen. Der Satzspiegel selbst wird dabei nicht mehr verändert. Mit den sogenannten *Einzügen* lässt sich der Rand eines Textabschnitts zur Mitte hin verschieben. So kann man einer bestimmten Textpassage eine optisch größere Gewichtung zukommen lassen. Die *Abstände* sind die Zwischenräume zwischen den einzelnen Absätzen. Auch diese können vergrößert oder verkleinert werden.

Einzüge anlegen

In diesem Beispiel arbeiten wir mit der Datei *Farbe_fertig.docx*, die Sie im Ordner *Ergebnisse* der Beispieldateien finden. Prinzipiell können Sie aber auch jeden anderen Text für diesen Workshop benutzen. Dieser sollte lediglich für das folgende Beispiel aus mehreren Absätzen bestehen.

1 Klicken Sie zunächst auf den Absatz im Dokument, den Sie mit Einzügen versehen wollen. Die Einfügemarke muss sich nämlich innerhalb dieses Textblocks befinden. Wollen Sie gleich mehrere Textblöcke einziehen, müssen diese zuvor allesamt markiert werden.

2 Klicken Sie nun in der Gruppe **Absatz** der Registerkarte **Layout** auf die nach oben weisende Pfeilspitze ❶ im Steuerelement **Links**. Stoppen Sie, wenn Sie einen Wert von 1,2 cm erreicht haben.

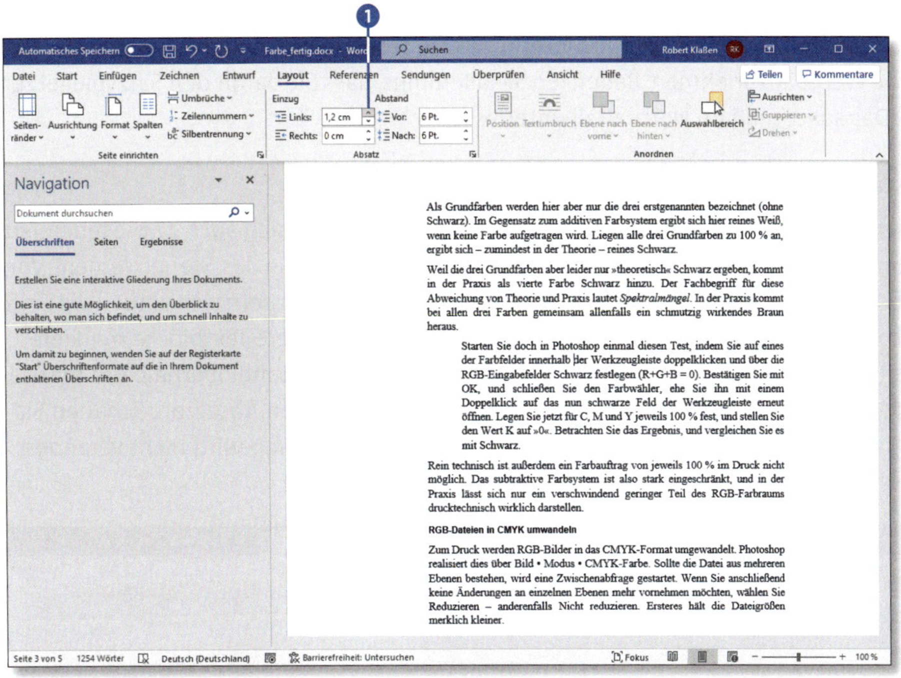
1
Automatisches Speichern
Farbe_fertig.docx - Word
Suchen
Robert Klaßen
Datei Start Einfügen Zeichnen Entwurf Layout Referenzen Sendungen Überprüfen Ansicht Hilfe
Teilen
Kommentare
Seitenränder Ausrichtung Format Spalten
Umbrüche
Zeilennummern
Silbentrennung
Seite einrichten
Einzug
Links: 1,2 cm
Rechts: 0 cm
Abstand
Vor: 6 Pt.
Nach: 6 Pt.
Absatz
Position Textumbruch Ebene nach vorne Ebene nach hinten Auswahlbereich
Ausrichten
Gruppieren
Drehen
Anordnen
Navigation
Dokument durchsuchen
Überschriften Seiten Ergebnisse
Erstellen Sie eine interaktive Gliederung Ihres Dokuments.
Dies ist eine gute Möglichkeit, um den Überblick zu behalten, wo man sich befindet, und um schnell Inhalte zu verschieben.
Um damit zu beginnen, wenden Sie auf der Registerkarte "Start" Überschriftenformate auf die in Ihrem Dokument enthaltenen Überschriften an.
Als Grundfarben werden hier aber nur die drei erstgenannten bezeichnet (ohne Schwarz). Im Gegensatz zum additiven Farbsystem ergibt sich hier reines Weiß, wenn keine Farbe aufgetragen wird. Liegen alle drei Grundfarben zu 100 % an, ergibt sich – zumindest in der Theorie – reines Schwarz.
Weil die drei Grundfarben aber leider nur »theoretisch« Schwarz ergeben, kommt in der Praxis als vierte Farbe Schwarz hinzu. Der Fachbegriff für diese Abweichung von Theorie und Praxis lautet Spektralmängel. In der Praxis kommt bei allen drei Farben gemeinsam allenfalls ein schmutzig wirkendes Braun heraus.
Starten Sie doch in Photoshop einmal diesen Test, indem Sie auf eines der Farbfelder innerhalb der Werkzeugleiste doppelklicken und über die RGB-Eingabefelder Schwarz festlegen (R+G+B = 0). Bestätigen Sie mit OK, und schließen Sie den Farbwähler, ehe Sie ihn mit einem Doppelklick auf das nun schwarze Feld der Werkzeugleiste erneut öffnen. Legen Sie jetzt für C, M und Y jeweils 100 % fest, und stellen Sie den Wert K auf »0«. Betrachten Sie das Ergebnis, und vergleichen Sie es mit Schwarz.
Rein technisch ist außerdem ein Farbauftrag von jeweils 100 % im Druck nicht möglich. Das subtraktive Farbsystem ist also stark eingeschränkt, und in der Praxis lässt sich nur ein verschwindend geringer Teil des RGB-Farbraums drucktechnisch wirklich darstellen.
RGB-Dateien in CMYK umwandeln
Zum Druck werden RGB-Bilder in das CMYK-Format umgewandelt. Photoshop realisiert dies über Bild • Modus • CMYK-Farbe. Sollte die Datei aus mehreren Ebenen bestehen, wird eine Zwischenabfrage gestartet. Wenn Sie anschließend keine Änderungen an einzelnen Ebenen mehr vornehmen möchten, wählen Sie Reduzieren – anderenfalls Nicht reduzieren. Ersteres hält die Dateigrößen merklich kleiner.
Seite 3 von 5 1254 Wörter Deutsch (Deutschland) Barrierefreiheit: Untersuchen
Fokus
100 %

3 Um wichtige Textstellen wie z. B. Aufzählungen oder Abfolgen herauszustellen, reicht es oft schon, den linken Einzug zu verwenden. Bei Zitaten beispielsweise oder anderen bedeutungsträchtigen Informationen macht es Sinn, den Text noch deutlicher vom Fließtext abzuheben, indem Sie auch den Einzug **Rechts** anpassen. Auch hier wäre in dem Zusammenhang ein Wert von 1,2 cm denkbar.

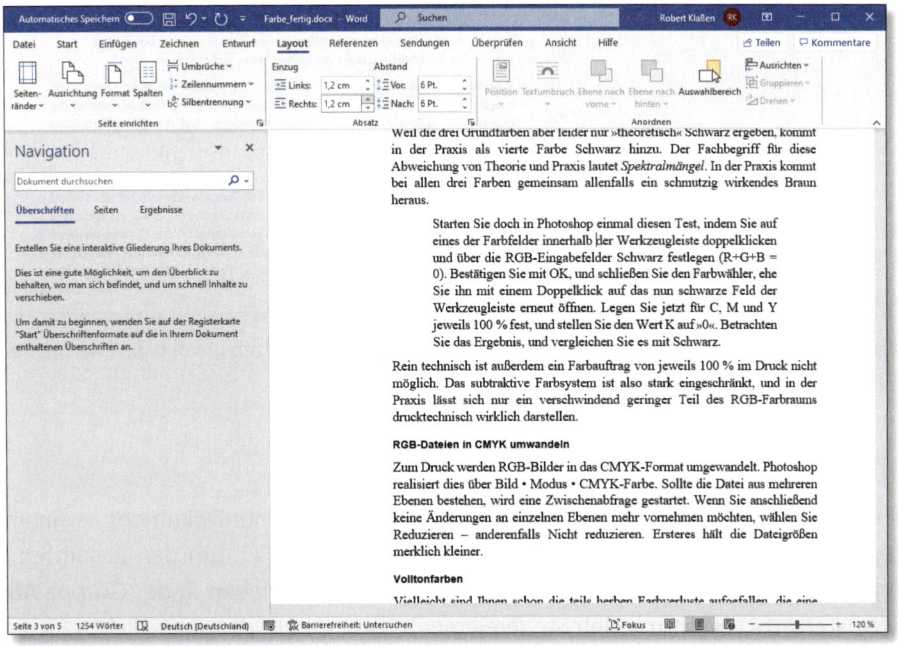
Automatisches Speichern
Farbe_fertig.docx - Word
Suchen
Robert Klaßen
Datei Start Einfügen Zeichnen Entwurf Layout Referenzen Sendungen Überprüfen Ansicht Hilfe
Teilen
Kommentare
Einzug
Links: 1,2 cm
Rechts: 1,2 cm
Abstand
Vor: 6 Pt.
Nach: 6 Pt.
Absatz
Navigation
Dokument durchsuchen
Überschriften Seiten Ergebnisse
in der Praxis als vierte Farbe Schwarz hinzu. Der Fachbegriff für diese Abweichung von Theorie und Praxis lautet Spektralmängel. In der Praxis kommt bei allen drei Farben gemeinsam allenfalls ein schmutzig wirkendes Braun heraus.
Starten Sie doch in Photoshop einmal diesen Test, indem Sie auf eines der Farbfelder innerhalb der Werkzeugleiste doppelklicken und über die RGB-Eingabefelder Schwarz festlegen (R+G+B = 0). Bestätigen Sie mit OK, und schließen Sie den Farbwähler, ehe Sie ihn mit einem Doppelklick auf das nun schwarze Feld der Werkzeugleiste erneut öffnen. Legen Sie jetzt für C, M und Y jeweils 100 % fest, und stellen Sie den Wert K auf »0«. Betrachten Sie das Ergebnis, und vergleichen Sie es mit Schwarz.
Rein technisch ist außerdem ein Farbauftrag von jeweils 100 % im Druck nicht möglich. Das subtraktive Farbsystem ist also stark eingeschränkt, und in der Praxis lässt sich nur ein verschwindend geringer Teil des RGB-Farbraums drucktechnisch wirklich darstellen.
RGB-Dateien in CMYK umwandeln
Zum Druck werden RGB-Bilder in das CMYK-Format umgewandelt. Photoshop realisiert dies über Bild • Modus • CMYK-Farbe. Sollte die Datei aus mehreren Ebenen bestehen, wird eine Zwischenabfrage gestartet. Wenn Sie anschließend keine Änderungen an einzelnen Ebenen mehr vornehmen möchten, wählen Sie Reduzieren – anderenfalls Nicht reduzieren. Ersteres hält die Dateigrößen merklich kleiner.
Volltonfarben
Seite 3 von 5 1254 Wörter Deutsch (Deutschland) Barrierefreiheit: Untersuchen
Fokus
120 %

An dieser Stelle sei darauf hingewiesen, dass die Steuerelemente auch in der Lage sind, negative Werte anzunehmen. Bedenken Sie allerdings, dass Sie damit den Satzspiegel zerstören. Das sollte man im Normalfall unterlassen.

Abstände verändern

In der Gruppe **Absatz** auf der Registerkarte **Layout** befinden sich auch zwei Steuerelemente zur Einrichtung des Abstandes von Absätzen. Betätigen Sie das Steuerelement **Vor**, beeinflussen Sie damit den Abstand oberhalb des Textblocks, in dem sich aktuell die Einfügemarke befindet. Wenn Sie in diesem Zusammenhang mehrere Textblöcke markieren (z. B. zwei) und den Wert dann einstellen, wird nicht nur der Abstand oberhalb der markierten Textblöcke verändert, sondern auch der zwischen den beiden Absätzen. Schauen Sie sich dazu Abbildung 6.5 an. Der Abstand unterhalb der Markierung wird nicht verändert. Das müssten Sie mit dem Steuerelement **Nach** erledigen.

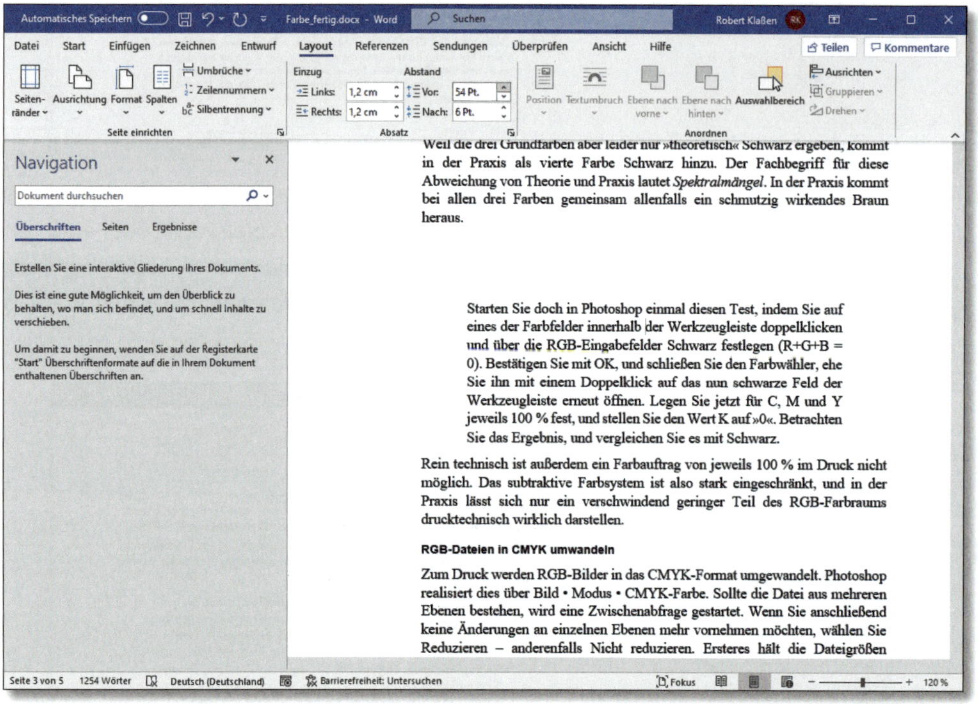
Automatisches Speichern
Farbe_fertig.docx - Word
Suchen
Robert Klaßen
Datei
Start
Einfügen
Zeichnen
Entwurf
Layout
Referenzen
Sendungen
Überprüfen
Ansicht
Hilfe
Teilen
Kommentare
Seitenränder
Ausrichtung
Format
Spalten
Umbrüche
Zeilennummern
Silbentrennung
Seite einrichten
Einzug
Links: 1,2 cm
Rechts: 1,2 cm
Abstand
Vor: 54 Pt.
Nach: 6 Pt.
Absatz
Position
Textumbruch
Ebene nach vorne
Ebene nach hinten
Auswahlbereich
Ausrichten
Gruppieren
Drehen
Anordnen
Navigation
Dokument durchsuchen
Überschriften
Seiten
Ergebnisse
Erstellen Sie eine interaktive Gliederung Ihres Dokuments.
Dies ist eine gute Möglichkeit, um den Überblick zu behalten, wo man sich befindet, und um schnell Inhalte zu verschieben.
Um damit zu beginnen, wenden Sie auf der Registerkarte "Start" Überschriftenformate auf die in Ihrem Dokument enthaltenen Überschriften an.
Weil die drei Grundfarben aber leider nur »theoretisch« Schwarz ergeben, kommt in der Praxis als vierte Farbe Schwarz hinzu. Der Fachbegriff für diese Abweichung von Theorie und Praxis lautet Spektralmängel. In der Praxis kommt bei allen drei Farben gemeinsam allenfalls ein schmutzig wirkendes Braun heraus.
Starten Sie doch in Photoshop einmal diesen Test, indem Sie auf eines der Farbfelder innerhalb der Werkzeugleiste doppelklicken und über die RGB-Eingabefelder Schwarz festlegen (R+G+B = 0). Bestätigen Sie mit OK, und schließen Sie den Farbwähler, ehe Sie ihn mit einem Doppelklick auf das nun schwarze Feld der Werkzeugleiste erneut öffnen. Legen Sie jetzt für C, M und Y jeweils 100 % fest, und stellen Sie den Wert K auf »0«. Betrachten Sie das Ergebnis, und vergleichen Sie es mit Schwarz.
Rein technisch ist außerdem ein Farbauftrag von jeweils 100 % im Druck nicht möglich. Das subtraktive Farbsystem ist also stark eingeschränkt, und in der Praxis lässt sich nur ein verschwindend geringer Teil des RGB-Farbraums drucktechnisch wirklich darstellen.
RGB-Dateien in CMYK umwandeln
Zum Druck werden RGB-Bilder in das CMYK-Format umgewandelt. Photoshop realisiert dies über Bild • Modus • CMYK-Farbe. Sollte die Datei aus mehreren Ebenen bestehen, wird eine Zwischenabfrage gestartet. Wenn Sie anschließend keine Änderungen an einzelnen Ebenen mehr vornehmen möchten, wählen Sie Reduzieren – anderenfalls Nicht reduzieren. Ersteres hält die Dateigrößen
Seite 3 von 5
1254 Wörter
Deutsch (Deutschland)
Barrierefreiheit: Untersuchen
Fokus
120 %

Abbildung 6.5 *Oberhalb und zwischen den beiden markierten Absätzen werden die Zwischenräume erhöht, unterhalb jedoch nicht.*

Einzüge und Abstände gemeinsam einstellen

Bedenken Sie, dass sich Einzüge und Abstände für das gesamte Dokument in einem Arbeitsgang definieren lassen. Drücken Sie zunächst `Strg` + `A`, um den gesamten Text zu markieren. Nehmen Sie nun die Einstellungen wie beschrieben in der Gruppe **Absatz** der Registerkarte **Layout** mit den Steuerelementen vor. Alternativ dazu klicken Sie unten rechts auf den kleinen diagonalen Pfeil an der Gruppe **Absatz** ❶. Dadurch wird das Dialogfenster **Absatz** geöffnet, mit dem die Einstellung ebenfalls möglich ist.

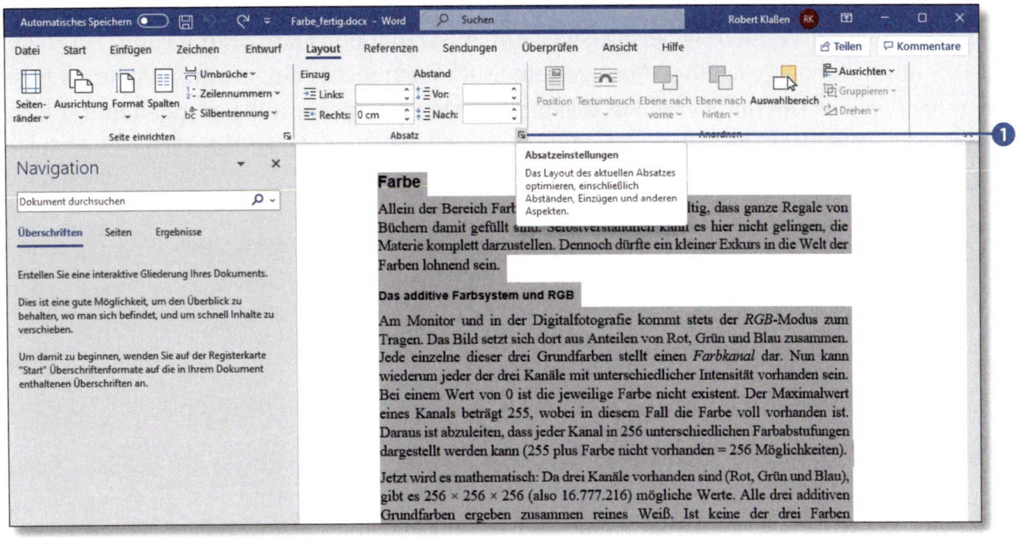

Abbildung 6.6 Öffnen Sie das Dialogfenster »Absatz«.

Der unschlagbare Vorteil des Dialogs **Absatz** besteht darin, dass sich neben Einzügen und Abständen noch weitere Einstellungen wie z. B. die Ausrichtung vornehmen lassen (linksbündig, mittig, rechtsbündig, Blocksatz).

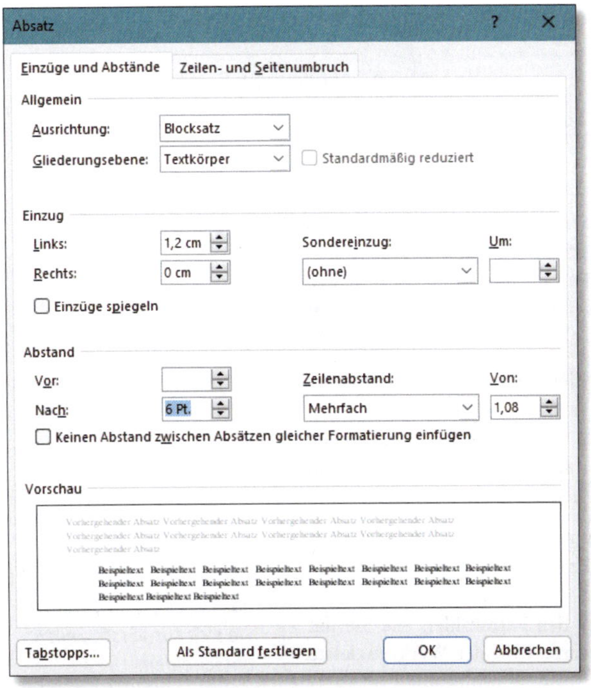

Abbildung 6.7 Der Dialog »Absatz« stellt zahlreiche Optionen zur Verfügung.

Sondereinzüge

Sicher ist Ihnen bereits aufgefallen, dass im eben erwähnten Dialogfenster auch ein Steuerelement mit der Bezeichnung **Sondereinzug** vorhanden ist. Dieses bedarf noch einer kurzen Erwähnung. Wählen Sie beispielsweise im Auswahlmenü **Erste Zeile**, hat dies zur Folge, dass nur die erste Zeile eines Absatzes ein Stück nach rechts eingerückt wird. Im nebenstehenden Feld **Um** definieren Sie, wie groß dieser Einzug sein soll. Ein sogenannter *hängender Einzug* rückt alle Zeilen eines Absatzes mit Ausnahme der ersten nach rechts ein. In diesem Fall müssten Sie dann allerdings auf **Hängend** klicken.

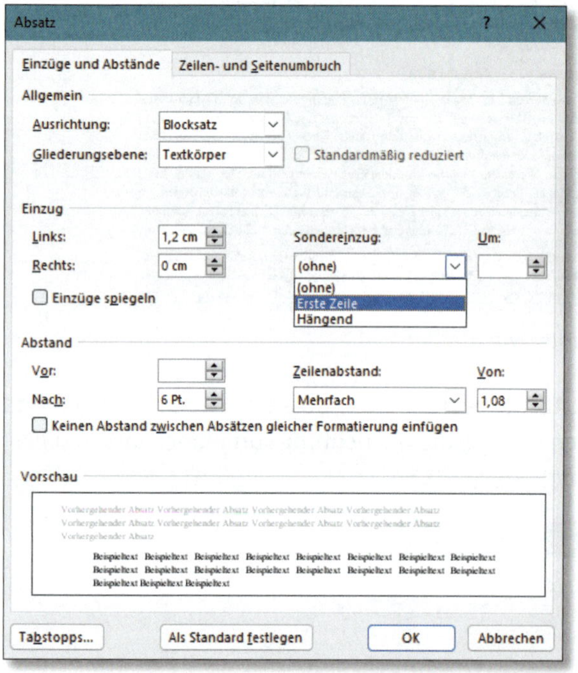

Abbildung 6.8 *Hier wird der Beginn der ersten Zeile jedes Absatzes um 1,2 cm nach rechts verschoben.*

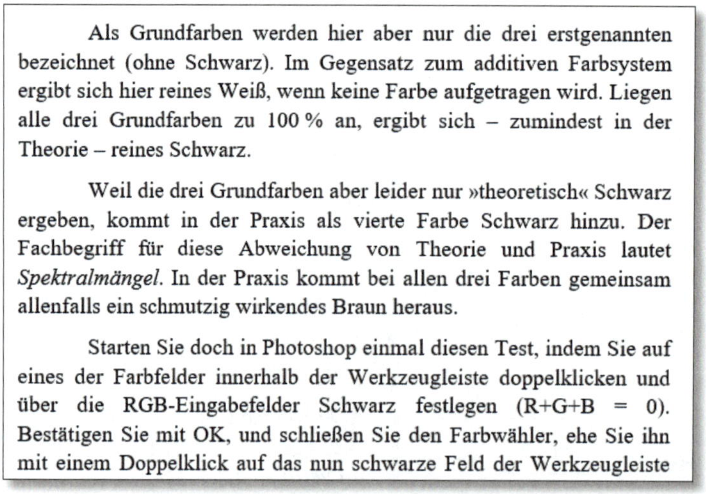

Als Grundfarben werden hier aber nur die drei erstgenannten bezeichnet (ohne Schwarz). Im Gegensatz zum additiven Farbsystem ergibt sich hier reines Weiß, wenn keine Farbe aufgetragen wird. Liegen alle drei Grundfarben zu 100 % an, ergibt sich – zumindest in der Theorie – reines Schwarz.

Weil die drei Grundfarben aber leider nur »theoretisch« Schwarz ergeben, kommt in der Praxis als vierte Farbe Schwarz hinzu. Der Fachbegriff für diese Abweichung von Theorie und Praxis lautet *Spektralmängel*. In der Praxis kommt bei allen drei Farben gemeinsam allenfalls ein schmutzig wirkendes Braun heraus.

Starten Sie doch in Photoshop einmal diesen Test, indem Sie auf eines der Farbfelder innerhalb der Werkzeugleiste doppelklicken und über die RGB-Eingabefelder Schwarz festlegen (R+G+B = 0). Bestätigen Sie mit OK, und schließen Sie den Farbwähler, ehe Sie ihn mit einem Doppelklick auf das nun schwarze Feld der Werkzeugleiste

Abbildung 6.9 *So sieht das Ergebnis aus, wenn Sie sich für »Erste Zeile« entscheiden.*

Einzüge und Abstände in Formatvorlagen

An dieser Stelle soll nicht verschwiegen werden, dass Einzüge und Abstände auch innerhalb von Formatvorlagen definiert werden können. Sollten Sie also mit Formatvorlagen arbeiten, ist es durchaus sinnvoll, die vorgenommenen Änderungen nicht wie hier beschrieben manuell, sondern innerhalb der jeweiligen Formatvorlage einzustellen. Wie das funktioniert, erfahren Sie in Abschnitt 7.3, »Mit Formatvorlagen arbeiten«, Seite 248.

6.4 Hoch- oder Querformat wählen

Ob man die Blätter eines Word-Dokuments lieber hochkant oder im Querformat anordnet, ist zum einen Geschmackssache. Zum anderen bietet sich die Ausrichtung oft schon durch den Inhalt des Dokuments an. Sollten Sie beispielsweise einen Geschäftsbericht erstellen, der viele Tabellen mit zahlreichen Spalten enthält, ist das Querformat möglicherweise besser geeignet.

Die sogenannte *Ausrichtung* (also Hochformat oder Querformat) kann zwar zu jeder Zeit angepasst werden, sollte aber nach Möglichkeit schon zu Beginn Ihrer Arbeiten feststehen. Denn immerhin verändert sich mit der Änderung der Ausrichtung auch das Layout des Dokuments. Texte verkraften einen Ausrichtungswechsel in der Regel noch recht gut. Tabellen, Bilder und Grafiken hingegen könnten abgeschnitten oder verzerrt werden. Deswegen sollte die Devise grundsätzlich lauten: Machen Sie sich schon zu Beginn Gedanken darüber, welches Format das geeignete ist.

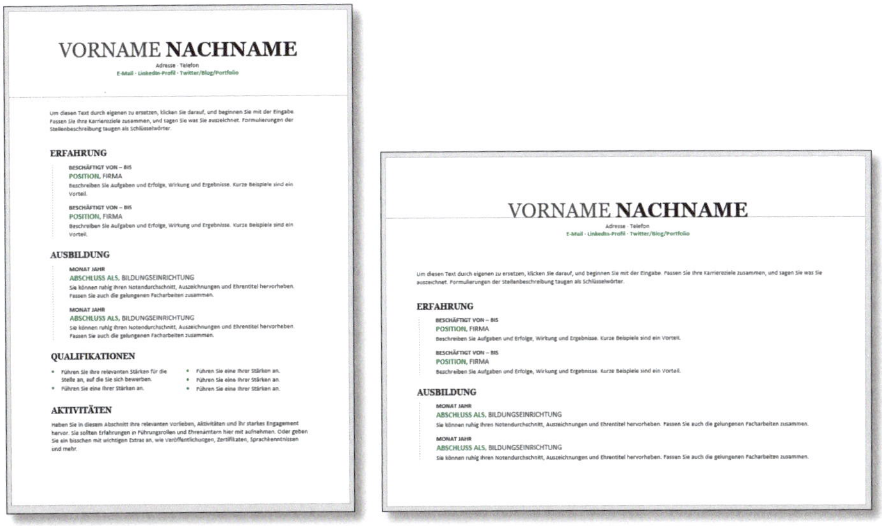

Abbildung 6.10 Das gleiche Dokument, einmal im Hochformat (links) und einmal im Querformat. Vorlagen (wie hier »Moderner, chronologischer Lebenslauf«) passen sich problemlos an.

Die eigentliche Einstellung bzw. den Wechsel zwischen beiden Formaten nehmen Sie auf der Registerkarte **Layout** vor. Klicken Sie in der Gruppe **Seite einrichten** auf den Button **Ausrichtung**. Nun wählen Sie im Menü zwischen **Hoch-** bzw. **Querformat** aus.

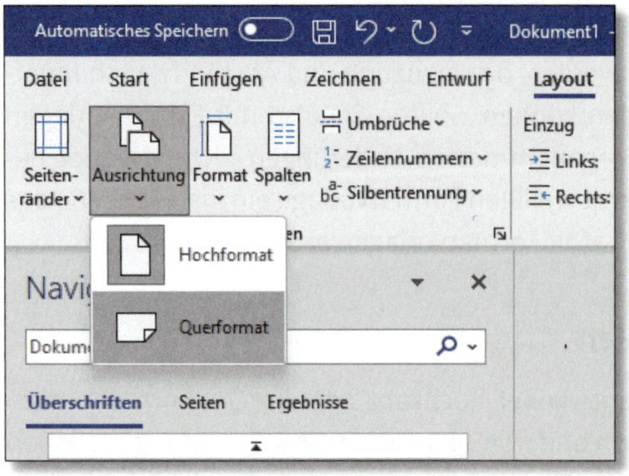

Abbildung 6.11 *Hier erfolgt gerade der Wechsel vom Hoch- ins Querformat.*

6.5 Abschnitte in einem Dokument unterschiedlich formatieren

Natürlich dürfen Sie innerhalb eines einzelnen Dokuments so viele Formate benutzen, wie Sie wollen. Jedoch sollten Sie dem Leser nicht zu viele unterschiedliche Formate zumuten. Dies würde die Lesbarkeit beeinträchtigen. Besondere Auszeichnungen wie beispielsweise Einzüge sollten motiviert sein, also nur dann eingesetzt werden, wenn sie auch wirklich sinnvoll sind.

In diesem Abschnitt gehe ich noch einmal auf das Dokument *Farbe.docx* aus dem Ordner *06* der Beispieldateien ein. Schauen Sie sich das Dokument in Ruhe an. Würden Sie sagen, dass es gut gestaltet ist?

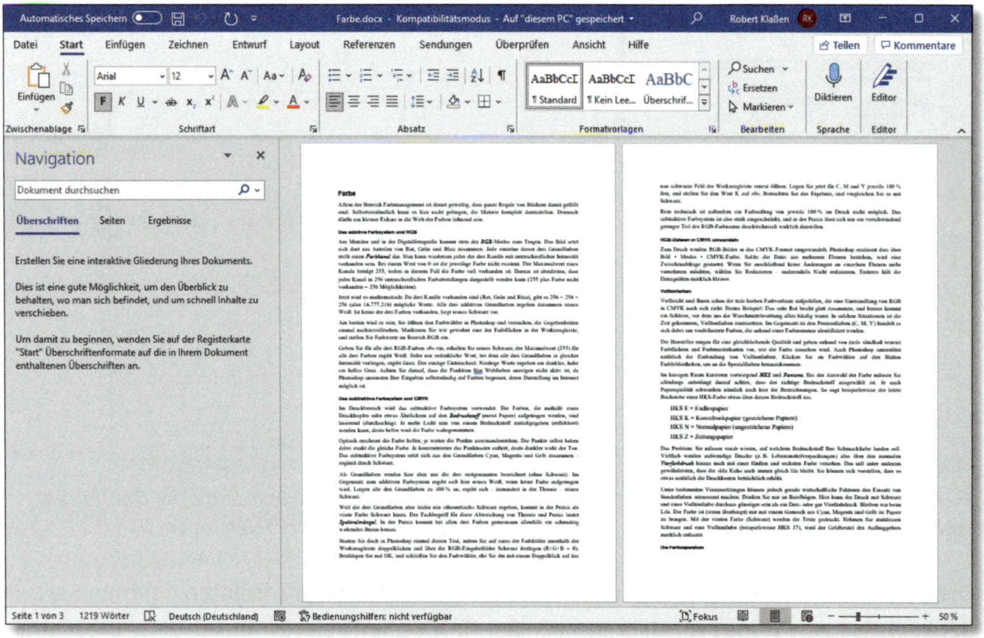

Abbildung 6.12 *Der Satzspiegel ist langweilig und kann daher nicht überzeugen.*

Zum einen könnte man den Satzspiegel bemängeln, der sehr gleichmäßig und somit unspektakulär ausfällt. Die Abstände zwischen den einzelnen Absätzen sind definitiv zu klein. Außerdem sollte die Zugehörigkeit der Überschriften besser kenntlich gemacht werden. Derzeit sind die Abstände zu den vorangegangenen Absätzen viel zu gering. Viel Arbeit also. Auf geht's!

1 Klicken Sie zunächst in der Gruppe **Seite einrichten** der Registerkarte **Layout** auf den Button **Seitenränder**. Wählen Sie im Menü **Benutzerdefinierte Seitenränder**. Daraufhin öffnet sich das Dialogfenster **Seite einrichten**.

2 Setzen Sie im Bereich **Seitenränder** die Werte in den Feldern **Unten** und **Rechts** jeweils auf »4,5 cm«. Im Steuerelement **Links** wählen Sie zudem einen Rand von »3,5 cm«. Bestätigen Sie mit einem Klick auf **OK**.

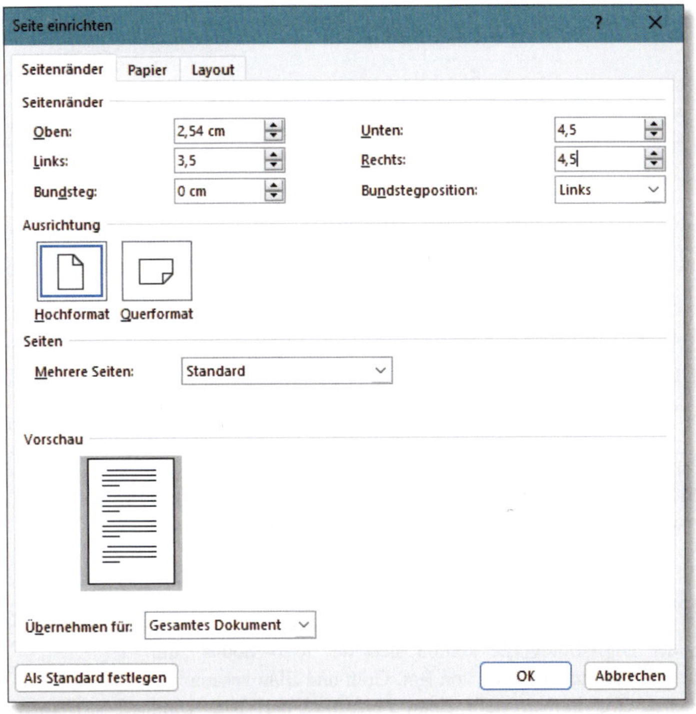

3 Als Nächstes drücken Sie [Strg] + [A], damit der gesamte Text markiert wird. Die folgenden Änderungen sollen sich nämlich auf den kompletten Text beziehen. Klicken Sie in der Gruppe **Absatz** der Registerkarte **Layout** so oft auf die nach oben weisende Pfeilspitze im Feld **Nach**, bis der Wert **12 Pt.** angezeigt wird. (Dass das Eingabefeld zu Beginn noch leer ist, hängt übrigens damit zusammen, dass ursprünglich unterschiedliche Abstände innerhalb des Dokuments Gültigkeit hatten.) Durch Ihre Eingabe im Feld **Nach** sind nun alle Abstände nach Absätzen auf 12 Pt. gesetzt worden.

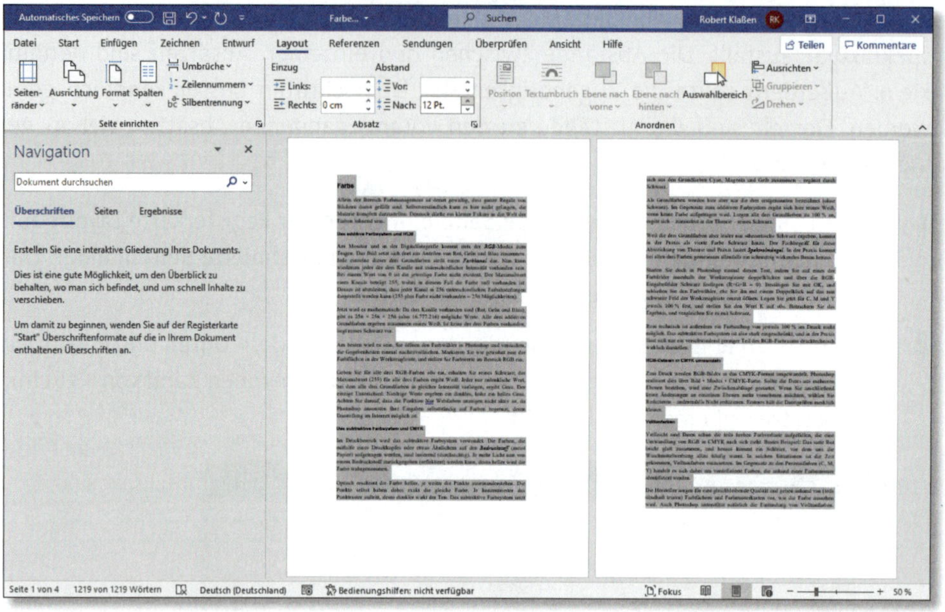

4 Kommen wir nun zu dem Problem, dass die Überschriften zu dicht an den vorangegangenen Absätzen hängen. Damit wir die Abstände nur ein einziges Mal definieren müssen, ist es nun wichtig, sämtliche Überschriften auszuwählen, ohne dass Fließtext mit in die Auswahl gerät. Und das geht so: Setzen Sie einen Dreifachklick auf die Überschrift »Das additive Farbsystem und RGB«. Damit erreichen Sie gleich zweierlei. Zum einen wird die noch immer aktive Markierung des gesamten Textes aufgehoben, zum anderen wird die gewünschte Überschriftenzeile markiert.

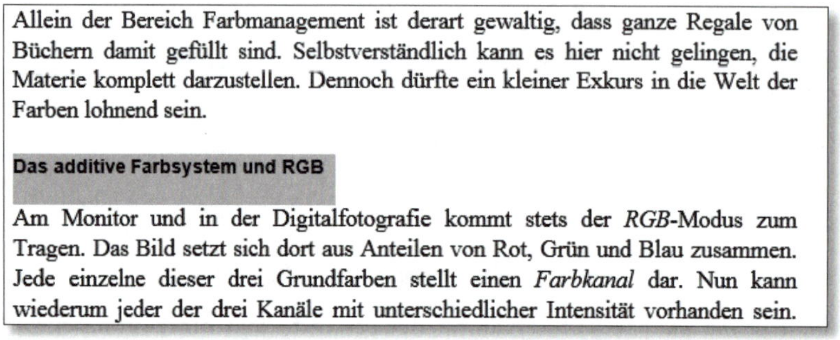
Allein der Bereich Farbmanagement ist derart gewaltig, dass ganze Regale von Büchern damit gefüllt sind. Selbstverständlich kann es hier nicht gelingen, die Materie komplett darzustellen. Dennoch dürfte ein kleiner Exkurs in die Welt der Farben lohnend sein.

Das additive Farbsystem und RGB

Am Monitor und in der Digitalfotografie kommt stets der *RGB*-Modus zum Tragen. Das Bild setzt sich dort aus Anteilen von Rot, Grün und Blau zusammen. Jede einzelne dieser drei Grundfarben stellt einen *Farbkanal* dar. Nun kann wiederum jeder der drei Kanäle mit unterschiedlicher Intensität vorhanden sein.

5 Scrollen Sie nun herunter, bis Sie die zweite Überschrift »Das subtraktive Farbsystem und CMYK« sehen. Würden Sie nun hier ebenfalls einen Dreifachklick anwenden, würde die Zeile zwar ausgewählt, jedoch die vorangegangene wieder abgewählt. Das geht natürlich nicht. Deshalb halten Sie zunächst die Taste `Strg` gedrückt, führen anschließend den Dreifachklick auf besagte Zeile aus und lassen erst im Anschluss `Strg` wieder los. Verfahren Sie auf die gleiche Weise mit allen nachfolgenden Überschriften des Dokuments.

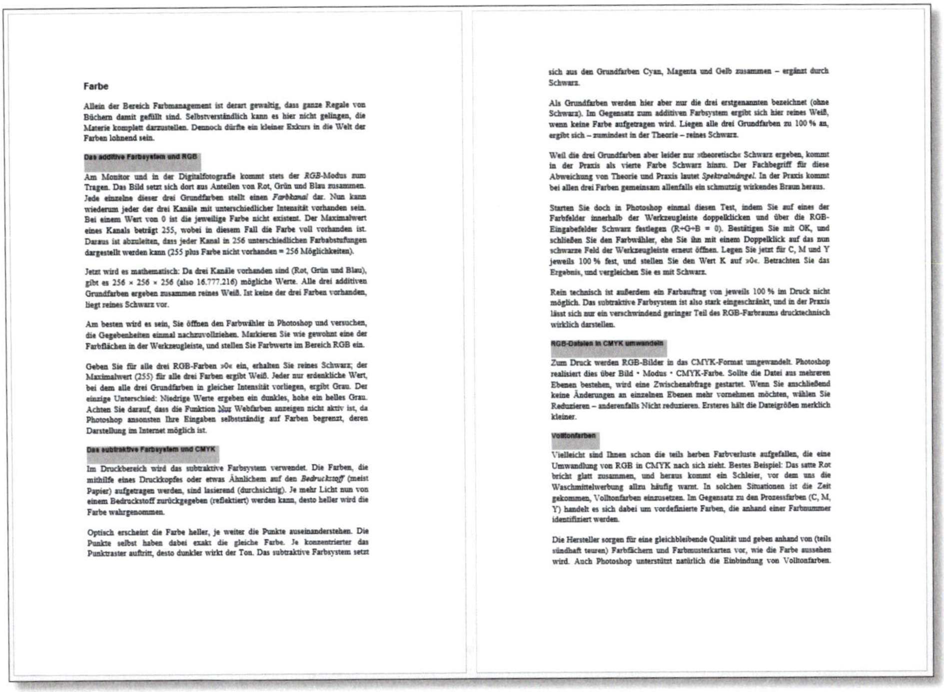
Farbe
Allein der Bereich Farbmanagement ist derart gewaltig, dass ganze Regale von Büchern damit gefüllt sind. Selbstverständlich kann es hier nicht gelingen, die Materie komplett darzustellen. Dennoch dürfte ein kleiner Exkurs in die Welt der Farben lohnend sein.
Das additive Farbsystem und RGB
Am Monitor und in der Digitalfotografie kommt stets der RGB-Modus zum Tragen. Das Bild setzt sich dort aus Anteilen von Rot, Grün und Blau zusammen. Jede einzelne dieser drei Grundfarben stellt einen Farbkanal dar. Nun kann wiederum jeder der drei Kanäle mit unterschiedlicher Intensität vorhanden sein. Bei einem Wert von 0 ist die jeweilige Farbe nicht existent. Der Maximalwert eines Kanals beträgt 255, wobei in diesem Fall die Farbe voll vorhanden ist. Daraus ist abzuleiten, dass jeder Kanal in 256 unterschiedlichen Farbabstufungen dargestellt werden kann (255 plus Farbe nicht vorhanden = 256 Möglichkeiten).
Jetzt wird es mathematisch: Da drei Kanäle vorhanden sind (Rot, Grün und Blau), gibt es 256 × 256 × 256 (also 16.777.216) mögliche Werte. Alle drei additiven Grundfarben ergeben zusammen reines Weiß. Ist keine der drei Farben vorhanden, liegt reines Schwarz vor.
Am besten wird es sein, Sie öffnen den Farbwähler in Photoshop und versuchen, die Gegebenheiten einmal nachzuvollziehen. Markieren Sie wie gewohnt eine der Farbflächen in der Werkzeugleiste, und stellen Sie Farbwerte im Bereich RGB ein.
Geben Sie für alle drei RGB-Farben »0« ein, erhalten Sie reines Schwarz; der Maximalwert (255) für alle drei Farben ergibt Weiß. Jeder nur erdenkliche Wert, bei dem alle drei Grundfarben in gleicher Intensität vorliegen, ergibt Grau. Der einzige Unterschied: Niedrige Werte ergeben ein dunkles, hohe ein helles Grau. Achten Sie darauf, dass die Funktion Nur Webfarben anzeigen nicht aktiv ist, da Photoshop ansonsten Ihre Eingaben selbstständig auf Farben begrenzt, deren Darstellung im Internet möglich ist.
Das subtraktive Farbsystem und CMYK
Im Druckbereich wird das subtraktive Farbsystem verwendet. Die Farben, die mithilfe eines Druckkopfes oder etwas Ähnlichem auf den Bedruckstoff (meist Papier) aufgetragen werden, sind lasierend (durchsichtig). Je mehr Licht nun von einem Bedruckstoff zurückgegeben (reflektiert) werden kann, desto heller wird die Farbe wahrgenommen.
Optisch erscheint die Farbe heller, je weiter die Punkte auseinanderstehen. Die Punkte selbst haben dabei exakt die gleiche Farbe. Je konzentrierter das Punktraster auftritt, desto dunkler wirkt der Ton. Das subtraktive Farbsystem setzt
sich aus den Grundfarben Cyan, Magenta und Gelb zusammen – ergänzt durch Schwarz.
Als Grundfarben werden hier aber nur die drei erstgenannten bezeichnet (ohne Schwarz). Im Gegensatz zum additiven Farbsystem ergibt sich hier reines Weiß, wenn keine Farbe aufgetragen wird. Liegen alle drei Grundfarben zu 100 % an, ergibt sich – zumindest in der Theorie – reines Schwarz.
Weil die drei Grundfarben aber leider nur »theoretisches« Schwarz ergeben, kommt in der Praxis als vierte Farbe Schwarz hinzu. Der Fachbegriff für diese Abweichung von Theorie und Praxis lautet Spektralmängel. In der Praxis kommt bei allen drei Farben gemeinsam allenfalls ein schmutzig wirkendes Braun heraus.
Starten Sie doch in Photoshop einmal diesen Test, indem Sie auf eines der Farbfelder innerhalb der Werkzeugleiste doppelklicken und über die RGB-Eingabefelder Schwarz festlegen (R+G+B = 0). Bestätigen Sie mit OK, und schließen Sie den Farbwähler, ehe Sie ihn mit einem Doppelklick auf das nun schwarze Feld der Werkzeugleiste erneut öffnen. Legen Sie jetzt für C, M und Y jeweils 100 % fest, und stellen Sie den Wert K auf »0«. Betrachten Sie das Ergebnis, und vergleichen Sie es mit Schwarz.
Rein technisch ist außerdem ein Farbauftrag von jeweils 100 % im Druck nicht möglich. Das subtraktive Farbsystem ist also stark eingeschränkt, und in der Praxis lässt sich nur ein verschwindend geringer Teil des RGB-Farbraums drucktechnisch wirklich darstellen.
RGB-Dateien in CMYK umwandeln
Zum Druck werden RGB-Bilder in das CMYK-Format umgewandelt. Photoshop realisiert dies über Bild • Modus • CMYK-Farbe. Sollte die Datei aus mehreren Ebenen bestehen, wird eine Zwischenabfrage gestartet. Wenn Sie anschließend keine Änderungen an einzelnen Ebenen mehr vornehmen möchten, wählen Sie Reduzieren – anderenfalls Nicht reduzieren. Ersteres hält die Dateigrößen merklich kleiner.
Volltonfarben
Vielleicht sind Ihnen schon die teils herben Farbverluste aufgefallen, die eine Umwandlung von RGB in CMYK nach sich zieht. Bestes Beispiel: Das satte Rot bricht glatt zusammen, und heraus kommt ein Schleier, vor dem uns die Waschmittelwerbung allzu häufig warnt. In solchen Situationen ist die Zeit gekommen, Volltonfarben einzusetzen. Im Gegensatz zu den Prozessfarben (C, M, Y) handelt es sich dabei um vordefinierte Farben, die anhand einer Farbnummer identifiziert werden.
Die Hersteller sorgen für eine gleichbleibende Qualität und geben anhand von (teils sündhaft teuren) Farbfächern und Farbmusterkarten vor, wie die Farbe aussehen wird. Auch Photoshop unterstützt natürlich die Einbindung von Volltonfarben.

6 Erhöhen Sie in der Gruppe **Absatz** den Wert beim Steuerelement **Vor** auf »30 Pt.«. Sie sehen nun, wie sich die Abstände zu den vorangegangenen Absätzen vergrößern.

7 Zuletzt verringern Sie im Dokument die Abstände zwischen den Überschriften und den jeweils darunter befindlichen Absätzen. Dazu betätigen Sie die untere Dreieck-Schaltfläche des Steuerelements **Nach**. Wählen Sie einen Wert von »6 Pt.« aus.

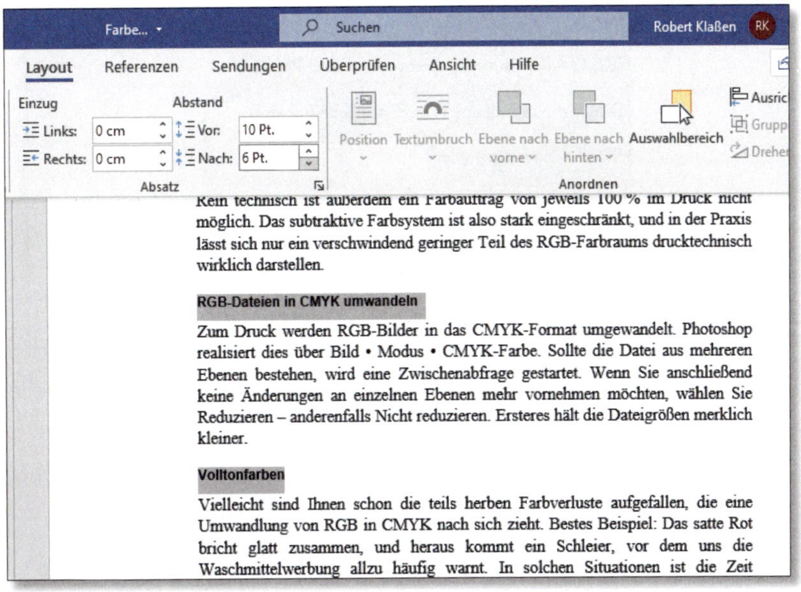
Farbe...
Suchen
Robert Klaßen
RK
Layout
Referenzen
Sendungen
Überprüfen
Ansicht
Hilfe
Einzug
Abstand
Links: 0 cm
Rechts: 0 cm
Vor: 10 Pt.
Nach: 6 Pt.
Absatz
Position
Textumbruch
Ebene nach vorne
Ebene nach hinten
Auswahlbereich
Ausric
Grupp
Dreher
Anordnen
Rein technisch ist außerdem ein Farbauftrag von jeweils 100 % im Druck nicht möglich. Das subtraktive Farbsystem ist also stark eingeschränkt, und in der Praxis lässt sich nur ein verschwindend geringer Teil des RGB-Farbraums drucktechnisch wirklich darstellen.
RGB-Dateien in CMYK umwandeln
Zum Druck werden RGB-Bilder in das CMYK-Format umgewandelt. Photoshop realisiert dies über Bild • Modus • CMYK-Farbe. Sollte die Datei aus mehreren Ebenen bestehen, wird eine Zwischenabfrage gestartet. Wenn Sie anschließend keine Änderungen an einzelnen Ebenen mehr vornehmen möchten, wählen Sie Reduzieren – anderenfalls Nicht reduzieren. Ersteres hält die Dateigrößen merklich kleiner.
Volltonfarben
Vielleicht sind Ihnen schon die teils herben Farbverluste aufgefallen, die eine Umwandlung von RGB in CMYK nach sich zieht. Bestes Beispiel: Das satte Rot bricht glatt zusammen, und heraus kommt ein Schleier, vor dem uns die Waschmittelwerbung allzu häufig warnt. In solchen Situationen ist die Zeit

8 Es ist sinnvoll, diese Art der Textauszeichnung nun in einer Formatvorlage festzuhalten. Zwar wird das Thema erst im folgenden Kapitel angesprochen, jedoch möchte ich dem fortgeschrittenen Nutzer bereits hier eine entsprechende Möglichkeit an die Hand geben. Als Einsteiger lassen Sie diesen Schritt einfach weg und fahren mit Schritt 9 fort. – Wechseln Sie auf die Registerkarte **Start**, und klicken Sie rechts im Segment **Formatvorlagen** auf die kleine nach unten weisende Pfeilspitze **Weitere** ❶, gefolgt von **Formatvorlage erstellen**. Im folgenden Dialogfenster vergeben Sie einen aussagekräftigen Namen und bestätigen mit **OK**.

AaBbCcI
¶ Standard
AaBbCcI
¶ Kein Lee...
AaBbC
Überschrif...
AaBbCcI
Überschrif...
AaE
Titel
1

9 Zurück zur Textauszeichnung: Im oberen Drittel der Seite 3 des Beispieldokuments sehen Sie einen Einzug (beginnend mit »HKS E = Endlospapier«). Markieren Sie alle vier Zeilen, und setzen Sie das Steuerelement **Einzug Links** (im Menüband in der Gruppe **Absatz** des Registers **Layout**) auf den Wert »1 cm«.

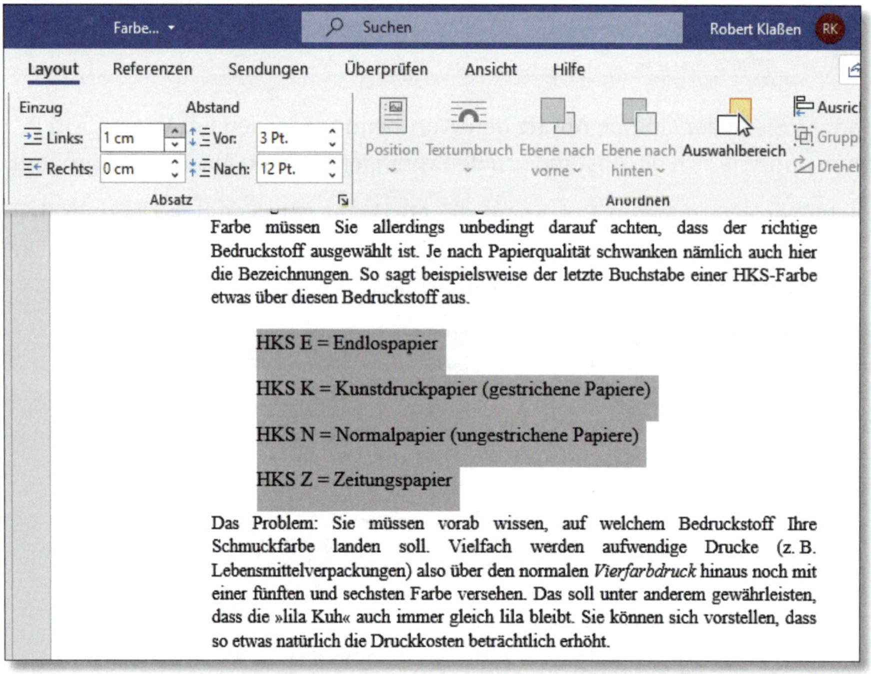
Farbe...
Suchen
Robert Klaßen
RK
Layout
Referenzen
Sendungen
Überprüfen
Ansicht
Hilfe
Einzug
Abstand
Links: 1 cm
Vor: 3 Pt.
Rechts: 0 cm
Nach: 12 Pt.
Absatz
Position
Textumbruch
Ebene nach vorne
Ebene nach hinten
Auswahlbereich
Anordnen
Farbe müssen Sie allerdings unbedingt darauf achten, dass der richtige Bedruckstoff ausgewählt ist. Je nach Papierqualität schwanken nämlich auch hier die Bezeichnungen. So sagt beispielsweise der letzte Buchstabe einer HKS-Farbe etwas über diesen Bedruckstoff aus.
HKS E = Endlospapier
HKS K = Kunstdruckpapier (gestrichene Papiere)
HKS N = Normalpapier (ungestrichene Papiere)
HKS Z = Zeitungspapier
Das Problem: Sie müssen vorab wissen, auf welchem Bedruckstoff Ihre Schmuckfarbe landen soll. Vielfach werden aufwendige Drucke (z. B. Lebensmittelverpackungen) also über den normalen Vierfarbdruck hinaus noch mit einer fünften und sechsten Farbe versehen. Das soll unter anderem gewährleisten, dass die »lila Kuh« auch immer gleich lila bleibt. Sie können sich vorstellen, dass so etwas natürlich die Druckkosten beträchtlich erhöht.

10 Heben Sie die graue Markierung auf, indem Sie einen Mausklick an eine beliebige Stelle des Dokuments folgen lassen.

Das war's schon. Das ging doch schnell, oder? Das fertige Dokument finden Sie übrigens im Ordner *Ergebnisse* der Beispieldateien unter dem Titel *Abschnitte.docx*.

6.6 Wasserzeichen, Grafiken und Farben als Hintergrund nutzen

Wasserzeichen, Grafiken und Hintergrundfarben eignen sich, um ein Dokument besonders zu kennzeichnen. So kann einem Dokument z. B. der hellgraue Hinweis »EILT« im Hintergrund hinzugefügt werden, damit der Empfänger weiß, dass die Bearbeitung dieses Dokuments keinen Aufschub mehr duldet.

Grundsätzlich sollten Sie sicherstellen, dass Sie sich in der Gruppe **Ansichten** der Registerkarte **Ansicht** für **Drucklayout** (bis Office 2019 = **Seitenlayout**) entscheiden, sofern Sie mit Wasserzeichen, Grafiken und Farben als Hintergrund arbeiten. Die einzelnen Steuerelemente sind zwar auch in anderen Ansichten verfügbar, jedoch werden die Auswirkungen im Dokument nicht angezeigt.

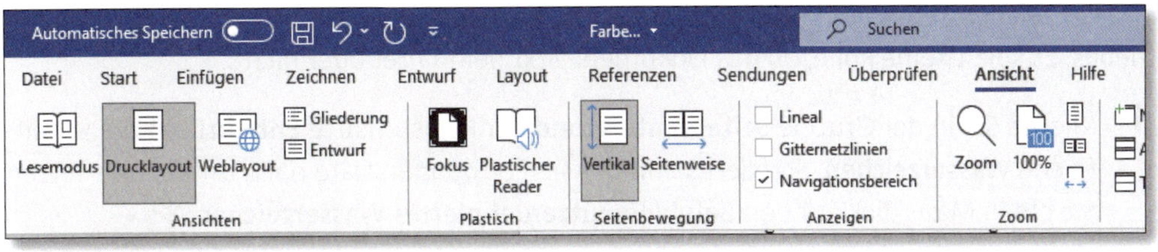

Abbildung 6.13 *Stellen Sie sicher, dass sich das Dokument in der »Drucklayout«- bzw. »Seitenlayout«-Ansicht befindet.*

Ein Wasserzeichen einfügen

Fügen Sie dem Dokument ein Wasserzeichen hinzu, indem Sie zunächst auf die Registerkarte **Entwurf** wechseln. Klicken Sie innerhalb der Gruppe **Seitenhintergrund** auf **Wasserzeichen**. Falls erforderlich, scrollen Sie in der sich automatisch öffnenden Liste etwas nach unten und setzen einen Mausklick auf den Eintrag, den Sie als Wasserzeichen verwenden wollen (hier: **VERTRAULICH 1**).

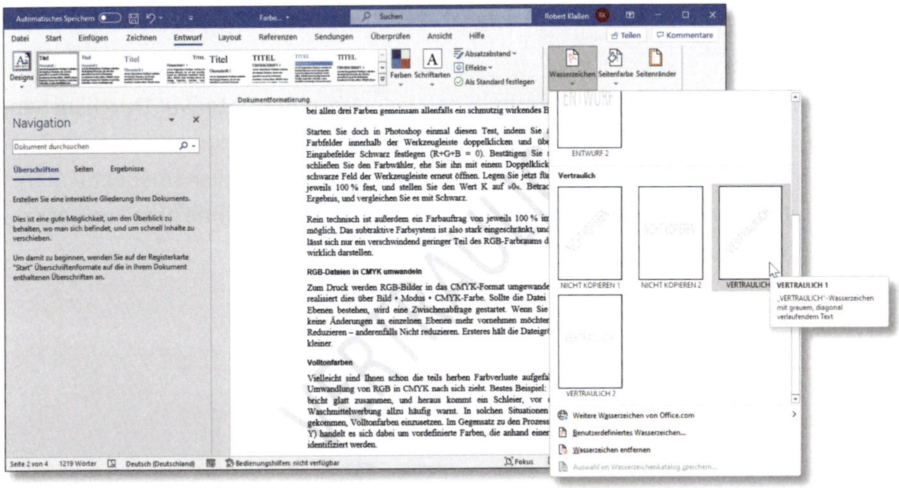

Abbildung 6.14 *Das Dokument wird als »vertraulich« gekennzeichnet.*

INFO

Wasserzeichen entfernen

Falls das eingefügte Wasserzeichen zu einem späteren Zeitpunkt nicht mehr benötigt wird, klicken Sie erneut auf **Wasserzeichen** (**Entwurf > Seitenhintergrund**) und entscheiden sich im Menü für **Wasserzeichen entfernen**.

Eine Hintergrundgrafik einfügen

Hintergrundgrafiken können mit einem Grafikprogramm oder einer Bildbearbeitungssoftware hergestellt und in Word genutzt werden. Ebenso eignet sich aber auch jedes Foto oder eine Grafik zur Verwendung als Bildwasserzeichen. Im Beispiel wollen wir ein solches Wasserzeichen hinzufügen. Öffnen Sie ein beliebiges Dokument, oder erzeugen Sie ein neues. Es spielt keine Rolle, ob das Dokument Text beinhaltet oder nicht.

1 Klicken Sie in der Gruppe **Seitenhintergrund** der Registerkarte **Entwurf** auf die Schaltfläche **Wasserzeichen**. Scrollen Sie in der sich öffnenden Liste nach unten, und setzen Sie einen Mausklick auf den Befehl **Benutzerdefiniertes Wasserzeichen**.

2 Standardmäßig ist ganz oben im folgenden Dialogfenster **Gedrucktes Wasserzeichen** der Radiobutton **Kein Wasserzeichen** aktiv. Schalten Sie hier um auf **Bildwasserzeichen**, und klicken Sie anschließend auf den Button **Bild auswählen**.

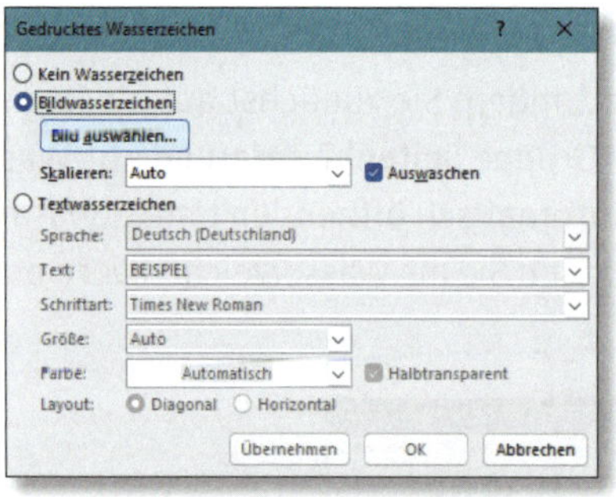

3 Im folgenden Fenster klicken Sie innerhalb der Zeile **Aus einer Datei** auf **Durchsuchen**, um Zugang zu den Bildern auf Ihrem Rechner zu erhalten. (Leider gab es zum Zeitpunkt der Drucklegung dieses Buches noch ein Problem: Ein ziemlich unspektakulärer Dialog deutete einen Fehler an. In diesem Fall musste man auf **Offline arbeiten** klicken, um Zugang zu den Daten auf dem Rechner zu erhalten.)

4 Navigieren Sie im Dialogfenster **Grafik einfügen** zu dem Ordner, der die Bilddatei enthält. Wenn Sie mögen, benutzen Sie *Wasserzeichen.png* aus dem Ordner *06* der Beispieldateien. Markieren Sie das Bild, und klicken Sie auf **Einfügen**.

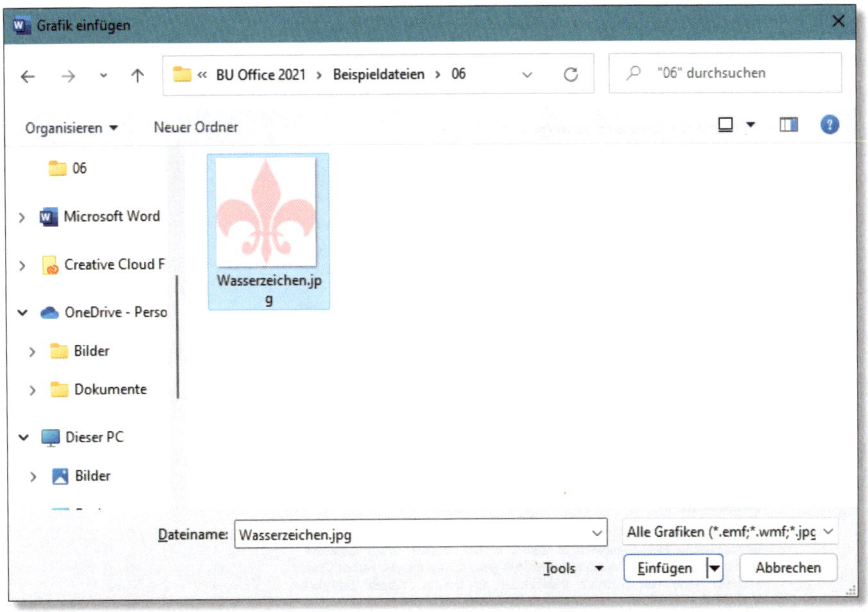

5 Bevor Sie den Dialog **Gedrucktes Wasserzeichen** ebenfalls mit **OK** verlassen, stellen Sie den Wert im Feld **Skalieren** noch auf »50 %« (das Logo wird ansonsten im Dokument zu groß dargestellt) und deaktivieren **Auswaschen** ❶. Diese Funktion sorgt dafür, dass die Farben und Kontraste eines herkömmlichen Bildes kräftig reduziert werden. Anderenfalls wäre der darüber befindliche Text des Dokuments ja nicht mehr lesbar. Da unsere Bilddatei allerdings schon entsprechend vorbereitet ist (also nicht mehr über kräftige Farben und Kontraste verfügt), deaktivieren Sie die Checkbox in diesem Fall.

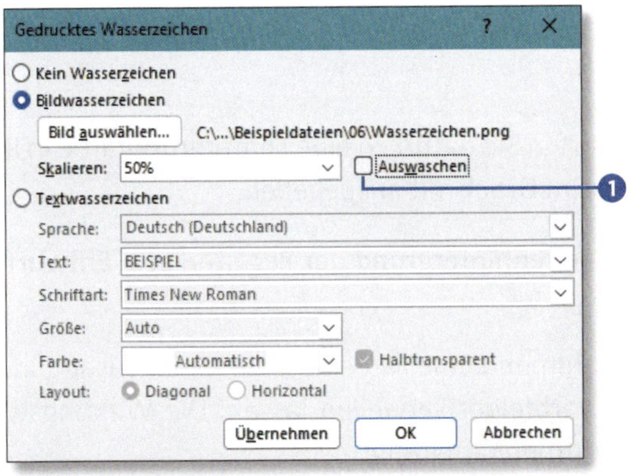

Sollten Sie selbst derartige Vorlagen mit einer Bildbearbeitungssoftware erzeugen, müssen Sie sich um die Transparenzen keine Sorgen machen – sofern **Auswaschen** aktiv ist.

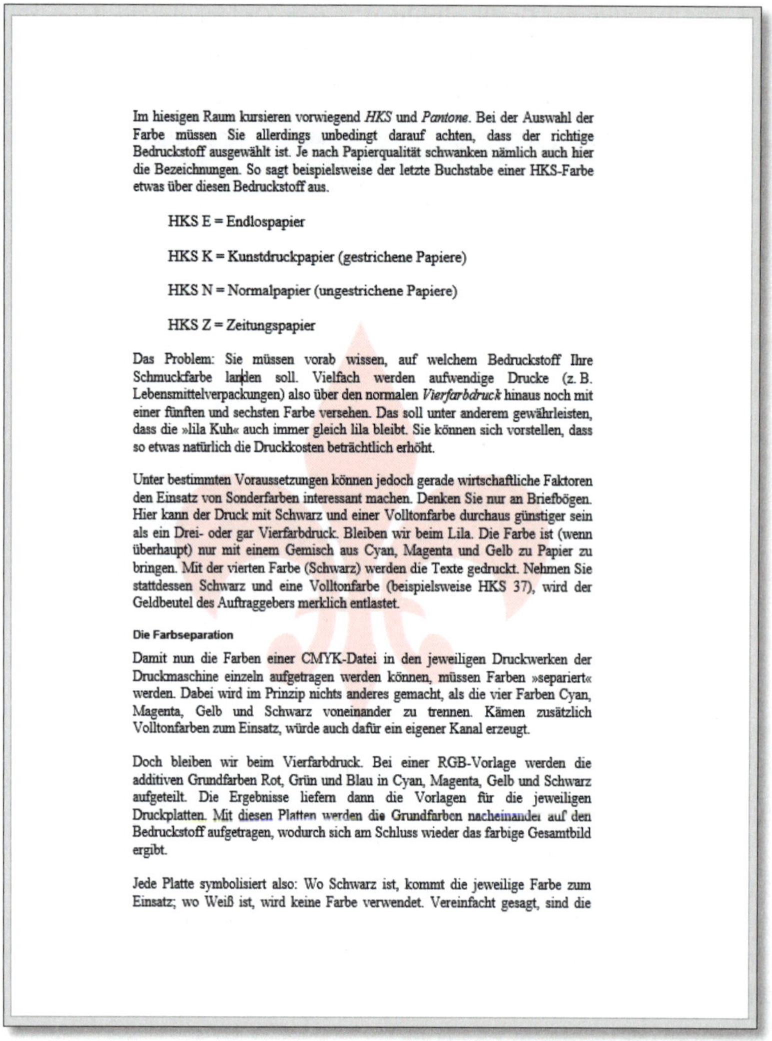

Im hiesigen Raum kursieren vorwiegend *HKS* und *Pantone*. Bei der Auswahl der Farbe müssen Sie allerdings unbedingt darauf achten, dass der richtige Bedruckstoff ausgewählt ist. Je nach Papierqualität schwanken nämlich auch hier die Bezeichnungen. So sagt beispielsweise der letzte Buchstabe einer HKS-Farbe etwas über diesen Bedruckstoff aus.

HKS E = Endlospapier

HKS K = Kunstdruckpapier (gestrichene Papiere)

HKS N = Normalpapier (ungestrichene Papiere)

HKS Z = Zeitungspapier

Das Problem: Sie müssen vorab wissen, auf welchem Bedruckstoff Ihre Schmuckfarbe landen soll. Vielfach werden aufwendige Drucke (z. B. Lebensmittelverpackungen) also über den normalen *Vierfarbdruck* hinaus noch mit einer fünften und sechsten Farbe versehen. Das soll unter anderem gewährleisten, dass die »lila Kuh« auch immer gleich lila bleibt. Sie können sich vorstellen, dass so etwas natürlich die Druckkosten beträchtlich erhöht.

Unter bestimmten Voraussetzungen können jedoch gerade wirtschaftliche Faktoren den Einsatz von Sonderfarben interessant machen. Denken Sie nur an Briefbögen. Hier kann der Druck mit Schwarz und einer Volltonfarbe durchaus günstiger sein als ein Drei- oder gar Vierfarbdruck. Bleiben wir beim Lila. Die Farbe ist (wenn überhaupt) nur mit einem Gemisch aus Cyan, Magenta und Gelb zu Papier zu bringen. Mit der vierten Farbe (Schwarz) werden die Texte gedruckt. Nehmen Sie stattdessen Schwarz und eine Volltonfarbe (beispielsweise HKS 37), wird der Geldbeutel des Auftraggebers merklich entlastet.

Die Farbseparation

Damit nun die Farben einer CMYK-Datei in den jeweiligen Druckwerken der Druckmaschine einzeln aufgetragen werden können, müssen Farben »separiert« werden. Dabei wird im Prinzip nichts anderes gemacht, als die vier Farben Cyan, Magenta, Gelb und Schwarz voneinander zu trennen. Kämen zusätzlich Volltonfarben zum Einsatz, würde auch dafür ein eigener Kanal erzeugt.

Doch bleiben wir beim Vierfarbdruck. Bei einer RGB-Vorlage werden die additiven Grundfarben Rot, Grün und Blau in Cyan, Magenta, Gelb und Schwarz aufgeteilt. Die Ergebnisse liefern dann die Vorlagen für die jeweiligen Druckplatten. Mit diesen Platten werden die Grundfarben nacheinander auf den Bedruckstoff aufgetragen, wodurch sich am Schluss wieder das farbige Gesamtbild ergibt.

Jede Platte symbolisiert also: Wo Schwarz ist, kommt die jeweilige Farbe zum Einsatz; wo Weiß ist, wird keine Farbe verwendet. Vereinfacht gesagt, sind die

Eine Hintergrundfarbe wählen

Papier ist weiß – keine Frage. Dennoch dürfen Sie natürlich eine Hintergrundfarbe in Ihren Dokumenten verwenden. Diese würde beim Druck mit ausgegeben.

1. Klicken Sie zunächst in der Gruppe **Seitenhintergrund** der Registerkarte **Entwurf** auf die Schaltfläche **Seitenfarbe**.
2. Suchen Sie im sich öffnenden Auswahlmenü eine Farbe aus, die Ihnen zusagt, indem Sie den Mauszeiger auf einem der Farbfelder verweilen lassen. Die Wirkungsweise wird Ihnen dabei unmittelbar im Dokument angezeigt.
3. Gefällt Ihnen die Farbe, klicken Sie auf das entsprechende Farbfeld, um sie als Hintergrundfarbe zuzuweisen.

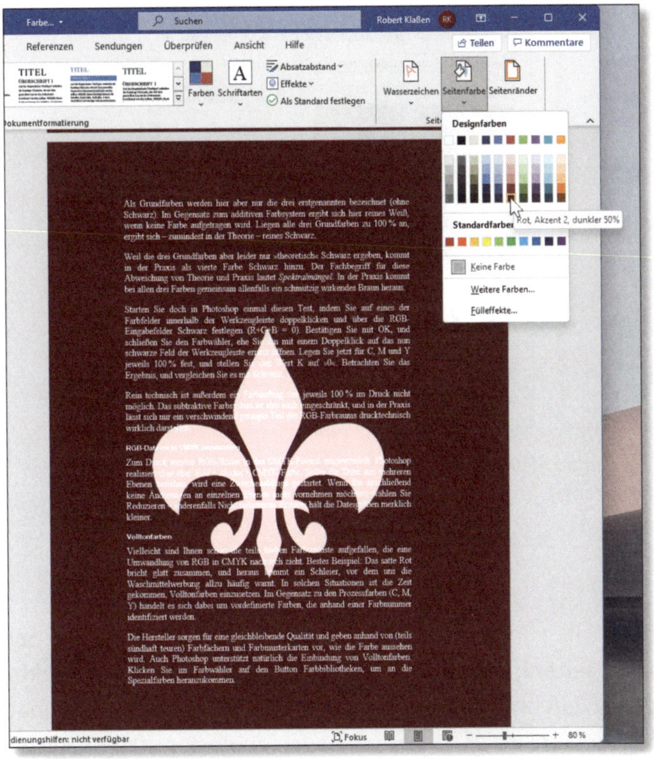

Durch die Vorschaufunktion lässt sich die Auswirkung der jeweiligen Farbeinstellungen prima vorab in Ihrem Dokument begutachten, noch ehe Sie eine endgültige Entscheidung treffen müssen.

INFO

Anpassung der Textfarbe

Für den Fall, dass Sie eine sehr dunkle Hintergrundfarbe wählen, entscheidet sich Word automatisch für die Veränderung der Textfarbe. In diesem Fall wird sie auf Weiß gesetzt. Sie können die Textfarbe aber auch manuell über die Schaltfläche **Schriftfarbe** in der Gruppe **Schriftart** der Registerkarte **Start** anpassen.

Farben individuell einstellen

Falls Sie mit der begrenzten Auswahl an Farben nicht zufrieden sind, können Sie im Menü der Schaltfläche **Seitenfarbe** (**Entwurf > Seitenhintergrund**) auf den Eintrag **Weitere Farben** klicken. Innerhalb des Dialogs **Farben** lässt sich nun zwischen den beiden Registerkarten **Standard** und **Benutzerdefiniert** wählen. Letzteres sorgt für die größtmögliche Vielfalt bei der benutzerdefinierten Farbbestimmung. Durch bloßes Anklicken einer bestimmten Stelle innerhalb des Feldes **Farben** lässt sich die gewünschte Farbe zuweisen. Danach können Sie das kleine schwarze Dreieck rechts neben dem schmalen Farbbalken zur Feineinstellung der zuvor gewählten Farbe nutzen.

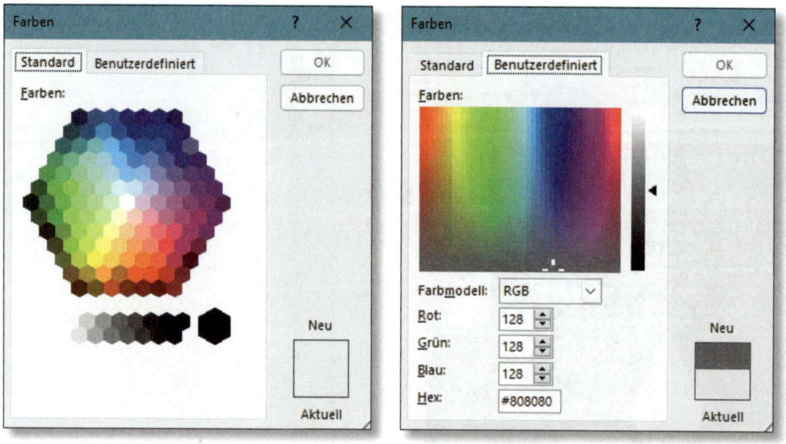

Abbildung 6.15 *Wählen Sie im Dialog »Farben« eine der Standardfarben (links), oder bestimmen Sie die Farbe frei (rechts).*

Fülleffekte benutzen

Lieben Sie Verläufe und effektvolle Hintergründe? Dann sollten Sie im Menü der Schaltfläche **Seitenfarbe** (**Entwurf > Seitenhintergrund**) einmal auf die Option **Fülleffekte** klicken. Auch dahinter verbirgt sich ein umfangreicher Dialog. Entscheiden Sie sich zunächst, welche der angebotenen Registerkarten für Ihr Vorhaben geeignet ist. Auf der Registerkarte **Graduell** beispielsweise können Sie besagte Verläufe anlegen. Schalten Sie beispielsweise im Bereich **Farbe** den Radiobutton um auf **Zweifarbig**, können die beiden nebenstehenden Farbfelder (**Farbe 1** und **Farbe 2**) durch Klick auf den Farbbalken verändert werden. Über die weiteren Registerkarten des Dialogfensters **Fülleffekte** lassen sich außerdem verschiedene Muster, Strukturen oder Grafiken als Hintergründe in Ihrem Dokument einrichten.

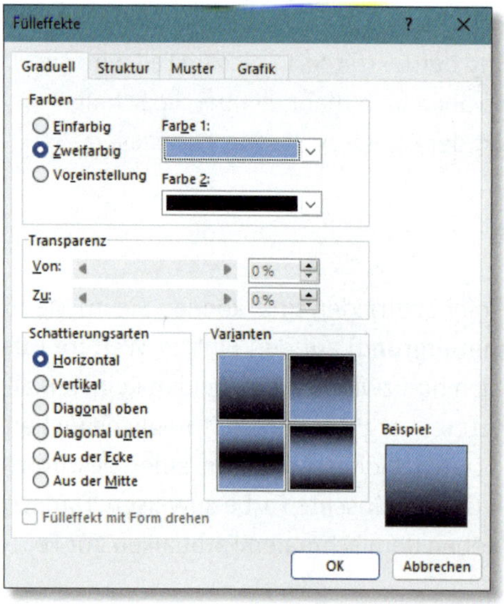

Abbildung 6.16 *Wer möchte, kann sogar Hintergrundverläufe erzeugen.*

Grundsätzlich sollten Sie mit derartigen Effekten jedoch vorsichtig umgehen. Zu leicht wird dadurch die Lesbarkeit des Textes negativ beeinflusst – und das kann niemals Sinn und Zweck einer Hintergrundgestaltung sein. Diese Effekte sollten daher nur für kurze Texte (z. B. Einladungen) benutzt werden.

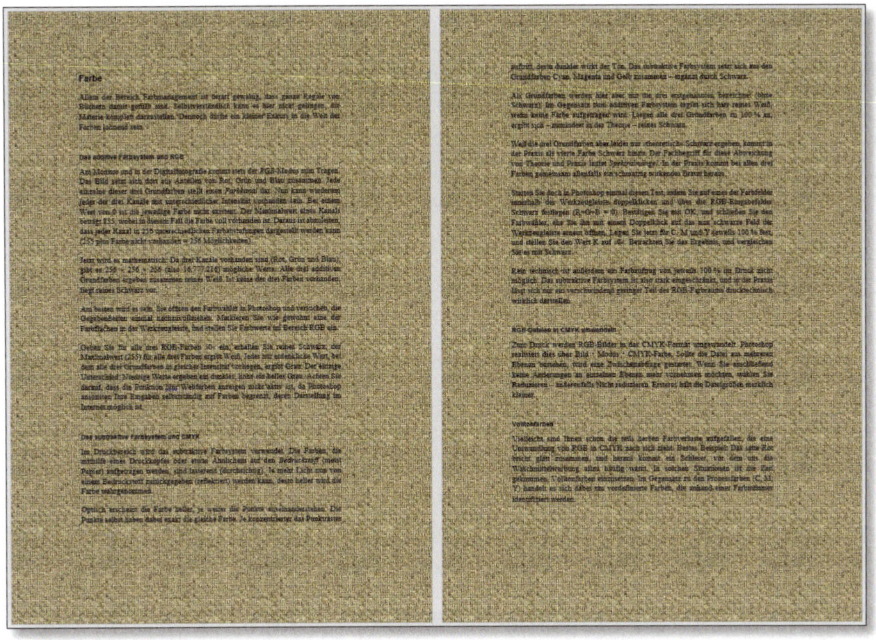

Abbildung 6.17 *Derartige Fülleffekte sehen zwar schick aus, aber lesen kann das niemand mehr.*

> **TIPP**
>
> **Lesbarkeit erhalten**
>
> Die Lesbarkeit muss immer Vorrang vor der Gestaltung haben. Wenn es dem Empfänger zu schwierig gemacht wird, die Botschaft zu lesen, wird er es gar nicht erst versuchen. In diesem Fall ist dann die Gestaltung absolut kontraproduktiv.

6.7 Mit Designs arbeiten

Jetzt sollen vorhandene Dokumente mit einem entsprechenden Design versehen werden. In den folgenden Schritten werden Sie feststellen, dass dazu auch die Zuweisung von Formatvorlagen erforderlich wird. An dieser Stelle arbeite ich mit dem Dokument *Abschnitte.docx* aus dem Ordner *Ergebnisse* der Beispieldateien.

1 Klicken Sie in der Gruppe **Dokumentformatierung** der Registerkarte **Entwurf** ganz links auf die Schaltfläche **Designs**. Entscheiden Sie sich im Auswahlmenü per Mausklick für das Design **Ion**.

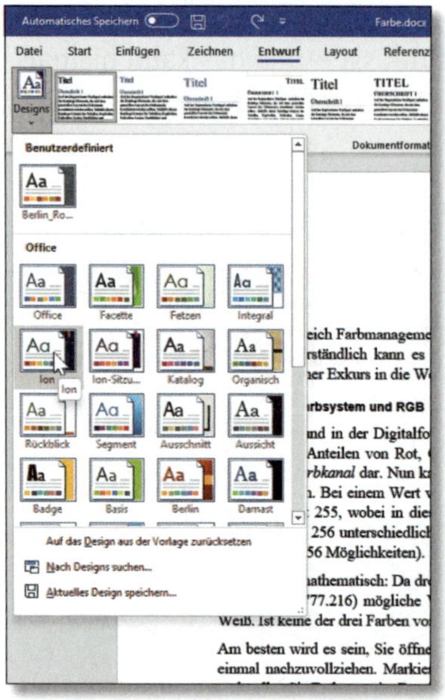

2 Jedes Design bringt nun eigene Formatierungsarten mit. Die unterschiedlichen Arten sieht man in der Liste rechts neben der Schaltfläche **Designs**. Entscheiden Sie sich in diesem Beispiel für **Schattiert**. Sollte der Schalter nicht bereits in der Zeile sichtbar sein, öffnen Sie die Liste zunächst mit einem Klick auf **Weitere** ❶.

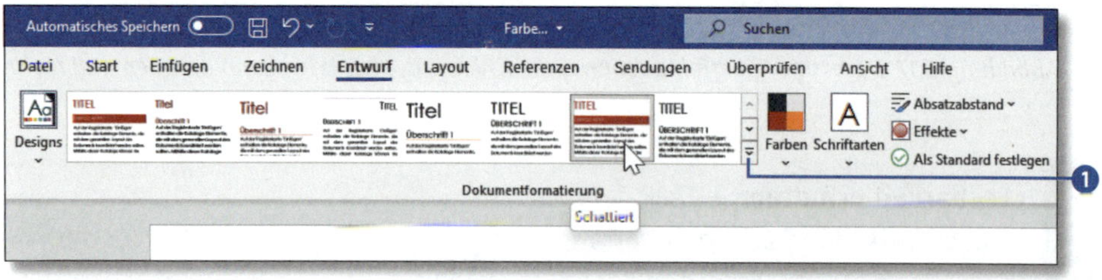

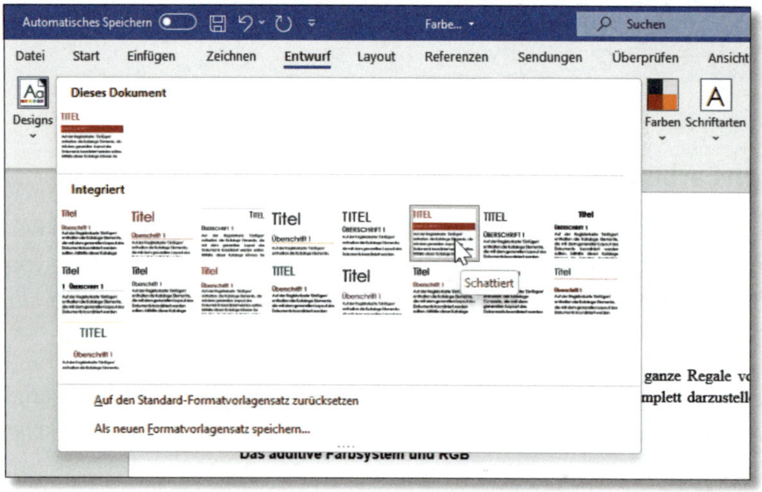

3 Klicken Sie nun auf die erste Zeile des Dokuments (»Farbe«), und wechseln Sie auf die Registerkarte **Start**. Klicken Sie in der Gruppe **Formatvorlagen** auf **Titel**.

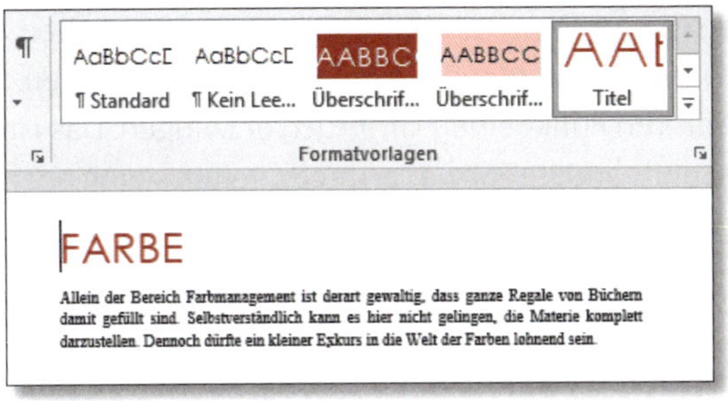
AaBbCcI
¶ Standard
AaBbCcI
¶ Kein Lee...
AABBC
Überschrif...
AABBCC
Überschrif...
AAI
Titel
Formatvorlagen
FARBE
Allein der Bereich Farbmanagement ist derart gewaltig, dass ganze Regale von Büchern damit gefüllt sind. Selbstverständlich kann es hier nicht gelingen, die Materie komplett darzustellen. Dennoch dürfte ein kleiner Exkurs in die Welt der Farben lohnend sein.

4 Als Nächstes markieren Sie alle Überschriften des Dokuments (beginnend mit »Das additive Farbsystem und RGB«) mit `Strg` + Dreifachklick, sodass alle Überschriften markiert sind, der Fließtext aber außen vor bleibt. Danach betätigen Sie in der Gruppe **Formatvorlagen** die Schaltfläche **Überschrift 1**.

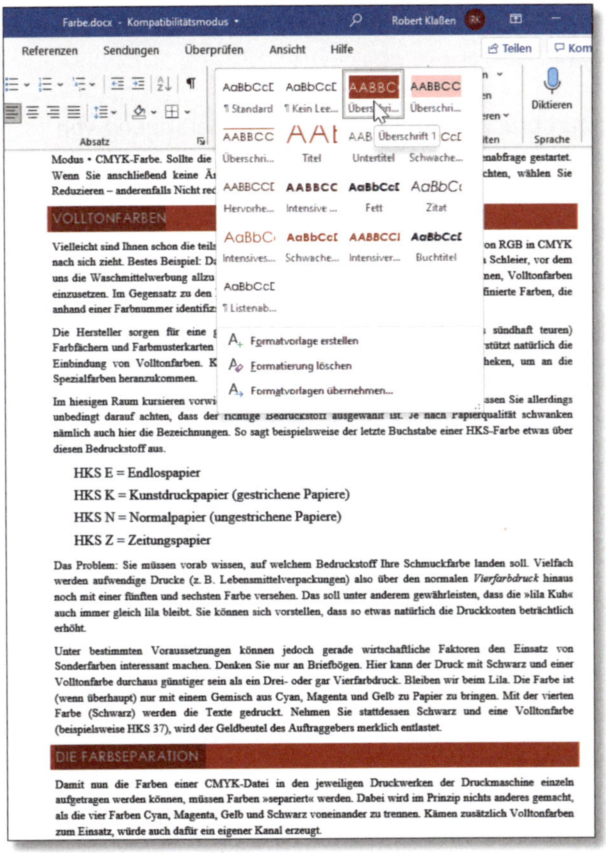
Farbe.docx - Kompatibilitätsmodus
Robert Klaßen
Referenzen
Sendungen
Überprüfen
Ansicht
Hilfe
Teilen
Absatz
Diktieren
Sprache
¶ Standard
¶ Kein Lee...
Überschrift 1
Titel
Untertitel
Schwache...
Hervorhe...
Intensive ...
Fett
Zitat
Intensives...
Schwache...
Intensiver...
Buchtitel
¶ Listenab...
Formatvorlage erstellen
Formatierung löschen
Formatvorlagen übernehmen...
VOLLTONFARBEN
HKS E = Endlospapier
HKS K = Kunstdruckpapier (gestrichene Papiere)
HKS N = Normalpapier (ungestrichene Papiere)
HKS Z = Zeitungspapier
Das Problem: Sie müssen vorab wissen, auf welchem Bedruckstoff Ihre Schmuckfarbe landen soll. Vielfach werden aufwendige Drucke (z. B. Lebensmittelverpackungen) also über den normalen Vierfarbdruck hinaus noch mit einer fünften und sechsten Farbe versehen. Das soll unter anderem gewährleisten, dass die »lila Kuh« auch immer gleich lila bleibt. Sie können sich vorstellen, dass so etwas natürlich die Druckkosten beträchtlich erhöht.
Unter bestimmten Voraussetzungen können jedoch gerade wirtschaftliche Faktoren den Einsatz von Sonderfarben interessant machen. Denken Sie nur an Briefbögen. Hier kann der Druck mit Schwarz und einer Volltonfarbe durchaus günstiger sein als ein Drei- oder gar Vierfarbdruck. Bleiben wir beim Lila. Die Farbe ist (wenn überhaupt) nur mit einem Gemisch aus Cyan, Magenta und Gelb zu Papier zu bringen. Mit der vierten Farbe (Schwarz) werden die Texte gedruckt. Nehmen Sie stattdessen Schwarz und eine Volltonfarbe (beispielsweise HKS 37), wird der Geldbeutel des Auftraggebers merklich entlastet.
DIE FARBSEPARATION
Damit nun die Farben einer CMYK-Datei in den jeweiligen Druckwerken der Druckmaschine einzeln aufgetragen werden können, müssen Farben »separiert« werden. Dabei wird im Prinzip nichts anderes gemacht, als die vier Farben Cyan, Magenta, Gelb und Schwarz voneinander zu trennen. Kämen zusätzlich Volltonfarben zum Einsatz, würde auch dafür ein eigener Kanal erzeugt.

Heben Sie zuletzt die Markierung des Textes auf, indem Sie an eine beliebige andere Position des Dokuments klicken. Das Ergebnis kann sich sehen lassen, oder?

6.8 Umbrüche benutzen

Umbrüche sind Stellen eines Dokuments, an denen ein Seitenwechsel stattfindet oder ein neuer Abschnitt beginnt. Normalerweise sorgt Word dafür, dass die einzelnen Seiten ausgefüllt werden. Ist kein weiterer Platz vorhanden, wird mit einer neuen Seite begonnen. Nun können Sie selbst aber an einem bestimmten Punkt einen Umbruch erzwingen. Das ist z. B. dann sinnvoll, wenn ab diesem Textabschnitt andere Formatierungen gelten sollen oder beispielsweise ein neues Buchkapitel beginnt, das eigene Kopf- und Fußzeilen bekommen soll.

Seiten- und Abschnittsumbrüche

Grundsätzlich unterscheiden wir zwischen Seiten- und Abschnittsumbrüchen. Bei Verwendung von *Seitenumbrüchen* steht der Umbruch selbst im Vordergrund. So wird beispielsweise ein Seitenwechsel oder zumindest ein Spaltenumbruch erzwungen. *Abschnittsumbrüche* hingegen finden ihre Verwendung vor allem dann, wenn Formate geändert werden sollen, der nachfolgende Text aber nicht auf eine neue Seite verschoben werden soll. Klassisches Beispiel: Ein Dokument war bislang mit einspaltigem Text versehen, soll aber ab der Umbruchposition mehrspaltig werden.

Seitenumbruch einfügen

Die einfachste Art, einen Seitenumbruch hinzuzufügen, ist die Betätigung von Strg + ↵. Dies hat zur Folge, dass ab der aktuellen Cursorposition ein Seitenwechsel vollzogen wird. In der Folge spielt es überhaupt keine Rolle, ob oberhalb des Umbruchs noch weiterer Text eingefügt oder gelöscht wird. Der Umbruch (sprich: der Beginn einer neuen Seite) wird immer an der zuvor definierten Position stattfinden.

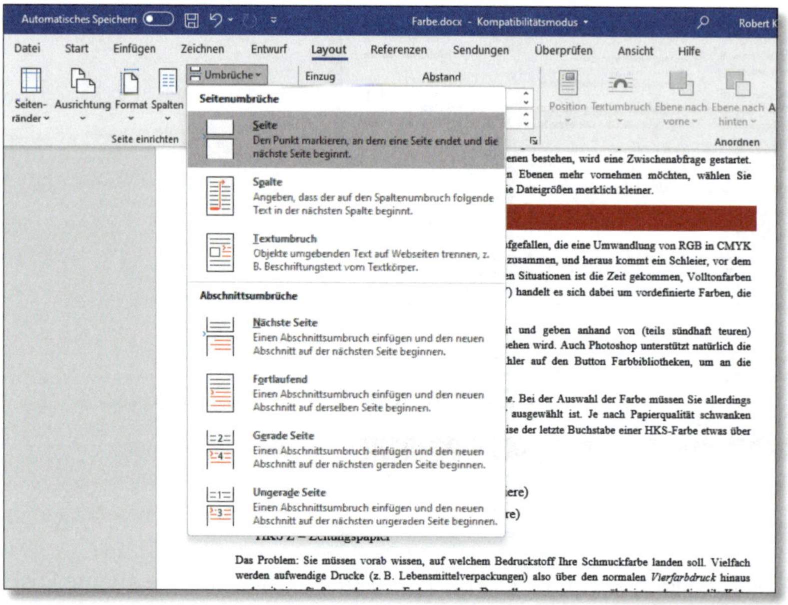
Automatisches Speichern
Farbe.docx - Kompatibilitätsmodus
Datei Start Einfügen Zeichnen Entwurf Layout Referenzen Sendungen Überprüfen Ansicht Hilfe
Seitenränder Ausrichtung Format Spalten
Umbrüche
Einzug
Abstand
Seite einrichten
Position Textumbruch Ebene nach vorne Ebene nach hinten
Anordnen
Seitenumbrüche
Seite
Den Punkt markieren, an dem eine Seite endet und die nächste Seite beginnt.
Spalte
Angeben, dass der auf den Spaltenumbruch folgende Text in der nächsten Spalte beginnt.
Textumbruch
Objekte umgebenden Text auf Webseiten trennen, z. B. Beschriftungstext vom Textkörper.
Abschnittsumbrüche
Nächste Seite
Einen Abschnittsumbruch einfügen und den neuen Abschnitt auf der nächsten Seite beginnen.
Fortlaufend
Einen Abschnittsumbruch einfügen und den neuen Abschnitt auf derselben Seite beginnen.
Gerade Seite
Einen Abschnittsumbruch einfügen und den neuen Abschnitt auf der nächsten geraden Seite beginnen.
Ungerade Seite
Einen Abschnittsumbruch einfügen und den neuen Abschnitt auf der nächsten ungeraden Seite beginnen.

Abbildung 6.18 *Ein Seitenumbruch kann auch mithilfe des Menübands in die Wege geleitet werden.*

Alternativ zur Tastenkombination klicken Sie in der Gruppe **Seite einrichten** der Registerkarte **Layout** auf **Umbrüche**. Wenn Sie nun im Auswahlmenü auf **Seite** klicken, erzeugen Sie einen Seitenumbruch an der aktuellen Cursorposition.

Seitenumbrüche anzeigen

Nun kann man auf den ersten Blick nicht wirklich erkennen, ob es sich um einen realen Seitenumbruch oder lediglich um eine Anhäufung von Leerzeilen handelt (die nur so aussehen, als sei hier ein Seitenumbruch vorgenommen worden). Im Zweifelsfall klicken Sie in der Gruppe **Absatz** der Registerkarte **Start** oben rechts auf die Schaltfläche **Alle anzeigen**. Alternativ können Sie auch die Tastenkombination [Strg] + [⇧] + [+] verwenden. »Echte« Seitenwechsel werden jetzt auch im Text entsprechend ausgewiesen **1**.

6

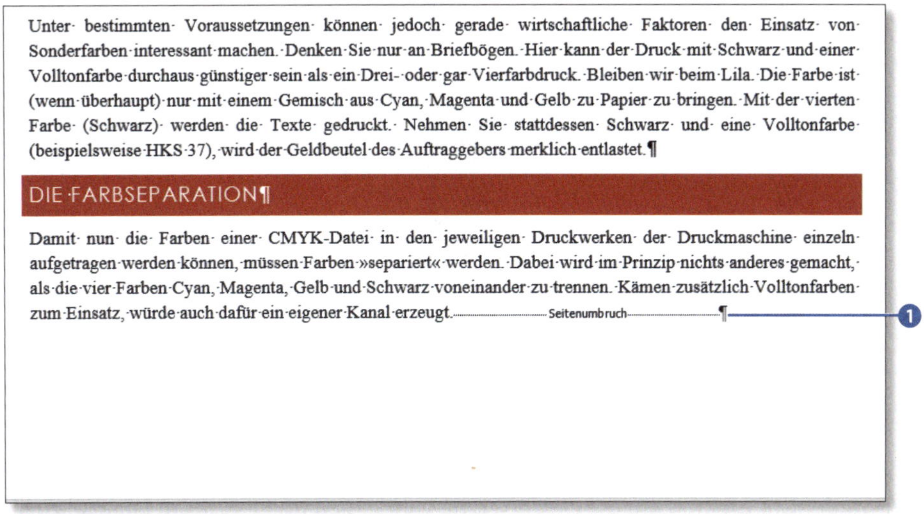

Unter·bestimmten·Voraussetzungen·können·jedoch·gerade·wirtschaftliche·Faktoren·den·Einsatz·von·Sonderfarben·interessant·machen.·Denken·Sie·nur·an·Briefbögen.·Hier·kann·der·Druck·mit·Schwarz·und·einer·Volltonfarbe·durchaus·günstiger·sein·als·ein·Drei-·oder·gar·Vierfarbdruck.·Bleiben·wir·beim·Lila.·Die·Farbe·ist·(wenn·überhaupt)·nur·mit·einem·Gemisch·aus·Cyan,·Magenta·und·Gelb·zu·Papier·zu·bringen.·Mit·der·vierten·Farbe·(Schwarz)·werden·die·Texte·gedruckt.·Nehmen·Sie·stattdessen·Schwarz·und·eine·Volltonfarbe·(beispielsweise·HKS·37),·wird·der·Geldbeutel·des·Auftraggebers·merklich·entlastet.¶

DIE·FARBSEPARATION¶

Damit·nun·die·Farben·einer·CMYK-Datei·in·den·jeweiligen·Druckwerken·der·Druckmaschine·einzeln·aufgetragen·werden·können,·müssen·Farben·»separiert«·werden.·Dabei·wird·im·Prinzip·nichts·anderes·gemacht,·als·die·vier·Farben·Cyan,·Magenta,·Gelb·und·Schwarz·voneinander·zu·trennen.·Kämen·zusätzlich·Volltonfarben·zum·Einsatz,·würde·auch·dafür·ein·eigener·Kanal·erzeugt.............Seitenumbruch.............¶

Abbildung 6.19 *Schalten Sie bei Bedarf die Anzeige von Seitenumbrüchen ein.*

Spalten- und Textumbrüche

Sofern Sie mit mehrspaltigem Text arbeiten, können Sie auch einrichten, dass nachfolgender Text in die nächste Spalte verschoben wird. Dazu klicken Sie in der Gruppe **Seite einrichten** der Registerkarte **Layout** im Menü der Schaltfläche **Umbrüche** auf **Spalte**. Textumbrüche finden ihre Verwendung bei Webseiten. Legen Sie mit diesem Befehl fest, dass ab der aktuellen Position der Einfügemarke andere Textattribute gelten sollen. So kann beispielsweise eine nachfolgende Bildunterschrift eine andere Ausrichtung bekommen als der bisherige Text.

Spaltenausgleich

An dieser Stelle greife ich Abschnitt 6.10, »Ein Dokument in Spalten unterteilen«, auf Seite 221, vor und spreche ein Problem an, das sehr häufig im Zusammenhang mit mehrspaltigen Dokumenten auftaucht: Word versucht grundsätzlich, eine Spalte komplett zu füllen.

Erst wenn diese bis zum unteren Ende des Satzspiegels reicht, wird in die nächste Spalte verzweigt. Das kann gerade am Ende des Dokuments zu Problemen führen, denn eine einzelne Spalte am Dokumentende sieht nicht sehr schön aus. Sorgen Sie mithilfe des Spaltenausgleichs für einen sauberen Abschluss.

1 Setzen Sie dazu die Einfügemarke hinter das letzte Zeichen der Spalte.

2 Klicken Sie in der Gruppe **Seite einrichten** der Registerkarte **Layout** auf den Button **Umbrüche**, und entscheiden Sie sich im Auswahlmenü für den Abschnittsumbruch **Fortlaufend**.

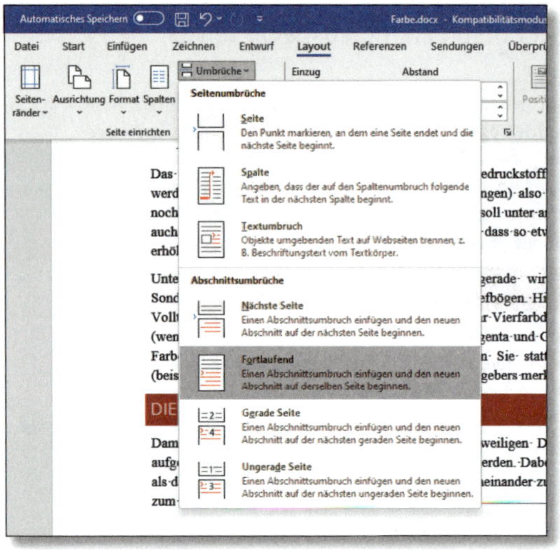
Automatisches Speichern
Farbe.docx - Kompatibilitätsmodus
Datei
Start
Einfügen
Zeichnen
Entwurf
Layout
Referenzen
Sendungen
Seiten- ränder
Ausrichtung
Format
Spalten
Umbrüche
Einzug
Abstand
Seite einrichten
Seitenumbrüche
Seite
Den Punkt markieren, an dem eine Seite endet und die nächste Seite beginnt.
Spalte
Angeben, dass der auf den Spaltenumbruch folgende Text in der nächsten Spalte beginnt.
Textumbruch
Objekte umgebenden Text auf Webseiten trennen, z. B. Beschriftungstext vom Textkörper.
Abschnittsumbrüche
Nächste Seite
Einen Abschnittsumbruch einfügen und den neuen Abschnitt auf der nächsten Seite beginnen.
Fortlaufend
Einen Abschnittsumbruch einfügen und den neuen Abschnitt auf derselben Seite beginnen.
Gerade Seite
Einen Abschnittsumbruch einfügen und den neuen Abschnitt auf der nächsten geraden Seite beginnen.
Ungerade Seite
Einen Abschnittsumbruch einfügen und den neuen Abschnitt auf der nächsten ungeraden Seite beginnen.

Das hat zur Folge, dass die Anzahl der derzeit gültigen Spalten beibehalten wird. Zudem werden alle Spalten auf die gleiche Höhe gebracht, damit es wie im Beispiel zu einem optisch sauberen Abschluss kommt.

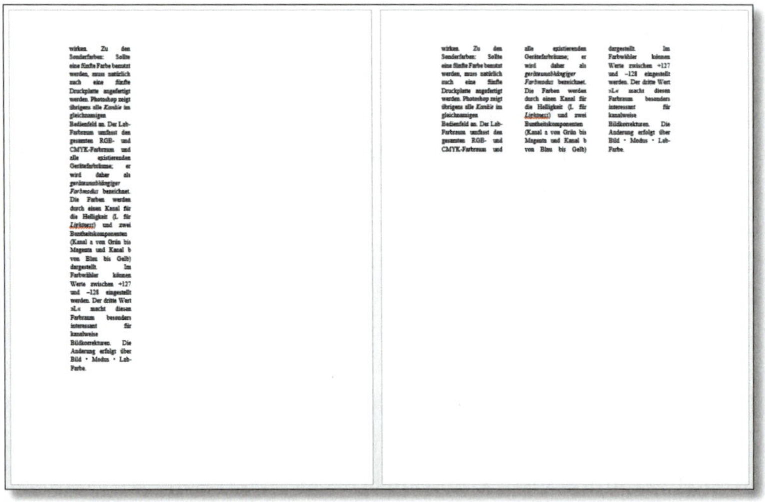

Abbildung 6.20
Eine einzelne Spalte am Dokumentende (links) sieht nicht sehr schön aus. Sorgen Sie mithilfe des Spaltenausgleichs für einen sauberen Abschluss (rechts).

6.9 Zeilennummerierungen einsetzen

Zeilennummerierungen werden eingesetzt, damit man sich innerhalb eines umfangreichen Dokuments besser orientieren kann. Word bringt hier verschiedene Optionen mit, die Sie in der Gruppe **Seite einrichten** der Registerkarte **Layout** per Klick auf die Schaltfläche **Zeilennummern** aufrufen können. Sollten Sie mit mehrspaltigen Dokumenten arbeiten, wird jeder Zeile einer Spalte auch eine eigene Zeilennummer zugewiesen.

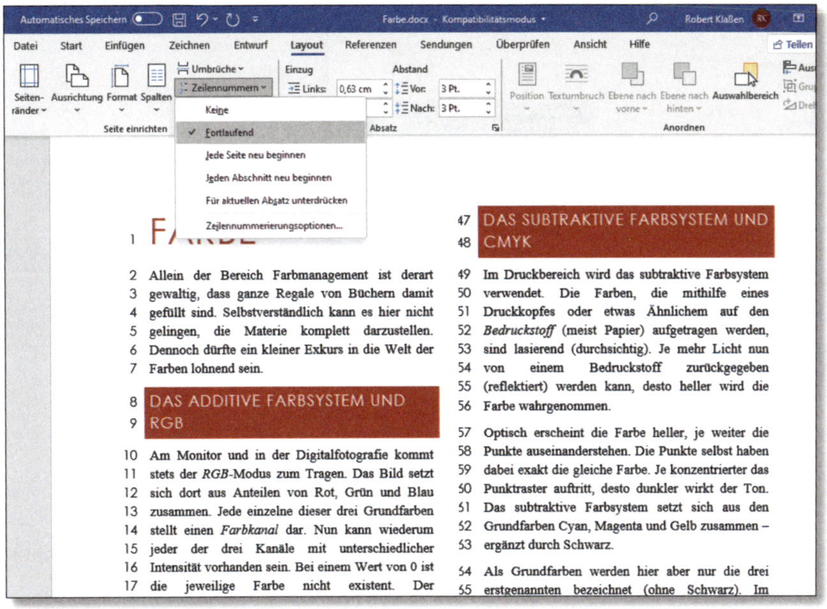
Automatisches Speichern
Farbe.docx - Kompatibilitätsmodus
Robert Klaßen
Datei
Start
Einfügen
Zeichnen
Entwurf
Layout
Referenzen
Sendungen
Überprüfen
Ansicht
Hilfe
Teilen
Umbrüche
Zeilennummern
Seitenränder
Ausrichtung
Format
Spalten
Seite einrichten
Einzug
Links: 0,63 cm
Abstand
Vor: 3 Pt.
Nach: 3 Pt.
Absatz
Position
Textumbruch
Ebene nach vorne
Ebene nach hinten
Auswahlbereich
Anordnen
Keine
Fortlaufend
Jede Seite neu beginnen
Jeden Abschnitt neu beginnen
Für aktuellen Absatz unterdrücken
Zeilennummerierungsoptionen...
DAS SUBTRAKTIVE FARBSYSTEM UND CMYK
Allein der Bereich Farbmanagement ist derart gewaltig, dass ganze Regale von Büchern damit gefüllt sind. Selbstverständlich kann es hier nicht gelingen, die Materie komplett darzustellen. Dennoch dürfte ein kleiner Exkurs in die Welt der Farben lohnend sein.
DAS ADDITIVE FARBSYSTEM UND RGB
Am Monitor und in der Digitalfotografie kommt stets der RGB-Modus zum Tragen. Das Bild setzt sich dort aus Anteilen von Rot, Grün und Blau zusammen. Jede einzelne dieser drei Grundfarben stellt einen Farbkanal dar. Nun kann wiederum jeder der drei Kanäle mit unterschiedlicher Intensität vorhanden sein. Bei einem Wert von 0 ist die jeweilige Farbe nicht existent. Der
Im Druckbereich wird das subtraktive Farbsystem verwendet. Die Farben, die mithilfe eines Druckkopfes oder etwas Ähnlichem auf den Bedruckstoff (meist Papier) aufgetragen werden, sind lasierend (durchsichtig). Je mehr Licht nun von einem Bedruckstoff zurückgegeben (reflektiert) werden kann, desto heller wird die Farbe wahrgenommen.
Optisch erscheint die Farbe heller, je weiter die Punkte auseinanderstehen. Die Punkte selbst haben dabei exakt die gleiche Farbe. Je konzentrierter das Punktraster auftritt, desto dunkler wirkt der Ton. Das subtraktive Farbsystem setzt sich aus den Grundfarben Cyan, Magenta und Gelb zusammen – ergänzt durch Schwarz.
Als Grundfarben werden hier aber nur die drei erstgenannten bezeichnet (ohne Schwarz). Im

Abbildung 6.21 *Jede Zeile erhält eine eigene Nummer.*

Das Menü der Schaltfläche **Zeilennummern** stellt unterschiedliche Nummerierungsarten zur Verfügung. Während mit dem Befehl **Fortlaufend** das gesamte Dokument durchnummeriert wird, sorgt beispielsweise der Befehl **Jede Seite neu beginnen** dafür, dass nach einem Seitenwechsel die Nummerierung wieder mit Zeile 1 begonnen wird. Wollen Sie zusätzlich Einfluss auf die Art der Nummerierung nehmen, müssen Sie einen Schritt weiter gehen und das Dialogfenster **Seite einrichten** zur Bearbeitung aufrufen. Sie können nämlich auch festlegen, dass die Nummerierung nicht bei 1 beginnt, sondern mit einer anderen Ziffer. Ebenso kann auch lediglich jede zweite oder jede fünfte Zeile mit einer Nummer versehen werden.

1. Klicken Sie im Menü der Schaltfläche **Zeilennummern** auf den untersten Befehl **Zeilennummerierungsoptionen**.
2. Damit gelangen Sie in das Dialogfenster **Seite einrichten** mit der aktiven Registerkarte **Layout**, die Ihnen direkt noch keine Optionen zur Zeilennummerierung zur Verfügung stellt. Klicken Sie deswegen im Dialogfenster unten rechts auf die Schaltfläche **Zeilennummern**, um im nächsten Schritt die Zeilennummerierung anzupassen.

3 Im Dialogfenster **Zeilennummern** wählen Sie die Checkbox **Zeilennummern hinzufügen** an und legen in den Feldern alle weiteren Formatierungen nach Ihren Vorstellungen fest.

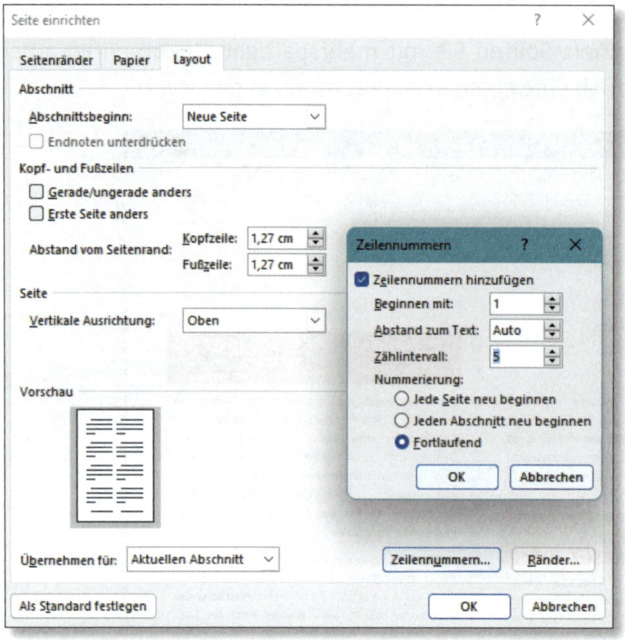

4 Bestätigen Sie diesen Dialog sowie den darunter befindlichen jeweils mit einem Klick auf **OK**.

FARBE

Allein der Bereich Farbmanagement ist derart gewaltig, dass ganze Regale von Büchern damit gefüllt sind. Selbstverständlich kann es hier nicht gelingen, die Materie komplett darzustellen. Dennoch dürfte ein kleiner Exkurs in die Welt der Farben lohnend sein.

DAS ADDITIVE FARBSYSTEM UND RGB

Am Monitor und in der Digitalfotografie kommt stets der *RGB*-Modus zum Tragen. Das Bild setzt sich dort aus Anteilen von Rot, Grün und Blau zusammen. Jede einzelne dieser drei Grundfarben stellt einen *Farbkanal* dar. Nun kann wiederum jeder der drei Kanäle mit unterschiedlicher Intensität vorhanden sein. Bei einem Wert von 0 ist die jeweilige Farbe nicht existent. Der Maximalwert eines Kanals beträgt 255, wobei in diesem Fall die Farbe voll vorhanden ist. Daraus ist abzuleiten, dass jeder Kanal in 256 unterschiedlichen Farbabstufungen dargestellt werden kann (255 plus Farbe nicht vorhanden = 256 Möglichkeiten).

Jetzt wird es mathematisch: Da drei Kanäle vorhanden sind (Rot, Grün und Blau), gibt es 256 ×

DAS SUBTRAKTIVE FARBSYSTEM UND CMYK

Im Druckbereich wird das subtraktive Farbsystem verwendet. Die Farben, die mithilfe eines Druckkopfes oder etwas Ähnlichem auf den *Bedruckstoff* (meist Papier) aufgetragen werden, sind lasierend (durchsichtig). Je mehr Licht nun von einem Bedruckstoff zurückgegeben (reflektiert) werden kann, desto heller wird die Farbe wahrgenommen.

Optisch erscheint die Farbe heller, je weiter die Punkte auseinanderstehen. Die Punkte selbst haben dabei exakt die gleiche Farbe. Je konzentrierter das Punktraster auftritt, desto dunkler wirkt der Ton. Das subtraktive Farbsystem setzt sich aus den Grundfarben Cyan, Magenta und Gelb zusammen – ergänzt durch Schwarz.

Als Grundfarben werden hier aber nur die drei erstgenannten bezeichnet (ohne Schwarz). Im Gegensatz zum additiven Farbsystem ergibt sich hier reines Weiß, wenn keine Farbe aufgetragen wird. Liegen alle drei Grundfarben zu 100 % an, ergibt sich – zumindest in der Theorie – reines Schwarz.

Weil die drei Grundfarben aber leider nur »theoretisch« Schwarz ergeben, kommt in der Praxis als vierte Farbe Schwarz hinzu. Der

Abbildung 6.22 *Hier wird die Nummerierung mit 100 begonnen, wobei nur jede fünfte Zeile mit einer Nummerierung versehen wird.*

> **INFO**
> **Nummerierung dennoch fortlaufend**
> Im vorangegangenen Beispiel wurde der Wert im Feld **Zählintervall** auf »5« gesetzt. Das bedeutet nicht, dass jetzt in Fünferschritten durchnummeriert wird, sondern vielmehr, dass nur die Zeilen 5, 10, 15 usw. mit Nummern versehen werden.

Wenn Zeilennummerierungen ihren Dienst erledigt haben und nicht mehr benötigt werden, sollten Sie abermals in der Gruppe **Seite einrichten** der Registerkarte **Layout** auf **Zeilennummern** klicken und den obersten Eintrag **Keine** auswählen. Damit wird die Nummerierung komplett verworfen.

6.10 Ein Dokument in Spalten unterteilen

In Abschnitt 6.8, »Umbrüche benutzen«, haben Sie es bereits mit Spalten zu tun bekommen. Hier folgen nun Informationen dazu, wie Sie herkömmliche (einspaltige) Dokumente in mehrere Spalten aufteilen können:

1. Falls Sie nur einen Teil des Dokuments in Spalten aufteilen wollen, markieren Sie diesen Text zunächst. Soll die Einstellung für das gesamte Dokument gelten, muss nichts markiert werden.
2. Öffnen Sie die Registerkarte **Layout**, und klicken Sie in der Gruppe **Seite einrichten** auf **Spalten**. Es können bis zu drei Spalten festgelegt werden.

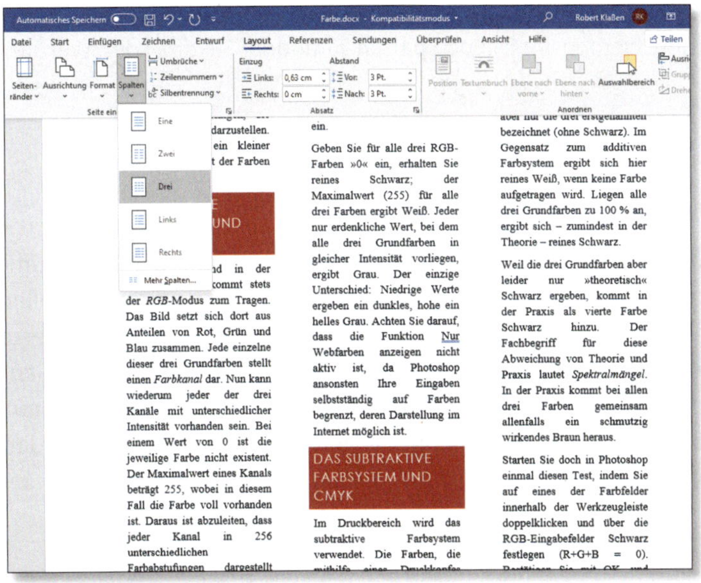

3. Wenn Sie mehr als drei Spalten benötigen (z. B. bei querformatigen Dokumenten), müssen Sie in der Liste **Spalten** auf **Mehr Spalten** klicken.

4 Im folgenden Dialogfenster **Spalten** können Sie die **Spaltenanzahl** und **Breite** der Spalten frei bestimmen.

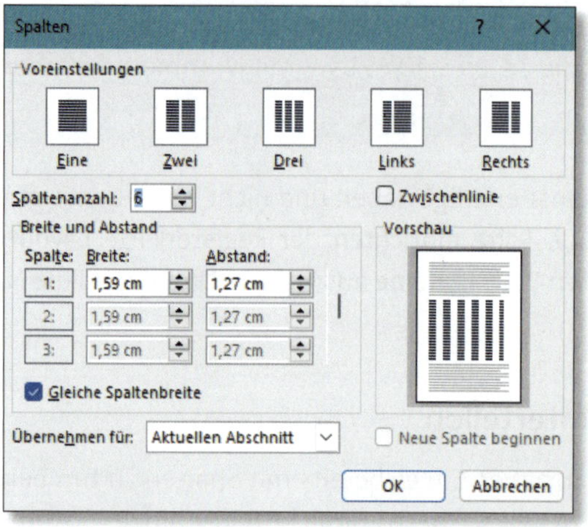

Bitte übertreiben Sie es nicht mit der Spaltenanzahl – denn je mehr Spalten Sie erzeugen, desto geringer ist die Spaltenbreite. Und bei zu engen Spalten ist die Lesbarkeit schnell dahin. Außerdem sieht so etwas nicht gut aus bzw. animiert den Betrachter nicht zum Lesen des Inhalts.

INFO

Spaltenabstand einstellen
Je mehr Spalten generiert werden, desto wichtiger wird es, die Abstände zwischen den einzelnen Spalten anzupassen. Diese sollten bei zunehmender Spaltenanzahl reduziert werden. Im Dialog **Spalten** verändern Sie dazu den Wert im Feld **Abstand**.

6.11 Ebenen definieren und Dokumentstrukturen anpassen

Durch die Definition von Ebenen haben Sie die Möglichkeit, den Inhalt eines Dokuments schnell zu sortieren, ganze Textblöcke zu verschieben und beliebig anzuordnen. Stellen Sie sich vor, Sie schreiben zahlreiche Textabschnitte, ohne vorab ein klares Konzept erzeugt zu haben. Dann ist es nicht unwahrscheinlich, dass Sie einzelne Textabschnitte anders anordnen müssen. Vielleicht passen einige weit voneinander entfernte Passagen gut zusammen. Wenn Sie das nun mithilfe der Zwischenablage erledigen müssten, würden Sie schnell die Übersicht verlieren.

Ebenen in Dokumenten definieren

Ich zeige Ihnen hier zunächst, wie Sie ein größeres Dokument in Ebenen unterteilen. Das ist nämlich Voraussetzung für die Sortierung von Textblöcken. Wie hilfreich dabei die Gliederungsansicht ist, werden Sie gleich erfahren.

1 Öffnen Sie das Dokument *Abschnitte.docx*, das Sie im Ordner *Ergebnisse* der Beispieldateien finden.

2 Speichern Sie das Dokument unter einem anderen Namen, damit am Originaldokument nichts passiert. Ich habe mich hier im Speicherdialog für den Dateinamen *Ebenen.docx* entschieden.

3 Öffnen Sie die Gliederungsansicht. Klicken Sie dazu in der Gruppe **Ansichten** der Registerkarte **Ansicht** auf **Gliederung**.

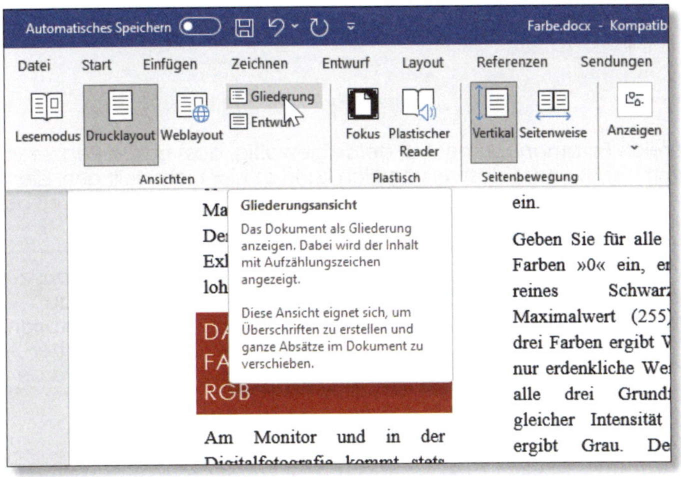
Automatisches Speichern
Farbe.docx - Kompatib
Datei Start Einfügen Zeichnen Entwurf Layout Referenzen Sendungen
Lesemodus Drucklayout Weblayout
Gliederung
Entwurf
Fokus Plastischer Reader
Vertikal Seitenweise
Anzeigen
Ansichten Plastisch Seitenbewegung
Gliederungsansicht
Das Dokument als Gliederung anzeigen. Dabei wird der Inhalt mit Aufzählungszeichen angezeigt.
Diese Ansicht eignet sich, um Überschriften zu erstellen und ganze Absätze im Dokument zu verschieben.

6

4 Die grauen Punkte am Anfang einer Zeile sowie eines Absatzes stehen allesamt auf einer gedachten vertikalen Linie – und somit alle auf einer einzelnen Ebene, da wir bislang ja noch keine Ebenen definiert haben. Stellen Sie die Einfügemarke in verschiedene Zeilen, und schauen Sie oben im Feld **Gliederungsebene** ❶ nach, welche Ebenenart Ihnen dort angezeigt wird. Sie werden feststellen, dass Sie überall das gleiche Ergebnis sehen, nämlich **Textkörper**.

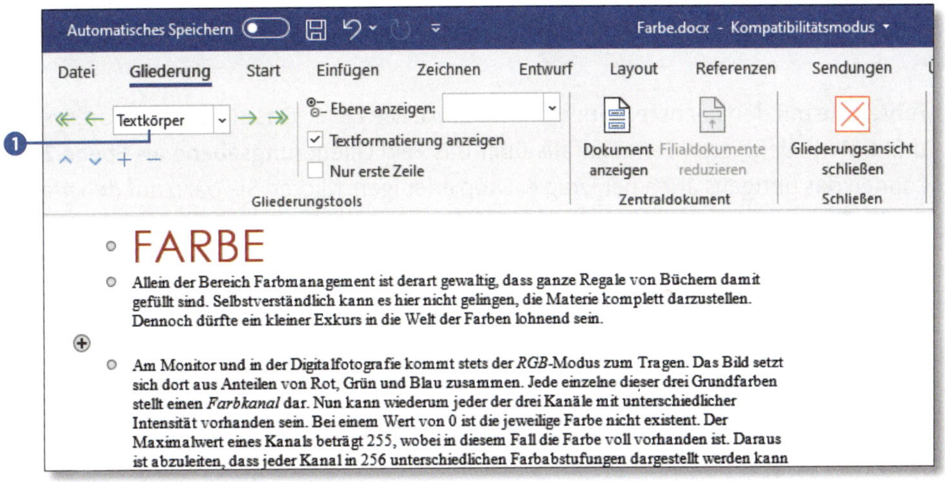
Automatisches Speichern
Farbe.docx - Kompatibilitätsmodus
Datei Gliederung Start Einfügen Zeichnen Entwurf Layout Referenzen Sendungen
Textkörper
❶
Ebene anzeigen:
Textformatierung anzeigen
Nur erste Zeile
Gliederungstools
Dokument anzeigen
Filialdokumente reduzieren
Zentraldokument
Gliederungsansicht schließen
Schließen
FARBE
Allein der Bereich Farbmanagement ist derart gewaltig, dass ganze Regale von Büchern damit gefüllt sind. Selbstverständlich kann es hier nicht gelingen, die Materie komplett darzustellen. Dennoch dürfte ein kleiner Exkurs in die Welt der Farben lohnend sein.
Am Monitor und in der Digitalfotografie kommt stets der RGB-Modus zum Tragen. Das Bild setzt sich dort aus Anteilen von Rot, Grün und Blau zusammen. Jede einzelne dieser drei Grundfarben stellt einen Farbkanal dar. Nun kann wiederum jeder der drei Kanäle mit unterschiedlicher Intensität vorhanden sein. Bei einem Wert von 0 ist die jeweilige Farbe nicht existent. Der Maximalwert eines Kanals beträgt 255, wobei in diesem Fall die Farbe voll vorhanden ist. Daraus ist abzuleiten, dass jeder Kanal in 256 unterschiedlichen Farbabstufungen dargestellt werden kann

5 Das ändert sich jedoch, wenn Sie die Einfügemarke in unserem Beispieldokument in der Zeile mit der Überschrift »Farbe« platzieren und im Feld **Gliederungsebene** über das Auswahlmenü **Ebene 1** einstellen. Setzen Sie die Marke anschließend in die Zeile mit der Überschrift »Das additive Farbsystem und RGB« ❷, und definieren Sie diese als **Ebene 2** ❸. Achten Sie auf die nachfolgenden Textblöcke, die ebenfalls mit eingerückt werden.

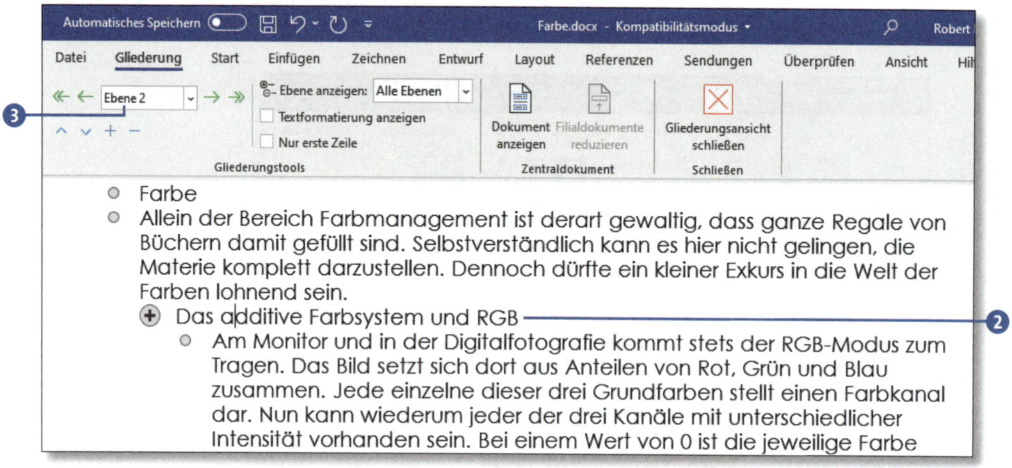

Automatisches Speichern
Farbe.docx - Kompatibilitätsmodus
Datei
Gliederung
Start
Einfügen
Zeichnen
Entwurf
Layout
Referenzen
Sendungen
Überprüfen
Ansicht
Ebene 2
Ebene anzeigen: Alle Ebenen
Textformatierung anzeigen
Nur erste Zeile
Gliederungstools
Dokument anzeigen
Filialdokumente reduzieren
Zentraldokument
Gliederungsansicht schließen
Schließen
Farbe
Allein der Bereich Farbmanagement ist derart gewaltig, dass ganze Regale von Büchern damit gefüllt sind. Selbstverständlich kann es hier nicht gelingen, die Materie komplett darzustellen. Dennoch dürfte ein kleiner Exkurs in die Welt der Farben lohnend sein.
Das additive Farbsystem und RGB
Am Monitor und in der Digitalfotografie kommt stets der RGB-Modus zum Tragen. Das Bild setzt sich dort aus Anteilen von Rot, Grün und Blau zusammen. Jede einzelne dieser drei Grundfarben stellt einen Farbkanal dar. Nun kann wiederum jeder der drei Kanäle mit unterschiedlicher Intensität vorhanden sein. Bei einem Wert von 0 ist die jeweilige Farbe
2
3

TIPP

Druckansicht vs. Gliederungsansicht

Sollten Sie die Überschriften so formatiert haben, wie ich es in vorangegangenen Beschreibungen empfohlen habe, ergibt sich jetzt ein Problem: In den Überschriften der Ebene 2 wurde eine weiße Schrift verwendet, die sich in der Druckansicht lesen lässt; immerhin ist sie auf einem rotan Balken angeordnet. In der Gliederungsansicht erscheint dieser rote Balken jedoch nicht, weshalb wir nun weiße Schrift auf weißem Grund sehen – genauer gesagt »nicht« sehen. Diesem Dilemma tragen Sie Rechnung, indem Sie die Checkbox **Textformatierung anzeigen** deaktivieren.

6 Fahren Sie mit den nächsten Überschriften fort. Die Zeile »Das subtraktive Farbsystem und CMYK« definieren Sie ebenfalls über das Feld **Gliederungsebene** als **Ebene 2**. Sie können das übrigens auch per Drag & Drop erledigen. Klicken Sie dazu auf den grauen Punkt ❹ einer Überschriftenzeile, und ziehen Sie diesen vorsichtig ein wenig nach links. Stoppen Sie, wenn sich erstmals die gestrichelte vertikale Linie ❺ zeigt. Damit »befördern« Sie einen Textkörper zur **Ebene 2**. Würden Sie noch weiter nach links ziehen, würde eine **Ebene 1** generiert. Ziehen Sie nach rechts, erstellen Sie eine **Ebene 3** usw.

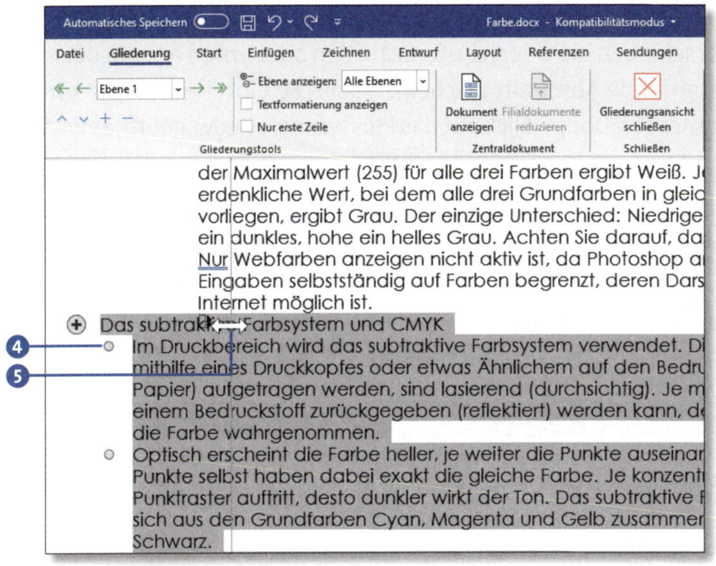

Damit wollen wir es zunächst bewenden lassen. Schauen Sie sich im folgenden Workshop an, wie die einzelnen Blöcke sortiert werden können.

Textblöcke verschieben

Im vorangegangenen Workshop, »Ebenen in Dokumenten definieren«, haben wir erreicht, dass unsere Überschrift »Farbe« als **Ebene 1** definiert worden ist, während alle anderen Überschriften als **Ebene 2** definiert worden sind. Jetzt geht es ans Sortieren einzelner Textblöcke im Dokument.

1 Da Sie sich noch immer in der Gliederungsansicht befinden, können Sie nahtlos weiterarbeiten (siehe den vorigen Abschnitt »Ebenen in Dokumenten definieren«, ab Seite 222). Setzen Sie einen Doppelklick auf jedes Plussymbol der **Ebene 2**. Sie erreichen damit, dass nur noch die Überschriften sichtbar sind.

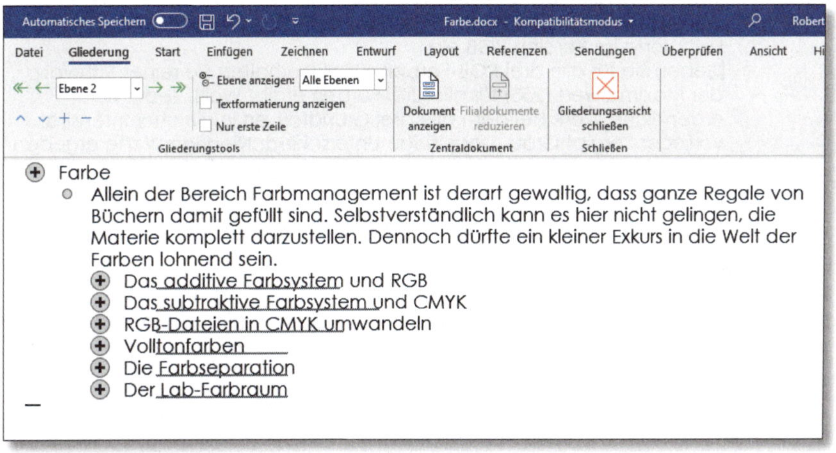

Anschließend klicken Sie auf eines der vorangestellten Plussymbole, halten die Maustaste gedrückt und verschieben die Überschrift nach oben oder unten – je nachdem, an welcher Stelle der betreffende Abschnitt erscheinen soll. Die einzelnen Blöcke können anschließend durch erneuten Doppelklick auf das Plussymbol wieder geöffnet werden.

2 Falls es erforderlich wird, einzelne Textkörper untereinander zu verschieben (also jene Blöcke, die unterhalb der Ebene 2 angeordnet sind), lässt sich auch das per Drag & Drop regeln. Sobald Sie an einem vorangestellten Punkt ❻ ziehen, wird der gesamte dazugehörige Text markiert. Beim Umpositionieren bleibt dieser Block komplett erhalten. Achten Sie hier auf die Position der Einfügemarke. Wenn Sie an dieser Position die linke Maustaste loslassen, wird der Text dort einsortiert.

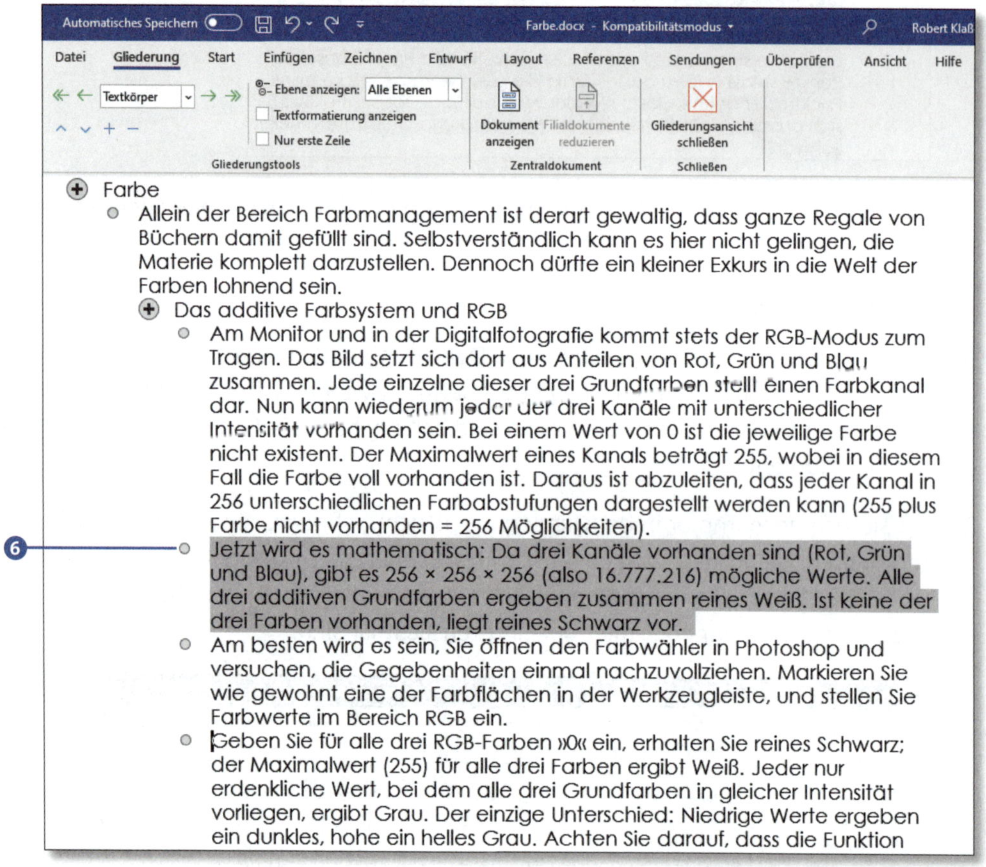
Automatisches Speichern
Farbe.docx - Kompatibilitätsmodus
Robert Klaß
Datei
Gliederung
Start
Einfügen
Zeichnen
Entwurf
Layout
Referenzen
Sendungen
Überprüfen
Ansicht
Hilfe
Textkörper
Ebene anzeigen: Alle Ebenen
Textformatierung anzeigen
Nur erste Zeile
Gliederungstools
Dokument anzeigen
Filialdokumente reduzieren
Zentraldokument
Gliederungsansicht schließen
Schließen
Farbe
Allein der Bereich Farbmanagement ist derart gewaltig, dass ganze Regale von Büchern damit gefüllt sind. Selbstverständlich kann es hier nicht gelingen, die Materie komplett darzustellen. Dennoch dürfte ein kleiner Exkurs in die Welt der Farben lohnend sein.
Das additive Farbsystem und RGB
Am Monitor und in der Digitalfotografie kommt stets der RGB-Modus zum Tragen. Das Bild setzt sich dort aus Anteilen von Rot, Grün und Blau zusammen. Jede einzelne dieser drei Grundfarben stellt einen Farbkanal dar. Nun kann wiederum jeder der drei Kanäle mit unterschiedlicher Intensität vorhanden sein. Bei einem Wert von 0 ist die jeweilige Farbe nicht existent. Der Maximalwert eines Kanals beträgt 255, wobei in diesem Fall die Farbe voll vorhanden ist. Daraus ist abzuleiten, dass jeder Kanal in 256 unterschiedlichen Farbabstufungen dargestellt werden kann (255 plus Farbe nicht vorhanden = 256 Möglichkeiten).
6
Jetzt wird es mathematisch: Da drei Kanäle vorhanden sind (Rot, Grün und Blau), gibt es 256 × 256 × 256 (also 16.777.216) mögliche Werte. Alle drei additiven Grundfarben ergeben zusammen reines Weiß. Ist keine der drei Farben vorhanden, liegt reines Schwarz vor.
Am besten wird es sein, Sie öffnen den Farbwähler in Photoshop und versuchen, die Gegebenheiten einmal nachzuvollziehen. Markieren Sie wie gewohnt eine der Farbflächen in der Werkzeugleiste, und stellen Sie Farbwerte im Bereich RGB ein.
Geben Sie für alle drei RGB-Farben »0« ein, erhalten Sie reines Schwarz; der Maximalwert (255) für alle drei Farben ergibt Weiß. Jeder nur erdenkliche Wert, bei dem alle drei Grundfarben in gleicher Intensität vorliegen, ergibt Grau. Der einzige Unterschied: Niedrige Werte ergeben ein dunkles, hohe ein helles Grau. Achten Sie darauf, dass die Funktion

3 Wenn Sie mit allem fertig sind, verlassen Sie die Ansicht durch Klick auf **Gliederungsansicht schließen**.

Das Ergebnis der beiden vorangegangenen Workshops finden Sie im Ordner *Ergebnisse* der Beispieldateien. Es ist mit *Ebenen.docx* betitelt.

INFO

Ebenen geöffnet lassen
Im vorangegangenen Workshop haben wir die Ebenen der Kategorie 2 zunächst geschlossen und erst danach verschoben. Das ist übersichtlicher, da dann nur noch die Überschriften eingeblendet werden. Allerdings können Sie auch geöffnete Blöcke verschieben. Die zugehörigen Texte wandern dabei brav mit. Allerdings ist diese Vorgehensweise nicht so übersichtlich wie das Verschieben geschlossener Blöcke – insbesondere wenn Sie es mit großen Textmengen zu tun haben.

6.12 Objekte ausrichten, gruppieren und drehen

Wir werden uns nun mit der Anordnung von Objekten beschäftigen. Nachdem Sie mehrere Objekte in ein Dokument integriert haben, möchten Sie diese vielleicht im gleichen Abstand zueinander anordnen, sie drehen oder in einer Gruppe zusammenfassen.

Layoutoptionen anpassen

Formen lassen sich auf der Oberfläche beliebig anordnen. Onlinegrafiken und Bilder müssen hingegen zunächst über die Layoutoptionen gelöst werden. Dazu markieren Sie das Objekt und klicken auf **Layoutoptionen** ❶. Wenn Sie sich anschließend für **Vor dem Text** ❷ entscheiden, bleibt das Objekt nicht nur im Vordergrund, sondern kann anschließend auch beliebig per Drag & Drop verschoben werden – das gilt sowohl für ein Bild als auch für eine Onlinegrafik.

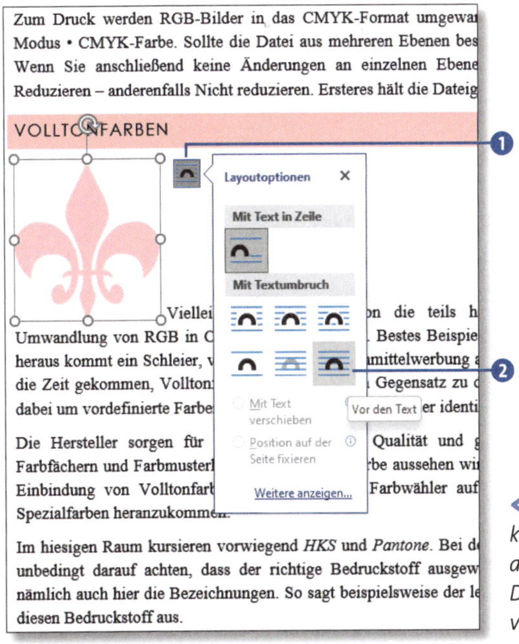

Abbildung 6.23 *Dieses Foto kann von Haus aus nicht beliebig auf dem Blatt angeordnet werden. Dazu müssen die Layoutoptionen vorab verändert werden.*

Objekte ausrichten

Bevor Sie mehrere Objekte aneinander ausrichten können, müssen diese zunächst alle markiert werden. Dazu klicken Sie das erste Objekt an, halten dann die Taste Strg gedrückt und setzen jeweils einen Mausklick auf jedes weitere Objekt. Danach klicken Sie in der Gruppe **Anordnen** der Registerkarte **Layout** auf die Schaltfläche **Ausrichten**. Entscheiden Sie sich in dem Auswahlmenü der Schaltfläche, das sich nun öffnet, für die gewünschte Option.

INFO

Ausrichten und verteilen

Wenn Sie Objekte auf eine horizontale (gedachte) Mittellinie stellen und anschließend noch in gleichen Abständen zueinander anordnen wollen (ausgehend von deren Mittelpunkten), müssen Sie in dem Auswahlmenü der Schaltfläche **Ausrichten** in der Gruppe **Anordnen** der Registerkarte **Layout** zunächst auf **Vertikal zentrieren** gehen. Anschließend öffnen Sie die Liste erneut und wählen **Horizontal verteilen**.

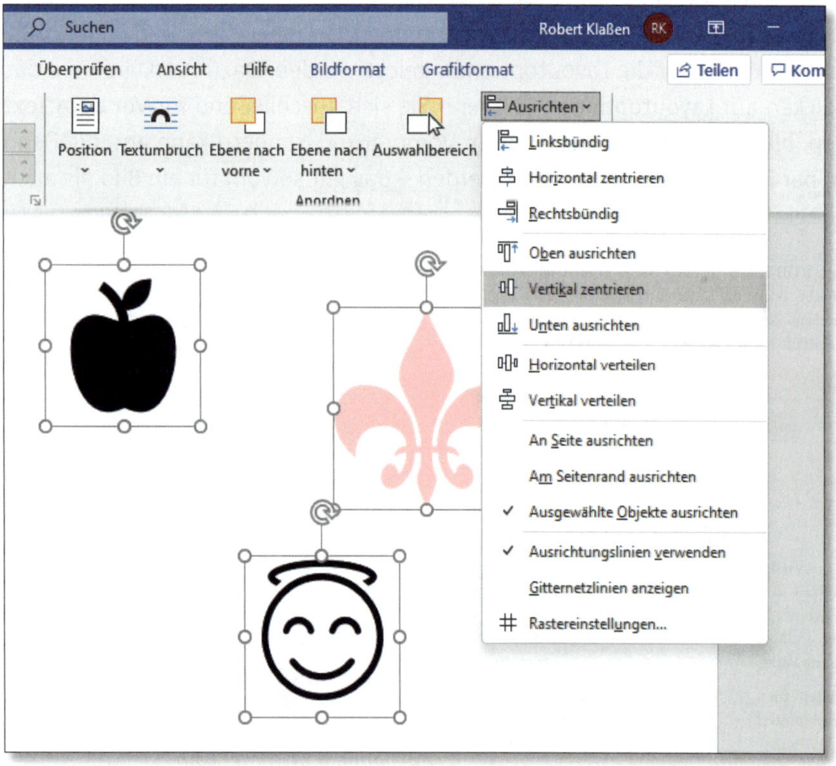

*▲ **Abbildung 6.24** Bevor sich Objekte ausrichten lassen, müssen sie allesamt markiert werden. Erst danach wählt man die gewünschte »Ausrichten«-Funktion.*

Objekte gruppieren

Bei zuvor aneinander ausgerichteten Objekten besteht die Gefahr, dass man das eine oder andere Objekt im Dokument versehentlich verschiebt – und somit die Zuordnung zueinander nicht mehr stimmt. Um dem entgegenzuwirken, sollten Sie die Objekte gruppieren.

Dazu klicken Sie in der Gruppe **Anordnen** der Registerkarte **Layout** auf **Gruppieren** und anschließend im Auswahlmenü der Schaltfläche noch einmal auf **Gruppieren**. Die Objekte müssen hierfür natürlich vorab markiert worden sein. Das bewirkt, dass alle Objekte nun von einem einzelnen Rahmen umgeben werden. Markieren Sie eines der Objekte, wird die gesamte Gruppe selektiert. Beim Verschieben bleiben die Objekte ebenfalls beisammen.

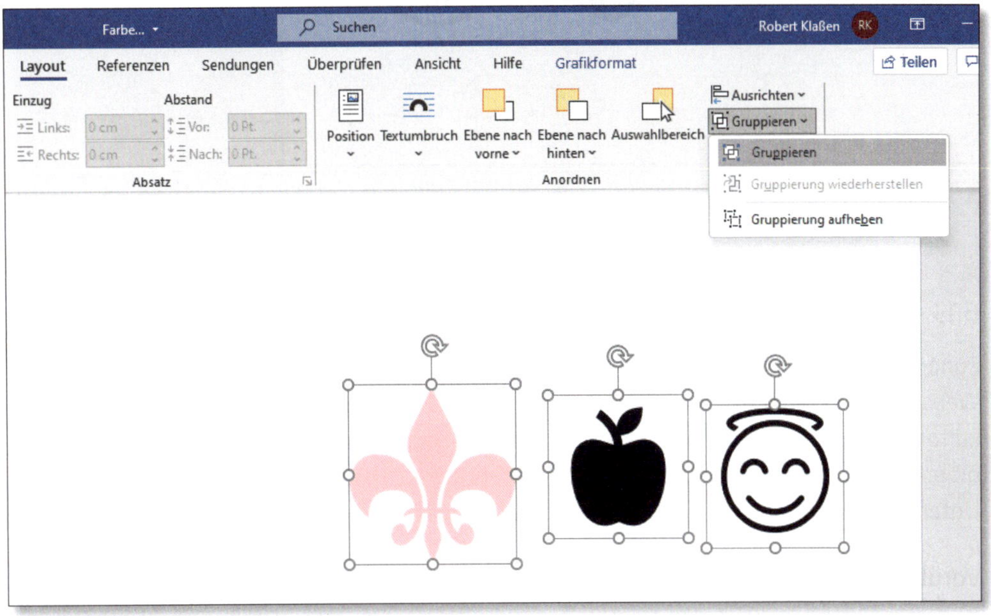

Abbildung 6.25 *Die Objekte werden gruppiert.*

> **INFO**
>
> **Gruppierung aufheben**
> Um Objekte wieder voneinander zu trennen, markieren Sie die Gruppe und selektieren anschließend erneut den Button **Gruppieren**. In der Liste entscheiden Sie sich für **Gruppierung aufheben**. (Der Befehl ist nur dann verfügbar, wenn zuvor eine Gruppe markiert worden ist.)

Objekte drehen

Sie möchten ein Objekt oder eine Gruppe drehen? Dann müssen Sie auf den kleinen Kreis ❶ oberhalb des Markierungsrahmens klicken. Halten Sie die Maustaste gedrückt, und verschieben Sie die Maus. Wenn Sie zusätzlich auf der Tastatur [⇧] gedrückt halten, lässt sich die Drehung nur in 15°-Schritten ausführen. Lassen Sie zum Schluss zunächst die Maustaste und erst danach [⇧] los.

Abbildung 6.26 *Einzelne Objekte lassen sich ebenso drehen wie Gruppen.*

6.13 Weblayouts erstellen

Zunächst einmal müssen Sie wissen, dass Sie mit Word durchaus in der Lage sind, eine Webseite zu erzeugen. Dabei darf aber nicht verschwiegen werden, dass Word kein Webeditor ist. Wer mehr verlangt als eine minimalistische Internetpräsenz (für den Hausgebrauch), ist mit Word definitiv schlecht beraten. Dennoch werde ich Ihnen in den nächsten Unterabschnitten zeigen, dass es möglich ist.

Vorüberlegungen

Das Erzeugen einer Webseite verlangt zunächst einmal nicht viel Vorarbeit. Sie können ein herkömmliches neues Dokument anlegen und sind damit schon im Geschäft. Geben Sie Text ein, fügen Sie Bilder und Grafiken hinzu, und gestalten Sie das Dokument nach Wunsch. Auf einiges sollten Sie jedoch gleich zu Beginn achten.

Nicht alle Schriften, die sich auf Ihrem System befinden, können auch problemlos von Besuchern Ihrer Website angezeigt werden. Genau genommen kann der Besucher Ihrer Seite immer nur dann die gleiche Schrift sehen wie Sie, wenn diese ebenfalls auf seinem System installiert ist. Aufgrund dessen sollten Sie keine exotischen Schriften verwenden. Beschränken Sie sich lieber auf Standardschriftarten wie *Arial*, *Courier*, *Times* oder *Verdana*. Darüber hinaus sollten Sie grundsätzlich in der Ansicht **Weblayout** arbeiten. Klicken Sie dazu auf der Registerkarte **Ansicht** in der Gruppe **Ansichten** auf **Weblayout**. Nur so lässt sich schon während der Arbeit das spätere Resultat einigermaßen zuverlässig begutachten. Wenn Sie übrigens keine Lust auf Selbertippen haben, nehmen Sie doch das Beispieldokument *Walter.docx* aus dem Ordner *06*.

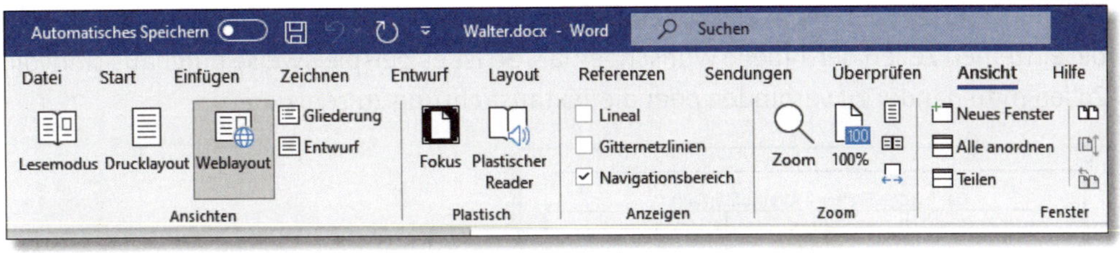

▲ ***Abbildung 6.27*** *Arbeiten Sie grundsätzlich in der Ansicht »Weblayout«.*

Das Layout bestimmen

Schrift und Objekte können nun wunschgemäß platziert werden. Dabei müssen Sie jedoch immer berücksichtigen, dass Word von Haus aus in der oberen linken Ecke beginnt. Wollen Sie also Abstände vom oberen oder linken Seitenrand generieren, müssen Sie hier auch entsprechenden Platz zur Verfügung stellen. Das erreichen Sie z. B. durch Zeilenschaltungen oder mithilfe von ↹.

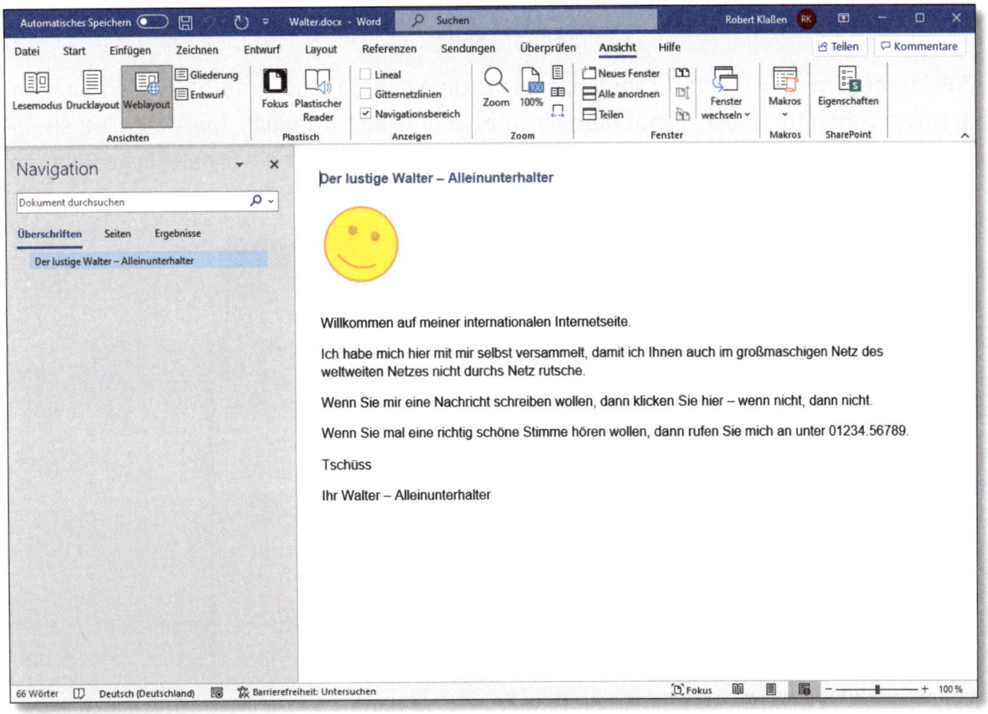

▲ ***Abbildung 6.28*** *Von Haus aus beginnt Word den Text oben links.*

Etwas professioneller ist der Einsatz von Tabellen. Dies ist allerdings eher etwas für fortgeschrittene Nutzer, da Sie in der Lage sein müssen, Tabellen entsprechend zu bedienen. Natürlich müssen Sie schon vor der Produktion einer Tabelle wissen, wie das Layout später aussehen soll. Es ist also sinnvoll, vorab handschriftliche Skizzen anzufertigen. Klicken Sie anschließend auf der Registerkarte **Einfügen** auf die Schaltfläche **Tabelle**. Bearbeiten Sie die einzelnen Zellen der Tabelle wunschgemäß. So ist es beispielsweise durchaus sinnvoll, Zellen miteinander zu verbinden oder die Textausrichtung zu zentrieren.

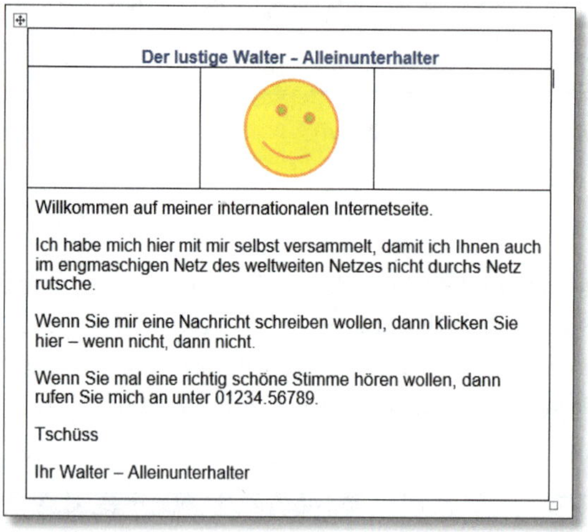

Abbildung 6.29 *So oder so ähnlich könnte die Tabelle aussehen.*

Zuletzt müssen Sie noch dafür sorgen, dass die Linien der Tabelle entfernt werden. Sichtbare Linien wären für unser Layout nämlich alles andere als zuträglich. Markieren Sie die Tabelle, und klicken Sie auf der Registerkarte **Tabellenentwurf** auf die Schaltfläche **Rahmen**. Entscheiden Sie sich im Auswahlmenü der Schaltfläche für **Kein Rahmen**.

Abbildung 6.30 *Die Linien sind verschwunden.*

Webseiten speichern

Zu guter Letzt müssen Sie die Webseite noch speichern. Öffnen Sie dazu die Backstage-Ansicht, und wählen Sie **Speichern unter**. Im gleichnamigen Bereich wählen Sie den Speicherort aus und im Feld **Dateityp** das Format **Webseite (*.htm;*.html)**.

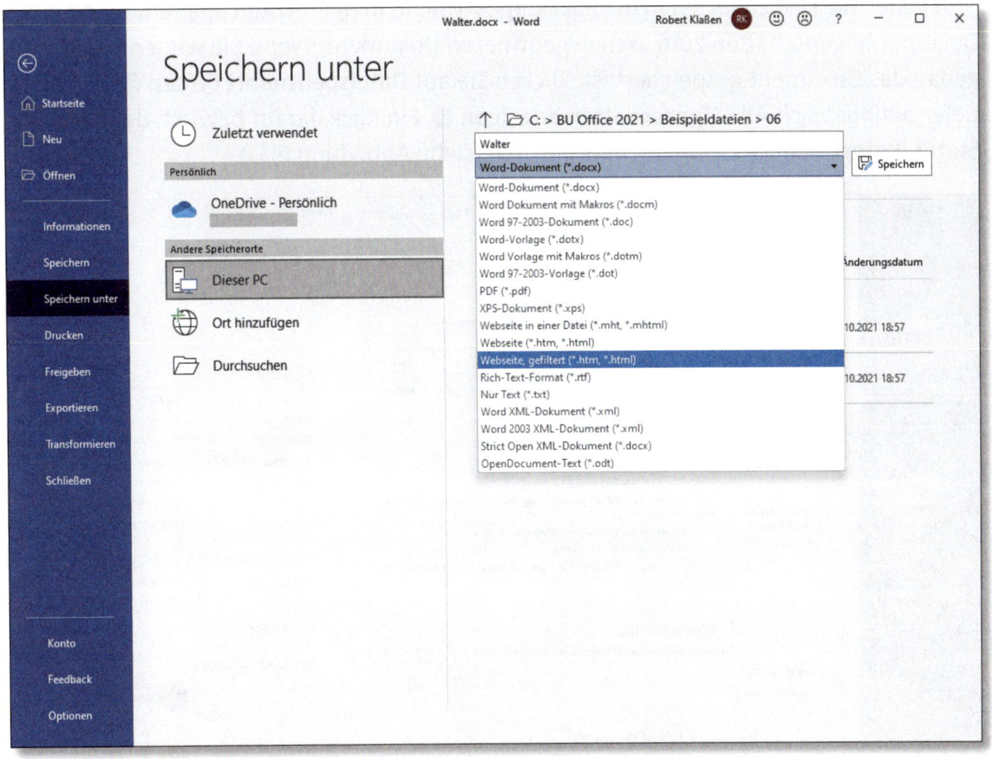

Abbildung 6.31 *Speichern Sie das Dokument in einem webtauglichen Format.*

Das Zieldokument sowie der ebenfalls erzeugte Ordner müssen nun auf den Server der Webseite übertragen werden. Ihr Provider stellt einen entsprechenden Zugang oder eventuell auch eine geeignete Software bereit. Ist das nicht der Fall, können Sie die kostenlose Software *FileZilla* verwenden. Weitere Informationen finden Sie unter *www.filezilla-project.org* oder *www.filezilla.de*.

Um das fertige Dokument (*Walter_fertig.htm* im Unterordner *Walter_fertig-Dateien* des Ordners *Ergebnisse*) vorab auf dem PC testen zu können, muss es in einem Browser bereitgestellt werden (z. B. Edge, Internet Explorer, Firefox, Chrome oder einem ähnlichen). Dazu doppelklicken Sie auf das Dokument. Sollte Ihr Standardbrowser nicht geöffnet werden, klicken Sie die Datei mit rechts an und entscheiden sich im Kontextmenü für **Öffnen mit**. In der folgenden Liste sollte der Browser nun angeboten werden.

6.14 Die Dokumenteigenschaften in der Backstage-Ansicht anpassen

Ihre Dokumente sind mit zahlreichen zusätzlichen Informationen bestückt, die man auf den ersten Blick nicht sieht. Hier können Sie einiges über das Dokument in Erfahrung bringen, aber auch einzelne Informationen hinzufügen.

Begeben Sie sich zunächst in die Backstage-Ansicht. In der rechten Spalte finden Sie die Dokumenteigenschaften zum aktuell geöffneten Dokument. Wenn Sie wissen wollen, wo genau das Dokument gespeichert ist, klicken Sie auf **Dateispeicherort öffnen** ❶. Eine Zeile tiefer befindet sich **Alle Eigenschaften anzeigen** ❷. Ein Klick darauf bewirkt, dass **Vorlage**, **Status**, **Kategorien** usw. eingeblendet werden (siehe Abbildung 6.33).

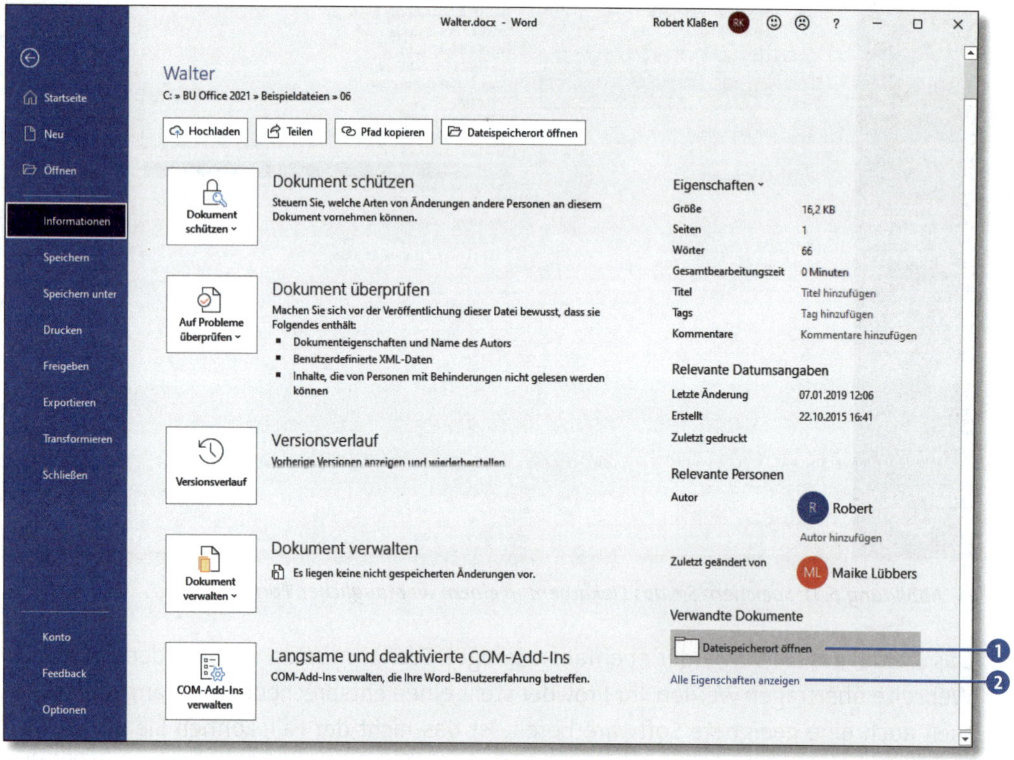

Abbildung 6.32 *Die Dokumenteigenschaften befinden sich in der Rubrik »Informationen«.*

Klicken Sie hier auf **Text hinzufügen**, können Sie entsprechende Hinweise eintragen ❸. Wenn Sie auf **Eigenschaften** ❹ klicken und anschließend **Erweiterte Eigenschaften** auswählen, öffnet sich ein Dialogfenster, in dem weitere Informationen sowie Statistiken zum Dokument angezeigt werden. Interessant ist vor allem die Registerkarte **Zusammenfassung**, da Sie hier wichtige Informationen (die sogenannten *Metadaten*) eintragen können.

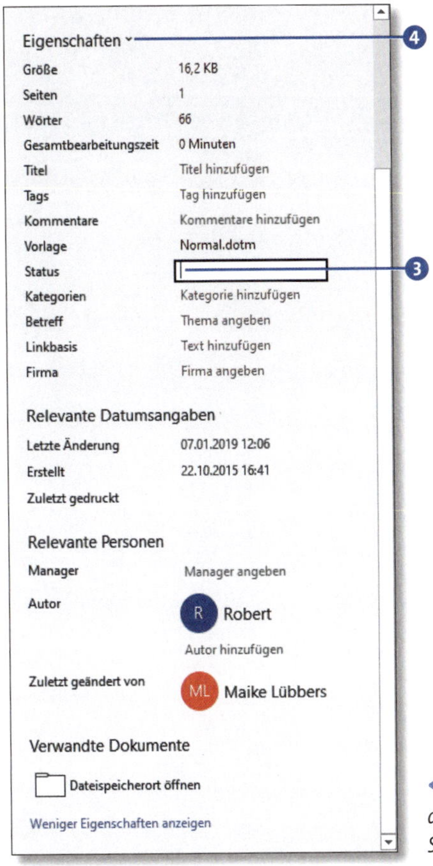

Abbildung 6.33 *Die Anzeige dieser Eigenschaften müssen Sie separat veranlassen.*

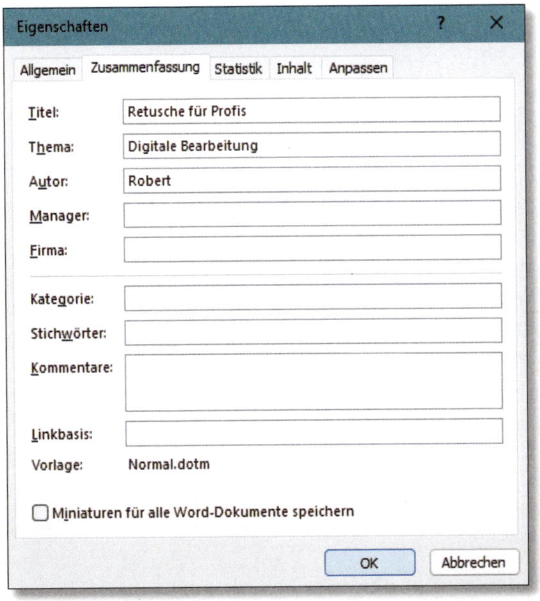

Abbildung 6.34 *Auf dem Register »Zusammenfassung« geben Sie zusätzliche Informationen an.*

Kapitel 7
Vorlagen verwenden

Vorlagen machen das Leben leichter – und vor allem schneller. Denn mit Vorlagen bestimmen Sie schon vor dem Erstellen eines neuen Dokuments, wie dieses auszusehen hat. Stellen Sie sich vor, Sie produzierten eine Tageszeitung. Dann wäre es doch müßig, bei jedem neuen Exemplar den Titel der Zeitung sowie das komplette Layout neu zu erzeugen, oder? Derartige Arbeiten kann man sich ersparen, wenn man mit Vorlagen arbeitet.

7.1 Dokumentvorlage vs. Formatvorlage

In Word unterscheiden wir grundsätzlich zwischen einer *Dokumentvorlage* und einer *Formatvorlage*. Während Formatvorlagen für die Textattribute zuständig sind, also z. B. die Schriftart, Zeichengröße, Absatzformatierung usw. bestimmen, enthalten Dokumentvorlagen zahlreiche weitere vordefinierte Segmente, beispielsweise AutoText, Makros, Grafiken oder sonstige Bausteine, aber auch Symbolleisten und Tastenkombinationen – und natürlich die für das Dokument gültigen Formatvorlagen.

INFO

Vorlagen mit Makros
Der Vollständigkeit halber sei noch erwähnt, dass Word-Dokumente auch mit der Dateiendung *.docm* ausgewiesen sein können. Dies steht für »Dokumente mit Makros«. Ebenso gibt es Word-Vorlagen mit Makros, welche die Dateiendung *.dotm* tragen. Für diese gelten die folgenden Informationen entsprechend.

Bevor wir uns mit der Produktion von Vorlagen beschäftigen, hier noch ein wichtiger Hinweis: Sie können schnell erkennen, ob Sie es mit einem Word-Dokument oder mit einer Vorlage zu tun haben. Ein Word-Dokument hat die Dateiendung *.docx* oder *.doc* (alt). Die Vorlagendokumente hingegen werden mit *.dotx* oder *.dot* (alt) ausgewiesen (siehe auch den Unterabschnitt »Eine Dokumentvorlage erstellen und speichern« auf Seite 239).

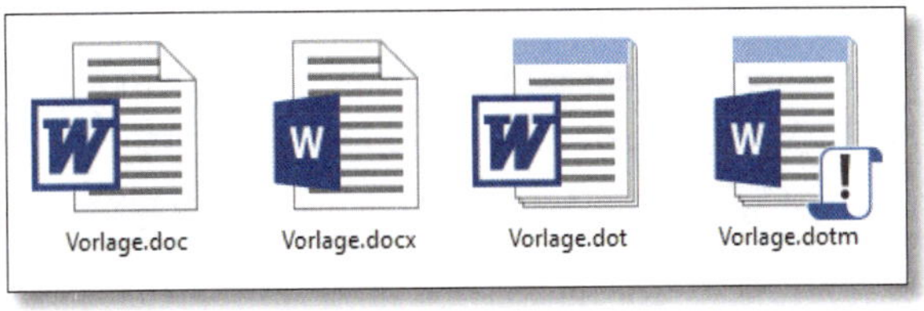

< ***Abbildung 7.1*** *Unterschiedliche Dateiendungen weisen auch auf unterschiedliche Dokumentformate oder Dokumentvorlagen hin.*

Vorlagen-Speicherort

Der Speicherort für Word-Dokumente ist grundsätzlich frei wählbar. Sollten Sie das Dokument jedoch als Vorlage (*.dot*, *.docm* oder *.dotm*) absichern, wird der Speicherort im **Speichern unter**-Dialog automatisch aktualisiert. Word wählt hier standardmäßig als Speicherort *[Laufwerksbuchstabe]\Benutzer\[Benutzername]\Dokumente\Benutzerdefinierte Office-Vorlagen*. Sollte Ihnen dieser Speicherort nicht zusagen, müssen Sie den Pfad anpassen, bevor Sie auf **Speichern** klicken.

Vorlagen aktualisieren

Wenn Sie ein Word-Dokument bzw. eine Word-Vorlage von einem älteren Format (z. B. *.dot*) in ein neueres (z. B. *.dotx*) umwandeln, werden Sie von einem Dialog darüber informiert, dass nun alle Funktionen der aktuellen Word-Version zur Verfügung stehen – und eben nicht nur jene, die seinerzeit in Word 97 oder 2003 zur Verfügung gestanden haben. Im Umkehrschluss heißt das allerdings auch, dass die neue Vorlage (*.dotx*) nicht mehr mit alten Word-Versionen überarbeitet werden kann.

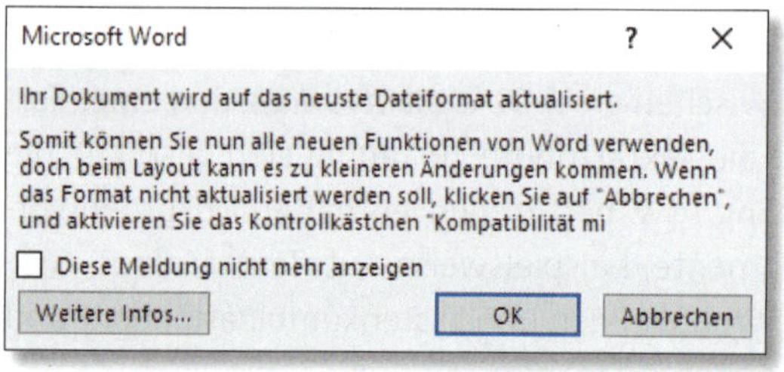
Microsoft Word
?
X
Ihr Dokument wird auf das neuste Dateiformat aktualisiert.
Somit können Sie nun alle neuen Funktionen von Word verwenden, doch beim Layout kann es zu kleineren Änderungen kommen. Wenn das Format nicht aktualisiert werden soll, klicken Sie auf "Abbrechen", und aktivieren Sie das Kontrollkästchen "Kompatibilität mi
Diese Meldung nicht mehr anzeigen
Weitere Infos...
OK
Abbrechen

*< **Abbildung 7.2** Word weist auf die Aktualisierung hin.*

7.2 Dokumentvorlagen verwenden

Wussten Sie eigentlich, dass Sie stets automatisch mit einer Dokumentvorlage arbeiten? Sobald Sie nämlich ein neues leeres Dokument öffnen, wird im Hintergrund eine Vorlage mit dem stilvollen Namen *Normal* eingesetzt. Wäre das nicht der Fall, könnten Sie auch nicht gleich mit dem Schreiben beginnen. Denn dann stünden u. a. die *Schnellformatvorlagen*, die Sie in der Gruppe **Formatvorlagen** der Registerkarte **Start** finden, nicht zur Verfügung. Ohne Vorlagen geht es also nicht.

INFO

Dynamische Arbeitsumgebung

Die Anordnung der einzelnen Vorlagen im Bereich **Neu** ist ganz individuell, da sie beispielsweise durch häufige Benutzung einer Vorlage beeinflusst wird. Dadurch haben Sie also Ihre Lieblingsvorlagen immer direkt griffbereit. So erklärt sich aber auch, dass die Anordnung der einzelnen Miniaturen auf Ihrem PC möglicherweise anders aussieht. Die Vorlage **Leeres Dokument** ist jedoch stets am selben Platz.

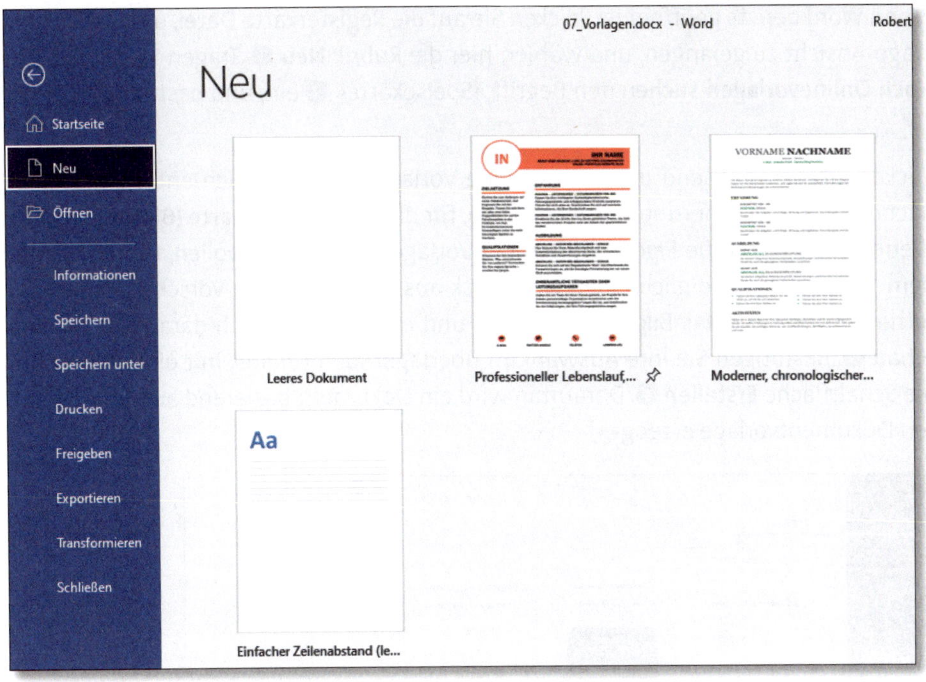

Abbildung 7.3 *Wählen Sie unter »Neu« eine Dokumentvorlage.*

Vorhandene Dokumentvorlagen nutzen

Klicken Sie auf der Registerkarte **Datei** auf die Rubrik **Neu**, bietet Ihnen die Anwendung zahlreiche Dokumentvorlagen an. Wählen Sie eine der Miniaturen aus, oder suchen Sie im Feld **Nach Onlinevorlagen suchen** nach weiteren Vorlagen auf *Office.com*. Sollte sich die Vorlage noch nicht auf Ihrem Rechner befinden, sorgt Word automatisch dafür, dass sie von Office.com heruntergeladen wird. Das ist ja so weit nichts Neues. Allerdings passiert etwas Wichtiges im Hintergrund: Word wechselt automatisch die Dokumentvorlage entsprechend der Vorlage, die Sie gewählt haben. Denn jetzt haben Sie es nicht mehr mit der Vorlage *Normal* zu tun, sondern mit einer beliebigen anderen.

Eine Dokumentvorlage erstellen und speichern

Es ist schön, dass Word einige Dokumentvorlagen mitbringt – und noch schöner, dass sich zahllose weitere Vorlagen herunterladen lassen. Doch so viele Vorlagen man Ihnen auch zur Verfügung stellt: Sie werden wohl niemals ein exakt auf Ihre persönlichen Bedürfnisse zugeschnittenes Dokument finden. Das müssen Sie selbst erzeugen. Aber wenn Sie davon erst einmal eine Vorlage erstellt haben, können Sie es immer wieder benutzen und an die jeweiligen Verwendungszwecke oder gewünschten Inhalte anpassen.

Lassen Sie uns in diesem Beispiel eine einfache und immer wieder verwendbare Speisekarten-Vorlage produzieren. Als Grundlage nutzen wir eine der Vorlagen von Office.com und passen diese anschließend an unsere individuellen Bedürfnisse an.

1 Wenn Word bereits geöffnet ist, klicken Sie auf die Registerkarte **Datei**, um in die Backstage-Ansicht zu gelangen, und wählen hier die Rubrik **Neu** ❶. Tragen Sie in das Feld **Nach Onlinevorlagen suchen** den Begriff »Speisekarte« ❷ ein, und bestätigen Sie mit [↵].

2 Klicken Sie anschließend doppelt auf eine Vorlage Ihrer Wahl. Ich entscheide mich, nachdem ich etwas heruntergescrollt habe, für die **Party-Speisekarte (Blumendesign)**. Wenn Sie sich über die Eigenschaften der Vorlage informieren wollen, führen Sie auf dem Vorschaubild lediglich einen Mausklick aus, damit sich die Vorschau öffnet. Alternativ klicken Sie das Bild mit rechts an und entscheinden sich daraufhin für **Vorschau** ❸. Bestätigen Sie Ihre Auswahl im überlagernden Fenster mit einem Klick auf die Schaltfläche **Erstellen** ❹. Daraufhin wird ein Dokument basierend auf der gewählten Dokumentvorlage erzeugt.

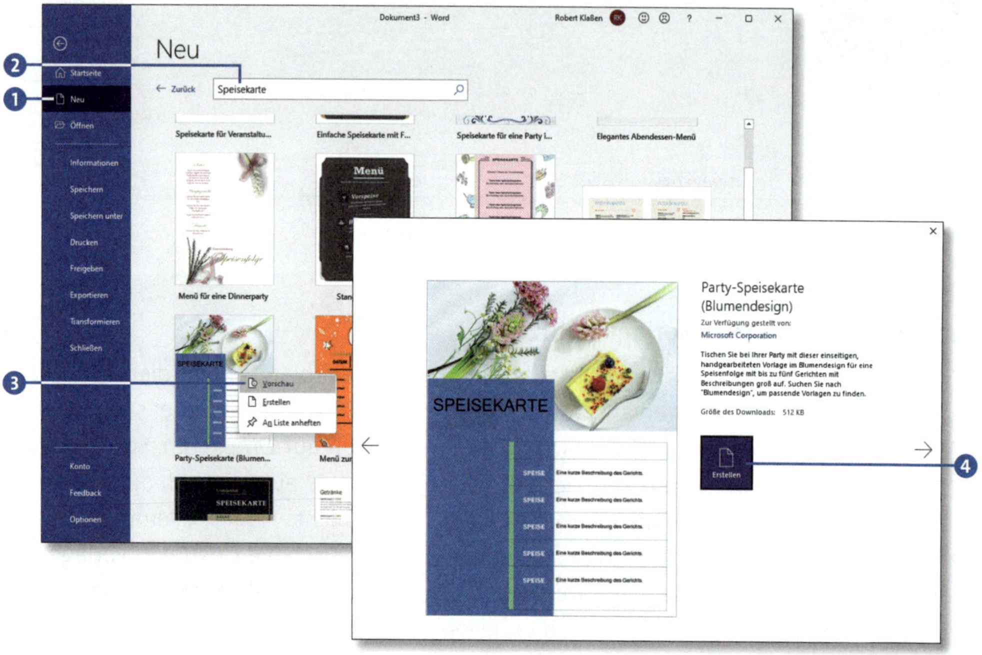

3 Führen Sie auf jedem Text, den Sie ändern wollen, zunächst einen Dreifach-Klick aus. Dadurch wird der gesamte Text markiert und kann sogleich überschrieben werden.

4 Beachten Sie jedoch, dass die Zeilenumbrüche bei den Überschriften nur dann automatisch erfolgen, wenn der Name des Gerichts aus mehreren kurzen Wörtern besteht. Geben Sie beispielsweise »Kartoffelgratin« ein, verschwindet das Ende des Wortes im Weiß des Hintergrunds. In diesem Fall trennen Sie bitte das Wort manuell, indem Sie an geeigneter Stelle ein Trennungszeichen einfügen. Sie könnten zwar alternativ auch auf das blaue Rechteck klicken und dieses vergrößern, indem Sie einen der Anfasser, die sich auf dem Rahmen befinden, entsprechend verschieben, jedoch würden damit wichtige Inhalte des Fotos verdeckt.

5 Möchten Sie Zeilen entfernen, die nicht genutzt werden, markieren Sie diese komplett und betätigen anschließend [←]. Die anschließende Kontrollabfrage bestätigen Sie erst mit **OK**, nachdem Sie **Ganze Zeile löschen** aktiviert haben.

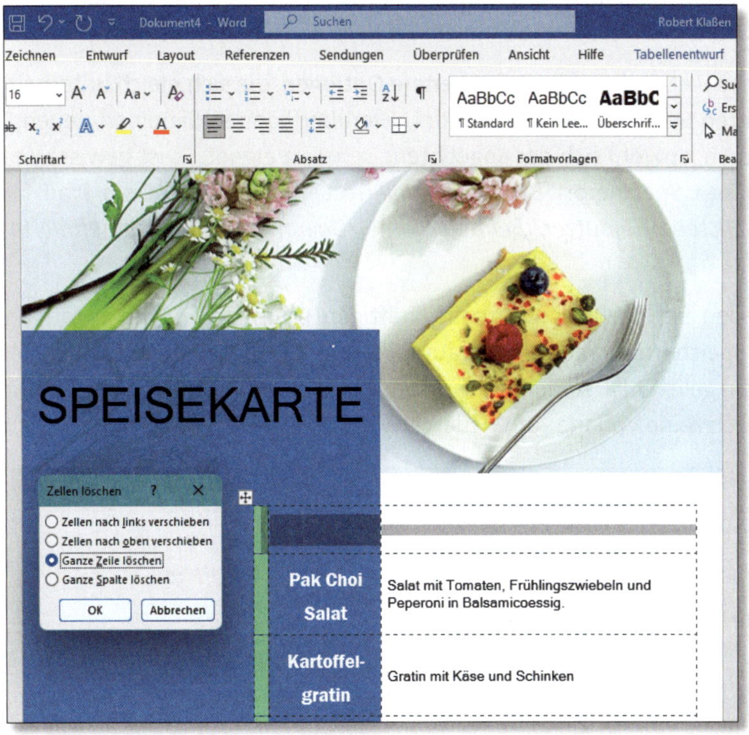

6 Für den Fall, dass Sie nicht weniger, sondern mehr Zeilen benötigen, begeben Sie sich mit der Maus auf eine Trennung zwischen zwei Textzellen – und zwar etwas links außerhalb der Tabelle. Wenn Sie die richtige Position gefunden haben, erscheint ein kleines Plus-Symbol. Ein Klick darauf bewirkt, dass eine weitere Zeile hinzugefügt wird.

7 Wenn Sie fertig sind, klicken Sie auf die kleine, quadratische Schaltfläche, die oben links neben der Tabelle sichtbar ist. Halten Sie die Maustaste aber gedrückt, und ziehen Sie die gesamte Tabelle ein wenig nach unten. Wenn Sie an der gewüschten Position angelangt sind, lassen Sie los.

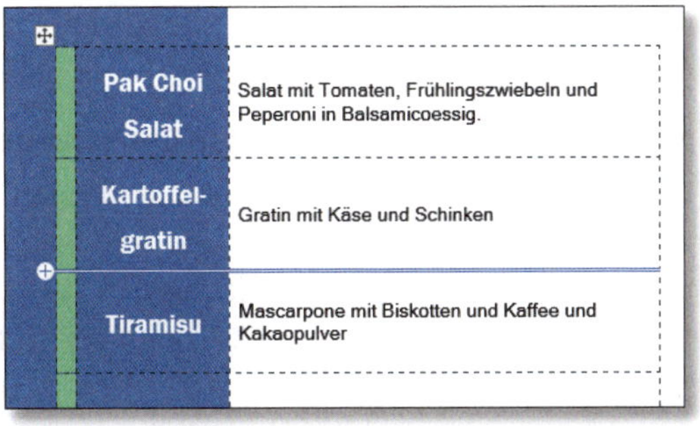

8 Wenn alles nach Ihren Wünschen angeordnet ist, speichern Sie die Vorlage. Dazu gehen Sie auf **Datei** und selektieren **Speichern unter**. Stellen Sie zunächst im zweiten Feld von oben (neben dem Button **Speichern**) auf **Word-Vorlage (*.dotx)** um. Das ist das geeignetste Format zur Speicherung von Vorlagen. (Die fertige Vorlage finden Sie übrigens im Ordner *07* der Beispieldateien. Sie heißt *Dreigangmenü.dotx*.)

9 Klicken Sie anschließend auf die Zeile **Weitere Optionen**, die sich gleich unterhalb des zuvor erwähnten Selektionsfeldes befindet. Hierüber können Sie einen neuen Speicherort festlegen, obwohl sich der angebotene sehr gut eignet. Es ist gewissermaßen der »hauseigene« Speicherort *Benutzerdefinierte Office-Vorlagen*. Sein Pfad lautet: *[Laufwerksbuchstabe]/Benutzer/[Benutzername]/Dokumente/Benutzerdefinierte Office-Vorlagen*.

10 Zuletzt vergeben Sie noch einen aussagekräftigen Dateinamen und betätigen die Schaltfläche **Speichern**. Achten Sie darauf, dass im Feld **Dateityp** tatsächlich **Word-Vorlage (*.dotx)** gelistet ist. Anderenfalls würde nämlich lediglich ein Word-Dokument erzeugt – jedoch keine Vorlage zur Wiederverwendung.

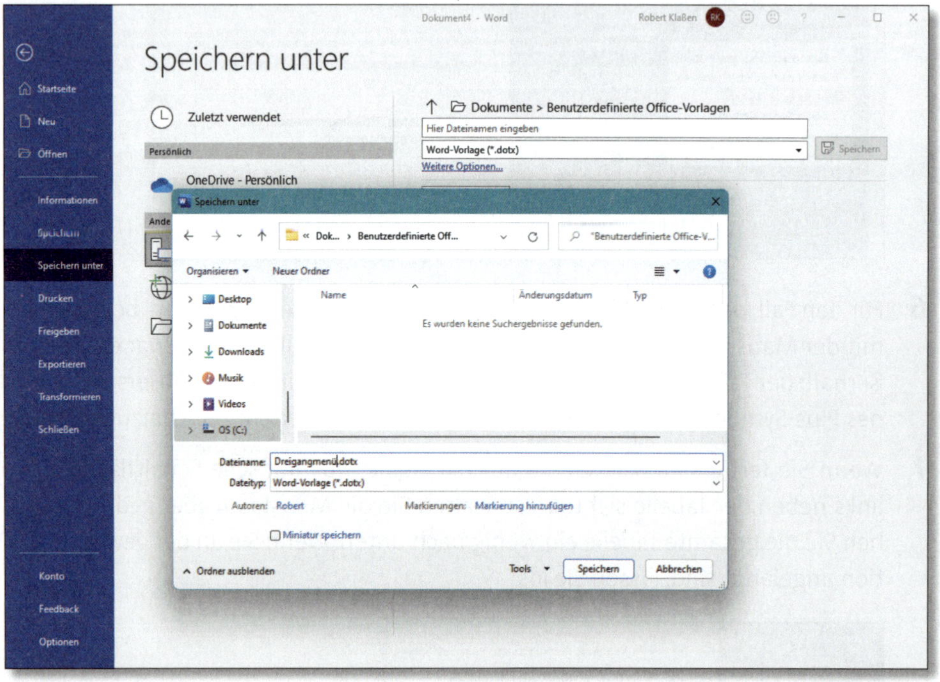

11 Jetzt haben Sie erreicht, dass es eine feste Vorlage für Ihre berühmten Dreigangmenüs gibt. Wann immer Sie eine entsprechende Karte erzeugen wollen, können Sie nun auf die Vorlage zugreifen. Dabei ist allerdings Folgendes zu beachten: Sollten Sie einen Doppelklick auf das Vorlagendokument setzen, wird sich dieses folgerichtig auch als Vorlage öffnen. Führen Sie Änderungen durch, wirken sich diese auch auf die Vorlage aus. Und das ist ja ausdrücklich nicht erwünscht.

12 Um ein Word-Dokument mit der bestehenden Vorlage zu erzeugen, klicken Sie mit rechts auf die Vorlage und entscheiden sich im Kontextmenü für **Neu**.

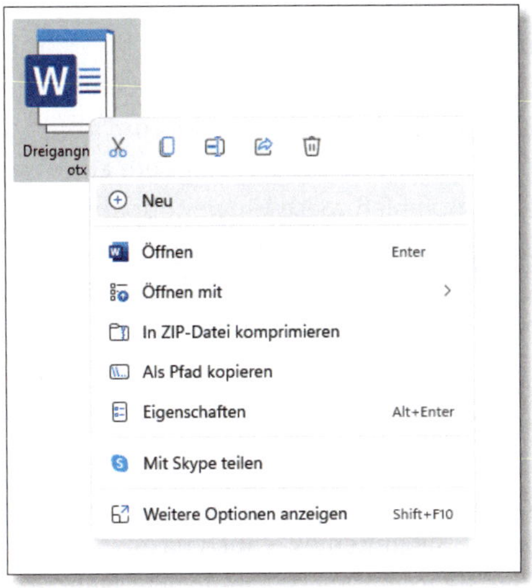

13 Nehmen Sie die gewünschten Änderungen vor, und speichern Sie das Dokument ab. Beachten Sie jedoch, dass jetzt im Dialogfenster **Speichern unter** im Feld **Dateityp** nicht mehr **Word-Vorlage (*.dotx)** ausgewählt ist, sondern vielmehr **Word-Dokument (*.docx)**, denn die ursprüngliche Vorlage soll ja unangetastet bleiben.

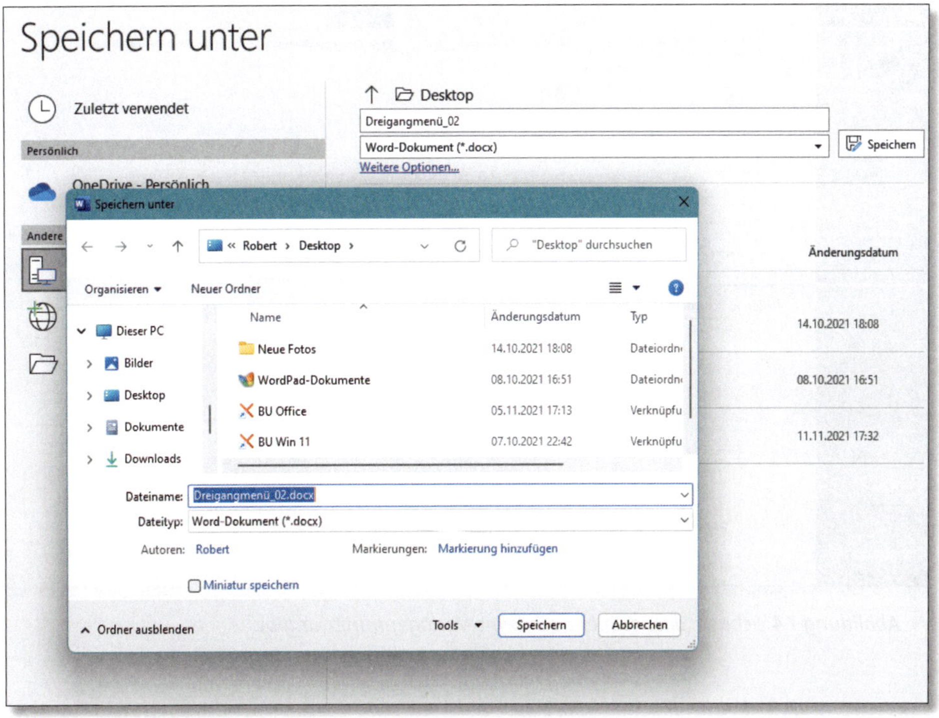

Falls Sie es wünschen, weisen Sie dem Dokument vor Betätigung der Schaltfläche **Speichern** noch einen anderen Speicherort zu (hier: **Desktop**).

INFO

Hinweise auf der rechten Seite der Vorlage

Beachten Sie, dass die Vorlage mit zusätzlichen Hinweisen auf der rechten Seite der Speisekarte aufwartet. Sie beinhaltet nützliche Informationen zum Austausch der Inhalte mittels Zwischenablage. Da so etwas allerdings auf einer Speisekarte nichts zu suchen hat, ist zu empfehlen, diese Hinweise später zu löschen. Markieren Sie den Text dazu, und drücken Sie die Taste [←].

Dokumentvorlage integrieren

Nun ist es ja schön, dass Sie ein neues Dokument auf Grundlage einer vorhandenen Dokumentvorlage erzeugen können. Aber wäre es nicht viel schöner, wenn Sie in der Backstage-Ansicht im Bereich **Neu** gleich eine entsprechende Miniatur vorfänden? Schließlich ist das bei anderen Dokumentvorlagen ja auch der Fall. Sie ahnen es – auch das geht natürlich. Dazu gehen Sie folgendermaßen vor: Wählen Sie in der Backstage-Ansicht **Neu**, und klicken Sie auf **Persönlich** ❶.

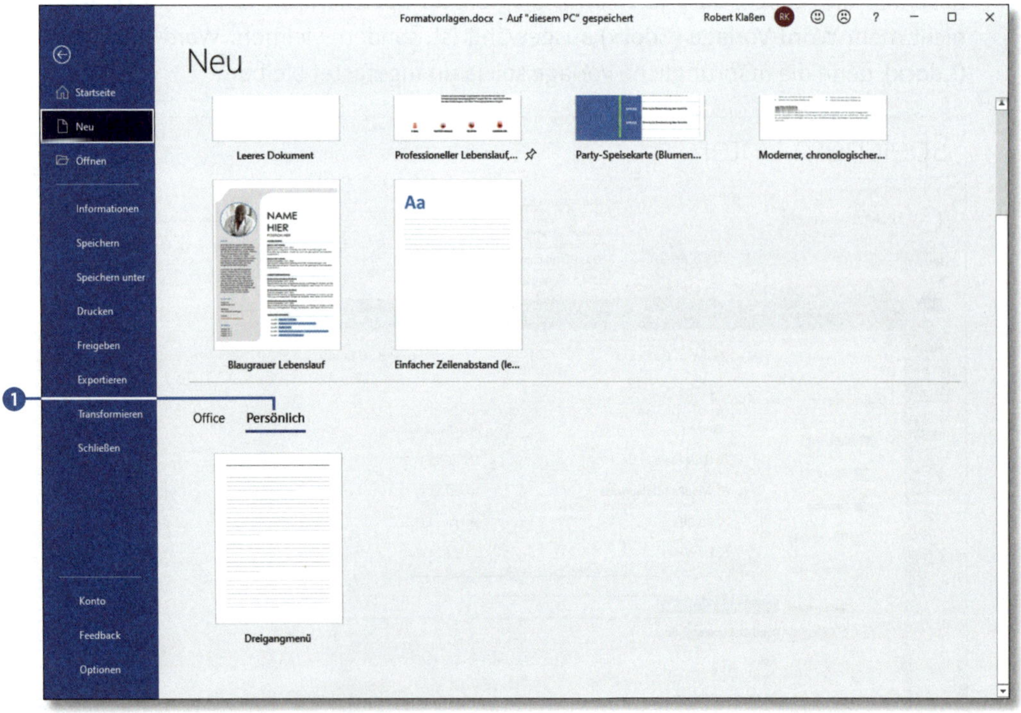

Abbildung 7.4 *Schade, dass es hier noch keine Vorlagenminiatur gibt.*

Hier haben Sie nun zwei Möglichkeiten: Entweder klicken Sie gleich auf die Vorlage, oder Sie führen einen Rechtsklick darauf aus und entscheiden sich für **An Liste anheften**.

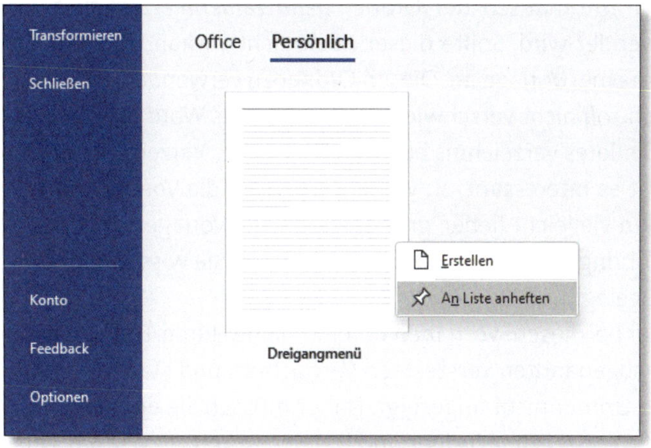

Abbildung 7.5 *Das ändert sich, wenn die Vorlage angeheftet wird.*

Letzteres bewirkt, dass die Vorlage künftig auch direkt auf der ersten Seite des Bereichs **Neu** erscheint – wie alle anderen Vorlagen auch.

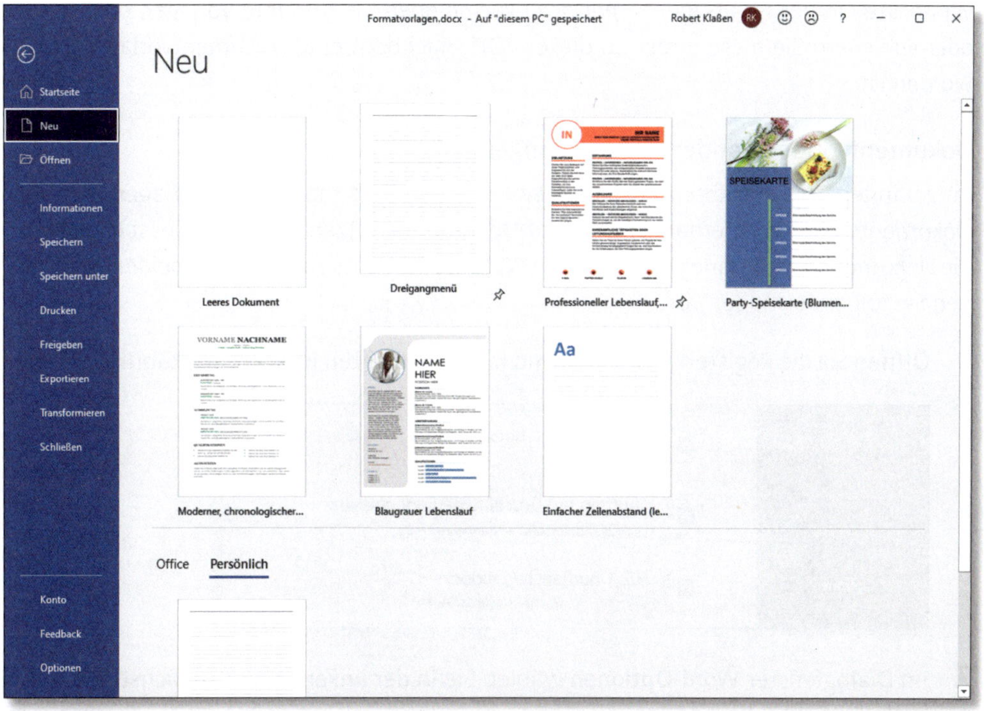

Abbildung 7.6 *Nach der Rückkehr in den Aufgabenbereich »Neu« finden Sie nicht nur das »Dreigangmenü« (direkt neben »Leeres Dokument«), sondern auch die ursprünglich einmal verwendete »Party-Speisekarte« vor (hier ganz rechts).*

Einen Vorlagen-Speicherort wählen

In den vorangegangenen Abschnitten haben Sie erfahren, dass innerhalb des Dokumentbereichs Ihres Betriebssystems automatisch der Ordner *Benutzerdefinierte Office-Vorlagen* für Office-Vorlagen verwendet wird. Sollte dieser noch nicht vorhanden sein, legt Word ihn beim ersten Speichern einer Vorlage an. Diesen Ordner zu verwenden, ist grundsätzlich nicht verkehrt. Dennoch soll nicht verschwiegen werden, dass Word für seine bereits integrierten Vorlagen ein anderes Verzeichnis benutzt. Und dieses Verzeichnis sollten Sie kennen. Denn zum einen ist es interessant, zu wissen, wo Word die Vorlagen aufbewahrt; zum anderen ist es Ihnen vielleicht lieber, grundsätzlich alle Vorlagen an ein und demselben Speicherort unterzubringen. Auch in diesem Fall müssen Sie wissen, wo Word seine hauseigenen Vorlagen abgelegt hat.

Ihr Betriebssystem sorgt leider bei diesem Vorhaben für eine kleine Hürde. Der Vorlagen-Ordner befindet sich in einem sogenannten versteckten Verzeichnis, und standardmäßig werden versteckte Dateien und Ordner nicht angezeigt. Daher müssen Sie ein wenig Vorarbeit leisten: Lassen Sie sich die versteckten Ordner und Dateien anzeigen. Wie das geht, entnehmen Sie bitte dem Unterabschnitt »Ordner und Dateiendungen sichtbar machen« auf Seite 132. Nachdem das erledigt ist, öffnen Sie einen beliebigen Ordner auf Ihrer Festplatte und rufen den folgenden Pfad auf: *Dieser PC\[Laufwerksbuchstabe des Betriebssystems* – meist *C:]\Benutzer\[Benutzername]\AppData\Roaming\Microsoft\Templates*. (Der versteckte Ordner ist übrigens *AppData*.) Verschieben Sie nun Ihre Vorlagen dort hinein, oder speichern Sie diese direkt an diesem Ort, nachdem eine Dokumentvorlage erzeugt worden ist.

Dokumentvorlagen ändern und anhängen

Im vorangegangenen Abschnitt haben Sie erfahren, dass man Formatvorlagen mehrerer Dokumentvorlagen innerhalb eines Word-Dokuments nutzen kann. Ebenso ist es möglich, die Dokumentvorlage eines bestehenden Word-Dokuments zu ändern. In beiden Fällen gehen Sie folgendermaßen vor:

1 Öffnen Sie die Registerkarte **Datei**, und klicken Sie unten links auf die Rubrik **Optionen**.

2 Im Dialogfenster **Word-Optionen** wählen Sie in der linken Spalte zunächst per Mausklick die Kategorie **Add-Ins** aus. Ganz unten im Bereich **Add-Ins** stellen Sie das Auswahlmenü **Verwalten** auf **Vorlagen** ein und klicken daneben auf die Schaltfläche **Los** (bis Word 2013 = **Gehe zu**).

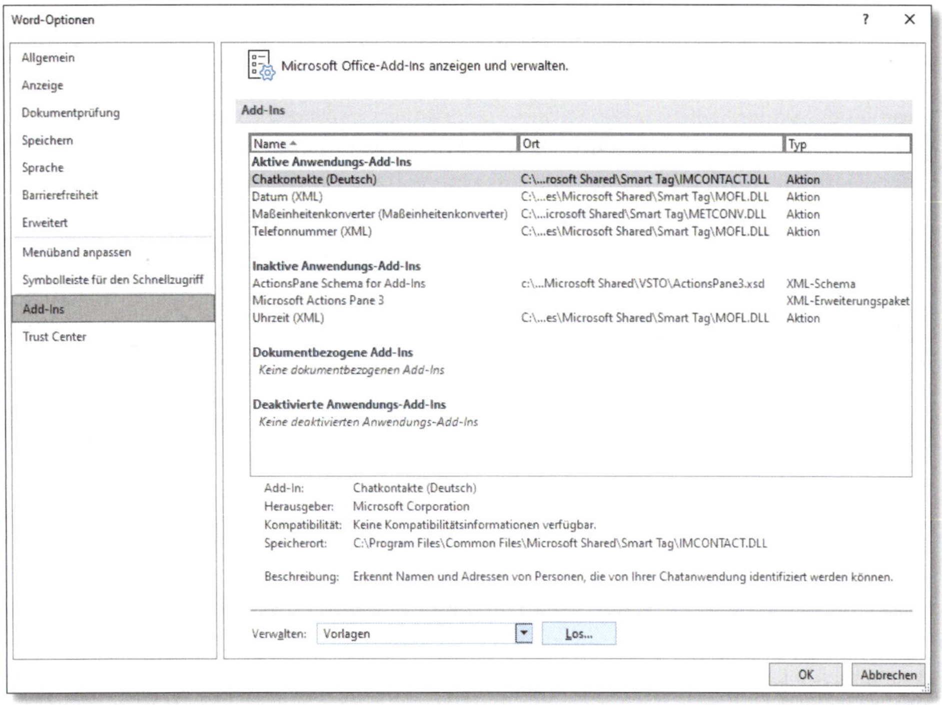

3 Sie befinden sich nun im Dialogfenster **Dokumentvorlagen und Add-Ins**. Klicken Sie auf der Registerkarte **Vorlagen** auf **Anfügen** ❶, sofern eine andere als die derzeit gewählte Dokumentvorlage (hier: **Normal** ❷) auf das Dokument angewendet werden soll.

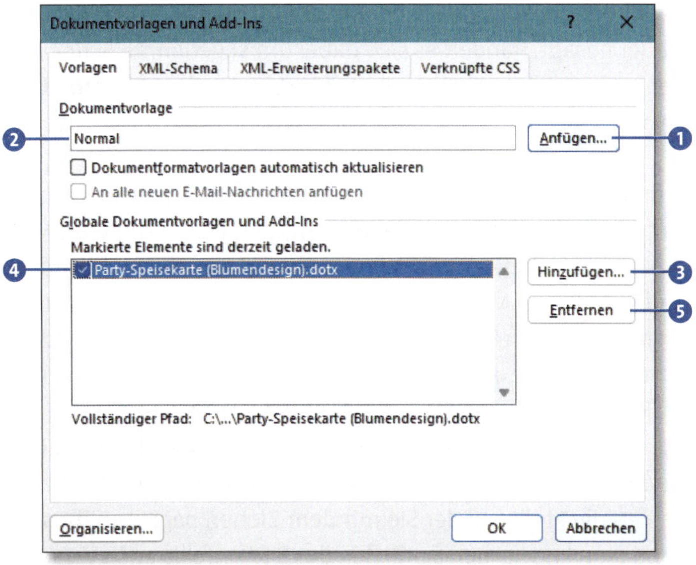

4 Möchten Sie dem Dokument eine weitere Vorlage hinzufügen, klicken Sie auf **Hinzufügen** ❸. Fügen Sie auf diese Weise eine weitere Vorlage hinzu, wird diese im Feld

Markierte Elemente sind derzeit geladen aufgeführt (hier: *Party-Speisekarte (Blumendesign).dotx* ❹). Bestätigen Sie mit **OK**.

INFO

Vorlagen deaktivieren und entfernen
Natürlich dürfen Sie auch mehr als eine Vorlage hinzufügen. Sollten Sie eine Vorlage komplett entfernen wollen, markieren Sie diese im Feld **Markierte Elemente sind derzeit geladen** und klicken anschließend auf **Entfernen** ❺. Allerdings können Vorlagen auch vorübergehend deaktiviert werden, indem Sie das vorangestellte Häkchen entfernen. Diese Vorlagen sind dann im Dokument aktuell nicht verfügbar, bleiben jedoch in der Liste weiterhin enthalten. Wenn Sie diese Vorlagen wieder benötigen, können Sie sie über die Checkbox einfach wieder aktivieren.

7.3 Mit Formatvorlagen arbeiten

Wie Sie ja bereits wissen, beinhalten Dokumentvorlagen auch die sogenannten Formatvorlagen. Diese definieren, wie die Schrift innerhalb eines Dokuments auszusehen hat. Da man innerhalb eines Dokuments üblicherweise mehrere unterschiedliche Schriften verwendet (z. B. Überschrift, Fließtext, Auszeichnungen wie kursiv oder fett usw.), sind folgerichtig auch mehrere Formatvorlagen integriert.

Vorhandene Formatvorlagen nutzen

Sobald Sie ein neues Dokument öffnen, können Sie bereits auf die darin integrierten Formatvorlagen zugreifen. Genauer gesagt, handelt es sich dabei um sogenannte Schnellformatvorlagen. »Schnell« daher, weil es auf der Registerkarte **Start** in der Gruppe **Formatvorlagen** für jede dieser Formatvorlagen eine eigene Schaltfläche gibt. Die Zuweisung ist also denkbar einfach.

Den Aufgabenbereich **Formatvorlagen** öffnen Sie übrigens mithilfe des kleinen Schalters, der sich unten rechts in der Gruppe **Formatvorlagen** befindet. Das Formatvorlagen-Bedienfeld wird daraufhin links angeheftet, wobei es Ihnen aber auch freisteht, es an der Kopfzeile anzuklicken und mit gehaltener Maustaste von dort wegzuziehen. Wenn Sie einen besseren Platz gefunden haben, lassen Sie die Maustaste los. (Die folgende Abbildung zeigt beide Varianten.) Die herausgelöste Palette der Formatvolagen (in der Abbildung rechts zu sehen) kann an den Rändern zudem noch vergrößert werden. Auch das erledigen Sie mithilfe von Drag & Drop. Sollten Sie Hilfe benötigen, betätigen Sie die kleine Dreieck-Schaltfläche im Kopf des Fensters und schauen, was passiert. Word positioniert den Mauszeiger daraufhin automatisch an die Stelle, an der Sie mit dem Ziehen beginnen müssen. Zur Auswahl stehen hier neben dem klassischen Schließen des Bedienfelds auch **Verschieben** und **Größe ändern**.

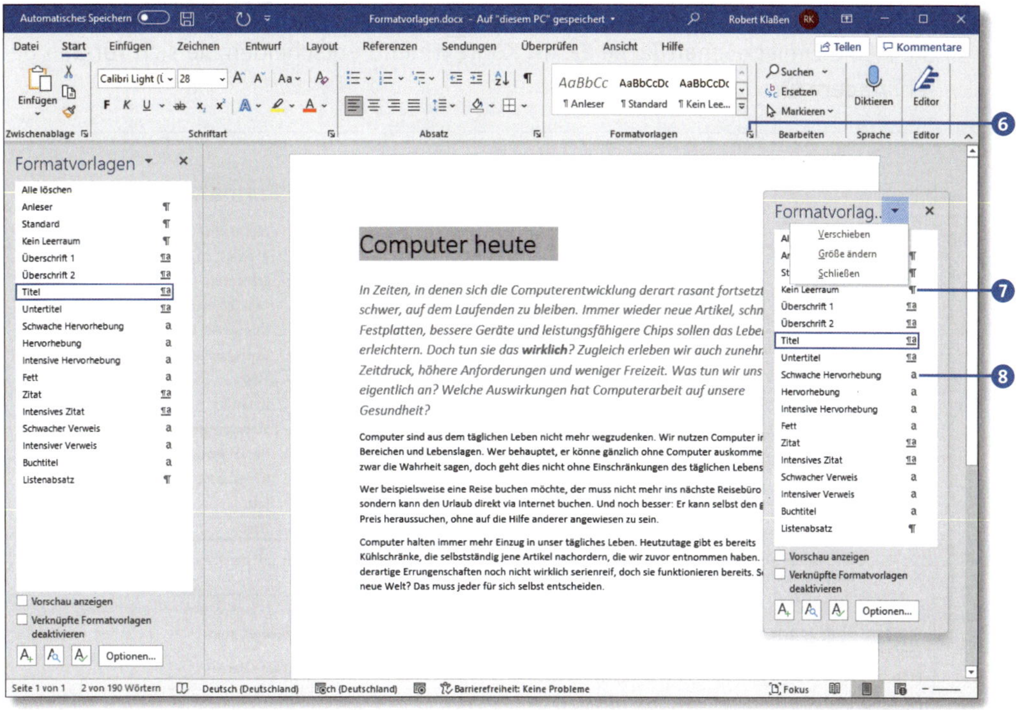

Abbildung 7.7 *Den Schnellformatvorlagen steht auch ein eigener Aufgabenbereich zur Verfügung.*

Wollen Sie einen bestimmten Textabschnitt mit einer Formatvorlage versehen, müssen Sie den Text vorab markieren. Wenn Sie das nicht tun, wird die Formatierung auf den gesamten Absatz angewendet, sofern es sich um eine Absatzformatvorlage handelt. Zeichenformatvorlagen erfordern stets eine vorherige Markierung des Textabschnitts. Das eigentliche Zuweisen erledigen Sie mit einem Mausklick auf die jeweilige Schaltfläche der Schnellformatvorlage. Ob es sich bei der jeweiligen Formatvorlage um Zeichen- oder Absatzformate handelt, erkennen Sie, indem Sie in der Gruppe **Formatvorlagen** der Registerkarte **Start** auf den kleinen nach unten weisenden Pfeil ❻ klicken. Bei ❼ handelt es sich um Absatzformatvorlagen, bei ❽ um Zeichenformatvorlagen. Beachten Sie im Aufgabenbereich die Zeichen am Ende einer jeden Vorlagenzeile.

Eine Formatvorlage ändern

Designs und Dokumentvorlagen bringen ihre eigenen, ganz individuellen Schnellformatvorlagen mit sich, die meist gut aufeinander abgestimmt sind. Dennoch sind auch vordefinierte Vorlagen nicht unveränderlich.

1. Wollen Sie eine Vorlage anpassen, klicken Sie zunächst in der Gruppe **Formatvorlagen** der Registerkarte **Start** auf den kleinen nach unten weisenden Pfeil, um den Aufgabenbereich **Formatvorlagen** einzublenden.

2 Bewegen Sie die Maus auf die Vorlage, die Sie ändern möchten. Klicken Sie rechts auf die kleine Dreieck-Schaltfläche ❶. Im Kontextmenü entscheiden Sie sich für den Befehl **Ändern** ❷.

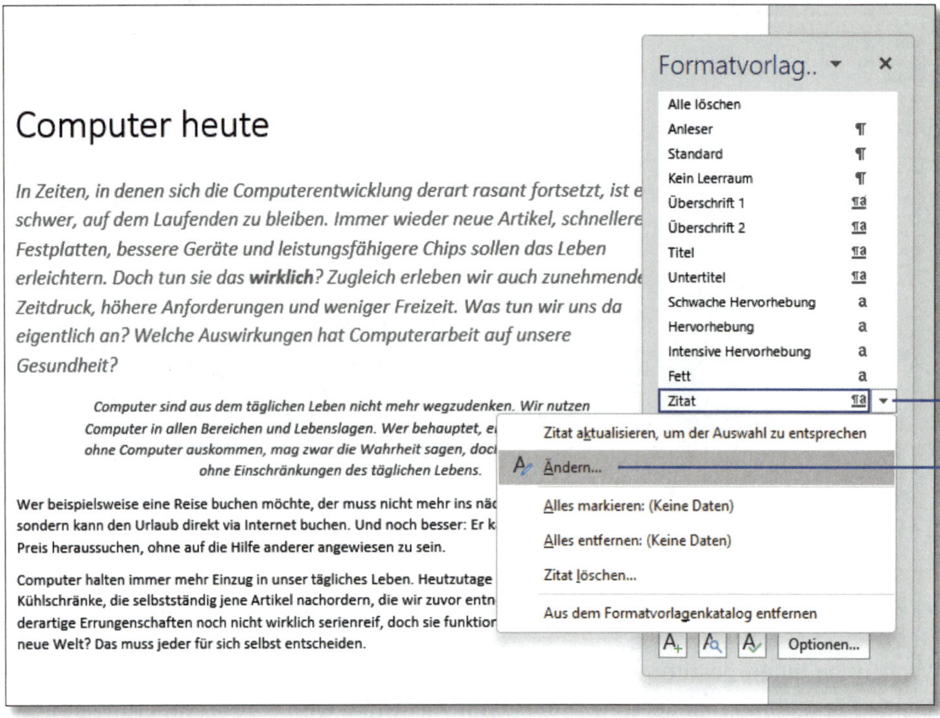

3 Alternativ können Sie auch in der Gruppe **Formatvorlagen** der Registerkarte **Start** eine der Schnellformatvorlagen mit rechts anklicken und im folgenden Kontextmenü auf **Ändern** klicken.

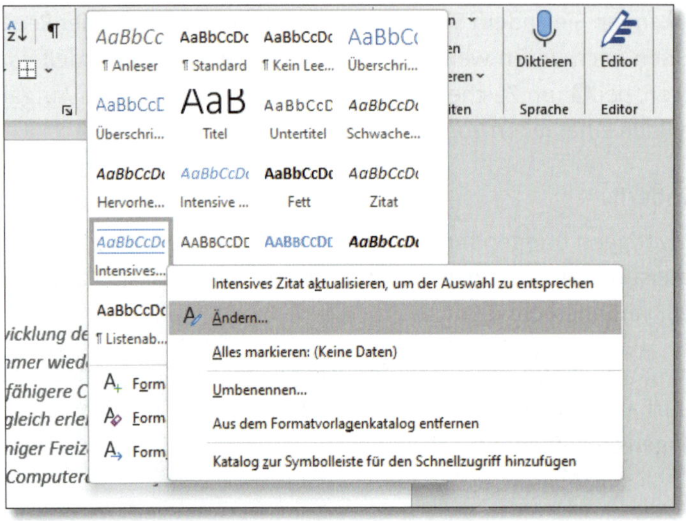

4 Im Dialogfenster **Formatvorlage ändern** können Sie beispielsweise im Feld **Name** den Titel der Formatvorlage und im Bereich **Formatierung** einige Textattribute anpassen. Benötigen Sie weiterführende Optionen, klicken Sie unten links auf den Button **Format**, gefolgt von z. B. **Schriftart**.

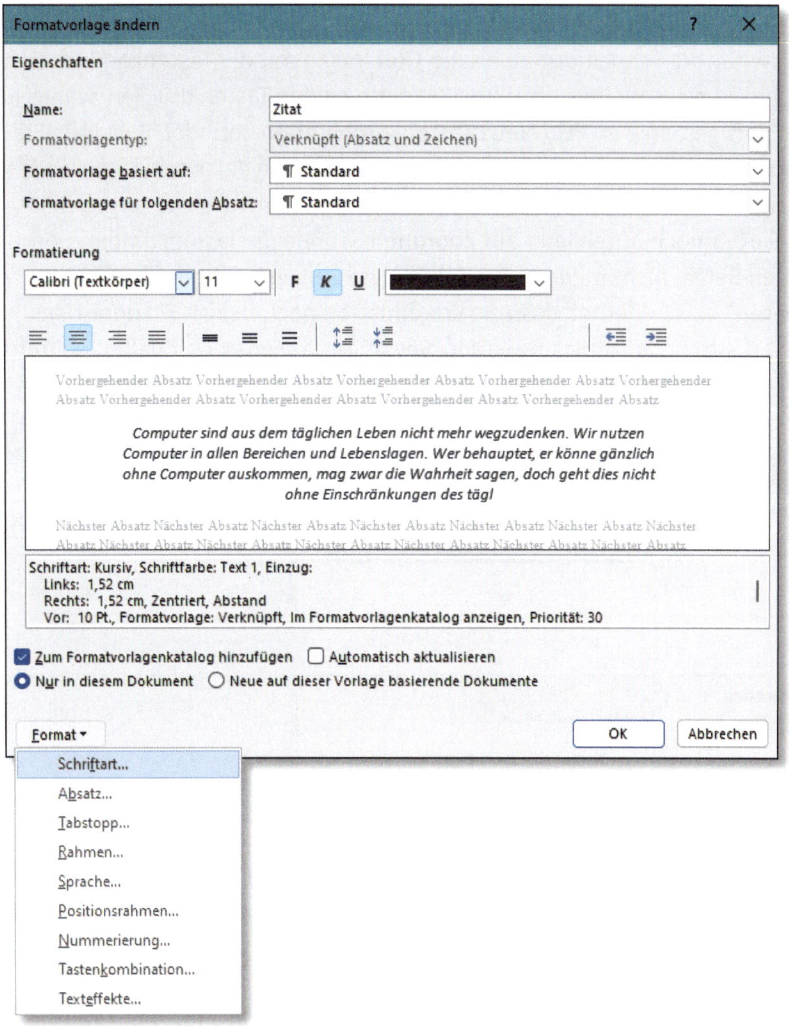

5 Bevor Sie Ihre Änderungen mit einem Klick auf **OK** bestätigen, wählen Sie zwischen den Optionen **Nur in diesem Dokument** und **Neue auf dieser Vorlage basierende Dokumente** aus. Mit der zweiten Option werden Ihre vorgenommenen Änderungen fortan auch auf alle neuen Dokumente angewendet und nicht nur auf das aktuelle.

INFO

Tastaturkürzel anpassen

Achten Sie im Dialogfenster **Formatvorlage ändern** einmal auf das Menü der Schaltfläche **Format** unten links. In der Liste befindet sich auch die Zeile **Tastenkombination**. Ein Klick darauf ermöglicht im Dialogfenster **Tastatur anpassen** die Vergabe einer Tastenkombination zur Zuweisung einer Formatvorlage. Wenn Sie beispielsweise die Schnellformatvorlage **Titel** fortan mit der Tastenkombination `Alt`+`T` zuweisen wollten, müssten Sie diese beiden Tasten drücken, während sich die Einfügemarke im Feld **Neue Tastenkombination** befindet. Beachten Sie allerdings grundsätzlich die Zeile **Derzeit zugewiesen an** darunter, da diese verrät, ob die von Ihnen benutzte Kombination noch frei oder bereits vergeben ist. Klicken Sie dennoch unten links auf **Zuordnen**, stünde die Tastenkombination beim alten Befehl nicht mehr zur Verfügung. Im Beispiel steht jedoch **[nicht zugewiesen]**, was bedeutet, dass die Kombination noch frei ist. Ein derartiges Kürzel lässt sich bedenkenlos zuweisen. Bevor Sie das Fenster schließen, sollten Sie im Feld **Speichern in** noch festlegen, für welche Dokumentvorlage diese Tastenkombination fortan Gültigkeit haben soll (standardmäßig für *Normal.dotm*).

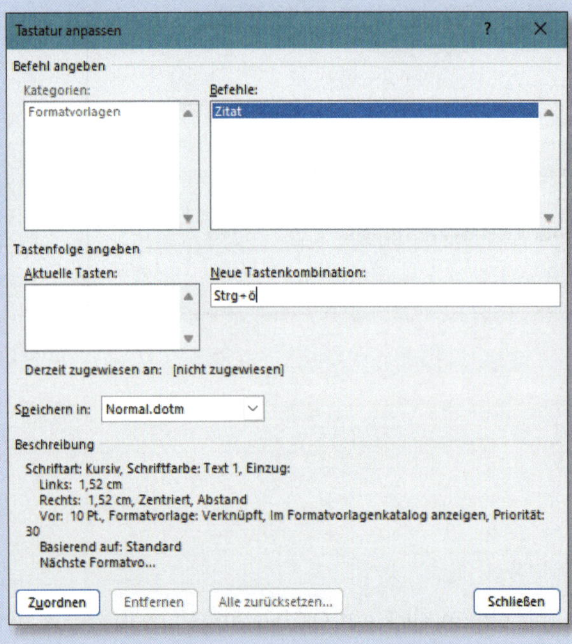

Abbildung 7.8 *Sie können Formatvorlagen auch mit Tastenkombinationen ausführen.*

Formatvorlagenoptionen

Wenn Sie mit zahlreichen Formatvorlagen arbeiten, geht leicht die Übersicht verloren. Denn immerhin werden ja nicht nur die Formatvorlagen gezeigt, die Sie tatsächlich im Dokument benutzen, sondern alle Formatvorlagen. Das lässt sich jedoch ändern:

1 Öffnen Sie zunächst den Aufgabenbereich **Formatvorlagen**, und klicken Sie auf **Optionen** ❶.

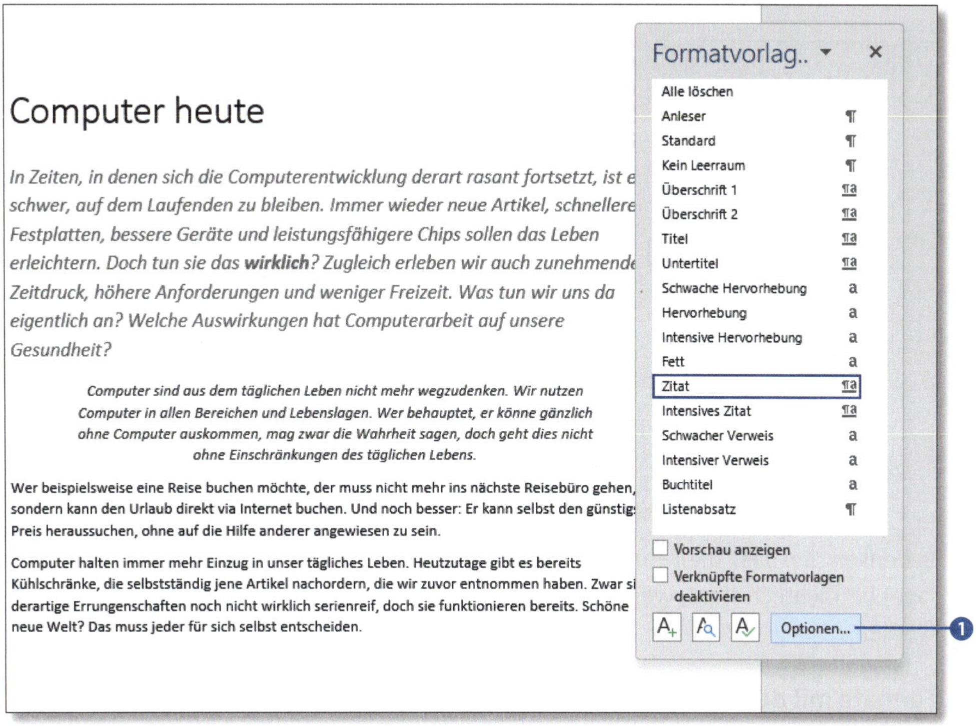
Computer heute
In Zeiten, in denen sich die Computerentwicklung derart rasant fortsetzt, ist e
schwer, auf dem Laufenden zu bleiben. Immer wieder neue Artikel, schnellere
Festplatten, bessere Geräte und leistungsfähigere Chips sollen das Leben
erleichtern. Doch tun sie das wirklich? Zugleich erleben wir auch zunehmende
Zeitdruck, höhere Anforderungen und weniger Freizeit. Was tun wir uns da
eigentlich an? Welche Auswirkungen hat Computerarbeit auf unsere
Gesundheit?
Computer sind aus dem täglichen Leben nicht mehr wegzudenken. Wir nutzen
Computer in allen Bereichen und Lebenslagen. Wer behauptet, er könne gänzlich
ohne Computer auskommen, mag zwar die Wahrheit sagen, doch geht dies nicht
ohne Einschränkungen des täglichen Lebens.
Wer beispielsweise eine Reise buchen möchte, der muss nicht mehr ins nächste Reisebüro gehen,
sondern kann den Urlaub direkt via Internet buchen. Und noch besser: Er kann selbst den günstig
Preis heraussuchen, ohne auf die Hilfe anderer angewiesen zu sein.
Computer halten immer mehr Einzug in unser tägliches Leben. Heutzutage gibt es bereits
Kühlschränke, die selbstständig jene Artikel nachordern, die wir zuvor entnommen haben. Zwar si
derartige Errungenschaften noch nicht wirklich serienreif, doch sie funktionieren bereits. Schöne
neue Welt? Das muss jeder für sich selbst entscheiden.
Formatvorlag..
Alle löschen
Anleser
Standard
Kein Leerraum
Überschrift 1
Überschrift 2
Titel
Untertitel
Schwache Hervorhebung
Hervorhebung
Intensive Hervorhebung
Fett
Zitat
Intensives Zitat
Schwacher Verweis
Intensiver Verweis
Buchtitel
Listenabsatz
Vorschau anzeigen
Verknüpfte Formatvorlagen deaktivieren
Optionen...
1

2 Wählen Sie im folgenden Dialog **Optionen für Formatvorlagenbereich** im Auswahlmenü **Anzuzeigende Formatvorlagen auswählen** die Option **Im aktuellen Dokument**. Hier ist standardmäßig **Empfohlen** markiert. Das bedeutet, dass die Vorlagen gezeigt werden, die Word für geeignet hält – ungeachtet dessen, ob sie wirklich benötigt werden oder nicht.

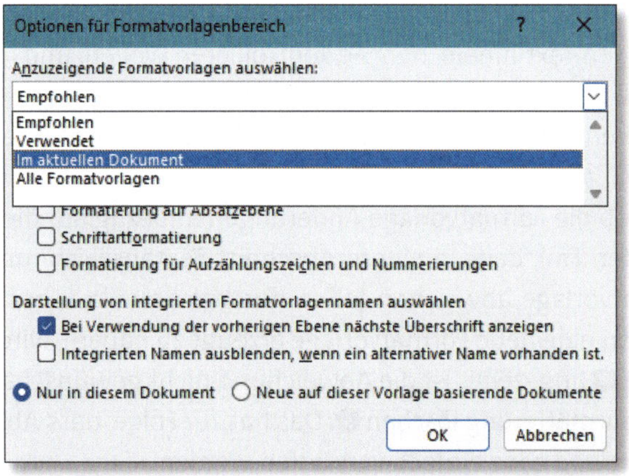
Optionen für Formatvorlagenbereich
Anzuzeigende Formatvorlagen auswählen:
Empfohlen
Empfohlen
Verwendet
Im aktuellen Dokument
Alle Formatvorlagen
Formatierung auf Absatzebene
Schriftartformatierung
Formatierung für Aufzählungszeichen und Nummerierungen
Darstellung von integrierten Formatvorlagennamen auswählen
Bei Verwendung der vorherigen Ebene nächste Überschrift anzeigen
Integrierten Namen ausblenden, wenn ein alternativer Name vorhanden ist.
Nur in diesem Dokument
Neue auf dieser Vorlage basierende Dokumente
OK
Abbrechen

3 Ändern Sie diese Option auf **Im aktuellen Dokument**, erreichen Sie, dass im Aufgabenbereich **Formatvorlagen** nun nur noch jene Vorlagen angezeigt werden, die im aktuellen Dokument zum Einsatz gekommen sind.

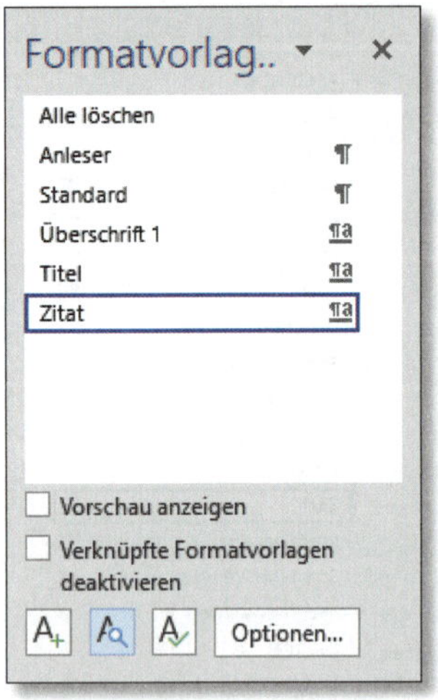

Bedenken Sie, dass die Fehleranfälligkeit (z. B. durch Zuweisen einer falschen Formatvorlage) beträchtlich sinkt, wenn Sie nur die Vorlagen anzeigen lassen, die wirklich benötigt werden.

Formate mit dem Formatinspektor überprüfen

Jeder Text sollte seine eigene Formatvorlage haben! Immer! Wenn Sie Text ändern, der bereits auf einer bestehenden Formatvorlage beruht, sollten Sie davon eine neue Formatvorlage anlegen. So erhalten Sie die volle Kontrolle über die Erscheinungsweise Ihres Dokuments. Darüber hinaus sollten Sie am Schluss kontrollieren, ob alle Formatvorlagen auch tatsächlich korrekt angelegt sind. Unbeabsichtigte Änderungen und Abweichungen von den Original-Formatvorlagen können so ausfindig gemacht werden.

Klicken Sie im Aufgabenbereich **Formatvorlagen** auf die Schaltfläche **Formatinspektor** ❶. Setzen Sie die Einfügemarke in den Text hinein, den Sie kontrollieren wollen, und lesen Sie ab, welche Absatzformatierung verwendet worden ist ❷. Wollen Sie diese Formatierung löschen, betätigen Sie die nebenstehende Schaltfläche **Auf die standardmäßige Absatzformatvorlage zurücksetzen** ❸.

Eine Zeile tiefer wird angezeigt, ob die Formatvorlage Änderungen in Bezug auf die Absatzformatierungen enthält. Für den Fall, dass in einem Abschnitt Textauszeichnungen enthalten sind, die von der Formatvorlage abweichen (etwa durch manuelle Schriftart- oder Absatzänderungen, ohne davon eine neue Formatvorlage erzeugt zu haben), wird die Art der Abweichung in diesem Feld ❹ angezeigt. Ist die Abweichung nicht gewünscht, betätigen Sie die Schaltfläche **Absatzformatierung löschen** ❺. Das hat zur Folge, dass Abweichungen im Vergleich zur Formatvorlage ganz einfach verworfen werden.

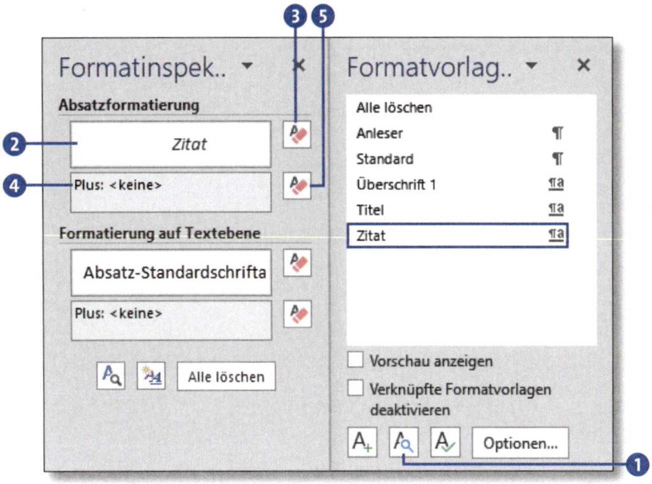

Abbildung 7.9 *Der Formatinspektor hilft bei der Kontrolle.*

Wollen Sie stattdessen eine neue Formatvorlage auf Grundlage dieser Absatzformatierungen erzeugen, reicht ein Klick auf den Button **Neue Formatvorlage** ❻. Beachten Sie in diesem Zusammenhang auch die Steuerelemente im Bereich **Formatierung auf Textebene** ❼. Hiermit lassen sich Formatierungsfehler auf Zeichenebene anzeigen und bearbeiten.

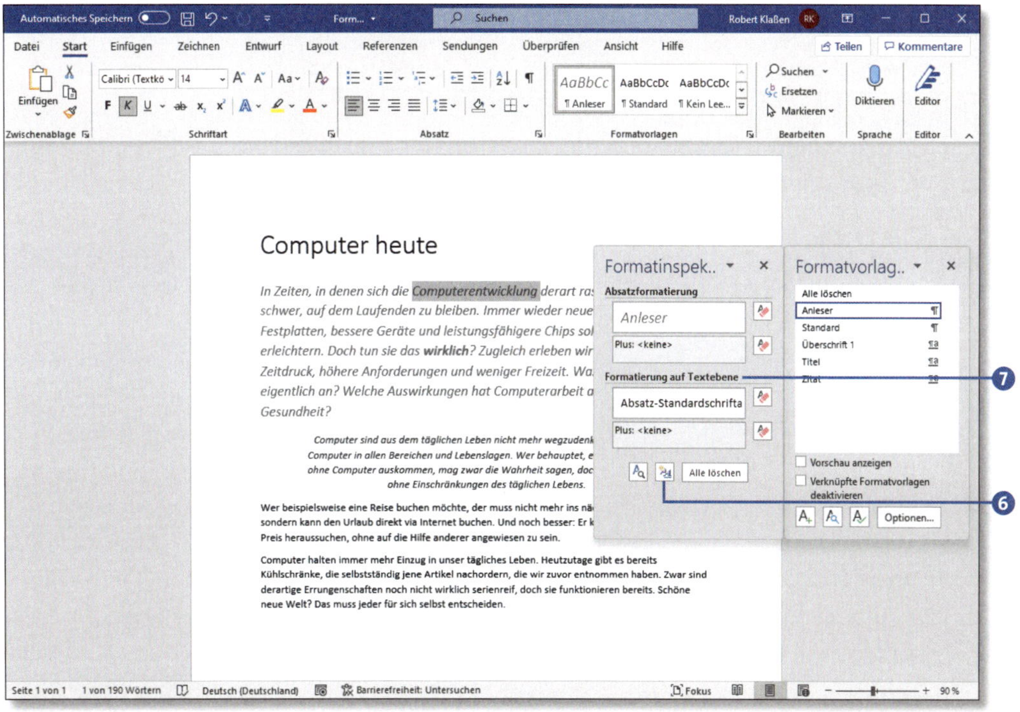

Abbildung 7.10 *Der Hinweis »Anleser« bedeutet, dass an dieser Position die Formatvorlage »Anleser« Gültigkeit hat.*

Kapitel 8
Gestaltungselemente einfügen

Word ist weit mehr als ein reines Textverarbeitungsprogramm. Denn Ihre Dokumente lassen sich nicht nur mit Grafiken, Bildern und Formen »aufhübschen«, sondern auch durch wichtige Zusatzinformationen inhaltlich bereichern. Bestimmte Gestaltungselemente bringen neben mehr Übersichtlichkeit auch Abwechslung in Ihr Dokument. Erfahren Sie in diesem Kapitel, welche gestalterischen Möglichkeiten realisierbar sind.

8.1 Textfelder hinzufügen

Wie soeben erwähnt: Word ist eine Textverarbeitungssoftware. Der Text ist allgegenwärtig. Dennoch besteht die Möglichkeit, Text zusätzlich in sogenannten Textfeldern unterzubringen, also Kästen zu erzeugen, in denen sich Text befindet, der nichts mit dem Fließtext zu tun hat.

Ein Textfeld erzeugen

Ein Textfeld einzufügen, ist denkbar einfach. Klicken Sie im Segment **Text** des Registers **Einfügen** auf **Textfeld**, und wählen Sie entweder eines der vorgegebenen Textfelder aus, oder selektieren Sie die Zeile **Textfeld erstellen**. Danach lässt sich der Rahmen des Textfeldes mit gehaltener Maustaste und entsprechender Mausbewegung auf der Arbeitsoberfläche aufziehen. Lassen Sie los, wenn Sie mit der Größe des Rahmens zufrieden sind. Die Positionierung eines Textfeldes erledigen Sie, indem Sie auf den Textfeldrahmen klicken, die Maustaste gedrückt halten und das Textfeld an die gewünschte Position ziehen.

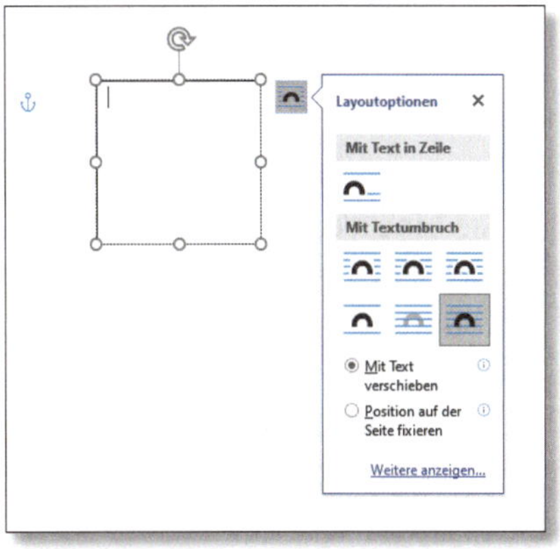

Abbildung 8.1 *Der Textumbruch regelt, wie der Fließtext auf ein vorhandenes Textfeld reagiert.*

Beachten Sie, dass die temporäre Registerkarte **Formformat** nur sichtbar ist, solange das Textfeld ausgewählt ist. Wie sich der Fließtext des Dokuments verhalten soll, wenn er mit dem Textfeld kollidiert, bestimmen Sie mit den sogenannten **Layoutoptionen**, die zugänglich werden, wenn Sie auf das kleine Quadrat oben rechts neben dem Textfeld klicken. (Was es mit den Layoutoptionen auf sich hat, erfahren Sie im Unterabschnitt »Grafiken freistellen« ab Seite 272 in diesem Kapitel.)

Nun soll nur am Rande erwähnt werden, dass über die Steuerelemente im Bereich **Format**, die immer dann im Menüband zu sehen sind, wenn ein Textfeld angewählt ist, diverse Füll- und Formeffekte sowie Textfeld-Konturen (hier als *Formkonturen* bezeichnet) einzustellen sind.

Textfelder verknüpfen

Das alles ist eigentlich nicht spektakulär genug, um in diesem Buch großflächig erwähnt zu werden. Dennoch verdient das Thema Erwähnung, weil sich hinter den Textfeld-Techniken eine interessante Word-Technik verbirgt, die man sonst eher in Layoutanwendungen wie Adobe InDesign findet. Die Rede ist von Textfeldverknüpfungen. Sollte mehr Text im Textfeld vorhanden sein, als angezeigt werden kann, dürfen Sie gern ein zweites Textfeld erstellen. Markieren Sie sodann das erste, und wählen Sie **Verknüpfung erstellen**. Den Befehl finden Sie im Temporär-Register **Formformat** unter **Text**. Danach klicken Sie auf das zweite Textfeld – und schon läuft der Text des ersten Feldes dorthin über.

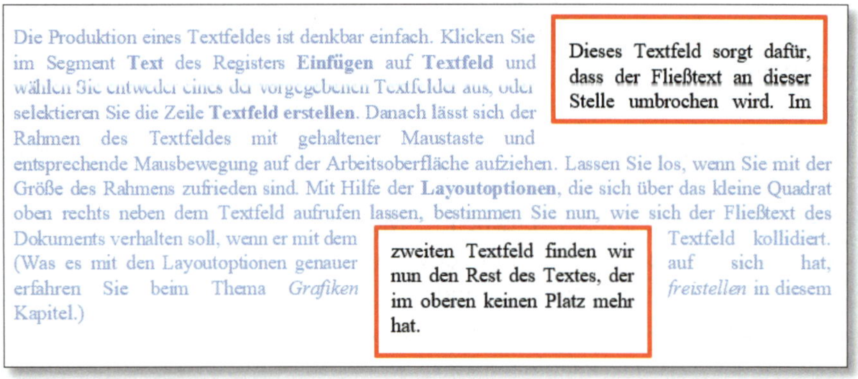
Die Produktion eines Textfeldes ist denkbar einfach. Klicken Sie im Segment **Text** des Registers **Einfügen** auf **Textfeld** und
selektieren Sie die Zeile **Textfeld erstellen**. Danach lässt sich der Rahmen des Textfeldes mit gehaltener Maustaste und entsprechende Mausbewegung auf der Arbeitsoberfläche aufziehen. Lassen Sie los, wenn Sie mit der Größe des Rahmens zufrieden sind. Mit Hilfe der **Layoutoptionen**, die sich über das kleine Quadrat oben rechts neben dem Textfeld aufrufen lassen, bestimmen Sie nun, wie sich der Fließtext des Dokuments verhalten soll, wenn er mit dem Textfeld kollidiert.
(Was es mit den Layoutoptionen genauer auf sich hat, erfahren Sie beim Thema *Grafiken freistellen* in diesem Kapitel.)
Dieses Textfeld sorgt dafür, dass der Fließtext an dieser Stelle umbrochen wird. Im
zweiten Textfeld finden wir nun den Rest des Textes, der im oberen keinen Platz mehr hat.

Abbildung 8.2 *Dieses Beispiel finden Sie als Word-Dokument unter dem Titel »Textfelder.docx« in den Beispieldateien.*

Diese Technik könnten Sie nun unentwegt weiterführen, also weitere Textfelder mit dem jeweils zuletzt erzeugten Textfeld verknüpfen. Wollen Sie eine Verknüpfung aufheben, müssen Sie dafür stets das zuerst gewählte Textfeld auswählen. Der eben erwähnte Befehl **Verknüpfung erstellen** heißt jetzt im Menüband **Verknüpfung aufheben** und entfernt sämtlichen Text aus den nachfolgenden Textfeldern, sobald er angewendet wird.

Der Vorteil von verknüpften Textfeldern liegt klar auf der Hand: Sie müssen sich über den Textumbruch nie wieder Gedanken machen, selbst dann nicht, wenn Sie beispielsweise einmal die Schriftgröße ändern. Ihr Layout bleibt immer exakt gleich.

8.2 Grafiken einbinden

Wenn wir in Word von *Grafiken* sprechen, sind sowohl Bilder als auch die hauseigenen Grafikelemente (*Onlinegrafiken*) und Formen gemeint. Dazu zählen auch *SmartArt*-Objekte, Diagramme und sogar Screenshots (Bildschirmbilder). Word fasst diese Elemente in der Gruppe **Illustrationen** der Registerkarte **Einfügen** zusammen.

Abbildung 8.3 *Grafische Elemente werden mithilfe der Gruppe »Illustrationen« eingefügt.*

Grafiken einfügen

Betätigen Sie die Schaltfläche **Bilder** in der Gruppe **Illustrationen** der Registerkarte **Einfügen**. Wenn Sie ein Foto von der Festplatte integrieren wollen, selektieren Sie **Dieses Gerät**. Daraufhin öffnet sich der Dialog **Grafik einfügen**. Navigieren Sie in ihm zum Speicherort des Fotos, das Sie einfügen wollen, markieren Sie es (❶ auf Seite 260), und klicken Sie anschließend auf die Schaltfläche **Einfügen** ❷. Das auf diese Weise hinzugefügte Foto wird gewissermaßen in das Word-Dokument »eingeklebt«. Der Vorteil: Es bleibt fester Bestandteil des Dokuments, auch dann, wenn Sie die Word-Datei an jemand anderen weitergeben, der dieses Bild nicht auf seinem Rechner hat. Der Nachteil: Die Dateigröße des Dokuments nimmt bei Verwendung zahlreicher Fotos schnell zu. Dadurch wird der Arbeitsspeicher des Computers rasch gefüllt, und das Handling wird schwieriger (beim Scrollen beispielsweise könnte der Bildschirm kurz »einfrieren«).

Grafiken verknüpfen

Falls Sie beispielsweise einen Text mit zahlreichen Fotos verfassen, sollten Sie die Grafiken mit der Datei verknüpfen. Dazu klicken Sie innerhalb des Dialogs **Grafik einfügen** zunächst auf den kleinen Pfeil ❸ an der Schaltfläche **Einfügen** und entscheiden sich in der Liste für **Mit Datei verknüpfen**.

Das Foto wird jetzt nicht mehr eingeklebt, sondern lediglich referenziert. Das bedeutet, dass Word-intern lediglich ein Verweis zum Foto erzeugt wird. Die Dateigröße des Word-Dokuments bleibt dadurch auch bei Verwendung zahlreicher Fotos erfreulich gering. Darüber hinaus wird das Bild bei jedem Öffnen des Word-Dokuments aktualisiert. Das bringt den zusätzlichen Nutzen, dass Änderungen am Foto auch direkt im Word-Dokument berücksichtigt werden. Das ist beim herkömmlichen Einfügen nicht der Fall.

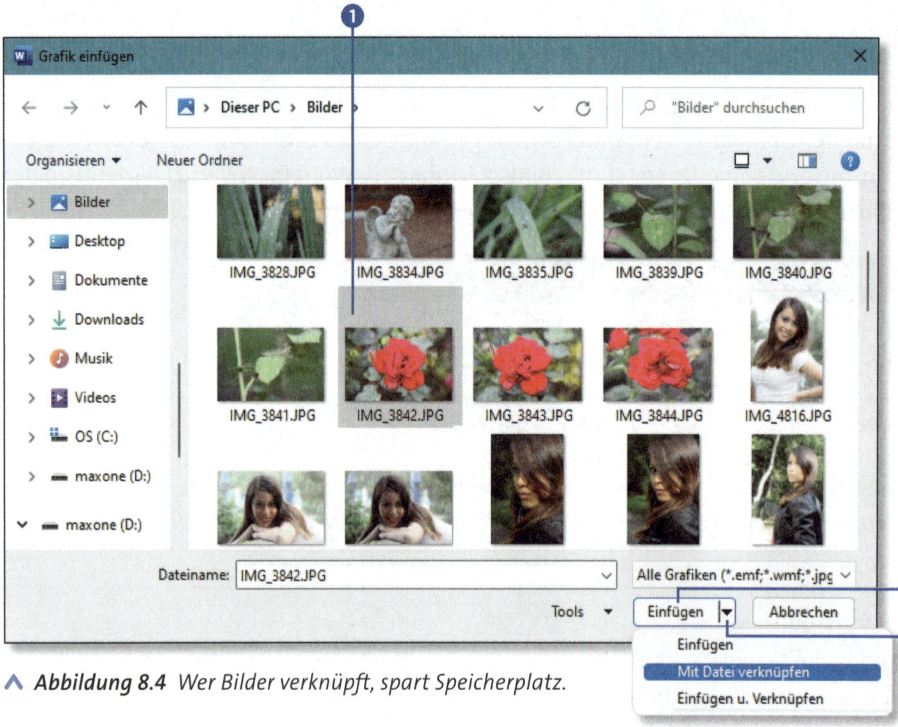

Abbildung 8.4 *Wer Bilder verknüpft, spart Speicherplatz.*

Leider hat das Verknüpfen der Grafikdateien auch seine Nachteile: Nach dem Öffnen des Word-Dokuments dauert es etwas länger, bis die Grafiken dargestellt werden. Immerhin muss Word die Verknüpfungen zu den Fotos zunächst herstellen. Der zweite wesentliche Nachteil: Word muss ständig in der Lage sein, auf den Speicherort zuzugreifen. Falls Sie also das Originalfoto umbenennen oder verschieben, kann Word das Bild nicht mehr finden – und somit auch nicht mehr anzeigen. Das Gleiche gilt übrigens für den Ordner, der das Bild enthält: Wird dieser verschoben oder umbenannt, kann Word auch hier die Verknüpfung nicht mehr aufrechterhalten. Wollen Sie das Word-Dokument weitergeben, müssen Sie dem Empfänger darüber hinaus auch die Fotos zukommen lassen. Verstoßen Sie gegen einen dieser Grundsätze, sehen Sie anstelle des Fotos lediglich einen Hinweis.

Abbildung 8.5 *Wenn Word die Verknüpfung nicht herstellen kann, wird auch das Bild nicht angezeigt (rechts).*

Im nächsten Workshop erfahren Sie, wie Sie die Verknüpfung zwischen dem Dokument und dem Bild wiederherstellen können, sodass das Bild wieder angezeigt werden kann.

Verknüpfungen reparieren

Sollten Sie mit mehreren Personen im Team an einem Word-Dokument arbeiten, müssen Sie den Kollegen auch ermöglichen, auf die verknüpften Bilddateien zuzugreifen. Liefern Sie nur die Word-Datei ab, erscheinen am Rechner der Kollegen anstelle der Fotos lediglich besagte Platzhalter. Wenn Sie die Bilder später nachliefern, kann der Empfänger die Verknüpfungen reparieren.

In den Beispieldateien zum Buch finden Sie ein Word-Dokument mit einer verknüpften Grafik. Die Grafik selbst liegt ebenfalls bei.

1. Öffnen Sie die Datei *Grafikverknüpfung.docx* aus dem Ordner *08/Verknüpfung*.
2. Das Dokument öffnet sich, und Sie werden feststellen, dass das darin verknüpfte Foto ganz normal angezeigt wird. Schließen Sie das Dokument wieder.

Das folgende Foto ist kein fester Bestandteil des Word-Dokuments. Es ist nicht mit der Funktion **Einfügen** hinzugefügt worden. Vielmehr ist es lediglich verknüpft worden. Wenn Sie das Foto verschieben oder umbenennen, kann es hier nicht mehr korrekt angezeigt werden.

Probieren Sie selbst einmal aus, indem Sie das Foto verschieben.

3. Benennen Sie nun die Bilddatei *Gelbe-Rosen.jpg* um, sodass die Verknüpfung zum Word-Dokument unterbrochen wird. Dazu setzen Sie nacheinander zwei einzelne Mausklicks auf den Namen der Datei. Führen Sie keinen Doppelklick aus! Warten Sie zwischen beiden Klicks einen Moment. Ansonsten funktioniert es nicht. Der erste Mausklick markiert die Datei, der zweite den Namen. Geben Sie einen neuen Namen an, z. B. »Rose«, und bestätigen Sie mit [↵].
4. Öffnen Sie erneut den Ordner *Verknüpfung* und darin die Datei *Grafikverknüpfung.docx*. Jetzt werden Sie feststellen, dass die Verknüpfung verloren gegangen ist und der bereits bekannte Platzhalter-Hinweis angezeigt wird.

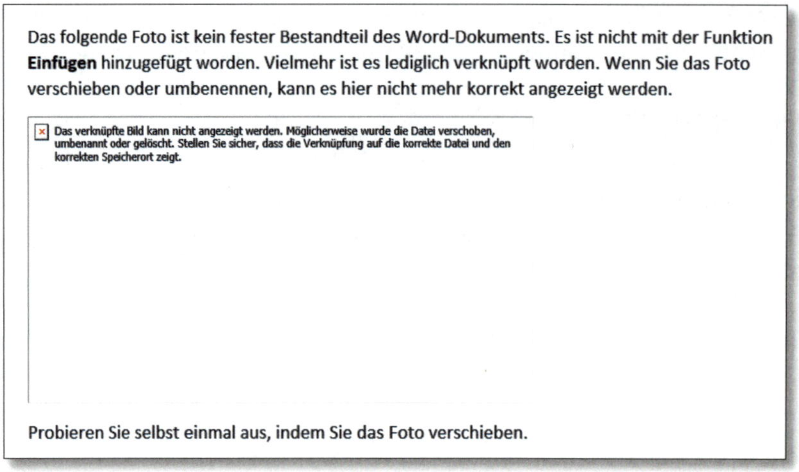

Das folgende Foto ist kein fester Bestandteil des Word-Dokuments. Es ist nicht mit der Funktion **Einfügen** hinzugefügt worden. Vielmehr ist es lediglich verknüpft worden. Wenn Sie das Foto verschieben oder umbenennen, kann es hier nicht mehr korrekt angezeigt werden.

Das verknüpfte Bild kann nicht angezeigt werden. Möglicherweise wurde die Datei verschoben, umbenannt oder gelöscht. Stellen Sie sicher, dass die Verknüpfung auf die korrekte Datei und den korrekten Speicherort zeigt.

Probieren Sie selbst einmal aus, indem Sie das Foto verschieben.

5 Um nun die Verknüpfung wiederherzustellen, müssen Sie einen ziemlich versteckten Dialog öffnen. Zunächst aktivieren Sie die Backstage-Ansicht, indem Sie auf die Registerkarte **Datei** klicken. Sorgen Sie dafür, dass die Rubrik **Informationen** ❶ aktiv ist, und klicken Sie ganz unten rechts auf **Verknüpfungen mit Dateien bearbeiten** ❷.

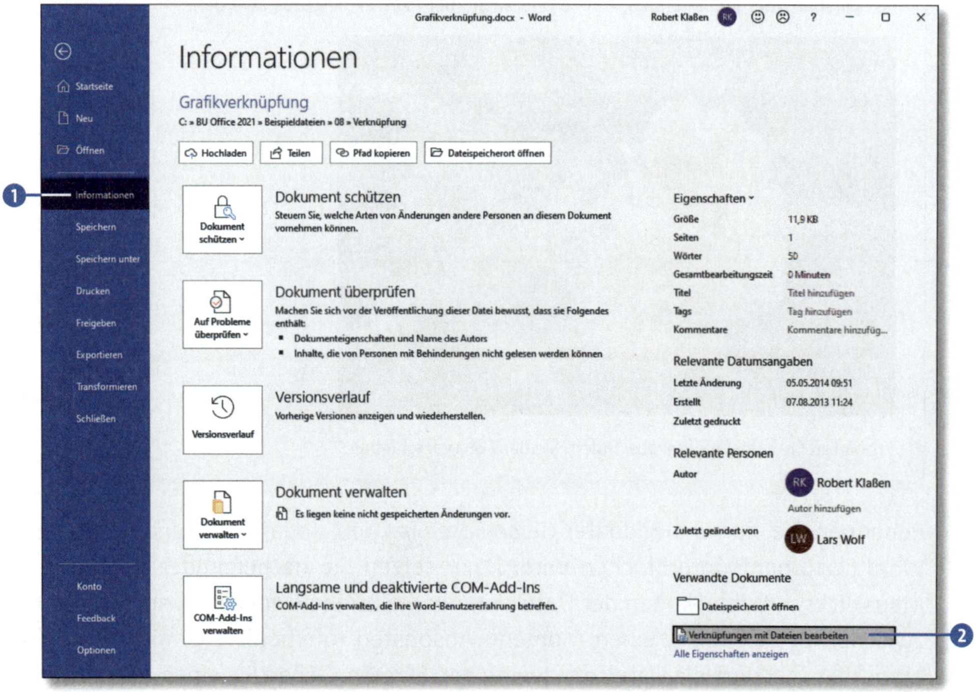

6 Da Sie es hier nur mit einem einzigen Bild zu tun haben, muss links in der Liste **Quelldatei** kein Foto markiert werden. Das einzige vorhandene ist bereits ausgewählt ❸. Sollten mehrere Dateien in der Liste aufgeführt sein, wählen Sie die gewünschte Datei per Mausklick aus. Klicken Sie auf **Quelle ändern** ❹.

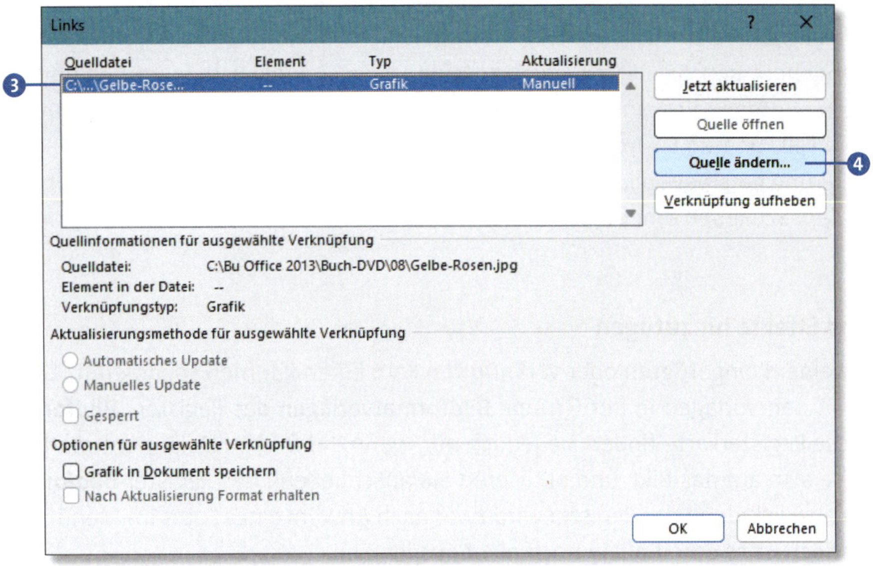

7 Stellen Sie im folgenden Dialog den Pfad zum geänderten Foto her. Markieren Sie das Bild dort, und bestätigen Sie Ihre Wahl mit einem Klick auf **Öffnen** 5. Verlassen Sie zudem den Dialog **Links** mit **OK**, und klicken Sie in der Backstage-Ansicht oben links auf den nach links weisenden Pfeil. Das bringt Sie zurück zur herkömmlichen Dokumentansicht, in der das Foto nun wieder angezeigt wird.

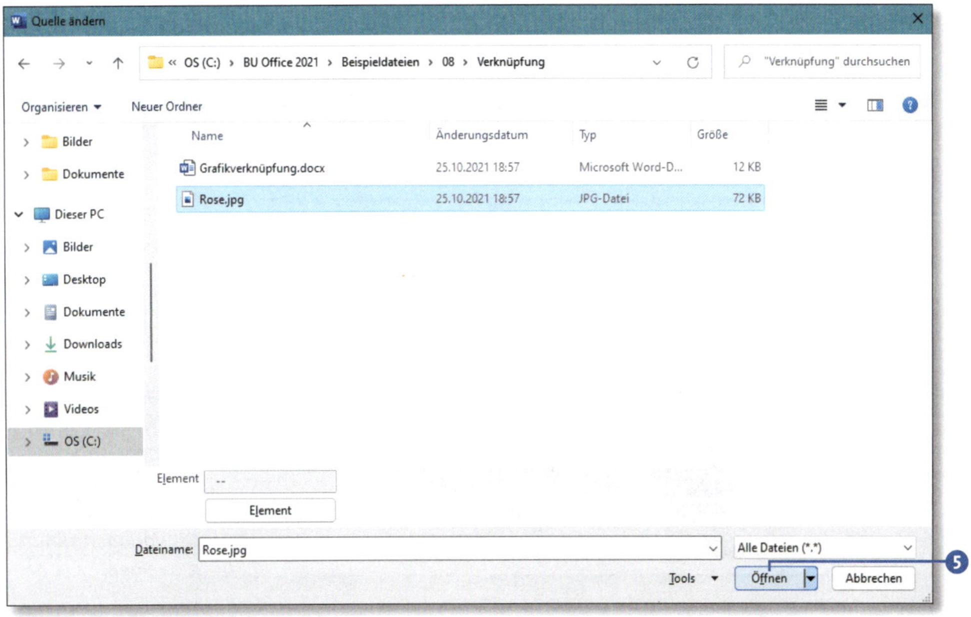

Vergessen Sie nicht, das Dokument am Ende zu speichern. Anderenfalls würde die Verknüpfung nicht dauerhaft aktualisiert.

> **INFO**
>
> **Grafik aktualisieren**
> Mal angenommen, Sie hätten lediglich Änderungen am Bild vorgenommen und wollten nun, dass diese innerhalb des Dokuments sofort aktualisiert werden. In diesem Fall könnten Sie im Dialog **Links** auf **Jetzt aktualisieren** klicken. Die Aktualisierung geschieht allerdings auch ganz automatisch, wenn das Dokument nach dem Schließen erneut geöffnet wird.

Rahmen und Effekte hinzufügen

Möchten Sie einem eingefügten oder verknüpften Foto einen Rahmen spendieren? Dann sollten Sie mit den Vorlagen in der Gruppe **Bildformatvorlagen** des Registers **Bildformat** arbeiten. Diese Registerkarte finden Sie jedoch nur, wenn das Bild im Dokument markiert ist. Klicken Sie also auf das Bild, und aktivieren Sie anschließend das Register **Bildformat** mit einem Mausklick, denn das Register wird zwar nach Anwahl eines Fotos im Menüband angezeigt, jedoch ist es damit allein noch nicht ausgewählt.

Zeigen Sie in der Gruppe **Bildformatvorlagen** mit der Maus auf eine der Miniaturen (hier: **Metallrahmen**), und schauen Sie sich die Wirkung dieses Effekts gleich im Dokument an. Sind Sie zufrieden, weisen Sie den Effekt mithilfe eines Mausklicks zu.

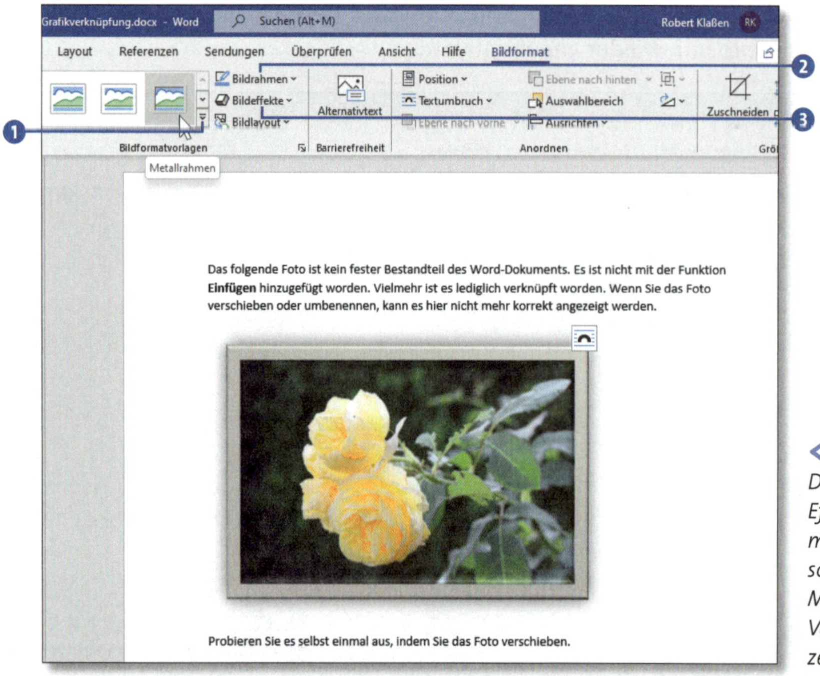

*< **Abbildung 8.6** Die Wirkung des Effekts wird im Dokument angezeigt, sofern Sie mit der Maus auf eine der Vorlagenminiaturen zeigen.*

Klicken Sie die Schaltfläche **Weitere** ❶ an, werden Ihnen noch mehr Vorlagen angeboten. Scrollen Sie, wie zuvor beschrieben, in dieser Liste weiter nach unten, und probieren Sie auch die Effekte aus, die im Menüband auf den ersten Blick nicht zu sehen sind.

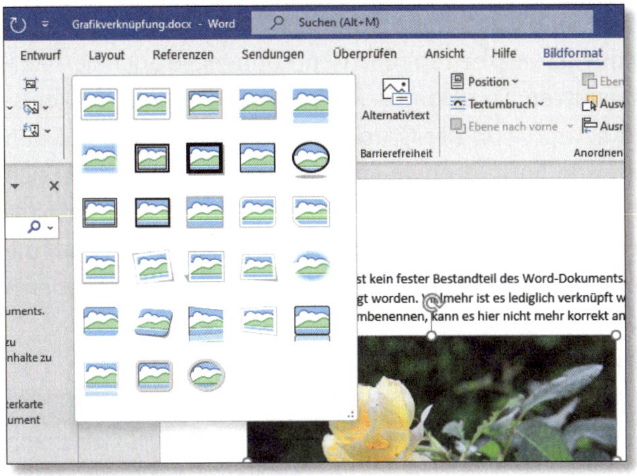

Abbildung 8.7 *Word hält mehr Vorlagen bereit, als es zunächst den Anschein hat.*

In der Gruppe **Bildformatvorlagen** befinden sich noch weitere Optionen. So können Sie beispielsweise mit einem Klick auf die Schaltfläche **Bildrahmen** ❷ einen Rahmen hinzufügen und dessen Farbe, Linienstärke und Linienart definieren. Zudem lassen sich per Klick auf **Bildeffekte** ❸ weitere grafische Veränderungen vornehmen. Wenn Sie mögen, können Sie sogar mehrere unterschiedliche Effekte miteinander kombinieren. In der folgenden Abbildung wird zunächst eine **Spiegelung** und anschließend eine **3D-Drehung** realisiert. Allerdings wirken viele Effekte oft unprofessionell; gehen Sie daher möglichst sparsam mit ihnen um.

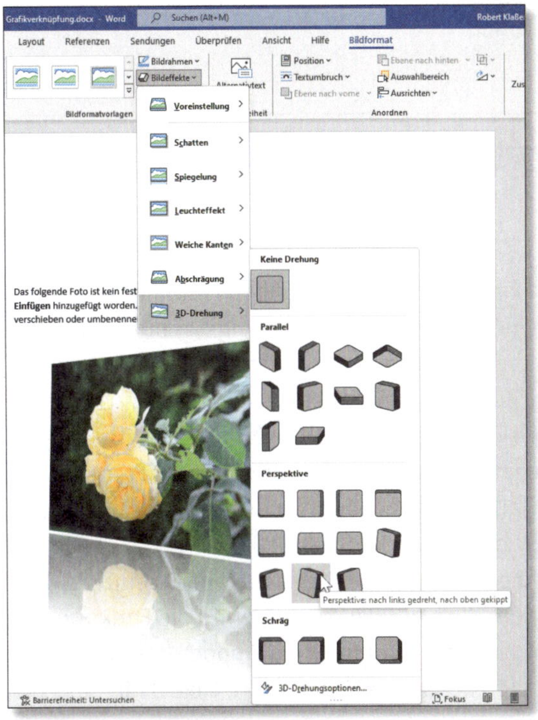

Abbildung 8.8 *Auch wenn Word zahlreiche Effekte im Gepäck hat, sollten diese nicht unbedacht und schon gar nicht inflationär eingesetzt werden.*

Grafiken formatieren

Wenn Sie Ihre Grafiken noch individueller bearbeiten möchten, können Sie auch den Aufgabenbereich **Grafik formatieren** benutzen. Dazu muss das Bild markiert und die Registerkarte **Bildformat** aktiviert sein. Klicken Sie in der Gruppe **Bildformatvorlagen** auf den Pfeil rechts unten ❹, um den genannten Aufgabenbereich zu öffnen. Darin befinden sich zahlreiche Rubriken ❺, die jeweils mit einem Klick auf die entsprechende Überschrift angewählt werden können. Eine untergeordnete Kategorie öffnen Sie mit einem Klick auf die jeweilige Zeile (hier: **Weiche Kanten** ❻). Nun können Sie die Einstellungen mithilfe der entsprechenden Steuerelemente intuitiv vornehmen.

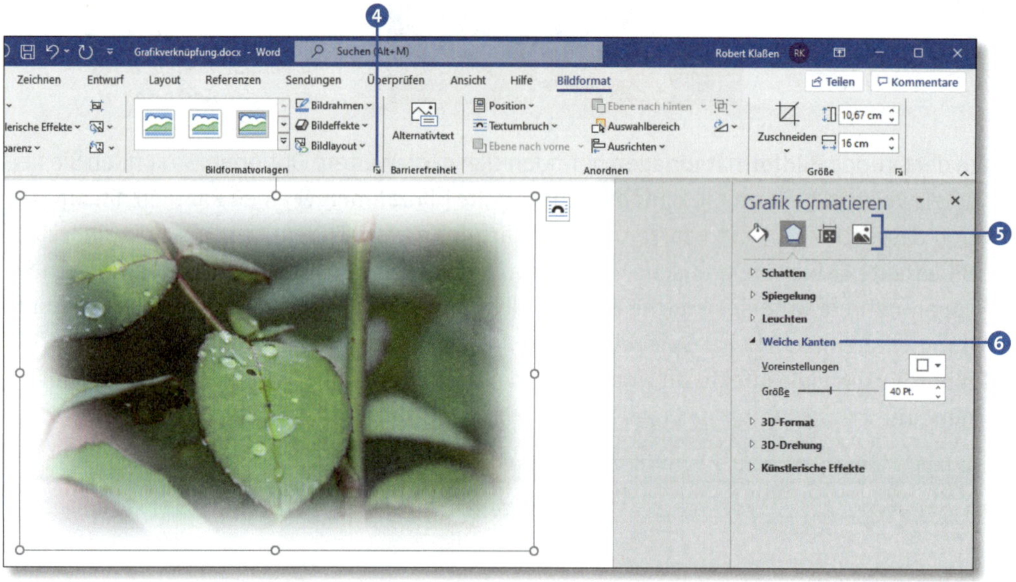

Abbildung 8.9 *Der Aufgabenbereich »Grafik formatieren«*

Effekte übertragen

Stellen Sie sich vor, Sie haben einen Effekt kreiert, der aus zahlreichen Formatierungen besteht. Das Bild hat z. B. einen Rahmen, einen Schatten, eine Spiegelung, Drehung usw. Nun wollen Sie diesen Effekt auch auf alle anderen Fotos anwenden, die sich im Dokument befinden. Dann wäre es doch mühselig, sämtliche Parameter bei jedem Bild aufs Neue zuzuweisen. Aber das müssen Sie auch gar nicht, denn es reicht, wenn Sie das formatierte Bild markieren und in der Gruppe **Zwischenablage** der Registerkarte **Start** auf **Format übertragen** klicken. Danach setzen Sie einen Mausklick auf das Foto, das ebenfalls mit der Formatierung versehen werden soll. Praktisch, oder?

Zu schade nur, dass sich die Effekte auf die beschriebene Weise nur auf ein einziges weiteres Bild übertragen lassen. Denn nach dem Klick auf das Zielfoto wird die Funktion **Format übertragen** deaktiviert – es sei denn, Sie setzen vorab einen Doppelklick auf **Format übertragen**. Dann nämlich können Sie den Effekt nacheinander auf so viele Bilder übertragen, wie Sie wollen. Zur Deaktivierung der Funktion klicken Sie dann einfach auf eine Stelle des Dokuments, an der sich keine Grafik befindet, oder drücken Esc auf der Tastatur.

Abbildung 8.10 *Formatübertragungen sind in Word ein Kinderspiel.*

Bildlayouts zuweisen

Mit der Funktion **Bildlayout** wird ebenfalls eine sehr interessante Effekt-Sammlung zur Verfügung gestellt, die sich vor allem dann anbietet, wenn Bild und Text ihre Wirkung in Kombination entfalten sollen. Dabei ist die Vorgehensweise denkbar einfach: Zunächst wählen Sie das Bild an und klicken anschließend auf **Bildlayout** in der Gruppe **Bildformatvorlagen** der temporären Registerkarte **Bildformat**. Schauen sie sich verschiedene Effekte an, indem Sie zunächst die Maus auf unterschiedlichen Symbolen parken. Gefällt Ihnen ein Effekt, weisen Sie ihn mittels Mausklick zu (hier: **Vertikale Bildakzentliste**).

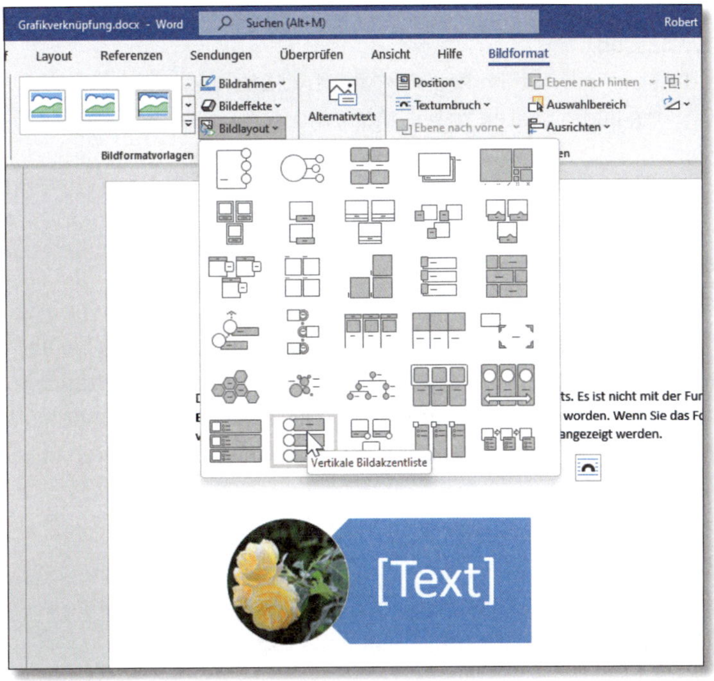

Abbildung 8.11 *Begutachten Sie unterschiedliche Effekte, bevor Sie sich für Ihren Favoriten entscheiden.*

Als Nächstes klicken Sie auf die im Dokument befindliche Grafik, was ein Eingabefeld zum Vorschein bringt, in das Sie nun den gewünschten Text tippen. Wenn Sie fertig sind, führen Sie einen Mausklick an einer freien Stelle des Dokuments aus. Wollen Sie hingegen ein zweites Bild einfügen und dieses ebenfalls beschriften, drücken Sie [↵]. Fahren Sie auch hier mit der Texteingabe fort. Das eigentliche Foto fügen Sie ein, indem Sie auf die Bildminiatur im Fenster **Hier Text eingeben** klicken.

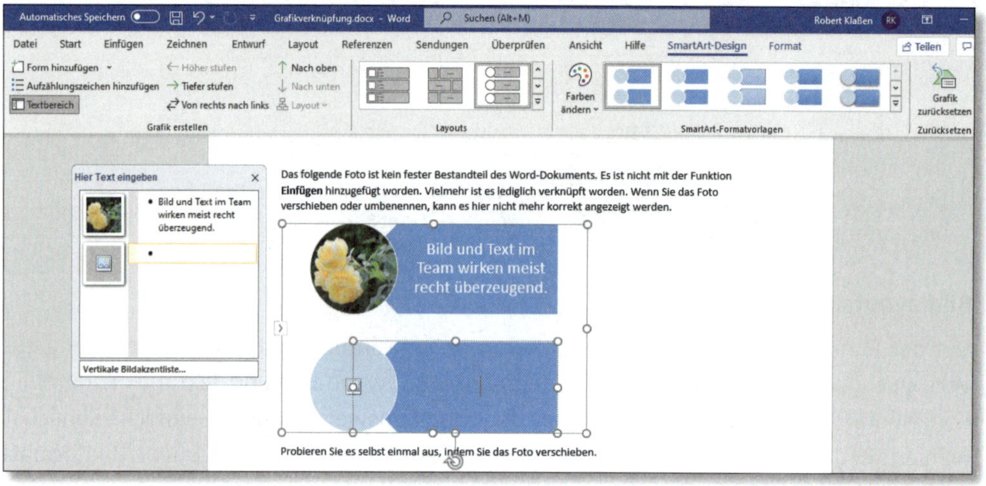

Abbildung 8.12 *Blitzsaubere, aneinander ausgerichtete Text-Grafik-Kombinationen sind in Word geradezu ein Kinderspiel.*

INFO

SmartArt-Design verlassen

Bitte beachten Sie, dass Sie sich nun im Register SmartArt-Design befinden. Um wieder zurück zu den Bildformaten zu gelangen, müssen Sie das Register **Format** anwählen.

Änderungen an Grafiken zurücksetzen

Was auch immer Sie mit einem Foto anstellen – irgendwann wird sich möglicherweise der Wunsch entwickeln, noch einmal ganz von vorn zu beginnen. Vielleicht möchten Sie aber auch alle Änderungen ganz einfach wieder verwerfen und das Foto im Originalzustand belassen. In beiden Fällen hilft ein Klick auf **Bild zurücksetzen**. Diese Schaltfläche finden Sie innerhalb der Gruppe **Anpassen** der Registerkarte **Bildformat**. Damit dieses Register angezeigt wird, muss ein Bild angewählt sein.

INFO

Sichtbarkeit der Schaltfläche

Je nach Breite Ihres Monitors und der Fenstergröße, in der Sie das Programm nutzen, wird der Name der Schaltfläche mit eingeblendet ❶ oder nicht ❷.

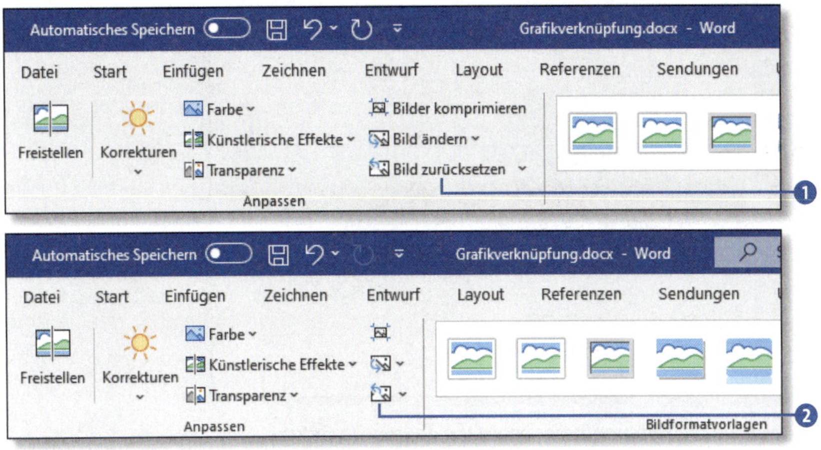

Abbildung 8.13 *Bei kleineren Bildschirmen wird oft nur das Symbol der Funktion »Bild zurücksetzen« angezeigt (unten).*

Größe von Grafiken anpassen

Grafiken haben eine vordefinierte Größe, die sich aber nicht unbedingt mit dem von Ihnen angestrebten Layout decken muss. In der Regel wird ein Foto so groß dargestellt, dass es die komplette Breite des Satzspiegels einnimmt (es sei denn, es ist von seinen eigenen Abmessungen her kleiner als die Abmessungen des Satzspiegels). Sollten Sie die Abbildung im Word-Dokument verkleinern wollen, markieren Sie das Foto. Danach setzen Sie einen Mausklick auf einen der vier Eckanfasser, halten die Maustaste gedrückt und verschieben die Maus entsprechend. Lassen Sie los, sobald die gewünschte Größe erreicht ist.

Abbildung 8.14 *Die Größe eines Fotos lässt sich per Drag & Drop anpassen.*

Das Bedienen der Eckanfasser bewirkt, dass die Proportionen (also das Verhältnis von Breite und Höhe der Grafik) stets erhalten bleiben. Benutzen Sie die seitlichen Anfasser ❸, ist das nicht der Fall. Mit ihnen kann das Bild nämlich auch nichtproportional verschoben werden, wodurch es gestaucht erscheint.

Abbildung 8.15 *Wenn Sie die Seitenanfasser benutzen, laufen Sie Gefahr, die Proportionen der Grafik zu verändern.*

Grafiken zuschneiden

Ebenso wie die Größe einer Grafik entspricht auch deren Inhalt nicht immer dem, was man bevorzugt zeigen möchte. Wenn Sie der Meinung sind, dass Randbereiche des Fotos abgeschnitten werden können, um beispielsweise mehr Augenmerk auf die relevanten Bildbereiche zu lenken, können Sie ein Foto auch zuschneiden.

Dazu klicken Sie auf das Bild und entscheiden sich für die Schaltfläche **Zuschneiden** 4 in der Gruppe **Größe** der Registerkarte **Bildformat**. Als Folge dessen erscheinen innerhalb der zuvor erwähnten Anfasser kleine schwarze Ecken 5 bzw. Linien 6, die Sie per Drag & Drop verschieben können.

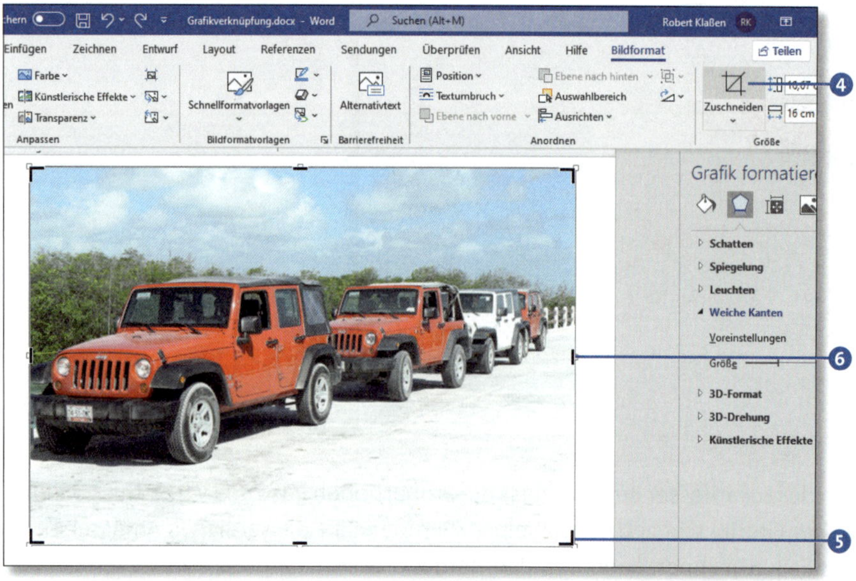

Abbildung 8.16 *Mithilfe der schwarzen Balken wird der Zuschnitt vorgenommen.*

Im Gegensatz zur Größenanpassung wird hier jedoch nicht die Größe der Grafik verändert, sondern deren Ausschnitt. Zudem müssen Sie sich nicht um die Beibehaltung der Proportionen sorgen, da diese beim Zuschneiden nicht verändert werden. Wenn der gewünschte Bildausschnitt eingestellt ist, platzieren Sie entweder einen Mausklick außerhalb des Fotos oder bestätigen die Aktion mit [↵].

< ***Abbildung 8.17*** *Solange der Zuschnitt noch nicht bestätigt ist, bleibt der Hintergrund in schwachem Grau sichtbar.*

Möchten Sie die Grafik auf ein bestimmtes Seitenverhältnis oder eine Form zuschneiden, müssen Sie auf die untere Hälfte der Schaltfläche **Zuschneiden** klicken. Daraufhin öffnet sich das Menü, in dem Sie sich zwischen den Optionen **Auf Form zuschneiden** oder **Seitenverhältnis** entscheiden können. Per Mausklick können Sie nun ein passendes Seitenverhältnis oder eine gewünschte Form auswählen (hier: **Pfeil: in vier Richtungen**).

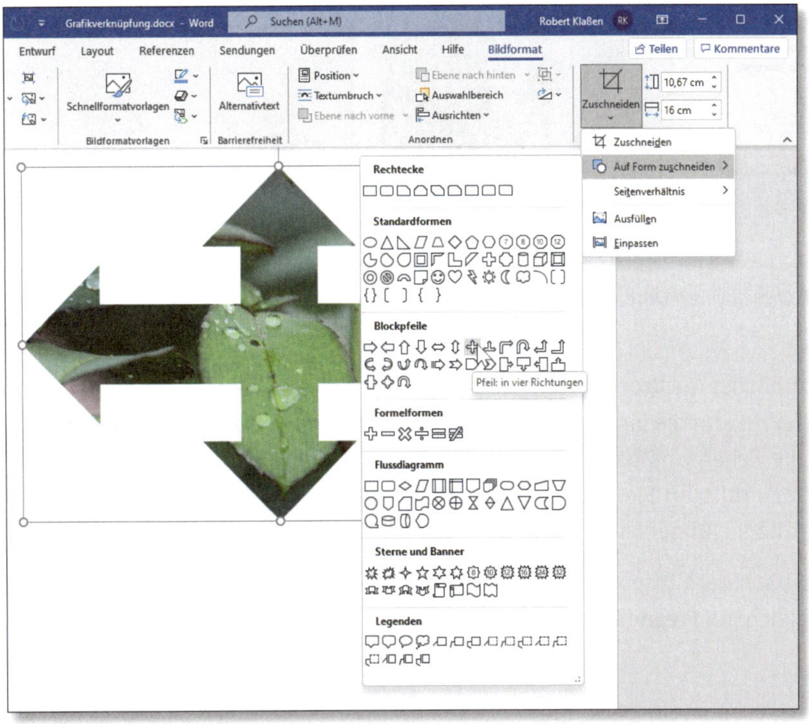

^ Abbildung 8.18 *Grafiken lassen sich auch auf Formen zuschneiden.*

INFO

Bildbereiche bleiben erhalten
Nachdem ein Foto zugeschnitten worden ist, werden die abgeschnittenen Bildbereiche nicht etwa gelöscht. Sobald Sie das **Zuschneiden**-Werkzeug nämlich erneut aktivieren, wird auch der abgeschnittene Bereich wieder sichtbar. Somit lässt sich der Zuschnitt auch nachträglich wieder ausweiten.

Grafiken freistellen

Die in Word integrierte Freistellungsfunktion ermöglicht ein einzigartiges Zusammenspiel zwischen Grafiken und Texten. Einfarbige Hintergründe können nämlich aus der Grafik entfernt werden. Damit nicht genug: Der Text kann sich auch an den daraus entstehenden Konturen orientieren.

Aber der Reihe nach. Schauen wir uns das in einem Beispiel an. Benutzen Sie hierzu die beiden Beispieldateien *Medienhafen.docx* sowie das Foto *Medienhafen.jpg*. Beide finden Sie im Ordner *08* der Beispieldateien zum Buch.

∧ ***Abbildung 8.19*** *Diese beiden Dateien stehen im Mittelpunkt der folgenden Schritte.*

1 Öffnen Sie zunächst die Word-Datei. Setzen Sie einen Mausklick in einen Bereich unterhalb des Textes, um die Einfügemarke dort zu platzieren. Lassen Sie hinter dem letzten Punkt eine Zeilenschaltung folgen (↵). Danach fügen Sie die Bilddatei ein. Sie wissen ja: Dazu müssen Sie in der Gruppe **Illustrationen** der Registerkarte **Einfügen** auf die Schaltfläche **Bilder** klicken und dann **Dieses Gerät** wählen.

2 Da das Foto nach dem Import bereits markiert ist, können Sie auf der Registerkarte **Bildformat** gleich auf **Freistellen** ❶ klicken.

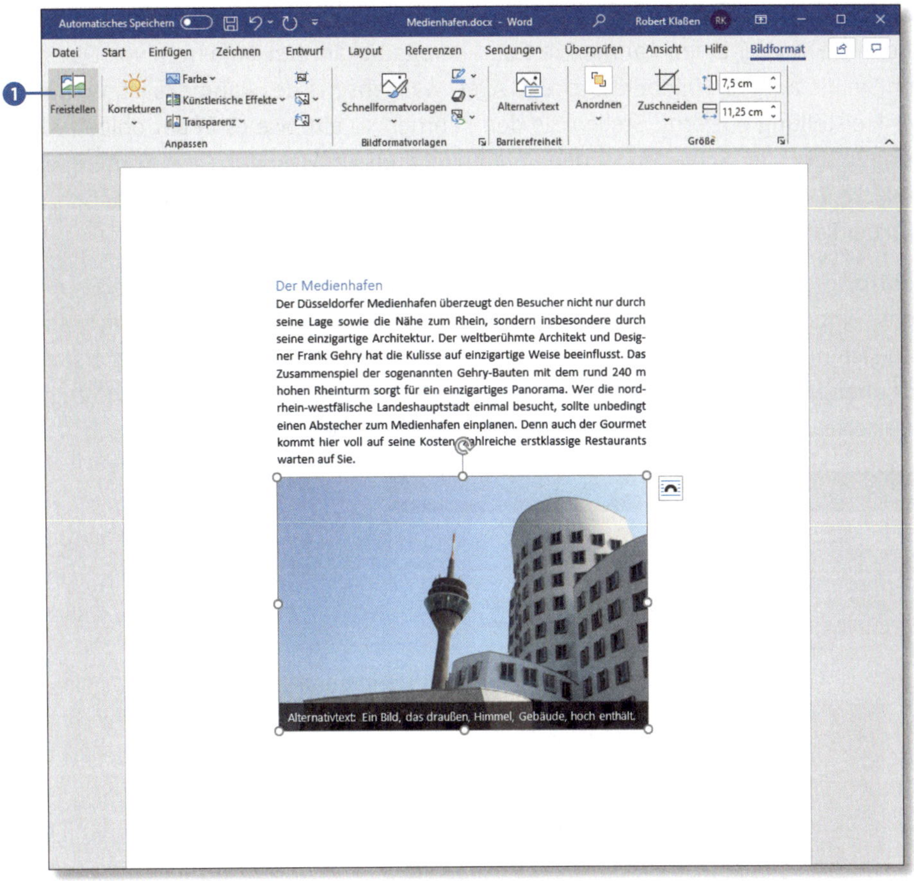
Automatisches Speichern
Medienhafen.docx - Word
Robert Klaßen
Datei
Start
Einfügen
Zeichnen
Entwurf
Layout
Referenzen
Sendungen
Überprüfen
Ansicht
Hilfe
Bildformat
1
Freistellen
Korrekturen
Farbe
Künstlerische Effekte
Transparenz
Anpassen
Schnellformatvorlagen
Bildformatvorlagen
Alternativtext
Barrierefreiheit
Anordnen
Zuschneiden
7,5 cm
11,25 cm
Größe
Der Medienhafen
Der Düsseldorfer Medienhafen überzeugt den Besucher nicht nur durch seine Lage sowie die Nähe zum Rhein, sondern insbesondere durch seine einzigartige Architektur. Der weltberühmte Architekt und Designer Frank Gehry hat die Kulisse auf einzigartige Weise beeinflusst. Das Zusammenspiel der sogenannten Gehry-Bauten mit dem rund 240 m hohen Rheinturm sorgt für ein einzigartiges Panorama. Wer die nordrhein-westfälische Landeshauptstadt einmal besucht, sollte unbedingt einen Abstecher zum Medienhafen einplanen. Denn auch der Gourmet kommt hier voll auf seine Kosten. Zahlreiche erstklassige Restaurants warten auf Sie.
Alternativtext: Ein Bild, das draußen, Himmel, Gebäude, hoch enthält.

3 Beim Blick auf die Grafik werden Sie feststellen, dass Word bereits den blauen Hintergrund (sprich: den Himmel) entfernt hat. Wenn die Anwendung nämlich einen einheitlichen Hintergrund ausmacht, wird dieser auch entsprechend gekennzeichnet. Überall dort, wo jetzt die Farbe Magenta auftaucht, erkennt Word den Hintergrund des Bildes, den es zu entfernen gilt.

Kommen wir aber zu den Einstellungen, die Sie jetzt vornehmen können. Zum einen finden Sie wieder einen Rahmen mit den bereits bekannten Anfassern vor. Damit legen Sie die äußeren Bildbereiche fest. Alles, was jenseits des Rahmens ist, wird nach der Freistellung entfernt. Stellen Sie den Rahmen so ein, wie es in der obigen Abbildung zu sehen ist. Schieben Sie den unteren rechten Anfasser dazu in die untere rechte Bildecke. Ziehen Sie anschließend den oberen linken Anfasser so weit nach außen, dass sich der Rahmen außerhalb sämtlicher Gebäudeteile befindet.

4 Kontrollieren Sie noch einmal, ob wirklich nur der Himmel ausgewählt (also in Magenta eingefärbt) ist. Im Beispielbild sollte dies der Fall sein. Ist das einmal nicht so, ließen sich mithilfe der Werkzeuge der Registerkarte **Freistellen**, die übrigens erst dann zu sehen ist, wenn man auf die Schaltfläche **Freistellen** geklickt hat (Schritt 2), nicht markierte Bereiche hinzufügen bzw. bereits markierte wieder abwählen.

5 Prüfen Sie bitte noch intensiv die Antenne des Fernsehturms. Die Antennenspitze ist eventuell ebenfalls zum Teil mit Magenta überdeckt. Dazu sollten Sie die Dokumentansicht stark vergrößern. (Die entsprechenden Steuerelemente finden Sie ja bekanntermaßen unten rechts in der Ecke der Anwendung, siehe dazu den Unterabschnitt »Darstellungsgröße der Schrift ändern« auf Seite 122.) Aktivieren Sie das Werkzeug **Zu behaltende Bereiche markieren**. Damit klicken Sie nun auf die Spitze der Antenne, halten die Maustaste gedrückt und ziehen eine Linie nach unten, bis Sie am Ende der Antenne angekommen sind. Danach lassen Sie los. (Auf diese Weise könnten im Übrigen auch Bereiche markiert werden, die fälschlicherweise nicht in Magenta eingefärbt worden sind. Allerdings müssten Sie in diesem Fall zunächst auf **Zu entfernende Bereiche markieren** umschalten.) Wenn alles erledigt ist, klicken Sie auf **Änderungen beibehalten**.

6 Zur besseren Ansicht sollten Sie nun das Dokument wieder auf eine kleinere Darstellungsgröße einstellen. Rechts neben der noch immer markierten Grafik finden Sie eine kleine Schaltfläche, die Sie nun betätigen, um die Layoutoptionen zu ändern. Stellen Sie um auf **Eng**, da Sie ein Layout benötigen, das Textumbruch zulässt. Dadurch umfließt nach der Eingabe der Text das Foto, und Sie können im nächsten Schritt Text und Foto aneinander anpassen.

7 Klicken Sie nun auf das Foto, und schieben Sie es mit gedrückter Maustaste etwas nach oben. Wenn Sie dabei ⇧ gedrückt halten, verhindern Sie, dass das Foto gleichzeitig auch nach links oder rechts abwandern kann. So stellen Sie sicher, dass der rechte Bildrand sowie der Rand des Textes bündig bleiben. Schauen Sie sich an, wie der Text umbrochen wird. Klicken Sie an eine andere Stelle des Dokuments, um das Foto abzuwählen.

Der Medienhafen
Der Düsseldorfer Medienhafen überzeugt den Besucher nicht nur durch seine Lage sowie die Nähe zum Rhein sondern insbesondere durch seine einzigartige Architektur. Der weltberühmte Architekt und Designer Frank Gehry hat die Kulisse auf einzigartige Weise beeinflusst. Das Zusammenspiel der sogenannten Gehry-Bauten mit dem rund 240 m hohen Rheinturm sorgt für ein einzigartiges Panorama. Wer die nordrhein-westfälische Landeshauptstadt einmal besucht, sollte unbedingt einen Abstecher zum Medienhafen einplanen. Denn auch der Gourmet kommt hier voll auf seine Kosten. Zahlreiche erstklassige Restaurants warten auf Sie.

Na, gefällt Ihnen der Effekt? Im Ordner *Ergebnisse* der Beispieldateien finden Sie zum Vergleich das fertige Dokument *Medienhafen_fertig.docx*. Freigestellte Bilder lassen sich so als wirkungsvolle Gestaltungsmittel einsetzen.

Grafiken nachbearbeiten

Sollten Sie mit der Qualität eines Fotos einmal nicht ganz einverstanden sein, können Sie das Bild auch in Word noch bis zu einem gewissen Maße korrigieren. Natürlich dürfen Sie hierbei nicht die Qualität oder den Komfort einer Bildbearbeitungssoftware (wie z. B. *Adobe Photoshop*) erwarten. Um ein Foto »mal eben« ein wenig zu verbessern, reichen die Funktionen von Word jedoch meistens aus.

Zur Korrektur einer in Word integrierten Grafik muss diese wie gewohnt markiert werden. Klicken Sie danach auf die Schaltfläche **Korrekturen** in der Gruppe **Anpassen** der Registerkarte **Bildformat**. Dort haben Sie die Möglichkeit, das Foto zu schärfen, es weichzuzeichnen, aber auch seine Helligkeit und den Kontrast anzupassen.

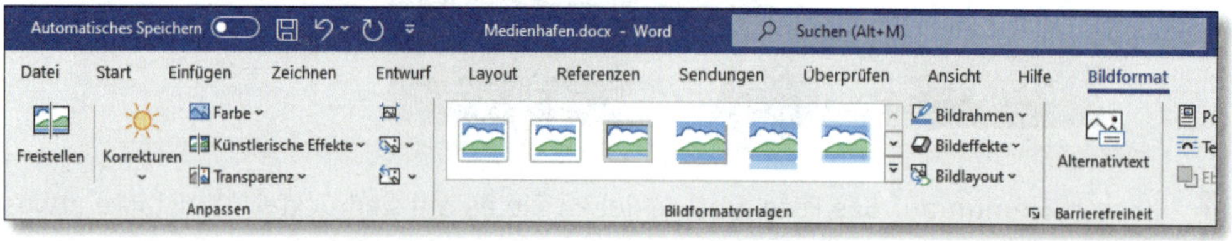
Automatisches Speichern
Medienhafen.docx - Word
Suchen (Alt+M)
Datei
Start
Einfügen
Zeichnen
Entwurf
Layout
Referenzen
Sendungen
Überprüfen
Ansicht
Hilfe
Bildformat
Freistellen
Korrekturen
Farbe
Künstlerische Effekte
Transparenz
Anpassen
Bildformatvorlagen
Bildrahmen
Bildeffekte
Bildlayout
Alternativtext
Barrierefreiheit

Abbildung 8.20 *Klicken Sie auf »Korrekturen«, um Schärfe, Helligkeit und Kontrast eines Bildes anzupassen.*

Im Ausklappmenü sind zahlreiche Varianten zu sehen. Dabei ist es wichtig zu wissen, dass die jeweils mittlere Miniatur in den fünf Spalten in der Regel die Ausgangssituation darstellt. Im Bereich **Schärfen/Weichzeichnen** bedeutet das beispielsweise, dass die mittlere Miniatur keine Veränderungen im Bild hervorruft. Bewegen Sie die Maus eine Miniatur weiter nach links, wird das Foto um 25 % weichgezeichnet. Ganz links beträgt die Weichzeichnung hingegen 50 %. Bewegen Sie die Maus von der Mitte aus nach rechts, wird in Spalte vier eine Schärfung um 25 %, ganz rechts eine Schärfung um 50 % erreicht. Was die Miniaturen im Bereich **Helligkeit/Kontrast** betrifft, sollten Sie grundsätzlich die QuickInfo im Auge behalten. Diese verrät nämlich, welche Änderungen beim Klick auf die jeweilige Miniatur hervorgerufen werden.

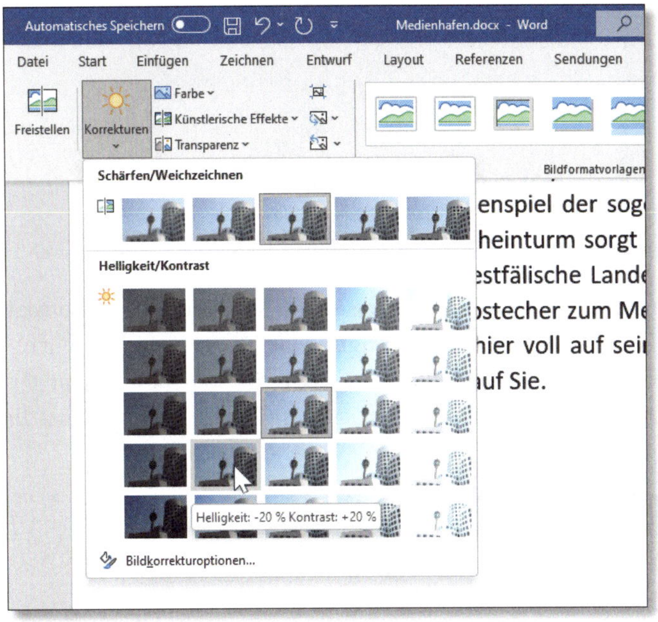

Abbildung 8.21 *In diesem Beispiel wird die Helligkeit um 20 % abgesenkt, während der Kontrast um 20 % erhöht wird.*

INFO

QuickInfo

Wenn Sie den Mauszeiger über eine Schaltfläche oder über einen Befehl bewegen, erscheint ein kleines Fenster, in dem erläuternde Angaben zu der Schaltfläche oder dem Befehl stehen. Diese weiterführenden Angaben werden auch als QuickInfo bezeichnet.

Als weitere Variante steht Ihnen im Fuß der **Korrekturen**-Palette der Menübefehl **Bildkorrekturoptionen** zur Verfügung. Klicken Sie darauf, um den bereits bekannten Aufgabenbereich **Grafik formatieren** zu erreichen, der automatisch rechts neben dem Dokument geöffnet wird (siehe dazu den Unterabschnitt »Grafiken formatieren« auf Seite 266). Hier lassen sich im Unterschied zu dem oben beschriebenen Verfahren im Ausklappmenü Schärfe, Helligkeit und Kontrast viel sensibler einstellen und besser dosieren.

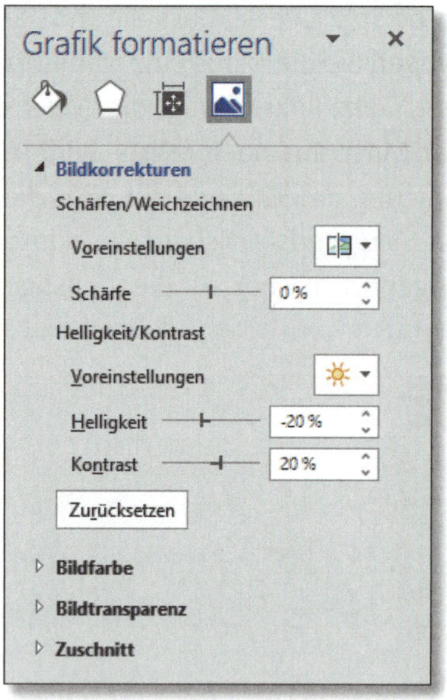

Abbildung 8.22 *Der Aufgabenbereich »Grafik formatieren« lässt sehr viel sensiblere Einstellungen zu.*

Wenn Sie auf die Schaltfläche **Farbe** in der Gruppe **Anpassen** der Registerkarte **Bildformat** klicken, haben Sie bei Auswahl des Menüpunkts **Farbsättigung** die Möglichkeit, die Leuchtkraft zu erhöhen bzw. die Intensität der Farbe abzusenken. Letzteres erreichen Sie mit Miniaturen links der mittleren Spalte. Zur Erhöhung der Sättigung müssten Sie eine Miniatur rechts davon anwählen.

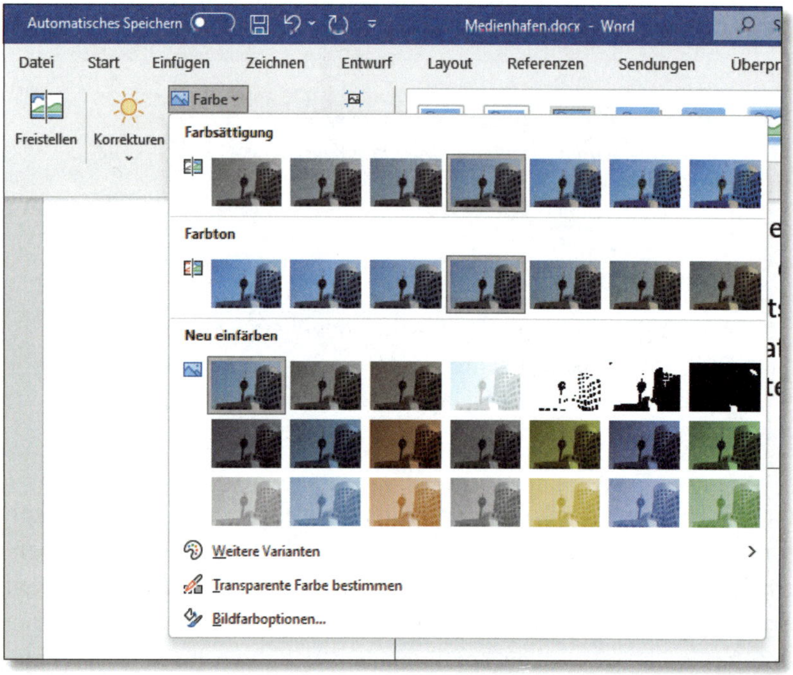

Abbildung 8.23 *Das Menü der Schaltfläche »Farbe« hilft bei der Farboptimierung.*

Mit den Varianten in der Zeile **Farbton** lassen sich ungeliebte Farbstiche entfernen. **Neu einfärben** ist hingegen eher zur Farbverfremdung als zur Korrektur gedacht. Schauen Sie sich die entsprechenden Miniaturen an, und entscheiden Sie, welcher Option Sie den Vorzug geben wollen. Solange Sie die Maus nur über die verschiedenen Miniaturen bewegen, lassen sich die Auswirkungen im Dokument beobachten. Erst wenn Ihnen eine Färbung zusagt, klicken Sie die Miniatur an.

Abschließend komme ich noch auf die Schaltfläche **Künstlerische Effekte** (**Bildformat > Anpassen**) zu sprechen. Dahinter verbirgt sich zunächst einmal eine Menge Schnickschnack. Interessant ist allerdings die Option **Bleistiftskizze**. Wenden Sie diesen Effekt doch einmal auf das zuvor freigestellte Medienhafen-Foto an.

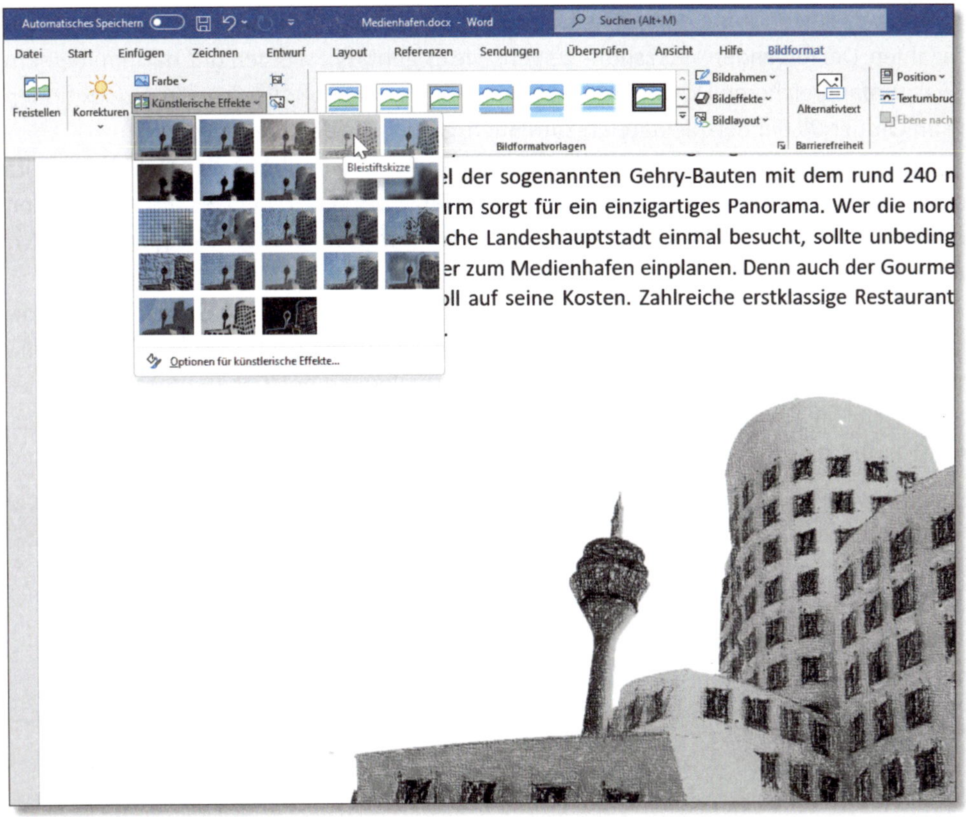

Abbildung 8.24 *Der Effekt »Bleistiftskizze« macht wirklich etwas her. (Das passende Word-Dokument, »Bleistiftskizze.docx«, finden Sie im Ordner »Ergebnisse« der Beispieldateien.)*

Nach Zuweisung des Effekts ist übrigens zu empfehlen, abermals die Schaltfläche **Künstlerische Effekte** anzuwählen und auf den untersten Listeneintrag **Optionen für künstlerische Effekte** zu klicken. Sie wissen ja bereits, dass sich dadurch der Aufgabenbereich **Grafik formatieren** öffnet. In der Liste **Künstlerische Effekte** können Sie aber jetzt zusätzlich noch die Transparenz sowie den Bleistiftdruck einstellen. Damit lässt sich aus diesem Effekt noch mehr herausholen. Probieren Sie es einmal aus.

8.3 Verweise und Verzeichnisse einfügen

In diesem Abschnitt beschäftigen wir uns vor allem mit der Strukturierung von Dokumenten, um sie übersichtlich zu gestalten. Denn wenn man es mit einem ellenlangen Dokument zu tun hat, lässt sich nicht mehr ad hoc sagen, welcher Passus an welcher Position zu finden ist. Für solche Zwecke benutzen wir Inhaltsverzeichnisse, Abbildungsverzeichnisse und Indizes. Aber auch Querverweise, Beschriftungen sowie Fuß- und Endnoten werden in diesem Abschnitt thematisiert.

Inhaltsverzeichnis einfügen

Umfangreiche Dokumente sollten mit einem Inhaltsverzeichnis erschlossen werden. Im Prinzip ist das nichts anderes als eine Überschriftensammlung mit den dazugehörigen Seitenzahlen. Die folgenden Workshops zeigen, wie es geht. Wir werden uns darin mit einem etwas umfangreicheren Dokument beschäftigen. Die Datei *Inhaltsverzeichnis.docx* finden Sie im Ordner *08* der Beispieldateien zum Buch. Öffnen Sie das Dokument.

Bevor wir mit der eigentlichen Arbeit beginnen, werde ich Ihnen das Dokument kurz vorstellen. Ich habe ein Deckblatt (**Einfügen > Seiten > Deckblatt**) der Gestaltungsform **Ion (dunkel)** verwendet. Das **Design** (**Entwurf > Dokumentformatierung > Designs**) entspricht der Vorlage **Kondensstreifen**.

Damit man ein Inhaltsverzeichnis erzeugen kann, benötigt man die Gruppe **Formatvorlagen** der Registerkarte **Start**. Der Einfachheit halber kann man die Überschriften-Schnellformatvorlagen benutzen. Genau das ist im Beispieldokument bereits geschehen. Hier wurden drei Überschriftenkategorien benutzt, nämlich die Schnellformatvorlagen **Überschrift 1**, **Überschrift 2** und **Überschrift 3**.

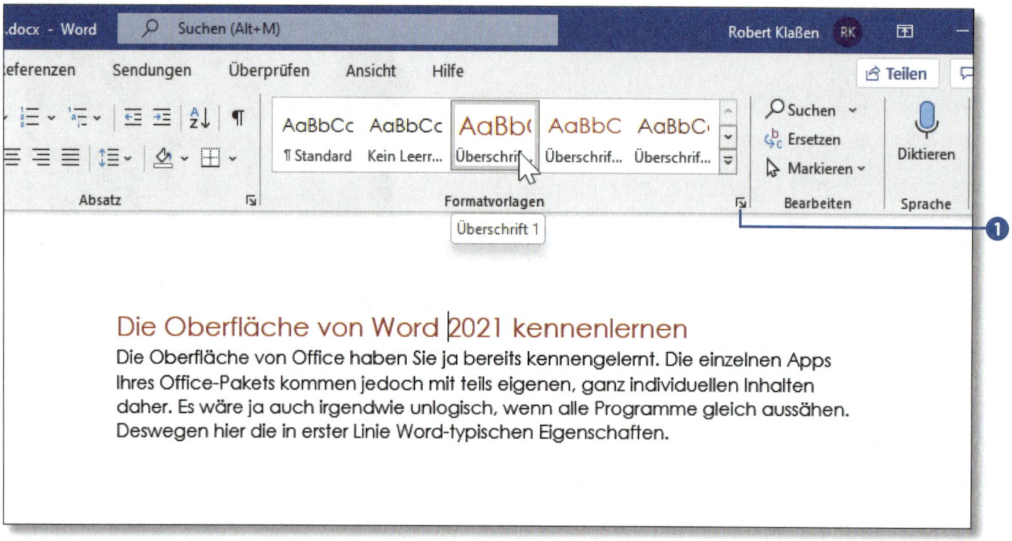

Abbildung 8.25 *Nutzen Sie die Schnellformatvorlagen.*

Der »Titel« (Word 2021) ist für unser Inhaltsverzeichnis irrelevant, wie Sie gleich sehen werden. Wenn Sie mit der Maus einmal auf verschiedene Überschriften innerhalb des Dokuments klicken, werden Sie feststellen, dass die jeweilige Schnellformatvorlage auf der Registerkarte **Start** markiert wird.

Sollten Sie es also irgendwann einmal mit einem Dokument zu tun haben, das noch nicht über Überschriften verfügt, müssten Sie diese zunächst manuell zuweisen (indem Sie die Einfügemarke in die betreffende Zeile stellen und anschließend auf die jeweilige Formatvorlage klicken). Das kann selbstverständlich auch mithilfe des Aufgabenbereichs **Formatvorlagen** erfolgen, der sich mit der Tastenkombination [Strg]+[Alt]+[⇧]+[S] oder mit einem Klick auf ❶ (siehe Seite 280) schnell aufrufen lässt.

8

1 Jetzt aber genug der Vorrede – lassen Sie uns mit der Arbeit beginnen. Was nutzt ein Inhaltsverzeichnis, wenn das Dokument keine Seitenzahlen beinhaltet? Also werden wir zunächst einmal Seitenzahlen einfügen. Klicken Sie daher in der Gruppe **Kopf- und Fußzeile** der Registerkarte **Einfügen** auf **Seitenzahl**. Wählen Sie den Menüpunkt **Seitenende** (damit die Seitenzahl am unteren Rand angeordnet wird), und klicken Sie in der Rubrik **Einfache Zahl** auf **Drei Linien**. (Natürlich können Sie auch jede andere Vorlage wählen. Diese passt aber ganz gut zum gewählten Dokumentstil.)

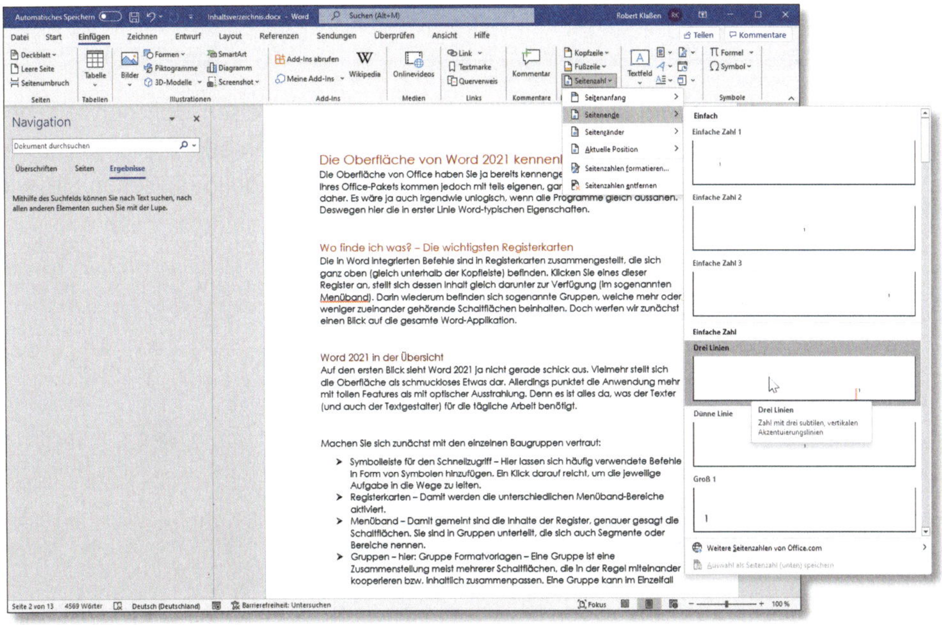

2 Da sich der Cursor jetzt in der Fußzeile des Dokuments befindet, lässt sich der Dokumenttext aktuell nicht bearbeiten. Aus diesem Grund ist er auch ausgegraut dargestellt. Das ändert sich, wenn Sie entweder einen Doppelklick in den Text setzen oder oben rechts auf **Kopf- und Fußzeile schließen** klicken.

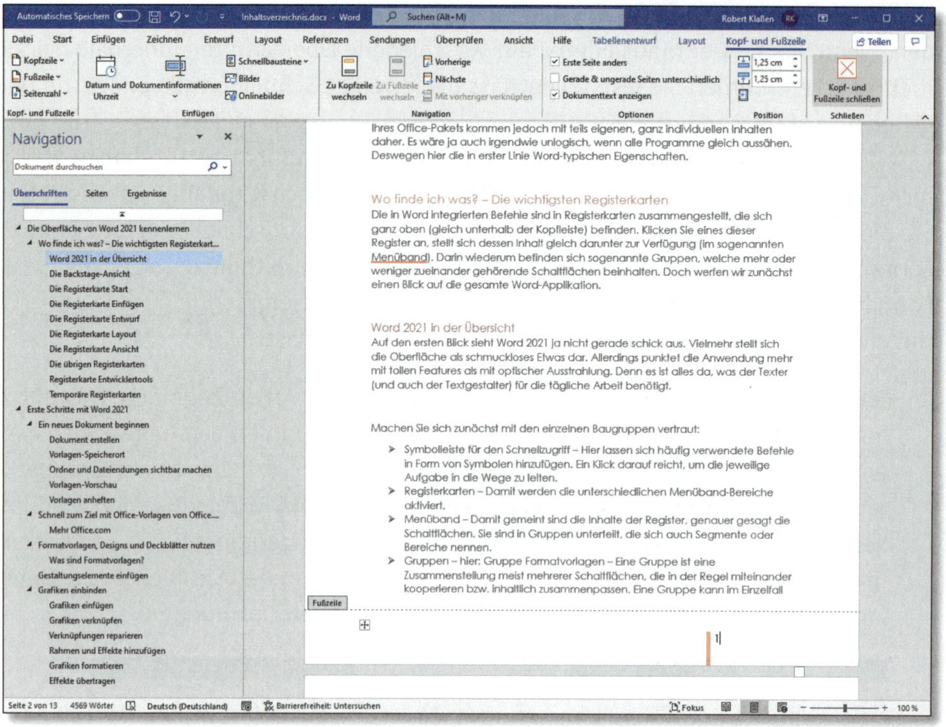

Navigation
Überschriften
Seiten
Ergebnisse
Die Oberfläche von Word 2021 kennenlernen
Wo finde ich was? – Die wichtigsten Registerkart...
Word 2021 in der Übersicht
Die Backstage-Ansicht
Die Registerkarte Start
Die Registerkarte Einfügen
Die Registerkarte Entwurf
Die Registerkarte Layout
Die Registerkarte Ansicht
Die übrigen Registerkarten
Registerkarte Entwicklertools
Temporäre Registerkarten
Erste Schritte mit Word 2021
Ein neues Dokument beginnen
Dokument erstellen
Vorlagen-Speicherort
Ordner und Dateiendungen sichtbar machen
Vorlagen-Vorschau
Vorlagen anheften
Schnell zum Ziel mit Office-Vorlagen von Office...
Mehr Office.com
Formatvorlagen, Designs und Deckblätter nutzen
Was sind Formatvorlagen?
Gestaltungselemente einfügen
Grafiken einbinden
Grafiken einfügen
Grafiken verknüpfen
Verknüpfungen reparieren
Rahmen und Effekte hinzufügen
Grafiken formatieren
Effekte übertragen
Ihres Office-Pakets kommen jedoch mit teils eigenen, ganz individuellen Inhalten daher. Es wäre ja auch irgendwie unlogisch, wenn alle Programme gleich aussähen. Deswegen hier die in erster Linie Word-typischen Eigenschaften.
Wo finde ich was? – Die wichtigsten Registerkarten
Die in Word integrierten Befehle sind in Registerkarten zusammengestellt, die sich ganz oben (gleich unterhalb der Kopfleiste) befinden. Klicken Sie eines dieser Register an, stellt sich dessen Inhalt gleich darunter zur Verfügung (im sogenannten Menüband). Darin wiederum befinden sich sogenannte Gruppen, welche mehr oder weniger zueinander gehörende Schaltflächen beinhalten. Doch werfen wir zunächst einen Blick auf die gesamte Word-Applikation.
Word 2021 in der Übersicht
Auf den ersten Blick sieht Word 2021 ja nicht gerade schick aus. Vielmehr stellt sich die Oberfläche als schmuckloses Etwas dar. Allerdings punktet die Anwendung mehr mit tollen Features als mit optischer Ausstrahlung. Denn es ist alles da, was der Texter (und auch der Textgestalter) für die tägliche Arbeit benötigt.
Machen Sie sich zunächst mit den einzelnen Baugruppen vertraut:
Symbolleiste für den Schnellzugriff – Hier lassen sich häufig verwendete Befehle in Form von Symbolen hinzufügen. Ein Klick darauf reicht, um die jeweilige Aufgabe in die Wege zu leiten.
Registerkarten – Damit werden die unterschiedlichen Menüband-Bereiche aktiviert.
Menüband – Damit gemeint sind die Inhalte der Register, genauer gesagt die Schaltflächen. Sie sind in Gruppen unterteilt, die sich auch Segmente oder Bereiche nennen.
Gruppen – hier: Gruppe Formatvorlagen – Eine Gruppe ist eine Zusammenstellung meist mehrerer Schaltflächen, die in der Regel miteinander kooperieren bzw. inhaltlich zusammenpassen. Eine Gruppe kann im Einzelfall
Fußzeile
Seite 2 von 13
4569 Wörter
Deutsch (Deutschland)
Barrierefreiheit: Untersuchen

3 Zuletzt wollen wir dem Inhaltsverzeichnis einen Platz zuweisen. Üblicherweise gehört es an den Dokumentanfang. Positionieren Sie die Einfügemarke daher eine Zeile unterhalb der Zeile »Inhaltsverzeichnis«. In der folgenden Abbildung sehen Sie, wie Ihr Dokument jetzt aussehen sollte.

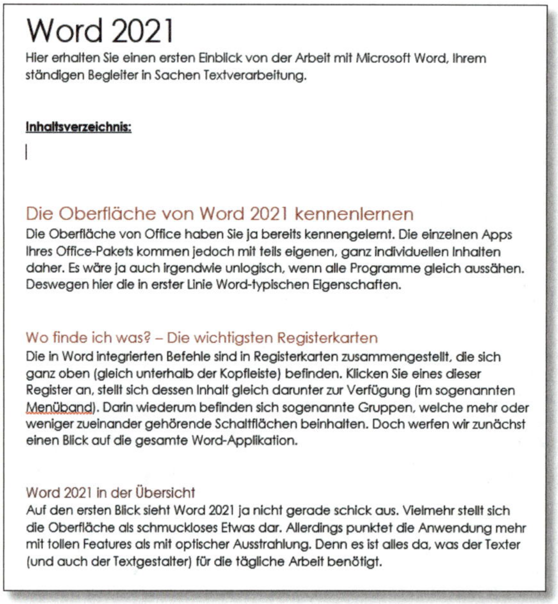

Word 2021

Hier erhalten Sie einen ersten Einblick von der Arbeit mit Microsoft Word, Ihrem ständigen Begleiter in Sachen Textverarbeitung.

Inhaltsverzeichnis:

Die Oberfläche von Word 2021 kennenlernen

Die Oberfläche von Office haben Sie ja bereits kennengelernt. Die einzelnen Apps Ihres Office-Pakets kommen jedoch mit teils eigenen, ganz individuellen Inhalten daher. Es wäre ja auch irgendwie unlogisch, wenn alle Programme gleich aussähen. Deswegen hier die in erster Linie Word-typischen Eigenschaften.

Wo finde ich was? – Die wichtigsten Registerkarten

Die in Word integrierten Befehle sind in Registerkarten zusammengestellt, die sich ganz oben (gleich unterhalb der Kopfleiste) befinden. Klicken Sie eines dieser Register an, stellt sich dessen Inhalt gleich darunter zur Verfügung (im sogenannten Menüband). Darin wiederum befinden sich sogenannte Gruppen, welche mehr oder weniger zueinander gehörende Schaltflächen beinhalten. Doch werfen wir zunächst einen Blick auf die gesamte Word-Applikation.

Word 2021 in der Übersicht

Auf den ersten Blick sieht Word 2021 ja nicht gerade schick aus. Vielmehr stellt sich die Oberfläche als schmuckloses Etwas dar. Allerdings punktet die Anwendung mehr mit tollen Features als mit optischer Ausstrahlung. Denn es ist alles da, was der Texter (und auch der Textgestalter) für die tägliche Arbeit benötigt.

Im nächsten Workshop gibt es nicht allzu viel »nachzuklicken«, dafür aber jede Menge Informationen zur Individualisierung von Inhaltsverzeichnissen, und Sie werden sehen, wie Sie nach den Vorbereitungen das Inhaltsverzeichnis in Ihr Dokument einfügen. Nachdem wir also das Dokument im vorangegangenen Workshop vorbereitet haben, geht es jetzt an die Erstellung des Inhaltsverzeichnisses.

Wir werden in diesem Workshop mit der Datei *Inhaltsverzeichnis_01.docx* arbeiten. Die Datei finden Sie in den Beispieldateien zum Buch. Öffnen Sie den Ordner *08* und darin den Unterordner *Verzeichnisse*.

1 Kontrollieren Sie noch einmal, ob sich die Einfügemarke tatsächlich eine Zeile unterhalb des Textes »Inhaltsverzeichnis:« befindet, und aktivieren Sie anschließend die Registerkarte **Referenzen**. Klicken Sie ganz links auf **Inhaltsverzeichnis** in der gleichnamigen Gruppe. Mit einem Klick auf **Automatisches Verzeichnis 1**, **Automatisches Verzeichnis 2** oder **Manuelles Verzeichnis** fügen Sie schnell ein Inhaltsverzeichnis ein. Allerdings könnten Sie eigene Wünsche bei der Gestaltung des Inhaltsverzeichnisses dann nicht mehr mit einfließen lassen. Wählen Sie daher **Benutzerdefiniertes Inhaltsverzeichnis**.

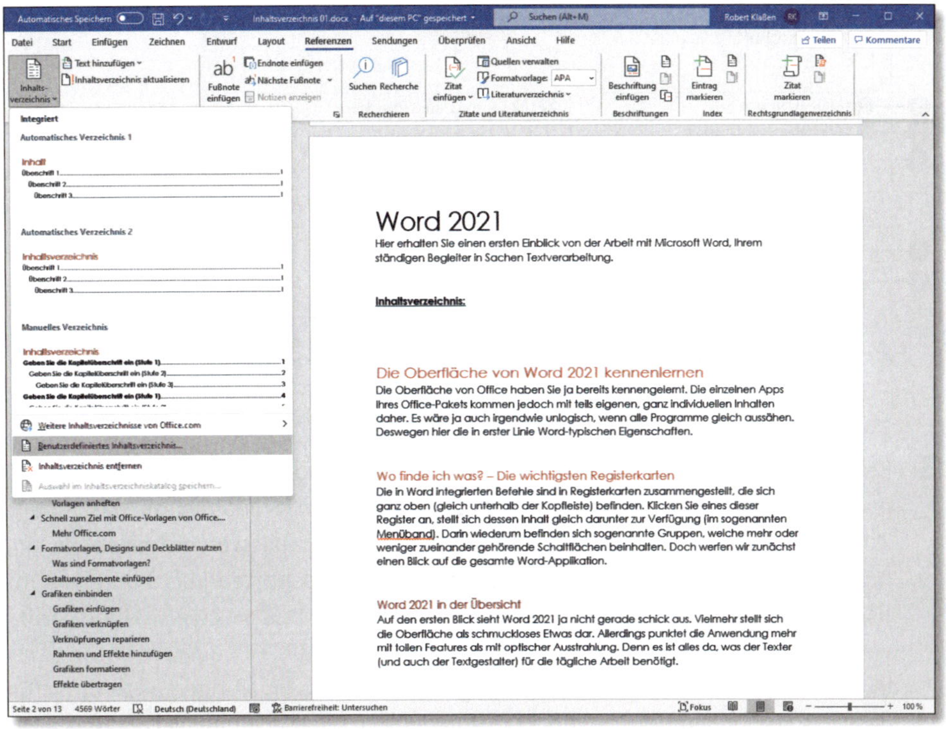

2 Daraufhin öffnet sich der Dialog **Inhaltsverzeichnis**, mit dessen Hilfe Sie Ihr Verzeichnis wunschgemäß gestalten können. Wenn Sie die Option **Seitenzahlen anzeigen** ❶ deaktivieren, stehen nur die Kapitel- und Abschnittstitel im Inhaltsverzeichnis. Da gerade die Seitenzahlen aber meist der Sinn eines Inhaltsverzeichnisses sind, sollte die

Option aktiviert bleiben. Falls Sie nicht möchten, dass die Seitenzahlen am rechten Rand stehen, sondern diese unmittelbar hinter dem Text sehen wollen, sollten Sie die Option **Seitenzahlen rechtsbündig** ❷ abwählen.

Interessanter ist das Steuerelement **Füllzeichen** ❸. Damit lässt sich nämlich definieren, ob zwischen den Überschriften und Seitenzahlen gepunktete, gestrichelte oder durchgehende Linien angezeigt werden sollen. Wer keine Füllzeichen wünscht, schaltet hier um auf **(ohne)**.

Im Feld **Formate** ❹ lässt sich nun die Darstellungsform des Verzeichnisses beeinflussen. Im Feld **Ebenen anzeigen** ❺ steht, wie viele Überschriftenebenen ins Inhaltsverzeichnis einbezogen werden sollen. Würden Sie hier beispielsweise »2« eintragen, würde die Ebene **Überschrift 3** nicht mit ins Inhaltsverzeichnis aufgenommen.

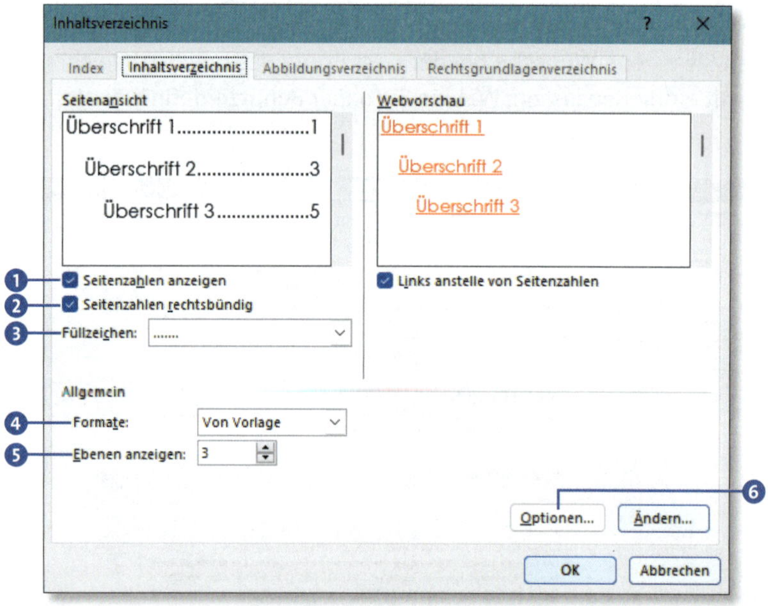

3 Bevor Sie den Dialog mit **OK** verlassen, sollten Sie einmal auf **Optionen** ❻ klicken. Denn im zugehörigen Dialog wird festgelegt, welche Formatvorlagen für das Inhaltsverzeichnis verwendet werden. Scrollen Sie in der Liste **Inhaltsverzeichnisebene** ein wenig nach unten, werden Sie feststellen, dass die Überschriften 1 bis 3 bereits automatisch integriert sind. Das ist Standard, wobei nun auch beispielsweise **Überschrift 4** als vierte Inhaltsverzeichnisebene festgelegt werden könnte. Dazu müssten Sie dann »4« in das Eingabefeld **Überschrift 4** eintragen. Das würde im Übrigen auch dazu führen, dass das Steuerelement **Ebenen anzeigen** aus dem Dialog **Inhaltsverzeichnis** automatisch auf vier Ebenen erhöht würde. Belassen Sie es in diesem Beispiel aber mit den Voreinstellungen, und schließen Sie diesen sowie den folgenden Dialog mit **OK**.

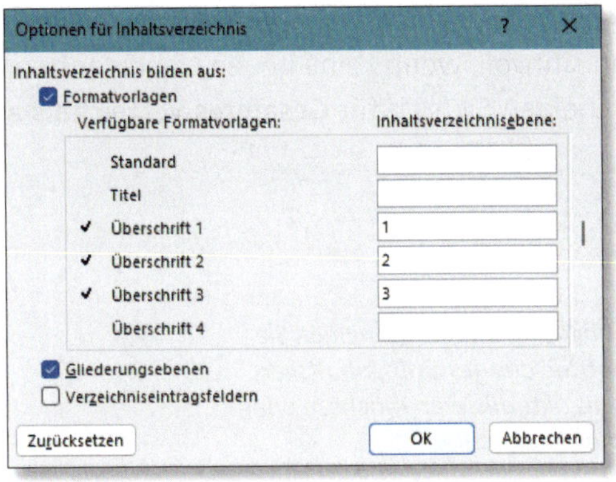

Nun wird das Inhaltsverzeichnis erstellt und an der zuvor gewählten Stelle Ihres Dokuments eingefügt. Das Inhaltsverzeichnis enthält nun alle Überschriften, die mit dem entsprechenden Format versehen sind und über die Dialoge **Inhaltsverzeichnis** und **Optionen für Inhaltsverzeichnis** ausgewählt wurden.

Inhaltsverzeichnis aktualisieren

Es ist keine Seltenheit, dass sich bis zur endgültigen Fertigstellung des Dokuments inhaltlich noch einiges ändert. In diesem Fall muss das bestehende Inhaltsverzeichnis aktualisiert werden. Bei Bedarf arbeiten Sie mit dem Dokument *Inhaltsverzeichnis 02.docx* im Ordner *08/Verzeichnisse* der Beispieldateien weiter.

Zur Aktualisierung des Inhaltsverzeichnisses markieren Sie dieses. Es reicht ein einzelner Mausklick auf eine beliebige Stelle des Verzeichnisses, damit es komplett selektiert wird. Anschließend klicken Sie auf **Inhaltsverzeichnis aktualisieren** in der Gruppe **Inhaltsverzeichnis** der Registerkarte **Referenzen**.

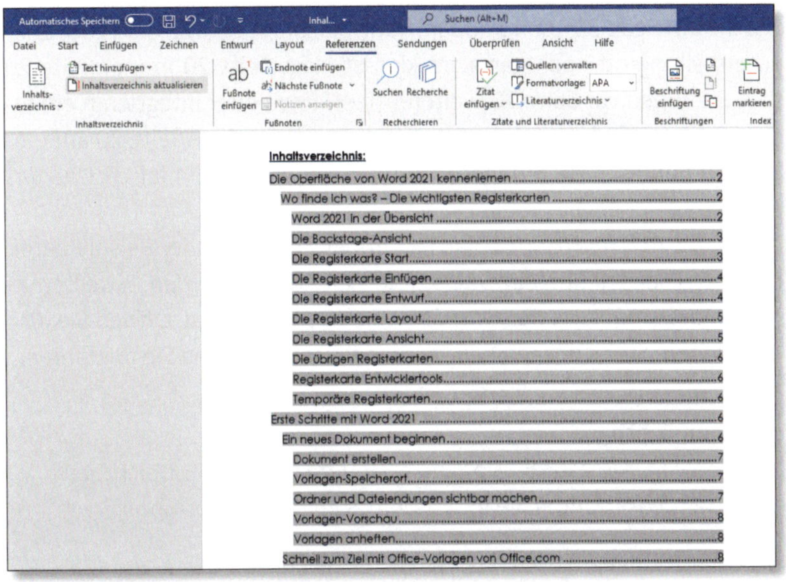

Abbildung 8.26
Zur Aktualisierung muss das Inhaltsverzeichnis markiert sein.

Nun fragt Word noch einmal nach, ob nur die Seitenzahlen aktualisiert werden sollen oder das gesamte Verzeichnis. Ersteres ist dann sinnvoll, wenn keine neuen Überschriften hinzugefügt worden sind. Anderenfalls entscheiden Sie sich für **Gesamtes Verzeichnis aktualisieren**.

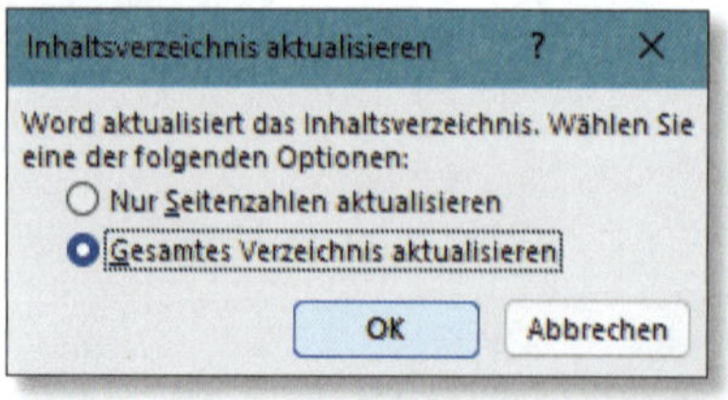

Abbildung 8.27 *Entscheiden Sie sich, ob Sie das gesamte Inhaltsverzeichnis aktualisieren möchten oder nur die Seitenzahlen.*

TIPP

Inhaltsverzeichnis zur Navigation verwenden
Word-Inhaltsverzeichnisse lassen sich auch prima zur Navigation verwenden. Wenn Sie Strg gedrückt halten, während Sie auf eine Zeile des Inhaltsverzeichnisses klicken, springt die Anwendung automatisch zu dieser Dokumentposition.

Querverweise einfügen

Querverweise dienen in erster Linie dazu, den Leser auf eine andere Textstelle des Dokuments hinzuweisen. Wenn Sie beispielsweise auf Seite 20 eine Erklärung abgegeben haben, die auch auf Seite 100 relevant wäre, ist nicht zu empfehlen, den gesamten Text dort noch einmal zu integrieren. Vielmehr verweisen Sie an dieser Stelle auf den Text auf Seite 20.

Falls Sie sich jetzt fragen, ob es nicht reicht, auf Seite 100 einfach den Hinweis »Weitere Informationen finden Sie auf Seite 20« einzutippen, dann sei Ihnen gesagt, dass zum Zeitpunkt der Dokumenterstellung oft noch gar nicht klar ist, dass Seite 20 immer Seite 20 bleibt. Bestes Beispiel: Sie fügen vor Seite 20 weiteren Text hinzu oder integrieren ein Inhaltsverzeichnis am Anfang des Dokuments – dann ist die ursprüngliche Seite 20 auf einmal vielleicht Seite 24. Der händisch eingetragene Querverweis wäre somit falsch. Und das darf nicht sein.

Öffnen Sie das Dokument *Abschnitte.docx*, das im Ordner *Ergebnisse* der Beispieldateien zum Buch zu finden ist. Hier soll nun ein Querverweis eingesetzt werden. Bitte benutzen Sie nicht das Originaldokument, da dieses später noch benötigt wird. Öffnen Sie also das Dokument, und speichern Sie es unter einem anderen Namen ab, ehe Sie fortfahren.

INFO

Textmarken sind unsichtbar?
Textmarken werden von Haus aus in Word nicht angezeigt. Wie diese sichtbar gemacht werden können, erfahren Sie im Anschluss an diesen Workshop.

Querverweise benötigen eine Art Anlaufpunkt. Das können beispielsweise Überschriften, aber auch Textmarken sein. Unser Dokument enthält zwar Überschriften, jedoch sind diese nicht als solche formatiert. Aus diesem Grund arbeiten wir zunächst mit einer Textmarke. Was hinsichtlich der Überschriften zu tun ist, stelle ich Ihnen im Unterabschnitt »Querverweise mit Überschriften einfügen« auf Seite 289 vor.

1 Wir möchten gerne auf Seite 2 des Dokuments einen Querverweis anbringen, der auf die Inhalte der Seite 1 hinweist. Dazu muss auf Seite 1 zunächst eine Textmarke platziert werden. Benutzen Sie dazu beispielsweise den Absatz »Das additive Farbsystem und RGB«. Platzieren Sie die Einfügemarke ❶ irgendwo innerhalb der Absatzüberschrift, und klicken Sie anschließend auf die Schaltfläche **Textmarke** ❷, die in der Gruppe **Links** der Registerkarte **Einfügen** zu finden ist.

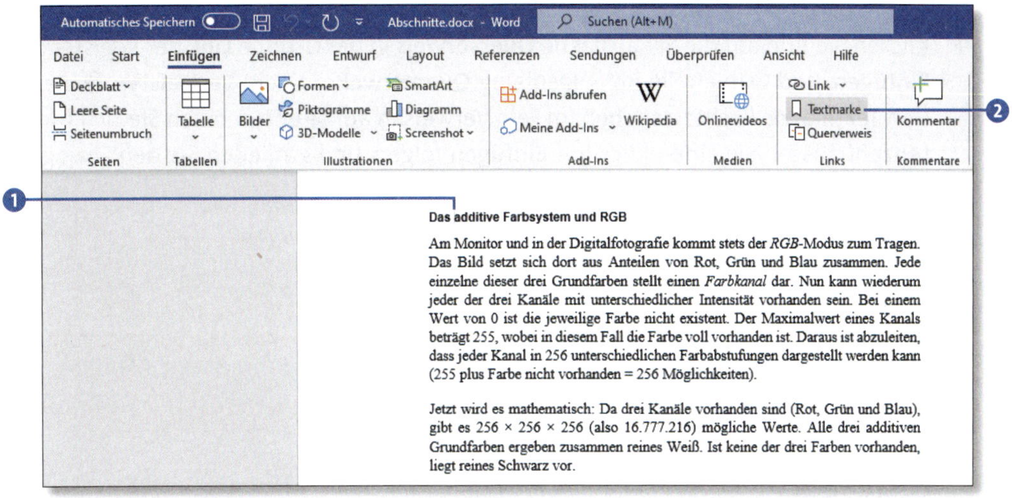
Automatisches Speichern
Abschnitte.docx - Word
Suchen (Alt+M)
Datei
Start
Einfügen
Zeichnen
Entwurf
Layout
Referenzen
Sendungen
Überprüfen
Ansicht
Hilfe
Deckblatt
Leere Seite
Seitenumbruch
Seiten
Tabelle
Tabellen
Bilder
Formen
Piktogramme
3D-Modelle
SmartArt
Diagramm
Screenshot
Illustrationen
Add-Ins abrufen
Meine Add-Ins
Wikipedia
Add-Ins
Onlinevideos
Medien
Link
Textmarke
Querverweis
Links
Kommentar
Kommentare
1
2
Das additive Farbsystem und RGB
Am Monitor und in der Digitalfotografie kommt stets der RGB-Modus zum Tragen. Das Bild setzt sich dort aus Anteilen von Rot, Grün und Blau zusammen. Jede einzelne dieser drei Grundfarben stellt einen Farbkanal dar. Nun kann wiederum jeder der drei Kanäle mit unterschiedlicher Intensität vorhanden sein. Bei einem Wert von 0 ist die jeweilige Farbe nicht existent. Der Maximalwert eines Kanals beträgt 255, wobei in diesem Fall die Farbe voll vorhanden ist. Daraus ist abzuleiten, dass jeder Kanal in 256 unterschiedlichen Farbabstufungen dargestellt werden kann (255 plus Farbe nicht vorhanden = 256 Möglichkeiten).
Jetzt wird es mathematisch: Da drei Kanäle vorhanden sind (Rot, Grün und Blau), gibt es 256 × 256 × 256 (also 16.777.216) mögliche Werte. Alle drei additiven Grundfarben ergeben zusammen reines Weiß. Ist keine der drei Farben vorhanden, liegt reines Schwarz vor.

2 Als Nächstes muss der Textmarke ein Name gegeben werden. Der Einfachheit halber belassen wir es bei der Bezeichnung »RGB« und klicken anschließend auf die Schaltfläche **Hinzufügen**.

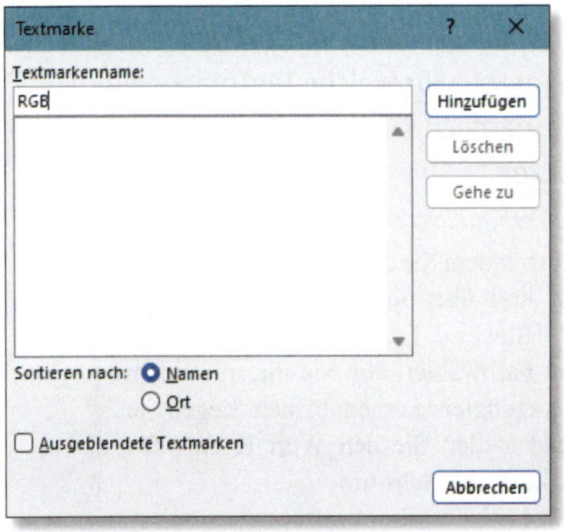
Textmarke
Textmarkenname:
RGB
Hinzufügen
Löschen
Gehe zu
Sortieren nach:
Namen
Ort
Ausgeblendete Textmarken
Abbrechen

3 Scrollen Sie nun auf Seite 2 des Dokuments. Etwa in der Mitte finden Sie einen Absatz, der mit »Starten Sie doch in Photoshop einmal …« beginnt. Platzieren Sie die Einfügemarke hinter dem ersten Satz. Dort tippen Sie nun Folgendes ein: »Weitere Hinweise finden Sie auf Seite«. Lassen Sie dahinter ein Leerzeichen folgen. Setzen Sie anschließend einen Punkt, und springen Sie ein Zeichen zurück.

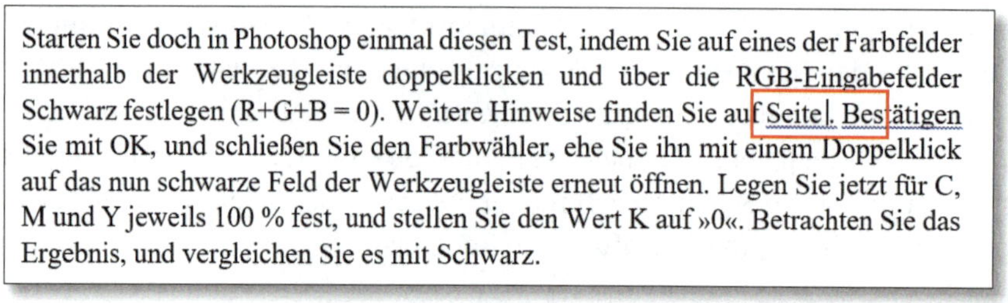
Starten Sie doch in Photoshop einmal diesen Test, indem Sie auf eines der Farbfelder innerhalb der Werkzeugleiste doppelklicken und über die RGB-Eingabefelder Schwarz festlegen (R+G+B = 0). Weitere Hinweise finden Sie auf Seite . Bestätigen Sie mit OK, und schließen Sie den Farbwähler, ehe Sie ihn mit einem Doppelklick auf das nun schwarze Feld der Werkzeugleiste erneut öffnen. Legen Sie jetzt für C, M und Y jeweils 100 % fest, und stellen Sie den Wert K auf »0«. Betrachten Sie das Ergebnis, und vergleichen Sie es mit Schwarz.

4 Klicken Sie nun auf die Schaltfläche **Querverweis** in der Gruppe **Link** der Registerkarte **Einfügen**, und wählen Sie im Folgedialog **Querverweis** im Feld **Verweistyp** ❸ die Option **Textmarke**. Rechts daneben im Feld **Verweisen auf** ❹ entscheiden Sie sich für **Seitenzahl**. Lassen Sie einen Klick auf **Einfügen** folgen, und schließen Sie den Dialog mit einem Klick auf das Schließkreuz.

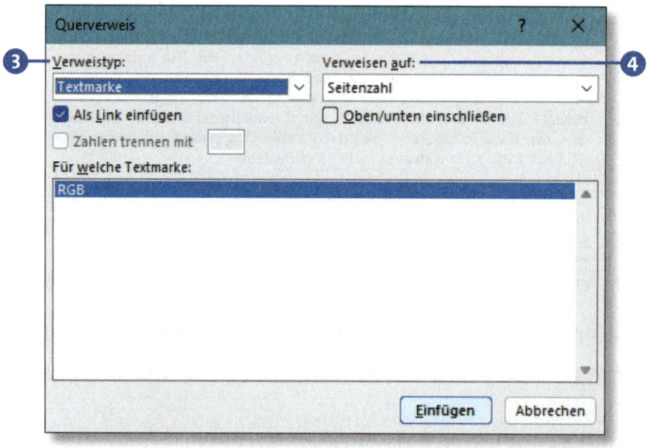

5 Standardmäßig bleibt der Dialog geöffnet, da Sie Gelegenheit haben sollen, weitere Verweise zu platzieren. Dies würde dann im Feld **Für welche Textmarke** geregelt. Da es hier aber nur einen einzigen Eintrag gibt (nämlich **RGB**), ist die Aufgabe erledigt, und Sie dürfen unten rechts auf **Schließen** klicken.

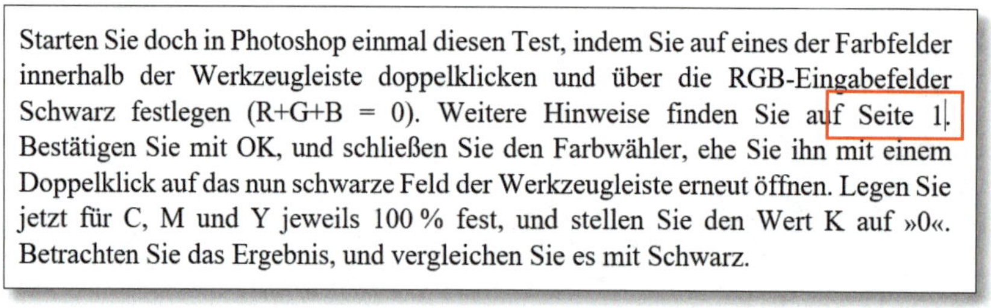
Starten Sie doch in Photoshop einmal diesen Test, indem Sie auf eines der Farbfelder innerhalb der Werkzeugleiste doppelklicken und über die RGB-Eingabefelder Schwarz festlegen (R+G+B = 0). Weitere Hinweise finden Sie auf Seite 1. Bestätigen Sie mit OK, und schließen Sie den Farbwähler, ehe Sie ihn mit einem Doppelklick auf das nun schwarze Feld der Werkzeugleiste erneut öffnen. Legen Sie jetzt für C, M und Y jeweils 100 % fest, und stellen Sie den Wert K auf »0«. Betrachten Sie das Ergebnis, und vergleichen Sie es mit Schwarz.

6 Als Nächstes sollten Sie dafür sorgen, dass die Textmarke verschoben wird. Am besten platzieren Sie dazu die Einfügemarke hinter den ersten Absatz und bauen einen Seitenumbruch oder so viele Leerzeilen ein, dass sich der markierte Text anschließend auf Seite 2 oder 3 Ihres Dokuments befindet. Im Folgenden werden nun die Verweise wieder »repariert«.

7 Markieren Sie die Textstelle, die den Verweis enthält, und lassen Sie einen Rechtsklick folgen. Im Kontextmenü entscheiden Sie sich für **Felder aktualisieren**. (Um einen solchen Schritt auf das gesamte Dokument anzuwenden, müssen Sie vor dem Rechtsklick `Strg`+`A` betätigen. Das hätte dann zur Folge, dass der gesamte Dokumenttext markiert wird. Demzufolge würde dann nach Ausführung von **Felder aktualisieren** auch das gesamte Dokument aktualisiert).

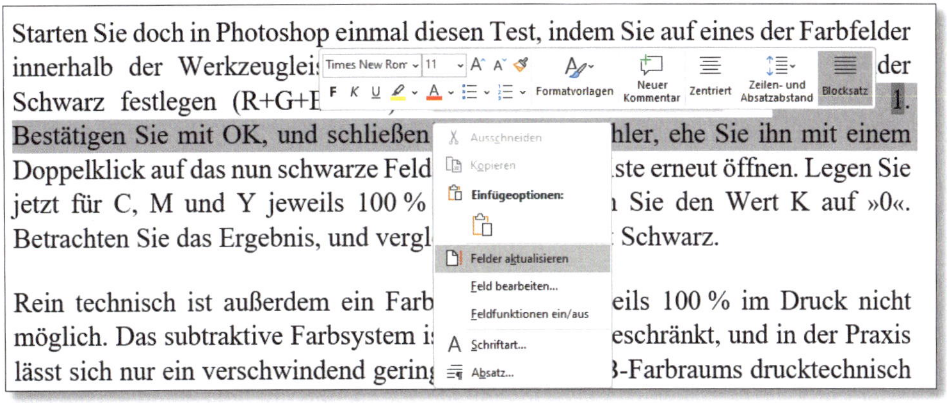

> **INFO**
>
> **Textmarken sichtbar machen**
>
> Textmarken sind normalerweise unsichtbar. Sollten Sie jedoch einmal die exakte Position einer Textmarke anzeigen lassen wollen, müssen Sie auf **Datei > Optionen** klicken und im Dialogfenster **Word-Optionen** die Rubrik **Erweitert** wählen. Scrollen Sie bis zum Bereich **Dokumentinhalt anzeigen**, und aktivieren Sie die Option **Textmarken anzeigen**. Bestätigen Sie die Einstellung mit **OK**. Die Textmarke taucht daraufhin schwachgrau im Text auf.

Querverweise mit Überschriften einfügen

Wenn Sie jedoch mit formatierten Überschriften arbeiten, können Sie sich das Setzen von Textmarken sparen, da auch eine Überschrift als Verweisziel definiert werden kann.

1 Öffnen Sie noch einmal die Datei *Abschnitte.docx*, die sich im Ordner *Ergebnisse* der Beispieldateien befindet.

2 Setzen Sie die Einfügemarke zunächst in die erste Überschrift unseres Dokuments, also hier auf »Farbe«. Klicken Sie in der Gruppe **Formatvorlagen** der Registerkarte **Start** auf **Überschrift 1**.

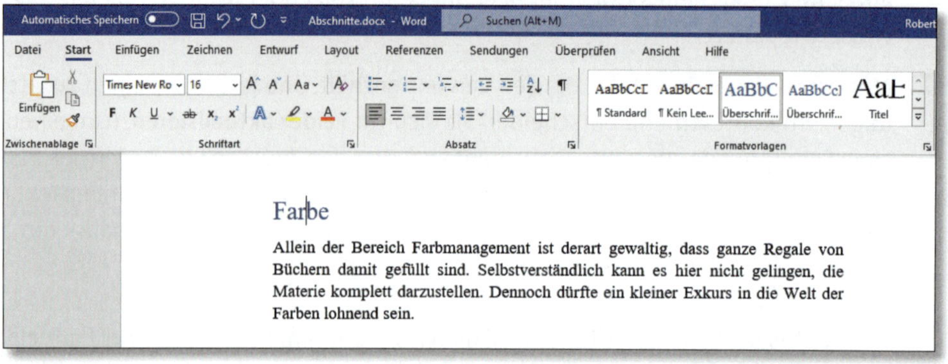

3 Alle anderen Überschriften sollen die Formatvorlage **Überschrift 2** bekommen. Diese finden Sie gleich rechts neben **Überschrift 1**. Am schnellsten geht das, indem Sie alle Überschriften des Dokuments (mit Ausnahme der ersten) markieren, während Sie `Strg` gedrückt halten, und anschließend auf die betreffende Schnellformatvorlage innerhalb der Gruppe **Formatvorlagen** der Registerkarte **Start** klicken. Damit sind die Vorarbeiten erledigt. Heben Sie die Markierungen durch einen Mausklick an eine beliebige Stelle des Dokuments auf.

4 Scrollen Sie nun zur Seite 2 des Dokuments. Etwa in der Mitte finden Sie einen Absatz, der mit »Starten Sie doch in Photoshop einmal …« beginnt. Platzieren Sie die Einfügemarke hinter den ersten Satz, schreiben Sie »Beachten Sie den Abschnitt«, und lassen Sie ein Leerzeichen folgen.

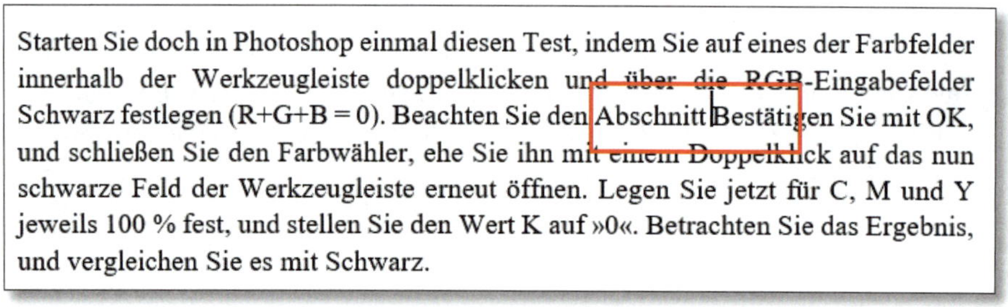
Starten Sie doch in Photoshop einmal diesen Test, indem Sie auf eines der Farbfelder innerhalb der Werkzeugleiste doppelklicken und über die RGB-Eingabefelder Schwarz festlegen (R+G+B = 0). Beachten Sie den Abschnitt Bestätigen Sie mit OK, und schließen Sie den Farbwähler, ehe Sie ihn mit einem Doppelklick auf das nun schwarze Feld der Werkzeugleiste erneut öffnen. Legen Sie jetzt für C, M und Y jeweils 100 % fest, und stellen Sie den Wert K auf »0«. Betrachten Sie das Ergebnis, und vergleichen Sie es mit Schwarz.

5 Klicken Sie in der Gruppe **Link** der Registerkarte **Einfügen** auf **Querverweis**. Im Dialog **Querverweis** wählen Sie im Feld **Verweistyp** die Option **Überschrift** und im Auswahlmenü **Verweisen auf** den Eintrag **Überschriftentext**. Wenn das geschehen ist, markieren Sie im Feld **Für welche Überschrift** die Zeile **Das additive Farbsystem und RGB**. Sobald Sie auf **Einfügen** klicken, wird der Verweis in Form des Überschriftentextes hinzugefügt.

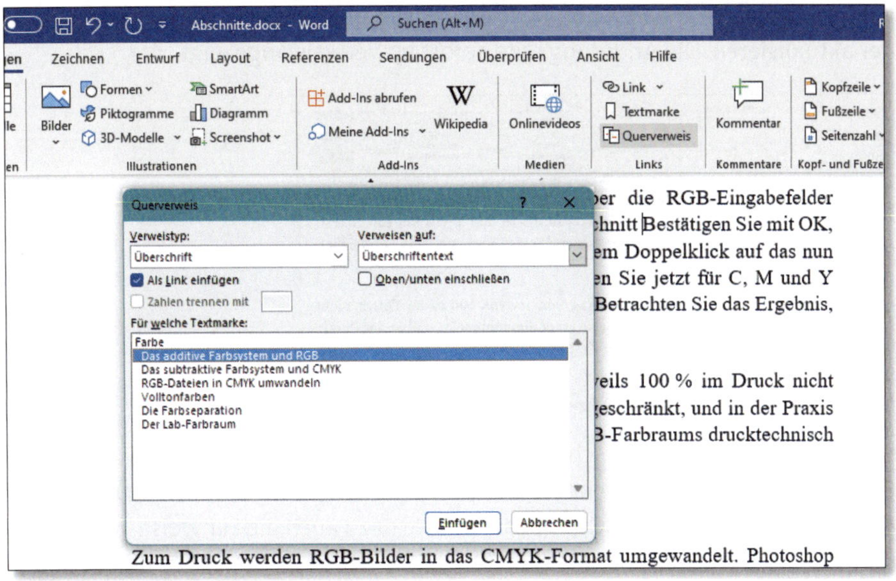

6 Schieben Sie den Dialog **Querverweis** ein wenig zur Seite, und werfen Sie einen Blick auf den soeben hinzugefügten Text. Sie sehen, dass der Überschriftentext nun auch Bestandteil des Fließtextes ist. Tippen Sie gleich dahinter ein Leerzeichen, gefolgt von »auf Seite« ein, und lassen Sie abermals ein Leerzeichen folgen. Danach setzen Sie einen Klick auf die Kopfleiste des Dialogs **Querverweis** (damit dieser wieder aktiv wird) und stellen im Feld **Verweisen auf** den Eintrag **Seitenzahl** ein. Zuletzt klicken Sie auf **Einfügen** und danach auf **Schließen**. Nun müssen Sie innerhalb des Textes nur noch einen Punkt und ein Leerzeichen folgen lassen und den Verweis in Anführungszeichen setzen.

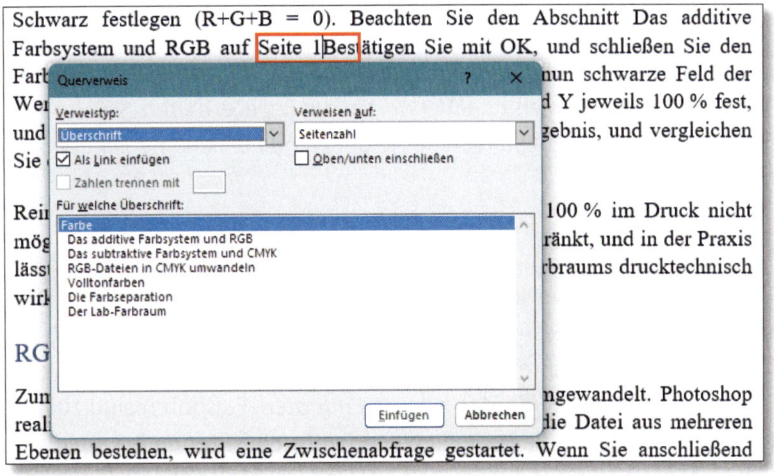

7 Platzieren Sie im Text nun noch Punkt und Leerzeichen hinter der Seitenzahl, und sorgen Sie anschließend dafür, dass der Überschriftentext »Das additive Farbsystem und RGB« auf einer anderen Seite als Seite 1 erscheint. Danach begeben Sie sich zu den

Querverweisen, markieren den Textbereich, klicken mit rechts darauf und wählen **Felder aktualisieren**. Die Änderung wird sofort im Verweis angezeigt.

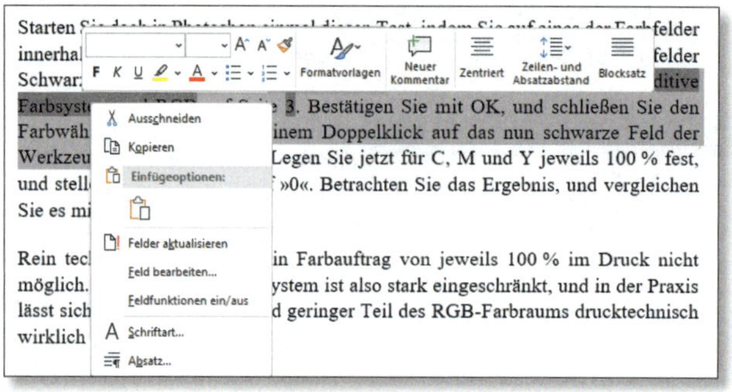

8 Lassen Sie uns, weil es so schön ist, noch einen Schritt weiter gehen. Setzen Sie die Einfügemarke in die Überschrift »Das additive Farbsystem und RGB«, und ändern Sie diese in »Das Farbsystem RGB«. (Beachten Sie dazu auch die Hinweise im Kasten »Vorsicht bei der Umbenennung!«) Klicken Sie dazu in den Querverweis und aktualisieren Sie diesen abermals.

Sie werden feststellen, dass auch der Überschriftentext automatisch angepasst worden ist. Das ist doch eine tolle Sache, oder? Im Ordner *Ergebnisse* der Beispieldateien finden Sie das entsprechend bearbeitete Dokument *Querverweis.docx*.

INFO

Vorsicht bei der Umbenennung!
Wenn Sie die Überschrift komplett markieren und dann neu eingeben, geht der Verweis meist verloren. Beim Aktualisieren erhalten Sie dann die Fehlermeldung »Fehler! Textmarke nicht definiert.«. Wenn Sie jedoch zur Neueingabe des Überschriftentextes zunächst die Einfügemarke vor das erste Zeichen platzieren, den Text neu eingeben und zuletzt die rechts neben der Einfügemarke befindlichen Zeichen mit [Entf] löschen, bleibt der Verweis in der Regel erhalten. Sollte das nicht funktionieren, muss der Querverweis leider komplett neu angelegt werden.

Fußnoten und Endnoten einfügen

Selbstverständlich kann man Hinweise zu bestimmten Begriffen oder Aussagen direkt in den Fließtext platzieren. Sollten diese allerdings den Lesefluss stören oder nicht wichtig genug sein, um einen Platz im Fließtext zu ergattern, werden derartige Hinweise ausgelagert. Das geschieht entweder in *Fußnoten* oder in *Endnoten*. Fußnoten sind zusätzliche Hinweise zu einer Dokumentseite, die in der Regel am unteren Seitenende eingefügt werden, während sich Endnoten zumeist gesammelt am Dokumentende befinden.

Verwenden Sie noch einmal die Datei *Abschnitte.docx* aus dem Ordner *Ergebnisse* der Beispieldateien. Wir werden das Wort »Farbmanagement« in der ersten Zeile des ersten Abschnitts mit einem entsprechenden Hinweis versehen.

1 Platzieren Sie zunächst die Einfügemarke unmittelbar hinter dem Wort »Farbmanagement« (erste Zeile des ersten Absatzes).

2 Klicken Sie auf die Schaltfläche **Fußnote einfügen** innerhalb der Gruppe **Fußnoten** der Registerkarte **Referenzen**.

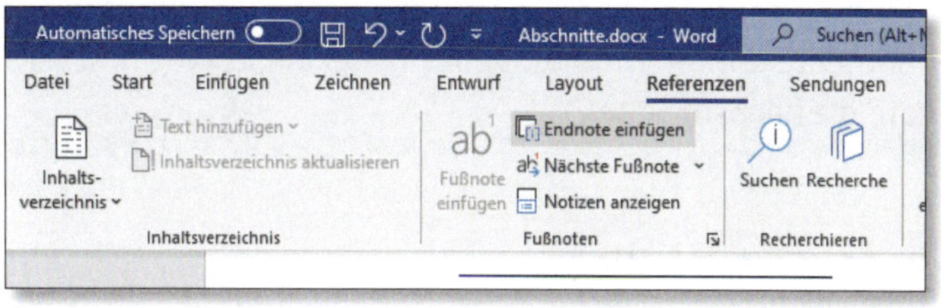

Automatisches Speichern
Abschnitte.docx - Word
Suchen (Alt+
Datei
Start
Einfügen
Zeichnen
Entwurf
Layout
Referenzen
Sendungen
Inhalts-verzeichnis
Text hinzufügen
Inhaltsverzeichnis aktualisieren
Inhaltsverzeichnis
ab
Fußnote einfügen
Endnote einfügen
Nächste Fußnote
Notizen anzeigen
Fußnoten
Suchen
Recherche
Recherchieren

3 Nun wird an der Position der Einfügemarke im Text sowie am unteren Seitenrand eine identische Nummer vergeben. Darüber hinaus springt die Einfügemarke an das untere Seitenende. Hier können Sie dann gleich mit der Eingabe des erklärenden Textes fortfahren.

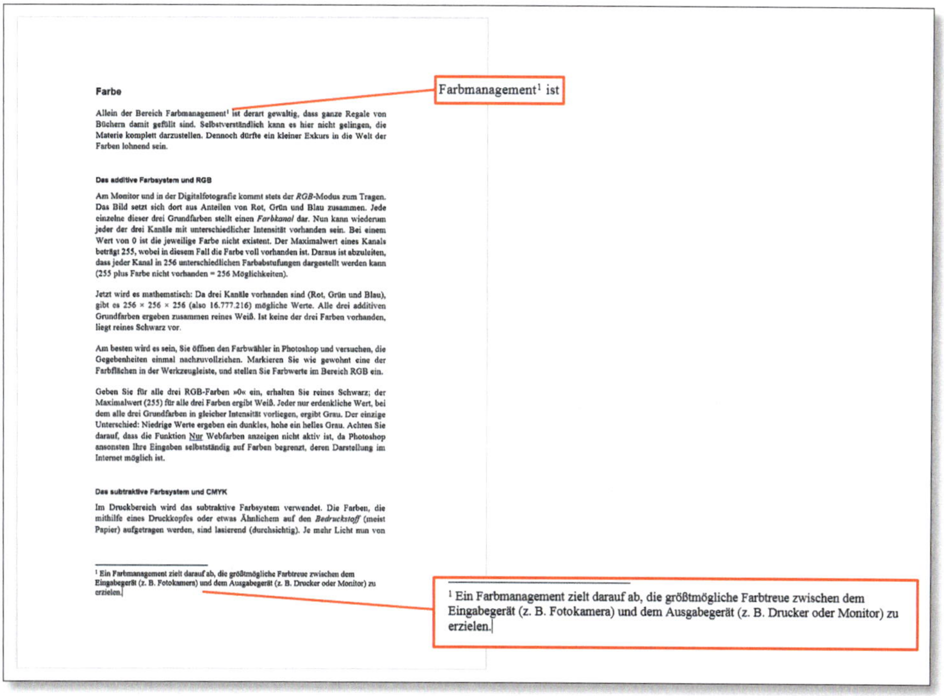

Farbe
Allein der Bereich Farbmanagement¹ ist derart gewaltig, dass ganze Regale von Büchern damit gefüllt sind. Selbstverständlich kann es hier nicht gelingen, die Materie komplett darzustellen. Dennoch dürfte ein kleiner Exkurs in die Welt der Farben lohnend sein.
Das additive Farbsystem und RGB
Am Monitor und in der Digitalfotografie kommt stets der RGB-Modus zum Tragen. Das Bild setzt sich dort aus Anteilen von Rot, Grün und Blau zusammen. Jede einzelne dieser drei Grundfarben stellt einen Farbkanal dar. Nun kann wiederum jeder der drei Kanäle mit unterschiedlicher Intensität vorhanden sein. Bei einem Wert von 0 ist die jeweilige Farbe nicht existent. Der Maximalwert eines Kanals beträgt 255, wobei in diesem Fall die Farbe voll vorhanden ist. Daraus ist abzuleiten, dass jeder Kanal in 256 unterschiedlichen Farbabstufungen dargestellt werden kann (255 plus Farbe nicht vorhanden = 256 Möglichkeiten).
Jetzt wird es mathematisch: Da drei Kanäle vorhanden sind (Rot, Grün und Blau), gibt es 256 × 256 × 256 (also 16.777.216) mögliche Werte. Alle drei additiven Grundfarben ergeben zusammen reines Weiß. Ist keine der drei Farben vorhanden, liegt reines Schwarz vor.
Am besten wird es sein, Sie öffnen den Farbwähler in Photoshop und versuchen, die Gegebenheiten einmal nachzuvollziehen. Markieren Sie wie gewohnt eine der Farbflächen in der Werkzeugleiste, und stellen Sie Farbwerte im Bereich RGB ein.
Geben Sie für alle drei RGB-Farben »0« ein, erhalten Sie reines Schwarz; der Maximalwert (255) für alle drei Farben ergibt Weiß. Jeder nur erdenkliche Wert, bei dem alle drei Grundfarben in gleicher Intensität vorliegen, ergibt Grau. Der einzige Unterschied: Niedrige Werte ergeben ein dunkles, hohe ein helles Grau. Achten Sie darauf, dass die Funktion Nur Webfarben anzeigen nicht aktiv ist, da Photoshop ansonsten Ihre Eingaben selbstständig auf Farben begrenzt, deren Darstellung im Internet möglich ist.
Das subtraktive Farbsystem und CMYK
Im Druckbereich wird das subtraktive Farbsystem verwendet. Die Farben, die mithilfe eines Druckkopfes oder etwas Ähnlichem auf den Bedruckstoff (meist Papier) aufgetragen werden, sind lasierend (durchsichtig). Je mehr Licht nun von
¹ Ein Farbmanagement zielt darauf ab, die größtmögliche Farbtreue zwischen dem Eingabegerät (z. B. Fotokamera) und dem Ausgabegerät (z. B. Drucker oder Monitor) zu erzielen.
Farbmanagement¹ ist
¹ Ein Farbmanagement zielt darauf ab, die größtmögliche Farbtreue zwischen dem Eingabegerät (z. B. Fotokamera) und dem Ausgabegerät (z. B. Drucker oder Monitor) zu erzielen.

Das Einfügen von Endnoten entspricht im Wesentlichen dem von Fußnoten. Einzige Ausnahme: Sie klicken in der Gruppe **Fußnoten** der Registerkarte **Referenzen** auf die Schaltfläche **Endnote einfügen**. Die Einfügemarke wird nun nicht an das untere Ende der Seite gesetzt, sondern an das Dokumentende. Diese Position bleibt auch dann weiterhin bestehen, sollten Sie Ihrem Dokument weitere Seiten hinzufügen.

INFO

Umbruchänderung
Der Fußnotentext befindet sich logischerweise immer auf der Seite, auf der sich auch die Fußnote befindet. Anderenfalls könnte er ja nur schwer vom Leser Ihres Dokuments zugeordnet werden. Beachten Sie in diesem Zusammenhang, dass das Einfügen von Fußnoten häufig auch Auswirkungen auf den Textumbruch haben kann. Viel Fußnotentext nimmt immer dem Fließtext Platz weg und verschiebt Teile davon auf die nächste Seite.

Eigenschaften für Fuß- und Endnoten festlegen

Sie können sich denken, dass eine so leistungsstarke Software wie Word mehr Möglichkeiten bietet als das bloße Hinzufügen von Fuß- und Endnoten. Klicken Sie auf den kleinen Pfeil ❶ in der Gruppe **Fußnoten** der Registerkarte **Referenzen**, öffnet sich damit der Dialog **Fuß- und Endnote**.

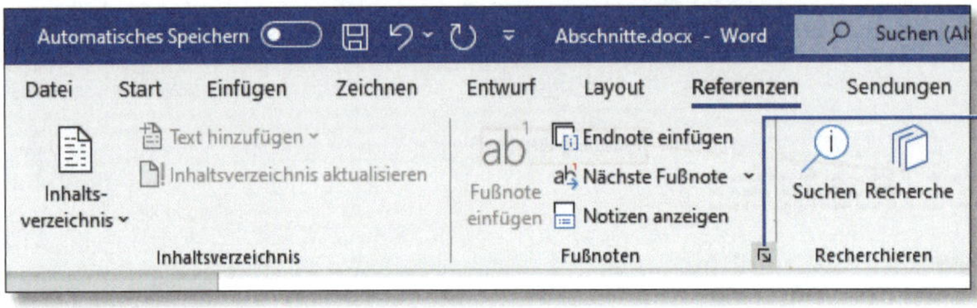

Abbildung 8.28 Öffnen Sie den Dialog »Fuß- und Endnote«.

In diesem Dialogfenster haben Sie noch weitaus mehr Möglichkeiten, Ihre Fuß- bzw. Endnoten an Ihr Dokument anzupassen.

Wählen Sie oben links zunächst aus, ob Sie eine Fuß- oder eine Endnote einfügen möchten. Möchten Sie keine weiteren Änderungen am Layout oder Format der Fuß- bzw. Endnote vornehmen, klicken Sie auf den Button **Einfügen**.

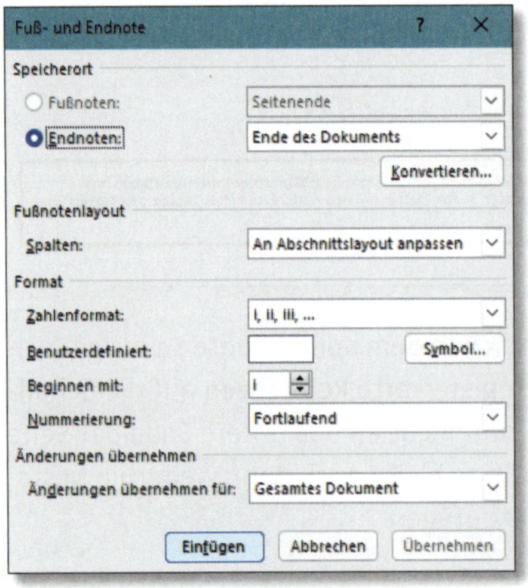

Abbildung 8.29 In diesem Dialog legen Sie die Eigenschaften Ihrer Fuß- und Endnoten fest.

Sie können im Dialog **Fuß- und Endnote** jedoch auch noch eine Reihe von Änderungen am Layout und am Format der Fuß- oder Endnoten vornehmen. Besonders interessant ist die Zeile **Spalten** im Bereich **Fußnotenlayout**. Es besteht nämlich die Möglichkeit, den Fußnotentext in mehreren Spalten anzuordnen – und zwar unabhängig von der im Fließtext festgelegten Spaltenanzahl (siehe dazu auch die Beispieldatei *Spalten.docx* aus dem Ordner *08*).

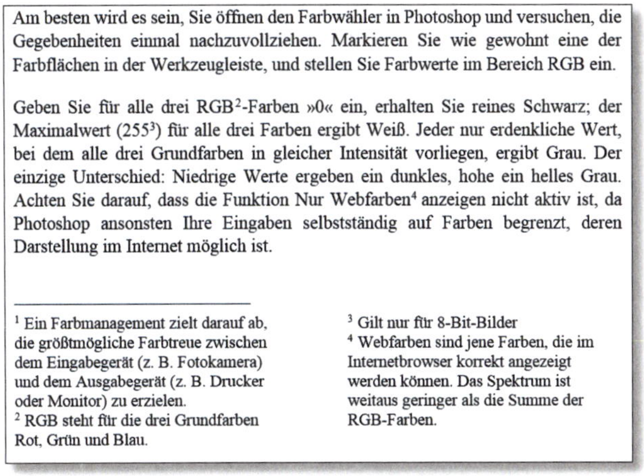

Am besten wird es sein, Sie öffnen den Farbwähler in Photoshop und versuchen, die Gegebenheiten einmal nachzuvollziehen. Markieren Sie wie gewohnt eine der Farbflächen in der Werkzeugleiste, und stellen Sie Farbwerte im Bereich RGB ein.

Geben Sie für alle drei RGB[2]-Farben »0« ein, erhalten Sie reines Schwarz; der Maximalwert (255[3]) für alle drei Farben ergibt Weiß. Jeder nur erdenkliche Wert, bei dem alle drei Grundfarben in gleicher Intensität vorliegen, ergibt Grau. Der einzige Unterschied: Niedrige Werte ergeben ein dunkles, hohe ein helles Grau. Achten Sie darauf, dass die Funktion Nur Webfarben[4] anzeigen nicht aktiv ist, da Photoshop ansonsten Ihre Eingaben selbstständig auf Farben begrenzt, deren Darstellung im Internet möglich ist.

[1] Ein Farbmanagement zielt darauf ab, die größtmögliche Farbtreue zwischen dem Eingabegerät (z. B. Fotokamera) und dem Ausgabegerät (z. B. Drucker oder Monitor) zu erzielen.
[2] RGB steht für die drei Grundfarben Rot, Grün und Blau.
[3] Gilt nur für 8-Bit-Bilder
[4] Webfarben sind jene Farben, die im Internetbrowser korrekt angezeigt werden können. Das Spektrum ist weitaus geringer als die Summe der RGB-Farben.

Abbildung 8.30 *Die Fußnoten werden zweispaltig angeordnet, obwohl der Text nur einspaltig ist.*

Aber Sie können sogar noch einen Schritt weiter gehen. Denn dieser Dialog eignet sich auch zur Definition einzelner, ganz individueller Fuß- oder Endnoten. Platzieren Sie zunächst die Einfügemarke dort, wo die nächste Note eingesetzt werden soll. Öffnen Sie anschließend erneut den Dialog **Fuß- und Endnote**, indem Sie auf den kleinen Pfeil in der unteren rechten Ecke der Gruppe **Fußnoten** der Registerkarte **Referenzen** klicken. Im Eingabefeld der Zeile **Benutzerdefiniert** ❶ lässt sich nun ein ganz individuelles Zeichen festlegen. Wenn Sie rechts daneben auf **Symbol** ❷ klicken, können Sie sogar ein Zeichen aus der Word-Symbolpalette auswählen. Um das Zeichen letztendlich zuzuweisen, klicken Sie auf **Einfügen**.

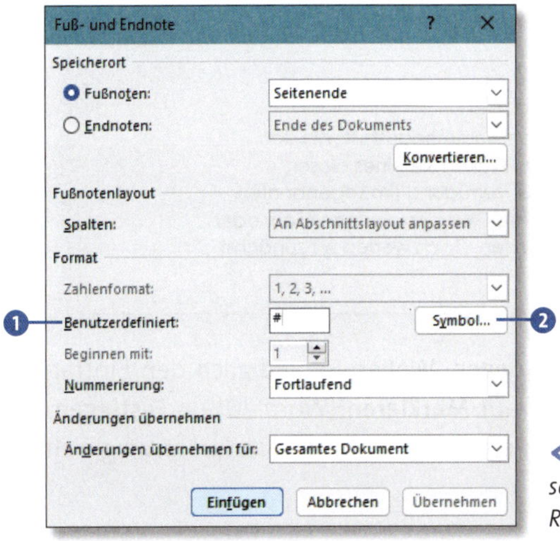

Abbildung 8.31 *Die Fußnote würde so nicht mit einer Ziffer, sondern einer Raute gekennzeichnet.*

Sie können sowohl das Layout als auch das Format der Fuß- und Endnoten später noch rückwirkend für das gesamte Dokument ändern, sofern im Feld **Änderungen übernehmen für** die Option **Gesamtes Dokument** eingestellt ist.

Index einfügen

Ein Index ist nichts anderes als ein Stichwortverzeichnis. Ab und zu wird es auch *Register* genannt. Markieren Sie markante Wörter innerhalb des Textes, und erzeugen Sie am Dokumentende ein entsprechendes Verzeichnis mit dazugehörigen Seitenzahlen. So findet der Leser schnell, wonach er sucht.

Falls Sie gerade kein geeignetes Dokument zur Hand haben, benutzen Sie *Inhaltsverzeichnis 02.docx* aus den Beispieldateien. Sie finden es im Ordner *08/Verzeichnisse*.

1. Navigieren Sie durch das gesamte Dokument, und halten Sie nach Begriffen Ausschau, die für einen Index geeignet erscheinen. Auf Seite 2 wären das beispielsweise »Oberfläche«, »Registerkarten«, »Kopfleiste« usw. Markieren Sie das erste Wort mit einem Doppelklick.
2. Öffnen Sie die Registerkarte **Referenzen**, und klicken Sie in der Gruppe **Index** auf **Eintrag markieren**. Alternativ betätigen Sie Alt + ⇧ + X auf Ihrer Tastatur.

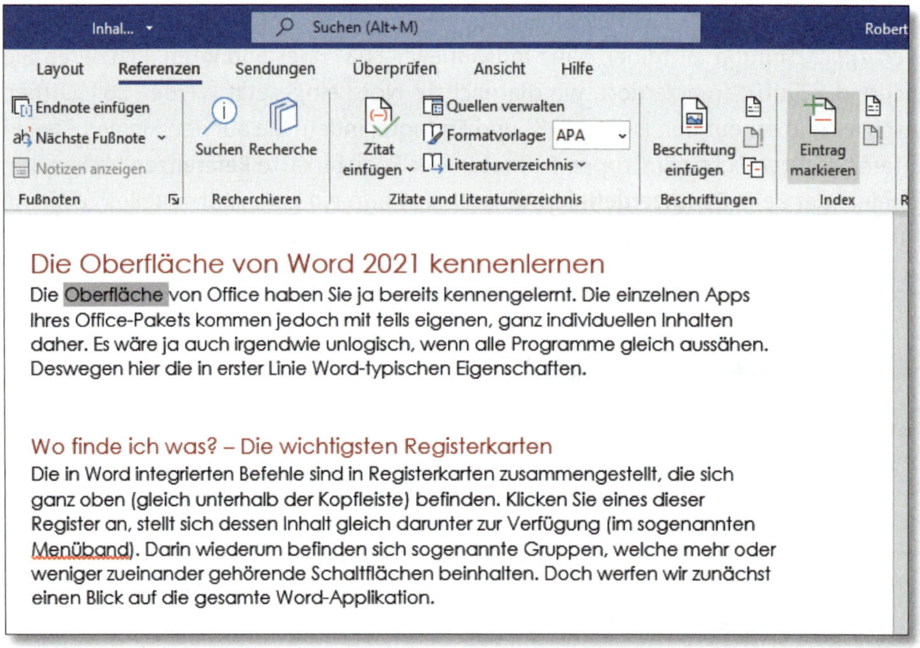
Inhal...
Suchen (Alt+M)
Robert
Layout
Referenzen
Sendungen
Überprüfen
Ansicht
Hilfe
Endnote einfügen
Nächste Fußnote
Notizen anzeigen
Fußnoten
Suchen
Recherche
Recherchieren
Zitat einfügen
Quellen verwalten
Formatvorlage: APA
Literaturverzeichnis
Zitate und Literaturverzeichnis
Beschriftung einfügen
Beschriftungen
Eintrag markieren
Index
Die Oberfläche von Word 2021 kennenlernen
Die Oberfläche von Office haben Sie ja bereits kennengelernt. Die einzelnen Apps Ihres Office-Pakets kommen jedoch mit teils eigenen, ganz individuellen Inhalten daher. Es wäre ja auch irgendwie unlogisch, wenn alle Programme gleich aussähen. Deswegen hier die in erster Linie Word-typischen Eigenschaften.
Wo finde ich was? – Die wichtigsten Registerkarten
Die in Word integrierten Befehle sind in Registerkarten zusammengestellt, die sich ganz oben (gleich unterhalb der Kopfleiste) befinden. Klicken Sie eines dieser Register an, stellt sich dessen Inhalt gleich darunter zur Verfügung (im sogenannten Menüband). Darin wiederum befinden sich sogenannte Gruppen, welche mehr oder weniger zueinander gehörende Schaltflächen beinhalten. Doch werfen wir zunächst einen Blick auf die gesamte Word-Applikation.

3. Nun öffnet sich der Dialog **Indexeintrag festlegen**. Wollen Sie lediglich den Eintrag »Oberfläche« hinzufügen, können Sie gleich auf **Markieren** (Word 2019 = **Festlegen**) klicken, um den Indexeintrag in Ihr Dokument einzufügen. Fahren Sie daraufhin gleich mit Schritt 5 fort.

4 Allerdings ist es auch möglich, mehrere Untereinträge anzulegen. Dazu ein Beispiel: Das Wort »Oberfläche« kommt mehrfach im Text vor. Ganz oben geht es zunächst darum, die Oberfläche kennenzulernen. Etwas später wird die Gestaltung der Oberfläche angesprochen. Deswegen wäre es sinnvoll, dem ersten Eintrag »Oberfläche« den Untereintrag »kennenlernen« hinzuzufügen. Füllen Sie deshalb das Eingabefeld **Untereintrag** entsprechend. Klicken Sie anschließend auf **Markieren**. Haupt- und Untereintrag werden erzeugt.

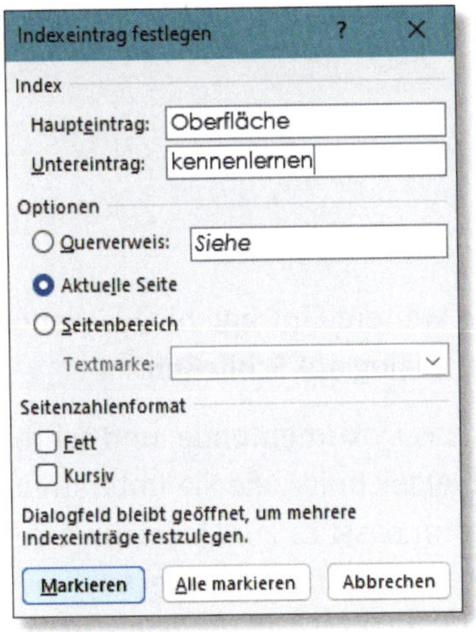

Indexeintrag festlegen
?
Index
Haupteintrag: Oberfläche
Untereintrag: kennenlernen
Optionen
Querverweis: Siehe
Aktuelle Seite
Seitenbereich
Textmarke:
Seitenzahlenformat
Fett
Kursiv
Dialogfeld bleibt geöffnet, um mehrere Indexeinträge festzulegen.
Markieren
Alle markieren
Abbrechen

Der indexierte Eintrag erscheint nun hinter dem ursprünglich markierten Wort und wird in Mengenklammern hinter **XE** angezeigt. Sollte es dazu einen Untereintrag geben, ist dieser ebenfalls ausgewiesen – und wird durch einen Doppelpunkt vom Haupteintrag getrennt.

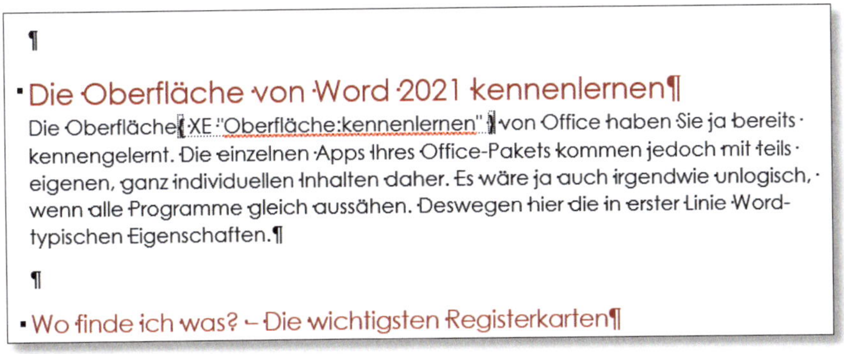

¶
Die Oberfläche von Word 2021 kennenlernen¶
Die Oberfläche{ XE "Oberfläche:kennenlernen" } von Office haben Sie ja bereits kennengelernt. Die einzelnen Apps Ihres Office-Pakets kommen jedoch mit teils eigenen, ganz individuellen Inhalten daher. Es wäre ja auch irgendwie unlogisch, wenn alle Programme gleich aussähen. Deswegen hier die in erster Linie Word-typischen Eigenschaften.¶
¶
Wo finde ich was? – Die wichtigsten Registerkarten¶

5 Scrollen Sie im Text ein wenig weiter nach unten. In der zweiten Zeile des Abschnitts »Word 2021 in der Übersicht« findet sich noch einmal das Wort »Oberfläche«. Markieren Sie es auch hier mit einem Doppelklick, und klicken Sie im Menüband abermals auf **Eintrag festlegen**. Da es an dieser Textstelle um die Gestaltung der Oberfläche geht, empfehle ich, im Eingabefeld **Untereintrag** »gestalten« hinzuzufügen und neuerlich auf **Markieren** (bzw. **Festlegen**) zu klicken.

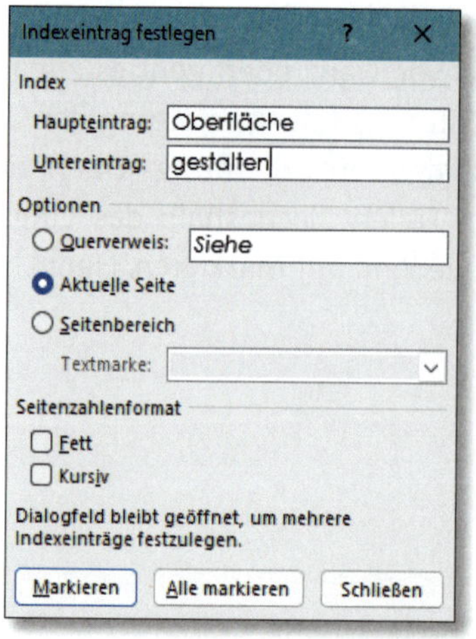

6 Schauen Sie sich das Dokument an, und fügen Sie weitere Einträge hinzu. Wenn alle Begriffe aufgenommen worden sind, klicken Sie im Dialog auf **Schließen**.

7 Nun erzeugen Sie den Index. Scrollen Sie dazu an das Dokumentende, und schreiben Sie eine Überschrift für den Index, z. B. »Stichwortverzeichnis«, die Sie unterstreichen und fett formatieren können, wenn Sie mögen. (Dann passt es zur Überschrift des Inhaltsverzeichnisses.) Falls Sie das Stichwortverzeichnis mit ins Inhaltsverzeichnis aufnehmen wollen, sollten Sie seiner Überschrift jedoch eine Formatvorlage zuweisen. Idealerweise nehmen Sie **Überschrift 1**, da der Index auf diese Weise gleichwertig mit den anderen Hauptüberschriften gelistet wird. Aktualisieren Sie das Inhaltsverzeichnis anschließend.

8 Wie auch immer Sie sich entscheiden: Positionieren Sie die Einfügemarke anschließend eine Zeile tiefer, und betätigen Sie die Schaltfläche **Index einfügen** in der Gruppe **Index** der Registerkarte **Referenzen**. (Je nach Bildschirmauflösung wird nur ein Symbol [unten], jedoch nicht die Schaltflächenbezeichnung **Index einfügen** [oben] angezeigt. Der Funktionsweise tut das indes keinen Abbruch.)

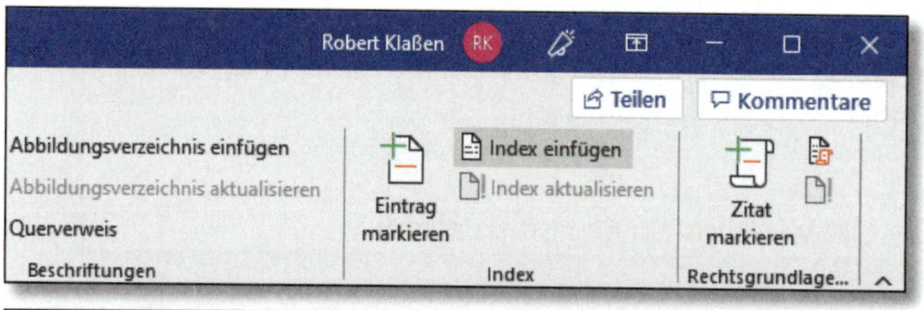

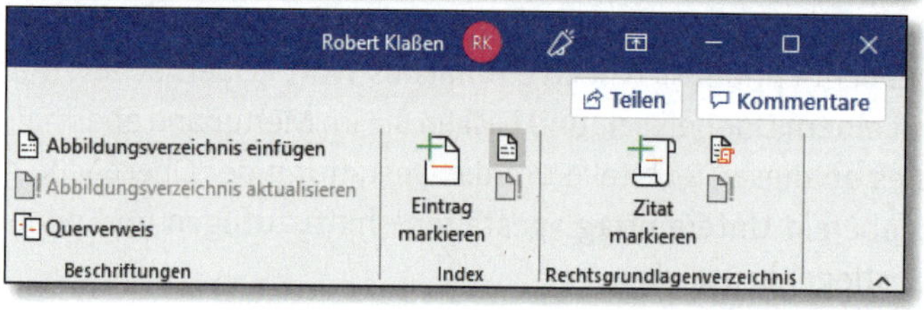

9 Den Dialog **Index**, der sich daraufhin öffnet, kennen Sie in ähnlicher Form schon vom Inhaltsverzeichnis. Es empfiehlt sich, die Checkbox **Seitenzahlen rechtsbündig** ❶ zu aktivieren und für den Index mindestens zwei **Spalten** ❷ zu benutzen. Bestätigen Sie mit einem Klick auf **OK**.

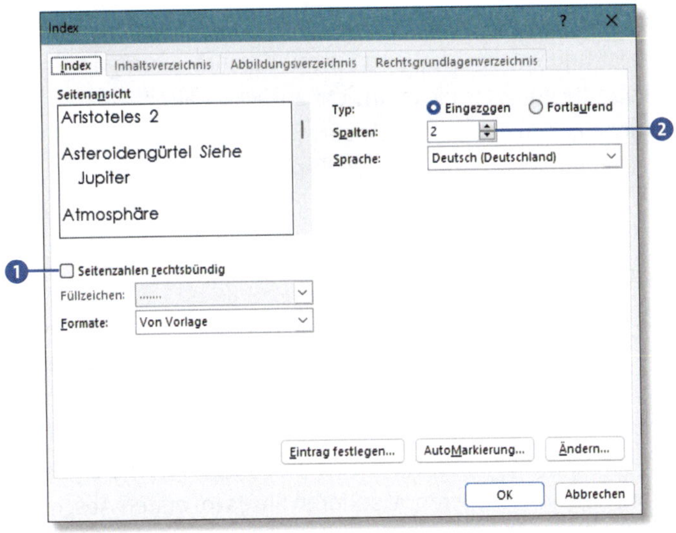

10 Schauen Sie sich das Ergebnis an, und achten Sie vor allem darauf, dass Untereinträge ein wenig eingerückt dargestellt werden. Dies dient der Übersicht in Bezug auf den jeweils übergeordneten Haupteintrag. (Das Ergebnis dieses Workshops ist unter dem Namen *Inhaltsverzeichnis 03.docx* im Ordner *08/Verzeichnisse* der Beispieldateien zum Buch zu finden.)

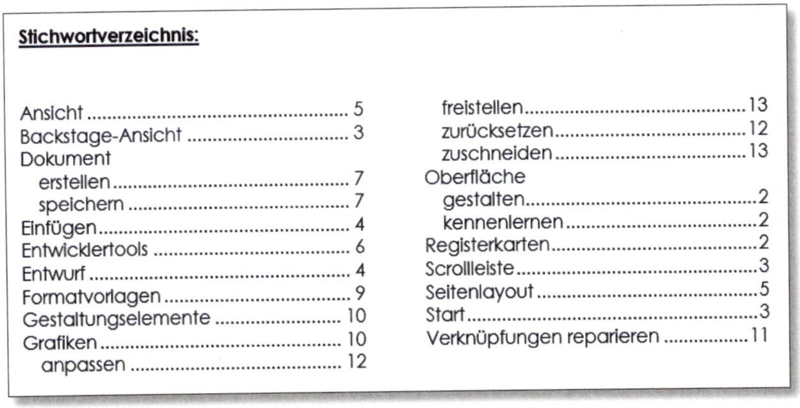
Stichwortverzeichnis:

Ansicht 5
Backstage-Ansicht 3
Dokument
  erstellen 7
  speichern 7
Einfügen 4
Entwicklertools 6
Entwurf 4
Formatvorlagen 9
Gestaltungselemente 10
Grafiken 10
  anpassen 12
  freistellen 13
  zurücksetzen 12
  zuschneiden 13
Oberfläche
  gestalten 2
  kennenlernen 2
Registerkarten 2
Scrollleiste 3
Seitenlayout 5
Start 3
Verknüpfungen reparieren 11

Sollten relevante Änderungen in Bezug auf den Index erfolgt sein (haben Sie z. B. neue Einträge hinzugefügt), muss der Index aktualisiert werden. Dazu markieren Sie ihn an einer beliebigen Stelle und klicken anschließend auf die Schaltfläche **Index aktualisieren** in der Gruppe **Index** der Registerkarte **Referenzen**. Daraufhin wird der Index erneut erstellt, und die hinzugefügten oder geänderten Einträge werden in das Dokument eingefügt.

> **INFO**
>
> **Absatzmarken und Formatierungssymbole**
>
> Sofern die Steuerzeichen (Absatzmarken und Formatierungssymbole) nicht bereits aktiviert sind, holt Word das automatisch nach, sobald Sie den ersten Indexeintrag festlegen. Das hat den Vorteil, dass der Indexeintrag hinter dem festgelegten Wort nun in Mengenklammern angezeigt wird. So wissen Sie, was bereits indexiert worden ist und was nicht. Wenn Sie mit der Indexierung fertig sind, können Sie wieder auf die herkömmliche Ansicht zurückschalten, indem Sie auf das Symbol **Alle anzeigen** in der Gruppe **Absatz** der Registerkarte **Start** klicken oder Strg + ⇧ + + drücken.

Querverweise im Index hinzufügen

Sie können dem Index auch Querverweise hinzufügen. So etwas bietet sich an, wenn zu erwarten ist, dass der Leser nach einem Stichwort sucht, das Sie nicht oder höchst selten verwenden. Dazu ein Beispiel: Mal angenommen, Sie schreiben in Ihrem Dokument eine Passage über »Apps«. Wenn Sie nun wünschen, dass ein Leser, der nach dem Indexeintrag »Programme« sucht, auch diesen Abschnitt findet, sollten Sie einen Querverweis erstellen.

Zunächst müssen Sie das Wort »Apps« indexieren. Markieren Sie es im ersten Abschnitt, der dem Inhaltsverzeichnis folgt. Klicken Sie anschließend in der Gruppe **Index** der Registerkarte **Referenzen** auf die Schaltfläche **Eintrag markieren**. Im folgenden Dialog **Indexeintrag festlegen** nehmen Sie dann die Indexierung vor. Danach stellen Sie die Einfügemarke an eine beliebige Position des Dokuments, klicken auf **Eintrag markieren** in der Gruppe **Index** der Registerkarte **Referenzen** und aktivieren den Radiobutton **Querverweis**. Daraufhin tragen Sie in das Feld **Haupteintrag** »Programme« ein, betätigen **Markieren** und schließen den Dialog. Abschließend müssen Sie nun den Index aktualisieren. Klicken Sie dazu in der Gruppe **Index** der Registerkarte **Referenzen** auf **Index aktualisieren**.

Abbildung 8.32 *Eher unpopuläre Begriffe werden mit einem Querverweis versehen.*

Im Stichwortverzeichnis finden Sie daraufhin unter dem Stichwort »Programme« einen Querverweis zu »Apps«.

8.4 Mit Kopf- und Fußzeilen arbeiten

Durch Kopf- und Fußzeilen werden Dokumente insgesamt noch übersichtlicher. Denn es ist möglich, weitere Informationen wie beispielsweise Dokumenttitel, Kapitelüberschriften, Datum, Seitenzahlen und vieles mehr einzubeziehen.

Öffnen Sie das Dokument *Inhaltsverzeichnis 03.docx*, das Sie im Ordner *08/Verzeichnisse* der Beispieldokumente finden. Sie erinnern sich, dass wir am unteren Rand bereits Seitenzahlen hinzugefügt hatten (siehe den Unterabschnitt »Inhaltsverzeichnis einfügen« auf Seite 280). Derartige Elemente stehen grundsätzlich in einer Kopf- oder (wie hier) in einer Fußzeile. Dort integrierte Elemente lassen sich aber nicht wie herkömmlicher Text markieren. Vielmehr muss dieser Bereich zunächst geöffnet werden. Dazu setzen Sie einen Doppelklick auf das untere Ende des Blatts (Fußzeile) bzw. das obere Ende, sofern Sie eine Kopfzeile zugänglich machen wollen. Um jeweils zum anderen Bereich zu springen, klicken Sie in der temporären Registerkarte **Kopf- und Fußzeile** auf die Schaltfläche **Zu Kopfzeile wechseln** ❶ bzw. **Zu Fußzeile wechseln** ❷ – je nach dem, was gerade eingestellt ist. Wenn Sie sich also beispielsweise in der Kopfzeile befinden, können Sie folgerichtig nur zur Fußzeile wechseln und umgekehrt.

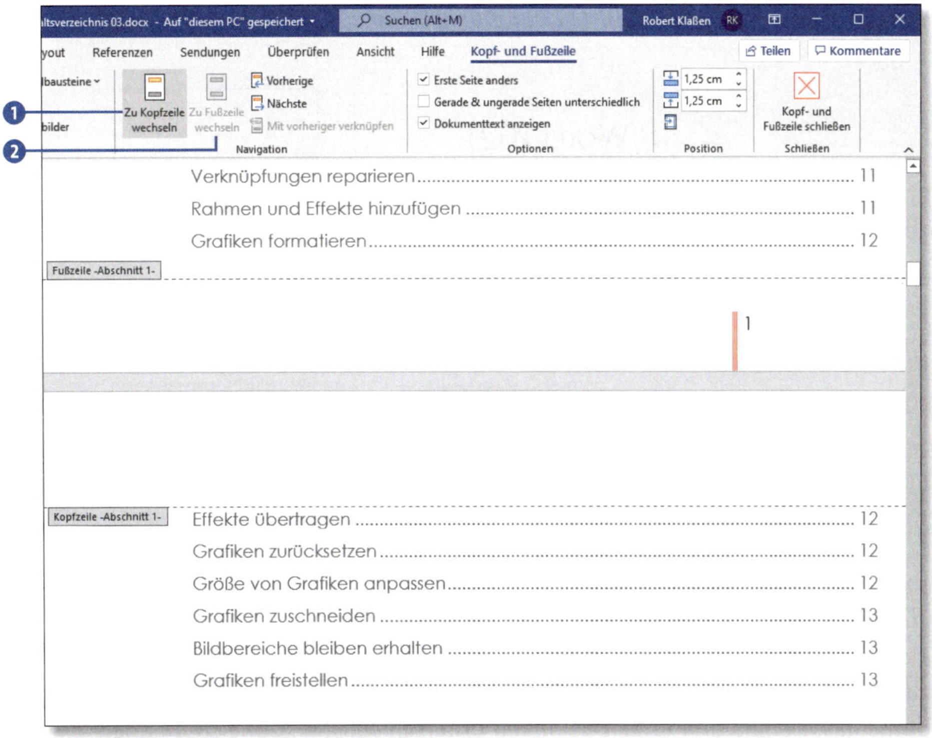

Abbildung 8.33 *Im Beispieldokument gibt es bereits eine Kopf- und Fußzeile.*

Zurück ins Dokument geht es mit einem Doppelklick auf den Fließtext oder durch einen Klick auf die Schaltfläche **Kopf- und Fußzeile schließen** der Registerkarte **Kopf- und Fußzeile** oben rechts im Menüband.

Kopf- und Fußzeilen hinzufügen

In diesem Workshop geht es darum, das Beispieldokument *Inhaltsverzeichnis 03.docx* aus dem Ordner *08*, Unterordner *Verzeichnisse*, der Beispieldateien weiter auszugestalten. Hier werden wir in der folgenden Anleitung individuelle Informationen in die Kopfleiste des Dokuments einfügen.

1 Platzieren Sie die Einfügemarke auf Seite 2 des Dokuments, und klicken Sie auf die Schaltfläche **Kopfzeile** in der Gruppe **Kopf- und Fußzeile** der Registerkarte **Einfügen**. Scrollen Sie im Auswahlmenü z. B. bis zum Menüpunkt **Bewegung (Ungerade Seite)**, und setzen Sie einen Mausklick darauf.

Gefallen Ihnen die angebotenen Kopf- und Fußzeilen allesamt nicht, können Sie über den Befehl **Weitere Kopfzeilen von Office.com** andere Vorlagen zur Verwendung auf Ihren Computer laden.

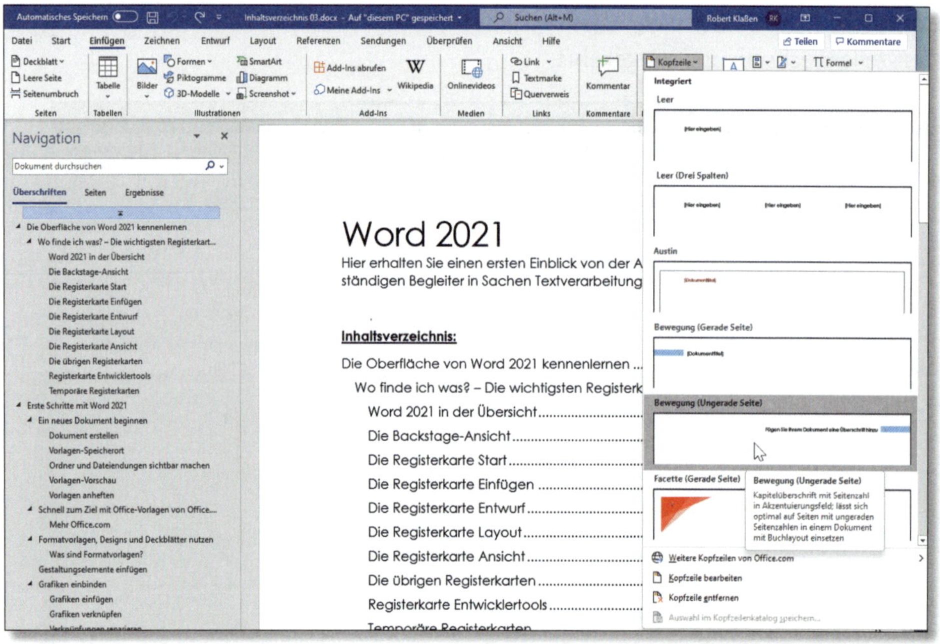

2 Sie sehen, dass der Dokumenttitel jetzt bereits eingefügt worden ist. Logisch, denn wir hatten diesen ja bereits in einer vorangegangenen Übung als Titel formatiert. – Auf der geöffneten Registerkarte **Kopf- und Fußzeile** aktivieren Sie jetzt die Checkbox **Gerade & ungerade Seiten unterschiedlich** ❸ in der Gruppe **Optionen**. Dadurch sorgen Sie dafür, dass gerade und ungerade Seiten unterschiedliche Kopfleisten haben dürfen. (Achten Sie darauf, dass sich die Einfügemarke nicht im Kopfzeilentext befindet, da die Checkbox in diesem Fall nicht anwählbar ist. Klicken Sie gegebenenfalls unter den Text.)

3. Aktivieren Sie zudem die Checkbox **Erste Seite anders** ④, damit auf dem Deckblatt keine Kopfleiste erscheint.

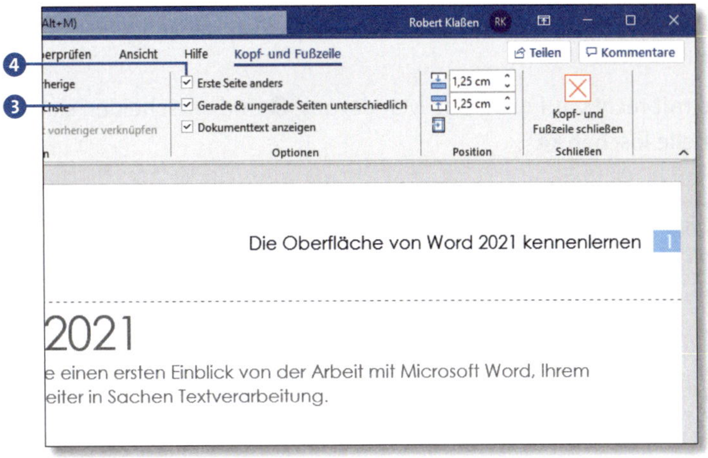

4. Klicken Sie nun auf **Nächste** in der Gruppe **Navigation** der temporären Registerkarte **Kopf- und Fußzeile**, damit die Einfügemarke in der Kopfleiste von Seite 2 platziert wird.

5. Danach aktivieren Sie das Register **Einfügen** und klicken in der Gruppe **Kopf- und Fußzeile** noch einmal auf **Kopfzeile**. Stellen Sie diesmal die Kopfzeile **Bewegung (Gerade Seite)** ein. Sie werden feststellen, dass die Seitenzahl nun links angeordnet wird. Auf den rechten Seiten bleibt hingegen der Text »Erste Schritte mit Word 2021« erhalten.

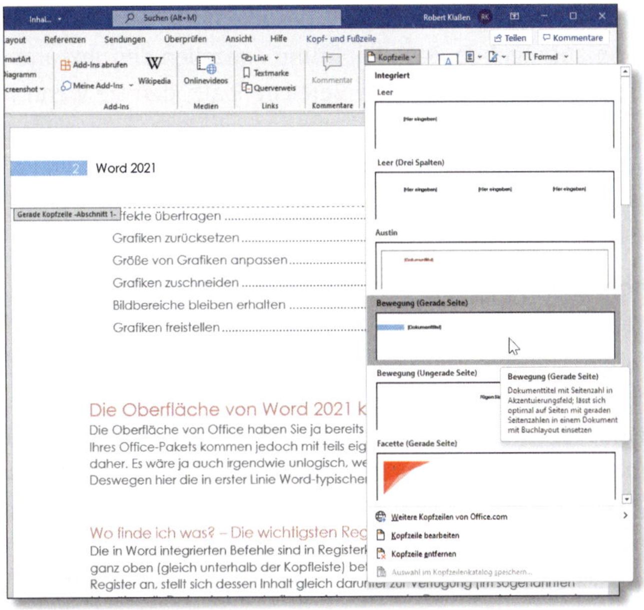

6 Nun wäre noch zu bemängeln, dass sich in den Fußzeilen noch die alten Seitenzahlen befinden. Diese müssen entfernt werden. Dazu platzieren Sie die Einfügemarke auf eine ungerade Fußzeile und klicken anschließend auf den gekreuzten Doppelpfeil ❺. (Sollte er nicht sichtbar sein, bewegen Sie die Maus ein wenig hin und her, bis er eingeblendet wird.) Dieser Vorgang markiert die gesamte Tabelle (Kopf- und Fußzeilen werden nämlich in Tabellen organisiert – in Abschnitt 8.5, »Tabellen in Word einfügen«, auf Seite 305 erfahren Sie mehr dazu).

7 Daraufhin klicken Sie mit rechts auf die graue Markierung ❻ und entscheiden sich im Kontextmenü für **Tabelle löschen** ❼.

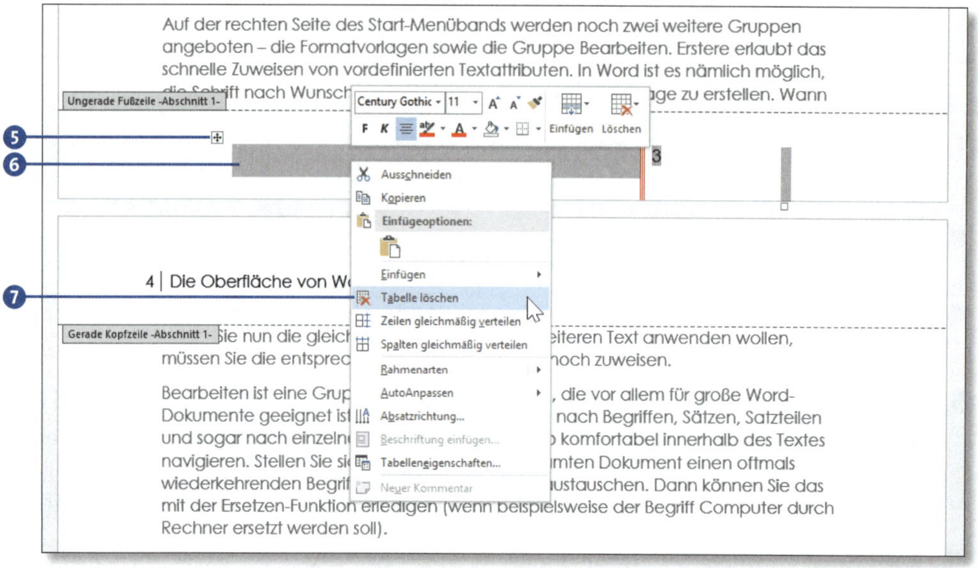

8 Es ist grundsätzlich davon auszugehen, dass Kopf- und Fußzeilen den Textumbruch beeinflussen können. Immerhin brauchen diese Bereiche Platz, den sie wenn nötig vom Satzspiegel »abgreifen«. Aufgrund dessen sollten Verzeichnisse (wie unser Inhaltsverzeichnis oder der Index) im Anschluss an das Einfügen von Kopf- und Fußzeilen grundsätzlich aktualisiert werden (siehe den Unterabschnitt »Inhaltsverzeichnis aktualisieren« auf Seite 285).

Das Ergebnis dieses Workshops ist übrigens mit *Inhaltsverzeichnis 04.docx* betitelt und befindet sich ebenfalls unter den Beispieldateien im Ordner *08/Verzeichnisse*.

Kopf- und Fußzeilen selbst gestalten

Im vorangegangenen Workshop haben Sie Vorlagen zur Erstellung der Kopfzeilen benutzt. Grundsätzlich dürfen Sie aber auch Ihre eigenen, ganz persönlichen Kopf- und Fußzeilen gestalten. Beginnen Sie damit, einen Doppelklick auf den Bereich der Kopf- oder Fußzeile zu platzieren. Damit erreichen Sie gleich zweierlei: Zum einen ist der Kopf- oder Fußzeilenbereich damit bereits markiert, zum anderen steht die Registerkarte **Tabellenentwurf** zur

Verfügung. Aber es kommt noch besser, denn daneben warten noch die Register **Layout** und **Kopf- und Fußzeile**.

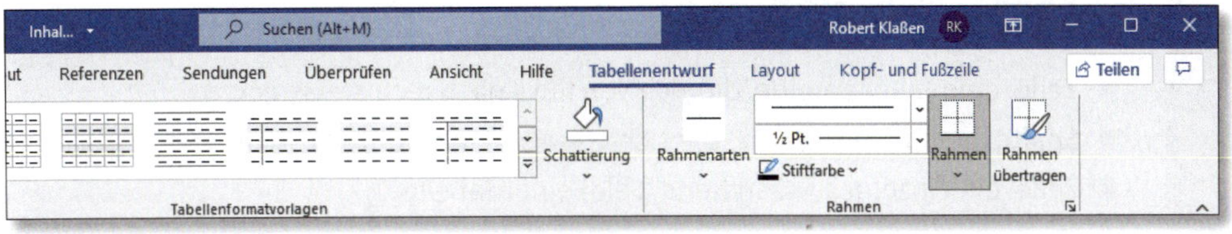

Abbildung 8.34 *Sobald sich der Cursor in einer Kopf- oder Fußzeile befindet, wird die Registerkarte »Kopf- und Fußzeile« angezeigt.*

Zuletzt Genanntes macht es nun auch möglich, die Steuerelemente der Gruppe **Einfügen** zu benutzen. Wenn Sie beispielsweise auf **Dokumentinformationen** klicken, können Sie den Dokumenttitel oder den Namen des Autors hinzufügen. Darüber hinaus dürfen aber auch **Datum und Uhrzeit**, **Schnellbausteine**, **Bilder** und **Onlinebilder** hinzugefügt werden. Im Grunde können Sie in die Kopfzeile aufnehmen, was immer Sie wollen.

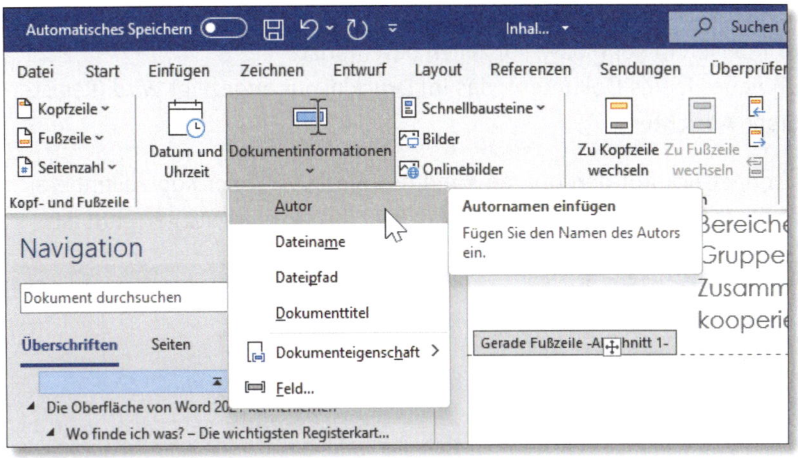

Abbildung 8.35 *Fügen Sie beispielsweise den Dokumenttitel hinzu.*

Bei der Textgestaltung stehen Ihnen auch die Steuerelemente der Registerkarte **Start** zur Verfügung. Im folgenden Unterabschnitt »Tabellen einfügen« werden wir das Thema Kopf- und Fußzeilen noch einmal aufgreifen.

8.5 Tabellen in Word einfügen

Beim Stichwort *Tabellen* denkt man sofort an Statistiken, endlos viele Zahlen und mathematische Berechnungen. Das ist ja auch zunächst einmal nicht falsch. Doch Tabellen haben noch eine weitere Funktion. Mit ihnen lassen sich Dokumentbereiche ansprechend gestalten. Und darum geht es nun.

INFO

Begriffe

Falls Sie sich noch nie mit Tabellen befasst haben, folgen hier ein paar grundsätzliche Begriffe, die Sie kennen sollten:

- **Zeile**: eine Tabellenreihe, die sich von links nach rechts erstreckt
- **Spalte**: eine Tabellenreihe, die sich von oben nach unten erstreckt
- **Zelle**: ein einzelnes »Kästchen« (Feld) einer Tabelle

Diese Begriffe werden Ihnen bei den Schaltflächen zur Tabellenbearbeitung immer wieder begegnen, daher sollten Sie sich diese Bezeichnungen merken.

Tabellen einfügen

Bereits in Abschnitt 8.4, »Mit Kopf- und Fußzeilen arbeiten«, ab Seite 301 haben wir angesprochen, dass Kopf- und Fußzeilen als Tabellen angelegt sind. Wir bleiben hier also bei dem Beispiel und generieren eine Tabelle für eine Kopfzeile. Auf die gleiche Weise können Sie aber Tabellen auch in Ihrem Dokument einsetzen – die beschriebene Verwendungsweise ist nicht auf Tabellen in Kopf- bzw. Fußzeilen beschränkt.

Erzeugen Sie ein neues leeres Dokument, das im **Drucklayout** angezeigt wird (Registerkarte **Ansicht**, Gruppe **Ansichten**).

1 Nach einem Doppelklick auf den oberen Rand des Blatts wird der Kopfzeilenbereich angezeigt, der durch eine gestrichelte Linie vom Rest des Dokuments getrennt ist.

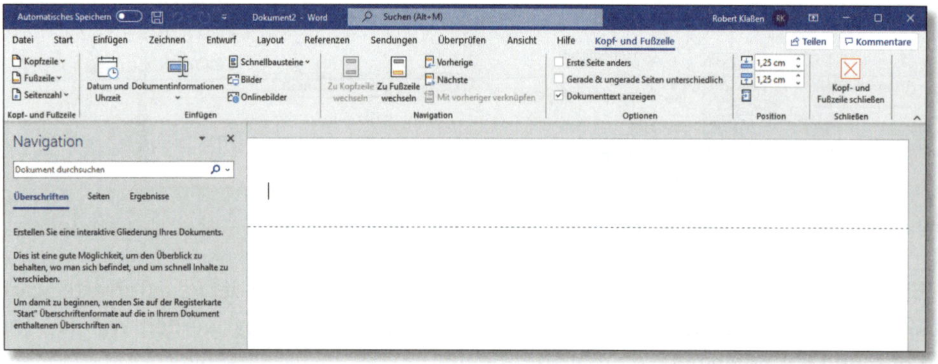

2 Jetzt wechseln Sie zur Registerkarte **Einfügen** und klicken in der Gruppe **Tabellen** auf die Schaltfläche **Tabelle**. Setzen Sie im Menü der Schaltfläche einen Mausklick auf das dritte Quadrat der ersten Zeile ❶. Sie erzeugen damit eine Tabelle, die aus drei Spalten, jedoch nur einer Zeile besteht. Entsprechendes wird auch in der Kopfleiste des Menüs angezeigt: **3 × 1 Tabelle**.

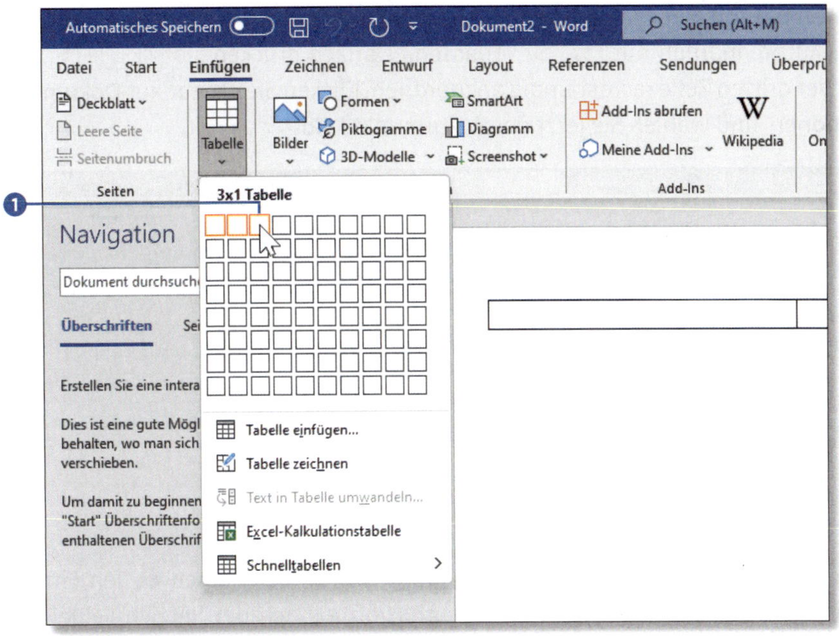

3 Die Einfügemarke befindet sich bereits in der ersten Zelle. Sie können also gleich losschreiben. Für dieses Beispiel verwenden wir einen fiktiven Buchtitel (hier: »Studiofotografie«). Nachdem Sie den Titel eingegeben haben, drücken Sie einmal [Tab], um in die nächste Zelle zu gelangen.

4 Die Informationen der zweiten Zelle sollen mittig angeordnet werden. Dazu drücken Sie [Strg]+[E]. Sie könnten stattdessen auch in der Gruppe **Absatz** der Registerkarte **Start** auf **Zentrieren** klicken, müssten danach dann aber wieder die Registerkarte **Kopf- und Fußzeile** aktivieren. Da ist die Tastenkombination doch wesentlich effektiver, finden Sie nicht auch?

5 Klicken Sie in der Gruppe **Einfügen** der Registerkarte **Kopf- und Fußzeile** auf die Schaltfläche **Dokumentinformationen**. Wählen Sie hier nun den Menüpunkt **Autor**. Daraufhin wird natürlich Ihr eigener Name in die Tabelle eingefügt – nicht meiner.

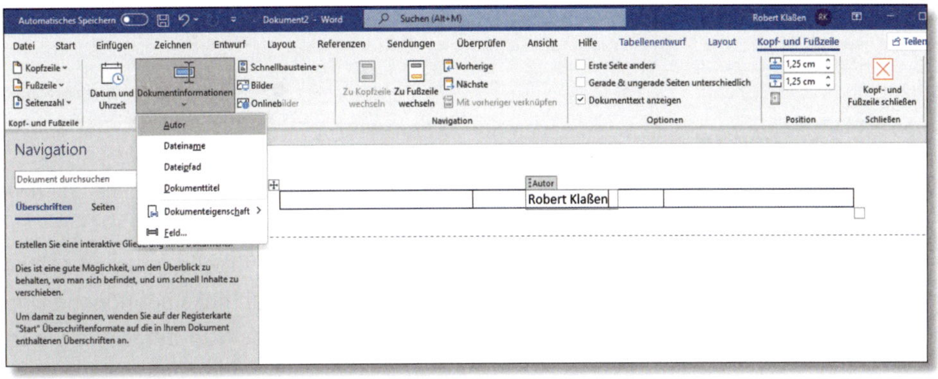

6 Nun klicken Sie mit der Maus in die rechte Zelle. (Es leider nicht möglich, die Zelle mit dem Autorennamen mit [⇆] zu verlassen.) Danach drücken Sie [Strg]+[R], um den Text der dritten Zelle rechtsbündig anzuordnen. Klicken Sie erneut auf **Dokumentinformationen**, und wählen Sie jetzt den Menüpunkt **Feld**.

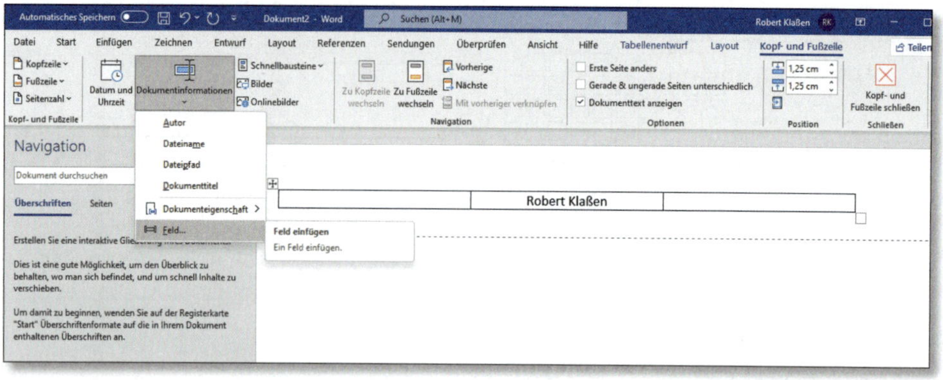

7 Im nun geöffneten Dialog **Feld** aktivieren Sie im Bereich **Feldnamen** ❷ den Eintrag **Page** (das steht für die Seitenzahlen). Daraufhin öffnet sich der Bereich **Feldeigenschaften** mit dem Auswahlfeld **Format** ❸ in der Mitte des Dialogs. Mit seiner Hilfe bestimmen Sie, wie die Seitenzahlen aussehen sollen. Wählen Sie den obersten Eintrag an (**1, 2, 3, ...**), und bestätigen Sie Ihre Einstellungen mit **OK**.

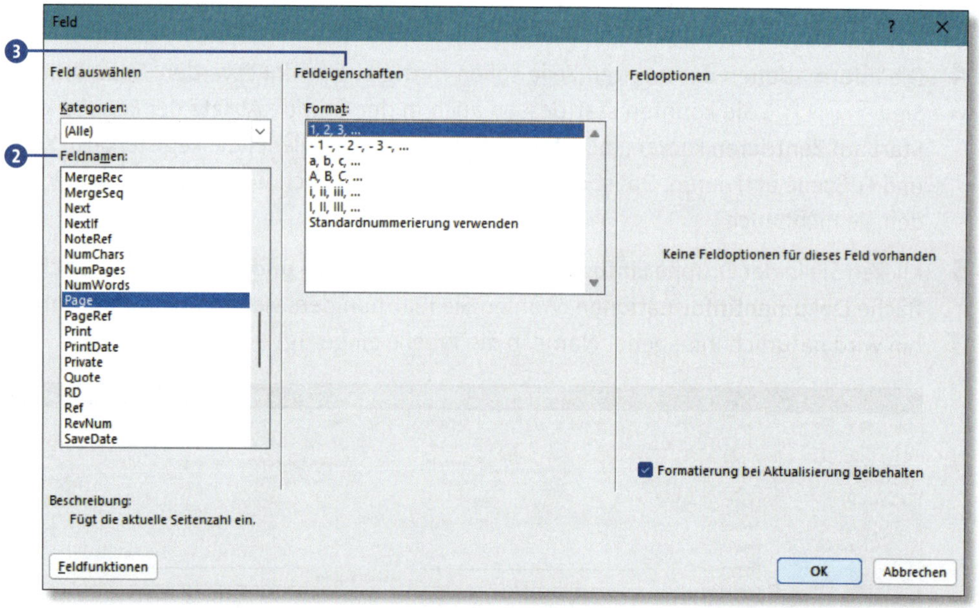

8 Was jetzt noch fehlt, ist die Formatierung der Tabelle. Der Tabellenrahmen soll natürlich nicht sichtbar sein. Mit einem Doppelklick auf das oben links befindliche Doppelpfeilsymbol öffnet sich die Registerkarte **Tabellenentwurf**. Nun betätigen Sie in der

Gruppe **Rahmen** die Schaltfläche **Rahmen** ❹ und lassen zuletzt einen Klick auf **Kein Rahmen** ❺ folgen.

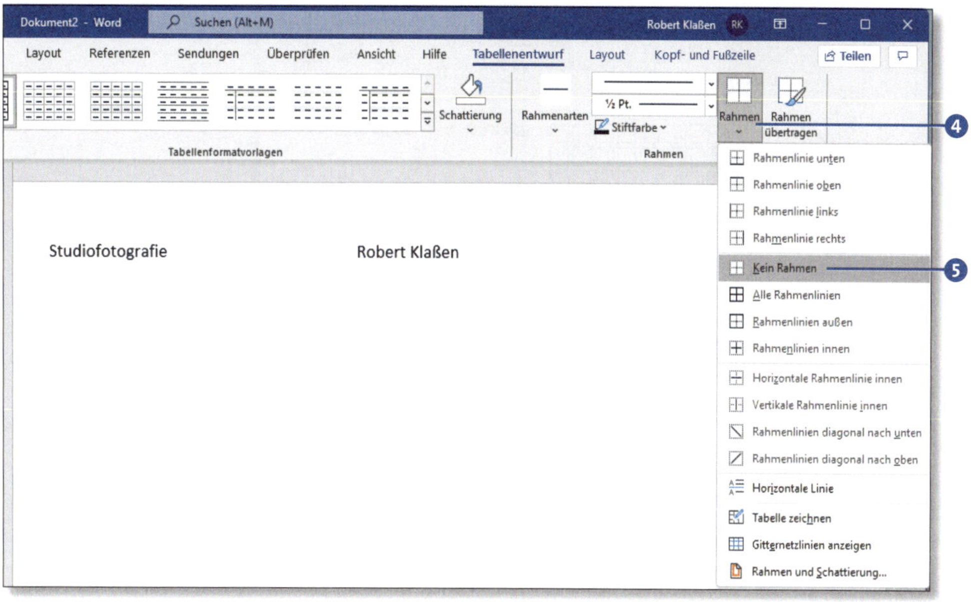

Verlassen Sie die Kopfzeile durch einen Doppelklick auf einen Dokumentbereich außerhalb der Kopfzeile. (Ein Vergleichsdokument mit dem Titel *Tabelle Kopfzeile.docx* finden Sie im Ordner *08* der Beispieldateien.)

INFO

Alternative: Seitenzahlen hinzufügen

Natürlich lassen sich Seitenzahlen auch hinzufügen, indem Sie in der Gruppe **Kopf- und Fußzeile** der Registerkarte **Einfügen** auf die Schaltfläche **Seitenzahl** klicken. Allerdings sind die dortigen Seitenzahlen mit Formatierungen wie beispielsweise Rahmen und Linien versehen – es sei denn, Sie würden sich im Dropdown-Menü für **Seitenzahlen formatieren** entscheiden. Der Weg über den Menüpunkt **Feld** der Schaltfläche **Dokumentinfo** auf der Registerkarte **Kopf- und Fußzeile** ist einfach schneller.

Tabellen per Dialog einfügen

Gleich zu Beginn des vorangegangenen Workshops haben Sie erfahren, wie leicht es ist, eine Tabelle mit einer bestimmten Anzahl von Zeilen und Spalten auszustatten. Bei Verwendung dieser Methode lassen sich allerdings maximal acht Zeilen und zehn Spalten generieren. Doch was ist zu tun, wenn Sie eine größere Tabelle brauchen? In diesem Fall klicken Sie erneut auf die Schaltfläche **Tabelle** in der Gruppe **Tabellen** der Registerkarte **Einfügen** und wählen den Menüpunkt **Tabelle einfügen**.

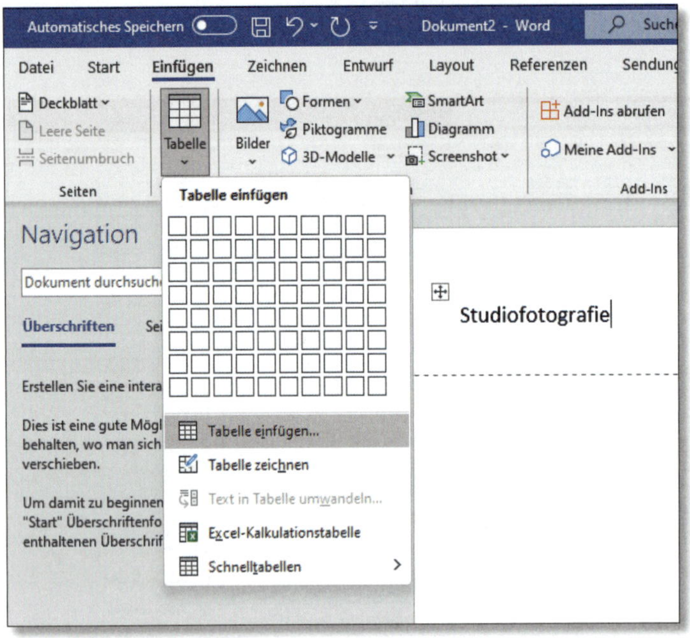

Abbildung 8.36 *Wer größere Tabellen als 10 × 8 benötigt, muss auf »Tabelle einfügen« klicken.*

Im Dialogfenster **Tabelle einfügen** haben Sie nun die Möglichkeit, die Zeilen- und Spaltenanzahl Ihrer Tabelle individuell festzulegen. So können Sie die Tabelle vorab ganz nach Ihren Bedürfnissen gestalten und beispielsweise die passende Breite für die Spalten vorgeben.

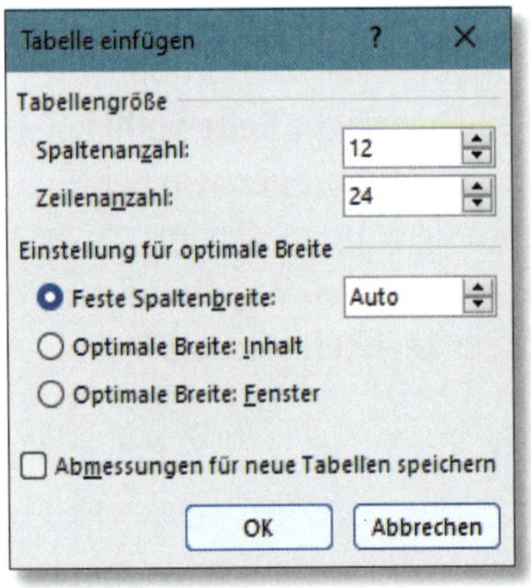

Abbildung 8.37 *Die Anzahl der Zeilen und Spalten ist frei wählbar.*

INFO

Einzelne Linien bearbeiten

Sie können über die Schaltfläche **Linienstärke** in der Gruppe **Rahmen** der Registerkarte **Tabellenentwurf** auch einzelne Trennlinien einer Tabelle verändern. Dazu reicht übrigens ein kurzer Klick auf die betreffende Trennlinie, nachdem die Linienstärke im Menüband eingestellt worden ist.

Tipps und Tricks zur Tabellenformatierung

Sie haben ja bereits die Schnellformatvorlagen in der Gruppe **Formatvorlagen** der Registerkarte **Start** kennengelernt, mit denen sich Texte schnell und unkompliziert auszeichnen lassen. Das Gleiche gibt es auch für Tabellen. Unmittelbar nachdem nämlich eine Tabelle erzeugt worden ist, wird die Registerkarte **Tabellenentwurf** mit dem speziellen Unterregister **Layout** angezeigt. Die Registerkarte **Tabellenentwurf** enthält die Tabellenformatvorlagen, die genau so zugewiesen werden wie die Formatvorlagen der Registerkarte **Start** für Texte. Ein Klick auf eine Vorlage reicht, um die Tabelle entsprechend zu gestalten.

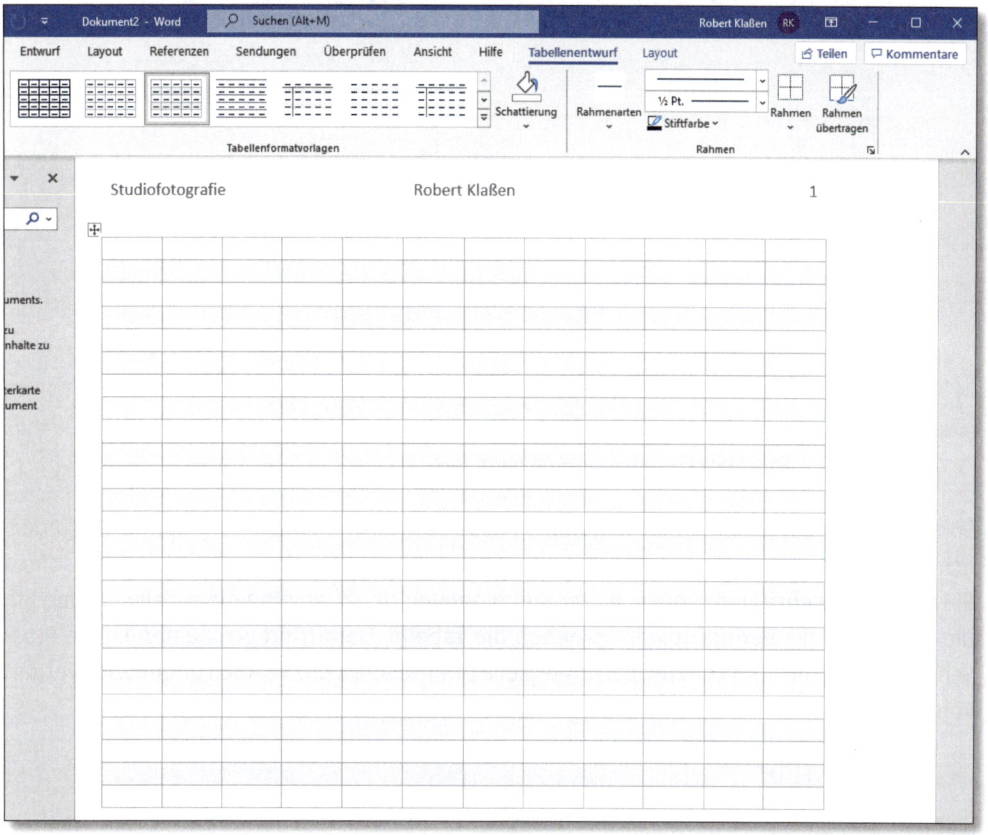

Abbildung 8.38 *Ruckzuck lässt sich die Tabelle gestalten.*

Auch die übrigen Steuerelemente auf dieser Registerkarte sind ausgesprochen interessant. Wollen Sie beispielsweise eine dicke Trennlinie zwischen der ersten und allen weiteren Zeilen hinzufügen, um die Überschrift hervorzuheben, sollten Sie in der Gruppe **Rahmen** zunächst einmal eine Linienstärke wählen (hier: 4 ½ Pt. ❶). (Dazu muss die Einfügemarke zuvor irgendwo in einer beliebigen Zelle der Tabelle platziert werden.) Der Mauszeiger verwandelt sich daraufhin in einen Pinsel, und Sie können auf diese Art zeichnen. Klicken Sie ganz links auf die Trennlinie ❷, halten Sie die Maustaste gedrückt, und ziehen Sie die Linie bis nach rechts durch. Dort angekommen, lassen Sie die Maustaste los.

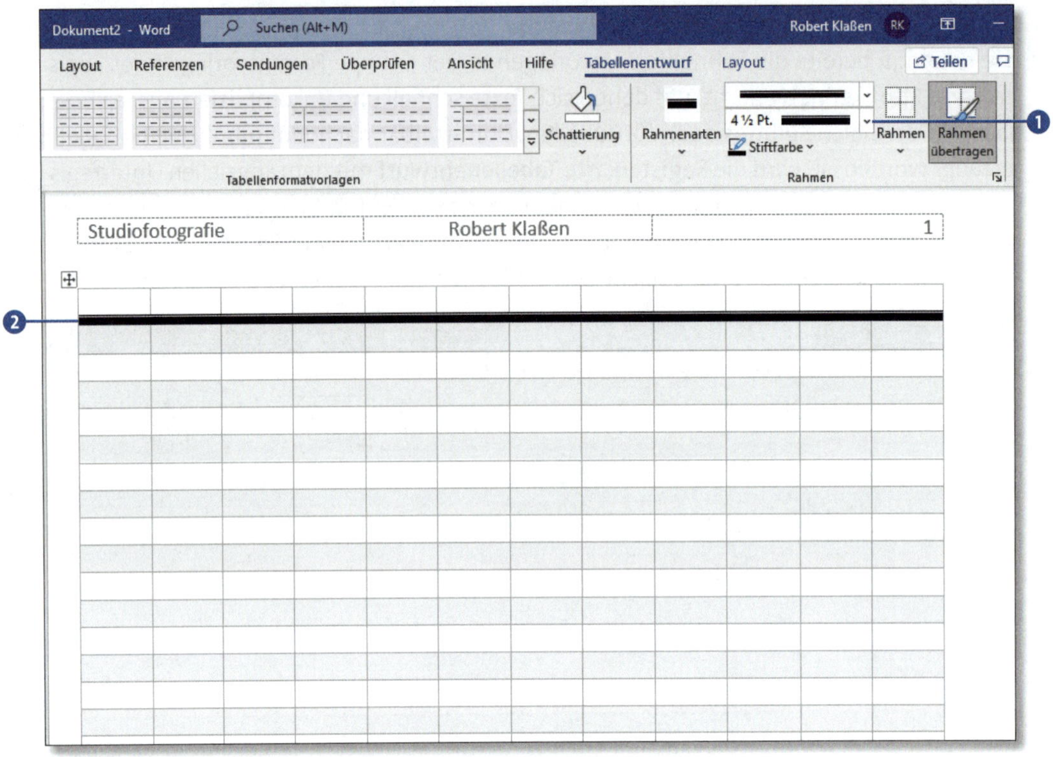

Abbildung 8.39 *So schnell erzeugen Sie eine Trennlinie.*

Sollten Sie während der Arbeit feststellen, dass zusätzliche Zeilen oder Spalten erforderlich sind, positionieren Sie zunächst die Einfügemarke etwas oberhalb der Tabelle, sofern Sie eine Spalte einfügen wollen. Ist Ihr Ziel hingegen der Zugewinn einer Zeile, stellen Sie die Einfügemarke geringfügig links neben die Tabelle. Daraufhin erscheinen kleine Plus-Schaltflächen, die zum Hinzufügen einer Zeile oder Spalte ganz einfach angeklickt werden können.

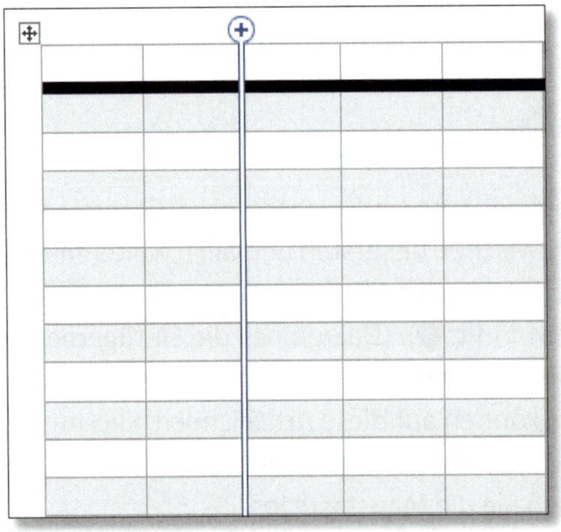

Abbildung 8.40 *Dieses Feature ist ausgesprochen praktisch in der Anwendung.*

Die Arbeit mit dem Kontextmenü ist ebenfalls sehr praktisch. Markieren Sie die betreffenden Zeilen oder Spalten, und klicken Sie sie mit der rechten Maustaste an. Nun können Sie über die Menüpunkte **Einfügen** ❸ oder **Zellen löschen** ❹ bzw. **Spalten löschen** (wenn Sie zuvor eine Spalte markiert haben) auch ganze Reihen entfernen. Ebenso lassen sich einzelne Zellen, Zeilen und Spalten hinzufügen oder entfernen. Berücksichtigen Sie auch, dass Sie Zellen miteinander verbinden können ❺. Mehrere markierte Zellen verschmelzen so zu einer, wenn Sie anschließend **Zellen verbinden** wählen.

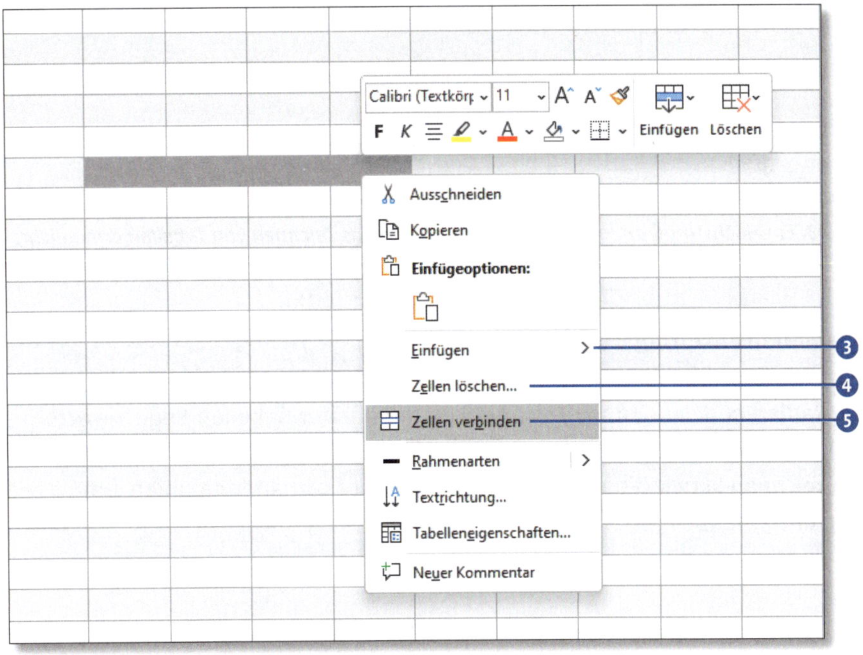

Abbildung 8.41 Das Kontextmenü ist ausgesprochen hilfreich.

Noch mehr Individualität erreichen Sie durch das sogenannte Verschachteln von Tabellen. Sie können also ohne Weiteres zunächst eine Tabelle erzeugen, die Einfügemarke anschließend in eine einzelne Zelle platzieren und abermals eine Tabelle einfügen.

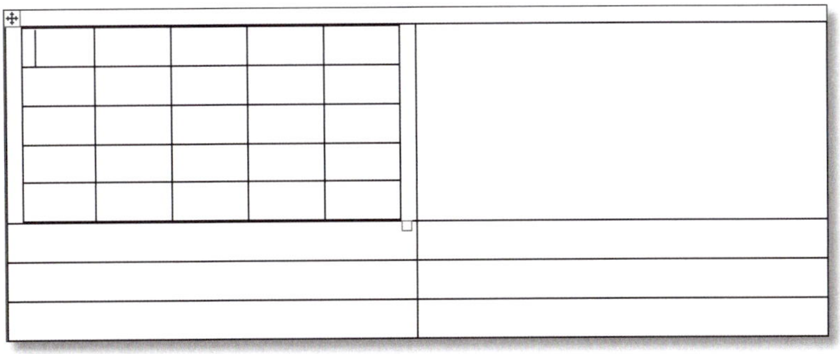

Abbildung 8.42 Eine Tabelle in einer Tabelle – mit Word ist das kein Problem.

Falls auch das noch nicht reicht, können Sie im wahrsten Sinne des Wortes einen Stift zur Hand nehmen und Ihre eigene Tabelle zeichnen. Dazu klicken Sie auf die Schaltfläche **Tabelle** der Registerkarte **Einfügen** und wählen im zugehörigen Menü den Punkt **Tabelle zeichnen**. Jetzt können Sie mit gedrückter Maustaste Quadrate und Rechtecke aufziehen. Aber es kommt noch besser: Sie können eine bestehende Zelle bei Bedarf auch durch eine diagonale Linie aufteilen.

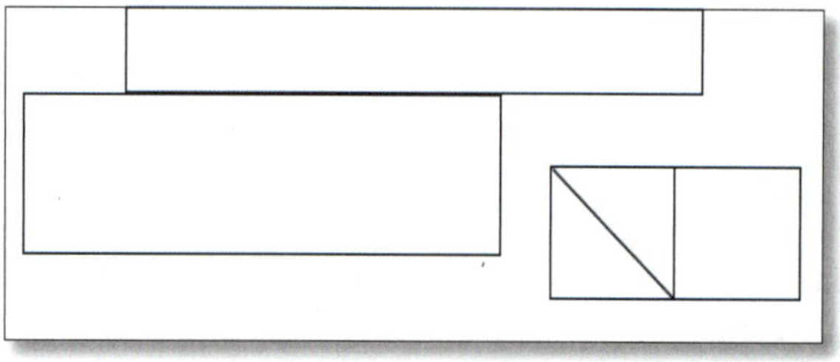

Abbildung 8.43 *Ein Höchstmaß an Individualität wird durch das Zeichnen von Tabellen ermöglicht.*

INFO

Tabellenlinien entfernen

Sie möchten Tabellenlinien einfach »wegradieren«? Dann aktivieren Sie die Option **Radierer** (in der Gruppe **Zeichnen** der temporären Tabellen-Registerkarte **Layout**), oder halten Sie ganz einfach ⇧ gedrückt, nachdem Sie das Werkzeug **Tabelle zeichnen** aktiviert haben. Klicken Sie jetzt auf vorhandene Linien, um diese zu entfernen.

Kapitel 9
Mit Beschriftungen und Serienbriefen arbeiten

Nachdem ein Dokument fertiggestellt worden ist, soll es möglicherweise per Post an den Empfänger verschickt werden. Drucken Sie Ihre Dokumente als Serienbriefe aus, und erstellen Sie bequem die nötige Beschriftung Ihrer Briefumschläge. All das wird durch die in Word integrierten Funktionen zum Kinderspiel.

9.1 Umschläge beschriften

Alle Funktionen, die in diesem Kapitel beschrieben werden, sind auch für den Seriendruck geeignet. So lassen sich beispielsweise zahlreiche Umschläge mit unterschiedlichen Adressen versehen. Doch dazu erfahren Sie im weiteren Verlauf des Kapitels mehr. Zunächst einmal schauen wir uns an, wie ein herkömmlicher Umschlag für den postalischen Versand eines einzelnen Briefes beschriftet wird. Damit Briefumschläge direkt aus Word heraus bedruckt werden können, benötigen Sie lediglich drei Dinge:

1. Word
2. einen Briefumschlag
3. einen Drucker, der Briefumschläge einziehen und verarbeiten kann

Letzteres sollte auch einfache Drucker nicht vor große Probleme stellen, denn heutzutage können nahezu alle Druckermodelle Umschläge verarbeiten. Sicherheitshalber sollten Sie aber vorab in der Bedienungsanleitung Ihres Druckers nachschauen, sofern Sie sich nicht sicher sind, dass Ihr Drucker dazu in der Lage ist. In diesem Beispiel werden wir aus Word heraus einen einzelnen fensterlosen Standardbriefumschlag mit der Absender- und der Empfängeradresse bedrucken. Dazu werden zunächst die entsprechenden Informationen benötigt, und Sie müssen in Word das Format des Briefumschlags festlegen.

1 Klicken Sie in der Gruppe **Erstellen** der Registerkarte **Sendungen** auf **Umschläge**.

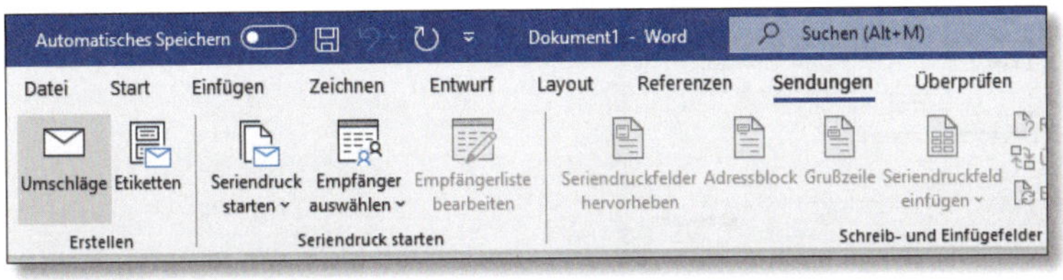

2 Tragen Sie in das oberste Feld des Dialogs **Umschläge und Etiketten** die Empfängeradresse ein, und vergessen Sie nicht, in das Feld **Absenderadresse** unten links Ihre Adresse einzutragen, sofern Sie diese auch mit ausdrucken lassen wollen. Alternativ können Sie die Checkbox **Weglassen** ❶ aktivieren, sodass der Ausdruck ohne Absenderadresse erfolgt. Anschließend klicken Sie auf **Optionen** ❷.

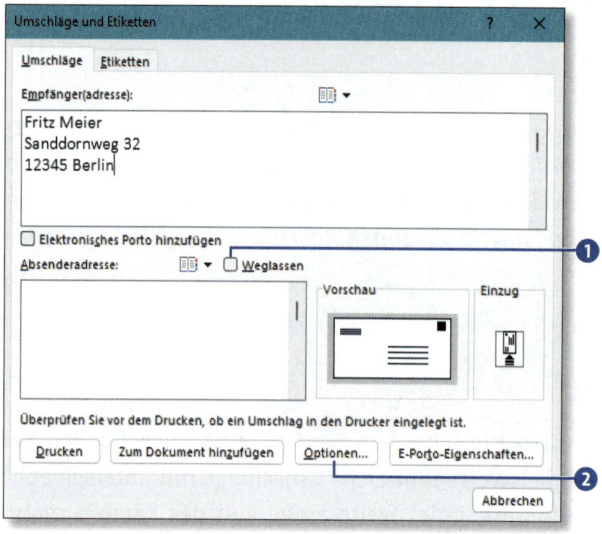

3 Im Dialogfenster **Umschlagoptionen** stellen Sie nun das gewünschte Umschlagformat ein ❸. Sie sollten hier das tatsächliche Format Ihres Umschlags angeben. Entsprechende Hinweise stehen gewöhnlich auf der Verpackung oder einem Beiblatt, das den Briefumschlägen beiliegt. Im Beispiel bedrucken wir einen Standardbriefumschlag im Format *DIN lang* und stellen daher das Umschlagformat auf **DL (110 × 220 mm)**. Unten im Bereich **Vorschau** des Dialogfensters **Umschlagoptionen** erhalten Sie bereits eine Vorabansicht, wie der Druck auf Ihrem Umschlag positioniert sein wird.

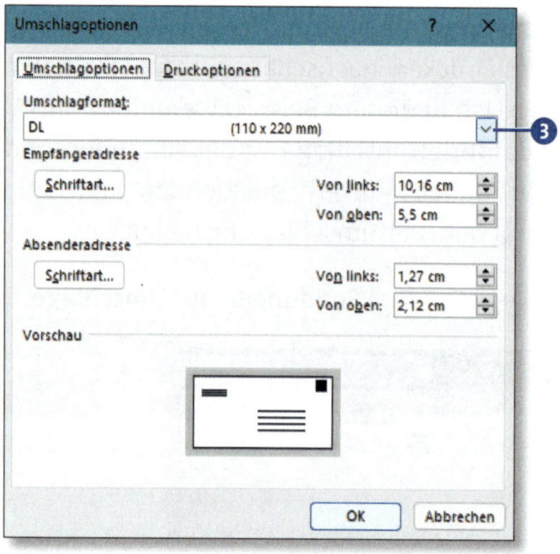

4 Sie können hier außerdem die Schriftarten der Empfänger- und Absenderadresse ändern, indem Sie die jeweilige Schaltfläche **Schriftart** betätigen. Allerdings bleibt zu berücksichtigen, dass die Empfängeradresse mit standardmäßig 12 Pt. Größe und der Absender in 10 Pt. schon gut bemessen sind. Auch die nebenstehenden Werte **Von links** und **Von oben** müssen nicht geändert werden, da Word die Positionen automatisch an die Abmessungen des verwendeten Briefumschlags anpasst. Sollten Sie jedoch nach dem Ausdruck feststellen, dass eine Positionsänderung der Empfänger- oder Absenderadresse vonnöten ist, könnten Sie über die Pfeilschaltflächen an den Feldern **Von links** und **Von oben** Korrekturen vornehmen. Wenn Sie fertig sind, bestätigen Sie mit **OK**.

5 Bevor Sie auf **Drucken** klicken, ist zu empfehlen, sich den Bereich **Einzug** noch einmal etwas genauer anzusehen. Dieser verrät nämlich, wie der Briefumschlag bedruckt wird – und somit auch, wie er in den Drucker eingelegt werden muss.

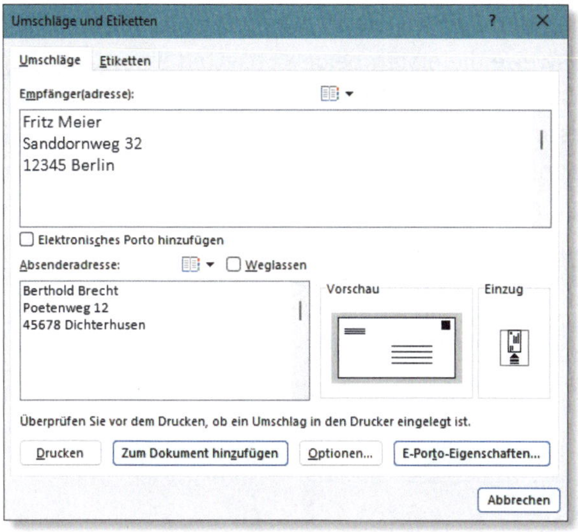

Nachdem Sie auf die Schaltfläche **Drucken** geklickt haben, werden Sie gefragt, ob die eingegebene Adresse des Absenders von der Anwendung als Standard gespeichert werden soll. Klicken Sie in dieser Abfrage auf den Button **Ja**, ersparen Sie sich künftig die Neueingabe.

INFO

Zum Dokument hinzufügen

Die Schaltfläche **Zum Dokument hinzufügen** im Dialogfenster **Umschläge und Etiketten** (**Sendungen > Erstellen > Umschläge**) ist interessant, wenn Sie den Umschlag erst später (gemeinsam mit dem Brief) ausdrucken wollen. Sie bewirkt nämlich, dass der Briefumschlag wie eine eigene Word-Seite angelegt wird. Klicken Sie zum Schluss auf **Datei > Drucken**, wird zuerst der Briefumschlag und danach das Dokument gedruckt. (Wie das genau aussieht, können Sie sich im Beispieldokument *Umschlag.docx* im Ordner *Ergebnisse* der Beispieldateien ansehen.)

9.2 Etiketten mit Word anfertigen

Prinzipiell können Sie Etiketten (damit sind vor allem die beliebten Klebeetiketten gemeint) genauso bedrucken wie die im vorigen Abschnitt 9.1, »Umschläge beschriften«, erwähnten Umschläge – mit dem einzigen Unterschied, dass Sie in der Gruppe **Erstellen** der Registerkarte **Sendungen** nicht auf **Umschläge**, sondern auf **Etiketten** klicken. Klebeetiketten sind vor allem dann praktisch, wenn Sie Umschläge ohne Sichtfenster verwenden.

Schauen Sie sich einmal an, wie schnell sich einzelne oder mehrere gleiche Etiketten ausgeben lassen.

1 Nachdem Sie in der Gruppe **Erstellen** der Registerkarte **Sendungen** auf **Etiketten** geklickt und im entsprechenden Feld ❶ die Empfängeradresse eingegeben haben, entscheiden Sie im Bereich **Drucken** zunächst, ob nur ein einzelnes Etikett produziert werden soll. Klicken Sie dann entsprechend auf den Radiobutton **Ein Etikett** ❷. In diesem Fall werden die Steuerelemente darunter aktiviert, und das Etikett kann exakt positioniert werden. Sind beispielsweise die ersten beiden Etiketten eines Druckbogens bereits benutzt, entscheiden Sie sich im Feld **Zeile** für »1« und im Feld **Spalte** für »3«. Wählen Sie hier **Eine Seite desselben Etiketts**, wird ein kompletter Druckbogen (also eine ganze Seite) mit demselben Etikett versehen. Das ist z. B. dann sinnvoll, wenn Sie wissen, dass Sie den Empfänger noch sehr oft anschreiben werden.

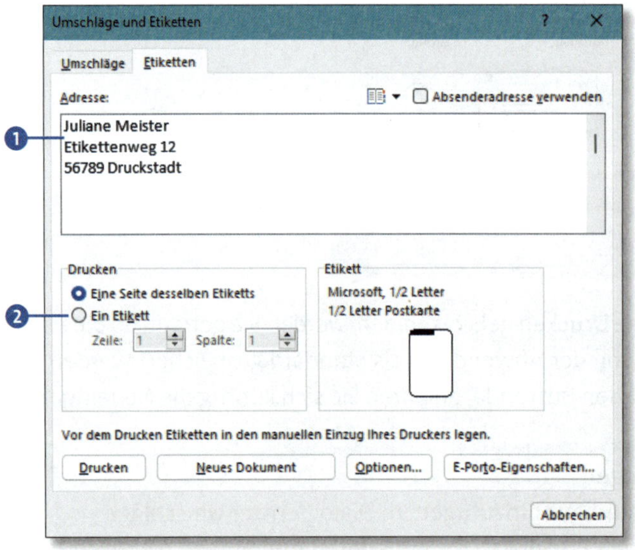

2 Klicken Sie danach auf **Optionen**, um das Dialogfenster **Etiketten einrichten** zu öffnen.

3 Sie müssen hier nun den richtigen Vordruck auswählen. Entscheiden Sie sich zunächst im Bereich **Druckerinformationen** für **Endlosdrucker** oder **Seitendrucker** – je nachdem, welche Druckerart in Betrieb ist. (Tintenstrahldrucker sind in der Regel Seitendrucker, während Endlosdrucker mit speziellem Papier zumeist nur noch in großen Versandhäusern oder der Industrie verwendet werden.) Wählen Sie danach im Bereich **Etiket-**

teninformationen den Hersteller Ihrer Etikettenvordrucke und zuletzt die **Etikettennummer** aus. Diese Informationen entnehmen Sie in der Regel der Verpackung der Etikettenvordrucke. Bestätigen Sie mit **OK**.

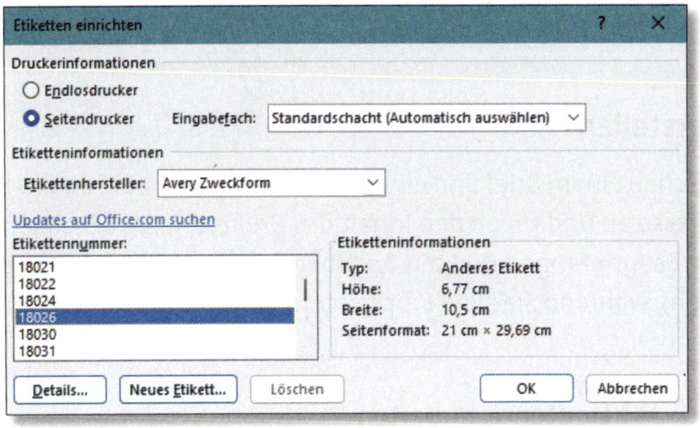

4 Falls Sie mit einem exotischen Format arbeiten, das nicht im Bereich **Etiketteninformationen** gelistet ist, klicken Sie auf **Neues Etikett** und geben im Dialog **Etikettendetails** die benötigten Abmessungen manuell ein. Wenn Sie Ihre Änderungen vorgenommen haben, verlassen Sie diesen und den darunter befindlichen Dialog mit einem Klick auf **OK**.

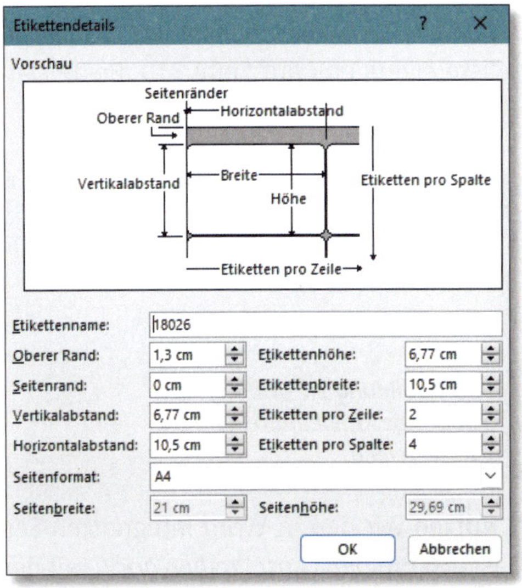

5 Sie befinden sich nun wieder im Dialog **Umschläge und Etiketten**. Legen Sie ein Blatt der Etikettenvordrucke in den Drucker und entscheiden sich hier für **Drucken**, wird mit dem Druck begonnen. Alternativ dazu können Sie aber auch hier auf die Schaltfläche **Neues Dokument** klicken, wodurch der komplette Druckbogen zunächst in Word als Dokument angezeigt wird. Hier können Sie das Ergebnis zunächst begutachten und den Druckauftrag dann manuell mit einem Klick auf **Datei > Drucken** auslösen.

An dieser Stelle sei noch erwähnt, dass sich Etiketten auch mithilfe des Seriendruck-Assistenten erzeugen und ausgeben lassen. Da der Vorgang jedoch mit der Produktion von Serienbriefen im Prinzip identisch ist, werde ich an dieser Stelle nicht noch das Vorgehen zum Erstellen von Serienetiketten gesondert vorstellen. Wie Sie einen Serienbrief erstellen, erfahren Sie im folgenden Abschnitt.

9.3 Einen Serienbrief erstellen

Was ist der Unterschied zwischen einem Brief und einem Serienbrief? Nun, bei einem Brief geben Sie die Empfängeradresse an und fügen den Inhalt des Briefes hinzu. Bei einem Serienbrief können Sie zahlreiche Empfängeradressen angeben (und sogar auf bestehende Adressverzeichnisse zugreifen), während Sie allen Empfängern den gleichen Inhalt zukommen lassen.

Briefe mit dem Seriendruck-Assistenten verarbeiten

In diesem und den folgenden Abschnitten werden wir einen Beispielauftrag ausführen. Die Firma *Inter-Fuhr Möbelhandelsgesellschaft mbH* (dieser Name ist genauso fiktiv wie alle weiteren, die noch folgen werden – eventuelle Übereinstimmungen sind zufällig und nicht beabsichtigt) hat uns damit beauftragt, ihren neuen Möbelkatalog an die Bestandskunden des Unternehmens zu senden. Wir verfügen über ein Anschreiben in Form eines Word-Dokuments, *Anschreiben.docx*, sowie über eine Kundenliste mit allen Adressdatensätzen, *Adressen.mdb*. (Wie Sie selbst eine derartige Liste zusammenstellen können, erfahren Sie im Unterabschnitt »Eine Empfängerliste erzeugen« auf Seite 331). Beide Dateien finden Sie im Ordner *09* der Beispieldateien.

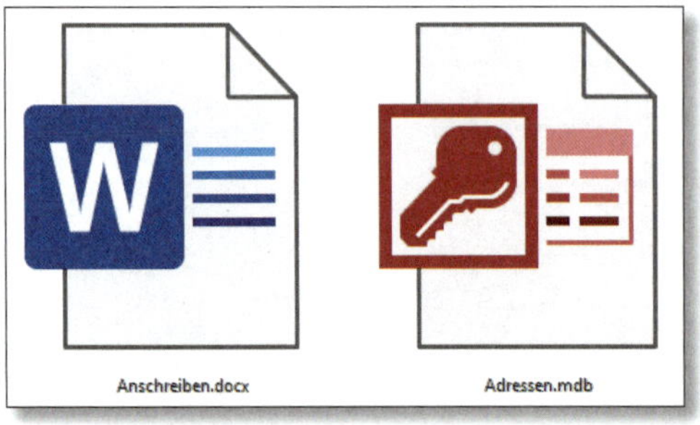

Abbildung 9.1 *Wir verfügen über eine Kundendatei und ein Anschreiben.*

Um den oben genannten Job zu erledigen, nutzen wir den in Word integrierten Seriendruck-Assistenten. Mit diesem können wir das Anschreiben (*Anschreiben.docx*) mit der dazugehörigen Adressdatenbank (*Adressen.mdb*) verbinden:

1 Öffnen Sie zunächst das Word-Dokument *Anschreiben.docx*, und klicken Sie auf **Bearbeitung aktivieren**. Das Dokument ist bereits fertig. Es fehlen lediglich noch die Adressen. Doch der Reihe nach: Klicken Sie zunächst auf **Seriendruck starten** in der gleichnamigen Gruppe der Registerkarte **Sendungen**. Innerhalb des Auswahlmenüs klicken Sie auf **Seriendruck-Assistent mit Schritt-für-Schritt-Anweisungen**.

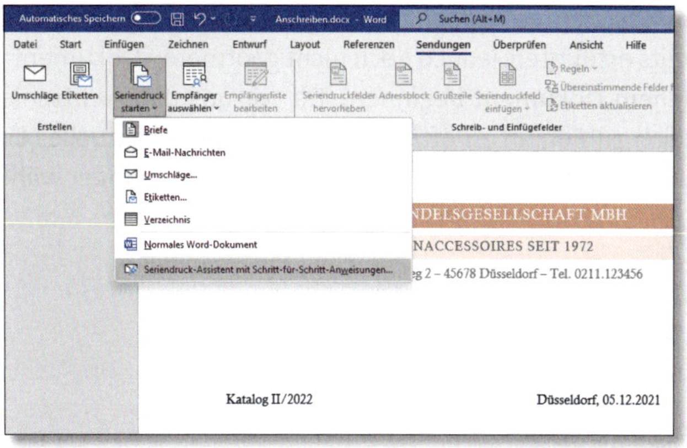

2 Auf der rechten Seite der Anwendung wird nun der Aufgabenbereich **Seriendruck** eingeblendet. Kontrollieren Sie zunächst, in welchem Schritt Sie sich befinden. Word beginnt hier möglicherweise mit Schritt 3, da vorausgesetzt wird, dass Sie einen Serienbrief aus dem aktuellen Dokuemt erzeugen wollen. Das ist zwar im konkreten Fall richtig, dennoch möchte ich Ihnen zeigen, wo sich gewünschte Änderungen vornehmen lassen. Klicken Sie daher zunächst auf **Zurück: Dokument wird gestartet**. Die Zeile ist anschließend mit **Zurück: Dokumenttyp wählen** bezeichnet. Ein Klick darauf bringt Sie dann zu **Schritt 1 von 6**.

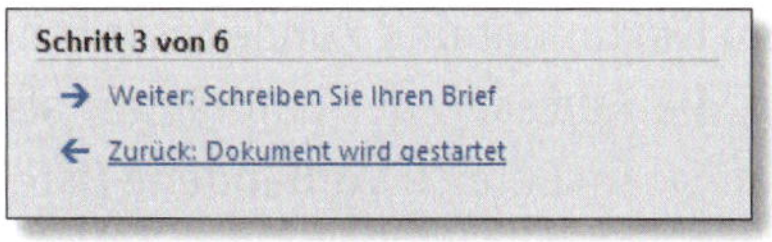

3 Wählen Sie per Radiobutton die Art des Seriendrucks aus. Sie wissen ja bereits, dass auch Umschläge und Etiketten entsprechend bearbeitet werden können. Für unser Beispiel muss jedoch **Briefe** ❶ eingestellt sein. Klicken Sie danach unten auf **Weiter: Dokument wird gestartet** ❷.

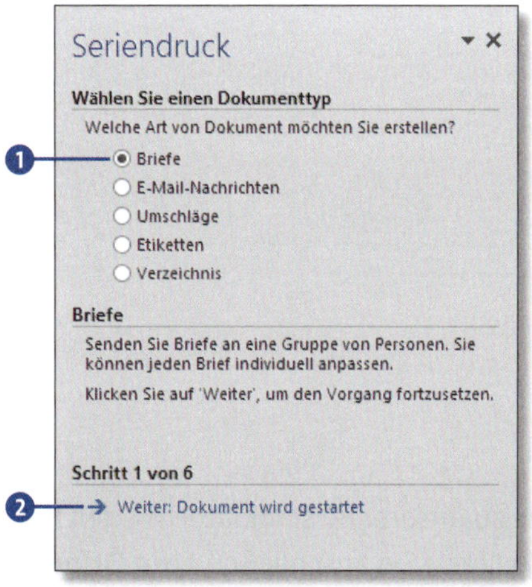

4 In Schritt 2 des Seriendruck-Assistenten können Sie nun mit einer Vorlage (**Mit Vorlage beginnen**) oder einem bereits erzeugten, jedoch noch nicht geöffneten Dokument weiterarbeiten (**Mit vorhandenem Dokument beginnen**). Da wir uns dafür entschieden hatten, das Dokument gleich zu Beginn zu öffnen, muss die Option **Aktuelles Dokument verwenden** aktiv sein. Klicken Sie anschließend auf **Weiter: Empfänger wählen**.

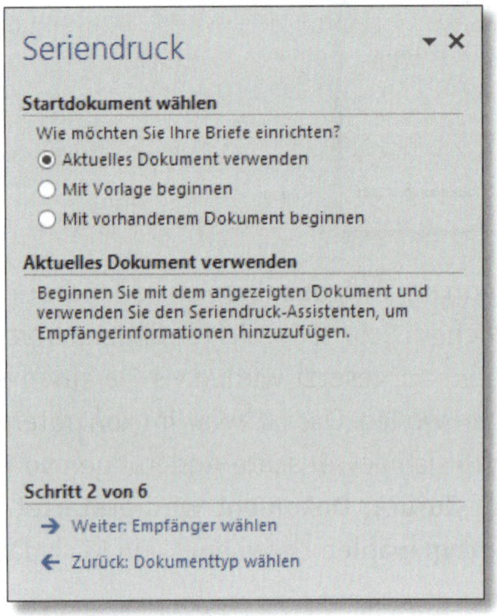

5 Damit sind wir an dem Punkt angelangt, an dem Dokument und Kundenliste mithilfe des Seriendruck-Assistenten zusammengefügt, die Adressen der Empfänger also in unser Dokument eingefügt werden. Dazu klicken Sie im Bereich **Vorhandene Liste verwenden** auf **Durchsuchen**.

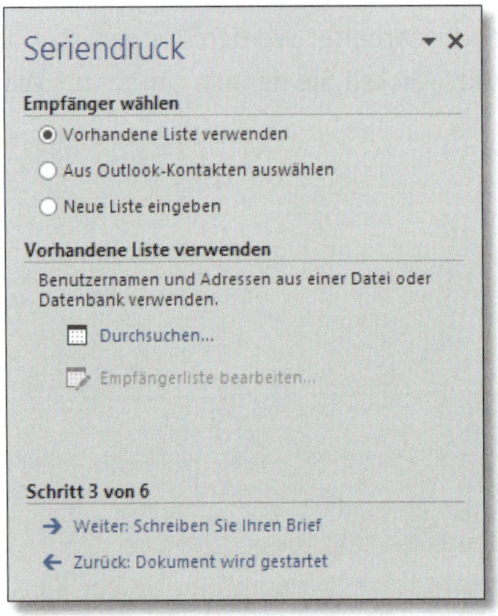

6 Im Dialog **Datenquelle auswählen** navigieren Sie zu unserer Beispieldatei mit den Kundenadressen. Markieren Sie *Adressen.mdb*, und klicken Sie anschließend auf **Öffnen**.

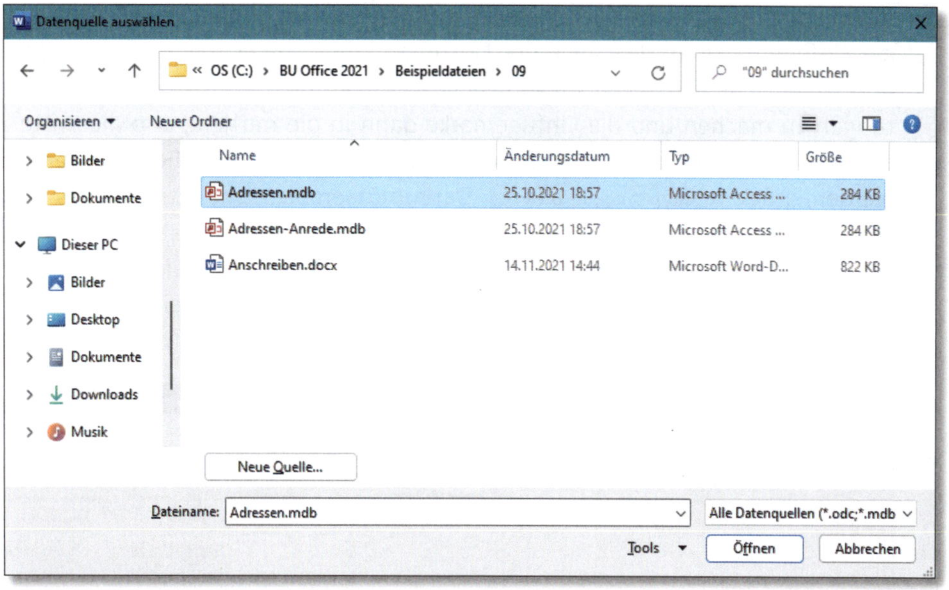

7 Daraufhin öffnet sich der Dialog **Seriendruckempfänger**, den Sie gleich mit einem Klick auf **OK** verlassen können. (In diesem Dialog könnten Sie einzelne Kunden von der Zustellung ausnehmen, indem Sie deren Checkboxen abwählen.)

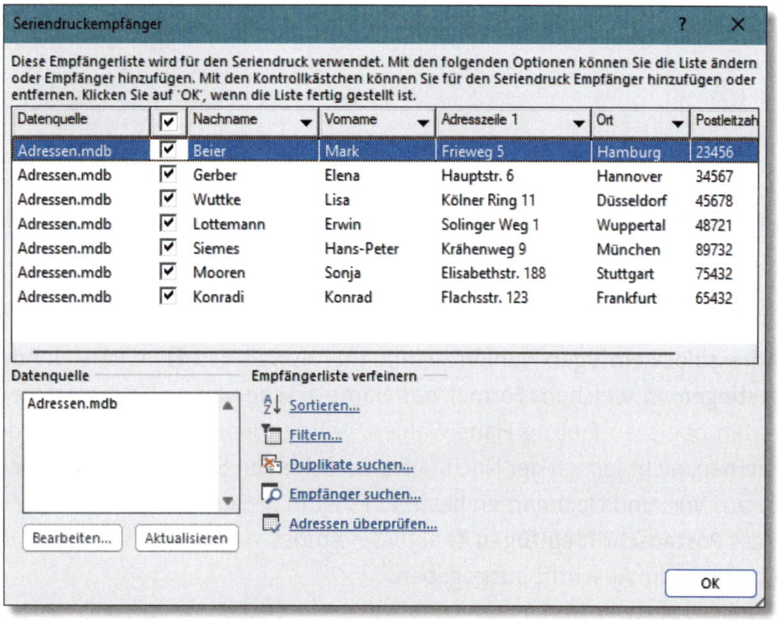

8 Klicken Sie nun im Aufgabenbereich **Seriendruck** unten auf **Weiter: Schreiben Sie Ihren Brief**, womit Sie zu **Schritt 4 von 6** gelangen.

9 Jetzt kommt etwas sehr Wichtiges! Sie müssen nämlich zunächst dafür sorgen, dass die Einfügemarke an der Stelle des Dokuments positioniert wird, an der später die Adressen erscheinen sollen. Im vorliegenden Fall empfiehlt es sich, zwei Zeilenschaltungen zu machen und die Einfügemarke dann in die mittlere, also die dritte Zeile unterhalb des Briefkopfes zu setzen. Falls die unsichtbaren Zeichen nicht angezeigt werden, drücken Sie Strg + ⇧ + +. Dann müssen Sie nicht extra auf das Register **Start** wechseln und dort **Alle anzeigen** in der Gruppe **Absatz** selektieren. Mit der gleichen Tastenkombi bzw. dem erwähnten Schalter lassen sich die Zeichen übrigens später auch wieder deaktivieren. Klicken Sie danach im Aufgabenbereich **Seriendruck** auf **Adressblock**.

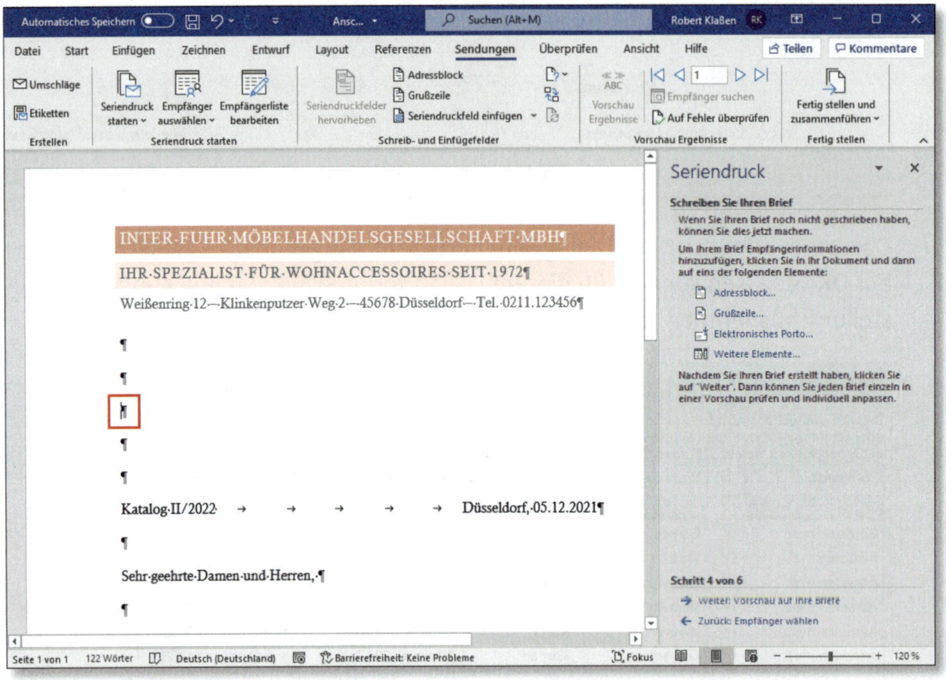

10 Im Dialog **Adressblock einfügen** wählen Sie nun im Auswahlfeld ❶ im Bereich **Adresselemente festlegen**, in welchem Format der Name erscheinen soll. Würden Sie beispielsweise den obersten Eintrag **Hans** wählen, würden lediglich Vorname und Anschrift erscheinen, nicht jedoch der Nachname. Entscheiden Sie sich hier also für eine Vorgabe, die aus Vor- und Nachnamen besteht. Es ist in diesem Zusammenhang obligatorisch, dass **Postanschrift einfügen** ❷ aktiv sein muss. Anderenfalls würde nur der Name, nicht jedoch die Anschrift ausgegeben.

11 Betätigen Sie einmal die nach rechts weisende Pfeilschaltfläche ❸ im Bereich **Vorschau**. Hier lassen sich nacheinander alle Adressen des Datensatzes noch einmal anzeigen. Haben Sie sich für ein Adressformat entschieden, bestätigen Sie die Wahl mit einem Klick auf **OK**.

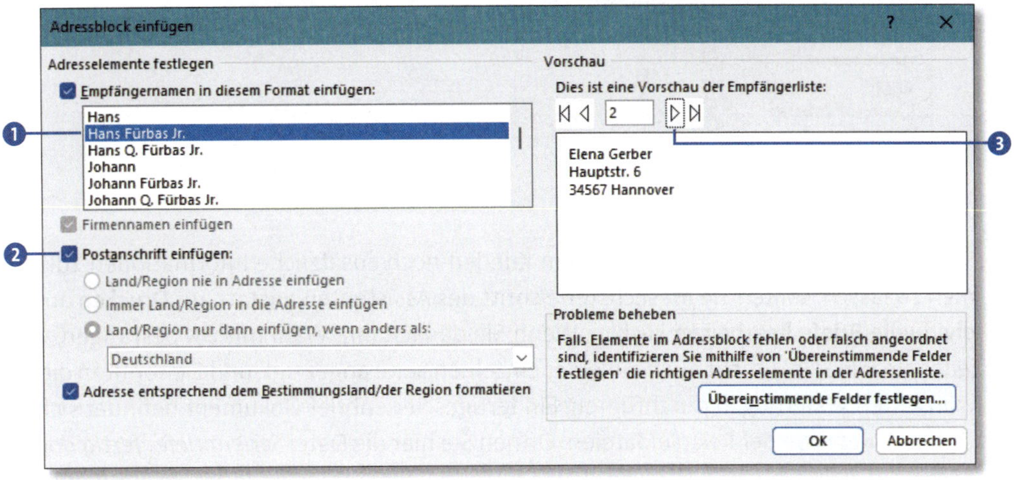

12 Nun leiten Sie in der Fußleiste des Feldes **Seriendruck** Schritt 5 des Seriendruck-Assistenten ein. Benutzen Sie die beiden Pfeilschaltflächen ❹ im Bereich **Vorschau auf Ihre Briefe**, um das Ergebnis zu überprüfen. Klicken Sie ein letztes Mal im Fuß des Aufgabenbereichs **Seriendruck** auf **Weiter**.

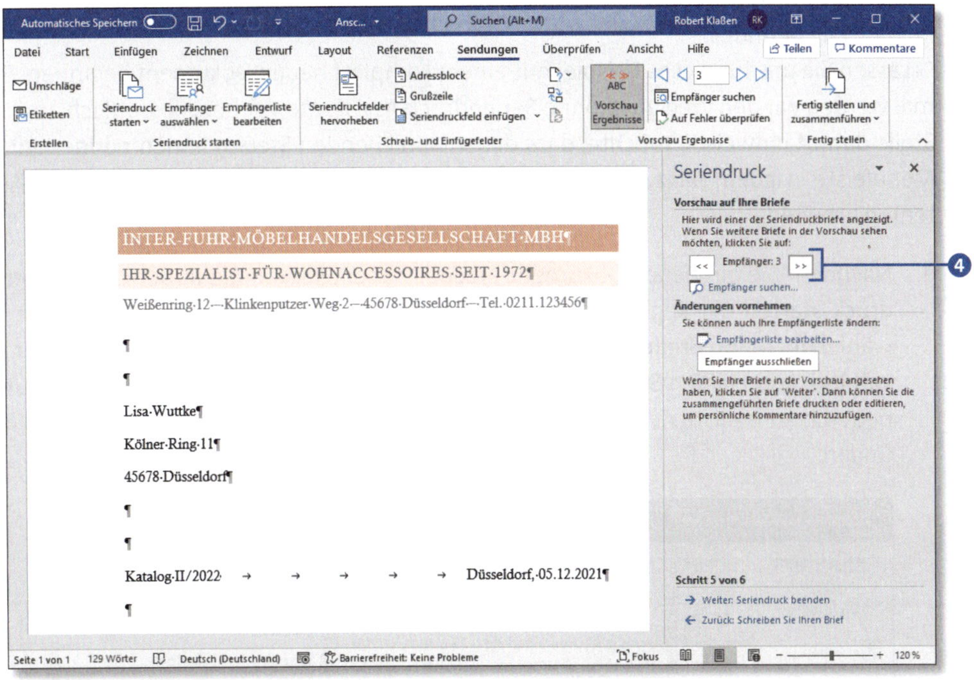

13 Im sechsten und letzten Schritt des Assistenten klicken Sie nur noch auf **Drucken** und bestätigen im Dialog **Seriendruck an Drucker** mit **OK**.

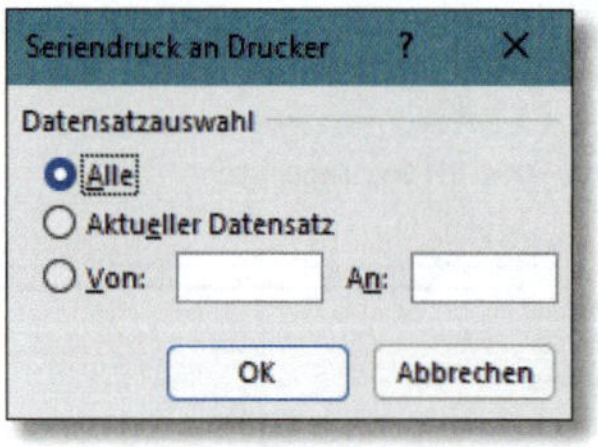

Sollte es erforderlich werden, einzelnen Kunden noch zusätzliche Informationen zukommen zu lassen, sollten Sie im sechsten Schritt des Assistenten anstatt auf **Drucken** auf **Individuelle Briefe bearbeiten** klicken. Wenn Sie danach Ihre Wahl mit **OK** bestätigen, wird jedes einzelne Dokument auch auf einer einzelnen Seite angezeigt, und Sie könnten die gewünschten Änderungen durchführen. Ein fertiges Serienbrief-Dokument befindet sich im Ordner *Ergebnisse* der Beispieldateien. Öffnen Sie hier die Datei *Serienbriefe_fertig.docx*.

Seriendruckfelder erstellen und anpassen

Im vorangegangenen Workshop haben wir einen kompletten Adressblock hinzugefügt. Das ist zwar praktisch, nimmt uns jedoch die Möglichkeit, die einzelnen Felder individueller anzuordnen. So ist beispielsweise am eingefügten Adressblock zu bemängeln, dass sich zwischen der Straßenangabe mit Hausnummer und der Zeile »Postleitzahl, Ort« keine Leerzeile befindet.

Lassen Sie uns für dieses Beispiel mit einem komplett neuen Dokument beginnen. Diesmal werden wir den Weg auch ohne Seriendruck-Assistenten gehen, obwohl ich an dieser Stelle darauf hinweisen möchte, dass die entsprechenden Steuerelemente innerhalb der Menüleiste in jedem Fall zur Verfügung stehen – also auch dann, wenn Sie mit dem Assistenten arbeiten.

1 Nachdem Sie ein neues Dokument erzeugt haben, klicken Sie in der Gruppe **Seriendruck starten** der Registerkarte **Sendungen** auf die gleichnamige Schaltfläche und wählen im Menü **Briefe**. Klicken Sie anschließend auf die Schaltfläche **Empfänger auswählen**, und wählen Sie im Menü **Vorhandene Liste verwenden**. Wählen Sie nun erneut die Adressliste *Adressen.mdb*, die Sie im Ordner *09* der Beispieldateien zum Buch finden.

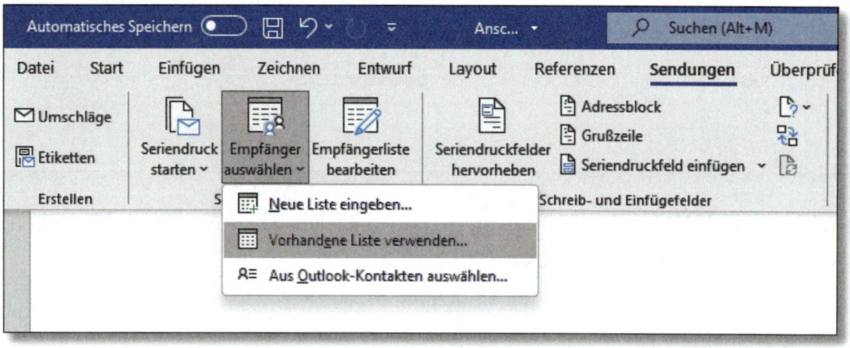

2 Als Nächstes positionieren Sie die Einfügemarke an der Stelle im Dokument, an der der Name des Empfängers eingefügt werden soll.

3 Klicken Sie danach in der Gruppe **Schreib- und Einfügefelder** der Registerkarte **Sendungen** auf die Schaltfläche **Seriendruckfeld einfügen**. Hier ist entscheidend, ob Sie auf das Symbol in der oberen Hälfte des Schalters oder auf die Bezeichnung in der unteren Hälfte klicken. Wählen Sie Letztere, wird ein Auswahlmenü geöffnet, während sich mit einem Klick auf die obere Hälfte das Dialogfeld **Seriendruckfeld einfügen** öffnet, in dem jeder Schritt mit einem Klick auf **Einfügen** bestätigt werden müsste. Der Klick auf das Symbol ist also die schnellere Variante.

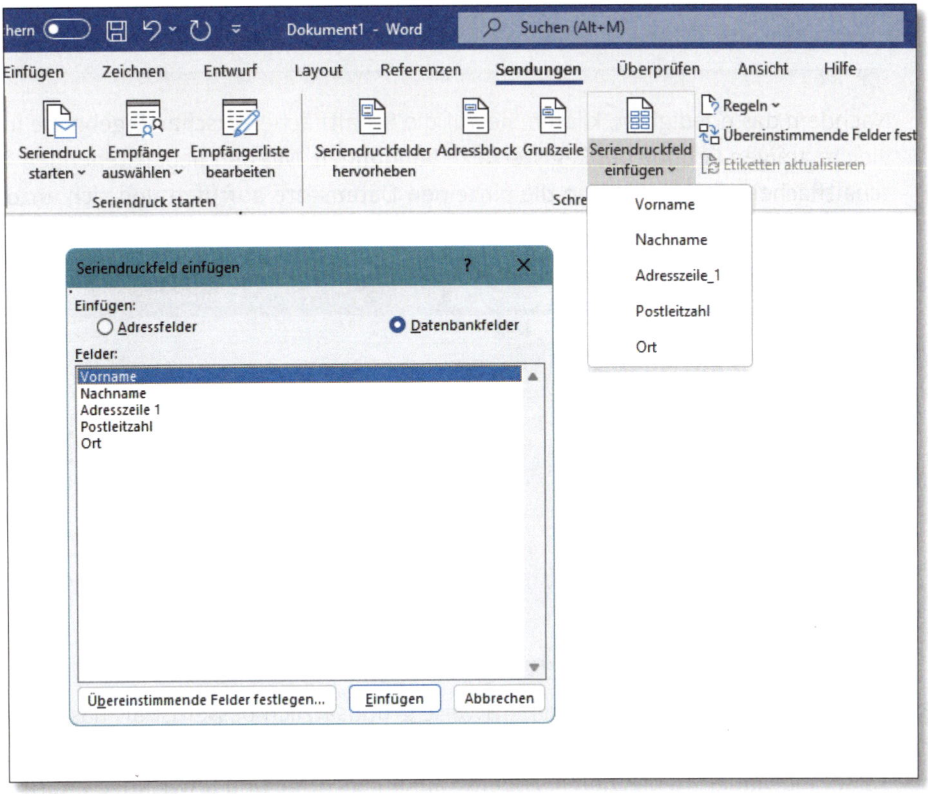

4 Klicken Sie im Auswahlmenü zunächst auf die Option **Vorname**. Danach lassen Sie ein Leerzeichen folgen und fügen das Seriendruckfeld **Nachname** mit einem Klick auf den entsprechenden Menüeintrag hinzu. Drücken Sie im Anschluss die Tasten ⇧+↵, um in die nächste Zeile zu gelangen. (Würden Sie lediglich ↵ drücken, wäre der Zeilenabstand unnötig groß.) Fügen Sie mit einem Mausklick das Feld **Adresszeile_1** aus dem Auswahlmenü hinzu. Betätigen Sie ↵, und setzen Sie zuletzt die Seriendruckfelder **Postleitzahl** und **Ort**, mit einem Leerzeichen voneinander getrennt, ein.

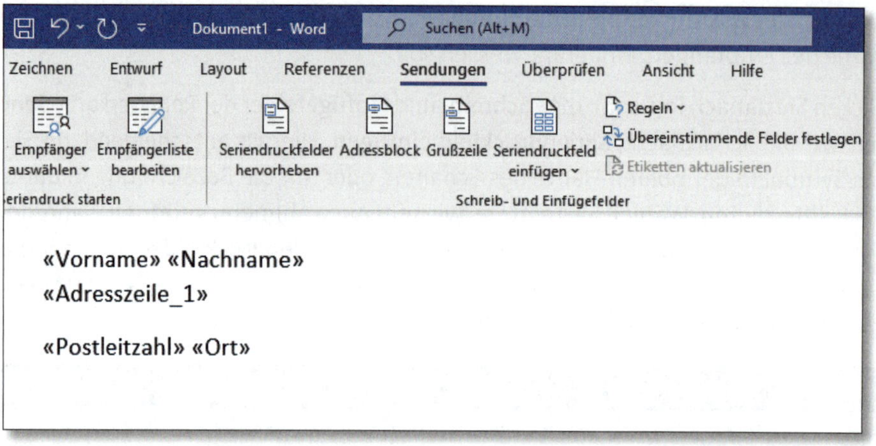

5 Nachdem das erledigt ist, klicken Sie auf die Schaltfläche **Vorschau Ergebnisse** in der gleichnamigen Gruppe der Registerkarte **Sendungen**. Mit den nebenstehenden Pfeilschaltflächen können Sie nun die einzelnen Datensätze aufrufen und sich anzeigen lassen.

Bitte bedenken Sie, dass diese Vorgehensweise grundsätzlich besser ist als das Einfügen eines kompletten Adressblocks. Denn mit diesem haben Sie keine Möglichkeit, die einzelnen Felder individuell zu platzieren. Zudem können wichtige und unwichtige Informationen voneinander getrennt werden. Denn zum Teil beinhalten Datensätze beispielsweise mehrere Adresszeilen, das Bundesland, Firmennamen usw. – Informationen also, die nicht unbedingt in der Anschrift verwendet werden müssen und auf diese Weise gefiltert werden können.

Empfängerlisten bearbeiten

Auf den vorangegangenen Seiten haben Sie bereits mit Empfängerlisten gearbeitet. Wir haben die Datei *Adressen.mdb* genutzt, die Sie im Ordner *09* der Beispieldateien finden. Nun ist davon auszugehen, dass unser ebenso emsiges wie fiktives Möbelunternehmen irgendwann auch einmal einen weiteren Kunden gewinnen wird. Spätestens dann muss die Adressliste erweitert werden. Das in einigen Office-Paketen enthaltene Programm *Microsoft Access* ist für derartige Aufgaben bestens geeignet. Allerdings lässt sich eine derartige Aufgabe auch schnell in Word erledigen – ohne dass Access mit an Bord sein muss.

Klicken Sie auf **Empfänger auswählen** in der Gruppe **Seriendruck starten** der Registerkarte **Sendungen**, und wählen Sie den Menüpunkt **Vorhandene Liste verwenden**. Wählen Sie nun im Dialog **Datenquelle auswählen** die Datei aus, die verändert werden soll, und bestätigen Sie Ihre Wahl mit **Öffnen**. Klicken Sie anschließend auf **Empfängerliste bearbeiten**.

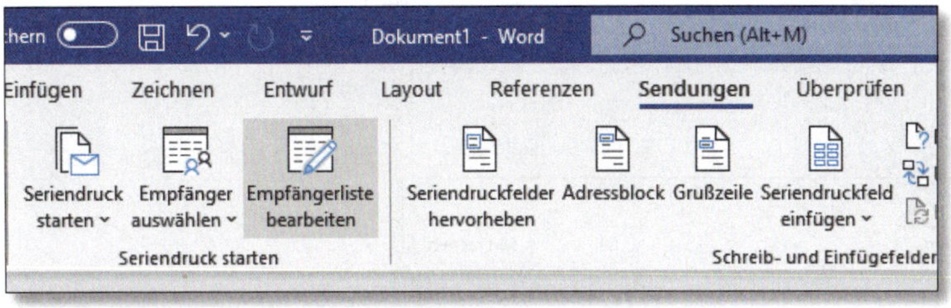

Abbildung 9.2 *Wer benötigt schon Access, um eine Empfängerliste zu bearbeiten?*

9

Markieren Sie im Dialog **Seriendruckempfänger** den Namen der Datenquelle unten links, im Beispiel also **Adressen.mdb** ❶. Klicken Sie danach auf die Schaltfläche **Bearbeiten** ❷.

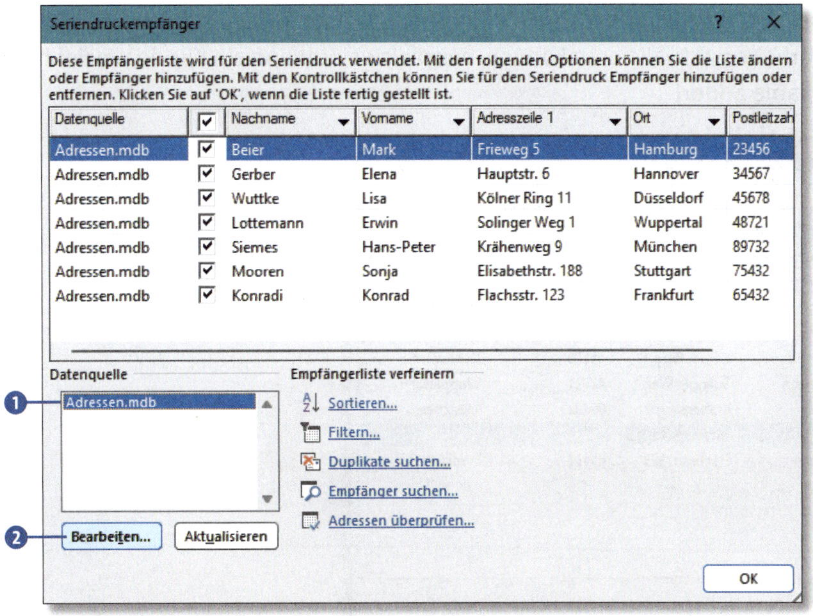

Abbildung 9.3 *Der Datensatz kann auch in Word erweitert werden.*

Klicken Sie im folgenden Dialogfenster **Datenquelle bearbeiten** auf **Neuer Eintrag**, und geben Sie die entsprechenden Daten in die Felder ein.

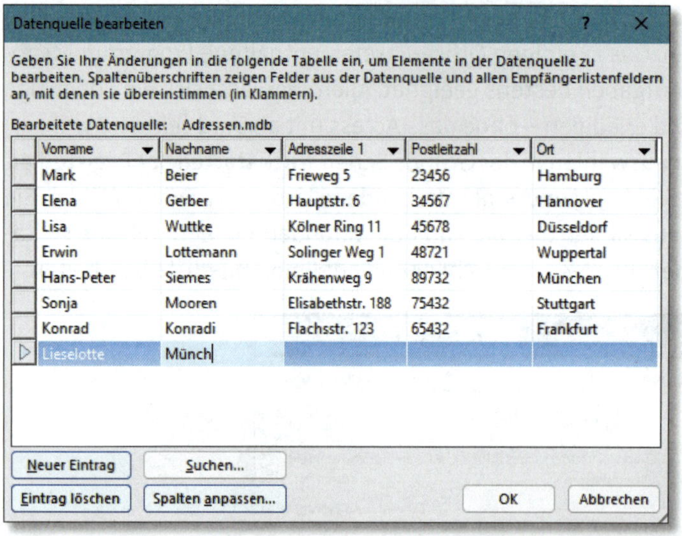

Abbildung 9.4 *Fügen Sie eine neue Kundin hinzu.*

An dieser Stelle könnten Sie auch Datensätze aus Ihrer Liste entfernen. Markieren Sie dazu die betreffende Zeile, die Sie löschen möchten, und entfernen Sie sie, indem Sie auf **Eintrag löschen** klicken. Bestätigen Sie abschließend die darauf folgende Kontrollabfrage mit **Ja**. Nur am Rande sei noch erwähnt, dass Sie die Kundenliste auch jederzeit über den Dialog **Datenquelle bearbeiten** aktualisieren können, beispielsweise wenn ein Kunde umzieht oder sich der Nachname ändert.

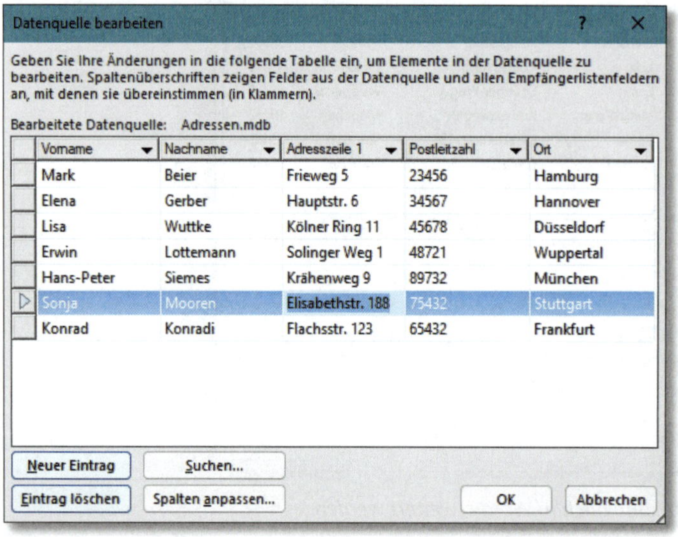

Abbildung 9.5 *Wenn Frau Mooren in eine andere Straße zieht – kein Problem. Klicken Sie auf den Straßennamen, und geben Sie ihn neu ein.*

Eine Empfängerliste erzeugen

Es gibt zahlreiche Möglichkeiten, Datensätze aus anderen Programmen in Word zu nutzen. So können beispielsweise die in Outlook vorhandenen Kontakte genutzt werden, indem Sie auf **Empfänger auswählen** in der Gruppe **Seriendruck starten** der Registerkarte **Sendungen** klicken. Wählen Sie nun im Auswahlmenü **Aus Outlook-Kontakten auswählen**. Sie können aber auch ganz einfach eine neue Empfängerliste in Word erstellen. Klicken Sie dazu im Menü der Schaltfläche **Empfänger auswählen** zunächst auf **Neue Liste eingeben**.

Abbildung 9.6 *Benutzen Sie die Outlook-Kontakte, oder fangen Sie ganz von vorne an.*

Daraufhin öffnet sich das Dialogfenster **Neue Adressliste**. Bevor Sie jedoch mit der Eingabe einzelner Datensätze beginnen, sollten Sie zunächst überlegen, welche Felder für Sie sinnvoll sind. Benötigen Sie beispielsweise einen Firmennamen? Halten Sie den Titel für sinnvoll? (Letzteres könnte interessant sein, wenn Sie Ihre Kunden mit »Herr« oder »Frau« anreden wollen – siehe den Unterabschnitt »Feldnamen hinzufügen« auf Seite 333.)

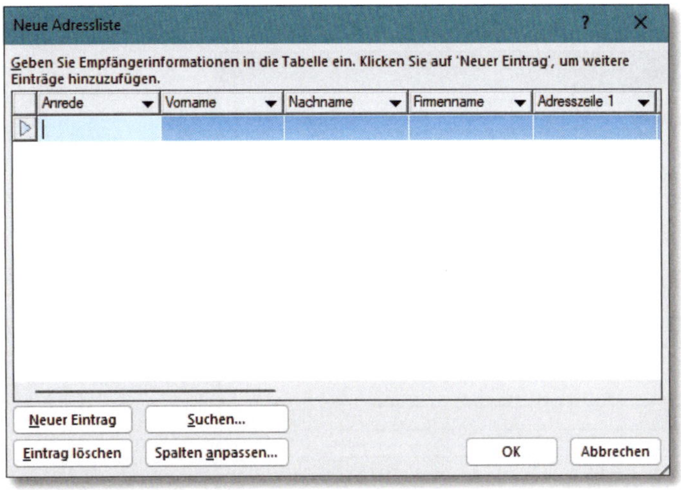

Abbildung 9.7 *Passen Sie zunächst die Spalten an.*

Möchten Sie die Feldnamen anpassen, klicken Sie auf **Spalten anpassen**. Im folgenden Dialog **Adressliste anpassen** können Sie Ihre Änderungen vornehmen. Wollen Sie beispielsweise die **Adresszeile 2** entfernen, markieren Sie diese im Bereich **Feldnamen** und klicken anschließend auf **Löschen**. Möchten Sie weitere Einträge entfernen, verfahren Sie auf die gleiche Weise. Ebenso können Einträge auch markiert und mit den Schaltflächen **Nach oben** und **Nach unten** neu angeordnet werden. Verlassen Sie den Dialog mit einem Klick auf **OK**, sobald Sie alle Änderungen vorgenommen haben.

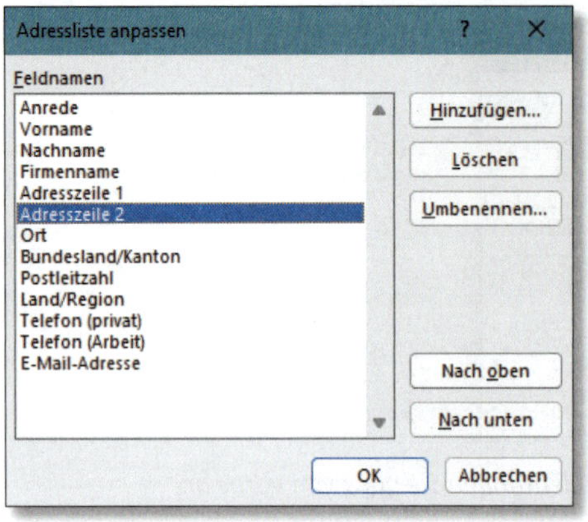

Abbildung 9.8 *Was nicht benötigt wird, fliegt einfach raus.*

Sie können nun im Dialogfenster **Neue Adressliste** mit der Eingabe der Datensätze beginnen. Haben Sie Ihre Eingabe abgeschlossen, bestätigen Sie auch diesen Dialog mit **OK**. Daraufhin können Sie die erstellte Empfängerliste im Dialog **Adressliste speichern**, der automatisch bereitgestellt wird, als **Microsoft Office Adresslisten (*.mdb)** sichern. Auf der Festplatte wird standardmäßig der Ordner *Meine Datenquellen* des Bibliotheksordners *Dokumente* angeboten. Benennen Sie die Liste aussagekräftig, und klicken Sie auf **Speichern**.

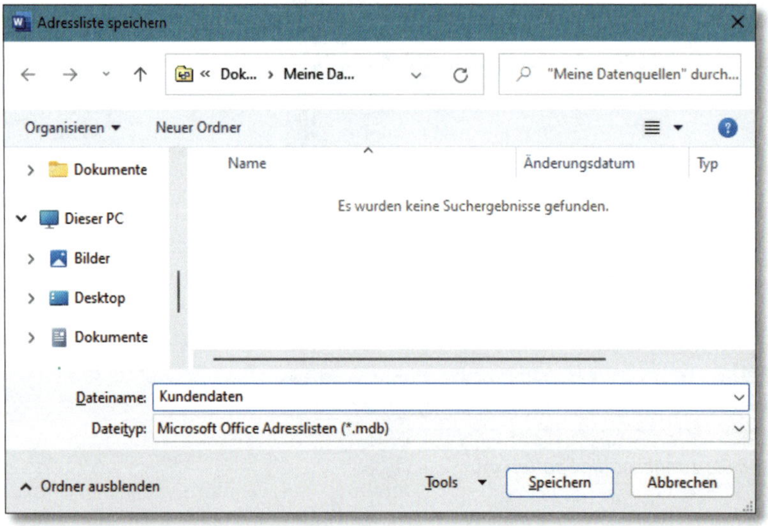

Abbildung 9.9 *Speichern Sie die Liste.*

Sie sehen, Sie müssen nicht unbedingt Microsoft Access bemühen, um eine neue Adressliste zu erstellen, sondern können das auch problemlos in Word erledigen.

9.4 Regeln aufstellen

Die Arbeit mit Empfängerlisten ist unglaublich komfortabel. Lassen Sie uns aber noch einen Schritt weiter gehen. Wäre es nicht schön, wenn wir die Kunden in unserem Briefanschreiben auch persönlich mit Namen ansprechen könnten? Das hört sich doch viel besser an als »Sehr geehrte Damen und Herren«, oder? Na, dann mal los. Am besten, Sie öffnen zu dieser Anleitung die Datei *Regeln_erstellen.docx*. Sie finden sie im Ordner *09* der Beispieldateien.

Projektdatei hinzufügen

Bevor es losgeht, wollen wir nicht nur das Dokument entsprechend ausstatten, sondern auch eine Besonderheit ansprechen, die bei der Gestaltung unseres Serienbriefes von Bedeutung sein wird. Zunächst einmal könnten wir, würde unsere Kundschaft aus Frauen und Männern bestehen, zwei unterschiedliche Anreden ins Spiel bringen. Wie das funktioniert, zeige ich Ihnen am Ende dieses Abschnitts. Selbstverständlich müssen wir jedoch in Betracht ziehen, dass es auch Kundschaft gibt, die weder Mann noch Frau ist. Wer also weder mit »Frau« noch mit »Herr« angesprochen werden möchte, soll von unserem fiktiven Möbelhaus nicht einfach eine von beiden Anreden verpasst bekommen.

Feldnamen hinzufügen

Zunächst muss unsere Adressdatenbank aktualisiert werden, da wir eine Anrede benötigen, die in unserer Datenbank noch nicht enthalten ist.

1 Verbinden Sie das Dokument zunächst mit der Datenquelle, also mit unserer Access-Adressliste *Adressen.mdb*. Nachdem Sie die Beispieldatei *Regeln_erstellen.docx* geöffnet haben, klicken Sie auf **Empfänger auswählen** in der Gruppe **Seriendruck starten** der Registerkarte **Sendungen**. Wählen Sie im Auswahlmenü **Vorhandene Liste verwenden**. Im Dialog **Datenquelle auswählen** navigieren Sie zum Speicherort der Beispieldatei *Adressen.mdb* und bestätigen mit **Öffnen**.

   In der Regel leiten Sie einen Seriendruck, wie Sie ja bereits wissen, per Klick auf die Schaltfläche **Seriendruck starten** in der gleichnamigen Gruppe der Registerkarte **Sendungen** ein und wählen aus dem Menü **Seriendruck-Assistent mit Schritt-für-Schritt-Anleitungen**. Da Sie jedoch soeben den Button **Empfänger auswählen** gewählt haben, »weiß« Word jetzt, was Ihre Absichten sind. Der Beweis: Die ursprünglich ausgegrauten Steuerelemente in der Gruppe **Schreib- und Einfügefelder** der Registerkarte **Sendungen** sind jetzt weitestgehend bedienbar.

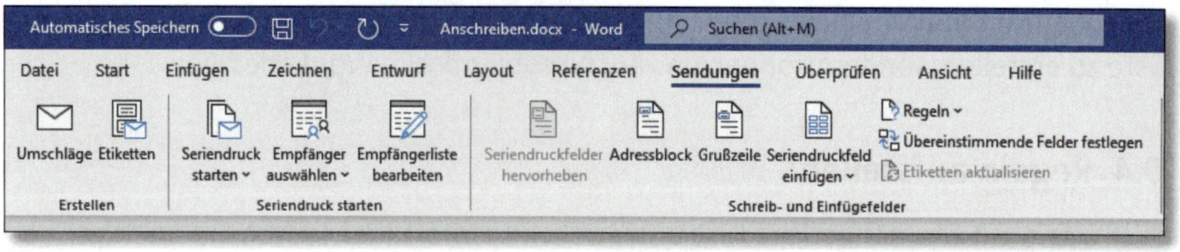

2 Die bestehende Datenbank muss nun angepasst werden. Klicken Sie dazu auf **Empfängerliste bearbeiten** in der Gruppe **Seriendruck starten** der Registerkarte **Sendungen**. Markieren Sie im Dialogfenster **Seriendruckempfänger** unten links die Datenquelle (**Adressen.mdb**), und klicken Sie auf **Bearbeiten**.

3 Im Dialog **Datenquelle bearbeiten** betätigen Sie **Spalten anpassen** und beantworten die Kontrollabfrage mit **Ja**.

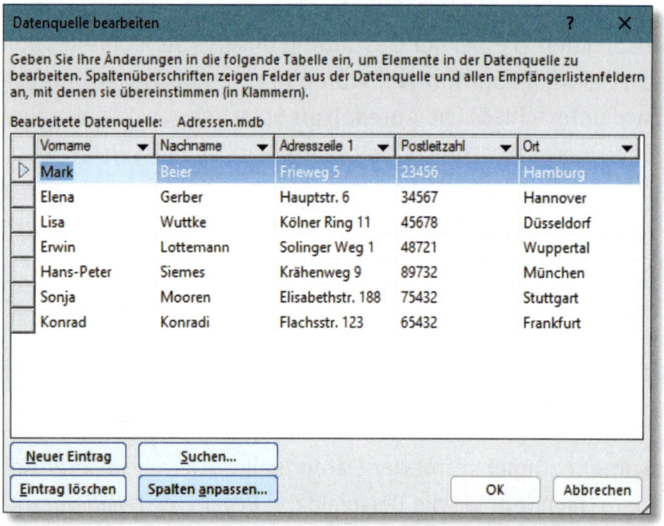

4 Nun klicken Sie auf **Hinzufügen**. Im daraufhin erscheinenden Dialog **Feld hinzufügen** tippen Sie »Anrede« ein und bestätigen mit **OK**.

5 Der Ordnung halber sollten Sie die Zeile **Anrede** im Bereich **Feldnamen** des Dialogs **Adressliste anpassen** markieren und auf **Nach oben** klicken. Die Anrede soll an die oberste Stelle. Bestätigen Sie danach erneut mit **OK**.

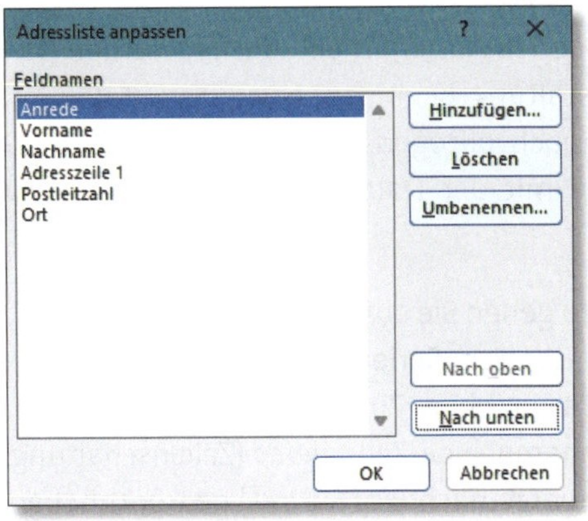

6 Sie befinden sich nun wieder im Dialogfenster **Datenquelle bearbeiten**. Klicken Sie auf das oberste Feld der Spalte **Anrede** (links neben »Mark Beier«), und tragen Sie »Herr« ein. Springen Sie mit der Taste [↓] ein Feld tiefer, und tippen Sie dort »Frau« ein – denn wir haben es mit »Frau Gerber« zu tun. Vervollständigen Sie die Liste, indem Sie die entsprechenden Anreden festlegen, wobei Sie bitte »einen« Namen ohne Anrede versehen! Ich habe mich hier für Erwin Lottemann entschieden. Verlassen Sie den Dialog mit **OK**.

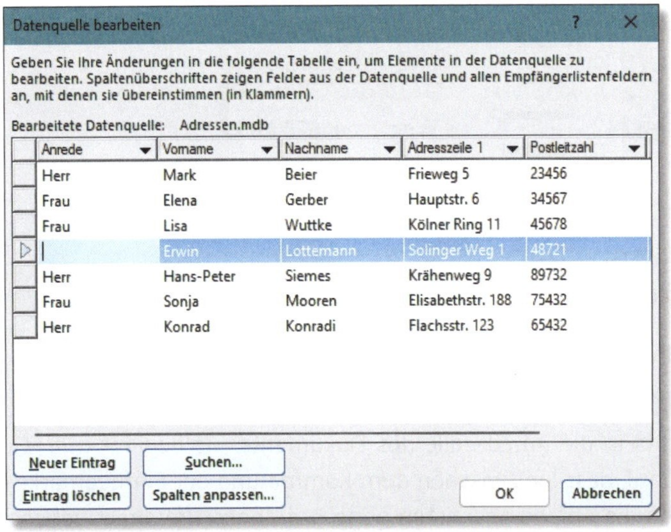

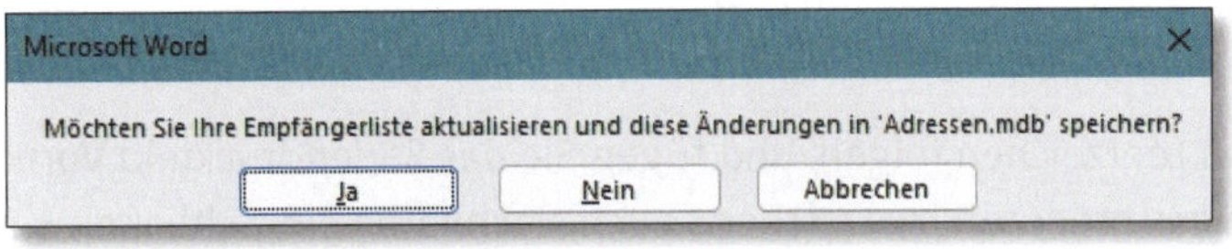

Bestätigen Sie die anschließende Kontrollabfrage mit einem Klick auf **Ja**, und klicken Sie ein weiteres Mal auf **OK**, ehe alle Dialoge wieder geschlossen sind.

Persönliche Ansprache für Serienbriefe

Nachdem unsere Datenbank im vorangegangenen Abschnitt aktualisiert worden ist, können wir mit der eigentlichen Dokumentgestaltung beginnen. Nur falls Sie den letzten Workshop »Feldnamen hinzufügen« nicht nachvollzogen haben, sollten Sie die Datei *Regeln_erstellen.docx* verwenden und diese mit der Datenbank *Adressen-Anrede.mdb* verbinden.

1 Fügen Sie zunächst die Anschrift ein. Dazu gehen Sie auf das Register **Senden** und entscheiden sich für die untere Hälfte des Schalters **Seriendruckfeld einfügen** (Gruppe: **Schreib- und Einfügefelder**). Sie kennen das ja schon: Zunächst fügen Sie das Feld **Vorname**, dann ein Leerzeichen, dann **Nachname**, eine Zeile tiefer (Zeilenschaltung mit [⇧]+[↵]) den Block **Adresszeile_1** und zuletzt, nachdem Sie [↵] gedrückt haben, die **Postleitzahl**, ein neuerliches Leerzeichen und den **Ort** ein. Ihr Dokument sollte jetzt folgendermaßen aussehen:

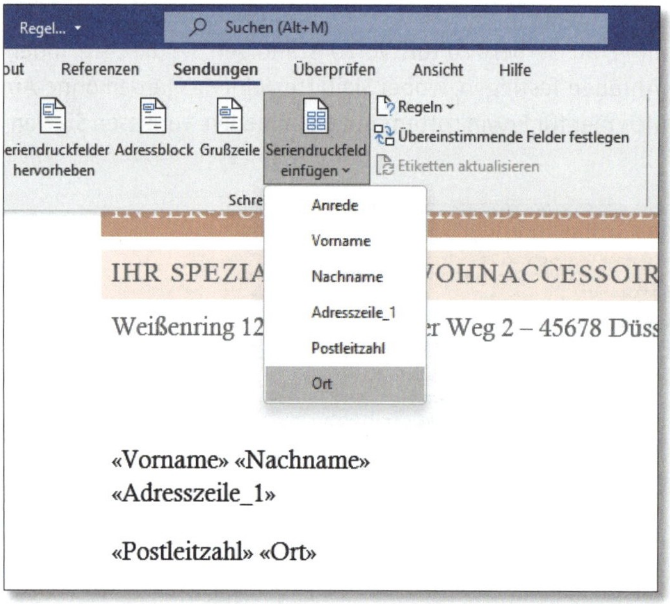

2 Klicken Sie jetzt rechts in die Anredezeile des Dokuments. Sie beginnt mit »Guten Tag,«. Achten Sie darauf, dass Sie zwischen dem Komma und der Einfügemarke eine Leerstelle erhalten, da die Anrede ansonsten ohne Zwischenraum direkt neben dem Komma stünde. Fügen Sie hier bitte das nächste Seriendruckfeld ein, nämlich die **Anrede**.

3 Lassen Sie erneut ein Leerzeichen folgen, und fügen Sie das Seriendruckfeld **Vorname** und nach Eingabe eines erneuten Leerzeichens auch **Nachname** ein. Schließen Sie die

Aktion mit einem Komma direkt hinter dem Seriendruckfeld **Nachname** ab. Sieht Ihr Dokument jetzt genauso aus wie auf der Abbildung? Gut, dann kann es weitergehen.

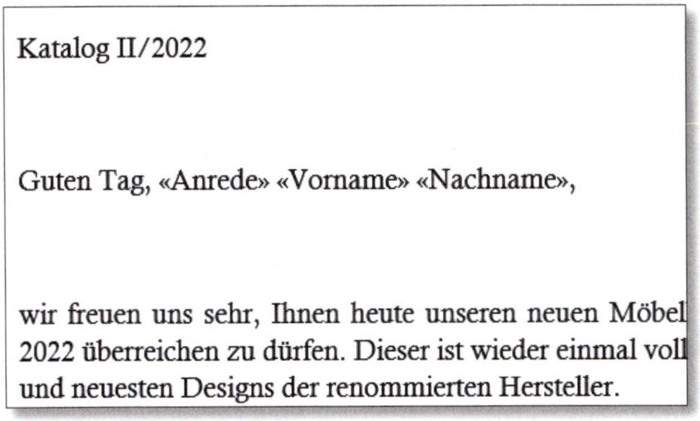

4 Jetzt muss die Ausgestaltung der Regel folgen. Denn klar ist: Wenn ein Kunde mit »Herr« in der Liste steht, soll er auch mit »Herr« angesprochen werden, während eine Kundin die Anrede »Frau« erhalten soll. Dazu allein bedarf es keiner Regel. Sollte jedoch keine Anrede hinterlegt sein, soll auf die Anrede gänzlich verzichtet werden. Das erreichen Sie, indem Sie das Seriendruckfeld **»Anrede«** mit einem Doppelklick versehen.

5 Klicken Sie anschließend auf den Schalter **Regeln**, der sich in der Gruppe **Schreib- und Einfügefelder** der Registerkarte **Senden** befindet. Entscheiden Sie sich für die unterste Zeile. Sie heißt **Datensatz überspringen, wenn ...**.

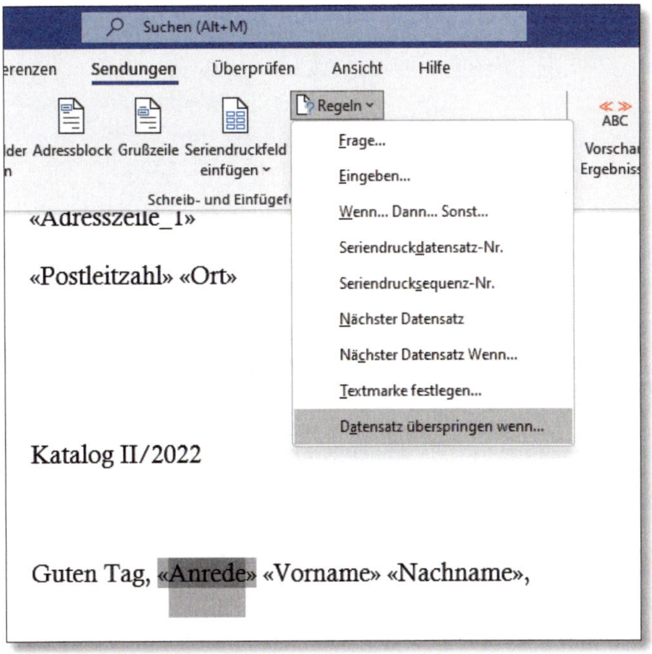

6 Achten Sie darauf, dass unter **Feldname** die Option **Anrede** gelistet ist, und schalten Sie danach in **Vergleich** um auf **ist leer**. Bestätigen Sie zuletzt mit OK. Wir haben damit erreicht, dass das Seriendruckfeld im Brief nur dann mit Inhalt gefüllt wird, wenn die Anrede über »Herr« oder »Frau« verfügt, und dass die Ausgabe ansonsten unterdrückt wird.

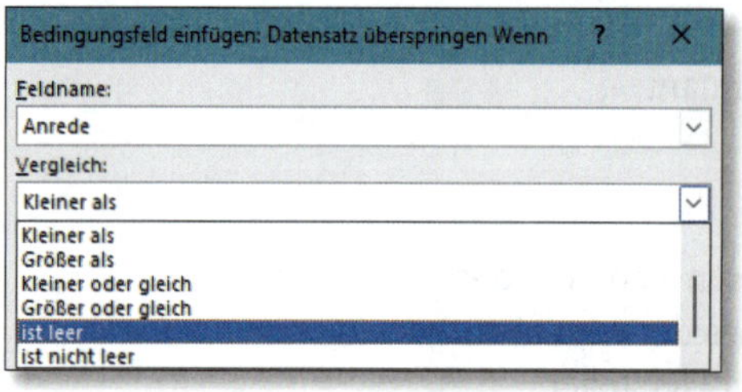

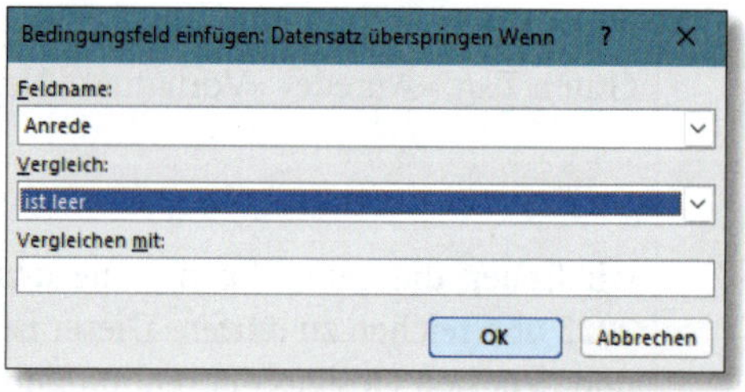

7 Lassen Sie sich ab hier wieder vom Seriendruck-Assistenten unter die Arme greifen, indem Sie **Seriendruck starten** in der gleichnamigen Gruppe des Registers **Sendungen** betätigen. Gehen Sie unten rechts so weit vor, bis Sie an Schritt 5 angelangt sind. Klicken Sie die einzelnen Anschreiben in **Vorschau auf Ihre Briefe** durch, und beobachten Sie, dass die Anreden »Herr« und »Frau« bei allen Personen gesetzt werden, bei denen eine Anrede hinterlegt ist, nicht jedoch bei Erwin Lottemann, da im Datensatz keine spezifische Anrede eingebracht worden ist. Genau das wollten wir erreichen.

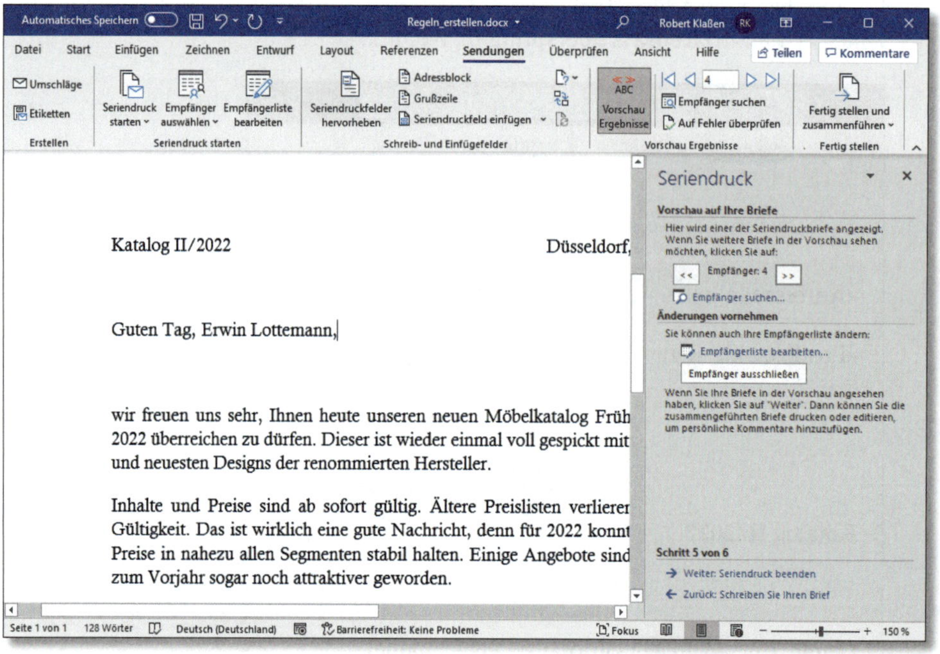

Wenn-dann-Regel erstellen

Um die Wenn-dann-Regel genauer zu erklären (eigentlich sollte sie Wenn-dann-sonst-Regel heißen), muss ich etwas anders an die Sache herangehen. Da diese Regel in der Tat nur zwischen »zwei« Optionen unterscheiden kann, eignet sie sich folgerichtig nur dann, wenn auch nur zwei Optionen zur Verfügung stehen. Gehen wir einmal davon aus, wir müssten in der Anrede nur zwischen Mann und Frau unterscheiden. Die klassische Anrede »Sehr geehrte Damen und Herren« ist dafür das beste Beispiel.

1 Bitte öffnen Sie noch einmal das Dokument *Anschreiben.docx*, und verknüpfen Sie es auf die zuvor beschriebene Weise mit der Datenbank *Adressen.mdb*. Löschen Sie in der Grußformel »Damen und Herren« sowie das Leerzeichen davor einfach heraus, sodass die Einfügemarke jetzt zwischen »geehrte« und dem Komma blinkt.

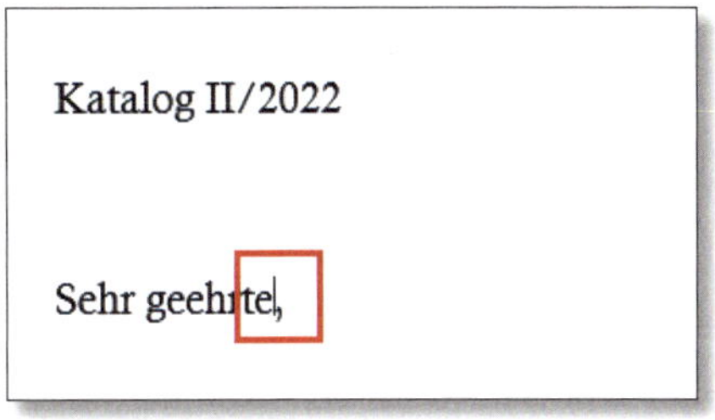

2 In der Gruppe **Schreib- und Einfügefelder** der Registerkarte **Sendungen** müssen Sie nun auf **Regeln** klicken. Wählen Sie den Eintrag **Wenn... Dann... Sonst...**.

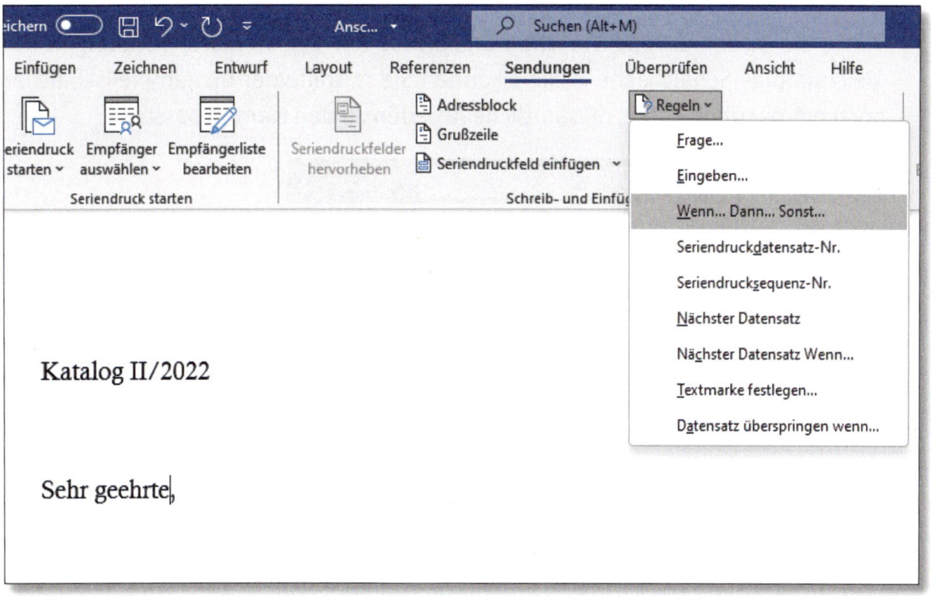

3 Daraufhin öffnet sich das Dialogfenster **Bedingungsfeld einfügen: WENN**. Unter **Feldname** muss **Anrede** gelistet werden und unter **Vergleich:** die Option **Gleich**. Im Feld

Vergleichen mit: tippen Sie »Frau« ein. Klicken Sie nun in das Eingabefeld **Dann diesen Text einfügen**, und schreiben Sie » Frau«. Bitte nicht das vorangestellte Leerzeichen vergessen! Dieses benötigen wir, um eine Lücke zwischen »geehrte« und »Frau« zu erhalten. Zuletzt füllen Sie unter **Sonst diesen Text einfügen** »r Herr«. Bitte stellen Sie jetzt *kein* Leerzeichen voran, da das »r« direkt an »geehrte« angrenzen muss! Verlassen Sie den Dialog durch Klick auf **OK**. Fassen wir noch einmal zusammen: Wenn im Feld **Anrede** die Bezeichnung **Frau** gefunden wird, benutzt Word den oberen Text (also » Frau«), wenn nicht, den unteren (also »r Herr«).

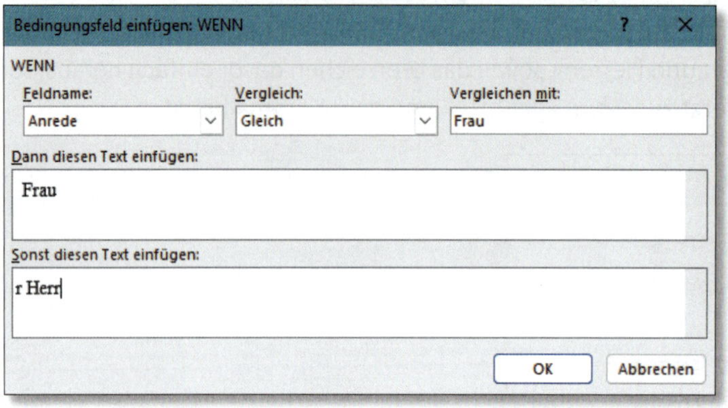

4 Zuletzt müssen Sie lediglich noch ein Leerzeichen hinter dem Seriendruckfeld **Anrede** einfügen und nach einem neuerlichen Leerzeichen ein weiteres Seriendruckfeld anfügen – nämlich **Nachname**.

5 Wenn Sie in der Gruppe **Vorschau Ergebnisse** der Registerkarte **Sendungen** auf die gleichnamige Schaltfläche klicken, können Sie mithilfe der blauen Pfeilschaltflächen noch einmal überprüfen, ob sämtliche Anreden zu den Namen passen.

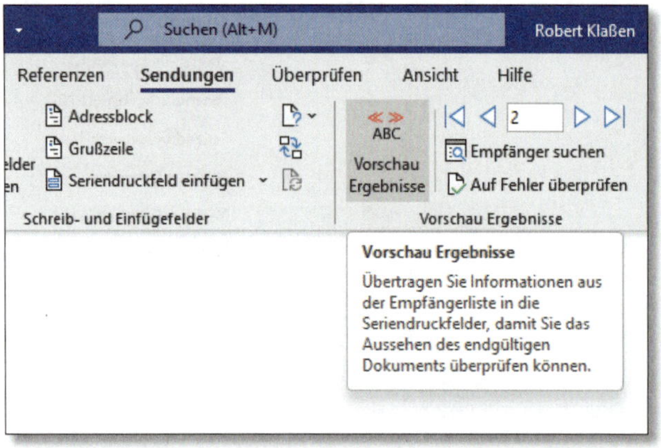

In der folgenden Abbildung sehen Sie noch einmal, wie sich die Anreden voneinander unterscheiden. Der Prozess ist automatisiert, und Sie müssen sich fortan nicht mehr darum kümmern.

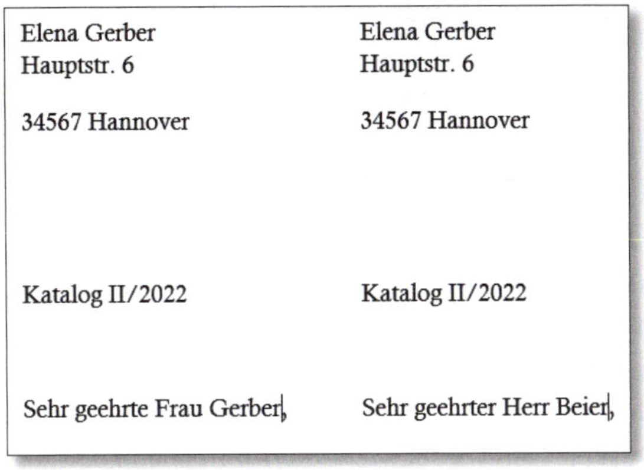
Elena Gerber
Hauptstr. 6
34567 Hannover
Katalog II/2022
Sehr geehrte Frau Gerber,
Elena Gerber
Hauptstr. 6
34567 Hannover
Katalog II/2022
Sehr geehrter Herr Beier,

Wenn Sie Regeln in Ihren Serienbriefen verwenden, können Sie auf eine sehr einfache Art und Weise Ihre Empfänger persönlich anreden.

Empfängerlisten weitergeben und lösen

In den beiden vorangegangenen Abschnitten haben wir unterschiedliche Arbeiten im Zusammenhang mit Datensätzen und Empfängerlisten durchgeführt. Dabei konnten wir auf externe Kundendateien zugreifen (*Adressen.mdb* und *Adressen-Anrede.mdb*) und die dort hinterlegten Daten in Word nutzen. Grundsätzlich müssen Sie sich bewusst machen, dass Sie es mit unterschiedlichen Dateien zu tun haben. Das beste Beispiel: Wenn Sie das Word-Dokument später weitergeben, kann der Empfänger des Dokuments seinerseits nur dann auf den Datensatz zugreifen, wenn er auch im Besitz der dazugehörenden *.mdb*-Datei ist. Das bedeutet: Sie müssen auch die Adressdatei weiterreichen, wenn das Serienbriefdokument beim Empfänger genauso funktionieren soll wie bei Ihnen. Dass Sie dabei die Grundsätze des Datenschutzes zu beachten haben, versteht sich von selbst.

Dass es sich um ein Dokument handelt, bei dem ein Datensatz verarbeitet wurde, merkt der Empfänger, wenn er das Word-Dokument öffnet. Ein Dialog weist darauf hin – und dieser wird nicht der letzte sein. Sie werden jetzt nämlich zahlreiche Dialogfenster kennenlernen. Klicken Sie auf **Nein**, wird das Dokument ganz normal geöffnet. Die Seriendruckfelder bleiben erhalten, aber es werden keine Kundendaten verknüpft. Entscheiden Sie sich hingegen für **Ja**, stellt Word die Verbindung zum Datensatz (*.mdb*-Datei) her, sofern dies möglich ist.

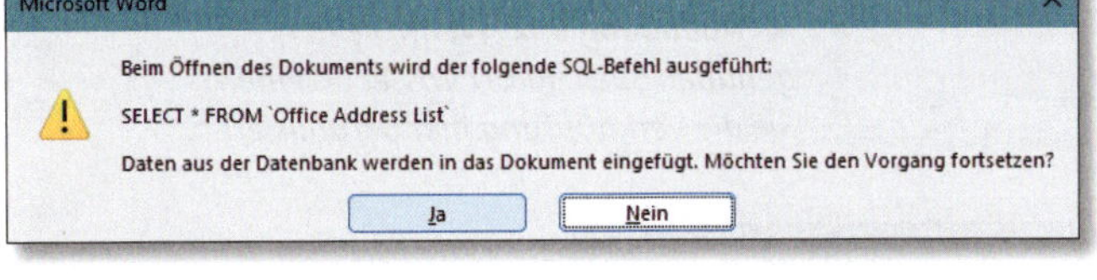
Microsoft Word
Beim Öffnen des Dokuments wird der folgende SQL-Befehl ausgeführt:
SELECT * FROM `Office Address List`
Daten aus der Datenbank werden in das Dokument eingefügt. Möchten Sie den Vorgang fortsetzen?
Ja
Nein

Abbildung 9.10 *Word fragt nach, was geschehen soll.*

Wenn Sie das Dokument beispielsweise in einen Ordner packen, in dem sich auch die Adressdatei befindet, ist alles in Ordnung. Word stellt die Verbindung zur Adressdatei her und der Empfänger kann seinerseits den Seriendruck in die Wege leiten. Ist die Datei jedoch auf dem Zielrechner nicht zu finden, reagiert Word mit einem weiteren Dialog.

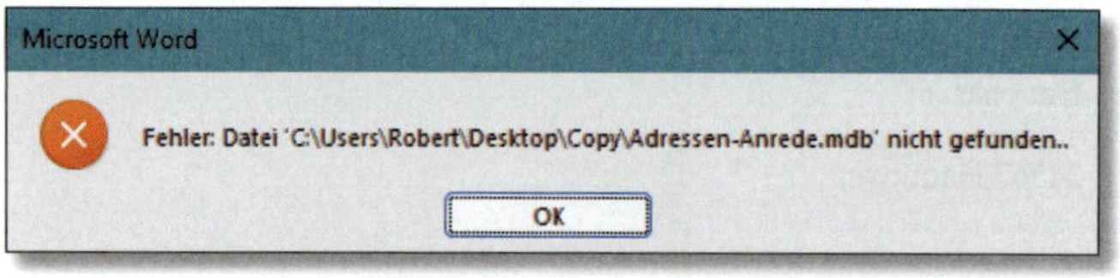

Abbildung 9.11 *Word bemängelt, dass es keine entsprechende Datei gibt (hier: »Adressen-Anrede.mdb«).*

Glücklicherweise zeigt Ihre Textverarbeitungssoftware nach einem Klick auf **OK** ein weiteres Dialogfeld an, mit dessen Hilfe sich die Verknüpfung reparieren lässt. Gehen Sie dazu bitte auf das Register **Verbindung**, und geben Sie den korrekten Speicherort des Dokuments in das Eingabefeld **Datenquelle** ein. So richtig schön ist das nicht, oder? Denn Sie müssen tatsächlich den Pfad eingeben, an dem sich die Adressdatei befindet. Ein Tippfehler, und schon ist alles für die Katz. Einfacher ist es, wenn Sie schlicht auf **Abbrechen** klicken. Dann nämlich erscheint ein weiterer Dialog, der Sie darauf hinweist, dass der Vorgang nicht beendet werden kann. Bestätigen Sie diesen Dialog nun mit **OK**, finden Sie endlich ein Fenster vor, in dem der Schalter **Datenquelle suchen** vorkommt. Mit einem Klick darauf können Sie zum Adressdokument navigieren, dieses anwählen und auf **Öffnen** klicken. Endlich! Ich gebe zu: Es hört sich kompliziert an, aber wenn Sie es erst einmal gemacht haben, läuft es fast wie von selbst. Probieren Sie es einmal aus, indem Sie den Dateinamen der Adressdaten verändern und dann das Word-Dokument öffnen.

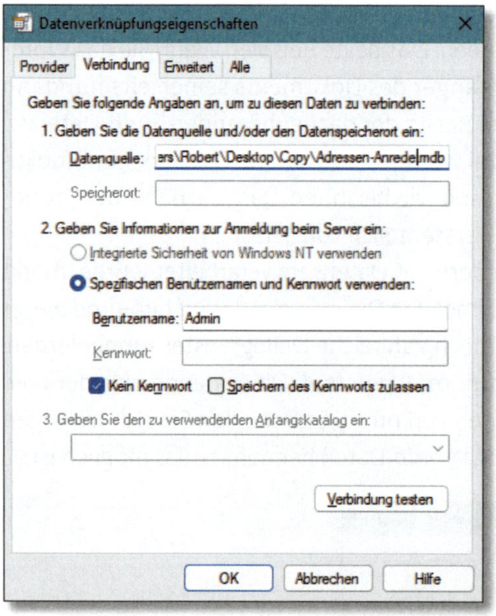

Abbildung 9.12 *Wenn Sie den genauen Speicherort wissen, können Sie die Verknüpfung hier aktualisieren.*

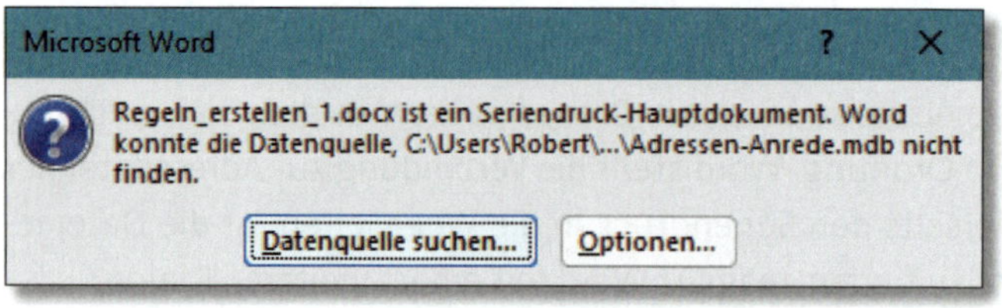

Abbildung 9.13 *Wer lieber klickt als tippt, bricht den zuvor genannten Dialog ab und kann die Datenquelle suchen. Das ist wesentlich komfortabler.*

INFO

Datensatz entkoppeln
Sie haben sicher längst festgestellt: Wenn ein Word-Dokument erst einmal mit einer Datenquelle verbunden ist, gehen die beiden eine feste Verbindung ein. Wollen Sie das Word-Dokument jedoch später einmal dauerhaft vom Datensatz trennen, klicken Sie bitte auf das Register **Sendungen** und benutzen dann den Schalter **Seriendruck starten** in der gleichnamigen Gruppe. Im Menü, das sich daraufhin öffnet, wählen Sie **Normales Word-Dokument**. Die Seriendruckfelder bleiben zwar erhalten, jedoch wird der Adressdatensatz entkoppelt. Vergessen Sie nicht, das Dokument anschließend unter einem neuen Namen abzuspeichern, damit das verknüpfte Original nicht überschrieben wird.

9.5 Standardformulierungen in Schnellbausteinen festhalten

Wer viel schreibt und dabei immer wieder gleiche Inhalte verwenden muss, sollte mit Schnellbausteinen arbeiten. Schauen Sie sich noch einmal das Dokument *Anschreiben.docx* an. Sie finden es im Ordner *09* der Beispieldateien. Im mittleren Absatz taucht der Hinweis auf, dass ältere Preislisten bei Erscheinen eines neuen Katalogs ihre Gültigkeit verlieren. Diese Passage können Sie auch in anderen Briefen verwenden – und zwar ohne neues Eintippen. Um einen neuen Schnellbaustein zu erzeugen, gehen Sie folgendermaßen vor:

1. Markieren Sie die Textstelle, die als Textbaustein verwendet werden soll. (Im Beispiel lautet der Satz: »Ältere Preislisten verlieren hiermit ihre Gültigkeit.«)
2. Klicken Sie in der Gruppe **Text** der Registerkarte **Einfügen** auf die Schaltfläche **Schnellbausteine**. Wählen Sie im Menü der Schaltfläche **Auswahl im Schnellbaustein-Katalog speichern**.

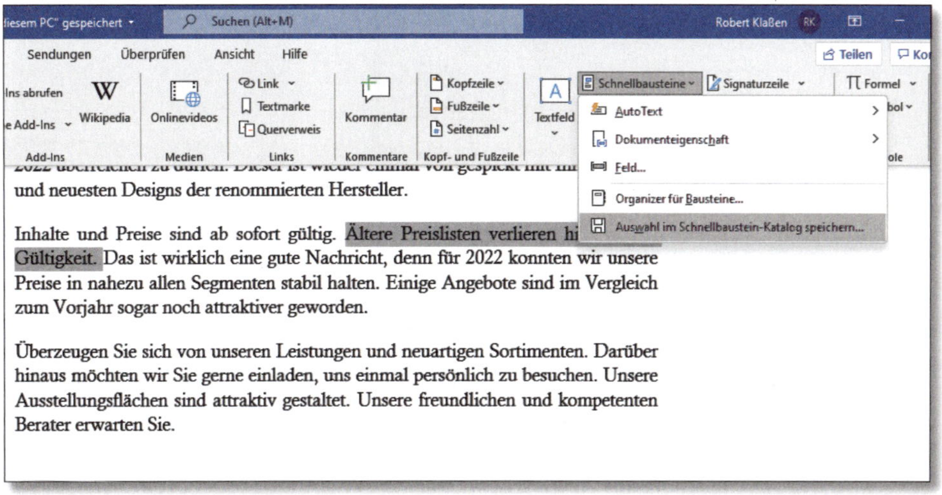

Suchen (Alt+M)
Robert Klaßen
Sendungen
Überprüfen
Ansicht
Hilfe
Teilen
Wikipedia
Onlinevideos
Link
Textmarke
Querverweis
Kommentar
Kopfzeile
Fußzeile
Seitenzahl
Textfeld
Schnellbausteine
Signaturzeile
Formel
Add-Ins
Medien
Links
Kommentare
Kopf- und Fußzeile
AutoText
Dokumenteigenschaft
Feld...
Organizer für Bausteine...
Auswahl im Schnellbaustein-Katalog speichern...
und neuesten Designs der renommierten Hersteller.
Inhalte und Preise sind ab sofort gültig. Ältere Preislisten verlieren hi
Gültigkeit. Das ist wirklich eine gute Nachricht, denn für 2022 konnten wir unsere Preise in nahezu allen Segmenten stabil halten. Einige Angebote sind im Vergleich zum Vorjahr sogar noch attraktiver geworden.
Überzeugen Sie sich von unseren Leistungen und neuartigen Sortimenten. Darüber hinaus möchten wir Sie gerne einladen, uns einmal persönlich zu besuchen. Unsere Ausstellungsflächen sind attraktiv gestaltet. Unsere freundlichen und kompetenten Berater erwarten Sie.

3 Benennen Sie den Baustein im obersten Eingabefeld des Dialogs **Neuen Baustein erstellen**, und legen Sie im Eingabefeld **Speichern in** fest, in welcher Vorlage dieser gespeichert werden soll. Bestätigen Sie Ihre Wahl per Klick auf **OK**.

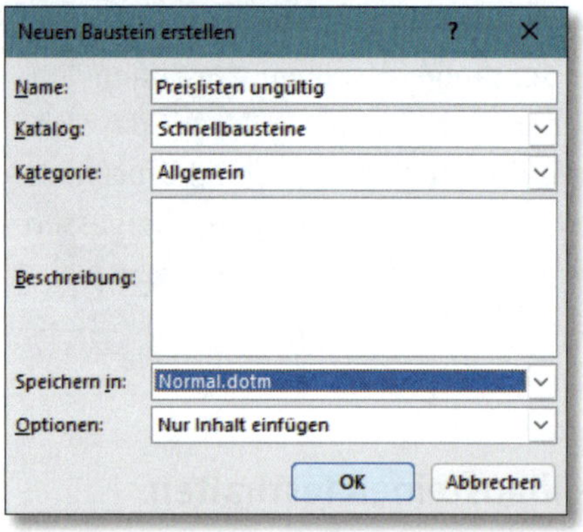

Da Schnellbausteine auch dokumentübergreifend genutzt werden können (siehe den Kasten »Bausteine dokumentübergreifend zur Verfügung stellen«), können Sie in jedem neuen Dokument auf die Schaltfläche **Schnellbausteine** (**Einfügen > Text**) klicken und besagten Wortlaut einfach per Mausklick an der aktuellen Position der Einfügemarke einsetzen.

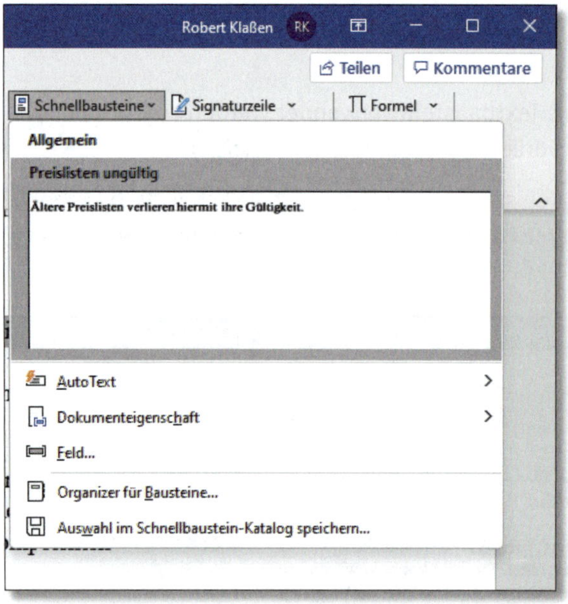

Abbildung 9.14 *Der Baustein kann per Mausklick eingesetzt werden.*

Auf diese Weise können Sie häufig verwendete Textteile immer wieder in Ihre Textdokumente einfügen und sich einiges an Textarbeit ersparen.

> **INFO**
>
> **Bausteine dokumentübergreifend zur Verfügung stellen**
> Standardmäßig wird im Dialog **Neuen Baustein erstellen** unter **Speichern in** die aktuelle Dokumentvorlage angeboten. Das ist im Beispieldokument nicht die Standardvorlage, sondern *Building Blocks.dotx*. Belassen Sie es bei dieser Einstellung, wird der Baustein künftig auch nur innerhalb dieser Vorlage zu finden sein. Stellen Sie aber auf *Normal.dotm* um, wird er Ihnen zukünftig in allen neuen Dokumenten zur Verfügung stehen.

Sie können auch später Änderungen an den Baustein-Eigenschaften vornehmen. Klicken Sie dazu auf die Schaltfläche **Schnellbausteine** (**Einfügen > Text**), und klicken Sie mit der rechten Maustaste auf den betreffenden Baustein. Wählen Sie dann im Kontextmenü **Organisieren und Löschen**.

Daraufhin öffnet sich der Dialog **Organizer für Bausteine**. Hier können Sie per Klick auf **Eigenschaften bearbeiten** den entsprechenden Baustein anpassen. Mit einem Klick auf die Schaltfläche **Löschen** können Sie den entsprechenden Baustein entfernen. Wirklich gelöscht ist der Baustein aber erst, nachdem Sie auch die Kontrollabfrage bestätigt haben. Das direkte Bearbeiten des Textes ist in dieser Form leider nicht möglich. Sollte sich inhaltlich eine Änderung ergeben, löschen Sie zunächst den vorhandenen Baustein und erstellen anschließend einen neuen.

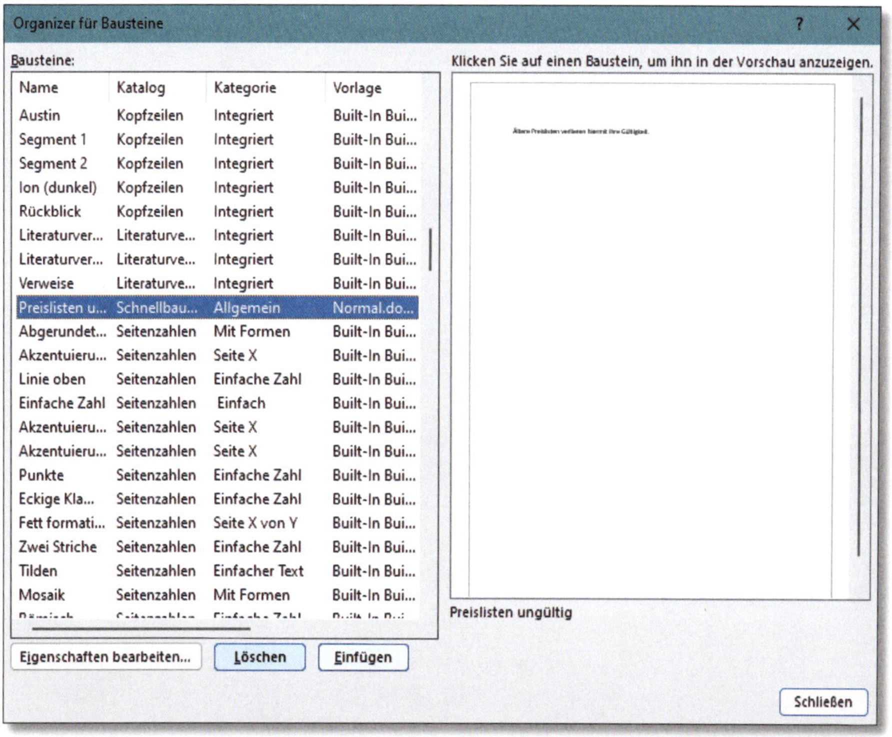

Abbildung 9.15 *Der Organizer für Bausteine*

Kapitel 10
Dokumente überprüfen

Wenn Sie in Word erstellte Texte weitergeben, sollten Sie stets dafür sorgen, dass »saubere« Dokumente Ihren Schreibtisch verlassen. Mit »sauber« ist aber nicht nur gemeint, dass sich möglichst keine Kaffeeflecken auf dem Papier befinden, sondern dass die Inhalte stimmen, Zitate sorgfältig recherchiert sind – und die Qualität des Dokuments vor allem nicht durch Rechtschreibfehler gemindert wird. Nutzen Sie dazu die umfangreichen Möglichkeiten Ihrer Textverarbeitungssoftware.

10.1 Die Silbentrennung nutzen

Vielleicht ist Ihnen bereits aufgefallen, dass die Zeilenlängen bei linksbündiger Textausrichtung (**Start > Absatz > Linksbündig ausrichten** oder Strg+L) stark schwanken. Kontrollieren Sie das doch einmal anhand der Beispieldatei *Computer heute.docx*, die Sie im Ordner *10* der Beispieldateien finden.

Computer heute

In Zeiten, in denen sich die Computerentwicklung derart rasant fortsetzt, ist es schwer, auf dem Laufenden zu bleiben. Immer wieder neue Artikel, schnellere Festplatten, bessere Geräte und leistungsfähigere Chips sollen das Leben erleichtern. Doch tun sie das wirklich? Zugleich erleben wir auch zunehmenden Zeitdruck, höhere Anforderungen und weniger Freizeit. Was tun wir uns da eigentlich an? Welche Auswirkungen hat Computerarbeit auf unsere Gesundheit?

Computer sind aus dem täglichen Leben nicht mehr wegzudenken. Wir nutzen Computer in allen Bereichen und Lebenslagen. Wer behauptet, er könne gänzlich ohne Computer auskommen, mag zwar die Wahrheit sagen, doch geht dies nicht ohne Einschränkungen des täglichen Lebens.

Wer beispielsweise eine Reise buchen möchte, der muss nicht mehr ins nächste Reisebüro gehen, sondern kann den Urlaub direkt via Internet buchen. Und noch besser: Er kann selbst den günstigsten Preis heraussuchen, ohne auf die Hilfe anderer angewiesen zu sein.

Computer halten immer mehr Einzug in unser tägliches Leben. Heutzutage gibt es bereits Kühlschränke, die selbständig jene Artikel nachordern, die wir zuvor entnommen haben. Zwar sind derartige Errungenschaften noch nicht wirklich serienreif, doch sie funktionieren bereits. Schöne neue Welt? Das muss jeder für sich selbst entscheiden.

Abbildung 10.1 *Die Zeilenlängen unterscheiden sich stark voneinander.*

Die Ursache dafür ist schnell gefunden: In diesem Dokument ist die automatische Silbentrennung nicht aktiviert.

Wörter mit Trennzeichen trennen

Sie können natürlich Wörter von Hand trennen. Schauen Sie beispielsweise in den letzten Absatz unseres Beispieldokuments *Computer heute.docx*. Würden Sie die Einfügemarke in das Wort »Kühlschränke« platzieren (sinnigerweise zwischen »Kühl« und »schränke«) und dort einen Trennstrich einfügen, würde der erste Teil des Wortes am Ende der vorangegangenen Zeile angefügt. Doch das ist nicht professionell. Denn der Trennstrich ist ein manuell eingegebenes Zeichen, das konsequent erhalten bleibt. Das bedeutet: Würde sich im Text etwas ändern, was auch Auswirkungen auf den Zeilenumbruch der betreffenden Passage hätte, bliebe der Trennstrich bestehen, egal ob das Wort an seiner neuen Position getrennt werden muss oder nicht.

Silbentrennung aktivieren

Gehen wir zunächst den einfachsten Weg – überlassen wir Word also die Aufgabe der Silbentrennung komplett allein. Dazu klicken Sie in der Gruppe **Seite einrichten** der Registerkarte **Layout** auf die Schaltfläche **Silbentrennung**. Wählen Sie im Menü die Option **Automatisch**. Beobachten Sie, welche Auswirkungen das auf den Beispieltext hat.

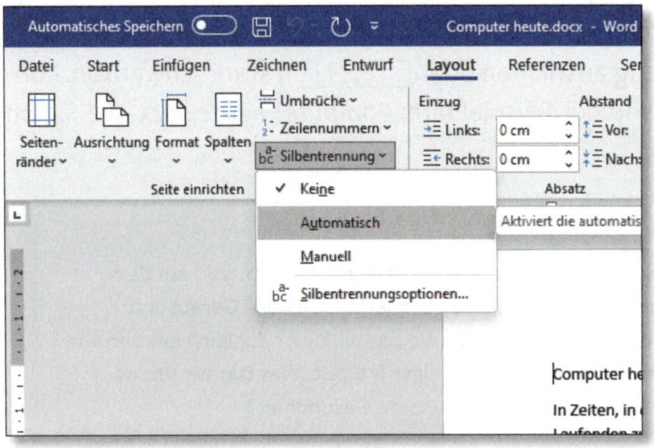

Abbildung 10.2 *Die Silbentrennung sorgt dafür, dass Zeilenenden von der Länge her sehr viel besser zusammenpassen.*

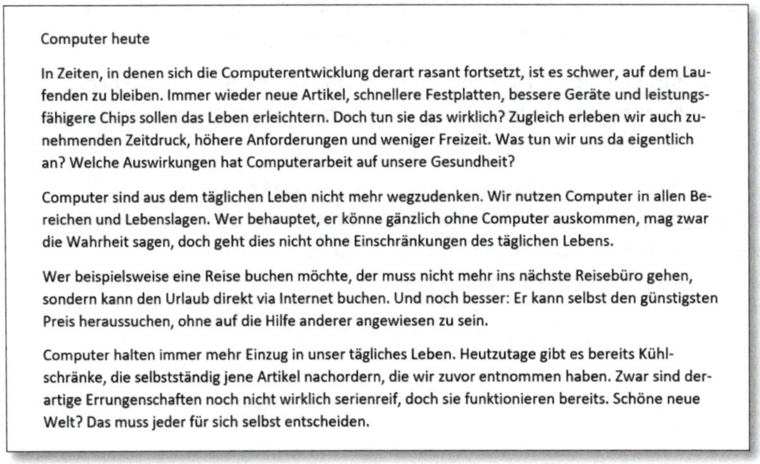

Computer heute

In Zeiten, in denen sich die Computerentwicklung derart rasant fortsetzt, ist es schwer, auf dem Laufenden zu bleiben. Immer wieder neue Artikel, schnellere Festplatten, bessere Geräte und leistungsfähigere Chips sollen das Leben erleichtern. Doch tun sie das wirklich? Zugleich erleben wir auch zunehmenden Zeitdruck, höhere Anforderungen und weniger Freizeit. Was tun wir uns da eigentlich an? Welche Auswirkungen hat Computerarbeit auf unsere Gesundheit?

Computer sind aus dem täglichen Leben nicht mehr wegzudenken. Wir nutzen Computer in allen Bereichen und Lebenslagen. Wer behauptet, er könne gänzlich ohne Computer auskommen, mag zwar die Wahrheit sagen, doch geht dies nicht ohne Einschränkungen des täglichen Lebens.

Wer beispielsweise eine Reise buchen möchte, der muss nicht mehr ins nächste Reisebüro gehen, sondern kann den Urlaub direkt via Internet buchen. Und noch besser: Er kann selbst den günstigsten Preis heraussuchen, ohne auf die Hilfe anderer angewiesen zu sein.

Computer halten immer mehr Einzug in unser tägliches Leben. Heutzutage gibt es bereits Kühlschränke, die selbstständig jene Artikel nachordern, die wir zuvor entnommen haben. Zwar sind derartige Errungenschaften noch nicht wirklich serienreif, doch sie funktionieren bereits. Schöne neue Welt? Das muss jeder für sich selbst entscheiden.

Abbildung 10.3 *Die Zeilenenden sehen jetzt viel harmonischer aus.*

Mit dieser Option trennt Word nun Wörter am Zeilenende automatisch und ermöglicht so einen gleichmäßigeren Textfluss innerhalb Ihres Dokuments. Würden Sie die Seitenränder vergrößern oder verkleinern, was einen anderen Zeilenumbruch zur Folge hätte, würden die Wörter dennoch sauber getrennt, ohne dass Sie selbst Hand anlegen müssten.

Manuelle Silbentrennung

Wenn Sie selbst Einfluss auf die Art der Trennung nehmen möchten, kommen Sie indes mit der automatischen Silbentrennung nicht weiter. Diese ist zwar praktisch, jedoch nimmt die Textverarbeitungssoftware Ihnen jegliche Entscheidungsmöglichkeit ab. Allerdings gibt es aber gute Gründe, bestimmte Wörter von Trennungen auszunehmen. Falls Sie beispielsweise nicht möchten, dass der Name Ihres Unternehmens getrennt wird, sollten Sie lieber manuell trennen.

Sollten Sie vorab bereits eine automatische Silbentrennung aktiviert haben, schalten Sie diese jetzt wieder aus (**Layout > Seite einrichten > Silbentrennung > Keine**). Wählen Sie stattdessen im Menü der Schaltfläche **Silbentrennung** die Option **Manuell**. Nun können Sie Wort für Wort entscheiden, ob Sie mit den Vorschlägen von Word einverstanden sind oder nicht.

Klicken Sie auf **Ja**, wenn Sie mit den Trennungsoptionen einverstanden sind. Ein Klick auf **Nein** bewirkt, dass das Wort nicht getrennt werden kann. Wollen Sie nur bestimmte Trennstellen zulassen, dürfen Sie auch angebotene Trennstriche entfernen. Würden Sie im Beispiel aus Abbildung 10.4 den markieren Trennstrich entfernen, könnte zwischen der ersten und zweiten Silbe nicht mehr getrennt werden, wohl aber zwischen der zweiten und dritten.

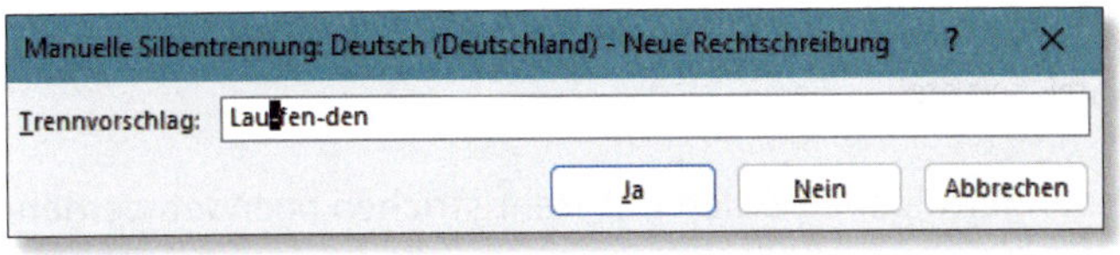

Abbildung 10.4 Jetzt wird jeder trennbare Begriff des Dokuments vorgestellt.

An dieser Stelle möchte ich Sie noch einmal auf das Menüband-Suchfeld ❶ aufmerksam machen. Würden Sie hier nämlich das Suchwort »Silbentrennung« eingeben, erhielten Sie gleich die Liste mit den soeben vorgestellten Funktionen ❷. Eine sinnvolle Office-Funktion.

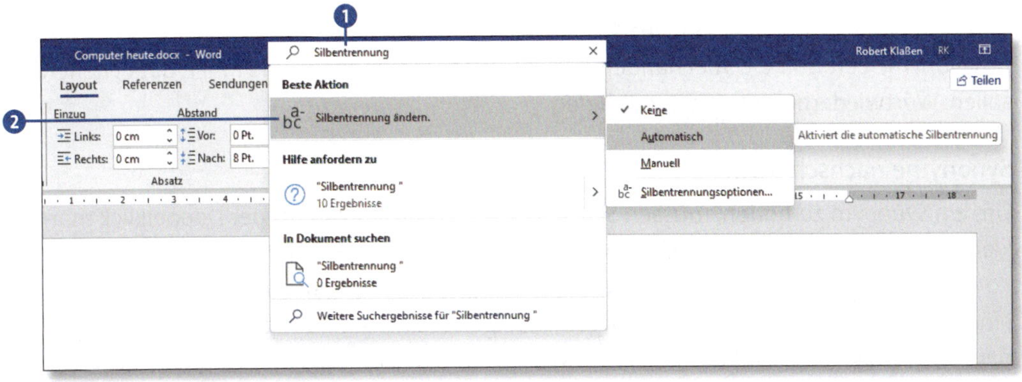

Abbildung 10.5 Die Silbentrennung kann auch via Suchfeld bedient werden.

Silbentrennungsoptionen

Wählen Sie im Menü der Schaltfläche **Silbentrennung** (**Layout > Seite einrichten**) den Punkt **Silbentrennungsoptionen**, haben Sie im folgenden Dialogfenster **Silbentrennung** ebenfalls die Wahl zwischen automatischer und manueller Silbentrennung. Bevorzugen Sie die Funktion **Automatische Silbentrennung**, aktivieren Sie die gleichnamige Checkbox mit einem Mausklick. Anderenfalls klicken Sie unten links auf **Manuell**.

Nun gibt es aber innerhalb dieses Dialogs eine sehr viel nützlichere Funktion, nämlich **Aufeinanderfolgende Trennstriche**. Wie Sie Abbildung 10.6 entnehmen können, ist hier standardmäßig **Unbegrenzt** eingestellt. Das bedeutet, es können so viele Zeilen hintereinander getrennt werden, wie Word für nötig erachtet.

Es ist stilistisch jedoch bedenklich, allzu viele aufeinanderfolgende Zeilen mit Trennstrichen enden zu lassen. Klicken Sie dreimal auf die Pfeilschaltfläche ❶. Aktivieren Sie zudem, falls noch nicht geschehen, die **Automatische Silbentrennung**, da diese ansonsten nicht wirksam werden kann. Zuletzt bestätigen Sie mit **OK**.

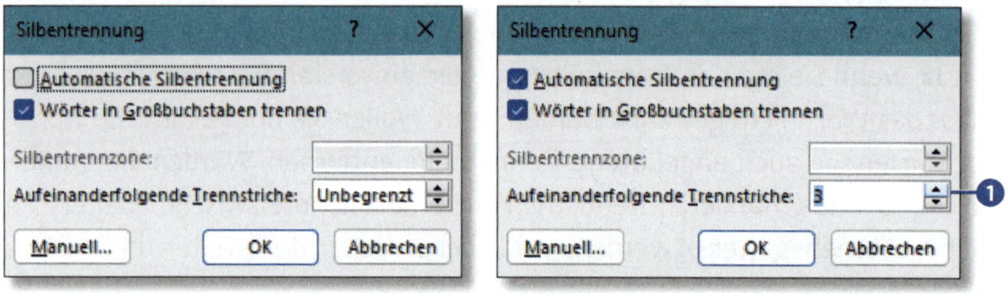

Abbildung 10.6 *Legen Sie fest, in wie vielen aufeinanderfolgenden Zeilen Trennstriche vorkommen dürfen. Im Allgemeinen reichen drei.*

Jetzt dürfen maximal drei aufeinanderfolgende Zeilen mit Trennstrichen beendet werden. Wäre auch in der vierten Zeile eine Trennung möglich, würde diese übersprungen.

10.2 Den Thesaurus verwenden

Das Wort *Thesaurus* bezeichnet nicht, wie man vielleicht annehmen könnte, ein gigantisches Urzeitreptil, sondern eine Art Wörterbuch, das neben Erklärungen auch sogenannte *Synonyme* bereithält. Dabei handelt es sich um Entsprechungen, die Ihnen dabei helfen sollen, Wortwiederholungen zu vermeiden.

Synonyme nachschlagen

Um ein Synonym zu finden, müssen Sie zunächst das Ausgangswort per Doppelklick markieren. Anschließend klicken Sie noch einmal mit rechts auf die markierte Stelle, um das Kontextmenü aufzurufen. Wählen Sie den Menüpunkt **Synonyme**, und lassen Sie sich in einer separaten Tafel die Entsprechungen anzeigen (siehe Abbildung 10.7). Wählen Sie einen der Einträge aus, wird das markierte Wort automatisch durch das Synonym ersetzt.

Thesaurus aktivieren

Markieren Sie auf der zuvor beschriebenen Tafel der Synonyme die unterste Zeile, öffnen Sie damit den Aufgabenbereich **Thesaurus**, der üblicherweise rechts neben dem Text erscheint. Alternativ könnten Sie dazu übrigens auch die Schaltfläche **Thesaurus** in der Gruppe **Rechtschreibung** der Registerkarte **Überprüfen** benutzen.

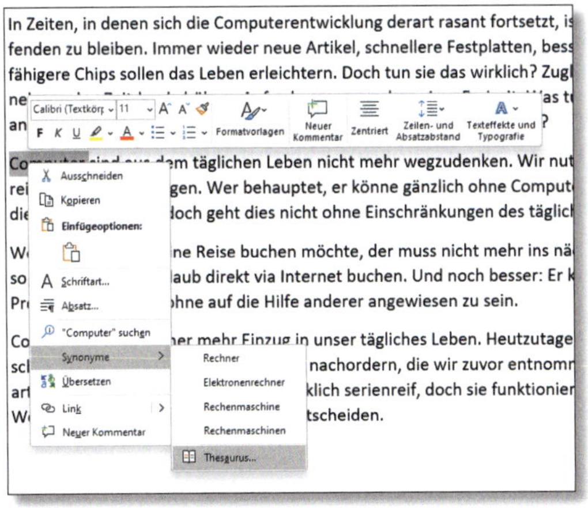
Ausschneiden
Kopieren
Einfügeoptionen:
Schriftart...
Absatz...
"Computer" suchen
Synonyme
Übersetzen
Link
Neuer Kommentar
Rechner
Elektronenrechner
Rechenmaschine
Rechenmaschinen
Thesaurus...

Abbildung 10.7 Öffnen Sie den Thesaurus direkt aus dem Kontextmenü heraus.

Sagt Ihnen einer der hier aufgeführten Begriffe zu, kann dieser allerdings nicht mit einem Klick zugewiesen werden. Vielmehr gelangen Sie mit dem Klick zu den Synonymen, die mit diesem Wort (hier: »Rechner«) verbunden sind. Um es zuzuweisen, klicken Sie auf die Dreieck-Schaltfläche und wählen im Kontextmenü **Einfügen**. In Ihrem Dokument wird daraufhin der zuvor markierte Begriff durch den neu gewählten ersetzt. Auf diese Weise können Sie u. a. unschöne Wortwiederholungen in einem Dokument vermeiden.

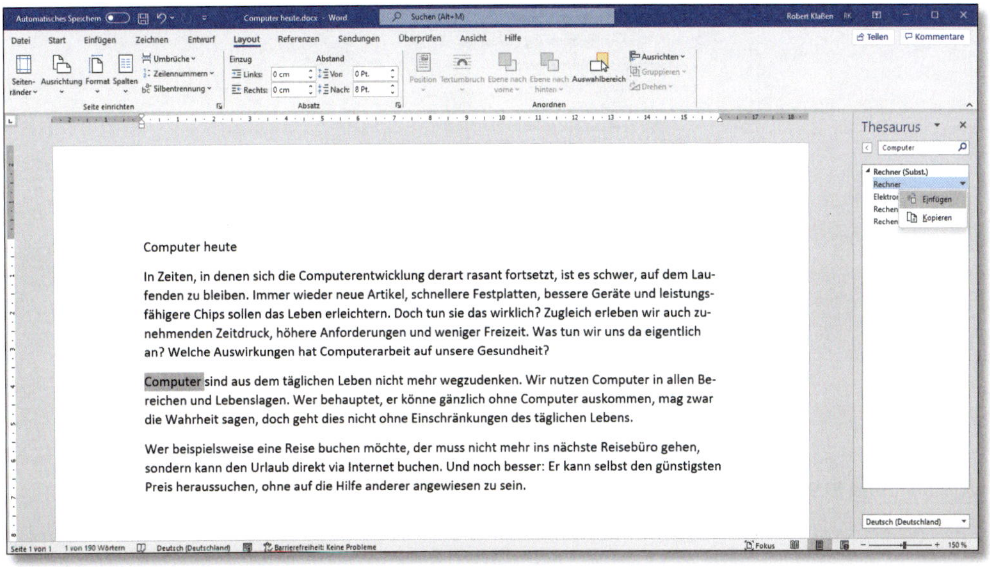
Thesaurus
Computer
Rechner (Subst.)
Rechner
Einfügen
Kopieren
Computer heute
In Zeiten, in denen sich die Computerentwicklung derart rasant fortsetzt, ist es schwer, auf dem Laufenden zu bleiben. Immer wieder neue Artikel, schnellere Festplatten, bessere Geräte und leistungsfähigere Chips sollen das Leben erleichtern. Doch tun sie das wirklich? Zugleich erleben wir auch zunehmenden Zeitdruck, höhere Anforderungen und weniger Freizeit. Was tun wir uns da eigentlich an? Welche Auswirkungen hat Computerarbeit auf unsere Gesundheit?
Computer sind aus dem täglichen Leben nicht mehr wegzudenken. Wir nutzen Computer in allen Bereichen und Lebenslagen. Wer behauptet, er könne gänzlich ohne Computer auskommen, mag zwar die Wahrheit sagen, doch geht dies nicht ohne Einschränkungen des täglichen Lebens.
Wer beispielsweise eine Reise buchen möchte, der muss nicht mehr ins nächste Reisebüro gehen, sondern kann den Urlaub direkt via Internet buchen. Und noch besser: Er kann selbst den günstigsten Preis heraussuchen, ohne auf die Hilfe anderer angewiesen zu sein.
Deutsch (Deutschland)

Abbildung 10.8 Entscheiden Sie, ob Sie das Wort einfügen oder in die Zwischenablage kopieren wollen.

Schauen Sie einmal in den unteren Bereich des Aufgabenbereichs **Thesaurus**. Hier finden Sie erklärende Hinweise zum markierten Begriff. Wenn Sie sich zudem anhören möchten, wie ein Wort ausgesprochen wird, klicken Sie auf das Lautsprechersymbol, um es sich vorlesen zu lassen. Bitte erwarten Sie jedoch nicht allzu viel von der Sprachwiedergabe. Spätestens dann, wenn Fremdwörter verwendet werden, können Sie nicht mehr darauf bauen, dass diese korrekt vorgetragen werden.

Wörterbücher herunterladen

Sollte zu der von Ihnen verwendeten Sprache derzeit kein Wörterbuch installiert sein, wird ein entsprechender Hinweis ausgegeben. Klicken Sie in diesem Fall auf **Wörterbuch abrufen**. Daraufhin öffnet sich auf der rechten Seite der Aufgabenbereich **Wörterbücher**. Klicken Sie hier auf **Herunterladen**. Sollten Sie nicht angemeldet sein bzw. sollte das Herunterladen auf diesem Wege nicht möglich sein, können Sie auch über die Rubrik **Optionen** der Backstage-Ansicht (**Datei**) die Word-Optionen aufrufen und **Dokumentprüfung** in der linken Spalte anwählen. Etwa in der Mitte des Dialogs finden Sie einen Button, der mit **Benutzerwörterbücher** betitelt ist. Ein Klick darauf reicht, um Zugang zu den Wörterbüchern zu erhalten.

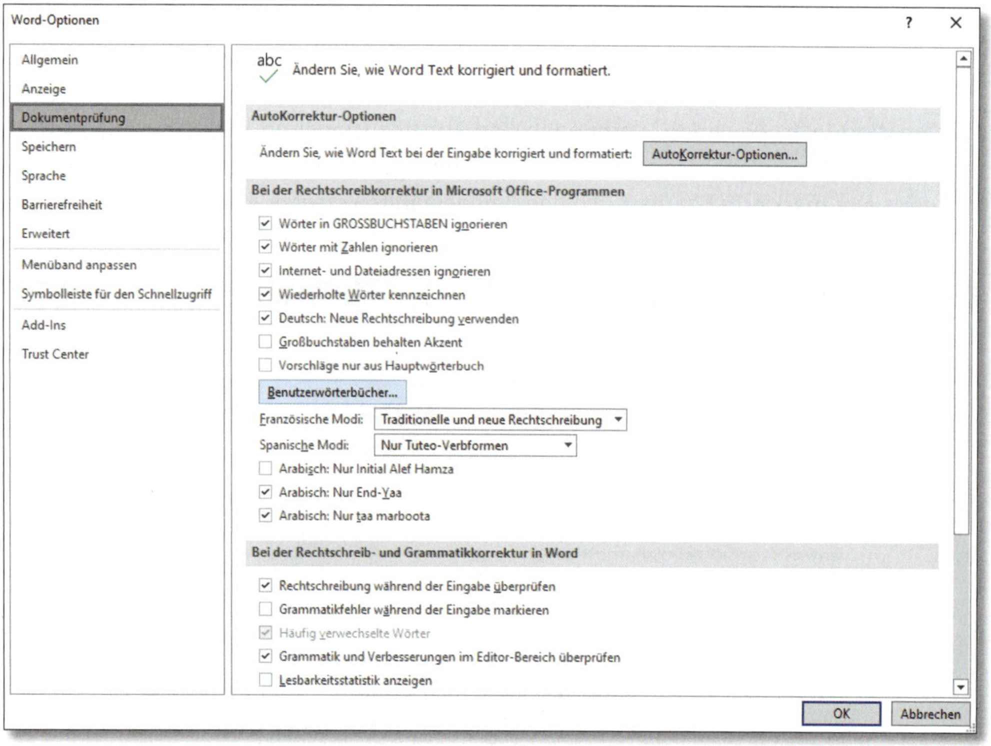

Abbildung 10.9 *Der Zugriff auf Wörterbücher ist auch über die Word-Optionen möglich.*

INFO

Installierte Wörterbücher

Wenn Sie einmal wissen wollen, welche Wörterbücher installiert sind, begeben Sie sich zunächst in die Backstage-Ansicht (**Datei**). Klicken Sie dort auf die Rubrik **Optionen**. Aktivieren Sie im Dialogfenster **Word-Optionen** in der linken Spalte die Rubrik **Dokumentprüfung**. Klicken Sie im Bereich **Bei der Rechtschreibkorrektur in Microsoft Office-Programmen** auf die Schaltfläche **Benutzerwörterbücher**. Daraufhin werden Ihnen die installierten Wörterbücher im Folgedialog angezeigt. Nicht mehr benötigte Wörterbücher können Sie hier übrigens auch löschen.

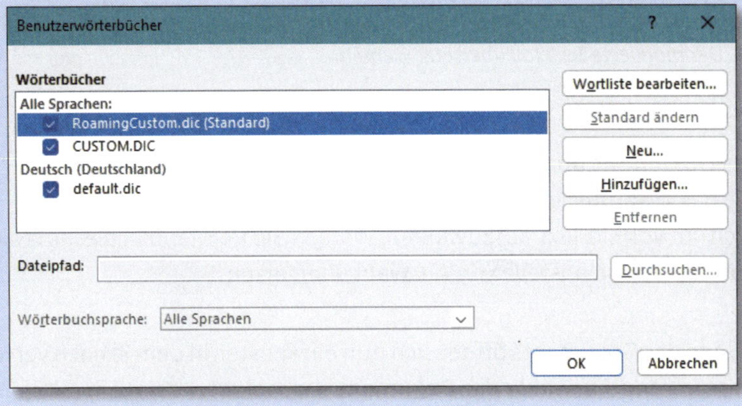

Abbildung 10.10 *Hier finden Sie die installierten Wörterbücher. Fügen Sie bei Bedarf neue hinzu.*

10.3 Recherchieren und übersetzen

Word beinhaltet auch eine Übersetzungsfunktion, die es möglich macht, einzelne Wörter auf die Schnelle in eine andere Sprache zu übertragen. Voraussetzung dafür ist natürlich, dass entsprechende Wörterbücher vorhanden sind. Lesen Sie dazu auch den Unterabschnitt »Wörterbücher herunterladen« auf der vorigen Seite 352 und den Kasten »Installierte Wörterbücher«.

Ein Wort recherchieren und übersetzen

Öffnen Sie zunächst das Dokument *Computer heute.docx* aus dem Ordner *10* der Beispieldateien. Hier markieren Sie den kompletten ersten Satz des zweiten Absatzes (»Computer sind ...«). Klicken Sie als Nächstes auf die Schaltfläche **Übersetzen** in der Gruppe **Sprache** der Registerkarte **Überprüfen**. Entscheiden Sie sich im Auswahlmenü der Schaltfläche für die Option **Auswahl übersetzen**.

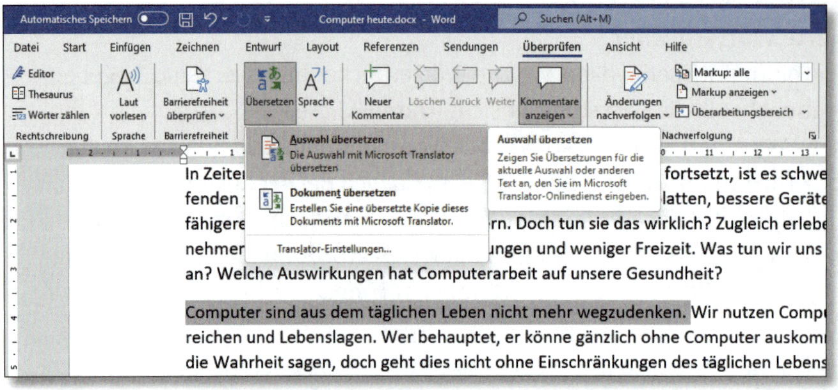

Abbildung 10.11 *Der markierte Text soll übersetzt werden.*

> **INFO**
>
> **Gesamtes Dokument übersetzen**
>
> Wollen Sie das gesamte Dokument übersetzen? Dann ist es natürlich nicht erforderlich, im Vorfeld Text auszuwählen. Wählen Sie im Menü in diesem Fall **Dokument übersetzen** anstelle von **Auswahl übersetzen**.

Auf der rechten Seite des Dokuments öffnet sich nun ein Fenster, in dem je nach verwendetem Übersetzungsumfang **Auswahl** oder **Dokument** angezeigt wird. Im Eingabefeld wurde (zum Glück) Deutsch erkannt, sodass hier keine weiteren Einstellungen vonnöten sind. Der Word-Übersetzer erkennt die Quellsprache in der Regel absolut zuverlässig. Anschließend müssen Sie im Feld **Nach** die Sprache wählen, in die die Auswahl (oder das gesamte Dokument) transferiert werden soll, und zuletzt auf **Einfügen** klicken. Schon wird der markierte deutsche Satz ersetzt – hier durch den französischen.

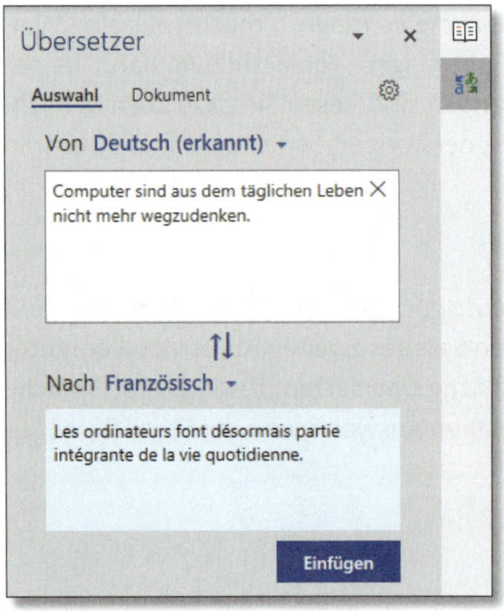

Abbildung 10.12 *Ändern Sie bei Bedarf die Übersetzungssprache.*

Der Übersetzer ist in den letzten Jahren immer weiter verbessert worden und erfüllt seine Aufgabe jetzt schon recht ordentlich. Allerdings sind Fachtexte noch immer eine Herausforderung, weshalb es sich lohnt, die Qualität der Übersetzung zunächst einmal infrage zu stellen. Der Google-Translator (*translate.google.com*) stellt eine Alternative dar.

10.4 Dokumente korrigieren

Was die Korrektur von Dokumenten angeht, sind vor allem zwei Word-Funktionen besonders hilfreich. Zum einen werden Fehler markiert, zum anderen ist die Anwendung in der Lage, einige Korrekturen ganz automatisch durchzuführen.

Manuelle Korrektur

Word kennzeichnet Fehler mit Unterstreichungen. Stoßen Sie auf ein solches Wort, gibt es zwei Möglichkeiten, wie Sie mit dem Wort verfahren. Sollten Sie sich tatsächlich vertippt haben, klicken Sie das unterstrichene Wort mit rechts an und wählen neben dem Kontextmenü-Eintrag **Rechtschreibung** den entsprechenden Korrekturvorschlag per Klick aus (mitunter stellt Word auch mehrere Alternativen zur Verfügung).

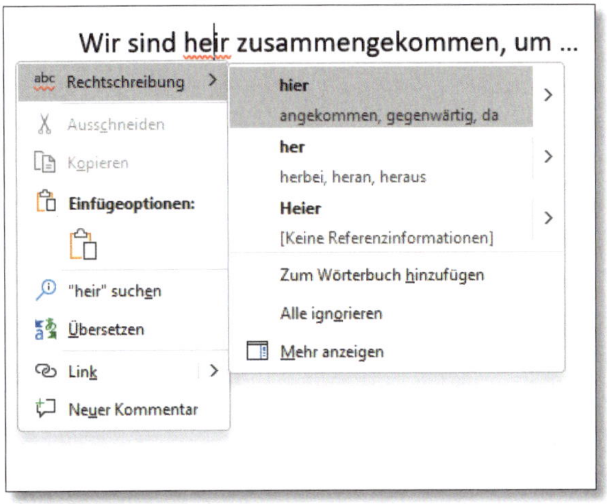

Abbildung 10.13 *Wählen Sie das zu korrigierende Wort aus der Liste aus.*

Es ist aber auch denkbar, dass Word ein Wort ganz einfach nicht kennt. Folgerichtig werden auch keine passenden Korrekturen vorgeschlagen. Ist das Wort richtig geschrieben, der Anwendung jedoch lediglich nicht bekannt, können Sie auf **Alle ignorieren** klicken, woraufhin das Wort im gesamten Dokument von der Korrektur ausgenommen wird. Sie können das Wort aber auch gleich Ihrem persönlichen Wörterbuch hinzufügen, indem Sie auf den entsprechenden Eintrag im Kontextmenü klicken. (Das Wort wird in beiden Fällen fortan nicht wieder unterstrichen.)

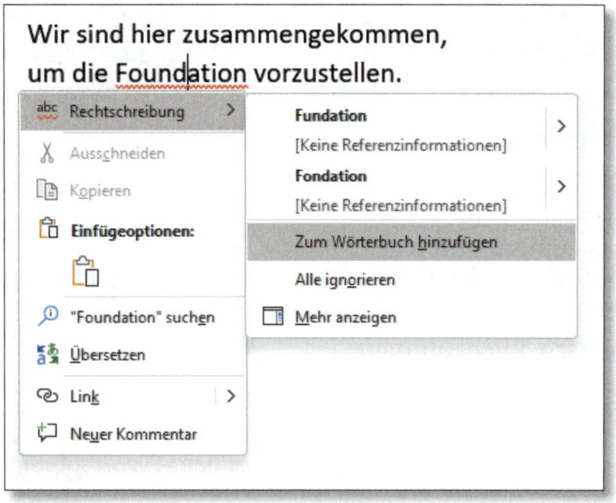

Abbildung 10.14 *Nehmen Sie unbekannte Wörter in das Wörterbuch auf.*

Klicken Sie mit der linken Maustaste auf ein unterstrichenes Wort, bietet Word Begriffe an, die der Anwendung logischer erscheinen (hier: »Fundation« und »Fondation«). Ist Ihnen eines dieser Angebote recht, wählen Sie es an.

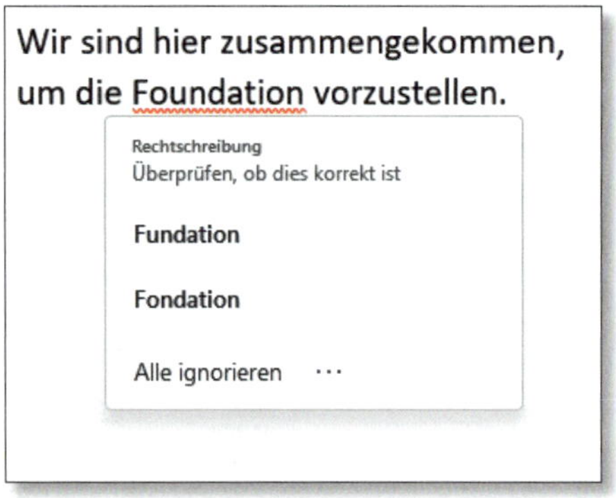

Abbildung 10.15 *Ist eine akzeptable Alternative dabei? Dann klicken Sie diese im Menü an.*

Den Editor benutzen

Ein neu integrierter Editor hilft Ihnen vor allem dann, wenn Sie selbst nicht sicher sind, ob ein Begriff, eine Formulierung oder vielleicht sagar das gesamte Dokument lesbar und vor allem verständlich ist. Klicken Sie dazu in der Gruppe **Rechtschreibung** der Registerkarte **Überprüfen** auf **Editor**. Bei der ersten Benutzung wartet die Anwendung gleich mit einer Info auf, die Sie mit **Alles klar** in die Versenkung schicken können. Sie kennen das schon: Auf der rechten Seite wird nun ein Dialog geöffnet, der Ihnen dabei behilflich ist, Ihr Dokument zu durchforsten.

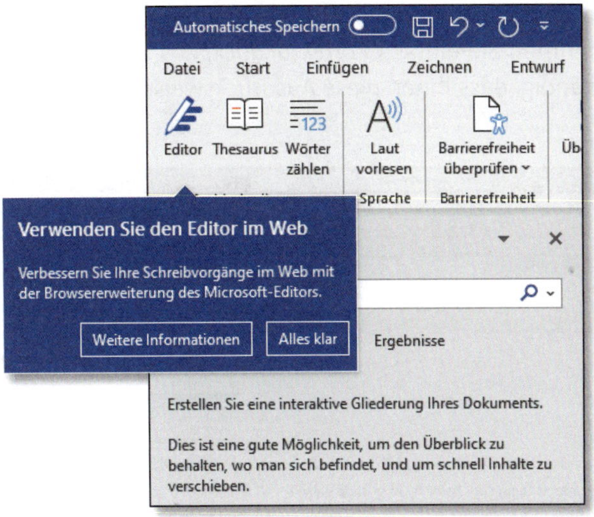
Automatisches Speichern
Datei
Start
Einfügen
Zeichnen
Entwurf
Editor
Thesaurus
Wörter zählen
Laut vorlesen
Barrierefreiheit überprüfen
Sprache
Barrierefreiheit
Verwenden Sie den Editor im Web
Verbessern Sie Ihre Schreibvorgänge im Web mit der Browsererweiterung des Microsoft-Editors.
Weitere Informationen
Alles klar
Ergebnisse
Erstellen Sie eine interaktive Gliederung Ihres Dokuments.
Dies ist eine gute Möglichkeit, um den Überblick zu behalten, wo man sich befindet, und um schnell Inhalte zu verschieben.

Abbildung 10.16 *Word ist ja immer gern behilflich, wenn es Klärungsbedarf gibt.*

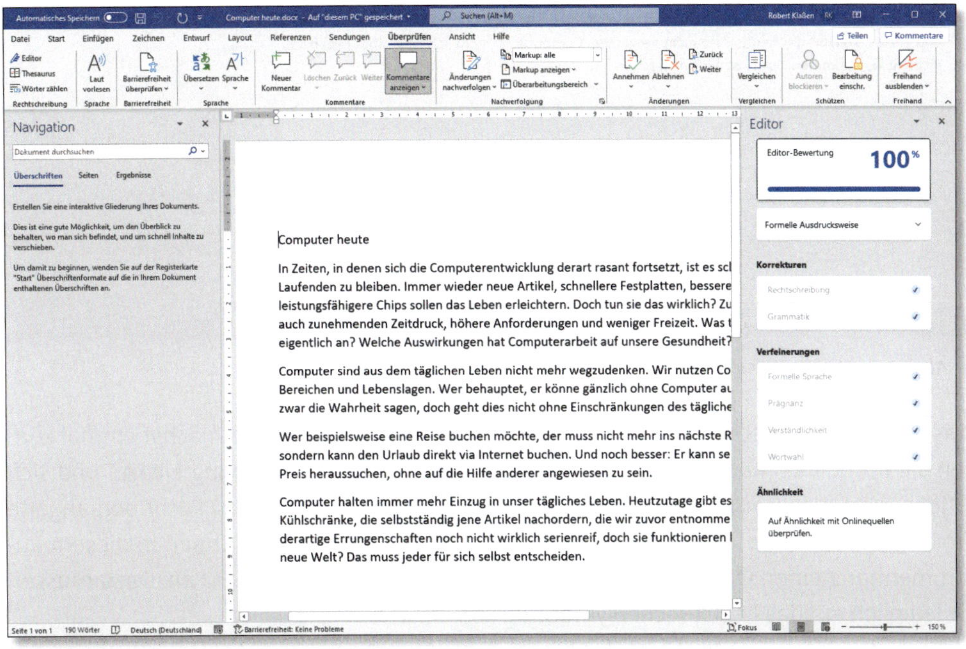
Navigation
Editor
Editor-Bewertung
100%
Formelle Ausdrucksweise
Korrekturen
Verfeinerungen
Ähnlichkeit
Auf Ähnlichkeit mit Onlinequellen überprüfen.
Computer heute
In Zeiten, in denen sich die Computerentwicklung derart rasant fortsetzt, ist es scl
Laufenden zu bleiben. Immer wieder neue Artikel, schnellere Festplatten, bessere
leistungsfähigere Chips sollen das Leben erleichtern. Doch tun sie das wirklich? Zu
auch zunehmenden Zeitdruck, höhere Anforderungen und weniger Freizeit. Was t
eigentlich an? Welche Auswirkungen hat Computerarbeit auf unsere Gesundheit?
Computer sind aus dem täglichen Leben nicht mehr wegzudenken. Wir nutzen Co
Bereichen und Lebenslagen. Wer behauptet, er könne gänzlich ohne Computer au
zwar die Wahrheit sagen, doch geht dies nicht ohne Einschränkungen des tägliche
Wer beispielsweise eine Reise buchen möchte, der muss nicht mehr ins nächste R
sondern kann den Urlaub direkt via Internet buchen. Und noch besser: Er kann se
Preis heraussuchen, ohne auf die Hilfe anderer angewiesen zu sein.
Computer halten immer mehr Einzug in unser tägliches Leben. Heutzutage gibt es
Kühlschränke, die selbstständig jene Artikel nachordern, die wir zuvor entnomme
derartige Errungenschaften noch nicht wirklich serienreif, doch sie funktionieren l
neue Welt? Das muss jeder für sich selbst entscheiden.

Abbildung 10.17 *Der Editor hilft bei der Recherche.*

Sie sehen: Mit unserem Beispieldokument *Computer heute.docx* ist alles in bester Ordnung, die Editor-Bewertung liegt bei 100 %. Das ist top – mehr geht nicht –, was mich als Autor natürlich besonders freut. Denn Sie müssen wissen, dass ich dieses Dokument bereits vor Jahren, genauer gesagt zum Buch »Office 2013« benutzt hatte, als es den Editor noch gar nicht gab. Doch genug der Selbstbeweihräucherung – Sie wollen natürlich erfahren, was Sie tun müssen, wenn ein Dokument einmal »nicht« so unproblematisch daherkommt. Das sollen Sie auch – nehmen Sie einfach *Korrektur.docx*, das ich Ende 2021 geschrieben habe. Ich hoffe nur inständig, dass Ihnen diese Ausdrucksweise nicht besser gefällt als der Stil von 2013.

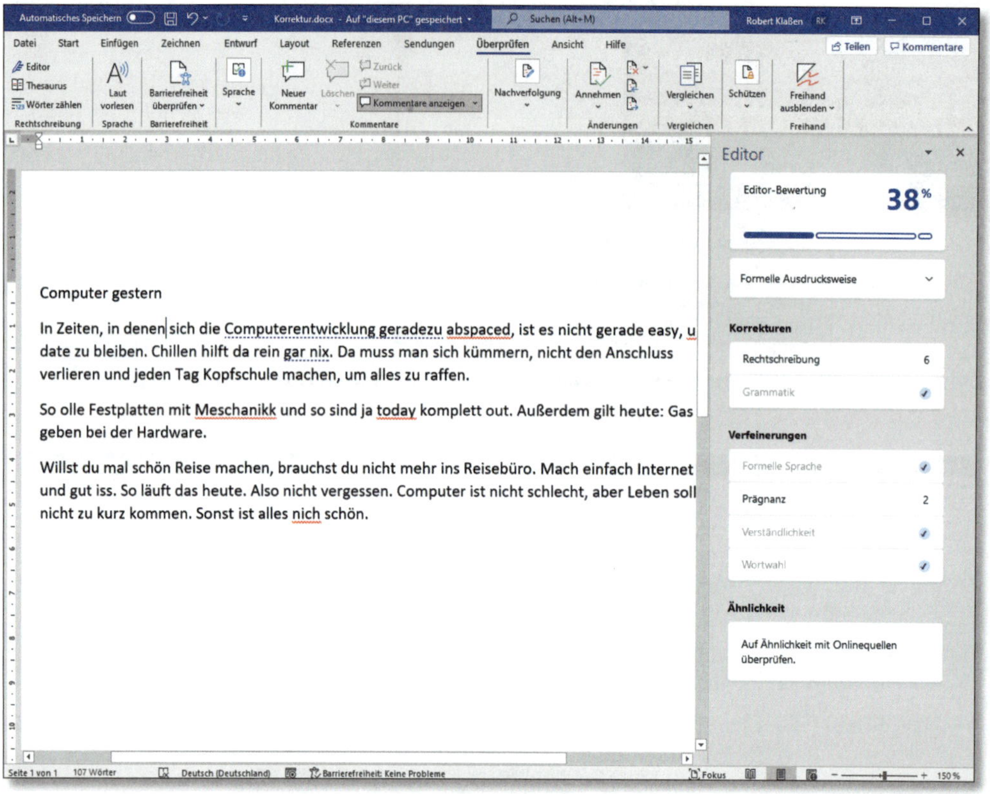

Abbildung 10.18 *Hier läuft einiges aus dem Ruder.*

Was? Nur 38 %? Ein echter Schock! Doch was können wir tun? Nun, zunächst einmal können Sie im Bereich **Korrekturen** der rechten Spalte auf **Rechtschreibung** klicken und sich all jene Wörter zu Gemüte führen, die Word markiert hat. Das erste, zu Recht bemängelte Wort ist »abspaced«. Ich wollte es herausnehmen, doch möchte ich Ihnen in diesem Zusammenhang einen Ohrenschmaus gönnen. Hören Sie sich diesen Satz an. Dazu müssen Sie lediglich auf das Lautsprechersymbol klicken.

Wenn der Editor ein Wort zuordnen kann (bei »Meschanikk« ist das beispielsweise der Fall), wird die korrekte Schreibweise angeboten. Klicken Sie auf das angebotene Wort, wird es im Text automatisch ersetzt und der Editor springt zum nächsten vermeintlichen Fehler. Auch hier ist es im Übrigen möglich, sich das Wort nebst angebotenen Entsprechungen anzuhören. Klicken Sie dazu mit der rechten Maustaste auf das Wort, und entscheiden Sie sich für **Laut vorlesen**.

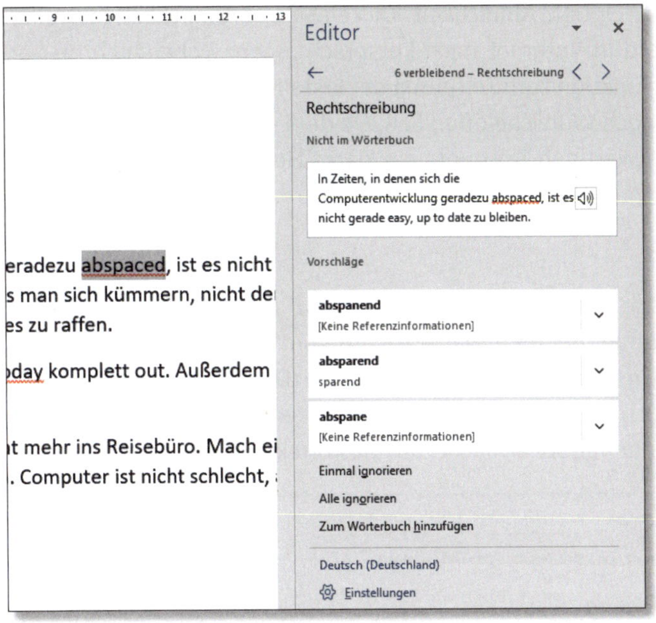

Abbildung 10.19 Sieht nicht gut aus, hört sich aber exzellent an. Klicken Sie auf den Lautsprecher, um sich den Text vorlesen zu lassen.

Möchten Sie einen Begriff von der Korrektur ausnehmen, klicken Sie auf **Einmal ignorieren** bzw., wenn Sie wissen, dass es mehrfach vorkommt, auf **Alle ignorieren**. Mit den Pfeilspitzen oben rechts können Sie im Übrigen jederzeit zum nächsten oder vorhergehenden Begriff springen, und mit dem Pfeil oben links kehren Sie zur Standardansicht des Editors zurück.

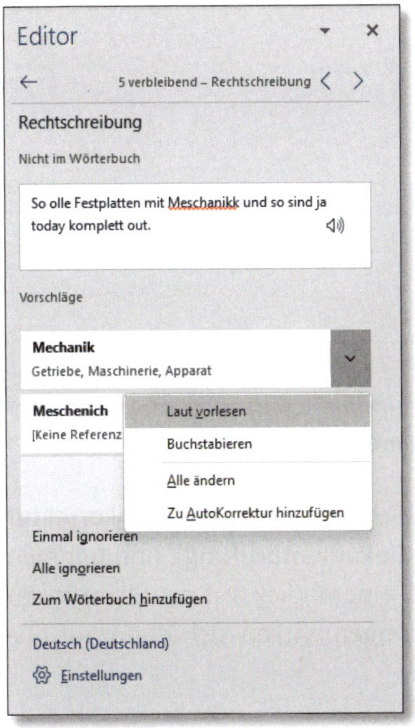

Abbildung 10.20 Hier entfaltet der Editor sein ganzes Können.

Interessant ist auch die unterste Option, **Ähnlichkeit**. Klicken Sie auf **Ähnlichkeit in Onlinequellen überprüfen**, sucht Word im Internet nach Entsprechungen, wobei auch hier erwähnt werden muss, dass die Funktion zum Zeitpunkt der Erstellung dieses Buches – man kann es nicht anders sagen – noch Wünsche offen ließ. Ob der Editor die Internet-Recherche ersetzen kann? Zum gegenwärtigen Zeitpunkt ein klares Nein! Aber er ist auf einem guten Weg.

Korrekturoptionen

Nun müssen Sie Word nicht alle Entscheidungen in Bezug auf die Korrektur überlassen. Vielmehr können Sie Einfluss darauf nehmen, was korrigiert wird und in welcher Form dies zu geschehen hat. Dazu begeben Sie sich in die Word-Optionen (**Datei > Optionen**). Wählen Sie in der linken Spalte die Rubrik **Dokumentprüfung**, und klicken Sie im Bereich **AutoKorrektur-Optionen** auf die gleichnamige Schaltfläche, um die Korrekturoptionen anzupassen.

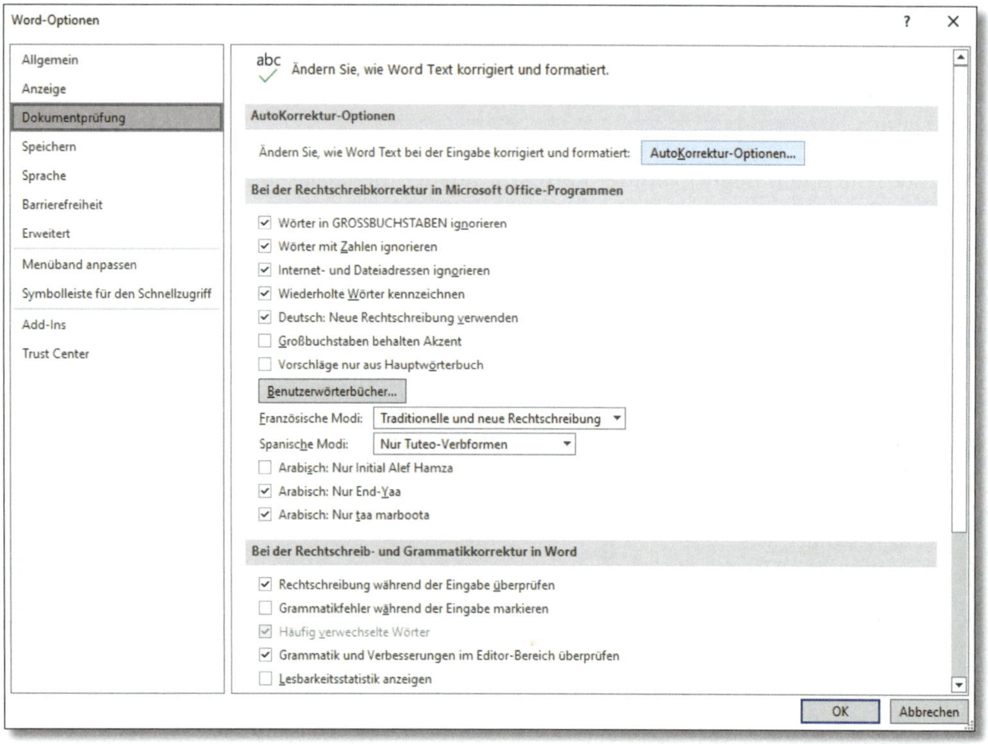

Abbildung 10.21 *Definieren Sie Ihre persönlichen AutoKorrektur-Optionen.*

Schauen Sie sich außerdem einmal die Optionen im Bereich **Bei der Rechtschreibkorrektur in Microsoft Office-Programmen** an (**Word-Optionen > Dokumentprüfung**), und nehmen Sie hier gegebenenfalls Änderungen vor, indem Sie mit einem Klick auf die Checkboxen eine Option aktivieren oder deaktivieren. Diese Änderungen wirken sich dann auf alle Office-Anwendungen auf Ihrem Computer aus.

10.5 Die Einstellungen für das Nachverfolgen von Änderungen anpassen

Wenn mehrere Personen an einem Dokument arbeiten, ist es sinnvoll, dass sich alle Beteiligten über Änderungen auf dem Laufenden halten. Der Erste, der ein bereits erstelltes Dokument erhält und bearbeitet, muss dazu die Schaltfläche **Änderungen nachverfolgen** ❶ in der Gruppe **Nachverfolgung** der Registerkarte **Überprüfen** aktivieren – und zwar noch ehe er selbst Änderungen am Dokument vornimmt. Bei Textänderungen ist auffällig, dass neben einer grauen Markierung am linken Seitenrand neuer Text in Rot hinzugefügt wird, während der alte Text erhalten bleibt. Dieser wird lediglich durchgestrichen. Dafür verantwortlich ist das Auswahlmenü **Anzeige zur Überarbeitung** ❷, das standardmäßig auf **Markup: alle** eingestellt ist.

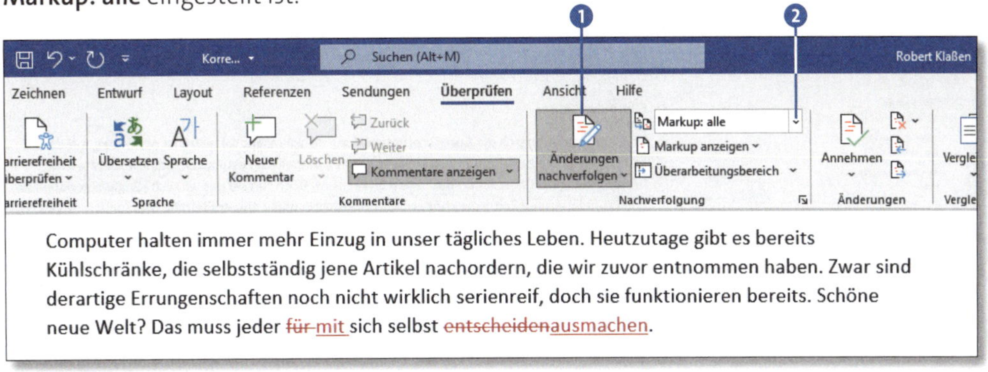

▲ ***Abbildung 10.22** Neuer und entfernter Text bleiben gleichermaßen erhalten.*

Wählen Sie im Auswahlmenü **Anzeige zur Überarbeitung** beispielsweise die Option **Einfaches Markup**, wird Ihnen daraufhin im Text nur noch das geänderte Ergebnis angezeigt. Zudem erscheint auf der linken Seite ein roter Balken als Hinweis auf eine Änderung. Die Funktion **Markup: keine** entfernt letztendlich auch diesen roten Balken. Textänderungen werden nicht mehr angezeigt. **Original** bedeutet, dass das Dokument ohne jegliche Änderungen (also im Originalzustand vor der Bearbeitung) dargestellt wird.

> **INFO**
>
> **Markup-Anzeige**
>
> Markups sind im Prinzip nichts anderes als Markierungen. Welche Arten von Markups angezeigt werden, bestimmen Sie über **Markup anzeigen** (**Überprüfen > Nachverfolgung**). Vorangestellte Häkchen bedeuten, dass diese Arten von Markups sichtbar sind. Klicken Sie auf einen entsprechenden Eintrag, wird das Häkchen entfernt und dieses Markup fortan nicht mehr angezeigt. Um die Funktion wieder zu aktivieren, müssen Sie den Eintrag erneut anklicken.

Änderungen anzeigen

Ist ein Bearbeiter mit seinem Job fertig, speichert er das Dokument und gibt es an den Nächsten im Bunde weiter. Bei ihm ist **Änderungen nachverfolgen** nun standardmäßig bereits aktiviert. Zudem erscheint der Aufgabenbereich **Überarbeitungen** auf der linken Seite der Anwendung. Sollte dieser nicht angezeigt werden, können Sie ihn mit einem Klick auf **Überarbeitungsbereich** in der Gruppe **Nachverfolgung** der Registerkarte **Überprüfen** hinzufügen. Was nun im Einzelnen geändert worden ist, kann diesem Dialog entnommen werden. Klicken Sie auf die einzelnen Überarbeitungen, springen Sie automatisch zu der entsprechenden Textstelle im Dokument. Überdies kann der nächste Bearbeiter, so er es denn möchte, auch wieder über das Auswahlmenü **Anzeige zur Überarbeitung** alle Markups innerhalb des Textes anzeigen lassen.

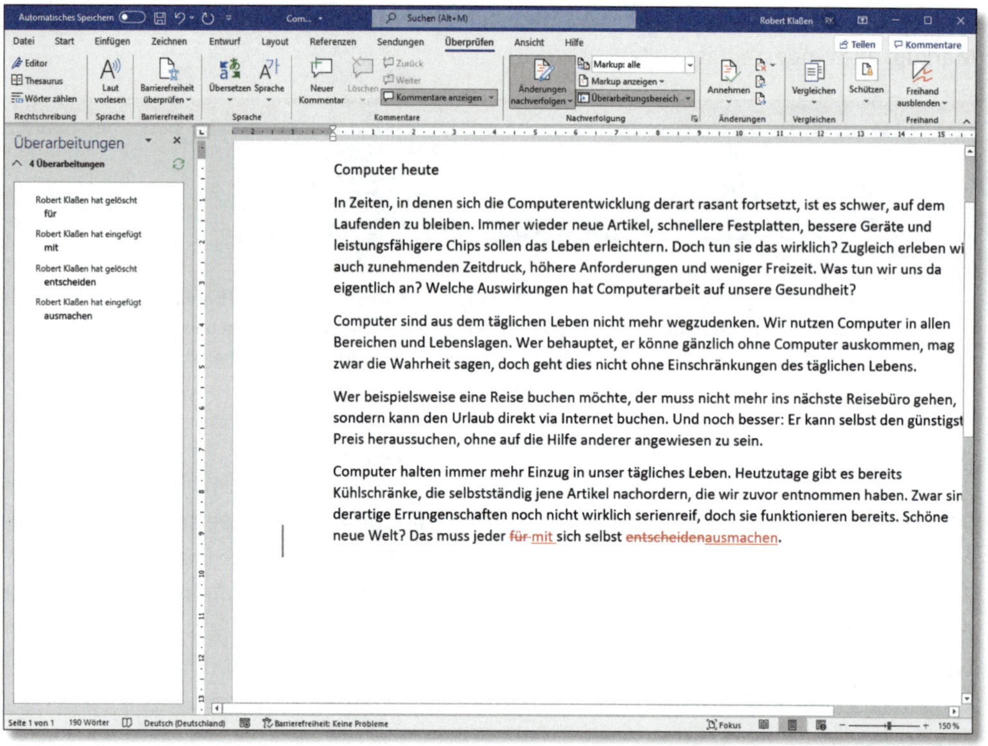
Automatisches Speichern
Suchen (Alt+M)
Robert Klaßen
Datei
Start
Einfügen
Zeichnen
Entwurf
Layout
Referenzen
Sendungen
Überprüfen
Ansicht
Hilfe
Teilen
Kommentare
Editor
Thesaurus
Wörter zählen
Rechtschreibung
Laut vorlesen
Sprache
Barrierefreiheit überprüfen
Barrierefreiheit
Übersetzen
Sprache
Neuer Kommentar
Löschen
Zurück
Weiter
Kommentare anzeigen
Kommentare
Änderungen nachverfolgen
Markup: alle
Markup anzeigen
Überarbeitungsbereich
Nachverfolgung
Annehmen
Änderungen
Vergleichen
Schützen
Freihand ausblenden
Freihand
Überarbeitungen
4 Überarbeitungen
Robert Klaßen hat gelöscht
für
Robert Klaßen hat eingefügt
mit
Robert Klaßen hat gelöscht
entscheiden
Robert Klaßen hat eingefügt
ausmachen
Computer heute
In Zeiten, in denen sich die Computerentwicklung derart rasant fortsetzt, ist es schwer, auf dem Laufenden zu bleiben. Immer wieder neue Artikel, schnellere Festplatten, bessere Geräte und leistungsfähigere Chips sollen das Leben erleichtern. Doch tun sie das wirklich? Zugleich erleben wi auch zunehmenden Zeitdruck, höhere Anforderungen und weniger Freizeit. Was tun wir uns da eigentlich an? Welche Auswirkungen hat Computerarbeit auf unsere Gesundheit?
Computer sind aus dem täglichen Leben nicht mehr wegzudenken. Wir nutzen Computer in allen Bereichen und Lebenslagen. Wer behauptet, er könne gänzlich ohne Computer auskommen, mag zwar die Wahrheit sagen, doch geht dies nicht ohne Einschränkungen des täglichen Lebens.
Wer beispielsweise eine Reise buchen möchte, der muss nicht mehr ins nächste Reisebüro gehen, sondern kann den Urlaub direkt via Internet buchen. Und noch besser: Er kann selbst den günstigst Preis heraussuchen, ohne auf die Hilfe anderer angewiesen zu sein.
Computer halten immer mehr Einzug in unser tägliches Leben. Heutzutage gibt es bereits Kühlschränke, die selbstständig jene Artikel nachordern, die wir zuvor entnommen haben. Zwar sir derartige Errungenschaften noch nicht wirklich serienreif, doch sie funktionieren bereits. Schöne neue Welt? Das muss jeder für mit sich selbst entscheidenausmachen.
Seite 1 von 1
190 Wörter
Deutsch (Deutschland)
Barrierefreiheit: Keine Probleme
Fokus
150 %

Abbildung 10.23 *Stellen Sie »Markup: alle« ein, wenn Sie den alten und den neuen Text wieder gleichzeitig im Dokument sehen wollen.*

Auf diese Weise lässt sich leicht nachvollziehen, welche Bearbeitungsstufen ein Dokument durchlaufen hat. Wenn die Bearbeitung nachverfolgt wird, können Sie außerdem schnell entscheiden, welche Änderungen Bestand haben sollen oder welche Sie doch lieber rückgängig machen möchten.

Änderungen annehmen oder ablehnen

Der Empfänger des Dokuments kann mithilfe der Schaltflächen **Zurück** und **Weiter** in der Gruppe **Änderungen** der Registerkarte **Überprüfen** nun von Korrektur zu Korrektur springen und diese überprüfen.

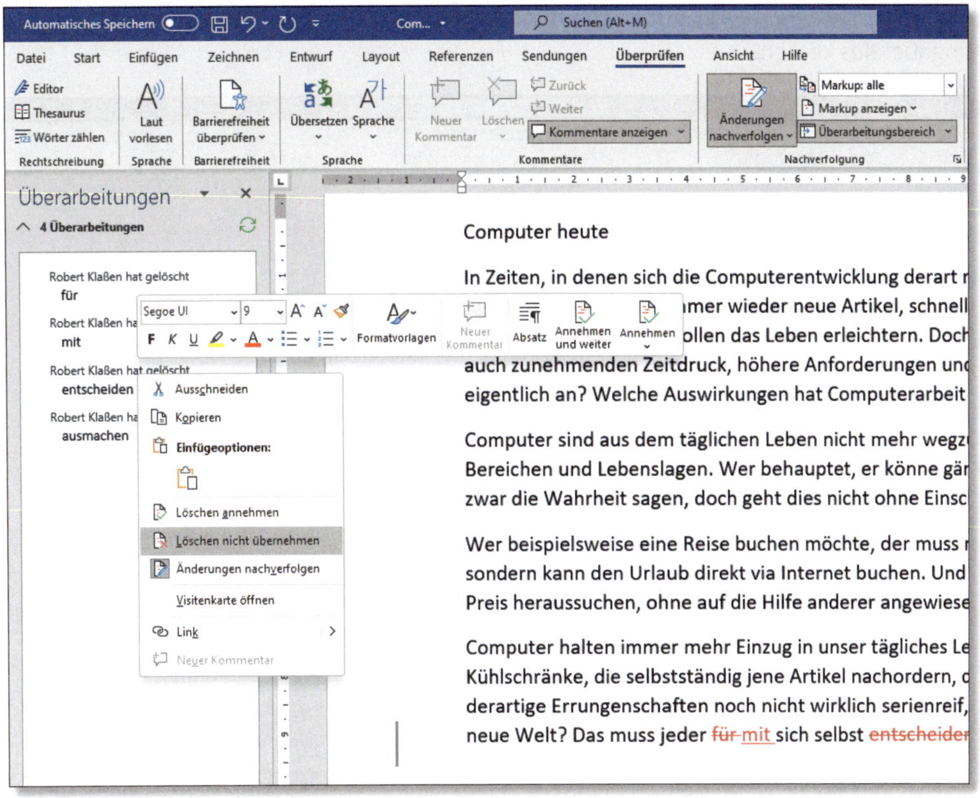

Abbildung 10.24 Änderungen eines Bearbeiters können übernommen oder auch verworfen werden.

Hier kann er außerdem entscheiden, ob er die Änderung des Vorgängers annehmen oder ablehnen will. Entsprechend seiner Wahl werden die Änderungen im Dokument ohne Hervorhebung eingefügt oder entfernt. Für welche Option Sie sich entscheiden, legen Sie nach einem Rechtsklick auf den Überarbeitungseintrag fest.

10.6 Mit Kommentaren arbeiten

Im letzten Abschnitt haben Sie erfahren, wie jeder der Teamkollegen Änderungen am Dokument vornehmen und diese allen anderen zugänglich machen kann. Zudem lassen sich Änderungen annehmen oder verwerfen. Was aber, wenn es noch Diskussionsbedarf gibt? Möglicherweise muss der eine oder andere Kollege ja sein Einverständnis geben. In diesem Fall können Sie mit Kommentaren arbeiten.

Einen Kommentar hinzufügen

Fügen Sie einen Kommentar an eine bestimmte Textstelle ein, indem Sie die Einfügemarke an der entsprechenden Stelle platzieren und anschließend auf **Neuer Kommentar** innerhalb der Gruppe **Kommentare** der Registerkarte **Überprüfen** klicken. Daraufhin wird am rechten Rand ein Kommentarfeld eingefügt, in das Sie nun Ihren Kommentar eintragen können. Posten Sie den Kommentar, indem Sie auf die blaue Schaltfläche unterhalb des Eingabefelds klicken.

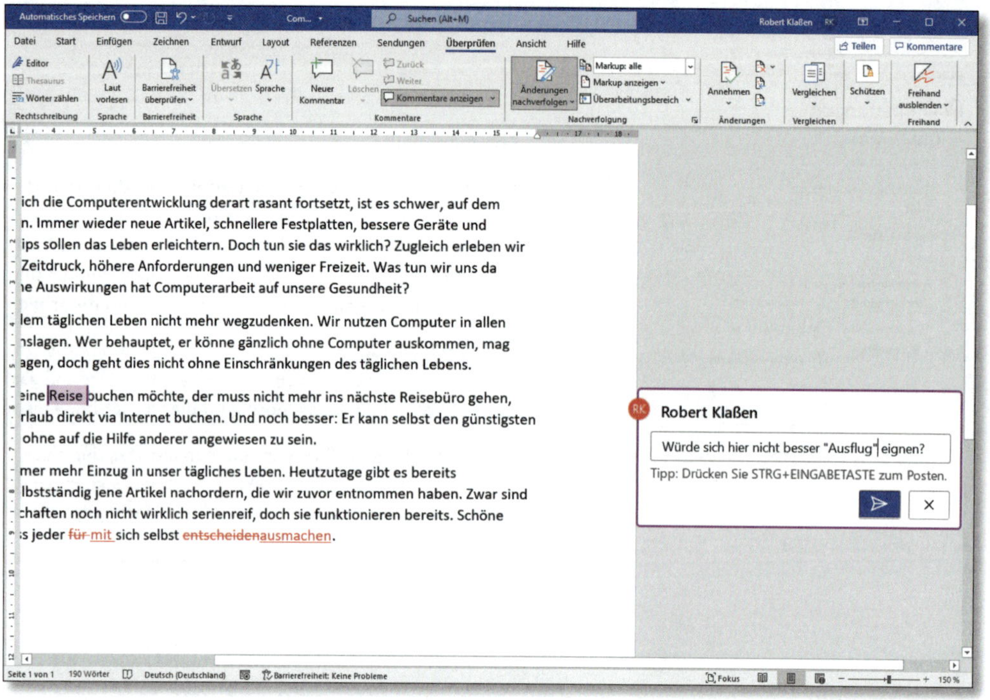

Abbildung 10.25 *Ein Kommentar wird hinzugefügt.*

Noch einfacher geht es, indem Sie die Schaltfläche **Kommentare** oben rechts in der Kopfleiste benutzen. Entscheiden Sie sich im Aufklappmenü für **Neuer Kommentar**. Die Darstellung ist hier etwas anders, da sich rechts in Word nun die Kommentarspalte zeigt, die insgesamt weniger Platz verschlingt als die zuvor erwähnte Methode.

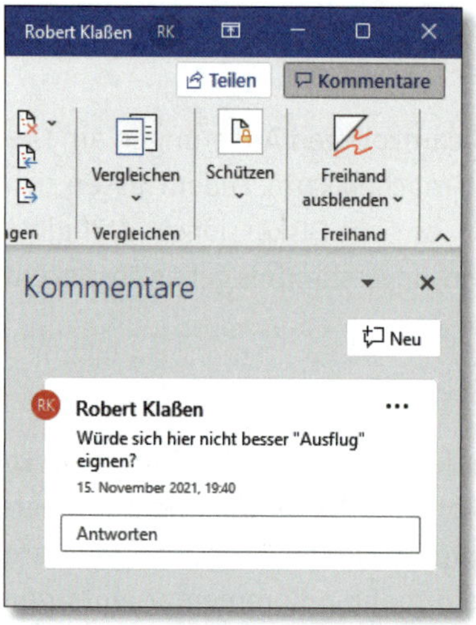

Abbildung 10.26 *Fügen Sie Kommentare über die Kopfleiste ein.*

Die Kommentare werden von Word automatisch mit dem Namen des Benutzers versehen, sodass Sie schnell sehen können, wer welchen Kommentar eingefügt hat.

Kommentare bearbeiten

Der Empfänger eines Dokuments mit Kommentaren kann diese genauso sehen wie der Absender. Beantworten Sie den Kommentar, indem Sie gleich auf **Antworten** klicken. Mehr Optionen stehen Ihnen zur Verfügung, wenn Sie einen Mausklick auf die Drei-Punkte-Schaltfläche oben rechts im Kommentar setzen. Hier besteht beispielsweise auch die Möglichkeit, den Kommentar zu löschen, falls dieser für die weitere Dokumentbearbeitung nicht mehr benötigt wird.

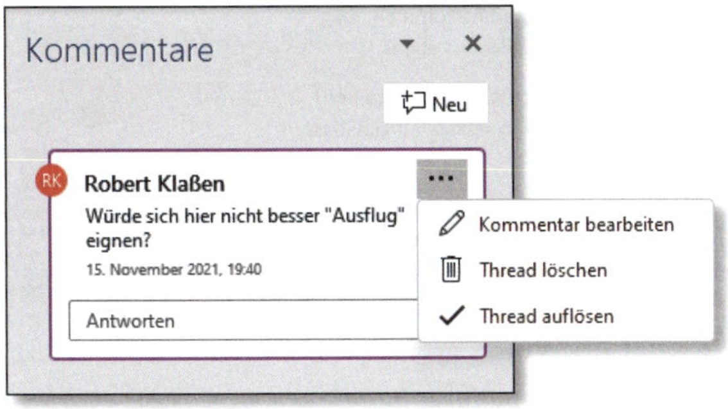

Abbildung 10.27 Mit einem Klick auf die drei Punkte lässt sich auch bei Kommentaren ein nützliches Kontextmenü aufrufen.

Übrigens: Wenn Sie eine Antwort zu einem bestehenden Kommentar hinzufügen, wird diese direkt unterhalb und etwas eingerückt dargestellt. Der ursprüngliche Kommentar bleibt erhalten. So entsteht also eine Art Dialog.

10.7 Dokumente akustisch überprüfen

Word wartete in der 2019er-Version mit einer interessanten Neuerung auf, die vor allem, aber nicht nur, für Menschen mit Behinderung ausgesprochen nützlich ist. Mit ihr ist es möglich, Dokumente laut vorlesen zu lassen. Die Qualität der Sprachausgabe ist wirklich gut. Probieren Sie es selbst einmal aus.

Dokumente laut vorlesen lassen

Platzieren Sie die Einfügemarke an der Position, an der mit dem Vorlesen begonnen werden soll. Danach begeben Sie sich auf die Registerkarte **Überprüfen** und klicken in der Kategorie **Sprache** auf **Laut vorlesen**. Und schon geht's los. Das Wort, das gerade an der Reihe ist, wird im Text entsprechend markiert. Steuern Sie die Ausgabe über die kleinen Schaltflächen, die sich oben rechts gleich unterhalb des Menübands zeigen.

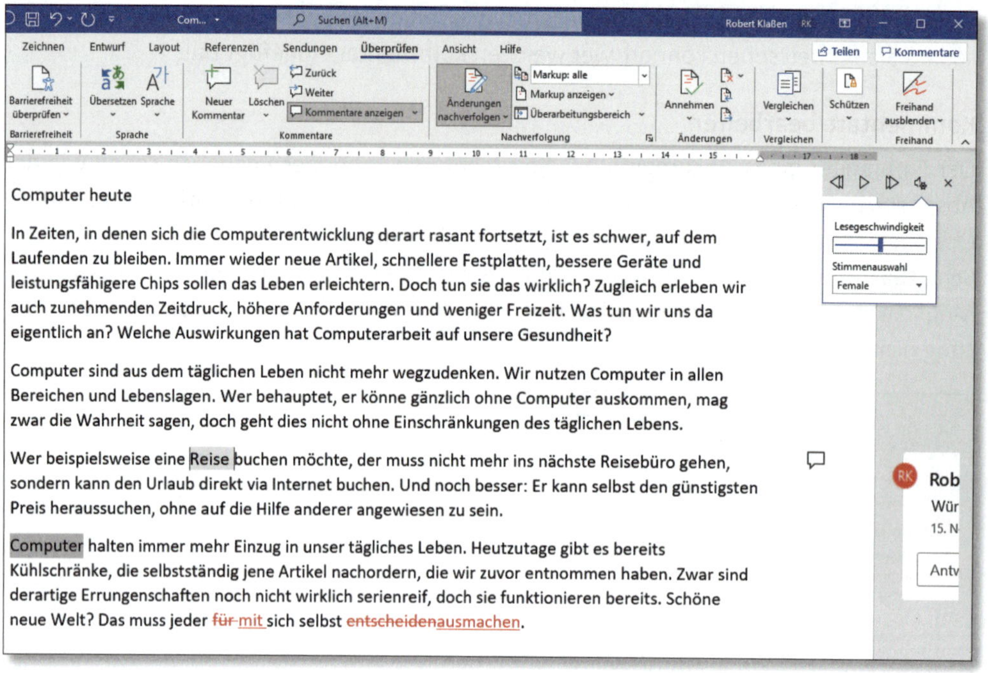
Suchen (Alt+M)
Robert Klaßen
Zeichnen
Entwurf
Layout
Referenzen
Sendungen
Überprüfen
Ansicht
Hilfe
Teilen
Kommentare
Barrierefreiheit überprüfen
Übersetzen
Sprache
Neuer Kommentar
Löschen
Zurück
Weiter
Kommentare anzeigen
Änderungen nachverfolgen
Markup: alle
Markup anzeigen
Überarbeitungsbereich
Annehmen
Vergleichen
Schützen
Freihand ausblenden
Barrierefreiheit
Sprache
Kommentare
Nachverfolgung
Änderungen
Vergleichen
Freihand
Lesegeschwindigkeit
Stimmenauswahl
Female
Computer heute
In Zeiten, in denen sich die Computerentwicklung derart rasant fortsetzt, ist es schwer, auf dem Laufenden zu bleiben. Immer wieder neue Artikel, schnellere Festplatten, bessere Geräte und leistungsfähigere Chips sollen das Leben erleichtern. Doch tun sie das wirklich? Zugleich erleben wir auch zunehmenden Zeitdruck, höhere Anforderungen und weniger Freizeit. Was tun wir uns da eigentlich an? Welche Auswirkungen hat Computerarbeit auf unsere Gesundheit?
Computer sind aus dem täglichen Leben nicht mehr wegzudenken. Wir nutzen Computer in allen Bereichen und Lebenslagen. Wer behauptet, er könne gänzlich ohne Computer auskommen, mag zwar die Wahrheit sagen, doch geht dies nicht ohne Einschränkungen des täglichen Lebens.
Wer beispielsweise eine Reise buchen möchte, der muss nicht mehr ins nächste Reisebüro gehen, sondern kann den Urlaub direkt via Internet buchen. Und noch besser: Er kann selbst den günstigsten Preis heraussuchen, ohne auf die Hilfe anderer angewiesen zu sein.
Computer halten immer mehr Einzug in unser tägliches Leben. Heutzutage gibt es bereits Kühlschränke, die selbstständig jene Artikel nachordern, die wir zuvor entnommen haben. Zwar sind derartige Errungenschaften noch nicht wirklich serienreif, doch sie funktionieren bereits. Schöne neue Welt? Das muss jeder für mit sich selbst entscheidenausmachen.
Rob
Wür
15. N
Antw

Abbildung 10.28 *Die Sprachausgabe funktioniert nahezu perfekt.*

Mit einem Klick auf den vorletzten Button lassen sich Einstelloptionen festlegen. Auf diese Weise können Sie die Vorlesegeschwindigkeit ebenso anpassen wie die Stimme der oder des Vorlesenden.

> **INFO**
>
> **Nachverfolgung deaktivieren**
> Bitte bedenken Sie, dass Word alles vorliest, was aktuell auf dem Monitor angezeigt wird (mit Ausnahme von Kommentaren). Sollten Sie also die Nachverfolgung aktiviert haben, (**Markup: alle** in der Gruppe **Nachverfolgung** des Registers **Überprüfen**), werden auch die gestrichenen und rot eingefärbten Textstellen mitgelesen. Stellen Sie daher besser um auf **Markup: keine**.

Lerntools nutzen

Ganz ähnlich wie die zuvor genannte Funktion läuft es bei den Lerntools ab. Hier offenbaren sich dem Anweder sogar noch weitere Optionen. So lässt sich neben der Vorlese-Funktion auch das Lesen am Bildschirm dahingehend vereinfachen, dass Textabstände, Spaltenbreiten, Silbentrennzeichen und sogar die Seitenfarben individuell angepasst werden können. Um in diesen Bereich zu gelangen, betätigen Sie zunächst das Register **Ansicht** und wählen dann im Feld **Plastisch** den Eintrag **Plastischer Reader**. Danach betätigen Sie **Textabstand**.

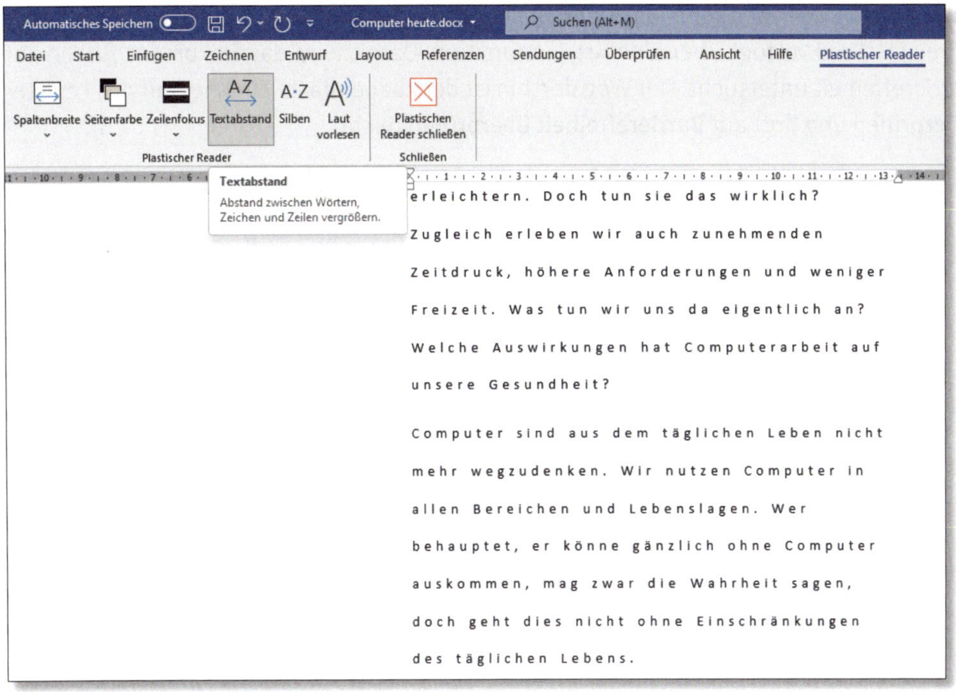
Automatisches Speichern
Computer heute.docx
Suchen (Alt+M)
Datei
Start
Einfügen
Zeichnen
Entwurf
Layout
Referenzen
Sendungen
Überprüfen
Ansicht
Hilfe
Plastischer Reader
Spaltenbreite
Seitenfarbe
Zeilenfokus
Textabstand
Silben
Laut vorlesen
Plastischen Reader schließen
Plastischer Reader
Schließen
Textabstand
Abstand zwischen Wörtern, Zeichen und Zeilen vergrößern.
erleichtern. Doch tun sie das wirklich?
Zugleich erleben wir auch zunehmenden Zeitdruck, höhere Anforderungen und weniger Freizeit. Was tun wir uns da eigentlich an? Welche Auswirkungen hat Computerarbeit auf unsere Gesundheit?
Computer sind aus dem täglichen Leben nicht mehr wegzudenken. Wir nutzen Computer in allen Bereichen und Lebenslagen. Wer behauptet, er könne gänzlich ohne Computer auskommen, mag zwar die Wahrheit sagen, doch geht dies nicht ohne Einschränkungen des täglichen Lebens.

Abbildung 10.29 *Tolle Features: die Lerntools*

Das Menüband zeigt nur jene Steuerelemente, die für den Bereich **Lerntools** relevant sind. Aufgrund dessen müssen Sie den Bereich explizit verlassen, wenn Sie ihn nicht mehr benötigen. Sie erreichen das mit einem Klick auf **Plastischen Reader schließen**.

10.8 Barrierefreiheit überprüfen

Grundsätzlich sollten Sie darum bemüht sein, Ihre Word-Dokumente barrierefrei zu gestalten. Menschen mit Behinderung dürfen nicht vor Problemen stehen, wenn sie mit Ihren Arbeiten konfrontiert werden. Damit gemeint ist beispielsweise, dass Sie Alternativtext einfügen, wenn visuelle Objekte benutzt werden. So können auch Benutzer, die den Bildschirm nicht oder nur schlecht sehen können, die Bildaussage erfassen. Auch Links, die beispielsweise zu Webseiten im Internet führen, müssen mit Informationen versehen werden, die das Linkziel erläutern.

> **INFO**
>
> **Infos über Barrierefreiheit**
> Das Thema ist sehr umfangreich und kann an dieser Stelle allenfalls angerissen werden. Beschäftigen Sie sich damit, indem Sie die Word-Hilfe aufrufen (F1) und mit dem Begriff »Barrierefreiheit« füttern. Alternativ zeigen Sie auf den Button **Barrierefreiheit überprüfen** (siehe Abbildung 10.30) und klicken unten im Infomenü auf **Weitere Infos** (die Zeile mit dem Fragezeichen).

Nun stehen Sie nicht alleine da, wenn Sie herausfinden wollen, ob Ihr Dokument barrierefrei ist. Word verfügt über eine Art Testfunktion. Damit wird das Dokument für Sie auf Barrierefreiheit untersucht. Der Weg dorthin ist denkbar einfach: Ein Klick auf das Register **Überprüfen** und dort auf **Barrierefreiheit überprüfen** reicht.

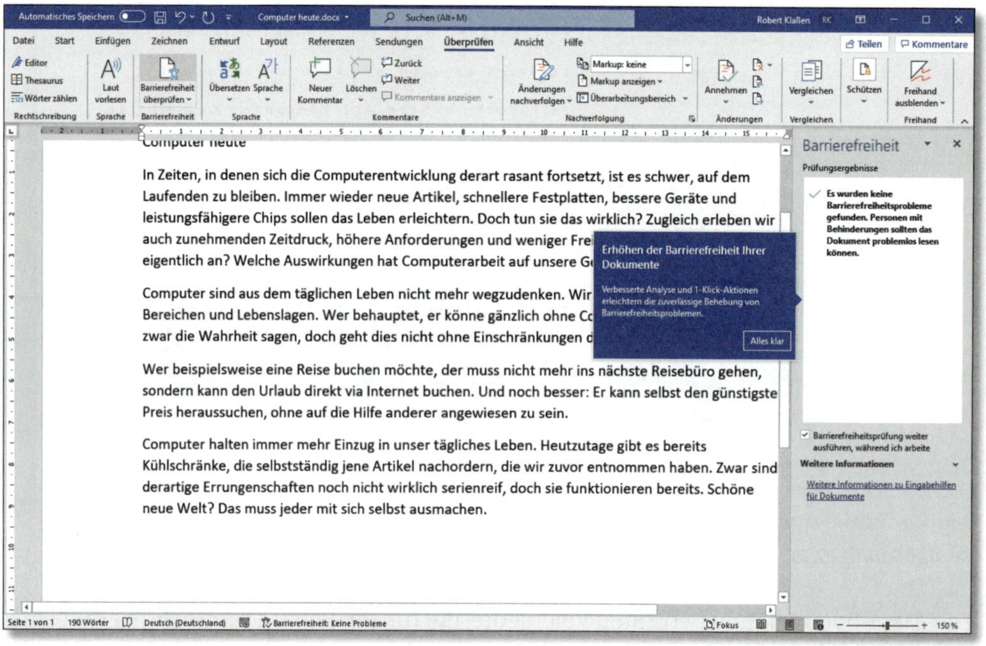

***Abbildung 10.30** Dieser Check sollte obligatorisch sein.*

Auf der rechten Seite der Anwendung zeigt sich nun ein Fenster mit dem potenziellen Ergebnis: Hier ist alles in Ordnung, das Dokument stellt Menschen mit Behinderung nicht vor Probleme. Nun ist unsere Beispieldatei (*Computer heute*) allerdings auch keine besondere Herausforderung, da sie nur aus Text besteht. Anders verhält es sich, wenn Sie beispielsweise ein Foto ohne jegliche Beschreibung hinzufügen. Bei einem erneuten Barrierefreiheitstest wird dies nämlich moniert.

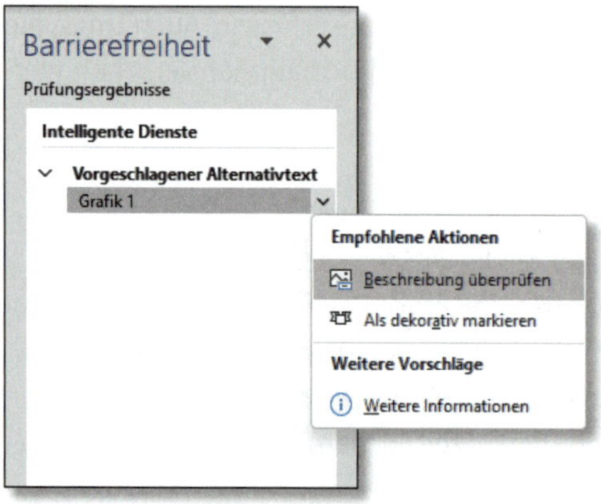

***Abbildung 10.31** Hier wird das Fehlen einer Erklärung bemängelt.*

Handeln Sie, indem Sie den Eintrag markieren und in der Liste **Empfohlene Aktionen** nach einer Lösung Ausschau halten. Wir entscheiden uns für **Beschreibung überprüfen**. Dadurch wird rechts eine weitere Spalte geöffnet. Sie nennt sich **Alternativtext** und erläutert das Problem eingehender. Das Besondere: Gleich unter diesem Hinweis wartet ein Eingabefeld auf Ihre Erklärung zum Foto.

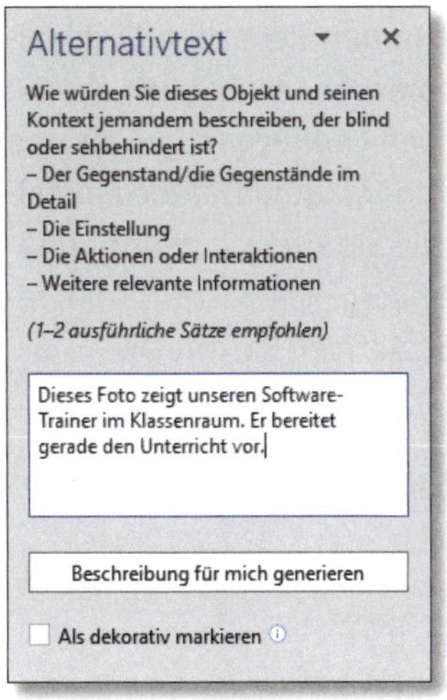
Alternativtext
Wie würden Sie dieses Objekt und seinen Kontext jemandem beschreiben, der blind oder sehbehindert ist?
– Der Gegenstand/die Gegenstände im Detail
– Die Einstellung
– Die Aktionen oder Interaktionen
– Weitere relevante Informationen
(1–2 ausführliche Sätze empfohlen)
Dieses Foto zeigt unseren Software-Trainer im Klassenraum. Er bereitet gerade den Unterricht vor.
Beschreibung für mich generieren
Als dekorativ markieren

Abbildung 10.32 *Diese kurze Erklärung erfüllt ihren Zweck.*

Danach müssen Sie nichts weiter tun – keinen Button drücken, gar nichts. Lassen Sie einfach den Text im Feld stehen, und kehren Sie zu Ihrem Dokument zurück. Eine erneute Prüfung wird daraufhin keine Mängel mehr offenbaren.

10.9 Ähnliche Dokumente vergleichen

Sofern Sie über mehrere Dokumente ähnlichen Inhalts verfügen und nun eine Entscheidung treffen müssen, welchem Text Sie den Vorzug geben, vergleichen Sie beide Dokumente vorab miteinander. Dazu müssen Sie auf die Schaltfläche **Vergleichen** in der gleichnamigen Gruppe der Registerkarte **Überprüfen** klicken. Im Auswahlmenü wählen Sie erneut **Vergleichen**.

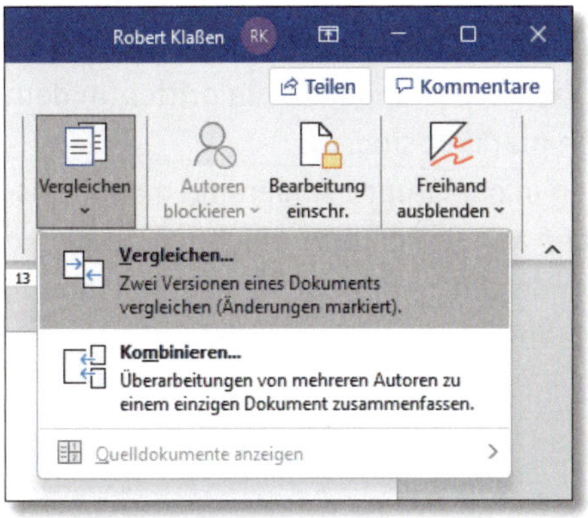
Robert Klaßen
RK
Teilen
Kommentare
Vergleichen
Autoren blockieren
Bearbeitung einschr.
Freihand ausblenden
Vergleichen...
Zwei Versionen eines Dokuments vergleichen (Änderungen markiert).
Kombinieren...
Überarbeitungen von mehreren Autoren zu einem einzigen Dokument zusammenfassen.
Quelldokumente anzeigen

Abbildung 10.33 *Aktivieren Sie die Vergleichsfunktion.*

> **TIPP**
> **Dokumente speichern**
> Grundsätzlich sollten aktuell geöffnete Dokumente vor dem Vergleich gespeichert werden. Für den Fall, dass Sie das vergessen, wird vor der Überprüfung ein entsprechender Dialog eingeblendet, der Sie noch einmal daran erinnert.

Daraufhin wird der Dialog **Dokumente vergleichen** geöffnet. In den Bereichen **Originaldokument** und **Überarbeitetes Dokument** wählen Sie die entsprechenden Dateien, die Sie vergleichen möchten, auf Ihrem Rechner aus. Mithilfe der beiden Ordnersymbole (❶ und ❷) greifen Sie auf den Explorer zu und können die gewünschten Dokumentpfade einstellen. Über das Auswahlmenü können Sie aus Dateien wählen, die Sie kürzlich geöffnet haben. Welche Einstellungen und Optionen für den eigentlichen Vergleich wichtig sind, regeln Sie über die entsprechenden Checkboxen weiter unten. Bestätigen Sie mit **OK**.

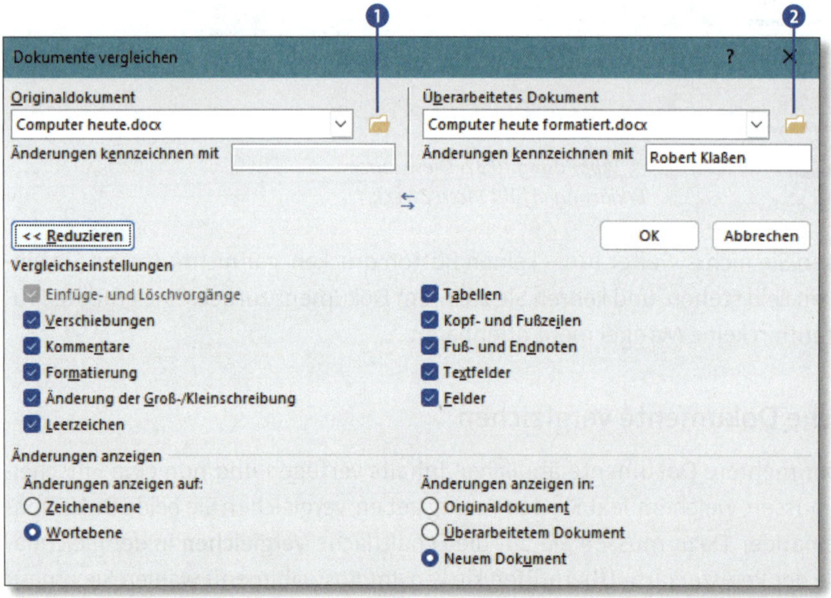

Abbildung 10.34 *Wählen Sie die beiden miteinander zu vergleichenden Dokumente aus.*

Ihnen werden nun drei Dokumente in einem Word-Fenster angezeigt: rechts (in zwei kleineren Fenstern) die beiden vorab ausgewählten Dokumente und links ein drittes, in dem die Änderungen zwischen den beiden Dokumenten markiert sind.

Sie können nun diese Datei mit den Schaltflächen in der Gruppe **Änderungen** der Registerkarte **Überprüfen** bearbeiten und die Änderungen annehmen bzw. ablehnen. Lesen Sie dazu auch den entsprechenden Unterabschnitt »Änderungen annehmen oder ablehnen« auf Seite 362. Vergessen Sie nicht, Ihre Bearbeitung abschließend zu speichern.

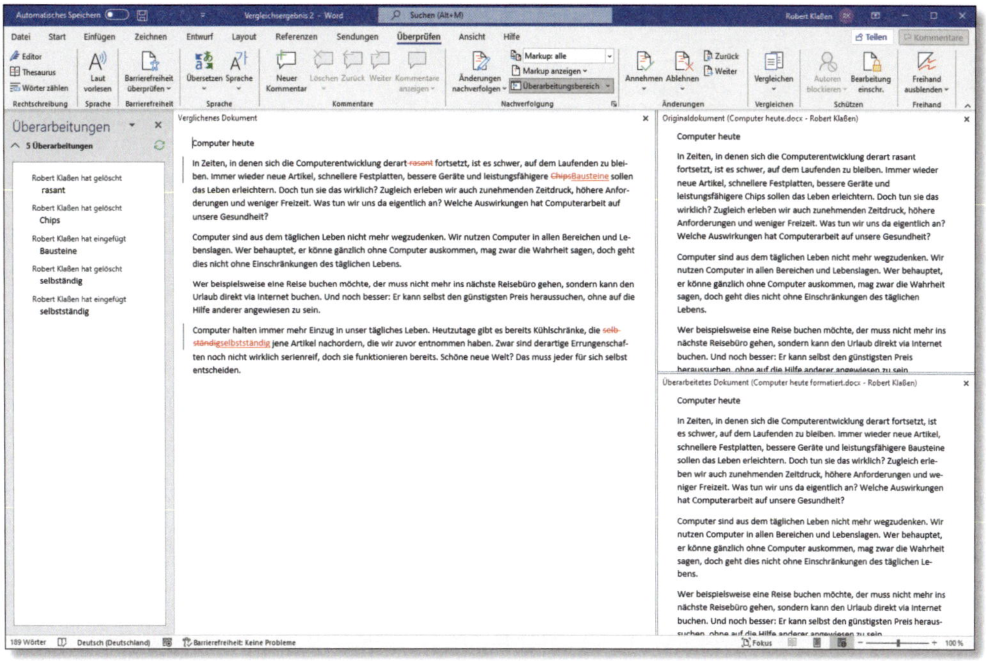

Abbildung 10.35 *Die beiden Ausgangsdokumente befinden sich auf der rechten Seite.*

Kapitel 11
Word-Dateien drucken

Das Word-Dokument ist fertig – jetzt muss es noch zu Papier gebracht werden. Dabei ist jedoch einiges zu beachten. So müssen Sie beispielsweise den Standarddrucker auswählen. Auch die Qualitätseinstellungen und das verwendete Papier müssen (zumindest vor dem ersten Druck) überprüft werden. Was es dabei zu beachten gibt, erfahren Sie neben einigen nützlichen Tipps und Hinweisen in diesem Kapitel.

11.1 Die Druckeinstellungen in der Backstage-Ansicht festlegen

Es gibt verschiedene Möglichkeiten, das Drucken Ihres Dokuments aus Word heraus zu starten. Wir schauen uns gleich im Unterabschnitt »Dokumente drucken« auf Seite 376 die erste Variante an. Vorab werde ich Ihnen aber noch verraten, wo Sie einige wichtige Word-Optionen finden, die den Druck betreffen, und welche Einstellungen Sie vorab vornehmen sollten.

Die Druck-Optionen

Öffnen Sie zunächst den Dialog **Word-Optionen**, den Sie über die Backstage-Ansicht (**Datei > Optionen**) erreichen. Entscheiden Sie sich in der linken Spalte des Dialogfensters zunächst für die Rubrik **Erweitert**. Scrollen Sie mithilfe des auf der rechten Seite befindlichen Balkens so weit nach unten, bis der Bereich **Drucken** mit den verschiedenen Einstellungsmöglichkeiten zu sehen ist.

INFO

Funktion auch im Druckdialog einstellbar
Die beschriebene Funktion ist in der Regel auch im Dialog Ihres Druckers (**Druckeinstellungen**) vorhanden. Leider gibt es hier keine einheitliche Regelung, wo diese untergebracht ist und wie sie heißt. Bezeichnungen wie **Letzte Seite zuerst drucken**, **Druckreihenfolge umkehren** oder **Umgekehrte Reihenfolge** sind gebräuchlich. Sollten Sie versehentlich beide Funktionen aktivieren (sowohl in den **Word-Optionen** als auch in den **Druckereigenschaften**), ist nicht zu befürchten, dass die Funktion dadurch aufgehoben wird. Die erste Seite wird am Schluss trotzdem oben liegen.

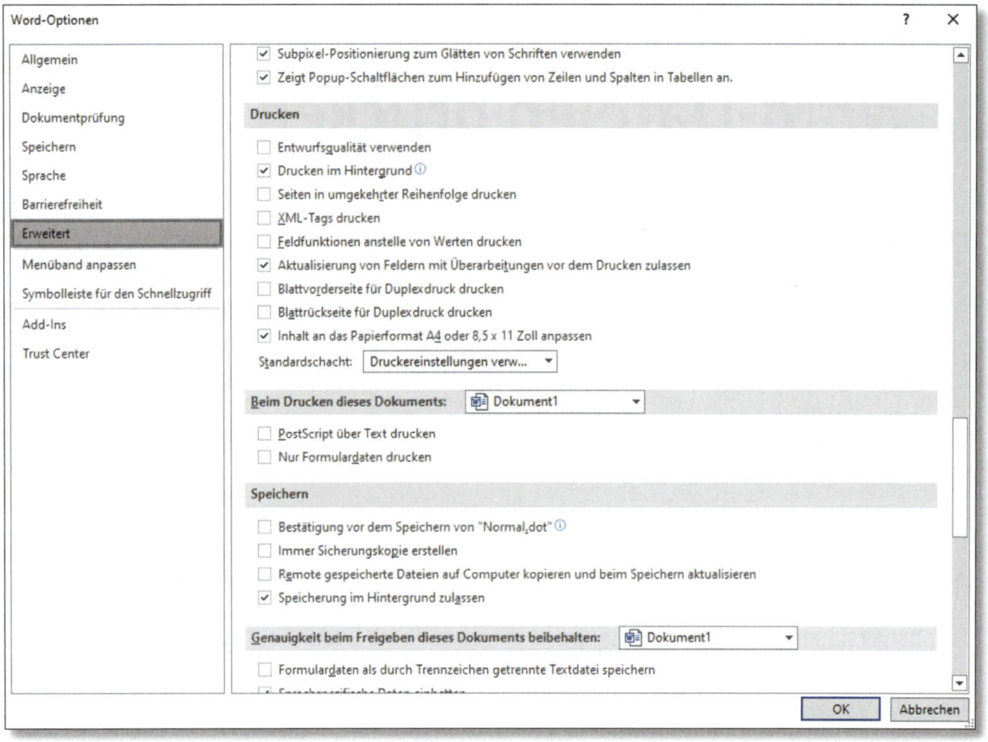

Abbildung 11.1 *In den erweiterten Word-Optionen finden sich auch druckrelevante Einstellungen.*

Die Funktion **Drucken im Hintergrund** beispielsweise ermöglicht es, in Word weiterzuarbeiten, während noch ein Druckauftrag läuft (die Druckdaten von Word aus also noch an den Drucker gesendet werden). Dies ist eine sehr nützliche Funktion. Gleich darunter finden Sie die Funktion **Seiten in umgekehrter Reihenfolge drucken**. Es macht Sinn, diese Checkbox anzuwählen. Dadurch werden mehrseitige Dokumente nämlich mit der letzten Seite beginnend ausgedruckt, und man erspart sich das spätere Sortieren der einzelnen Blätter von Hand.

Die Druckereigenschaften

Beachten Sie zunächst, dass die Einstellungen, die Sie zum Drucken von Dokumenten einmal festlegen, so lange Gültigkeit haben, bis Sie diese erneut anpassen. Schicken Sie den nächsten Druckauftrag ab, werden die Einstellungen erneut verwendet, die Sie zuvor eingerichtet haben. Natürlich bedeutet das auch: Sobald Sie Änderungen an den Druckeinstellungen vornehmen, gelten fortan die neuen Einstellungen.

1 Um die Druckeinstellungen zu erreichen, klicken Sie auf **Datei > Drucken** oder drücken `Strg`+`P`. Sollten mehrere Drucker an Ihrem PC angeschlossen sein, wählen Sie den Zieldrucker zunächst im Feld **Drucker** ❶ aus. Danach klicken Sie darunter auf **Druckereigenschaften**.

2 Je nachdem, welchen Drucker Sie verwenden, werden Sie unterschiedliche Dialoge vorfinden (im Beispiel wird ein Drucker des Herstellers *Brother* verwendet). Allerdings sind die gleichen oder ähnliche Schaltflächen in der Regel in jedem Drucker-Dialog zu finden. So sollte zunächst einmal die Papiersorte gewählt werden, die für den Druck vorgesehen ist (hier: **Druckmedium**).

11

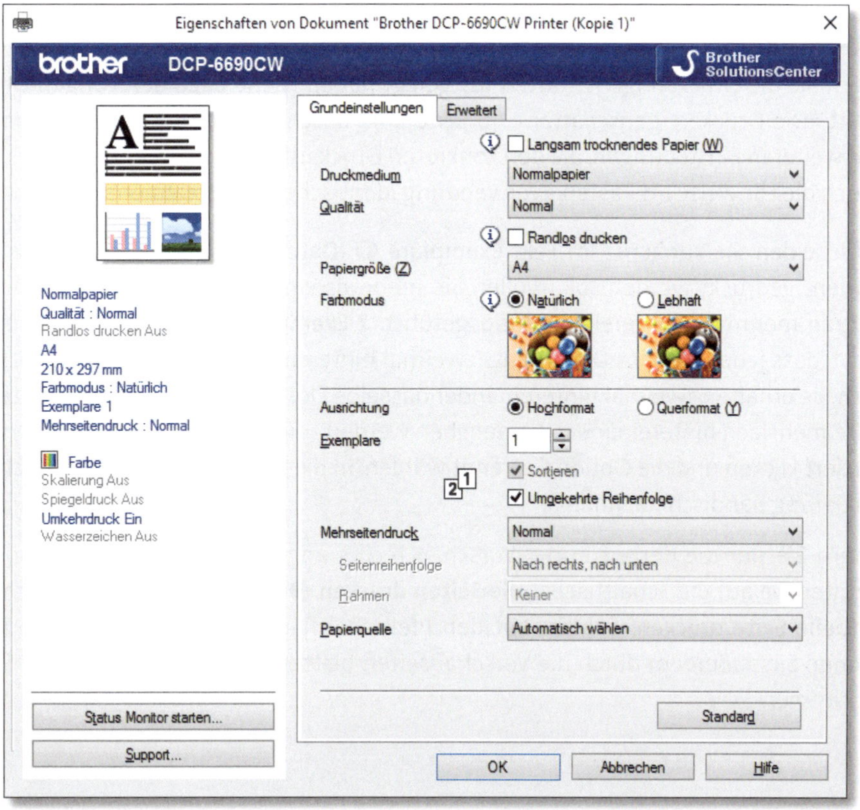

Standardmäßiges Office-Papier wird in der Regel mit **Normalpapier** angegeben. Wer qualitativ hochwertig drucken möchte, sollte **Inkjet-Papier** oder sogar **Fotopapier** einstellen.

3 Achten Sie darauf, die Papiergröße korrekt einzustellen (meist DIN **A4**). Bestätigen Sie die Einstellungen am Schluss mit **OK**.

Damit haben Sie dem Drucker »mitgeteilt«, wie er seinen Job zu erledigen hat. Fahren Sie mit dem Druck des Dokuments fort.

INFO

Verwendung identischer Steuerelemente
Einige Einstellungen zum Drucken von Dokumenten können sowohl in den Druckereigenschaften als auch unmittelbar in der Backstage-Ansicht von Word vorgenommen werden. Letzteres hat jedoch immer Vorrang. Sollten Sie beispielsweise in den Druckereigenschaften als Ausgabeformat **Querformat** eingestellt haben, in Word im Bereich **Drucken** (**Datei > Drucken**) jedoch **Hochformat**, wird das Dokument hochformatig gedruckt. Noch ein Beispiel: Wenn Sie in den Druckereigenschaften 5 Exemplare und in der Backstage-Ansicht 2 Exemplare einstellen, wird das Dokument zweimal gedruckt.

Dokumente drucken

Nachdem Sie die Druckereigenschaften festgelegt haben (siehe dazu den vorigen Unterabschnitt »Die Druckereigenschaften« ab Seite 374), beschäftigen Sie sich im Folgenden mit den weiteren Einstellungen, die den konkreten Druckauftrag betreffen. (Lesen Sie dazu bitte auch die Hinweise im Kasten »Verwendung identischer Steuerelemente«.)

1 Entscheiden Sie zunächst im Feld **Exemplare** ❶ (**Datei > Drucken**), wie oft das Dokument gedruckt werden soll. Wollen Sie mehr als einmal drucken, wird der Druckauftrag mehrmals hintereinander ausgeführt. **2 Exemplare** beispielsweise bedeutet nicht, dass jede Seite des Dokuments zweimal hintereinander ausgegeben wird, sondern Sie erhalten zweimal hintereinander dasselbe Dokument. Wenn jedoch Seite für Seite mehrfach hintereinander ausgegeben werden soll, müssen Sie weiter unten auf **Sortiert** klicken und die Option **Getrennt** wählen. In diesem Fall müssen Sie jedoch die Sortierung händisch nachholen.

2 Sofern Sie nur die derzeit in der Vorschau rechts angezeigte Seite drucken wollen, könnten Sie auf die Schaltfläche **Alle Seiten drucken** ❷ klicken und im Auswahlmenü **Aktuelle Seite drucken** wählen. Mit den Pfeilschaltflächen im Fuß der Anwendung können Sie außerdem durch die Vorschauseiten blättern und die zu druckende Seite bestimmen.

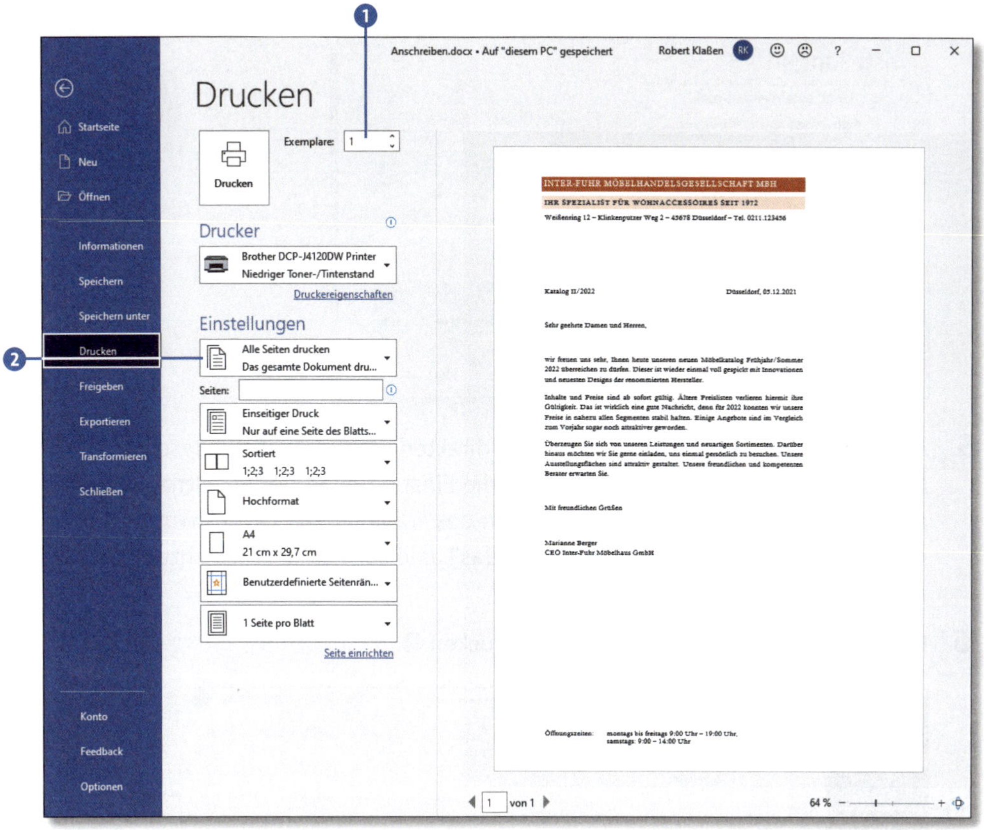

3 Noch individueller können Sie im Feld **Seiten** diejenigen Seiten festlegen, die Sie drucken möchten. Hier lässt sich nämlich exakt angeben, welche Seiten an den Drucker gesendet werden sollen. Im Beispiel würden die Seiten 1, 2, 3 und 6 gedruckt. Beachten Sie bei der Eingabe, dass unterschiedliche Seitenzahlen und Bereichsangaben durch ein Komma getrennt angegeben werden müssen.

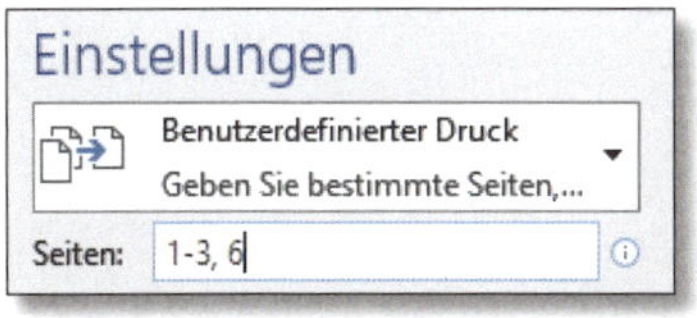

4 Falls Sie Ihr Papier beidseitig bedrucken möchten, stellen Sie die Schaltfläche **Einseitiger Druck** auf **Beidseitiger manueller Druck** um. Das hat zur Folge, dass zunächst nur alle ungeraden Seiten ausgegeben werden. Ist dieser Teil erledigt, werden Sie von der Anwendung aufgefordert, das bereits einseitig bedruckte Papier erneut (natürlich gewendet) einzulegen. Verfügen Sie hingegen über einen Duplex-Drucker, der imstande ist, direkt beidseitig zu drucken, können Sie Entsprechendes in den **Druckereigenschaften** festlegen.

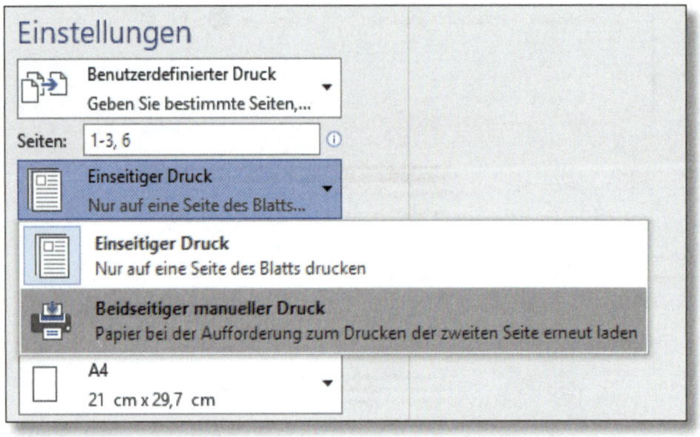

5 Alle weiteren Steuerelemente nehmen direkten Einfluss auf die Beschaffenheit des Dokuments. Ändern Sie beispielsweise die Einstellungen der Schaltfläche **Seitenränder**, kann das fatale Folgen haben. Denn das vorgegebene Layout wird in Mitleidenschaft gezogen. Entsprechendes gilt für das Papierformat, die Ausrichtung und die Anzahl der Seiten pro Blatt.

6 Betätigen Sie zuletzt die Schaltfläche **Drucken** ❸.

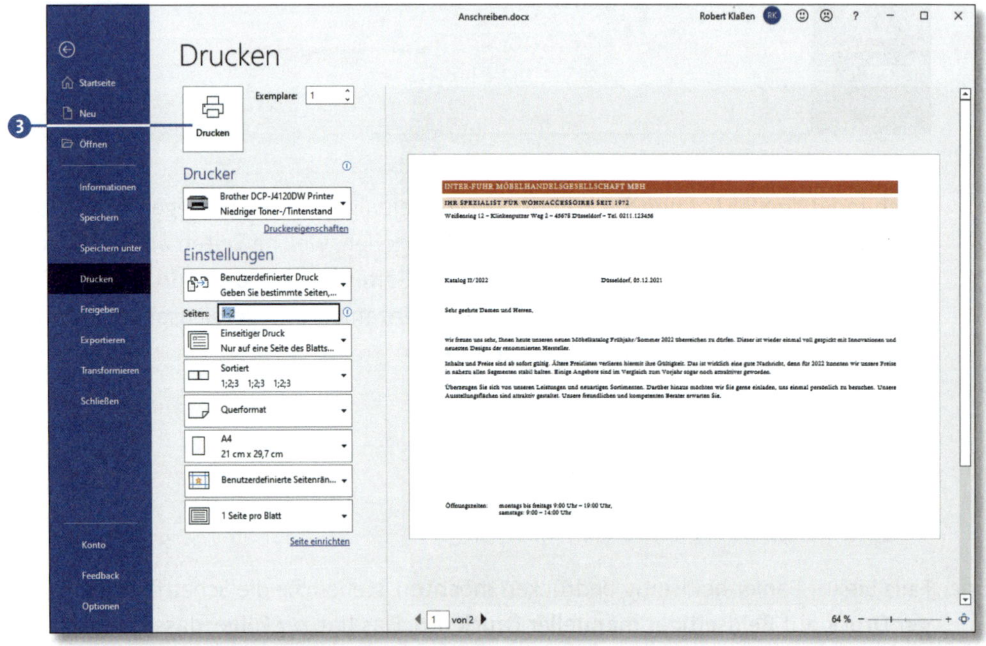

Gedulden Sie sich einen Augenblick, bis Word die Verbindung mit dem Drucker aufgenommen hat. Das kann durchaus einen Moment dauern, insbesondere wenn große Datenmengen zu bearbeiten sind, beispielsweise wenn Sie ein sehr umfangreiches Dokument drucken möchten. Darüber hinaus braucht der Drucker von sich aus noch einen gewissen Zeitraum, beispielsweise um aus dem Standby-Modus zu erwachen.

Seite einrichten

Ganz unten in der mittleren Spalte des Bereichs **Drucken** (**Datei > Drucken**) befindet sich der Button **Seite einrichten**. Ein Klick darauf stellt Ihnen im Dialogfenster **Seite einrichten** weitere Schaltflächen zur Verfügung. So können Sie hier beispielsweise die Seitenränder definieren.

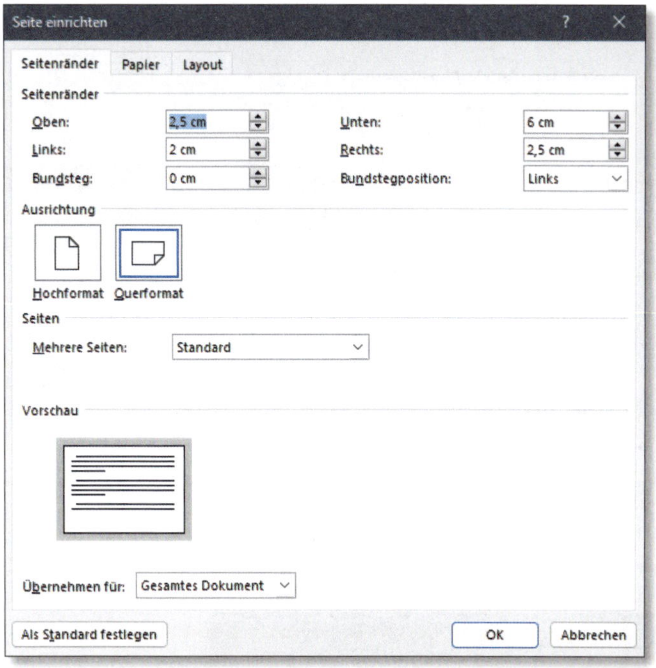

< *Abbildung 11.2 Mithilfe dieses Dialogs können u. a. die Seitenränder noch kurz vor dem Druck angepasst werden.*

Allerdings müssen Sie auch hier berücksichtigen, dass sich Veränderungen auf das Layout des Dokuments auswirken. Nehmen Sie derartige Einstellungen lieber direkt in Word vor!

11.2 Den Schnelldruck verwenden

Sie suchen nach einer schnellen Methode, um ein Dokument sofort auszudrucken? Die Einstellungen wollen Sie ebenfalls nicht ändern – also den Bereich **Drucken** übergehen? Dann gibt es zwei Möglichkeiten. Die eine: Benutzen Sie die Tastenkombination [Strg]+[P], gefolgt von [↵]. Alternativ können Sie aber auch die Schaltfläche **Schnelldruck** der Symbolleiste für den Schnellzugriff hinzufügen, sodass Sie den Druck per Mausklick starten können.

1 Klicken Sie auf das kleine Dreiecksymbol **Symbolleiste für den Schnellzugriff anpassen** ❶. Sie finden es entweder über oder unter dem Menüband auf der linken Seite der Anwendung (je nachdem, ob Sie innerhalb des Menüs **Über dem Menüband anzeigen** oder **Unter dem Menüband anzeigen** eingestellt haben).

2 Im daraufhin erscheinenden Menü aktivieren Sie die Funktion **Schnelldruck** per Klick.

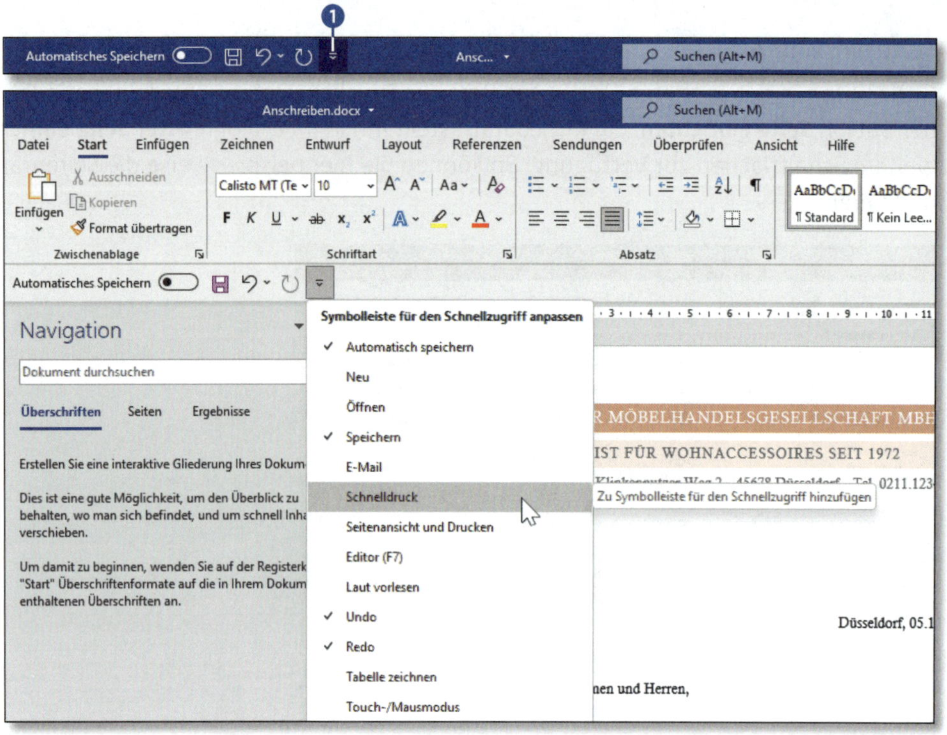

3 Wann immer Sie in Zukunft auf den Button **Schnelldruck** klicken, wird ohne Umschweife mit dem Ausdruck des kompletten Dokuments begonnen.

Die Schaltfläche steht Ihnen ab sofort dokumentübergreifend in der Symbolleiste für den Schnellzugriff zur Verfügung. Falls Sie sie zu einem späteren Zeitpunkt entfernen möchten, klicken Sie einfach mit rechts darauf und entscheiden sich für den Befehl **Aus Symbolleiste für den Schnellzugriff entfernen**.

Kapitel 12
Dokumente im Team bearbeiten

In diesem Kapitel erfahren Sie, wie Word zum wahren Teamplayer wird. Wir beschäftigen uns im Folgenden u. a. mit dem Dokumentaustausch untereinander, der Verwaltung verschiedener Dokumentversionen sowie den Möglichkeiten in Bezug auf globale Speicherorte, auf die jeder im Team zugreifen kann.

12.1 Mit Berechtigungen arbeiten

Wenn Sie Dokumente während der Produktionsphase mit anderen teilen, sollten Sie sich darüber im Klaren sein, dass jeder, der Ihr Dokument in einem Word-Format erhält, beliebige Änderungen daran vornehmen kann. Das ist zwar praktisch, jedoch nicht immer erwünscht.

Bevor Sie das Dokument weitergeben, bestimmen Sie, was verändert werden darf und was nicht. Sie können diese Einstellungen ganz an Ihre Bedürfnisse anpassen.

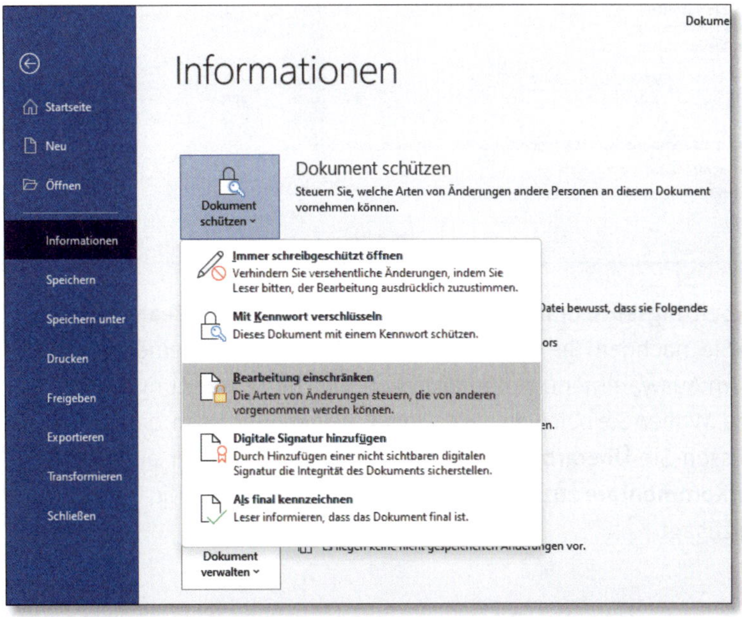

Abbildung 12.1 *Sie können verhindern, dass andere Ihr Dokument verändern.*

1 Dazu müssen Sie zunächst die Funktion **Bearbeitung einschränken** aktivieren. Sie können das auf zwei Arten tun. Wechseln Sie in die Backstage-Ansicht (**Datei**), und wählen Sie im Bereich **Informationen** den Button **Dokument schützen > Bearbeitung einschränken**. Alternativ dazu klicken Sie auf **Bearbeitung einschränken** in der Gruppe **Schützen** der Registerkarte **Überprüfen**. Daraufhin wird der Aufgabenbereich **Bearbeitung einschränken** eingeblendet.

2 Sie können zunächst festlegen, dass nachfolgende Bearbeiter des Dokuments nur die Formatvorlagen verwenden, die Sie freigeben. Aktivieren Sie dazu per Mausklick die Checkbox im Bereich **1. Formatierungseinschränkungen**, und klicken Sie anschließend auf den Link **Einstellungen**.

3 Im Dialog **Formatierungseinschränkungen** lässt sich nun jede einzelne Vorlage per Checkbox an- oder abwählen. Klicken Sie auf die Schaltfläche **Empfohlenes Minimum**, begrenzt Word automatisch die Auswahl für Sie.

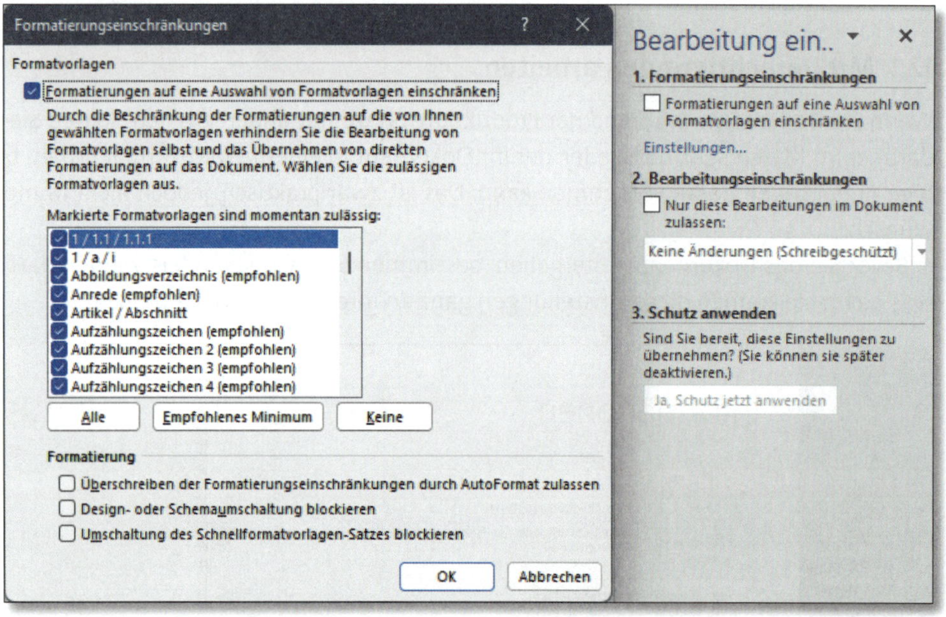

4 Im Bereich **2. Bearbeitungseinschränkungen** des Aufgabenbereichs **Bearbeitung einschränken** können Sie, nachdem Sie die entsprechende Checkbox mit einem Klick aktiviert haben, in einem Auswahlmenü genau festlegen, welche Bearbeitungen im Dokument gestattet sind. Wollen Sie beispielsweise dem Kollegen gestatten, das Dokument zu bearbeiten, müssen Sie **Überarbeitungen** einstellen. Es wäre aber auch denkbar, beispielsweise nur **Kommentare** zuzulassen. Entscheiden Sie sich für die Funktion, die Ihnen am ehesten zusagt.

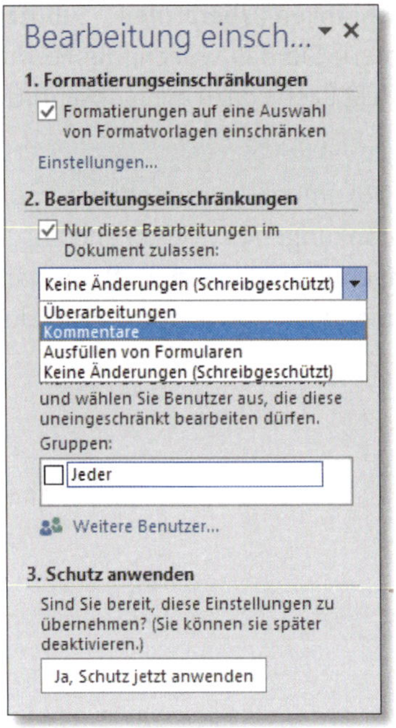

5 Aktivieren Sie **Jeder** im Bereich **Gruppen**, da ansonsten niemand mehr Änderungen vornehmen könnte (Sie auch nicht) – zumindest nicht mehr, nachdem Sie das Dokument gespeichert und geschlossen haben. (Weitere Informationen zur Benutzereinschränkung erhalten Sie im folgenden Abschnitt.) Am besten speichern Sie das Dokument jetzt noch einmal unter einem neuen Namen ab (so bleibt Ihr Original unangetastet) und klicken ganz unten auf **Ja, Schutz jetzt anwenden**. Daraufhin müssen Sie noch eine letzte Entscheidung treffen.

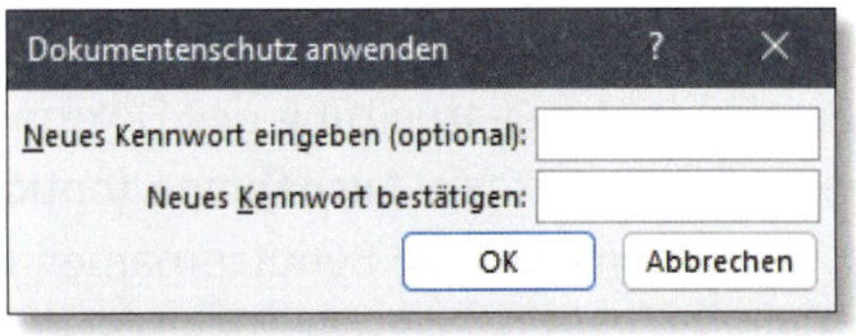

Wollen Sie das Dokument mit einem Passwort schützen, können Sie dieses im Dialog **Dokumentenschutz anwenden** festlegen. Geben Sie kein Passwort ein, erfolgt auch keine entsprechende Abfrage beim späteren Öffnen.

12.2 Bearbeitung für verschiedene Autoren einschränken

So, wie Sie die Bearbeitungsfunktion für das gesamte Dokument einschränken können, können Sie auch individuelle Benutzerrechte vergeben, z. B. wenn einem Kollegen weiterführende Bearbeitungen gestattet sein sollen als dem anderen. Übrigens können auch die Berechtigungen zur Bearbeitung entfernt werden.

1 Öffnen Sie den Aufgabenbereich **Bearbeitung einschränken** (**Überprüfen > Schützen > Bearbeitung einschr.**). Anschließend legen Sie, sofern Sie das wollen, die Formatierungseinschränkungen im gleichnamigen Bereich fest (siehe dazu auch Abschnitt 12.1, »Mit Berechtigungen arbeiten«, auf Seite 381).

2 Um Personen von einem Bearbeitungsverbot des Dokuments auszunehmen, müssen Sie die Checkbox im Bereich **2. Bearbeitungseinschränkungen** aktivieren und anschließend entweder **Kommentare** oder **Keine Änderungen (Schreibgeschützt)** auswählen. Richten Sie hier keine Einschränkungen ein, sind die folgenden Schritte nicht durchführbar.

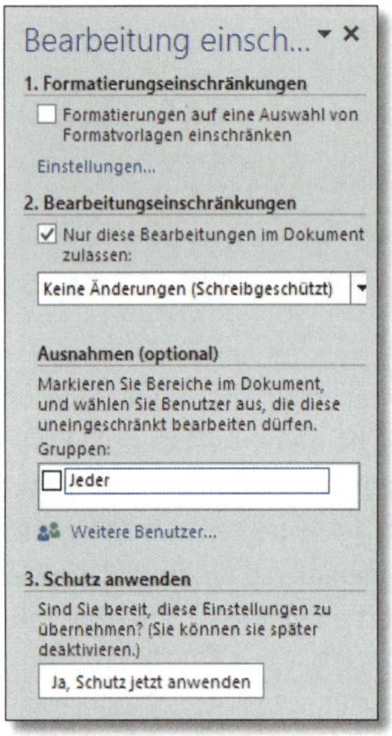

3 Als Nächstes fügen Sie nun Benutzer hinzu, denen die Bearbeitung des Dokuments uneingeschränkt gestattet wird. Dazu klicken Sie im Bereich **Ausnahmen (optional)** auf **Weitere Benutzer**. Fügen Sie (getrennt durch Kommas) die Benutzernamen oder E-Mail-Adressen der gewünschten Benutzer ein.

4 Sobald mehr als ein Benutzer, für den die Einschränkungen nicht gelten sollen, mittels Checkbox markiert wird, organisiert Word daraus eine Gruppe. Das erspart Ihnen das spätere Anwählen von einzelnen Personen, wenn es erneut um die Vergabe von Rechten geht. Sie müssen dann nämlich nicht mehr alle Teilnehmer einzeln anwählen, sondern können gleich die gesamte Gruppe aktivieren. Im Beispiel besteht die Gruppe ❶ aus zwei Teilnehmern. Entsprechendes gilt, wenn Sie einem der Benutzer die Rechte entziehen. Das lässt sich beispielsweise durch Abwahl des Häkchens ❷ oder Öffnen des Untermenüs erreichen. Hier müssten Sie dann auf **Alle Bearbeitungsberechtigungen für diesen Benutzer entfernen** klicken, wodurch Word automatisch eine weitere Gruppe ❸ erstellt.

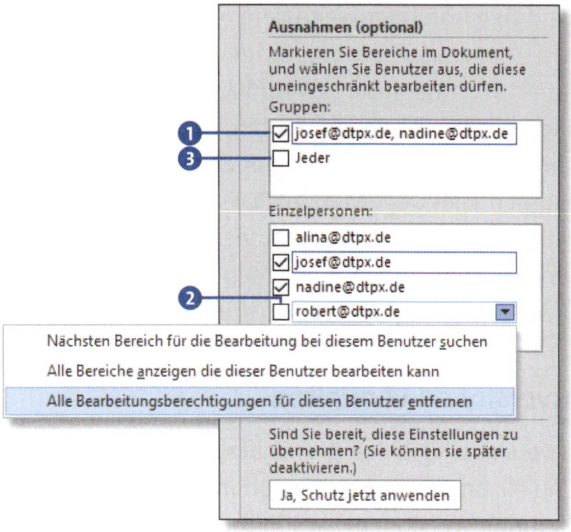

Vergessen Sie nicht, am Schluss wieder auf **Ja, Schutz jetzt anwenden** zu klicken. Sie haben daraufhin die Möglichkeit, Ihr Dokument mit einem Passwort zu schützen. Lesen Sie dazu auch Abschnitt 12.1, »Mit Berechtigungen arbeiten«, auf Seite 381.

E-Mail-Anhänge in Word schreiben

Die einfachste Art, ein Word-Dokument zur Verfügung zu stellen, ist der Upload auf die Microsoft-Cloud OneDrive. Wie Sie hierzu vorgehen müssen, erfahren Sie in Abschnitt 12.5, »Dokumente auf OneDrive und SharePoint freigeben«, ab Seite 389. Sie können das Dokument jedoch gleich nach Fertigstellung als E-Mail weitergeben – wobei dies nur funktioniert, wenn Sie Outlook als E-Mail-App einsetzen. Mit Mail funktioniert es leider nicht. Entscheiden Sie sich zunächst für **Datei > Freigeben**, und benutzen Sie danach einen der beiden unteren Schalter.

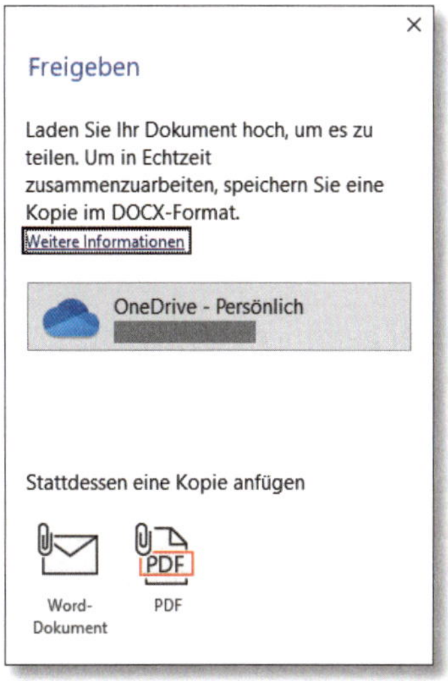

Abbildung 12.2 Die Weitergabe eines Dokuments per E-Mail kann direkt aus Word heraus veranlasst werden.

Die Weitergabe als **PDF** ist immer dann zu empfehlen, wenn der Empfänger das Dokument zwar lesen, aber nicht weiter bearbeiten muss. Soll der Empfänger jedoch alle Möglichkeiten der Weiterverarbeitung in Word haben, müssen Sie sich für **Word-Dokument** entscheiden. Danach betätigen Sie **Als Anlage senden**. Nachdem Outlook automatisch geöffnet wurde, können Sie noch einen E-Mail-Text verfassen und auf **Senden** klicken.

Bitte beachten Sie, dass Word-Dokumente im Gegensatz zu PDFs wesentlich größere Dateimengen mit sich bringen – vor allem, wenn im Dokument viele Fotos enthalten sind. Manche Web-Clients sind nicht in der Lage, Dateianhänge von mehr als 10 oder 20 MByte zu versenden. Eine vorherige Prüfung der Dokumentgröße ist also dringend zu empfehlen.

12.3 Verschiedene Dokumentversionen verwalten

Bei der Verwaltung von Dokumentversionen gibt es grundsätzlich zwei Anwendungsmöglichkeiten. Zum einen können Sie zu einer früheren Version Ihres Dokuments zurückkehren. Zum anderen können Sie Dokumentversionen, die von mehreren Kollegen erstellt wurden, zu einem einzelnen Dokument verbinden. Im Folgenden schauen wir uns beide Verfahrensweisen an.

INFO

Warum werden Dokumente automatisch gespeichert?
Dass Word-Dokumente in regelmäßigen Abständen gesichert werden, liegt an der von Haus aus aktivierten Funktion **AutoWiederherstellen-Informationen speichern alle [X] Minuten**, die Sie in der Rubrik **Speichern** der **Word-Optionen** (**Datei > Optionen**) finden. Eigentlich dient sie dazu, nach einem Programmabsturz auf ein möglichst aktuelles Dokument zurückgreifen zu können.

Aktuelle Dokumentversionen verwalten

Stellen Sie sich vor, Sie arbeiten nun schon sehr lange an einem Dokument und bemerken, dass die eine oder andere Änderung, die Sie vorgenommen haben, doch nicht Ihren Wünschen entspricht. Dann können Sie auf die von Word automatisch gespeicherten Dokumentversionen zugreifen.

Solange das Dokument noch geöffnet ist, können Sie in der Backstage-Ansicht im Bereich **Dokument verwalten** der Rubrik **Informationen** eine frühere Dokumentversion auswählen ❶. Achten Sie auf das angeführte Datum.

Daraufhin wird die gewählte Version in einem neuen Fenster geöffnet. Anstelle des Menübands wird jedoch ein gelber Balken mit den Buttons **Vergleichen** und **Wiederherstellen** eingeblendet. Über **Wiederherstellen** öffnen Sie die gewählte Version und können nun von diesem Stand weiterarbeiten. Ein Klick auf **Vergleichen** öffnet eine Dokumentübersicht (siehe Abschnitt 10.9, »Ähnliche Dokumente vergleichen«, auf Seite 369), die aus dem aktuellen Dokument, dem von Ihnen soeben ausgewählten und einem zusammengefassten Dokument aus beiden Versionen besteht.

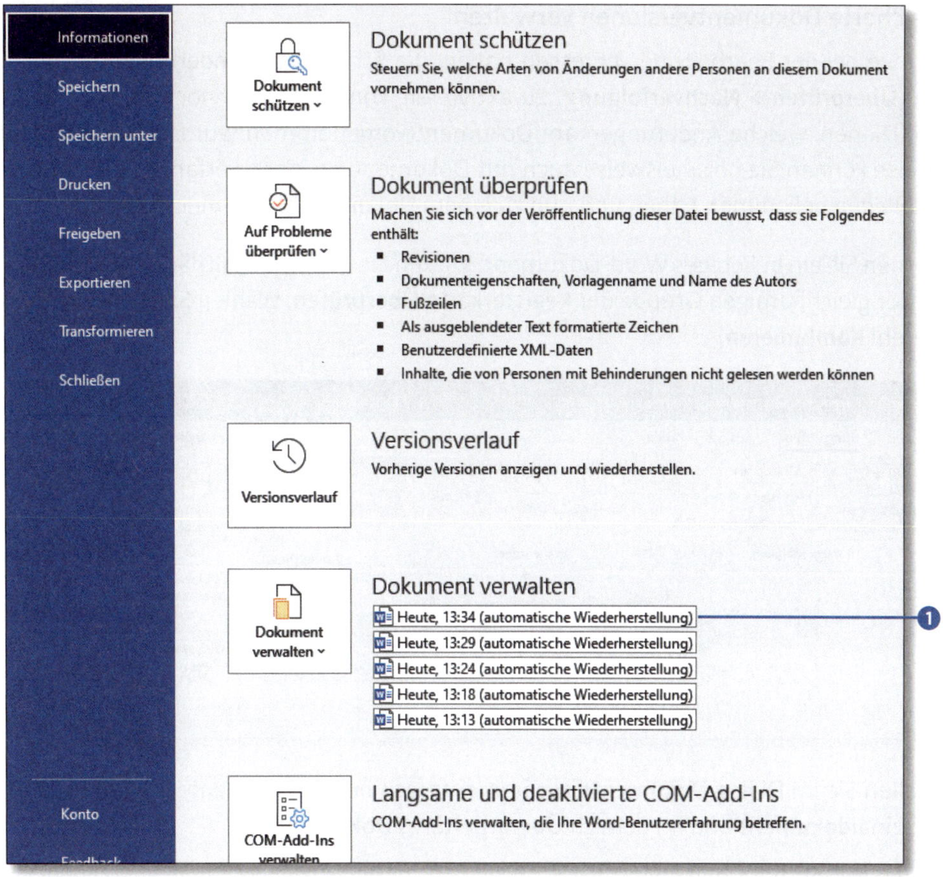

Abbildung 12.3 *Hier werden Dokumentversionen gesichert.*

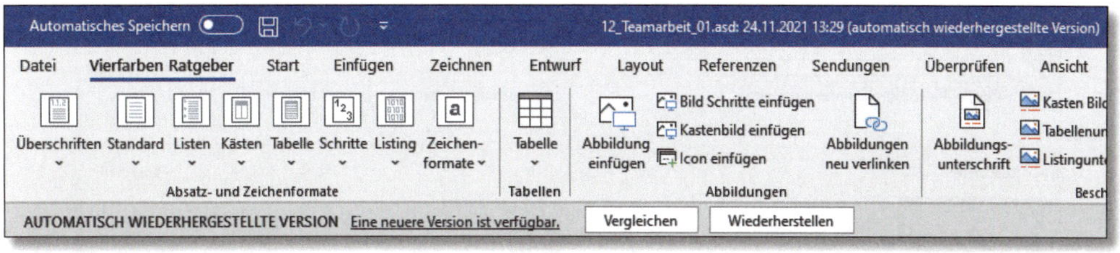

Abbildung 12.4 *Vergleichen Sie das aktuelle Dokument mit einer automatisch gespeicherten Vorgängerversion.*

In Letzterem sind alle Änderungen zwischen den beiden Dokumentversionen markiert. Diese Markierungen können Sie nun mithilfe der Schaltflächen **Zurück** und **Weiter** in der Gruppe **Änderungen** der Registerkarte **Überprüfen** nacheinander aufrufen, kontrollieren und anschließend ablehnen oder annehmen. Bedenken Sie, dass dieses neue Dokument am Ende noch gespeichert werden muss.

Gespeicherte Dokumentversionen verwalten

Sollten Sie bei der Bearbeitung vergessen haben, die Schaltfläche **Änderungen nachverfolgen** (**Überprüfen > Nachverfolgung**) zu aktivieren, können Sie dennoch recht einfach nachvollziehen, welche Änderungen am Dokument vorgenommen wurden. Auf die gleiche Weise können Sie beispielsweise auch mit Dokumentversionen verfahren, die Sie von zwei Kollegen bekommen haben und nun zu einem Dokument verschmelzen wollen.

1 Öffnen Sie ein beliebiges Word-Dokument. Klicken Sie auf die Schaltfläche **Vergleichen** in der gleichnamigen Gruppe der Registerkarte **Überprüfen**. Wählen Sie im Menü den Befehl **Kombinieren**.

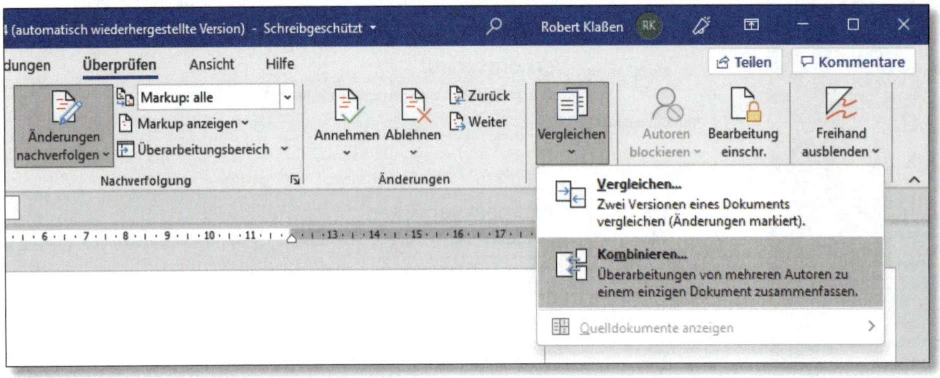

2 Stellen Sie im Dialog **Dokumente zusammenfassen** beide Dokumente ein (im Bereich **Originaldokument** und im Bereich **Überarbeitetes Dokument**).

3 Legen Sie mithilfe der Checkboxen im Bereich **Vergleichseinstellungen** fest, welche Optionen beim Vergleichen berücksichtigt werden sollen, und bestätigen Sie mit **OK**.

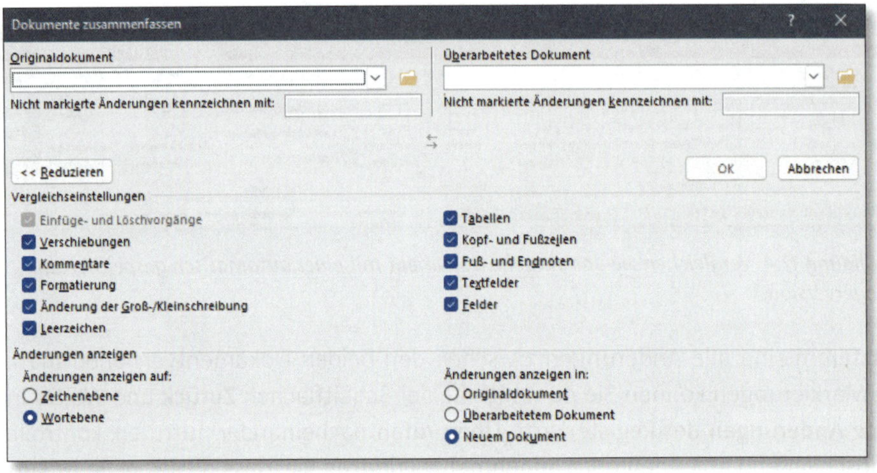

4 Sie erhalten nun abermals eine dreigeteilte Ansicht (siehe auch den vorigen Unterabschnitt »Aktuelle Dokumentversionen verwalten«, auf Seite 386), die aus den beiden

Quelldokumenten sowie aus einer noch nicht gespeicherten Zusammenfassung besteht. Verwenden Sie die Schaltflächen in der Gruppe **Änderungen** der Registerkarte **Überprüfen**, um die Änderungen zu prüfen und das Dokument anzupassen. Vergessen Sie nicht, das Dokument abschließend zu speichern. Immerhin ist dieses ja neu erzeugt worden – und verfügt somit noch nicht über einen Speicherplatz.

Sollten Sie Dokumentversionen von mehr als zwei Autoren bekommen haben, müssen Sie jedes einzelne Dokument nacheinander verbinden. Sie können also immer nur »eine« neue Version in das bereits bestehende Dokument einpflegen.

12.4 Dokumente auf OneDrive und SharePoint freigeben

Es ist zwar schön, dass man Dokumente mit Kommentaren und Änderungen versehen und hin- und herschicken kann, jedoch gibt es eine zeitgemäßere Lösung, nämlich die Cloud-Dienste. *OneDrive* und *SharePoint* sind entsprechende Angebote von Microsoft, wobei SharePoint leider nur noch in *Microsoft 365 Small Business und Enterprise* enthalten und somit für alle anderen kostenpflichtig ist. Infos finden Sie unter *www.microsoft.com/sharepoint* bzw. *onedrive.live.com*.

OneDrive aktivieren

In der Regel sind Sie bereits durch die Installation von Office mit der Cloud verbunden. Sollte das jedoch nicht der Fall sein, melden Sie sich zunächst an. Die erwähnten Dienste lassen sich ganz einfach in der Backstage-Ansicht **Datei > Speichern unter** aktivieren, indem Sie zunächst auf **OneDrive** klicken. (Falls Sie hingegen lieber SharePoint benutzen, betätigen Sie **Ort hinzufügen**, gefolgt von **Office 365 SharePoint**.)

Abbildung 12.5 *Das Speichern in OneDrive gelingt über die Backstage-Ansicht.*

Sobald Sie sich mit Ihrem Microsoft-Konto bei OneDrive angemeldet haben, wird Ihnen in der rechten Spalte der Backstage-Ansicht **OneDrive – Persönlich** angezeigt. Ein Klick darauf zeigt auf der rechten Seite der Backstage-Ansicht den gesamten Inhalt, der bereits auf OneDrive hinterlegt ist, während ein Doppelklick dazu führt, dass der Inhalt als Ordner präsentiert wird. Letztendlich spielt es keine Rolle, wofür Sie sich entscheiden, da das Dokument auf diese Weise in jedem Fall in der Cloud gespeichert wird.

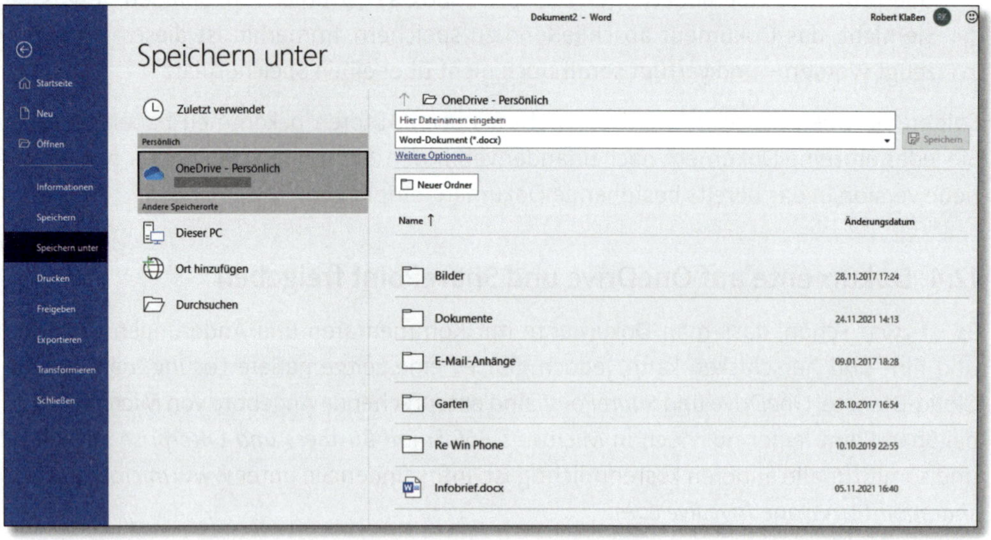

Abbildung 12.6 *Nach einem Mausklick auf die OneDrive-Schaltfläche wird der Inhalt der Cloud auf der rechten Seite der Anwendung präsentiert.*

Dokumente auf OneDrive speichern

Um ein Dokument auf OneDrive zu speichern, müssen Sie innerhalb des Dialogs **Speichern unter** nichts weiter tun, als den mit Ihrer E-Mail-Adresse versehenen OneDrive-Eintrag in der mittleren Spalte zu wählen. Klicken Sie danach auf **OneDrive – Persönlich**, um per Doppelklick auf einen der beiden Ordner (standardmäßig **Bilder** und **Dokumente**) den Speicherort zu wählen. Bestätigen Sie abschließend mit **Speichern**. Sie gelangen jetzt zurück in die standardmäßige Word-Oberfläche.

Dokumente für OneDrive freigeben

Das Speichern eines Dokuments in OneDrive hat aber noch einen weiteren Vorteil. Denn wenn Sie mit OneDrive verbunden sind, können Sie Dokumente direkt in einem Arbeitsgang speichern und für andere Nutzer freigeben. Dazu wählen Sie ganz einfach **Teilen** oben rechts aus.

Abbildung 12.7 *Das Dokument kann jetzt ohne Umwege für andere User freigegeben werden.*

Entscheiden Sie jetzt, auf welche Art und Weise Sie Ihren Kolleginnen und Kollegen die Existenz dieses Dokuments anzeigen wollen. Zunächst einmal haben Sie die Möglichkeit, das Dokument auch von hier aus per E-Mail zu senden. Dazu müssten Sie ganz unten auf **Kopie senden** klicken und sich anschließend entweder für **Word-Dokument** oder **PDF** entscheiden (siehe auch den Unterabschnitt »E-Mail-Anhänge in Word schreiben« auf Seite 385).

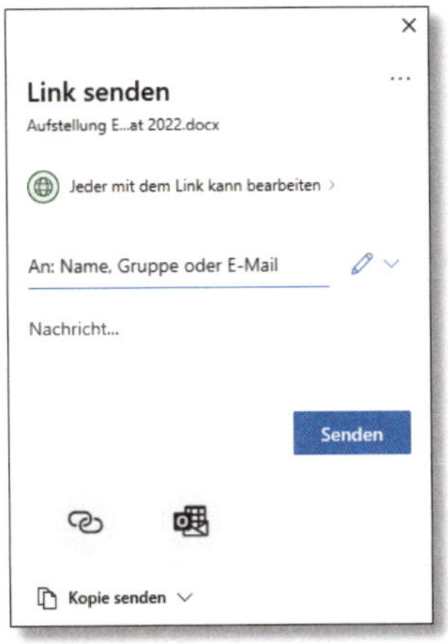

Abbildung 12.8 *Jetzt werden die Personen bestimmt, die mit diesem Dokument arbeiten dürfen.*

Möchten Sie stattdessen einen Link senden, über den jeder Empfänger Ihrer E-Mail-Nachricht Zugriff auf das Dokument in OneDrive erhalten soll, geben Sie zunächst die E-Mail-Adressen aller Empfänger in das Feld **An: Name, Gruppe oder E-Mail** ein. Wie Sie bereits an der Bezeichnung des Steuerelements erkennen können, reicht auch die Eingabe eines Gruppennamens, um alle der Gruppe angehörenden Teilnehmer einzufügen. Fügen Sie gleich darunter eine Nachricht ein, die an sämtliche Empfänger gerichtet werden soll.

Bevor Sie nun auf **Senden** klicken, sollten Sie sich Gedanken darüber machen, ob Sie sämtlichen Personen, denen Sie den Link schicken, das Recht einräumen wollen, das Dokument zu bearbeiten. Wenn das Ihr Ziel ist, müssen Sie nichts weiter unternehmen. Wollen Sie die Rechte jedoch individualisieren, klicken Sie bitte auf **Jeder mit dem Link kann bearbeiten**.

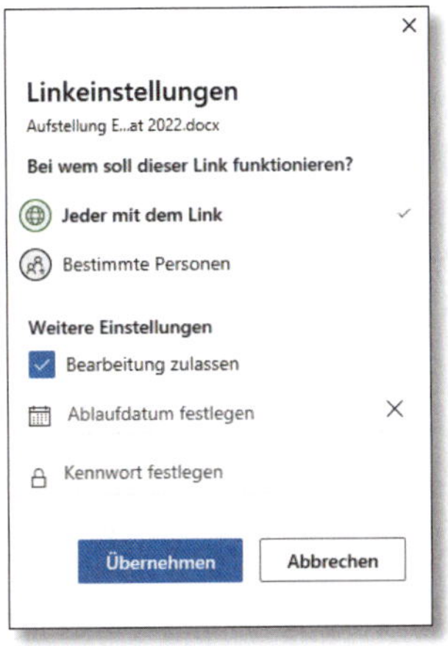

Abbildung 12.9 *Laden Sie Personen ein, die das Dokument lesen oder bearbeiten dürfen.*

Ganz oben im Folgedialog ist **Jeder mit dem Link** ausgewählt, was bedeuten würde, dass tatsächlich jeder in die Lage versetzt würde, das Dokument zu verändern und anschließend zu speichern. Wollen Sie das nicht, entscheiden Sie sich für **Bestimmte Personen**. Wählen Sie optional die Checkbox **Bearbeitung zulassen** ab, um generell allen die Bearbeitung zu untersagen. Des Weiteren ließe sich noch ein Kennwort vergeben oder ein Ablaufdatum bestimmen, was die Bearbeitung nur bis zu diesem Zeitpunkt zuließe. Wenn Sie fertig sind, klicken Sie zunächst auf **Übernehmen** und anschließend auf **Senden**.

Anstelle einer E-Mail lässt sich jedoch auch ein Download-Link generieren, der beispielsweise auf einer Unternehmenswebsite veröffentlicht werden kann. Kopieren Sie den Link, indem Sie auf das Ketten-Symbol unten links klicken und **Kopieren** im Folgedialog auswählen. Der Link befindet sich nun in der Zwischenablage des Betriebssystems und kann z. B. in einen Web-Editor oder in WordPress eingesetzt werden.

Abbildung 12.10 *Die Kopie des Links kann individuell weiterverarbeitet werden.*

Der Empfänger hat nun seinerseits die Möglichkeit, das Dokument zu lesen, zu drucken, freizugeben, Kommentare einzufügen – und sogar zu bearbeiten. Dies gilt natürlich nur, sofern Sie dies mit einem Häkchen bei **Bearbeiten zulassen** zuvor erlaubt haben.

Direktzugriff auf OneDrive

Sie können prinzipiell von jedem Rechner mit Internetzugang auf den Onlinespeicher OneDrive zugreifen. Loggen Sie sich dafür über die Internetadresse *http://onedrive.live.com* mit Ihren Zugangsdaten ein. Die OneDrive-Ordner stellen sich grafisch etwas anders dar als unter Windows, funktionieren jedoch mit einigen Ausnahmen gleich. Öffnen Sie einen Ordner mittels Doppelklick und kehren Sie in den übergeordneten Ordner zurück, indem Sie den entsprechenden Eintrag in der Textzeile oberhalb der Ordner markieren (hier: **Eigene Dateien**). Wie viele Dokumente sich in einem Ordner befinden, verrät die Ziffer unten links auf dem Ordner.

Sie können die Dokumente per Klick online öffnen. Um ein Dokument herunterzuladen, wählen Sie die kleine Kreis-Schaltfläche oben rechts am Dokument an (sie ist nur sichtbar, wenn Sie die Maus auf dem Dokument parken) und entscheiden sich anschließend im Kopfzeilenmenü für **Herunterladen**.

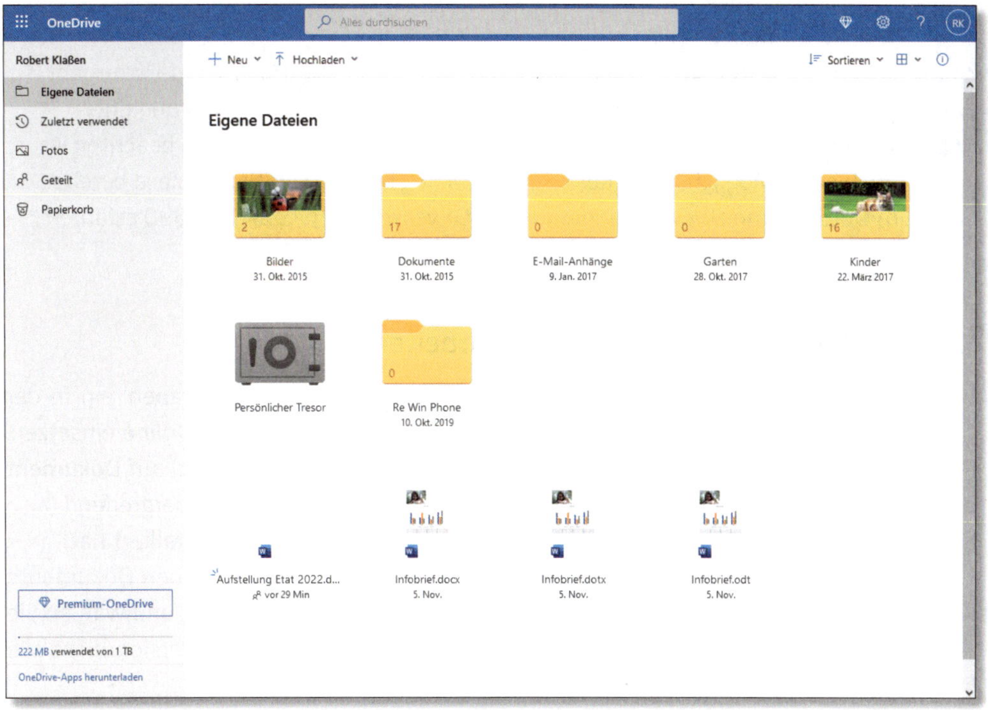

Abbildung 12.11 *OneDrive, Ihr direkter Draht, nicht nur zu Word-Dokumenten*

Alternativ funktioniert dies auch nach einem Rechtsklick auf dem Dokument, da auch das Kontextmenü über einen entsprechenden Eintrag verfügt. Mit ebendiesem Kontextmenü können Sie auch die Bearbeitung in Word auf Ihrem PC starten, wenn Sie **In Word öffnen** wählen. Falls Sie gerade unterwegs sind und Word auf Ihrem Endgerät nicht zur Verfügung steht, wählen Sie stattdessen **In Word Online öffnen**. (Weitere Hinweise dazu finden Sie in Abschnitt 12.5, »Mit Word Online Dokumente bearbeiten«, ab Seite 394.)

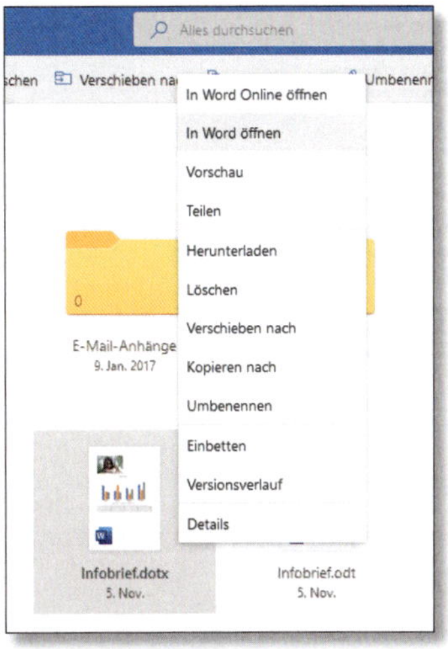

Abbildung 12.12 *Öffnen und bearbeiten Sie Dokumente auch von unterwegs.*

TIPP

OneDrive-Inhalte teilen
Sie möchten jemand anderem den Zugriff auf ein bestimmtes Word-Dokument erlauben? Dann klicken Sie mit rechts auf die entsprechende Datei und entscheiden sich im Kontextmenü für **Teilen**. Was hier im Einzelnen zu beachten ist und welche Möglichkeiten der folgende Dialog bereitstellt, haben Sie ja bereits im Unterabschnitt »Dokumente für OneDrive freigeben« auf Seite 390 erfahren.

12.5 Mit Word Online Dokumente bearbeiten

Wenn Sie einer anderen Person mittels **Teilen** die Erlaubnis gegeben haben, ein in der Cloud befindliches Dokument zu bearbeiten, kann diese Person *Word Online* einsetzen. Dazu klickt der Bearbeiter (nachdem er den gesendeten Link benutzt hat) auf **Dokument bearbeiten**. Jetzt kann er die Online-App benutzen, und zwar plattformübergreifend (also auch vom Mac oder Tablet aus) – selbst dann, wenn er Word gar nicht installiert hat.

Entsprechendes gilt übrigens auch, wenn Sie von unterwegs Ihre eigenen Dokumente bearbeiten wollen. Klicken Sie in OneDrive mit rechts auf das Dokument, und wählen Sie danach **In Word Online öffnen**. Beachten Sie aber, dass Ihnen in dieser Version nicht alle Funktionen zur Verfügung stehen.

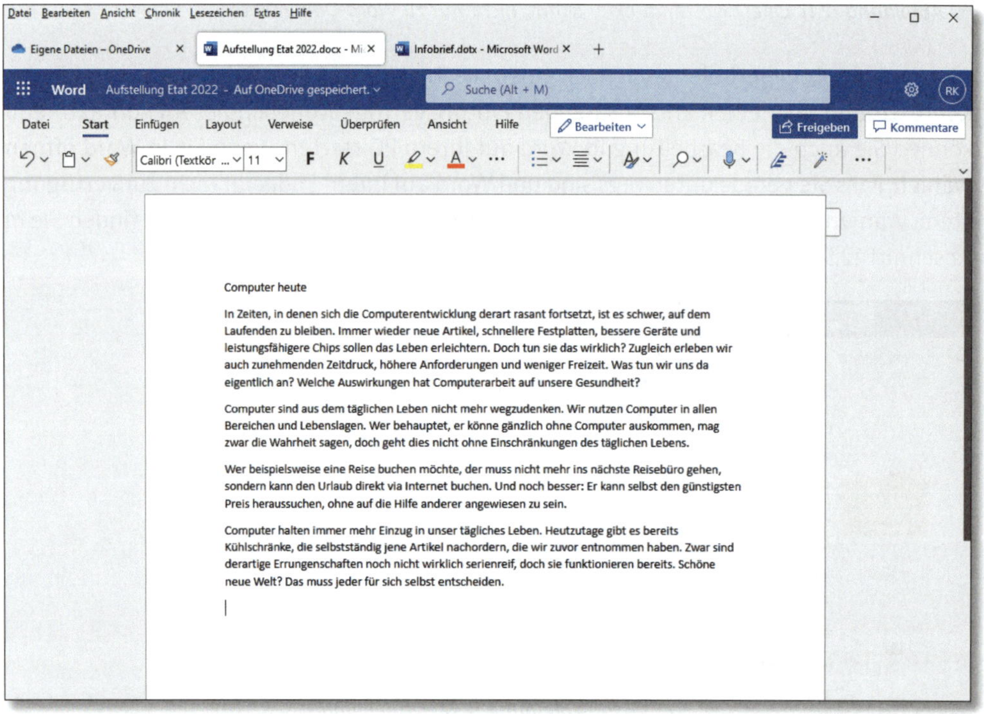
Datei Bearbeiten Ansicht Chronik Lesezeichen Extras Hilfe
Eigene Dateien – OneDrive
Aufstellung Etat 2022.docx - Mi
Infobrief.dotx - Microsoft Word
Word
Aufstellung Etat 2022 - Auf OneDrive gespeichert.
Suche (Alt + M)
RK
Datei
Start
Einfügen
Layout
Verweise
Überprüfen
Ansicht
Hilfe
Bearbeiten
Freigeben
Kommentare
Calibri (Textkör ...
11
F
K
U
Computer heute
In Zeiten, in denen sich die Computerentwicklung derart rasant fortsetzt, ist es schwer, auf dem Laufenden zu bleiben. Immer wieder neue Artikel, schnellere Festplatten, bessere Geräte und leistungsfähigere Chips sollen das Leben erleichtern. Doch tun sie das wirklich? Zugleich erleben wir auch zunehmenden Zeitdruck, höhere Anforderungen und weniger Freizeit. Was tun wir uns da eigentlich an? Welche Auswirkungen hat Computerarbeit auf unsere Gesundheit?
Computer sind aus dem täglichen Leben nicht mehr wegzudenken. Wir nutzen Computer in allen Bereichen und Lebenslagen. Wer behauptet, er könne gänzlich ohne Computer auskommen, mag zwar die Wahrheit sagen, doch geht dies nicht ohne Einschränkungen des täglichen Lebens.
Wer beispielsweise eine Reise buchen möchte, der muss nicht mehr ins nächste Reisebüro gehen, sondern kann den Urlaub direkt via Internet buchen. Und noch besser: Er kann selbst den günstigsten Preis heraussuchen, ohne auf die Hilfe anderer angewiesen zu sein.
Computer halten immer mehr Einzug in unser tägliches Leben. Heutzutage gibt es bereits Kühlschränke, die selbstständig jene Artikel nachordern, die wir zuvor entnommen haben. Zwar sind derartige Errungenschaften noch nicht wirklich serienreif, doch sie funktionieren bereits. Schöne neue Welt? Das muss jeder für sich selbst entscheiden.

Abbildung 12.13 *Wenn der Eigentümer es zulässt, kann der Empfänger eine Menge mit dem Dokument anstellen.*

Im Prinzip finden Sie daraufhin ein abgespecktes Word mit ansonsten identischen Schaltflächen vor. Probieren Sie es einmal aus. Was Word Online bietet, sollte nicht unterschätzt werden.

12.6 Ein Office-Dokument auf einem Weblog veröffentlichen

Ein Weblog ist nichts anderes als ein Blog – und somit die Veröffentlichung eines Artikels oder von etwas Ähnlichem auf einer eigens dafür bereitgestellten Webseite. Um Blogs einstellen zu können, müssen Sie bei einem Blog-Dienstanbieter registriert sein, der Word unterstützt. Aber der Reihe nach: Word bringt eine eigene Blogvorlage mit. Benutzen Sie diese, um direkt aus Word heraus einen Blog zu erzeugen.

1 Starten Sie mit einer eigens für diesen Zweck generierten Vorlage, die Sie finden, wenn Sie zunächst **Datei > Neu** wählen und dann »Blog« in das Suchfeld eintragen. Drücken Sie anschließend [↵].

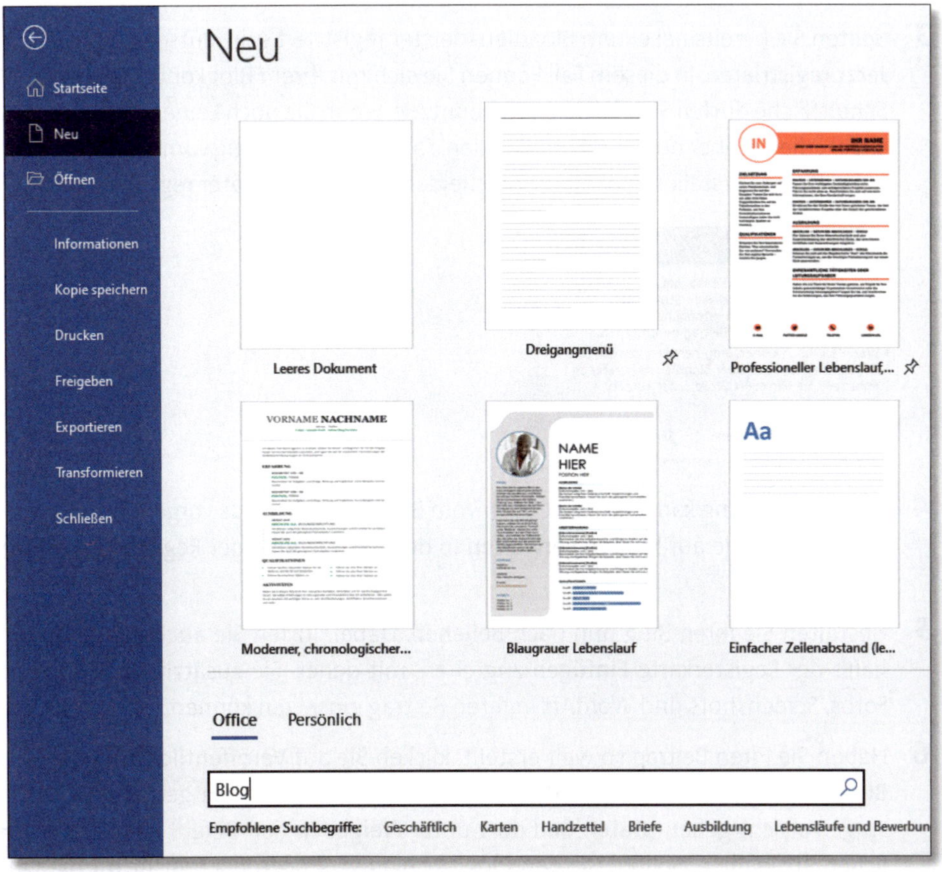

2 Jetzt sollte ganz oben links im Bereich **Neu** der Blogeintrag gelistet sein, den Sie nun bitte mit Hilfe eines Doppelklicks öffnen.

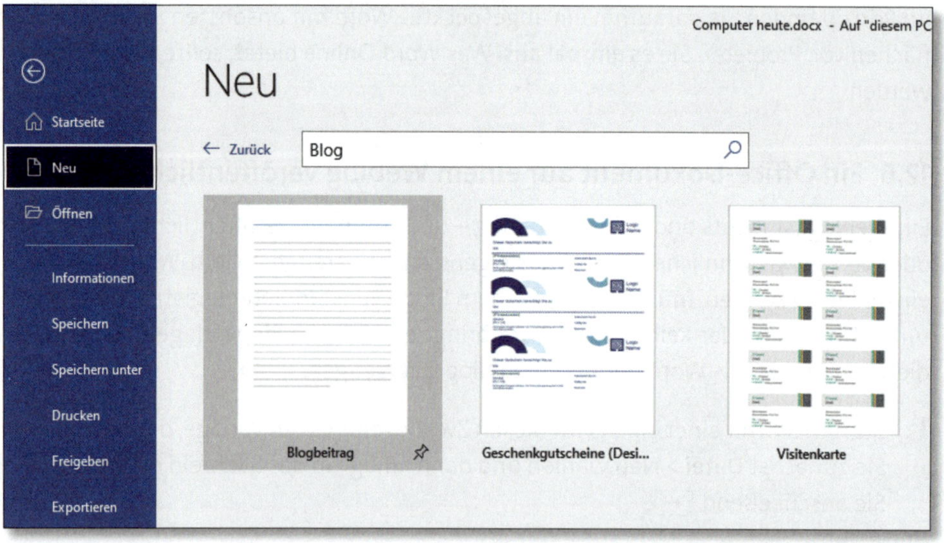
Computer heute.docx - Auf "diesem PC
Neu
Startseite
Neu
Öffnen
Informationen
Speichern
Speichern unter
Drucken
Freigeben
Exportieren
Zurück
Blog
Blogbeitrag
Geschenkgutscheine (Desi...
Visitenkarte

3 Sollten Sie bereits bei einem Blogdienstleister registriert sein, entscheiden Sie sich für **Jetzt registrieren**. In diesem Fall können Sie sich mit Ihrem Blogkonto verbinden. Diese Schaltfläche dürfen Sie zudem auch benutzen, wenn Sie noch keinen Blog-Account besitzen, diesen aber nun einrichten wollen. Falls Sie unabhängig vom Anbieter zunächst nur den Blog erstellen möchten, entscheiden Sie sich für **Später registrieren**.

Blogkonto registrieren
Registrieren Sie Ihr Blogkonto, um mit dem Bloggen zu beginnen. Wenn Sie diesen Schritt jetzt auslassen, werden diese Informationen angefordert, sobald Sie einen ersten Beitrag bereitstellen.
Wenn Sie noch keinen Blog besitzen, besuchen Sie Office.com, um mehr über Blogdienstanbieter zu erfahren, die Microsoft Word unterstützen.
Office.com
Jetzt registrieren
Später registrieren

4 Die Registrierung kann jederzeit auch vom Blogdokument aus vorgenommen werden. Dazu klicken Sie auf **Konten verwalten** in der Gruppe **Blog** der Registerkarte **Blogbeitrag**.

5 Gestalten Sie Ihren Blog nun nach Belieben. Dabei dürfen Sie auch gerne auf die Inhalte der Registerkarte **Einfügen** zugreifen, mit denen Sie zusätzliche Elemente wie Fotos, Screenshots und WordArt in Ihren Beitrag einsetzen können.

6 Haben Sie Ihren Beitrag so weit erstellt, klicken Sie auf **Veröffentlichen** in der Gruppe **Blog** der Registerkarte **Blogbeitrag**. Alternativ dürfen Sie auch gerne über die Backstage-Ansicht gehen (**Datei**) und dort unter **Freigeben** den Befehl **Im Blog veröffentlichen** auswählen. Sollten Sie den Blog hochladen, jedoch noch nicht für die Öffentlichkeit freigeben wollen, entscheiden Sie sich für die kleine Pfeilschaltfläche **1** und wählen im Menü **Als Entwurf veröffentlichen**.

Zum Veröffentlichen eines Entwurfs oder eines regulären Blogbeitrags benötigen Sie im Übrigen den bereits erwähnten Blog-Account. Sollten Sie bis zu diesem Zeitpunkt noch keinen Zugang eingerichtet haben, öffnet sich erneut der Dialog **Blogkonto registrieren**, über den Sie nun ein Konto einrichten können.

INFO

Neues Blogkonto erstellen

Falls Sie sich mit dem Erstellen von Blogkonten noch nicht so richtig auskennen, sollten Sie **Konten verwalten** markieren und anschließend auf **Neu** klicken. Wählen Sie im folgenden Dialog **Ich besitze noch keinen Blog**. Dieser Link bringt Sie zu einer Microsoft-Hilfeseite, die Ihnen auch in Bezug auf die Anbieterwahl behilflich ist.

Kapitel 13
Word einrichten und anpassen

Trotz des riesigen Funktionsumfangs der Anwendung möchten Sie Word sicher noch optimaler an Ihre persönlichen Bedürfnisse und Vorlieben anpassen. Zahllose Optionen unterstützen dies. Im Folgenden werden wir einige interessante Möglichkeiten betrachten. Sie erfahren auch, wie sich die Symbolleiste mit weiteren Buttons ausstatten lässt.

13.1 Die Programmeinstellungen individualisieren

Im ersten Teil dieses Kapitels stelle ich Ihnen sinnvolle Einstellungen innerhalb der Word-Optionen vor. Auch die Konto-Optionen werden im weiteren Verlauf noch vorgestellt. Mithilfe der Word-Optionen können Sie die Anwendung so einrichten, dass bestimmte Eigenschaften dokumentübergreifend angenommen werden. Hier muss natürlich jeder für sich selbst festlegen, welche Funktionen für seine tägliche Arbeit sinnvoll sind. Einige davon stelle ich Ihnen hier vor.

Sie gelangen in den Dialog **Word-Optionen**, indem Sie zunächst in die Backstage-Ansicht wechseln (**Datei**) und dort auf die Rubrik **Optionen** klicken. Standardmäßig ist im Dialog **Word-Optionen** in der linken Spalte **Allgemein** ausgewählt. Ist das bei Ihnen nicht der Fall, klicken Sie diese Spalte zunächst an. Schauen wir uns in den nächsten beiden Unterabschnitten zunächst zwei Optionen aus dem Bereich **Benutzeroberflächenoptionen** an.

Minisymbolleiste deaktivieren

Die standardmäßig aktive Checkbox **Minisymbolleiste für die Auswahl anzeigen** ist verantwortlich dafür, dass eine kleine Symbolleiste direkt am Text erscheint, sobald Sie ein Wort oder einen Abschnitt im Dokument markieren. Man erspart sich mithilfe dieser Minisymbolleiste den Weg ins Menüband, da hier alle wichtigen Schaltflächen zur Textformatierung bereits integriert sind und Sie Ihre Änderungen unmittelbar vornehmen können. Manch einer empfindet diese Leiste jedoch als störend. Wenn das auch auf Sie zutrifft, nehmen Sie das Häkchen ganz einfach weg.

QuickInfo deaktivieren

Im Bereich **Benutzeroberflächenoptionen** der Rubrik **Allgemein** im Dialogfenster **Word-Optionen** finden Sie das Auswahlmenü **QuickInfo-Format**. Mit QuickInfo sind die erklärenden Tafeln gemeint, die automatisch erscheinen, sobald Sie die Maus auf eine Schaltfläche oder über eine Funktion bewegen. Falls Sie künftig auf diese verzichten möchten, entscheiden Sie sich im nebenstehenden Menü für die Option **QuickInfos nicht anzeigen**.

Benutzernamen und Initialen festlegen

Im mittleren Bereich **Microsoft Office-Kopie personalisieren** der Rubrik **Allgemein** können Sie Ihren Benutzernamen ❶ und Initialen ❷ eingeben. Diese Informationen werden beispielsweise in Kommentaren und Autorenhinweisen angezeigt, sofern die darunter befindliche Checkbox aktiviert ist. Wollen Sie stattdessen mit dem Namen sichtbar sein, der in Ihren persönlichen Betriebssystem-Einstellungen Gültigkeit hat, lassen Sie die Checkbox einfach leer.

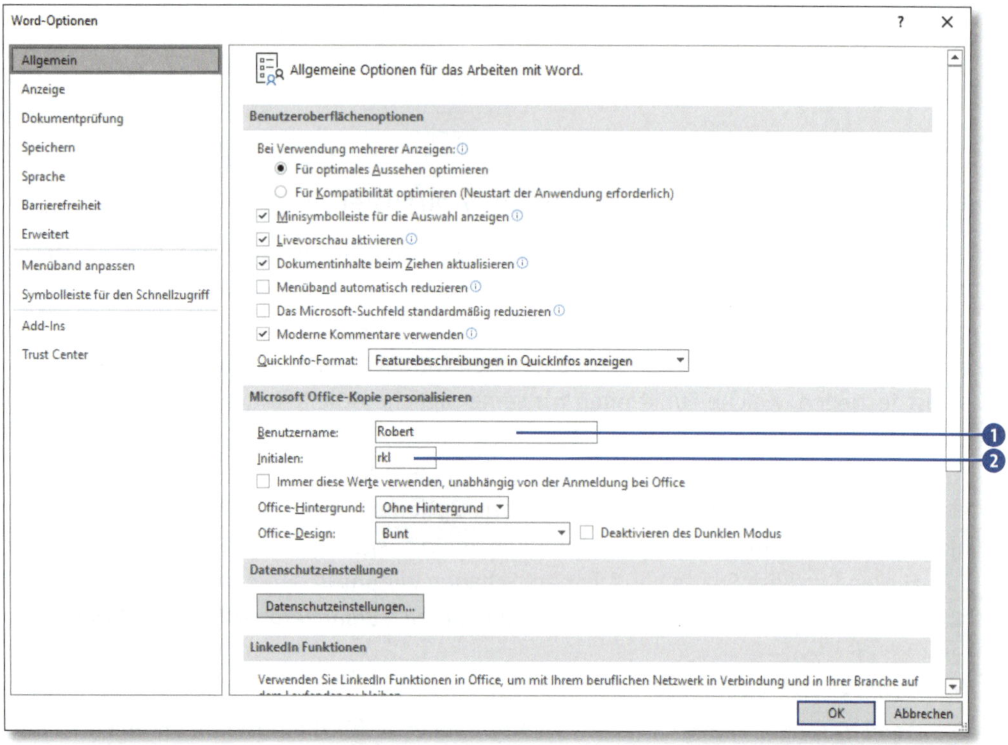

Abbildung 13.1 Die allgemeinen Word-Optionen

> **INFO**
>
> **Startbildschirm**
>
> Die aktive Checkbox **Startbildschirm beim Start dieser Anwendung anzeigen** im Bereich **Startoptionen** bewirkt, dass Word beim Programmstart automatisch die Rubrik **Neu** der Backstage-Ansicht aktiviert. Von dort aus können Sie eine Vorlage auswählen. Falls Sie künftig lieber direkt mit einem neuen leeren Dokument beginnen möchten, deaktivieren Sie die Checkbox ganz einfach und bestätigen mit **OK**.

Formatierungszeichen aktivieren

Wenn Sie die Schaltfläche **Alle anzeigen** in der Gruppe **Absatz** der Registerkarte **Start** betätigen, werden die Steuerelemente wie beispielsweise Absatzmarken angezeigt. Entsprechendes erreichen Sie mit der Tastenkombination [Strg]+[⇧]+[+]. Falls Sie jedoch nur bestimmte Zeichen wie Tabstoppzeichen und Absatzmarken permanent angezeigt bekommen möchten (von Haus aus ist nur **Objektanker** aktiv), müssen Sie die betreffenden Checkboxen in der Mitte der Rubrik **Anzeige** aktivieren.

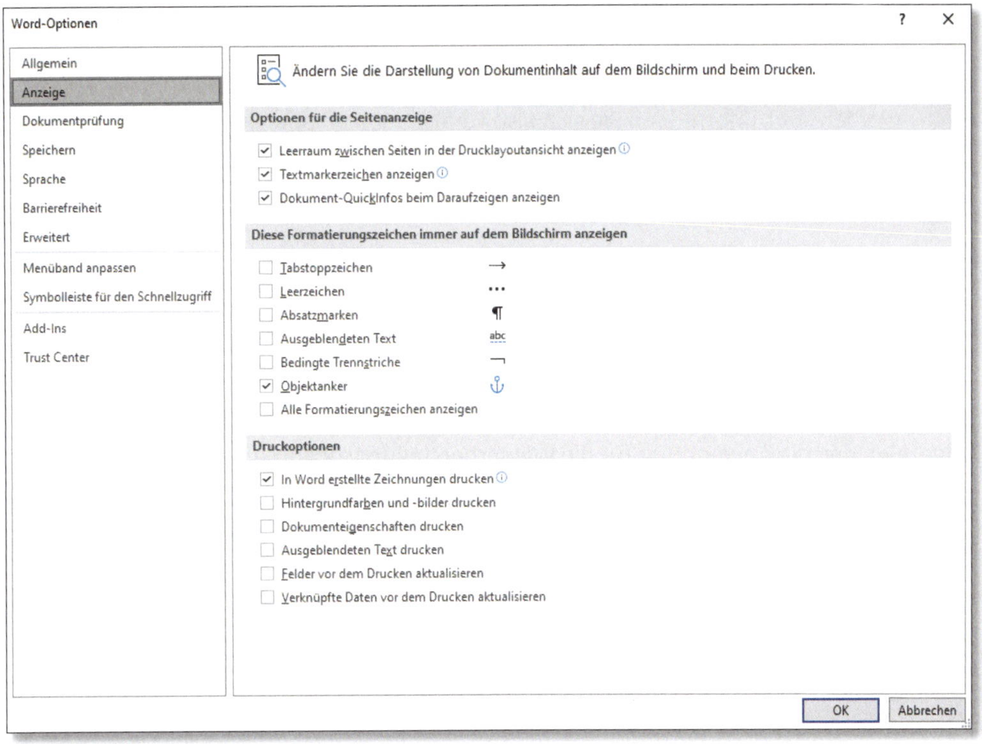

Abbildung 13.2 *Man kann bestimmte Formatierungszeichen permanent anzeigen lassen.*

Dateiformat für das Speichern auswählen

Die Rubrik **Speichern** beinhaltet interessante Funktionen, die beim Sichern von Dokumenten relevant sind. Ganz oben finden Sie im Bereich **Dokumente speichern** das Auswahlmenü **Dateien in diesem Format speichern**. Hier legen Sie fest, welchen Dokumenttyp (bzw. welche Dateiendung) Word Ihnen standardmäßig im Dialog **Speichern unter** anbieten soll. Falls Sie also beispielsweise oft Dokumente mit der Dateiendung *.doc* ausgeben müssen, schalten Sie hier auf **Word 97-2003-Dokument (*.doc)** um.

INFO

Schriftarten in das Dokument einbetten
Die gleichnamige Checkbox in der Rubrik **Speichern** der **Word-Optionen** bewirkt, dass Schriften, die im Dokument benutzt worden sind, in die Word-Datei integriert werden. Sollte der Empfänger des Dokuments eine von Ihnen verwendete Schrift nicht auf seinem Rechner installiert haben, steht diese ihm bei Aktivierung der Funktion dennoch zur Verfügung. Anderenfalls würde eine Ersatzschriftart gewählt, die möglicherweise anders aussieht als das Original und somit das Layout stört. Doch Vorsicht! Die allermeisten Schriften dürfen nicht einfach weitergegeben werden! Bedenken Sie, dass in Word auch Schriften zur Verfügung stehen, die bei der Installation ganz anderer Programme integriert worden sind. Informieren Sie sich also vorab in den entsprechenden Lizenzvereinbarungen, ob Sie dazu ermächtigt sind, Schriften weiterzugeben. Im Zweifel lassen Sie es lieber bleiben.

Speichern und Wiederherstellen

Die Funktion **AutoWiederherstellen** in der Rubrik **Speichern** ist ebenfalls interessant. Hier lässt sich ein Speicherintervall festlegen, in dem Word das Dokument automatisch nachspeichert. Im Feld **Dateispeicherort für AutoWiederherstellen** wird Ihnen der Dateipfad angezeigt, den die Anwendung für die Wiederherstellungsdokumente benutzt.

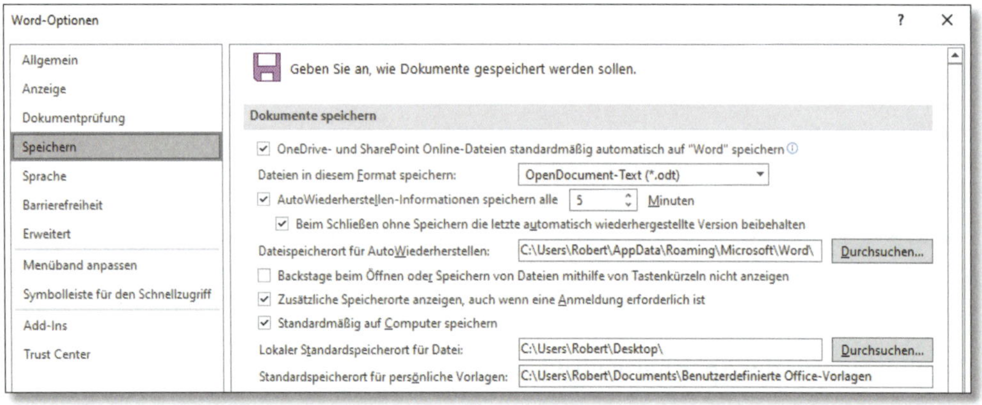

Abbildung 13.3 *Wer will schon immer auf OneDrive speichern?*

Sicher haben Sie bereits festgestellt, dass Word von Haus aus stets OneDrive als bevorzugtes Speichermedium anbietet. Das kann ganz schön nervig sein – zumindest für denjenigen, der zum Sichern seiner Dokumente gewohnheitsmäßig die Festplatte nutzt. Aktivieren Sie die Checkbox **Standardmäßig auf Computer speichern**, wird im **Speichern**-Dialog künftig **Computer** anstelle von **OneDrive** vorausgewählt.

Die Konto-Optionen individualisieren

Klicken Sie in der Backstage-Ansicht auf die Rubrik **Konto** (**Datei > Konto**), stehen Ihnen die beiden Optionen **Office-Hintergrund** und **Office-Design** zur Verfügung, mit denen Sie das Erscheinungsbild der Programmoberflächen anpassen können. Falls Sie also einmal einen anderen Look in der Kopfzeile ausprobieren oder die Seitenränder bzw. das Menüband abdunkeln möchten, sind Sie hier gut beraten.

Sollte es einmal Probleme mit Office geben, die mithilfe des Supports gelöst werden müssen, benötigen Sie einige Informationen zu Ihrer Programmversion. Diese finden Sie, wenn Sie im Bereich **Produktinformationen** auf **Info zu Word** klicken. Darin untergebracht sind beispielsweise die Produkt-ID sowie die Versionsnummer. Über **Systeminfo** können detaillierte Informationen zu Ihrem Computersystem ausgelesen werden. Über **Software Service** haben Sie die Möglichkeit, weitere Hilfsangebote abzurufen.

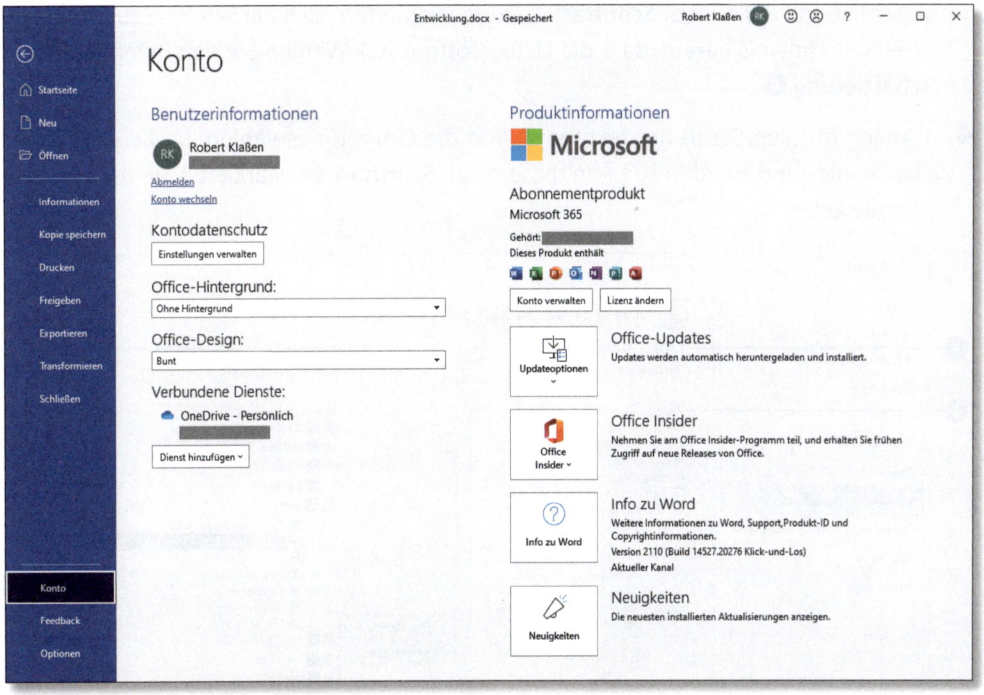

Abbildung 13.4 *Die Kontoinformationen sind wichtiger, als es auf den ersten Blick scheint.*

13.2 Das Menüband anpassen

Das Menüband von Word beinhaltet standardmäßig bereits eine Fülle von Registerkarten, Gruppen und Schaltflächen. Dennoch stellt sich die Frage, ob wirklich alles vorhanden ist, was man für die tägliche Arbeit benötigt. Fehlt vielleicht eine Funktion, die Sie häufig benutzen? Dann fügen Sie doch eine entsprechende Schaltfläche hinzu. Damit es funktioniert, sollten Sie jedoch ein paar Kleinigkeiten beachten.

13

Eine Schaltfläche hinzufügen

Zum Einstieg in diese Thematik wollen wir uns einer Aufgabe widmen: Wir werden die Schaltfläche **Zeichenschattierung** hinzufügen, die dafür sorgt, dass Buchstaben grau hinterlegt werden.

1. Klicken Sie in der Backstage-Ansicht zunächst auf die Rubrik **Optionen**. Im Dialog **Word-Optionen** klicken Sie anschließend auf **Menüband anpassen**. Alternativ dazu reicht auch ein Rechtsklick auf eine beliebige Stelle des Menübands, gefolgt von **Menüband anpassen** im Kontextmenü.
2. Im Dropdown-Menü **Befehle auswählen** ❶ stellen Sie **Alle Registerkarten** ein. Das Gleiche machen Sie bitte auch rechts daneben in **Menüband anpassen** ❷.
3. Klicken Sie im linken Feld bei **Hauptregisterkarten** ❸ auf das Plussymbol vor **Start** und anschließend auf das vor **Schriftart**. Dadurch verändern sich die Symbole zu Minuszeichen (als Hinweis darauf, dass die Liste geöffnet ist). Wählen Sie den Befehl **Zeichenschattierung** ❹.
4. Danach müssen Sie in der rechten Spalte die Gruppe auswählen, in die die Schaltfläche integriert werden soll – in diesem Fall **Schriftart** ❺. Markieren Sie die entsprechende Zeile.

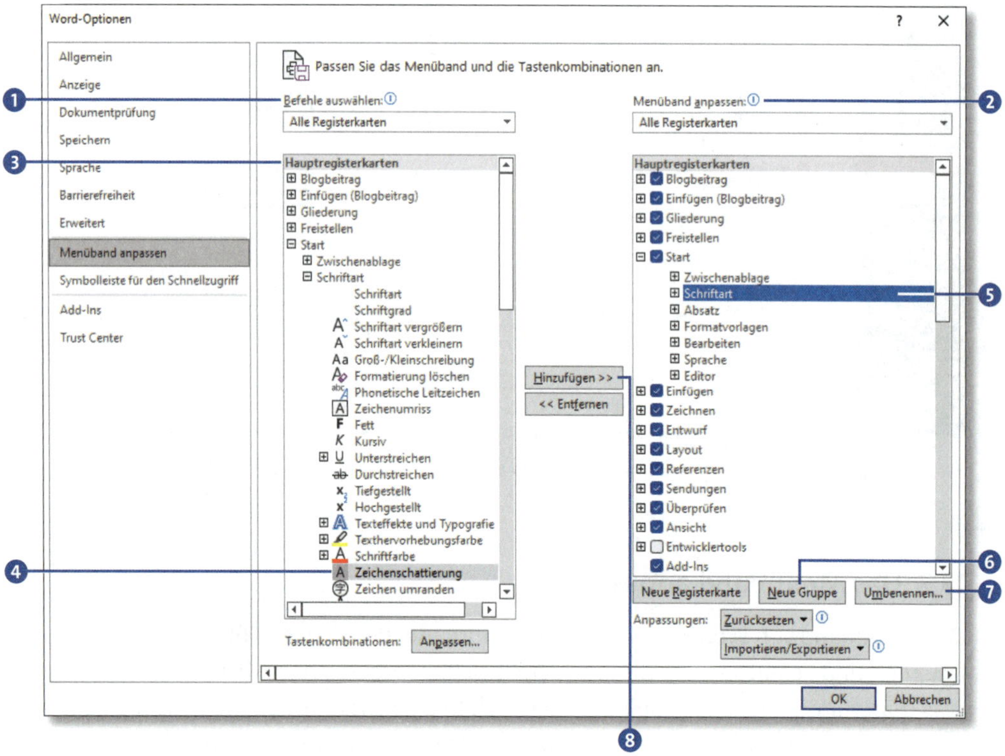

5 Vorhandene und von Word bereits zusammengestellte Gruppen und Registerkarten können Sie nicht im Nachhinein anpassen. Demzufolge lassen sich auch keine zusätzlichen Schaltflächen darin unterbringen. Andererseits können Schaltflächen nur in Gruppen untergebracht werden, also müssen wir zunächst eine neue Gruppe für unseren Button über die gleichnamige Schaltfläche ❻ erzeugen.

6 Betätigen Sie anschließend **Umbenennen** ❼. Geben Sie im Dialogfenster **Umbenennen** einen neuen Namen ein. Für dieses Beispiel haben wir uns für die Bezeichnung »Spezial« entschieden. Bestätigen Sie mit **OK**.

7 Zuletzt klicken Sie auf **Hinzufügen** ❽. Das sorgt dafür, dass der zuvor auf der linken Seite markierte Befehl **Zeichenschattierung** in die neu erzeugte Gruppe **Spezial** eingefügt wird. Schließen Sie die Aktion mit einem Klick auf **OK** ab.

Wenn Sie wollen, können Sie auf der linken Seite weitere Funktionen auswählen und mit einem Klick auf **Hinzufügen** in die Gruppe **Spezial** integrieren.

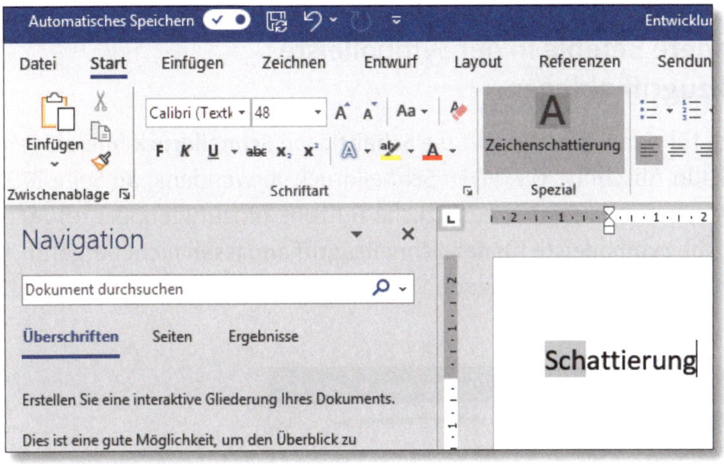

^ ***Abbildung 13.5** Die ersten drei Buchstaben sind mit einer Zeichenschattierung versehen.*

Falls Sie vorhandene Schaltflächen innerhalb einer selbst erzeugten Gruppe wieder loswerden möchten, markieren Sie diese auf der rechten Seite im Bereich **Menüband anpassen** und klicken anschließend auf **Entfernen**.

TIPP

Schaltflächen sortieren

Sie wollen Einfluss auf die Reihenfolge der Buttons innerhalb einer Gruppe nehmen? Dann klicken Sie auf einen entsprechenden Eintrag und ziehen ihn, während Sie die Maustaste gedrückt halten, an eine andere Position. Damit das funktioniert, müssen natürlich mehrere Schaltflächen innerhalb dieser Gruppe vorhanden sein. Sie sollten außerdem beachten, dass das nur bei von Ihnen hinzugefügten Gruppen möglich ist, nicht aber bei den Standardgruppen.

Entwicklertools aktivieren

Word verfügt über eine Registerkarte, die standardmäßig nicht aktiv ist. Es handelt sich dabei um die sogenannten *Entwicklertools*. Um sie zu aktivieren und so dem Menüband hinzuzufügen, setzen Sie einen Rechtsklick auf eine beliebige Stelle des Menübands (nicht auf eine Formatvorlage!) und wählen im Kontextmenü **Menüband anpassen**. Aktivieren Sie daraufhin im rechten Bereich **Menüband anpassen** die Checkbox **Entwicklertools**, und bestätigen Sie mit **OK**.

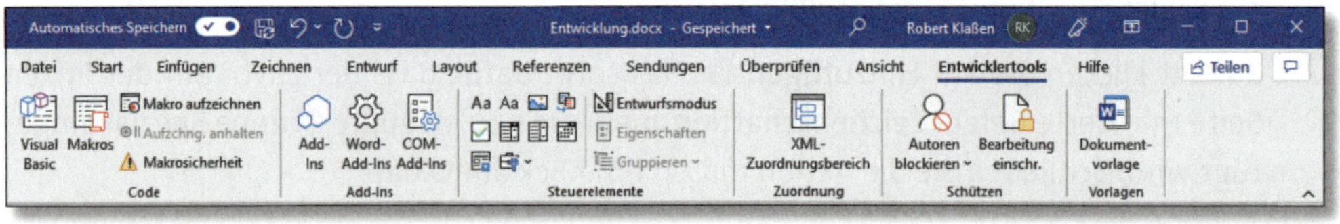

Abbildung 13.6 *Die Entwicklertools müssen manuell eingeschaltet werden.*

13.3 Häufig verwendete Befehle in der Symbolleiste für den Schnellzugriff ablegen

Wie Sie der Symbolleiste für den Schnellzugriff die Schaltfläche **Schnelldruck** hinzufügen können, wurde ja bereits in Abschnitt 11.2, »Den Schnelldruck verwenden«, ab Seite 379, erläutert. Sie können darüber hinaus aber zusätzliche Buttons hinzufügen, die im Auswahlmenü der Schaltfläche **Symbolleiste für den Schnellzugriff anpassen** nicht aufgeführt sind. Klicken Sie zunächst auf die entsprechende Schaltfläche, und wählen Sie im Menü **Weitere Befehle**.

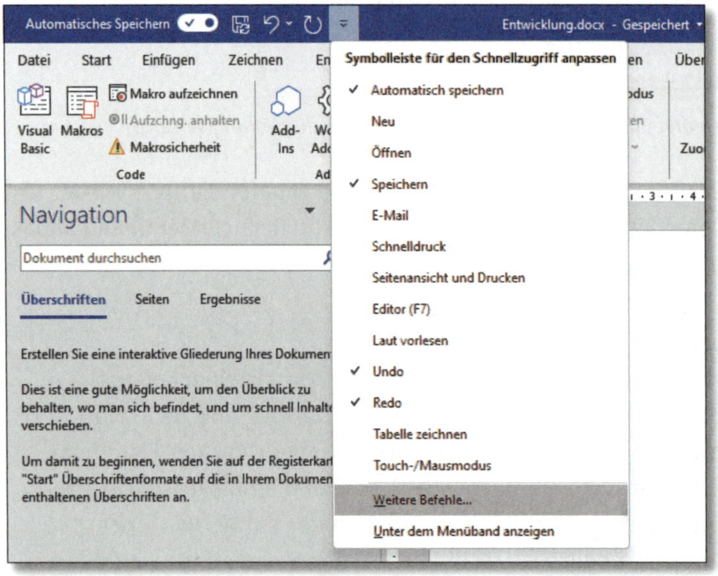

Abbildung 13.7 *Statten Sie die Schnellzugriffsleiste mit häufig benutzten Befehlsschaltflächen aus.*

Daraufhin gelangen Sie in die Rubrik **Symbolleiste für den Schnellzugriff** der Word-Optionen. Markieren Sie einen der dort angebotenen Buttons im Bereich **Befehle auswählen**, klicken Sie auf **Hinzufügen**, und bestätigen Sie die Änderungen mit einem Klick auf **OK**.

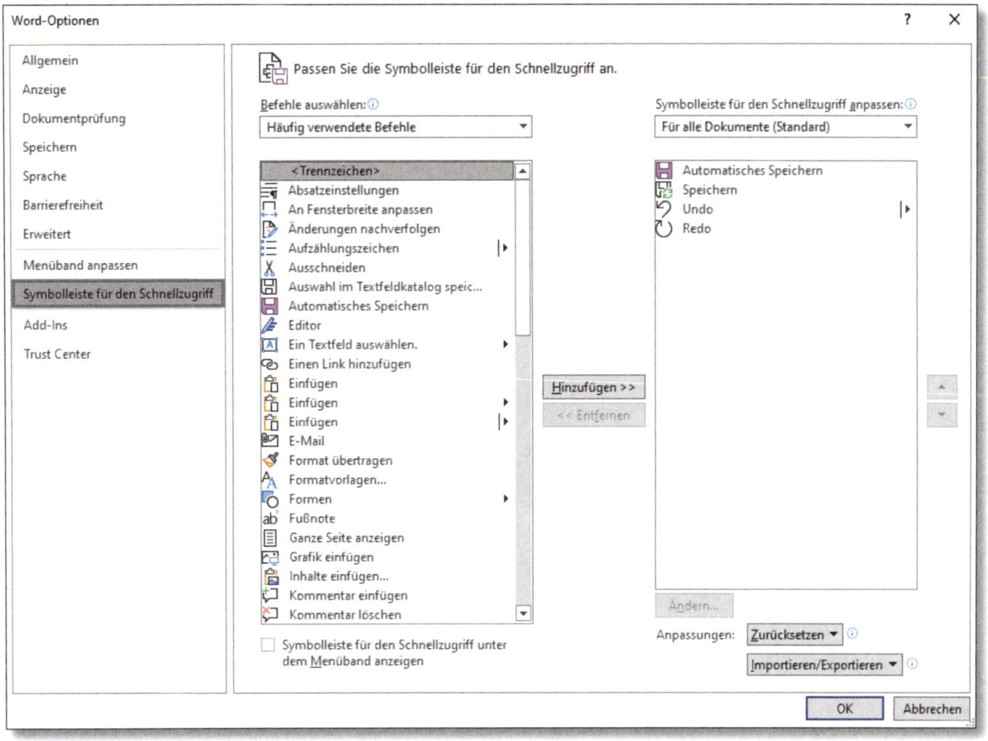

Abbildung 13.8 *Die Rubrik erinnert an die Rubrik »Menüband anpassen«.*

13

Teil III

Kalkulieren und Analysieren mit Excel

Kapitel 14
Die Oberfläche von Excel 2021 kennenlernen

Bevor wir so richtig in die Arbeit mit Formeln und Berechnungen einsteigen, sollten Sie die Oberfläche von Excel kennenlernen. Vieles wird Ihnen möglicherweise schon von Word bekannt vorkommen. Anderes wiederum ist Excel-spezifisch. Wir stellen Ihnen daher in den folgenden Abschnitten die unterschiedlichen Elemente vor.

14.1 Datenbank vs. Tabellenkalkulation: Wo ist der Unterschied?

Datenbanken und Tabellenkalkulationen sind sich zunächst einmal sehr ähnlich. Beide nehmen Daten in sich auf, und beide können ihre Inhalte mit anderen Anwendungen teilen. Allerdings werden Datenbanken in der Hauptsache als Sammelstellen für Daten eingesetzt, während bei der Tabellenkalkulation – wie der Name schon sagt – die Kalkulation, also die Berechnung von Daten, im Vordergrund steht. Ein gutes Beispiel für den Einsatz einer Datenbank ist in Teil II dieses Buches zu finden – nämlich als es darum ging, Serienbriefe in Word zu erzeugen. Hier haben wir vernünftigerweise auf eine Kundendatenbank zurückgegriffen (siehe Abschnitt 9.3, »Einen Serienbrief erstellen«, auf Seite 320). Wenn es jedoch darum geht, beispielsweise die Kaufkraft der einzelnen Kunden zu präsentieren, ist eine Excel-Tabelle geeigneter. Das Ergebnis kann hier entweder als Tabelle oder in einer schicken Illustration (z. B. einem Balkendiagramm) präsentiert werden. Bei der Datenbank war es hingegen lediglich wichtig, auf die Daten zugreifen zu können. Zwar nehmen Tabellenkalkulationen auch Daten auf, doch liegt ihre Stärke vor allem in der Berechnung und Präsentation dieser Daten.

14.2 Grundlagen zur Arbeit mit Arbeitsmappen und Tabellenblättern

Eine Arbeitsmappe in Excel ist gewissermaßen ein einzelnes Dokument (wie ein Schriftstück in Word). Die Seiten dieses Dokuments sind in Excel die Tabellenblätter. Genauso wie in Word können Sie auch hier mit einer neuen leeren Arbeitsmappe oder mit einer bereits gestalteten Vorlage beginnen.

Eine neue Arbeitsmappe erzeugen

Klicken Sie in der Rubrik **Neu** oder **Startseite** der Backstage-Ansicht auf **Leere Arbeitsmappe**, öffnet sich eine Arbeitsmappe mit einem einzelnen Tabellenblatt.

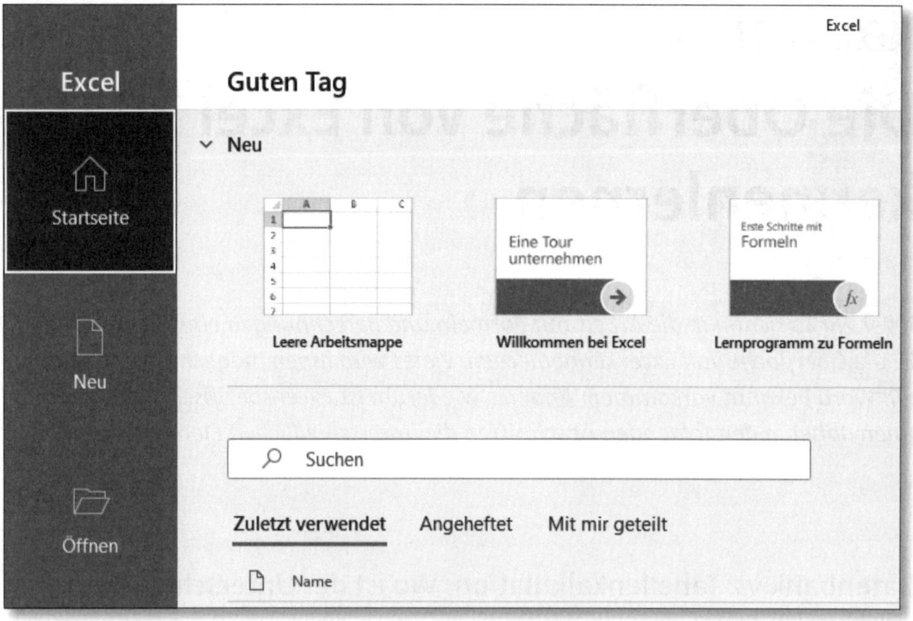

Abbildung 14.1 *Erzeugen Sie zunächst eine Arbeitsmappe.*

Sie können auf diese Weise Ihre Bearbeitung bei null beginnen und die Kalkulation im Gegensatz zu den Vorlagen nach Ihren Vorstellungen gestalten.

INFO

Anzeige verdeckter Register

Sobald Sie mehr Blätter hinzugefügt haben, als in die Zeile der Tabellenblatt-Register oberhalb der Statusleiste hineinpassen, werden drei Punkte neben den Registern eingeblendet – und zwar immer an der Seite (links oder rechts), an der sich verborgene Register befinden. Sollten sich an beiden Seiten ausgeblendete Register befinden, tauchen folgerichtig auch an beiden Seiten Punkte auf. Jeder Klick auf diese Punkte verschiebt die Reihe der Register um eine Position nach links bzw. rechts.

Tabellenblätter hinzufügen

Für viele Aufgaben reicht es vollkommen aus, mit nur einem Tabellenblatt zu arbeiten. Von daher ist die Strategie, dem Benutzer gleich zu Beginn drei Arbeitsblätter zur Verfügung zu stellen, mittlerweile aufgegeben worden. Sollten Sie dennoch weitere Tabellenblätter benötigen, klicken Sie auf das Plussymbol ❶. Navigieren Sie zwischen den einzelnen Blättern, indem Sie auf das jeweilige Register klicken ❷. Sollten mehr Blätter vorhanden sein, als in der Zeile der Register Platz finden, können Sie mit den Pfeilen ❸ nach links oder rechts springen. Solange jedoch noch alle Tabellenblatt-Register angezeigt werden können, bleiben die Pfeile ausgegraut.

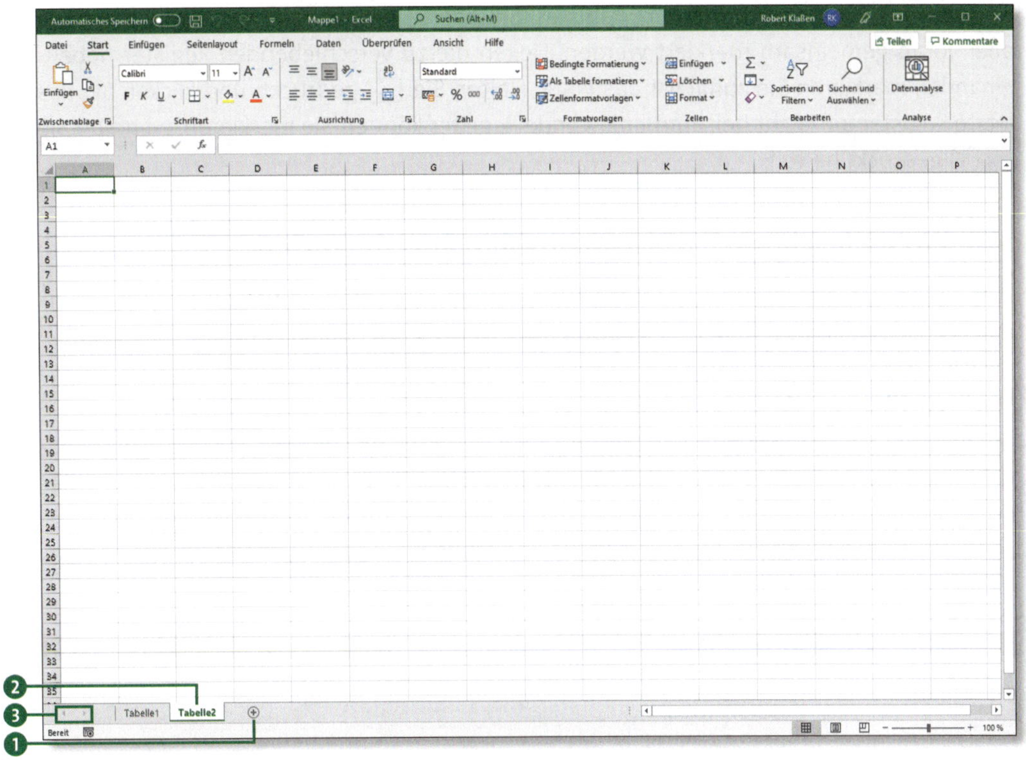

Abbildung 14.2 *Fügen Sie bei Bedarf weitere Blätter hinzu.*

Tabellenblätter löschen

Wenn Sie ein Tabellenblatt entfernen möchten, klicken Sie das entsprechende Register mit der rechten Maustaste an und wählen im Kontextmenü den Befehl **Löschen**.

Tabellenblätter benennen

Die Bezeichnungen **Tabelle1** oder **Tabelle2**, die auf dem Register angegeben sind, sind ja nicht gerade sehr sprechend. Wenn Sie die Blätter sinnvoll benennen möchten, klicken Sie doppelt auf den Namen im Register und geben die gewünschte Bezeichnung ein. Bestätigen Sie Ihre Eingabe mit ↵.

Tabellenblätter sortieren

Sortieren Sie Tabellenblätter, indem Sie das jeweilige Register mit gedrückter Maustaste nach links oder rechts verschieben. Erreichen Sie eine Stelle, an der das Blatt eingefügt werden kann, erscheint eine kleine schwarze Pfeilspitze 4.

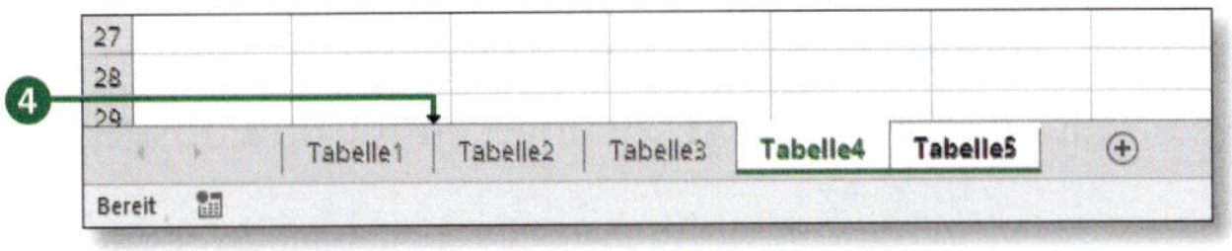

Abbildung 14.3 *Es ist kein Problem, mehrere Register gleichzeitig zu verschieben.*

Übrigens dürfen Sie auch mehrere Register gleichzeitig verschieben. Dazu müssen diese aber vorab gemeinsam markiert werden. Liegen die zu verschiebenden Register nebeneinander, markieren Sie zunächst das erste. Halten Sie [⇧] gedrückt, und klicken Sie das letzte Register an. Nicht beisammenliegende Register können Sie markieren, während Sie [Strg] gedrückt halten.

14.3 Wo finde ich was? – Die wichtigsten Registerkarten

Wenn man sich die Registerkarten von Excel ansieht, wird man unweigerlich an Word erinnert. Und tatsächlich finden sich darauf auch zahlreiche Gemeinsamkeiten.

Die Registerkarte »Start«

Auf der Registerkarte **Start** finden Sie, wie auch in Word, die Gruppen **Schriftart** und **Ausrichtung** (obwohl Letztere in Word als **Absatz** bezeichnet ist). Im Wesentlichen geht es hier um Schriftgestaltung und Anordnung (z. B. linksbündig, zentriert, rechtsbündig). Die Gruppen auf der rechten Seite der Registerkarte sind Rechenoperationen und Formeln vorbehalten.

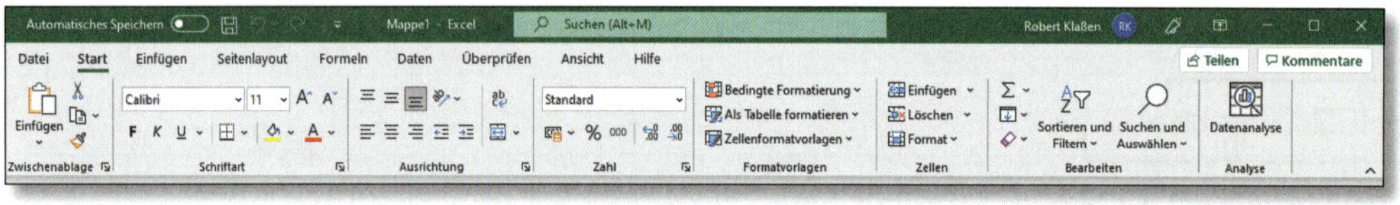

Abbildung 14.4 *Textauszeichnungen und Rechenoperationen sind zentrale Elemente dieser Registerkarte.*

Die Registerkarte »Einfügen«

Die Registerkarte **Einfügen** ermöglicht zwar einerseits aus Word bekannte Einfügungen, z. B. von Illustrationen, Links oder Symbolen, wird aber vorwiegend eingesetzt, um aus einer Tabelle (oder bestimmten Bereichen daraus) Diagramme oder Sparklines (Linien, Säulen usw.) zu erstellen.

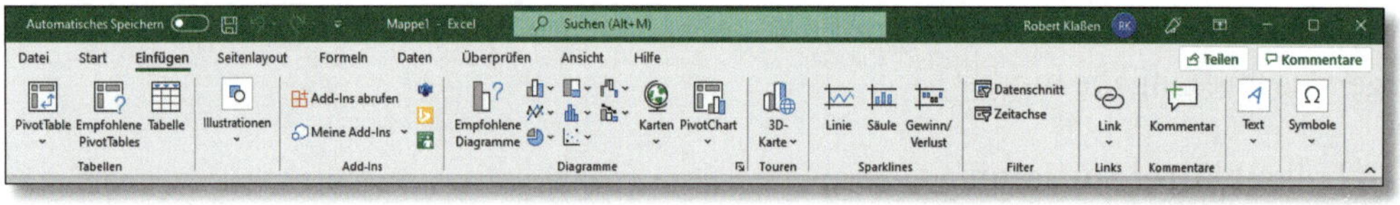

Abbildung 14.5 *Auch Diagramme und Sparklines kommen zum Einsatz.*

Die Registerkarte »Seitenlayout«

Auch die Registerkarte **Seitenlayout** erinnert sehr stark an Word. Hier lassen sich Tabellenblätter gestalten und Seiten einrichten. Zudem können Objekte angeordnet und ausgerichtet werden.

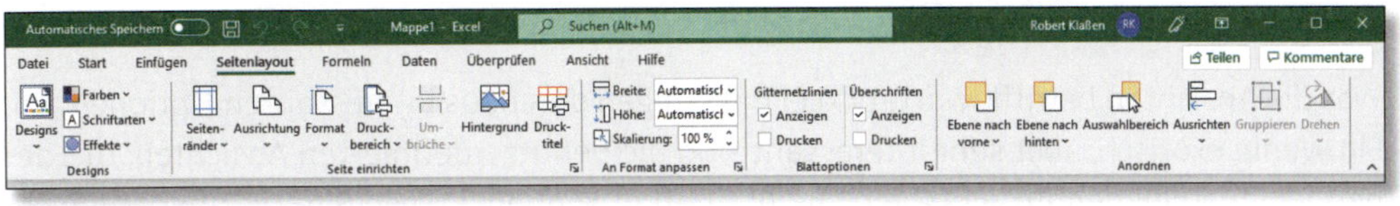

Abbildung 14.6 *Der Menüband-Bereich »Seitenlayout« erinnert stark an Word.*

Die Registerkarte »Formeln«

Die Registerkarte **Formeln** beinhaltet eher Excel-spezifische Schaltflächen und unterscheidet sich deutlich von den Word-Registerkarten. In der Gruppe **Funktionsbibliothek** beispielsweise finden Sie zahlreiche Rechenoperationen und Funktionen, die die mathematische Arbeit mit Excel beträchtlich erleichtern.

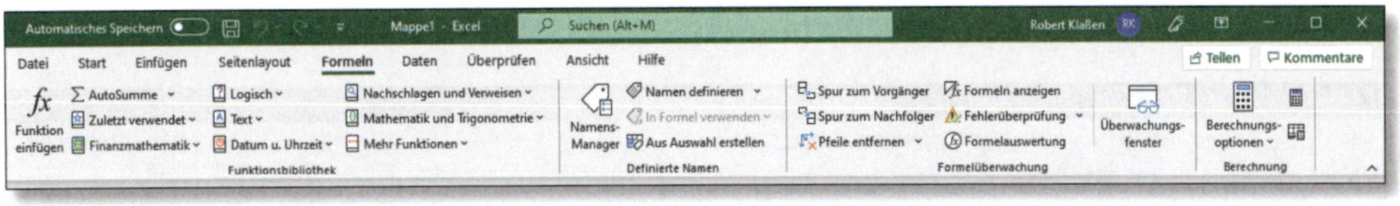

Abbildung 14.7 *Dieses Register ist mit zahlreichen Formeln, Funktionen und Berechnungsoptionen ausgestattet.*

Weitere Registerkarten

Auf der Registerkarte **Daten** lassen sich über die entsprechenden Schaltflächen Tabellenbereiche sortieren, filtern und miteinander verknüpfen. Außerdem werden hier Gruppierungen erzeugt. Aktivieren Sie die Registerkarte **Überprüfen**, stehen (wie auch in Word) in den Gruppen dieser Registerkarte vor allem Befehle zur Dokumentprüfung im Vordergrund. Zudem können Dokumente geschützt und mit Kommentaren versehen werden. Die Registerkarte **Ansicht** bietet Ihnen die Möglichkeit, bestimmte Aufgabenbereiche, Fenster und Layouts zu aktivieren. Nicht unerwähnt bleiben sollte die Registerkarte **Entwicklertools**, die sich mit der Produktion und Bearbeitung von Makros, Add-Ins, Steuerelementen und XML befasst.

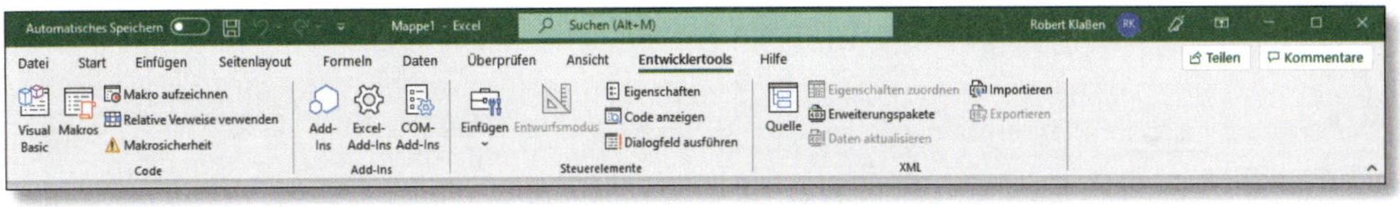

Abbildung 14.8 *Die Entwicklertools gibt's erst nach manueller Aktivierung.*

Wie auch in Word muss dieses Register jedoch separat über die Checkbox **Entwicklertools** in der rechten Spalte **Menüband anpassen** im Dialog **Excel-Optionen** (**Datei > Optionen > Menüband anpassen**) aktiviert werden.

14.4 Zwischen Ansichten wechseln

Was die Ansichten betrifft, wartet Excel mit einigen durchaus interessanten Optionen auf. Ein wenig exotisch, aber sehr interessant sind die benutzerdefinierten Ansichten, mit denen Sie Ihre eigenen Ansichtsbereiche erschaffen können. Lassen Sie uns aber zunächst einen Blick auf die Standardansichten werfen.

Arbeitsmappenansichten einstellen

Klicken Sie auf die Schaltflächen **Normal** und **Seitenlayout** in der Gruppe **Arbeitsmappenansichten** der Registerkarte **Ansicht**, um zwischen der Standardansicht und der Seitenlayout-Ansicht zu wechseln.

Letztere ist vergleichbar mit dem Seitenlayout in Word und offenbart die typische Blattansicht. Wenn Sie also sehen möchten, wie das Dokument später im Druck aussehen wird, sind Sie mit dieser Ansicht gut beraten.

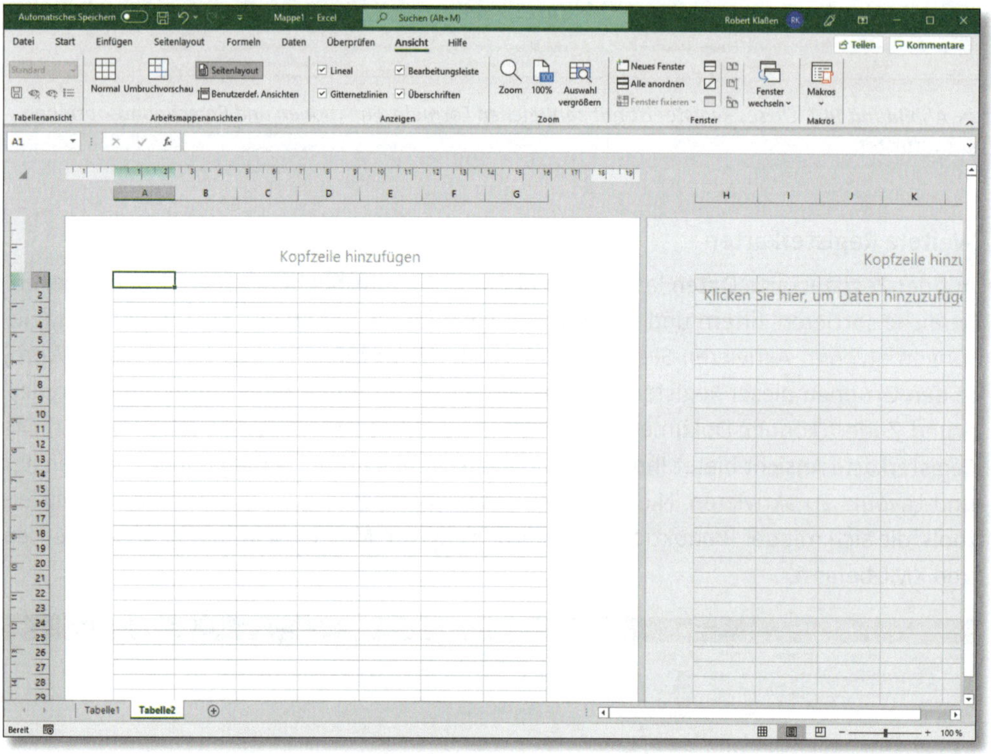

Abbildung 14.9 *Excel in der »Seitenlayout«-Ansicht*

Die Umbruchvorschau

Excel bietet Ihnen auch eine sogenannte **Umbruchvorschau**, die dafür sorgt, dass Seitenumbrüche angezeigt werden. In dieser Ansicht verdeutlichen blaue Linien, wo es zu Umbrüchen kommen bzw. wo eine neue Seite beginnen wird.

Benutzerdefinierte Ansichten

Diese Funktion ist wirklich sehr hilfreich. Stellen Sie sich vor, Sie arbeiten an einer umfangreichen Arbeitsmappe und müssen zwischendurch immer wieder einen bestimmten Bereich einsehen, beispielsweise um dort Zwischenergebnisse abzulesen. Dann ist es sehr mühselig, jedes Mal dorthin zu scrollen, den Bereich möglicherweise noch zu skalieren, die Werte abzulesen und dann wieder in den Bereich zurückzugehen, in dem Sie gerade gearbeitet haben. Noch weniger Spaß bereitet ein derartiges Vorgehen, wenn bereits nach kurzer Zeit der gleiche Bereich erneut eingesehen werden muss. Einfacher ist es, dafür eine benutzerdefinierte Ansicht zu erzeugen.

1. Stellen Sie zunächst den Bereich ein, der für die Ansicht relevant ist, also beispielsweise einen vergrößerten Bereich des Tabellenblatts. Zoomen Sie dazu so weit wie nötig (siehe Abschnitt 14.6, »Die Darstellungsgröße ändern«, auf Seite 419), und benutzen Sie, falls erforderlich, die Bildlaufleisten (Scrollbalken) an der rechten und unteren Seite der Arbeitsmappe.
2. Klicken Sie auf **Benutzerdefinierte Ansichten** in der Gruppe **Arbeitsmappenansichten** der Registerkarte **Ansicht**.

3. Im Dialog **Benutzerdefinierte Ansichten**, der sich daraufhin öffnet, klicken Sie auf die Schaltfläche **Hinzufügen**.
4. Geben Sie der Ansicht im Dialog **Neue Ansicht** einen Namen, und bestätigen Sie mit einem Klick auf **OK**.

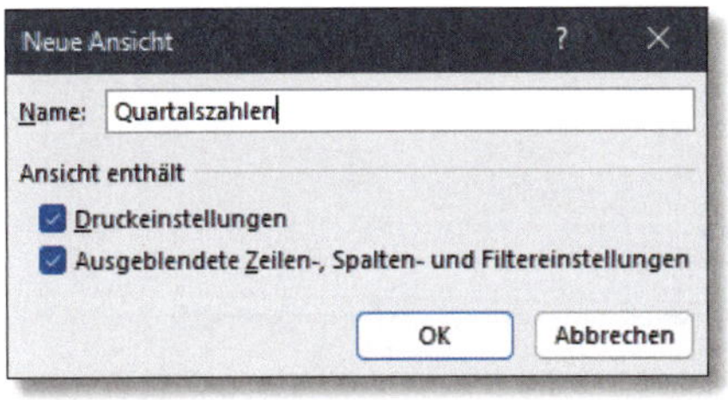

5. Kehren Sie zurück zur **Normal**-Ansicht. Idealerweise verwenden Sie dazu die Taste **100%** in der Gruppe **Zoom** der Registerkarte **Ansicht**.
6. Wann immer Sie den zuvor eingestellten Aufgabenbereich einsehen wollen, klicken Sie zunächst auf **Benutzerdefinierte Ansichten**, gefolgt von **Anzeigen**. Sollten Sie meh-

rere benutzerdefinierte Ansichten erstellt haben, müssen Sie die gewünschte Ansicht vorab noch im Feld **Ansichten** auswählen.

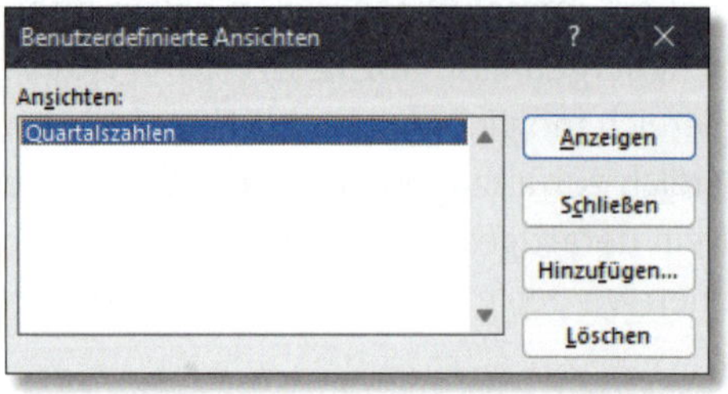

Übrigens können Sie auch aus einer benutzerdefinierten Ansicht heraus in die Normalansicht wechseln, indem Sie auf **Normal** in der Gruppe **Arbeitsmappenansichten** der Registerkarte **Ansicht** klicken.

14.5 Zusätzliche Elemente ein- und ausblenden

In der Gruppe **Anzeigen** der Registerkarte **Ansicht** finden sich einige Checkboxen, die von Haus aus aktiviert sind. Das ist auch gut so, denn die **Gitternetzlinien** zeigen letztendlich die Zellenbegrenzungen an. Wählen Sie die Checkbox ab, sind keinerlei Trennlinien mehr auf dem Tabellenblatt zu sehen.

Die Bearbeitungsleiste ❶, die sich gleich oberhalb der Tabelle befindet, können Sie mit einem Klick auf die entsprechende Checkbox ❷ ausblenden, sofern Sie diese nicht benötigen. Für die normale Arbeit ist sie jedoch wichtig, da hier mathematische Berechnungen möglich sind.

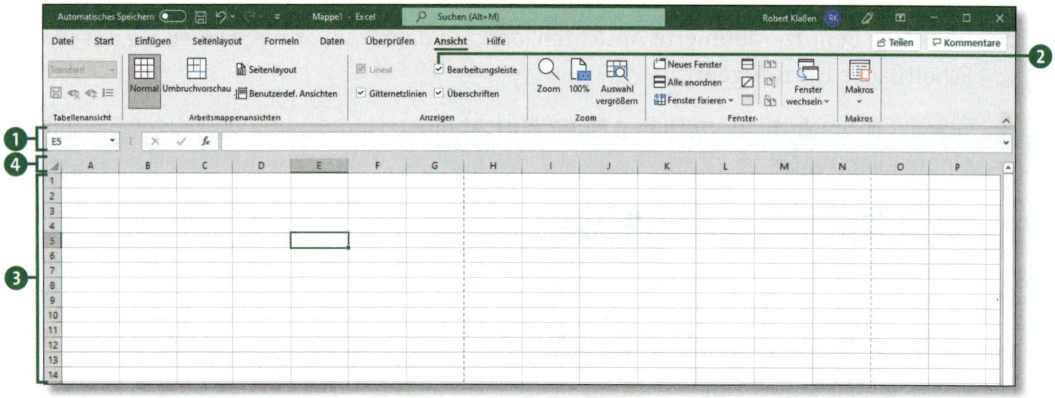

*^ **Abbildung 14.10** Entscheiden Sie, welche Anzeigeoptionen nötig sind und welche nicht.*

Die auf der linken Seite befindlichen Ziffern ❸ sowie die oben angeordneten Buchstaben ❹ erlauben eine optimale Zellenbezeichnung (z. B. **A1** oder **E5**). Wenn Sie diesen Platz einsparen möchten, können Sie die Checkbox **Überschriften** deaktivieren. – Die Checkbox **Lineal** ist in der Ansicht **Normal** zunächst ausgegraut dargestellt. Wechseln Sie im Menü

Arbeitsmappenansichten zur Ansicht **Seitenlayout**, werden links und oberhalb der Tabelle Lineale eingeblendet. Wenn Sie das nicht möchten, sollten Sie die Checkbox **Lineal** deaktivieren.

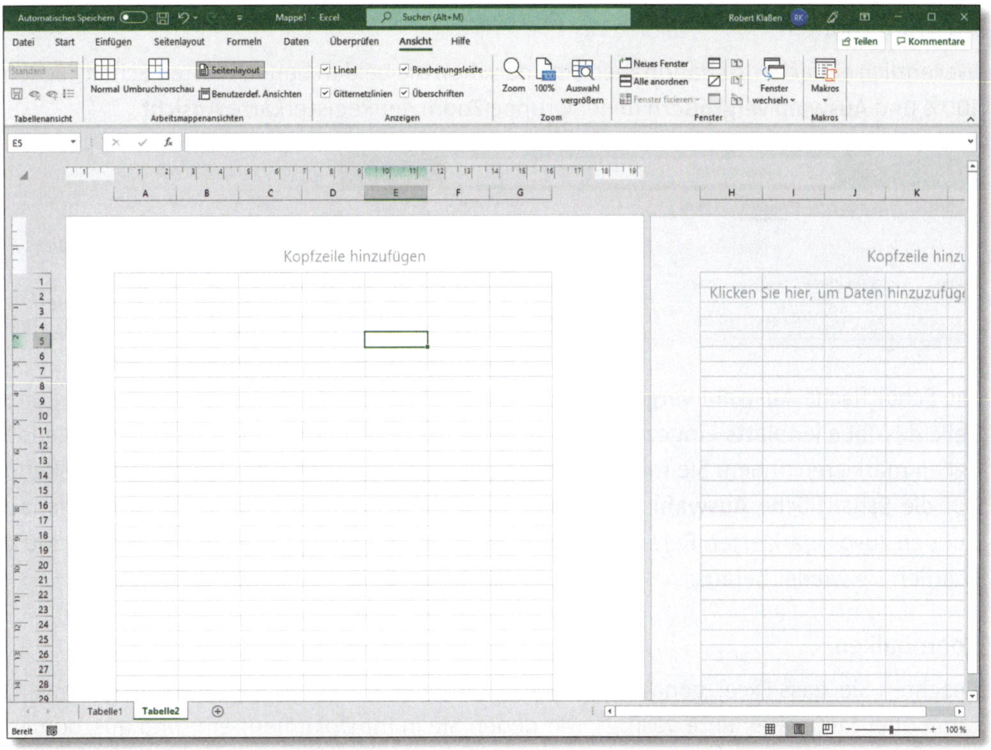

Abbildung 14.11 *Die Lineale werden nur in der Ansicht »Seitenlayout« angezeigt.*

> **INFO**
>
> **Benutzerdefinierte Ansichten löschen**
> Löschen Sie eine zuvor gespeicherte Ansicht, indem Sie auf **Benutzerdefinierte Ansichten** in der Gruppe **Arbeitsmappenansichten** der Registerkarte **Ansicht** klicken. Wählen Sie im folgenden Dialogfenster die zu löschende Ansicht im Feld **Ansichten** aus, und klicken Sie auf **Löschen**.

14.6 Die Darstellungsgröße ändern

Wie auch in Word gibt es in Excel zahlreiche, fast identische Möglichkeiten, um Bereiche eines Tabellenblatts zu vergrößern oder zu verkleinern. Man spricht in diesem Zusammenhang vom *Einzoomen* (Ausschnitt vergrößern) und *Auszoomen* (Ausschnitt verkleinern). Dies können Sie zum einen mit der Schaltfläche **Zoom** in der gleichnamigen Gruppe der Registerkarte **Ansicht** erledigen. Allerdings wird über diese Schaltfläche lediglich ein Dialog zur Verfügung gestellt, der Ihnen einige Zoomgrößen anbietet. Die gewünschte Größe muss dann per Radiobutton ausgewählt und mit **OK** bestätigt werden (siehe Abbildung 14.13). Das ist jedoch recht umständlich.

Auswahl zoomen

Wesentlich einfacher zu handhaben sind da schon die beiden benachbarten Schaltflächen **100%** und **Auswahl vergrößern** in der Gruppe **Zoom** der Registerkarte **Ansicht**.

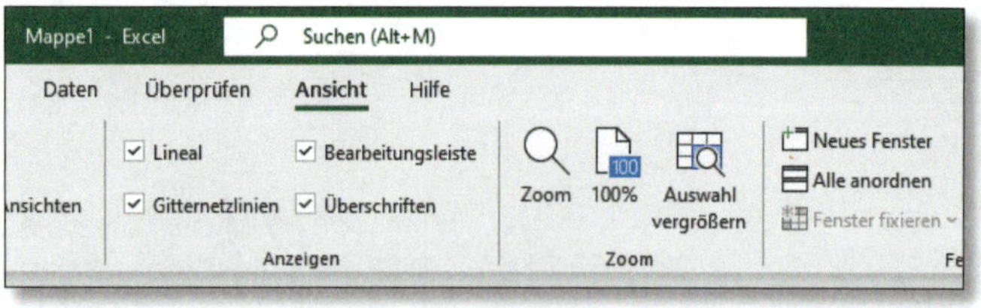

Abbildung 14.12 Über die Schaltflächen der Gruppe »Zoom« können Sie verschiedene Zoomgrößen einstellen.

Die Schaltfläche **Auswahl vergrößern** führt dazu, dass stark auf die derzeit ausgewählte Zelle des Tabellenblatts eingezoomt wird. Sie können auch mehrere beisammenliegende Zellen markieren (indem Sie mit gedrückter Maustaste über sie ziehen) und anschließend auf die Schaltfläche **Auswahl vergrößern** klicken. Sie erreichen damit, dass nun genau auf den zuvor markierten Bereich eingezoomt wird. Mit einem Klick auf den Button **100%** zoomen Sie wieder heraus.

Zoombalken

Beachten Sie, dass Excel, genauso wie Word, unten rechts in der Statusleiste der Anwendung über Steuerelemente verfügt, mit denen Sie in Ihr Dokument ein- und auszoomen können. Sie erreichen mit einem Klick auf das Minuszeichen ❶ eine Verringerung der Darstellungsgröße um jeweils 10 %. Über das Plussymbol ❷ wird um jeweils 10 % eingezoomt. Schieben Sie den Regler ❸ nach links oder rechts, können Sie stufenlos zoomen. Ein Doppelklick auf die Prozentangabe ❹ öffnet den Dialog **Zoom**, in dem der gewünschte Wert eingegeben oder ein vorgegebener Wert ausgesucht werden kann.

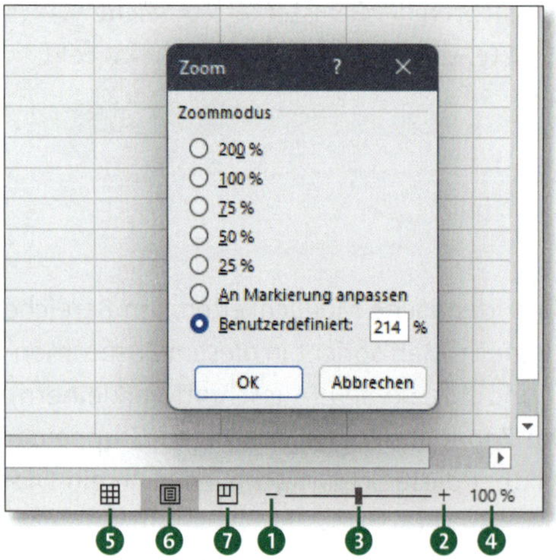

Abbildung 14.13 Zoomoptionen, so weit das Auge reicht

Übrigens können Sie im Fuß der Anwendung gleich neben den Zoom-Schaltflächen auch die Arbeitsmappenansichten über die Schaltflächen **Normal** ⑤, **Seitenlayout** ⑥ und **Umbruchvorschau** ⑦ wechseln.

14.7 Die Statusleiste optimieren

Auch Excel verfügt natürlich über eine Statusleiste. Damit gemeint ist die grüne Fußleiste am unteren Rand der Anwendung. Wenn Sie einmal sehen wollen, welche Optionen hier angezeigt bzw. welche Befehle hinzugefügt werden können, klicken Sie mit rechts auf diese Leiste. Im Kontextmenü werden Ihnen nun die Optionen angezeigt, die sich in der Statusleiste anzeigen lassen. Befindet sich vor einer Option bereits ein Häkchen, wird diese derzeit in der Statusleiste angezeigt. Wählen Sie einen Eintrag an, der bereits mit einem Häkchen versehen ist, wird diese Option deaktiviert und aus der Statusleiste entfernt. Möchten Sie eine Anzeigeoption hinzufügen, klicken Sie auf den entsprechenden Eintrag.

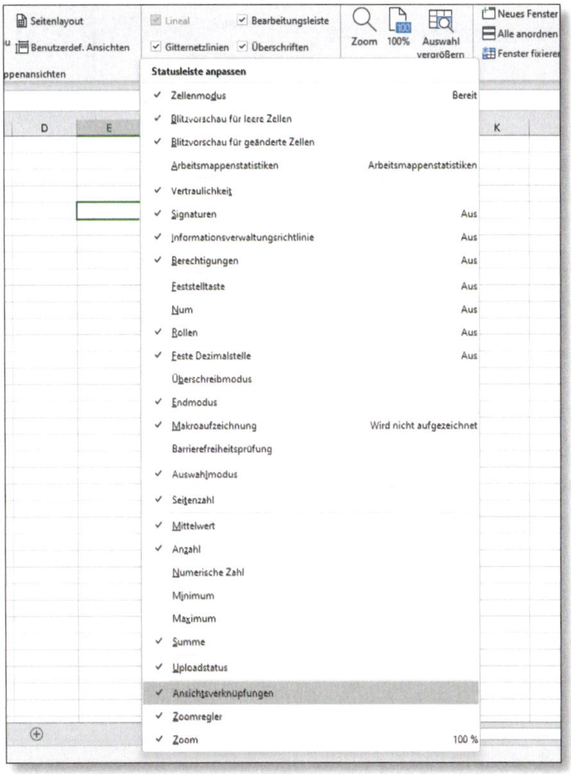

*< **Abbildung 14.14** Würden Sie den hier markierten Eintrag mit der linken Maustaste anklicken, würden die Ansichtsverknüpfungen ausgeblendet, da dem Eintrag aktuell bereits ein Häkchen vorangestellt ist.*

14.8 Mit mehreren Fenstern arbeiten

Bei der Arbeit mit Excel ist es noch sehr viel häufiger als in Word erforderlich, mehrere Fenstern gleichzeitig zu nutzen. Aufgrund dessen wollen wir auf dieses Thema auch etwas genauer eingehen. Die Arbeitsmappen sind so etwas wie die Dokumente in Word. Wenn

Sie nun Informationen aus einer anderen Arbeitsmappe benötigen, können Sie also ein anderes Excel-Projekt öffnen. Dieses wird grundsätzlich in einem separaten Fenster bereitgestellt. Nun könnte man auf die Kopfleiste des Fensters klicken, das man gerade bearbeiten möchte. Das geht allerdings auch deutlich einfacher.

Fenster wechseln

Um zwischen mehreren Fenstern in Excel zu wechseln, klicken Sie auf die Schaltfläche **Fenster wechseln** in der Gruppe **Fenster** der Registerkarte **Ansicht**. Sie können nun im Ausklappmenü der Schaltfläche das Fenster wählen, mit dem Sie weiterarbeiten wollen.

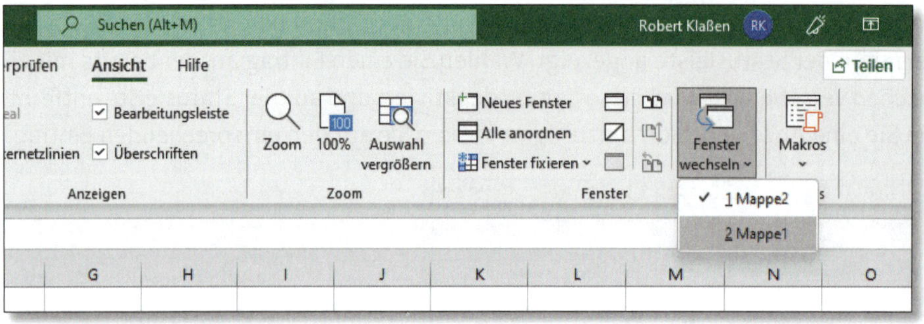

^ *Abbildung 14.15* *Mithilfe der Schaltfläche »Fenster wechseln« können Sie bequem mit mehreren Fenstern arbeiten.*

Im Menü der Schaltfläche **Fenster wechseln** wird übrigens zur besseren Übersicht das Fenster, in dem Sie sich gerade befinden, mit einem Häkchen versehen.

Fenster anordnen

Sobald Sie sich mit mehreren Arbeitsmappen beschäftigen, werden Sie den Button **Alle anordnen** in der Gruppe **Fenster** der Registerkarte **Ansicht** schätzen lernen. Klicken Sie darauf, öffnet sich der Dialog **Fenster anordnen**, mit dem es möglich ist, die Fenster auf der Arbeitsoberfläche in einem bestimmten Verhältnis zueinander anzuordnen.

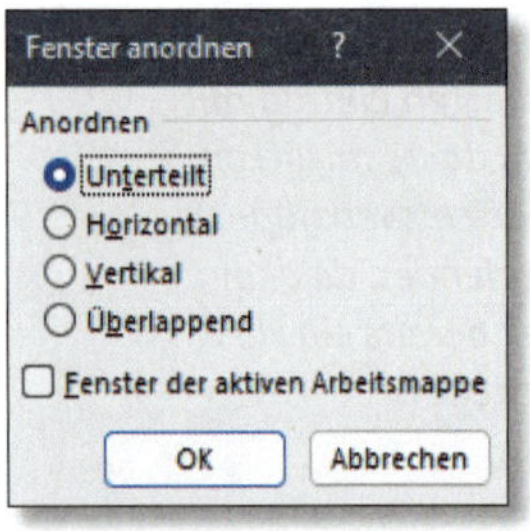

< *Abbildung 14.16* *Legen Sie fest, wie geöffnete Fenster angeordnet werden sollen.*

Entscheiden Sie sich beispielsweise für die Option **Unterteilt**, nutzt Excel den auf dem Monitor zur Verfügung stehenden Platz vollständig aus, um alle Dokumente gemeinsam anzuzeigen. Entscheiden Sie per Klick auf das jeweilige Fenster, mit welchem Dokument es weitergehen soll.

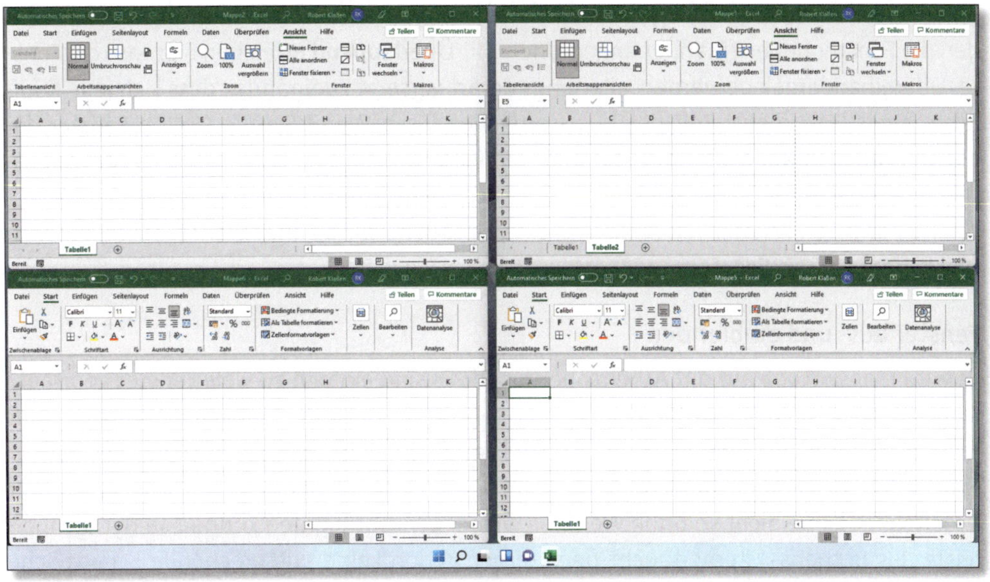

Abbildung 14.17 *Alle Fenster werden gleichzeitig angezeigt.*

Die Option **Horizontal** bewirkt – das ist auf den ersten Blick vielleicht etwas befremdlich –, dass die Fenster untereinander angeordnet werden. Dabei werden die Menübänder der einzelnen Dokumentfenster ausgeblendet, um die Größe des Monitors optimal auszunutzen. Wollen Sie diese Ansicht wieder verlassen, doppelklicken Sie auf die Kopfleiste eines dieser Fenster. Damit wird bei diesem Dokument wieder ein Menüband eingeblendet, und Sie können die Ansicht daraufhin wieder anpassen.

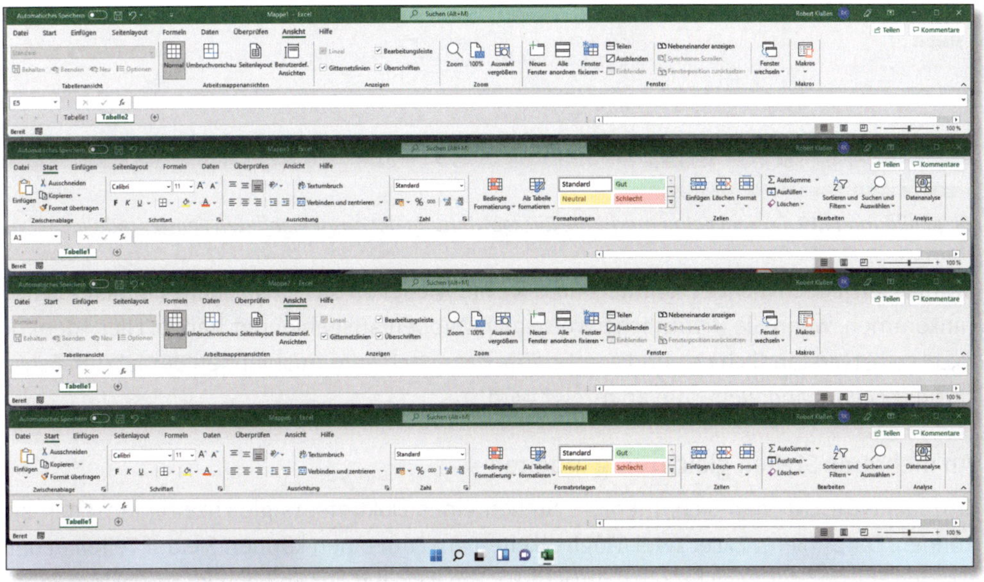

Abbildung 14.18 *Vier Arbeitsmappen in horizontaler Anordnung*

Entscheiden Sie sich im Dialogfenster **Fenster anordnen** für den Radiobutton **Vertikal**, werden die Fenster nebeneinander angeordnet. Mit **Überlappend** erreichen Sie, dass die Fenster übereinandergelegt werden, allerdings derart versetzt zueinander, dass sich jede Kopfleiste eines Dokuments mit der Maus erreichen lässt. Wenn Sie die Option **Fenster der aktiven Arbeitsmappe** über die Checkbox aktivieren, behalten Sie übrigens das derzeit aktive Fenster, also das, in dem der Befehl ausgelöst wird, immer im Vordergrund. Das bedeutet: Alle anderen Fenster werden auf die beschriebene Weise angeordnet, bleiben jedoch hinter dem aktiven Fenster.

Fenster aus- und einblenden

Es wird langsam voll auf der Arbeitsoberfläche? Es sind einfach zu viele Fenster geöffnet? Dann blenden Sie doch einfach einige aus. Klicken Sie dazu im jeweiligen Dokument auf die Schaltfläche **Ausblenden** in der Gruppe **Fenster** der Registerkarte **Ansicht**. Dies hat zur Folge, dass die Fenster tatsächlich ausgeblendet werden, jedoch derart, dass sie auf der Arbeitsoberfläche nicht so ohne Weiteres wieder erreicht werden können. In der Symbolleiste des Betriebssystems taucht nach dieser Aktion keine entsprechende Schaltfläche mehr auf.

Klicken Sie nun in einem anderen, noch geöffneten Dokument auf die Schaltfläche **Einblenden**, wird der gleichnamige Dialog angezeigt. In ihm können Sie nun eine der derzeit ausgeblendeten Arbeitsmappen auswählen. Eine Mehrfachmarkierung ist in diesem Zusammenhang leider nicht möglich. Sie müssen also jede Mappe separat anwählen und mit **OK** wieder einblenden.

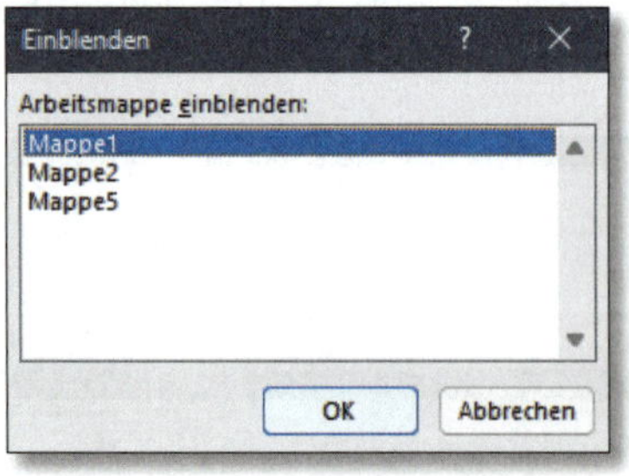

Abbildung 14.19 *Dieser Dialog macht die Rückgewinnung der ausgeblendeten Fenster möglich.*

Sie müssen jedoch nicht befürchten, dass Sie nie wieder an die Schaltfläche **Einblenden** herankommen, wenn Sie irrtümlicherweise alle Mappen ausgeblendet haben. Hier »denkt« Excel selbstverständlich mit und sorgt dafür, dass nach dem Ausblenden des letzten Fensters das Menüband weiterhin angezeigt wird.

An mehreren Stellen gleichzeitig arbeiten

Oftmals wünscht man sich, mehrere Stellen eines Dokuments gleichzeitig einsehen zu können. Dafür bietet Excel zwei Möglichkeiten an. Zum einen können Sie auf **Teilen** in der Gruppe **Fenster** der Registerkarte **Ansicht** klicken. Das hat zur Folge, dass das aktive Fenster in der Mitte horizontal unterteilt wird und beide Bereiche (oben und unten) unabhängig voneinander gescrollt werden können. Klicken Sie erneut auf **Teilen**, wird diese Funktion wieder deaktiviert.

Zum anderen können Sie auf **Neues Fenster** klicken, sodass Ihnen zwei Fenster gleichen Inhalts angezeigt werden. Sie können nun an zwei unterschiedlichen Stellen desselben Dokuments arbeiten. Natürlich empfiehlt es sich, beide Fenster so anzuordnen, dass sie nebeneinander oder übereinander stehen (z. B. mithilfe der Schaltfläche **Alle anordnen**).

Dokumente vergleichen

Die Schaltfläche **Nebeneinander anzeigen** in der Gruppe **Fenster** macht es möglich, Arbeitsmappen miteinander zu vergleichen und zu kontrollieren. Damit sorgen Sie dafür, dass sich zwei Fenster gleichzeitig synchron scrollen lassen – und zwar mit Bewegung nur einer einzigen Bildlaufleiste.

1 Öffnen Sie zunächst zwei Arbeitsmappen, die Sie miteinander vergleichen möchten.

2 Betätigen Sie die Schaltfläche **Nebeneinander anzeigen** in der Gruppe **Fenster** der Registerkarte **Ansicht**.

3 Die beiden Mappen werden nun untereinander angeordnet. Sollte das nicht der Fall sein, klicken Sie auf **Fensterposition zurücksetzen** in der Gruppe **Fenster** der Registerkarte **Ansicht**.

4 Schalten Sie jetzt die Funktion **Synchrones Scrollen** hinzu, werden alle Fenster gleichmäßig gescrollt, sobald Sie die Scrollfunktion auf einem der Fenster nutzen. Genauer gesagt bewegt sich der Scrollbalken sämtlicher Fenster, auf denen Sie gerade »nicht« scrollen, dennoch synchron mit. So ist gewährleistet, dass Sie sich in allen Arbeitsmappen stets an der gleichen Stelle befinden.

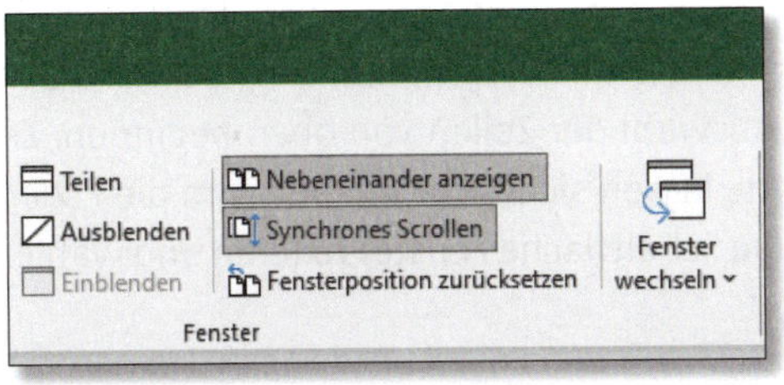

5 Wollen Sie das gemeinsame Scrollen vorübergehend unterdrücken, beispielsweise um eine andere Position einer einzelnen Arbeitsmappe aufzurufen, ohne die aktuelle Position des anderen Dokuments zu verlieren, dann klicken Sie auf die Schaltfläche **Synchrones Scrollen** des gewünschten Dokuments. Die Funktion ist jetzt inaktiv, und der Scrollbalken kann unabhängig von allen anderen Arbeitsmappen bewegt werden. Klicken Sie erneut auf die Schaltfläche, um die Funktion anschließend wieder zu aktivieren.

Wenn Sie fertig sind, klicken Sie erneut auf **Nebeneinander anzeigen**. Dadurch wird die Vergleichsfunktion beendet, und Sie können die beiden Arbeitsmappen wieder unabhängig voneinander bedienen.

Fenster fixieren

Fenster fixieren (**Ansicht > Fenster**) ist ebenfalls eine Excel-typische Funktion, die Sie noch kennen sollten. Diese macht es nämlich möglich, entweder die oberste Zeile oder die linke Spalte zu fixieren. Das bedeutet: Die fixierte Zeile/Spalte wird trotz Benutzung der Bildlaufleisten niemals ausgeblendet, sondern bleibt immer an ihrer ursprünglichen Position stehen.

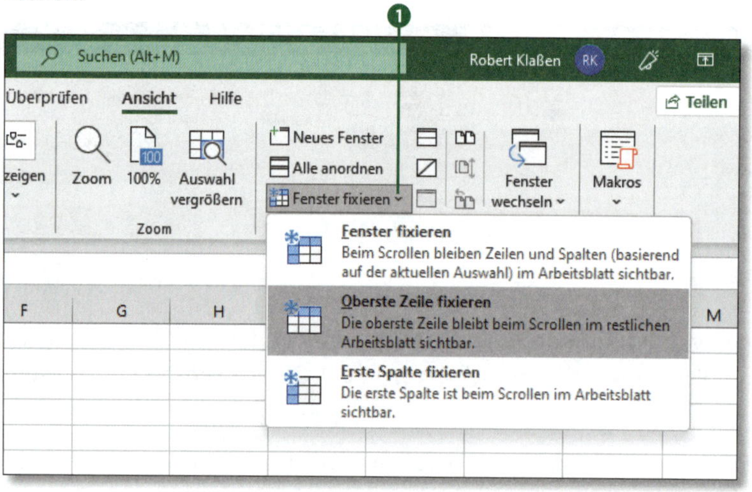

Abbildung 14.20 *Fixieren Sie die erste Zeile oder Spalte.*

Aber es kommt noch besser: Markieren Sie bestimmte Zeilen oder Spalten und wählen Sie anschließend **Fenster fixieren** ❶ im Menü der Schaltfläche, dann bleiben die zuvor markierten Zeilen/Spalten sichtbar – und zwar auch dann, wenn Sie die Bildlaufleisten betätigen. Eine Einschränkung gibt es allerdings in diesem Zusammenhang: Bei der Auswahl der Spalten müssen Sie von links, bei der Auswahl der Zeilen von oben beginnen. Zeilen und Spalten in der Mitte eines Tabellenblatts lassen sich nicht fixieren. Um die Fixierung wieder aufzuheben, klicken Sie erneut auf die Schaltfläche **Fenster fixieren** und wählen im Menü **Fixierung aufheben**.

Kapitel 15
Erste Schritte mit Excel 2021

Nachdem Sie sich mit der Oberfläche vertraut gemacht haben, werden wir nun in die Praxis einsteigen. Erfahren Sie, wie eine neue Arbeitsmappe angelegt wird, wie Daten eingegeben und Zahlenformatvorlagen benutzt werden. Wir werden in diesem Kapitel bereits erste Berechnungen durchführen und die Planung umfangreicher Tabellen in Angriff nehmen.

15.1 Ein neues Dokument beginnen

Die Arbeit in Excel beginnt – wie sollte es anders sein – mit der Produktion eines neuen Dokuments. Dies gilt zumindest, solange Sie nicht mit bereits vorgefertigten Dokumenten arbeiten müssen. Sie gelangen nun zunächst auf einen Startbildschirm, der Ihnen auf der linken Seite die zuletzt verwendeten Dokumente anbietet. Diese lassen sich mit einem einfachen Mausklick öffnen. Im mittleren Bereich des Startbildschirms können Sie hingegen über **Leere Arbeitsmappe** ein neues Dokument erstellen.

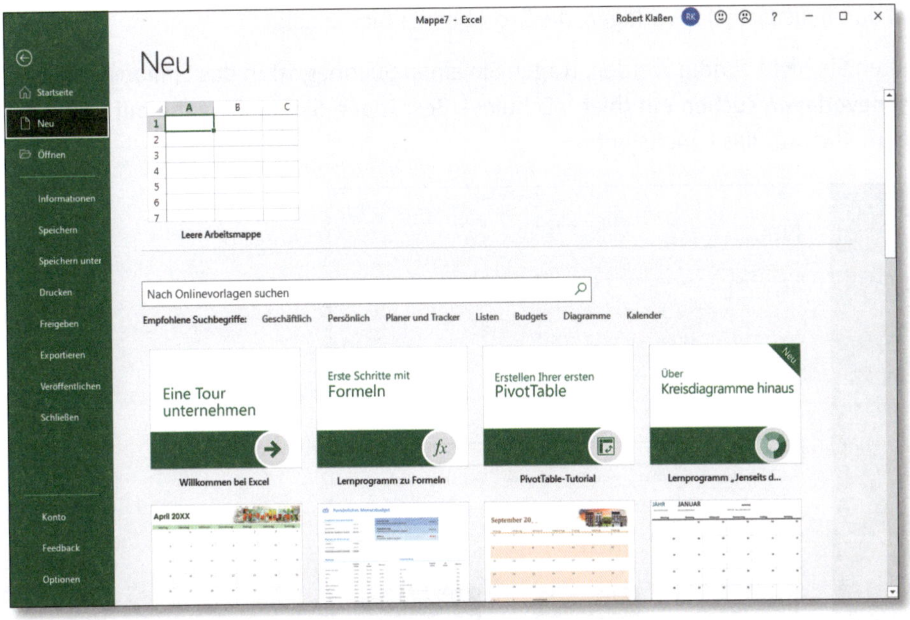

Abbildung 15.1 *Auf geht's. Ein neues Dokument wird erzeugt.*

Aus einem bereits geöffneten Dokument heraus kann man natürlich ebenfalls jederzeit mit einer neuen Arbeitsmappe beginnen. Zum einen können Sie zurück in die Backstage-Ansicht wechseln (**Datei**); klicken Sie hier auf die Rubrik **Neu** oder **Startseite**, und wählen Sie **Leere Arbeitsmappe**. Einfacher ist aber das Betätigen der Tastenkombination `Strg`+`N`.

INFO

Dialog deaktivieren
Sie möchten den Startbildschirm in Zukunft umgehen? Kein Problem. In diesem Fall begeben Sie sich in die Excel-Optionen (**Datei > Optionen**). Klicken Sie links in der Spalte auf die Rubrik **Allgemein**, und deaktivieren Sie die Checkbox **Startbildschirm beim Start dieser Anwendung anzeigen**. Fortan startet Excel mit einer neuen leeren Arbeitsmappe.

15.2 Schnell zum Ziel mit Vorlagen von Office.com

Sie haben konkrete Vorstellungen, was Sie mit Ihrer neuen Excel-Tabelle zum Ausdruck bringen wollen? Das ist gut. Unter Umständen erhalten Sie dann noch Unterstützung durch eine der zahlreichen Excel-Vorlagen, die Sie von Office.com abrufen können. Vorlagen sind prima. Denn auf diese Weise müssen Sie sich um vieles nicht mehr kümmern, da die Dokumentvorlagen oftmals bereits optimal vorbereitet sind. Individuelle Anpassungen lassen sich schnell erledigen. Schauen Sie daher doch einmal nach, ob es eine Vorlage für Ihren Zweck gibt.

1. Begeben Sie sich in den Bereich **Neu** der Backstage-Ansicht. Scrollen Sie zunächst einmal durch die Liste der Vorlagen, die Excel bereits hier anzeigt.
2. Sollten Sie nicht fündig werden, tragen Sie einen Suchbegriff in das Eingabefeld **Nach Onlinevorlagen suchen** ein (hier: »Schule«). Bestätigen Sie die Eingabe mit `↵` oder einem Klick auf das Lupensymbol.

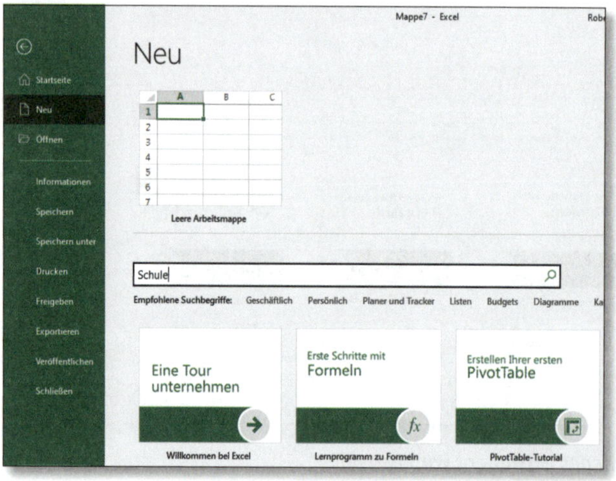

3 Klicken Sie auf die Vorlage, die Sie auswählen möchten, beispielsweise **Schul- und Studiumskalender** ❶, und bestätigen Sie den Folgedialog mit einem Klick auf **Erstellen** ❷. Falls Sie den Zwischendialog umgehen möchten, führen Sie einen Doppelklick auf der Vorlage aus.

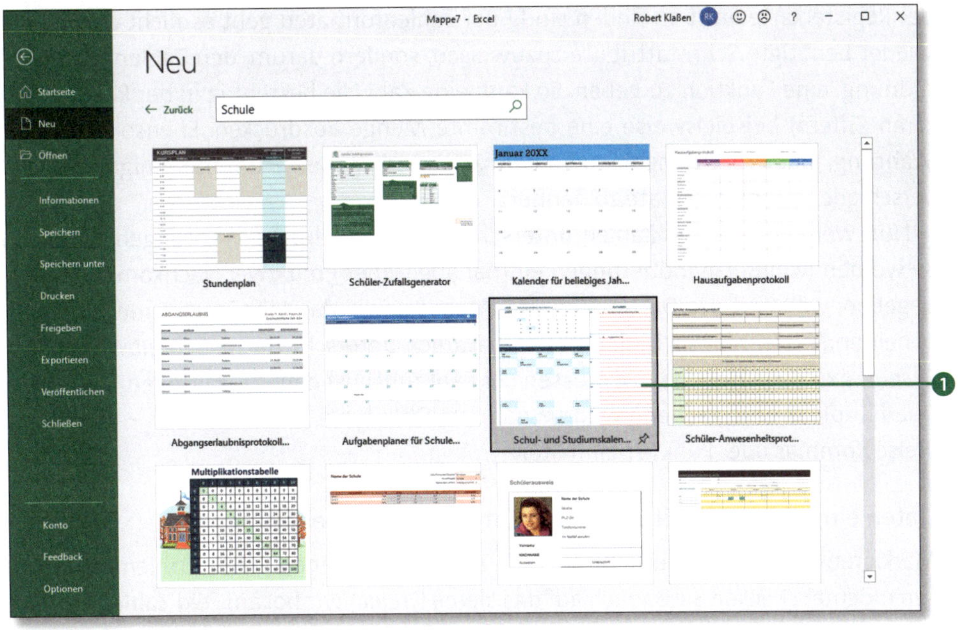

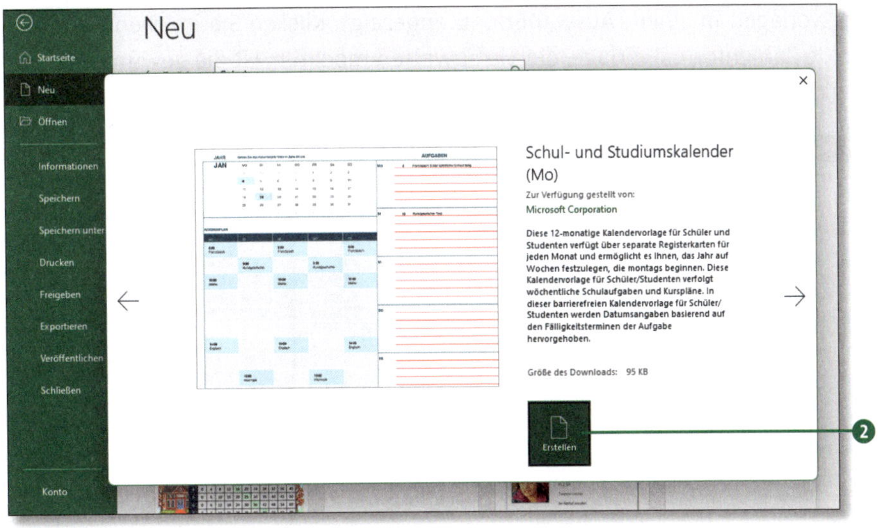

4 Vergessen Sie nicht, das Dokument anschließend im Format **Excel-Arbeitsmappe (*.xlsx)** zu speichern (**Datei > Speichern unter**).

Falls Sie die gleiche Vorlage später ein weiteres Mal benötigen, finden Sie diese im Bereich **Neu** der Backstage-Ansicht wieder.

15.3 Mit Zahlenformatvorlagen arbeiten

Zahlenformatvorlagen (auch *Zahlenformate* genannt) haben mit herkömmlichen Formatvorlagen, wie sie Ihnen vielleicht bereits aus Word bekannt sind, nichts zu tun. (Man darf sie auch nicht mit Zellenformatvorlagen verwechseln, die in der Gruppe **Formatvorlagen** der Registerkarte **Start** zu finden sind.) Bei Zahlenformaten geht es nicht darum, immer wieder benötigte Schriftattribute zuzuweisen, sondern darum, den Zahlen eine Größenordnung, eine Funktion zu geben. So kann eine Zahl (sie besteht ja in der Regel aus mehreren Ziffern) beispielsweise eine bestimmte Menge ausdrücken. Ebenso kann sie eine Währung, eine Prozentangabe oder eine Zeit wiedergeben – um nur einige Beispiele für verschiedene Zahlenformate zu nennen.

Nun werden derartige Zahlen unterschiedlich ausgedrückt. Währungen beispielsweise werden (von Börsennotierungen einmal abgesehen) mit zwei Nachkommastellen angegeben, während das Datum den Tag, Monat sowie das Jahr jeweils mit einem Punkt voneinander trennt. (Auch hier gibt es natürlich unterschiedliche Schreibweisen.) In der Excel-Praxis bedeutet dies: Sie müssen der Zahl zunächst einmal »mitteilen«, was sie denn überhaupt ist. Entsprechend wird sie dann im Dokument auch aussehen – also beispielsweise Kommas oder Punkte beinhalten.

Daten eingeben und mit Zahlenformatvorlagen versehen

Markieren Sie zunächst die Zelle oder die Zellbereiche, denen Sie ein Zahlenformat zuweisen möchten. Klicken Sie danach auf das kleine Dreiecksymbol am Feld **Zahlenformat** ❶ in der Gruppe **Zahl** der Registerkarte **Start**. Daraufhin werden Ihnen die verschiedenen Zahlenformatvorlagen in einem Auswahlmenü angezeigt. Klicken Sie im Menü auf die entsprechende Zahlenformatvorlage, die Sie zuweisen möchten. Ist die gewünschte Formatvorlage nicht dabei, klicken Sie auf den Befehl **Weitere Zahlenformate**.

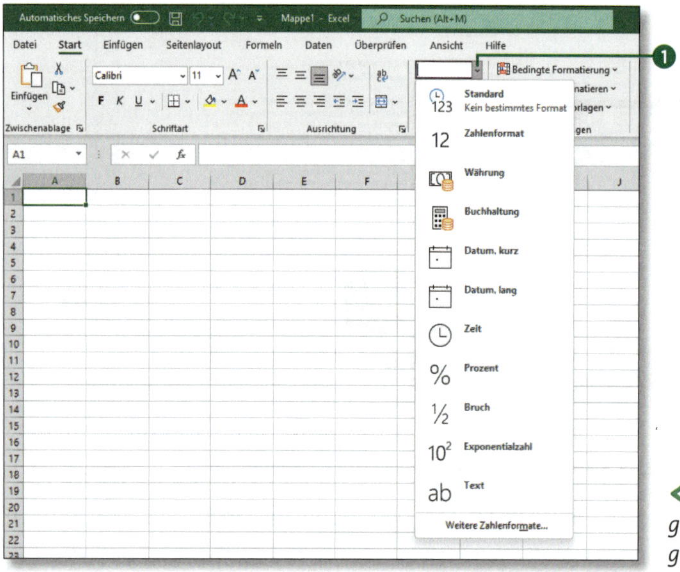

***Abbildung 15.2** Hier sind gängige Zahlenformate aufgeführt.*

Zahlenformate ändern

Einige gängige Zahlenformate sind bereits in Form von Schaltflächen in die Gruppe **Zahl** der Registerkarte **Start** integriert worden. Schauen Sie sich einmal an, welche Auswirkungen Änderungen auf die Werte einer Zelle haben:

1. Setzen Sie einen Mausklick in die Zelle **A1** eines neuen leeren Dokuments. Tragen Sie die Zahl »2000« ein, und bestätigen Sie mit [Strg]+[↵]. ([Strg] bewirkt übrigens in diesem Zusammenhang, dass die Zelle **A1** markiert bleibt. Würden Sie lediglich [↵] betätigen, hätte dies einen Sprung in Zelle **A2** zur Folge, und die anschließenden Änderungen würden sich auf **A2** beziehen – nicht mehr auf **A1**.)
2. Klicken Sie anschließend auf die Schaltfläche **Buchhaltungszahlenformat** ❷. Schauen Sie sich die Auswirkungen im Feld **A1** an.

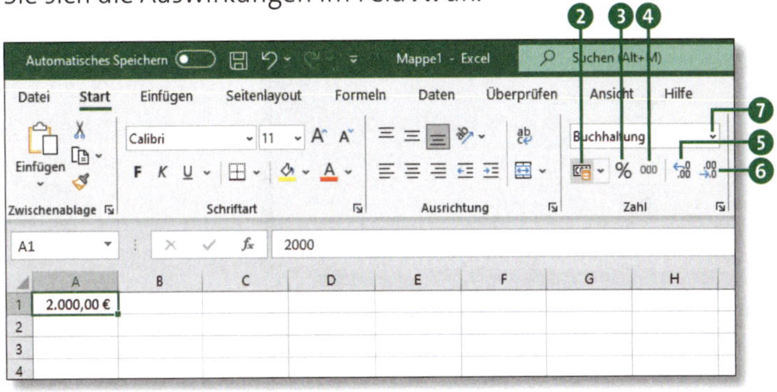

3. Sie können die Währung (aktuell Euro) ändern, indem Sie auf die kleine Dreieck-Schaltfläche klicken und im Menü etwa auf **$ Englisch (USA)** umschalten.
4. Probieren Sie auch die anderen Formate noch aus:

   ❸ **Prozentformat**: Der Wert wird als Prozentzahl angegeben. (Im Beispiel erhalten wir **20000%**, da unser Ausgangswert »2.000« bereits 100 % entsprochen hat. Dahinter verbirgt sich die Tatsache, dass Excel die aktuellen Werte grundsätzlich mit 100 multipliziert, um den entsprechenden Prozentsatz zu liefern.)

   ❹ **1.000er-Trennzeichen**: Wenn Zahlen ab 1.000 eingegeben werden, fügt Excel zur besseren Lesbarkeit Tausenderpunkte ein – und zwar im Ganzzahlenbereich von hinten in Dreiergruppen unterteilt.

   ❺ **Dezimalstelle hinzufügen**: Der Zahl wird mit jedem Mausklick eine weitere Dezimalstelle hinzugefügt.

   ❻ **Dezimalstelle löschen**: Mit jedem Klick wird eine Dezimalstelle von der Zahl abgezogen.

Dieses Spiel könnte man nun unentwegt fortführen. Sie können auch auf die kleine Pfeilschaltfläche ❼ am Feld **Zahlenformat** klicken und jeden der im Aufklappmenü enthaltenen Einträge zuweisen.

15

Zellen formatieren

Wenn Sie die Zahlenformate noch individueller gestalten möchten, verwenden Sie den Dialog **Zellen formatieren**.

1 Öffnen Sie ihn, indem Sie auf die Dreieck-Schaltfläche am Feld **Zahlenformat** klicken und im Menü **Weitere Zahlenformate** wählen. Alternativ können Sie auch den schräg nach unten weisenden Pfeil **Zahlenformat** an der Gruppe **Zahl** der Registerkarte **Start** benutzen. Die schnellste Variante ist allerdings `Strg`+`1`.

2 Falls sie nicht bereits vorgewählt ist, klicken Sie im Dialogfenster auf die Registerkarte **Zahlen**. Hier können Sie links im Bereich **Kategorie** beispielsweise **Währung** wählen und das Feld **Dezimalstellen** auf »4« setzen. Welche Auswirkungen die Veränderungen auf negative Zahlen hätten, wird im gleichnamigen Feld angezeigt.

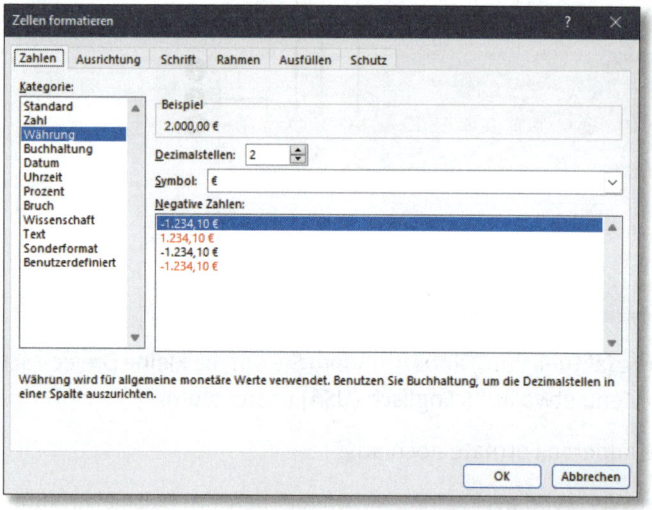

Beachten Sie, dass sich mithilfe der weiteren Registerkarten des Dialogfensters **Zellen formatieren** zahlreiche, zumeist optische Änderungen vornehmen lassen.

INFO

Sonderformate

Interessant ist in diesem Zusammenhang die Kategorie **Sonderformat**. Hier finden Sie Formatvorlagen für Postleitzahlen, Versicherungsnachweis-Nummern und ISBN-Formate für Bücher. Gleich darunter wird sogar noch das Feld **Gebietsschema** angeboten. Falls Sie also beispielsweise die Vorlage für eine chinesische Sozialversicherungsnummer benötigen sollten, werden Sie hier ruckzuck fündig.

Benutzerdefinierte Formate

Im Prinzip haben Sie soeben bereits ein eigenes, benutzerdefiniertes Format erzeugt. Kommen wir aber noch einmal zur grundsätzlichen Vorgehensweise, denn Sie können Excel mitteilen, wie eine Zelle formatiert werden soll bzw. wie die darin enthaltenen Ziffern anzuordnen sind. Im Beispiel erzeugen wir eine Spalte zur Eingabe der inzwischen veralteten Bankleitzahlen, die in zwei Dreiergruppen und einer Zweiergruppe definiert waren.

1. Markieren Sie eine beliebige Zelle.
2. Drücken Sie [Strg]+[1], oder klicken Sie auf die schräg nach unten weisende Pfeilschaltfläche **Zahlenformat** an der Gruppe **Zahl** der Registerkarte **Start**.
3. Klicken Sie im Dialog **Zellen formatieren** im Bereich **Kategorie** der Registerkarte **Zahlen** auf **Benutzerdefiniert**.
4. Setzen Sie einen Doppelklick auf das Wort **Standard** im Eingabefeld **Typ**. Das Wort wird daraufhin grau markiert.

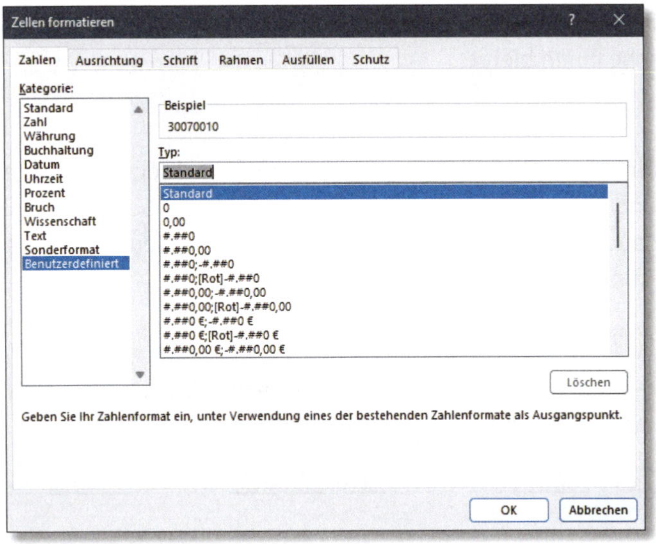

5. Tragen Sie »000 000 00« ein. Achten Sie auf die beiden Leerzeichen, und bestätigen Sie mit **OK**. Bestätigen Sie erneut mit **OK**.
6. Tragen Sie nun eine siebenstellige Nummer ein. Zunächst einmal werden Sie feststellen, dass die Zahl unformatiert erscheint. Das ändert sich aber, sobald Sie das Feld verlassen. Drücken Sie dazu [⇆]. Daraufhin erhält die Zelle die zuvor angelegte Formatierung.

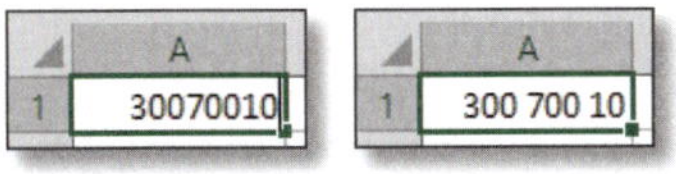

Übrigens hätten Sie prinzipiell im vorangegangenen Dialogfenster **Zellen formatieren** anstelle der Null auch jede andere Ziffer benutzen können. Denn mit der dortigen Eingabe haben Sie der Anwendung lediglich verraten, in welcher Anordnung Sie die Ziffern wünschen.

15

INFO

Vorgaben entfernen
Sollte eine benutzerdefinierte Vorgabe nicht mehr benötigt werden, rufen Sie noch einmal den Dialog **Zellen formatieren** auf. Markieren Sie die Vorgabe im Bereich **Typ** (sie steht ganz unten in der Liste), und klicken Sie auf **Löschen**. Dabei ist zu bedenken, dass zuvor auf diese Weise formatierte Zellen nun auch nicht mehr im gewählten Format angezeigt werden. Löschen Sie also nur Vorgaben, die nicht in der Arbeitsmappe benutzt worden sind.

15.4 Navigation in Tabellendokumenten

In diesem Abschnitt sehen wir uns an, wie man sich innerhalb eines Excel-Dokuments bewegt. Sie erfahren, wie Sie von Zelle zu Zelle wechseln können und welchen Nutzen die eine oder andere Schaltfläche Ihnen bietet.

Zellen markieren

Wenn Sie Zellen mit bestimmten Attributen ausstatten möchten (siehe den Unterabschnitt »Daten eingeben und mit Zahlenformatvorlagen versehen« auf Seite 430), sollten Sie wissen, dass Sie dafür auch mehrere Zellen markieren können. Anderenfalls müssten die Attribute ja auch Zelle für Zelle vergeben werden.

1 Markieren Sie eine einzelne Zelle, indem Sie auf sie klicken.

2 Um mehrere nicht beisammenliegende Zellen auszuwählen, klicken Sie die erste an. Halten Sie anschließend [Strg] gedrückt, und klicken Sie auf weitere Zellen.

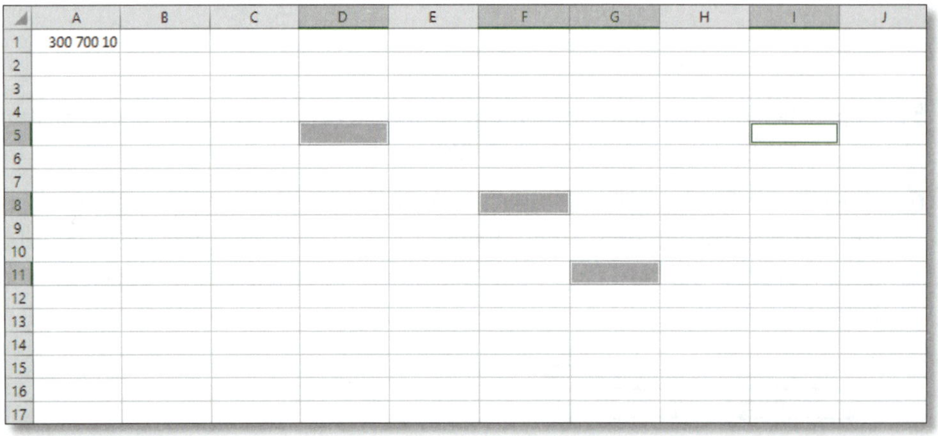

3 Wollen Sie ein Feld mit zahlreichen beisammenliegenden Zellen markieren, gibt es verschiedene Möglichkeiten. Klicken Sie beispielsweise die erste Zelle an (z. B. die obere linke). Danach halten Sie [⇧] gedrückt und klicken auf die letzte (die untere rechte). Alternativ können Sie auch die Maustaste gedrückt halten, nachdem Sie die erste Zelle

markiert haben, und über das Tabellenblatt fahren. Sobald der gewünschte Bereich grau hinterlegt ist, lassen Sie die Maustaste wieder los. Sie können auch eine Zelle markieren und benutzen dann die Pfeiltasten Ihrer Tastatur, während Sie [⇧] festhalten, um den Bereich zu markieren.

4 Wählen Sie eine gesamte Zeile aus, indem Sie ganz links auf die Zeilennummer klicken. Eine Spalte können Sie hingegen mit einem Mausklick auf den betreffenden Buchstaben markieren.

5 Markieren Sie nicht beisammenliegende Zeilen oder Spalten, indem Sie auf den Spaltenbuchstaben oder die Zeilenziffer klicken, während Sie [Strg] gedrückt halten. Beisammenliegende Zeilen oder Spalten markieren Sie mit einem Klick auf den Buchstaben oder die Zahl der ersten Zeile oder Spalte. Danach halten Sie [⇧] gedrückt und markieren auch die letzte Zeile oder Spalte. Alle dazwischen liegenden werden bei dieser Vorgehensweise mit markiert.

6 Dem grünen Quadrat ❶ in der unteren rechten Ecke des Markierungsrahmens kommt eine besondere Bedeutung zu: Dieses lässt sich per Drag & Drop verschieben. So können bereits markierte Bereiche verkleinert oder vergrößert werden.

7 Um alle Bereiche abzuwählen, reicht ein Klick auf eine Zelle, die sich nicht innerhalb des markierten Bereichs befindet.

Wenn Sie Attribute auf Zellen anwenden wollen, müssen Sie die entsprechenden Zellen zunächst auf eine der zuvor beschriebenen Arten markieren. Auch wenn noch keine Inhalte eingefügt worden sind, gelten die Attribute nach ihrer Zuweisung trotzdem. Sie dürfen also gern zuerst formatieren und erst danach die Zahlen eintragen.

In Zellen bewegen

Jetzt werde ich Ihnen kurz ein paar Möglichkeiten vorstellen, mit denen Sie sich innerhalb des Dokuments bewegen können:

1. Grundsätzlich dürfen Sie die Pfeiltasten Ihrer Tastatur benutzen, um von der aktuell markierten Zelle aus in eine benachbarte Zelle zu wechseln.

2. Halten Sie dabei [Strg] gedrückt, springen Sie in die jeweils gegenüberliegende Zeile oder Spalte. Ein Beispiel: Sie betätigen [Strg]+[→], während eine Zelle in Spalte **A** markiert ist. Dies bringt Sie innerhalb der gleichen Zeile in die äußerste rechte Spalte des derzeit genutzten Tabellenbereichs. Sollten noch keine Inhalte eingefügt worden sein, springen Sie damit in die äußerste rechte Spalte des Tabellenblatts.
3. Drücken Sie [↵], um innerhalb der aktuellen Spalte eine Zeile tiefer zu springen. Mit [⇧]+[↵] gelangen Sie innerhalb der Spalte eine Zeile höher.
4. Mit [Strg]+[↵] schließen Sie eine Eingabe ab, bleiben jedoch in der aktuell gewählten Zelle.
5. Mit [↹] gelangen Sie eine Zelle nach rechts, mit [⇧]+[↹] eine Zelle nach links.
6. Drücken Sie [Strg]+[Pos1], erreichen Sie stets Zelle **A1**. Mit [Strg]+[Ende] gelangen Sie zur letzten genutzten Zelle unten rechts.

	A	B	C	D
1	**Monat:**	**Samstage:**	**Sonntage:**	
2	Januar	4	4	
3	Februar	4	4	
4	März	5	5	
5	April	4	4	
6	Mai	5	4	
7	Juni	4	5	
8	Juli	4	4	
9	August	5	5	
10	September	4	4	
11	Oktober	4	4	
12	November	5	5	
13	Dezember	4	4	
14				

< ***Abbildung 15.3*** *Wer an dieser Position [Strg]+[→] drückt, landet in der Zelle »C7«. Mit [Strg]+[↓] geht es zu »A13«.*

INFO

Zelleninhalte löschen
Wenn Sie die Inhalte mehrerer Zellen löschen wollen, markieren Sie diese vorab auf die beschriebene Weise. Klicken Sie anschließend mit rechts auf eine der markierten Zellen, und entscheiden Sie sich im Kontextmenü für **Inhalte löschen**.

15.5 Bestimmte Werte mit einer bedingten Formatierung hervorheben

Bedingte Formatierungen helfen uns dabei, wichtige, vielleicht aus der Reihe fallende Ergebnisse einer Tabelle besonders auszuzeichnen. Das klassische Beispiel kennt jeder: Negative Geldbeträge werden in Rot ausgegeben. Was hat es nun mit der bedingten Formatierung auf sich? – Wenn eine bestimmte Bedingung erfüllt ist, soll ein bestimmtes Ereignis eintreten. Ist die Bedingung nicht erfüllt, bleibt das Ereignis aus. Wenn also die Umsatzzahlen negativ sind, sollen diese rot formatiert werden, wenn nicht, bleiben sie schwarz.

Ergebnisse hervorheben

Wir werden uns jetzt erstmals mit einer vorgefertigten Tabelle befassen – wenn auch zunächst mit einer klitzekleinen. Benutzen Sie für diesen Workshop die Arbeitsmappe *Samstage-Sonntage.xlsx*. Sie finden sie im Ordner *15* der Beispieldateien. Das Dokument zeigt, wie viele Samstage und Sonntage es im Jahr 2014 gegeben hat. Unsere Aufgabe: Wir wollen auf den ersten Blick sehen, welche Monate seinerzeit mit fünf Samstagen oder Sonntagen aufgewartet haben. Dabei sollen die Zellen der Samstage in Rot, die Sonntage in Blau ausgewiesen werden.

1 Klicken Sie zunächst auf die Zelle **B2**. Halten Sie die Maustaste gedrückt, und markieren Sie die Spalte bis zur Zelle **B13**. Dort angelangt, lassen Sie los.

2 Klicken Sie auf **Bedingte Formatierung** in der Gruppe **Formatvorlagen** der Registerkarte **Start**.

3 Wählen Sie im Menü **Regeln zum Hervorheben von Zellen**, und klicken Sie anschließend auf **Größer als**.

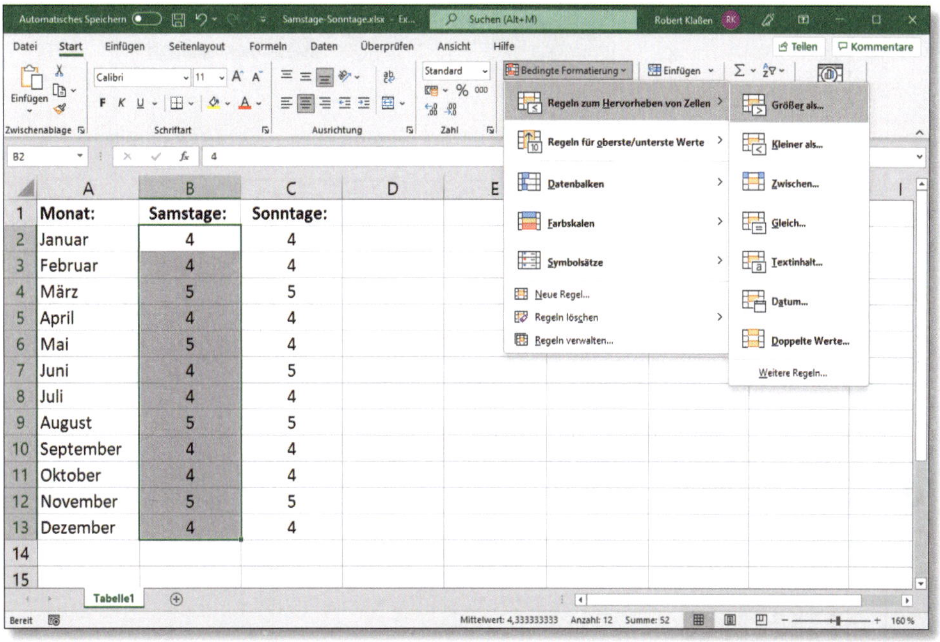

4 Excel liefert nun einen Mittelwert aus den beiden vorhandenen Werten, nämlich **4,5**. Das könnten Sie so lassen, denn damit wären die Bedingungen schon aufzustellen. Tragen Sie in das erste Eingabefeld dennoch »4« ein, und bestätigen Sie mit **OK**. Dass die Zellen mit hellroter Füllung gefüllt werden sollen, ist bereits vorselektiert. Das heißt nun: Sind die markierten Werte größer als 4, werden deren Zellen mit Rot gekennzeichnet.

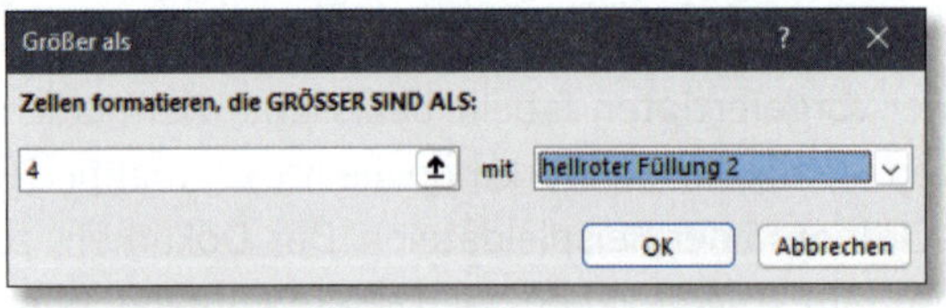

5 Markieren Sie nun die Zellen **C2** bis **C13**, und wiederholen Sie die Schritte 2 und 3.

6 Geben Sie auch diesmal zunächst »4« ein, und öffnen Sie anschließend das rechte Ausklappmenü. Da kein Blau vorhanden ist, müssen Sie den Eintrag **benutzerdefiniertem Format** aussuchen.

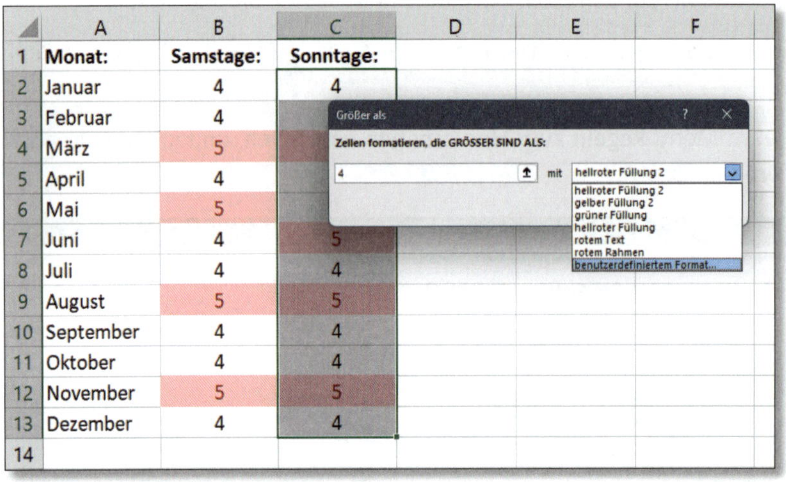

7 Im Dialog **Zellen formatieren** entscheiden Sie sich zunächst für die Registerkarte **Ausfüllen** ❶ und lassen anschließend einen Klick auf ein blaues Farbfeld ❷ folgen. Klicken Sie hier und im Dialog **Größer als** auf **OK**.

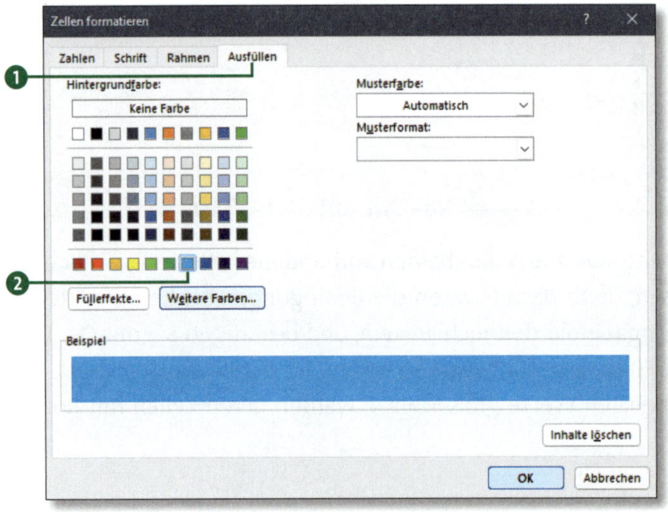

8 Wählen Sie die rechte Spalte ab, indem Sie eine beliebige nicht markierte Zelle anklicken.

	A	B	C	D
1	**Monat:**	**Samstage:**	**Sonntage:**	
2	Januar	4	4	
3	Februar	4	4	
4	März	5	5	
5	April	4	4	
6	Mai	5	4	
7	Juni	4	5	
8	Juli	4	4	
9	August	5	5	
10	September	4	4	
11	Oktober	4	4	
12	November	5	5	
13	Dezember	4	4	
14				

Das Resultat dieser kleinen Übung finden Sie im Ordner *Ergebnisse* der Beispieldateien. Es heißt *Samstage-Sonntage-01.xlsx*.

Mit der Schnellanalyse arbeiten

In den letzten Schritten haben wir ja jeweils nach dem Markieren der Spaltenbereiche mit der Schaltfläche **Bedingte Formatierung** gearbeitet. Das ist auch gut so, denn dort stehen zahlreiche Funktionen zur Verfügung. Allerdings hätten wir die Aufgabe auch mithilfe der Schnellanalyse bewältigen können. Dazu gehen Sie, nachdem Sie die Zellen markiert haben, auf das Symbol **Schnellanalyse** ❸ oder betätigen [Strg]+[Q]. Im Anschluss klicken Sie im eingeblendeten Etikett zunächst auf **Formatierung** ❹ und dann auf die Schaltfläche **Größer als**.

15

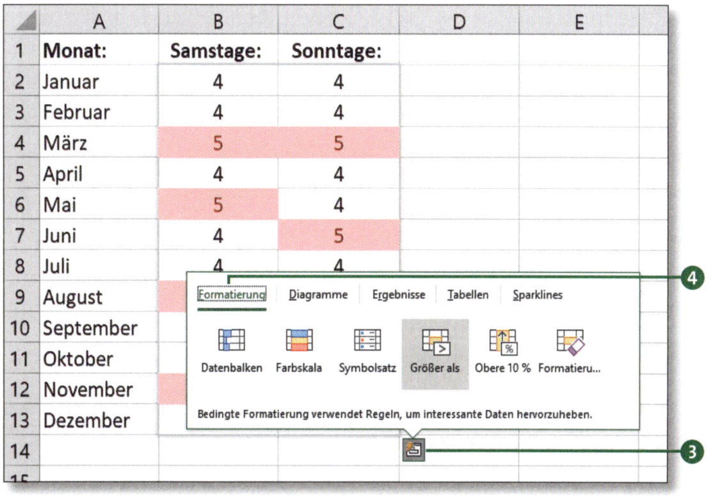

Abbildung 15.4 In der Schnellanalyse sind zahlreiche Funktionen verborgen.

TIPP

Ergebnisse mit der Schnellanalyse
Mit der Schnellanalyse kann man nicht nur auf komfortable Weise formatieren, sondern auch Berechnungen anstellen, ohne dafür Formeln eingeben zu müssen. Wie das funktioniert, erfahren Sie in Abschnitt 17.6, »Ergebnisse mit der Schnellanalyse erzeugen«, auf Seite 527.

Zeichen ausgeben

Sie können anstelle der farbigen Zahlen auch Zeichen einsetzen. In unserem Beispiel sollen uns nicht Zahlen verraten, wann es fünf Samstage oder Sonntage gibt, sondern grüne Häkchen. Sie können mit der Datei des letzten Workshops weiterarbeiten. Sollten Sie diesen nicht nachvollzogen haben, öffnen Sie bitte die Datei *Samstage-Sonntage-01.xlsx* aus dem Ordner *Ergebnisse* der Beispieldateien.

1 Zunächst einmal müssen Sie dafür sorgen, dass die alte Regel verworfen wird. Dazu bieten sich wieder zwei Vorgehensweisen an. Ich empfehle Ihnen, dass Sie die Zellen **B2** bis **C13** markieren und dann auf **Bedingte Formatierung** (**Start > Formatvorlagen**) klicken. Wählen Sie im Menü **Regeln löschen**, und klicken Sie auf **Regeln in ausgewählten Zellen löschen**.

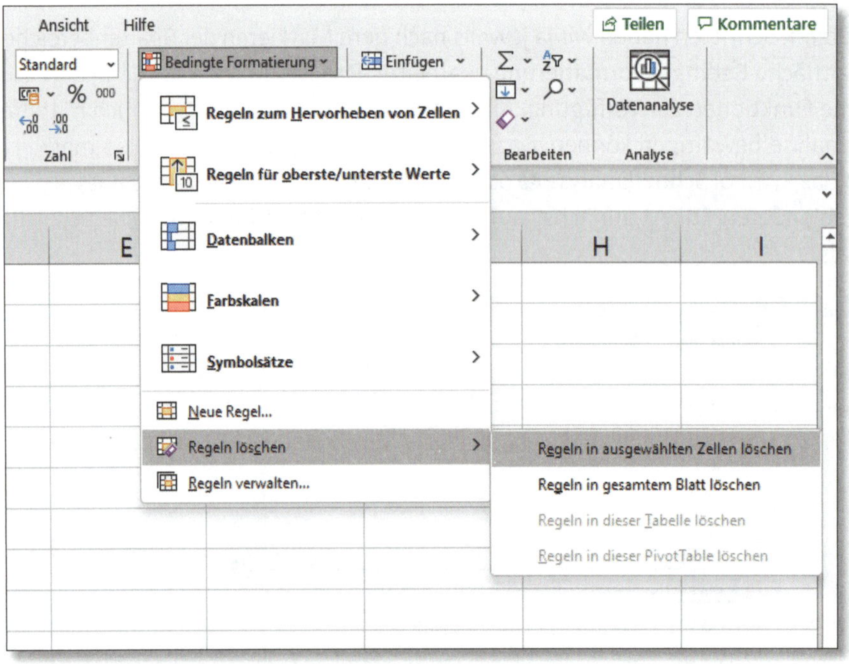

2 Klicken Sie noch einmal auf die Schaltfläche **Bedingte Formatierung**. Wählen Sie nun jedoch **Symbolsätze** und im Folgemenü **Weitere Regeln** aus.

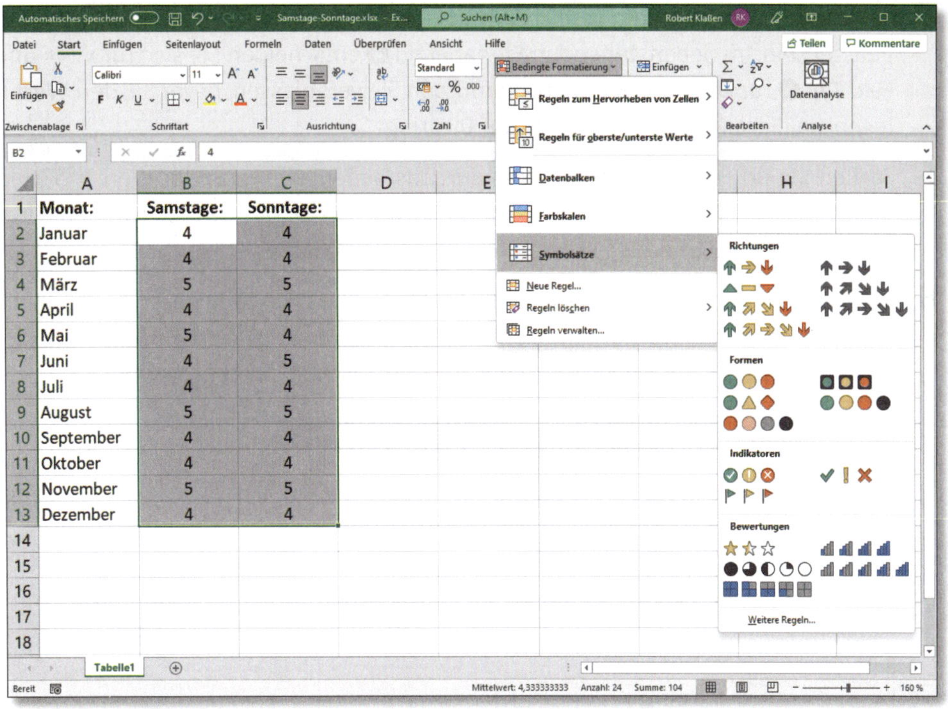

3 Im Feld **Symbolart** ❶ legen Sie **3 Symbole (ohne Kreis)** fest. Es handelt sich dabei um das rote X, das gelbe Ausrufezeichen und den grünen Haken. Aktivieren Sie die Checkbox bei **Nur Symbol anzeigen** ❷. Dadurch werden die tatsächlichen Werte später verschwinden. Dafür wollen wir ja die Häkchen einsetzen.

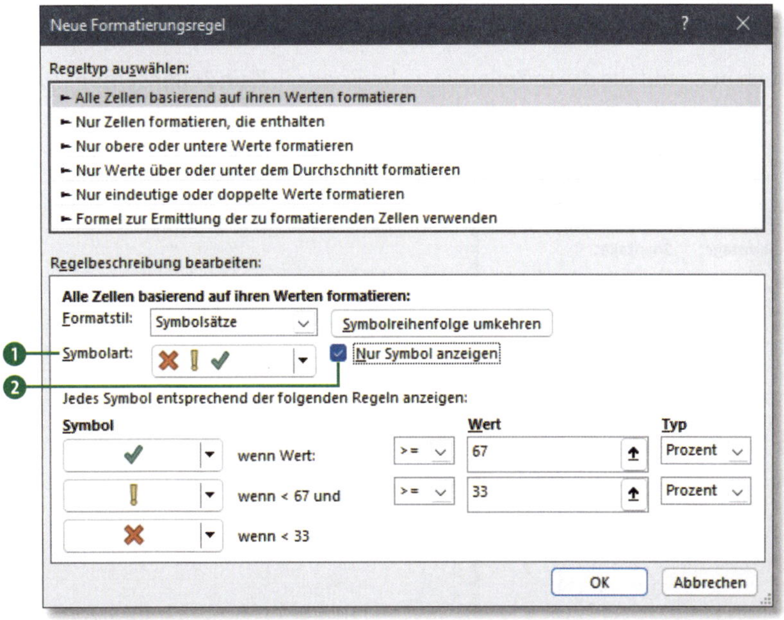

4 Widmen Sie sich nun dem Bereich **Symbol**. In der ersten Zeile soll **Kein Zellensymbol** ❸ gelistet sein. Im nebenstehenden Eingabefeld ❹ entscheiden Sie sich für »>=« und im Feld **Typ** ❺ für **Zahl**. Diese Änderung müssen Sie veranlassen, bevor Sie den **Wert** festlegen, da dieser ansonsten wieder auf **0** springt.

5 Stellen Sie im Feld **Wert** ❻ nun »6« ein. Das bedeutet: Wenn der Wert größer oder gleich 6 ist, soll **Kein Zellensymbol** angezeigt werden. Derartige Werte haben wir zwar nicht in der Tabelle, jedoch müssen alle drei Zeilen bearbeitet werden.

6 Eine Zeile tiefer legen Sie im Feld **Symbol** fest, dass das Häkchen gelistet wird. In dieser Zeile legen wir fest, worauf es ankommt, nämlich wenn der Wert vom Typ **Zahl** kleiner 6 ist und größer 4 (also genau 5), dann soll das Häkchen sichtbar werden.

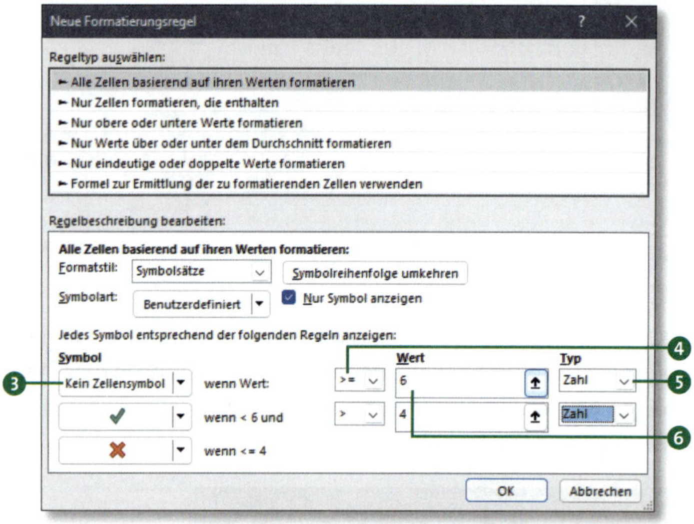

7 Schauen Sie auch noch auf die dritte Zeile, die da heißen soll: **Kein Zellensymbol**, wenn der Wert kleiner oder gleich 4 ist.

8 Bestätigen Sie alles mit einem Klick auf **OK**.

	A	B	C	D
1	**Monat:**	**Samstage:**	**Sonntage:**	
2	Januar			
3	Februar			
4	März	✓	✓	
5	April			
6	Mai	✓		
7	Juni		✓	
8	Juli			
9	August	✓	✓	
10	September			
11	Oktober			
12	November	✓	✓	
13	Dezember			
14				

Sie finden das Resultat dieses Workshops übrigens auch im Ordner *Ergebnisse* in den Beispieldateien zum Buch. Öffnen Sie die Datei *Samstage-Sonntage-02.xlsx*.

Neue Regel erstellen

Wenn es um die Bedingungen geht, dürfen Sie auch eigene Regeln definieren. Klicken Sie dazu zunächst auf **Bedingte Formatierung** (**Start > Formatvorlagen**), und wählen Sie im Menü der Schaltfläche **Neue Regel**. Im Dialogfenster **Neue Formatierungsregel** entscheiden Sie sich im Bereich **Regeltyp auswählen** zunächst für eine Regel, die Ihren Wünschen von der Beschreibung her am ehesten entspricht. Sehr intuitiv ist beispielsweise **Nur Zellen formatieren, die enthalten** ❶. Im unteren Bereich **Regelbeschreibung bearbeiten** lässt sich nun u. a. festlegen, dass Zellenwerte, die größer als 4 sind, mit roter Schrift (nicht wie bisher mit roter Zellenfarbe) gekennzeichnet werden sollen. Wie das Ergebnis aussehen soll, regeln Sie indes über die Schaltfläche **Formatieren** ❷. Hierüber gelangen Sie in einen Dialog, in dem sich auch die Schriftfarbe wunschgemäß beeinflussen lässt. Die eingestellten Werte sind der **Vorschau** ❸ zu entnehmen.

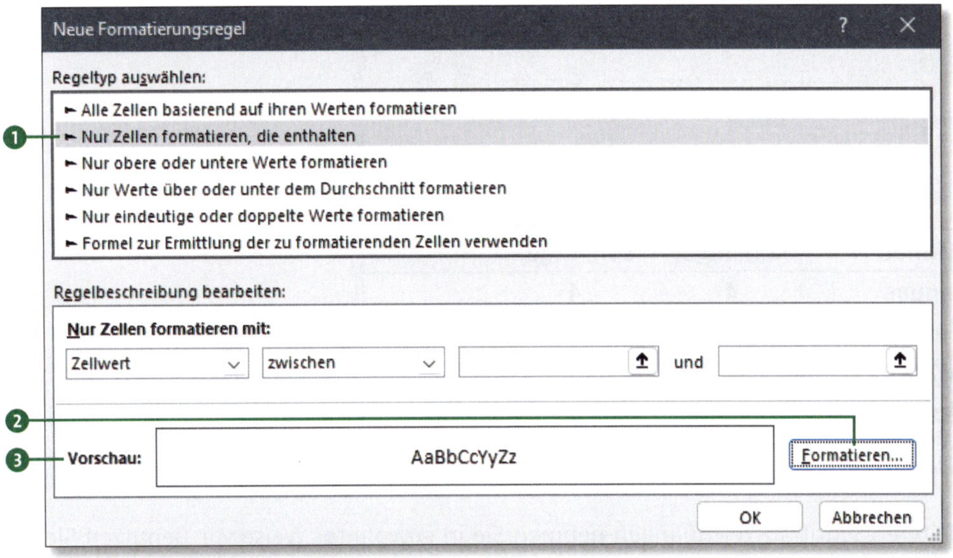

Abbildung 15.5 *Gestalten Sie eine neue Formatierungsregel.*

Mithilfe von Regeln können Sie also schnell Ihr Dokument so formatieren, dass für den Betrachter die Inhalte aufgrund der Formatierung schneller erfassbar werden. Lesen Sie dazu mehr im folgenden Abschnitt.

15.6 Tabellendokumente formatieren

Durch das Formatieren von Tabellen sorgen Sie für eine ansprechende Darstellung. Heben Sie Zellen- und Spaltenerklärungen optisch von den übrigen Zelleninhalten ab, um dem Betrachter eine bessere Übersicht zu geben. Legen Sie Farben fest, und sorgen Sie dafür, dass Tabellen mehr sind als nur ein Dschungel von Ziffern und Werten. Dabei spielt es übrigens keine Rolle, ob Sie ein Excel-Dokument gleich nach dessen Erstellung formatieren oder zunächst die Werte eintragen.

Schriften formatieren

Der Vergleich zu Word ist auch beim Formatieren von Schriften zulässig. Dort müssen Sie eine Schrift ja auch zunächst markieren, um anschließend die gewünschten Attribute zuweisen zu können. Lediglich das Markieren läuft hier ein wenig anders. Öffnen Sie zunächst die Tabelle *Samstage-Sonntage.xlsx*, die Sie im Ordner *15* der Beispieldateien finden.

Die erste Zeile wird in der Art markiert, dass Sie zunächst auf die Zeilennummer **1** klicken. Dadurch wird die gesamte Zeile markiert. Anschließend weisen Sie die Fettschrift zu, indem Sie [Strg]+[⇧]+[F] betätigen oder auf die Schaltfläche **Fett** in der Gruppe **Schriftart** der Registerkarte **Start** klicken.

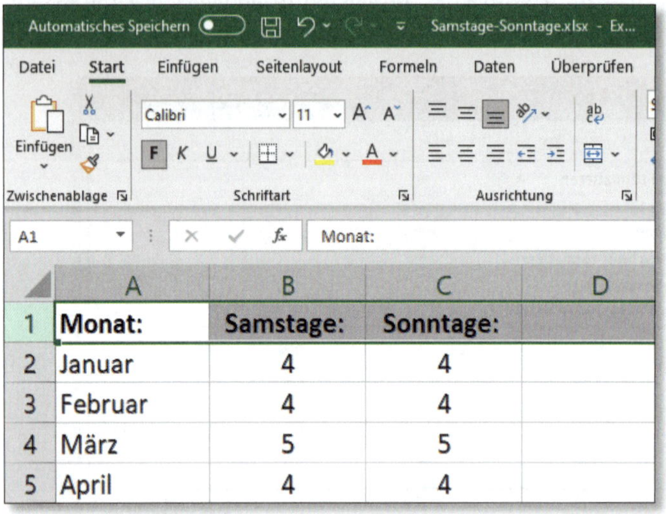

Abbildung 15.6 *Das Formatieren von Schrift ist auch in Excel ein Kinderspiel.*

Alle weiteren Schriftauszeichnungen nehmen Sie in gewohnter Weise vor. Benutzen Sie dazu die Steuerelemente der Gruppen **Schriftart** und **Ausrichtung** der Registerkarte **Start**. Ob Sie dabei die Zelle oder den eigentlichen Text markieren, spielt für das Ergebnis keine Rolle – es sei denn, Sie beabsichtigen, innerhalb einer einzelnen Zelle unterschiedliche Schriftarten zu verwenden. In diesem Fall sollten Sie den relevanten Text markieren. Um die Einfügemarke in den Text zu bringen, müssen Sie einen Doppelklick auf die Zelle setzen. Markieren Sie den gesamten Text einer Zelle mit einem Vierfachklick.

Schnellformatvorlagen zuweisen

Um eine Tabelle auf die Schnelle umzugestalten, können Sie auf die Schnellformatvorlagen zugreifen. Sie finden diese nach einem Klick auf die Schaltfläche **Als Tabelle formatieren** in der Gruppe **Formatvorlagen** der Registerkarte **Start**.

Da wir uns in Abschnitt 16.3, »Schnellformatvorlagen nutzen«, ab Seite 464 noch ausführlicher mit diesen beschäftigen, soll hier nur kurz erwähnt werden, wie eine solche Schnellformatvorlage zugewiesen wird. Suchen Sie einfach die gewünschte Miniatur im Menü der Schaltfläche aus (hier: **Orange, Tabellenformat > Mittel 3**), und bestätigen Sie Ihre Wahl mit einem Mausklick. Den folgenden Dialog bestätigen Sie mit einem Klick auf **OK**.

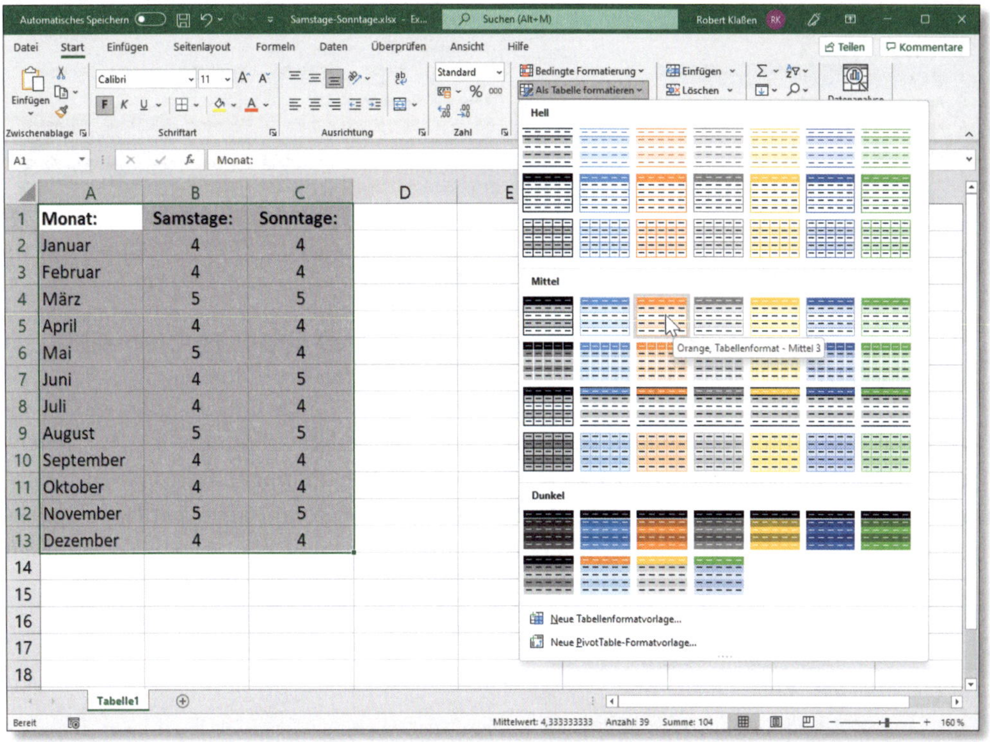

Abbildung 15.7 So weisen Sie eine Formatvorlage zu.

Zellenformatvorlagen verwenden

Zellenformatvorlagen sind im Gegensatz zu Tabellenformatvorlagen schnell integrierbare Vorlagen, die oft nur auf bestimmte Bereiche einer Tabelle angewendet werden. Dazu markieren Sie als Erstes die Zellen, die geändert werden sollen, und klicken anschließend auf die Schaltfläche **Zellenformatvorlagen** in der Gruppe **Formatvorlagen** der Registerkarte **Start**.

Um bei unserer Beispieltabelle zu bleiben, könnten die Zeilen März, August und November besonders gekennzeichnet werden, da es sich hierbei um Monate handelt, in denen es sowohl fünf Samstage als auch fünf Sonntage gibt.

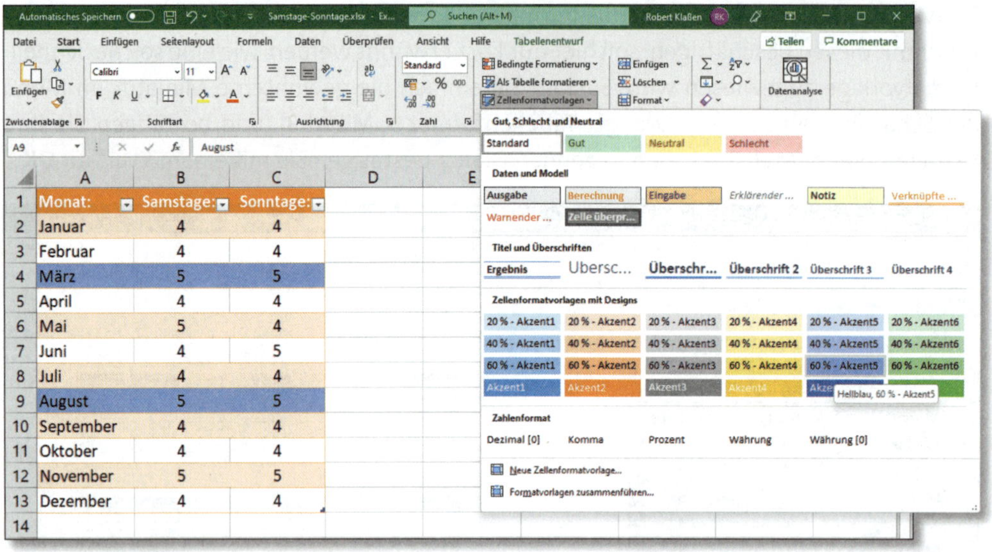

Abbildung 15.8 *Hier wird die Vorlage »60 % – Akzent5« verwendet.*

Nicht nur Tabellenformatvorlagen können frei erzeugt und gestaltet werden. Für **Zellenformatvorlagen** gilt das auch. Dazu klicken Sie auf den gleichnamigen Button in der Gruppe **Formatvorlagen** der Registerkarte **Start** und dann im Auswahlmenü auf **Neue Zellenformatvorlage**. Im Dialog **Formatvorlage** können Sie nun über den Button **Formatieren** sämtliche Optionen festlegen. Hier lässt sich übrigens auch die Schrift beeinflussen.

Abbildung 15.9 *Gestalten Sie die Zellenformatvorlagen.*

15.7 Das Kontextmenü als wichtiges Hilfsmittel verwenden

Dass Kontextmenüs ausgesprochen hilfreich sind, wissen Sie sicher längst. In Excel kommt den Kontextmenüs jedoch noch einmal eine besondere Bedeutung zu, da sich in ihnen zahlreiche Optionen verbergen, die bei der direkten Bearbeitung von Zellen, Zeilen und

Spalten weiterhelfen. Nur noch einmal der Vollständigkeit halber: Das Kontextmenü öffnen Sie mit einem Rechtsklick. Je nachdem, wo Sie diesen Rechtsklick ausführen, erhalten Sie unterschiedlich bestückte Kontextmenüs.

Wollen Sie beispielsweise auf die Schnelle einmal eine Spalte hinzufügen oder löschen, müssen Sie nicht extra im Menüband über **Start > Zellen** gehen, sondern klicken mit rechts auf eine Zelle, wobei Sie berücksichtigen müssen, dass sich Zeilen bei dieser Vorgehensweise nur oberhalb der Markierung und Spalten nur links von der Markierung hinzufügen lassen. Nachdem die Zelle markiert ist, entscheiden Sie sich für **Zeile/Spalte einfügen**. Möchten Sie links neben der markierten Zelle eine Spalte einfügen, entscheiden Sie sich für **Tabellenspalten nach links**. Ist Ihr Wunsch hingegen, eine weitere Zeile einzufügen, betätigen Sie stattdessen **Tabellenzeilen nach oben**.

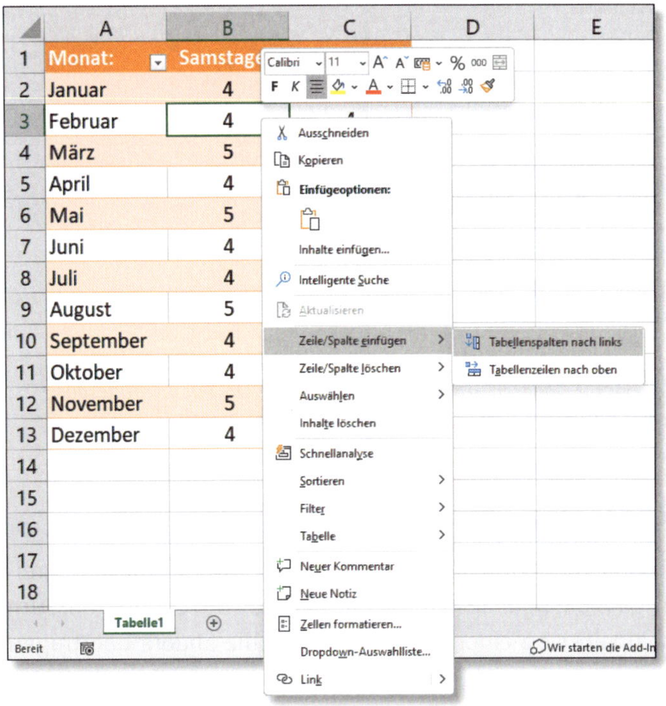

Abbildung 15.10 *Achten Sie auf die Symbole in der Minisymbolleiste.*

Alternativ zu dieser Methode können Sie auch eine ganze Zeile oder Spalte markieren, indem Sie zunächst auf eine Zeilennummer am linken Rand der Arbeitsmappe oder auf einen Spaltenbuchstaben in der obersten Zeile klicken. Öffnen Sie jetzt das Kontextmenü mithilfe eines Rechtsklicks, steht der Eintrag **Zellen einfügen** zur Disposition. Ein Klick bewirkt nun das Hinzufügen einer Zeile oder Spalte – und zwar in Abhängigkeit davon, ob zuvor eine Zeile oder Spalte markiert worden ist.

Ein schöner Nebeneffekt des Kontextmenüs besteht darin, dass sich grundsätzlich (sofern der Klick auf einer Zelle ausgeführt wird) die Minisymbolleiste öffnet, mit der Textattribute zugewiesen bzw. verändert werden können. In Excel gibt es dort sogar noch Zahlenformatvorlagen gratis obendrauf.

Auch weitere Arbeiten, beispielsweise das **Sortieren** oder **Zellen formatieren** (siehe Abschnitt 15.6, »Tabellendokumente formatieren«, ab Seite 443), lassen sich schnell per Kontextmenü aktivieren. Hierbei ist allerdings zu berücksichtigen, dass die folgenden Schritte immer auf den Bereich angewendet werden, der zuvor im Dokument markiert worden ist. Öffnen Sie das Kontextmenü auf einer Zeilen- oder Spaltenbezeichnung, stehen Ihnen weit weniger Befehle zur Verfügung als im Kontextmenü einer markierten Zelle.

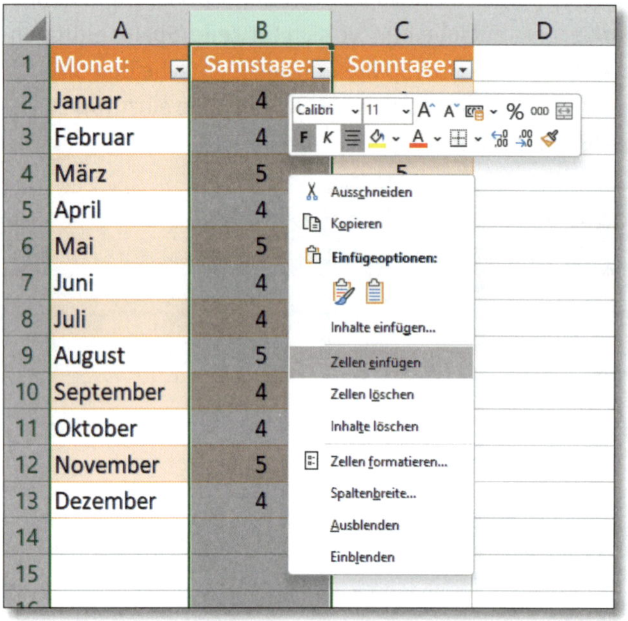

Abbildung 15.11 An dieser Stelle gibt es nur ein abgespecktes Kontextmenü.

15.8 Die Windows-Zwischenablage in Excel nutzen

Die Zwischenablage des Betriebssystems funktioniert in der Regel anwendungsübergreifend. Das bedeutet zum einen, dass die Befehle fast überall gleich anzuwenden sind, zum anderen aber auch, dass sich Inhalte von einer Anwendung auf die andere übertragen lassen.

Markieren Sie ein Objekt (das kann ein Wort, ein Satz, ein kompletter Text, aber auch eine Grafik oder ein Foto sein), und kopieren Sie es in die Zwischenablage, indem Sie `Strg`+`C` betätigen. Setzen Sie nun per Mausklick die Einfügemarke an die Stelle, an der der Inhalt der Zwischenablage eingefügt werden soll (in Excel reicht dazu eine Zellenmarkierung), und drücken Sie `Strg`+`V`.

Besonderheiten der Zwischenablage

Die Zwischenablage funktioniert immer dann reibungslos, wenn man mit einer oder mehreren Anwendungen arbeitet. Sie können beispielsweise ein Foto innerhalb eines Word-Dokuments markieren und dieses anschließend via Zwischenablage in Excel einfügen. Allerdings können Sie ein Bild beispielsweise nicht im Bibliotheksordner *Bilder* markieren und es per Zwischenablage in Excel einfügen. Word hingegen ist da sehr viel toleranter, denn in Word funktioniert auch diese Verfahrensweise.

> INFO
>
> **Formatierungen verwerfen**
> Formatierungen und dergleichen bleiben beim Transfer via Zwischenablage übrigens grundsätzlich erhalten. Wenn Sie das nicht möchten, müssen Sie zum Einfügen die kleine Dreieck-Schaltfläche unterhalb des Buttons **Einfügen** in der Gruppe **Zwischenablage** der Registerkarte **Start** benutzen. Klicken Sie hier auf die Schaltfläche **An Zielformatierung anpassen**, werden die einzufügenden Elemente an die Formatierung des Zieldokuments angepasst.

Die Excel-interne Zwischenablage

Die Windows-Zwischenablage lässt sich auch innerhalb von Excel benutzen. Wenn Sie beispielsweise eine Tabelle in ein anderes Excel-Dokument einfügen möchten, können Sie das ruckzuck erledigen:

1. Die zu kopierende Tabelle (oder jeder andere Bereich, der kopiert werden soll) muss zunächst im Originaldokument markiert werden.
2. Befördern Sie den Bereich, den Sie kopieren wollen, in die Zwischenablage, indem Sie Strg + C drücken oder indem Sie mit einem Rechtsklick das Kontextmenü öffnen und den Befehl **Kopieren** wählen. Der Bereich wird daraufhin mit einem grünen, blinkenden Rahmen versehen.

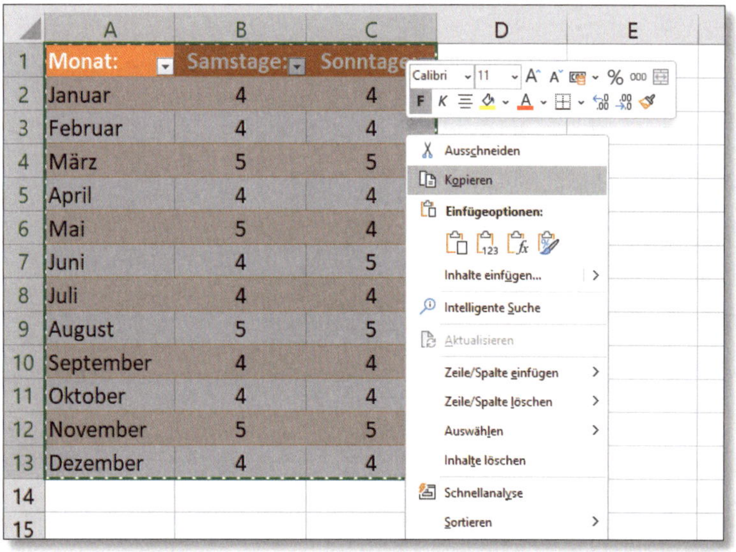

3. Anschließend begeben Sie sich in das Dokument, in das Sie die kopierte Tabelle einfügen möchten, markieren eine Zelle und drücken Strg + V.

Falls Sie lieber mit dem Menüband arbeiten, können Sie anstelle des letzten Schritts übrigens auch die Schaltfläche **Einfügen** in der Gruppe **Zwischenablage** der Registerkarte **Start** benutzen.

15.9 Zellen und benannte Bereiche markieren

Es gibt zwei gute Gründe dafür, bestimmte Zellen eines Excel-Dokuments zu benennen. Zum einen findet man sie auch in umfangreichen Tabellenblättern sehr schnell wieder, zum anderen kann man sie für Berechnungen heranziehen (siehe dazu Kapitel 17, »Mit Formeln und Funktionen arbeiten«, ab Seite 505).

Eine Zelle benennen

Öffnen Sie die Beispieldatei *Tage_markiert.xlsx* aus dem Ordner *15* der Dateien, und markieren Sie die Zelle **C9**. Klicken Sie anschließend in das Eingabefeld ❶, und geben Sie »AugSo« ein. Bestätigen Sie mit [↵]. Diese Abkürzung soll für die Anzahl der Sonntage im August stehen. Bei der Benennung dürfen keine Leer- oder Sonderzeichen verwendet werden.

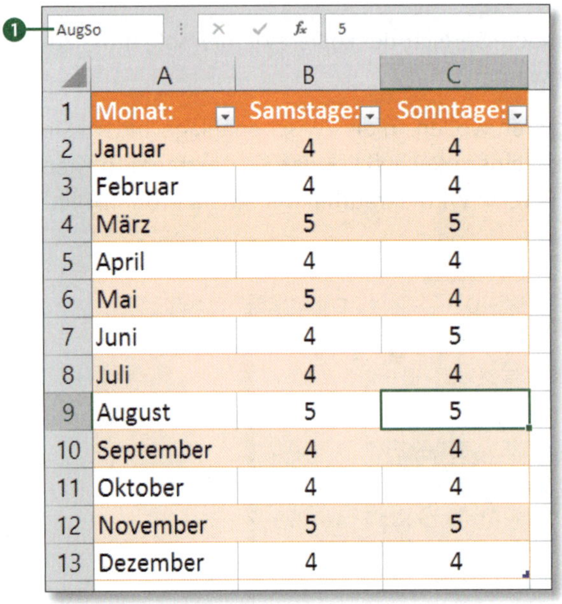

	A	B	C
1	Monat:	Samstage:	Sonntage:
2	Januar	4	4
3	Februar	4	4
4	März	5	5
5	April	4	4
6	Mai	5	4
7	Juni	4	5
8	Juli	4	4
9	August	5	5
10	September	4	4
11	Oktober	4	4
12	November	5	5
13	Dezember	4	4

Abbildung 15.12 *Die Zelle »C9« bekommt einen anderen Namen.*

Sie haben nun der Zelle **C9** einen Namen zugewiesen, über den Sie die Zelle jederzeit schnell erneut aufrufen können.

Benannte Bereiche wiederfinden

Sie haben zuvor eine Zelle benannt und möchten diese nun schnell wieder aufrufen, ohne lange suchen zu müssen? Klicken Sie dazu auf die kleine Dreieck-Schaltfläche am Feld **Namenfeld**, und entscheiden Sie sich für den Eintrag, den Sie suchen, in unserem Beispiel »AugSo«. Das hat zur Folge, dass die betreffende Zelle automatisch wieder markiert wird.

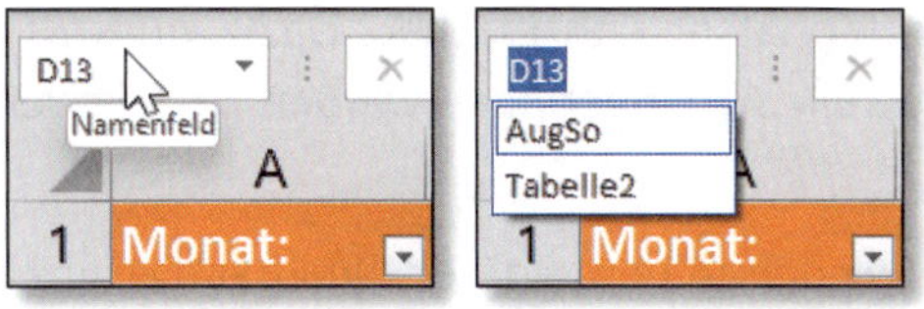

Abbildung 15.13 *Der Eintrag ist auch in den Suchoptionen abgelegt worden.*

Markieren Sie auf diese Weise weitere wichtige Zellen, um sie später rasch wiederzufinden. Bei umfangreichen Dokumenten empfiehlt es sich zudem, auf die Schaltfläche **Suchen und Auswählen** in der Gruppe **Bearbeiten** der Registerkarte **Start** zu klicken. Wählen Sie dort den Befehl **Gehe zu** aus und im Folgedialog den Zellennamen.

15.10 Datenreihen mit der AutoAusfüllen-Funktion schnell ergänzen

Dass Excel im wahrsten Sinne des Wortes »mitdenkt«, haben Sie schon auf die eine oder andere Weise feststellen dürfen. Besonders deutlich wird diese löbliche Eigenschaft, wenn es um das Vervollständigen von Listen geht. Denn Excel »erinnert« sich, wenn es um Begriffe geht, die bereits einmal im Dokument verwendet worden sind. Zudem kann die Anwendung fortlaufende Reihen wie beispielsweise Monatsnamen automatisch vervollständigen.

Lassen Sie uns auf die Schnelle eine Einkommenstabelle erzeugen, welche die Möglichkeit bietet, jeden Monat das Einkommen zu notieren – und zwar rückwirkend ab dem Kalenderjahr 2014. Sie werden staunen, wie schnell das geht:

1. Erzeugen Sie ein neues leeres Dokument (Strg + N).
2. Klicken Sie auf die Zelle **B1**. Tragen Sie dort »2014« ein. Betätigen Sie anschließend ⇥, und tippen Sie in **C1** »2015« ein. Anschließend markieren Sie beide Zellen.

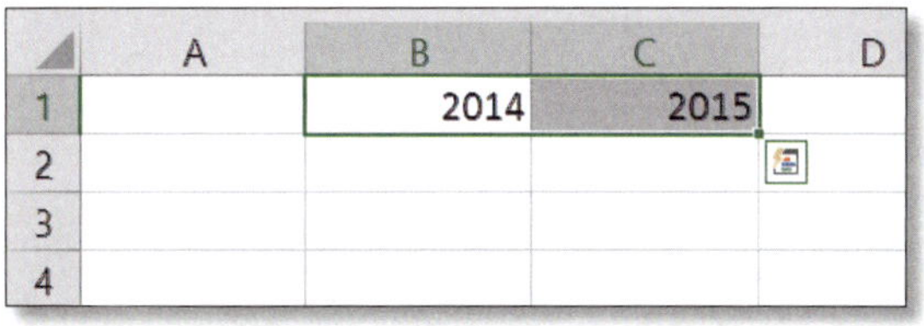

3. Als Nächstes setzen Sie einen Mausklick auf das kleine grüne Quadrat unten rechts am Markierungsrahmen. Halten Sie die Maustaste gedrückt, und ziehen Sie so weit nach rechts, bis das Jahr **2023** in der QuickInfo angezeigt wird. Dort angelangt, lassen Sie los. Wie Sie sehen, erledigt Excel den Rest.

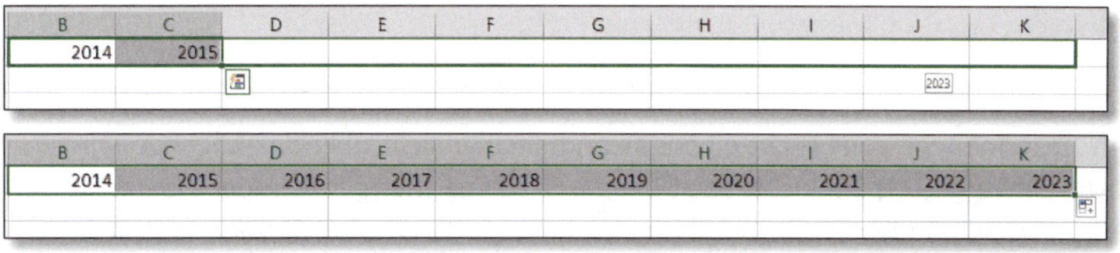

4 Genauso wollen wir es jetzt auch mit den Monatsnamen machen. Dazu muss zunächst der Monat »Januar« händisch in die Zelle **A2** eingetragen werden. In Zelle **A3** tragen Sie »Februar« ein.

5 Markieren Sie beide Zellen, und ziehen Sie wieder an dem grünen Quadrat. Diesmal ziehen Sie nach unten, bis **Dezember** in der QuickInfo zu sehen ist.

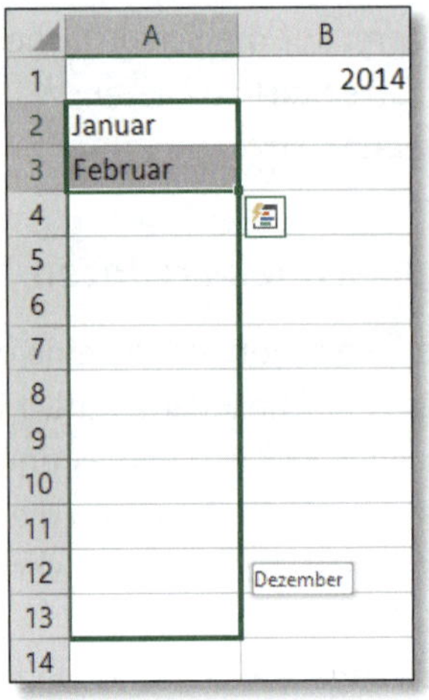

6 Der Vollständigkeit halber richten Sie für alle Zellen von **B2** bis **K13** das Zahlenformat **Währung** ein. Klicken Sie dazu auf die Dreieck-Schaltfläche am Feld **Zahlenformat** in der Gruppe **Zahl** der Registerkarte **Start**, und wählen Sie im Menü das Format **Währung**.

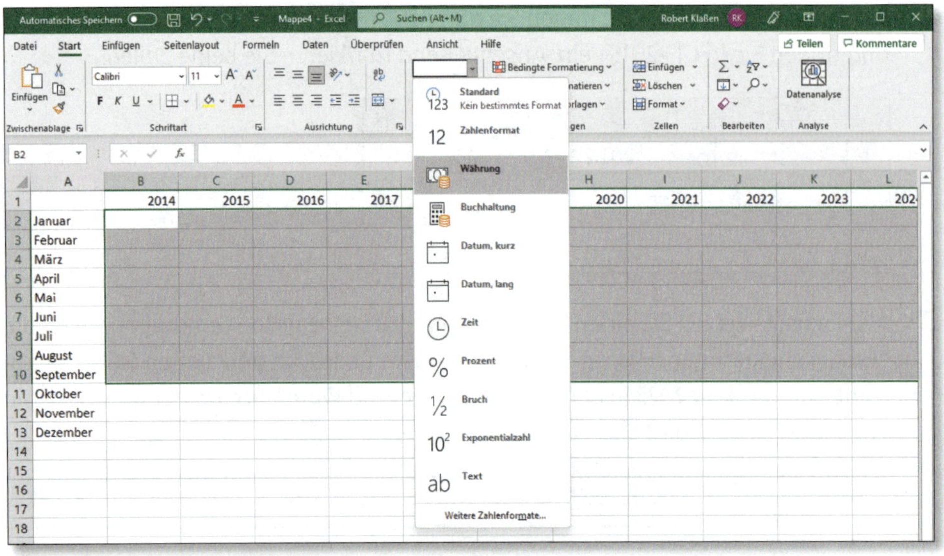

Nun können Sie ganz leicht eine Einkommensübersicht über das folgende Jahrzehnt erstellen. Vergessen Sie nicht, das Dokument zu speichern. Im Ordner *Ergebnisse* der Beispieldateien finden Sie ein Vergleichsdokument mit dem Titel *Einkommenszahlen.xlsx*.

15.11 Der richtige Umgang mit Zeilen und Spalten

Sicher werden Sie immer wieder an den Punkt kommen, an dem es erforderlich wird, in einem Tabellenblatt Zeilen oder Spalten hinzuzufügen oder zu löschen. In den nächsten Abschnitten lernen Sie daher, wie das geht.

Einzelne Zeilen und Spalten einfügen

Markieren Sie zunächst die gesamte Zeile oder Spalte, an der eine weitere Zeile oder Spalte eingefügt werden soll. Klicken Sie nun mit rechts auf den markierten Bereich, und wählen Sie **Zellen einfügen**. Alle Spalten rechts der Markierung werden nach rechts hin verschoben. Alle Zeilen unterhalb der markierten Zeile werden nach unten verschoben.

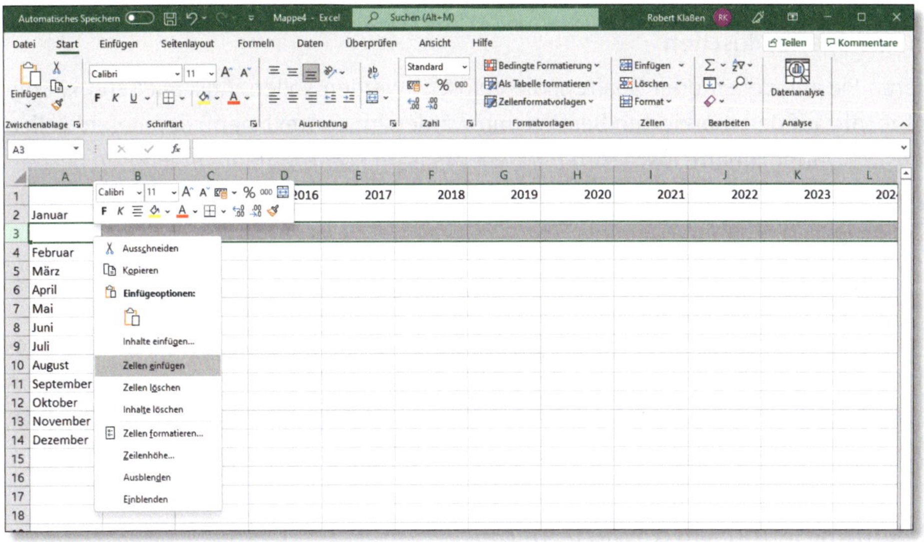

Abbildung 15.14 *Fügen Sie einzelne Zeilen oder Spalten per Kontextmenü ein.*

Alternativ dazu markieren Sie zunächst eine Zeile oder Spalte und klicken auf das kleine Dreiecksymbol an der Schaltfläche **Einfügen** in der Gruppe **Zellen** der Registerkarte **Start**. Entscheiden Sie sich im Menü der Schaltfläche für **Blattzeilen einfügen** (wenn zuvor eine Zeile markiert worden ist) oder für **Blattspalten einfügen** (wenn eine Spalte markiert ist).

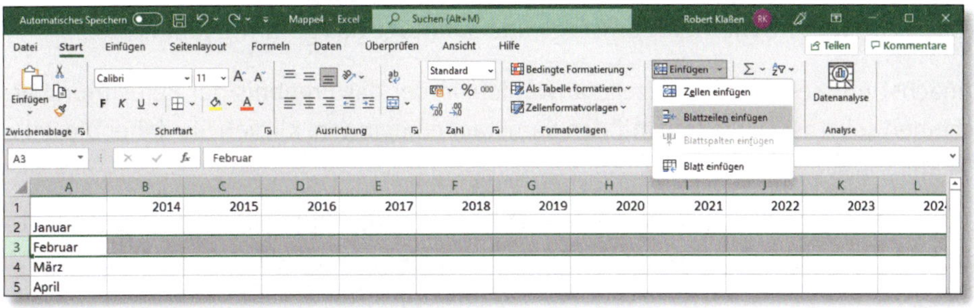

Abbildung 15.15 *Fügen Sie Zeilen oder Spalten via Menüband ein.*

Sie sollten dabei beachten, dass im Menü der Schaltfläche **Einfügen** immer nur der jeweilige Befehl zur Verfügung steht, abhängig davon, ob Sie zuvor eine Zeile oder Spalte markiert haben.

Mehrere Zeilen und Spalten einfügen

Möchten Sie mehrere Zeilen oder Spalten einfügen, markieren Sie vorab so viele Zeilen oder Spalten, wie eingefügt werden sollen. Sind vorab beispielsweise drei Spalten markiert, werden anschließend auch drei neue Spalten eingefügt. Klicken Sie nun auf die Schaltfläche **Einfügen** in der Gruppe **Zellen** der Registerkarte **Start**, und wählen Sie den entsprechenden Befehl im Auswahlmenü, je nachdem, ob Sie Zeilen oder Spalten einfügen möchten.

Zeilen und Spalten löschen

Markieren Sie alle Zeilen oder Spalten, die gelöscht werden sollen. Anschließend klicken Sie mit rechts auf den markierten Bereich und wählen im Kontextmenü den Befehl **Zellen löschen**. Die Option **Inhalte löschen**, die Sie ebenfalls im Kontextmenü angeboten bekommen, würde dafür sorgen, dass lediglich die Zelleninhalte gelöscht werden, die Spalten oder Zeilen jedoch erhalten bleiben.

Zeilen und Spalten vergrößern

Auch die Größe von Zeilen und Spalten lässt sich schnell in Excel anpassen. Das kann problemlos per Drag & Drop erledigt werden. Bewegen Sie die Maus dazu einfach auf einen Zwischensteg in der Buchstabenzeile oder Ziffernspalte. Der Mauszeiger verändert sich daraufhin in einen Doppelpfeil. Ziehen Sie nun den Steg in die gewünschte Richtung.

15.12 Summen und Mittelwerte bilden

Lassen Sie uns eine erste Berechnung mit Excel machen. Und zwar wollen wir im folgenden Beispiel zunächst eine Summe und anschließend einen Mittelwert erzeugen.

Eine Summe bilden

Öffnen Sie zunächst die Datei *Samstage-Sonntage.xlsx* aus dem Ordner *15* der Beispieldateien. In dieser Arbeitsmappe sind alle Samstage und Sonntage des Jahres 2014 gelistet. Wir wollen nun wissen, wie viele Samstage und Sonntage das gesamte Jahr hatte.

1. Zunächst müssen Sie die Zielzelle anwählen, in der das Ergebnis der Berechnung erscheinen soll. Lassen Sie uns mit den Samstagen beginnen. Klicken Sie daher die Zelle **B14** an.
2. Klicken Sie auf die Schaltfläche **Summe** ❶ in der Gruppe **Bearbeiten** der Registerkarte **Start**. Alternativ drücken Sie auf der Tastatur `Alt`+`⇧`+`0` (die Zahl Null).

3 Nun müssen sämtliche Zellen markiert werden, aus denen die Daten für die Berechnung entnommen werden sollen. In unserem Beispiel sollte Excel das von ganz allein regeln. Kontrollieren Sie, ob die Zellen **B2** bis **B13** ausgewählt sind. Ist das nicht der Fall, markieren Sie zunächst **B2**, halten dabei die linke Maustaste gedrückt und bewegen die Maus bis **B13**. Dort angekommen, lassen Sie los.

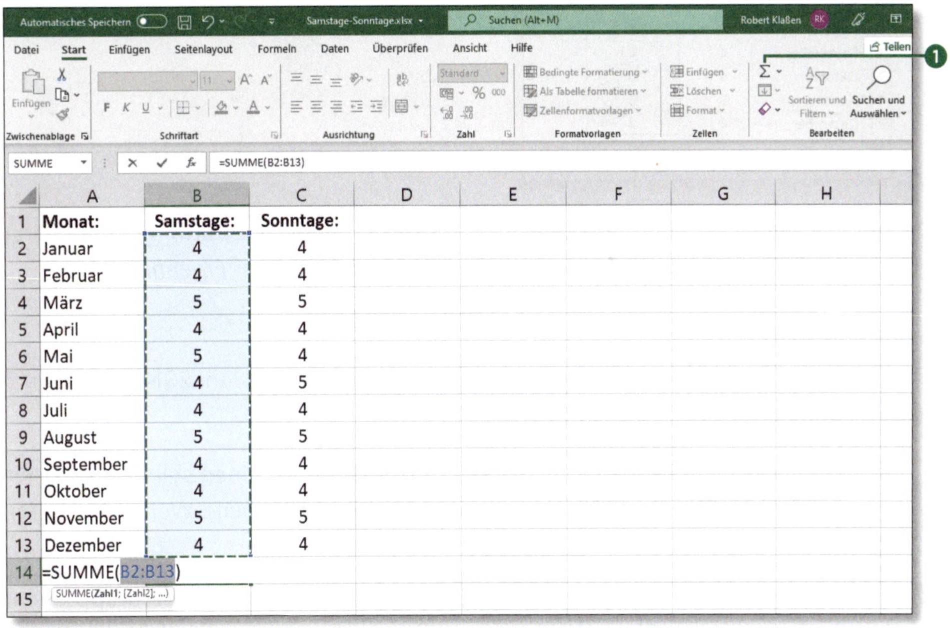

4 Bestätigen Sie mit [↵]. Aha, es sind also 52 Samstage.

5 Zur Berechnung der Sonntage gehen Sie ein wenig anders vor. Schreiben Sie die Formel diesmal selbst. Klicken Sie auf **C14**, und tippen Sie »=Summe« ein (ohne Leerzeichen!).

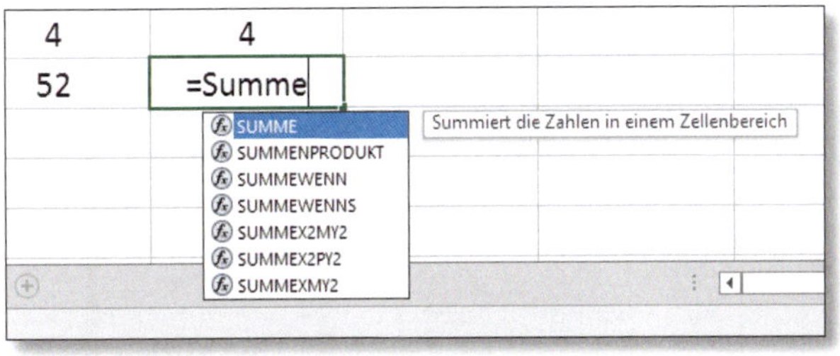

6 Damit haben Sie der Anwendung bereits verraten, was Sie in dieser Zelle wünschen, nämlich eine Summe. Legen Sie jetzt noch fest, woraus sich diese Summe bilden soll. Dazu müssen Sie zunächst eine geöffnete Klammer hinzufügen (ebenfalls ohne Leerzeichen!) und anschließend die Zellen **C2** bis **C13** markieren. Alternativ tippen Sie »C2:C13« ein. Schließen Sie die Aktion mit einer geschlossenen Klammer ab. Zuletzt drücken Sie [↵]. Daraufhin wird Ihnen in der Zelle **C14** das Ergebnis der Summenrechnung angezeigt, also wie viele Sonntage es in 2014 gegeben hat.

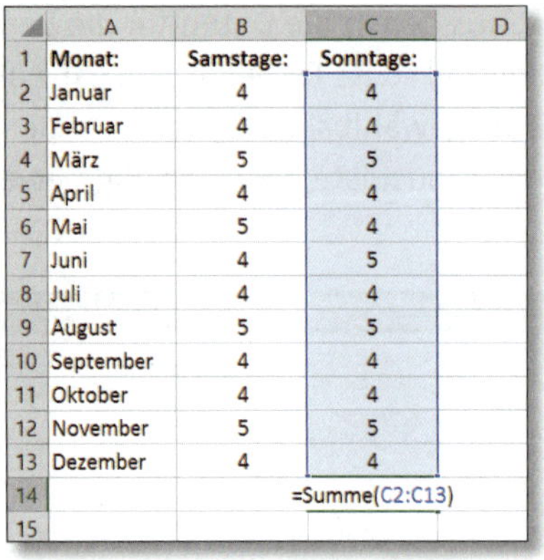

	A	B	C	D
1	Monat:	Samstage:	Sonntage:	
2	Januar	4	4	
3	Februar	4	4	
4	März	5	5	
5	April	4	4	
6	Mai	5	4	
7	Juni	4	5	
8	Juli	4	4	
9	August	5	5	
10	September	4	4	
11	Oktober	4	4	
12	November	5	5	
13	Dezember	4	4	
14			=Summe(C2:C13)	
15				

Der obige Screenshot zeigt die Tabelle unmittelbar vor dem Druck auf [↵]. Zum Vergleich öffnen Sie die Datei *Samstage-Sonntage-04.xlsx* aus dem Ordner *Ergebnisse*.

Einen Mittelwert bilden

Möchten Sie noch wissen, wie viele Samstage und Sonntage das Jahr 2014 im Durchschnitt hatte? Dann benutzen Sie diese Anleitung:

1. Suchen Sie sich ein Feld aus, in dem der Mittelwert erscheinen soll. Wie wäre es beispielsweise mit **C16**? Dann haben wir etwas Abstand zur Tabelle. Wenn Sie mögen, tragen Sie in **A16** als Erläuterung »Mittelwert:« ein.

2. Klicken Sie auf das Pfeilsymbol ❶ der Schaltfläche **Summe** in der Gruppe **Bearbeiten** der Registerkarte **Start**. Wählen Sie im Auswahlmenü der Schaltfläche die Option **Mittelwert**.

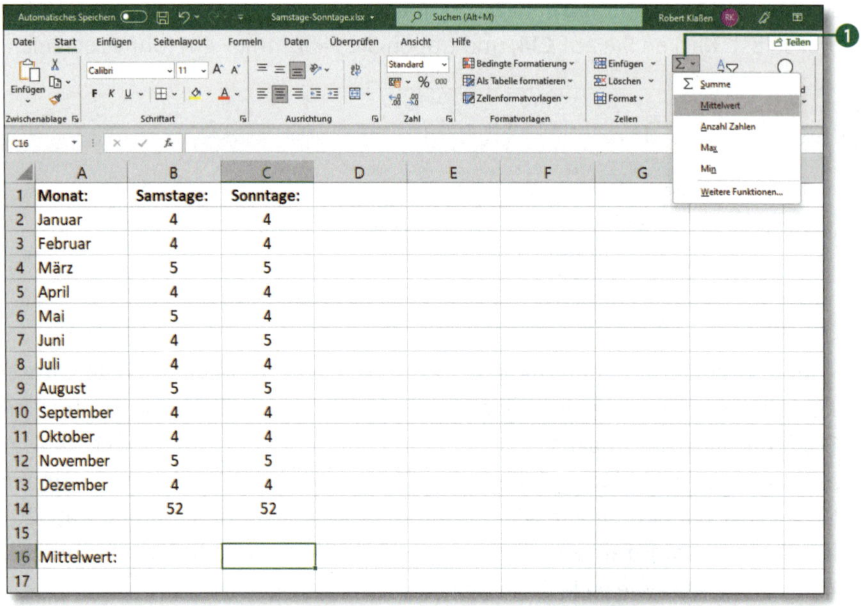

	A	B	C	D	E	F	G
1	Monat:	Samstage:	Sonntage:				
2	Januar	4	4				
3	Februar	4	4				
4	März	5	5				
5	April	4	4				
6	Mai	5	4				
7	Juni	4	5				
8	Juli	4	4				
9	August	5	5				
10	September	4	4				
11	Oktober	4	4				
12	November	5	5				
13	Dezember	4	4				
14		52	52				
15							
16	Mittelwert:						
17							

3 Wie üblich, versucht Excel wieder zu helfen und markiert automatisch die Zellen **C2** bis **C15**. Mit dieser automatischen Auswahl können wir in diesem Fall aber leider gar nichts anfangen. Nehmen Sie das Heft lieber selbst in die Hand, und ziehen Sie eine Markierung von **B2** bis **C13**. Die Summen in Zeile **14** dürfen ja schließlich nicht involviert werden. Bestätigen Sie die Aktion mit [↵].

	A	B	C	D
1	**Monat:**	**Samstage:**	**Sonntage:**	
2	Januar	4	4	
3	Februar	4	4	
4	März	5	5	
5	April	4	4	
6	Mai	5	4	
7	Juni	4	5	
8	Juli	4	4	
9	August	5	5	
10	September	4	4	
11	Oktober	4	4	
12	November	5	5	
13	Dezember	4	4	
14		52	52	
15				
16	Mittelwert:		=MITTELWERT(B2:C13)	
17			MITTELWERT(**Zahl1**; [Zahl2]; ...)	

Daraufhin wird Ihnen in der Zelle **C16** das Ergebnis der Mittelwert-Berechnung angezeigt. Na, kommen Sie auch auf 4,333 Samstage und Sonntage pro Monat? Glückwunsch. Ihre ersten Berechnungen waren ein voller Erfolg.

15.13 Wie Sie eine umfangreiche Tabelle richtig planen und umsetzen

Bevor Sie ein neues Dokument erzeugen, sollten Sie sich Gedanken darüber machen, was Sie benötigen, sprich: wo die Reise hingehen soll. Sie können zwar eine Tabelle ohne konkrete Planungen erstellen, jedoch wird das ab einem gewissen Umfang unweigerlich zu Problemen führen. Stellen Sie Vorüberlegungen an. Was benötige ich? Was ist mir wichtig? Was ist das Ziel, und welche Rechenoperationen benötige ich? Mein Tipp: Skizzieren Sie! Beginnen Sie eine Tabelle auf dem Papier. Falls erforderlich, schneiden Sie das Papier zurecht und rücken die einzelnen Schnipsel in Form.

Erst wenn Sie fertig sind, beginnen Sie mit der Umsetzung der Tabelle in Excel. Dazu zählt, dass Sie dem guten Stück zunächst einmal eine optische Struktur verpassen. Wie ich bereits erwähnt habe, kann man das zwar auch zu einem späteren Zeitpunkt machen, doch macht es mehr Spaß, mit einer formatierten Tabelle zu arbeiten. Außerdem erhält man so gleich zu Beginn ein höheres Maß an Übersichtlichkeit.

Speichern Sie das Dokument regelmäßig, und wenn Sie nicht sicher sind, welche Formel die richtige ist, recherchieren Sie. Der Dialog **Funktionen einfügen** hilft hier oftmals weiter, da Sie in einem Eingabefeld beschreiben können, wonach Sie suchen. Sie erreichen das Fenster über einen Klick auf das Dreiecksymbol an der Schaltfläche **Summe** in der Gruppe **Bearbeiten** der Registerkarte **Start**. Wählen Sie im Menü die Option **Weitere Funktionen**.

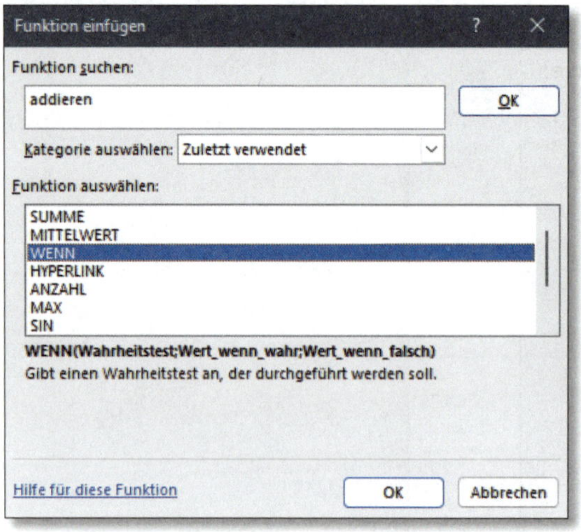

Abbildung 15.16 *Lassen Sie sich bei der Erstellung von Funktionen helfen.*

Im Dialogfenster **Funktion einfügen** werden Ihnen nach Eingabe eines Suchbegriffs verschiedene Formeln angeboten und kurz vorgestellt. In Kapitel 17, »Mit Formeln und Funktionen arbeiten«, ab Seite 505 wird die Vorgehensweise vertieft.

Kapitel 16
Mit Tabellendokumenten arbeiten

Einige der im vorigen Kapitel angesprochenen Punkte zum Thema Tabellen werden in diesem Kapitel vertieft. Unser Hauptaugenmerk gilt jedoch der Gestaltung einer Tabelle als gesamte Einheit. Wir werden Designs einsetzen, Hintergrundfarben verwenden und Grafiken hinzufügen. Sie erfahren außerdem, wie Tabellendokumente für verschiedene Verwendungszwecke gespeichert, gedruckt und veröffentlicht werden.

16.1 Zellen verbinden und mit Überschriften versehen

Man kann es zweifellos als Problem ansehen, dass sämtliche Zellen innerhalb eines Tabellenblatts exakt gleich groß sind. Okay, ein paar Ziffern und kurze Bezeichnungen haben dort immer Platz. Aber was ist mit längeren Erklärungen oder Überschriften? In diesem Fall macht es Sinn, Zellen miteinander zu verbinden.

Zellen verbinden und zentrieren

Werfen Sie einen Blick auf die Datei *Temperaturen.xlsx* im Ordner *16* der Beispieldateien. Was Sie in dieser Tabelle sehen, sind (fiktive) Temperaturen für die Stadt Köln im ersten Halbjahr 2022. Nur weiß das leider niemand, da diese Information bisher nicht aus der Tabelle hervorgeht. Hier müssen wir also ein wenig nachbessern und dazu die entsprechende Information in die Tabelle eintragen. Gleichzeitig heben wir diesen Bereich der Tabelle auch gestalterisch von dem reinen Datenbereich ab.

1. Klicken Sie mit rechts auf die Bezeichnung der Zeile **1**, damit die komplette erste Zeile markiert wird. Entscheiden Sie sich im Kontextmenü für den Befehl **Zellen einfügen**. Sie erreichen damit, dass die gesamte Tabelle um eine Zeile nach unten verschoben bzw. am Tabellenanfang eine weitere Zeile hinzugefügt wird.
2. Als Nächstes müssen Sie dafür sorgen, dass die Zellen **A1** bis **E1** markiert werden. Um das zu erreichen, ziehen Sie mit gehaltener Maustaste über die genannten Zellen.

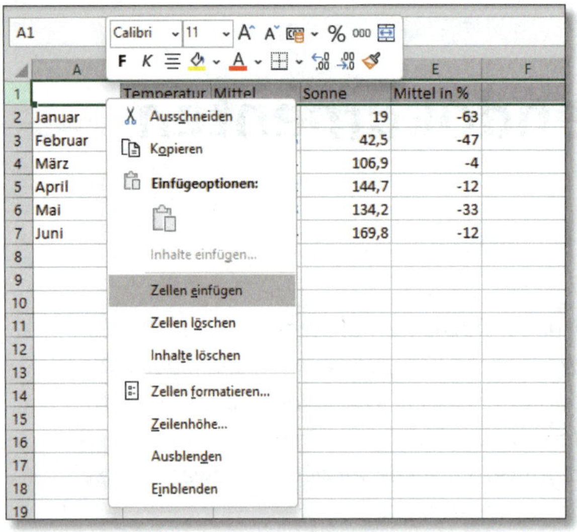

3 Klicken Sie mit rechts in die Markierung und dann in der Minisymbolleiste auf die Schaltfläche **Verbinden und zentrieren** ❶.

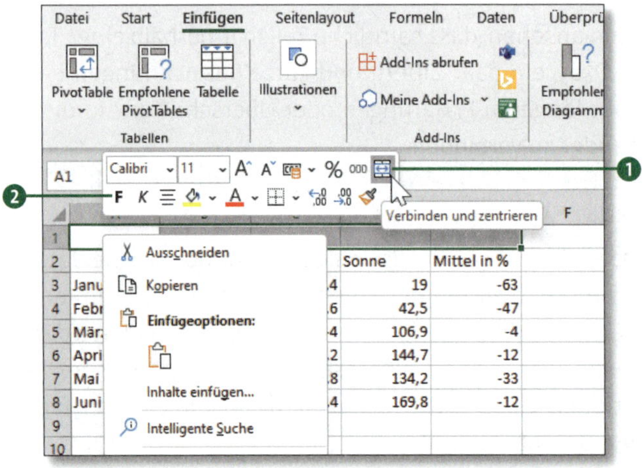

4 Betätigen Sie die Schaltfläche **Fett** ❷, und beginnen Sie gleich im Anschluss mit der Eingabe: »Temperaturen und Sonnenstunden für Köln, 1. Halbjahr 2022«.

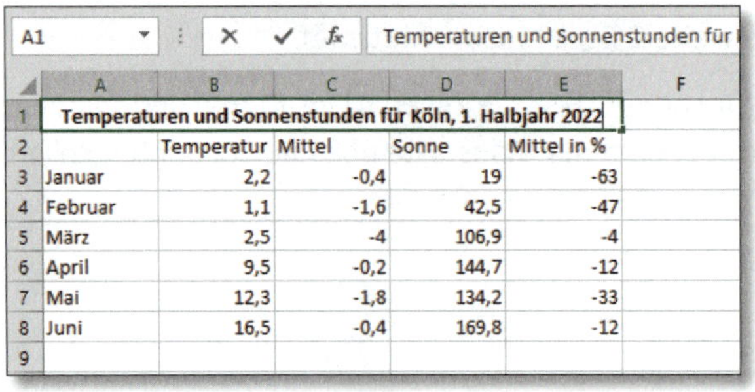

	A	B	C	D	E	F
1	**Temperaturen und Sonnenstunden für Köln, 1. Halbjahr 2022**					
2		Temperatur	Mittel	Sonne	Mittel in %	
3	Januar	2,2	-0,4	19	-63	
4	Februar	1,1	-1,6	42,5	-47	
5	März	2,5	-4	106,9	-4	
6	April	9,5	-0,2	144,7	-12	
7	Mai	12,3	-1,8	134,2	-33	
8	Juni	16,5	-0,4	169,8	-12	
9						

5 Spalte **B** weist die Durchschnittstemperaturen des jeweiligen Monats aus. In Spalte **C** sind die Temperaturabweichungen des betreffenden Monats im Vergleich zur Durchschnittstemperatur aufgeführt. Spalte **D** beinhaltet die Sonnenstunden und **E** die Differenz der Sonnenstunden im Vergleich zum Durchschnitt. Das bedeutet: Die Spalten **B** und **C** stehen thematisch genauso zusammen wie die Spalten **D** und **E**. Das soll in einer weiteren Zeile berücksichtigt werden. Fügen Sie deshalb unterhalb von Zeile **1** eine weitere Zeile ein.

6 Selektieren Sie die Zellen **B2** und **C2**. Verbinden und zentrieren Sie auch diese. Das Gleiche machen Sie mit den Zellen **D2** und **E2**.

7 Tragen Sie nun zur weiteren Beschriftung in die Zelle **BC2** »Temperaturen« und in die Zelle **DE2** »Sonnenstunden« ein. Ihre Tabelle sollte nun wie in der folgenden Abbildung aussehen.

	A	B	C	D	E
1	**Temperaturen und Sonnenstunden für Köln, 1. Halbjahr 2022**				
2		**Temperaturen**		**Sonnenstunden**	
3		Temperatur	Mittel	Sonne	Mittel in %
4	Januar	2,2	-0,4	19	-63
5	Februar	1,1	-1,6	42,5	-47
6	März	2,5	-4	106,9	-4
7	April	9,5	-0,2	144,7	-12
8	Mai	12,3	-1,8	134,2	-33
9	Juni	16,5	-0,4	169,8	-12
10					

8 Zuletzt empfehle ich Ihnen, die Zellen **A2** und **A3** miteinander zu verbinden. Das sieht dann wesentlich ordentlicher aus, da dort ja keine Trennlinie mehr benötigt wird.

Die entsprechende Datei finden Sie in den Beispieldateien unter der Bezeichnung *Temperaturen-01.xlsx* im Ordner *Ergebnisse*.

Zellen verbinden und nicht zentrieren

In den vorangegangenen Abschnitten haben Sie erfahren, wie sich Zellen schnell mithilfe der Minisymbolleiste zusammenfassen und zentrieren lassen. Das Gleiche können Sie aber auch über das Menüband vornehmen. Nutzen Sie dazu die Schaltfläche **Verbinden und zentrieren** in der Gruppe **Ausrichtung** der Registerkarte **Start**. Klicken Sie auf die Pfeilschaltfläche (❸ auf Seite 362), öffnet sich ein Auswahlmenü, und Sie erhalten weitere Optionen.

So ist es beispielsweise oft interessant, **Zellen verbinden** zu wählen. Dann werden die Zellen ebenfalls miteinander verbunden, jedoch wird der Inhalt der Zelle nicht auf **Zentrieren** gesetzt. Der Text kann so beispielsweise linksbündig eingesetzt werden.

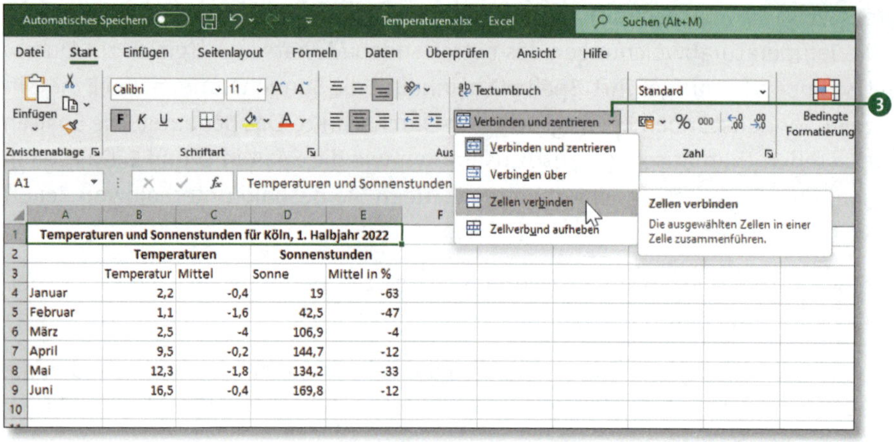

Abbildung 16.1 *Mit einem Klick auf das Dreieck erreichen Sie weitere Optionen.*

Zellen mit Inhalt verbinden

Es gibt keinerlei Probleme, wenn ausschließlich inhaltslose Zellen miteinander verbunden werden. Das Gleiche gilt, wenn nur die obere linke Zelle über Inhalt verfügt und alle anderen leer sind. Sollten jedoch auch andere Zellen über Inhalt verfügen, wird dieser beim Verbinden gelöscht. Glücklicherweise passiert das nicht einfach so, denn Excel gibt vorab einen entsprechenden Hinweis aus. Wenn Sie damit einverstanden sind, klicken Sie auf **OK**.

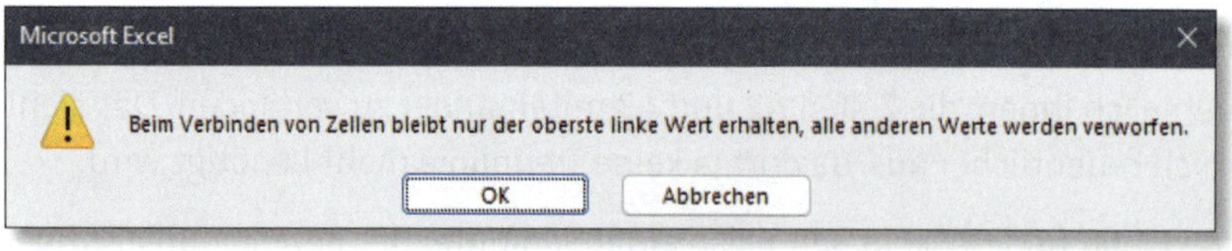

Abbildung 16.2 *Klicken Sie gegebenenfalls auf »Hilfe anzeigen«, um noch mehr Informationen zu erhalten.*

Verbundene Zellen teilen

Verbundene Zellen lassen sich jederzeit wieder teilen. Dazu muss die Zelle markiert sein. Ob Sie nun die Schaltfläche **Verbinden und zentrieren** in der Minisymbolleiste oder im Menüband in der Gruppe **Ausrichtung** der Registerkarte **Start** benutzen, spielt dabei keine Rolle. Der Eintrag **Zellenverbund aufheben**, der sich im Auswahlmenü der Schaltfläche **Verbinden und zentrieren** befindet, erfüllt im Übrigen die gleiche Aufgabe. Der Inhalt der verbundenen Zelle wird beim Trennen der Zelle in die erste Zelle der neu erzeugten Zellen eingefügt.

16.2 Tabellen mithilfe von Designs gestalten

Auch Excel verfügt über Designs. Wie mit diesen umzugehen ist, entnehmen Sie bitte Abschnitt 6.7, »Mit Designs arbeiten«, auf Seite 213. An dieser Stelle wollen wir nicht noch einmal auf die Feinheiten eingehen, zumal den Designs im Zusammenhang mit Excel-Tabellen eine weit weniger große Bedeutung zukommt als in Word.

Sollten Sie jedoch eine Art Corporate Design pflegen, dessen Ziel es ist, alle Dokumente einheitlich zu gestalten (sodass z. B. die Word-Schriften mit denen in Excel übereinstimmen), lässt sich ein Design zuweisen, das Sie eventuell bereits in Word benutzt haben. Wir erinnern an das Beispiel **Ion**, das im oben erwähnten Abschnitt dieses Buches verwendet worden ist und sich auch in Excel zuweisen ließe. Die Designs finden Sie übrigens in der gleichnamigen Gruppe des Registers **Seitenlayout**.

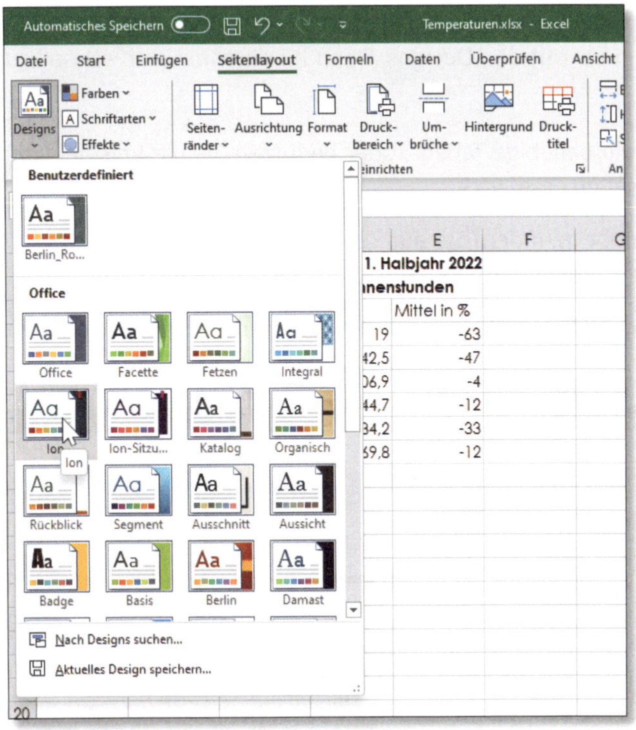

*< **Abbildung 16.3** Die in Word integrierten Designs finden sich auch in Excel wieder.*

INFO

Corporate Design

Der Begriff *Corporate Design* bezeichnet den Versuch, einem Unternehmen oder einer Organisation ein einheitliches Erscheinungsbild zu verschaffen – mit dem Ziel, wiedererkannt zu werden. Das bedeutet, dass man grundsätzlich die gleichen Schriften, Schriftarten, Schriftzüge, Farben, Elementanordnungen usw. benutzt, dass Geschäftspapiere, Briefe, Preislisten usw. sich so stark ähneln, dass man sie auf den ersten Blick mit dem Unternehmen oder der Organisation in Verbindung bringen kann. Dabei gilt jedoch der Grundsatz *Form folgt Funktion*, der besagt, dass sich das Design an die Nutzbarkeit anzupassen hat und nicht umgekehrt. So darf beispielsweise die Lesbarkeit eines Dokuments nicht unter dem Corporate Design leiden.

16.3 Schnellformatvorlagen nutzen

Sie müssen sich grundsätzlich darüber im Klaren sein, dass eine Tabelle erst dann auch im gestalterischen Sinne eine Tabelle ist, wenn Sie diese entsprechend formatiert haben. (Damit hatten wir bereits in Abschnitt 15.6, »Tabellendokumente formatieren«, ab Seite 443 zu tun.) Trotz alledem ist das kein Grund zur Sorge, denn für derartige Zwecke wartet Excel mit Schnellformatvorlagen auf.

Tabellenformatvorlagen verwenden

Wenn es um die Gestaltung eines Excel-Dokuments geht, sind Sie mit den Tabellenformatvorlagen sehr viel besser beraten als mit den Designs. Denn hier kommt man schnell zu effektvollen Ergebnissen.

1 Öffnen oder erstellen Sie eine beliebige Tabelle, oder benutzen Sie die Beispieldatei *Samstage-Sonntage.xlsx* aus dem Ordner *15*.

2 Markieren Sie die gesamte Tabelle, indem Sie auf Zelle **A1** klicken, die Maustaste gedrückt halten und bis **C13** herunterziehen. Dort angelangt, lassen Sie los.

3 Klicken Sie auf die Schaltfläche **Als Tabelle formatieren** in der Gruppe **Formatvorlagen** der Registerkarte **Start**.

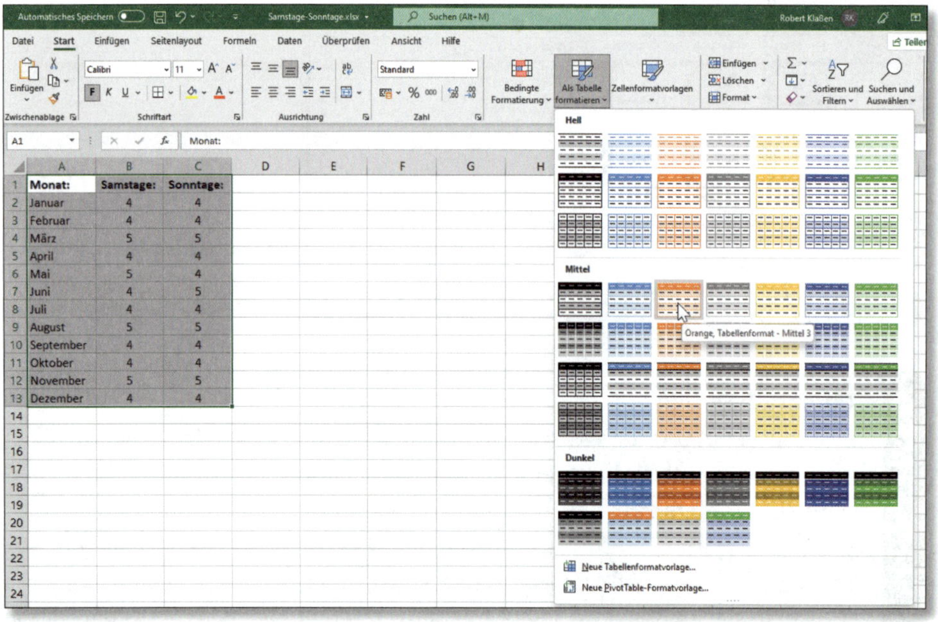

4 Entscheiden Sie sich im folgenden Auswahlmenü der Schaltfläche **Als Tabelle formatieren** für ein Design, das Ihnen zusagt. Ich benutze hier die Formatvorlage **Orange, Tabellenformat – Mittel 3**.

5 Daraufhin wird das Dialogfenster **Als Tabelle formatieren** geöffnet. Darin wird abgefragt, wo sich die Daten für die Tabelle befinden. Eigentlich hat die Anwendung sich diese Frage schon selbst beantwortet, da hier noch einmal im Feld des Dialogs die Zellen **A1** bis **C13** erwähnt sind. Wir müssen an diesem Wert also nichts mehr ändern, da wir den Tabellenbereich bereits zu Beginn markiert hatten. Sie können hier aber auch durch die Änderung der Zellbezeichnung den Bereich der Tabelle vergrößern bzw. verkleinern.

6 Bevor Sie auf **OK** klicken, sollten Sie die Checkbox **Tabelle hat Überschriften** aktivieren. Dies sorgt dafür, dass die erste Zeile auch optisch als Überschrift hervorgehoben wird. Würden Sie die Checkbox inaktiv lassen, würde Excel automatisch eine eigene Überschriftenzeile mit den sinnigen Titeln **Spalte1**, **Spalte2**, **Spalte3** generieren.

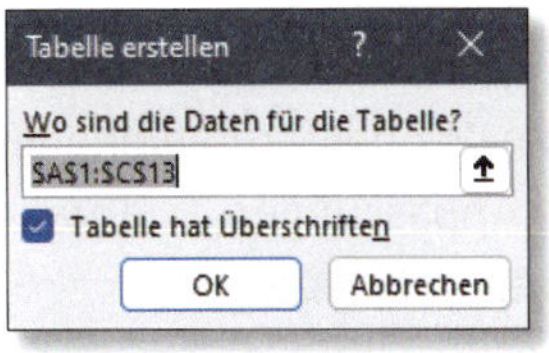

7 Durch die Zuweisung einer Tabellenformatvorlage befinden Sie sich auf der Registerkarte **Tabellenentwurf**. Würde Ihnen die Vorlage, die Sie soeben in Schritt 4 dieser Anleitung zugewiesen haben, nicht gefallen, ließe sich das Design anpassen, indem Sie in der Gruppe **Tabellenformatvorlagen** eine andere Auswahl träfen. Falls der Excel-Anwendung nicht genügend Platz auf dem Monitor zur Verfügung steht, um die Formatvorlagen anzuzeigen, wird Ihnen der Button **Schnellformatvorlagen** angezeigt.

8 Nicht minder interessant ist der Button **Tabellenformatoptionen** ❶ (er wird bei ausreichendem Platz auf der Oberfläche als Gruppe mit Checkboxen angezeigt). Mit ihm lassen sich nämlich weitere Optionen festlegen. So kann beispielsweise die Monatsspalte fett dargestellt werden, indem Sie die Checkbox **Erste Spalte** ❷ aktivieren.

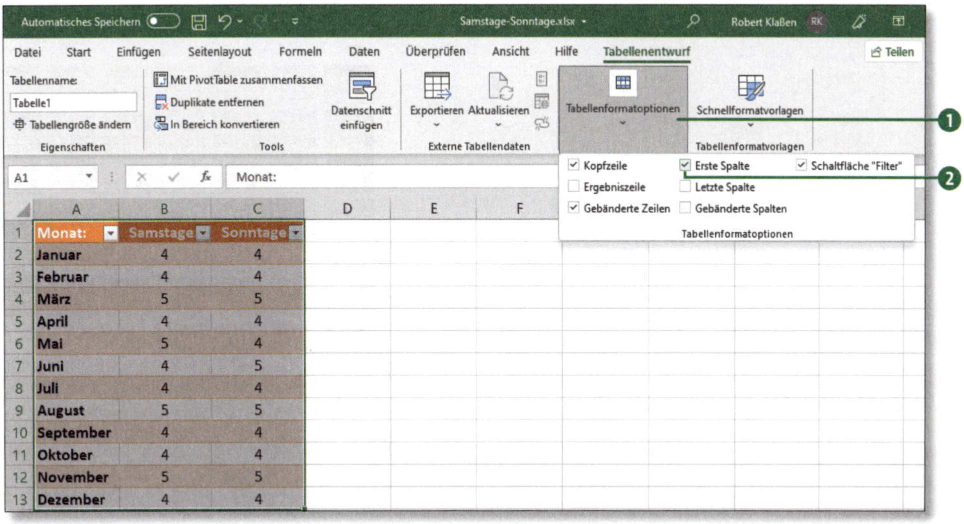

Vergleichen Sie Ihr Ergebnis, wenn Sie mögen, mit der Datei *Samstage-Sonntage-03.xlsx* im Ordner *Ergebnisse* der Beispieldateien.

> INFO
>
> **Zurück zu den Tabellentools**
>
> Sobald Sie die Tabelle abwählen (indem Sie beispielsweise eine außerhalb liegende Zelle markieren), wird auch die Registerkarte **Tabellenentwurf** geschlossen. Um sie wieder aufzurufen, markieren Sie erneut eine Zelle der Tabelle. Kontrollieren Sie außerdem, ob **Entwurf** tatsächlich als Registerkarte aktiviert ist. Falls nicht, klicken Sie darauf.

Eigene Tabellenformatvorlagen anlegen

Mit den Tabellenformatvorlagen in Excel ist es wie mit den Schnellformatvorlagen in Word: Sie sehen schick aus, erlauben jedoch nur vordefinierte Anpassungen. Erfahreneren Anwendern empfehle ich daher, eigene Tabellenformatvorlagen anzulegen.

1. Klicken Sie auf **Als Tabelle formatieren** in der Gruppe **Formatvorlagen** der Registerkarte **Start**, und wählen Sie den Menüeintrag **Neue Tabellenformatvorlage**.
2. Daraufhin wird das Dialogfenster **Neues Tabellenformat** geöffnet. Im Feld **Name** vergeben Sie eine aussagekräftige Bezeichnung.

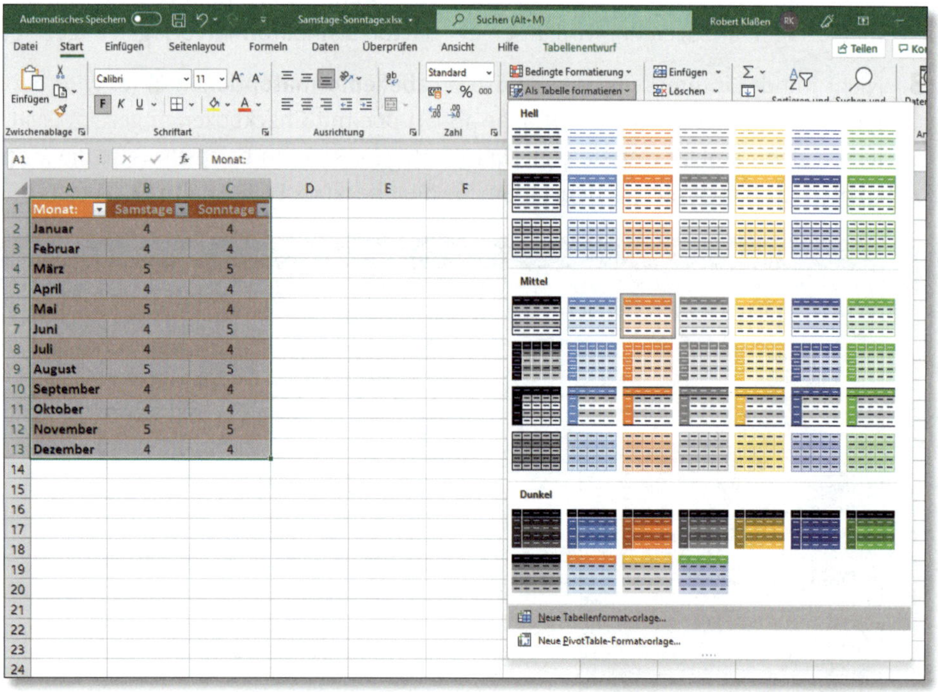

3 In der unterhalb befindlichen Liste **Tabellenelement** wählen Sie zunächst an, was formatiert werden soll. Das kann beispielsweise die **Ganze Tabelle**, aber auch ein Teilbereich sein, beispielsweise die **Erste Spalte** oder die **Überschriftenzeile**.

4 Klicken Sie anschließend auf die Schaltfläche **Formatieren**.

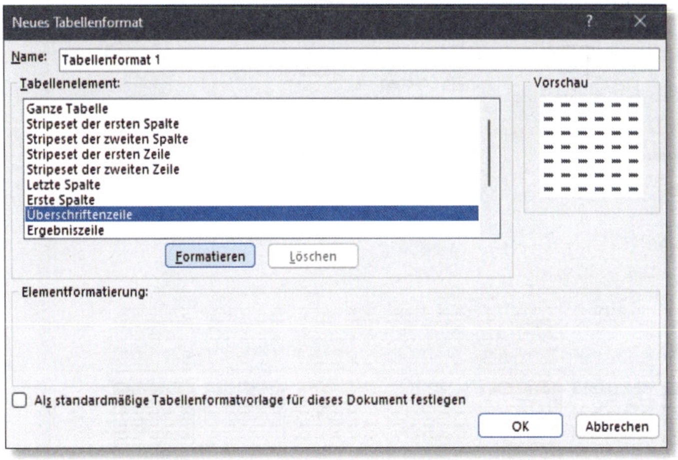

5 Wie nun der jeweilige Tabellenbereich auszusehen hat, regeln Sie mit den Registerkarten **Schrift**, **Rahmen** und **Ausfüllen** des Dialogs **Zellen formatieren**. Beachten Sie, dass sich **Schriftart** und **Schriftgrad** hier nicht beeinflussen lassen. Denn immerhin geht es ja hier nicht um Tabellenformatvorlagen. Für die Beeinflussung der Schrift werden die sogenannten **Zellenformatvorlagen** benutzt. Bestätigen Sie mit **OK**, und widmen Sie sich anschließend im Dialog **Neues Tabellenformat** dem nächsten Element.

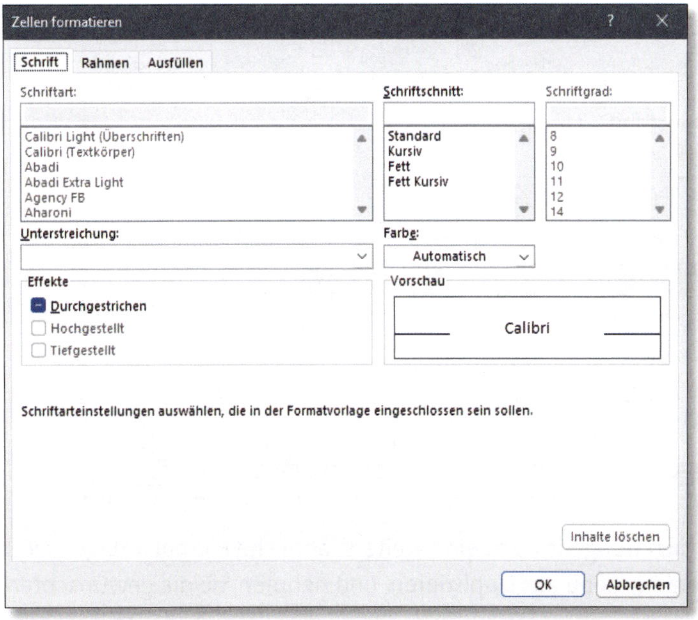

16

6 Bedenken Sie, dass damit lediglich eine Tabellenformatvorlage erzeugt worden ist. Soll diese auf eine Tabelle angewendet werden, muss sie separat zugewiesen werden. Dazu klicken Sie abermals auf **Als Tabelle formatieren**. Im Bereich **Benutzerdefiniert** des Auswahlmenüs ist die Vorlage nun zwischenzeitlich integriert worden.

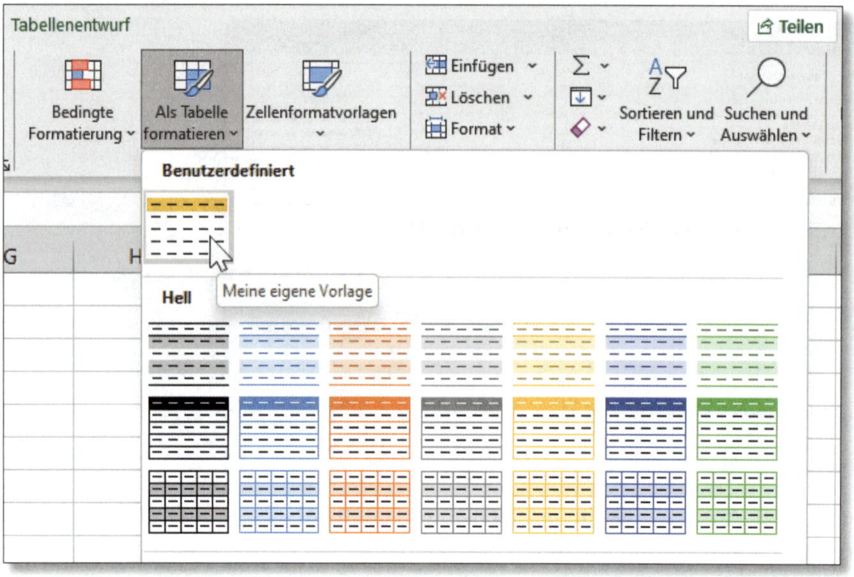

7 Und was ist zu tun, wenn die Vorlage einmal geändert werden soll? Dann klicken Sie mit rechts auf die Miniatur im Bereich **Benutzerdefiniert** und entscheiden sich im Kontextmenü für die Option **Ändern**.

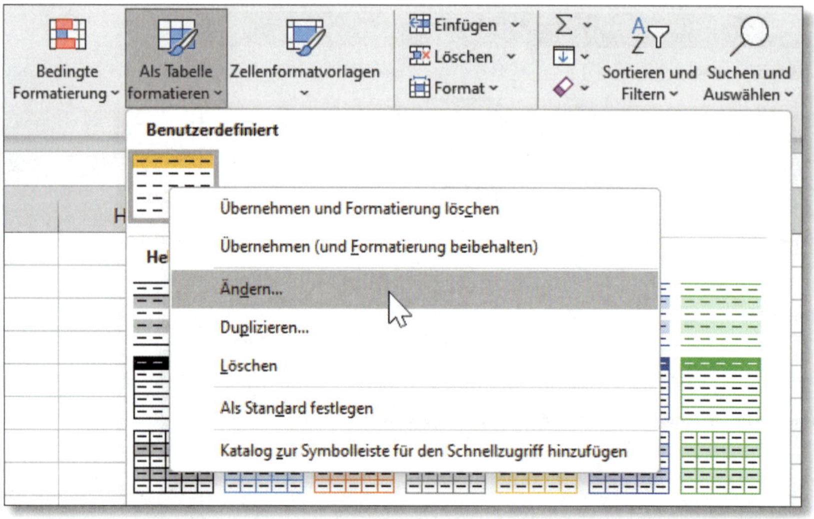

Auf diese Weise ließe sich übrigens auch eine weitere, ähnliche Formatvorlage erzeugen. Klicken Sie dazu im Kontextmenü auf **Duplizieren**, und nehmen Sie die gewünschten Änderungen am Duplikat vor. Wenn Sie eine benutzerdefinierte Vorlage nicht mehr benötigen, klicken Sie auf **Löschen**.

16.4 Hintergrundfarben verwenden

In Excel steht alles schwarz auf weiß geschrieben. Und das ist auch prima so, möchte man doch zwischen Schrift und Hintergrund einen größtmöglichen Kontrast erreichen. So ist immerhin die Lesbarkeit am besten. Dennoch kann es erforderlich werden, eine andere Hintergrundfarbe einzustellen – beispielsweise um dem bereits auf Seite 463 erwähnten Corporate Design Genüge zu leisten.

Hintergrundfarbe ändern

Wenn Sie eine andere Hintergrundfarbe als das sterile Weiß wünschen, können Sie dies im Menüband wunschgemäß einstellen. Die Funktion ist allerdings ein wenig versteckt.

1. Zunächst ist es erforderlich, dass Sie alle Zellen markieren, die eine Änderung der Hintergrundfarbe bekommen sollen.
2. Klicken Sie auf **Format** in der Gruppe **Zellen** der Registerkarte **Start**. Scrollen Sie in der Liste ganz nach unten, und klicken Sie auf **Zellen formatieren**. Alternativ nutzen Sie den Tastaturbefehl [Strg]+[1].

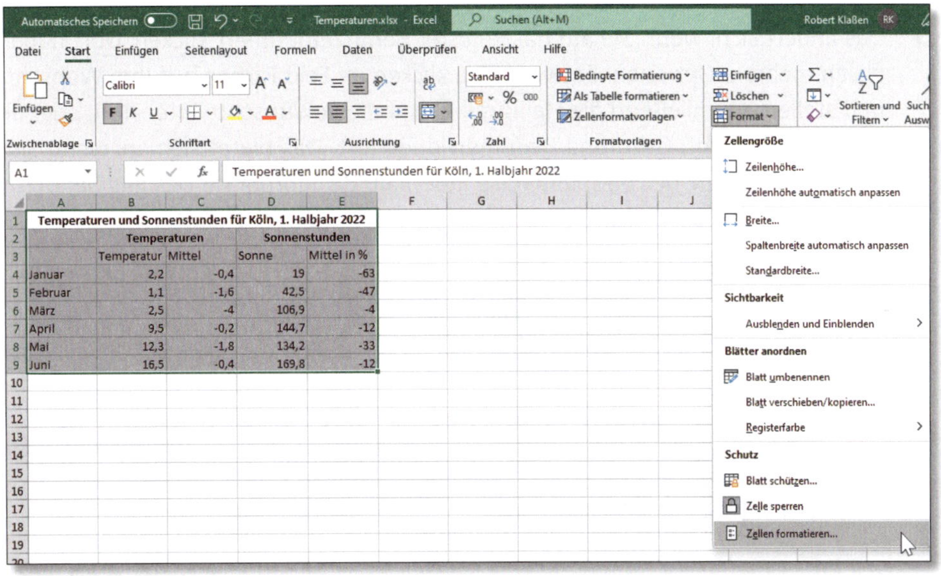

3. Im Dialog **Zellen formatieren** entscheiden Sie sich nun für das Register **Ausfüllen**. Sollten Sie bereits hier ein Farbfeld ausfindig machen, das Ihnen zusagt, klicken Sie es ganz einfach an.

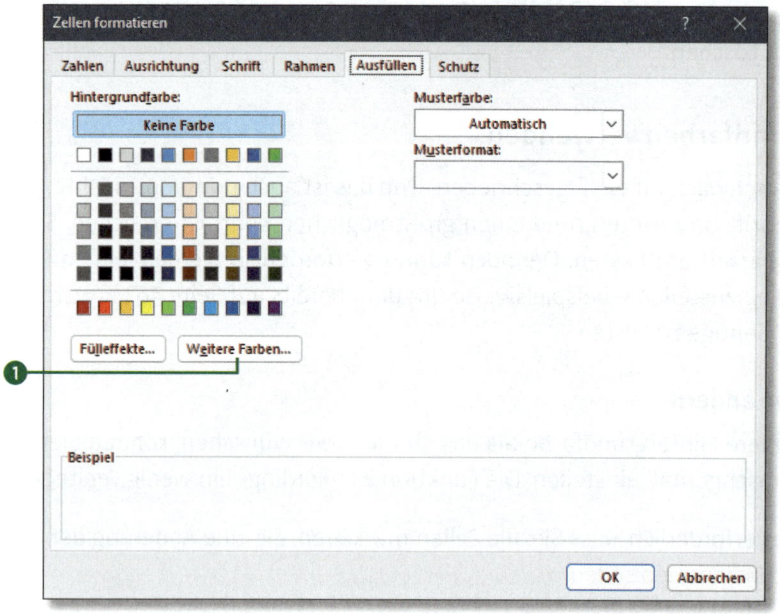

4 Ist die gewünschte Farbe nicht dabei? Dann hilft ein Klick auf **Weitere Farben** ❶. Das folgende Farbschema bietet zwar bereits eine Menge mehr an Farben, jedoch noch längst nicht alle, die möglich sind.

5 Das ändert sich, wenn Sie auf das Register **Benutzerdefiniert** klicken. Dort haben Sie gleich mehrere Optionen. Entweder Sie klicken im Feld **Farben** auf Ihre Wunschfarbe und stellen anschließend die Helligkeit ❷ auf die gewünschte Intensität, oder Sie legen die Werte Rot, Grün und Blau individuell fest. Das bietet sich an, wenn Sie den RGB-Wert kennen, der beispielsweise innerhalb des Corporate Designs benutzt worden ist.

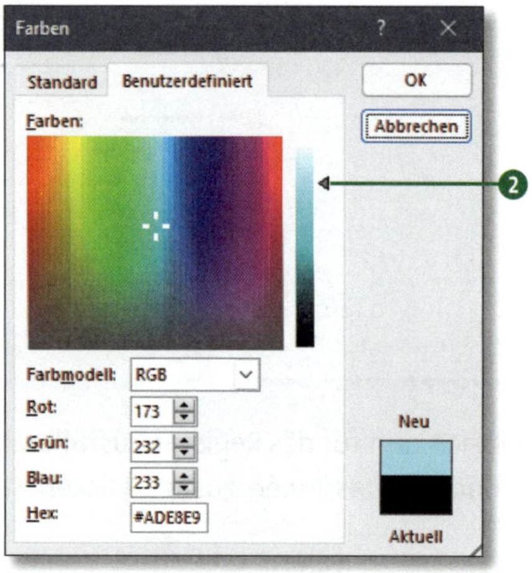

6 Zuletzt schließen Sie alle geöffneten Dialoge jeweils mit einem Klick auf **OK**.

Wenn Sie mit RGB-Werten arbeiten, müssen Sie berücksichtigen, dass diese von 0 bis 255 reichen dürfen. So kommen Sie insgesamt auf knapp 16,8 Millionen Farbmöglichkeiten (nämlich 255^3). Dies gilt zumindest für Monitore. Das Farbspektrum für die Druckausgabe ist weitaus geringer. Im Druck kann es also durchaus zu Farbabweichungen kommen.

Rahmen einsetzen

Bedenken Sie, dass Sie bei Verwendung einer Hintergrundfarbe die Trennlinien der einzelnen Zellen nicht mehr sehen. Eine Tabelle wird so natürlich unübersichtlich.

Temperaturen und Sonnenstunden für Köln, 1. Halbjahr 2022				
	Temperaturen		Sonnenstunden	
	Temperatur	Mittel	Sonne	Mittel in %
Januar	2,2	-0,4	19	-63
Februar	1,1	-1,6	42,5	-47
März	2,5	-4	106,9	-4
April	9,5	-0,2	144,7	-12
Mai	12,3	-1,8	134,2	-33
Juni	16,5	-0,4	169,8	-12

Temperaturen und Sonnenstunden für Köln, 1. Halbjahr 2022				
	Temperaturen		Sonnenstunden	
	Temperatur	Mittel	Sonne	Mittel in %
Januar	2,2	-0,4	19	-63
Februar	1,1	-1,6	42,5	-47
März	2,5	-4	106,9	-4
April	9,5	-0,2	144,7	-12
Mai	12,3	-1,8	134,2	-33
Juni	16,5	-0,4	169,8	-12

Abbildung 16.4 *Eine Tabelle ohne Rahmen (links) ist unübersichtlich.*

Sie sollten daher im Dialog **Zellen formatieren** (**Start > Zellen > Format > Zellen formatieren** oder `Strg`+`1`) auch gleich Rahmen hinzufügen. Aktivieren Sie dazu das Register **Rahmen**, wählen Sie im Feld **Art** ❸ eine Rahmenart aus, und legen Sie anschließend fest, ob diese außen ❹ und/oder innen ❺ angeordnet werden sollen. Mit Klicks auf beide Schalter werden auch beide Optionen eingeschaltet. Mit den Schaltflächen im Bereich **Rahmen** lässt sich dieser Rahmen weiter anpassen. Noch individueller geht das, wenn Sie direkt in die Grafik (in der Mitte des Dialogs) klicken. Sollte an der gewünschten Position bereits eine Linie eingezeichnet sein (z. B. ❻), wird diese entfernt. Ist dort keine Linie zu sehen, wird sie durch den Mausklick eingefügt.

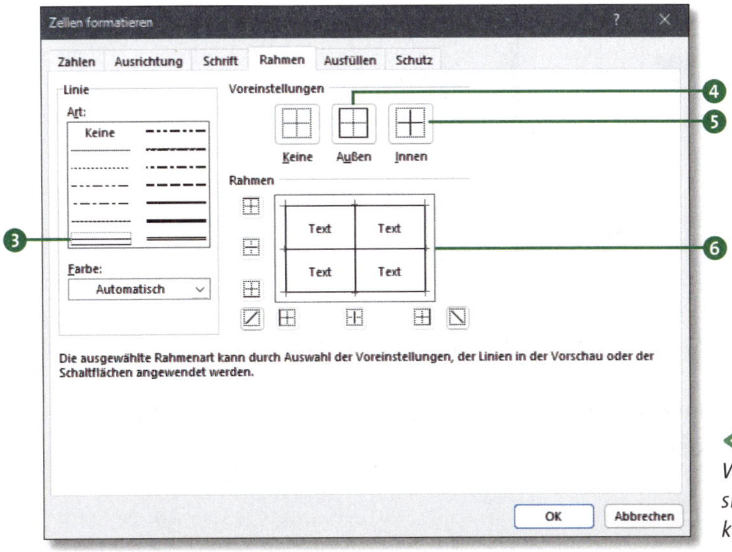

Abbildung 16.5 *Wer Farben verwendet, sollte sich auch um die Rahmen kümmern.*

INFO

Weiße Farbe vs. »Keine Farbe«
Wenn Sie eine zuvor festgelegte Farbe wieder verwerfen wollen, klicken Sie im Dialog **Zellen formatieren** auf **Keine Farbe**. Man könnte geneigt sein, auf das weiße Farbfeld zu klicken. Doch das ist nicht dasselbe: Wenn Sie Weiß als Hintergrundfarbe verwenden und keine Rahmen einsetzen, gehen die optischen Zellenbegrenzungen verloren. Mithilfe der Option **Keine Farbe** werden diese jedoch wieder sichtbar.

Fülleffekte einsetzen

Im Dialog **Zellen formatieren** (Strg + 1 oder **Start > Zellen > Format > Zellen formatieren**) steht Ihnen auf der Registerkarte **Ausfüllen** die Schaltfläche **Fülleffekte** zur Verfügung. Benutzen Sie diese, um den Hintergrund Ihrer Tabelle mit einem Verlauf auszustatten.

Sobald Sie auf den Button **Fülleffekte** geklickt haben, öffnet sich der gleichnamige Dialog. Entscheiden Sie sich oben zunächst für zwei unterschiedliche Farben, indem Sie auf die Felder **Farbe 1** und **Farbe 2** klicken. Danach entscheiden Sie sich im Bereich **Schattierungsarten** für einen Effekt und wählen per Mausklick eine angebotene **Variante**.

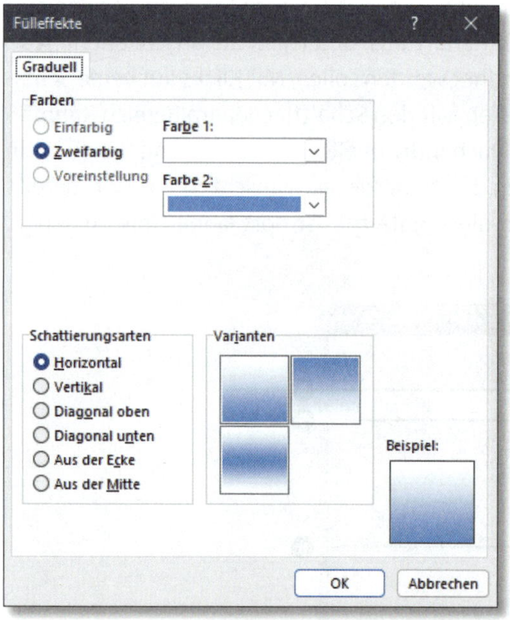

Abbildung 16.6 *Fülleffekte sollten mit Bedacht und sparsam eingesetzt werden.*

Bestätigen Sie abschließend Ihre Wahl mit einem Klick auf **OK**. Der Fülleffekt wird daraufhin auf Ihre Tabelle angewendet.

Temperaturen und Sonnenstunden für Köln, 1. Halbjahr 2022				
	Temperaturen		Sonnenstunden	
	Temperatur	Mittel	Sonne	Mittel in %
Januar	2,2	-0,4	19	-63
Februar	1,1	-1,6	42,5	-47
März	2,5	-4	106,9	-4
April	9,5	-0,2	144,7	-12
Mai	12,3	-1,8	134,2	-33
Juni	16,5	-0,4	169,8	-12

Abbildung 16.7 *Auch wenn Verläufe auf den ersten Blick ganz nett aussehen, sind sie am Ende doch nur Spielerei.*

Gehen Sie mit solchen Effekten vorsichtig um, da derartiger Schnickschnack die Lesbarkeit stark beeinträchtigt. Benutzen Sie die Funktion allenfalls für kleine Tabellen, die nur aus wenigen Zellen bestehen.

16.5 ClipArts (Online-Bilder) einfügen

Wer seinen nüchternen Tabellen ein wenig Schliff verleihen möchte, kann auch beliebige Elemente hinzufügen, z. B. Bilder, Grafiken oder Formen. Diese sind jedoch grundsätzlich eher als Beiwerk zu verstehen. Sie werden also nicht wirklich Bestandteil einer Tabelle, sondern liegen gewissermaßen auf dem Tabellenblatt.

Passendes ClipArt hinzufügen

Das Wichtigste zuerst: Selbstverständllich dürfen Sie nicht ohne Weiteres Grafiken aus dem World Wide Web herunterladen und für Ihre eigenen Arbeiten nutzen. Sie verstoßen damit gegen geltende Urheber- und Verwertungsrechte, was empfindliche Strafen nach sich zieht. Allerdings dürfen Sie Grafiken benutzen, wenn Sie die jeweiligen Lizenzbestimmungen befolgen. Diese sind jedoch so individuell wie die Grafiken selbst. Schauen wir uns das anhand eines Beispiels an: Öffnen Sie die Beispieldatei *Temperaturen-01.xlsx* aus dem Ordner *Ergebnisse*. Wir wollen diesem Dokument nun eine passende Illustration hinzufügen.

1 Markieren Sie zunächst die Zelle, in der die Grafik eingefügt werden soll. Klicken Sie anschließend auf **Illustrationen** und entscheiden Sie sich für **Piktogramme**. (Sollte das Excel-Fenster groß genug sein, um statt des Schalters **Illustrationen** eine gleichnamige Gruppe anzuzeigen, betätigen Sie hier bitte den Schalter **Piktogramme**.)

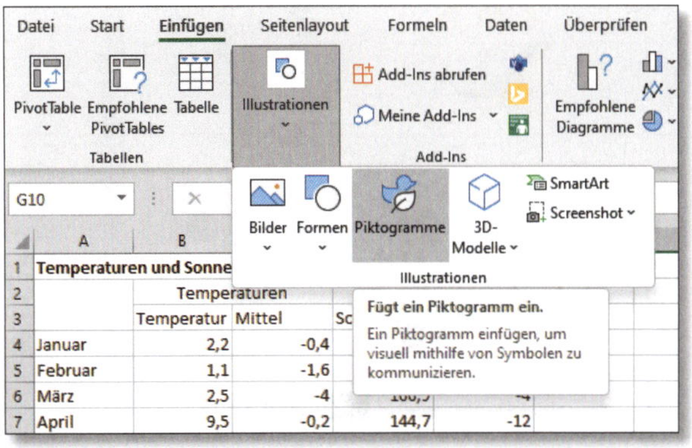

16

2 Schalten Sie in der obersten Zeile des Dialogs zunächst auf **Illustrationen** um. Danach benutzen Sie das Eingabefeld, das sich eine Zeile tiefer befindet. Geben Sie dort ein Stichwort ein. In unserem Beispiel suchen wir eine »Sonne«. Leider ist in der dritten Zeile des Dialogs kein entsprechender Button vorhanden, auf den wir klicken könnten. Deshalb ist die Eingabe des Stichworts erforderlich. Sofort werden entsprechende Motive angezeigt.

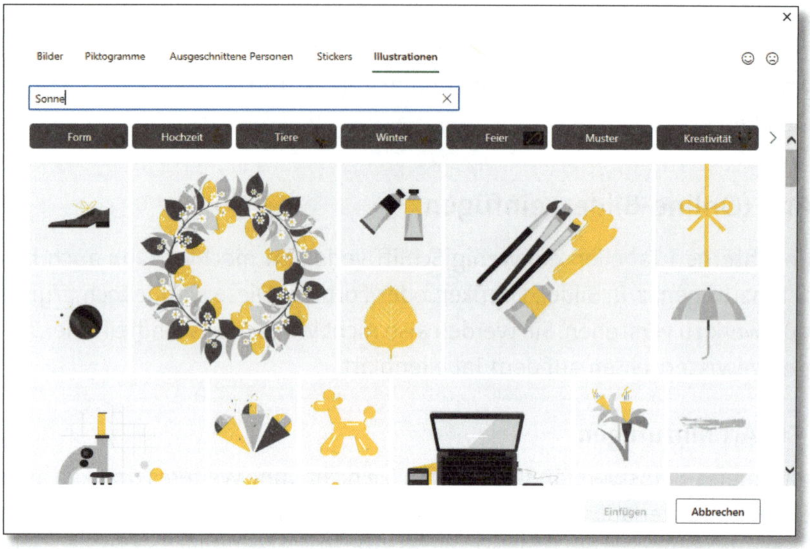

3 Zugegeben, die Kölner hatten von Januar bis Juni in Sachen Sonne nicht wirklich viel zu lachen, dennoch entscheiden wir uns für ein freundliches Symbol. Wählen Sie es mit einem einfachen Mausklick zunächst an (❶), und entscheiden Sie sich danach für den Button **Einfügen**.

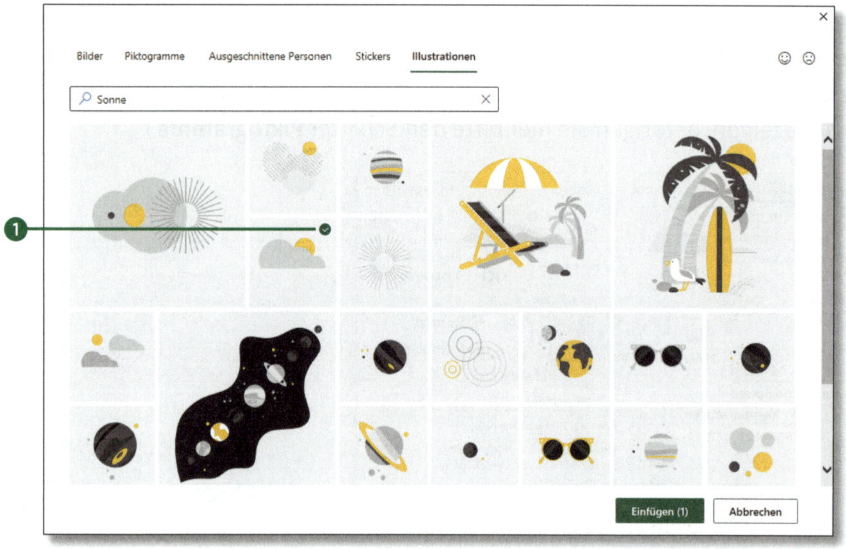

4 Die Grafik wird nun eingefügt. Allerdings ist sie riesig, sodass die Eckpunkte des Bildrahmens zunächst mit gedrückter Maustaste verschoben werden sollten ❷. Dabei bleiben die Proportionen übrigens erhalten. Klicken Sie anschließend auf die Grafik und halten die Maustaste gedrückt, lässt sich die Bilddatei neu auf der Arbeitsmappe positionieren.

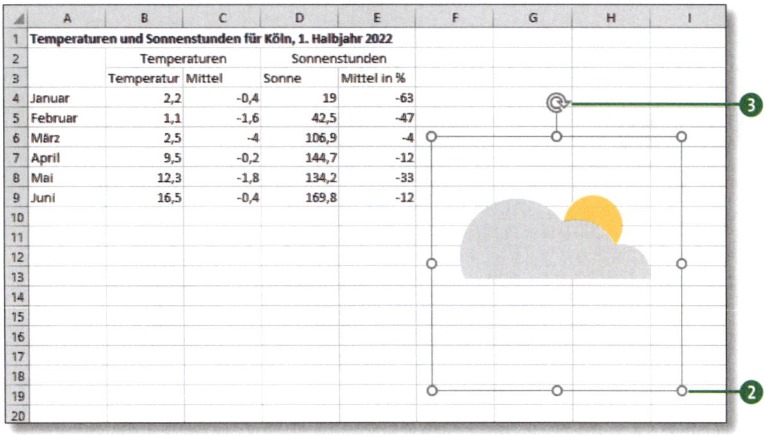

5 In unserem Beispiel ist das zwar nicht erforderlich, jedoch düfen Sie Objekte auch drehen. Dazu klicken Sie auf das Pfeilsymbol ❸ und bewegen die Maus nach rechts. Halten Sie ⇧ gedrückt, damit das Objekt nur in 15°-Schritten gedreht werden kann, und stoppen Sie, sobald der Rahmen zum ersten Mal einrastet. Danach lassen Sie zunächst die Maustaste und erst im Anschluss ⇧ wieder los.

6 Schieben Sie die Sonne noch ein wenig mehr nach oben. Zur Feinjustage dürfen Sie auch gern die Pfeiltasten Ihrer Tastatur benutzen. Um das Objekt abzuwählen, markieren Sie eine beliebige Stelle außerhalb der ClipArt-Grafik.

Auch wenn Illustrationen charmant sein mögen – bedenken Sie auch hier, dass es sich um Beiwerk handelt. Den Einsatz derartiger Grafiken sollte man eher auf den privaten Bereich beschränken (siehe hierzu auch Abschnitt 16.7, »Tabellendokumente: kreative oder sachliche Gestaltung?«, ab Seite 493).

Tipps zum Skalieren

Im vorangegangenen Abschnitt haben Sie bereits erfahren, dass sich Grafiken per Drag & Drop skalieren lassen. Beachten Sie in diesem Zusammenhang, dass der Rahmen dabei an der gegenüberliegenden Ecke stehen bleibt. Sie können jedoch eine Grafik auch von deren Mittelpunkt aus skalieren, wenn Sie während des Ziehens Strg gedrückt halten.

Wenn Sie eine Grafik millimetergenau skalieren möchten, können Sie dazu auch die Schaltflächen in der Gruppe **Größe** der Registerkarte **Bildtools/Format** nutzen. Beachten Sie, dass Sie diese Registerkarte jedoch nur sehen, wenn eine Grafik zuvor markiert wurde. Verändern Sie auf ihr den Wert in den Feldern **Formenhöhe** ❶ und **Formenbreite** ❷. Mit einem Klick auf die nach unten weisende Pfeilschaltfläche ❸ an der Gruppe **Größe** der Registerkarte **Bildtools/Format** rufen Sie den Aufgabenbereich **Grafik formatieren** auf, mit dessen Hilfe Sie komfortabel weitere Anpassungen an der von Ihnen eingefügten Grafik vornehmen können.

Hier sind dann auch exakte Angaben in Bezug auf die Drehung, prozentuale Skalierung und nicht zuletzt auch auf das Seitenverhältnis möglich. Entfernen Sie das Häkchen vor **Seitenverhältnis sperren** ❹, können die Werte in den Feldern **Breite** und **Höhe** auch unabhängig voneinander verändert werden. Es kommt dabei zur unproportionalen Verzerrung, die Sie auch über einen Anfasser jeweils in der Mitte der Begrenzungslinien erreichen können.

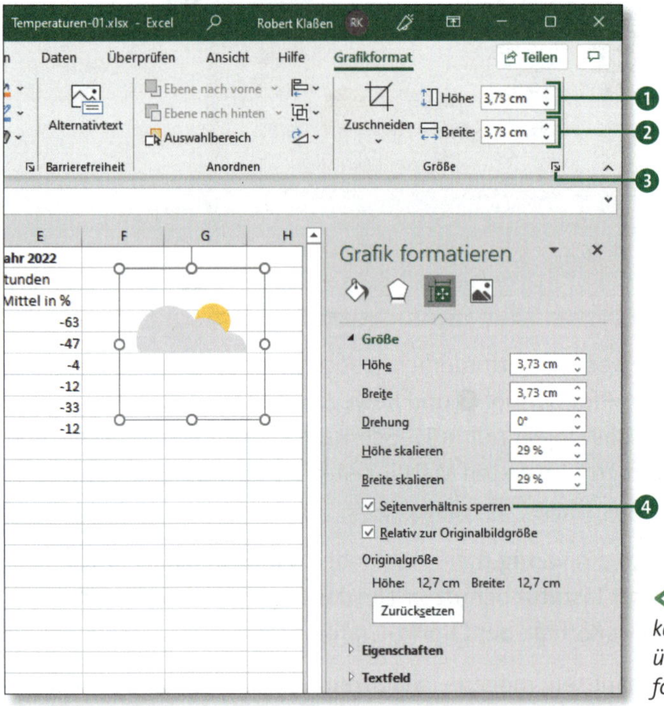

Abbildung 16.8 Eine Grafik kann auch im Menüband sowie über den Aufgabenbereich »Grafik formatieren« angepasst werden.

Bilder einfügen

Genauso wie Illustrationen können Sie auch eigene Grafiken oder Fotos in ein Excel-Dokument einfügen. Benutzen Sie jedoch hierzu statt der Schaltfläche **Piktogramme** (**Einfügen > Illustrationen**) den Button **Bilder**, und wählen Sie dann je nach gewünschter Quelle der Fotos entweder

- **Dieses Gerät**, um Fotos vom PC einzufügen,
- **Archivbilder**, um auf den in Office enthaltenen Fundus zugreifen zu können (siehe die folgende Abbildung), oder
- **Onlinebilder**, um mit der Microsoft-Suchmaschine Bing nach entsprechenden Fotos im World Wide Web zu suchen.

Auch an dieser Stelle möchte ich darauf hinweisen, dass die Nutzung fremder Fotos, insbesondere aus dem Internet, nicht gestattet ist.

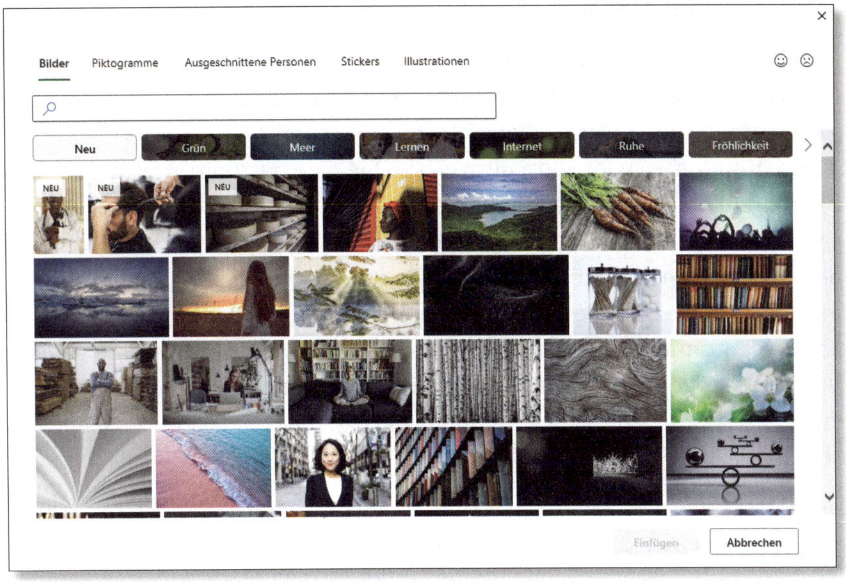

Abbildung 16.9 *Office verfügt im Bereich »Archivbilder« über einen üppigen Fundus.*

Wenn Sie sich für eigene, auf Ihrem PC befindliche Fotos entschieden haben (**Bilder > Dieses Gerät**), markieren Sie die gewünschte Bildminiatur und klicken anschließend auf **Einfügen**. Wählen Sie doch vorab einmal das Feld **Alle Grafiken** an. Dann nämlich werden Sie feststellen, dass Excel wirklich ausgesprochen vielseitig ist und in der Regel alle gängigen Bildformate akzeptiert.

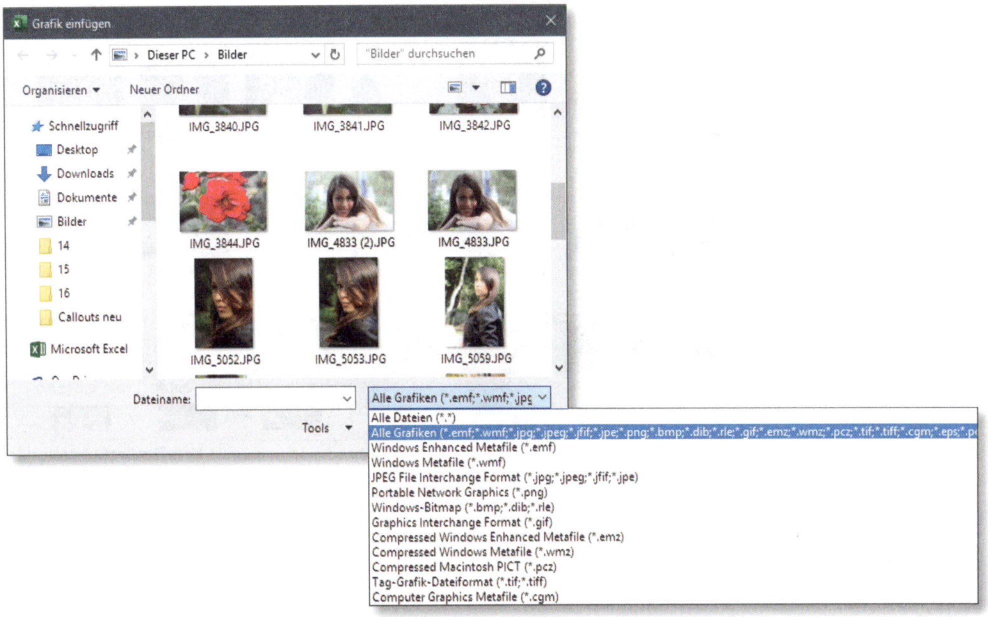

Abbildung 16.10 *Wenn Sie bestimmte Grafikformate suchen, können Sie hier eine Vorauswahl treffen.*

Screenshots erzeugen und einfügen

Das Einfügen von Screenshots ist eine wirklich interessante Funktion von Excel. Damit lassen sich nämlich nicht nur außerhalb von Excel produzierte Screenshots integrieren, sondern sogar eigene erstellen. Aber was sind eigentlich Screenshots?

Screenshots sind Aufnahmen vom Bildschirm. Wenn Sie eine bestimmte Situation oder einen Zustand auf Ihrem Monitor illustrieren wollen, fertigen Sie einfach einen Screenshot davon an. Genauso habe ich das in diesem Buch gemacht – und zwar sehr oft.

Wenn Sie den kompletten Monitor »abfotografieren« wollen, betätigen Sie einfach `Druck` auf Ihrer Tastatur. Sie werden daraufhin keinerlei Rückmeldung erhalten, sondern der Screenshot wird automatisch in der Zwischenablage Ihres Betriebssystems gespeichert. Dazu später mehr. Wollen Sie statt des gesamten Monitors nur das derzeit aktive Fenster aufnehmen? Das kann z. B. eine Anwendung, ein Ordner, aber auch ein Dialog sein. In diesem Fall betätigen Sie `Alt`+`Druck`.

1 Erzeugen Sie ein neues Excel-Dokument, oder verwenden Sie ein bereits geöffnetes. Danach klicken Sie auf **Bilder** in der Gruppe **Illustrationen** der Registerkarte **Einfügen** und entscheiden sich für **Dieses Gerät**.

2 Uns geht es nun nicht darum, ein Bild einzufügen, sondern einen Screenshot vom Dialog **Grafik einfügen** zu integrieren. Drücken Sie deshalb `Alt`+`Druck`, und schließen Sie den Dialog einfach wieder, indem Sie auf **Abbrechen** klicken.

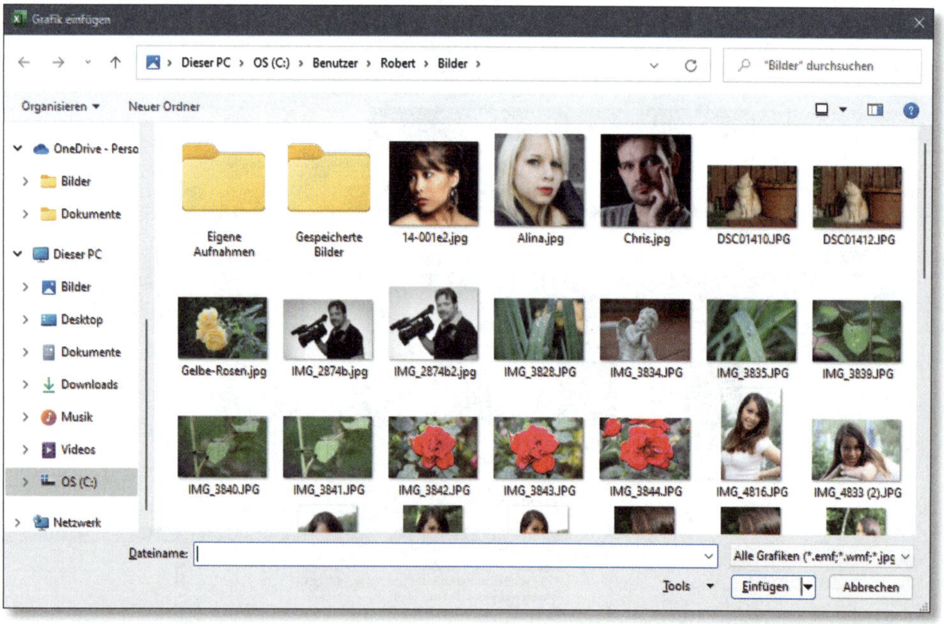

3 Markieren Sie nun in Excel eine beliebige Zelle (an der die obere linke Ecke des Screenshots platziert werden soll), und betätigen Sie [Strg]+[V]. Daraufhin wird der Screenshot des Dialogfensters eingefügt.

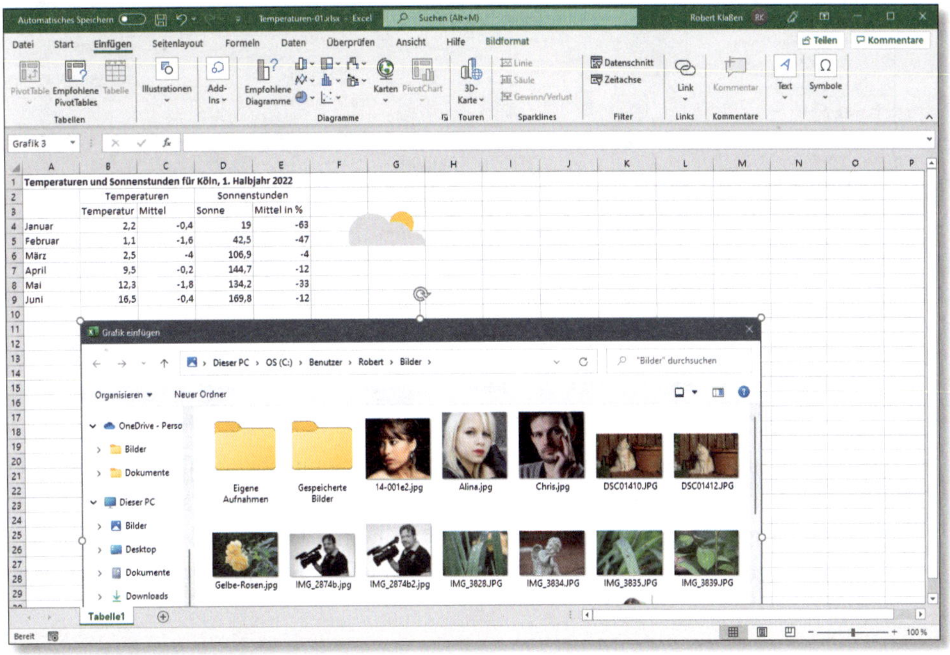

Den Screenshot können Sie nun weiterbearbeiten wie eine Onlinegrafik (siehe die vorangegangenen Unterabschnitte »Passendes ClipArt hinzufügen« auf Seite 473 und »Tipps zum Skalieren« auf Seite 475). Er kann verschoben, skaliert und gedreht werden.

Screenshots in Excel verarbeiten

Ein Screenshot bleibt grundsätzlich nur temporär in der Zwischenablage. Er bekommt keinen festen Speicherplatz auf Ihrem Computer zugewiesen. Darüber hinaus wird er unwiederbringlich verworfen, sobald Sie den Computer herunterfahren. Auch die direkte Verfügbarkeit geht verloren (also die Möglichkeit, ihn mit [Strg]+[V] einzufügen), sobald Sie einen neuen Screenshot anfertigen. Doch auch dafür gibt es einen Trick.

1 Fertigen Sie mehrere unterschiedliche Screenshots an. Was Sie »abfotografieren«, spielt keine Rolle.

2 Anschließend markieren Sie eine Zelle, in die der Screenshot eingefügt werden soll. Betätigen Sie die Schaltfläche **Screenshot** in der Gruppe **Illustrationen** der Registerkarte **Einfügen**.

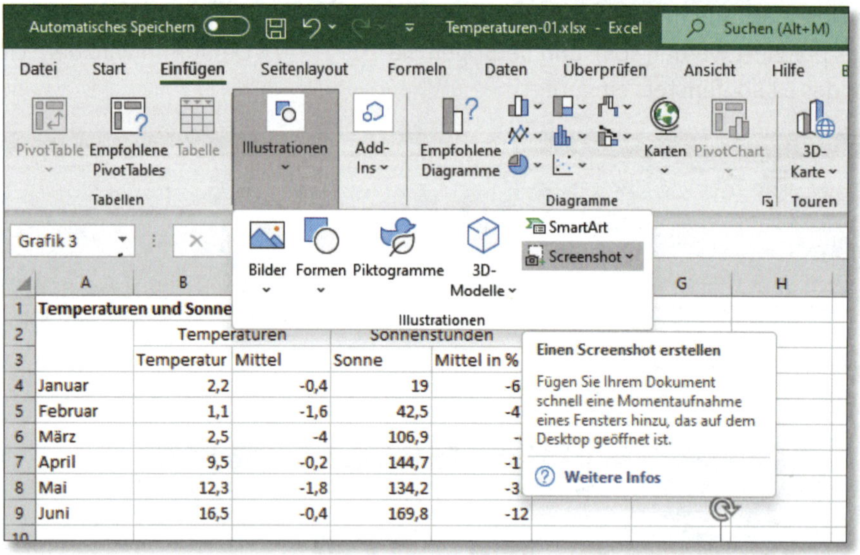

3 Nun wird Ihnen zunächst im Menü der Schaltfläche eine Liste mit Miniaturansichten präsentiert. In dieser Liste werden Ihnen die letzten Screenshots angezeigt, die Sie angefertigt haben. Wählen Sie den Screenshot mit einem Mausklick aus, den Sie in Excel einfügen möchten. Er wird daraufhin an die gewünschte Stelle im Tabellenblatt eingefügt.

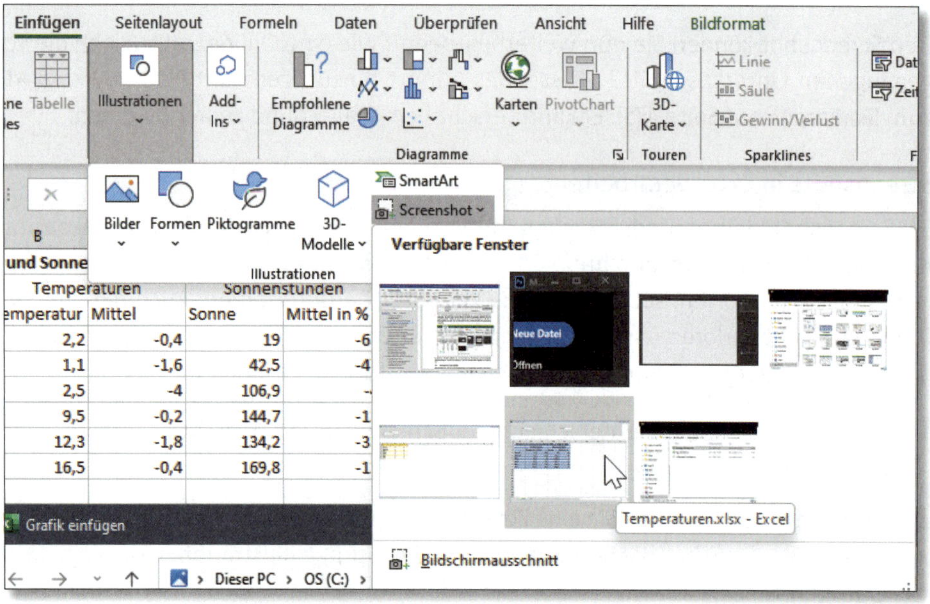

Im nächsten Abschnitt erfahren Sie, wie Sie direkt aus Excel heraus einen Screenshot aufnehmen können. Welcher unschlagbare Vorteil sich daraus ergibt, erfahren Sie ebenfalls dort.

Screenshots in Excel erzeugen

Jetzt kommt etwas, das Excel im Zusammenhang mit Screenshots besonders auszeichnet. Sie haben nämlich die Möglichkeit, direkt aus der Anwendung heraus einen beliebigen Bereich des Bildschirms aufzunehmen.

1 Sorgen Sie dafür, dass der Bereich, den Sie aufnehmen wollen, auf dem Monitor sichtbar ist. Falls erforderlich, minimieren Sie Excel.

2 Wechseln Sie zurück zu Excel, und klicken Sie auf **Screenshot** in der Gruppe **Illustrationen** der Registerkarte **Einfügen**. Entscheiden Sie sich im Auswahlmenü der Schaltfläche für die Option **Bildschirmausschnitt**.

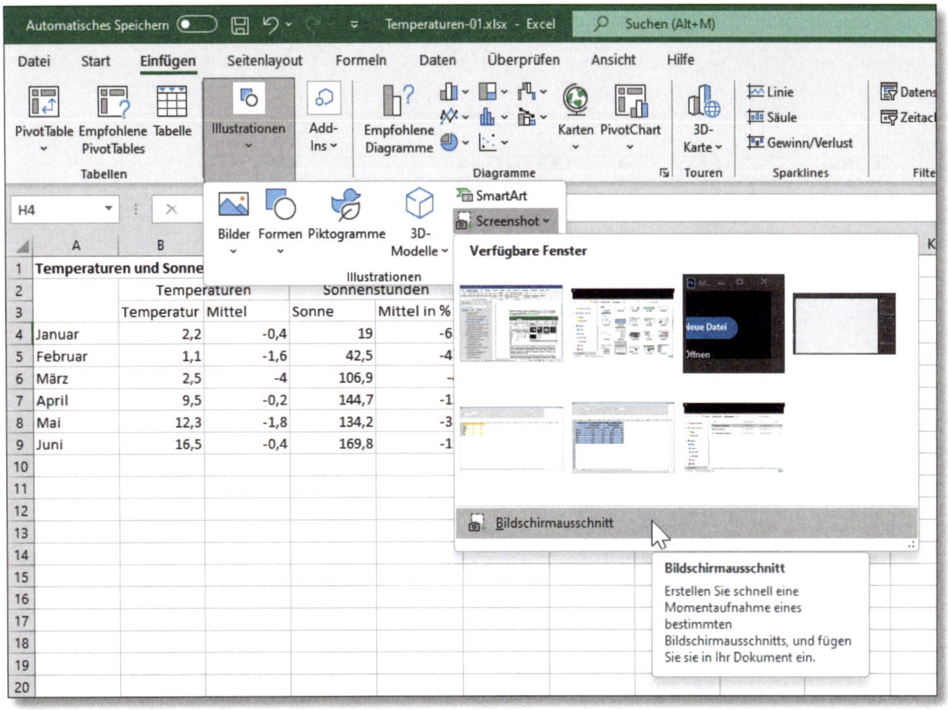

3 Das hat zur Folge, dass Excel nun ausgeblendet wird. Denn die Anwendung soll ja schließlich nicht den Bereich verdecken, der abfotografiert werden soll. Sie sehen nun, dass der gesamte Monitor milchig dargestellt wird. Das soll es Ihnen erleichtern, das Fadenkreuz, das nun anstelle des Mauszeigers sichtbar ist, korrekt an den gewünschten Bereich anzusetzen.

4 Klicken Sie beispielsweise auf die obere linke Ecke des Bereichs, den Sie aufnehmen wollen. Halten Sie die Maustaste gedrückt, und ziehen Sie nach unten rechts. Solange die Maustaste gedrückt ist, lässt sich der Rahmen noch entsprechend verschieben. Sind Sie mit der Auswahl zufrieden, lassen Sie los.

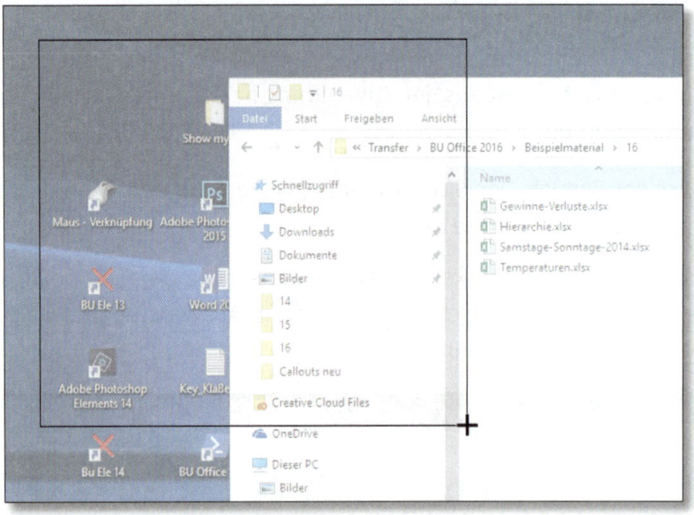

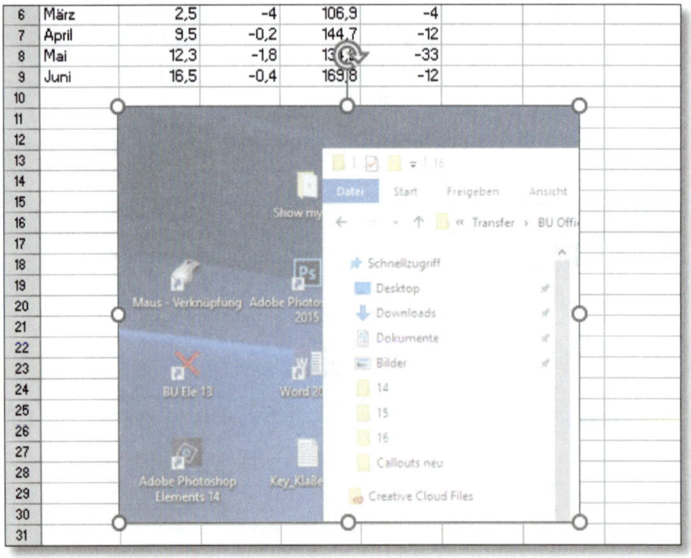

Der Screenshot wird automatisch in Excel eingefügt, Sie können ihn nun verschieben, die Größe anpassen oder drehen.

INFO

Piktogramme einfügen

Eine neue und überaus interessante Form, grafische Elemente einfließen zu lassen, ist der Schalter **Piktogramme**, den Sie ebenfalls im Bereich **Illustrationen** der Registerkarte **Einfügen** finden. Dabei handelt es sich um sogenannte Vektorgrafiken, die durch hervorragende Qualität überzeugen und beliebig skaliert werden können – und zwar verlustfrei. Im Druck sehen solche Elemente ganz hervorragend aus.

16.6 SmartArt-Grafiken einbauen

SmartArt-Grafiken sind vorbereitete Diagrammgrafiken, wie sie häufig in Hierarchien oder Programmabläufen verwendet werden. Ein Mitarbeiterverzeichnis beispielsweise, aus dem auch die Zuständigkeitsbereiche der Verantwortlichen hervorgehen, ist ein typisches Einsatzbeispiel für SmartArt-Grafiken.

Vorüberlegungen beim Einsatz von SmartArt

Bevor Sie SmartArt-Grafiken einsetzen, sollten Sie genau überlegen, was Sie zum Ausdruck bringen wollen. Immerhin dient SmartArt dazu, komplexe Sachverhalte anschaulich darzustellen und Inhalte schnell erkennbar werden zu lassen. Wenn Sie sich dabei verzetteln oder ohne konkreten Plan an die Sache herangehen, stiften Sie am Ende eher Verwirrung. Außerdem werden Sie im SmartArt-Dialog geradezu erschlagen von Angeboten. Da schadet es nicht, wenn man vorab schon weiß, um was es geht, wie viele Elemente oder Hierarchieebenen benötigt werden und welche Daten in der Grafik untergebracht werden sollen. Auch hier sollte der erste Schritt also das Skizzieren auf dem Papier sein.

Den SmartArt-Typ bestimmen

Man unterscheidet verschiedene Typen von SmartArt-Grafiken, die diverse Anwendungsbereiche abdecken sollen. Hier müssen Sie zunächst entscheiden, welchen Typ Sie für die jeweilige Aufgabe benötigen.

Typ	Verwendung
Liste	Visualisieren Sie nicht sequenzielle oder gruppierte Informationen. Typische Einsatzgebiete könnten einzelne Abteilungen eines Unternehmens mit ihren jeweiligen Aufgabenbereichen sein.
Prozess	Zeigen Sie Prozessabläufe oder zeitlich orientierte (chronologische) Abläufe an; Beispiel: Fertigungsabläufe.
Zyklus	Visualisieren Sie wiederkehrende, sich wiederholende Prozesse, beispielsweise einen täglichen Arbeitsablauf.
Hierarchie	Hierarchische Informationen, beispielsweise die Organisation eines Unternehmens, werden in sogenannten Organigrammen veranschaulicht.
Beziehung	Bei diesem Typ geht es um Verbindungen, Wechselwirkungen, Reaktionen. Beispiel: Je schneller der Produktionsprozess, desto höher die Fehlerquote.
Matrix	Die Matrix eignet sich zur Visualisierung von Teilen im Bezug zum Ganzen; Beispiel: eine Planung mit den einzelnen Schaffensprozessen.
Pyramide	Mit diesem Typ lassen sich proportionale, aber auch hierarchische Strukturen ausdrücken. Man kann unterschiedliche Aussagen damit treffen, wobei die Pyramide selbst immer das Ganze zeigt.
Grafik	Mit dem Typ **Grafik** lassen sich unterschiedliche Thesen und Ideen visualisieren.

Tabelle 16.1 Die verschiedenen SmartArt-Typen in der Übersicht

Eine Unternehmensstruktur als SmartArt-Grafik darstellen

Im ersten Beispiel befassen wir uns mit einer hierarchischen Unternehmensstruktur. Sie soll alle Elemente von der Geschäftsführung bis zur Auslandsproduktion in sich aufnehmen.

1 Erzeugen Sie zunächst eine neue leere Arbeitsmappe. Nutzen Sie dazu den Tastaturbefehl `Strg`+`N`.

2 Klicken Sie auf die Schaltfläche **SmartArt** in der Gruppe **Illustrationen** der Registerkarte **Einfügen**. Das vorherige Markieren einer Zelle ist übrigens nicht vonnöten, da Excel die SmartArt-Grafiken immer in der Mitte des sichtbaren Tabellenblatt-Bereichs anordnet.

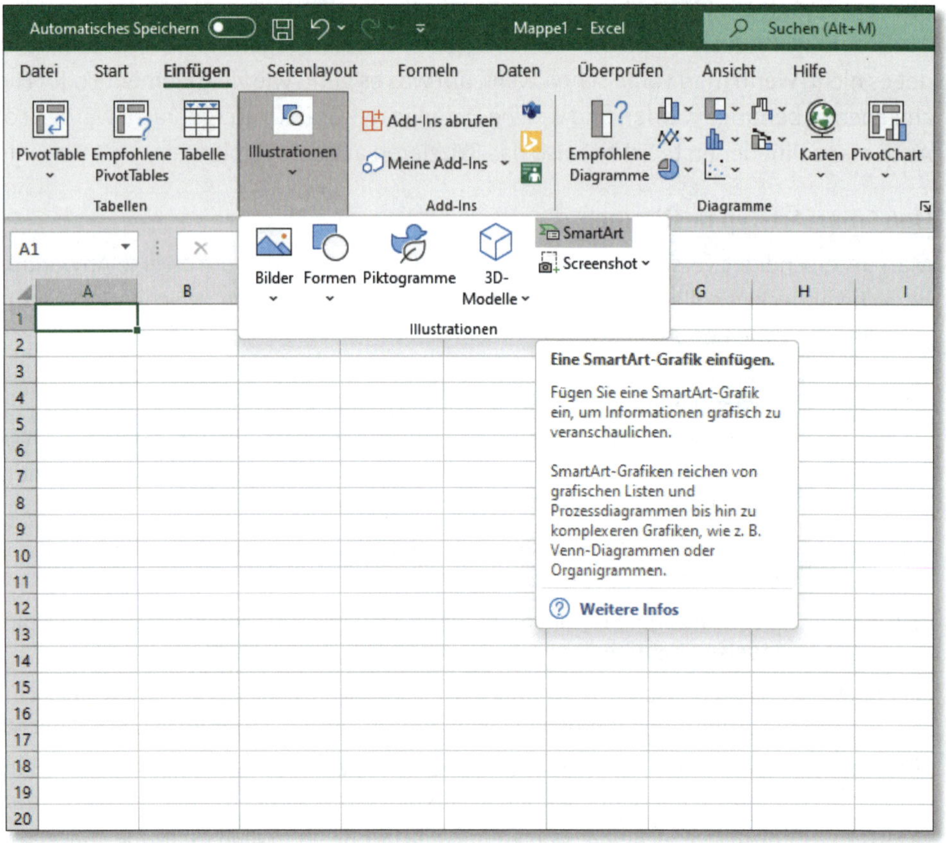

3 Da wir eine Hierarchie darstellen wollen, fällt die Wahl der Rubrik ❶ auf der linken Seite des Folgedialogs nicht schwer. Schauen Sie nun im mittleren Bereich des Dialogs nach, welche Art am ehesten Ihren Ansprüchen gerecht wird. Für unser Beispiel wählen wir die Form **Organigramm** ❷. Auf der rechten Seite des Dialogs erhalten Sie eine Vorschaudarstellung sowie eine Erklärung dazu. Bestätigen Sie die Wahl mit **OK**.

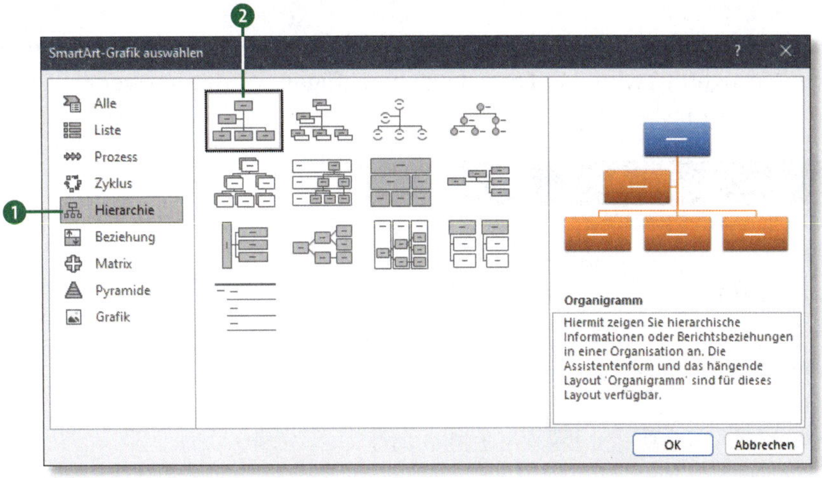

4 Was Sie nun von Excel erhalten, ist nicht gerade ein Feuerwerk an Eleganz, oder? Vielmehr sieht dieses Gebilde absolut unspektakulär aus. Es ist zudem noch nicht im Geringsten an unsere Bedürfnisse angepasst. Hier müssen wir noch ordentlich Hand anlegen. Mit der Geschäftsführung und der Assistenz gibt es keine Probleme. Aber Zeile 3 müssen wir bearbeiten, da wir vier Flächen benötigen.

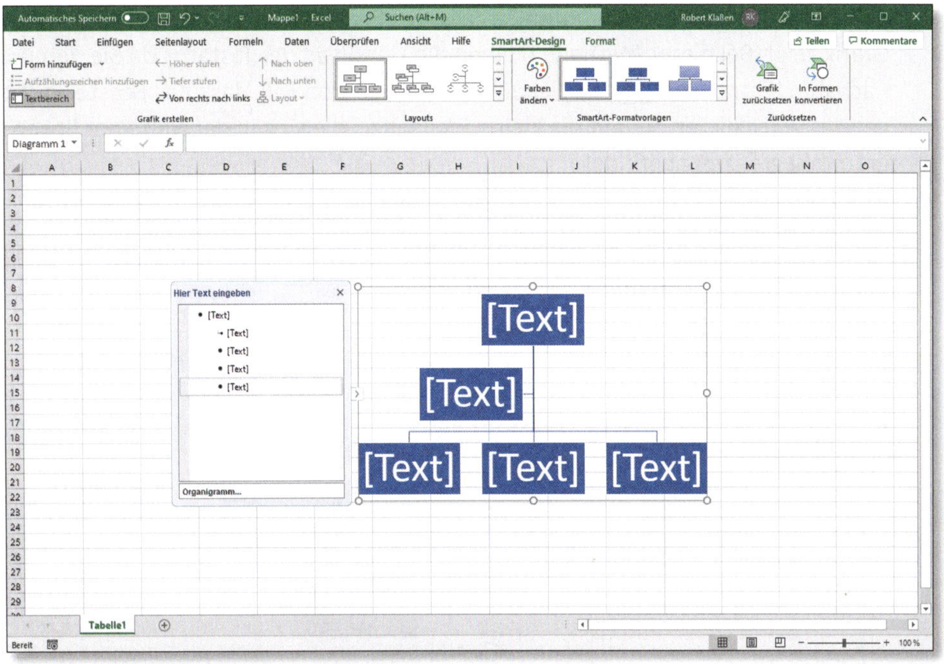

5 Klicken Sie das untere rechte Rechteck an. Beachten Sie, dass im Menüband die Registerkarte **SmartArt-Design** hinzugefügt worden ist.

6 Klicken Sie nun auf das Dreiecksymbol der Schaltfläche **Form hinzufügen** in der Gruppe **Grafik erstellen**. Im Auswahlmenü klicken Sie auf **Form danach hinzufügen**. (Der Begriff ist etwas missverständlich, bedeutet aber, dass eine Form rechts neben der markierten Form hinzugefügt wird. Mit **Form davor hinzufügen** würde eine weitere Form links davon integriert.)

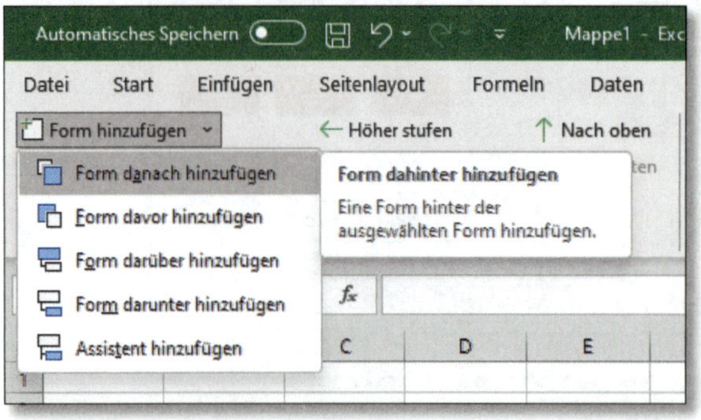

7 Bis hierher wollen wir es zunächst dabei bewenden lassen und die einzelnen Formen (damit sind die blauen Flächen gemeint) beschriften. Beginnen Sie oben mit der Eingabe von »Geschäftsführung«, und lassen Sie alle weiteren Begriffe folgen. Was die Eingabe betrifft, reicht es übrigens, einen einfachen Mausklick auf eines der Rechtecke zu setzen. Danach können Sie direkt mit der Eingabe beginnen. Alternativ dürfen Sie den Text auch gerne in die unterste Zeile des Fensters eintragen, das sich neben der Grafik zeigt. Bei dieser Methode bleiben die Hände an der Tastatur, da Sie den jeweils nächsten Eintrag mit [↓] erreichen können. (Für den Fall, dass das Fenster nicht angezeigt wird, klicken Sie auf die kleine Pfeilspitze, die sich in der Mitte der linken Diagrammbegrenzung befindet.)

Die Größe der Schrift wird für alle Elemente automatisch so angepasst, dass der längste Schriftzug noch gut hineinpasst. – Am Ende sollte Ihre Hierarchie wie in der folgenden Abbildung aussehen.

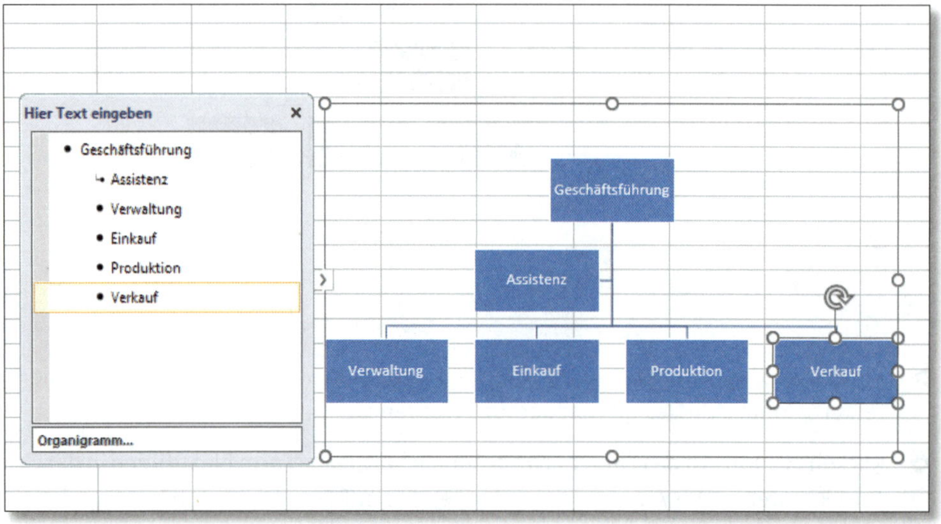

8 Fahren wir nun mit dem Feld **Produktion** fort. Hier wollen wir zwei Untereinträge einfügen. Markieren Sie daher diese Form, und klicken Sie erneut auf das Dreiecksymbol der Schaltfläche **Form hinzufügen**. Wählen Sie im Menü **Assistent hinzufügen**. Markieren Sie danach erneut das Rechteck **Produktion**, und fügen Sie einen weiteren Assistenten hinzu.

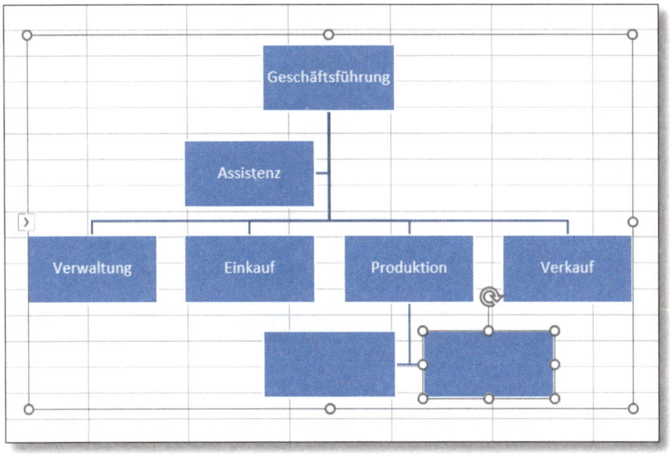

9 Da die rechte Form noch markiert ist, können Sie nun gleich fortfahren und die beiden nächsten Strukturbereiche anschließen lassen. Hier werden die beiden Auslands-Produktionsstätten hinzugefügt. Es werden also zwei weitere Formen benötigt. Lösen Sie auch das auf die zuvor beschriebene Weise, und fügen Sie über die Schaltfläche **Form hinzufügen** erneut zwei Assistenten hinzu.

10 Benennen Sie nun die Formen, und speichern Sie das Dokument.

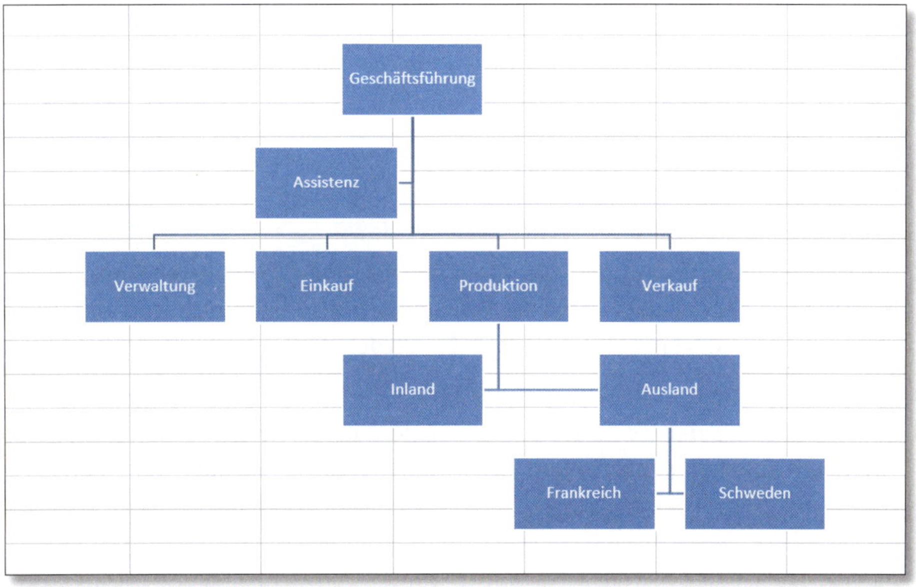

Im Ordner *16* der Beispieldateien finden Sie eine Excel-Arbeitsmappe mit dem Namen *Hierarchie.xlsx*. Diese hat den aktuell erreichten Status. Aber Sie stimmen mir sicher zu, dass die bestehende Hierarchie sehr nüchtern wirkt. Das wollen wir nun ändern.

SmartArt-Grafiken gestalten

In diesem Abschnitt werden wir uns ein wenig mit der grafischen Gestaltung einer Unternehmensstruktur beschäftigen. Öffnen Sie zum Nachvollziehen der Anleitung die Beispieldatei *Hierarchie.xlsx* aus dem Ordner *16*.

1 Zunächst soll ein 3D-Effekt zugewiesen werden. Klicken Sie dazu auf die Schaltfläche **Weitere** ❶ in der Gruppe **SmartArt-Formatvorlagen** der Registerkarte **SmartArt-Design**. Das Diagramm muss dazu übrigens ausgewählt sein und sein Rahmen ❷ muss sichtbar sein. Entscheiden Sie sich in der Liste nun für eine passende Formatvorlage. Ich verwende hier die SmartArt-Formatvorlage **Metallische Szene**.

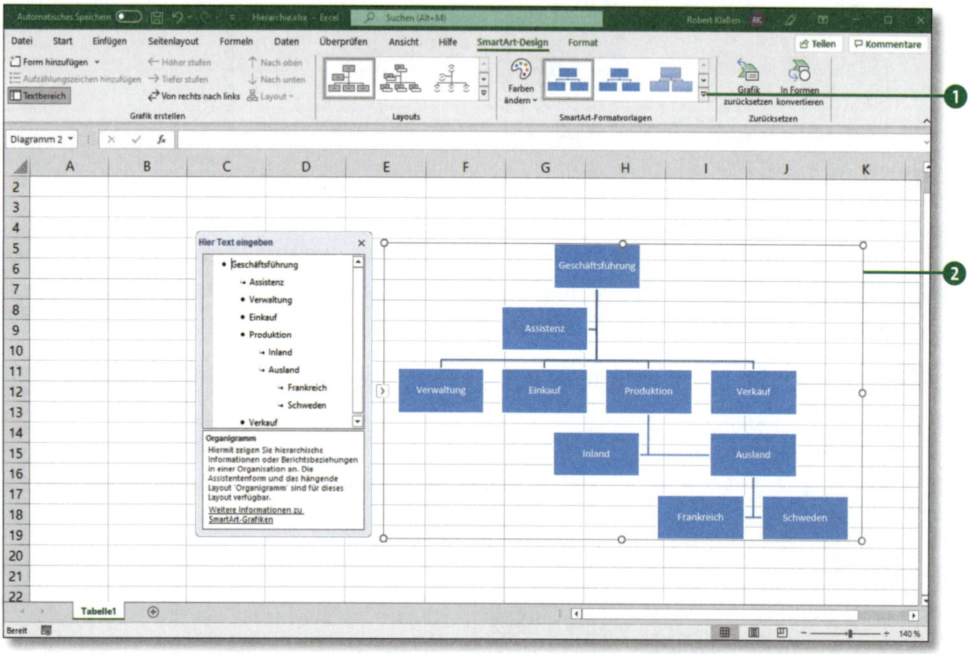

2 Spätestens jetzt fällt auf, dass die »Geschäftsführung« im wahrsten Sinne des Wortes »über die Stränge schlägt«. Und das können wir nun wirklich nicht zulassen. Wir müssen also dafür sorgen, dass der Text innerhalb der Formen nicht so dicht an den Rand gepresst wird.

3 Dazu klicken Sie mit rechts auf eine beliebige Form und wählen die Option **Form formatieren** aus dem Kontextmenü aus. Alternativ dürfen Sie auch auf einen der nach

unten rechts weisenden Pfeile in den Gruppen **Formenarten** oder **WordArt-Formate** der temporären Registerkarte **Format** klicken (sie befindet sich rechts neben **SmartArt-Design**).

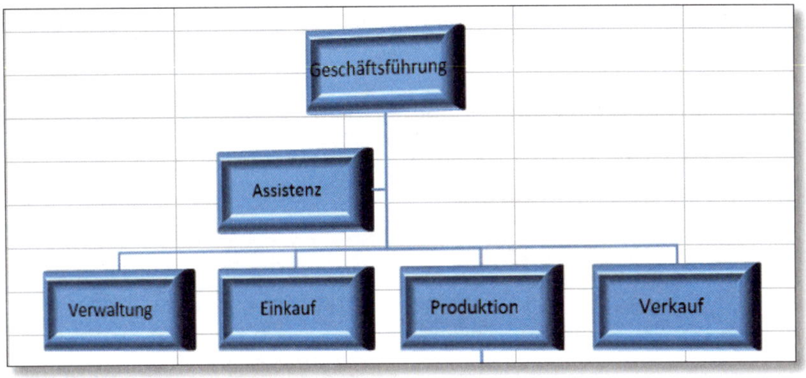

4 Im Aufgabenbereich **Form formatieren** müssen Sie nun zunächst auf **Textoptionen** ❸ und anschließend auf das Symbol **Textfeld** ❹ klicken. Vergeben Sie in den Feldern **Linker Rand** ❺ und **Rechter Rand** ❻ jeweils den Wert »0,3 cm«. Das sollte für ausreichenden Abstand zum Rand sorgen.

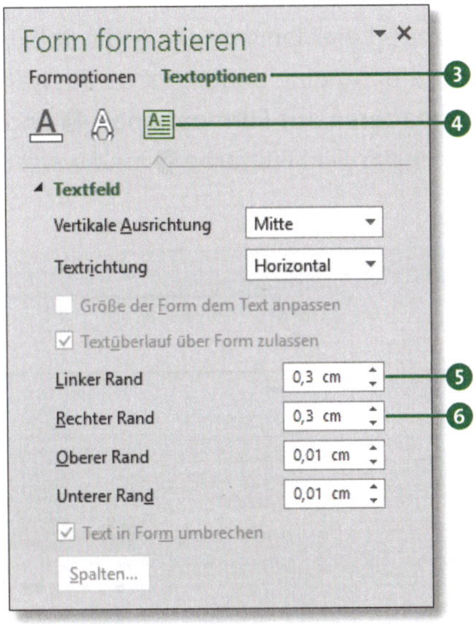

5 Passen Sie die Farben der Form an, indem Sie auf **Farben ändern** (**SmartArt-Design > SmartArt-Formatvorlagen**) klicken. Wie wäre es beispielsweise mit **Farbige Füllung – Akzent 2**? Auf diese Weise beeinflussen Sie stets das gesamte Diagramm.

16

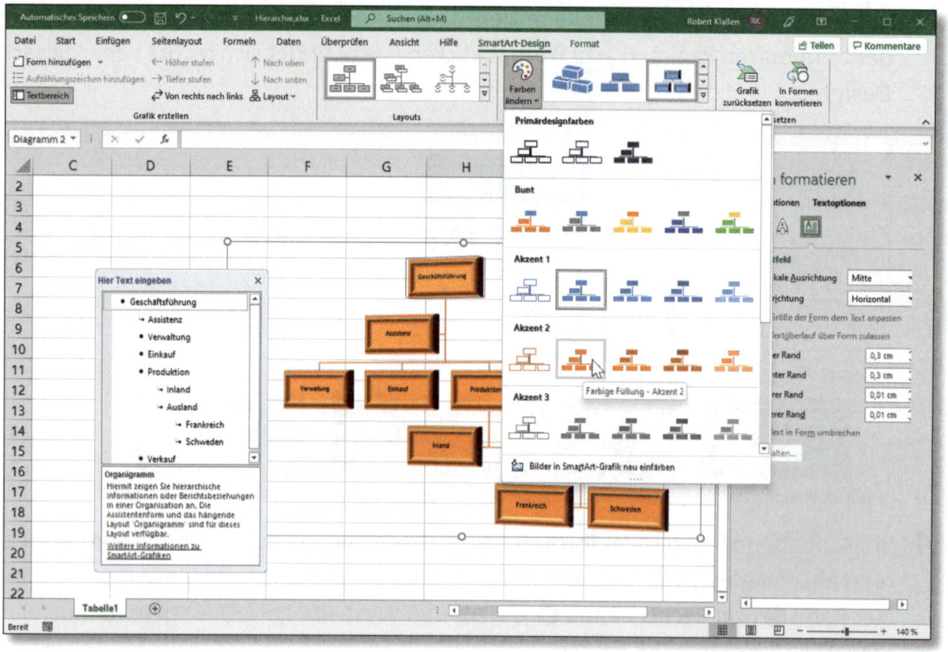

6 Wenn Sie einzelne Formen andersfarbig gestalten möchten, können Sie, während Sie `Strg` drücken, die Formen markieren, die verändert werden sollen (z. B. die Reihe **Verwaltung**, **Einkauf**, **Produktion** und **Verkauf**), und dann eine andere Farbe auswählen. Klicken Sie nun im Aufgabenbereich **Form formatieren** auf **Formoptionen** ❼ und anschließend auf das Symbol **Füllung** ❽. Öffnen Sie das Feld **Füllfarbe** ❾, und weisen Sie die gewünschte Farbe zu.

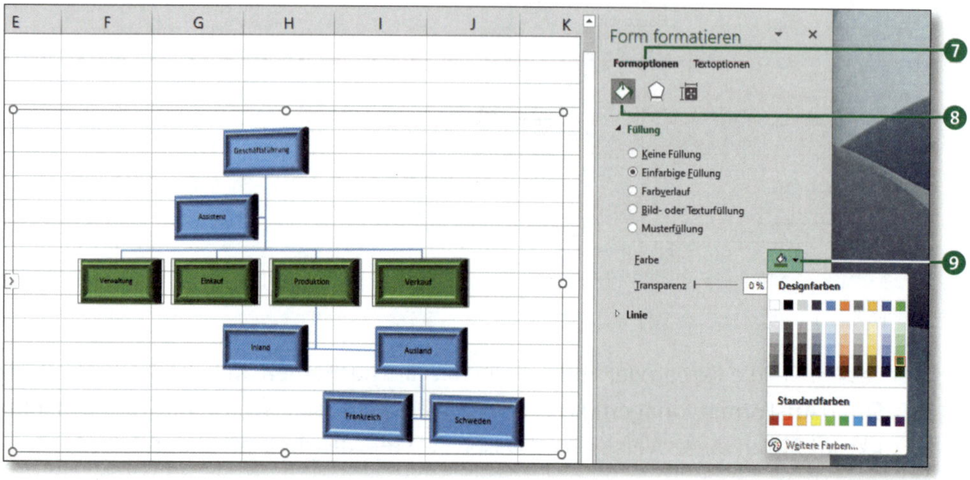

Die Datei *Hierarchie-fertig.xlsx* im Ordner *Ergebnisse* der Beispieldateien zeigt Ihnen, wie die hierarchische Struktur nach der Bearbeitung aussieht.

INFO

Form markieren

Sie müssen stets daran denken, dass Sie die Form markieren müssen, um Änderungen an ihr vorzunehmen. Klicken Sie daher immer an den Rand oder an eine Ecke einer Form. Wenn Sie den Mausklick mittig platzieren, wählen Sie damit lediglich das Textfeld der Form aus.

Weitere Optionen zur Diagrammgestaltung

An dieser Stelle werden wir uns noch einige Optionen ansehen, die die Arbeit in Sachen Diagrammgestaltung optimieren und erleichtern.

- **Vereinfachte Texteingabe**

  Um den Text innerhalb einer Form zu ändern, können Sie diesen mit einem Dreifachklick versehen. Daraufhin werden die Formeigenschaften (z.B. 3D) temporär aufgehoben. Wenn Sie das nicht möchten (z.B. weil Sie lieber Schrift und Form gemeinsam begutachten möchten), klicken Sie auf den Pfeil links am Rahmen des Diagramms ❶. Weist der Pfeil anschließend nach links, wird neben dem Diagramm der bereits bekannte Dialog angezeigt, mit dessen Hilfe die Änderung von Texten ruckzuck erledigt werden kann. Wenn der Pfeil jedoch nach rechts zeigt, ist der besagte Dialog geschlossen.

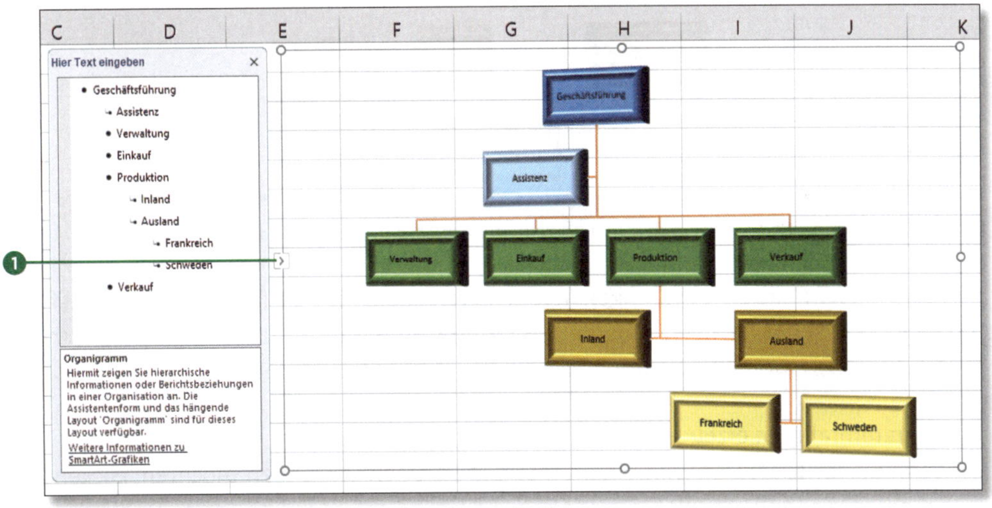

Abbildung 16.11 *Passen Sie Texte bei Bedarf mithilfe eines zusätzlichen Dialogs an.*

Klicken Sie zum Bearbeiten der Beschriftungen im Dialog den entsprechenden Punkt an, und beginnen Sie mit Ihren Änderungen. Klicken Sie einfach auf eine leere Zelle, sobald Sie Ihre Eingabe abgeschlossen haben. Über den Pfeil können Sie dann auch wieder den Dialog ausblenden.

16

- **Größe individuell anpassen**
  Um eine einzelne Form unabhängig von allen anderen in der Höhe oder Breite verändern zu können, muss diese (nicht deren Text!) vorab markiert werden. Schauen Sie genau hin, denn es wird lediglich ein schmaler grauer Rahmen angezeigt. Rufen Sie nun den Aufgabenbereich **Form formatieren** auf, beispielsweise über den nach unten weisenden Pfeil an der Gruppe **WordArt-Formate** der Registerkarte **Format**. Aktivieren Sie hier die **Formoptionen**, und klicken Sie auf **Größe und Eigenschaften** ❷. Geben Sie die gewünschten Werte in die Felder **Höhe** und **Breite** (Bereich: **Größe**) ein. Machen Sie das, ohne dass eine Form markiert ist, verändern Sie damit alle Formen gemeinsam.

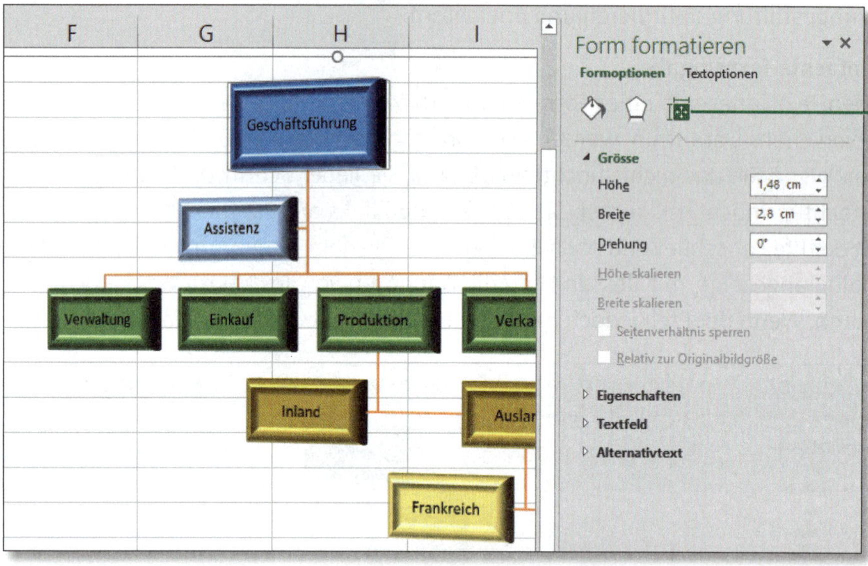

Abbildung 16.12 Formen lassen sich einzeln, aber auch gemeinsam in der Größe verändern.

Sie sehen: Wir hätten im vorangegangenen Workshop auch die Form der Geschäftsführung unabhängig von allen anderen verbreitern können, ohne dass die anderen Kacheln mit angepasst worden wären.

- **Diagrammrahmen erzeugen**
  Wenn Sie Ihr Diagramm mit einem farbigen Rahmen umranden möchten, klicken Sie auf eine freie Stelle des Rahmens (nicht auf einen Text oder eine Form). Dadurch wird der Rahmen markiert. Als Nächstes klicken Sie auf **Formkontur** in der Gruppe **Formenarten** der Registerkarte **Format**. Wählen Sie im Auswahlmenü im Bereich **Designfarben** gegebenenfalls eine Farbe aus und über die Option **Striche** die Art des Rahmens. Weisen Sie den gewünschten Rahmen per Klick zu.

- **Grafik zurücksetzen**
  Sie möchten mit der Gestaltung des Diagramms lieber noch einmal ganz von vorn beginnen, ohne dabei das Diagramm selbst zu verlieren? Kein Problem. Dann klicken Sie

auf die Schaltfläche **Grafik zurücksetzen** in der Gruppe **Zurücksetzen** der Registerkarte **SmartArt-Design**. Sämtliche grafischen Formatierungen werden daraufhin entfernt, die eigentliche Struktur des Diagramms bleibt jedoch erhalten.

16.7 Tabellendokumente: kreative oder sachliche Gestaltung?

Sie müssen sich bei der Gestaltung von Tabellen und den dazugehörigen Elementen immer wieder eine Frage beantworten, nämlich: Was will ich mit meiner Tabelle zum Ausdruck bringen? Damit sind nicht die Zahlen, Resultate oder Schlussfolgerungen gemeint, sondern das »Drumherum«. Dabei ist besonders wichtig: Welchen Stellenwert hat die Tabelle? Präsentiere ich den Kassenbestand des Kegelklubs, oder benötige ich einen Investitionskredit von der Bank? Werde ich kreativ, oder bleibe ich doch lieber sachlich? Wobei das eine das andere nicht zwangsläufig ausschließt.

Analysieren Sie Ihre Zielgruppe. Der Sachbearbeiter einer Bank ist daran interessiert, sich schnell einen möglichst umfassenden Überblick über Ihre Aufstellungen zu verschaffen. Er kann auf ClipArts, Verläufe und kräftige Hintergrundfarben gut verzichten. Schlimmer noch, sie sind Schnickschnack, der zum Ausdruck bringen könnte, dass Sie sich weniger mit dem Wesentlichen als vielmehr mit Nutzlosem befasst haben – und dass Sie Ihre Zeit nicht effektiv nutzen sowie Ihre Ziele nicht konsequent umsetzen.

Das heißt nicht, dass Sie die Kopfzeile der Tabelle nicht mit einer Hintergrundfarbe ausstatten sollen. Das schließt auch nicht die Verwendung sachlicher Grafiken aus. Ein kleines Häkchen oder Ausrufezeichen an einer wichtigen Stelle ist durchaus erlaubt, doch bleiben Sie immer sachlich – und halten Sie dem viel zitierten Grundsatz die Treue, der da heißt: »Weniger ist mehr!«

Zeigen Sie Fakten, heben Sie Wichtiges von weniger Wichtigem ab – aber mit klaren Konturen und nicht mit lustigen Grafiken. Sie müssen auch immer bedenken, dass der Mitarbeiter einer Bank, der sich zweifellos mit Tabellen bestens auskennt, ein geschultes Auge für das Wesentliche hat und Sie anhand einer Tabelle schon ein bisschen einschätzen kann. Er merkt, wenn jemand planlos an die Sache herangegangen ist. »Hat der Gestalter mal nichts drauf, macht er erst mal 'nen Verlauf!« – dies bewahrheitet sich auch in Excel. Und das erkennt Ihr Gegenüber.

16.8 Mit umfangreichen Tabellendokumenten arbeiten

Je umfangreicher ein Tabellendokument wird, desto schwieriger ist es auch, sich darin zurechtzufinden. Die folgenden Tipps und Empfehlungen sollen Ihnen dabei helfen, die Übersicht in Ihren Arbeitsmappen zu behalten. Häufig sind es nur kleine Details, die eine reine Datenflut innerhalb einer Tabelle in eine anschauliche und vor allem verständliche Datensammlung verwandeln. Sie sollten sich daher immer auch Gedanken über die Darstellung Ihrer Daten machen.

Tabellenblätter benennen

Wenn Sie mit mehreren Tabellenblättern arbeiten, sollten Sie sich die Mühe machen, diese zu benennen. Auf diese Weise können Sie sie leicht unterscheiden und schnell das richtige Blatt anwählen.

1. Fügen Sie ein Tabellenblatt hinzu, indem Sie auf das Plussymbol ❶ im Fuß des aktuellen Tabellenblatts klicken.
2. Klicken Sie mit rechts auf den Namen des Tabellenblatts, und entscheiden Sie sich im Kontextmenü für die Option **Umbenennen**.
3. Daraufhin wird der Name des Tabellenblatts markiert. Geben Sie den neuen Namen ein. Alternativ können Sie die Umbenennung auch mit einem Doppelklick auf den Namen des Tabellenblatts ❷ durchführen.

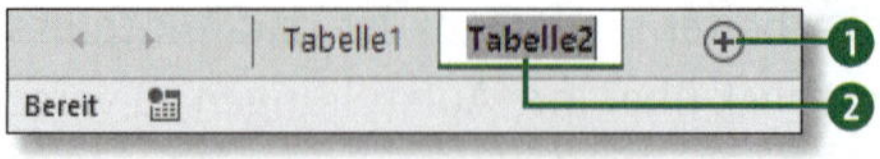

Weitere Hinweise zum Umgang mit Tabellenblättern finden Sie in Abschnitt 14.2, »Grundlagen zur Arbeit mit Arbeitsmappen und Tabellenblättern«, ab Seite 411.

Kopf- und Fußzeile hinzufügen

Fügen Sie Ihren Tabellenblättern eine Kopf- und eine Fußzeile hinzu. Darin wird beispielsweise Ihr Name, Ihre Adresse, Telefonnummer, E-Mail-Adresse usw. vermerkt, damit man bei Rückfragen Kontakt mit Ihnen aufnehmen kann. Außerdem sollten Sie jedes einzelne Tabellenblatt auch als das Ihre kennzeichnen – falls auf dem Tisch des Sachbearbeiters einmal etwas durcheinandergerät. Sortieren Sie die Tabellenblätter, indem Sie Seitenzahlen vergeben – zumindest dann, wenn mehrere Tabellenblätter weitergegeben werden.

1. Es gibt mehrere Möglichkeiten, eine Kopf- und Fußzeile in Excel einzufügen. Sofern Sie sich in der Ansicht **Normal** oder **Umbruchvorschau** (**Ansicht > Arbeitsmappenansichten**) befinden, klicken Sie auf die Schaltfläche **Kopf- und Fußzeile** in der Gruppe **Text** der Registerkarte **Einfügen**.

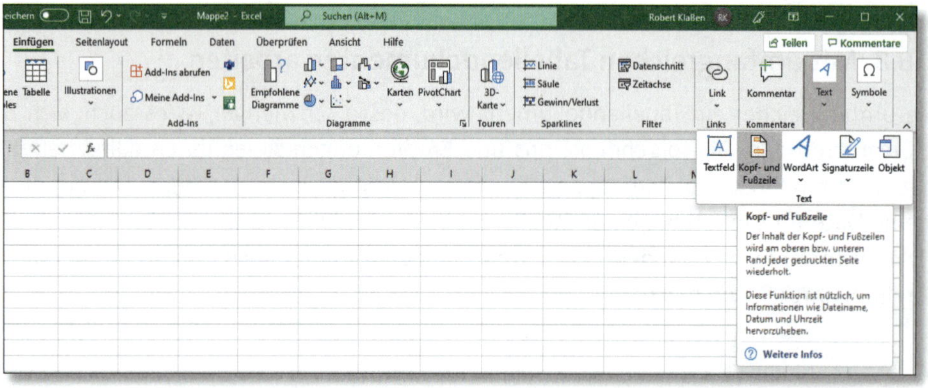

Sollten Sie sich in der Ansicht **Seitenlayout** befinden, sehen Sie oben auf dem Tabellenblatt einen Hinweis ❸, über den sich die gewünschte Kopfzeile hinzufügen lässt. Gleiches gilt für die Fußzeile.

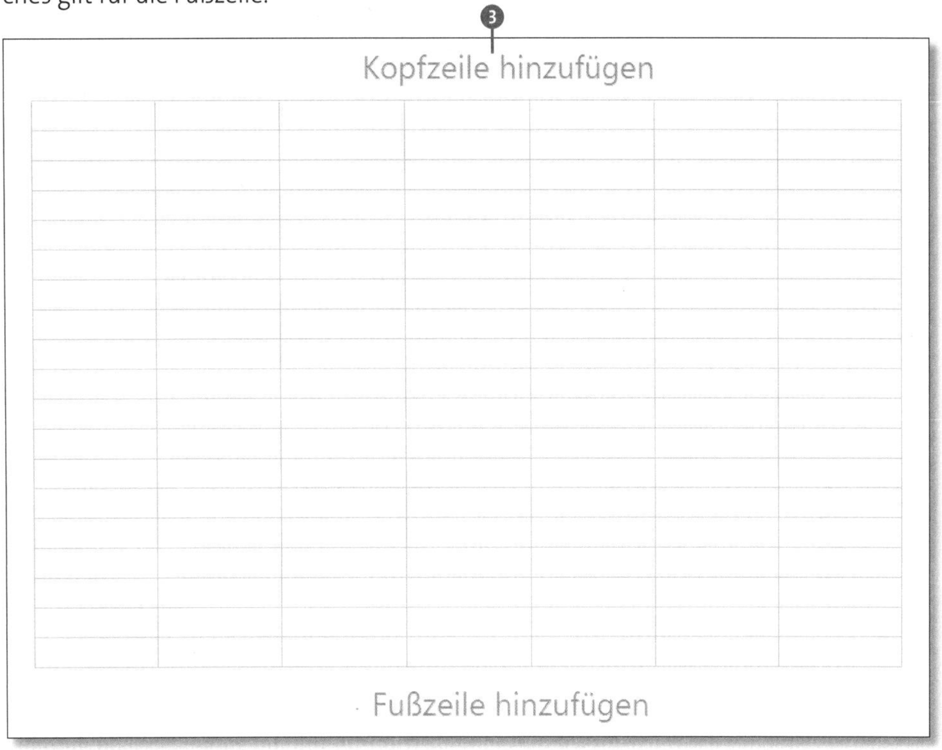

2 Kopf- und Fußzeilen bestehen zunächst einmal aus einer einzeiligen Tabelle mit drei Spalten. Platzieren Sie die Einfügemarke an der Position, an der entsprechende Elemente (z. B. Name und Adresse) eingefügt werden sollen. Tragen Sie Text ein, den Sie mithilfe der Schaltflächen der Minisymbolleiste oder der Registerkarte **Start** gestalten können.

3 Weitere Elemente lassen sich einfügen, indem Sie auf die Schaltflächen im Bereich **Kopf- und Fußzeilenelemente** der Registerkarte **Kopf- und Fußzeile** klicken. Diese Registerkarte ist übrigens nur sichtbar, wenn Sie sich innerhalb einer Kopf- oder Fußzeile befinden. Möchten Sie zwischen Kopf- und Fußzeile wechseln, gehen Sie auf die Schaltfläche **Zu Kopfzeile wechseln** oder **Zu Fußzeile wechseln** – je nachdem, wo Sie sich gerade befinden.

4 Eine Seitenzahl ist übrigens oft im mittleren Feld der Fußzeile gut aufgehoben. Nachdem Sie die Einfügemarke in dieses Feld gesetzt haben, wählen Sie **Seitenzahl** in **Kopf- und Fußzeilenelemente**. Ein alternativer Weg ergibt sich, wenn Sie in der Gruppe **Kopf- und Fußzeile** des gleichnamigen Registers auf die Schaltfläche **Fußzeile** gehen und im Menü die Option **Seite 1** oder **Seite 1 von ?** wählen. Letzteres bewirkt, dass die Gesamtanzahl aller Seiten stets mit ausgegeben wird.

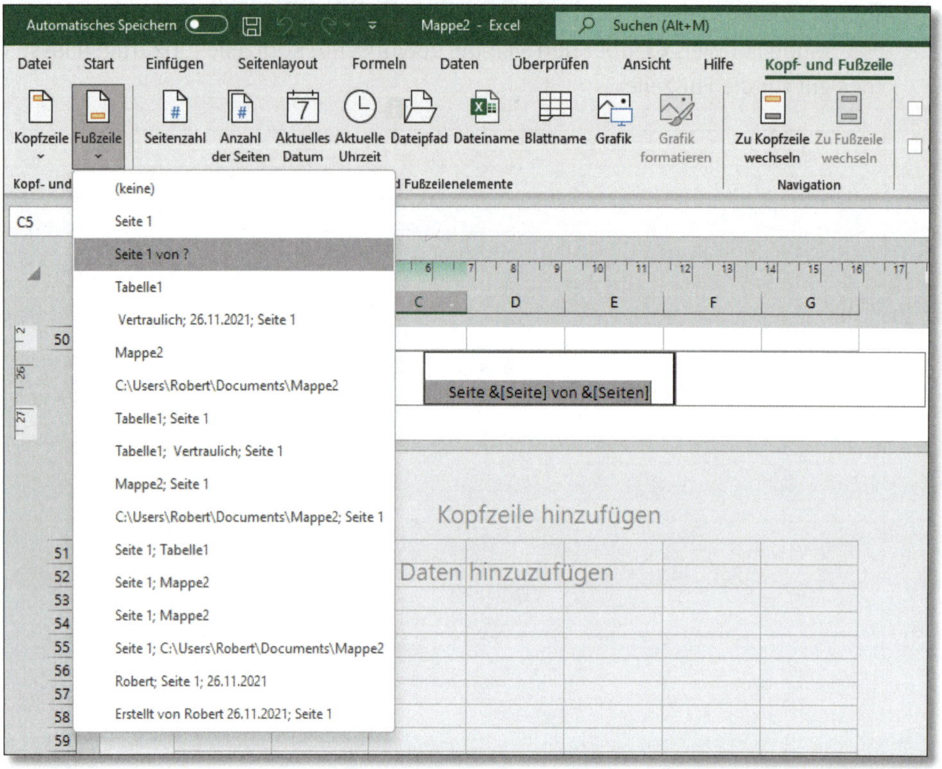

5 In diesem Zusammenhang ist nichts gegen ein Unternehmenslogo in der Kopfzeile einzuwenden. Wählen Sie die Kopfzeilenzelle aus, in der das Logo platziert werden soll, und klicken Sie auf die Schaltfläche **Grafik** in der Gruppe **Kopf- und Fußzeilenelemente** der Registerkarte **Kopf- und Fußzeile**. Im Folgedialog klicken Sie in der Zeile **Aus einer Datei** auf **Durchsuchen** und binden die gewünschte Logo-Grafik ein.

6 Es ist zu empfehlen, die Grafik bereits vorab in der richtigen Größe anzulegen. Sie können zwar Grafiken auch später noch in Excel über die Schaltfläche **Grafik formatieren** anpassen, Sie haben jedoch dann keinen Einfluss mehr auf Qualitätseinstellungen bei der Grafik.

Änderungen an einem Bild oder einer Grafik sollten Sie idealerweise in einem Grafik- oder Bildbearbeitungsprogramm (z. B. *Adobe Illustrator*, *Adobe Photoshop* oder *Photoshop Elements*) vornehmen. Beachten Sie auch, dass ein qualitativ hochwertiger Druck am heimischen Tintenstrahldrucker nur dann gewährleistet ist, wenn die Bilddatei mindestens 220 Pixel pro Inch (ppi) groß ist.

Die Registerfarbe ändern

Bei der Arbeit mit vielen Tabellenblättern ist es hilfreich, thematisch zusammenhängende Register farbig zu kennzeichnen. So kann man bestimmte Bereiche einer umfangreichen Arbeitsmappe besser auseinanderhalten.

1 Markieren Sie das Register, dessen Farbe Sie ändern wollen. Sie dürfen auch mehrere Register auswählen, indem Sie [Strg] gedrückt halten und dann jedes einzelne Register mit einem Mausklick markieren.

2 Anschließend lassen Sie [Strg] los und klicken noch einmal mit rechts auf eines der markierten Register.

3 Klicken Sie im Kontextmenü zunächst auf **Registerfarbe**, und wählen Sie nun die entsprechende Farbe im Menü aus.

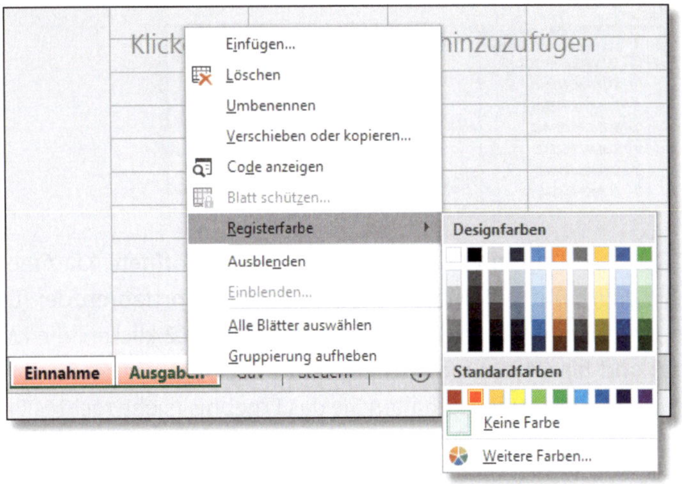

Falls Sie eine zugewiesene Farbe später wieder verwerfen wollen, gehen Sie ebenso vor wie beschrieben, wählen nun aber im Menü die Option **Keine Farbe**.

Tabellenblätter verknüpfen

Eine überaus interessante Funktion im Zusammenhang mit mehreren Tabellenblättern ist deren Verknüpfung. Dadurch wird es möglich, Ergebnisse aus verschiedenen Tabellenblättern auszulesen und in einem anderen zusammenzufügen.

1 Öffnen Sie die Arbeitsmappe *Gewinne-Verluste.xlsx* aus dem Ordner *16* der Beispieldateien. Sie besteht aus insgesamt drei Tabellenblättern. Auf dem ersten Tabellenblatt (**Einnahmen**) finden Sie die Einnahmen der drei im Unternehmen befindlichen Werke. Das Tabellenblatt **Ausgaben** weist folgerichtig die Verbindlichkeiten der einzelnen Werke aus. Sämtliche Felder bzw. Zellen, in denen Beträge aufgeführt sind, wurden übrigens mit dem Zahlenformat **Währung** definiert (**Start > Zahl > Zahlenformat**).

   Unsere Aufgabe besteht nun darin, den Gesamtgewinn (also Einnahmen minus Ausgaben) aller Werke gemeinsam auf dem Blatt **GewinneVerluste** zu ermitteln.

2 Begeben Sie sich zunächst auf das erste Tabellenblatt, also **Einnahmen**. Hier müssen die Gewinne addiert werden. Dazu selektieren Sie Feld **C6** und tippen »=sum« ein.

Sobald **SUMME** angeboten wird, betätigen Sie [↹]. Damit übernehmen Sie die Summenformel.

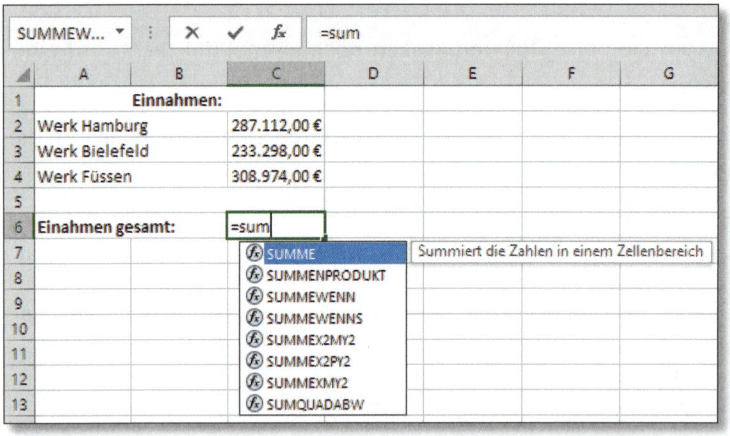

3 Da durch das Betätigen von [↹] innerhalb der Formel eine geöffnete Klammer erzeugt wird, können Sie gleich mit dem Markieren jenes Bereichs fortfahren, der für die Bildung der Summe vorgesehen ist. Das heißt: Sie müssen auf **C2** klicken, die Maustaste gedrückt halten und bis **C4** herunterziehen. Dort angelangt, lassen Sie los. Sobald Sie das Ganze mit [↵] bestätigen, erhalten Sie das Ergebnis (siehe rechtes Bild in der folgenden Abbildung).

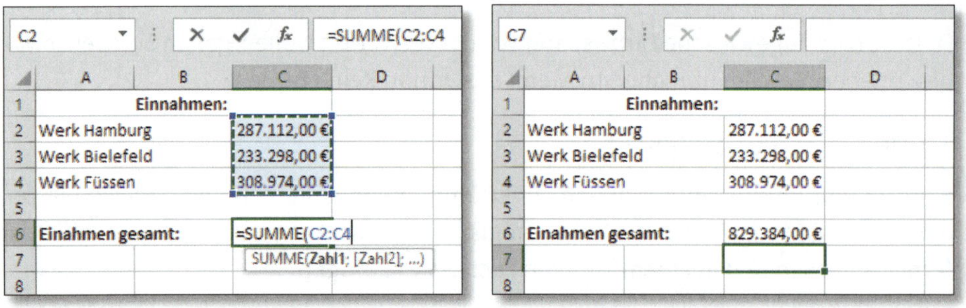

4 Dasselbe müssen Sie nun mit den Ausgaben im gleichnamigen Tabellenblatt machen. Hier noch einmal auf die Schnelle die einzelnen Schritte: 1. Feld **C6** markieren, 2. »=sum« eingeben, 3. [↹] drücken, 4. Zellen **C2** bis **C4** markieren, 5. [↵] drücken.

5 Damit verfügen Sie bereits über ein Einnahme- sowie ein Ausgabeergebnis. Es ist Zeit, auf das Tabellenblatt **GewinneVerluste** zu wechseln.

6 Markieren Sie hier zunächst das Feld **C1**. Darin werden nun die Gesamteinnahmen benötigt. Teilen Sie Excel mit, dass darin eine Berechnung stattfinden soll, indem Sie »=« eingeben.

7 Jetzt springen Sie zum Tabellenblatt **Einnahmen**, markieren dort Feld **C6** und drücken [↵]. Sie sehen, dass nun ein automatischer Wechsel zum Blatt **GewinneVerluste** folgt und die Gesamteinnahmen aller drei Werke im Feld **C1** auftauchen. Excel hat sogar freundlicherweise bereits das nächste Feld markiert (nämlich **C2**).

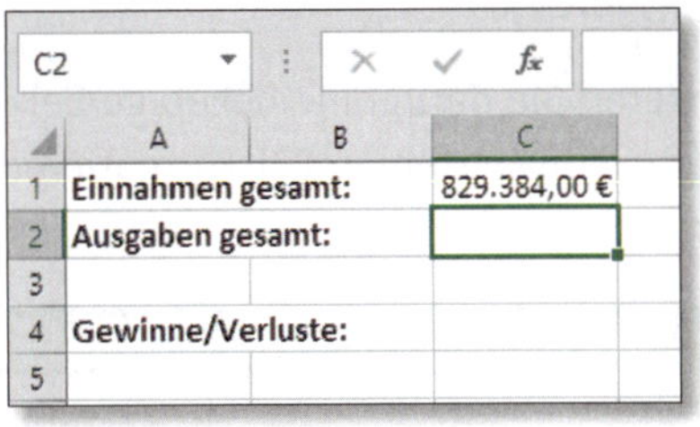

8 Wir können also direkt dafür sorgen, dass in **C2** die Ausgaben integriert werden. Klar, das ist kein Problem mehr: 1. Gleichheitszeichen eintippen, 2. auf Tabellenblatt **Ausgaben** gehen, 3. Feld **C6** markieren, 4. [↵] drücken – fertig.

9 Na ja, ganz fertig sind wir noch nicht. Wir müssen noch dafür sorgen, dass die Gewinne und Verluste ermittelt werden. Aber das ist ein Kinderspiel. Klicken Sie im Tabellenblatt **GewinneVerluste** auf **C4**. Geben Sie »=« ein, und klicken Sie auf **C1**. Danach tippen Sie ein Minuszeichen ein und klicken auf **C2**. Bestätigen Sie mit [↵].

10 Markieren Sie, falls gewünscht, noch einmal die Zelle **C4**, und schauen Sie sich die Formel ❶ in der Bearbeitungsleiste an.

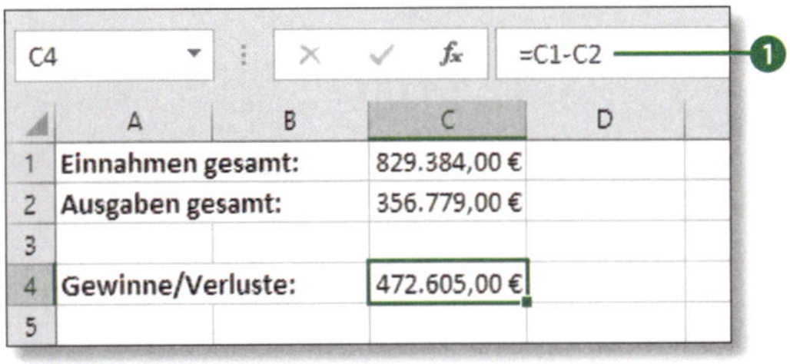

Das Resultat dieses Workshops, die Beispieldatei *Gewinne-Verluste-fertig.xlsx*, finden Sie im Ordner *Ergebnisse*.

> INFO
>
> **Ergebnisse korrigieren**
>
> Excel wäre nicht Excel, wenn fortan nicht alle Felder automatisch aktuell gehalten würden. Sollten Sie also den Gewinn oder Verlust eines Werkes auf einem Datenblatt auch nur um einen einzigen Euro korrigieren, fällt auch das Ergebnis in den Gewinnen und Verlusten entsprechend anders aus. Auch die dortigen **Einnahmen gesamt** (**C1**) oder **Ausgaben gesamt** (**C2**) würden aktualisiert.

Arbeitsmappen verknüpfen

Sie können aber nicht nur Tabellenblätter miteinander verknüpfen, sondern auch verschiedene Arbeitsmappen. Wenn Sie also, um beim Beispiel zu bleiben, die Ergebnisse verschiedener Unternehmen auf einer Gewinn- und Verlustrechnung für den gesamten Konzern benötigen, können Sie jedes Feld (hier bietet sich das Feld **C3** des **GewinneVerluste**-Tabellenblatts an) in ein komplett neues Excel-Dokument einpflegen.

1 Erzeugen Sie ein neues Excel-Dokument. Markieren Sie darin eine beliebige Zelle (in der das Ergebnis des Ursprungsdokuments erscheinen soll – hier: **B3**). Formatieren Sie die Zelle als **Währung** (**Start > Zahl > Zahlenformat**).

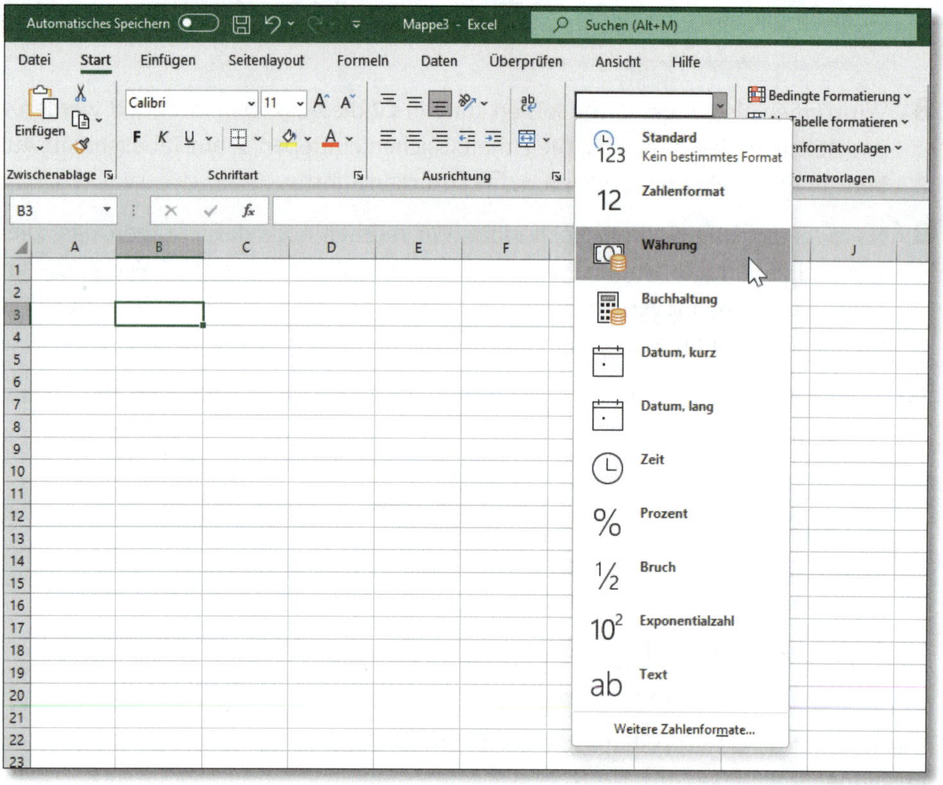

2 Tippen Sie zunächst ein Gleichheitszeichen ein.

3 Öffnen Sie nun das Dokument *Gewinne-Verluste-fertig.xlsx* aus dem Ordner *Ergebnisse* der Beispieldateien, und klicken Sie auf die Zelle, deren Inhalt übernommen werden soll. In diesem Fall ist also **C4** des Arbeitsblatts **GewinneVerluste** gemeint. Bestätigen Sie mit [↵].

4 Nun erfolgt der automatische Wechsel zum Ausgangsdokument, also zu unserem neu erstellten Dokument, in dem die Anwendung die nächste Zelle bereits markiert hat. Klicken Sie aber bitte zum besseren Verständnis auf die Ursprungszelle (also auf jene, die den übernommenen Wert aus dem Dokument *Gewinne-Verluste-fertig.xlsx* enthält), und werfen Sie einen Blick auf die Bearbeitungsleiste. Sie sehen hier den Namen des Dokuments in eckigen Klammern, daneben die Bezeichnung des Arbeitsblatts und zuletzt die Zellenbezeichnung.

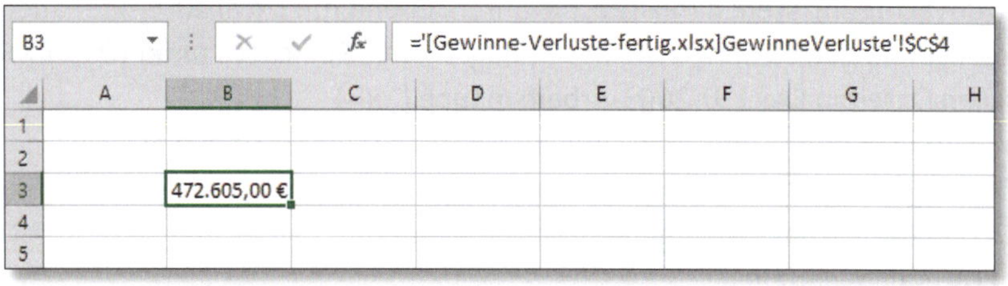

Sollte sich am Inhalt der Quellarbeitsmappe etwas ändern, wird der Wert in der Zielarbeitsmappe ebenfalls automatisch angepasst. Das erfolgt ohne jegliches Zutun Ihrerseits. Die Änderungen müssen nicht einmal zuvor im Quelldokument gespeichert werden.

16.9 Tabellendokumente speichern, drucken und veröffentlichen

Sobald Sie die Arbeit an Ihren Excel-Dokumenten abgeschlossen haben, sollten Sie sie zunächst natürlich speichern. Ihnen stehen danach verschiedene Möglichkeiten zur Verfügung, Ihr Dokument auszudrucken. Die wichtigste: Teilen Sie Excel mit, welcher Bereich gedruckt werden soll.

Dokumente speichern

Natürlich müssen Excel-Dokumente von Zeit zu Zeit gespeichert werden. Zwar läuft die Anwendung in der Regel absolut stabil, doch man weiß ja nie. Kommt es zum Absturz, sind möglicherweise die Daten seit der letzten automatischen Speicherung der Anwendung verloren. Nutzen Sie daher in regelmäßigen Abständen die Schaltfläche **Speichern** in der Symbolleiste für den Schnellzugriff, um Ihre Arbeit vor Datenverlust zu schützen.

16

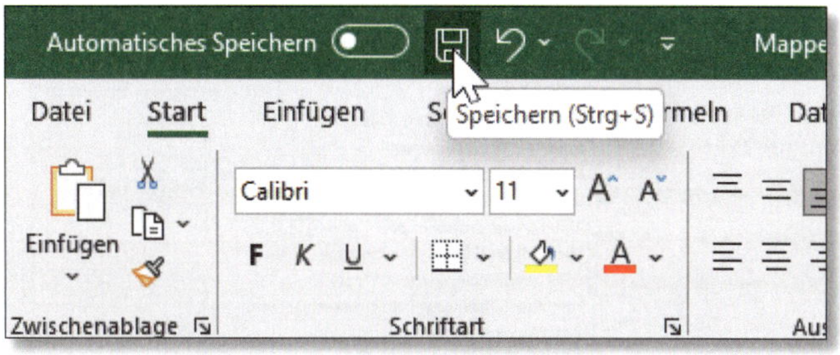

Abbildung 16.13 *Trotz automatischer Sicherung schadet es nicht, von Zeit zu Zeit einmal manuell nachzuspeichern.*

Alternativ können Sie zum Speichern des Dokuments auch die Tastenkombination Strg + S nutzen. Sollten Sie das Dokument bislang noch nicht gespeichert haben, gelangen Sie in das Dialogfenster **Speichern unter** und müssen zunächst einen Dateinamen und einen Speicherort festlegen. Bestätigen Sie danach mit einem Klick auf **Speichern**.

Für ältere Anwendungen speichern

Das aktuelle Format für Excel-Dokumente trägt die Dateiendung *.xlsx*. Sollten Sie jedoch Dokumente zur Verfügung stellen müssen, die anschließend mit Excel 2003 oder älter verarbeitet werden, benutzen Sie innerhalb des Dialogfensters **Speichern unter** (**Datei > Speichern unter**) den Dateityp **Excel 97-2003-Arbeitsmappe (*.xls)**.

Sie sollten hierbei allerdings berücksichtigen, dass nicht alle Optionen aus Excel in dieses Dateiformat übertragen werden können. Sollten Sie bereits vorher wissen, dass Sie das Dokument in diesem Format weitergeben werden, empfiehlt es sich, das gesamte Dokument in dem Format zu erstellen.

Speicheroptionen festlegen

Falls Sie häufig das alte Speicherformat benutzen müssen, können Sie dieses auch in den Optionen vorwählen. Dann müssen Sie das Format im Dialogfenster **Speichern unter** nicht jedes Mal händisch selektieren. Klicken Sie dazu auf die Registerkarte **Datei**, und wählen Sie in der Backstage-Ansicht die Rubrik **Optionen**. Klicken Sie im Dialog **Excel-Optionen** links auf die Rubrik **Speichern**. Im Feld **Dateien in diesem Format speichern** lässt sich nun das bevorzugte Ausgabeformat selektieren. Vergessen Sie nicht, die Auswahl mit **OK** zu bestätigen.

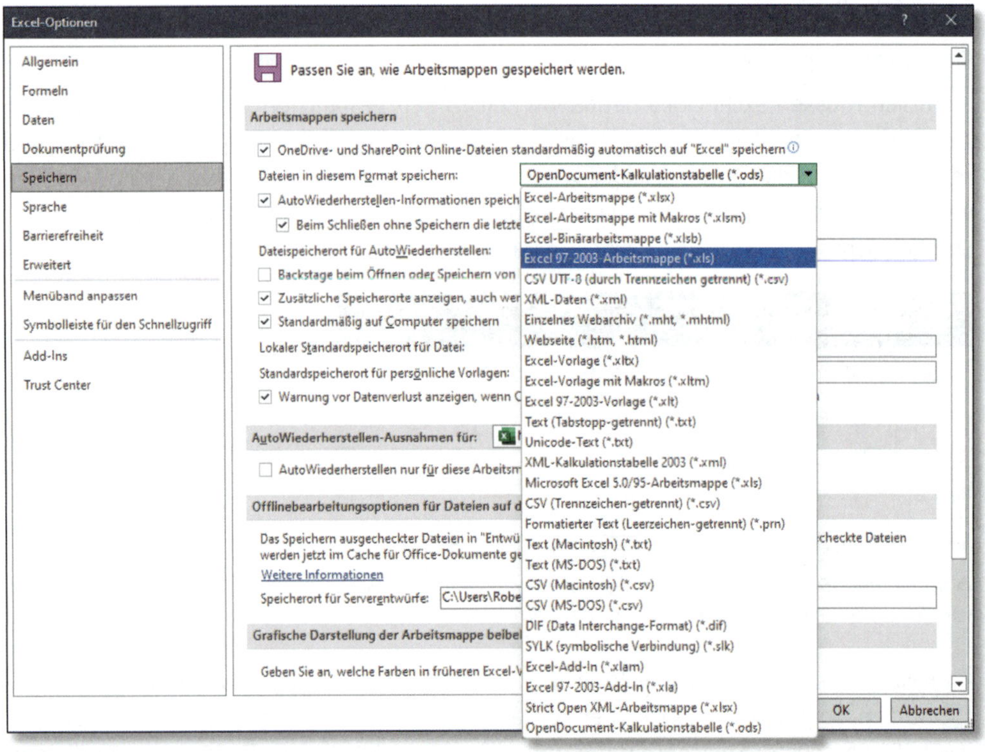

Abbildung 16.14 *Hier können Sie das bevorzugte Format einstellen.*

Dokumente drucken

Ein Dokument lässt sich mit Strg+P ausdrucken. Sie müssen den Dialog **Drucken** mit ↵ bestätigen. Alternativ können Sie mit einem Klick auf die Registerkarte **Datei** in die Backstage-Ansicht wechseln und dort die Rubrik **Drucken** wählen. Klicken Sie auf die Schaltfläche **Drucken** ❶, wird das Dokument mit den vorgegebenen Einstellungen ausgegeben. Möchten Sie diese ändern, dann klicken Sie beispielsweise auf den ausgewählten Drucker, sofern Sie einem anderen zur Verfügung stehenden Gerät den Vorzug geben wollen. Mit einem Klick auf **Druckereigenschaften** ❷ legen Sie die Parameter für den Drucker fest (z. B. Papiersorte und Qualität).

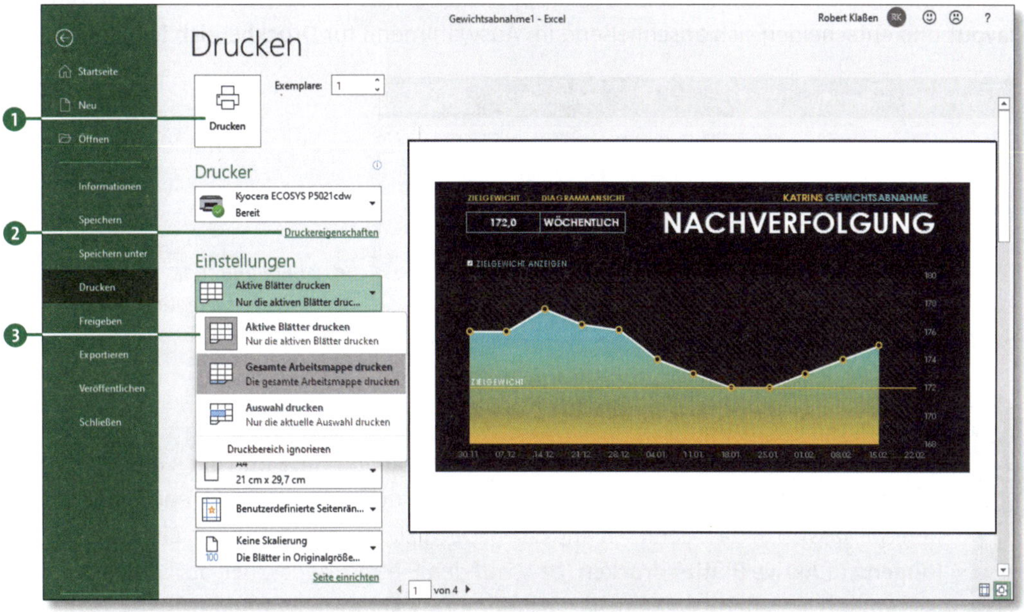

*▲ **Abbildung 16.15** Auf den ersten Blick ist im »Drucken«-Dialog nichts zu finden, was es in Word nicht auch gibt – doch das täuscht.*

> **TIPP**
>
> **Beispieldokument**
>
> Wir haben uns in diesem Abschnitt für eine der Standardvorlagen entschieden. Wenn Sie mit dem gleichen Dokument arbeiten wollen, klicken Sie bitte zunächst auf **Datei**, gefolgt von **Neu**. Halten Sie in den Vorlagen nach einer Miniatur Ausschau, die mit **Gewichtsabnahme** betitelt ist.

Wichtiger ist die Einstellung der Blätter. Hier wird standardmäßig **Aktive Blätter drucken** ❸ angeboten, was dafür sorgt, dass nur die gefüllten Tabellenblätter ausgegeben werden. Hier können Sie auch auf **Gesamte Arbeitsmappe drucken** umschalten. Noch wichtiger sind die Einträge **Auswahl drucken** und **Druckbereich ignorieren**, auf die wir im folgenden Abschnitt »Druckauswahl festlegen« zu sprechen kommen werden.

Druckauswahl festlegen

Grundsätzlich gibt Excel ein Tabellenblatt komplett aus. Mitunter möchte man jedoch nur einen Teil des Blatts an den Drucker weitergeben. In diesem Fall müssen Sie, bevor Sie in den Dialog **Drucken** (**Datei > Drucken**) wechseln, die Zellen markieren, die für den Druck relevant sind. Anschließend entscheiden Sie sich im Bereich **Einstellungen** des Dialogs **Drucken** für den Befehl **Auswahl drucken**. In der Druckvorschau auf der rechten Seite sehen Sie, dass jetzt auch nur der zuvor markierte Bereich auf das Blatt übertragen wird.

Falls Sie nicht nur für den aktuellen Druck, sondern generell einen Bereich festlegen möchten, müssen Sie diesen zunächst auf dem Tabellenblatt markieren. Danach klicken Sie auf die Schaltfläche **Druckbereich** in der Gruppe **Seite einrichten** der Registerkarte **Seitenlayout** und entscheiden sich anschließend im Auswahlmenü für **Druckbereich festlegen**.

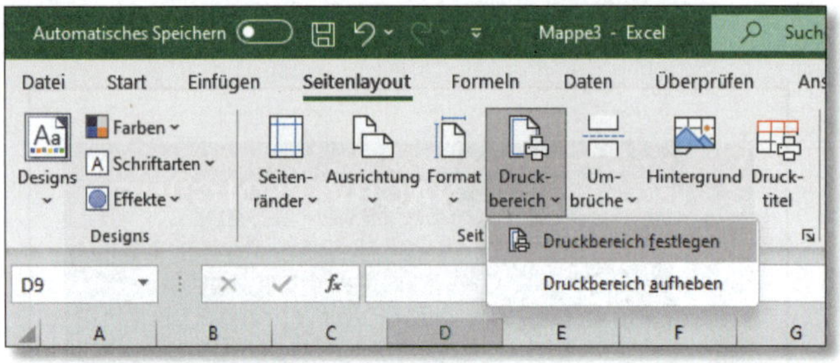

*< **Abbildung 16.16** Definieren Sie einen festgelegten Druckbereich.*

INFO

Druckbereich ignorieren

Sollten Sie später innerhalb des Druckdialogs feststellen, dass nun doch das gesamte Dokument anstelle des vorgegebenen Druckbereichs ausgegeben werden soll, lässt sich das hier noch anpassen. Dazu klicken Sie im Bereich **Einstellungen** auf **Aktive Blätter drucken** (bzw. auf den Eintrag, der aktuell dort gelistet ist). Im Aufklappmenü wählen Sie die Option **Druckbereich ignorieren**. In der Druckvorschau rechts wird daraufhin wieder das gesamte Blatt angezeigt.

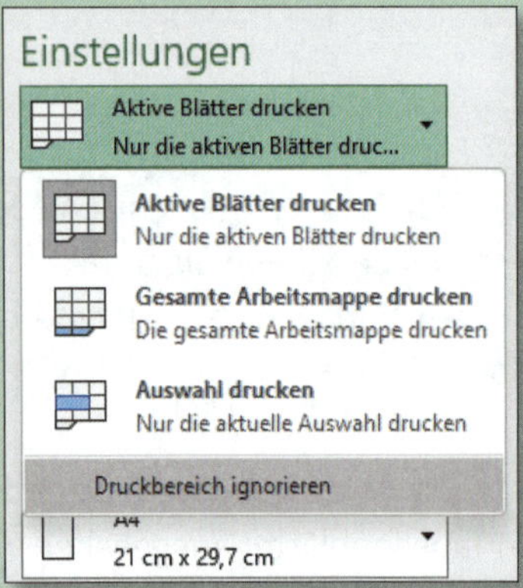

*< **Abbildung 16.17:** Ignorieren Sie bei Bedarf einen zuvor festgelegten Druckbereich.*

Kapitel 17
Mit Formeln und Funktionen arbeiten

Jetzt wird gerechnet, kalkuliert und ausgewertet. Wir werden mit Formeln und Funktionen arbeiten, Zellbezüge realisieren und Testergebnisse auswerten. Denn die Stärken der Tabellenkalkulationssoftware Excel liegen genau in diesem Bereich. Auf geht's. Beginnen wollen wir mit den Operatoren.

17.1 Operatoren, ihre Bedeutung und Rangfolge

Bevor Sie sich mit Excel ans Rechnen begeben, sollten Sie einige Grundlagen verinnerlichen. So ist es z. B. unerlässlich, zu wissen, nach welchen mathematischen Grundregeln Excel vorgeht. Auch der Begriff *Operator* bedarf eventuell noch einer Klärung.

Was sind Operatoren?

Der Begriff Operator (lat.: Bewirker, Macher) hat unterschiedliche Bedeutungen, je nachdem, ob Sie sich im Bereich der Mathematik, der Datenbankanwendung oder der Systemadministration befinden. Generell sind Operatoren jedoch mathematische Verfahren, um eine Berechnung durchzuführen. Die Verfahrensregeln müssen insbesondere in Excel eingehalten werden, da die Anwendung ansonsten nicht »versteht«, was Sie von ihr wollen – und somit auch kein korrektes Ergebnis ausgeben kann.

Bedeutung der Operatoren

Grundsätzlich gibt es verschiedene Arten von Operatoren. Wir unterscheiden:

Bezeichnung	Bedeutung	Beispiel
Arithmetische Operatoren	Mathematische Grundrechnung	**+** = Addition **-** = Subtraktion ***** = Multiplikation **/** = Division % = Division durch 100 zur Erzeugung eines Prozentwertes ^ = Potenzierung (z. B. 2^3 = 2*2*2 – Eingabe: 2^3)

Bezeichnung	Bedeutung	Beispiel
Bezugsoperatoren	Verbindungen von Zellen	: = zusammenhängende Bereiche miteinander verbinden (z. B. A1 bis A6 = A1:A6) ; = nicht zusammenhängende Bereiche miteinander verbinden (z. B. A1;B2;C3) (Leerzeichen) = Schnittmengenbildung (z. B. A1 A2)
Vergleichsoperatoren	Vergleich eines Wertes oder Zustandes mit einem anderen	**>** = größer als **<** = kleiner als **=** = gleich **< >** = ungleich **>=** = größer oder gleich **<=** = kleiner oder gleich
Textoperatoren	Texte miteinander verbinden	& = Textverkettung

^ *Tabelle 17.1* *Die verschiedenen Operatoren und ihre Bedeutung*

Rangfolge der Operatoren – also sprach KlaPoPuS

2*3 = 6. Daran ist nicht zu rütteln. Dass 2+2*3 immer 8 ergibt und nicht 12, liegt daran, dass Punktrechnung grundsätzlich vor Strichrechnung geht – nicht nur in der realen Mathematik, sondern auch in Excel. Wer der Strichrechnung den Vorzug geben möchte, muss also »(2+2)*3« eingeben. In diesem Fall wird zunächst 2+2 berechnet und das Ergebnis im Anschluss mit 3 multipliziert.

Doch in der Mathematik gibt es mehr als nur Punkt- und Strichrechnung. Deswegen sollten Sie sich die Rangfolge gut merken. Zuerst wird grundsätzlich das ausgerechnet, was sich innerhalb von Klammern befindet. Verwenden Sie keine Klammern oder befinden sich mehrere verschiedene Rechenoperatoren innerhalb einer Klammer, gilt: Zweitrangig sind die Potenzen, und an dritter Stelle kommt die Punktrechnung. Erst ganz zum Schluss werden die Strichrechnungen bearbeitet. Wer sich das nicht so gut merken kann – oder möchte, orientiert sich an der sogenannten *KlaPoPuS-Regel*: *Kla* steht dabei für Klammern, *Po* für Potenzierung, *Pu* für Punktrechnung und das finale *S* für die Strichrechnung.

Eingabe von Operatoren

Bei der Eingabe müssen Sie stets darauf achten, Excel mitzuteilen, dass Sie etwas ausrechnen wollen. Würden Sie beispielsweise »2+2« in die Bearbeitungsleiste ❶ eintippen, ginge Excel davon aus, dass genau das, was Sie auch eingegeben haben (also »2+2«), auch in die Zelle ❷ geschrieben werden soll. Damit kann man aber mathematisch nichts anfangen. Erst wenn Sie mit einem Gleichheitszeichen beginnen, »weiß« die Anwendung: »Aha, ich soll eine Berechnung durchführen.« (Weitere Hinweise zur Eingabe finden Sie in Abschnitt 17.4, »Formeln direkt in eine Tabelle eingeben«, ab Seite 519.)

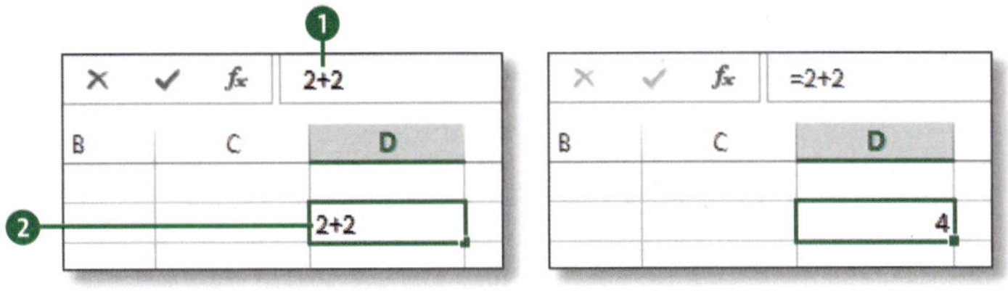

Abbildung 17.1 *Berechnungen beginnen mit einem Gleichheitszeichen.*

17.2 Relative und absolute Zellbezüge

Ein Bezug wird in Excel immer dann hergestellt, wenn Sie eine Formel benutzen. Wenn Sie beispielsweise in Zelle **B4** die Summe aus den Feldern **B1** und **B2** errechnen lassen, wird ein direkter Bezug zwischen **B4** und den Quellzellen (**B1** und **B2**) hergestellt.

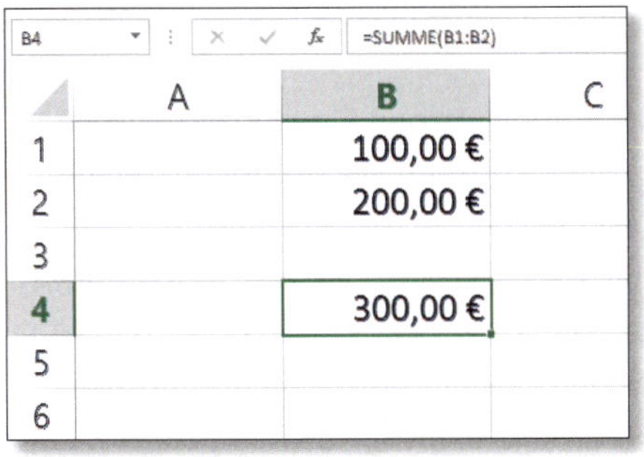

Abbildung 17.2 *Die Zellen stehen in Bezug zueinander.*

Sie können diese Bezüge, sofern für die markierte Zelle einer vorliegt, immer auf einen Blick in der Bearbeitungsleiste erkennen.

Relative Bezüge

Was wird nun passieren, wenn Sie Zeile **2** markieren und dort kurzerhand eine neue Zeile einfügen? Das hätte ja immerhin zur Folge, dass Zelle **B2** plötzlich zu **B3** würde. Die Ergebniszeile wäre zudem fortan **B5**. Ist unsere Rechnung nun dahin? Nein, denn Excel passt auf. Die Bezüge bleiben erhalten. Das wird besonders deutlich, wenn Sie die Zelle **B5** (in der ja jetzt die Summe steht) markieren und in die Bearbeitungsleiste schauen. Denn Excel hat die Formel gewissermaßen korrigiert. Jetzt werden **B1** und **B3** zur Berechnung herangezogen – nicht mehr **B2**. Und das gänzlich ohne Zutun des Anwenders. Das ist bei der Arbeit natürlich zunächst ein Segen.

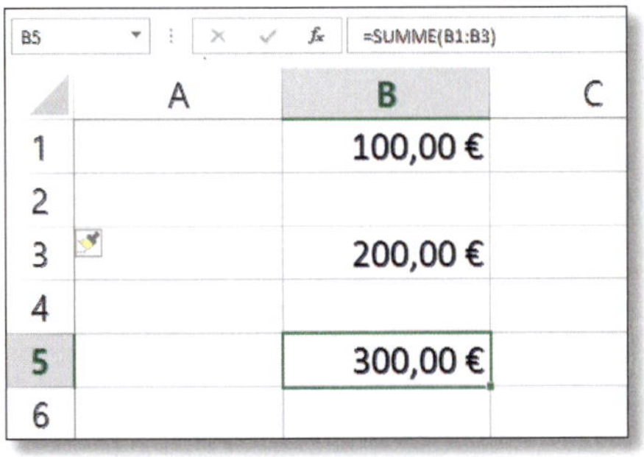

Abbildung 17.3 *Die Berechnung bleibt erhalten.*

Auch dass die Formel selbst von **B4** nach **B5** »gewandert« ist, ist da schon weit weniger verwunderlich. Doch was einerseits ein Segen ist, erweist sich andererseits als Fluch. Dazu gleich mehr.

Absolute Bezüge

Verwenden Sie *absolute Bezüge*, wenn Sie verhindern wollen, dass die Zellenbezeichnungen automatisch aktualisiert werden. Das bedeutet: Sie geben Excel vor, dass immer eine bestimmte Zelle als Quelle dienen soll – niemals eine andere. Wie das in der Praxis funktioniert, schauen wir uns im folgenden Unterabschnitt »Relative Bezüge in der Praxis« an. Dazu müssen Sie allerdings ein wenig Vorarbeit leisten – und versuchen, die Technik zu verstehen, die hinter relativen Bezügen steht.

Relative Bezüge in der Praxis

Um diese Anleitung selbst am Computer nachzuvollziehen, öffnen Sie die Datei *Wochenstunden.xlsx* aus dem Ordner *17* der Beispieldateien (diese können Sie auf der Internetseite zum Buch, *www.rheinwerk-verlag.de/5443*, herunterladen).

In dieser Datei sind, nach Kalenderwochen **01** bis **04** geordnet, die wöchentlichen Arbeitszeiten unseres überaus fleißigen Mitarbeiters Edgar Meyer in Spalte **B** notiert. In Spalte **C** finden Sie die Anzahl der Tage, an denen er in der jeweiligen Woche anwesend war. Unser Bestreben ist es nun, in Spalte **D** anzeigen zu lassen, wie viele Stunden Herr Meyer in der jeweiligen Woche durchschnittlich pro Tag gearbeitet hat.

1 Zunächst einmal müssen wir uns Gedanken um die Formel machen. Wir benötigen eine Division, nämlich die Anzahl der Stunden dividiert durch die Anzahl der Arbeitstage einer Kalenderwoche.

	A	B	C	D
1	**Durchschnittliche Wochenstunden Edgar Meyer**			
2	Vergleich wöchentliche Arbeitszeit mit Anzahl Arbeitstage			
3	KW:	Stunden:	Tage:	Schnitt/Tag:
4	01	42	5	
5	02	46	6	
6	03	33	4	
7	04	38	5	
8				

2 Markieren Sie die Zelle **D4**, und geben Sie ein Gleichheitszeichen in die Bearbeitungsleiste ein. Damit symbolisieren Sie Excel, dass eine Formel folgt. Anschließend klicken Sie auf die Zelle **B4**.

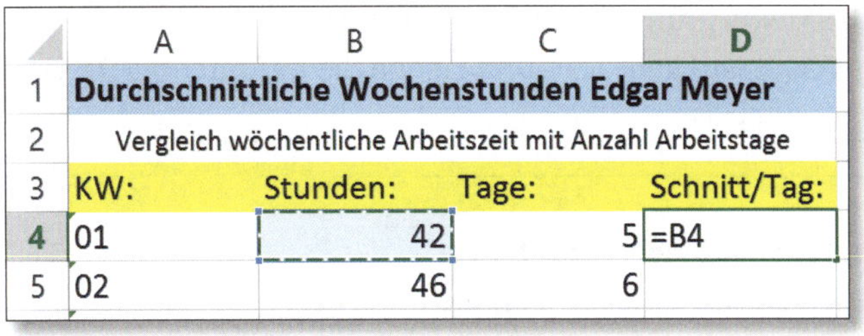

	A	B	C	D
1	Durchschnittliche Wochenstunden Edgar Meyer			
2	Vergleich wöchentliche Arbeitszeit mit Anzahl Arbeitstage			
3	KW:	Stunden:	Tage:	Schnitt/Tag:
4	01	42	5	=B4
5	02	46	6	

3 Als Folge dessen übernimmt Excel **B4** in die Formel. Geben Sie jetzt das Divisionszeichen (/) ein. Danach klicken Sie auf die Zelle **C4**, wodurch auch dieser Wert in die Formel übertragen wird.

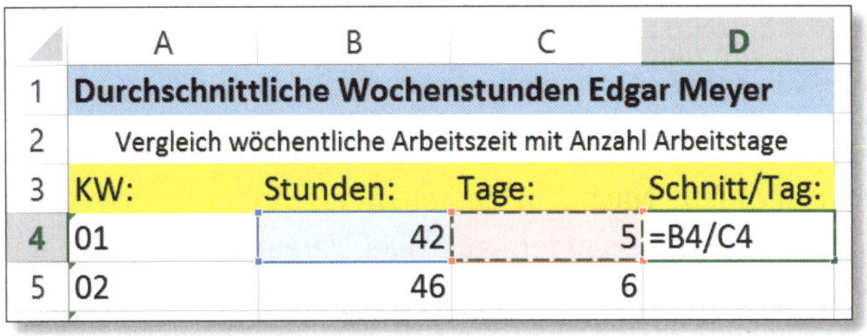

	A	B	C	D
1	Durchschnittliche Wochenstunden Edgar Meyer			
2	Vergleich wöchentliche Arbeitszeit mit Anzahl Arbeitstage			
3	KW:	Stunden:	Tage:	Schnitt/Tag:
4	01	42	5	=B4/C4
5	02	46	6	

4 Bestätigen Sie Ihre Eingabe mit [↵]. Sie sehen, was passiert: In Zelle **D4** wird eine wöchentliche Durchschnittsarbeitszeit von 8,4 Stunden ausgegeben. Es besteht nun ein relativer Bezug.

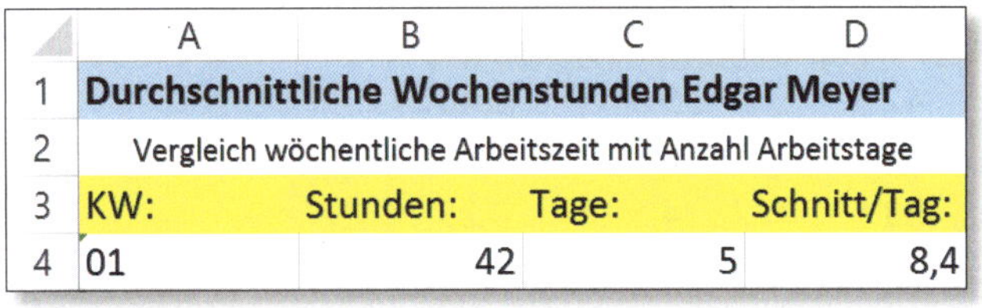

	A	B	C	D
1	Durchschnittliche Wochenstunden Edgar Meyer			
2	Vergleich wöchentliche Arbeitszeit mit Anzahl Arbeitstage			
3	KW:	Stunden:	Tage:	Schnitt/Tag:
4	01	42	5	8,4

Dies soll es zunächst gewesen sein. In der folgenden Übung werden die soeben erzeugten relativen Bezüge gewissermaßen vererbt. Das bedeutet, dass die bestehende Formel auf weitere Zeilen übertragen wird.

Relative Bezüge übertragen

Haben Sie eine neue Formel in einer Zeile erzeugt, wie im vorigen Unterabschnitt »Relative Bezüge in der Praxis« beschrieben, können Sie diese Formel ganz einfach auf weitere Zeilen übertragen. Sie könnten zwar den letzten Workshop für die Zellen **D5** bis **D7** manuell wiederholen, doch das ist viel zu aufwendig.

1 Markieren Sie als Erstes die Zelle **D4**. In ihr befindet sich ja bereits unsere Divisionsformel, die wir im vorangegangenen Workshop angelegt haben.

2 Danach klicken Sie auf das kleine grüne Quadrat unten rechts am Markierungsrahmen der Zelle. Halten Sie die Maustaste gedrückt, und ziehen Sie herunter bis **D7**. Dort angelangt, lassen Sie los.

	A	B	C	D
1	**Durchschnittliche Wochenstunden Edgar Meyer**			
2	Vergleich wöchentliche Arbeitszeit mit Anzahl Arbeitstage			
3	KW:	Stunden:	Tage:	Schnitt/Tag:
4	01	42	5	8,4
5	02	46	6	7,66666667
6	03	33	4	8,25
7	04	38	5	7,6
8				

3 Es ist zu bemängeln, dass wir so unübersichtliche Ergebnisse erhalten. Der Wert in Zelle **D5** beispielsweise weist etliche Nachkommastellen auf. Andere Werte bestehen aus nur einer Nachkommastelle, wieder andere aus zwei. Vereinheitlichen Sie das, indem Sie das **Zahlenformat** in der Gruppe **Zahl** der Registerkarte **Start** von **Standard** auf **Zahlenformat** (**Zahl**) umstellen. So sieht das doch schon besser aus.

	A	B	C	D
1	**Durchschnittliche Wochenstunden Edgar Meyer**			
2	Vergleich wöchentliche Arbeitszeit mit Anzahl Arbeitstage			
3	KW:	Stunden:	Tage:	Schnitt/Tag:
4	01	42	5	8,40
5	02	46	6	7,67
6	03	33	4	8,25
7	04	38	5	7,60

Was ist geschehen? Wir haben in dieser Übung dafür gesorgt, dass die Bezüge relativ zu ihren Positionen vergeben worden sind. Die Formeln sind dabei automatisch an die jeweilige Zeile angepasst worden.

Absolute Bezüge in der Praxis

Öffnen Sie zunächst die Arbeitsmappe *Durchschnitt.xlsx* aus dem Ordner *17* der Beispieldateien. Darin ist ersichtlich, dass die Zelle **D5** beispielsweise die Formel **=B5/C5** benutzt, während sich **D6** aus **=B6/C6** zusammensetzt. Logisch, denn die Bezüge sind jeweils nach unten weitergegeben worden.

Im hiesigen Beispiel wollen wir noch einen Schritt weiter gehen. Dabei wird deutlich, wann und warum absolute Bezüge unabdingbar sind. Wir wollen wissen, wie viele Stunden unser fleißiger Herr Meyer prozentual (gemessen an seiner Gesamtleistung der vergangenen vier Wochen) pro Woche gearbeitet hat.

1 Bevor wir mit unseren Berechnungen beginnen, müssen wir die Tabelle mit einigen wichtigen Zusatzinformationen bestücken. Zunächst benötigen wir eine zusätzliche Spalte. Klicken Sie daher in die Zelle **E3**, und tragen Sie »Prozentsatz:« ein. Sobald Sie mit [↵] bestätigen, sehen Sie, dass Excel uns sogar bei der Gestaltung unterstützt. Das Einfärben der Zelle ist nämlich automatisch erfolgt.

2 Als Nächstes markieren Sie die Zellen **E4** bis **E7** und definieren sie über das Auswahlmenü **Zahlenformat** in der Gruppe **Zahl** der Registerkarte **Start** als **Prozent**.

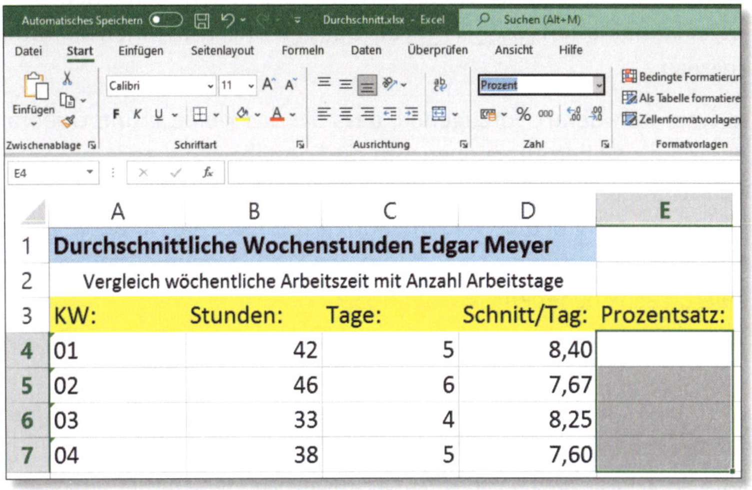

	A	B	C	D	E
1	Durchschnittliche Wochenstunden Edgar Meyer				
2	Vergleich wöchentliche Arbeitszeit mit Anzahl Arbeitstage				
3	KW:	Stunden:	Tage:	Schnitt/Tag:	Prozentsatz:
4	01	42	5	8,40	
5	02	46	6	7,67	
6	03	33	4	8,25	
7	04	38	5	7,60	

3 Zur Ermittlung der prozentualen Arbeitsleistung pro Woche fehlt uns noch ein Wert, nämlich die gesamte Arbeitsleistung. Tragen Sie in Zelle **A9** zunächst »Gesamt:« ein, und markieren Sie anschließend **B9**. Hier schreiben Sie »=sum«, drücken [Tab], markieren anschließend die Felder **B4** bis **B7** und schließen die Aktion mit [Strg]+[↵] ab. ([Strg] bewirkt übrigens, dass die Markierung auf **B9** bleibt, die Formel aber geschlossen wird). Vergleichen Sie die Formel noch einmal mit der folgenden Abbildung. Voilà, Herr Meyer hat es in vier Wochen auf beachtliche 159 Stunden gebracht.

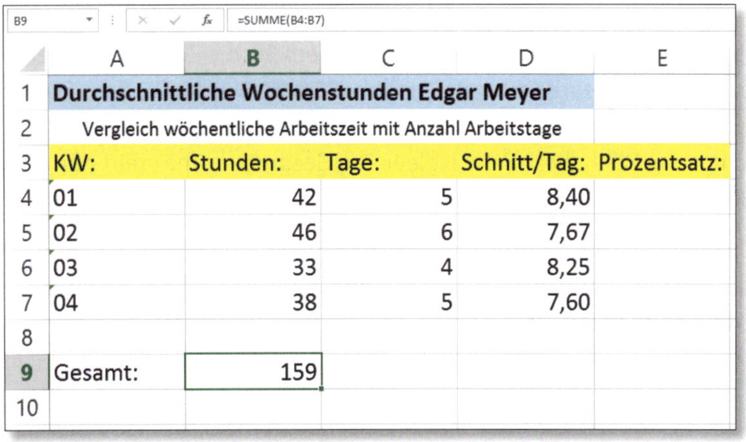

	A	B	C	D	E
1	Durchschnittliche Wochenstunden Edgar Meyer				
2	Vergleich wöchentliche Arbeitszeit mit Anzahl Arbeitstage				
3	KW:	Stunden:	Tage:	Schnitt/Tag:	Prozentsatz:
4	01	42	5	8,40	
5	02	46	6	7,67	
6	03	33	4	8,25	
7	04	38	5	7,60	
8					
9	Gesamt:	159			
10					

4 Jetzt zur Formel. *P = W*100/G* ist ja ein alter Hut (heißt: Prozentsatz gleich Prozentwert mal 100 dividiert durch Grundwert). Die Multiplikation mit 100 können wir vernachlässigen, da unsere Spalte **E** ja vorab bereits mit dem Zahlenformat **Prozent** angelegt worden ist. Also benötigen wir lediglich noch den Prozentwert dividiert durch den Grundwert.

5 Markieren Sie die Zelle **E4**. Tippen Sie »=« ein. Den Prozentwert für diese Zelle entnehmen Sie der Zelle **B4**. Klicken Sie daher auf sie, und lassen Sie anschließend ein Divisionszeichen folgen. Markieren Sie nun die Grundwert-Zelle **B9**, und schließen Sie abermals mit der Tastenkombination [Strg]+[↵] ab. Das Ergebnis wird Ihnen daraufhin in der Zelle **E4** angezeigt.

6 Normalerweise wäre nun derart vorzugehen, dass Sie das kleine grüne Quadrat im Markierungsrahmen bis **E7** herunterziehen, um die Formel auf die anderen Zeilen zu übertragen. Doch schauen Sie einmal, was dann passiert. Excel beklagt, dass hier eine Division durch 0 erfolgt und gibt eine Fehlermeldung aus. (Weitere Hinweise zur Interpretation der Fehlermeldung finden Sie in Abschnitt 17.14, »Fehlermeldungen verstehen und die Fehlerursache beheben«, auf Seite 550.)

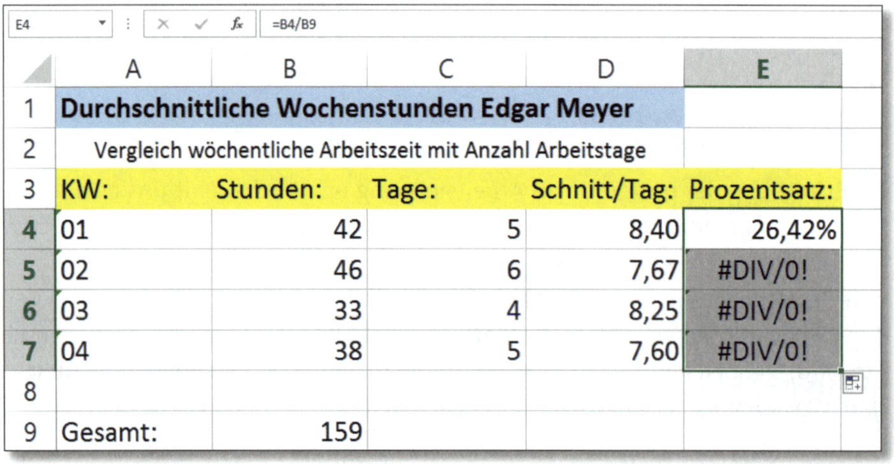
E4 =B4/B9

	A	B	C	D	E
1	Durchschnittliche Wochenstunden Edgar Meyer				
2	Vergleich wöchentliche Arbeitszeit mit Anzahl Arbeitstage				
3	KW:	Stunden:	Tage:	Schnitt/Tag:	Prozentsatz:
4	01	42	5	8,40	26,42%
5	02	46	6	7,67	#DIV/0!
6	03	33	4	8,25	#DIV/0!
7	04	38	5	7,60	#DIV/0!
8					
9	Gesamt:	159			

7 Lassen Sie uns dem Fehler auf den Grund gehen, indem Sie die Zelle **E5** markieren. Lesen Sie die Formel in der Bearbeitungsleiste ab: **=B5/B10**. Das heißt, dass Excel zwar richtigerweise **B5** für das Ergebnis in **E5** verwendet, allerdings den zweiten Wert nun aus **B10** holen möchte. Doch diese Zelle ist leer. Die Gesamtsumme steht nämlich fest verankert in **B9**. Es ist also dringend erforderlich, einen absoluten Bezug zu **B9** herzustellen.

8 Machen Sie den letzten Schritt rückgängig, indem Sie [Strg]+[Z] betätigen, und stellen Sie sicher, dass **E4** markiert ist.

9 Werfen Sie einen Blick in die Bearbeitungsleiste, und platzieren Sie jeweils vor dem **B** von **B9** sowie vor der **9** ein Dollarzeichen ($). Beiden Zellenkoordinaten (sowohl der Zeilennummer als auch dem Spaltenbuchstaben) ist das Zeichen also voranzustellen. So sollte die Zeile nun aussehen:

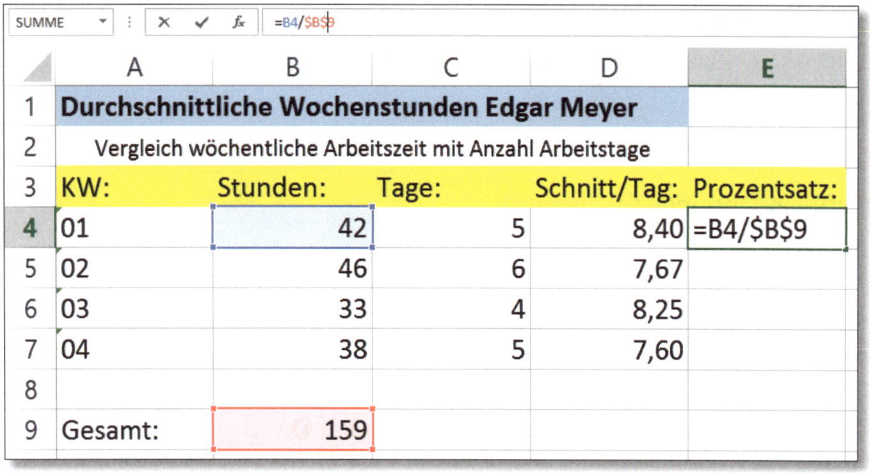

	A	B	C	D	E
1	Durchschnittliche Wochenstunden Edgar Meyer				
2	Vergleich wöchentliche Arbeitszeit mit Anzahl Arbeitstage				
3	KW:	Stunden:	Tage:	Schnitt/Tag:	Prozentsatz:
4	01	42	5	8,40	=B4/B9
5	02	46	6	7,67	
6	03	33	4	8,25	
7	04	38	5	7,60	
8					
9	Gesamt:	159			

10 Drücken Sie erneut die Tastenkombination Strg + ↵, um die Formel abzuschließen. Danach wiederholen Sie Schritt 6. Jetzt passt es doch prima, oder?

11 Wenn Sie mögen, können Sie auch noch die Probe aufs Exempel machen und die einzelnen Prozentsätze in Zelle **E9** aufaddieren.

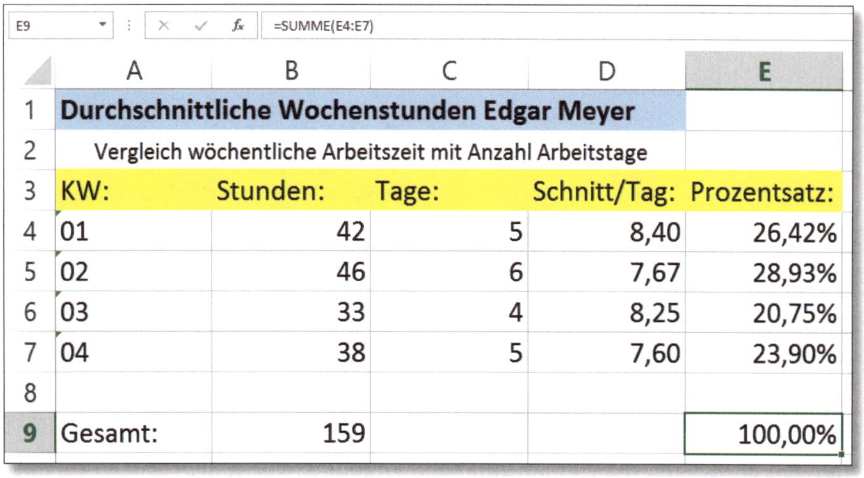

	A	B	C	D	E
1	Durchschnittliche Wochenstunden Edgar Meyer				
2	Vergleich wöchentliche Arbeitszeit mit Anzahl Arbeitstage				
3	KW:	Stunden:	Tage:	Schnitt/Tag:	Prozentsatz:
4	01	42	5	8,40	26,42%
5	02	46	6	7,67	28,93%
6	03	33	4	8,25	20,75%
7	04	38	5	7,60	23,90%
8					
9	Gesamt:	159			100,00%

Wollen Sie Ihr Resultat einmal abgleichen? Dann öffnen Sie die Datei *Durchschnitt-fertig.xlsx* aus dem Ordner *Ergebnisse* der Beispieldateien.

> **INFO**
>
> **Formel mit der Tastatur umstellen**
>
> In der vorangegangenen Übung haben wir die Formel für den absoluten Bezug händisch geändert. Sie können das aber auch mit der Tastatur erledigen. Das geht dann so: Markieren Sie die Ausgangszelle (**E4**), und drücken Sie anschließend [F2]. Lassen Sie innerhalb der Formel einen Doppelklick auf den Wert folgen, der einen absoluten Bezug erhalten soll (**B9**). Zuletzt betätigen Sie [F4] und lassen [Strg]+[↵] folgen.

AutoAusfüllen-Optionen festlegen

Bestimmt ist Ihnen bereits das kleine Quadrat aufgefallen, das sich unmittelbar nach der Herstellung neuer Bezüge zeigt. Falls nicht, markieren Sie doch zunächst einmal die Zellen **E5** bis **E7**. Klicken Sie mit rechts auf den markierten Bereich, und entscheiden Sie sich im Kontextmenü für die Option **Inhalte löschen**. Markieren Sie anschließend **E4**, und ziehen Sie abermals an dem unten rechts befindlichen kleinen grünen Quadrat des Auswahlrahmens. Setzen Sie einen Mausklick auf das kleine Quadrat ❶.

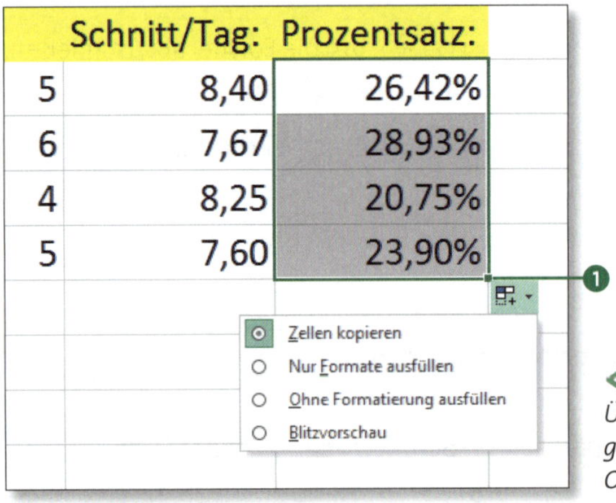

*< **Abbildung 17.4** Bei der Übertragung kann die gewünschte AutoAusfüllen-Option festgelegt werden.*

Nun werden Ihnen in einem Auswahlmenü an der Schaltfläche die verschiedenen AutoAusfüllen-Optionen angezeigt, die Sie mit einem Klick auf den entsprechenden Radiobutton auswählen können. Im Folgenden stelle ich Ihnen die verschiedenen Optionen vor.

Zellen kopieren

Hierbei handelt es sich um die standardmäßige Vorgehensweise, die dafür sorgt, dass der Inhalt der Quellzelle (hier: **E4**) auf die folgenden Zellen übertragen wird.

Nur Formate ausfüllen

Hierbei werden lediglich die Zellformate auf die neuen Zellen übertragen. Im Beispiel würden die bereits vorhandenen Werte der Zellen **E5** bis **E7** gelöscht, da Excel davon ausgeht, dass Sie lediglich die Formatierungsoptionen übertragen wollen. Dazu ein Beispiel: Färben Sie die Schrift in Zelle **E4** rot. Wenn Sie anschließend nach unten ziehen, bleiben die Felder leer. Geben Sie jedoch einen Wert unterhalb von **E4** ein, wird dieser ebenfalls in roter Schrift ausgewiesen.

Ohne Formatierung ausfüllen

Wenden Sie diese Funktion an, um **Zellen kopieren** auszuführen und dabei die Formatierungsoptionen zu vernachlässigen. Das bedeutet: Wenn die Schrift in Zelle **E4** zuvor rot war und Sie die Inhalte auf die darunter befindlichen Zellen übertragen, werden die Berechnungen wunschgemäß durchgeführt – die Schriftfarbe bleibt jedoch schwarz. (Wenn Sie das selbst einmal ausprobieren wollen, müssen Sie berücksichtigen, dass zuvor festgelegte Formatierungsoptionen wie z. B. **Nur Formate ausfüllen** erhalten bleiben. Es ist also besser, das Dokument erneut zu öffnen, bevor Sie diesen Test durchführen.)

Blitzvorschau

Mit der Blitzvorschau-Funktion versucht Excel, anhand Ihrer Eingaben ein Muster zu erkennen und die markierten Zellen mit Werten zu füllen. Sollte das nicht gelingen, wird Ihnen ein Hinweis mit weiteren Informationen zur Vorgehensweise angezeigt.

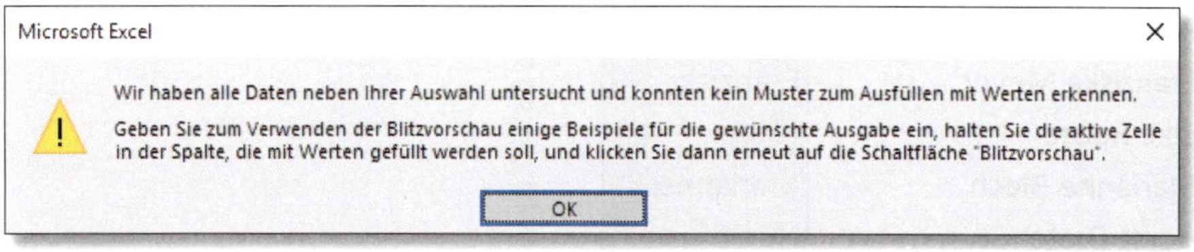
Microsoft Excel
Wir haben alle Daten neben Ihrer Auswahl untersucht und konnten kein Muster zum Ausfüllen mit Werten erkennen.
Geben Sie zum Verwenden der Blitzvorschau einige Beispiele für die gewünschte Ausgabe ein, halten Sie die aktive Zelle in der Spalte, die mit Werten gefüllt werden soll, und klicken Sie dann erneut auf die Schaltfläche "Blitzvorschau".
OK

Abbildung 17.5 Wenn Excel kein Muster erkennen kann, wird dies entsprechend mitgeteilt.

Blitzvorschau in der Praxis (AutoAusfüllen)

Wenn Sie die Blitzvorschau auf unsere Berechnung der prozentualen Arbeitszeit anwenden, ist das Ergebnis die vorangegangene Fehlermeldung. Für derartige Vorhaben ist die Blitzvorschau auch nicht vorgesehen. Um Ihnen nun aber präsentieren zu können, was sich hinter dieser Funktion verbirgt, schweife ich kurz ab und zeige Ihnen anhand eines kurzen Beispiels, wie sich die Blitzvorschau zum Auslesen bestimmter Zellenbereiche einsetzen lässt.

1. Öffnen Sie die Beispieldatei *Namen.xlsx* aus dem Ordner *17*. In Spalte **A** sollen nun alle Vornamen ausgelesen und in Spalte **B** reproduziert werden.
2. Klicken Sie auf die Zelle **B1**, und geben Sie den Vornamen der ersten Person ein – in unserem Beispiel also »Julius«.
3. Ziehen Sie das kleine grüne Quadrat rechts unten am Markierungsrahmen so weit herunter, bis Sie Zelle **B7** erreichen.

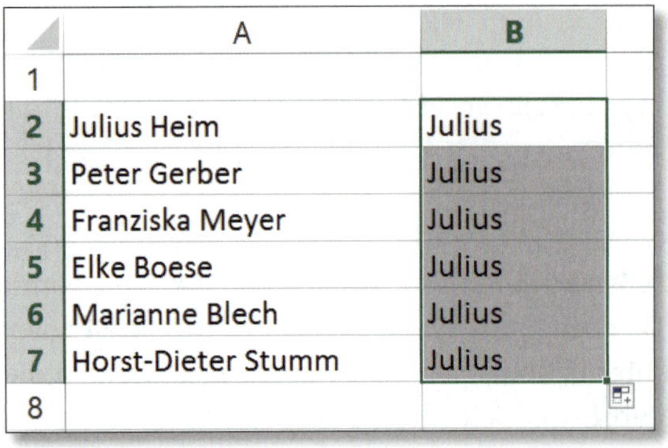

4 Dass jetzt alle Personen Julius heißen, ist nur mäßig spannend. Das ändert sich aber, wenn Sie auf die AutoAusfüllen-Optionen klicken und sich im Auswahlmenü für die Option **Blitzvorschau** entscheiden. Dann nämlich erkennt Excel, um welches Muster es Ihnen geht.

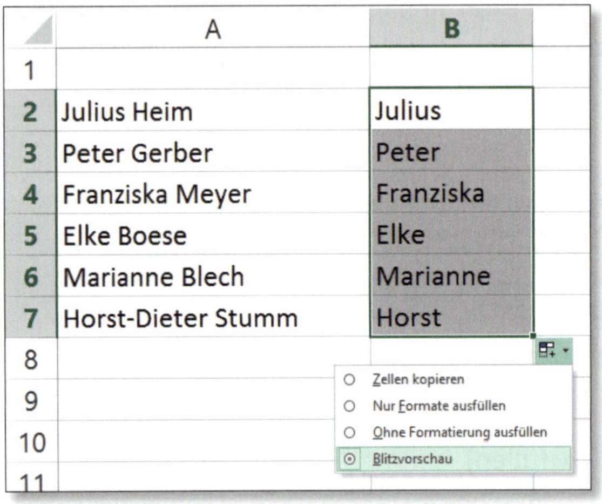

Auf diese Weise lassen sich Zellen, die sowohl Vor- als auch Zunamen beinhalten, schnell und bequem trennen. Das macht man beispielsweise, um aus einer Spalte mit Vor- und Zunamen zwei Spalten zu machen, bei der die eine den Vor- und die andere den Nachnamen beinhaltet. Zur Anrede im Serienbrief beispielsweise müsste man nur noch die Nachnamen-Spalte auslesen.

Automatische Blitzvorschau

Übrigens ist Excel auch in der Lage, das Muster automatisch zu erkennen. Markieren Sie die Zelle **C2**, und geben Sie den ersten Nachnamen ein. Danach markieren Sie **C3** und tippen auch den zweiten Nachnamen ein. Spätestens jetzt präsentiert Excel eine schwachgraue Liste. Sie sehen, dass die Anwendung selbstständig ein Muster erkannt hat. Bestätigen Sie mit ↵, um die Zellen entsprechend zu füllen.

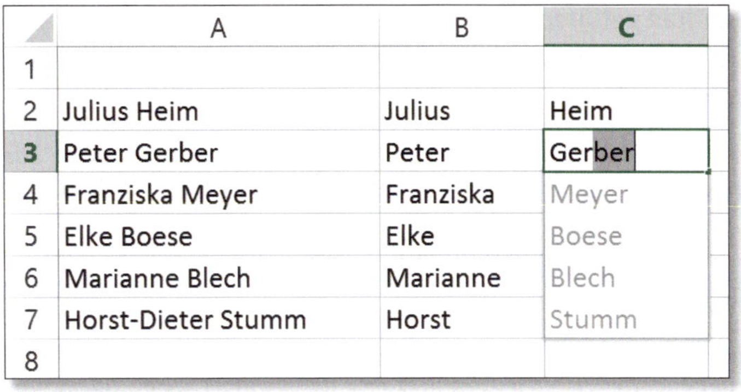

Abbildung 17.6 *Excel ist stets aufmerksam bei der Sache.*

17.3 Die richtige Formel über die Listenfelder auswählen

Sie haben eben erfahren, wie interessant die AutoAusfüllen-Option in Excel ist. Im Prinzip lässt sich nun nahtlos an diese Thematik anknüpfen. Mit der Funktion *AutoVervollständigen* sind Sie nämlich in der Lage, sich bei der Erstellung von Formeln adäquat von Excel unterstützen zu lassen.

Die AutoVervollständigen-Option nutzen

Die AutoVervollständigen-Option wird immer dann angezeigt, wenn Sie (nach dem Gleichheitszeichen) zumindest den ersten Buchstaben einer Funktion eintippen. Im Listenfeld werden alle Funktionen eingeblendet, die mit dem zuvor eingegebenen Buchstaben beginnen.

1. Markieren Sie die Zelle, in die eine Formel eingetragen werden soll.
2. Geben Sie ein Gleichheitszeichen ein, und lassen Sie den ersten Buchstaben der gewünschten Funktion folgen. Daraufhin wird ein Listenfeld angeboten.
3. Um nun durch die Liste zu scrollen, benutzen Sie einfach die Pfeiltasten [↑] und [↓]. Achten Sie in diesem Zusammenhang auch auf die QuickInfo, die jeweils nach Anwahl einer Funktionszeile angezeigt wird. Sie offenbart nützliche Hinweise zum Hintergrund der jeweiligen Option.

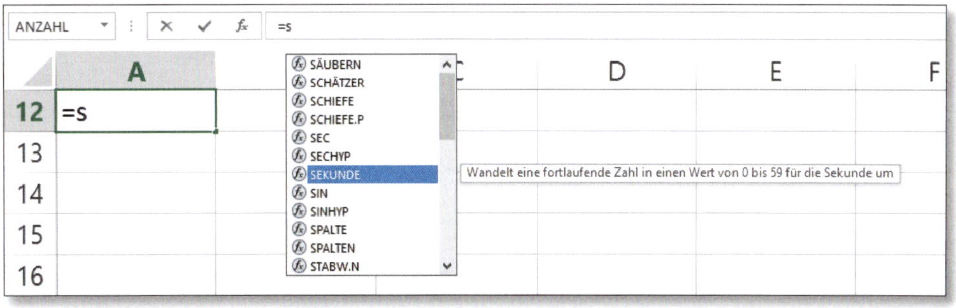

4 Sobald Sie den richtigen Eintrag gefunden haben, betätigen Sie [⇆]. Der Eintrag wird übernommen, und Sie können mit der Festlegung der relevanten Zellen oder der Eingabe der gewünschten Werte beginnen.

Bitte beachten Sie, dass die AutoVervollständigen-Option auch bei der Zelleneingabe zur Verfügung steht. Weitere Informationen dazu erhalten Sie in Abschnitt 17.4, »Formeln direkt in eine Tabelle eingeben«, auf der folgenden Seite 519.

AutoVervollständigen aktivieren

AutoVervollständigen ist eine Funktion, die sich in Excel aktivieren und deaktivieren lässt. Ich gehe an dieser Stelle explizit darauf ein, weil man diese überaus hilfreiche Funktion allzu schnell »versehentlich« deaktiviert – und sich dann plötzlich fragt, warum das Listenfeld nicht mehr angezeigt wird.

Sie haben eben erfahren, dass Sie mit [↑] und [↓] die jeweilige Funktion festlegen können. Mit einer ganz ähnlichen Vorgehensweise, nämlich mit der Tastenkombination [Strg]+[↓], wird diese Hilfe jedoch deaktiviert. Sollten Sie also nach Eingabe des ersten Buchstabens keine Liste mehr vorfinden, drücken Sie abermals [Strg]+[↓]. Dann ist alles wieder wie vorher. Im Übrigen finden Sie die Einstellung auch in den Excel-Optionen (**Datei > Optionen**). Aktivieren Sie zunächst die Rubrik **Formeln**, und kontrollieren Sie, ob im Bereich **Arbeiten mit Formeln** die Checkbox **AutoVervollständigen für Formeln** aktiv ist.

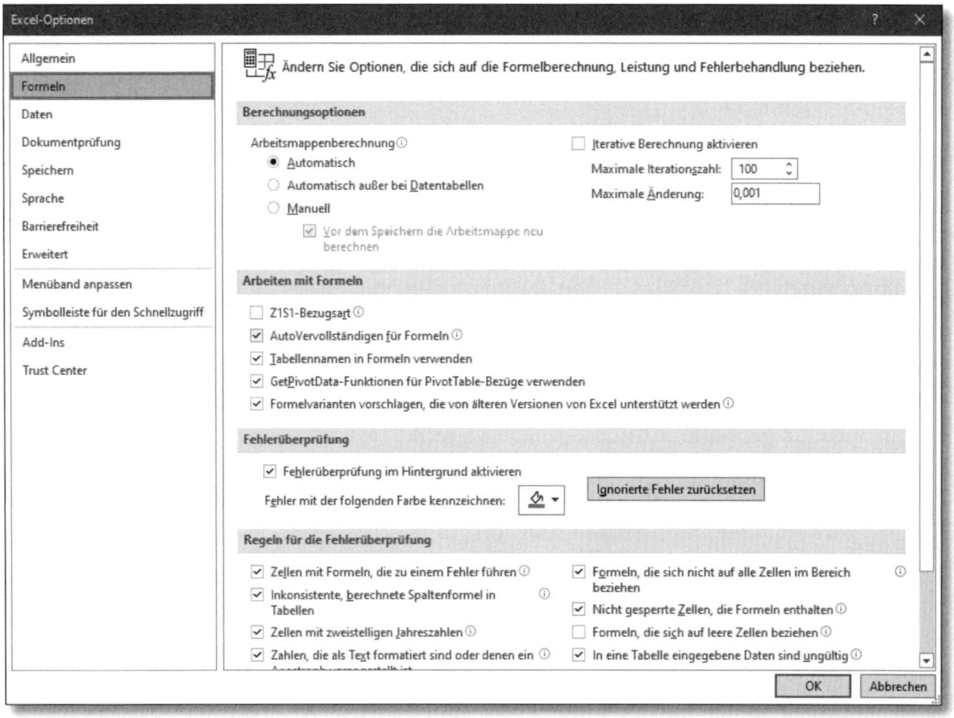

Abbildung 17.7 *Wenn diese Funktion inaktiv ist, kann eine Formel nicht mehr automatisch vervollständigt werden.*

Klicken Sie gegebenenfalls auf die Checkbox, um die Funktion erneut zu aktivieren, und bestätigen Sie Ihre Eingabe mit einem Klick auf **OK**.

Praktische Beispiele zur AutoVervollständigung

An dieser Stelle zeige ich Ihnen ein paar praktische Beispiele für die Eingabe von Formeln im Zusammenhang mit der automatischen Vervollständigung:

- Wenn Sie eine Summe bilden möchten, tippen Sie »=sum« ein und drücken danach [Tab]. Nun geben Sie entweder die Berechnung ein (z. B. 3+5) oder markieren die Felder, die summiert werden sollen. Zuletzt bestätigen Sie mit [Enter]. Beispiel: =SUMME(3+5) – ergibt 8.
- Zum Potenzieren (sprich: zur Erzeugung von Quadratzahlen) geben Sie »=pot« ein. Drücken Sie [Tab], und geben Sie zunächst die Grundzahl ein. Lassen Sie ein Semikolon folgen ([Shift]+[,]), und geben Sie die Potenzzahl ein. Bestätigen Sie mit [Enter]. Beispiel: =POTENZ(5;3) – ergibt 125.
- Um das gerundete Ergebnis einer Zahl mit vielen Nachkommastellen auszugeben, geben Sie »=ru« ein, gefolgt von [Tab]. Im Anschluss daran tippen Sie entweder die gewünschte Zahl ein oder markieren die Zelle, in der die Zahl zu finden ist. Geben Sie ein Semikolon ein ([Shift]+[,]) und unmittelbar dahinter die Anzahl der Stellen, die nach der Rundung noch vorhanden sein sollen. Beispiel: =RUNDEN(A1;3) rundet den in **A1** befindlichen Wert auf drei Nachkommastellen.

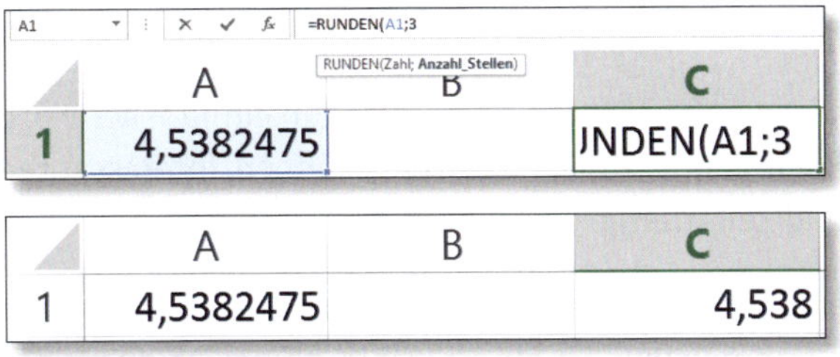

***Abbildung 17.8** Nach Eingabe der Formel (oben) wird der Wert in Zelle C auf drei Nachkommastellen gerundet (unten).*

Bitte schauen Sie bei der Eingabe der Formel genau hin. Sollten Sie einmal nicht genau wissen, wie es mit der Eingabe weitergeht – kein Problem. Excel versucht auch hier, nach besten Möglichkeiten zu helfen. Beachten Sie die QuickInfo, die während der Eingabe unterhalb der Bearbeitungsleiste erscheint.

17.4 Formeln direkt in eine Tabelle eingeben

Bislang sind wir derart vorgegangen, dass Sie die Zelle markiert und die Formel, die in dieser Zelle zur Anwendung kommen soll, in die Bearbeitungsleiste eingegeben haben. Allerdings ist es auch erlaubt, die Formel direkt in die Zelle zu tippen. Grundsätzlich arbeiten sowohl die markierte Zelle als auch die Bearbeitungsleiste synchron. Was Sie also an der einen Stelle eingeben, erscheint auch an der anderen. So gehen Sie vor, um eine Formel direkt in eine Zelle des Tabellenblatts einzufügen:

1 Markieren Sie die Zelle, die zur Formeleingabe verwendet werden soll.

2 Tippen Sie »=« ein, um der Anwendung mitzuteilen, dass Sie nun eine Formel (anstelle einer Beschriftung) einfügen wollen.

3 Geben Sie die Formel ein, und schließen Sie die Aktion mit ↵ ab.

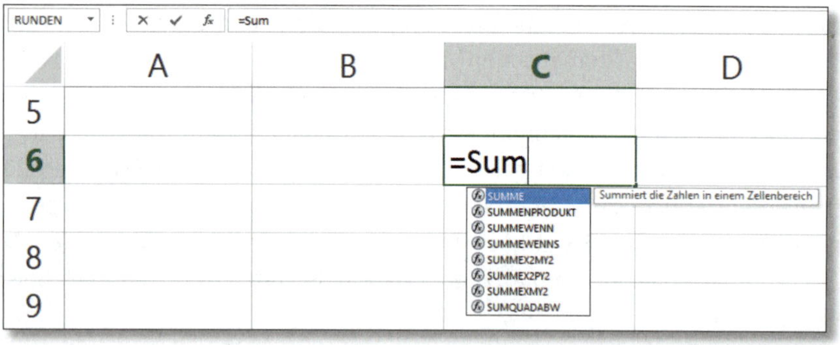

17.5 Mit Datums- und Zeitwerten rechnen

Für Excel ist eine Zahl eine Zahl. Muss etwas berechnet werden, macht die Anwendung das. Dabei ist es intern auch keine große Herausforderung, ob nun eine Summe errechnet, eine Wurzel gezogen oder eine Zeit ermittelt werden muss.

Datum und Uhrzeit hinzufügen

Excel ist imstande, mit nur einem einzigen Befehl Datum und Uhrzeit in ein Tabellenblatt einzufügen. Gut, das ist nicht spektakulär genug, um es hier zu erwähnen. Interessanter ist da schon die Option, die Datums- und Zeitanzeige permanent aktuell zu halten.

1 Klicken Sie bitte zunächst in die gewünschte Zelle eines neuen Tabellenblattes (im Beispiel entscheiden wir uns für **A4**), und geben Sie »=d« ein. Daraufhin wird durch die AutoVervollständigung bereits die Funktion DATUM angeboten, die Sie mittels ↹ übernehmen.

2 Tragen Sie, jeweils durch ein Semikolon getrennt, zunächst das Jahr, dann den Monat und zuletzt den Tag ein.

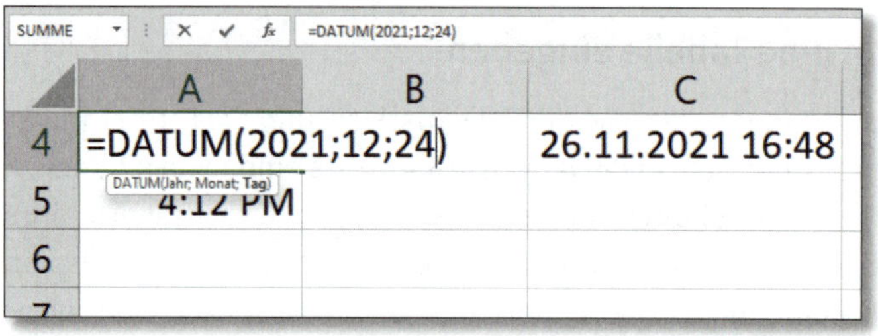

3 Beenden Sie die Aktion mit ↵. Dass dadurch die Zelle **A5** markiert wird, kommt uns sehr entgegen.

4 Hier geben Sie »=zeit« ein, drücken erneut [⇆] und tippen, ebenfalls mit Semikola voneinander getrennt, zunächst die Stunde, dann die Minuten und zuletzt die Sekunden ein. Bestätigen Sie auch hier mit [↵].

5 Damit haben Sie eine statische Uhrzeit und ein ebenso statisches Datum eingefügt. Das reicht uns allerdings noch nicht, denn jetzt wollen wir Werte eingeben, die permanent aktuell bleiben. Markieren Sie dazu die Zelle **C4**.

6 Nach Eingabe von »=je« drücken Sie zunächst [⇆] und daraufhin erneut [↵] – fertig. Diese Uhrzeit ist aktuell. Kontrollieren Sie das anhand Ihrer Systemzeit in der Taskleiste des Betriebssystems.

7 Speichern und schließen Sie das Dokument. Öffnen Sie es nach einiger Zeit erneut, und kontrollieren Sie die Uhrzeit. Stimmt, oder?

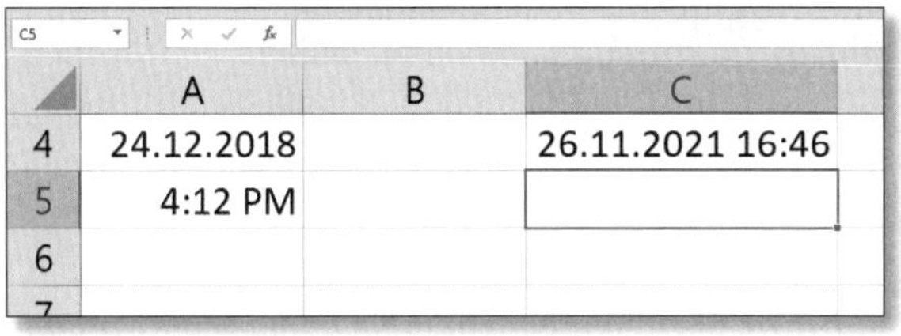

Während die Spalte **A** immer auf dem gleichen Datum und der gleichen Uhrzeit »hängen bleibt«, wird in **C4** permanent aktualisiert. – Im Ordner *Ergebnisse* der Beispieldateien finden Sie eine entsprechende Arbeitsmappe unter dem Titel *Zeit-fertig.xlsx*.

Einen bestimmten Wochentag ermitteln

Wissen Sie, an welchem Tag Sie geboren sind? Damit meine ich jetzt nicht das Datum, sondern ob dies beispielsweise ein Dienstag war oder ob Sie im wahrsten Sinne des Wortes ein Sonntagskind sind. Sie werden es gleich herausfinden. Und ganz nebenbei werden Sie noch einiges in Bezug auf frei definierte Zahlenformate in Erfahrung bringen.

1 Zuallererst erzeugen Sie ein Datumsfeld. Sie könnten zwar das Datum direkt in die Formel schreiben, jedoch müsste diese dann jedes Mal geändert werden, wenn Sie ein neues Datum eingeben. Vielleicht wollen ja auch andere noch etwas über Ihren Geburtstag in Erfahrung bringen. Oder wollen Sie anhand des aktuellen Datums zunächst einmal prüfen, ob das Ganze überhaupt funktioniert? Gut, dann klicken Sie in eine beliebige Zelle.

2 Geben Sie das aktuelle Tagesdatum ein – und zwar in dieser Schreibweise: JJJJ-MM-TT. (Das heißt: das Jahr vierstellig, dann einen Trennstrich folgen lassen, den Monat (ein- oder zweistellig) und zuletzt, ebenfalls durch Trennstrich getrennt, den Tag.)

3 Eine Zeile tiefer tragen Sie »=wo« ein und drücken [⇆]. Platzieren Sie einen Klick auf jenes Feld, das das im vorangegangenen Schritt erzeugte aktuelle Datum trägt. Schließen Sie die Eingabe mit [↵] ab.

Im Prinzip war es das – wobei nun schon ein bisschen ärgerlich ist, dass das Ergebnis numerisch angezeigt wird. Sie sehen nämlich in der untersten Zelle nun den Wochentag, beginnend bei Sonntag (Sonntag = 1, Montag = 2 usw.). Doch das reicht uns nicht.

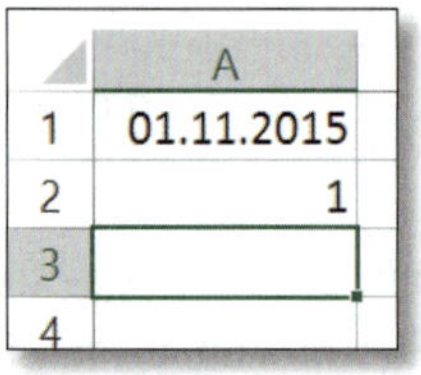

4 Markieren Sie die untere der beiden Zellen, und begeben Sie sich in das Menüband. Ändern Sie das **Zahlenformat** in der Gruppe **Zahl** der Registerkarte **Start**. Dazu klicken Sie zunächst auf den Pfeilbutton ❶.

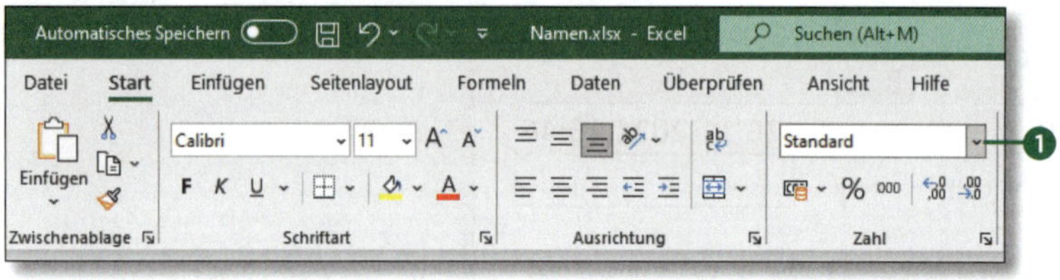

5 Klicken Sie im Aufklappmenü des Auswahlfeldes **Zahlenformat** auf **Weitere Zahlenformate**.

6 Daraufhin wird der Dialog **Zellen formatieren** eingeblendet. Entscheiden Sie sich im Register **Zahlen** des Dialogfensters für die Kategorie **Benutzerdefiniert** ❷. Doppelklicken Sie im Feld **Typ** auf den Eintrag **Standard** ❸, damit dieser komplett grau markiert wird.

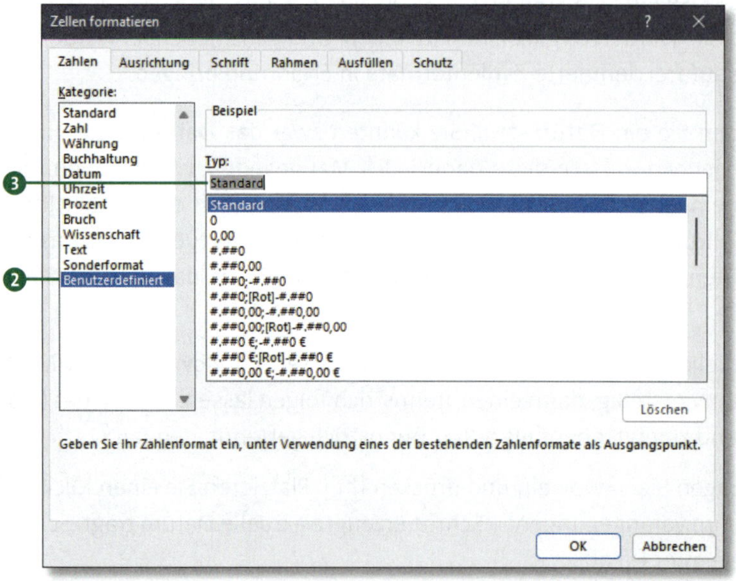

7 Jetzt tippen Sie »a« ein. Beobachten Sie dabei das Beispielfeld ❹. Fügen Sie noch zwei weitere »a« hinzu. Daraufhin erkennen Sie bereits die Abkürzung für den Wochentag (hier: **Sonntag**). Das reicht uns aber noch nicht, weshalb Sie »a« noch ein viertes Mal benutzen sollten. Das sieht doch prima aus, oder? Bestätigen Sie mit **OK**.

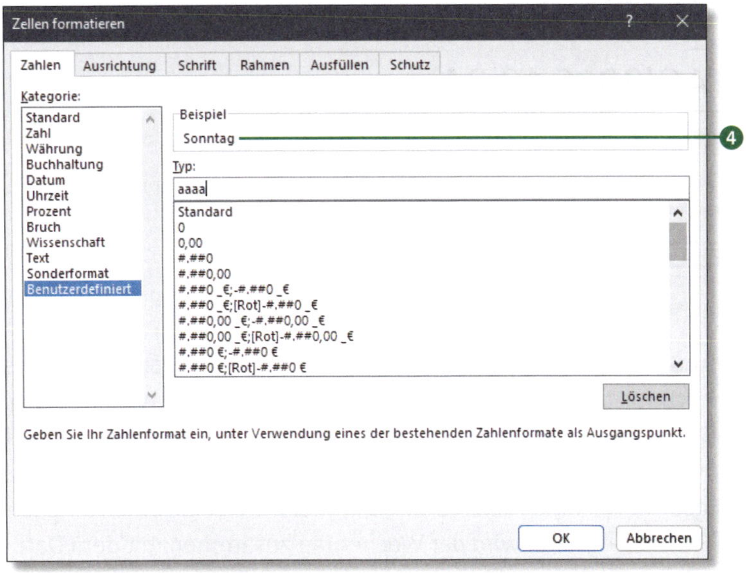

8 Wir sind wieder einen Schritt weiter und erkennen, dass der Wochentag nun korrekt angezeigt wird. – Was Sie zuletzt noch machen müssen? Das aktuelle Datum gegen Ihr Geburtsdatum austauschen.

Gerne würde ich Ihnen dazu noch eine Abbildung anbieten. Aber dann wüssten Sie mein Geburtsdatum. Und außerdem haben wir hier auch gar keinen Platz mehr für eine weitere Abbildung. ;-) Aber ich bin erstaunt, wie weit Excel doch zurückrechnen kann. Nichtsdestotrotz finden Sie dieses Beispiel in der Datei *Geburtstage.xlsx* im Ordner *Ergebnisse*.

INFO

Zellen formatieren

Mithilfe der Buchstaben haben Sie Excel gerade das Format vorgegeben. Selbstverständlich dürfen Sie auch jeden anderen Buchstaben verwenden – nur bitte keine Ziffern. Damit würden Sie die Anwendung auf eine falsche Fährte locken und die Ausgabe von Zahlen (mit insgesamt vier Ziffern) erzwingen. Der Sonntag wäre dann 0001. (Weitere Hinweise dazu finden Sie in Abschnitt 15.3, »Mit Zahlenformatvorlagen arbeiten«, auf Seite 430.)

Zeit als Formel eingeben

Im vorangegangenen Workshop haben Sie erfahren, wie sich ganz schnell eine Zeitformel festlegen lässt. In der Arbeitsmappe *Geburtstage.xlsx* (im Ordner *Ergebnisse* der Beispieldateien) lautet die Formel für Feld **B3** beispielsweise =WOCHENTAG(B2). Wenn Sie darauf verzichten möchten, das Datum aus einer anderen Zelle zu verwenden, können Sie die Formel auch direkt mit dem Datum bestücken. Falls Sie allerdings jetzt erwarten, die Formel für den 24.12.2016 hieße =WOCHENTAG(2016;12;24), dann werden Sie enttäuscht sein. Diese Angabe sorgt nämlich für eine Fehlermeldung.

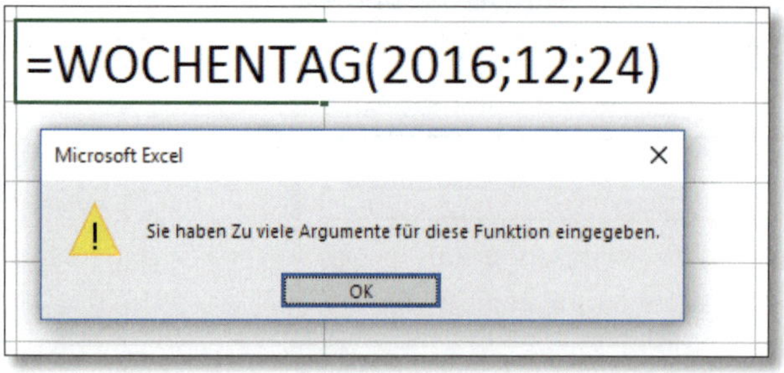

Abbildung 17.9 *Hier streikt Excel.*

Aber es gibt eine Lösung. Sie müssen der Anwendung nämlich nach der Eingabe des Begriffs WOCHENTAG noch mitteilen, dass Sie nun ein Datum eingeben wollen. Geben Sie dazu zunächst ein »D« ein, gefolgt von ⇥. Daraufhin fügt Excel eine weitere rote Klammer ein, in die Sie nun das Datum eintragen. Und noch eines müssen Sie bedenken: Sie haben es nun mit zwei geöffneten Klammern zu tun. Schließen Sie beide durch Eingabe von »))«, und bestätigen Sie mit ↵. Nun wird der Wochentag zusammen mit dem Datum in eine Zelle eingefügt.

Abbildung 17.10 *So ist die Formel korrekt.*

Wissenswertes zu Zeitfunktionen

Die Eingabe eines Zeitwertes mithilfe der Funktion ZEIT ist an die Regel gebunden, dass sowohl die Stunden als auch die Minuten sowie Sekunden eingegeben werden müssen. Die korrekte Formel für 16 Uhr 22 lautet also:

=ZEIT(16;22;00) oder =ZEIT(16;22;0)

Auch Rechenoperationen sind durchaus denkbar. So führt beispielsweise auch

=ZEIT(16;17+5;0)

zum gewünschten Ergebnis. Lassen Sie uns zum besseren Verständnis noch folgendes Beispiel ansehen. Denn

=ZEIT(16;22;3600)

führt im Ergebnis zu 17 Uhr 22, da die angegebenen 3.600 Sekunden einer weiteren Stunde entsprechen.

Das Ergebnis ist derweil kein Grund zum Jubeln, da es standardmäßig in der amerikanischen Schreibweise ausgegeben wird: »5:22 PM«.

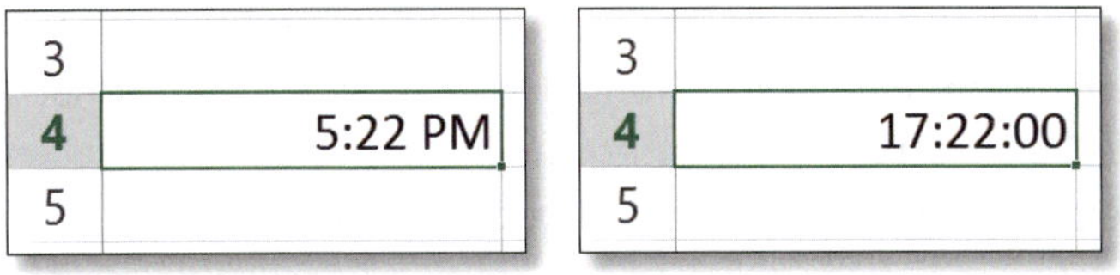

< Abbildung 17.11 *Standardmäßig wird bei Zeitangaben die amerikanische Schreibweise verwendet.*

Das können Sie jedoch umstellen, indem Sie das Zahlenformat über das gleichnamige Auswahlmenü (**Start > Zahl**) von **Benutzerdefiniert** auf **Zeit** umstellen.

Sekunden umrechnen

Das Thema Zeit ist ebenso interessant wie vielseitig. Lassen Sie uns deshalb noch ein weiteres Beispiel hinzufügen. Diesmal geht es um das Umrechnen von Zeitwerten. Stellen Sie sich vor, Sie haben es mit einer langen Liste von Spielfilmen oder Musikstücken zu tun, die allesamt in Minuten angegeben sind. Am Ende wollen Sie wissen, wie viele Stunden Musik (oder Film) zusammenkommen.

1. Erstellen Sie eine neue Excel-Arbeitsmappe, zum Beispiel mit der Tastenkombination `Strg`+`N`. Markieren Sie als Nächstes die Zellen, die die Minuten aufnehmen sollen. (Im Beispiel verwenden wir **B2** bis **B7**.)
2. Klicken Sie im Auswahlmenü des Feldes **Zahlenformat** in der Gruppe **Zahl** der Registerkarte **Start** auf **Weitere Zahlenformate**.
3. Im Dialog **Zellen formatieren** entscheiden Sie sich auf der Registerkarte **Zahlen** für die Kategorie **Zahl** und tragen in das Feld **Dezimalstellen** »0« ein. Denn wir wollen nur mit glatten Minuten, nicht aber mit Zehnteln oder Hundertsteln rechnen. Bestätigen Sie mit **OK**.

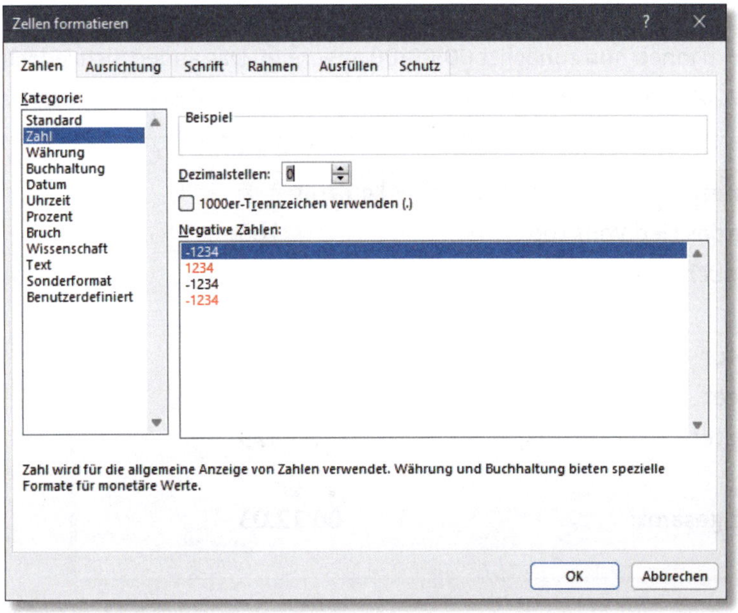

17

4 Wenn Sie mögen, weisen Sie den Zellen noch eine dezente Hintergrundfarbe zu. Immerhin haben wir ja bislang weder eine Beschriftung der Zellen durchgeführt noch Werte eingegeben. Sind die Zellen farbig hinterlegt, erkennen Sie diese schnell wieder. Benutzen Sie dazu die Schaltfläche **Füllfarbe** in der Gruppe **Schriftart** der Registerkarte **Start**.

5 Markieren Sie eine neue Zelle, in der das Ergebnis stehen soll, beispielsweise **B9**, und geben Sie »=sum« ein. Drücken Sie [Tab], und markieren Sie anschließend alle zuvor definierten Felder.

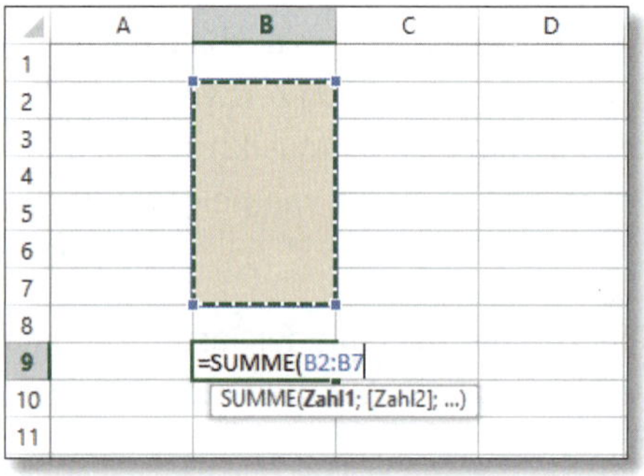

6 Schließen Sie die derzeit noch geöffnete Klammer durch Eingabe von »)«, und tippen Sie direkt im Anschluss an die bisherige Formel »/86400« ein (dadurch werden die summierten Sekunden durch die Anzahl der Sekunden eines Tages dividiert). Bestätigen Sie mit [Strg]+[↵]. (Die Zelle soll nach der Bestätigung markiert bleiben.)

7 Jetzt kommt noch etwas sehr Wichtiges. Sie müssen die Zelle nämlich noch mit dem Zahlenformat **Zeit** definieren. Ändern Sie dazu das Zahlenformat (**Start > Zahl > Zahlenformat**) entsprechend.

8 Als Ergebnis wird Ihnen nun zunächst **00:00:00** angezeigt. Das ändert sich jedoch, sobald Sie die farbigen Felder mit Minuten versorgen.

	A	B	C
1	**Spielfilme:**	**Laufzeit:**	
2	Spiel mir das Lied vom Tod	165	
3	The Untouchables	119	
4	Matrix	131	
5	Terminator	107	
6	Wall Street	122	
7	Open Water	79	
8			
9	**Spielzeit gesamt:**	**00:12:03**	
10			

Wenn Sie mögen, öffnen Sie einmal die Beispieldatei *Spielfilme.xlsx* aus dem Ordner *Ergebnisse*. Wir stellen fest: Es sind satte zwölf Stunden und drei Minuten Filmmaterial verewigt.

17.6 Ergebnisse mit der Schnellanalyse erzeugen

Bevor wir in komplexere mathematische Berechnungen einsteigen, betrachten wir in diesem Abschnitt noch einige Möglichkeiten der Ergebnisermittlung, die gänzlich ohne Formeln auskommen. Natürlich werden bei dieser Vorgehensweise auch Formeln benutzt, aber sie werden ganz dezent im Hintergrund erzeugt, ohne dass Sie auch nur eine einzige Ziffer oder einen Buchstaben eintragen müssen. Die Schnellanalyse macht es möglich.

Durchschnitt mit der Schnellanalyse ermitteln

Die *Schnellanalyse* ist ein probates Mittel, um schnell und ohne Umwege an einen Durchschnittswert zu gelangen. Sie benötigen dazu nur vier Mausklicks. Die Formel wird von Excel automatisch erstellt.

INFO

Ergebnisvorschau

Eine Besonderheit der Schnellanalyse ist die Kopplung mit der *Livevorschau*. Damit lassen sich potenzielle Ergebnisse in einer kontextsensitiven Vorschau anzeigen. Bewegen Sie dazu die Maus auf eine Schaltfläche – klicken Sie jedoch noch nicht darauf, um Ihre Wahl zu bestätigen. So kann der Benutzer häufig schnell abschätzen, ob er wirklich die gewünschte Funktion aussucht.

1 Markieren Sie eine beliebige Anzahl von Zellen eines Excel-Tabellenblatts. Danach klicken Sie auf die Schaltfläche **Schnellanalyse**, die unten rechts neben dem grünen Markierungsrahmen erscheint. Alternativ dazu verwenden Sie den Tastaturbefehl Strg + Q.

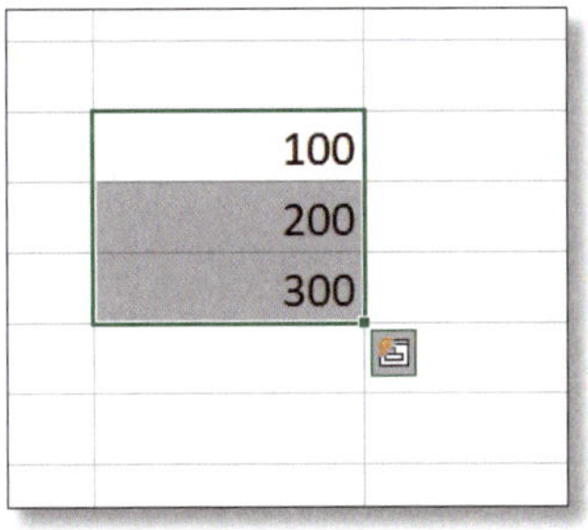

2 Danach wählen Sie die Registerkarte **Ergebnisse** in der oberen Zeile der Schnellanalyse aus. Ihnen stehen nun verschiedene Formelbuttons zur Verfügung. Halten Sie nach der gewünschten Formel Ausschau. Wir entscheiden uns hier wie beabsichtigt für die Schaltfläche **Durchschnitt**. Ein Klick darauf reicht – und das Ergebnis wird sogleich in der Zelle unterhalb der zuvor markierten Zellen angezeigt.

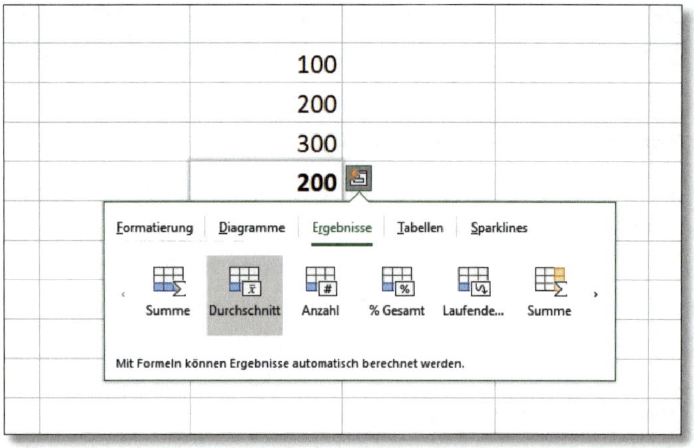

3 Wollen Sie die Formel einmal überprüfen? Dann setzen Sie doch einen Mausklick auf die Ergebnis-Zelle, und schauen Sie in der Excel-Bearbeitungsleiste nach.

Prozentuale Anteile mit der Schnellanalyse ermitteln

Weil es so schön ist, wollen wir noch ein zweites Beispiel folgen lassen. Diesmal werden mithilfe der Schnellanalyse gleich zwei Berechnungen vorgenommen – nämlich die Anzahl der zugrunde liegenden Werte und der prozentuale Anteil jedes einzelnen Wertes.

1 Markieren Sie alle Zellen, die in die Berechnung einfließen sollen. Betätigen Sie anschließend Strg+Q, oder klicken Sie auf den Schalter **Schnellanalyse** unten rechts neben dem Markierungsrahmen.

2 Aktivieren Sie auf dem Etikett das Register **Ergebnisse**, und klicken Sie auf die Schaltfläche **Anzahl**. Das Ergebnis wird daraufhin in der Zelle unterhalb des zuvor markierten Bereichs angezeigt.

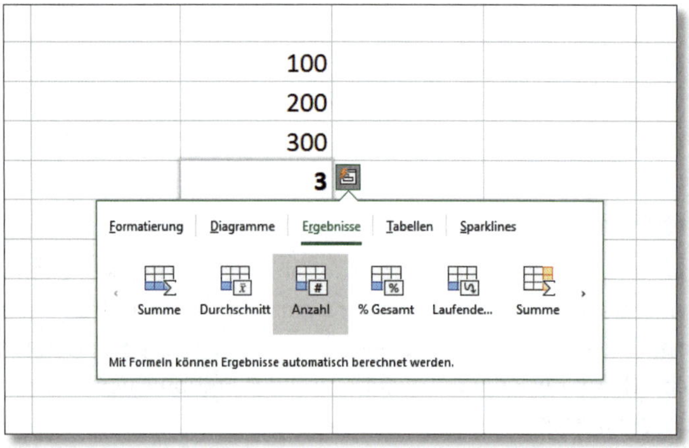

3 Wiederholen Sie nun Schritt 1, um die Schnellanalyse erneut zugänglich zu machen, und aktivieren Sie erneut das Register **Ergebnisse**.

4 Die Schaltfläche, die für dieses Beispiel benötigt wird, ist nicht direkt zugänglich, daher müssen Sie zunächst auf die nach rechts weisende Dreieck-Schaltfläche ❶ klicken. Klicken Sie danach auf die Schaltfläche **% Gesamt**, um den Prozentsatz der einzelnen Werte angezeigt zu bekommen.

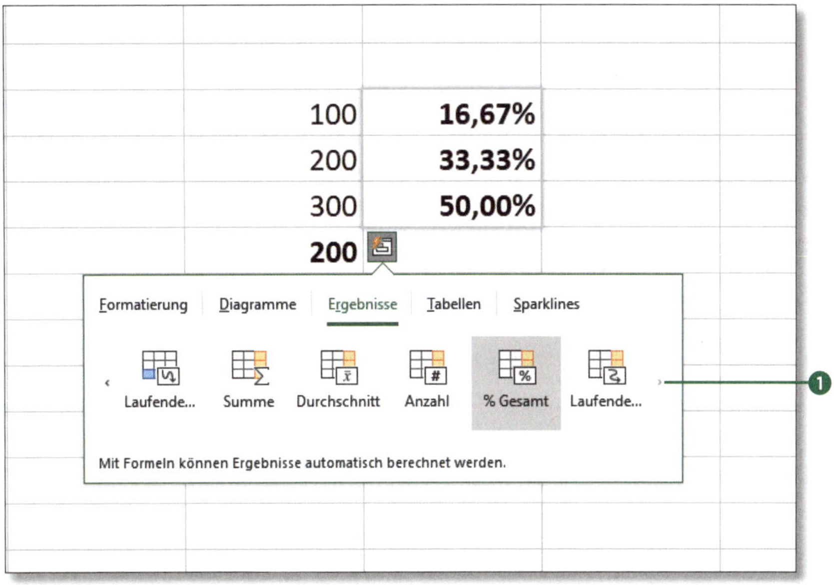

> **INFO**
>
> **Ausgabeart beachten**
> Schon vor der Auswahl der Berechnungsmethode kann man sehen, ob das Ergebnis in eine unterhalb befindliche Zeile oder eine daneben befindliche Spalte eingetragen wird. Achten Sie auf die Symbole der einzelnen Tasten. Blaue Linien im Symbol deuten auf Zeilen hin, während Spalten gelb markiert sind.

17.7 Matrixformeln verwenden

Matrixformeln werden auch als *Arrayformeln* oder *CSE-Formeln* bezeichnet. Letzteres, weil man sie mit [Strg] (engl.: **C**trl), [⇧] (engl.: **S**hift) und [↵] (engl.: **E**nter) drücken kann. Es handelt sich dabei um recht komplexe Formeln, die sich mit den bisher bekannten Standardfunktionen nicht erstellen lassen.

Matrixformeln weisen die Besonderheit auf, dass sie in der Lage sind, mehrere Ergebnisse auszugeben – und zwar mit nur einer einzigen Formel. Dazu sehen wir uns gleich ein Beispiel an. Zunächst jedoch ein Hinweis zur Eingabeweise von Matrixformeln.

Eine Matrixformel eingeben

Matrixformeln werden grundsätzlich in geschweiften Klammern angezeigt. Das Erzeugen dieser geschweiften Klammern übernimmt Excel für Sie, wenn Sie Strg + ⇧ + ↵ betätigen. Geben Sie die geschweiften Klammern manuell ein, erzeugen Sie damit *keine* Matrixformel. Sie müssen hierzu zwingend die Tastenkombination betätigen. Entsprechendes gilt, wenn Sie eine Matrixformel abschließen. Am Ende müssen Sie die Tastenkombination unbedingt erneut drücken.

Die erste Matrixformel (mehrere Additionen)

Öffnen Sie für dieses Beispiel die Arbeitsmappe *Matrix-01.xlsx* aus dem Ordner *17* der Beispieldateien. Zugegeben, es handelt sich hier um ein denkbar simples Beispiel, aber es verdeutlicht, wie leistungsfähig Matrixformeln sein können. Außerdem bringt es Ihnen die grundsätzliche Vorgehensweise näher. Unser Ziel: Wir wollen in Spalte **D** wissen, wie viel Obst insgesamt am jeweiligen Tag verkauft worden ist.

1 Markieren Sie die Zellen **D2** bis **D7**.

2 Danach tragen Sie in die Bearbeitungsleiste »=B2:B7+C2:C7« ein.

3 Betätigen Sie die Tastenkombination Strg + ⇧ + ↵, und werfen Sie einen Blick auf die Resultate. Die Formel können Sie zudem noch einmal in der Bearbeitungsleiste kontrollieren. Sie werden feststellen, dass Excel die Formel automatisch in die bereits erwähnten geschweiften Klammern gesetzt hat.

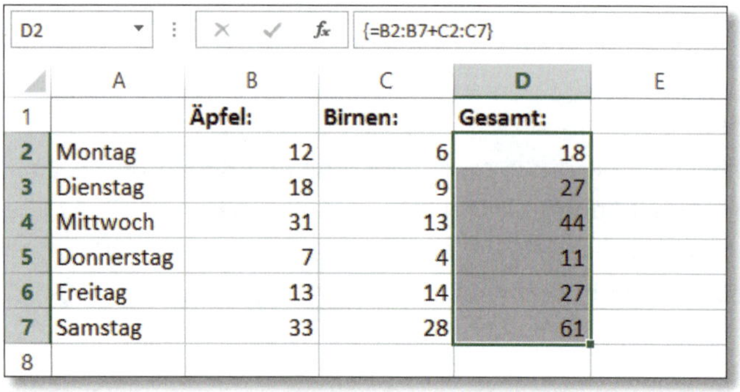

	A	B	C	D	E
1		Äpfel:	Birnen:	Gesamt:	
2	Montag	12	6	18	
3	Dienstag	18	9	27	
4	Mittwoch	31	13	44	
5	Donnerstag	7	4	11	
6	Freitag	13	14	27	
7	Samstag	33	28	61	
8					

Sie fragen sich vielleicht, warum wir in dem Beispiel nicht einfach die Zellen **B2** und **C2** in **D2** addiert und die Formel in Spalte **D** nach unten kopiert haben. Die Antwort folgt im nächsten Abschnitt.

INFO

Formel bearbeiten

Denken Sie immer daran: Wenn Sie eine Matrixformel nachträglich ändern müssen, ist dagegen nichts einzuwenden. Doch muss diese Aktion stets mit Strg + ⇧ + ↵ abgeschlossen werden. Drücken Sie einfach nur ↵, erhalten Sie eine Fehlermeldung.

Die zweite Matrixformel (Gesamtumsatz berechnen)

In diesem Abschnitt will ich Ihnen vor allem den Unterschied zwischen einer Matrixformel und herkömmlichen Formeln aufzeigen. In der Beispieldatei *Matrix-02.xlsx*, die Sie im Ordner *17* finden, haben wir es mit verkauften Tickets unterschiedlicher Preisklassen des öffentlichen Nahverkehrs zu tun. Um nun den Gesamtumsatz aus allen Ticket-Verkäufen errechnen zu können, müssten wir ja zunächst alle drei Ticketpreise mit den dazugehörenden Verkaufszahlen multiplizieren und daraus eine Summe bilden. Das geht mit Arrayformeln sehr viel komfortabler.

1 Markieren Sie die Zielzelle **B6**, und verwenden Sie darin die Summenformel. Geben Sie also »=sum« ein, gefolgt von [Tab].

2 Als Nächstes klicken Sie auf die Zelle **B3**, halten die Maustaste gedrückt und ziehen bis zur Zelle **D3**, um diesen Zellbereich zu markieren. Dort angelangt, lassen Sie die Maustaste los.

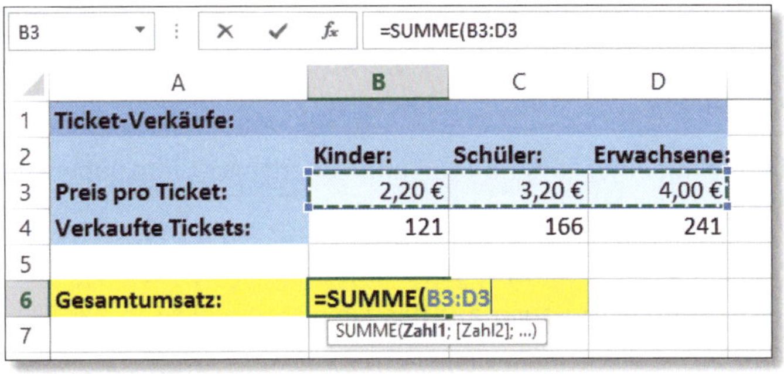

3 Lassen Sie direkt dahinter das Multiplikationszeichen (*) folgen, und markieren Sie den nächsten Zellbereich, nämlich **B4** bis **D4**. Zuletzt ist es sehr wichtig, die Eingabe mit [Strg]+[⇧]+[↵] abzuschließen. Daraufhin wird das Ergebnis in der Zelle **B6** angezeigt.

4 Formatieren Sie außerdem Zelle **B6** als **Währung** (**Start > Zahl**). Dann wird das Resultat korrekt mit zwei Nachkommastellen angegeben.

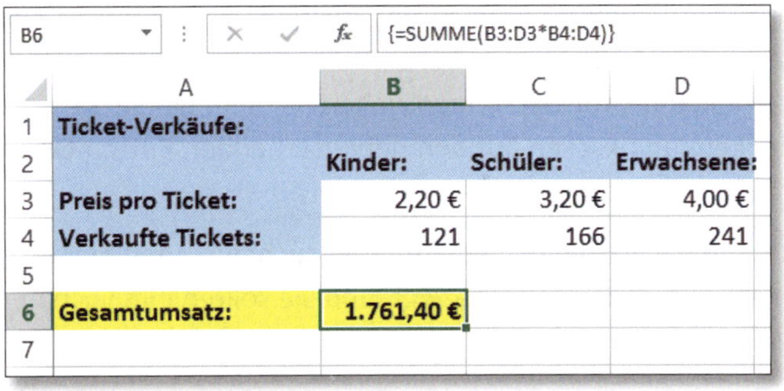

So schnell lassen sich mehrere Rechenoperationen anwenden und (wie im ersten Beispiel) auf mehrere Ergebniszellen verteilen oder (wie in diesem Beispiel) zu einer Zelle zusammenfassen.

Was wäre eigentlich geschehen, wenn wir die Formel nicht mit der Tastenkombination für Matrixformeln, sondern schlicht mit [↵] abgeschlossen hätten? In diesem Fall wäre das Ergebnis 266,20 € ausgegeben worden. Dies wären aber nur die Erlöse der Kindertickets gewesen. Sie sollten daher immer darauf achten, die Matrixformel mit der Tastenkombination [Strg]+[⇧]+[↵] abzuschließen.

17.8 Funktionen über den Funktionsassistenten suchen

Excel ist ein wahres Rechengenie, wie Sie sicher schon festgestellt haben. Allerdings ist die Anwendung auch immer auf korrekte Eingaben des Benutzers angewiesen. Schon der kleinste Fehler kann dazu führen, dass Excel ein falsches Ergebnis ausgibt oder den gewünschten Rechenschritt komplett verweigert.

Sollten Sie einmal unsicher sein, welche Formel die richtige ist, lassen Sie sich helfen. Denn wenn Sie Excel »beschreiben«, was Sie zu tun gedenken, wird meist auch die gewünschte Funktion dazu gefunden.

1. Markieren Sie die Zelle, die mit einer Funktion versehen werden soll, und geben Sie »=« ein, um eine Formel zu beginnen.

2. Klicken Sie auf **Funktion einfügen** in der Gruppe **Funktionsbibliothek** der Registerkarte **Formeln**. Alternativ dazu können Sie auch auf das kleine Symbol **fx** in der Bearbeitungsleiste klicken.

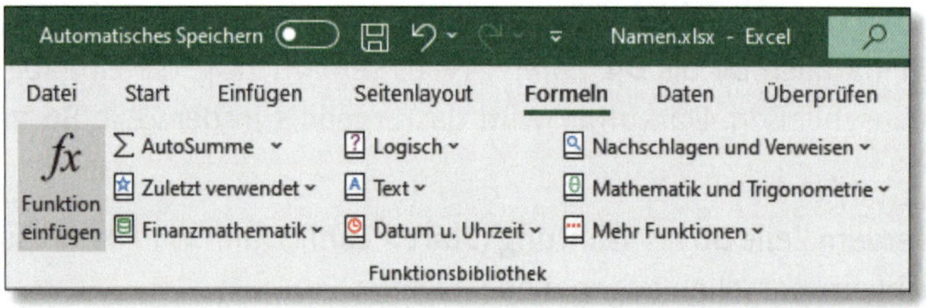

3. Im Dialog **Funktion einfügen** geben Sie nun in das obere Feld **Funktionen suchen** eine Beschreibung dessen ein, was in eine Formel gepackt werden soll. Wenn Sie also beispielsweise nach der Funktion für das Wurzelziehen suchen, geben Sie schlicht »Wurzel« (oder »wurzel«) ein und klicken auf den nebenstehenden Button **OK** (nicht auf den **OK**-Button im Fuß des Dialogs!).

   Sollte Excel bedingt durch die Eingabe im Feld **Funktion suchen** einmal nicht fündig werden, wird ein entsprechender Hinweis angezeigt, und Sie sollten Ihre Suchanfrage neu formulieren.

4. Weiter unten im Auswahlfeld **Funktion auswählen** ❶ wird Ihnen nun angezeigt, welche Formeln verwendet werden können. Weitere Erklärungen dazu werden Ihnen

unter dem Feld **Funktion auswählen** angegeben ❷. Sollten mehrere Funktionen zur Auswahl stehen, markieren Sie den Eintrag, der Ihren Wünschen entspricht, und bestätigen Ihre Wahl mit einem Klick auf die Schaltfläche **OK** im unteren Bereich des Dialogfensters.

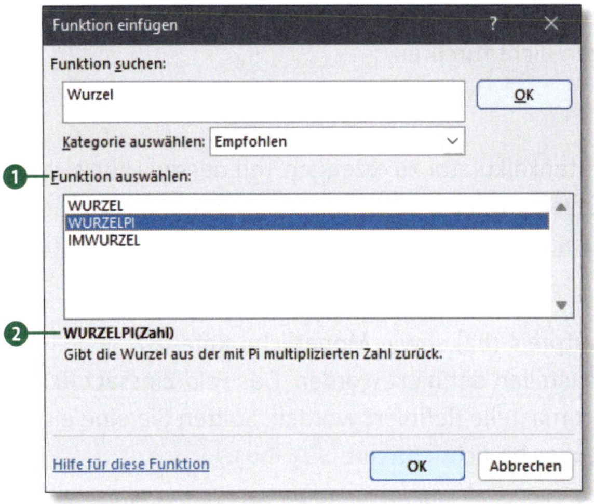

5 Daraufhin wird das Dialogfenster **Funktionsargumente** geöffnet. Tragen Sie in das Feld **Zahl** den gewünschten Wert ein, aus dem das Ergebnis errechnet werden soll. Natürlich dürfen Sie auch eine Zellenbezeichnung, wie in der folgenden Abbildung, angeben. Dann wird der Wert dieser Zelle für die Berechnung verwendet.

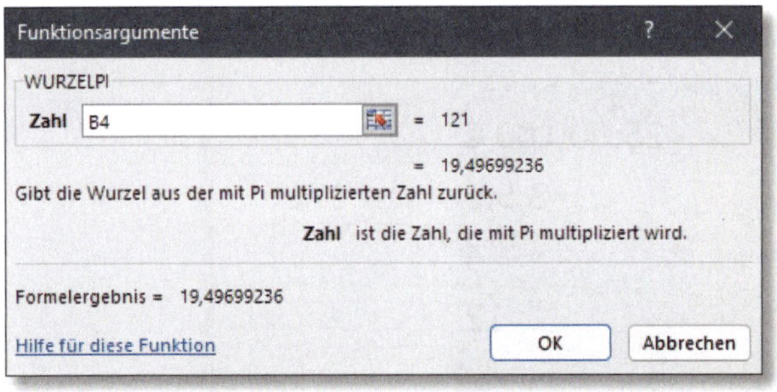

6 Achten Sie einmal auf die Werte rechts neben dem Eingabefeld **Zahl**. Hier werden bereits Resultate angezeigt. Das hilft zusätzlich bei der Formulierung der Argumente. Bestätigen Sie auch diesen Dialog im Anschluss mit **OK**.

Der Inhalt des Dialogs **Funktionsargumente** ist, je nachdem, welche Funktion gewählt worden ist, mit unterschiedlichen Eingabefeldern und Inhalten bestückt. Bei dem hier gewählten Wurzel-Beispiel erscheint nur ein einzelnes Eingabefeld. Das ändert sich jedoch, wenn Sie eine andere Formel wählen, wie Sie auch in den Beispielen der folgenden Abschnitte sehen werden.

17.9 Finanzmathematische Funktionen

Finanzmathematische Berechnungen gestalten sich mitunter schwierig. Man muss zunächst wissen, mit welcher Formel man an das gewünschte Ziel kommt, und zudem noch aufpassen, dass sämtliche Werte auch in der richtigen Relation zueinander stehen. Da Sie jedoch stolzer Besitzer einer so leistungsfähigen Software wie Excel sind, müssen Sie sich auch vor umfangreichen Berechnungen nicht fürchten.

Ratenkalkulation erzeugen

Das Ziel dieser Aufgabe ist es, einen Ratenkalkulator zu erzeugen, mit dessen Hilfe sich anhand eines Zinssatzes sowie einer Laufzeit ermitteln lässt, wie die jeweilige Rate aussehen wird. Öffnen Sie zunächst die Arbeitsmappe *Ratenkalkulator.xlsx* aus dem Ordner *17* der Beispieldateien.

1 In der Tabelle sind die Zellen **Kaufpreis** (**B2**) sowie **Monatliche Rate** (**B7**) jeweils als Währungen mit zwei Nachkommastellen definiert worden. Das Feld **Zinssatz** (**B3**) ist als Prozentfeld mit einer Nachkommastelle definiert worden. Sollten Sie eine eigene Tabelle bauen wollen, müssen Sie dies berücksichtigen.

2 Markieren Sie das Ergebnisfeld **B7**. Hier muss die Formel für unsere Zinsberechnung integriert werden. Klicken Sie auf das **fx**-Symbol (**Funktion einfügen**) ❶ in der Bearbeitungsleiste.

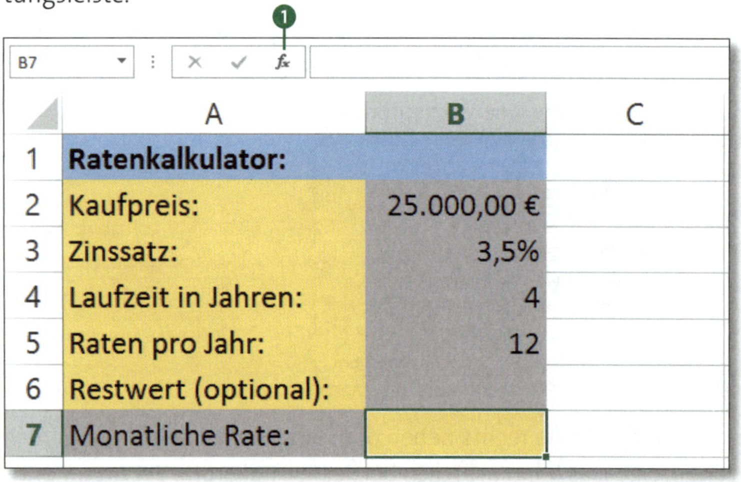

Daraufhin wird der Dialog **Funktion einfügen** geöffnet, mit dessen Hilfe Sie nach der gewünschten Funktion suchen können. Versuchen Sie es beispielsweise mit der Eingabe »konstante Zahlung« im Feld **Funktion suchen**. Bestätigen Sie mit einem Klick auf **OK** neben dem Feld.

3 Entscheiden Sie sich im Feld **Funktion auswählen** für den Eintrag **RMZ**, und klicken Sie anschließend auf den unteren **OK**-Button.

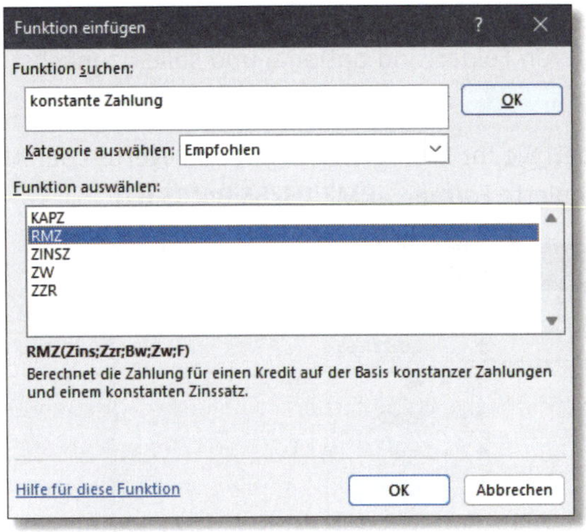

4 Daraufhin öffnet sich der Dialog **Funktionsargumente**. Positionieren Sie diesen Dialog durch Ziehen an der Kopfleiste so auf der Arbeitsoberfläche, dass Sie auch die Zellen des Dokuments gut einsehen können.

5 Die Einfügemarke blinkt nun im Feld **Zins**. Legen Sie hier den Zinssatz fest, indem Sie auf die Zelle **B3** klicken.

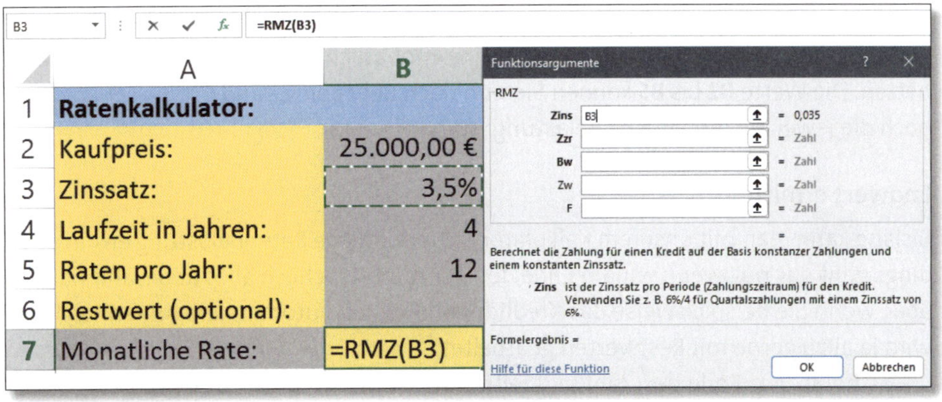

6 Die Zelle ist allerdings noch nicht fertig. **B3** ist nämlich der jährliche Zinssatz, der noch durch 12 Monate dividiert werden muss – um genau zu sein, durch den Wert in Feld **B5**. Verändern Sie daher das Eingabefeld **Zins** dahingehend, dass darin am Ende »B3/B5« erscheint.

7 Klicken Sie in das Feld **Zzr**, das für den Zahlungszeitraum in Jahren steht, und danach auf die Zelle **B4**. Auch hier ist zu bedenken, dass wir die »monatlichen« Zinsen ermitteln wollen, weshalb Sie den Wert noch mit der Anzahl der Raten pro Jahr multiplizieren müssen. Die Zeile bekommt also den Inhalt: »B4*B5«.

8 Zuletzt müssen Sie im Feld **BW** noch den Kaufpreis angeben. Setzen Sie diesen durch Klick auf die Zelle **B2** ein. Alle weiteren Felder sind optional und sollen zunächst einmal außen vor bleiben.

9 Bevor Sie auf **OK** klicken, vergleichen Sie Ihr Dialogfenster mit den Werten der Abbildung. Hier ist noch einmal die komplette Formel: **=RMZ(B3/B5;B4*B5;B2)**.

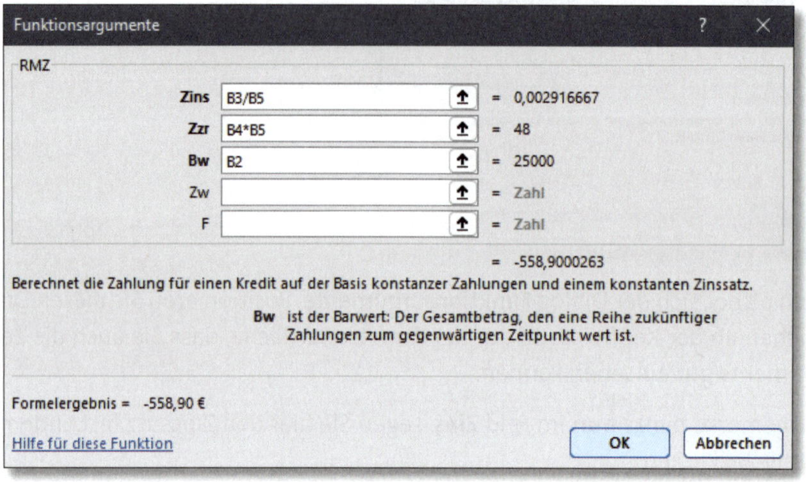

Passt alles? Glückwunsch! Sollten Sie die ursprünglichen Werte unseres Beispiels beibehalten haben, wissen Sie nun, dass Sie eine monatliche Rate von 558,90 € zu bedienen hätten. Die Werte **B2** bis **B5** können Sie nun nach Belieben verändern. Sie sehen dann, wie hoch die jeweilige monatliche Belastung ist.

Endwert ermitteln

Bislang kann man mit unserem Kalkulator die monatliche Ratenbelastung ermitteln. Allerdings geht das nur, wenn wir am Ende der Laufzeit tatsächlich alles abbezahlt haben. Was aber, wenn Sie beispielsweise das Kreditangebot eines Autohändlers prüfen wollen? Dort wird ja allzu gerne mit Restwerten gearbeitet.

Das heißt: Am Ende des Zahlungszeitraums ist der Kredit nicht etwa getilgt, sondern es wartet noch ein dicker Batzen Restschuld auf seine Begleichung – ein Umstand, der im Werbespot gern außer Acht gelassen wird. Wie anders sollte es ansonsten möglich sein, einen Neuwagen für 99 € pro Monat zu finanzieren?

Wir müssen unsere Formel also um den Restwert erweitern. Öffnen Sie für dieses Beispiel zunächst die Datei *Ratenkalkulator-02.xlsx* aus dem Ordner *Ergebnisse* der Beispieldateien.

1 Markieren Sie die Zelle **B7**, und klicken Sie auf das **fx**-Symbol in der Bearbeitungsleiste, um in den Dialog **Funktionsargumente** zu gelangen.

2 Die Zeile **Zw** (sowie auch die Zeile **F**) ist nicht fett ausgezeichnet, da sie optional ist. Bei der Eingabe eines derartigen Wertes müssen Sie allerdings bedenken, dass dieser stets negativ sein muss, da er ja unsere Soll-Seite belastet. Es gibt zwei Möglichkeiten: Entweder geben Sie später nur Werte mit einem negativen Vorzeichen ein oder, was zweifellos die bessere Alternative ist, Sie berücksichtigen das bereits hier – also während der Formelerstellung. Letzteres setzen Sie um, indem Sie zunächst in das Eingabefeld **Zw** klicken und ein Minuszeichen eintippen. Danach klicken Sie auf Zelle **B6** im Excel-Dokument und bestätigen mit **OK**.

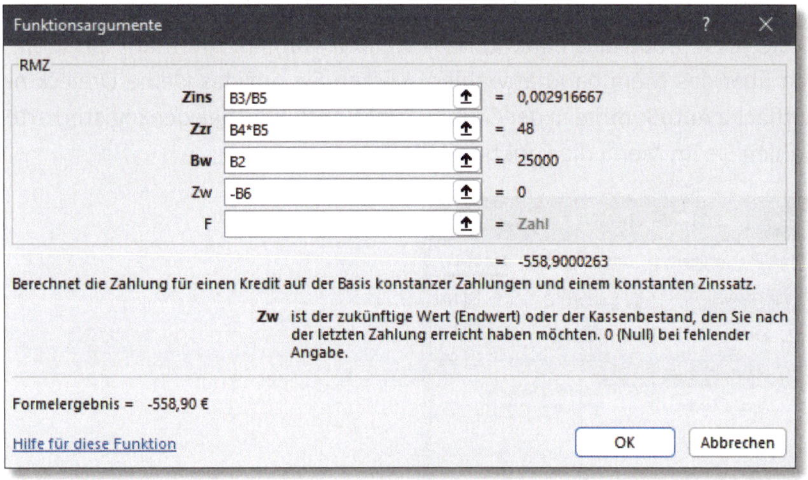

Auf den ersten Blick ist es vielleicht etwas verwunderlich, dass Sie in das Feld **Zw** ein Minuszeichen eingeben müssen. Doch Sie müssen dabei bedenken, dass der Restwert nicht direkt in die Ratenberechnung einfließt – dass also ein Kaufpreis zu Buche schlägt, der zunächst einmal um den Restwert bereinigt ist.

INFO

Fälligkeit

Das **F** im Dialog **Funktionsargumente** steht für die Fälligkeit. Der Wert kann **0** oder **1** betragen, wobei 0 für die Zahlung der Rate jeweils am Ende eines Monats steht und die 1 für die Begleichung am Anfang des Monats. Dies hat ja Einfluss auf die Zinsbildung. Wenn Sie diesen Faktor mit einbeziehen wollen, müssen Sie im Eingabefeld **F** eine weitere Zelle angeben, in die Sie dann »1« oder »0« eintragen. Im Beispiel würde sich bei 0 eine monatliche Rate von 558,90 € ergeben. Bei 1 wären dies 557,27 €.

17.10 Statistische Funktionen

Statistiken werden allerorts und auf unterschiedlichste Art und Weise erhoben. Eine der am häufigsten verwendeten Rechenmethoden ist die Ermittlung von Durchschnittswerten.

Mittelwert im Tabellenblatt ermitteln

Öffnen Sie die Datei *Umsatz.xlsx*, die Sie im Ordner *17* der Beispieldateien finden. Hier haben wir es mit einer Aufstellung von Umsatzzahlen zu tun. Wir wollen ermitteln, wie hoch der durchschnittliche Umsatz ist.

1 Klicken Sie zunächst auf das Feld **B9**.

2 Für die anstehende Berechnung benötigen wir die Funktion **Mittelwert**. Natürlich könnten Sie diese über den Funktionsassistenten wählen. Alternativ lässt sie sich aber auch über das Menüband anwählen: Klicken Sie auf das kleine Dreieck neben der Schaltfläche **AutoSumme** in der Gruppe **Funktionsbibliothek** der Registerkarte **Formeln**. Wählen Sie im Menü die Funktion **Mittelwert** aus.

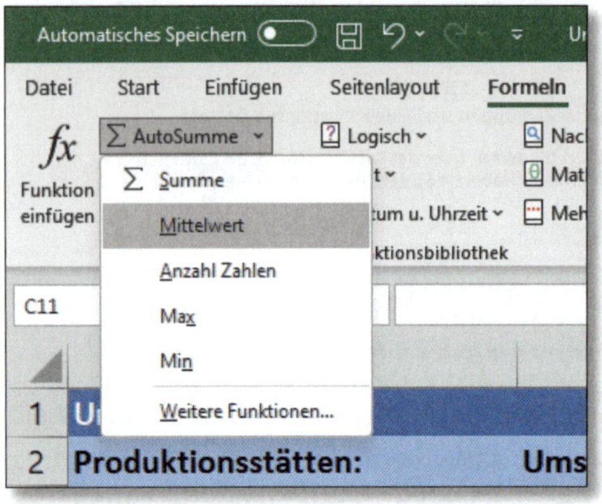

3 Anschließend fahren Sie mit gedrückter Maustaste über die Zellen **B3** bis **B5** und schließen die Aktion mit einem Klick auf [↵] ab.

Damit ist klar: Der durchschnittliche Umsatz aller drei Werke liegt bei 303.920,67 €.

Abweichungen ermitteln

Eine weitere nützliche Statistikfunktion ist die Ermittlung von Abweichungen von Mittelwerten. Wenn Sie also nun wissen möchten, wie weit die einzelnen Werke im Umsatz vom Mittel abweichen, nutzen Sie die folgende Vorgehensweise für Ihre Berechnung. Sie können die Berechnung anhand der Beispieldatei *Umsatz_02.xlsx* nachvollziehen, die Sie im Ordner *17* finden.

1 Zuerst wird das Feld **C3** markiert. Geben Sie hier die Formel »=B3-B9« ein. Mit dieser Formel errechnen Sie, wie hoch die tatsächliche Abweichung der einzelnen Werte vom Durchschnitt aussieht. Falls im Ergebnis Rauten angezeigt werden, verbreitern Sie die Spalte **C** ein wenig.

2 Übertragen Sie die Funktion auf die beiden darunter befindlichen Zellen, wobei Sie hier absolute Bezüge bilden müssen. Würden Sie einfach das untere rechte Quadrat

herunterziehen, würde Excel ja in Zeile **4** das Feld **B10** (und nicht **B9**) als Argument einsetzen. Ändern Sie vor dem Kopieren also die Formel dahingehend, dass Sie zwei Dollarzeichen hinzufügen. Die Formel heißt jetzt **=B3-B9**. Alternativ können Sie selbstverständlich auch F4 auf Ihrer Tastatur drücken.

3 Danach können Sie die Formel über das Quadrat des Markierungsrahmens herunterkopieren. Klicken Sie darauf, und ziehen Sie den Rahmen über alle Zellen auf, die die gleiche Formel enthalten sollen.

	A	B	C
1	Umsatzvergleich		
2	**Produktionsstätten:**	**Umsätze:**	
3	Werk Plauen	213.456,00 €	-90.464,67 €
4	Werk Westerwald	276.541,00 €	-27.379,67 €
5	Werk Bielefeld	421.765,00 €	117.844,33 €
6			
7	**Gesamtumsatz:**	911.762,00 €	
8			
9	**Durchschnittlicher Umsatz:**	303.920,67 €	
10			

Die fertige Tabelle finden Sie im Ordner *Ergebnisse* der Beispieldateien unter dem Dateinamen *Umsatz-gesamt.xlsx*.

17.11 Logische Funktionen nutzen

Excel erlaubt nicht nur die mathematische Berechnung von Werten, sondern auch Vergleiche. So ist es der Anwendung beispielsweise möglich, zwischen »Wahr« und »Falsch« und sogar »Entweder – Oder« zu unterscheiden. Natürlich müssen Sie auch hier zunächst mitteilen, worum es geht.

Öffnen Sie die Beispieldatei *Umsatz-gesamt.xlsx*, die Sie im Ordner *Ergebnisse* der Beispieldateien finden. In ihr hatten wir ja soeben die Abweichungen im Vergleich zum durchschnittlichen Umsatz ermittelt. Jetzt wollen wir noch eine Bemerkung hinzufügen, sofern die Umsätze unterdurchschnittlich sind. Wer über dem Durchschnitt liegt, bekommt ein »OK« von uns.

1 Verbreitern Sie die Spalte **D** ein wenig, indem Sie deren rechten Steg nach rechts ziehen.

2 Markieren Sie die Zelle **D3**.

3 Klicken Sie auf die Schaltfläche **Logisch** in der Gruppe **Funktionsbibliothek** der Registerkarte **Formeln**. Wählen Sie im Auswahlmenü der Schaltfläche die Funktion **WENN**.

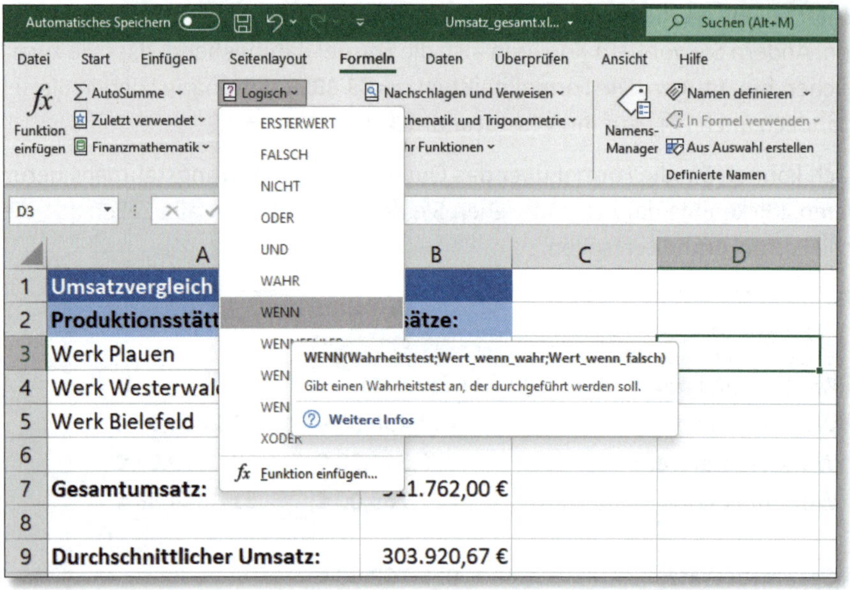

4 Im ersten Eingabefeld **Wahrheitstest** des Dialogs **Funktionsargumente** muss nun, wie der Name schon sagt, die Prüfung der Werte stattfinden. Klicken Sie auf die Zelle **B3**, geben Sie ein »<« ein, und klicken Sie anschließend auf die Zelle **B9**. Da wir die Formel gleich nach unten kopieren wollen, müssen noch absolute Bezüge zum Feld **B9** eingerichtet werden. Sorgen Sie also dafür, dass die Funktion am Ende **B3<B9** heißt. Am schnellsten geht das, wenn Sie [F4] drücken.

5 Im zweiten Eingabefeld **Wert_wenn_wahr** legen Sie fest, was passieren soll, wenn die Bedingung im ersten Eingabefeld erfüllt ist. Das bedeutet: Wenn der Umsatz geringer ist als der Durchschnitt, wollen wir den Hinweis »Kontrolle« ausgeben. Da es sich hierbei um einen Textausdruck handelt, muss dieser in Anführungszeichen stehen.

6 Zuletzt springen Sie ins dritte Eingabefeld **Wert_wenn_falsch** und geben »OK« ein, denn das soll ja angezeigt werden, wenn der Wert größer oder gleich dem Mittelwert ist. Vergessen Sie auch hier die Anführungsstriche nicht. Schließen Sie den Dialog durch Klick auf **OK**.

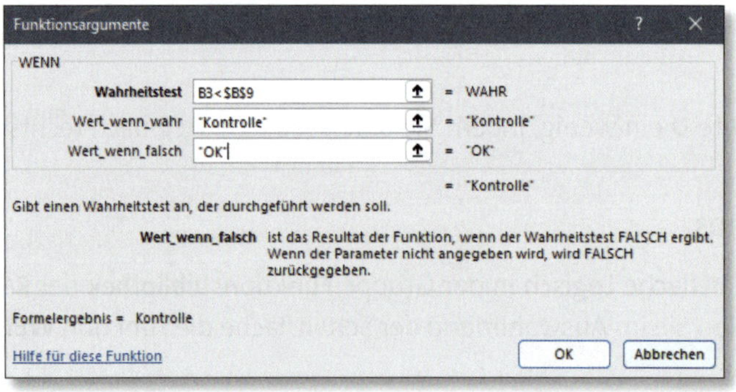

7 Der letzte Schritt besteht nun darin, die Formel mithilfe des kleinen Quadrats am Markierungsrahmen auf die beiden darunter befindlichen Zellen zu übertragen.

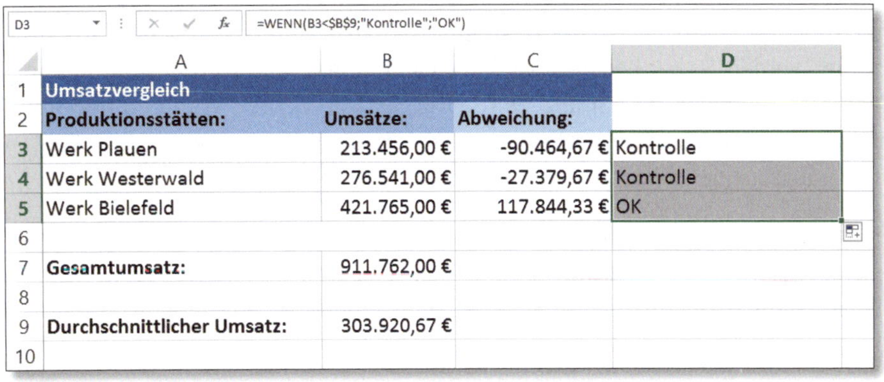

Sie können sich das Ergebnis dieses Workshops in der Beispieldatei *Kontrolle-fertig.xlsx* im Ordner *Ergebnisse* ansehen. Übrigens: Wenn Sie einmal prüfen wollen, ob nun noch alles ordnungsgemäß funktioniert, verändern Sie doch einmal einen beliebigen Wert. Erhöhen Sie beispielsweise den Umsatz des Werkes Westerwald um 100.000 €, ändern sich nicht nur Gesamtumsatz, Durchschnitt und Abweichungen, sondern auch das Kontrollerfordernis in Spalte **D**.

INFO

Falsche Gesamtumsatz-Anzeige?
Sollten Sie, wie soeben erwähnt, den Gesamtumsatz des Westerwald-Werkes erhöhen, steigt damit auch der Gesamtumsatz des Konzerns. Dieser überschreitet damit erfreulicherweise die Millionengrenze. Allerdings kann es dadurch passieren, dass der Gesamtumsatz im Feld **B7** nicht mehr korrekt angezeigt wird. Stattdessen tauchen dort Rauten auf (########). Wirken Sie dem entgegen, indem Sie die Spalte **B** verbreitern – denn der Wert ist korrekt, er ist nur zu groß, um angezeigt zu werden. (Mehr zu den Fehlermeldungen lesen Sie in Abschnitt 17.14, »Fehlermeldungen verstehen und die Fehlerursache beheben«, auf Seite 550.)

17.12 Mit umfangreichen Formeln arbeiten

Bestimmt sind Sie mittlerweile schon recht geübt, was das Erstellen von Formeln und Funktionen betrifft. Wir werden uns jetzt anhand eines Beispiels einmal ansehen, wie etwas umfangreichere Formeln erstellt werden und was dabei zu beachten ist.

Testergebnisse auswerten

In Fachzeitschriften wird nicht nur über neueste Trends berichtet, sondern es werden oft auch Produkte getestet, um dem Leser anstehende Kaufentscheidungen zu erleichtern.

Einen solchen Text wollen wir jetzt auswerten. Eine fiktive Fotozeitschrift hat vier neue Kameramodelle auf Herz und Nieren getestet. Dabei sind vier Bereiche untersucht worden, die von den Testern mit jeweils maximal 100 Punkten versehen werden konnten. Allerdings sind den unterschiedlichen Testbereichen auch unterschiedliche Gewichtungen zugeordnet worden. So hat beispielsweise die Qualität mit 40 % zum Gesamtergebnis beigetragen. Das Handling der Kamera wurde mit 30 % gewichtet. Während der Preis 20 % ausmachte, wurde die Serviceleistung des Herstellers mit 10 % bewertet. Ihre Aufgabe ist es nun, herauszufinden, welche Kamera die beste ist.

1. Öffnen Sie zunächst die Arbeitsmappe *Kameras-01.xlsx* aus dem Ordner *17* der Beispieldateien. Den Zellen wurde bislang kein Zahlenformat zugewiesen – sie stehen alle auf **Standard**.
2. Zunächst widmen wir uns dem viel zitierten und mit Spannung erwarteten Hightech-modell »Knipsican«. Dessen Berechnung gehört in die Zelle **C7**. Markieren Sie diese Zelle, und beginnen Sie mit einem Gleichheitszeichen.
3. Sie nehmen den ersten Wert der Kamera auf, indem Sie auf **C3** klicken. Das sind die 80 Punkte für die Qualität.
4. Nun gilt es, diese 80 Punkte mit der Gewichtung zu multiplizieren. Lassen Sie also ein Multiplikationszeichen (*) folgen, und klicken Sie anschließend auf die Qualitätsgewichtung **B2**.
5. Ganz wichtig ist, dass Sie nun noch [F4] drücken. Denn Sie müssen dafür sorgen, dass der Wert für die Gewichtung einen absoluten Zellbezug erhält. Die Folge: **B3** wird mit **$** versehen. Schauen Sie in die Bearbeitungsleiste oder in die Zelle **C7**.

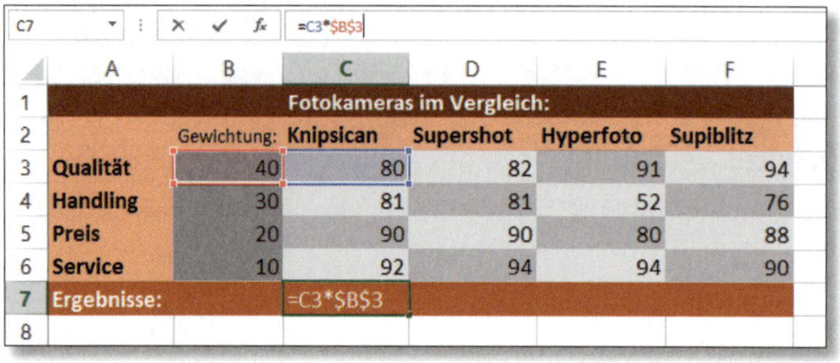

6. Der nächste Schritt besteht darin, das Handling mit in die Bewertung einfließen zu lassen. Im Zusammenspiel mit der Qualität wird eine Addition fällig, da die erreichten Punkte (multipliziert mit dem Faktor) für das Handling zur Qualität hinzugezählt werden müssen. Erfreulicherweise benötigen wir keine Klammern, da Punktrechnung ohnehin vor Strichrechnung geht. Also reicht es, ein Pluszeichen einzutippen.
7. Klicken Sie auf **C4**, und multiplizieren Sie das dortige Ergebnis mit dem Handling-Faktor in **B4**. Vergessen Sie nicht, auch hier wieder einen absoluten Zellbezug herzustellen, indem Sie [F4] drücken.

8 Verfahren Sie auf die beschriebene Weise auch mit dem Preis und dem Service der »Knipsican«. Schauen Sie sich die Formel noch einmal genau an.

Sie lautet: **=C3*B3+C4*B4+C5*B5+C6*B6**. Schließen Sie die Formel bitte noch nicht ab! Es geht noch weiter.

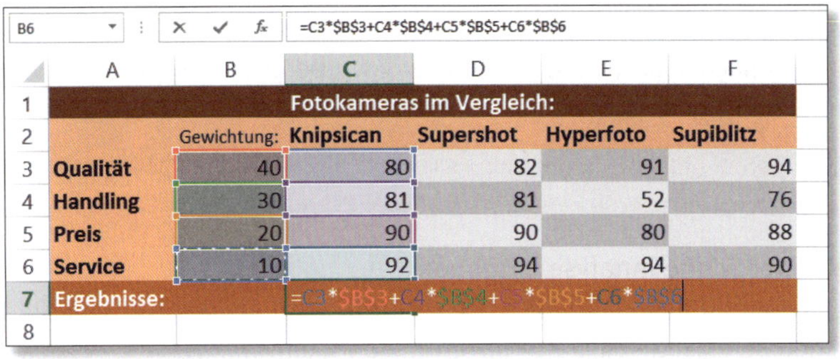

B6 | =C3*B3+C4*B4+C5*B5+C6*B6

	A	B	C	D	E	F
1	Fotokameras im Vergleich:					
2		Gewichtung:	Knipsican	Supershot	Hyperfoto	Supiblitz
3	Qualität	40	80	82	91	94
4	Handling	30	81	81	52	76
5	Preis	20	90	90	80	88
6	Service	10	92	94	94	90
7	Ergebnisse:		=C3*B3+C4*B4+C5*B5+C6*B6			
8						

9 Nun wollen wir eine Bestandsaufnahme dessen machen, was wir bisher erreicht haben. Wir haben alle Ergebnisse mit der jeweiligen Gewichtung multipliziert. Das wird dazu führen, dass jede Kamera mehrere tausend Punkte bekommen kann. Denn unsere Formel lautet: **80*40+81*30+90*2+92*10**. Im Ergebnis wären das 8350 Punkte. Da wir allerdings auch im Gesamtergebnis die maximal möglichen 100 Punkte nicht überschreiten wollen, müssen wir unsere gesamte Rechnung noch einmal durch 100 dividieren. Doch Vorsicht! Da es in unserer bisherigen Berechnung nicht nur Punkt-, sondern auch Strichrechnung gibt, müssen wir der Anwendung mitteilen, was zuerst ausgerechnet werden soll. Deswegen muss unsere gesamte Formel (also alles rechts neben dem Gleichheitszeichen) zunächst in Klammern gesetzt werden.

10 Wenn das erledigt ist, schreiben Sie »/100« dahinter. Das ist die richtige Formel: **=(C3*B3+C4*B4+C5*B5+C6*B6)/100**. Wenn es bei Ihnen genau so aussieht, dürfen Sie die Aktion mit `Strg` + `↵` beenden.

11 Übertragen Sie die Formel der »Knipsican« auch auf die drei anderen Modelle, indem Sie das kleine grüne Quadrat im Markierungsrahmen von **C7** bis **F7** herüberziehen.

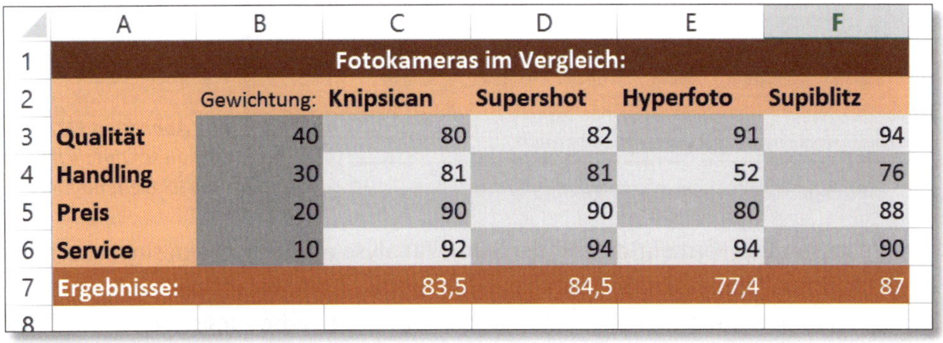

	A	B	C	D	E	F
1	Fotokameras im Vergleich:					
2		Gewichtung:	Knipsican	Supershot	Hyperfoto	Supiblitz
3	Qualität	40	80	82	91	94
4	Handling	30	81	81	52	76
5	Preis	20	90	90	80	88
6	Service	10	92	94	94	90
7	Ergebnisse:		83,5	84,5	77,4	87
8						

17

Wer hätte das gedacht: Die neue »Supiblitz« ist die beste Kamera – und das, obwohl sie nicht die teuerste ist. Sie finden die Beispieldatei *Kameras-fertig.xlsx* mit unserem Testergebnis im Ordner *Ergebnisse*.

TIPP

Umfangreiche Formeln erstellen
Wenn es um umfangreiche Formeln geht, ist es mitunter hilfreich, sie mit ihren Bestandteilen zunächst auf einem Blatt Papier vorzubereiten. So erkennen Sie die Zusammenhänge und laufen nicht so schnell Gefahr, etwas Wichtiges zu vergessen.

Formeln alternativ per Schnellanalyse eingeben

An dieser Stelle möchte ich noch einmal daran erinnern, dass Excel auch über eine sogenannte Schnellanalyse verfügt. Diese ist insbesondere bei umfangreichen Tabellendokumenten hilfreich. Außerdem hilft sie auf intuitive Art und Weise bei der Formelerstellung. Wenn Sie beispielsweise einmal schnell einen Mittelwert benötigen, markieren Sie einfach die gesamte Spalte und klicken anschließend auf die Schnellanalyse-Schaltfläche ❶. In dem Etikett, das daraufhin erscheint, klicken Sie beispielsweise auf das Register **Ergebnisse** und entscheiden sich anschließend für die gewünschte Funktion (hier: **Durchschnitt**).

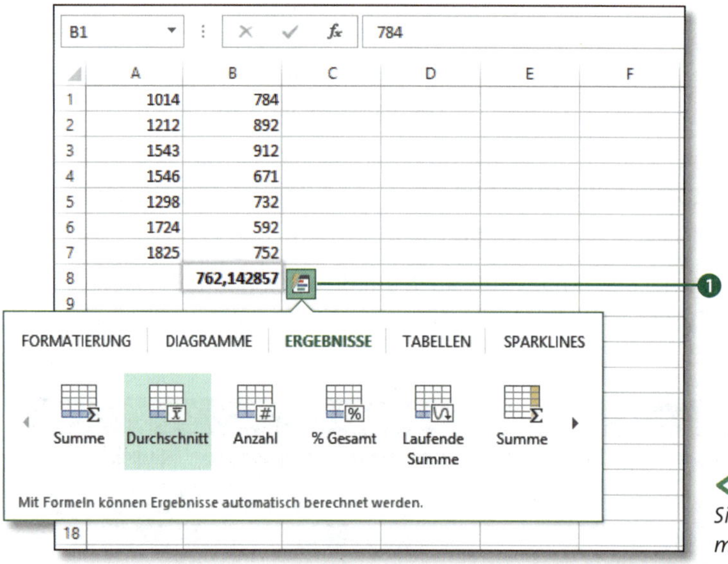

Abbildung 17.12 *Lassen Sie dieses nützliche Hilfsmittel nicht außer Acht.*

Zudem lassen sich Formeln, die mit der Schnellanalyse erstellt worden sind, anschließend noch individuell anpassen. So kann das Grundgerüst einer komplizierten Formel mit der Schnellanalyse erstellt und alles Weitere dann in der Bearbeitungsleiste individualisiert werden.

INFO

Formel ansehen

Die Formel (die im vorangegangenen Beispiel übrigens **=MITTELWERT(B1:B7)** lautet) erzeugt Excel ganz diskret im Hintergrund. Sie können sie später sehen, indem Sie die Ergebniszelle markieren und sich dann die Bearbeitungsleiste anschauen.

17.13 Daten aus dem Web und aus Access-Datenbanken importieren

Sie haben bereits einen Datensatz vorliegen, der nun in Excel bearbeitet werden soll? Dann können Sie diese Daten ganz einfach hinzufügen.

Daten aus dem Web abrufen

Sie können Daten aus dem Internet in Excel importieren und permanent auf dem neuesten Stand halten. Dazu benutzen Sie ganz einfach das Excel-Menüband. Gehen Sie folgendermaßen vor:

1 Klicken Sie auf die Schaltfläche **Aus dem Web** in der Gruppe **Daten abrufen und transformieren** der Registerkarte **Daten**. (Beachten Sie, dass die Button-Bezeichnungen bei geringeren Bildschirmauflösungen unterdrückt werden.)

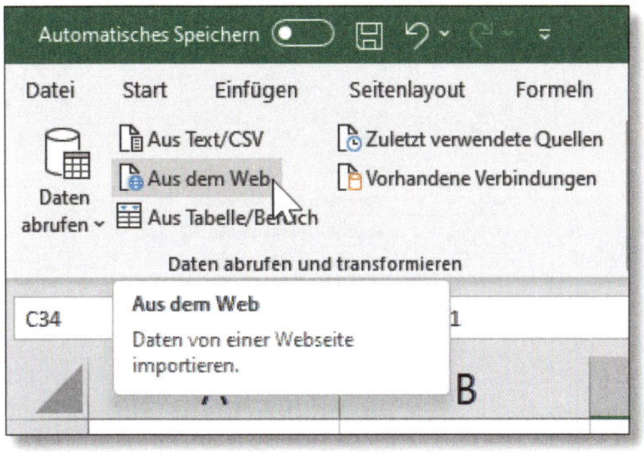

2 Daraufhin öffnet sich der Dialog **Aus dem Web**, in dessen Eingabefeld nun die URL (die Webadresse der betreffenden Homepage) einzugeben ist. Mehr Optionen stehen zur Verfügung, wenn Sie den Radio-Button **Weitere** anwählen. Klicken Sie nach Eingabe der URL auf **OK**.

3 In der Regel müssen Sie jetzt eine Verbindung mit der Website herstellen, was sich als mehr oder weniger schwierig erweist. (Ich habe zahlreiche Websites für dieses Beispiel getestet.) Viele Webseiten verhindern den Verbindungsaufbau, bei anderen klappt es bereits nach kurzer Zeit, zum Beispiel bei meinem Test mit der Eishockey-Tabelle der Zeitschrift Kicker (*https://www.kicker.de/del/tabelle*).

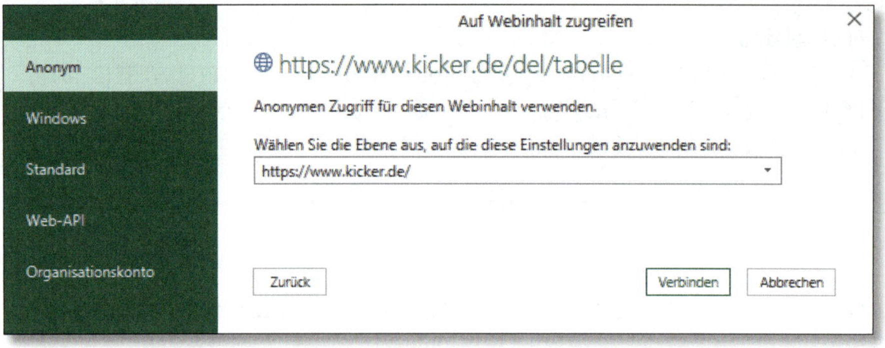

4 Nun wird der Navigator zur Verfügung gestellt. Sollten geeignete Tabellen auf der Website zur Verfügung stehen, werden diese in der linken Spalte angezeigt. Wählen Sie den Tabellennamen an (hier: **Table 0**). Markieren Sie diesen Eintrag.

5 Meist werden Sie mit der Tabellenansicht auf der rechten Seite bereits fündig werden. Sollten auf der angewählten Seite allerdings keine oder sogar mehrere potenzielle Tabellen enthalten sein, kann es sinnvoll sein, zunächst die **Webansicht** zu selektieren. Suchen Sie die gewünschte Tabelle dort zunächst heraus, und markieren Sie diese dann. Anschließend sollten Sie zur **Tabellenansicht** zurückkehren.

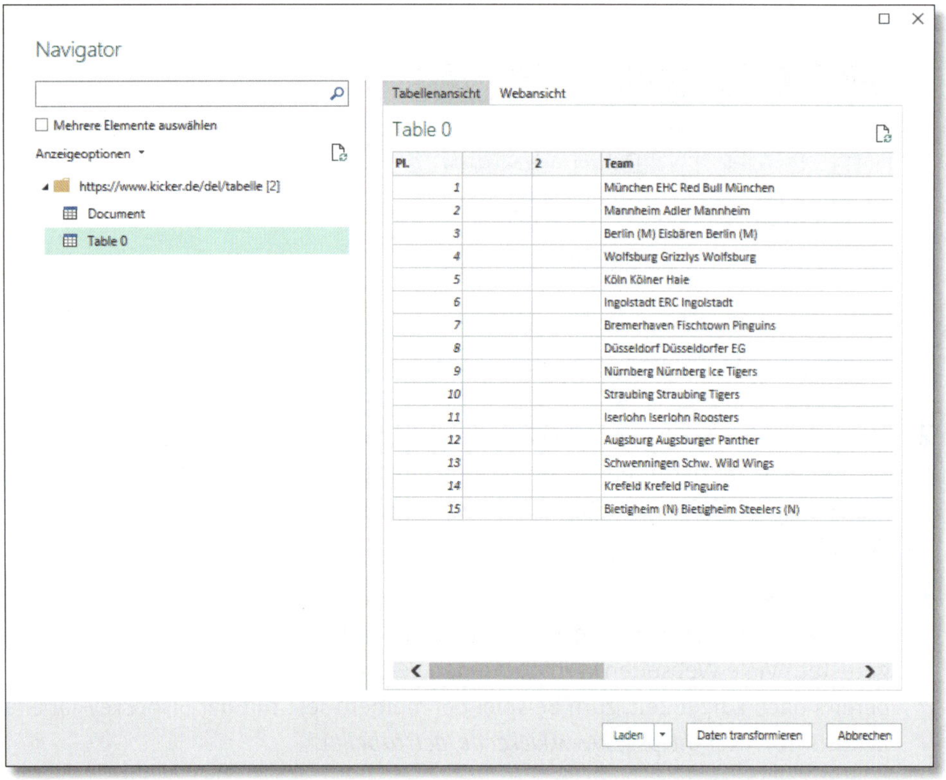

6 Falls die Tabelle noch individuell bearbeitet werden soll, entscheiden Sie sich für **Daten transformieren**, was den **Power Query Editor** hinzuzieht. Wenn Sie jedoch mit der angebotenen Auswahl zufrieden sind, klicken Sie unten rechts auf **Laden**.

Pl.	Column1	2	Team	Sp.	S	OTs	Ps	Pn	OTn	N	Tore	Pkt.
1			München EHC Red Bull München	17	11	1	0	0	2	3	64:46	37
2			Mannheim Adler Mannheim	21	12	2	2	0	0	5	68:38	44
3			Berlin (M) Eisbären Berlin (M)	21	13	0	0	0	2	6	73:56	41
4			Wolfsburg Grizzlys Wolfsburg	24	11	3	1	2	1	6	71:61	44
5			Köln Kölner Haie	23	9	4	3	1	0	6	74:58	42
6			Ingolstadt ERC Ingolstadt	22	9	2	0	1	4	6	70:68	36
7			Bremerhaven Fischtown Pinguins	23	8	2	1	2	1	9	70:63	33
8			Düsseldorf Düsseldorfer EG	18	7	0	1	1	1	8	51:53	25
9			Nürnberg Nürnberg Ice Tigers	21	7	0	2	1	2	9	57:70	28
10			Straubing Straubing Tigers	21	8	0	0	2	1	10	69:70	27
11			Iserlohn Iserlohn Roosters	21	7	1	1	0	2	10	58:70	27
12			Augsburg Augsburger Panther	20	6	2	0	0	2	10	57:73	24
13			Schwenningen Schw. Wild Wings	22	7	1	0	2	1	11	48:57	26
14			Krefeld Krefeld Pinguine	22	6	2	0	1	2	11	57:69	25
15			Bietigheim (N) Bietigheim Steelers (N)	22	3	2	2	0	1	14	52:87	18

Beachten Sie, dass Excel bei einem derartigen Import grundsätzlich ein neues Tabellenblatt anlegt. Das ist auch gut so, denn dadurch kommt es beim Import nicht zu Problemen mit bereits bestehenden Datensätzen und Tabellen.

INFO

Tabelle aktualisieren

Haben Sie Daten aus einer anderen Datenquelle eingefügt, sollten Sie diese von Zeit zu Zeit aktualisieren, indem Sie auf **Alle aktualisieren** in der Gruppe **Abfragen und Verbindungen** der Registerkarte **Daten** klicken.

Access-Daten abrufen

Das Hinzufügen von Datenbankdaten ist ebenfalls keine Hexerei. Dabei spielt es übrigens keine Rolle, ob diese Daten aus Microsoft Access oder von einer anderen Anwendung kommen. In Abschnitt 9.3, »Einen Serienbrief erstellen«, ab Seite 320 haben wir bereits einmal mit einer Datenbank gearbeitet, um Adressen in einen Serienbrief einzufügen. Diese soll nun in Excel integriert werden.

1 Erzeugen Sie eine neue leere Arbeitsmappe (**Datei > Neu > Leere Arbeitsmappe**).

2 Klicken Sie in der Gruppe **Daten abrufen und transformieren** der Registerkarte **Daten** auf die Schaltfläche **Daten abrufen**. Zeigen Sie anschließend auf den Eintrag **Aus Datenbank**, und markieren Sie zuletzt **Aus Microsoft Access-Datenbank**.

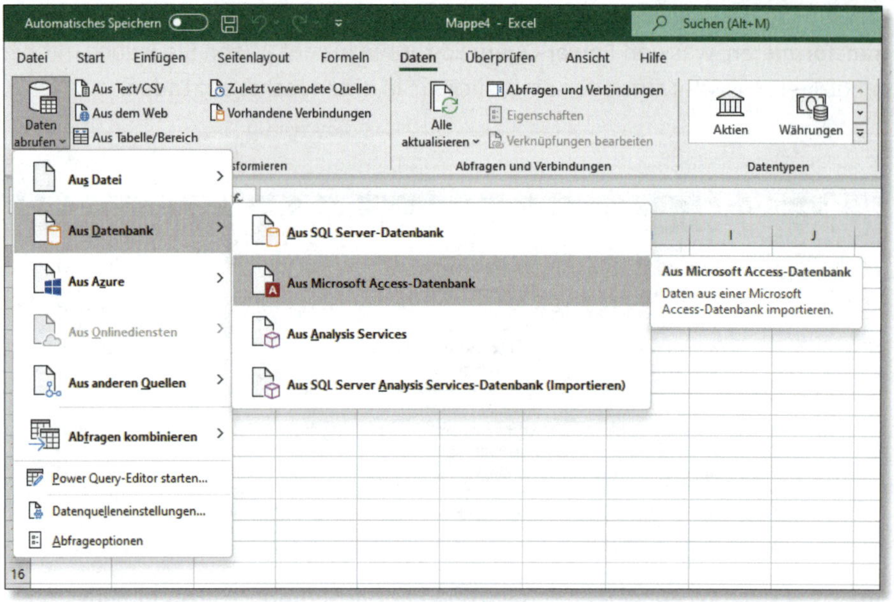

3 Sollten Sie gerade keine Datenbank aus Access oder einer anderen Anwendung zur Verfügung haben, benutzen Sie die Beispieldatei *Adressen.mdb*, die Sie im Ordner *17* finden. Markieren Sie die Datenbankdatei, und klicken Sie anschließend auf **Importieren**.

4 Daraufhin öffnet sich das Dialogfenster **Navigator**, das Sie ja bereits im vorangegangenen Abschnitt kennengelernt haben. Markieren Sie auch hier wieder das gewünschte Tabellenblatt in der linken Spalte, und klicken Sie auf **Laden**.

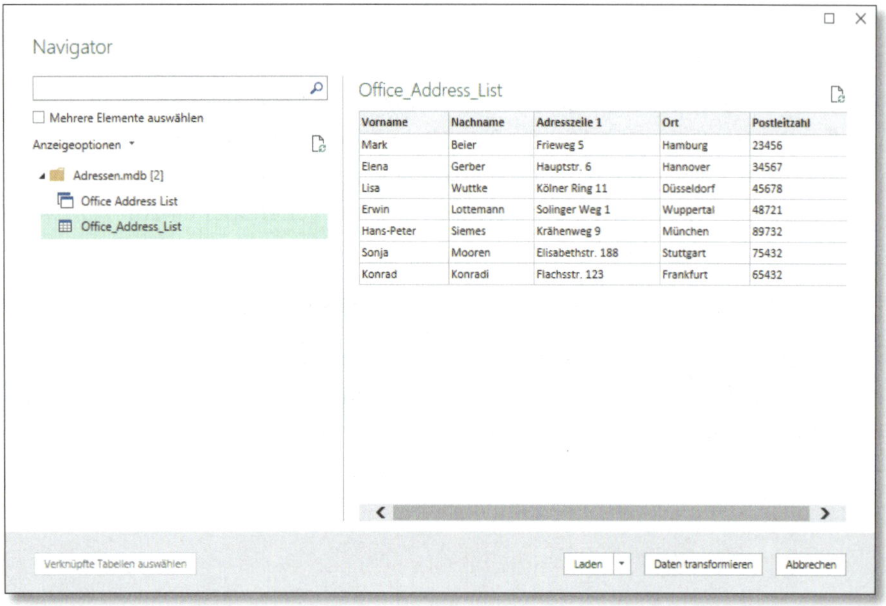

5 Für den Fall, dass Sie mehr Optionen beim Import benötigen, die Tabelle also beispielsweise nicht als normale Tabelle, sondern als PivotTable importieren müssen, klicken Sie bitte nicht auf **Laden**, sondern auf die kleine, nach unten weisende Pfeilspitze rechts daneben. Danach entscheiden Sie sich für **Laden in** und wählen z. B. **Bestehendes Arbeitsblatt** explizit an, ehe Sie mit **OK** bestätigen. Letzteres hätte zur Folge, dass »kein« neues Arbeitsblatt, sondern das bestehende als Ziel gewählt wird.

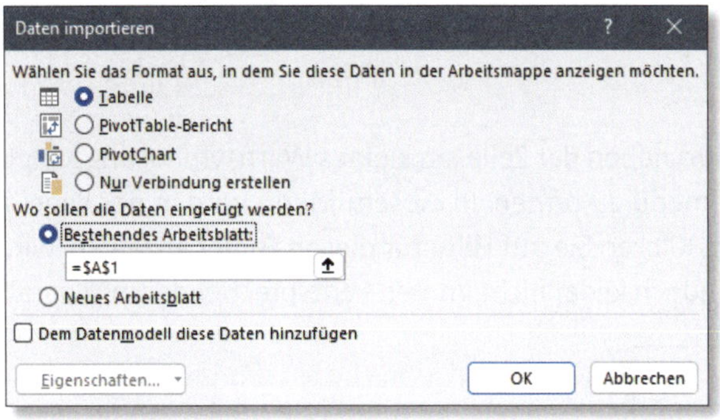

Bitte beachten Sie, dass eine bereits gefüllte Zelle nicht als Ziel dienen kann. Sollte also auf Ihrem Tabellenblatt ein Bereich markiert sein, in den die zu importierende Tabelle nicht hineinpasst, erhalten Sie eine entsprechende Warnung. Bestätigen Sie diese mit **OK**, und klicken Sie eine andere Zelle Ihres Tabellendokuments an. Das Erstaunliche ist, dass Änderungen an der Zellenposition trotz des geöffneten Dialogs **Daten importieren** vorgenommen werden können. Generell geht das ja nicht – hier glücklicherweise schon.

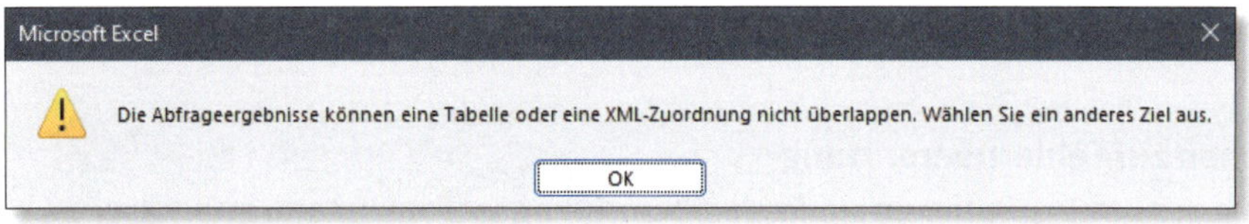

Abbildung 17.13 *Bestätigen Sie den Hinweis zunächst mit »OK«, und selektieren Sie danach eine andere Zelle.*

Auch bei dem Import aus einer Access-Datenbank können Sie, sollte an der Quelldatei etwas verändert werden, den Datenbestand mit einem Klick auf **Alle aktualisieren** in der Gruppe **Verbindungen** der Registerkarte **Daten** aktualisieren lassen.

INFO

Eigenschaften abrufen

Bei den Eigenschaften, die Sie im Dialog **Daten importieren** öffnen können, handelt es sich um Aktualisierungsoptionen sowie Verbindungsdaten zur jeweiligen Quelle. Der Dialog lässt sich auch später, also nach dem Import, noch erreichen. Dazu betätigen Sie die kleine Dreieck-Schaltfläche des Schalters **Alle aktualisieren** in der Gruppe **Abfragen und Verbindungen** der Registerkarte **Daten** und wählen im Menü die Option **Verbindungseigenschaften**.

17.14 Fehlermeldungen verstehen und die Fehlerursache beheben

Excel passt schon bei der Eingabe einer Formel oder einer Funktion auf, ob alles korrekt abläuft. Dennoch sind Fehler niemals ganz auszuschließen. Bei der Korrektur eines Fehlers ist jedoch einmal mehr die Anwendung behilflich. Fehlermeldungen in einer Zelle werden zumeist durch ein vorangestelltes Rautensymbol (#) angezeigt. Vergessen Sie beispielsweise bei der Eingabe der Summenformel, die Parameter einzugeben, wird ein entsprechender Hinweis angezeigt.

Die Korrekturhilfe benutzen

Sobald Excel ein Fehler auffällt, wird neben der Zelle ein kleines Warnsymbol angezeigt. Klicken Sie darauf, um das Auswahlmenü zu öffnen. In diesem Menü wird in der Regel ganz oben die Fehlerursache angezeigt. Klicken Sie auf **Hilfe für diesen Fehler anzeigen**, wird die Excel-Hilfe geöffnet, die häufig – jedoch leider nicht immer – entsprechende Tipps parat hat.

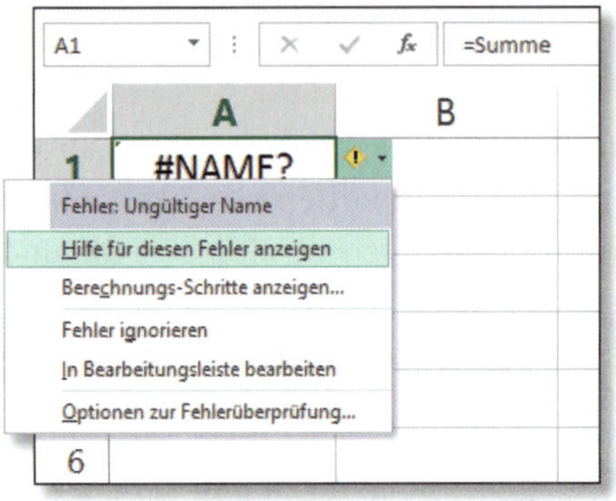

Abbildung 17.14 *Lassen Sie sich einmal mehr unter die Arme greifen.*

> **INFO**
>
> **Optionen zur Fehlerüberprüfung**
> Mithilfe des Befehls **Optionen zur Fehlerüberprüfung** im Fehlermenü gelangen Sie in die Rubrik **Formeln** der **Excel-Optionen**. Gleiches erreichen Sie durch einen Wechsel in die Backstage-Ansicht, gefolgt von **Optionen > Formeln**. Im Bereich **Regeln für die Fehlerüberprüfung** können Sie verschiedene Optionen per Checkboxen an- oder abwählen. Zeigen Sie auf die Informationspunkte, werden kleine Texttafeln (QuickInfos) angezeigt, die die jeweilige Funktion eingehender erläutern.
>
> 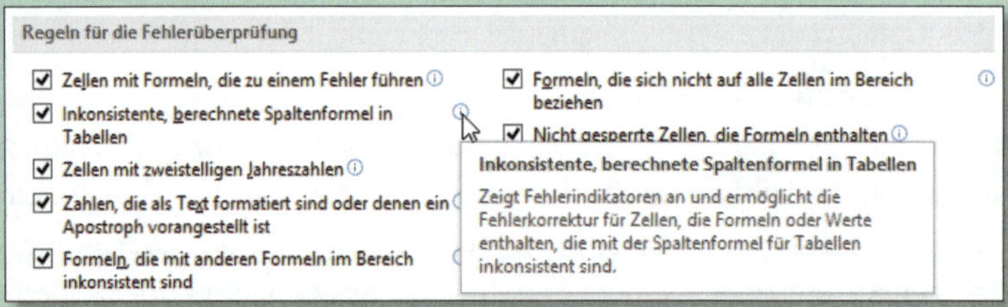
>
>
> **Abbildung 17.15** *Legen Sie die Regeln fest, die bei der Fehlerüberprüfung angewendet werden sollen.*

Fehler und ihre Ursachen

Auch wenn Excel Sie bei der Fehlerdiagnose unterstützt, sollten Sie dennoch wissen, worauf die einzelnen Fehlermeldungen abzielen. Aufgrund dessen habe ich hier einige Fehlermeldungen, deren Ursachen sowie die mögliche Abhilfe aufgelistet.

Meldung	Ursache	Abhilfe
##########	Der aktuelle Zelleninhalt ist zu groß, um dargestellt werden zu können.	Verbreitern Sie die Spalte, oder vergrößern Sie die Zelle.
#BEZUG!	Es fehlt der Bezug zu einem Wert, der in der Formel angegeben worden ist.	Prüfen Sie, ob eine Zelle, deren Wert in der Formel benötigt wird, versehentlich gelöscht worden ist.
#DIV/0!	Die Formel ergibt eine Division durch 0, die im Ergebnis immer 0 liefert.	Prüfen Sie, ob eine Zelle, deren Inhalt in der Formel benötigt wird, versehentlich gelöscht worden ist. In diesem Fall wird nämlich der Wert 0 geliefert.
#NAME?	Die Formel ist mit einem Inhalt oder einer Bezeichnung versehen, die nicht zugeordnet werden kann.	Setzen Sie einen vorhandenen Namen in Anführungsstriche. Alternativ prüfen Sie, ob Sie die Bezeichnung, die Bezug auf einen Wert nimmt, korrekt geschrieben haben.
#NULL!	Bereiche sind nicht korrekt voneinander getrennt worden.	Kontrollieren Sie, ob wirklich alle Bereiche einer Formel durch Semikola voneinander getrennt sind.
#NV	Ein in der Formel benötigter Wert ist nicht verfügbar oder ist von einem anderen Typ.	Kontrollieren Sie die Formel sowie die Bezüge auf ordnungsgemäße Zuweisungen.
#WERT!	Hier wird ein falscher Dateityp verwendet.	Kontrollieren Sie, ob in der Formel Werte enthalten sind, mit denen nicht gerechnet werden kann (z. B. Begriffe).
#ZAHL!	Mindestens einer der Werte einer Formel kann nicht berechnet werden.	Entweder ist ein Wert zu groß oder zu klein, als dass er von Excel berechnet werden könnte – oder er ist vom falschen Typ.

***Tabelle 17.2** Fehlermeldungen in Excel und wie Sie sich helfen können*

17.15 Das Überwachungsfenster gebrauchen

Excel verfügt über ein sogenanntes *Überwachungsfenster*. Dieses eignet sich vor allem zur schnellen Übersicht, da hier bestimmte Werte permanent angezeigt werden können. Bei umfangreichen Tabellenblättern ist das Überwachungsfenster eine sehr gute Hilfe.

Formeln überwachen

Meist sind zahlreiche Werte in einer Tabelle vorhanden, deren Ergebnisse nicht so interessant sind – andere wiederum sind ausgesprochen wichtig, und man möchte dortige Veränderungen sofort sehen, ohne jedes Mal im Tabellenblatt nachsehen zu müssen. Benutzen Sie in diesem Fall das Überwachungsfenster.

1. Öffnen Sie eine Excel-Datei, beispielsweise die Arbeitsmappe *Kameras-fertig.xlsx* aus dem Ordner *Ergebnisse* der Beispieldateien.
2. Markieren Sie eine Zelle, die eine Formel enthält. Wir entscheiden uns hier für **C7**.
3. Klicken Sie auf die Schaltfläche **Überwachungsfenster** in der Gruppe **Formelüberwachung** der Registerkarte **Formeln**.

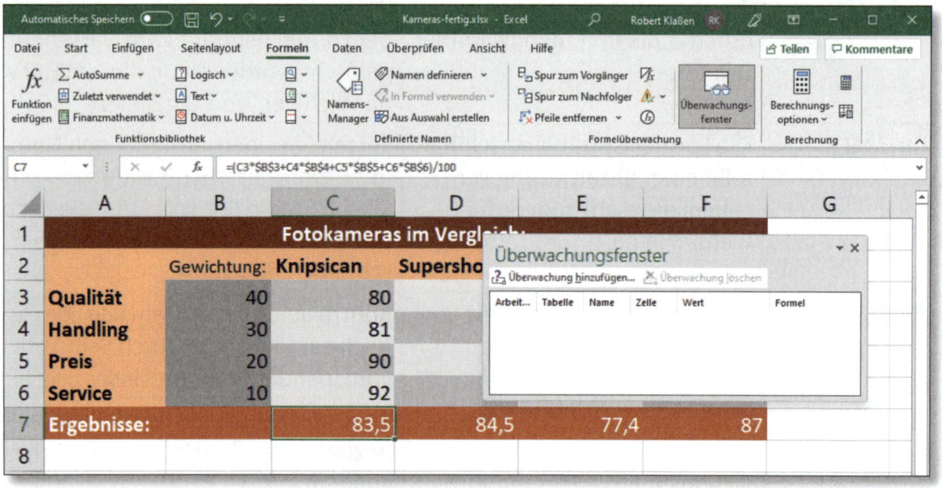

4. Betätigen Sie die Schaltfläche **Überwachung hinzufügen**. Wenn Sie mögen, können Sie den Zellenbereich weiter ausdehnen und so mehrere Formeln gleichzeitig überwachen. Dazu gehen Sie vor wie bei der Übertragung von Formeln. Verziehen Sie den Zellenrahmen auf dem Tabellenblatt entsprechend. Alternativ klicken Sie auf einzelne Zellen, deren Ergebnisse Sie ebenfalls fortan im Überwachungsfenster sehen wollen.

5 Klicken Sie zuletzt auf **Hinzufügen**. Fortan werden sämtliche Änderungen im Überwachungsfenster angezeigt.

Das Überwachungsfenster lässt sich skalieren, indem Sie beispielsweise an der unteren rechten Ecke des Dialogs ziehen. Außerdem lässt sich das Fenster auch verankern.

TIPP

Das Überwachungsfenster verankern
Sie können das Überwachungsfenster auch fest in die Oberfläche von Excel integrieren. Dazu klicken Sie das Fenster an der Kopfleiste an, halten die Maustaste gedrückt und ziehen es bis unter das Menüband. Dort angelangt, lassen Sie los. An seiner neuen Position wird ihm in seiner Eigenschaft als Überwachungsfenster auch die verdiente Aufmerksamkeit zuteil.

17.16 Gültigkeitsprüfung durchführen

Überwachen Sie bestimmte Zellen Ihres Dokuments, und geben Sie einen Warnhinweis aus, wenn eine ungültige Eingabe getätigt wird.

Datumseingabe überwachen

Hier wollen wir stellvertretend für zahlreiche Überwachungsoptionen mit der Datumsüberwachung arbeiten. Stellen Sie sich vor, Sie wollen Ereignisse katalogisieren. Dabei sind allerdings nur Ereignisse ab dem 01.01.2000 zulässig.

1 Erzeugen Sie eine neue leere Excel-Datei (**Datei > Neu**). Erzeugen Sie eine Spalte namens **Datum** (in Zelle **A1**) sowie eine weitere für die **Ereignisse** (in **B1**). Markieren Sie die Spalte **A** beginnend mit der Zelle **A2** (sagen wir mal, bis **A10**).

2 Klicken Sie auf die Schaltfläche **Datenüberprüfung** in der Gruppe **Datentools** der Registerkarte **Daten**.

3 Daraufhin wird das Dialogfenster **Datenprüfung** eingeblendet. Im Eingabefeld **Zulassen** wird standardmäßig **Jeden Wert** gelistet, was bedeutet, dass de facto derzeit noch keine Überprüfung stattfindet. Ändern Sie das, indem Sie auf **Datum** umstellen; die Überwachung wird hierdurch bereits aktiviert.

4 Jetzt haben Sie noch die Möglichkeit, in die Felder **Anfangsdatum** und **Enddatum** entsprechende Daten einzugeben. Ersteres muss unserem Vorhaben zufolge mit dem 31.12.1999 festgelegt werden. Da wir kein Enddatum formulieren wollen, schalten Sie im Feld **Daten** um auf **größer als**. (Damit würde der 31.12.1999 herausfallen, der 01.01.2000 jedoch akzeptiert.)

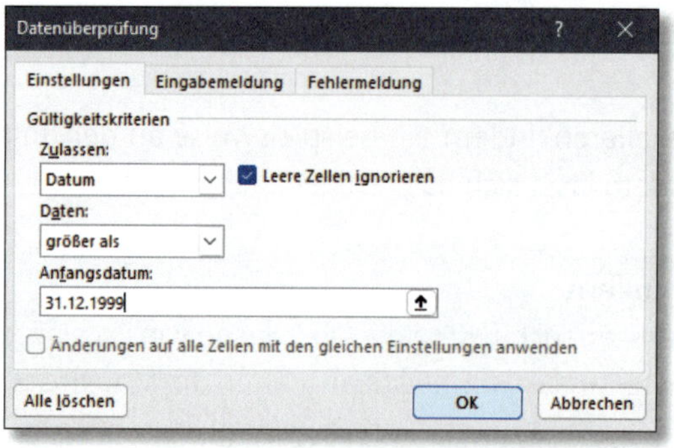

5 Sie könnten auf der Registerkarte **Eingabemeldung** eine entsprechende Meldung formulieren. Das hätte aber zur Folge, dass ein Hinweis erscheint, sobald Sie die Spalte anklicken. Das ist jedoch nicht gewünscht, da wir uns auf eine Meldung beschränken wollen, die nur im Falle einer Falscheingabe erscheint.

6 Wechseln Sie deshalb auf das Register **Fehlermeldung**. Notieren Sie die folgenden Hinweise innerhalb der Felder **Titel** und **Fehlermeldung**, und bestätigen Sie mit **OK**.

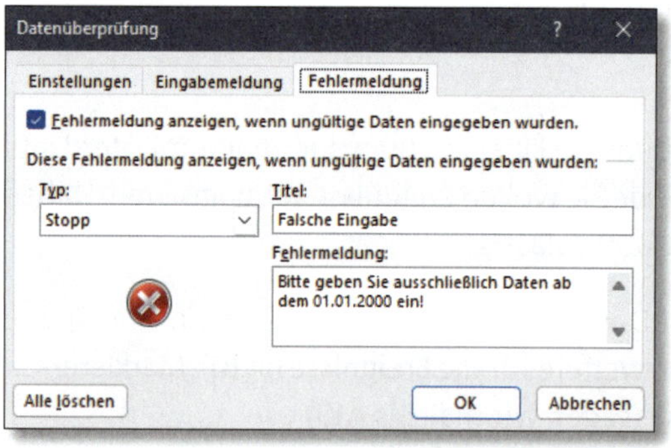

7 Testen Sie die Funktion, indem Sie zunächst ein korrektes und anschließend ein falsches Datum eingeben. Sobald Sie die Zelle verlassen wollen, erfolgt die gewünschte Meldung.

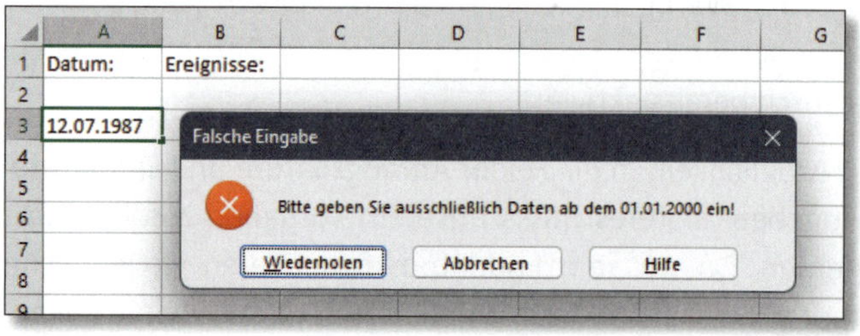

Sobald Sie auf **Wiederholen** klicken, wird die Fehlermeldung geschlossen, und Sie können eine neue Eingabe machen. Darüber hinaus markiert Excel die falsche Eingabe, sodass Sie direkt mit der Neueingabe beginnen können. Betätigen Sie **Abbrechen**, wird der Zelleninhalt gelöscht und die Meldung ebenfalls geschlossen.

Kapitel 18
Mit Formularen arbeiten

Excel-Datenblätter lassen sich derart gestalten, dass auch absolute Laien mit ihnen arbeiten und Daten eingeben können. Dazu müssen Sie das Dokument mit einer Maske ausstatten und mit Steuerelementen versehen. In diesem Kapitel erfahren Sie, wie Sie mit Excel schnell ein benutzerfreundliches Formular erstellen können.

Bevor ich Ihnen jedoch die Arbeit mit Formularen vorstellen werde, sollten Sie zunächst die nötigen Grundlagen kennenlernen. So bietet Ihnen Excel zwei verschiedene Formularsteuerelemente, auf die wir im nächsten Abschnitt näher eingehen werden. Danach werden wir eine einfache Eingabemaske in Form eines Haushaltsbuches erstellen. Sie erfahren sogar, wie Sie dieses Dokument später an Ihre persönlichen Bedürfnisse anpassen können. Und keine Angst vor der Programmierung! Sie bekommen den Code frei Haus geliefert.

18.1 Diese Formularsteuerelemente kennt Excel

Um ein Eingabeformular (eine sogenannte *UserForm*) funktionsfähig zu machen, müssen Sie Steuerelemente platzieren, die später vom Benutzer bedient werden können. Excel kennt zwei verschiedene Arten von Steuerelementen, nämlich die *Formularsteuerelemente* und die *ActiveX-Steuerelemente*. Im Prinzip funktionieren beide identisch, wobei die Erstgenannten älteren Ursprungs sind und im Zweifel ohne VBA-Programmierung auskommen. Doch darum müssen Sie sich im Folgenden keine Gedanken machen.

Registerkarte hinzufügen

Die angesprochenen Steuerelemente werden von Excel in der Standardoberfläche nicht angeboten. Jedoch existiert eine spezielle Registerkarte, die Sie zunächst manuell aktivieren müssen. Klicken Sie dazu mit rechts an eine beliebige Stelle des Excel-Menübands, und entscheiden Sie sich im Kontextmenü für den Befehl **Menüband anpassen**. Alternativ können Sie auch über die Backstage-Ansicht die Excel-Optionen öffnen (**Datei > Optionen > Menüband anpassen**).

In der rechten Spalte sehen Sie die Hauptregisterkarten, u. a. auch die Registerkarte **Entwicklertools**. Diese ist jedoch standardmäßig nicht aktiviert und wird daher auch nicht im Menüband angezeigt. Aktivieren Sie die betreffende Checkbox, und bestätigen Sie mit **OK**.

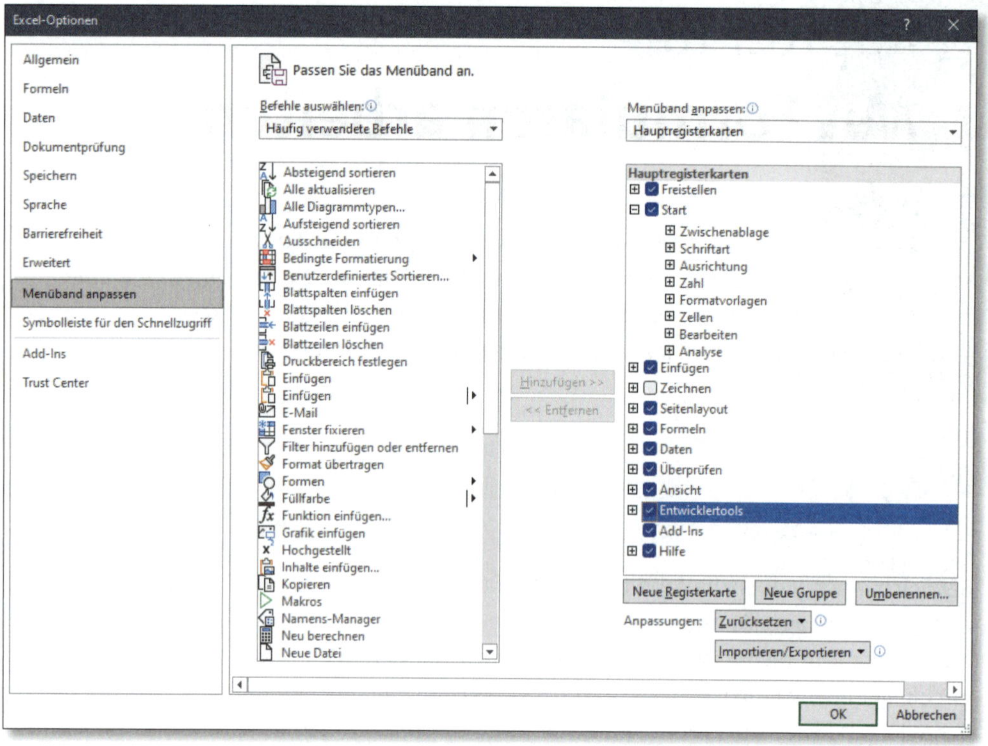

Abbildung 18.1 *Schalten Sie die Entwicklertools ein.*

Die Registerkarte **Entwicklertools** wird daraufhin Ihrem Menüband hinzugefügt. Sie sehen diese nun ganz rechts neben den Standardregisterkarten. Möchten Sie die Position ändern, können Sie das natürlich wie gehabt in den Excel-Optionen per Drag & Drop erledigen.

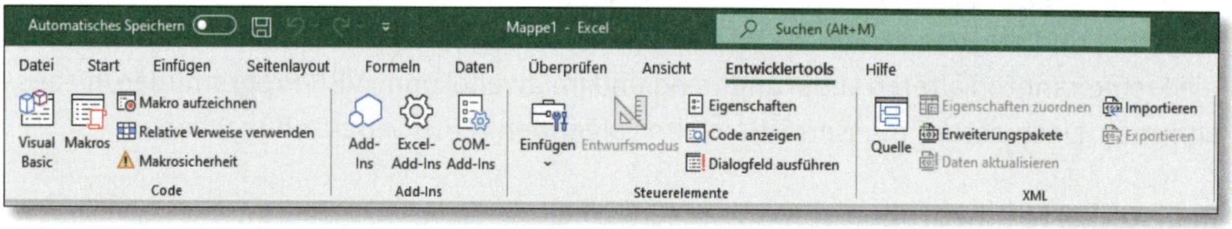

Abbildung 18.2 *Dieses Register muss in den Excel-Optionen zunächst aktiviert werden.*

Übersicht über die wählbaren Formularsteuerelemente

Klicken Sie auf die Schaltfläche **Einfügen** in der Gruppe **Steuerelemente** der Registerkarte **Entwicklertools**. Daraufhin öffnet sich ein Auswahlmenü mit den beiden Bereichen **Formularsteuerelemente** und **ActiveX-Steuerelemente** und den darin vorhandenen Schaltflächen.

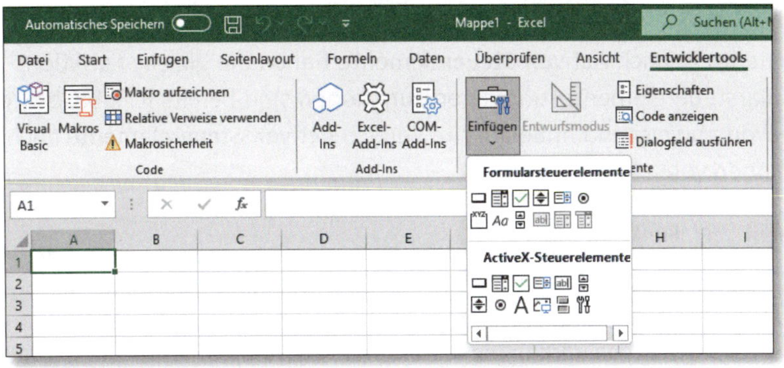

Abbildung 18.3 *Diese Steuerelemente hat Excel im Gepäck.*

Zwar werden Ihnen die Namen der einzelnen Steuerelemente in der QuickInfo angezeigt, jedoch lässt sich dadurch nicht gleich auf den Anwendungsbereich schließen. Daher stelle ich Ihnen die einzelnen Funktionen der Steuerelemente in Tabelle 18.1 und Tabelle 18.2 vor.

Formularsteuerelement	Funktion
Schaltfläche (Button oder CommandButton)	Ausführung einer Aktion durch Mausklick
Kombinationsfeld (ComboBox)	Eine Kombination aus Textfeld und Listenfeld. Es stellt mehrere Möglichkeiten zur Verfügung, die in einer Liste gesammelt werden und durch Mausklick ausgewählt werden können. Optional ist auch eine Mehrfachauswahl durch Halten von Strg möglich.
Kontrollkästchen (Checkbox)	Anwahl einer Option. In der Regel sind mehrere Optionen möglich. In einer Gruppe mit mehreren Kontrollkästchen kann u. U. keine, eine, mehrere oder alle Optionen angewählt sein (vergleiche Optionsfeld).
Drehfeld (SpinButton)	Erhöhung oder Verringerung eines Wertes durch Klick auf Dreieck-Schaltflächen
Listenfeld (Listbox)	Wie Kombinationsfeld, jedoch ohne Textfeld
Optionsfeld (RadioButton oder OptionButton)	Anwahl einer Option. Innerhalb einer Gruppe von mehreren Optionsfeldern ist immer nur eine der Optionen anwählbar. Wird eine Option angewählt, werden alle anderen automatisch abgewählt (vergleiche Kontrollkästchen).
Gruppenfeld (Frame)	Feld, in dem mehrere Steuerelemente in Verbindung zueinander stehen (z. B. Kontrollkästchen oder Optionsfelder)
Bezeichnung (Label)	Beschriftung eines Steuerelements oder eines Gruppenfeldes
Bildlaufleiste (ScrollBar)	Balken zur Veränderung von Werten oder Inhalten eines Rahmens
Textfeld (TextBox)	Feld zur Eingabe von Text

Tabelle 18.1 *Die Formularsteuerelemente in der Übersicht*

Übersicht über die ActiveX-Steuerelemente

Einige Steuerelemente im Bereich **ActiveX-Steuerelemente** haben die gleiche Funktionsweise wie die Formularsteuerelemente, und deren Funktionen sind bereits in Tabelle 18.1 erläutert worden. Davon abweichend finden Sie im Bereich **ActiveX-Steuerelemente** noch die folgenden Funktionen vor:

ActiveX-Steuerelement	Funktion
Bild (Image)	Fügt ein Bild oder eine Grafik hinzu.
Umschaltfläche (ToggleButton)	Kombination zweier Schaltflächen (meist zum Einsatz bei Wechselwirkungen wie An/Aus, Ja/Nein)
Weitere Steuerelemente	Stellt zahlreiche weitere Steuerelemente zur Verfügung, die jedoch in der Regel nicht im Zusammenhang mit Formularen stehen.

Tabelle 18.2 Weitere ActiveX-Steuerelemente

18.2 Ein Formular für die Dateneingabe erstellen

Kommen wir nun zur Praxis. Zur Formularerstellung werden wir uns zwei mögliche Wege ansehen – einen einfachen (siehe Abschnitt 18.4, »Ein Tabellenblattformular erstellen«, Seite 570) und einen etwas schwierigeren, dafür aber enorm benutzerfreundlichen. Damit beginnen wir gleich hier: Wie eingangs erwähnt, wollen wir ein einfaches Haushaltsbuch erstellen. Öffnen Sie zunächst die Arbeitsmappe *Haushaltsbuch.xlsm* im Ordner *18* der Beispieldateien.

INFO

Makros aktivieren

Wenn Sie ein Dokument öffnen, das Makros enthält, müssen Sie diese zunächst aktivieren. Klicken Sie innerhalb der Sicherheitswarnung (gelbe Zeile) des Beispieldokuments auf **Inhalt aktivieren**.

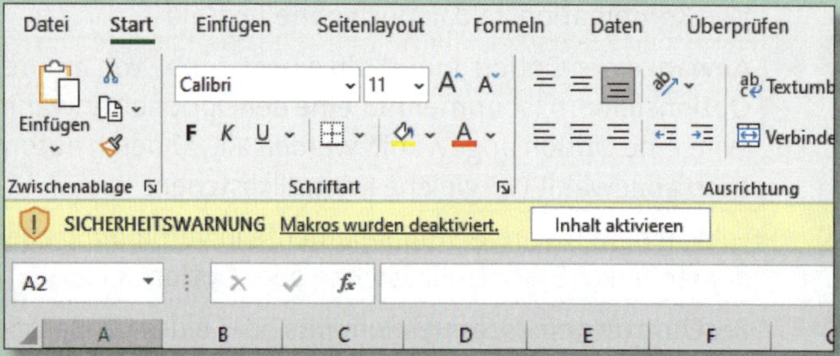

Abbildung 18.4 Aktivieren Sie die Makros, um mit dem Beispieldokument arbeiten zu können.

Unsere Beispieldatei ist derart aufgebaut, dass der Anwender mithilfe einer Schaltfläche ❶ eine Eingabemaske ❷ aktivieren kann. Die darin befindlichen Steuerelemente füllt er aus und übergibt diese Informationen anschließend per Klick auf **Eingabe** an das Excel-Dokument. Mit **Abbruch** kann er das Eingabeformular jederzeit wieder schließen.

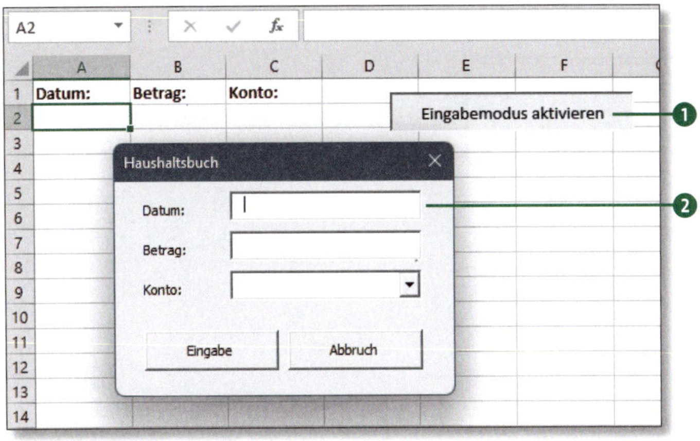

Abbildung 18.5 *So sieht das Formular aus.*

Während die beiden Felder **Datum** und **Betrag** für die reine Dateneingabe vorgesehen sind, kommt dem Steuerelement **Konto** eine besondere Bedeutung zu. Hier kann der Benutzer nämlich aus einer Liste auswählen, welcher Kontierungsbereich des Haushaltsbuches angesprochen werden soll (z. B. Miete, Nebenkosten, Lebensmittel usw.). Der Inhalt dieses Steuerelements wird im Tabellenblatt **Box** ❸ generiert. Dort lassen sich im Bedarfsfall auch weitere Listenelemente hinzufügen. Dazu später mehr. Das Blatt **Kosten** ❹ indes ist für die Aufnahme der Daten zuständig, die über die Maske eingegeben werden.

Die Datei *Haushaltsbuch.xlsm*, die Sie im Ordner *18* finden, ist bereits komplett fertig. Wenn Sie sich diese zunächst einmal ansehen wollen, ist dagegen nichts einzuwenden. Wir beginnen hier jedoch mit einem komplett neuen Dokument.

18

1. Erzeugen Sie ein neues leeres Excel-Dokument (**Datei > Neu** oder über die Tastenkombination [Strg]+[N]). Benennen Sie das Tabellenblatt »Kosten«. Erzeugen Sie ein weiteres Tabellenblatt, das Sie »Box« nennen. Danach kehren Sie zum ersten Tabellenblatt zurück.

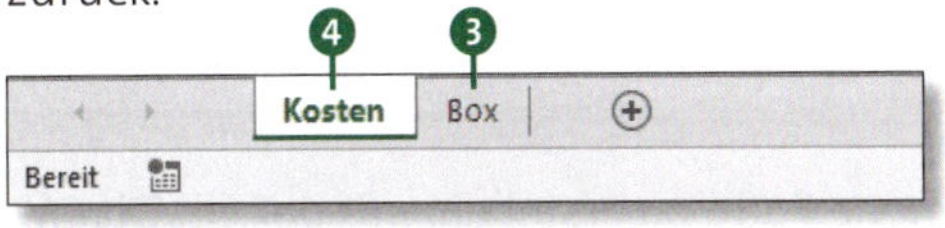

2. Füllen Sie die Zellen **A1** bis **C1** des Blatts **Kosten** aus, indem Sie »Datum:«, »Betrag:« und »Konto:« eintragen. Verwenden Sie Fettschrift (**Start > Schriftart > Fett**).
3. Formatieren Sie die erste Spalte (beginnend mit der Zelle **A2**) als Zahlenformat **Datum** (**Start > Zahl > Zahlenformat > Mehr > Datum**).

4 Aktivieren Sie nun das Tabellenblatt **Box**. Tippen Sie in **A1** »Kontoart:« ein, und formatieren Sie auch diese Schrift fett.

5 Gleich darunter geben Sie nun Kostenstellen nach Belieben ein. Was Sie hier verwenden, obliegt Ihnen. Sie dürfen aber auch gerne die Liste der folgenden Abbildung verwenden. Bei Bedarf verbreitern Sie Spalte **A** ein wenig.

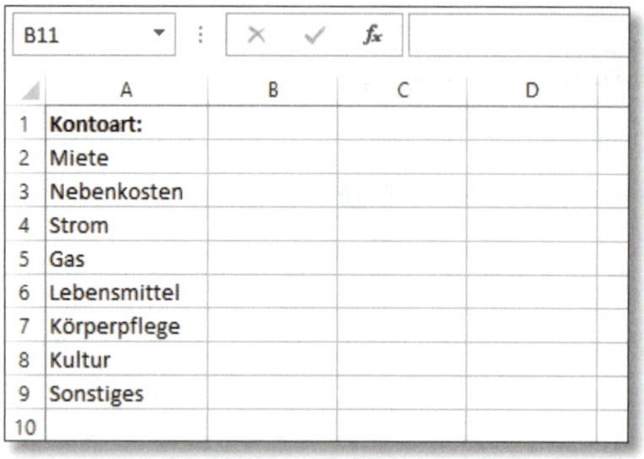

6 Wenn alles erledigt ist, kehren Sie zum Tabellenblatt **Kosten** zurück. Nachdem die Tabellenblätter so weit vorbereitet sind, kümmern wir uns nun um die Erstellung des eigentlichen Formulars.

7 Klicken Sie auf die Schaltfläche **Visual Basic** in der Gruppe **Code** der Registerkarte **Entwicklertools**, um in den Programmiermodus zu gelangen. Alternativ können Sie auch die Tastenkombination `Alt`+`F11` verwenden. Daraufhin öffnet sich das Fenster **Microsoft Visual Basic for Applications**.

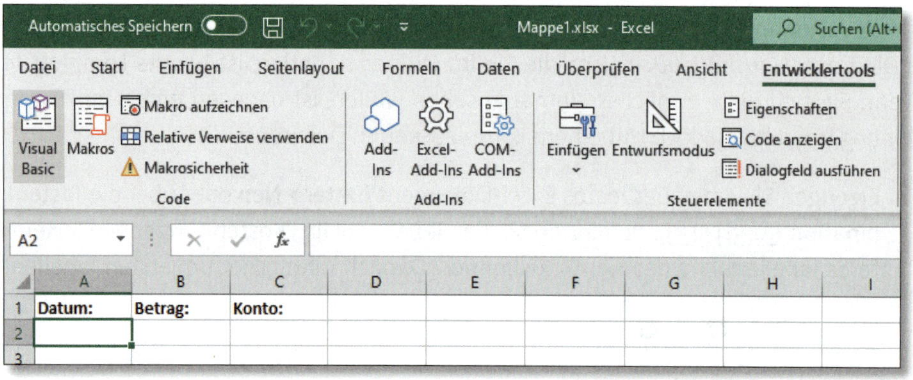

8 Dort angelangt, gilt es, zunächst eine neue Form zu erstellen, mit der ein Dialog zwischen Excel und dem Anwender stattfinden kann. Dazu klicken Sie oben links auf die Schaltfläche **UserForm einfügen** ❺. Kontrollieren Sie, ob die Fenster **Toolsammlung** ❻ sowie **Eigenschaften** ❼ angezeigt werden. Ist das nicht der Fall, klicken Sie auf **Werkzeugsammlung** ❽ bzw. **Eigenschaftenfenster** ❾.

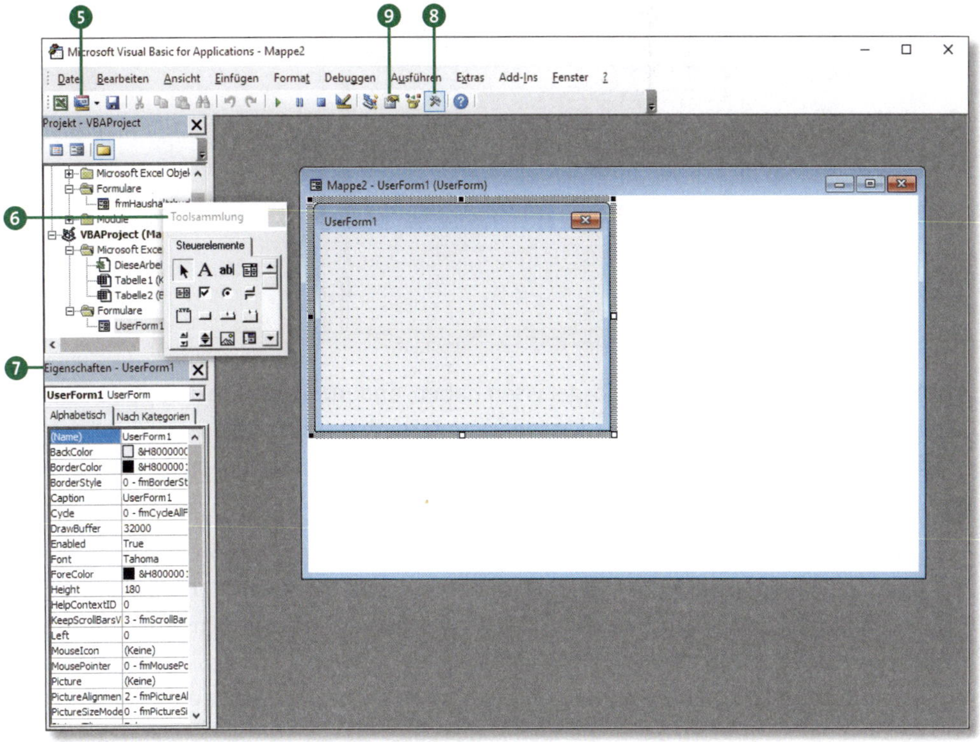

9 Das Formular soll einen anderen Namen bekommen. Vergeben Sie deswegen im Feld **(Name)** ⑩ »frmHaushaltsbuch« (bitte keine Leerzeichen verwenden!) und in der Zeile **Caption** ⑪ »Haushaltsbuch«. (Ersteres ist übrigens die programminterne Bezeichnung des Formulars, während im Feld **Caption** die Bezeichnung angegeben wird, die später auch in der Kopfleiste des Formulars zu sehen sein soll.)

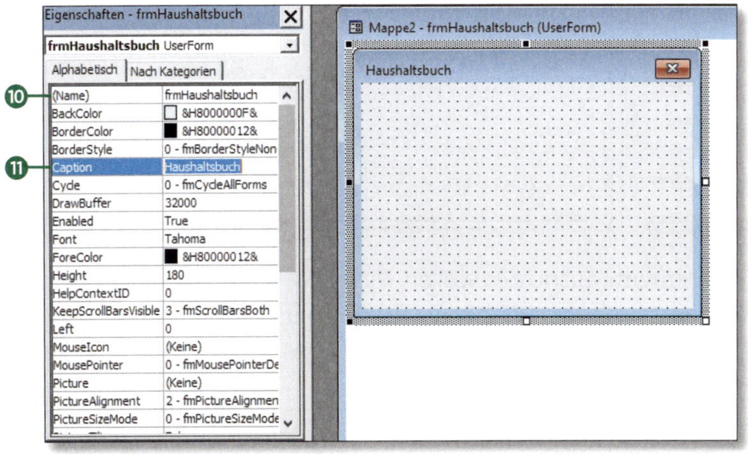

10 Innerhalb der Werkzeugleiste **Toolsammlung** klicken Sie zunächst auf **Beschriftungsfeld** ⑫. Ziehen Sie im Formular einen kleinen Rahmen auf ⑬, der in etwa dem in der Abbildung entspricht.

18

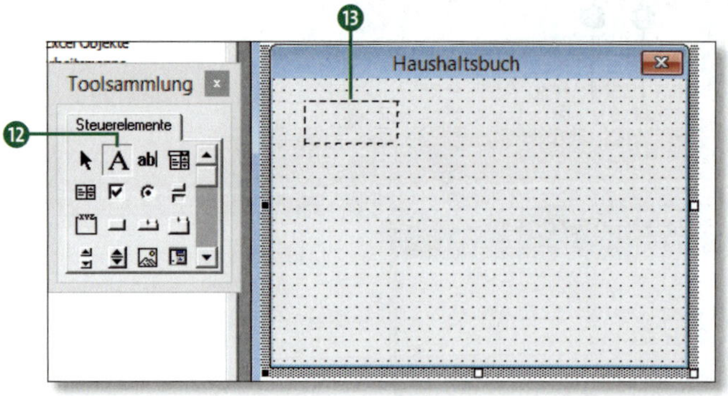

11 Nachdem Sie die Maustaste losgelassen haben, ändern Sie das Feld **Caption** im Fenster **Eigenschaften** in »Datum:«. Lassen Sie unterhalb zwei weitere Beschriftungsfelder folgen, und tragen Sie in das Feld **Caption** »Betrag:« und »Konto:« ein.

12 Neben dem obersten und mittleren Beschriftungsfeld fügen Sie auf die gleiche Weise (mit gedrückter Maustaste einen Rahmen aufziehen) jeweils ein Textfeld ein. Das oberste benennen Sie in der Zeile **(Name)** im Fenster **Eigenschaften** mit »txtDatum« und das zweite mit »txtBetrag«. Bitte verwenden Sie bei der Namensbezeichnung keine Leerzeichen. Ansonsten gibt es eine Fehlermeldung. Achten Sie außerdem peinlich auf die korrekten Bezeichnungen. Sie dürften zwar prinzipiell andere Bezeichnungen vergeben, müssten dann aber den Code später manuell anpassen. Und das gestaltet sich recht schwierig, wenn Sie zuvor noch nie mit Visual Basic oder VBA gearbeitet haben. Ihr Formular sollte jetzt so wie in der folgenden Abbildung aussehen.

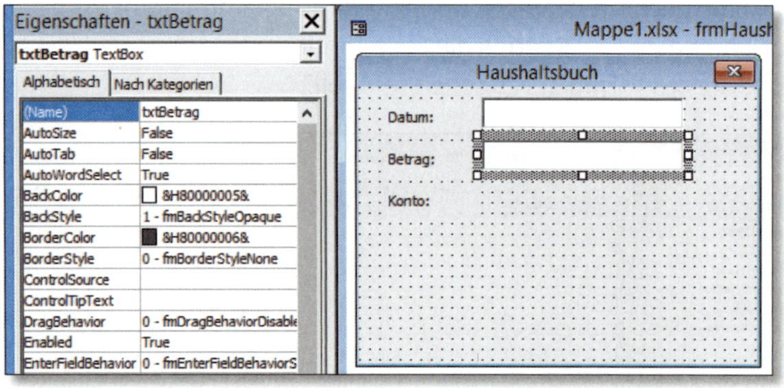

13 Sollten Sie eines der Elemente ausrichten wollen, klicken Sie auf den gepunkteten Rahmen mit den Anfassern. Damit kann das Steuerelement verschoben oder in der Größe verändert werden.

14 Neben dem Beschriftungsfeld **Konto** zeichnen Sie nun ein Kombinationsfeld ein. Benutzen Sie dazu die Schaltfläche **Kombinationsfeld** im Fenster **Toolsammlung**. Tragen Sie in das Feld **(Name)** im Fenster **Eigenschaften** für dieses Steuerelement »cbKonto« ein.

15 Zuletzt benötigen Sie noch zwei Schaltflächen. Klicken Sie dazu auf **Befehlsschaltfläche** im Fenster **Toolsammlung**, und ziehen Sie nebeneinander zwei Rahmen auf. In das

Feld **(Name)** tragen Sie für den linken Button »cmdEingabe« ein, in das Feld **Caption** »Eingabe«, während Sie für den rechten in das Feld **(Name)** »cmdEnde« und in das Feld **Caption** »Abbruch« eingeben.

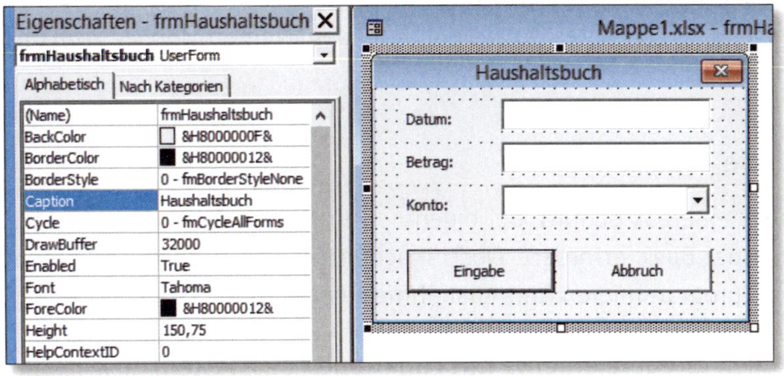

16 Zuletzt sollten Sie das Dokument speichern. Dazu klicken Sie zunächst oben links auf die kleine grüne Schaltfläche **Ansicht Microsoft Excel**, womit Sie zur Standardansicht zurückkehren – den Programmiermodus also verlassen. Wechseln Sie in die Backstage-Ansicht, und klicken Sie auf die Rubrik **Speichern unter**. Wählen Sie allerdings im Dialog **Speichern unter** im Feld **Dateityp: Excel-Arbeitsmappe mit Makros (*.xlsm)**, da ansonsten das Formular verloren geht. Danach klicken Sie auf **Weitere Optionen**, um den Dialog **Speichern unter** zu öffnen.

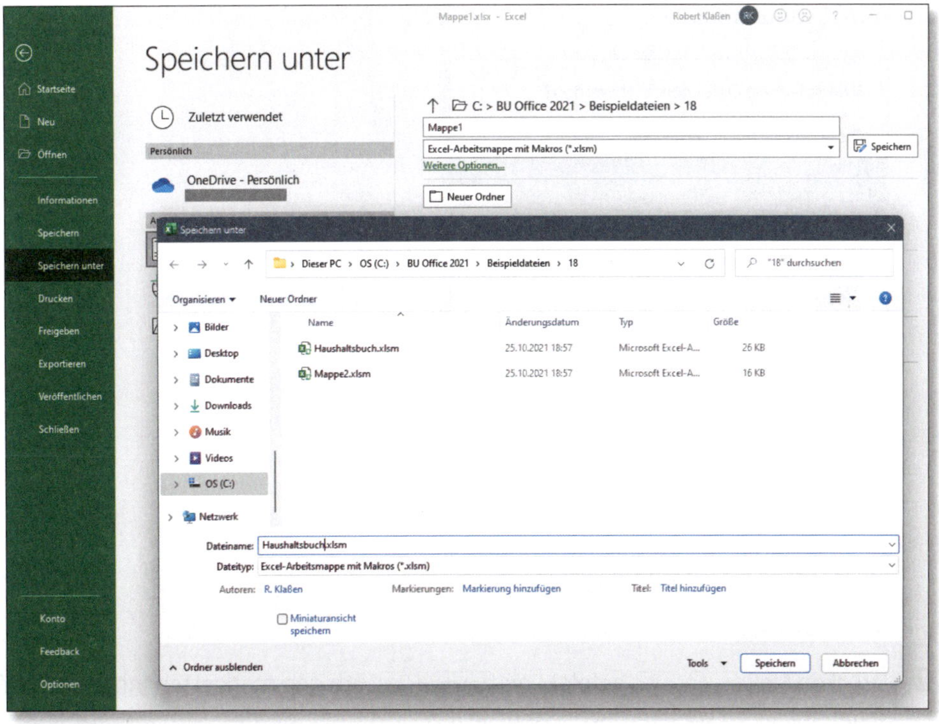

Möglicherweise ist die Fläche des Formulars nun etwas zu groß für die untergebrachten Steuerelemente. Klicken Sie in diesem Fall auf eine freie Fläche des Formulars (also an eine Stelle, an der sich kein Steuerelement befindet), und ziehen Sie den unteren rechten Anfasser des Rahmens in die gewünschte Richtung. Damit ist Teil 2 dieser Übung erledigt. Sie finden ein entsprechend vorbereitetes Dokument unter dem Namen *Mappe2.xlsm* im Ordner *18* der Beispieldateien.

18.3 Mit VBA-Code arbeiten

Jetzt widmen wir uns einem Abschnitt, der eigentlich ein wenig Verständnis für die Programmiersprache Visual Basic erfordert. Doch machen Sie sich bitte keine Sorgen: Sie müssen nichts selbst programmieren (mit Ausnahme einer einzigen Zeile).

Ein Formular erstellen (Steuerelemente mit Funktionen ausstatten)

Nachdem Sie das Dokument gespeichert haben, soll es mit Funktionen ausgestattet werden. Dazu ist ein wenig Programmierarbeit nötig. Doch keine Sorge: Sie bekommen den kompletten Code geliefert und müssen keine einzige Zeile selbst schreiben.

1 Zunächst einmal wollen wir dafür sorgen, dass der gesamte Code, den wir benötigen, in die Zwischenablage des Betriebssystems kopiert wird. Dazu öffnen Sie die Datei *Code.txt*, die Sie im Ordner *18* der Beispieldateien finden. Nach einem Doppelklick auf die Datei müssen Sie möglicherweise entscheiden, dass die Datei mit dem **Editor** geöffnet werden soll.

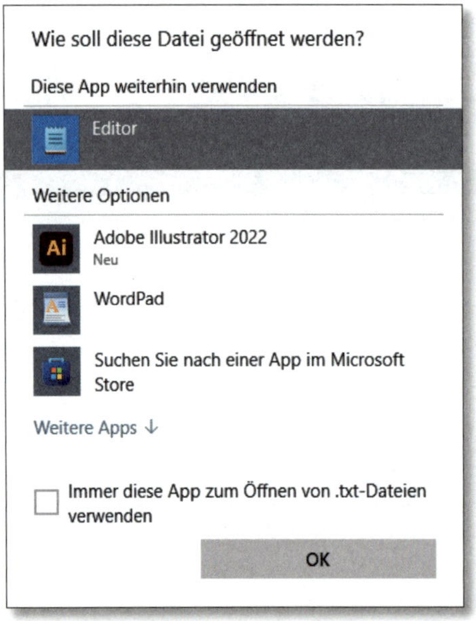

2 Drücken Sie Strg+A, gefolgt von Strg+C, um den markierten Inhalt in die Zwischenablage zu kopieren. Schließen Sie das Dokument wieder.

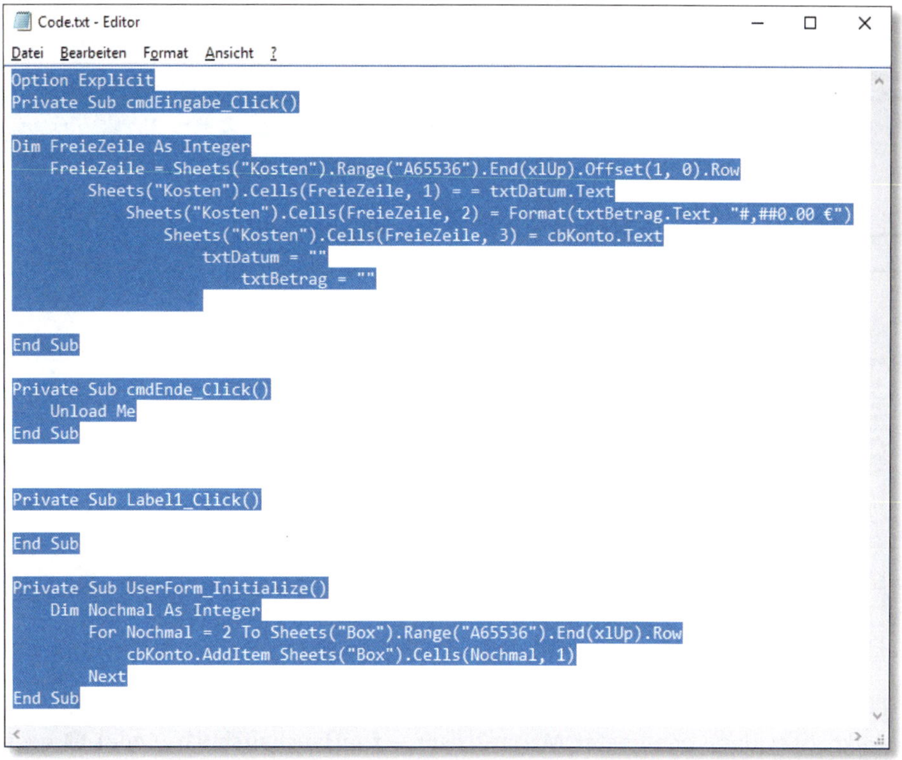


```
Option Explicit
Private Sub cmdEingabe_Click()

Dim FreieZeile As Integer
    FreieZeile = Sheets("Kosten").Range("A65536").End(xlUp).Offset(1, 0).Row
        Sheets("Kosten").Cells(FreieZeile, 1) = = txtDatum.Text
            Sheets("Kosten").Cells(FreieZeile, 2) = Format(txtBetrag.Text, "#,##0.00 €")
                Sheets("Kosten").Cells(FreieZeile, 3) = cbKonto.Text
                    txtDatum = ""
                        txtBetrag = ""


End Sub

Private Sub cmdEnde_Click()
    Unload Me
End Sub


Private Sub Label1_Click()

End Sub

Private Sub UserForm_Initialize()
    Dim Nochmal As Integer
        For Nochmal = 2 To Sheets("Box").Range("A65536").End(xlUp).Row
            cbKonto.AddItem Sheets("Box").Cells(Nochmal, 1)
        Next
End Sub
```

3 Öffnen Sie nun die Beispieldatei *Mappe2.xlsm* aus dem Ordner *18*. Da das Dokument bereits Code enthält, erfolgt eine entsprechende Sicherheitswarnung (zumindest, sofern Sie die standardmäßigen Sicherheitseinstellungen von Excel nicht bereits geändert haben). Damit Sie mit dem Dokument arbeiten können, müssen Sie auf die Schaltfläche **Inhalt aktivieren** klicken.

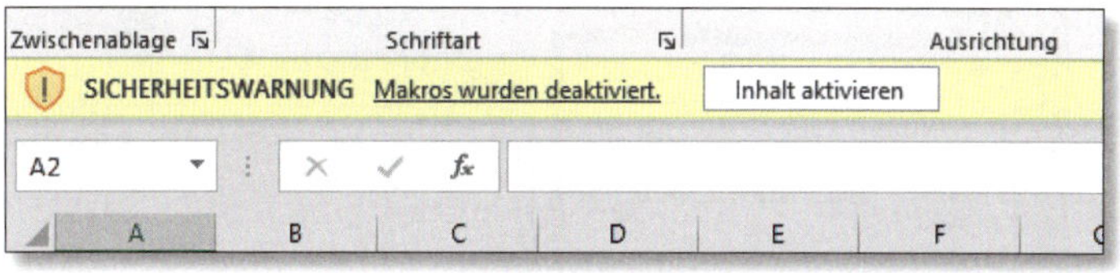

4 Drücken Sie `Alt`+`F11`, um in den Programmiermodus von Excel zu gelangen. Das Fenster **Microsoft Visual Basic for Applications** wird daraufhin geöffnet.

5 Diesen Schritt machen Sie bitte nur, wenn die Form **Haushaltsbuch** ❶ in der Mitte des VBA-Fensters nicht angezeigt wird. Kontrollieren Sie in diesem Fall, ob in der linken Spalte (Fenster: **Projekt – VBAProject** ❷) der Ordner **Formulare** ❸ geöffnet ist. Wenn ja, ist dem Ordner ein Minussymbol vorangestellt. Erscheint dort ein Plussymbol, führen Sie einen Doppelklick auf das Ordnersymbol **Formulare** aus. Der Ordner wird dadurch geöffnet und macht den Untereintrag **frmHaushaltsbuch** ❹ zugänglich, auf den Sie bitte auch doppelklicken.

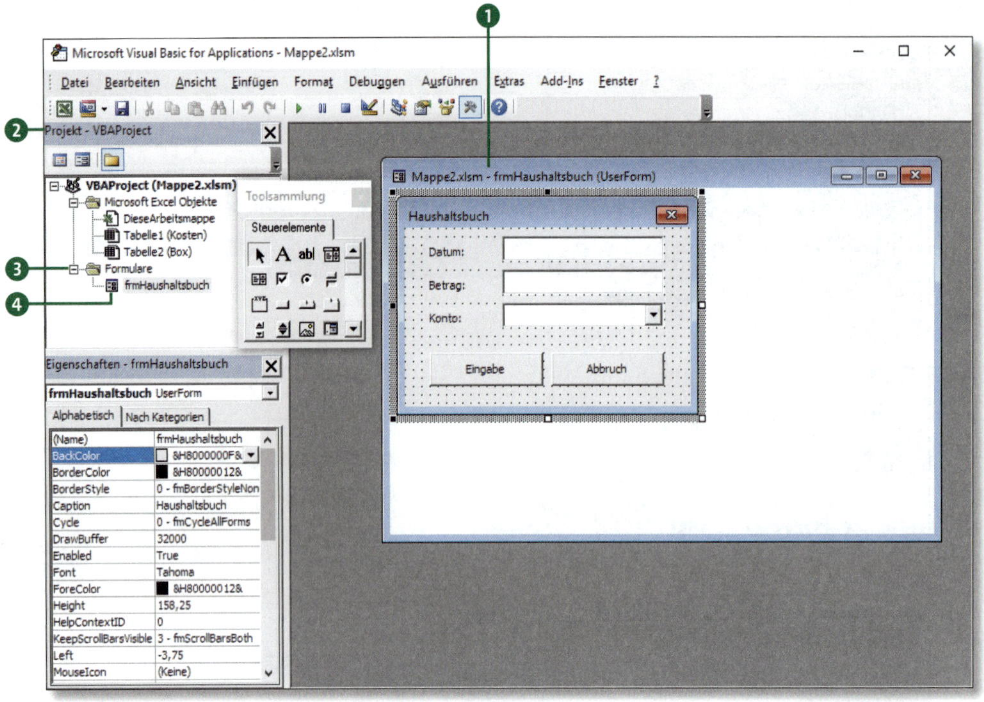

6 Platzieren Sie einen Doppelklick auf einen freien Bereich des Formulars ❺. Das bewirkt, dass das Codefenster **Mappe2.xlsm – frmHaushaltsbuch (Code)** ❻ geöffnet wird. Sollte das nicht der Fall sein, betätigen Sie zunächst die Schaltfläche **Code anzeigen** ❼. Auf die Bedeutung des Codes gehe ich später noch kurz ein.

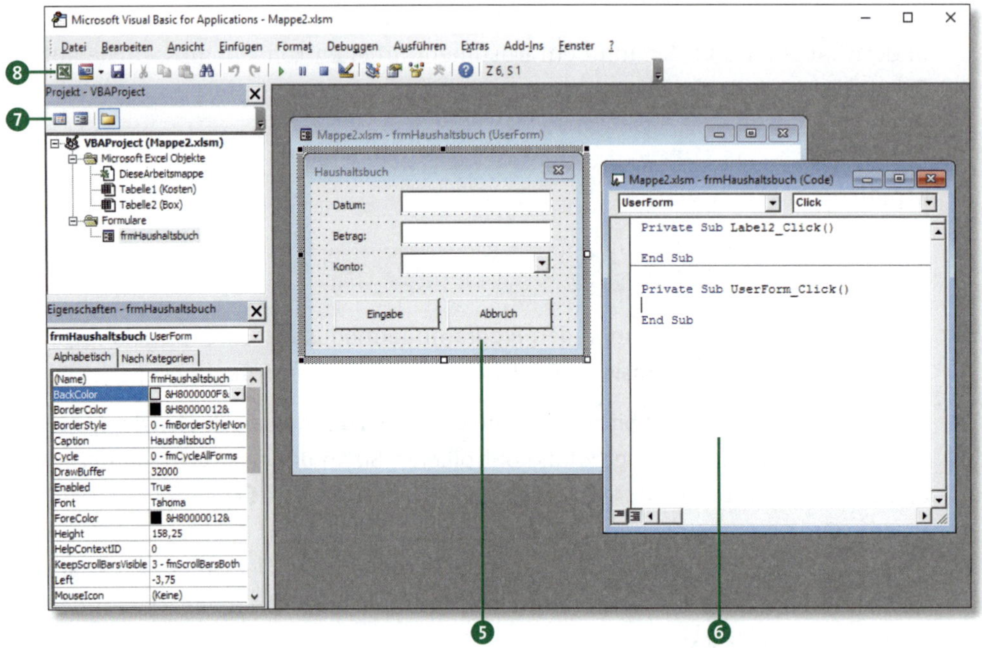

7 Klicken Sie in das Codefenster hinein, und betätigen Sie [Strg]+[A], damit der gesamte hier integrierte Code markiert wird. Danach drücken Sie [Strg]+[V], um stattdessen den Code aus der Datei *Code.txt* aus der Zwischenablage einzufügen.

8 Kehren Sie zurück zur Standardansicht von Excel, indem Sie oben links auf die Schaltfläche **Ansicht Microsoft Excel** (❽ auf Seite 566) klicken. Alternativ drücken Sie erneut [Alt]+[F11].

9 Jetzt benötigen wir noch eine Schaltfläche, mit der sich das Formular bereitstellen lässt. Klicken Sie dazu auf **Einfügen** in der Gruppe **Steuerelemente** der Registerkarte **Entwicklertools**. Entscheiden Sie sich im Bereich **Formularsteuerelemente** für **Schaltfläche**.

10 Ziehen Sie nun einen Rahmen in einem freien Bereich des Tabellenblatts **Kosten** auf, um die Schaltfläche dort zu integrieren. Daraufhin öffnet sich das Fenster **Makro zuweisen**. (Hätten Sie ein ActiveX-Steuerelement benutzt, wäre kein Dialog geöffnet worden.) Klicken Sie auf den Button **Neu**.

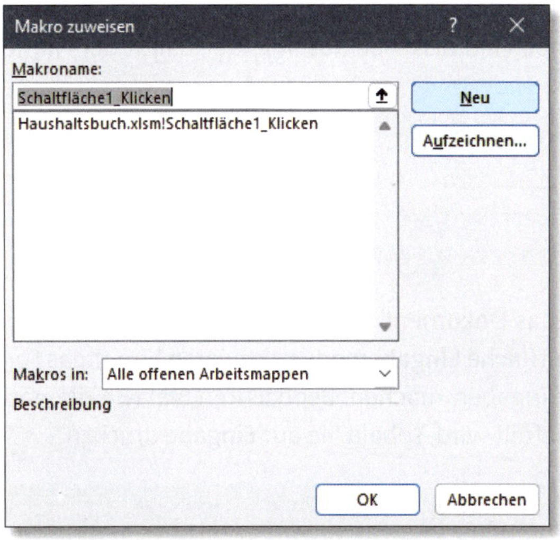

11 Wie Sie sehen, erfolgt nun abermals ein Wechsel in das Fenster **Microsoft Visual Basic for Applications** (in die Programmieroberfläche also). Platzieren Sie die Einfügemarke zwischen den beiden vorhandenen Zeilen. Drücken Sie einmal [⇥], um die folgende Zeile etwas einzurücken (das ist zwar nicht zwingend erforderlich, gehört aber gewissermaßen zum »guten Ton« der Programmierung).

12 Tippen Sie »frmHaushaltsbuch.Show« ein. Der Befehl bewirkt, dass das Haushaltsbuch-Formular geöffnet wird, wenn man auf den Button klickt. Kehren Sie mit der Tastenkombination [Alt]+[F11] zurück zur Standardansicht.

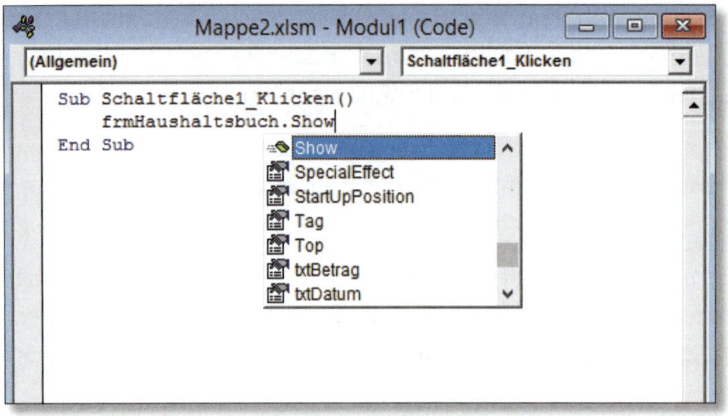

13 Zuletzt ändern Sie noch den Text der Schaltfläche. Dazu markieren Sie den vorhandenen Text (**Schaltfläche 1**) mit gedrückter Maustaste und tragen »Eingabemodus aktivieren« oder etwas Ähnliches ein. Achten Sie darauf, dass sich die Schaltfläche fortan nun nur noch mit rechts markieren lässt. Da sie bereits mit einer Funktion ausgestattet ist, würde ein linker Mausklick ja das Formular öffnen. Bei Bedarf ziehen Sie die Schaltfläche an den Eckpunkten noch ein bisschen auseinander, damit der Name des Buttons komplett lesbar ist.

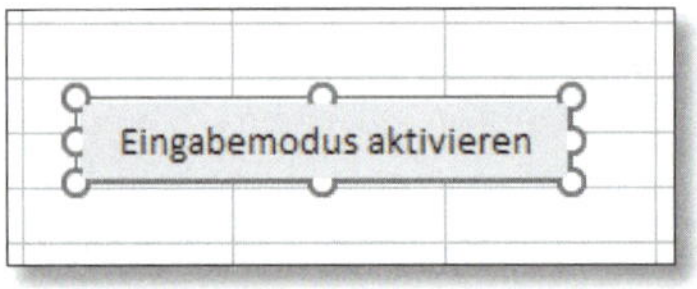

Wenn alles erledigt ist, speichern Sie das Dokument ab. Testen Sie sämtliche Funktionen. Ein Klick auf die soeben erzeugte Schaltfläche **Eingabemodus aktivieren** bringt das Formular hervor. Hier können Sie nun Ihre Eingaben machen. Beobachten Sie, wie die nächste freie Zeile des Tabellenblatts **Kosten** gefüllt wird, sobald Sie auf **Eingabe** drücken.

INFO

Fehlervermeidung

An dieser Stelle ist darauf hinzuweisen, dass unser Formular etwas spartanisch ausgestattet ist. So würde man beispielsweise in der Praxis die Eingaben überwachen und, wenn der Benutzer eine falsche Eingabe macht, eine Fehlermeldung erscheinen lassen. Doch das führt an dieser Stelle zu weit. Im Beispiel geht es ja auch vielmehr um die Erstellung von Formularsteuerelementen.

Den Code ändern

Lassen Sie uns noch einen Blick auf den Code werfen. Wenn Sie verstehen, was hier »passiert«, können Sie das Formular jederzeit nach Wunsch an Ihre Bedürfnisse anpassen.

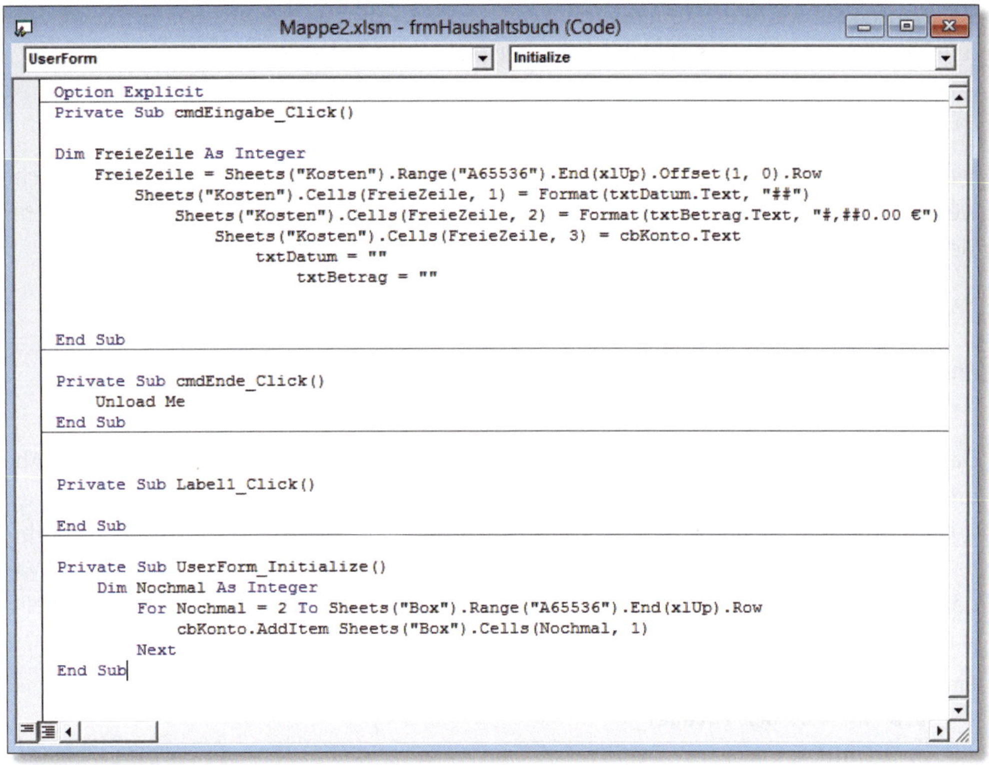
Mappe2.xlsm - frmHaushaltsbuch (Code)
UserForm
Initialize
Option Explicit
Private Sub cmdEingabe_Click()
Dim FreieZeile As Integer
FreieZeile = Sheets("Kosten").Range("A65536").End(xlUp).Offset(1, 0).Row
Sheets("Kosten").Cells(FreieZeile, 1) = Format(txtDatum.Text, "##")
Sheets("Kosten").Cells(FreieZeile, 2) = Format(txtBetrag.Text, "#,##0.00 €")
Sheets("Kosten").Cells(FreieZeile, 3) = cbKonto.Text
txtDatum = ""
txtBetrag = ""
End Sub
Private Sub cmdEnde_Click()
Unload Me
End Sub
Private Sub Label1_Click()
End Sub
Private Sub UserForm_Initialize()
Dim Nochmal As Integer
For Nochmal = 2 To Sheets("Box").Range("A65536").End(xlUp).Row
cbKonto.AddItem Sheets("Box").Cells(Nochmal, 1)
Next
End Sub

Abbildung 18.6 *Schauen Sie sich den Code genau an.*

Die Zeile

```
Private Sub cmdEingabe_Click()
```

bedeutet, dass alles, was unterhalb dieser Zeile steht, ausgeführt wird, sobald der Anwender das Klickereignis, also den Mausklick auf **Eingabe**, ausführt. Diese Zeile erzeugt die Anwendung selbstständig, sobald Sie eine Schaltfläche integrieren. Benennen Sie diese, wird der Code ebenfalls automatisch angepasst. Darum müssen Sie sich also in der Praxis nicht kümmern. Mit

```
Dim FreieZeile As Integer
```

wird eine Variable erzeugt, die programmintern `FreieZeile` heißt. Die folgende Zeile

```
FreieZeile = Sheets("Kosten").Range("A65536").End(xlUp).Offset(1, 0).Row
```

sorgt dafür, dass Text in die nächste verfügbare (also freie) Zeile geschrieben wird. Danach folgen drei Zeilen, die mit `Sheets` beginnen. Diese platzieren den Text in den jeweiligen Spalten.

```
Sheets("Kosten").Cells(FreieZeile, 1) = CDate(txtDatum.Text)
    Sheets("Kosten").Cells(FreieZeile, 2) = Format(txtBetrag.
    Text, "#,##0.00 €")
        Sheets("Kosten").Cells(FreieZeile, 3) = cbKonto.Text
```

Sie könnten ein weiteres Steuerelement hinzufügen – müssten dann aber auch eine weitere Zeile integrieren. Diese könnte dann beispielsweise so heißen:

```
Sheets("Kosten").Cells(FreieZeile, [SPALTENNUMMER]) =
Format([NAME DES STEUERELEMENTS].Text)
```

Die letzten beiden Zeilen des ersten Abschnitts sorgen dafür, dass die Textfelder gelöscht werden, nachdem sie ausgelesen und an das Tabellenblatt übergeben worden sind. Wenn Sie das nicht wollen, dürfen Sie diese beiden Zeilen gern entfernen.

```
txtDatum = ""
    txtBetrag = ""
```

Im zweiten Abschnitt heißt es:

```
Unload Me
```

Das bewirkt, dass das Formular entladen (also geschlossen) wird, wenn jemand auf **Abbrechen** klickt.

Ganz unten wird schließlich der Inhalt des Tabellenblatts **Box** ausgelesen und im Kombinationsfeld (`cbKonto`) wiedergegeben. Wie viele Begriffe verwendet werden, regelt die Variable `Nochmal`, die ab Zeile 2 (`2 TO Sheets`) beginnt. Denn immerhin ist in der ersten Zeile ja eine Überschrift enthalten, die nicht mit ausgelesen werden soll.

```
Private Sub UserForm_Initialize()
    Dim Nochmal As Integer
        For Nochmal = 2 To Sheets("Box").Range("A65536").End(xlUp).Row
            cbKonto.AddItem Sheets("Box").Cells(Nochmal, 1)
        Next
End Sub
```

Noch einmal zum besseren Verständnis: Den letzten Teil der Programmierung müssen Sie nicht ändern, wenn Sie Begriffe des Kombinationsfeldes ändern, streichen oder ergänzen wollen. Nehmen Sie diese Einstellungen bitte innerhalb des Tabellenblatts **Box** vor. Wenn Sie also später feststellen, dass eine weitere Kostenstelle integriert werden soll (z. B. »Auto«), platzieren Sie diesen Begriff in der ersten freien Zelle von Spalte **A** des Tabellenblatts **Box**.

18.4 Ein Tabellenblattformular erstellen

Im letzten Abschnitt widmen wir uns, wie bereits angekündigt, der Erstellung einfacher Formulare direkt in Excel. Als klassisches Beispiel dient diesmal die Anmietung eines Fahrzeugs in einer Autovermietung. Hier soll es möglich sein, ein PKW-Fabrikat und einen entsprechenden Versicherungstarif zu wählen, ohne dass der Anwender der Excel-Datei unnötig viele Eingaben tätigen muss.

Das Beispiel-Tabellenformular kennenlernen

Werfen Sie zunächst einen Blick auf die Beispieldatei *Mietwagen.xlsx*, die Sie im Ordner *18* der Beispieldateien finden. Wir haben es hier mit einem bereits fertig gestalteten Dokument zu tun, das lediglich noch mit Funktionen ausgestattet werden muss.

Oben links finden wir die Eingabemaske. Gleich darunter in den Zeilen **6** und **7** soll noch einmal ausgegeben werden, für welches Fahrzeug und für welchen Tarif sich der Kunde entschieden hat. Unser eigentlicher Datenbestand befindet sich auf der rechten Seite. Hier sind die zur Verfügung stehenden Fahrzeuge sowie die Versicherungstarife gelistet.

	A	B	C	D	E	F	G
1	Mietwagen buchen:				**Fahrzeuge:**	**Tarife:**	**Bedeutung:**
2	Name:				Audi	T1	Teilkasko mit Selbstbeteiligung
3	Fahrzeug:				BMW	T2	Teilkasko ohne Selbstbeteiligung
4	Tarif:				Mercedes	V1	Vollkasko mit Selbstbeteiligung
5					Skoda	V2	Vollkasko ohne Selbstbeteiligung
6	Gewähltes Fahrzeug:				Volvo		
7	Gewählter Tarif:						
8							
9							
10							
11							
12							
13							

Abbildung 18.7 *So sieht das Beispieldokument aus.*

INFO

Kombinationsfelder präzise erzeugen

Im Excel-Dokument *Mietwagen.xlsx* sind mithilfe der Schaltfläche **Einfügen** in der Gruppe **Steuerelemente** der Registerkarte **Entwicklertools** zwei **Kombinationsfelder** der Kategorie **Formularsteuerelemente** eingefügt worden (Zellen **B3** bis **C4**). Die berechtigte Frage lautet: Wie konnte es gelingen, dass diese so exakt in die Zellen passen? Ganz einfach: Halten Sie während des Aufziehens des Steuerelementrahmens `Alt` gedrückt. Dann wird der Rahmen des Steuerelements automatisch an die Zelle angepasst.

Das Tabellenformular mit Funktionen ausstatten

Nun geht es darum, unsere kleine Auswahlmaske mit Funktionen auszustatten. Dabei müssen gleich mehrere Ziele erreicht werden: Zum einen müssen wir dafür sorgen, dass der Mitarbeiter des Fahrzeugverleihers eines der zur Verfügung stehenden Fahrzeuge in Kombination mit einem Versicherungstarif aussuchen kann, zum anderen sollen beide Werte anschließend zur Dokumentation in den Zellen **C6** und **C7** auftauchen.

1 Beginnen wir mit der Auswahl des Fahrzeugs. Dazu klicken Sie bitte mit rechts auf das oberste der beiden Kombinationsfelder **BC3**. Im Kontextmenü der Zelle wählen Sie den Eintrag **Steuerelement formatieren** an.

2 Schieben Sie das Dialogfenster **Steuerelement formatieren** falls nötig ein wenig zur Seite. Die Spalte mit den zur Auswahl stehenden Fahrzeugen muss nämlich sichtbar bleiben.

3 Klicken Sie im Dialogfenster **Steuerelement formatieren** auf das Eingabefeld **Eingabebereich** der Registerkarte **Steuerung**. Wenn die Einfügemarke dort blinkt, ist alles in Ordnung.

4 Jetzt markieren Sie alle Fahrzeuge, indem Sie zunächst die Zelle **E2** anklicken und mit gehaltener Maustaste bis **E6** herunterziehen. Dort angekommen, lassen Sie los.

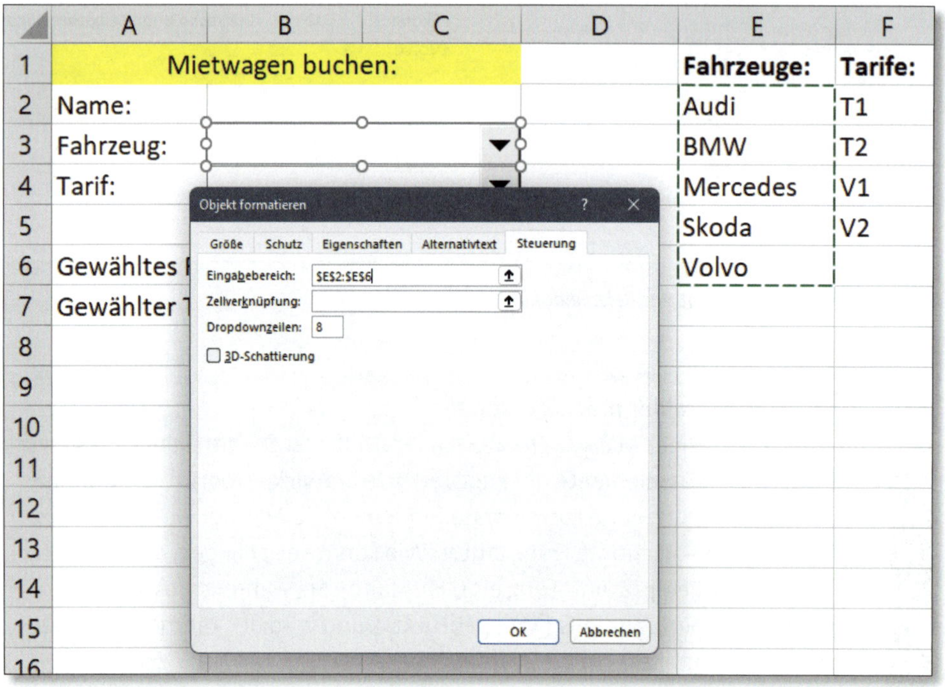

5 Als Nächstes benötigen Sie eine Zellverknüpfung. Das bedeutet: Sie müssen dem Wert, der später durch die Auswahl des jeweiligen Fahrzeugtyps erzeugt wird, eine Zelle zuweisen. Was es genau damit auf sich hat, schauen wir uns gleich noch an. Zunächst geht es darum, eine Zelle als Ziel zu bestimmen. Dazu klicken Sie in das Eingabefeld **Zellverknüpfung** des Dialogs. Wenn die Einfügemarke darin blinkt, klicken Sie auf die Zelle **D3** des Tabellenblatts. Damit ist die Vorarbeit zunächst erledigt. Bestätigen Sie mit **OK**.

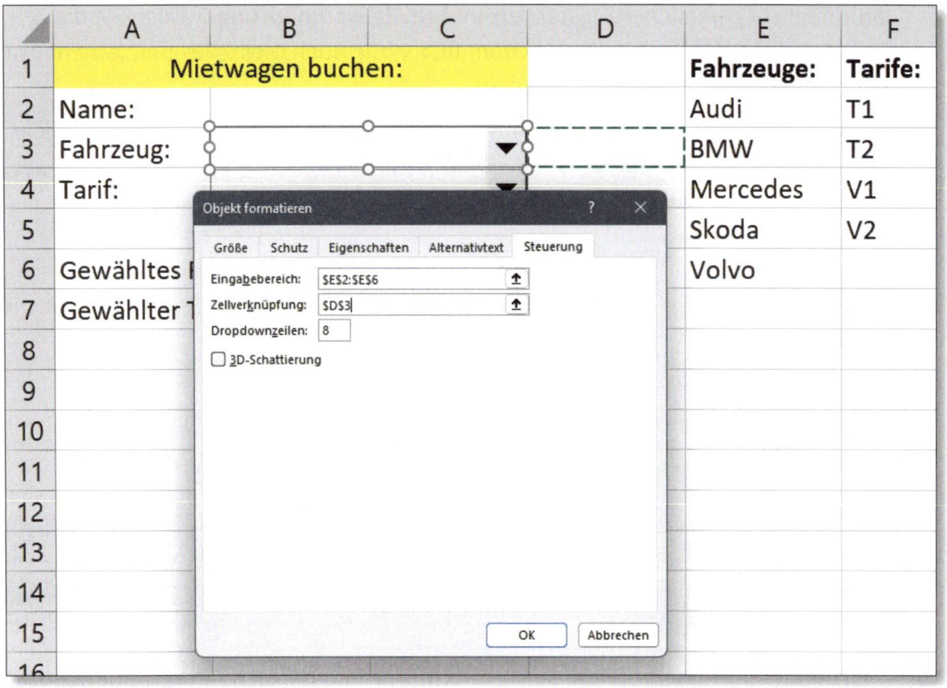

6 Testen Sie das Steuerelement, indem Sie eine der angebotenen Optionen aussuchen. Dazu ist es erforderlich, dass Sie das Kombinationsfeld zunächst abwählen. Klicken Sie auf eine beliebige Zelle. Danach selektieren Sie das obere Kombinationsfeld erneut – diesmal allerdings mit der linken Maustaste. Sobald Sie einen der Werte aussuchen, wird das Ergebnis in Zelle **D3** ausgegeben. Für den dritten Eintrag beispielsweise erscheint die **3**. Das ist zwar im Ergebnis noch wenig befriedigend, soll aber zunächst reichen. Um den Rest kümmern wir uns später.

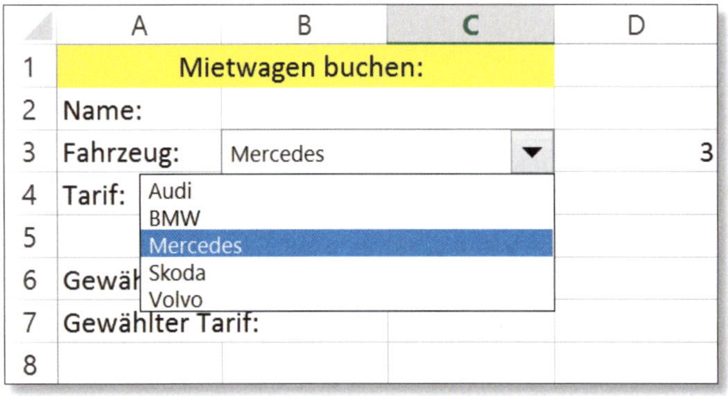

7 Widmen wir uns nun dem Kombinationsfeld **BC4**. Markieren Sie auch dieses mit einem Rechtsklick, und wählen Sie im Kontextmenü **Steuerelement formatieren**. Im gleichnamigen Dialog definieren Sie den **Eingabebereich** mit den Zellen **F2** bis **F5**, also den möglichen Versicherungstarifen. Im Feld **Zellverknüpfung** wählen Sie die Zelle **D4**. Ein Klick auf **OK** beendet diese Aktion. Testen Sie auch dieses Steuerelement auf korrekte Funktion.

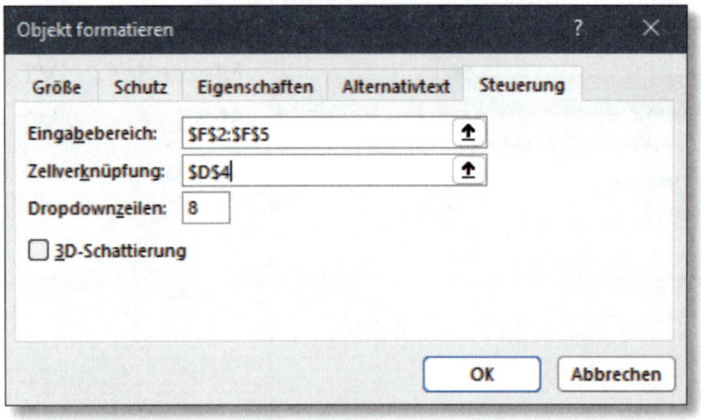

8 Zuletzt sorgen Sie dafür, dass die in Spalte **D** niedergelegten Ergebnisse wieder in Text verwandelt werden. Beginnen wir mit dem Fahrzeug: Markieren Sie dazu die Zelle **C6**, und tippen Sie »=index(« in die Bearbeitungsleiste ein. (Bitte vergessen Sie die geöffnete Klammer nicht!)

9 Anschließend müssen Sie der Anwendung mitteilen, welche Informationen hier zurate gezogen werden sollen. Da hier ja der Fahrzeugname erscheinen soll, sind das die Zellen **E2** bis **E6**, die nun markiert werden.

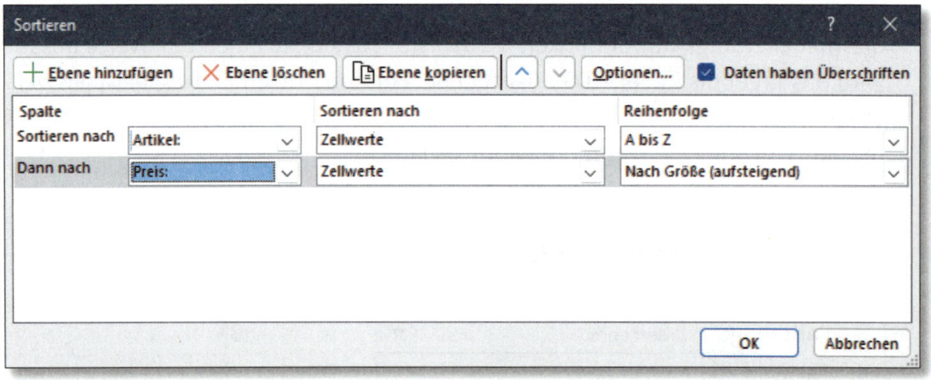

10 Damit sind wir aber noch nicht am Ende angelangt. Denn anschließend muss das Ergebnisfeld noch ausgelesen werden, damit Excel weiß, welcher der möglichen Begriffe benutzt werden soll. Sie erreichen das, indem Sie ein Semikolon eingeben, anschließend die Zelle **D3** markieren und die Klammer dahinter schließen. Die komplette Formel lautet also: **=INDEX(E2:E6;D3)**. Beenden Sie die Eingabe mit [↵].

11 Wiederholen Sie diese Schritte auch in Bezug auf den Versicherungstarif. Dazu muss die Zelle **C7** mit der Formel **=INDEX(F2:F5;D4)** ausgestattet werden.

	A	B	C	D	E
2	**Anbieter:**	**Artikel:**	**Menge:**	**Preis:**	
3	Hellersdorfer	Hausschuhe	38	11,99 €	
4	Brand	Hausschuhe	18	12,90 €	
5	Living Shoes	Hausschuhe	12	14,90 €	
6	Mellies	Hausschuhe	33	15,90 €	
7	Hellersdorfer	Lederschuhe Damen	11	39,90 €	
8	Brand	Lederschuhe Damen	40	42,90 €	
9	Living Shoes	Lederschuhe Damen	37	44,90 €	
10	Mellies	Lederschuhe Damen	1	64,90 €	
11	Hellersdorfer	Lederschuhe Herren	0	39,90 €	

In der Praxis lassen sich derartige Steuerelemente prima nutzen, um ein gedrucktes Formular vorzubereiten, das letztendlich neben den Kundendaten auch das gewählte Fahrzeug und den entsprechenden Versicherungstarif beinhaltet. In einem solchen Fall sollte man jedoch die Ausgabe der Kombinationsfelder unterdrücken. Sie erreichen das, indem Sie das Steuerelement noch einmal mit rechts anklicken und im Kontextmenü den Befehl **Steuerelement formatieren** wählen. Deaktivieren Sie nun die Checkbox **Objekt drucken** auf der Registerkarte **Eigenschaften**.

Namen definieren

Nun schauen wir uns noch an, wie sich Listen benennen lassen und anhand dieser Bezeichnung als Eingabebereich verwendet werden können. Derartige Vorgehensweisen eignen sich vor allem beim Einsatz mehrerer Tabellenblätter. Sie finden ein entsprechendes Dokument im Ordner *18* der Beispieldateien unter dem Namen *Kombination_01.xlsx*.

1 Aktivieren Sie das Tabellenblatt **Daten**, und markieren Sie anschließend die Zellen **A2** bis **A5**. Klicken Sie mit rechts auf eine der markierten Zellen, und wählen Sie im Kontextmenü den Befehl **Namen definieren**.

2 Vergeben Sie den Namen »Stadt«, und schließen Sie den Dialog mit **OK**.

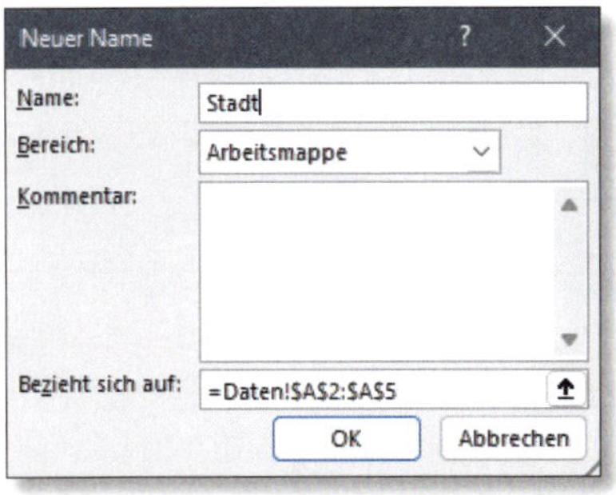

3 Wiederholen Sie diese Aktion, indem Sie zunächst die Zellen **B2** bis **B6** markieren, mit rechts auf eine der markierten Zellen klicken und im Kontextmenü **Namen definieren** auswählen. Geben Sie dieser Gruppe den Namen »Abteilung«.

18

4 Aktivieren Sie nun das Tabellenblatt **Formular**, und markieren Sie das oberste Kombinationsfeld mit einem Rechtsklick. (Würden Sie es mit links anklicken, würde es nicht ausgewählt, sondern bedient.)

5 Wählen Sie im Kontextmenü des Feldes den Eintrag **Steuerelement formatieren** aus. Im Dialogfenster klicken Sie nun auf die Registerkarte **Steuerung**.

6 Klicken Sie in das Feld **Eingabebereich** hinein, und tragen Sie darin den Namen der Gruppe ein, die hier zukünftig zur Auswahl stehen soll. Im konkreten Fall ist das die Liste **Stadt**. Klicken Sie auf **OK**.

7 Verfahren Sie entsprechend mit dem unteren Steuerelement, das Sie mit der Liste **Abteilung** verbinden.

In der Arbeitsmappe *Kombination_02.xlsx*, die Sie im Ordner *18* der Beispieldateien finden, sehen Sie das Ergebnis dieses Workshops. Allerdings sind wir mit unserer Übung noch nicht ganz am Ende angelangt. Denn im folgenden Abschnitt »Variable Listen verwalten« ist noch zu klären, was passiert, wenn die bestehenden Listen irgendwann gekürzt oder erweitert werden.

Variable Listen verwalten

Als Ausgangspunkt für diesen Abschnitt können Sie die Beispieldatei *Kombination_02.xlsx* aus dem Ordner *18* verwenden. In diesem Workshop wollen wir sehen, was passiert, wenn die Liste **Stadt** oder **Abteilung** einmal verändert wird. Denn spätestens wenn eine weitere Filiale hinzukommt, funktioniert ja unser Formular nicht mehr ordnungsgemäß, da neue Einträge nicht automatisch auch Bestandteil des Kombinationsfeldes werden.

1 Öffnen Sie das Tabellenblatt **Daten**, und fügen Sie in Zelle **A6** eine weitere Stadt hinzu, z. B. »München«. Aktivieren Sie nun das Tabellenblatt **Formular**, und kontrollieren Sie die Liste in Zelle **B2**. Obwohl ein weiterer Eintrag hinzugefügt worden ist, wird dieser im Listensteuerelement nicht angezeigt.

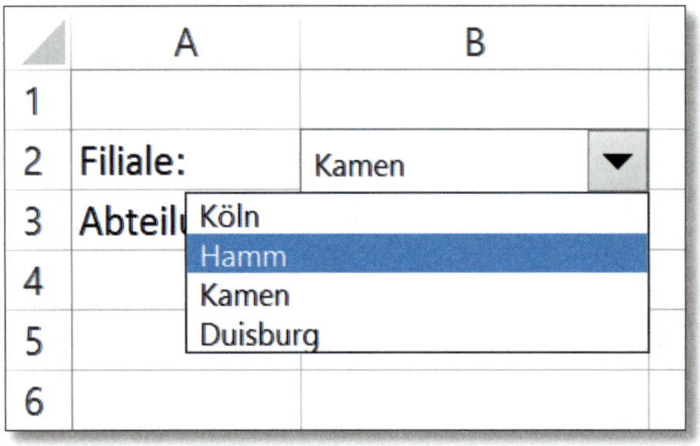

2 Das ist anders, wenn Sie mit Tabellen arbeiten. Öffnen Sie noch einmal das Tabellenblatt **Daten**, und markieren Sie alle gefüllten Zellen der Spalte **A** (von **A1** bis **A6**).

3 Anschließend klicken Sie auf die Schaltfläche **Als Tabelle formatieren** in der Gruppe **Formatvorlagen** der Registerkarte **Start**. Suchen Sie in dem Auswahlmenü der Schaltfläche eine beliebige Vorlage aus. Sie gelangen daraufhin in das Dialogfenster **Tabelle erstellen**; aktivieren Sie hier **Tabelle hat Überschriften**.

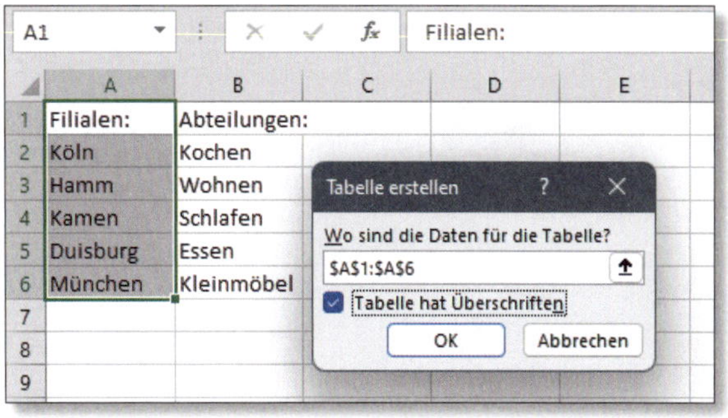

4 Gehen Sie zurück auf die Seite **Formular**. Markieren Sie das obere Steuerelement mit rechts, entscheiden Sie sich noch einmal für **Steuerelement formatieren**, und markieren Sie anschließend den gesamten Eintrag des Feldes **Eingabebereich**. Danach klicken Sie auf das rot-blaue Symbol, das sich direkt neben dem Feld befindet, und wählen noch einmal alle relevanten Zellen an (also **A1** bis **A6**). Diesen Schritt müssen Sie nur einmal machen. Er ist notwendig, da wir zuvor nur einen Namen vergeben hatten, uns ab sofort aber auf eine Tabelle beziehen werden.

5 Gehen Sie zuletzt bitte noch einmal auf das Tabellenblatt **Daten**, und fügen Sie weitere Einträge hinzu. Sie werden feststellen, dass die Listen auf dem Tabellenblatt **Formular** nun automatisch aktualisiert werden, und zwar immer dann, wenn Einträge hinzugefügt oder gelöscht werden – ohne weitere manuelle Aktualisierungen.

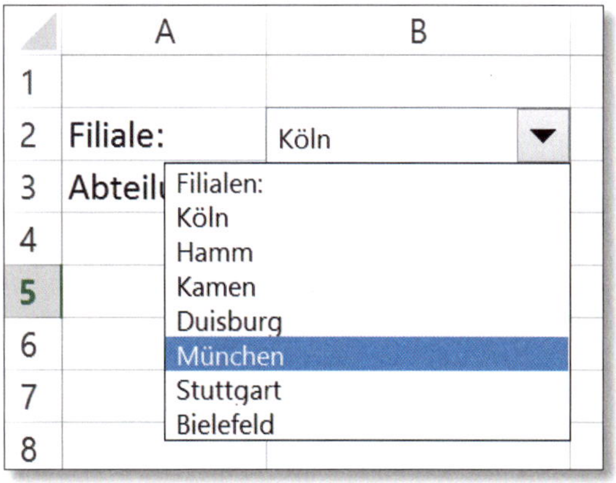

Wenn Sie die Arbeitsmappe *Kombination-fertig.xlsx*, die Sie im Ordner *Ergebnisse* der Beispieldateien finden, öffnen, sehen Sie das Ergebnis dieses Workshops. Wie Sie nun gesehen haben, lassen sich in wenigen Arbeitsschritten schon recht komplexe Formulare in Excel erstellen. Probieren Sie es einfach mal aus.

Kapitel 19
Daten filtern und sortieren

Die oft gebrauchte Redensart »Ich such mir 'nen Wolf« mag auf viele Bereiche des täglichen Lebens zutreffen – im Zusammenhang mit Excel ist sie allerdings vollkommen unbegründet. Denn mit den Sortier- und Filterfunktionen findet man das Gesuchte auch in umfangreichen Dokumenten und kann zudem unübersichtliche Listen schnell und sinnvoll ordnen.

19.1 Daten schnell alphabetisch sortieren

Wenn es um das Sortieren von Zellen geht, müssen Sie sich stets darüber im Klaren sein, dass Zellen miteinander im Zusammenhang stehen. Wenn Sie in einer Adressliste beispielsweise die Nachnamen alphabetisch ordnen wollen, müssen Sie auch dafür sorgen, dass die benachbarten Zeilen mit Straße, PLZ und Ort entsprechend mitsortiert werden. Anderenfalls kämen die Adressen ja durcheinander, und das Excel-Dokument wäre unbrauchbar. Hier können Sie sich aber einmal mehr auf die Unterstützung durch die Software verlassen.

Eine Liste alphabetisch ordnen

Öffnen Sie zunächst die Arbeitsmappe *Schuhe.xlsx*, die Sie im Ordner *19* der Beispieldateien finden. (Sämtliche Übungsdateien stehen Ihnen unter *www.rheinwerk-verlag.de/5443* zur Verfügung.)

Hierbei handelt es sich um eine Preistafel verschiedener fiktiver Schuhanbieter. Diese soll zunächst nach Anbietern geordnet werden.

1. Normalerweise würden Sie alle Zellen markieren, die verschoben werden müssen. Im Beispiel wären das die Zellen **A3** bis **D22**. Wir wollen jedoch bewusst nur eine Spalte markieren, damit Sie sehen, wie die Anwendung darauf reagiert. Außerdem geben wir damit vor, was uns bei der Sortierung wichtig erscheint. Selektieren Sie deshalb nur die erste Spalte, also von **A3** bis **A22**.

2. Klicken Sie auf die Schaltfläche **Von A bis Z sortieren** (❶ auf Seite 580) in der Gruppe **Sortieren und Filtern** der Registerkarte **Daten**. Excel reagiert sogleich mit dem Hinweisfenster **Sortierwarnung** ❷.

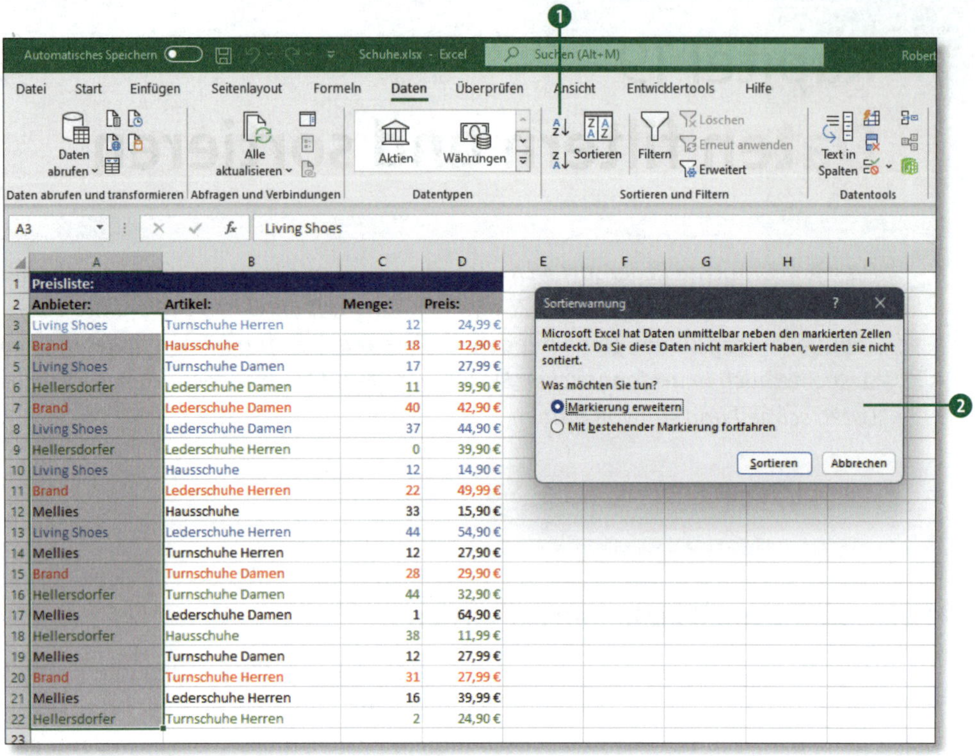

	A	B	C	D
1	Preisliste:			
2	Anbieter:	Artikel:	Menge:	Preis:
3	Living Shoes	Turnschuhe Herren	12	24,99 €
4	Brand	Hausschuhe	18	12,90 €
5	Living Shoes	Turnschuhe Damen	17	27,99 €
6	Hellersdorfer	Lederschuhe Damen	11	39,90 €
7	Brand	Lederschuhe Damen	40	42,90 €
8	Living Shoes	Lederschuhe Damen	37	44,90 €
9	Hellersdorfer	Lederschuhe Herren	0	39,90 €
10	Living Shoes	Hausschuhe	12	14,90 €
11	Brand	Lederschuhe Herren	22	49,99 €
12	Mellies	Hausschuhe	33	15,90 €
13	Living Shoes	Lederschuhe Herren	44	54,90 €
14	Mellies	Turnschuhe Herren	12	27,90 €
15	Brand	Turnschuhe Damen	28	29,90 €
16	Hellersdorfer	Turnschuhe Damen	44	32,90 €
17	Mellies	Lederschuhe Damen	1	64,90 €
18	Hellersdorfer	Hausschuhe	38	11,99 €
19	Mellies	Turnschuhe Damen	12	27,99 €
20	Brand	Turnschuhe Herren	31	27,99 €
21	Mellies	Lederschuhe Herren	16	39,99 €
22	Hellersdorfer	Turnschuhe Herren	2	24,90 €

3 Die Anwendung schlägt vor, die Markierung zu erweitern. Das heißt: Die benachbarten Zellen werden in die Sortierung mit aufgenommen. So soll es auch sein, sodass Sie gleich mit einem Klick auf **Sortieren** bestätigen können. (Würden Sie den unteren Radiobutton **Mit bestehender Markierung fortfahren** aktivieren, würde nur Spalte **A** sortiert. Das hätte aber zur Folge, dass dann die Artikel, Anzahl und Preise nicht mehr zum Anbieter passen würden.)

4 Wählen Sie die Spalte **A** ab, indem Sie eine beliebige andere Zelle markieren. Anhand der Schriftfarben erkennen Sie leicht, dass die Sortierung korrekt vollzogen worden ist.

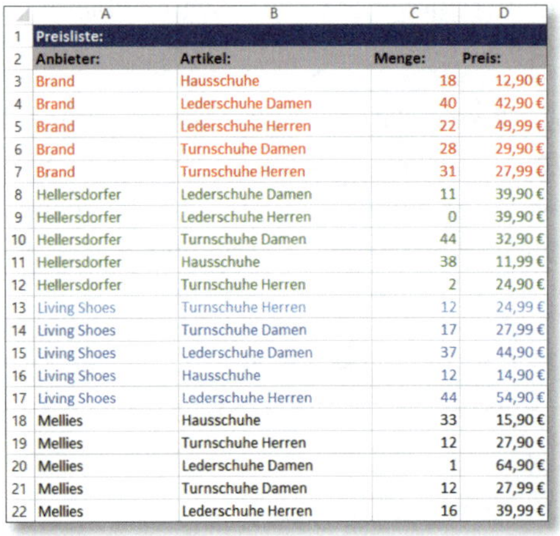

	A	B	C	D
1	Preisliste:			
2	Anbieter:	Artikel:	Menge:	Preis:
3	Brand	Hausschuhe	18	12,90 €
4	Brand	Lederschuhe Damen	40	42,90 €
5	Brand	Lederschuhe Herren	22	49,99 €
6	Brand	Turnschuhe Damen	28	29,90 €
7	Brand	Turnschuhe Herren	31	27,99 €
8	Hellersdorfer	Lederschuhe Damen	11	39,90 €
9	Hellersdorfer	Lederschuhe Herren	0	39,90 €
10	Hellersdorfer	Turnschuhe Damen	44	32,90 €
11	Hellersdorfer	Hausschuhe	38	11,99 €
12	Hellersdorfer	Turnschuhe Herren	2	24,90 €
13	Living Shoes	Turnschuhe Herren	12	24,99 €
14	Living Shoes	Turnschuhe Damen	17	27,99 €
15	Living Shoes	Lederschuhe Damen	37	44,90 €
16	Living Shoes	Hausschuhe	12	14,90 €
17	Living Shoes	Lederschuhe Herren	44	54,90 €
18	Mellies	Hausschuhe	33	15,90 €
19	Mellies	Turnschuhe Herren	12	27,90 €
20	Mellies	Lederschuhe Damen	1	64,90 €
21	Mellies	Turnschuhe Damen	12	27,99 €
22	Mellies	Lederschuhe Herren	16	39,99 €

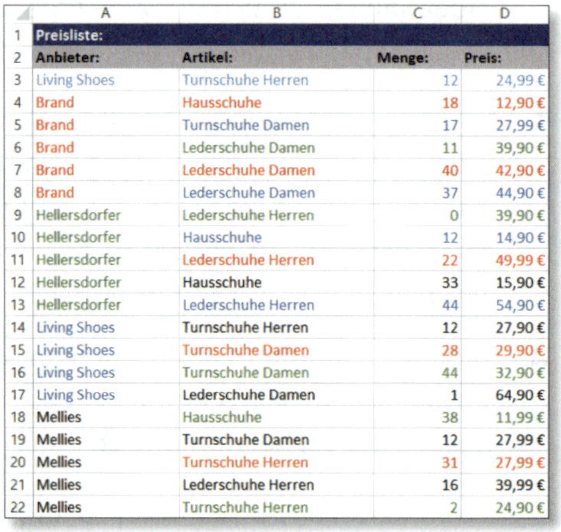

	A	B	C	D
1	Preisliste:			
2	Anbieter:	Artikel:	Menge:	Preis:
3	Living Shoes	Turnschuhe Herren	12	24,99 €
4	Brand	Hausschuhe	18	12,90 €
5	Brand	Turnschuhe Damen	17	27,99 €
6	Brand	Lederschuhe Damen	11	39,90 €
7	Brand	Lederschuhe Damen	40	42,90 €
8	Brand	Lederschuhe Damen	37	44,90 €
9	Hellersdorfer	Lederschuhe Herren	0	39,90 €
10	Hellersdorfer	Hausschuhe	12	14,90 €
11	Hellersdorfer	Lederschuhe Herren	22	49,99 €
12	Hellersdorfer	Hausschuhe	33	15,90 €
13	Hellersdorfer	Lederschuhe Herren	44	54,90 €
14	Living Shoes	Turnschuhe Herren	12	27,90 €
15	Living Shoes	Turnschuhe Damen	28	29,90 €
16	Living Shoes	Turnschuhe Damen	44	32,90 €
17	Living Shoes	Lederschuhe Damen	1	64,90 €
18	Mellies	Hausschuhe	38	11,99 €
19	Mellies	Turnschuhe Damen	12	27,99 €
20	Mellies	Turnschuhe Herren	31	27,99 €
21	Mellies	Lederschuhe Herren	16	39,99 €
22	Mellies	Turnschuhe Herren	2	24,90 €

Die Liste links ist mit der erweiterten Markierung erstellt worden (die Zeilen bleiben zusammen), während die rechte mit bestehender Markierung sortiert worden ist. Dabei sind die Spalten **B** bis **D** komplett von der Neupositionierung ausgenommen worden. Nur die Zelleninhalte der Spalte **A** sind geordnet worden.

INFO

Umgekehrt alphabetisch sortieren
Wollen Sie eine Liste nicht von A bis Z, sondern umgekehrt sortieren – beginnend mit Z? Dann klicken Sie auf die Schaltfläche **Von Z bis A sortieren** in der Gruppe **Sortieren und Filtern** der Registerkarte **Daten**.

Spaltenpriorität setzen

Sie haben gesehen, dass wir mit der Vorwahl der Spalte eine Priorität in Sachen Sortierung setzen können. Wenn Sie nämlich beispielsweise wollen, dass die Liste nicht nach Anbieter, sondern nach Artikel alphabetisch geordnet wird, markieren Sie alle relevanten Zellen der Spalte **B**. Betätigen Sie daraufhin den Button **Von A bis Z sortieren** in der Gruppe **Sortieren und Filtern** der Registerkarte **Daten**, gefolgt von einem Klick auf **Sortieren** im Dialog.

Daraufhin beginnt die Liste mit den Hausschuhen der verschiedenen Anbieter. Die Inhalte einer Zeile sind indes zusammengeblieben, was Sie anhand der gleichen Farben auch noch einmal kontrollieren können.

19.2 Umfangreiche Sortierungen durchführen

Wenn Sie bei einer Sortierung mehr verlangen als die alphabetische Ausrichtung, kommen Sie mit den beiden Sortierbuttons in der Gruppe **Sortieren und Filtern** der Registerkarte **Daten** nicht weiter. Dann müssen Sie einen flexibleren Dialog wählen.

Sortierung nach mehreren Kriterien vornehmen

Stellen Sie sich vor, wir wollten einen echten Preis-Check durchführen. Dann müssten wir uns folgende Fragen stellen: Wo gibt es die preisgünstigsten Lederschuhe für Herren? Wer hat die günstigsten Hausschuhe im Programm, und bei wem erstehe ich die preiswertesten Turnschuhe für Damen usw.? Um diese Fragen auch innerhalb der Excel-Liste beantworten zu können, müssen wir mehrere Kriterien angeben.

1. Öffnen Sie zunächst die Arbeitsmappe *Schuhe.xlsx* aus dem Ordner *19* der Beispieldateien.
2. Markieren Sie alle relevanten Zellen – also den Bereich von **A2** bis **D22**. Ja, die Zeile **2** soll mit in die Auswahl aufgenommen werden. Warum das so ist, erfahren Sie gleich.
3. Klicken Sie anschließend auf die Schaltfläche **Sortieren** in der Gruppe **Sortieren und Filtern** der Registerkarte **Daten**. Daraufhin öffnet sich das Dialogfenster **Sortieren**.

4 Bevor wir irgendetwas machen, schauen Sie doch bitte einmal auf die Checkbox oben rechts. Sie heißt **Daten haben Überschriften**. Aktivieren Sie die Checkbox, damit die folgenden Einstellungen anhand der Zeile **2** vorgenommen werden können, wobei diese selbst aber nicht mit in die Sortierung fällt. Die dort integrierten Bezeichnungen sollen ja von der folgenden Neupositionierung ausgenommen werden. Hätten Sie zuvor alles ab Zeile **3** markiert, müssten Sie das Häkchen entfernen.

5 Schauen Sie sich die grau hinterlegte Zeile des Dialogs an. Sie beginnt mit **Sortieren nach**. Öffnen Sie das nebenstehende Listensteuerelement, und wählen Sie dort **Artikel** aus. Das hat zur Folge, dass zunächst die **Artikel**-Spalte zur Sortierung herangezogen wird.

6 Im Listenfeld **Sortieren nach** belassen Sie es bei der Einstellung **Zellwerte**. Das dritte Steuerelement **Reihenfolge** soll **A bis Z** ausweisen. Damit ist das erste Suchkriterium eingegeben. Excel wird damit also angewiesen, die Spalte **B** der Tabelle alphabetisch zu sortieren.

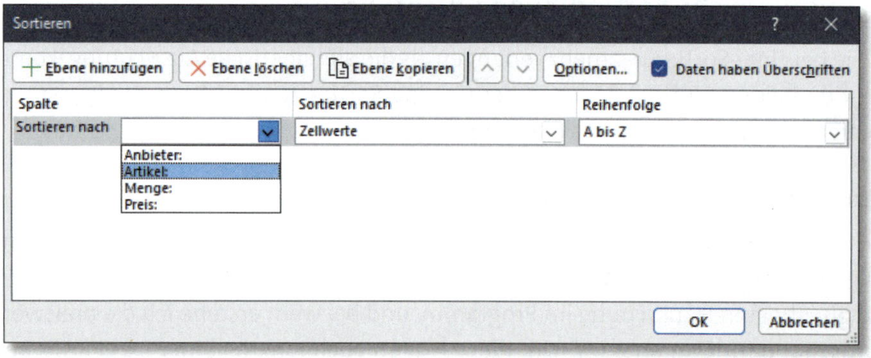

7 Als Nächstes klicken Sie oben links auf den Button **Ebene hinzufügen**. Sie erreichen damit, dass ein zweites Suchkriterium, also eine weitere Zeile, in den Dialog eingefügt wird. Die Zeile beginnt daraufhin mit dem Feld **Dann nach**.

8 Genau hier sorgen wir dafür, dass Spalte **D**, also die Preise, entsprechend sortiert wird. Die Zeile muss also heißen: **Dann nach Preis: – Zellwerte – Nach Größe (aufsteigend)**. Schließen Sie die Aktion mit einem Klick auf **OK** ab.

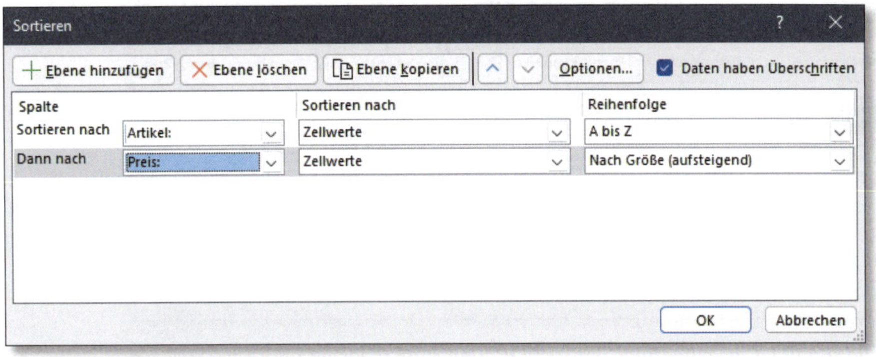

9 Im Ergebnis haben Sie nun erreicht, dass in der Tabelle zunächst die Hausschuhe aller Anbieter präsentiert werden (da die Spalte **Artikel** alphabetisch erscheinen sollte) und dass der niedrigste Preis für Hausschuhe oben steht. Entsprechendes gilt für die Preise in Spalte **D**.

	A	B	C	D	E
2	**Anbieter:**	**Artikel:**	**Menge:**	**Preis:**	
3	Hellersdorfer	Hausschuhe	38	11,99 €	
4	Brand	Hausschuhe	18	12,90 €	
5	Living Shoes	Hausschuhe	12	14,90 €	
6	Mellies	Hausschuhe	33	15,90 €	
7	Hellersdorfer	Lederschuhe Damen	11	39,90 €	
8	Brand	Lederschuhe Damen	40	42,90 €	
9	Living Shoes	Lederschuhe Damen	37	44,90 €	
10	Mellies	Lederschuhe Damen	1	64,90 €	
11	Hellersdorfer	Lederschuhe Herren	0	39,90 €	

Bitte bedenken Sie, dass Sie theoretisch unbegrenzt viele Suchsätze formulieren dürfen. Wann immer Sie im Dialog **Sortieren** auf die Schaltfläche **Ebene hinzufügen** klicken, wird eine weitere Zeile integriert. Damit sollten sich dann auch die umfangreichsten Sortierungen realisieren lassen.

Sortierreihenfolge ändern

Falls Sie es vorziehen, anschließend eine andere Sortierung vorzunehmen, können Sie das natürlich tun. Wenn Sie erneut den Dialog **Sortieren** (**Daten > Sortieren und Filtern > Sortieren**) öffnen, werden Sie feststellen, dass die eingangs formulierten Sortierkriterien beibehalten worden sind. Wenn Sie lediglich die Reihenfolge der Sortierung ändern wollen, also zunächst nach Preis und erst dann nach Artikel, markieren Sie die erste Zeile (❶ auf Seite 584) und betätigen dann den Button **Nach unten** ❷.

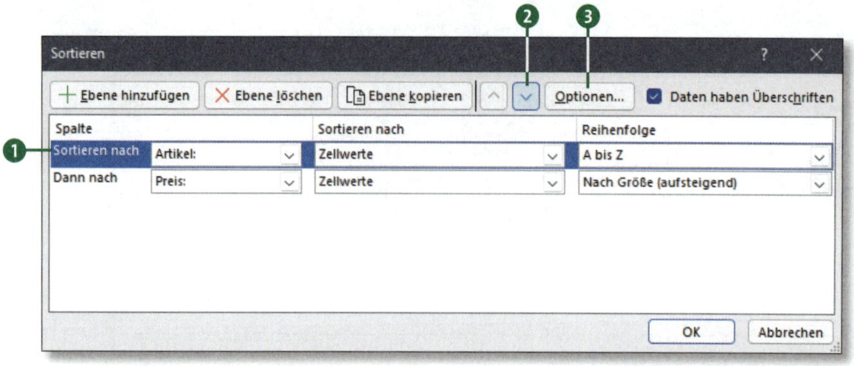

Abbildung 19.1 *Die Reihenfolge der Suchkriterien kann jederzeit angepasst werden.*

> **INFO**
>
> **Spalten sortieren**
>
> Im Dialogfenster **Sortieren** finden Sie noch die Schaltfläche **Optionen** ❸. Ein Klick darauf zeigt, dass grundsätzlich zeilenweise sortiert wird. Wenn Sie jedoch einmal die Spalten anders anordnen wollen, müssen Sie hier entsprechend umstellen und mit **OK** bestätigen.

Eigene Sortierkriterien aufstellen

Die Zuweisung einer bestimmten Reihenfolge anhand des Alphabets oder der Größe eines Wertes ist ja nun keine große Herausforderung mehr. Doch wie können wir es anstellen, in der Liste zunächst alle Damenschuhe, danach alle Herrenschuhe und zuletzt die Hausschuhe erscheinen zu lassen? Hier hilft uns die alphabetische Sortierung ja nicht weiter.

1. Markieren Sie zunächst alle Zellen von **A2** bis **D22** in der Beispieldatei *Schuhe.xlsx*. Danach rufen Sie den Dialog **Sortieren** (**Daten > Sortieren und Filtern > Sortieren**) auf.
2. Falls keine Ebenenspalte (**Sortieren nach**) vorhanden ist, klicken Sie auf die Schaltfläche **Ebene hinzufügen**. Im Auswahlfeld **Sortieren nach** entscheiden Sie sich für **Artikel**.
3. Öffnen Sie das Steuerelement **Reihenfolge**, und klicken Sie dort auf **Benutzerdefinierte Liste**.

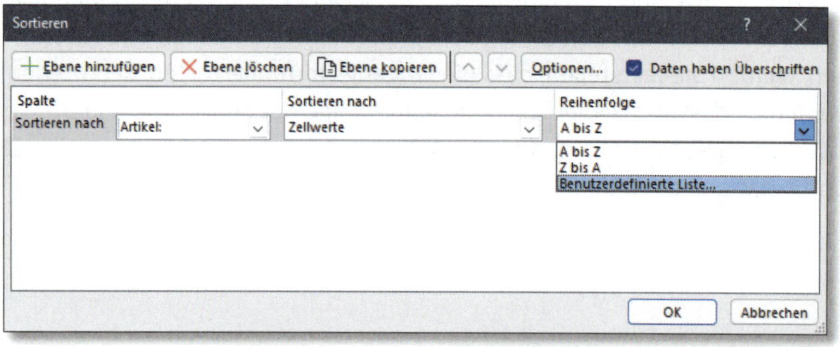

4 Im Dialog **Benutzerdefinierte Listen** aktivieren Sie zunächst links den Eintrag **Neue Liste** ❹ und klicken anschließend in das Feld **Listeneinträge** ❺.

5 Geben Sie »Turnschuhe Damen« ein, und bestätigen Sie mit ↵. Danach lassen Sie den Eintrag »Lederschuhe Damen« folgen – ebenfalls gefolgt von ↵. Dann sind die beiden Gattungen der »Herrenschuhe« und zuletzt die »Hausschuhe« an der Reihe. Beachten Sie, dass jeder Eintrag in einer neuen Zeile stehen muss. Demzufolge ist jede Eingabe auch folgerichtig mit ↵ abzuschließen. Am Ende bestätigen Sie mit **OK**.

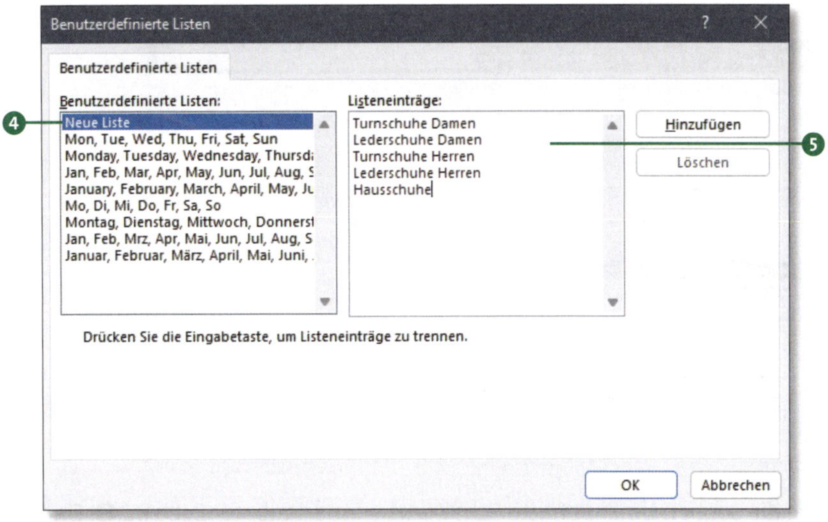

6 Die Reihenfolge ist nun auch im gleichnamigen Auswahlfeld zu sehen. Sie müssen also am Ende nur noch ein weiteres Mal auf **OK** gehen.

Sollten Sie später abermals erneut über den Dialog **Sortieren** das Dialogfenster **Benutzerdefinierte Liste** aufrufen, werden Sie dort auch den zuvor definierten Listeneintrag wiederfinden. Falls Sie dieses Suchkriterium also später noch einmal benötigen, ist eine Neueingabe nicht mehr erforderlich.

19.3 Daten anhand bestimmter Merkmale filtern (AutoFilter)

19

Eine Liste wird immer unübersichtlicher, je mehr Informationen hinzugefügt werden. Die Sortierfunktionen helfen zwar bei der Anordnung der betreffenden Zellen weiter – und sorgen so für eine optimierte Ansicht –, jedoch ist es manchmal besser, alle irrelevanten Daten ganz einfach auszublenden. So kann der Anwender sich auf die wesentlichen Daten konzentrieren.

Daten filtern mit dem AutoFilter

Im ersten Beispiel dieses Abschnitts wollen wir einen ungestörten Blick auf die Hausschuhe genießen. Alle anderen Artikel interessieren uns nicht. Gehen Sie folgendermaßen vor:

1. Öffnen Sie die Datei *Schuhe.xlsx* aus dem Ordner *19* der Beispieldateien. Anschließend markieren Sie eine beliebige Zelle innerhalb der Preisliste. (Sollte eine außerhalb liegende Zelle selektiert sein, gibt Excel nach dem folgenden Schritt eine Fehlermeldung aus.)

2. Klicken Sie auf die Schaltfläche **Filtern** in der Gruppe **Sortieren und Filtern** der Registerkarte **Daten**. Mit [Strg]+[⇧]+[L] erreichen Sie übrigens dasselbe. Zunächst einmal passiert nicht allzu viel: Die Zellen der Zeile **2** werden lediglich mit kleinen Dreieck-Schaltflächen ausgestattet.

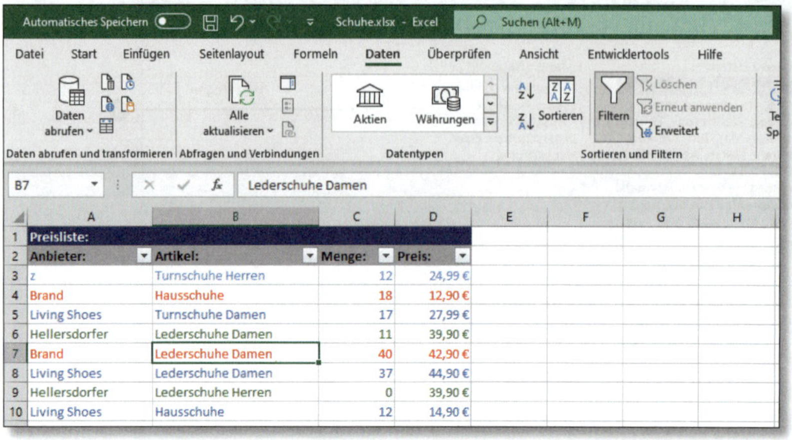

3. Betätigen Sie die soeben hinzugefügte Schaltfläche innerhalb der Zelle **B2** ❶. Danach klicken Sie auf die standardmäßig aktive Checkbox **Alles auswählen** ❷, wodurch sämtliche unterhalb befindliche Checkboxen inaktiv werden.

4. Wählen Sie anschließend die Checkbox **Hausschuhe** ❸ wieder an, und klicken Sie unten auf **OK**.

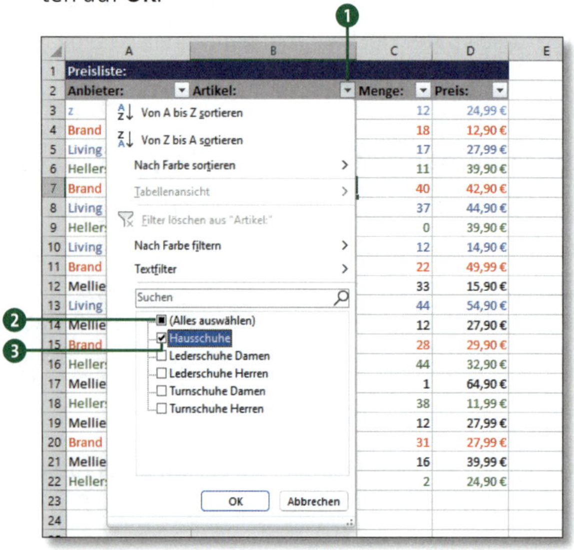

5 Fortan werden in der Excel-Tabelle nur noch die gewünschten Artikel angezeigt. Achten Sie darauf, dass sich auch die Dreieck-Schaltfläche an der Zelle **B2** entsprechend geändert hat. Sie sehen hier nun ein Trichtersymbol, das verdeutlicht, dass die Spalte gefiltert ist – dass es also in Wahrheit sehr viel mehr Einträge gibt.

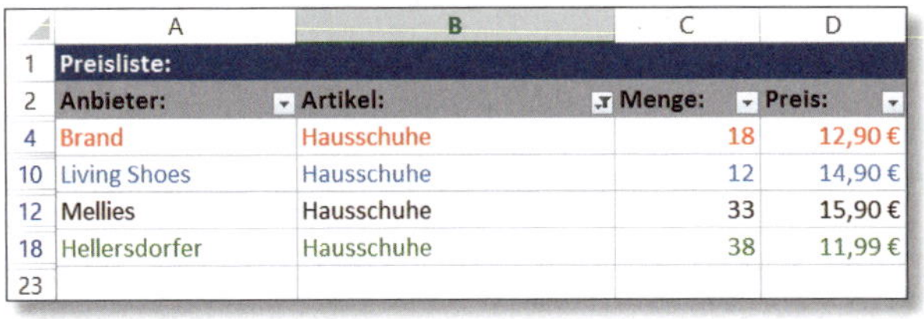

Wenn Sie abermals auf die Dreieck-Schaltfläche an der Zelle **B2** klicken und im Menü wieder die Checkbox **Alles auswählen** aktivieren, wird die Filterung verworfen.

> **INFO**
>
> **Filterung aufheben**
> Solange die Filterung noch nicht deaktiviert ist, bleiben die Schaltflächen in Zeile **2** erhalten – und Sie könnten weitere Filter anwenden, auch in anderen Spalten. Erst wenn Sie noch einmal auf die Schaltfläche **Filtern** in der Gruppe **Sortieren und Filtern** der Registerkarte **Daten** klicken oder [Strg]+[⇧]+[L] drücken, werden die Buttons entfernt.

Farbfilter benutzen

Wenn Sie auf die Schaltfläche **Filtern** in der Gruppe **Sortieren und Filtern** der Registerkarte **Daten** klicken, erreichen Sie verschiedene Filteroptionen mit einem Klick auf die Dreieck-Schaltfläche der jeweiligen Spalte. Klicken Sie etwa auf die Option **Nach Farbe filtern** und anschließend auf den roten Balken, werden nur Zeilen angezeigt, deren Text rot ist.

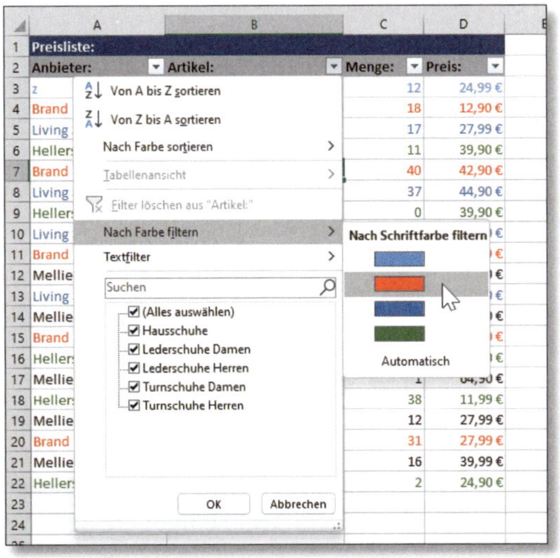

Abbildung 19.2 *Nach diesem Klick werden nur noch rote Texte angezeigt.*

> **INFO**
>
> **Nach Farbe sortieren**
> Im Filtermenü gibt es auch den Eintrag **Nach Farbe sortieren**. Dieser bewirkt jedoch, wie der Name schon vermuten lässt, lediglich eine Sortierung. Es bleiben alle Einträge erhalten, wobei diese jedoch nach Schriftfarbe sortiert angezeigt werden.

Textfilter benutzen

Bei aktivierter Funktion **Filter** (**Daten > Sortieren und Filtern > Filtern**) lässt sich die Liste auch nach Textinhalten filtern. So wäre es ja beispielsweise durchaus hilfreich, einmal ausschließlich Damen-Lederschuhe anzeigen zu lassen. Klar, wir könnten das mithilfe der Checkboxen realisieren, aber wir werden dies nun alternativ mit dem Textfilter erledigen.

1. Markieren Sie eine beliebige Zelle innerhalb der Tabelle. Falls Zeile **2** nicht mit Filterbuttons ausgestattet ist, drücken Sie [Strg]+[⇧]+[L]. Alternativ klicken Sie auf die Schaltfläche **Filtern** in der Gruppe **Sortieren und Filtern** der Registerkarte **Daten**, um die Filterschaltflächen einzublenden.

2. Klicken Sie in Zelle **B2** auf den Filterbutton, und wählen Sie im Menü die Option **Textfilter**. Anschließend betätigen Sie den Befehl **Enthält**.

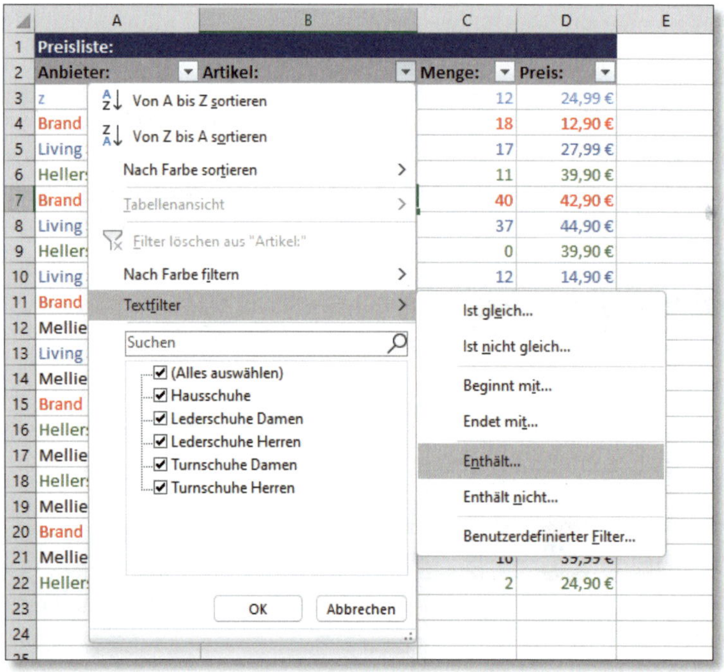

3. Daraufhin öffnet sich der Dialog **Benutzerdefinierter AutoFilter**, in dem Sie das gewünschte Wort (in unserem Fall »Damen«) in das obere rechte Feld eingeben. Bestäti-

gen Sie die Eingabe, sofern Sie alle Damenschuhe sehen wollen. Wir hatten allerdings vor, noch einen Schritt weiter zu gehen. Das Ziel war ja, nur die Damen-Lederschuhe anzeigen zu lassen. Also aktivieren Sie den Radiobutton **Und** und gestalten die zweite Dialogzeile derart, dass **entspricht nicht > Turnschuhe** angezeigt wird. Bestätigen Sie Ihre Eingabe mit **OK**.

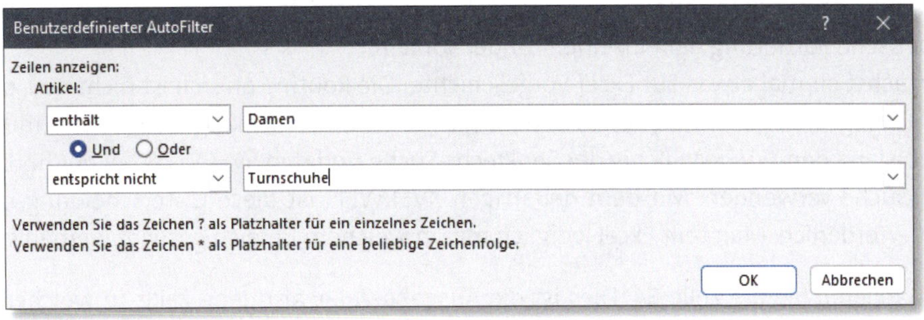

Damit werden nur Zeilen angezeigt, die in Spalte **B** die Bezeichnung »Damen-Lederschuhe« enthalten. Betätigen Sie nun die Tastenkombination Strg + ⇧ + L, um wieder zur ursprünglichen Ansicht zurückzukehren. In Schritt 3 der vorangegangenen Anleitung hätten wir auch gleich in der obersten Artikelzeile »Turnschuhe Damen« eintragen können. Doch so wurde deutlich, dass man explizit eine bestimmte Gattung bzw. einen Begriff ausschließen kann.

19.4 Die Bereichssuche benutzen

Abschließend möchte ich Ihnen noch eine interessante Neuerung von Excel 2021 vorstellen, deren Anwendung sich immer dann empfiehlt, wenn ein bestimmter, einer Größe zugeordneter Wert aus einer umfangreichen Tabelle herausgesucht werden soll. Was damit gemeint ist, zeige ich Ihnen am besten anhand eines vorgefertigten Beispiels. Bitte öffnen Sie dazu die Beispieldatei *Länder_und_Flächen.xlsx* aus dem Ordner *19* der Beispieldateien.

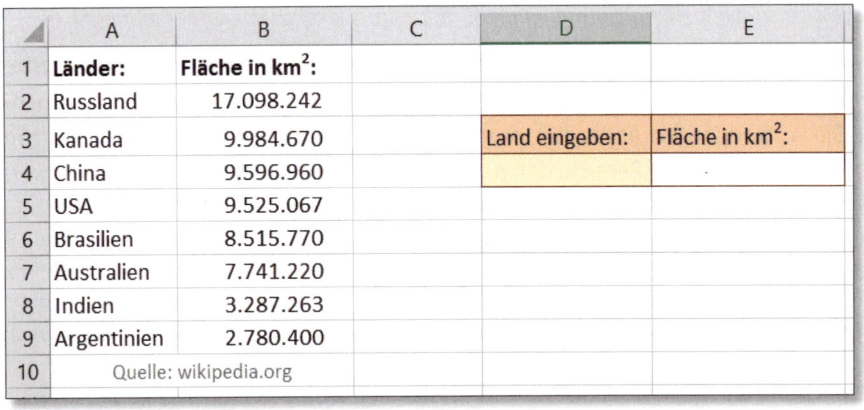

	A	B	C	D	E
1	**Länder:**	**Fläche in km²:**			
2	Russland	17.098.242			
3	Kanada	9.984.670		Land eingeben:	Fläche in km²:
4	China	9.596.960			
5	USA	9.525.067			
6	Brasilien	8.515.770			
7	Australien	7.741.220			
8	Indien	3.287.263			
9	Argentinien	2.780.400			
10	Quelle: wikipedia.org				

Abbildung 19.3 *Mit dieser Datei wird die Suche nach einem Wert zum Kinderspiel.*

XVERWEIS in der Praxis

Das Ziel unserer kleinen Weltreise ist, den Namen eines Landes in Zelle **D4** einzutippen und im Gegenzug die Fläche des jeweiligen Landes in der Zelle rechts daneben anzeigen zu lassen. Nun könnte man einwerfen, dass man dazu ja lediglich in die Tabelle schauen muss, und fertig ist die Laube. Stimmt! Doch bei umfangreichen Datensätzen könnte sich dies als ausgesprochen zeitaufwendig gestalten, vor allem dann, wenn (wie hier) keine alphabetische Sortierung der einzelnen Länder vorliegt.

Zunächst einmal etwas zur Excel-Vorgeschichte: Die Routine an sich ist nicht neu, denn die Suchbegriffe SVERWEIS und WVERWEIS gibt es schon etwas länger. Allerdings musste man bislang den WVERWEIS bei der Senkrecht-Suche und den SVERWEIS bei der horizontalen Suche verwenden. Mit dem neuartigen XVERWEIS ist diese Unterscheidung nicht mehr erforderlich. Man teilt Excel lediglich mit, in welchem Bereich gesucht werden soll.

1 Markieren Sie die Zelle **E4**. Dies ist die Ausgabe-Zelle, also jene Zelle, in welcher der zurückzugebende Wert am Ende angezeigt werden soll. Tippen Sie hier bitte »=XVERWEIS« ein, und lassen Sie unmittelbar dahinter (ohne Leerzeichen) eine geöffnete Klammer folgen.

2 Als Nächstes markieren Sie die Zeile, in die später der Nachschlagewert eingetragen werden soll. Hierbei handelt es sich um die Zelle **D4**, in die wir später das Land eintragen, dessen Fläche wir ermitteln wollen. Vervollständigen Sie die Eingabe mit einem Semikolon.

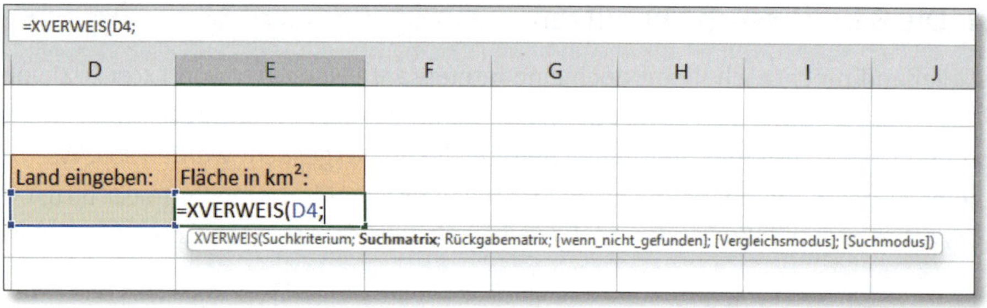

3 Schauen Sie einmal auf die QuickInfo. Diese macht es uns herrlich einfach, die weiteren Parameter zu bestimmen. Sie sehen, was als Nächstes kommt, nämlich die **Suchmatrix**. Sie wird sogar fett angezeigt, damit wir stets wissen, was als Nächstes zu tun ist. Die Suchmatrix ist der Bereich, der zur späteren Eingabe in **D4** herangezogen werden soll, also die Liste der Länder. Ziehen Sie daher mit gedrückter Maustaste über alle Zellen von **A2** bis **A9**. Lassen Sie auch jetzt wieder ein Semikolon folgen.

4 Auf zum nächsten Wert, zur sogenannten Rückgabematrix. Das ist der Wert, der ausgegeben werden muss, wenn ein bestimmtes Land in die Zelle **D4** eingetragen wird. Also markieren Sie jetzt bitte alle Zellen von **B2** bis **B9**.

5 Die QuickInfo hält eine Menge mehr für uns bereit, doch dies soll es für unser kleines Beispiel zunächst gewesen sein.

	A	B	C	D	E
1	**Länder:**	**Fläche in km²:**			
2	Russland	17.098.242			
3	Kanada	9.984.670		Land eingeben:	Fläche in km²:
4	China	9.596.960			=XVERWEIS(D4;A2:A9;B2:B9)
5	USA	9.525.067			
6	Brasilien	8.515.770			
7	Australien	7.741.220			
8	Indien	3.287.263			
9	Argentinien	2.780.400			
10	Quelle: wikipedia.org				
11					

6 Schließen Sie die Eingabe mit einer geschlossenen Klammer ab, und betätigen Sie [↵]. Die Enttäuschung dürfte riesengroß sein, denn in **E4** finden wir nichts weiter als **#NV**, eine Fehlermeldung, die auf das Nichtvorhandensein erforderlicher Daten zurückzuführen ist. Dass ändert sich jedoch schlagartig, wenn Sie in **D4** einen Ländernamen eintippen – bitte verwenden Sie einen, der in unserer Liste auch wirklich vorkommt. Schließen Sie die Eingabe mit [↵] oder [⇥] ab.

	A	B	C	D	E
1	**Länder:**	**Fläche in km²:**			
2	Russland	17.098.242			
3	Kanada	9.984.670		Land eingeben:	Fläche in km²:
4	China	9.596.960		China	9.596.960
5	USA	9.525.067			
6	Brasilien	8.515.770			
7	Australien	7.741.220			
8	Indien	3.287.263			
9	Argentinien	2.780.400			
10	Quelle: wikipedia.org				

Hurra, es funktioniert. Geben Sie ein gelistetes Land ein, erfolgt logischerweise die dazugehörige Angabe der Quadratkilometer. Doch was passiert, wenn Sie sich verschreiben oder einen Staat angeben, der nicht in der Liste vorhanden ist? Dann sollte doch zumindest ein Hinweis erfolgen, oder?

Das regeln Sie folgendermaßen: Führen Sie einen Doppelklick auf die Zelle **E4** aus, und platzieren Sie die Einfügemarke anschließend zwischen dem letzten Semikolon und der schließenden Klammer. Tippen Sie »Falsche Eingabe« ein (oder was auch immer Ihnen an dieser Stelle geeignet erscheint), und bestätigen Sie mit [↵]. Bitte vergessen Sie nicht, den Ausgabewert in Anführungsstriche zu setzen. Die fertige Datei finden Sie im Ordner *Ergebnisse* der Beispieldateien unter der Bezeichnung *Ländereingabe.xlsx*.

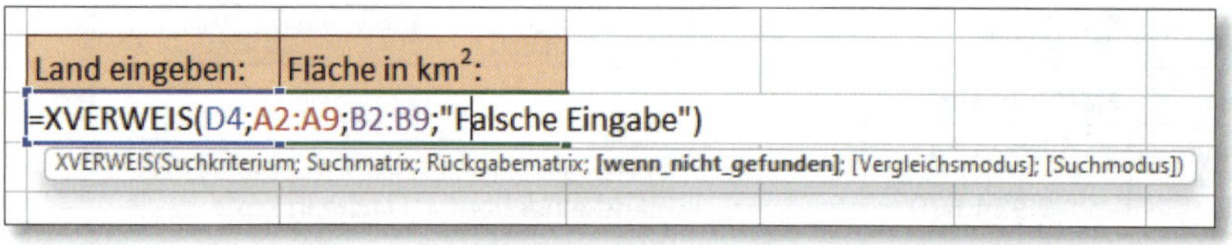

Abbildung 19.4 *Die Formel lautet =XVERWEIS(D4;A2:A9;B2:B9;»Falsche Eingabe«).*

Vergleichs- und Suchmodus

Wenn Sie die QuickInfo unserer Funktion betrachten, fällt auf, dass noch zwei weitere Parameter abgefragt werden können, nämlich der Vergleichsmodus und der Suchmodus. Mit zuerst genannter Funktion lässt sich die Übereinstimmung eines Listeneintrages in einem Zellbereich ermitteln. **0** bedeutet, dass eine Übereinstimmung vorhanden sein muss, um den Wert auszugeben, während **1** das nächstgrößere, **-1** das nächstkleinere und **2** ein Platzhalterzeichen repräsentiert. Dazu ein Beispiel: Geben Sie hinter »Falsche Eingabe« ein Semikolon und die *1* ein, könnte auch die Eingabe eines anderen Landes erfolgen, ohne dass Excel auf eine Falscheingabe verweist. Die Anwendung prüft dann, wie groß die Übereinstimmung mit dem eingegebenen Namen ist, und gibt ihn aus, wenn er entsprechend zugeordnet werden kann. Würden Sie statt Argentinien nur »arg« eingeben, fände Excel den Zellbezug trotzdem und gäbe folgerichtig die Fläche Argentiniens aus. Ein Beispiel finden Sie in der Datei *Länder_Position.xlsx* im Ordner *Ergebnisse*. Wie sich Excel dabei verhält, regeln Sie mit dem letzten Wert, der eingegeben werden kann, dem Suchmodus. Bei **0** wird der Vergleich beginnend mit dem ersten Element einer Liste hin zum letzten untersucht, während **-1** vom letzten Element zum ersten sucht.

Die Position mit XVERGLEICH ermitteln

Die Funktion XVERGLEICH ist immer dann von Interesse, wenn Sie als Ergebnis die Position eines Wertes herausfinden wollen. Ich habe Ihnen dazu die Datei *Länder_Position.xlsx* in den Ordner *Ergebnisse* gepackt und entsprechend erweitert. Schauen Sie sich dort bitte einmal die Zelle **E7** an. Die hinterlegte Formel lautet: **=XVERGLEICH(D4;A2:A9;1)**. Sie verrät uns, an welcher Stelle unserer Liste der Staat zu finden ist, dessen Quadratkilometer in Zelle **E4** ausgegeben wurden. Wäre das letzte Semikolon nebst Ziffer *1* nicht in die Formel getippt worden, müssten wir den Ländernamen exakt so eingeben, wie er in Spalte A aufgeführt ist. So jedoch reicht auch *arg*, um uns zu verraten, dass Argentinien in unserer Liste an Position 8 steht.

INFO

Position 8 ist nicht gleich Zeile 8!

Bitte berücksichtigen Sie, dass die Zeilennummern nicht identisch mit den Positionsnummern unserer Liste sind, da in Zeile 1 ja eine Überschrift existiert und die erste Listenposition hier in Zeile 2 aufgeführt ist. Demzufolge steht Argentinien an Position 8 der Liste.

Kapitel 20
Daten mit Diagrammen anschaulich auswerten

Daten in Excel lassen sich viel schneller erfassen, wenn man sie grafisch darstellt. So fällt beispielsweise der Umsatzrückgang einer Betriebsstätte im Unternehmen nicht gleich auf, wenn man lediglich eine Tabelle vor sich hat. Diagramme sind hingegen schnell erfassbar und deshalb ausgesprochen zweckmäßig.

20.1 Diese Diagrammtypen kennt Excel 2021

Leider gibt es nicht das eine, alles umfassende Standarddiagramm. Vielmehr muss man bei der Auswahl des Diagrammtyps überlegen, welche Form die geeignete für die jeweiligen Tabellen ist. Man unterscheidet grundsätzlich zwischen folgenden Diagrammarten:

Diagrammarten	
Diagramm	**Besonderheiten**
Säulendiagramm	auch *Balkendiagramm* genannt; besteht aus senkrecht stehenden Säulen, die zum direkten Vergleich von unterschiedlichen Werten optimiert sind. Je höher ein Wert ist, desto höher ist die Säule.
Liniendiagramm	auch *Kurvendiagramm* genannt; bezeichnet die Zusammenhänge unterschiedlicher Werte, z. B. in Bezug auf die Entwicklung wie Preisentwicklung von Monat zu Monat.
Kreisdiagramm	auch *Tortendiagramm* genannt; dient zur Darstellung von Teilen eines Ganzen. Die einzelnen Teile werden wie unterschiedlich große Kuchenstücke dargestellt.
Balkendiagramm	wie Säulendiagramm, jedoch mit dem Unterschied, dass die Balken horizontal angeordnet sind.
Flächendiagramm	wie Liniendiagramm, wobei die Flächen zwischen der Werte-Linie und der Grundlinie farbig dargestellt werden.
Punktdiagramm	auch *Streudiagramm* genannt; stellt jeweils zwei voneinander abhängige Werte in Form von Punkten dar.
Kartendiagramm	Flächenkartografische Diagramme eignen sich immer dann, wenn Daten einer geografischen Bezugsquelle unterliegen (z. B. Einwohnerzahlen unterschiedlicher Länder).

Diagrammarten	
Kursdiagramm	Wiedergabe von Kursentwicklungen (Börsennotierungen). Im herkömmlichen Kursdiagramm wird der Bereich zwischen Höchst- und Tiefstkurs als senkrechte Linie dargestellt, wobei der Schlusskurs als Punkt auf dieser Linie erscheint.
Oberflächendiagramm	dreidimensionale Darstellung von Werten
Netzdiagramm	Darstellung der Werte in Form eines Spinnennetzes
Treemap	Farbflächendarstellung
Sunburst oder Ringdiagramm	ähnlich dem Kreisdiagramm, jedoch mit frei bleibender Mittelfläche
Histogramm	direkt nebeneinander befindliche vertikale Balken
Kastengrafik	Darstellung mit Rechtecken auf einer vertikalen Linie
Wasserfall	auf x- und y-Achse angeordnete Rechtecke
Trichter	Trichterdiagramme bringen die Werte aufsteigend oder absteigend in die richtige Reihenfolge. So kann beispielsweise der geringste Wert oben stehen und die jeweils nächstgrößeren weiter unten.
Kombi	kombiniertes Diagramm aus Säulen und Linien

Tabelle 20.1 Die unterschiedlichen Diagrammtypen in der Übersicht

In den folgenden Abschnitten lernen Sie, wie Sie ohne viel Mühe Ihre Daten aus Excel-Tabellenblättern in zweckmäßige Diagramme verwandeln können, sodass sich dem Betrachter der Inhalt auf den ersten Blick erschließt.

20.2 Ein Diagramm erstellen

Um ein Diagramm zu erstellen, benötigen Sie verständlicherweise eine Tabelle; denn nur wenn Sie gültige Daten zur Verfügung stellen, kann Excel Grafiken aus ihnen generieren.

Ein Diagramm per Schnellanalyse erstellen

Der einfachste Weg, Diagramme aus den Daten Ihrer Tabelle zu erstellen, führt über die Schaltflächen des Schnellanalyse-Symbols. Im Folgenden zeige ich Ihnen, wie Sie ein Diagramm über die Schnellanalyse einfügen. Öffnen Sie daher zunächst die Arbeitsmappe *Schuhe-Diagramme.xlsx* aus dem Ordner *20* der Beispieldateien. (Sämtliche Übungsdateien stehen Ihnen unter *www.rheinwerk-verlag.de/5443* zum Download zur Verfügung.)

1. Zunächst müssen Sie sämtliche Zellen markieren, die Inhalt des Diagramms werden sollen. Dabei sollten Sie auch die Beschriftungszeile mit auswählen. In der Beispieldatei ist das Zeile **2**. Selektieren Sie also den Bereich von **A2** bis **D7**.
2. Am Auswahlrahmen wird daraufhin die Schaltfläche **Schnellanalyse** ❶ eingeblendet. Mit einem Klick darauf öffnen Sie die Schaltflächen der Schnellanalyse.

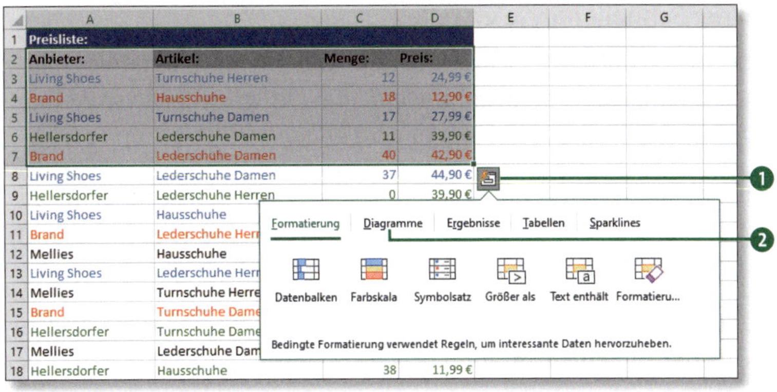

3 Aktivieren Sie mit einem Mausklick die Registerkarte **Diagramme**, und bewegen Sie die Maus über die verschiedenen Schaltflächen, die Ihnen auf dieser Registerkarte angeboten werden. Oberhalb des Etiketts **Schnellanalyse** wird daraufhin eine Vorschau des jeweiligen Diagrammtyps angezeigt. Sie können nun also in aller Ruhe wählen, welches Diagramm das für Sie geeignete ist.

4 Wenn Sie den gewünschten Diagrammtyp für Ihre Daten gefunden haben, klicken Sie auf die entsprechende Schaltfläche, im Beispiel also auf **Gruppierte Balken**.

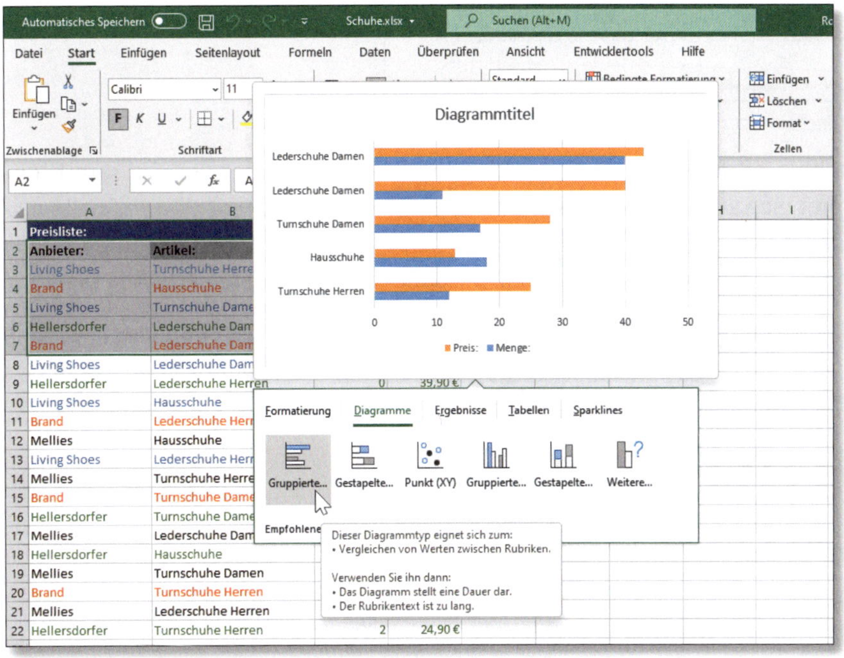

Bei der Produktion eines Diagramms untersucht Excel Ihre Tabelle zunächst auf Werte, also auf Zahlen. Deswegen sind in diesem Beispiel auch die Spalten **Menge** und **Preis** grafisch dargestellt worden. Textzellen hingegen werden beim Erzeugen des Diagramms als Beschriftungen eingesetzt.

Ein Kursdiagramm per Schnellanalyse erstellen

Die Auswahl der über die Schaltfläche **Schnellanalyse** verfügbaren Diagrammtypen ist ja nicht gerade üppig. Sie können aber auch ganz leicht über die Schnellanalyse weitere Diagrammtypen auswählen und in Ihrem Dokument verwenden.

1 Öffnen Sie zunächst die Datei *Schuhe-Diagramme.xlsx* aus dem Ordner *20* der Beispieldateien, und markieren Sie die Zellen **G1** bis **J5**. Klicken Sie dazu in Zelle **G1**, und ziehen Sie an dem kleinen grünen Quadrat den Rahmen bis Zelle **J5** auf.

2 Klicken Sie auf den Button **Schnellanalyse**, und aktivieren Sie die Registerkarte **Diagramme**. Leider ist der Typ **Kursdiagramm** hier nicht enthalten. Klicken Sie daher auf die Schaltfläche **Weitere Diagramme**.

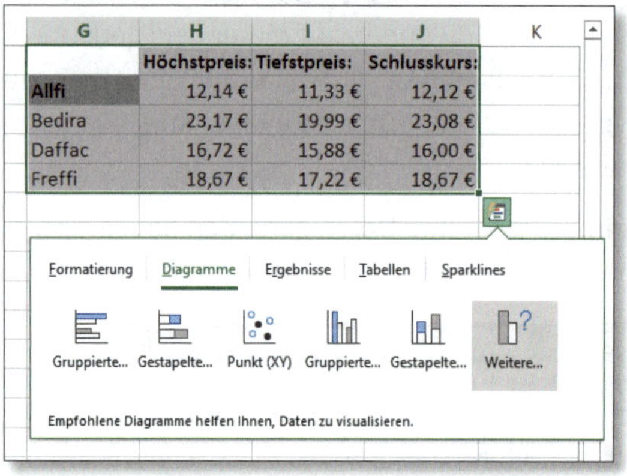

3 Daraufhin öffnet sich der Dialog **Diagramm einfügen**, über den Sie sämtliche Diagrammtypen anwählen können. Wenn Sie jetzt allerdings in der linken Spalte nachsehen, werden Sie kein Kursdiagramm finden. Das liegt daran, dass es von Excel nicht als Standard angesehen wird. Wechseln Sie daher auf die Registerkarte **Alle Diagramme**.

4 Klicken Sie nun auf die Rubrik **Kurs**, gefolgt von **OK**. Standardmäßig bietet Excel Ihnen das erste Kursdiagramm ❶ an. Daneben befinden sich allerdings noch weitere, ähnliche Diagramme.

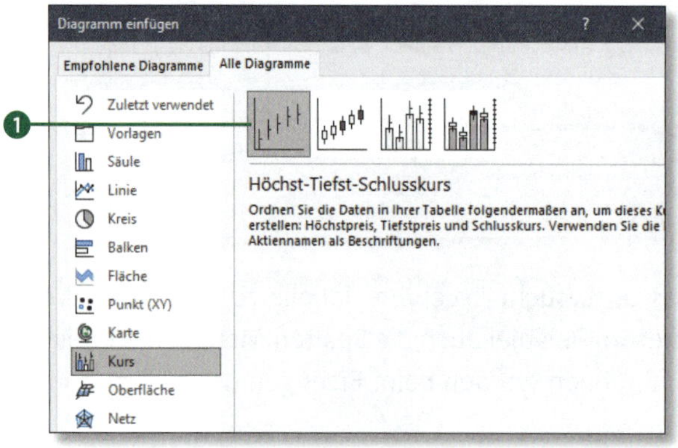

Sollten Sie auf eine der nebenstehenden Schaltflächen klicken, werden Sie jedoch über die Bedingungen für diesen Diagrammtyp informiert. Ihnen wird im Dialogfenster **Diagramm einfügen** nur dann eine Vorschauminiatur angeboten, wenn die Tabelle bereits vorab korrekt definiert worden ist, also wie in unserem Beispiel bereits Höchst-, Tiefst- und Schlusskurse enthält.

Ein Klick auf den Diagrammtyp **Eröffnungs-Höchst-Tiefst-Schlusskurs** beispielsweise erzeugt ein Diagramm, das auch einen Eröffnungskurs erwartet. Ist dieser nicht enthalten, wird Ihnen anstelle der Vorschauminiatur eine Erklärung in Textform angezeigt, die Informationen darüber enthält, wie die Tabelle beschaffen sein muss. Im konkreten Fall unserer Beispieldatei *Schuhe-Diagramme.xlsx* müssten Sie also den Dialog abbrechen, eine Spalte mit dem Titel **Eröffnungskurs** hinzufügen und dann erneut den Diagrammtyp über den Dialog **Diagramm einfügen** aufrufen und zuweisen.

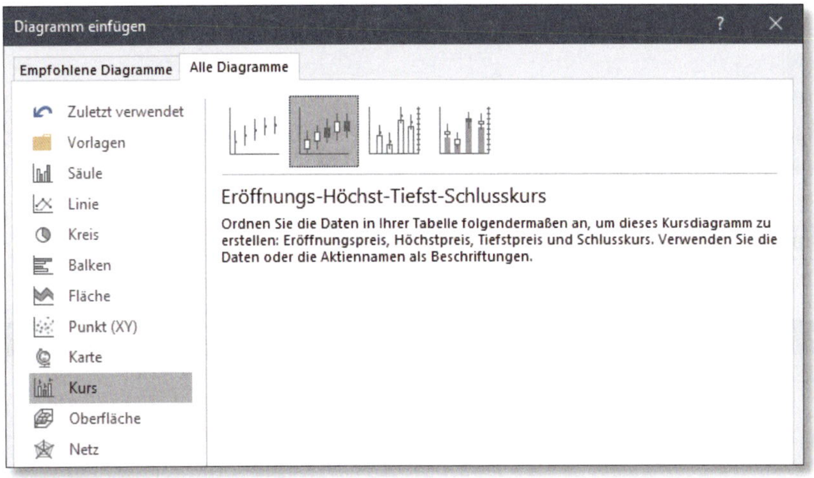

Abbildung 20.1 *Dieses Diagramm kann anhand der aktuellen Tabelle nicht erzeugt werden. Excel »beschreibt«, was vorab erledigt werden muss.*

Ein Diagramm per Menüband einfügen

Falls Ihnen die Schnellanalyse zu wenig Überblick bietet, können Sie selbstverständlich auch über das Menüband Diagramme erzeugen. Wie auch schon beim Erzeugen eines Diagramms per Schnellanalyse müssen Sie bei diesem Verfahren die relevanten Zellen zunächst markieren. Wählen Sie im Anschluss den gewünschten Diagrammtyp in der Gruppe **Diagramme** der Registerkarte **Einfügen** aus. Die Erklärungen, die Ihnen in Form von QuickInfos angezeigt werden, sobald Sie die Maus auf eine der Schaltflächen bewegen, helfen Ihnen bei der Auswahl weiter. Wenn Sie den Diagrammtyp lieber über den Dialog **Diagramm einfügen** auswählen wollen, klicken Sie auf den Button **Alle Diagramme anzeigen** (❷ auf Seite 598). Alternativ benutzen Sie die Schaltfläche **Empfohlene Diagramme** ganz links in der Gruppe.

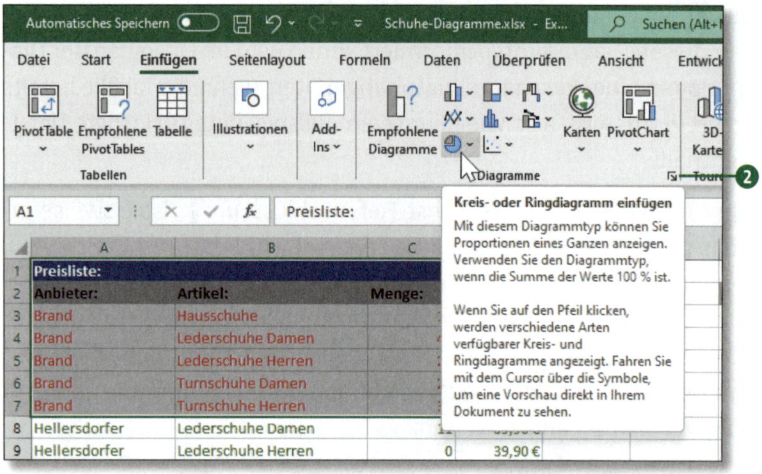

Abbildung 20.2 *Auch im Menüband stehen Diagrammtypen zur Wahl.*

Besonders interessant ist hier, dass sich auch gleich verschiedene Grafikarten eines Diagrammtyps nutzen lassen. Klicken Sie beispielsweise auf die Dreieck-Schaltfläche an der Schaltfläche **Kreis- oder Ringdiagramm einfügen** ❸, wird ein Auswahlmenü mit weiteren Optionen eingeblendet. In den einzelnen Bereichen des Menüs stehen Ihnen sogar zum Teil weitere Varianten eines Diagrammtyps zur Verfügung. Bewegen Sie die Maus auf eines der Symbole, sehen Sie gleich unterhalb des Menüs eine Vorschau.

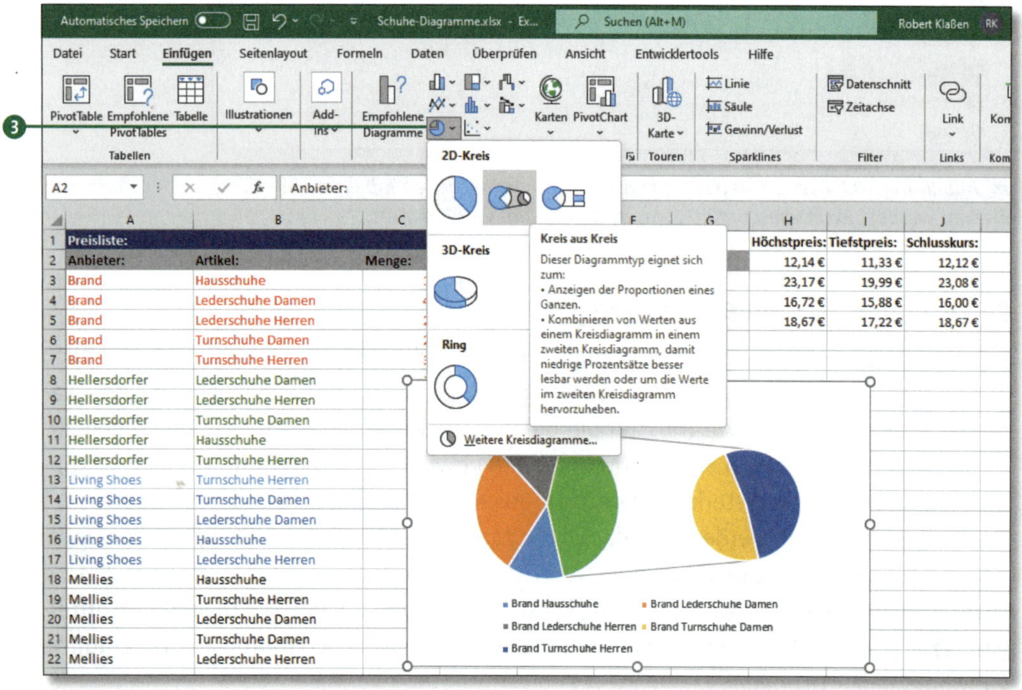

Abbildung 20.3 *Das ist komfortabel – Excel zeigt auch hier eine Vorschau an.*

Haben Sie sich im Auswahlmenü für einen Diagrammtyp und -stil entschieden, klicken Sie auf die entsprechende Schaltfläche, um ihn zuzuweisen. Die Diagrammstile entsprechen der Schaltflächen in der Gruppe **Diagramme** der Registerkarte **Einfügen** denen, die Sie über das Dialogfenster **Diagramm einfügen** (beispielsweise **Schnellanalyse > Diagramme > Weitere Diagramme**) nach Auswahl einer Rubrik in der linken Spalte einfügen können.

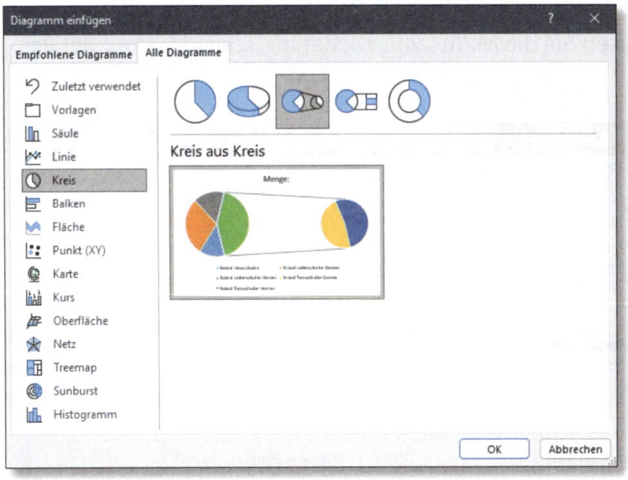

*< **Abbildung 20.4** Die Miniaturen sind auch hier zu finden.*

20.3 Diagramme mit Layouts und Formatvorlagen gestalten

Nachdem Sie den gewünschten Diagrammtyp festgelegt haben, legt sich das Diagramm wie eine herkömmliche Grafik oder ein Foto »über« die Zellen des Excel-Dokuments und verdeckt möglicherweise Inhalte. Aber keine Sorge, Platzierung und Aussehen lassen sich nun noch individuell bearbeiten.

Diagramme skalieren

Sie können die Diagrammgrafik wie ein Foto durch Ziehen an den Eckanfassern vergrößern oder verkleinern – und zwar im Gegensatz zu Fotos ohne jegliche Qualitätsverluste. Die Grafik ist in jeder Größe gestochen scharf.

INFO

Vektoren

Der Grund für die herausragende Qualität von Grafiken ist der, dass die grafischen Elemente nicht (wie ein Foto) aus Pixeln bestehen. Vergrößern Sie ein Foto, müssen Pixel hinzugerechnet werden. Das führt letztendlich zum Qualitätsverlust. Originalgrafiken bestehen jedoch nicht aus Pixeln, sondern aus Koordinaten und weiteren mathematischen Informationen (z. B. Tangenten). Das bedeutet: Skaliert man eine Grafik, werden die mathematischen Werte verändert, jedoch keine optischen Bildinformationen hinzugefügt. Daher gibt es keine Verluste bei der Qualität.

Diagramme anordnen

Ein Klick auf einen freien Bereich des Diagramms in unmittelbarer Nähe des äußeren Rahmens ermöglicht es Ihnen, das Diagramm auf dem Tabellenblatt per Drag & Drop anzuordnen. Achten Sie jedoch darauf, dass Sie den Mausklick dicht am äußeren Rand des Diagramms ausführen! Anderenfalls besteht die Gefahr, dass Sie versehentlich eines der Diagrammelemente erwischen und dieses verschieben. Bewegen Sie das Diagramm nun an die gewünschte Stelle, und lassen Sie die Maustaste wieder los, sobald Sie mit der Position zufrieden sind.

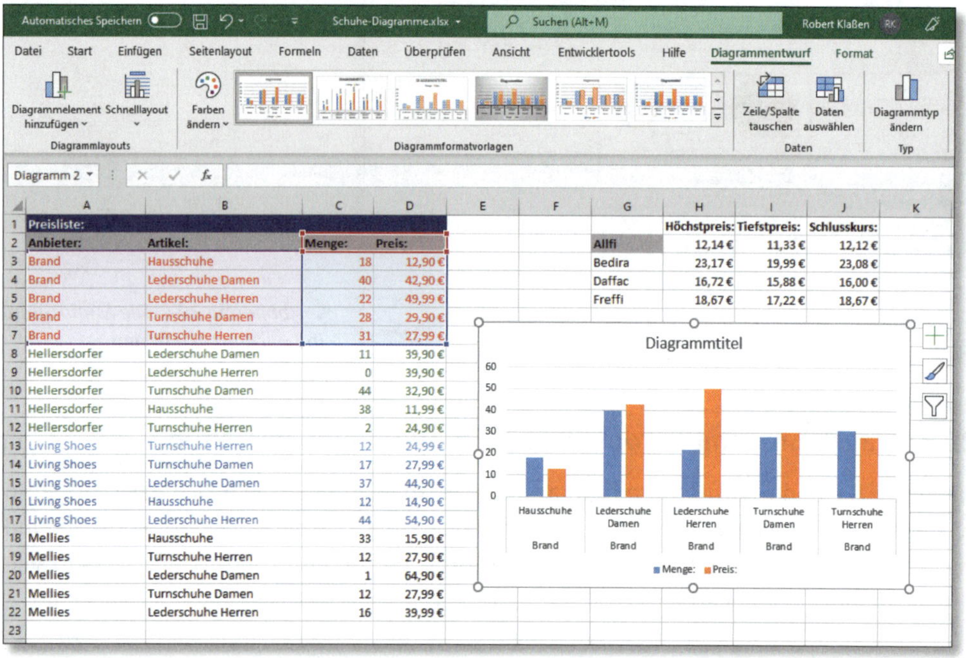

Abbildung 20.5 *Verschieben Sie das komplette Diagramm per Drag & Drop.*

Diagrammformatvorlagen anwenden

Solange die Diagrammgrafik auf dem Arbeitsblatt markiert ist, werden im Menüband auch die Registerkarten **Diagrammentwurf** und **Format** angezeigt.

INFO

Tabelle bleibt markiert

Idealerweise sollten Sie das Diagramm derart verschieben, dass die dazugehörige Tabelle nicht verdeckt wird. Deren Zellen bleiben übrigens weiterhin markiert, wenn Sie das Diagramm bearbeiten bzw. verschieben. Welche Änderungen Sie hier noch in Bezug auf die Darstellung des Diagramms vornehmen können, erfahren Sie ausführlicher in Abschnitt 20.6, »Diagrammelemente bearbeiten«, ab Seite 611.

Auf der Registerkarte **Diagrammentwurf** finden Sie die Gruppe **Diagrammformatvorlagen**. Diese werden per Mausklick zugewiesen. Doch auch hier gilt: Bewegen Sie zunächst die Maus auf eine der Vorlagen, um sich eine Vorschau anzusehen. Erst wenn Sie auf die entsprechende Vorlage klicken, wird diese zugewiesen.

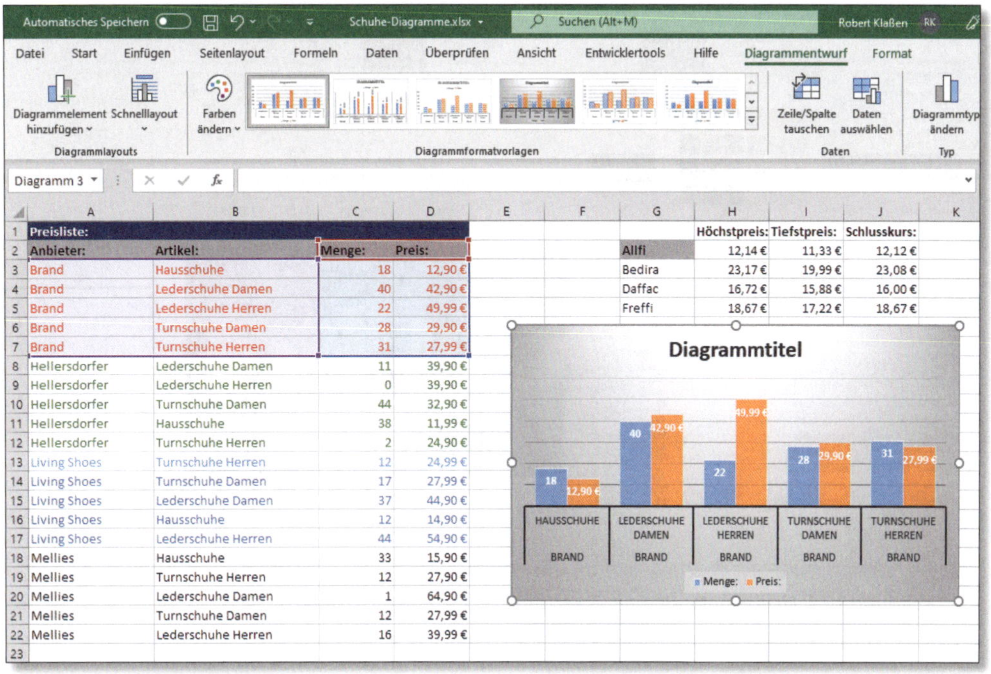

Abbildung 20.6 *Schauen Sie sich die Wirkung der Formatvorlagen in aller Ruhe an. Welche passt am besten zu Ihrem Diagramm?*

> **TIPP**
>
> **Formatvorlagen schnell zuweisen**
>
> Alternativ können Sie auf die Schaltfläche **Diagrammformatvorlagen** rechts neben einer ausgewählten Diagrammgrafik klicken (1 auf Seite 602). Daraufhin werden Ihnen auch dort verschiedene Formatvorlagen in einem Auswahlmenü angezeigt. Das weitere Vorgehen beim Zuweisen ist ansonsten identisch mit dem soeben vorgestellten.

20

Farben ändern

Wenn Sie eine Diagrammformatvorlage gewählt haben (**Diagrammentwurf > Diagrammformatvorlagen**), Ihnen aber beispielsweise die Farbe der Balken nicht gefällt, können Sie diese schnell anpassen.

In diesem Fall klicken Sie auf die Schaltfläche **Farben ändern** in der Gruppe **Diagrammformatvorlagen** der Registerkarte **Diagrammentwurf** und wählen im Menü der Schaltfläche eine andere Farbgruppe aus. Im Bereich **Einfarbig** können Sie so beispielsweise eine Farbe mit unterschiedlichen Intensitäten für die Balken Ihres Diagramms wählen (hier: **Monochrome Palette 4**).

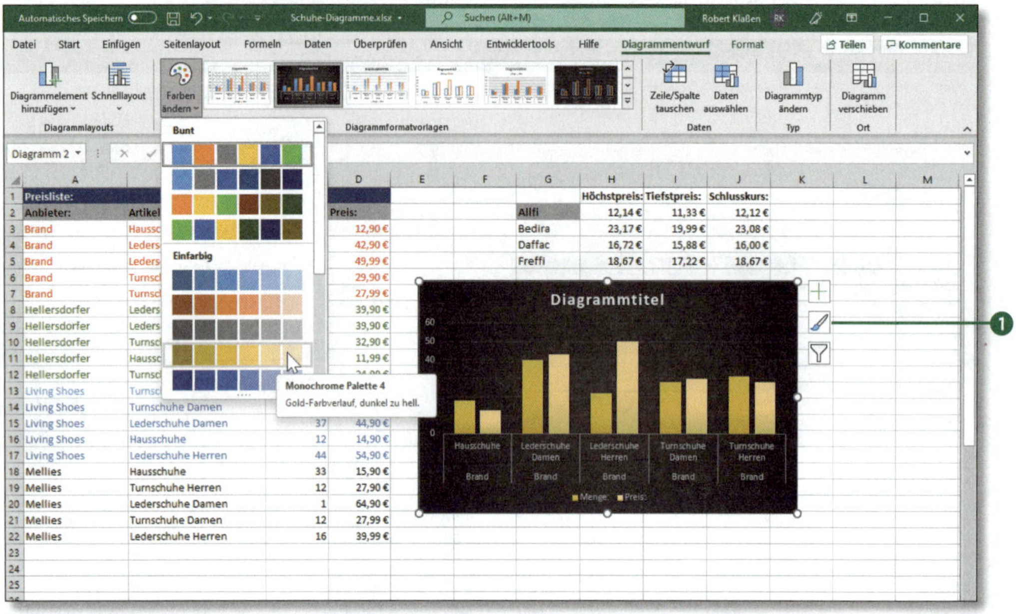

Abbildung 20.7 *Hier werden gerade Ockertöne auf die Balken angewendet.*

INFO

Weitere Änderungen vornehmen

Wenn Sie bei aktivierter Diagrammgrafik auf die Registerkarte **Format** wechseln, können Sie weitere individuelle Anpassungen vornehmen. So lässt sich hier beispielsweise der Hintergrund der Grafik unabhängig von allen anderen Elementen einstellen, indem Sie über die Schaltfläche **Fülleffekt** in der Gruppe **Formenarten** die Farbe ändern. Auch Anpassungen bezüglich der Schrift können auf diesem Register vorgenommen werden. Benutzen Sie dazu die Steuerelemente der Gruppe **WordArt-Formate**.

Diagrammbereich formatieren

Sie wünschen sich noch mehr Individualität? Dann wechseln Sie doch einmal auf das Temporär-Register **Format** und klicken ganz links auf **Auswahl formatieren** ❷. Daraufhin wird der Aufgabenbereich **Diagrammbereich formatieren** ❸ eingeblendet. Sie können diesen Aufgabenbereich übrigens auch mit einem Doppelklick auf einen freien Bereich der Diagrammgrafik öffnen. Hier bleiben dann wirklich keine Wünsche mehr offen, wenn es darum geht, Diagramme individuell zu gestalten.

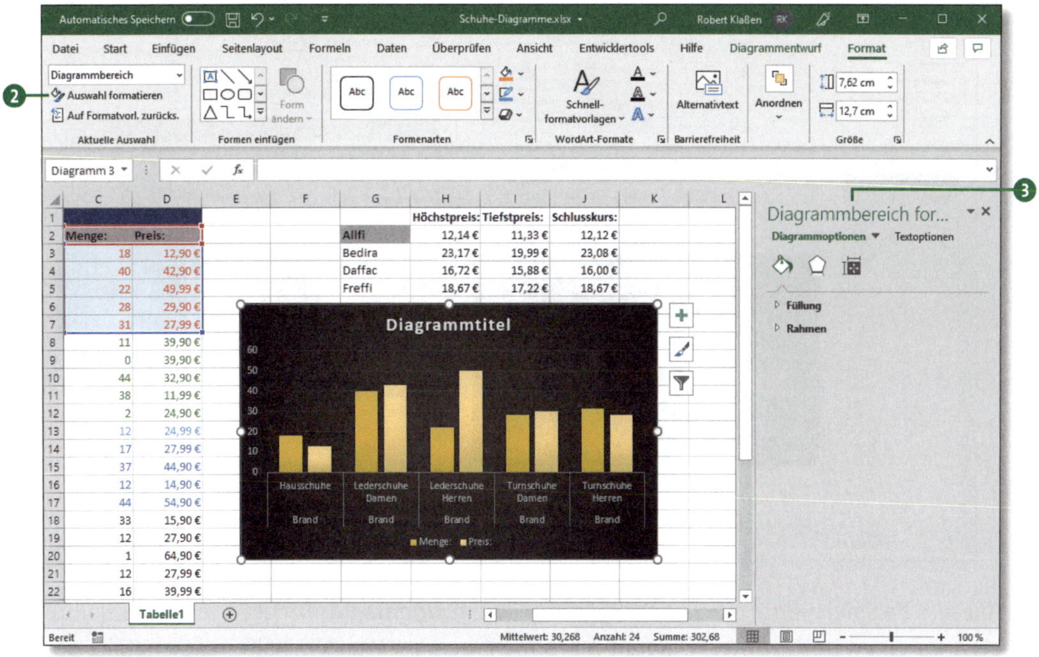

Abbildung 20.8 *Noch mehr Gestaltungsspielraum wird Ihnen im Aufgabenbereich »Diagrammbereich formatieren« geboten.*

> **INFO**
>
> **Weitere Elemente formatieren**
>
> Bitte beachten Sie Abschnitt 20.4, »Einzelne Diagrammelemente gestalten«, auf der folgenden Seite. Darin erfahren Sie, wie sich statt des gesamten Diagrammbereichs auch einzelne Elemente markieren und formatieren lassen. Beachten Sie dort vor allem den Unterabschnitt »Diagrammelemente auswählen«.

Diagrammtyp ändern

Was macht man nun, wenn man später feststellt, dass sich das Säulendiagramm doch nicht so gut eignet wie beispielsweise ein Balkendiagramm oder eine Kuchengrafik? Nun, dann ändert man einfach den Diagrammtyp.

1. Markieren Sie das Diagramm, das geändert werden soll.
2. Klicken Sie auf die Schaltfläche **Diagrammtyp ändern** in der Gruppe **Typ** der Registerkarte **Diagrammentwurf**.
3. In der linken Spalte des Dialogs **Diagrammtyp ändern** suchen Sie zunächst den Diagrammtyp aus. Entsprechend dieser Auswahl können Sie anschließend auf der rechten Seite die gewünschte Miniatur auswählen. Mit einem Klick auf **OK** wird das Diagramm entsprechend geändert.

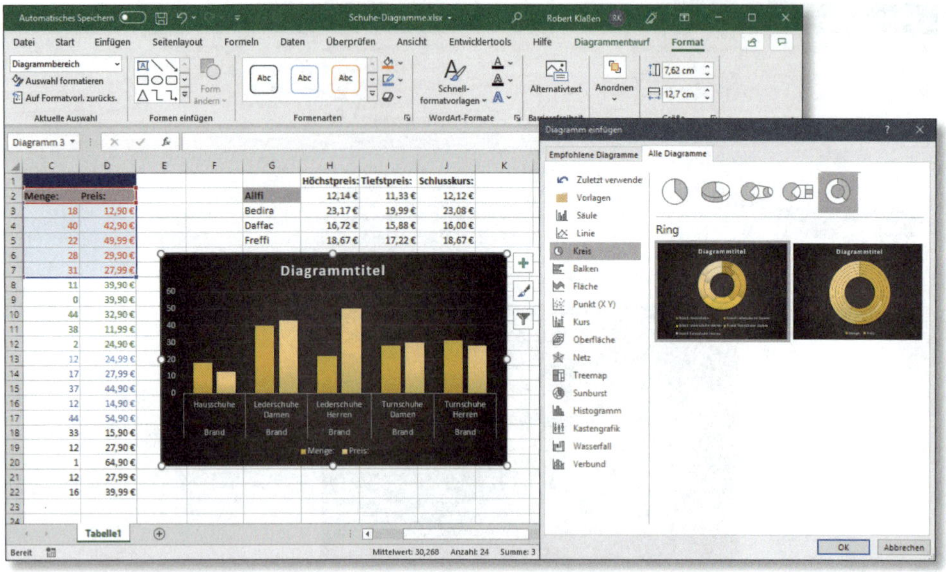

In diesem Beispiel wurde ein Säulendiagramm in ein Ringdiagramm geändert. Sollten Ihre Daten für einen bestimmten Diagrammtyp nicht geeignet sein, erhalten Sie anstelle der Vorschau im rechten Bereich des Dialogfensters **Diagrammtyp ändern** entsprechende Hinweise. Wählen Sie in diesem Fall einen anderen Diagrammtyp, oder passen Sie Ihre Tabelle entsprechend an.

20.4 Einzelne Diagrammelemente gestalten

Nachdem Sie wissen, wie sich ein Diagramm mithilfe von Vorlagen individuell anpassen lässt (siehe Abschnitt 20.3, »Diagramme mit Layouts und Formatvorlagen gestalten«, ab Seite 599), schauen wir in diesem Abschnitt auf einzelne Diagrammelemente. Wenn Sie beispielsweise einen aus der Reihe fallenden Wert besonders deutlich hervorheben möchten, können Sie dessen Säule oder Kuchenstück farbig anders gestalten als alle anderen. Bei einem Tortendiagramm kann man sogar ein Stück herausziehen.

Diagrammelemente auswählen

In Excel kann man prinzipiell alle Aufgaben mit der Maus erledigen. In Hinblick auf den Inhalt des Bedienfeldes ist es jedoch von großer Bedeutung, welcher Bereich des Diagramms dabei angeklickt wird. So erreichen Sie beispielsweise mit einem Doppelklick auf den Hintergrund den Aufgabenbereich **Diagrammbereich formatieren**. Klicken Sie auf das Zentrum der Balken, wird der Aufgabenbereich **Datenreihen formatieren** geöffnet, der dann auch entsprechend individualisierte Schaltflächen zur Verfügung stellt. Klicken Sie einen Balken an, während die Datenreihe markiert ist, kann dieser eine Balken im Anschluss losgelöst von allen anderen formatiert werden. Der Aufgabenbereich heißt dann **Datenpunkt formatieren**. Und ein Klick auf die Beschriftung bringt Sie zu **Achse formatieren**. Weitere

Optionen wie **Diagrammwände formatieren** oder **Zeichnungsfläche formatieren** werden nach einem Mausklick etwas weiter außerhalb der Balken zugänglich.

Der Dialog »Diagrammelemente«

Noch intuitiver ist der Dialog **Diagrammelemente**. Sie öffnen ihn, indem Sie auf das kleine Plussymbol rechts neben dem Diagramm klicken. Hier lässt sich dann per Checkbox wählen, welche Elemente Sie dem Diagramm hinzufügen wollen. Nehmen Sie vorhandene Häkchen weg, indem Sie auf die entsprechende Checkbox klicken, wenn Sie ein Element aus der Grafik entfernen wollen.

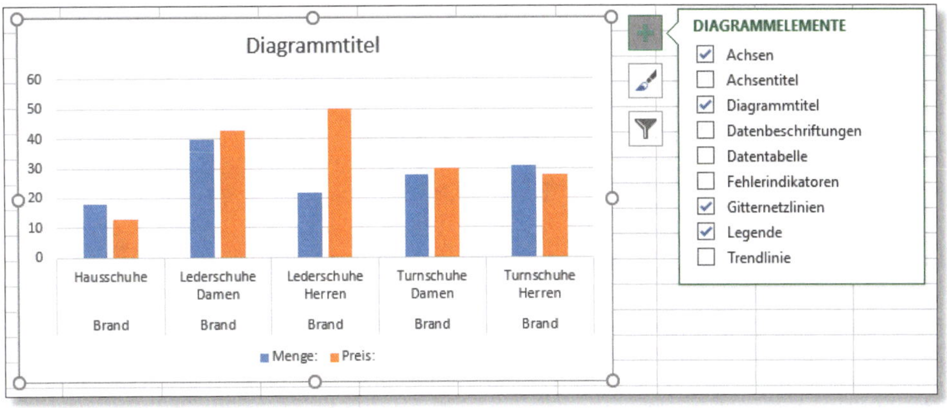

Abbildung 20.9 *Die Diagrammelemente lassen sich direkt an der Grafik öffnen.*

> **INFO**
>
> **Diagrammelemente hinzufügen**
>
> Auf der Registerkarte **Diagrammentwurf** befindet sich die Gruppe **Diagrammlayouts**. Klicken Sie hier auf die Schaltfläche **Diagrammelement hinzufügen**, lassen sich ebenfalls Elemente in Ihr Diagramm integrieren oder entfernen. Allerdings ist diese Vorgehensweise weit weniger intuitiv als die hier vorgestellte über den Dialog **Diagrammelemente**.

Einen Diagrammtitel einfügen

Lassen Sie uns in diesem Beispiel für einen Diagrammtitel sorgen. Sollten Sie mehrere Diagramme auf Ihrem Excel-Datenblatt gesammelt haben, ist die Bezeichnung ja ausgesprochen wichtig.

1. Öffnen Sie die Arbeitsmappe *Diagramm-01.xlsx* aus dem Ordner *20* der Beispieldateien. Klicken Sie auf die Diagrammgrafik, wobei Sie eine Stelle in unmittelbarer Nähe des äußeren Rahmens wählen sollten. Immerhin soll die gesamte Grafik ausgewählt werden und nicht nur ein Teilbereich. Würden Sie stattdessen mitten auf das Diagramm klicken, liefen Sie Gefahr, beispielsweise nur die blauen oder roten Balken zu

markieren. Übrigens ist das Beispieldiagramm mit der **Formatvorlage 2** aus der Gruppe **Diagrammformatvorlagen** der Registerkarte **Diagrammentwurf** ausgestattet worden.

2 Klicken Sie anschließend auf das kleine Plussymbol rechts neben dem Diagramm. Aktivieren Sie mit einem Mausklick die Checkbox **Diagrammtitel**, sofern sie nicht bereits mit einem Häkchen ausgestattet ist.

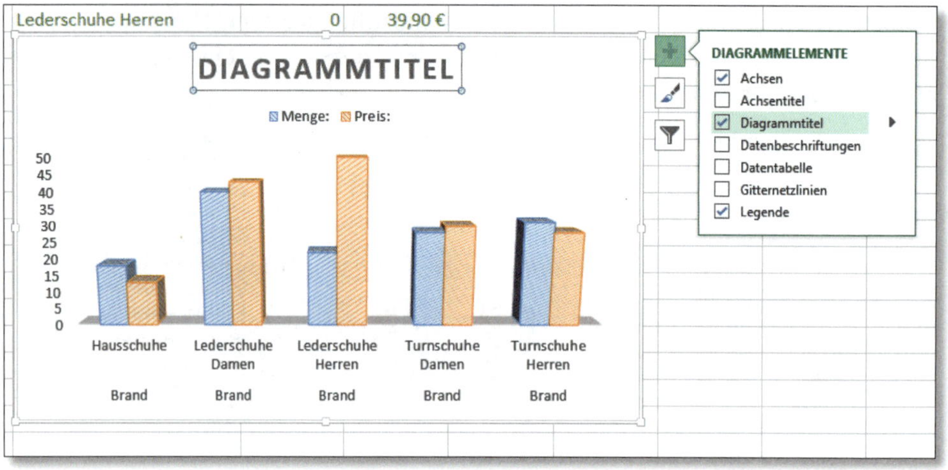

3 Vorausgesetzt, Sie wollen weitere Einstelloptionen vornehmen, könnten Sie nun mit der Maus auf dem gleichnamigen Eintrag bleiben und über die rechts daneben befindliche Dreieck-Schaltfläche weitere Einstellmöglichkeiten aufrufen. Mit einem Klick auf **Weitere Optionen** beispielsweise könnten Sie von hier aus das Fenster **Diagrammtitel formatieren** öffnen.

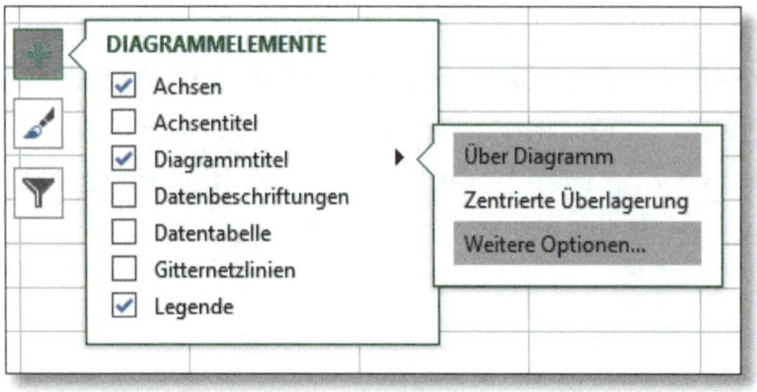

4 Doppelklicken Sie nun innerhalb der Grafik auf das Feld **Diagrammtitel**. Geben Sie die neue Bezeichnung ein.

Die Texteingabe dürfen Sie übrigens nicht mit ↵ bestätigen, da dadurch lediglich eine Zeilenschaltung erreicht würde. Führen Sie stattdessen einen Mausklick an einer beliebigen Stelle außerhalb des Diagramms aus, um Ihre Eingabe zu beenden. Das Ergebnis der letzten Schritte sehen Sie in der Datei *Diagramm-02.xlsx* im Ordner *20* der Beispieldateien.

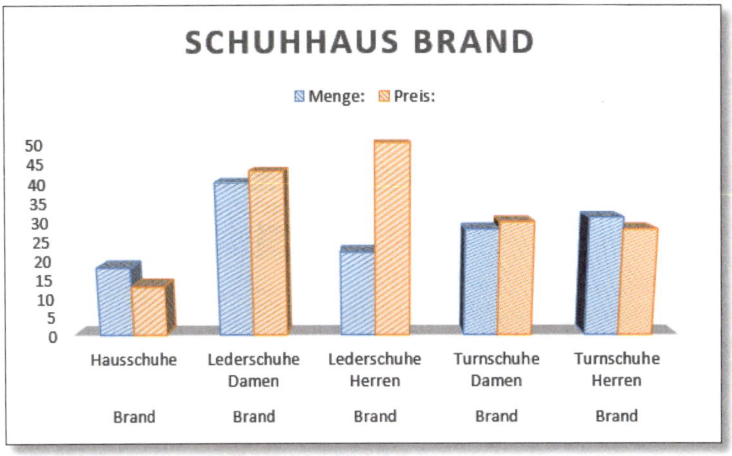

Tortendiagramm mit Auszug

Öffnen Sie für das folgende Beispiel die Datei *Diagramm-02.xlsx* im Ordner *20* der Beispieldateien. Unser Ziel ist es, aus diesem Diagramm eine Tortengrafik zu erstellen. Darüber hinaus werden wir die Grafik ein bisschen abspecken, indem die Preise entfernt werden. Wir wollen lediglich sehen, von welchen Schuhen die meisten vorhanden sind, und diesen Teil besonders kennzeichnen.

1. Markieren Sie zunächst das Diagramm, indem Sie es in der Nähe des äußeren Rahmens anklicken.
2. Klicken Sie auf **Diagrammtyp ändern** in der Gruppe **Typ** der Registerkarte **Diagrammentwurf**.
3. Klicken Sie im Dialog **Diagrammtyp ändern** auf den Diagrammtyp **3D-Kreis** in der Rubrik **Kreis** der Registerkarte **Alle Diagramme**. Bestätigen Sie mit **OK**.

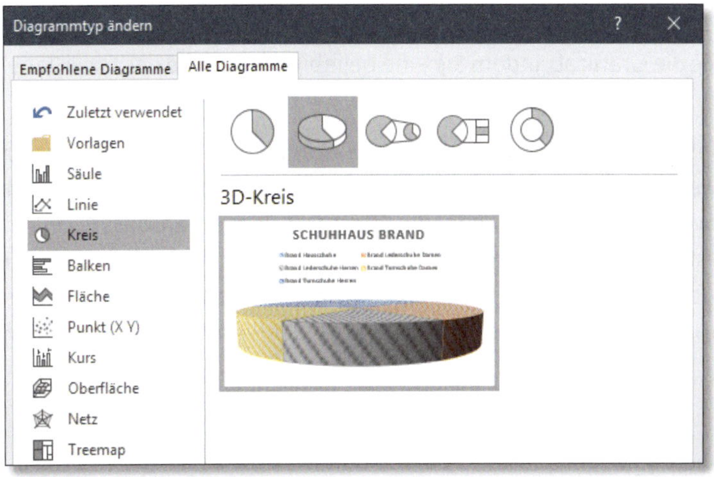

20

4 Da die Registerkarte **Diagrammentwurf** noch aktiviert ist, können Sie anschließend direkt auf **Formatvorlage 3** in der Gruppe **Diagrammformatvorlagen** klicken. Schauen Sie sich das Ergebnis an. Dabei ist zu erwähnen, dass die Diagrammgrafik hier nach oben rechts verschoben worden ist. So sieht es auf dem Tabellenblatt viel schöner aus.

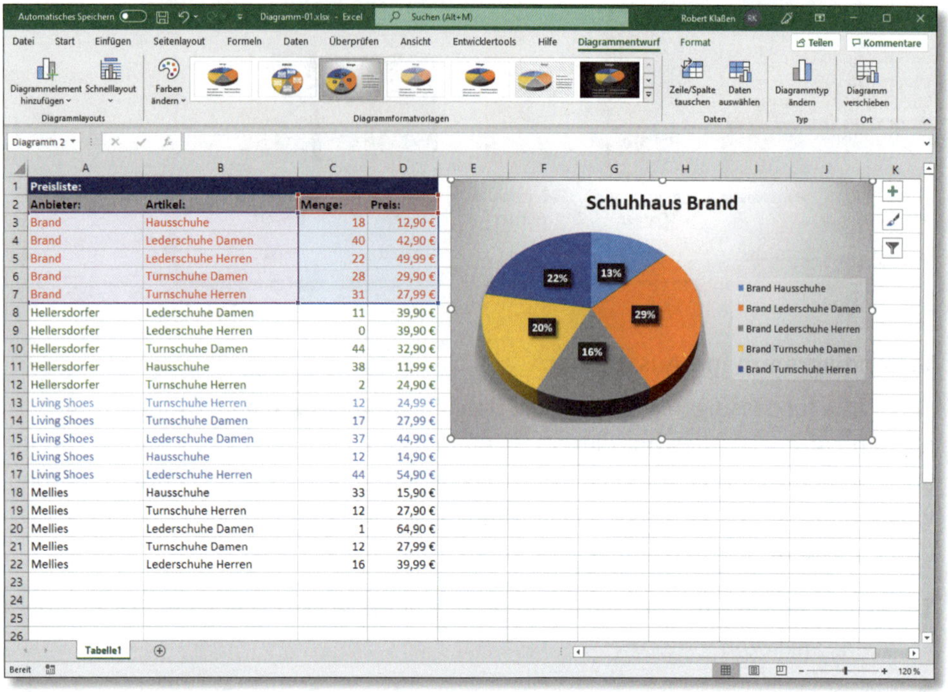

5 Klicken Sie als Nächstes auf die Tortengrafik (nicht auf eines der Prozentfelder!). Sobald diese markiert ist, klicken Sie auf das größte Stück der Torte. Es befindet sich ganz rechts und ist mit **29%** betitelt. Halten Sie die Maustaste gedrückt, und ziehen Sie ein wenig nach rechts. Anschließend lassen Sie wieder los. Daraufhin wird das Tortenstück aus dem Diagramm gelöst und leicht abgesetzt dargestellt.

6 Zuletzt wählen Sie die Grafik ab, indem Sie eine beliebige freie Zelle des Excel-Tabellenblatts anklicken.

Interessant ist, dass wir nun keine tatsächlichen Bestände mehr sehen (also beispielsweise *Lederschuhe Damen = 40 Paar*, wie es in dem Excel-Tabellenblatt verzeichnet ist), sondern Prozentwerte (*Lederschuhe Damen = 29 %*). Das liegt daran, dass Excel bei Tortendiagrammen stets von 100 % ausgeht. Wenn Sie das ändern wollen, lesen Sie bitte die Hinweise im folgenden Abschnitt. Das Ergebnis dieses Workshops können Sie sich in der Arbeitsmappe *Diagramm-03.xlsx* im Ordner *20* der Beispieldateien ansehen.

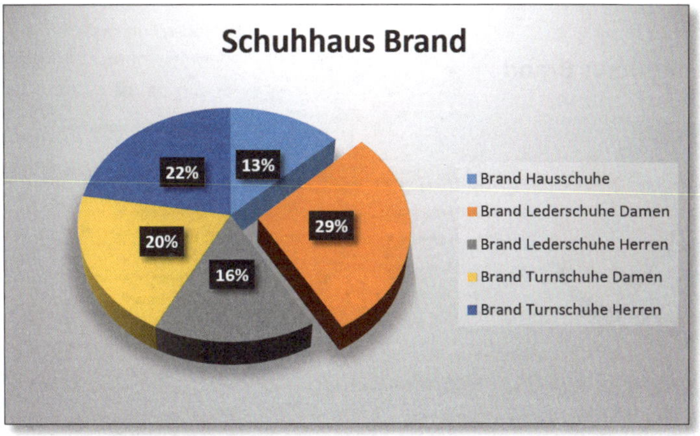

Prozente in Werte ändern

Möchten Sie in einem Tortendiagramm anstatt der von Excel automatisch eingefügten Prozentangaben lieber Ihre ursprünglichen Datenwerte angegeben bekommen, sollten Sie die folgenden Schritte durchführen. Unsere Aufgabe besteht also bei unserer Beispieldatei *Diagramm-03.xlsx* (die Sie im Ordner *20* finden) darin, statt der automatisch erzeugten Prozentwerte wieder die ursprünglichen Mengen der vorhandenen Schuhe in die Grafik einzubinden.

1. Markieren Sie die Diagrammgrafik, und klicken Sie auf die Schaltfläche **Diagrammelemente** ❶, die sich rechts neben der Grafik zeigt.
2. Bewegen Sie die Maus auf den Eintrag **Diagrammbeschriftungen**. Klicken Sie auf die kleine Dreieck-Schaltfläche, die daraufhin eingeblendet wird. Wählen Sie im folgenden Menü **Weitere Optionen**.

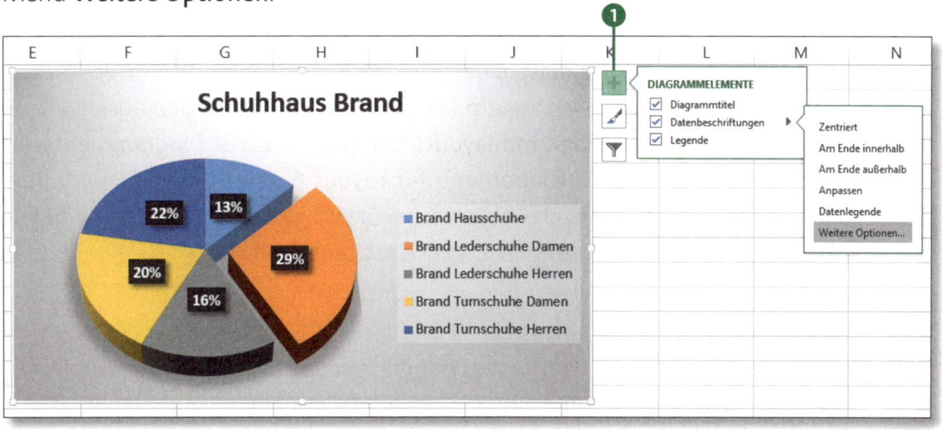

3. Klicken Sie nun im Aufgabenbereich **Datenbeschriftungen formatieren** auf die Checkbox **Wert**, und entfernen Sie anschließend mit einem Klick das Häkchen vor **Prozentsatz**, wodurch die Prozentzeichen im Diagramm ausgeblendet werden.

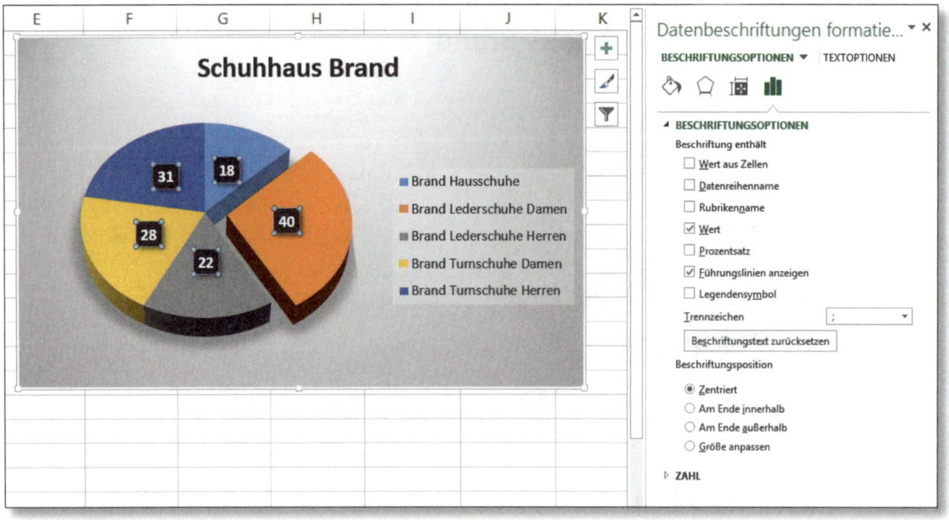

Damit wird nun im Diagramm die Anzahl vorhandener Schuhpaare anstelle der Prozentsätze angezeigt. Wenn Sie den Aufgabenbereich **Datenbeschriftungen formatieren** nicht mehr benötigen, können Sie ihn über das Schließkreuz oben rechts wieder ausblenden.

20.5 Welches Element soll sich wo befinden? – Schnelllayouts verwenden

Sie haben im vorangegangenen Unterabschnitt »Prozente in Werte ändern« auf Seite 609 erfahren, wie schnell sich die Beschriftung ändern lässt. In diesem Zusammenhang sind auch die Schnelllayouts interessant. Sie sind zwar nicht ganz so intuitiv wie der Aufgabenbereich **Datenbeschriftungen formatieren** (**Diagrammelemente > Datenbeschriftungen > Weitere Optionen**), da sie insgesamt weniger Optionen bereithalten, jedoch geht auch hier eine ganze Menge. So ließe sich beispielsweise in der Beispieldatei *Diagramm-04.xlsx* (Sie finden sie im Ordner *20* der Beispieldateien) die Beschriftung der Tortenstücke ruckzuck wieder auf Prozente umstellen, indem Sie die Grafik markieren und anschließend auf **Schnelllayout** in der Gruppe **Diagrammlayouts** der Registerkarte **Diagrammentwurf** klicken. Entscheiden Sie sich im Aufklappmenü für **Layout 6**. Wie Sie sehen, wird über die Schaltfläche **Schnelllayouts** nicht die eigentliche Grafik geändert, sondern lediglich die einzelnen Elemente wie Beschriftungen, Legenden, Überschrift usw.

> **INFO**
>
> **Unterschiedliche Schnelllayouts**
> Die Auswahl der Schnelllayouts ist abhängig von den jeweiligen Diagrammtypen. Wenn Sie anstelle eines Tortendiagramms mit einem Säulendiagramm arbeiten, werden Sie entsprechend auch andere Schnelllayouts vorfinden.

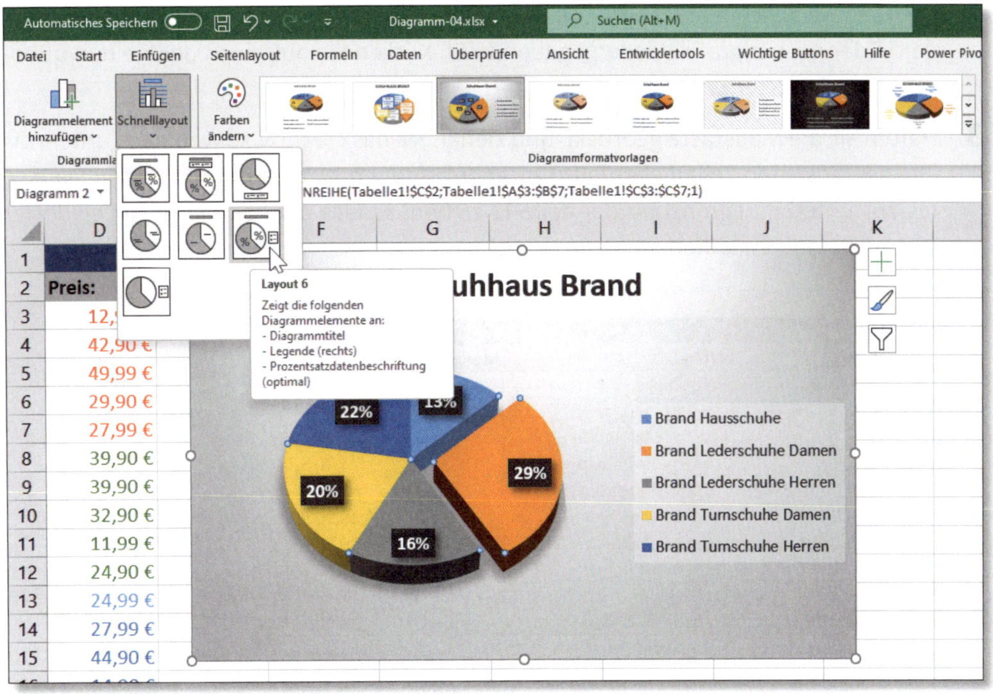

Abbildung 20.10 *Die Schnelllayouts haben in erster Linie Einfluss auf die Anordnung der Elemente, die die eigentliche Diagrammgrafik umgeben.*

20.6 Diagrammelemente bearbeiten

Die einzelnen Elemente eines Diagramms lassen sich grundsätzlich ganz individuell bearbeiten. Nicht nur das Erscheinungsbild oder die Farbe lassen sich verändern, sondern auch die Position. Wenn es um die finale Gestaltung eines Diagramms geht, sind Ihnen fast keine Grenzen gesetzt. Aber es kommt noch besser. Wenn Sie nämlich nachträglich noch weitere Tabelleninhalte in die Grafik mit einfließen oder nur bestimmte Bereiche anzeigen lassen möchten, können Sie das mit wenigen Mausklicks realisieren.

Diagramme erweitern und filtern

Zunächst werden wir uns noch einmal den Inhalt unserer Beispieldatei ansehen. In der Datei *Diagramm-04.xlsx*, die Sie im Ordner *20* der Beispieldateien finden, werden bislang ausschließlich die Bestände des *Schuhhauses Brand* gelistet. Was ist zu tun, wenn auch der Bestand des Hauses *Hellersdorfer* dem Diagramm hinzugefügt werden soll? Oder wenn beispielsweise nur die Lederschuhe zweier Standorte in die Grafik mit einfließen sollen?

1 Falls die Grafik noch nicht markiert ist, holen Sie das nach, indem Sie den Hintergrund der Diagrammgrafik anklicken.

2 Schauen Sie anschließend bitte auf die Tabelle. Sie sehen, dass jener Teil umrandet ist, der in der Kuchengrafik wiedergegeben wird. Klicken Sie auf einen der kleinen quadratischen Anfasser ❶.

3 Halten Sie die Maustaste gedrückt, und ziehen Sie das Quadrat so weit nach unten, bis alle gewünschten Zellen ebenfalls umrandet sind. Im konkreten Fall müssen Sie also bis zur unteren Begrenzung der Zeile **12** ziehen, sodass der komplette Hellersdorfer Warenbestand inkludiert ist.

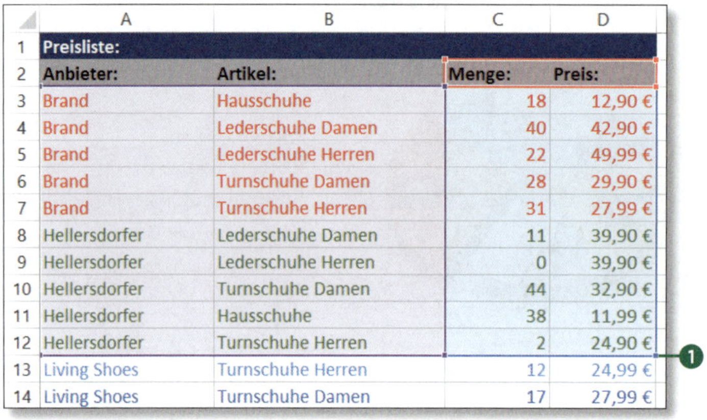

	A	B	C	D
1	Preisliste:			
2	Anbieter:	Artikel:	Menge:	Preis:
3	Brand	Hausschuhe	18	12,90 €
4	Brand	Lederschuhe Damen	40	42,90 €
5	Brand	Lederschuhe Herren	22	49,99 €
6	Brand	Turnschuhe Damen	28	29,90 €
7	Brand	Turnschuhe Herren	31	27,99 €
8	Hellersdorfer	Lederschuhe Damen	11	39,90 €
9	Hellersdorfer	Lederschuhe Herren	0	39,90 €
10	Hellersdorfer	Turnschuhe Damen	44	32,90 €
11	Hellersdorfer	Hausschuhe	38	11,99 €
12	Hellersdorfer	Turnschuhe Herren	2	24,90 €
13	Living Shoes	Turnschuhe Herren	12	24,99 €
14	Living Shoes	Turnschuhe Damen	17	27,99 €

4 Sobald Sie loslassen, wird auch die Kuchengrafik aktualisiert. Doch lassen Sie uns noch einen Schritt weiter gehen und exakt festlegen, welche Elemente angezeigt werden dürfen und welche nicht. Unser Ziel: Nur die Lederschuhe beider Schuhhäuser sollen in der Grafik erscheinen. Dazu klicken Sie auf die Trichter-Schaltfläche **Diagrammfilter** rechts neben der Grafik.

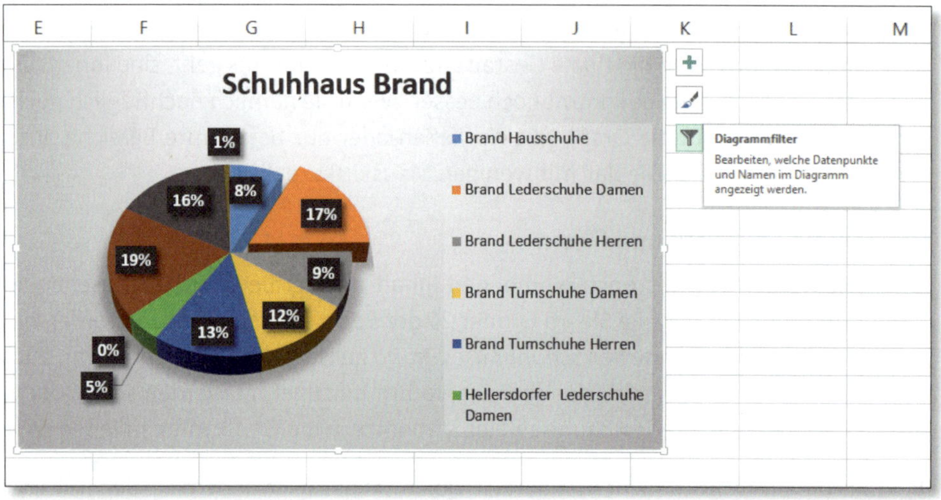

5 Im Fenster der Schaltfläche **Diagrammfilter** könnten Sie nun alle Checkboxen deaktivieren, die nicht Bestandteil des Diagramms sein sollen. Schneller geht es jedoch, wenn Sie zunächst die Checkbox **(Alle auswählen)** deaktivieren und anschließend die vier Lederschuh-Positionen anwählen. Bestätigen Sie mit einem Klick auf **Anwenden** (bis Excel 2013 = **Übernehmen**).

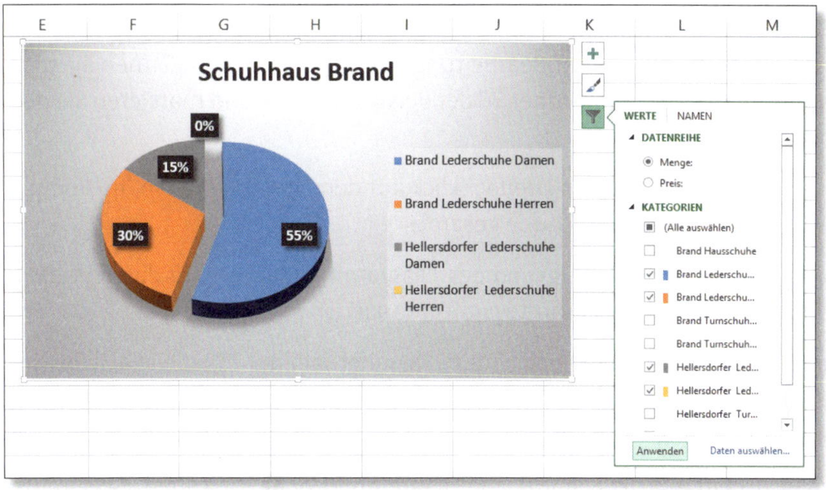

Einen optischen Pferdefuß hat die Sache, denn das Schuhhaus Hellersdorfer verfügt derzeit nicht über Herren-Lederschuhe. Dennoch ist der Wert natürlich in der Diagrammgrafik enthalten. Er ist lediglich mit **0%** ausgezeichnet, da dies der Wert der Zelle **C9** ist. (Sobald Sie die Menge in Zelle **C9** erhöhen, wird selbstverständlich auch die Darstellung in der Grafik angepasst.)

6 Vergessen Sie bitte nicht, den Diagrammtitel noch zu gestalten, da dieser ja nun nicht mehr stimmt. Dazu klicken Sie zunächst auf den Titel. Lassen Sie einen weiteren Mausklick folgen, um die Einfügemarke innerhalb des Textes zu platzieren. Alternativ fahren Sie mit gedrückter Maustaste über den vorhandenen Text. Zuletzt geben Sie den Text neu ein bzw. passen ihn an.

Die finale Datei finden Sie unter dem Namen *Diagramm-05.xlsx* im Ordner *20* der Beispieldateien.

Diagrammdaten auswählen

Da das Thema sehr wichtig ist, wollen wir noch ein weiteres Beispiel aufgreifen. Diesmal soll ein Diagramm erzeugt werden, in dem nur die Position **Hausschuhe** dargestellt wird. Allerdings sollen alle vier Schuhhäuser dabei berücksichtigt werden.

1 Beginnen wir zunächst mit der Bearbeitung des Diagrammtitels. Öffnen Sie die Datei *Diagramm-05.xlsx* aus dem Ordner *20* der Beispieldateien, und markieren Sie den Diagrammtitel.

2 Anschließend lassen Sie einen Dreifachklick auf den Titel folgen, um ihn komplett zu markieren. Geben Sie »Hausschuhe gesamt:« ein.

3 Markieren Sie nun den Hintergrund des Diagramms. Damit wird das Textfeld abgewählt und stattdessen die gesamte Grafik markiert.

4 Erweitern Sie den Anzeigebereich, indem Sie innerhalb der Tabelle alle Zellen bis einschließlich Zeile **22** markieren. Ziehen Sie dazu einen der quadratischen Anfasser des Markierungsrahmens herunter.

5 Klicken Sie erneut auf die Schaltfläche **Diagrammfilter** ❶. Sie sehen, dass im Bereich **Kategorien** nun ein Quadrat vor **(Alle auswählen)** angezeigt wird. Das bedeutet: Es sind nicht alle, sondern nur einige Positionen aktiv.

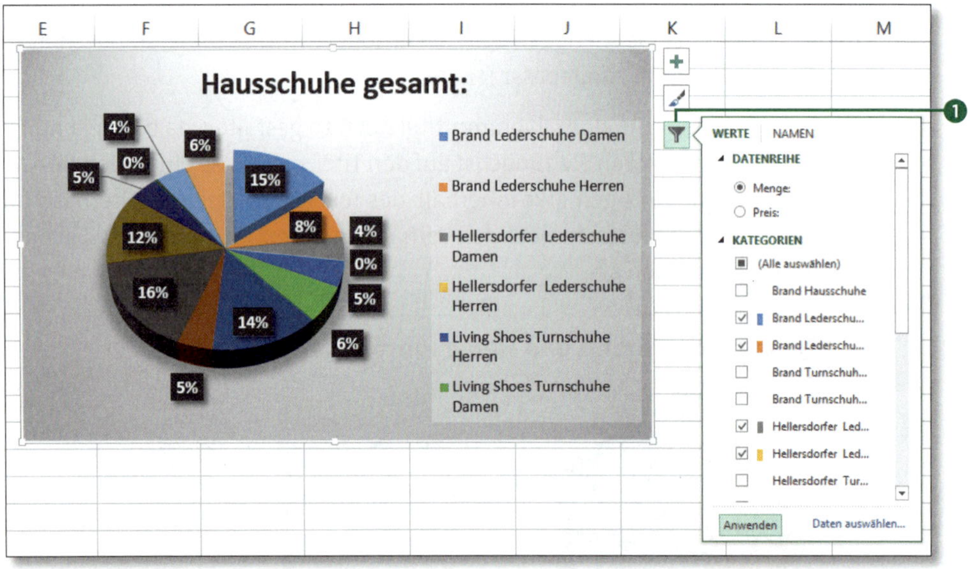

6 Klicken Sie daher noch einmal auf die Checkbox **(Alle auswählen)**, wodurch alle unterhalb befindlichen Checkboxen abgewählt werden. Aktivieren Sie anschließend alle vier Hausschuh-Posten, und bestätigen Sie mit einem Klick auf **Anwenden**.

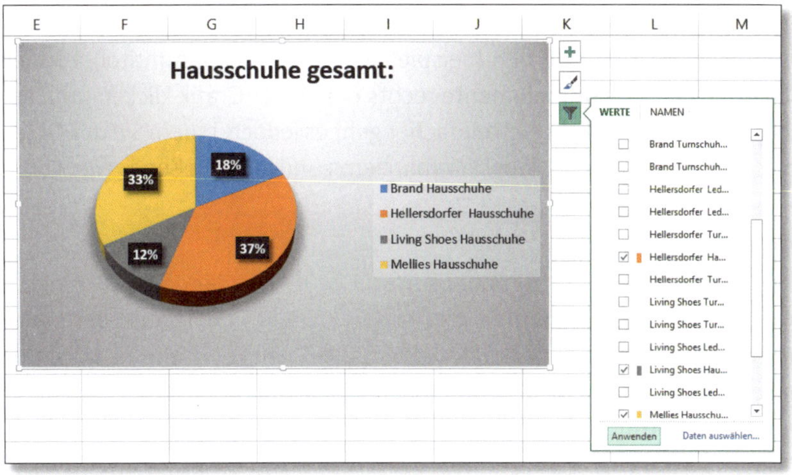

Bitte beachten Sie, dass Sie sich um die Anpassung der Legenden, die Sie links des Diagramms sehen, keinerlei Gedanken machen müssen. Diese werden von Excel automatisch entsprechend Ihrer Auswahl angepasst. Schauen Sie sich das Ergebnis in der Arbeitsmappe *Diagramm-06.xlsx* im Ordner *20* der Beispieldateien an.

Diagrammelemente hinzufügen

Grundsätzlich können Diagrammelemente auf zwei verschiedene Arten hinzugefügt werden: Entweder klicken Sie auf die Plus-Schaltfläche **Diagrammelemente** rechts neben dem Diagramm, oder Sie entscheiden sich für die Schaltfläche **Diagrammelement hinzufügen** in der Gruppe **Diagrammlayouts** der Registerkarte **Diagrammentwurf**.

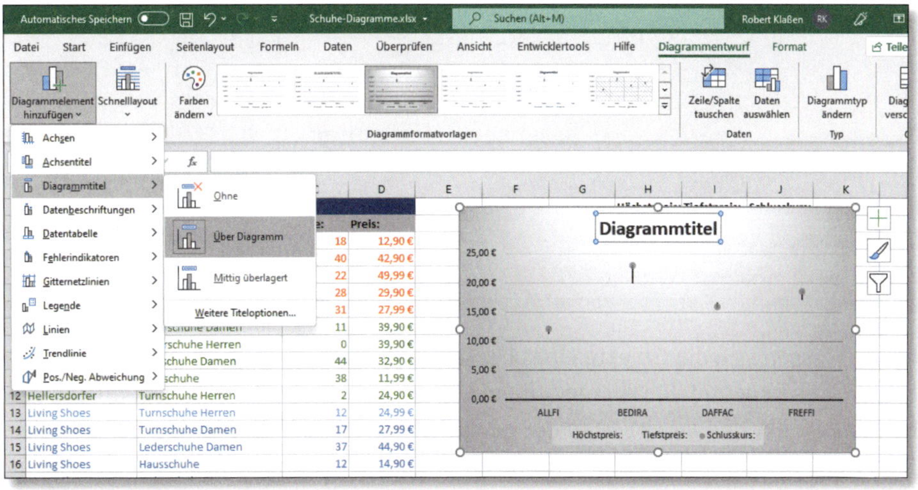

Abbildung 20.11 *Hier wird ein Diagrammtitel oberhalb des Diagramms hinzugefügt.*

Beachten Sie, dass Ihnen beide Optionen nur zur Verfügung stehen, wenn Sie die Diagrammgrafik zuvor markiert haben.

20

Diagrammelemente entfernen

Um ein Diagrammelement zu entfernen (beispielsweise den Diagrammtitel), können Sie auf die Plus-Schaltfläche **Diagrammelemente** rechts neben der Grafik klicken und die entsprechende Checkbox deaktivieren. Noch einfacher geht es jedoch, indem Sie das Objekt direkt innerhalb der Grafik mit einem Mausklick markieren und anschließend [Entf] drücken.

INFO

Ansicht optimieren

Nachdem ein Objekt hinzugefügt oder entfernt worden ist, ändert sich in den meisten Fällen auch die Anordnung der übrigen Elemente. So rutscht beispielsweise die Kuchengrafik in die Mitte, sobald Sie die Legende entfernen. Mitunter ist es anschließend erforderlich, die Grafik optisch anzupassen. Dazu verschieben Sie den Markierungsrahmen des Diagramms wunschgemäß.

Diagrammelemente positionieren

Auch das Positionieren von Diagrammelementen kann auf zwei unterschiedliche Arten erfolgen. Bei der ersten Variante gibt Excel einige Positionen vor, die Sie über die Plus-Schaltfläche **Diagrammelemente** zuweisen können. Bewegen Sie die Maus beispielsweise auf den nach rechts weisenden Pfeil neben dem Eintrag **Legende**. Wählen Sie nun im Menü eine der angebotenen Positionen aus, beispielsweise **Rechts**.

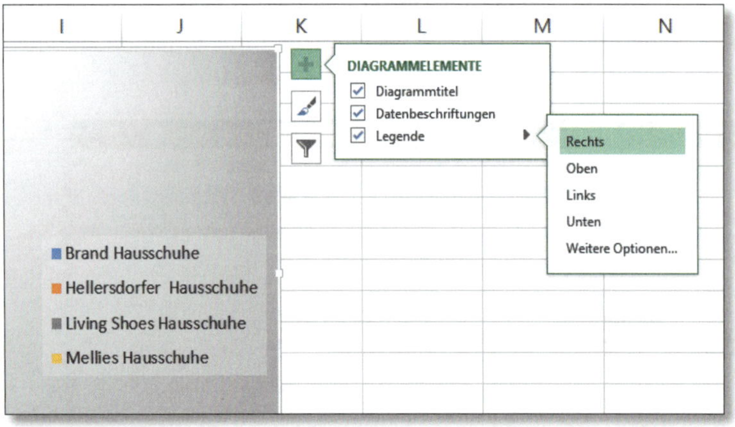

Abbildung 20.12
Titel, Beschriftungen und Legenden lassen sich auf Wunsch neu positionieren.

Andererseits lassen sich die Objekte eines Diagramms auf Wunsch auch per Drag & Drop verschieben. Das bedeutet, Sie klicken auf ein Objekt, halten die Maustaste gedrückt, verschieben das Objekt und lassen es an der gewünschten Position wieder los. Bei gruppierten Elementen wie beispielsweise den Prozentangaben innerhalb unserer 3D-Grafik ist jedoch eine besondere Vorgehensweise vonnöten: Hier müssen Sie zunächst das Objekt (genauer gesagt, die Objektgruppe) markieren, die Maustaste dann wieder loslassen und zuletzt noch einmal auf das zu verschiebende Objekt klicken. Dabei muss die Maustaste dann allerdings festgehalten werden.

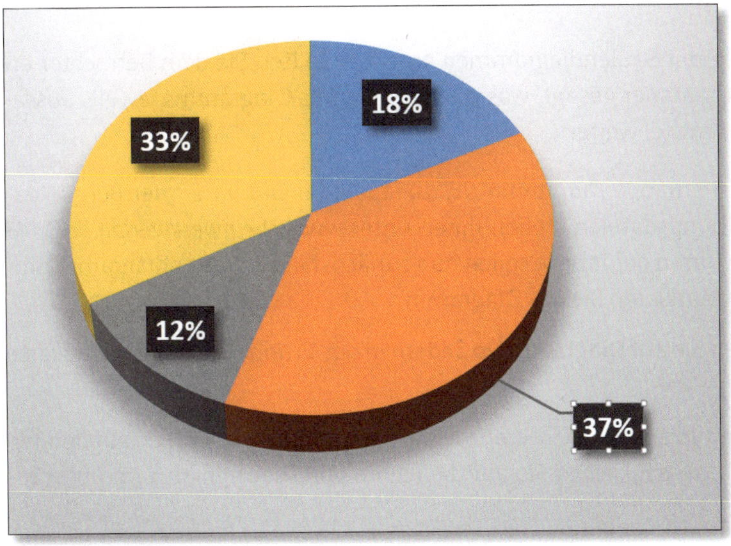

Abbildung 20.13 Auch eigentlich gruppierte Objekte innerhalb eines Diagramms lassen sich unabhängig voneinander verschieben.

INFO

Weitere Optionen

Haben Sie den Weg über die Schaltfläche **Diagrammelemente** gewählt, können Sie über den Menüpunkt **Weitere Optionen** des gewählten Objekts einen entsprechenden Aufgabenbereich zur weiteren Formatierung öffnen. So kann eine Diagrammgrafik beispielsweise trotz des Vorhandenseins einer Legende mittig ausgerichtet werden, wenn die standardmäßig aktive Option **Legende ohne Überlappung des Diagramms anzeigen** im Bereich **Legendenoptionen** deaktiviert wird.

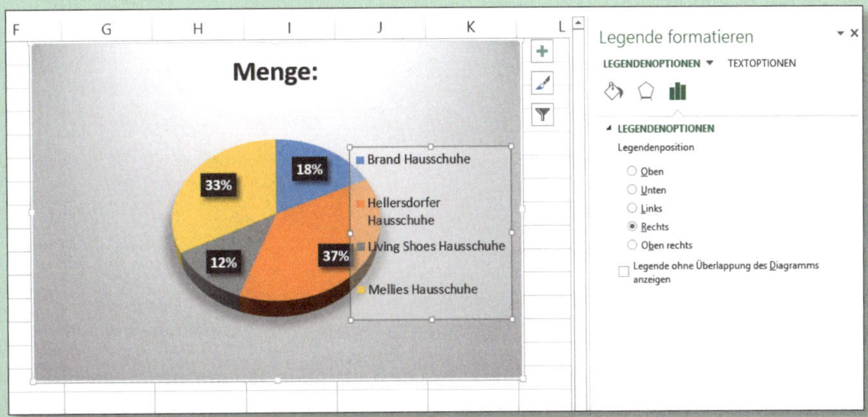

Abbildung 20.14 Nehmen Sie weitere Formatierungen im Aufgabenbereich des gewählten Objekts vor.

20

Achsentitel hinzufügen

Wenn Sie beispielsweise mit Säulendiagrammen arbeiten, sollten Sie dem Betrachter erklären, was Ihre Zahlen, genauer gesagt, was die Achsen Ihres Diagramms jeweils aussagen. Hierbei helfen Achsentitel weiter.

1 Öffnen Sie die Arbeitsmappe *Diagramm-06.xlsx* aus dem Ordner *20* der Beispieldateien. (Sämtliche Übungsdateien stehen Ihnen unter *www.rheinwerk-verlag.de/5443* zur Verfügung.) Die Daten der Tabelle sollen nun zunächst in ein Balkendiagramm umgewandelt werden. Markieren Sie das Diagramm.

2 Anschließend klicken Sie auf **Diagrammtyp ändern** in der Gruppe **Typ** der Registerkarte **Diagrammentwurf**.

3 Im Dialog **Diagrammtyp ändern** aktivieren Sie die Rubrik **Säule** und klicken auf den Typ **Gruppierte Säulen**. Danach klicken Sie auf die rechte Vorschauminiatur und bestätigen mit **OK**.

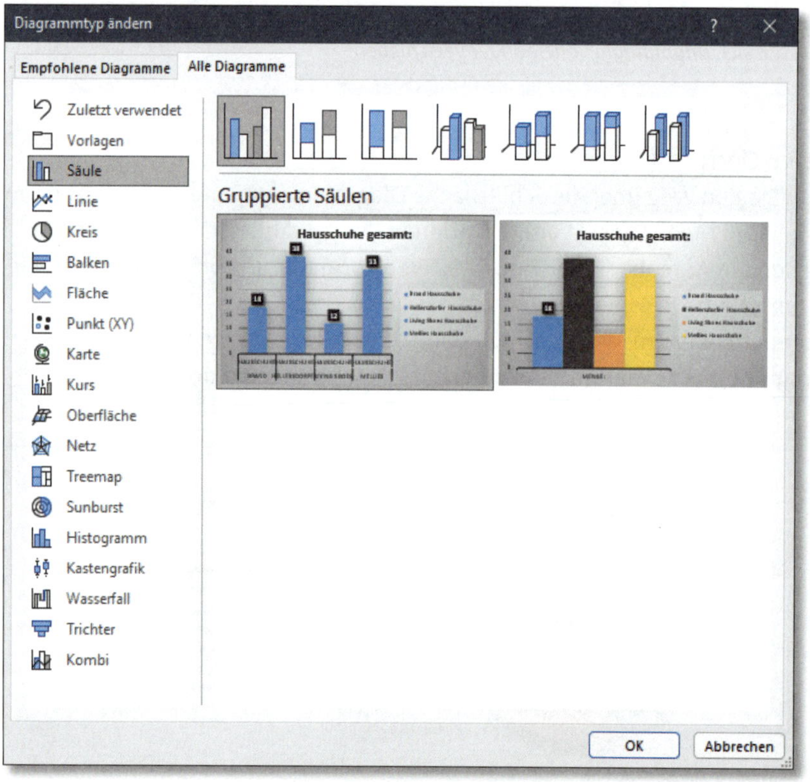

4 Im Anschluss daran klicken Sie auf die Schaltfläche **Diagrammelemente** (die Plus-Schaltfläche) rechts neben der Grafik. Aktivieren Sie die Checkbox **Achsentitel**. Bleiben Sie mit der Maus noch auf den Diagrammelementen.

5 Da wir nur die y-Achse (also die senkrechte) beschriften wollen, klicken Sie anschließend noch auf die Pfeilspitze, die sich rechts neben **Achsentitel** befindet. Daraufhin öffnet sich eine weitere Tafel, auf der Sie die Option **Primär horizontal** deaktivieren.

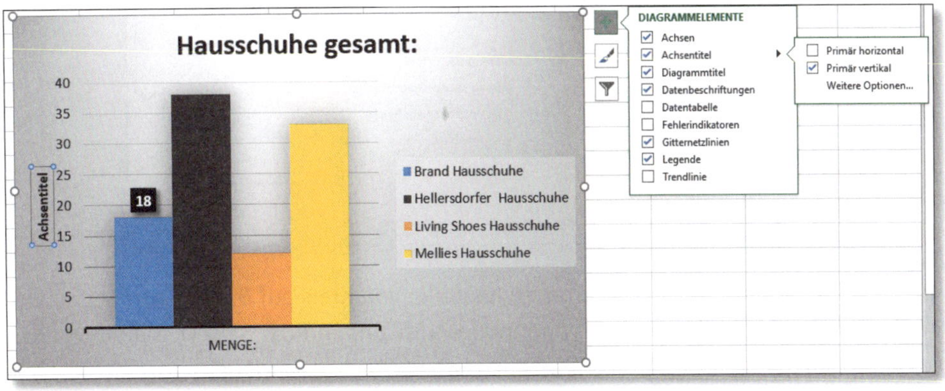

6 Doppelklicken Sie anschließend auf den ganz links befindlichen Achsentitel (der Text wird daraufhin markiert), und tragen Sie dort »LAGERBESTAND:« ein.

7 Da der Eintrag **Menge** im Fuß des Diagramms nicht mehr benötigt wird, klicken Sie darauf und drücken anschließend `Entf`.

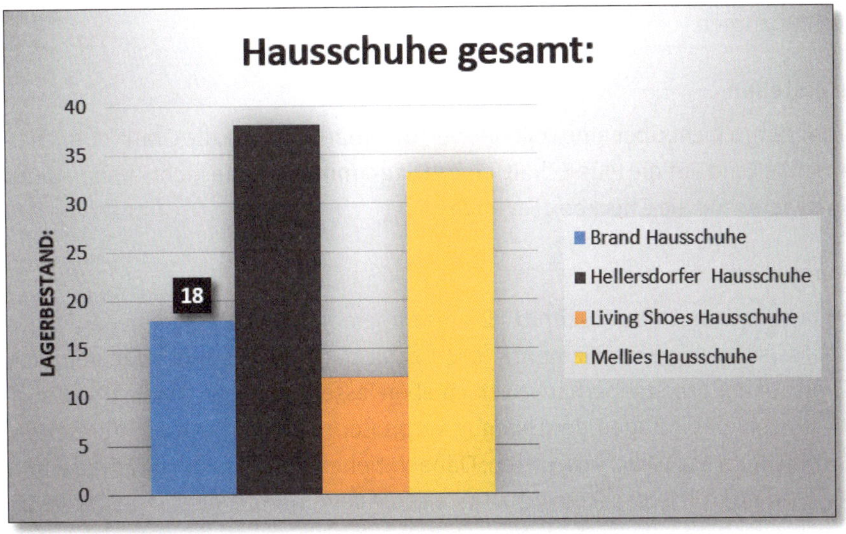

8 Werfen Sie noch einen Blick auf die einzelnen Balkenbeschriftungen. Ist es bei Ihnen auch so, dass nur der erste Balken über eine Beschriftung verfügt (**18**)? In diesem Fall klicken Sie noch einmal auf die Schaltfläche **Diagrammelemente** unmittelbar neben der Grafik. Danach wählen Sie die Checkbox **Datenbeschriftungen** kurz ab und anschließend per Mausklick wieder an. Jetzt sollten alle vier Balken entsprechend ausgezeichnet sein.

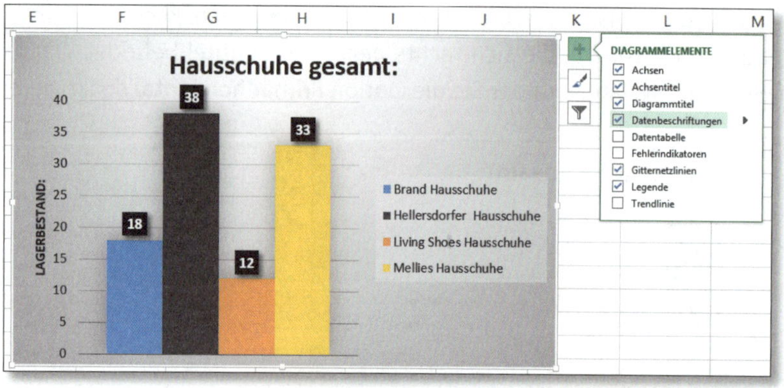

Bei der Umwandlung von Diagrammen (wie hier von Kreis auf Balken) kann es schon einmal passieren, dass die eine oder andere Beschriftung auf der Strecke bleibt. Durch kurzzeitiges Deaktivieren (wie im vorangegangenen Schritt beschrieben) lässt sich dieses Problem meist schnell beheben.

20.7 Legenden erstellen und editieren

Sollten Sie es einmal mit einem Diagramm zu tun haben, dem die Legende fehlt, sollten Sie diese hinzufügen. Darüber hinaus ist es mitunter sinnvoll, weitere individuelle Anpassungen vorzunehmen.

Legende erstellen

Falls Ihr Diagramm nicht über eine Legende verfügt, markieren Sie die Grafik zunächst und klicken anschließend auf die Plus-Schaltfläche **Diagrammelemente** rechts neben dem Diagramm. Aktivieren Sie die Checkbox **Legende**.

Legende anpassen

Sie haben ja bereits im Unterabschnitt »Diagrammelemente positionieren« auf Seite 616 erfahren, dass sich Diagrammelemente (dazu zählt auch die Legende) ganz einfach per Drag & Drop auf der Arbeitsoberfläche verschieben lassen. Möchten Sie die Abstände zwischen den einzelnen Einträgen der Legende vergrößern oder verkleinern, müssen Sie sie zunächst mit einem Mausklick markieren. Danach ziehen Sie einen der quadratischen Anfasser des Rahmens mit gedrückter Maustaste in die gewünschte Richtung. Sobald Sie loslassen, werden die Zeilenabstände entsprechend verändert.

INFO

Zwischenräume verkleinern

Auf die zuvor beschriebene Methode lassen sich die Zeilenzwischenräume auch verkleinern. In diesem Fall ist das Legenden-Textfeld vertikal zu stauchen. Doch Vorsicht! Sollte innerhalb des Textfeldes zu wenig Platz sein, werden nicht alle Einträge angezeigt.

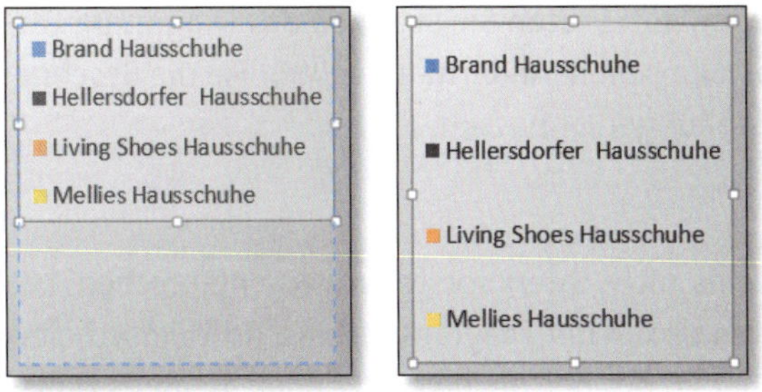

*❮ **Abbildung 20.15** Wenn Sie das Legenden-Textfeld vertikal strecken, vergrößern Sie damit die Zeilenzwischenräume.*

Weitere Legendenoptionen

Es gibt auch zahllose weitere Einstelloptionen, die sich an einer Legende vornehmen lassen. So können Sie beispielsweise die Schriftfarbe, die Füllfarbe des Textfeldes, die Rahmenfarbe und vieles mehr verändern. Sie erreichen diese Optionen am schnellsten, indem Sie einen Doppelklick auf die Legende setzen. Dabei ist jedoch Folgendes zu beachten: Platzieren Sie den Mausklick immer auf den Legendenhintergrund! Nur dann nämlich werden die folgenden Einstellungen auf die gesamte Legende angewendet. Alternativ dazu ließe sich nämlich auch ein einzelner Eintrag der Legende mit einem Doppelklick versehen. In diesem Fall werden vier Eckanfasser am jeweiligen Eintrag ❶ eingeblendet. Wenn Sie jetzt Änderungen im Aufgabenbereich **Legendeneintrag formatieren** vornehmen, wirken diese sich einzig und allein auf die markierte Zeile innerhalb der Legende aus.

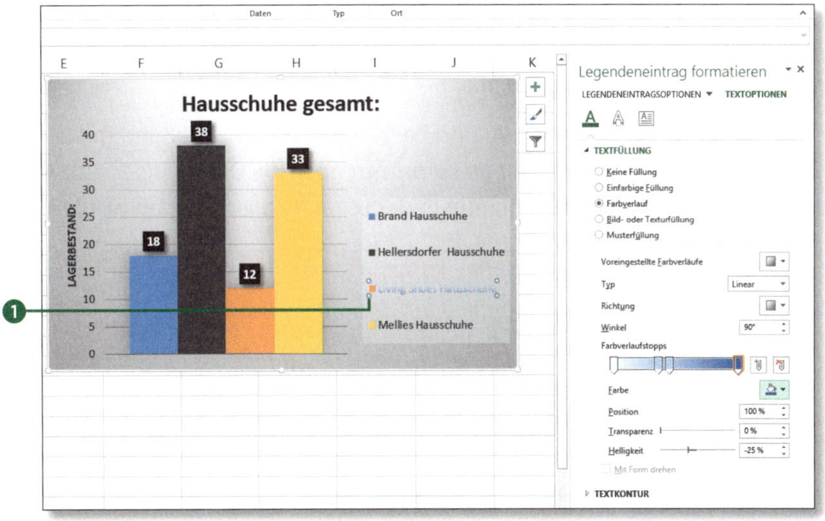

*∧ **Abbildung 20.16** Jeder einzelne Eintrag lässt sich individuell formatieren.*

20.8 Daten richtig beschriften

Excel unterstützt Sie bei der Beschriftung der einzelnen Diagrammelemente wirklich nach Kräften. Letztlich verbirgt sich dahinter aber ein Automatismus, der nicht zwangsläufig Ihren Wünschen entsprechen muss. Deswegen gilt: Prüfen Sie stets, ob das Diagramm tatsächlich so beschriftet ist, wie Sie sich das wünschen. Andernfalls sollten Sie die Beschriftung der Diagrammelemente an Ihre Vorstellungen anpassen.

Namen anpassen

Sollten die Beschriftungen eines Diagramms nicht Ihren Vorstellungen entsprechen, benennen Sie sie einfach in wenigen Schritten um. In der Diagrammüberschrift der Arbeitsmappe *Diagramm-07.xlsx*, die Sie im Ordner *20* der Beispieldateien finden, heißt es **Hausschuhe gesamt**. Da stellt sich natürlich die Frage, warum auch innerhalb der Legende noch einmal darauf hingewiesen wird, dass Hausschuhe gemeint sind. Hier würde ja der Name des Schuhhauses ausreichen. Genau das wollen wir im folgenden Beispiel ändern und die Beschriftung unseres Diagramms anpassen.

1. Werfen Sie zunächst einen Blick auf den ersten Legendeneintrag. Er lautet: **Brand Hausschuhe**. Danach schauen Sie in die Tabelle. Dort sehen Sie in Spalte **A Brand** und in Spalte **B Hausschuhe**. Im konkreten Fall werden also beide Textspalten zur Beschriftung herangezogen.
2. Markieren Sie die Legende des Diagramms, und klicken Sie anschließend auf die Trichter-Schaltfläche **Diagrammfilter**.
3. Im Fenster, das sich daraufhin öffnet, aktivieren Sie das Register **Namen**. Gleich unterhalb finden Sie nun den Bereich **Datenreihe**. Hier ist standardmäßig **(Alle Spalten)** aktiviert, was letztendlich auch dazu geführt hat, dass sowohl Spalte **A** als auch Spalte **B** in der Legende Verwendung gefunden haben.
4. Aktivieren Sie den Radiobutton bei **Spalte A**, und bestätigen Sie anschließend mit einem Klick auf **Anwenden**. Das bewirkt, dass ab sofort nur noch die Daten aus Spalte **A** für die Legende verwendet, also nur die Anbieter in der Legende ausgewiesen werden.

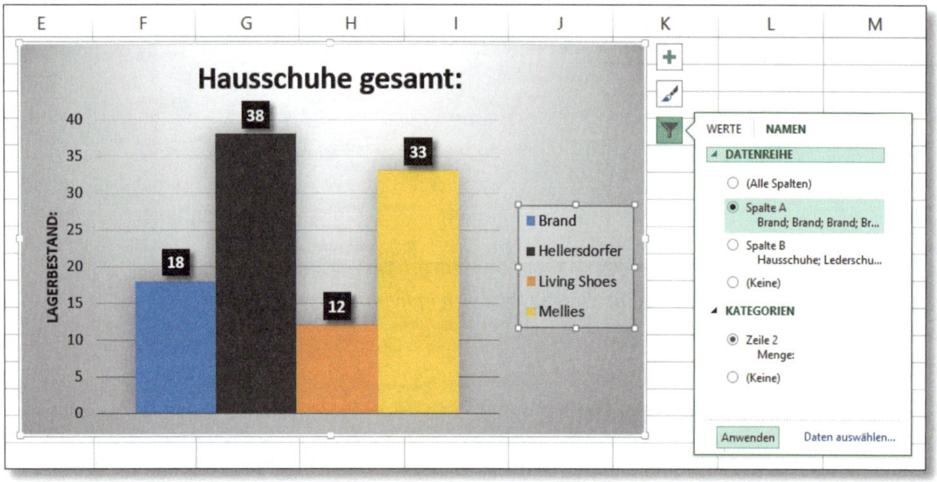

Der Vollständigkeit halber sei erwähnt, dass die Grafik nun horizontal noch etwas gestaucht werden könnte. Denn immerhin werden derart breite Balken ja nicht benötigt. Aber das hat natürlich nur ästhetische Gründe.

Weitere Beschriftungselemente

Sie können aber in Ihren Diagrammen auch gänzlich auf die Legende verzichten und sämtliche relevanten Beschriftungen direkt an den jeweiligen Balken platzieren. Auch das ist in Excel in wenigen Schritten erreicht.

1. Markieren Sie die Legende zunächst mit einem Mausklick, und drücken Sie anschließend [Entf], um diese aus der Grafik zu entfernen.
2. Danach markieren Sie den ersten der vier Zahlenwerte im Beispieldiagramm mit einem Rechtsklick ❶ und entscheiden sich im Kontextmenü für **Datenbeschriftungen formatieren**.

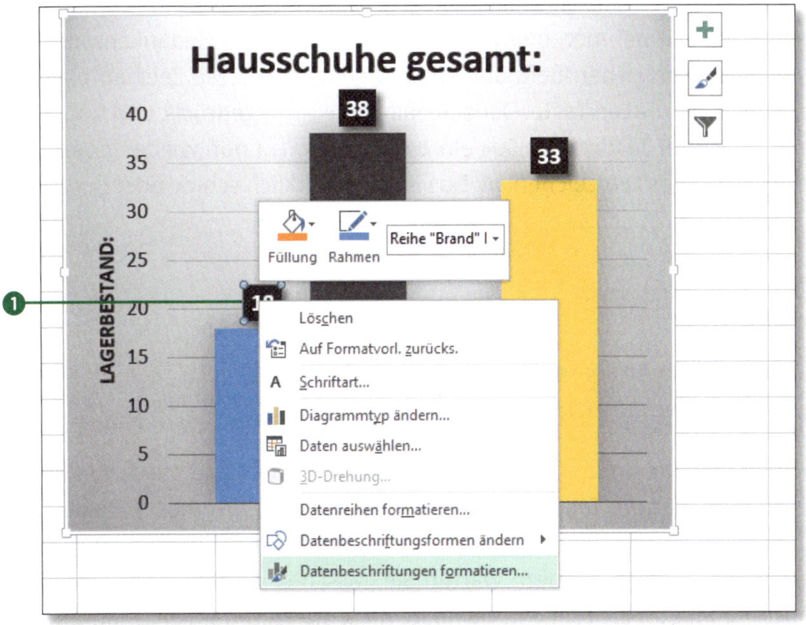

3. Im Aufgabenbereich **Datenbeschriftungen formatieren** auf der rechten Seite der Anwendung aktivieren Sie das Register **Beschriftungsoptionen** ❷ und wählen die Checkbox **Datenreihenname** ❸ an.
4. Gefällt Ihnen das Semikolon zwischen dem Namen und der Anzahl der Hausschuhpaare? Falls nicht, klicken Sie auf das Auswahlfeld **Trennzeichen** ❹ und stellen dort beispielsweise **(Leerzeichen)** ein.

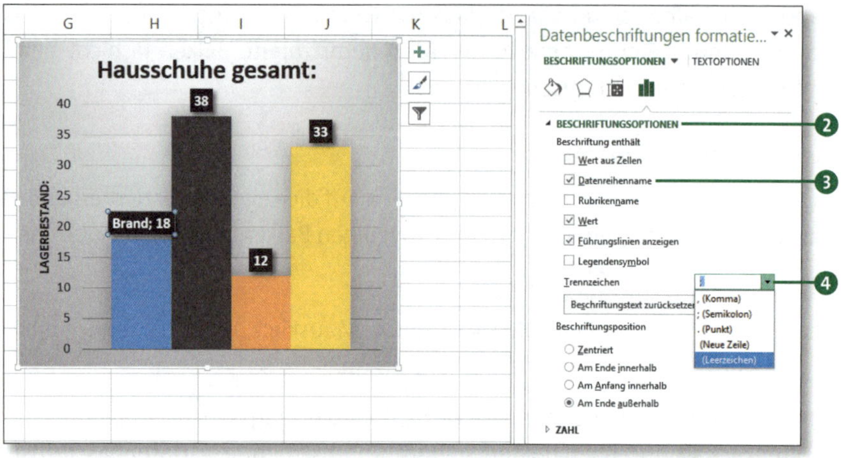

5 Alternativ markieren Sie den gesamten Inhalt des Feldes, indem Sie mit gedrückter Maustaste über es fahren und anschließend das gewünschte Zeichen bzw. die Zeichenfolge eingeben. Wir nehmen hier beispielhaft einen langen Gedankenstrich, der sich zwischen zwei Leerzeichen befindet. Und so geben Sie diese Zeichenfolge ein: Drücken Sie einmal auf die Leertaste. Danach halten Sie `Alt` gedrückt und tippen auf dem Nummernblock der Tastatur »0150« ein. Lassen Sie `Alt` nun wieder los, und fügen Sie noch ein weiteres Leerzeichen an. Das ist doch wirklich schick, oder?

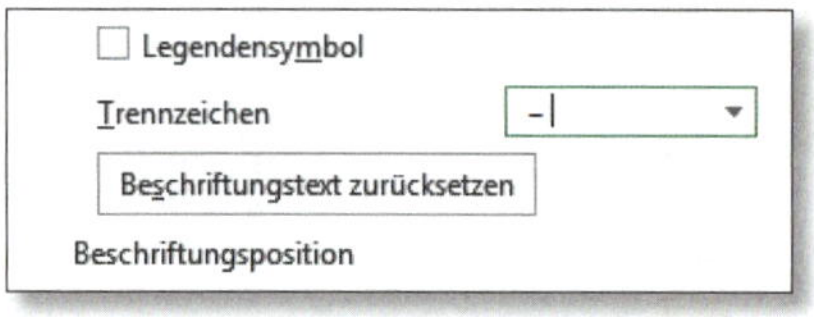

6 Wiederholen Sie die Schritte 2 bis 5 nun bei allen anderen Balkenbeschriftungen.

7 Jetzt ist noch zu bemängeln, dass **Hellersdorfer** nicht in eine Zeile passt. Außerdem wird der Diagrammtitel zum Teil durch die Balkenbeschriftung verdeckt. Beides passen wir nun noch an. Klicken Sie zweimal hintereinander auf das Textfeld. Bitte machen Sie keinen Doppelklick, sondern warten Sie zwischen beiden Klicks einen Moment. Ansonsten funktioniert es nicht. Der erste Klick markiert das Feld, während mit dem zweiten Klick die Anfasser eingeblendet werden.

8 Ziehen Sie einen der beiden Horizontal-Anfasser ❺ etwas weiter nach rechts, um das Textfeld zu verbreitern. Sorgen Sie auf diese Weise dafür, dass Name und Gedankenstrich in eine Zeile passen.

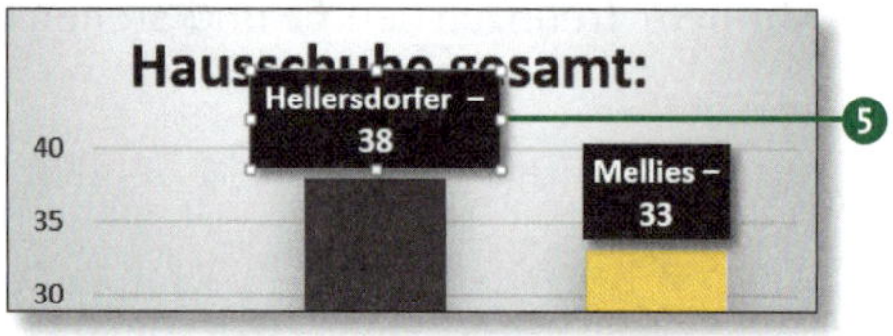

9 Achten Sie darauf, dass das Textfeld weiterhin markiert bleibt. Klicken Sie nun auf die Plus-Schaltfläche **Diagrammelemente** oben rechts neben dem Diagramm, und zeigen Sie auf **Datenbeschriftungen**. Klicken Sie auf die Pfeilspitze, die rechts daneben eingeblendet wird, und wählen Sie zuletzt **Am Ende innerhalb** aus. Dadurch wird die Beschriftung am oberen Ende des Balkens eingefügt.

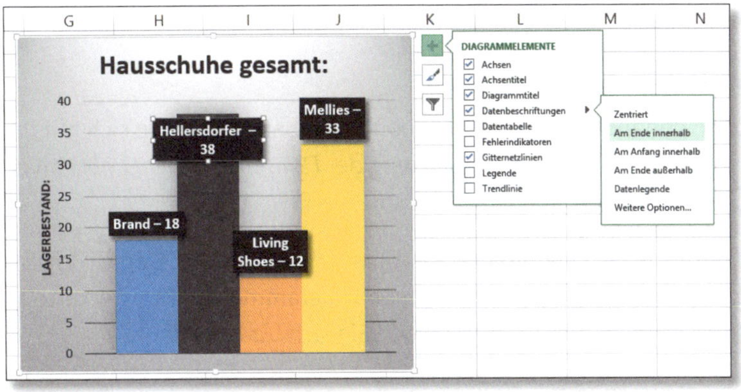

Da das Textfeld zuvor markiert worden war, wirkt sich die Einstellung nun ausschließlich auf das gewählte Objekt aus. Alle anderen Beschriftungen behalten ihre Position bei. Übrigens hätten Sie das Textfeld natürlich auch per Drag & Drop verschieben können. In diesem Fall hätten Sie allerdings darauf achten müssen, dass das Feld an dessen Rand gezogen werden muss, da bei einem Klick auf die Mitte des Beschriftungsfeldes lediglich die Einfügemarke innerhalb des Textes platziert worden wäre.

INFO

Sonderzeichen per Tastaturbefehl einfügen

In Schritt 5 haben Sie unter Zuhilfenahme der Alt-Taste und des Nummernblocks ein Sonderzeichen erzeugt. Es existiert eine Fülle solcher Zeichen. Hier sind einige häufig verwendete Zeichen mitsamt dazugehörigem Code, wobei Sie darauf achten müssen, dass der Nummernblock auf der Tastatur aktiviert ist. Reagieren die Nummern-Tasten nicht auf Ihre Eingabe, drücken Sie bitte zunächst die Taste NumLock, nmlck o. ä. Es existieren zahlreiche Unterschiede in der Beschriftung der Taste. In der Regel befindet sich diese Taste ebenfalls im Nummernblock oder zumindest ganz in dessen Nähe.

Zeichen	Tastaturkürzel	Zeichen	Tastaturkürzel
„	Alt + 0132	–	Alt + 0150
…	Alt + 0133	©	Alt + 0169
‘	Alt + 0145	«	Alt + 0171
’	Alt + 0146	»	Alt + 0187
“	Alt + 0147	¼	Alt + 0188
”	Alt + 0148	½	Alt + 0189
•	Alt + 0149	¾	Alt + 0190

Tabelle 20.2 *Sonderzeichen eingeben*

20.9 Achsen und Skalierungen ändern

Achsen (auch Diagrammachsen) kommen in der Hauptsache zum Einsatz, wenn mehrere Werte miteinander verglichen werden müssen. In unserer Arbeitsmappe *Achsen.xlsx*, die Sie im Ordner *20* der Beispieldateien finden, sollen die verschiedenen Kostenbereiche Wareneinkauf, Personal, Verwaltung und Fuhrpark grafisch miteinander verglichen werden. Wir erzeugen zunächst ein entsprechendes Diagramm.

Achsendiagramm erzeugen und skalieren

Nachdem Sie die oben genannte Beispieldatei geöffnet haben, sollten Sie sich mit ihr vertraut machen. Sie sehen hier die Kostenentwicklung der *Hansen & Meier GmbH* im ersten Halbjahr 2021.

1 Markieren Sie zunächst die Zellen **A3** bis **G7** innerhalb der Tabelle. Danach klicken Sie auf **Liniendiagramm einfügen** ❶ in der Gruppe **Diagramme** der Registerkarte **Einfügen**. Innerhalb des Auswahlmenüs entscheiden Sie sich für **Linie** ❷.

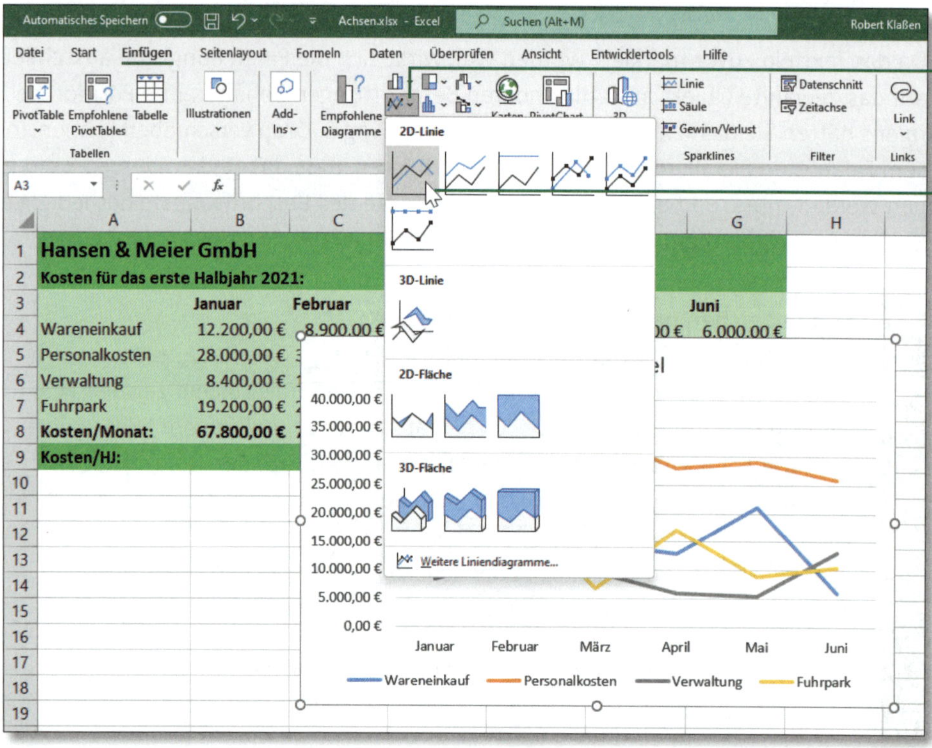

2 Excel hat nun bereits eine Menge erledigt. So ist die Legende zweckmäßigerweise horizontal in den unteren Rand der Grafik integriert worden. Auch die Achsen sind bereits angebracht. Auf der Horizontalachse stehen die Monate, während die Vertikalachse die Kosten präsentiert. (Das sind übrigens die sogenannten *Primärachsen* – erfahren Sie mehr zu den Sekundärachsen im Unterabschnitt »Mit Sekundärachsen arbeiten«

ab Seite 628.) Allerdings ist das Diagramm nicht besonders übersichtlich, oder? Die Linien liegen dicht aufeinander. Höhenunterschiede werden nicht immer sehr deutlich (z. B. Verwaltung Februar/März). Im Gegenzug ist oben sehr viel Freiraum verschenkt worden. Lassen Sie uns das Diagramm dahingehend optimieren.

3 Nun könnten Sie das Diagramm vertikal strecken. Dann würden sich die Unterschiede von Monat zu Monat bereits deutlicher voneinander abheben. Oft ist das jedoch nicht praktikabel, weil das Diagramm beispielsweise in einer Broschüre verwendet wird und der dort zur Verfügung stehende Platz (bzw. das Seitenverhältnis) vorgegeben ist. Also gehen wir anders vor. Klicken Sie zunächst auf die Plus-Schaltfläche **Diagrammelemente** rechts neben dem Diagramm.

4 Bewegen Sie die Maus im Menü der Schaltfläche **Diagrammelemente** auf den Eintrag **Achsen**, und klicken Sie auf das daneben befindliche Dreiecksymbol. Im Auswahlmenü klicken Sie nun auf **Weitere Optionen**.

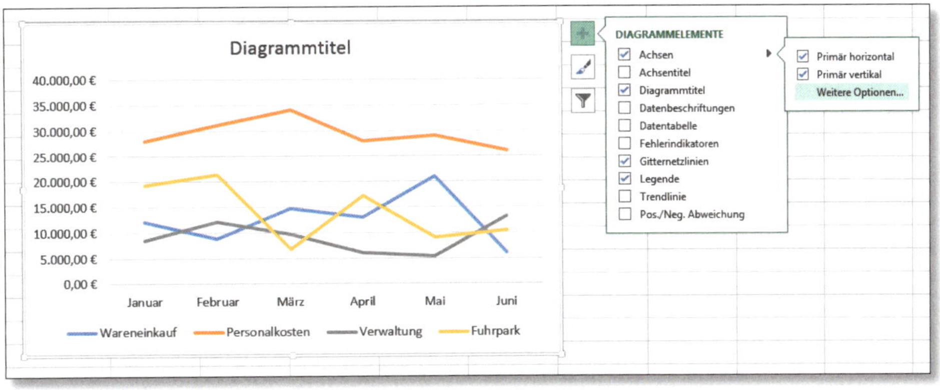

5 Damit wird der Aufgabenbereich **Achse formatieren** aufgerufen. Klicken Sie auf das kleine Dreieck neben dem Register **Achsenoptionen** ❸, und entscheiden Sie sich für **Vertikal (Wert) Achse**. Dabei handelt es sich um die Kosten-Achse auf der linken Seite unseres Diagramms.

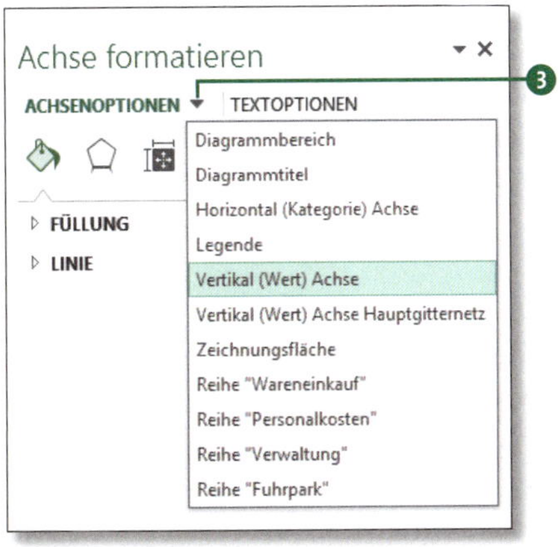

20

6 Klicken Sie auf die Kategorie **Achsenoptionen** ❹, und wählen Sie anschließend den gleichnamigen Bereich ❺ unterhalb aus. Die zugehörigen Steuerelemente werden daraufhin angezeigt.

7 Schauen Sie sich den Bereich **Grenzen** an. Im Feld **Minimum** ist der Wert **5000,0** eingestellt und unter **Maximum 35000,0**. Das bedeutet, die Primärachse unserer Kosten erstreckt sich zwischen diesen beiden Bereichen. Diese Werte können Sie aber nach Belieben anpassen, indem Sie in das jeweilige Feld klicken und den neuen Wert eingeben.

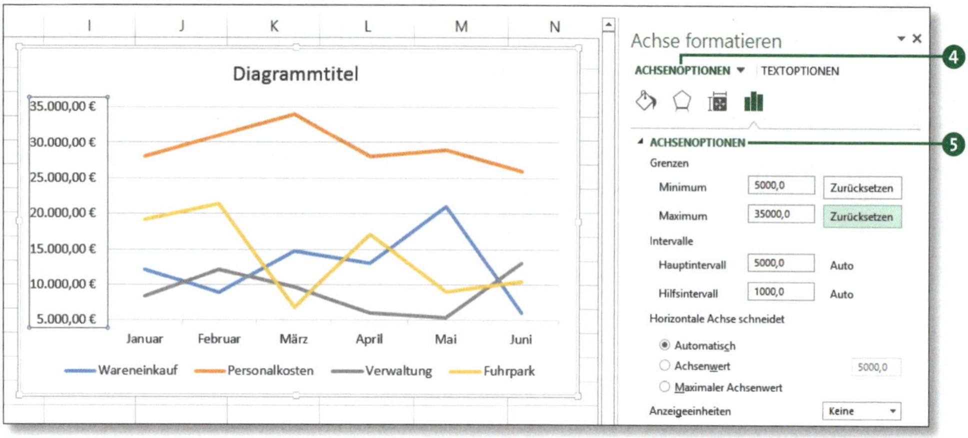

So lassen sich gegebenenfalls Verläufe deutlich besser nachvollziehen, da die Linien merklich auseinandergezogen werden. Passen Sie als Letztes den Diagrammtitel noch an. Hier würde sich beispielsweise »Kosten 1. Halbjahr 2015« eignen. Das Resultat dieses Workshops finden Sie unter dem Dateinamen *Achsen-fertig.xlsx* im Ordner *Ergebnisse* der Beispieldateien.

Mit Sekundärachsen arbeiten

Was es mit den Primärachsen auf sich hat, haben Sie ja bereits im Unterabschnitt »Achsendiagramm erzeugen und skalieren« ab Seite 626 erfahren. Nun gibt es neben den Primär- aber auch noch die sogenannten Sekundärachsen. Das sind weitere Achsen, die dem Diagramm hinzugefügt werden können. Das macht immer dann Sinn, wenn eine weitere, dritte Größe relevant ist. So auch in unserem Beispieldokument *Sekundärachsen.xlsx*, das Sie im Ordner *20* der Beispieldateien finden. Neben den beiden Primärachsen **Kosten** und **Monate** soll in diesem Dokument im Diagramm die Sekundärachse »Mitarbeiter« hinzugefügt werden.

1 Unser erster Schritt besteht darin, eine neue Diagrammgrafik zu erzeugen. Diesmal besteht die Schwierigkeit darin, zwei nicht beisammenliegende Zeilen zu verwenden. Klicken Sie zunächst auf die Zelle **A4**. Halten Sie die Maustaste gedrückt, und ziehen Sie herüber bis **G4**. Jetzt ist die komplette Zeile **Mitarbeiter** ausgewählt.

2 Halten Sie nun `Strg` gedrückt. Klicken Sie auf **A6**, und ziehen Sie bei gedrückter Maustaste bis **G6** herüber. Lassen Sie am Ende zunächst die Maustaste und erst danach `Strg` los.

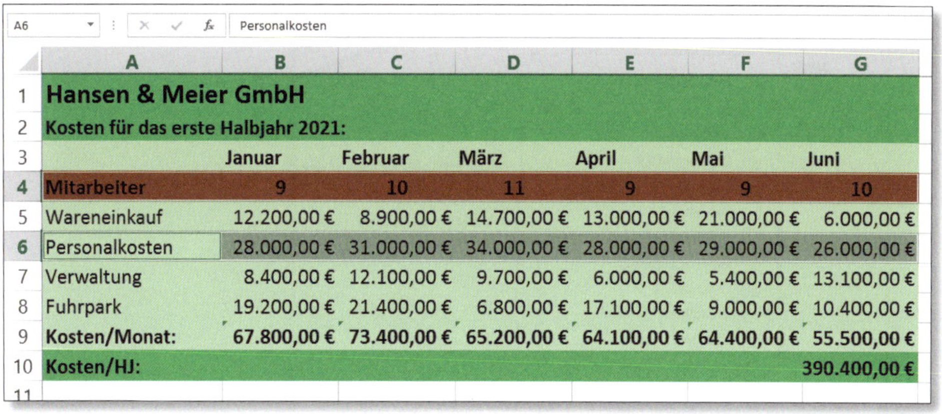
A6 | Personalkosten

	A	B	C	D	E	F	G
1	Hansen & Meier GmbH						
2	Kosten für das erste Halbjahr 2021:						
3		Januar	Februar	März	April	Mai	Juni
4	Mitarbeiter	9	10	11	9	9	10
5	Wareneinkauf	12.200,00 €	8.900,00 €	14.700,00 €	13.000,00 €	21.000,00 €	6.000,00 €
6	Personalkosten	28.000,00 €	31.000,00 €	34.000,00 €	28.000,00 €	29.000,00 €	26.000,00 €
7	Verwaltung	8.400,00 €	12.100,00 €	9.700,00 €	6.000,00 €	5.400,00 €	13.100,00 €
8	Fuhrpark	19.200,00 €	21.400,00 €	6.800,00 €	17.100,00 €	9.000,00 €	10.400,00 €
9	Kosten/Monat:	67.800,00 €	73.400,00 €	65.200,00 €	64.100,00 €	64.400,00 €	55.500,00 €
10	Kosten/HJ:						390.400,00 €
11							

3 Klicken Sie nun auf die Schaltfläche **Liniendiagramm einfügen** in der Gruppe **Diagramme** der Registerkarte **Einfügen**. Wählen Sie im Aufklappmenü die erste Schaltfläche **Linie**.

4 Bevor Sie mit der Ausgestaltung des Diagramms fortfahren, sollten Sie dieses neu positionieren und unter die Tabelle verschieben sowie den Diagrammtitel anpassen. Ich habe mich hier schlicht für »Personal« entschieden.

5 Schauen Sie sich das Diagramm an. Die Linie **Mitarbeiter** liegt brach. Das ist verständlich – bedenkt man, dass es für sie keine Achse gibt. Denn die Anzahl der Mitarbeiter lässt sich ja weder über die Personalkosten noch über die Monate definieren – sondern nur über deren Anzahl.

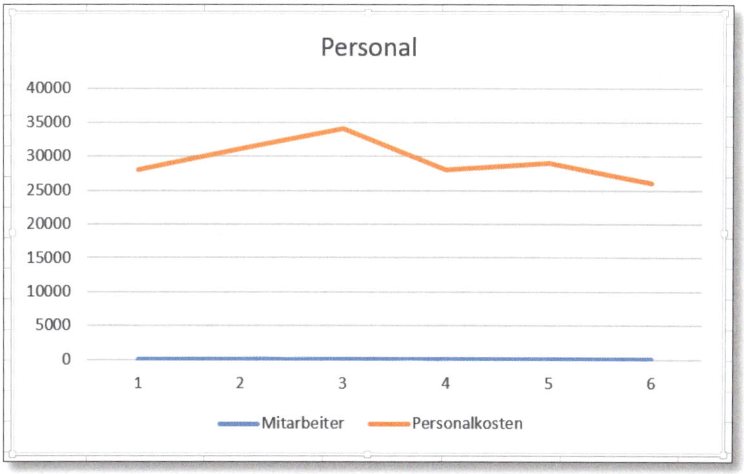

6 Klicken Sie auf die Plus-Schaltfläche **Diagrammelemente** neben dem Diagramm. Klicken Sie in der Zeile **Achsen** auf das Dreiecksymbol, und entscheiden Sie sich im folgenden Menü für **Weitere Optionen**. Daraufhin wird der Aufgabenbereich **Achse formatieren** eingeblendet.

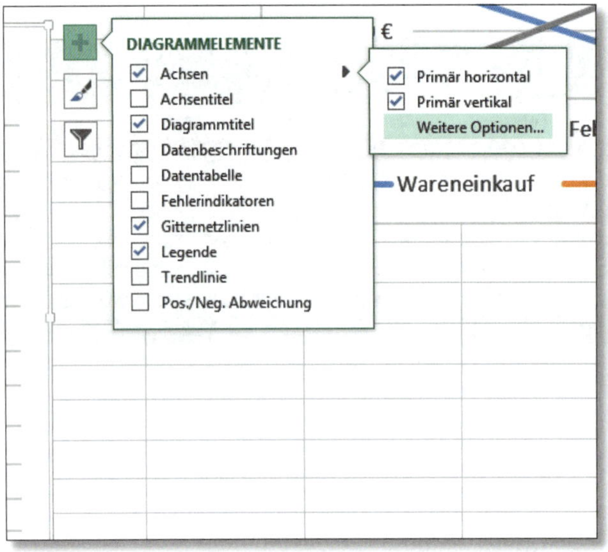

7 Klicken Sie im Aufgabenbereich auf das kleine Dreiecksymbol am Register **Achsenoptionen**. Im Menü entscheiden Sie sich für **Reihe »Mitarbeiter«**.

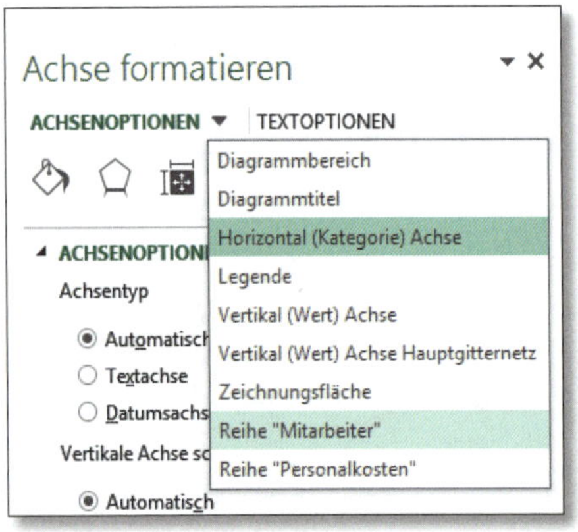

8 Der Aufgabenbereich wechselt daraufhin automatisch in den Bereich **Datenreihen formatieren**. Sie müssen hier nun die Reihenoptionen für die **Reihe »Mitarbeiter«** von **Primärachse** auf **Sekundärachse** umschalten. Am rechten Rand des Diagramms wird daraufhin eine weitere Achse eingefügt.

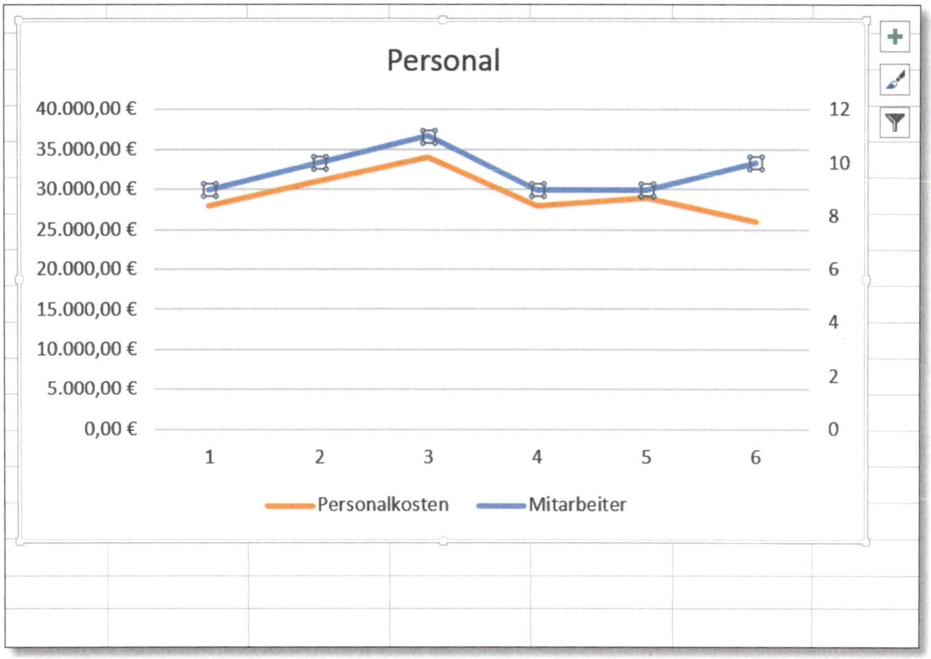

Damit ist das Diagramm um eine weitere Skala (nämlich die Anzahl der Mitarbeiter) erweitert worden. Außerdem wurde die Mitarbeiter-Linie im wahrsten Sinne des Wortes zum Leben erweckt.

Achsentitel hinzufügen

Falls erforderlich, können Sie einzelnen Achsen auch Titel hinzufügen. Das macht immer dann Sinn, wenn sich nicht auf den ersten Blick erschließt, was durch die jeweilige Achse repräsentiert wird.

Betätigen Sie die Plus-Schaltfläche **Diagrammelemente** neben dem Diagramm, und klicken Sie auf das kleine Dreieck in der Zeile **Achsentitel**. Aktivieren Sie die Achse, die mit einem Namen versehen werden soll (im Beispielprojekt **Sekundär vertikal**). Ein anschließender Dreifachklick auf das soeben neu hinzugefügte Textfeld markiert den darin enthaltenen Text, und Sie können ihn mit einem neuen Namen überschreiben.

INFO

Achsen und Titel schnell hinzufügen

Excel verfügt über eine Sammlung von Menüeinträgen, mit denen auf die Schnelle neue Achsen (primär und sekundär) hinzugefügt werden können. Dabei werden die Achsentitel sogar gleich mit erzeugt. Klicken Sie auf **Diagrammelement hinzufügen** in der Gruppe **Diagrammlayouts** der Registerkarte **Diagrammentwurf** und dann auf **Achsen**. Weisen Sie die gewünschte Achse zu. Ein anschließender Doppelklick auf die neue Achse öffnet dann den Aufgabenbereich **Achse formatieren**, mit dem Sie weitere Änderungen vornehmen können.

20.10 Flächenkartogramme erstellen

Ich möchte Ihnen gerne anhand eines kurzen Beispiels zeigen, wie einfach es ist, kartografische Daten anschaulich darzustellen. Die Produktion einer Karte ist denkbar einfach, und der Effekt ist sehr ansprechend. Grund genug also, zumindest einen kurzen Blick darauf zu werfen.

1 Öffnen Sie die Beispieldatei *Einwohner.xlsx*, und markieren Sie alle Zellen von A1 bis B4. Wir bescheiden uns hier mit einem Mini-Beispiel, nämlich den (ungefähren) Einwohnerzahlen Deutschlands, Frankreichs und Italiens.

2 Danach gehen Sie auf das Register **Einfügen**, klicken auf **Karten** und wählen das einzige zur Verfügung stehende Grafikelement in der Liste.

3 Wenn Sie erstmals mit Kartendiagrammen arbeiten, müssen Sie sich mit der Weiterleitung Ihrer Daten an den Microsoft-Suchdienst Bing einverstanden erklären. Klicken Sie deshalb oben rechts im Vorschaudiagramm auf **Zustimmen**. Diesen Schritt müssen Sie nur ein einziges Mal durchlaufen.

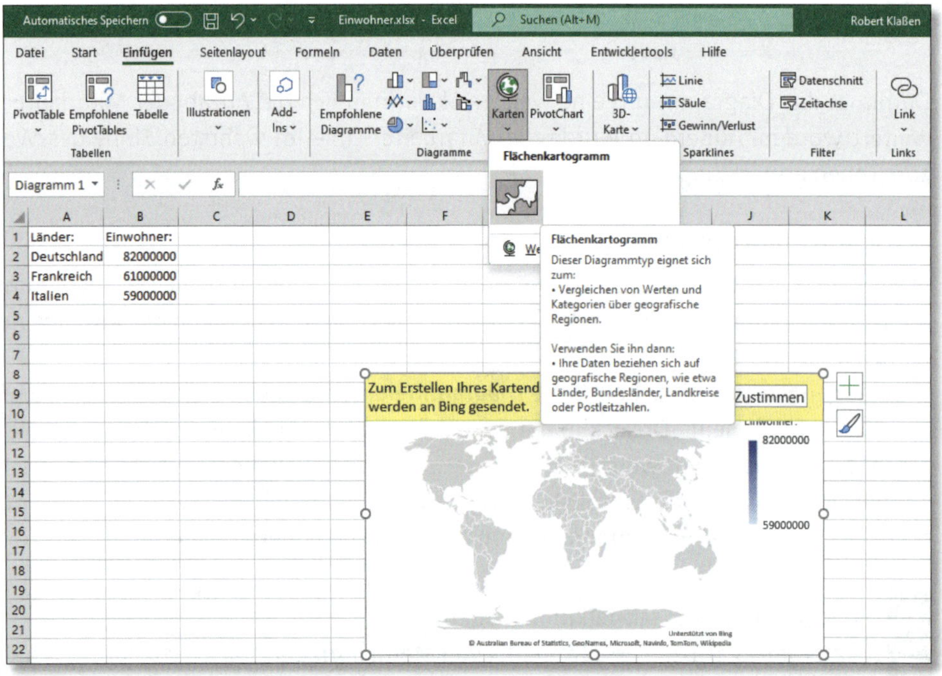

4 Setzen Sie einen Doppelklick auf das Diagramm, damit sich wie gewohnt auf der rechten Seite der Anwendung eine Spalte mit diversen Einstelloptionen bildet. Hier ließe sich beispielsweise über **Füllung** die Hintergrundfarbe des Diagramms ändern.

5 Wenn Sie hingegen die Farben der einzelnen Länder anpassen wollen, klicken Sie diese auf der Karte an und stellen deren **Füllung** zunächst auf **Einfarbige Füllung**. Im Anschluss daran kann die gewünschte **Farbe** über das gleichnamige Steuerelement in der rechten Spalte eingestellt werden ❶.

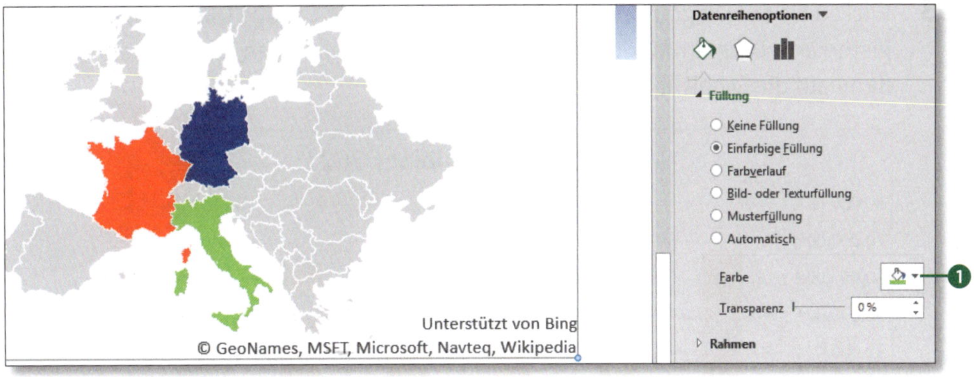

Bedenken Sie, dass Sie zur kartografischen Auswertung grundsätzlich einen nachvollziehbaren Bezug herstellen müssen. Im vorliegenden Beispiel sind das die Ländernamen in Spalte **A**. Versuchen Sie, eine Karte ohne diesen Bezug zu erzeugen, indem Sie beispielsweise Spalte **A** nicht markieren, meldet sich die Anwendung mit dem Hinweis, dass geografische Daten benötigt werden, um Kartendiagramme zu erstellen.

20.11 Mit Verbindungslinien, Trendlinien und Fehlerindikatoren arbeiten

In diesem Teil des Kapitels lernen Sie einige Funktionen kennen, die vor allem die Interpretation von Ergebnissen erleichtern. Verbindungslinien beispielsweise sorgen dafür, dass man die kontinuierliche Entwicklung eines Wertes besser nachvollziehen kann. Trendlinien und Fehlerindikatoren gehen hier sogar noch etwas weiter.

Verbindungslinien

Verbindungslinien veranschaulichen eine Entwicklung oder einen Zusammenhang von Werten innerhalb eines Diagramms. So können beispielsweise die Spitzenwerte eines aus gestapelten Säulen bestehenden Diagramms grafisch miteinander verbunden werden. Bitte beachten Sie, dass Verbindungslinien nicht in jedes Diagramm integriert werden können. Ein herkömmliches Säulendiagramm beispielsweise eignet sich nicht, gestapelte Säulen hingegen schon. Das liegt daran, dass herkömmliche Säulen nur einen einzigen Wert repräsentieren. Gestapelte Säulen hingegen zeigen mehrere Werte innerhalb einer einzelnen Säule. Diese per Linie miteinander zu verbinden macht deshalb auch weitaus mehr Sinn.

1. Öffnen Sie die Datei *Linien.xlsx*, die im Ordner *20* der Beispieldateien zu finden ist. Das darin enthaltene Diagramm besteht aus gestapelten Säulen (**Einfügen > Diagramme > Säulen- oder Balkendiagramm einfügen > 2D-Säule > Gestapelte Säulen**).

2 Markieren Sie das Diagramm, indem Sie einen freien Bereich des Hintergrunds anklicken.

3 Klicken Sie auf **Diagrammelement hinzufügen** in der Gruppe **Diagrammlayouts** der Registerkarte **Diagrammentwurf**. Wählen Sie im Menü **Linien**, und klicken Sie anschließend auf die Schaltfläche **Verbindungslinien**.

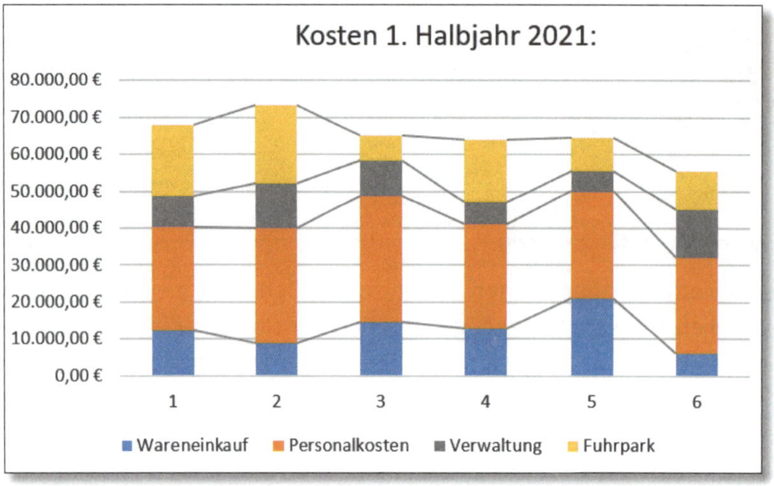

Interpretieren Sie das Diagramm: Jede Säule repräsentiert alle vier Kostenstellen (**Wareneinkauf**, **Personalkosten**, **Verwaltung**, **Fuhrpark**), wobei jede Säule für einen Monat steht. Anhand der Verbindungslinien erkennt man nun gut die Entwicklung der einzelnen Kostenstellen von Monat zu Monat.

INFO

Verbindungslinien entfernen

Entfernen Sie vorhandene Verbindungslinien, indem Sie die Schritte 2 und 3 oben auf dieser Seite wiederholen. Zuletzt entscheiden Sie sich allerdings nicht für die Schaltfläche **Verbindungslinien**, sondern für **Keine**.

Trendlinien hinzufügen

Trendlinien sollen dem Betrachter eines Diagramms verdeutlichen, wie sich etwas entwickelt hat – und wie es sich aller Voraussicht nach in Kürze weiterentwickeln wird. Eine Trendlinie kann also auch ein Blick in die Zukunft sein – natürlich nur mathematisch.

1 Öffnen Sie die Arbeitsmappe *Linien-fertig.xlsx*, die Sie im Ordner *Ergebnisse* der Beispieldateien finden.

2 Das Diagramm besteht aus gestapelten Säulen. Allerdings ist dieser Diagrammtyp zur Produktion von Trendlinien ungeeignet. Wandeln Sie das Diagramm daher um, indem Sie es an einer freien Stelle zunächst mit rechts markieren. Im Kontextmenü entscheiden Sie sich für **Diagrammtyp ändern**. Klicken Sie im gleichnamigen Dialog auf die Rubrik **Gruppierte Säulen** der Registerkarte **Alle Diagramme**, Kategorie: **Säule**, und bestätigen Sie mit **OK**.

3 Klicken Sie nun auf die Schaltfläche **Diagrammelement hinzufügen** in der Gruppe **Diagrammlayouts** der Registerkarte **Diagrammentwurf**. Bewegen Sie die Maus auf den Menüpunkt **Trendlinie**, und klicken Sie im Folgemenü auf **Linear**.

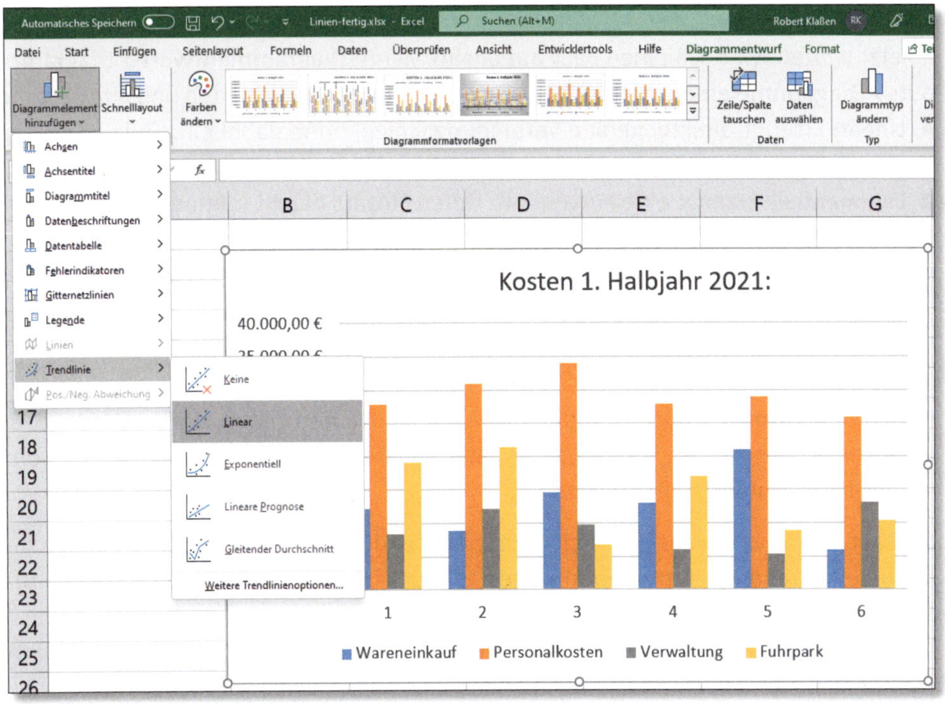

4 Im Dialogfenster **Trendlinie hinzufügen** müssen Sie nun festlegen, für welche Kostenstelle des Diagramms die Trendlinie erzeugt werden soll. Klicken Sie im Auswahlfeld auf den Eintrag **Personalkosten**, und bestätigen Sie Ihre Auswahl mit einem Klick auf den Button **OK**.

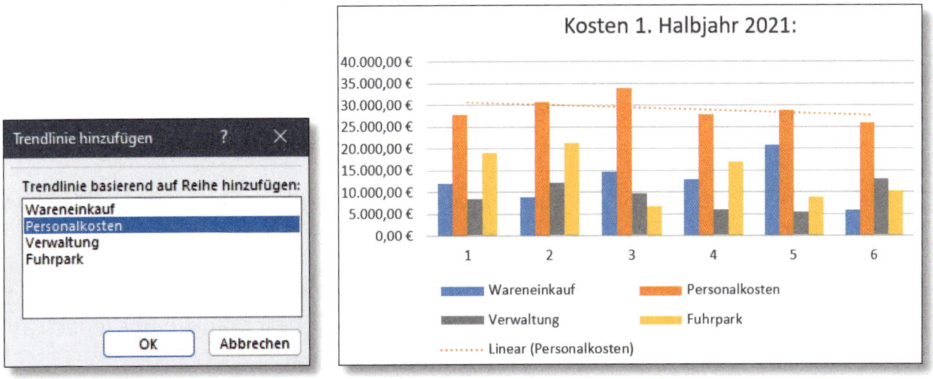

20

Da Sie sich für eine Prognose entschieden haben, werden nun noch die Monate 7 und 8 hinzugefügt. Excel versucht damit, einen Trend aufzuzeigen, der anhand der bisherigen Ergebnisse zu erwarten ist. Übrigens könnten Sie nun weitere Linien auf die beschriebene Art hinzufügen. Dabei dürfen Sie auch andere Linienarten benutzen, müssen also nicht zwangsläufig bei der linearen Prognose bleiben. Eine entsprechende Beispielarbeitsmappe *Trendlinie.xlsx* finden Sie im Ordner *Ergebnisse* der Beispieldateien.

Trendlinienarten

Zuletzt werfen wir noch einen Blick auf die im Menü (**Diagrammentwurf > Diagrammlayouts > Diagrammelement hinzufügen**) angebotenen Trendlinienarten und ihre Bedeutung:

- **Linear**: Erzeugt direkte, gerade Verbindungslinien, ohne dabei eine Zukunftsprognose abzugeben.
- **Exponentiell**: Erzeugt eine Kurvenlinie. Deren Einsatz macht immer dann Sinn, wenn es darum geht, stetig zu- oder abnehmende Entwicklungen zu visualisieren.
- **Lineare Prognose:** Wie **Linear**, jedoch mit dem Versuch, die zu erwartende Entwicklung vorauszusehen. Die Trendlinie geht also über den Zeitraum der vorhandenen Daten (hier: bis einschließlich Juni) hinaus und versucht, eine zu erwartende Entwicklung aufzuzeigen.
- **Gleitender Durchschnitt**: Dämpft Schwankungen in den Daten, um den Verlauf zu verdeutlichen. Es werden verschiedene Datenpunkte eines Zeitraums verwendet, um daraus einen Durchschnitt zu bilden.

Sie haben darüber hinaus die Möglichkeit, die Trendlinien im Nachhinein über den Aufgabenbereich **Trendlinie formatieren** zu gestalten. Klicken Sie dazu auf die Plus-Schaltfläche **Diagrammelemente**, klicken Sie auf das Dreiecksymbol an der Option **Trendlinie**, und wählen Sie nun im Untermenü **Weitere Optionen**. Der Aufgabenbereich wird daraufhin am rechten Rand der Anwendung eingeblendet.

Fehlerindikatoren

Mit Fehlerindikatoren lassen sich mögliche Fehlerbeträge oder Abweichungen (beispielsweise von Testergebnissen) visualisieren. Bei wissenschaftlichen Experimenten etwa geht man von einer möglichen Abweichung von +/– 5% aus. Solche Abweichungen können leicht grafisch dargestellt werden.

1. Öffnen Sie die Arbeitsmappe *Sekundärachsen.xlsx* aus dem Ordner *20* der Beispieldateien. Unser Ziel ist es nun, die Personalkosten mit einem Fehlerindikator von besagten 5% Abweichung auszuzeichnen. Dazu markieren Sie bitte zunächst das Diagramm.

2. Betätigen Sie die Plus-Schaltfläche **Diagrammelemente**, zeigen Sie auf den Eintrag **Fehlerindikatoren**, und klicken Sie auf das Pfeilsymbol in dieser Zeile.

3. Sie könnten nun **Standardabweichung** anwählen, sofern Sie alle vier Linien mit einer entsprechenden Auszeichnung versehen wollten. Wir beschränken uns jedoch auf die Personalkosten. Klicken Sie daher auf **Weitere Optionen**.

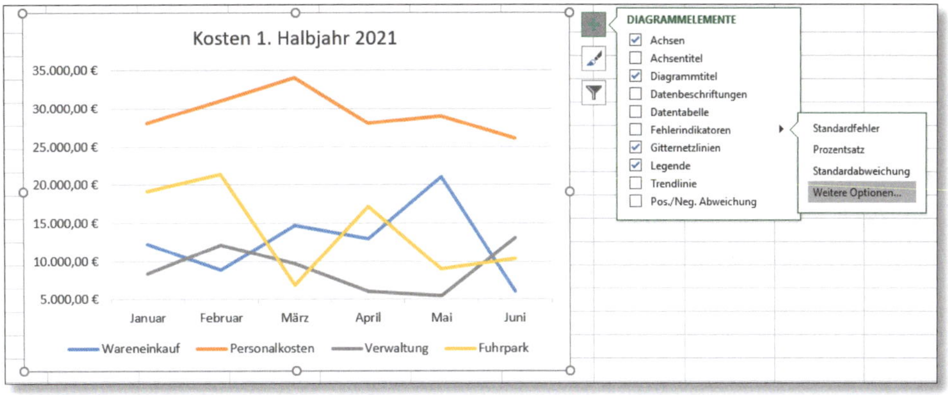

4 Im Dialog **Fehlerindikatoren hinzufügen** aktivieren Sie nun die Zeile **Personalkosten** und bestätigen mit **OK**.

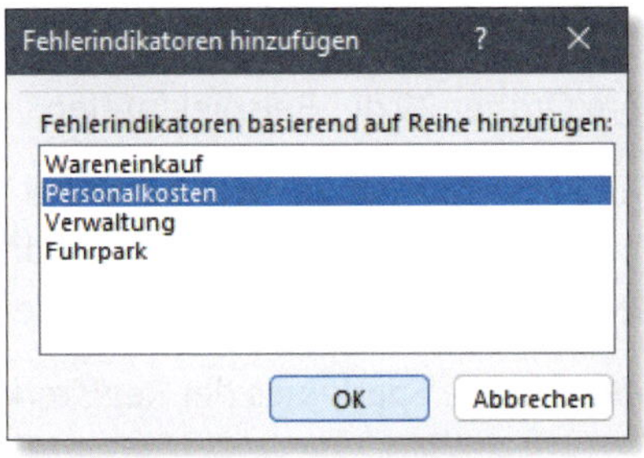

5 Im Aufgabenbereich **Fehlerindikatoren formatieren** haben Sie nun die Möglichkeit, die Anzeigeoptionen zu ändern und unten im Bereich **Fehlerbetrag** die Abweichung anzupassen. Aktivieren Sie dazu die Checkbox **Prozentsatz**. Der Wert **5,0 %** wird daraufhin automatisch angeboten, sodass keine weitere Anpassung Ihrerseits mehr erforderlich ist.

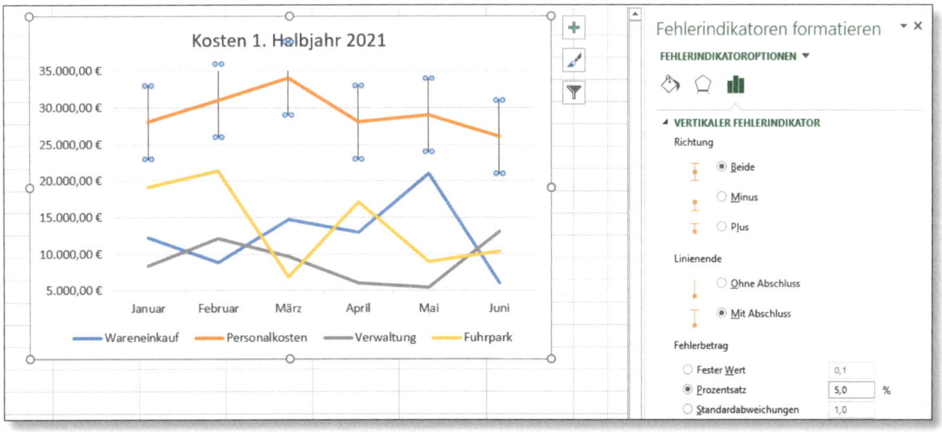

Die Anzeige der Fehlerindikatoren lässt sich jederzeit unterdrücken, indem Sie zunächst auf die Plus-Schaltfläche **Diagrammelemente** klicken und anschließend das Häkchen vor **Fehlerindikatoren** entfernen.

20.12 Minidiagramme in Tabellenzellen einsetzen: Sparklines

Bei den sogenannten *Sparklines* handelt es sich um Diagramm-Miniaturen, die in einer einzelnen Tabellenzelle untergebracht werden können. Zwar sind sie grafisch nicht so ansprechend wie ein herkömmliches Diagramm (auch Werte lassen sich damit nicht ablesen), doch zeigen sie einen Verlauf, der bei purer Betrachtung der Tabellenzahlen nicht so offensichtlich ist.

Sparklines erzeugen

In diesem Beispiel greifen wir noch einmal die Kostenaufstellung der Firma *Hansen & Meier GmbH* auf und statten die dort integrierte Tabelle mit Sparklines aus.

1. Öffnen Sie die Arbeitsmappe *Linien.xlsx* aus dem Ordner *20* der Beispieldateien.
2. Markieren Sie anschließend eine freie Zelle. Prinzipiell können Sie jede beliebige Zelle benutzen, um eine Sparkline zu erzeugen. Wir entscheiden uns jedoch der Ordnung halber für **H5**. Hier soll eine Sparkline für die Zeile **Wareneinkauf** integriert werden.
3. Klicken Sie dazu auf die Schaltfläche **Linie** in der Gruppe **Sparklines** der Registerkarte **Einfügen**.
4. Falls erforderlich, schieben Sie den Dialog etwas zur Seite und markieren anschließend die Zellen **B5** bis **G5** innerhalb der Tabelle. Bestätigen Sie mit [↵] oder per Klick auf **OK**.

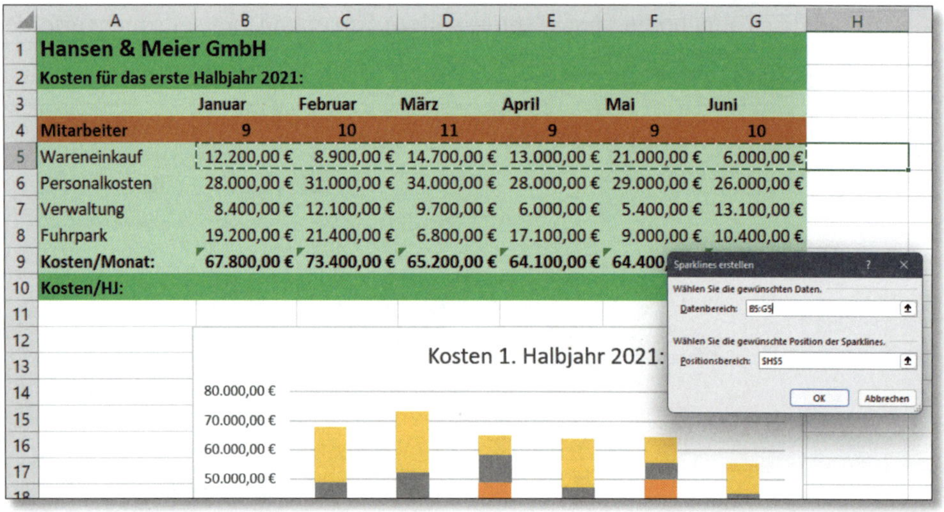

5. Jetzt übertragen wir diese Berechnung auch auf die anderen Zeilen, also auf **Personalkosten**, **Verwaltung** und **Fuhrpark**. Das erreichen Sie, indem Sie auf das kleine grüne

Quadrat unten rechts an der Zellenmarkierung von **H5** klicken und es bis **H8** herunterziehen.

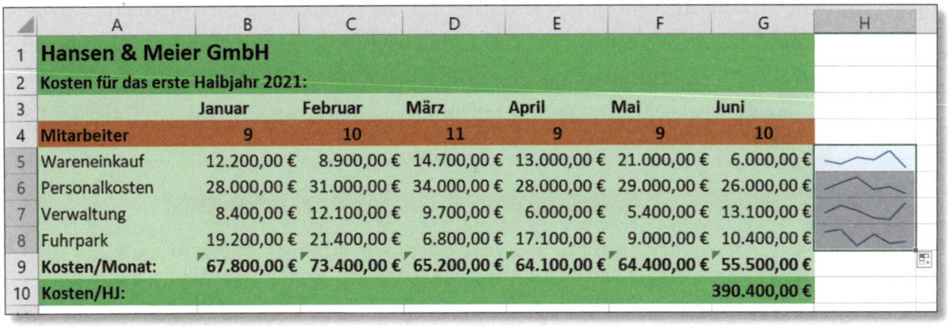

	A	B	C	D	E	F	G	H
1	**Hansen & Meier GmbH**							
2	**Kosten für das erste Halbjahr 2021:**							
3		**Januar**	**Februar**	**März**	**April**	**Mai**	**Juni**	
4	**Mitarbeiter**	**9**	**10**	**11**	**9**	**9**	**10**	
5	Wareneinkauf	12.200,00 €	8.900,00 €	14.700,00 €	13.000,00 €	21.000,00 €	6.000,00 €	
6	Personalkosten	28.000,00 €	31.000,00 €	34.000,00 €	28.000,00 €	29.000,00 €	26.000,00 €	
7	Verwaltung	8.400,00 €	12.100,00 €	9.700,00 €	6.000,00 €	5.400,00 €	13.100,00 €	
8	Fuhrpark	19.200,00 €	21.400,00 €	6.800,00 €	17.100,00 €	9.000,00 €	10.400,00 €	
9	**Kosten/Monat:**	**67.800,00 €**	**73.400,00 €**	**65.200,00 €**	**64.100,00 €**	**64.400,00 €**	**55.500,00 €**	
10	**Kosten/HJ:**						**390.400,00 €**	

6 In der Zeile **Mitarbeiter** wollen wir anstelle einer Linie lieber ein Miniatur-Balkendiagramm erstellen. Markieren Sie Zelle **H4**.

7 Klicken Sie auf die Schaltfläche **Säule** in der Gruppe **Sparklines** der Registerkarte **Einfügen**.

8 Zuletzt fahren Sie über die Zellen **B4** bis **G4** und bestätigen mit [↵].

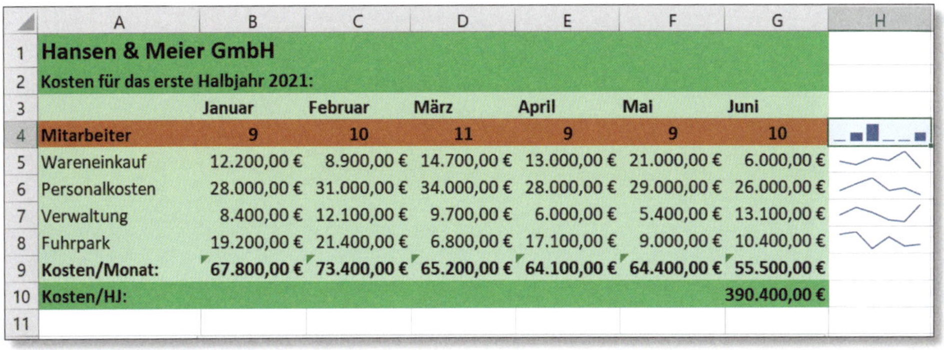

	A	B	C	D	E	F	G	H
1	**Hansen & Meier GmbH**							
2	**Kosten für das erste Halbjahr 2021:**							
3		**Januar**	**Februar**	**März**	**April**	**Mai**	**Juni**	
4	**Mitarbeiter**	**9**	**10**	**11**	**9**	**9**	**10**	
5	Wareneinkauf	12.200,00 €	8.900,00 €	14.700,00 €	13.000,00 €	21.000,00 €	6.000,00 €	
6	Personalkosten	28.000,00 €	31.000,00 €	34.000,00 €	28.000,00 €	29.000,00 €	26.000,00 €	
7	Verwaltung	8.400,00 €	12.100,00 €	9.700,00 €	6.000,00 €	5.400,00 €	13.100,00 €	
8	Fuhrpark	19.200,00 €	21.400,00 €	6.800,00 €	17.100,00 €	9.000,00 €	10.400,00 €	
9	**Kosten/Monat:**	**67.800,00 €**	**73.400,00 €**	**65.200,00 €**	**64.100,00 €**	**64.400,00 €**	**55.500,00 €**	
10	**Kosten/HJ:**						**390.400,00 €**	
11								

Das Resultat dieses Workshops können Sie sich in der Datei *Sparklines.xlsx* im Ordner *Ergebnisse* der Beispieldateien ansehen. Solange eine Sparkline-Zelle markiert ist, kann sie mithilfe der Steuerelemente im Menüband weiter gestaltet werden. Achten Sie darauf, dass dort nun die Registerkarte **Sparklinetools** angezeigt wird.

INFO

Sparklines ändern

Wenn Sie eine vorhandene Sparkline-Zelle verändern, sie also beispielsweise von **Säule** in **Linie** umwandeln wollen, markieren Sie die betreffende Zelle zunächst. Anschließend klicken Sie auf den gewünschten Sparkline-Typ in der Gruppe **Typ** der Registerkarte **Sparklinetools**.

Sparklines per Schnellanalyse einfügen

Sparklines können schnell für mehrere Zeilen einer Tabelle ausgegeben werden, indem Sie diese zunächst markieren (in der Arbeitsmappe *Linien.xlsx*, die Sie im Ordner *20* der Beispieldateien finden, wären das **B5** bis **G8**) und anschließend auf das Schnellanalyse-Symbol ❶ klicken. Alternativ drücken Sie Strg+Q. Aktivieren Sie anschließend die Registerkarte **Sparklines** ❷, und wählen Sie zuletzt den gewünschten Typ aus, im Beispiel **Säule**.

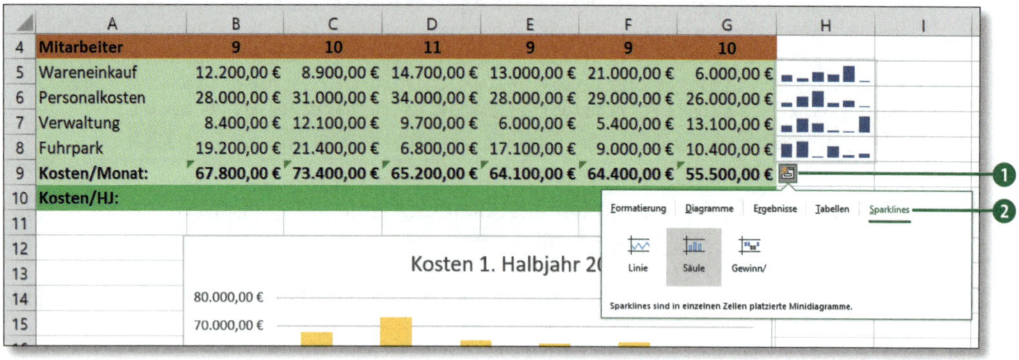

Abbildung 20.17 *Sparklines können auch per Schnellanalyse integriert werden.*

Kapitel 21
Pivot-Tabellen und die Was-wäre-wenn-Analyse

Der Begriff »Pivot« kommt aus dem Englischen. Übersetzt heißt er »Drehpunkt, Angelpunkt, Achse« – und beschreibt damit auch ziemlich genau, um was es geht. Pivot-Tabellen sind Dreh- und Angelpunkte unterschiedlichster Daten. Ihre Besonderheit liegt vor allem darin, dass sie auf unterschiedliche Weise dargestellt werden können, ohne dass Sie dafür Daten verändern müssen.

21.1 Mit Pivot-Tabellen arbeiten

Pivot-Tabellen kommen immer dann zum Einsatz, wenn Datenmengen anfallen, die auf unterschiedliche Art und Weise dargestellt, ausgewertet und/oder interpretiert werden müssen. Pivots geben dem Benutzer die Möglichkeit, sich bestimmte Bereiche nach Wahl anzeigen zu lassen und zu analysieren. Dazu ein Beispiel: Stellen Sie sich einen Konzern mit mehreren Niederlassungen und jeweils unterschiedlichen Abteilungen vor, die alle ihre Daten (beispielsweise ihre Umsatzzahlen) an eine Unternehmenszentrale liefern. Damit nun die Daten in der Zentrale individuell ausgewertet werden können, erzeugt man dort eine Pivot-Tabelle.

Zunächst einmal benötigt man einen Grundstock an Daten. Diesen wandelt man anschließend in eine Pivot-Tabelle um und hat dann die Möglichkeit, die Pivot-Tabelle zu individualisieren. Zeigen Sie beispielsweise an, wie hoch die Umsätze in den einzelnen Unternehmensbereichen sind oder wie sich die Mitarbeiterzahlen verteilen.

Pivot-Tabelle erstellen

In der Arbeitsmappe *Möbelhäuser.xlsx*, die Sie im Ordner *21* der Beispieldateien finden, sind wahllos Umsätze verschiedener Möbelhäuser eingetragen worden. Genauer gesagt, beherbergt jede Zeile die Umsätze und Mitarbeiterzahl einer jeweiligen Abteilung (Wohnen, Schlafen, Küche usw.). Diese Abteilungen gibt es aber nun in jedem einzelnen Möbelhaus des Konzerns (also sowohl in Düsseldorf als auch in Neuss, in Krefeld usw.). Eine ordentliche Struktur gibt es in den angelieferten Daten nicht – die Zeilen stehen wahllos durcheinander.

1. Um aus einer Tabelle eine Pivot-Tabelle erzeugen zu können, müssen Sie zunächst eine der gefüllten Tabellenzellen markieren. Welche das ist, spielt keine Rolle. Bitte beachten Sie, dass sich innerhalb der Tabellen keine Leerzeilen oder Leerspalten befinden dürfen. Anderenfalls würde nur ein Teil der Tabelle berücksichtigt werden (nämlich nur

der Teil bis zur Leerzeile oder Leerspalte – von der markierten Stelle aus gesehen). Erforderlichenfalls löschen Sie leere Zeilen oder Spalten vorab aus der Tabelle.

2 Klicken Sie auf die Schaltfläche **PivotTable** in der Gruppe **Tabellen** der Registerkarte **Einfügen**.

3 Daraufhin wird das Dialogfenster **PivotTable erstellen** geöffnet. Lassen Sie ganz oben **Tabelle oder Bereich auswählen** ❶ aktiv.

4 Da unsere Tabelle weder leere Zeilen noch leere Spalten in sich trägt, sind alle Zellen von **A1** bis **E31** innerhalb der Tabelle markiert worden. Weil wir die Pivot-Tabelle in einem eigenen Arbeitsblatt anlegen möchten, können Sie auch den Radiobutton **Neues Arbeitsblatt** ❷ aktiv lassen. Aktivieren Sie zuletzt die Checkbox **Dem Datenmodell diese Daten hinzufügen** ❸, und bestätigen Sie mit **OK**.

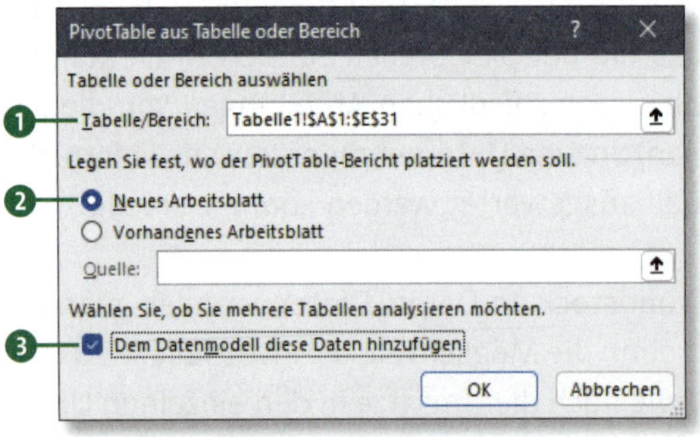

Sie befinden sich nun auf einem neuen Arbeitsblatt. Dieses füllen Sie im folgenden Abschnitt mit Leben – genauer gesagt, mit Tabellenfeldern.

Externe Datenquellen benutzen

Für den Fall, dass Sie eine Pivot-Tabelle erzeugen wollen, deren ursprüngliche Daten sich an einem anderen Ort befindet (z. B. in einer Access-Datenbank oder einer HTML-Website), gehen Sie bitte zunächst genauso vor wie in den vorangegangenen Schritten beschrieben, wobei Sie jedoch in Schritt 2 bitte die untere Hälfte das Schalters **PivotTable** benutzen. Sie erreichen dadurch ein Auswahlmenü, welches auch die Option **Aus externer Datenquelle** zur Verfügung stellt. Nach einem Mausklick auf diese Zeile finden Sie einen leicht veränderten Dialog vor. Hier benutzen Sie als nächstes den Schalter **Verbindung auswählen**, was zur Folge hat, dass abermals ein veränderter Dialog geöffnet wird. In diesem müssen Sie auf **Nach weiteren Elementen suchen** gehen und die Verbindung zur Datenquelle herstellen.

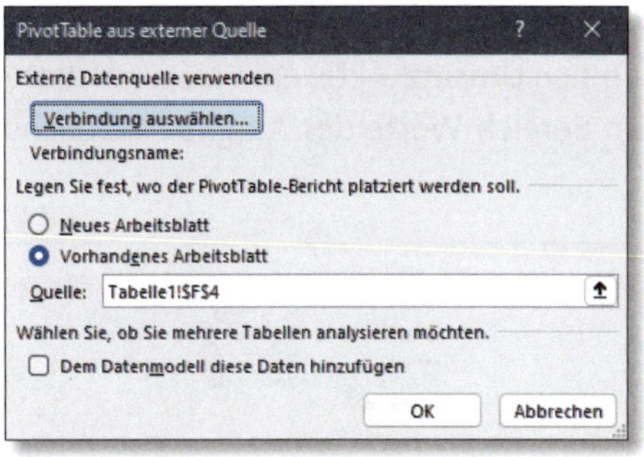

Abbildung 21.1 *Über diesen kleinen Umweg lassen sich auch externe Daten einpflegen.*

Tabellenfelder erzeugen

Jetzt werden wir unser noch leeres Arbeitsblatt mit sogenannten Table-Feldern bzw. Tabellenfeldern füllen. Unser erstes Ziel besteht darin, die Umsatzzahlen der einzelnen Möbelhäuser zu visualisieren.

1 Ganz links im neuen Arbeitsblatt finden Sie eine kurze Erklärung, die Ihnen den nächsten Schritt näherbringen soll. Schauen Sie jedoch einmal auf die rechte Seite der Anwendung. Dort finden Sie den Aufgabenbereich **PivotTable-Felder**. (Dabei handelt es sich um die sogenannte *Feldliste*.) Aktivieren Sie darin die Checkbox **Haus**. Das bewirkt, dass in Spalte **A** eine Liste aller sechs Möbelhäuser generiert wird. Der eingangs erwähnte Hinweis verschwindet daraufhin.

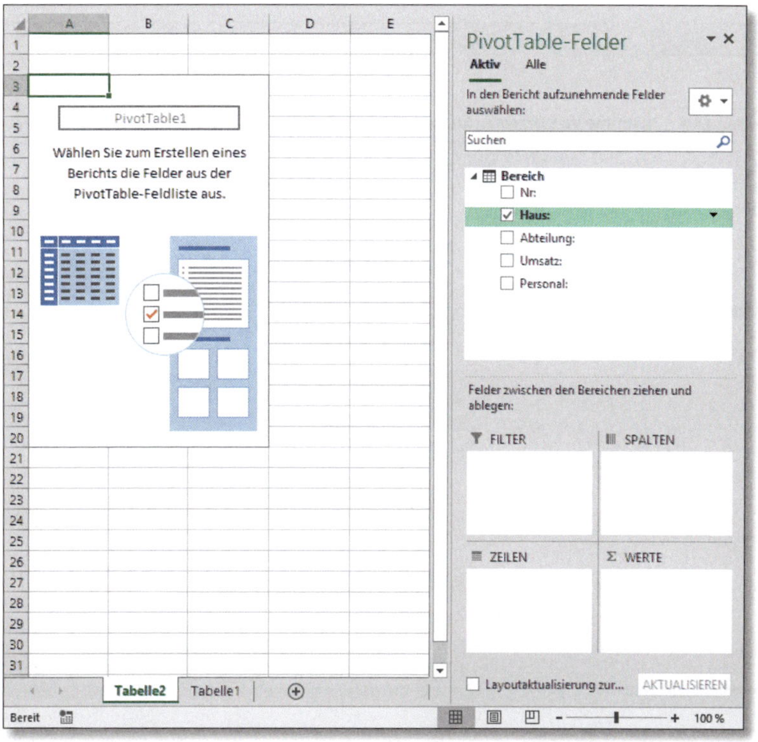

2 Damit wir sehen können, welche Umsätze an den einzelnen Standorten erreicht worden sind, benötigen wir eine weitere Spalte, nämlich **Umsatz**. Aktivieren Sie auch diese Checkbox. Bitte beachten Sie, dass dadurch im Bereich **Werte** des Aufgabenbereichs **Summe von Umsatz** integriert wird.

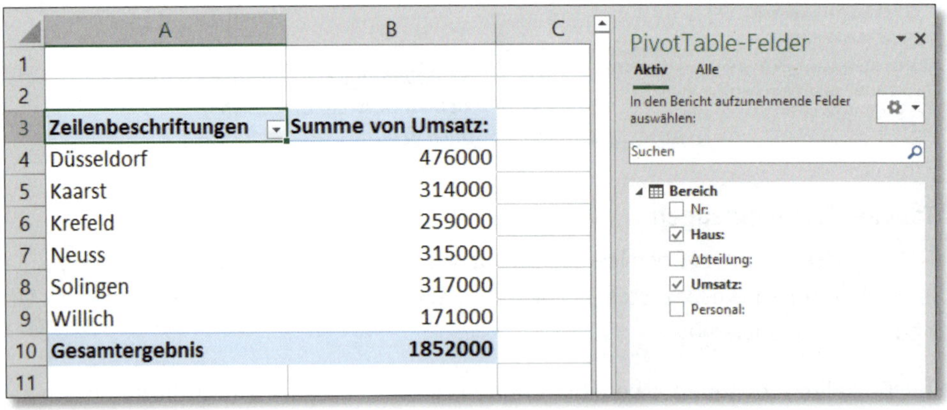

3 Als Nächstes benötigen wir die Spalte **Personal**. Das bloße Anwählen der Checkbox **Personal** ❶ würde zwar reichen, jedoch lässt sich das auch per Drag & Drop erledigen. Und das geht so: Klicken Sie die Zeile an, halten Sie die Maustaste gedrückt, und ziehen Sie die Maus herunter, bis Sie sich im Bereich **Werte** unterhalb von **Summe von Umsatz** ❷ befinden. Dort angelangt, lassen Sie los.

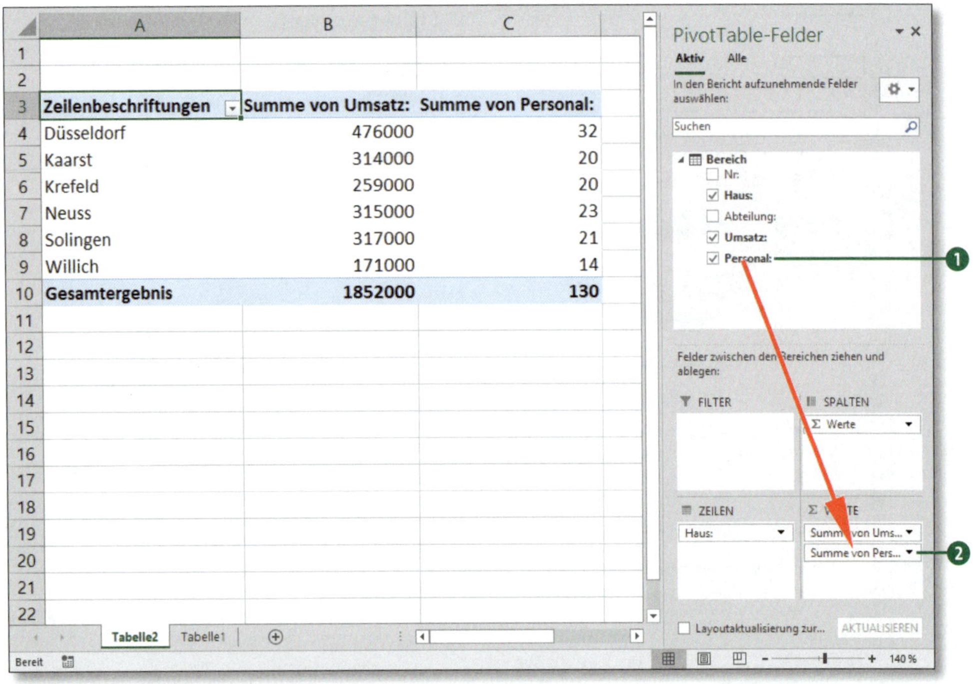

4 Die Spalte **B** (**Summe von Umsatz**) innerhalb der Tabelle ist noch als **Standard** formatiert. Da der Inhalt jedoch dem Format **Währung** entsprechen soll, müssen Sie das noch entsprechend anpassen. Die Einstellung sollten Sie jedoch nicht auf die übliche Weise vornehmen (**Start > Zahl > Zahlenformat**), da ja immer damit zu rechnen ist, dass weitere Daten innerhalb einer Pivot-Tabelle hinzukommen bzw. entfernt werden. Würde die Liste dadurch länger, wären neue Zeilen nicht korrekt formatiert. Sie sollten daher bei Pivot-Tabellen zur Formatierung eine beliebige gefüllte Zelle der Spalte **B** markieren und auf **Feldeinstellungen** ❸ in der Gruppe **Aktives Feld** der Registerkarte **PivotTable-Analyse** klicken.

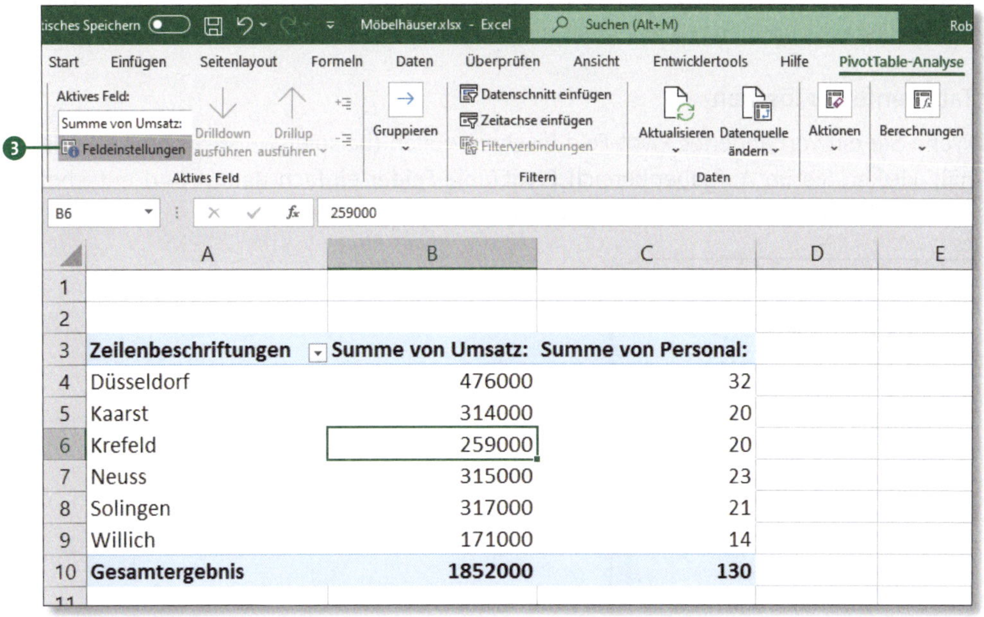

5 Im Dialog **Wertfeldeinstellungen** klicken Sie anschließend auf die Schaltfläche **Zahlenformat**. Wählen Sie nun unter **Kategorie** das Format **Währung** (**Dezimalstellen:** 2), und bestätigen Sie beide Dialoge mit einem Klick auf **OK**.

	A	B	C
1			
2			
3	**Zeilenbeschriftungen**	**Summe von Umsatz:**	**Summe von Personal:**
4	Düsseldorf	476.000,00 €	32
5	Kaarst	314.000,00 €	20
6	Krefeld	259.000,00 €	20
7	Neuss	315.000,00 €	23
8	Solingen	317.000,00 €	21
9	Willich	171.000,00 €	14
10	**Gesamtergebnis**	**1.852.000,00 €**	**130**
11			

Die Pivot-Tabelle ist jetzt bereits derart ausgestattet, dass die Umsatzzahlen aller sechs Möbelhäuser zusammengefasst sind. Dabei ist jede Abteilung eines Möbelhauses bereits mit ihrem Teil am Umsatz vertreten. Auch die Anzahl der Mitarbeiter ist entsprechend gegliedert. Vergleichen Sie Ihr Resultat mit der Datei *Pivot-01.xlsx* im Ordner *21* der Beispieldateien.

In Schritt 3 haben Sie erfahren, dass Sie die Inhalte des Bereichs **Werte** auch per Drag & Drop zuweisen können. Beachten Sie während des Ziehens bitte die grüne, horizontale Linie. Diese zeigt an, an welcher Position Sie den Eintrag fallen lassen können. Somit hätten Sie **Summe von Personal** auch oberhalb von **Summe von Umsatz** einsortieren können. Dann wäre **B** die Personalspalte geworden. Auch das Sortieren per Drag & Drop (unten in der Feldliste) ist übrigens zu jeder Zeit möglich.

Tabellenfelder löschen

Wenn Sie ein vorhandenes Pivot-Feld löschen wollen (beispielsweise **Summe von Personal**), klicken Sie im Aufgabenbereich **PivotTable-Felder** einfach darauf und entscheiden sich anschließend im Kontextmenü für den Befehl **Feld entfernen**.

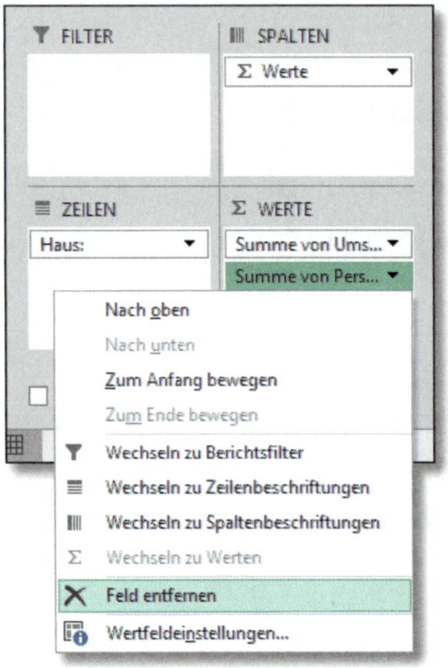

Abbildung 21.2 *Hinzugefügte Felder können jederzeit wieder entfernt werden.*

Pivot-Inhalte filtern

Nun ist der Gesamtumsatz je Möbelhaus schon interessant. Allerdings bleiben damit wichtige Informationen ungenutzt, beispielsweise die Umsätze der einzelnen Abteilungen. Auch diese Daten können Sie in Ihrer Pivot-Tabelle verwenden und so die Umsatzzahlen verfeinern. Daher soll die Tabelle der Beispieldatei *Pivot-01.xlsx* aus dem Ordner *21* der Beispieldateien noch weiter optimiert werden.

1 Klicken Sie im Aufgabenbereich **PivotTable-Felder** oben auf den Eintrag **Abteilung** ❶, halten Sie die Maustaste gedrückt, und ziehen Sie ihn herunter, bis Sie im Bereich **Zeilen** angelangt sind. Lassen Sie unterhalb von **Haus** ❷ los.

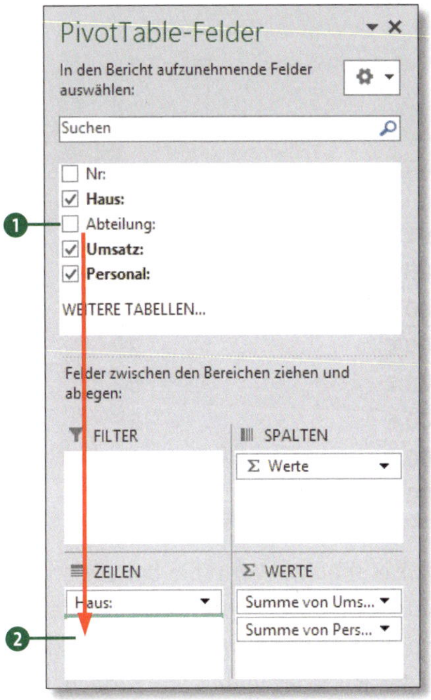

2 Werfen Sie einen Blick auf die Tabelle. Vor jedem Filialeintrag finden Sie nun einen Minusbutton. Wenn Sie auf ihn klicken, verwandelt er sich in ein Plus-Symbol, und die Liste der Abteilungen wird geschlossen. Ein erneuter Klick öffnet die Liste wieder.

3	Zeilenbeschriftungen	Summe von Umsatz:	Summe von Personal:
4	⊟ **Düsseldorf**	**476.000,00 €**	**32**
5	Accessoires	18.000,00 €	4
6	Essen	43.000,00 €	2
7	Küche	120.000,00 €	5
8	Schlafen	83.000,00 €	5
9	Wohnen	212.000,00 €	16
10	⊟ **Kaarst**	**314.000,00 €**	**20**
11	Accessoires	12.000,00 €	3

3 Gut, die Liste der einzelnen Möbelhäuser mit ihren Abteilungen ist ganz nett. Sollten Sie jedoch eine eigene Spalte dafür bevorzugen, müssen Sie zunächst auf die Schaltfläche **Berichtslayout** in der Gruppe **Layout** der Registerkarte **Entwurf** klicken. Wenn Sie im Auswahlmenü der Schaltfläche von **In Kurzformat anzeigen** beispielsweise auf **Im Tabellenformat anzeigen** umschalten, wird eine komplett neue Spalte für die Abteilungen generiert.

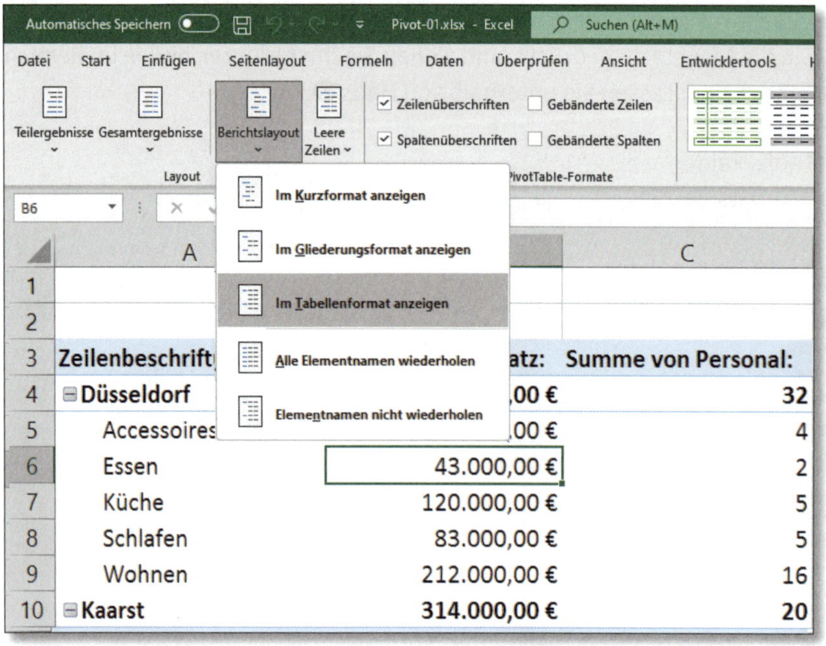

4 Und jetzt kommt das, was Pivot-Tabellen so intuitiv macht. Wenn Sie beispielsweise wissen wollen, welche Umsätze in den Abteilungen »Essen« und »Küche« der jeweiligen Einrichtungshäuser erzielt worden sind, klicken Sie zunächst auf die kleine Dreieck-Schaltfläche ❸ in der Kopfzeile von Spalte **B**. Deaktivieren Sie zunächst die Checkbox **(Alle anzeigen)** ❹, um anschließend je ein Häkchen vor **Essen** und **Küche** zu platzieren.

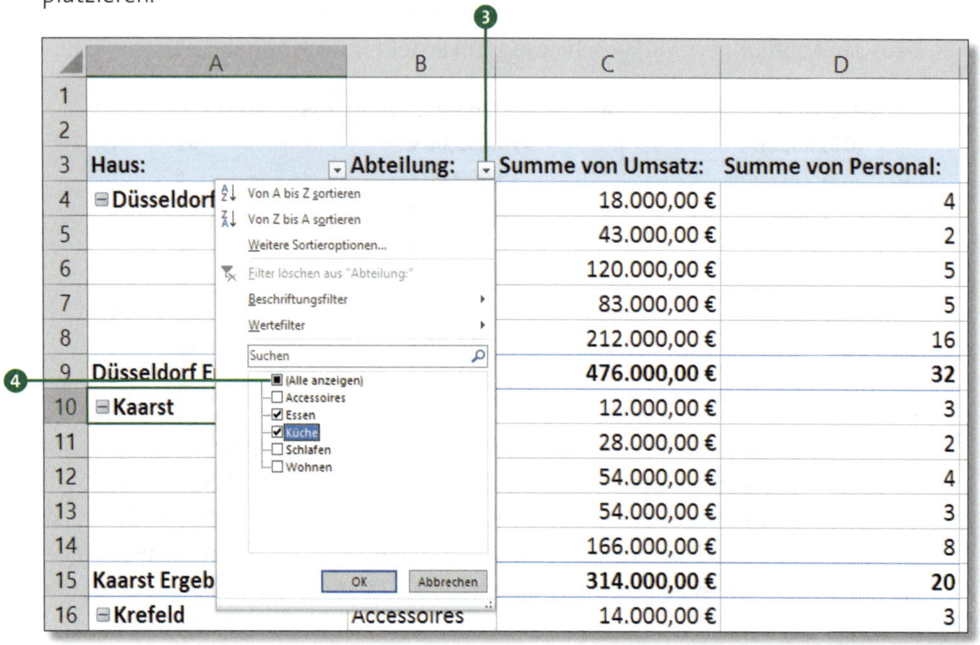

5 Nach einer solchen Aktion wird die zuvor erwähnte Dreieck-Schaltfläche im Kopf der Spalte übrigens durch ein Trichtersymbol ersetzt. Das ist ein Indiz dafür, dass die Spalte gefiltert ist, also derzeit nicht mit all ihren Bestandteilen angezeigt wird. Klicken Sie erneut darauf und aktivieren Sie anschließend im Menü die Checkbox bei **(Alle anzeigen)**, werden wieder alle Abteilungen präsentiert.

Wenn Sie die Tabelle auf die zuvor beschriebene Weise filtern, wird auch das Gesamtergebnis in der gleichnamigen Zeile entsprechend angepasst. Die fertige Tabelle finden Sie unter dem Dateinamen *Pivot-02.xlsx* im Ordner *21* der Beispieldateien.

In Schritt 2 haben Sie kleine Schaltflächen kennengelernt, mit denen sich die Listen schließen und öffnen lassen. Für den Fall, dass Sie diese Schaltflächen verbergen wollen, beispielsweise bevor Sie die Pivot-Tabelle ausdrucken, klicken Sie auf den Button **Schaltflächen +/–** in der Gruppe **Anzeigen** der Registerkarte **PivotTable-Analyse**.

Eine Gruppe erzeugen

Wenn Sie einmal ein gruppiertes Ergebnis erzeugen wollen, können Sie das mit nur einem einzigen Doppelklick erledigen. Falls Sie also z. B. die Abteilungsergebnisse des Hauses »Kaarst« als separate Tabelle benötigten, setzen Sie einfach einen Doppelklick auf die Zelle **Kaarst Ergebnis** in der Spalte **Summe von Umsatz**. Daraufhin wird ein neues Tabellenblatt generiert, das die einzelnen Posten dieses Möbelhauses zeigt.

	A	B	C	D	E	F
1	Nr:	Haus:	Abteilung:	Umsatz:	Personal:	
2	10	Kaarst	Accessoires	12000	3	
3	9	Kaarst	Essen	28000	2	
4	18	Kaarst	Küche	54000	4	
5	31	Kaarst	Schlafen	54000	3	
6	6	Kaarst	Wohnen	166000	8	
7						

Abbildung 21.3 Diese Tabelle ist mit einem Doppelklick generiert worden.

21.2 Pivot-Tabellen mit der Funktion »Datenschnitt« filtern

Das Filtern von Daten (siehe den Unterabschnitt »Pivot-Inhalte filtern« ab Seite 646) lässt sich noch mehr individualisieren. So ist es bei Pivot-Tabellen möglich, einen Kontrollmechanismus zu integrieren, mit dem die Auswahl der gewünschten Daten auf Knopfdruck funktioniert.

Datenschnitt einfügen

Hier erfahren Sie, wie Sie eine kleine Tafel mit Schaltflächen generieren, die das schnelle Filtern von Daten möglich macht. Öffnen Sie für diesen Workshop die Datei *Pivot-02.xlsx* aus dem Ordner *21* der Beispieldateien.

1 Platzieren Sie einen Mausklick auf einer beliebigen gefüllten Zelle des Datenblatts **Tabelle2**, also der Pivot-Tabelle innerhalb der Beispieldatei. Dadurch erreichen Sie, dass die beiden Registerkarten **PivotTable-Analyse** und **Entwurf** angezeigt werden.

2 Klicken Sie auf **Datenschnitt einfügen** in der Gruppe **Filtern** der Registerkarte **PivotTable-Analyse**.

3 Im folgenden Dialog geben Sie an, welche Steuerelemente erzeugt werden sollen, über die Sie dann ganz bequem die Daten der Pivot-Tabelle filtern können. Wählen Sie beispielsweise die Spalten **Haus** und **Abteilung**. Bestätigen Sie mit einem Klick auf **OK**.

4 Klicken Sie nun auf die Kopfleiste der obersten Tafel, und schieben Sie diese per Drag & Drop zur Seite. Sie soll neben der Tabelle stehen. Verfahren Sie mit der zweiten Tafel entsprechend.

5 Wenn Sie jetzt wissen möchten, wie viel Umsatz beispielsweise mit Küchen im Möbelhaus Neuss erzielt worden ist, wählen Sie auf jeder der beiden Tafeln den entsprechenden Button an, also den Eintrag **Neuss** auf der Tafel **Haus** sowie **Küche** auf der Tafel **Abteilung**.

6 Aber es geht noch besser. Denn auch eine Mehrfachauswahl auf einer Tafel ist möglich, und somit ist ein direkter Vergleich zwischen einzelnen Tabellenabschnitten sehr einfach. Dazu müssen Sie allerdings während des Klicks auf den jeweiligen Button `Strg` gedrückt halten.

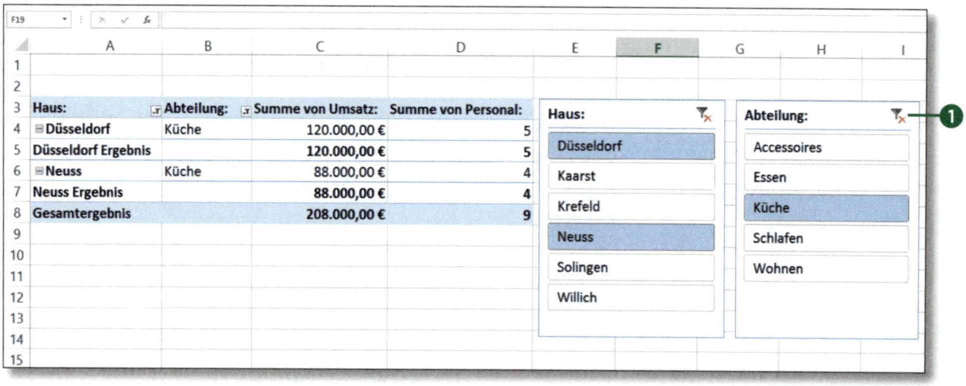

Eine zuvor gefilterte und jetzt nicht mehr benötigte Wahl kann mit einem Klick auf das Trichtersymbol ❶ der jeweiligen Tafel geschlossen werden. Alternativ markieren Sie die Tafel und betätigen Alt+C. Um die Tafel komplett zu entfernen, drücken Sie nach deren Selektion Entf oder ←.

Datenschnitteinstellungen festlegen

Für jede Datenschnittpalette können individuelle Einstelloptionen festgelegt werden. Dabei ist jedoch stets maßgeblich, welche Palette gerade aktiv ist. Wollen Sie die Optionen mehrerer Paletten gleichzeitig ändern, klicken Sie alle nacheinander an, während Sie Strg gedrückt halten.

Klicken Sie nun auf **Datenschnitteinstellungen** in der Gruppe **Datenschnitt** der Registerkarte **Datenschnitttools/Optionen**, um weitere Optionen festzulegen. Dazu zählen z. B. die Sichtbarkeit der Kopfzeile, die Beschriftung oder die Sortierreihenfolge.

21.3 So analysieren Sie umfangreiche Tabellendaten mit PivotCharts

PivotCharts sind zunächst einmal vergleichbar mit herkömmlichen Diagrammen. Allerdings können sie mehr als Standarddiagramme. Sie tragen nämlich Einstelloptionen in sich, mit denen die Grafik optimiert und die Daten jederzeit rasch gefiltert werden können. So bleiben auch umfangreiche Tabellendaten stets übersichtlich und fördern genau das zutage, was Sie darstellen wollen.

Öffnen Sie die Arbeitsmappe *Pivot-03.xlsx*, die Sie im Ordner *21* der Beispieldateien finden. Aus dieser Pivot-Tabelle soll nun ein anschauliches und zugleich individuell anpassbares Diagramm erstellt werden.

1 Deaktivieren Sie sämtliche Filter innerhalb der beiden Datenschnittfelder. Das geht am schnellsten, indem Sie in beiden Paletten jeweils oben rechts auf die Schaltfläche **Filter löschen** klicken. Daraufhin wird Ihnen wieder der gesamte Inhalt der Tabelle angezeigt.

2 Markieren Sie nun eine beliebige Zelle innerhalb der Tabelle, und klicken Sie als Nächstes auf die Schaltfläche **PivotChart** in der Gruppe **Diagramme** der Registerkarte **Einfügen**.

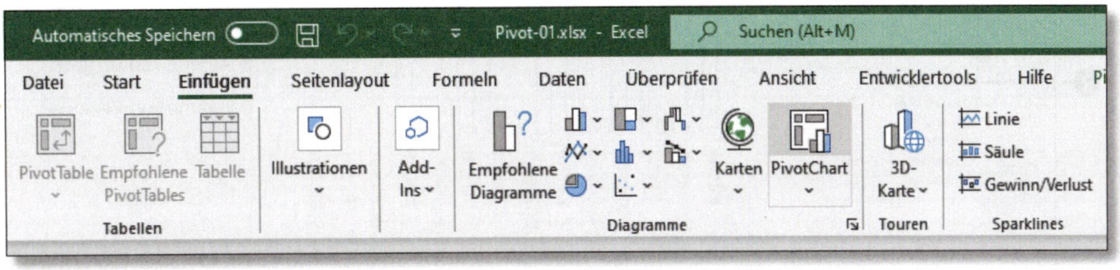

3 Im Dialog **Diagramm einfügen** klicken Sie links auf die Rubrik **Säule** und bestätigen mit **OK**.

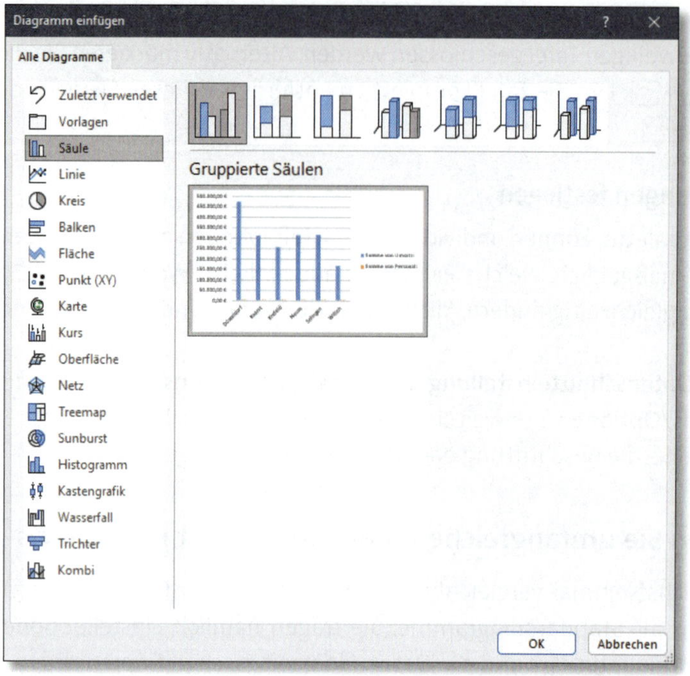

4 Die beiden Datenschnitte **Haus** und **Abteilung**, die auch im Aufgabenbereich **Pivot-Chart-Felder** auf der rechten Seite der Anwendung unten links im Bereich **Achse** zu finden sind, tauchen auch unten links im Diagramm auf. Mit deren Hilfe lässt sich nun die Grafik weiter anpassen. Klicken Sie beispielsweise auf **Abteilung** ❶, und deaktivieren Sie zunächst **(Alle anzeigen)** ❷.

5 Danach wählen Sie per Mausklick beispielgebend einmal **Küche** und **Essen** an und bestätigen die Änderungen mit einem Klick auf **OK**.

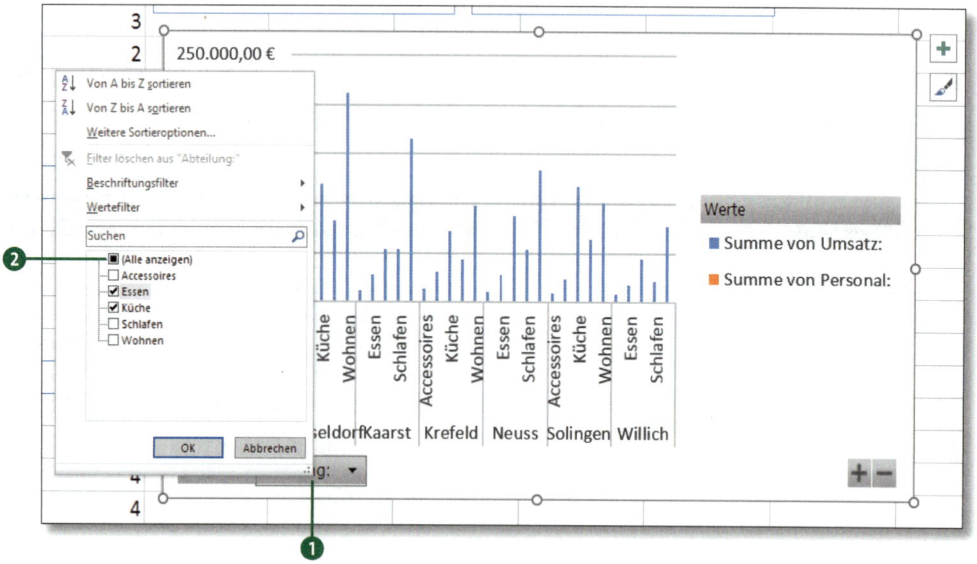

6 Unmittelbar im Anschluss wird das Diagramm entsprechend aktualisiert. Verfahren Sie ebenso mit dem Steuerelement **Haus** des Diagramms, und lassen Sie nur die Häuser **Düsseldorf** und **Kaarst** anzeigen.

7 Sie haben nun die Möglichkeit, noch weitere Achsen hinzuzufügen. Dazu ziehen Sie die gewünschte Achse, z. B. **Personal**, aus dem Bereich **PivotChart-Felder** der Feldliste nach unten links in den Bereich **Achse**. Innerhalb des Diagramms wird daraufhin ein weiterer Button **Personal** integriert.

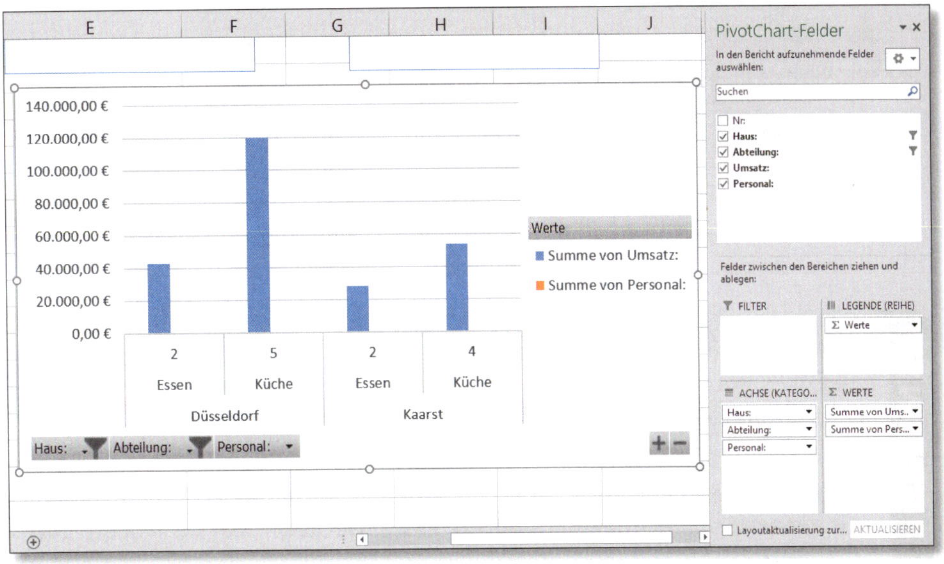

Anhand des PivotCharts lässt sich jetzt visuell ruckzuck erfassen, wie viele Mitarbeiter in der jeweiligen Abteilung für den entsprechenden Umsatz gesorgt haben. Schauen Sie sich das Resultat in der Arbeitsmappe *Pivot-04.xlsx* im Ordner *21* der Beispieldateien an.

21.4 Power Pivot

Power Pivot ist ein in Excel integriertes Add-In, mit dem umfangreiche Daten aus unterschiedlichen Quellen (z. B. Excel-Arbeitsmappen, Datenbanken) miteinander verknüpft und auf komfortable Weise verwaltet werden können. Power Pivot stellt sich in der normalen Excel-Arbeitsumgebung zunächst nur als Registerkarte dar und muss in der Regel vorab aktiviert werden (siehe den Kasten »Power Pivot aktivieren« auf Seite 654). Da sich Power Pivot vor allem an professionelle Anwender mit Datenbankerfahrung richtet und nur in der Office Professional Edition enthalten ist, soll dieses Thema hier nur kurz angerissen werden.

Wenn Sie Daten aus anderen Excel-Arbeitsmappen integrieren wollen, öffnen Sie das Dokument zunächst, markieren die für Sie relevanten Bereiche und klicken auf **Zu Datenmodell hinzufügen** auf der Registerkarte **PowerPivot**. Nach einem anschließenden Klick auf **OK** öffnet sich das Fenster **Power Pivot für Excel**, über das weitere Daten integriert werden können. Das erreichen Sie, indem Sie auf **Externe Daten abrufen** klicken. Im Auswahlmenü lassen sich nun Daten aus anderen Quellen bzw. Datenbanken integrieren.

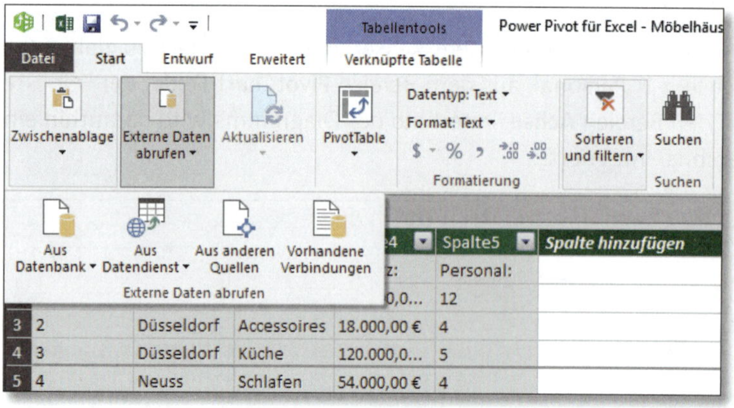

Abbildung 21.4 *Power Pivot als Verwaltungszentrale für unterschiedliche Datenquellen*

INFO

Power Pivot aktivieren

Da Power Pivot ein Add-In ist, muss es zunächst aktiviert werden. Dazu klicken Sie auf **Datei > Optionen > Add-Ins** und entscheiden sich unter **Verwalten** für **COM-Add-Ins**. Klicken Sie anschließend auf **Los**, aktivieren Sie die Checkbox **Microsoft Power Pivot for Excel**, und bestätigen Sie mit **OK**. Alternativ klicken Sie auf den Schalter **Zum Power Pivot-Fenster wechseln**, den Sie in der Gruppe **Datentools** der Registerkarte **Daten** finden. Beantworten Sie die Kontrollabfrage mit **Aktivieren**. Sollte Power Pivot bereits aktiv sein, bleibt die Kontrollabfrage aus und es öffnet sich das Fenster **Power Pivot für Excel**.

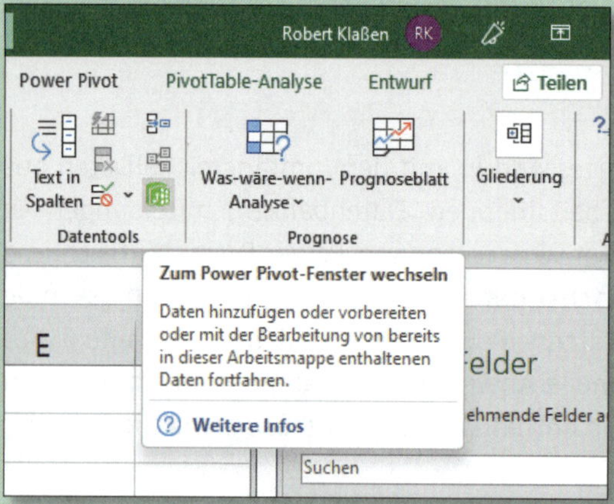

Abbildung 21.5 *Power Pivot lässt sich auch via Menüband einschalten.*

21.5 Die Was-wäre-wenn-Analyse

Die sogenannte Was-wäre-wenn-Analyse ist eine Art Vorhersageberechnung. Genauer gesagt, nimmt man bestimmte Werte als Ausgangsbasis und kann nun verschiedene Szenarien mit unterschiedlichen Werten durchspielen. Ein klassisches Beispiel ist der Materialeinsatz eines Unternehmens, der beispielsweise davon abhängig sein kann, wie hoch der Bestellwert und der damit verbundene Rabatt ist. Darüber hinaus können mit dieser Vorhersageberechnung Analysen in Bezug auf den Kapitalbedarf eines Projekts kalkuliert werden und vieles mehr.

Die Break-Even-Point-Analyse (Vorbereitung)

In diesem Szenario wollen wir den sogenannten *Break-Even-Point* eines Produktionsbetriebs ermitteln. Zunächst einmal die Fakten: Die Gründung des Beispielunternehmens ist mit 100.000,00 € zu Buche geschlagen, diese Summe ist u.a. durch die Anschaffung von Maschinen entstanden. De facto hat das Unternehmen also einen Verlust von 100.000,00 € gemacht.

Der Unternehmer möchte nun wissen, wie viele seiner angebotenen Artikel er verkaufen muss, bis er von der Verlust- in die Gewinnzone wechselt (also den Break-Even-Point erreicht). Nun müssen wir natürlich noch zwei zusätzliche Dinge in Erfahrung bringen, nämlich wie hoch der angestrebte Verkaufspreis des Produkts ist und welche Materialkosten für die Herstellung dieses Artikels anfallen. All das entnehmen wir der Arbeitsmappe *Break-Even.xlsx*, die Sie im Ordner *21* der Beispieldateien finden.

Der Verkaufspreis eines einzelnen Artikels beträgt 99,00 €, während die Produktionskosten pro Stück bei 35,00 € liegen. Derzeit ist noch kein Artikel verkauft worden, was auch aus der Zelle **B3** hervorgeht und weshalb in Zelle **B4** auch noch kein Umsatz zu verzeichnen ist. Darüber hinaus weist der Gewinn, wie bereits berichtet, ein Minus von 100.000,00 € auf, was in Zelle **B7** zu sehen ist.

	A	B
1	**Break-Even-Point-Analyse:**	
2	Verkaufspreis:	99,00 €
3	Menge:	0
4	Umsatz:	- €
5	Gründungskosten:	100.000,00 €
6	Materialbedarf/Stück:	35,00 €
7	Gewinn:	- 100.000,00 €
8		

***Abbildung 21.6** In diesem Excel-Dokument stecken die derzeitigen Ergebnisse.*

Schauen wir uns die Formeln an: Klicken Sie dazu in die Zelle **B4**. Der Umsatz berechnet sich demzufolge aus *Verkaufspreis * Menge*. Keine große Sache, oder? Interessanter ist die Formel in Zelle **B7**, die ebenfalls den Verkaufspreis mit der Menge multipliziert, jedoch zusätzlich den Materialbedarf mit der Menge. Logisch, denn je mehr wir produzieren, desto höher sind auch die Materialkosten. Zudem werden beide Kostenbereiche (Materialbedarf und Gründungskosten) vom Gewinn subtrahiert.

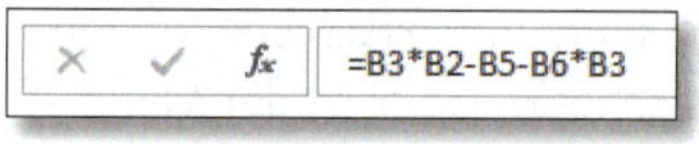

Abbildung 21.7 *Die Formel für Zelle »B7«*

Da Excel selbstverständlich Punktrechnung vor Strichrechnung berücksichtigt, konnten wir uns die Klammern in dieser Formel sparen.

Eine Break-Even-Point-Analyse durchführen

So viel zur Vorgeschichte. Jetzt wollen wir herausfinden, ab wann unser fiktives Unternehmen schwarze Zahlen schreiben wird. Das gelingt mit der Was-wäre-wenn-Analyse.

1. Zunächst markieren Sie die Zelle **B7**. Klicken Sie als Nächstes auf die Schaltfläche **Was-wäre-wenn-Analyse** in der Gruppe **Prognose** der Registerkarte **Daten**. Entscheiden Sie sich im Menü für **Zielwertsuche**.

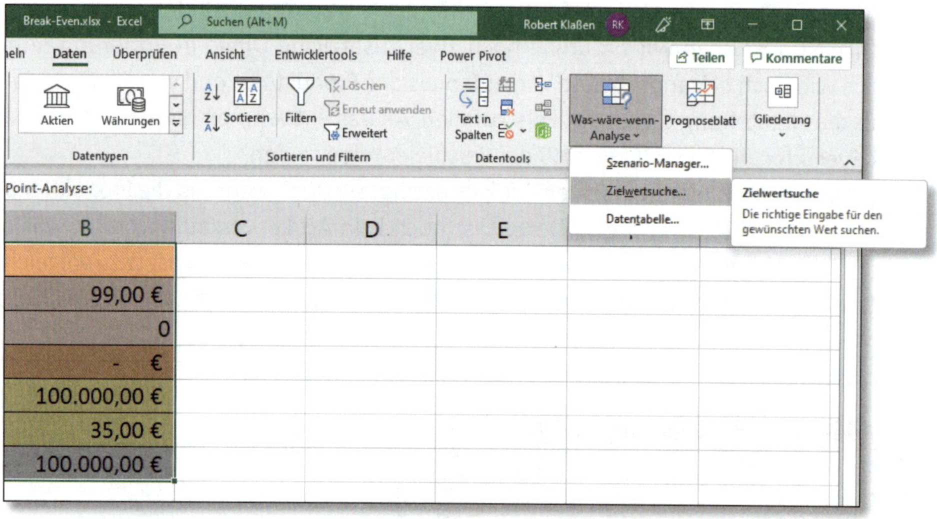

2. Da im vorangegangenen Schritt bereits die Zelle **B7** markiert worden ist, erscheint diese im Dialog **Zielwertsuche** als Zielzelle. Klicken Sie in das mittlere Eingabefeld **Zielwert**, und geben Sie dort »0« ein. Warum? Weil wir ermitteln wollen, wann die Zelle **B7** mit 0,00 € zu Buche schlägt, also unser Break-Even-Point erreicht ist.
3. Zuletzt benötigen wir noch eine veränderbare Zelle. Das ist der Wert, der von der Zielwertsuche angepasst werden darf – denn einer der Werte muss sich ja verändern, damit ein Gewinn von 0,00 € oder mehr dargestellt werden kann. Hier ist die Menge relevant, da wir ja wissen wollen, wie viele Produkte angefertigt werden müssen, um aus der Verlustzone herauszukommen. Klicken Sie demzufolge in das Eingabefeld **Veränderbare Zelle**, und markieren Sie die Zelle **B3**.

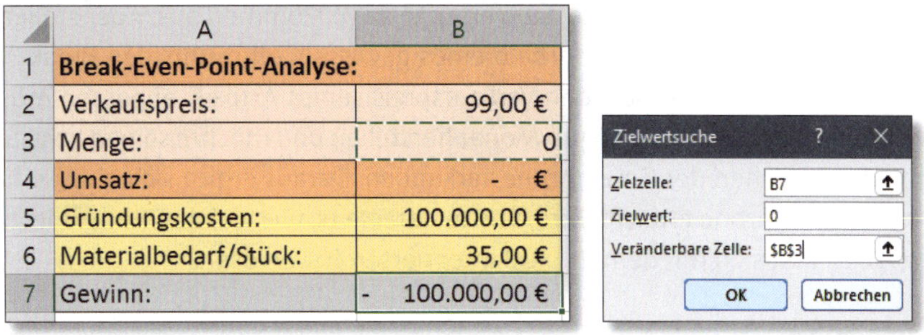

4 Zuletzt bestätigen Sie Ihre Angaben mit einem Klick auf den **OK**-Button und warten auf das Ergebnis. Sie sehen: Sobald der 1.563. Artikel verkauft ist, sind wir aus den roten Zahlen heraus und machen Gewinn.

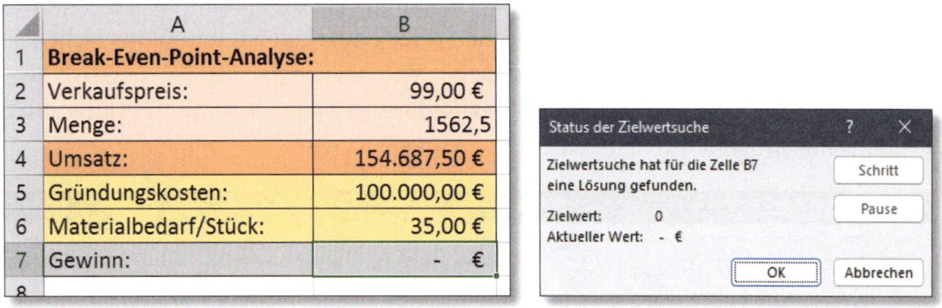

5 Kontrollieren Sie das Ergebnis, indem Sie auf **OK** klicken und die Menge auf »1.563« erhöhen. Denn einen halben Artikel können wir ja nicht verkaufen. Sobald Sie Zelle **B3** verlassen, werden die ersten 32,00 € Gewinn angezeigt.

Sie finden das Resultat dieses Workshops unter dem Dateinamen *Break-Even-fertig.xlsx* im Ordner *Ergebnisse* der Beispieldateien.

INFO

Weitere Werte ermitteln
Die Zielwertsuche ist keine feste Größe, sondern kann durch erneutes Aufrufen des gleichnamigen Dialogs (**Daten > Datentools > Was-wäre-wenn-Analyse > Zielwertsuche**) wieder komplett neu durchgeführt werden. Möchten Sie also beispielsweise analysieren, wann die ersten 100.000,00 € Gewinn anstehen, starten Sie eine neue Zielwertsuche mit den gleichen Zellbezügen, jedoch geben Sie im Dialog **Zielwertsuche** in das Feld **Zielwert** jetzt einen Wert von »100.000« ein.

21.6 Was-wäre-wenn-Analyse mit dem Solver

Lassen Sie uns eine Was-wäre-wenn-Analyse noch einmal unter veränderten Voraussetzungen durchspielen. Um herauszufinden, wann unser kleines Unternehmen Gewinn macht, reicht ja die soeben vorgestellte Zielwertanalyse vollkommen aus. Aber stellen Sie sich vor, der Unternehmer möchte innerhalb eines gewissen Zeitraums den Break-Even-Point erreichen, selbst wenn er dazu den Verkaufspreis seines Artikels anpassen müsste. Nehmen wir an, er kann 200 Produkte pro Monat herstellen und möchte seinen Investoren in 5 Monaten das Erreichen der Gewinnzone verkünden. Daraus ergibt sich einerseits die Frage, wann die Gewinnzone erreicht wird, und andererseits, wie viel das Produkt letztlich kosten muss. Dies lässt sich mit dem in Excel integrierten *Solver* lösen.

Hinweise zum Solver

Beim Solver (engl. *to solve* = lösen) handelt es sich um ein Add-In, also eine Art Zusatzsoftware, die zwar in Excel integriert ist, jedoch in der Regel zunächst aktiviert werden muss. Sollten Sie mit dem Solver arbeiten wollen, schauen Sie zunächst nach, ob dieser zur Verfügung steht. Wenn ja, finden Sie auf der Registerkarte **Daten** eine Gruppe mit der Bezeichnung **Analyse**, in der die Schaltfläche **Solver** enthalten ist. Wenn das nicht der Fall ist, müssen Sie das Add-In zunächst aktivieren. Wie das vonstattengeht, zeige ich Ihnen in Abschnitt 23.3, »So passen Sie Excel an Ihre Bedürfnisse an«, und zwar im Unterabschnitt »Add-Ins hinzufügen« auf Seite 685.

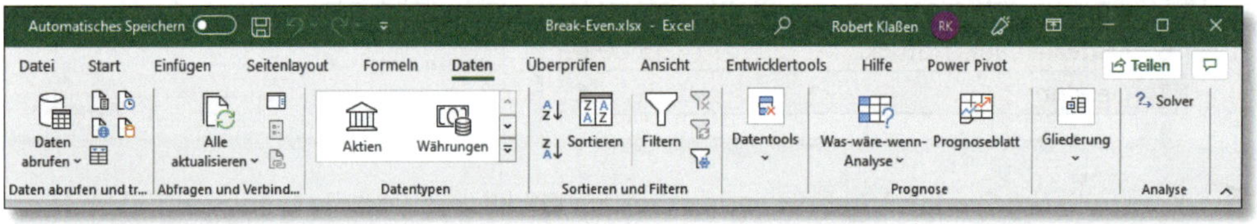

Abbildung 21.8 *Die »Solver«-Schaltfläche muss erst aktiviert werden.*

Eine Solver-Analyse durchführen

Noch einmal kurz zur Wiederholung: Wir wollen wissen, was ein Produkt kosten wird, wenn wir nach der Herstellung von 1.000 Stück die Verlustzone verlassen wollen. Öffnen Sie die Arbeitsmappe *Break-Even-fertig.xlsx*, die sich im Ordner *Ergebnisse* der Beispieldateien befindet.

1. Klicken Sie, ohne vorher Zellen zu markieren, auf die Schaltfläche **Solver** in der Gruppe **Analyse** der Registerkarte **Daten**. Trotz der Tatsache, dass keine Zelle markiert worden ist, wird im Dialogfenster **Solver-Parameter** im obersten Eingabefeld **Ziel festlegen** bereits der Eintrag **B7** gelistet. Ist das nicht der Fall, markieren Sie den gesamten Inhalt des Feldes. Löschen Sie ihn mit ← heraus, und klicken Sie innerhalb der Excel-Arbeitsmappe auf die Zelle **B7**.

2. Nun müssen Sie dem Solver mitteilen, dass die Zelle **B7** einen Wert von »0« erreichen soll. Klicken Sie daher im Bereich **Bis** auf den Radiobutton **Wert**, und tragen Sie in das nebenstehende Eingabefeld den Wert ein, der erreicht werden soll, also im Beispiel »0«. Bitte verlassen Sie den Dialog noch nicht.

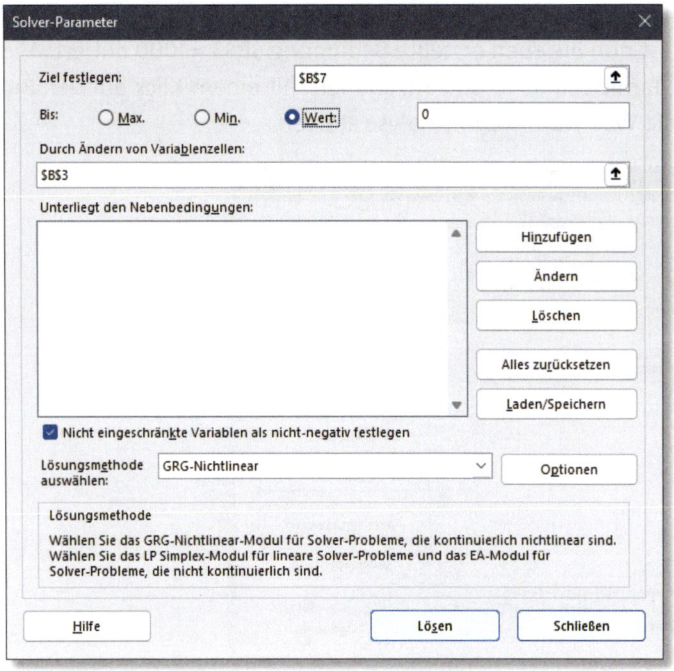

3 Legen Sie nun im Eingabefeld **Durch Ändern von Variablenzellen** fest, welche Zellen eine Veränderung erfahren dürfen. Löschen Sie eventuell vorhandene Werte heraus, und markieren Sie anschließend die Zellen **B2** und **B3**, indem Sie mit gedrückter Maustaste über beide ziehen.

4 Nun beabsichtigen wir, exakt 1.000 Artikel herzustellen und nicht die derzeit in der Tabelle angegebenen 1.563. Demzufolge müssen wir eine sogenannte *Nebenbedingung* formulieren. Nebenbedingungen sind Gegebenheiten, die vom Solver eingehalten werden müssen. Denn anderenfalls könnte dieser ja vorschlagen, nur ein einziges Produkt zu erzeugen, das 100.035,00 € kostet, und schon wären wir in der Gewinnzone. Das wäre zwar schön, kauft uns aber niemand ab. Deshalb muss Zelle **B3** mit der Nebenbedingung *1.000 Stück* ausgestattet werden. Dazu klicken Sie im Bereich **Unterliegt den Nebenbedingungen** auf die Schaltfläche **Hinzufügen**.

5 Geben Sie in das Feld **Zellbezug** die Zelle ein, auf die sich die Nebenbedingung beziehen soll, in unserem Beispiel also die Zelle **B3**. Im rechts daneben befindlichen Auswahlfeld entscheiden Sie sich für das Gleichheitszeichen. Ganz rechts wird die Nebenbedingung formuliert, die da lautet: »1000«. Bestätigen Sie mit **OK**.

6 Somit gelangen Sie zurück in den Dialog **Solver-Parameter**. Im Feld **Unterliegt den Nebenbedingungen** ist nun die eben erstellte Bedingung **B3 = 1000** notiert. Alle nötigen Angaben sind damit gemacht, und Sie können mit einem Klick auf den Button **Lösen** (ganz unten) die Was-wäre-wenn-Analyse starten.

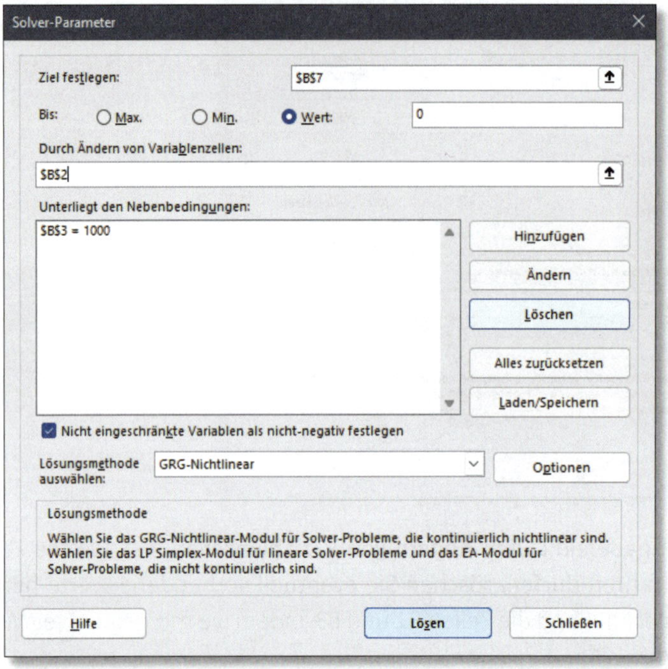

7 Nun checkt der Solver kurz die Daten und gibt dann einen Dialog aus, der Sie über den Erfolg der Aktion in Kenntnis setzt. Standardmäßig ist **Solver-Lösung akzeptieren** aktiv. Das ist auch gut so. Bestätigen Sie mit **OK**. Wenn Sie stattdessen lieber wieder die ursprünglichen Werte in der Excel-Datei sehen möchten, aktivieren Sie vorher noch den Radiobutton **Ursprüngliche Werte wiederherstellen**.

8 Sogleich werden die Excel-Daten aktualisiert, und der Dialog **Solver-Ergebnisse** wird bereitgestellt. Sind Sie mit dem Ergebnis zufrieden? Dann bestätigen Sie mit **OK**.

	A	B
1	Break-Even-Point-Analyse:	
2	Verkaufspreis:	135,00 €
3	Menge:	1000
4	Umsatz:	135.000,00 €
5	Gründungskosten:	100.000,00 €
6	Materialbedarf/Stück:	35,00 €
7	Gewinn:	0,00 €
8		

Übrigens speichert der Solver im Gegensatz zur Zielwertsuche (siehe den Unterabschnitt »Eine Break-Even-Point-Analyse durchführen« auf Seite 656) die eingegebenen Daten. Öffnen Sie das Fenster erneut, finden Sie auch die zuvor eingestellten Werte wieder vor.

Kapitel 22

Tipps und Tricks für den Excel-Alltag

An dieser Stelle finden Sie noch einige weiterführende Informationen zu einzelnen Themengebieten. Die Themen selbst sind nicht neu – sie sind alle bereits einmal in diesem Buch angesprochen worden. Allerdings erfahren Sie hier den einen oder anderen Kniff, der die tägliche Arbeit mit Excel erleichtern kann.

22.1 Zeilen, Spalten und Fenster fixieren

Bei großen Tabellen bietet es sich oftmals an, die Sichtbarkeit bestimmter wichtiger Zeilen oder Spalten aufrechtzuerhalten. Wenn Sie sich innerhalb des Dokuments bewegen, also beispielsweise weiter nach unten scrollen, bleibt die fixierte Zeile oder Spalte trotzdem an Ort und Stelle erhalten.

Grundsätzlich ist zu beachten, dass nur Zeilen fixiert werden können, die sich ganz oben in einer Tabelle befinden. Ebenso lassen sich nur Spalten auf der linken Seite der Tabelle fixieren. Sie dürfen zwar grundsätzlich mehrere Zeilen oder Spalten fixieren, jedoch dürfen diese sich nicht in der Mitte einer Tabelle befinden.

1. Sofern mehrere Zeilen oder Spalten gemeinsam fixiert werden sollen, markieren Sie alle entsprechenden Zeilen oder Spalten. Falls Sie ausschließlich die oberste Zeile und/oder die linke Spalte fixieren wollen, können Sie jedoch auf die vorherige Markierung verzichten.

2. Klicken Sie auf die Schaltfläche **Fenster fixieren** in der Gruppe **Fenster** der Registerkarte **Ansicht**, und entscheiden Sie sich im Ausklappmenü ebenfalls für **Fenster fixieren**. Falls Sie hingegen nur die oberste Zeile oder die erste Spalte fixieren möchten, wählen Sie den gleichnamigen Eintrag im Menü der Schaltfläche. Wenn Sie sowohl die erste Zeile als auch die erste Spalte gleichermaßen fixieren wollen, müssen Sie beide Einträge nacheinander anwählen.

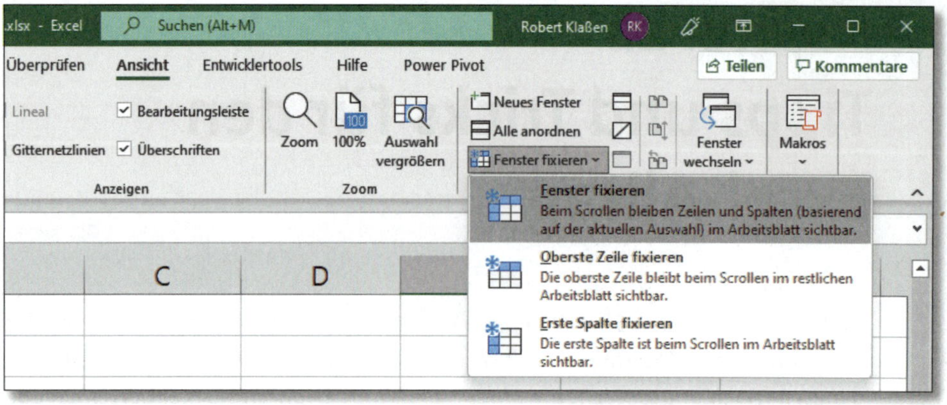

3 Um die Fixierung zu verwerfen, die Spalten oder Zeilen also wieder beweglich zu machen, entscheiden Sie sich im Menü der Schaltfläche **Fenster fixieren** für den Eintrag **Fixierung aufheben**.

	A	B	C	D	E
1	**Nr:**	**Haus:**	**Abteilung:**	**Umsatz:**	**Personal:**
11	10	Kaarst	Accessoires	12.000,00 €	3
12	11	Solingen	Küche	118.000,00 €	4
13	12	Krefeld	Wohnen	98.000,00 €	8
14	13	Willich	Schlafen	22.000,00 €	2
15	14	Solingen	Essen	24.000,00 €	2
16	15	Willich	Essen	18.000,00 €	1
17	16	Düsseldorf	Schlafen	83.000,00 €	5
18	17	Willich	Accessoires	9.000,00 €	2
19	18	Kaarst	Küche	54.000,00 €	4
20	20	Neuss	Küche	88.000,00 €	4
21	21	Willich	Küche	45.000,00 €	2
22	22	Solingen	Accessoires	10.000,00 €	2
23	23	Krefeld	Küche	72.000,00 €	3
24	24	Solingen	Schlafen	64.000,00 €	4

Titelzeilen und Titelspalten können auf die beschriebene Methode auch bei großen Tabellen stets erhalten bleiben. So weiß man an jeder Position der Tabelle, was in der jeweiligen Zeile oder Spalte zu finden ist.

22.2 Mit Listenfeldern arbeiten

Mit Listenfeldern geben Sie dem Benutzer einer Excel-Tabelle die Möglichkeit, eine Auswahl aus einer Zusammenstellung mehrerer Steuerelemente zu treffen. Der Benutzer kann daraufhin selbst entscheiden, welchen Inhalt er verwenden möchte.

Wir greifen hier ein einfaches Beispiel auf. Dazu erzeugen wir zunächst ein Listenfeld, durch das je nach Eintrag ein bestimmter Wert erzeugt wird. Dieser Wert könnte dann über weitere Excel-Berechnungen ausgelesen und weiterverwendet werden. Lesen Sie hierzu auch Kapitel 18, »Mit Formularen arbeiten«, ab Seite 555.

1. Zunächst müssen Sie die Registerkarte **Entwicklertools** aktivieren. Rufen Sie dazu den Dialog **Excel-Optionen** auf (**Datei > Optionen**). In den Excel-Optionen klicken Sie zunächst auf die Rubrik **Menüband anpassen**, aktivieren danach in der rechten Spalte **Menüband anpassen** die Checkbox **Entwicklertools** und bestätigen Ihre Angaben zuletzt mit **OK**.
2. Klicken Sie nun auf die Schaltfläche **Einfügen** in der Gruppe **Steuerelemente** der Registerkarte **Entwicklertools**. Klicken Sie im Bereich **Formularsteuerelemente** auf **Listenfeld (Formularsteuerelement)**.

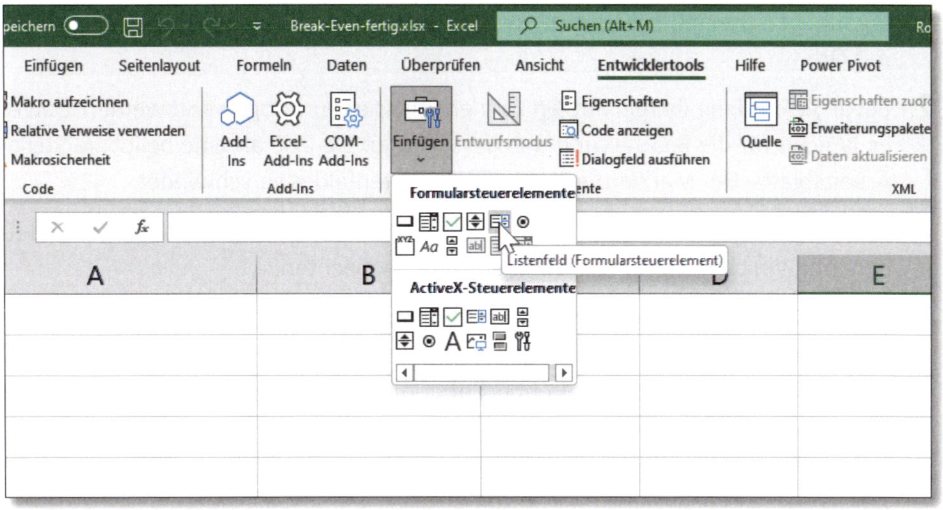

3. Klicken Sie nun an einer beliebigen Stelle auf das Tabellenblatt, wird das entsprechende Steuerelement eingefügt. Dieses ließe sich nun noch an seinen quadratischen Anfassern nach Wunsch in Form ziehen. Verkleinern Sie es in der Höhe etwas, damit es nicht so viel Platz einnimmt.
4. Lassen Sie das eingefügte Listenfeld markiert, und klicken Sie auf **Eigenschaften** in der Gruppe **Steuerelemente** der Registerkarte **Entwicklertools**. Alternativ klicken Sie das Steuerelement mit rechts an und wählen **Steuerelement formatieren**.
5. Im Dialog **Steuerelement formatieren** legen Sie im Feld **Eingabebereich** einen Zellbezug fest, indem Sie die Zellen markieren, die in das Listensteuerelement integriert werden sollen.

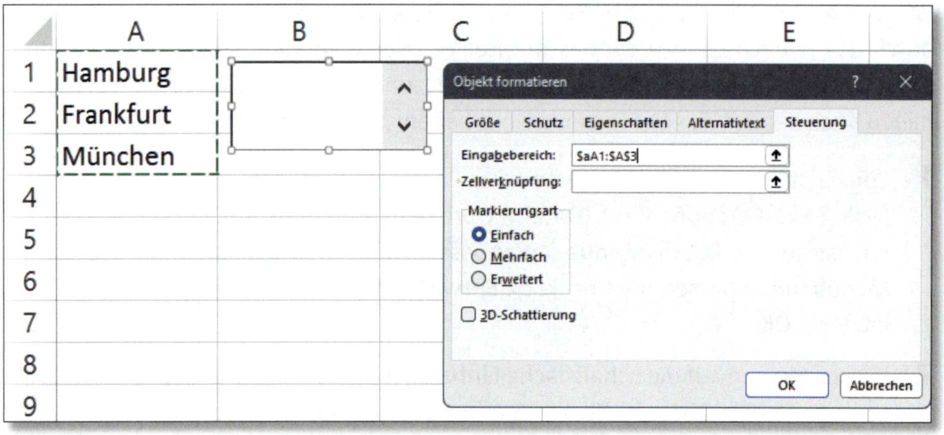

6 Danach klicken Sie auf das Feld **Zellverknüpfung**, um die Zelle anzugeben, in der das Ergebnis erscheinen soll, und anschließend auf die gewünschte Zelle. Bestätigen Sie mit **OK**.

7 Bevor Sie das Eingabefeld nutzen können, muss es kurz abgewählt werden. Derzeit ist es ja noch für die Bearbeitung markiert. Klicken Sie also an eine beliebige Stelle des Arbeitsblatts. Der Markierungsrahmen des Listenfeldes verschwindet.

8 Testen Sie das Steuerelement, indem Sie verschiedene Einträge anwählen und dabei den Inhalt in der Zielzelle (**Zellverknüpfung**) beobachten.

9 Wollen Sie das Ganze noch mit einer Minimalfunktion ausstatten? Wie wäre es z. B. mit einem Text, der anzeigt, ob Hamburg ausgewählt worden ist oder nicht? Gut, das ist nicht wirklich spannend, offenbart aber die Wirkungsweise eines Listensteuerelements in Verbindung mit einer Funktion. Markieren Sie dazu eine beliebige neue Zelle, und klicken Sie anschließend auf **Funktion einfügen** innerhalb der Bearbeitungsleiste.

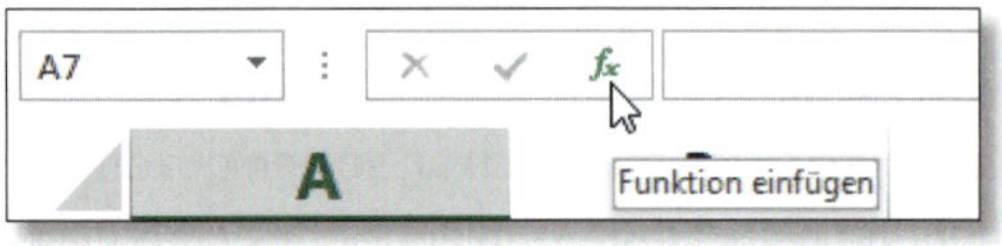

10 Wählen Sie im Folgedialog zunächst die Funktion **Wenn** aus (im Feld **Funktion auswählen**), und bestätigen Sie mit **OK**.

11 Da das Feld **Wahrheitstest** im Dialog **Funktionsargumente** bereits ausgewählt ist, können Sie gleich auf die Zelle klicken, die den Wert des Listensteuerelements ausgibt, in unserem Beispiel die Zelle **A5**.

12 Dahinter tragen Sie ein: »=1«. In das Feld **Wert_wenn_wahr** geben Sie nun ein, was erscheinen soll, wenn der Benutzer **Hamburg** auswählt. Idealerweise schreiben Sie: »Sie haben sich für Hamburg entschieden.«

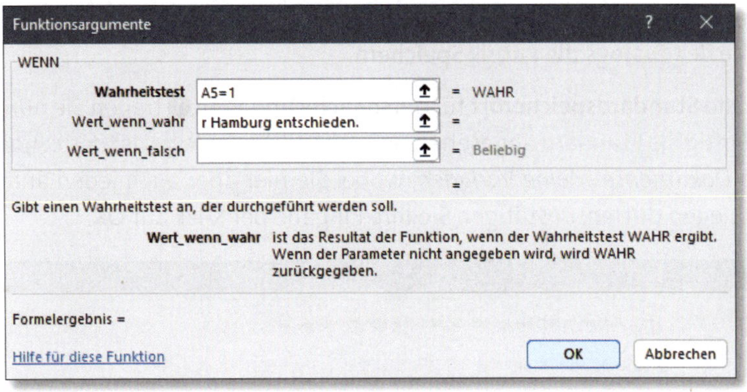

13 Der Eintrag in **Wert_wenn_falsch** soll konsequenterweise lauten: »Sie haben sich nicht für Hamburg entschieden.« Bestätigen Sie auch diesen Dialog mit **OK**.

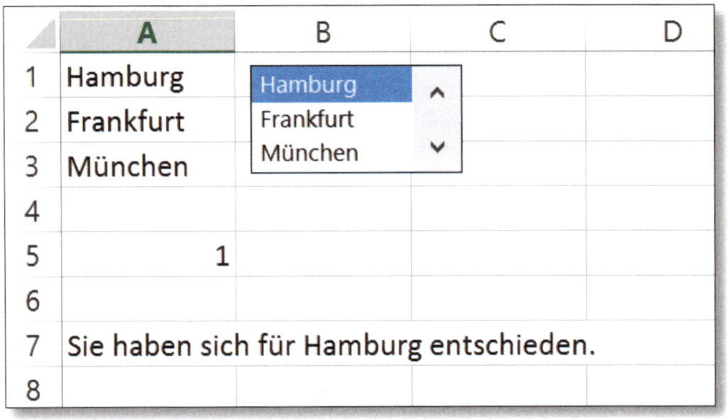

Für den Fall, dass Sie das soeben eingefügte Steuerelement noch weiter bearbeiten möchten, müssen Sie dieses übrigens mit rechts anklicken und anschließend im Kontextmenü **Steuerelement formatieren** auswählen. Ein herkömmlicher Mausklick hätte ja lediglich die Bedienung des Listenfeldes zur Folge.

22.3 Oft verwendete Tabellendokumente als Vorlage festhalten

Wenn Sie mit immer wiederkehrenden Layouts oder Tabelleninformationen arbeiten, ist es durchaus sinnvoll, dass Sie sich davon Vorlagen erstellen. In diesem Fall muss man (z. B. mit der Gestaltung) nicht immer von vorne anfangen, sobald man ein neues Dokument erzeugt.

Einen Standardspeicherort für eigene Vorlagen definieren

Grundsätzlich gibt Excel einen Speicherort für Ihre Vorlagen vor. Sie können jedoch auch in Excel festlegen, wo Sie in Zukunft Ihre Vorlagen speichern werden. Alle Vorlagen, die künftig an dem angegebenen Ort gespeichert werden, sind dann automatisch auf dem Reiter **Persönlich** auf der Seite **Neu** gelistet. Diese Schritte müssen Sie übrigens nur einmalig durchführen.

1 Öffnen Sie zunächst den Dialog **Excel-Optionen** (**Datei > Speichern**), und wählen Sie in der linken Spalte des Dialogs die Rubrik **Speichern**.

2 In das Eingabefeld **Standardspeicherort für persönliche Vorlagen** ❶ tragen Sie nun den Pfad ein, der künftig als Standard angesehen werden soll. In der Regel ist das *C:\Benutzer\Öffentliche Dokumente\Meine Vorlagen*, wobei Sie hier aber auch jeden anderen Speicherort festlegen dürfen. Bestätigen Sie Ihre Eingabe per Klick auf **OK**.

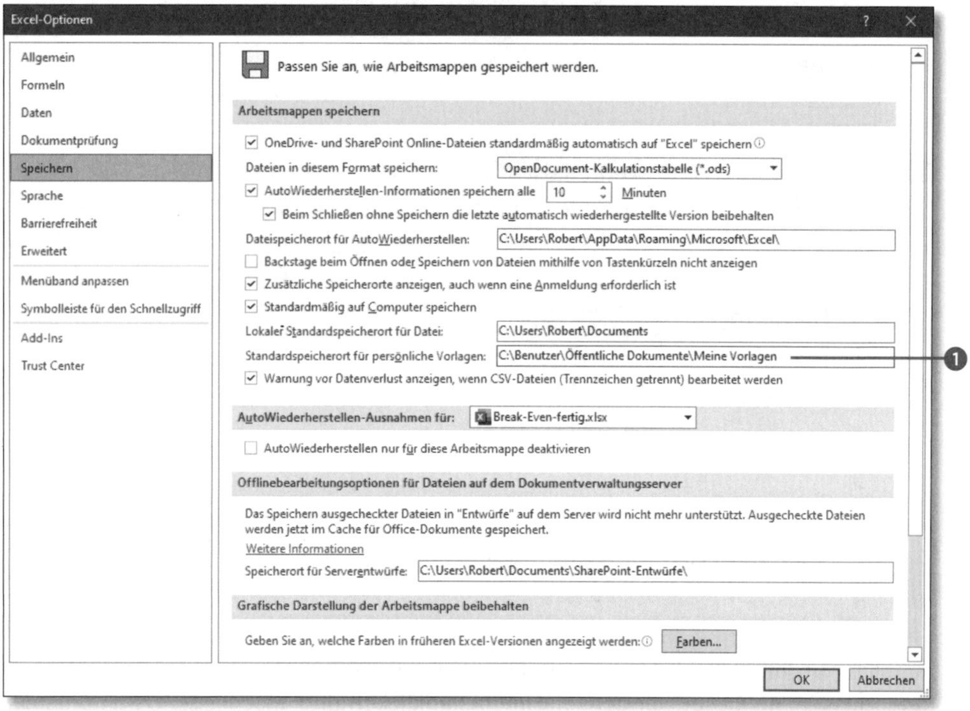

Wie erwähnt, müssen Sie hier keinen Speicherort angeben, da standardmäßig bereits einer festgelegt ist. Wenn Sie das aber tun, muss der Ordner natürlich im angegebenen Pfad vorhanden sein. Darüber hinaus darf der Zugriff auf diesen Ordner nicht verhindert werden (z. B. durch eingeschränkte Benutzerrechte).

Als Vorlage speichern

Nachdem Sie Ihre persönliche Vorlage mit allem ausgestattet haben, was immer wieder benötigt wird, können Sie sich um die Sicherung der Vorlage kümmern. Ich benutze für dieses Beispiel die Datei *Vorlage.xlsx*, die Sie im Ordner *22* der Beispieldateien finden. Es geht im Prinzip nicht um deren Inhalt, sondern darum, dieses Dokument nun als Vorlage zu sichern und später zu nutzen.

1 Nachdem Sie das Dokument geöffnet haben, wechseln Sie per Klick auf die Registerkarte **Datei** in die Backstage-Ansicht und wählen hier in der linken Spalte mit einem Mausklick die Rubrik **Speichern unter**.

2 Klicken Sie im Bereich **Speichern unter** in der mittleren Spalte gegebenenfalls auf **Durchsuchen**, um im folgenden Dialogfenster einen Speicherort auf Ihrem Computer festzulegen.

3 Im Feld **Dateiname** benennen Sie die Excel-Vorlage zunächst wunschgemäß und wählen im Feld **Dateityp** das Format **Excel-Vorlage (*.xltx)** aus bzw. **Excel-Vorlage mit Makros (*.xltm)**, falls die Vorlage eingebundene Makros enthält.

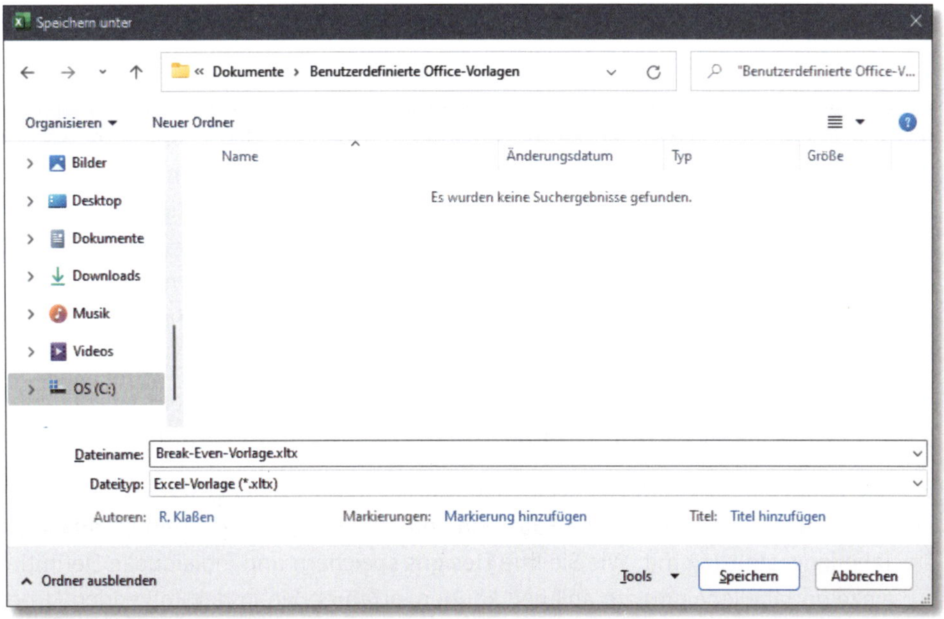

4 Danach stellen Sie den Pfad her, den Sie als Standardspeicherort für Ihre Vorlagen verwenden (siehe dazu auch den Unterabschnitt »Einen Standardspeicherort für eigene Vorlagen definieren« ab Seite 665). Klicken Sie zuletzt auf **Speichern**.

5 Wann immer Sie nun ein neues Excel-Dokument auf Grundlage der neuen Vorlage erstellen wollen, wählen Sie zunächst **Datei > Neu**. Klicken Sie auf das Register **Persönlich** ❶, um die soeben gespeicherte Vorlage aufzurufen.

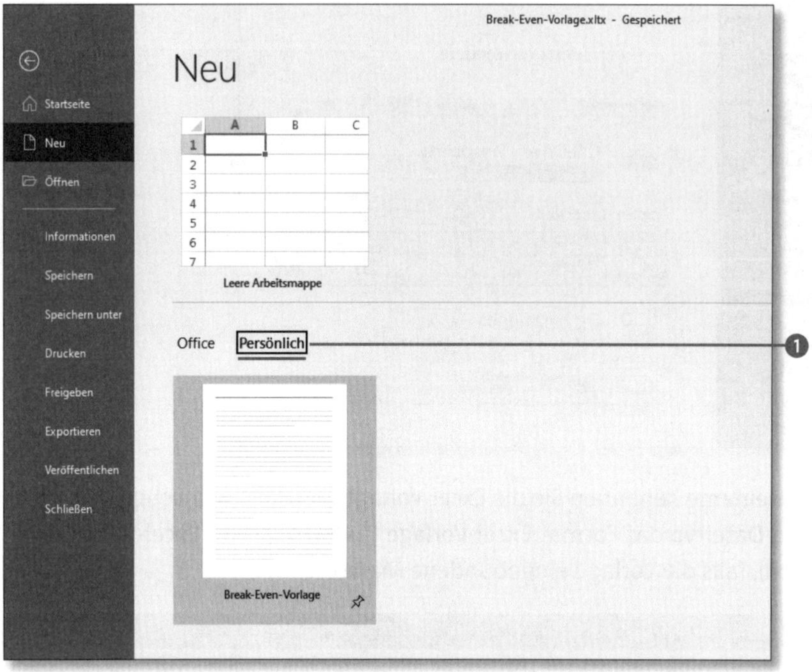

Sie sollten beim Speichern einer neuen Vorlage zunächst Name und Dateityp festlegen und erst im Anschluss den Speicherort einstellen. Office speichert allzu gerne sämtliche Dokumente auf OneDrive, dem Microsoft-eigenen Onlinespeicher. Wenn Sie nun zunächst den Pfad einstellen und anschließend den Dateityp anpassen, aktualisiert die Anwendung den Speicherort eigenmächtig und entscheidet über Ihren Kopf hinweg, dass die Vorlage ebenfalls unter OneDrive abgelegt wird. Das fällt dem Benutzer meist nicht auf. Immerhin vertrauen Sie ja darauf, dass der Speicherort beibehalten wird, den Sie soeben ausgesucht haben, und werden das womöglich nicht noch einmal prüfen.

22.4 Eigene Designs und Tabellenformatvorlagen erstellen

Wie Sie bereits in Abschnitt 16.2, »Tabellen mithilfe von Designs gestalten«, ab Seite 462 erfahren haben, bringt Excel eine Fülle von vordefinierten Designs und Formatvorlagen zur Tabellengestaltung mit. Wie Sie Ihre Designs speichern und individuelle Definitionen für einzelne Tabellenelemente anlegen können, erfahren Sie in den folgenden Unterabschnitten.

Eigene Designs erstellen

Zur Gestaltung von Designs gehen Sie bitte so vor, wie in Abschnitt 16.2, »Tabellen mithilfe von Designs gestalten«, ab Seite 462 beschrieben. Benutzen Sie dafür die Steuerelemente in der Gruppe **Designs** der Registerkarte **Seitenlayout**. Haben Sie alle Änderungen vorgenommen, klicken Sie auf die kleine Dreieck-Schaltfläche der Schaltfläche **Design** und wählen im Menü **Aktuelles Design speichern**.

Abbildung 22.1 *Speichern Sie Ihr Design.*

Standardmäßig werden Designs mit dem Dateityp *.thmx* gespeichert. Damit die neue Vorlage künftig auch im Menü **Designs** zur Verfügung steht, sollten Sie den angebotenen Speicherort beibehalten. Standardmäßig ist das *C:\Benutzer\[Benutzername]\AppData\Roaming\Microsoft\Templates\Document Themes*, und er wird Ihnen beim Speichervorgang im Dialog **Aktuelles Design speichern** automatisch angeboten. Diesen Speicherort sollten Sie also nicht verändern.

Tabellenformatvorlagen erstellen

Bei Tabellenformatvorlagen haben Sie ebenso viele Freiheiten wie bei den Designs. Hier können Sie sogar einzelne Elemente individuell und losgelöst von allen anderen Elementen definieren.

1 Gestalten Sie Ihre Tabelle nach Wunsch. Benutzen Sie hierfür die Steuerelemente in den Gruppen **Schriftart**, **Ausrichtung** und **Formatvorlagen** der Registerkarte **Start**.

2 Klicken Sie anschließend auf **Als Tabelle formatieren** in der Gruppe **Formatvorlagen** der Registerkarte **Start**. Je nachdem, ob Sie mit einer normalen oder einer Pivot-Tabelle arbeiten, entscheiden Sie sich im Auswahlmenü für **Neue Tabellenformatvorlage** oder für **Neue PivotTable-Formatvorlage**.

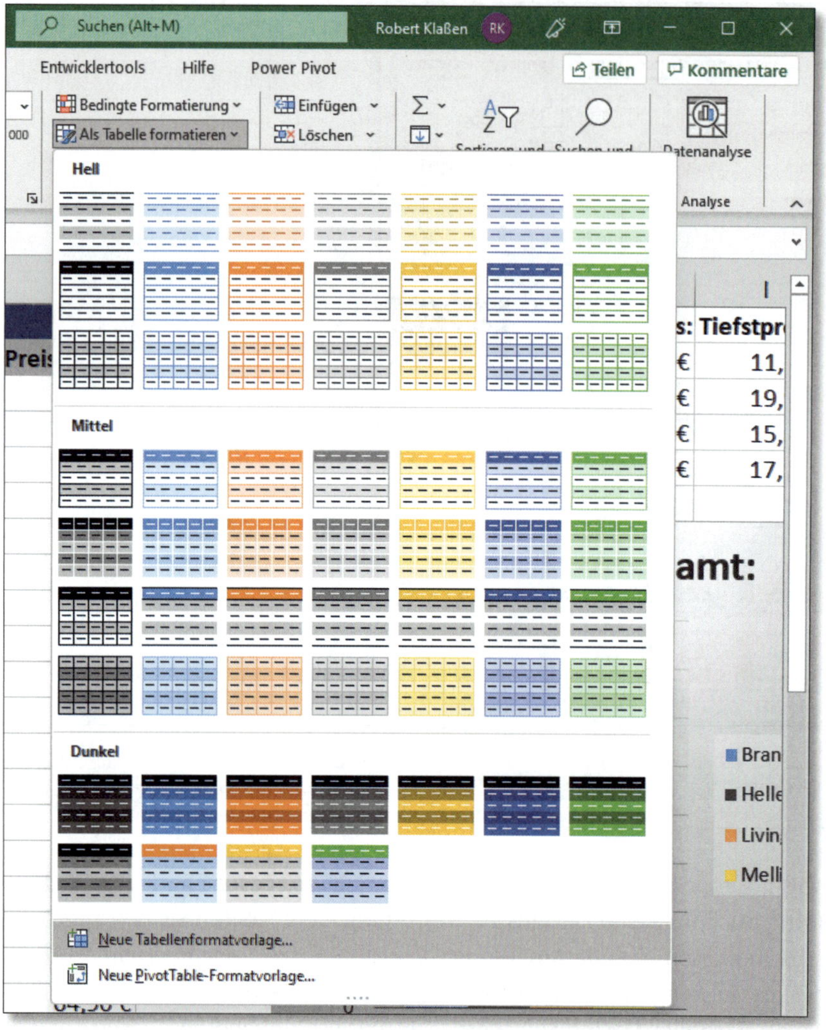

3 Geben Sie dem Tabellenformat im Dialog **Neues Tabellenformat** zunächst einen Namen, und entscheiden Sie sich anschließend gegebenenfalls im Feld **Tabellenelement** für den Zellenbereich, den Sie noch weiter ausgestalten wollen, beispielsweise den Bereich **Erste Spalte**. Klicken Sie danach auf die Schaltfläche **Formatieren**.

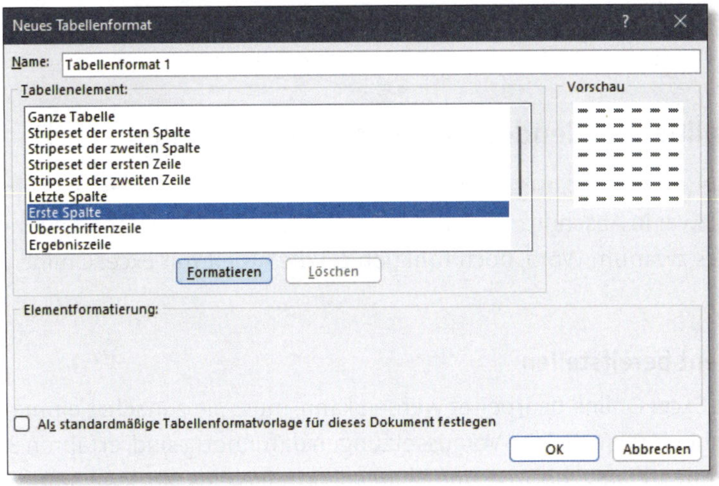

4 Im Dialog **Zellen formatieren** lassen sich nun Änderungen an Schriftschnitt, Rahmen, Füllfarbe usw. vornehmen. Wenn Sie fertig sind, bestätigen Sie mit **OK**.

5 Nun könnten Sie im Dialog **Neues Tabellenformat** weitere Einstellungen vornehmen, indem Sie im Feld **Tabellenelement** das nächste Element auswählen und abermals auf **Formatieren** klicken.

6 Klar – das Anlegen einer Formatvorlage macht natürlich nur dann Sinn, wenn man sie später auch schnell auf andere Tabellen anwenden kann. Das ist jetzt ein Kinderspiel, denn Sie müssen nichts weiter tun, als die neue Tabelle zu markieren und anschließend auf **Als Tabelle formatieren** in der Gruppe **Formatvorlagen** der Registerkarte **Start** zu klicken. Die neue Vorlage wird Ihnen nun ganz oben im Bereich **Benutzerdefiniert** angezeigt und kann mit einem Mausklick übertragen werden.

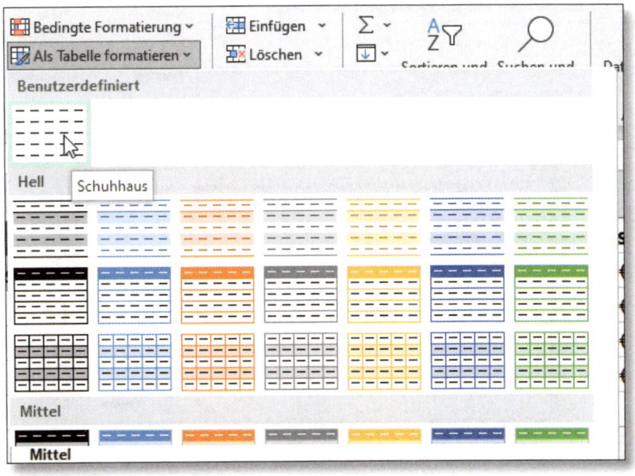

Wenn Sie weitere Vorlagen anlegen wollen, ist das kein Problem. Gehen Sie auf die beschriebene Weise vor. Bereits vorhandene benutzerdefinierte Vorlagen bleiben natürlich erhalten. Alle neu erstellten Vorlagen werden dann innerhalb des Bereichs **Benutzerdefiniert** hinzugefügt.

22.5 Mit Excel Online Tabellendokumente online bearbeiten

Excel Online haben Sie (wenn Sie dieses Buch chronologisch durcharbeiten) bereits einmal kennengelernt – und zwar in Abschnitt 12.5, »Mit Word Online Dokumente bearbeiten«, ab Seite 394. Dort ging es zwar um Word, doch funktioniert die Arbeit mit Excel Online prinzipiell ganz ähnlich.

Ein Tabellendokument bereitstellen

Damit eine Tabelle in Excel Online bearbeitet werden kann, muss sie zunächst einmal online verfügbar gemacht werden. Welche Voraussetzungen dafür nötig sind, erfahren Sie in Abschnitt 12.4, »Dokumente auf OneDrive und SharePoint freigeben«, ab Seite 389.

1 Nachdem Sie das Dokument mit Excel fertiggestellt haben, müssen Sie es auf OneDrive speichern, um es online verfügbar zu machen. Zuvor sollten Sie allerdings gegebenenfalls festlegen, welche Elemente des Dokuments online verfügbar sein sollen. Klicken Sie dazu auf **Datei > Informationen**, und wählen Sie in der mittleren Spalte die Schaltfläche **Browseransichtsoptionen** ❶.

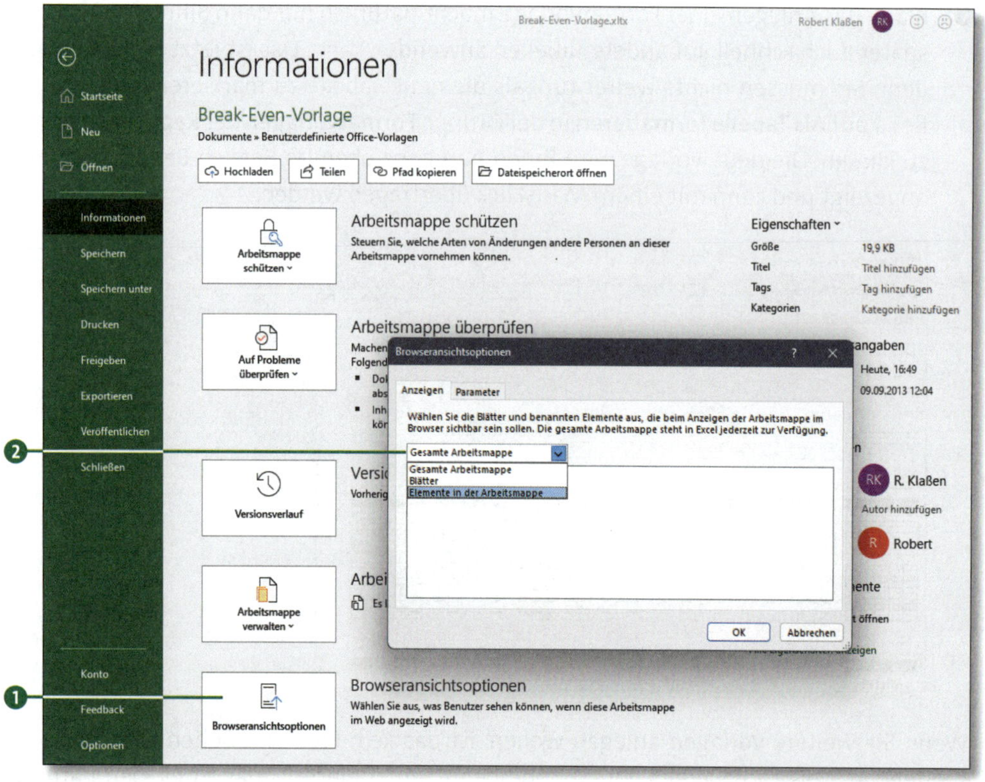

2 Nun können Sie im Dialog festlegen, ob die gesamte Arbeitsmappe angezeigt werden soll oder ob nur bestimmte Elemente der Arbeitsmappe verfügbar sein sollen. Über das Auswahlmenü ❷ auf der Registerkarte **Anzeigen** nehmen Sie Ihre Einstellungen vor. Bestätigen Sie per Klick auf **OK**.

3 Wechseln Sie nun in der Backstage-Ansicht zur Rubrik **Speichern unter**, und klicken Sie anschließend in der mittleren Spalte auf **OneDrive – Persönlich** ❸.

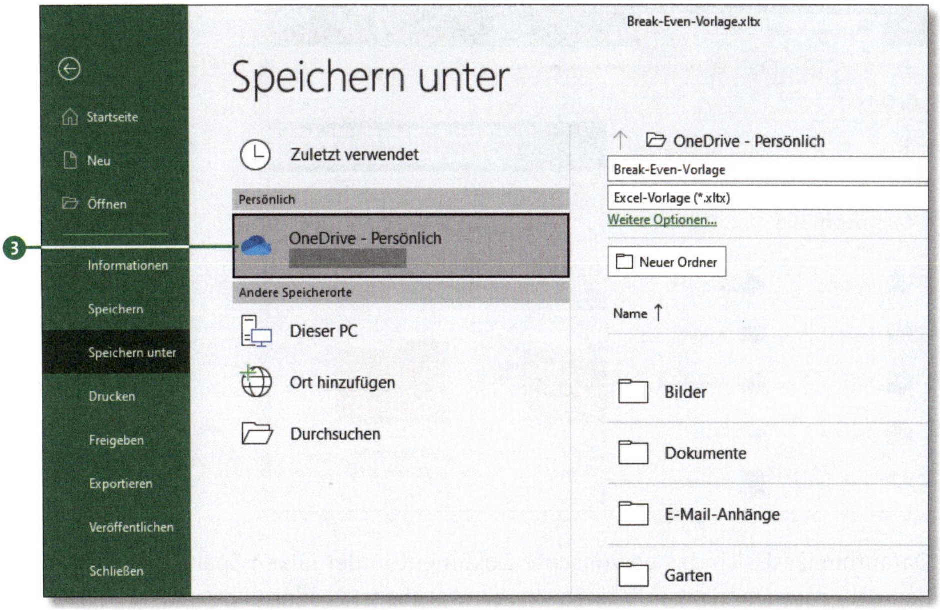

4 Gedulden Sie sich einen Augenblick, bis die Verbindung zum Onlinespeicher hergestellt ist. Wenn Sie mögen, wählen Sie im Dialogfenster **Speichern unter** einen der auf OneDrive angebotenen Unterordner per Doppelklick an. Bestätigen Sie mit einem Klick auf **OK**.

Ab sofort steht Ihnen das gespeicherte Dokument online in Ihrem OneDrive-Zugang zur Verfügung, und Sie können es jederzeit über jeden Computer mit Internetverbindung aufrufen. Öffnen Sie dazu im Browser die Internetseite *onedrive.live.com*, melden Sie sich mit Ihren Zugangsdaten an, und wählen Sie das entsprechende Dokument mit einem Doppelklick aus.

Dokument im Web bearbeiten

Sehen wir uns in diesem Abschnitt an, wie Sie das vorab in Excel erzeugte und auf OneDrive gesicherte Dokument von unterwegs bearbeiten können. Dazu wird das Programm Excel übrigens nicht zwingend benötigt. Sollte sich auf Ihrem mitgeführten Gerät kein Excel befinden, ist das nicht weiter schlimm. Das Einzige, was Sie wirklich brauchen, ist ein zeitgemäßer Browser, z. B. Edge, Firefox, Chrome, Safari (Mac) oder etwas Ähnliches, und natürlich eine Verbindung mit dem World Wide Web.

1 Starten Sie Ihren bevorzugten Browser, und öffnen Sie die Seite *onedrive.live.com*. Loggen Sie sich mit Ihren Zugangsdaten ein.

2 Nachdem die Verbindung hergestellt ist, klicken Sie oben links auf die kleine quadratische Schaltfläche ❹ (neben der Bezeichnung **OneDrive**). Aktivieren Sie die Kachel **Excel** im Aufklappmenü. (Wie gesagt: Sollte Excel nicht zur Verfügung stehen, geht es dennoch weiter – und zwar mit der Excel-Online-App.)

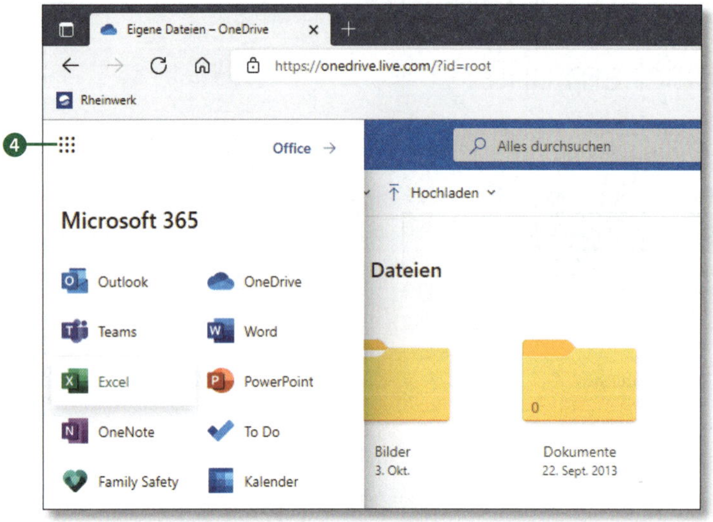

3 Daraufhin lässt sich das gewünschte Dokument in der linken Spalte auswählen. Für den Fall, dass Sie nicht mit einem herkömmlichen PC oder Endgerät mit Windows-Plattform online sind, können Sie vorab die benötigte Software herunterladen. Dazu klicken Sie vor dem Öffnen des Excel-Dokuments oben rechts auf **Excel für Ihr Gerät herunterladen**.

4 Sobald Sie auf die Datei geklickt haben, wird Excel Online mit der entsprechenden Datei in einem neuen Browser-Tab geladen. Allerdings sind Sie damit noch nicht im Bearbeitungsmodus, sondern können das Dokument lediglich ansehen. Um es zu editieren, betätigen Sie **Bearbeiten** und entscheiden sich in der Liste erneut für **Bearbeiten**.

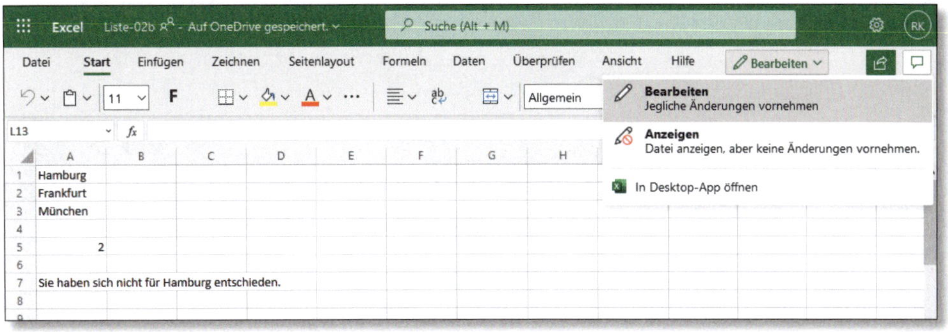

5 Sie finden nun eine Anwendung vor, die sich auf den ersten Blick nicht sonderlich von Excel unterscheidet. Sie ist zwar im Vergleich zur Tabellenkalkulationssoftware abgespeckt, jedoch lässt sich mit ihr eine Menge erledigen. Verwenden Sie zur Bearbeitung die Schaltflächen der zur Verfügung stehenden Registerkarten.

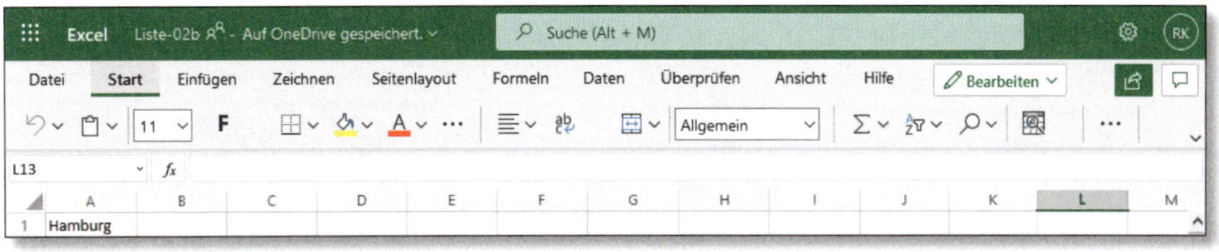

6 Das separate Speichern der Änderungen im Dokument ist übrigens nicht vonnöten. Es reicht, wenn Sie die Anwendung mit einem Klick auf das Quadrat oben links verlassen und zurück in Ihren Onlinespeicher wechseln.

7 Melden Sie sich danach bei OneDrive ab, indem Sie oben rechts auf Ihren Benutzernamen klicken und im Auswahlmenü **Abmelden** wählen. Schließen Sie den Browser mit [F4].

Gerade wenn Sie von einem fremden Rechner auf Ihr OneDrive-Konto zugreifen, sollten Sie darauf achten, dass Sie sich ordentlich abmelden, damit niemand unbefugten Zugang auf Ihre Daten erhält.

Kapitel 23
Excel einrichten und anpassen

Zuletzt schauen wir noch ein wenig hinter die Kulissen. In diesem Kapitel lernen Sie einige wichtige Voreinstellungen kennen, erfahren, wie Sie Excel an Ihre Bedürfnisse anpassen und wie Sie die sogenannten Add-Ins aktivieren. Auch die Erstellung benutzerdefinierter Ansichten innerhalb einer Arbeitsmappe wird erläutert.

23.1 Die wichtigsten Optionen in Excel 2021

Wie alle anderen Office-Anwendungen verfügt auch Excel über individuelle Voreinstellungen. Zumindest einige davon sollten Sie kennen. Denn wenn Sie wissen, was sich dahinter verbirgt, können Sie selbst entscheiden, ob Sie die eine oder andere Funktion benutzen wollen oder nicht. Um den Dialog **Excel-Optionen** aufzurufen, klicken Sie auf die Rubrik **Optionen** in der Backstage-Ansicht (**Datei**).

Benutzeroberflächenoptionen

In der linken Spalte des Dialogfensters **Excel-Optionen** entscheiden Sie sich zunächst für die Rubrik **Allgemein**. Rechts daneben finden Sie den Bereich **Benutzeroberflächenoptionen**. Sicher ist Ihnen bei der Arbeit mit Excel bereits die Minisymbolleiste aufgefallen, die sich öffnet, sobald Sie Text innerhalb eines Excel-Arbeitsblatts markieren (z. B. mittels Doppelklick).

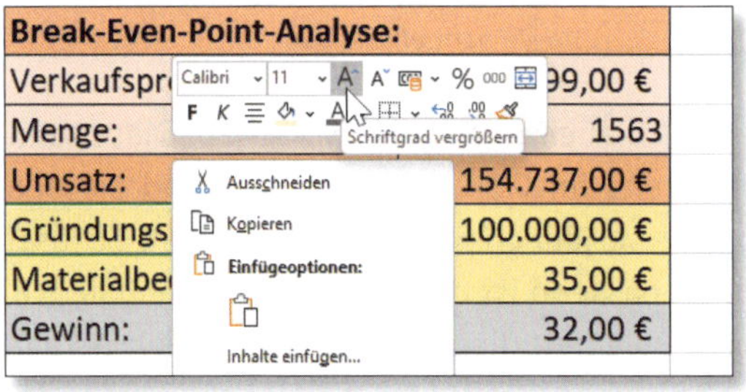

Abbildung 23.1 *In Excel gibt es, genauso wie in Word, eine Minisymbolleiste.*

Mit diesem Werkzeug lässt sich der Text schnell formatieren, ohne dass Sie die Schaltflächen im Menüband aufrufen müssen. Falls die Leiste Sie jedoch bei der Arbeit stört, deaktivieren Sie diese, indem Sie die Checkbox **Minisymbolleiste für die Auswahl anzeigen** abwählen.

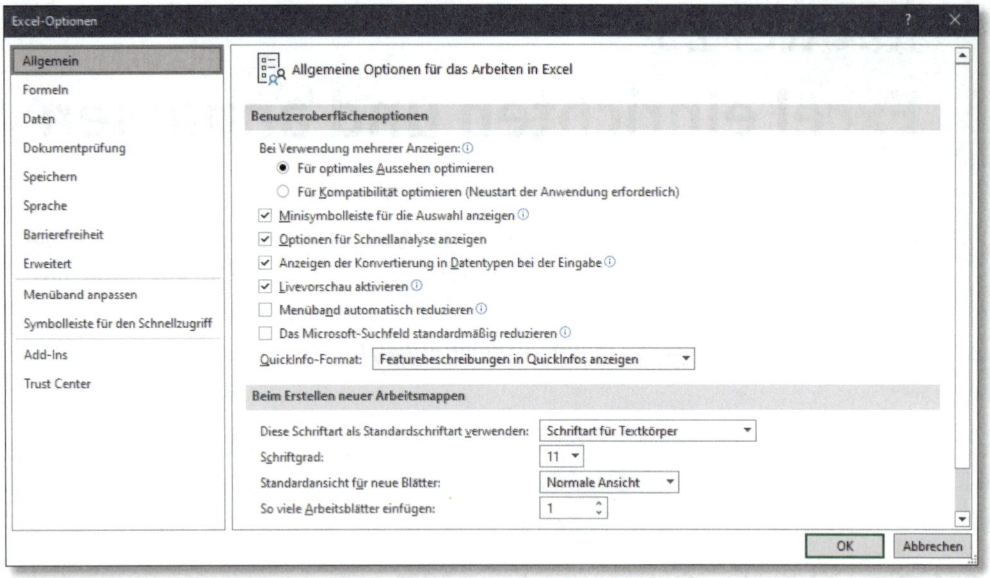

Abbildung 23.2 *Die Minisymbolleiste ist standardmäßig aktiv.*

Die Schaltflächen zur Schnellanalyse rufen Sie mit einem Klick auf den Button **Schnellanalyse** auf, der sich unten rechts neben den markierten Zellen befindet. Zeigen Sie auf eine Option innerhalb der Leiste, wird in den markierten Zellen bereits eine Vorschau angezeigt. Diese Option können Sie über die Checkbox **Optionen für Schnellanalyse anzeigen** deaktivieren. Allerdings erreichen Sie viele Befehle über die Schnellanalyse deutlich zügiger als über das Menüband.

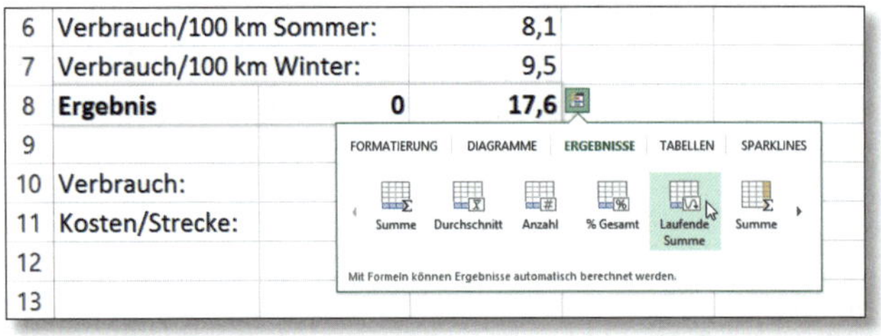

Abbildung 23.3 *Genial – die seit Excel 2013 integrierte Schnellanalyse*

Ähnlich wie mit der Schnellanalyse verhält es sich auch mit der Livevorschau. Diese zeigt Auswirkungen einer bestimmten Funktion bereits im Dokument an, während Sie den Mauszeiger auf eine Schaltfläche bewegen, ohne sie jedoch per Klick anzuwählen. So lässt sich prima abschätzen, ob die gewählte Option passend ist oder nicht. Markieren Sie z. B. **Zellenformatvorlagen** (**Start > Formatvorlagen**), werden die ausgewählten Zellen bereits temporär mit den betreffenden Änderungen angezeigt, sobald Sie die Maus auf eines der dort angebotenen Designs bewegen. Bewegen Sie die Maus daraufhin von der Schaltfläche weg, wird auch die Voranzeige wieder ausgeblendet. Auch diese Option können Sie im Bereich **Benutzeroberflächenoptionen** an- oder abwählen. Klicken Sie dazu auf die Checkbox **Livevorschau aktivieren**.

> **TIPP**
> **QuickInfo-Format**
> Beim Auswahlfeld **QuickInfo-Format** im Bereich **Benutzeroberflächenoptionen** der Excel-Optionen sollten Sie die Option **Featurebeschreibungen in QuickInfos anzeigen** beibehalten, da diese Funktion die erklärenden Tafeln zum Vorschein bringt, sobald Sie die Maus auf eine Schaltfläche bewegen. Wählen Sie in diesem Menü die Option **Featurebeschreibungen in Quickinfos nicht anzeigen**, wird Ihnen weiterhin die Bezeichnung der Schaltfläche angezeigt, aber keine weitere Erklärung der Funktionsweise.

Schriftart voreinstellen

Im Bereich **Beim Erstellen neuer Arbeitsmappen** (**Excel-Optionen > Allgemein**) werden Schriftarten, Schriftgrade, Ansichtsoptionen und nicht zuletzt auch die Anzahl von Arbeitsblättern festgelegt. Sie definieren hier also, wie Ihr Dokument zu Arbeitsbeginn ausgestattet sein soll. Wenn Sie beispielsweise generell mit einer anderen als der voreingestellten Schriftart beginnen möchten, lesen Sie Ihre Schrift der Wahl in der Liste **Diese Schriftart als Standardschriftart verwenden** fest.

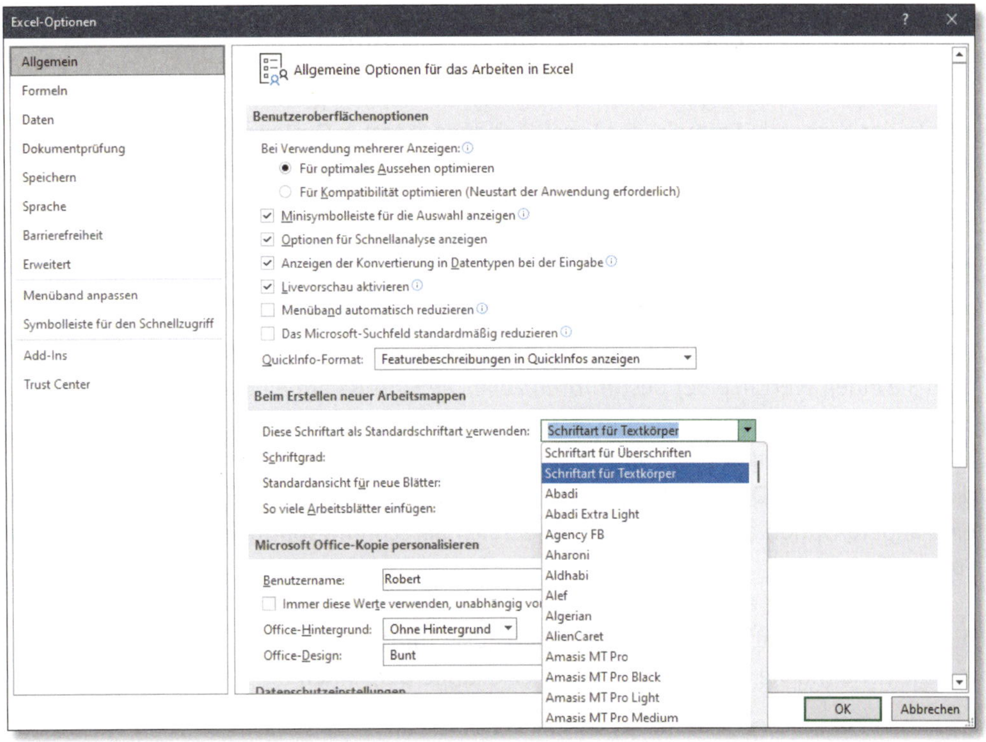

Abbildung 23.4 *Wählen Sie die gewünschte Schriftart in den Voreinstellungen aus, und ersparen Sie es sich so, die Schrift immer wieder zu Beginn der Arbeit an einem neuen Dokument ändern zu müssen.*

INFO

Verfügbare Schriftarten
Grundsätzlich stehen nicht jedem Benutzer automatisch auch dieselben Schriftarten zur Verfügung. Welche Schriften wählbar sind, hängt vom Betriebssystem und nicht zuletzt auch von den installierten Programmen ab. Zahlreiche Anwendungen (auch jene, die nichts mit Excel zu tun haben) bringen eigene Schriftarten mit, die dann meist auch in Excel zur Auswahl stehen. Haben Sie zudem weitere Schriften nachinstalliert, werden Ihnen diese in aller Regel auch in Excel angeboten.

Automatisches Verschieben

Eine sicher sehr individuelle Einstelloption verbirgt sich in der Rubrik **Erweitert** des Dialogs **Excel-Optionen**. Die Option **Markierung nach Drücken von Eingabetaste verschieben** ist dort standardmäßig aktiviert. Damit durchlaufen Sie Zellen innerhalb einer Spalte. Bei jedem Druck auf [↵] wandert die Zellenmarkierung nämlich um eine Zelle weiter nach unten. Wenn es Ihnen allerdings lieber ist, dass die aktive Zelle trotz [↵] ausgewählt bleibt, müssen Sie die Checkbox deaktivieren.

23.2 Optionen für den Umgang mit Berechnungen

Wenn es um Berechnungen und den Umgang mit Formeln geht, sollten Sie einige Optionen in der Kategorie **Formeln** der **Excel-Optionen** (**Start > Optionen**) beachten. Hier verdienen vor allem die Bereiche **Arbeitsmappenberechnung** und **Fehlerüberprüfung** eine Erwähnung.

Arbeitsmappenberechnung

Eines der herausragenden Merkmale Ihrer Tabellenkalkulationssoftware ist sicher die automatische Aktualisierung von Werten und Ergebnissen bereits während der Eingabe. Ändern Sie einen Wert in einer bestimmten Zelle, die Einfluss auf eine andere Zelle hat, wirken sich die Änderungen auch dort aus, sobald Sie die aktuelle Zelle verlassen. Dies kann in einigen Fällen ungünstig sein (z. B. wenn Sie während Ihrer Arbeit noch den Blick auf die ursprünglichen Daten benötigen). Schalten Sie in diesem Fall mit einem Mausklick auf eine andere Option als **Automatisch** im Bereich **Berechnungsoptionen** (**Excel-Optionen > Formeln**) um.

Jetzt müssen Sie allerdings bedenken, dass die Formeln innerhalb des Tabellenblatts nicht mehr automatisch nach der Eingabe ausgeführt werden – es sei denn, Sie klicken auf die Schaltfläche **Neu berechnen** in der Gruppe **Berechnen** der Registerkarte **Formeln** oder drücken [F9].

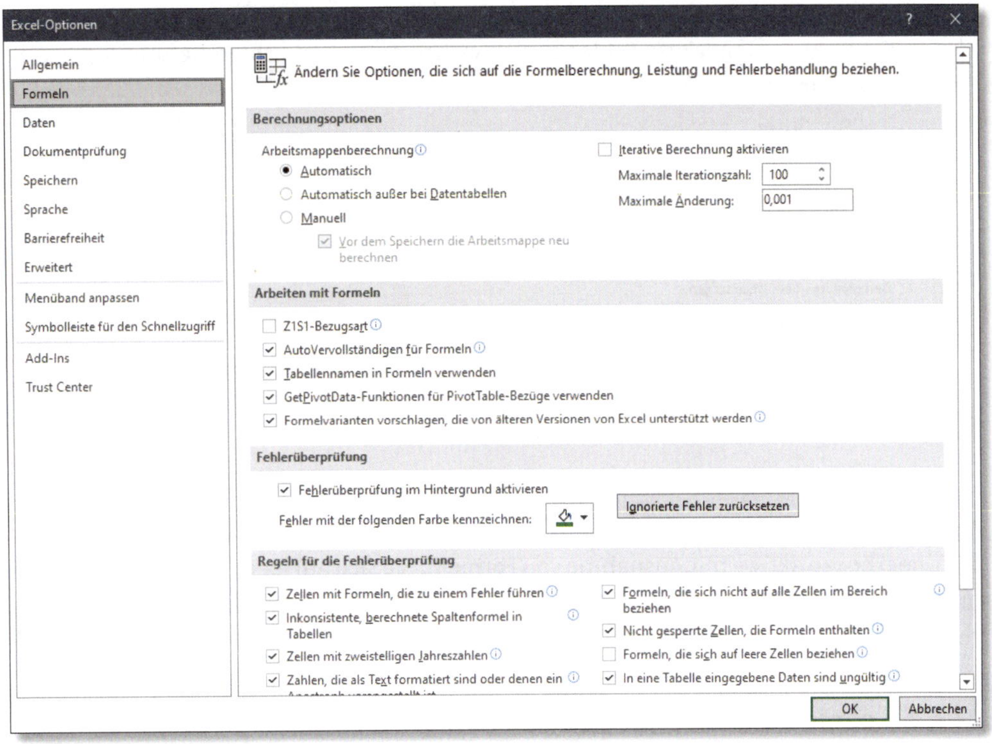

Abbildung 23.5 *Standardmäßig wendet Excel die im Tabellenblatt integrierten Formeln permanent an. Doch diese Funktion lässt sich deaktivieren.*

AutoVervollständigen für Formeln

Im Bereich **Arbeiten mit Formeln** der Rubrik **Formeln** lässt sich die Funktion **AutoVervollständigen für Formeln** während der Eingabe unterdrücken, indem die gleichnamige Checkbox deaktiviert wird. Fortgeschrittene Benutzer verzichten gern auf die permanente Vervollständigung und schalten sie ab. Für den Fall, dass sie später doch einmal benötigt wird, kann sie alternativ auch über `Alt`+`↓` ein- bzw. wieder ausgeschaltet werden.

Fehlerüberprüfung

Im Bereich **Fehlerüberprüfung** in der Rubrik **Formeln** des Dialogs **Excel-Optionen** lässt sich die während der Eingabe aktive Fehlerüberprüfung umgehen. Ich empfehle Ihnen jedoch, diese eingeschaltet zu lassen, da sie ein sehr nützliches Hilfsmittel ist. Wenn Sie bei der Eingabe einen Fehler machen, wird dieser auch im Dokument angezeigt – und zwar innerhalb der betreffenden Zelle beginnend mit #. Außerdem wird die obere linke Ecke der Zelle grün markiert. (Weitere Hinweise dazu finden Sie in Abschnitt 17.14, »Fehlermeldungen verstehen und die Fehlerursache beheben«, ab Seite 550.) Der Fehler kann während der Eingabe ignoriert werden, indem Sie auf das kleine gelbe Warnsymbol klicken und anschließend **Fehler ignorieren** im Kontextmenü wählen. Derart ignorierte Fehler sollten

Sie jedoch bei Gelegenheit zurücksetzen, da sie ansonsten dauerhaft ignoriert werden. Klicken Sie dazu auf **Ignorierte Fehler zurücksetzen** im Bereich **Fehlerüberprüfung** (**Excel-Optionen > Formeln**).

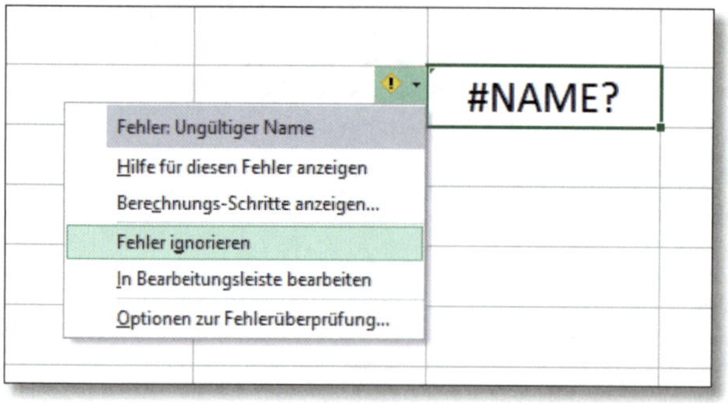

*< **Abbildung 23.6** Fehler sollten allenfalls temporär ignoriert werden.*

Nun können Sie selbst festlegen, welche Regeln für die Fehlerüberprüfung zur Anwendung gebracht werden sollen. Von Haus aus sind im Bereich **Regeln für die Fehlerprüfung** alle Checkboxen aktiv – mit Ausnahme von **Formeln, die sich auf leere Zellen beziehen**. Das macht Sinn, denn anderenfalls würde Excel einen Fehler anzeigen, wenn eine leere Zelle zur Berechnung herangezogen würde.

23.3 So passen Sie Excel an Ihre Bedürfnisse an

Jeder Anwender richtet unterschiedliche Erwartungen an seine Software und möchte demzufolge auch individuelle Prioritäten setzen. In den folgenden Abschnitten zeige ich Ihnen einige Einstellungsoptionen, mit deren Hilfe Sie Excel an Ihre Bedürfnisse anpassen können.

Eine eigene Registerkarte erzeugen

Die wohl individuellste Art der Oberflächengestaltung in Excel besteht darin, eine eigene Registerkarte zu erzeugen. Hier lassen sich Befehle unterbringen, die Sie immer wieder benötigen, und in eine für Sie optimierte Gruppe legen.

1. Öffnen Sie dazu die Excel-Optionen (**Datei > Optionen**), und aktivieren Sie **Menüband anpassen**. Alternativ können Sie auch mit rechts auf eine freie Stelle des Menübands klicken und im Kontextmenü den Befehl **Menüband anpassen** wählen.
2. Markieren Sie in der Liste auf der rechten Seite ❶ zunächst eine Registerkarte, neben der das neue Register später im Menüband angezeigt werden soll. Klicken Sie anschließend auf **Neue Registerkarte** ❷.
3. Sie sehen, dass nicht nur eine neue Registerkarte, sondern automatisch auch eine neue Gruppe erzeugt worden ist. Fügen Sie bei Bedarf mehrere weitere Gruppen hinzu, indem Sie auf den Button **Neue Gruppe** ❸ klicken.

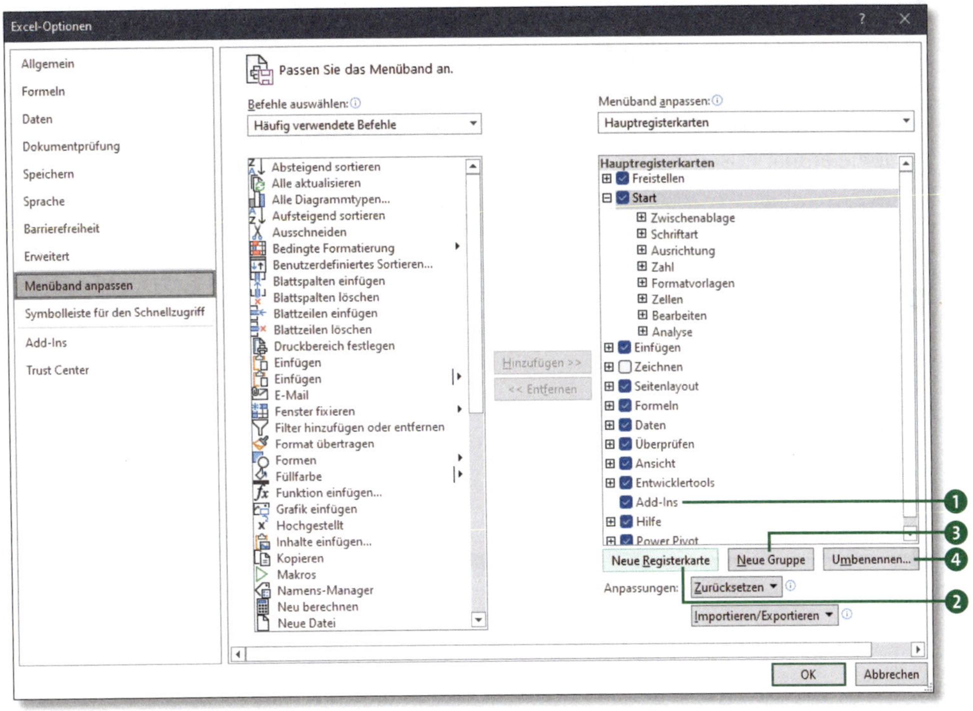

4 In diesem Zusammenhang macht es Sinn, die jeweiligen Gruppen (und letztendlich auch die neue Registerkarte) logisch zu benennen. Dazu muss jeweils die betreffende Zeile markiert werden. Danach klicken Sie auf die Schaltfläche **Umbenennen** ❹. Alternativ können Sie den Eintrag auch mit rechts anklicken und im Kontextmenü der Gruppe oder Registerkarte den Befehl **Umbenennen** wählen.

5 Geben Sie nun in das Feld **Anzeigename** ❺ des Dialogs **Umbenennen** den gewünschten Namen ein.

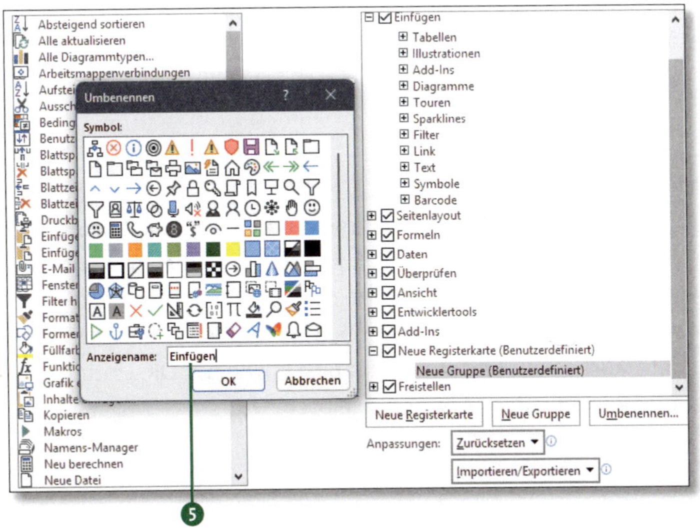

6 Nachdem alle gewünschten Gruppen ins Leben gerufen worden sind, sollten Sie im Bereich **Befehle auswählen** ❻ in der mittleren Spalte des Dialogs zunächst den Bereich anwählen, aus dem Sie Schaltflächen benötigen. Wenn Sie den gewünschten Button nicht finden können, stellen Sie im Auswahlfeld **Alle Befehle** ein, um sämtliche Excel-Befehle alphabetisch geordnet in der darunter befindlichen Liste zugänglich zu machen.

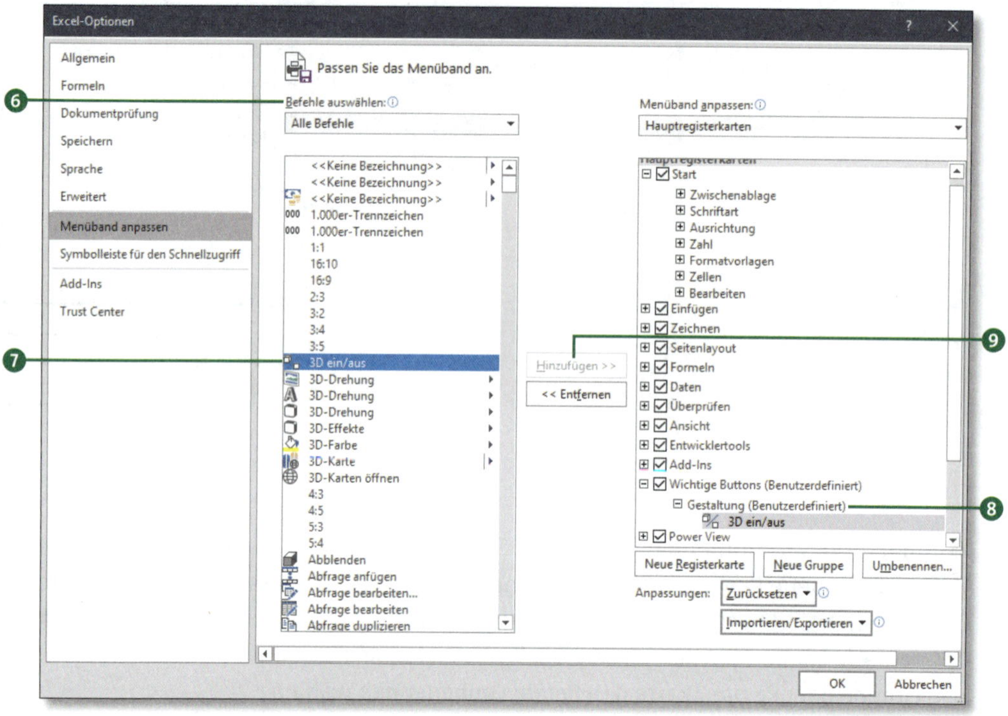

7 Markieren Sie mit einem einfachen Mausklick einen Befehl, den Sie hinzufügen wollen, beispielsweise **3D ein/aus** ❼. Vergessen Sie nicht, in der rechten Spalte auch die Gruppe ❽ anzuwählen, zu der Sie die neue Schaltfläche hinzufügen wollen. Wenn beides erledigt ist, betätigen Sie **Hinzufügen** ❾.

8 Fügen Sie auf diese Weise nun alle Schaltflächen hinzu, die für Sie von Bedeutung sind.

INFO

Registerkarten deaktivieren oder entfernen

Wenn Sie bestimmte Registerkarten temporär nicht benötigen, können Sie diese im Bereich **Menüband anpassen** des Dialogs **Excel-Optionen** unsichtbar machen, indem Sie das vorangestellte Häkchen löschen. Wenn Sie eine Registerkarte dauerhaft entfernen möchten, markieren Sie den entsprechenden Eintrag in der rechten Spalte, klicken auf **Entfernen** und bestätigen mit **OK**. Untergeordnete Gruppen werden dabei automatisch mit gelöscht.

9 Danach dürfen Sie sich daranmachen, die Buttons zu ordnen. Das gelingt einfach per Drag & Drop. Ziehen Sie den Befehl an eine Stelle, an der ein horizontaler schwarzer Balken erscheint, um ihn dort einzusortieren.

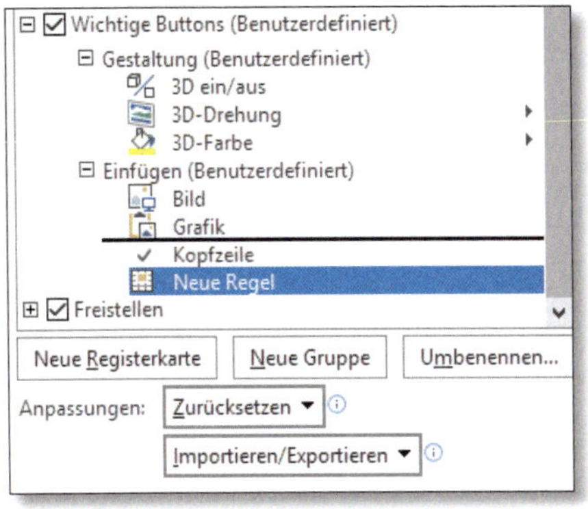

10 Wenn alles erledigt ist, bestätigen Sie Ihre Auswahl mit einem Klick auf **OK** und prüfen dann, ob das Menüband Ihren Wünschen entspricht.

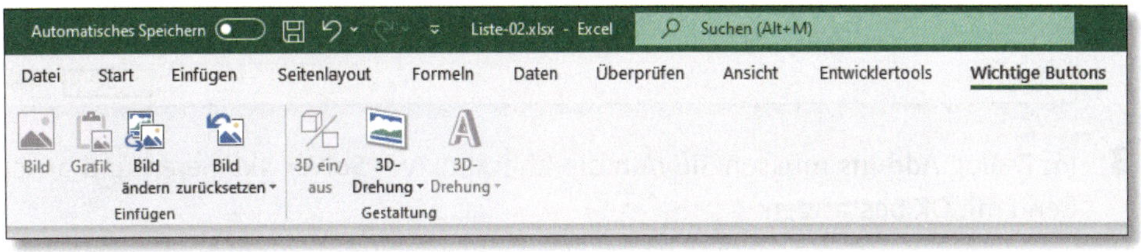

Sollten Sie Ihre benutzerdefinierte Registerkarte später anpassen wollen, öffnen Sie erneut die Rubrik **Menüband anpassen** im Dialog **Excel-Optionen** (**Datei > Optionen**) und nehmen entsprechende Anpassungen vor.

Add-Ins hinzufügen

Excel verfügt über sogenannte Add-Ins. Dabei handelt es sich um Programmerweiterungen oder – vereinfacht gesagt – um Programme im Programm. Diese sind in Excel zwar bereits enthalten, jedoch zunächst deaktiviert. Im Beispiel aktivieren wir das Add-In *Solver*, das hauptsächlich dafür vorgesehen ist, Optimierungsprobleme in Excel zu lösen. Hierbei können Szenarien gemäß einer Was-wäre-wenn-Analyse »erprobt« und mit sogenannten Nebenbedingungen versehen werden (lesen Sie dazu Abschnitt 21.6, »Was-wäre-wenn-Analyse mit dem Solver«, ab Seite 657). Das Add-In Solver richtet sich vor allem an erfahrene Benutzer.

1 Klicken Sie zunächst auf **Datei**, um in die Backstage-Ansicht zu gelangen. Klicken Sie anschließend auf die Rubrik **Optionen**.

2 Im Dialogfenster **Excel-Optionen** wählen Sie die Rubrik **Add-Ins**. Stellen Sie im Auswahlmenü **Verwalten** ❶ die Option **Excel-Add-Ins** ein. Danach klicken Sie auf **Los**.

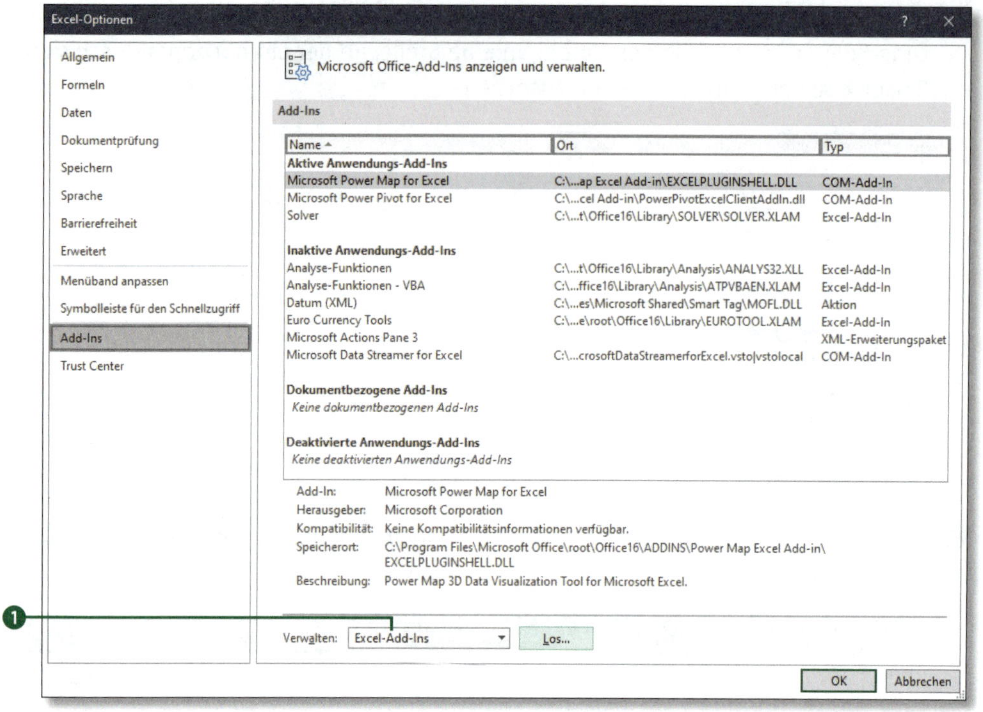

3 Im Dialog **Add-Ins** müssen Sie nun die Checkbox vor **Solver** aktivieren und anschließend mit **OK** bestätigen.

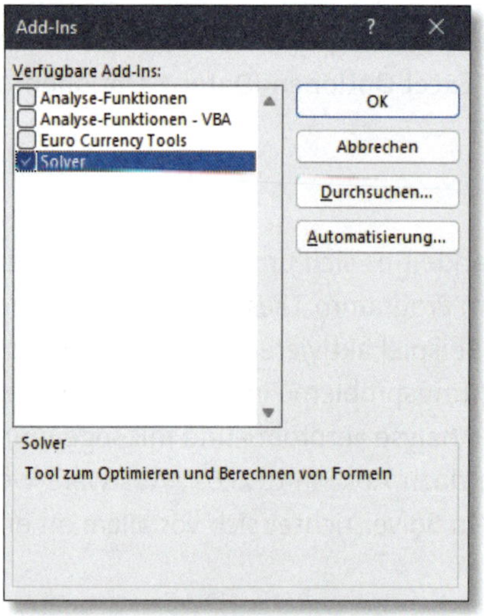

4 Wenn Sie das Add-In Solver einsetzen wollen, klicken Sie auf die gleichnamige Schaltfläche in der Gruppe **Analyse** der Registerkarte **Daten**.

Die hier genannten Schritte müssen Sie übrigens nur ein einziges Mal vornehmen. Wenn das Add-In erst einmal aktiv ist, bleibt es auch in Zukunft verfügbar.

Weitere Add-Ins

Aktivieren Sie bitte einmal das Register **Einfügen**. Sie finden in den Standardanwendungen von Office, also auch in Excel, eine Gruppe mit dem Titel **Add-Ins**. Schauen Sie zunächst einmal nach, ob sich Add-Ins in der Anwendung befinden. Dazu klicken Sie auf den Schalter **Meine Add-Ins**.

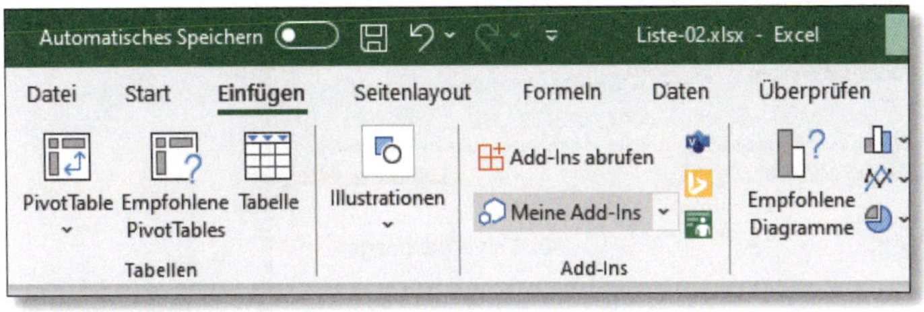

Abbildung 23.7 *Schauen Sie nach, welche Add-Ins gerade aktiv sind.*

Standardmäßig sollte nun der Hinweis **Keine Add-Ins** auftauchen, da Excel von sich aus ja keine zusätzlichen Elemente aktiviert. Sollten bereits Add-Ins installiert worden sein (wie hier Bing Maps ❶), werden diese angezeigt. Ganz unten finden Sie den Schalter **(Weitere) Add-Ins im Office Store suchen** ❷. Alternativ betätigen Sie gleich oben (unterhalb der Überschrift **Office-Add-Ins**) auf **STORE** ❸.

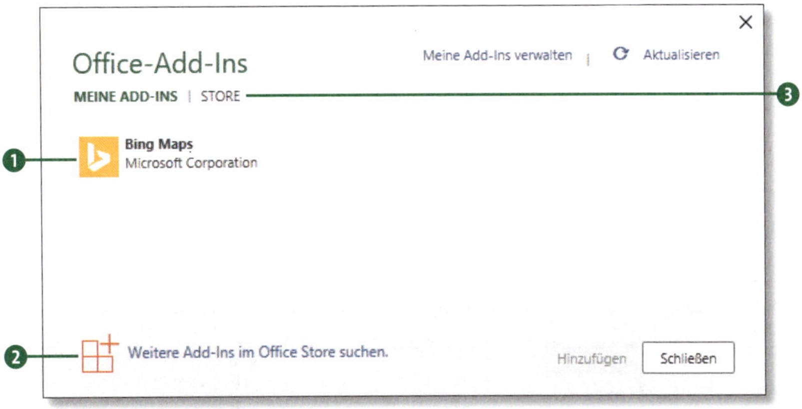

Abbildung 23.8 *Stellen Sie eine Verbindung zum Store her.*

Jetzt gelangen Sie in den Microsoft Store. Halten Sie nun Ausschau nach einem Add-In, das Ihnen zusagt. Dazu werden auf der linken Seite zunächst Kategorien angeboten. Jedes Add-In wird mit einer Grafik sowie zusätzlichen Informationen bezüglich Herausgeber und eventuell zusätzlicher Kosten ausgezeichnet. Gefällt Ihnen eines dieser Add-Ins, dürfen Sie gleich auf **Hinzufügen** klicken. Ich möchte Ihnen jedoch ausdrücklich empfehlen, zunächst weitere Infos über das Add-In einzuholen, indem Sie auf die Kurzbeschreibung klicken.

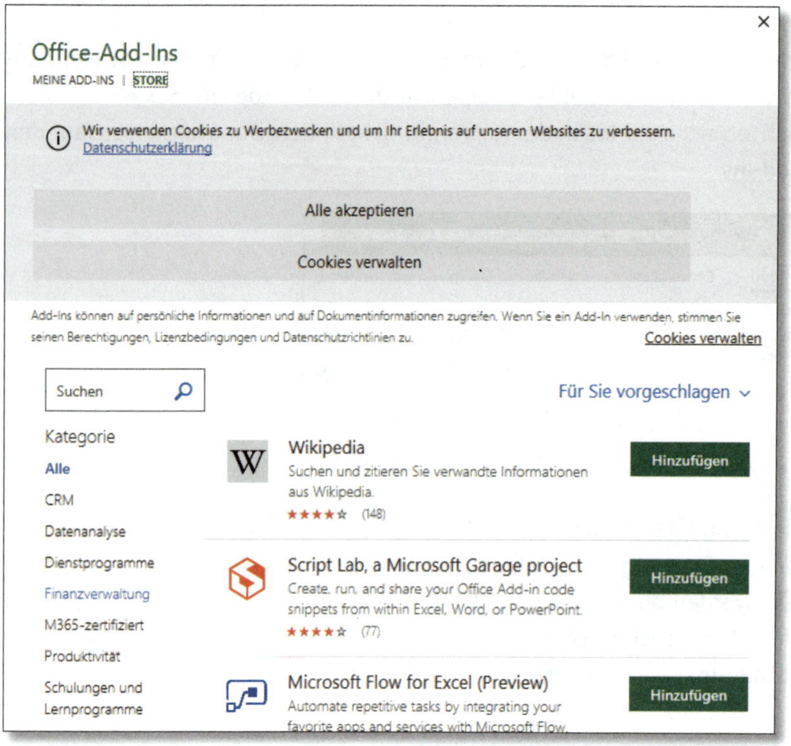

Abbildung 23.9 *Suchen Sie das geeignete Add-In aus.*

Lesen Sie die ausführlichere Beschreibung. Gern dürfen Sie sich auch von den bislang abgegebenen Bewertungen leiten lassen. Auch hier steht im Übrigen ein Button mit der Bezeichnung **Hinzufügen** für Sie bereit. Denken Sie immer daran, dass im World Wide Web nichts wirklich kostenlos ist. Wer kleine »Programmchen« nutzen will, muss dafür auch etwas geben – z. B. sein Einverständnis, Daten preiszugeben. Die **Datenschutzbestimmungen** und **Lizenzbedingungen** zu lesen ist daher ein absolutes Muss »vor« jedem Hinzufügen.

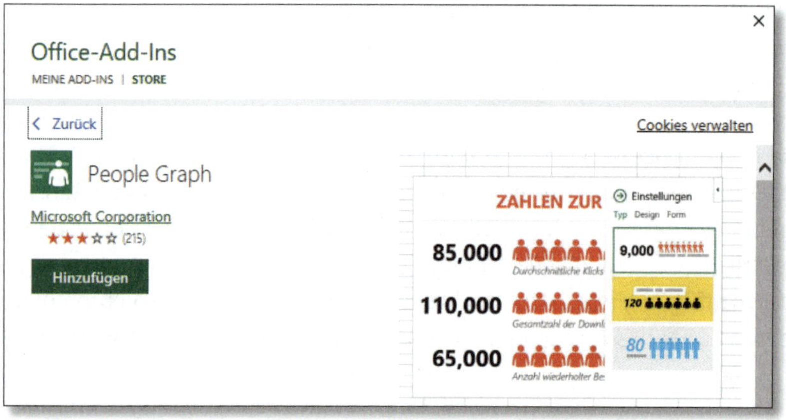

Abbildung 23.10 *Überlegen Sie, ob Sie dem Add-In vertrauen wollen (hierPeople Graph).*

Ansichten einrichten

Im letzten Abschnitt dieses Kapitels werden wir die Excel-Optionen verlassen und einen Blick auf das Menüband werfen. Dort können nämlich verschiedene Ansichten gespeichert werden. Sie haben hier nicht nur die Möglichkeit, verschiedene vordefinierte Ansichtsoptionen einzustellen (z. B. **Umbruchvorschau** und **Seitenlayout**), sondern können auch ganz bestimmte Ausschnitte sichern. Das ist vor allem dann sinnvoll, wenn Sie mit großen Tabellen und/oder mehreren Tabellenblättern arbeiten. Stellen Sie sich vor, Sie müssen zwischendurch immer wieder Daten aus einem ganz bestimmten Zellbereich ablesen, während Sie hauptsächlich mit einer anderen Stelle der Arbeitsmappe beschäftigt sind. In diesem Fall jedes Mal das Tabellenblatt zu wechseln, die Ansicht eventuell zu vergrößern und den gewünschten Ausschnitt mithilfe der Scrollbalken herzustellen wäre viel zu umständlich. Nicht zuletzt bleibt ja auch zu bedenken, dass Sie danach das Gleiche erneut machen müssten, um wieder zur ursprünglichen Ansicht zurückzukehren. Das ist viel zu umständlich und kann durch Verwendung benutzerdefinierter Ansichten prima umgangen werden.

1. Zunächst sollten Sie Ihren aktuellen Aufgabenbereich so einrichten, wie Sie ihn sich wünschen. Stellen Sie den Ausschnitt und die Ansichtsgröße nach Wunsch ein.
2. Klicken Sie danach auf **Benutzerdefinierte Ansichten** in der Gruppe **Arbeitsmappenansichten** der Registerkarte **Ansicht**.
3. Im folgenden Dialog klicken Sie zunächst auf **Hinzufügen**.
4. Geben Sie der Ansicht einen verständlichen Namen, und bestätigen Sie mit **OK**.
5. Danach wechseln Sie in den zweiten Bereich, den Sie zur Ansicht benötigen. Stellen Sie auch hier Ansicht und Zoomfaktor nach Wunsch ein. Klicken Sie dann erneut auf **Benutzerdefinierte Ansichten** innerhalb der Gruppe **Arbeitsmappenansichten** der Registerkarte **Ansicht**.
6. Klicken Sie auf **Hinzufügen**, vergeben Sie erneut einen treffenden Namen, und schließen Sie die Aktion mit einem Klick auf **OK** ab.
7. Um nun einen der beiden Aufgabenbereiche schnell aufzurufen, klicken Sie fortan auf die Schaltfläche **Benutzerdefinierte Ansichten** und lassen einen Doppelklick auf den Eintrag folgen, dessen Ansicht Sie aufrufen wollen.

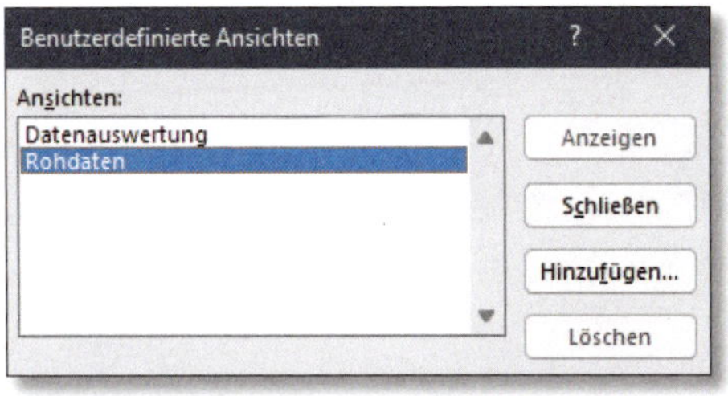

Alternativ zum letzten Schritt können Sie den gewünschten Anzeigebereich auch mit einem einfachen Mausklick markieren und dann per Klick auf **Anzeigen** aufrufen. Mit besagtem Doppelklick geht es allerdings schneller.

INFO

Ansichten löschen
Wenn Sie eine zuvor angelegte Ansicht nicht mehr benötigen, markieren Sie innerhalb des Dialogs **Benutzerdefinierte Ansichten** den Ansichtsbereich, den Sie loswerden wollen, und klicken danach auf **Löschen**. Sie müssen abschließend noch eine Kontrollabfrage bestätigen; danach wird die entsprechende Ansicht entfernt.

Teil IV

E-Mails und Termine im Griff mit Outlook

Kapitel 24

Die Outlook-Oberfläche kennenlernen

Oft wird Outlook vorschnell in die Kategorie E-Mail-Software gesteckt. Doch das ist zu kurz gedacht – denn Outlook ist weit mehr als das. Zwar ist die Erklärung Microsofts, Outlook sei »Ihr persönlicher Assistent bei der Organisation Ihres Lebens« recht ambitioniert, doch verdient die Anwendung zumindest den Titel Büro-Kommunikationssoftware.

24.1 Wo finden Sie was? – Die wichtigsten Registerkarten

Mit Outlook können neben E-Mails auch Termine organisiert und regelmäßig anstehende Aufgaben bewältigt werden. Die Pflege von Personendaten ist mit Outlook übrigens auch möglich. Doch bevor wir gleich zu den Details gelangen, sollten Sie sich zunächst einmal mit der Oberfläche der Anwendung vertraut machen. Es existieren zwar auch in dieser Office-Anwendung einige Elemente, die Ihnen möglicherweise bereits von anderen Office-Anwendungen her bekannt sind, allerdings gibt es auch einige, die Outlook-spezifisch sind.

> **TIPP**
>
> **Outlook in Betrieb nehmen**
> Sollte Outlook auf Ihrem Rechner noch nicht installiert sein, schauen Sie sich zunächst Abschnitt 25.1, »Outlook in Betrieb nehmen«, an, den Sie auf Seite 713 finden.

Aufgabenleiste

Unten links in Outlook finden Sie den sogenannten *Navigationsbereich* – auch *Aufgabenleiste* oder *Ansichtsbereich* genannt. Hier haben Sie die Möglichkeit, die unterschiedlichsten Aufgabenbereiche anzuwählen. Ein Ansichtsbereich ist beispielsweise der Kalender, ein anderer sind die Kontakte oder die E-Mails.

Abbildung 24.1 *Die überaus kompakte Aufgabenleiste*

Von Haus aus befindet sich die Aufgabenleiste im Kompakt-Modus. Das ist auch gut so, denn mehr Platz benötigt sie wirklich nicht. Falls Sie jedoch einmal sehen wollen, wie sie im Standardmodus aussieht, klicken Sie einmal auf die Drei-Punkte-Schaltfläche und entscheiden Sie sich für **Navigationsoptionen**. Deaktivieren Sie nun die Checkbox **Kompaktnavigation**, und bestätigen Sie mit **OK**.

Abbildung 24.2 Die Aufgabenleiste im ausgefahrenen Zustand

Ich finde, das ist verschenkter Platz. Außerdem gefallen mir die Icons wesentlich besser. Wenn Sie genauso empfinden, gehen Sie abermals auf die drei Punkte und reaktivieren die **Kompaktnavigation** in den **Navigationsoptionen** – dann passt es wieder.

Die Registerkarte »Start«

Wie andere Office-Anwendungen stellt Ihnen auch Outlook die Registerkarte **Start** zur Verfügung. Hier befinden sich die Standardschaltflächen, die für die grundlegende Bedienung von Outlook benötigt werden. Eine Besonderheit ist, dass jeder Bereich in Outlook sein eigenes Start-Register mitbringt. Das bedeutet: Wenn Sie unten in der sogenannten *Aufgabenleiste* ❶ (siehe Abbildung 24.3) beispielsweise von **E-Mail** auf **Kalender** umschalten, werden demzufolge im Menüband auch andere Steuerelemente zur Verfügung gestellt. Sie finden jedoch jeweils eine Registerkarte **Start** vor.

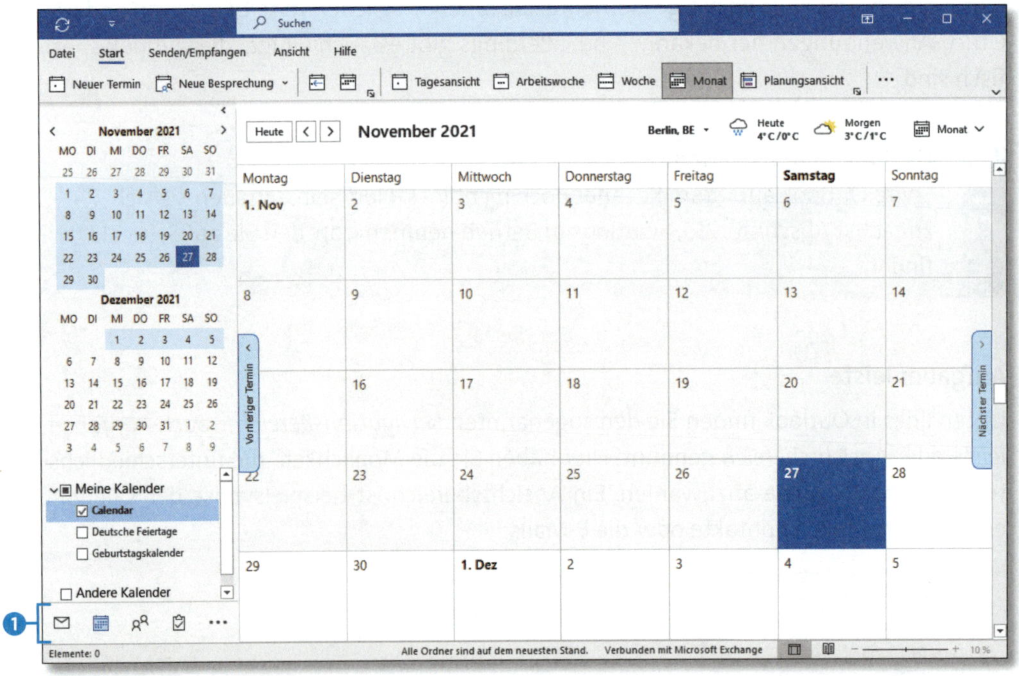

Abbildung 24.3 Die Inhalte der Registerkarten sind abhängig vom eingestellten Aufgabenbereich (hier der Kalender).

Weitere Registerkarten

Mithilfe der Registerkarte **Senden/Empfangen** können Sie, wie der Name schon sagt, E-Mails verschicken oder empfangen. Zudem lassen sich von dort aus mehrere Mails an verschiedene Adressaten richten. Diese können zudem in Gruppen zusammengefasst und auf Knopfdruck allesamt mit Ihrer Post beliefert werden. Sie können darüber hinaus Ihr E-Mail-Postfach mithilfe von Ordnern strukturieren, sodass Sie einen besseren Überblick über Ihr Postfach erhalten.

Mit der Registerkarte **Ansicht** haben Sie die Möglichkeit, Outlook an Ihre persönlichen Darstellungsbedürfnisse anzupassen. Sie können hier beispielsweise die Fensteraufteilung über die Gruppe **Layout** definieren und bestimmte Elemente ein- oder ausblenden. In der Gruppe **Anordnung** der Registerkarte **Ansicht** lassen sich zudem Sortierfunktionen nutzen. So können Mails beispielsweise nach Typ, Betreff oder Wichtigkeit geordnet werden (um an dieser Stelle nur einige Optionen zu nennen).

Abbildung 24.4 *Das Register »Ansicht« im Outlook-Menüband*

> **INFO**
>
> **Eigene Register hinzufügen**
>
> In Outlook lassen sich (genauso wie in Word oder Excel) eigene, individuelle Registerkarten erstellen und dem Menüband hinzufügen. Dazu klicken Sie auf **Start**, entscheiden sich in der Backstage-Ansicht für **Optionen** und wählen im Dialogfenster die Rubrik **Menüband anpassen**. Im Weiteren gehen Sie so vor, wie in Abschnitt 23.3, »So passen Sie Excel an Ihre Bedürfnisse an«, ab Seite 682 beschrieben.

Tools-Registerkarten

Je nachdem, welche Bereiche Sie markieren, werden temporär weitere Registerkarten zugänglich. Das funktioniert in Outlook genauso wie in anderen Office-Anwendungen auch. Wenn Sie beispielsweise selbst eine Nachricht schreiben (**Start > Neue E-Mail**) oder eine Nachricht beantworten, erscheint oben in der Register-Liste temporär **Nachricht**. Das darunter befindliche Menüband enthält individuelle Funktionen zum Schreiben von E-Mails.

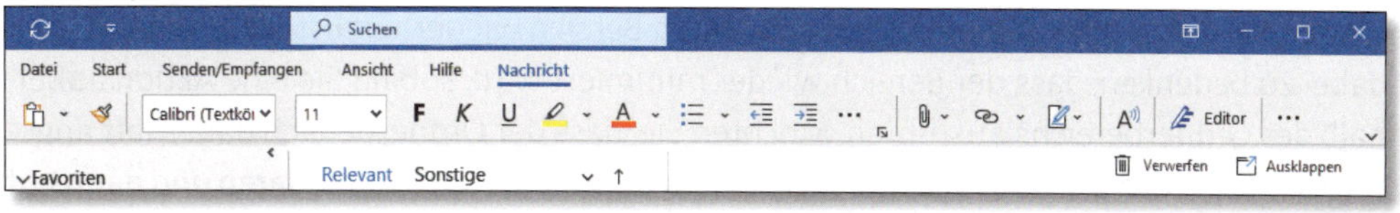

Abbildung 24.5 *Die Registerkarte »Nachricht« ist nur zugänglich, wenn Sie eine neue E-Mail erstellen oder auf eine erhaltene antworten.*

Outlook wartet mit weiteren temporären Registerkarten auf. Erhalten Sie beispielsweise eine Bilddatei per E-Mail und markieren Sie diese, wird das Register **Anlagen** zur Verfügung gestellt, mit dessen Hilfe Sie die Anlage speichern, ausdrucken, in eine Cloud hochladen oder löschen können.

24.2 Die Bereiche im Outlook-Nachrichtenfenster

Werfen Sie einen Blick auf die einzelnen Befehlsleisten. Zwei Bereiche haben Sie ja bereits kennengelernt, nämlich das Menüband und die Aufgabenleiste mit ihren Grafiksymbolen **E-Mail**, **Kalender**, **Personen** und **Aufgaben**. Gleich darunter befindet sich die Statusleiste ①. Sie ähnelt denen anderer Office-Anwendungen. Auch in Outlook rufen Sie das Kontextmenü mit zusätzlichen Befehlen per Rechtsklick auf.

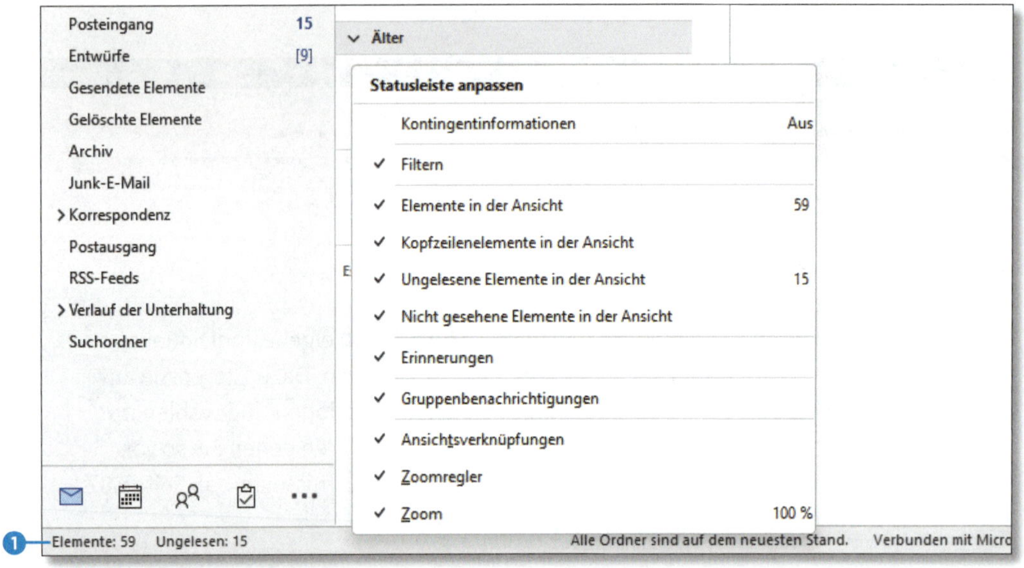

Abbildung 24.6 *Passen Sie die Statusleiste bei Bedarf mithilfe des Kontextmenüs an.*

Der Ordnerbereich

Auf der linken Seite ist der sogenannte Ordnerbereich zu finden, in dem sich (bei aktiviertem Aufgabenbereich **E-Mail**) die Favoriten und E-Mail-Konten nebst Unterordnern befinden. Wenn Sie Platz sparen möchten, können Sie diesen Bereich mit einem Klick auf die Schaltfläche **Ordnerbereich minimieren** ② schließen.

Klicken Sie abermals auf dieses Symbol, um den Bereich wiederherzustellen. Allerdings ist dabei zu bedenken, dass der Bereich wieder minimiert wird, sobald Sie eine Aktion außerhalb des Ordnerbereichs ausführen. Möchten Sie, dass der Ordnerbereich dauerhaft angezeigt wird, klicken Sie zunächst auf die Pfeilspitze **Ordnerbereich minimieren** und dann auf das Pin-Symbol **Ordnerbereich anheften**.

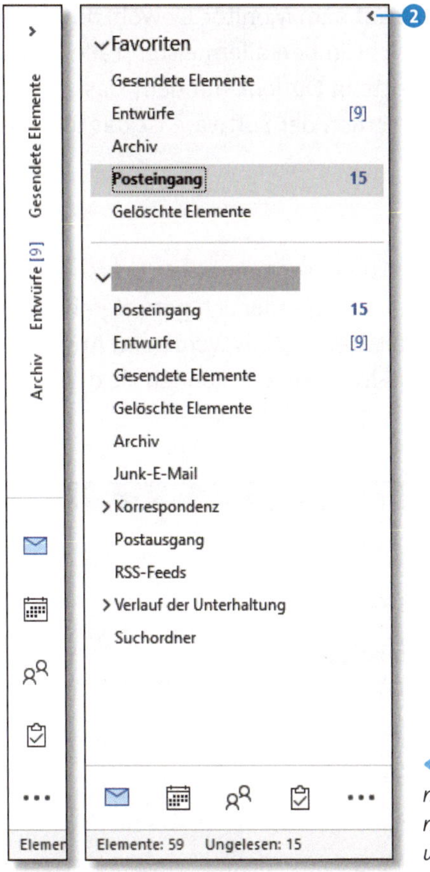

Abbildung 24.7 *Im geschlossenen Zustand (links) verfügt der Ordnerbereich nur noch über Symbole und vertikal angeordnete Einträge.*

Menüband erweitern

Auch das Menüband kann individuell eingestellt werden. Neuerdings nennt sich diese Funktion **Menüband wechseln**. »Menüband vergrößern« bzw. »verkleinern« wäre vielleicht sinnvoller gewesen, aber wie dem auch sei – betätigen Sie die kleine, nach unten weisende Schaltfläche ganz unten reechts am Menüband, um dieses auszuklappen. Ein erneuter Klick bringt es wieder in seine ursprüngliche Form zurück.

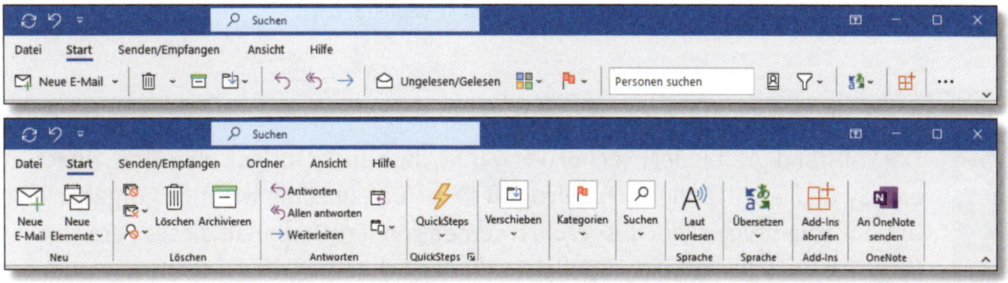

Abbildung 24.8 *Für den Einstieg ist das erweiterte Menüband die bessere Wahl.*

Keine Frage – Platz ist nach wie vor ein kostbares Gut auf dem Monitor. Obwohl das auch für Outlook gilt und die verkleinerte Menüband-Ansicht in den allermeisten Fällen ausreicht, möchte ich Ihnen empfehlen, Ihre ersten Schritte in Outlook mit dem klassischen Menüband (ausgeklappt) zu vollziehen. Zum Kennenlernen der Software ist das allemal besser.

Ansichtsbereich und Lesebereich

In der Fenstermitte werden die E-Mails angezeigt. Das ist der sogenannte *Ansichtsbereich*, in dem entscheidend ist, welche Auswahl Sie derzeit im Ordnerbereich getroffen haben; im Beispiel ist das der **Posteingang** ❸. Die darin enthaltenen E-Mails werden im **Ansichtsbereich** ❹ in Zeilen angezeigt. Sobald Sie auf eine der E-Mails klicken, können Sie deren Inhalt im *Lesebereich* ❺ sehen.

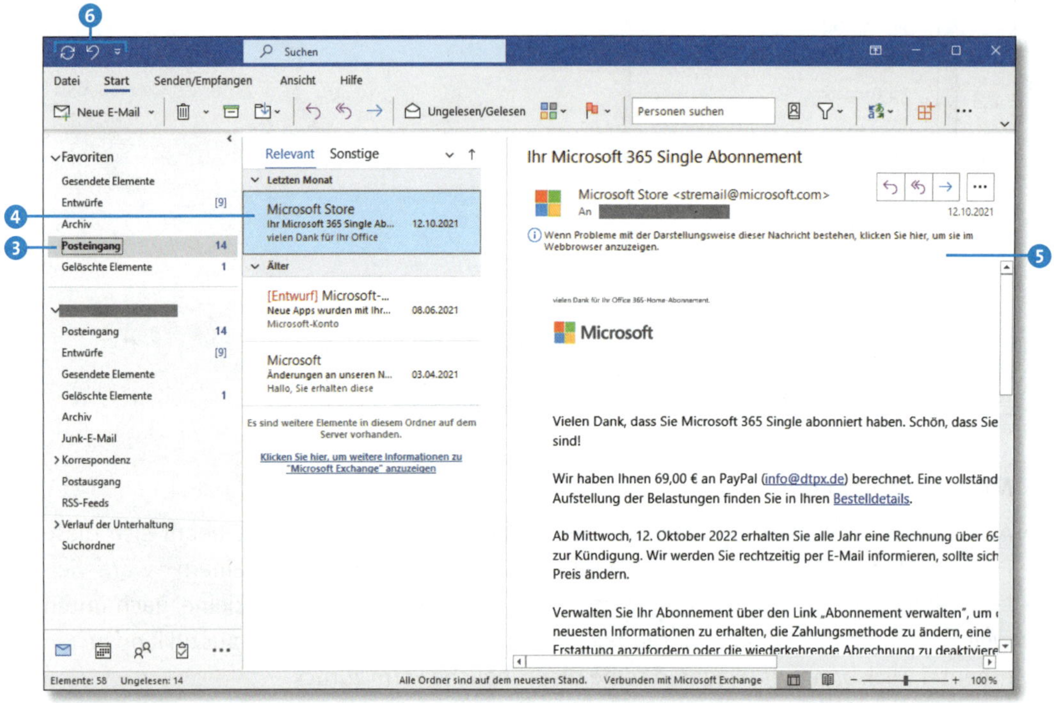

Abbildung 24.9 *Die Outlook-Oberfläche bei aktivem »E-Mail«-Bereich*

> **INFO**
>
> **Symbolleiste für den Schnellzugriff**
> Der Vollständigkeit halber sei noch erwähnt, dass auch Outlook oben links über eine Symbolleiste für den Schnellzugriff ❻ verfügt, über die wichtige Aufgaben mit nur einem Mausklick ausgeführt werden können. Der Inhalt dieses Bereichs lässt sich über die Rubrik **Symbolleiste für den Schnellzugriff** der Outlook-Optionen (**Datei > Optionen**) konfigurieren.

24.3 Nachrichtenelemente sortieren und in Gruppen anzeigen

Wie sich die Nachrichten im Anzeigebereich darstellen, ist keineswegs dem Zufall überlassen. Sortieren Sie die Nachrichten nach bestimmten Kriterien, z. B. nach Datum, Größe, Betreff oder Wichtigkeit.

Nachrichten sortieren

Sortieren Sie Ihre Nachrichten nach Wunsch, indem Sie auf die gewünschte Option in der Gruppe **Anordnen nach** der Registerkarte **Ansicht** klicken. An dieser Stelle sei noch einmal darauf hingewiesen, dass das erweiterte Menüband (siehe Abschnitt 24.2.2, »Menüband erweitern«, auf Seite 697) die sinnvollste Art ist, sich in Outlook einen ersten Funktionsüberblick zu verschaffen.

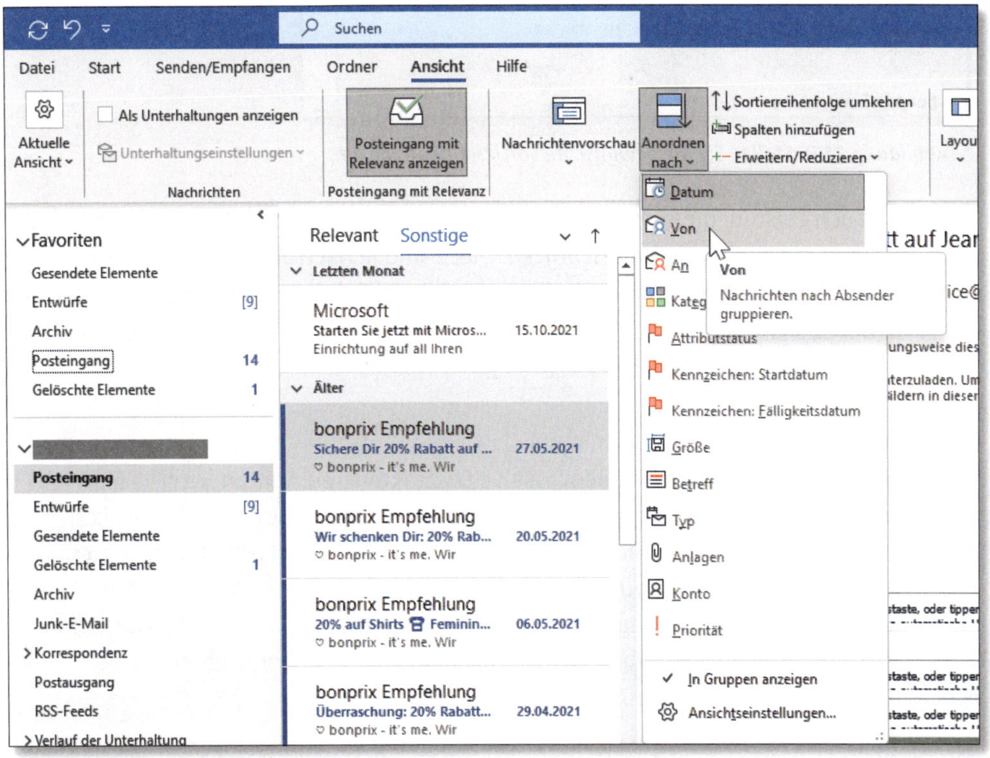

Abbildung 24.10 Schalten Sie, wie hier, auf »Von« um, werden die E-Mails nicht mehr nach Datum sondern nach Absender sortiert.

Wählen Sie daraufhin die gewünschte Sortierfunktion, beispielsweise **Betreff**, im Menü aus. Das hat zur Folge, dass die Datumsreihenfolge zugunsten einer alphabetischen Betreff-Anordnung verworfen wird.

***Abbildung 24.11** Stellen Sie die gewünschte Sortierreihenfolge ein.*

Bei den grauen Leisten, die sich in der Spalte der E-Mails befinden, handelt es sich übrigens um sogenannte *Gruppenüberschriften*. Diese sind je nach Sortieroption unterschiedlicher Art. Schalten Sie beispielsweise über die Schaltfläche **Anordnen nach** um auf die Sortierfunktion **Größe**, werden Ihnen daraufhin Größenangaben (z. B. **Mittelgroß**, **Klein**, **Sehr klein**) anstelle der Betreffzeilen angezeigt.

INFO

Gruppen deaktivieren

Die grauen Überschriftenzeilen lassen sich deaktivieren. Sollten Sie eine bevorzugte Sortierfunktion eingestellt haben, die Sie dauerhaft beibehalten wollen (z. B. **Datum**), benötigen Sie die Überschriften ja vielleicht nicht. Um diese zu deaktivieren, klicken Sie auf die Schaltfläche **Anordnen nach** (**Ansicht > Anordnung**) und wählen den Begriff **In Gruppen anzeigen** per Mausklick ab. Daraufhin wird das Häkchen vor dem Begriff entfernt, und die Gruppen werden ausgeblendet.

Nachrichten im Ansichtsbereich sortieren

Sie können E-Mails auch direkt im Ansichtsbereich sortieren. Dazu klicken Sie in der mittleren Spalte der App zunächst auf die kleine, nach unten weisende Pfeilspitze, die sich in einer Reihe mit den Einträgen **Relevant** und **Sonstige** befindet. Im Menü, das sich daraufhin öffnet, lässt sich ebenfalls eine Sortierreihenfolge festlegen.

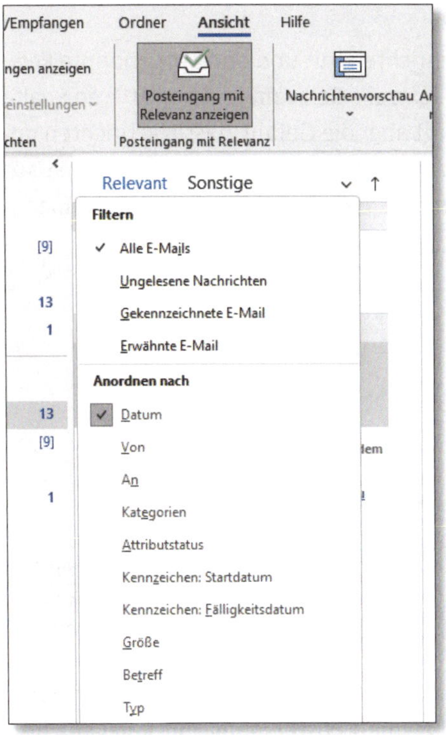

Abbildung 24.12 Die Sortierung kann auch direkt im Ansichtsbereich angepasst werden.

Haben Sie beispielsweise die Sortieroption **Von** aktiviert, lässt sich die Reihenfolge nun von alphabetisch auf umgekehrt alphabetisch umstellen.

INFO

Gelesene Nachrichten ausblenden

Wollen Sie sich aktuell nur mit den Nachrichten beschäftigen, die Sie noch nicht gelesen haben? Dann klicken Sie im zuvor erwähnten Menü auf die Zeile **Ungelesene Nachrichten**. Stellen Sie die Ansicht aller Nachrichten wieder her, indem Sie einen Klick auf **Alle E-Mails** setzen.

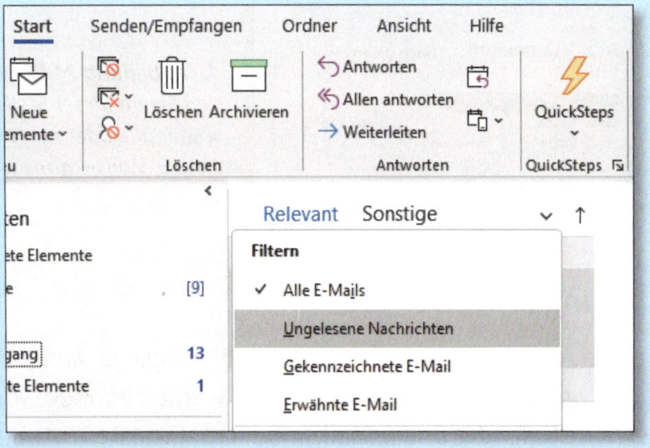

Abbildung 24.13 Bitte beachten Sie, dass dem aktuell gewählten Eintrag grundsätzlich ein Häkchen vorangestellt ist.

Posteingang mit und ohne Relevanz anzeigen

Neu in der aktuellen Outlook-Version ist, dass Nachrichten mit und ohne sogenannte Relevanz angezeigt werden. Sicher ist Ihnen schon die Textzeile **Relevant** in der mittleren Spalte ganz oben aufgefallen. Das mag ganz nett sein, birgt aber die Gefahr, dass Nachrichten untergehen, die Outlook als »nicht relevant« einstuft. Diese landen nämlich dann automatisch im Bereich **Sonstige** und werden erst sichtbar, wenn Sie diese Textzeile explizit anwählen.

Abbildung 24.14 *Outlook entscheidet, was relevant ist und was unter »Sonstige« verschoben werden kann.*

Verantwortlich für diese Vorgehensweise ist ein Schalter, den Sie im Menü **Ansicht** finden. Darin existiert eine Gruppe mit dem klangvollen Namen **Posteingang mit Relevanz** und darin wiederum nur ein einziger Schalter. Ist dieser aktiv, werden die Nachrichten mit oder ohne Relevanz angezeigt. Deaktivieren Sie ihn, wird statt **Relevant** und **Sonstige** fortan **Alle** und **Ungelesen** angezeigt. Entscheiden Sie, was Ihnen sinnvoller erscheint.

Abbildung 24.15 *Jetzt finden Sie an dieser Stelle entweder alle oder nur ungelesene E-Mails – ganz wie Sie wollen.*

24.4 Die Ansichtseinstellungen verwenden

Outlook verfügt über zahlreiche Ansichtsoptionen, die Ihnen die tägliche Arbeit mit der Software erleichtern sollen und an Ihre Bedürfnisse angepasst werden können. Vor allem die Ansichtsoptionen der Bereiche **Kalender** und **E-Mail** sind hierbei von Bedeutung.

Kalender-Ansichtseinstellungen

Sofern Sie den Bereich **Kalender** in der Aufgabenleiste von Outlook eingestellt haben, sollten Sie sich vor allem der Gruppe **Anordnen** der Registerkarte **Start** (alternativ auch auf der Registerkarte **Ansicht**) widmen. Hier können Sie nämlich festlegen, ob der Kalender in der Ansicht **Monat**, **Woche** (Montag bis Sonntag), **Arbeitswoche** (Montag bis Freitag) oder **Tagesansicht** dargestellt werden soll. Die beiden Ansichten **Woche** und **Arbeitswoche** sind hierbei besonders interessant, da Ihnen in diesen Ansichten am linken Rand auch Zeiteinheiten zur besseren Übersicht eingeblendet werden.

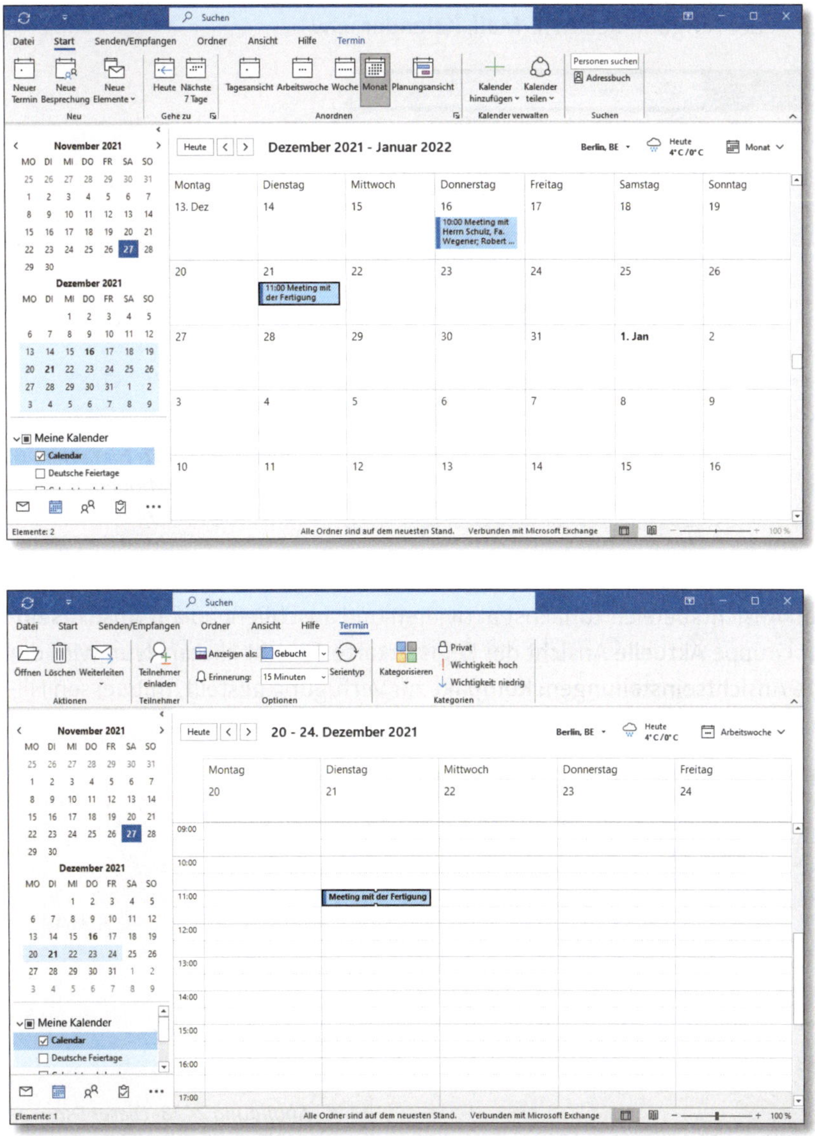

*▲ **Abbildung 24.16** Der Kalender zum Vergleich in der Monatsansicht (oben) und in der Arbeitswochenansicht (unten)*

Achten Sie darauf, dass nach jedem Wechsel der Ansicht auch ein Wechsel des Registers erfolgt. Schalten Sie also beispielsweise von der Monatsansicht auf die Arbeitswoche um, bedeutet dies auch einen gleichzeitigen Wechsel auf das Register **Termin**. Um die Ansicht erneut zu wechseln, müssen Sie abermals auf das Register **Ansicht** umschalten.

Ansicht ändern

Wenn es um die Ansicht der Programmoberfläche geht, ist vor allem die Schaltfläche **Ansicht ändern** in der Gruppe **Aktuelle Ansicht** der Registerkarte **Ansicht** interessant. Welche Optionen hier zur Verfügung gestellt werden, ist stets abhängig vom jeweils aktivierten Aufgabenbereich in der Aufgabenleiste (**E-Mail**, **Kalender** usw.).

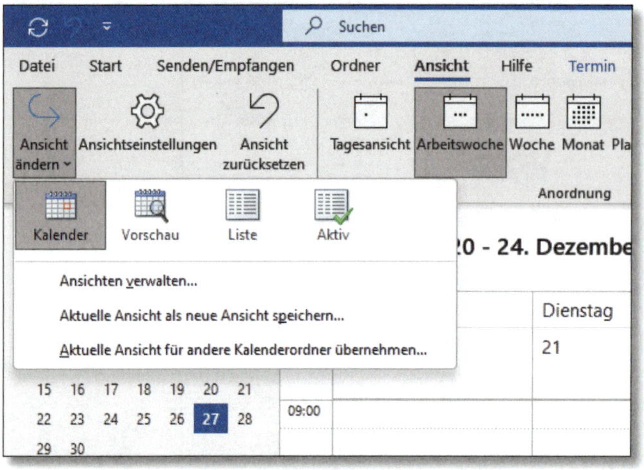

Abbildung 24.17 Hier sehen Sie die Ansichtsoptionen des Bereichs »Kalender«.

Jede einzelne Ansicht kann ganz individuell abgestimmt und optimiert werden, indem Sie den gewünschten Ansichtsbereich zunächst aktivieren und anschließend auf **Ansichtseinstellungen** in der Gruppe **Aktuelle Ansicht** der Registerkarte **Ansicht** klicken. Nun wird der Dialog **Erweiterte Ansichtseinstellungen: Kompakt** zur Verfügung gestellt, mit dessen Hilfe sich die unterschiedlichen Segmente individualisieren lassen.

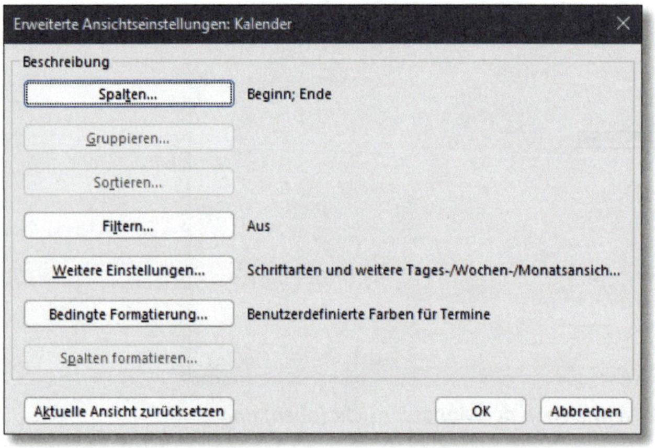

Abbildung 24.18 Dieser Dialog eröffnet die Oberflächengestaltung bis ins letzte Detail.

24.5 IMAP, Exchange oder POP3

Als letztes Thema in dieser Outlook-Einführung beschäftigen wir uns mit E-Mail-Konten – genauer gesagt, mit den Kontotypen. Hier sind vor allem drei verschiedene zu erwähnen, nämlich POP3, IMAP und Exchange. Im Prinzip erfüllen alle drei den Zweck, die Zusammenarbeit zwischen Outlook und einem beliebigen E-Mail-Konto herzustellen. Wenn Sie nämlich ein Mailkonto bei einem Dienstanbieter eröffnen (z. B. *Googlemail*, *Web.de*, *Yahoo* usw.), wird Ihnen von dort ein bestimmtes Speicherkontingent für Ihre E-Mails zur Verfügung gestellt. Zudem nutzen Sie Leitungen und Server des Anbieters. Das ist ja zunächst einmal nichts Besonderes.

Die Protokolle

Nun kommt aber erschwerend hinzu, dass zur Bearbeitung Ihrer E-Mails (senden und empfangen, Anhänge herunterladen, individuelle Einstellungen vornehmen) meist nicht die Arbeitsumgebung des Dienstanbieters genutzt werden soll, sondern Outlook. Infolgedessen müssen Sie nun auch dafür sorgen, dass sich Outlook und der Server des Dienstanbieters »miteinander vertragen« und zusammenarbeiten können. Auf welche Art das geschieht, wird mit sogenannten Protokollen geregelt. Das sind im Prinzip Regeln, an die sich beide Seiten halten müssen – sowohl der E-Mail-Dienst als auch Outlook. Die Regeln gibt natürlich derjenige vor, der die Leistungen zur Verfügung stellt, also Ihr Dienstanbieter. Dazu gibt dieser Protokolle aus. Outlook ist seinerseits imstande, diese Protokolle zu interpretieren.

- **POP3**: Das *Post Office Protocol* in der Version 3 ist ein E-Mail-Protokoll, mit dem Nachrichten von einem E-Mail-Server auf einen Computer übertragen werden können. POP3 unterstützt nur einen Serverordner – nämlich den *Posteingang*. Deswegen ist es bei POP3-Konfigurationen nötig, neben einem Posteingangsserver auch einen Postausgangsserver zum Versenden von Mails zu konfigurieren. Hierbei handelt es sich in der Regel um einen *SMTP*-Server (*Simple Mail Transfer Protocol*).
- **IMAP**: Das *Internet Message Access Protocol* ist ein Netzwerkdateisystem, das in beide Richtungen arbeitet. Hierbei wird die Nutzung mehrerer Ordner auf dem E-Mail-Server ermöglicht, also im Vergleich zu POP3 mehr als nur der Serverordner *Posteingang*.
- **Exchange ActiveSync**: Dies ist ein Protokoll zur Synchronisierung von E-Mails, Terminen und Kalendern, Kontakten und Adressen zwischen dem Server und der E-Mail-Software. Bei den von Microsoft angebotenen Konten (z. B. *outlook.com*, *hotmail.de*, *live.com*) handelt es sich von Haus aus um Exchange-ActiveSync-Konten.
- **Exchange** (*Microsoft Exchange Server*): Dies ist ein Speicherplatz auf einem Server, der zur zentralen Speicherung und Verwaltung wichtiger Daten vorgesehen ist. Zu diesem Speicherplatz haben Teilnehmer eines bestimmten Arbeitskreises (z. B. eines Unternehmens oder einer Behörde) jederzeit Zugriff. Dies kann ein Server innerhalb eines Unternehmensnetzwerks, aber auch ein externer Server sein. Ein Microsoft Exchange Server ist für manche Features erforderlich, z. B. für die Kalenderfreigabe oder die Definition von Kalenderberechtigungen. Es handelt sich dabei um eine Erweiterung Ihres Office-Pakets, die separat installiert wird. Zudem ist der Dienst kostenpflichtig; er kostet im

Jahresabo monatlich 3,40 € zuzüglich gesetzlicher Mehrwertsteuer pro Teilnehmer (Stand bei Drucklegung dieses Buches). Als Microsoft-365-Nutzer müssen Sie sich hierüber keine Gedanken machen, da Microsoft Exchange bereits Teil des Abo-Paketes ist und Ihr bei der Anmeldung benutztes Konto automatisch als Exchange-Konto angelegt worden ist. Wer nicht im Besitz eines Exchange-Kontos ist, kann es zunächst 180 Tage lang testen. Weitere Infos finden Sie unter *https://office.microsoft.com/de-de/exchange*.

In den folgenden Abschnitten zeige ich Ihnen, wie Sie Kontoarten, die nicht auf Exchange beruhen, in Outlook einrichten und verwenden können.

Kontoeinstellungen prüfen oder ändern

Wenn Sie bereits ein Konto eingerichtet haben und überprüfen möchten, nach welchen »Spielregeln« Ihr aktuell mit Outlook verbundenes Konto arbeitet, wechseln Sie zunächst einmal in die Backstage-Ansicht, indem Sie auf die Registerkarte **Datei** klicken. Bereits hier lässt sich ablesen, um welchen Kontotyp es sich handelt ❶.

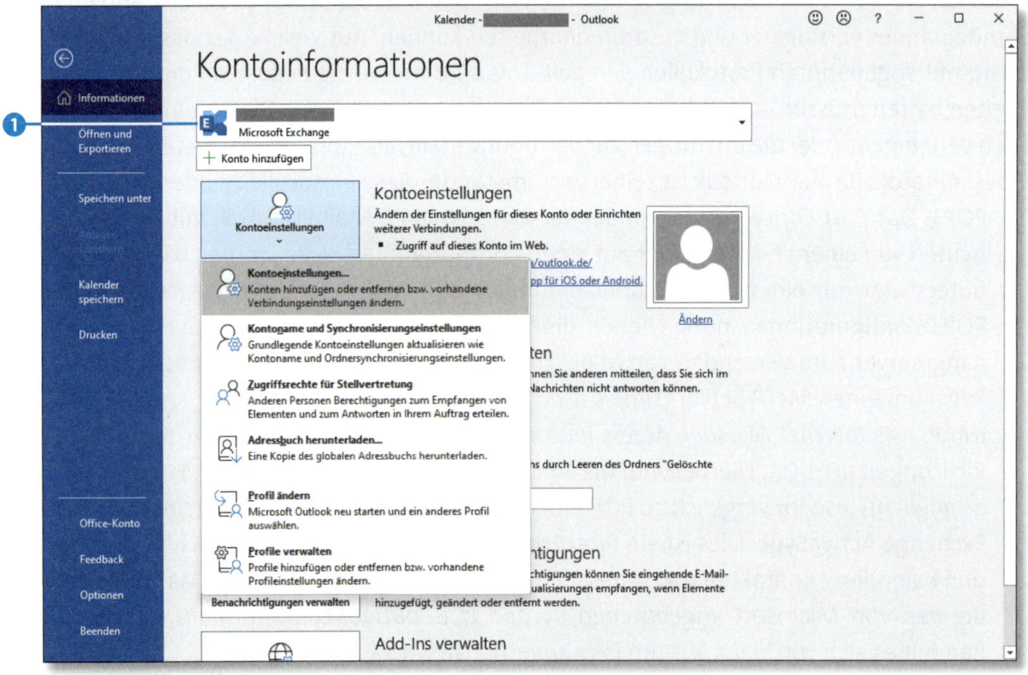

Abbildung 24.19 *In der Backstage-Ansicht finden Sie den Kontotyp.*

Klicken Sie im Bereich **Kontoinformationen** auf die Schaltfläche **Kontoeinstellungen**, und wählen Sie den gleichnamigen Button im Auswahlmenü. Im Dialog **Kontoeinstellungen** werden Ihnen nun sämtliche mit Outlook verbundenen Konten angezeigt. Denn das dürfen ja durchaus mehrere sein. Im konkreten Fall ist bislang jedoch nur ein einziges Konto gelistet. Rufen Sie es auf, indem Sie auf den Namen ❷ doppelklicken. Alternativ setzen Sie einen einfachen Mausklick darauf und klicken anschließend auf **Ändern** ❸.

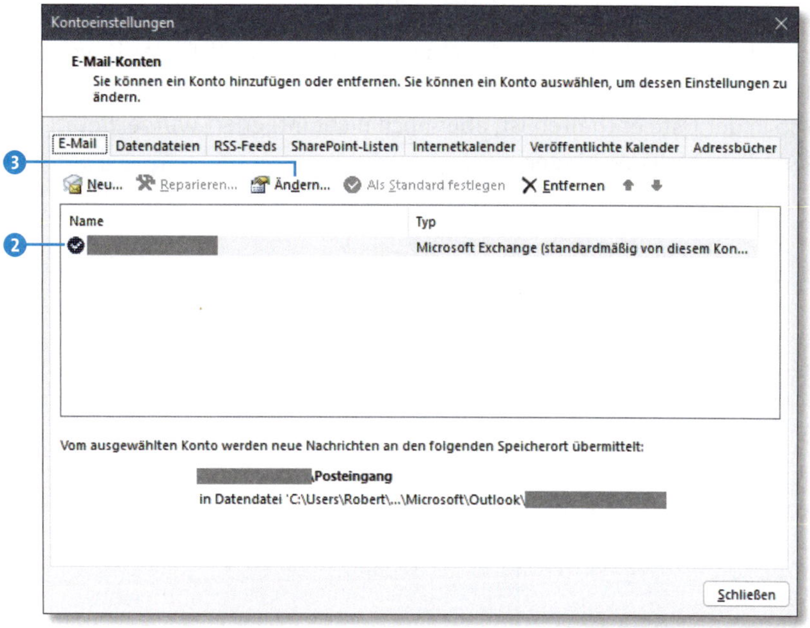

Abbildung 24.20
Hier gelangen Sie in die Kontoeinstellungen.

Ein E-Mail-Konto hinzufügen

Sie möchten in Outlook mehr als eine E-Mail-Adresse verwalten? Kein Problem. Fügen Sie bei Bedarf weitere Konten hinzu. Dabei dürfen Sie Outlook sogar die Konfiguration überlassen. In diesem Fall müssen Sie sich um POP3, IMAP & Co. gar keine Gedanken machen.

1 Wechseln Sie in die Backstage-Ansicht, indem Sie oben links auf die Registerkarte **Datei** klicken.

2 Klicken Sie im Bereich **Kontoinformationen** auf die Schaltfläche **Konto hinzufügen**.

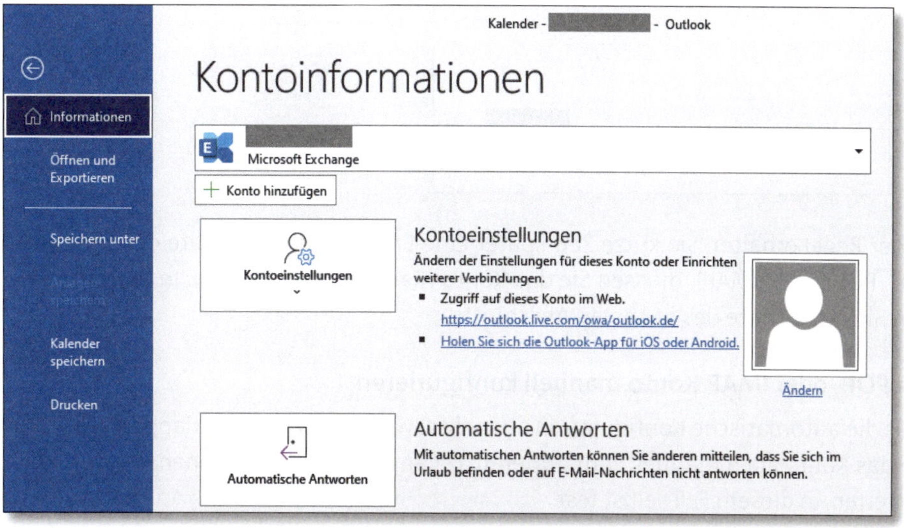

3 Im folgenden Dialogfenster geben Sie nun eine E-Mail-Adresse ein und klicken auf **Verbinden**. Alternativ können Sie auch das Feld **E-Mail-Adresse** in der Mitte des Dialogs öffnen und dort eine E-Mail-Adresse einstellen, die von Outlook bereits ausfindig gemacht wurde, also in der Liste enthalten ist, aber noch nicht integriert wurde. Betätigen Sie anschließend ebenfalls **Verbinden**.

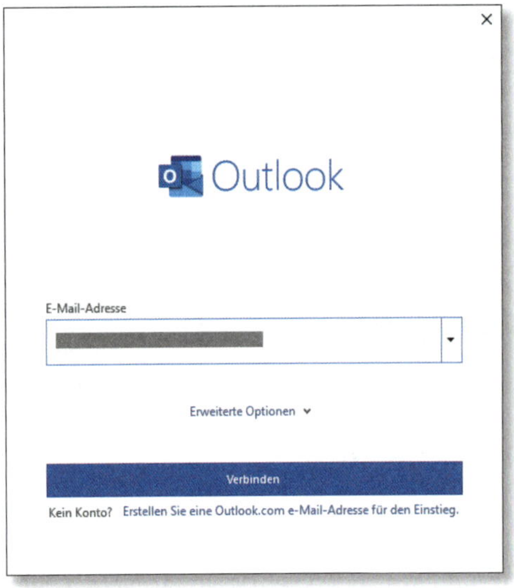

4 Im folgenden Dialogfenster müssen Sie nun das Passwort für besagte E-Mail-Adresse eingeben und auf **Verbinden** klicken.

In der Regel erhalten Sie kurze Zeit später eine Erfolgsmeldung. Sollte der Erfolg ausbleiben (POP3 oder IMAP), müssen Sie das Konto manuell konfigurieren. In diesem Fall befolgen Sie die Schritte des nächsten Abschnitts.

Ein POP- oder IMAP-Konto manuell konfigurieren

Falls die automatische Konfiguration ausnahmsweise einmal nicht klappen sollte, können Sie das Konto auch manuell konfigurieren. Legen Sie die Informationen, die den Kontotyp betreffen, in diesem Fall selbst fest.

1 Zunächst einmal benötigen Sie Informationen zu Ihrem E-Mail-Konto von Ihrem E-Mail-Anbieter. In der Regel befinden sich diese sowie entsprechende Hilfsangebote auf den Hilfeseiten bzw. den FAQ-Seiten des Anbieters. Wenn Sie dort nichts finden, sollten Sie in einer Internetsuchmaschine nach passenden Begriffen suchen. Wenn Sie beispielsweise ein GMX-Konto konfigurieren wollen, werden Sie schnell fündig, nachdem Sie (z.B. via Google) die Begriffe »gmx«, »E-Mail-Konto« und »konfigurieren« eingegeben haben. Im konkreten Beispiel stößt man so auf die Seite *https://hilfe.gmx.net/pop-imap/index.html*, die Informationen über den Posteingangs- und Postausgangsserver zur Verfügung stellt. Eine weitere Information ist ebenfalls von Bedeutung – nämlich ob der *Postausgangsserver* eine **Kennwortauthentifizierung** benötigt oder nicht. Auch das sollte sich auf den Hilfeseiten schnell ermitteln lassen.

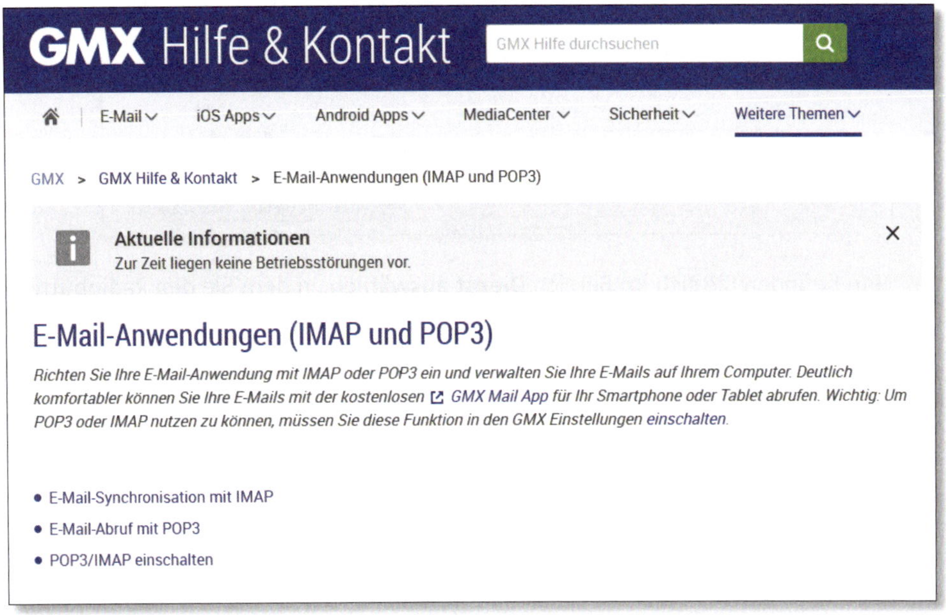

2 Lassen Sie die Internetseite am besten geöffnet, und begeben Sie sich anschließend in die Backstage-Ansicht von Outlook (**Datei**).

3 Klicken Sie im Bereich **Kontoinformationen** auf die Schaltfläche **Konto hinzufügen**.

4 Aktivieren Sie im folgenden Dialog den Radiobutton **Manuelle Konfiguration oder zusätzliche Servertypen**. Danach klicken Sie auf **Weiter**.

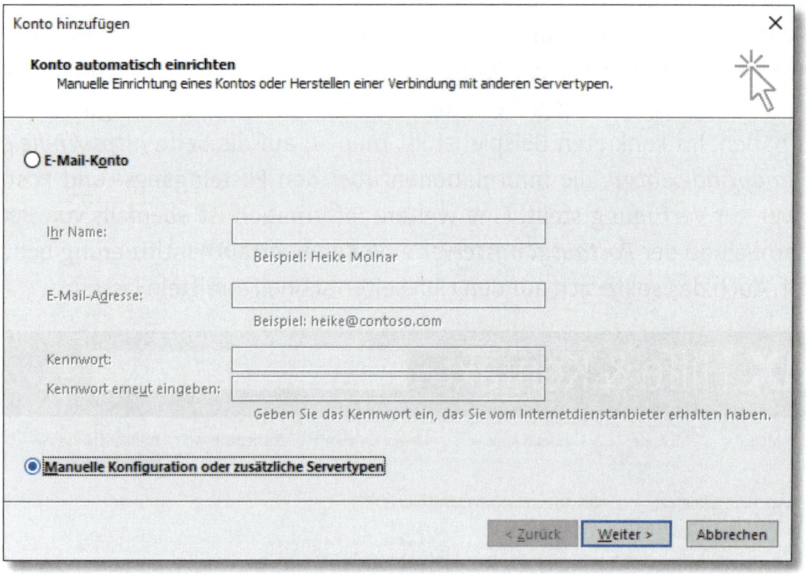

5 Nun befinden Sie sich im Bereich **Dienst auswählen**, in dem Sie den Radiobutton **POP oder IMAP** anwählen. Bestätigen Sie per Klick auf **Weiter**.

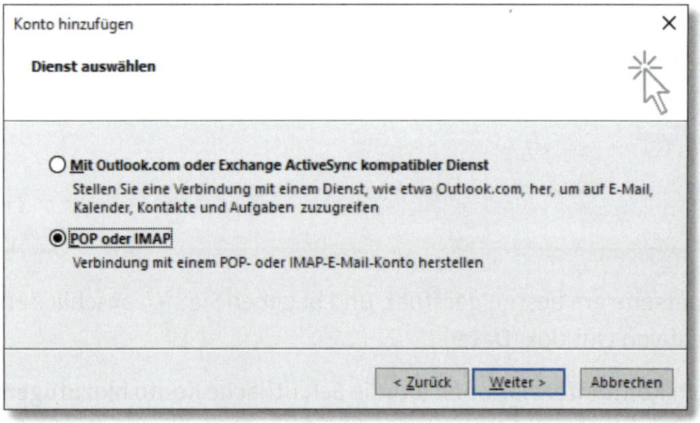

6 Geben Sie in das Feld **Ihr Name** einen Namen ein, der zukünftig als Absendername Ihrer E-Mails verwendet wird, und tragen Sie die E-Mail-Adresse ein. Im Bereich **Serverinformationen** geben Sie nun im Auswahlfeld **Kontotyp** an, ob es sich bei dem von Ihnen benutzten E-Mail-Konto um ein POP3- oder IMAP-Konto handelt. Gleich unterhalb müssen die Informationen eingefügt werden, die Sie den Internetseiten des Anbieters entnommen haben (also die Adresse des Posteingangs- sowie Postausgangsservers). Zudem müssen Sie noch Ihren Benutzernamen sowie das Kennwort in die entsprechenden Felder eintippen.

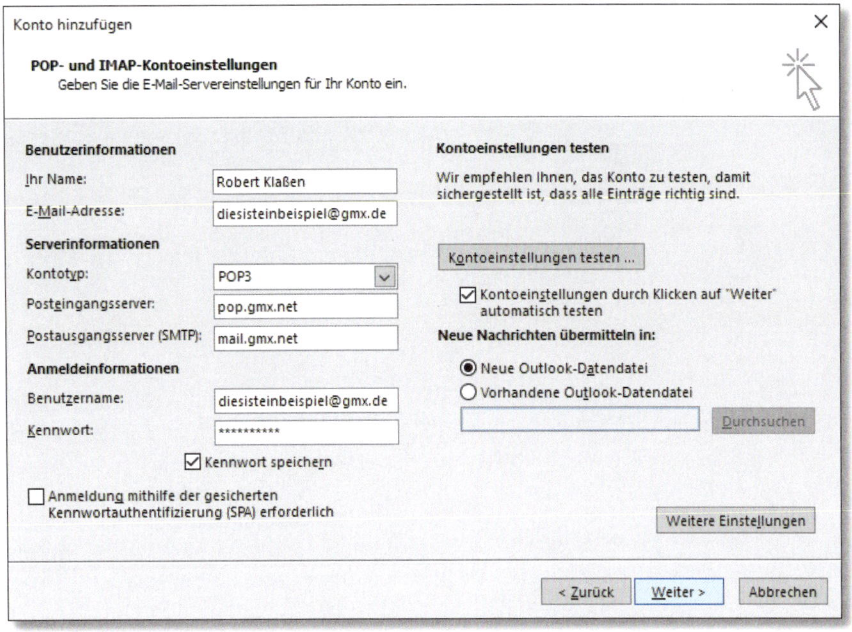

7 Ganz wichtig: Sofern der Anbieter für seinen Postausgangsserver eine Kennwortauthentifizierung verlangt, müssen Sie unten rechts auf die Schaltfläche **Weitere Einstellungen** klicken. Im Folgedialog entscheiden Sie sich für die Registerkarte **Postausgangsserver** und aktivieren die Checkbox **Der Postausgangsserver (SMTP) verlangt Authentifizierung**. Bestätigen Sie mit **OK**.

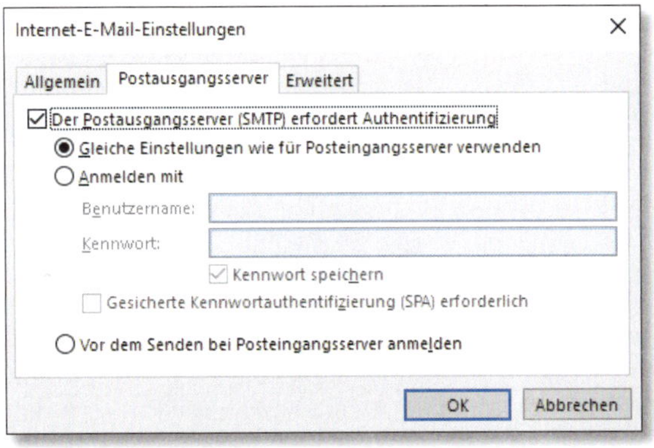

8 Sofern Sie ein POP3-Konto konfigurieren, können Sie auf der rechten Seite des Dialogs auf **Kontoeinstellungen testen** klicken und sehen, ob die Verbindung zustande kommt. Danach bestätigen Sie mit **Weiter**. Bei IMAP-Konten klicken Sie direkt auf **Weiter**, gefolgt von **Fertig stellen**.

Sollte es wider Erwarten zu Schwierigkeiten kommen, gibt Outlook eine entsprechende Fehlermeldung aus. Prüfen Sie in diesem Fall bitte noch einmal sorgfältig die Angaben des Anbieters, und starten Sie die Konfiguration erneut.

Kapitel 25
Erste Schritte mit Outlook 2021

Jetzt geht es los. Unternehmen Sie Ihre ersten Schritte mit Outlook. Dazu zählen vor allem die Einrichtung eines E-Mail-Kontos, das Senden und Empfangen von Nachrichten sowie das Erstellen von Ordnern zur Archivierung Ihrer E-Mails.

25.1 Outlook in Betrieb nehmen

Outlook ist in der neuesten Version noch intuitiver geworden als zuvor. Selbst das Einrichten der Software ist inzwischen ein Kinderspiel. Sollten Sie bereits E-Mail-Adressen hinterlegt haben (zum Beispiel während der Installation von Windows oder bei der vorherigen Benutzung der Mail-App), gibt es jetzt nichts mehr zu tun. Na ja, »fast« nichts.

1 Wenn Sie Outlook erstmals benutzen, klicken Sie auf das entsprechende Icon im Windows-Startmenü. Ich empfehle Ihnen, hier gleich für ein Icon in der Taskleiste zu sorgen, indem Sie vor dem Klick auf die **Outlook-App** zunächst **An Taskleiste anheften** selektieren. Dann geht der Start der E-Mail-App, die ja in der Regel täglich benutzt wird, künftig ganz schnell.

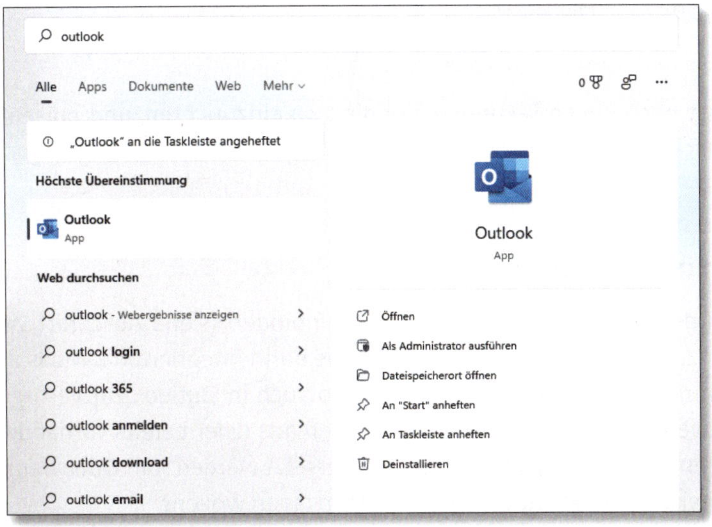

2 Wenn auf Ihrem Rechner bereits ein E-Mail-Konto vorhanden ist, wird es jetzt angezeigt und Sie können gleich auf **Verbinden** klicken. Findet Outlook weitere Konten, werden auch diese zur Integration angeboten. Klicken Sie in diesem Fall einfach so lange auf **Weiter**, bis Sie den Schalter **Vorgang abgeschlossen** finden. Fahren Sie in diesem Fall mit Schritt 4 fort.

3 Findet Outlook keine Konten oder wollen Sie ein neues Konto hinzufügen, betätigen Sie zunächst **Erweiterte Optionen** und aktivieren die Checkbox **Ich möchte mein Konto manuell einrichten**. Fahren Sie anschließend mit den Erklärungen in Abschnitt 25.5.4, »Ein Pop- oder IMAP-Konto manuell konfigurieren«, fort.

4 Wenn der Button **Vorgang abgeschlossen** sichtbar wird, hat Outlook sämtliche integrierbare Adressen gefunden. Bevor Sie jedoch darauf klicken, entscheiden Sie, ob *Outlook Mobile* auch auf dem Telefon aktiviert werden soll. Falls nicht, wählen Sie die Checkbox zunächst ab.

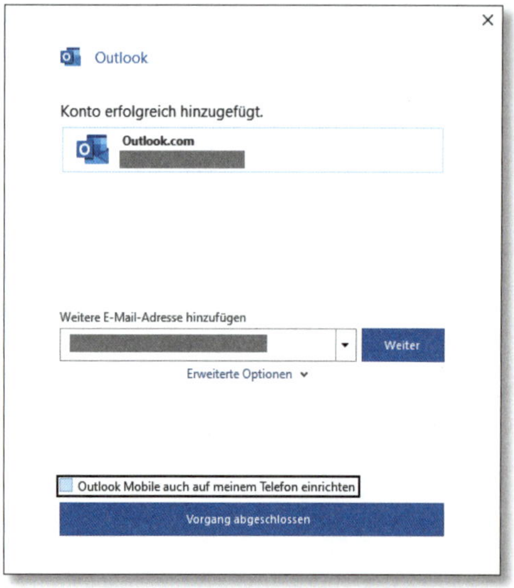

Outlook benötigt jetzt noch einige Sekunden, um die App einzurichten, und präsentiert sich daraufhin in schlichtem Glanz. Jetzt können Sie Mails schreiben, empfangen und beantworten.

25.2 Nachrichten und Adressen importieren

Wenn Sie ein vorhandenes E-Mail-Konto in Outlook einbinden (siehe Abschnitt 24.5.3, »Ein E-Mail-Konto hinzufügen«, ab Seite 707), werden die darin integrierten E-Mails automatisch mit übernommen. Sie stehen Ihnen fortan also auch in Outlook zur Verfügung. Was ist aber zu tun, wenn Sie Nachrichten oder Adressen aus einer bereits vorhandenen E-Mail-Software nutzen wollen, die jetzt durch Outlook ersetzt werden soll? Oder wenn Sie Ihre Daten beispielsweise auf einen neuen Rechner übertragen wollen?

Nachrichten exportieren

Mal angenommen, Sie ziehen auf einen neuen Rechner um, wollen Ihren bisherigen Outlook-Datenbestand jedoch mitnehmen. Dann müssen Sie sich auf dem neuen Rechner nur mit Ihrer bisherigen E-Mail-Adresse anmelden, und schon ist alles so wie früher. Damit Sie einen Plan B haben, falls es einmal nicht so reibungslos klappen sollte, ist es sinnvoll, die gewünschten Daten zunächst zu exportieren. Im Übrigen eignet sich diese Vorgehensweise auch zur Datensicherung.

1 Klicken Sie innerhalb der Backstage-Ansicht (**Datei**) auf die Rubrik **Öffnen und Exportieren**, und wählen Sie den Button **Importieren/Exportieren**.

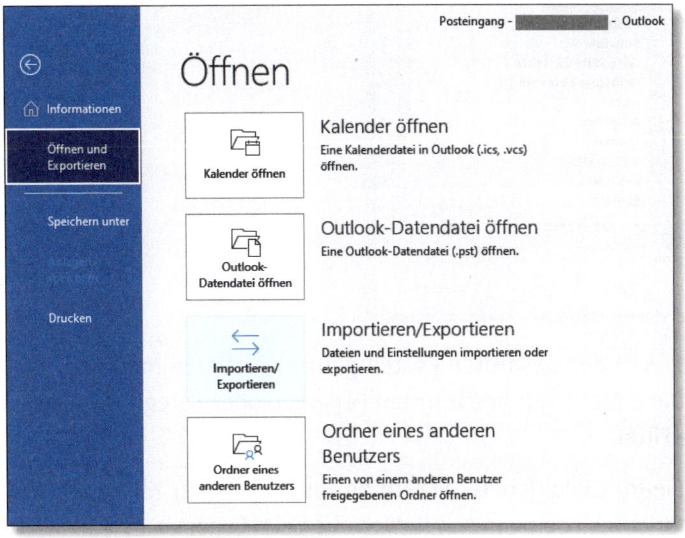

2 Im Dialogfenster **Import/Export-Assistent** entscheiden Sie sich im Feld **Wählen Sie eine Aktion aus** für die Option **In Datei exportieren**. Bestätigen Sie mit einem Klick auf **Weiter**.

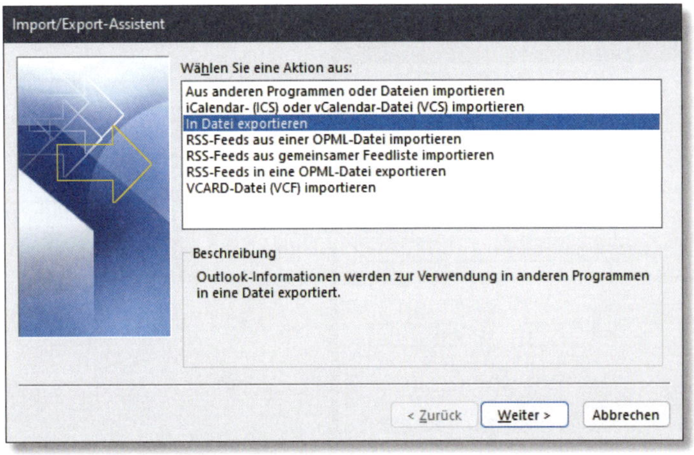

3 Erzeugen Sie als Nächstes eine PST-Datei, indem Sie im folgenden Dialog unter **Zu erstellender Dateityp** zunächst **Outlook-Datendatei (.pst)** anwählen und danach erneut auf **Weiter** klicken.

4 Markieren Sie im Dialog **Outlook-Datendatei exportieren** in der Liste den Ordner, den Sie exportieren wollen, beispielsweise den Ordner **Posteingang**. Aktivieren Sie die Checkbox **Unterordner einbeziehen**, wenn Sie sämtliche Unterordner des Ordners mit exportieren möchten.

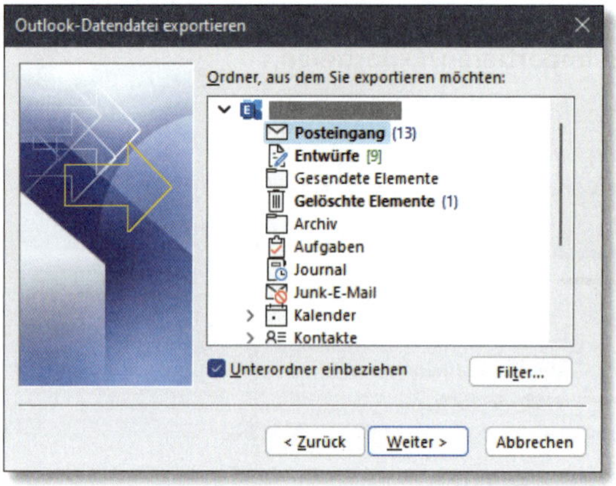

5 Wenn Sie hingegen nicht den gesamten Posteingang exportieren möchten, sondern beispielsweise nur die E-Mails von bestimmten Personen oder Kategorien, klicken Sie auf die Schaltfläche **Filter**.

6 Daraufhin können Sie im Dialogfenster **Filtern** beispielsweise per Klick auf die Taste **Von** im Register **Nachrichten** Personen auswählen, die beim Export berücksichtigt werden sollen. Wenn Sie hingegen (um eines von zahllosen Beispielen zu nennen) nur ungelesene E-Mails exportieren möchten, wechseln Sie in das Register **Weitere Optionen** und aktivieren dort die Checkbox **Nur solche Elemente**. Stellen Sie daneben im Auswahlmenü **Ungelesen** ein. Bestätigen Sie am Ende mit **OK**.

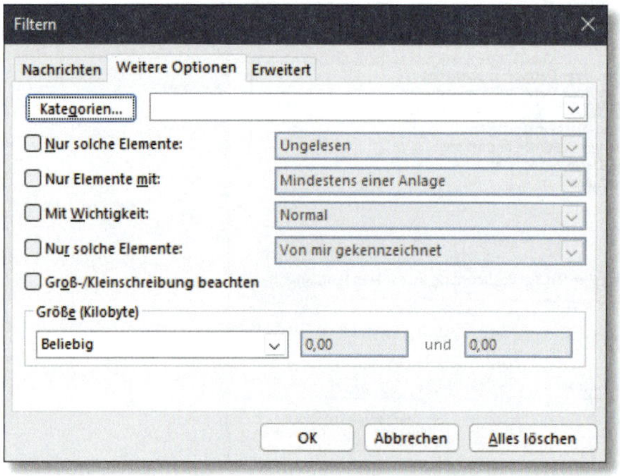

7 Klicken Sie noch einmal auf **Weiter**, und legen Sie mithilfe der Schaltfläche **Durchsuchen** fest, wo die Datei gespeichert werden soll. Standardmäßig verwendet Outlook den Pfad *[Laufwerksbuchstabe]\Benutzer\[Benutzername]\Dokumente\Outlook-Dateien*. Doch an diese Vorgabe sind Sie nicht gebunden. Sie dürfen gern jeden anderen Speicherort einstellen. Geben Sie der Datei einen Namen, und lassen Sie erneut einen Klick auf **Fertig stellen** folgen.

8 Zuletzt haben Sie noch die Möglichkeit, die Datei mittels Kennwort zu sichern. Wenn Sie das nicht wollen, lassen Sie die beiden Eingabefelder frei und bestätigen mit **OK**.

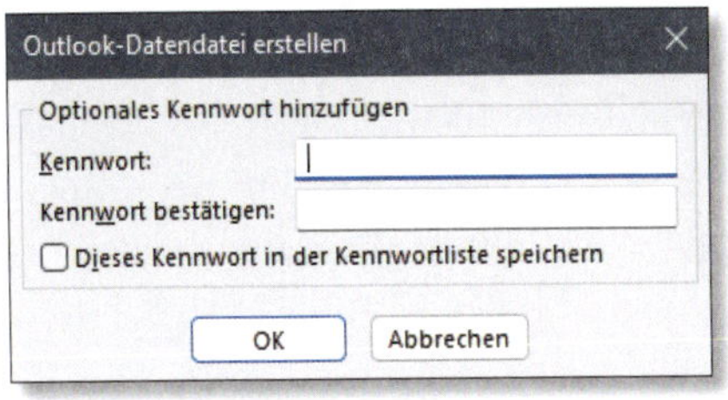

An dem angegebenen Speicherort wird daraufhin eine Exportdatei erstellt, die Sie nun auf Ihren neuen Rechner importieren können.

Nachrichten importieren

Im vorangegangenen Abschnitt hatten wir eine Datei erzeugt, die alle E-Mails des Ordners **Posteingang** enthielt. Dieses Verzeichnis soll nun (z. B. auf einen neuen Rechner oder nach einem Datenverlust) in Outlook importiert werden.

1 Klicken Sie auf das Register **Datei**, und wählen Sie in der linken Spalte der Backstage-Ansicht die Rubrik **Öffnen und Exportieren** aus.

2 Klicken Sie im Bereich **Öffnen** auf die Schaltfläche **Outlook-Datendatei öffnen**.

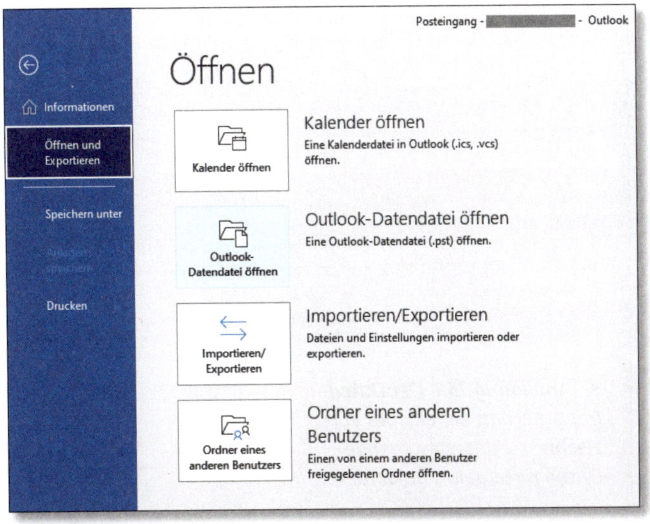

3 Navigieren Sie zu dem Speicherort, an dem sich die PST-Datei befindet (siehe dazu den Unterabschnitt »Nachrichten exportieren« ab Seite 715), und markieren Sie diese. Bestätigen Sie Ihre Auswahl per Klick auf **OK**.

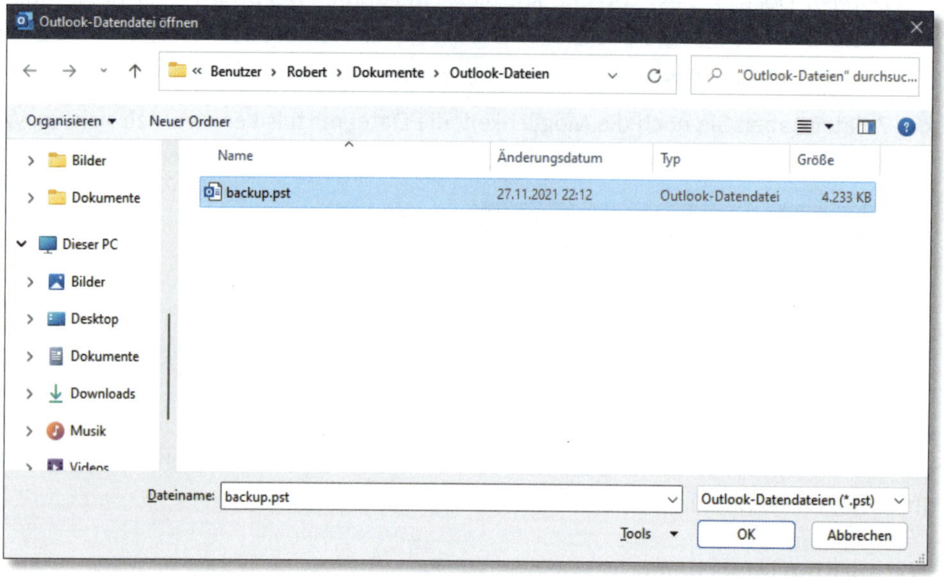

Natürlich muss bei dieser Art von Import vermieden werden, dass ein eventuell bereits vorhandener Datenbestand im Ordner **Posteingang** durch den Import der Outlook-Datendatei gelöscht wird. Dies wird dadurch verhindert, dass im Ordnerbereich auf der linken Seite der Anwendung ein Verzeichnis mit dem Namen **Outlook-Datendatei** erstellt wird.

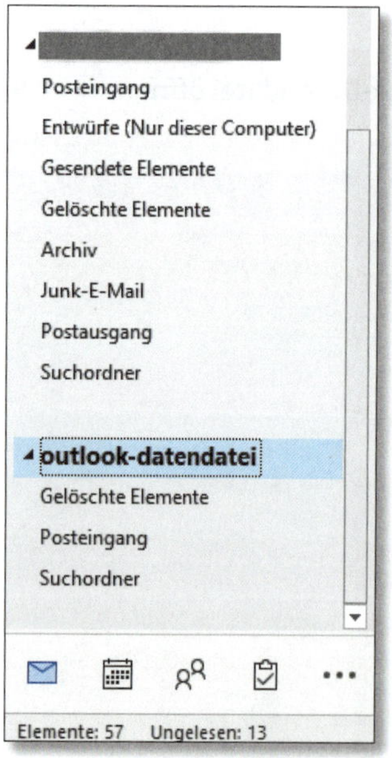

Abbildung 25.1 *Der Datenimport erhält ein eigenes Verzeichnis, sodass bestehende Daten nicht gelöscht werden.*

Datendatei schließen

Nach einem Datenverlust oder Umzug ist es häufig so, dass die soeben hinzugefügte Datendatei nun nach wichtigen Inhalten durchsucht wird. In den seltensten Fällen will man alle der soeben importierten Mails übernehmen. Deshalb ist zu empfehlen, den Datenbestand **Outlook-Datendatei** zu durchforsten. Wichtige E-Mails von dort ziehen Sie nun einfach per Drag & Drop in den Ordner Ihres »regulären« E-Mail-Kontos (z. B. in den Ordner **Posteingang**). Wenn alles erledigt ist, klicken Sie mit rechts auf den Eintrag **Outlook-Datendatei** und wählen **»Outlook-Datendatei« schließen** aus.

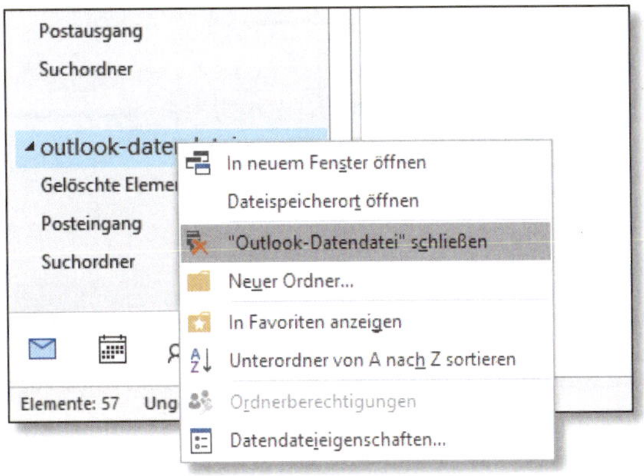

Abbildung 25.2 Sobald Sie den Datensatz nicht mehr benötigen, entfernen Sie ihn kurzerhand wieder.

Adressen importieren

PST-Dateien sind eine feine Sache. Denn mit ihnen kann man so ziemlich alles nach Outlook importieren, was man möchte. Sollten Sie also anstelle von E-Mails nun auch bestehende Adressdaten übertragen wollen, können Sie auch daraus eine PST-Datei erzeugen. Diese importieren Sie dann in Outlook auf Ihren neuen Rechner, wie zuvor im Unterabschnitt »Nachrichten importieren« auf Seite 717 beschrieben. Starten Sie wieder den Import/Export-Assistenten (**Start > Öffnen und Exportieren > Outlook-Datendatei öffnen**), und wählen Sie den Speicherort der Adressdatei. Bestätigen Sie abschließend mit **OK**.

Adressen aus Excel-Daten importieren

Outlook ist nicht nur imstande, PST-Dateien zu importieren. Auch das Dateiformat CSV (*Comma-Separated Values*), das sich beispielsweise mit Excel erzeugen lässt, kann als Quelle für Outlook dienen. Hiermit lassen sich ganz hervorragend bestehende Kundenlisten oder Ähnliches integrieren.

1 Sollten Sie eine Kundendatei in Excel erzeugt haben, müssen Sie diese in ein kompatibles Format umwandeln, mit dem Outlook umgehen kann. Dazu wählen Sie in Excel **Datei > Exportieren > Dateityp ändern**. Entscheiden Sie sich in der linken Spalte für **Dateityp ändern** ❶, und wählen Sie rechts im Bereich **Dateityp ändern** im Abschnitt **Andere Dateitypen** die Option **CSV (Trennzeichen-getrennt) (*.csv)** ❷. Klicken Sie auf **Speichern unter**; geben Sie dem Dokument einen aussagekräftigen Namen, und speichern Sie es

am gewünschten Ort. Schließen Sie das Dokument in Excel, da es ansonsten nicht in Outlook bereitgestellt werden kann.

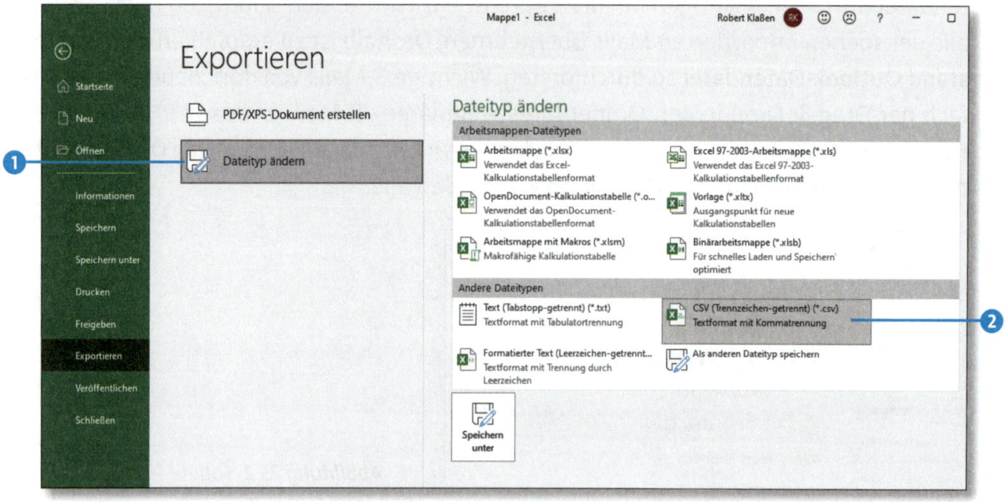

2 In Outlook klicken Sie zunächst auf die Registerkarte **Datei**, um in die Backstage-Ansicht zu gelangen, und lassen einen Klick auf die Rubrik **Öffnen und Exportieren** folgen.

3 Wählen Sie **Importieren/Exportieren** aus.

4 Nun startet wieder der Import/Export-Assistent. Im Bereich **Wählen Sie eine Aktion aus** entscheiden Sie sich für **Aus anderen Programmen oder Dateien importieren** und bestätigen Ihre Wahl mit einem Klick auf die Schaltfläche **Weiter**.

5 Im folgenden Dialog wählen Sie im Auswahlfeld den Dateityp **Durch Trennzeichen getrennte Werte**. Klicken Sie erneut auf **Weiter**.

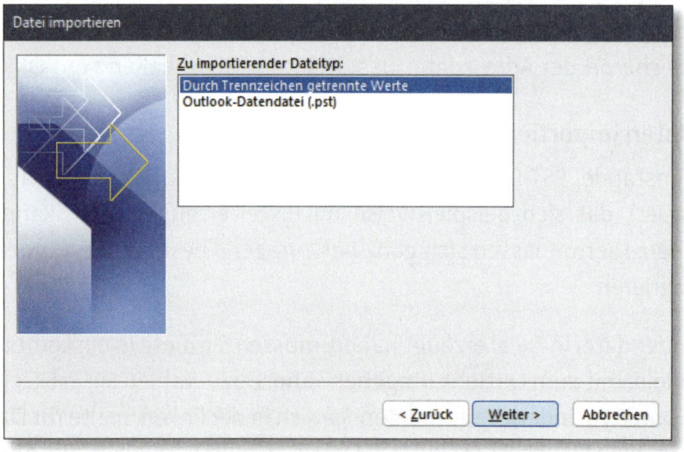

6 Mithilfe der Schaltfläche **Durchsuchen** wählen Sie nun die zuvor erstellte CSV-Datei. Entscheiden Sie sich in den **Optionen** des Dialogs, wie mit eventuellen Duplikaten verfahren werden soll. Sollen bestehende Daten durch die zu importierenden Duplikate ersetzt werden, benutzen Sie den obersten Radiobutton, wenn nicht, den untersten. Falls Sie hingegen möchten, dass stets die zu importierenden Daten Vorrang gegenüber den bereits in Outlook bestehenden haben (dass also vorhandene Duplikate überschrieben werden sollen), dann entscheiden Sie sich für **Erstellen von Duplikaten zulassen**. Am Schluss erfolgt ein neuerlicher Klick auf **Weiter**.

7 Jetzt ist es wichtig, dass Sie ein Verzeichnis wählen, das auch zur Aufnahme von Adressdaten geeignet ist. Markieren Sie also im Feld **Zielordner** die Option **Kontakte**, und bestätigen Sie mit **Weiter**.

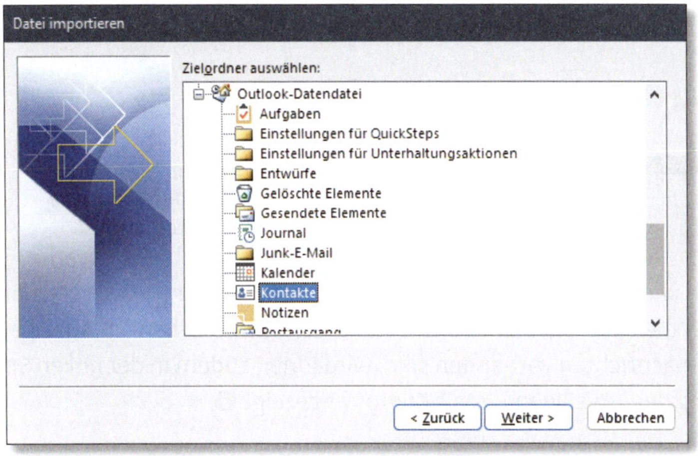

8 Sollten mehrere Mappen in dem Dokument vorhanden sein, finden Sie nun auch mehrere Zeilen vor. Hier könnten Sie also jetzt bestimmen, welche Daten importiert werden sollen und welche nicht.

9 Falls Sie die Adressliste vorab noch filtern möchten (vielleicht werden ja gar nicht alle Datenfelder benötigt), markieren Sie die Datei auf der linken Seite des Dialogs und entscheiden sich anschließend für die Option **Benutzerdefinierte Felder zuordnen**.

Wenn alles erledigt ist, müssen Sie die Aktion natürlich noch mit einem Klick auf **Fertig stellen** abschließen.

25.3 Nachrichten abrufen, schreiben und beantworten

Der wohl am häufigsten genutzte Ansichtsbereich in Outlook ist **E-Mail**. Das Senden und Empfangen von Nachrichten bildet zumeist den Schwerpunkt Ihrer Arbeiten mit der Büro-Kommunikationssoftware. Hier erfahren Sie, wie Sie mit E-Mails in Outlook umgehen.

Nachrichten empfangen und lesen

Sie müssen sich um den Empfang von Nachrichten keine Gedanken machen. Dies regelt Outlook nämlich vollkommen selbstständig. Sobald Sie die Anwendung geöffnet haben, wird überprüft, ob neue Nachrichten vorhanden sind. Gibt es Nachrichten, stellt Outlook diese im Ansichtsbereich zur Verfügung. Für den Fall, dass Outlook geöffnet ist, Sie jedoch aktuell mit einer anderen Anwendung beschäftigt sind, meldet sich Outlook mit einer Hinweistafel.

Abbildung 25.3 Outlook signalisiert, dass eine neue E-Mail angekommen ist.

Bei neuen Nachrichten wird Ihnen der Betreff in blauer Schriftfarbe und zudem fett angezeigt ❶. Klicken Sie auf die Nachricht, um deren Inhalt rechts im Lesebereich anzeigen zu lassen. Wie viele neue Nachrichten vorhanden sind, wird Ihnen zudem in der linken Spalte am Ordner **Posteingang** des jeweiligen E-Mail-Kontos angezeigt ❷.

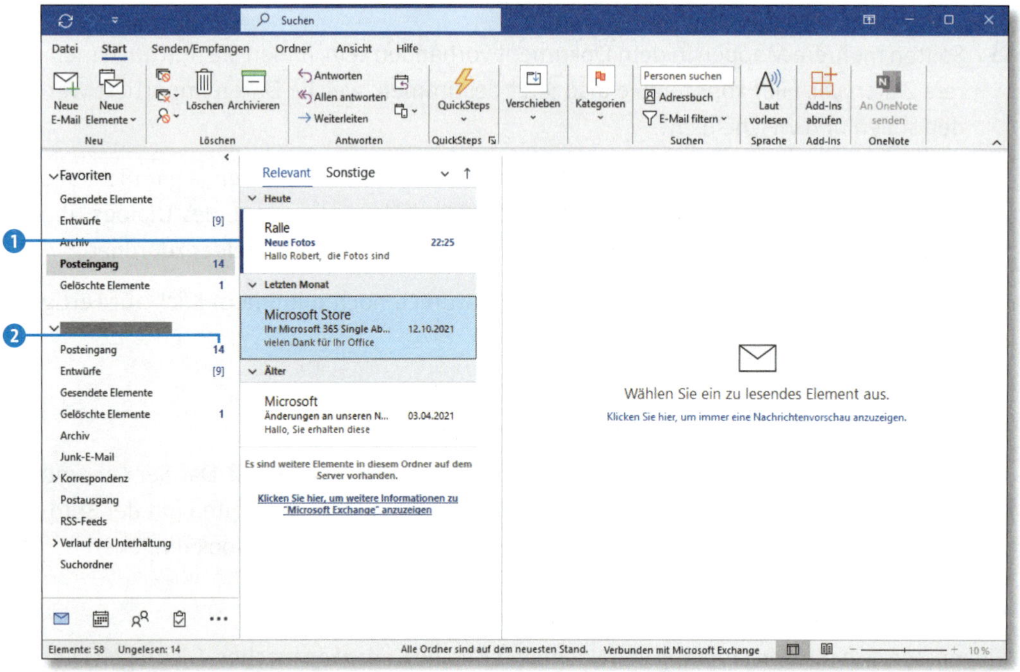

Abbildung 25.4 Eine neue Nachricht wird in Fettschrift angezeigt.

Da Ihnen neue Nachrichten immer kurz nach deren Eintreffen auf dem Server auch in Outlook angezeigt werden, müssen Sie sich also gar nicht selbst um das Empfangen kümmern. Dennoch könnten Sie E-Mails manuell vom Server abrufen, indem Sie auf die Schaltfläche **Alle Ordner senden/empfangen** in der Gruppe **Senden und Empfangen** der Registerkarte **Senden/Empfangen** klicken. Alternativ dazu können Sie auch die Taste F9 drücken.

Nachricht laut vorlesen lassen

Sie haben keine Lust mehr zu lesen und wollen stattdessen lieber entspannt zuhören? Dann lassen Sie sich den Nachrichtentext doch einfach vorlesen. Markieren Sie die E-Mail, deren Inhalt Sie hören wollen, in der mittleren Spalte der Anwendung. Danach gehen Sie in den Bereich **Sprache** des Registers **Start** und wählen den Button **Laut vorlesen** an. Der Inhalt der Nachricht wird daraufhin vorgelesen und jedes Wort synchron im Nachrichtentext markiert.

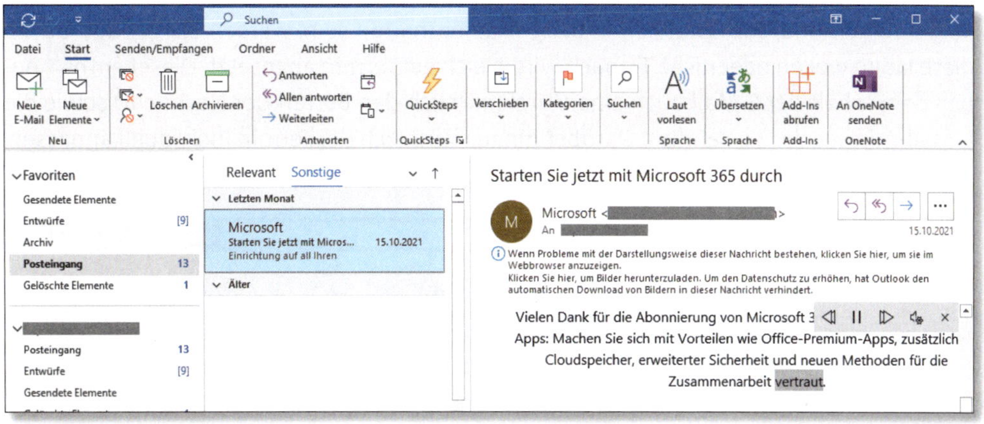

Abbildung 25.5 *Outlook ist imstande, Nachrichten vorzulesen.*

Achten Sie auf die grau hinterlegte Steuerelementleiste, die sich rechts auf dem Text der E-Mail befindet. Mit ihr steuern Sie die Ausgabe. Ein Klick auf das Lautsprechersymbol mit Zahnrad ermöglicht individuelle Einstellungen in Bezug auf die Sprecherin oder den Sprecher sowie deren Vorlesegeschwindigkeit.

E-Mails beantworten und eine Besprechung generieren

Die Pfeile in der oberen rechten Ecke der E-Mail ermöglichen eine sofortige Beantwortung der E-Mail, wobei der zweite Pfeil (mit der doppelten Pfeilspitze) **Allen antworten** heißt. Gab es also neben Ihnen noch weitere Empfänger, können Sie allen eine gleichlautende Antwort zukommen lassen. Der nach rechts weisende Pfeil dient zum Weiterleiten der E-Mail, wenn Sie beispielsweise jemand anderen bitten wollen, auf diese E-Mail zu antworten.

Mindestens genauso interessant ist der Schalter rechts daneben. Die Rede ist von der Drei-Punkte-Schaltfläche **Andere Aktionen**. Mit einem Klick darauf rufen Sie ein kleines

Menü auf, das es aber in sich hat. Wollen Sie beispielsweise aufgrund dieser E-Mail ein Meeting einberufen (siehe Kapitel 29, »Termine und Aufgaben planen«), betätigen Sie die Zeile **Besprechung**.

Abbildung 25.6 *Dieses kleine Menü kann viel mehr, als man auf den ersten Blick denkt.*

Sollten Bilder und/oder Grafiken in der E-Mail enthalten sein, werden Sie gefragt, ob Sie diese laden wollen oder nicht. Danach wird gleich ein Termin angesetzt. Dieser enthält neben dem Inhalt der E-Mail auch einen Titel (nämlich den Betreff der Nachricht) sowie die E-Mail-Adresse des Versenders. Darüber hinaus lässt sich der Termin individuell anpassen, wobei ich dem Thema an dieser Stelle noch nicht vorgreifen möchte.

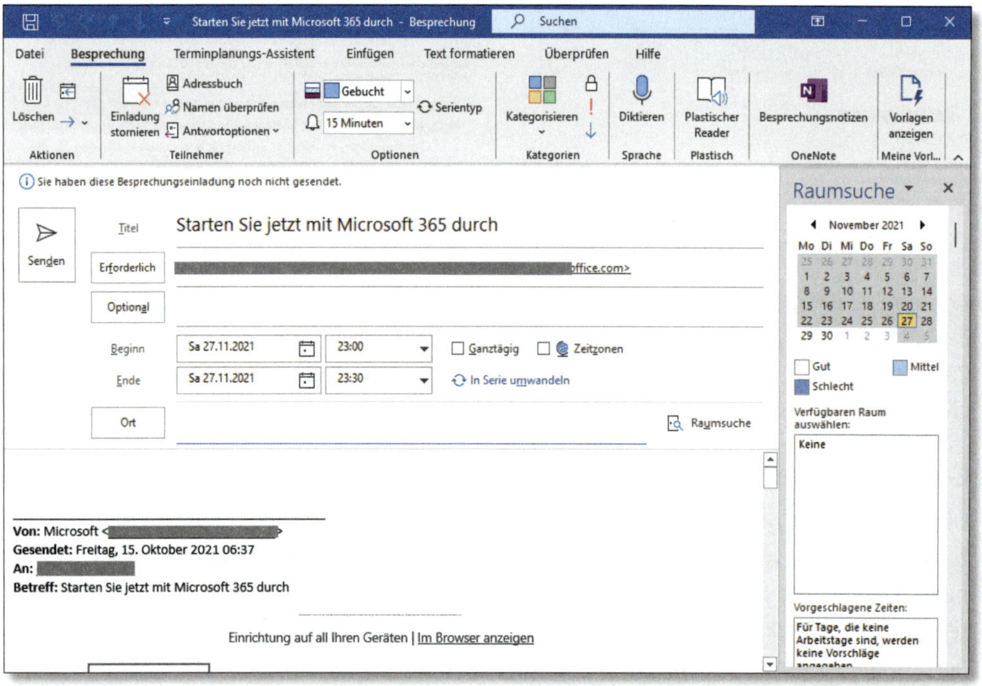

Abbildung 25.7 *Aus einer E-Mail lässt sich gleich ein Termin generieren.*

E-Mails übersetzen

Für den Fall, dass die E-Mail in einer fremden Sprache verfasst wurde, lässt sich der Text über das zuvor erwähnte Menü **Andere Aktionen** auch übersetzen. Nach einem Klick auf **Nachricht übersetzen** finden Sie den Text in Ihrer bevorzugten Sprache vor.

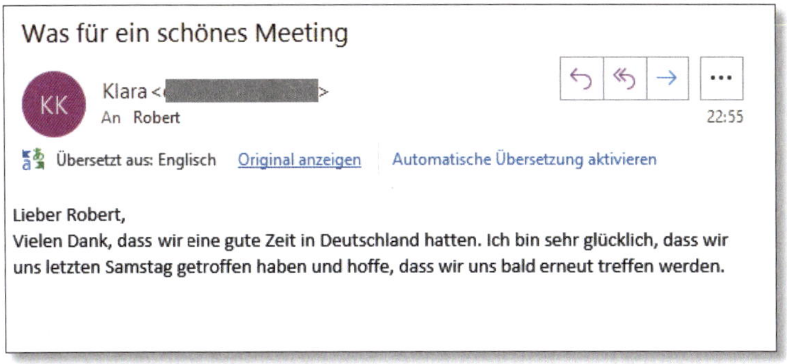
Was für ein schönes Meeting
KK
Klara <[redacted]>
An Robert
22:55
Übersetzt aus: Englisch
Original anzeigen
Automatische Übersetzung aktivieren
Lieber Robert,
Vielen Dank, dass wir eine gute Zeit in Deutschland hatten. Ich bin sehr glücklich, dass wir uns letzten Samstag getroffen haben und hoffe, dass wir uns bald erneut treffen werden.

Abbildung 25.8 *Übersetzung inklusive – in Outlook*

Klicken Sie auf **Original anzeigen**, um wieder zum Originaltext zurückzukehren. **Original anzeigen** mutiert daraufhin übrigens zu **Nachricht übersetzen in:** im Beispiel **Deutsch**. So kann zwischen Original und Übersetzung ständig hin- und hergeschaltet werden, was vor allem dann interessant ist, wenn es Zweifel an der Qualität der Übersetzung gibt. Denn die Qualität ist zwar sehr gut, aber eben nicht perfekt. Doch welche Übersetzungssoftware ist das schon.

Neue Nachricht verfassen

Beim Verfassen von Nachrichten muss zwischen zwei Verfahrensweisen unterschieden werden: Zum einen ist da das Erstellen einer neuen Nachricht, zum anderen das Antworten auf eine erhaltene E-Mail.

1. Um eine neue E-Mail zu erzeugen, klicken Sie im Register **Start** auf die Schaltfläche **Neue E-Mail** in der Gruppe **Neu**. Alternativ können Sie auch bei aktivem Ansichtsbereich **E-Mail** (unten links) die Tastenkombination `Strg` + `N` verwenden.

2. Daraufhin öffnet sich ein eigenständiges Fenster. Beachten Sie, dass die Einfügemarke bereits im Eingabefeld **An** blinkt und Sie direkt mit der Eingabe der E-Mail-Adresse beginnen können. Sollten Sie bereits zuvor einmal eine Nachricht an diese Adresse verfasst haben, erkennt Outlook dies und versucht, die Adresse automatisch zu vervollständigen. Sofern es sich dabei um die E-Mail-Adresse handelt, die Sie benutzen wollen, reicht bereits nach wenigen Buchstaben ein Druck auf `⇆`, um die Adresse hinzuzufügen. Handelt es sich hingegen nicht um die gewünschte E-Mail-Adresse, fahren Sie einfach mit der Eingabe fort.

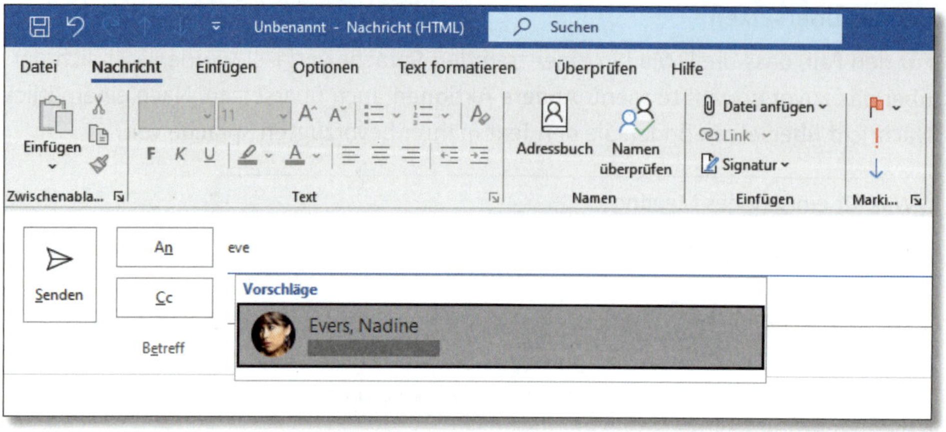

3 Alternativ zu Schritt 2 können Sie auch auf die Schaltfläche **An** klicken und aus der Liste Ihrer Kontakte den gewünschten Empfänger per Mausklick auswählen.

4 Möchten Sie weitere Empfänger hinzufügen, also eine Nachricht an mehrere Personen senden, dann geben Sie hinter der ersten Adresse ein Semikolon sowie ein Leerzeichen ein. Danach tippen Sie die nächste Adresse ein. Alternativ benutzen Sie dazu die Zeile **CC**. Auch dort können Sie weitere Empfänger festlegen, sofern Sie wünschen, dass diese die E-Mail an die im Feld **An** genannte Person mitlesen können.

Dabei ist allerdings zu berücksichtigen, dass dort eingegebene E-Mail-Adressen für jedermann sichtbar sind. Das ist nicht immer gewünscht und sollte gerade aus datenschutzrechtlichen Gründen wohlüberlegt sein. Besser sind sogenannte Blind-Copy-Adressen.

5 Wenn es also Adressen gibt, die anderen Empfängern verborgen bleiben sollen, tragen Sie diese in das Feld **BCC** ein. Dazu klicken Sie auf die gleichnamige Schaltfläche in der Gruppe **Felder anzeigen** der Registerkarte **Optionen** und tragen die Adressen in die daraufhin erscheinende Zeile **BCC** ein.

6 Klicken Sie als Nächstes in das Feld **Betreff**, und legen Sie eine Art Überschrift für Ihre E-Mail fest, die den Inhalt der Nachricht repräsentiert. Sie müssen zwar keinen Betreff verfassen, jedoch darf man mit Fug und Recht behaupten, dass das zum guten Ton einer jeden E-Mail gehört. Sollten Sie übrigens keinen Betreff angeben, wird Outlook Sie später (zum Zeitpunkt des Versendens) mit einem entsprechenden Hinweis darauf aufmerksam machen. Spätestens dann sollten Sie auf **Nicht senden** klicken und die Zeile **Betreff** nachträglich noch ausfüllen.

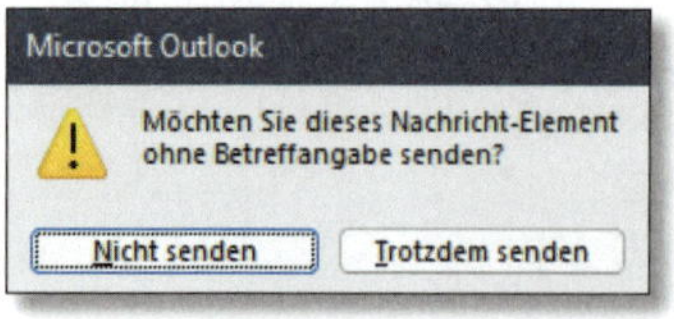

7 Drücken Sie erneut [Tab], um in das große Textfeld im unteren Bereich des Fensters zu wechseln. Dort geben Sie dann den eigentlichen E-Mail-Text ein.

8 Wenn Sie möchten, können Sie der E-Mail noch Dateien hinzufügen, sogenannte *E-Mail-Anhänge*, die zusammen mit Ihrer Nachricht versendet werden sollen. Dazu klicken Sie auf die Schaltfläche **Datei anfügen** ❶ in der Gruppe **Einfügen** der Registerkarte **Nachricht**. Beachten Sie, dass sich in Outlook jetzt eine Liste mit den zuletzt verwendeten Dokumenten öffnet. So müssen Sie nicht mehr lange suchen, wo das eine oder andere Dokument gespeichert ist, sondern können es gleich hinzufügen. Sollte das Gesuchte nicht dabei sein, klicken Sie auf **Diesen PC durchsuchen**. Sie sollten beim Anhängen jedoch beachten, dass die eingefügte Datei nicht zu groß sein darf. Durch eine umfangreiche Datei kann sich der Versand Ihrer E-Mail stark verzögern, oder er kann aufgrund einer zu hohen Dateigröße nicht ausgeführt werden. Kostenfreie E-Mail-Konten (Web.de usw.) sind oft in der Größe limitiert. Im Zweifelsfall kann Ihre E-Mail also nicht empfangen werden.

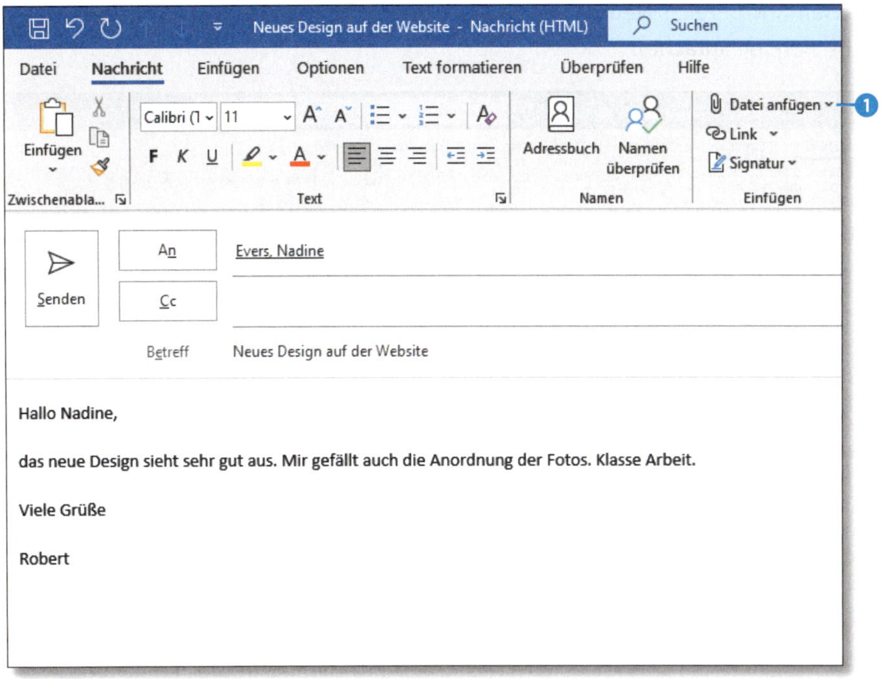

9 Sobald Sie alle Eingaben vorgenommen haben und die E-Mail fertig ist, klicken Sie auf **Senden**.

Ihre E-Mail wird daraufhin an den oder die Empfänger versandt und eine Kopie der Nachricht im Ordner **Gesendete Elemente** gespeichert. Sie können sie also auch nach dem Versand jederzeit aus diesem Ordner aufrufen.

INFO

Elemente aus der Zwischenablage einfügen
Ein in der Zwischenablage des Betriebssystems befindlicher Screenshot beispielsweise (erzeugt über die Taste [Druck]) kann direkt in den Nachrichtentext eingefügt werden, indem Sie zunächst die Einfügemarke entsprechend positionieren und dann [Strg]+[V] betätigen. Gleiches gilt auch für andere Elemente, die Sie in die Zwischenablage kopiert haben. Alternativ können Sie dazu auch die Schaltfläche **Einfügen** in der Gruppe **Zwischenablage** der Registerkarte **Nachricht** verwenden.

Nachrichten diktieren

Wie Sie eingangs erfahren haben, können Sie Nachrichten laut vorlesen lassen. Da ist es doch nur konsequent, dass selbst das Tippen nun der Vergangenheit angehört, oder? Wenn Sie eine E-Mail verfassen wollen, sprechen Sie sie einfach ein. Klicken Sie dazu auf **Neue E-Mail** (im Bereich **Neu** der Registerkarte **Start**) und dann auf **Diktieren** (Register **Nachricht**, Bereich **Sprache**).

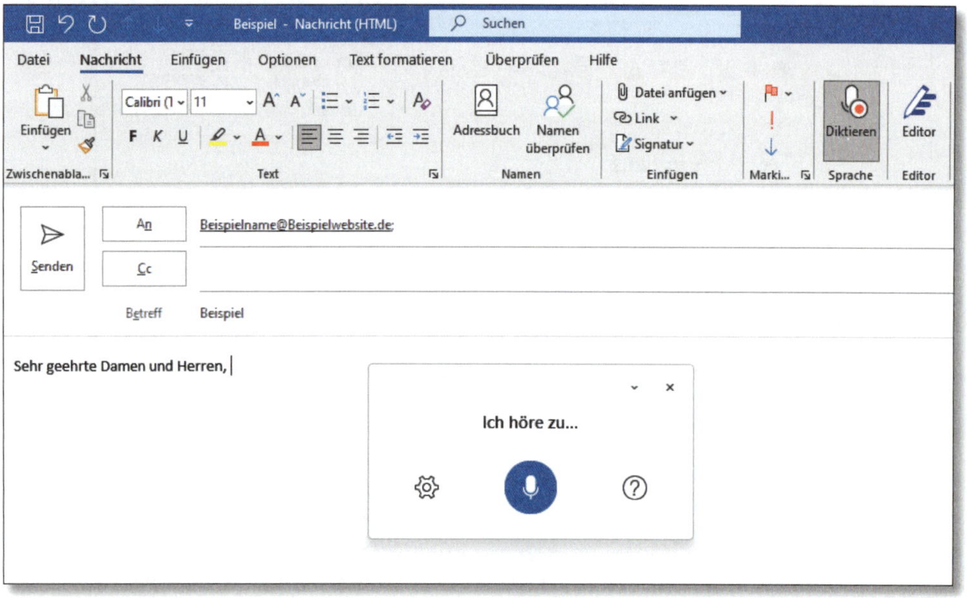

Abbildung 25.9 Sie diktieren und Outlook tippt die Nachricht für Sie ein.

Bitte beachten Sie, dass der **Diktieren**-Button um einen roten Punkt erweitert ist, solange Sie sich im Aufzeichnungsmodus befinden, die Anwendung also Ihre gesprochenen Worte annimmt. Sprechen Sie deutlich und nicht allzu schnell, damit die Anwendung Ihren Text korrekt erfassen kann. Auch Satzzeichen müssen Sie mitdiktieren. Bitte wundern Sie sich nicht, wenn beispielsweise das Komma zunächst als Wort ausgeschrieben wird. Kurze Zeit später wird es selbstständig durch das Satzzeichen ersetzt.

Für den Fall, dass die Software ein Wort falsch geschrieben hat, müssen Sie (noch!) händisch eingreifen. Das erledigt Outlook aktuell noch nicht für Sie. Das Löschen einzelner Wortbereiche erledigen Sie noch immer mit der Maus, ebenso die Positionierung der Einfügemarke. Auch das Deaktivieren der Diktierfunktion müssen Sie noch per Klick auf den **Diktieren**-Button im Menüband bewerkstelligen. Wollen Sie eine Pause einlegen, klicken Sie auf den blauen Schalter unter **Ich höre zu**.

Nachrichten später senden

Wenn Sie die E-Mail nicht sofort, sondern erst später verschicken möchten, klicken Sie zunächst nicht auf **Senden**, sondern schließen das E-Mail-Fenster über das Schließkreuz oben rechts. Daraufhin blendet Outlook eine Kontrollabfrage ein, die Sie mit **Ja** bestätigen, um die E-Mail für den späteren Versand zu speichern.

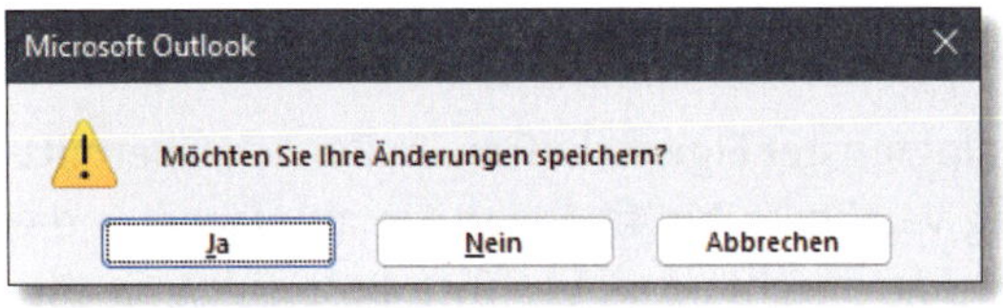

Abbildung 25.10 Outlook fragt nach, ob die E-Mail gespeichert werden soll.

Die E-Mail wird nun in den Ordner **Entwürfe** verschoben. Wollen Sie die Nachricht später noch bearbeiten, rufen Sie den Ordner in der linken Spalte mit einem Mausklick auf ①, aktivieren die entsprechende E-Mail ebenfalls mit einem einzelnen Klick und drücken [↵]. Dadurch öffnet sich das Nachrichtenfenster erneut, und Sie können die Mail nach Wunsch anpassen. Das eigentliche Senden der E-Mail erfolgt, sobald Sie auf die Schaltfläche **Senden** geklickt haben.

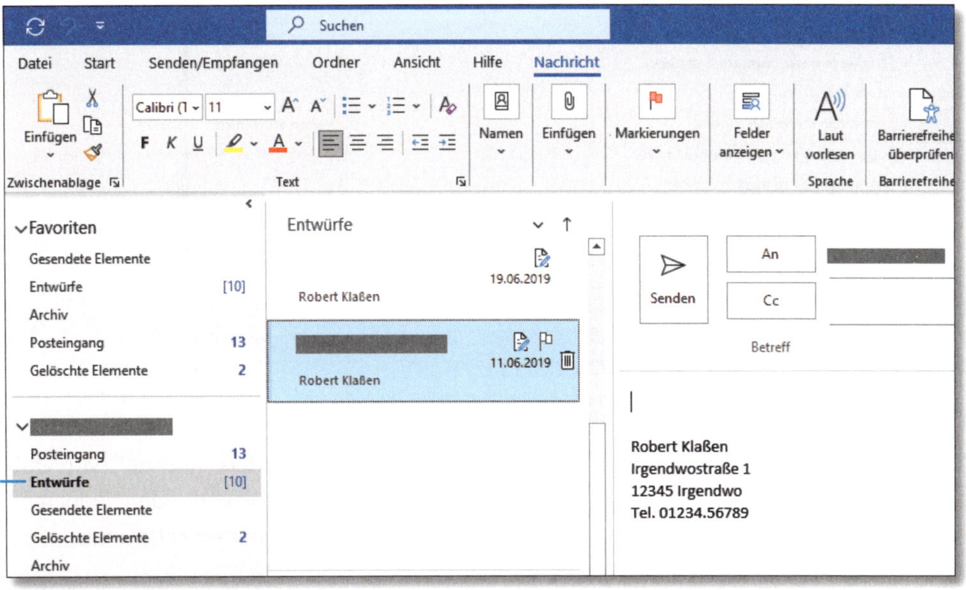

Abbildung 25.11 Eine noch nicht gesendete Nachricht kann jederzeit editiert werden.

Sie möchten die E-Mail zu einem bestimmten Zeitpunkt absenden? Dann klicken Sie innerhalb des Nachrichtenfensters auf die Schaltfläche **Übermittlung verzögern** ❷ in der Gruppe **Weitere Optionen** der Registerkarte **Optionen**.

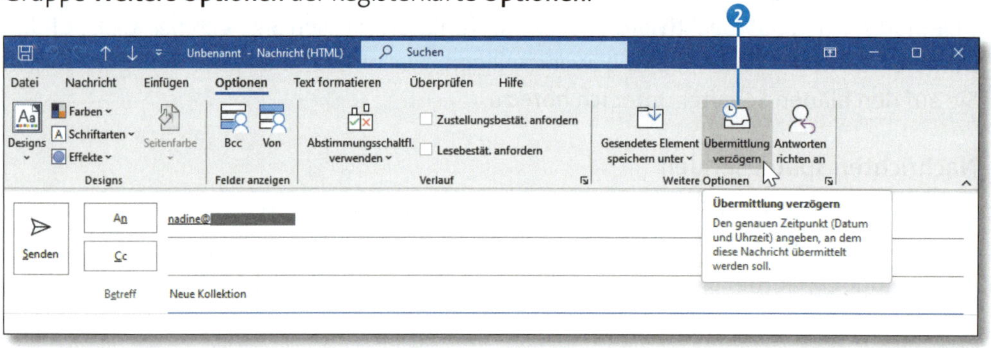

Abbildung 25.12 *Senden Sie Ihre E-Mail zu einem späteren Zeitpunkt ab.*

Aktivieren Sie in dem darauf folgenden Dialogfenster **Eigenschaften** im Bereich **Übermittlungsoptionen** die Checkbox **Übermittlung verzögern bis** ❸. Legen Sie als Nächstes das Datum sowie die gewünschte Zeit in den Feldern rechts daneben fest. Bestätigen Sie Ihre Eingaben per Klick auf die Schaltfläche **Schließen** ❹.

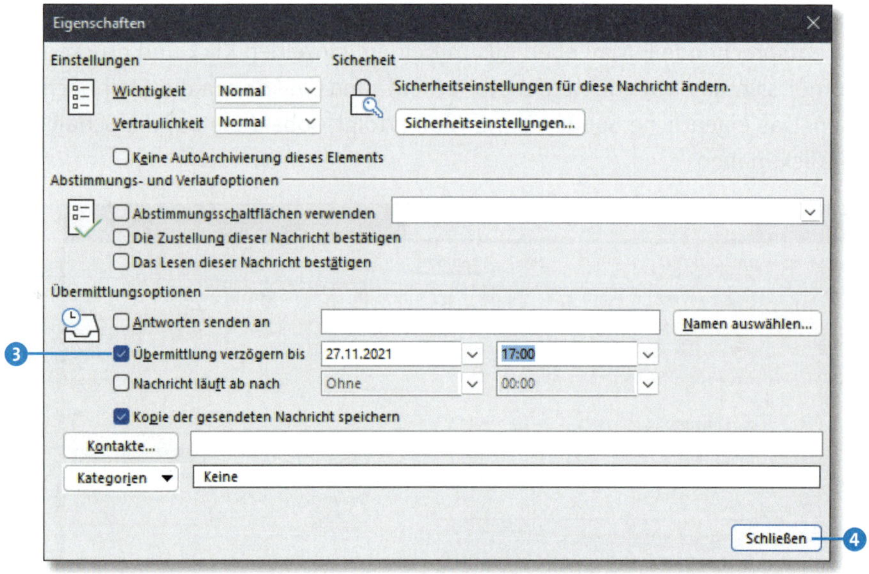

Abbildung 25.13 *Legen Sie fest, wann die E-Mail gesendet werden soll.*

Zuletzt klicken Sie im Nachrichtenfenster auf die Schaltfläche **Senden**. Innerhalb von Outlook sieht es zwar nun so aus, als sei die Nachricht bereits abgeschickt worden, jedoch erfolgt die Zustellung beim Empfänger tatsächlich erst zum angegebenen Zeitpunkt.

25.4 Designs, Briefpapier und andere gestalterische Elemente verwenden

E-Mails versenden ist ja zunächst einmal eine ziemlich schmucklose Sache. Das macht aber nichts, denn im Tagesgeschäft kann man auf nette Designelemente und Ähnliches gut verzichten. Sollten Sie dennoch einmal gewillt sein, Ihre Mails in irgendeiner Form »aufzuhübschen«, können Sie das mit Outlook ganz leicht erledigen.

Designs und Farben verwenden

Sie haben sich ja bereits im Word-Abschnitt mit Farben und Designs beschäftigt. Entsprechende Hinweise zum Umgang mit Designs finden Sie in Abschnitt 6.7, »Mit Designs arbeiten«, auf Seite 213. Auf ganz ähnliche Art weisen Sie in Outlook Ihren E-Mails Farben und Designs zu.

1. Klicken Sie auf die Schaltfläche **Neue E-Mail** in der Gruppe **Neu** der Registerkarte **Start**.
2. Geben Sie in die entsprechenden Felder den Empfänger sowie einen Betreff ein, und verfassen Sie den Text Ihrer E-Mail.
3. Klicken Sie im Nachrichtenfenster auf die Schaltfläche **Designs** in der gleichnamigen Gruppe der Registerkarte **Optionen**, um im Auswahlmenü der Schaltfläche eines der Designs mit einem Klick zuzuweisen. In dem Auswahlmenü der Schaltfläche stehen Ihnen sowohl Standard-Office-Designs als auch benutzerdefinierte Designs zur Verfügung.

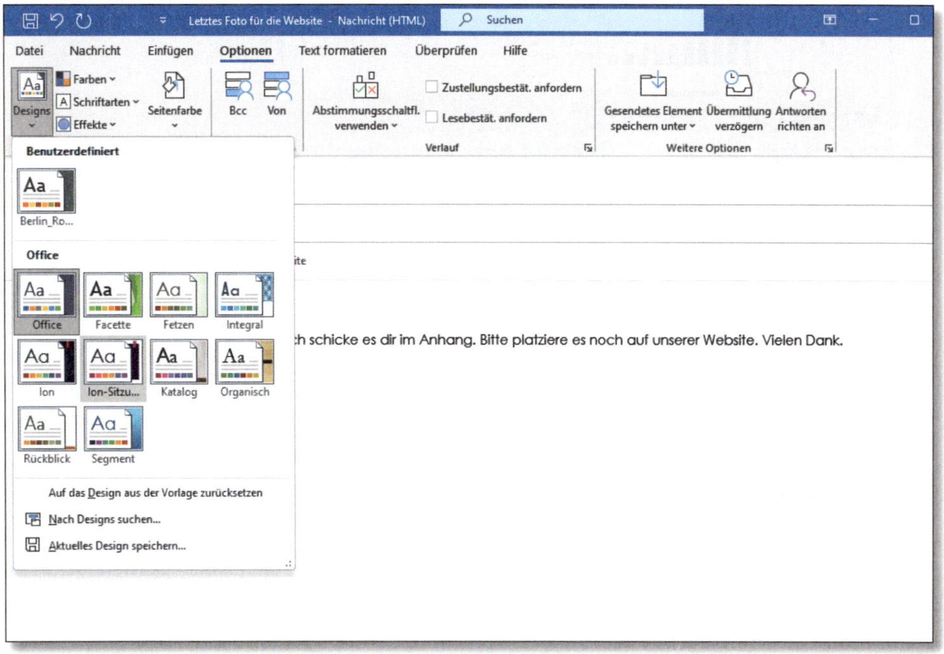

4 Mithilfe der nebenstehenden Schaltflächen **Farben**, **Schriftarten** und **Effekte** können Sie weitere Anpassungen vornehmen. Sie sollten dabei aber beachten, dass einige Funktionen erst dann verwendet werden können, wenn Sie Objekte (z. B. Formen, Bilder oder Grafiken, Diagramme, SmartArts) in Ihre E-Mail eingefügt haben und diese markiert sind. Mithilfe der Steuerelemente des Registers **Text formatieren** können Sie auch den Text in Farbe, Schriftart, Größe usw. ändern. Wie das alles funktioniert, haben Sie ja bereits in den Word-Kapiteln erfahren.

5 Um ein Bild oder eine Grafik in die E-Mail einzufügen, platzieren Sie zunächst die Einfügemarke an die gewünschte Stelle. Klicken Sie danach beispielsweise auf den Button **Bilder**, gefolgt von **Dieses Gerät** in der Gruppe **Illustrationen** der Registerkarte **Einfügen**.

6 Passen Sie die Größe des Bildes an, indem Sie die Eckanfasser des Rahmens in Form ziehen.

7 Wenn Sie anstelle des weißen Hintergrundes eine Hintergrundfarbe für die E-Mail verwenden möchten, klicken Sie auf **Seitenfarbe** in der Gruppe **Designs** der Registerkarte **Optionen** und weisen über das Menü die gewünschte Farbe mit einem Klick zu.

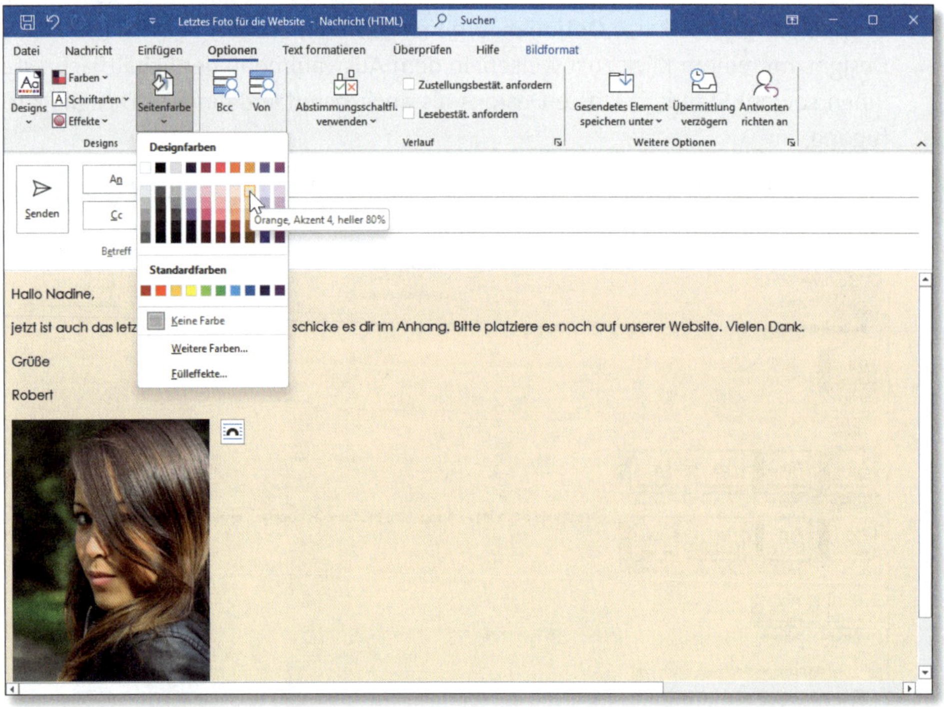

Bitte lassen Sie Augenmaß walten, denn geringe Kontraste zwischen Schrift und Hintergrund sind schlecht lesbar. Effekte und bunte Farben zeugen nicht von Professionalität und sollten, wenn überhaupt, nur im Privatbereich zur Anwendung kommen. In der Geschäftswelt haben sie nichts verloren.

Briefpapiere verwenden

Outlook verfügt über Designsätze, die mit wenigen Mausklicks zugewiesen werden können. Verwenden Sie fertige Briefpapiere, falls Sie Ihre E-Mails aufhübschen wollen.

1 Im Ansichtsbereich **E-Mail** klicken Sie auf die Schaltfläche **Neue Elemente** in der Gruppe **Neu** der Registerkarte **Start**.

2 Wählen Sie im Menü der Schaltfläche die Option **E-Mail-Nachricht mit**, und lassen Sie einen Mausklick auf **Weitere Briefpapiere** folgen.

3 Wählen Sie im Dialogfenster **Design oder Briefpapier?** in der linken Spalte ein Design aus. Auf der rechten Seite des Dialogs sehen Sie eine Vorschau, wie die einzelnen Elemente der späteren E-Mail aussehen werden. Bestätigen Sie Ihre Wahl per Klick auf die Schaltfläche **OK**.

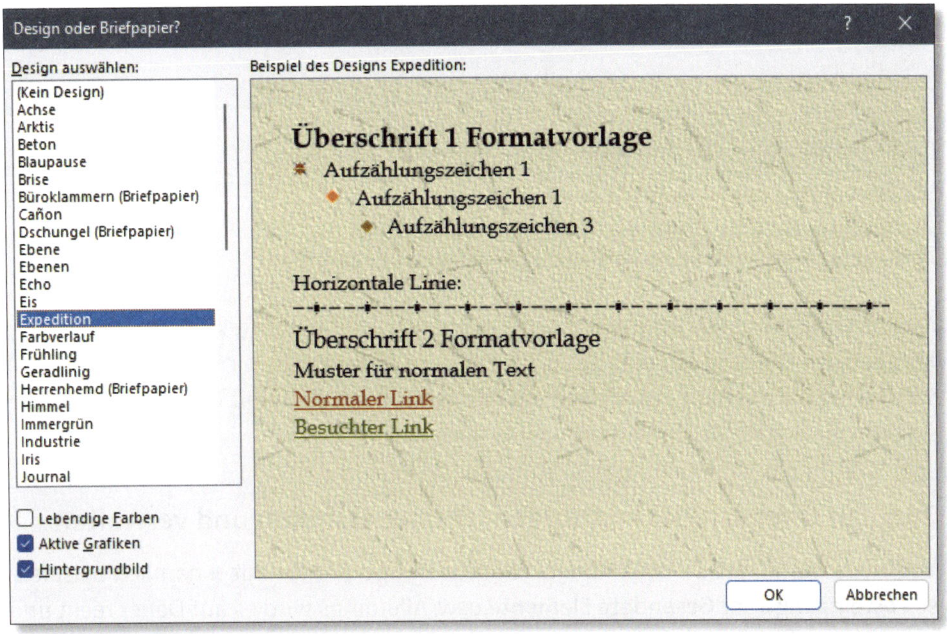

Bitte beachten Sie, dass sich auch bei einem gewählten Design oder Briefpapier sämtliche Elemente später noch individuell anpassen lassen. Benutzen Sie dazu im Nachrichtenfenster die Schaltflächen der Registerkarte **Text formatieren**. Hier können Sie dann auch entsprechende Formatvorlagen zuweisen und anpassen.

25.5 Mit Prioritäten arbeiten

Wenn Sie eine E-Mail schreiben, können Sie diese mit sogenannten Prioritäten versehen. Damit gemeint ist die Möglichkeit, Korrespondenzen als wichtig oder weniger wichtig zu kennzeichnen. Klicken Sie im Nachrichtenfenster beispielsweise auf die Schaltfläche

Wichtigkeit: hoch in der Gruppe **Markierungen** der Registerkarte **Nachricht**, werden diese Nachrichten später innerhalb der Ordner mit einem Ausrufezeichen versehen.

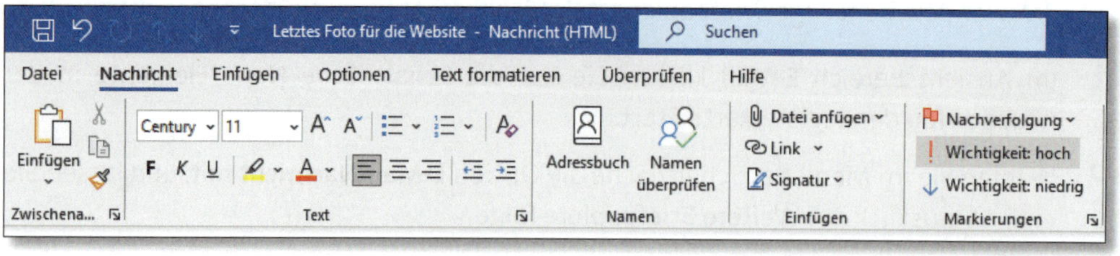

Abbildung 25.14 *Kennzeichnen Sie wichtige E-Mails.*

Auch eine darauf folgende Antwort des Empfängers wird fortan als wichtig gekennzeichnet. Das heißt: Die Priorität gilt nicht nur für Ihre Mail, sondern für die gesamte Korrespondenz.

Abbildung 25.15 *Als wichtig markierte Nachrichten werden im Aufgabenbereich mit einem Ausrufezeichen gekennzeichnet.*

Nachrichten, die deren Wichtigkeit Sie hingegen als niedrig eingestuft haben (**Nachricht > Kategorien > Wichtigkeit: niedrig**), erscheinen im Aufgabenbereich mit einem nach unten weisenden blauen Pfeil. Sie können die Priorität einer E-Mail mit einem Klick auf die entsprechende Schaltfläche jederzeit wieder ändern.

25.6 Für Übersichtlichkeit sorgen: Ordner erstellen und verwalten

Von Haus aus liefert Outlook bereits einige wichtige Ordner mit – nämlich beispielsweise **Posteingang** oder **Gesendete Elemente** usw. Allerdings wird es auf Dauer recht unübersichtlich, wenn Sie es bei diesen wenigen Ordnern belassen. Es empfiehlt sich, weitere Verzeichnisse anzulegen. So können unterschiedliche Adressaten beispielsweise alle ihre eigenen Ordner bekommen.

Erstellen Sie einen neuen Ordner in Outlook, um in Ihrem E-Mail-Konto den Überblick zu behalten. In wenigen Schritten können Sie Ihr Postfach aufräumen und E-Mails archivieren.

1. Markieren Sie in der linken Spalte zunächst den Bereich, in dem Sie einen Ordner erzeugen wollen. Hier bietet sich beispielsweise der betreffende Kontoname (1) an.
2. Klicken Sie nun auf den Button **Neuer Ordner** in der Gruppe **Neu** der Registerkarte **Ordner**. Alternativ können Sie auch die Tastenkombination `Strg`+`⇧`+`E` verwenden.

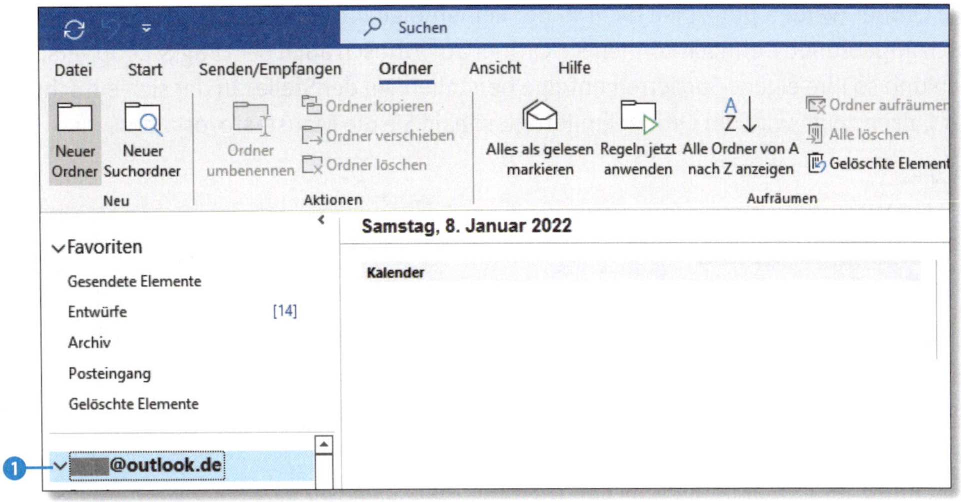

3 Legen Sie beispielsweise einen Ordner mit dem Namen »Korrespondenz« an, und bestätigen Sie mit **OK**.

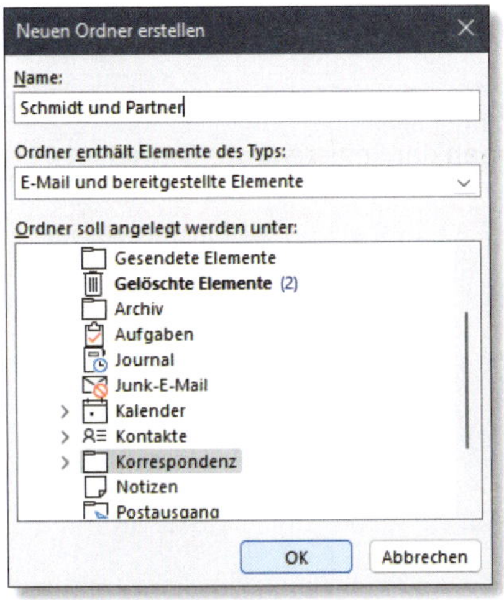

4 Markieren Sie den neuen Ordner in der linken Spalte der Anwendung. Damit treffen Sie bereits eine Vorauswahl in Bezug auf die Eingliederung der weiteren Ordner, die noch zu erstellen sind. Es empfiehlt sich nämlich, nun Unterordner mit den jeweiligen Geschäftspartnern anzulegen. Sie könnten die Position des neuen Ordners auch im Dialog noch bestimmen, indem Sie den Zielordner im Bereich **Ordner soll angelegt werden unter** festlegen, ehe Sie auf **OK** klicken.

Die hinzugefügten Verzeichnisse werden daraufhin entsprechend Ihren Eingaben im Dialogfenster **Neuen Ordner erstellen** Ihrem Postfach hinzugefügt. Sie können nun beispielsweise E-Mails per Drag & Drop in die Ordner verschieben. Lesen Sie dazu mehr in Abschnitt 27.1, »Nachrichten sortieren«, ab Seite 745.

Die Ordner werden prinzipiell nicht in der Reihenfolge ihrer Erstellung, sondern alphabetisch angeordnet. Dennoch können Sie Ordner auf Wunsch auch per Drag & Drop verschieben und so Ihre eigene Sortierreihenfolge herstellen. An der Stelle, an der sich ein schwarzer Balken zeigt, wird der Ordner eingefügt, sobald Sie die Maustaste loslassen.

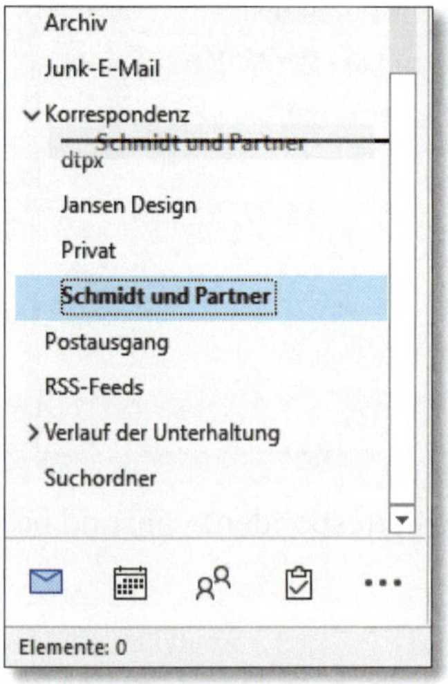

***Abbildung 25.16** Die Reihenfolge der Ordner ist frei wählbar.*

Sie benötigen einen Ordner nicht länger? Dann markieren Sie ihn in der Ordnerleiste, und betätigen Sie **Ordner löschen** in der Gruppe **Aktionen** der Registerkarte **Ordner**.

Kapitel 26
Der richtige Umgang mit Spam

Leider ist nicht jede E-Mail auch vom Anwender erwünscht. Allzu viele Firmen und unliebsame Zeitgenossen verbreiten ihre (Werbe-)Botschaften gleich massenhaft an alle möglichen Empfänger – egal, ob diese das wollen oder nicht. Damit nun Ihr Postfach nicht unter der Last Tausender unerwünschter Nachrichten zusammenbricht, sollten Sie entsprechende Vorkehrungen treffen.

26.1 Eine Unterhaltung ignorieren

Es ist ja nie ganz auszuschließen, dass Sie auch einmal eine Korrespondenz führen, die zunächst noch in Ordnung ist – sich jedoch zu einem späteren Zeitpunkt als ausgesprochen langweilig oder gar störend herauskristallisiert. In diesem Fall können Sie mithilfe von Outlook die Unterhaltung ignorieren.

Unterhaltung ignorieren

Wenn Sie eine Unterhaltung ignorieren, erreichen Sie damit gleich zweierlei: Zum einen werden alle bisher geführten Unterhaltungen (sprich: sämtliche dazugehörenden E-Mails) in den Ordner **Gelöschte Elemente** verschoben. Zum anderen gelangen künftige E-Mails, die mit dieser Unterhaltung in Zusammenhang stehen, erst gar nicht in den Ordner **Posteingang**, sondern werden direkt in den Ordner **Gelöschte Elemente** verschoben, sodass Sie nicht weiter belästigt werden.

1. Markieren Sie im Ansichtsbereich **E-Mail** jene Nachricht, die künftig ignoriert werden soll.
2. Klicken Sie nun auf die Schaltfläche **Unterhaltung ignorieren** ❶ in der Gruppe **Löschen** der Registerkarte **Start**. Wenn Sie lieber mit der Tastatur arbeiten, können Sie stattdessen natürlich auch `Strg` + `Entf` betätigen.

3 Damit Sie nicht versehentlich die falsche Unterhaltung ignorieren, müssen Sie den Vorgang im Dialog **Unterhaltung ignorieren** per Klick auf **Unterhaltung ignorieren** bestätigen.

Sie können vor der Bestätigung der Kontrollabfrage die Checkbox **Diese Meldung nicht mehr anzeigen** aktivieren. In diesem Fall bleibt die Abfrage künftig aus.

Eine ignorierte Unterhaltung wieder zulassen

Sollten Sie feststellen, dass eine zuvor ignorierte Unterhaltung nun doch wieder auf Ihr Interesse stößt, heben Sie in diesem Fall die Sperre einfach wieder auf und fügen die entsprechenden Nachrichten erneut Ihrem Posteingang hinzu.

1 Öffnen Sie dazu das Verzeichnis **Gelöschte Elemente**, indem Sie den gleichnamigen Eintrag in der linken Spalte des Ansichtsbereichs **E-Mail** anklicken.

2 Markieren Sie die ignorierte Unterhaltung mit einem einfachen Mausklick innerhalb des Ansichtsbereichs. Dass es sich um eine ignorierte Nachricht handelt, erkennen Sie daran, dass die Schaltfläche **Unterhaltung ignorieren** ❶ in der Gruppe **Löschen** der Registerkarte **Start** grau hinterlegt ist.

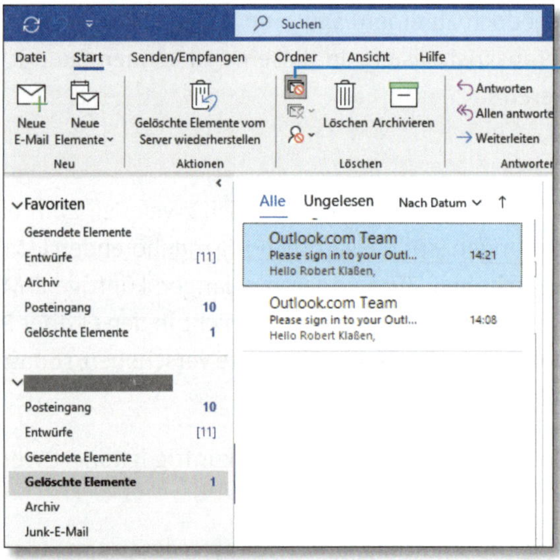

3 Klicken Sie erneut auf diesen Button, um die Sperre aufzuheben. Jetzt zeigt Outlook erneut eine Kontrollabfrage an, die Sie mit einem Klick auf **Unterhaltung nicht mehr ignorieren** bestätigen.

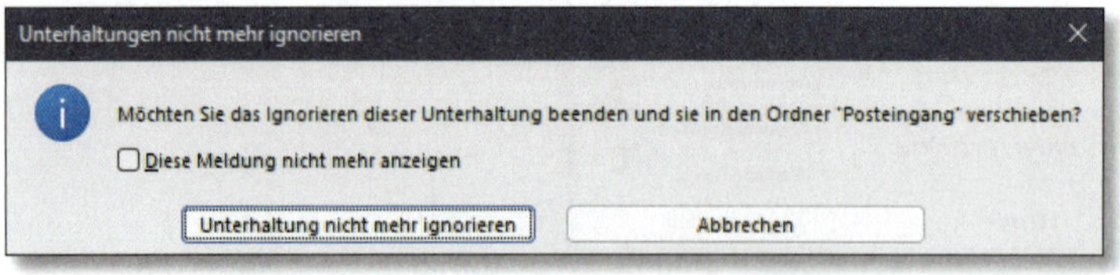

Nachdem Sie die Aktion abgeschlossen haben, wird die gesamte Unterhaltung übrigens wieder aus dem Ordner **Gelöschte Elemente** entfernt und in den Ordner **Posteingang** verschoben.

26.2 Absender und Domains mit dem Junk-E-Mail-Filter sperren

Leider ist es nicht auszuschließen, dass Sie unerwünschte Post bekommen – die sogenannten Junk-Mails, die von dubiosen Quellen gleich massenweise versendet werden. Wenn Ihre E-Mail-Adresse irgendwo im Internet zu lesen ist, z. B. in einem sozialen Netzwerk oder auf Ihrer Homepage, müssen Sie leider zwangsläufig mit solcher Post rechnen. Oft wird auch für den Versand von Junk-Mails Software eingesetzt, die wahllos E-Mail-Adressen generiert – in der Hoffnung, eine gültige Adresse zu erwischen. Wenn auch Sie nicht von derartigen Nachrichten verschont bleiben, müssen Sie nicht tatenlos zusehen. Benutzen Sie entsprechende Filter, um sich zu schützen und lästige E-Mail-Werbung aus Ihrem Postfach zu verbannen.

Einen Absender sperren

Sollten Sie eine E-Mail erhalten, deren Inhalt Ihnen suspekt ist, sperren Sie sicherheitshalber den Absender. Dadurch werden künftig Nachrichten von dieser Adresse direkt in den Ordner **Junk-E-Mail** verschoben, erreichen also gar nicht erst Ihren Posteingang.

1 Markieren Sie die Junk-Mail im Ansichtsbereich Ihres E-Mail-Postfachs.

2 Klicken Sie auf die Schaltfläche **Junk-E-Mail** in der Gruppe **Löschen** der Registerkarte **Start**.

3 Im Auswahlmenü der Schaltfläche entscheiden Sie sich für die Option **Absender sperren**, um zukünftig keine E-Mails mehr von diesem Absender in Ihrem Posteingang vorzufinden.

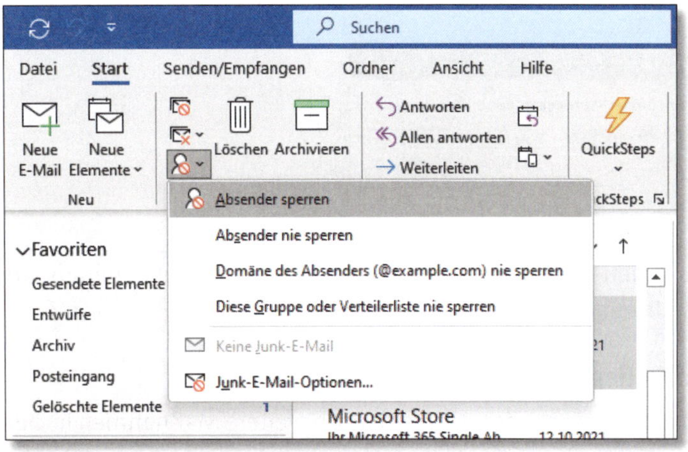

4 Bestätigen Sie den folgenden Kontrolldialog mit einem Klick auf **OK**.

Die Nachricht ist somit in den Ordner **Junk-E-Mail** verschoben und der Absender in die Liste blockierter Absender aufgenommen worden.

> INFO
>
> **Vorsicht bei E-Mail-Anhängen von unbekannter Quelle!**
> Bitte öffnen Sie niemals E-Mail-Anhänge von unbekannter Quelle. Sie riskieren anderenfalls, sich ein Virus auf Ihrem PC einzuhandeln bzw. Opfer von *Phishing* zu werden. Phishing bezeichnet das Ausspähen von Passwörtern und Bankdaten zur missbräuchlichen Verwendung. Oft verbergen sich entsprechende Programme (Trojaner) in diesen Anhängen, die dann unbemerkt im Hintergrund installiert werden und Ihren Rechner nach sensiblen Daten ausspähen.

Sperrung aufheben

Sollten Sie einmal versehentlich die Nachricht des Chefs oder der lieben Schwiegermutter als Junk-Mail eingestuft haben, ist das auch kein Beinbruch. Machen Sie den Schritt einfach wieder rückgängig, und entfernen Sie den Absender wieder von der Liste der blockierten Absender.

1. Klicken Sie dazu im Ordnerbereich auf das Verzeichnis **Junk-E-Mail**. Markieren Sie anschließend im Ansichtsbereich die fälschlicherweise verschobene Nachricht.
2. Klicken Sie danach auf die Schaltfläche **Junk-E-Mail** in der Gruppe **Löschen** der Registerkarte **Start**.
3. Wählen Sie nun im Auswahlmenü der Schaltfläche die Option **Keine Junk-E-Mail**, um die entsprechende Markierung des Absenders aufzuheben.
4. Sicherheitshalber blendet Outlook noch einen entsprechenden Hinweisdialog ein. Bestätigen Sie ihn mit einem Klick auf **OK**, wenn Sie zukünftig wieder Nachrichten von diesem Absender erhalten möchten.

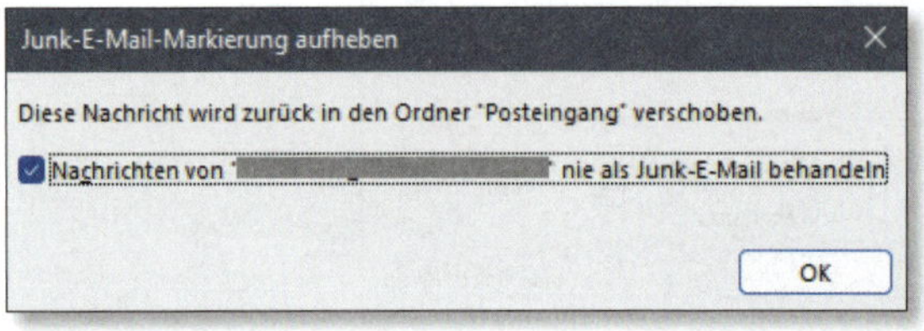
Junk-E-Mail-Markierung aufheben
Diese Nachricht wird zurück in den Ordner "Posteingang" verschoben.
Nachrichten von "[redacted]" nie als Junk-E-Mail behandeln
OK

Die Nachricht wird nun in den Ordner **Posteingang** zurückgelegt. Darüber hinaus werden künftige E-Mails dieses Absenders nicht mehr als Junk eingestuft.

Junk-E-Mail-Optionen festlegen

Neben den bereits erwähnten Standards lassen sich noch weitere Maßnahmen in Outlook ergreifen, die verhindern sollen, dass Sie mit Junk-Mails bombardiert werden. Die Absender dieser zweifelhaften Nachrichten sind sich durchaus bewusst, dass bei vielen Anwendern Junk-Filter im Einsatz sind, und versuchen daher mit allen Tricks, diese zu umgehen. So werden beispielsweise die Absenderadressen oft gewechselt. Um die Blockade nun nicht nur auf eine einzelne E-Mail-Adresse, sondern auf eine gesamte Domain ausweiten zu können, sollten Sie sich mit den Junk-E-Mail-Optionen vertraut machen. Diese bieten in vielerlei Hinsicht Schutz.

1 Klicken Sie dazu zunächst auf die Schaltfläche **Junk-E-Mail** in der Gruppe **Löschen** der Registerkarte **Start**.

2 Im Auswahlmenü entscheiden Sie sich für den Eintrag **Junk-E-Mail-Optionen**.

3 Daraufhin wird der Dialog **Junk-E-Mail-Optionen** eingeblendet. Auf der Registerkarte **Optionen** dieses Dialogs haben Sie nun die Möglichkeit, Outlook mit dem Schutz vor Junk-Mails zu beauftragen. Klar, je höher der Schutz, desto größer ist auch die Wahrscheinlichkeit, dass Sie von Junk-Mails verschont bleiben. Leider steigt damit aber auch die Gefahr von Fehlinterpretationen drastisch an. Das heißt, Sie laufen Gefahr, dass normale E-Mails fälschlicherweise als Junk eingestuft und verschoben werden, ohne dass Sie davon Kenntnis erlangen. Aus diesem Grund sollten Sie es zunächst mit dem Radiobutton **Niedrig** versuchen. Erst wenn im Laufe der Zeit ein wirksamer Schutz nicht mehr gegeben sein sollte und Sie viele Junk-Mails bekommen, können Sie versuchen, den Schutz um eine weitere Stufe zu erhöhen.

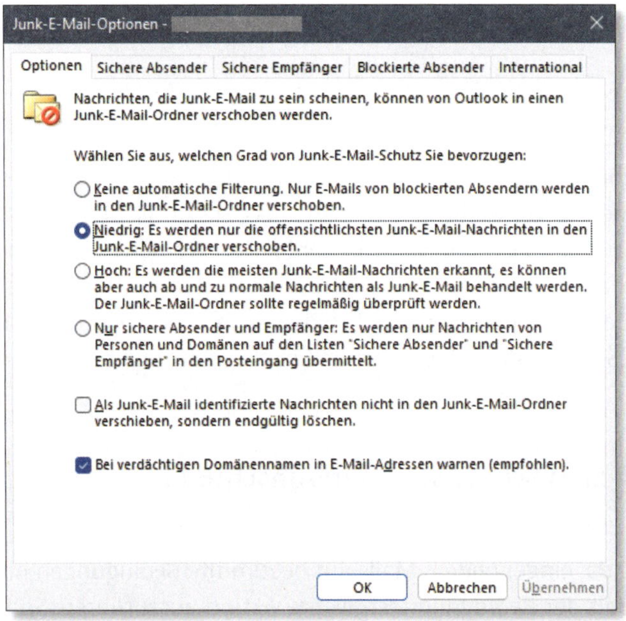
Junk-E-Mail-Optionen -
Optionen
Sichere Absender
Sichere Empfänger
Blockierte Absender
International
Nachrichten, die Junk-E-Mail zu sein scheinen, können von Outlook in einen Junk-E-Mail-Ordner verschoben werden.
Wählen Sie aus, welchen Grad von Junk-E-Mail-Schutz Sie bevorzugen:
Keine automatische Filterung. Nur E-Mails von blockierten Absendern werden in den Junk-E-Mail-Ordner verschoben.
Niedrig: Es werden nur die offensichtlichsten Junk-E-Mail-Nachrichten in den Junk-E-Mail-Ordner verschoben.
Hoch: Es werden die meisten Junk-E-Mail-Nachrichten erkannt, es können aber auch ab und zu normale Nachrichten als Junk-E-Mail behandelt werden. Der Junk-E-Mail-Ordner sollte regelmäßig überprüft werden.
Nur sichere Absender und Empfänger: Es werden nur Nachrichten von Personen und Domänen auf den Listen "Sichere Absender" und "Sichere Empfänger" in den Posteingang übermittelt.
Als Junk-E-Mail identifizierte Nachrichten nicht in den Junk-E-Mail-Ordner verschieben, sondern endgültig löschen.
Bei verdächtigen Domänennamen in E-Mail-Adressen warnen (empfohlen).
OK
Abbrechen
Übernehmen

4 Sollten im Junk-Filter versehentlich E-Mails »hängen bleiben«, die dort nicht hingehören, tragen Sie die E-Mail-Adressen jener Absender, denen Sie vertrauen, mit einem Klick auf den Button **Hinzufügen** auf der Registerkarte **Sichere Absender** ein. Dort gelistete Absender werden nämlich niemals als Junk-E-Mails interpretiert.

5 Die Registerkarte **Blockierte Absender** ist im Zusammenhang mit dem Junk-Mail-Schutz von besonderer Bedeutung. Denn alle Adressen, die dort eingetragen sind, werden künftig von Outlook sofort als Junk eingestuft und entsprechend behandelt. Das Besondere ist, dass Sie hier nicht unbedingt komplette E-Mail-Adressen wie z. B. *betrug@ichzockdichab.de* eingeben müssen, sondern auch ganze Domains. Denn »Junker« wechseln ja, wie gesagt, gern mal die E-Mail-Namen. Geben Sie aber den Domainnamen *ichzockdichab.de* ein, werden alle von dieser Domäne kommenden Mails künftig als Junk interpretiert. Um eine entsprechende Adresse oder Domäne einzugeben, klicken Sie auf **Hinzufügen** und geben die Daten im Folgedialog ein.

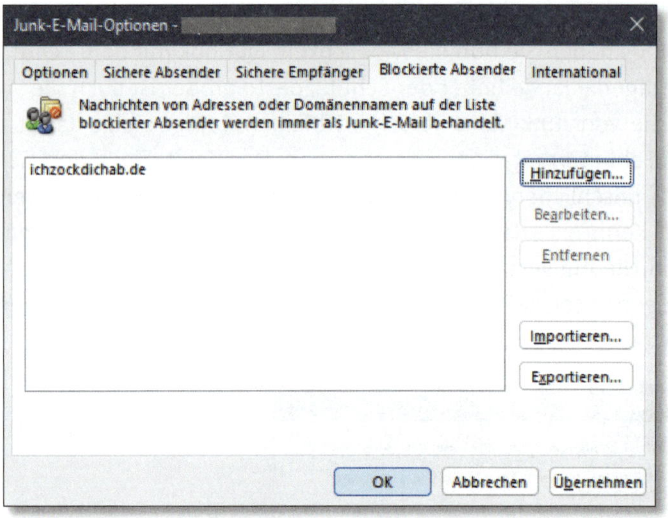

Falls Sie vor dem Problem stehen, regelmäßig zahlreiche Junk-E-Mails aus einem bestimmten Sprachraum zu bekommen, und gleichzeitig wissen, dass Sie unter normalen Umständen aus diesem Sprachraum für gewöhnlich nicht kontaktiert werden, können Sie im Dialog **Junk-E-Mail-Optionen** auf der Registerkarte **International** noch bestimmte Domänenendungen (um nur ein Beispiel zu nennen: *RU* für Russische Föderation oder Ähnliches) sperren lassen. Klicken Sie dazu die entsprechende Checkbox an, und bestätigen Sie mit **OK**.

26.3 Nachrichtenregeln zum Schutz vor unerwünschten E-Mails erstellen

Nachrichtenregeln sind dazu da, eingehende E-Mails auf bestimmte Bedingungen hin zu überprüfen und eine zuvor mit der Bedingung festgelegte Aktion auszuführen. So lässt sich beispielsweise eine E-Mail je nach Absender gleich in den einen oder anderen Ordner weiterleiten. (Lesen Sie dazu auch die Hinweise in Abschnitt 27.3, »Nachrichten mit Regeln automatisch in bestimmte Ordner verschieben«, auf Seite 753.) Allerdings lassen sich Nachrichtenregeln auch prima zur Abwehr unerwünschter Nachrichten benutzen –

beispielsweise um den Textinhalt einer E-Mail auf bestimmte Begriffe (z.B. »Gewinnspiel«) zu untersuchen.

1 Markieren Sie die unerwünschte E-Mail. Sollten Sie noch keine derartigen Nachrichten erhalten haben, jedoch bereits prophylaktischen Schutz einrichten wollen, können Sie auch eine beliebige andere E-Mail anwählen.

2 Klicken Sie im Aufgabenbereich **E-Mail** auf die Schaltfläche **Regeln** in der Gruppe **Verschieben** der Registerkarte **Start**. Im Auswahlmenü der Schaltfläche entscheiden Sie sich für die Option **Regel erstellen**.

3 Aktivieren Sie im Dialog **Regel erstellen** die Checkbox **Betreff enthält** ❶, um die Betreffzeile nach einem Begriff untersuchen zu lassen. Tragen Sie dort z.B. »Gewinnspiel« ein.

4 Weiter unten entscheiden Sie sich außerdem für die Anwahl der Checkbox **Element in Ordner verschieben** ❷. Denn damit legen Sie fest, was mit der E-Mail passieren soll, wenn die Betreffzeile das Wort »Gewinnspiel« enthält. Legen Sie den Ordner **Junk-E-Mail** fest. Der entsprechende Dialog öffnet sich automatisch, sobald Sie die Checkbox per Klick aktivieren. Geschieht dies nicht, klicken Sie auf **Ordner auswählen** ❸.

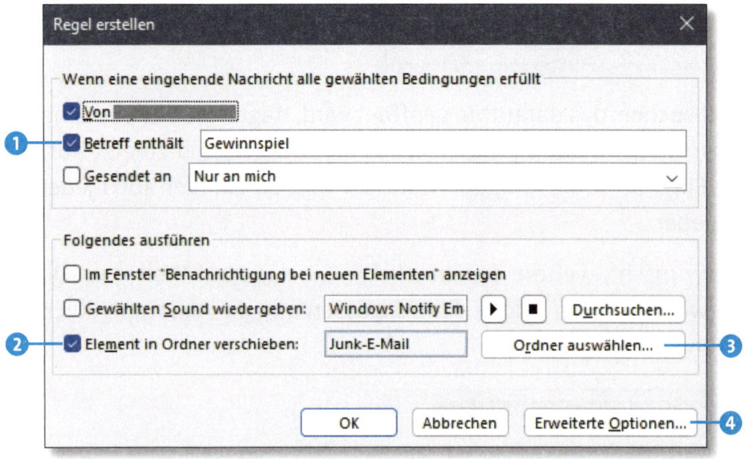

5 Nun müssen wir uns einmal mehr darüber im Klaren sein, dass Junk-Mail-Absender nicht nur ausgesprochen penetrant, sondern leider auch clever sind. Denn wer Sie zu einem (eventuell dubiosen) Gewinnspiel überreden will, wird seine wahren Absichten meist nicht schon im Betreff verraten. Deswegen ist zu empfehlen, den gesamten Text der E-Mail ebenfalls nach besagtem Schlüsselwort durchsuchen zu lassen. Klicken Sie deshalb auf **Erweiterte Optionen** ❹.

6 Suchen Sie die Liste der Bedingungen im Dialog **Regel-Assistent** nach der Zeile **mit bestimmten Wörtern im Text** ab. Aktivieren Sie die vorangestellte Checkbox ❺, und klicken Sie anschließend auf die blau eingefärbte Textstelle **bestimmten Wörtern**.

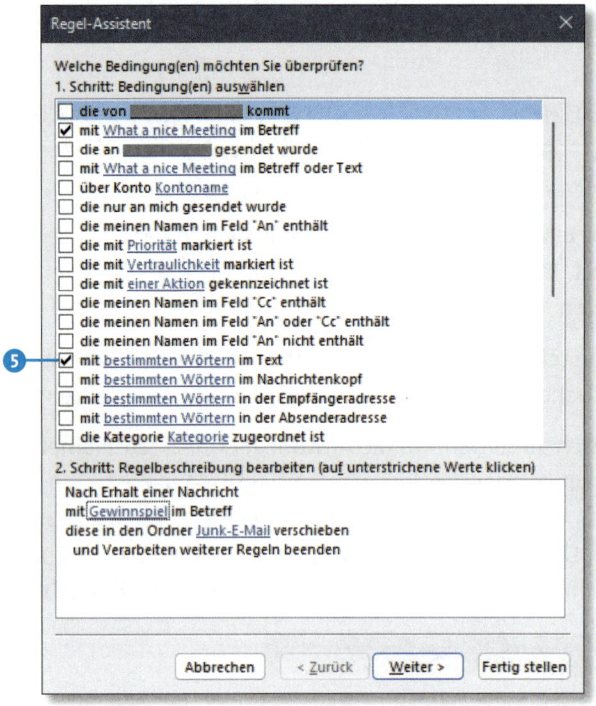

7 Im Dialogfenster **Text suchen**, das daraufhin geöffnet wird, tragen Sie das zu suchende Wort ein, klicken anschließend auf die Schaltfläche **Hinzufügen** und zuletzt auf den Button **OK**, um Ihre Eingabe zu bestätigen. Natürlich können Sie hier auch jederzeit mehrere Wörter eingeben.

8 Erstellen Sie, falls gewünscht, weitere Regeln. Klicken Sie dazu auf **Weiter** im Dialog **Regel-Assistent**. Wir wollen es nun jedoch dabei belassen und die Aktion per Klick auf **Fertig stellen** beenden.

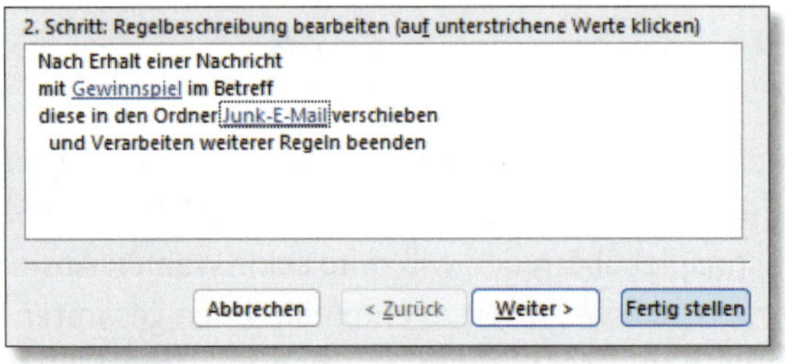

Wenn Sie mögen, adressieren Sie doch einmal eine E-Mail mit entsprechendem Inhalt an sich selbst, und schauen Sie, was passiert. Schon nach kurzer Zeit wird Ihre E-Mail im Ordner **Junk-E-Mail** landen – und da gehört sie ja auch hin. Mission erfüllt!

Kapitel 27
Nachrichtenordner pflegen

Je länger Sie mit Outlook arbeiten, desto unübersichtlicher wird der darin befindliche Datenbestand. Wirken Sie dem entgegen, indem Sie Nachrichten sortieren, ältere Mails auslagern und Regeln für einen optimalen Umgang mit eingehenden Nachrichten schaffen.

27.1 Nachrichten sortieren

Sie haben ja bereits in Abschnitt 25.6, »Für Übersichtlichkeit sorgen: Ordner erstellen und verwalten«, auf Seite 734 erfahren, wie sich Ordner erzeugen und anordnen lassen. In diesem Abschnitt schauen wir uns an, wie E-Mails in Ordner verschoben werden.

E-Mails in Ordner verschieben

Haben Sie eine Mail bekommen, die Sie behalten wollen, ziehen Sie diese einfach mit gedrückter Maustaste aus dem Ansichtsbereich heraus und lassen sie auf dem Zielordner in der linken Spalte fallen.

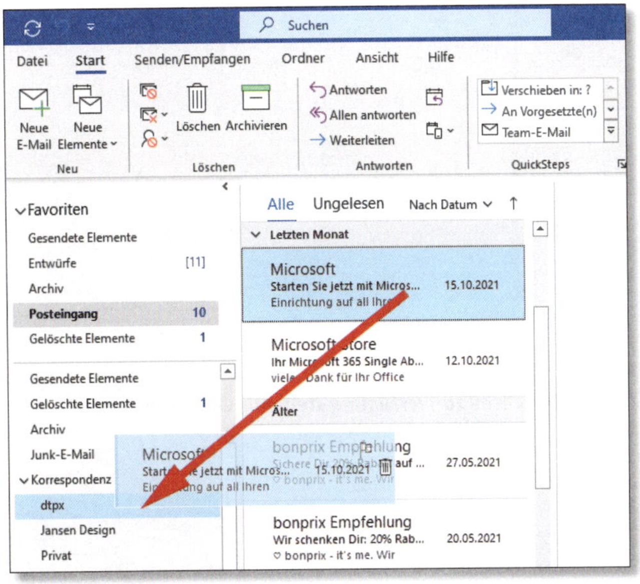

Abbildung 27.1 *Sortieren Sie Ihre Nachrichten in entsprechenden Ordnern.*

Übrigens dürfen Sie auch mehrere Nachrichten markieren und diese dann gemeinsam verschieben. Halten Sie dazu beim Markieren der Nachrichten Strg gedrückt, und lassen Sie erst los, sobald Sie alle gewünschten Nachrichten markiert haben. Verschieben Sie die Nachrichten danach per Drag & Drop.

Alternativ zur Drag-&-Drop-Methode können Sie eine Nachricht auch über das Menüband verschieben. Markieren Sie dazu die Nachricht (bzw. mehrere), und klicken Sie auf **Verschieben** in der gleichnamigen Gruppe der Registerkarte **Start**. Wählen Sie den gewünschten Zielordner aus dem Auswahlmenü der Schaltfläche aus. Sollte er nicht dabei sein, entscheiden Sie sich für **In anderen Ordner** oder wählen die Tastenkombination Strg + ⇧ + V und selektieren im Folgedialog den gewünschten Ordner. Ihr Zusatznutzen ist der, dass dieser Ordner künftig direkt in der Liste **Verschieben** angezeigt wird.

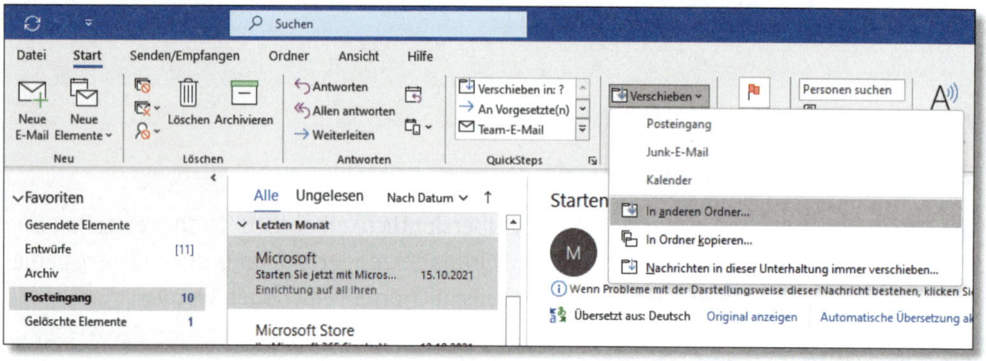

Abbildung 27.2 Auch über die Schaltfläche »Verschieben« lassen sich Ihre E-Mails in Ordnern organisieren.

Abbildung 27.3 In diesem Dialog werden sämtliche zur Verfügung stehende Ordner angezeigt.

INFO

Einen neuen Ordner erzeugen

Wenn Sie sich innerhalb des Menüs **Verschieben** (**Start > Verschieben**) für **In anderen Ordner** entscheiden, steht Ihnen auch der Schalter **Neu** zur Verfügung, über den Sie auch einen ganz neuen Ordner erstellen können. Wichtig ist, dass Sie im unteren Bereich zunächst ein bestehendes Verzeichnis anwählen, in dem das neue Verzeichnis als Unterordner angelegt wird.

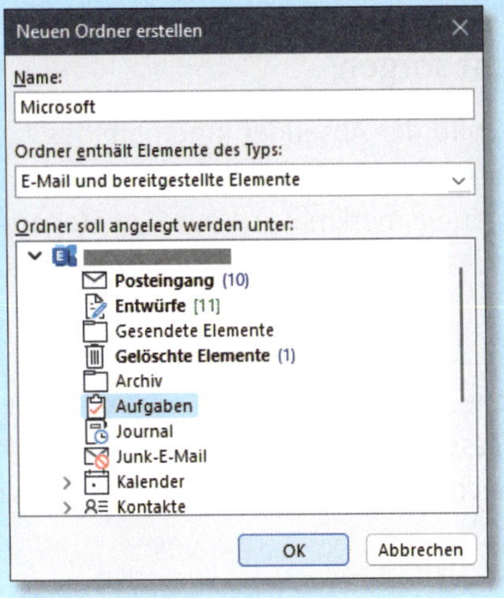

***Abbildung 27.4** Wählen Sie, wie hier, »Aufgaben« an, wird der neue Ordner als Unterordner in diesem Verzeichnis angelegt.*

E-Mails kopieren

Sie wollen die Nachricht im Ordner **Posteingang** belassen und zusätzlich eine Kopie davon in einen anderen Ordner einfügen? Auch das ist in Outlook kein Problem. Klicken Sie dazu im Menü der Schaltfläche **Verschieben** (**Start > Verschieben**) auf die Option **In Ordner kopieren**.

E-Mails löschen

Das Löschen einer Nachricht ist technisch nichts anderes als das Verschieben in den Ordner **Gelöschte Elemente**. Wenn Sie eine Nachricht also nicht mehr benötigen, klicken Sie diese an und betätigen die Schaltfläche **Löschen** in der gleichnamigen Gruppe der Registerkarte **Start**. Alternativ dazu können Sie auch die kleine Kreuz-Schaltfläche direkt an der Nachricht im Ansichtsbereich benutzen oder `Entf` auf der Tastatur drücken. Beachten Sie, dass die Nachricht damit noch nicht unwiederbringlich gelöscht worden ist. Vielmehr befindet sie sich jetzt im Ordner **Gelöschte Elemente**. Dort muss sie noch einmal separat gelöscht werden, um dauerhaft entfernt zu werden.

INFO

Nachrichten automatisch verschieben
Nachrichten können auch direkt nach ihrem Eintreffen in entsprechende Ordner verschoben werden. Dazu muss jedoch vorab eine Regel definiert werden. Wie das funktioniert, erfahren Sie in Abschnitt 27.3, »Nachrichten mit Regeln automatisch in bestimmte Ordner verschieben«, auf Seite 753.

27.2 Mit Kategorien für mehr Übersicht sorgen

E-Mails sehen zunächst alle gleich aus. Zwar wird der Absender innerhalb des Ansichts- und Lesebereichs durch eine entsprechende Schriftgröße hervorgehoben, jedoch ist dies auf Dauer kein zufriedenstellendes Unterscheidungsmerkmal. (Damit Sie Kategorien nutzen können, ist ein Exchange-Konto erforderlich. Mit IMAP oder SMTP funktioniert es nicht.)

Einer Nachricht eine Farbe zuweisen

Von Haus aus bringt Outlook unterschiedliche Farbkategorien mit. Damit lassen sich E-Mails entsprechend kennzeichnen und so besser unterscheiden. Beispielsweise können Sie so Ihre privaten Nachrichten in Blau auszeichnen, Geschäftspost in Orange, wichtige Geschäftspost in Rot usw.

Einer Nachricht eine Kategorie zuweisen

Ich rate Ihnen, die von Outlook angebotenen Farbkategorien bereits zu benennen, noch ehe Sie diese den Nachrichten zuweisen. Denn mal ehrlich: Was bringt es, wenn die orange markierten Nachrichten den Namen »Orange Kategorie« tragen. »Büro« oder »Geschäft« beispielsweise wäre da viel hilfreicher. Dennoch wollen wir uns ansehen, was passiert, wenn Sie die Kategorie vorab nicht benennen. In diesem Fall hilft Outlook nämlich weiter.

1. Markieren Sie in der mittleren Spalte des Ansichtsbereichs **E-Mail** eine Nachricht, der Sie eine Farbe zuweisen wollen.
2. Klicken Sie als Nächstes auf die Schaltfläche **Kategorisieren** in der Gruppe **Kategorien** der Registerkarte **Start**, und entscheiden Sie sich für **Alle Kategorien**. Wählen Sie eine der in der Liste angebotenen Farbkategorien.
3. Im daraufhin erscheinenden Dialogfeld betätigen Sie nun zunächst die Taste **Neu** und selektieren im Pulldown-Menü **Farbe** eine Farbe, die Sie einsetzen wollen.
4. Tragen Sie im Feld **Name** eine aussagekräftige Bezeichnung ein, und weisen Sie, wenn Sie es denn wollen, eine der vorgegebenen Tastenkombinationen zu. Dann geht das Markieren von E-Mails in Zukunft bedeutend schneller. (Bitte beachten Sie, dass die Liste der Tastaturbefehle zu dem Zeitpunkt, als ich dieses Buch aktualisiert habe, noch nicht übersetzt war. Deshalb finden Sie in der Abbildung die Bezeichnung **Ctrl** vor, die für **Strg** steht.)

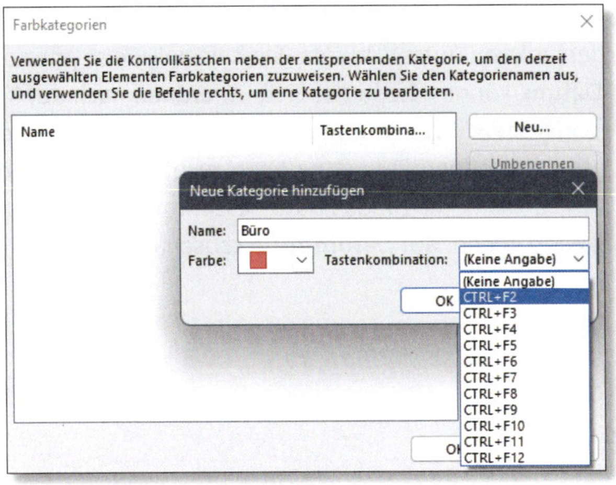

5 Gehen Sie abermals in das Menü **Kategorisieren**. Sie werden dort die zuvor erzeugte Kategorie (in unserem Beispiel **Büro**) wiederfinden und können diese nach Markierung der Nachricht zuweisen. Einfacher ist da allerdings die zuvor vergebene Tastenkombination. Diese erspart Ihnen nämlich den Weg über das Menü: Sie markieren einfach die Nachricht und drücken die entsprechend festgelegten Tasten.

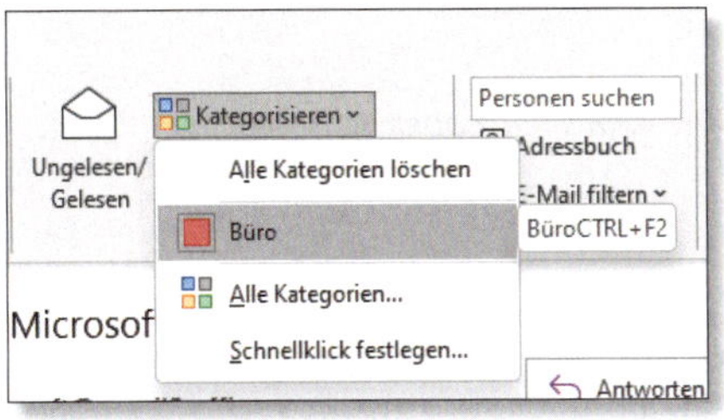

Die auf diese Weise markierten Nachrichten werden innerhalb des Ansichtsbereichs mit einem entsprechend gefärbten Rechteck ausgezeichnet. Auch im Lesebereich ist die Kategorie sichtbar – und zwar sowohl farblich als auch mit der zuvor vergebenen Bezeichnung.

E-Mails nach Kategorien sortieren

Der größte Nutzen, den Sie durch Kategorien erzielen, ist zweifellos der, dass Sie sofort sehen, was beispielsweise eine für das Büro oder den Freizeitbereich bestimmte Nachricht ist. Denn die zuvor vergebene Farbe wird nicht nur in der mittleren Spalte, sondern auch auf der E-Mail selbst ganz links angezeigt.

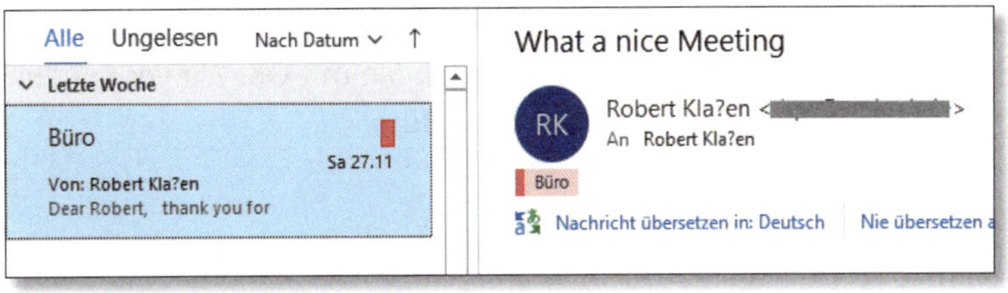

Abbildung 27.5
Die Markierungen tauchen nicht nur in der mittleren Spalte auf, sondern auch rechts in der E-Mail.

Doch das allein ist zweifelsohne nicht spektakulär genug. Interessant wird die Arbeit mit Kategorien erst, wenn Sie die Sortierfunktion nutzen. Klicken Sie beispielsweise ganz oben in der mittleren Spalte auf **Nach Datum**, können Sie in der Liste **Anordnen nach** auf **Kategorien** umstellen. Sollten die kategorisierten Mails daraufhin nach unten rutschen, klicken Sie bitte einmal auf den nach unten weisenden Pfeil ganz oben rechts in der mittleren Spalte – und schon werden sämtliche E-Mails, die für das Büro bestimmt sind, oben angezeigt. Vergessen Sie nicht, anschließend wieder auf **Datum** zurückzuschalten.

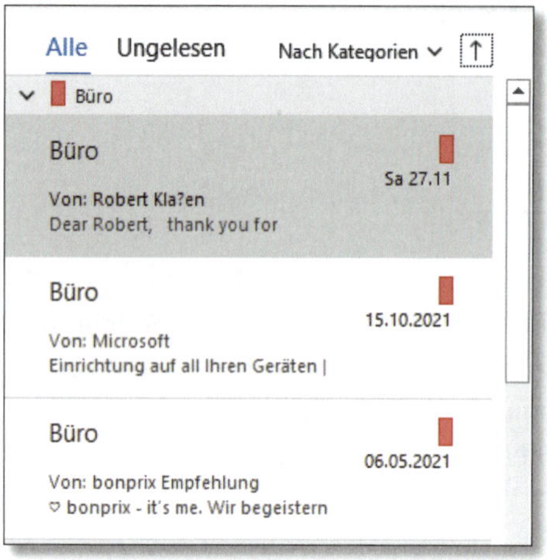

Abbildung 27.6 *Mit dieser Einstellung landen alle Büro-Mails ganz oben.*

Den Schnellklick für Kategorien nutzen

Wenn Sie noch einmal in das Menü **Kategorisieren** der Gruppe **Kategorien** (Menüband **Start**) gehen, werden Sie feststellen, dass dort auch eine Zeile mit der Bezeichnung **Schnellklick festlegen** untergebracht ist. Was hat es damit auf sich? Nun, Sie können innerhalb der mittleren Outlook-Spalte eine eigens dafür erschaffene Spalte einrichten. Klicken Sie dort auf ein leeres Feld, wird die Kategorie zugewiesen, die Sie der Schnellklick-Funktion zugewiesen haben.

Ich muss erwähnen, dass die Vorarbeit nicht unerheblich ist, möchte aber auch erwähnen, dass Sie diese Schritte nur ein einziges Mal durchlaufen müssen. Es lohnt sich übrigens, die Schritte auch dann einmal nachzuklicken, wenn Sie sich nicht so sehr für Kategorien interessieren, da Sie auf diese Weise einiges über die Gestaltungsmöglichkeiten Ihrer Outlook-Oberfläche erfahren werden. Hier sind die erforderlichen Schritte:

1. Klicken Sie auf **Kategorisieren** und danach auf **Schnellklick festlegen**. Stellen Sie anschließend die gewünschte Kategorie ein, und bestätigen Sie mit **OK**. Wir verwenden für die Schnellklick-Funktion einmal mehr die Kategorie **Büro**.

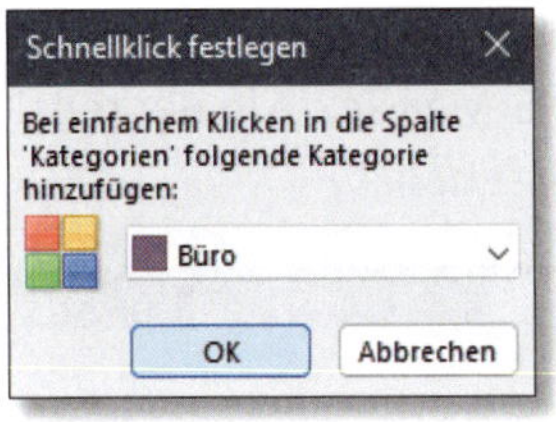

2 Jetzt schalten Sie bitte auf das Register **Ansicht** um und entscheiden sich in der Gruppe **Aktuelle Ansicht** für das Zahnrad-Symbol **Ansichtseinstellungen**.

3 Betätigen Sie in dem sich daraufhin öffnenden Dialog bitte die Schaltfläche **Spalten**.

4 Ganz oben links stellen Sie das Pulldown-Menü von **Häufig verwendete Felder** um auf **Alle Dokumentfelder**. Dieser Schritt ist erforderlich, damit der Begriff **Kategorien**, um den wir uns als Nächstes kümmern müssen, in der darunter stehenden Liste überhaupt angezeigt wird.

5 Scrollen Sie in der Liste **Verfügbare Spalten** so weit herunter, bis die **Kategorien** sichtbar werden. Markieren Sie den Begriff, und klicken Sie anschließend auf **Hinzufügen**.

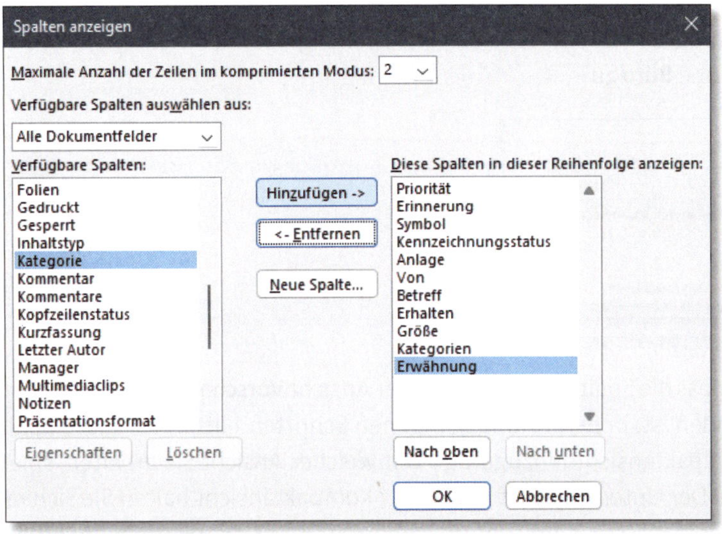

6 Da die Reihenfolge der Begriffe in der rechten Spalte die Reihenfolge bestimmt, die auf der Outlook-Oberfläche angezeigt wird, sollten Sie jetzt dafür sorgen, dass der Begriff **Kategorie** ganz nach oben kommt. Klicken Sie ihn deshalb an, und ziehen Sie ihn bis ganz nach oben (noch über **Erinnerung**). Dort angelangt, lassen Sie los und bestätigen mit **OK**. Wiederholen Sie den Klick auf **OK** auch in dem darunter noch geöffneten Dialog.

7 Jetzt gibt es zwei Möglichkeiten: Entweder Sie klicken im Menü **Ansicht** auf **Ansicht ändern** und wählen **Vorschau** aus, oder Sie belassen es dort bei der Einstellung **Kom-**

pakt und ziehen einfach den Trennungssteg zwischen der mittleren und der rechten Spalte der App so weit nach rechts, bis die erste Zeile der E-Mail-Texte in der mittleren Spalte sichtbar wird. Letzteres dürfte dann in etwa so aussehen:

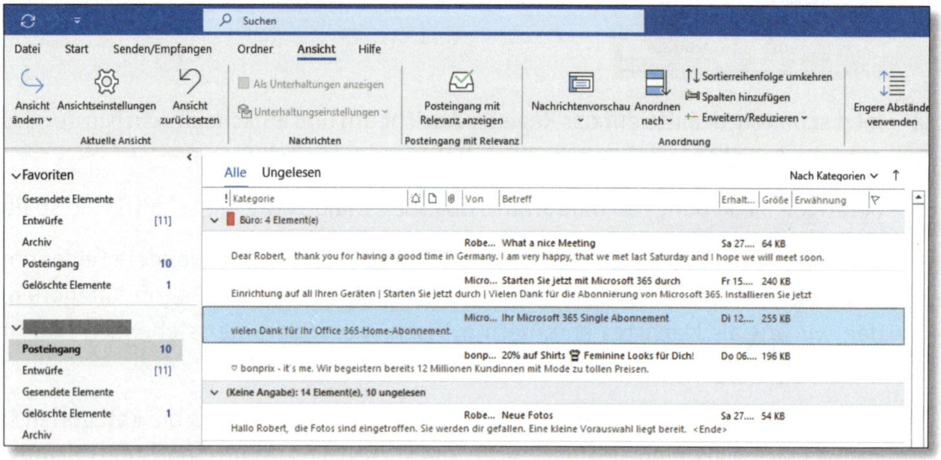

8 Jetzt parken Sie die Maus ganz links in der Zeile einer E-Mail, die Sie mit der Kategorie **Büro** ausstatten wollen. Daraufhin erscheint ein hellgrauer Rahmen. Ein Klick auf ihn weist die Kategorie **Büro** zu.

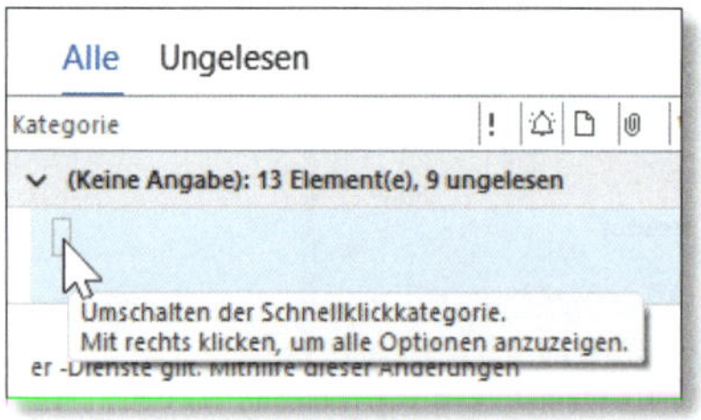

Bitte beachten Sie, dass die Spalte **Kategorien** in der Ansicht **Vorschau** nicht vorne, sondern weiter rechts zu finden ist. In den vorangegangenen Schritten hatten wir diese Spalte ja lediglich für die Kompaktansicht hinzugefügt. Mit welcher Ansicht Sie arbeiten, spielt eigentlich keine Rolle. Der Unterschied ist nur: In der Kompaktansicht halten Sie sich rechts noch Platz zum Lesen der E-Mails frei, der in der Vorschau-Ansicht nicht mehr vorhanden ist. Doch das ist auch nicht weiter schlimm, denn zum Lesen doppelklicken Sie einfach auf den E-Mail-Eintrag. Die Nachricht erscheint daraufhin in einem separaten Fenster.

INFO

Kategorien löschen

Nicht benötigte Kategorien können bei Bedarf auch wieder gelöscht werden. Dazu öffnen Sie den Dialog **Alle Kategorien** (**Start > Kategorien > Kategorisieren**), markieren die Kategorie, die Sie entfernen wollen, und klicken auf die Schaltfläche **Löschen**.

27.3 Nachrichten mit Regeln automatisch in bestimmte Ordner verschieben

Wer viel Post erhält, sollte Prioritäten setzen. Wenn Sie sich während des Tagesgeschäfts nicht von privaten Nachrichten ablenken lassen wollen, können Sie dafür sorgen, dass private E-Mails direkt nach ihrem Eintreffen automatisch in einen bestimmten Ordner verschoben werden, beispielsweise in ein Verzeichnis namens »Privat«. Ebenso könnten weniger wichtige Lieferanten-E-Mails direkt in einen entsprechenden Ordner weitergeleitet werden, während wichtige Geschäftspost im Posteingangsordner verbleibt.

Eine Nachrichtenregel für einen bestimmten Absender erstellen

Mit der Einrichtung von Regeln in Outlook haben wir uns ja bereits in Abschnitt 26.3, »Nachrichtenregeln zum Schutz vor unerwünschten E-Mails erstellen«, ab Seite 742 beschäftigt. Ganz ähnlich verhält es sich auch bei der Weiterleitung erwünschter Nachrichten in Unterordner. Möchten Sie also beispielsweise private E-Mails einer bestimmten Person in den Ordner **Privat** umleiten, richten Sie eine entsprechende Regel ein.

1. Zunächst erzeugen Sie einen Ordner namens **Privat** (siehe dazu Abschnitt 25.6, »Für Übersichtlichkeit sorgen: Ordner erstellen und verwalten«, auf Seite 734).

2. Falls der Ordner **Privat** jetzt ausgewählt ist, selektieren Sie bitte zunächst wieder den **Posteingang**. Markieren Sie eine E-Mail, die von einem Absender stammt, dessen Nachrichten künftig direkt in den Ordner **Privat** verschoben werden sollen.
3. Klicken Sie im Ansichtsbereich **E-Mail** auf die Schaltfläche **Regeln**. Sie finden sie in der Gruppe **Verschieben** der Registerkarte **Start**.
4. Wählen Sie im Auswahlmenü den Befehl **Regel erstellen**, und aktivieren Sie die oberste Checkbox ❶. Sie zeigt den Namen oder die E-Mail-Adresse des zu verschiebenden Absenders. Klicken Sie unten rechts auf **Ordner auswählen**.
5. Wählen Sie zudem die Checkbox bei **Element in Ordner verschieben:** ❷ an, und setzen Sie anschließend einen Mausklick auf **Ordner auswählen** ❸.

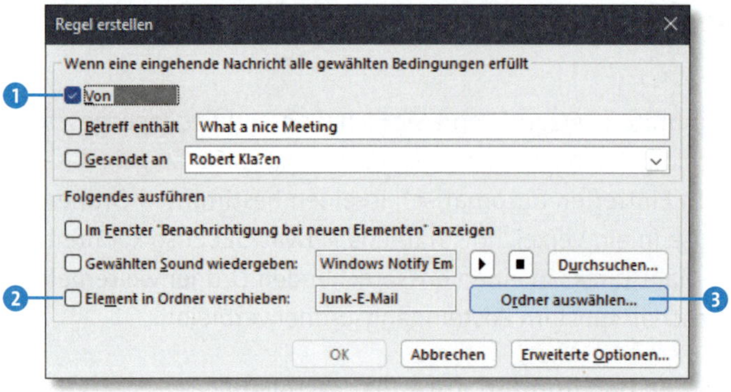

6 Daraufhin wird der Dialog **Regeln und Benachrichtigungen** aufgerufen, in dem Sie nun bestimmen, dass E-Mails des Absenders zukünftig in den Ordner **Privat** verschoben werden. Markieren Sie dazu den entsprechenden Ordner (er befindet sich in unserem Beispiel als Unterordner im Verzeichnis **Korrespondenz**), und bestätigen Sie diesen und den darunter befindlichen Dialog jeweils mit einem Klick auf **OK**.

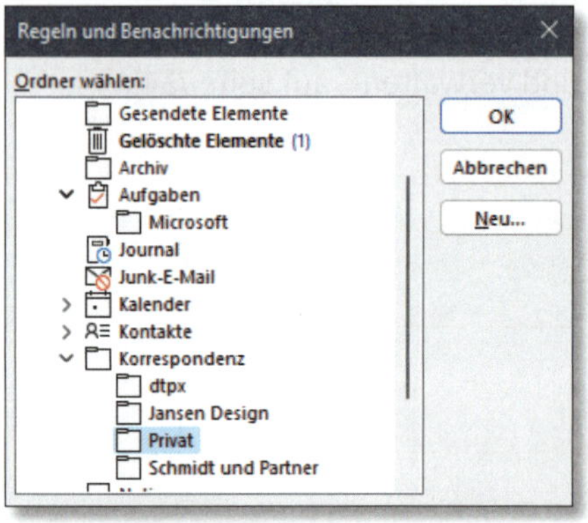

Nachrichten, die Sie zukünftig von diesem Absender erhalten werden, werden nach Einrichtung dieser Regel nicht mehr im Ordner **Posteingang** gelistet. Um die Nachrichten lesen zu können, müssen Sie grundsätzlich zunächst zum Ordner **Privat** wechseln, in den von nun an die E-Mails dieses Absenders automatisch verschoben werden.

Regeln mit dem Regel-Assistenten erstellen

Die Anwendung einer absenderbedingten Nachrichtenregel (siehe dazu den Unterabschnitt »Eine Nachrichtenregel für einen bestimmten Absender erstellen« ab Seite 753) ist eine sehr einfache und intuitive Methode, um vorab Ordnung in das Postfach zu bringen. Leider ist diese Vorgehensweise nicht für die Angabe mehrerer Absender geeignet. Das lässt sich jedoch mit dem Regel-Assistenten einrichten:

1 Klicken Sie auf die Schaltfläche **Regeln** in der Gruppe **Verschieben** der Registerkarte **Start**. Im Aufklappmenü wählen Sie per Mausklick die Option **Regeln und Benachrichtigungen verwalten**.

2 Sollten Sie übrigens, wie in Abschnitt 26.3, »Nachrichtenregeln zum Schutz vor unerwünschten E-Mails erstellen«, auf Seite 742 beschrieben, bereits eine Regel erzeugt haben, wird Ihnen diese auf der Registerkarte **E-Mail-Regeln** bereits angezeigt ❶. Klicken Sie nun jedoch auf **Neue Regel** ❷, um eine Regel mithilfe des Regel-Assistenten einzurichten.

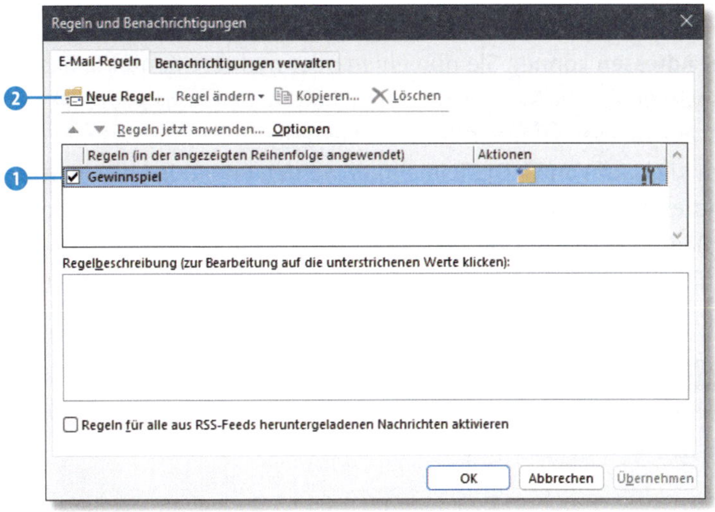

3 Der Regel-Assistent bietet Ihnen zahlreiche Optionen an. Entscheiden Sie sich für den obersten Eintrag **Nachrichten von einem bestimmten Absender in einen Ordner verschieben**, und klicken Sie anschließend auf **Weiter**.

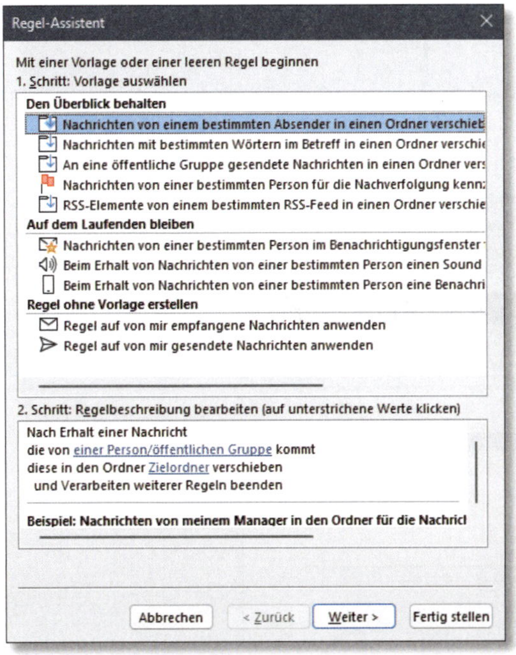

4 Im Bereich **1. Schritt** ist die oberste Checkbox bei **die von einer Person/öffentlichen Gruppe kommt** ③ bereits aktiv. Belassen Sie es bei dieser Einstellung. Sollte die Checkbox leer sein, klicken Sie sie an.

5 Widmen Sie sich nun dem Bereich **2. Schritt** im unteren Bereich des Dialogfensters. Klicken Sie in diesem Feld auf die blau eingefärbte Textstelle **einer Person/öffentlichen Gruppe** ④.

6 Im Folgedialog **Regel-Adressen** können Sie nun einen oder mehrere Kontakte aus Ihrem Adressbuch auswählen ⑤. Zur Mehrfachauswahl halten Sie Strg gedrückt und klicken dann jeweils auf die betreffenden Namen. Bestätigen Sie Ihre Auswahl abschließend mit einem Klick auf **Von** ⑥. Die Teilnehmer werden nun (durch je ein Semikolon separiert) im Adressfeld gelistet. Hier können Sie auch weitere, nicht im Adressbuch befindliche E-Mail-Adressen hinzufügen. Beachten Sie dabei jedoch, dass eine neue Adresse stets mit einem Semikolon von der vorangegangenen getrennt werden muss. Am Ende klicken Sie auf **OK**.

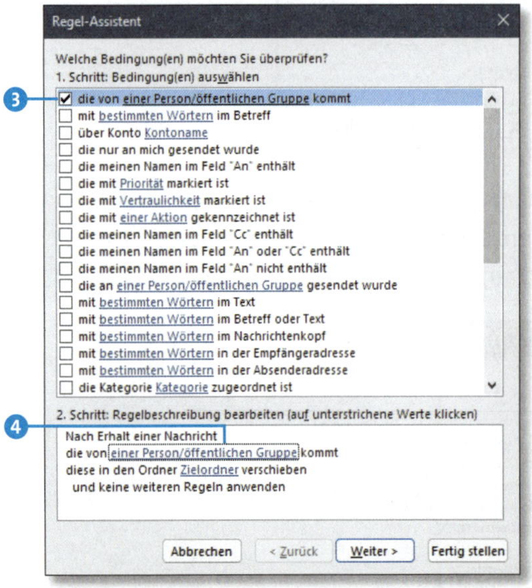

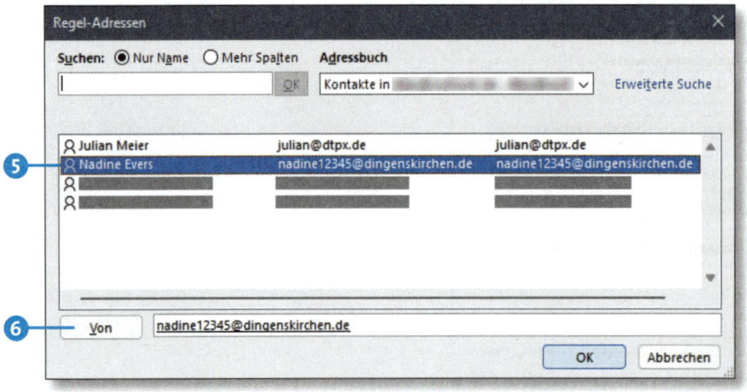

7 Jetzt befinden Sie sich wieder im Dialogfenster **Regel-Assistent**. Dort müssen Sie noch festlegen, was mit den E-Mails der Absender geschehen soll. Sie erreichen das, indem Sie im Bereich **2. Schritt** des Dialogs auf den Hyperlink (blau eingefärbte Textstelle) **Zielordner** klicken.

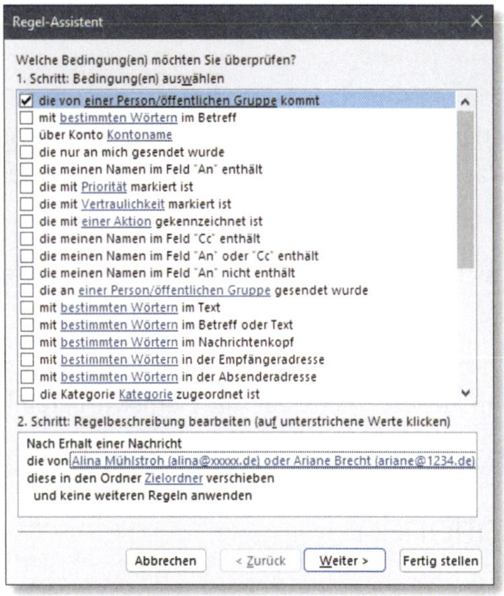

8 Geben Sie den Ordner an, der als Zielordner für diese Regel verwendet werden soll, und verlassen Sie den Dialog per Klick auf **OK**.

9 Möchten Sie, dass beim Eintreffen einer relevanten E-Mail eine weitere Aktion ausgeführt wird – beispielsweise das Abspielen eines akustischen Signals? Dann klicken Sie auf **Weiter** und aktivieren in der Dialogansicht die Checkbox **einen Sound wiedergeben**. Den Sound können Sie aussuchen, indem Sie im unteren Bereich **2. Schritt** auf **einen Sound** klicken. Damit erhalten Sie Zugang zu Ihrer Festplatte und können einen beliebigen Ton aus der Windows-Mediathek (*C:/Windows/Media*) hinzufügen. Sie können sogar ein beliebiges Musikstück zuordnen, das im Dateiformat *.wav* vorliegt.

10 Klicken Sie auf **Fertig stellen**, um den Regel-Assistenten zu verlassen. Beenden Sie die Einrichtung im Dialogfenster **Regeln und Benachrichtigungen** mit **OK**.

INFO

Regeln ändern

Wenn Sie eine Regel ändern wollen (beispielsweise um weitere Absender hinzuzufügen), müssen Sie auf **Regeln** in der Gruppe **Verschieben** der Registerkarte **Start** klicken. Im Aufklappmenü wählen Sie die Option **Regeln und Benachrichtigungen verwalten** aus und klicken im Dialogfenster die entsprechende Regel in der Fenstermitte an. Klicken Sie auf **Regel ändern**. Im Aufklappmenü wählen Sie den Eintrag **Regeleinstellungen bearbeiten**.

27.4 Archivfunktionen nutzen

Auch wenn Sie unwichtige und nicht mehr benötigte Nachrichten gewissenhaft löschen, sammeln sich im Laufe der Zeit immer mehr E-Mails an und Ihr Outlook-Archiv platzt womöglich aus allen Nähten. Deswegen ist es sinnvoll, Datenbestände zu archivieren.

Ältere Daten manuell archivieren

Outlook ist in der Lage, ältere Nachrichten in ein sogenanntes Archiv zu speichern. Technisch gesehen, wird dabei eine PST-Datei angelegt, die zunächst einmal losgelöst von Ihrem aktuellen E-Mail-Verkehr ist. Dennoch lässt sich auf diese E-Mails jederzeit wieder zugreifen.

1 Öffnen Sie zunächst die Backstage-Ansicht von Outlook. Klicken Sie dazu auf die Registerkarte **Datei**.

2 Aktivieren Sie gegebenenfalls in der linken Spalte die Rubrik **Informationen**, und klicken Sie auf die Schaltfläche **Tools** und im Auswahlmenü auf **Alte Elemente bereinigen**.

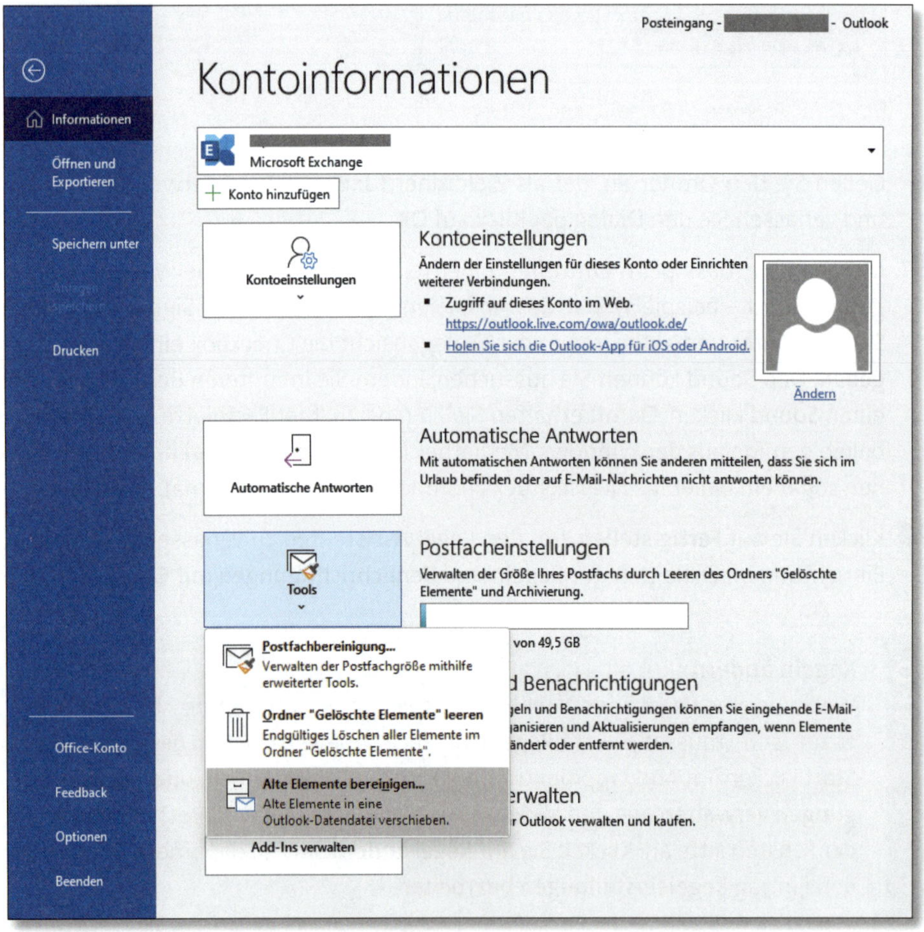

3 Im Folgedialog **Archivieren** ist die Option **Diesen Ordner und alle Unterordner archivieren** bereits ausgewählt. Wenn das nicht der Fall ist, aktivieren Sie diese Option.

4 Wählen Sie nun einen Ordner aus, dessen Inhalt (inklusive aller Unterordner) bei der Archivierung berücksichtigt werden soll. Wollen Sie alle Ordnerinhalte eines Kontos archivieren, entscheiden Sie sich für die entsprechende E-Mail-Adresse ❶.

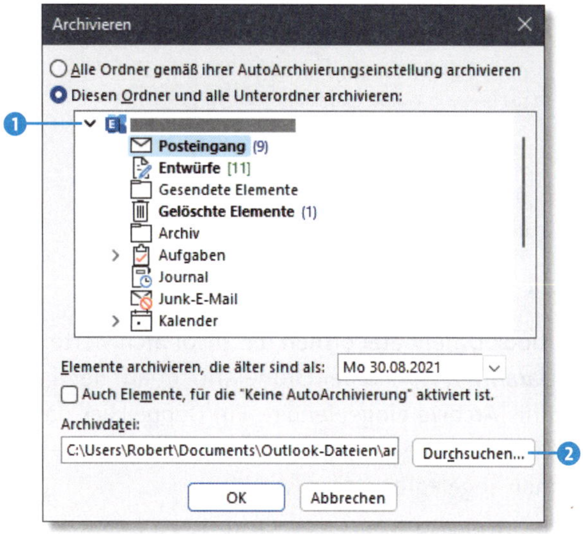

5 Mit einem Klick auf **Durchsuchen** ❷ können Sie nun einen beliebigen Speicherort für die Archivdatei auswählen. Ändern Sie den Speicherort nicht, benutzt Outlook standardmäßig den Unterordner *Outlook-Dateien*, der sich im Verzeichnis *Dokumente* des jeweiligen Benutzers befindet.

6 Stellen Sie im Feld **Elemente archivieren, die älter sind als** zuletzt noch ein Datum ein. Damit werden alle Nachrichten archiviert, die Sie vor besagtem Datum empfangen oder gesendet haben, während neuere Elemente in Outlook verbleiben.

Nachdem Sie die Aktion mit **OK** bestätigt haben, kehren Sie zur Backstage-Ansicht zurück. Klicken Sie auf den Pfeil oben links, um zur Standardansicht zu gelangen. Dort ist die Anzahl der E-Mails bereits entsprechend Ihrer Archivierungsoptionen verringert worden.

Archiv öffnen und schließen

Sie benötigen eine bereits archivierte E-Mail später noch einmal? Kein Problem. Greifen Sie darauf zu, wann immer das nötig ist.

1 Klicken Sie dazu auf die Registerkarte **Datei**, und wählen Sie in der Backstage-Ansicht die Rubrik **Öffnen und Exportieren**.

2 Klicken Sie im Bereich **Öffnen** auf den Befehl **Outlook-Dateien öffnen**.

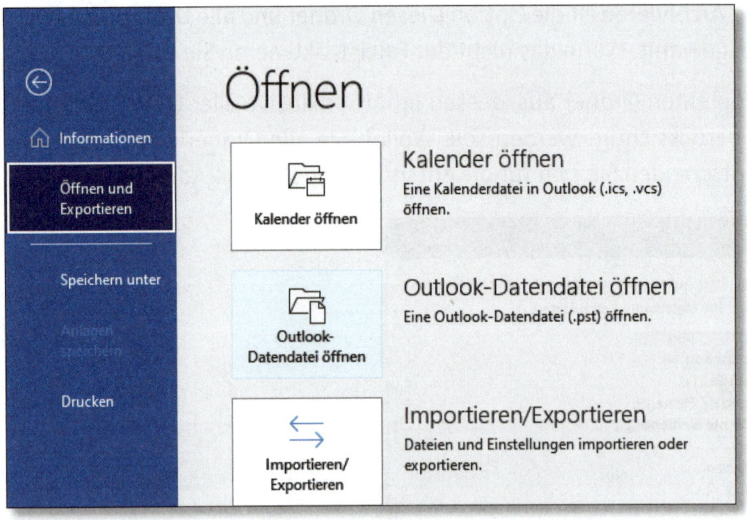

3 Markieren Sie im Dialogfenster **Outlook-Datendatei öffnen** die zuvor archivierte PST-Datei, und bestätigen Sie mit **OK**. Daraufhin wird in der Ordneransicht auf der linken Seite der Anwendung das Verzeichnis **Archive** eingeblendet. Ein Doppelklick darauf öffnet alle darin enthaltenen Elemente, also Ihre gesamten archivierten E-Mails – und zwar in der zuvor individuell von Ihnen angelegten Ordnerstruktur.

4 Sie sind fertig mit Ihrer Arbeit und benötigen das Archiv nun nicht länger? Dann schließen Sie es, indem Sie mit rechts auf das Verzeichnis **Archive** klicken und im Kontextmenü **»Archive« schließen** auswählen.

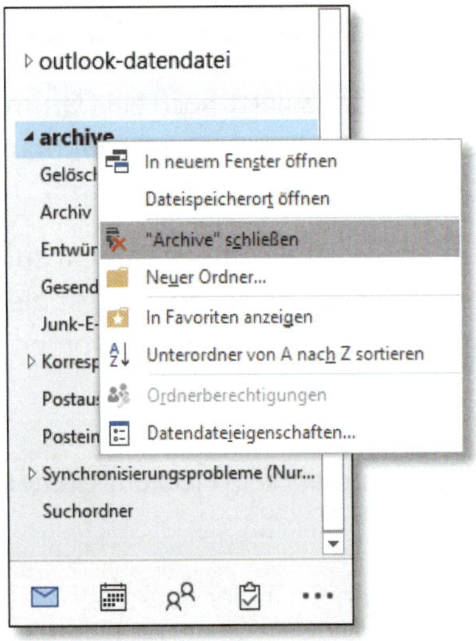

Neben der beschriebenen Methode der manuellen Archivierung verfügt Outlook auch über eine entsprechende Automatik. Lesen Sie im folgenden Abschnitt, wie Sie diese verwenden können, um Ihre E-Mails regelmäßig zu archivieren.

Ältere Daten automatisch archivieren

Outlook kann Ihre Daten auch von Zeit zu Zeit automatisch archivieren. So halten Sie Outlook schlank, ohne wichtige Nachrichten zu verlieren. Zudem müssen Sie sich zukünftig nicht mehr um eine manuelle Archivierung kümmern. Allerdings ist diese Funktion standardmäßig deaktiviert – muss also zunächst eingeschaltet werden.

1 Begeben Sie sich dazu in die Backstage-Ansicht (**Datei**), und wählen Sie in der linken Spalte die Rubrik **Optionen**.

2 Im Dialogfenster **Outlook-Optionen** klicken Sie auf die Rubrik **Erweitert**.

3 Klicken Sie im Bereich **AutoArchivierung** auf die Schaltfläche **Einstellungen für AutoArchivierung** ❶.

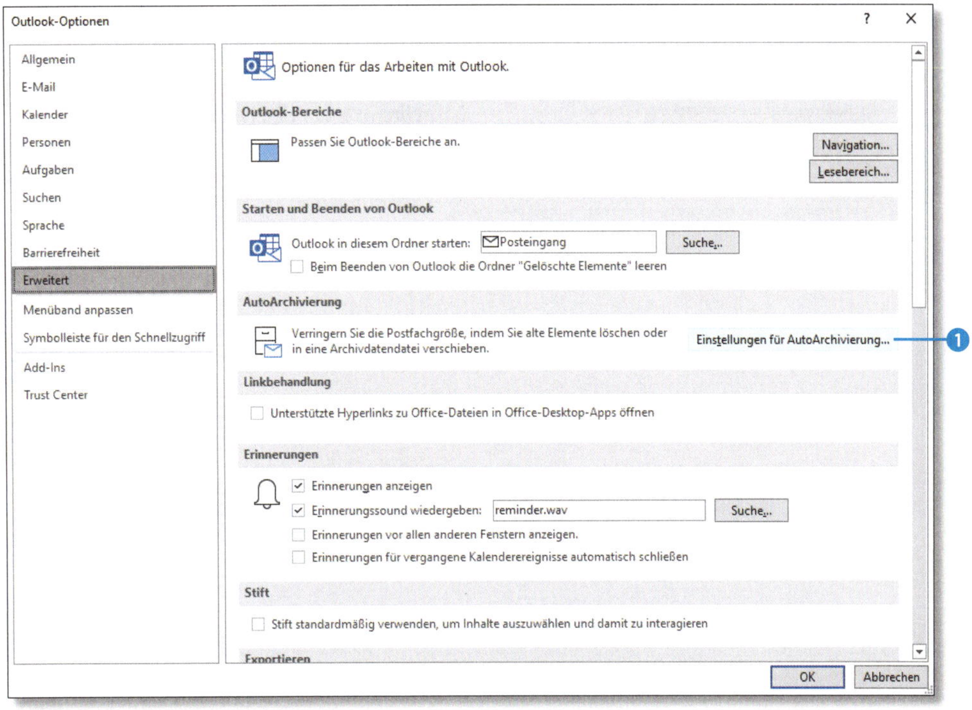

4 Im Dialogfenster **AutoArchivierung** muss die oberste Checkbox **AutoArchivierung alle** zunächst aktiviert werden, damit die Funktion dauerhaft zur Verfügung steht.

5 Darüber hinaus sollten Sie in dieser Zeile auch noch ein Intervall angeben, in dem ein entsprechendes Archiv erzeugt werden soll. Von Haus aus möchte Outlook alle 14 Tage eine AutoArchivierung durchführen.

6 Deaktivieren Sie die Checkbox **AutoArchivierung nach Bestätigung beginnen**. Andernfalls blendet Outlook vor jeder Archivierung noch einmal eine Kontrollabfrage ein, die Sie jedes Mal bestätigen müssten.

Sofern **Alte Elemente archivieren oder löschen** aktiv ist, können Sie in der Zeile **Elemente löschen, wenn älter als** einen Zeitraum angeben, ab dem Elemente generell gelöscht oder archiviert werden sollen. Dabei ist auch entscheidend, ob der Radio-Button **Alte Elemente verschieben nach** oder **Alte Elemente endgültig löschen** selektiert ist.

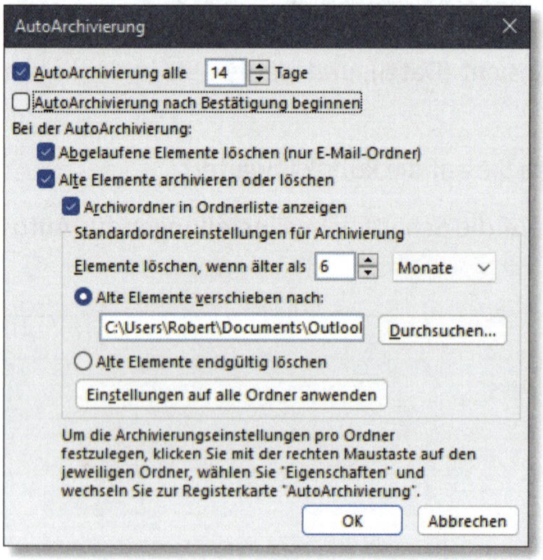

Abbildung 27.7 *Falls alte Elemente nicht gelöscht, sondern verschoben werden sollen, achten Sie auf den Dateipfad unterhalb des Radio-Buttons »Alte Elemente verschieben nach«. Zuletzt bestätigen Sie den Dialog mit Klick auf »OK«.*

Kapitel 28
Ein Adressbuch anlegen und verwalten

Freunde, Arbeitskollegen, Mitarbeiter, Lieferanten und Kunden – in Outlook läuft alles zusammen. Damit Sie nicht die Übersicht verlieren, bietet Ihnen Outlook weitreichende Kontakt- und Adressfunktionen, mit denen das Organisieren Ihres Alltags zum Kinderspiel wird.

28.1 Adressen aus E-Mails übernehmen

Sie haben Post bekommen und wollen den Absender in Ihr Outlook-Adressbuch aufnehmen? Nichts leichter als das. Outlook bietet Ihnen dazu verschiedene Möglichkeiten an, Adressen in Outlook zu speichern. Die einfachste ist das unmittelbare Hinzufügen eines Kontakts zum Adressbuch nach dem Erhalt einer E-Mail.

1. Markieren Sie dazu zunächst die E-Mail im Ansichtsbereich.
2. Klicken Sie im Lesebereich mit rechts auf die dort vergrößert angezeigte E-Mail-Adresse, und entscheiden Sie sich daraufhin im Kontextmenü für den Befehl **Zu Outlook-Kontakten hinzufügen**.

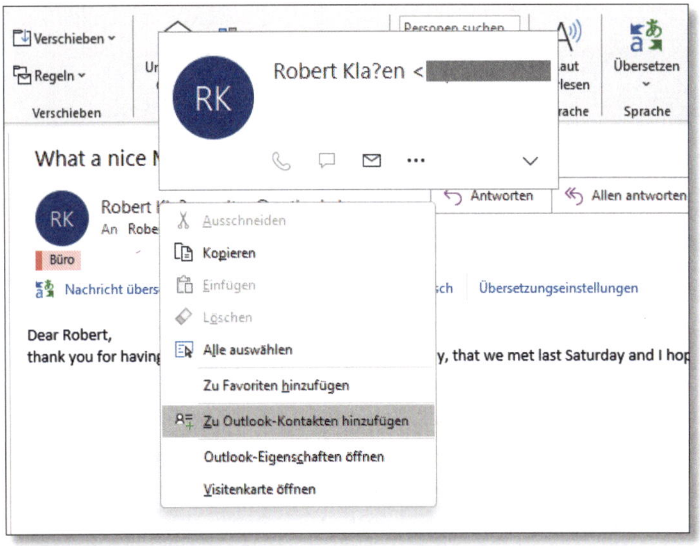

3 Die E-Mail-Adresse selbst wird innerhalb der Eingabemaske, die sich daraufhin öffnet, automatisch eingefügt. Auch das Feld **Name** verfügt bereits über Inhalt. Gefällt Ihnen die Bezeichnung nicht, können Sie diese gern anpassen, indem Sie in das Eingabefeld klicken und die Bezeichnung ändern.

4 Wenn Sie weitere Informationen hinzufügen wollen, klicken Sie auf die jeweiligen Dreiecke und nehmen über das Auswahlmenü weitere Feineinstellungen vor, z. B. das Hinzufügen der Festnetz- oder Mobilfunknummer.

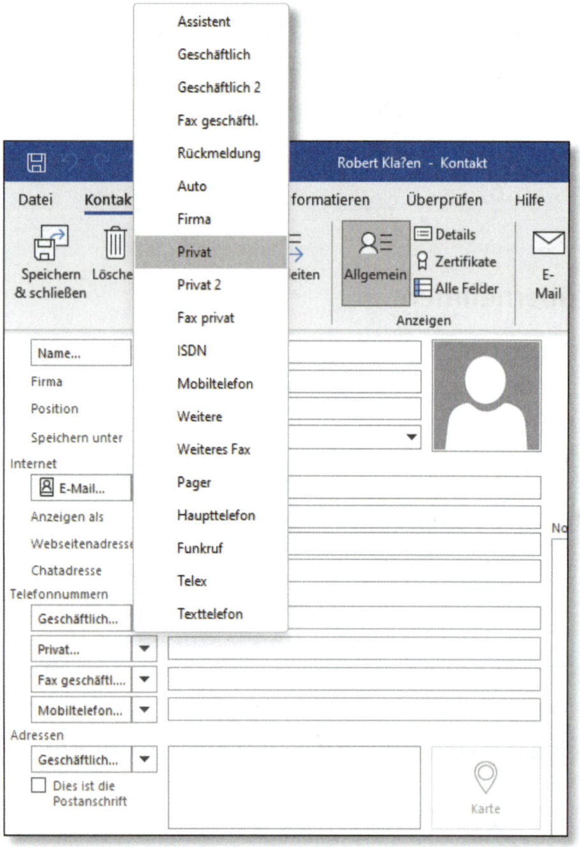

5 In dem betreffenden Bereich wird daraufhin ein Eingabefeld zur Verfügung gestellt, in das Sie die erforderlichen Daten eintragen können.

6 Am Ende reicht ein Klick auf die Schaltfläche **Speichern**, um den Kontakt Ihrem Adressbuch hinzuzufügen. Schließen Sie die Eingabemaske mithilfe des **Schließen**-Buttons oben rechts.

Ihre Kontakte werden Ihnen im Ansichtsbereich **Personen** angezeigt. In dieser Ansicht sehen Sie in der Fenstermitte der Anwendung eine Liste aller bis dato gespeicherten Kontakte. Das Eingabefeld (siehe die vorangegangene Abbildung) erreichen Sie zudem immer wieder. Fahren Sie dann wie ab Schritt 2 beschrieben fort.

28.2 Einen neuen Kontakt anlegen

Das Anlegen von Kontakten ist ausgesprochen sinnvoll. So können Sie schnell nachschauen, wenn Sie eine E-Mail-Adresse oder Telefonnummer suchen – und zwar direkt in Outlook. Ich rate Ihnen daher, dass Sie so früh wie möglich mit der Erstellung einer Kontaktliste beginnen. Denn wenn erst einmal einige Hundert Kontakte aufgelaufen sind, nimmt die Aufbereitung der Kontaktinformationen sehr viel Zeit in Anspruch. Das Anlegen eines Kontakts im Ansichtsbereich **Personen** ist in Outlook natürlich auch möglich, ohne dass Sie zuerst eine E-Mail erhalten.

1. Um einen Kontakt zu erzeugen, wechseln Sie zunächst in den Bereich **Personen**. Klicken Sie dazu auf den gleichnamigen Eintrag unten in der grauen Leiste der Anwendung, oder drücken Sie Strg+3.
2. Es gibt mehrere Möglichkeiten, ein neues leeres Kontaktformular zu öffnen: Doppelklicken Sie in den freien Bereich des Ansichtsbereichs. Alternativ klicken Sie auf die Schaltfläche **Neuer Kontakt** in der Gruppe **Neu** der Registerkarte **Start**. Falls Sie lieber mit Tastaturbefehlen arbeiten, verwenden Sie dazu die Tastenkombination Strg+⇧+C.
3. Bitte gewöhnen Sie sich von Beginn an eine einheitliche Schreibweise an – insbesondere in Bezug auf die Namen. Beginnen Sie beispielsweise im Feld **Name** ❶ grundsätzlich mit dem Nachnamen, und lassen Sie anschließend den Vornamen folgen. Alternativ betätigen Sie die Schaltfläche **Name** ❷. Daraufhin erhalten Sie eine separate Eingabemaske.

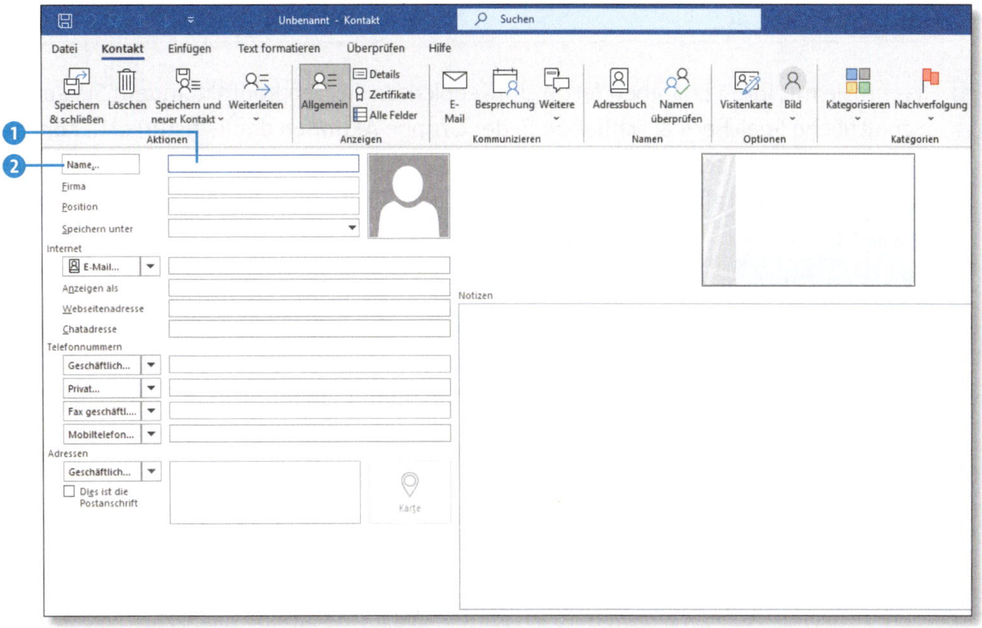

Entsprechendes gilt übrigens für alle Eingabefelder, denen eine Schaltfläche vorangestellt ist. Sie können also entweder die Felder direkt ausfüllen oder die Schaltfläche verwenden.

4 Füllen Sie als Nächstes die restlichen Felder des Kontaktformulars entsprechend aus (optional). Springen Sie mit der Taste [Tab] von Feld zu Feld. Das ist wesentlich bequemer und erspart Ihnen den immer wiederkehrenden Griff zur Maus, bevor Sie ein neues Eingabefeld mit Informationen füllen.

5 Haben Sie auf Ihrem PC ein Foto Ihres Kontakts gespeichert? Dann können Sie dieses Bild in Ihr Adressbuch einbinden, indem Sie auf das Platzhaltersymbol **3** klicken. Es können Fotos gängiger Formate hinzugefügt werden (z. B. JPEG, BMP, TIFF, GIF, PNG u. a.).

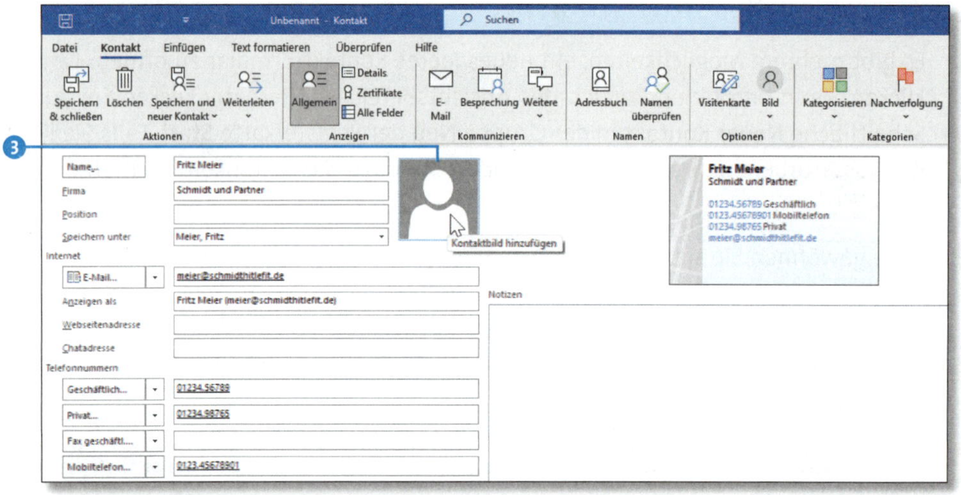

6 Wenn Sie mit Ihren Eingaben fertig sind, speichern Sie den Kontakt, indem Sie auf die Schaltfläche **Speichern & schließen** in der Gruppe **Aktionen** der Registerkarte **Kontakt** klicken. Alternativ schließen Sie das Eingabefenster mithilfe des Schließkreuzes oben rechts. In diesem Fall müssen Sie noch eine anschließende Kontrollabfrage mit **Ja** bestätigen.

Falls Sie beabsichtigen, gleich mehrere Kontakte hintereinander anzulegen, können Sie auch anstelle des letzten Schrittes auf die Schaltfläche **Speichern und neuer Kontakt** in der Gruppe **Aktionen** klicken. In diesem Fall wird der soeben angelegte Kontakt geschlossen und ein neues leeres Fenster für den nächsten Kontakt bereitgestellt.

28.3 Adresseinträge suchen, sortieren und pflegen

Im Laufe der Zeit wächst Ihr Kontaktverzeichnis sicher beträchtlich an – und Kontakte lassen sich nicht mehr auf den ersten Blick finden. Benutzen Sie in diesem Fall Outlooks Suchfunktion. Darüber hinaus stelle ich Ihnen in diesem Abschnitt Möglichkeiten für eine individuelle Sortierung der Kontakte vor.

Kontakte suchen

Sie benötigen Informationen zu einem bestimmten Kontakt? Beispielsweise wollen Sie diese Person anrufen, wissen aber die Telefonnummer nicht mehr? Oder wollen Sie ihr eine E-Mail senden? Dann suchen Sie einfach nach dem Kontakt.

1. Drücken Sie Strg + 3, um in den Ansichtsbereich **Kontakte** zu wechseln.
2. Danach drücken Sie die Tastenkombination Strg + E oder klicken auf das Eingabefeld ganz oben in der Kopfleiste des Fensters, um die Suche in Outlook zu aktivieren. Daraufhin wird die Registerkarte **Suchen** eingeblendet.
3. Geben Sie den Namen oder einen Teil von ihm ein. Übrigens dürfen Sie die Suchbegriffe auch ungeachtet der Großschreibung eintippen.

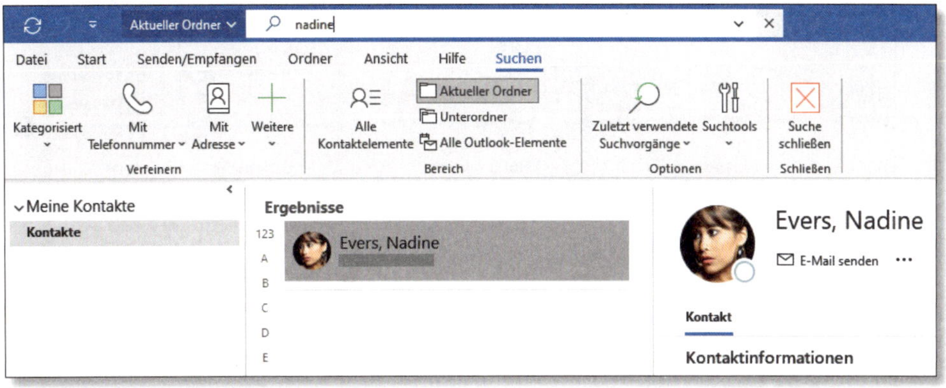

4. Klicken Sie auf den Kontakt, der unter dem Suchfeld erscheint, und leiten Sie die weiteren Schritte in die Wege. Um der Person beispielsweise eine E-Mail zu schicken, klicken Sie auf die Schaltfläche **E-Mail senden**. Weitere Einstellungen, z. B. die Aktualisierung von Kontaktdaten, nehmen Sie nach einem Klick auf die Drei-Punkte-Schaltfläche vor.

Bitte vergessen Sie am Ende nicht, auf das kleine Schließkreuz rechts im Suchfeld zu klicken (oder den Suchbegriff zu löschen), damit Ihnen alle Kontakte wieder ordnungsgemäß angezeigt werden können.

Kontakte sortieren

Sobald Sie den Ansichtsbereich **Personen** aktivieren, erscheinen in der Mitte der Anwendung standardmäßig sämtliche Kontakte. Diese sind grundsätzlich alphabetisch geordnet. Sollte es jedoch Abweichungen geben, weil einige Kontakte beispielsweise zunächst mit den Vornamen und erst danach mit ihren Nachnamen angegeben worden sind, ist eine wirklich logische Sortierung nicht mehr gegeben. Denn derjenige, dessen Vorname mit A beginnt, erscheint in der Liste eher als ein Nachname unter B. In diesem Fall ist eine Änderung der Sortierreihenfolge ratsam.

1 Klicken Sie auf **Weitere** ❶ in der Gruppe **Aktuelle Ansicht** der Registerkarte **Start**, um die Liste der unterschiedlichen Ansichtsoptionen zu öffnen.

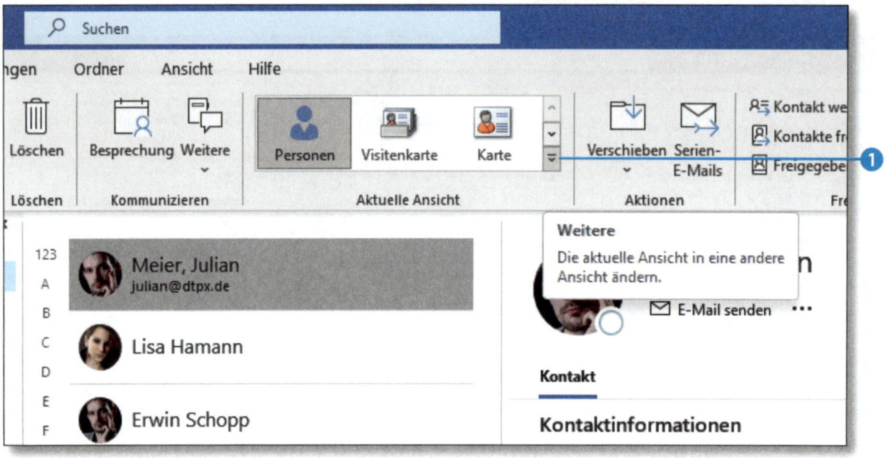

2 Entscheiden Sie sich im Menü der Schaltfläche für die Ansichtsoption **Liste**. Daraufhin werden Ihnen Ihre Kontakte samt den eingegebenen Informationen in einer detaillierten Liste angezeigt.

3 Über die Kopfleiste lassen sich nun verschiedene Sortierfunktionen einstellen. Klicken Sie beispielsweise auf **Speichern unter**, um der in dieser Spalte gültigen Konvention den Vorzug zu geben. Dies hat den Vorteil, dass die Namen nun alphabetisch geordnet angezeigt werden – und zwar in Bezug auf die jeweiligen Nachnamen.

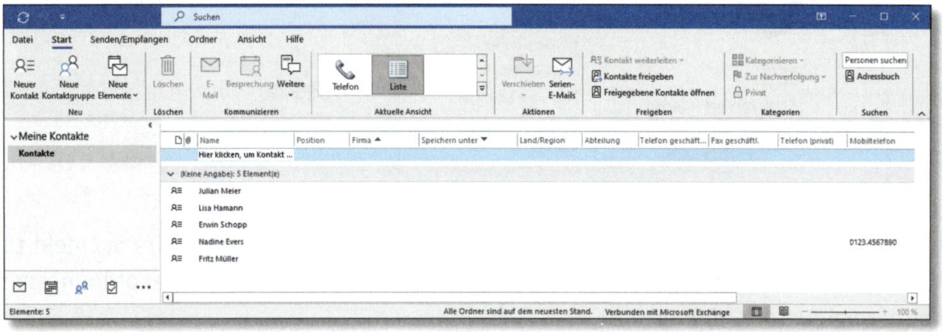

Falls Sie anschließend wieder zur ursprünglichen Ansicht zurückkehren wollen, müssen Sie wieder auf **Personen** in der Gruppe **Aktuelle Ansicht** der Registerkarte **Start** umschalten.

Voreinstellung benutzen

Zur grundsätzlichen Anzeige der Namen im Zusammenhang mit den Vornamen gibt es auch eine Outlook-Option. Diese erreichen Sie über **Datei > Optionen > Personen**. Im Bereich **Namen und Ablage** können Sie über das Auswahlmenü **Namensreihenfolge (Standard)** festlegen, wie die Anordnung der Namensteile vorgenommen werden soll, ob also zunächst der Vor- und dann der Nachname erscheinen soll oder umgekehrt. Sehr sinnvoll ist es übrigens auch, in diesem Bereich die Checkbox **Beim Speichern neuer Kontakte auf Duplikate überprüfen** zu aktivieren. So verhindern Sie, dass sich unnötig doppelte Kontakte in Ihrem Adressbuch ansammeln.

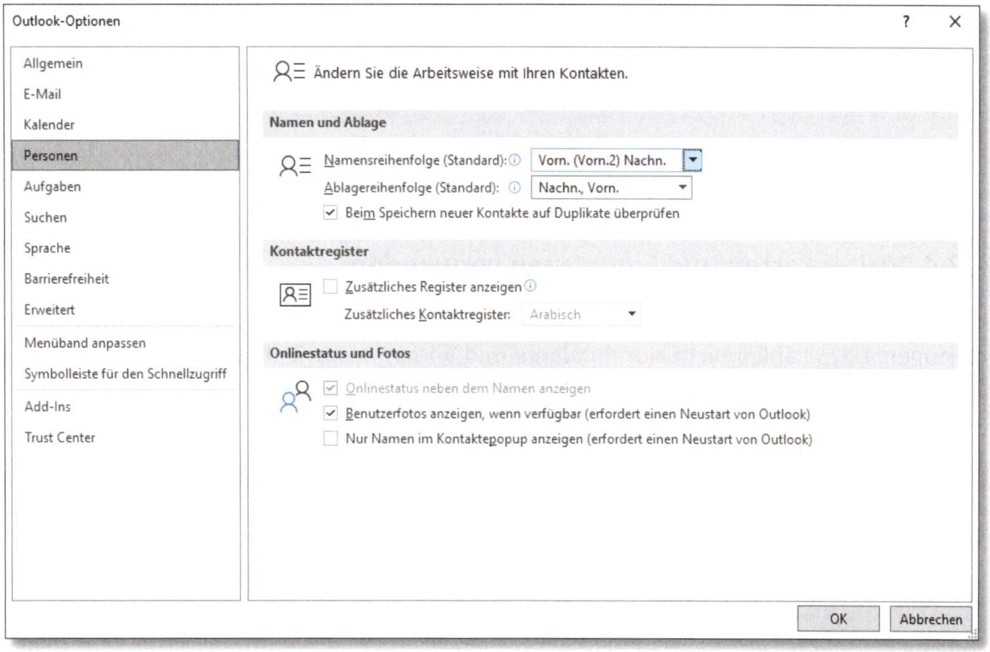

Abbildung 28.1 *Legen Sie die Namensreihenfolge fest.*

Daten pflegen

Trotz der Möglichkeit, Daten nachträglich noch individuell sortieren zu können, empfehle ich Ihnen, Ihre Kontakte einheitlich zu formatieren. Denn es ist nie ganz auszuschließen, dass Outlook bei der Zuordnung von Vor- und Nachnamen einmal danebenliegt. Im Zweifel öffnen Sie den Kontakt mit einem Doppelklick und wählen dann den Button **Name** (2 auf Seite 770). Achten Sie im Folgedialog darauf, dass **Vorname** und **Nachname** tatsächlich den richtigen Feldern zugeordnet sind.

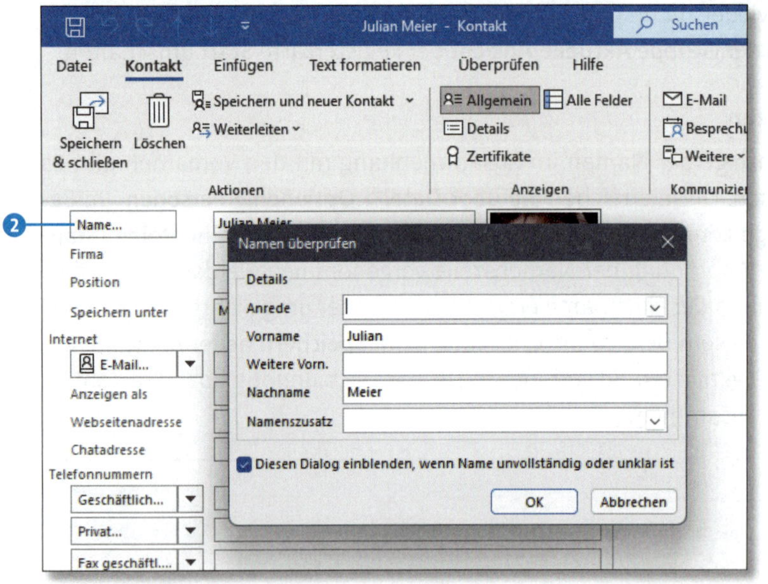

Abbildung 28.2 *Im Zweifel hilft Ihnen der Dialog »Namen überprüfen« weiter.*

28.4 Visitenkarten und Signaturen verwenden

Eine E-Mail sollte, zumindest im geschäftlichen Bereich, über alle relevanten Kontaktdaten verfügen. Dazu zählen nicht nur Ihr Name und Vorname sowie Ihre E-Mail-Adresse, sondern auch die postalische Anschrift und eine Telefonnummer. Darüber hinaus kann man noch eine Webseitenadresse u. a. hinzufügen. Sie sollten daher Ihren E-Mails eine Signatur anfügen, die diese Daten enthält.

Eine Signatur erstellen

Erstellen Sie eine Signatur mit Ihren persönlichen Daten, und richten Sie in Outlook ein, dass diese Signatur jeder E-Mail automatisch angehängt wird. Dann müssen Sie sich darum nicht mehr bei jedem Versand selbst kümmern und können somit das Hinzufügen der Signatur nicht mehr vergessen.

1. Erzeugen Sie eine neue E-Mail, indem Sie in den Bereich **E-Mail** wechseln (z.B. mit Strg + 1) und auf **Neue E-Mail** in der Gruppe **Neu** der Registerkarte **Start** klicken.
2. Klicken Sie im E-Mail-Fenster auf die Schaltfläche **Signatur** in der Gruppe **Einfügen** der Registerkarte **Nachricht**. Wählen Sie daraufhin im Aufklappmenü der Schaltfläche die Option **Signaturen**.
3. Da noch keine Signatur vorhanden ist, klicken Sie im Dialogfenster **Signaturen und Briefpapier** zunächst auf die Schaltfläche **Neu**.
4. Benennen Sie die Signatur, und bestätigen Sie per Klick auf **OK**.

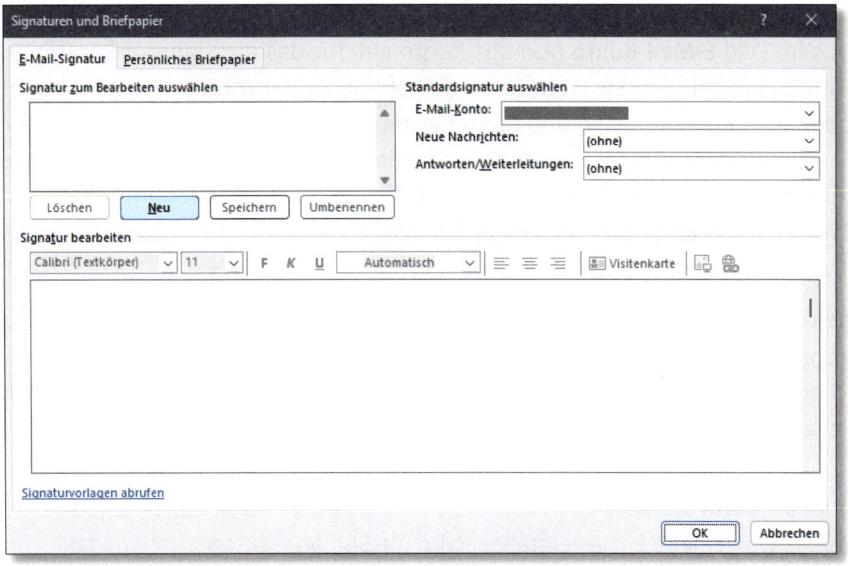

5 Klicken Sie in das große Eingabefeld im unteren Bereich **Signatur bearbeiten** des Dialogfensters, und legen Sie dort die gewünschten Signaturinhalte an. Benutzen Sie die darüber befindlichen Steuerelemente, um den Text wunschgemäß zu gestalten.

6 E-Mail- und Webseitenadressen werden standardmäßig mit blauer Farbe ausgestattet und zudem unterstrichen. Das macht Outlook ganz automatisch. Wenn Ihnen das nicht behagt, müssen Sie die Optik selbst anpassen. Markieren Sie diese Textstellen nachträglich, und stellen Sie die gewünschte Textfarbe ein ❶. Die Unterstreichung entfernen Sie, indem Sie diese Funktion zunächst über den Button **Unterstrichen** ❷ zuweisen und danach wieder abwählen.

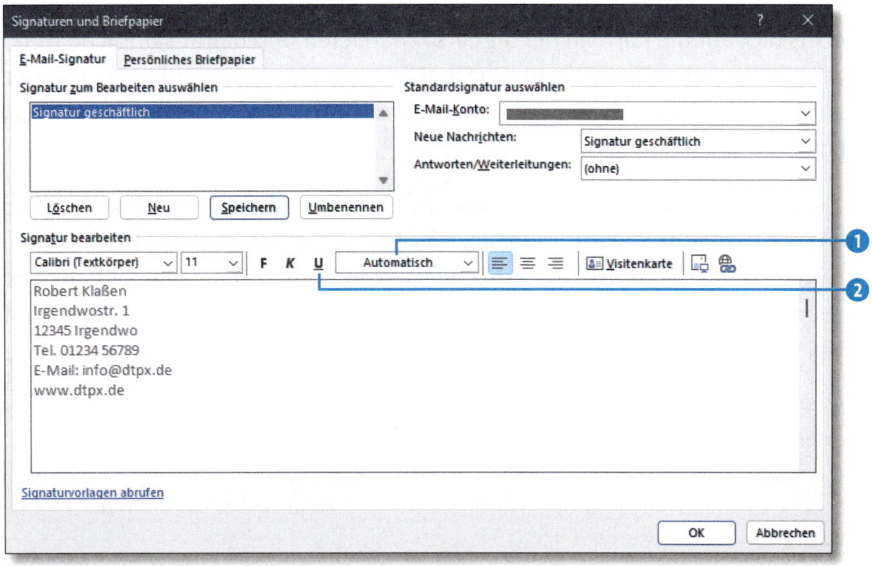

7 Sofern Sie mit mehreren E-Mail-Konten arbeiten, stellen Sie auf der rechten Seite des Dialogs im Feld **E-Mail-Konto** nun das Konto ein, für das die Signatur künftig gelten soll. Außerdem müssen Sie noch festlegen, ob die Signatur nur bei neuen Nachrichten oder auch bei Antworten und Weiterleitungen eingesetzt werden soll. Treffen Sie die Entscheidungen mit den beiden darunter befindlichen Steuerelementen. **Ohne** bedeutet dabei, dass die Signatur in diesem Fall nicht benutzt wird. (Im konkreten Beispiel wird die Signatur demzufolge nur bei neuen E-Mails, nicht jedoch bei Antworten und Weiterleitungen eingesetzt.) Bestätigen Sie zuletzt mit **OK**.

Bitte bedenken Sie, dass das derzeit noch geöffnete E-Mail-Fenster nicht mit der neu angelegten Signatur versehen worden ist. Wollen Sie sogleich eine E-Mail mit der zuvor erzeugten Signatur verfassen, sollten Sie dieses Fenster schließen und danach per Klick auf die Schaltfläche **Neue E-Mail** erneut öffnen.

INFO

Ohne Signatur senden

Wenn Sie eine neue E-Mail erstellen, wird die Signatur automatisch in das Nachrichtenfeld eingefügt. Möchten Sie eine E-Mail ohne Signatur versenden, markieren Sie den entsprechenden Text und löschen ihn mit [Entf].

Eine Visitenkarte erstellen

Visitenkarten beinhalten in der Regel sämtliche Informationen, die dem Absender wichtig erscheinen. Das ist bei der Signatur zwar auch der Fall, doch gibt es einen wesentlichen Unterschied: Wenn der Empfänger die Daten der Signatur für seine eigenen Kontakte nutzen möchte, muss er diese Stück für Stück in die Zwischenablage kopieren und dann manuell in das Adressbuch einfügen. Das ist ziemlich umständlich, oder?

Bieten Sie dem Empfänger jedoch eine elektronische Visitenkarte an, kann er diese mit einem Rechtsklick auf die Karte in der Signatur markieren und damit sämtliche Daten direkt in seinem Adressbuch speichern. Darüber hinaus dürfen Visitenkarten praktischerweise auch grafische Elemente wie Fotos beinhalten. Das bedeutet, dass Sie Ihr Logo bzw. Foto einbinden können.

1 Visitenkarten können nur eingefügt werden, wenn die Daten bereits als Kontakt im Adressbuch vorhanden sind. Erzeugen Sie also einen entsprechenden Kontakt ([Strg]+[3], gefolgt von [Strg]+[N]), und geben Sie alle relevanten Daten ein. Wie sich Ihre Visitenkarte während der Eingabe entwickelt, sehen Sie bereits in der Vorschau auf der rechten Seite.

2 Speichern Sie die Kontaktdaten, indem Sie auf **Speichern & schließen** in der Gruppe **Aktionen** der Registerkarte **Kontakt** klicken.

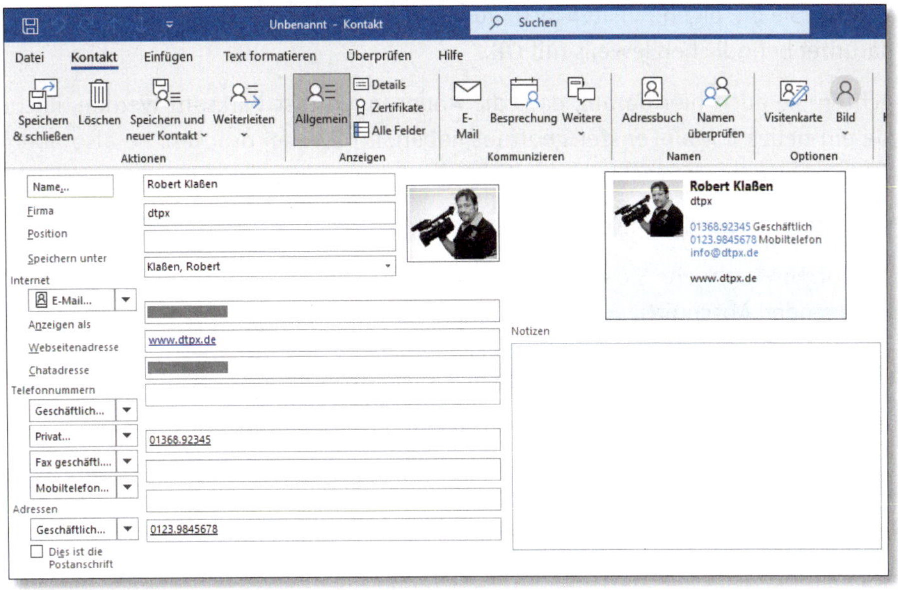

3 Erzeugen Sie nun eine neue E-Mail; drücken Sie beispielsweise [Strg]+[N] bei aktiviertem Aufgabenbereich **E-Mail**.

4 Im E-Mail-Fenster klicken Sie auf die Schaltfläche **Signatur** in der Gruppe **Einfügen** der Registerkarte **Nachricht** und wählen im Auswahlmenü **Signaturen**.

5 Setzen Sie die Einfügemarke im unteren Bereich des Fensters an die Stelle, an die die Visitenkarte eingefügt werden soll. Danach klicken Sie auf die Schaltfläche **Visitenkarte** ❶.

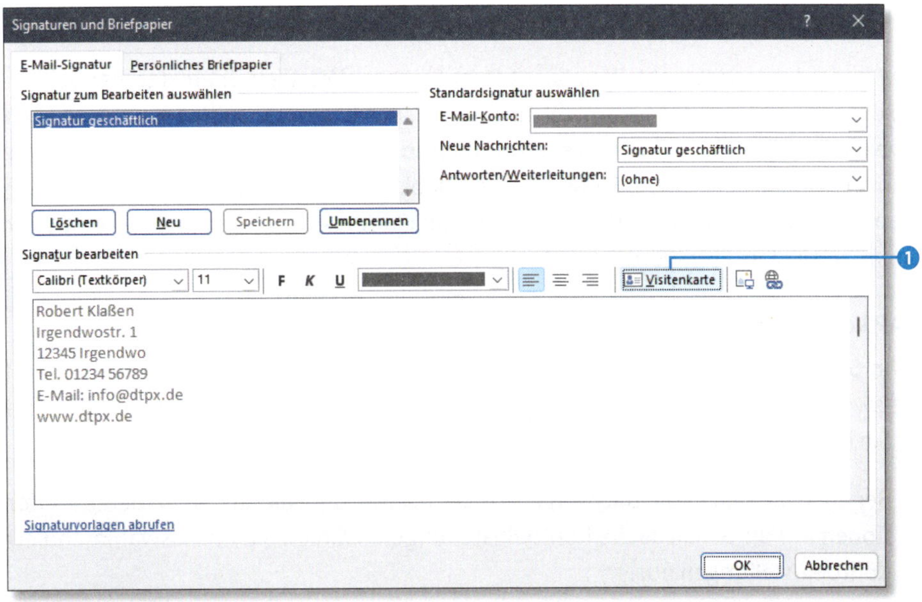

6 Wählen Sie die eigene Visitenkarte aus, und bestätigen Sie diesen Dialog sowie den darunter befindlichen jeweils mit **OK**.

7 Achten Sie auch hier darauf, dass die Änderungen erst wirksam werden, nachdem Sie ein neues E-Mail-Fenster geöffnet haben. Im Zweifel drücken Sie also abermals Strg+N.

8 Verfassen und senden Sie die E-Mail.

Was Sie tun können, wenn Sie selbst eine Visitenkarte per E-Mail erhalten haben, erfahren Sie im folgenden Abschnitt.

Visitenkarten zu Kontakten hinzufügen

Sollten Sie selbst eine Visitenkarte erhalten, klicken Sie innerhalb des Lesebereichs mit rechts darauf und klicken daraufhin auf den Befehl **Zu Outlook-Kontakten hinzufügen**. Die Daten werden unmittelbar in Ihr Adressbuch aufgenommen, und Sie können sie fortan über den Aufgabenbereich **Personen** aufrufen. Das war es schon.

Abbildung 28.3 *Fügen Sie Visitenkarten ohne Umwege in Ihre Kontakte ein.*

28.5 Mit LDAP-Adressbüchern arbeiten

LDAP bedeutet *Lightweight Directory Access Protocol*. Wörtlich übersetzt, handelt es sich also um ein leichtgewichtiges Verzeichniszugriffsprotokoll. Genau genommen ist LDAP ein Verzeichnisdienst zum Abruf von externen Daten. Das heißt, die Daten sind nicht lokal auf Ihrem PC gespeichert (wie z. B. das lokale Outlook-Adressbuch), sondern befinden sich auf einem entfernten Server. Benötigt man nun objektbezogene Daten wie z. B. eine Adresse, kann man sie dort abfragen.

LDAP konfigurieren

Wenn Sie mit Outlook eine Verbindung zu LDAP-Adressbüchern herstellen wollen (beispielsweise zu LDAP-Kontakten, die sich auf dem Server des Unternehmens befinden, für das Sie tätig sind), müssen Sie Outlook zunächst entsprechend konfigurieren.

1 Begeben Sie sich in die Backstage-Ansicht (**Datei**), und klicken Sie im Bereich **Informationen** auf die Schaltfläche **Kontoeinstellungen**. Wählen Sie im Auswahlmenü erneut **Kontoeinstellungen** aus.

2 Aktivieren Sie im Dialogfenster **Kontoeinstellungen** die Registerkarte **Adressbücher**, und klicken Sie anschließend auf **Neu**. Im Dialog **Konto hinzufügen** entscheiden Sie sich für die Option **Internetverzeichnisdienst (LDAP)** und klicken anschließend auf **Weiter**.

3 Tippen Sie in das Feld **Servername** die Adresse ein, und aktivieren Sie die Checkbox **Server erfordert Anmeldung**, sofern Sie sich nur mit einem Benutzernamen und einem Passwort Zugang zu den Daten verschaffen können. Verlassen Sie auch diese Seite mit einem Klick auf **Weiter**.

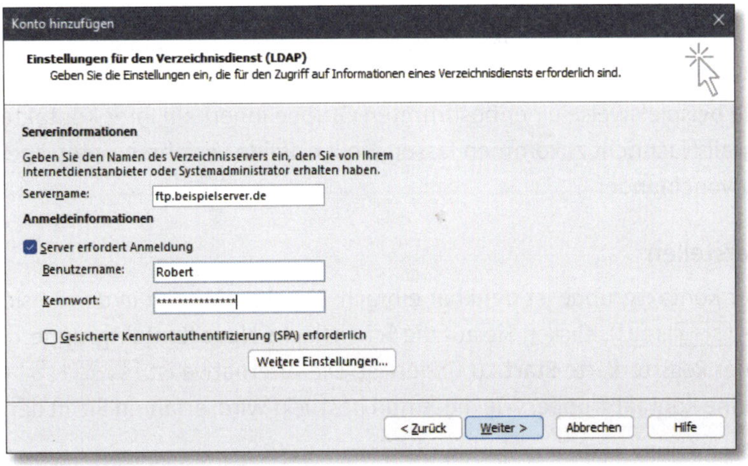

4 Verlassen Sie nach der Bestätigung den Dialog mit einem Klick auf **Fertig stellen**.

Sie können nun also auf einen gemeinsamen Adresspool zugreifen und müssen sich hoffentlich keine Gedanken mehr darüber machen, ob Ihre gespeicherten Adressdaten noch aktuell sind. Eine ordentliche Pflege der Daten auf dem Server ist da natürlich Voraussetzung.

Verzeichnis entfernen

Wenn Sie den Zugang dauerhaft nicht mehr benötigen, sollten Sie ihn entfernen. Dazu rufen Sie erneut den Dialog **Kontoeinstellungen** (**Datei > Informationen > Kontoeinstellungen**) auf. Wechseln Sie hier auf das Register **Adressbücher**, markieren Sie den entsprechenden LDAP-Eintrag, und klicken Sie dann auf **Entfernen**. Bestätigen Sie abschließend die Kontrollabfrage.

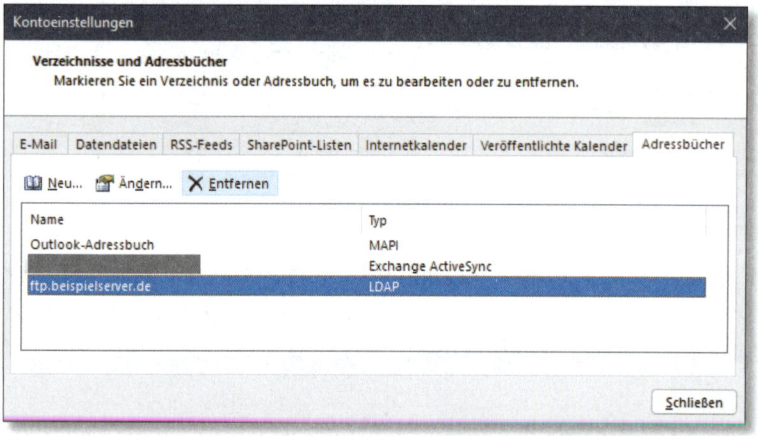

Abbildung 28.4 *Das Server-Adressbuch wird entfernt.*

28.6 Zusammengehörige Kontakte gruppieren und kategorisieren

Mit dem Zusammenfügen bestimmter Personen zu einer Gruppe oder Kategorie erreichen Sie zusätzliche Übersichtlichkeit. Darüber hinaus macht das Gruppieren oder Kategorisieren Sinn, wenn Sie beispielsweise einer bestimmten Gruppe innerhalb Ihrer Kontakte gesammelt eine E-Mail-Nachricht zukommen lassen wollen. Beide Verfahren unterscheiden sich im Kern nicht voneinander.

Kontaktgruppe erstellen

Das Erstellen einer Kontaktgruppe ist denkbar einfach. Begeben Sie sich in den Ansichtsbereich **Personen** (Strg + 3). Klicken Sie auf die Schaltfläche **Neue Kontaktgruppe**, die in der Gruppe **Neu** der Registerkarte **Start** zu finden ist. Die Alternative ist Strg + ⇧ + L. Schon haben Sie eine Kontaktgruppe. Wie diese nun bestückt wird, erfahren Sie in den folgenden Schritten.

Personen zur Kontaktgruppe hinzufügen

Eine Kontaktgruppe ist natürlich erst dann wirklich eine Kontaktgruppe, wenn sie auch Kontakte beinhaltet. Nachdem die Kontaktgruppe erstellt worden ist, gehen Sie folgendermaßen vor:

1. Klicken Sie zunächst in das Eingabefeld **Name**, und benennen Sie die Gruppe.
2. Klicken Sie auf die Schaltfläche **Mitglieder hinzufügen** in der Gruppe **Mitglieder** der Registerkarte **Kontaktgruppe**. Wählen Sie die Kategorie aus, aus der Sie Kontakte hinzufügen wollen (z. B. **Aus Outlook-Kontakten**).

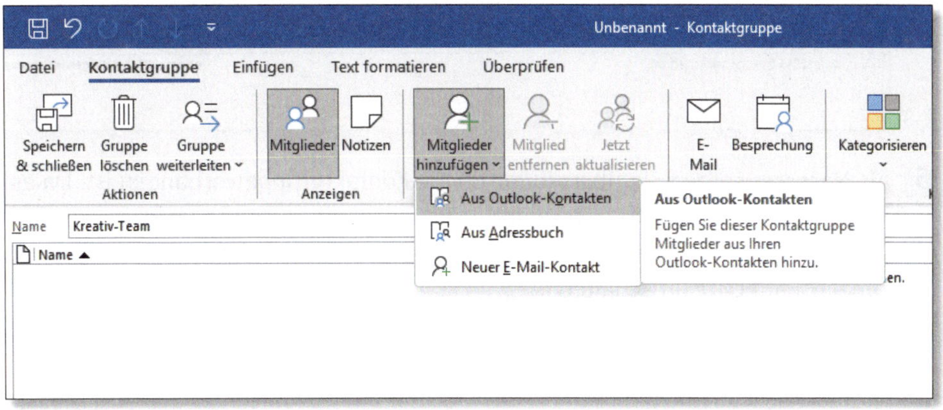

3. Schalten Sie im Selektionsfeld **Adressbuch** um auf den Kontaktbereich, der weiter unten angezeigt werden soll. Anschließend markieren Sie alle Mitglieder, die der Gruppe angehören sollen. Sie dürfen unter Zuhilfenahme von `Strg` auch mehrere Teilnehmer auswählen.
4. Nachdem das erledigt ist, klicken Sie unten links auf **Mitglieder** und bestätigen Ihre Auswahl per Klick auf **OK**.

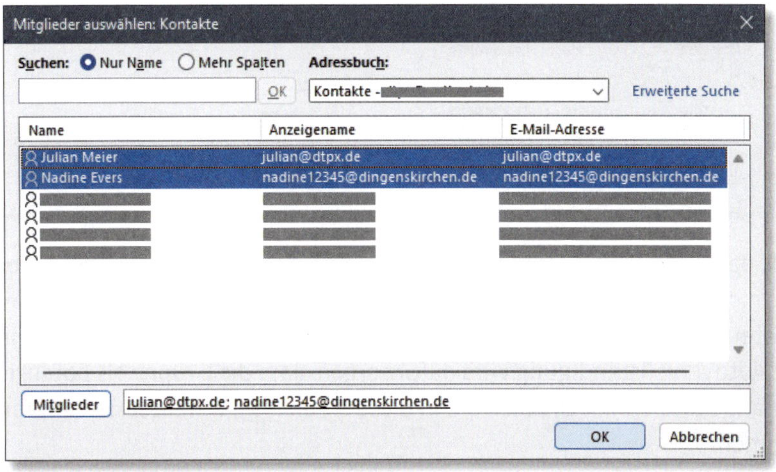

5 Sämtliche Personen, die zuvor ausgewählt worden sind, erscheinen nun innerhalb der Liste. Klicken Sie auf **Speichern und schließen** in der Gruppe **Aktionen** der Registerkarte **Kontaktgruppe**.

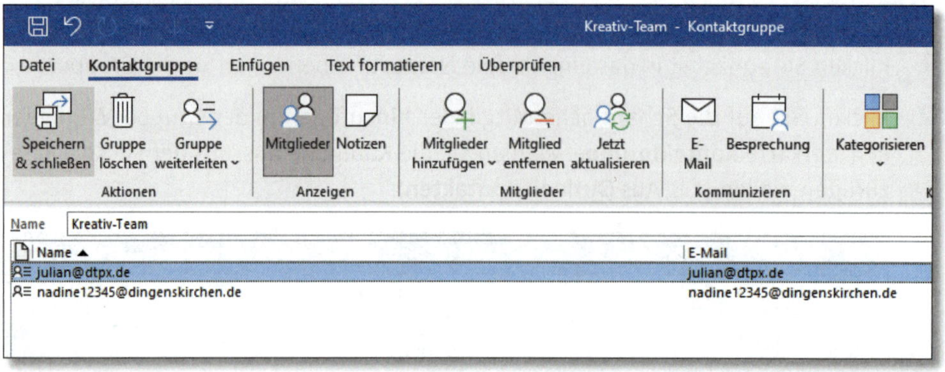

6 Als Nächstes sollten Sie überprüfen, ob die Kontaktgruppe vorhanden ist. Da es sich bei ihr allerdings nicht um eine einzelne Person handelt, taucht sie in der Personenansicht nicht auf. Deshalb müssen Sie in der Gruppe **Aktuelle Ansicht** des Registers **Start** zunächst auf **Liste** umschalten.

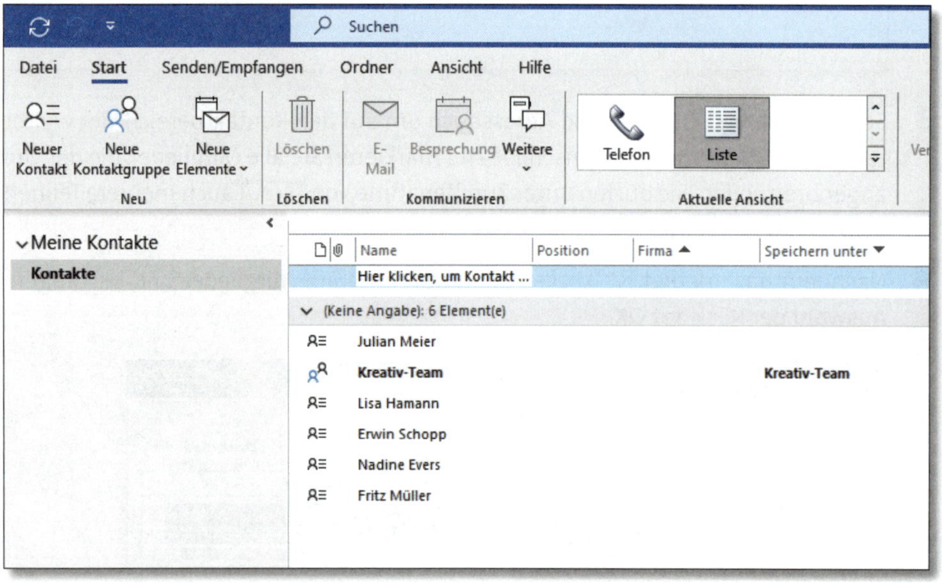

7 Für den Fall, dass Sie allen Gruppenmitgliedern eine E-Mail zukommen lassen wollen, müssen Sie nichts weiter tun, als eine **Neue E-Mail** zu erzeugen und in das Feld **An** des E-Mail-Fensters den Namen der Gruppe (oder zumindest einen Teil von ihm) einzutippen. Die AutoVervollständigung wird dafür sorgen, dass die Gruppe als potenzieller Empfänger angeboten wird. Drücken Sie in diesem Fall [⇆], um diese als Empfänger zu übernehmen.

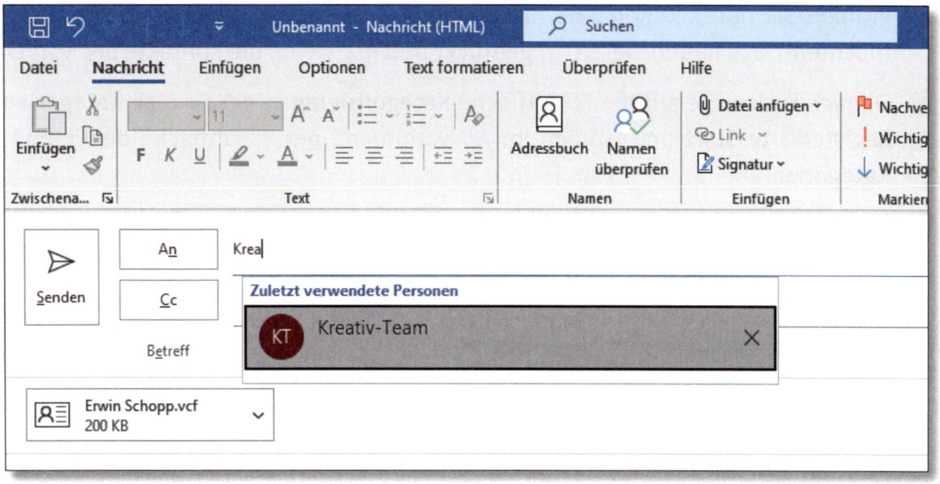

Sollte es bei der Verwendung von Exchange-Active-Sync-Konten zu Schwierigkeiten kommen (der Button **Neue Kontaktgruppe** erscheint ausgegraut), markieren Sie bitte vorab einen anderen Eintrag oder ein anderes Konto in der linken Spalte des Ansichtsbereichs **E-Mail** (z. B. **Outlook-Datendatei**). Danach richten Sie die Kontaktgruppe wie zuvor beschrieben ein.

Kontakte kategorisieren

Prinzipiell ist das Kategorisieren nichts anderes als das Gruppieren – obgleich sich das Ergebnis ein wenig anders darstellt.

1. Aktivieren Sie den Ansichtsbereich **Personen** (Strg + 3).
2. Klicken Sie auf **Liste** in der Gruppe **Aktuelle Ansicht** der Registerkarte **Start**.
3. Danach klicken Sie auf **Kategorien** in der Gruppe **Anordnung** der Registerkarte **Ansicht**.

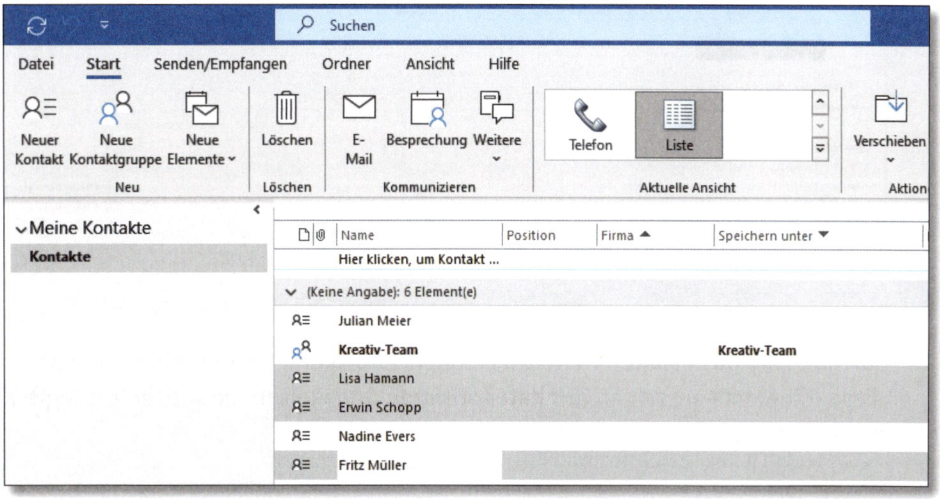

4 Wählen Sie nun alle Kontakte, die Sie innerhalb einer Kategorie zusammenfassen möchten. Dazu halten Sie `Strg` gedrückt und markieren die Kontakte per Mausklick.

5 Danach klicken Sie auf die Schaltfläche **Kategorisieren** in der Gruppe **Kategorien** der Registerkarte **Start** und wählen im Auswahlmenü der Schaltfläche die Option **Alle Kategorien**.

6 Nun sollten Sie zunächst eine neue Kategorie erstellen, indem Sie auf den Button **Neu** klicken. Benennen Sie die Kategorie im Feld **Name**, weisen Sie ihr eine Farbe und, falls gewünscht, eine Tastenkombination zu, und bestätigen Sie mit **OK**.

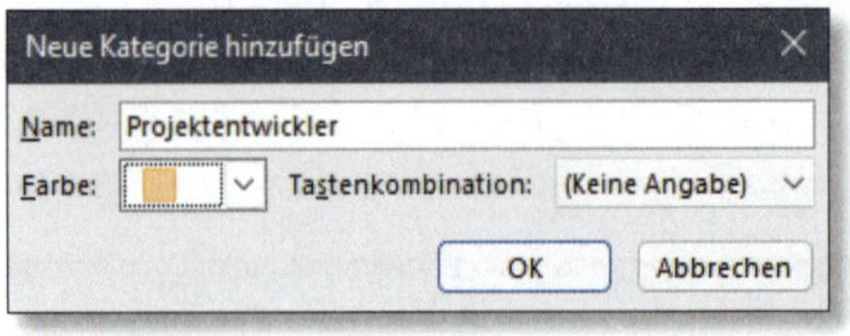

7 Bitte berücksichtigen Sie, dass die Kategorien in der herkömmlichen Ansicht ganz rechts angeordnet sind. Sie müssen also, um sie einsehen zu können, zunächst mit dem horizontalen Scrollbalken im Fuß des Fensters ganz nach rechts gehen.

8 Klicken Sie auf die Überschrift **Kategorien**, und ziehen Sie die Spaltenüberschrift weiter nach links. Dabei müssen Sie die Maustaste gedrückt halten. Achten Sie auf die beiden roten Pfeile, die symbolisieren, wo Sie die Spalte einsortieren können. Wenn Sie einen geeigneten Ort gefunden haben (hier zwischen **Speichern unter** und **Land/Region**), lassen Sie die Maustaste wieder los. Der schwarze Balken repräsentiert übrigens die gezogene Spalte.

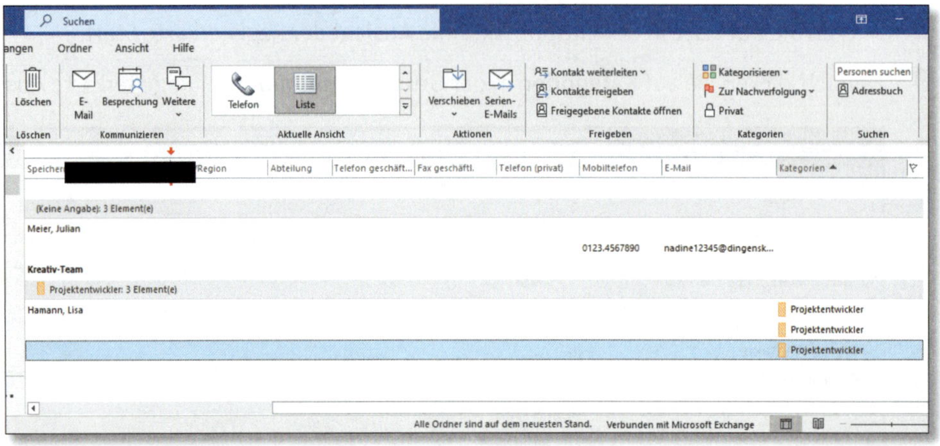

9 Für den Fall, dass später weitere Personen hinzugefügt werden sollen, wählen Sie diese mit rechts an, zeigen auf **Kategorisieren** und weisen die soeben erzeugte Kategorie per Klick zu.

10 Alternativ dazu lassen sich Teilnehmer direkt per Drag & Drop in die gewünschte Kategorie ziehen. Ziehen Sie den Adressbucheintrag auf den entsprechenden Kategorienamen, und lassen Sie ihn dort fallen.

11 Noch einfacher ist es, wenn Sie die gewünschten Personen ganz einfach auf die Kategorie-Überschrift ziehen.

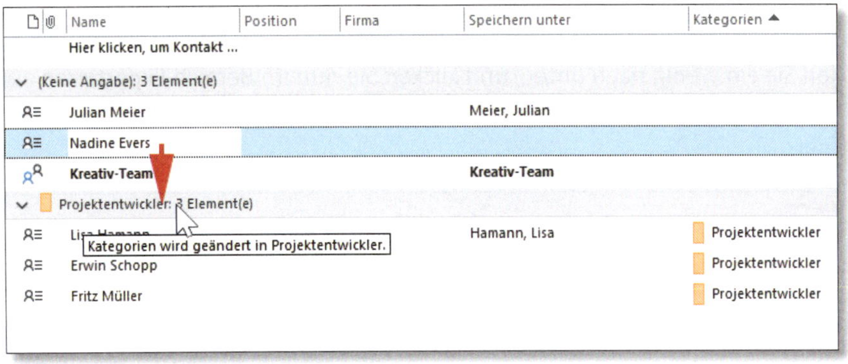

Auf diese Weise ließen sich im Übrigen auch Personen aus der Gruppe entfernen. Ziehen Sie den Teilnehmer in diesem Fall einfach nach oben, und lassen Sie ihn oberhalb der Kategorie-Überschrift fallen. Daraufhin wird die Zuweisung gelöscht.

Eine E-Mail an eine Kategorie schicken

Um allen Teilnehmern eine E-Mail zu schicken, die sich in einer gemeinsamen Kategorie befinden, müssen Sie die Kategorie zunächst im Ansichtsbereich **Personen** markieren. Danach klicken Sie auf die Schaltfläche **E-Mail** in der Gruppe **Kommunizieren** der Registerkarte **Start**. Bestätigen Sie den Hinweisdialog mit einem Klick auf **OK**.

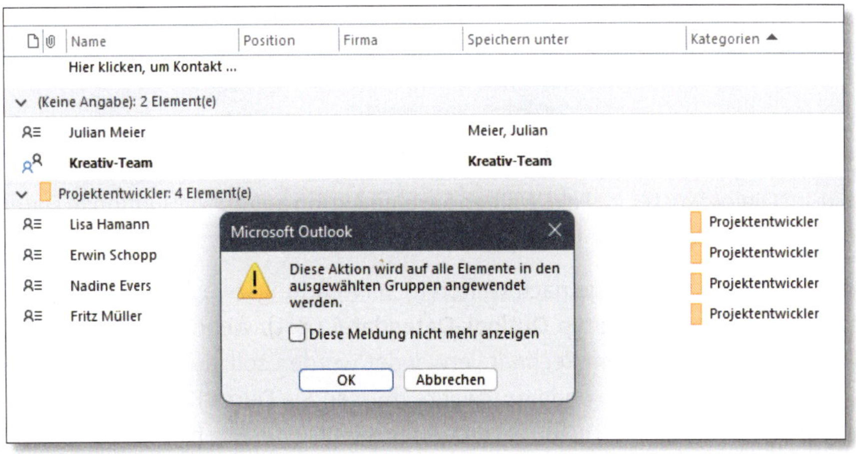

Abbildung 28.5 *Schreiben Sie alle Teilnehmer dieser Kategorie mit einer einheitlichen E-Mail an.*

28.7 Kontakte in andere Dateiformate exportieren

Wenn es einmal erforderlich werden sollte, die in Outlook angelegten Kontakte in anderen Anwendungen oder auf weiteren Computern zugänglich zu machen, können diese schnell exportiert werden.

1 Öffnen Sie zunächst das Dialogfenster **Outlook-Optionen** (**Datei > Optionen**), und wählen Sie in der linken Spalte die Rubrik **Erweitert**.

2 Scrollen Sie ein wenig nach unten, und klicken Sie nun im Bereich **Exportieren** auf die gleichnamige Schaltfläche. Daraufhin wird das Dialogfenster **Import/Export-Assistent** geöffnet.

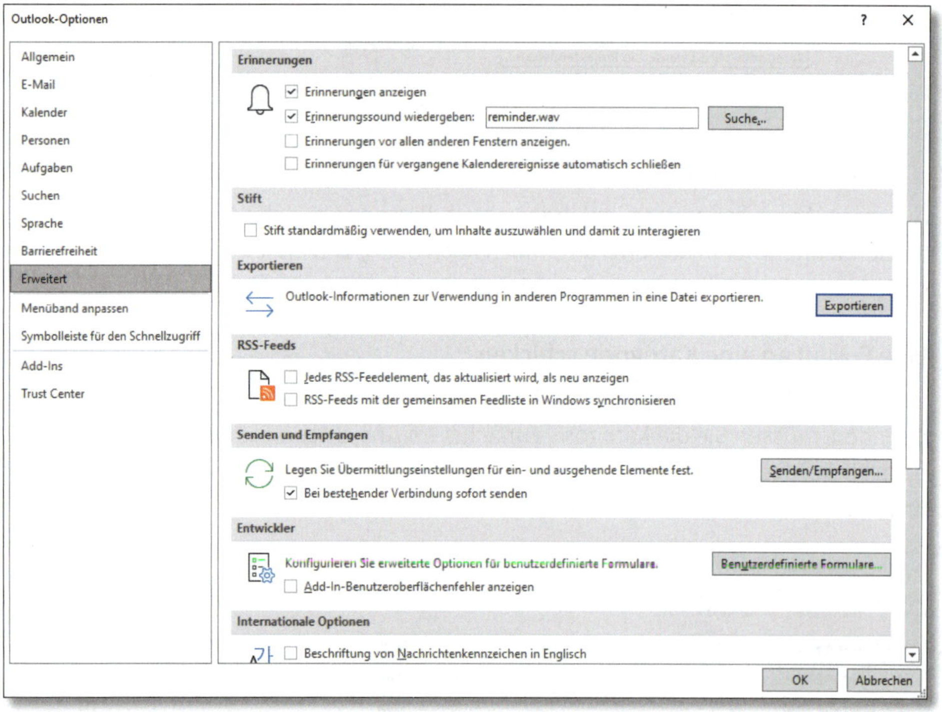

3 Klicken Sie im Dialogfenster im Feld **Wählen Sie eine Aktion aus** auf die Option **In Datei exportieren**, und bestätigen Sie per Klick auf **Weiter**.

4 Den Dateityp müssen Sie nun je nach weiterem Verwendungszweck auswählen. Dabei gilt: Wählen Sie den Dateityp **Outlook-Datendatei (.pst)**, wenn der zu exportierende Datenbestand auf einem Rechner verwendet werden soll, auf dem sich ebenfalls Outlook befindet. Für alle anderen Zwecke müssen Sie **Durch Komma getrennte Werte** einstellen. In diesem Fall erzeugt Outlook eine *.csv*-Datei (die beispielsweise mit Excel geöffnet und bearbeitet, aber auch in anderen E-Mail-Programmen verarbeitet werden kann). Bestätigen Sie Ihre Eingabe mit einem Klick auf den Button **Weiter**.

5 Wählen Sie nun den Ordner aus, den Sie exportieren wollen. Da das Ihre Outlook-Kontakte sein sollen, klicken Sie auf den Ordner **Kontakte** und bestätigen erneut per Klick auf **Weiter**.

6 Wählen Sie als Nächstes den Speicherort für die Exportdatei, indem Sie auf den Button **Durchsuchen** klicken und das entsprechende Verzeichnis auf Ihrer Festplatte auswählen. Beenden Sie die Aktion mit einem Klick auf **Fertig stellen**.

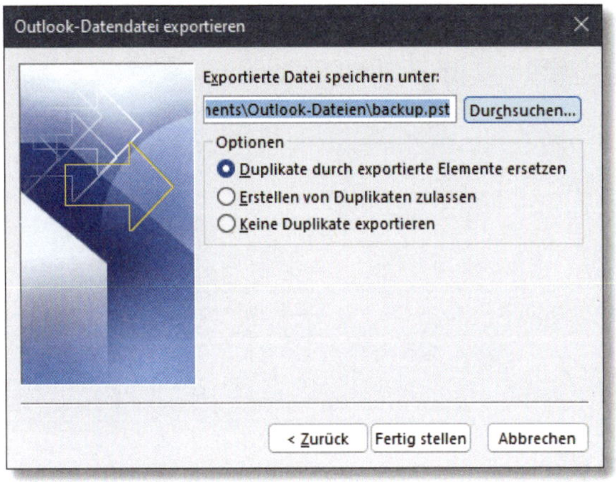

Kapitel 29
Termine und Aufgaben planen

Termine – Termine – Termine! Wer kennt das nicht. Dabei die Übersicht zu behalten, ist oft nicht so einfach. Noch schwieriger wird es, wenn man darüber hinaus noch die Terminplanung für andere mit übernehmen muss oder Aufgaben zu delegieren hat. Spätestens dann wird es Zeit, auch die versteckten Features aus Outlook herauszuholen.

29.1 Die optimale Kalenderoption für Ihre Bedürfnisse wählen

Da Sie sich nun schon ein wenig mit Outlook beschäftigen, wissen Sie, dass es unzählige Einstellungsmöglichkeiten gibt – insbesondere was die Gestaltung der Arbeitsoberfläche betrifft. Im Bereich **Kalender** wird diese Vielfalt sogar noch einmal getoppt. Denn hier haben Sie neben zahlreichen anderen Anzeigeoptionen auch die Möglichkeit, verschiedene Datumsbereiche wie Tage, Wochentage, Wochen oder Monate anzeigen zu lassen. Da fällt die Wahl schwer – und letztendlich können nur Sie selbst herausfinden, welche Einstellung die für Sie geeignete ist. In den folgenden Abschnitten stellen wir Ihnen einige Einstellungen sowie entsprechende Navigationsoptionen vor.

Der Datumswechsler

Grundsätzlich haben Sie die Möglichkeit, den Aufgabenbereich **Kalender** einzustellen, indem Sie in der Aufgabenleiste auf den gleichnamigen Eintrag klicken. Alternativ drücken Sie `Strg`+`2`. Zudem besteht auch die Option, aus jedem anderen Aufgabenbereich heraus den sogenannten *Datumswechsler* anzeigen zu lassen. Das geht, indem Sie die Maus in der Aufgabenleiste zunächst nur auf den Eintrag **Kalender** bewegen – den Mausklick also unterlassen. Daraufhin wird das Kalenderfenster (❶ auf Seite 786) eingeblendet. Sie können dann auf der Tafel nach oben fahren und einen gewünschten Termin mit einem Klick auswählen. Navigieren Sie mit den Pfeilschaltflächen ❷ zwischen den Monaten. Voraussetzung dafür ist natürlich, dass ganz rechts auch die Ansicht **Monat** eingestellt ist.

***Abbildung 29.1** Navigieren Sie durch den eingestellten Zeitraum.*

Abbildung 29.2 *Der Datumswechsler ist von jedem Aufgabenbereich aus erreichbar.*

Ein Doppelklick auf den gewünschten Tag bringt Sie dann zu diesem Datum innerhalb des Kalenders. Der Aufgabenbereich **Kalender** wird daraufhin automatisch geöffnet.

Die Ansichten des Outlook-Kalenders

Wenn Sie den Aufgabenbereich **Kalender** erstmals öffnen, wird dieser standardmäßig in der Monatsansicht geöffnet. Die Ansichten lassen sich wechseln – und zwar entweder über die Schaltflächen in der Gruppe **Anordnen** der Registerkarte **Start** oder in der Gruppe **Anordnung** der Registerkarte **Ansicht**.

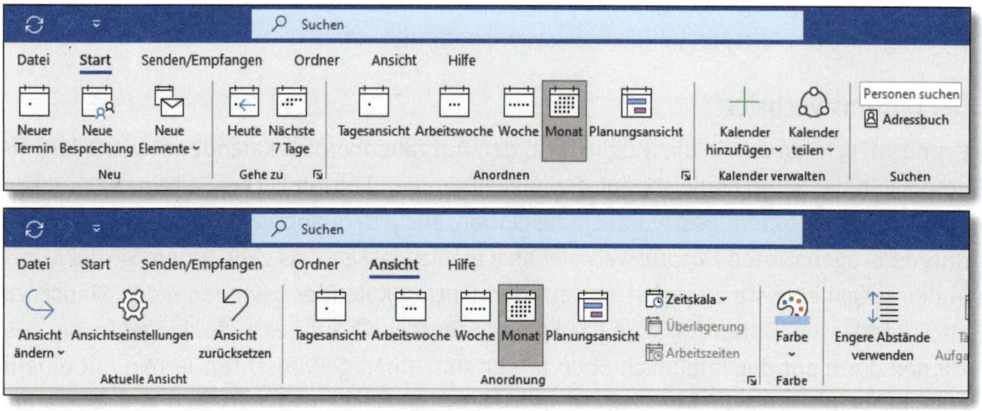

Abbildung 29.3 *Zwei Registerkarten – ein Menüdie Ansichtsoptionen des Kalenderbereichs*

Ihnen stehen fünf verschiedene Ansichtsoptionen für den Kalender zur Verfügung:

- **Tagesansicht**: Hier wird ein einzelner Wochentag angezeigt – und zwar von 0:00 Uhr bis 24:00 Uhr.
- **Arbeitswoche**: Die Arbeitswoche zeigt die Tage Montag bis Freitag jeweils von 0:00 Uhr bis 24:00 Uhr an (siehe dazu den Kasten »Arbeitswoche von Montag bis Samstag«).

- **Woche**: Die Wochenansicht zeigt sieben Tage einer Woche, also Montag bis Sonntag, jeweils von 0:00 Uhr bis 24:00 Uhr.
- **Monat**: In der Monatsansicht wird jeder Tag eines Monats durch ein Rechteck repräsentiert. Dabei ist jedem Wochentag eine eigene Spalte zugeteilt. Es erfolgt keine Zeitanzeige.
- **Planungsansicht**: Die Tage eines bestimmten Zeitraums (beginnend mit dem aktuellen Datum) werden in schmalen Spalten nebeneinander dargestellt. (Lesen Sie dazu auch den Unterabschnitt »Die Planungsansicht« auf der folgenden Seite.)

INFO

Arbeitswoche von Montag bis Samstag

Für die meisten Menschen erstreckt sich eine Arbeitswoche über den Zeitraum von Montag bis Freitag. Wenn das bei Ihnen nicht der Fall ist, also beispielsweise zusätzlich der Samstag hinzugefügt werden soll, können Sie das in der Rubrik **Kalender** der **Outlook-Optionen** (**Start > Optionen**) einstellen. Im Bereich **Arbeitszeit** finden Sie für jeden Tag der Woche eine Checkbox. Kreuzen Sie alle Tage an, die zu Ihrer Arbeitswoche gehören, und verlassen Sie den Dialog mit einem Klick auf **OK**. Die Änderungen werden dann auf Ihren Kalender angewendet.

Wählen Sie die gewünschte Ansicht aus, indem Sie auf die entsprechende Schaltfläche in der Gruppe **Anordnen** der Registerkarte **Start** oder in der Gruppe **Anordnung** der Registerkarte **Ansicht** klicken. Des Weiteren dürfen Sie auch die Zwischenstege (z. B. zwischen dem Ansichtsbereich und dem Datumsbereich 3) nach Wunsch verschieben und so Ihre bevorzugte Ansicht einrichten.

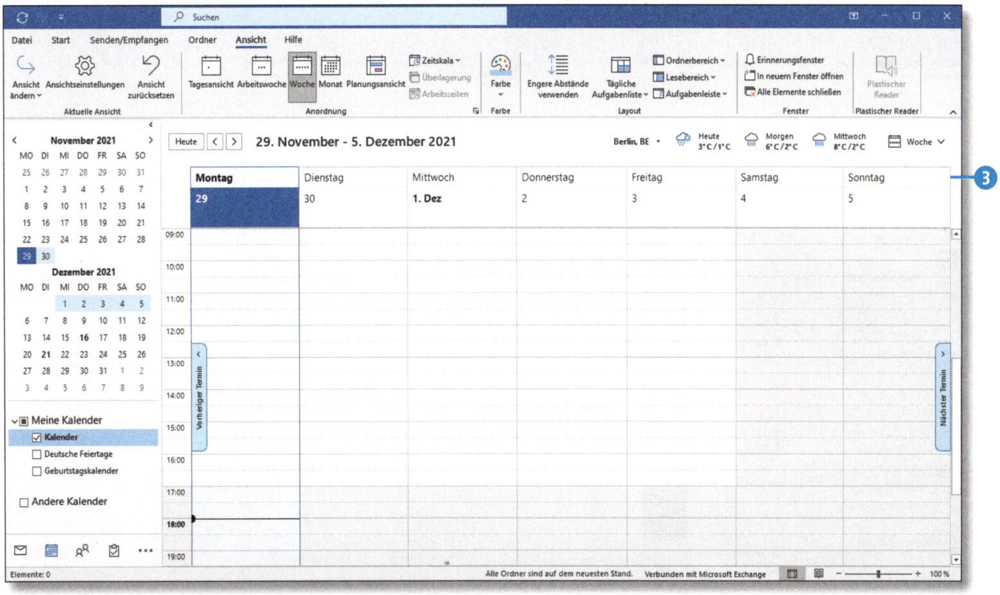

Abbildung 29.4 *Richten Sie den Kalender nach Wunsch ein.*

> **INFO**
>
> **Ansicht zurücksetzen**
> Wenn Sie zunächst einmal experimentieren wollen, um die für Sie geeignete Kalenderansicht herzustellen, dürfen Sie das gerne tun. Falls Sie anschließend wieder zur Standardansicht zurückkehren wollen, klicken Sie auf den Button **Ansicht zurücksetzen** in der Gruppe **Aktuelle Ansicht** der Registerkarte **Ansicht**.

Die Planungsansicht

Die Planungsansicht bietet sich immer dann an, wenn es darum geht, einen Termin oder einen Zeitraum in der näheren Zukunft zu planen. Das Besondere an dieser Ansicht ist, dass sich in ihr problemlos mehrere Kalender hinzufügen lassen. Wenn Sie also beispielsweise bei der Urlaubsplanung darauf achten müssen, dass sich die Urlaube der einzelnen Mitarbeiter nicht überschneiden, ist diese Ansicht für Sie die beste Wahl. Außerdem können Sie in ihr schnell überprüfen, ob einzelne Personen an einem bestimmten Tag Zeit haben oder durch andere Termine bereits blockiert sind – beispielsweise um an einem Meeting oder einer Schulung teilzunehmen.

Voraussetzung für eine funktionierende Planungsansicht ist allerdings, dass Sie zuvor für jeden Teilnehmer bzw. Mitarbeiter auch einen eigenen Kalender angelegt haben. Erweitern Sie die Ansicht also gegebenenfalls um zusätzliche Kalender, indem Sie unten links auf die Schaltfläche **Kalender hinzufügen** ❶ klicken und im Dialog **Namen auswählen: Kontakte** einen entsprechenden Kontakt aus Ihrem Adressbuch zunächst markieren und den Kalender daraufhin per Klick auf **OK** einfügen.

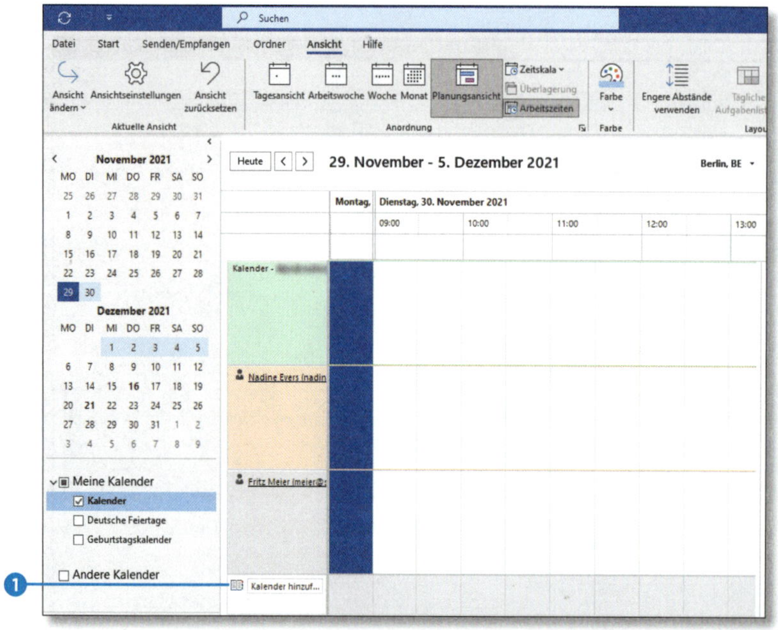

Abbildung 29.5 *Für die Terminplanung mehrerer Personen ist die Planungsansicht optimal geeignet.*

Bereiche einblenden

Neben besagten Ansichtsoptionen lassen sich im Aufgabenbereich **Kalender** noch weitere nützliche Teilbereiche einblenden. So kann beispielsweise der *Ordnerbereich* ❷ (er zeigt in der Kalenderansicht kleine Monatskalender sowie im unteren Bereich alle installierten Kalender) mithilfe der Schaltfläche **Ordnerbereich** ❸ in der Gruppe **Layout** der Registerkarte **Ansicht** in unterschiedliche Zustände versetzt und bei Bedarf sogar ganz deaktiviert werden. Der *Lesebereich* ist im Aufgabenbereich **Kalender** standardmäßig deaktiviert, kann jedoch über den Schalter **Lesebereich** ❹ aktiviert werden. Zusätzlich lässt sich über die Schaltfläche **Aufgabenleiste** ❺ auch noch für die Bereiche **Kalender**, **Personen** oder **Aufgaben** eine optimierte Leiste einblenden.

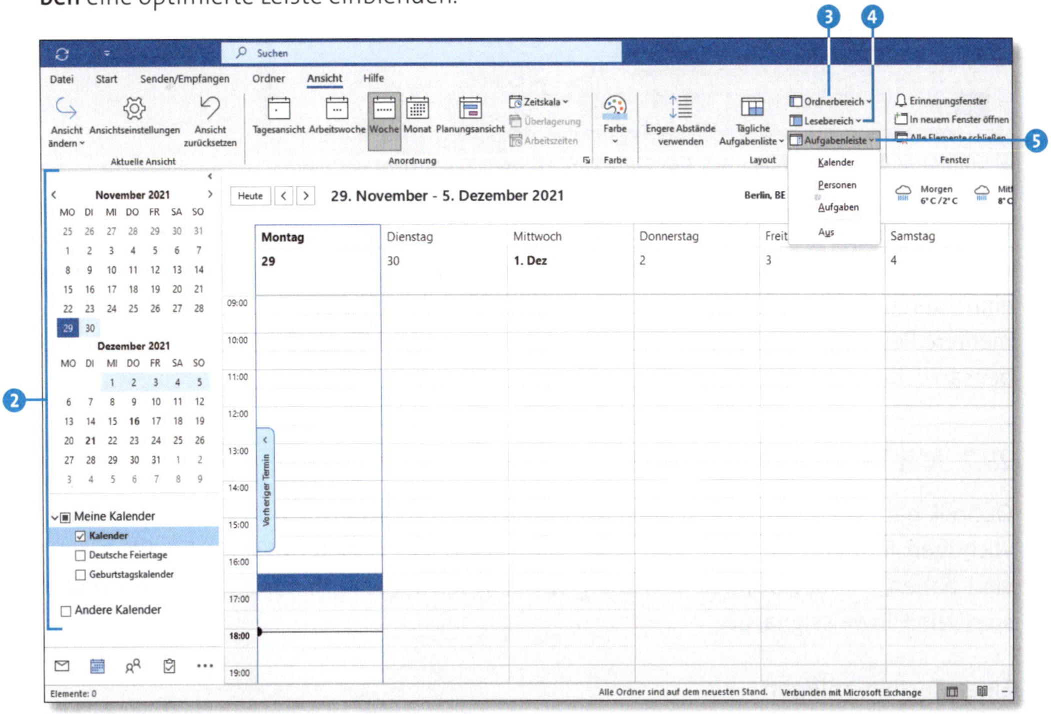

Abbildung 29.6 Im Register »Ansicht« können weitere Kalender-Ansichtsoptionen aktiviert werden.

Ansichtseinstellungen speichern

Der Outlook-Kalender verfügt insgesamt über vier weitere Ansichtseinstellungen, die sich über die Schaltflächen in der Gruppe **Aktuelle Ansicht** der Registerkarte **Ansicht** auswählen lassen. Nach einem Klick auf **Ansicht ändern** haben Sie die Wahl zwischen den Ansichten **Kalender**, **Vorschau**, **Liste** und **Aktiv**. Falls Ihnen diese Ansichten jedoch nicht passen, können Sie auch eine Ansicht nach Ihren Wünschen einrichten und anschließend im Auswahlmenü des Buttons **Ansicht ändern** die Option **Aktuelle Ansicht als neue Ansicht speichern** wählen.

Abbildung 29.7 *Wer mehr möchte, kann eine zusätzliche Ansicht definieren.*

In diesem Fall wird die Liste im Auswahlmenü der Schaltfläche **Ansicht ändern** um einen Button erweitert. So können Sie verschiedene Ansichten für unterschiedliche Aufgaben einrichten und müssen diese Einstellungen nicht jedes Mal aufs Neue vornehmen. Sollten mehrere Personen mit demselben Computer arbeiten, kann zudem jeder seine eigene Arbeitsansicht einrichten.

29.2 Mit Terminen arbeiten

Outlook hält Sie auf dem Laufenden. Wenn Sie der Anwendung verraten, wann Sie einen wichtigen Termin haben, werden Sie rechtzeitig informiert. Sofern Sie die Funktion aktiviert haben, blendet Outlook rechtzeitig vor dem Termin ein Erinnerungsfenster ein und spielt ein Hinweissignal ab.

Einen Termin anlegen

Die Arbeit mit dem Erinnerungsfenster ist erst dann sinnvoll, wenn es bereits etwas gibt, woran Sie erinnert werden sollen. Legen Sie daher zuerst einen Termin an.

1. Klicken Sie dazu in der Aufgabenleiste auf **Kalender** ❶, und warten Sie, bis sich die Kalenderansicht öffnet.
2. Wählen Sie den Monat mithilfe der Pfeilschaltflächen ❷ aus.
3. Sobald der gewünschte Monat eingestellt ist, klicken Sie in der Mitte der Outlook-Umgebung auf den Tag, an dem der Termin stattfindet (hier: Freitag, der 01.12.2021).
4. Wenn Sie lediglich den Termin im Kalender eintragen wollen (bei dem die Zeit keine Rolle spielt), tragen Sie die betreffende Information direkt in das Eingabefeld des Kastens ein.

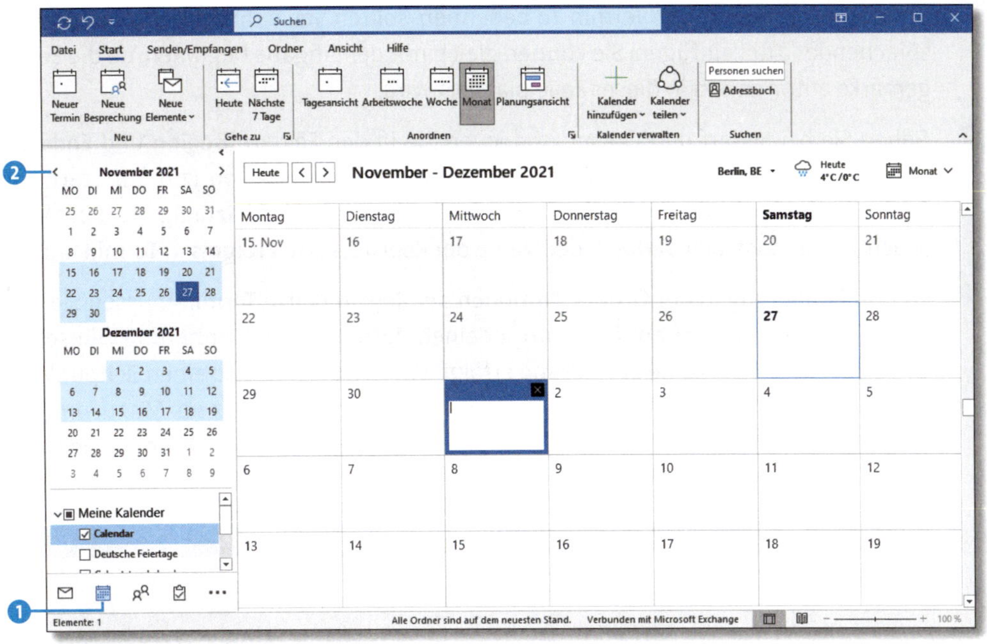

5 Sollten jedoch Dauer und Uhrzeit eines Termins von Bedeutung sein, gehen Sie anders vor: Zunächst markieren Sie das Tagesfeld und klicken anschließend auf den Button **Neuer Termin** in der Gruppe **Neu** der Registerkarte **Start**. Alternativ betätigen Sie Strg + N. Jetzt stellt Outlook ein separates Eingabefenster zur Verfügung.

6 Um das Ereignis bzw. den Termin zu benennen, sollten Sie in die Zeile **Titel** einen entsprechenden Titel einfügen. Sie können gleich mit der Eingabe beginnen, da die Einfügemarke automatisch in dieser Zeile platziert wird.

7 Geben Sie bei Bedarf den Ort an, und legen Sie in den Feldern **Beginn** und **Ende** die Daten des Termins fest. Sofern Sie eine Uhrzeit vergeben wollen (z. B. für Start und Ende eines Meetings), achten Sie darauf, dass die Checkbox **Ganztägig** nicht aktiv ist. Beachten Sie, dass sich dadurch der Name der Registerkarte **Ereignis** in **Termin** ändert.

8 Im Feld **Erinnerung** in der Gruppe **Optionen** der Registerkarte **Termin** müssen Sie nun noch einstellen, in welchem Zeitraum vor einem Termin Sie die Erinnerung wünschen. **Ohne** bedeutet, dass keine Erinnerung erfolgt. Wählen Sie hier also einen Zeitpunkt im Menü aus. Wenn Sie mögen, gehen Sie anschließend erneut in dieses Menü, um mithilfe des untersten Eintrags **Sound** einen alternativen Erinnerungston oder eine Melodie (Sounddateien im Format WAV) zu bestimmen.

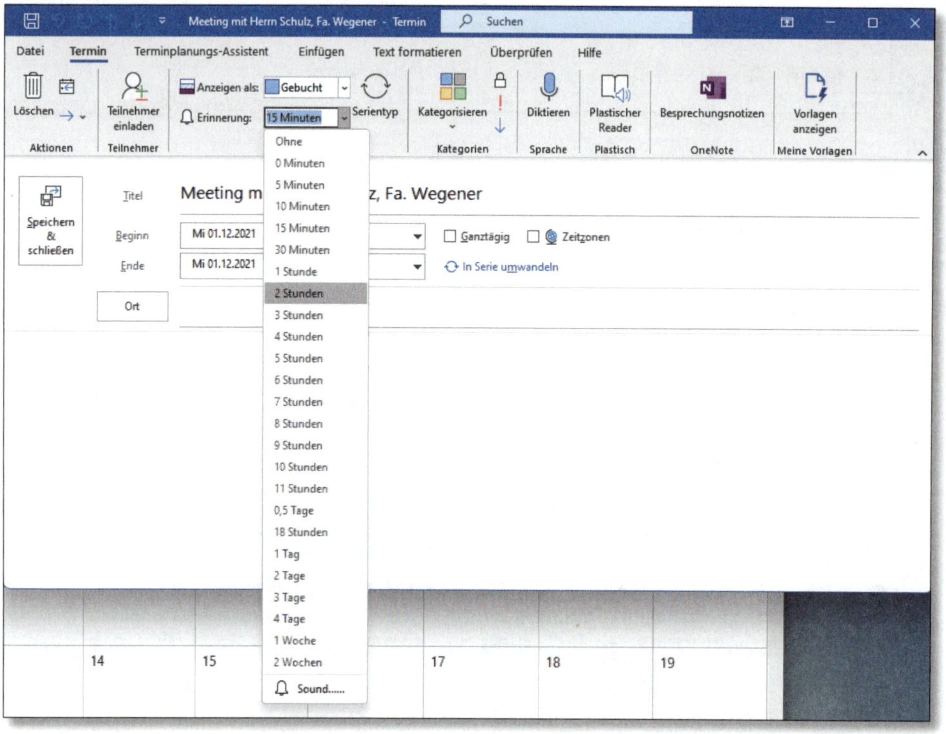

9 Wenn alles erledigt ist, klicken Sie oben links neben dem Titel auf **Speichern & Schließen**. Wann immer Sie Änderungen an dem Termin vornehmen wollen, platzieren Sie einen Doppelklick auf besagten Termin. Das bringt Sie erneut in das Termin- bzw. Ereignisfenster.

Es gibt noch zahlreiche weitere Einstelloptionen. Worauf es im Zusammenhang mit der Erstellung von Terminen sonst noch ankommt, erfahren Sie in den folgenden Unterabschnitten.

TIPP

Termin nachträglich umwandeln
Für den Fall, dass Sie bereits das Datum eines Termins kennen, nicht jedoch die Uhrzeit, legen Sie den Termin trotzdem bereits an. Gehen Sie so vor, wie in den Schritten 1 bis 4 beschrieben. Sobald Sie die Uhrzeit wissen, führen Sie einen Doppelklick auf dem Termin aus und tragen die Zeiten nach.

Mit dem Erinnerungsfenster arbeiten

Bitte bedenken Sie, dass das Erinnerungsfenster leer ist. Das gilt auch für den Fall, dass Sie soeben einen Termin angelegt haben und es anschließend über die Schaltfläche **Erinnerungsfenster** in der Gruppe **Fenster** der Registerkarte **Ansicht** manuell öffnen. Da fragt man sich, wo denn der Termin geblieben ist. Bedenken Sie in diesem Zusammenhang aber, dass das Erinnerungsfenster einen Automatismus hat. Es öffnet sich nämlich selbstständig exakt zu dem Zeitpunkt, zu dem Sie bei der Erstellung eines Termins eine Erinnerung definiert haben.

1. Für den Fall, dass Sie das Erinnerungsfenster einfach einmal testen wollen, empfiehlt es sich, einen Termin anzulegen, der bereits in ca. 7 Minuten stattfindet – und zu dem Sie sich 5 Minuten vorher erinnern lassen wollen.

2. Fünf Minuten vor besagtem Termin wird das Erinnerungsfenster geöffnet und zusätzlich ein akustisches Signal ausgegeben. Außerdem sehen Sie jetzt auch entsprechende Hinweise, die im Zusammenhang mit diesem Termin stehen.

3 Doch das Erinnerungsfenster ist nicht das einzige, das auf den Termin aufmerksam macht. Sie werden auf jeden Fall auf den Termin hingewiesen, auch wenn Outlook gar nicht geöffnet ist. Denn Windows gibt unten rechts über der Taskleiste ebenfalls einen Hinweis aus. So sollten Sie den Termin auf alle Fälle wahrnehmen können.

4 Nun gibt es mehrere Möglichkeiten, wie Sie verfahren. Wenn Sie weitere Informationen zu diesem Termin benötigen, setzen Sie einen Doppelklick auf den Termin im Erinnerungsfenster.

5 Wenn Sie keine weiteren Informationen benötigen, bestätigen Sie die Erinnerung per Klick auf die Schaltfläche **Schließen**.

6 Alternativ zu diesen beiden Möglichkeiten können Sie aber auch eine weitere Erinnerung einrichten. In diesem Fall stellen Sie unten links den gewünschten Zeitraum ein. In der Liste sind zwar einige Intervalle vorgegeben, doch können Sie diese auch manuell anpassen, indem Sie den Zeitraum markieren und via Tastatur ein eigenes Intervall eingeben. Selbst das nochmalige Erinnern in einer Minute (zu Testzwecken) ist somit also problemlos möglich.

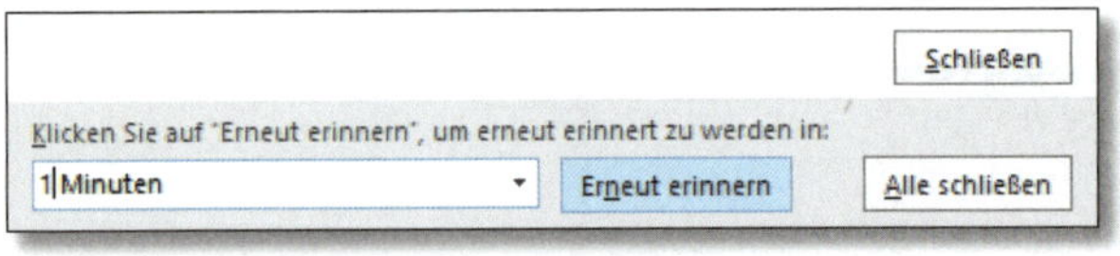

7 Nachdem Sie das Intervall für die neuerliche Erinnerung festgelegt haben, klicken Sie auf **Erneut erinnern**.

8 Das wäre geschafft. Der Termin ist gelaufen und war natürlich ein voller Erfolg. Also weg damit. Klicken Sie ihn dazu mit rechts im Kalender an und entscheiden Sie sich anschließend für **Löschen**.

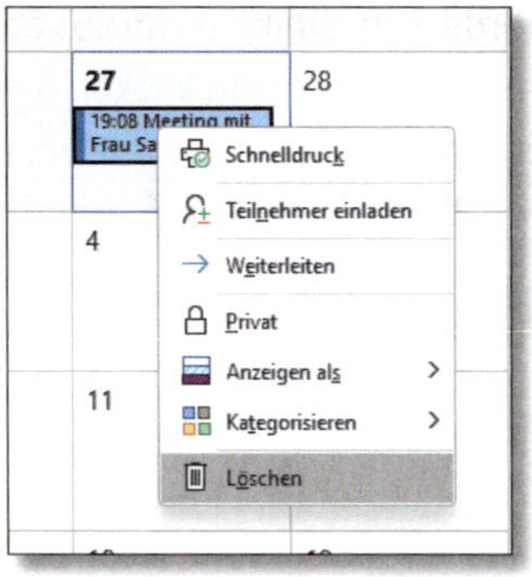

Termine werden zwar auch im Kalender angezeigt, jedoch fehlen dort mangels Platz oft wichtige Eigenschaften wie z. B. die Zeit. Parken Sie die Maus jedoch auf dem Termin, wird ein Fenster mit weiteren Details angezeigt.

Teilnehmer zum Termin einladen

In Meetings sind ja meist mehrere Personen anwesend. Nur leider ist es wenig hilfreich, den Termin in Ihrem Kalender zu posten, ohne dass die Personen, die daran teilnehmen sollen, etwas von dem Termin wissen. Laden Sie die Personen also ein.

Eine Einladung kann auf unterschiedlichen Wegen erfolgen. Wenn Sie zum Zeitpunkt der Terminerstellung bereits wissen, wer dabei sein soll, klicken Sie im Terminfenster einfach auf **Teilnehmer einladen**. Den Link finden Sie in der Gruppe **Teilnehmer**. Achten Sie darauf, dass der Schalter nach dem Klick zu **Einladung stornieren** wird. Ein erneuter Klick darauf würde den Vorgang also beenden. Ferner müssen Sie darauf achten, die Teilnehmer in der richtigen Zeile einzubuchen.

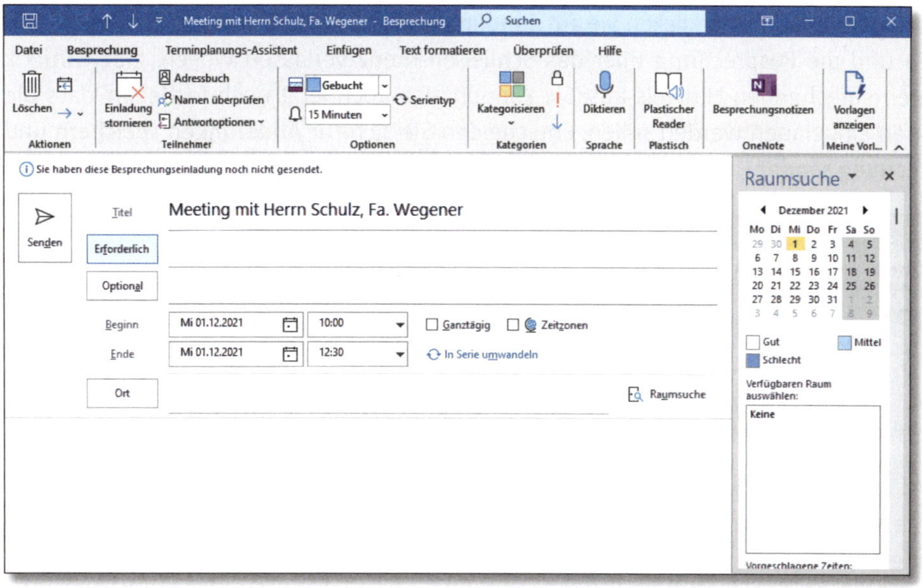

Abbildung 29.8 *Laden Sie die Teilnehmer zum Meeting ein.*

Gleich unterhalb des Titels nämlich finden Sie die Taste **Erforderlich**. Ein Klick darauf öffnet die Kontakte. Wählen Sie die Person an, die unbedingt dabei sein muss, und klicken Sie auf **Erforderlich**. Personen, dabei sein sollten, aber nicht unbedingt teilnehmen müssen, werden nach Anwahl des Kontakts mit **Optional** hinzugefügt. Bestätigen Sie Ihre Wahl mit **OK**.

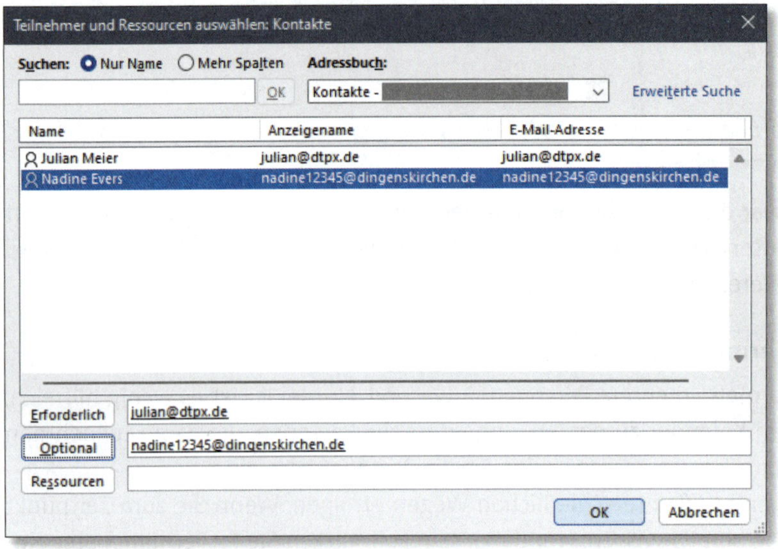

Abbildung 29.9 *Entscheiden Sie, wer dabei sein »muss« und wer teilnehmen »kann«.*

Wenn in Ihrem Unternehmen entsprechende Räumlichkeiten gebucht werden müssen, ist auch das kein Problem, denn mit dem Klick auf **Teilnehmer einladen** ist sogleich das Feld **Raumsuche** geöffnet worden, das Sie ganz rechts finden.

Wenn alles erledigt ist, klicken Sie auf **Senden** (links neben dem Titel). Sollten Sie es vergessen und die Besprechung über das Schließen-Kreuz verlassen wollen, gibt Outlook einen entsprechenden Hinweis aus. Sie können also auch jetzt noch festlegen, dass die Personen eingeladen werden sollen. Entscheiden Sie sich für **Änderungen speichern und Besprechung senden**.

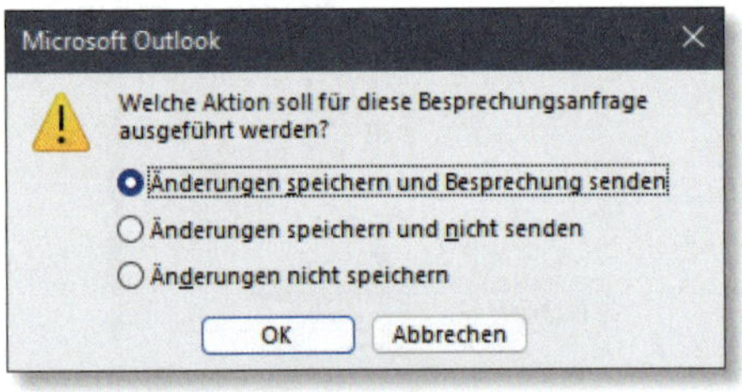

Abbildung 29.10 *Sollten Sie einmal vergessen, die Einladungen per E-Mail zu senden, ist das kein Problem. Outlook erinnert Sie beim Schließen an diesen wichtigen Schritt.*

Nun ist es ja gut möglich, dass Sie zunächst einen Termin erstellen und erst später wissen, wen Sie einladen müssen. In diesem Fall klicken Sie bitte mit rechts auf den Termin in der Kalenderansicht und entscheiden sich anschließend für **Teilnehmer einladen**.

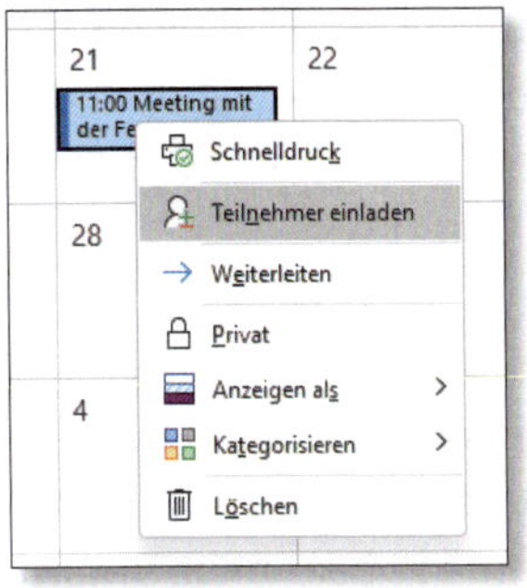

Abbildung 29.11 Einladungen können auch nachträglich noch ausgesprochen werden.

Zeitzonen-Termine vergeben

Wenn Sie Termine weltweit vergeben müssen, werden Sie die Funktion der Zeitzonen zu schätzen wissen. Legen Sie auf die zuvor beschriebene Weise einen neuen Termin an, können Sie während der Terminerstellung auch eine beliebige Zeitzone hinzufügen. Die Checkbox **Zeitzonen**, die aktiv sein muss, damit Zeitzonen-Termine überhaupt berücksichtigt werden können, finden Sie in der Zeitzeile des Termins. Diese wird nämlich sowohl beim **Beginn** als auch beim **Ende** um jeweils ein Pulldown-Menü erweitert. Nach dem Öffnen des Menüs lässt sich die Zeitzone auswählen.

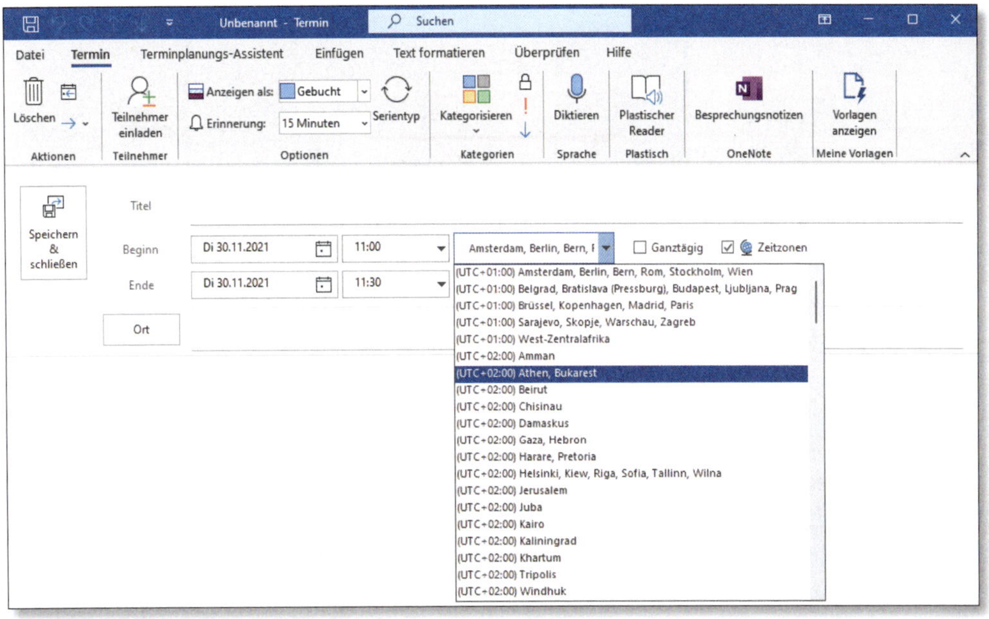

***Abbildung 29.12** Halten Sie Termine auch weltweit im Griff – mithilfe der Zeitzonen-Funktion.*

Der Vorteil: Sie müssen sich keine Gedanken mehr um die Uhrzeit vor Ort machen, sondern vergeben den Termin einfach nach Ihrer aktuell gültigen Zeit (z. B. MESZ). Stellen Sie den Beginn eines Termins auf eine andere Zeitzone ein, wird diese Zeitzone automatisch auch für das Ende übernommen.

Das Ganze können Sie bei Bedarf noch individuell anpassen. Es spricht nämlich nichts dagegen, beispielsweise den Beginn eines Termins auf Windhuk-Zeit zu legen, während das Ende nach der Zeitzone von Nowosibirsk vergeben wird. (Sinn und Zweck eines solchen Splittings seien einmal dahingestellt.)

Einen Termin auf einen anderen Tag verlegen

Hin und wieder kommt es vor, dass auch der gesamte Termin auf einen anderen Tag verlegt werden muss. Erledigen Sie auch das mittels Drag & Drop. Klicken Sie auf den Termin im Kalender, halten Sie die Maustaste gedrückt, und ziehen Sie den Termin auf das neue Datum. Sollte der neue Termin an einem Tag sein, der aktuell in der Aufgabenleiste nicht angezeigt wird, ist das auch kein Problem. Ziehen Sie ihn einfach von dem ursprünglichen Termin nach links in den Ordnerbereich, und lassen Sie ihn auf dem gewünschten Datum fallen.

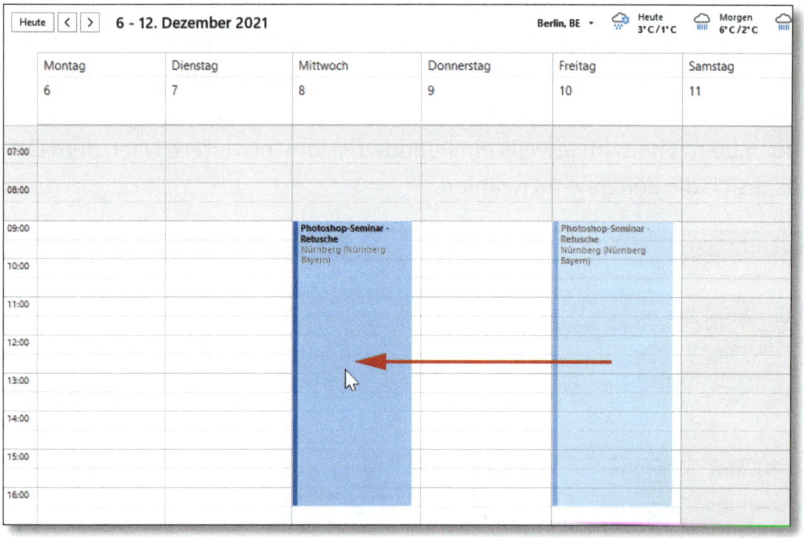

Abbildung 29.13 *Termine können schnell auf einen anderen Tag geschoben werden.*

> **INFO**
>
> **Termin löschen**
>
> Um einen Termin aus dem Kalender zu löschen, klicken Sie ihn zunächst an und drücken auf der Tastatur `Entf`. Alternativ klicken Sie den Termin mit rechts an und wählen dann im Kontextmenü den Befehl **Löschen**. Handelt es sich bei dem Termin um eine Terminserie, werden Sie gefragt, ob nur der eine Termin oder die gesamte Serie gelöscht werden soll.

Terminserien erstellen

Bei einer Terminserie handelt es sich im Gegensatz zu einem Termin um ein wiederkehrendes Ereignis. Wenn die gesamte Belegschaft einer Firma beispielsweise jeden Montag um 9 Uhr ein Arbeitsmeeting hat, müssen Sie nicht für jeden Montag einen neuen Termin einstellen, sondern generieren einmalig eine Terminserie, die daraufhin automatisch auf Ihren gesamten Kalender angewendet wird.

1. Erzeugen Sie einen neuen Termin auf die zuvor beschriebene Weise (siehe dazu den Unterabschnitt »Einen Termin anlegen« auf Seite 790). Geben Sie einen Betreff und optional einen Ort sowie eine Beschreibung ein.
2. Anschließend klicken Sie auf die Schaltfläche **Serientyp** in der Gruppe **Optionen** der Registerkarte **Termin**. Sollte übrigens statt eines Termins ein ganztägiges Ereignis geplant werden, heißt die Registerkarte **Termin** stattdessen **Ereignis**.
3. Im Dialog **Terminserie** legen Sie nun fest, dass der Termin dem Serienmuster **Wöchentlich** ❶ folgt. Der Wochentag (hier **Mittwoch** ❷) ist bereits per Checkbox übernommen worden, da wir den Termin auch an einem Mittwoch erstellt hatten. Falls auch an einem weiteren Wochentag entsprechende Meetings geplant sind, wählen Sie die betreffende Checkbox zusätzlich an.
4. Im Bereich **Seriendauer** können Sie per Radiobutton festlegen, ob der Termin auf unbestimmte Zeit wiederholt werden ❸ oder beispielsweise nach 10 Terminen erledigt sein soll. Im zweiten Fall entscheiden Sie sich für **Endet nach** ❹ und geben eine entsprechende Anzahl an. Ist diese erreicht, wird der Termin nicht mehr neu anberaumt. Beobachten Sie die Datumsanzeige unmittelbar darüber ❺. Sie ist zwar ausgegraut, da Sie sich ja für eine Anzahl Termine und nicht für ein Enddatum entschieden hatten, bleibt jedoch trotzdem auf dem Laufenden. So haben Sie eine zusätzliche Prüfoption und wissen, wann das Meeting zum letzten Mal stattfinden wird.

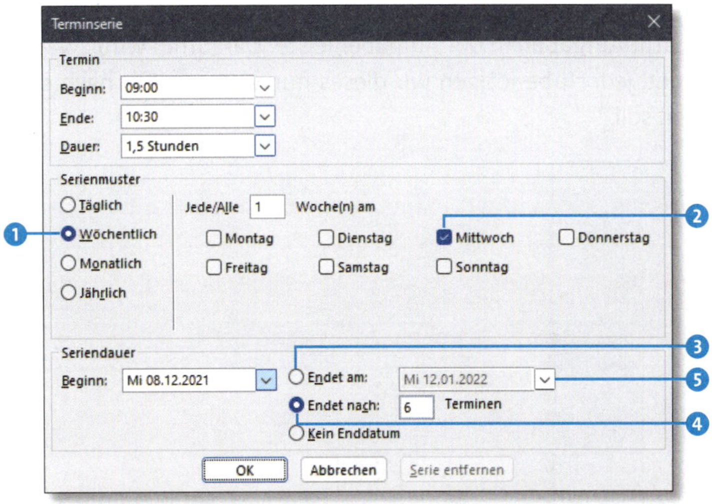

5. Schließen Sie die Aktion mit einem Klick auf **OK** ab, und fügen Sie den Termin in Ihren Kalender ein, indem Sie auf **Speichern & schließen** in der Gruppe **Aktionen** der Registerkarte **Termin** klicken.

Falls sich an den Termindaten irgendwann etwas ändert, öffnen Sie den Termin mit einem Doppelklick erneut. Klicken Sie dann auf die Schaltfläche **Serientyp** (**Termin > Optionen**), und legen Sie die Änderungen im Dialog **Terminserie** fest.

INFO

Serientermine erkennen
Serientermine sind übrigens auf den ersten Blick in der Kalenderansicht von normalen Terminen zu unterscheiden. Sie verfügen in der unteren rechten Ecke des Termins über zwei kreisförmig angeordnete Pfeile. Hierbei handelt sich um das gleiche Symbol, das auch auf der Schaltfläche **Serientyp** in der Gruppe **Optionen** der Registerkarte **Termin** zu sehen ist. Normale Termine haben kein derartiges Symbol.

29.3 Eine Aufgabe erstellen

Eine Aufgabe in Outlook ist etwas, das zu erledigen ist. Gut, das ist grundsätzlich ein Termin auch. Im Gegensatz zum Termin kann eine Aufgabe aber auch delegiert, also an eine andere Person übertragen werden. Auf diese Weise lassen sich unterschiedliche Arbeitsschritte eines Auftrags prima auf mehrere Schultern verteilen.

1. Sofern Sie bereits wissen, zu welchem Zeitpunkt eine Aufgabe erledigt werden soll, markieren Sie im Ansichtsbereich des Kalenders den Zeitraum, in dem die Aufgabe beginnen soll, bzw. die Dauer der Aufgabe. Falls Sie noch keine Zeit wissen, die Aufgabe aber bereits planen wollen, fahren Sie mit Schritt 2 fort. Die Zeiten lassen sich später noch ergänzen bzw. ändern.
2. Klicken Sie auf die Miniatur **Aufgaben** in der Aufgabenleiste. Daraufhin wird zwar ein Suchfenster eingeblendet, jedoch benötigen wir dieses nur, wenn später nach einer Aufgabe gesucht werden soll.

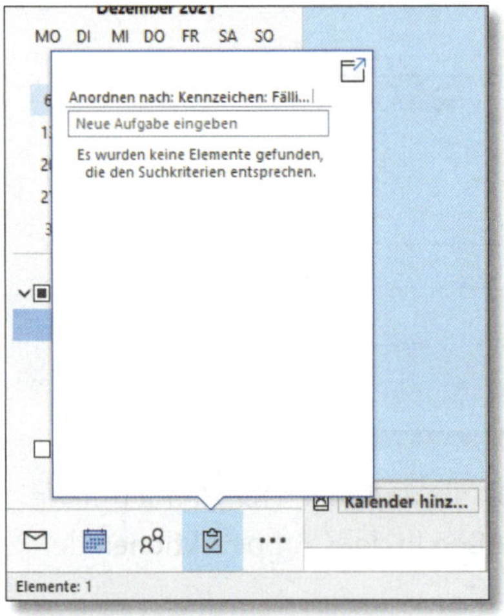

3 Klicken Sie auf den Schalter **Neue Aufgabe**, den Sie in der Gruppe **Neu** der Registerkarte **Start** finden.

4 Im Aufgabenfenster, das sich daraufhin öffnet, legen Sie die Aufgabe so an, wie Sie es auch bei Terminen machen: Vergeben Sie zunächst eine aussagekräftige Bezeichnung (hier: **Betreff**). Tragen Sie zudem ein Start- und ein Fälligkeitsdatum ein, und legen Sie mit **Status** fest, wie weit die Arbeiten bis dato fortgeschritten sollen. Wenn Sie mögen, lassen Sie sich erinnern. Nach Fertigstellung klicken Sie auf **Speichern & schließen**.

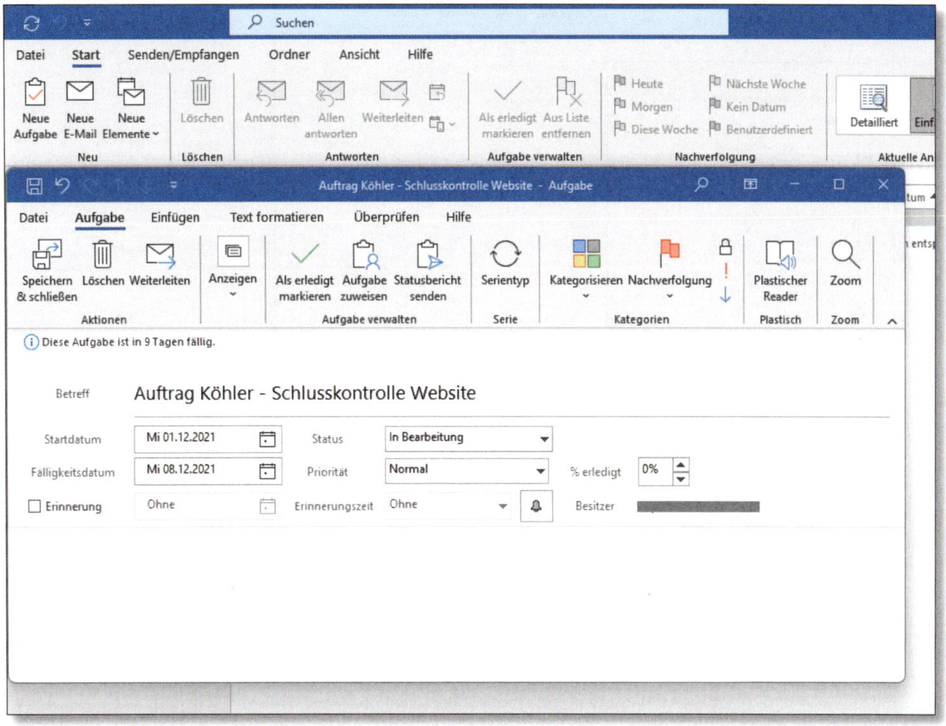

5 Legen Sie bei Bedarf weitere Aufgaben an, indem Sie die Schritte 3 bis 4 wiederholen.

6 Sie sehen nun in der Mitte der Anwendung – in der Aufgabenleiste – die entsprechenden Aufgaben. Jede Aufgabe wird durch eine eigene Zeile repräsentiert. Sollten die Aufgaben nicht sichtbar sein, klicken Sie unten links auf den Button **Aufgaben**. Mit der Stichwortsuche werden die vergebenen Aufgaben wieder sichtbar. Außerdem wird die Registerkarte **Aufgabenliste** im Menüband aktiviert.

7 Wenn Sie eine Aufgabe bearbeiten wollen – damit ist nicht nur deren Zeitplanung gemeint, sondern auch die Weitergabe an eine andere Person –, setzen Sie einen Doppelklick auf diese Aufgabe. Delegieren Sie beispielsweise die Erstellung eines Angebots an einen geeigneten Mitarbeiter.

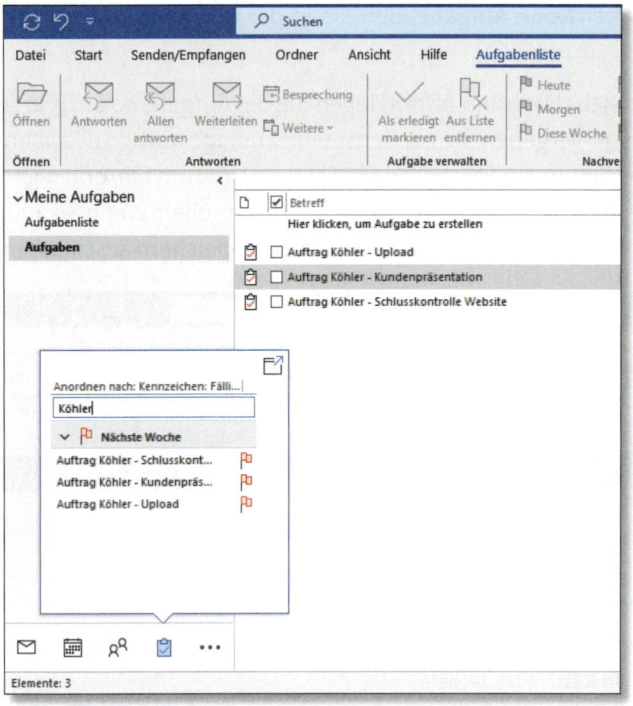

8 Nach dem Doppelklick auf die Aufgabe befinden Sie sich im Aufgabenfenster. Klicken Sie auf die Schaltfläche **Aufgabe zuweisen** in der Gruppe **Aufgabe verwalten** der Registerkarte **Aufgabe**.

9 Daraufhin wird das Aufgabenfenster mit E-Mail-Optionen versehen. Geben Sie die Adresse des Empfängers ein, der den Auftrag bearbeiten soll. Dazu dürfen Sie natürlich wieder die AutoVervollständigung benutzen. Zuletzt klicken Sie auf den Button **Senden**.

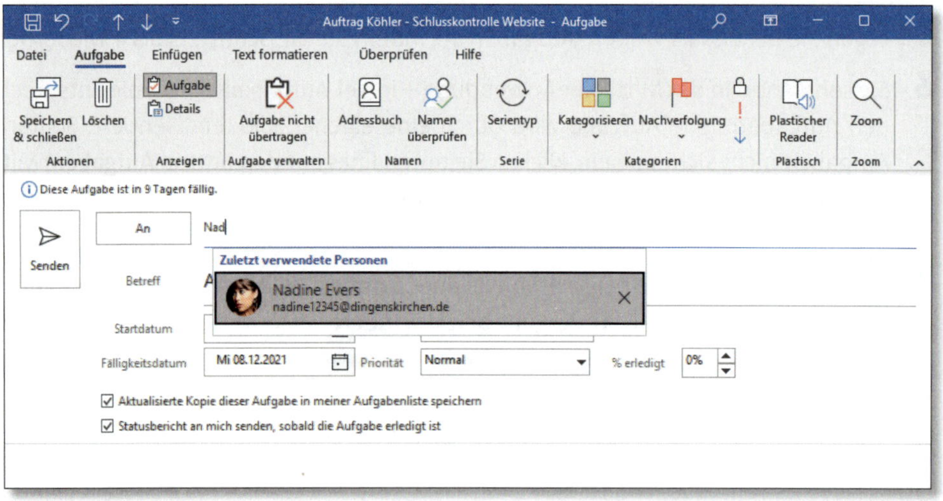

Sollten Sie sich während der Bearbeitung bzw. Weiterleitung der Aufgabe entscheiden, diesen Job doch nicht an jemand anderen abzugeben, können Sie auf die Schaltfläche **Aufgabe nicht übertragen** in der Gruppe **Aufgabe verwalten** der Registerkarte **Aufgabe** klicken.

INFO

Tägliche Aufgabenliste aktivieren
Damit Sie immer auf dem Laufenden bleiben, können Sie sich eine Liste Ihrer täglichen Aufgaben unterhalb des Kalenders anzeigen lassen. Um diese zu aktivieren, klicken Sie im Aufgabenbereich **Kalender** auf **Aufgabenleiste** in der Gruppe **Layout** der Registerkarte **Ansicht**. Im Pulldown-Menü selektieren Sie **Aufgaben**.

29.4 Aufgaben sortieren und verwalten

Nachdem Sie alle Aufgaben erstellt und an andere Mitarbeiter delegiert haben, können Sie sich einen Überblick darüber verschaffen, was in der nächsten Zeit zu erledigen ist. Denn nur, wenn Sie auf dem Laufenden bleiben, wissen Sie, was noch zu tun ist und was bereits erledigt ist.

Die Aufgabenleiste anzeigen

Die Aufgabenleiste erscheint automatisch, sobald Sie neue Aufgaben erzeugen (siehe dazu den Abschnitt 29.3, »Eine Aufgabe erstellen«, auf Seite 800). Sollten Sie sie zwischenzeitlich geschlossen haben, erreichen Sie sie immer wieder, indem Sie auf die Schaltfläche **Aufgabenleiste** in der Gruppe **Layout** der Registerkarte **Ansicht** klicken. Wählen Sie im Menü der Schaltfläche die Option **Aufgaben**.

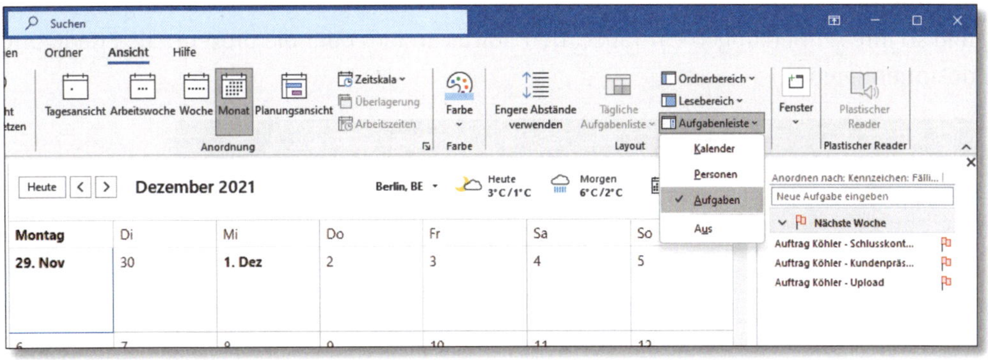

Abbildung 29.14 *Die Aufgaben stehen auch in der Kalenderansicht zur Verfügung.*

Aufgaben sortieren

Zwar zeigt die Aufgabenleiste auch die anstehenden Aufgaben, doch bietet der Aufgabenbereich **Aufgaben** sehr viel mehr Übersicht.

1 Wechseln Sie daher die Ansicht, indem Sie in der Aufgabenleiste auf **Aufgaben** klicken oder `Strg` + `4` auf der Tastatur drücken.

2 Klicken Sie auf den Button **Ansicht ändern** in der Gruppe **Aktuelle Ansicht** der Registerkarte **Ansicht**. Beachten Sie, dass sich die Aufgaben nach Status anzeigen lassen. Entscheiden Sie sich beispielsweise für **Aktiv**, sehen Sie alle noch nicht beendeten Aufgaben.

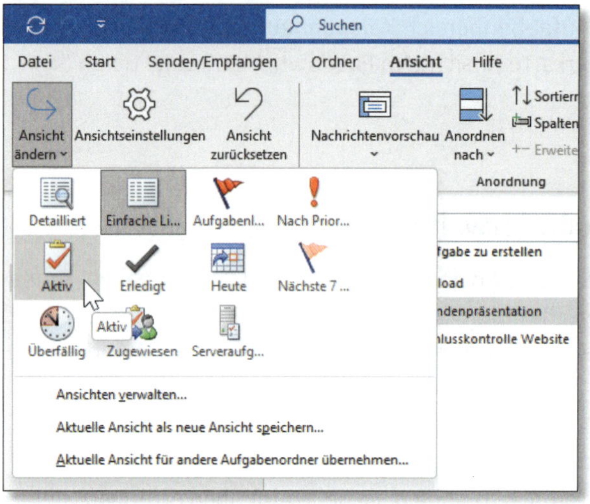

Es ist sinnvoll, sich von Zeit zu Zeit einen Überblick über den aktuellen Status zu verschaffen. Sollten Änderungen erforderlich werden (z. B. eine personelle Neuplanung aufgrund von Krankheit), öffnen Sie die Aufgabe per Doppelklick und weisen die Aufgabe neu zu.

Ebenfalls gut zu wissen: Wenn Sie eine Aufgabe bearbeiten, können Sie jederzeit auf **Statusbericht senden** in der Gruppe **Aufgabe verwalten** der Registerkarte **Aufgabe** klicken und so Ihre Anmerkungen eintragen, den Status ändern oder die prozentuale Erledigung dokumentieren.

Abbildung 29.15 *Jeder, der eine Aufgabe hat, kann (und sollte) von Zeit zu Zeit einen Statusbericht abgeben.*

Status angeben

Die beiden Werte **% erledigt** in der Aufgabenansicht und in der Aufgabensammlung stehen in Abhängigkeit zueinander. Hierbei gilt:

- 0 % = Nicht begonnen
- 1% bis 99 % = In Bearbeitung
- 100 % = Erledigt

Sie können auf diese Weise recht unkompliziert den aktuellen Status der Bearbeitung bereits über diese beiden Spalten ablesen und passen mit einer Änderung beide Werte unmittelbar an.

Aufgaben als erledigt markieren

Es gibt mehrere Möglichkeiten, um Aufgaben als erledigt zu markieren. Eine haben Sie bereits kennengelernt: Setzen Sie den Prozentsatz im Aufgabenbereich **Aufgabe** in der Spalte **Erledigt** auf »100 %«. Sie können jedoch auch eine Aufgabe per Doppelklick öffnen und im Feld **Status** ❶ als **Erledigt** markieren – sofern Sie für die Erledigung der Aufgabe verantwortlich sind.

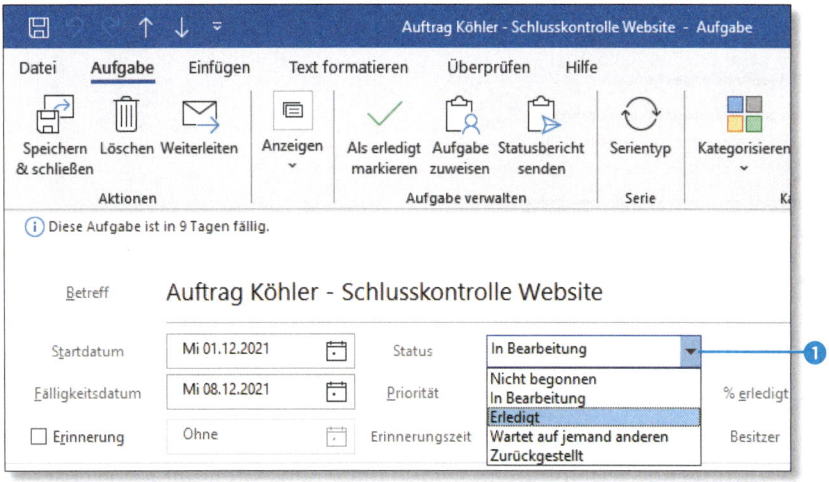

***Abbildung 29.16** Melden Sie einen Auftrag als erledigt.*

Haben Sie die Aufgabe an eine andere Person im Team delegiert, kann diese Person die Einstellung selbst vornehmen und anschließend einen entsprechenden Statusbericht per E-Mail versenden.

Aufgaben löschen

Mit Erledigung eines Auftrags ist dieser nicht etwa für alle Zeiten verschwunden, sondern verbleibt in der Aufgabenliste. Er wird dort durchgestrichen angezeigt. Sie sehen ihn jedoch erst, wenn Sie in der Gruppe **Aktuelle Ansicht** des Registers **Ansicht** auf **Ansicht ändern** klicken und dort **Erledigt** einstellen. Das ist auch gut so, denn wenn es beispielsweise um die Rechnungserstellung geht, müssen diese Daten ja unter Umständen noch abgerufen werden – möglicherweise hat der Bearbeiter des Auftrags Informationen über die Anzahl der Arbeitsstunden vermerkt, die nun in die Berechnung mit einfließen müssen. Um eine Aufgabe endgültig zu entfernen, müssen Sie diese manuell löschen. Markieren Sie dazu die betreffende Zeile, und drücken Sie `Entf`, oder klicken Sie mit rechts auf die Aufgabe, und wählen Sie im Kontextmenü **Löschen**.

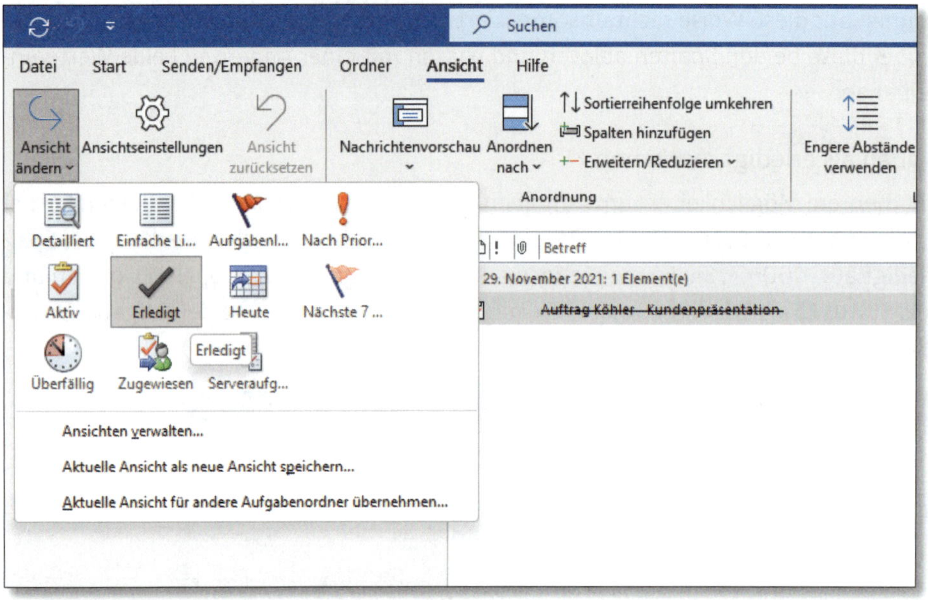

Abbildung 29.17 *Auch bereits vollständig erledigte Aufgaben verbleiben im System.*

29.5 Mit Nachverfolgungen arbeiten

Um nicht in Terminschwierigkeiten zu geraten und immer auf den ersten Blick zu sehen, wie eilig die eine oder andere Aufgabe ist, sollten Sie mit der in Outlook integrierten Nachverfolgung arbeiten. Dringende Termine werden dann mit einem roten Fähnchen gekennzeichnet.

Outlook für die Nachverfolgung einrichten

Falls die einzelnen Aufgaben nicht mit Fähnchen markiert sind, ist Outlook möglicherweise nicht entsprechend konfiguriert. Das sollten Sie ändern. Kontrollieren Sie, ob die Option in Outlook eingeschaltet ist. Sollte das nicht der Fall sein, aktivieren Sie sie.

1. Klicken Sie auf die Rubrik **Aufgaben** im Dialogfenster **Outlook-Optionen** (**Datei > Optionen**).

2 Aktivieren Sie nun im Bereich **Aufgabenoptionen** die Checkbox **Meine Aufgabenliste mit Kopien von Aufgaben, die ich Personen zuweise, aktualisieren**, sollte diese Option nicht bereits aktiviert sein.

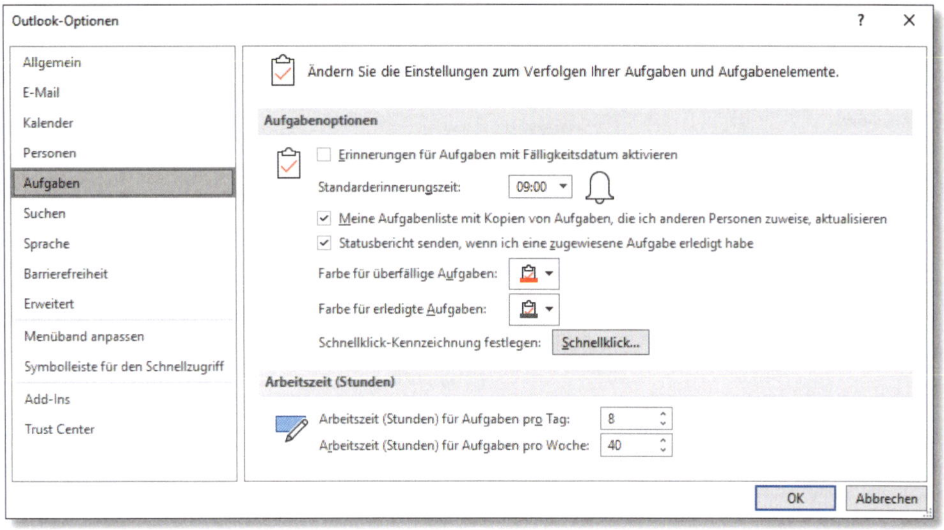

3 Bestätigen Sie gegebenenfalls Ihre Änderungen, und verlassen Sie den Dialog per Klick auf **OK**.

Beachten Sie, dass bereits erstellte Aufgaben von der Einstellung nicht mehr berührt werden. Wenn Sie jedoch neue Aufgaben zuweisen, können diese fortan automatisch auch nachverfolgt werden.

Aufgaben nachverfolgen

Wichtige und kurzfristig anstehende Aufgaben werden mit einem roten Fähnchen gekennzeichnet. Sie haben jedoch auch die Möglichkeit, eine Aufgabe zu verschieben. Dabei verringert sich die Dringlichkeit automatisch. Wenn die Erledigung beispielsweise erst für die kommende Woche ansteht, sollten Sie das auch entsprechend festhalten. Klicken Sie die Aufgabe dazu im Ansichtsbereich mit der rechten Maustaste an. Wählen Sie im Kontextmenü die Option **Zur Nachverfolgung**, und klicken Sie im Folgemenü auf den gewünschten Eintrag.

INFO

Erinnerung hinzufügen
Wenn Sie wollen, dass Outlook rechtzeitig eine Erinnerungsmeldung ausgibt, rufen Sie das Kontextmenü einer Aufgabe auf, wählen die Option **Zur Nachverfolgung** und klicken auf den Eintrag **Erinnerung hinzufügen**. Legen Sie im Bereich **Erinnerung** des folgenden Dialogs fest, wann die Erinnerung erfolgen soll. Lesen Sie dazu auch Abschnitt 29.2.2, »Mit dem Erinnerungsfenster arbeiten«, auf Seite 793.

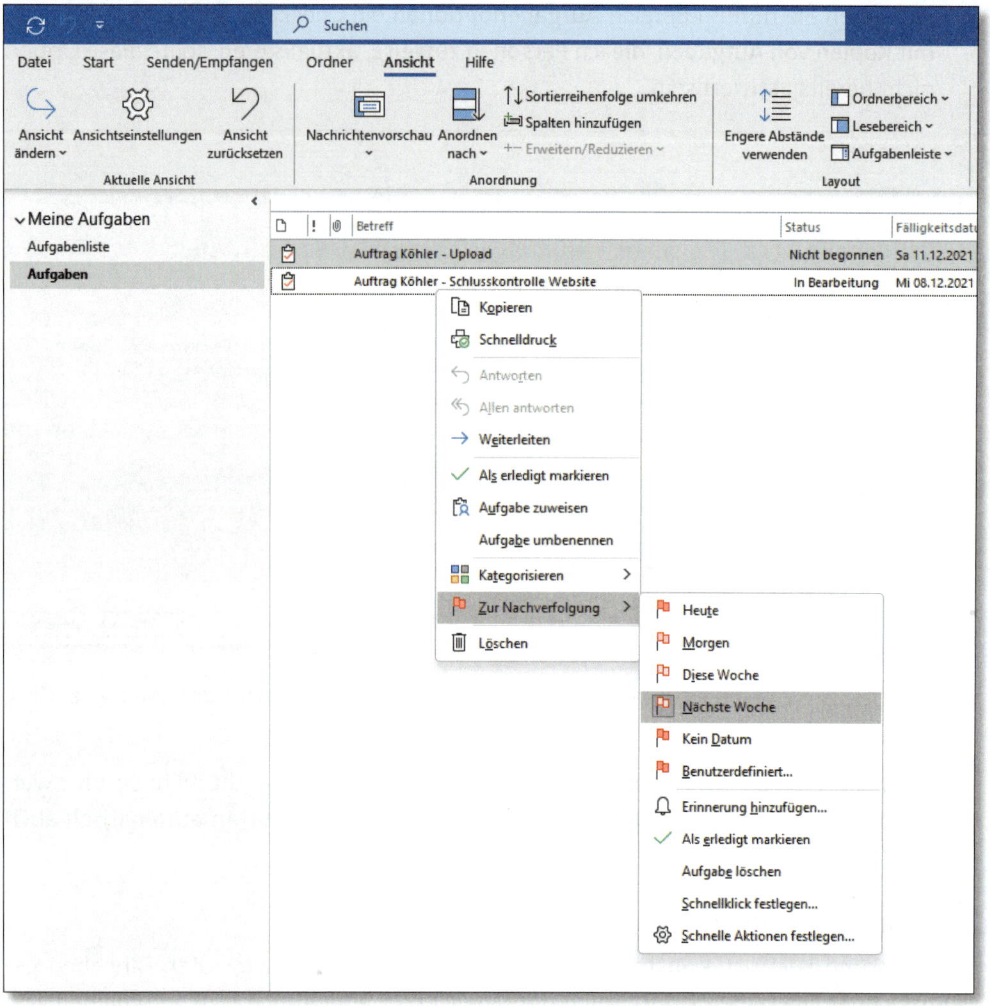

Abbildung 29.18 *Die Aufgabe ist in dieser Woche noch nicht brandeilig.*

Kapitel 30
Notizen nutzen

Outlook stellt im Zusammenhang mit Terminen, Kalendern und Planungen eine (leider wenig beachtete) Option zur Verfügung, die ausgesprochen nützlich ist – nämlich die Notizen. Diese sind mehr als nur kleine Merkzettel, denn mit ihnen lassen sich auch Termine planen und Erinnerungen verfassen.

30.1 Notizen erstellen und verwalten

Sie wollen auf die Schnelle etwas notieren? Nur zu! Verwenden Sie dazu die Notizfunktion von Outlook. Das geht rasch – und Ihr Monitorrand bleibt zukünftig frei von gelben Klebezetteln.

Eine Notiz erstellen

Wenn Sie eine Notiz in Outlook erstellen, haben Sie damit nicht nur eine Erinnerungshilfe geschaffen, sondern können diese auch gleich zur weiteren Planung verwenden. Ein Grund mehr, Notizen in Outlook zu verwenden.

1 Am schnellsten erreichen Sie den Notizbereich, indem Sie die Tastenkombination [Strg]+[5] drücken. Alternativ funktioniert es aber auch mit einem Klick auf die drei Punkte innerhalb der Aufgabenleiste. Im Aufklappmenü entscheiden Sie sich für den Bereich **Notizen**.

2 Klicken Sie anschließend auf **Neue Notiz** in der Gruppe **Neu** der Registerkarte **Start**. Schneller geht das übrigens mit der Tastenkombination [Strg]+[N].

3 Der Notizzettel erscheint nun in der oberen linken Ecke des Monitors. Sie dürfen ihn aber gern an seiner Kopfleiste anklicken und mit gedrückter Maustaste an eine andere Position auf dem Bildschirm verschieben.

4 Geben Sie den gewünschten Text ein. Beobachten Sie, dass im Hintergrund bereits jetzt eine Miniatur der Notiz zu sehen ist.

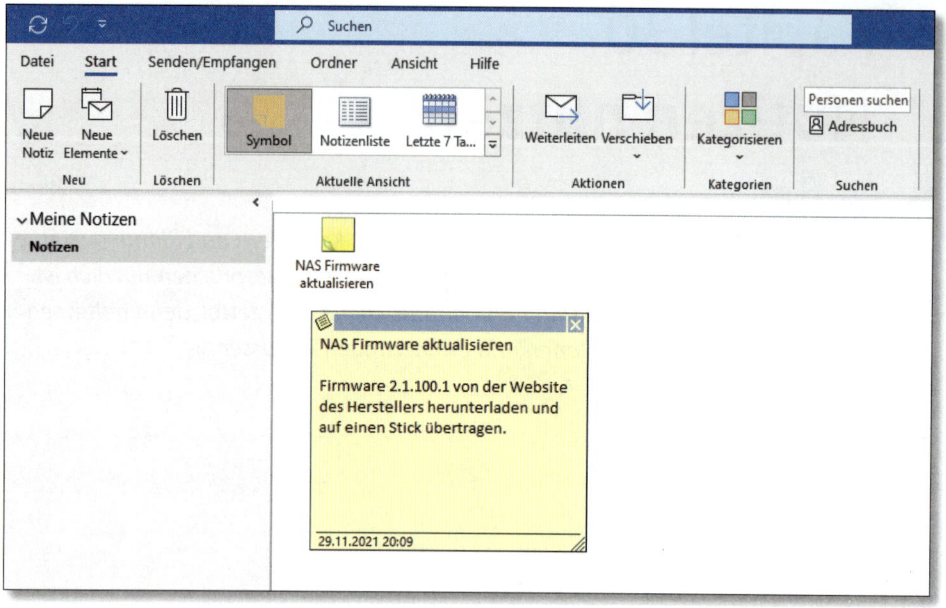

5 Wenn Sie mit der Eingabe fertig sind, schließen Sie die Notiz über das kleine Schließkreuz oben rechts.

6 Sie benötigen weitere Notizen? Nur zu. Mit einem Klick auf **Neue Notiz** oder mit `Strg`+`N` wird Ihnen der nächste Zettel zur Verfügung gestellt. Die Zettel werden fein säuberlich nebeneinander angeordnet.

Notizen müssen nicht, wie bei Dokumenten ansonsten üblich, gespeichert werden. Schließen Sie eine Notiz, bleibt deren Inhalt grundsätzlich erhalten. Sie dürfen sogar den Aufgabenbereich wechseln und Outlook schließen; die Notiz bleibt Ihnen weiterhin erhalten.

Notizen öffnen

Eine geschlossene Notiz lässt sich per Doppelklick auf das Notizsymbol erneut öffnen, beispielsweise um weitere Informationen hinzuzufügen, Änderungen vorzunehmen oder sich die Notiz noch einmal durchzulesen.

Notizen sortieren

Eine Notiz erstellen Sie in der Regel dann, wenn Ihnen etwas Wichtiges einfällt. Haben Sie eine weitere Idee, verfassen Sie die nächste Notiz. Nun ist es ja leider nicht so, dass einem die Ideen automatisch in der richtigen Reihenfolge in den Sinn kommen – mir jedenfalls nicht. Ausgesprochen schade, oder? Das macht aber nichts, denn Notizen lassen sich natürlich nachträglich noch sortieren. Dazu bieten sich Ihnen verschiedene Möglichkeiten an.

1 Klicken Sie eine Notiz an, und halten Sie die Maustaste gedrückt. Jetzt können Sie die Notiz beliebig auf der Oberfläche verschieben.

2 Wenn Ihnen das Durcheinander nach der manuellen Sortierung nicht zusagt, klicken Sie mit rechts auf eine freie Stelle des Ansichtsbereichs und klicken im Kontextmenü auf den Befehl **Symbole ausrichten** ①.

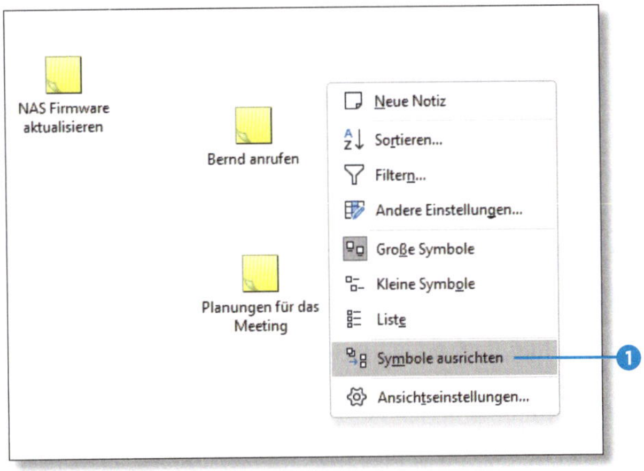

3 Eine Alternative zur manuellen Sortierung wird durch die Änderung der Ansicht ermöglicht. Schalten Sie von **Symbol** auf **Notizenliste** in der Gruppe **Aktuelle Ansicht** der Registerkarte **Start** um, damit die Notizen in Zeilen angezeigt werden.

4 Klicken Sie auf eines der Kopfleistenfelder (z. B. **Erstellt** oder **Betreff**), um die Notizen nach der gewünschten Sortiermethode anzuordnen. Bei **Betreff** beispielsweise wird automatisch eine alphabetische Sortierung vorgenommen.

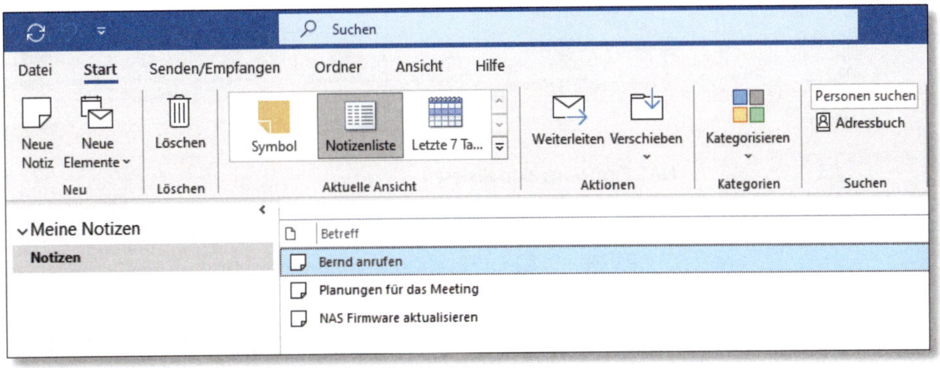

Auch in dieser Ansicht lässt sich eine Notiz per Doppelklick öffnen. Um zur ursprünglichen Ansicht zurückzugelangen, klicken Sie wieder auf **Symbol** in der Gruppe **Aktuelle Ansicht** der Registerkarte **Start**.

INFO

Notizen löschen
Löschen Sie eine nicht mehr benötigte Notiz, indem Sie diese zunächst mit einem Klick markieren und Entf drücken. Alternativ können Sie die Notiz auch mit rechts anklicken und im Kontextmenü auf **Löschen** klicken.

30.2 Notizen in Kalendereinträge exportieren

Notizen dienen in Outlook jedoch nicht ausschließlich als Erinnerungshilfen (siehe Abschnitt 30.1, »Notizen erstellen und verwalten«, ab Seite 809). Auf Grundlage einer Notiz kann nämlich auch ein Kalendereintrag verfasst werden. Im Fuß der Notiz wird Ihnen beim Erstellen immer das aktuelle Datum sowie die Uhrzeit angezeigt. Diese Angaben können Sie dazu nutzen, um daraus einen Kalendereintrag zu generieren. Falls Sie in diesem Zusammenhang Datum und Uhrzeit noch anpassen möchten, können Sie das ebenfalls tun. Denn in der Praxis wird ja meist eine andere Terminierung benötigt als die, die zum Zeitpunkt der Notizenerstellung gültig gewesen ist.

1 Im ersten Schritt müssen Sie zunächst die Notiz markieren, aus der Sie einen Kalendereintrag erstellen wollen.

2 Klicken Sie auf die Schaltfläche **Verschieben** in der Gruppe **Aktionen** der Registerkarte **Start**. Im Auswahlmenü klicken Sie auf den Eintrag **Kalender**.

3 Damit wird das Terminfenster zur Verfügung gestellt, in dem die Überschrift der Notiz bereits als **Titel** eingefügt worden ist. Fügen Sie weitere Informationen hinzu, bzw. passen Sie diese an. So ist es beispielsweise jetzt empfehlenswert, Datum und Uhrzeit entsprechend festzulegen.

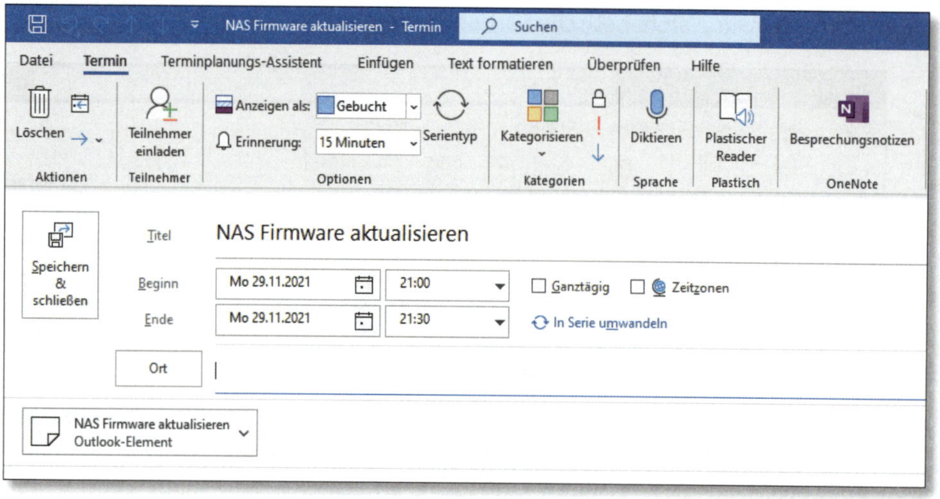

4 Beachten Sie, dass Outlook automatisch im Auswahlfeld **Erinnerung** in der Gruppe **Optionen** der Registerkarte **Termin** eine Einstellung vorgibt. Wenn Sie damit einverstanden sind, dass Ihnen eine Viertelstunde vor dem Termin ein Erinnerungsfenster angezeigt wird, müssen Sie hier nichts ändern. Anderenfalls passen Sie den Erinnerungszeitpunkt an oder deaktivieren die Funktion, indem Sie im Menü die Option **Ohne** auswählen.

5 Sobald Sie auf **Speichern & schließen** in der Gruppe **Aktionen** der Registerkarte **Termin** klicken, wird der Termin im Kalender angelegt. Darüber hinaus wird allerdings auch die ursprüngliche Notiz aus dem Aufgabenbereich **Notizen** entfernt.

6 Falls Sie irgendwelche Änderungen an der Notiz vorgenommen haben, ist abschließend noch eine Kontrollabfrage mit **Ja** zu bestätigen.

7 Wechseln Sie anschließend in die Ansicht **Kalender**, indem Sie `Strg`+`2` drücken, und überprüfen Sie den angelegten Termin.

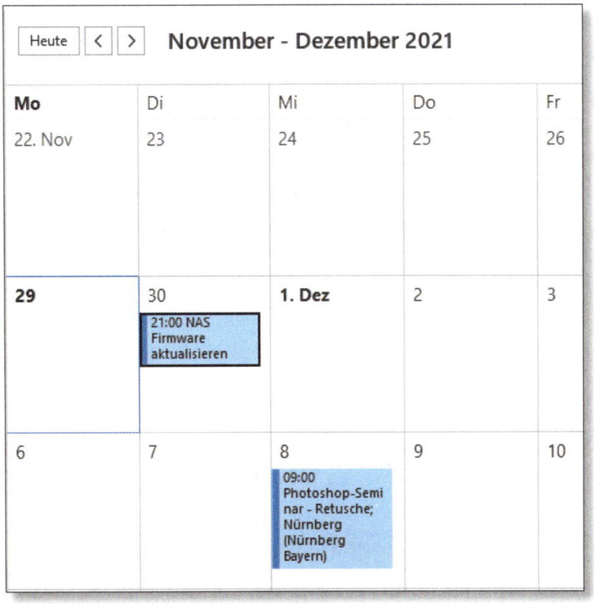

Die Notiz ist nun dort gespeichert und kann fortan wie jeder herkömmliche Termin bearbeitet werden. Lesen Sie dazu Abschnitt 29.2, »Mit Terminen arbeiten«, auf Seite 790.

INFO

Notizen per E-Mail weiterleiten

Auch das Versenden einer Notiz als E-Mail lässt sich mit Outlook ruckzuck erledigen. Markieren Sie die Notiz, und klicken Sie anschließend auf den Button **Weiterleiten** in der Gruppe **Aktionen** der Registerkarte **Start**. Tragen Sie in das Feld **An** die Empfängeradresse ein, und klicken Sie danach auf die Schaltfläche **Senden**. Die Notiz wird dabei übrigens als Anlage mitgeliefert.

30.3 Outlook mit OneNote verknüpfen

Wenn es um Notizen, Planungen, Recherchen und dergleichen geht, ist die Software *OneNote* allererste Wahl. Sie ist zwar aktuell nicht mehr Bestandteil von Office, wird jedoch über Windows 10 weiterhin angeboten. Zudem bleibt eine eventuell bereits vorhandene alte Version erhalten, wenn Sie ein Upgrade auf Office 2021 durchführen. Nicht zuletzt gibt es OneNote auch als Online-App. Beide Versionen sollen Sie im Folgenden kennenlernen.

Man darf von der Zusammenarbeit zwischen Outlook und OneNote keine Wunder erwarten. Aber ein paar grundlegende Aufgaben lassen sich dennoch realisieren. So kann beispielsweise aus OneNote heraus eine Outlook-Aufgabe generiert werden. Umgekehrt kann eine Notiz oder auch ein Termin an OneNote übergeben werden. Lesen Sie in den folgenden Abschnitten, wie Sie dabei vorgehen.

Notizen und Termine an OneNote übergeben

Die Übergabe von Outlook-Notizen an eine auf dem PC installierte OneNote-App ist denkbar einfach. Im Prinzip lässt sich hier alles intuitiv und mit Komfort per Drag & Drop erledigen.

1. Öffnen Sie Outlook und OneNote. Stellen Sie beide Anwendungen nebeneinander.
2. Innerhalb von Outlook gehen Sie nun in den Bereich **Notizen** (Strg+5). Alternativ zu den Notizen dürfen auch Termine an OneNote übergeben werden. In diesem Fall müssen Sie jedoch den Aufgabenbereich **Kalender** zugänglich machen (Strg+2).
3. Klicken Sie in Outlook mit rechts auf eine Notiz ①, und wählen Sie **Kopieren**. In OneNote führen Sie einen Rechtsklick an einer freien Stelle in der Mitte der Anwendung aus und entscheiden sich anschließend für **Einfügen**. Daraufhin wird die Notiz in OneNote integriert.

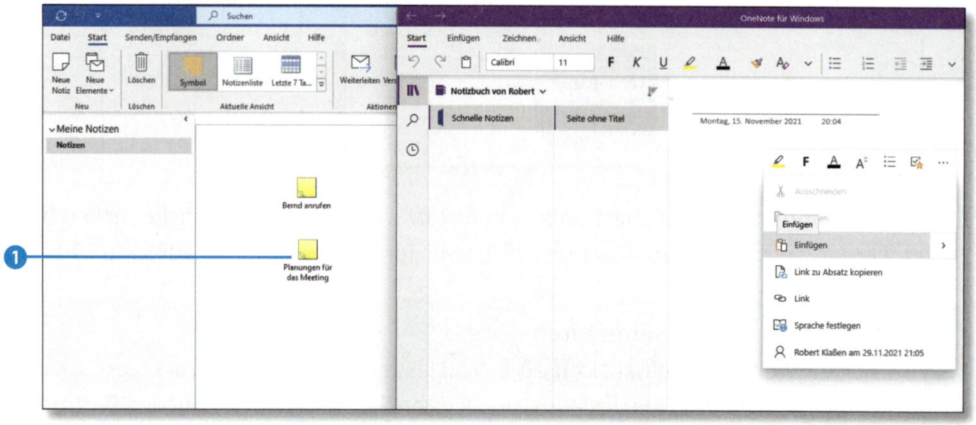

Innerhalb von OneNote kann die Notiz nun mit einem Doppelklick editiert werden.

> **INFO**
> **Unterschiedliche Arbeitsoberflächen**
> Bitte beachten Sie, dass es Unterschiede in der Oberflächenansicht gibt – und zwar je nachdem, ob Sie OneNote von Windows 10 oder nach einem Update auf Office 2021 nutzen.

Besprechungsnotizen an OneNote übergeben

Sollten Sie keine Desktop-Version von OneNote Ihr Eigen nennen, ist dies dennoch kein Grund zum Verzweifeln. OneNote steht Ihnen auch per Online-App zur Verfügung. Diese Version möchte ich Ihnen im Folgenden ebenfalls vorstellen. Wir werden dazu einen Termin ansetzen und diesen an OneNote übergeben.

1. Starten Sie im Kalenderbereich von Outlook einen neuen Termin, eine neue Besprechung oder Besprechungsanfrage, indem Sie ein Datum mit rechts anklicken und den entsprechenden Eintrag aus dem Kontextmenü aussuchen. Wir entscheiden uns hier beispielhaft für **Neuer Termin**.

2. Nachdem Sie den Titel, die Uhrzeit und wenn gewünscht einen Ort festgelegt haben, klicken Sie im Terminfenster auf **Besprechungsnotizen**. Sollte keine derartige Schaltfläche vorhanden sein, befolgen Sie die Anweisungen im Kasten »Die Schaltfläche ›Besprechungsnotizen‹ ist nicht vorhanden?« auf Seite 817.

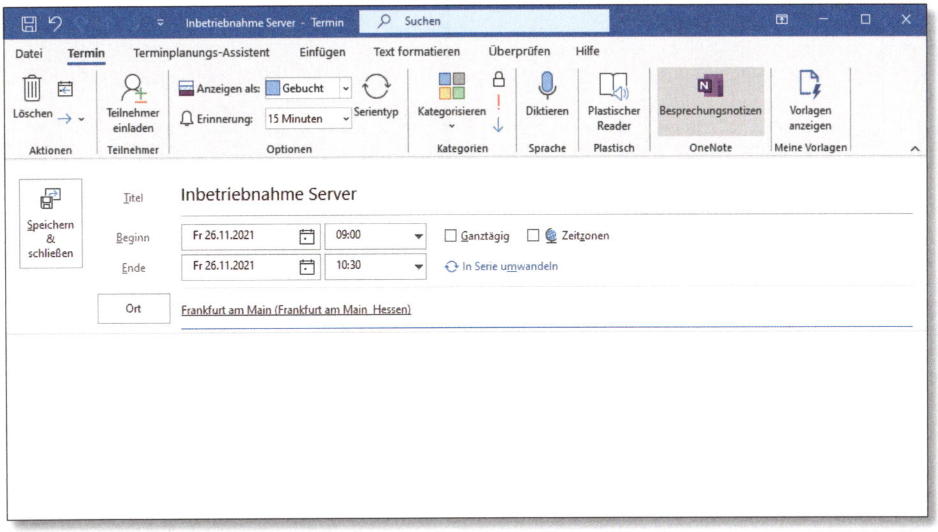

3. Zunächst einmal müssen Sie sich jetzt bei OneNote anmelden. Geben Sie Ihre Zugangsdaten ein, und erlauben Sie OneNote den Zugriff auf Ihre Notizen und Termine. Nachdem das erledigt ist, klicken Sie rechts im Fenster **An OneNote senden** auf **Speichern**.

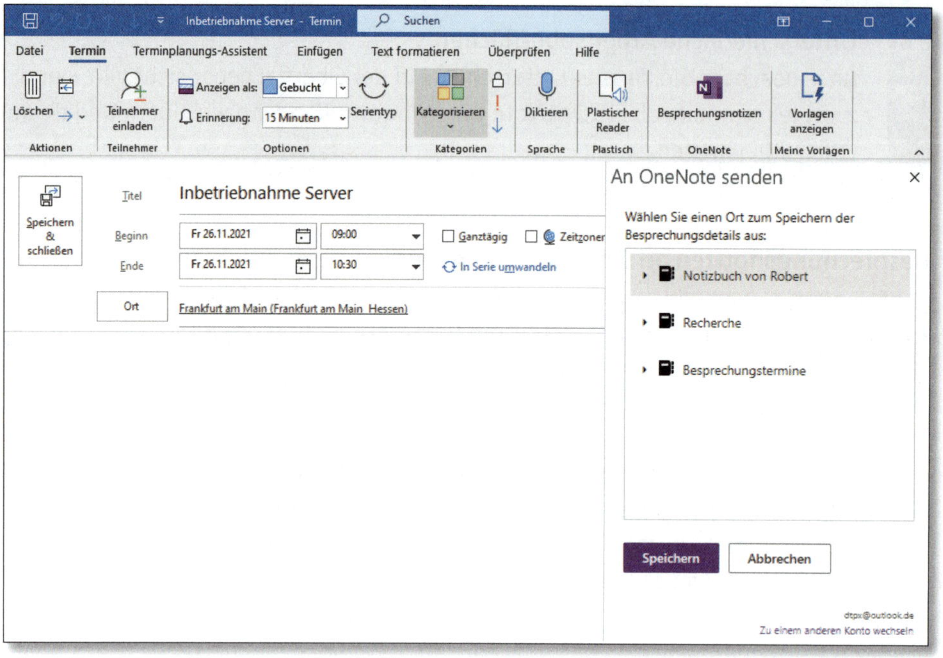

4 Die Erfolgsmeldung bleibt nicht lange aus. Sobald **Gespeichert** angezeigt wird, dürfen Sie auf **In OneNote öffnen** gehen.

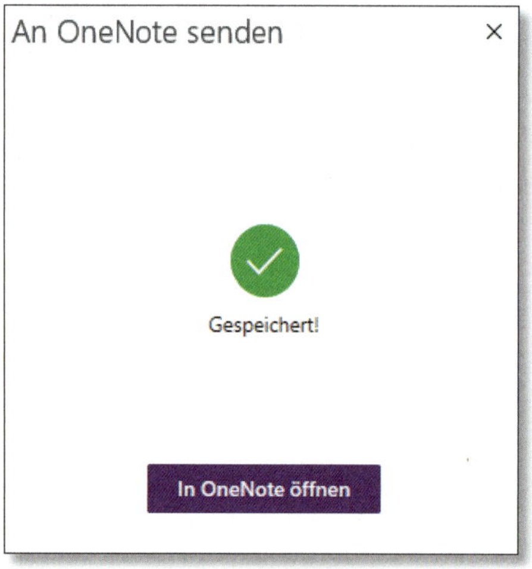

5 Nun erfolgt die Verbindung mit *OneNote Online* mithilfe eines Standardbrowsers (z. B. Edge, Firefox, Opera usw.). Der Termin ist bereits integriert worden. Auch der Weiterverarbeitung in der Desktop-App von OneNote steht nichts im Wege. Dazu führen Sie einen Mausklick auf der Schaltfläche **In Desktop-App öffnen** aus oder wählen das Menü **Datei**. Auch dort wartet der Befehl **In Desktop-App bearbeiten**.

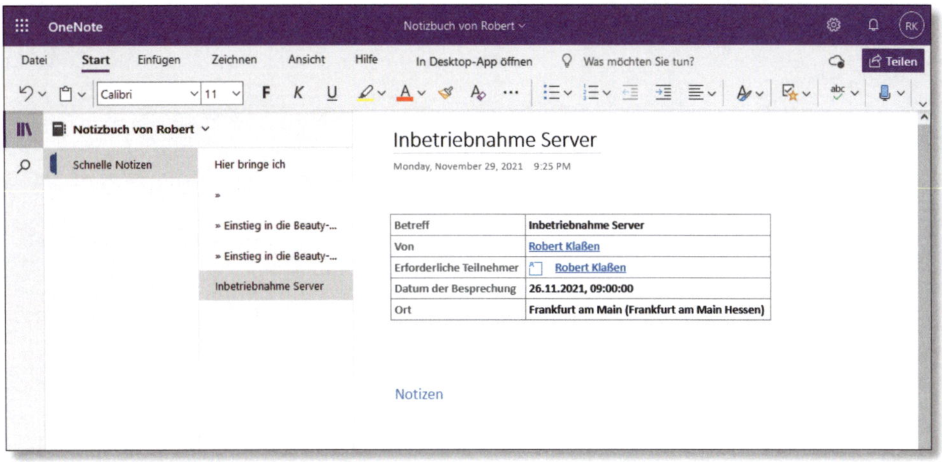

6 Des Weiteren besteht die Möglichkeit, den Inhalt Ihres Notizbuchs mit anderen zu teilen. Klicken Sie auf **Teilen**, und entscheiden Sie danach, wer Einblick in Ihr Notizbuch nehmen darf.

Der **Teilen**-Button verhält sich hier exakt so wie in allen anderen Apps. Durch den folgenden Dialog sind Sie imstande, einen Link zu generieren, diesen zu versenden und die Erlaubnis zur Bearbeitung des Notizbuchs entweder zu erteilen oder zu versagen.

INFO

Die Schaltfläche »Besprechungsnotizen« ist nicht vorhanden?
Ist der Button **Besprechungsnotizen** in der gleichnamigen Gruppe der Registerkarte **Termin** nicht vorhanden, schließen Sie zunächst Outlook. Danach öffnen Sie OneNote. Nachdem OneNote erstmals geöffnet worden ist, sollte es fortan auch die Schaltfläche **Besprechungsnotizen** in Outlook geben.

Kapitel 31
Outlook im Team einsetzen

Wenn es darum geht, sich gegenseitig auf dem Laufenden zu halten, kann Outlook seine Teamfähigkeit unter Beweis stellen. Verabreden Sie sich mit den Kollegen zu Meetings, versenden Sie Besprechungsanfragen, und gestatten Sie einen Blick in Ihren Kalender – natürlich nur, wenn Sie das wollen.

31.1 Mit Besprechungsanfragen arbeiten

Besprechungsanfragen werden an Personen versendet, die, wie der Name schon sagt, an einer Besprechung oder Ähnlichem teilnehmen sollen. Auf diese Weise können Sie Ihre Terminplanung bequem mit Outlook ausführen.

Eine Besprechungsanfrage versenden

Hier erfahren Sie, wie Sie eine Besprechungsanfrage erzeugen und diese an die gewünschten Teilnehmer versenden. Wie eine derartige Anfrage entgegengenommen wird, ist hingegen Thema des darauf folgenden Unterabschnitts.

1. Aktivieren Sie den Aufgabenbereich **Kalender** (Strg+2), und klicken Sie auf die Schaltfläche **Neue Besprechung** in der Gruppe **Neu** der Registerkarte **Start**.
2. Als Nächstes geben Sie der Besprechung einen Namen und klicken danach auf die Schaltfläche **Erforderlich**, um Teilnehmer auszuwählen, die dieser Besprechung in jedem Fall beiwohnen sollen. Wer nicht wirklich dringend dabei sein muss, wird über den Schalter **Optional** hinzugefügt.
3. Legen Sie die Zeiten fest, zu denen die Besprechung beginnen und enden soll, und wählen Sie einen Ort aus, sofern dies jetzt bereits absehbar ist. Anschließend klicken Sie auf **Senden**. Sollten Sie keinen Ort angegeben haben, fragt Outlook sicherheitshalber noch einmal nach, ob die Besprechungsanfrage tatsächlich ohne Ortsangabe vonstattengehen soll. Bestätigen Sie dies entweder mit **Trotzdem senden**, oder wählen Sie **Nicht senden**, fügen Sie einen Ort hinzu und senden Sie die Nachricht anschließend erneut.

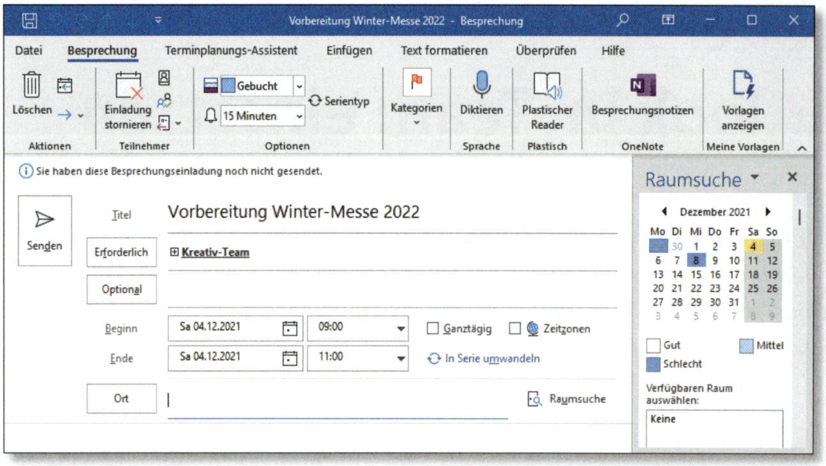

Jetzt wird die Besprechungsanfrage an alle gelisteten Empfänger versandt. Nicht nur die direkten Teilnehmer, sondern auch die in den Ressourcen genannten Verantwortlichen erhalten diese Post.

Eine Besprechungsanfrage entgegennehmen

Die im vorangegangenen Abschnitt erzeugte Besprechungsanfrage landet im E-Mail-Postfach der Empfänger. Diese haben nun Gelegenheit, darauf zu reagieren.

1 Wenn Sie Empfänger einer Besprechungsanfrage sind, markieren Sie die Nachricht im Ansichtsbereich des Aufgabenbereichs **E-Mail**. Der Inhalt wird daraufhin rechts im Lesebereich angezeigt.

2 Dort haben Sie die Möglichkeit, direkt auf die Anfrage zu antworten. Klicken Sie dazu auf die Drei-Punkte-Schaltfläche. Wenn Sie dem Ersteller antworten möchten, klicken Sie auf **Antworten**, wenn die Antwort hingegen an alle gehen soll (also auch an die, die ebenfalls eingeladen sind), entscheiden Sie sich für **Allen antworten**.

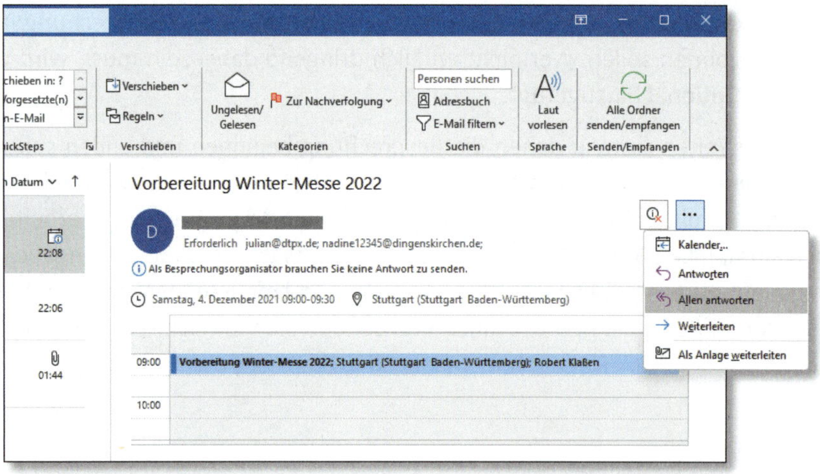

3 Wohl gemerkt: Die Antwort-Funktion ist in diesem Fall optional. Interessanter ist die Tatsache, dass der Termin automatisch in den Kalender des Empfängers eingebucht wurde. Wählen Sie den obersten Eintrag des Flyout-Menüs, **Kalender**, navigieren Sie direkt zum Termin. **Allen mit E-Mail-Nachricht antworten** schließt neben dem Versender übrigens auch alle Empfänger der ursprünglichen Nachricht mit ein.

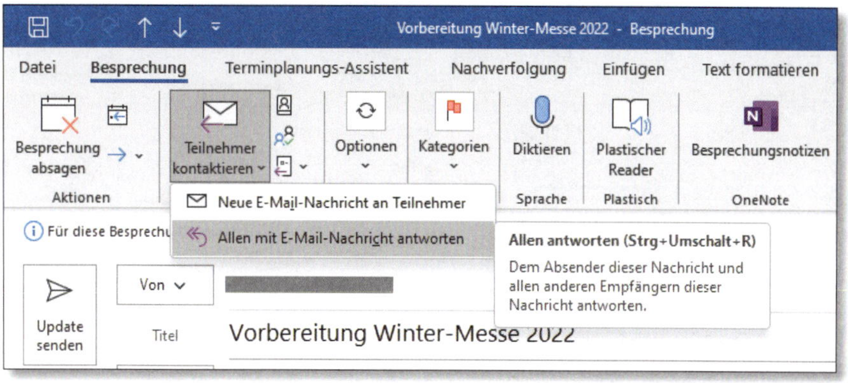

Um Anfragen in der beschriebenen Art und Weise durchführen und steuern zu können, ist übrigens nicht mehr zwingend ein Outlook-Konto erforderlich. Auch andere E-Mail-Programme können auf die beschriebene Weise einbezogen werden – solange Sie Outlook verwenden.

> **INFO**
>
> **Konflikte beachten**
> Für den Fall, dass es einen Konflikt mit einem anderen Termin geben sollte, erhalten Sie im Infobereich der E-Mail einen entsprechenden Hinweis. In diesem Fall könnten Sie auch auf die Schaltfläche **Andere Zeit vorschlagen** klicken. Im Auswahlmenü können Sie dann zwischen den Optionen **Mit Vorbehalt und andere Zeit vorschlagen** oder **Ablehnen und andere Zeit vorschlagen** wählen.

31.2 Abstimmungen erstellen

Unterschiedliche Meinungen können ein Projekt bereichern. Doch am Ende muss in der Regel eine Entscheidung getroffen werden. Wollen Sie den einen oder anderen an dieser Entscheidung teilhaben lassen, können Sie ihn zu einer Abstimmung einladen. Stellen Sie dazu bestimmten Personen eine Abstimmungsfrage. Das können Sie prima per E-Mail erledigen. Die Empfänger antworten daraufhin mit ihrer Stimme auch per E-Mail.

1 Um eine Abstimmung zu erzeugen, klicken Sie im Aufgabenbereich **E-Mail** auf die Schaltfläche **Neue E-Mail** in der Gruppe **Neu** der Registerkarte **Start**.

2 Klicken Sie im Nachrichtenfenster auf die Schaltfläche **Abstimmungsschaltfl. verwenden** in der Gruppe **Verlauf** der Registerkarte **Optionen**. Wählen Sie im Menü der Schaltfläche eine der angebotenen Optionen aus, je nach Gestaltung Ihrer Abstimmung. Die Option **Benutzerdefiniert** erläutere ich Ihnen im Anschluss an diese Anleitung auf Seite 823.

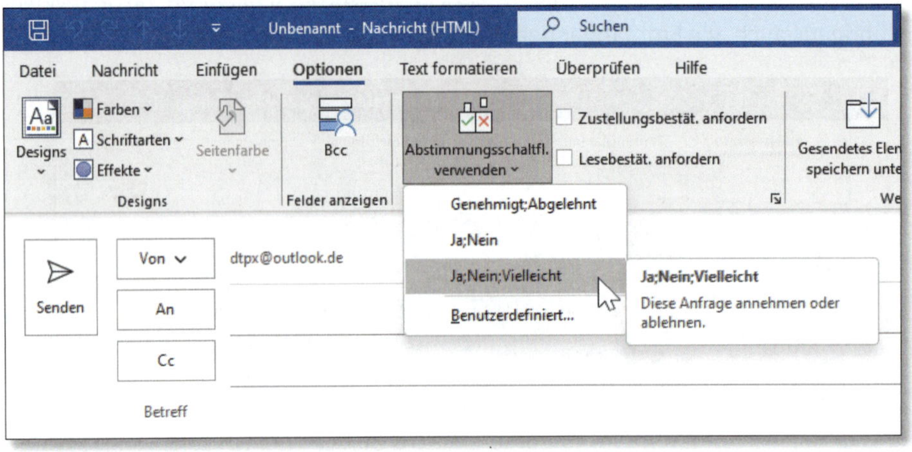

3 Legen Sie in den entsprechenden Feldern Empfänger und Betreff fest, und schicken Sie die Nachricht mit einem Klick auf **Senden** ab.

4 Der Empfänger der Abstimmungsnachricht kann nun anhand einer entsprechenden Info ❶ beim Aufrufen der E-Mail im Lesebereich erkennen, dass es sich bei dieser Nachricht um eine Abstimmung handelt. Er muss diese Info nun anklicken, um an der Abstimmung teilzunehmen.

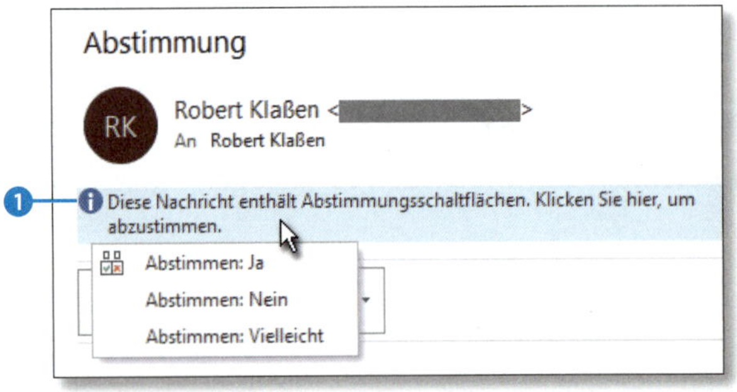

5 Das hat zur Folge, dass sich ein Menü öffnet, in dem genau die Antworten vorgegeben sind, die der Absender der Abstimmung zuvor ermöglicht hat. Per Klick kann sich der Empfänger nun entscheiden. Bei geöffnetem Nachrichtenfenster kann der Empfänger auf die Schaltfläche **Abstimmen** in der Gruppe **Antworten** klicken und sich dort ebenfalls entscheiden.

6 Wenn der Empfänger der Abstimmungsanfrage seiner Stimmabgabe keine weiteren Informationen hinzufügen möchte, kann er **Antwort sofort senden** aktiv lassen und unmittelbar auf **OK** klicken.

7 Nur am Rande sei noch erwähnt, dass der ursprüngliche Absender der Abstimmung sogleich per E-Mail über das Votum des Teilnehmers informiert wird. Interessant wird das Ganze allerdings erst, wenn es darum geht, ein Gesamtergebnis anzeigen zu lassen. Denn meist nehmen ja mehrere Personen an einer Abstimmung teil. Das kann der Initiator machen, indem er innerhalb einer Antwortmail auf das Abstimmungsergebnis des Teilnehmers klickt und anschließend erneut auf **Abstimmungsresultate anzeigen**.

Das Resultat des letzten Schrittes ist, dass sich ein Nachrichtenfenster öffnet, in dem nun alle Abstimmungsrückmeldungen, die bereits eingetroffen sind, in einer Liste gesammelt abgelesen werden können.

Wie bereits in Schritt 2 auf Seite 822 erwähnt, haben Sie beim Hinzufügen von Abstimmungsschaltflächen auch die Möglichkeit, die Option **Benutzerdefiniert** auszuwählen. In diesem Fall öffnet sich das Dialogfenster **Eigenschaften**, mit dem sich die Abstimmungsschaltflächen individuell benennen lassen. Dazu müssen Sie in der Zeile **Abstimmungsschaltflächen verwenden** ❶ Begriffe ohne Leerzeichen, jedoch durch Semikolon getrennt, eingeben. Zudem können Sie festlegen, dass jemand anderes als Sie selbst die Abstimmungsergebnisse erhält. Dazu müssen Sie im Bereich **Übermittlungsoptionen** die Checkbox **Antworten senden an** ❷ aktivieren. Den Empfänger wählen Sie aus, indem Sie auf die Schaltfläche **Namen auswählen** klicken. Diese Funktion setzt allerdings Microsoft Exchange voraus. Alternativ tippen Sie in das nebenstehende Eingabefeld eine E-Mail-Adresse ein. Beenden Sie Ihre Eingabe mit einem Klick auf **Schließen**.

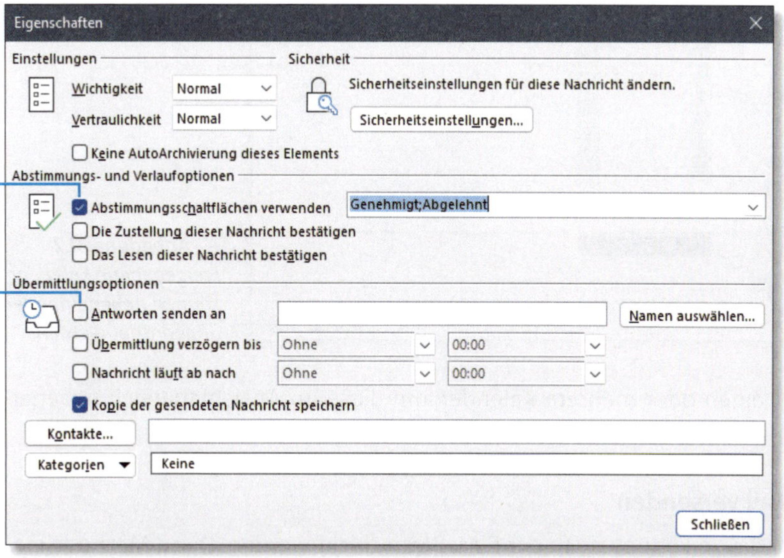

Abbildung 31.1 *Mit diesem Dialog erreichen Sie mehr Individualität.*

31.3 Kalender freigeben und versenden

Wenn es um die Planung verschiedener Vorgänge geht, kann es erforderlich werden, Kalender freizugeben. Die Freigabe kann beispielsweise eine Auftragsabwicklung oder die Urlaubsplanung begünstigen. Der Planer kann dann in den Kalendern der Teilnehmer sehen, wann diese zur Verfügung stehen bzw. wann sie mit anderen Aufträgen beschäftigt sind.

Kalender in Outlook freigeben

Wenn Sie über Microsoft Exchange verfügen, können Sie den eigenen Kalender für Kollegen freigeben, die ebenfalls mit Outlook arbeiten oder ein Konto bei *Outlook.com* unterhalten. Im Aufgabenbereich **Kalender** klicken Sie auf **Kalender teilen** in der Gruppe **Kalender verwalten** der Registerkarte **Start**. Beachten Sie, dass auch der Kollege, der den Kalender einsehen möchte, mit Microsoft Exchange arbeiten muss. Freigegebene Kalender werden Ihnen innerhalb des **Kalender**-Aufgabenbereichs unten links in der Ordnerleiste angezeigt.

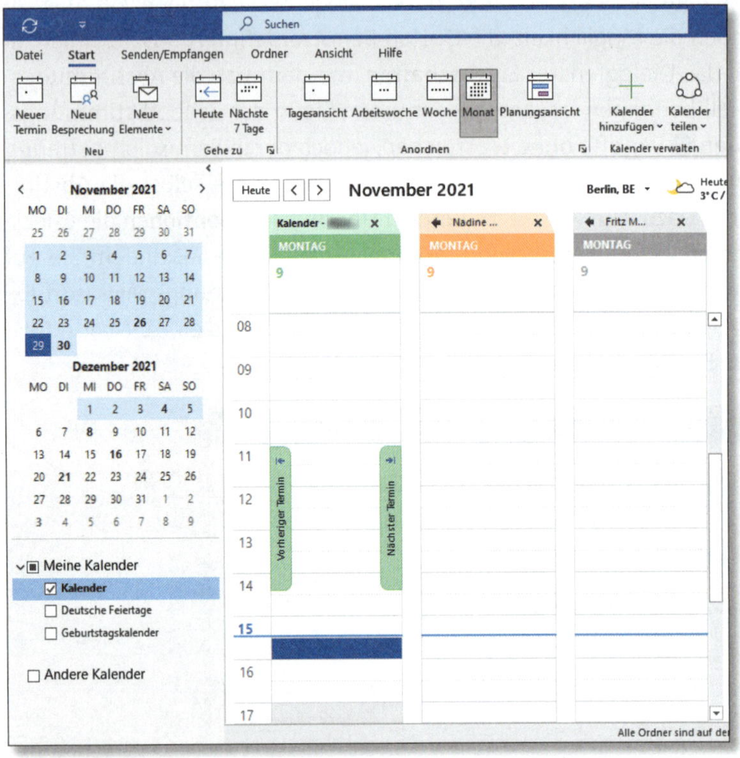

Abbildung 31.2 Freigegebene Kalender können nebeneinander angeordnet werden.

Aktivieren Sie dort einen oder mehrere Kalender, um diese im Ansichtsbereich nebeneinander oder neben Ihrem eigenen Kalender anzeigen zu lassen.

Kalender per E-Mail versenden

Kalender oder Teile davon können auch per E-Mail verschickt werden. Diese Methode eignet sich vor allem auch für Empfänger, die nicht mit Outlook arbeiten.

1 Öffnen Sie den Aufgabenbereich **Kalender** (`Strg`+`2`), und markieren Sie zunächst in der linken Spalte (**Meine Kalender**) den Kalender, den Sie versenden wollen.

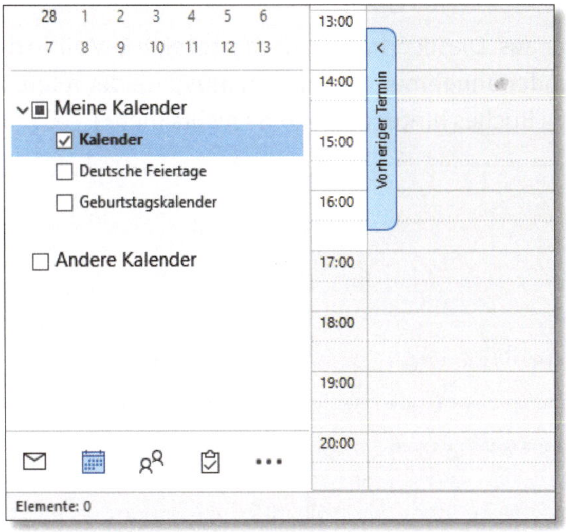

2 Klicken Sie auf die Schaltfläche **Kalender teilen**, und wählen Sie eine darin gelistete E-Mail-Adresse. Sollte noch für keine Person eine Freigabe erteilt worden sein, klicken Sie zunächst auf den Listeneintrag **Kalender**. Lassen Sie einen Klick auf **Hinzufügen** folgen, und selektieren Sie den Eintrag in Ihrer Kontakte-Liste, dem Sie Zugang zu Ihrem Kalender gewähren wollen.

3 Anschließend legen Sie die Berechtigung fest. Soll die ausgewählte Person den Kalender lediglich einsehen können, müssen Sie nichts weiter unternehmen. Wenn Sie jedoch wollen, dass die Person den Kalender auch bearbeiten darf, müssen Sie unter **Berechtigungen** noch auf **Kann bearbeiten** klicken, ehe Sie den Dialog mit **OK** verlassen.

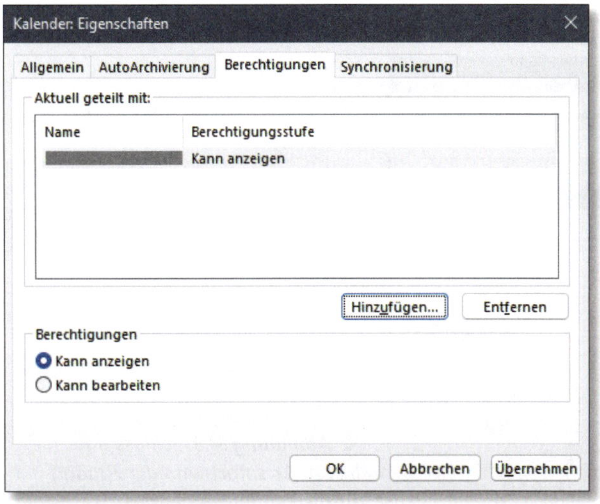

31

4 Es ist ein wenig befremdlich, aber damit ist die Arbeit bereits erledigt. Zugegeben, irgendwie wartet man auf eine Bestätigung, jedoch erfolgt diese nicht – zumindest nicht bei der Person, die soeben ihren Kalender freigegeben hat.

5 Anders sieht das beim Empfänger aus. Dieser erhält nämlich jetzt eine E-Mail, in der er auf (man höre und staune) **Kalender annehmen und** klicken muss. (Leider folgte zum Zeitpunkt der Drucklegung dieses Buches hinter dem »und« nichts mehr.)

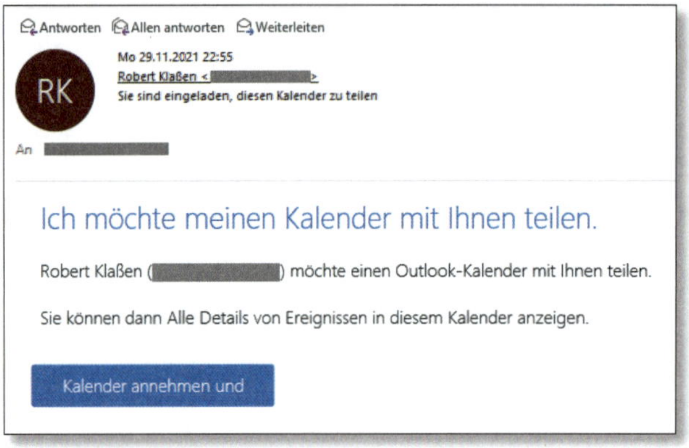

Damit steht der Kalender jetzt gemäß Ihren Vorgaben zur Verfügung. Der Empfänger kann ihn sich im Lesebereich anzeigen lassen und, falls Sie es erlaubt haben, auch selbst Eintragungen vornehmen.

Kalender-Zugang widerrufen

Wenn Sie eines Tages sagen: »Die Zeit ist reif, den Kalender-Zugang zu unterbinden«, dann klicken Sie bitte erneut auf **Kalender teilen** in der Gruppe **Kalender verwalten** des Kalender-Startmenüs und wählen abermals den Untereintrag **Kalender** an. Markieren Sie den Namen des Noch-Zugriffsberechtigten oben im Feld **Aktuell geteilt mit**, und wählen Sie anschließend **Entfernen** aus. Vergessen Sie nicht, den Vorgang noch mit **OK** zu bestätigen.

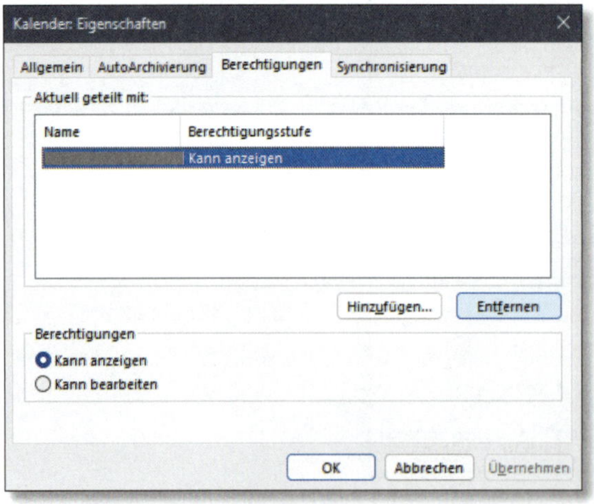

Abbildung 31.3 *Schluss mit lustig! Ab sofort wird der Zugang zum Kalender verwehrt.*

Sie müssen übrigens jetzt nicht befürchten, eine gute Freundschaft zu verlieren, denn eine neuerliche Meldung per E-Mail, dass der Zugriff aufgehoben wurde, bleibt aus.

31.4 Termine und Besprechungseinträge per E-Mail senden

Im Unterabschnitt »Besprechungsnotizen an OneNote übergeben« auf Seite 815 bereits erfahren, wie Sie einen Besprechungstermin unter Zuhilfenahme von OneNote übermitteln können. Außerdem haben wir zu Beginn dieses Kapitels bereits Besprechungstermine erzeugt. Jetzt gehen wir noch einen Schritt weiter und erzeugen eine Besprechung aus einem bereits vorhandenen Termin.

1. Begeben Sie sich in den Aufgabenbereich **Kalender** ([Strg]+[2]), und markieren Sie einen vorhandenen Termin oder eine Besprechung. Alternativ erzeugen Sie einen neuen Termin.
2. Geben Sie zunächst in **Erforderlich** oder **Optional** einen Empfänger ein. Klicken Sie danach auf die Schaltfläche **Teilnehmer einladen** in der Gruppe **Teilnehmer** der Registerkarte **Termin**. Sofern Sie zuvor eine Besprechung und keinen Termin markiert haben, klicken Sie auf die Schaltfläche **Weiterleiten** in der Gruppe **Aktionen** der Registerkarte **Besprechung**.

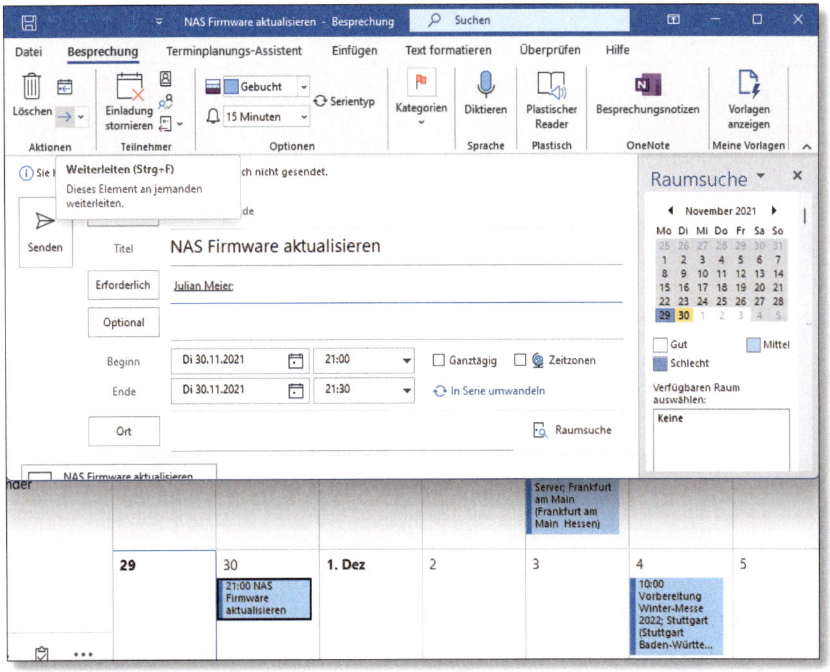

3. Klicken Sie zuletzt auf **Senden**.

Auch in diesem Fall wird der Termin nach Erhalt der E-Mail sofort in den Kalender des Empfängers eingetragen.

Kapitel 32 Die wichtigsten Outlook-Einstellungen

An dieser Stelle beleuchten wir die eine oder andere Funktionsweise in den Outlook-Optionen und werfen einen Blick auf Outlook-spezifische Sicherheitseinstellungen, die Sie in Ihrer täglichen Arbeit mit Outlook beachten sollten.

32.1 Einstellungen zur Arbeit mit Nachrichten

Nutzen Sie die eine oder andere interessante Voreinstellung, die Ihnen Outlook bietet, wenn es um das Schreiben und Lesen von E-Mails geht. Wenn Sie mögen, können Sie beispielsweise die Rechtschreibüberprüfung von Outlook an Ihre persönlichen Bedürfnisse anpassen. Erfahren Sie außerdem, wie Sie mit Desktopbenachrichtigungen und Lesebestätigungen umgehen können.

Rechtschreibung und Grammatik

Die Rechtschreibüberprüfung ist standardmäßig in Outlook aktiviert. Wird innerhalb einer Nachricht etwas geschrieben, was Outlook für falsch hält, wird dies unterstrichen – wie Sie es vermutlich bereits aus Word kennen. Wenn Sie darauf verzichten möchten, deaktivieren Sie die Rechtschreibüberprüfung in den Programmoptionen. Öffnen Sie dazu zunächst die **Outlook-Optionen** (**Datei > Optionen**), und wählen Sie in der linken Spalte die Rubrik **E-Mail**. Klicken Sie oben rechts im Bereich **Nachrichten verfassen** auf den Button **Editoroptionen**.

Wählen Sie im folgenden Dialogfenster **Editoroptionen** links die Rubrik **Dokumentprüfung**, und scrollen Sie etwas nach unten. Klicken Sie im Bereich **Bei der Rechtschreibkorrektur in Outlook** auf die Checkbox **Rechtschreibung während der Eingabe überprüfen**, um die automatische Überprüfung zukünftig zu deaktivieren.

Über die Checkbox **Grammatikfehler während der Eingabe markieren** können Sie entscheiden, ob Sie eine automatische Grammatiküberprüfung wünschen oder nicht. Bestätigen Sie abschließend Ihre Änderungen per Klick auf die Schaltfläche **OK**. Das Dialogfenster **Editoroptionen** wird daraufhin geschlossen, und Sie gelangen zurück zu den **Outlook-Optionen**.

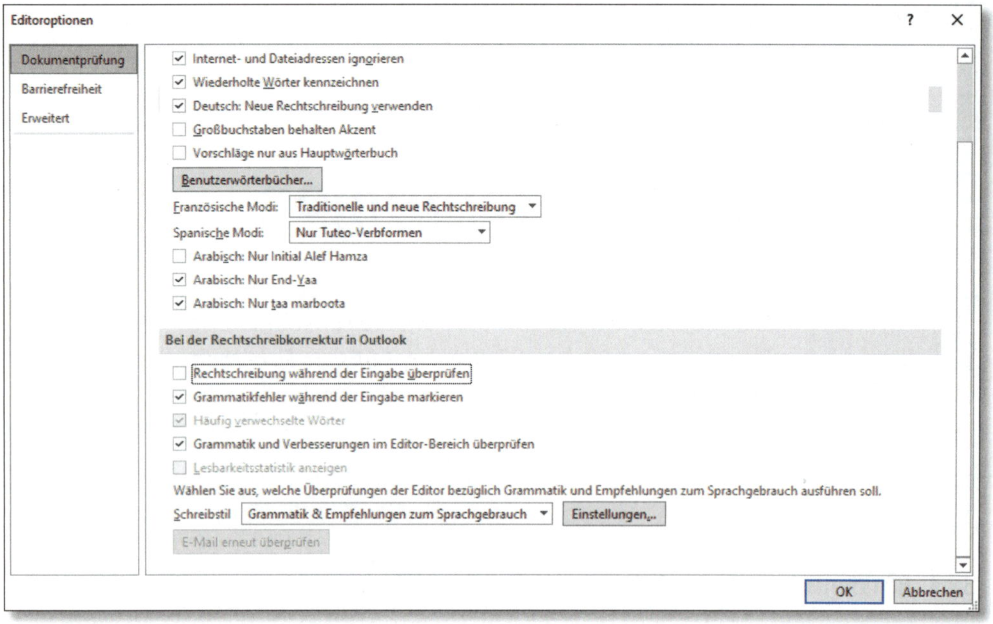

Abbildung 32.1 *Falls die Rechtschreibüberprüfung nervt – schalten Sie sie ab!*

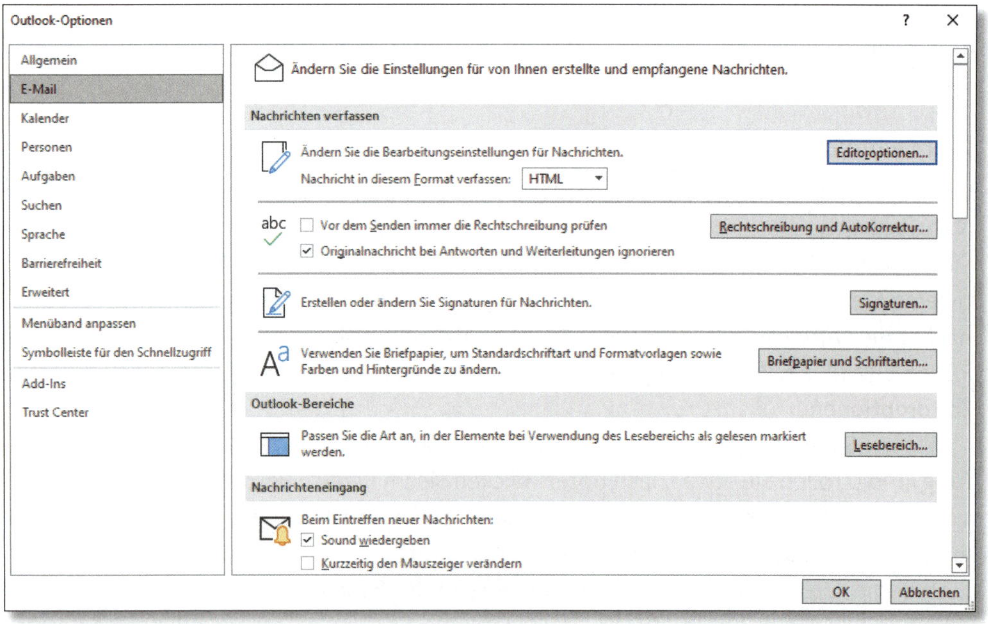

Abbildung 32.2 *Die Outlook-Optionen sind eine Art Schaltzentrale für Voreinstellungen.*

Wenn Sie im Dialogfenster **Outlook-Optionen** die Checkbox **Originalnachricht bei Antworten und Weiterleitungen ignorieren** im Bereich **Nachrichten verfassen** der Rubrik **E-Mail** aktivieren, wird der Text der ursprünglichen Nachricht bei einer Antwort von der Rechtschreibprüfung ausgeklammert. Die Bedeutung dieser Option wird oft von Anwendern falsch interpretiert. Denn die Bezeichnung erweckt bei einigen Anwendern den Eindruck, man könne bei einer Antwort auf eine E-Mail den Text der Originalnachricht ausklammern, wenn man die Funktion deaktiviert. Lesen Sie hierzu den Unterabschnitt »Originalnachricht gestalten« auf der folgenden Seite.

Desktopbenachrichtigungen

Sicher ist Ihnen bereits aufgefallen, dass eine kleine Hinweistafel in der oberen rechten Ecke des Desktops Sie auf das Eintreffen einer neuen E-Mail-Nachricht aufmerksam macht – und zwar auch dann, wenn Sie gerade gar nicht mit Outlook beschäftigt sind. Das ist zwar prinzipiell ganz nützlich, kann aber bei manchen Arbeiten am Computer recht störend sein.

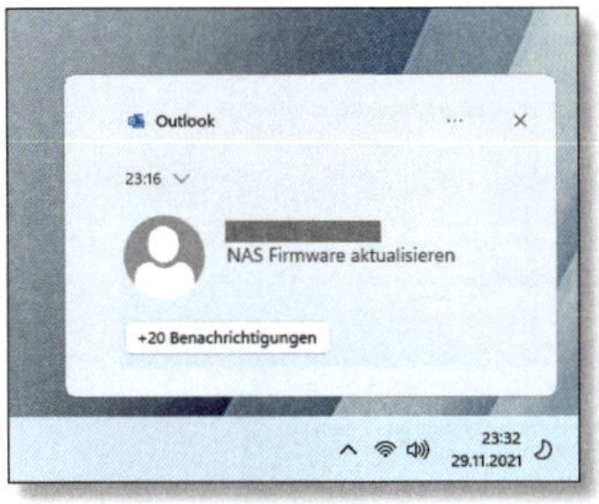

Abbildung 32.3 *Nicht jeder freut sich über Nachrichten auf dem Desktop.*

Sie können die Funktion deshalb deaktivieren, indem Sie im Dialog **Outlook-Optionen** die Checkbox **Desktopbenachrichtigung anzeigen** im Bereich **Nachrichteneingang** der Rubrik **E-Mail** deaktivieren.

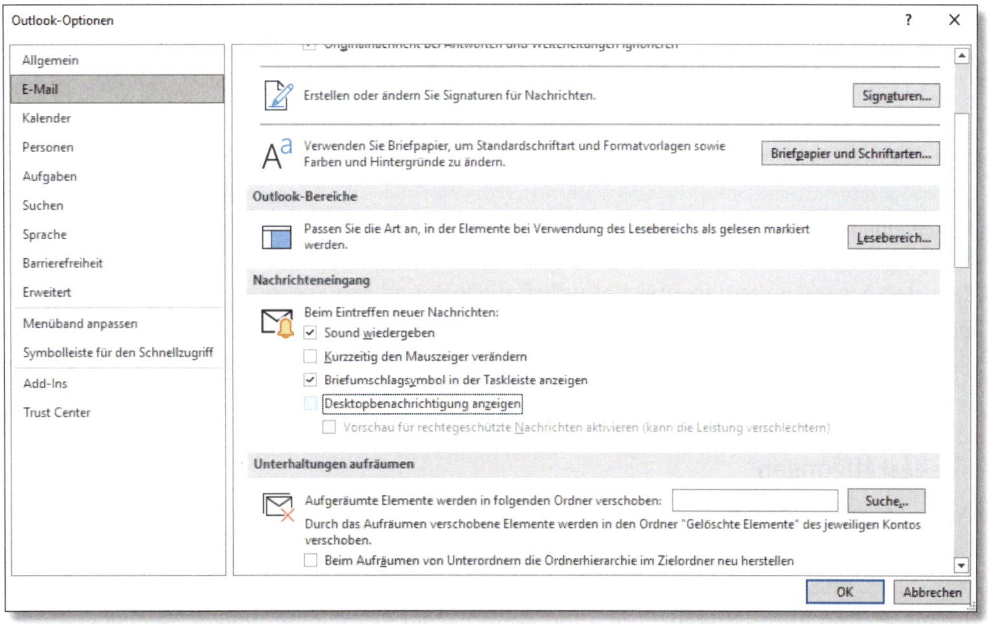

Abbildung 32.4 *Jetzt bleiben die Hinweistafeln außen vor.*

Originalnachricht gestalten

Wenn Sie auf eine Nachricht antworten oder diese an jemand anderen weiterleiten, wird der Text der Originalnachricht automatisch an Ihr Schreiben angehängt. Das ist sinnvoll, denn so bleibt der Schriftverkehr immer nachvollziehbar. Wenn Sie das jedoch nicht wollen, können Sie im Dialog **Outlook-Optionen** das Steuerelement **Beim Antworten auf Nachrichten** im Bereich **Antworten und Weiterleitungen** der Rubrik **E-Mail** umstellen. Die Originalnachricht wird nicht mit gesendet, wenn Sie die Option **Ursprüngliche Nachricht nicht beifügen** wählen.

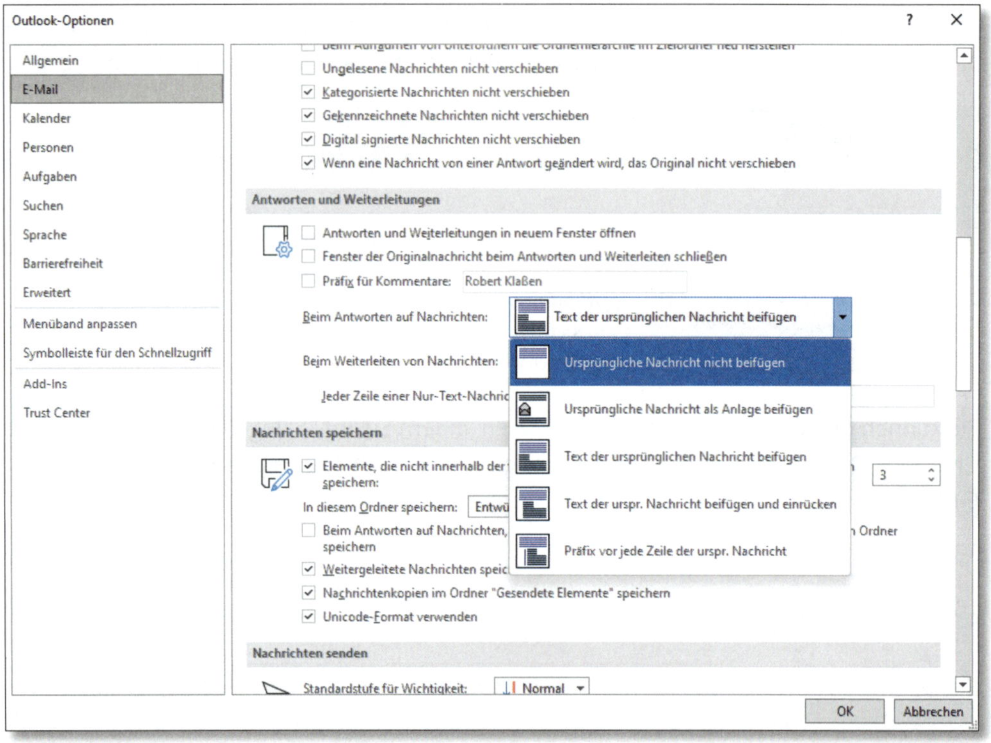

Abbildung 32.5 Was soll mit der Originalnachricht beim Antworten geschehen?

Beachten Sie auch die darunter befindlichen Optionen des Steuerelements **Beim Weiterleiten von Nachrichten**. Antworten und Weiterleitungen können nämlich unabhängig voneinander eingerichtet werden, wobei es im Fall von Weiterleitungen wenig sinnvoll ist, den Text einer Nachricht zu unterdrücken, da Sie ebendiese Nachricht ja weiterleiten wollen.

Lesebestätigungen

Wenn Sie eine Nachricht verschicken, können Sie sich bestätigen lassen, ob Ihre E-Mail wirklich angekommen bzw. gelesen worden ist – sofern zwei Voraussetzungen erfüllt sind: Zum einen müssen der E-Mail-Server des Empfängers sowie dessen eingesetzte Software diese Funktion unterstützen. Zum anderen muss der Empfänger willens sein, eine derartige Bestätigung abzugeben. Denn die Lesebestätigung ist kein Einschreiben mit Rückschein. Der Empfänger kann die Abgabe einer Lesebestätigung auch unterdrücken. Sie übrigens auch. Aktivieren Sie die Funktion **Lesebestätigung, die das Anzeigen der Nachricht durch den Empfänger bestätigt** ❶ im Bereich **Verlauf** der Rubrik **E-Mail** (**Datei > Optionen**), wenn Ihnen eine entsprechende Bestätigung wichtig ist. Diese erfolgt (unter den oben genannten Voraussetzungen) per E-Mail.

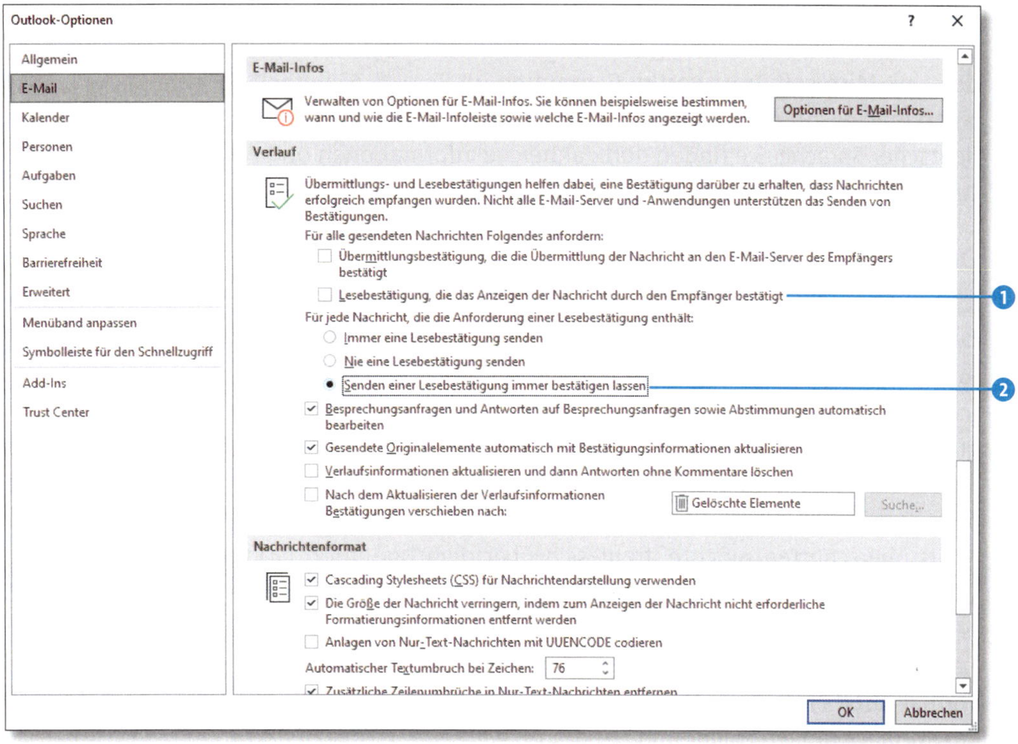

Abbildung 32.6 Lesebestätigungen anfordern und abgeben – mit Outlook ist es möglich.

Sie selbst dürfen (wie auch Ihre Empfänger) frei entscheiden, ob Sie automatisch Lesebestätigungen von Outlook verschicken lassen oder nicht. Die Funktion **Senden einer Lesebestätigung immer bestätigen lassen** ❷ ist eine gute Wahl. Denn dann fragt Outlook im Bedarfsfall nach, ob Sie eine Bestätigung abgeben wollen. Damit wissen Sie zum einen, dass eine Lesebestätigung angefordert worden ist, und können zum anderen individuell entscheiden, ob Sie diese auch wirklich abgeben wollen.

32.2 Sicherheitseinstellungen

Outlook verfügt von Haus aus über durchdachte Sicherheitseinstellungen. Sie müssen sich also prinzipiell um nichts kümmern. Dennoch sollten Sie die eine oder andere Einstellung kennenlernen und selbst entscheiden, ob Sie eventuell mehr Sicherheit für geboten halten.

Datenschutzbestimmungen

Möchten Sie sich über die Datenschutzbestimmungen von Outlook informieren, klicken Sie auf **Datei > Optionen > Trust-Center** und hier auf den Link **Datenschutzbestimmungen für Microsoft Outlook anzeigen** im Bereich **Datenschutz**. Daraufhin öffnen sich die Outlook-Datenschutzbestimmungen im Browser Ihrer Wahl.

Safety & Security

Sie erreichen eine Verbindung mit dem *Microsoft Safety & Security Center*, indem Sie auf den Link **Microsoft Trustworthy Computing** im Bereich **Sicherheit & mehr** klicken. Auch wenn man es aufgrund dieser Begriffe kaum vermuten sollte – die Internetseiten sind in deutscher Sprache. Sie finden dort zahlreiche Informationen und Hilfetools zur Verbesserung der Sicherheit Ihres Computers.

Outlook-Sicherheit

Klicken Sie auf den Button **Einstellungen für das Trust Center** in der Rubrik **Trust Center** der **Outlook-Optionen**, so gelangen Sie automatisch in die Rubrik **Automatischer Download** des Dialogfensters **Trust Center**. Die oberste Checkbox bewirkt, dass Bildmaterial, das in Nachrichten eingebettet ist, nicht automatisch heruntergeladen wird. Ihnen wird dann zunächst nur der Nachrichtentext angezeigt. Denn es ist so, dass der Absender durch das Herunterladen von Bildmaterial seinerseits Informationen darüber gewinnen kann, ob Ihre E-Mail-Adresse »funktioniert« – d. h., ob diese gültig ist. Jemand, der Sie mit Junk-Mails überschütten möchte, freut sich über derartige Informationen. Ist diese oberste Checkbox jedoch aktiv, machen Sie dem Spam-Versender einen Strich durch die Rechnung.

Auf der Seite **E-Mail-Sicherheit** des Dialogs **Trust Center** ist jedem, der viel Post aus unbekannten Quellen erhält, zu empfehlen, die Funktion **Standardnachrichten im Nur-Text-Format lesen** im Bereich **Als Nur-Text lesen** zu aktivieren. In diesem Fall werden nämlich Textformatierungen, Bilder und Hyperlinks ganz einfach deaktiviert.

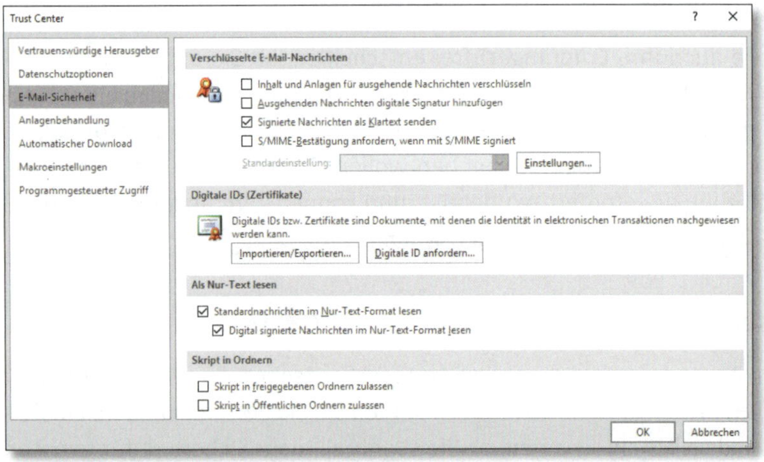

Abbildung 32.7 *Die höchste Sicherheit wird im Nur-Text-Format erreicht.*

Dabei gilt jedoch: Sollte der Absender eine digitale Signatur hinzugefügt haben, wird die E-Mail nicht mehr im Nur-Text-Format angezeigt. Wenn Sie jedoch genau das wollen – also auf jeden Fall das Nur-Text-Format unabhängig davon verwenden, ob eine Signatur beigefügt ist oder nicht –, müssen Sie auch die darunter befindliche Checkbox **Digital signierte Nachrichten im Nur-Text-Format lesen** anwählen.

Nachrichten verschlüsseln

Die Option **Inhalt und Anlagen für ausgehende Nachrichten verschlüsseln** in der Rubrik **E-Mail-Sicherheit** des Dialogs **Trust Center** bewirkt, dass der Text vor dem Senden verschlüsselt wird und beim Empfänger auch zunächst in verschlüsselter Form eintrifft. Eine digitale ID macht es ihm jedoch möglich, diesen Text zu lesen. Damit das Ganze funktioniert, müssen sowohl Absender als auch Empfänger dieselbe digitale ID verwenden. Derartige IDs werden von Sicherheitsdiensten wie *ARX*, *Avoco*, *GlobalSign* oder *Geo Trust* vergeben. Weitere Informationen dazu finden Sie, indem Sie auf **Digitale ID anfordern** klicken.

32

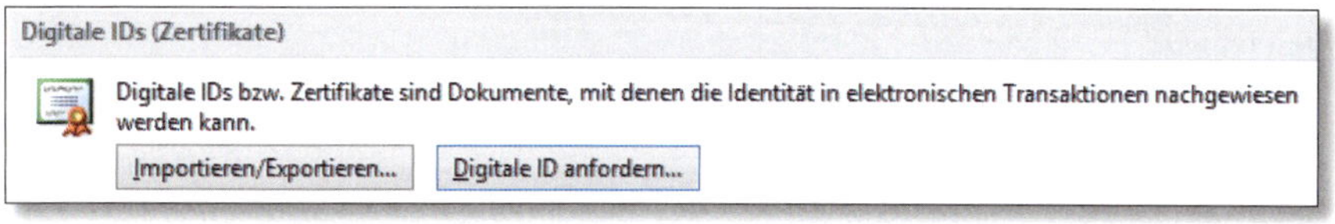

Abbildung 32.8 *Mit digitalen IDs können verschlüsselte Nachrichten gesendet und beim Empfänger entschlüsselt werden.*

32.3 Einstellungen für die Arbeit mit Aufgaben und Terminen

Abschließend schauen wir uns noch einige Outlook-Optionen an, die mit Terminen zu tun haben. Zum einen erfahren Sie, wie Sie Erinnerungen an Aufgabentermine koppeln können, zum anderen, wie sich Arbeitszeiten für den Terminkalender generieren lassen.

Aufgaben-Erinnerungen

Wenn Sie sich bereits mit Terminen beschäftigt haben, wissen Sie: Für Termine wird automatisch eine Erinnerungsfunktion eingerichtet. Bei Aufgaben ist das jedoch nicht so – noch nicht einmal dann, wenn sie über ein Fälligkeitsdatum verfügen. Sie müssen die Erinnerung in diesem Fall manuell erstellen, indem Sie die gleichnamige Checkbox im Aufgabenfenster anwählen. Das kann man leicht vergessen. Aktivieren Sie daher die Funktion **Erinnerungen für Aufgaben mit Fälligkeitsdatum aktivieren** in der Rubrik **Aufgaben** der **Outlook-Optionen** (**Datei > Optionen**), wenn Sie sich darum künftig nicht mehr explizit kümmern wollen. Haben Sie die Funktion aktiviert, wird automatisch eine Erinnerung erstellt, sobald Sie im Aufgabenfenster in den Feldern **Beginnt am** oder **Fällig am** ein Datum festlegen.

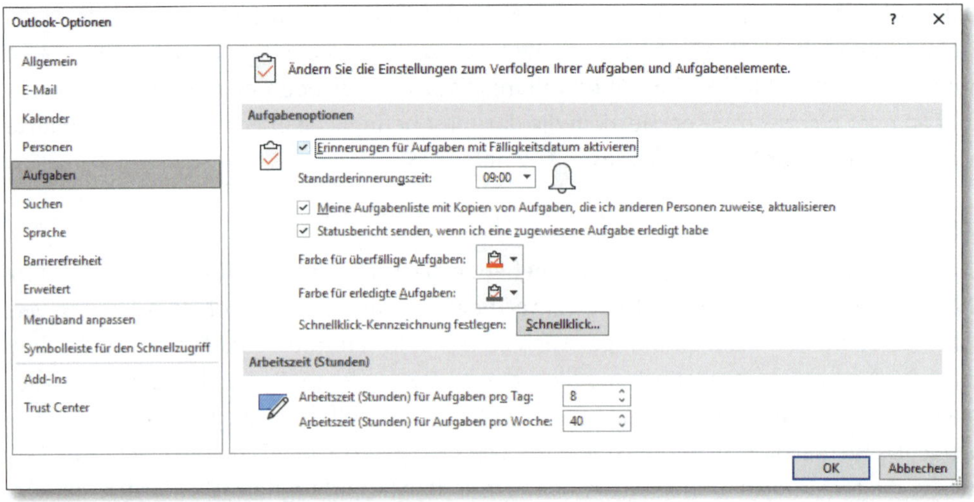

Abbildung 32.9 *Ab sofort werden Erinnerungen im Aufgabenfenster automatisch aktiviert, sobald ein Datum eingesetzt wird.*

Arbeitszeiten

Alle Einstellungen rund um Termine nehmen Sie in der Rubrik **Kalender** des Dialogs **Outlook-Optionen** vor. Darin ist vor allem der Bereich **Arbeitszeit** erwähnenswert, denn Zeiten jenseits des eingestellten Bereichs werden innerhalb des Aufgabenbereichs **Kalender** grau dargestellt. Das soll verhindern, dass versehentlich ein Termin außerhalb der Arbeitszeit angeordnet wird. Outlook geht standardmäßig davon aus, dass Sie von 8 bis 17 Uhr tätig sind. Wenn Sie sich das aber von Ihrer Bürokommunikationssoftware nicht vorschreiben lassen wollen, definieren Sie den Zeitraum über die Auswahlfelder **Beginnt** und **Endet** im Bereich **Arbeitszeit** nach Ihren Wünschen neu.

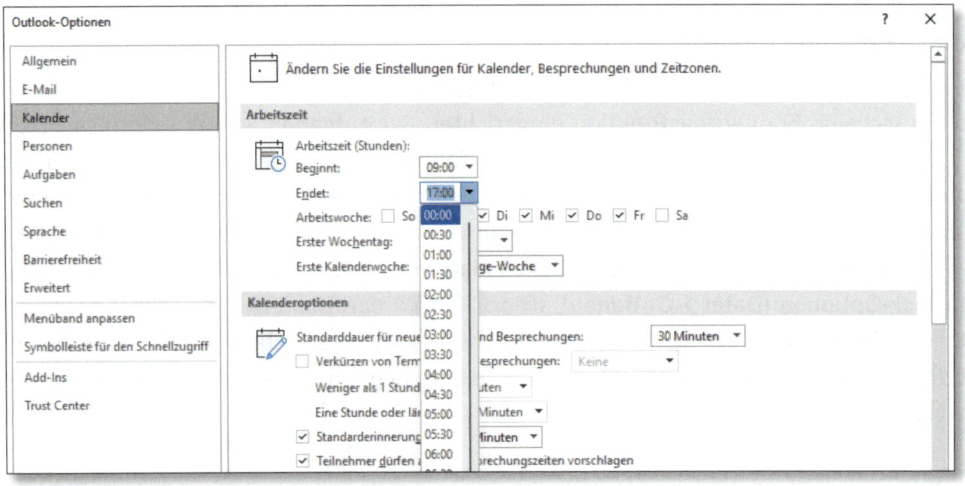

Abbildung 32.10 *Definieren Sie die Kalender-Arbeitszeiten.*

Standarddauer für Termine

Wie Ihnen sicherlich bereits aufgefallen ist, dauern Termine standardmäßig immer 30 Minuten. Möchten Sie eine andere Dauer festlegen, müssen Sie das bei der Termineinrichtung berücksichtigen. Wenn Sie jedoch wissen, dass Ihre Termine grundsätzlich länger dauern (wir gehen einmal von 90 Minuten aus), können Sie dies in den Kalenderoptionen unter **Standarddauer für neue Termine und Besprechungen** festlegen.

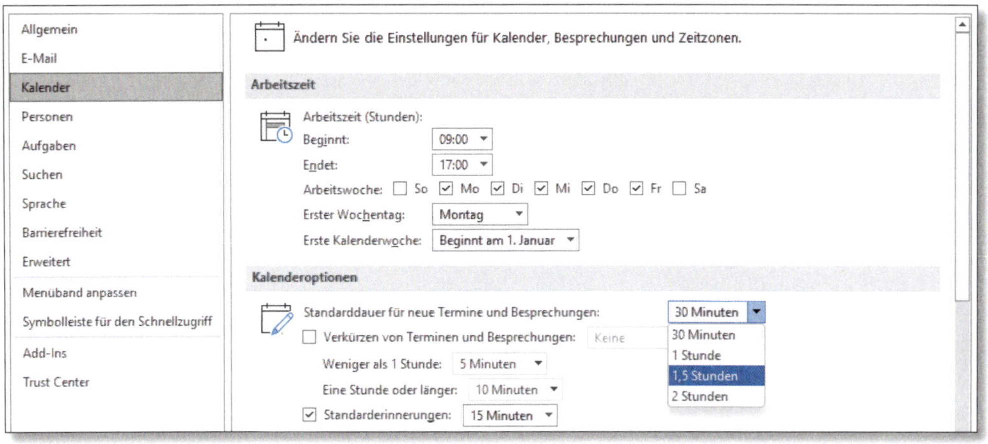

__Abbildung 32.11__ Bitte beachten Sie, dass sich die Änderung nicht auf bereits eingerichtete, sondern nur auf künftige Termine auswirkt.

32

Kapitel 33
Tipps und Tricks für den Umgang mit Outlook

In diesem letzten Outlook-Kapitel schauen wir uns noch einige Features an, die Ihren Arbeitsalltag in Outlook beträchtlich erleichtern können. Legen Sie beispielsweise Textbausteine an, wenn Sie sich häufig wiederholende E-Mails versenden müssen, oder setzen Sie bei Abwesenheit den integrierten Autoresponder ein.

33.1 Mit Schnellbausteinen häufig verwendete Formulierungen festhalten

Wer hat schon Lust, immer wiederkehrende Textformulierungen jedes Mal neu einzugeben? Wenn Sie mit Textbausteinen arbeiten, bleibt Ihnen das erspart. Texte wie »Sehr geehrte Damen und Herren, wir freuen uns, Ihnen in der Anlage unser Angebot überreichen zu dürfen« schreiben Sie zukünftig dann nur noch einmal und legen anschließend einen Textbaustein davon an. Und das geht so:

1. Erstellen Sie eine neue E-Mail. Alternativ können Sie sich auch für eine neue Aufgabe, eine Besprechung, einen Termin oder einen Kontakt entscheiden; die Verfahrensweise bleibt dabei gleich.
2. Geben Sie den gewünschten Text, den Sie als Schnellbaustein speichern möchten, in das Eingabefeld des E-Mail-Fensters ein. Anschließend markieren Sie ihn (z.B. indem Sie mit gedrückter Maustaste komplett über ihn fahren).
3. Klicken Sie auf **Schnellbausteine** in der Gruppe **Text** der Registerkarte **Einfügen**. Wählen Sie im Menü der Schaltfläche den Befehl **Auswahl im Schnellbaustein-Katalog speichern**.
4. Tragen Sie im Dialog **Neuen Baustein erstellen** einen Namen ein. Hier wird standardmäßig der erste Teil des Textes angeboten. Um bei unserem Beispiel zu bleiben, wäre beispielsweise »Angebot« ein passender Name.

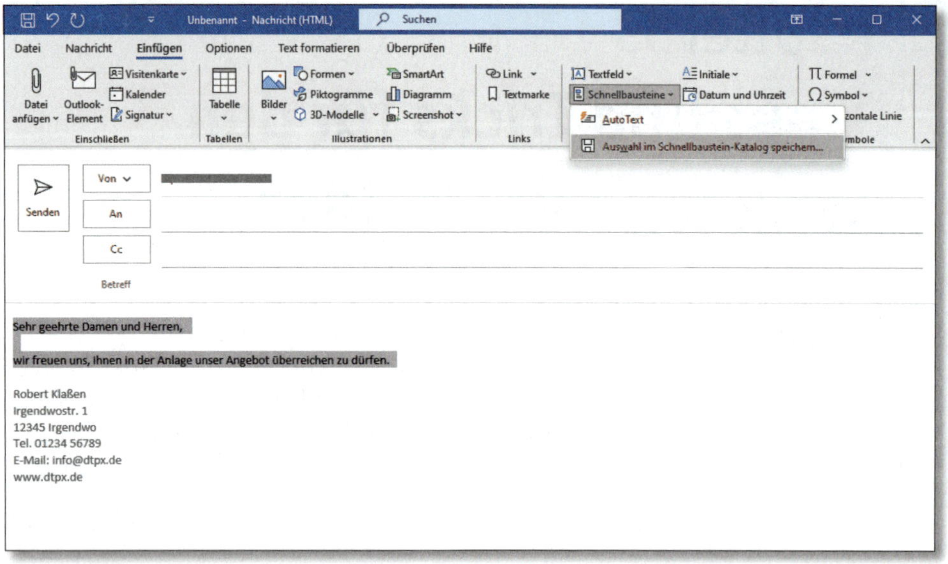

5 Im Eingabefeld **Beschreibung** hinterlassen Sie, wenn Sie mögen, eine aussagekräftige Bezeichnung für den Baustein. Falls Sie Bausteine in verschiedene Kategorien einsortieren wollen (ebenfalls optional), können Sie das Auswahlfeld **Kategorie** öffnen und darin auf **Neue Kategorie erstellen** klicken. Falls Sie keine Kategorien benötigen, lassen Sie die Einstellung bei **Allgemein**. Verlassen Sie den Dialog per Klick auf **OK**.

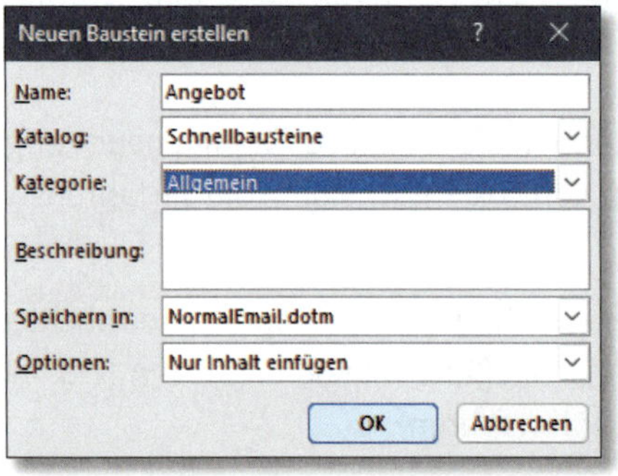

6 Wann immer Sie diese Formulierung benötigen (beispielsweise in einer neuen E-Mail), platzieren Sie zunächst die Einfügemarke an der Position, an der der Text erscheinen soll.

7 Klicken Sie auf die Schaltfläche **Schnellbausteine** in der Gruppe **Text** der Registerkarte **Einfügen**. Im Menü der Schaltfläche wird Ihnen nun der eben erstellte Schnellbaustein angezeigt. Fügen Sie ihn an der aktuellen Position der Einfügemarke in Ihre E-Mail ein, indem Sie den Baustein anklicken.

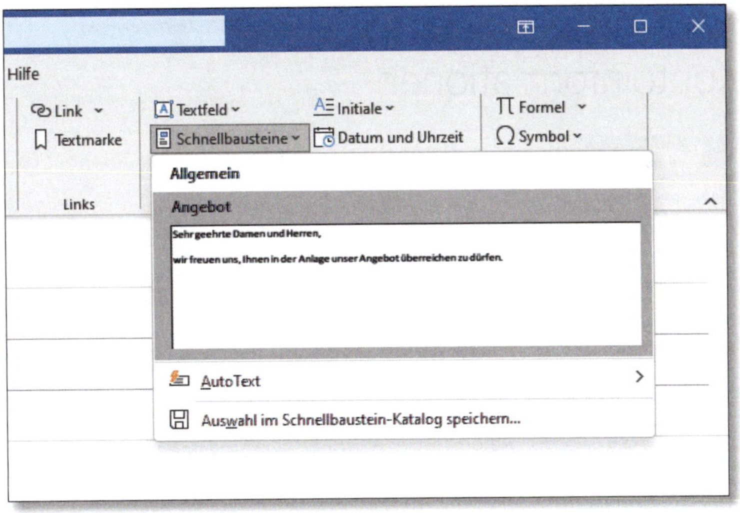

INFO

Bausteineigenschaften ändern oder löschen
Sollte es einmal erforderlich sein, die Eigenschaften des Bausteins anzupassen oder diesen zu löschen, klicken Sie mit rechts auf den Schnellbaustein im Menü der Schaltfläche **Schnellbausteine** (**Einfügen > Text**) und entscheiden sich im Kontextmenü für **Organisieren und löschen**.

33.2 Wenn Sie einmal nicht da sind: automatische Antworten senden

Automatische Antworten – auch *Autoresponder* genannt – sorgen während Ihrer Abwesenheit (z. B. Urlaub) dafür, dass alle Kontaktpersonen, die Ihnen eine E-Mail schicken, einen entsprechenden Hinweis erhalten. Dazu müssen Sie natürlich Ihren PC nicht in Betrieb halten, denn der Versand erfolgt direkt vom Server aus. Dazu ist allerdings ein Exchange-Konto erforderlich (siehe hierzu Abschnitt 24.5, »IMAP, Exchange oder POP3«, auf Seite 705). Haben Sie das nicht, müssten Sie eine Regel einrichten und den PC nebst Outlook in Betrieb halten. Aber es gibt noch eine dritte Option – außerhalb von Outlook. Alle drei Varianten stelle ich Ihnen hier kurz vor.

Den Autoresponder mit einem Exchange-Server-Konto aktivieren

Sofern Sie über ein Exchange-Konto verfügen, lässt sich die automatische Abwesenheitsnachricht direkt aus Outlook heraus erstellen. Zum Einrichten begeben Sie sich in die Backstage-Ansicht von Outlook (**Datei**) und klicken auf der Seite **Informationen** die Schaltfläche **Automatische Antworten** an.

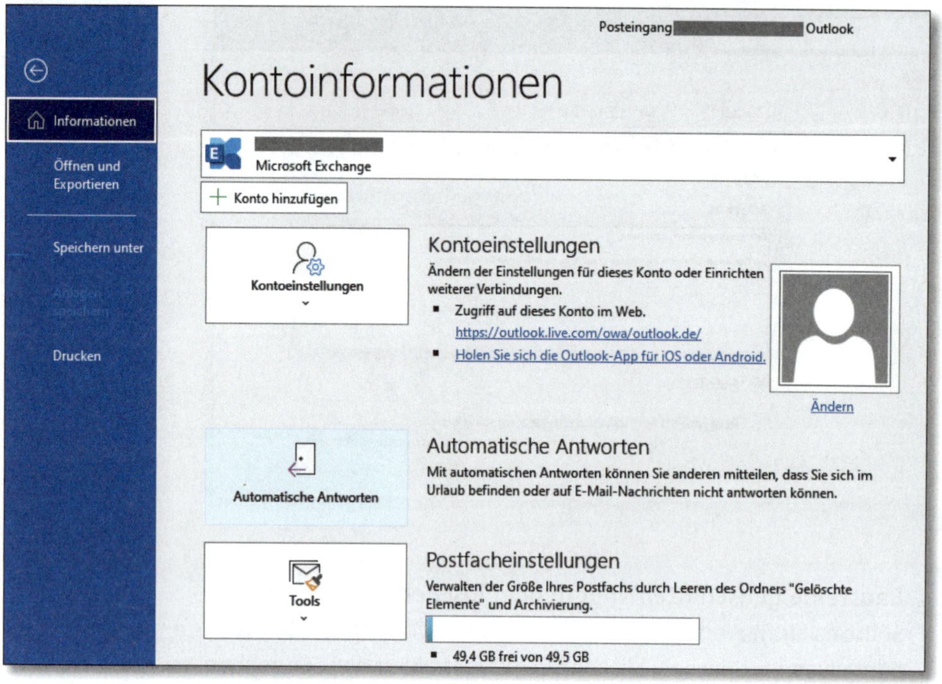

Abbildung 33.1 *Mit Exchange lässt sich das automatische Antworten aus Outlook generieren.*

Aktivieren Sie im Folgedialog die Checkbox **Automatische Antworten senden**, und nehmen Sie die gewünschten Einstellungen vor. Sie können beispielsweise einen Zeitraum festlegen, in dem die Abwesenheitsnachricht aktiv sein soll, und eine persönliche Nachricht einfügen. Daraufhin sendet Outlook während der aktiven Zeit automatisch eine entsprechende Nachricht an den Absender einer an Sie gerichteten E-Mail, sobald diese bei Ihnen eintrifft.

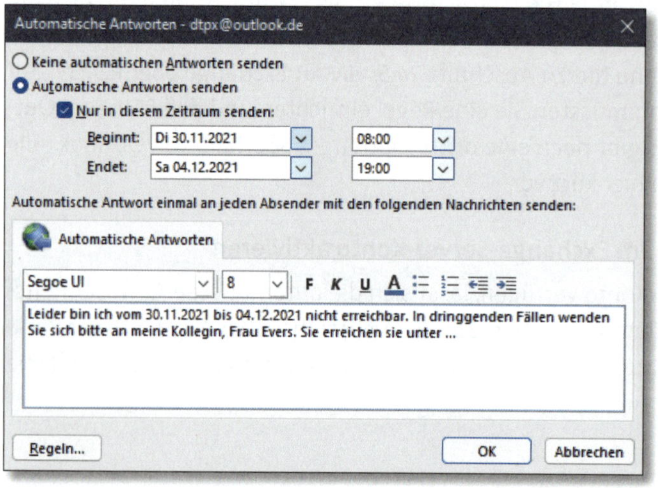

Abbildung 33.2 *Verfassen Sie eine Abwesenheitsnachricht.*

Achten Sie auch auf den Schalter unten links. Mit diesem können Sie **Regeln** festlegen. Wenn sich beispielsweise ein wichtiger Kunde bei Ihnen meldet, der sofort eine Antwort benötigt, können Sie veranlassen, dass eine direkte Weiterleitung erfolgt. Um dieses Beispiel zu realisieren, klicken Sie im Folgedialog auf **Regel hinzufügen** und tragen ganz oben im Dialog **Regel bearbeiten** die E-Mail-Adresse des Kunden ein. Aktivieren Sie daraufhin **Weiterleiten**, und tragen Sie neben **An...** die Adresse der Person ein, an die die E-Mail sofort weitergeleitet werden soll. Mit einem Klick auf **Von...** und **An...** greifen Sie übrigens direkt auf Ihre Kontakte zu und ersparen sich so das Eintippen der E-Mail-Adressen.

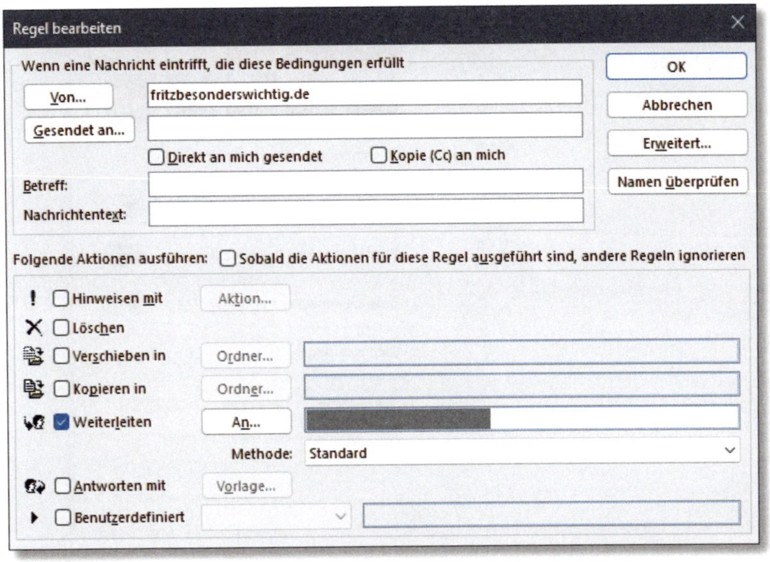

Abbildung 33.3 *Wichtige Absender-E-Mails werden ohne Umwege weitergeleitet.*

Bitte beachten Sie generell, dass Autoresponder-Antworten nicht unkritisch sind. Unliebsame Spammer, die Sie zu gerne mit ihren dubiosen Botschaften volltexten, wissen, wenn sie eine Antwort erhalten, dass Ihre E-Mail-Adresse funktioniert, und könnten dies zum Anlass nehmen, Ihnen in Zukunft noch mehr Müll zu senden.

Den Autoresponder über Outlook.com aktivieren

Sofern Sie kein Exchange-Konto betreiben, ist in Sachen automatische Abwesenheitsnachricht noch lange nicht Schluss. Wenn Sie ein Microsoft-Konto besitzen (es endet z. B. auf *@outlook.de*, *@outlook.com*, *@hotmail.de*, *@live.com*), können Sie auch ohne ein Exchange-Konto online eine Abwesenheitsnachricht einrichten. (Auch andere E-Mail-Dienstanbieter stellen meist entsprechende Möglichkeiten zur Verfügung, die ganz ähnlich aktiviert werden wie in diesem Beispiel.)

1. Öffnen Sie einen Internetbrowser, und öffnen Sie die Internetseite *outlook.com* oder *outlook.de*. Loggen Sie sich mit Ihren Zugangsdaten ein (auch Hotmail- oder Live-Konten lassen sich über *outlook.com* bzw. *outlook.de* aufrufen).

2 Klicken Sie auf das Zahnrad-Symbol, und entscheiden Sie sich ganz unten in der rechten Spalte der App für für **Alle Outlook-Einstellungen anzeigen**.

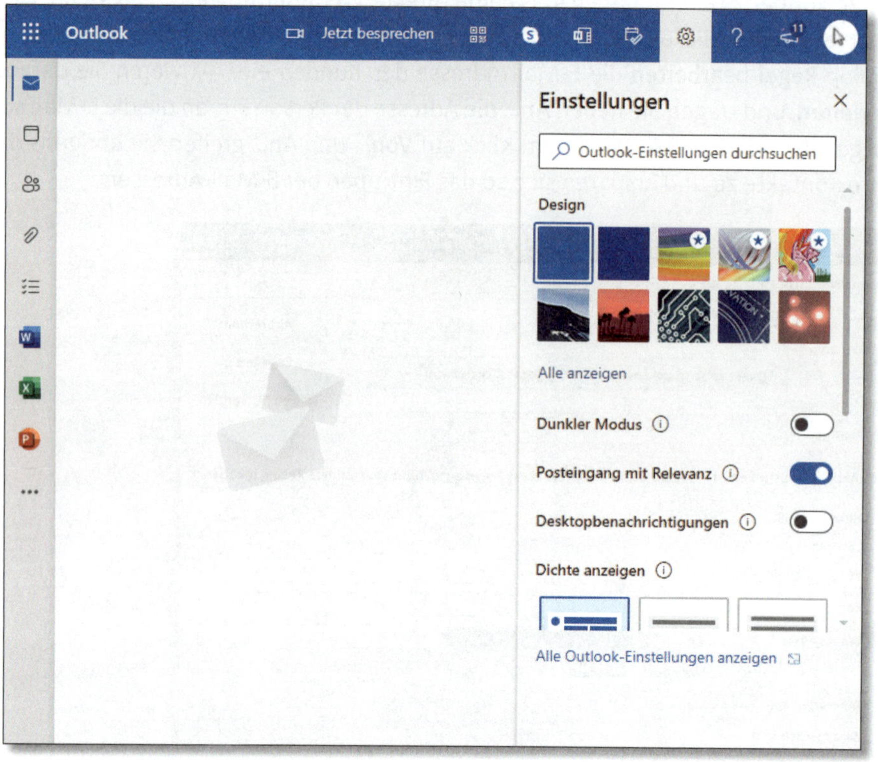

3 Halten Sie in der linken Spalte nach **E-Mail** Ausschau. Ein Klick darauf bringt in der Mitte weitere Einstellungsoptionen zum Vorschein. Sie entscheiden sich bitte für **Automatische Antworten**. Im Bereich **Konto verwalten** halten Sie nach dem Listeneintrag **Automatisierte Abwesenheitsnotizen senden** Ausschau und klicken diese Zeile an. (Zur Drucklegung dieses Buches erschien das Menü noch in englischer Sprache, obwohl als Standardsprache zuvor Deutsch eingestellt worden ist. Sollte das bei Ihnen auch der Fall sein, selektieren Sie den Begriff **Sending automated vacation replies** in der Kategorie **Managing your account**.)

4 Auf der Seite **Abwesenheitsnotiz** (bzw. **Vacation reply**) aktivieren Sie per Radiobutton die Option **Abwesenheitsnotizen an Personen senden, von denen ich E-Mails erhalte** (bzw. **Send vacation replies to people who email me**). Geben Sie den gewünschten Text in das Eingabefeld ein, und klicken Sie abschließend auf die Schaltfläche **Speichern** (bzw. **Save**).

5 Im Gegensatz zur eingangs vorgestellten Exchange-Server-Variante lässt sich die Gültigkeitsdauer des Autoresponders hier nicht einstellen. Wenn Sie zurück sind, müssen Sie demzufolge den Radio-Button **Keine Abwesenheitsnotizen senden** aktivieren, um die Option abzuschalten.

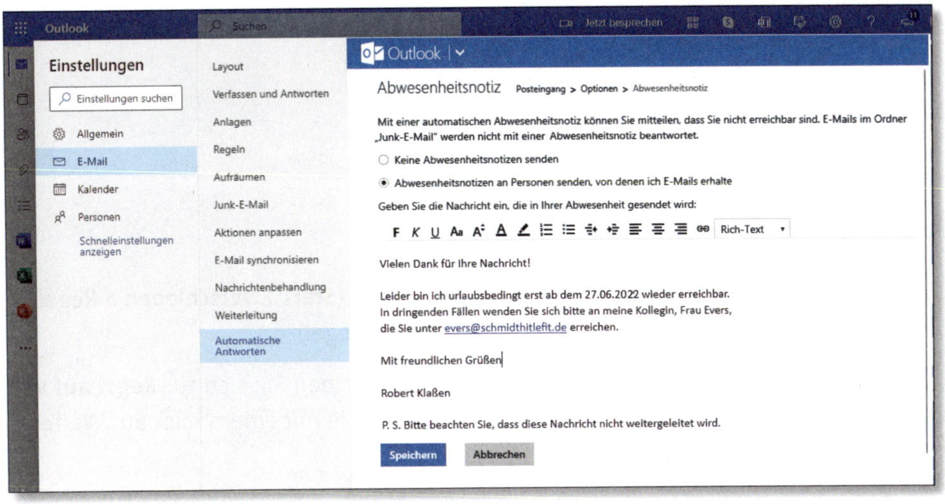

Wenn Sie auf der rechten Seite etwas herunterscrollen, lässt sich die Funktion **Abwesenheitsnotiz nur an meine Kontakte senden** aktivieren. Wenn Sie davon Gebrauch machen, bekommen nur Absender eine automatische Antwort, deren Adressen sich in Ihren Kontakten befinden. Wenn jeder eine Abwesenheitsnachricht bekommen soll, der Ihnen schreibt, sollten Sie die Checkbox per Mausklick deaktivieren. Beachten Sie jedoch, dass in diesem Fall auch Junk-Mails beantwortet werden – was die Versender dieser dubiosen Nachrichten freuen wird. Denn sie wissen nun, dass diese Adresse gültig ist.

Den Autoresponder ohne Exchange-Server-Konto aktivieren

Abschließend biete ich Ihnen noch eine dritte Alternative an. Diese ist für jene Anwender geeignet, die den Autoresponder via Outlook bevorzugen, jedoch kein Exchange-Server-Konto betreiben. Wenn Sie jetzt geneigt sind, »Ja, das ist genau das, was ich will!« zu rufen, müssen Sie sich darüber im Klaren sein, dass diese Vorgehensweise nur funktioniert, wenn Outlook aktiv bleibt. Der PC kann also nicht ausgeschaltet werden, was diese Methode allenfalls für einen kürzeren Zeitraum interessant macht – nicht jedoch für einen Urlaub oder Ähnliches.

Die folgenden Schritte müssen Sie übrigens nur einmal durchlaufen. Das spätere Ein- und Ausschalten der Funktion erfolgt dann ganz fix mithilfe einer Checkbox.

1. Zunächst erzeugen Sie eine **Neue E-Mail** (Register: **Start**). Tippen Sie die Autoresponder-Nachricht in das E-Mail-Textfeld ein.
2. Danach klicken Sie auf **Datei** und wählen **Speichern unter**. Legen Sie im Feld **Dateityp** fest, dass Outlook eine **Vorlage** mit der Dateiendung **.oft** erzeugen soll. Ich empfehle, dass Sie den folgenden Pfad als Speicherort einstellen: *[Laufwerksbuchstabe]\Benutzer\[Benutzername]\AppData\Roaming\Microsoft\Templates*. Bitte gestatten Sie, dass ich Ihnen den Grund dafür noch bis Schritt 7 vorenthalte. Die E-Mail schließen Sie danach, wobei diese nicht gespeichert werden muss.

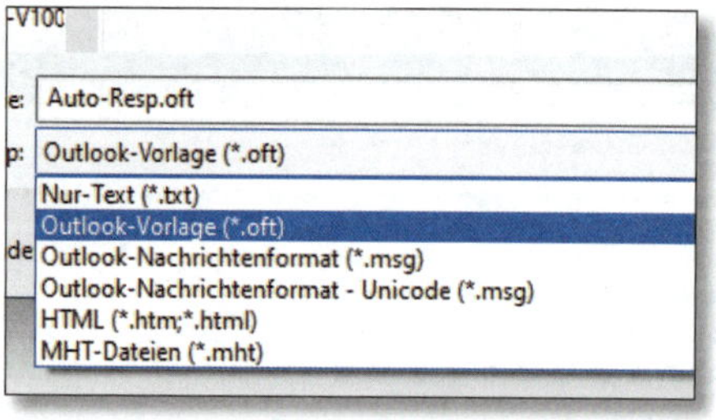

3. Im nächsten Schritt erstellen Sie eine neue Regel (**Start > Verschieben > Regeln > Regeln und Benachrichtigungen verwalten > Neue Regel**).

4. Im Segment **Regel ohne Vorlage erstellen** entscheiden Sie sich für **Regel auf von mir empfangene Nachrichten anwenden**. Bestätigen Sie mit einem Klick auf **Weiter**.

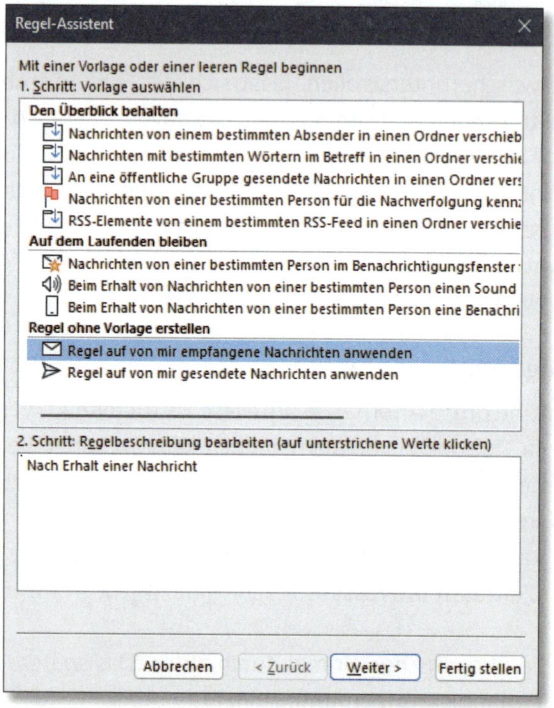

5. Da im folgenden Dialog des Fensters **Regel-Assistent** keine Checkbox anzuwählen ist, dürfen Sie gleich erneut auf **Weiter** klicken. Nun erkundigt sich die Anwendung, ob es tatsächlich Ihrem Wunsch entspricht, dass die Regel auf alle Nachrichten angewendet wird, die Sie erhalten. Ein Klick auf **Ja** bestätigt die Vorgehensweise.

6. Jetzt werden Sie gefragt: »**Was soll mit dieser Nachricht passieren?**« Aktivieren Sie die Checkbox **diese mit einer bestimmten Vorlage beantworten** (❶ auf Seite 847). Eine Sektion tiefer, also im 2. Schritt, klicken Sie auf den unterstrichenen Text **einer bestimmten Vorlage** ❷.

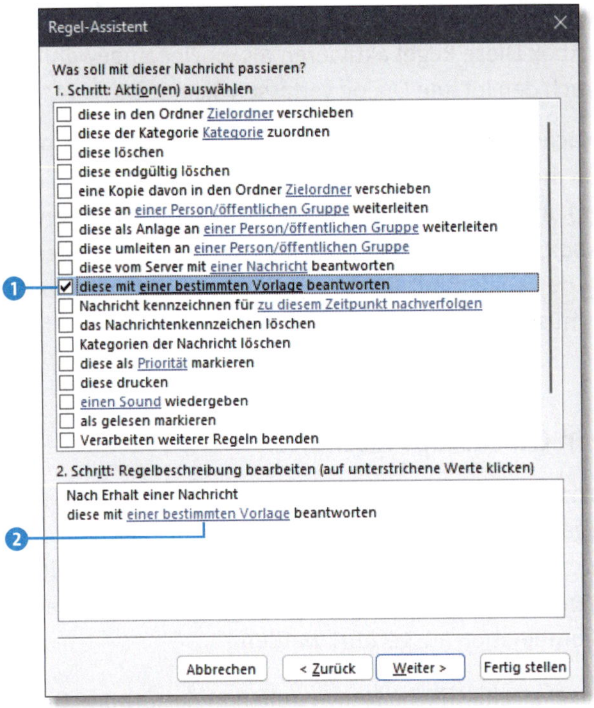

7 Schalten Sie im Feld **Suchen in** auf **Vorlagen im Dateisystem** um, da sich bei Anwahl von **Standardvorlagen** der rechts daneben befindliche Button **Durchsuchen** nicht anwählen lässt. Mit einem Klick darauf können Sie nun nämlich zu jener Datei navigieren, die Sie in Schritt 2 erzeugt haben. Wenn Sie den dort vorgeschlagenen Pfad eingehalten haben, können Sie sich das Durchsuchen sogar sparen. Denn weiter unten wird die Vorlage bereits angeboten. Markieren Sie diese, und wählen Sie **Öffnen**.

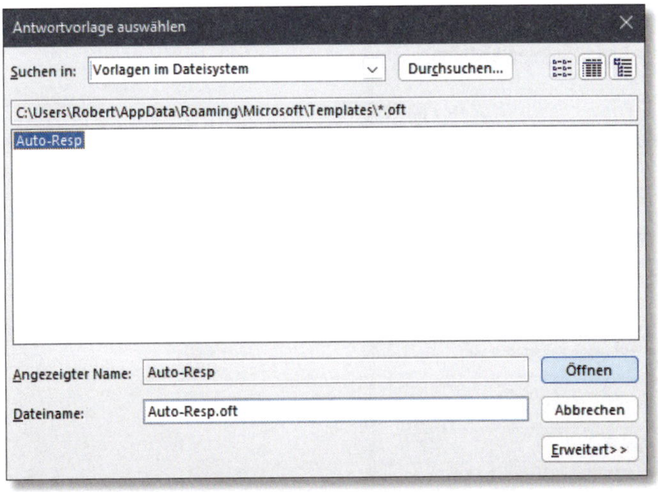

8 Klicken Sie nun so oft auf **Weiter**, bis der Bereich **Regel fertig stellen** erreicht ist. Dort stellen Sie sicher, dass die Checkbox **Diese Regel aktivieren** als einzige angewählt ist, und klicken auf **Fertig stellen**. Auch den letzten Dialog verlassen Sie mit **OK**.

Fortan werden alle eingehenden Nachrichten mit der zuvor definierten Autoresponder-Nachricht beantwortet. Um sie nach Ihrer Rückkehr wieder zu deaktivieren, klicken Sie erneut auf **Regeln** (**Start > Verschieben**) und wählen **Regeln und Benachrichtigungen verwalten** aus. Deaktivieren Sie die Checkbox, die der Regel auf der Registerkarte **E-Mail-Regeln** vorangestellt ist, und schließen Sie den Dialog mit **OK**. Wenn der Autoresponder später wieder zum Einsatz kommen soll, müssen Sie die Checkbox lediglich erneut anwählen. Praktisch, oder?

33.3 Häufige Arbeitsschritte in QuickSteps festhalten

QuickSteps in Outlook sind im Prinzip so etwas wie Makros. Denn auch mit ihnen lassen sich einzelne Arbeitsschritte (die sogenannten *Aktionen*) als Arbeitsablauf speichern.

Outlook beinhaltet mehrere vordefinierte Aktionen, die individualisiert und zu einem komplexen Arbeitsablauf zusammengestellt werden können. Später kann der gesamte Ablauf per Knopfdruck oder Tastenkombination ausgeführt werden.

1 Klicken Sie im Bereich **E-Mail** auf die Schaltfläche **Neu erstellen** in der Gruppe **Quick-Steps** der Registerkarte **Start**.

2 Daraufhin wird das Dialogfenster **QuickStep bearbeiten** geöffnet. Benennen Sie hier zunächst den Arbeitsablauf im Feld **Name**, und wählen Sie anschließend eine Aktion aus, z. B. **Neue Nachricht** ①, indem Sie zunächst die Liste **Aktion auswählen** öffnen.

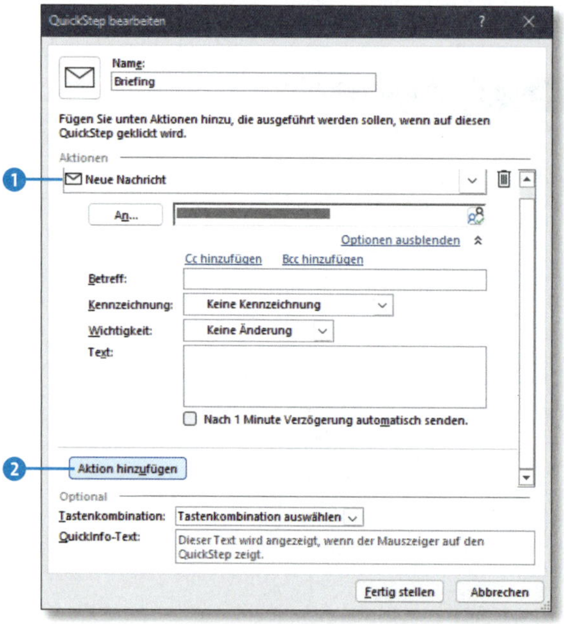

3 Mithilfe des Buttons **An** lässt sich direkt auf ein Adressbuch zugreifen. Alternativ können Sie Absender auch von Hand eintragen. Mit **Optionen anzeigen** werden weitere Listen- und Eingabefelder zugänglich.

4 Fügen Sie Betreff, Kennzeichnungen und Text ein. Eine einzelne Aktion macht natürlich noch keinen Arbeitsablauf aus. Also lassen Sie einen weiteren Arbeitsgang folgen, indem Sie auf den Button **Aktion hinzufügen** ❷ klicken.

5 Jetzt kann die nächste Aktion integriert werden. Öffnen Sie dazu die soeben neu hinzugefügte Liste **Aktion auswählen**, und klicken Sie beispielsweise im Bereich **Termin** auf **Neue Besprechung**.

6 Fahren Sie auf diese Weise fort. Benötigen Sie eine weitere Aktion, klicken Sie erneut auf **Aktion hinzufügen**, gefolgt von **Aktion auswählen**.

7 Am Ende können Sie noch im Bereich **Tastenkombination** einen entsprechenden Befehl vergeben. Öffnen Sie das gleichnamige Auswahlfeld, und weisen Sie die Kombination zu, die Ihnen behagt.

33

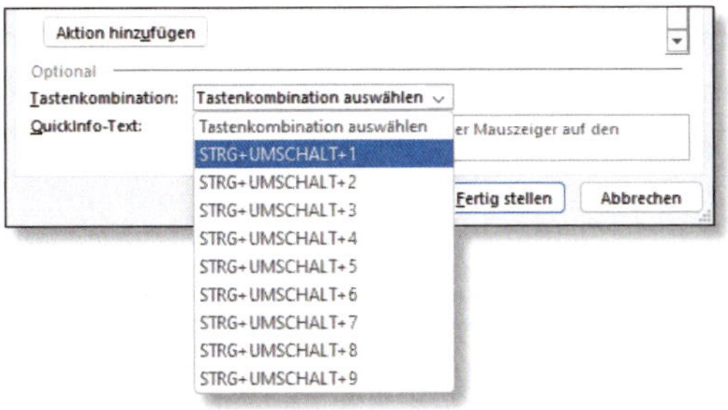

8 Beschreiben Sie die Aktion, wenn Sie möchten, im Feld **QuickInfo-Text**. Damit wird eine Hinweistafel generiert, die eingeblendet wird, wenn Sie später auf die entsprechende Schaltfläche in der Gruppe **QuickStep** der Registerkarte **Start** klicken. Schließen Sie die Aktion mit einem Klick auf **Fertig stellen** ab.

9 Um alle Schritte eines QuickSteps auszuführen, können Sie die soeben vergebene Tastenkombination eingeben oder auf die neu hinzugefügte Schaltfläche, hier im Beispiel **Briefing**, in der Gruppe **QuickSteps** der Registerkarte **Start** klicken.

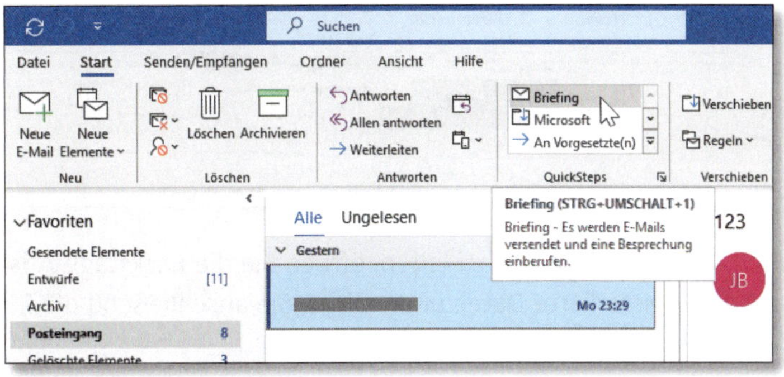

Klicken Sie mit rechts auf den QuickStep, und wählen Sie im Kontextmenü den Befehl **Löschen**, um diesen zu entfernen. QuickSteps bearbeiten Sie nachträglich, indem Sie im Kontextmenü des entsprechenden QuickSteps auf den Befehl **QuickSteps verwalten** klicken. Wählen Sie daraufhin im gleichnamigen Dialogfenster den QuickStep aus, und klicken Sie danach auf die Schaltfläche **Bearbeiten**, um ihn zu ändern.

33.4 Telefonlisten und Kalendereinträge drucken

Sie benötigen einen bestimmten Bereich Ihres Kalenders schriftlich? Dann drucken Sie diesen Teil ganz einfach aus. Auch Telefonlisten können aus Outlook heraus ganz schnell zu Papier gebracht werden.

Kalender drucken

Wenn es um Kalender geht, muss zunächst einmal zwischen den beiden Druckoptionen unterschieden werden, je nachdem, ob Sie ein leeres Kalenderblatt benötigen oder ob vorhandene Termine ausgedruckt werden sollen.

1. Sie möchten einen Datumsbereich mit Ihren Terminen anfertigen? Dann öffnen Sie zunächst den Aufgabenbereich **Kalender** (Strg + 2) und wählen den gewünschten Zeitraum (z. B. **Arbeitswoche**) in der Gruppe **Anordnen** der Registerkarte **Start** aus. Fahren Sie mit Schritt 3 fort.

2. Wollen Sie hingegen einen leeren Kalendervordruck ausgeben, in dem später handschriftliche Eintragungen hinzugefügt werden können? (Beachten Sie bitte, dass hierzu ein Exchange-Konto erforderlich ist!) Klicken Sie im Aufgabenbereich **Kalender** auf die Schaltfläche **Kalender hinzufügen** in der Gruppe **Kalender verwalten** der Registerkarte **Start**, und wählen Sie im Menü **Neuen leeren Kalender erstellen**. Vergeben Sie anschließend im Dialogfenster **Neuen Ordner erstellen** einen Namen, und bestätigen Sie mit **OK**.

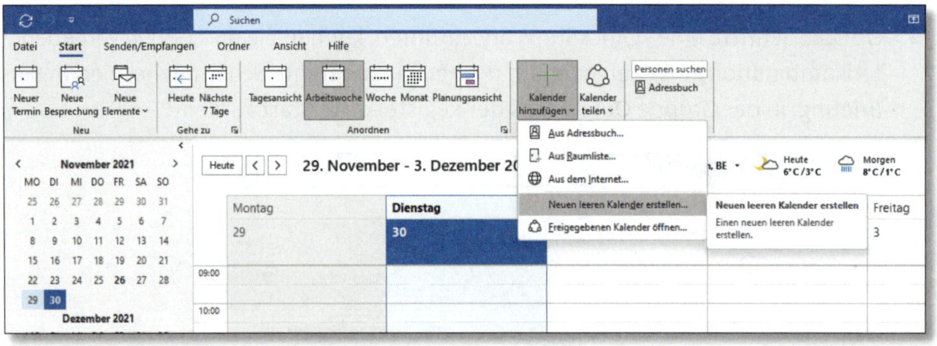

3. Um den eigentlichen Druck in die Wege zu leiten, öffnen Sie die Backstage-Ansicht. Klicken Sie dazu auf die Registerkarte **Datei**, und wählen Sie anschließend die Rubrik **Drucken**.

4 Im Bereich **Einstellungen** lässt sich nun noch ein geeignetes Format für den Kalender wählen. Treffen Sie hier Ihre Wahl, ob die Druckausgabe beispielsweise im Tages-, Monats- oder Wochenendkalenderformat erfolgen soll. Klicken Sie, wenn Sie alle Einstellungen vorgenommen haben, auf die Schaltfläche **Drucken**.

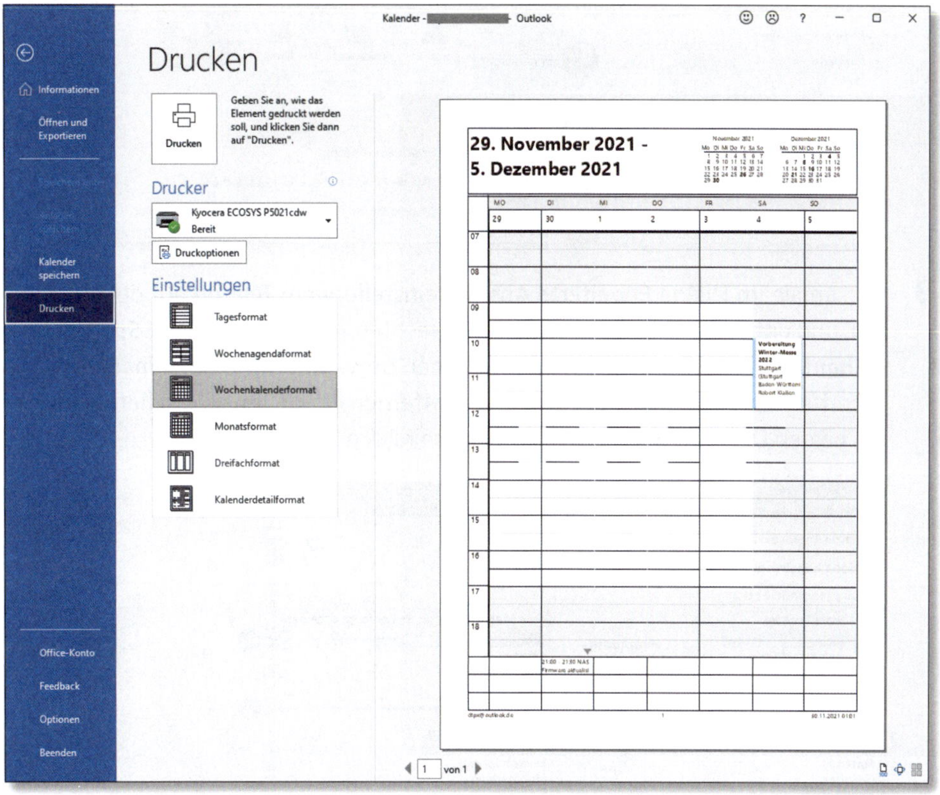

Die Standardeinstellungen des Druckers werden auch für den Kalenderdruck übernommen. Wollen Sie die Einstellungen anpassen, müssen Sie vorab auf der Seite **Drucken** auf die Schaltfläche **Druckoptionen** klicken und im Dialog **Drucken** auf den Button **Eigenschaften**.

Telefonlisten drucken

Das Drucken von Telefonlisten erfolgt im Prinzip genauso wie der Ausdruck eines Kalenders. Allerdings ist es hier wichtig, vorab die gewünschte Ansichtseinstellung zu generieren.

1 Wählen Sie zunächst den Aufgabenbereich **Personen** (Strg + 3) aus. Anschließend klicken Sie beispielsweise auf die Schaltfläche **Telefon** in der Gruppe **Aktuelle Ansicht** der Registerkarte **Start**.

2 Nun sollten Sie die Liste weiter anpassen. Denn meist ist es ja so, dass man längst nicht alle der hier angebotenen Spalten benötigt. Klicken Sie auf **Ansichtseinstellungen** in der Gruppe **Aktuelle Ansicht** der Registerkarte **Ansicht**.

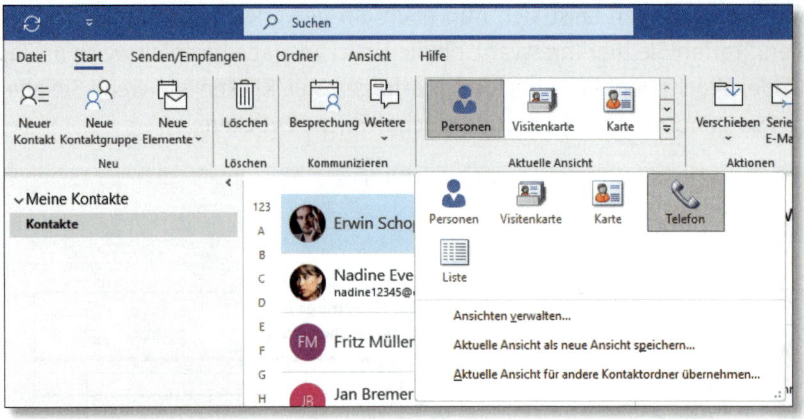

3 Klicken Sie im Dialog **Erweiterte Ansichtseinstellungen: Telefon** auf den Button **Spalten**, und entfernen Sie im Folgedialog im rechten Auswahlfeld **Diese Spalten in dieser Reihenfolge anzeigen** alle Spalten, die Ihnen unwichtig sind. Dazu markieren Sie den betreffenden Eintrag ❶ und klicken auf **Entfernen** ❷, um ihn zu löschen. Schließen Sie die beiden Dialogfenster jeweils mit einem Klick auf **OK**.

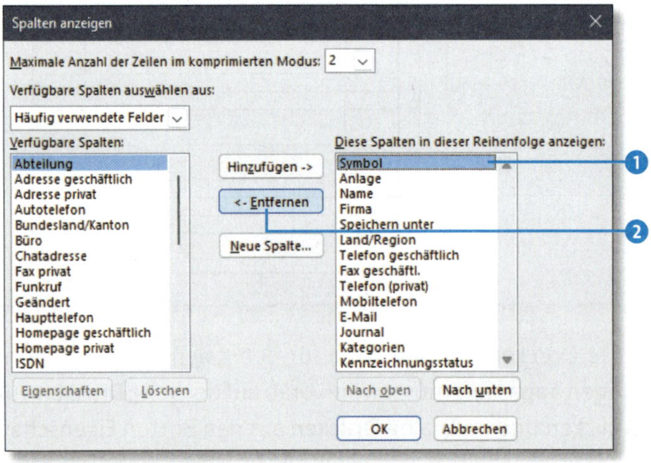

4 Nun leiten Sie den Druck in die Wege, indem Sie zunächst in der Backstage-Ansicht (**Datei**) die Rubrik **Drucken** aktivieren und daraufhin auf die gleichnamige Schaltfläche klicken.

5 Klicken Sie anschließend auf die Schaltfläche **Ansicht zurücksetzen** in der Gruppe **Aktuelle Ansicht** der Registerkarte **Ansicht**. Daraufhin werden alle zuvor entfernten Spalten wieder hinzugefügt.

Falls Sie immer wieder derart gefilterte Telefonlisten benötigen, sollten Sie vor dem letzten Schritt auf die Schaltfläche **Ansicht ändern** in der Gruppe **Aktuelle Ansicht** der Registerkarte **Ansicht** klicken. Wählen Sie im Menü der Schaltfläche die Option **Aktuelle Ansicht als neue Ansicht speichern**, damit diese künftig direkt zur Verfügung steht.

Teil V
Präsentieren mit PowerPoint

Kapitel 34
Die PowerPoint-Oberfläche kennenlernen

Die Präsentationssoftware PowerPoint passt auf den ersten Blick richtig gut in das Gefüge der Office-Suite. Dennoch gibt es zum Teil gravierende Unterschiede im Vergleich zu den anderen Programmen. Machen Sie sich mit den Besonderheiten sowie mit den vielen unterschiedlichen Ansichtsoptionen vertraut.

34.1 Wo finden Sie was? – Die wichtigsten Registerkarten

Zunächst einmal muss man in PowerPoint – genauso wie auch in allen anderen Anwendungen der Office-Suite – feststellen, dass die Präsentationssoftware nicht gerade eine Augenweide in Sachen Oberflächendesign darstellt. Allerdings erspart Ihnen das auch Umgewöhnungszeit, denn wenn Sie schon mit dem grundlegenden Office-Layout vertraut sind, dann wird Ihnen PowerPoint geradezu bekannt vorkommen.

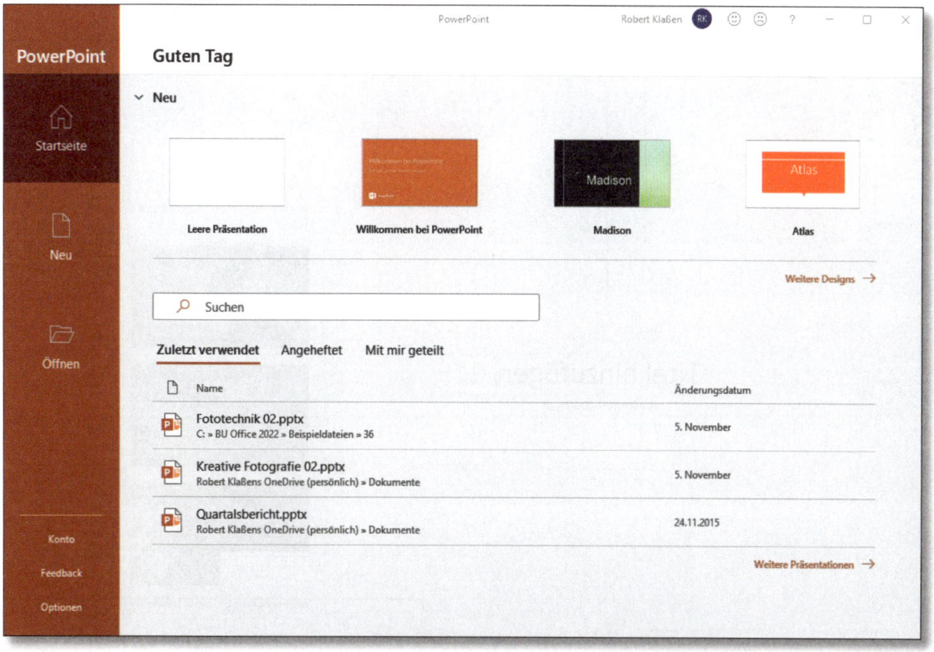

Abbildung 34.1 *Über diese Seite beginnen Sie Ihre Arbeit mit PowerPoint.*

Der Erststart

Auch PowerPoint zeigt nach dem Öffnen der Anwendung zunächst die Startseite der Backstage-Ansicht. Etwas weiter unten finden Sie **Zuletzt verwendet**. Hier sind die Projekte gelistet, die Sie kürzlich gespeichert haben. Starten Sie die App zum ersten Mal, ist dieser Bereich folgerichtig leer. Oben befinden sich die Präsentationsvorlagen und der Button **Leere Präsentation**, mit dem Sie eine neue Präsentation starten können.

Wollen Sie sich jedoch zuerst einmal auf der Oberfläche von PowerPoint umsehen? Dann drücken Sie einfach [Esc] auf Ihrer Tastatur. Dadurch gelangen Sie in die Standardansicht der Anwendung bei aktivierter Registerkarte **Start**.

PowerPoint in der Übersicht

Trotz der Tatsache, dass sich PowerPoint optisch zunächst einmal nicht wesentlich von anderen Office-Anwendungen wie Word unterscheidet, werden die einzelnen Oberflächenbereiche dennoch anders bezeichnet.

Bevor Sie in diesem Kapitel weiterarbeiten, sollten Sie sich mit den Begriffen der einzelnen Baugruppen vertraut machen. Dann wissen Sie zu jeder Zeit, was gemeint ist, wenn ich beispielsweise vom *Notizenbereich* spreche. Zunächst zu den Gemeinsamkeiten: Die Symbolleiste für den Schnellzugriff ❶ gibt es auch hier. Auch der Steuerelementbereich wird hier als Menüband ❷ betitelt, und die Statusleiste ❸ heißt hier genauso wie in Word oder Excel. Beim großen Arbeitsbereich in der Mitte kommt jedoch die erste individuelle PowerPoint-Bezeichnung ins Spiel. Dieser wird hier nämlich *Folienbereich* ❹ genannt und verfügt über sogenannte *Platzhalter* ❺, die sich stets durch gestrichelte Umrandungen auszeichnen.

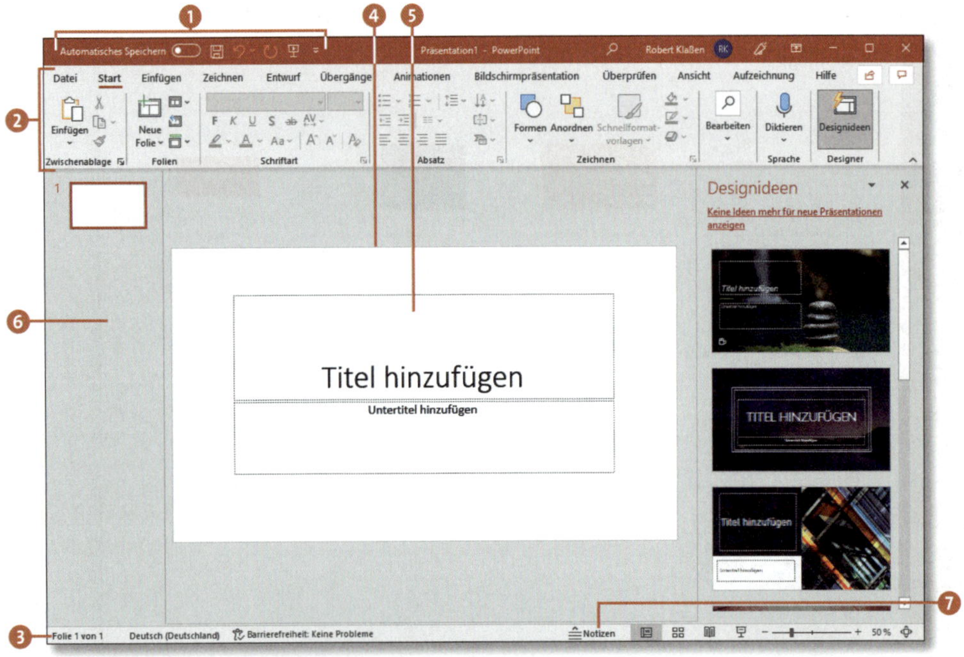

Abbildung 34.2 *Schmucklos, aber dennoch effektiv – die PowerPoint-Oberfläche*

Auf der linken Seite der Anwendung befindet sich das Listenfeld ❻, das in der Ansicht **Normal** auch *Folienregister* genannt wird. Es zeigt eine Übersicht über sämtliche Seiten einer Präsentation, die hier im Übrigen *Folien* genannt werden.

Dann wäre da noch der *Notizenbereich*. Dieser ist zunächst ausgeblendet, lässt sich jedoch mit einem Klick auf die Schaltfläche **Notizen** ❼ hinzufügen – und auch wieder deaktivieren. Es gibt noch den *Kommentarbereich*, der sich mit einem Klick auf **Kommentare anzeigen** auf der Registerkarte **Überprüfen** ebenfalls ein- oder ausblenden lässt. Die Backstage-Ansicht erreichen Sie wie in den anderen Office-Anwendungen auch, indem Sie auf das Register **Datei** klicken.

Die Registerkarte »Start«

Hier finden Sie Schaltflächen zur Erstellung neuer Folien sowie zur Text- und Absatzformatierung. Art und Anordnung der Steuerelemente entsprechen im Wesentlichen der Word-Oberfläche. Zunächst sind die meisten Buttons ausgegraut. Das ändert sich, sobald Sie einen Text-Platzhalter anklicken.

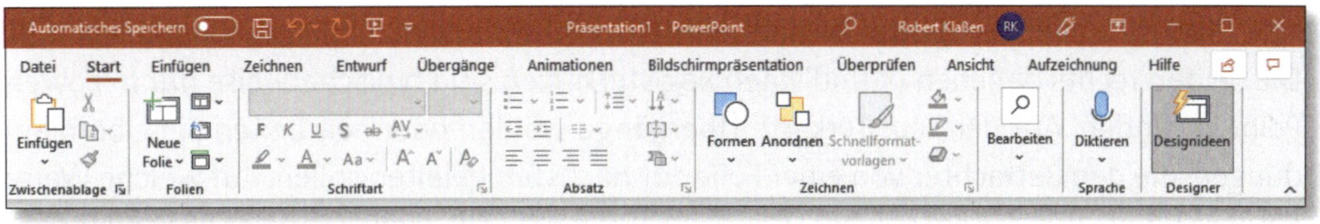

Abbildung 34.3 *Die Registerkarte »Start« ist – wie sollte es anders sein – auch in PowerPoint vorhanden.*

Die Registerkarte »Zeichnen«

Das Register **Zeichnen** beinhaltet neben gängigen Zeichenwerkzeugen auch ein Lineal sowie Konvertierungstools zum Freihandzeichnen. Das Register hatte ich Ihnen ja bereits im Word-Abschnitt vorgestellt. Da es hier keine PowerPoint-spezifischen Vorgehensweisen gibt, will ich an dieser Stelle auch nicht näher auf es eingehen.

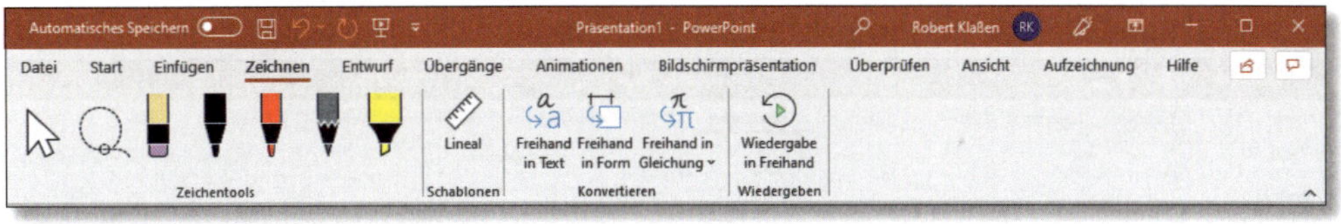

Abbildung 34.4 *Wer in PowerPoint malen oder zeichnen möchte, ist mit den hier aufgeführten Tools gut beraten.*

Die Registerkarten »Einfügen« und »Entwurf«

Auch die Registerkarten **Einfügen** und **Entwurf** entsprechen dem allgemeinen Office-Standard. Die zuerst genannte Registerkarte ermöglicht das Hinzufügen von Elementen, die eine moderne Präsentation aufwerten bzw. unterstützen. So lassen sich beispielsweise

Bilder, Fotoalben, Onlinegrafiken, Screenshots und Tabellen bis hin zu Video- und Audioaufnahmen in eine Präsentation integrieren. Beim Register **Entwurf** haben wir es mit der optischen Gestaltung von Präsentationen zu tun – den Designs.

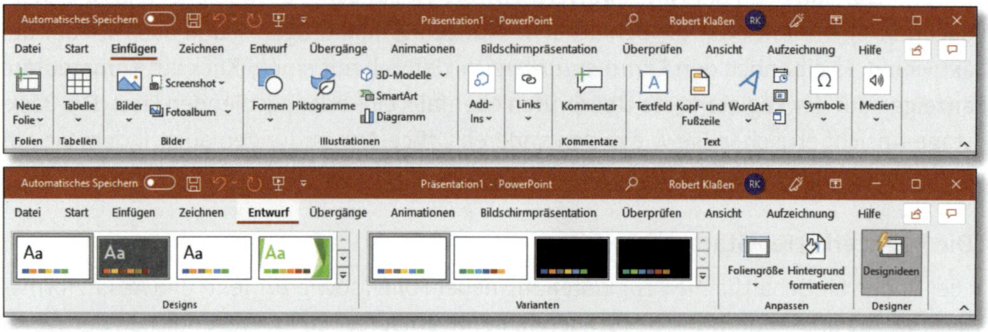

Abbildung 34.5 *Die Registerkarten »Einfügen« (oben) und »Entwurf« (unten)*

Die Registerkarten »Übergänge« und »Animationen«

Die beiden rechts daneben befindlichen Registerkarten sind typischerweise nur in PowerPoint zu finden. Auf der Registerkarte **Übergänge** wählen oder bearbeiten Sie Überblendungen, die den Betrachter von einer Folie zur nächsten geleiten sollen. Auf welche Weise das geschieht, also wie ein solcher Übergang aussehen soll, regeln Sie hier. Die Registerkarte **Animationen** ist ebenfalls dem Bewegungsablauf einer Präsentation gewidmet. Denn es ist auch möglich, Objekte wie Textfelder, Bilder und Ähnliches in Bewegung zu versetzen. Im Gegensatz zur Registerkarte **Übergänge** sind die Schaltflächen der Registerkarte **Animationen** nur anwählbar, wenn zuvor ein Objekt (z. B. Textfeld, Bild, Tabelle) im Folienbereich markiert worden ist.

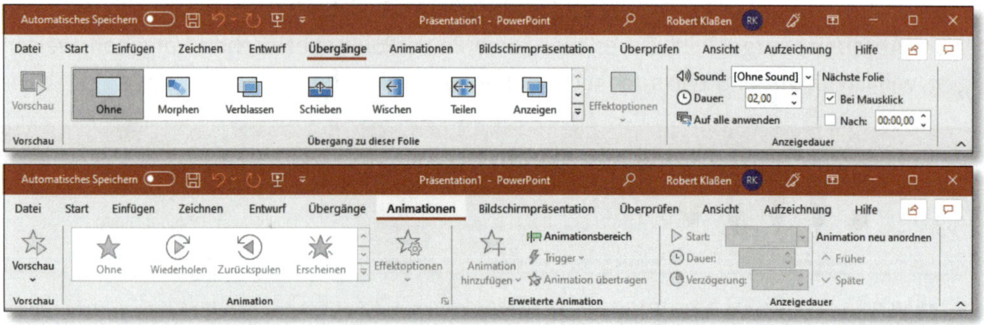

Abbildung 34.6 *Diese Registerkarten beinhalten Steuerelemente zur Überblendung von Folien sowie zur Bewegungsanimation.*

Die weiteren Registerkarten

Ganz wichtig ist die Registerkarte **Bildschirmpräsentation**. Denn mit ihr lässt sich eine Präsentation abspielen und deren Wirkung begutachten. Ob eine Präsentation dabei von Beginn an oder von einer bestimmten Folie ausgehend wiedergegeben werden soll, obliegt Ihnen. Aber hier stehen Ihnen noch mehr Möglichkeiten zur Verfügung.

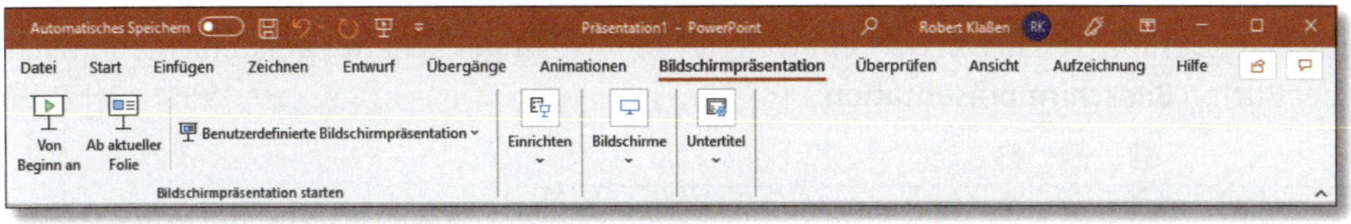

Abbildung 34.7 *Die Registerkarte »Bildschirmpräsentation« kommt nicht nur dann zum Einsatz, wenn die Präsentation vorgeführt werden soll.*

So lassen sich Bewegungen auf Ihrem Computermonitor wie mit einer Videokamera aufzeichnen. Auf der Registerkarte **Überprüfen** werden Schaltflächen zur Rechtschreibprüfung, Übersetzung sowie zum Vergleich unterschiedlicher Präsentationen zur Verfügung gestellt. Außerdem lassen sich hier Kommentarfunktionen einsetzen. Die Registerkarte **Ansicht** dürfte bekannt sein – zumindest wenn Sie sich mit anderen Office-Anwendungen beschäftigt haben. Hier werden die verschiedenen Oberflächenmodi aktiviert, die optimierte Oberflächen für unterschiedliche Arbeitsgänge zur Verfügung stellen. Weitere Informationen dazu finden Sie im folgenden Abschnitt. Darüber hinaus können Sie Ansichtseinstellungen wie die Anpassung der Fenstergröße während der Präsentation vornehmen.

Die Registerkarte **Aufzeichnen** stellt nicht nur Tools zur Verfügung, mit denen ein eigenständiger Film aus einer bestehenden Präsentation erzeugt werden kann, sondern ermöglicht auch die Produktion von Videos, Sprachdateien und sogar Bildschirmaufzeichnungen, die wiederum als eigenständige Teile der Präsentation fungieren. (Diesem Thema widmen wir uns in Kapitel 38.)

INFO

Entwicklertools
Auch PowerPoint verfügt über eine Registerkarte **Entwicklertools**. Diese ist jedoch auch hier standardmäßig deaktiviert und muss zunächst über **Datei > Optionen > Menüband anpassen** hinzugefügt werden.

34.2 Die verschiedenen Ansichten richtig nutzen

Im vorangegangenen Abschnitt habe ich bereits angesprochen, dass Sie mithilfe der Registerkarte **Ansicht** individuelle Ansichtsoptionen zugänglich machen können, die für die eine oder andere Aufgabe optimiert sind. Wählen Sie innerhalb der Gruppe **Präsentationsansichten** der Registerkarte **Ansicht** zwischen:

- **Normal**
- **Gliederungsansicht**
- **Foliensortierung**
- **Notizenseite**
- **Leseansicht**

Außerdem stehen Ihnen drei weitere Ansichten in der Gruppe **Masteransichten** der Registerkarte **Ansicht** zur Verfügung. Drei der zuvor genannten Ansichten, nämlich **Normal** ❶, **Foliensortierung** ❷ und **Leseansicht** ❸, lassen sich auch ganz unten in der Statusleiste aktivieren. Darüber hinaus ist dort ein weiterer sehr wichtiger Schalter angebracht, nämlich der Button **Bildschirmpräsentation**.

Abbildung 34.8 Wechseln Sie bequem die Ansicht über die Statusleiste.

Mit diesen Schaltflächen haben Sie vor allem auch die Möglichkeit, schnell die Ansicht anzupassen, auch wenn Sie gerade nicht die Registerkarte **Ansicht** aktiviert haben.

Die Normalansicht

Diese Ansicht haben Sie ja bereits kennengelernt. Sie beinhaltet den Folienbereich in der Mitte, der die eigentliche Arbeits- und Präsentationsfläche darstellt. Damit Sie schnell zwischen den einzelnen Folien wechseln können, werden auf der linken Seite Miniaturen der verwendeten Folien angezeigt. Ein Klick darauf stellt die jeweilige Folie im Folienbereich zur Verfügung.

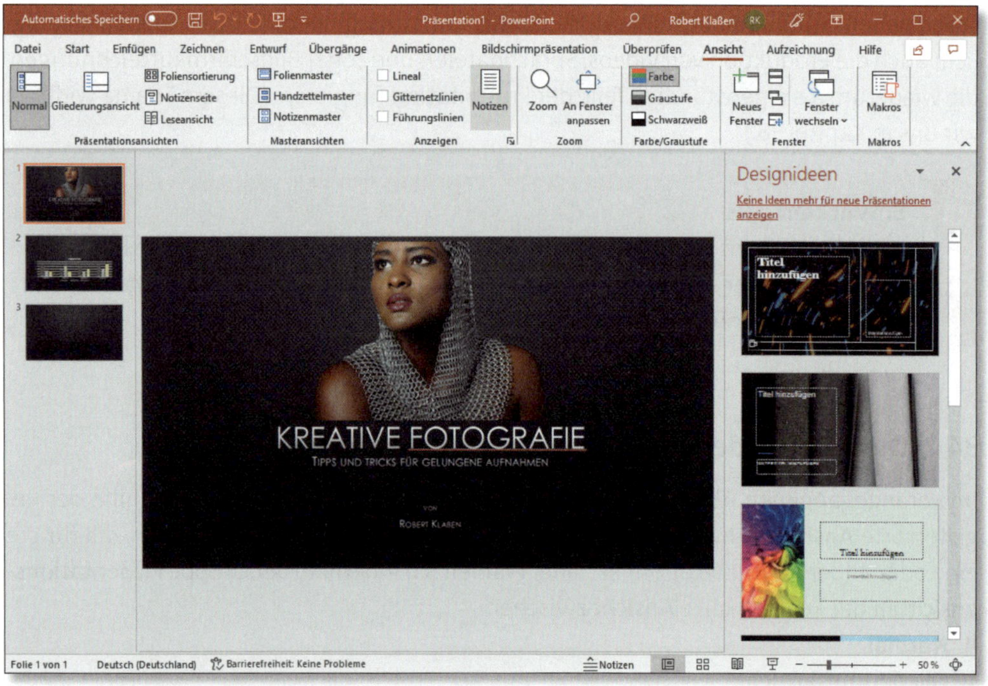

Abbildung 34.9 Diese Ansicht ist für die Folienmontage optimiert.

Diese Normalansicht eignet sich aufgrund ihrer Übersichtlichkeit bestens für das Erstellen der einzelnen Folien, also für die Bereitstellung der benötigten Elemente, das Verfassen des Textes sowie das Anpassen der Layouts.

Die Gliederungsansicht

Schalten Sie auf **Gliederungsansicht** um, wird der Folienbereich etwas verkleinert. Dafür erhält der Bereich **Folienregister** (links) mehr Platz.

Dort finden Sie nun auch keine Folienminiaturen mehr vor, sondern detaillierten Text – und zwar jenen Text, der auf den Folien verwendet worden ist. Dieser ist unmittelbar im Folienregister editierbar. Sie können hier also Texte in Ihrer Präsentation anpassen, hinzufügen oder ändern, ohne dafür extra zur Folie wechseln zu müssen.

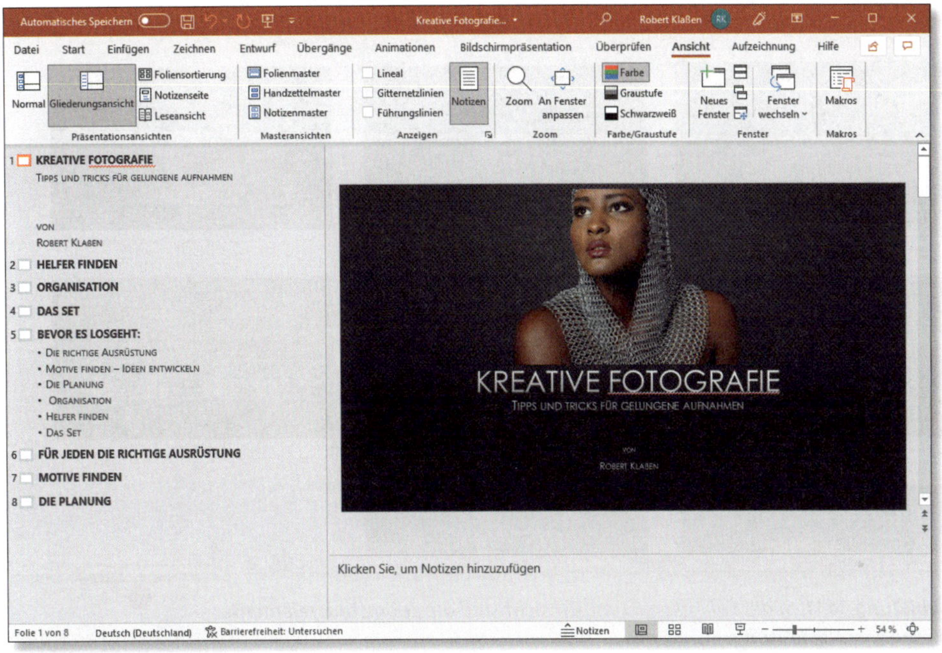

Abbildung 34.10 Die Gliederungsansicht ist optimal geeignet, um Texte schnell zu bearbeiten und kleinere Sortierungen der Folien vorzunehmen.

In dieser Ansicht befinden sich vor den Folienüberschriften außerdem kleine graue Rahmen. Ein Klick darauf bringt Sie zur jeweiligen Folie, die dann im Folienbereich angezeigt wird. Doch diese kleinen Rahmen haben eine noch nützlichere Funktion. Sie können nämlich per Drag & Drop nach oben oder unten bewegt werden. Sie können also mit ihnen die Reihenfolge der Folien anpassen. Ziehen Sie eine Folienüberschrift an eine andere Position, um diese neu einzusortieren. Die Gliederungsansicht eignet sich also sowohl zur schnellen Bearbeitung von Text in unterschiedlichen Folien wie auch zur Sortierung kleinerer Präsentationen. Wenn zahlreiche Folien zum Einsatz kommen, ist hingegen die Foliensortierungsansicht besser geeignet.

Die Foliensortierung

Wenn Sie mit vielen Folien arbeiten und diese neu anordnen möchten, sind Sie mit der Foliensortierungsansicht bestens beraten. Diese ist nämlich, wenn man so will, die Vergrößerung des Folienregisters. Der Folienbereich ist komplett ausgeblendet; Sie haben jetzt freien Blick auf die Folienminiaturen. In dieser Ansicht sollten Sie auch die Steuerelemente zur Skalierung ❶ verwenden, mit denen sich die Größe der Miniaturen anpassen lässt. So sind Sie in der Lage, möglichst viele, vielleicht sogar alle Folien Ihrer Präsentation auf einmal anzeigen zu lassen und dabei den zur Verfügung stehenden Platz optimal auszunutzen.

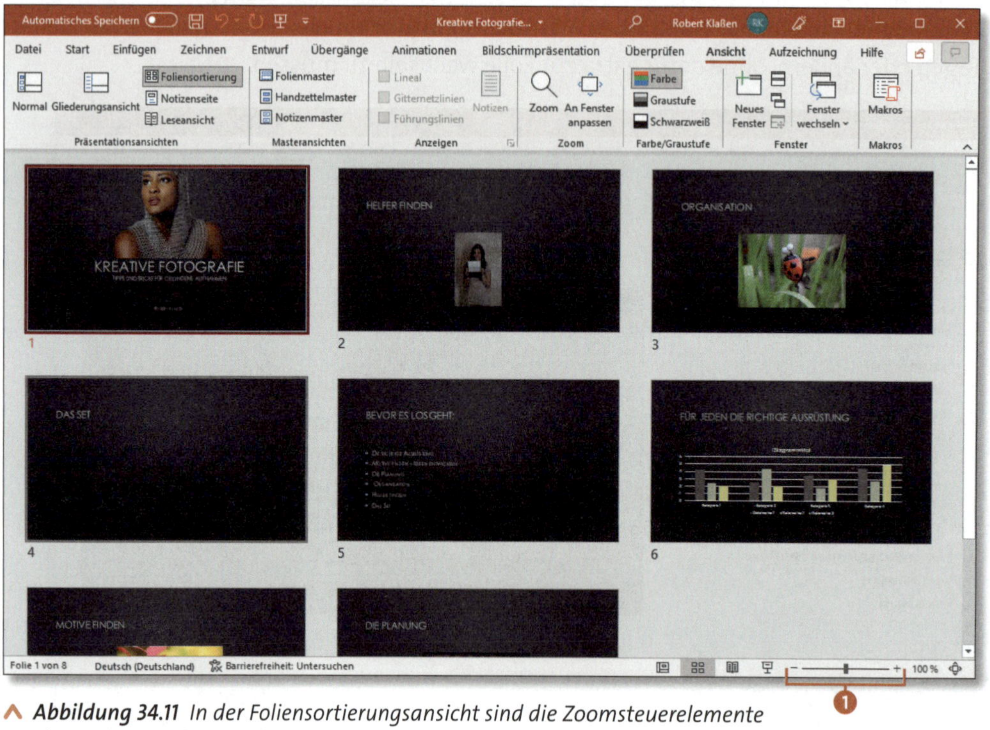

Abbildung 34.11 *In der Foliensortierungsansicht sind die Zoomsteuerelemente von besonderer Bedeutung.*

> **INFO**
>
> **Folien löschen**
>
> Sollten Sie feststellen, dass Sie die eine oder andere Folie vielleicht gar nicht benötigen, können Sie mit rechts auf sie klicken und im Kontextmenü den Befehl **Folie löschen** wählen. Alternativ markieren Sie die entsprechende Folie mit der linken Maustaste und drücken anschließend `Entf`.

Das Geniale an dieser Ansicht ist, dass Sie eine Folie anklicken und mit gedrückter Maustaste an eine andere Position verschieben können. Sie werden sehen, dass vorhandene Folien automatisch Platz machen, wenn Sie eine andere bewegen. Auf diese Weise lassen sich übrigens auch mehrere Folien gemeinsam bewegen, wenn Sie sie zuvor bei gedrückter Taste Strg markiert haben.

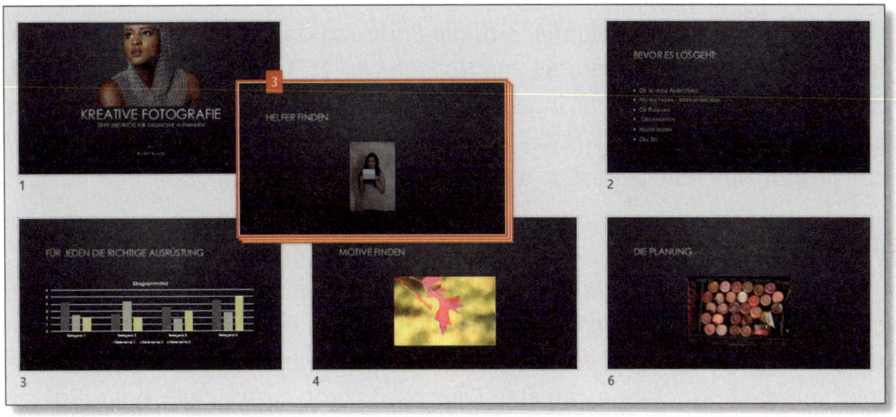

Abbildung 34.12 *Ziehen Sie die Folien an die gewünschte Position.*

Die Notizenseitenansicht

Diese Ansicht ist ebenfalls in zweierlei Hinsicht interessant. Zum einen können Sie einzelne Folien mitsamt den dafür angefertigten Notizen anzeigen lassen. Notizen sind übrigens während der Präsentation für die Betrachter nicht sichtbar, sondern sollen dem Vortragenden als Gedankenstütze dienen – ein Spickzettel also. Außerdem können Sie die Notizen anklicken und deren Text ändern bzw. weiteren Text hinzufügen oder löschen.

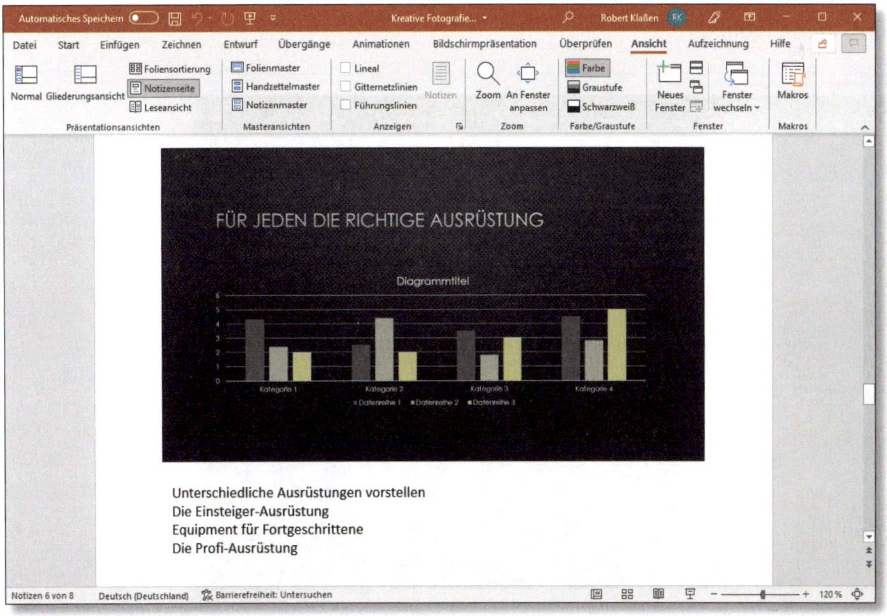

Abbildung 34.13 *In dieser Ansicht stehen die Notizen im Vordergrund.*

Der zweite praktische Nutzen besteht darin, dass diese Ansicht optimal zum Ausdrucken von Folien geeignet ist. Sie erreichen damit, dass pro Folie eine Seite gedruckt wird. Da auf dieser Seite auch die zugehörigen Notizen ausgegeben werden, wird Ihr Vortrag erheblich vereinfacht. Während die Teilnehmer sich die Präsentation ansehen, können Sie immer wieder einen Blick auf die Ausdrucke und Notizen werfen. Übrigens bewegen Sie sich schnell von Folienseite zu Folienseite, indem Sie die Pfeiltasten Ihrer Tastatur verwenden. Dabei spielt es keine Rolle, ob Sie [↓] oder [→] benutzen, um zur nächsten Seite zu gelangen. Mit den beiden anderen Pfeiltasten geht es eine Seite zurück.

Die Leseansicht

Die Leseansicht vergrößert den Folienbereich derart, dass dieser sich über die gesamte Anwendung erstrecken kann. Bewegen Sie sich auch hier mit den Pfeiltasten der Tastatur von Folie zu Folie, oder nutzen Sie die Steuerelemente in der Statusleiste. Alternativ klicken Sie mit der Maus auf die Präsentation, um eine Folie nach vorne zu springen, oder drücken [Esc], um diese Ansicht zu verlassen. Zudem werden weitere Ansichten in der Statusleiste angeboten, mit denen das Verlassen der Leseansicht ebenfalls möglich ist.

Nun fragen Sie sich zu Recht, was denn der Unterschied zwischen der Bildschirmpräsentation und der Leseansicht ist. Denn beide zeigen ja letztendlich die Präsentation. Der Unterschied besteht darin, dass die Bildschirmpräsentation den gesamten Monitorbereich beansprucht. Wollen Sie jedoch die Präsentation ansehen und gleichzeitig an einer neuen Präsentation arbeiten, lässt sich ein weiteres PowerPoint-Fenster hinzufügen. Sie haben dann in einem Fenster die Präsentation als Vorlage und können im anderen Fenster arbeiten. So etwas bietet sich beispielsweise an, wenn Sie sich in Ihrer neuen Präsentation auf den Inhalt einer vorhandenen Präsentation beziehen oder wenn Sie beispielsweise das Design »nachbauen« wollen.

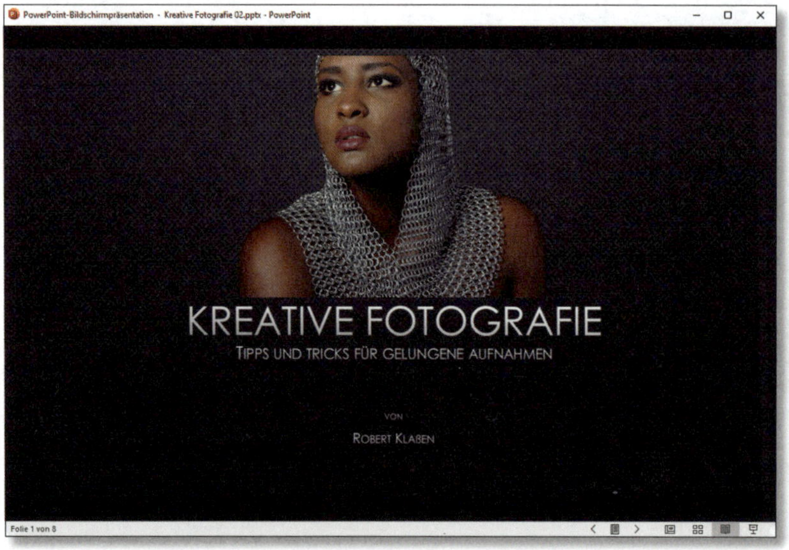

Abbildung 34.14 *Jetzt dient die Präsentation als Vorlage.*

Die Masteransichten

In der Gruppe **Masteransichten** der Registerkarte **Ansicht** befinden sich die Schaltflächen **Folienmaster**, **Handzettelmaster** und **Notizenmaster**. Diese Ansichten sind prima geeignet, um schnell zahlreiche Folien mit identischen Objekten auszustatten, z. B. einem Firmenlogo. Lesen Sie dazu mehr in Abschnitt 35.5, »Folien-, Handzettel- und Notizenmaster verwenden«, ab Seite 893.

Die Bildschirmpräsentation

Zuletzt wäre noch die Funktion **Bildschirmpräsentation** erwähnenswert, die den gesamten Monitor einnimmt und sich in der Statusleiste (siehe Seite 864) sowie mit [F5] aktivieren lässt. Letzteres bewirkt, dass die Präsentation grundsätzlich beginnend mit der ersten Folie abgespielt wird. Wenn Sie (beispielsweise zu Kontrollzwecken oder zur Begutachtung eines bestimmten Bereichs) lieber von der derzeit aktiven Folie aus starten möchten, drücken Sie die Tastenkombination [⇧]+[F5].

Ein Mausklick reicht, um zur nächsten Folie zu wechseln. Auch hier können Sie dazu die Pfeiltasten der Tastatur einsetzen. Möchten Sie die Bildschirmpräsentation beenden, verlassen Sie sie mit [Esc].

34

34.3 Raster, Linien und Lineale bei Bedarf zuschalten

Sofern Sie eine der drei Ansichten **Normal**, **Gliederungsansicht** oder **Notizenseite** aktiviert haben, lassen sich in der Gruppe **Anzeigen** der Registerkarte **Ansicht** drei interessante Optionen per Checkbox hinzufügen: **Lineal**, **Gitternetzlinien und Führungslinien**.

Die Lineale

Wenn Sie die Lineale einschalten (**Ansicht > Anzeigen**), wird jeweils eines oben und links am Rand des Folienbereichs angezeigt. Sofern ein Textfeld aktiv ist, lassen sich Tabstopps platzieren, verschieben und löschen. Außerdem werden kleine gestrichelte Linien angezeigt, während Sie sich mit der Maus auf der Folie bewegen. So lassen sich Objekte, beispielsweise beim Aufziehen einer Form, besser positionieren.

Die Gitternetzlinien

Gitternetzlinien (**Ansicht > Anzeigen**) erzeugen ein Raster auf der Folie, das bei der Ausrichtung und Anordnung von Objekten behilflich ist. Diese Linien sind leicht magnetisch, was dazu führt, dass man Ränder von Objekten (z. B. Fotos, Formen und Ähnliches) besser an ihnen ausrichten kann. Das Gitternetz ist eine reine Hilfsfunktion. Es ist weder beim Ausdrucken noch in der fertigen Präsentation zu sehen. Am Rand und an den Mittellinien der Objekte tauchen während der Objektverschiebung gestrichelte Linien auf, wenn sich der Rand oder die Mitte eines Objekts, das Sie gerade verschieben, mit dem Rand oder der imaginären Mittellinie eines anderen Objekts decken.

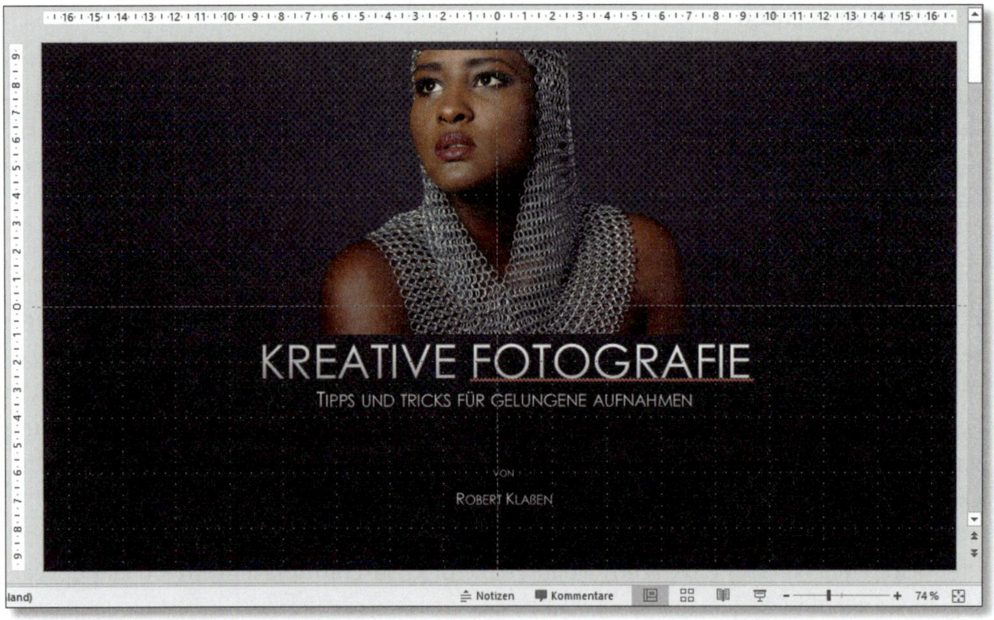

Abbildung 34.15 *Raster und gestrichelte Linien helfen bei der Ausrichtung von Objekten. Die vertikale Linie symbolisiert, dass sich die Bildmitte während des Verschiebens auf der vertikalen Mittellinie des Textes befindet.*

Die Führungslinien

Schalten Sie die Option **Führungslinien** (**Ansicht > Anzeigen**) ein, um jeweils eine horizontale und vertikale Linie hinzuzufügen, die ebenfalls Magnetkraft besitzen, sobald Sie Folienelemente in die nähere Umgebung bewegen. Die Führungslinien erscheinen auf allen Folien an der gleichen Position und helfen so, bestimmte Objekte (z. B. Textfelder) auf jeder Folie stets an der gleichen Stelle zu platzieren. In der späteren Präsentation und beim Druck bleiben die Linien unsichtbar.

Besonders interessant ist, dass sich diese Linien frei auf dem Folienbereich anordnen lassen. Dazu müssen Sie die Maus auf die Linie bewegen. Sobald der Mauszeiger zum Doppelpfeil mutiert, wissen Sie, dass Sie sich genau auf der Linie befinden. Jetzt führen Sie einen Mausklick aus und bewegen die vertikale Führungslinie nach links oder rechts bzw. die horizontale Linie nach oben oder unten. Sobald die gewünschte Position erreicht ist, lassen Sie los. Beim Verschieben zeigt eine kleine QuickInfo die aktuelle Position an. Dabei gilt: Der angezeigte Wert **0,00** ist immer der horizontale bzw. vertikale Mittelpunkt einer Folie. Ziehen Sie eine Linie an eine andere Position, wird sie auf allen anderen Folien entsprechend mit verschoben.

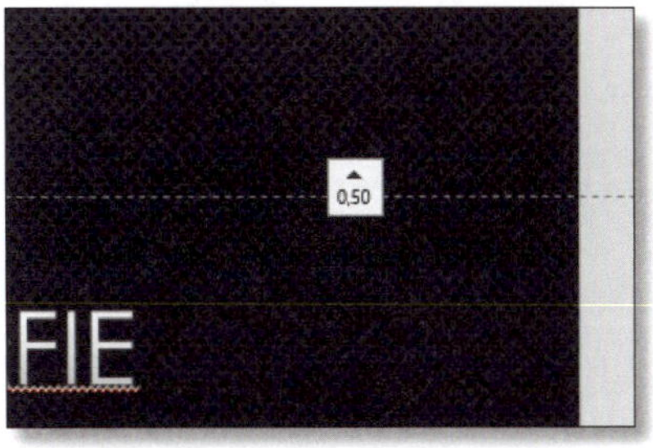

Abbildung 34.16 *Hier wird gerade die horizontale Führungslinie nach oben verschoben.*

Mitunter ist je eine horizontale und vertikale Führungslinie zu wenig. Wenn Sie mehr Führungslinien benötigen, klicken Sie mit rechts auf den freien Bereich einer beliebigen Folie, zeigen anschließend auf die nach rechts weisende Pfeilspitze in der Zeile **Raster und Führungslinien** und entscheiden sich zuletzt für **Vertikale Führungslinie hinzufügen** oder **Horizontale Führungslinie hinzufügen**.

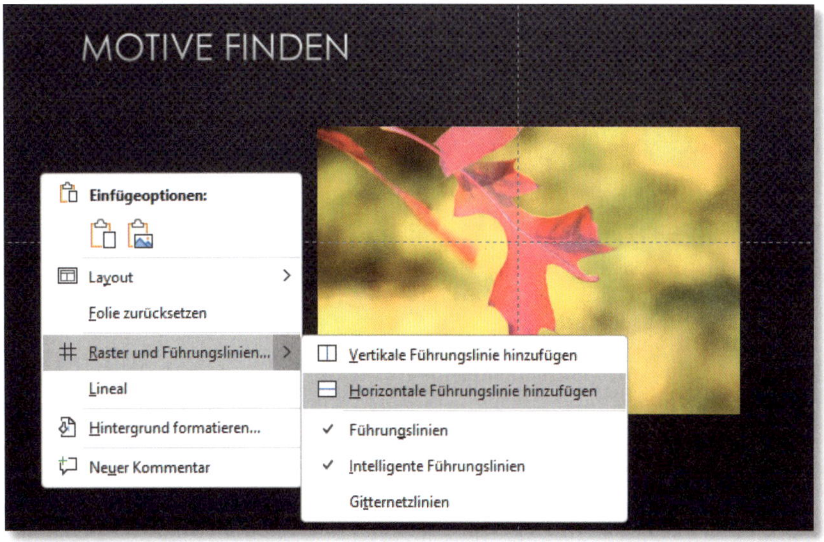

Abbildung 34.17 *Fügen Sie bei Bedarf weitere Führungslinien hinzu.*

Noch einfacher geht es, indem Sie mit rechts auf eine vorhandene Führungslinie klicken. Dann nämlich können Sie direkt eine horizontale oder vertikale Führungslinie hinzufügen.

INFO

Automatische Aktivierung

Sollte einer der Befehle zum Hinzufügen von Führungslinien angewählt werden, während die Option **Führungslinien** (**Ansicht > Anzeigen**) inaktiv ist, wird sie auch automatisch im Menüband aktiviert. Dadurch werden auch bereits vorhandene und derzeit ausgeblendete Führungslinien wieder eingeblendet.

Kapitel 35
Erste Schritte mit PowerPoint 2021

Bevor Sie die ersten Präsentationen erstellen, sollten Sie sich noch mit einigen Grundlagen befassen. Sie sollten unbedingt wissen, wie Sie mit Vorlagen arbeiten und Master erstellen können. Das erspart Ihnen nämlich eine Menge Arbeit. Darüber hinaus erfahren Sie, wie unterschiedliche Objekte in die Präsentation eingefügt werden. Doch gestatten Sie mir zunächst ein Wort zum Stil eines computergestützten Vortrags.

35.1 Kreativ oder sachlich? – Den richtigen Stil wählen

Es gibt niemals die »zweite« Chance, einen guten »ersten« Eindruck zu hinterlassen. Getreu diesem Motto sind Sie von Anfang an verpflichtet, sich ernsthaft mit der inhaltlichen und gestalterischen Art Ihrer Präsentation auseinanderzusetzen. Diese sollte sich grundsätzlich an Ihrer Zielgruppe orientieren.

Die inhaltliche Gestaltung

Eine Präsentation beginnt idealerweise auf dem Papier. Notieren Sie Ihre Vorstellungen, Ihre Ziele und Strategien. Gliedern Sie Ihre Ideen und Fakten, indem Sie ein Inhaltsverzeichnis erstellen. Denken Sie über Kernaussagen nach, und überlegen Sie, an welchen Positionen diese zum Tragen kommen sollen. Erst wenn Sie ein inhaltliches Gerüst geschmiedet haben, sollten Sie sich mit der Gestaltung beschäftigen. Denn anderenfalls laufen Sie Gefahr, dass der Inhalt später der Gestaltung folgt. Es sollte jedoch umgekehrt sein.

Mit einer PowerPoint-Präsentation vermitteln Sie nicht nur Inhalte, sondern müssen den Betrachter auch noch bei Laune halten. Denn nichts ist schlimmer als eine langweilige Darbietung. Sie müssen sich vorstellen, dass Ihrem Publikum Präsentationen bereits bekannt sind – sei es durch das Internet, TV oder einfach nur aus Schule, Studium und Beruf. Also müssen Sie davon ausgehen, dass Ihre Zuschauer schon von vornherein eine Erwartungshaltung haben. Diese müssen Sie erfüllen – oder besser noch: übertreffen. Sie sind fast schon gezwungen, Inhalte auf interessante Weise in Szene zu setzen. Dazu benutzen Sie technische und gestalterische Hilfsmittel. Glücklicherweise gibt es in PowerPoint eine Menge davon, nur sind sie leider nicht immer alle bedenkenlos einsetzbar. Denn hier muss der Medieneinsatz zum Inhalt und – noch viel wichtiger – zur Zielgruppe passen. Deswegen lautet eine wichtige Grundregel: Versuchen Sie, sich zu jeder Zeit in eine Person hineinzuversetzen, die Sie ansprechen wollen, die also später Ihre Präsentation anschauen wird. Das klassische Beispiel, dass der Banker, der Ihnen ein Gründungsdarlehen genehmigen soll, nur selten mit animierten Blümchengrafiken zu begeistern ist, sei da nur am Rande erwähnt. Dennoch ist es durchaus erlaubt, ja sogar empfehlenswert, hier und da einmal einen Effekt oder ein dramaturgisches Highlight einzusetzen.

Vorlagen nutzen

Sollten Sie noch nicht viel Erfahrung mit der zielgruppenorientierten Gestaltung haben, lassen Sie sich von PowerPoint unter die Arme greifen. In die Software sind zahlreiche Gestaltungsvorlagen integriert, die Sie nach Herzenslust einsetzen können. (Im folgenden Abschnitt 35.2, »Dank passender Vorlagen schnell eine Präsentation erstellen«, befassen wir uns ausführlicher damit.) Versuchen Sie jedoch bei der Auswahl der richtigen Vorlage Ihre eigenen Vorlieben ein bisschen hintanzustellen. Fragen Sie sich stattdessen, was Ihrem Publikum am ehesten zusagen und was Ihre Kernaussagen am besten unterstreichen wird. Dabei sollte schon zu Beginn die Farbgestaltung mit einbezogen werden. Blau z. B. wird allgemein als seriös empfunden. Grün wirkt harmonisch und vitalisierend. Organische oder hölzerne Hintergründe unterstreichen Kreativität. Auch Kreise und Linien lassen auf Kreativität schließen, haben jedoch oft einen futuristischen Unterton. Sie passen demzufolge auch eher zu einem innovativen Aussagekern als beispielsweise zur Präsentation einer bodenständigen Geschäftsidee. Benutzen Sie also eine Vorlage nie, nur weil Sie sie hübsch finden.

Der Vortrag

Bei einer Präsentation kommen viele Faktoren zusammen: Sie können Inhalte mit einer entsprechenden Gestaltung sowie mit technischen Hilfsmitteln interessanter und spannender machen. Sie als Vortragender sind aber gewissermaßen ein Teil dieser Animation – ein »Darsteller« –, es sei denn, Sie geben eine Präsentation lediglich zur Ansicht weiter. Deswegen sind auch Ihre Aussagen, Gesten, Blicke, Ihr Gebaren und nicht zuletzt auch Ihr persönliches Befinden zum Zeitpunkt der Präsentation von großer Bedeutung. Die Frage »Kreativ oder sachlich?« stellt sich also auch hier. Wobei es ja grundsätzlich so ist, dass das eine das andere nicht zwangsläufig ausschließt. Seien Sie auch in einer nüchternen, aus reinen Fakten bestehenden Präsentation kreativ – aber verlieren Sie niemals die Zielgruppe aus den Augen, auch nicht bei Ihrem persönlichen Vortrag.

35.2 Dank passender Vorlagen schnell eine Präsentation erstellen

Nachdem Sie PowerPoint gestartet haben, werden Sie mit Vorlagenminiaturen versorgt. Die Reihenfolge dieser Miniaturen ist übrigens nicht fest vorgegeben. Zuletzt verwendete Vorlagen werden nach dem erneuten Öffnen der Anwendung ganz oben präsentiert.

Eine Vorlage aussuchen

Schauen Sie sich die Vorlagenminiaturen an. Versuchen Sie, eine Verbindung zwischen Ihrem Thema und den angebotenen Farben, Formen und Erscheinungsweisen zu finden.

Lassen Sie sich Zeit dabei, denn dies ist einer der wichtigsten Schritte auf dem Weg zur fertigen Präsentation.

1 Sollte PowerPoint bereits geöffnet sein, gelangen Sie zu den Vorlagen, indem Sie auf die Registerkarte **Datei** klicken und in der linken Spalte der Backstage-Ansicht die Rubrik **Neu** auswählen. Scrollen Sie gegebenenfalls an der rechten Seite der Backstage-Ansicht etwas nach unten.

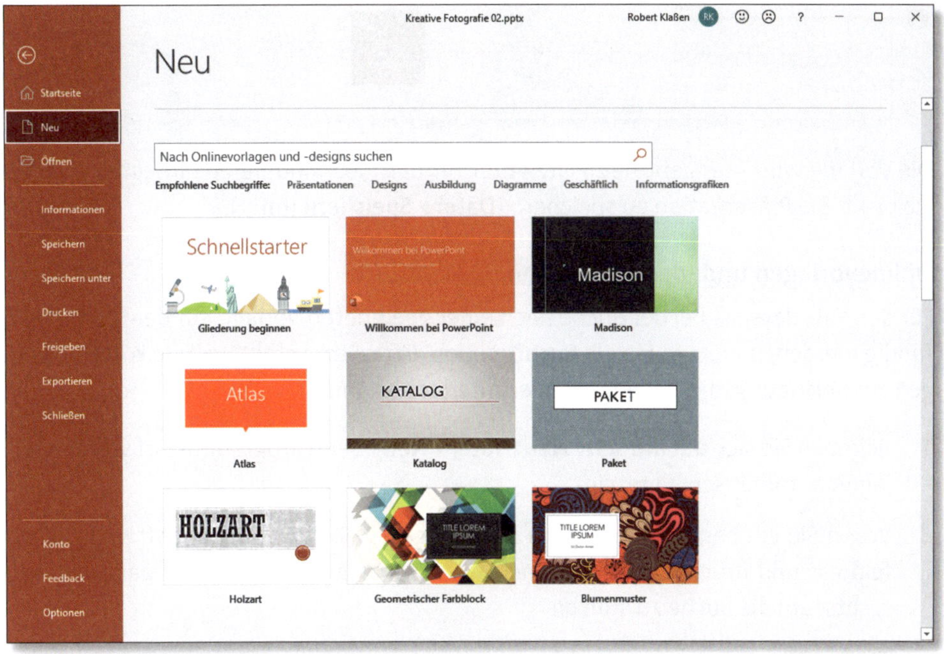

2 Sie interessieren sich für eine Vorlage – wollen aber zunächst einmal etwas genauer hinsehen, ehe Sie sich entscheiden? Dann setzen Sie einen einfachen Mausklick auf die Miniatur. Daraufhin wird ein Vorschaufenster über der Seite **Neu** eingeblendet. Wenn Sie hingegen die Vorlage ohne weitere Umwege verwenden möchten, können Sie die Miniatur auch mit einem Doppelklick anwählen. In diesem Fall hat sich der folgende Schritt allerdings bereits erledigt.

3 Haben Sie das Vorschaufenster mit einem einfachen Mausklick geöffnet, können Sie mit den beiden Pfeilen am linken und rechten Rand weitere Vorlagen unter die Lupe nehmen. Bei manchen Vorlagen (leider nicht bei allen) werden verschiedene Themenhintergründe angeboten. Die Vorlage **Katalog** beispielsweise verfügt über diese Eigenschaft. Klicken Sie eine der Miniaturen an (❶ auf Seite 872), um eine Vergrößerung in der Bildmitte anzeigen zu lassen. Danach können Sie mithilfe der kleinen Pfeilspitzen unterhalb des großen Vorschaubildes links **Weitere Bilder** ❷ bzw. verschiedene Entwürfe dieser Kategorie ansehen. Sind Sie zufrieden mit Ihrer Wahl? Dann klicken Sie auf **Erstellen**.

Die Vorlage wird nun geöffnet. Platzhalter für den Text sind bereits integriert. Vergessen Sie nicht, die Präsentation zu speichern (**Datei > Speichern unter**).

Onlinevorlagen und -designs suchen

Für den Fall, dass Sie bei der Suche nach einer geeigneten Vorlage auf der Startseite nicht fündig werden, benutzen Sie die Suchfunktion. *Office.com* stellt weitere kostenlose Vorlagen zur Verfügung, die Sie jederzeit herunterladen können.

1. Begeben Sie sich auf die Seite **Neu** (**Datei > Neu**). Beim Programmstart werden die Vorlagen automatisch angezeigt.
2. Wenn Sie ein bestimmtes Thema suchen, geben Sie den Suchbegriff in das Eingabefeld ein und drücken anschließend [↵]. Alternativ klicken Sie auf das Lupensymbol rechts, um die Suche zu starten.

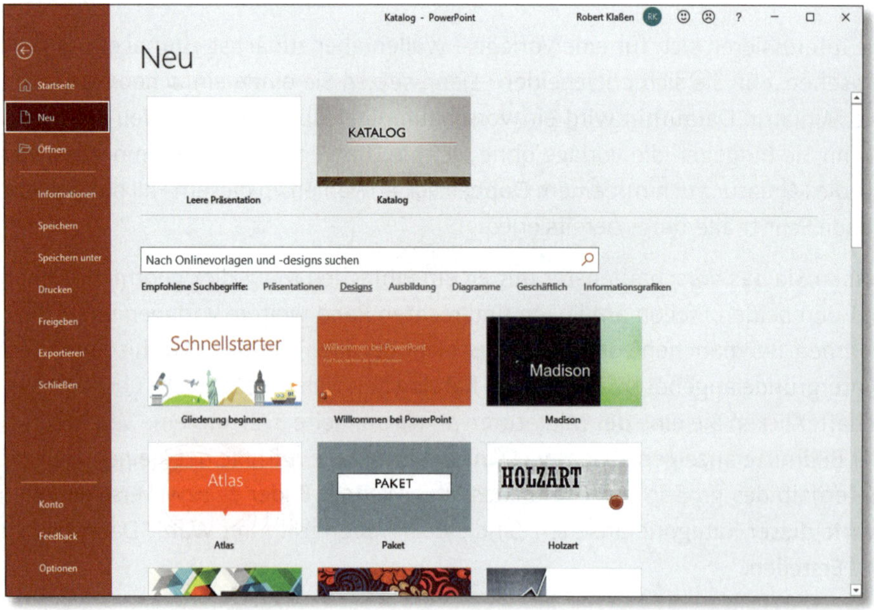

Unterhalb des Eingabefeldes finden Sie einige Themenbereiche, die als Links fungieren. Ein Klick darauf bringt Sie in die gewünschte Kategorie. Klicken Sie beispielsweise einmal auf **Designs**.

3 Nun finden Sie einige wirklich interessant gestaltete Vorlagen. **Zukunftsorientiertes Design** beispielsweise ist gestalterisch ansprechend, da diese Vorlage ein interessantes und nicht zu aufdringliches Hintergrundfoto mitbringt. Für eine Projektentwicklung beispielsweise ist dieses Layout optimal. Wählen Sie die Vorlage mit einem einfachen Mausklick an, um sie genauer zu betrachten, und schließen Sie die Vorbereitung auch diesmal wieder mit einem Klick auf **Erstellen** ab.

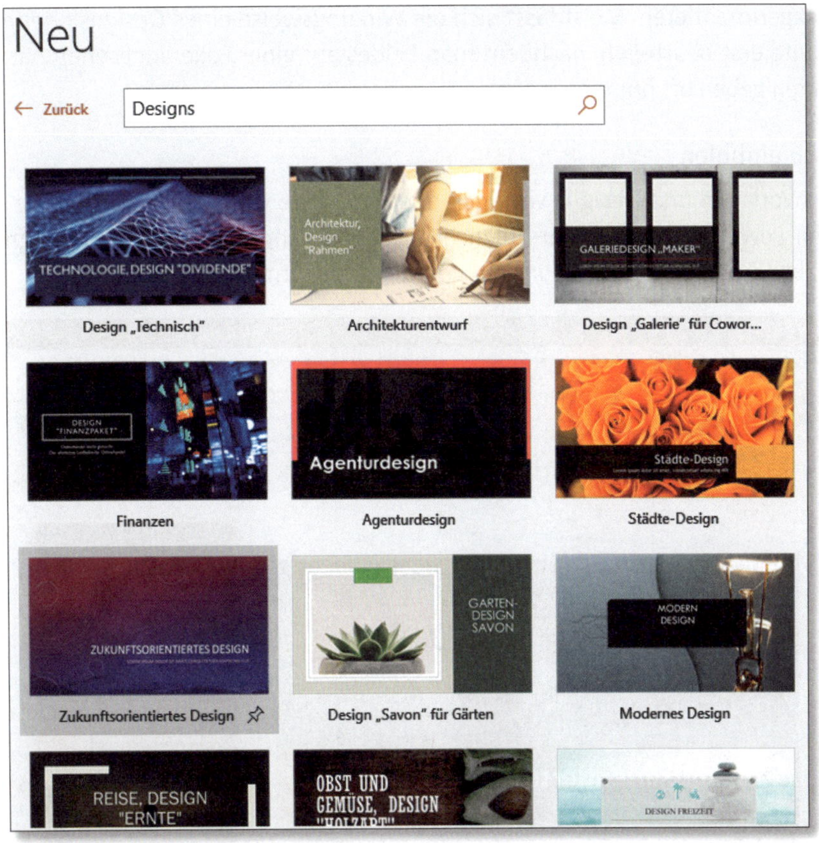

Eine Miniatur des Themas wird fortan auch auf der Seite **Neu** gelistet. Ab sofort haben Sie also direkten Zugriff auf die soeben heruntergeladene Vorlage.

Designs zuweisen

Nachdem Sie ein Thema gewählt haben, können Sie entsprechende Designs hinzufügen, indem Sie zunächst die Registerkarte **Entwurf** aktivieren und im Anschluss daran das gewünschte Design aus dem Menüband auswählen. Farbliche Alternativen zum jeweiligen Design finden sich im Bereich **Varianten**.

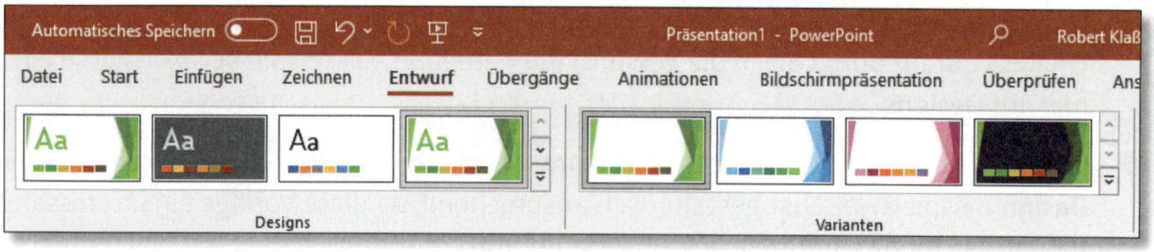

Abbildung 35.1 *Nehmen Sie mithilfe der Designs und Varianten vor allem farbliche Anpassungen vor.*

Hier sollten Sie anhand Ihrer persönlichen Vorstellungen (und natürlich immer in Abstimmung mit der gewünschten Bildaussage bzw. der zu transportierenden Botschaft) ein wenig herumexperimentieren. Meist lässt sich die Wirkungsweise eines Designs oder einer Designvariante erst beurteilen, nachdem man beides auf einer Folie angesehen hat. Die Bildminiaturen geben oft nur wenig Auskunft.

Designideen einholen

Die meisten Vorlagen und Designs verfügen über eine Liste von Designideen. Diese sind vor allem für PowerPoint-Anwender nützlich, die sich bislang noch nicht mit Design beschäftigt haben und sich in dieser Hinsicht gern unter die Arme greifen lassen.

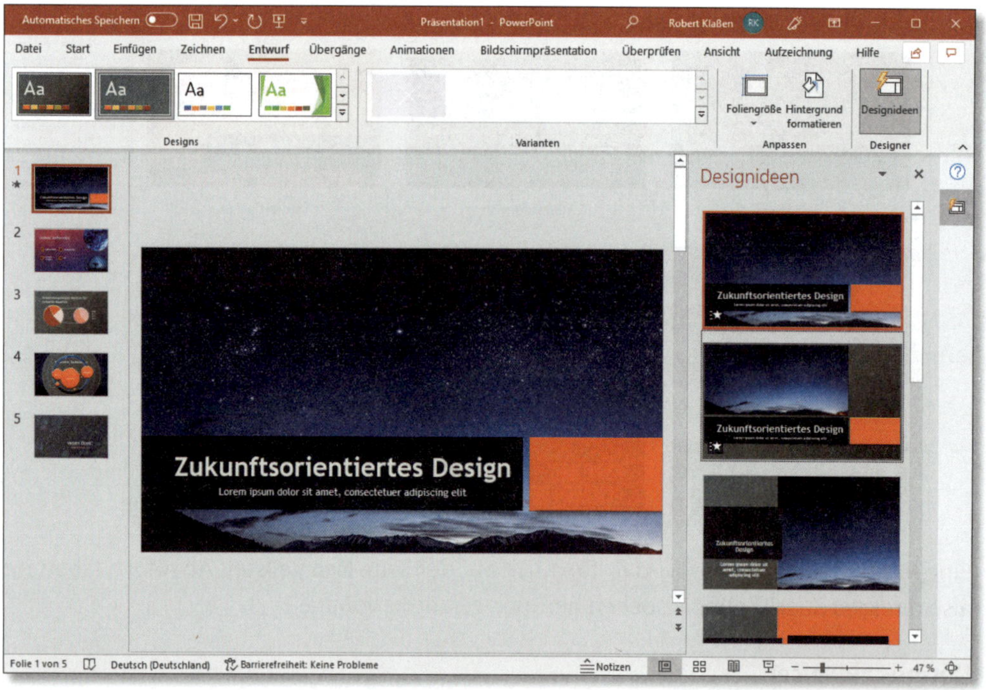

Abbildung 35.2 *Holen Sie sich, falls gewünscht, Hilfe in Sachen Design – mit den Designideen.*

Fassen wir noch einmal zusammen: Nach der Anwahl eines Themas gehen Sie auf das Register **Entwurf** und wählen dort zunächst eines der **Designs** aus. Danach experimentieren

Sie mit den **Varianten**. Bevor Sie nun aber eine Folienvorlage zuweisen, sollten Sie abermals die Designs oder Varianten wechseln. Entsprechend werden nämlich auch die Foliendesigns angepasst. Das Zuweisen zu einer Folie mithilfe des Klicks auf die entsprechende Designminiatur nehmen Sie erst am Schluss vor.

Beachten Sie in diesem Zusammenhang auch bitte die **Designideen**, die Ihnen in dieser Ansicht ganz rechts angeboten werden. Gefällt Ihnen eine davon, klicken Sie sie an, woraufhin die Idee für die auf der linken Seite angewählte Folie übernommen wird.

Sollten Ihnen die **Designideen** übrigens einmal abhandenkommen (beim Wechsel der Ansicht kann es durchaus einmal passieren, dass das Feld deaktiviert wird), begeben Sie sich auf das Register **Entwurf**. Ganz rechts im Menüband, genauer gesagt in der Gruppe **Designer**, wartet der Schalter **Designideen** darauf, von Ihnen bedient zu werden – und schon stehen die kreativen Fertigbausteine wieder zur Verfügung.

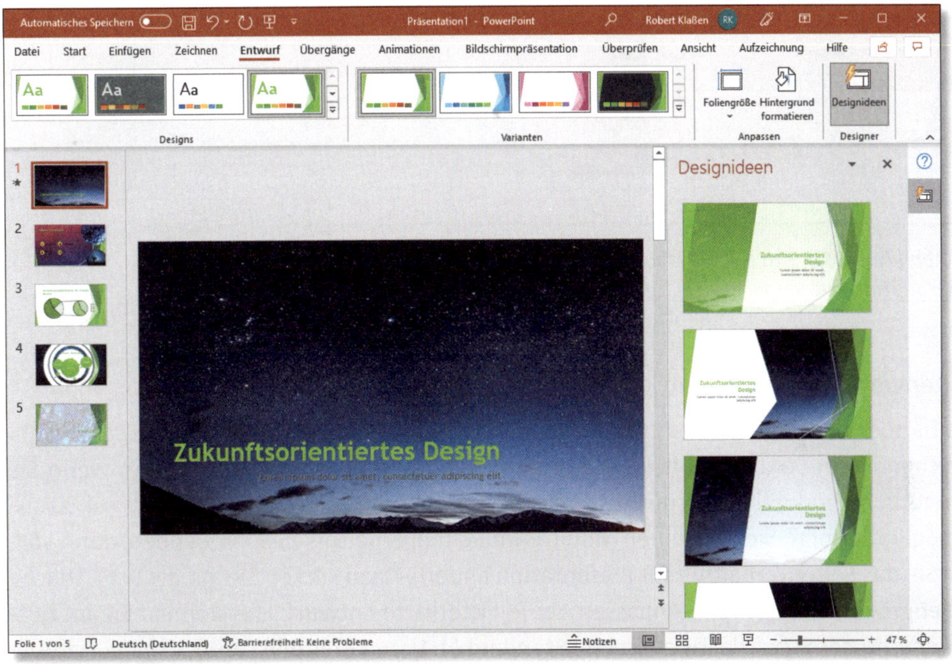

Abbildung 35.3 *Viele im Menüband gelistete Designs bringen auch ihre eigenen Designideen mit.*

Im ungünstigsten Fall existieren für das zuvor gewählte Design oder die Variante keine Designideen. Das wird dann in der rechten Spalte entsprechend angezeigt. Sollte das einmal der Fall sein, müssen Sie entweder auf weitere Hilfestellung verzichten oder aber ein anderes Design bzw. eine andere Variante aussuchen.

Automatisches Seitenverhältnis

Beachten Sie, dass das Seitenverhältnis einer Präsentation automatisch an Ihren Monitor angepasst wird. Damit gemeint ist jener Monitor, der in Windows unter **Einstellungen > System > Anzeige** definiert ist.

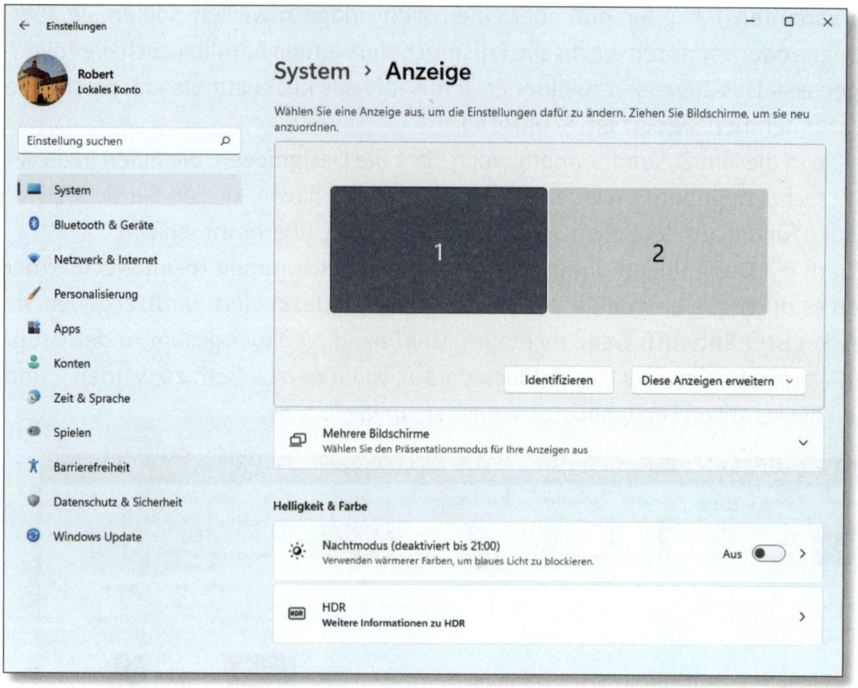

Abbildung 35.4 *Das Seitenverhältnis einer Präsentation wird durch das Seitenverhältnis der Hauptanzeige vorgegeben.*

Seitenverhältnis anpassen

Bleibt noch die Frage, was zu tun ist, wenn Sie das Seitenverhältnis Ihrer Präsentation abweichend vom Seitenverhältnis Ihres Hauptmonitors einstellen wollen. Denn wenn Sie bereits zum Produktionszeitpunkt wissen, dass die Präsentation später auf einem 4:3-Ausgabegerät erfolgt, Sie aber einen Monitor im Seitenverhältnis 16:9 verwenden, dann sollten Sie das Seitenverhältnis der Präsentation ändern. Dazu klicken Sie auf die Schaltfläche **Foliengröße** in der Gruppe **Anpassen** der Registerkarte **Entwurf**. Hier können Sie im Auswahlmenü der Schaltfläche zwischen **Standard (4:3)** und **Breitbild (16:9)** wählen. Darüber hinaus lässt sich auch ein individuelles Seitenverhältnis festlegen, indem Sie **Benutzerdefinierte Foliengröße** wählen.

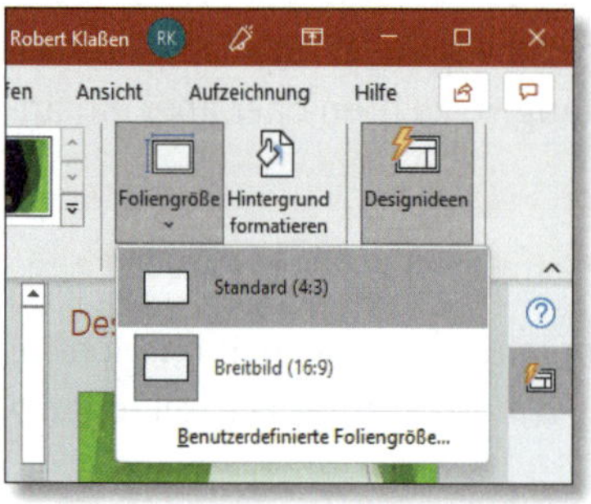

Abbildung 35.5 *Das Seitenverhältnis einer Präsentation kann angepasst werden.*

Ausrichtung ändern

Es ist auch durchaus denkbar, eine Präsentation für ein hochformatiges Ausgabemedium zu erzeugen, bei dem die Höhe des Bildschirms größer ist als dessen Breite (z. B. für das Smartphone oder für einen hochkant angeordneten Monitor auf einer Messe oder Ausstellung). In diesem Fall klicken Sie auf die Schaltfläche **Foliengröße** in der Gruppe **Anpassen** der Registerkarte **Entwurf**. Wählen Sie im Menü der Schaltfläche **Benutzerdefinierte Foliengröße**, und klicken Sie im Dialogfenster **Foliengröße** im Bereich **Folien** auf **Hochformat**. Bestätigen Sie abschließend mit einem Klick auf **OK**.

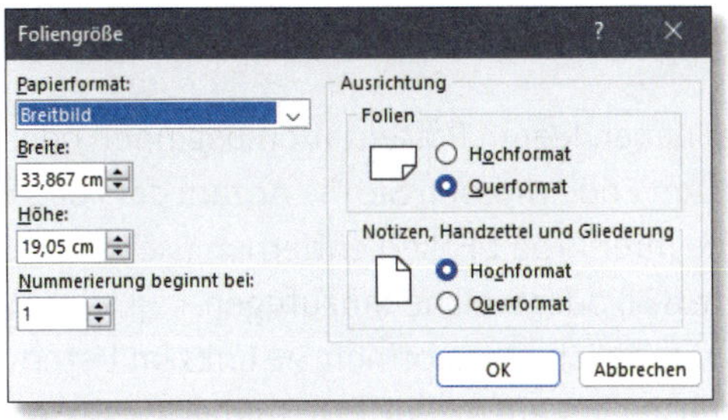

*< **Abbildung 35.6** Wandeln Sie die Präsentation in das Hochformat um.*

Skalieren oder maximieren?

Bei einer Formatänderung werden Sie im Anschlussdialog gefragt, was mit bereits vorhandenen Inhalten geschehen soll. Sie müssen sich nämlich nun für die Option **Maximieren** oder **Passend skalieren** entscheiden.

- **Maximieren**: Inhalte werden aufgrund der neuen Foliengröße nicht mehr angezeigt, sofern sie jenseits des neuen Bildausschnitts liegen. Sie bleiben aber dennoch erhalten. Wollen Sie diese wieder sichtbar machen, müssen Sie die Elemente von Hand entsprechend verschieben.
- **Passend skalieren**: Alle Elemente werden automatisch derart verkleinert, dass am Schluss sämtliche Inhalte im neuen Format sichtbar sind. Möglicherweise müssen Sie einige Elemente anschließend manuell vergrößern, damit sie wieder mehr in den Vordergrund treten.

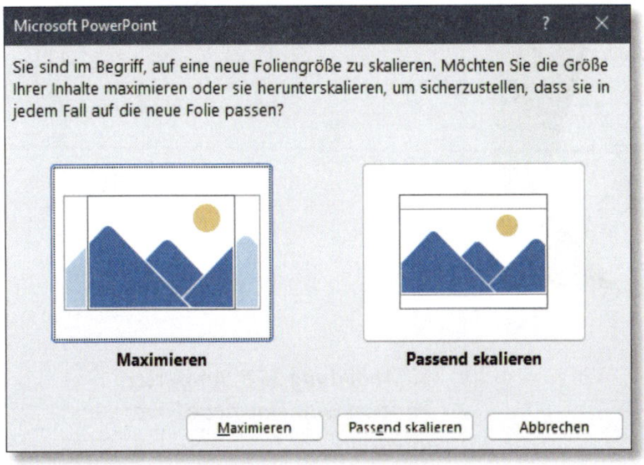

*< **Abbildung 35.7** Wenn Sie sich für »Passend skalieren« entscheiden, werden auch auf der neuen Arbeitsfläche alle Elemente der Präsentation angezeigt.*

Klicken Sie zur Auswahl auf den entsprechenden Button im unteren Bereich des Dialogs, um die Änderungen auf Ihre Präsentation anzuwenden.

35.3 Neue Folien einfügen und mit Inhalt füllen

In diesem Abschnitt erfahren Sie, wie sich eine Präsentation erweitern, also mit neuen Folien bestücken lässt und was bei der Anordnung beachtet werden muss. Außerdem schauen wir uns an, wie weitere Elemente, z. B. Texte, Bilder, Grafiken usw., in die Präsentation gelangen.

Neue Folie hinzufügen

Es spielt überhaupt keine Rolle, ob Sie mit einer neuen leeren Präsentation beginnen oder ob Sie eine der zahlreichen Vorlagen benutzen: Am Ende müssen Sie die Anzahl der Folien immer anpassen. Entweder müssen Sie im Laufe Ihrer Arbeit Folien entfernen (siehe dazu den Unterabschnitt »Folien entfernen« auf Seite 881) oder welche hinzufügen.

Das Hinzufügen von Folien ist in jeder Ansicht möglich. Dazu öffnen Sie links im Listenfeld das Kontextmenü einer Folie, indem Sie mit rechts auf sie klicken, und entscheiden sich anschließend für den Befehl **Neue Folie**. Beachten Sie, dass die Stelle, an der Sie den Rechtsklick ausführen, entscheidenden Einfluss auf die Position der neuen Folie nimmt. Diese wird nämlich grundsätzlich eine Position unterhalb der ausgewählten Miniatur einsortiert. Wenn Sie also auf **Folie 3** klicken und das Kontextmenü öffnen, erhalten Sie an Position 4 eine neue Folie. Alle folgenden Folien werden entsprechend um eine Position nach unten verschoben.

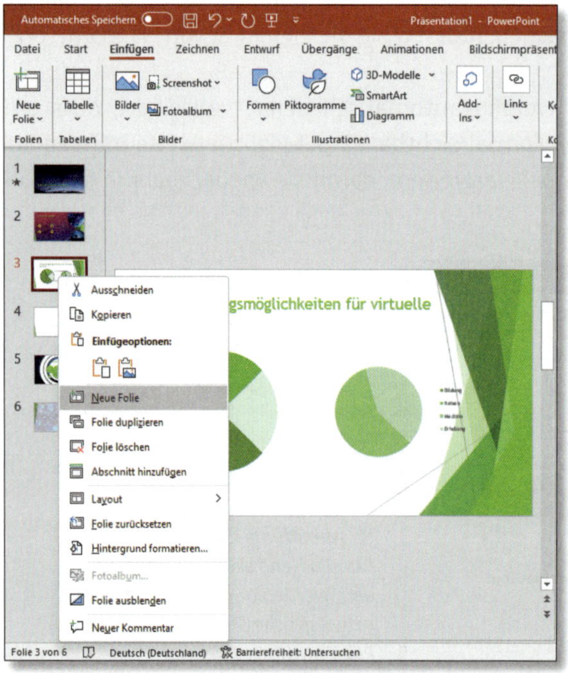

Abbildung 35.8 An vierter Position wird eine neue Folie integriert.

Alternativ können Sie auch neue Folien einfügen, indem Sie auf die Schaltfläche **Neue Folie** ❶ in der Gruppe **Folien** der Registerkarten **Start** oder **Einfügen** klicken. Auch hier ist entscheidend, welche Folie derzeit aktiv ist. Die neue Folie wird an der unmittelbar folgenden Position eingefügt. Betätigen Sie die untere Hälfte der Schaltfläche **Neue Folie**, haben Sie sogar noch die Wahl des Layouts. Entscheiden Sie sich für eine der Miniaturen, die im Auswahlmenü angeboten werden.

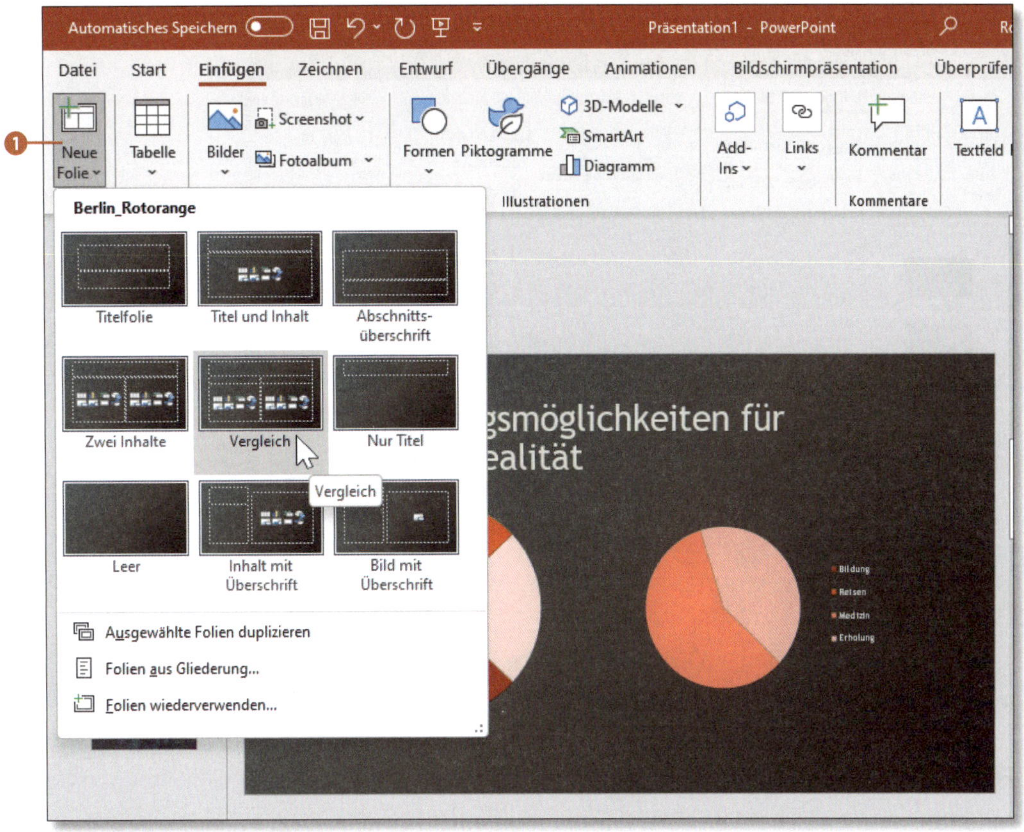

Abbildung 35.9 *Beim Einfügen einer Folie können Sie Einfluss auf das Layout nehmen.*

Je nach verwendetem Layout finden Sie in der neuen Folie unterschiedliche Platzhalter und Elemente vor, die Sie daraufhin mit Ihren Inhalten befüllen können. Auch hier sollten Sie darauf achten, dass Sie ein Layout für Ihre Präsentation wählen, das zu Ihrem Darstellungsvorhaben passt.

Folien anordnen

Nun kann man sich auch nach dem Einfügen einer Folie nie sicher sein, ob sie nicht doch noch einmal an eine andere Position verschoben werden muss. Verändern Sie die Position einer Folie einfach per Drag & Drop. Im Folienregister der Ansicht **Normal** beispielsweise klicken Sie die zu verschiebende Folie an, halten die Maustaste gedrückt und ziehen das Objekt einfach an die gewünschte Position. Übrigens dürfen Sie auch mehrere Folien gleichzeitig verschieben. Dazu müssen diese zunächst einzeln angewählt werden, während Sie [Strg] gedrückt halten. Sollten die Folien, die Sie verschieben wollen, derzeit alle übereinander angeordnet sein, markieren Sie die oberste Folie mit einem normalen linken Mausklick und anschließend die letzte Folie bei gedrückter Taste [⇧].

Klicken Sie nun eine der Folien noch einmal an, und verschieben Sie das gesamte Paket auf einmal.

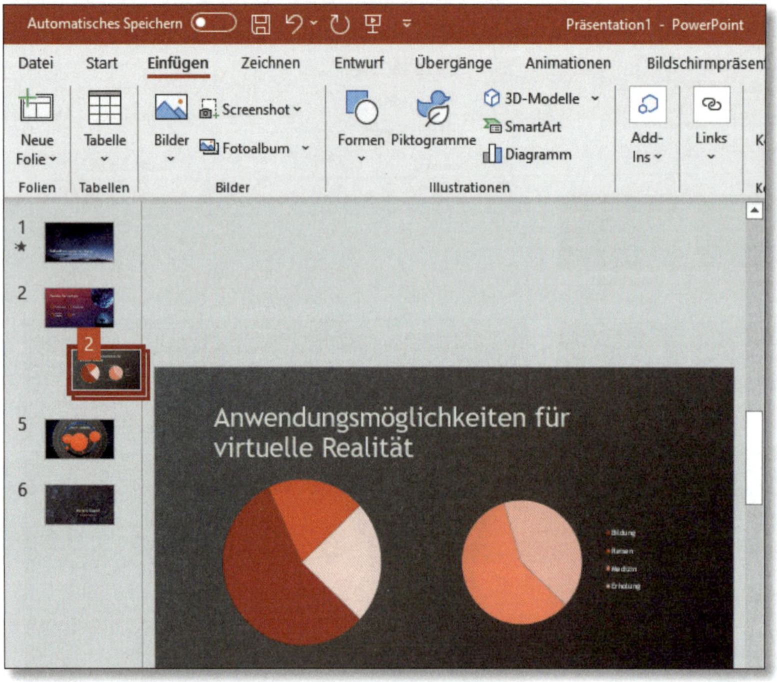

Abbildung 35.10 Folien können schnell im Folienregister angeordnet werden.

Folien duplizieren

Mitunter gleichen sich Folien einer Präsentation inhaltlich sehr stark. Wenn Sie eine ganz ähnliche Folie ein zweites Mal benötigen, müssen Sie nicht zwangsläufig eine neue Folie einfügen und diese dann neu aufbauen. Einfacher und schneller ist es, bestehende Folien zu duplizieren und die Kopie der ursprünglichen Folie dann gegebenenfalls an Ihre Wünsche anzupassen.

1. Markieren Sie in der Ansicht **Normal** (**Ansicht > Präsentationsansichten**) eine oder mehrere Folien, die Sie zur Weiterbearbeitung duplizieren wollen, innerhalb des Folienregisters.
2. Anschließend klicken Sie noch einmal mit rechts auf die zuvor markierte Folie und wählen im Kontextmenü den Befehl **Folie duplizieren**. Alternativ können Sie auch auf den unteren Bereich der Schaltfläche **Neue Folie** in der Gruppe **Folien** der Registerkarte **Start** klicken und im Menü der Schaltfläche den Befehl **Ausgewählte Folien duplizie-**

ren wählen. Auch hier ist entscheidend, welche Folie zuvor im Folienregister markiert worden ist. Die neuen Folien werden gleich unterhalb der markierten Folie einsortiert.

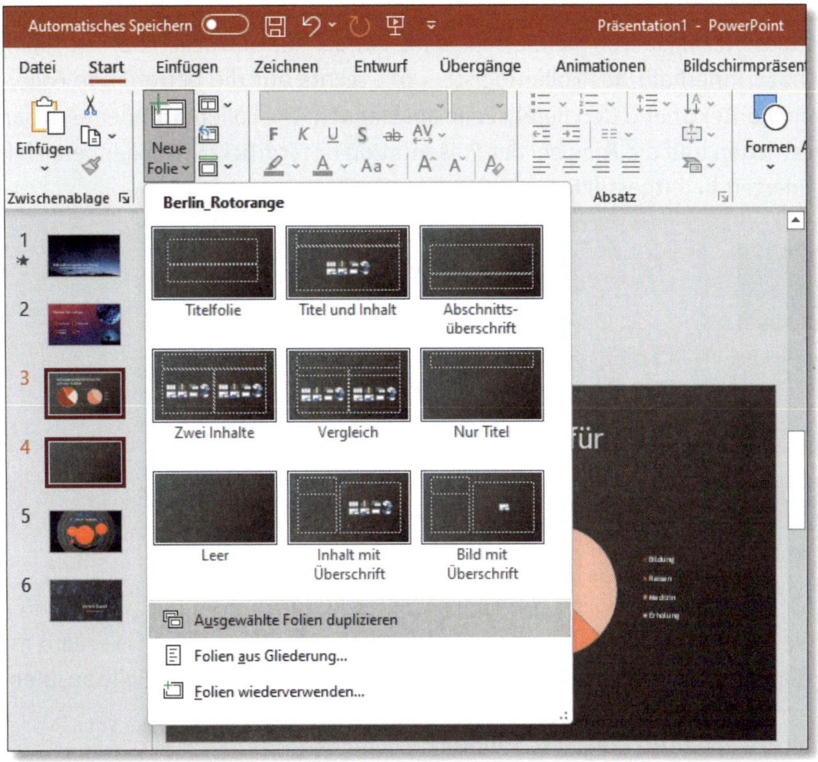

Markieren Sie als Nächstes die neu hinzugefügte(n) Folie(n) auf der linken Seite im Folienregister, und passen Sie den Inhalt entsprechend an. Wie das geht, erfahren Sie in den folgenden Abschnitten.

Folien entfernen

Wenn Sie eine Folie nicht mehr benötigen, können Sie diese im Folienregister zunächst per Mausklick markieren und `Entf` drücken. Alternativ können Sie die Folie auch mit rechts anklicken und im Kontextmenü den Befehl **Folie löschen** wählen. Entsprechendes funktioniert im Übrigen auch, wenn Sie zuvor mehrere Miniaturen im Folienregister markiert haben.

INFO

Gelöschte Folien zurückholen

Beachten Sie, dass PowerPoint beim Löschen keine Kontrollabfrage ausgibt. Falls Sie also eine oder mehrere Folien versehentlich entsorgt haben, können Sie diese nur noch über die Rückgängig-Funktion wieder zum Leben erwecken. Dazu klicken Sie auf die Schaltfläche **Rückgängig** in der Symbolleiste für den Schnellzugriff oder drücken die Tastenkombination `Strg` + `Z`.

Folien ausblenden

Stellen Sie sich vor, dass in Ihrem PowerPoint-Dokument eine Folie existiert, die Sie für die Präsentation nicht benötigen. Andererseits wollen Sie die Folie (bzw. deren Inhalt) nicht verlieren. In diesem Fall sollten Sie die Folie ganz einfach unterdrücken bzw. ausblenden. Klicken Sie dazu innerhalb des Folienregisters mit rechts auf die betreffende Folie, und wählen Sie im Kontextmenü den Befehl **Folie ausblenden**. Die Foliennummer wird daraufhin durchgestrichen und die Folie bei der Präsentation unterdrückt. Im Folienbereich kann sie jedoch jederzeit bereitgestellt werden.

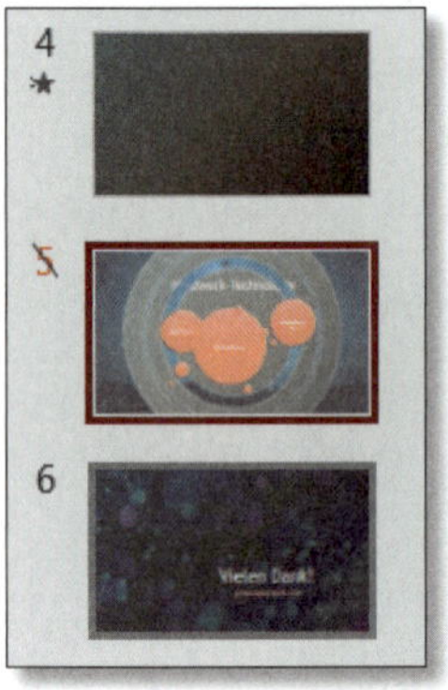
4
5
6

Abbildung 35.11 Folie 5 wird derzeit bei der Bildschirmpräsentation unterdrückt.

Wollen Sie die entsprechende Folie später wieder sichtbar machen, rufen Sie erneut mit einem Rechtsklick das Kontextmenü auf und klicken wieder auf den Befehl **Folie ausblenden**.

Mit Platzhaltern arbeiten (Texte schreiben)

Wenn Sie ein neues PowerPoint-Projekt beginnen, werden Sie schnell feststellen, dass bereits ein bisschen Vorarbeit geleistet worden ist. So befinden sich beispielsweise Textfelder mit Platzhaltertexten auf den Folien. Das ist sogar bei einer neuen leeren Präsentation der Fall. Sie sehen dann Aufforderungen wie **Titel durch Klicken hinzufügen**.

Titel durch Klicken hinzufügen
Untertitel durch Klicken hinzufügen

Abbildung 35.12 Die einfachste Sache der Welt – das Hinzufügen von Text in PowerPoint

Sowie Sie dieser Aufforderung Folge leisten und die Einfügemarke per Klick in das entsprechende Feld setzen, verschwindet der vorhandene Text, und Sie können mit der Eingabe beginnen. Wenn Sie fertig sind, wählen Sie kurzerhand einen anderen Platzhalter an oder klicken an einer Position auf die Folie, an der sich keine Objekte befinden.

INFO

Platzhaltertext wird unterdrückt
Sollten Sie ein Textfeld nicht ausfüllen, dürfen Sie es ruhigen Gewissens mit Nichtbeachtung strafen. Der ursprüngliche Platzhaltertext, also die Eingabeaufforderung, wird zum Zeitpunkt der Präsentation grundsätzlich nicht mit angezeigt.

Vorlagentexte überschreiben

Einige Vorlagen verfügen zwar über vorbereiteten Text, nicht jedoch über Platzhaltertexte. Diese Texte bleiben im Gegensatz zu den Eingabeaufforderungen erhalten. Wenn es also beispielsweise heißt: **Ersten Aufzählungspunkt hier hinzufügen**, dann ist dieser Text fester Bestandteil der Folie und wird auch als solcher angezeigt.

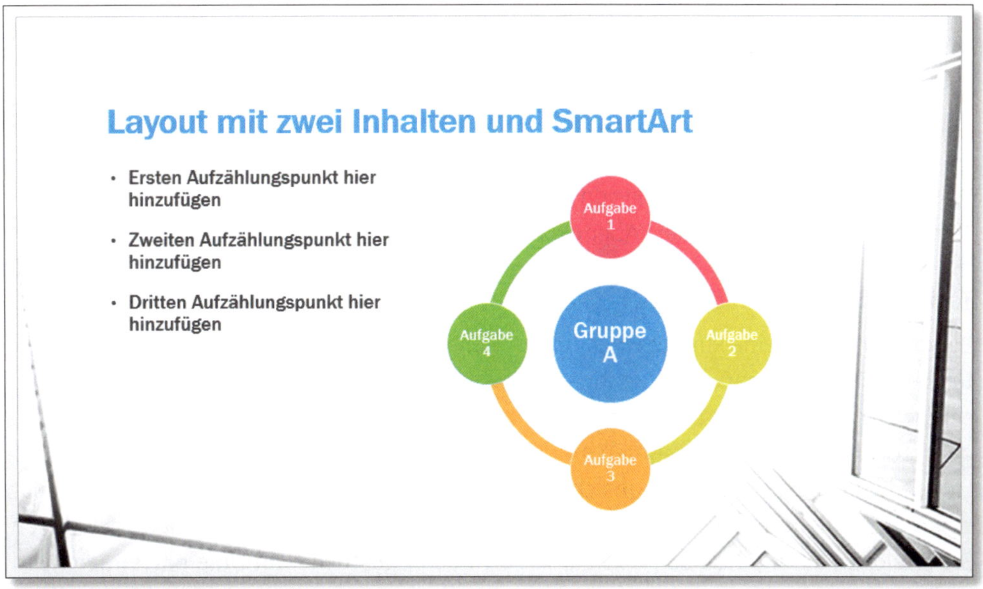
Layout mit zwei Inhalten und SmartArt
• Ersten Aufzählungspunkt hier hinzufügen
• Zweiten Aufzählungspunkt hier hinzufügen
• Dritten Aufzählungspunkt hier hinzufügen
Aufgabe 1
Aufgabe 2
Aufgabe 3
Aufgabe 4
Gruppe A

Abbildung 35.13 *Diese Inhalte sind Bestandteile der Präsentation.*

Um einzelne Punkte dieses Textes anzupassen, müssen Sie dreifach auf sie klicken. Das bewirkt, dass der Text markiert wird und sogleich überschrieben werden kann. Sollten Sie bestimmte Textelemente nicht benötigen, müssen Sie sie jedoch vor der Präsentation aus dem Dokument entfernen. Im Unterabschnitt »Texte und Textfelder löschen« auf Seite 884 erfahren Sie, wie Sie das machen.

Texte diktieren

Wie Sie ja bereits in den vorangegangenen Kapiteln erfahren haben, ist Office mittlerweile in der Lage, das gesprochene Wort ohne Umwege in Text zu konvertieren. Glücklicherweise hat diese neue Errungenschaft auch in PowerPoint Einzug gehalten. Um Text zu diktieren, müssen Sie zunächst darauf achten, dass die Einfügemarke innerhalb eines Textfeldes blinkt oder zumindest der Rahmen des Textfeldes ausgewählt ist. Danach gehen Sie auf das Register **Start** und klicken auf **Diktieren** (im Segment **Sprache**). Ein erneuter Klick auf das Diktat-Symbol hält die Aufnahme an.

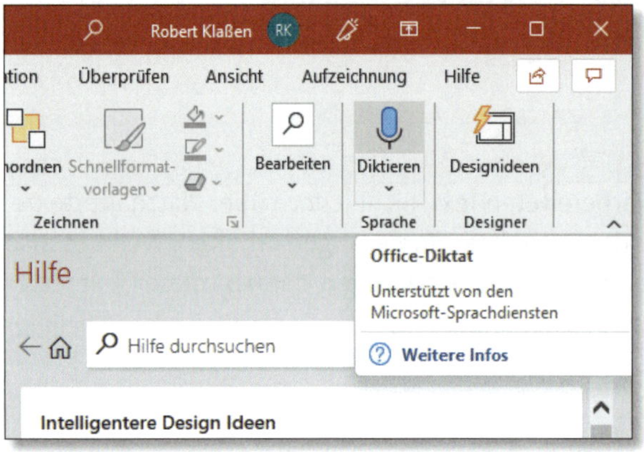

Abbildung 35.14 *Das Einsprechen von Text als Alternative zum Tippen ist auch in PowerPoint möglich.*

Was PowerPoint an dieser Stelle von Word unterscheidet: Sie können sich geschriebenen Text nicht laut vorlesen lassen. Aber ich denke, das lässt sich verschmerzen.

Texte und Textfelder löschen

Benötigen Sie einzelne Punkte eines Textes nicht (siehe den Unterabschnitt »Vorlagentexte überschreiben«, markieren Sie ihn und drücken dann `Entf` oder `←`. Falls Sie an dieser Stelle gar keinen Text haben möchten, sollten Sie das gesamte Textfeld entfernen. Dies geht jedoch nur, wenn der Rahmen markiert ist. Da man diesen aber meist nicht direkt anklicken kann (er ist in der Regel unsichtbar – lediglich bei Platzhalter-Textfeldern sieht man einen gestrichelten Rahmen), sollten Sie zunächst einen Mausklick auf den Text setzen. Sie erreichen damit, dass das Textfeld in Form einer gestrichelten Linie präsentiert wird. In diesem Moment befindet sich allerdings die Einfügemarke im Text. Wenn Sie jetzt beispielsweise `Entf` drücken, wird lediglich das rechts neben der Einfügemarke befindliche Zeichen erfasst. Ebenso würde mit dem Drücken von `←` das links vom Cursor befindliche Zeichen gelöscht. Deswegen müssen Sie den gestrichelten Rahmen anklicken (er mutiert daraufhin zum Rahmen mit durchgehenden Linien) und betätigen erst im Anschluss eine der beiden erwähnten Tasten.

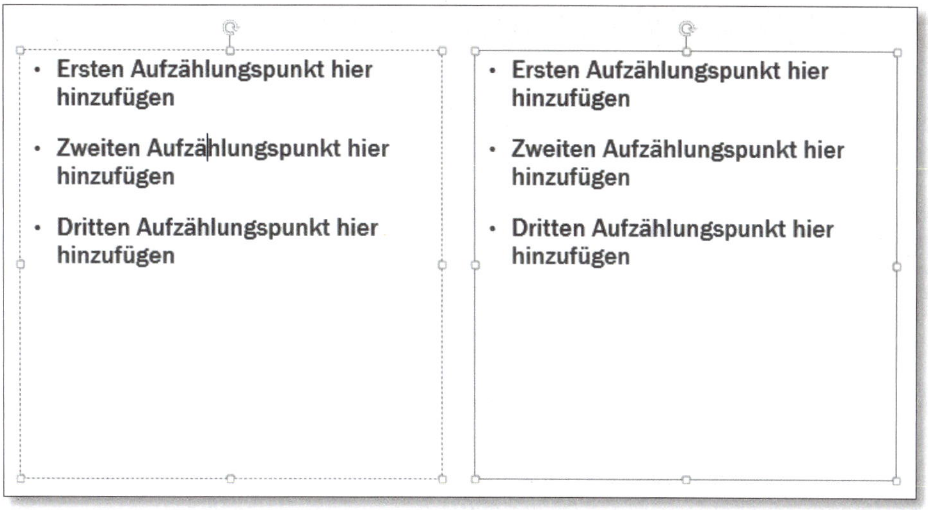
• Ersten Aufzählungspunkt hier hinzufügen
• Zweiten Aufzählungspunkt hier hinzufügen
• Dritten Aufzählungspunkt hier hinzufügen
• Ersten Aufzählungspunkt hier hinzufügen
• Zweiten Aufzählungspunkt hier hinzufügen
• Dritten Aufzählungspunkt hier hinzufügen

Abbildung 35.15 *Textfelder können nur komplett gelöscht werden, wenn deren Rahmen markiert ist (rechts). Das wird mithilfe von durchgezogenen Begrenzungslinien symbolisiert.*

INFO

Platzhalter löschen
Beachten Sie, dass am Ende ein Platzhalter übrig bleibt. Wenn Sie auch diesen entfernen möchten, müssen Sie seinen Rahmen noch einmal auf die zuvor beschriebene Weise anwählen und dann [Entf] oder [←] betätigen.

Textfelder hinzufügen

Sie können vorhandene Objekte nach Belieben auf einer Folie anordnen, indem Sie den Rahmen anklicken und mit gedrückter Maustaste wunschgemäß verschieben. Wenn Sie also ein Textfeld an einer anderen Position benötigen, platzieren Sie es einfach neu. Wenn Sie jedoch weiteren Platz für Text brauchen, fügen Sie einfach ein neues Textfeld ein. Klicken Sie dazu auf die Schaltfläche **Textfeld** in der Gruppe **Text** der Registerkarte **Einfügen**.

Ein Klick darauf bewirkt aber zunächst lediglich, dass Ihr Mauszeiger zum vertikalen Pfeil mutiert. Damit klicken Sie nun auf Ihre Folie (und zwar innerhalb des Folienbereichs), halten die Maustaste gedrückt und bewegen die Maus weiter. Auf diese Weise ziehen Sie ein Textfeld auf. Lassen Sie los, wenn das Feld die gewünschte Größe hat. Mithilfe der Anfasser entlang der Seitenränder kann das Textfeld anschließend noch entsprechend in Form gezogen werden.

Bilder hinzufügen

In PowerPoint können Sie über die Schaltflächen **Bilder**, **Screenshots** und **Fotoalbum** in der Gruppe **Bilder** der Registerkarte **Einfügen** die verschiedenen Arten von Bildmaterial in Ihre Präsentation einbinden.

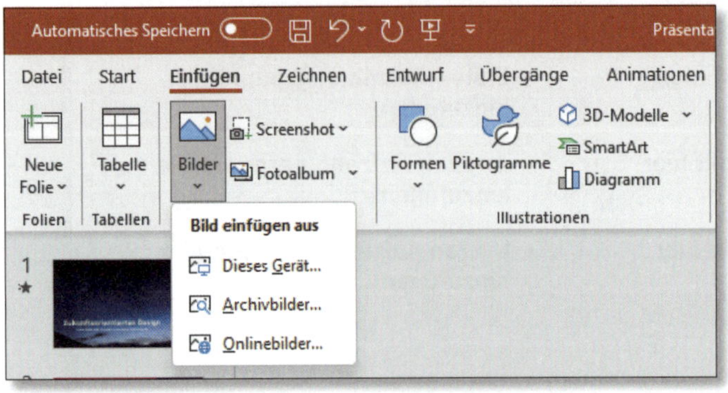

Abbildung 35.16 *Das Hinzufügen von Bildern und Grafiken wird auf der Registerkarte »Einfügen« erledigt.*

Je nachdem, welche Schaltfläche Sie betätigen, hat das unterschiedliche Resultate zur Folge. Klicken Sie auf die Schaltfläche **Bilder**, wird zunächst ein Untermenü präsentiert, in dem Sie den Speicherort des Bildes (**Dieses Gerät**, **Archivbilder**, **Onlinebilder**) auswählen können. Bilder vom PC werden mit **Dieses Gerät** zugänglich. Daraufhin wird der Dialog **Grafik einfügen** geöffnet, mit dessen Hilfe Sie ein oder mehrere Fotos einfügen können. Die Fotos werden in der Mitte der derzeit aktiven Folie angeordnet und können anschließend nach Wunsch verschoben oder skaliert werden. Mithilfe der Untermenü-Schaltfläche **Onlinebilder** öffnet sich hingegen der Dialog **OnlineBilder**, der Sie bei der Suche themenbezogener Bilder aus dem Internet unterstützt. (Bitte beachten Sie, dass Bilder im Internet urheber- und verwertungsrechtlich geschützt sind und nicht einfach in Ihrer eigenen Präsentation verwendet werden dürfen.)

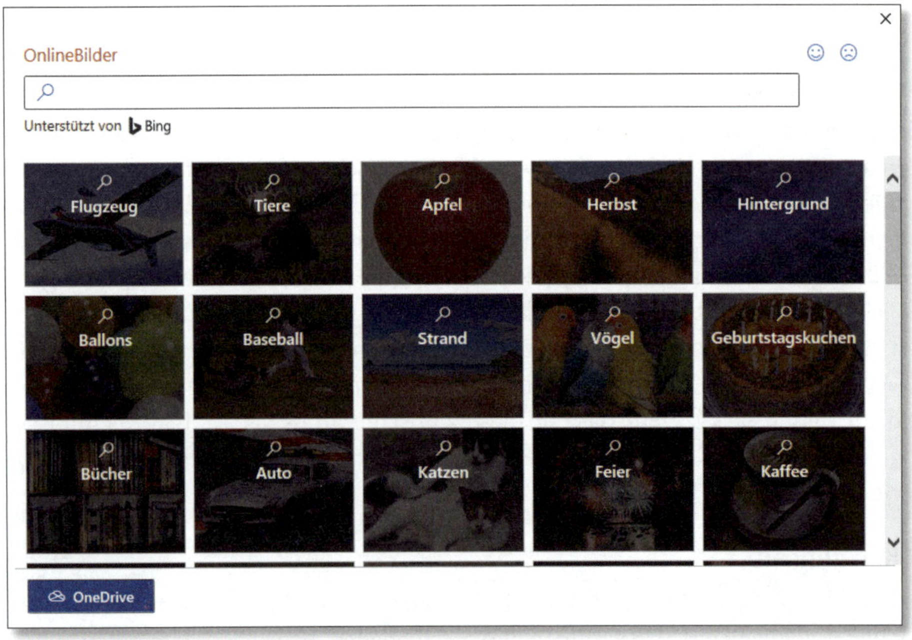

Abbildung 35.17 *Klicken Sie auf eines der angebotenen Stichwörter, oder geben Sie oben im Eingabefeld ein, wonach genau Sie suchen.*

Archivbilder hingegen ist ein Fundus von Microsoft. Verwertungsrechtliche Fragen ließen sich zum Zeitpunkt der Drucklegung dieses Buches nicht ausfindig machen. Von daher kann ich leider keine Aussage darüber treffen, ob diese Bilder privat und/oder geschäftlich genutzt werden dürfen.

Mit der Schaltfläche **Screenshot** öffnet sich ein Auswahlmenü, das Ihnen Zugriff auf Abbildungen bietet, die sich gerade in der Zwischenablage des Betriebssystems befinden (vorausgesetzt, es sind welche vorhanden). Wenn sich noch kein Foto in der Zwischenablage befindet, können Sie über die Option **Bildschirmausschnitt** im Menü der Schaltfläche ein Bildschirmfoto erstellen, indem Sie einen Rahmen mit gedrückter Maustaste aufziehen und so einen Bereich Ihres Monitors in die Zwischenablage befördern. Den fertigen Ausschnitt betten Sie durch erneutes Öffnen des Menüs **Screenshot** und Klick auf die Miniatur oder schlicht durch Betätigung von [Strg]+[V] in die aktive Folie ein.

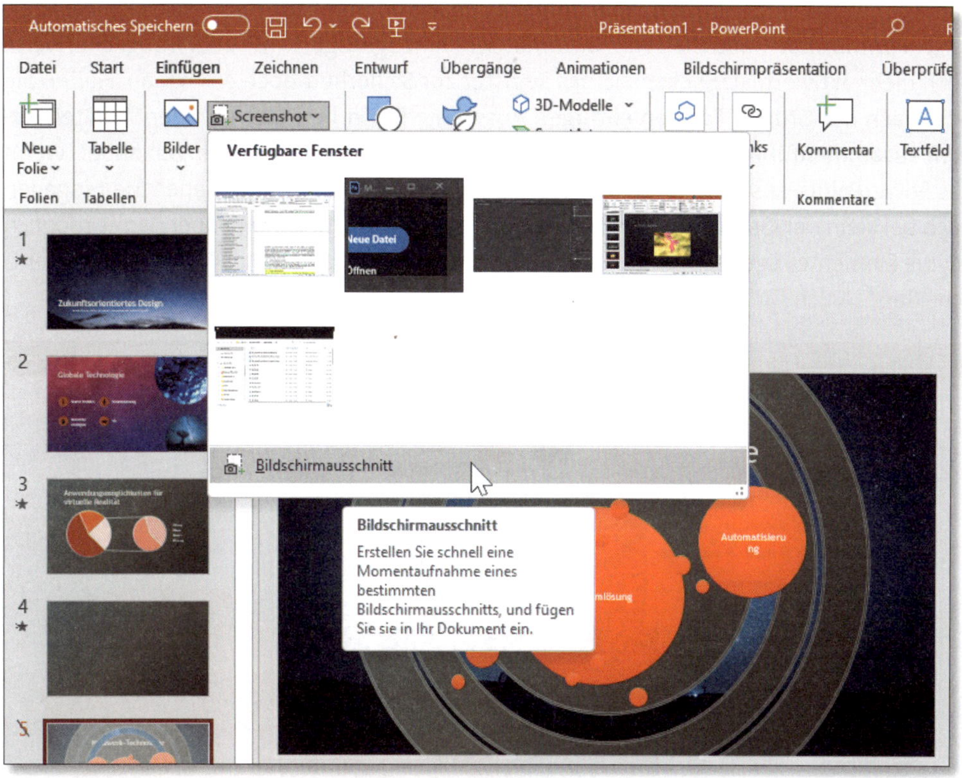

Abbildung 35.18 *Erzeugen Sie aus PowerPoint heraus einen Screenshot.*

Zu guter Letzt lässt sich über die Schaltfläche **Fotoalbum** ein Fotoalbum in Form einer eigenen Bildschirmpräsentation generieren. Dazu klicken Sie im gleichnamigen Folgedialog auf den Button **Datei/Datenträger** und fügen die gewünschten Bilder hinzu. Weitere Hinweise zu diesem Thema finden Sie in Abschnitt 40.2, »Schnell und einfach ein Fotoalbum erstellen«, auf Seite 1011.

Grafische Elemente hinzufügen

Wollen Sie grafische Elemente wie Rechtecke, Ellipsen, Pfeile usw. bis hin zu Smileys in Ihre Präsentation einfügen, klicken Sie auf die Schaltfläche **Formen** in der Gruppe **Illustrationen** der Registerkarte **Einfügen**. Mit den nebenstehenden Buttons lassen sich auch 3D-Modelle, SmartArt-Grafiken und Diagramme in die Präsentation einbinden.

Formen zusammenführen

Seit der Office-Version 2013 haben Sie in PowerPoint die Möglichkeit, Formen miteinander zu verbinden und so aufwendige Konstruktionen zu erzeugen. Damit die Funktion genutzt werden kann, müssen mindestens zwei sich überlappende Objekte markiert werden. Nachdem Sie das eine Objekt per Mausklick angewählt haben und es aufgrund dessen mit einem Auswahlrahmen versehen worden ist, drücken Sie `Strg` und markieren das nächste Objekt. Jetzt sind beide angewählt. Beachten Sie, dass die temporäre Registerkarte **Formformat** dadurch zwar automatisch hinzugefügt wird, aber möglicherweise noch nicht aktiviert ist. Klicken Sie das Register zur Sicherheit noch einmal an. Halten Sie jetzt nach der Gruppe **Formen einfügen** Ausschau. Darin befindet sich der Schalter **Formen zusammenführen**. Diese Bezeichnung wird übrigens nur dann eingeblendet, wenn das PowerPoint-Fenster groß genug ist. Das Symbol der Schaltfläche sehen Sie hingegen auch bei kleinerer Oberfläche. Ein Klick darauf öffnet ein Untermenü, über das es möglich ist, die Elemente regelrecht miteinander zu verschweißen. Wenn dies Ihr Wunsch ist, entscheiden Sie sich für **Vereinigen**.

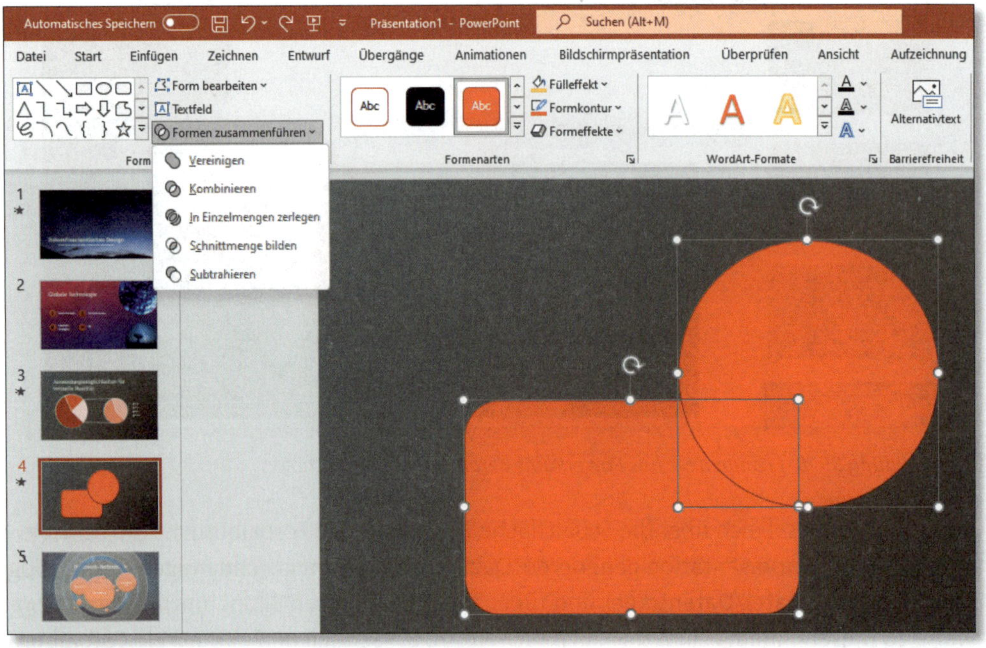

Abbildung 35.19 *Zwei sich überlappende Objekte können zu einem verschmolzen werden.*

Wenn Sie nicht sicher sind, welche die richtige Option ist, parken Sie die Maus kurz auf dem jeweiligen Eintrag. Die Auswirkungen werden daraufhin direkt an den Objekten angezeigt. Die endgültige Umwandlung erfolgt jedoch erst nach dem Klick auf die Option. Somit lässt sich in aller Ruhe ausprobieren, welche Art der Zusammenführung die geeignete ist.

Über die Option **Vereinigen** wird aus beiden Objekten eine zusammenhängende Form erzeugt, die auch den überlappenden Bereich mit einschließt. **Kombinieren** dient dazu, aus beiden Objekten ebenfalls eine zusammenhängende Form zu erzeugen, wobei jedoch der überlappende Bereich entfernt wird. Mit der Option **In Einzelmengen zerlegen** machen Sie aus zwei Objekten drei – und zwar derart, dass aus dem überlappenden Bereich sowie den nicht überlappenden Bereichen beider Objekte jeweils ein neues Objekt generiert wird. Diese Objekte lassen sich anschließend unabhängig voneinander bewegen (siehe Abbildung 35.21). Eine Verschmelzung der einzelnen Elemente findet nicht statt. Wenn Sie auf **Schnittmenge bilden** klicken, wird nur aus dem Bereich eine Form konstruiert, der sich überlappt. Der nicht überlappende Bereich beider Objekte wird entfernt. Über **Subtrahieren** bleibt nur die obere Form abzüglich des überlappenden Bereichs erhalten. Die untere Form dient also nur zum Entfernen bestimmter Bereiche der oberen Form. Sie wird komplett aufgelöst.

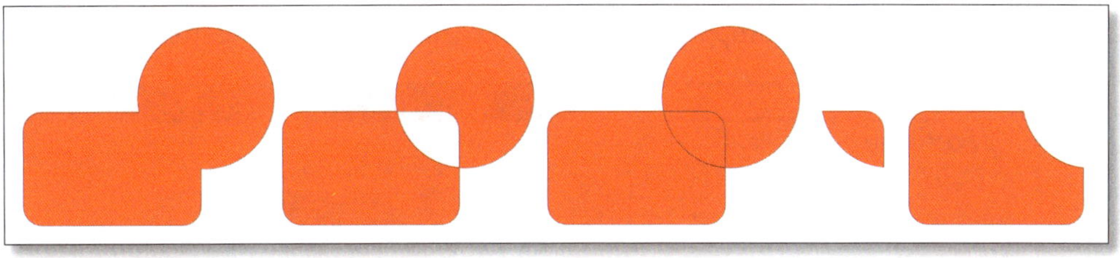

Abbildung 35.20 *Hier sind alle Formen sichtbar (v. l. Vereinigen, Kombinieren, In Einzelmengen zerlegen, Schnittmenge bilden, Subtrahieren).*

Abbildung 35.21 *Diese ehemals zwei Objekte sind mit der Option »In Einzelmengen zerlegen« versehen und anschließend per Drag & Drop auseinandergezogen worden.*

INFO

Farbgebung und Ebenenreihenfolge
Bitte beachten Sie, dass bei der Farbgebung grundsätzlich das obere Objekt dominiert. Es kann also durchaus sinnvoll sein, die Anordnung der Formen mithilfe der Schaltflächen **Ebene nach vorne** oder **Ebene nach hinten** in der Gruppe **Anordnen** der Registerkarte **Formformat** zu beeinflussen, bevor die Formen zusammengeführt werden.

Objekte gruppieren

Es ist wichtig zu wissen, dass beim Zusammenführen von Objekten eine neue Form entsteht. Das bedeutet: Sie können diese Form später nicht wieder in ihre ursprünglichen Elemente zerlegen (von der Rückgängig-Funktion unmittelbar nach der Zusammenführung einmal abgesehen). Wenn Sie das Objekt zu einem späteren Zeitpunkt wieder in seine Grundbestandteile zerlegen wollen, ist das nicht von Erfolg gekrönt. Falls dieser Wunsch aber bestehen sollte, ist **Formen zusammenführen** nicht die richtige Wahl. Entscheiden Sie sich stattdessen lieber für **Gruppieren** in der Gruppe **Anordnen** des Registers **Formformat**. Im Untermenü wählen Sie zuletzt abermals **Gruppieren**. Von jetzt an werden beide Objekte wie »eines« behandelt, können gemeinsam verschoben und skaliert werden und am Ende mit **Gruppieren > Gruppierung aufheben** wieder voneinander getrennt werden.

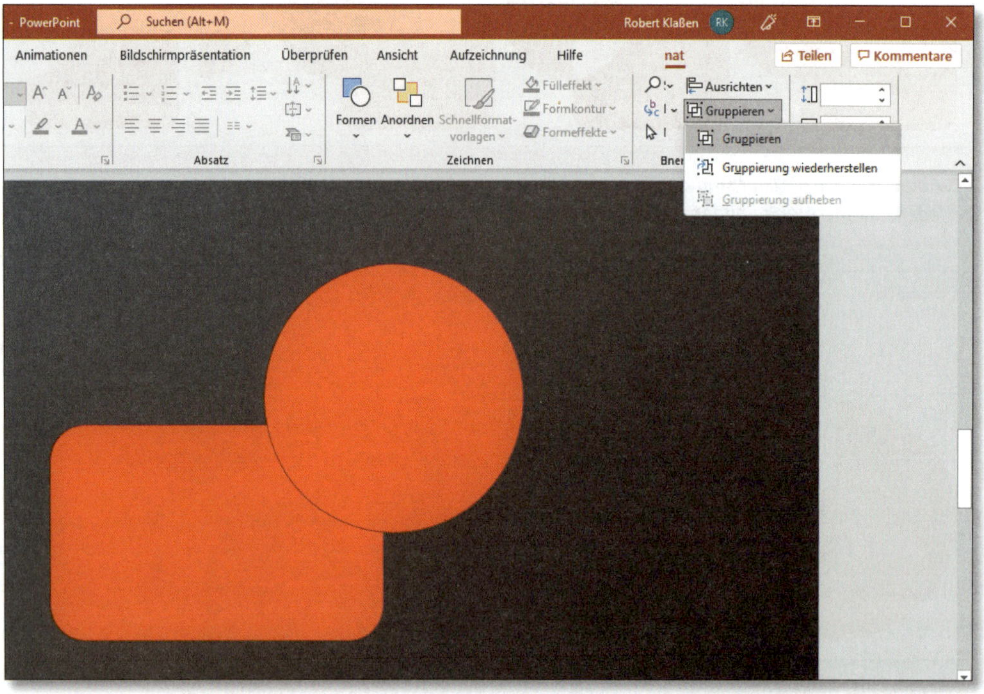

Abbildung 35.22 *Wenn klar ist, dass die Objekte später voneinander getrennt werden sollen, gruppieren Sie die Elemente.*

Inhalt anhand von Schnellschaltflächen hinzufügen

Einige Folienvorlagen (**Start > Folien > Neue Folie**) warten mit Schnellschaltflächen auf. Dabei handelt es sich um Buttons, die Ihnen auf der Folie angezeigt werden und mit denen ein Objekt ohne Umweg über das Menüband in die Präsentation eingefügt werden kann. Benutzen Sie einfach einen der Schalter. Sollte Ihnen die Bedeutung der einzelnen Buttons nicht auf den ersten Blick geläufig sein, parken Sie den Mauszeiger kurz darauf und prüfen in der QuickInfo, um welche Funktion es sich handelt.

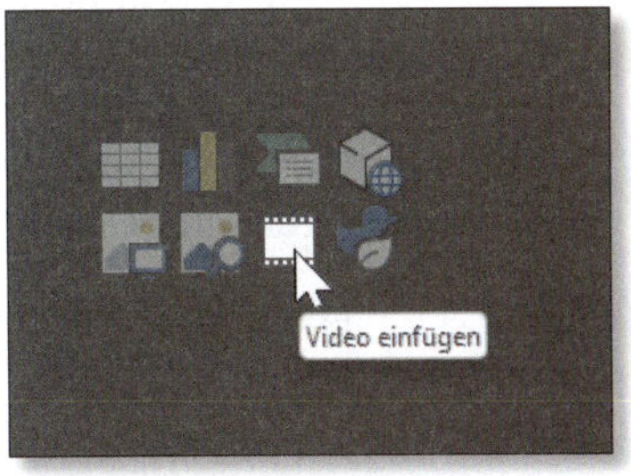

Abbildung 35.23 *Auf diese Weise kann beispielsweise auch ein Video eingefügt werden.*

Inhalte per Drag & Drop einfügen

Manchmal ist es besonders intuitiv, die Zwischenablage des Betriebssystems zu benutzen, wenn es um das Einfügen eines Objekts geht. Stellen Sie sich vor, Sie durchsuchen verschiedene Ordner auf der Festplatte in der Hoffnung, ein ganz bestimmtes Foto zu finden. Wenn Sie es endlich gefunden haben, müssen Sie nicht extra zu PowerPoint zurückkehren und von dort aus den Weg über **Einfügen > Bilder** gehen. Stattdessen markieren Sie das Objekt ganz einfach, drücken `Strg`+`C` (oder klicken mit rechts auf das Objekt und wählen im Kontextmenü den Befehl **Kopieren**) und gehen dann zurück zu PowerPoint. Dort drücken Sie `Strg`+`V`. Alternativ öffnen Sie das Kontextmenü und klicken auf den Befehl **Einfügen**, den Sie im Bereich der **Einfügeoptionen** finden.

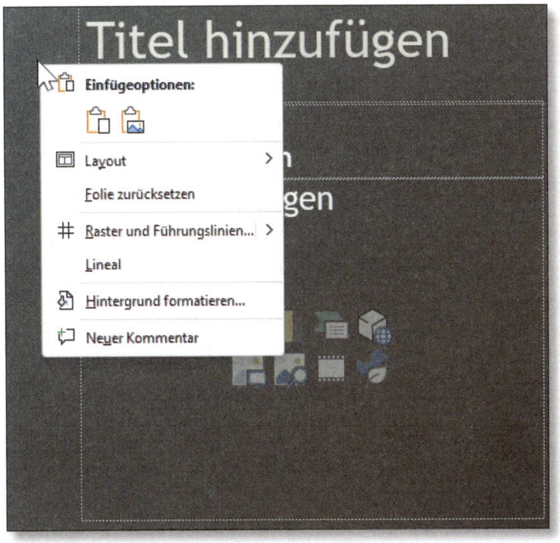

Abbildung 35.24 *Das Einfügen per Zwischenablage ist oft die einfachste Methode.*

Inhalte auf andere Folien übertragen

Stellen Sie sich vor, Sie benötigen ein bestimmtes Objekt auf mehreren Folien. Dann können Sie es schnell mithilfe der Zwischenablage vervielfältigen und auf anderen Folien einsetzen. Markieren Sie das Objekt auf der ursprünglichen Folie, und drücken Sie [Strg]+[C]. Begeben Sie sich auf eine andere Folie, auf der das Objekt ebenfalls benötigt wird. Dort drücken Sie die Tastenkombination [Strg]+[V]. Das Interessante dabei ist, dass auch die Position des Objekts übermittelt wird. Es landet also auf der neuen Folie genau an der gleichen Stelle, an der es sich auf der Quellfolie befunden hat. Da sich das Objekt nun noch immer in der Zwischenablage befindet, können Sie weitere Folien öffnen und es dort jeweils mit [Strg]+[V] einfügen. Eine Mehrfachauswahl ist indes nicht möglich. Zum Einfügen muss also jede Folie einzeln geöffnet werden. Beachten Sie in diesem Zusammenhang auch den Unterabschnitt »Der Folienmaster« auf der folgenden Seite. Darin wird der Umgang mit Folienmastern beschrieben, die sich mitunter noch besser eignen, um wiederkehrende Objekte zu integrieren.

35.4 Das Folienlayout schnell ändern

Sie haben bereits erfahren, dass sich das Layout bei der Produktion einer neu hinzuzufügenden Folie bestimmen lässt (siehe dazu den Unterabschnitt »Neue Folie hinzufügen« auf Seite 878). Mitunter stellt man jedoch erst nachträglich fest, dass ein anderes Layout als das zuvor eingestellte besser geeignet ist. In diesem Fall muss das bereits vorhandene Layout also geändert werden.

1. Markieren Sie zunächst die Folie, die mit einem anderen Layout versehen werden soll.
2. Anschließend aktivieren Sie die Registerkarte **Start** und wählen **Layout** in der Gruppe **Folien**. Sollte anstelle von **Layout** nur eine Grafik angezeigt werden, benutzen Sie den Button, der mit **Folienlayout** bezeichnet ist.

3. Zuletzt wählen Sie das gewünschte Folienlayout innerhalb der Liste aus. Das gleiche Auswahlmenü steht Ihnen übrigens auch zur Verfügung, wenn Sie mit rechts auf die Folienminiatur klicken und dann den Menüeintrag **Layout** wählen.

Bei dieser Vorgehensweise müssen Sie berücksichtigen, dass keine Elemente von der Folie entfernt werden. Diese werden lediglich anders angeordnet bzw. neu formatiert. Dadurch kann es passieren, dass einige Objekte nicht mehr optimal positioniert sind. Nach der Änderung eines Layouts sollten Sie die Folienelemente grundsätzlich kontrollieren.

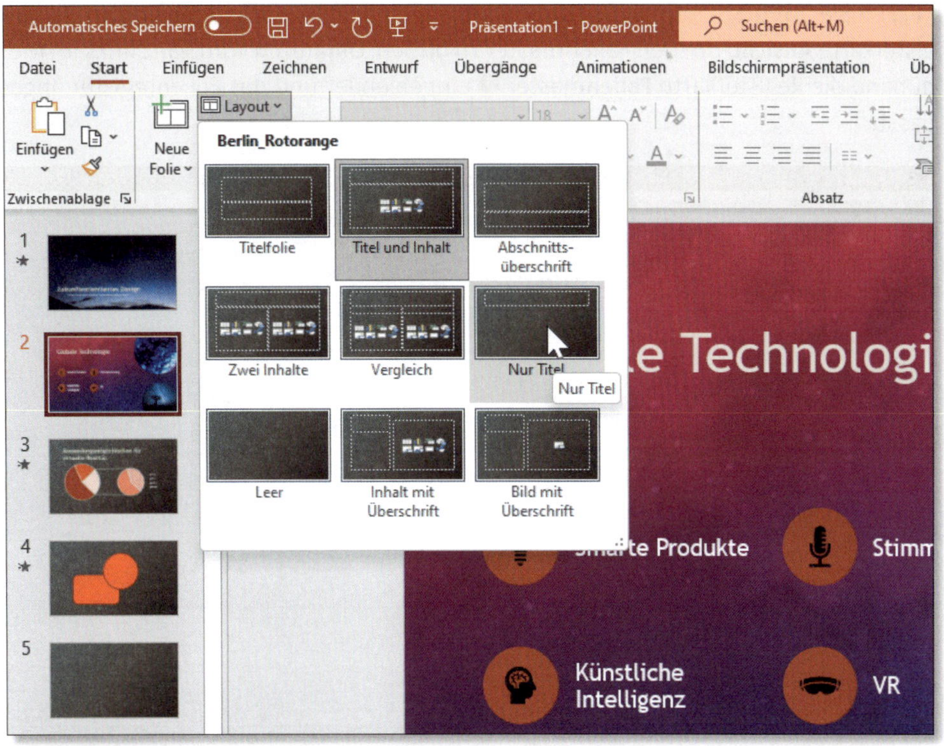

Abbildung 35.25 Das Folienlayout kann nachträglich geändert werden.

35.5 Folien-, Handzettel- und Notizenmaster verwenden

Der Folienmaster hilft Ihnen, eine Präsentation schnell auf Grundlage eines einheitlich aussehenden Designs zu erstellen, ohne dass sämtliche Folien einzeln angepasst werden müssen.

Der Folienmaster

Ein Folienmaster ist im Prinzip nichts anderes als eine Formatvorlage für PowerPoint-Folien. Sie geben also zunächst ein Design vor – und die Anwendung behält dieses für Sie bei. Sollte sich später einmal etwas am Folieninhalt ändern, beispielsweise das auf jeder Folie befindliche Logo, müssen Sie diese Änderung nicht auf jeder Folie von Hand durchführen, sondern Sie korrigieren einfach den Folienmaster. Grundsätzlich ist zu empfehlen, den Folienmaster zu Beginn Ihrer Arbeiten mit einer neuen Präsentation einzurichten, sodass Sie auch zu einem fortgeschrittenen Zeitpunkt Ihrer Arbeit bequem Änderungen am Erscheinungsbild Ihrer Präsentation vornehmen können.

1 Erzeugen Sie zunächst eine neue leere Präsentation, beispielsweise mit der Tastenkombination [Strg]+[N].

2 Klicken Sie auf die Schaltfläche **Folienmaster** in der Gruppe **Masteransichten** der Registerkarte **Ansicht**, um den Folienmaster zu öffnen. Daraufhin wird ganz links im Menüband die Registerkarte **Folienmaster** ❶ eingeblendet und das Folienregister angepasst.

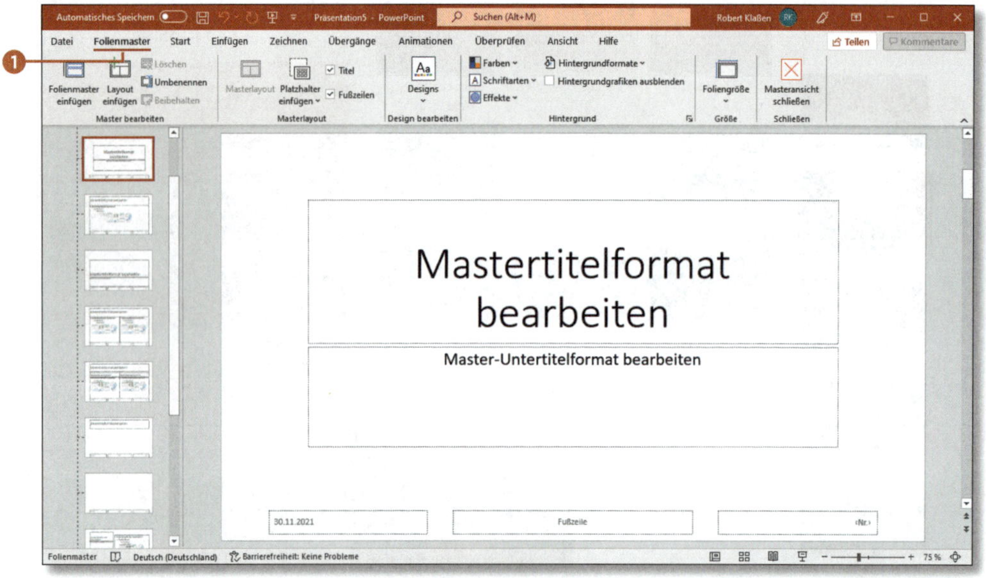

3 Ganz oben im Folienregister sehen Sie eine Miniatur, die das grundlegende Layout, das sogenannte *Theme* (dt. Thema), einer Präsentation beschreibt. Die Ziffer 1 davor dient als Hinweis dafür, dass es sich hierbei um Layout Nr. 1 handelt. Das ist insofern wichtig, als Sie weitere Themes hinzufügen können, indem Sie auf die Schaltfläche **Folienmaster einfügen** in der Gruppe **Master bearbeiten** der Registerkarte **Folienmaster** klicken. Das hat dann zur Folge, dass ein neues Theme mit untergeordneten Folienlayouts eingefügt wird. Benötigen Sie nur eine neue Folie innerhalb eines Themes, klicken Sie auf **Layout einfügen** (**Folienmaster > Master bearbeiten**).

4 Zunächst weisen Sie ein grundlegendes Design zu. Klicken Sie dazu auf den Button **Designs** (❷ auf Seite 895) in der Gruppe **Design bearbeiten** der Registerkarte **Folienmaster**. Scrollen Sie im Auswahlmenü etwas nach unten, und führen (klicken Sie bitte noch nicht) Sie den Mauszeiger beispielsweise einmal auf das Design **Ion Sitzungssaal** ❸. Im Hintergrund sehen Sie kurz darauf, wie diese Gestaltung in Ihrer Präsentation aussieht. Haben Sie sich entschieden, klicken Sie auf das entsprechende Design im Auswahlmenü, um es für den Folienmaster zu übernehmen.

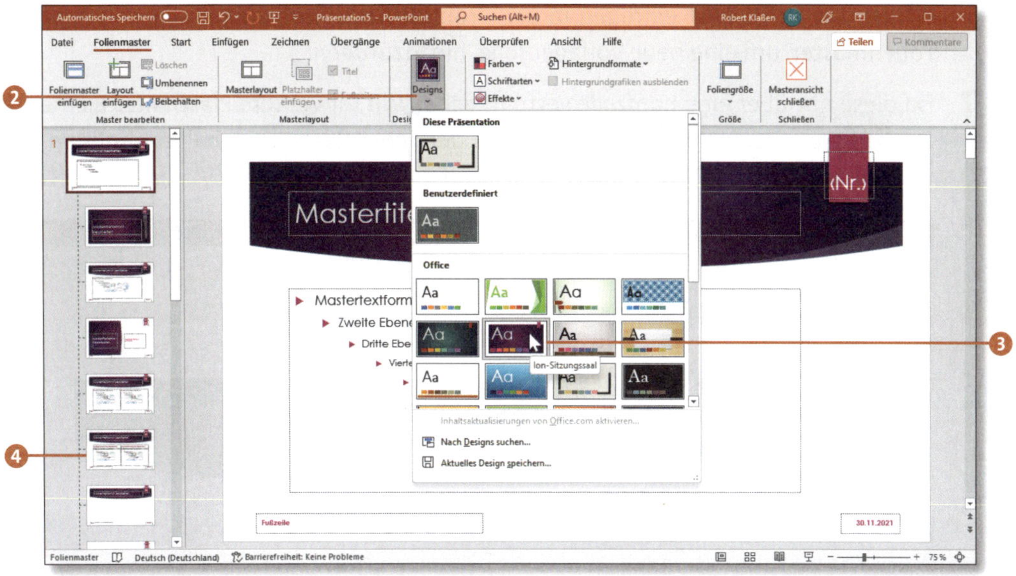

5 Die untergeordneten Miniaturen im Folienregister ❹ beschreiben verschiedene Layouts für unterschiedliche Verwendungszwecke. In der Regel werden diese nicht alle benötigt, sodass Sie einige davon löschen sollten. Wir wollen in unserem Beispiel nur die beiden obersten Folien behalten. Klicken Sie deshalb die dritte Miniatur an (sprich: die zweite eingerückte). Danach scrollen Sie im Bereich der Folienminiaturen ganz nach unten, halten [⇧] gedrückt, markieren auch die unterste Miniatur und drücken zuletzt [Entf].

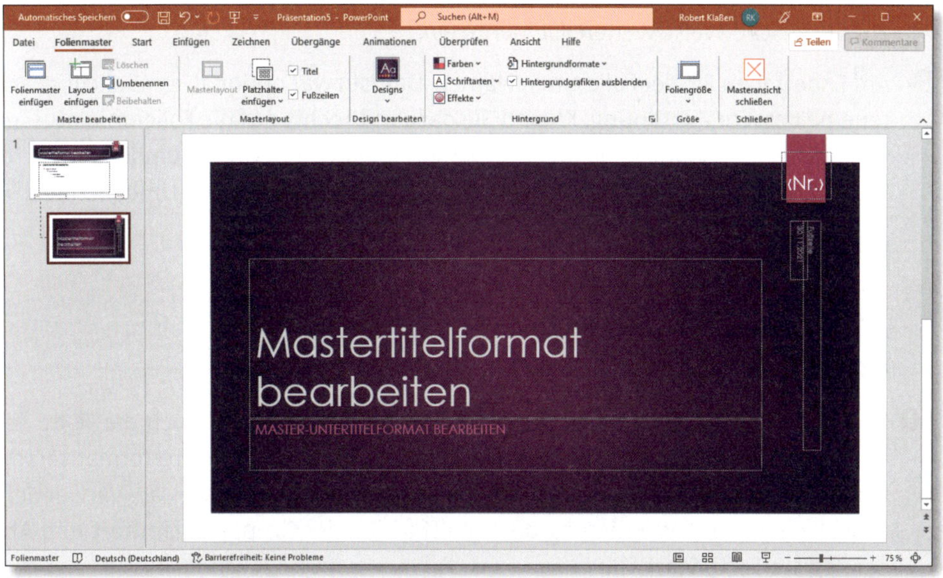

6 Klicken Sie auf **Layout einfügen** in der Gruppe **Master bearbeiten** der Registerkarte **Folienmaster**, um eine neue Vorlagenfolie hinzuzufügen.

7 Da diese nur über eine Kopfzeile verfügt, geben wir ihr weitere Platzhalter-Elemente. Dazu klicken Sie auf den unteren Bereich der Schaltfläche **Platzhalter einfügen** und wählen im Menü der Schaltfläche die Option **Bild**.

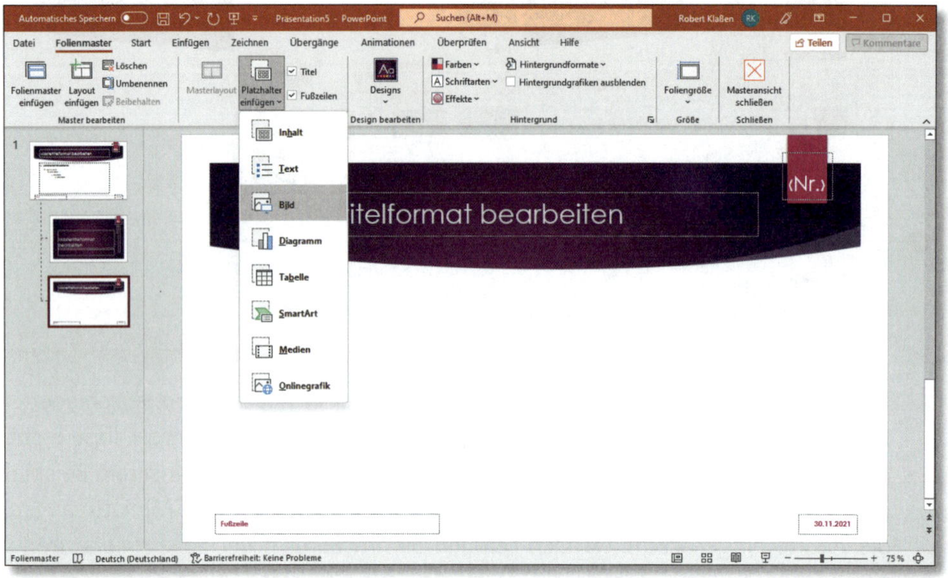

8 Anschließend ziehen Sie mit gedrückter Maustaste einen Rahmen auf der Folie auf. Sobald dieser die gewünschte Größe und Form hat, lassen Sie los. Fügen Sie bei Bedarf auf die gleiche Weise weitere Elemente ein.

9 Am Ende geben Sie der Folie einen Namen. Das ist zwar optional, ermöglicht aber später eine bessere Zuordnung. Klicken Sie dazu mit rechts auf die Folienminiatur im Folienregister, und wählen Sie im Kontextmenü den Befehl **Layout umbenennen**. Legen Sie im Folgedialog die neue Bezeichnung fest, und klicken Sie auf **Umbenennen**.

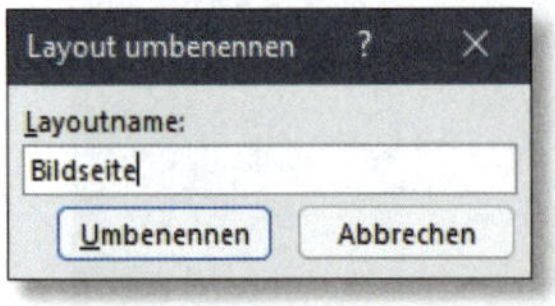

10 Nun können Sie weitere gestalterische Arbeiten vornehmen. Auch die Texte lassen sich anpassen. Wenn Sie beispielsweise den Text für das Titelmasterformat verändern wollen, klicken Sie zunächst den Platzhalterrahmen dieses Textes an. Verwenden Sie anschließend zur Formatierung die Schaltflächen der Gruppen **Schriftart** und **Absatz** der Registerkarte **Start**.

11 Wenn Sie alle Änderungen am Folienmaster vorgenommen haben, klicken Sie auf die Schaltfläche **Masteransicht schließen** in der Gruppe **Schließen** der Registerkarte **Folienmaster**.

12 Bei der späteren Arbeit mit der Präsentation haben Sie jederzeit Gelegenheit, die zuvor definierte Seite als Vorlage einzusetzen. Klicken Sie dazu auf **Neue Folie** in der Gruppe **Folien** der Registerkarte **Start**, und weisen Sie die zuvor benannte Vorlage zu.

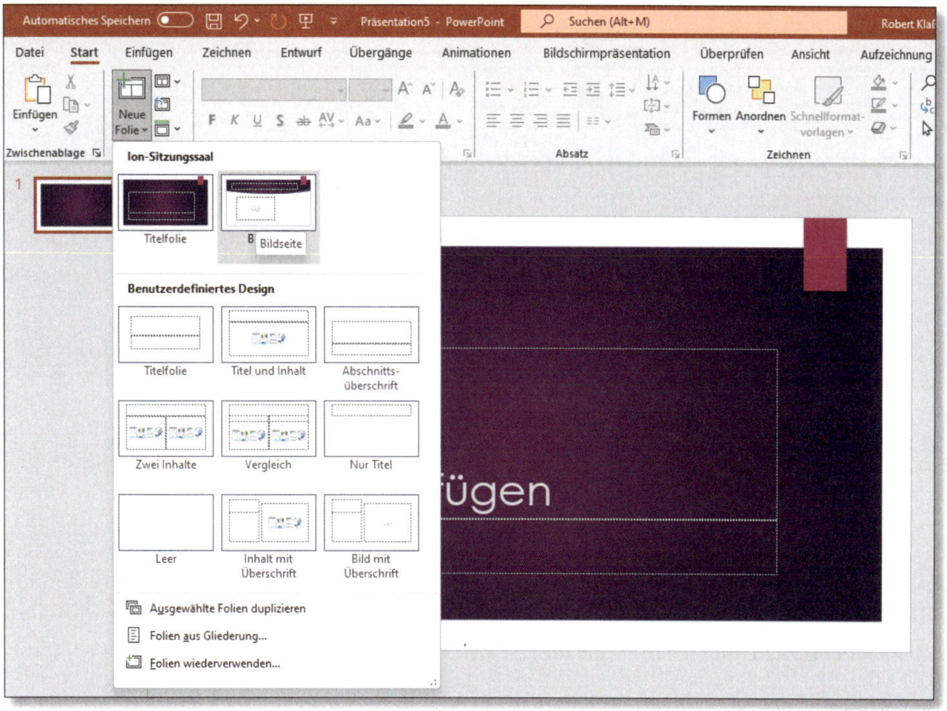

In der Praxis werden Sie mit mehreren Masterfolien arbeiten und diese nach Belieben in der Präsentation verwenden. Sollte es nun einmal an der Zeit sein, eine Änderung durchzuführen, erledigen Sie das am besten direkt in der Ansicht **Folienmaster** (**Ansicht > Masteransichten**). Sie können das gleich ausprobieren, indem Sie beispielsweise den eben hinzugefügten Bildrahmen im Master verschieben. Er wird sich anschließend auch in der Präsentationsfolie auf der neuen Position befinden.

Der Handzettel- und Notizenmaster

Sie haben bereits erfahren, dass sich eine Präsentation durch Notizen bereichern lässt, die Ihnen Hilfestellungen beim Vortrag bieten sollen (siehe dazu den Unterabschnitt »Die Notizenseitenansicht« auf Seite 863). Diese Notizen sind für Sie sichtbar, werden jedoch auf dem Präsentationsmonitor nicht mit ausgegeben. Sofern es nicht möglich ist, mit einem Referentenmonitor zu arbeiten (beispielsweise weil es vor Ort nur einen einzigen Monitor gibt, der von allen Teilnehmern eingesehen wird), haben Sie die Möglichkeit, Handzettel oder Notizen auszudrucken. Beide unterscheiden sich dahingehend voneinander, dass die Ansicht **Handzettelmaster** (**Ansicht > Masteransichten**) in der Regel keine Bildminiaturen der Folien beinhaltet – die Ansicht **Notizenmaster** (**Ansicht > Masteransichten**) hingegen schon. Wie ein solches Handzettel- oder Notizenlayout später im Druck aussehen soll, lässt sich ebenfalls mit Mastern festlegen. Da hier jedoch keine unterschiedlichen Folien und Designs benötigt werden, befinden sich in der Masteransicht konsequenterweise auch keine Folienminiaturen.

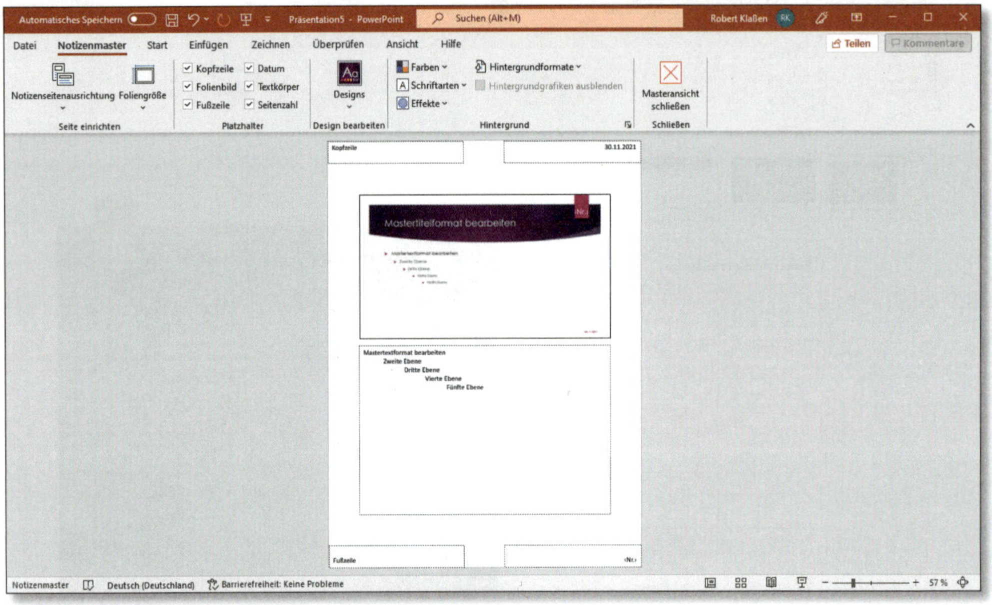

Abbildung 35.26 *Hier sehen Sie die Ansicht »Notizenmaster«.*

Kapitel 36
Folien gestalten

Präsentationen werden erst dann richtig interessant, wenn Bewegung mit ins Spiel kommt. Das wirkt nicht nur lebendiger, sondern ist auch für den Zuschauer wesentlich unterhaltsamer. Außerdem lassen sich Vorgänge damit wesentlich anschaulicher darstellen.

36.1 Übergänge und Folienwechsel einrichten

Schon beim Wechsel von einer Folie zur nächsten kann der Betrachter Ihrer PowerPoint-Präsentation unterhalten werden. Geleiten Sie ihn mit einem animierten Übergang zur nächsten Seite.

Die Beispielpräsentation aufbauen

Wir arbeiten in diesem Kapitel mit der Beispieldatei *Fototechnik 01.pptx*, die Sie im Ordner *36* der Beispieldateien finden. Es handelt sich hierbei um eine kleine (nur aus fünf Folien bestehende) Präsentation, die im weiteren Verlauf dieses Kapitels als Beispiel herangezogen und weiter ausgestaltet wird.

Wenn Sie sich mit der Erstellung von Folien bereits gut auskennen, dürfen Sie diesen Abschnitt überspringen und gleich mit dem Unterabschnitt »Einen Übergang hinzufügen« auf Seite 902 fortfahren. Falls Sie sich jedoch dafür interessieren, wie diese Datei aufgebaut ist, bekommen Sie hier (in aller Kürze) die »Bauanleitung« dazu.

1. Erzeugen Sie als Erstes eine neue leere Präsentation, indem Sie zunächst auf die Registerkarte **Datei** klicken, sofern Sie sich derzeit in der Programmansicht befinden, und danach in der Backstage-Ansicht links die Rubrik **Neu** aktivieren.

2. Suchen Sie mithilfe des Suchfeldes **Nach Onlinevorlagen und -designs suchen** nach der Vorlage **Ion**. Klicken Sie dazu nur einmal auf die Miniatur, um zunächst die Voransicht aufzurufen.

3. Entscheiden Sie sich oben rechts für die zweite angebotene Miniatur, die mit blauem Hintergrund versehen ist. Markieren Sie die Miniatur (die blaue), und klicken Sie anschließend auf **Erstellen**.

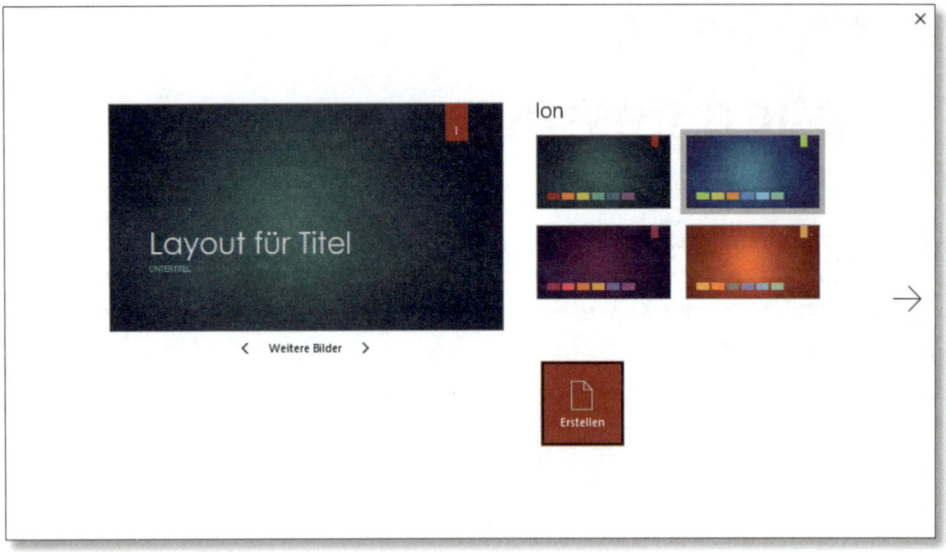

4 Fügen Sie auf der ersten Folie die gewünschten Texte ein. Wir haben uns hier für »Meister Fototechnik« und im darunter befindlichen Textfeld für »Fotografie – Studio – Coaching« entschieden. Falls Sie keine Lust haben, alles selbst einzutippen, können Sie die Texte aus dem beiliegenden Word-Dokument *Texte Fototechnik.docx* (Sie finden die Datei im Ordner *36* der Beispieldateien) Stück für Stück per Zwischenablage herauskopieren (`Strg`+`C`) und in die Präsentation einfügen (`Strg`+`V`).

5 Als Nächstes erzeugen Sie eine weitere Folie, indem Sie auf den unteren Bereich der Schaltfläche **Neue Folie** in der Gruppe **Folien** der Registerkarte **Start** klicken und im Menü der Schaltfläche die Vorlage **Panoramabild mit Beschriftung** wählen.

6 Auf dieser Folie befindet sich ein Bild-Platzhalter. Klicken Sie auf das in der Mitte befindliche Symbol, und weisen Sie die Grafik *Laura_01.jpg* zu, die Sie ebenfalls im Ordner *36* der Beispieldateien finden. Nachdem Sie das Foto markiert haben, klicken Sie auf **Einfügen**.

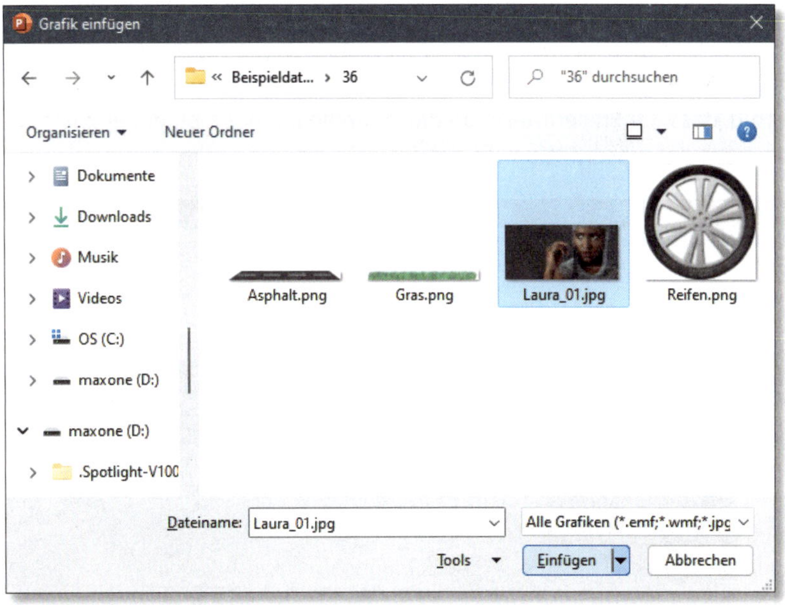

7 Passen Sie als Nächstes die darunter befindlichen Texte mit den Texten aus dem Word-Dokument *Texte Fototechnik.docx* an.

8 Erzeugen Sie eine **Neue Folie** (**Start > Folien**), und entscheiden Sie sich diesmal für die Vorlage **3 Spalte**. Geben Sie auch hier die benötigten Texte aus dem Word-Dokument *Texte Fototechnik.docx* ein. Die jeweils letzten vier Zeilen einer jeden Spalte beinhalten eine Aufzählung. Markieren Sie dazu zunächst die entsprechenden Textstellen, und klicken Sie dann auf die Schaltfläche **Aufzählungszeichen** in der Gruppe **Absatz** der Registerkarte **Start**.

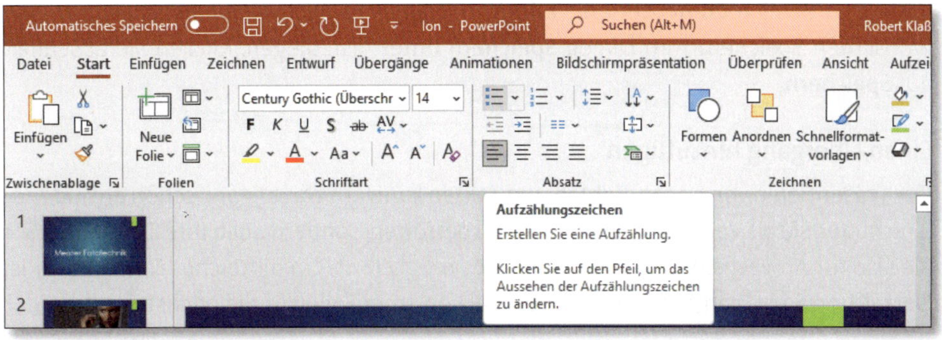

9 Jetzt fügen Sie eine weitere neue Folie (**Start > Folien > Neue Folie**) mit dem Layout **Namenskarte** ein, die mit dem entsprechenden Text aus dem Word-Dokument *Texte Fototechnik.docx* ausgestattet wird.

10 Die fünfte und letzte Folie bekommt das Layout **Leer** (**Start > Folien > Neue Folie**). Fügen Sie nun ein Textfeld ein, indem Sie auf die Schaltfläche **Textfeld** in der Gruppe **Text** der Registerkarte **Einfügen** klicken. Ziehen Sie danach bei gedrückter Maustaste einen Rahmen im Folienbereich auf. Weisen Sie den Betrachter mit einem entsprechenden Text darauf hin, dass die Präsentation an dieser Stelle beendet ist, geben Sie also beispielsweise »Ende der Präsentation« in das Textfeld ein.

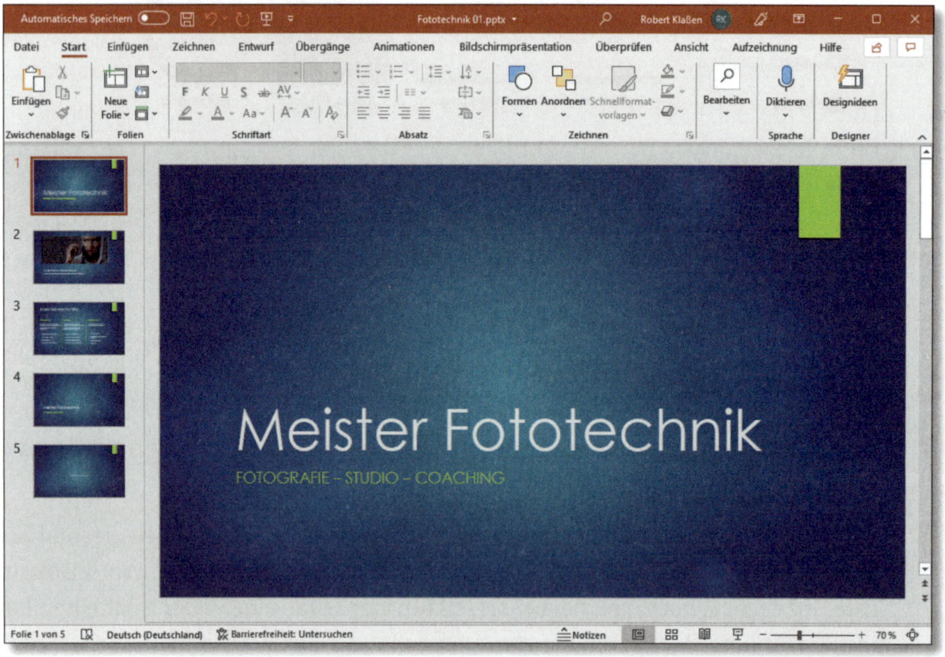

Am Ende sollten Sie Ihre Präsentation noch speichern. Dazu wechseln Sie per Klick auf die Registerkarte **Datei** in die Backstage-Ansicht, wählen die Rubrik **Speichern unter** und in diesem Bereich **Computer** aus. Klicken Sie auf den Button **Durchsuchen**, um den gewünschten Speicherort im Dialog **Speichern unter** festzulegen. Klicken Sie abschließend auf **Speichern**.

Einen Übergang hinzufügen

Das Präsentieren von Daten, Zahlen und Fakten kann auf Dauer ganz schön ermüdend sein – nicht nur Sie als Vortragender sind davon betroffen, sondern auch Ihre Zuschauer. Sorgen Sie also für Abwechslung, wann immer dies möglich ist. Ein hilfreiches Mittel dafür ist die Gestaltung von Übergängen beim Wechsel von einer Folie auf die nächste.

1 Falls Sie den vorangegangenen Workshop nicht absolviert haben, öffnen Sie zunächst die Beispieldatei *Fototechnik 01.pptx* aus dem Ordner *36* der Beispieldateien.

2 Zuallererst ist die Folie zu markieren, die mit einem Übergang eingeleitet werden soll. Wenn Sie also beispielsweise **Folie 2** markieren, regeln Sie damit den Übergang von Folie 1 zu Folie 2. Wählen Sie deswegen auch in unserem Beispiel zunächst **Folie 2** im Folienregister. Sie sollten sich dazu in der Ansicht **Normal** (**Ansicht > Präsentationsansichten**) befinden.

3 Probieren Sie nun aus, welcher Übergang Ihnen am ehesten zusagt, indem Sie die verschiedenen Übergänge in der Gruppe **Übergang zu dieser Folie** der Registerkarte **Übergänge** anklicken. Die Auswirkungen lassen sich direkt im Folienbereich begutachten.

4 Sofern Sie einen gewählten Übergang noch einmal ansehen wollen, betätigen Sie den Schalter **Vorschau** ❶ in der gleichnamigen Gruppe der Registerkarte **Übergänge**. Sollte Ihnen das Angebot nicht ausreichen, das derzeit im Menüband gezeigt wird, klicken Sie auf die Schaltfläche **Weitere** ❷ in der Gruppe **Übergang zu dieser Folie**.

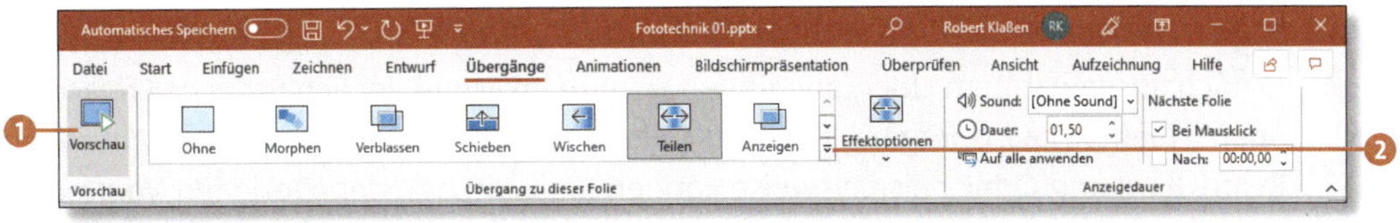

Für unser Beispiel sollten Sie genau dies tun und die Vorgabe **Orbit** ❸ aus dem Bereich **Dynamischer Inhalt** anklicken.

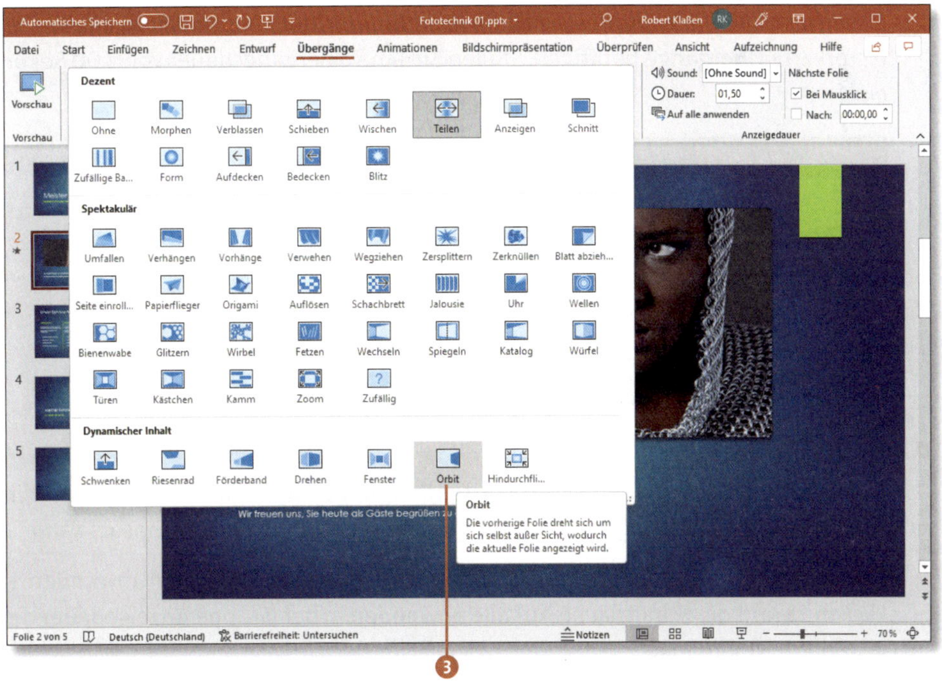

Sollten Sie sich am Ende wider Erwarten dafür entscheiden, auf einen Übergang zu verzichten, klicken Sie auf **Ohne** in der Gruppe **Übergang zu dieser Folie** der Registerkarte **Übergänge**.

Einen Übergang einstellen

Mit dem bloßen Zuweisen eines Übergangs ist es aber noch nicht getan. Sie können nun einstellen, wie lange der entsprechende Übergang dauern soll, sowie dessen Bewegungsrichtung festlegen. Darüber hinaus müssen Sie jedoch nicht jeden Übergang zwischen den einzelnen Folien Ihrer Präsentation von Hand einrichten. Wenn Sie erst einmal einen entsprechenden Stil gefunden haben, übertragen Sie diesen ganz einfach auf alle anderen Folien.

1. Sofern Sie die Beispieldatei *Fototechnik 01.pptx*, die Sie im Ordner *36* der Beispieldateien finden, noch nicht mit einem Übergang ausgestattet haben (lesen Sie dazu die vorige Anleitung »Einen Übergang hinzufügen«, holen Sie das jetzt nach. Dazu markieren Sie die zweite Folie im Folienregister und weisen den Übergang **Orbit** zu (**Übergänge > Übergang zu dieser Folie > Weitere**).
2. Je nach ausgewähltem Übergang finden Sie nun im Menü der Schaltfläche **Effektoptionen** (**Übergänge > Übergang zu dieser Folie**) unterschiedliche Bewegungsrichtungen. Beim Übergang **Orbit** beispielsweise können Sie zwischen den Optionen **Von rechts**, **Von unten**, **Von links** und **Von oben** wählen. Die erste Option ist für unsere kleine Präsentation gut geeignet.
3. Strecken Sie die Länge des Folienübergangs ein wenig, indem Sie mehrfach die nach oben weisende Pfeilschaltfläche ❶ am Feld **Dauer** in der Gruppe **Anzeigedauer** der Registerkarte **Übergänge** betätigen. Stellen Sie eine Übergangsdauer von 2,00 Sekunden ein.

4. Begutachten Sie die Übergangsdauer, indem Sie auf die Schaltfläche **Vorschau** in der gleichnamigen Gruppe der Registerkarte **Übergänge** klicken. Ihnen wird daraufhin der Folienübergang angezeigt, wie er später in Ihrer Präsentation zum Einsatz käme.
5. Sind Sie zufrieden? Dann sollten Sie diesen Übergang auf alle Folien anwenden. Dazu klicken Sie auf die Schaltfläche **Auf alle anwenden** in der Gruppe **Anzeigedauer** der Registerkarte **Übergänge**.

6 Folien, die mit einer Überblendung versehen sind, werden im Folienregister am linken Rand mit einem Stern markiert – und zwar gleich unterhalb der Foliennummer. Bei unserer Animation sollte das nach dem letzten Schritt auf alle Folien zutreffen. Diese Markierung ist dabei zugleich auch eine Schaltfläche. Klicken Sie darauf, wird die dazugehörige Folie angezeigt. Dabei wird dann auch gleich eine Vorschau des gewählten Übergangs abgespielt, was ja beim herkömmlichen Klick auf die Folienminiatur nicht der Fall ist.

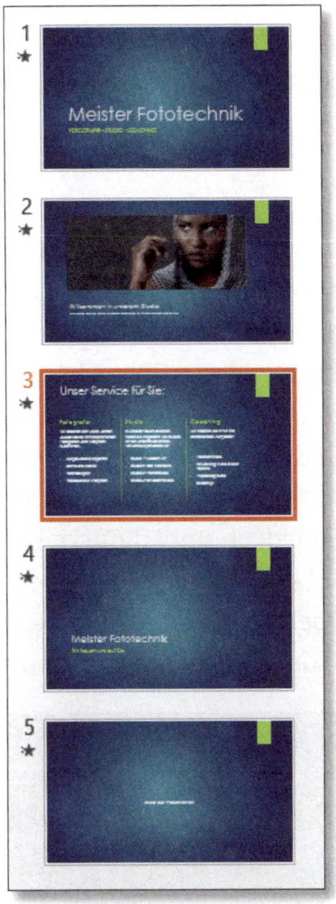

Sie haben nun erreicht, dass sämtliche Folien mit demselben Übergang versehen sind. Wenn Sie dennoch einzelne Übergänge anpassen wollen, können Sie das gern tun. Wie das geht, erfahren Sie im Unterabschnitt »Folien individualisieren« auf der folgenden Seite.

Foliendauer automatisieren

Bei automatischen Präsentationen, die beispielsweise auf einer Messe oder in einem Verkaufsraum nebenher ablaufen, ist es sinnvoll, die Dauer einer Folie zu automatisieren. Denn immerhin soll die Präsentation ja ohne Einsatz eines Bedieners oder gar eines Vortragenden ablaufen. Dementsprechend soll in gewissen Abständen ganz automatisch die nächste Folie präsentiert werden. Für diesen Fall verwenden Sie die Steuerelemente im Bereich **Nächste Folie** in der Gruppe **Anzeigedauer** der Registerkarte **Übergänge**. Für eine automatische Präsentation sollten Sie hier die Checkbox **Nach** aktivieren und nebenstehend die gewünschte Foliendauer über die Pfeilschaltflächen einstellen. Vergessen Sie nicht, anschließend erneut auf **Auf alle anwenden** (**Übergänge > Anzeigedauer**) zu klicken, damit auch diese Einstellung für die gesamte Präsentation übernommen wird.

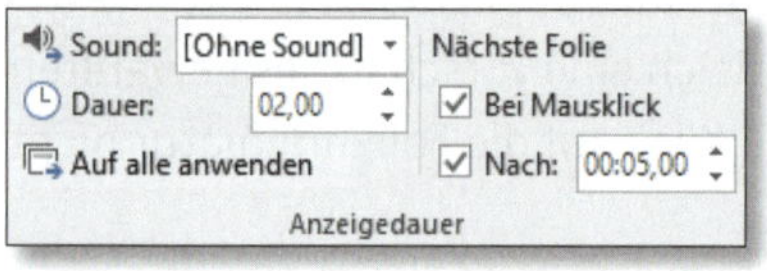

Abbildung 36.1 Bei dieser Einstellung erfolgt entweder alle fünf Sekunden oder unmittelbar nach einem Mausklick ein Folienwechsel.

Übrigens können Sie, wenn Sie möchten, die Option **Bei Mausklick** deaktivieren. Lassen Sie die Funktion aktiv, kann jedoch ein Anwender jederzeit zur nächsten Folie wechseln – auch wenn die eingestellte eigentliche Foliendauer noch nicht erreicht ist.

Folien individualisieren

Sie dürfen Folien auch in einer mit identischen Übergängen gestalteten Präsentation noch individuell anpassen. So können Sie beispielsweise eine der Folienminiaturen auswählen und anschließend auf **Ohne** in der Gruppe **Übergang zu dieser Folie** der Registerkarte **Übergänge** klicken. Dann würde diese einzelne Folie nicht überblendet, während der Übergang bei allen anderen Folienwechseln erhalten bliebe. Folgerichtig würde auch der kleine Stern im Folienbereich nur an dieser Folie entfernt. Wenn Sie später doch wieder den voreingestellten Übergang einfügen wollen, müssen Sie lediglich erneut auf den Button **Auf alle anwenden** (**Übergänge > Anzeigedauer**) klicken. Dabei ist jedoch unbedingt darauf zu achten, dass Sie vorab eine Folienminiatur auswählen, die über einen Übergang verfügt. Denn wenn Sie den Schalter betätigen, während eine nicht überblendete Folie markiert ist, würden Sie ja genau diese Einstellung, also ohne Übergang, für alle anderen übernehmen.

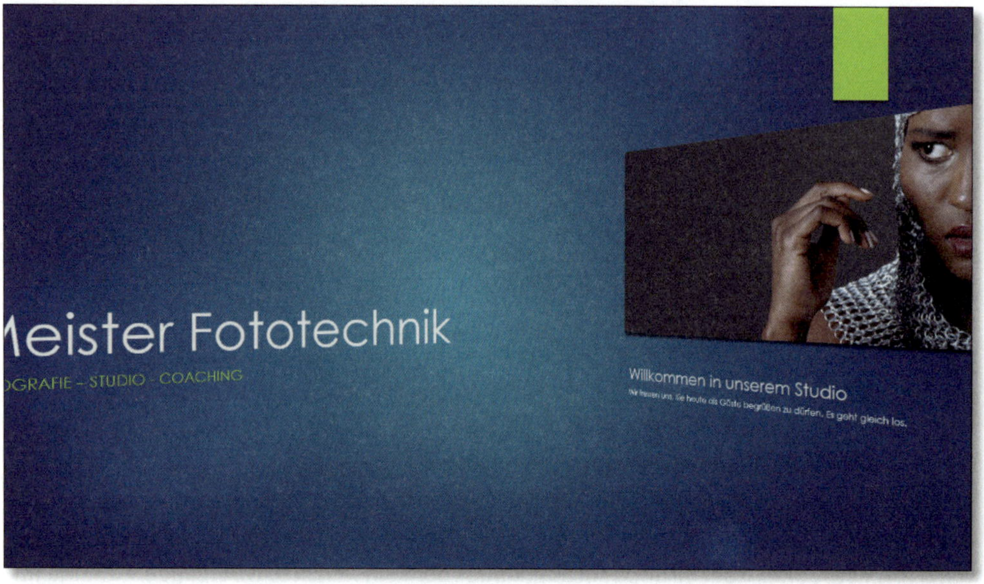

Abbildung 36.2 Der Folienübergang ist bei allen Folien identisch.

Ebenso ist es denkbar, jedem Übergang einen eigenen Stil zuzuweisen. Das gilt allerdings als recht unprofessionell. Allzu leicht wird dies als Spielerei abgetan – und mal ganz ehrlich, es nervt auch ein wenig, wenn der »Erbauer« einer Präsentation augenscheinlich mehr Wert auf die Fülle seiner zur Verfügung stehenden Übergänge legt als auf den Inhalt der Präsentation. Denken Sie immer daran: Weniger ist mehr! Und das gilt im Besonderen für die Übergänge.

Aufblende erzeugen

Sie können Ihre Präsentation auch mit einer sogenannten *Aufblende* starten. Dabei handelt es sich um einen Übergang von Schwarz zur ersten Folie. Die anderen Folien werden dadurch jedoch nicht beeinflusst und sollen auch weiterhin mit dem Übergang **Orbit** überblendet werden.

1 Markieren Sie dazu die erste Folienminiatur innerhalb des Folienregisters.

2 Klicken Sie nun auf die Schaltfläche **Weitere** an der Gruppe **Übergang zu dieser Folie** der Registerkarte **Übergänge**. Daraufhin können Sie im Aufklappmenü auf mehr Übergänge zugreifen.

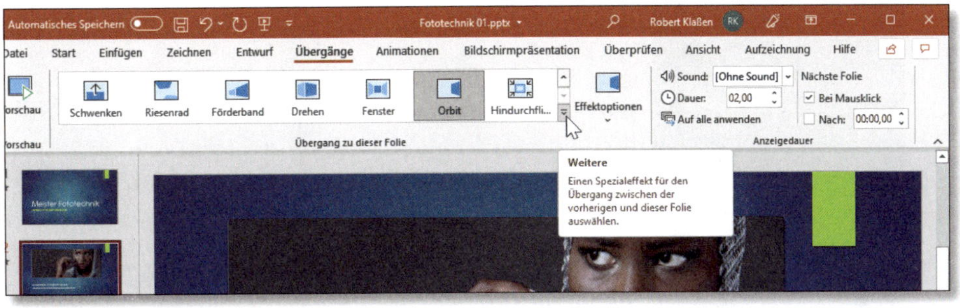

3 Entscheiden Sie sich im Bereich **Dezent** per Mausklick für den Übergang **Anzeigen**.

Bitte beachten Sie, dass Sie ab sofort den Button **Auf alle anwenden** (**Übergänge > Anzeigedauer**) nicht mehr benutzen. Denn das würde ja entweder bedeuten, dass daraufhin alle Folien mit dem Übergang **Anzeigen** überblendet würden, oder dass, sofern Sie die Schaltfläche betätigen, während eine andere Folie markiert ist, die erste Folie fortan wieder mit dem Übergang **Orbit** überblendet würde. Das individuelle Einstellen einzelner Folien sollte also grundsätzlich zum Schluss erfolgen, wenn klar ist, dass sich an den übrigen Überblendungen nichts mehr ändern wird. Die fertige Präsentation finden Sie unter dem Dateinamen *Fototechnik 02.pptx* im Ordner *36* der Beispieldateien.

Soundübergänge hinzufügen

Wenn Sie Ihre jeweils nächste Folie nicht nur mit einem flotten Übergang versehen, sondern im wahrsten Sinne des Wortes auch »einläuten« möchten, können Sie auch einen Sound hinzufügen. Da Derartiges jedoch (genauso wie zahllose unterschiedliche Überblendungen) vom eigentlichen Thema ablenkt, sollten Sie diese Funktion nur vereinzelt einsetzen.

1 Markieren Sie die Folie, die zum Zeitpunkt der Überblendung mit einem Geräusch versehen werden soll.

2 Klicken Sie auf die kleine Dreieck-Schaltfläche, die sich rechts am Auswahlfeld **Sound** in der Gruppe **Anzeigedauer** der Registerkarte **Übergänge** befindet. Falls Sie es mal richtig krachen lassen möchten, können Sie hier beispielsweise auf den Sound **Bombe** oder **Explosion** umschalten.

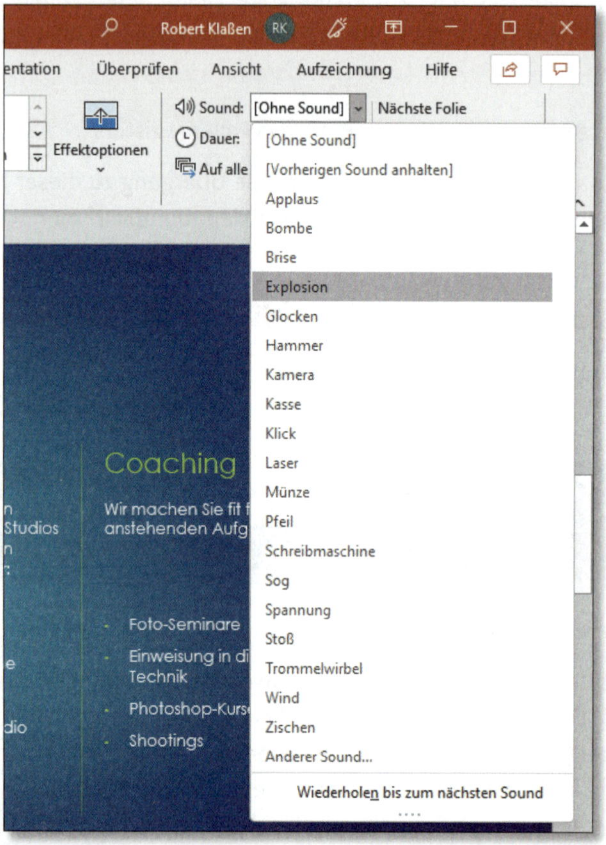

3 Möchten Sie Ihrem Publikum den letzten Nerv rauben, öffnen Sie die Liste anschließend noch einmal und wählen **Wiederholen bis zum nächsten Sound** an. Das bewirkt nämlich, dass das eingestellte Geräusch permanent wiederholt wird, und zwar bis endlich ein anderer Folienübergang mit neuem Geräusch zum Einsatz kommt.

Mein Tipp: Treten Sie während einer auf diese Weise ausgestatteten Präsentation ein wenig zur Seite, damit die flüchtenden Zuhörer ungehindert den Raum verlassen können – oder beugen Sie vor, indem Sie nach diesem kleinen Exkurs im Auswahlfeld **Sound** wieder **[Ohne Sound]** einstellen.

Eigene Sounds verwenden

Die Funktion **Wiederholen bis zum nächsten Sound**, die Sie im Auswahlmenü **Sound** (**Übergänge > Anzeigedauer**) aktivieren, ist eigentlich nur dann wirklich sinnvoll, wenn Sie mit langsam laufenden Präsentationen arbeiten oder beispielsweise ein eigenes Musikstück ab einer bestimmten Folie der Präsentation abspielen lassen wollen (z. B. als dezente Hintergrundmusik).

1. Um eine eigene Musikdatei im Dateiformat *.wav* in Ihre Präsentation einzubinden (andere Formate sind leider hier nicht integrierbar), öffnen Sie zunächst per Mausklick auf das nach unten weisende Dreieck das Auswahlmenü **Sound** in der Gruppe **Anzeigedauer** der Registerkarte **Übergänge**.
2. Entscheiden Sie sich im Menü für die Option **Anderer Sound**, wählen Sie im Dialogfenster **Audio hinzufügen** die gewünschte Sounddatei, und fügen Sie sie mit einem Klick auf **Öffnen** ein.
3. Begeben Sie sich abermals in das Auswahlmenü **Sound**, und aktivieren Sie **Wiederholen bis zum nächsten Sound**.
4. Möchten Sie die Wiedergabe der Musik bei Erreichen einer bestimmten Folie deaktivieren? Dann markieren Sie als Erstes diese Folie innerhalb des Folienregisters. Öffnen Sie abermals das Auswahlmenü **Sound**, und stellen Sie die Option **[Vorherigen Sound anhalten]** ein. Die Wiedergabe wird daraufhin unterbrochen, sobald diese Folie erreicht wird – und zwar sofort –, also noch ehe ein eventueller Folienübergang stattfindet.

Im vorliegenden Fall ist das Aktivieren der Wiederholungsfunktion in Schritt 3 übrigens Pflicht, da das Musikstück ansonsten abrupt abgebrochen würde, sobald der Übergang beendet ist.

Objekte morphen

Eine tolle PowerPoint-Funktion ist das Morphen. Damit ist gemeint, dass sich Objekte durch Hinzufügen eines Übergangs in Größe und Position verändern lassen. Dadurch entstehen interessante Bewegungsanimationen. An dieser Stelle wollen wir unser Beispielprojekt kurz verlassen und eine neue Arbeit beginnen: eine Hinweistafel für die Besucher eines Schulungszentrums. Für den Fall, dass Sie nicht alles von Beginn an nachbauen wollen, sondern direkt mit dem Morphen einsteigen möchten, öffnen Sie die Datei *Morphen_01.pptx* aus den Beispieldateien und fahren anschließend mit Schritt 12 fort.

1 Zunächst gilt es, eine komplett neue Datei zu erstellen. Begeben Sie sich dazu in die Backstage-Ansicht (**Datei**), und wählen Sie **Neu**. Als Vorlage wählen Sie via Suchfeld die Variante **Schaltkreis** (jede andere geht allerdings auch, wenn Sie das wollen) und selektieren die dritte (rötliche) Variante, ehe Sie auf **Erstellen** klicken.

2 Entfernen Sie die vorhandenen Textfelder von der Folie, indem Sie deren Ränder anklicken und `Entf` auf Ihrer Tastatur betätigen. Wir wollen mit einer komplett leeren Folie beginnen und nur das Hintergrundbild erhalten.

3 Als Nächstes werden einige Objekte und Textfelder platziert. Dazu bedienen wir uns aus den in Office integrierten Piktogrammen. Sie finden sie unter **Einfügen** im Bereich **Illustrationen**.

4 Nach einem Klick auf **Piktogramme** geben Sie Personen in das Suchfeld ein und wählen zunächst eine Miniatur mit drei Personen aus. Markieren Sie weitere Piktogramme, wobei es insgesamt vier sein sollten. Orientieren Sie sich bei Ihrer Auswahl an der folgenden Abbildung, wobei erwähnt werden muss, dass Sie ein wenig scrollen müssen. Zuletzt klicken Sie auf **Einfügen**.

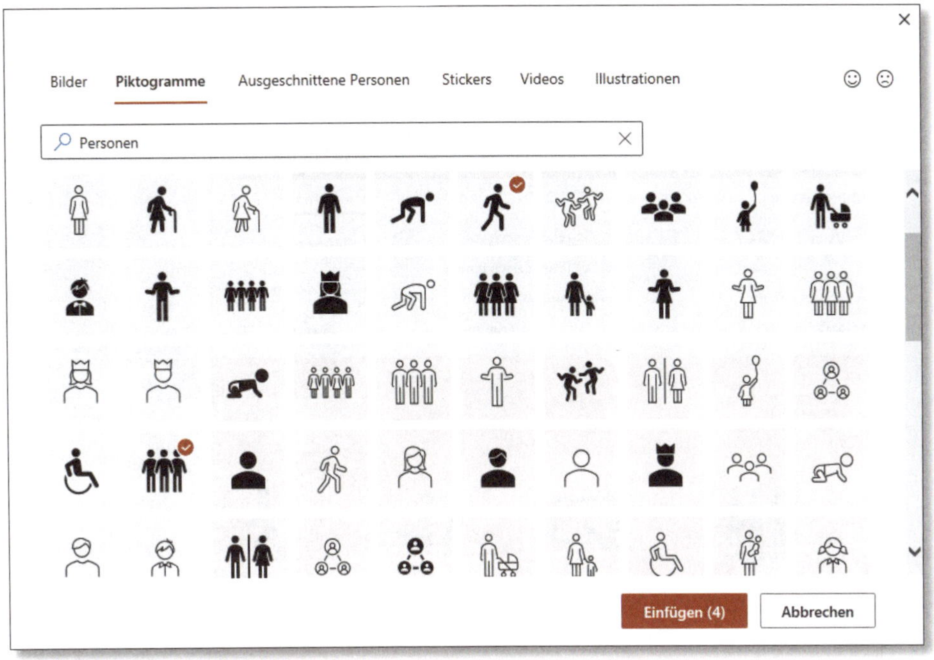

5 Leider liegen jetzt alle Piktogramme übereinander. Das sieht natürlich nicht schick aus. Wählen Sie daher alle ab, indem Sie auf den Hintergrund klicken. Anschließend ziehen Sie die Ornamente einzeln in Position, wobei alle mit etwas Abstand nebeneinander angeordnet werden sollten. Über die Ausrichtung müssen Sie sich zunächst keine Gedanken machen. Achten Sie lediglich darauf, dass die Reihenfolge der Symbole von links nach rechts mit der hier gezeigten Anordnung identisch ist.

6 Halten Sie erneut Strg gedrückt, und wählen Sie alle noch nicht ausgewählten Piktogramme per Mausklick an. Die Bilder sollten anschließend alle von einem Rahmen umgeben sein.

7 Gehen Sie erneut in das Menüband (es steht nun auf **Formformat**, wobei das Register noch einmal explizit von Ihnen angewählt werden muss), und entscheiden Sie sich im Segment **Anordnen** für **Ausrichten**. Wählen Sie zunächst **Vertikal zentrieren** und danach **Horizontal verteilen**. Daraufhin erscheinen alle Piktogramme auf einer Höhe und in jeweils gleichen Abständen zueinander.

8 Danach erzeugen Sie ein Textfeld (**Einfügen > Textfeld**) und ziehen unterhalb des linken Piktogramms mit gedrückter Maustaste einen kleinen Rahmen auf. Im Segment **Absatz** schalten Sie zudem um auf **Zentriert**.

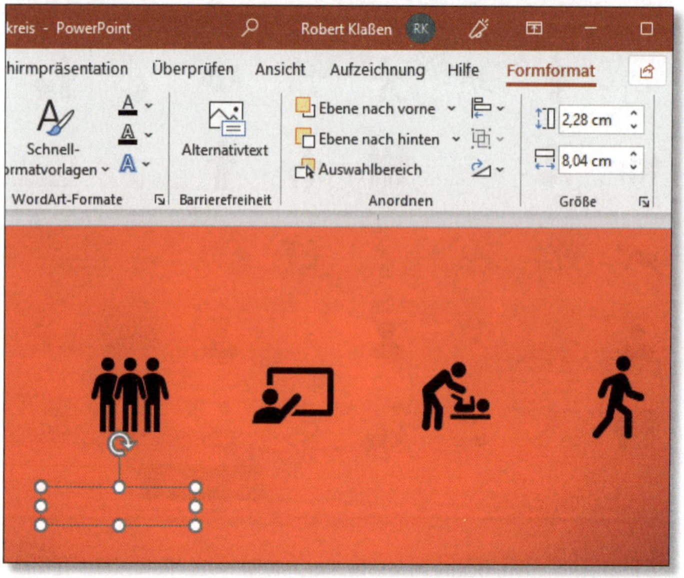

9 Tippen Sie das Wort »Konferenzraum« ein. Entsprechend verfahren Sie mit den Texten zu den übrigen Piktogrammen, denen Sie die Bezeichnungen »Schulungsraum«, »Wickelraum« und »Ausgang« zuweisen.

10 Zuletzt richten Sie die Textfelder wie zuvor beschrieben aus. Ihr Ergebnis sollte nun so aussehen:

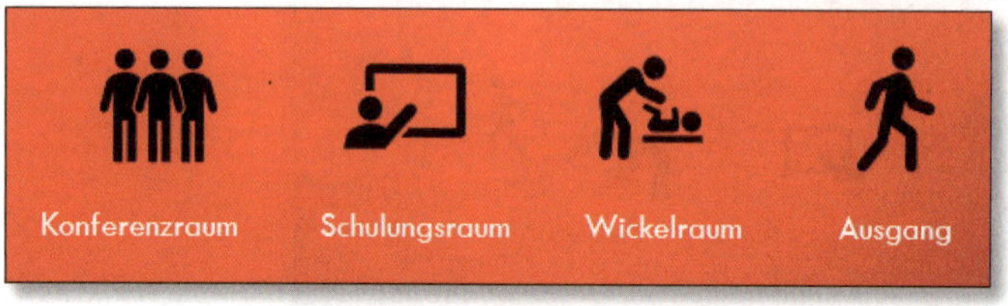

11 So weit die Vorbereitung. Sie finden das Ergebnis unserer bisherigen Arbeiten unter *Morphen_01.pptx* in den Beispieldateien. Fahren Sie fort, indem Sie die einzige vorhandene Folie in der linken Spalte der Anwendung duplizieren. Das erreichen Sie, indem Sie mit rechts auf die Miniatur klicken und **Folie duplizieren** wählen.

12 Nun ist es ganz wichtig, dass Sie die oberste Folie in der linken Spalte anwählen. Platzieren Sie einen Mausklick auf ihr, und achten Sie darauf, dass diese Folie mit einer Umrandung versehen ist.

13 Markieren und drehen Sie sämtliche Objekte auf der Arbeitsoberfläche. Wenn Sie wollen, dürfen Sie auch die Größe der Piktogramme verändern, indem Sie deren Eckanfasser (Rahmen) mit gedrückter Maustaste nach innen schieben. Zuletzt ziehen Sie alle Objekte aus dem Bild heraus. Sie werden merken, dass automatisch ein kleiner Rand jenseits der sichtbaren Arbeitsfläche entsteht. Am Ende sollten Sie ein wüstes Chaos angerichtet haben.

14 Auf zum letzten Schritt: Markieren Sie die zweite (untere) Folie in der linken Spalte, und kehren Sie zurück zum Register **Übergänge**. Betätigen Sie **Morphen**. Das war's schon. Sämtliche Objekte fliegen daraufhin auf ihre ursprüngliche Position zurück.

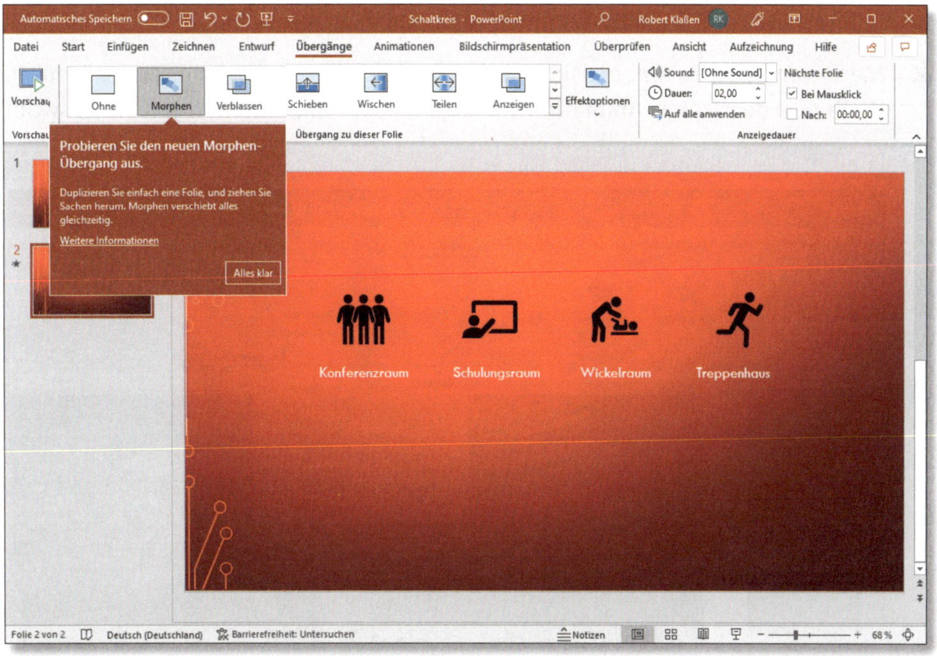

15 Wollen Sie die Animation noch einmal sehen? Dann betätigen Sie **Vorschau** links im Menüband.

> **INFO**
>
> **Erstmalige Anwendung**
> Wenn Sie den Morphen-Übergang erstmals benutzen, erscheint eine Hinweistafel. Klicken Sie auf **Weitere Informationen**, können Sie noch einiges über den Morphen-Effekt in Erfahrung bringen. Nachträglich können Sie aber auch »Morphen« in das PowerPoint-Suchfeld eingeben und anschließend auf **Hilfe zu »Morphen« erhalten** klicken.

36.2 Mit Animationen arbeiten

Mit dem Einsatz von Übergängen haben Sie ja nun schon für etwas Interaktion gesorgt (siehe dazu Abschnitt 36.1, »Übergänge und Folienwechsel einrichten«, auf Seite 899). Doch es geht noch viel mehr. Denn sämtliche Objekte können eine bestimmte, von Ihnen zuvor definierte Flugbahn einnehmen.

Objekte animieren

Im ersten Schritt unserer Objektanimation suchen wir uns etwas sehr Einfaches aus. Wir wollen dafür sorgen, dass das Foto auf Folie 2 unserer Beispielpräsentation *Fototechnik 02.pptx* in das Bild hineingedreht wird. Danach soll der Text darunter erscheinen.

1 Öffnen Sie die Beispieldatei *Fototechnik 02.pptx* aus dem Ordner *36* der Beispieldateien. Aktivieren Sie die **Folie 2** innerhalb des Folienregisters.

2 Markieren Sie im Folienbereich zunächst das Bild. Klicken Sie dann auf die Schaltfläche **Weitere** in der Gruppe **Animation** der Registerkarte **Animationen**, um die Auswahlliste zu vergrößern.

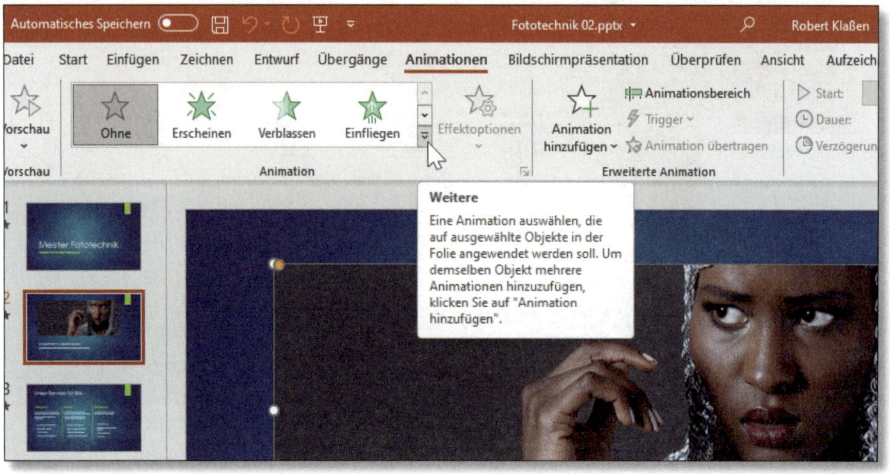

3 Für dieses Beispiel suchen wir etwas Effektvolles aus. Da es die einzige Folie ist, die über ein Bild verfügt, dürfen Sie hier ausnahmsweise einmal etwas übertreiben. Entscheiden Sie sich in der Liste im Bereich **Eingang** für die Animation **Drehen**. Ein einfacher Klick reicht, um den Effekt zuzuweisen.

4 Standardmäßig werden Animationen mittels Mausklick gestartet. Das bedeutet: Wenn Sie die Präsentation vorführen, wird im Anschluss an Folie 1 zunächst nur die leere Folie 2 gezeigt. Sie müssten daraufhin einen Mausklick folgen lassen, um die Animation zu starten und das Foto hinzuzufügen. Da wir jedoch wollen, dass die Drehung automatisch beginnt, sobald die Folie aktiv ist, müssen Sie das Auswahlmenü **Start** in der Gruppe **Anzeigedauer** der Registerkarte **Animationen** noch umstellen. Es steht standardmäßig auf **Beim Klicken**. Wählen Sie hier **Mit Vorheriger**. Genauere Erläuterungen zu dieser Funktionsweise erhalten Sie im nachfolgenden Unterabschnitt »Startoptionen«.

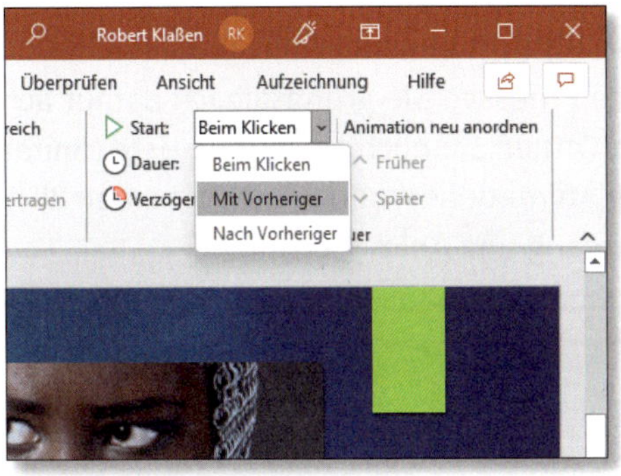

5 Animieren Sie anschließend noch die beiden Texte unterhalb des Fotos. Dazu führen Sie einen Mausklick auf den oberen der beiden Texte aus, halten anschließend [⇧] gedrückt und wählen auch das untere Textfeld an. Wenn beide Textrahmen markiert sind, lassen Sie [⇧] wieder los.

6 Klicken Sie auf den Effekt **Hineinschweben** in der Gruppe **Animation** der Registerkarte **Animationen**.

7 Stellen Sie nun das Auswahlmenü **Start** in der Gruppe **Anzeigedauer** der Registerkarte **Animationen** um auf **Nach Vorheriger**.

8 Spielen Sie die Animation ab, indem Sie auf Ihrer Tastatur [F5] betätigen. Um von Folie 1 auf Folie 2 zu gelangen, müssen Sie einen Mausklick folgen lassen. Alle weiteren Objekte werden jedoch automatisch animiert (zunächst das Foto und anschließend beide Texte).

Öffnen Sie die Datei *Fototechnik 03.pptx* im Ordner *36* der Beispieldateien, um sich das Ergebnis dieser Anleitung anzuschauen. Vergleichen Sie das dortige Resultat mit Ihrer Arbeit.

Startoptionen

In dem vorangegangenen Abschnitt haben Sie bereits das Steuerelement **Start** (**Animationen > Animation**) kennengelernt, um den Ablauf der einzelnen Animationen zueinander steuern zu können. Dabei stehen Ihnen drei Optionen zur Verfügung:

- **Beim Klicken**: Die Effekte erfolgen nacheinander und werden jeweils durch einen Mausklick ausgelöst.
- **Mit Vorheriger**: Der Effekt erfolgt zeitgleich mit einem vorangegangenen Effekt.
- **Nach Vorheriger**: Der Effekt erfolgt im Anschluss an einen vorhandenen Effekt.

Im konkreten Beispiel hätte die Funktion **Mit Vorheriger** beim oberen Textfeld bewirkt, dass dieses zusammen mit dem Bild in Bewegung versetzt worden wäre. Da wir uns in der vorigen Schrittanleitung jedoch für **Nach Vorheriger** entschieden hatten, wurde mit der Animation des ersten Textes gewartet, bis die Bildanimation beendet war. Der zweite Text wiederum wurde erst animiert, nachdem die erste Textanimation ihr Ende gefunden hatte. Hier hätte **Mit Vorheriger** folgerichtig dazu geführt, dass beide Texte zeitgleich animiert worden wären.

Animationseffekte kennenlernen

Bei Ihrer Arbeit mit Animationen und Effekten müssen Sie grundsätzlich darauf achten, dass Sie die korrekte Effekteliste verwenden. Öffnen Sie noch einmal die Liste (**Animationen > Animation > Weitere**) der vorhandenen Animationen, und werfen Sie einen Blick auf die vier Bereiche **Eingang**, **Hervorhebung**, **Ausgang** und **Animationspfade**.

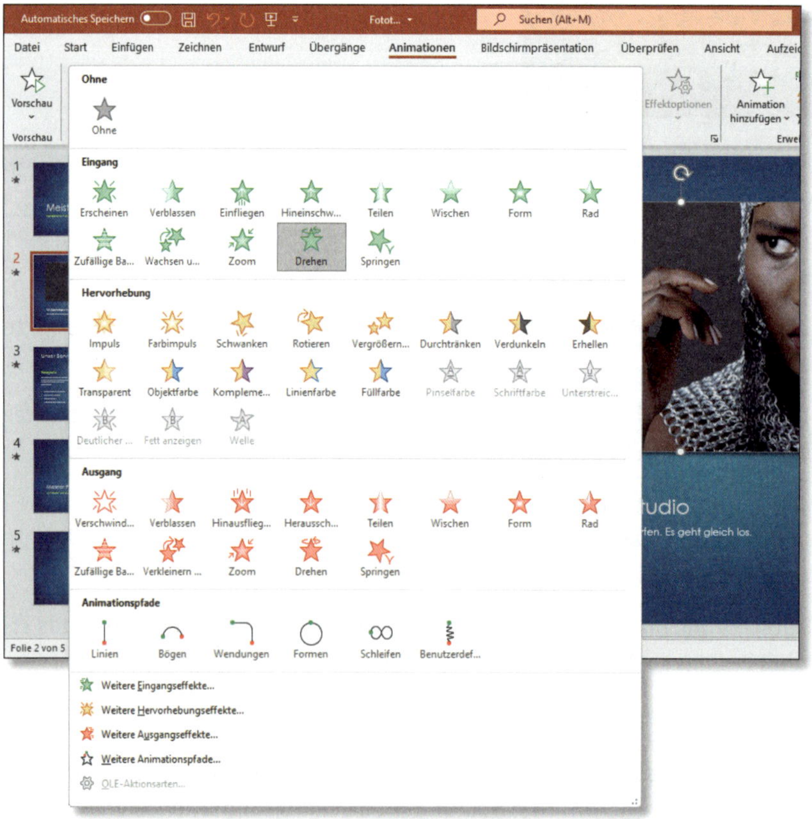

Abbildung 36.3 *Sie haben die Wahl der Effektart.*

Entsprechend Ihrer Auswahl bei **Eingang** oder **Ausgang** kommt die zugewiesene Animation beim Erscheinen oder Ausblenden eines Objekts zum Einsatz. **Betont** stellt ein Objekt in einer bestimmten Form dar, während **Animationspfade** eine frei definierbare Bewegungsrichtung nachempfinden. Dazu erfahren Sie mehr in Abschnitt 36.3, »Animationspfade«, auf Seite 926.

Weitere Animationseffekte

Die Riege der Animationen innerhalb der Gruppe **Animation** der Registerkarte **Animationen** ist prall gefüllt mit den unterschiedlichsten Bewegungsoptionen. Damit ist PowerPoint allerdings noch nicht ausgereizt. Ganz unten im Auswahlmenü der Schaltfläche finden Sie nämlich noch entsprechende Einträge. Entscheiden Sie sich hier beispielsweise für die Option **Weitere Eingangseffekte**, wird der Dialog **Eingangseffekt ändern** mit zahllosen zusätzlichen Effekten angeboten. Wählen Sie eine der Zeilen an, um sich den Effekt als Vorschau im Folienbereich anzeigen zu lassen. Voraussetzung dafür ist, dass im Dialog die Checkbox **Effektvorschau** unten links aktiviert ist. Falls erforderlich, schieben Sie den Dialog etwas zur Seite, indem Sie ihn per Drag & Drop an dessen Kopfleiste verschieben. Weisen Sie den Effekt mit einem Klick auf **OK** zu.

*< **Abbildung 36.4** Einige Effekte werden erst durch Aufrufen des Dialogs »Eingangseffekt ändern« zugänglich.*

Verfahren Sie auf die gleiche Weise mit den anderen Optionen im Auswahlmenü in der Gruppe **Animation** der Registerkarte **Animationen**. Es öffnet sich jeweils ein kontextbezogenes Dialogfenster mit weiteren Effekten.

Animationseffekte kombinieren

Nun ist es zunächst einmal so, dass sich auf die im Unterabschnitt »Objekte animieren« auf Seite 914 beschriebene Weise nur ein einzelner Effekt zuweisen lässt. Belegen Sie ein Objekt beispielsweise mit einer Eingangsanimation und weisen Sie anschließend eine

Ausgangsanimation zu, wird Erstere kurzerhand wieder entfernt. Übrig bleibt dann allein die Ausgangsanimation. Wenn Sie jedoch einem Objekt mehr als eine Animation zuweisen möchten, müssen Sie etwas anders verfahren.

1 Erzeugen Sie für dieses Beispiel eine zusätzliche leere Folie am Ende der Präsentation (**Einfügen > Neue Folie**), oder beginnen Sie mit einer neuen Präsentation (`Strg`+`N`).

2 Fügen Sie nun ein beliebiges Objekt hinzu. Klicken Sie dazu auf die Schaltfläche **Formen** in der Gruppe **Illustrationen** der Registerkarte **Einfügen**, und wählen Sie im Menü der Schaltfläche die gewünschte Form mit einem Mausklick aus. Ziehen Sie die Form anschließend mit gedrückter Maustaste auf der neuen Folie auf.

3 Weisen Sie dem Objekt als Nächstes die erste Animation zu, indem Sie beispielsweise auf den Effekt **Einfliegen** in der Gruppe **Animation** der Registerkarte **Animationen** klicken.

4 Klicken Sie optional auf die Schaltfläche **Effektoptionen** (**Animationen > Animation**), um die Richtung des Einfliegens zu verändern. Wir haben uns im Menü für **Von links** entschieden.

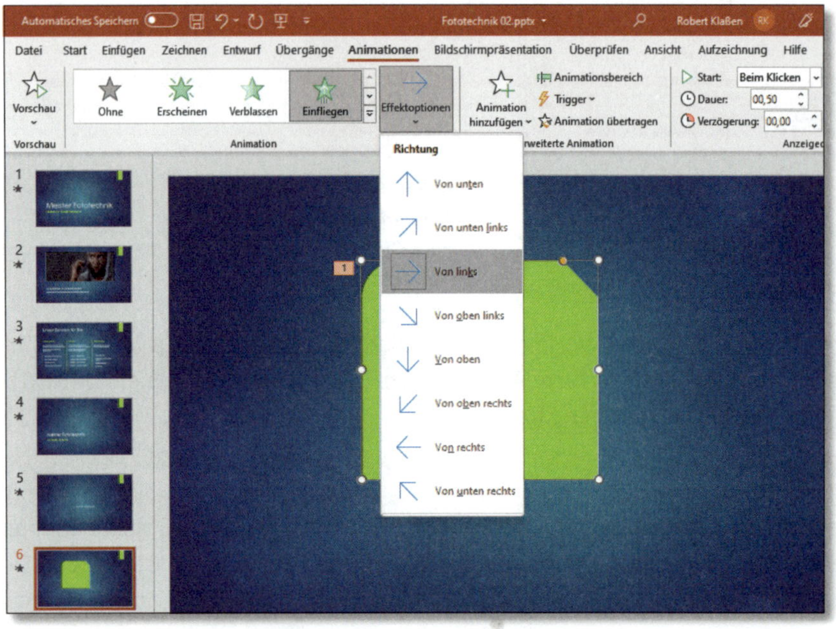

5 Jetzt kommt der entscheidende Schritt in Sachen Effektkombination. Klicken Sie auf den Button **Animation hinzufügen** in der Gruppe **Erweiterte Animation** der Registerkarte **Animationen**. Wie wäre es beispielsweise mit dem Effekt **Farbimpuls** aus der Rubrik **Hervorhebung**?

6 Stellen Sie nun das Auswahlmenü **Start** (**Animationen > Anzeigedauer**) von **Beim Klicken** um auf **Nach Vorheriger**. Dann nämlich beginnt die **Farbimpuls**-Animation ohne Zutun des Anwenders direkt im Anschluss an den Effekt **Einfliegen**.

7 Zuletzt fügen Sie noch eine Ausgangsanimation hinzu. Klicken Sie dazu erneut auf den Button **Animation hinzufügen**, und wählen Sie im Bereich **Ausgang** den Effekt **Hinausfliegen**.

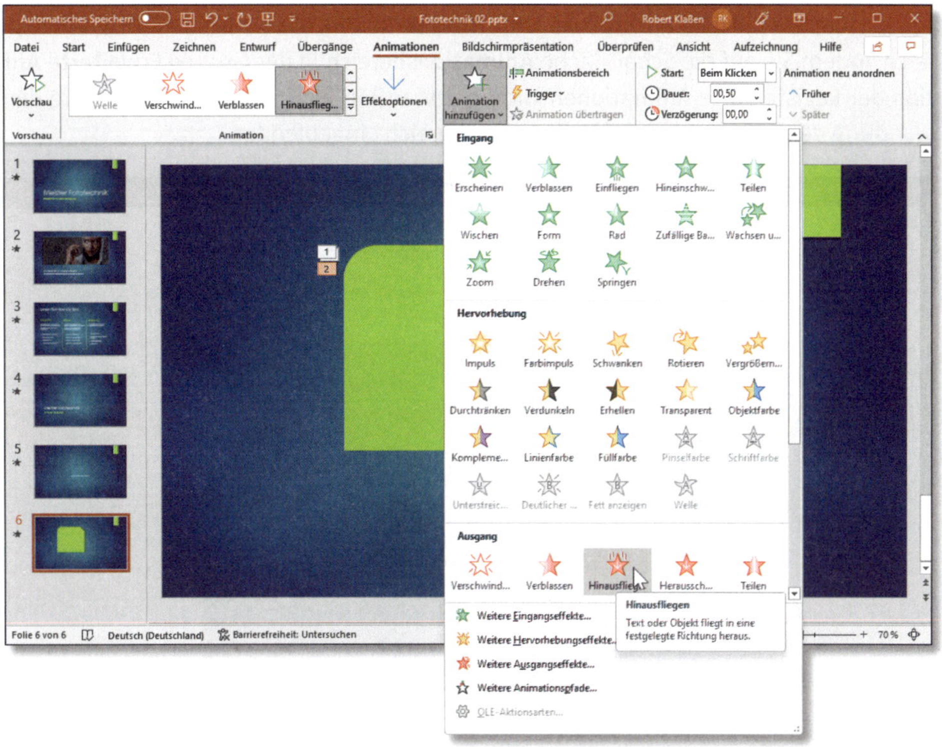

8 Ändern Sie zuletzt noch die Richtung der Ausgangsanimation, indem Sie auf die Schaltfläche **Effektoptionen** (**Animationen > Animation**) klicken und im Menü die Option **Nach rechts** anwählen.

9 Entscheiden Sie, ob die Ausgangsanimation mit Mausklick oder automatisch in die Wege geleitet werden soll. Wenn Sie das zuerst genannte Szenario wünschen, müssen Sie nichts mehr unternehmen. Für dieses Beispiel wollen wir das Objekt jedoch automatisch ausfliegen lassen, weshalb Sie im Auswahlmenü **Start** (**Animationen > Anzeigedauer**) wieder auf **Nach Vorheriger** umstellen müssen.

10 Schauen Sie sich die Animation ab der aktuellen Folie an, indem Sie [⇧]+[F5] drücken. Es sollte nun so sein, dass das Objekt nach einem Mausklick (oder Betätigung der Leertaste) von links eingeschoben wird, die Farbe automatisch wechselt und anschließend nach rechts aus dem Bild herausfährt.

Öffnen Sie die Datei *Kombination.pptx* aus dem Ordner *36* der Beispieldateien, um sich die kombinierte Animation, wie wir sie in der vorangegangenen Anleitung erstellt haben, anzuschauen.

Der Animationsbereich

Nun wollen wir uns einmal anschauen, was denn in der Datei *Kombination.pptx* aus dem Ordner *36* der Beispieldateien »programmiert« worden ist. Dazu können Sie sich eine Art Ablaufplan der einzelnen Animationen anzeigen lassen. Sie erreichen diesen Anzeigebereich, indem Sie auf die Schaltfläche **Animationsbereich** in der Gruppe **Erweiterte Animation** der Registerkarte **Animationen** klicken. Daraufhin wird auf der rechten Seite der Anwendung der Aufgabenbereich **Animationsbereich** eingeblendet.

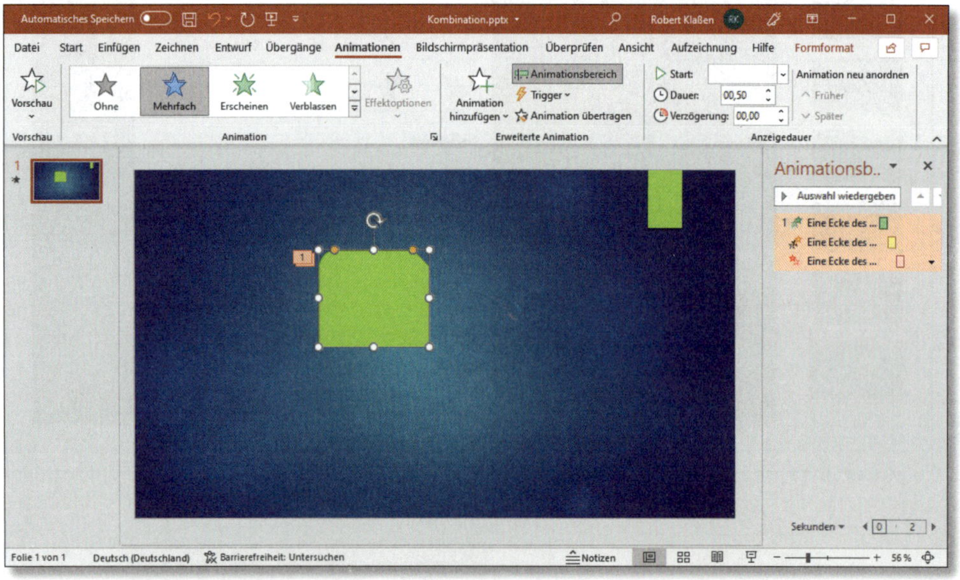

Abbildung 36.5 *Der Aufgabenbereich »Animationsbereich« zeigt die drei Animationen einzeln an.*

> **TIPP**
>
> **Animation abspielen**
> Wann immer Sie die Animation begutachten wollen, ohne dafür extra eine Bildschirmpräsentation starten zu müssen, klicken Sie im Aufgabenbereich **Animationsbereich** auf die Schaltfläche **Alle wiedergeben**. Daraufhin werden alle Animationen, die auf dieser Folie zum Einsatz kommen, in zeitlich korrekter Reihenfolge abgespielt.

Der Aufgabenbereich **Animationsbereich** hat sehr viel mehr zu bieten, als man auf den ersten Blick vermuten würde. Mit ihm können Sie nämlich die Animation bis ins Detail anpassen. Wenn Sie beispielsweise den mittleren Effekt (also **Farbimpuls**) verändern wollen, können Sie das jederzeit tun. Erste Voraussetzung: Sie markieren die mittlere Zeile innerhalb des Animationsbereichs. Nun haben Sie verschiedene Möglichkeiten, Änderungen vorzunehmen.

Verändern Sie die Einstellungen dieses Effekts beispielsweise mithilfe der Schaltflächen im Menüband. Passen Sie beispielsweise über die Schaltfläche **Start** (**Animationen > Anzeigedauer**) die Dauer des Effekts an oder, wenn Sie es denn wünschen, weisen Sie eine komplett neue Animation zu. Klicken Sie dazu auf eine andere Animationsart in der Gruppe **Animation** der Registerkarte **Animationen**.

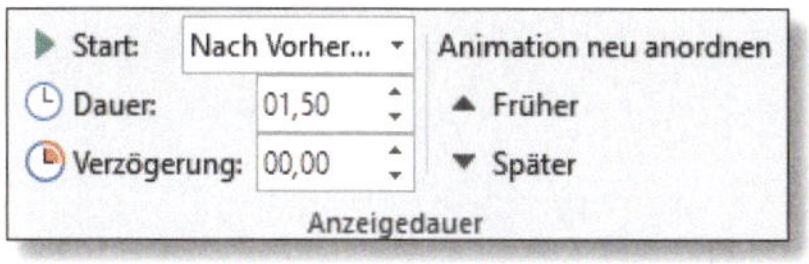

Abbildung 36.6 *Verändern Sie die Anzeigedauer einer Animation im Menüband.*

Sie können genauso gut aber auch Änderungen im Aufgabenbereich **Animationsbereich** vornehmen. Sie sehen rechts neben den Objektbezeichnungen kleine farbige Balken ❶. Diese müssen Sie sich als eine Art Zeitmarke vorstellen. Anfang und Ende des jeweiligen Balkens stellen dar, wann eine Animation beginnt und wann sie zu Ende ist. Stellen Sie die Maus mitten auf einen Balken (ein schwarzer Doppelpfeil erscheint), und ziehen Sie den Balken mit gedrückter Maustaste nach links oder rechts. Damit verändern Sie den Zeitpunkt der Animation. Außerdem lässt sich auch hier die Dauer einer Animation einstellen. Denn je weiter sich ein Balken in horizontaler Richtung ausdehnt, desto länger dauert die Animation. Wenn Sie die Maus an den Anfang oder das Ende eines Balkens stellen (der Mauszeiger mutiert daraufhin zum Doppelpfeil mit zwei Trennlinien ❷ in der Mitte), können Sie diesen Bereich ebenfalls ziehen. Zeitgleich erscheint eine QuickInfo, die die aktuelle Dauer anzeigt. Lassen Sie los, wenn Sie mit der Dauer der Animation zufrieden sind. Nachfolgende Animationen werden automatisch nach hinten verschoben, sofern das Auswahlmenü **Start** auf **Nach Vorherigen** ❸ eingestellt ist.

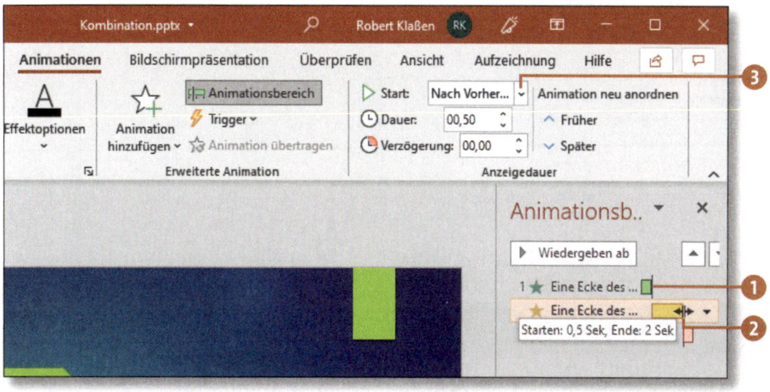

Abbildung 36.7 *Ziehen Sie den Balken in die Breite, um die Animationsdauer zu erhöhen.*

Ähnliche Änderungen können Sie auch über das Kontextmenü des Effekts vornehmen. Im Aufgabenbereich **Animationsbereich** wird Ihnen in jeder Zeile nach Markierung der Zeile eine kleine nach unten weisende Dreieck-Schaltfläche ❹ angezeigt. Betätigen Sie diese, oder klicken Sie mit rechts auf eine Zeile, um das Kontextmenü zu öffnen. Auch hier haben Sie diverse Einstellungsmöglichkeiten, z. B. über den Befehl **Anzeigedauer** ❺.

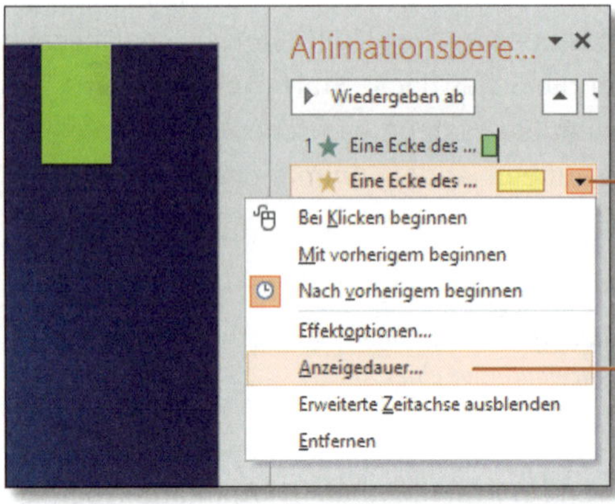

Abbildung 36.8 Benutzen Sie zur Änderung das Kontextmenü im Animationsbereich.

Probieren Sie die verschiedenen Möglichkeiten aus, und entscheiden Sie, welche Ihnen am ehesten liegt. Am intuitivsten ist sicherlich das direkte Verändern der Animationsbalken per Drag & Drop im Aufgabenbereich **Animationsbereich**. Einige Einstellungen, wie z. B. die Einstellungen, die Sie über den Button **Effektoptionen** (**Animationen > Animation**) vornehmen, lassen sich hier allerdings nicht einstellen. Diese müssten Sie dann mithilfe des Kontextmenüs vornehmen, indem Sie den Befehl **Effektoptionen** anklicken. Sie erhalten dann einen effektspezifischen Dialog, wie beispielsweise **Farbimpuls**.

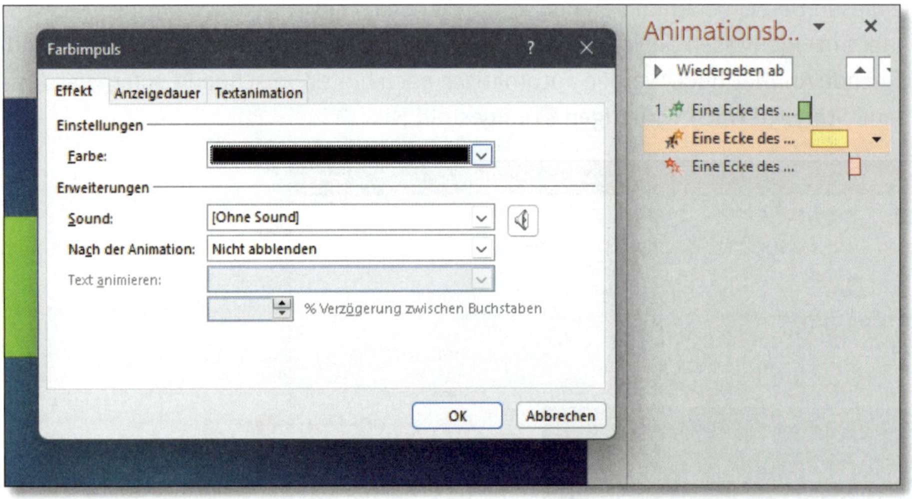

Abbildung 36.9 Ein Dialog ermöglicht die individuelle Einstellung einer Animation.

Mehrere Animationen gemeinsam bearbeiten

Im vorangegangenen Abschnitt haben wir einzelne Animationsteile, z. B. den Farbimpuls, losgelöst von den beiden anderen bearbeitet. Sie können jedoch auch mehrere Objekte gemeinsam verändern. Dazu wählen Sie die oberste Animationszeile innerhalb des Animationsbereichs an, halten [⇧] gedrückt und markieren zuletzt auch die unterste Zeile. Nun wird Ihnen nur ein nach unten weisendes Dreieck angezeigt ❻. Klicken Sie darauf, öffnet sich ein Kontextmenü, über das Sie alle markierten Effekte gemeinsam bearbeiten können.

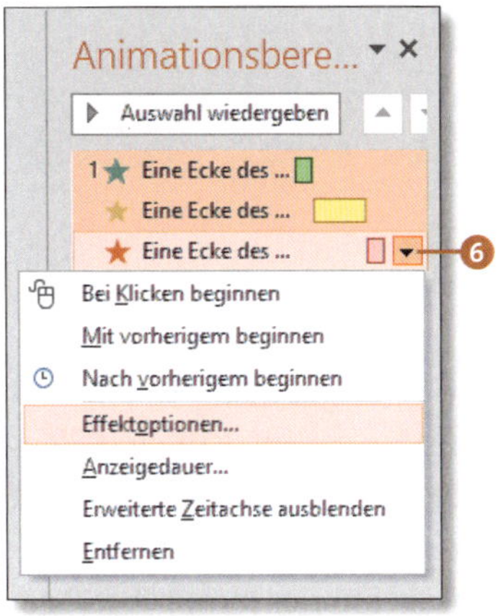

Abbildung 36.10 *Jetzt können alle drei Effektanimationen gemeinsam bearbeitet werden.*

Effektoptionen einstellen

Das war erst einmal genug Theorie, oder? Jetzt sind Sie wieder an der Reihe. Denn wir wollen einen Effekt mithilfe der Effektoptionen optimieren. Das Pumpen des Effekts **Farbimpuls** (**Animationen > Animation**) soll häufiger und gleichzeitig schneller vonstattengehen.

1. Öffnen Sie die Präsentation *Kombination.pptx* aus dem Ordner *36* der Beispieldateien, und spielen Sie die Animation ab. Sie sehen, dass das Objekt in der Beispielpräsentation in den Bildschirm einfährt, in der Mitte einmal pulsiert und dann wieder herausfährt.
2. Sollte der Aufgabenbereich **Animationsbereich** geschlossen sein, klicken Sie auf die Schaltfläche **Animationsbereich** in der Gruppe **Erweiterte Animation** der Registerkarte **Animationen**. Markieren Sie dort die mittlere Zeile mit dem gelben Balken des Effekts **Farbimpuls**.
3. Klicken Sie auf das nach unten weisende schwarze Dreieck dieser Zeile, und entscheiden Sie sich im Kontextmenü für **Effektoptionen**.
4. Daraufhin wird der Dialog **Farbimpuls** mit der aktivierten Registerkarte **Effekt** geöffnet. Hier sollen Sie zunächst dafür sorgen, dass der Impuls mit weißer statt mit

schwarzer Farbe erfolgt. Klicken Sie auf den Balken in der Zeile **Farbe**. Stellen Sie hier auf **Weiß** um.

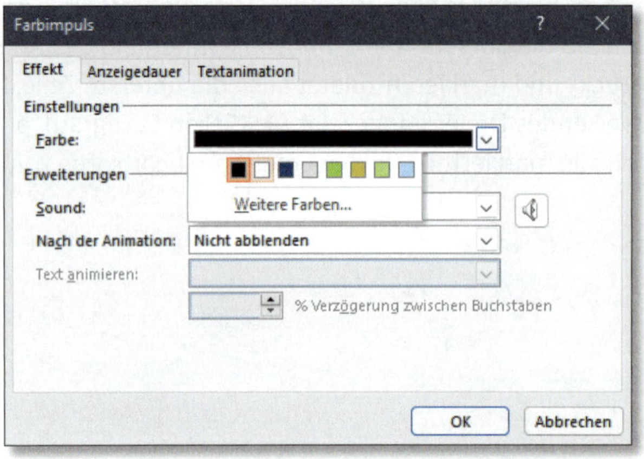

5 Stellen Sie im Auswahlfeld **Wiederholen** der Registerkarte **Anzeigedauer** »3« ein. Das bedeutet, dass der Impuls insgesamt dreimal erfolgt. (Falls Sie der Ansicht sind, dass dreimaliges Wiederholen eigentlich dazu führen müsste, dass der Impuls viermal stattfindet, liegen Sie vollkommen richtig, haben aber die Rechnung ohne die PowerPoint-Logik gemacht. Hier wird nämlich stets die Gesamtanzahl der Impulse festgelegt – also drei Impulse).

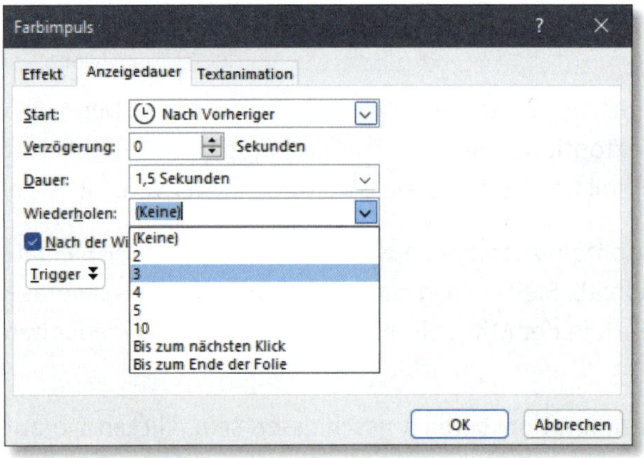

Haben Sie alle gewünschten Änderungen vorgenommen, bestätigen Sie diese am Ende per Klick auf **OK** und spielen die Präsentation probehalber ab. Drücken Sie dazu [F5]. Sie sehen drei Impulse.

Textanimation

Das Animieren von Text ist eine denkbar einfache Sache. Hier bringt PowerPoint so viel Eigenleistung mit, dass kaum noch etwas zu tun ist, wenn es um den Bewegungsablauf geht. Das Ziel dieses kleinen Exkurses ist es, die Texte auf Folie 3 unserer Fototechnik-Präsentation schnell und einfach vorzubereiten. Der Vortragende soll die einzelnen Punkte später per Knopfdruck einblenden können, wann er möchte.

1 Öffnen Sie zunächst die Präsentation *Fototechnik 03.pptx* aus dem Ordner *36* der Beispieldateien. Klicken Sie auf **Folie 3** im Folienregister.

2 Die Überschriften (»Fotografie«, »Studio« und »Coaching«) sollen nicht animiert werden. Klicken Sie deswegen zunächst nur auf das Textfeld, das sich unterhalb von »Fotografie« befindet. Halten Sie [⇧] gedrückt, und führen Sie auch auf die daneben befindlichen Textfelder jeweils einen Mausklick aus. Jetzt sollten alle drei Texte markiert sein.

Fotografie
Studio
Coaching
Wir arbeiten seit vielen Jahren ausschließlich mit renommierten Fotografen und Visagisten zusammen.
Ausgewiesene Experten
Zertifizierte Trainer
Foto-Designer
Professionelle Visagisten
In unseren Räumlichkeiten finden Sie insgesamt vier Studios für die unterschiedlichsten Verwendungszwecke vor:
Studio 1: Modern Art
Studio 2: Das Klassische
Studio 3: Porträtstudio
Studio 4: Stillleben-Studio
Wir machen Sie fit für Ihre anstehenden Aufgaben:
Foto-Seminare
Einweisung in die Studio-Technik
Photoshop-Kurse
Shootings

3 Weisen Sie nun per Mausklick auf **Einfliegen** in der Gruppe **Animation** der Registerkarte **Animationen** diese Eingangsanimation zu. Sie sehen bereits in der Vorschau, dass PowerPoint die Textblöcke sowie die Aufzählungspunkte einzeln berücksichtigt.

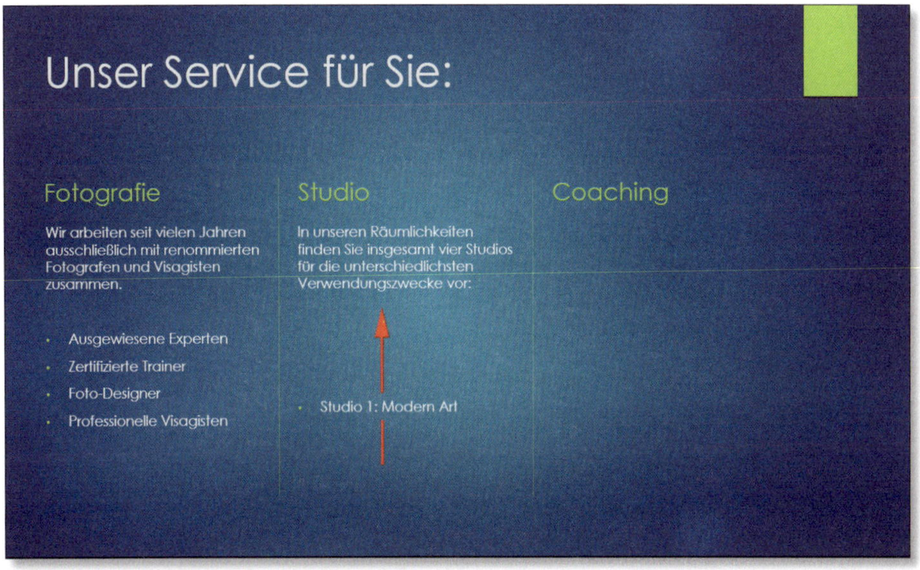
Unser Service für Sie:
Fotografie
Studio
Coaching
Wir arbeiten seit vielen Jahren ausschließlich mit renommierten Fotografen und Visagisten zusammen.
Ausgewiesene Experten
Zertifizierte Trainer
Foto-Designer
Professionelle Visagisten
In unseren Räumlichkeiten finden Sie insgesamt vier Studios für die unterschiedlichsten Verwendungszwecke vor:
Studio 1: Modern Art

Zum Zeitpunkt des Vortrags muss der Präsentierende nichts weiter tun, als jeden einzelnen Punkt (mittels Mausklick oder durch Druck auf die Leertaste) erscheinen zu lassen. Er hat es also in der Hand, den Informationsfluss der PowerPoint-Präsentation optimal an seinen Vortrag anzupassen. Schauen Sie sich das Endergebnis in der Präsentation *Fototechnik-fertig.pptx* im Ordner *Ergebnisse* der Beispieldateien an.

INFO

Reihenfolge ändern
PowerPoint folgt bei der Präsentation der einzelnen Texte einer logischen Reihenfolge. Diese ergibt sich aus der Anordnung im Folienbereich. Dennoch ist nicht generell auszuschließen, dass Sie einmal den einen oder anderen Punkt vorziehen wollen. Stellen Sie Ihre eigene Reihenfolge ein, indem Sie den Animationsbereich öffnen und die Einträge per Drag & Drop wunschgemäß anordnen.

36.3 Animationspfade

Bislang haben Sie erfahren, wie sich ein Objekt in eine bestimmte Richtung einfahren und, wenn man will, in eine andere Richtung wieder ausfahren lässt. Wenn Sie aber die Bewegungsrichtung exakt vorgeben möchten, sollten Sie mit Animationspfaden arbeiten. Dabei handelt es sich zunächst einmal um vorgegebene Strecken, die der Benutzer anschließend noch individuell anpassen kann.

Eine Pfadanimation vorbereiten

In dieser und den beiden folgenden Unterabschnitten, »Grafiken animieren« auf Seite 928 und »Animationsablauf optimieren« auf Seite 931, werden wir die schlichte Grafik eines Autoreifens entlang eines Animationspfades in Bewegung versetzen und – wo wir schon mal dabei sind – unsere Präsentation mit ein paar kleinen Details aufwerten. Viel Spaß dabei!

1 Wir beginnen mit einer neuen Präsentation. Entscheiden Sie sich beispielsweise für die Vorlage **Fetzen** im Bereich **Neu** der Backstage-Ansicht (**Datei**), und markieren Sie die Miniatur. Nach Anzeige der Vorschau wählen Sie **Erstellen**.

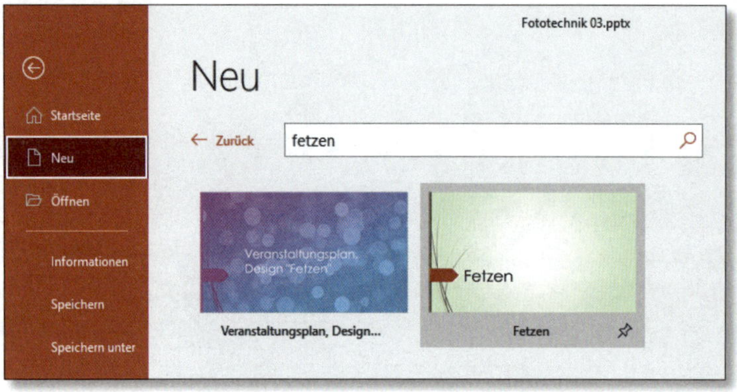

2 Ersetzen Sie die Platzhaltertexte derart, dass Sie in den Haupttitel »GRIP-IT« und im Untertitel »REIFEN – FELGEN – ZUBEHÖR« eingeben.

3 Fügen Sie die ersten beiden Grafiken ein. Klicken Sie dazu auf **Bilder** in der gleichnamigen Gruppe der Registerkarte **Einfügen**, und entscheiden Sie sich für **Dieses Gerät**. Wählen Sie die Beispieldatei *Asphalt.png*. Die Datei finden Sie im Ordner *36* der Beispieldateien. Drücken Sie nun `Strg`, und markieren Sie im gleichen Verzeichnis außerdem die Datei *Reifen.png*. Lassen Sie `Strg` wieder los, und klicken Sie auf **Einfügen**.

4 Da beide Objekte noch markiert sind, können auch beide gemeinsam verschoben werden. Setzen Sie einen Klick auf eine der Grafiken, halten Sie die Maustaste gedrückt, und schieben Sie beide Grafiken ein wenig nach oben. Bei der Positionierung orientieren Sie sich bitte an der folgenden Abbildung.

5 Nur für den unwahrscheinlichen Fall, dass der Asphalt den Reifen verdecken sollte: Bringen Sie das Asphalt-Bild nach hinten, indem Sie zunächst auf den Hintergrund der Präsentation klicken; die Grafiken werden dadurch abgewählt. Danach markieren Sie den Asphalt mit einem Mausklick und klicken auf **Anordnen** in der Gruppe **Zeichnung** der Registerkarte **Start**. Entscheiden Sie sich im Menü der Schaltfläche für die Option **In den Hintergrund**.

6 Als Nächstes positionieren Sie den Reifen. Dazu wählen Sie alle Grafiken ab, indem Sie einen Mausklick auf den Hintergrund der Präsentation setzen. Danach klicken Sie den Reifen erneut an und ziehen ihn links auf den Asphalt.

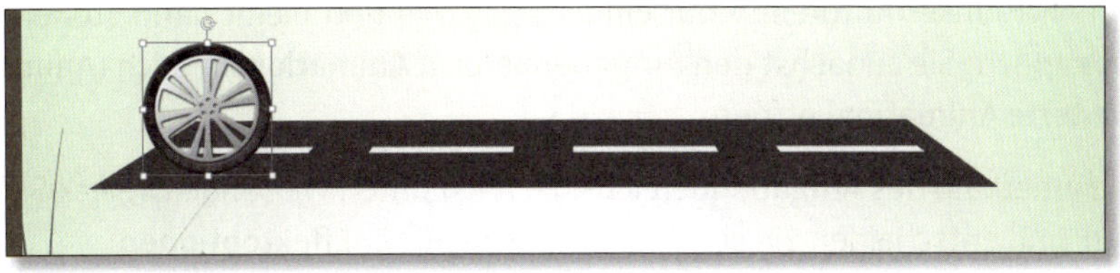

36

Das Ergebnis dieses Workshops finden Sie unter dem Dateinamen *Reifen 01.pptx* im Ordner *36* der Beispieldateien.

Grafiken animieren

In der vorangegangenen Anleitung haben wir alle Vorbereitungen für die Reifenanimation getroffen. Sollten Sie die vorgenannten Schritte nicht gemacht haben, können Sie die Präsentation *Reifen 01.pptx* aus dem Ordner *36* der Beispieldateien öffnen. Wir werden nun die Reifen-Grafik animieren.

1 Zuallererst wollen wir dafür sorgen, dass sich der Reifen dreht. Markieren Sie das Bild, sofern es nicht bereits ausgewählt ist, und klicken Sie auf den Effekt **Rotieren** (**Hervorhebung**) in der Gruppe **Animation** der Registerkarte **Animationen**. Der Effekt ist im Bereich **Betont** zu finden.

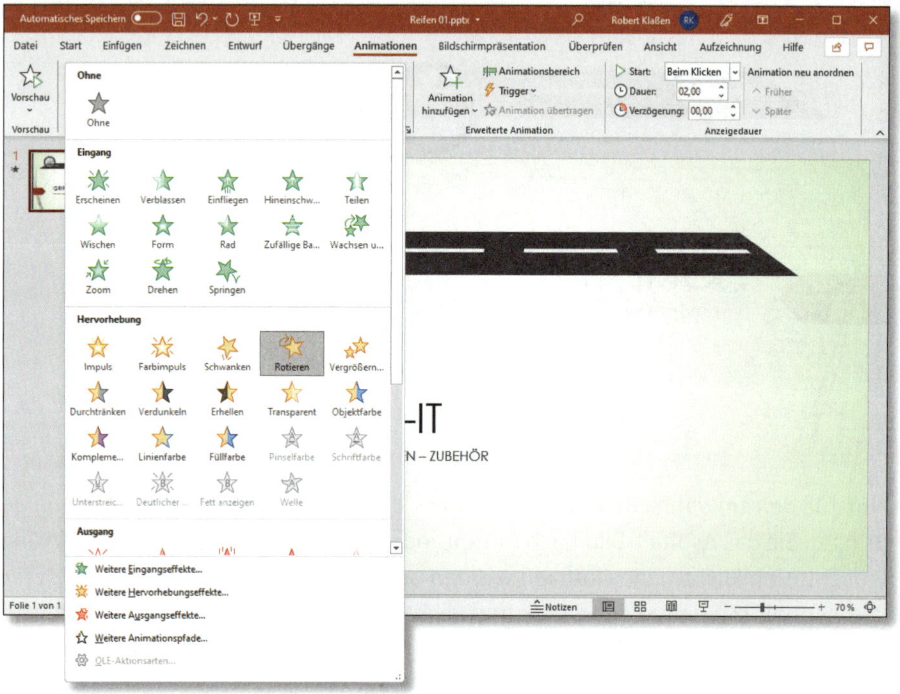

2 Damit die Animation gleich anläuft, sobald die Präsentation gestartet wird, und später nicht extra per Mausklick gestartet werden muss, stellen Sie das Auswahlmenü **Start** (**Animationen > Anzeigedauer**) auf **Mit Vorherigen**.

3 Leider dreht sich unser Autoreifen nur ein einziges Mal und bleibt dann stehen. Ändern Sie das, indem Sie zunächst den Aufgabenbereich **Animationsbereich** (**Animationen > Erweiterte Animation**) öffnen.

4 Wählen Sie innerhalb des Aufgabenbereichs die nach unten weisende Dreieck-Schaltfläche ❶ an, und entscheiden Sie sich im Kontextmenü für **Effektoptionen**.

5 Aktivieren Sie im Dialogfenster **Rotieren** die Registerkarte **Anzeigedauer**, und wählen Sie im Auswahlmenü **Wiederholen** den Eintrag **Bis zum Ende der Folie** aus. Dadurch wird sich das Rad so lange drehen, bis die Folie verlassen wird. Zwar müssen wir hier noch weitere Einstellungen vornehmen, doch wollen wir das zur besseren Übersicht über die einzelnen Funktionsweisen erst später erledigen. Klicken Sie deshalb zunächst einmal auf **OK**.

6 Wenn Sie nun die Animation mit F5 ablaufen lassen, werden Sie sehen, dass sich das Rad zwar schon mal unentwegt dreht. Aber es bewegt sich leider noch nicht entlang der Straßengrafik nach rechts.

7 Darum kümmern Sie sich nun, indem Sie auf die Schaltfläche **Animation hinzufügen** in der Gruppe **Erweiterte Animation** der Registerkarte **Animationen** klicken. Scrollen Sie in der Liste herunter bis zum Bereich **Animationspfade**, und entscheiden Sie sich für die Animation **Linien**.

8 Nun legt unser Rad eine kurze Strecke nach unten zurück. Warten Sie, bis die Animation zum Stillstand gekommen ist, und schauen Sie sich die Grafik genau an. Sie sehen das Rad nun zweimal – einmal oben und einmal unten. Oben sieht man die Ausgangsposition der Grafik (vor der Bewegung) und unten die Endposition. Die Grafik wird dort halb transparent dargestellt.

9 Die beiden farbigen Punkte, die sich jeweils in der Mitte der beiden Grafiken befinden, sind in diesem Zusammenhang von besonderer Bedeutung. Der grüne Punkt ❷ repräsentiert nämlich den Startpunkt der Animation, während der rote ❸ das Ende kennzeichnet. Klicken Sie auf den roten Punkt, wobei Sie die Maustaste gedrückt halten. Jetzt ziehen Sie die Maus nach oben und nach rechts. Positionieren Sie das halb transparente Rad am Ende des Asphalt-Bildes. Der Vollständigkeit halber sei erwähnt, dass die gestrichelte Linie ❹ zwischen den beiden Punkten den Animationspfad darstellt, also jene Strecke, die der Reifen zurücklegen soll.

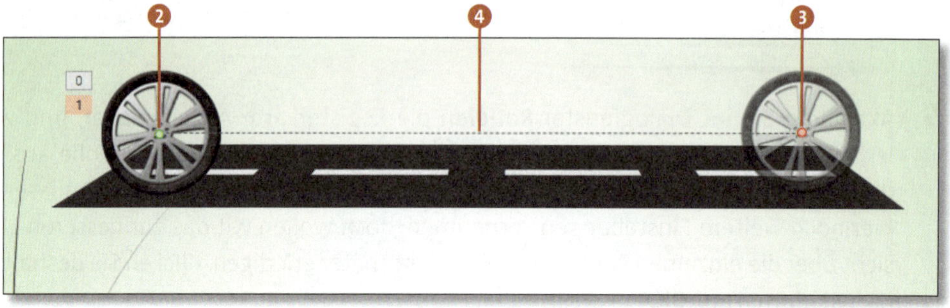

10 Denken Sie bitte immer daran, dass Animationen (innerhalb einer Präsentation) von Haus aus erst starten, nachdem Sie einen Mausklick ausführen. Da unsere Animation aber komplett selbstständig laufen soll, stellen Sie im Auswahlmenü **Start** (**Animationen > Anzeigedauer**) die Funktion **Mit Vorheriger** ein.

11 Daraufhin dreht sich das Rad, läuft einmal nach vorne und bleibt dann stehen. Die Rotation läuft indes weiter. Das ist natürlich total unrealistisch. Lassen Sie das Rad nach Erreichen der Endposition wieder zur Startposition zurücklaufen, indem Sie im Aufgabenbereich **Animationsbereich** die Dreieck-Schaltfläche der unteren Zeile (**Pfadlinie**) anklicken und im Kontextmenü **Effektoptionen** wählen.

12 Aktivieren Sie die Checkbox **Automatisch umkehren**, die sich im Bereich **Einstellungen** der Registerkarte **Effekt** des Dialogfensters **Nach unten** befindet.

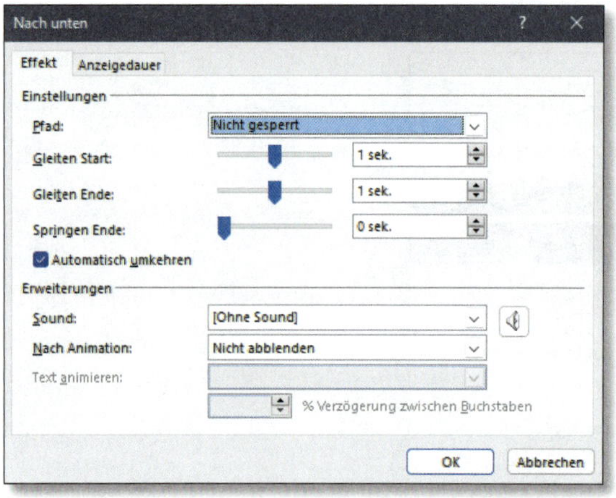

13 Wo Sie schon einmal dabei sind, können Sie auch gleich dafür sorgen, dass die horizontale Bewegung entlang des Pfades ebenfalls permanent wiederholt wird (wie schon vorher die Rotation des Reifens). Wählen Sie dazu im Menüfeld **Wiederholen** der Registerkarte **Anzeigedauer** die Funktion **Bis zum Ende der Folie**. Bestätigen Sie Ihre Änderungen mit einem Klick auf **OK**.

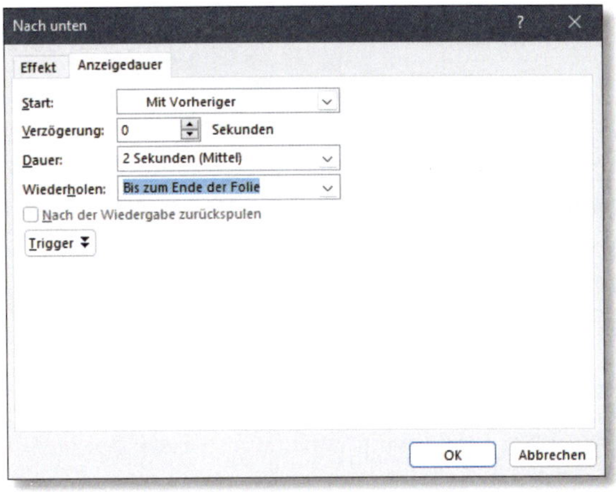

Spielen Sie die Präsentation ab, indem Sie auf der Tastatur [F5] drücken. Im Grundsatz sind die Bewegungen damit bereits realisiert. Allerdings läuft die Animation noch nicht wirklich rund. Es gibt noch ein paar kleine Fehler, die wir in den folgenden Schritten noch ausgleichen sollten.

Animationsablauf optimieren

Wie erwähnt, läuft die Animation noch etwas holprig. Unser Ziel der folgenden Schritte ist es daher, einen realistischeren Bewegungsablauf herzustellen. Als Ausgang können Sie, falls Sie die vorigen Schritte nicht durchgeführt haben, die Präsentation *Reifen 02.pptx* aus dem Ordner *36* der Beispieldateien öffnen.

Der auffälligste Makel der Animation ist sicher der, dass sich das Rad permanent im Uhrzeigersinn dreht, auch wenn die Rückwärtsbewegung stattfindet. Das sollte geändert werden.

1 Öffnen Sie zunächst den Aufgabenbereich **Animationsbereich** (**Animationen > Erweiterte Animationen > Animationsbereich**). Klicken Sie mit rechts auf die obere Zeile im Animationsbereich, und wählen Sie mit einem Klick im Kontextmenü **Effektoptionen** aus.

2 Aktivieren Sie im Dialogfenster **Rotieren** die Checkbox **Automatisch umkehren** im Bereich **Einstellungen** der Registerkarte **Effekt**. Fortan wird sich der Reifen bei der Bewegung von rechts nach links auch entgegen dem Uhrzeigersinn bewegen.

3 Der Reifen rotiert während der gesamten Animation jedoch auch mit gleichbleibender Geschwindigkeit, also auch, wenn er die Anfangs- oder Endposition erreicht. Daher sollte die Rotation an geeigneter Stelle abgebremst werden. Nehmen Sie auch diese Einstellung im Dialog **Rotieren** auf der Registerkarte **Effekt** vor. Stellen Sie die Auswahlfelder **Gleiten Start** und **Gleiten Ende** jeweils auf »0,8 sek.« ein. Bestätigen Sie Ihre Änderungen mit einem Klick auf **OK**. Nach Verlassen des Dialogs schauen Sie sich die Animation an.

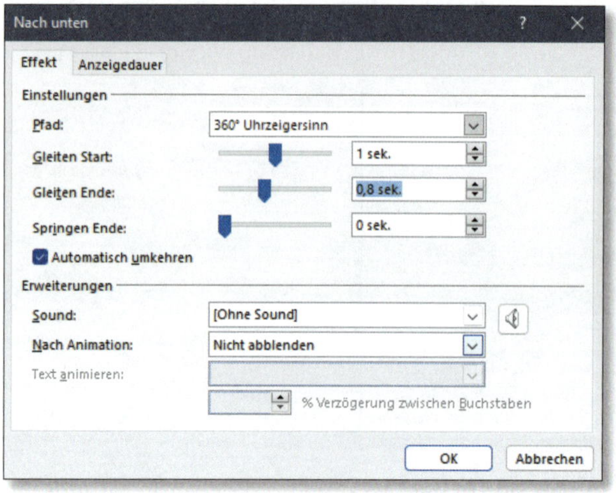

4 Wie wäre es mit einem bisschen Gras? Die fiktive Firma *Grip-it* möchte sich durch ein besonderes Maß an Umweltbewusstsein von ihren Wettbewerbern abheben. Deswegen wollen wir ein paar Gräser entlang der Piste platzieren. Die versteckte Botschaft: Unsere Pneus rollen sicher über die Straßen, ohne dabei die Natur in Mitleidenschaft zu ziehen. Fügen Sie die Datei *Gras.png* aus dem Ordner *36* der Beispieldateien per Klick auf die Schaltfläche **Bilder** (**Einfügen > Bilder**) ein.

5 Platzieren Sie die Grafik per Drag & Drop so, dass sie das untere Ende des Asphalts abdeckt. Ziehen Sie den Montagerahmen des Bildes ein wenig in Form. Im Ergebnis sollte die Grafik etwas breiter, dafür aber etwas weniger hoch sein. Sie wissen ja: Durch Ziehen der quadratischen Anfasser lässt diese sich optimal anpassen.

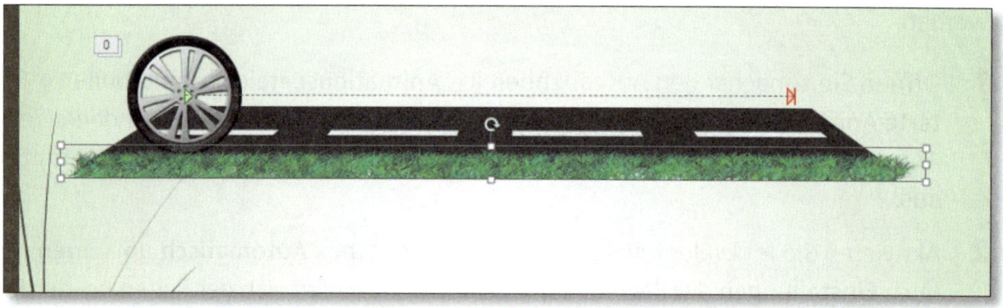

6 Falls Sie möchten, dass auch die hintere Fahrbahnbegrenzung mit Gräsern bestückt ist, müssen Sie die Grafik zunächst duplizieren. Achten Sie darauf, dass diese markiert ist, und drücken Sie die Tastenkombination `Strg` + `D`.

7 Ziehen Sie die soeben erzeugte Kopie mit gedrückter Maustaste an das obere Ende der Fahrbahn. Allerdings befindet sich die Gras-Grafik nun vor dem Reifen. Sie müssen daher so oft auf **Ebene nach hinten** in der Gruppe **Anordnen** der Registerkarte **Bildformat** klicken, bis sich der Reifen wieder davor befindet.

8 Zuletzt passen Sie die Größe der oberen Gras-Grafik noch an den Asphalt an. Damit die perspektivische Wirkung erhalten bleibt, sollten die oberen Gräser (hinten im Bild) etwas kleiner sein als die unteren (im Vordergrund). Stauchen Sie diese also in der Höhe noch ein wenig.

Schauen Sie sich die Präsentation in Ruhe an, indem Sie [F5] drücken. Sind Sie zufrieden mit allem? Prima. Zur Kontrolle können Sie auch die Datei *Reifen-fertig.pptx* öffnen, die Sie im Ordner *Ergebnisse* der Beispieldateien finden.

Transparente Grafiken verwenden

Die im vorangegangenen Abschnitt verwendeten Grafiken liegen allesamt im Format *.png* vor. Dieses Format habe ich nicht zufällig gewählt. Grundsätzlich sollten Bilder, die Sie selbst anfertigen, in einem Format vorliegen, das sogenannte Transparenzen unterstützt. Dabei handelt es sich um Bildbereiche, die inhaltlos sein dürfen. Das bedeutet: An den Stellen, an denen sich keine Bildpixel befinden, scheint der Hintergrund der Animation durch.

Herkömmliche Bildformate wie *.jpeg* oder *.bmp* beispielsweise unterstützen keine Transparenzen. Setzen Sie eine solche Grafik ein, erscheint sie auf weißem Hintergrund und verdeckt an dieser Stelle leider die ansonsten sichtbaren Elemente der Präsentation wie z. B. die hintere Reihe der Gräser.

Abbildung 36.11 *Grafiken, die nicht über Transparenzen verfügen, erscheinen auf weißem Hintergrund (Reifen rechts).*

Wenn Sie mit *.tiff-*, *.png-* oder auch *.gif*-Formaten arbeiten, bleiben Transparenzen hingegen erhalten. Das sollten Sie berücksichtigen, wenn Sie mit Grafikprogrammen wie beispielsweise *Adobe Illustrator* oder Bildbearbeitungssoftware wie *Adobe Photoshop*, *Photoshop Elements*, *GIMP* oder Ähnlichem arbeiten. Übrigens ist selbst die in Windows integrierte Desktop-App *Paint* in der Lage, Transparenzen zu erzeugen. Entscheiden Sie sich dort nach Wahl von **Datei > Speichern unter** für das Format *.gif* oder *.png*. Das Format *.png* sorgt in der Regel für bessere Ergebnisse als *.gif*, das eher für simple Grafiken oder Zeichnungen vorgesehen ist.

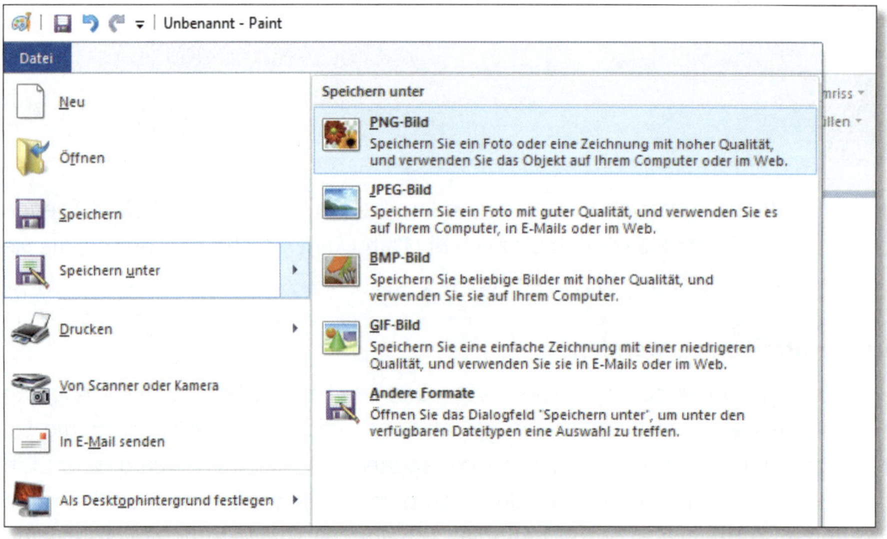
Unbenannt - Paint
Datei
Neu
Öffnen
Speichern
Speichern unter
Drucken
Von Scanner oder Kamera
In E-Mail senden
Als Desktophintergrund festlegen
Speichern unter
PNG-Bild
Speichern Sie ein Foto oder eine Zeichnung mit hoher Qualität, und verwenden Sie das Objekt auf Ihrem Computer oder im Web.
JPEG-Bild
Speichern Sie ein Foto mit guter Qualität, und verwenden Sie es auf Ihrem Computer, in E-Mails oder im Web.
BMP-Bild
Speichern Sie beliebige Bilder mit hoher Qualität, und verwenden Sie sie auf Ihrem Computer.
GIF-Bild
Speichern Sie eine einfache Zeichnung mit einer niedrigeren Qualität, und verwenden Sie sie in E-Mails oder im Web.
Andere Formate
Öffnen Sie das Dialogfeld 'Speichern unter', um unter den verfügbaren Dateitypen eine Auswahl zu treffen.

Abbildung 36.12 *Speichern Sie Grafiken idealerweise im Format »PNG-Bild« ab.*

Hintergrund in einer PNG-Grafik entfernen

Nun kann es Ihnen trotzdem passieren, dass derartige Grafiken nach dem Einfügen in PowerPoint mit einem weißen Hintergrund versehen werden. Das passiert vor allem bei Nutzung von *Paint*. In diesem Fall müssen Sie den weißen Hintergrund zunächst entfernen.

1 Nachdem das Bild hinzugefügt worden ist (**Einfügen > Bilder > Bilder**), markieren Sie es und klicken auf die Schaltfläche **Freistellen** in der Gruppe **Anpassen** der Registerkarte **Bildformat**.

2 In der Regel wird dabei der komplette Hintergrund sauber entfernt. Im Bild wird die Transparenz zunächst als magenta gefärbte Fläche angezeigt. Diese verschwindet, sobald Sie auf **Änderungen beibehalten** in der Gruppe **Schließen** der Registerkarte **Freistellen** klicken.

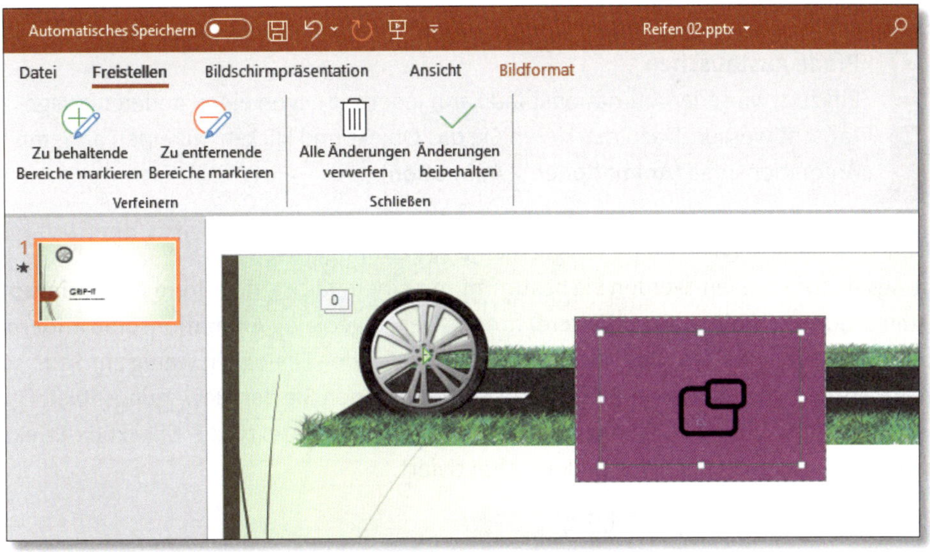

Sollten einmal Bereiche der Grafik, die eigentlich transparent sein sollten, nicht in Magenta angezeigt werden, können Sie auf die Schaltfläche **Zu entfernende Bereiche markieren** in der Gruppe **Verfeinern** der Registerkarte **Freistellen** klicken und danach diese Bereiche in der Grafik auswählen.

Weitere Animationspfade

Neben geraden Animationspfaden, wie Sie sie zu Beginn des Abschnitts 36.3, »Animationspfade«, auf Seite 926, kennengelernt haben, lassen sich aber noch weitere Animationspfade erzeugen. Wenn Sie beispielsweise möchten, dass sich ein Objekt auf andere Art und Weise bewegt, also einem anderen Pfad folgen soll, können Sie eine entsprechende Vorgabe in der Liste der Animationen aussuchen. Es wird unterschieden zwischen:

- **Linien**: Als Bewegungsrichtung wird eine Gerade erzeugt.
- **Bögen**: Die Bewegung erfolgt in Bogenform.
- **Wendungen**: Es wird eine Richtungsänderung erzeugt.
- **Formen**: Die Bewegung erfolgt im Kreis oder in Form einer Ellipse.
- **Schleifen**: Es wird eine Doppelschleife (in Form einer liegenden Acht) durchlaufen.
- **Benutzerdefiniert**: Hier können die Pfade frei gestaltet werden (siehe dazu den nachfolgenden Unterabschnitt »Eine benutzerdefinierte Animation erzeugen«).

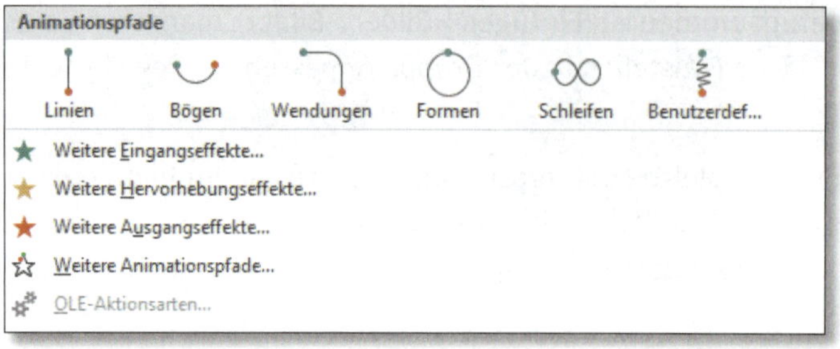

Abbildung 36.13 *Zunächst einmal werden nur sechs Animationspfade angezeigt.*

> **INFO**
>
> **Pfade austauschen**
>
> Ein zugewiesener Animationspfad kann jederzeit gegen einen anderen ausgetauscht werden. Dazu markieren Sie das Objekt und klicken auf einen anderen Animationspfad (**Animationen > Animation**).

Nun sind diese sechs Formen lediglich eine Art Grundgerüst. Falls Sie exotischere Bewegungsabläufe suchen, werden Sie bestimmt mit einem Klick auf **Weitere Animationspfade** (**Animationen > Animation > Weitere**) fündig. Der Folgedialog **Animationspfad ändern** bietet so ziemlich alles, was das Herz begehrt. Wenn Sie den Dialog ein wenig zur Seite schieben und zunächst einen der Einträge anwählen, können Sie den Bewegungsablauf gleich in der Vorschau im Folienbereich begutachten – vorausgesetzt, die Checkbox **Effektvorschau** im unteren Bereich des Dialogs ist aktiviert.

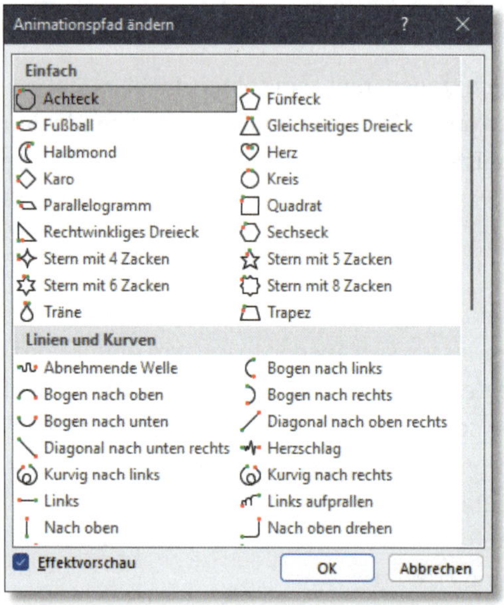

Abbildung 36.14 *PowerPoint ist geradezu »vollgestopft« mit Animationspfaden.*

Weisen Sie einen neuen Animationspfad zu, indem Sie ihn im Dialogfenster **Animationspfad ändern** markieren und anschließend Ihre Wahl mit einem Klick auf die Schaltfläche **OK** bestätigen.

Eine benutzerdefinierte Animation erzeugen

Noch mehr Individualität als die zahlreichen Animationspfade bietet eigentlich nur noch die Vorgabe **Benutzerdefinierter Pfad** (**Animationen > Animation > Weitere**). Damit lassen sich nämlich freie Bewegungen nachempfinden. Sie können Ihren ganz eigenen Pfad durch Hinzufügen von Pfadpunkten erzeugen.

1 Erzeugen Sie eine neue leere Präsentation ([Strg]+[N]), und entfernen Sie alle Text-Platzhalter.

2 Danach fügen Sie ein Objekt ein, das Sie animieren wollen. Ich nutze hier eine Flugzeug-Grafik, die seinerzeit in der Version Office 2013 im Bereich ClipArt von *Office.com* verfügbar gewesen ist. (Leider ist dieses Angebot seit Office 2016 nicht mehr enthalten. Sie können aber gern jede andere Grafik verwenden, sofern Sie die entsprechenden Lizenzbedingungen einhalten. Sie finden ähnliche Grafiken, wenn Sie auf die Schaltfläche **Onlinebilder** in der Gruppe **Bilder** der Registerkarte **Einfügen** klicken und im Bereich **Bing-Bildersuche** als Stichworte »Flugzeug« und »Grafik« in das Suchfeld eingeben.) Markieren Sie die von Ihnen bevorzugte Grafik, und klicken Sie auf **Einfügen**.

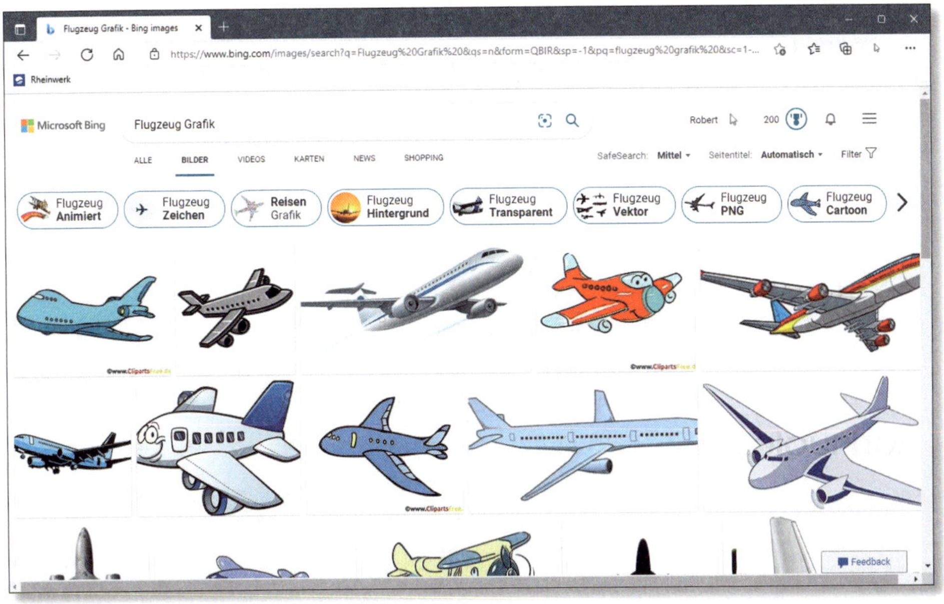

3 Skalieren Sie das Objekt gegebenenfalls. Es soll relativ klein sein, damit genügend Animationsfreiheit auf der Folie gegeben ist. Das Objekt müssen Sie nicht neu platzieren, da es sich später automatisch am Pfad orientieren wird. Es reicht, wenn es markiert bleibt.

4 Klicken Sie auf **Weitere** in der Gruppe **Animation** der Registerkarte **Animationen**, und entscheiden Sie sich für **Benutzerdefinierter Animationspfad**.

5 Klicken Sie in der vertikalen Mitte des linken Bildrandes ❶ auf den Folienbereich. Lassen Sie die Maustaste anschließend los. Unser Flieger soll sich allmählich nach oben bewegen, weshalb Sie einen zweiten Mausklick ziemlich weit oben in der Mitte des Folienbereichs ❷ ansetzen sollten. Lassen Sie die Maustaste diesmal allerdings noch nicht los.

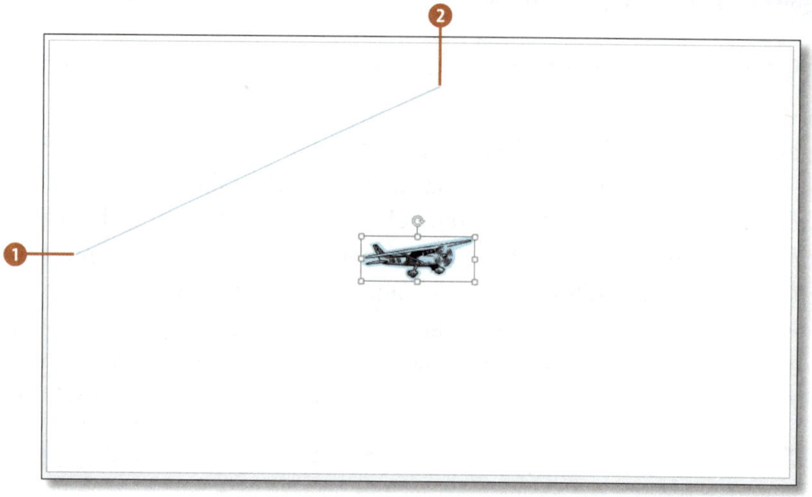

6 Solange die Maustaste gedrückt ist, können Sie eine Art *Freiform* aufzeichnen. Das heißt: Sie zeichnen einen Pfad wie mit einem Bleistift. Krickeln Sie ein wenig auf der Oberfläche herum, und stoppen Sie, wenn Sie sich außerhalb des Folienbereichs befinden.

7 Lassen Sie die Maustaste los, und setzen Sie danach noch einen Doppelklick an die Stelle, an der die Animation enden soll ❸. Damit wird die Konstruktion des Pfades abgeschlossen. Der Pfad erscheint wieder in Form einer gestrichelten Linie und ist zudem von einem Auswahlrahmen umgeben. Zudem erscheinen halbtransparente Duplikate des anmimierten Objekts am Start- sowie am Endpunkt.

8 Jetzt folgen die Feineinstellungen: Klicken Sie auf das Dreiecksymbol an der ersten Zeile im Aufgabenbereich **Animationsbereich** und dann auf **Effektoptionen**.

9 Aktivieren Sie im Dialogfenster **Benutzerdefinierter Pfad** die Registerkarte **Anzeigedauer**. Im Feld **Start** wählen Sie die Option **Mit Vorheriger**. Im Feld **Dauer** wählen Sie **5 Sekunden (Sehr langsam)**.

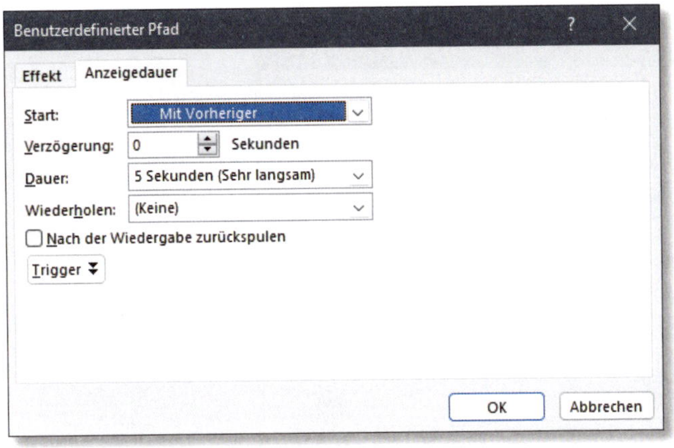

10 Unser Flugzeug beginnt nach einiger Zeit gemäß des gezeichneten Animationspfades zu trudeln, verliert an Höhe, bleibt aber gleichzeitig exakt gerade. Das geht so nicht. Also markieren Sie das Flugzeug und klicken auf die Schaltfläche **Animation hinzufügen** (**Animationen > Erweiterte Animationen**). Klicken Sie auf **Rotieren** im Bereich **Betont**.

11 Wählen Sie nach einem Rechtsklick auf die unterste Zeile im Aufgabenbereich **Animationsbereich** im Kontextmenü den Befehl **Effektoptionen**. Sorgen Sie zunächst auf der Registerkarte **Effekt** des Dialogs **Rotieren** dafür, dass sich das Flugzeug nur um 180° neigt, anstatt eine volle Drehung hinzulegen. Dazu stellen Sie im Feld **Betrag** die Option **Halbe Drehung** ein.

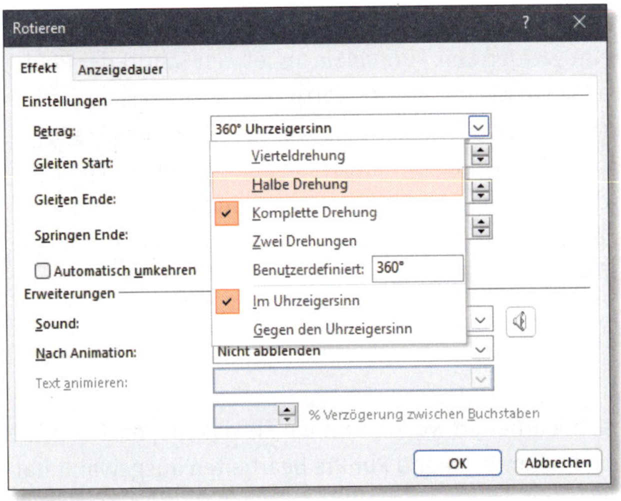

12 Aktivieren Sie mit einem Klick die Registerkarte **Anzeigedauer**, und stellen Sie das Feld **Starten** auf **Mit Vorheriger**. Damit sich das Flugzeug nicht sofort nach Beginn der Animation dreht, sondern erst wenn die Phase des Trudelns einsetzt, legen Sie eine **Verzögerung** von **2** Sekunden fest. Im Feld **Dauer** geben Sie **3 Sekunden (Langsam)** an. Somit dauern beide Animationen exakt fünf Sekunden. Bestätigen Sie mit **OK**, und spielen Sie die Animation ab.

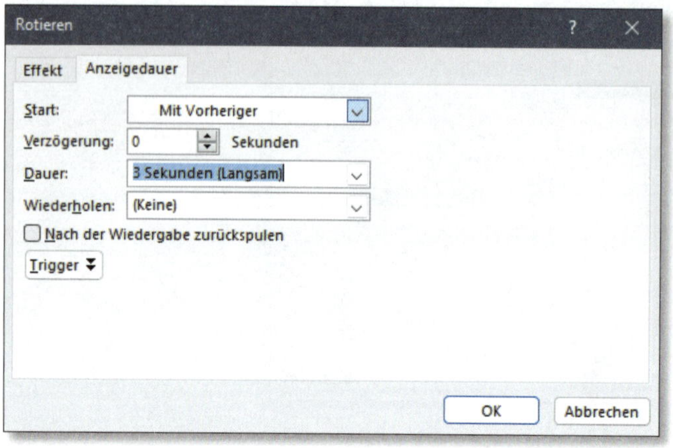

Wenn Sie sich nicht sicher sind, ob alles so funktioniert wie beschrieben, werfen Sie einen Blick auf die Präsentation *Flieger-fertig.pptx*, die sich im Ordner *Ergebnisse* der Beispieldateien befindet.

INFO

Offene und geschlossene Pfade

Im Unterabschnitt »Eine benutzerdefinierte Animation erzeugen« auf Seite 937 haben Sie einen sogenannten *offenen Pfad* erzeugt. Dieser besteht aus einer Strecke; denn er verfügt über einen Startpunkt (am linken Bildrand) sowie einen Endpunkt. Allerdings können Sie auch in sich geschlossene Pfade produzieren. Dies ist vor allem dann zu empfehlen, wenn ein permanenter Bewegungsablauf nahtlos aneinandergereiht werden soll. Führen Sie als letzten Schritt der Pfadproduktion in diesem Fall einen Mausklick am Startpunkt des Pfades aus. Wenn Sie die korrekte Position gefunden haben, wird der innere Bereich des Pfades temporär gefärbt. Alternativ kann ein geöffneter Pfad auch nachträglich noch geschlossen werden, indem Sie ihn mit rechts anwählen und im Kontextmenü **Pfad schließen** aussuchen. Umgekehrt kann ein geschlossener Pfad mittels Rechtsklick und **Pfad öffnen** wieder geöffnet werden.

Pfadpunkte bearbeiten

Wann immer Sie einen Pfad nachbearbeiten wollen, können Sie das tun, nachdem Sie mit rechts auf den Pfad geklickt und im Kontextmenü **Punkte bearbeiten** ausgewählt haben.

Abbildung 36.15 *Machen Sie die Pfadpunkte sichtbar.*

Jetzt wird jeder Pfadpunkt in Form eines kleinen schwarzen Quadrats angezeigt. Wenn Sie einen solchen Punkt anklicken und per Drag & Drop verschieben, ändern Sie damit die Bewegungsrichtung des Pfades entsprechend. Für den Fall, dass Sie einen Punkt löschen wollen, halten Sie `Strg` gedrückt und klicken den Punkt an. Dadurch wird der Pfad jedoch nicht unterbrochen. Vielmehr wird nun eine neue Linie zwischen den beiden benachbarten Punkten erzeugt. Auf die gleiche Weise lassen sich übrigens auch Punkte hinzufügen. Allerdings müssen Sie dazu (während Sie `Strg` festhalten) auf eine Stelle des Pfades klicken, an der sich noch kein Punkt befindet.

Gleich neben einem markierten Punkt tauchen (je nach Bewegungsrichtung des Pfades) ein oder zwei kleine weiß gefüllte Quadrate auf. Wenn Sie diese per Drag & Drop nach außen ziehen, tauchen sogenannte Tangenten auf. Das sind kleine blaue Linien, die als Achsen fungieren und die individuelle Formung von Radien ermöglichen. Es handelt sich dabei um die sogenannten *Bézierkurven*, die für eine noch weichere und geschmeidigere Bewegungsrichtung sorgen. Die Arbeit mit Bézierkurven erfordert allerdings etwas Übung. Allein das Herausziehen der Tangenten ist schon eine Herausforderung. Ich empfehle Ihnen, die Zoomsteuerelemente in der Statusleiste zu benutzen, um einen vergrößerten Ausschnitt des Arbeitsbereichs zu erhalten.

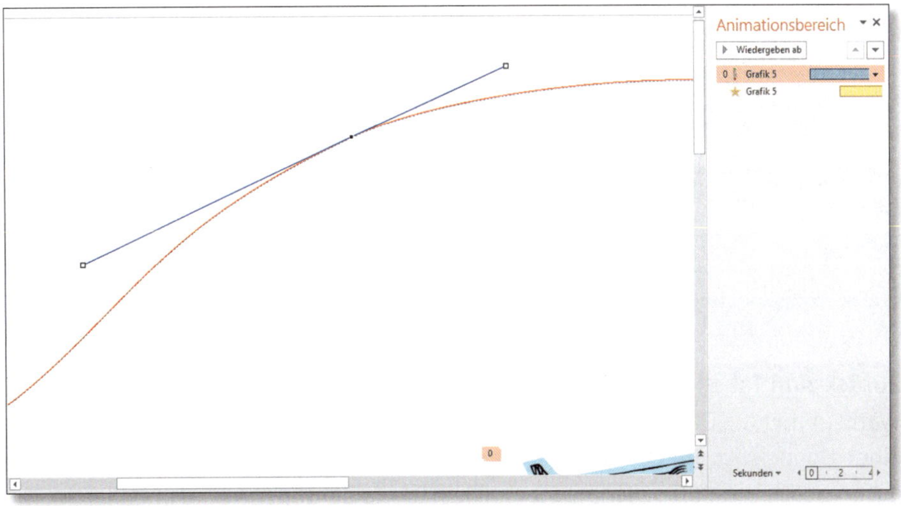

Abbildung 36.16 *Wer stark einzoomt, erwischt die Punkte und Tangenten besser.*

Um die Pfadbearbeitung abzuschließen, setzen Sie einfach einen Mausklick außerhalb des Pfades an. Alternativ platzieren Sie einen Rechtsklick auf den Pfad und entscheiden sich für **Punktbearbeitung beenden**.

TIPP

Kontextmenü benutzen
Mitunter kann auch das Kontextmenü helfen. Klicken Sie mit rechts auf einen Pfad oder Pfadpunkt, um eine Pfadoption per Befehl zuzuweisen.

36.4 Diagramme animieren

In diesem Abschnitt schauen wir uns nun noch eine sehr interessante Animationsform an, nämlich die Interaktion von Diagrammen. Die Vorgehensweise ist denkbar einfach, jedoch müssen Sie wissen, auf welchen Registerkarten sich die relevanten Funktionen verbergen.

Diagramme und Arbeitsblätter in PowerPoint erzeugen

Um ein Diagramm in PowerPoint erzeugen zu können, klicken Sie auf die Schaltfläche **Diagramm** in der Gruppe **Illustrationen** der Registerkarte **Einfügen**. Wenn Sie ein Excel-Arbeitsblatt erzeugen möchten, klicken Sie auf die Schaltfläche **Objekt** in der Gruppe **Text** der Registerkarte **Einfügen**. Dadurch wird das Dialogfenster **Objekt einfügen** geöffnet. Lassen Sie im Dialogfenster auf der linken Seite den Radiobutton **Neu erstellen** aktiv, und wählen Sie aus der Liste aus, was Sie produzieren wollen (z. B. **Microsoft Excel-Arbeitsblatt**).

Anschließend befinden Sie sich im Tabellenmodus der Anwendung und können das Arbeitsblatt mit Inhalt füllen, wie Sie es von Excel her gewöhnt sind. Wenn Sie fertig sind, klicken Sie auf den Hintergrund des Folienbereichs, um den Tabellenmodus zu verlassen.

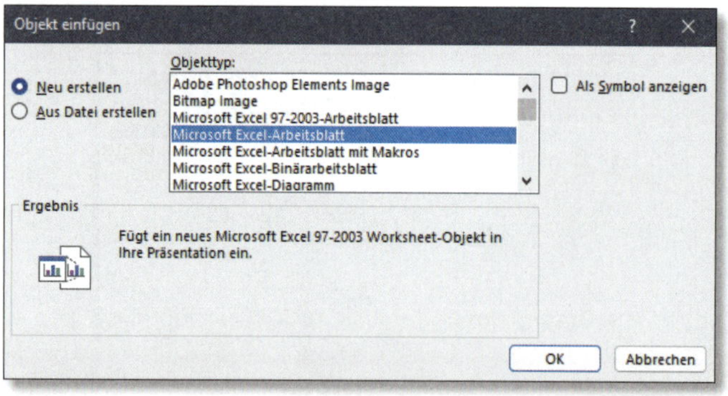

***Abbildung 36.17** Erzeugen Sie ein Excel-Arbeitsblatt direkt in PowerPoint.*

INFO

Zurück zum Tabellenmodus
Wann immer die Daten des Arbeitsblatts eine Änderung erfordern, können Sie einen Doppelklick auf das Arbeitsblatt im Folienbereich setzen. Sie kommen dann wieder in den Tabellenmodus und können Änderungen vornehmen.

Vorhandene Tabellen und Diagramme integrieren

Wenn Sie ein bereits vorhandenes Diagramm oder eine Excel-Tabelle in PowerPoint integrieren möchten, können Sie das leider nicht über **Einfügen > Diagramm** erledigen. Dieser Weg ist lediglich für das Erstellen neuer Diagramme vorgesehen.

1 Klicken Sie stattdessen auf die Schaltfläche **Objekt** in der Gruppe **Text** der Registerkarte **Einfügen**, und wählen Sie im Dialog **Objekt einfügen** den Radiobutton **Aus Datei erstellen** aus.

2 Mit einem Klick auf **Durchsuchen** fügen Sie die Tabelle oder das Diagramm ein, das Sie verwenden wollen. Bestätigen Sie mit **OK**.

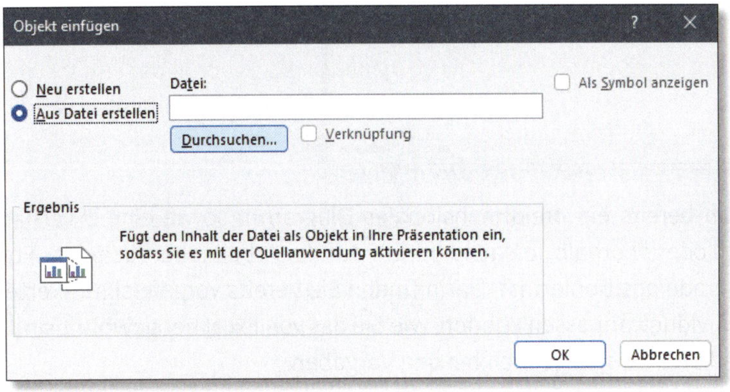

Das Objekt wird nun in die Präsentation integriert und kann, wie vorab beschrieben, mit einem Doppelklick geöffnet und weiterbearbeitet werden.

Eine Diagrammanimation erzeugen

In diesem kleinen Beispiel produzieren Sie ein komplett neues Diagramm in PowerPoint. Außerdem sorgen Sie dafür, dass es nicht einfach so auf der Bildfläche erscheint, sondern dass die Säulen per Animation nacheinander emporgeschoben werden. Das Diagramm »wächst« also auf anschauliche Art und Weise – ein sehr medienwirksamer Effekt.

1 Erzeugen Sie eine neue leere Präsentation (Strg + N). Entfernen Sie zudem die Text-Platzhalter der ersten Folie.

2 Klicken Sie nun auf die Schaltfläche **Diagramm** in der Gruppe **Illustrationen** der Registerkarte **Einfügen**.

3 Im Dialog **Diagramm einfügen** wählen Sie zunächst die Rubrik **Säule** in der linken Spalte und anschließend **3D-Säulen** ❶. Bestätigen Sie per Klick auf **OK**.

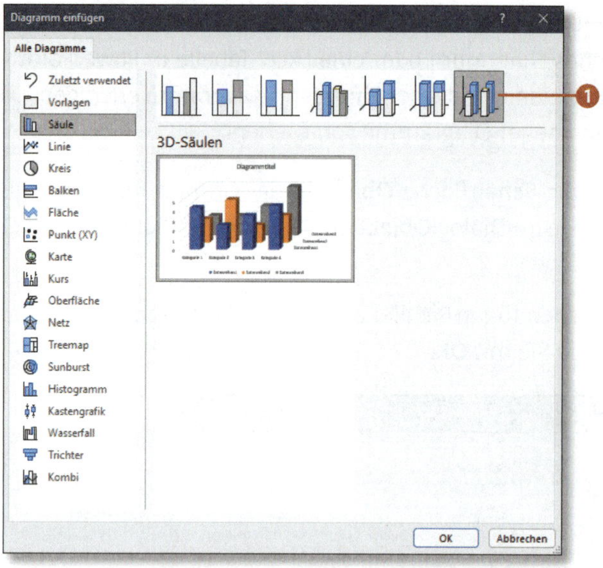

4 Sie erhalten nun bereits ein dreidimensionales Diagramm sowie eine Excel-Tabelle gleich unterhalb oder oberhalb, je nachdem, wo auf der Arbeitsoberfläche das PowerPoint-Fenster gerade positioniert ist. Darin finden Sie bereits vorgefertigte Werte, die Sie natürlich individuell anpassen können, wie Sie das von Excel her gewöhnt sind. Wir belassen es für dieses Beispiel jedoch bei den Vorgaben.

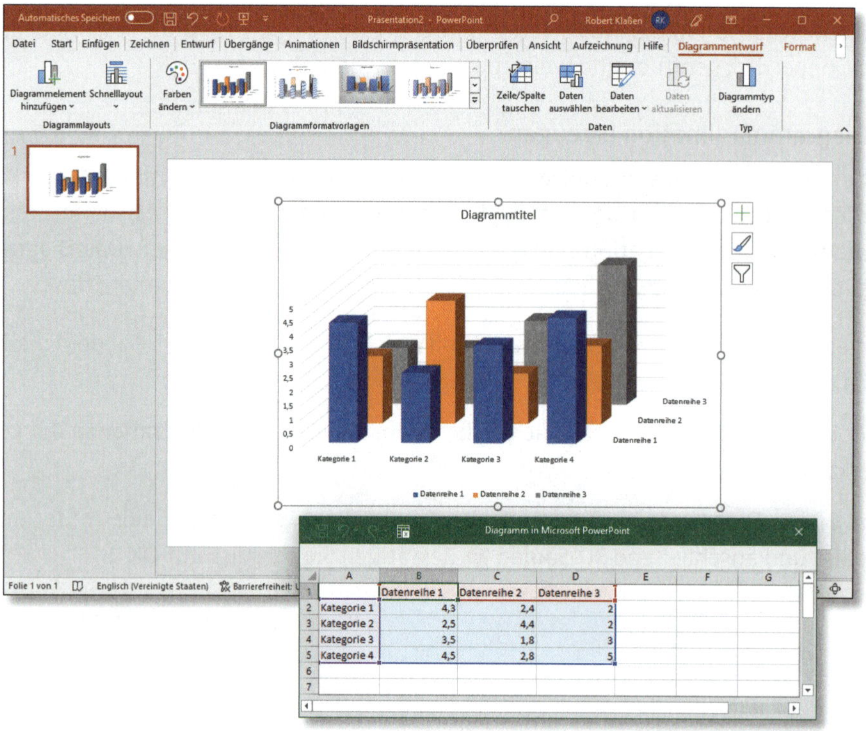

	Datenreihe 1	Datenreihe 2	Datenreihe 3
Kategorie 1	4,3	2,4	2
Kategorie 2	2,5	4,4	2
Kategorie 3	3,5	1,8	3
Kategorie 4	4,5	2,8	5

5 Schließen Sie die Excel-Tabelle. Sie können diese übrigens jederzeit wieder öffnen, indem Sie das Diagramm mit rechts anklicken und **Daten bearbeiten** wählen.

6 Klicken Sie auf den Effekt **Wischen** in der Gruppe **Animation** der Registerkarte **Animationen**, um ihn als Eingangseffekt zu verwenden. Klicken Sie anschließend auf den Button **Effektoptionen** in der Gruppe **Animation**, und entscheiden Sie sich im Menü für **Von unten**.

7 Achten Sie bei der Auswahl immer darauf, dass die Animationsart zur Grafik passt. Eine Torten- oder Kuchengrafik beispielsweise wird am besten mit der Funktion **Rad** belegt, während sich Linien-, Balken- oder Flächendiagramme gut mit dem Effekt **Wischen** (z. B. **Von links**) einblenden lassen.

8 Klicken Sie noch einmal auf die Schaltfläche **Effektoptionen**, gefolgt von einem Klick auf die Option **Nach Element in Kategorie**. Diese sorgt dafür, dass sich die Säulen einzeln auftürmen.

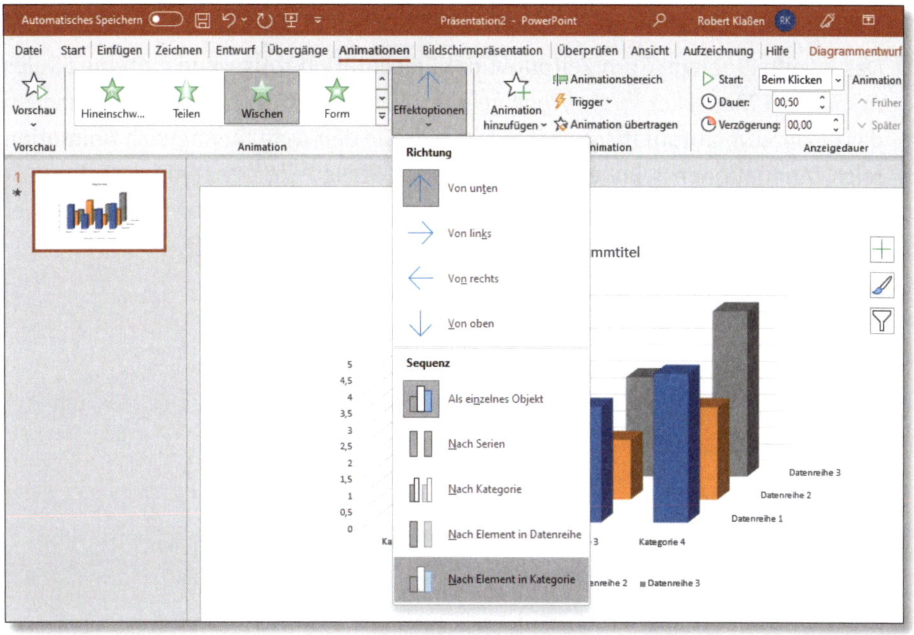

9 Es bleiben noch zwei Probleme. Das erste: Die Linien im Hintergrund des Diagramms werden ebenfalls animiert. Besser wäre, sie stünden bereits da, wenn die Präsentation gestartet wird. Dann wird nämlich nur der Aufbau der Säulen animiert. Werfen Sie einen Blick auf die Ziffern, die sich oben links neben dem Diagramm befinden. Sie zeigen die Anzahl der verwendeten Animationen in der Folie an. Es sind 13. Markieren Sie die Nummer **1**, und drücken Sie `Entf`. Daraufhin werden nicht mehr 13, sondern nur noch zwölf Nummern gelistet. Sie haben damit erreicht, dass die erste von ursprünglich dreizehn Animationen entfernt worden ist und nur noch die zwölf Animationen der Säulen übrig bleiben.

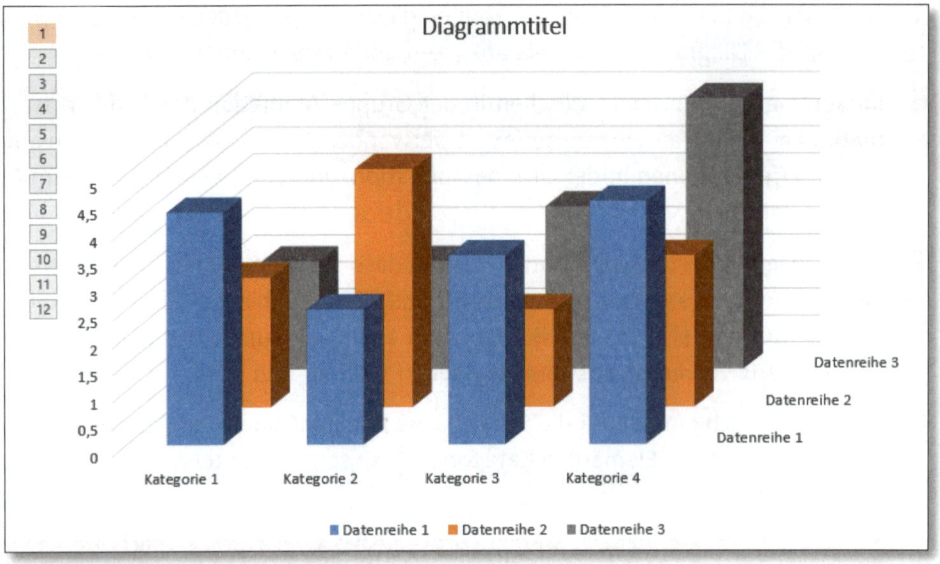

10 Das zweite Problem: Zum Zeitpunkt der Präsentation muss jede einzelne Säulenanimation per Mausklick in die Wege geleitet werden. Um zu bewerkstelligen, dass sich das Diagramm automatisch aufbaut, öffnen Sie den Aufgabenbereich **Animationsbereich** (**Animationen > Erweiterte Animation**). Stellen Sie sicher, dass dort alle Zeilen sichtbar sind. Wenn das nicht der Fall ist, klicken Sie auf die beiden nach unten weisenden Doppelpfeile ❶, um die Liste gegebenenfalls zu erweitern ❷.

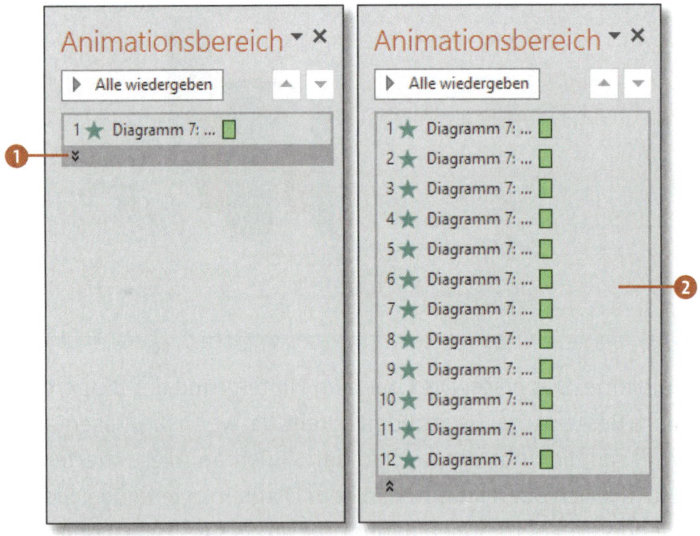

11 Jetzt markieren Sie alle Zeilen (erste anklicken, [⇧] gedrückt halten, letzte anklicken) und stellen das Auswahlmenü **Start** in der Gruppe **Anzeigedauer** der Registerkarte **Animationen** auf **Nach vorherigen**.

Lassen Sie die Präsentation einmal laufen (F5). Die Linienbeschriftung ist gleich zu Beginn zu sehen, und alle Säulen sollten sich nun automatisch nacheinander aufstellen. Sie können sich das Resultat dieses Workshops in der Präsentation *Diagrammanimation.pptx* im Ordner *Ergebnisse* der Beispieldateien anschauen.

36.5 Präsentationen mit Audio- und Videodateien aufwerten

Ihre Präsentation dürfen Sie gerne noch mit Videofilmen und/oder Musik optimieren. Das Einbinden solcher Dateien ist keine große Kunst. Doch auch hier gilt es, einiges zu beachten. Wie immer sollten Sie auch beim Einfügen von Audio- und Videodateien bedenken, dass sie sinnvoll in Ihrer Präsentation eingesetzt werden und nicht nur belangloses Beiwerk sind.

Wissenswertes zu Video und Audio

PowerPoint ist in Sachen Audio- und Videodateien wirklich ein »Allesfresser«. Sie können der Anwendung so ziemlich jedes Standardformat anbieten, z. B.:

- **Videoformat**: *.avi, .mov, .mp4, .m4v, .wmv, .swf, .mpeg, .3gp*
- **Audioformat**: *.aiff, .mp3, .wav, .wma*

Prinzipiell müssen Sie sich also um die Beschaffenheit des AV-Materials (AV steht für Audio/Video) gar keine Gedanken machen. Ein mit dem iPhone aufgenommenes Video lässt sich ebenso integrieren wie das Full-HD-Material eines AVCHD-Camcorders.

Allerdings müssen Sie wissen, dass Camcorder in der Regel Halbbildmaterial aufnehmen. Dabei wird das Videobild zeilenweise in zwei unterschiedliche Halbbilder aufgeteilt. Das sorgt auf dem TV-Bildschirm für flimmerfreien Bildgenuss, kann aber auf dem Computermonitor mitunter den sichtbaren und somit ungeliebten Zeilensprung verursachen. Das sieht dann so aus, als wäre das Bild zeilenweise versetzt angeordnet. Wenn Sie also für eine PowerPoint-Präsentation extra Videoaufnahmen anfertigen, sollten Sie, sofern dies bei Ihrem Aufnahmegerät möglich ist, immer mit Vollbildern aufnehmen. Sie finden derartige Funktionen in den Einstellungen des Aufnahmegeräts. Neben *Vollbilder* sind auch Begriffe wie *Progressiv*, *Progressive* oder *De-Interlace* gebräuchlich.

Ein Video einfügen

Wenn Sie eine Videodatei in eine PowerPoint-Präsentation integrieren möchten, klicken Sie zunächst auf den Button **Video** in der Gruppe **Medien** der Registerkarte **Einfügen**. Im Menü der Schaltfläche können Sie sich nun zwischen den Optionen **Dieses Gerät**, **Archiv-Videos** und **Onlinevideos** entscheiden. Bei Ersterer greifen Sie auf den Fundus Ihres PCs zurück, während es sich bei **Archiv-Videos** um Office-Sammlungen handelt. **Onlinevideos** sind generell alle Filme im Internet, wobei Sie die URL, also die Internet-Adresse kennen und in einem Dialog eingeben müssen. Auf diese Weise lassen sich beispielsweise YouTube-Videos hinzufügen. (Ich erspare Ihnen an dieser Stelle den sicher schon langweilig gewordenen Satz bezüglich Urheber- und Verwertungsrechten.)

Ein Video bearbeiten

Solange ein Video im Folienbereich markiert ist, kann es über die Registerkarten **Videoformat** und **Wiedergabe** weiter bearbeitet werden. Auf der Registerkarte **Videoformat** lassen sich Videos mithilfe der Schaltfläche **Korrekturen** qualitativ verbessern, über den Button **Farbe** farblich verfremden und nicht zuletzt über die Gruppe **Videoeffekte** mit Effekten und Rahmen versehen. Selbst das Zuschneiden eines Videos ist möglich. Benutzen Sie dazu die Schaltfläche **Zuschneiden** der Gruppe **Größe**.

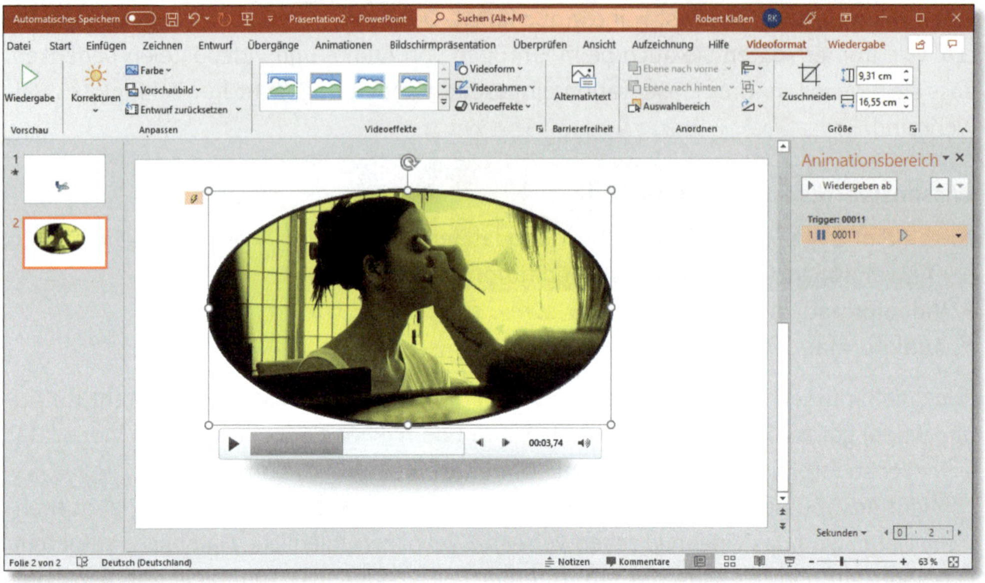

Abbildung 36.18 *Mit Videos kann man in PowerPoint eine Menge anstellen.*

> **INFO**
>
> **Vorsicht bei Vergrößerungen**
> Bitte beachten Sie, dass es grundsätzlich nicht ratsam ist, kleine Videos (z. B. von einem geringwertigen Handy) stark zu vergrößern. Die Qualität wird darunter erheblich leiden. Es ist generell angenehmer, ein etwas zu kleines Video in vergleichsweise guter Qualität anzusehen als ein großes von mäßiger Bildqualität.

Video schneiden

Über die Registerkarte **Wiedergabe** können Sie sogar einen längeren Film beschneiden. Sie können also einen bestimmten Ausschnitt im Film markieren und den Rest vernachlässigen. Dazu klicken Sie auf den Button **Video kürzen** in der Gruppe **Bearbeiten** der Registerkarte **Wiedergabe**, woraufhin das Dialogfenster **Video kürzen** aufgerufen wird. Unterhalb des Videos finden Sie auf einem Zeitstrahl eine grüne sowie eine rote Markierung. Beide können per Drag & Drop verschoben werden. Markieren Sie mit dem grünen Reiter den Start des Films, während der rote das Filmende kennzeichnet.

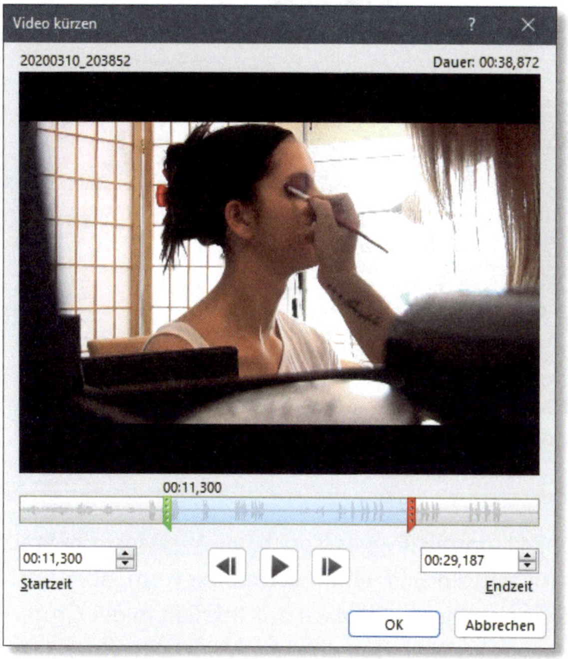

*^ **Abbildung 36.19** Und es geht dochVideoschnitt in PowerPoint mithilfe des Dialogs »Video kürzen«.*

Zum Abschluss Ihrer Bearbeitung reicht ein Klick auf den Button **OK**. Die Änderungen werden daraufhin in Ihrem Video übernommen, und der bearbeitete Film wird unmittelbar in Ihre Präsentation eingefügt.

Videoanimation triggern

Trigger sind sogenannte Auslöser. Tippt man einen Trigger an, wird dadurch ein bestimmtes Ereignis ausgelöst. Von Haus aus sind Videos in PowerPoint bereits mit einem Trigger versehen. Klicken Sie während der Präsentation auf eine Videodatei, wird der Film abgespielt – ein erneuter Klick darauf hält das Video wieder an. So weit, so gut. Das Problem ist hierbei: Das Video muss auf der Folie sichtbar sein. Denn anderenfalls ließe es sich ja gar nicht »antriggern«. In diesem kleinen Exkurs wollen wir dafür sorgen, dass das Video innerhalb einer Präsentation zunächst nicht zu sehen ist. Erst wenn wir eine Schaltfläche drücken, soll der Film abgespielt werden.

1 Erzeugen Sie eine neue leere Präsentation (Strg+N), und entfernen Sie die Text-Platzhalter. Wählen Sie einen dunklen Hintergrund, beispielsweise **Office**, in der Gruppe **Varianten** der Registerkarte **Entwurf**. Schwarz macht sich als Hintergrund für Videos erheblich besser als helle Farben.

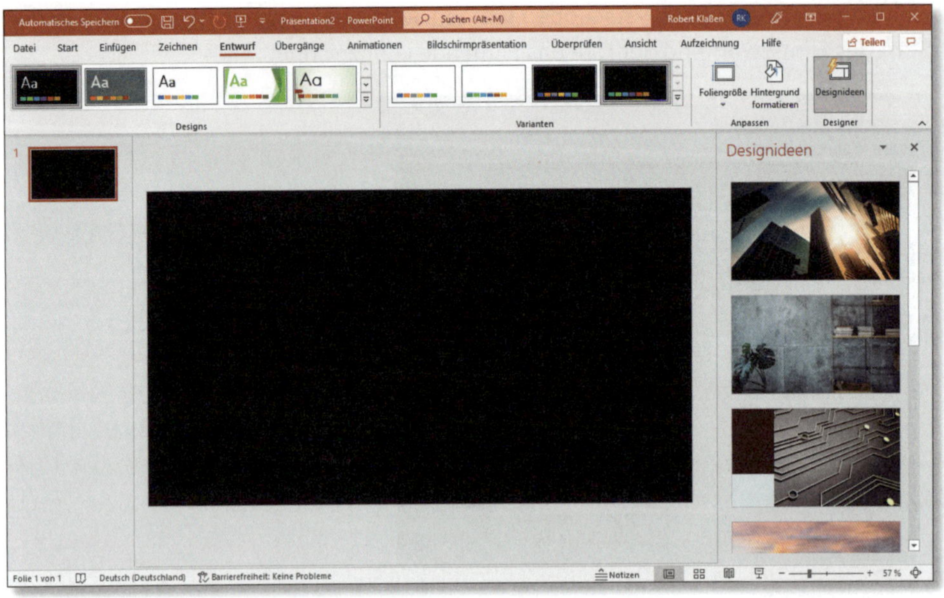

2 Nun erzeugen Sie ein beliebiges Objekt, das als Trigger (sprich: als Auslöser zum Start des Videos) fungieren soll. Das kann z.B. ein Bild, eine Grafik, eine Form, aber auch wie in unserem Beispiel ein Textfeld sein. Klicken Sie dazu auf **Textfeld** in der Gruppe **Text** der Registerkarte **Einfügen**, und ziehen Sie mit gedrückter Maustaste einen Textrahmen auf. Tippen Sie beispielsweise »Film starten« ein.

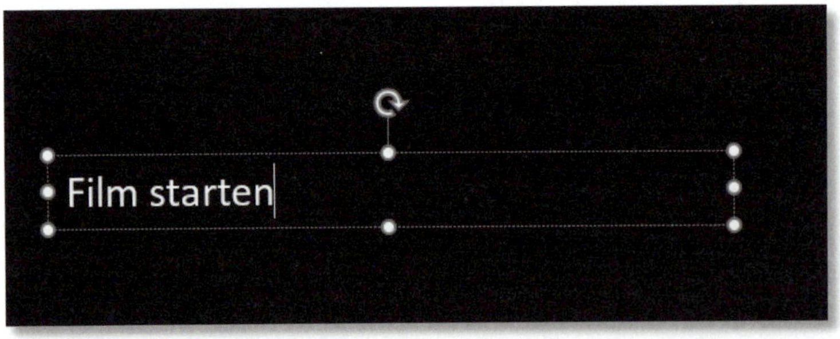

3 Als Nächstes fügen Sie das Video ein. Sollten Sie gerade keines zur Hand haben, benutzen Sie die Datei *Trailer.m4v* aus dem Ordner *36* der Beispieldateien. Klicken Sie dazu auf die Schaltfläche **Video** in der Gruppe **Medien** der Registerkarte **Einfügen**, und wählen Sie im Auswahlmenü der Schaltfläche die Option **Dieses Gerät**. Nachdem Sie das Video markiert haben, schließen Sie die Aktion per Klick auf den Button **Einfügen** ab.

4 Leider verdeckt das eingefügte Video nun jedoch unseren Text. So sollte es natürlich nicht bleiben. Um das zu ändern, aktivieren Sie per Mausklick die Checkbox **Ausblenden, wenn keine Wiedergabe erfolgt** in der Gruppe **Videooptionen** der Registerkarte **Wiedergabe**.

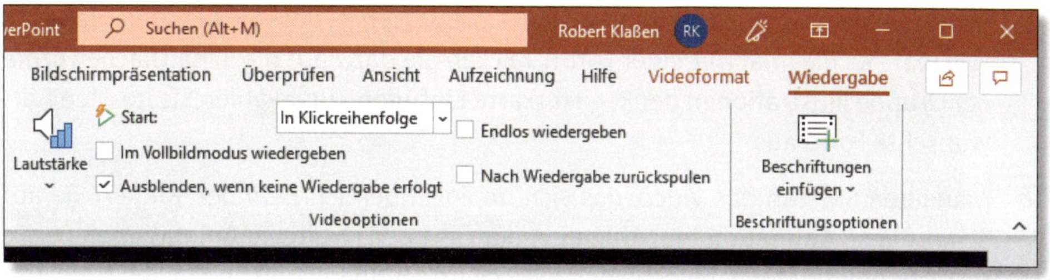

5 Jetzt »programmieren« Sie die Präsentation dahingehend, dass der Film per Klick auf das Textfeld gestartet wird. Dazu muss das Video markiert sein. Sollte es derzeit abgewählt sein, platzieren Sie einen Mausklick darauf. Wählen Sie anschließend die Schaltfläche **Trigger** in der Gruppe **Erweiterte Animationen** der Registerkarte **Animationen**. Suchen Sie im Menü der Schaltfläche **Beim Klicken auf** das **Textfeld** aus. In meinem Fall ist es das **Textfeld 11**, bei Ihnen wird es höchstwahrscheinlich eine andere Nummer haben. Noch ein wichtiger Hinweis: Würden Sie sich hingegen im Menü für die Option **Trailer** entscheiden, würde das Video künftig als Start-Button für sich selbst verwendet werden. Prinzipiell ist dagegen nichts einzuwenden, in unserem Fall wäre das jedoch fatal, da wir zuvor **Ausblenden, wenn keine Wiedergabe erfolgt** eingestellt hatten. Das würde es nun also unmöglich machen, den Film jemals anzuklicken und abzuspielen.

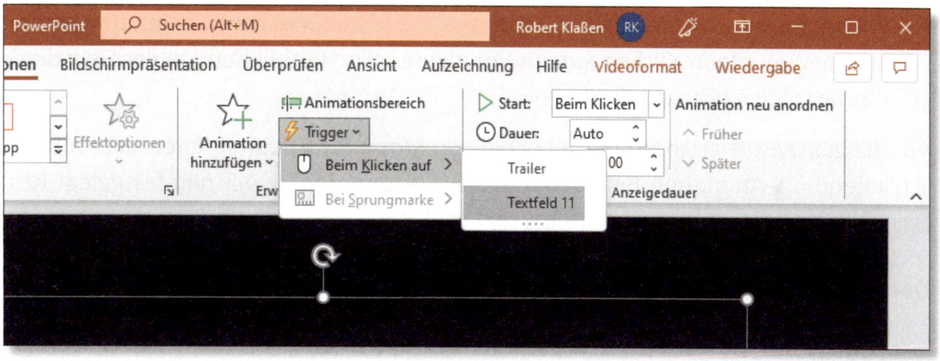

Spielen Sie die Animation ab. Sie werden feststellen, dass ein Klick auf den Text für die Wiedergabe des Videos sorgt. Klicken Sie hingegen auf die Präsentation, wird die Wiedergabe des Videos nun nicht mehr gestartet. In einer fertigen Präsentation würden Sie damit zur nächsten Folie wechseln. Die Bedienung des Videos erfolgt also unabhängig von der Folienbedienung.

Eigene Schaltflächen erzeugen

Wenn Sie mögen, können Sie eigene Buttons zur Steuerung von Videos in die Präsentation einfügen und mit der Trigger-Funktion ausstatten. Ich verdeutliche die grundsätzliche Vorgehensweise anhand einer Pause-Schaltfläche, mit der das Video zwischenzeitlich angehalten werden kann.

1 Erzeugen Sie zunächst das Trigger-Objekt. Sie wissen ja, dass Sie hier freie Hand haben. Wie wäre es diesmal mit einer Form? Klicken Sie dazu auf die Schaltfläche **Formen** in der Gruppe **Illustrationen** der Registerkarte **Einfügen**, und wählen Sie im Menü die gewünschte Form aus.

2 Markieren Sie nun das Video, das sich im Folienbereich befindet. Klicken Sie auf die Schaltfläche **Animation hinzufügen** in der Gruppe **Erweiterte Animationen** der Registerkarte **Animationen**. Entscheiden Sie sich im Menü im Bereich **Medien** für **Pause**.

3 Klicken Sie anschließend auf **Trigger** in der Gruppe **Erweiterte Animationen**. Wählen Sie im Menü **Beim Klicken auf**, und markieren Sie anschließend in der Liste die Form, die Sie soeben hinzugefügt haben.

Auf die gleiche Weise könnten Sie auch einen Stopp-Button integrieren. Hier müsste anschließend die Animation **Beenden** hinzugefügt und der Trigger neu festgelegt werden. Das ist doch wirklich schnell realisiert und cool, oder?

Den Bildschirm aufzeichnen

Ein Video, das durch Aufzeichnung des Bildschirms oder eines Teils von ihm erzeugt worden ist, wird gemeinhin auch als *Screencast* bezeichnet. Es eignet sich vor allem zur Visualisierung von Arbeitsvorgängen am PC. Falls Sie während einer PowerPoint-Präsentation nicht alles selbst erklären möchten, sondern lieber einmal einen Einspieler starten, dann sollten Sie eine Bildschirmaufzeichnung einfügen.

Stellen Sie sich vor, Sie wollen Ihren Zuhörern während der Präsentation erklären, wie man eine bestimmte Arbeit in Word erledigt. Dann wäre es doch mühsam, die Präsentation zu unterbrechen und die Abläufe manuell zu zelebrieren. Sollte Ihnen ein Bedienungsfehler unterlaufen, stört das den Ablauf der Präsentation. Einfacher ist es, wenn Sie die Vorgehensweise vorab und in Ruhe zu Hause erledigen. Während der Präsentation spielen Sie einfach das Video ab.

1 Zunächst einmal müssen Sie den Monitor so einrichten, dass die gewünschten Objekte gut sichtbar sind. Sie sollten also (um beim Beispiel zu bleiben) das Word-

Anwendungsfenster so anordnen, dass es nicht von anderen Anwendungen verdeckt wird. Lediglich PowerPoint darf oberhalb angeordnet werden, da sich diese Anwendung während der Aufnahme selbstständig ausblendet. Überlegen Sie auch, ob Sie während der Präsentation eventuell die Taskleiste bedienen müssen. Falls ja, sollte auch diese im Vordergrund stehen.

2 Als Nächstes aktivieren Sie in PowerPoint die Folie, auf der das Video später angezeigt werden soll. Eventuell überflüssige Platzhalter sollten Sie entfernen.

3 Betätigen Sie nun den Schalter **Bildschirmaufzeichnung**. Sie finden ihn in der Gruppe **Medien** der Registerkarte **Einfügen**.

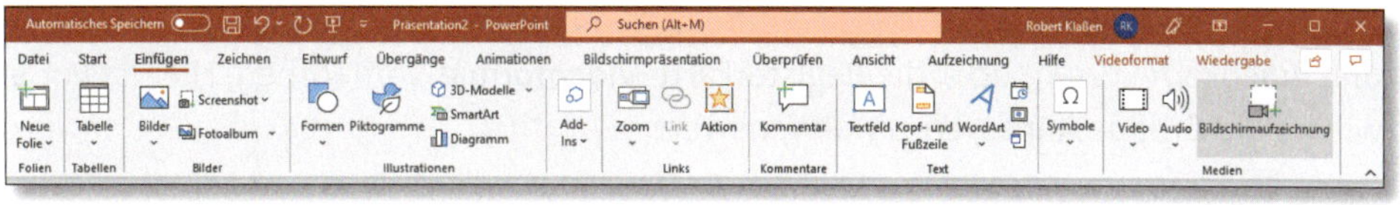

4 Ziehen Sie mit gedrückter Maustaste ein Rechteck auf, das genau die Bereiche des Monitors einfasst, die später im Video zu sehen sein sollen. Nach dem Loslassen der Maustaste verdeutlicht ein rot gestrichelter Auswahlrahmen, welcher Bereich das ist. Für den Fall, dass Sie keinen Rahmen aufziehen können, klicken Sie bitte vorab auf den Schalter **Bereich auswählen** ❶.

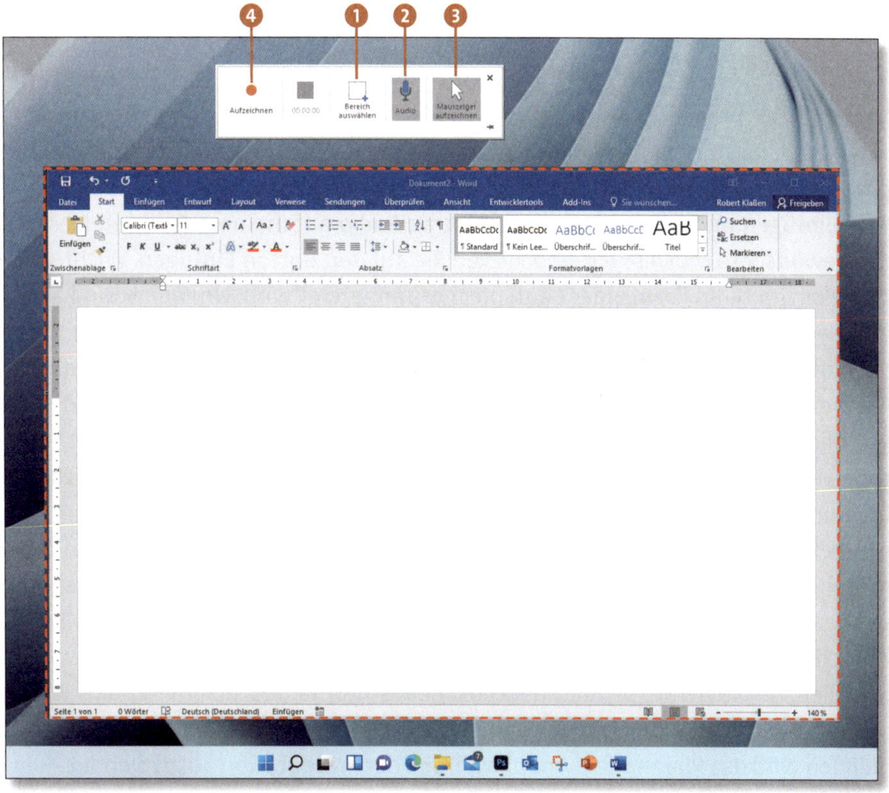

5 Entscheiden Sie nun, ob Sie das Video während der Aufnahme mit einem Audiokommentar versehen wollen ❷ und ob der Mauszeiger mit aufgenommen werden soll ❸.

6 Wenn Sie bereit sind, klicken Sie auf **Aufzeichnen** ❹. Führen Sie nun die Arbeiten aus, die visualisiert werden sollen, und sprechen Sie gegebenenfalls den Kommentar ein.

7 Wenn Sie fertig sind, drücken Sie die Tastenkombination [Win]+[⇧]+[Q], oder entscheiden Sie sich alternativ für die Stopp-Taste in der Steuerelementleiste des Rekorders. Die Aufnahme wird daraufhin beendet und das Video in die PowerPoint-Folie integriert.

Das Video lässt sich im Anschluss noch zuschneiden. Sie erreichen die Funktion am schnellsten, indem Sie mit rechts auf das Video klicken und im oberen Feld **Kürzen** selektieren. Außerdem lassen sich diverse weitere Optimierungen (z. B. Helligkeit/Kontrast-, Farb- und Videokorrekturen) über die Registerkarte **Videoformat** vornehmen. Hier ist vor allem wieder die Gruppe **Anpassen** erwähnenswert.

INFO

Video abspielen
Wollen Sie das Video abspielen, benutzen Sie die Steuerelemente unterhalb des Films. Alternativ verwenden Sie **Videoformat > Vorschau > Wiedergabe**. Während der Präsentation klicken Sie auf das Video, um es zu starten. Wenn das Video beim Aufrufen der Folie starten soll, müssen Sie das Steuerelement **Start** (**Wiedergabe > Videooptionen**) auf **Automatisch** umstellen.

Audiodateien einfügen

Möchten Sie eine Audioaufnahme (z. B. ein Musikstück) von Ihrer Festplatte in eine Präsentation einfügen, klicken Sie auf die Schaltfläche **Audio** in der Gruppe **Medien** der Registerkarte **Einfügen** und wählen den Untereintrag **Audio auf meinem Computer**. Markieren Sie das gewünschte Musikstück, und klicken Sie auf den Button **Einfügen**. Wichtig ist hier, dass ein Platzhalter in Form eines Lautsprechers angezeigt wird. Um den Sound abzuspielen, müssen Sie zur Laufzeit der Präsentation darauf zeigen und die nun sichtbar werdende **Play**-Schaltfläche betätigen. Wenn Sie stattdessen möchten, dass der Sound automatisch bei Aktivierung der Folie wiedergegeben wird, markieren Sie zunächst den Sound-Platzhalter im Folienbereich. Daraufhin werden die beiden Registerkarten **Audioformat** und **Wiedergabe** eingeblendet. Klicken Sie nun auf die Schaltfläche **Im Hintergrund wiedergeben** in der Gruppe **Audioeffekte** der Registerkarte **Wiedergabe**.

Bitte beachten Sie, dass nach einem Klick auf **Im Hintergrund wiedergeben** automatisch drei Checkboxen in der Gruppe **Audiooptionen** der Registerkarte **Wiedergabe** aktiviert werden. Mit der Checkbox **Folienübergreifend wiedergeben** wird die Musik auch dann noch wiedergegeben, wenn die aktuelle Folie bereits verlassen wurde. Wenn Sie das nicht wollen, deaktivieren Sie die Checkbox. Ebenso verhält es sich mit **Endlos wiedergeben**. Hiermit wird die Audiodatei permanent wiederholt. Mit der Option **Bei Präsentation ausblenden** wird das Platzhaltersymbol während der Präsentation ausgeblendet. Hier sollten Sie entscheiden, ob Sie mit der jeweiligen Funktion einverstanden sind. Falls nicht, entfernen Sie das betreffende Häkchen mit einem Klick auf die Checkbox.

Abbildung 36.20 *Die Hintergrund-Wiedergabe bewirkt, dass die Audiodatei bei Aktivierung der Folie automatisch abgespielt wird.*

Kapitel 37
Bildschirmpräsentationen

Es ist so weit. Unsere Präsentation ist fertig und steht nun unmittelbar vor der Ausgabe. Zentraler Punkt dieses Kapitels ist die Vorbereitung Ihrer Präsentation. Denn von hier an sind ja viele Wege möglich: Müssen Sie sich vielleicht an Zielgruppen orientieren? Schicken Sie die fertige Präsentation als CD an Ihre Zuhörer? Oder laden Sie diese zu einer Onlinepräsentation ein? Fragen über Fragen, die in diesem Kapitel beantwortet werden.

37.1 Eine Bildschirmpräsentation starten

Sie wissen längst, wie sich eine Bildschirmpräsentation starten lässt. Aber wissen Sie auch, wie sich während des Vortrags handschriftliche Notizen einfügen lassen? Oder wie Sie schnell auf andere Programme Ihres PCs zugreifen können, ohne die Präsentation verlassen zu müssen? Diese und ähnliche Informationen sind im ersten Abschnitt dieses Kapitels enthalten.

Bevor es losgeht

Lassen Sie uns etwas über die normale Vorbereitung einer Präsentation hinausgehen. Zwar erfahren Sie auch hier, wie Sie eine Präsentation vorbereiten bzw. für den Direktstart ausgeben können, jedoch möchte ich Ihnen an dieser Stelle noch ein paar nützliche Tipps und Tricks an die Hand geben, die Ihnen sicherlich eine große Hilfe sein werden, wenn Sie vor Publikum stehen. Und damit Sie das eine oder andere jetzt schon einplanen können, sollten Sie bereits einen Überblick über die verschiedenen Möglichkeiten haben.

Natürlich müssen Sie sich auf jede Präsentation gut vorbereiten. Sorgen Sie dafür, dass sämtliches Material zur Verfügung steht und auch griffbereit ist. Wenn Sie beispielsweise Ausdrucke an Ihre Kursteilnehmer weitergeben, sorgen Sie dafür, dass Sie nicht lange danach suchen müssen. Denn das bringt die Teilnehmer aus dem Rhythmus. Berücksichtigen Sie im Gegenzug, dass diese nach Erhalt der Schriftstücke ihrerseits zunächst einmal abgelenkt sind. Denn sie werden unweigerlich einen Blick auf die Unterlagen werfen wollen, nachdem Sie diese überreicht haben. Stoppen Sie Ihren Vortrag so lange bzw. lassen Sie mündliche Erklärungen folgen, die sich ausschließlich auf den Inhalt des Bildmaterials beziehen. Dies ist nur ein Beispiel von vielen, die es in der Vorbereitung zu berücksichtigen gibt. Deshalb: »Lernen« Sie Ihre Präsentation kennen. Je öfter Sie diese durchlaufen, desto sicherer sind Sie später im Vortrag.

Darstellung der Schalter

Bevor wir in die Praxis gehen, möchte ich kurz auf die Darstellung des Menübands zu sprechen kommen. Da wir es in diesem Kapitel sehr häufig mit dem Schalter **Bildschirmpräsentation aufzeichnen** zu tun haben werden, ist es wichtig zu wissen, was gemeint ist, wenn die Rede davon ist, das Schaltflächenmenü zu öffnen. Ist die PowerPoint-Oberfläche sehr schmal, wird der Schalter nicht angezeigt. Stattdessen sehen Sie nur den Namen der Bedienfeldgruppe **Einrichten**. In diesem Fall öffnen Sie die Gruppe mit einem Klick und zeigen auf die untere Hälfte des Schalters **Bildschirmpräsentation aufzeichnen**.

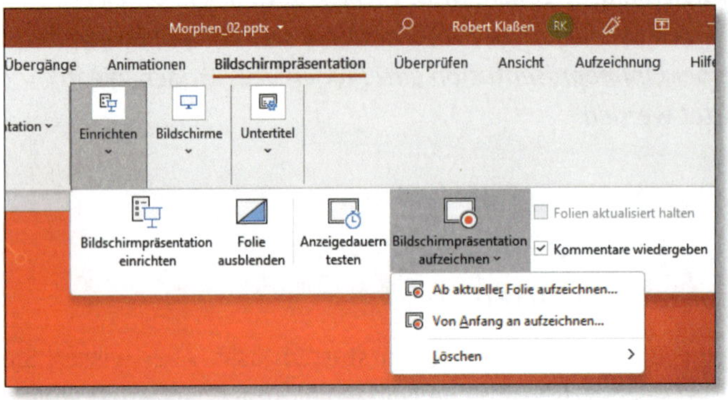

Abbildung 37.1 Öffnen Sie das Menü, indem Sie die untere Hälfte des Schalters markieren.

Falls Sie PowerPoint sehr viel Platz eingeräumt haben, ist der Schalter sofort zu sehen. In diesem Fall dürfen Sie ebenfalls auf die untere Hälfte des Buttons klicken, um das Menü zugänglich zu machen. Eine Art »Zwischending« ist die Darstellung des Schalters als Zeile. Sie ist zu sehen, wenn die Oberfläche weder besonders klein noch besonders groß ist – dazwischen eben. Auch ich habe mich in den folgenden Abbildungen für die goldene Mitte entschieden, in der der Schalter als einzelne Zeile dargestellt wird. Wenn Ihre Oberfläche genauso aussieht, klicken Sie zum Öffnen des Schaltflächenmenüs bitte auf die nach unten weisende Pfeilspitze ganz rechts.

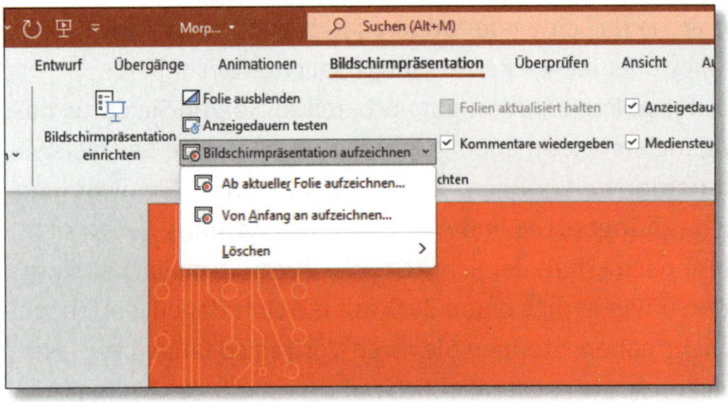

Abbildung 37.2 Bei dieser Darstellung müssen Sie den Schalter ganz rechts anklicken.

Haben Sie eine andere Einstellung vorgenommen, müssen Sie daran nichts ändern. Dann ist lediglich der Weg in das Untermenü **Bildschirmpräsentation aufzeichnen** geringfügig verändert.

Tastaturbefehle üben

Wenn Sie mit Ihrer Präsentation beginnen möchten, drücken Sie F5, und wenn Sie sie ab einer bestimmten Folie starten möchten, markieren Sie diese im Folienregister und drücken anschließend ⇧+F5. Wenn Sie die nächste Aktion durchführen möchten, klicken Sie mit der Maus oder drücken die Leertaste. Aber wussten Sie, dass Sie auch das Mausrad benutzen dürfen? Drehen Sie es nach unten, gehen Sie damit eine Aktion voran, während der Dreh nach oben eine Aktion zurückspringt. Doch Vorsicht! Das Mausrad lässt sich nicht immer so fein dosieren, wie es nötig ist – schnell hat man versehentlich einen Schritt zu viel gemacht. Da sind die Pfeiltasten der Tastatur besser geeignet. Schauen Sie sich einmal an, wie Sie die Präsentation steuern können, ohne nach der Maus greifen zu müssen. Wenn Sie sich diese Funktionen einprägen, erhalten Sie ein zusätzliches Maß an Sicherheit:

Tastaturbefehl	Aktion
↑	Leitet die nächste Aktion ein.
→	Leitet die nächste Aktion ein.
Leertaste	Leitet die nächste Aktion ein.
↵	Leitet die nächste Aktion ein.
↓	Bringt Sie eine Aktion zurück.
←	Bringt Sie eine Aktion zurück.
Esc	Beendet die Präsentation.
Pos1	Bringt Sie stets zur ersten Folie einer Präsentation.
Ende	Bringt Sie zur letzten Folie einer Präsentation.

Tabelle 37.1 Nützliche Tastaturbefehle für die Bildschirmpräsentation

INFO

Auf den PC zugreifen

Wenn Sie präsentieren, ist der Bildschirm in der Regel komplett gefüllt. Stellen Sie sich vor, Sie wollen Ihren Teilnehmern nun kurz etwas anderes zeigen – beispielsweise eine Funktion in einer bestimmten Software. Dann müssten Sie die Präsentation unterbrechen und anschließend wieder den korrekten Einstieg finden. Alternativ dazu drücken Sie Strg+T. Das bringt nämlich die Taskleiste hervor, über die Sie nun andere Inhalte auf Ihrem PC zugänglich machen. Die Präsentation bleibt weiterhin aktiv. »T« steht für »Taskleiste« – kann man sich doch gut merken, oder?

Alternativ dürfen Sie während der Präsentation auch eine Foliennummer eingeben und dann ↵ drücken. Geben Sie eine nicht vorhandene Nummer ein, erreichen Sie stets die nächst verfügbare. Bei Eingabe von »0« landen Sie demzufolge in der Regel auf Folie 1. Geben Sie bei 20 Folien eine Zahl größer als 20 ein, landen Sie auf Folie 20. Einfach, oder? Wenn Sie während der Präsentation Strg+S drücken, wird das Dialogfenster **Alle Folien** geöffnet, mit dessen Hilfe Sie schnell und unkompliziert zu einer beliebigen Folie wechseln können.

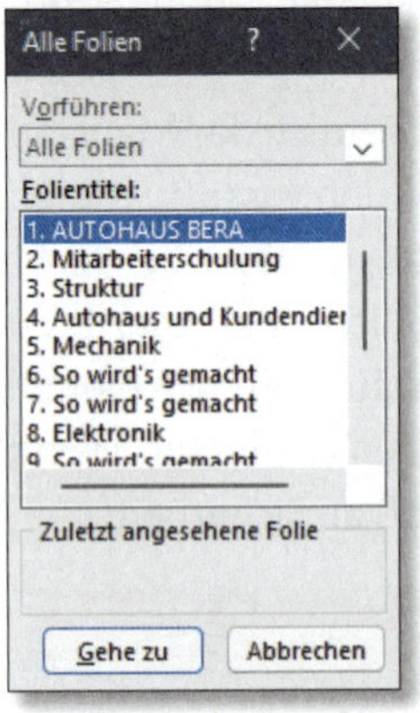

Abbildung 37.3 Navigieren Sie während der Präsentation schnell zwischen den Folien.

Dabei dürfen Sie die Maus benutzen – müssen Sie aber nicht. Denn die Einträge können ebenso mit den Pfeiltasten angewählt werden. Haben Sie die gewünschte Folie in der Liste selektiert, drücken Sie ↵ oder klicken auf den Button **Gehe zu**. Schließen Sie das Dialogfeld mit Esc. Aber bitte nur »einmal« Esc betätigen! Das nochmalige Drücken der Taste, nachdem der Dialog geschlossen wurde, hätte die Beendigung der Präsentation zur Folge – das sollte während eines Vortrags nicht passieren. Es ist noch wichtig zu wissen, dass nur Sie den Dialog sehen, nicht Ihr Publikum.

Skizzieren während der Präsentation

Sie dürfen Ihren Zuhörern während der Präsentation auch gern kurz etwas aufzeichnen oder skizzieren. Drücken Sie die Tastenkombination Strg+P, verwandeln Sie den Mauszeiger in einen Stift und können direkt in die Präsentation »hineinkritzeln«. Setzen Sie diese tolle Funktion aber bitte nicht inflationär ein. Falls Sie in diesem Zusammenhang übrigens lieber einen schwarzen Untergrund nutzen wollen, drücken Sie . auf der Tastatur. Wiederholen Sie den Schritt, um die schwarze Fläche wieder auszublenden und zur Präsentation zurückzukehren. Falls Ihnen Weiß als Untergrundfarbe lieber ist, können Sie anstelle der Punkt-Taste auch , drücken.

INFO

Ansicht vergrößern

Sollte einmal ein bestimmter Ausschnitt der Präsentation zu klein geraten sein, drücken Sie einfach die +-Taste auf der Tastatur, um etwas einzuzoomen. Reicht die Größe noch nicht? Dann betätigen Sie abermals +. Der Mauszeiger mutiert daraufhin zur Hand. Klicken Sie nun auf die Präsentation und halten Sie die Maustaste gedrückt, lässt sich der Ausschnitt per Drag & Drop verschieben. Vergessen Sie nicht, am Ende wieder - zu drücken, und zwar so oft, bis Sie zur Ansicht **Normal** zurückgekehrt sind.

Abbildung 37.4 *Diesen Medieneinsatz werden Ihre Teilnehmer zu schätzen wissen.*

Beenden Sie die Präsentation [Esc], werden Sie gefragt, ob die *Freihandanmerkungen*, die Sie während der Präsentation eingezeichnet haben, erhalten bleiben sollen oder nicht. In der Regel möchte man diese nicht speichern, weshalb die Wahl in diesem Fall auf **Verwerfen** fallen sollte.

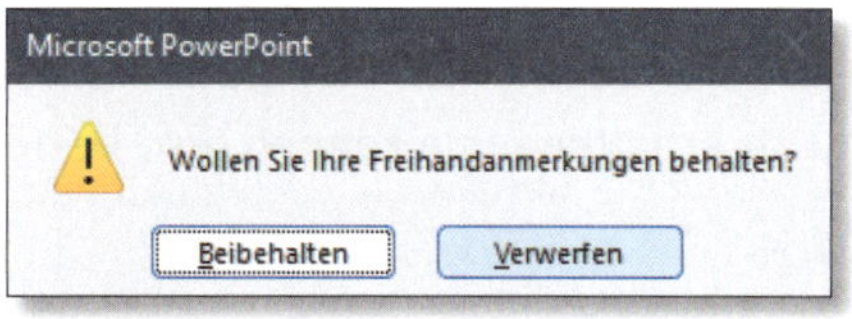

Abbildung 37.5 *Entfernen Sie die Freihandanmerkungen am Ende wieder. Anderenfalls bleiben sie der Präsentation erhalten.*

Präsentationen mit dem Stift steuern

PowerPoint ist in der Lage, Befehle von einem Stift zu empfangen – vorausgesetzt, Sie beachten die folgenden Hinweise. Zunächst werden zwei Dinge benötigt: zum einen das richtige Betriebssystem, zum anderen der richtige Stift. Die Pen-Steuerung funktioniert nur unter Windows 10 und 11, was die Windows-User unter Ihnen nicht sonderlich tangieren wird. Immerhin ist zum Betrieb von Office 2021 ohnehin mindestens Windows 10 erforderlich. Doch ganz so einfach ist es nicht, denn auf dem Rechner muss mindestens das Fall-Creators-Update installiert sein. Geschenkt, denn wer sein Betriebssystem regelmäßig updaten lässt, ist hier nach heutigem Standard bestens aufgestellt. Doch was ist mit den Mac-Anwendern? Die schauen leider in die Röhre.

Das Zweite, was Sie benötigen, ist der richtige Stift. Zur Drucklegung dieses Buches funktioniert die Pen-Bedienung nur mit dem *Microsoft Surface Pen 4* und dem *Wacom Bamboo Ink*. Zudem muss der Rechner Bluetooth unterstützen, um mit den vorgenannten Pens kommunizieren zu können. Wenn das ebenfalls gewährleistet ist, steht der Stiftbedienung nichts mehr im Wege.

Zur ersten Inbetriebnahme reicht es in der Regel, wenn Sie die Taste des Stiftes mindestens sieben Sekunden lang gedrückt halten. Optionale Einstellungen, z. B. die gewünschte Reaktion auf die jeweiligen Stift-Aktionen, nehmen Sie in den Windows-10-Einstellungen unter **System > Bluetooth und andere Geräte > Stift und Windows Ink** vor, während Sie unter Windows 11 im Startmenü zunächst **Einstellungen** wählen und dann auf **Bluetooth & Geräte** umschalten. Den Befehl **Stift & Windows Ink** finden Sie, wenn Sie auf der rechten Seite nach unten scrollen.

Die Steuerung der Präsentation ist denkbar einfach. Ein kurzer Druck auf den Radiergummi des Pens startet die Präsentation bzw. lässt eine nicht automatisch ablaufende Präsentation um eine Folie nach vorne springen, während das längere Festhalten des Radiergummis um eine Folie zurückgeht.

Eine Präsentation für den Autostart vorbereiten

Jetzt wollen wir uns ansehen, wie eine Präsentation derart vorbereitet wird, dass sie direkt startet, nachdem die Datei mit einem Doppelklick versehen worden ist. Diese Vorgehensweise eignet sich in zweierlei Hinsicht: Zum einen können Sie eine Präsentation vor Publikum direkt starten, ohne Einblick in die PowerPoint-Datei gewähren zu müssen – zum anderen lässt sich dieses Dokument an andere Personen weitergeben. Diese können die Präsentation ansehen (sofern sie im Besitz von PowerPoint oder einer Präsentationssoftware sind), ohne jedoch Zugriff auf die Arbeitsdatei zu erhalten – sie können also keine Änderungen vornehmen.

1. Wenn Sie mit der Erstellung einer Präsentation fertig sind, sollte diese zunächst einmal gespeichert werden (**Datei > Speichern unter**). Klicken Sie auf **Durchsuchen**, um einen Speicherort angeben zu können. Im Feld **Dateityp** wählen Sie das Format **PowerPoint-Präsentation (*.pptx)**. Das Ergebnis ist künftig Ihre Arbeitsdatei.

2. Nachdem das erledigt ist, müssen Sie sich aber noch ein zweites Mal in diesen Dialog begeben. Klicken Sie erneut auf **Datei > Speichern unter**, gefolgt von einem Klick auf die Schaltfläche **Durchsuchen**.

3. Legen Sie als **Dateityp** diesmal **PowerPoint-Bildschirmpräsentation (*.ppsx)** ❶ fest, ehe Sie auf den Button **Speichern** klicken. Dieses Dokument ist fortan Ihre Vorführdatei.

4. Öffnen Sie den angegebenen Speicherort im Explorer. Wann immer Sie die *.ppsx*-Datei mit einem Doppelklick versehen, starten Sie gleich mit der Präsentation. Das Editieren der Präsentation (wie Sie das von der *.pptx*-Datei her kennen) ist damit nicht möglich.

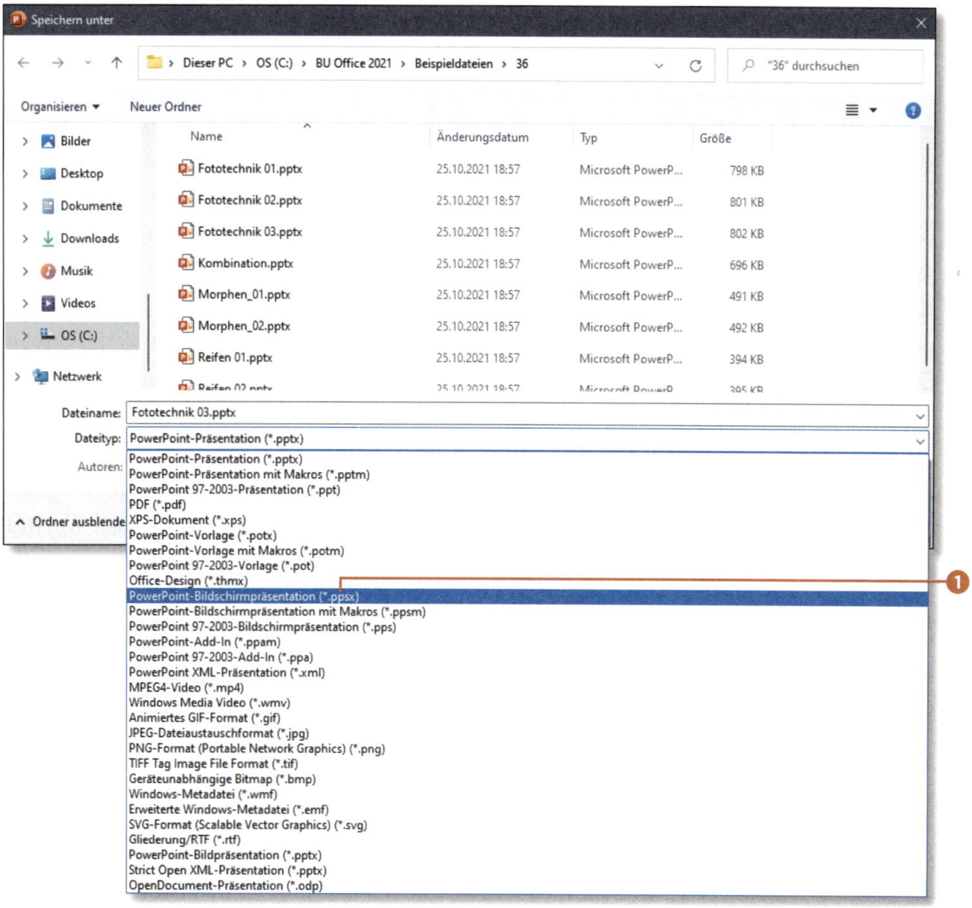

Bitte behalten Sie unbedingt im Hinterkopf, dass Sie es mit zwei Dateien zu tun haben, die vollkommen unabhängig voneinander sind. Sofern Sie Änderungen an der Arbeitsdatei vornehmen, sollten Sie diese nicht nur dort speichern, sondern auch eine neue *.ppsx*-Datei erzeugen.

37.2 Eine zielgruppenorientierte Bildschirmpräsentation erstellen

Eine Bildschirmpräsentation ist in erster Linie ein Informationsmedium, das einen bestimmten Zuschauer- bzw. Teilnehmerkreis ansprechen soll. Nun kann es aber durchaus einmal vorkommen, dass es gruppenintern unterschiedliche Interessenschwerpunkte gibt. Stellen Sie sich vor, Sie führen eine Fortbildung für Automechaniker durch, von denen sich einige Teilnehmer auf die Mechanik, andere wiederum auf Elektronik spezialisieren wollen, während eine dritte Gruppe sich vorwiegend mit Karosseriearbeiten beschäftigen möchte. Dann werden alle drei Gruppen im Kern unterschiedliche Inhalte benötigen. Der Karosseriebauer kann prima auf die Folien verzichten, in denen es um die Elektronik geht. Einige Präsentationsteile sind jedoch möglicherweise für alle drei Gruppen wichtig, da sie keine spezifischen Unterscheidungsmerkmale beinhalten. Das könnten beispielsweise die Bereiche Auftragsannahme, Ersatzteilmanagement oder Kundenkorrespondenz sein. Diese Inhalte müssen also an alle drei Gruppen weitergegeben werden.

Um alle drei Gruppen zielgerecht ansprechen zu können, erzeugt man individualisierte Versionen der Präsentation. Hierbei unterscheiden wir grundsätzlich zwischen einfachen zielgruppenorientierten Präsentationen und zielgruppenorientierten Präsentationen mit Links. Der markante Unterschied: Die zuerst genannte Präsentation wird zielgruppengerecht zergliedert. Das bedeutet, dass im Ergebnis mehrere Varianten einer im Kern identischen Präsentation zur Verfügung stehen. Bei der Präsentation mit Links werden die potenziellen Inhalte mithilfe von Schaltflächen ausgesucht und können so der jeweiligen Gruppe individualisiert vorgetragen werden.

Einfache zielgruppenorientierte Präsentationen

Eine zielgruppenorientierte Bildschirmpräsentation ist auf ihre Teilnehmer zugeschnitten. In der Regel sind sowohl die gruppenspezifischen Inhalte vorhanden als auch diejenigen, die für alle Zielgruppen Relevanz haben. Nach diesem Muster werden nun die Folien in zielgruppenorientierten Bildschirmpräsentationen zusammengestellt. Im Ergebnis führt das dazu, dass drei unterschiedliche Präsentationsbereiche vorliegen, die sich inhaltlich nur in bestimmten Segmenten überschneiden. In Abbildung 37.6 sind Begrüßung und Grundlagen identisch, während die grün gefärbten Schwerpunktthemen individualisiert sind.

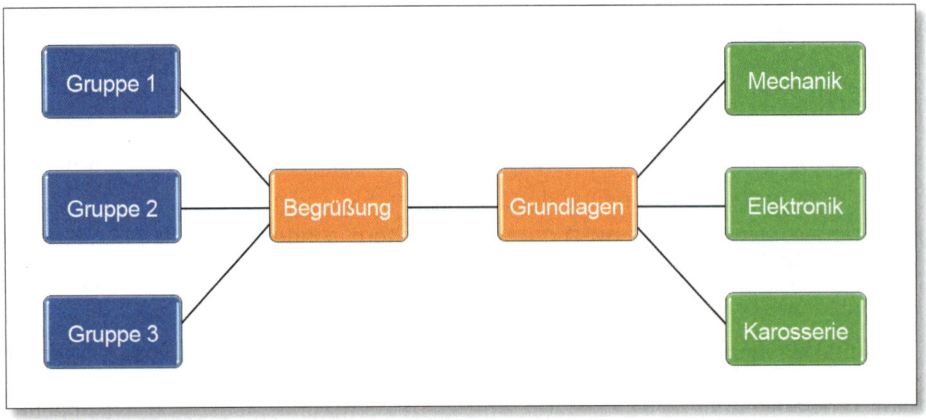

Abbildung 37.6 *Grundstruktur einer einfachen zielgruppenorientierten Präsentation. Alle drei Gruppen erhalten zunächst eine Begrüßung und eine Einführung in die Grundlagen. Danach geht es für jede Gruppe individuell weiter.*

Das Beispielprojekt kennenlernen

Wenn Sie eine eigene Präsentation besitzen, die Sie für die folgenden Beispiele benutzen wollen, ist dagegen natürlich nichts einzuwenden. Wenn Sie allerdings zunächst einmal mit einer Beispielpräsentation üben möchten, ehe Sie sich an die realen Aufgaben heranwagen, können Sie die Präsentation *Autohaus.pptx* verwenden, die Sie im Ordner *37* der Beispieldateien finden. Schauen wir uns die Struktur des Projekts kurz an. Die Beispielpräsentation ist in fünf wesentliche Abschnitte unterteilt:

- Folien 1–4: **Begrüßung und Einleitung** (weiße Folienhintergründe – für alle Teilnehmer relevant)
- Folien 5–7: **Mechanik** (grüne Hintergründe – nur für Mechaniker relevant)
- Folien 8–10: **Elektronik** (blaue Hintergründe – nur für Elektroniker relevant)
- Folien 11–13: **Karosserie** (rote Hintergründe – nur für Karosseriebauer relevant)
- Folien 14–15: **Schlussinformationen und Verabschiedung** (weiße Folienhintergründe – für alle Teilnehmer relevant)

Aus diesem Geflecht sollen nun zunächst drei einfache zielgruppenorientierte Präsentationen erstellt werden.

Einfache zielgruppenorientierte Präsentationen erstellen

Es soll an dieser Stelle nicht verschwiegen werden, dass Sie auf Grundlage der Original-PowerPoint-Datei nun zunächst sämtliche Folien löschen könnten, die für die Mechaniker uninteressant sind. Danach könnten Sie die Datei unter einem neuen Namen speichern und schließen. Anschließend öffnen Sie wieder das Original, löschen alle Bereiche, die für Elektroniker uninteressant sind usw. Aber das ist natürlich eine etwas umständliche Lösung. Außerdem ergibt sich dabei ein erheblicher Nachteil: Sobald sich nämlich am Inhalt der Präsentation etwas ändert, müssen Sie alles noch einmal ausgeben.

1 Bevor Sie sich an die Arbeit machen, schauen Sie sich die Inhalte der Folien (*Autohaus.pptx*) genau an. Wenn Sie später mit Ihren eigenen Projektdateien arbeiten, machen Sie sich Notizen, damit Sie wissen, welche Folien für die eine oder andere Gruppe relevant sind. Denn leider kann man die Folien in PowerPoint nicht individuell benennen, was das spätere Aussuchen und Zusammenstellen erheblich vereinfachen würde.

2 Erstellen Sie nun die erste zielgruppenorientierte Präsentation. Klicken Sie dazu auf die Schaltfläche **Benutzerdefinierte Bildschirmpräsentation** in der Gruppe **Bildschirmpräsentation starten** der Registerkarte **Bildschirmpräsentation**. Im Menü klicken Sie auf **Zielgruppenorientierte Präsentation** und im Folgedialog **Zielgruppenorientierte Präsentationen** auf den Button **Neu**.

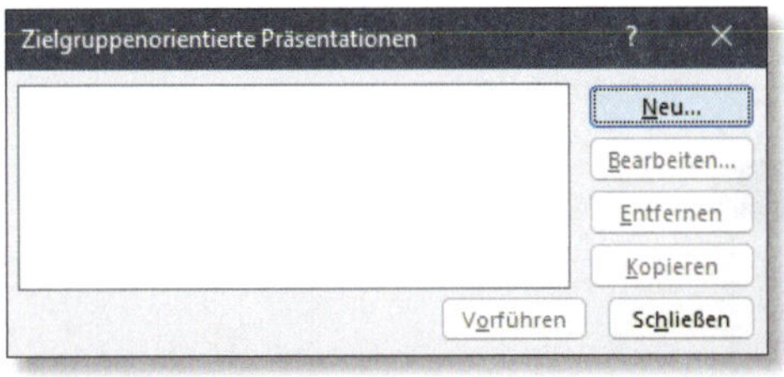

3 Im daraufhin erscheinenden Dialogfenster **Zielgruppenorientierte Präsentation definieren** geben Sie ganz oben in das Feld **Name der Bildschirmpräsentation** eine aus-

sagekräftige Bezeichnung ein. Da wir uns zunächst um die zielgruppenorientierte Präsentation für die Mechaniker kümmern wollen, geben Sie »Autohaus Mechanik« oder etwas Vergleichbares an.

4 Nun müssen Sie alle Folien links im Feld **Folien in der Präsentation** markieren, die für unsere Zielgruppe infrage kommen. Das sind die Folien 1–7 sowie die Folien 14 und 15.

5 Nachdem Sie diese Folien in der Liste mit einem Häkchen versehen haben, klicken Sie in der Mitte des Dialogs auf **Hinzufügen**. Daraufhin werden alle markierten Folien in das rechte Feld übernommen, während die Markierung im linken Feld aufgehoben wird.

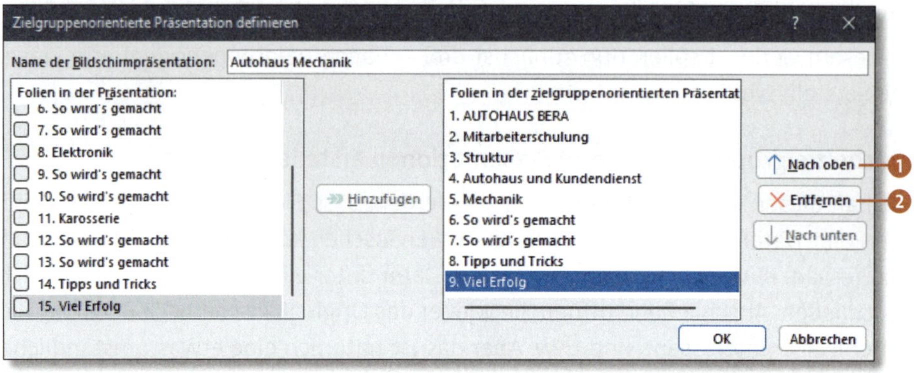

6 Optional ließe sich nun noch die Reihenfolge einzelner Folien verändern, damit die Präsentation erforderlichenfalls noch besser auf die Zielgruppe zugeschnitten werden kann. Wenn Sie eine Folie anders platzieren wollen, markieren Sie diese rechts in der Liste und klicken auf eine der beiden blauen Pfeilschaltflächen ❶ am rechten Rand des Dialogs. Mit der Kreuz-Schaltfläche ❷ ließen sich zuvor markierte Folien nachträglich wieder entfernen. Bestätigen Sie mit **OK**, wenn alles passt.

7 Klicken Sie nun abermals auf **Neu**, und erzeugen Sie die nächste Präsentation wie in den Schritten 3 bis 6 beschrieben. Die Elektroniker bekommen die Folien 1–4, 8–10 und 14–15.

8 Zuletzt sind die Karosseriebauer mit den Folien 1–4 und 11–15 an der Reihe. Führen Sie auch hier die Schritte 3 bis 6 erneut durch. Sofern noch Änderungen an der einen oder anderen Präsentation erforderlich sein sollten oder Sie die Präsentationen noch einmal kontrollieren wollen, markieren Sie den gewünschten Eintrag und klicken auf die Schaltfläche **Bearbeiten**.

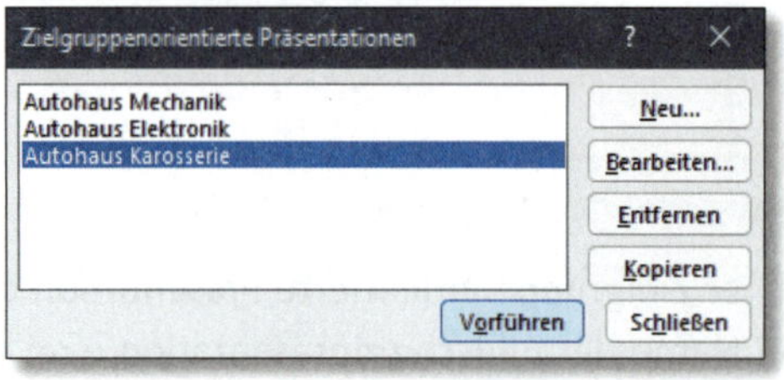

9 Prinzipiell ließe sich eine der drei Präsentationen sofort mit einem Mausklick auf die Schaltfläche **Vorführen** abspielen, doch in der Praxis werden Sie eher dazu übergehen, das Dialogfenster zu schließen. Speichern Sie die zielgruppenorientierte Präsentation wie jede andere Präsentation abschließend ab (**Datei > Speichern**).

10 Wann immer Sie eine der drei Präsentationen vorführen wollen, klicken Sie auf die Schaltfläche **Benutzerdefinierte Bildschirmpräsentation** in der Gruppe **Bildschirmpräsentation starten** der Registerkarte **Bildschirmpräsentation** und wählen im Menü der Schaltfläche die gewünschte Präsentation aus. Während einer späteren Präsentation lassen sich die einzelnen Bereiche übrigens auch in der Referentenansicht aktivieren (siehe dazu den Unterabschnitt »Referentenansicht aktivieren« auf Seite 984).

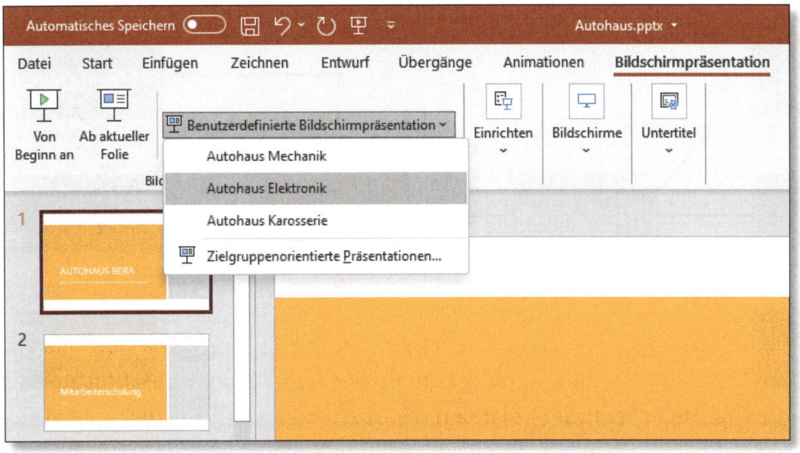

Sollte es einmal erforderlich werden, eine bereits erzeugte benutzerdefinierte Bildschirmpräsentation in irgendeiner Form zu verändern, müssen Sie im Menü der Schaltfläche **Benutzerdefinierte Bildschirmpräsentation** erneut auf **Zielgruppenorientierte Präsentationen** klicken. In diesem Fall wird der in Schritt 8 vorgestellte Dialog **Zielgruppenorientierte Präsentationen** geöffnet, und Sie können entsprechende Bearbeitungen vornehmen. Die fertige zielgruppenorientierte Präsentation *Autohaus-benutzerdefiniert.pptx* finden Sie im Ordner *Ergebnisse* der Beispieldateien.

INFO

Nachträgliche Änderungen

Sollten Sie nachträglich Änderungen an einzelnen Folien vornehmen (z. B. Texte ändern), werden diese automatisch auch in den bereits fertiggestellten benutzerdefinierten Präsentationen berücksichtigt. Klassisches Beispiel: Ändert sich die Unternehmensbezeichnung in Folie 1, müssen Sie die Präsentationen nicht erneut anlegen. Es reicht, das Hauptdokument zu speichern. Sollten Sie allerdings Folien hinzufügen, werden diese in den benutzerdefinierten Präsentationen nicht berücksichtigt. Das ist sehr zu begrüßen, denn anderenfalls würden Ihre Präsentationen ja im wahrsten Sinne des Wortes »zerschossen«.

Eine zielgruppenorientierte Präsentation mit Links erstellen

Wünschen Sie sich noch mehr Individualität beim Vortrag? Dann erstellen Sie doch anstelle einer einfachen zielgruppenorientierten Bildschirmpräsentation eine Link-Präsentation. Im Prinzip ist das eine Erweiterung der zuerst genannten Präsentationsart. Damit wird es dem Vortragenden möglich, ganz individuell per Mausklick zu bestimmen, welcher Teil ausgegeben wird. Derartiges bietet sich besonders dann an, wenn der Vortragende noch nicht weiß, in welchem Bereich erhöhter Trainingsbedarf besteht, oder wenn Prioritäten gesetzt werden müssen. Ein Beispiel: Zunächst wird das Thema Elektronik vorgeführt. Im Anschluss daran halten Sie je nach Interesse der Teilnehmer entweder einen Vortrag über Mechanik oder Karosseriebau.

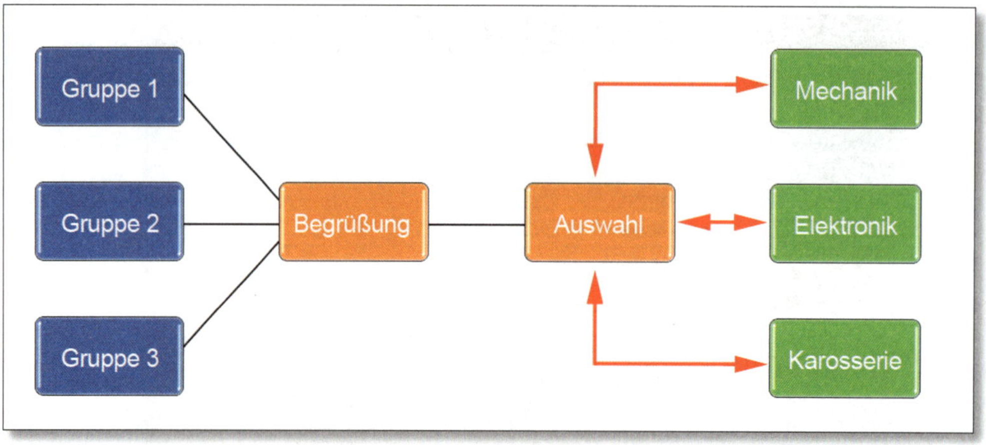

Abbildung 37.7 *Hier ist ein Höchstmaß an Individualität möglich.*

Um eine zielgruppenorientierte Präsentation mit Links zu erstellen, greifen wir abermals auf unsere Ausgangspräsentation *Autohaus.pptx* zurück. Öffnen Sie daher die entsprechende Datei aus dem Ordner *37* der Beispieldateien.

1 Klicken Sie auf die Schaltfläche **Benutzerdefinierte Bildschirmpräsentation** in der Gruppe **Bildschirmpräsentation starten** der Registerkarte **Bildschirmpräsentation**. Im Menü der Schaltfläche klicken Sie auf **Zielgruppenorientierte Präsentationen**. Im Dialog **Zielgruppenorientierte Präsentationen** wählen Sie den Button **Neu**.

2 Zuallererst werden wir die sogenannte primäre Präsentation erzeugen. Diese beinhaltet nur jene Bereiche, die für alle drei Gruppen relevant sind. Benennen Sie die Zusammenstellung entsprechend (z. B. »Autohaus Start«), und fügen Sie alle Folien hinzu, die ausschließlich für sämtliche Teilnehmer vorgesehen sind. Das sind im konkreten Fall die Folien 1–4 und 14–15. Alle drei Spezialgebiete bleiben indes außen vor. Markieren Sie die entsprechenden Folien im Feld links, und klicken Sie auf den Button **Hinzufügen**. Klicken Sie zur Bestätigung der Auswahl auf **OK**.

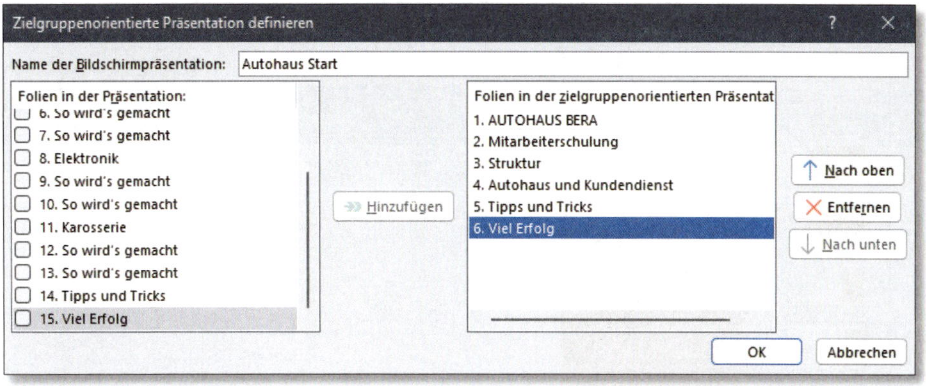

3 Als Nächstes sind die sogenannten sekundären Präsentationen an der Reihe. Hier erstellen Sie bitte jeweils eine zielgruppenorientierte Präsentation zu jedem Spezialbereich. Im Beispiel sind das:

- **Autohaus Mechanik**: Folien 5–7
- **Autohaus Elektronik**: Folien 8–10
- **Autohaus Karosserie**: Folien 11–13

Die themenübergreifenden Folien bleiben hier konsequent außen vor. Leiten Sie das Erstellen jeder zielgruppenorientierten Präsentation mit einem Klick auf die Schaltfläche **Neu** ein, und vergessen Sie nicht, die einzelnen Präsentationen entsprechend zu benennen.

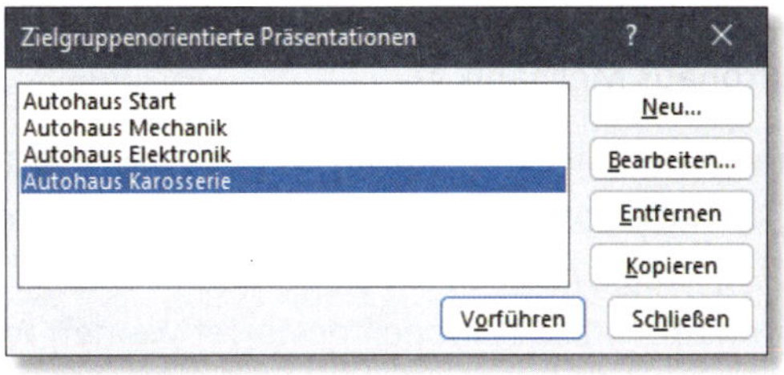

4 Haben Sie die vier zielgruppenorientierten Präsentationen erstellt, können Sie nun die Links einbauen. Verlassen Sie den Dialog mit einem Klick auf **Schließen**, und aktivieren Sie daraufhin **Folie 4** im Folienregister. Hier werden die Teilnehmer ja inhaltlich noch einmal darauf hingewiesen, dass es innerhalb des Unternehmens ein Verkaufs- sowie ein Reparatursegment gibt. Für das technische Personal ist nur das Reparatursegment von Interesse, weshalb wir dort nun auch die Links einsetzen werden.

5 Klicken Sie auf das rechte Textfeld. Als Nächstes platzieren Sie die Einfügemarke unmittelbar hinter dem Wort »Reparatur« und drücken zweimal [↵]. Geben Sie die Begriffe »Mechanik«, »Elektronik« und »Karosserie« ein, wobei Sie nach dem ersten und zweiten Eintrag jeweils erneut [↵] betätigen.

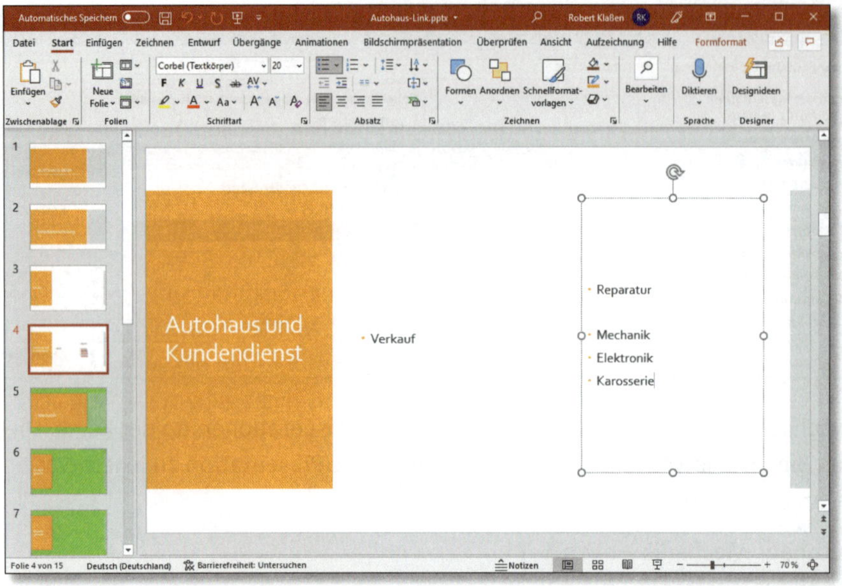

6 Führen Sie einen Doppelklick auf den Begriff **Mechanik** aus. Klicken Sie danach auf die Schaltfläche **Link** in der Gruppe **Links** der Registerkarte **Einfügen**.

7 Im Dialog **Link einfügen** müssen Sie zunächst einen Bereich angeben, zu dem verzweigt werden soll. Das machen Sie links in der Spalte **Link zu** durch Anwahl von **Aktuelles Dokument** ❶.

8 Scrollen Sie in der Liste **Wählen Sie eine Stelle in diesem Dokument aus** ganz nach unten, und klicken Sie auf den Eintrag **Autohaus Mechanik** ❷.

9 Als Nächstes müssen Sie unbedingt noch die Checkbox **Anzeigen und zurück** ❸ aktivieren, ehe Sie den Dialog bestätigen, da nach Vorführung der Mechanik-Präsentation automatisch wieder auf die Seite 4 der Primärpräsentation gesprungen werden soll, also an die Stelle, von der aus die sekundären Präsentationen gestartet werden. Missachten Sie das, wird nach Durchlauf des Mechanik-Segments mit Folie 5 fortgefahren – und damit wäre keine weitere Sekundärauswahl mehr möglich. Bestätigen Sie mit einem Klick auf **OK**.

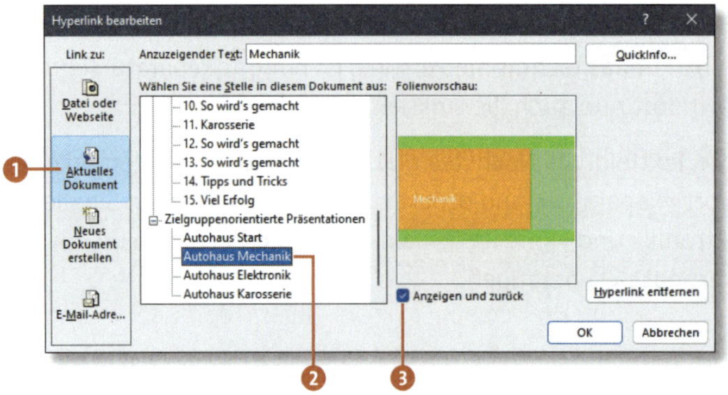

10 Verfahren Sie nun auf die gleiche Weise mit den anderen Begriffen auf Folie 4. Markieren Sie also als Nächstes den Begriff **Elektronik**, verlinken Sie diesen zur Sekundärpräsentation **Autohaus Elektronik**, wiederholen Sie die Schritte 6 bis 9. Denken Sie daran, auch hier im Dialog **Link einfügen** die Checkbox **Anzeigen und zurück** zu aktivieren. Binden Sie zuletzt den Karosserie-Bereich auf die gleiche Weise in die Präsentation ein.

11 Starten Sie die Präsentation (F5), und prüfen Sie die Funktionsweise der Links in Folie 4. In diesem Zusammenhang gibt es noch eine sehr nützliche Hilfe für den Vortragenden. Wenn dieser nämlich nach Anwahl einer Sekundärpräsentation zurückkommt, kann er anhand der Linkfarbe erkennen, welche Bereiche bereits besucht worden sind und welche noch nicht. Im konkreten Fall werden besuchte Links in Gelb-Orange angezeigt. Bei drei Themengebieten mag das nicht ganz so wichtig sein, sollten Sie jedoch mit zahlreichen Sekundärpräsentationen arbeiten, ist dieses Hilfsmittel nicht zu unterschätzen.

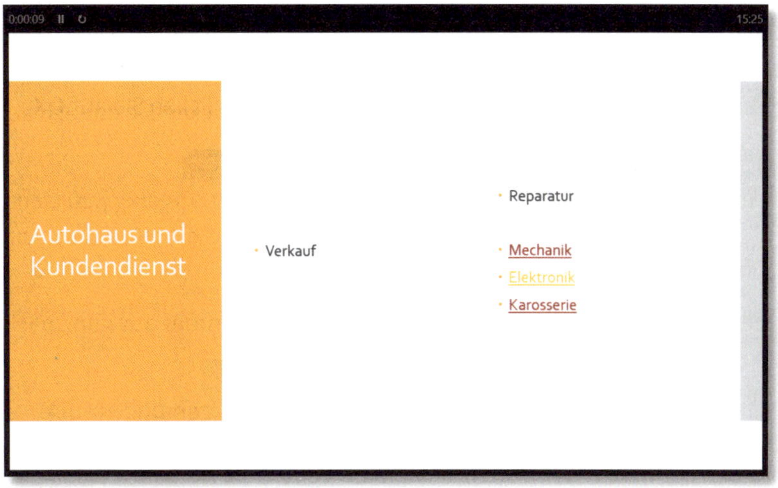

Eine entsprechende zielgruppenorientierte Präsentation mit Links finden Sie unter dem Dateinamen *Autohaus-Link.pptx* im Ordner *Ergebnisse* der Beispieldateien.

37.3 Weitere benutzerdefinierte Bildschirmpräsentationen erstellen

Falls Sie nur einzelne Bereiche einer zielgruppenorientierten Bildschirmpräsentation ausgeben möchten, können Sie eine benutzerdefinierte Bildschirmpräsentation aus bereits vorhandenen zielgruppenorientierten Bildschirmpräsentationen erzeugen. Welche Möglichkeiten Ihnen dazu in PowerPoint zur Verfügung stehen, erfahren Sie in den folgenden Unterabschnitten.

Benutzerdefinierte Präsentation zur Weitergabe erstellen

Benutzerdefinierte Präsentationen zur Weitergabe sind vor allem dann sehr nützlich, wenn Sie Ihren Teilnehmern beispielsweise die Präsentation zur Information im Nachhinein zur Verfügung stellen möchten. In der Praxis wird der Karosseriebauer auf die Inhalte der primären Präsentation ebenso gut verzichten können wie auf die Fachgebiete Mechanik und Elektronik, wie sie in der Präsentation *Autohaus-Link.pptx* im Ordner *Ergebnisse* der Beispieldateien vorhanden sind: Er ist nur an den Folien interessiert, die für den Karosseriebau bestimmt sind. Und genau diesen Teil wollen wir nun separat ausgeben.

1. Natürlich wäre es denkbar, zunächst eine neue, individuelle Präsentation als benutzerdefinierte Bildschirmpräsentation anzulegen. Wir wollen der Einfachheit halber aber nun dafür sorgen, dass lediglich der Abschnitt **Karosserie** aus der bestehenden Präsentation berücksichtigt wird. Da es davon bereits eine sekundäre Präsentation im Beispielprojekt *Autohaus-Link.pptx* gibt, können wir gleich mit der Ausgabe des entsprechenden Bereichs fortfahren.
2. Klicken Sie auf die Schaltfläche **Bildschirmpräsentation einrichten** in der Gruppe **Einrichten** der Registerkarte **Bildschirmpräsentation**.
3. Im Dialog **Bildschirmpräsentation einrichten** aktivieren Sie den Radiobutton **Zielgruppenorientierte Präsentation** im Bereich **Folien anzeigen** und entscheiden sich in dem darunter befindlichen Auswahlfeld für **Autohaus Karosserie**. Klicken Sie auf **OK**.

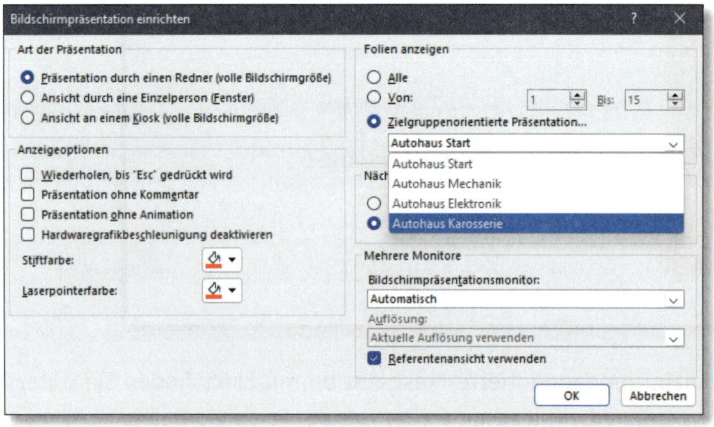

4. Speichern Sie die Präsentation (**Datei > Speichern unter**) im Format **PowerPoint-Bildschirmpräsentation (*.ppsx)**. Diese können Sie dem Teilnehmer dann zur Verfügung stellen (beispielsweise auf einem Datenträger oder als Download).

Eine auf die zuvor beschriebene Weise ausgegebene Datei kann nur zur Präsentation, nicht jedoch zur Nachbearbeitung benutzt werden. Sie ist also zur Weitergabe optimal geeignet – und beinhaltet außerdem nur die Bereiche, die den Schulungsteilnehmer wirklich interessieren.

Bildschirmpräsentation aufzeichnen

In diesem Zusammenhang ist auch das Aufzeichnen einer Präsentation sehr interessant. Damit haben Sie nämlich die Möglichkeit, eigene Kommentare im Präsentationsverlauf zu ergänzen. Der Teilnehmer kann dann beispielsweise im Nachhinein eine selbstlaufende Präsentation mitsamt Ihren Erklärungen erhalten.

1. Die Schritte 1 und 2 sind optional, da sie nur als Test für den späteren Vortrag zu betrachten sind. Wenn Sie bereits versiert im Vortrag sind, starten Sie mit Schritt 3. Falls Sie zunächst einmal üben möchten, klicken Sie auf **Anzeigedauer testen** in der Gruppe **Einrichten** des Registers **Bildschirmpräsentation**. Bei dieser Vorgehensweise finden Sie heraus, wie viel Zeit Sie für die eine oder andere Folie benötigen. Auf einen Versprecher oder Ähnliches sollten Sie gar nicht reagieren, sondern einfach weitersprechen. Immerhin geht es bei **Anzeigedauer testen** nur darum, die Zeiten für die einzelnen Folien festzulegen.
2. Wenn Sie fertig sind, betätigen Sie [Esc]. Alternativ führen Sie einen Rechtsklick auf der Folie aus und entscheiden sich im Kontextmenü für **Präsentation beenden**. Ein Dialog informiert Sie über die verstrichene Zeit und fragt ab, ob die Anzeigedauern gespeichert werden sollen.

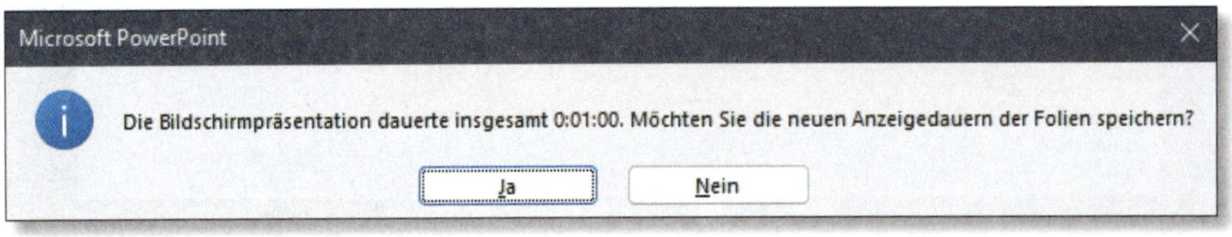

3. Falls Sie die Schritte 1 und 2 vollzogen haben und zudem die dort festgelegten Anzeigedauern übernehmen wollen, deaktivieren Sie jetzt zunächst die Checkbox **Anzeigedauern verwenden**. Möchten Sie komplett von vorne beginnen bzw. haben Sie die Anzeigedauern zuvor nicht getestet, lassen Sie die Checkbox aktiv.
4. Klicken Sie auf die nach unten weisende Pfeilspitze der Schaltfläche **Bildschirmpräsentation aufzeichnen** in der Gruppe **Einrichten** der Registerkarte **Bildschirmpräsentation**, um das Schaltflächenmenü zu öffnen. Entscheiden Sie im Menü der Schaltfläche, ob die Aufnahme an der aktuell ausgewählten Folie oder am Anfang der Präsentation starten soll.

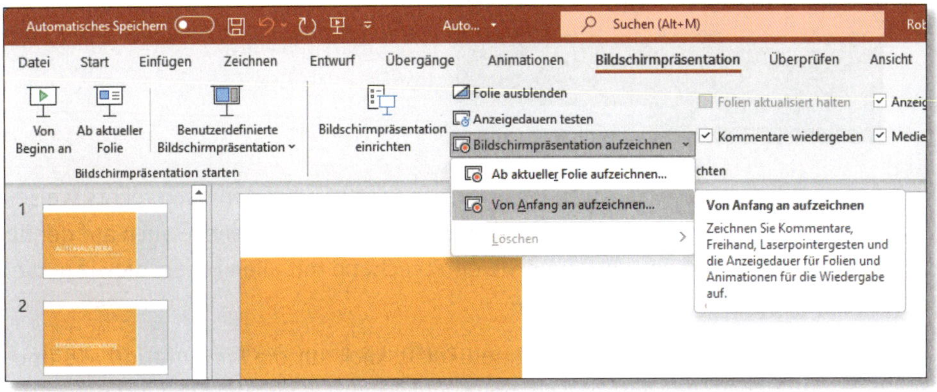

5 Die Präsentation wird nun bildschirmfüllend dargestellt. Werfen Sie einen Blick auf die Kopfzeile. Dort lassen sich noch **Einstellungen** bezüglich Kamera und/oder Mikrofon vornehmen. Wenn Sie bereit sind, mit der Aufnahme zu beginnen, klicken Sie oben links auf den roten Aufnahmeknopf, oder betätigen Sie [R] (für Record) auf Ihrer Tastatur.

6 Nun beginnt ein dreisekündiger Countdown, der in der Bildschirmmitte angezeigt wird; danach startet die Präsentation. Sprechen Sie den gewünschten Text über ein angeschlossenes Mikrofon ein. Wenn Sie eine Pause benötigen, klicken Sie kurz auf den **Pause**-Button oben links. Ein erneuter Klick auf die nun wieder sichtbare Aufnahmetaste setzt die Aufzeichnung fort. (Im übernächsten Schritt werden Sie eine noch komfortablere Methode kennenlernen, mit der Sie die Aufzeichnung anhalten bzw. fortsetzen können.)

7 Begeben Sie sich zur nächsten Folie. Klicken Sie dazu auf den nach rechts weisenden Pfeil am rechten Bildrand, oder drücken Sie z. B. [→]. Sprechen Sie auch auf der nächsten Folie Ihren Text ein. Verfahren Sie entsprechend mit allen Folien, die Sie in die Aufzeichnung aufnehmen möchten.

8 Wenn Sie fertig sind, führen Sie einen Rechtsklick auf die Präsentation aus und entscheiden sich für **Präsentation beenden**. Beachten Sie, dass die Aufnahme bereits ruht,

sobald Sie den Rechtsklick ausführen. Logisch, denn immerhin soll das Kontextmenü ja nicht mit in die Aufnahme gelangen. Das Einsprechen nach dem Rechtsklick ist also nicht mehr möglich. Um dennoch fortzusetzen, müssten Sie nun mit links auf die Folie klicken. Sie sehen: Auch mit dem rechten und linken Mausklick lässt sich die Aufnahme komfortabel anhalten und fortsetzen.

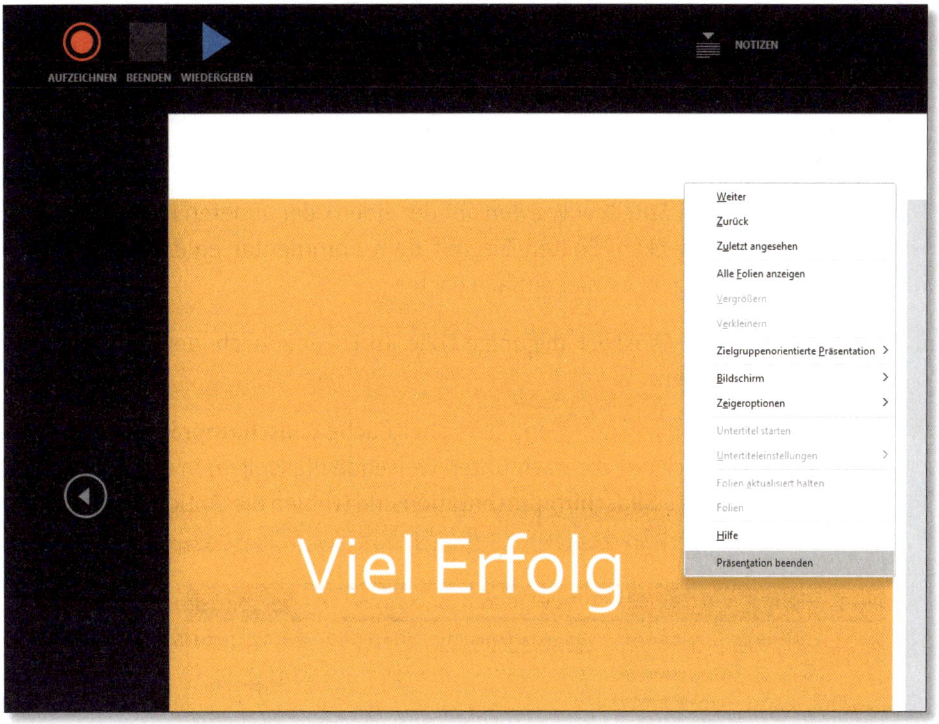

9 PowerPoint verdeutlicht mithilfe eines Lautsprecher-Symbols unten rechts auf der Folie, dass ein Audiokommentar vorhanden ist. Zeigen Sie darauf, lässt dieser sich sogar abspielen. Sie erhalten dann eine entsprechende Steuerelementleiste.

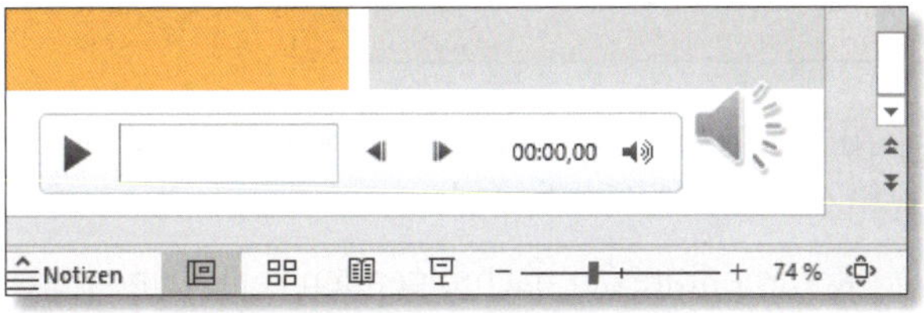

Sie können nun die Aufnahme der Präsentation zur Weitergabe im Format **PowerPoint-Bildschirmpräsentation (*.ppsx)** abspeichern (**Datei > Speichern unter**). Der Vorteil für den Empfänger dieser Präsentation: Er darf sich entspannt zurücklehnen und die Präsentation wie einen Film ansehen. Denn er muss sich noch nicht einmal um den Folienwechsel kümmern.

INFO

Eine Aufnahme verwerfen

Sie benötigen die Aufnahme nicht mehr und wollen sie entsorgen? Dann markieren Sie das Lautsprecher-Symbol unten rechts und betätigen `Entf`. Fortan ist betretenes Schweigen angesagt. Alternativ klicken Sie auf den Schriftzug **Bildschirmpräsentation aufzeichnen**, zeigen auf **Löschen** und klicken auf **Kommentare für alle Folien löschen**.

Aufnahme editieren

Es ist ausgesprochen schwierig, einen Vortrag bereits im ersten Anlauf optimal hinzubekommen. Selbst geübte Sprecher werden auf der einen oder anderen Folie nachträglichen Handlungsbedarf entdecken. Sollten Sie mit dem Kommentar einer bestimmten Folie nicht zufrieden sein, legen Sie hier einfach nach.

1. Aktivieren Sie per Mausklick diejenige Folie im Folienbereich, deren Kommentar Sie neu verfassen wollen.
2. Danach öffnen Sie das Untermenü der Schaltfläche **Bildschirmpräsentation aufzeichnen** (mit einem Klick auf die nach unten weisende Pfeilspitze) in der Gruppe **Einrichten** der Registerkarte **Bildschirmpräsentation** und wählen die Option **Ab aktueller Folie aufzeichnen**.

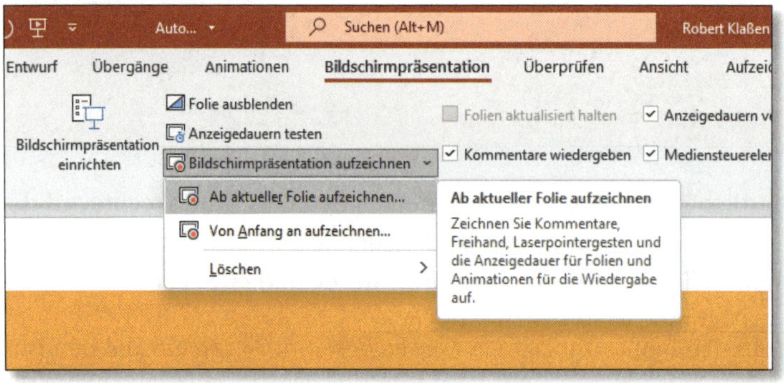

3. Sprechen Sie den Kommentar für diese Folie neu ein. Wenn Sie fertig sind, klicken Sie mit rechts auf die Folie und wählen **Präsentation beenden**.

Spielen Sie die Präsentation ab. Die Kommentare der nachfolgenden Folien sind durch die Änderung übrigens nicht in Mitleidenschaft gezogen worden. Deren Audioinhalt bleibt unverändert bestehen.

37.4 Nicht benötigte Folien ausblenden

Wie sich Folien im Folienbereich deaktivieren lassen, haben Sie ja bereits im Unterabschnitt »Folien ausblenden« auf Seite 882 erfahren. Nun können alle Folien, die von der

Präsentation ausgeklammert werden sollen, auf diese Weise deaktiviert werden. Einfacher ist es jedoch, den Folienbereich anzugeben, den man vorführen möchte. Voraussetzung hierfür ist allerdings, dass dieser Folienbereich zusammenhängend ist.

Klicken Sie auf **Bildschirmpräsentation einrichten** in der Gruppe **Einrichten** der Registerkarte **Bildschirmpräsentation**. Im Bereich **Folien anzeigen** des Dialogs aktivieren Sie **Von** und geben rechts daneben den Folienbereich an, der präsentiert werden soll.

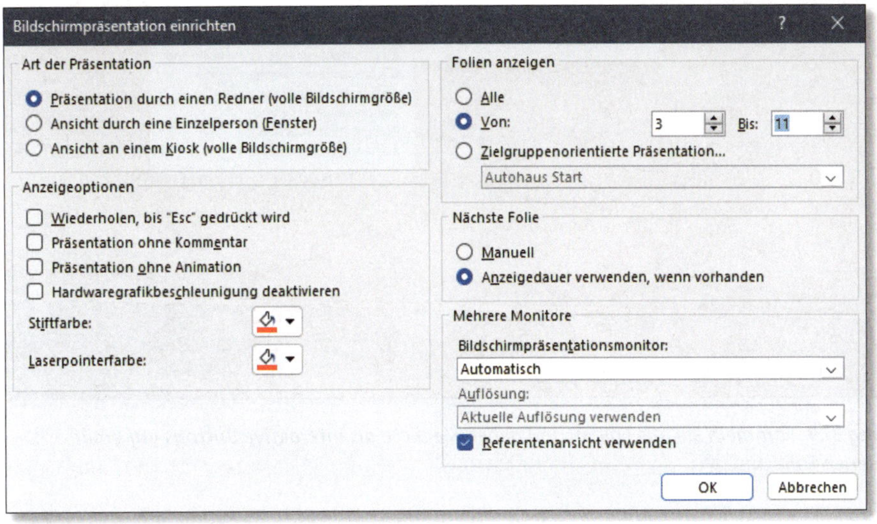

Abbildung 37.8 Bestimmen Sie, welcher Bereich der Präsentation berücksichtigt werden soll.

Falls Sie mehrere nicht beisammenliegende Bereiche präsentieren wollen, ist indes zu empfehlen, davon eine benutzerdefinierte Zielgruppenpräsentation zu erzeugen. Wie das geht, erfahren Sie in Abschnitt 37.2, »Eine zielgruppenorientierte Bildschirmpräsentation erstellen«, ab Seite 963.

37.5 Folien zoomen

Mit Office 2019 zog seinerzeit eine Funktion in den PowerPoint-Alltag ein, die bemerkenswerte Unterstützung bei der individuellen Auswahl einzelner Folien bietet. Das Ganze nennt sich *Zoom*, wobei drei unterschiedliche Arten existieren. Da wäre zum einen der *Zusammenfassungszoom* und zum anderen der *Folienzoom* sowie der *Abschnittszoom*.

Zusammenfassungszoom

Wollen Sie am Anfang einer Präsentation die Möglichkeit schaffen, sämtliche Folien, die den Beginn eines thematisch eigenen Abschnitts kennzeichnen, in Form von Miniaturfolien zusammenzufassen? Immerhin hätte dies zur Folge, dass Sie von dieser neu zu erstellenden Folie aus jeden beliebigen Abschnitt sofort ansteuern könnten. Falls ja, dann entscheiden Sie sich für **Zusammenfassungszoom**. Den gleichnamigen Button finden Sie unter dem Reiter **Einfügen** in der Rubrik **Links**.

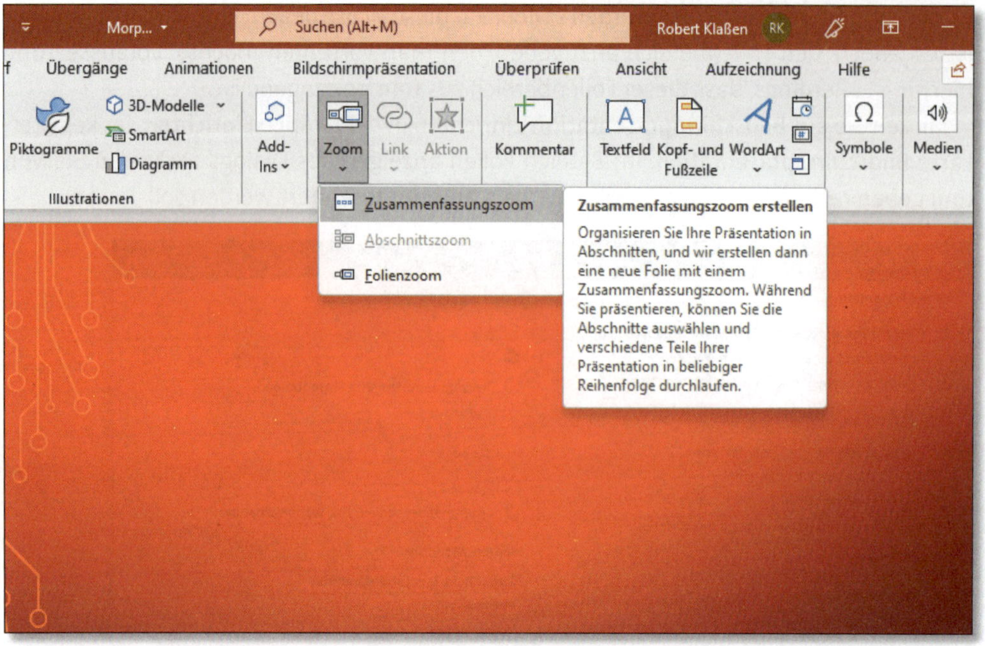

Abbildung 37.9 *Sammeln Sie alle Folien, und geben Sie diese als interaktive Buttons auf einer einzelnen neuen Folie aus.*

Im Anschluss an diese Aktion öffnet sich ein Dialog, in dem Sie jede Folie anwählen können, die einen thematisch neuen Abschnitt einleitet. Danach finden Sie in der linken Spalte der Folienminiaturen eine neue Miniatur – und zwar zuoberst. Von dort aus lässt sich nun jeder Abschnitteinstieg ansteuern, da zu jedem einzelnen eine Miniatur auf die Zusammenfassungsfolie aufgebracht worden ist. Stellen Sie sich das vor wie ein Inhaltsverzeichnis für Ihre einzelnen Präsentationsabschnitte. Eine tolle Sache, oder?

Abschnittszoom

Der Abschnittszoom ist im Prinzip gleichzusetzen mit dem Zusammenfassungszoom. Der markante Unterschied ist jedoch, dass Sie nicht wie bei der Zusammenfassung nach der Präsentation eines jeden Abschnitts zur Zoomfolie zurückkehren, sondern stets zu der Folie, aus der Sie zuvor in den Abschnitt hineingezoomt haben. Grundsätzlich ist es sinnvoll, zunächst einen Zusammenfassungszoom für die gesamte Präsentation zu erstellen und anschließend für jeden Abschnitt jeweils einen weiteren Abschnittszoom zu integrieren.

Folienzoom

Nicht minder interessant ist der Folienzoom. Sie ahnen es: Mit dieser Funktion, die Sie übrigens im Menüband in der gleichen Liste finden wie den Zusammenfassungszoom und den Abschnittszoom, dürfen Sie jede beliebige Folie explizit auswählen, also nicht nur Zusammenfassung und einleitende Abschnitte, sondern wirklich jede Folie, die Ihnen wichtig erscheint. Wählen Sie auch hier per nachgeschaltetem Dialog, welche Folien auf die neue Zoomfolie aufgebracht werden sollen, und bestätigen Sie Ihre Auswahl mit einem Klick auf **Einfügen**.

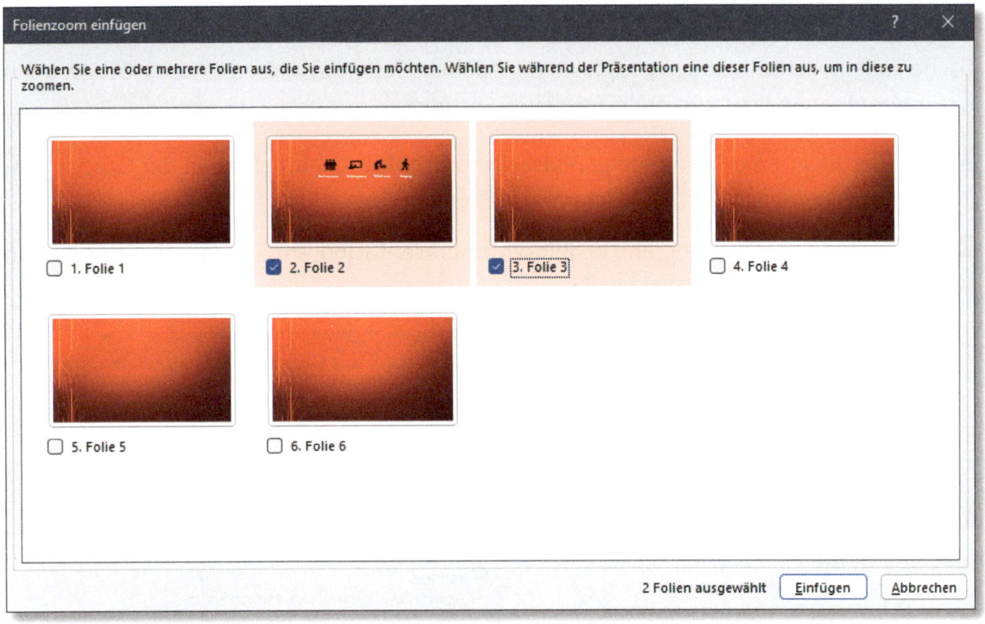

Abbildung 37.10 *Wählen Sie jede Folie aus, die am Ende auf dem Folienzoom erscheinen soll.*

Den Namen (Zoom) verdanken diese Funktionen wohl vor allem der Tatsache, dass nach dem Aktivieren einer Folie vom jeweiligen Zoom-Master aus auf die Zielfolie eingezoomt wird. Dieser visuelle Effekt kann natürlich hier im Buch nicht wiedergegeben werden. Probieren Sie es selbst einmal aus, indem Sie zunächst die gewünschte Zoomfolie hinzufügen und dann die Präsentation starten.

37.6 Die Anzeigedauer der Folien festlegen

Die Anzeigedauer einer Folie ist zunächst einmal auf unendlich eingestellt. Wenn Sie also eine Präsentation starten, bleibt die Folie so lange stehen, bis Sie die nächste Aktion in die Wege leiten (beispielsweise mit einem Mausklick den Folienwechsel). Sobald Sie jedoch einen Kommentar einsprechen (siehe dazu den Unterabschnitt »Bildschirmpräsentation aufzeichnen« auf Seite 972), wird die Anzeigedauer einer Folie automatisch an die Dauer des Kommentars angepasst. Das heißt: Der Präsentator muss nichts mehr unternehmen. Ist der Kommentar zu Ende, erfolgt ein automatischer Folienwechsel. Aber genau das stellt Sie möglicherweise vor ein Problem.

Anzeigedauer-Automatik deaktivieren

Stellen Sie sich vor, Sie sind im Auftrag einer Schulungseinrichtung unterwegs. Das Institut hat Ihnen ein vorgefertigtes PowerPoint-Dokument überreicht, in dem der Leiter des Instituts seine Teilnehmer via Audioaufnahme begrüßt. Sie starten die Präsentation und lassen das gesprochene Wort auf sich (und Ihre Teilnehmer) wirken. Was passiert nun am Ende der Folie? Na klar: Folie 2 wird aktiviert. Was aber, wenn Sie zu Folie 1 noch einen eigenen Kommentar hinzufügen möchten? Das wäre ja gar nicht mehr möglich, denn der automatische Folienwechsel würde ja sogleich die nächste Seite präsentieren. Keine Sorge, auch dafür bietet Ihnen PowerPoint die passende Lösung.

1 Klicken Sie auf die Schaltfläche **Bildschirmpräsentation einrichten** in der Gruppe **Einrichten** der Registerkarte **Bildschirmpräsentation**.

2 Aktivieren Sie im Dialogfenster **Bildschirmpräsentation einrichten** den Radiobutton **Manuell** im Bereich **Nächste Folie**.

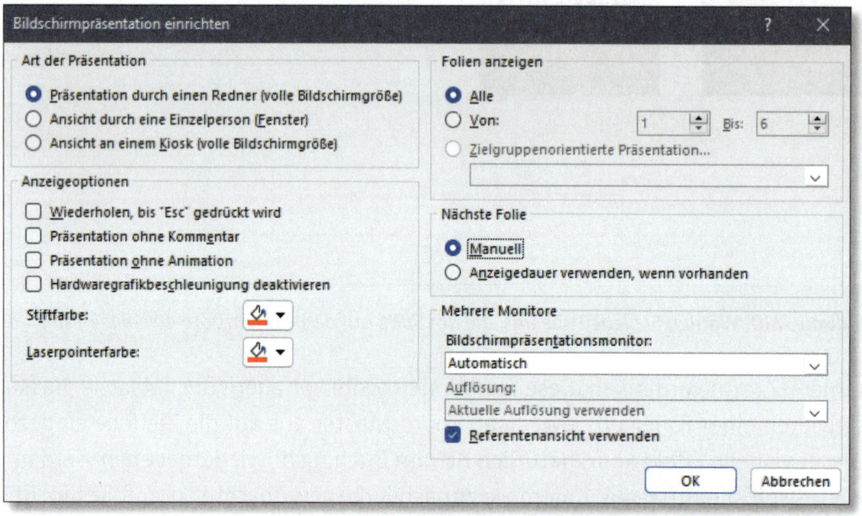

3 Bestätigen Sie mit einem Klick auf **OK**, und spielen Sie die Präsentation ab.

Fortan können Sie den Folienwechsel manuell in die Wege leiten – haben also stets ausreichend Gelegenheit, eigene Informationen zum Besten zu geben, ehe die nächste Folie präsentiert wird.

Die Anzeigedauer individuell anpassen

Lassen Sie uns noch einen Schritt weiter gehen. Denn wenn man bedenkt, dass es in der ganzen Präsentation nur wenige oder vielleicht sogar nur eine einzige Folie gibt, deren Wechsel nicht automatisch stattfinden soll, wäre es natürlich schade, wenn man den zeitgesteuerten Folienwechsel für die gesamte Präsentation deaktivieren würde.

1 In diesem Fall bietet es sich an, **Anzeigedauer verwenden, wenn vorhanden** im Frame **Nächste Folie** des Dialogs **Bildschirmpräsentation einrichten** zu aktivieren.

2 Klicken Sie anschließend im Folienregister auf die Folie, deren Zeitrahmen außer Kraft gesetzt werden soll.

3 Öffnen Sie das Schaltflächenmenü des Buttons **Bildschirmpräsentation aufzeichnen** in der Gruppe **Einrichten** der Registerkarte **Bildschirmpräsentation**, und wählen Sie den Befehl **Löschen**.

4 Im Folgemenü klicken Sie auf den Befehl **Anzeigedauer für aktuelle Folie löschen**.

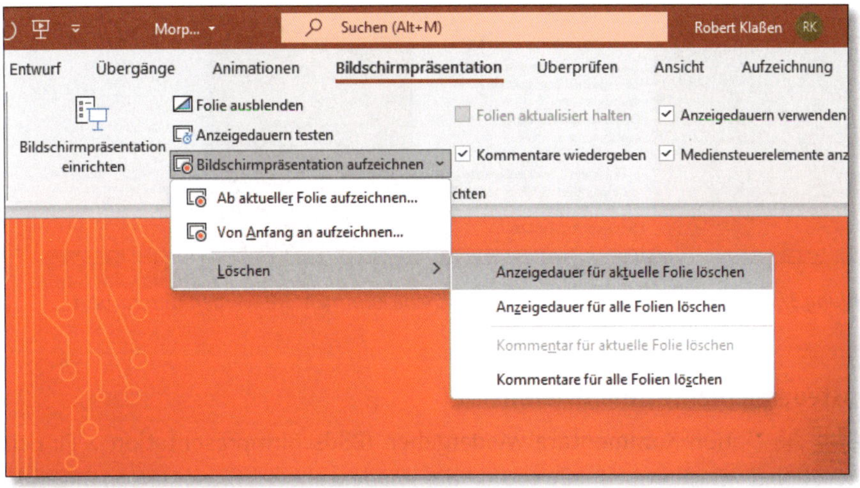

Bei dieser Aktion bleiben auf der Folie befindliche Kommentare ebenso erhalten wie alle anderen eventuell dort untergebrachten Funktionen. Lediglich der automatische Wechsel zur nächsten Folie wird unterdrückt.

37.7 Kommentare und Mediensteuerelemente ausblenden

Grundsätzlich muss man unterscheiden zwischen Audiokommentaren und Kommentaren. Ersteres bezeichnet das gesprochene Wort, während das Zweite einen schriftlichen Kommentar meint. Schriftliche Kommentare fügen Sie über die Schaltfläche **Kommentare** in der Statusleiste ein. In diesem Abschnitt geht es jedoch um das Deaktivieren von Kommentaren, die Sie während einer Aufzeichnung einer Bildschirmpräsentation eingesprochen haben.

Audiokommentare deaktivieren

Sollten Sie bei der Aufzeichnung einer Präsentation Kommentare eingesprochen haben (siehe dazu den Unterabschnitt »Bildschirmpräsentation aufzeichnen« auf Seite 972), können diese zur Wiedergabezeit unterdrückt werden. Klicken Sie dazu auf die Schaltfläche **Bildschirmpräsentation einrichten** in der Gruppe **Einrichten** der Registerkarte **Bildschirmpräsentation**. Daraufhin wird der gleichnamige Dialog geöffnet. Aktivieren Sie auf der linken Seite des Dialogs im Bereich **Optionen** den Radio-Button vor **Präsentation ohne Kommentar**. Das Gleiche erreichen Sie im Übrigen mithilfe der Checkbox **Kommentare wiedergeben** (❶ auf Seite 982) in der Gruppe **Einrichten** der Registerkarte **Bildschirmpräsentation**. Deaktivieren Sie diese, werden sämtliche Audiokommentare unterdrückt.

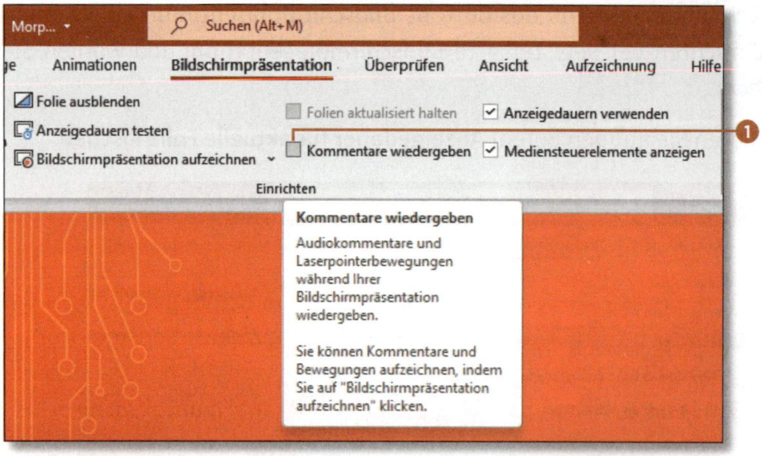

Abbildung 37.11 *Jetzt ist Ruhe im Karton: Gesprochene Kommentare werden unterdrückt.*

Mediensteuerelemente deaktivieren

Sollten Sie die Option **Kommentare wiedergeben** (**Bildschirmpräsentation > Einrichten**) deaktiviert haben, erscheint zum Zeitpunkt der Wiedergabe der Präsentation unten rechts auf der Folie ein kleines Lautsprecher-Symbol. Voraussetzung dafür ist natürlich, dass es tatsächlich einen gesprochenen Kommentar auf der Folie gibt. Wenn Sie die Anzeige dieser Symbole unterdrücken wollen, müssen Sie vorab die Checkbox bei **Mediensteuerelemente anzeigen** (**Bildschirmpräsentation > Einrichten**) deaktivieren. Beachten Sie in diesem Zusammenhang, dass dadurch auch die Steuerelemente für Videos deaktiviert werden.

INFO

Erzählungen

Gesprochene Kommentare werden in PowerPoint auch *Erzählungen* genannt. Leider ist es in diesem Zusammenhang jedoch nicht gerade zuträglich, dass die Steuerelemente die Bezeichnung **Kommentar** aufweisen. Man kann sie demzufolge leicht mit geschriebenen Kommentaren verwechseln.

37.8 Die Auflösung Ihrer Präsentation optimieren

Über die Bildschirmauflösung einer Präsentation (damit ist die Anzahl der Bildpunkte gemeint) müssen Sie sich zunächst einmal keine Gedanken machen. Denn PowerPoint passt diese automatisch an das vorhandene Ausgabegerät an. So wird gewährleistet, dass immer die größtmögliche Auflösung benutzt wird, um ein Maximum an Qualität abzuliefern.

Auflösung manuell einstellen

Mitunter kann es jedoch sinnvoll sein, die Auflösung manuell herunterzusetzen. Wenn beispielsweise Monitore mit einer geringen Auflösung oder andere Endgeräte (beispielsweise Tablet oder Handy) als Ausgabemedium vorgesehen sind, können Sie die Auflösung entsprechend anpassen. Das bewirkt, dass grafische Animationen flüssig wiedergegeben werden, anstatt zu ruckeln. Entsprechendes gilt, wenn Sie mit der Referentenansicht arbeiten (siehe Abschnitt 37.9, »Mit zwei Bildschirmen arbeiten: die Referentenansicht«, auf der folgenden Seite).

1 Klicken Sie auf die Schaltfläche **Bildschirmpräsentation einrichten** in der Gruppe **Einrichten** der Registerkarte **Bildschirmpräsentation**.

2 Daraufhin wird das Dialogfenster **Bildschirmpräsentation einrichten** geöffnet. Im Bereich **Mehrere Monitore** ist im Auswahlmenü **Bildschirmpräsentationsmonitor** ❶ standardmäßig **Automatisch** eingestellt. Diese Einstellung verhindert, dass sich die Auflösung verändern lässt. Schalten Sie hier gegebenenfalls auf **Hauptbildschirm** um.

3 Nun können Sie im Menü **Auflösung** den gewünschten Wert auswählen. Bestätigen Sie das Dialogfenster abschließend mit **OK**.

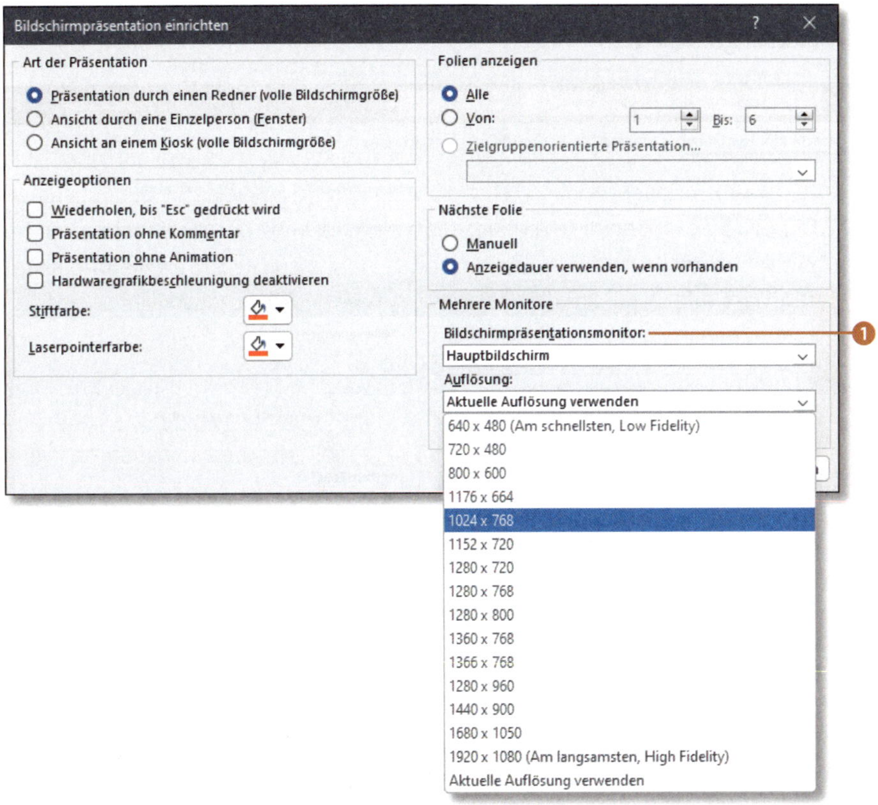

Eine generelle Empfehlung, welche Einstellung die beste ist, kann hier nicht gegeben werden, da sie immer vom Einzelfall abhängt. Das Herabsetzen der Auflösung ist indes nur erforderlich, wenn es während der Präsentation im wahrsten Sinne des Wortes »hakt«, das Bild also beispielsweise ruckelt oder stehen bleibt.

37.9 Mit zwei Bildschirmen arbeiten: die Referentenansicht

Die Referentenansicht ist für den Vortragenden eine erhebliche Arbeitserleichterung. Sie wird idealerweise auf einem separaten Monitor, Tablet oder Notebook angezeigt, der von den Zuschauern nicht eingesehen werden kann. Derweil ist der Hauptmonitor (oder ein angeschlossener Beamer) für den Zuschauer vorgesehen. Dieser sieht nur den Inhalt der Präsentation, während der Vortragende bereits einen Blick auf die nächste Folie werfen kann. Aber das ist nur einer von vielen Vorzügen.

Referentenansicht aktivieren

Um die Referentenansicht zu aktivieren, bedarf es nur eines Klicks auf die Checkbox **Referentenansicht** in der Gruppe **Bildschirme** der Registerkarte **Bildschirmpräsentation** – vorausgesetzt natürlich, das Häkchen ist nicht bereits aktiv. Im darüber befindlichen Steuerelement **Bildschirmpräsentation zeigen auf** legen Sie nicht etwa fest, welcher Monitor zur Referentenansicht verwendet werden soll, sondern welcher zur Ausgabe der eigentlichen Präsentation herangezogen werden soll. Mit **Automatisch** überlassen Sie der Anwendung diese Entscheidung.

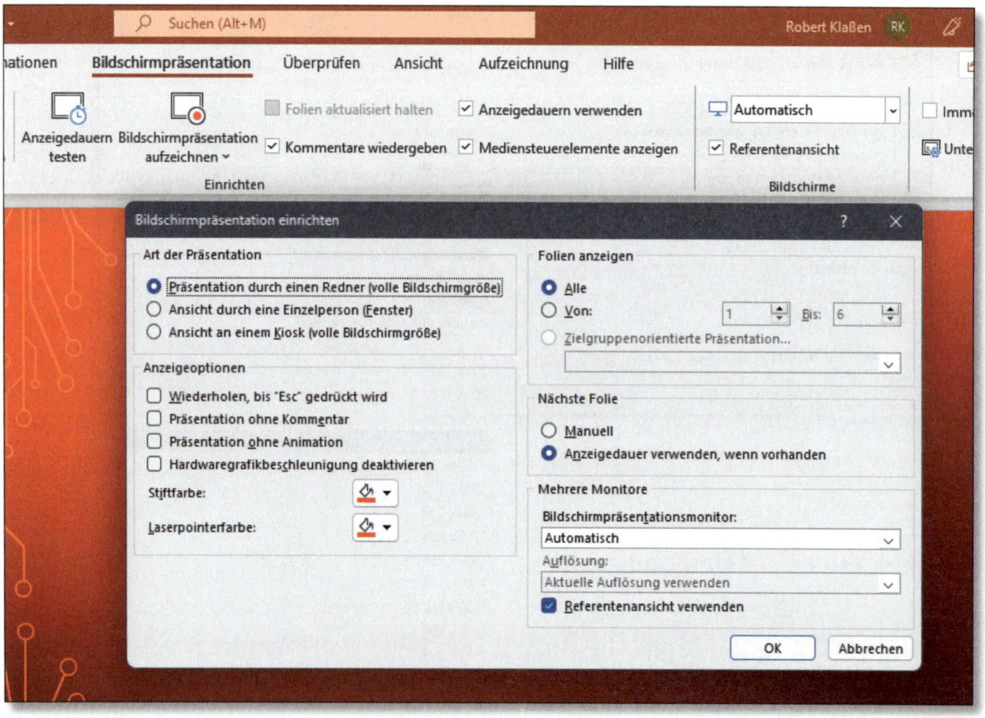

Abbildung 37.12 *Die Referentenansicht ist bei Verwendung zweier Monitore standardmäßig aktiv.*

Die Einstellungen lassen sich auch im Dialogfenster **Bildschirmpräsentation einrichten** (**Bildschirmpräsentation > Einrichten**) festlegen. Benutzen Sie dazu den Bereich **Mehrere Monitore** unten rechts.

Bildschirmpräsentation mit mehreren Monitoren

Nachdem Sie die Vorbereitungen getroffen und eventuell weitere Ausgabegeräte (Monitor oder Beamer) angeschlossen haben, starten Sie die Präsentation. Eine der beiden Ansichten (hier die rechte) ist die standardmäßige Präsentationsansicht, die auch bei Verwendung eines einzelnen Monitors angezeigt wird, während die andere (hier links) die Referentenansicht zeigt.

Abbildung 37.13 *Des Dozenten Freud' – die Referentenansicht*

Die Kopfleiste

In der Kopfleiste der Referentenansicht sind einige interessante Funktionen untergebracht. Hier ist vor allem **Taskleiste anzeigen** zu erwähnen. Hierüber erhalten Sie Zugriff auf die Windows-Taskleiste und können damit den Computer bedienen, ohne die Präsentation anhalten zu müssen. Wir hatten bereits im Kasten »Auf den PC zugreifen« auf Seite 959 darauf hingewiesen, dass Sie dies auch mit der Tastenkombination [Strg]+[T] erreichen können.

Über die weiteren Steuerelemente können Sie die Präsentation bedienen und gegebenenfalls die Anzeige anpassen. Hilfreich ist hier vor allem auch der kleine Zeitgeber links oben, der Ihnen die aktuelle Präsentationszeit ausweist. Wenn Sie Ihre Präsentation kurz unterbrechen wollen, klicken Sie auf die nebenstehende **Pause**-Taste. Das hält die Aufzeichnung vorübergehend an und ermöglicht so die Messung der reinen Präsentationszeit – ohne Pausen.

Die Werkzeuge der Referentenansicht

Die Schaltflächen **Vor** und **Zurück** am unteren Rand der Referentenansicht bedürfen sicher keiner näheren Erläuterung. Interessanter ist da schon die kleine Werkzeugleiste unterhalb der Folienansicht.

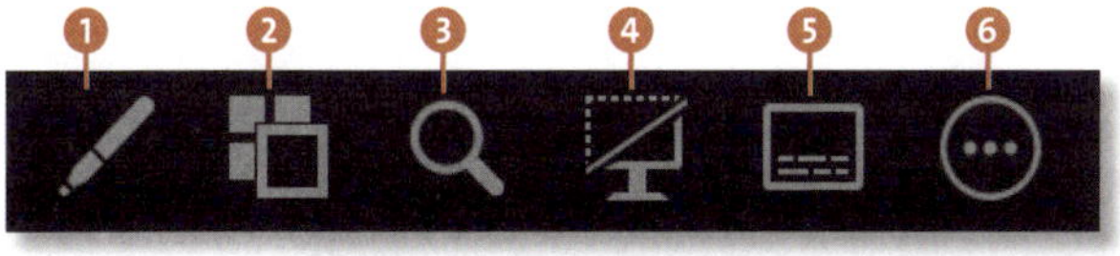

Abbildung 37.14 *Diese Buttons helfen bei der Präsentation enorm weiter.*

1. **Stift und Laserpointer-Tools**: Hinter dieser Schaltfläche verbergen sich diverse Werkzeuge. Mit dem Stift lässt sich beispielsweise auf der Folie schreiben und malen. Der Laserpointer funktioniert durch bloße Bewegung auf der Folie, und der Textmarker kann zur farblichen Hervorhebung von Text verwendet werden. Der Einsatz dieser Werkzeuge ist auch auf dem Präsentationsmonitor sichtbar. Beim Verlassen der Präsentation werden Sie gefragt, ob die Änderungen übernommen werden sollen, wenn Sie beispielsweise mit dem Stift gemalt haben. Es ist in der Regel zu empfehlen, diese Funktionen mit einem Klick auf den Button **Verwerfen** zu löschen, sofern sie nicht dauerhaft in Ihrer Präsentation erhalten bleiben sollen.
2. **Folieninhalt anzeigen**: Hiermit erhalten nur Sie (!) einen Blick auf alle Folien. Diese Funktion ist besonders interessant, wenn Sie einmal während einer laufenden Bildschirmpräsentation eine Folie suchen müssen. Klicken Sie diese an, um sie Ihren Teilnehmern anschließend zu präsentieren.
3. **Folieninhalt vergrößern**: Damit lässt sich ein Bereich der Folie vergrößern. Die Vergrößerung ist auch auf dem Hauptmonitor zu sehen.
4. **Folieninhalt zu Schwarz aus- oder einblenden**: Deaktivieren Sie die Ansicht der Folie temporär. Ein Klick darauf bewirkt, dass der Hauptmonitor schwarz wird. Wiederholen Sie den Klick, um die Folie wieder anzuzeigen.
5. **Untertitel umschalten** – Hierdurch wird es ermöglicht, während der Präsentation Untertitel Ihres Kommentars auszugeben. (Weitere Hinweise dazu finden Sie im folgenden Abschnitt.)
6. **Weitere Bildschirmpräsentationsoptionen**: Öffnen Sie ein Kontextmenü, mit dessen Hilfe weitere Optionen zugänglich werden. Hierüber haben Sie beispielsweise auch Zugriff auf Ihre zielgruppenorientierten Bildschirmpräsentationen (siehe dazu Abschnitt 37.2, »Eine zielgruppenorientierte Bildschirmpräsentation erstellen«, auf Seite 963).

All diese Werkzeuge der Referentenansicht dienen dazu, dass Sie optimale Bedingungen für Ihre Präsentation einrichten können, ohne dass Ihr Publikum davon etwas mitbekommt, und auf diese Weise Ihren Vortrag souverän meistern.

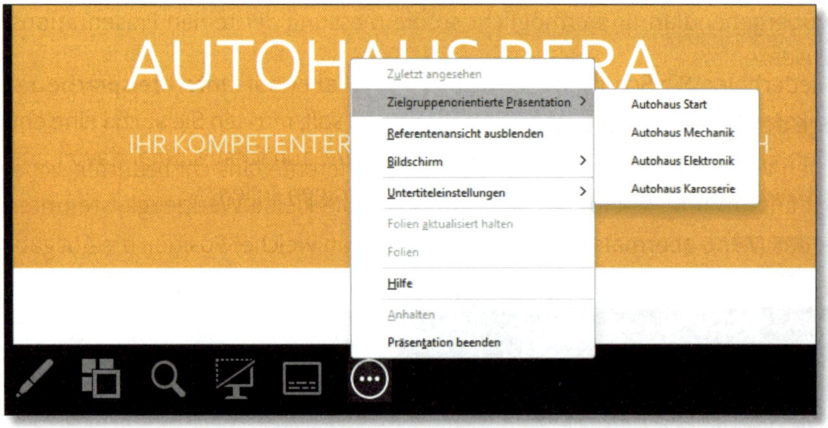

Abbildung 37.15 *Auch speziell vorbereitete Präsentationen lassen sich schnell aktivieren.*

37.10 Präsentation mit Untertiteln (Transkription)

Im vorangegangenen Abschnitt haben Sie erfahren, dass während der Präsentation Untertitel Ihrer gesprochenen Worte ausgegeben werden können. Dadurch ist es tauben und schwerhörigen Menschen ebenso möglich, Ihrem Vortrag zu folgen, wie Menschen, die Ihre Sprache nicht verstehen. Hierbei ist allerdings einiges zu beachten:

1. Bitte geben Sie sich größte Mühe, zu jeder Zeit deutlich zu sprechen.
2. Die technische Qualität der Übertragung ist entscheidend für die Qualität der Transkription. Verwenden Sie daher bitte nach Möglichkeit ein hochwertiges Headset-Mikrofon.
3. Sorgen Sie dafür, dass während der gesamten Dauer Ihres Vortrags eine solide und vor allem stabile Internetverbindung besteht.

So funktioniert die Transkription:

1 Begeben Sie sich in die Gruppe **Untertitel** der Registerkarte **Bildschirmpräsentation**, und öffnen Sie die darin befindliche Schaltfläche **Untertiteleinstellungen**.

2 Zeigen Sie zunächst auf die Zeile **Gesprochene Sprache**, und kontrollieren Sie, ob die Sprache eingestellt ist, in der Sie Ihren Vortrag halten werden.

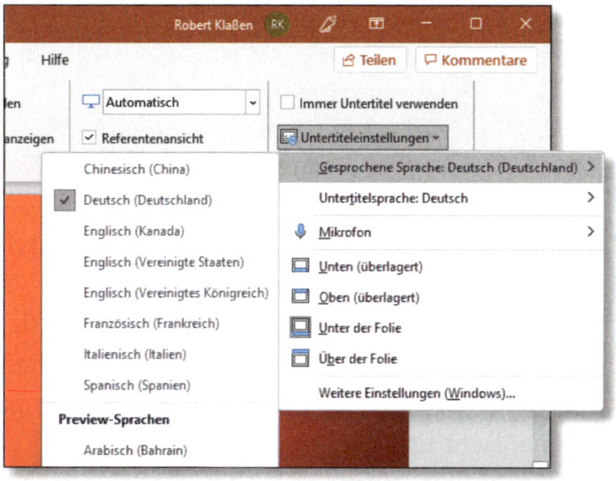

3 Danach wiederholen Sie Schritt 2, wobei Sie diesmal aber auf **Untertitelsprache** zeigen. Wenn keine Übersetzung vorgenommen werden soll, müssen Sie auch keine entsprechenden Einstellungen vornehmen, da PowerPoint zunächst einmal davon ausgeht, dass Untertitel in der gesprochenen Sprache erfolgen sollen.

4 Öffnen Sie das Menü abermals, und entscheiden Sie, an welcher Position die Ausgabe erfolgen soll. Falls Sie sich für **Unter der Folie** (das ist Standard, wenn Sie keine Einstellung vornehmen) oder **Über der Folie** entscheiden, wird das Bild auf dem Ausgabemonitor etwas verkleinert, um Raum für die Transkription zur Verfügung zu stellen.

5 Zuletzt klicken Sie auf **Weitere Einstellungen (Windows)**. Jetzt öffnet sich der Bereich **Barrierefreiheit > Untertitel** Ihrer Betriebssystem-Einstellungen. Eine Vorschau sym-

bolisiert, wie der Untertitel am Ende aussehen wird. Möchten Sie Änderungen vornehmen, stellen Sie beispielsweise den Untertitelstil um oder klicken auf **Bearbeiten**, wobei ich darauf hinweisen möchte, dass sich derartige Einstellungen auch noch während der Präsentation vornehmen lassen.

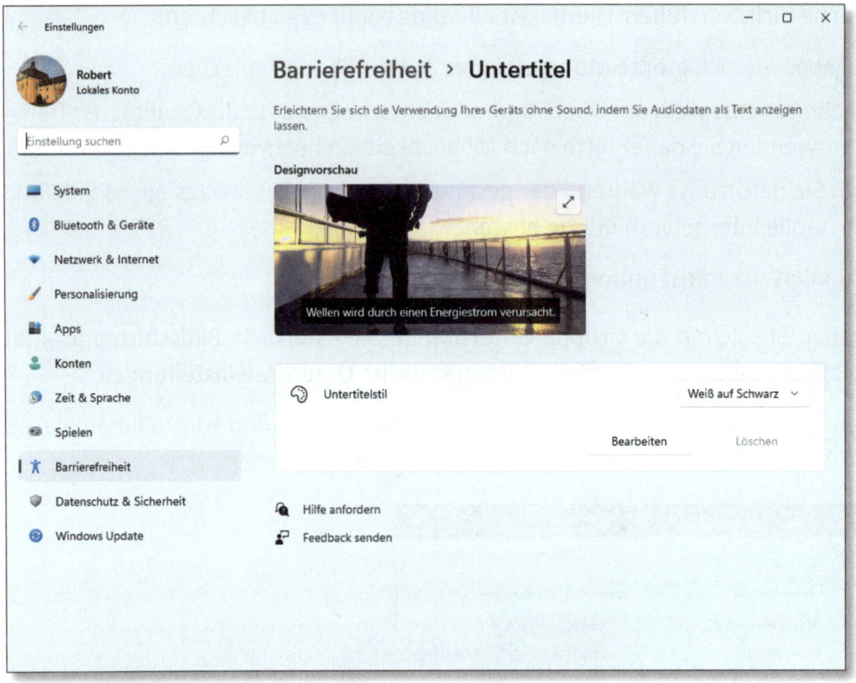

6 Wenn Sie generell mit Untertiteln arbeiten, können Sie in der Gruppe **Untertitel** des Menübands noch die Checkbox **Immer Untertitel verwenden** aktivieren. Lassen Sie die Checkbox inaktiv, ist das auch nicht weiter schlimm, denn Sie können die Transkription auch im Präsentationsmodus noch aktivieren, indem Sie auf **Untertitel umschalten** klicken (siehe vorangegangener Abschnitt). Der Untertitel ist sowohl auf dem Ausgabemonitor als auch auf Ihrer Referentenansicht sichtbar.

Falls Sie während des Vortrags Änderungen vornehmen müssen, können Sie das jederzeit in die Wege leiten, indem Sie die Drei-Punkte-Schaltfläche betätigen und anschließend auf **Untertiteleinstellungen** zeigen. Nun werden alle zuvor erwähnten Einstelloptionen angeboten.

Kapitel 38
Präsentationen speichern, drucken und als Video ausgeben

Die Präsentation ist fertiggestellt und soll nun für unterschiedliche Verwendungszwecke gespeichert werden. Möglicherweise wollen Sie Ihre Teilnehmer auch mit gedrucktem Material aus der Präsentation versorgen. Dann wird Sie der folgende Inhalt besonders interessieren. Beginnen wollen wir jedoch mit den Eigenschaften einer Präsentation.

38.1 Die Eigenschaften einer Präsentation einsehen und bearbeiten

Jedes Dokument hat bestimmte Eigenschaften, z. B. einen Speicherort, einen Titel sowie einen Autor, und kann darüber hinaus noch um Betreff, Schlüsselwörter, Kategorie und Status erweitert werden. Es handelt sich dabei um die sogenannten *Metadaten*. Das sind bestimmte Kriterien oder Merkmale einer Datei, die zusammen mit dem Dokument abgespeichert werden.

Eigenschaften abrufen

Grundsätzlich lassen sich die Metadaten eines Objekts, z. B. einer in PowerPoint generierten *.pptx*-Datei, direkt in Windows anzeigen, indem Sie mit rechts auf die Datei und dann im Kontextmenü auf **Eigenschaften** klicken. Der Name, den Sie auf der Registerkarte **Allgemein** sehen, fällt genauso unter den Begriff Metadaten wie die Inhalte der Registerkarte **Details**.

Im Dialogfenster **Eigenschaften von ...** lassen sich einige dieser Metadaten eintragen (z. B. **Betreff**). Einträge können auch von Ihnen entfernt werden, indem Sie zunächst auf den Link **Eigenschaften und persönliche Informationen entfernen** klicken und die entsprechenden Informationen im Folgedialog bearbeiten. Manche Anwendungen (wie beispielsweise auch PowerPoint) unterstützen jedoch zusätzlich hierzu die direkte Bearbeitung von Eigenschaften, die umfangreicher ausfällt als die Bearbeitungsmöglichkeiten im oben genannten Dialog.

Abbildung 38.1 *Die Metadaten eines PowerPoint-Dokuments*

Eigenschaften ändern

Um die Eigenschaften einer PowerPoint-Datei verändern zu können, benötigen Sie zunächst einmal das Eigenschaftenfenster. Leider gibt es auf der Arbeitsoberfläche keinen Button, der Sie direkt dorthin leitet. Aber auch ohne einen solchen Button lassen sich die Eigenschaften leicht anpassen.

1 Begeben Sie sich in die Backstage-Ansicht von PowerPoint (**Datei**). Klicken Sie in der linken Spalte auf die Rubrik **Informationen** und anschließend auf die Überschrift **Eigenschaften** ganz rechts. Wählen Sie im Menü **Erweiterte Eigenschaften**.

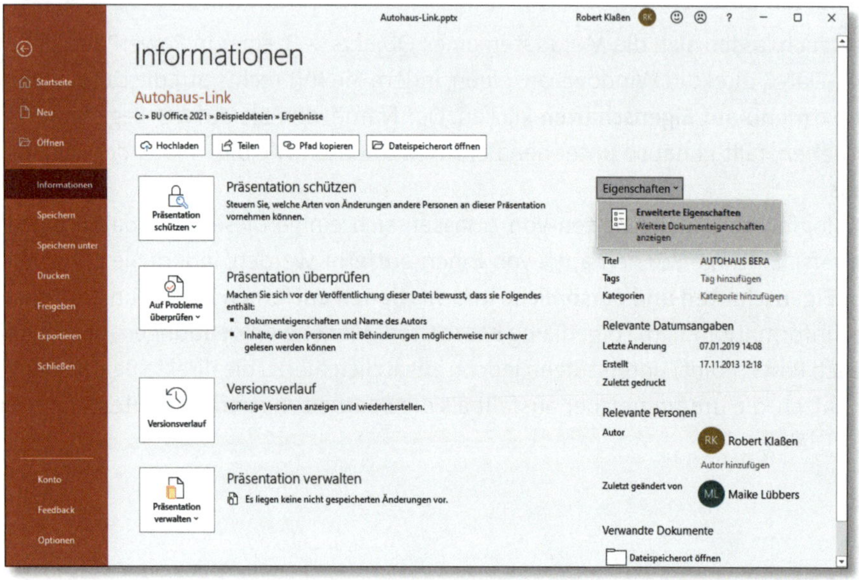

2 Auf der Registerkarte **Zusammenfassung** des folgenden Dialogs lassen sich weitere Eingabefelder mit Informationen ausstatten (z.B. **Thema**, **Manager**, **Firma**, **Stichwörter** usw.).

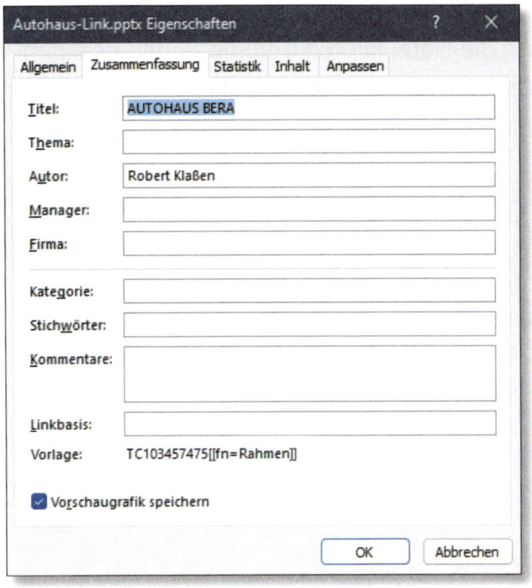

3 Aktivieren Sie die Registerkarte **Anpassen**, können Sie die Eigenschaften noch individueller erweitern. Wenn Sie also beispielsweise ein Aufzeichnungsdatum eintragen möchten, wählen Sie zunächst **Aufzeichnungsdatum** innerhalb der Liste **Name** aus, stellen anschließend den **Typ** auf **Datum** und geben das gewünschte Datum in das Feld **Wert** ein. Klicken Sie auf **Hinzufügen**, um anschließend weitere Eigenschaftenfelder zu erzeugen. Am Ende verlassen Sie den Dialog mit **OK**.

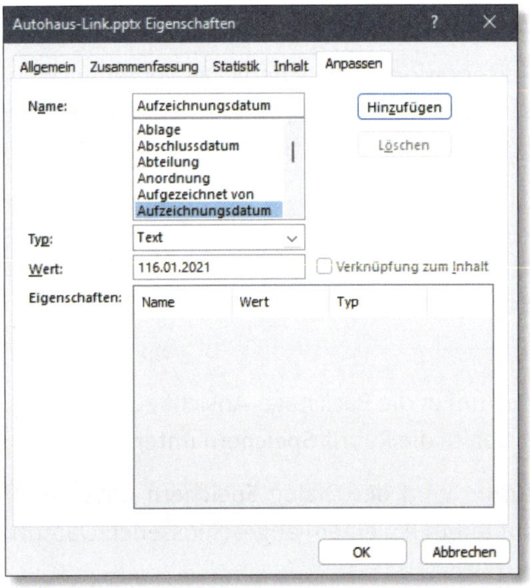

4 Zuletzt speichern Sie das Dokument, damit die geänderten Daten in die Metadaten Ihrer Präsentation übernommen werden.

Die erweiterten Daten werden, wie bereits erwähnt, nur in PowerPoint angezeigt. Ändern Sie allerdings die Standardeigenschaften (z. B. **Betreff**), tauchen diese auch auf, wenn Sie außerhalb von PowerPoint mit rechts auf die Datei klicken und die Windows-eigenen Eigenschaften anzeigen lassen. Voraussetzung ist allerdings, dass das Dokument nach der Änderung der Eigenschaften erneut in PowerPoint gespeichert worden ist.

TIPP

Schlüsselwörter vergeben

Die Vergabe von Schlüsselwörtern ist ausgesprochen sinnvoll. Dort eingetragene Begriffe werden nämlich in der Windows-Suche berücksichtigt. Wenn Sie also dafür sorgen wollen, dass die PowerPoint-Datei anhand eines Suchwortes wiedergefunden werden kann, sollten Sie markante Begriffe vergeben.

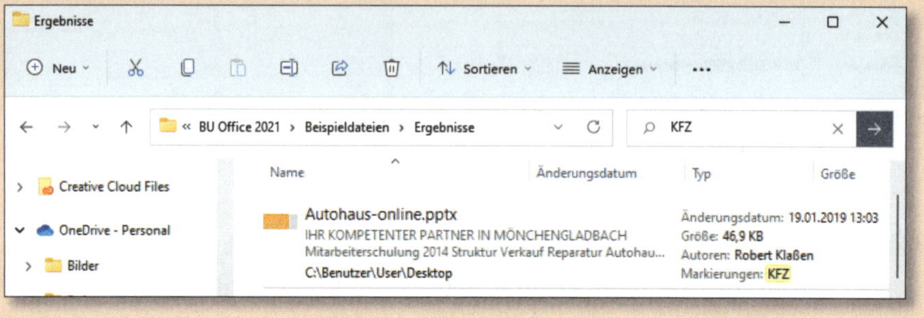

Abbildung 38.2 Anhand von Suchbegriffen lassen sich Präsentationen schnell wiederfinden.

38.2 Eine Präsentation speichern

Es gibt zahlreiche Möglichkeiten, eine Präsentation zu speichern. Die Vorgehensweise ist zunächst einmal grundsätzlich identisch, unabhängig davon, ob Sie ein Dokument einfach nur sichern oder zur Präsentation bereitstellen wollen.

Wie Sie Ihre Präsentation speichern

An dieser Stelle wollen wir zunächst nur die grundsätzliche Vorgehensweise des Speicherns erläutern. Weitere Infos zur Wahl des Speicherformats erhalten Sie im Anschluss an die folgenden Schritte.

1 Klicken Sie auf die Registerkarte **Datei**, um in die Backstage-Ansicht zu wechseln, und wählen Sie anschließend links in der Spalte die Rubrik **Speichern unter**.

2 Klicken Sie auf **Durchsuchen**. Daraufhin wird der Dialog **Speichern unter** geöffnet. Wählen Sie hier einen Speicherort auf Ihrem PC, einem angeschlossenen Datenträger oder einem Onlinespeicher wie OneDrive.

3 Bevor Sie auf **Speichern** klicken, sollten Sie unter **Dateityp** noch festlegen, in welchem Format die Datei gespeichert werden soll (lesen Sie dazu auch den folgenden Unterabschnitt »PowerPoint-Speicherformate und ihre Besonderheiten«).

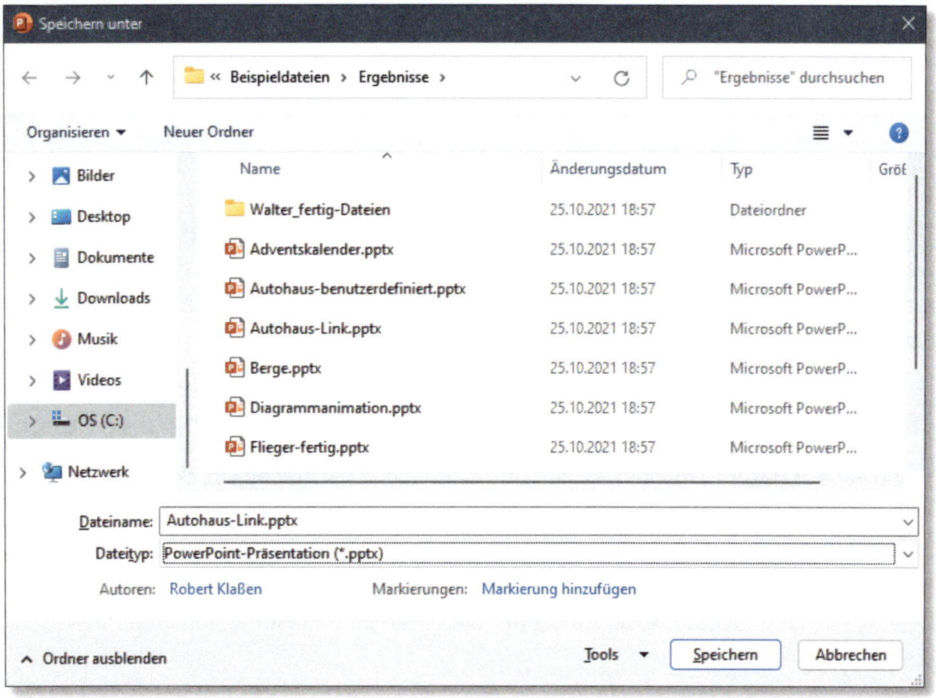

Sobald das Dokument erstmalig gespeichert worden ist, müssen Sie von Zeit zu Zeit lediglich noch die Tastenkombination Strg + S betätigen, um das Dokument »nachzuspeichern«. Alternativ können Sie auch auf **Datei > Speichern** klicken oder die Schaltfläche **Speichern** in der Symbolleiste für den Schnellzugriff verwenden.

PowerPoint-Speicherformate und ihre Besonderheiten

Bei der Wahl des Dateityps innerhalb des Speichern-Dialogs sollten Sie verschiedene Gegebenheiten berücksichtigen. Nicht jedes Format eignet sich nämlich für alle Verwendungszwecke. Die fünf wichtigsten Dateitypen sind:

- **PowerPoint-Präsentation (*.pptx)**: Speichern Sie Ihre Arbeitsdatei in PowerPoint unter diesem Format ab. Sie können immer wieder darauf zugreifen und Änderungen an der Präsentation vornehmen.
- **PowerPoint 97-2003-Präsentation (*.ppt)**: Dieses Format sollten Sie verwenden, wenn Sie eine editierbare Arbeitsdatei an Personen weitergeben wollen, die PowerPoint-Versionen einsetzen, die den Dateityp *.pptx* noch nicht interpretieren können (PowerPoint 97 bis 2003).
- **PowerPoint-Vorlage (*.potx)**: Nehmen Sie dieses Format, wenn Sie Ihre Arbeitsdatei künftig als Vorlage speichern wollen. Nach Anwahl dieses Dateityps wird automatisch

das Verzeichnis *Benutzerdefinierte Office-Vorlagen* als Speicherort angeboten. Dieser ist Teil des Windows-Ordners *Dokumente* und kann (muss aber nicht) von Ihnen übernommen werden.

- **PowerPoint-Bildschirmpräsentation (*.ppsx)**: Geben Sie eine Datei aus, die vom Empfänger nur abgespielt, nicht aber bearbeitet werden kann. Es handelt sich hierbei also um ein Endformat, das Sie weitergeben können.
- **PowerPoint 97-2003-Bildschirmpräsentation (*.pps)**: Dieses Format ist ebenfalls ein Endformat – und darüber hinaus für Nutzer geeignet, die noch eine PowerPoint-Version vor 2010 einsetzen.

Sie sollten sich also bei der Wahl des Speicherformats zum einen Gedanken machen, auf welche Weise Sie oder andere Benutzer die Datei weiterverwenden sollen, und zum anderen, mit welchem Format Sie bei einer Weitergabe der Präsentation nach Möglichkeit alle Benutzer erreichen können.

38.3 Vor dem Druck: Präsentationen in einzelne Abschnitte einteilen

Wenn Sie auf **Datei > Drucken** klicken und dann die Schaltfläche **Drucken** verwenden, wird die gesamte PowerPoint-Präsentation auf Papier ausgegeben – pro Folie ein Blatt. Darüber hinaus existieren zwei Möglichkeiten, eine Präsentation nur teilweise zu drucken. Entweder geben Sie im Druckdialog explizit die Folien an, die ausgegeben werden sollen (damit befasst sich der nächste Abschnitt), oder Sie teilen eine Präsentation vorab in Abschnitte ein.

Benutzerdefinierte Abschnitte ausgeben

Legen Sie vor dem Druck fest, welche Abschnitte der Präsentation ausgegeben werden sollen. Das bietet sich z. B. vor allem bei einer zielgruppenorientierten Präsentation (siehe dazu Abschnitt 37.2, »Eine zielgruppenorientierte Bildschirmpräsentation erstellen«, Seite 963) an, wenn beispielsweise eine Zielgruppe jeweils nur mit den Ausdrucken versorgt werden soll, die für sie relevant sind.

1. Zunächst müssen Sie eine benutzerdefinierte Bildschirmpräsentation erstellen, indem Sie auf die Schaltfläche **Benutzerdefinierte Bildschirmpräsentation** in der Gruppe **Bildschirmpräsentation starten** der Registerkarte **Bildschirmpräsentation** klicken und anschließend im Menü der Schaltfläche **Zielgruppenorientierte Präsentationen** auswählen. Was im Einzelnen zu tun ist, um einen Bereich entsprechend zu generieren, entnehmen Sie bitte Abschnitt 37.2, »Eine zielgruppenorientierte Bildschirmpräsentation erstellen«, Seite 963, und Abschnitt 37.3, »Weitere benutzerdefinierte Bildschirmpräsentationen erstellen«, ab Seite 971. Um dieses Beispiel nachvollziehen zu können, können Sie auch die Präsentation *Autohaus-benutzerdefiniert.pptx* aus dem Ordner *Ergebnisse* der Beispieldateien öffnen. Darin sind bereits entsprechende Abschnitte generiert.

2 Klicken Sie auf **Datei > Drucken** und danach im Bereich **Einstellungen** auf **Alle Folien drucken**, um das Auswahlmenü zu öffnen.

3 Ganz unten im Auswahlmenü werden Ihnen nun die zielgruppenorientierten Präsentationen ❶ angezeigt, die Sie mit einem Mausklick selektieren können.

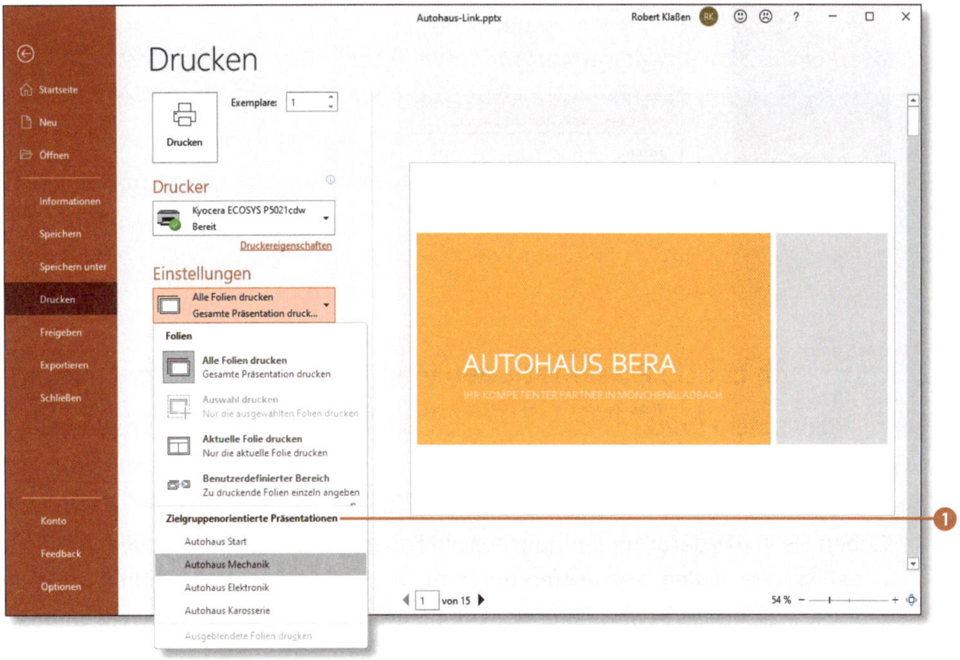

4 Zuletzt klicken Sie auf die Schaltfläche **Drucken**. Die Folien werden dann entsprechend Ihrer vorherigen Auswahl ausgedruckt.

Sofern Sie noch Einstellungen an der Druckqualität vornehmen oder die Art des Papiers festlegen wollen, klicken Sie auf den Link **Druckereigenschaften**, bevor Sie den Druckauftrag an Ihren Drucker senden, und nehmen Sie die gewünschten Einstellungen vor.

Einzelne Präsentationsfolien drucken

Sollten Sie (im Gegensatz zum vorangegangenen Abschnitt) keine zielgruppenorientierten Präsentationen generiert haben, können Sie dennoch frei bestimmen, was ausgegeben werden soll. In diesem Beispiel verwenden wir die Präsentation *Autohaus.pptx* aus dem Ordner *37* der Beispieldateien. (Sämtliche Übungsdateien stehen Ihnen unter *www.rheinwerk-verlag.de/5443* zum Download zur Verfügung.) Darin sind keine zielgruppenorientierten Präsentationen enthalten. Dennoch ist es möglich, nur die Folien auszudrucken, die benötigt werden.

1 Rufen Sie die Seite **Drucken** auf (**Datei > Drucken**). Im Bereich **Einstellungen** setzen Sie einen Mausklick auf **Alle Folien drucken** (bzw. auf den Eintrag, der derzeit direkt unterhalb von **Einstellungen** gelistet ist).

2 Wählen Sie im Auswahlmenü die Option **Benutzerdefinierter Bereich**, um im nächsten Schritt den zu druckenden Bereich zu definieren.

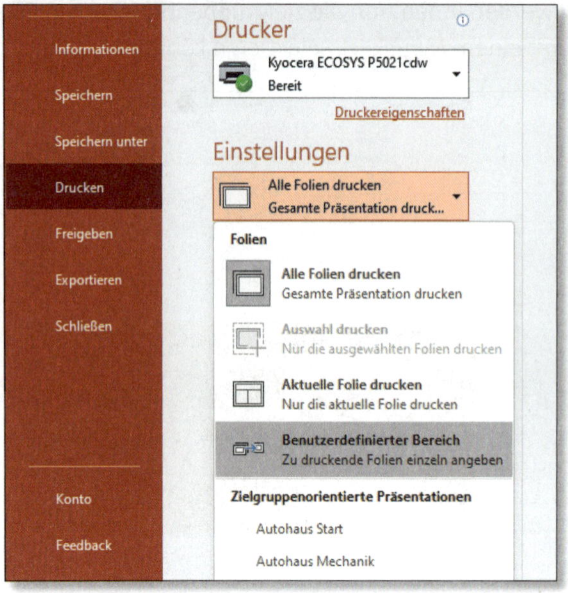

3 Geben Sie in das darunter befindliche Feld **Folien** den oder die Bereiche ein, die ausgegeben werden sollen. Das dürfen durchaus mehrere unabhängig voneinander angeordnete Abschnitte bzw. Folien sein. Die Bereiche sollten allerdings jeweils mit Semikolon voneinander getrennt werden.

4 Im Selektionsfeld **Exemplare**, das sich ganz oben auf der Seite **Drucken** befindet, dürfen Sie nun noch die Anzahl der Ausdrucke einstellen. Immerhin soll jeder Zuhörer einen entsprechenden Ausdruck erhalten. Klicken Sie abschließend auf die Schaltfläche **Drucken**.

Übrigens wird standardmäßig pro Folie eine Druckseite verwendet. Wenn Sie jedoch mehrere Folien auf eine Seite drucken wollen, müssen Sie eine entsprechende Angabe im Steuerelement unterhalb der Zeile **Folien** machen.

38.4 Präsentation als Video ausgeben

Wenn Sie etwas präsentieren wollen, haben Sie zahlreiche Möglichkeiten, dies zu tun. Die gängigste Methode ist sicher das direkte Vorführen aus PowerPoint heraus. Eine Präsentation kann aber auch aufgezeichnet und auf Abruf zur Verfügung gestellt werden (siehe Abschnitt 37.3, »Weitere benutzerdefinierte Bildschirmpräsentationen erstellen«, auf Seite 971). Nicht unerwähnt bleiben soll die Möglichkeit, eine Präsentation als Video auszugeben. Dieser Film kann anschließend auf Festplatte gespeichert, auf eine DVD oder Blu-ray gebrannt und anschließend am TV betrachtet werden. Besonders im Zeitalter von YouTube & Co. ist jedoch vor allem das Hochladen des Videos ins Internet eine beliebte Weitergabemethode.

1 Bevor Sie das Video ausgeben, ist es wichtig, die Folien videogerecht vorzubereiten. Platzieren Sie Übergänge, und legen Sie die Dauer der einzelnen Folien fest. Am besten erledigen Sie das mittels **Bildschirmpräsentation aufzeichnen** (**Bildschirmpräsentation > Einrichten**). (Lesen Sie dazu den Unterabschnitt »Bildschirmpräsentation aufzeichnen« auf Seite 972.)

2 Wenn alles erledigt ist, sollten Sie die Präsentation noch einmal speichern. Danach leiten Sie die Produktion des Videos ein, indem Sie sich für **Datei > Exportieren > Video erstellen** entscheiden.

3 Klicken Sie auf der rechten Seite der Backstage-Ansicht auf das obere Pulldown-Menü ❶, und stellen Sie dort die Auflösung ein. Hier sollte für ein hochauflösendes Video **Full HD (1080p)** im oberen Listenfeld ausgewählt sein.

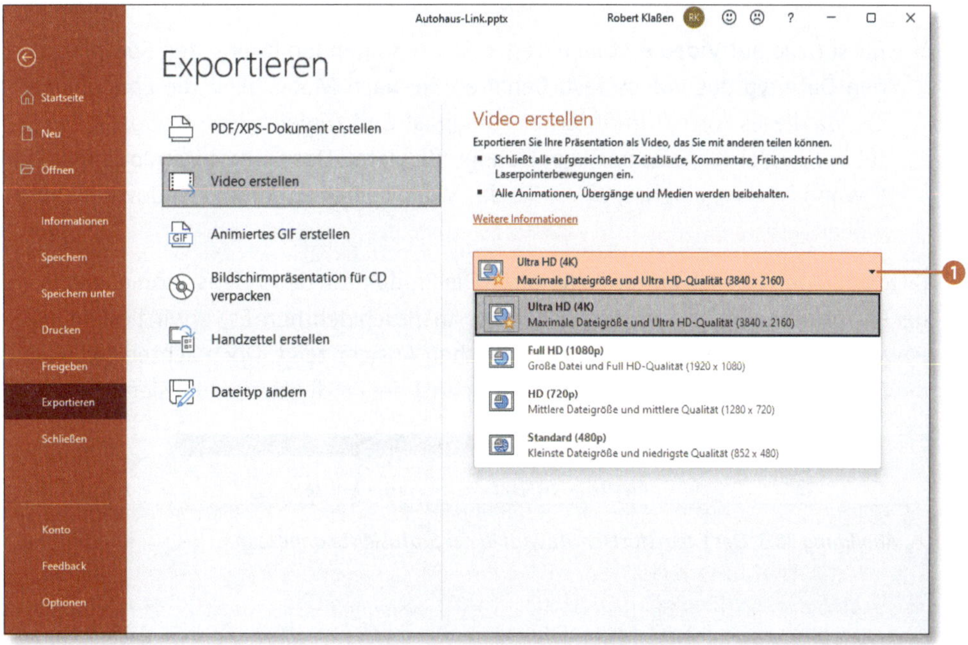

38

Noch besser wird die Qualität, wenn Sie sich für **Ultra HD** entscheiden. Dann nämlich lässt sich das Video auch in Topqualität auf einem 4K-tauglichen Ausgabegerät ansehen. Die Auflösung beträgt in diesem Fall 3.840 Bildpunkte horizontal und 2.160 vertikal. Bitte bedenken Sie aber, dass eine derartig fulminante Ausgabe nur dann sinnvoll ist, wenn man das Video anschließend tatsächlich an einem 4K-TV ansieht.

4 Anschließend sollten Sie im darunter befindlichen Selektionsfeld ❷ **Aufgezeichnete Zeitabläufe und Kommentare verwenden** auswählen, da in diesem Fall die in Schritt 1 festgelegten Foliendauern berücksichtigt werden – und nicht die darunter befindliche **Anzeigedauer der einzelnen Folien in Sekunden**.

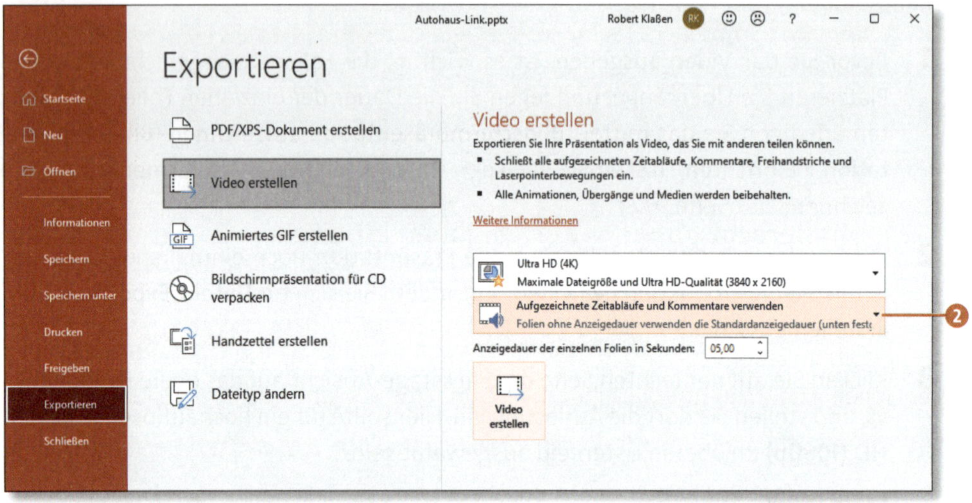

5 Klicken Sie auf **Video erstellen**. Legen Sie im folgenden Dialog den Speicherort sowie den **Dateityp** des Videos fest. Behalten Sie nach Möglichkeit die Einstellung ***.mp4** bei, da dieses Format im Internet gängig ist und zugleich eine hervorragende Qualität bei vergleichsweise geringer Dateigröße bietet. Das Format **Windows Media Video (*.wmv)** ist nur geeignet, wenn Sie das Video später an Ihrem Windows-PC abspielen wollen.

Bitte gedulden Sie sich einen Augenblick. Die Produktion des Videos kann je nach Umfang der Präsentation mehr oder weniger Zeit in Anspruch nehmen. Es verwirrt etwas, dass sich PowerPoint nun wieder in der herkömmlichen Ansicht zeigt. Doch achten Sie einmal auf die Statusleiste. Unten links wird der Fortschritt der Produktion visualisiert.

*^ **Abbildung 38.3** Der Exportfortschritt wird in der Statusleiste angezeigt.*

Kapitel 39
PowerPoint im Teameinsatz

Teamarbeit ist auch bei der Erstellung von Präsentationen ein wesentlicher Bestandteil. Nicht selten sind mehrere Personen mit der Fertigstellung eines PowerPoint-Dokuments beauftragt. Damit alles reibungslos vonstattengeht und Sie wissen, wie Sie die entsprechenden Dokumente zur Verfügung stellen können, finden Sie hier Tipps und Strategien, die für eine optimale Zusammenarbeit mit den Kollegen sorgen.

39.1 Mit Berechtigungen und Freigaben arbeiten

Der erste und zugleich umfangreichste Teil dieses Kapitels befasst sich mit Zugriffsbeschränkungen und Schutzmechanismen. Dabei sollen den Kollegen, mit denen Sie gemeinsam an einem Dokument arbeiten, keine Steine in den Weg gelegt werden, sondern es sollen Fremdzugriffe verhindert und Inhalte vor unbeabsichtigter Bearbeitung geschützt werden.

Eine Präsentation finalisieren

Das Finalisieren einer Präsentation bedeutet nicht, dass nun nie wieder etwas an dem Dokument geändert werden kann, sondern es soll den Kollegen darauf hinweisen, dass die Präsentation bereits fertig ist. Es handelt sich hierbei nicht um einen Schutzmechanismus, der nicht umgangen werden kann, sondern um einen Hinweis, der vom Empfänger ohne sonderlichen Aufwand aufgehoben werden kann – beispielsweise wenn wider Erwarten doch noch Änderungen an der Präsentation erforderlich werden.

1. Begeben Sie sich mit einem Klick auf **Datei** in den Bereich **Informationen** der Backstage-Ansicht. Klicken Sie auf **Präsentation schützen**, und wählen Sie im Menü die Option **Als final kennzeichnen**.
2. Bestätigen Sie den folgenden Hinweisdialog mit **OK**. Anschließend fasst PowerPoint noch einmal zusammen, was es mit der »Kennzeichnung als abgeschlossen« auf sich hat. Bestätigen Sie auch diesen Hinweis mit **OK**. Sofern Sie auf diese Info künftig verzichten können, aktivieren Sie vor der Bestätigung noch die Checkbox **Diese Meldung nicht mehr anzeigen**.

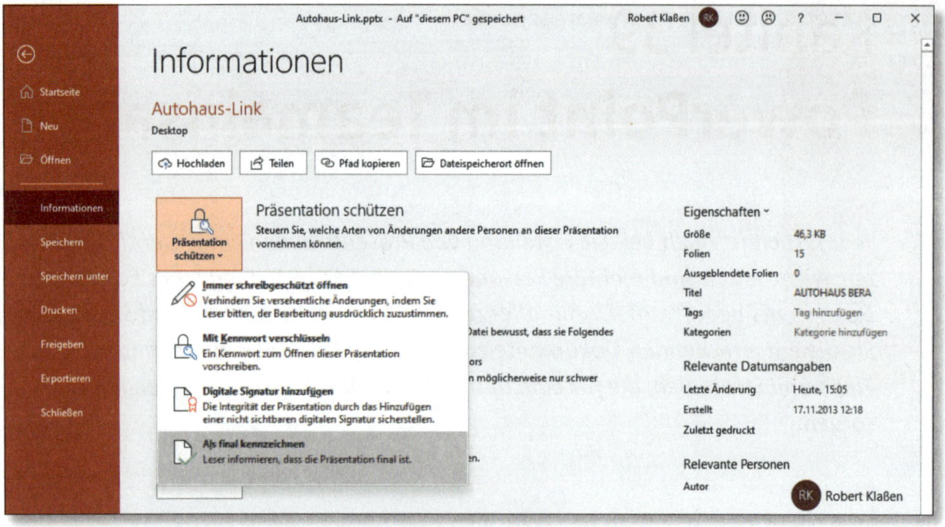
Autohaus-Link.pptx - Auf "diesem PC" gespeichert
Robert Klaßen
Startseite
Neu
Öffnen
Informationen
Speichern
Speichern unter
Drucken
Freigeben
Exportieren
Schließen
Informationen
Autohaus-Link
Desktop
Hochladen
Teilen
Pfad kopieren
Dateispeicherort öffnen
Präsentation schützen
Präsentation schützen
Steuern Sie, welche Arten von Änderungen andere Personen an dieser Präsentation vornehmen können.
Immer schreibgeschützt öffnen
Verhindern Sie versehentliche Änderungen, indem Sie Leser bitten, der Bearbeitung ausdrücklich zuzustimmen.
Mit Kennwort verschlüsseln
Ein Kennwort zum Öffnen dieser Präsentation vorschreiben.
Digitale Signatur hinzufügen
Die Integrität der Präsentation durch das Hinzufügen einer nicht sichtbaren digitalen Signatur sicherstellen.
Als final kennzeichnen
Leser informieren, dass die Präsentation final ist.
Eigenschaften
Größe 46,3 KB
Folien 15
Ausgeblendete Folien 0
Titel AUTOHAUS BERA
Tags Tag hinzufügen
Kategorien Kategorie hinzufügen
Relevante Datumsangaben
Letzte Änderung Heute, 15:05
Erstellt 17.11.2013 12:18
Zuletzt gedruckt
Relevante Personen
Autor
Robert Klaßen

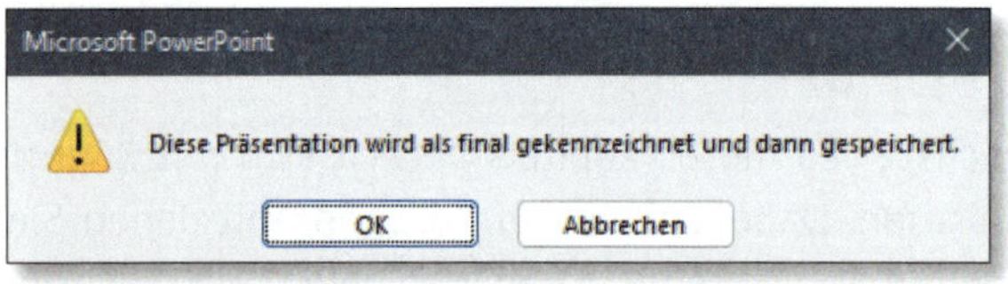
Microsoft PowerPoint
Diese Präsentation wird als final gekennzeichnet und dann gespeichert.
OK
Abbrechen

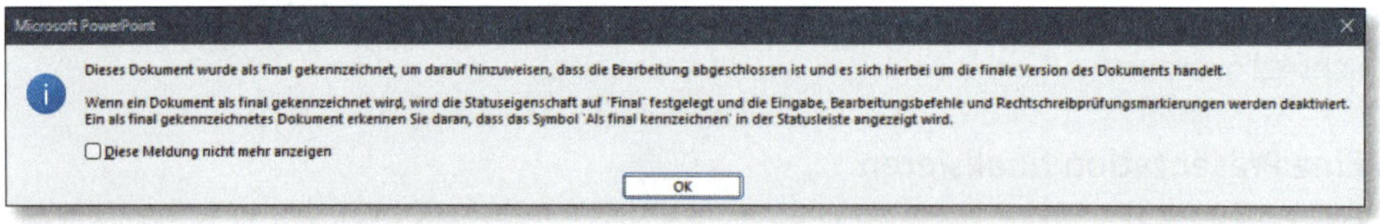
Microsoft PowerPoint
Dieses Dokument wurde als final gekennzeichnet, um darauf hinzuweisen, dass die Bearbeitung abgeschlossen ist und es sich hierbei um die finale Version des Dokuments handelt.
Wenn ein Dokument als final gekennzeichnet wird, wird die Statuseigenschaft auf "Final" festgelegt und die Eingabe, Bearbeitungsbefehle und Rechtschreibprüfungsmarkierungen werden deaktiviert.
Ein als final gekennzeichnetes Dokument erkennen Sie daran, dass das Symbol "Als final kennzeichnen" in der Statusleiste angezeigt wird.
Diese Meldung nicht mehr anzeigen
OK

3 Anschließend geben Sie das Dokument weiter bzw. stellen es dem Kollegen zur Verfügung (z. B. via OneDrive oder E-Mail). Der Empfänger erhält nach dem Öffnen der Datei gleich unterhalb der Reiter einen entsprechenden Hinweis. Nun weiß er, dass Änderungen nicht mehr erwünscht sind. Dennoch könnte er das Dokument, falls erforderlich, mit einem Klick auf **Trotzdem bearbeiten** wieder editierbar machen.

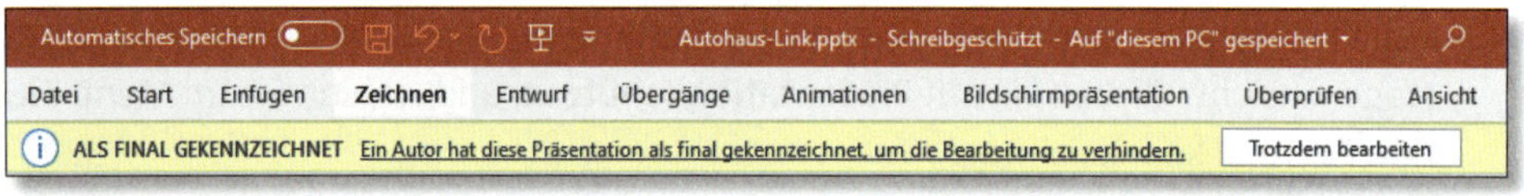
Automatisches Speichern
Autohaus-Link.pptx - Schreibgeschützt - Auf "diesem PC" gespeichert
Datei
Start
Einfügen
Zeichnen
Entwurf
Übergänge
Animationen
Bildschirmpräsentation
Überprüfen
Ansicht
ALS FINAL GEKENNZEICHNET
Ein Autor hat diese Präsentation als final gekennzeichnet, um die Bearbeitung zu verhindern.
Trotzdem bearbeiten

Solange ein Dokument als final gekennzeichnet ist, erscheint der besagte Hinweis anstelle des Menübands. Das Menüband kann zwar zugänglich gemacht werden, indem man die entsprechenden Registerkarten anklickt, jedoch sind sämtliche Bearbeitungssteuerelemente ausgegraut und somit nicht anwendbar. Wiedergabesteuerelemente im Register **Bildschirmpräsentation** bleiben jedoch ebenso aktiv wie Such-, Kommentar- und Überprüfungsoptionen.

Eine Präsentation mit Kennwort schützen

Falls Sie nicht sicher sind, ob nicht auch einmal der eine oder andere Unbefugte Zugriff auf Ihre Präsentation nehmen könnte, sollten Sie Ihre Arbeiten mit einem Passwort versehen, um sich davor zu schützen.

1 Nach einem Klick auf **Datei** wird der Bereich **Informationen** angezeigt. Klicken Sie hier auf **Präsentation schützen**, und wählen Sie daraufhin **Mit Kennwort verschlüsseln**.

2 Im Folgedialog geben Sie nun das Kennwort ein und bestätigen es mit einem Klick auf **OK**. Bitte beachten Sie, dass PowerPoint seinerseits nicht in der Lage ist, Kennwörter wiederherzustellen. Sollten Sie das Passwort also vergessen, ist das Dokument nicht wieder zu öffnen.

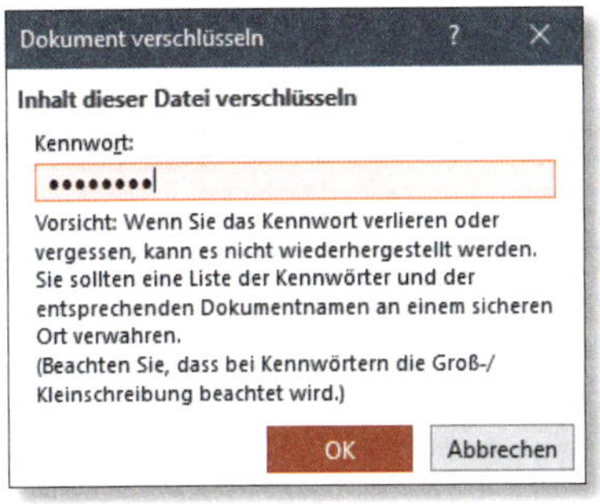

3 Nun wird der gleiche Dialog erneut angezeigt. Denn sicherheitshalber wird das Kennwort nun noch einmal abgefragt. So soll die Gefahr potenzieller Tippfehler bei der Eingabe reduziert werden. Schließen Sie das Dokument, und beantworten Sie die anschließende Sicherungsabfrage mit einem Klick auf **Speichern**. Erst danach ist der Kennwortschutz wirksam.

4 Interessanterweise wird für dieses Dokument fortan keine Vorschauminiatur, sondern nur noch ein PowerPoint-Symbol präsentiert. Denn selbst dieses kleine Bildchen ließe ja unter Umständen schon Rückschlüsse auf den Inhalt zu. Öffnen Sie das Dokument mit einem Doppelklick. Geben Sie das Kennwort im gleichnamigen Dialogfenster ein, und klicken Sie auf **OK**.

39

Wenn Sie den Kennwortschutz aufheben möchten, müssen Sie zunächst Schritt 1 wiederholen, das Kennwort (bzw. die Punkte) komplett markieren und mit ← herauslöschen. Das anschließende Klicken auf **OK** bewirkt, dass das Dokument wieder ohne Kennwort geöffnet werden kann – vorausgesetzt, Sie speichern es zuletzt wieder.

Schreibschutz hinzufügen

Office-Arbeitsdateien jeglicher Art, nicht zuletzt auch aus PowerPoint, können mit einem Schreibschutz versehen werden. Dadurch wird nach dem erneuten Öffnen des Dokuments ein Hinweis ausgegeben, der genauso präsentiert wird wie der Finalisierungshinweis. Um ihn zu aktivieren, gehen Sie einmal mehr auf die Seite **Informationen** der Backstage-Ansicht, klicken auf **Präsentation schützen** und entscheiden sich danach für **Immer schreibgeschützt öffnen**. Der Lohn: Wird das Dokument später erneut geöffnet, erhalten Sie einen entsprechenden Hinweis unterhalb des Menübands.

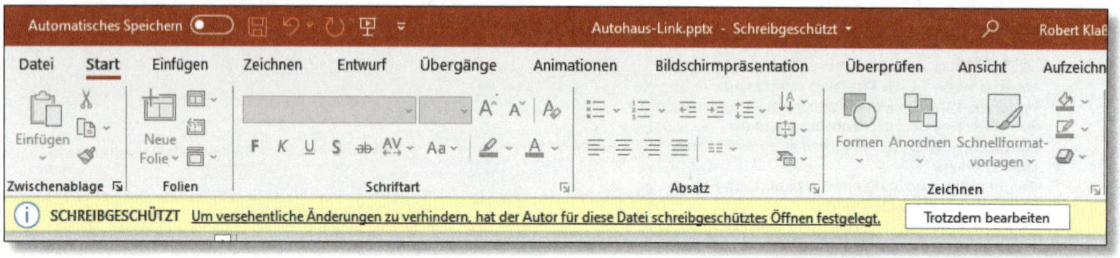

Abbildung 39.1 *Dieses Dokument ist geschützt.*

Auch hier gilt: Ein Klick auf die Schaltfläche **Trotzdem bearbeiten** setzt den Schreibschutz außer Kraft – allerdings nur temporär. Sie können jetzt zwar Änderungen am Dokument vornehmen und dieses auch aktualisiert speichern, jedoch erscheint der Hinweis auch beim nächsten Öffnen des Dokuments erneut. Diese Schutzmaßnahme hat so lange Bestand, bis Sie **Trotzdem bearbeiten** wählen, dann wieder auf die **Informationen** der Backstage-Ansicht gehen, erneut **Präsentation schützen** wählen und **Immer schreibgeschützt öffnen** ein weiteres Mal anklicken. Jetzt hat's Ruh' – der Schreibschutz ist außer Kraft.

Für Personen freigeben

Alternativ zum vorangegangenen Abschnitt lassen sich Dokumente auch für bestimmte Personen freigeben, indem Sie den Cloud-Speicher benutzen. Wer nicht zum erlesenen Kreis der »eingeladenen« Personen gehört, kann das Dokument folgerichtig auch nicht öffnen.

1 Seit Office 2016 wurde die Freigabe deutlich vereinfacht. So müssen Sie nun nicht mehr in die Backstage-Ansicht (**Datei**) gehen, um ein Dokument in die Cloud zu übertragen. Klicken Sie stattdessen oben rechts im Menüband auf **Teilen**. Daraufhin öffnet sich der Aufgabenbereich **Freigeben**. Sollte das Dokument noch nicht in OneDrive hinterlegt sein, wird ein entsprechender Link angezeigt. Klicken Sie doppelt auf **OneDrive – Persönlich**, um das Dokument in die Cloud zu übertragen.

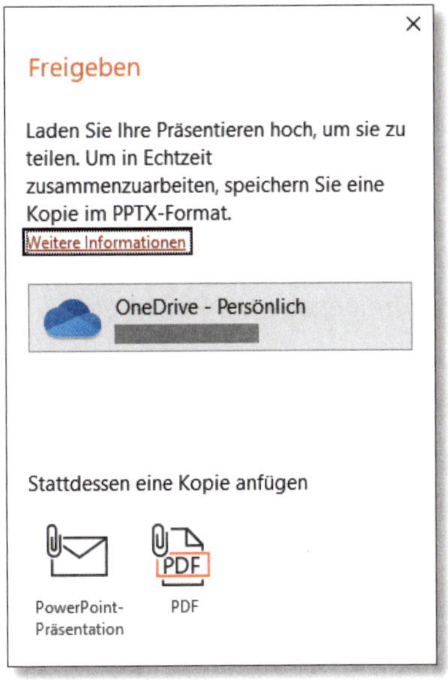

2 Ist das Dokument in der Cloud gesichert, finden Sie den Dialog **Link senden** vor. Sie können nun direkt von hier aus Personen dazu einladen, am Dokument zu arbeiten. Tragen Sie dazu die E-Mail-Adressen der Empfänger im Feld **An:** ein. Sollten sich die einzuladenden Personen (oder auch Gruppen) bereits in Ihren Kontakten befinden, reichen auch entsprechende Bezeichnungen.

3 Danach sollten Sie festlegen, was die Person oder Personengruppe darf. Dazu klicken Sie auf das kleine Bleistift-Symbol ganz rechts. Standardmäßig wird hier **Kann bearbeiten** angeboten. Wenn Sie das nicht wollen, sondern lediglich eine Leseberechtigung erteilen möchten, schalten Sie auf **Kann anzeigen** um.

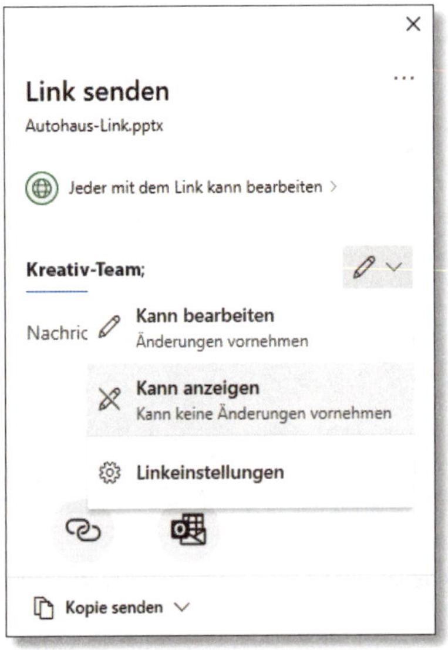

4 Zuletzt gehen Sie ganz unten in diesem Menü auf **Linkeinstellungen** und legen beispielsweise ein Kennwort oder Ablaufdatum für die Datei fest.

5 Geben Sie, falls gewünscht, noch eine Nachricht ein. Dazu klicken Sie auf **Nachricht** (unter **An:**.) und bringen den Link letztendlich mit einem Klick auf **Senden** auf den Weg.

Alle eingeladenen Personen erhalten nun eine E-Mail mit dem erforderlichen Zugangslink. Wird dieser benutzt, erfolgt die Ansicht des von Ihnen freigegebenen Dokuments.

39.2 Mit PowerPoint Online eine Präsentation auf OneDrive bearbeiten

Sofern Sie selbst jemandem das Editieren eines Dokuments erlaubt haben, das sich in der OneDrive-Cloud befindet (siehe den vorangegangenen Abschnitt), oder Sie selbst eine Freigabe erhalten haben, benutzen Sie zunächst einmal den zur Verfügung gestellten Link. Daraufhin öffnet sich das Dokument in Ihrem Standardbrowser. Um Änderungen daran vornehmen zu können, klicken Sie auf **Bearbeiten**. Dies ist natürlich nur möglich, wenn Sie eine Berechtigung zur Bearbeitung erhalten haben. Falls ja, können Sie über das gleiche Pulldown-Menü zudem entscheiden, ob Sie das Dokument direkt in PowerPoint bearbeiten möchten. Klicken Sie dazu auf **In Desktop-App öffnen**. Doch auch wenn die Desktop-App auf dem benutzten Gerät nicht zur Verfügung steht, ist die Bearbeitung möglich – und zwar mit der Online-App.

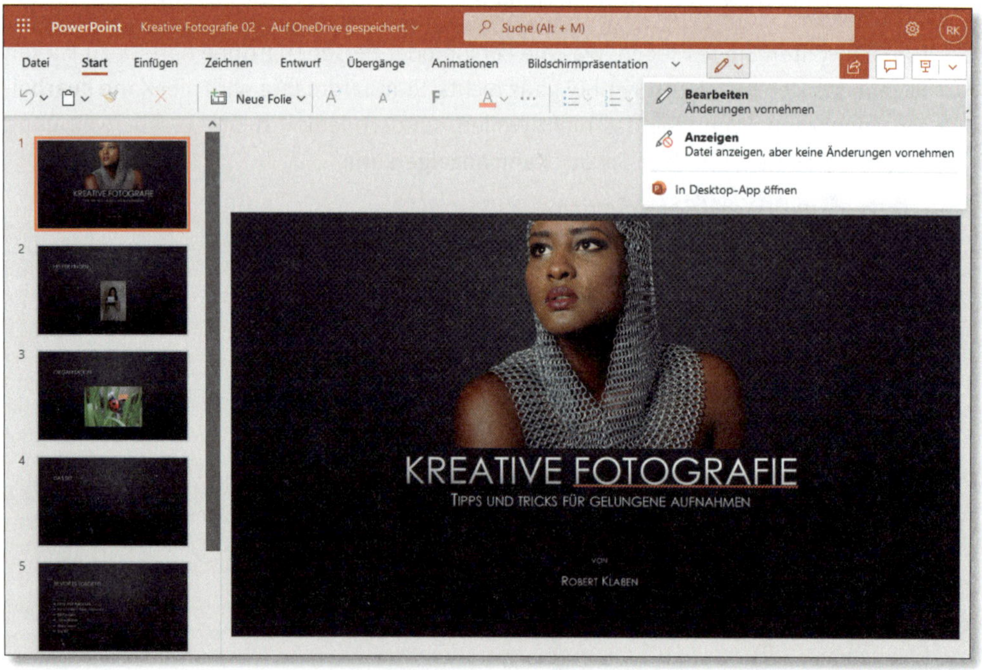

Abbildung 39.2 *Hier erfolgt der Zugriff auf die PowerPoint-Datei via Web-App im Standardbrowser.*

Die Online-Version der PowerPoint-App ist im Gegensatz zur Desktop-App zwar eingeschränkt, dennoch kann auch online eine Menge erledigt werden. Darüber hinaus sind die hier zur Verfügung gestellten Optionen identisch mit denen der stationären PowerPoint-Anwendung.

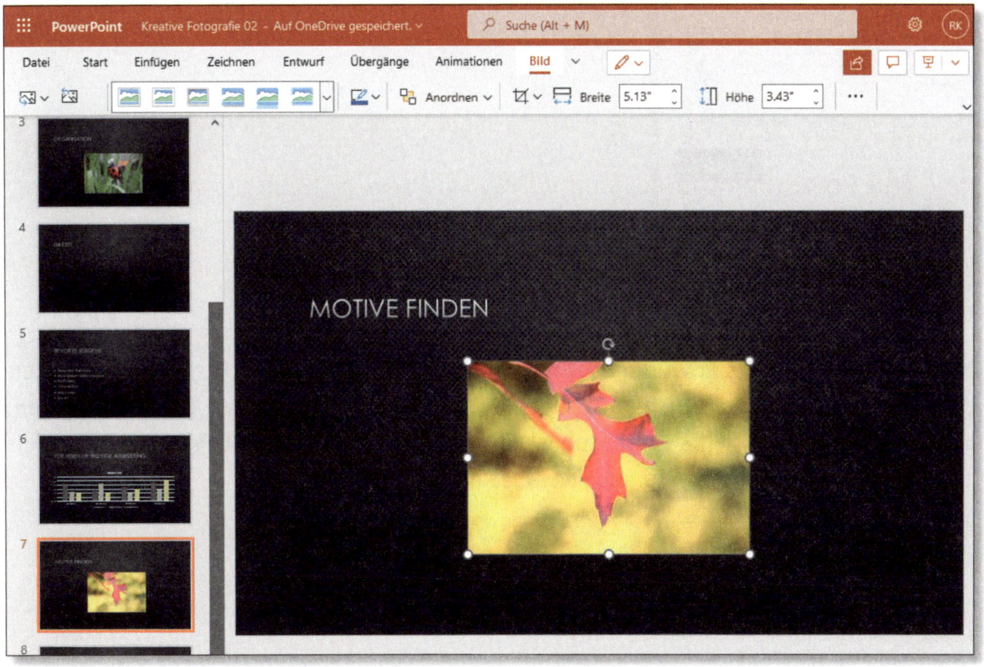

Abbildung 39.3 *Die Web-App von PowerPoint sollte nicht unterschätzt werden.*

39.3 Eine Präsentation per E-Mail versenden

Präsentationen können ohne große Umwege direkt aus PowerPoint heraus als E-Mail-Anhang versendet werden. Dazu entscheiden Sie sich zunächst wieder für den Button **Teilen**, den Sie oben rechts in der Anwendung finden. Je nachdem, ob Sie die Datei zuvor in OneDrive oder auf Ihrem PC gespeichert haben, erhalten Sie nun unterschiedliche Dialoge. Ist die Datei in OneDrive gesichert, finden Sie ganz unten in der Fußleiste den Eintrag **Link senden**. Klicken Sie darauf. Falls Sie kein **PDF** zur reinen Ansicht der Dokumentseiten verschicken wollen, betätigen Sie **PowerPoint-Präsentation**, was zur Folge hat, dass sich Outlook (bzw. Ihr Standard-E-Mail-Programm) öffnet und die Datei dort als Anhang integriert wird.

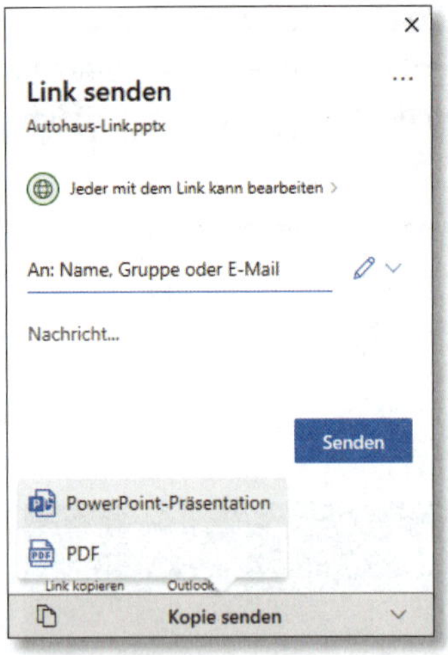

Abbildung 39.4 *Schicken Sie eine Präsentation als E-Mail-Anhang.*

Ist der Speicherort des PowerPoint-Dokuments hingegen auf Ihrer Festplatte zu finden oder haben Sie die Datei noch gar nicht gespeichert, erhalten Sie den Dialog **Freigeben**. Hier müssen Sie jetzt nichts weiter tun, als unten links auf **PowerPoint-Präsentation** zu klicken. (Beachten Sie jedoch bitte die Hinweise im Kasten.)

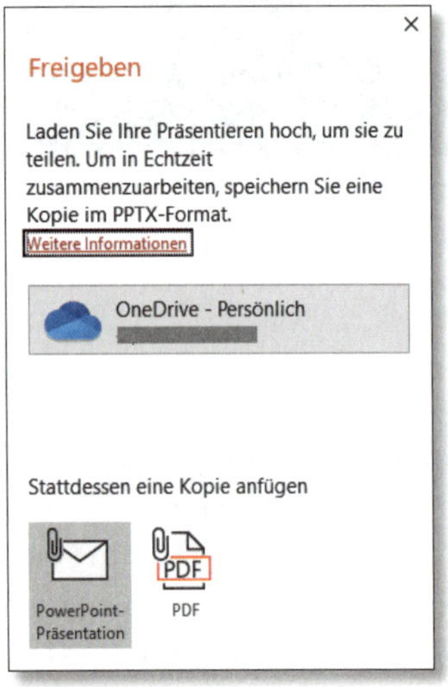

Abbildung 39.5 *Das Speichern auf Festplatte führt dazu, dass ein anderer Dialog angezeigt wird.*

INFO

Datei noch nicht gespeichert?

Falls Sie die Datei zuvor nicht gespeichert haben, achten Sie darauf, dass PowerPoint ein anderes Format verwendet – nämlich das Dateiaustauschformat **.odp*. Da Sie bei der Weiterleitung an Ihre E-Mail-Software keine weiteren Einstellmöglichkeiten haben, ist es sinnvoll, das Dokument zunächst als **.pptx*-Dokument abzulegen. Wenn Sie erst anschließend das **Teilen** in Auftrag geben, wird die PowerPoint-Präsentation auch im korrekten Format verschickt.

Kapitel 40
Tipps und Tricks für die Arbeit mit Präsentationen

Im letzten PowerPoint-Kapitel sprechen wir drei interessante Teilbereiche an, die vor allem optisch eine Menge hermachen. Darüber hinaus lassen wir einige Tipps einfließen, die die Arbeit mit PowerPoint an der einen oder anderen Stelle vereinfachen bzw. beschleunigen können.

40.1 WordArt-Effekte in einer Folie verwenden

Wenn Sie sich bereits eingehend mit Word befasst haben, werden Ihnen bestimmt auch die WordArt-Effekte bekannt sein. Diese lassen sich auch in PowerPoint schnell und unkompliziert einsetzen. Es handelt sich dabei um vordefinierte, zum jeweiligen Design passende Schrifteffekte.

Ein neues WordArt-Textfeld erzeugen

Grundsätzlich gibt es zwei Möglichkeiten, WordArt in PowerPoint zu produzieren: Entweder wandeln Sie einen vorhandenen Text entsprechend um (siehe den folgenden Abschnitt »Vorhandenen Text in WordArt konvertieren«), oder Sie erzeugen ein komplett neues Textfeld. Wie das geht, erfahren Sie in den nächsten Schritten.

1 Aktivieren Sie im Folienregister eine Folie, auf der das neue Textfeld erscheinen soll. Klicken Sie dazu die entsprechende Folienminiatur an.

2 Falls gewünscht, passen Sie das Design der Folien an, indem Sie zunächst eine der Designvorlagen in der Gruppe **Designs** der Registerkarte **Entwurf** auswählen und anschließend eine Variante des gewählten Designs per Mausklick in der gleichnamigen Gruppe anwählen.

3 Klicken Sie danach auf die Schaltfläche **WordArt** in der Gruppe **Text** der Registerkarte **Einfügen**.

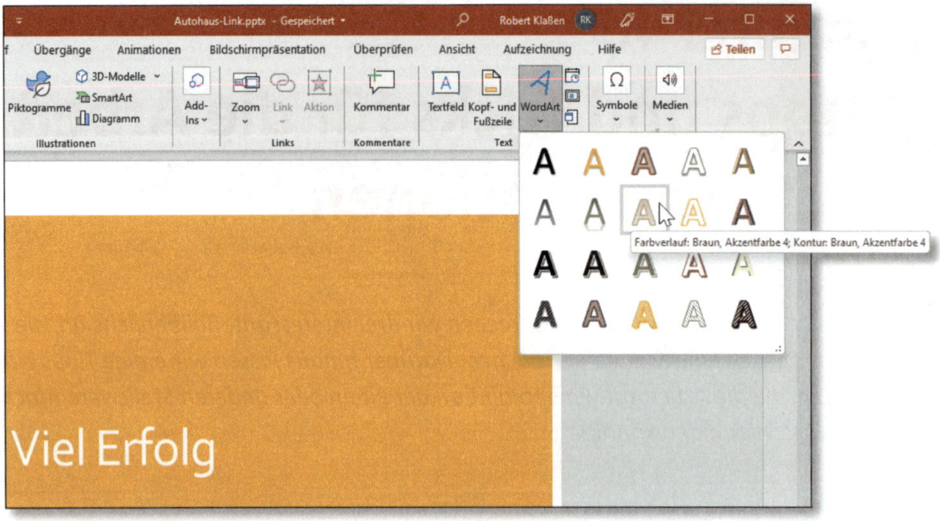

4 Nun erscheint im Folienbereich ein Textfeld mit dem aussagekräftigen Inhalt »Hier steht Ihr Text«. Da er bereits markiert ist, können Sie gleich mit der Neueingabe beginnen.

5 Klicken Sie an eine freie Stelle innerhalb des Folienbereichs, um das Textfeld wieder abzuwählen.

Je nachdem, welches Design Sie verwenden, werden Ihnen im Menü der Schaltfläche **WordArt** in der Gruppe **Text** der Registerkarte **Einfügen** unterschiedliche Vorlagen angeboten. PowerPoint stellt in diesem Zusammenhang ausschließlich Schriftstile zur Verfügung, die zum gewählten Design passen.

INFO

WordArt-Dynamik

Das Besondere bei der Verwendung von WordArt-Texten ist deren Eigendynamik. Sollten Sie sich später entscheiden, Ihrer Präsentation ein anderes Design zu verpassen, müssen Sie sich um die WordArt-Texte keine Sorgen mehr machen. Diese werden nämlich automatisch mit angepasst. So erscheinen diese Texte immer in optischem Einklang mit den verwendeten Designs.

Vorhandenen Text in WordArt konvertieren

Im vorangegangenen Abschnitt haben Sie bereits erfahren, dass sich WordArt-Texte stets am gewählten Design orientieren. Dabei ist es unerheblich, ob das Design vor oder nach Erstellung des Textfeldes verändert wird. Dennoch können Sie den Textstil auch nachträglich noch manuell anpassen.

1 Setzen Sie zunächst einen Mausklick auf das Textfeld, dessen WordArt-Stil Sie verändern wollen.

2 Klicken Sie auf den Button **Weitere** in der Gruppe **WordArt-Formate** der Registerkarte **Formformat**.

3 Wählen Sie danach den gewünschten WordArt-Effekt in der Liste aus. Wenn Sie den Mauszeiger über die verschiedenen Optionen bewegen, sehen Sie wie immer eine Vorschau in Ihrer Präsentation. Dabei müssen Sie berücksichtigen, dass Änderungen, die nun vorgenommen werden, nur für das Wort Gültigkeit haben, in dem sich aktuell die Einfügemarke befindet.

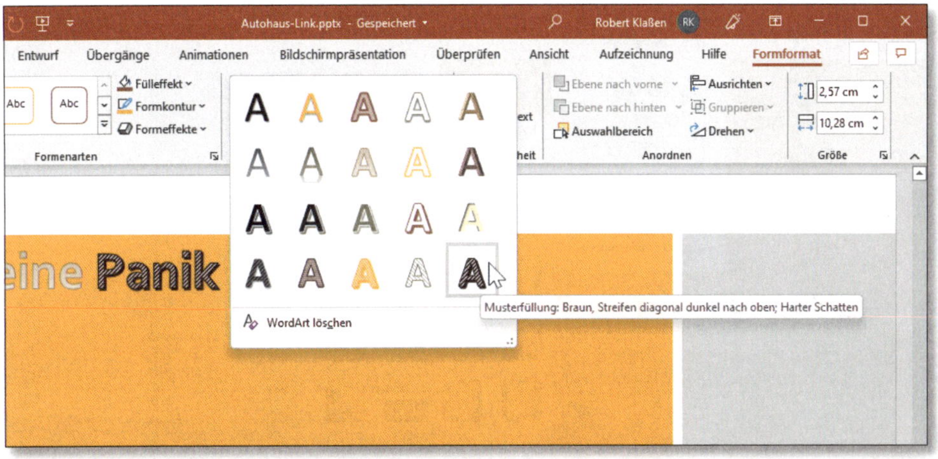

4 Wenn der gesamte Text neu ausgezeichnet werden soll, müssen Sie ihn entweder komplett markieren (indem Sie mit gedrückter Maustaste über ihn ziehen) oder auf den Rahmen klicken. Die gestrichelte Linie wird in diesem Fall durchgezogen angezeigt. Zudem verschwindet die Einfügemarke. Wählen Sie nun einen WordArt-Effekt in der Liste aus, wird dieser auf das gesamte Textfeld angewendet.

Mit WordArt ist es auch möglich, einzelne Zeichen eines Textfeldes individuell zu gestalten. Dazu markieren Sie nur das entsprechende Zeichen und weisen anschließend den gewünschten WordArt-Effekt zu.

Noch mehr WordArt

Abschließend noch ein paar nützliche Informationen zum Umgang mit WordArt: Derartige Textfelder lassen sich mithilfe der quadratischen Anfasser am Textrahmen vergrößern und verkleinern. Dabei wird allerdings die Textgröße nicht verändert. Wollen Sie Einfluss darauf nehmen, verwenden Sie die Schaltflächen in der Gruppe **Schriftart** der Registerkarte **Start**. Dazu muss der Text bzw. das Textfeld vorab markiert werden.

Beachten Sie, dass der Textrahmen ausgeblendet wird, solange Sie eine Einstellung vornehmen. Das soll gewährleisten, dass durch ihn keine optische Ablenkung erfolgt und Sie die Wirkungsweise des Effekts optimal begutachten können. Benutzen Sie auch die drei kleinen Schaltflächen, die sich ganz rechts in der Gruppe **WordArt-Format** der Registerkarte **Formformat** befinden: Über die Schaltfläche **Textfüllung** ändern Sie die Farbe der Textzeichen. Mit dem Button **Textkontur** können Sie die Rahmenfarbe der Zeichen anpassen. Und zu guter Letzt weisen Sie mit der Schaltfläche **Texteffekte** interessante und zum Teil professionell aussehende Effekte zu.

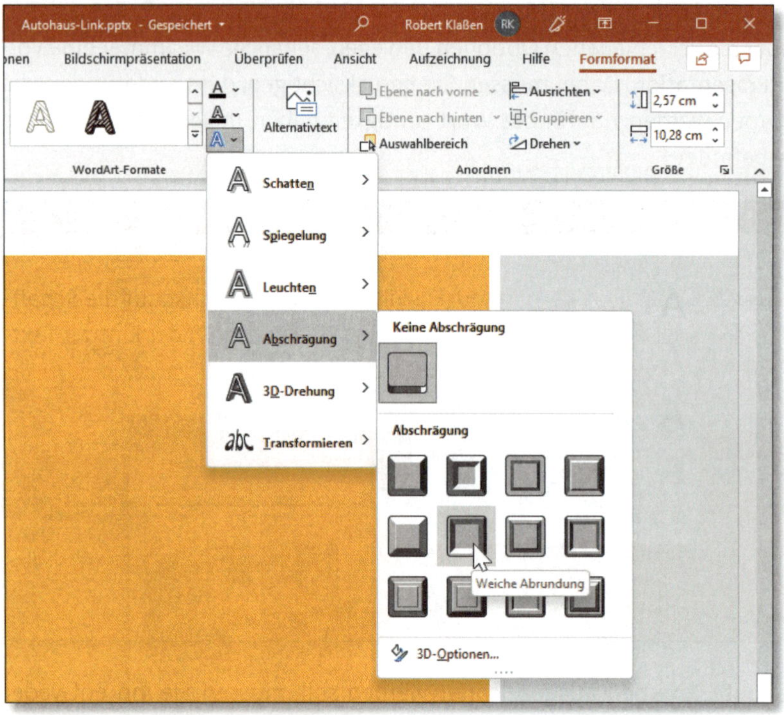

Abbildung 40.1 *WordArt offenbart ungeahnte Formatierungsoptionen.*

Aber auch bei diesen Effekten gilt wie bei vielen anderen Effekten in den Office-Anwendungen: Weniger ist meistens mehr. Setzen Sie WordArt-Effekte bewusst und nicht zu häufig ein, da sie sonst womöglich von den vermittelten Inhalten Ihrer Präsentation ablenken.

40.2 Schnell und einfach ein Fotoalbum erstellen

Die Produktion von Fotoalben ist ja eigentlich ein Job für Bildbearbeitungs- oder Bildverwaltungsprogramme. Wer aber PowerPoint einsetzt, ist auch ganz nah dran, wenn es um die Präsentation von Fotos geht. Mit ein wenig Mehrarbeit lassen sich sogar Diashows erstellen.

Ein Fotoalbum erstellen

In diesem Abschnitt beschäftigen wir uns mit der Produktion eines Fotoalbums direkt in PowerPoint. Die Möglichkeiten, die von der Präsentationssoftware in diesem Zusammenhang angeboten werden, sind nicht zu verachten.

1 Zuallererst sollten Sie Ihre Fotos vorbereiten. Am besten wird sein, Sie sichten die Aufnahmen vorab außerhalb von PowerPoint. Das Zentralisieren (also das Sammeln der Dateien an einem einheitlichen Speicherort) vereinfacht die spätere Arbeit zwar, ist aber nicht zwingend erforderlich.

2 Erzeugen Sie anschließend optional eine neue Präsentation (Strg+N). Natürlich ist aber auch nichts dagegen einzuwenden, ein Fotoalbum in eine vorhandene Präsentation einzufügen.

3 Klicken Sie auf die Schaltfläche **Fotoalbum** in der Gruppe **Bilder** der Registerkarte **Einfügen**. Sollten Sie auf den unteren Bereich der Schaltfläche bzw. rechts auf die nach unten weisende Pfeilspitze geklickt haben, wählen Sie im Menü **Neues Fotoalbum**.

4 Lassen Sie uns mit einer Textfolie beginnen. Dazu klicken Sie zunächst auf die Schaltfläche **Neues Textfenster** ①. Im Feld **Bilder im Album** wird daraufhin der Eintrag **Textfeld** hinzugefügt.

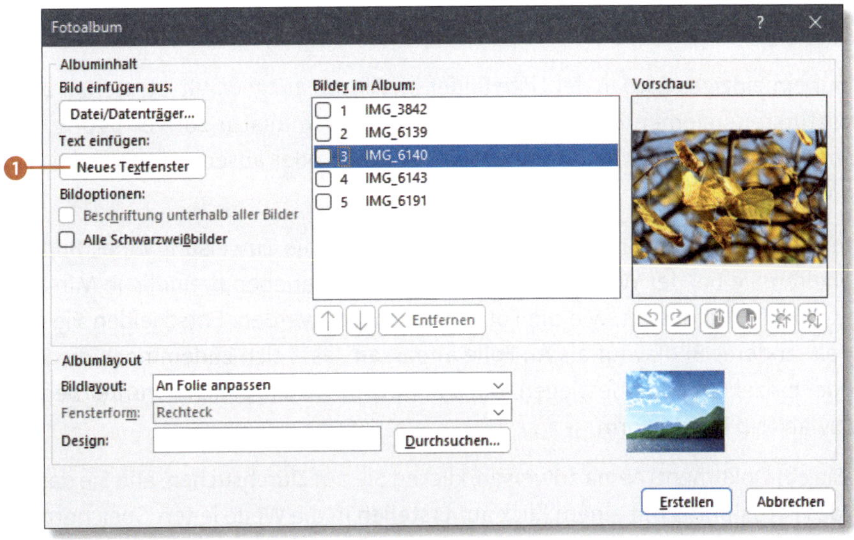

5 Klicken Sie nun auf den Button **Datei/Datenträger** ❷. Dieser ermöglicht das Hinzufügen der Fotos. Navigieren Sie im Folgedialog zum gewünschten Bildordner. Dort angelangt, markieren Sie ein Foto oder mehrere und klicken danach auf die Schaltfläche **Einfügen**.

6 Wenn Sie wollen, lässt sich dieser Vorgang beliebig oft wiederholen. Dabei dürfen Sie nun auch andere Bildordner öffnen und darin befindliche Fotos ebenfalls hinzufügen. Jedes Foto wird in der Liste **Bilder im Album** nun separat aufgeführt.

7 Aktivieren Sie in der Liste **Bilder im Album** die Checkboxen einzelner oder mehrerer Bilder, um diese anschließend mithilfe der blauen Pfeiltasten unterhalb der Liste sortieren zu können. Stellen Sie auf diese Weise die gewünschte Bildreihenfolge für Ihr Fotoalbum her.

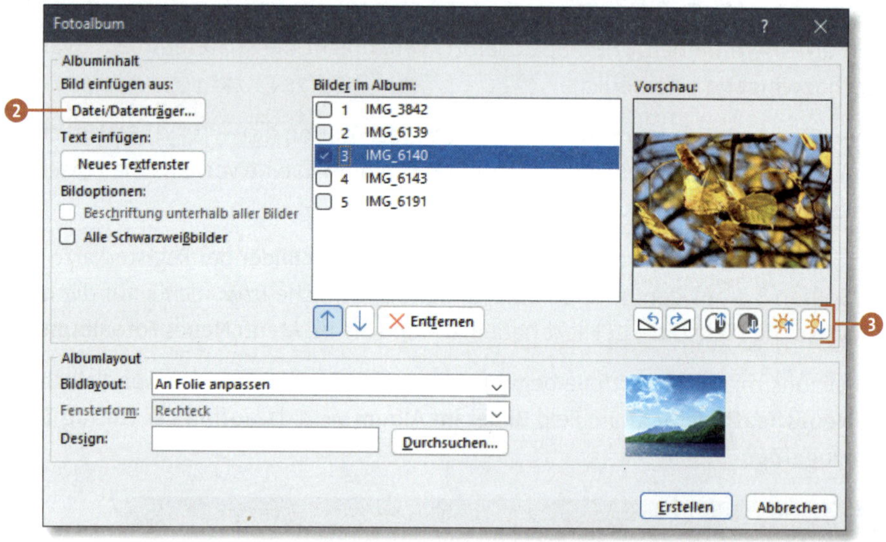

8 Sofern nur ein einziges Foto in der Liste **Bilder im Album** ausgewählt ist, stehen auch die Korrektursteuerelemente ❸ unterhalb der Vorschauminiatur zur Verfügung. Damit können Sie das Foto drehen, den Kontrast erhöhen oder absenken sowie die Helligkeit anpassen.

9 Der Bereich **Albumlayout** unten links gestattet zudem die Zuweisung eines **Bildlayouts**. Behalten Sie bei der Wahl des Layouts die rechts daneben befindliche Miniatur im Auge. Diese symbolisiert, wie die Fotos angeordnet werden. Entscheiden Sie sich hier für ein anderes Bildlayout als **An Folie anpassen**, lässt sich zudem noch die Rahmenart der einzelnen Bilder festlegen. Dazu benutzen Sie das gleich darunter befindliche Auswahlfeld **Fensterform**.

10 Wollen Sie ein Dokumentthema zuweisen, klicken Sie auf **Durchsuchen**, ehe Sie das Erzeugen des Fotoalbums mit einem Klick auf **Erstellen** in die Wege leiten. Speichern Sie die Bildschirmpräsentation über **Datei > Speichern unter**.

Damit ist das Fotoalbum fertig. Lesen Sie auch den folgenden Unterabschnitt, sofern Sie auf der soeben erzeugten Präsentation mit Fotoalbum eine Diashow erzeugen möchten.

> **INFO**
>
> **Schwarzweißfotos**
>
> Mit Anwahl der Checkbox **Alle Schwarzweißbilder** im Dialog **Fotoalbum** lassen sich die Farbinformationen sämtlicher Fotos zur Erstellung des Fotoalbums verwerfen. Die Bilder werden daraufhin farblos (sprich: in Graustufen) ausgegeben.

Eine Diashow erzeugen

Im vorangegangenen Abschnitt habe ich Ihnen gezeigt, wie Sie mit PowerPoint ein Fotoalbum erstellen können. Hier erfahren Sie nun, wie sich daraus eine effektvolle und vor allem selbstlaufende Diashow generieren lässt.

1. Zunächst sollten die Folien mit Übergängen versehen werden. Dazu markieren Sie die erste Folie im Folienregister und wählen einen Übergang in der Gruppe **Übergang zu dieser Folie** der Registerkarte **Übergänge** aus.
2. Damit Sie nicht jeden Übergang einzeln gestalten müssen (das kann ja bei einem umfangreichen Album ewig dauern), klicken Sie auf die Schaltfläche **Auf alle anwenden** in der Gruppe **Anzeigedauer** der Registerkarte **Übergänge**.

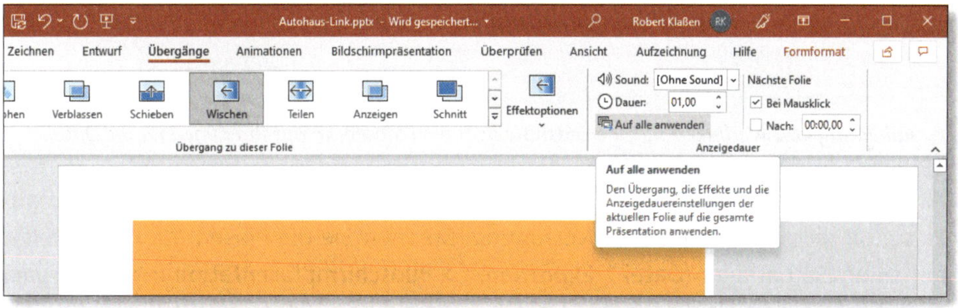

3. Deaktivieren Sie als Nächstes die Checkbox vor **Bei Mausklick**, und aktivieren Sie stattdessen **Nach** in der Gruppe **Anzeigedauer**. Legen Sie daneben noch eine Foliendauer fest. Üblich sind fünf Sekunden, wobei die Zeit bei dynamischen Diashows (z. B. Sport, Musik, Action) auch durchaus kürzer ausfallen darf. Durch diese Änderung läuft die Diashow nun automatisch ab und muss nicht per Mausklick bedient werden.
4. Was jetzt noch fehlt, ist die Musik. Stellen Sie **Anderer Sound** im Auswahlfeld **Sound** der Gruppe **Anzeigedauer** ein (zuvor sollten Sie sicherstellen, dass **Folie 1** aktiviert ist), und suchen Sie ein geeignetes Musikstück im *.wav*-Format aus.
5. Spielen Sie die Präsentation ab, indem Sie beispielsweise [F5] drücken.

Fotoalben und Diashows ausgeben

Es gibt prinzipiell mehrere Möglichkeiten, eine Diashow oder ein Fotoalbum weiterzuverwenden. Naheliegend ist natürlich die Integration in eine bestehende Bildschirmpräsentation. Dazu sollten Sie eine zielgruppenorientierte bzw. benutzerdefinierte Präsentation erstellen (siehe dazu Abschnitt 37.2, »Eine zielgruppenorientierte Bildschirmpräsentation erstellen«, Seite 963) und die Diashow in das Hauptdokument einbinden. Alternativ lässt sich das Ergebnis auch durch Ausbringung eines Links innerhalb der primären Präsentation integrieren. Klicken Sie zunächst auf die Schaltfläche **Link** in der Gruppe **Links** der Registerkarte **Einfügen**. Im Folgedialog **Link einfügen** müssen Sie darauf achten, dass Sie im Bereich **Link zu** die Option **Datei oder Webseite** wählen. Markieren Sie das Album in der Dialogmitte, und bestätigen Sie mit einem Klick auf die Schaltfläche **OK**.

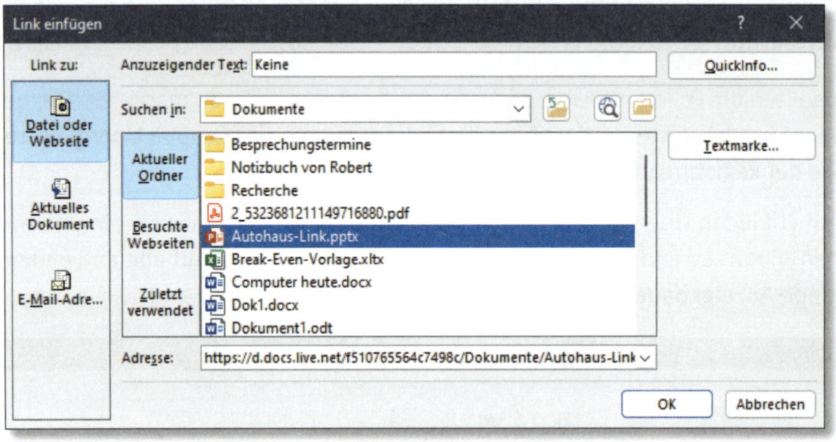

Abbildung 40.2 *Verlinken Sie eine Diashow oder ein Fotoalbum mit Ihrer PowerPoint-Datei.*

Ihnen stehen aber weitere Ausgabemöglichkeiten für eine Diashow- oder Fotoalbum-Präsentation in PowerPoint zur Verfügung. Brennen Sie die Präsentation beispielsweise auf einen Datenträger (**Datei > Exportieren > Bildschirmpräsentation für CD verpacken**), exportieren Sie sie als Videodatei (**Datei > Exportieren > Video erstellen**), erstellen Sie ein PDF-Dokument (**Datei > Exportieren > PDF/XPS-Dokument erstellen**), oder verschicken Sie sie unmittelbar per E-Mail (**Datei > Freigeben > E-Mail**).

Fotoalbum bearbeiten

Für den Fall, dass Sie einmal etwas an einem Fotoalbum verändern wollen, dürfen Sie natürlich die Folien unter Zuhilfenahme der Menüband-Steuerelemente editieren. Zweckmäßiger ist jedoch mitunter die Bearbeitung via Fotoalbum-Dialog. Diese Vorgehensweise ist beispielsweise immer dann zu empfehlen, wenn neue Bilder integriert oder vorhandene ausgetauscht werden sollen. Klicken Sie dazu auf den unteren Bereich der Schaltfläche **Fotoalbum** ❶ in der Gruppe **Bilder** der Registerkarte **Einfügen**, und wählen Sie im Menü die Option **Fotoalbum bearbeiten**.

Abbildung 40.3 *Rufen Sie das Dialogfenster »Fotoalbum« zum Bearbeiten auf.*

40.3 Mit einer Vorlage einen Adventskalender erstellen

Advent, Advent, ein Lichtlein brennt. Getreu diesem Motto lässt sich auch ein entsprechender Themenkalender erstellen. Natürlich ist der Adventskalender hier nur exemplarisch. Er zeigt aber sehr gut, wie sich Folien miteinander verlinken lassen.

1. Leider ist die Vorlage *Adventskalender* in der aktuellen Version von Office nicht mehr enthalten. Demzufolge lässt sie sich auch nicht mehr über die Backstage-Ansicht abrufen. Benutzen Sie daher die Vorlage *Adventskalender.pptx*, die Sie im Ordner *40* der Beispieldateien finden.

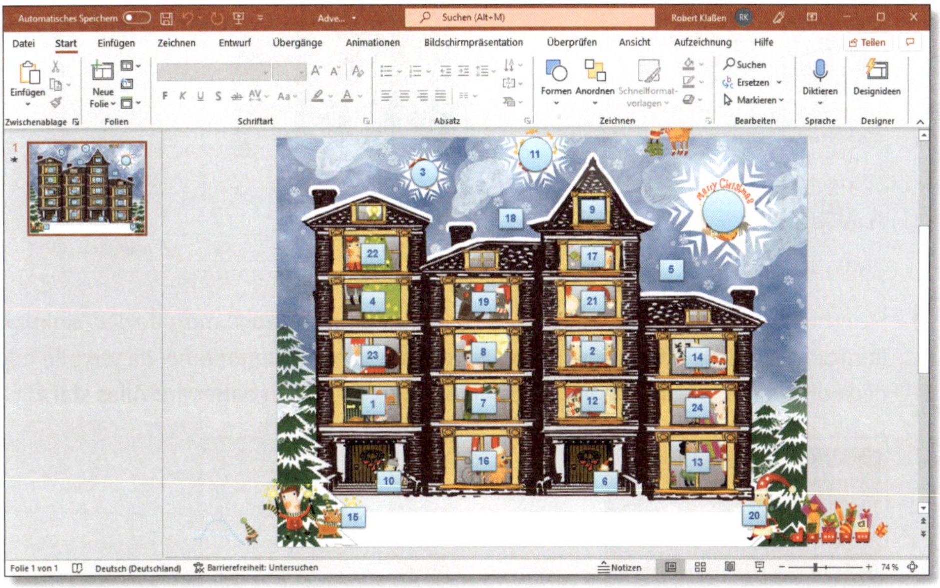

2. Als Nächstes steht die Produktion der 24 »Geheimnisse« an. Klicken Sie auf die Schaltfläche **Neue Folie** in der Gruppe **Folien** der Registerkarte **Start**.

3. Entfernen Sie zunächst das große Textfeld, das sich fast über die gesamte Folienfläche erstreckt. Fügen Sie ein Textfeld ein (**Einfügen > Text > Textfeld**), und tragen Sie »Schließen« oder etwas Ähnliches ein. Das Textfeld ziehen Sie ziemlich weit nach unten rechts,

wobei die genaue Position keine Rolle spielt. Wir wollen dem Besucher mit dieser Aktion die Möglichkeit geben, die Folie nach Ansicht des ersten Türchens wieder verlassen zu können. Anderenfalls würde die Präsentation fortgesetzt, und der Beschenkte wüsste bereits am ersten Dezember, was sich hinter den anderen »Türchen« verbirgt.

4 Es wäre naheliegend, den Text mit schwarzer Farbe auszustatten (**Start > Schriftart > Schriftfarbe**), da schwarzer Text auf dem hellen Hintergrund besser lesbar ist. Allerdings ist das an dieser Stelle wenig sinnvoll, da wir den Text gleich verlinken werden, was zur Folge hat, dass ihm ohnehin eine neue Farbe zugewiesen wird. Sie dürfen allerdings die Schriftgröße ruhig noch etwas erhöhen (z. B. auf 20 Pt.).

5 Anschließend markieren Sie den Text komplett und verlinken ihn mit der ersten Folie der Präsentation. Den erforderlichen Dialog erreichen Sie komfortabel über **Einfügen > Links > Link einfügen** oder richtig schnell mittels Strg + K. Jetzt muss links im Bereich **Link zu** die Option **Aktuelles Dokument** gewählt sein. In der Mitte aktivieren Sie den Eintrag **Erste Folie** und bestätigen mit **OK**.

6 Sie erhalten nun den Hinweis, dass einfaches Verknüpfen auch mithilfe der Funktion **Folienzoom** möglich wäre. Diese Technik wollen wir jedoch ignorieren, da wir alle folgenden Folien ohnehin einzeln verknüpfen müssen. Sie dürfen daher auf **Alles klar** klicken.

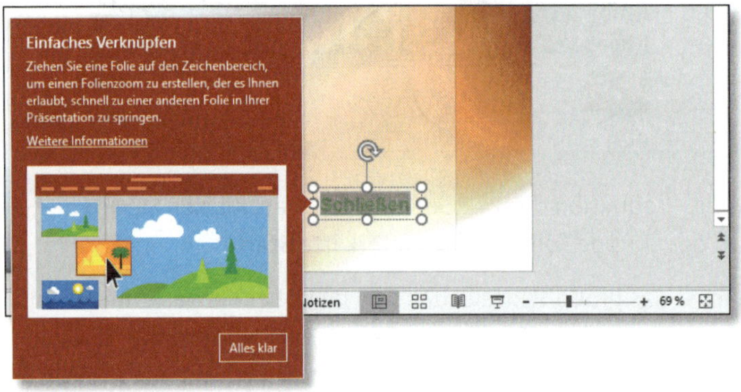

7 Deaktivieren Sie die Checkbox vor **Bei Mausklick** in der Gruppe **Anzeigedauer** der Registerkarte **Übergänge**. Verhindern Sie so, dass der Benutzer mit einem Mausklick zur nächsten Folie springen kann.

8 Ändern Sie die Überschrift auf der Folie in »1. Dezember«.

9 Kopieren Sie die Folie nun 23-mal. Bedingt dadurch, dass Sie im Folienregister auch mehrere Folien markieren und duplizieren können, geht die Aktion recht schnell vonstatten. Die Neubeschriftung der einzelnen Daten (2. bis 24. Dezember) dauert hingegen etwas länger.

10 Fügen Sie auf jeder Folie ein Präsent ein. Ob Sie eine Einladung zum Essen, Kinokarten oder Einkaufsgutscheine abgeben, bleibt Ihnen überlassen. Mitunter erfüllt aber auch schon eine nette Grußbotschaft den Zweck.

11 Zuletzt müssen Sie noch dafür sorgen, dass sämtliche Formen der ersten Folie (also die Datumsangaben) mit der entsprechenden Zielfolie verlinkt werden. Dazu klicken Sie mit rechts auf die Form und entscheiden sich im Kontextmenü für die Option **Link**. Daraufhin wird erneut der Dialog **Link einfügen** aufgerufen. Im Bereich **Link zu** (linke Spalte) stellen Sie **Aktuelles Dokument** ein und geben in der Mitte des Dialogs das Ziel an. Das ist beim ersten Türchen natürlich der 1. Dezember. Entsprechend ist mit allen anderen Tagen zu verfahren. (Bitte achten Sie bei dieser Aktion auch auf die Informationen im nachfolgenden Kasten.)

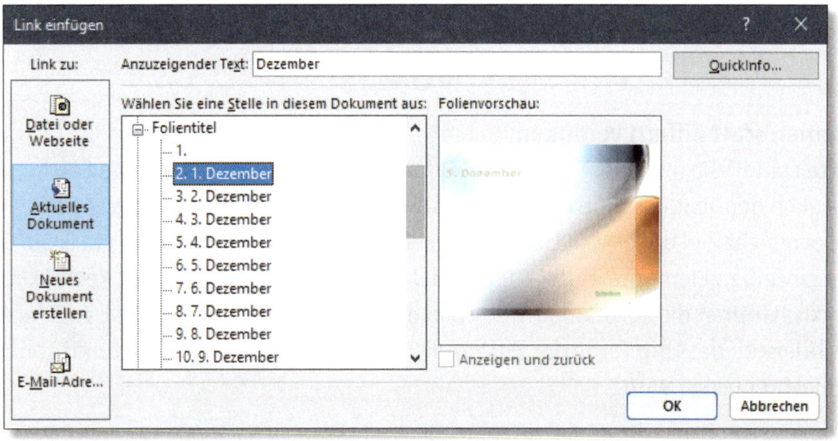

Sie finden eine entsprechende Datei mit verlinkten Folien unter dem Namen *Adventskalender.pptx* im Ordner *Ergebnisse* der Beispieldateien. Sie dürfen sie gerne verwenden, um dem Autor dieses Buches eine klitzekleine vorweihnachtliche Aufmerksamkeit ... na gut, lassen wir das.

Abbildung 40.4 *Jetzt kann das Christkind kommen.*

INFO

Formen statt Ziffern verlinken

Bitte achten Sie in diesem Zusammenhang darauf, dass Sie sowohl die Form als auch den Text (also die Datumsangaben) verlinken können. Letzteres soll jedoch nicht Ziel unserer Aktion sein, weshalb Sie idealerweise vorab stark auf die einzelnen Elemente einzoomen und darauf achten, dass Sie beim Rechtsklick wirklich immer die Form und nicht etwa den Text erwischen. Damit ist auch gewährleistet, dass die Farbe der Ziffern nicht unbeabsichtigt verändert und somit schlechter lesbar wird.

Teil VI

Microsoft Teams

Kapitel 41

Eine Welt, ein Team – mit Teams

Im Zusammenhang mit dem Begriff »Microsoft Teams« hört und liest man oft, dass es sich hierbei um eine Chat-Software handele. Das stimmt zwar zunächst, wird jedoch den Möglichkeiten nicht gerecht, die sich durch Teams ergeben. Mit Teams geht viel mehr als nur chatten. Auf den folgenden Seiten möchte ich Ihnen diese Software näher vorstellen.

41.1 Was ist Teams?

Teams ist eine Kommunikationsplattform, die direkte Konversation per Audio, Kamera oder Chat ermöglicht. Hinzu kommt die Möglichkeit, Dateien untereinander zu tauschen. Was früher mühsam per E-Mail-Anhang hin- und hergeschickt werden musste (und leider oft zu groß für den Datentransfer via E-Mail war), kann heute direkt während einer Konferenzschaltung an den potenziellen Empfänger übergeben werden.

Hinzu kommt, dass mit Teams zu jeder Zeit eine Verbindung zu sämtlichen Office-Anwendungen hergestellt werden kann – und das ist für Sie als Office-Anwender eigentlich das Herausragende. Die Dokumente können nämlich nicht nur allen anderen Teilnehmern vorgestellt, sondern auch ausgetauscht und gemeinsam bearbeitet werden.

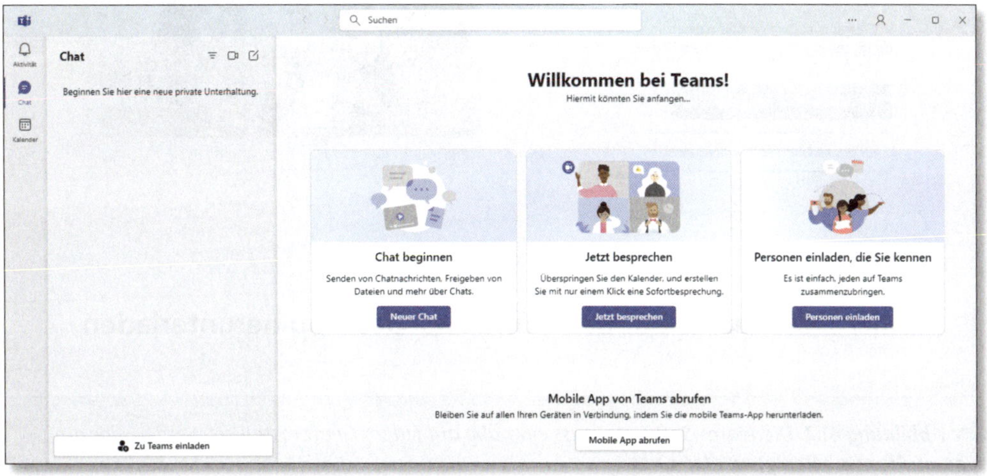
Suchen
Chat
Beginnen Sie hier eine neue private Unterhaltung.
Willkommen bei Teams!
Hiermit könnten Sie anfangen...
Chat beginnen
Senden von Chatnachrichten. Freigeben von Dateien und mehr über Chats.
Neuer Chat
Jetzt besprechen
Überspringen Sie den Kalender, und erstellen Sie mit nur einem Klick eine Sofortbesprechung.
Jetzt besprechen
Personen einladen, die Sie kennen
Es ist einfach, jeden auf Teams zusammenzubringen.
Personen einladen
Mobile App von Teams abrufen
Bleiben Sie auf allen Ihren Geräten in Verbindung, indem Sie die mobile Teams-App herunterladen.
Mobile App abrufen
Zu Teams einladen

Abbildung 41.1 *Nach dem Öffnen der Anwendung kommt vielleicht die Sorge auf, ob Teams tatsächlich so gut ist, wie man immer wieder hört. Doch diese Sorge ist unbegründet.*

INFO

Teams-Entwicklung

Teams war zur Drucklegung dieses Buches an einigen Stellen fehlerbehaftet. Einige Funktionmenüs waren leer bzw. verweigerten teils komplett die Arbeit. Wie die weitere Entwicklung der App aussieht, konnte zu diesem Zeitpunkt noch nicht abgesehen werden.

41.2 Microsoft Teams erwerben und starten

Die gute Nachricht zuerst: Jeder kann Teams benutzen – selbst dann, wenn Sie Office gar nicht installiert haben. Infos zur App finden Sie unter *www.microsoft.com/de-de/microsoft-teams*. Wollen Sie die App nutzen, ist eine Registrierung erforderlich.

Teams-Versionen

Microsoft Teams verfügt in der kostenlosen Version über die Möglichkeit, Gruppenbesprechungen bis zu 60 Minuten zu führen, wobei bis zu 100 Teilnehmer pro Besprechung anwesend sein dürfen. Im Cloudspeicher werden zudem 5 GByte pro Nutzer bereitgestellt. Wer mehr möchte, muss dafür zahlen. Weitere Infos zu den Modellen und deren Kosten finden Sie, indem Sie sich auf oben genannter Webseite **Pläne und Preise anzeigen** lassen.

Abbildung 41.2 *Die Teams-Software muss einmalig auf jedem Gerät installiert werden, das am Teams-Prozess beteiligt werden soll.*

Teams herunterladen und registrieren

Sie müssen sich bei Microsoft registrieren, um Teams benutzen zu können. Im Gegenzug erhalten Sie die App dann aber auch als Desktop-Variante. Sie können Teams danach, wie jede andere App auch, direkt ausführen. Die Registrierung sieht allerdings einige Schritte vor, die Sie zum Glück nur »einmal« durchlaufen müssen.

1 Öffnen Sie einen unterstützten Browser, und gehen Sie auf die Website *www.microsoft.com/de-de/microsoft-teams/download-app*. Zum Zeitpunkt der Erstellung dieses Buches konnten nur die Browser **Microsoft Edge** und **Google Chrome** benutzt werden. Bei allen anderen Browsern erschien nach ziemlichem Fortschritt der Registrierung (siehe die folgenden Schritte) eine Fehlermeldung, die zum Abbruch zwang. Benutzen Sie daher lieber von vornherein Edge oder Chrome.

Microsoft Teams
Hmm. Ihre Browserversion wird nicht unterstützt. Die schnellste Lösung? Laden Sie die desktop-App herunter.
Microsoft Teams für Windows herunterladen
(Empfohlen)
Es dauert zwar länger, aber hier sind die unterstützten Browser.
Microsoft Edge - Kostenlos installieren
Google Chrome - Kostenlos installieren

2 Oben rechts neben der Schaltfläche **Kostenlos registrieren** finden Sie die Textzeile **Teams herunterladen**. Klicken Sie darauf, um anschließend zu entscheiden, ob Sie die Software **Für den Desktop herunterladen** wollen, sie also auf Ihrem PC im Büro oder zu Hause nutzen werden. Falls Sie Teams stattdessen oder zusätzlich auf einem Handy bzw. Tablet nutzen möchten, entscheiden Sie sich hingegen für den Button **Für das Mobilgerät herunterladen**. Danach müssen Sie die Auswahl treffen, ob Teams unter Windows 10 oder Windows 11 betrieben werden soll. Wenn das erledigt ist, können Sie sich mit einem Microsoft-Konto bei Teams registrieren.

3 Melden Sie sich mit Ihrer E-Mail-Adresse an, geben Sie das dazugehörige Passwort ein, und klicken Sie auf **Weiter**.

4 Starten Sie danach die heruntergeladene Datei mit der Endung *.exe*, indem Sie einen Doppelklick darauf platzieren. Der Lohn der Mühen ist ein Begrüßungsbildschirm. Ein Klick auf den Schalter **Erste Schritte** hat zur Folge, dass Sie sich erneut mit Ihrem bei Microsoft hinterlegten E-Mail-Konto anmelden müssen.

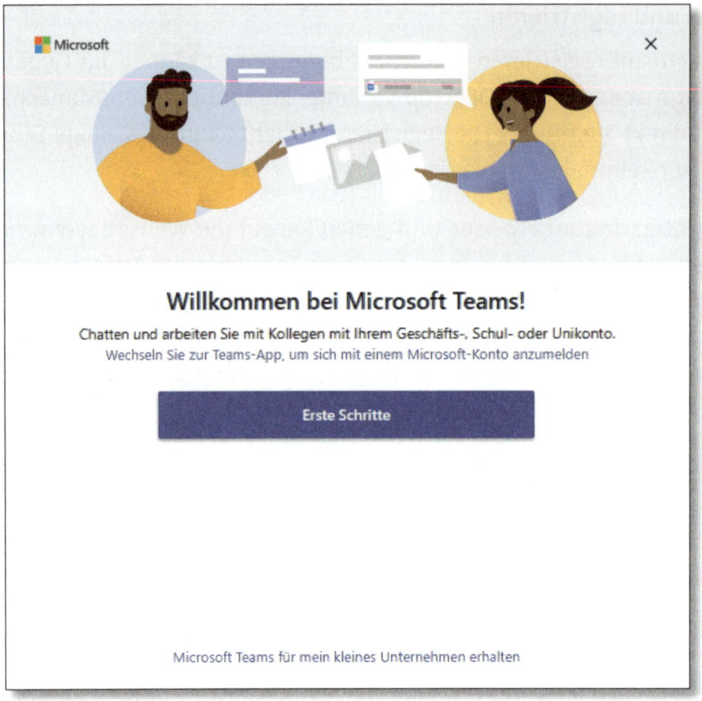
Microsoft
Willkommen bei Microsoft Teams!
Chatten und arbeiten Sie mit Kollegen mit Ihrem Geschäfts-, Schul- oder Unikonto.
Wechseln Sie zur Teams-App, um sich mit einem Microsoft-Konto anzumelden
Erste Schritte
Microsoft Teams für mein kleines Unternehmen erhalten

5 Klicken Sie abermals auf **Weiter**, geben Sie erneut Ihr Passwort ein, und üben Sie sich ein wenig in Geduld. Es kann durchaus ein paar Augenblicke dauern, bis es weitergeht. Solange Teams noch beschäftigt ist (so war es zumindest bei mir), blinken die drei Punkte unten links fröhlich vor sich hin.

Microsoft
Microsoft Teams wird geladen . . .

6 Je nach Teams-Version (wir verwenden hier die kostenlose Variante) erscheinen unterschiedliche Willkommens-Screens. Gehen Sie auf **Anmelden**, um sich nun auch bei Teams anzumelden. Hier müssen Sie übrigens auch eine Handynummer hinterlegen – nicht irgendeine, sondern »Ihre«, denn die Kontrolle erfolgt derart, dass Sie einen an das Handy gesendeten Code am PC eintippen müssen.

7 Zuletzt legen Sie fest, wie Sie Teams verwenden wollen. (Ich habe mich hier für **Freunde und Familie** entschieden, da dieser Arbeitsbereich für Einsteiger am besten geeignet ist.) Klicken Sie abermals auf **Weiter**.

Kurz darauf sollte Microsoft Teams gestartet werden und es kann endlich losgehen. Sollte die App nicht von selbst starten, lesen Sie den folgenden Abschnitt.

Teams in Betrieb nehmen

Teams ist nicht automatisch gestartet? Kein Problem. Unter Windows 10 und 11 geht die Inbetriebnahme ganz leicht, indem Sie zunächst [Win] drücken, um das Startmenü zu öffnen. Danach geben Sie ohne Umwege »Teams« ein. Sie müssen das obige Suchfgeld in Windows 11 übrigens nicht etxtra anwählen, da es bereits auf Ihre Eingabe wartet. Klicken Sie auf die etwas weiter unten angezeigte App **Microsoft Teams**, oder drücken Sie [↵], sofern der Teams-Eintrag bereits markiert ist.

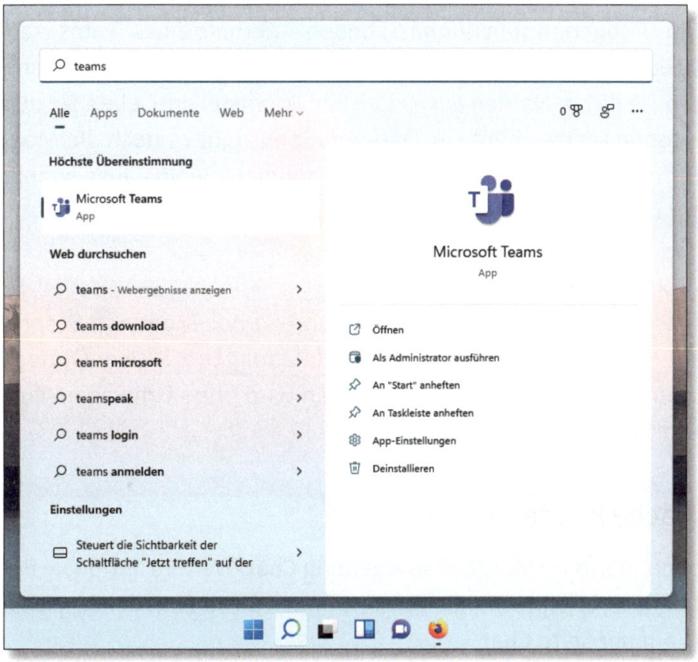

Abbildung 41.3 *Wenn doch alles so einfach wäre: [Win]-Taste drücken – »Teams« eingeben – [↵] drücken.*

41

Ich empfehle, die App gleich in der Taskleiste unterzubringen. Zwar wird bei der Installation automatisch ein Desktop-Icon angelegt, doch in der Taskleiste ist es, wie ich finde, besser aufgehoben.

41.3 Kommunikation in Teams

Bevor wir uns im wahrsten Sinne des Wortes in die Materie stürzen und Teams ergründen, möchte ich Ihnen einige grundlegende Kommunikationszweige vorstellen.

Chat

Zunächst einmal unterscheiden wir zwischen einem privaten Chat, der nur zwischen zwei Personen stattfindet, und dem Gruppen-Chat, an dem in der Regel mehr als zwei Personen teilnehmen. Jeder Teilnehmer kann Nachrichten erstellen, während diese Nachrichten automatisch und sofort mit allen anderen Chat-Teilnehmern geteilt werden. Ist ein Chat-Teilnehmer nicht anwesend, wird er darüber informiert, dass es eine oder mehrere neue Nachrichten gibt.

Anrufe

Wie der Name schon vermuten lässt, funktionieren Anrufe genauso, wie wir sie kennen, nämlich indem wir eine andere Person direkt ansprechen. In Teams haben wir allerdings die Wahl, ob wir das mit oder ohne Bild machen wollen. Das heißt, wir können einen reinen Audio-Anruf starten oder per Video miteinander kommunizieren.

Gespräche

Gespräche in einem Kanal (dem sogenannten *Channel*) finden innerhalb eines Teams statt und sind für alle Teammitglieder sichtbar. Möchten Sie eine bestimmte Person ansprechen, machen Sie das, indem Sie ihrem Namen ein @-Zeichen voranstellen. Geben Sie den Namen der Person danach (ohne Leerzeichen) ein. Darüber hinaus gibt es noch die Möglichkeit, Privatgespräche zu führen. Hierbei werden Teilnehmer eines Teams ausgewählt. Die Nachrichten sind nur für die ausgewählten Mitglieder sichtbar.

Besprechungen

Bei Besprechungen unterscheiden wir zwischen geplanten und Ad-hoc-Meetings. Besprechungen können vorbereitet (geplant) und entsprechende Einladungen z. B. über Outlook oder Teams verschickt werden. Ein Ad-hoc-Meeting hingegen wird ohne Umwege sofort gestartet, indem das Kamera-Symbol der App betätigt wird.

41.4 Die Teams-Oberfläche kennenlernen

Nach dem Erststart öffnet sich Teams in der Arbeitsumgebung **Chat**. Weitere optionale Bereiche sind **Aktivität** und **Kalender**; entsprechende Buttons finden Sie links in der Bereichsleiste. Bleiben Sie zunächst auf der Seite **Chat**.

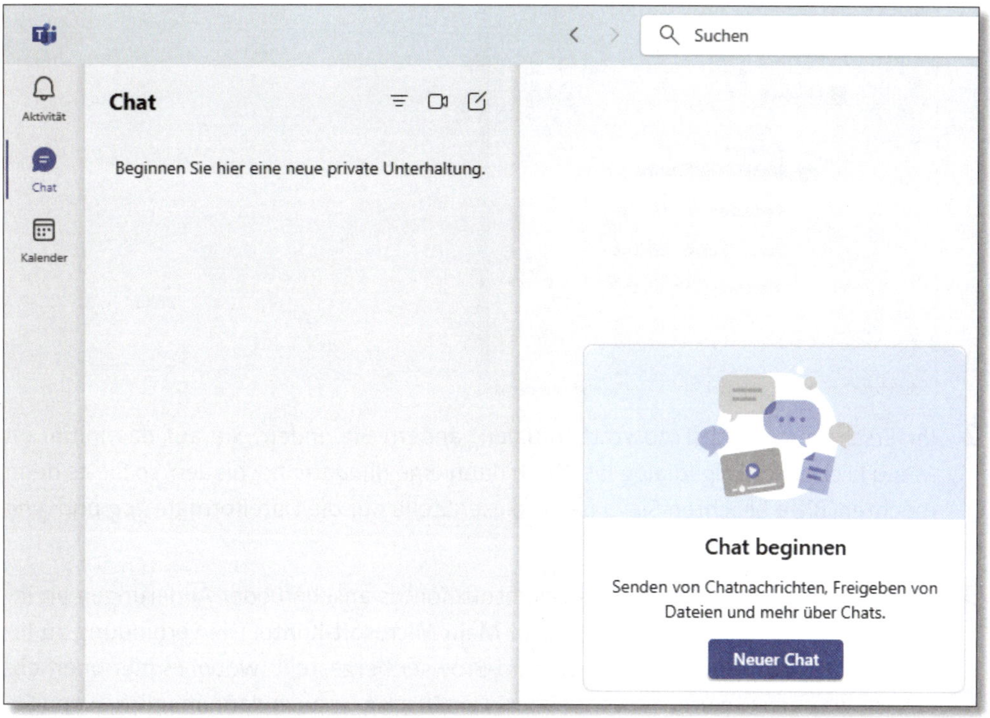

Abbildung 41.4 Sie starten in der Umgebung »Chat«.

INFO

Die Teams-Oberfläche
Bitte beachten Sie, dass je nach verwendeter Softwareversion (kostenlos oder kostenpflichtig) und Ihrer Vorauswahl in Schritt 7 der vorangegangenen Beschreibung die Oberfläche geringfügig anders aussehen kann. Die grundsätzliche Vorgehensweise ist jedoch stets dieselbe.

41

Teams personalisieren

Bevor Sie mit der Kommunikation beginnen, sollten Sie Teams personalisieren und ein paar grundlegende Einstellungen vornehmen. Oben rechts in der App finden Sie Ihren persönlichen Bereich. Sollten Sie noch kein Profilbild hinzugefügt haben, werden hier, ganz Office-like, Ihre Initialen angezeigt. Ein Klick darauf öffnet das Menü.

1 Für den Fall, dass Sie Ihren Namen ändern wollen, zeigen Sie bitte darauf, was zur Folge hat, dass rechts daneben ein kleiner Bleistift angezeigt wird. Führen Sie einen Mausklick darauf aus, kann der Name Ihren Wünschen entsprechend angepasst werden.

2 Ihr Erscheinungsbild (Foto statt Initialen) ändern Sie, indem Sie auf das Initial im Menü klicken. Im Folgedialog lässt sich dann eine Bilddatei hochladen, so Sie es denn möchten. Bitte beachten Sie, dass an dieser Stelle nur die Dateiformate *.jpg* und *.png* geeignet sind.

3 Wann immer Sie die Daten Ihres Microsoft-Kontos ansehen oder Änderungen an ihnen vornehmen wollen, klicken Sie auf **Mein Microsoft-Konto**. Die Verbindung zu Ihrem Konto wird dann in Ihrem Standard-Browser hergestellt (wobei es hier unerheblich ist, welchen Browser Sie verwenden. Der Zugang ist auch dann möglich, wenn Sie nicht mit *Microsoft Edge* oder *Google Chrome* im Internet unterwegs sind). Auf die Passwort-Eingabe wird ebenfalls verzichtet, da Sie ja bereits angemeldet sind.

4 Im Bereich **Verfügbar** finden Sie drei mögliche Optionen, nämlich neben **Verfügbar** (Sie sind online) noch **Als abwesend anzeigen** (Sie sind online, aber inaktiv) und **Als offline anzeigen** (Sie sind nicht erreichbar).

5 Den Status können Sie jedoch jederzeit anpassen, indem Sie auf **Verfügbar** klicken und dann eine andere Option einstellen – beispielsweise wenn Sie derzeit nicht gestört werden wollen.

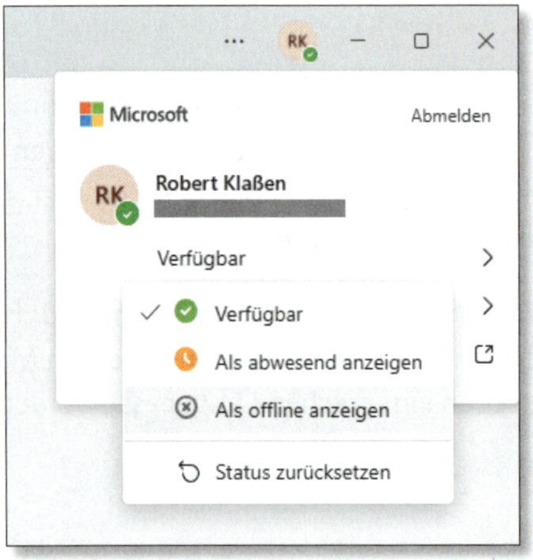

6 Klicken Sie auf **Statusmeldung festlegen**, um eine eigene Statusmeldung zu erzeugen, die angezeigt wird, wenn jemand Kontakt mit Ihnen aufnehmen möchte. Mit Klick auf **Fertig** wird die Meldung aktiviert.

7 Wollen Sie die Statusmeldung anpassen, parken Sie zunächst den Mauszeiger auf der Meldung. Mit dem daraufhin erscheinenden Bleistift lässt sich die Meldung editieren, während sie mittels Klick auf den Papierkorb (ohne eine weitere Kontrollabfrage) sofort gelöscht wird.

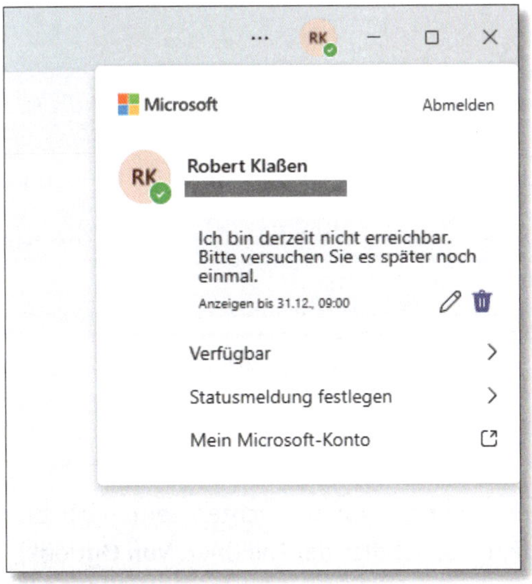

8 Sicher ist Ihnen bereits aufgefallen, dass Teams automatisch startet, sobald Sie Ihren PC hochfahren. Wenn Sie das nicht wollen, betätigen Sie die Drei-Punkte-Schaltfläche links neben dem Initial bzw. Ihrem Profilbild und wählen **Einstellungen**.

9 Links in der Spalte **Einstellungen** stellen Sie **Allgemein** ein. Deaktivieren Sie weiter rechts die Checkbox **Teams automatisch starten**, um einen Start der App ohne Ihr ausdrückliches Zutun künftig zu unterbinden.

Verlassen Sie die Einstellungen, indem Sie oben links auf den Arbeitsbereich **Chat** klicken.

Kontakte synchronisieren

Eine besondere Stärke der Teams-App besteht darin, dass Sie nicht extra Hunderte von Kontakten eingeben müssen, ehe Sie sich mit anderen verbinden. Nutzen Sie einfach Ihre Outlook-Kontakte, und greifen Sie auf Skype-Kontakte oder den Personalfundus Ihres Mobiltelefons zurück. Dies ist mit nur wenigen Mausklicks realisiert.

1 Klicken Sie zunächst auf die Drei-Punkte-Schaltfläche in der Kopfleiste, links neben Ihrem Initial bzw. Ihrem Profilbild. Wählen Sie **Einstellungen** im Menü aus.

2 In der Spalte **Einstellungen**, die Sie weiter links finden, wählen Sie daraufhin den Eintrag **Datenschutz** an.

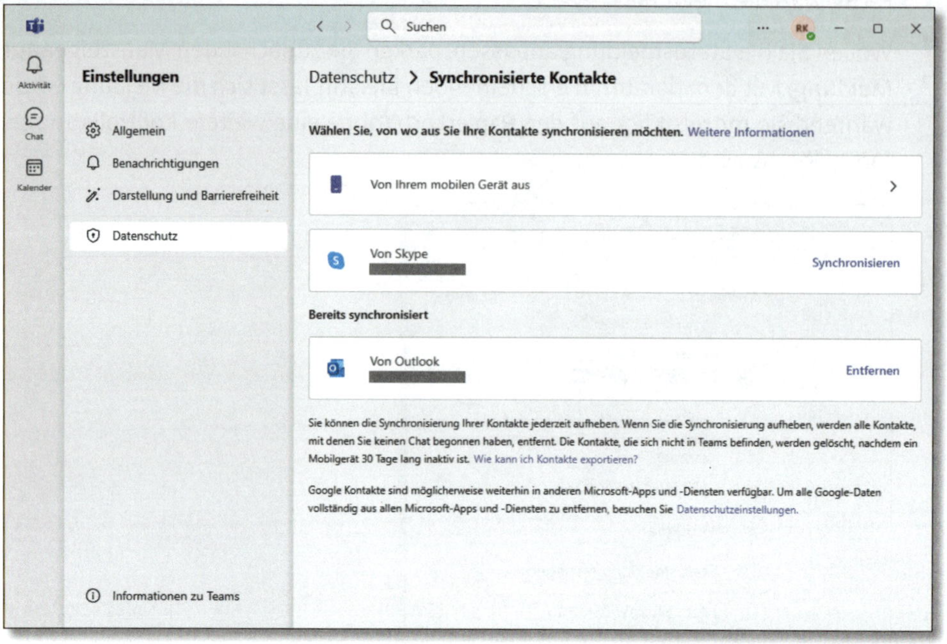
Suchen
Aktivität
Chat
Kalender
Einstellungen
Allgemein
Benachrichtigungen
Darstellung und Barrierefreiheit
Datenschutz
Informationen zu Teams
Datenschutz > Synchronisierte Kontakte
Wählen Sie, von wo aus Sie Ihre Kontakte synchronisieren möchten. Weitere Informationen
Von Ihrem mobilen Gerät aus
Von Skype
[redacted]
Synchronisieren
Bereits synchronisiert
Von Outlook
[redacted]
Entfernen
Sie können die Synchronisierung Ihrer Kontakte jederzeit aufheben. Wenn Sie die Synchronisierung aufheben, werden alle Kontakte, mit denen Sie keinen Chat begonnen haben, entfernt. Die Kontakte, die sich nicht in Teams befinden, werden gelöscht, nachdem ein Mobilgerät 30 Tage lang inaktiv ist. Wie kann ich Kontakte exportieren?
Google Kontakte sind möglicherweise weiterhin in anderen Microsoft-Apps und -Diensten verfügbar. Um alle Google-Daten vollständig aus allen Microsoft-Apps und -Diensten zu entfernen, besuchen Sie Datenschutzeinstellungen.

3 Bevor Sie etwas unternehmen, schauen Sie bitte auf der rechten Seite nach, ob dort der Eintrag **Bereits synchronisiert** gelistet ist. Ist dies der Fall (hier: **Von Outlook**), stehen diese Kontakte bereits in Teams zur Disposition. Im oberen Segment hingegen (**Wählen Sie, von wo aus Sie Ihre Kontakte synchronisieren möchten**) werden alle Kontaktbereiche aufgeführt, die mit Teams verknüpft werden »könnten«, es aber aktuell noch nicht sind.

4 Klicken Sie in der Zeile des Kontaktsegments auf **Synchronisieren**, um diesen Bereich zu Teams hinzuzufügen, was bewirkt, dass dieser Bereich dann ebenfalls in die Liste **Bereits synchronisiert** eingegliedert wird.

5 Im Umkehrschluss dürfen Sie Kontaktbereiche auch gern jederzeit wieder aus Teams herausnehmen, indem Sie in der betreffenden Zeile auf **Entfernen** gehen. In diesem Fall würde der Bereich wieder nach oben gestellt, wäre also fortan nicht mehr synchron mit Teams.

6 Möchten Sie die Kontakte Ihres Handys hinzufügen, muss die oberste Zeile **Von Ihrem mobilen Gerät aus** angewählt werden. Bitte bedenken Sie, dass Kontakte vom Handy nur dann hinzugefügt werden können, wenn Sie auch auf Ihrem Handy bei Microsoft-Teams angemeldet sind und die mobile Teams-App auf ihm installiert ist. Sollte das nicht der Fall sein, klicken Sie bitte im Folgedialog unten auf **Mehr anzeigen**.

Synchronisieren von Gerätekontakten mithilfe der mobilen Teams-App
1
Fügen Sie ein Konto hinzu, indem Sie sich bei Ihrem Microsoft-Konto anmelden.
2
Wechseln Sie zu Einstellungen > Personen und aktivieren Sie Meine Gerätekontakte synchronisieren
Sie verfügen nicht über die App?
Mehr anzeigen

7 Auf der folgenden Seite haben Sie dann zwei Optionen: Entweder Sie scannen den angebotenen QR-Code mit Ihrem Handy, oder klicken Sie auf **Link an mobiles Gerät senden**.

Wenn Sie sich für **Link an mobiles Gerät senden** entscheiden, werden Sie mit der Download-Seite der Teams-App verbunden. Das ist etwas »tricky«, denn Sie müssen ganz nach unten scrollen, um die Eingabemaske zu erhalten. Bitte lesen Sie die Hinweise im Kasten.

TIPP

Einen Link an das Handy senden

Nachdem Sie die zuvor beschriebene Download-Seite geöffnet haben, scrollen Sie ganz nach unten. Wurde sie nicht geöffnet, gehen Sie zunächst auf die Seite *www.microsoft.com/de-de/microsoft-teams/teams-for-home* und scrollen auch hier ganz herunter. Dort finden Sie ein Eingabefeld, in das Sie eine E-Mail-Adresse eintragen können, die von einer Mail-App auf Ihrem Handy empfangen werden kann. Klicken Sie anschließend auf **Jetzt senden**.

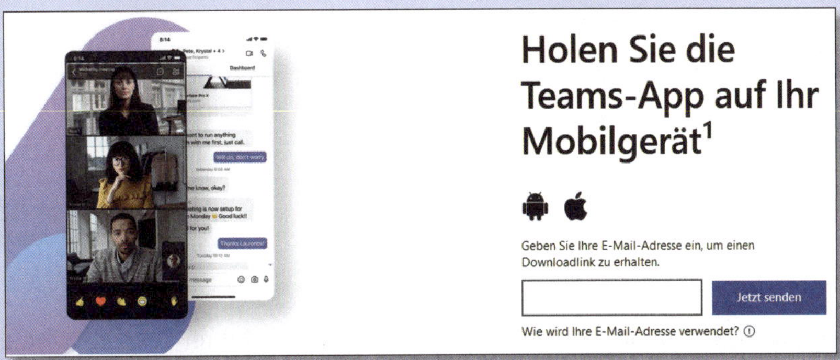
Holen Sie die Teams-App auf Ihr Mobilgerät¹
Geben Sie Ihre E-Mail-Adresse ein, um einen Downloadlink zu erhalten.
Jetzt senden
Wie wird Ihre E-Mail-Adresse verwendet?

Abbildung 41.5 *Senden Sie einen Download-Link an Ihr Handy.*

41

Die eigene Rufnummer unterdrücken

Andere Personen können Sie in Teams anhand zweier Merkmale finden – und zwar anhand Ihrer E-Mail-Adresse und Ihrer Telefonnummer. Wenn Sie das nicht möchten (beispielsweise Ihre Telefonnummer nicht veröffentlichen wollen), lässt diese sich schnell aus dem öffentlichen Teams-Verteilernetz herausnehmen.

1 Gehen Sie dazu noch einmal in die Einstellungen, indem Sie den Drei-Punkte-Button oben rechts in der Kopfleiste der App betätigen.

2 Wählen Sie **Einstellungen** im Pulldown-Menü, und aktivieren Sie die Zeile **Datenschutz** in der Spalte **Einstellungen**.

3 In der Mitte der Anwendung entscheiden Sie sich danach für den Schalter **Kontaktinformationen verwalten**.

4 Jetzt sehen Sie anhand der Schalter in den jeweiligen Zeilen, wie andere Sie finden können. Hier sind beide Schalter, also sowohl E-Mail als auch die Handynummer, eingeschaltet.

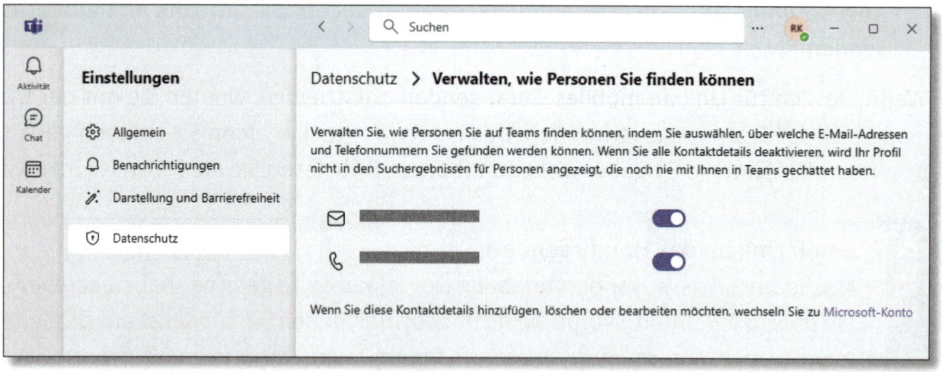
Suchen
RK
Aktivität
Chat
Kalender
Einstellungen
Allgemein
Benachrichtigungen
Darstellung und Barrierefreiheit
Datenschutz
Datenschutz > Verwalten, wie Personen Sie finden können
Verwalten Sie, wie Personen Sie auf Teams finden können, indem Sie auswählen, über welche E-Mail-Adressen und Telefonnummern Sie gefunden werden können. Wenn Sie alle Kontaktdetails deaktivieren, wird Ihr Profil nicht in den Suchergebnissen für Personen angezeigt, die noch nie mit Ihnen in Teams gechattet haben.
[redacted]
[redacted]
Wenn Sie diese Kontaktdetails hinzufügen, löschen oder bearbeiten möchten, wechseln Sie zu Microsoft-Konto

5 Klicken Sie, um bei unserem Beispiel zu bleiben, auf den Schalter in der Telefonzeile, gibt Teams zunächst einen Hinweis aus, der darüber informiert, dass Benutzer Sie künftig anhand Ihrer Telefonnummer nicht mehr finden können. Klicken Sie auf **Bestätigen**, um die Aktion abzuschließen.

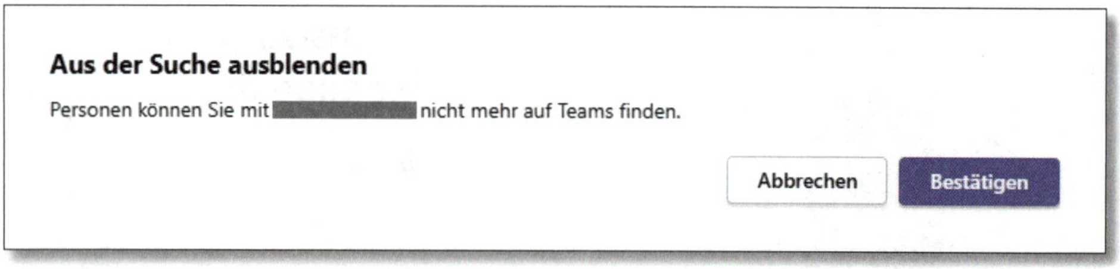
Aus der Suche ausblenden
Personen können Sie mit [redacted] nicht mehr auf Teams finden.
Abbrechen
Bestätigen

Falls Sie es sich irgendwann anders überlegen, und anhand Ihrer Telefonnummer doch wieder gefunden werden wollen, aktivieren Sie den Schalter einfach erneut.

41.5 Teams-Kommunikation

Es gibt zahlreiche Möglichkeiten, mit anderen in Kontakt zu treten. Dabei sind die Teilnehmer keinesfalls nur auf den Chat angewiesen, sondern können live miteinander telefonieren, Videoanrufe starten und die Bildschirmfreigabe nutzen.

Mit Personen in Kontakt treten und sie zu Teams einladen

Grundsätzlich müssen Sie wissen, dass Sie mit jeder Person in Kontakt treten können. Selbst ein Uralt-Handy, das lediglich in der Lage ist, SMS-Nachrichten zu empfangen, kann direkt von Teams aus angewählt werden, wenngleich die anschließende Installation der Teams-App in diesem Fall misslingen würde. Zum Antworten ist diese App allerdings erforderlich.

1. Um eine beliebige Person zu kontaktieren (egal, ob sie in den Kontakten vorhanden ist oder nicht), entscheiden Sie sich zunächst in der Menüspalte ganz links für **Chat**. Danach klicken Sie im Segment **Chat beginnen** auf **Neuer Chat**.
2. Geben Sie ganz oben in der Zeile **An:** die E-Mail-Adresse oder Telefonnummer der Person ein. (Beachten Sie die internationale Schreibweise, die stets mit der Landesvorwahl beginnt. Das Plus wird hier jedoch nicht mitgeschrieben. Bei einer Handynummer in Deutschland beginnen Sie demzufolge mit 49 und lassen dann ohne Leerzeichen die Ortsvorwahl ohne die Null und zuletzt die Handynummer folgen.)
3. Schreiben Sie Ihre (bitte nicht zu lange) Nachricht, und klicken Sie zuletzt auf **Senden**.
4. Beim Empfänger kommt die Nachricht (sofern Sie eine Handynummer verwendet haben und der Empfänger die Teams-App nicht installiert hat) als SMS an. Zusätzlich zur Nachricht wird ein Link präsentiert, mit dem die Teams-App dann heruntergeladen und installiert werden kann.

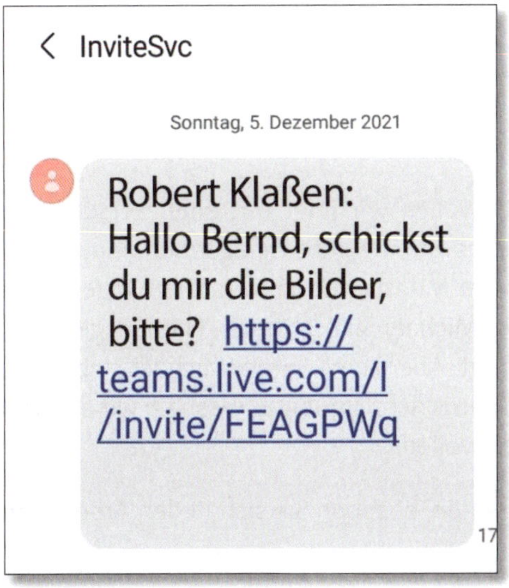
InviteSvc
Sonntag, 5. Dezember 2021
Robert Klaßen:
Hallo Bernd, schickst du mir die Bilder, bitte? https://teams.live.com/l/invite/FEAGPWq
17

Nach einem Klick auf den mitgelieferten Link wird die Zielperson (ein internetfähiges Handy vorausgesetzt) mit der Download-Website von Microsoft Teams verbunden und kann die App dann auf dem eigenen Endgerät installieren.

Nehmen Sie der Unterhaltung auf Microsoft Teams teil
Befolgen Sie diese Schritte, um an der Unterhaltung teilzunehmen:
Schritt 1
Laden Sie die Teams-App herunter
Schritt 2
An Unterhaltung teilnehmen

< ***Abbildung 41.6*** *Die Übersetzung bedarf noch der Verbesserung, aber die angeschriebene Person dürfte dennoch wissen, was zu tun ist.*

TIPP

Teams online nutzen
Falls Sie Teams auf Ihrem Endgerät nicht installieren können oder wollen, haben Sie immerhin noch die Möglichkeit, Teams online zu nutzen. Dazu rufen Sie *https://teams.live.com* auf und melden sich an. Teams kann jetzt mithilfe der Web-App benutzt werden.

Einen neuen Chat beginnen

Anders als im vorangegangenen Abschnitt wollen wir jetzt mit einer Person chatten, die ihrerseits über die Teams-App verfügt. Dies ist eine gute Gelegenheit, Ihnen Michael Siebert vorzustellen. Michael ist ein imaginärer Mitarbeiter. Ich versichere Ihnen, dass ich »im richtigen Leben« niemanden kenne, der Michael Siebert heißt, Namensgleichheiten sind daher rein zufällig und nicht beabsichtigt. Aber keine Sorge. Michael Siebert ist ein wirklich netter Kerl. Zudem kennt er sich in Teams richtig gut aus, weshalb wir auf den folgenden Seiten auch mit ihm kommunizieren wollen.

1 Wann immer Sie einen neuen Chat beginnen, begeben Sie sich in den Arbeitsbereich **Chat** ganz links in der App.

2 Danach klicken Sie in der nebenstehenden Spalte auf **Neuer Chat**. Im Feld **An:** tragen Sie nun den Namen so ein, wie er in Ihrer Kontaktliste aufgeführt ist. Sollte sich die Person noch nicht in Ihren Kontakten befinden, geben Sie stattdessen eine E-Mail-Adresse oder Telefonnummer ein.

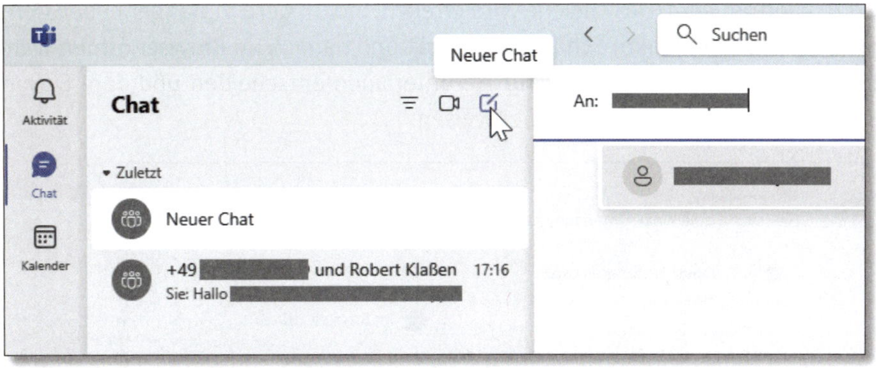
Suchen
Neuer Chat
Aktivität
Chat
Kalender
Chat
An: [redacted]
[redacted]
Zuletzt
Neuer Chat
+49 [redacted] und Robert Klaßen 17:16
Sie: Hallo [redacted]

3 Verfassen Sie jetzt ganz unten im Fuß der Anwendung den gewünschten Text. Beachten Sie in diesem Zusammenhang, dass Sie mit einem Klick auf den Stift ganz unten links zusätzliche Steuerelemente aufrufen können, mit denen sich der Text entsprechend auszeichnen bzw. in Größe und Farbe verändern lässt. Wenn Sie fertig sind, klicken Sie unten rechts auf **Senden**.

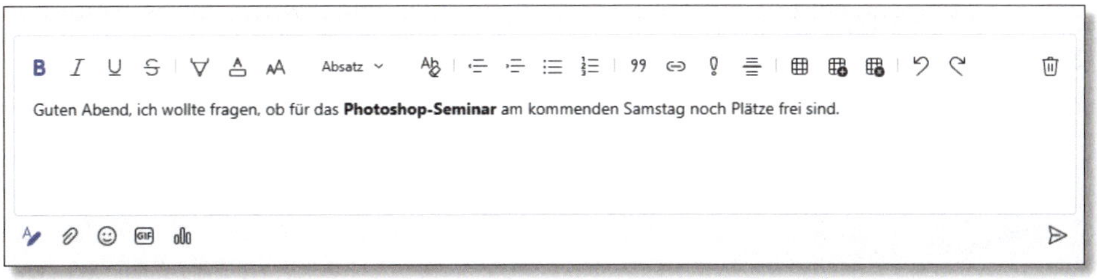
Absatz
Guten Abend, ich wollte fragen, ob für das Photoshop-Seminar am kommenden Samstag noch Plätze frei sind.

4 Sobald die Antwort vorliegt, wird diese natürlich ebenfalls im Chat-Dialog angezeigt. Möchten Sie Dokumente, Fotos und Ähnliches hinzufügen, klicken Sie bitte unten links auf die kleine Büroklammer. Danach entscheiden Sie sich für **Von meinem Computer hochladen**, navigieren zum gewünschten Dokument, das Sie danach markieren, und betätigen zuletzt **Öffnen**.

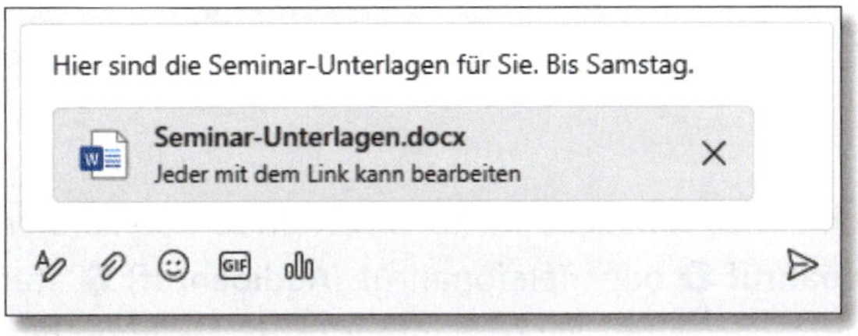
Hier sind die Seminar-Unterlagen für Sie. Bis Samstag.
Seminar-Unterlagen.docx
Jeder mit dem Link kann bearbeiten

5 Das Dokument wird dann unterhalb des Textes angezeigt. Ein bereits eingefügter, aber noch nicht versendeter Anhang kann jederzeit wieder entfernt werden, indem

Sie auf das kleine Schließen-Kreuz neben dem Anhang klicken. Mit einem Klick auf den **Senden**-Button wird das Dokument an den Empfänger geschickt.

6 Der Empfänger hat nun folgende Möglichkeiten: Zunächst einmal kann er das Dokument anklicken. Dies hat zur Folge, dass es in der Online-App (in unserem Beispiel Word) geöffnet wird. Das Gleiche wird erreicht, indem der Empfänger neben dem Anhang auf die Drei-Punkte-Schaltfläche klickt und danach **Im Browser öffnen** wählt. In der Regel werden Sie sich aber für Herunterladen entscheiden und dem Dokument einen Speicherplatz auf Ihrem PC zuweisen.

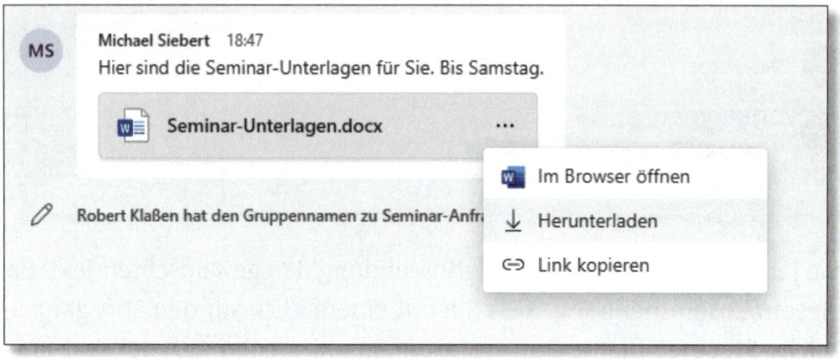

Achten Sie bitte einmal auf den Kopf des Chats. Dort finden Sie nämlich Registerkarten. Zum einen ist da der **Chat**, zum anderen aber auch ein Register mit dem Titel **Dateien**. Hier werden sämtliche Unterlagen aufgelistet, die in irgendeiner Form Teil der Unterhaltung geworden sind.

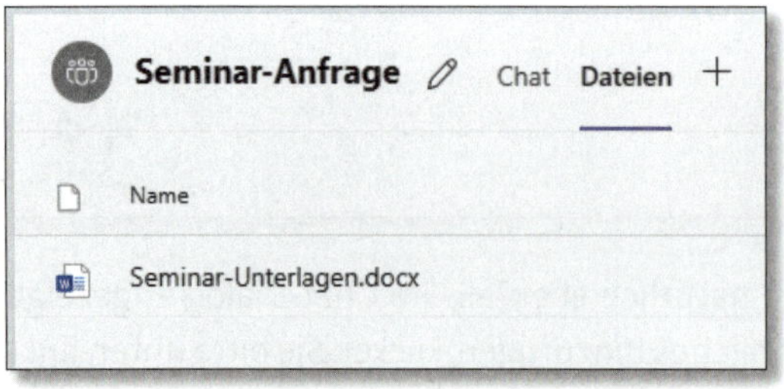

***Abbildung 41.7** Sämtliche Chat-Anhänge werden im Register »Dateien« gesammelt.*

Wenn Sie also einmal versäumt haben sollten, den Chat-Anhang herunterzuladen und inzwischen zahlreiche weitere Chat-Beiträge gefolgt sind, müssen Sie nicht mühsam im Chat-Verlauf nachsehen, wann und wo das eine oder andere Dokument gepostet worden ist, sondern wechseln einfach in das Register.

Anrufe und Videoanrufe tätigen

Auch oben rechts im Chat sind noch einige nützliche Buttons vorhanden. So können Sie beispielsweise jederzeit einen **Videoanruf** ❶ oder Telefonanruf (**Audioanruf**) ❷ starten. Der Videoanruf setzt allerdings voraus, dass eine Webcam integriert bzw. angeschlossen ist. Sollte das nicht der Fall sein, ist die Schaltfläche ausgegraut und somit nicht bedienbar.

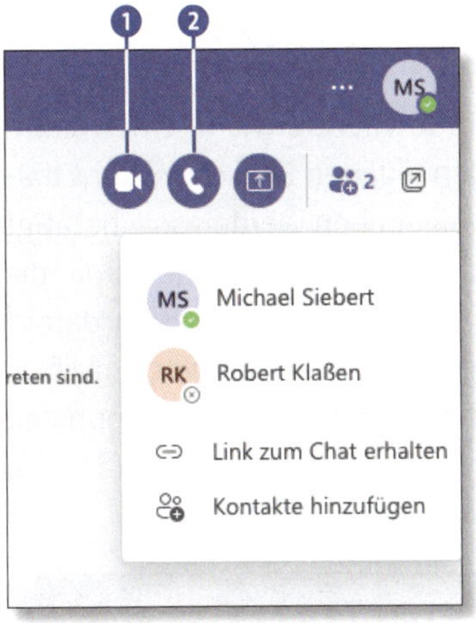

Abbildung 41.8 Von hier aus stehen Ihnen zahlreiche Möglichkeiten der Kommunikation zur Verfügung.

Den Schalter **Bildschirmfreigabe** ❸ klammern wir noch einen Moment lang aus, da wir im nächsten Abschnitt genauer darauf eingehen wollen. Wenn Sie sich einen Überblick über die Teilnehmer verschaffen wollen, die derzeit am Chat teilnehmen, oder noch nicht involvierte Personen teilhaben lassen wollen, benutzen Sie **Teilnehmer anzeigen und hinzufügen** ❹. Mit dem letzten Schalter **Pop-out-Chat** ❺ erreichen Sie, dass das derzeit aktive Chat-Fenster aus der Arbeitsoberfläche herausgelöst wird. Das ist vor allem dann zu empfehlen, wenn Sie mehrere Chats gleichzeitig führen.

Abbildung 41.9 Hier wird gerade ein Videoanruf gestartet. Während die Verbindung noch aufgebaut wird, sehe ich bereits das Bild der eigenen Webcam unten rechts.

Mit Bildschirmfreigaben arbeiten

Im Chat ist die **Bildschirmfreigabe** ❶ vielleicht nicht ganz so wichtig wie in einer Teambesprechung, jedoch ist es auch hier durchaus möglich, den eigenen Bildschirm für Chat-Partner freizugeben. Der Teilnehmer, dessen Bildschirm freigegeben werden soll, betätigt dazu den gleichnamigen Schalter. Chat-Partner auf der anderen Seite, also jene, die die Bildschirmpräsentation empfangen sollen, erhalten ein Pop-up-Fenster, in dem darauf hingewiesen wird, dass eine Bildschirmfreigabe zur Verfügung steht. Möchte der Empfänger die Freigabe annehmen, klickt er auf **Bildschirmfreigabe annehmen** und kann nun den Ausführungen des Absenders folgen. Er hört den Kommentar des Referenten und kann am Monitor live mitverfolgen, was geschieht.

Abbildung 41.10 Unser imaginärer Dozent Michael Siebert erklärt, was auf seinem Monitor gerade passiert.

Nur am Rande sei erwähnt, dass Sie mit Strg+⇧+H bzw. mit einem Klick auf **Verlassen** oben rechts die Bildschirmfreigabe jederzeit verlassen könnten. Sollten noch weitere Chat-Teilnehmer vorhanden sein, hat die Aktion für sie natürlich keine Bewandnis. Klickt der Ersteller der Bildschirmfreigabe hingegen auf **Verlassen**, wird die Übertragung zu allen Teilnehmern abgebrochen.

Auf dem Monitor des Empfängers sind weitere, nützliche Anzeigeoptionen verborgen. So kann er sich mit einem Klick auf **Teilnehmer anzeigen** ❷ jederzeit darüber in Kenntnis setzen, wer außer ihm noch anwesend ist. Mit einem Klick auf die kleine Sprechblase ❸ kann zeitgleich zur Bildschirmfreigabe mit dem Chat fortgefahren werden. Falls Sie zwischendurch mal Ihre Meinung oder Ihr Befinden ausdrücken möchten, ohne Worte zu verlieren, klicken Sie auf den dritten Schalter ❹ und wählen dort ein passendes Emoji aus. Bitte beachten Sie, dass diese Mini-Grafik nicht Teil des Chats wird, sondern in die Präsentation mit einfließt, kurz in der Bildschirmmitte verweilt und dann verschwindet.

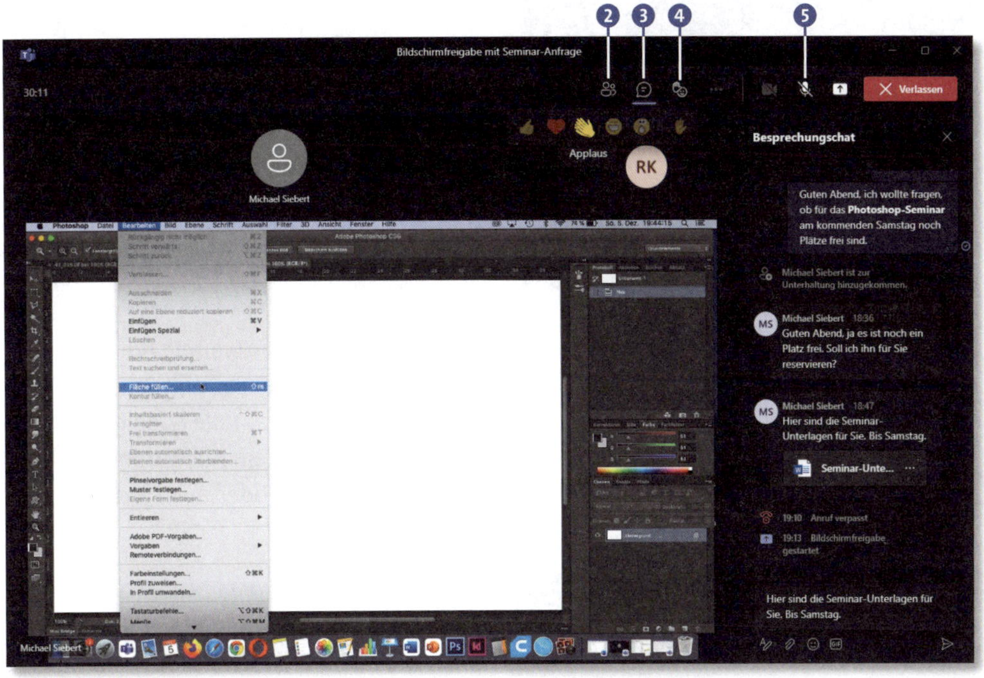

2
3
4
5
Bildschirmfreigabe mit Seminar-Anfrage
30:11
Verlassen
Applaus
RK
Michael Siebert
Besprechungschat
Guten Abend, ich wollte fragen, ob für das Photoshop-Seminar am kommenden Samstag noch Plätze frei sind.
Michael Siebert ist zur Unterhaltung hinzugekommen.
MS
Michael Siebert 18:36
Guten Abend, ja es ist noch ein Platz frei. Soll ich ihn für Sie reservieren?
MS
Michael Siebert 18:47
Hier sind die Seminar-Unterlagen für Sie. Bis Samstag.
Seminar-Unte...
19:10 Anruf verpasst
19:13 Bildschirmfreigabe gestartet
Hier sind die Seminar-Unterlagen für Sie. Bis Samstag.

Abbildung 41.11 *Sie wollen Herrn Siebert Applaus spenden? Nur zu, er wird sich darüber freuen.*

Sie kennen das: Der Dozent erklärt und erklärt und Ihnen brennt eine Frage auf den Nägeln. Nur zu: Klicken Sie auf das kleine Mikrofon ❺, und schon kann es losgehen. Na ja, noch nicht ganz. Denn der Dozent muss erst zustimmen. Deshalb erscheint zunächst auch nur eine Hinweistafel. Das Einsprechen ist dem Teilnehmer somit noch nicht möglich.

Robert möchte sprechen
Stummschaltung aufheben zum Annehmen.

Abbildung 41.12 *Jetzt sind »Sie« aber mal dran!*

Das ändert sich erst, wenn unser Dozent Michael Siebert dazu bereit ist, Ihnen das Wort zu erteilen. Auf seinem Monitor sieht die Darstellung etwas anders aus. Er kann nämlich auf die drei Punkte neben Ihrem Namen klicken und Ihnen das Wort per Kontextmenü erteilen. Stellen Sie jetzt Ihre Frage, aber übertreiben Sie es bitte nicht. Wer denkt, dass er jetzt alle Zeit der Welt habe und Herr Siebert ihm bis in alle Ewigkeit zuhören müsse, der irrt gewaltig, denn Herr Siebert kann ihm jederzeit das Wort entziehen, indem er sich für **Teilnehmer stummschalten** entscheidet.

Abbildung 41.13 Herr Siebert entscheidet, wer spricht.

Übrigens: Wenn Herr Siebert der Meinung ist, es sei sinnvoller, alles weitere nur mit Ihnen persönlich zu besprechen, während alle anderen Teilnehmer beispielsweise mit einer Aufgabe beschäftigt sind, kann er das auch tun. Dann klickt er nicht auf die eben erwähnten drei Punkte, sondern direkt auf Ihren Namen. Die Folge: Er erhält ein Auswahlmenü, über das er direkt mit Ihnen chatten ❶, einen **Videoanruf** tätigen ❷ oder auch einen **Audioanruf** ❸ starten kann.

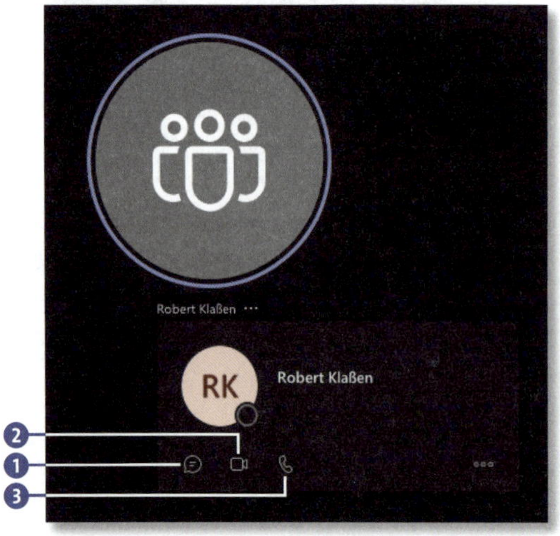

Abbildung 41.14 Jetzt kann interne Kommunikation stattfinden.

Die Bildschirmfreigabe beenden

Lassen Sie uns zum Schluss kommen. Herr Siebert hat alles erklärt und aus den Seminar-Teilnehmern wahre Profis generiert. Zeit für uns, den Stecker zu ziehen. Das machen Sie, indem Sie oben rechts auf **Verlassen** klicken oder Strg + ⇧ + H betätigen. Natürlich melden nur Sie allein sich mit dieser Aktion ab. Für alle anderen geht die Kommunikation ganz normal weiter. Macht Herr Siebert hingegen das Gleiche oder entscheidet er sich für den Schalter **Nicht mehr teilen**, ist für alle anderen auch Schluss. Mit Abbruch der Bildschirmfreigabe wird auch für alle anderen die Verbindung abgebrochen.

Abbildung 41.15 *Wenn Herr Siebert den Stecker zieht, ist die Vorstellung beendet.*

41.6 Mit Besprechungen arbeiten

Mit Terminen und Besprechungen sind Sie ja bereits in Outlook konfrontiert worden. In Teams funktionieren diese ganz ähnlich. Doch bleiben wir noch einen Augenblick bei Outlook.

Vorhandene Besprechungen bearbeiten

Sollten Sie in Outlook einen Termin oder eine Besprechung angestoßen haben (Sie müssen dazu in der Kalenderansicht einen Tag bzw. eine Uhrzeit mit rechts anklicken und den gewünschten Befehl mittels Kontextmenü festlegen), erscheint dieser Eintrag auch in Teams. Klicken Sie dazu in der Aufgabenleiste ganz links in Teams zunächst auf **Kalender**. Ein einzelner Mausklick auf den Eintrag bewirkt, dass weitere Informationen zu diesem Termin oder der Besprechung angezeigt werden.

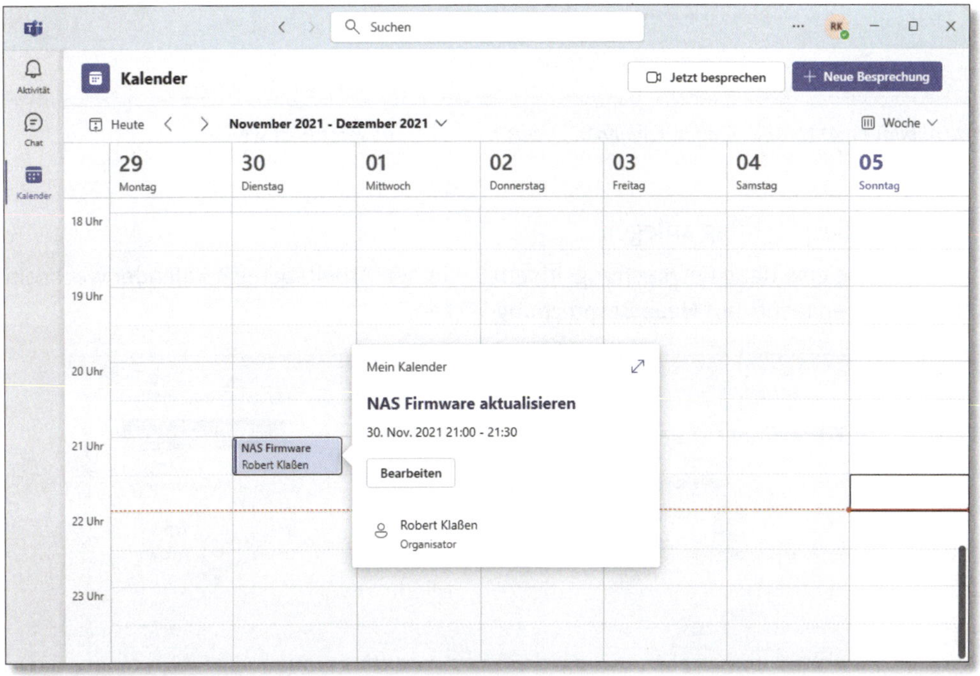

Abbildung 41.16 *Outlook-Termine und Besprechungen werden auch in Teams übernommen.*

41

Wählen Sie anschließend **Bearbeiten**, oder platzieren Sie von vornherein einen Doppelklick auf dem Eintrag, kann die Besprechung bearbeitet werden. Falls Sie jetzt irgendetwas ändern (wir verlegen beispielhaft einen Termin auf ein anderes Datum), erscheint oben rechts in Teams der Button **Aktualisierung senden**. Sie sehen auf der rechten Seite, wer alles zu dieser Besprechung eingeladen wurde. Demzufolge erhalten sämtliche Teilnehmer eine Aktualisierung.

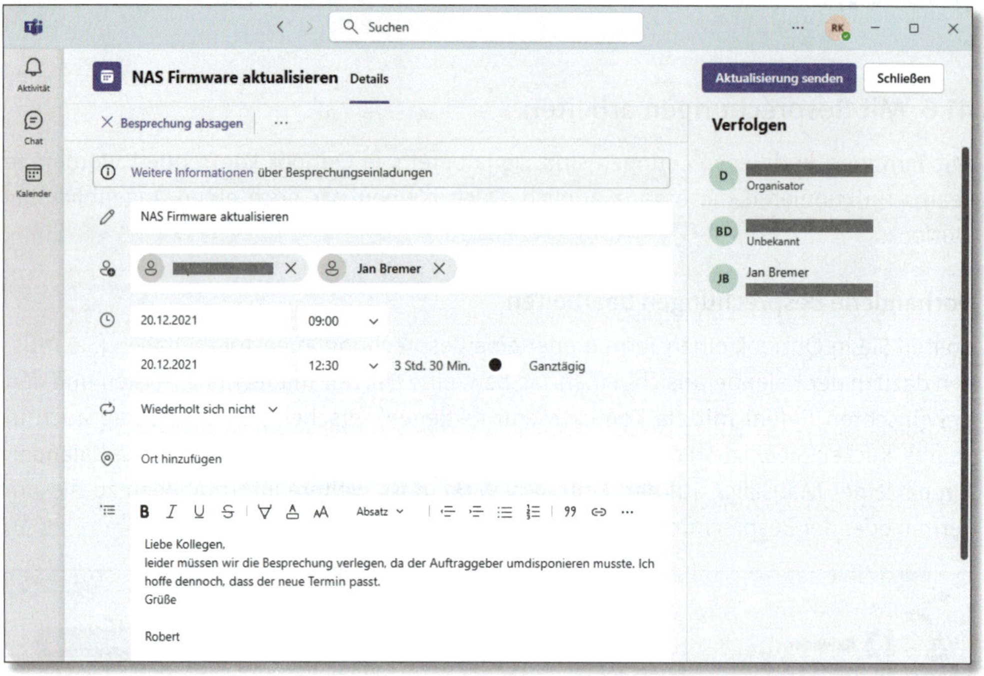

Abbildung 41.17 *Änderungen können auch aus Teams heraus veranlasst werden.*

Eine neue Besprechung anlegen

Erzeugen Sie eine neue Besprechung, indem Sie in den Arbeitsbereich **Kalender** wechseln und dort oben rechts auf **Neue Besprechung** klicken.

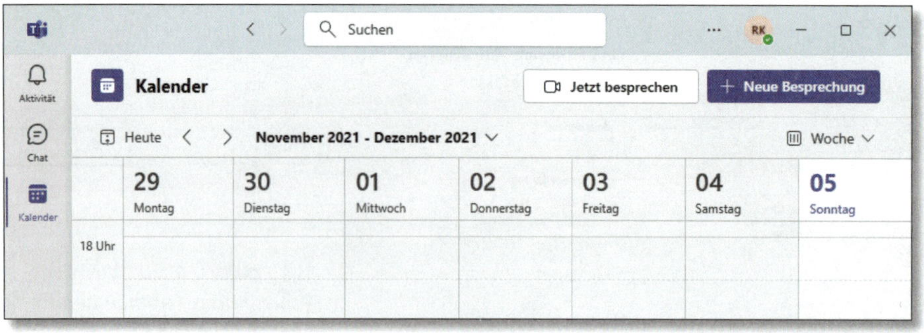

Abbildung 41.18 *Starten Sie eine neue Besprechung.*

Den Rest kennen Sie bereits aus Outlook. Geben Sie der Besprechung einen aussagekräftigen Titel, ein Datum und eine Uhrzeit bzw. Zeitspanne, und fügen Sie einen Ort hinzu. Vergessen Sie nicht, die Namen, Telefonnummern oder E-Mail-Adressen aller Personen einzugeben, die teilnehmen sollen. Wenn Sie fertig sind, gehen Sie auf **Speichern**. Eingeladene Personen finden die Besprechung jetzt nicht nur in Outlook, sondern auch auch in Teams. Hier erhalten Team-Mitglieder einen Hinweis per Chat und können die Besprechung in ihren Kalender aufnehmen, indem sie die Schaltfläche **Meinen Kalender aktualisieren** wählen.

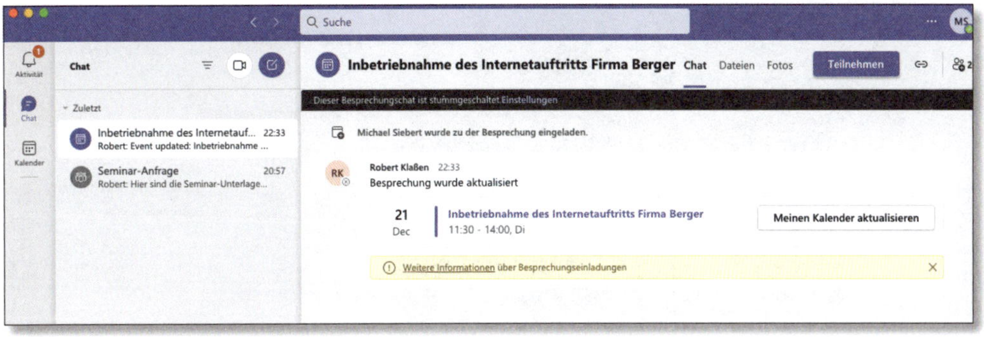

Abbildung 41.19 Empfänger erhalten entsprechende Hinweise per Chat.

Begibt sich das Team-Mitglied, das die Besprechung auf die beschriebene Weise aktualisiert hat, seinerseits in den Teams-Kalender, findet es die Besprechung so vor, wie sie vom Ersteller angelegt worden ist. Auch hier gilt wieder: Ein einfacher Mausklick auf den Besprechungstermin zeigt wesentliche Merkmale der Besprechung, während ein Doppelklick die Details zutage fördert und Änderungen möglich macht. Letztendlich kann auch hier ein neuerlicher Chat angestoßen werden. Dazu wählen Sie die Option **Besprechungschat öffnen**.

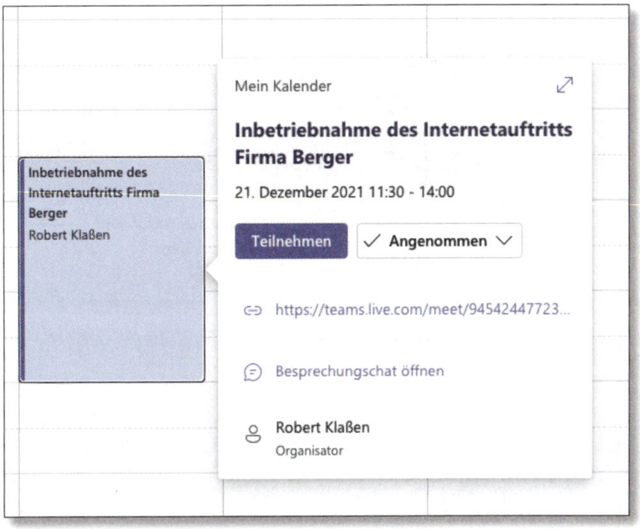

Abbildung 41.20 Wird der Besprechungstermin angenommen, erscheint er auch im Kalender des Team-Mitglieds.

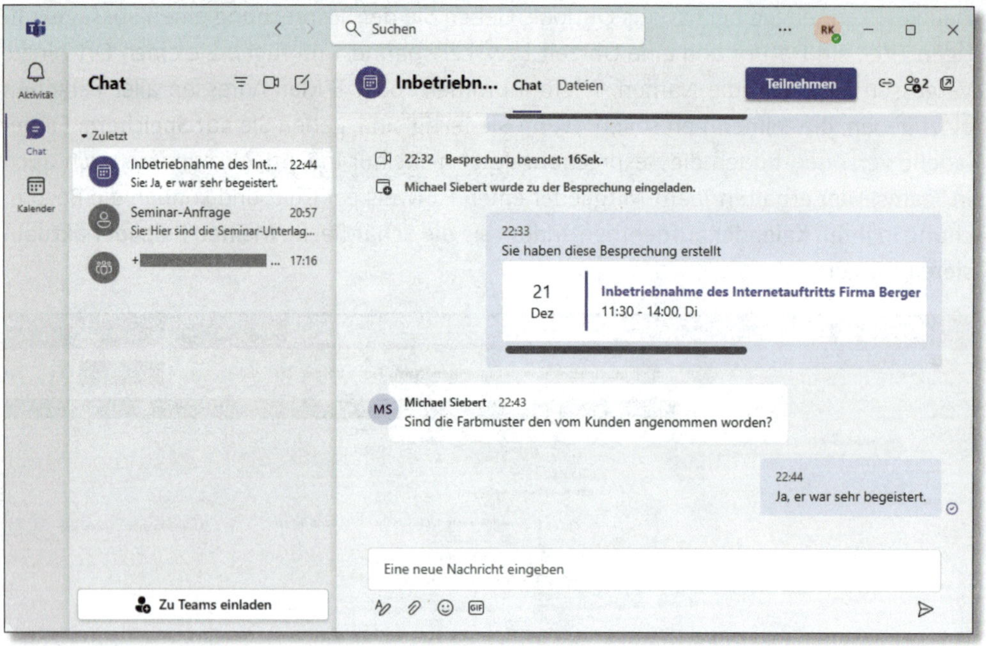

Abbildung 41.21 Sollte ein Team-Mitglied die Chat-Funktion nutzen, wird dieser Chat bei allen anderen ebenfalls angelegt.

41.7 Aktivitäten

Ganz oben links in der Leiste der Aufgabenbereiche finden Sie **Aktivität**. Sollte hier eine rote Ziffer erscheinen, lohnt es sich, diesen Bereich einmal anzuwählen. Es könnte nämlich sein, dass Ihnen etwas Wichtiges entgangen ist.

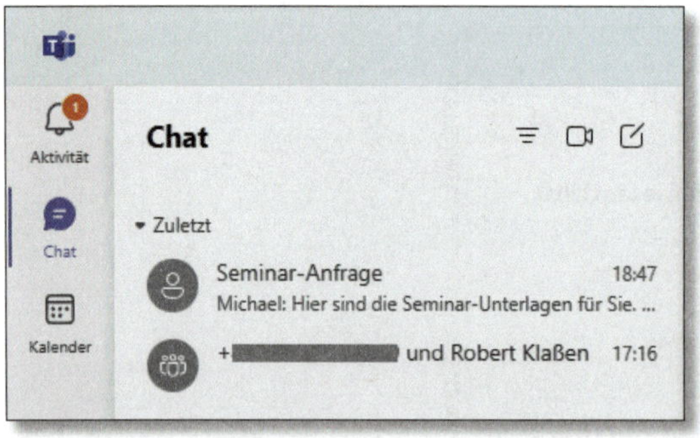

Abbildung 41.22 Hier gab es eine Aktivität.

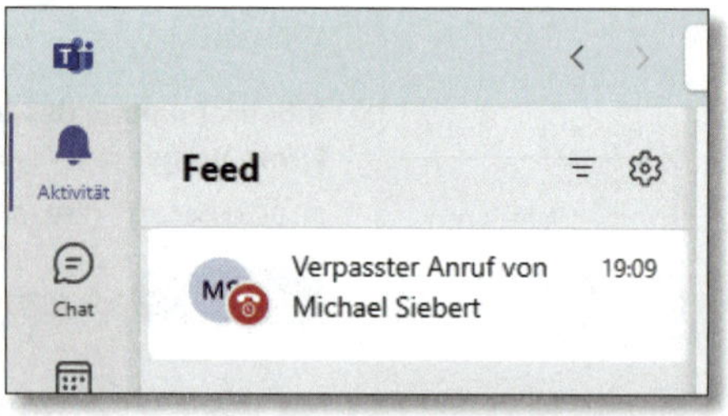

Abbildung 41.23 Aha, der Kollege Siebert.

Teil VII

Office-Anwendungen im Zusammenspiel

Kapitel 42
Anwendungsübergreifende Funktionen

In diesem Buchteil stelle ich Ihnen einige Funktionen vor, die in den verschiedenen Office-Anwendungen mehr oder weniger identisch sind. Erfahren Sie zunächst, wie Sie mit der Office-Zwischenablage umgehen. Im Anschluss daran werfen wir einen Blick auf Schreibschutzoptionen, ehe dann im letzten Teil die Verlinkung verschiedener Dokumente untereinander erläutert wird.

42.1 Die Zwischenablage nutzen

Die Zwischenablage ist ein Werkzeug des Betriebssystems, mit dem sich schnell Objekte von einem an einen anderen Ort übertragen lassen. Doch auch die Office-Anwendungen haben Zwischenablage-Steuerelemente. Diese sind gewissermaßen als Erweiterung zu verstehen, da sie entsprechend ausgereifte Zusatzfunktionen bieten.

Die Zwischenablage des Betriebssystems

Lassen Sie uns an dieser Stelle die Wirkungsweise der Zwischenablage in aller Kürze zusammenfassen. Sie können eine oder mehrere Dateien markieren und diese anschließend in die Zwischenablage befördern. Das machen Sie mit der Tastenkombination `Strg`+`C`, sofern Sie eine Kopie der markierten Elemente in die Zwischenablage packen wollen. Dabei bleiben die Originaldokumente an ihrem ursprünglichen Speicherort erhalten. Wenn Sie hingegen möchten, dass sie am Ursprungsort ausgeschnitten, also entfernt werden, dann betätigen Sie stattdessen `Strg`+`X`. Begeben Sie sich an den Ort, an dem die Dateien nun integriert werden sollen, und drücken Sie `Strg`+`V`.

Neben der herkömmlichen Markierung von Elementen haben Sie jedoch noch weitere Möglichkeiten, Elemente in der Zwischenablage abzulegen. Falls Sie beispielsweise ein Bildschirmfoto von Ihrer aktuellen Monitoransicht erstellen wollen, müssen Sie lediglich die Taste `Druck` betätigen. Daraufhin wird der sogenannte Screenshot in die Zwischenablage des Betriebssystems katapultiert. Möchten Sie statt des gesamten Bildschirms nur das derzeit aktive Fenster einfangen, entscheiden Sie sich für `Alt`+`Druck`. Begeben Sie sich an den Ort, an dem das Foto integriert werden soll (z. B. in ein Word-Dokument), platzieren Sie die Einfügemarke an die Stelle, an der das Foto erscheinen soll, und drücken Sie zuletzt `Strg`+`V`.

Mit der Office-Zwischenablage arbeiten

Nun hat die klassische Arbeit mit der Zwischenablage des Betriebssystems einige entscheidende Nachteile: Sie haben keinen Einfluss auf die Einfügeoptionen. Beim Kopieren von Text beispielsweise haben Sie keine Entscheidungsgewalt darüber, ob die Textformatierung beim Einfügen übernommen werden soll oder nicht. Mit der Betriebssystem-Zwischenablage lässt sich zudem stets nur eine einzelne Aktion durchführen. Wenn Sie also einen Screenshot anfertigen – und unmittelbar danach noch einen –, ist der vorangegangene verloren. Genau hier setzt die Zwischenablage der Office-Programme an. Einige Office-Anwendungen (Word, Excel, PowerPoint) verfügen nämlich über eine Steuerelementgruppe **Zwischenablage** auf der Registerkarte **Start**. Sie haben hier die Möglichkeit, mehrere Elemente gleichzeitig zwischenzuspeichern, und sie stellt Ihnen außerdem die sogenannten *Einfügeoptionen* zur Verfügung.

Doch der Reihe nach: Das zuletzt in die Zwischenablage beförderte Element (das kann z. B. ein Screenshot, aber auch ein Text, ein Bild oder eine Formel sein) lässt sich sofort in ein geöffnetes Dokument einbinden, indem Sie **Einfügen** in der Gruppe **Zwischenablage** des Registers **Start** anwählen. Wenn Sie mehrere Objekte nacheinander in die Zwischenablage eingefügt haben, können Sie auf jedes einzelne Element zugreifen, indem Sie auf die untere, rechte Ecke der Gruppe **Zwischenablage** klicken ❶. Wie gesagt, ob Sie das in Word, Excel oder einer ähnlichen Anwendung machen, spielt keine Rolle. Daraufhin wird der Aufgabenbereich **Zwischenablage** eingeblendet, und zwar mit der Liste der aktuell in der Zwischenablage enthaltenen Objekte ❷. Sie können hier nun das gewünschte Objekt auswählen. Es wird an der Stelle integriert, an der sich aktuell die Einfügemarke des Programms befindet.

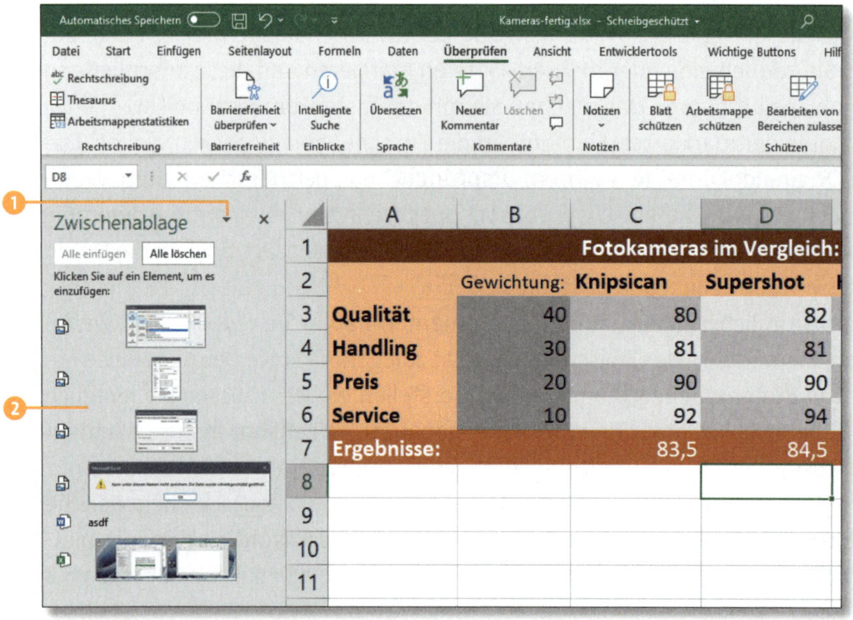

Abbildung 42.1 Die Objekte werden im Aufgabenbereich »Zwischenablage« auf der linken Seite gesammelt (hier im Programm Excel).

Das Objekt der Zwischenablage wird stets an der dafür vorgesehenen Stelle eingefügt. In Word ist das die Position der Einfügemarke und in Excel die markierte Zelle. Auf diese Weise lassen sich übrigens bis zu 24 Objekte sammeln. Sobald Sie das 25. Element hinzufügen, wird das erste gelöscht. Allerdings ist die Anzahl der integrierbaren Elemente nicht zuletzt auch abhängig von deren Größe sowie der zur Verfügung stehenden Kapazität Ihres Arbeitsspeichers (RAM). Wenn in ihm nicht mehr genügend Platz vorhanden ist, wird das Objekt zwar trotzdem in die Zwischenablage des Betriebssystems befördert, kann jedoch in der Ablage der Office-Dokumente nicht mehr berücksichtigt werden. In diesem Fall erscheint in der jeweiligen Anwendung unten rechts auch eine entsprechende Meldung.

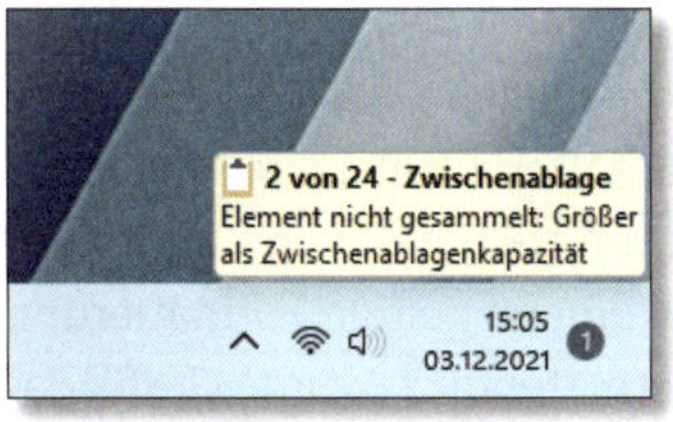

< ***Abbildung 42.2*** *Der letzte Screenshot kann von der Office-Anwendung nicht mehr aufgenommen werden.*

Aus diesem Grund kann es sinnvoll sein, nicht mehr benötigte Objekte aus der Zwischenablage zu entfernen. Im Aufgabenbereich **Zwischenablage** steht Ihnen dazu die Schaltfläche **Alle löschen** 3 zur Verfügung, wenn die komplette Ablage geleert werden soll.

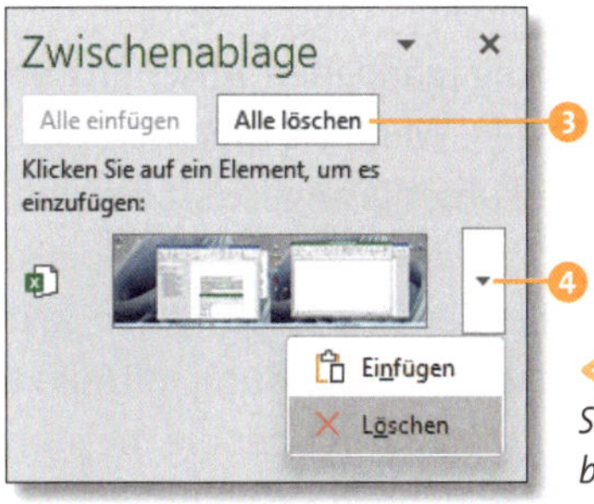

< ***Abbildung 42.3*** *Entfernen Sie Objekte, die nicht mehr benötigt werden.*

Wollen Sie hingegen nur einzelne Elemente aus der Office-Zwischenablage entfernen, sollten Sie die Dreieck-Schaltfläche neben dem Objekt 4 anklicken und sich im Aufklappmenü für den Befehl **Löschen** entscheiden.

Die Einfügeoptionen

Die Schaltfläche **Einfügen** in der Gruppe **Zwischenablage** der Registerkarte **Start** ist wie viele andere Office-Buttons auch in zwei Hälften unterteilt (sofern der benötigte Platz im Fenster der jeweiligen App zur Verfügung steht). Klicken Sie auf die obere Hälfte, um das aktuellste (sprich: das zuletzt in die Office-Zwischenablage eingefügte Objekt) ohne weitere Optionen einzubetten. Benutzen Sie die untere Hälfte, um weitere Einfügeoptionen über das Auswahlmenü zu erhalten, die je nach Anwendung unterschiedlichen Inhalts sein können. So lässt sich beispielsweise bei der Übertragung von Text via Zwischenablage in Word entscheiden, wie mit der Textformatierung umgegangen werden soll.

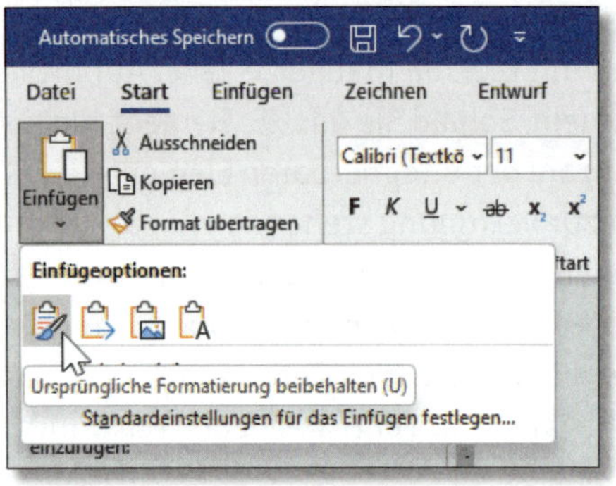

Abbildung 42.4 *Die Einfügeoptionen werden durch Klick auf die untere Hälfte des Schalters zugänglich.*

Mit der Option **Ursprüngliche Formatierung beibehalten** erreichen Sie, dass die Attribute des Textes auch nach dem Einfügen in das Zieldokument erhalten bleiben, während **Formatierung zusammenführen** die Textformatierung an die unmittelbar vor und hinter der Einfügung gültigen Textattribute anpasst. Die im Quelldokument gültige Formatierung wird über den Befehl **Nur den Text übernehmen** verworfen. Letztendlich würde **Grafik** dafür sorgen, dass kopierter Text nicht als Text, sondern als Bild ausgegeben wird.

Einfügeoptionen festlegen

Die zweifellos schnellste und intuitivste Art der Übergabe von Elementen wird durch die Zuhilfenahme der Tastaturbefehle Strg+C (Kopieren), Strg+X (Ausschneiden) und Strg+V (Einfügen) erreicht. Allerdings haben Sie im vorangegangenen Abschnitt erfahren, dass dabei keine Einfügeoptionen berücksichtigt werden. Wenn Sie möchten, dass eingefügte Texte automatisch an die Formatierung des Zieldokuments angepasst werden, werden Sie damit gut leben können, denn das ist Standard. Was aber, wenn es beispielsweise gewünscht ist, dass die ursprüngliche Formatierung bei der Übertragung von Text auch im Zieldokument beibehalten wird? Dann müssen Sie das der Anwendung mitteilen. In diesem Beispiel nehme ich die Änderung in Word vor, da es insgesamt über die meisten Optionen verfügt. Prinzipiell sind entsprechende Optionen aber auch in Excel und PowerPoint zu finden.

1. Öffnen Sie das Dialogfenster **Word-Optionen**, indem Sie innerhalb des Textverarbeitungsprogramms auf **Datei > Optionen** klicken. Alternativ klicken Sie auf den unteren Bereich des Schalters **Einfügen**, der sich auf der Registerkarte **Start** (**Zwischenablage**) befindet. Wählen Sie daraufhin **Standardeinstellungen für das Einfügen festlegen**, gelangen Sie ebenfalls in die erweiterten Word-Optionen.
2. Wählen Sie in der linken Spalte die Rubrik **Erweitert**, und scrollen Sie auf der rechten Seite bis zum Bereich **Ausschneiden, Kopieren und Einfügen** herunter.
3. Stellen Sie die jeweiligen Steuerelemente nach Wunsch ein. Um beim Beispiel zu bleiben, müssten Sie im Auswahlfeld **Einfügen zwischen Dokumenten, wenn Formatvorlagendefinitionen nicht übereinstimmen** die Option **Ursprüngliche Formatierung beibehalten** (1) einstellen. Bestätigen Sie Ihre Einstellungen mit einem Klick auf **OK**.

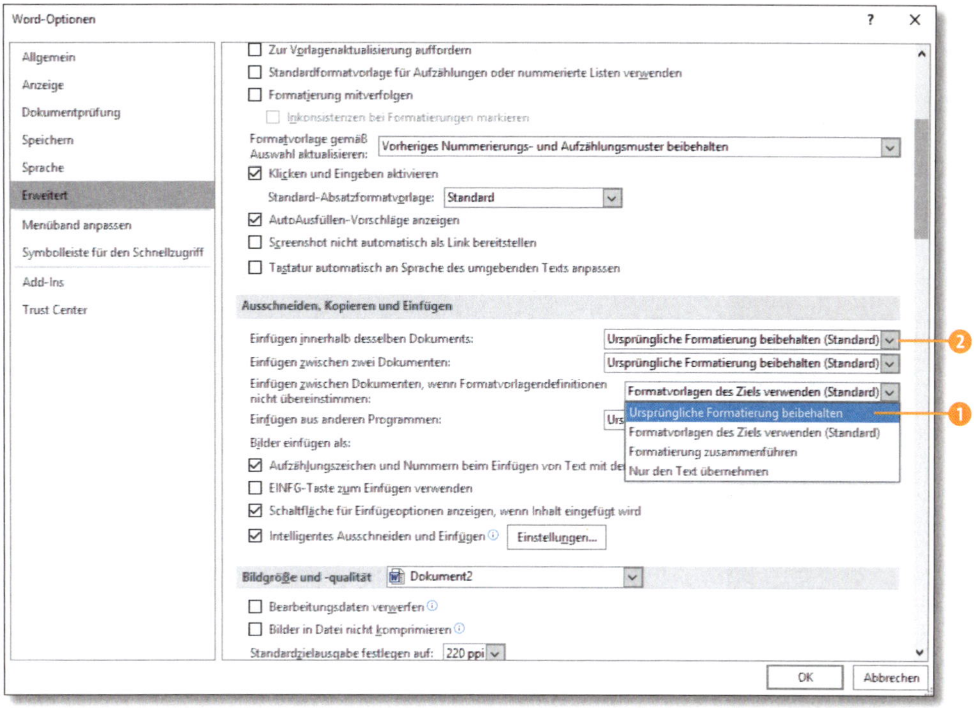

Bitte bedenken Sie, dass die soeben vorgenommene Einstellung nur Auswirkungen auf Elemente hat, die aus anderen Word-Dokumenten stammen. Möchten Sie, dass die Option auch innerhalb des Dokuments Gültigkeit hat, müssen Sie die gleiche Einstellung auch im Steuerelement **Einfügen innerhalb desselben Dokuments** ② vornehmen. Auch das **Einfügen aus anderen Programmen** wird hier separat geregelt. Das ist zwar zunächst einmal etwas umständlich, ermöglicht aber die individuelle Anpassung der Einfügeoptionen in den unterschiedlichsten Bereichen.

42.2 Dokumente schreibgeschützt öffnen

Office-Dokumente können auf unterschiedliche Art und Weise vor weiterer Bearbeitung geschützt werden. Zum einen kann die Bearbeitung eingeschränkt werden, zum anderen lässt sich ein Zugriffsschutz erreichen. Auch der Windows-Schreibschutz ist eine ebenso effektive Option wie das vorsorglich schreibgeschützte Öffnen eines Dokuments. Mit Letzterem wollen wir beginnen.

Ein Dokument schreibgeschützt öffnen

Wenn man ein bestimmtes Dokument vor jeglicher Bearbeitung schützen möchte, öffnet man es am besten schreibgeschützt. Der Anwender kann zwar immer noch Änderungen an dem Dokument vornehmen, jedoch lässt es sich nicht erneut speichern. Möchte man die Änderungen dennoch übernehmen, muss man daraus eine neue Datei erzeugen. So bleibt das Ursprungsdokument wirksam geschützt.

42

1 Begeben Sie sich aus einer Office-Anwendung heraus in die Backstage-Ansicht (**Datei**). Wählen Sie in der linken Spalte die Rubrik **Öffnen**.

2 Nun wird Ihnen auf der rechten Seite eine Liste der zuletzt verwendeten Dokumente angezeigt. Ein Klick auf einen dieser Einträge bewirkt aber lediglich das reine Öffnen des Dokuments – ohne Schreibschutz. Falls Sie genau das jedoch möchten, dürfen Sie die Listeneinträge nicht verwenden, sondern klicken zunächst in der mittleren Spalte auf **Durchsuchen**.

3 Navigieren Sie im folgenden Dialog zum gewünschten Dokument, und markieren Sie es mit einem einfachen Mausklick.

4 Klicken Sie nun nicht, wie sonst üblich, im Dialogfenster **Öffnen** auf den Button **Öffnen**, sondern auf die rechts daneben befindliche kleine Dreieck-Schaltfläche. Klicken Sie in ihrem Menü auf den Befehl **Schreibgeschützt öffnen**.

5 Sie können nun Änderungen an dem Dokument durchführen und dürfen es sogar unter einem anderen Namen oder an einem anderen Ort speichern. Allerdings lassen sich die Änderungen nicht im Originaldokument sichern. Versuchen Sie es dennoch (beispielsweise indem Sie das Dokument schließen und die Abfrage mit **Speichern** beantworten), wird Ihnen ein entsprechender Hinweis zum Schreibschutz angezeigt.

6 Betätigen Sie in diesem Fall **Speichern unter**. Die Anwendung vergibt automatisch den Dateinamenzusatz **Kopie von**.

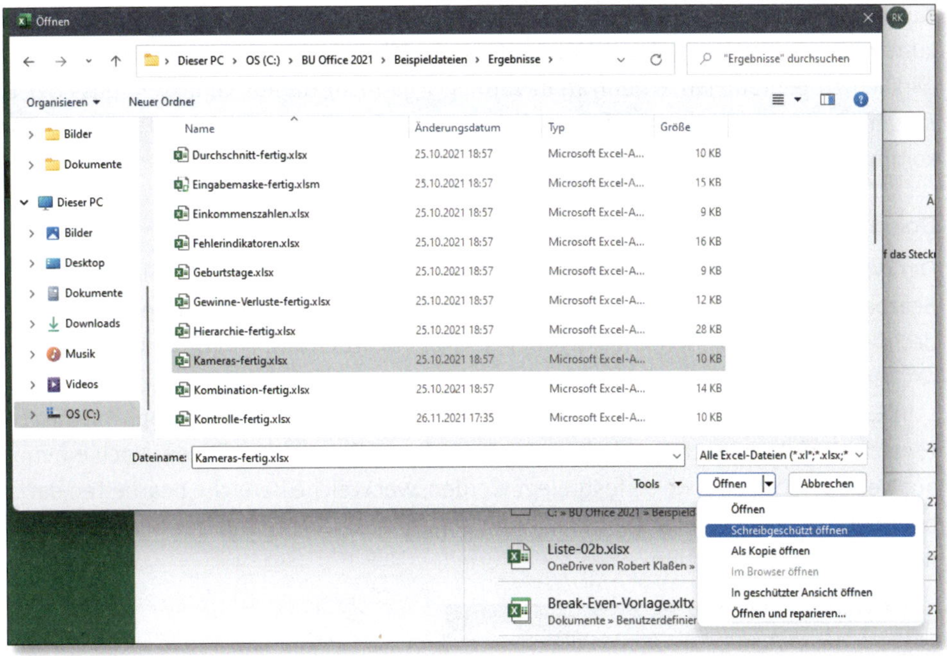

Dass ein Dokument schreibgeschützt ist, erfahren Sie übrigens auch in der Backstage-Ansicht. Das ist gut, denn sollten Sie Änderungen an einem geschützten Dokument versehentlich durch das herkömmliche Speichern übergeben wollen, wird Ihnen bereits im Bereich **Informationen** der Backstage-Ansicht ein entsprechender in Gelb eingefasster Hinweis angezeigt. Klicken Sie nun dennoch auf **Speichern** oder **Speichern unter**, folgt die entsprechende Hinweistafel unmittelbar.

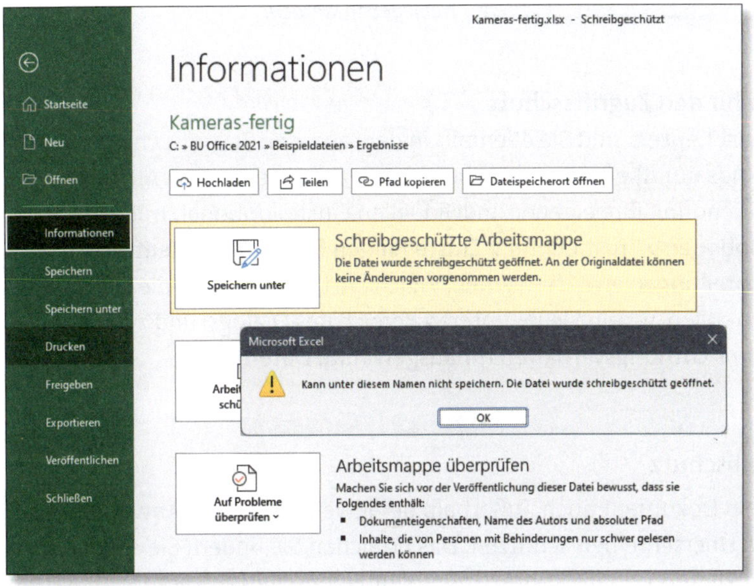

Abbildung 42.5 *Speichern ist hier nicht drin.*

42

Natürlich ist der besagte Schutz vor Bearbeitung nur dann gegeben, wenn man das Dokument tatsächlich schreibgeschützt öffnet. Zur Weitergabe ist diese Sicherheit also nicht wirklich zu gebrauchen – denn man kann sich ja nicht darauf verlassen, dass der Empfänger es wirklich schreibgeschützt öffnet. Wenn also jemand anderes das Dokument bekommt, sollten Sie andere Schutzmechanismen verwenden.

Dokumente schützen

Der Weg ist hier jedoch nicht einheitlich. In Word beispielsweise klicken Sie auf den Button **Bearbeitung einschränken** in der Gruppe **Schützen** der Registerkarte **Überprüfen**. Mithilfe des daraufhin erscheinenden Aufgabenbereichs **Bearbeitung einschränken** lässt sich die Art des Schutzes definieren.

In Excel gehen Sie hingegen über **Überprüfen > Schützen > Arbeitsmappe schützen**. Alternativ dürfen Sie auch **Bearbeiten von Bereichen zulassen** auswählen. Nach einem Klick auf **Neu** kann beispielsweise festgelegt werden, wer welche Bereiche bearbeiten darf. Mithilfe der Schaltfläche **Blattschutz** können sogar Art und Umfang der Bearbeitungsmöglichkeiten geregelt werden.

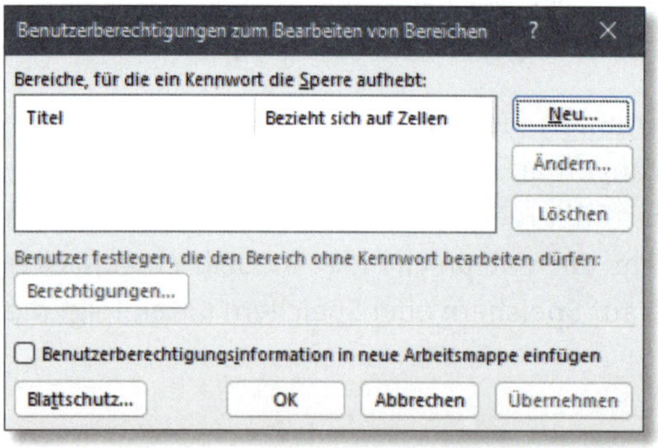

*< **Abbildung 42.6** In Excel können Zellenbereiche für einzelne Bearbeiter freigegeben werden.*

> INFO
>
> **Einstellungen für den Zugriffsschutz**
>
> Mithilfe des Trust Centers sind Sie ebenfalls in der Lage, den Zugriffsschutz zu regeln – allerdings nur übergreifend für bestimmte Dokumenttypen. Auch hier bringt jede Anwendung ihre eigenen, individuellen Einstelloptionen mit, die über **Datei > Optionen > Trust Center > Einstellungen für das Trust Center > Zugriffsschutzeinstellungen** erreicht werden. Welche Art des Schutzes die Dokumente erfahren sollen, regeln Sie im unteren Bereich des Dialogs, und zwar mit den Radiobuttons **Öffnungsverhalten für ausgewählte Dateitypen**.

Der Windows-Schreibschutz

Sie können nämlich ein Dokument auch außerhalb der jeweiligen Office-Anwendung gegen unbeabsichtigtes Überschreiben schützen. Das erreichen Sie, indem Sie die Datei im Explorer mit rechts anklicken und im Kontextmenü auf **Eigenschaften** klicken. Aktivieren

Sie im Dialogfenster nun einfach das Häkchen vor **Schreibgeschützt**, das sich im Bereich **Attribute** der Registerkarte **Allgemein** befindet, und verlassen Sie den Dialog per Klick auf **OK**.

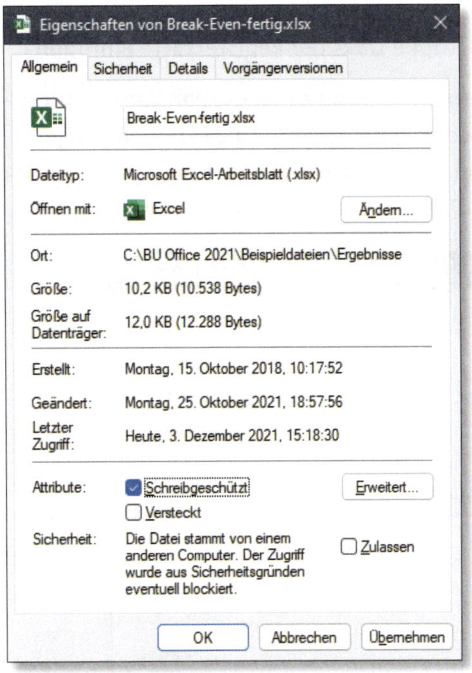

Abbildung 42.7 *Der Schreibschutz erfolgt außerhalb der Anwendung.*

Die Datei kann nun wie auch beim schreibgeschützten Öffnen nach Belieben bearbeitet werden. Beim Versuch, das Dokument zu speichern, werden Sie jedoch mit dem Schreibschutz konfrontiert. Im folgenden Dialogfenster können Sie sich nur zwischen **Nicht speichern** oder **Speichern unter** entscheiden. Letzteres lässt das Sichern unter gleichem Namen und am gleichen Speicherort nicht zu, es wird also eine neue Datei mit Ihren Änderungen erstellt. Über **Abbrechen** kehren Sie ohne zu speichern zum Dokument zurück.

42.3 Hyperlinks auf andere Dateien setzen

In diesem Abschnitt schauen wir uns an, wie sich Dokumente untereinander verbinden lassen. Öffnen Sie beispielsweise eine Word-Datei aus Excel heraus, starten Sie eine Bildschirmpräsentation in Word, und greifen Sie von PowerPoint aus auf ein Tabellenblatt oder eine Excel-Arbeitsmappe zu. Selbst das Einfügen Office-fremder Elemente ist möglich (z. B. das Einfügen von Bildern, Webseiten, anderen Anwendungen und Apps).

Verbindung zu einer externen Datei herstellen

Es spielt keine Rolle, ob Sie nun in Word, PowerPoint oder Excel starten – die Vorgehensweise ist immer die gleiche: Fügen Sie einen sogenannten Link ein, um andere Dokumente in Ihrem derzeitigen Dokument zugänglich zu machen.

1 Markieren Sie zunächst den Text, der als Hyperlink fungieren soll. Sie dürfen alternativ auch ein beliebiges Objekt (z. B. Form, Diagramm, Bild, Onlinegrafik) aussuchen. Objektverknüpfungen werden übrigens als Links bezeichnet, während Textlinks auch als Hyperlinks betitelt werden.

2 Klicken Sie auf die Schaltfläche **Link** in der Gruppe **Links** der Registerkarte **Einfügen**.

3 In der linken Spalte des Dialogs **Link einfügen** müssen Sie zunächst den Verwendungszweck des Links festlegen. Um eine vorhandene Datei ansteuern zu können, entscheiden Sie sich im Bereich **Link zu** also für **Datei oder Webseite**. Beachten Sie hierzu auch den Unterabschnitt »Die Link-Optionen im Dialog ›Link einfügen‹« auf dieser Seite.

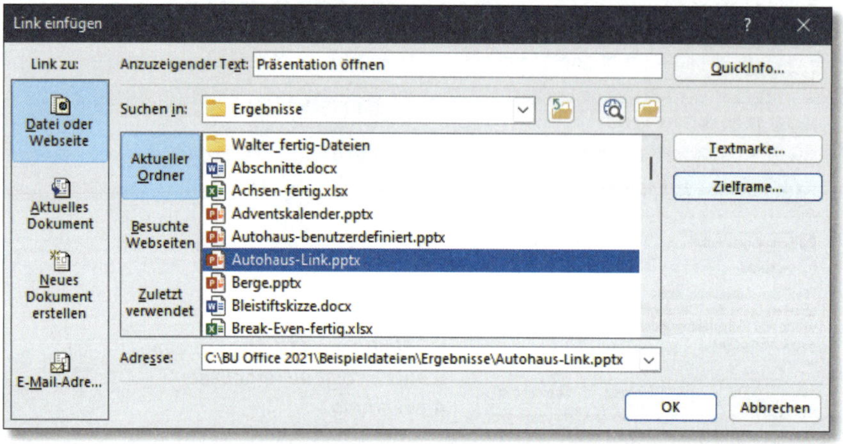

4 Markieren Sie in der Dialogmitte das externe Dokument, das durch einen Klick auf den Link im aktuellen Dokument zugänglich gemacht werden soll. Verlassen Sie das Bedienfeld mit einem Klick auf die Schaltfläche **OK**.

5 Testen Sie den Hyperlink, indem Sie auf ihn klicken, während Sie `Strg` drücken. Innerhalb von Präsentationsmodi (z. B. während der Bildschirmpräsentation oder der Leseansicht in Word) kann das Dokument auch ohne Zuhilfenahme von `Strg` aufgerufen werden.

Im Zusammenhang mit der Hyperlink-Erstellung ist auch die Vergabe einer QuickInfo interessant. Klicken Sie im Dialog (siehe Schritt 3) auf den gleichnamigen Schalter oben rechts, können Sie einen entsprechenden Text eingeben. Dieser sollte erklärende Hinweise zum Ziel des Links erhalten, da er dem Benutzer angezeigt wird, wenn er die Maustaste auf dem Link parkt.

Die Link-Optionen im Dialog »Link einfügen«

Wie Sie bereits im Unterabschnitt »Verbindung zu einer externen Datei herstellen« auf der vorigen Seite erfahren haben, dient die erste Option im Bereich **Link zu** des Dialogfensters **Link einfügen** dazu, eine beliebige externe Datei in Ihr Dokument per Link einzubinden. Über die Option **Aktuelles Dokument** verzweigen Sie zu einer beliebigen Stelle innerhalb eines Dokuments. Durch Klick auf den Hyperlink kann eine Stelle angesprungen werden, die als Überschrift formatiert ist. Alternativ kann auch eine zuvor vergebene Textmarke (**Einfügen > Textmarke**) auf diese Weise angewählt werden. Mithilfe der dritten Option, **Neues Dokument erstellen**, erzeugen Sie aus dem aktuellen Dokument heraus ein beliebiges neues Office-Dokument. Geben Sie den Speicherort dieses Dokuments an, indem Sie auf **Ändern** klicken. Danach lässt sich auch der Dateityp festlegen (z. B. *.pptx*, *.docx*, *.xlsx*). Zu guter Letzt können Sie über die Schaltfläche **E-Mail-Adresse** einen Hyperlink zur Erstellung einer E-Mail an eine bestimmte Adresse definieren. Ein Klick auf den Link öffnet Outlook (oder das vom Anwender benutzte Standard-E-Mail-Programm) und erzeugt eine E-Mail an den zuvor eingetragenen Empfänger.

Kapitel 43
Datenaustausch zwischen Office-Anwendungen

Jedes Office-Programm ist als eigenständige Anwendung ausführbar. Dennoch lassen sich Daten zwischen den Programmen austauschen. Fügen Sie Excel-Daten in Word ein, übernehmen Sie Texte in PowerPoint, oder integrieren Sie eine Datenbank in die Tabellenkalkulationssoftware.

43.1 Einfügen oder verknüpfen?

Eine Frage stellt sich beim Datenaustausch zwischen Office-Anwendungen besonders häufig: Sollen Daten im Zieldokument eingefügt oder verknüpft werden? Es ist sehr wichtig, dass Sie sich jedes Mal aufs Neue Gedanken darüber machen, auf welche Art und Weise die benötigten Daten in ein Dokument integriert werden sollen.

Wollen Sie beispielsweise eine Excel-Datei in Word verwenden, müssen Sie entscheiden, ob diese eingefügt oder verknüpft werden soll. Der markante Unterschied: Fügen Sie die Datei ein (auch als *Einbinden* bezeichnet), wird der aktuelle Stand der Excel-Arbeitsmappe bzw. des Tabellenblatts in Word übernommen und nie wieder verändert. Am Zustand der in Word eingebetteten Excel-Informationen ändert sich auch dann nichts, wenn die originale Excel-Datei überarbeitet wird. Das ist anders, wenn eine Datei verknüpft wird. In diesem Fall können die Informationen immer auf dem aktuellen Stand gehalten werden. Nehmen Sie also Änderungen am Excel-Dokument vor, werden diese Änderungen auch in Word angezeigt.

43.2 Objekte aus anderen Programmen einfügen

Grundsätzlich kann so ziemlich alles, was auf dem PC darstellbar ist, in ein Office-Dokument integriert werden. Ein Foto beispielsweise lässt sich ebenso hinzufügen wie ein Text, eine Tabelle, eine Grafik oder Ähnliches. In den allermeisten Fällen ist sogar die Übergabe via Zwischenablage möglich (siehe dazu Abschnitt 42.1, »Die Zwischenablage nutzen«, auf Seite 1047).

Objekte über die Zwischenablage einfügen

Sie möchten ein Foto in Word, Excel oder PowerPoint einfügen? Kein Problem. Benutzen Sie dazu die entsprechenden Steuerelemente auf der Registerkarte **Einfügen** der jeweiligen Anwendung. Noch einfacher geht es über die Zwischenablage. Navigieren Sie zu dem Foto, das integriert werden soll, markieren Sie es, und betätigen Sie anschließend `Strg` + `C`. Begeben Sie sich in die gewünschte Anwendung, markieren Sie die Stelle, an der das Foto erscheinen soll, und drücken Sie die Tastenkombination `Strg` + `V` – fertig ist die Einbettung.

Objekte per Drag & Drop einfügen

Noch einfacher ist die Integration von Elementen per Drag & Drop. Um beim Beispiel des Fotos zu bleiben, müssen Sie lediglich dafür sorgen, dass der Bildordner bzw. die Bilddatei neben der Anwendung platziert wird. Klicken Sie auf das Foto, ziehen Sie es herüber, während die Maustaste gedrückt bleibt, und lassen Sie die Maustaste an der Stelle im Dokument los, an die das Foto eingefügt werden soll.

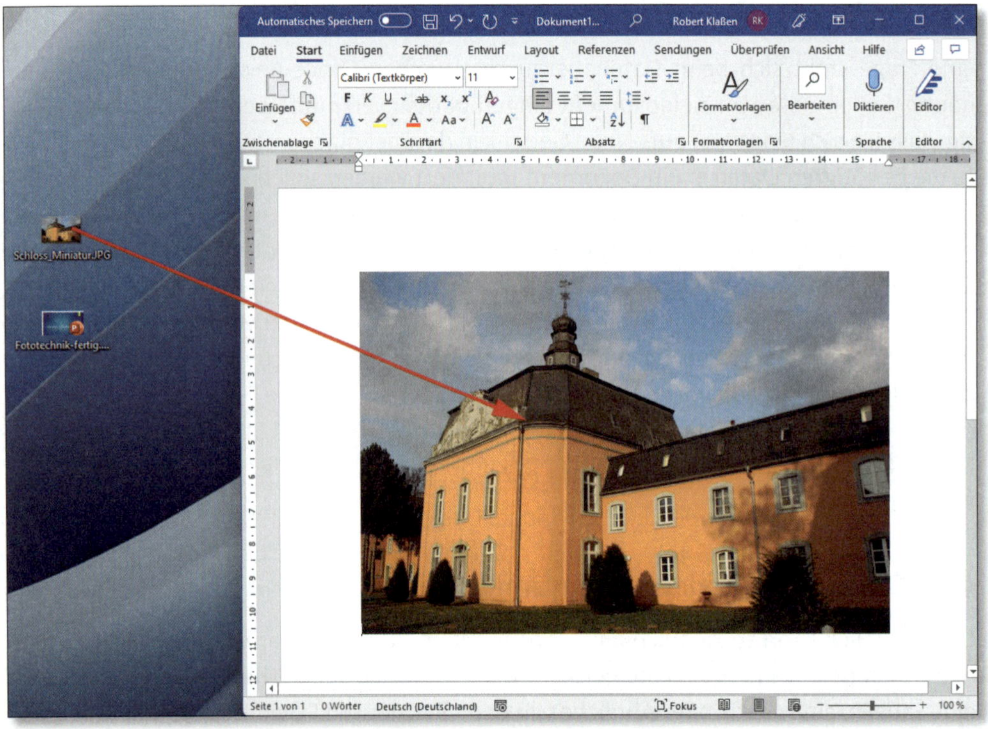

Abbildung 43.1 *Objekte lassen sich per Drag & Drop integrieren.*

Allerdings sind der Integration per Drag & Drop auch Grenzen gesetzt. Denn wenn Sie beispielsweise versuchen, eine PowerPoint-Datei durch Ziehen und Fallenlassen in ein Word-

Dokument zu integrieren, werden Sie damit allenfalls ein grafisches Symbol, nämlich das der PowerPoint-Datei, integrieren, nicht jedoch die Präsentation selbst.

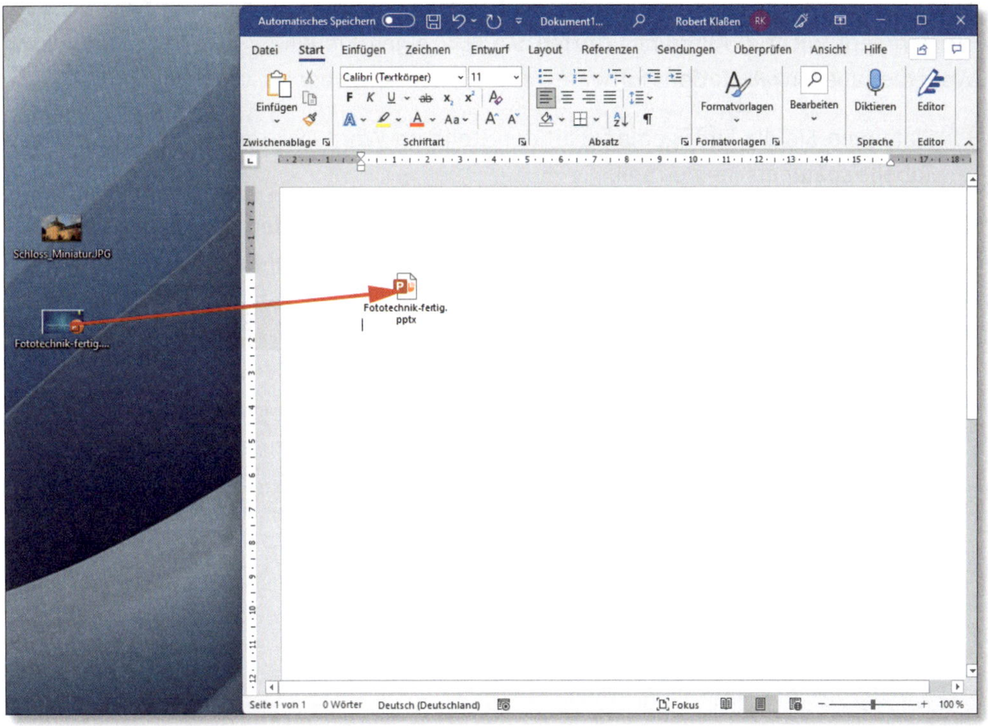

Abbildung 43.2 *Hier wird nur ein Icon platziert.*

Nun könnten Sie dieses Icon in Word markieren und mit einer Funktion ausstatten. Dazu klicken Sie auf die Schaltfläche **Link** in der gleichnamigen Gruppe der Registerkarte **Einfügen** und verbinden dieses Element mit der PowerPoint-Originaldatei. Wenn Sie nun später im Lesemodus darauf klicken (oder es in einer anderen Ansicht mit gehaltener `Strg`-Taste auswählen), wird die verlinkte Datei geöffnet. (Weitere Hinweise dazu finden Sie in Abschnitt 42.3, »Hyperlinks auf andere Dateien setzen«, auf Seite 1055.) Doch das ist nicht Sinn und Zweck der Integration von Dateien! Vielmehr geht es darum, Dateiinhalte in anderen Office-Anwendungen sichtbar zu machen. Wie das genau funktioniert, erfahren Sie in den folgenden Abschnitten dieses Kapitels.

43

43.3 Word 2021 – Daten aus Excel und Access übernehmen

In diesem Abschnitt werden wir uns damit beschäftigen, Daten unterschiedlichen Ursprungs in die Textverarbeitungssoftware zu integrieren. Dabei geht es nicht um das Platzieren von Fotos, Grafiken oder Ähnlichem, sondern um die Integration von Excel- und Access-Dateien.

Eine neue Excel-Tabelle in Word einfügen

Word und Excel sind die wohl am häufigsten eingesetzten Anwendungen der Office-Suite. Aufgrund dessen ist auch eine nahtlose Integration zwischen den beiden Arbeitsumgebungen sehr wichtig. Allerdings dürfen Sie zur reinen Erstellung einer Excel-Tabelle in Word die Tabellenkalkulationssoftware auch einmal außen vor lassen.

1 Platzieren Sie die Einfügemarke an der Stelle im Word-Dokument, an der die Excel-Tabelle später erscheinen soll.

2 Klicken Sie nun auf den Button **Tabelle** in der Gruppe **Tabellen** der Registerkarte **Einfügen**. Wählen Sie im Menü der Schaltfläche die Option **Excel-Kalkulationstabelle**.

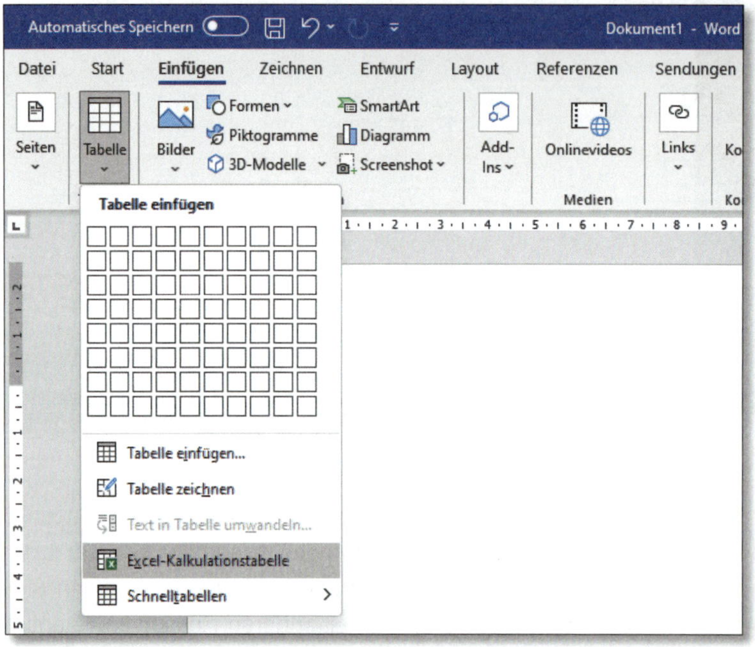

3 Sie befinden sich immer noch in Word, obwohl das Menüband doch sehr an Excel erinnert. Erzeugen Sie die benötigten Zelleninhalte, und gestalten Sie die Tabelle so, wie Sie das von Excel her gewöhnt sind.

4 Wenn Sie fertig sind, sollten Sie dem schraffierten Rahmen der Tabelle noch Aufmerksamkeit schenken. Dieser symbolisiert nämlich grundsätzlich, was später im Word-Dokument zu sehen sein wird. Deswegen sollten Sie den unteren rechten Anfasser anklicken und den gesamten Rahmen derart verkleinern, dass anschließend nur noch die relevanten (mit Inhalt gefüllten) Zellen zu sehen sind.

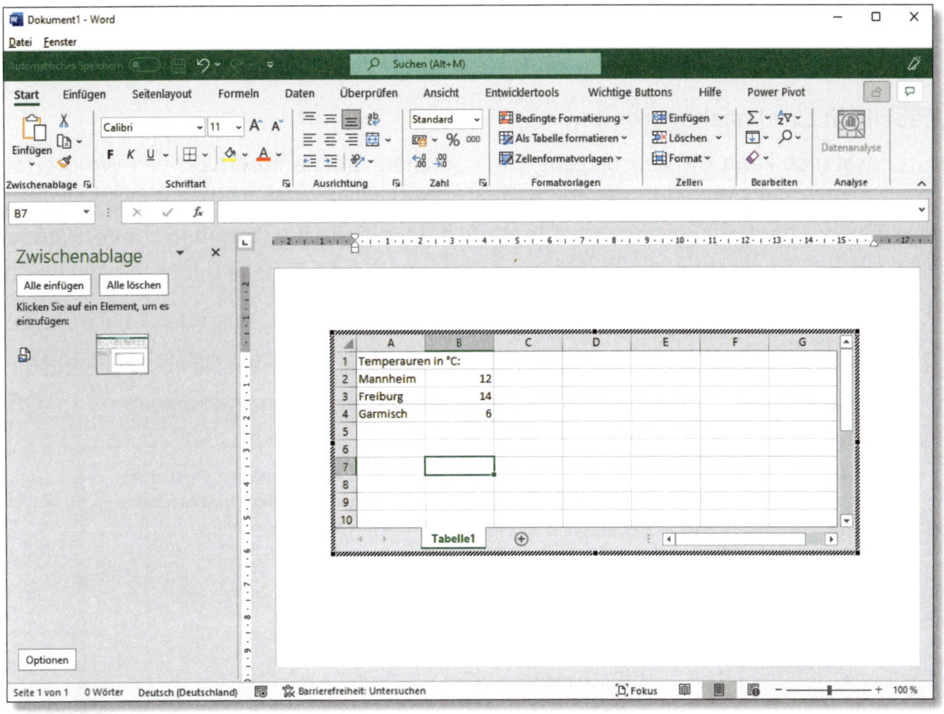

5 Wenn das erledigt ist, führen Sie einen Mausklick außerhalb der Tabelle aus. Das bewirkt, dass Sie die Excel-Kalkulationstabelle verlassen und zur herkömmlichen Word-Ansicht zurückkehren. Die integrierte Tabelle finden Sie daraufhin als Element in Ihrem Dokumenttext vor.

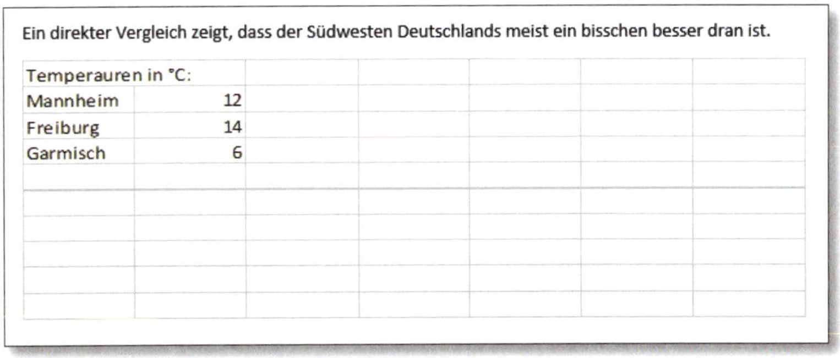
Ein direkter Vergleich zeigt, dass der Südwesten Deutschlands meist ein bisschen besser dran ist.

Temperauren in °C:	
Mannheim	12
Freiburg	14
Garmisch	6

6 Die Tabelle kann nun nach Wunsch weiterverarbeitet werden. So können Sie beispielsweise über die Schaltflächen **Position** und **Zeilenumbruch** in der Gruppe **Anordnen** der Registerkarte **Seitenlayout** Änderungen vornehmen. Über die Eckanfasser können Sie die Tabelle außerdem skalieren. Dafür müssen Sie sie anklicken und an den Anfassern in Form ziehen.

Änderungen an der Tabelle sind auch noch im Nachhinein möglich. Wann immer Sie die Tabelle inhaltlich nachbearbeiten wollen, platzieren Sie einen Doppelklick auf ihr. Ein entsprechendes Dokument finden Sie unter dem Namen *Tabellenobjekt.docx* im Ordner *Ergebnisse* der Beispieldateien.

Tabelle in Excel nachbearbeiten

Grundsätzlich kann die Bearbeitung einer solchen Tabelle innerhalb von Word erfolgen. Das ist auch der Fall, wenn Sie durch einen Doppelklick in den Tabellenbearbeitungsmodus gehen. Allerdings stehen Ihnen in Word längst nicht alle Optionen zur Verfügung, die Excel gemeinhin zu bieten hat. Im Zweifel öffnen Sie die Tabelle daher zur Nachbearbeitung in Excel.

1 Klicken Sie mit rechts auf die Tabelle. Im Kontextmenü wählen Sie anschließend die Option **Arbeitsblatt-Objekt** bzw. **Worksheet-Objekt** und klicken im Folgemenü auf **Öffnen**.

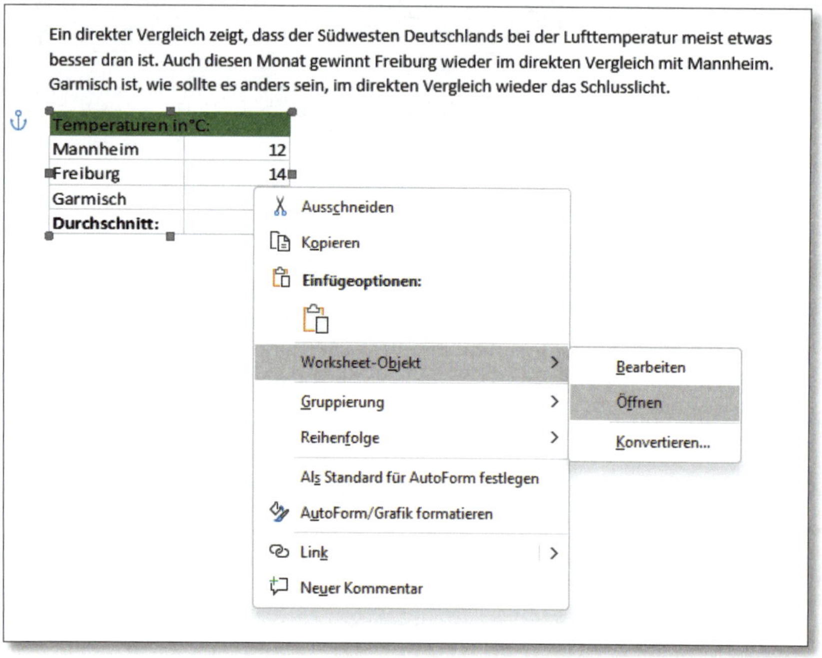

2 Die Tabelle wird nun in Word schraffiert angezeigt. Das bedeutet: Sie kann dort temporär nicht bearbeitet werden. Das liegt daran, dass die Tabelle zwischenzeitlich in Excel bereitgestellt worden ist und sich dort mit den Bearbeitungsoptionen der Tabellenkalkulationssoftware anpassen lässt.

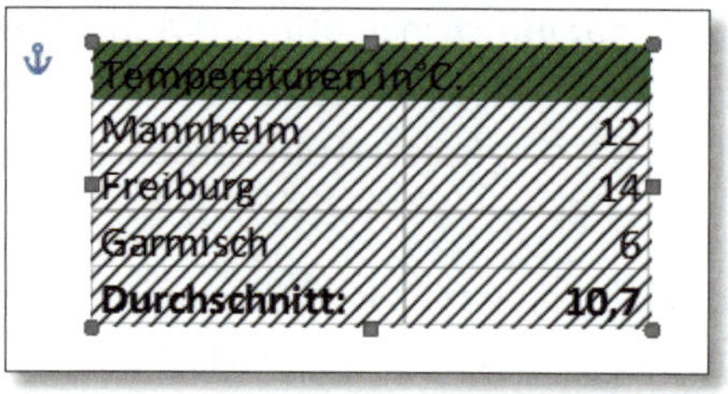

3 Wenn Sie fertig sind, müssen Sie die Datei nicht speichern, sondern lediglich das Excel-Fenster schließen. Die Änderungen werden auch in Word automatisch übernommen. Zudem wird die Schraffierung der Tabelle ausgeblendet.

INFO

Objektintegration

Die Excel-Tabelle ist fester Bestandteil des Word-Dokuments. Da sie in das Dokument eingefügt ist, kann sie auch nicht als separate Datei geöffnet (beispielsweise aus dem Explorer) und bearbeitet werden. Sollte eine Nachbearbeitung erforderlich werden, müssen Sie diese immer aus Word heraus anstoßen.

Eine vorhandene Excel-Tabelle in Word einfügen

Es gibt bereits eine Excel-Tabelle, die jetzt Bestandteil eines Word-Dokuments werden soll? Nichts leichter als das. Sie müssen sich zunächst nur entscheiden, ob die Tabelle eingebettet oder verknüpft werden soll.

1 Begeben Sie sich zunächst an den Speicherort Ihrer Excel-Datei. Die Datei selbst muss nicht geöffnet werden. Es reicht, wenn Sie sie mit rechts anklicken und sich anschließend für den Befehl **Kopieren** entscheiden. Alternativ klicken Sie mit links darauf und drücken die Tastenkombination Strg + C.

2 Anschließend rufen Sie das Word-Dokument auf, in das die Datei eingefügt werden soll. Platzieren Sie die Einfügemarke an die Stelle, an der die Excel-Datei erscheinen soll.

3 Klicken Sie auf die untere Hälfte der Schaltfläche **Einfügen** in der Gruppe **Zwischenablage** der Registerkarte **Start**. Entscheiden Sie sich im Menü für **Inhalte einfügen**. Falls Sie lieber mit der Tastatur arbeiten, können Sie stattdessen auch direkt nach Platzierung der Einfügemarke Strg + Alt + V drücken.

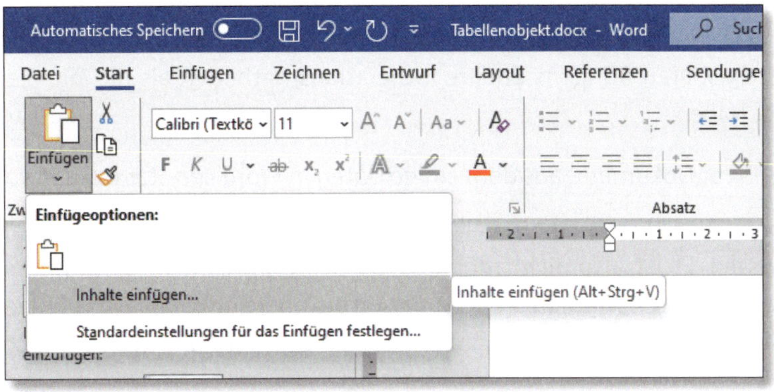

4 Daraufhin wird der Dialog **Inhalte einfügen** geöffnet. Hier müssen Sie zunächst durch die Auswahl des entsprechenden Radiobuttons festlegen, ob die Tabelle in das Doku-

43

ment eingebettet werden soll (in diesem Fall aktivieren Sie **Einfügen**) oder ob Sie lieber eine **Verknüpfung einfügen** wollen. Somit ist die Tabelle später aktualisierbar.

5 In der Liste **Als** müssen Sie sich nun noch für den Eintrag **Microsoft Excel-Arbeitsmappe-Objekt** entscheiden, ehe Sie auf **OK** klicken.

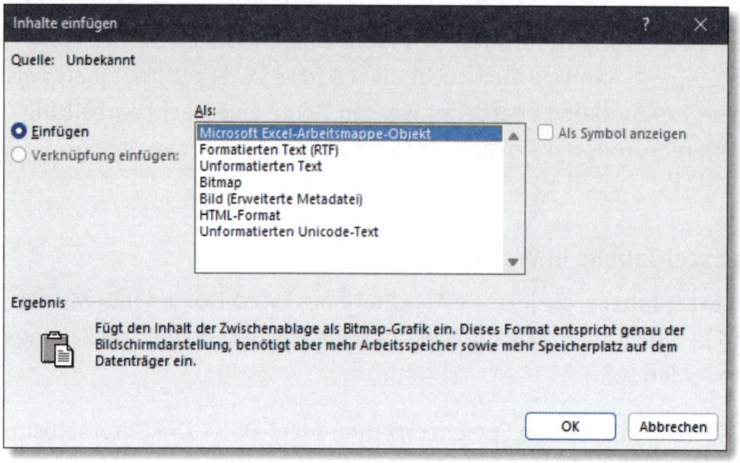

Den wesentlichen Unterschied zwischen Einfügen und Verknüpfen haben Sie ja bereits in Abschnitt 43.1, »Einfügen oder verknüpfen?«, auf Seite 1059, kennengelernt. An dieser Stelle möchte ich noch darauf hinweisen, dass sich die Tabelle entsprechend verhält, wenn Sie später innerhalb des Word-Dokuments einen Doppelklick auf sie ausführen. Bei eingefügten Tabellen öffnet sich nämlich die Oberfläche zur Tabellenbearbeitung in Word, während ein Doppelklick auf eine eingebettete Tabelle stets die Excel-Arbeitsumgebung bereitstellt.

Tabellenbereiche aus Excel in Word einfügen

In diesem Abschnitt betrachten wir eine Alternative zur vorangegangenen Methode, eine ganze Tabelle in Word zu integrieren. Die folgende Vorgehensweise bietet sich immer dann an, wenn anstelle einer kompletten Tabelle nur ein bestimmter Bereich verwendet werden soll. Dabei existieren übrigens andere Integrationsmethoden als die, die Sie bislang kennengelernt haben.

1 Öffnen Sie das Excel-Dokument, aus dem einige Daten in Word benutzt werden sollen.

2 Danach markieren Sie alle relevanten Zellen. Beachten Sie, dass die Zellen aneinander angrenzen müssen. Es ist also nicht möglich, nur bestimmte, nicht beisammen liegende Zellen zu markieren. Wählen Sie stattdessen die obere linke Zelle jenes Bereichs aus, den Sie kopieren wollen. Danach halten Sie [⇧] gedrückt und wählen auch die untere rechte Zelle aus.

3 Drücken Sie [Strg]+[C], oder klicken Sie mit rechts auf den markierten Zellenbereich und dann im Kontextmenü auf den Befehl **Kopieren**.

4 Nun begeben Sie sich in das Word-Dokument und setzen die Einfügemarke an die Position, an der das Objekt eingefügt werden soll.

5 Klicken Sie auf die untere Hälfte der Schaltfläche **Einfügen** (**Start > Zwischenablage**). Hier stehen Ihnen nun verschiedene Einfügeoptionen zur Verfügung, deren Bedeutung ich Ihnen im Unterabschnitt »Einfügeoptionen« auf Seite 1068 vorstellen werde. Um die Datei unter Aufrechterhaltung der Excel-Formatierung zu verknüpfen, klicken Sie auf die Schaltfläche **Verknüpfen und ursprüngliche Formatierung beibehalten**.

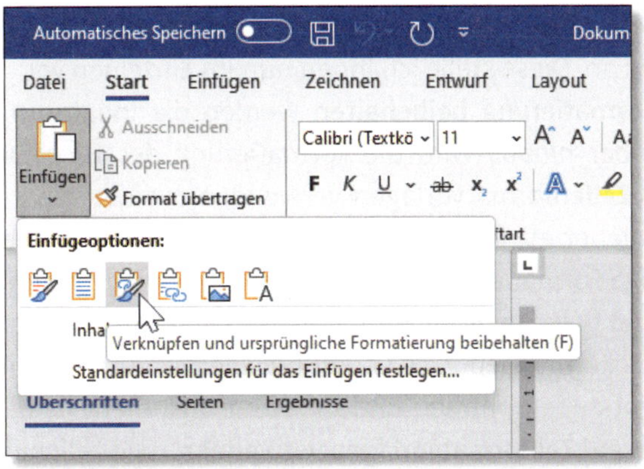

6 Das Interessante an dieser Vorgehensweise ist, dass Änderungen innerhalb der Excel-Datei fortan direkt und ohne jegliches Zutun auch im Word-Dokument angepasst werden. Gehen Sie in die Excel-Datei, und verändern Sie einen beliebigen Wert. Danach schauen Sie im Word-Dokument nach. Auch dort ist die Änderung unmittelbar vollzogen worden.

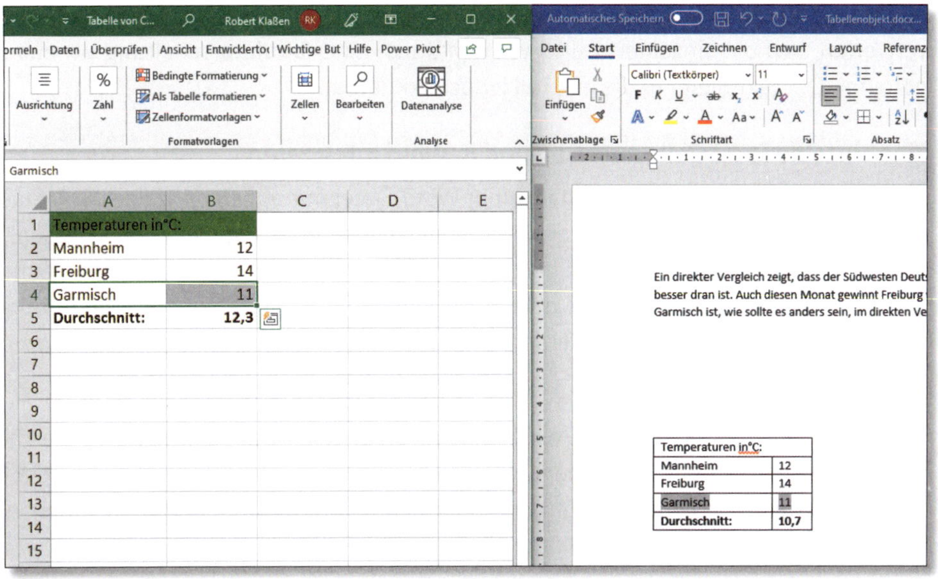

Falls die Änderung nicht automatisch vollzogen worden ist, könnte es daran liegen, dass Sie sich innerhalb der Excel-Datei noch in der Zelle befinden, in der die Änderungen vorgenommen worden sind. Verlassen Sie in diesem Fall die Zelle, und kontrollieren Sie das Word-Dokument abermals. Jetzt sollte es auch aktualisiert worden sein.

Einfügeoptionen

Wenn Sie Tabellenzellen auf die im Unterabschnitt »Tabellenbereiche aus Excel in Word einfügen« ab Seite 1066 beschriebene Weise in Excel kopieren und deren Inhalte anschließend über die Schaltfläche **Einfügen** (**Start > Zwischenablage**) integrieren, bietet Word Ihnen verschiedene Einfügeoptionen an. Diese stelle ich Ihnen nun im Einzelnen vor.

Mit der Option **Ursprüngliche Formatierung beibehalten** werden die Inhalte in das Word-Dokument eingebettet. Darüber hinaus wird die Formatierung des Excel-Dokuments beibehalten. Klicken Sie auf **Zellenformatvorlagen verwenden**, werden die Inhalte auch in das Word-Dokument eingebettet. Allerdings wird die derzeit an der aktuellen Position des Word-Dokuments gültige Formatierung auch auf die Zelleninhalte angewendet. Über den Button **Verknüpfen und ursprüngliche Formatierung beibehalten** hingegen werden die Inhalte mit dem Word-Dokument lediglich verknüpft. Gleichzeitig werden die Formatierungen des Excel-Dokuments übernommen und im Word-Dokument beibehalten. Das Gleiche gilt bei **Verknüpfen und Zellformatvorlagen verwenden** – die Zelleninhalte werden mit dem Excel-Dokument verknüpft. Jedoch wird die Formatierung des Word-Dokuments auf die Zelleninhalte übertragen. Mithilfe des Buttons **Grafik** wird die Tabelle als Grafik in das Dokument eingefügt. Diese kann später wie eine herkömmliche Grafik, ein Bild oder eine Illustration bearbeitet werden. Allerdings ist eine nachträgliche Bearbeitung der Tabelleninhalte nicht mehr möglich. Zudem ist der Text nicht mehr editierbar. Zu guter Letzt werden mit der Schaltfläche **Nur den Text übernehmen** die Zelleninhalte als herkömmlicher Text in das Word-Dokument eingebettet. Die Zellenmarkierungen werden verworfen, und die einzelnen Zellen werden durch eine Tabulatorschaltung voneinander getrennt. Der Text bleibt in diesem Fall jedoch editierbar.

Eine einzelne Excel-Zelle auslesen und in Word integrieren

Mitunter möchte man sich innerhalb einer Word-Datei nur auf ein einzelnes Ergebnis beziehen, das sich in einer Excel-Datei befindet, und dieses in den Text einfließen lassen. Klar, in diesem Fall ließe sich der Wert ganz einfach mit der Zwischenablage in den Text integrieren. Was aber, wenn sich das derzeit vorliegende Excel-Ergebnis noch ändern kann? Dann sollte die Zelle verknüpft werden, sodass die Änderungen auch ständig in Word aktualisiert werden.

1. Erzeugen Sie dazu zunächst ein Word- und ein Excel-Dokument. Wenn Sie möchten, können Sie auch die beiden Dateien *Umsatz.docx* und *Umsatz.xlsx* aus dem Ordner *43* der Beispieldateien öffnen. (Sämtliche Übungsdateien stehen Ihnen unter *www.rheinwerk-verlag.de/5443* zur Verfügung.)

2 Lesen Sie zunächst den Text des Word-Dokuments. Im zweiten Satz geht es um das Betriebsergebnis der Filiale in Frechen. Das eigentliche Ergebnis fehlt jedoch noch. Es ist vielmehr durch ein **x** repräsentiert. Markieren Sie dieses nun.

3 Rufen Sie das Excel-Dokument auf, und markieren Sie die Zelle **B4**. Befördern Sie deren Inhalt mit `Strg` + `C` in die Zwischenablage des Betriebssystems.

	A	B	C
1	**Filiale:**	**Ergebnis:**	
2	Köln	62.488,00 €	
3	Bergheim	43.612,00 €	
4	Frechen	9.481,00 €	
5	Bonn	82.008,00 €	
6	**Gesamt:**	**197.589,00 €**	
7			

4 Wechseln Sie wieder zum Word-Dokument, in dem das **x** noch immer markiert sein sollte. Klicken Sie auf die untere Hälfte des Buttons **Einfügen** in der Gruppe **Zwischenablage** der Registerkarte **Start**.

5 Nun sollte man meinen, man könne direkt eine der beiden im vorangegangenen Abschnitt erwähnten Verknüpfungsoptionen verwenden, beispielsweise **Verknüpfen und ursprüngliche Formatierung beibehalten** oder **Verknüpfen und Formatierung zusammenführen**. Doch das ist leider nicht der Fall. Zwar ließe sich damit der Zellentext integrieren, jedoch nur auf Kosten einer Zeilenschaltung. Das Ergebnis stünde dann in einer separaten Zeile. Probieren Sie es aus, indem Sie auf die beiden Buttons zeigen. Bitte führen Sie keinen Mausklick darauf aus!

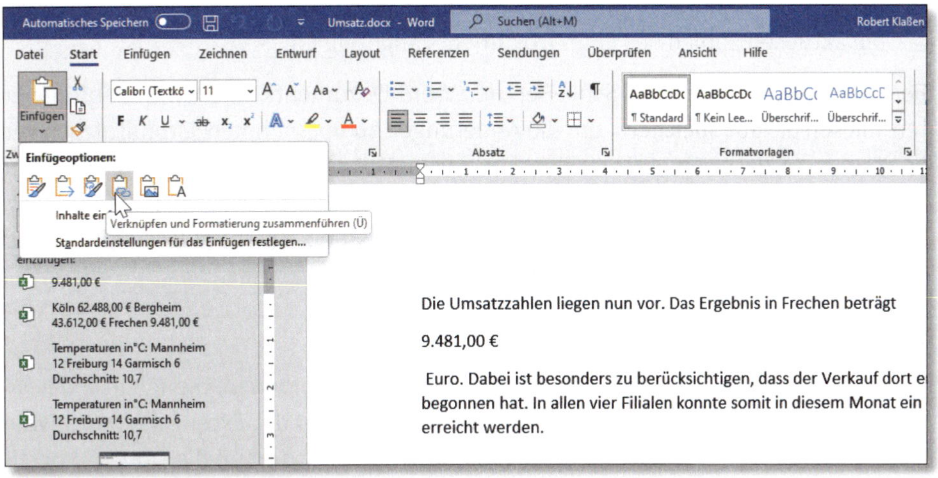

6 Um den Zeilenumbruch zu umgehen, ließe sich einer der beiden Buttons ganz links benutzen. Jedoch wird damit keine Verknüpfung zur Excel-Datei erzeugt. Daher bleibt nur noch die Option **Inhalte einfügen**.

7 Aktivieren Sie im Dialogfenster **Inhalte einfügen** den Radiobutton **Verknüpfung einfügen**. Im Feld **Als** klicken Sie auf **Unformatierten Text** und bestätigen mit **OK**.

8 Daraufhin wird der Inhalt der Zelle in Textform integriert. Zudem wird das Ergebnis in der gleichen Zeile aufgeführt – so, wie es sein sollte.

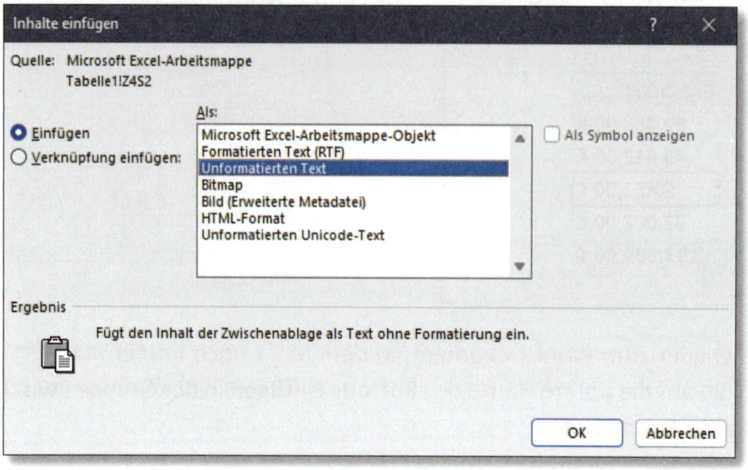

9 Nun nehmen wir an, dass sich das Ergebnis ändert. Dazu begeben Sie sich in das Excel-Dokument und ändern den Inhalt der Zelle **B4**. Verlassen Sie die Zelle anschließend wieder.

10 Klicken Sie innerhalb des Word-Dokuments mit rechts auf den soeben eingefügten Text, also das Ergebnis der Filiale Frechen. Sie sehen, dass ein einzelner Rechtsklick reicht, um den gesamten Ausdruck in Grau zu markieren. Entscheiden Sie sich im Kontextmenü nun bitte für den Befehl **Verknüpfungen aktualisieren** – und schon werden die aktuellen Zahlen des Excel-Dokuments angezeigt.

Beachten Sie, dass Sie beim Schließen des Word-Dokuments eine Kontrollabfrage erhalten. Klicken Sie auf **Speichern**, um die Änderungen zu übernehmen. Grundsätzlich verhält es sich nun so, dass beim Öffnen eines derartigen Dokuments ein Dialog erscheint, der auf bestehende Verknüpfungen hinweist. Wenn Sie wollen, dass die damit in Verbindung stehenden Werte automatisch aktualisiert werden, müssen Sie hier auf **Ja** klicken. Danach ist das Word-Dokument im wahrsten Sinne des Wortes »up to date«.

Verknüpfte Dateien bearbeiten

Grundsätzlich lassen sich auch verknüpfte Elemente bearbeiten, die Inhalt eines Word-Dokuments sind. Sollten Sie feststellen, dass Arbeiten an der Excel-Datei nötig werden, klicken Sie mit rechts auf die Tabelle. Wählen Sie im Kontextmenü die Option **Worksheet-Objekt**, und klicken Sie im Folgemenü auf **Bearbeiten -Verknüpfung**.

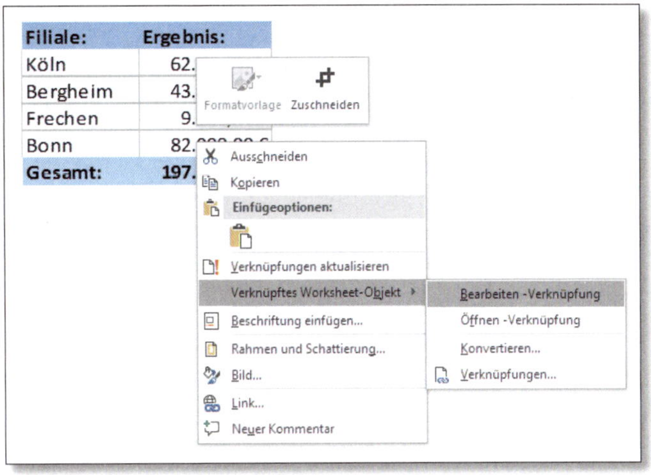

Abbildung 43.3 *Greifen Sie aus Word heraus gezielt auf die verwendeten Zellen der Excel-Datei zu.*

Damit erreichen Sie gleich zweierlei: Zum einen wird die verknüpfte Excel-Datei geöffnet, zum anderen wird genau der Zellenbereich markiert, der im Word-Dokument Verwendung findet, sodass Sie sich für Änderungen direkt an der richtigen Stelle im Dokument befinden.

Einzelne Access-Daten in Word integrieren

Die beschriebene Vorgehensweise funktioniert im Übrigen auch mit Access-Daten. Auch hier müssen Sie lediglich die Bereiche des Datenbankdokuments markieren und diese per Zwischenablage weiterleiten. Sie können aber natürlich auch eine Verknüpfung erzeugen. So bleiben die entsprechenden Daten auch in Word aktuell.

1. Markieren Sie den Bereich in Access, den Sie in Word integrieren wollen. Wenn Sie beispielsweise eine Tabelle übertragen wollen, reicht es, diese links in der Objektspalte der Anwendung zu markieren. Danach klicken Sie auf **Kopieren** in der Gruppe **Zwischenablage** der Registerkarte **Start** (mal ganz davon abgesehen, dass auch hier Strg + C ein alternativer Weg ist).

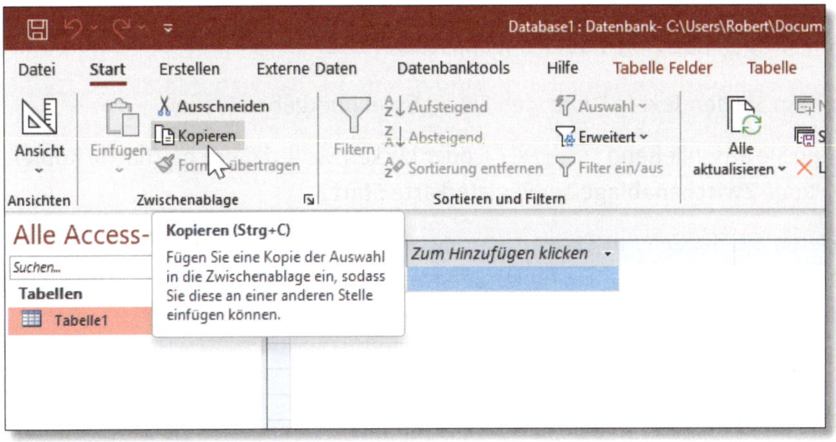

2 Wechseln Sie nun wieder in die Programmoberfläche von Word.

3 Klicken Sie im Menü der Schaltfläche **Einfügen** auf **Inhalte einfügen** (**Start > Zwischenablage > Einfügen**), und wählen Sie im gleichnamigen Dialog **Verknüpfung einfügen** als **Unformatierten Text** aus.

Sollte es später Änderungen an den Quelldaten geben, markieren Sie zunächst den verknüpften Bereich. Klicken Sie danach mit rechts auf ihn, und wählen Sie im Kontextmenü den Befehl **Felder aktualisieren**, sodass alle Daten auf den neuesten Stand gebracht werden.

INFO

Text nachträglich formatieren
Nach dem Einfügen lässt sich der Text aber auch in gewohnter Weise mit den Steuerelementen in den Gruppen **Schriftart** und **Ausrichtung** der Registerkarte **Start** individuell anpassen – ungeachtet dessen, welche Einfügeoptionen zuvor verwendet worden sind.

43.4 Excel 2021 – Daten aus Word und Access verwenden

Daten lassen sich selbstverständlich nicht nur von Excel an Word übergeben, sondern es geht auch in die andere Richtung. Dabei muss man allerdings die Gegebenheiten berücksichtigen, die eine Anwendung wie Excel mit sich bringt. So ist es beispielsweise nicht vorgesehen, ganze Textpassagen in einer einzelnen Zelle unterzubringen. Von daher macht es auch nicht viel Sinn, mit Mengentext zu arbeiten. Dennoch lassen sich Textelemente oder in Word erzeugte Tabellen schnell in die Tabellenkalkulationsumgebung integrieren. Allerdings sollten Sie dabei einiges beachten.

Word-Texte in Excel integrieren

Einmal mehr ist bei derartigen Vorhaben die Zwischenablage der einfachste Weg, Elemente zwischen den einzelnen Anwendungen auszutauschen. Die Formatierung kann auch nach dem Einfügen noch individuell angepasst werden.

1 Markieren Sie den Text in Word, den Sie an Excel übergeben wollen.

2 Drücken Sie anschließend [Strg]+[C], oder klicken Sie auf die Schaltfläche **Kopieren** in der Gruppe **Zwischenablage** der Registerkarte **Start**.

3 Markieren Sie die Zelle in Excel, in der der Text erscheinen soll. Hier drücken Sie die Tastenkombination [Strg]+[V] oder entscheiden sich für die obere Hälfte der Schaltfläche **Einfügen** (**Start > Zwischenablage**).

4 Wie auch in Word lässt sich in Excel nachträglich noch die Formatierung anpassen. Standardmäßig werden nämlich bei dem einfachen Weg über die Zwischenablage die Formatierungen aus Word übernommen und nach dem Einfügen auch in Excel verwendet. Falls Sie das nicht möchten, klicken Sie unmittelbar nach dem Einfügen auf die kleine Schaltfläche **Einfügeoptionen** unten rechts und wählen im Menü die Schaltfläche **An Zielformatierung anpassen** ① aus. Dadurch wird beim einzufügenden Element die Formatierung angewendet, die an der aktuellen Position des Excel-Dokuments Gültigkeit hat. Beachten Sie, dass die Overlay-Menüs so lange durchsichtig erscheinen, bis Sie den Mausklick vollzogen haben. Im Menü wird nur das angezeigt, was wirklich wichtig ist. So bleibt der Blick aufs Wesentliche jederzeit erhalten.

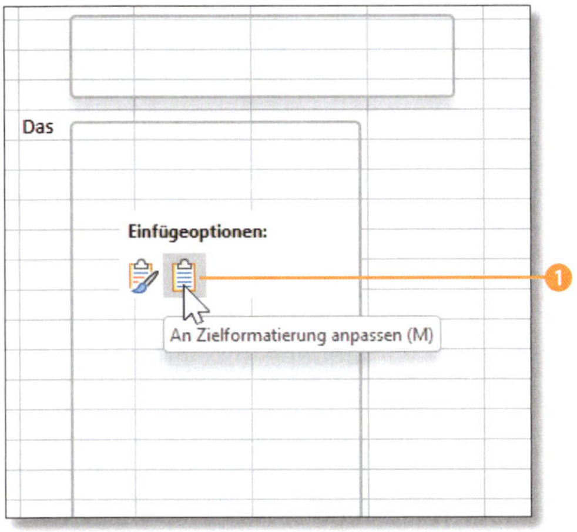

Word-Tabellen in Excel integrieren

Stellen Sie sich vor, Sie verfügen über ein Word-Dokument, in dem sich Tabellen oder durch Tabulatoren getrennte Aufzeichnungen befinden. Dann können Sie diese komfortabel in Excel einfügen, ohne sich Gedanken über die Zellenaufteilung machen zu müssen.

1 Sofern Sie eine in Word erstellte Tabelle übertragen wollen, müssen Sie diese zunächst markieren und mit [Strg]+[C] in die Zwischenablage befördern.

2 Markieren Sie in einem Excel-Dokument die Zelle, an der die Tabelle erscheinen soll. Drücken Sie anschließend [Strg]+[V].

3 Alternativ zu Schritt 2 können Sie auch die gesamte markierte Tabelle per Drag & Drop von Word aus nach Excel ziehen und dort fallen lassen. Diese Vorgehensweise eignet sich auch für durch Tabulatoren getrennten Text. Nachdem Sie den Text in Word markiert haben, ziehen Sie ihn zu Excel herüber. Lassen Sie ihn an der Position los, an der die obere linke Zelle des Textes erscheinen soll. Die Spaltenzuordnung übernimmt Excel für Sie.

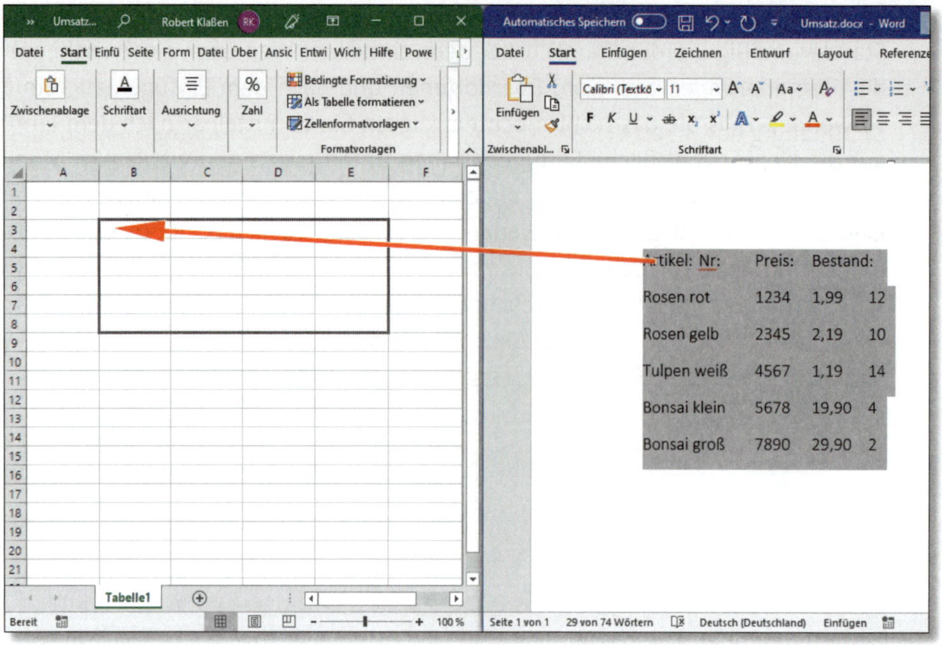

Bei der zuletzt genannten Aktion wird der in Word vorhandene Text grundsätzlich ausgeschnitten. Das heißt: Er ist zwar anschließend in Excel zu finden, jedoch nicht mehr in Word. Um den Text zu kopieren, ihn also gleichzeitig in Word zu belassen, halten Sie während des Ziehens [Strg] gedrückt. Lassen Sie zuerst die Maustaste und erst anschließend [Strg] wieder los.

Textdokumente für die Integration in Excel vorbereiten

Nicht jedem Anwender steht Excel (bzw. Microsoft Office) zur Verfügung. Manche arbeiten mit Programmen anderer Hersteller. Andere haben zwar Zugang zur Bürosoftware von Microsoft, kennen sich jedoch mit der Tabellenkalkulation nicht aus. Dennoch können diese Personen Daten liefern, aus denen Sie dann eine Excel-Tabelle erzeugen. Allerdings sollten diese Daten entsprechend vorbereitet sein. Falls nicht Sie, sondern jemand anders die Datei erzeugt, bitten Sie die Person, die folgenden Schritte zu beherzigen. Dann nämlich klappt die Integration in Excel ganz hervorragend.

1 Erzeugen Sie zunächst ein neues Word-Dokument bzw. ein Dokument innerhalb einer Textverarbeitungssoftware (z. B. *OpenOffice*, *StarOffice*, *WordPad Editor* oder einer ähnlichen Anwendung, die Texte im Format *.txt* speichern kann).

2 Es ist wichtig, dass Sie während der Produktion des Textes jede Information, die in einer eigenen Zelle erscheinen soll, auch mit Druck auf [⇆] vom vorangegangenen Eintrag trennen. Vernachlässigen Sie in diesem Zusammenhang, dass die Zeilen nicht fein säuberlich untereinander stehen. Wirken Sie dem bitte nicht entgegen, indem Sie mehrfach [⇆] betätigen. Übrigens dürften Sie statt der Trennung mit [⇆] auch ein

beliebiges, nicht im eigentlichen Text vorhandenes Zeichen wählen, beispielsweise Semikolon, Komma, Leerzeichen, Trennstrich, Raute oder Ähnliches. Auch damit lassen sich die einzelnen Zellinformationen prima voneinander trennen.

3. Unabhängig davon, ob Sie Word oder eine andere Textverarbeitungsanwendung benutzen, speichern Sie das Dokument anschließend (Word: **Datei > Speichern unter**) im Dialogfenster **Speichern unter** als Textdokument mit der Dateiendung *.txt* (**Dateityp**).
4. Sofern Sie mit Word arbeiten bzw. die Anwendung einen vergleichbaren Dialog hinterherschickt, entscheiden Sie sich bei der **Textcodierung** für **Windows (Standard)** und bestätigen mit **OK**.

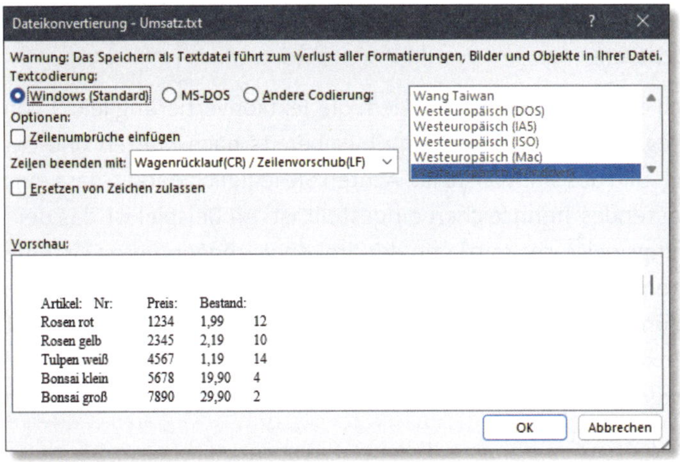

> **INFO**
>
> **Kompatible Daten**
>
> Außer dem Dateityp *.txt* kann Excel noch *.csv-* und *.prn*-Daten verarbeiten. Allerdings können die beiden zuletzt genannten Formate zumeist nicht mit einer Textverarbeitungs-App erzeugt werden. Das macht aber auch nichts, denn *.txt* ist eine gute Dateiformatwahl. PRN ist übrigens ein Druckausgabe-Dateiformat (z. B. für die Seitenbeschreibungssprache PostScript). In Verbindung mit der Excel-Integration spielt sie jedoch eine untergeordnete Rolle.

Textdokumente in Excel integrieren und mit Power Query anpassen

In diesem Abschnitt erfahren Sie, wie eine Textdatei, die im Format *.txt* vorliegt, in Excel integriert und bei eventuellen Änderungen am Textdokument auch innerhalb der Excel-Datei ständig aktualisiert werden kann. Greifen Sie bei Bedarf auf die Datei *Liste-mit-Tabstopps.txt* im Ordner *43* der Beispieldateien zurück.

1. Öffnen Sie Excel, und markieren Sie die Zelle, an der die zu integrierende Tabelle beginnen soll (= die Position der obersten, linken Zeile).

2 Klicken Sie anschließend auf die Schaltfläche **Aus Text/CSV** in der Gruppe **Daten abrufen und transformieren** der Registerkarte **Daten**.

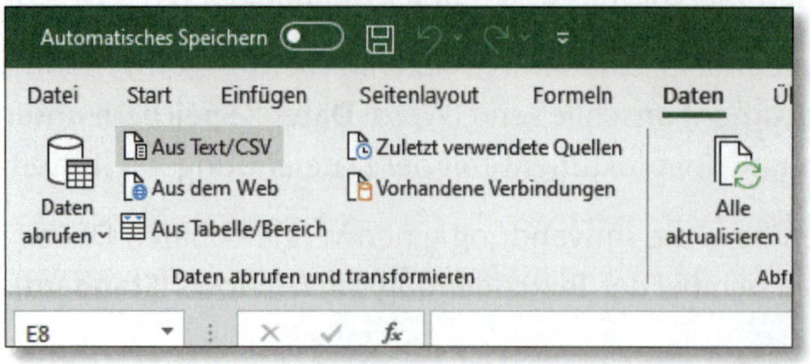

3 Wählen Sie hier nun das erwähnte Beispieldokument mit der Dateiendung *.txt*, und klicken Sie auf **Importieren**.

4 Daraufhin öffnet sich ein Dialogfenster, mit dem die Textkonvertierung leicht von der Hand geht. In der Regel hilft die Anwendung hier bereits nach Kräften und checkt, welches Erscheinungsbild das sinnvollste ist. Achten Sie lediglich darauf, dass ein zum Importdokument passendes Trennzeichen eingestellt ist. Im Beispiel ist das der **Tabstopp**. Um die Wirkungsweise der mittleren der drei oben angeordneten Listenfelder zu verstehen, schalten Sie doch einmal temporär auf ein anderes Zeichen um, zum Beispiel das **Semikolon**. Sie sehen, dass die unterhalb befindliche Tabellenansicht daraufhin »zerschossen« wird. Die Ansicht ändert sich, wenn Sie weitere Trennzeichen einstellen. Ein zufriedenstellendes Ergebnis erhalten Sie letztendlich nur, wenn Sie wieder auf **Tabstopp** zurückgehen.

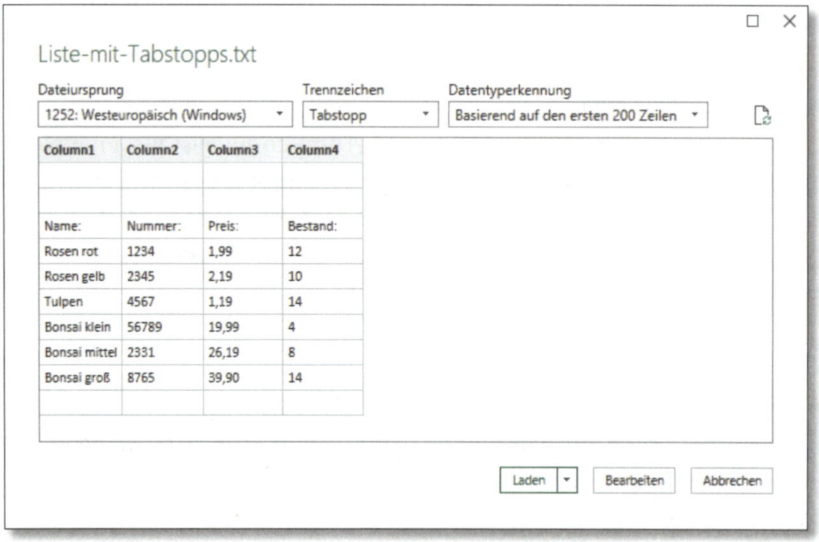

5 Wenn Sie mit dem Erscheinungsbild der Tabelle zufrieden sind, müssen Sie nichts weiter tun, als auf **Laden** zu klicken. Wollen Sie stattdessen noch ein bisschen an der Tabelle »herumfeilen«, benutzen Sie den Schalter **Bearbeiten**. Sie gelangen damit ohne

Umwege zum sogenannten **Power Query-Editor**, mit dessen Hilfe sich weitere Anpassungen vornehmen lassen.

6 Mithilfe der Schalter **Spalten verwalten** und **Zeilen verringern** ließen sich nun schnell und unkompliziert nicht benötigte Zeilen oder Spalten entfernen. Ziemlich einfach ist die Sache, wenn Sie beispielsweise die ersten oder letzten Zeilen bzw. Spalten entfernen wollen. Wenn allerdings ganz bestimmte Reihen herausgenommen werden sollen, müssen Sie im Bereich **Spalten verwalten** auf den unteren Teil des Buttons **Spalten auswählen** gehen und dann noch einmal **Spalten auswählen** selektieren. Sie können dann mithilfe eines Dialogs bestimmen, welche Spalten aus der Tabelle entfernt werden sollen.

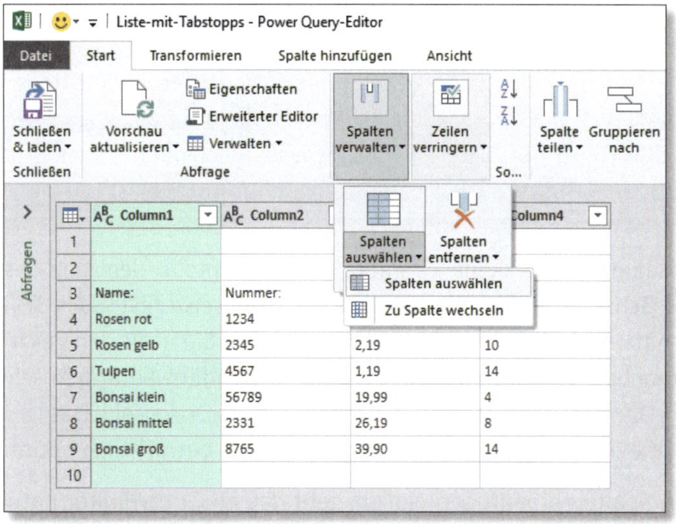

7 Ganz ähnlich verhält es sich, wenn Sie auf **Zeilen verringern** gehen. Hier betätigen Sie zunächst **Zeilen entfernen**, lassen dann einen Klick auf **Alternative Zeilen entfernen** folgen und können nun ebenfalls per Dialog festlegen, welche horizontalen Reihen vernachlässigt werden sollen.

8 Der Ordnung halber sei auch noch erwähnt, dass Sie, statt Zeilen und Spalten anzugeben, die entfernt werden sollen, auch jene Reihen bestimmen können, die erhalten bleiben sollen. Das ist immer dann sinnvoll, wenn nur wenige Elemente integriert werden sollen. Bei den Spalten gehen Sie dazu zweimal auf **Spalten auswählen**, während Sie bei den Zeilen zunächst auf **Zeilen verringern**, dann auf **Zeilen beibehalten** und zuletzt auf **Bereich von Zeilen beibehalten** klicken müssen.

9 Was auch immer Sie mit dem *Power Query-Editor* anstellen – am Ende können Sie Schritte wieder rückgängig machen. Dazu werfen Sie einen Blick auf den Bereich **Angewendete Schritte** unten rechts. Dort wird nämlich jeder Ihrer Schritte akribisch aufgelistet. Wollen Sie eine Aktion rückgängig machen, klicken Sie auf das vorangestellte Kreuz der entsprechenden Zeile. Doch Vorsicht: Die Schritte bauen aufeinander auf!

Das bedeutet: Wenn Sie den vorletzten Schritt rückgängig machen, editieren Sie damit automatisch auch den zuletzt angewendeten Schritt.

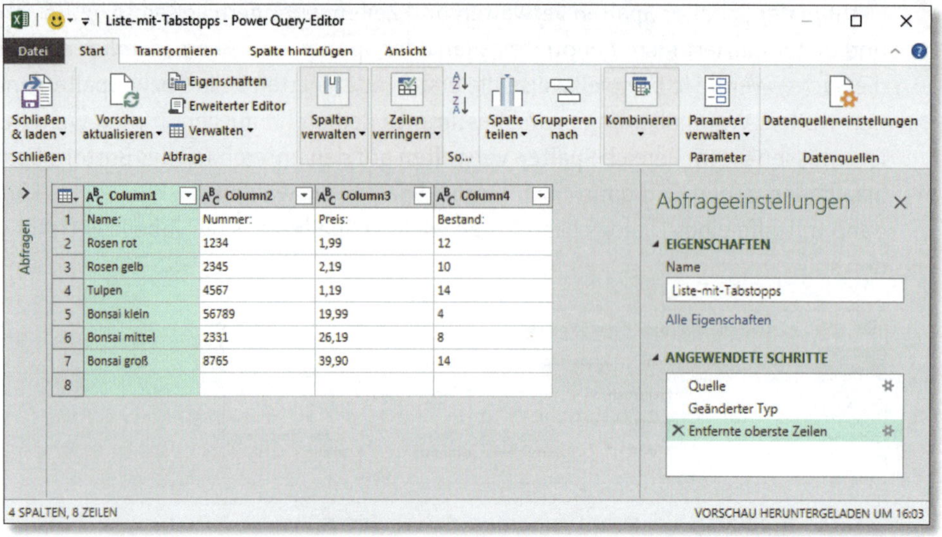

10 Nicht minder interessant ist das kleine Zahnrad-Symbol rechts in der Zeile des Bereichs **Angewendete Schritte**. Stellen Sie nämlich beispielsweise fest, dass Sie eine Zeile mehr entfernt haben, als Sie eigentlich wollten, müssen Sie nicht den gesamten Schritt rückgängig machen und dann erneut anwenden, sondern betätigen schlicht das Zahnrad-Symbol. Danach korrigieren Sie die Arbeit mittels Dialogfeld. Das ist wirklich eine tolle Sache, die den Import von Dokumenten in Excel beträchtlich optimiert.

11 Für den Fall, dass Sie Spalten hinzufügen wollen, geht das im Query-Editor natürlich auch. Für derartige Vorhaben bedienen Sie sich der Registerkarte **Spalte hinzufügen**.

12 Sortierfunktionen stehen Ihnen direkt im Vorschaubereich der Tabelle zur Verfügung. Benutzen Sie dazu die kleinen Dreieck-Schaltflächen in der Kopfzeile der Tabelle.

13 Wenn Sie mit Ihrer Arbeit fertig sind, begeben Sie sich wieder auf die Registerkarte **Start** und gehen im Feld **Schließen** auf den Button **Schließen & Laden**.

14 Für den Fall, dass sich an den Originaldaten, also an dem Textdokument, inhaltlich etwas ändert, muss das Excel-Dokument manuell aktualisiert werden. Um Excel auf den neuesten Stand zu bringen, klicken Sie auf die Schaltfläche **Alle aktualisieren** in der Gruppe **Abfragen und Verbindungen** der Registerkarte **Daten**. Sollten mehrere externe Daten mit dem Tabellendokument verbunden sein, werden mit dieser Aktion alle Verbindungen aktualisiert.

15 Möchten Sie jedoch nur eine einzelne Quelle aktualisieren, markieren Sie eine der Zellen, die in Verbindung mit dieser Quelle stehen, und klicken anschließend auf die untere Hälfte der Schaltfläche **Alle aktualisieren**. Klicken Sie stattdessen im Menü auf **Aktualisieren**, wird nur diese Quelle auf den neuesten Stand gebracht.

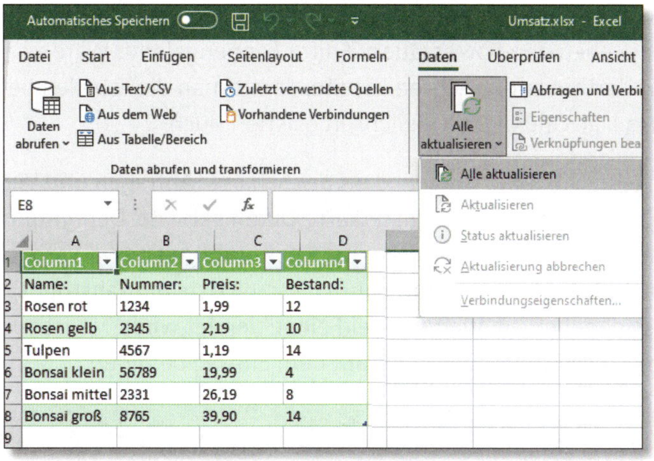

16 Neben der manuellen Aktualisierung ist aber auch die automatische, zeitliche Aktualisierung möglich. Damit obliegt es der Office-Anwendung, die Daten in Intervallen auf dem neuesten Stand zu halten, ohne dass Sie selbst eingreifen müssen. Um entsprechende Einstellungen vornehmen zu können, gehen Sie noch einmal den zuvor erwähnten Weg, wobei Sie im Aufklappmenü jedoch diesmal die **Verbindungseigenschaften** wählen.

17 Im Register **Verwendung** der **Abfrageeigenschaften** halten Sie nach der Checkbox **Aktualisieren alle [60] Minuten** Ausschau und wählen diese zunächst an. Stellen Sie anschließend das gewünschte Zeitintervall ein.

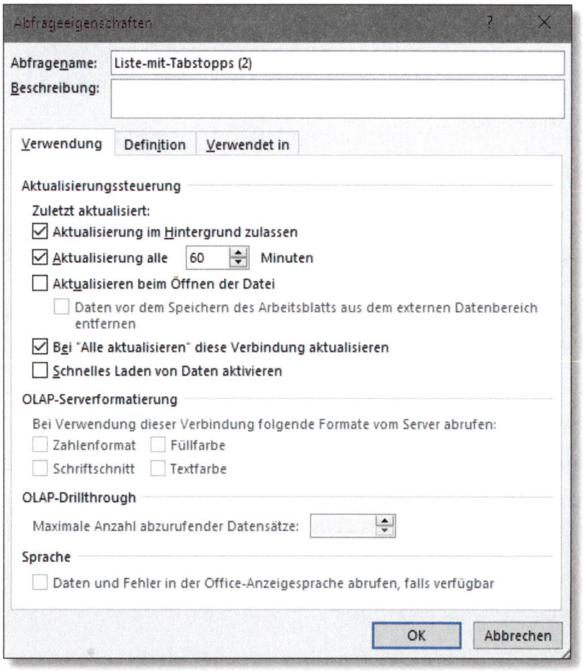

Eine letzte tolle Möglichkeit im Zusammenhang mit Importdateien möchte ich Ihnen noch vorstellen: Sie haben ja eben den Power Query-Editor kennengelernt. Wäre es nicht schön, wenn man jederzeit dorthin zurückkehren könnte, damit man die Tabellen bei Bedarf neu anpassen kann? Na klar. Und diese Möglichkeit existiert auch.

1 Sie müssen im Vorfeld lediglich dafür sorgen, dass der Schalter **Abfragen und Verbindungen** im gleichnamigen Segment der Registerkarte **Daten** aktiv ist. Denn nur dann erscheint auf der rechten Seite der Anwendung die Spalte **Abfragen und Verbindungen**. Zeigen Sie auf den dort angezeigten Eintrag (im Beispiel: **Liste mit Tabstopps**). Das hat zur Folge, dass links daneben ein weiteres Feld eingeblendet wird. Das ist zumindest so lange der Fall, wie Sie sich mit der Maus auf dem Eintrag befinden.

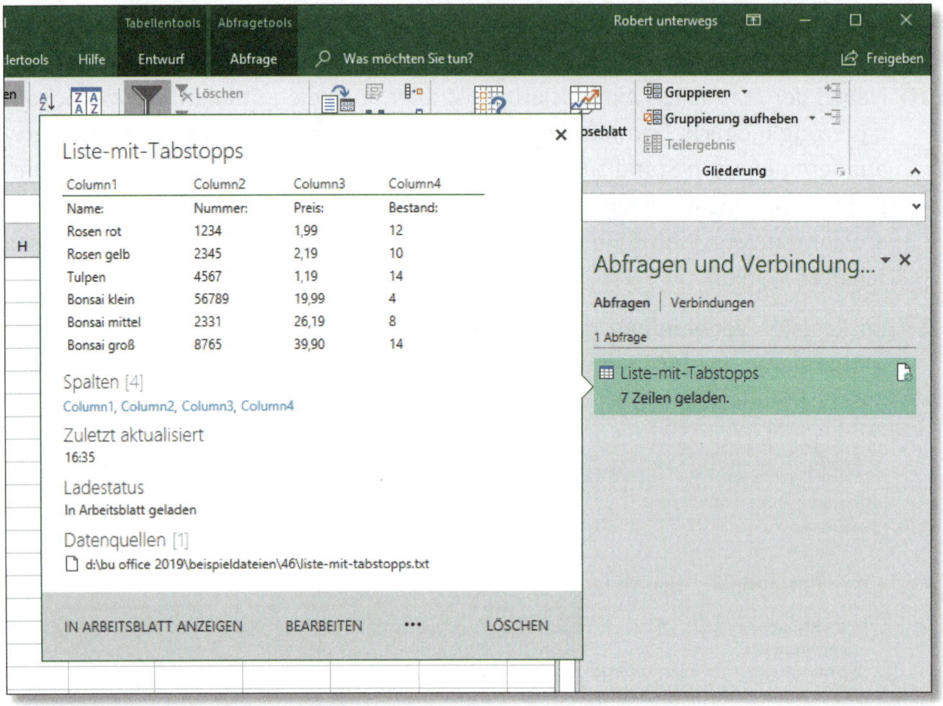

2 Fahren Sie mit der Maus nach links auf die Overlay-Tafel, und klicken Sie in deren Fußleiste ganz einfach auf **Bearbeiten**. Da ist er ja wieder, der Power Query-Editor. Genial, oder?

3 Eine Alternative zur soeben aufgezeigten Aktivierung des Editors ist ein Klick auf **Daten abrufen** im Register **Daten**. In der Liste finden Sie den Eintrag **Power Query-Editor starten**. Im Anschluss daran müssen Sie jedoch links in der Spalte zunächst die Tabelle auswählen. Im Beispiel ist das **Liste-mit-Tabstopps**. Anderenfalls wird ein inhaltloser Editor angezeigt.

INFO

Datenquelle ändern
Prinzipiell ist es denkbar, dass sich das Quelldokument einmal ändert – zum Beispiel, wenn ein Kollege eine komplett neue Datei erstellt. In diesem Fall müssen Sie die Datenquelle aktualisieren. Begeben Sie sich zunächst in den Power Query-Editor (siehe letzte Schritte), und klicken Sie im Register **Start** auf **Datenquelleneinstellungen**. Hier wird zunächst nur die aktuell verwendete Quelle angezeigt. Sie können aber unten links auf **Quelle ändern** klicken und im Folgedialog das neue Dokument mithilfe der Taste **Durchsuchen** neben dem Dateipfad einbinden.

Access-Datenbanken in Excel integrieren

Access-Datenbanken lassen sich noch einfacher in Excel integrieren als Textdokumente. Dazu klicken Sie zunächst im Register **Daten** auf **Daten abrufen**, zeigen dann auf **Aus Datenbank** und betätigen zuletzt den Eintrag **Aus Microsoft Access-Datenbank**. Navigieren Sie zur gesuchten Datenbank, die Sie markieren und mit einem Klick auf **Importieren** zur weiteren Bearbeitung vorsehen. Im sogenannten **Navigator** wählen Sie zunächst links den gewünschten Eintrag an. Ich habe mich hier für die Adressenliste aus den Beispieldateien aus Kapitel *17* entschieden. Eine Vorschau erhalten Sie auf der rechten Seite des Dialogs.

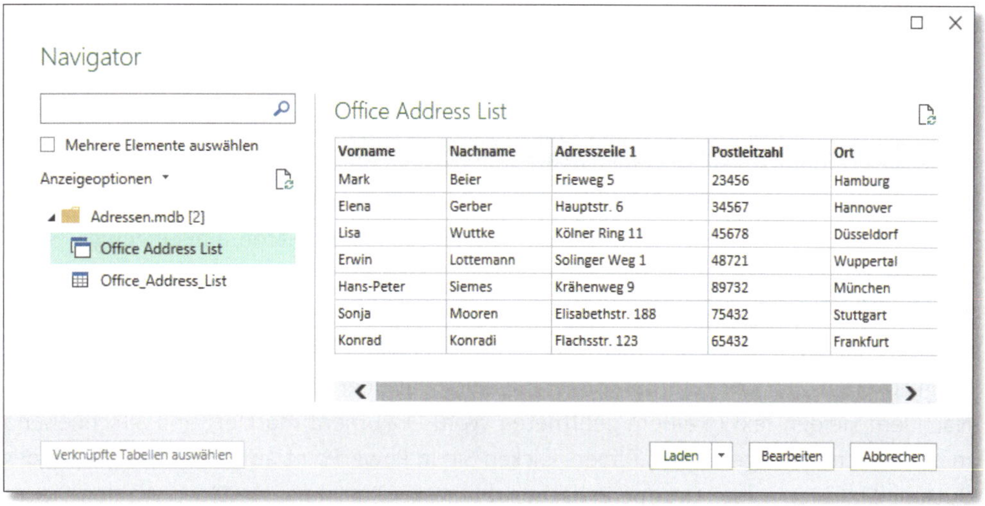

Abbildung 43.4 Der Navigator hilft bei der Beurteilung der Importdatei.

Auch hier besteht die Möglichkeit, die Datei nun direkt an Excel weiterzugeben, indem Sie auf **Laden** klicken. Falls Sie aber mittlerweile vom Power Query-Editor restlos begeistert sind, dürfen Sie natürlich auch hier den Button **Bearbeiten** benutzen und die Access-Datei nach Wunsch anpassen.

43.5 PowerPoint 2021 – Word- und Excel-Daten nutzen

Jetzt schauen wir uns die Integration von Word- und Excel-Daten in PowerPoint an. Vieles lässt sich hier genauso in die Wege leiten wie beispielsweise in Word, aber leider ist nicht jede Anleitung eins zu eins auf PowerPoint übertragbar. Dazu sind die Anforderungen an die Präsentationssoftware natürlich viel zu individuell.

Word-Texte schnell in PowerPoint einfügen

Auch hier darf der Hinweis nicht fehlen, dass die Zwischenablage bei Übergabe von Word-Texten an PowerPoint eingesetzt werden kann.

1. Markieren Sie den Text in Word, und drücken Sie Strg+C.
2. Wechseln Sie zu PowerPoint. Klicken Sie dort in einen vorhandenen Textcontainer, oder erzeugen Sie zunächst einen Container über **Einfügen > Textfeld**.
3. Drücken Sie Strg+V, um den Text einzufügen.

Fügen Sie Text aus Word in PowerPoint auf diese Weise ein, wird grundsätzlich die Formatierung verwendet, die im Textfeld der Präsentationssoftware Gültigkeit hat. Wollen Sie, dass stattdessen die Formatierung aus Word verwendet wird, müssen Sie in Schritt 3 anstelle der Tastenkombination auf die untere Hälfte der Schaltfläche **Einfügen** (**Start > Zwischenablage**) klicken und im Menü die Option **Ursprüngliche Formatierung beibehalten** wählen.

Word-Texte per Drag & Drop einfügen

Alternativ können Sie auch Texte in Word markieren und dann per Drag & Drop zu PowerPoint herüberziehen, um sie in Ihre Präsentation zu übernehmen. Hierbei wird übrigens die in Word gültige Formatierung beibehalten. Darüber hinaus gilt: Ziehen Sie den Text auf einen PowerPoint-Textcontainer, wird der Text darin integriert. Ziehen Sie ihn hingegen an einen freien Bereich einer Folie, wird automatisch ein neuer Textcontainer erzeugt.

Word-Dokumente verknüpfen

Wenn es darum geht, größere Textdokumente in PowerPoint zu integrieren, gibt es zwei Möglichkeiten. Zunächst einmal können Sie auch das über die Zwischenablage erledigen. Nachdem Sie den Text in einem geöffneten Word-Dokument markiert und anschließend in die Zwischenablage kopiert haben, klicken Sie in PowerPoint auf die untere Hälfte des Buttons **Einfügen** in der Gruppe **Zwischenablage** der Registerkarte **Start**. Wählen Sie im Menü der Schaltfläche **Inhalte einfügen**. Sie können aber auch eine komplette Word-Datei kopieren, welche sich sogar verknüpfen lässt.

1. Dazu wählen Sie einfach das Datei-Icon am Speicherplatz des Word-Dokuments aus und integrieren es mit Strg+C komplett in die Zwischenablage.
2. Teilen Sie der Anwendung nun mit, dass diese Datei als Verknüpfung integriert werden soll, indem Sie **Inhalte einfügen** im Menü der Schaltfläche **Einfügen** (**Start > Zwi-**

schenablage) wählen und anschließend den Radiobutton **Verknüpfung einfügen** aktivieren. Klicken Sie abschließend auf **OK**.

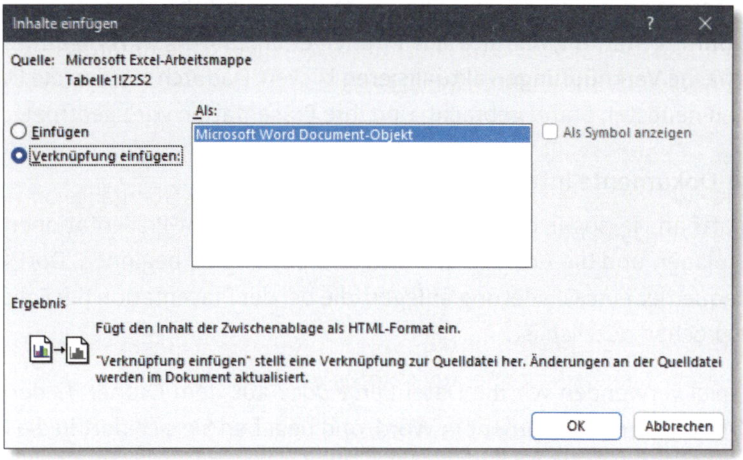
Inhalte einfügen
Quelle: Microsoft Excel-Arbeitsmappe
Tabelle1!Z2S2
Als:
Einfügen
Verknüpfung einfügen:
Microsoft Word Document-Objekt
Als Symbol anzeigen
Ergebnis
Fügt den Inhalt der Zwischenablage als HTML-Format ein.
"Verknüpfung einfügen" stellt eine Verknüpfung zur Quelldatei her. Änderungen an der Quelldatei werden im Dokument aktualisiert.
OK
Abbrechen

3 Die Word-Datei wird jedoch nicht als editierbarer Text in PowerPoint eingefügt, sondern als Bilddatei. Das bedeutet: Änderungen am Text lassen sich nicht direkt in PowerPoint durchführen. Allerdings wurde durch diese Vorgehensweise eine Verknüpfung angelegt, und so können Sie jederzeit bequem aus PowerPoint heraus das Originaldokument mit einem Doppelklick auf das Bild in Word öffnen und dort bearbeiten. Wenn Sie fertig sind, müssen Sie nichts weiter unternehmen, als das Dokument in Word zu schließen und die Kontrollabfrage mit einem Klick auf **Speichern** zu bestätigen. Die Aktualisierung in PowerPoint erfolgt automatisch.

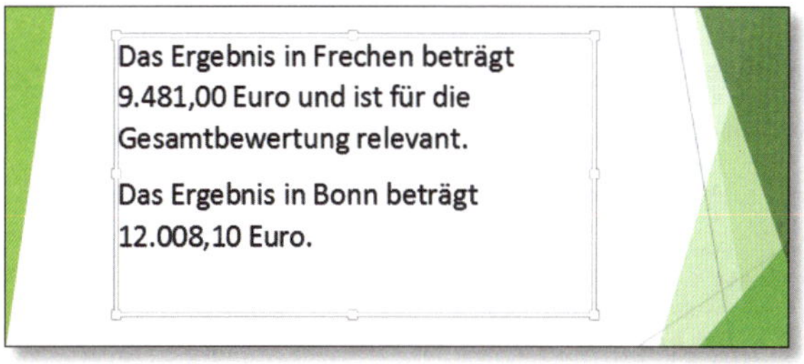
Das Ergebnis in Frechen beträgt
9.481,00 Euro und ist für die
Gesamtbewertung relevant.
Das Ergebnis in Bonn beträgt
12.008,10 Euro.

43

INFO

Externe Aktualisierung

Was passiert eigentlich, wenn ein verknüpftes Dokument beispielsweise außerhalb von PowerPoint direkt in Word geöffnet und verändert wird? Innerhalb der Bildschirmpräsentationssoftware hat dies zunächst keine Auswirkungen. Allerdings kann der Inhalt manuell aktualisiert werden, indem Sie mit rechts auf die Bilddatei klicken und im Kontextmenü der eingefügten Datei den Befehl **Verknüpfung aktualisieren** wählen. Danach sind auch die in PowerPoint angezeigten Informationen wieder auf dem neuesten Stand.

Aktualisierung nach Neustart

Sofern Sie eine PowerPoint-Datei öffnen, die Verknüpfungen enthält, vermutet die Anwendung zunächst einmal ein potenzielles Sicherheitsrisiko. Da Sie jedoch wissen, aus welcher Quelle diese Verknüpfung stammt, nämlich aus Ihrer eigenen, dürfen Sie ruhigen Gewissens auf die Schaltfläche **Verknüpfungen aktualisieren** klicken. Dadurch werden die Daten automatisch auf den neuesten Stand gebracht, und Ihre Präsentation wird geöffnet.

Gegliederte Word-Dokumente integrieren

Es ist durchaus statthaft, ja sogar ein probates Mittel, PowerPoint-Präsentationen zunächst in Word zu planen und die Arbeit in der Textverarbeitung zu beginnen. Dort lässt sich nämlich viel bequemer eine Gliederung anlegen, die bei der Präsentation der Folien in PowerPoint ausgesprochen nützlich ist.

1 In diesem Beispiel verwenden wir die Datei *Berge.docx* aus dem Ordner *43* der Beispieldateien. Öffnen Sie das Dokument in Word, und begeben Sie sich dort in die Gliederungsansicht, indem Sie auf die Schaltfläche **Gliederung** in der Gruppe **Ansichten** der Registerkarte **Ansicht** klicken. Hier sehen Sie, dass das Dokument in einzelne Abschnitte aufgeteilt ist.

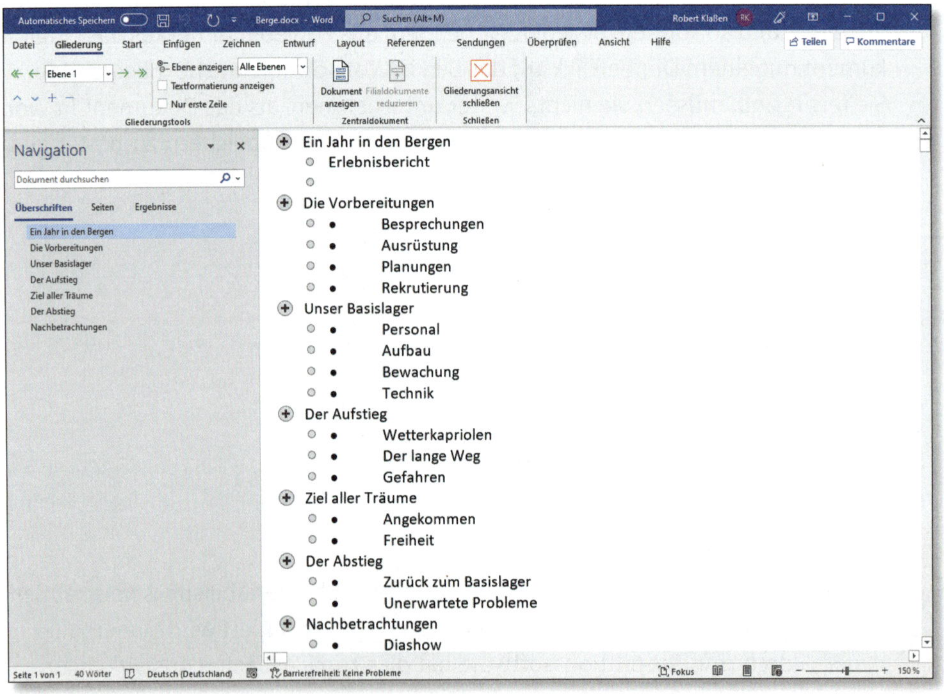

2 Schließen Sie das Word-Dokument nun wieder, da es sich ansonsten später nicht in PowerPoint integrieren lässt. Versuchen Sie es dennoch, erhalten Sie eine entsprechende Fehlermeldung.

3 Erzeugen Sie in PowerPoint eine neue leere Bildschirmpräsentation, und entfernen Sie bei Bedarf die erste Folie. Das erreichen Sie, indem Sie die einzige zur Verfügung stehende Folienminiatur im Folienregister anklicken und `Entf` drücken.

4 Klicken Sie auf die untere Hälfte der Schaltfläche **Neue Folie** in der Gruppe **Folien** der Registerkarte **Start**. Wählen Sie im Menü die Option **Folien aus Gliederung** aus.

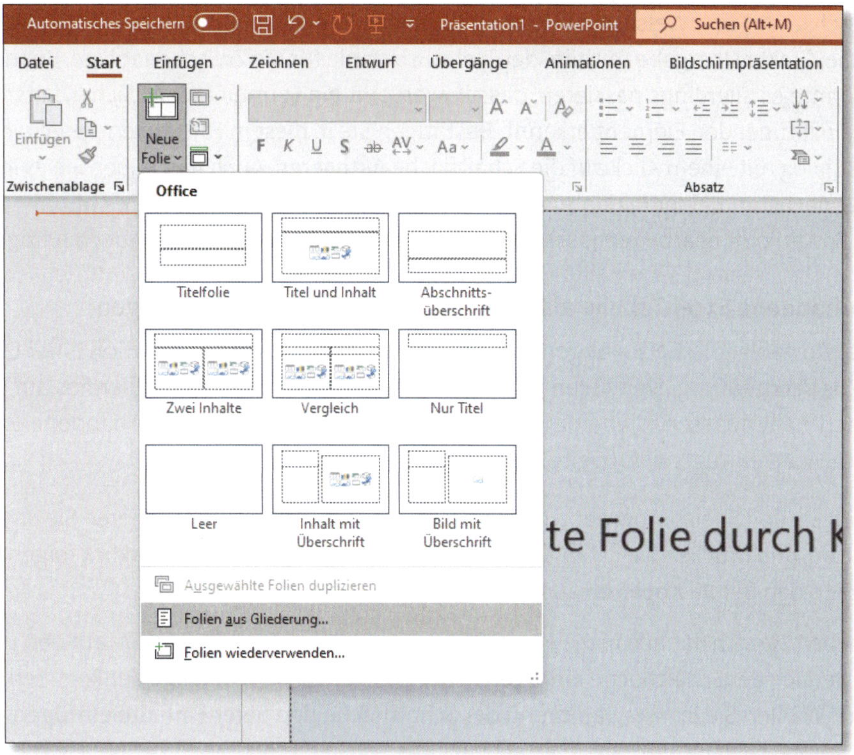

5 Wählen Sie nun die Beispieldatei *Berge.docx* aus, und klicken Sie auf **Einfügen**. Das war es schon. PowerPoint fügt daraufhin entsprechend Ihrer Gliederung Folien ein. Die im Word-Dokument gültige Formatierung ist dabei erhalten geblieben.

Erweitern Sie die Folieninhalte anschließend nach Wunsch. Unter dem Dateinamen *Berge.pptx* finden Sie im Ordner *Ergebnisse* der Beispieldateien das Resultat der Umwandlung einer Word-Gliederung in eine PowerPoint-Präsentation.

Eine neue Excel-Tabelle in PowerPoint einfügen

Sie haben im Unterabschnitt »Eine neue Excel-Tabelle in Word einfügen« auf Seite 1061 bereits erfahren, wie sich Kalkulationstabellen innerhalb der Textverarbeitungssoftware erzeugen lassen. Auf die gleiche Weise können diese auch in PowerPoint integriert werden. Auch hier arbeiten Sie mit einer Excel-Oberfläche, ohne die eigentliche Anwendung (in diesem Fall PowerPoint) verlassen zu müssen. Klicken Sie dazu auf **Einfügen > Tabelle > Excel-Tabelle einfügen**.

Ein Unterschied zu Word ergibt sich lediglich dahingehend, dass die Ansicht der Oberfläche nicht angepasst wird. Sie haben beispielsweise weiterhin Zugriff auf das Folienregister. Alle weiteren Informationen entnehmen Sie bitte dem Unterabschnitt »Eine neue Excel-Tabelle in Word einfügen« auf Seite 1061 und wenden diese in PowerPoint an.

Eine vorhandene Excel-Tabelle als Objekt in PowerPoint einfügen

Die einfachste Art und Weise, eine Excel-Datei in eine PowerPoint-Präsentation zu integrieren, ist die direkte Übergabe mithilfe der Tastaturbefehle für die Zwischenablage. Beim Einfügen könnte es allerdings passieren, dass PowerPoint ein vermeintliches Sicherheitsrisiko in dem einzufügenden Element erkennt. Bestätigen Sie in diesem Fall den entsprechenden Hinweisdialog mit einem Klick auf die Schaltfläche **Aktivieren**. Auch hier haben Sie es im Ergebnis zunächst mit einer Bilddatei zu tun. Das heißt, dass sich die Tabelle nicht ohne Weiteres in PowerPoint bearbeiten lässt. Mithilfe eines Doppelklicks wird sie jedoch editierbar.

Eine vorhandene Excel-Tabelle als Verknüpfung in PowerPoint einfügen

Noch komfortabler als die zuvor genannte Methode ist die direkte Integration einer Excel-Tabelle als Verknüpfung. Sie wissen ja, dass sich die Daten dann stets problemlos auf dem Laufenden halten lassen (siehe dazu auch den Unterabschnitt »Eine vorhandene Excel-Tabelle in Word einfügen« auf Seite 1065).

1. Rufen Sie den Speicherort der zu verknüpfenden Excel-Datei auf. Markieren Sie das Datei-Icon, und drücken Sie Strg + C. Alternativ lassen Sie einen Rechtsklick folgen und wählen den Befehl **Kopieren** aus dem Kontextmenü aus.
2. Begeben Sie sich danach in die PowerPoint-Anwendung. Dort klicken Sie auf den unteren Bereich der Schaltfläche **Einfügen** in der Gruppe **Zwischenablage** der Registerkarte **Start**. Wählen Sie im Auswahlmenü der Schaltfläche den Befehl **Inhalte einfügen**.
3. Aktivieren Sie im Dialogfenster **Inhalte einfügen** den Radiobutton **Verknüpfung einfügen**, und bestätigen Sie mit **OK**. Der Vollständigkeit halber sei erwähnt, dass Sie jederzeit auf die Excel-Datei zugreifen können, indem Sie auf die Tabellenminiatur in PowerPoint doppelklicken.

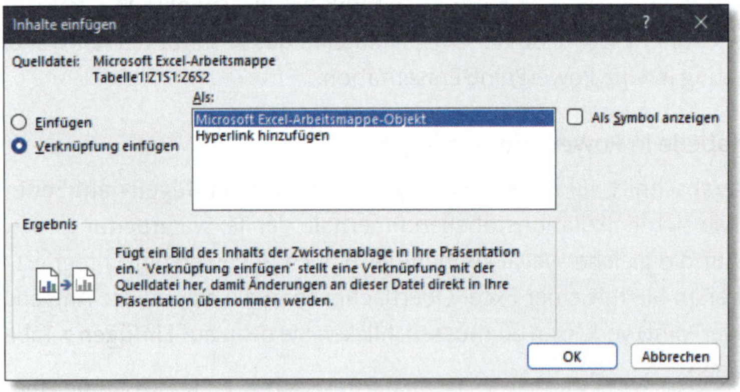

INFO

Tabelleninhalte als Text integrieren
Wenn Sie nur bestimmte Bereiche einer Excel-Tabelle in PowerPoint verwenden wollen, öffnen Sie die Excel-Datei zunächst. Markieren Sie die relevanten Zellen, die Sie anschließend mit Strg + C in die Zwischenablage befördern. Wechseln Sie zu PowerPoint. Dort klicken Sie auf den unteren Bereich der Schaltfläche **Einfügen** in der Gruppe **Zwischenablage** der Registerkarte **Start**. Wählen Sie im Menü der Schaltfläche den Befehl **Inhalte einfügen**. Der Text wird ohne Zellentrennungen hinzugefügt, ist aber dennoch als Text editierbar.

43.6 Outlook 2021 – Kontakte aus Excel importieren

Zuletzt möchte ich Ihnen noch eine Option vorstellen, die speziell in Outlook zur Anwendung kommt, wenn es um die Integration von Excel-gestützten Daten geht. Falls Sie über eine Excel-Tabelle mit Kundendaten oder sonstigen Kontakten verfügen, können diese schnell und unkompliziert in Outlook eingefügt werden. Voraussetzung dafür ist jedoch, dass diese Funktion von dem Anbieter Ihres E-Mail-Kontos unterstützt wird bzw. dass Sie ein Exchange-Konto verwenden.

1 Zunächst einmal müssen Sie dafür sorgen, dass die Datei als CSV- oder Textdokument (mit der Endung *.txt*) gespeichert wird. In diesem Beispiel arbeiten wir mit dem CSV-Format. Klicken Sie dazu in Excel zunächst auf **Datei > Speichern unter > Durchsuchen**, und wählen Sie im Dialogfenster **Speichern unter** im Feld **Dateityp** das Dateiformat **CSV (Trennzeichen-getrennt) (*.csv)** aus. Die folgende Kontrollabfrage bestätigen Sie mit einem Klick auf **Ja**.

2 Schließen Sie Excel, und öffnen Sie nun Outlook. Dort wählen Sie **Datei** und klicken links in der Spalte der Backstage-Ansicht auf die Rubrik **Öffnen und Exportieren**. Klicken Sie im Bereich **Öffnen** auf die Schaltfläche **Importieren/Exportieren**.

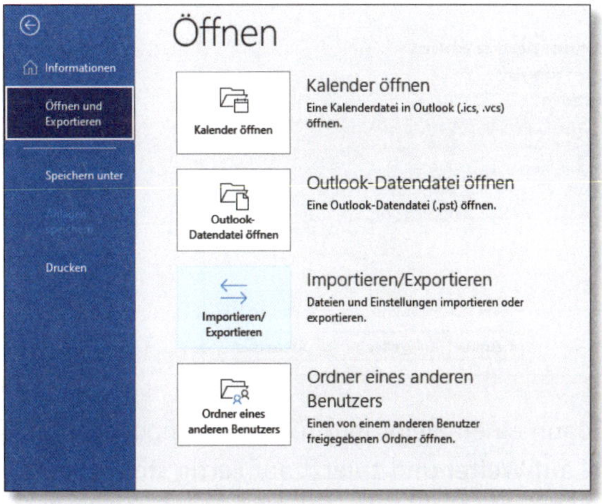

43

3 Im Bereich **Wählen Sie eine Aktion aus** des Folgedialogs entscheiden Sie sich für den Eintrag **Aus anderen Programmen oder Dateien importieren** und bestätigen mit einem Klick auf den Button **Weiter**.

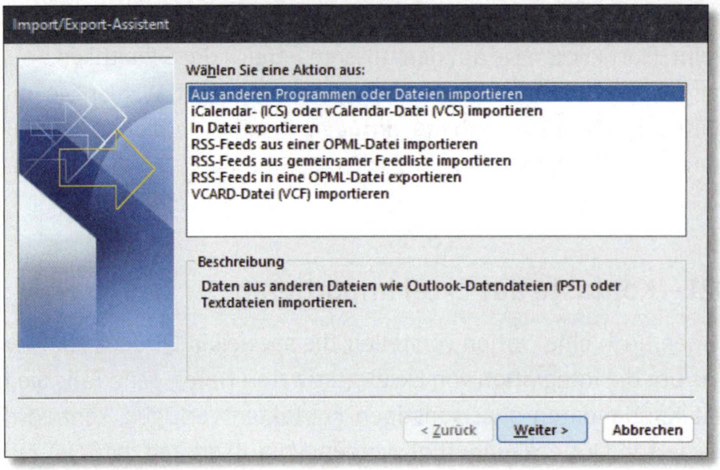

4 Wählen Sie im nächsten Schritt die Option **Durch Trennzeichen getrennte Werte** aus, und klicken Sie erneut auf **Weiter**.

5 Nach einem Klick auf die Schaltfläche **Durchsuchen** wählen Sie die zuvor aus Excel exportierte Datei. Sofern es bereits entsprechende Kundendaten in Outlook gibt, müssen Sie mit den angebotenen Optionen entscheiden, ob eventuelle Duplikate zugelassen werden sollen. Alternativ können vorhandene Daten auch ersetzt oder Duplikate beim Import ignoriert werden. Treffen Sie Ihre Wahl, und klicken Sie anschließend auf die Schaltfläche **Weiter**.

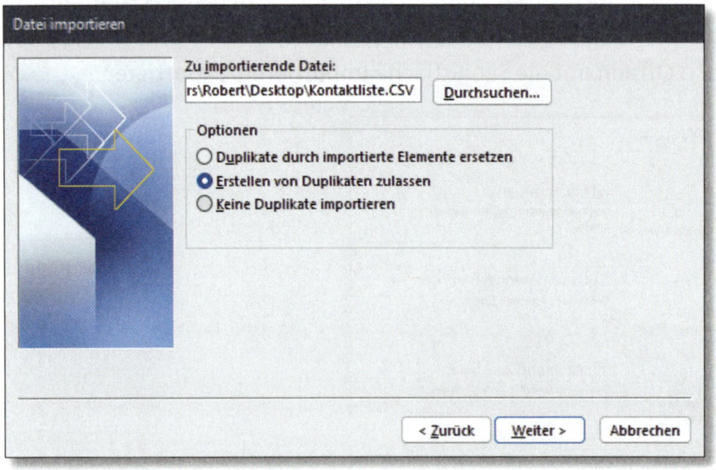

6 Im folgenden Schritt geben Sie dann einen Zielordner für die zu importierenden Datensätze an, klicken noch einmal auf **Weiter** und zuletzt auf **Fertig stellen**. Vergessen

Sie nicht, das entsprechende Häkchen anzuwählen, damit die angebotene Aktion auch tatsächlich ausgeführt werden kann.

Datei importieren
Die folgenden Aktionen werden ausgeführt:
"Kontaktliste.csv" importieren in den Ordner: Postein
Dieser Vorgang kann einige Minuten dauern
< Zurück
Fertig stellen
Abbrechen

Daraufhin werden die Daten aus der Excel-Datei in Outlook importiert und dort als Kontaktdaten gespeichert. Sie können dann auf die entsprechenden Daten über den Aufgabenbereich **Personen** (Strg + 3) zugreifen.

43

Kapitel 44
Kompatibilität zwischen Versionen

Was die Kompatibilität einzelner Office-Dokumente angeht, habe ich zunächst eine gute Nachricht für Sie: Mit Office lassen sich auch alte Dokumentstrukturen öffnen und bearbeiten. Umgekehrt ist das jedoch nicht generell der Fall. Wenn Sie 2021er- bzw. 365er-Dokumente an Personen weitergeben, die noch mit alten Office-Anwendungen arbeiten, wird in den meisten Fällen eine Konvertierung erforderlich sein.

44.1 Den Kompatibilitätsmodus nutzen

Sobald Sie ein Dokument in einer aktuellen Office-Anwendung öffnen (2021, 2019, 2016 oder 2013), das in einer beliebigen Vorgängerversion erstellt worden ist, wird das Dokument im Kompatibilitätsmodus geöffnet. Dabei ist es übrigens unerheblich, ob das Dokument unter Verwendung eines aktuellen Dateityps gespeichert worden ist (*.docx* für Word, *.xlsx* für Excel oder *.pptx* für PowerPoint) oder ob ein veralteter Dateityp (*.doc*, *.xls*, *.ppt*) verwendet wurde.

Das hat folgenden Grund: Angenommen, Sie erhalten ein Office-Dokument von jemandem, der noch eine veraltete Office-Version einsetzt. Dann lässt sich das Dokument problemlos von Ihnen öffnen und nachbearbeiten. Würden Sie aber nun neue Features benutzen, die in der älteren Version nicht zur Verfügung stehen, und dieses Dokument anschließend zurückgeben, ließen sich die neuen Funktionen in der alten Arbeitsumgebung des Kollegen nicht mehr anzeigen. Damit Sie nun gar nicht erst in Versuchung geraten, mit neuen, nicht abwärtskompatiblen Funktionen zu arbeiten, werden ältere Dokumente direkt und ohne Ihr Zutun im Kompatibilitätsmodus geöffnet. Das hat letztendlich die automatische Deaktivierung der relevanten Features zur Folge.

Grundlagen der Kompatibilitätsmodi

Es gibt den aktuellen Office 2021-Modus sowie verschiedene Kompatibilitätsmodi. Zusammenfassend stehen also generell folgende Modi zur Verfügung:

- **Office 2021**: Das ist der normale Dokumentmodus, der bei Verwendung von Office 2021, 2019, 2016 und 2013 zur Anwendung kommt.
- **Kompatibilitätsmodus 2010**: Office 2010 mit neuen Dateitypen *.docx*, *.xlsx* und *.pptx*
- **Kompatibilitätsmodus 2007**: Office 2007 mit neuen Dateitypen *.docx*, *.xlsx* und *.pptx*
- **Kompatibilitätsmodus 97-2003**: Office 97-2003 mit alten Dateitypen *.doc*, *.xls* und *.ppt*

Man sieht anhand der Titelleiste des jeweiligen Dokuments, ob man sich gerade im Kompatibilitätsmodus befindet oder nicht. Im Ordner *44* der Beispieldateien ist ein entsprechendes Dokument vorhanden, es heißt *Computer heute_Komp.doc*.

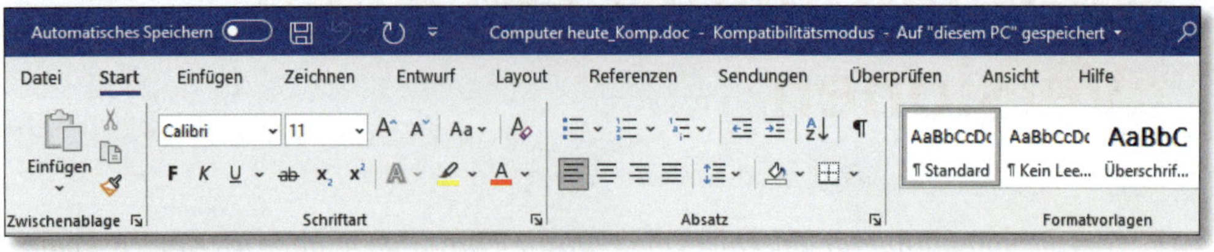

Abbildung 44.1 *Eine Information hinter dem Dateinamen verrät, dass man sich gerade im Kompatibilitätsmodus befindet.*

Ein Dokument auf Kompatibilitätsprobleme hin prüfen

Sie können jederzeit nachsehen, ob es in einem Dokument zu Kompatibilitätsproblemen kommt. Diese können beispielsweise dann auftreten, wenn ein Anwender neue Features benutzt hat, jedoch beim Abspeichern ein älteres Speicherformat gewählt hat. Gehen Sie zunächst in die Backstage-Ansicht der jeweiligen Anwendung (**Datei**), und rufen Sie den Bereich **Informationen** auf. Klicken Sie als Nächstes auf die Schaltfläche **Auf Probleme überprüfen**, und entscheiden Sie sich in der darauf folgenden Liste für den Befehl **Kompatibilität prüfen**. Das folgende Dialogfenster **Kompatibilitätsprüfung** zeigt Ihnen nun, ob es beim vorliegenden Dokument zu Problemen kommt oder nicht. Probieren Sie es einmal mit der Beispieldatei *Komp-Prüfung.docx* aus dem Ordner *44* der Beispieldateien aus.

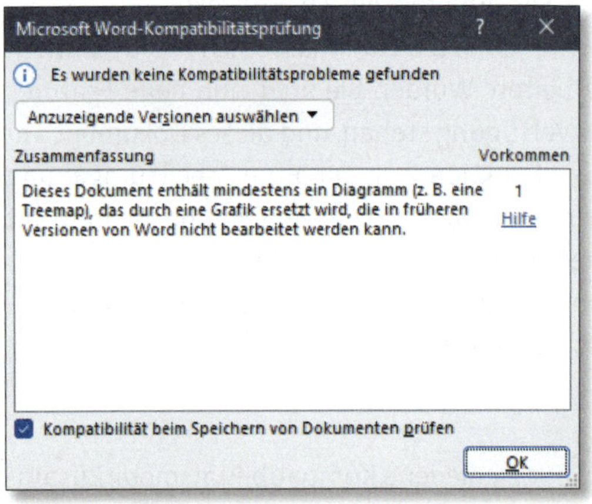

Abbildung 44.2 *Bei dieser Datei treten keine Probleme auf.*

Nachdem Sie in der Liste **Anzuzeigende Versionen auswählen** festgelegt haben, welche Versionen beim Test berücksichtigt werden sollen (dies dürfen auch mehrere sein, z.B. Word 97-2003, Word 2007, Word 2010), sollten Sie einen Blick auf das Feld **Zusammenfassung** werfen. In ihm wird alles angezeigt, was nicht mit den zuvor selektierten Programmversionen kompatibel ist. In der rechten Spalte (**Vorkommen**) sehen Sie sogar, wie oft dies im aktuellen Dokument der Fall ist. In unserem Beispiel handelt es sich bei der angezeigten Stelle um ein Trichterdiagramm, das mit älteren Programmversionen nicht bearbeitet werden kann.

Ausgesprochen hilfreich ist auch die Zusatzinformation, die sehr anschaulich beschreibt, was mit dem betreffenden Element passiert. Im aktuellen Fall würde das mit Excel für gewöhnlich editierbare Diagramm durch eine nicht editierbare Grafik ersetzt. Das heißt: Das Diagramm würde zwar in einer älteren Word-Anwendung korrekt angezeigt, ließe sich allerdings nicht mehr wie gewohnt bearbeiten.

44.2 Office-Dateien konvertieren

Es ist nichts dagegen einzuwenden, ältere Dokumente in den zeitgemäßen Office-Modus zu konvertieren. Wenn auszuschließen ist, dass das Dokument später noch einmal in einer Vorgängerversion bearbeitet werden muss, ist das sogar zu empfehlen. Denn erst dann stehen Ihnen ja alle zeitgemäßen Features der Office-Anwendungen zur Verfügung.

Dateien in der Anwendung konvertieren

Sofern Sie es mit einem Dokument zu tun haben, das im Kompatibilitätsmodus vorliegt, erscheint in der Kopfleiste sowie in den **Informationen** der Backstage-Ansicht der Hinweis **Kompatibilitätsmodus**. Klicken Sie hier auf den Button **Konvertieren**, um das Dokument in den aktuellsten Bearbeitungsmodus (Office 2021) umzuwandeln.

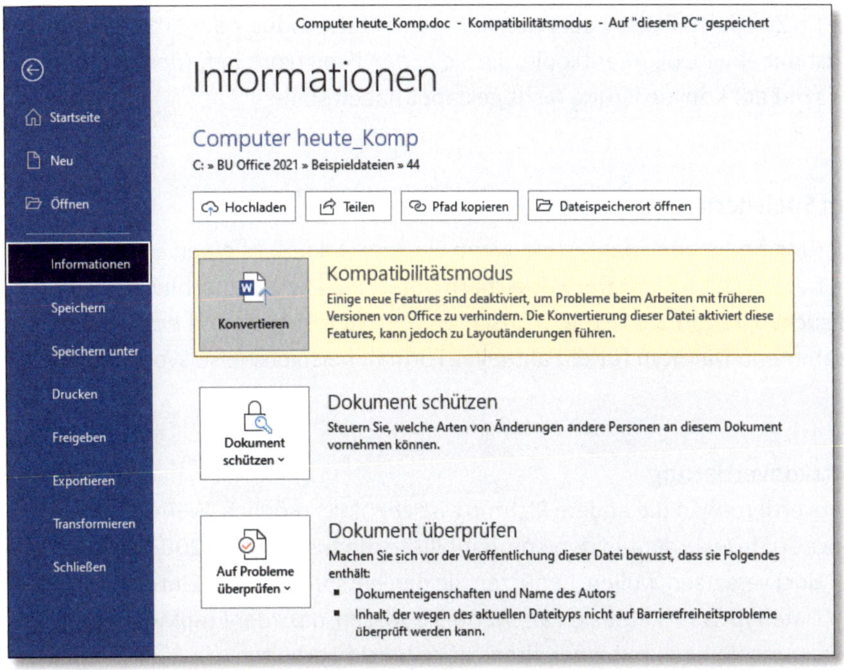
Computer heute_Komp.doc - Kompatibilitätsmodus - Auf "diesem PC" gespeichert
Startseite
Neu
Öffnen
Informationen
Speichern
Speichern unter
Drucken
Freigeben
Exportieren
Transformieren
Schließen
Informationen
Computer heute_Komp
C: » BU Office 2021 » Beispieldateien » 44
Hochladen
Teilen
Pfad kopieren
Dateispeicherort öffnen
Konvertieren
Kompatibilitätsmodus
Einige neue Features sind deaktiviert, um Probleme beim Arbeiten mit früheren Versionen von Office zu verhindern. Die Konvertierung dieser Datei aktiviert diese Features, kann jedoch zu Layoutänderungen führen.
Dokument schützen
Dokument schützen
Steuern Sie, welche Arten von Änderungen andere Personen an diesem Dokument vornehmen können.
Auf Probleme überprüfen
Dokument überprüfen
Machen Sie sich vor der Veröffentlichung dieser Datei bewusst, dass sie Folgendes enthält:
Dokumenteigenschaften und Name des Autors
Inhalt, der wegen des aktuellen Dateityps nicht auf Barrierefreiheitsprobleme überprüft werden kann.

Abbildung 44.3 *Sofern das Dokument im Kompatibilitätsmodus vorliegt, wird hier die Schaltfläche »Konvertieren« angeboten.*

Daraufhin öffnet sich ein Dialog, der auf die damit verbundenen Risiken hinweist. Ein Klick auf **OK** führt die Konvertierung letztendlich durch.

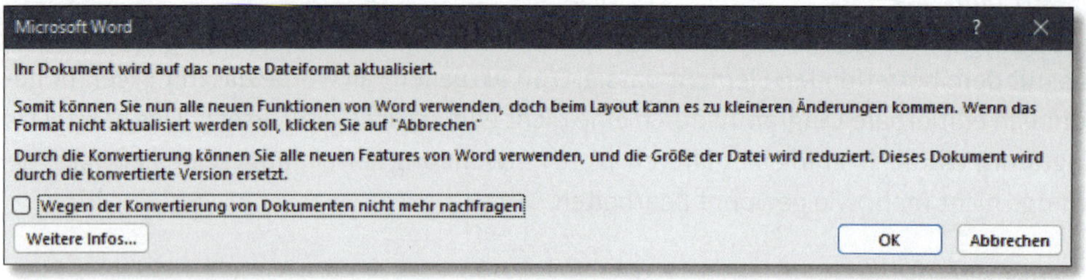
Microsoft Word
Ihr Dokument wird auf das neuste Dateiformat aktualisiert.
Somit können Sie nun alle neuen Funktionen von Word verwenden, doch beim Layout kann es zu kleineren Änderungen kommen. Wenn das Format nicht aktualisiert werden soll, klicken Sie auf "Abbrechen"
Durch die Konvertierung können Sie alle neuen Features von Word verwenden, und die Größe der Datei wird reduziert. Dieses Dokument wird durch die konvertierte Version ersetzt.
Wegen der Konvertierung von Dokumenten nicht mehr nachfragen
Weitere Infos...
OK
Abbrechen

***Abbildung 44.4** Damit ist die Konvertierung vollzogen.*

Die Anzeige **Kompatibilitätsmodus** erlischt somit auch in der Kopfzeile der Anwendung. Zudem wird ein zeitgemäßes Dateiformat zum Speichern angeboten. Um die Einstellung des **Dateityps** müssen Sie sich also beim anschließenden Speichern des Dokuments nicht mehr kümmern.

INFO

Probleme mit der Konvertierung
Grundsätzlich ist es angenehmer, ältere Dokumente in den aktuellen Modus zu konvertieren als andersherum. Allerdings kann es dabei auch mitunter zu unvorhergesehenen Problemen kommen. Möglicherweise lassen sich ältere Formatvorlagen oder Makros nicht mehr ordnungsgemäß ausführen. Verwenden Sie im Zweifelsfall also lieber den Kompatibilitätsmodus, oder arbeiten Sie zunächst mit einer Dokumentkopie, die Sie in den Papierkorb befördern können, wenn es mit der Konvertierung nicht geklappt haben sollte.

Dateien beim Speichern konvertieren

Eine Konvertierung findet auch dann statt, wenn Sie dem Dokument einen anderen **Dateityp** zuweisen. Dazu wählen Sie **Datei > Speichern unter** und klicken anschließend auf den Button **Durchsuchen**. Legen Sie den gewünschten Speicherort fest, und entscheiden Sie sich im Auswahlmenü **Dateityp** für ein aktuelles Format, beispielsweise **Word-Dokument (*.docx)**.

INFO

Abwärtskonvertierung
Eine Konvertierung in die andere Richtung ist ebenfalls möglich. Wenn Sie also ein Office 2021-Dokument in den Kompatibilitätsmodus **Word 97-2003-Dokument (*.doc)** versetzen wollen, benutzen Sie den entsprechenden Eintrag im Bereich **Dateityp**. Das bietet sich an, wenn Sie wissen, dass der Empfänger Ihres Word-Dokuments noch mit einer alten Office-Version arbeitet.

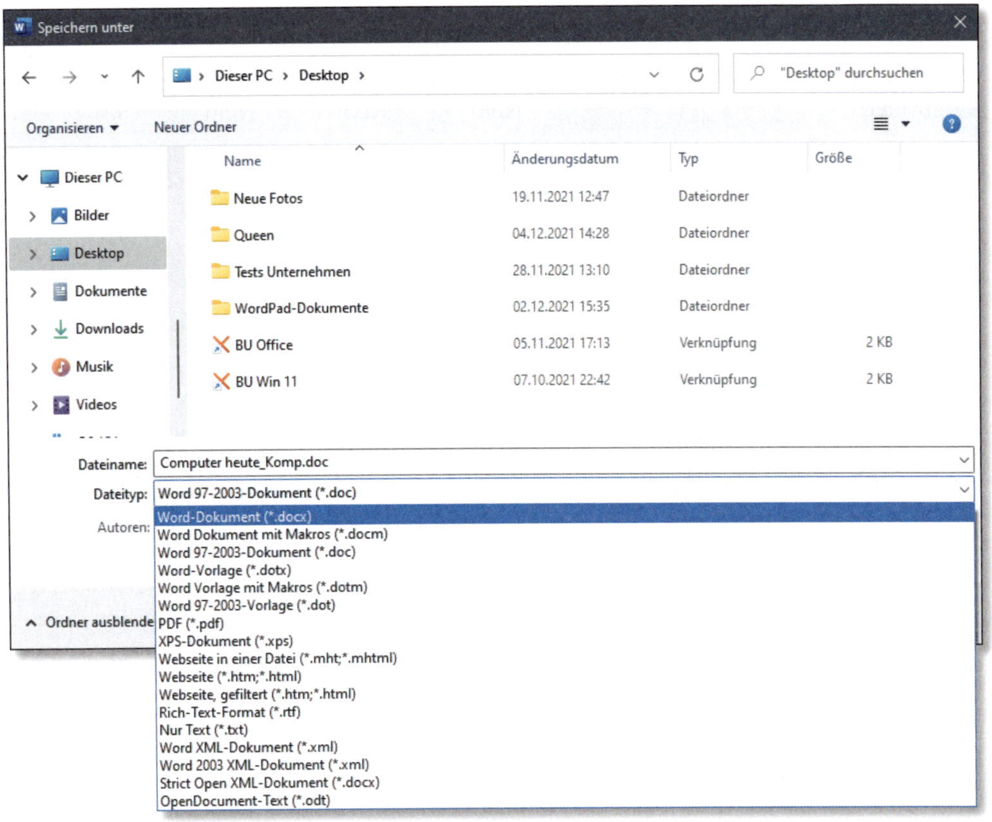

Abbildung 44.5 *Bei manueller Änderung des Dateityps wird der Kompatibilitätsmodus ebenfalls verworfen.*

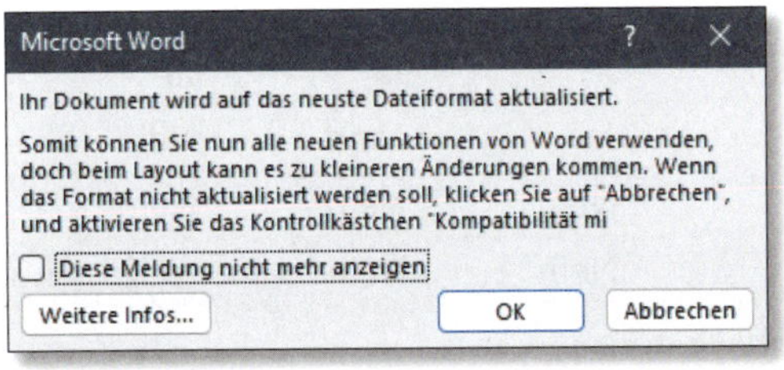

Abbildung 44.6 *Nach einem Klick auf »Speichern« muss die Konvertierung bestätigt werden.*

Funktionen der einzelnen Kompatibilitätsmodi

Um Ihnen die Qual der Wahl bei der Frage zu erleichtern, ob eine Konvertierung sinnvoll ist oder nicht, habe ich Ihnen in Tabelle 44.1 einige relevante Features und deren Einschränkungen bei der Nutzung der jeweiligen Office-Variante aufgelistet:

Funktion	97-2003	2007	2010	2013–2021
Apps für Office	Nein	Nein	Nein	Ja
Webvideo	Nein	Nein	Nein	Ja
Neue Nummerierungsformate	Nein	Nein	Ja	Ja
Neue Formen und Textfelder	Nein	Nein	Ja	Ja
Texteffekte	Nein	Nein	Ja	Ja
Alternativtext zu Tabellen	Nein	Nein	Ja	Ja
OpenType-Features	Nein	Nein	Ja	Ja
Blockieren von Autoren	Nein	Nein	Ja	Ja
WordArt-Effekte	Nein	Nein	Ja	Ja
Neue Inhaltssteuerelemente	Nein	Nein	Ja	Ja
Word 2007-Inhaltssteuerelemente	Nein	Ja	Ja	Ja
Designs	Nein	Ja	Ja	Ja
Haupt-/Nebenschriftarten	Nein	Ja	Ja	Ja
Nachverfolgte Verschiebungen	Nein	Ja	Ja	Ja
Randregister	Nein	Ja	Ja	Ja
SmartArt-Grafiken	Nein	Ja	Ja	Ja
Office 2007-Diagramme	Nein	Ja	Ja	Ja
Eingebettete Open-XML-Objekte	Nein	Ja	Ja	Ja
Bausteine	Nein	Ja	Ja	Ja
Literaturverzeichnisse und Zitate	Nein	Ja	Ja	Ja
Formeln	Nein	Ja	Ja	Ja
Relative Textfelder	Nein	Ja	Ja	Ja
Benutzerdefiniertes XML	Nein	Ja	Ja	Ja
WordArt aus Vorversionen	Ja	Ja	Nein	Nein
Diagramme aus Vorversionen	Ja	Nein	Nein	Nein
Diagrammgrafiken aus Vorversionen	Ja	Nein	Nein	Nein

***Tabelle 44.1** Die einzelnen Funktionen der Kompatibilitätsmodi*

Kapitel 45
Dokumente gemeinsam bearbeiten

Wenn Sie OneDrive als Speicherort verwenden, können Sie Ihre Dokumente mit anderen Benutzern teilen und von unterwegs bearbeiten. Die Kombination aus OneDrive und Web-Apps macht es zudem möglich, andere mit der Bearbeitung eines Dokuments zu betrauen – unabhängig von deren Standort und unabhängig davon, ob sie Office installiert haben oder nicht.

45.1 Mit OneDrive Dokumente austauschen

Die zentrale Plattform für den Austausch von Dokumenten ist OneDrive. Jedes auf OneDrive gespeicherte Dokument steht, wenn man es denn will, überall dort zur Verfügung, wo es einen Internetzugang gibt. Der Onlinespeicherplatz wird übrigens auch als *Cloud* (dt. Wolke) bezeichnet.

Was ist OneDrive?

OneDrive ist ein kostenloser Onlinespeicherplatz, auf dem in der Regel Daten gespeichert werden, die auch von unterwegs oder von anderen Standorten als Ihrem eigenen PC aus erreichbar sein sollen. So haben Sie beispielsweise die Möglichkeit, wenn Sie mit einem Notebook, Tablet oder Smartphone (Windows, Android oder iOS) unterwegs sind, auf Daten zuzugreifen, die auf OneDrive gespeichert sind. Sie können auch anderen Personen die Möglichkeit einräumen, von deren Aufenthaltsort aus auf bestimmte Daten zuzugreifen. Rein technisch betrachtet, existiert auf Ihrem PC ein Ordner, in dem die Daten für OneDrive gesammelt werden. Diese Daten werden nach einem Zugriff automatisch mit dem Onlinespeicherplatz synchronisiert. Steht gerade kein Internetzugang zur Verfügung, wird synchronisiert, sobald die Verbindung wiederhergestellt ist.

OneDrive ist nicht nur in Office, sondern auch in modernen Windows-Betriebssystemen enthalten. Nicht zuletzt deswegen können auch alle Arten von Daten (also nicht nur Office-Dateien) auf OneDrive übertragen werden. Wenn Sie sich im Urlaub befinden, können Sie die Schnappschüsse des Tages gleich in die Cloud befördern und die Daheimgebliebenen per E-Mail über das Vorhandensein neuer Fotos informieren. Diese können sich die Bilder dann von zu Hause aus anschauen. OneDrive ist darüber hinaus auch in Zusammenarbeit mit Office 2021 und Office 365 eine tolle Sache. So lassen sich Office-Dokumente mit entsprechenden Web-Apps von unterwegs öffnen und bis zu einem gewissen Grad nachbearbeiten – ohne dass Office auf dem benutzten Rechner (z. B. Tablet, Smartphone oder Notebook) installiert ist. Sie benötigen lediglich einen Internetzugang, um die Verbindung mit OneDrive herstellen zu können.

OneDrive-Anmeldung

Um OneDrive nutzen zu können, müssen Sie sich mit einem Microsoft-Konto anmelden. Das kann z. B. ein Konto bei *outlook.com*, *outlook.de*, *hotmail.de*, *live.com*, *xbox.com* sein. Sie können sich direkt über *onedrive.com* anmelden oder ein Dokument aus einer Office-App heraus auf OneDrive speichern (**Datei > Speichern unter**).

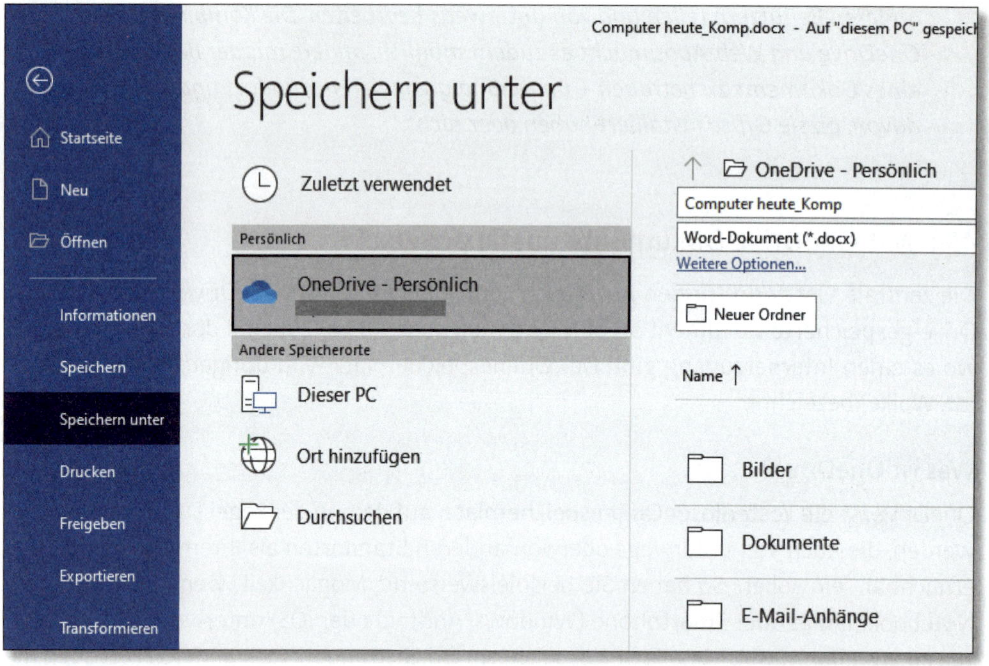

Abbildung 45.1 *Speichern Sie bei Bedarf Office-Dokumente direkt aus der Anwendung heraus auf OneDrive.*

Sollten Sie noch nicht angemeldet sein, werden Sie nach den Anmeldedaten gefragt. Alternativ stellen Sie eine direkte Verbindung über das Windows-Programm zu OneDrive her. Wie das geht, erfahren Sie im Unterabschnitt »Erste Schritte mit OneDrive« auf der folgenden Seite. Falls Sie noch nicht wissen, ob Sie schon für OneDrive angemeldet sind, bzw. wissen möchten, welche E-Mail-Adresse Sie gerade in diesem Zusammenhang verwenden, können Sie entsprechende Informationen auch in der Backstage-Ansicht (**Datei**) einer Office-Anwendung über die Rubrik **Konto** in Erfahrung bringen. Dort gibt es den Bereich **Verbundene Dienste**, der entsprechende Informationen bereitstellt. Sollten Sie im Bereich **Verbundene Dienste** noch nicht über einen OneDrive-Eintrag verfügen, können Sie auf **Dienst hinzufügen** klicken, auf **Speicher** zeigen und zuletzt **OneDrive** oder beim Abschluss eines kostenpflichtigen Dienstes **OneDrive for Business** betätigen. Ihnen wird daraufhin das Dialogfenster **Einen Dienst hinzufügen** angezeigt. Geben Sie hier in das Feld Ihre E-Mail-Adresse ein, und klicken Sie auf die Schaltfläche **Weiter**. Sie gelangen dann zum Anmeldefenster, in dem Sie sich mit Ihren Microsoft-Kontodaten einloggen oder über den Link **Jetzt registrieren** ein neues Konto anlegen.

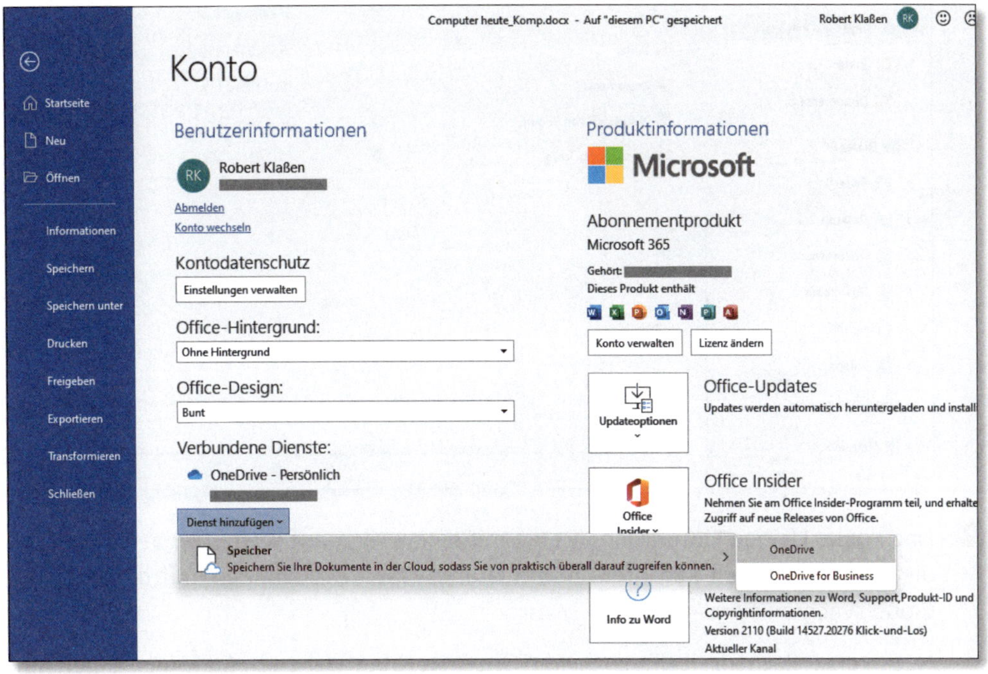

Abbildung 45.2 *In dieser Liste taucht auch der OneDrive-Dienst auf.*

INFO

OneDrive for Business

Weitere Infos zu **OneDrive for Business** sowie die Preise und Leistungsmerkmale der einzelnen Varianten erfahren Sie unter *www.microsoft.com/de-de/microsoft-365/onedrive/onedrive-for-business*.

Erste Schritte mit OneDrive

Dass sich Dokumente direkt aus einer Office-Anwendung heraus auf OneDrive hochladen lassen, haben Sie bereits in den vorangegangenen Kapiteln erfahren. Ich hatte aber auch erwähnt, dass es ganz ohne Anwendungen geht – nämlich per direktem Datenaustausch zwischen Ihrem PC und der Cloud.

1 Öffnen Sie Ihren Standardbrowser (z. B. Microsoft Edge, Google Chrome, Firefox usw.), und stellen Sie die Verbindung zur Website *http://onedrive.com* her. Loggen Sie sich bei Ihrer ersten Benutzung mit Ihren Zugangsdaten ein.

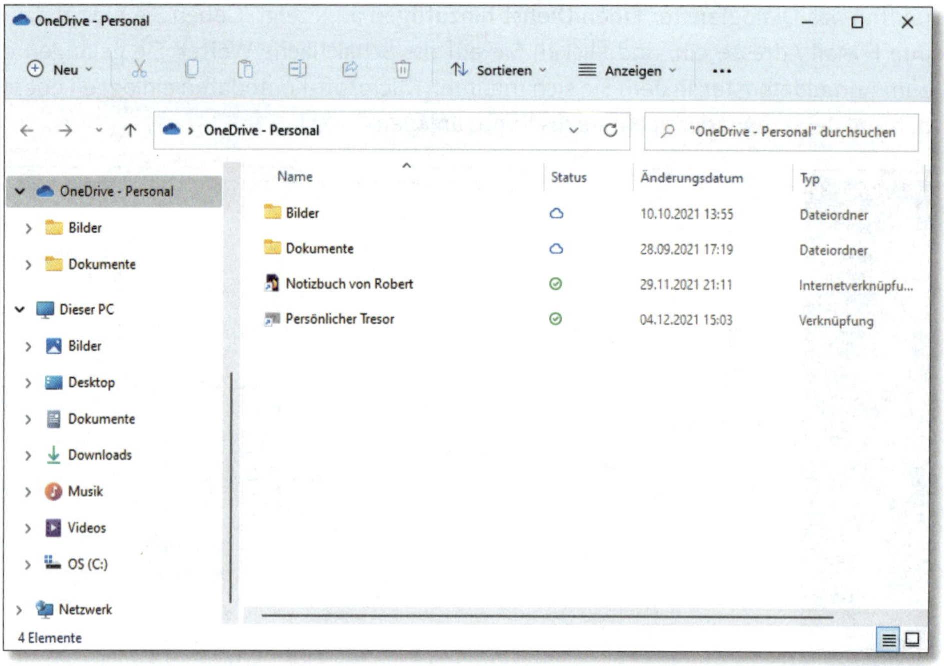

2 Nach einer kleinen Einführung, die Sie mit einem Klick auf **Weiter** verlassen, werden die Dateien, die sich auf Ihrem PC im Ordner *OneDrive* befinden, mit denen in der Cloud synchronisiert.

3 Nach kurzer Rechenzeit finden Sie die OneDrive-Oberfläche vor. Auch hier folgen nun zahlreiche Erklärungen, die Ihnen die Arbeit mit OneDrive näherbringen sollen. Klicken Sie mehrfach auf den nach rechts weisenden Pfeil. Entscheiden Sie zuletzt, ob Sie Screenshots automatisch auf OneDrive speichern wollen. Falls Sie das nicht möchten, wählen Sie hier **Nein danke**. Sie gelangen daraufhin in die Standardansicht des Programms.

4 Oben rechts finden Sie vier kleine Symbole, die (von links nach rechts) Infos über kostenpflichtige OneDrive-Pläne, die OneDrive-Einstellungen, eine Hilfe-Funktion und Ihre persönlichen Kontodaten hervorrufen.

5 Zunächst einmal befinden sich zwei Ordner in Ihrer Cloud – nämlich **Bilder** und **Dokumente**. Allerdings ist nichts dagegen einzuwenden, weitere Ordner hinzuzufügen. Das erledigen Sie mit einem Rechtsklick an einer freien Stelle der Oberfläche. Zeigen Sie auf **Neu**, und klicken Sie auf **Ordner**.

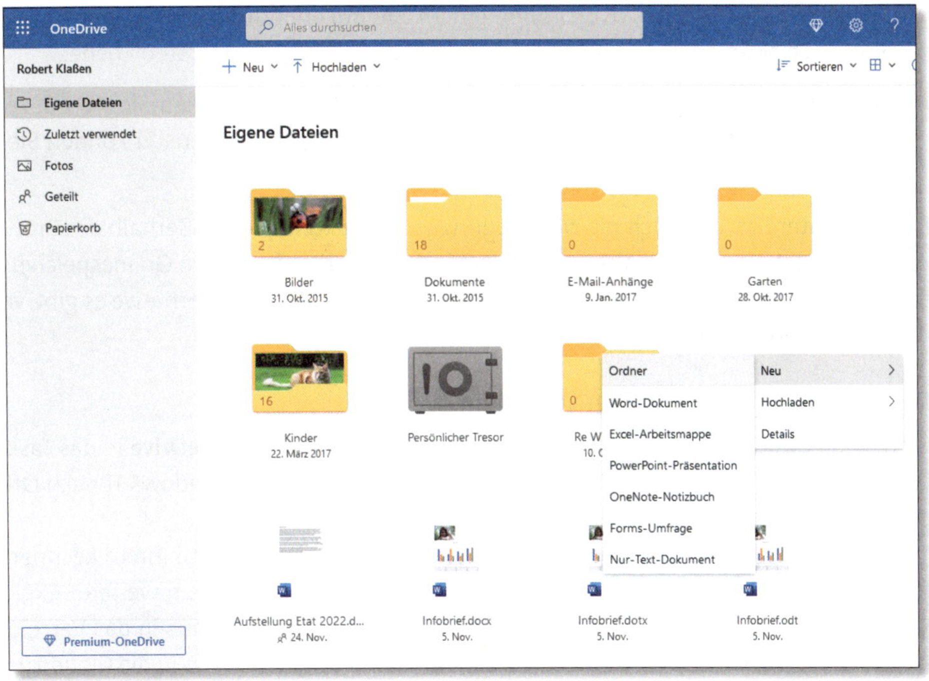

6 Nun zur Übertragung von Dokumenten: Navigieren Sie im Explorer auf Ihrem PC zu dem Dokument bzw. der Datei, die Sie auf OneDrive übertragen wollen. Klicken Sie das Objekt an, und ziehen Sie es in die OneDrive-Umgebung. Wenn Sie das Objekt über einem Ordner loslassen, wird es gleich in diesen einsortiert. Sie können zum Kopieren und Einfügen natürlich auch die Tastaturbefehle [Strg]+[C] und [Strg]+[V] verwenden.

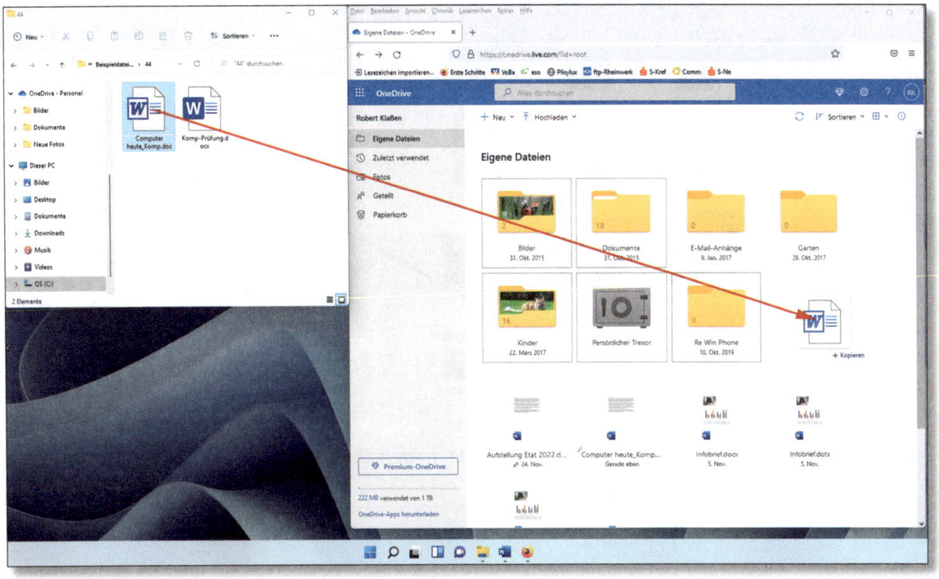

7 Öffnen Sie einen OneDrive-Ordner, indem Sie auf ihn klicken. Mit einem Klick auf **Eigene Dateien** oben links geht es immer wieder zurück zur obersten Ebene.

8 Möchten Sie eine Datei aus der Cloud auf Ihren PC laden, klicken Sie sie mit rechts an und wählen im Menü **Herunterladen**. Im folgenden Dialogfenster können Sie den Speicherort auswählen.

Bitte beachten Sie, dass sich die Übertragung von Objekten auch außerhalb des Browsers erledigen lässt. Sie müssen also nicht zwingend eine Verbindung zum Onlinespeicher herstellen, um Daten mit der Cloud austauschen zu können. Welche Alternative es gibt, verrät der folgende Abschnitt.

Daten außerhalb der Cloud austauschen

Öffnen Sie OneDrive auf Ihrem PC, indem Sie unter Windows 10 **OneDrive** in das Taskleisten-Suchfeld eintippen, während Sie den gleichen Begriff unter Windows 11 nach Öffnen des Start- oder Suchmenüs eingeben.

Daraufhin öffnet sich der Ordner *OneDrive – personal*, der zwar auf Ihrem Rechner vorhanden ist, aber auch synchron mit der Cloud arbeitet. Stellen Sie ein weiteres Explorer-Fenster bereit, damit Sie Dateien und Ordner direkt von Ihrem PC aus in das Verzeichnis *OneDrive – personal* ziehen können, was eine Übertragung der Daten in die Cloud zur Folge hätte. Das Synchronisieren – also die Abgleichung des Datenbestands in der Cloud und auf Ihrem PC wird dabei automatisch vorgenommen. Und noch eine wichtige Info: Sollten Sie gerade nicht über eine funktionierende Internetverbindung verfügen, macht das gar nichts. Die Synchronisation wird automatisch vollzogen, sobald der PC wieder eine Verbindung hat.

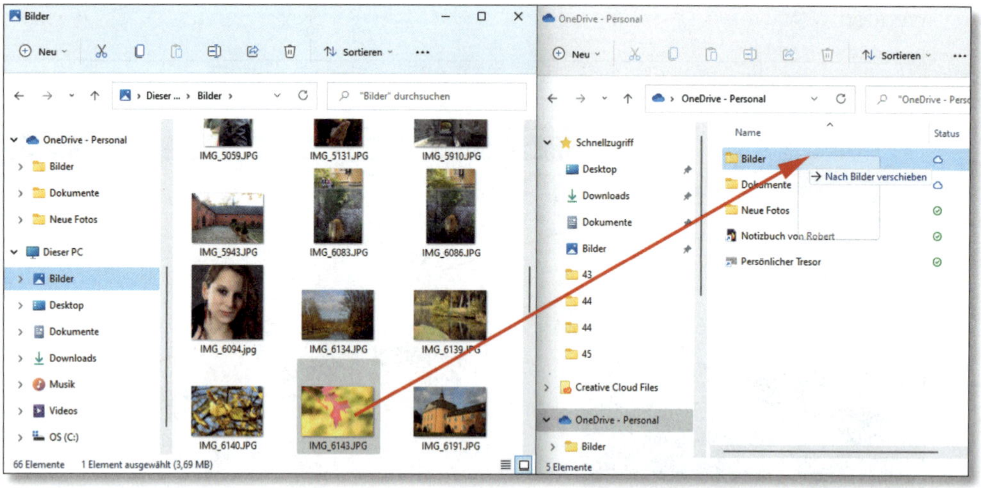

Abbildung 45.3 *Hier wird gerade ein Bild vom PC in den OneDrive-Ordner »Bilder« verschoben.*

INFO

Mehr Speicher kaufen

Mithilfe der kleinen Zahnrad-Schaltfläche in der Browserversion von OneDrive und eines anschließenden Klicks auf **Optionen** lässt sich die Cloud individuell konfigurieren. Kaufen Sie beispielsweise mehr Speicher, falls die von Haus aus zur Verfügung gestellten 5 GByte nicht reichen. Entsprechendes gelingt auch unten links, und zwar mit einem Klick auf **Zu Premium wechseln**. Dort lassen sich übrigens auch OneDrive-Apps herunterladen. Mit einem Klick auf **OneDrive** oben links gelangen Sie stets in die Standardansicht zurück.

Abbildung 45.4 Kaufen Sie bei Bedarf weiteren Speicherplatz.

Ein OneDrive-Dokument erzeugen oder löschen

Klar – Sie dürfen jederzeit ein Dokument in einer beliebigen App erzeugen und dieses auf OneDrive speichern. Das ist ja nichts Besonderes. Aber wussten Sie, dass sich Dokumente auch direkt in OneDrive erzeugen lassen? Dazu klicken Sie einfach mit rechts an eine freie Stelle in der OneDrive-Umgebung, zeigen auf **Neu** und wählen anschließend den gewünschten Eintrag aus. Alternativ betätigen Sie **Neu** oben links. Auch hierüber können die entsprechenden Optionen erreicht werden.

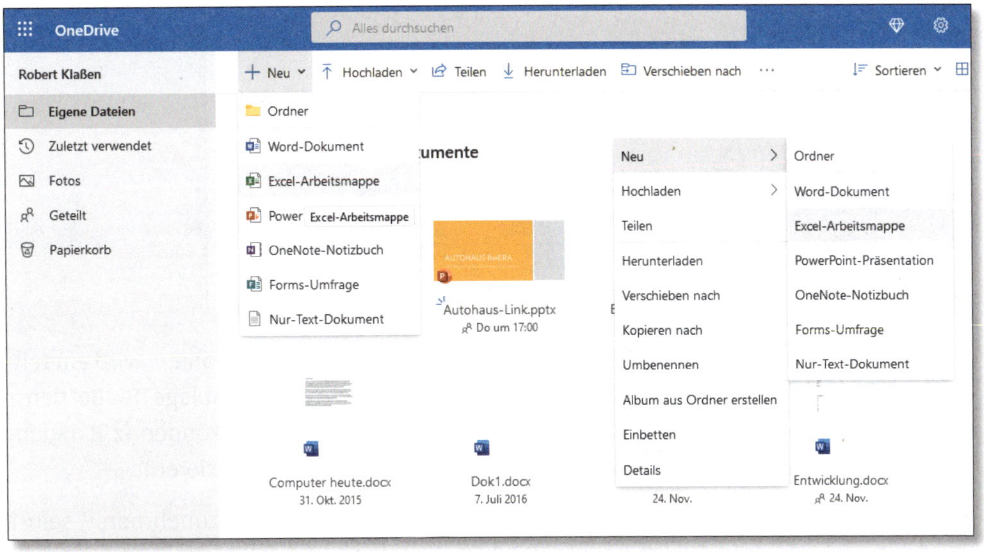

Abbildung 45.5 Erzeugen Sie neue Office-Dokumente – direkt in der Cloud.

Daten direkt von OneDrive aus teilen

Möchten Sie jemanden einladen, an dem Dokument zu arbeiten oder sich dieses anzusehen? Dann schicken Sie demjenigen eine entsprechende Freigabe per Abruf-Link oder eine Berechtigung per E-Mail zu. Letzteres sendet übrigens nicht etwa die Datei im Anhang, sondern generiert eine Schaltfläche, die in die E-Mail integriert wird. Der Empfänger kann das Dokument dann per Mausklick in einem Browser anzeigen lassen, und zwar ohne dass er Zugriff auf Ihre übrigen OneDrive-Dateien erhält.

1. Klicken Sie mit rechts auf die Datei, die Sie teilen wollen, und wählen Sie im Kontextmenü den Befehl **Teilen**.
2. Legen Sie im Folgedialog fest, ob der Empfänger die Datei bearbeiten darf, ob die Erlaubnis zeitlich befristet sein soll und ob das Dokument nur mit einem frei generierbaren Passwort angezeigt werden kann.
3. Danach lassen Sie den obligatorischen Klick auf die Schaltfläche **Senden** folgen.

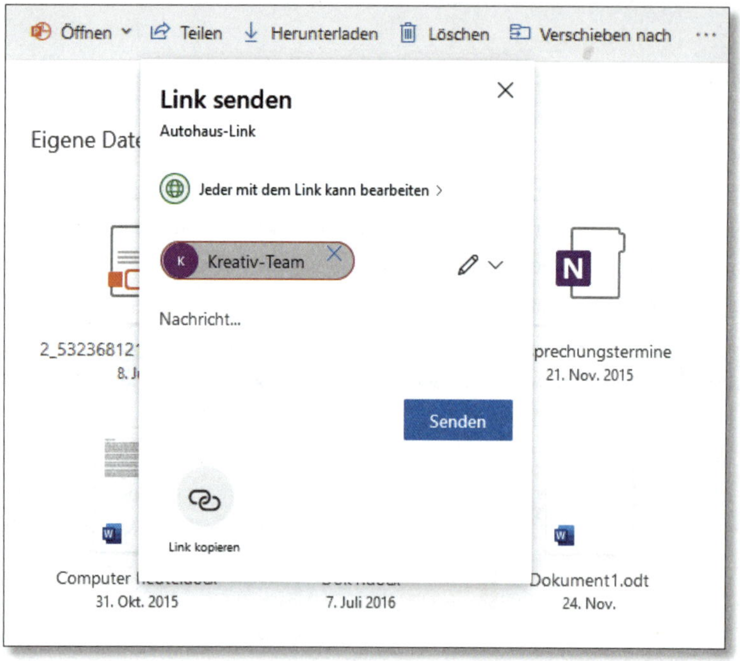

4. Wenn Sie alternativ zum vorangegangenen Schritt **Link kopieren** wählen, wird ein teilbarer Link generiert, den Sie per Klick auf **Kopieren** in die Zwischenablage des Betriebssystems befördern und anschließend beliebig weiterverarbeiten können (z. B. indem Sie den Link in einem Word-Dokument oder auf einer Website platzieren).
5. Selbstverständlich steht es Ihnen frei, das Teilen jederzeit zurückzunehmen – selbst dann, wenn Sie den Dialog bereits geschlossen haben. Das gilt auch für bereits versendete E-Mails, denn Sie haben ja die Datei nicht etwa als Anhang verschickt, son-

dern lediglich einen Zugriffs-Button versendet. Klicken Sie mit rechts auf die Datei, und entscheiden Sie sich im Untermenü für **Details**. Das hat zur Folge, dass auf der rechten Seite ein zusätzlicher Dialog angezeigt wird, mit dessen Hilfe Sie nun die Zugriffsrechte weiter verwalten können.

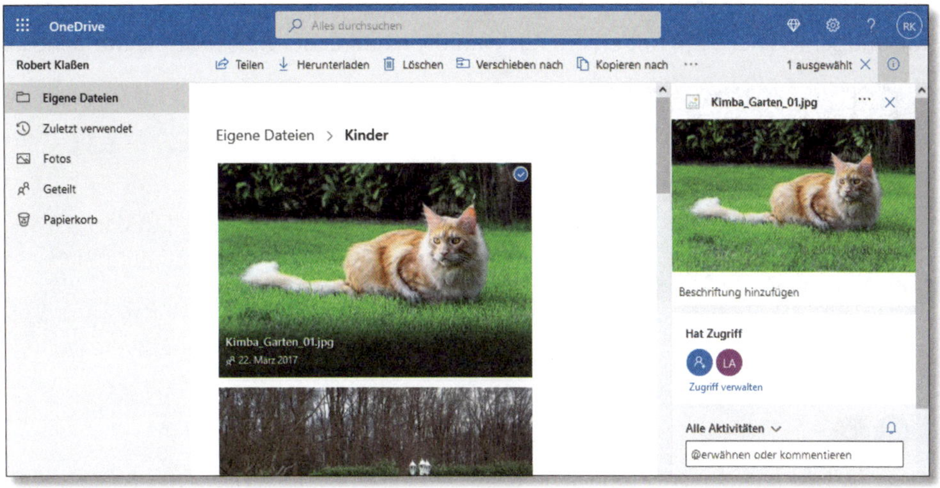

6 Im Segment **Hat Zugriff** der rechten Spalte sehen Sie, wer derzeit Zugriff auf diese Datei hat. Wollen Sie daran etwas ändern, klicken Sie bitte auf die Zeile **Zugriff verwalten**.

7 Jetzt sehen Sie noch genauer, welche Zugriffsmöglichkeit bei der jeweiligen Person besteht. Mit einem Klick auf **Kann bearbeiten** wird ein weiteres Untermenü zugänglich, in dem Sie sich jetzt für **Nicht mehr teilen** entscheiden müssen, um den Zugriff zu unterbinden.

Sie dürfen auch jederzeit die Riege der Zugriffsberechtigten erweitern, indem Sie auf die erste Schaltfläche im Bereich **Hat Zugriff** klicken. Im Anschluss lassen sich weitere Personen hinzufügen.

45

Mit OneDrive chatten

Lassen Sie uns noch einen Augenblick bei der Spalte **Details** bleiben. Weiter unten finden Sie nämlich ein kontextsensitives Eingabefeld. Beginnen Sie Ihre Eingabe darin mit @, können Sie direkt auf das Personenverzeichnis Ihrer Kontakte zugreifen. Die Auto-Vervollständigung hilft bei der Festlegung der korrekten Bezeichnung. Schreiben Sie einen Kommentar, und schicken Sie ihn mit einem Klick auf die nach rechts weisende Schaltfläche ab.

Abbildung 45.6 *Direkte Kommunikation ist mit OneDrive ein Kinderspiel.*

Der gewählte Kontakt erhält nun eine Benachrichtigung, aus der er oder sie ersehen kann, dass Sie die Person in Ihrem Kommentar erwähnt haben. Mit einem Klick auf **Zu Kommentar wechseln** kann die Person dann antworten, wobei sämtliche auf diese Weise erhaltene Antworten etwas weiter unten in OneDrive aufgelistet werden.

45.2 Dokumente mit den Office-Web-Apps online bearbeiten

Sie haben inzwischen erfahren, dass sich Web-Apps vor allem auf mobilen Geräten nutzen lassen – und zwar unabhängig davon, ob auf diesem Gerät Office installiert ist oder nicht.

Was sind Office Web-Apps?

Web-Apps sind abgespeckte Programme zu Word, Excel und PowerPoint. Da es sich um Online-Apps handelt, muss vor der Verwendung der Onlineprogramme auch keine Installation auf dem eingesetzten Anzeigegerät erfolgen. So kann praktisch jeder mit den Web-

Apps arbeiten, der über eine Internetverbindung verfügt und einen Zugang zu einem entsprechenden Onlinedokument hat.

Veröffentlichungsoptionen

Es gibt verschiedene Möglichkeiten, Onlinedokumente für die Bearbeitung mit einer Web-App bereitzustellen. Eine haben Sie bereits kennengelernt – nämlich die Veröffentlichung auf OneDrive. Wenn Sie sich mit den entsprechenden Zugangsdaten auf der Internetseite *onedrive.com* einloggen, können Sie auf die dort hinterlegten Dokumente zugreifen und sie in den Web-Apps bearbeiten (siehe den Unterabschnitt »Daten direkt von OneDrive aus teilen« auf Seite 1104).

Ein Mausklick auf das Datei-Icon stellt standardmäßig die korrekte Web-App bereit. Alternativ klicken Sie mit rechts auf die Datei und entscheiden dann im Kontextmenü, ob Sie die Datei lieber in der zugehörigen Web-App oder (bei Verwendung eines PCs, auf dem Office installiert ist) in der regulären Anwendung öffnen wollen.

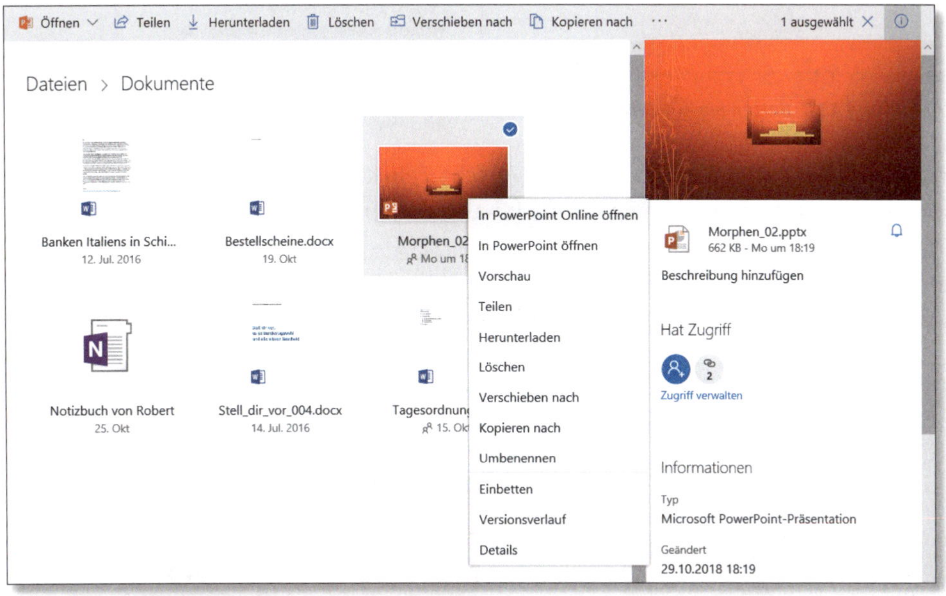

Abbildung 45.7 *Dieses PowerPoint-Dokument kann bei Bedarf direkt in der PowerPoint-Umgebung oder alternativ in »PowerPoint Online« geöffnet werden.*

Zudem können Sie eine Freigabeberechtigung per E-Mail verschicken, indem Sie im Menü auf den Befehl **Teilen** klicken (siehe dazu auch den Unterabschnitt »Daten direkt von One-Drive aus teilen« auf Seite 1104). Benutzen Sie hingegen den Kontextmenü-Eintrag **Einbetten**, lassen sich Dokumente auch von Blogs oder Webseiten aus erreichen. Das Dokument bleibt indes auf OneDrive gespeichert und lässt sich mit einem Link öffnen, der in One-Drive generiert wird. Dieser Link kann dann im Internetblog oder auf einer Homepage (z. B. Ihrem privaten Internetauftritt oder der Website des Unternehmens) zur Verfügung gestellt werden. Dazu müssen Sie in der rechten Spalte auf **Generieren** klicken.

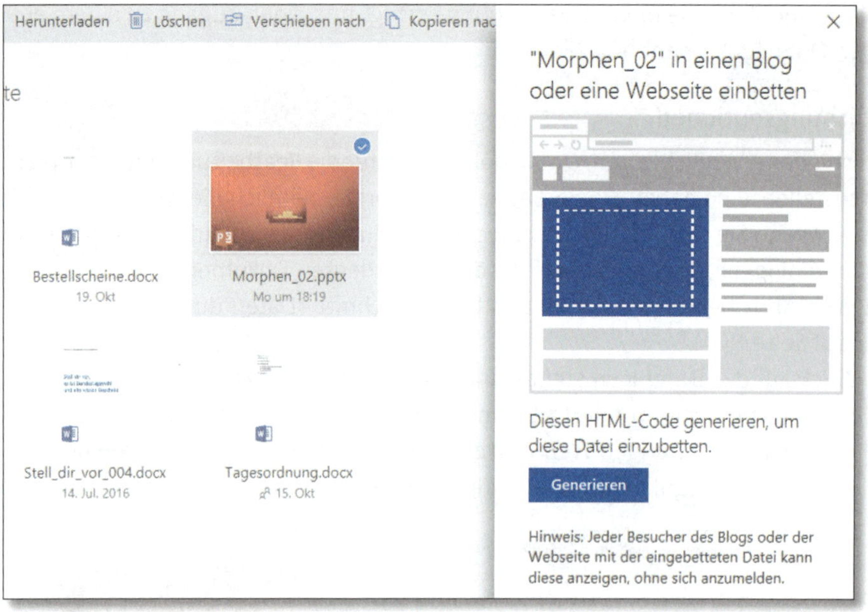

Abbildung 45.8 *Betten Sie ein OneDrive-Dokument in einen Blog oder eine Website ein.*

Kurze Zeit später finden Sie unterhalb der Vorschau ein Kästchen, in dem der entsprechende Quelltext angezeigt wird. Der gesamte Inhalt kann nun mit gedrückter Maustaste markiert und durch Drücken der Tastenkombination Strg + C in die Zwischenablage des Betriebssystems befördert werden. Von dort aus geht es dann zur Weiterverarbeitung z. B. in einen Web-Editor oder in eine Web-Umgebung wie beispielsweise WordPress.

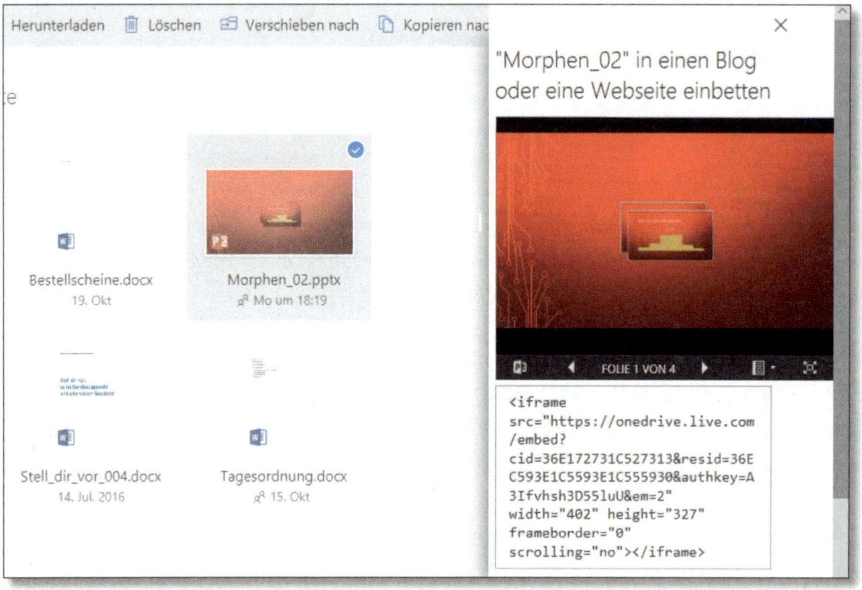

Abbildung 45.9 *Der HTML-Code muss kopiert werden.*

Ein Dokument mit mehreren Personen gleichzeitig bearbeiten

Es ist durchaus möglich, ein Dokument online von mehreren Standorten aus bzw. zusammen mit unterschiedlichen Personen gleichzeitig zu bearbeiten, und zwar in Echtzeit. Das bedeutet: Nimmt einer der Teilnehmer eine Bearbeitung vor, wird das Dokument für alle anderen sofort aktualisiert – ohne Zwischenspeichern. Sollten Sie an einem Dokument arbeiten und sich ein Zweiter von seinem Standort aus dazugesellen, wird Ihnen ein entsprechender Hinweis oben rechts am Fensterrand ausgegeben.

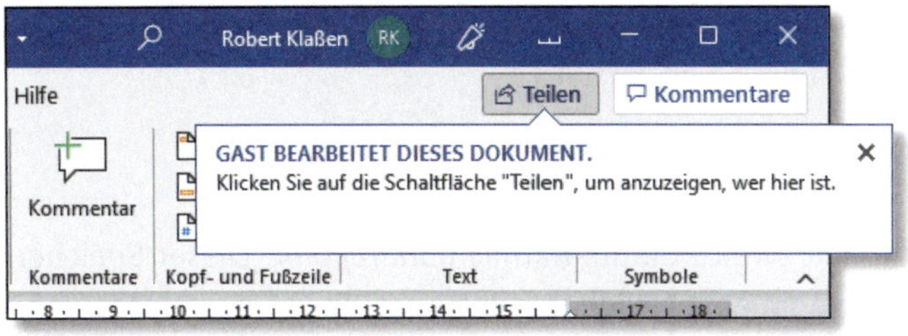

Abbildung 45.10 Der Bearbeiter wird in der Statusleiste angezeigt. Sollte er nicht über ein Microsoft-Konto verfügen, wird er als »Gast« angezeigt.

Des Weiteren dürfen Sie frei entscheiden, ob Änderungen automatisch in Echtzeit geteilt werden sollen. Wenn Sie das wünschen, klicken Sie zunächst auf die zuvor erwähnte Hinweistafel oben rechts. Im Anschluss daran betätigen Sie **Ja**. Lassen Sie die Checkbox **Nicht mehr anzeigen** aktiv, bleibt Ihre Wahl dauerhaft bestehen.

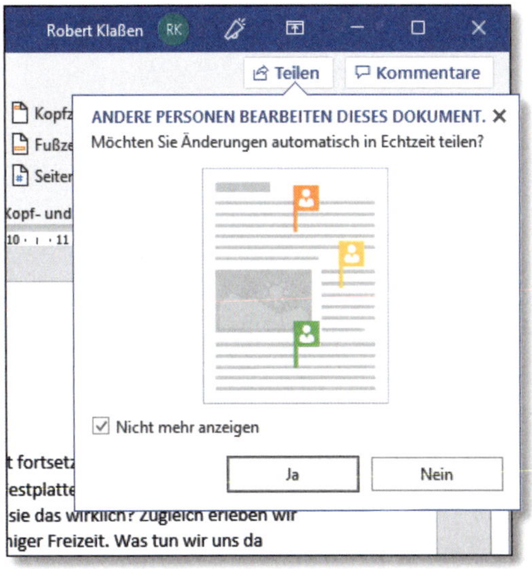

Abbildung 45.11 Teilen Sie Änderungen mit den anderen Personen.

Im Prinzip kann jeder direkt Änderungen am Dokument vornehmen, die allen anderen Teilnehmern in Echtzeit angezeigt werden. Tippt jemand etwas ein, können alle anderen Teilnehmer dies sofort sehen. Das ist wirklich eine tolle Sache. Selbst eine direkte Chat-Kommunikation während der Arbeit ist möglich. Darüber hinaus werden Bereiche, die von einem anderen Ort aus derzeit erstellt oder überarbeitet werden, mit einer farbigen Markierung versehen. Zeigen Sie mit der Maus auf die Markierung, lässt sich sehen, wer sich gerade an den Daten zu schaffen macht.

Robert Klaßen
Das hätte ich nicht gedacht, dass das so leicht ist.

Abbildung 45.12 *Sie sehen, wer gerade mit der Änderung von Daten beschäftigt ist.*

45.3 SharePoint aktivieren

Neben OneDrive existiert noch eine zweite Cloud, nämlich *SharePoint*. Dieser Speicherplatz fungiert laut Microsoft als mobiles intelligentes Intranet. Es ist besonders dann geeignet, wenn Sie regelmäßig Inhalte teilen müssen. Weitere Infos zu den Plänen und Gebühren finden Sie unter *www.microsoft.com/de-de/microsoft-365/sharepoint/collaboration*. Nachdem Sie sich für ein SharePoint-Modell entschieden haben, müssen Sie den Speicherort zunächst aktivieren. Dazu klicken Sie in einer beliebigen Office-Anwendung auf die Registerkarte **Datei** und aktivieren anschließend die Rubrik **Konto**. Klicken Sie danach auf den Button **Dienst hinzufügen**, gefolgt von **Speicher > Office 365 SharePoint**.

Teil VIII

Makros in Microsoft Office

Kapitel 46
Wozu verwendet man Makros?

Jeder, der sich mit Office beschäftigt, ist bestimmt irgendwo schon einmal auf den Begriff »Makro« gestoßen. Viele denken dabei an komplexe Handlungsabläufe, Programmierung, Visual Basic. Das stimmt auch, aber den wenigsten ist bewusst, dass ein Makro die schnellste und intuitivste Möglichkeit darstellt, komplexe Handlungsabläufe mit einem Minimum an Arbeitseinsatz – und meist sogar ohne jegliche Programmierarbeit – zu generieren.

46.1 Makros – eine kurze Einführung

Makros lassen sich meist schnell erzeugen, sind intuitiv zu bedienen und helfen Ihnen enorm bei der täglichen Arbeit. Sie beschleunigen wiederkehrende Handlungsabläufe und übernehmen Routinearbeiten in einer Geschwindigkeit, von der jeder Mensch nur träumen kann.

Was sind Makros?

Ein Makro ist eine Zusammenstellung von Anweisungen. Der Anwender teilt der Software mit, welche Handlungsabläufe bei Bedarf vollzogen werden sollen, und die Software erledigt das dann. Wenn Sie an einer bestimmten Stelle des Arbeitsprozesses immer wieder die gleichen Arbeiten verrichten müssen, kann es sinnvoll sein, dafür ein Makro zu erzeugen. Wenn Sie auf die Abarbeitung dieser Befehlsfolge zurückgreifen wollen, aktivieren Sie lediglich das entsprechende Makro – und sehen danach der Anwendung bei der Arbeit zu.

Wie können Makros erzeugt werden?

Es gibt zwei grundsätzliche Wege, ein Makro zu erzeugen: Man kann es selbst programmieren, und man kann es aufzeichnen. Darüber hinaus können sich auch beide Wege kreuzen. Wenn Sie ein Makro aufzeichnen und es später anpassen möchten, können Sie auf den Programmcode zugreifen und entsprechende Änderungen vornehmen. Dabei darf natürlich nicht verschwiegen werden, dass dazu zumindest ein wenig Erfahrung im Umgang mit Code vorhanden sein muss. Aber machen Sie sich bitte keine Sorgen: Ich werde bei der Abhandlung dieses Themas nichts unternehmen, was Sie mit dem Code im Regen stehen ließe. Wenn wir einmal auf den Code zugreifen, werden die Schritte logisch nachzuvollziehen und schnell anzuwenden sein.

Makros im VBA-Editor programmieren

Fangen wir mit der vielleicht schwierigsten Aufgabe an, nämlich damit, ein Makro selbst zu programmieren. In diesem Fall müssen Sie auf den sogenannten VBA-Editor zugreifen. Keine Sorge, Sie sollen in diesem Abschnitt lediglich die Arbeitsumgebung kennenlernen – für den Fall, dass Sie selbst später Makros schreiben oder bearbeiten wollen. *VBA* steht für *Visual Basic for Applications* und ist die in Microsoft Office verwendete Skriptsprache, deren Syntax der Windows-Programmiersprache *Visual Basic* entstammt. Dabei muss erwähnt werden, dass die Leistungsfähigkeit von VBA gegenüber Visual Basic deutlich reduziert ist und nicht alles, was in Visual Basic möglich ist, auch mit VBA realisiert werden kann. Immerhin lassen sich mit Visual Basic auch komplexe Anwendungen programmieren, während VBA nur für die Office-Arbeit vorgesehen ist. Den Visual-Basic-Editor haben Sie ja bereits einmal in Abschnitt 18.2, »Ein Formular für die Dateneingabe erstellen«, auf Seite 558 kennengelernt. Dort wurde die Arbeitsoberfläche bereits vorgestellt. Noch einmal zur Erinnerung: Den VBA-Editor öffnen Sie am schnellsten mit [Alt]+[F11]. Wenn Sie die Registerkarte **Entwicklertools** aktiviert haben (**Datei > Optionen > Menüband anpassen**), finden Sie übrigens die Schaltfläche **Visual Basic** in der Gruppe **Code**. Auch über sie können Sie den VBA-Editor aufrufen. Im ungünstigsten Fall ist das Fenster weitgehend leer.

Abbildung 46.1 *Hier gibt es noch nicht allzu viel zu sehen.*

Sie können nun auf **UserForm einfügen** ❶ klicken, um eine neue Bedienoberfläche (eine sogenannte *Form*, dt. Formular) zu erzeugen. Alternativ betätigen Sie den kleinen Dreieckschalter rechts daneben und entscheiden sich im Menü für die Option **Modul**. Das bewirkt, dass ein Fenster hinzugefügt wird, in das der Code hineingeschrieben werden kann ❷.

Falls Sie mit Programmiercode noch nicht sonderlich erfahren sind, drücken Sie [F2] oder klicken auf **Objektkatalog** ❸. Ein entsprechendes Fenster wird dann ebenfalls hinzugefügt ❹. Es ist prall gefüllt mit Befehlen und Anweisungen, die in verschiedenen Bibliotheken zusammengestellt sind. Wählen Sie auf der linken Seite ❺ eine Klasse aus, um anschließend einen der Befehle auf der rechten Seite zu wählen ❻.

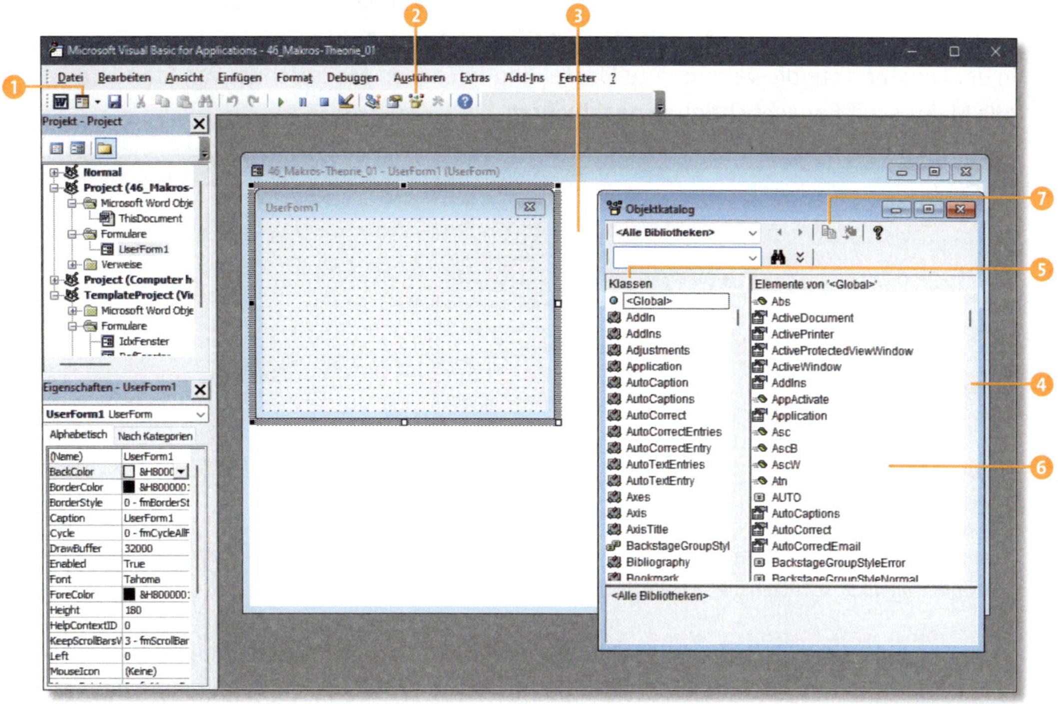

Abbildung 46.2 *Wer selbst Makros programmieren möchte, kann das in der VBA-Umgebung tun.*

Der entsprechende Code kann nun mit [Strg]+[C] oder der Schaltfläche ❼ in die Zwischenablage kopiert und danach in das Codefenster integriert werden. Dies ist eine enorme Hilfe für alle, die noch nicht so sattelfest in VBA sind.

Makros aufzeichnen

Viel einfacher ist der Einsatz des Makrorekorders. Dieser verhält sich wie ein Videorekorder. Er nimmt auf, was Sie wünschen, und spielt das aufgezeichnete Programm auf Befehl ab – wann Sie wollen und so oft Sie wollen. (Das Schreiben von Code bleibt dabei vollkommen außen vor.) Wir sehen uns in den Beispielen in Kapitel 47, »Makros in der Praxis«, ab Seite 1121, noch genauer an, wie das funktioniert.

Schutz vor Makroviren

Makros sind effektiv. Aber leider sind sie nicht ungefährlich – zumindest dann nicht, wenn ein Makro aus fremder Feder an Sie herangetragen wird. Denn Makros können Schadcode enthalten und diesen auf Ihrem PC ausführen. Ein effektiver Schutz gegen Schadcode ist nicht wirklich gegeben, da das Sicherheitskonzept kaum präventive Schutzmechanismen vorsieht bzw. diese von geübten Programmierern einfach umgangen werden können. Sollten Sie also ein Dokument von einem Fremden bekommen, das Makros enthält, ist Misstrauen angebracht. Der einzige Schutz ist das Trust Center, das Sie in den Optionen der jeweiligen Anwendung finden (**Datei > Optionen**). Klicken Sie in der linken Spalte auf die Rubrik **Trust Center** und dann auf die Schaltfläche **Einstellungen für das Trust Center**. Wählen Sie im Dialogfenster **Trust Center** links die Rubrik **Makroeinstellungen**, und nehmen Sie in der Fenstermitte die gewünschte Einstellung in Sachen Makroschutz vor. Standard ist **Alle Makros mit Benachrichtigung deaktivieren**.

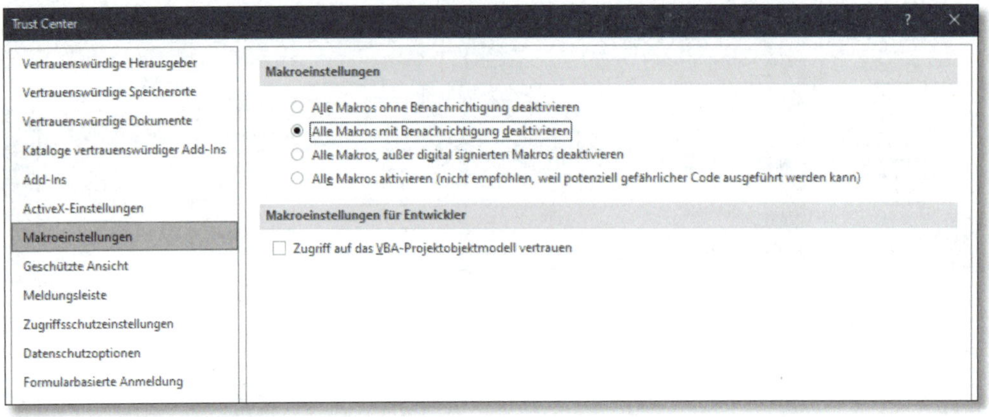

Abbildung 46.3 *Schützen Sie sich vor Makroviren.*

Diese Einstellung bewirkt, dass in einem fremden Dokument befindliche Makros beim Öffnen automatisch abgeschaltet werden und nur durch Ihr händisches Eingreifen aktiviert werden können. Denn die Office-Anwendung gibt bei zuvor erwähnter Trust-Center-Einstellung eine Warnung aus, sofern sich Makros in dem Dokument befinden. Ist die Quelle vertrauenswürdig, klicken Sie auf den Button **Makros aktivieren**. Deaktivieren Sie Makros, wird das Dokument zwar trotzdem geöffnet, die Makros werden jedoch nicht ausgeführt. Der Inhalt des Dokuments kann also gelesen und bearbeitet werden, wobei die Makros inaktiv bleiben.

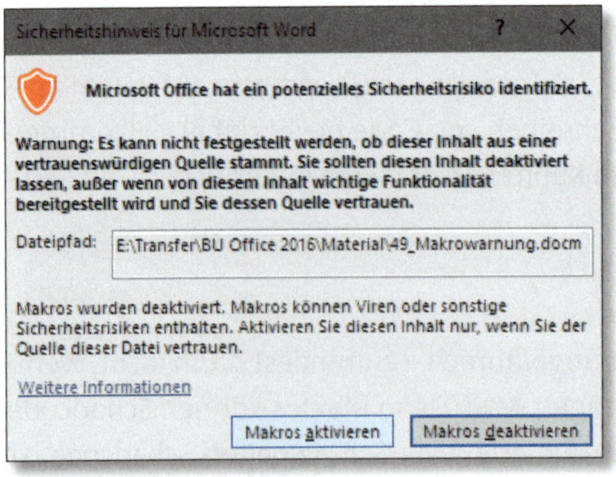

Abbildung 46.4 *Vertrauen Sie der Quelle? Dann kann die Bearbeitung aktiviert werden.*

INFO

Warnung bei fremden Dokumenten
Die Office-Anwendung prüft beim Öffnen, ob es sich um ein fremdes oder das eigene Dokument handelt. Geben Sie die Datei weiter, wird der Empfänger seinerseits eine Makrowarnung erhalten – vorausgesetzt, er hat die Warnungen nicht im Trust Center deaktiviert.

Vorhandene Makros anzeigen

Sollten Makros in Ihrem Dokument vorhanden sein, können diese angezeigt werden, indem Sie auf die Schaltfläche **Makros** in der gleichnamigen Gruppe der Registerkarte **Ansicht** klicken. Während PowerPoint nur einen einheitlichen Schalter bietet, ist dieser in Word und Excel zweigeteilt. Benutzen Sie dort die obere Hälfte des Buttons, um das Fenster der vorhandenen Makros anzeigen zu lassen. Das Gleiche erreichen Sie übrigens auch durch Drücken der Tastenkombination `Alt`+`F8`.

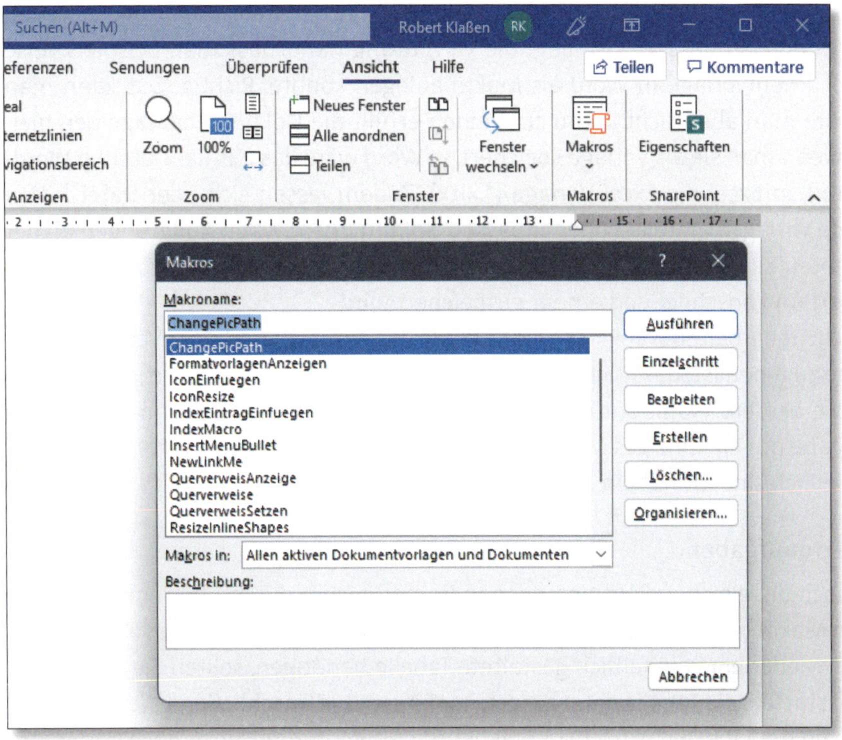

Abbildung 46.5 *Hier sehen Sie ein integriertes Makro.*

Makrodokumente speichern

Wenn Sie ein Dokument speichern möchten, das Makros enthält, müssen Sie es auch als Makrodokument sichern. Die Standarddateitypen (z. B. mit den Dateiendungen *.docx* für

Word, *.xlsx* für Excel oder *.pptx* für PowerPoint) sind nicht in der Lage, Makros einzubinden. Hier müssen Sie explizit einen Dateityp mit der Erweiterung **mit Makros** wählen. Das sind:

- für Word – **Word-Dokument mit Makros (*.docm)**
- für Excel – **Excel-Arbeitsmappe mit Makros (*.xlsm)**
- für PowerPoint – **PowerPoint-Präsentation mit Makros (*.pptm)**

Sie können also bereits an der Dateiendung erkennen, ob in dem zu öffnenden Dokument Makros verwendet werden oder nicht.

46.2 Beispiele für typische Makroaufgaben

Nun wissen Sie, was Makros sind und auf welche Art sie erzeugt werden können. Was bleibt, ist die Frage, wann ein Makro wirklich praktisch ist und wann man es eher als unnütz bezeichnen könnte.

Wann sind Makros sinnlos?

Sie haben bereits erfahren, dass sich mithilfe von Makros Arbeitsschritte aufzeichnen und bei Bedarf wiedergeben lassen. Also liegt die Vermutung nahe, dass man beispielsweise auch eine Dokumentvorlage in Word als Makro anlegen könnte. Richtig. Das kann man machen – sollte man aber nicht. Denn zum einen erfüllt die Dokumentvorlage den gleichen Zweck, wenn man sie als Vorlage speichert. In Word wäre das z. B. der Dateityp **Word-Vorlage (*.dotx)**, in Excel die **Excel-Vorlage (*.xltx)**. Zudem lassen sich über **Datei > Neu** entsprechende Vorlagen erstellen oder anpassen. Sollten irgendwann Änderungen an der Vorlage vonnöten sein, können diese vorgenommen werden, indem das Vorlagendokument verändert und anschließend erneut gespeichert wird.

Makros nachzubearbeiten ist nicht so einfach wie das Aktualisieren einer Vorlage. Wenn also davon auszugehen ist, dass sich bisweilen etwas Grundlegendes ändert, ist eine Vorlage immer die bessere Wahl. Darüber hinaus sind Makros sinnlos, wenn man eine bestimmte Aufgabe nur ein einziges Mal erledigen muss. Und wenn die Schritte immer wieder unterschiedlich sind, bringt ein Makro ebenfalls nichts.

Typische Makroaufgaben

Wenn Sie jedoch die gleichen Routineaufgaben immer wieder durchführen müssen, sind Sie mit einem Makro bestens beraten. Falls Sie beispielsweise innerhalb eines Word-Dokuments immer wieder eine einheitlich gestaltete Tabelle benötigen, sollten Sie die Makroaufzeichnung starten, die Tabelle dann zusammenbauen und anschließend die Aufnahme beenden. Sobald die Tabelle das nächste Mal benötigt wird, führen Sie einfach das Makro aus – und schon ist die Arbeit erledigt.

Wenn Sie gewohnheitsmäßig mit mehreren Dokumenten gleichzeitig arbeiten müssen, ist die Produktion eines Makros ebenfalls zu empfehlen. Auch dafür gibt es ein praxisnahes Beispiel: Sie müssen immer wieder Excel-Dokumente erzeugen, bei denen Daten aus anderen Arbeitsmappen eingesehen werden müssen. Möglicherweise liegen diese verstreut irgendwo auf Ihrem PC, andere wiederum befinden sich auf OneDrive. Sie können sich vorstellen, wie lange es dauert, bis alle Dokumente bereitgestellt sind. In diesem Fall ist es absolut sinnvoll, eine Makroaufzeichnung dieser Arbeitsgänge anzufertigen. Beim nächsten Mal reicht ein Mausklick oder die Betätigung eines Tastaturbefehls, um alle Dokumente in Windeseile per Makro zu öffnen. Das spart Zeit und Nerven.

Noch ein Beispiel: Denken Sie an das Hinzufügen der gleichen Bilder, beispielsweise innerhalb eines Briefkopfes. Natürlich könnte man davon eine Vorlage erzeugen. Wer aber mit unterschiedlichen Briefköpfen arbeitet (z. B. privat und geschäftlich), wird diese Funktion zu schätzen wissen. (Übrigens schauen wir uns ein ganz ähnliches Beispiel im folgenden Kapitel genauer an.) Mithilfe zweier Makros, eines privaten und eines für den Geschäftseinsatz, könnten Sie ganz schnell entscheiden, welcher Briefkopf im Einzelfall verwendet werden soll.

In diesem Zusammenhang lassen sich auch Routineaufgaben zuverlässig ausführen, die bei manueller Bearbeitung leicht vergessen werden können. Das klassische Beispiel ist die Einbindung des besagten Briefkopfes als Verknüpfung. Damit wird es ja möglich, die Datei außerhalb von Word jederzeit nachzubearbeiten, ohne dass man sich um die Aktualisierung im Word-Dokument kümmern müsste. Vergessen Sie jedoch nur ein einziges Mal, das Objekt zu verknüpfen, kann es nicht automatisch aktualisiert werden. Mit Makros passiert so etwas nicht: Diese Makros vergessen nie etwas.

Werfen wir einen Blick auf die einzelnen Arbeitsschritte bei der Verknüpfung von Bildern. Klicken Sie zunächst auf die Schaltfläche **Bilder** in der Gruppe **Illustrationen** der Registerkarte **Einfügen**. Entscheiden Sie sich anschließend für **Dieses Gerät**. Im Dialogfenster **Grafik einfügen** stellen Sie unten rechts über die Dreieck-Schaltfläche am Button **Einfügen** auf **Mit Datei verknüpfen** um.

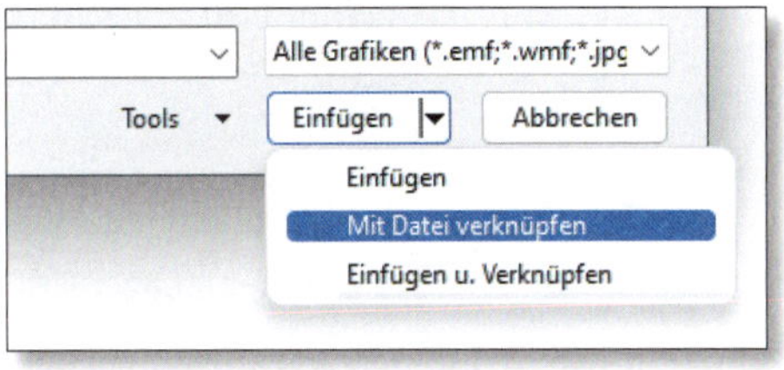

Abbildung 46.6 Hier werden Dateien verknüpft.

Das kann im Eifer des Gefechts schnell einmal vergessen werden – zumal wenn Ihnen das obligatorische Einfügen ohne Verknüpfung (also mit direktem Klick auf **Einfügen**) schon in Fleisch und Blut übergegangen ist. Vermeiden Sie diese potenzielle Fehlerquelle, und ersparen Sie sich die zuvor genannten einzelnen Arbeitsschritte, indem Sie ein Makro davon anlegen.

Im folgenden Kapitel 47, »Makros in der Praxis«, beschäftigen wir uns mit der Alltagsanwendung von Makros. Sie werden, wie bereits erwähnt, zwei Word-Makros erstellen, die eine individuelle Auswahl des Briefkopfes ermöglichen. Darüber hinaus lernen Sie ein wirklich effizientes Excel-Makro kennen, mit dessen Hilfe sich Kundenlisten und ähnliche Daten mit hohem Bedienkomfort erstellen lassen.

Kapitel 47
Makros in der Praxis

Auf den folgenden Seiten werden wir das eine oder andere Makro aufzeichnen und bearbeiten. Damit lernen Sie den grundsätzlichen Umgang mit Makros kennen. Auch wenn Sie sich nur für Excel-Makros interessieren, sollten Sie dennoch den Word-Abschnitt lesen, da darin die Grundlagen vermittelt werden, die auch zur Erzeugung von Excel-Makros erforderlich sind.

47.1 Makros in Word

Wie Sie bereits im vorangegangenen Kapitel erfahren haben, gibt es verschiedene Wege zur Erzeugung eines Makros. Der einfachste Weg ist sicher die Aufzeichnung einer Befehlsfolge. Dabei wird im Prinzip protokolliert, was Sie während der Aufzeichnung erledigen. Die Arbeitsgänge werden gespeichert und lassen sich anschließend bei Bedarf abspielen. Das Ganze ist also mit einem Videorekorder vergleichbar.

Ein Beispielmakro kurz vorgestellt

Kommen wir zu unserem in Kapitel 46, »Wozu verwendet man Makros?«, angesprochenen Beispiel zurück. Es geht darum, ein Makro zu generieren, das ein Bild in einem neuen Word-Dokument platziert, und zwar nicht irgendwo, sondern stets in der Kopfleiste des Dokuments. Darüber hinaus soll erreicht werden, dass das Foto verknüpft, also nicht fest in das Dokument eingebettet wird. Dadurch wird es möglich, die Bilddatei außerhalb von Word in einem Bildbearbeitungsprogramm immer wieder zu überarbeiten, ohne das Foto jedes Mal in Word manuell aktualisieren zu müssen.

Nun bleibt noch zu klären, warum das Foto nicht einfach auf herkömmlichem Wege verknüpft werden kann. Immerhin benötigt man für derartige Aktionen doch kein Makro. Das stimmt prinzipiell. Doch lassen Sie uns das Beispielprojekt etwas genauer betrachten. Stellen Sie sich vor, Sie produzieren Geschäftspost für unterschiedliche Kunden und wollen nach dem Öffnen eines Word-Dokuments stets individuell entscheiden, welcher Briefkopf aktuell eingesetzt werden soll. In diesem Fall ist es sinnvoll, entsprechende Makros zu erzeugen.

Ein Makro aufzeichnen

Wie erwähnt, ist ein Makro die automatisierte Wiederholung einer zuvor aufgezeichneten Befehlsfolge. Deswegen muss diese Befehlsfolge auch zum Zeitpunkt der Aufzeichnung korrekt ausgeführt werden. Dabei haben Sie alle Zeit der Welt, da die Pausen zwischen zwei Befehlen nicht mit aufgezeichnet werden, sondern nur Ihre Aktionen. Sie müssen aber trotzdem alle Schritte korrekt und vor allem in der richtigen Reihenfolge ausführen. Vergessen Sie während der Aufzeichnung einen Schritt, kommt dieser auch zum Zeitpunkt der Ausführung des Makros nicht zum Einsatz. Deshalb ist es sinnvoll, die Schritte vorab in einer Art Trockenübung durchzugehen. Machen Sie sich gegebenenfalls Notizen, und beginnen Sie mit der Aufzeichnung erst, wenn Sie entsprechend gut vorbereitet sind.

Wir beginnen nun mit der Erzeugung des ersten Makros. Dabei soll der Briefkopf der Rechtsanwaltskanzlei »Schmalz, Schmalz und Schmalz« aus Düsseldorf mit einem neuen Dokument verknüpft werden.

1. Öffnen Sie die Bilddatei *Briefkopf.png* aus dem Ordner *47* der Beispieldateien. Ziehen Sie das Bild an einen Speicherort auf Ihrem PC, den Sie jederzeit schnell wiederfinden (z. B. auf den Desktop).

2. Erstellen Sie anschließend ein neues leeres Word-Dokument (Strg+N). Klicken Sie auf die untere Hälfte der Schaltfläche **Makros** in der gleichnamigen Gruppe der Registerkarte **Ansicht**. Wählen Sie im Menü die Option **Makro aufzeichnen**.

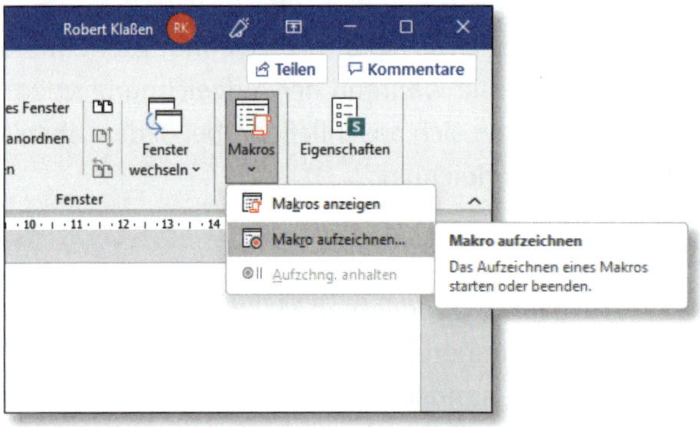

3. Benennen Sie das Makro im Feld **Makroname**. Dabei müssen Sie sich an folgende Regeln halten: Der Name muss mit einem Buchstaben beginnen. Er darf keine Leerzeichen, Punkte, Doppelpunkte, Kommas, Semikola oder Ausrufezeichen enthalten. Außerdem dürfen Sonderzeichen wie Rauten, $, @, & nicht inkludiert sein. Und außerdem darf der Begriff insgesamt nicht mehr als 255 Zeichen umfassen. Wir entscheiden uns hier für die Bezeichnung »BriefkopfSchmalz« (bitte, wie gesagt, ohne Leerzeichen!).

   Noch ein genereller Hinweis: Für den Fall, dass Sie all diese Regeln beachtet haben und dennoch einmal eine Fehlermeldung erhalten, liegt es daran, dass Sie einen in Visual Basic reservierten Begriff verwendet haben. In diesem Fall wird der Hinweis **Ungültiger Prozedurname** angezeigt. Versuchen Sie es mit einer alternativen Bezeichnung.

4. Unter **Makro speichern in** lassen Sie die Option **Alle Dokumente (Normal.dotm)** eingestellt, da damit gewährleistet ist, dass dieses Makro künftig immer dann zur Verfügung steht, wenn ein herkömmliches Word-Dokument geöffnet wird. Würden Sie

hier auf das aktuelle Dokument umstellen (**Dokument1**), stünde es nur in dieser Word-Datei zur Verfügung und nicht mehr dokumentübergreifend.

5 Fügen Sie optional im Feld **Beschreibung** eine entsprechende Erläuterung hinzu, was dieses Makro bewirkt. Bestätigen Sie noch nicht mit **OK**, da dann bereits mit der Aufzeichnung begonnen würde.

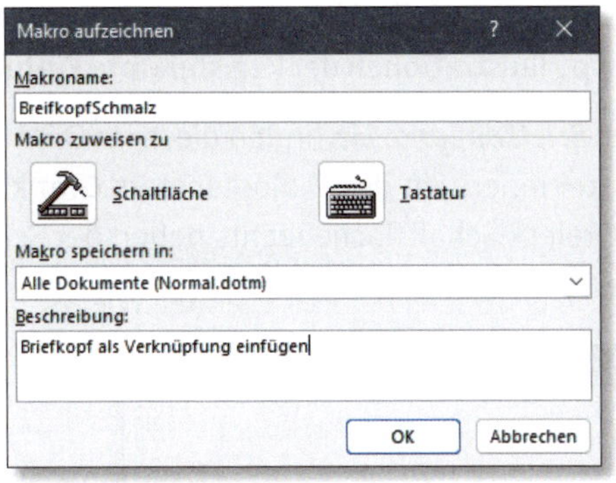

6 Wir wollen vorab noch einen Tastaturbefehl zum Starten des Makros einrichten. Deshalb klicken Sie auf den Button **Tastatur**. Dieser Schritt muss übrigens immer zuletzt erledigt werden, da Sie nach Eingabe des Tastaturbefehls nicht mehr in den zuvor gezeigten Makrodialog zurückgelangen.

7 Da sich die Einfügemarke bereits im Feld **Neue Tastenkombination** befindet, können Sie gleich den Tastaturbefehl zur Ausführung des Makros festlegen. Wir haben uns hier für `Strg`+`Alt`+`1` entschieden, da dieser Befehl standardmäßig noch frei ist. Damit werden keine vorhandenen Word-Befehle überschrieben. Drücken Sie diese Kombination auf Ihrer Tastatur, und bestätigen Sie anschließend mit einem Klick auf den Button **Zuordnen**, gefolgt von **Schließen**.

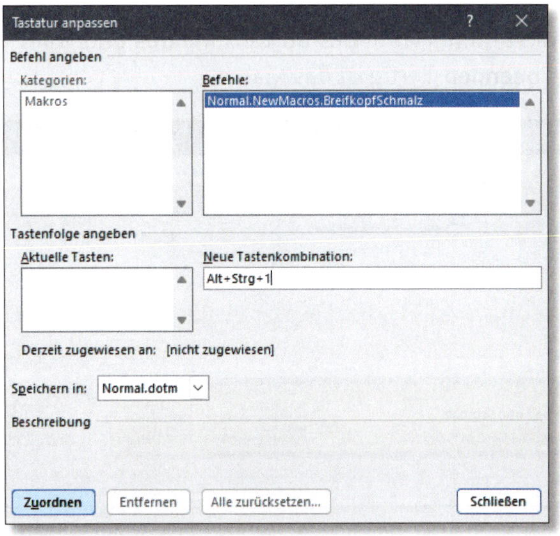

Nun müssen Sie die Befehle in der korrekten Reihenfolge ausführen, damit das Makro anschließend ordnungsgemäß funktioniert.

8 Klicken Sie auf die Schaltfläche **Kopfzeile** in der Gruppe **Kopf- und Fußzeile** der Registerkarte **Einfügen**. Im Menü wählen Sie die Vorgabe **Leer**.

9 Der Text **[Hier eingeben]** ist markiert. Betätigen Sie [←], damit der Platzhaltertext gelöscht wird. Stattdessen soll dort der gewünschte Briefkopf eingefügt werden. Klicken Sie daher auf den Button **Bilder** in der Gruppe **Illustrationen** der Registerkarte **Einfügen**.

10 Wählen Sie nun den Speicherort der Datei *Briefkopf.png*. Sie finden diese im Ordner *47* der Beispieldateien. Markieren Sie die Datei innerhalb des Dialogfensters **Grafik einfügen**. Danach klicken Sie auf die kleine Dreieck-Schaltfläche rechts neben der Schaltfläche **Einfügen**. Wählen Sie im Menü die Option **Mit Datei verknüpfen**.

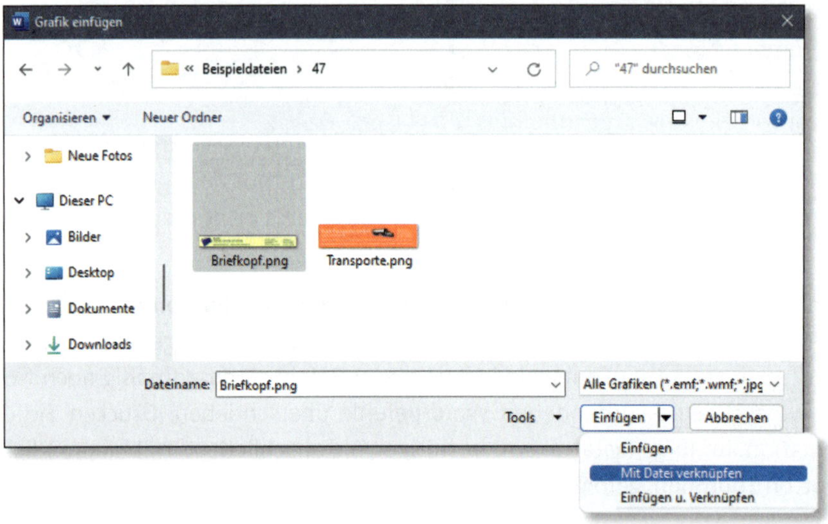

11 Zuletzt klicken Sie erneut auf die untere Hälfte des Buttons **Makros** und wählen im Menü den Befehl **Aufzeichnung beenden**. Fertig ist das Makro.

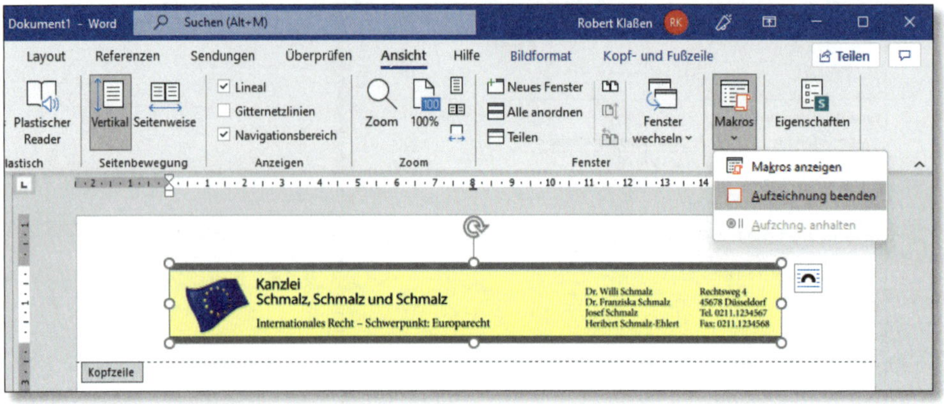

Prinzipiell ist nichts dagegen einzuwenden, vor Beendigung der Aufzeichnung weitere Arbeitsschritte folgen zu lassen. Solange die Aufzeichnung läuft, wird alles, was Sie tun, innerhalb des Makros gespeichert – allerdings nur dann, wenn es auch eine Änderung bewirkt. Wählen Sie beispielsweise eine Checkbox an und danach wieder ab, sieht Word sich nicht veranlasst, daraus einen Schritt zu generieren. Ein versehentlicher Mausklick muss Sie also nicht zwingend zum Abbruch der Aufzeichnung bewegen – ein falscher Schritt hingegen schon.

Ein Makro ausführen

Nachdem das Makro erzeugt worden ist, wie im vorangegangenen Unterabschnitt »Ein Makro aufzeichnen« ab Seite 1121 beschrieben, dürfen Sie das Dokument gerne wieder schließen. Die folgende Speicherabfrage kann mit **Nicht speichern** beantwortet werden. Zur Erhaltung des Makros ist nämlich das Sichern der Arbeitsdatei gar nicht erforderlich.

1 Wann immer Sie ein neues Dokument erzeugen, können Sie anschließend dafür sorgen, dass das Makro ausgeführt wird. Das erreichen Sie entweder durch Betätigung des zuvor vergebenen Tastaturbefehls (im Beispiel war das Strg + Alt + 1) oder indem Sie auf die Schaltfläche **Makros** in der gleichnamigen Gruppe der Registerkarte **Ansicht** klicken. Falls Sie auf die untere Hälfte geklickt haben, ist das auch kein Problem. Sie müssen dann allerdings im Menü auf **Makros anzeigen** klicken.

2 Starten Sie das Makro, indem Sie es zunächst auf der linken Seite markieren. Solange es hier nur ein einziges Makro gibt, entfällt dieser Schritt, da sich die Markierung bereits auf dem zuvor erzeugten Makro befindet.

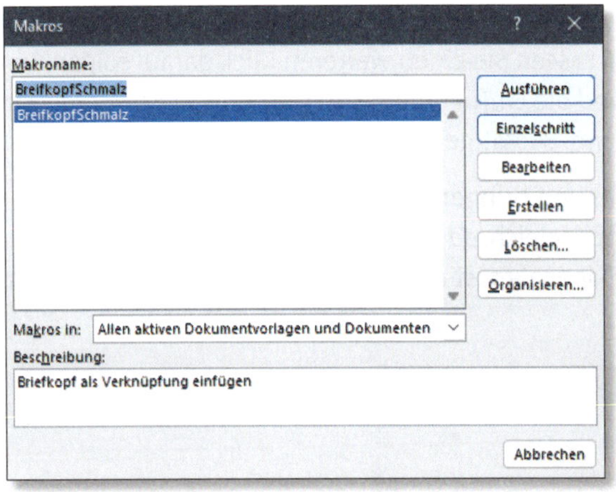

3 Zuletzt klicken Sie im Dialog **Makros** auf die Schaltfläche **Ausführen**. Dadurch werden automatisch alle zuvor aufgenommenen Arbeitsgänge erneut durchlaufen; in unserem Beispiel wird der Briefkopf eingefügt.

Das Besondere an dem hier vorgestellten Makro ist, dass Sie den Briefkopf jederzeit ändern können. Erzeugen Sie ein neues Dokument oder öffnen Sie ein vorhandenes, wird die damit verknüpfte Bilddatei automatisch aktualisiert. So bleibt das Dokument immer auf dem neuesten Stand.

Auf die zuvor beschriebene Weise lassen sich nun weitere Makros erzeugen, die mit jeweils anderen Briefköpfen ausgestattet werden können. Wenn Sie auch diese neuen Makros mit individuellen Tastaturbefehlen ausstatten, können Sie nach dem Erstellen eines neuen Dokuments einfach per Tastenkombination den Briefkopf einfügen, den Sie gerade benötigen. Es gibt aber noch eine Alternative zur manuellen Neuaufzeichnung. Mit ihr ersparen Sie sich sogar die Wiederholung der Arbeitsschritte. Dazu ist allerdings ein wenig Vorwissen nötig, weshalb ich dieses Thema erst im Unterabschnitt »Makros duplizieren« auf Seite 1128 wieder aufgreifen werde.

Bestehende Makros bearbeiten

Vorhandene Makros lassen sich nachträglich noch editieren. Dazu sind allerdings einige grundlegende Kenntnisse in Visual Basic bzw. VBA vonnöten. Immerhin öffnet sich der VBA-Editor, und der Programmiercode liegt vor Ihnen. Dennoch wollen wir uns dieses Fenster einmal etwas genauer ansehen. Den Einsatz wollen wir auch gleich an ein praktisches Beispiel knüpfen. Stellen Sie sich vor, Sie beauftragen eine andere Person mit der Bearbeitung des Briefkopfes. Diese Person hat aber nun das Original gelöscht und lediglich eine Kopie der Bilddatei unter einem anderen Namen abgespeichert. Führen Sie das Makro aus, kommt es nun zu einem Laufzeitfehler, da der zuvor angegebene Dateiname nicht mehr gefunden werden kann. Den müssen Sie korrigieren.

1. Begeben Sie sich zunächst wieder an den Speicherort der Datei *Briefkopf.png*. Benennen Sie die Datei jetzt kurzerhand um. Im Beispiel machen wir *Briefkopf_2.png* daraus. Dazu müssen Sie zunächst die Datei markieren und anschließend noch einmal explizit auf den Dateinamen klicken. Lassen Sie einen weiteren Klick darauf folgen, um die Textmarkierung zu entfernen und die Einfügemarke im Namen zu platzieren. Danach schreiben Sie den Dateinamen um. Bestätigen Sie mit [↵].

2. Öffnen Sie ein Word-Dokument, und bringen Sie das zuvor erzeugte Makro zur Ausführung. Die Enttäuschung folgt sogleich, da jetzt nämlich der bereits angesprochene Laufzeitfehler angezeigt wird. Das Makro ist also durch die Namensänderung der Datei nicht mehr lauffähig.

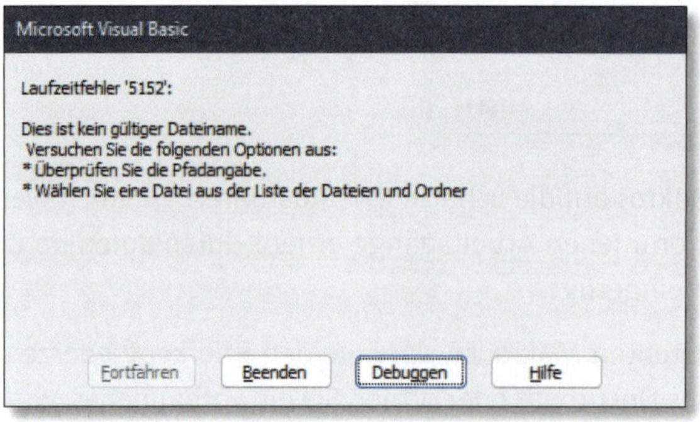
Microsoft Visual Basic
Laufzeitfehler '5152':
Dies ist kein gültiger Dateiname.
Versuchen Sie die folgenden Optionen aus:
* Überprüfen Sie die Pfadangabe.
* Wählen Sie eine Datei aus der Liste der Dateien und Ordner
Fortfahren
Beenden
Debuggen
Hilfe

3 Sie könnten nun direkt auf den Button **Debuggen** klicken. Daraufhin wird die VBA-Umgebung geöffnet und der fehlerhafte Bereich des Makros mit gelber Markierung hervorgehoben.

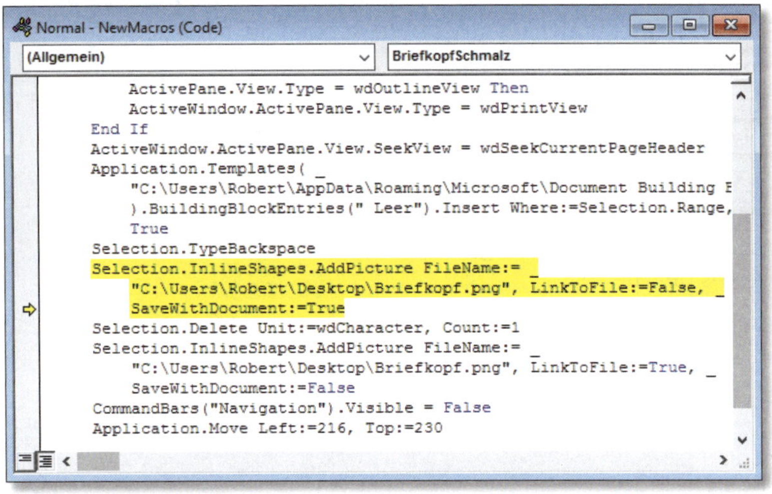
Normal - NewMacros (Code)
(Allgemein)
BriefkopfSchmalz
ActivePane.View.Type = wdOutlineView Then
ActiveWindow.ActivePane.View.Type = wdPrintView
End If
ActiveWindow.ActivePane.View.SeekView = wdSeekCurrentPageHeader
Application.Templates(_
"C:\Users\Robert\AppData\Roaming\Microsoft\Document Building
).BuildingBlockEntries(" Leer").Insert Where:=Selection.Range,
True
Selection.TypeBackspace
Selection.InlineShapes.AddPicture FileName:= _
"C:\Users\Robert\Desktop\Briefkopf.png", LinkToFile:=False, _
SaveWithDocument:=True
Selection.Delete Unit:=wdCharacter, Count:=1
Selection.InlineShapes.AddPicture FileName:= _
"C:\Users\Robert\Desktop\Briefkopf.png", LinkToFile:=True, _
SaveWithDocument:=False
CommandBars("Navigation").Visible = False
Application.Move Left:=216, Top:=230

4 Alternativ dazu klicken Sie zunächst auf **Beenden**. Die VBA-Umgebung lässt sich nämlich auch erreichen, indem Sie auf die Schaltfläche **Makros** in der gleichnamigen Gruppe der Registerkarte **Ansicht** klicken und das gewünschte Makro auswählen. Danach klicken Sie im Dialog **Makros** auf den Button **Bearbeiten**.

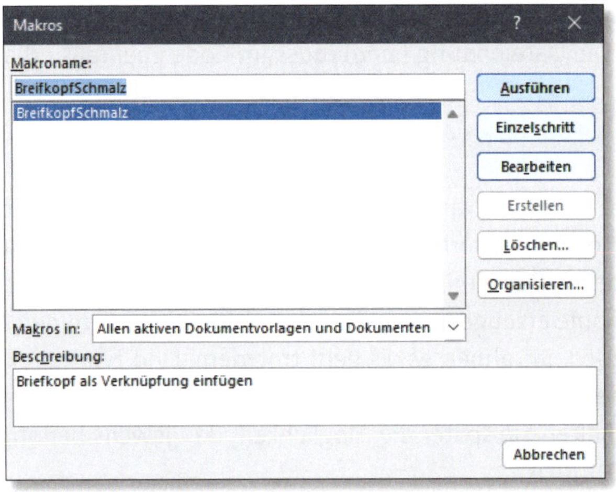
Makros
?
Makroname:
BreifkopfSchmalz
BreifkopfSchmalz
Ausführen
Einzelschritt
Bearbeiten
Erstellen
Löschen...
Organisieren...
Makros in:
Allen aktiven Dokumentvorlagen und Dokumenten
Beschreibung:
Briefkopf als Verknüpfung einfügen
Abbrechen

5 Schauen Sie sich einmal den Programmcode an. In der drittletzten Zeile wird der Pfad zur Bilddatei angezeigt. Dort ist auch der Dateiname verzeichnet, nämlich `Briefkopf.png`. Geben Sie hier die korrekte Bezeichnung ein (also `Briefkopf_2.png`), und schließen Sie das Hauptfenster **Microsoft Visual Basic for Applications – Normal**. Zur besseren Übersicht habe ich in der folgenden Abbildung den Dateinamen im Programmcode blau markiert.

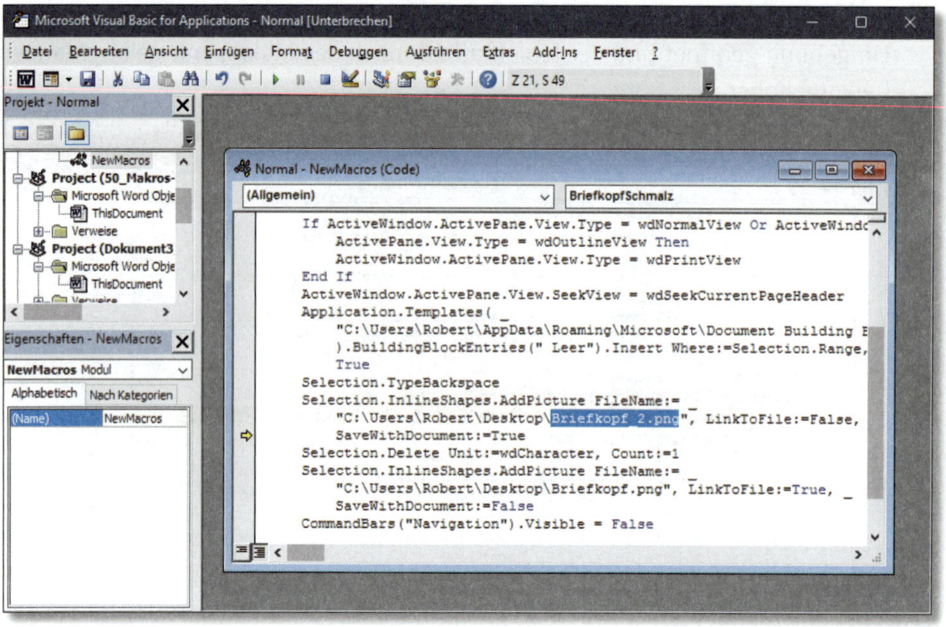
Microsoft Visual Basic for Applications - Normal [Unterbrechen]
Datei Bearbeiten Ansicht Einfügen Format Debuggen Ausführen Extras Add-Ins Fenster ?
Z 21, S 49
Projekt - Normal
NewMacros
Project (50_Makros-
Microsoft Word Obje
ThisDocument
Verweise
Project (Dokument3
Microsoft Word Obje
ThisDocument
Eigenschaften - NewMacros
NewMacros Modul
Alphabetisch
Nach Kategorien
(Name)
NewMacros
Normal - NewMacros (Code)
(Allgemein)
BriefkopfSchmalz
If ActiveWindow.ActivePane.View.Type = wdNormalView Or ActiveWindo
ActivePane.View.Type = wdOutlineView Then
ActiveWindow.ActivePane.View.Type = wdPrintView
End If
ActiveWindow.ActivePane.View.SeekView = wdSeekCurrentPageHeader
Application.Templates(_
"C:\Users\Robert\AppData\Roaming\Microsoft\Document Building B
).BuildingBlockEntries(" Leer").Insert Where:=Selection.Range,
True
Selection.TypeBackspace
Selection.InlineShapes.AddPicture FileName:= _
"C:\Users\Robert\Desktop\Briefkopf 2.png", LinkToFile:=False,
SaveWithDocument:=True
Selection.Delete Unit:=wdCharacter, Count:=1
Selection.InlineShapes.AddPicture FileName:= _
"C:\Users\Robert\Desktop\Briefkopf.png", LinkToFile:=True, _
SaveWithDocument:=False
CommandBars("Navigation").Visible = False

6 Führen Sie das Makro erneut aus. Sie werden feststellen, dass es nun wieder einwandfrei funktioniert.

Sollte beim Abspielen des Makros wider Erwarten erneut ein Laufzeitfehler angezeigt werden, kontrollieren Sie die Dateibezeichnung noch einmal ganz genau. Dateiname und Dateibezeichnung im Code müssen absolut übereinstimmen. Ein Tippfehler reicht – und das Makro funktioniert nicht mehr. Die Dateiendung (*.png*) muss im Code ebenfalls erhalten bleiben.

Makros duplizieren

Leider gibt es keine Schaltfläche mit dem Namen *Makro duplizieren*. Schade eigentlich, denn dann könnte man schnell Kopien des vorhandenen Makros erzeugen und das Duplikat anschließend an die individuellen Bedürfnisse anpassen. Beispielsweise ließen sich so weitere Makros für andere Briefköpfe erzeugen, ohne die Schritte für jeden einzelnen Kunden erneut aufzeichnen zu müssen. Sie ahnen es: Es geht trotzdem. Und zwar direkt im VBA-Code. In dieser Übung werden wir einen zweiten Briefkopf als Makro definieren – auf Grundlage des ersten. Damit erhalten Sie später die Möglichkeit, den jeweils benötigten Briefkopf schnell per Makro einzufügen.

1 Öffnen Sie zunächst den VBA-Editor. Am schnellsten geht das mithilfe der Tastenkombination `Alt`+`F11`. Stattdessen können Sie aber auch auf den oberen Teil des Buttons **Makros** der Registerkarte **Ansicht** klicken, das Makro **BriefkopfSchmalz** markieren und auf die Schaltfläche **Bearbeiten** klicken.

```
Normal - NewMacros (Code)
(Allgemein)                         BriefkopfSchmalz

        Selection.InlineShapes.AddPicture FileName:= _
            "C:\Users\Robert\Desktop\Briefkopf_2.png", LinkToFile:=True, _
            SaveWithDocument:=False
        CommandBars("Navigation").Visible = False
        Application.Move Left:=216, Top:=230
    End Sub

    Sub BriefkopfTransporte()
    '
    ' BriefkopfSchmalz Makro
    ' Briefkopf als Verknüpfung einfügen
    '
        Application.Move Left:=309, Top:=60
        If ActiveWindow.View.SplitSpecial <> wdPaneNone Then
            ActiveWindow.Panes(2).Close
        End If
        If ActiveWindow.ActivePane.View.Type = wdNormalView Or ActiveWindc
            ActivePane.View.Type = wdOutlineView Then
```

2 Selektieren Sie anschließend den gesamten Code von `Sub` ... bis `End Sub`. Fügen Sie alles mit `Strg`+`C` in die Zwischenablage ein. Sie können dazu auch auf die Schaltfläche **Kopieren** in der Symbolleiste des VBA-Editors klicken.

3 Danach platzieren Sie die Maustaste eine bis zwei Zeilen unterhalb von `End Sub`. Drücken Sie `Strg`+`V` oder klicken Sie auf den Button **Einfügen** in der Symbolleiste. Damit befindet sich exakt der gleiche Code zweimal im Fenster **Normal - NewMacros (Code)**.

4 Würden Sie das Makro in diesem Zustand anlaufen lassen, käme es unweigerlich zu einer Fehlermeldung. Der Grund: Es gibt zweimal eine Prozedur gleichen Namens. Das darf nicht sein. Scrollen Sie daher nach unten, und ändern Sie die oberste Zeile des kopierten Textes. Fügen Sie anstatt des ursprünglichen Textes `Sub BriefkopfTransporte()` ein.

```
        Selection.InlineShapes.AddPicture FileName:= _
            "C:\Users\Robert\Desktop\Briefkopf_2.png",
            SaveWithDocument:=False
        CommandBars("Navigation").Visible = False
        Application.Move Left:=216, Top:=230
    End Sub

    Sub BriefkopfTransporte()
    '
    ' BriefkopfSchmalz Makro
    ' Briefkopf als Verknüpfung einfügen
    '
        Application.Move Left:=309, Top:=60
        If ActiveWindow.View.SplitSpecial <> wdPaneNone
            ActiveWindow.Panes(2).Close
        End If
```

5 Die grünen Zeilen unterhalb haben zwar nur erklärenden Charakter, sollten aber ebenfalls angepasst werden. So bleibt der Code übersichtlich. Machen Sie aus `BriefkopfSchmalz` bitte dort `BriefkopfTransporte`.

6 Zuletzt müssen Sie dem Makro noch mitteilen, welcher Briefkopf verwendet werden soll. Dazu begeben Sie sich in die drittletzte Zeile. Den Eintrag `Briefkopf.png` ändern Sie in `Transporte.png`. Bitte prüfen Sie noch einmal alles auf seine Richtigkeit. Integrieren Sie keine Leerzeichen, wo vorher auch keine waren, und achten Sie besonders auf die korrekte Schreibweise des Dateinamens. Nur ein einziges falsches Zeichen verhindert, dass das Makro im Nachhinein laufen wird.

7 Schließen Sie den Editor. Jetzt müssen Sie noch dafür sorgen, dass die Datei *Transporte.png* aus dem Ordner *47* der Beispieldateien exakt am gleichen Platz abgelegt wird, an dem sich auch *Briefkopf.png* befindet.

8 Wenn das erledigt ist, gehen Sie zurück zu Word und öffnen das Dialogfenster **Makros** (**Ansicht > Makros > Makros**). Sie sehen: Wie durch Zauberhand ist ein zweites Makro hinzugefügt worden. Markieren Sie es, und bringen Sie es mit einem Klick auf den Button **Ausführen** zur Anwendung.

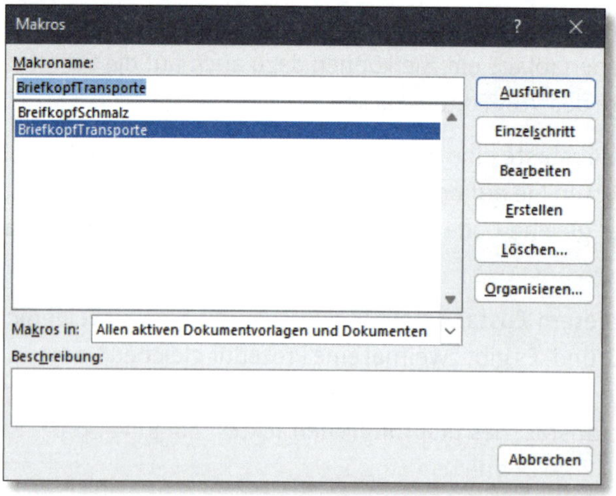

Wenn sich nicht alle Fenster so darstellen lassen wie hier beschrieben, können Sie die Ansicht entsprechend anpassen. Hinweise zum Umgang mit der Arbeitsoberfläche des VBA-Editors finden Sie in Abschnitt 18.2, »Ein Formular für die Dateneingabe erstellen«, auf Seite 558.

Ein Makro in die Schnellstartleiste einfügen

Häufig benötigte Makros sind in der Symbolleiste für den Schnellzugriff bestens aufgehoben. Auf diese Weise müssen Sie nicht jedes Mal aufs Neue das Dialogfenster **Makros** (**Ansicht > Makros > Makros**) aufrufen.

1 Klicken Sie ganz oben in der Symbolleiste für den Schnellzugriff auf die nach unten weisende Dreieck-Schaltfläche **Symbolleiste für den Schnellzugriff anpassen**. Klicken Sie im Menü auf **Weitere Befehle**.

2 Im Dialogfenster **Word-Optionen** stellen Sie das Auswahlfeld **Befehle auswählen** von **Häufig verwendete Befehle** um auf **Makros** ❶. Das bewirkt, dass gleich unterhalb alle derzeit in der Vorlage gültigen Makros angezeigt werden. In unserem Fall sind das die beiden Briefköpfe aus den Unterabschnitten »Ein Makro aufzeichnen« auf Seite 1121 und »Makros duplizieren« auf Seite 1128.

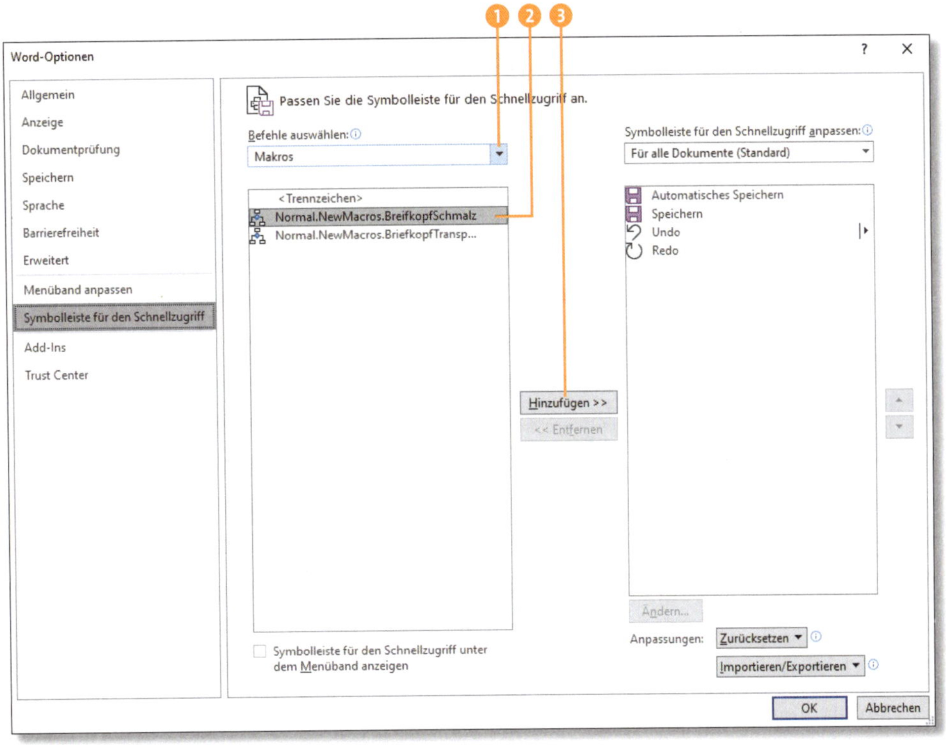

3 Wählen Sie zunächst den oberen der beiden Einträge ❷ aus, und klicken Sie anschließend auf **Hinzufügen** ❸. Der Makroeintrag wird nun auch in der rechten Spalte gelistet (❹ auf Seite 1132).

4 Gleichzeitig wird ganz automatisch auf der linken Seite das nächste Makro ❺ aktiviert; klicken Sie also erneut auf die Schaltfläche **Hinzufügen**. Daraufhin wird auch das zweite Briefkopf-Makro (Transport) in der Liste auf der rechten Seite aufgeführt.

5 Markieren Sie nun den oberen Makroeintrag in der rechten Spalte, und klicken Sie auf den Button **Ändern** ❻. Weisen Sie dem Makro ein Symbol zu, das Sie für repräsentativ halten. Wie wäre es aufgrund der Farbe des Kanzleibriefkopfes beispielsweise mit dem gelben Quadrat ❼? Klicken Sie darauf, und bestätigen Sie den Dialog **Schaltfläche »Ändern«** mit einem Klick auf **OK**.

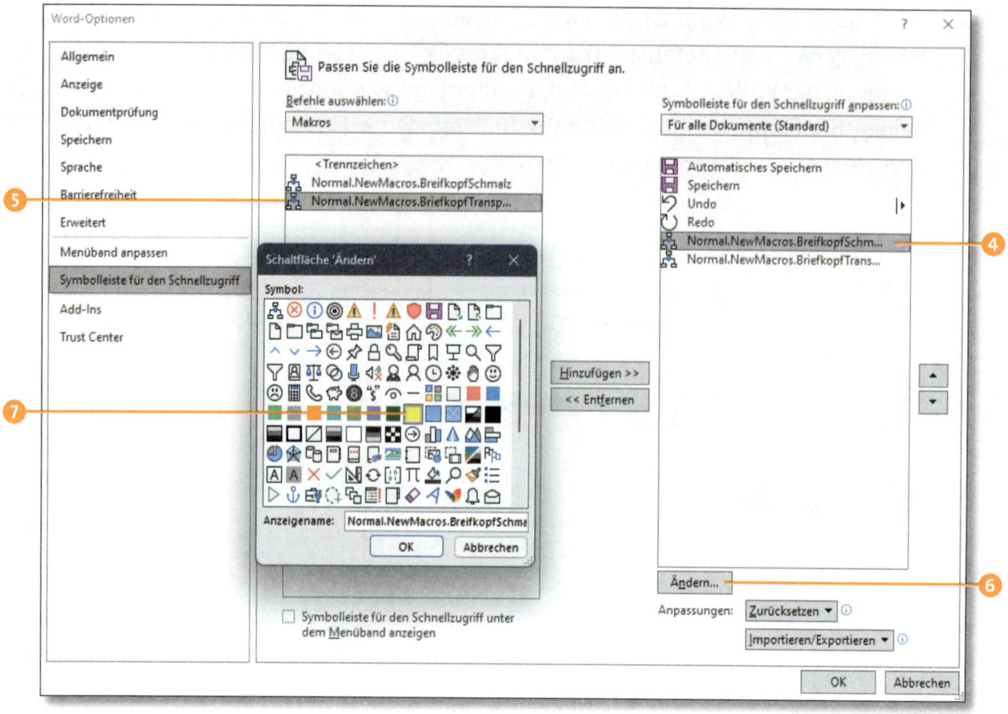

6 Wählen Sie nun den unteren Eintrag an, und weisen Sie diesem idealerweise das orangefarbene Quadrat zu. Das passt ganz gut zum Briefkopf des Transportunternehmens.

7 Übernehmen Sie die Einstellungen mit einem Klick auf die Schaltfläche **OK**, und werfen Sie einen Blick auf die Symbolleiste für den Schnellzugriff. Sie sehen: Die beiden Makros wurden entsprechend Ihrer Änderung im Dialogfenster **Word-Optionen** hinzugefügt. Starten Sie die Makros künftig von dort mit einem Klick auf das gewünschte Quadrat.

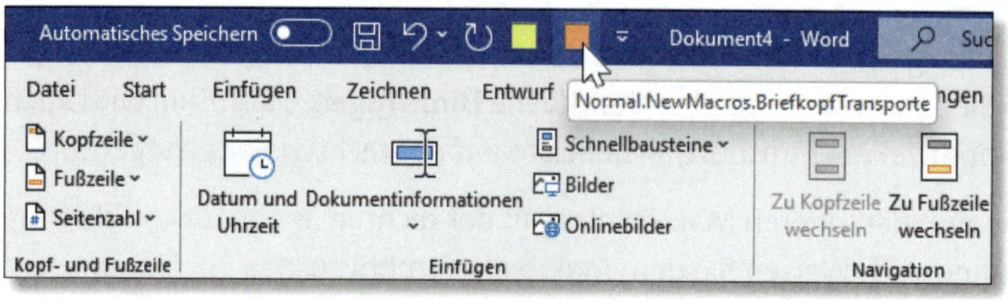

Wenn Sie ein Symbol wieder aus der Symbolleiste für den Schnellzugriff entfernen möchten, klicken Sie das betreffende Zeichen einfach mit rechts an und wählen im Kontextmenü **Aus Symbolleiste für den Schnellzugriff entfernen**. Dieser Befehl ist übrigens mit [Strg]+[Z] nicht rückgängig zu machen.

47.2 Makros in Excel

Grundsätzlich funktioniert das Erstellen von Makros in Excel genauso wie in Word. Sollten Sie sich noch nie mit Excel-Makros befasst haben, ist daher zu empfehlen, dieses Kapitel von Beginn an zu lesen. Was die VBA-Programmierung angeht, verweise ich Sie auf Abschnitt 18.2, »Ein Formular für die Dateneingabe erstellen«, ab Seite 558.

Ein Beispielmakro kurz vorgestellt

Auf den folgenden Seiten werde ich Ihnen ein wirklich effektives Makro vorstellen, das die Erstellung von Kundentabellen ungemein erleichtert. Damit haben Sie nämlich die Möglichkeit, Datensätze stets an derselben Stelle einzugeben und per Klick auf einen Schalter an das Verzeichnis zu übergeben. Benutzen Sie bitte die Arbeitsmappe *Eingabemaske.xlsx*, die Sie im Ordner *47* der Beispieldateien finden.

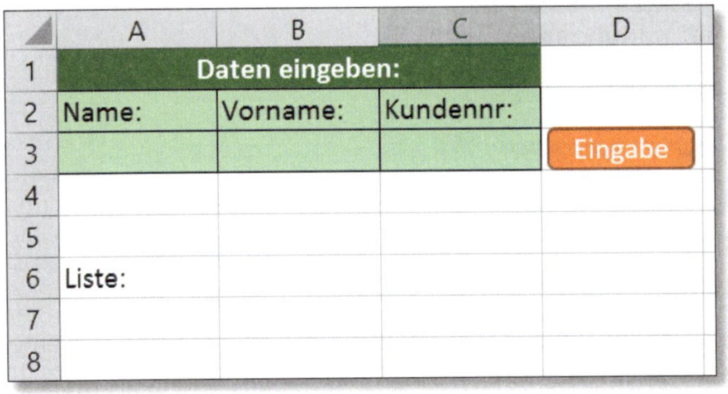

Abbildung 47.1 *Mit diesem Formular erstellen Sie Kundenlisten.*

Der obere grün eingefasste Bereich ist für die Dateneingabe vorgesehen. Nachdem ein Datensatz eingetragen worden ist, wird dieser per Tastaturbefehl oder per Klick auf den Button **Eingabe** an die weiter unten befindliche Liste übergeben. Die Liste wird ausgehend von Zeile **7** kontinuierlich nach unten erweitert.

Es versteht sich von selbst, dass ein Datensatz in der Praxis aus weit mehr Informationen als nur dem Namen und einer Kundennummer besteht. Die Anzahl der Zellen im Bereich **Daten eingeben** spielt hier aber keine Rolle. Wenn Sie Ihr eigenes Makro aufzeichnen, dürfen Sie ruhig mehr Zellen benutzen. In diesem Beispiel beschränken wir uns jedoch auf dieses Minimum.

Ein Makro zur schnellen Tabelleneingabe erstellen

Lassen Sie uns kurz zusammenfassen: Der Nutzer der Beispielarbeitsmappe *Eingabemaske.xlsx* soll in die Lage versetzt werden, die Eingaben, die er in Zeile **3** des Excel-Dokuments gemacht hat, per Klick auf **Eingabe** oder alternativ durch Verwendung eines Tastaturbefehls in die Liste ab Zeile **7** einzufügen. Das hört sich zunächst recht simpel an, birgt aber zwei wesentliche Probleme in sich: Zum einen muss die Eingabemaske nach dem Klick auf den Button geräumt werden. Denn immerhin kann man vom Anwender nicht verlangen, dass er diesen zeitaufwendigen Arbeitsgang vor jeder neuen Eingabe selbst erledigt. Zum anderen muss dafür gesorgt werden, dass Datensätze, die sich bereits in der Liste befinden, nicht durch das Hinzufügen weiterer Kundendaten überschrieben werden. Ansonsten würden wir in der Liste immer nur den zuletzt eingefügten Datensatz sehen.

1 Der erste Arbeitsgang besteht darin, einen beliebigen Datensatz in die Zellen **A3** bis **C3** einzugeben. Der Einfachheit halber füllen wir die Zellen mit »x«. So sieht man später auf den ersten Blick, dass es sich hierbei nicht um einen realen Datensatz, sondern um ein Beispiel handelt. Tippen Sie also bitte etwas Ähnliches ein. Am Ende drücken Sie ⇆, um die Zelle zu verlassen, da im Texteingabemodus keine Makros aufgenommen werden können.

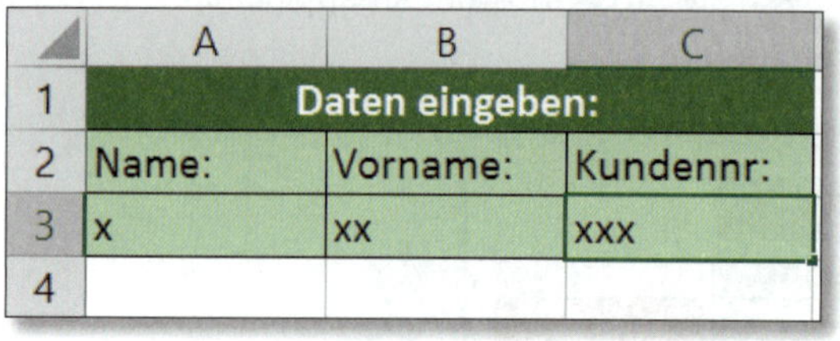

	A	B	C
1	Daten eingeben:		
2	Name:	Vorname:	Kundennr:
3	x	xx	xxx
4			

2 Nun können Sie mit der Aufzeichnung des Makros beginnen. Klicken Sie auf die untere Hälfte der Schaltfläche **Makros** in der gleichnamigen Gruppe der Registerkarte **Ansicht**. Im Auswahlmenü klicken Sie nun auf **Makro aufzeichnen**.

3 Im Dialogfenster **Makro aufzeichnen** geben Sie zunächst in das Feld **Makroname** eine Bezeichnung ein. Wir entscheiden uns hier für den Begriff »Kunden«. Wenn Sie mögen, vergeben Sie noch eine Tastenkombination (Strg+k). Klicken Sie in das kleine Quadrat hinein, und drücken Sie die Taste, die Sie zur Ausführung des Makros verwenden wollen. Wir nehmen hier also »k« (für Kunden). Da das Makro nur im aktuellen Dokument benötigt wird, belassen Sie **Makro speichern in** bei **Diese Arbeitsmappe**. Wie Sie dennoch von einer anderen Arbeitsmappe aus auf dieses Makro zugreifen können, erfahren Sie im Unterabschnitt »Makros in anderen Dokumenten benutzen« ab Seite 1137. Starten Sie die Aufnahme mit einem Klick auf **OK**.

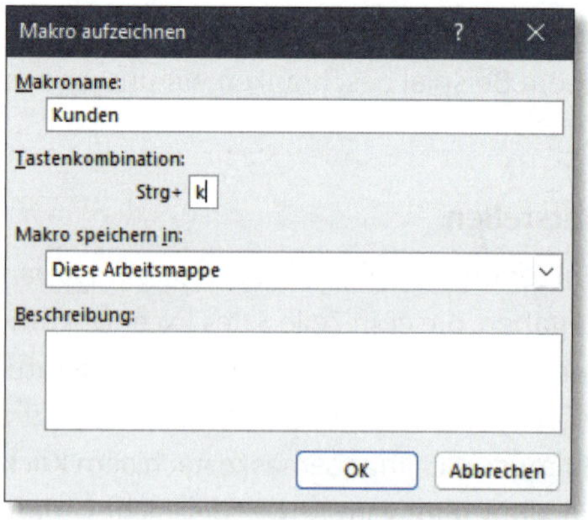

4 Markieren Sie bitte Zellen, die einen Datensatz repräsentieren. Im Beispiel sind das die Zellen **A3** bis **C3**. Ziehen Sie mit gedrückter Maustaste über die Zellen. Anschließend kopieren Sie den gesamten Inhalt mit [Strg]+[C] in die Zwischenablage.

5 Markieren Sie nun die Zelle **A7**. Achtung! Würden Sie den Datensatz mit [Strg]+[V] einfügen, würde die Formatierung der Zellen mit übernommen. Das wollen wir jedoch vermeiden. Deshalb klicken Sie mit rechts auf die Zelle **A7** und entscheiden sich im Kontextmenü für die Einfügeoption **Werte**. Hierbei bleiben die Formatierungsoptionen außen vor.

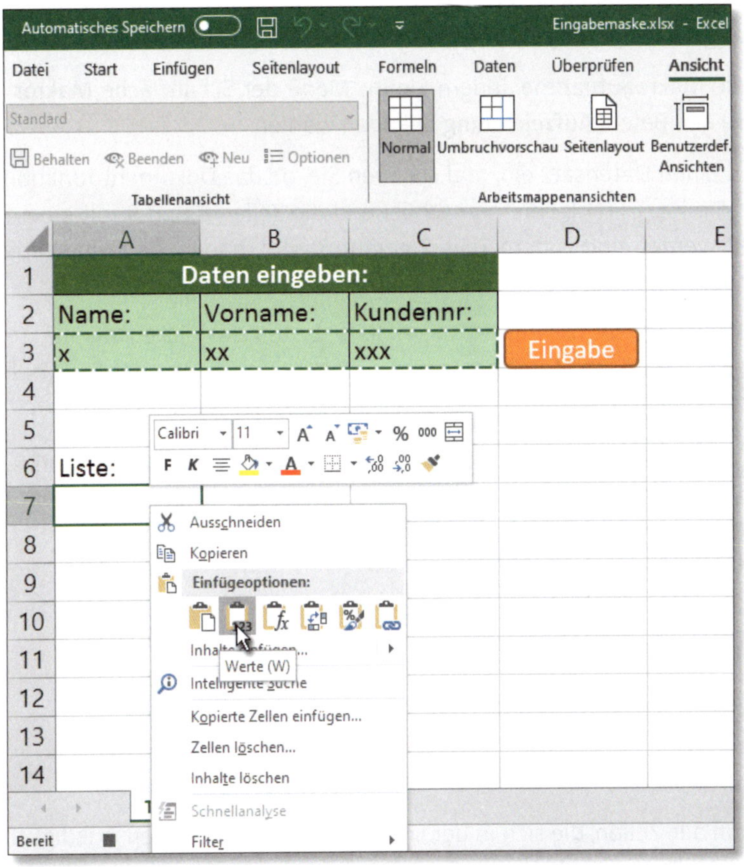

6 Wir kommen zur ersten Besonderheit dieses Makros: Würden Sie die Aufzeichnung so belassen, würde ein aktueller Datensatz stets in Zeile **7** integriert und den dort befindlichen Satz jeweils überschreiben. Das umgehen Sie, indem Sie nun einfach eine neue leere Zeile integrieren. Dazu klicken Sie mit rechts auf die Zeilenbezeichnung **7** und wählen im Kontextmenü den Befehl **Zellen einfügen**. Dadurch wird der vorhandene Datensatz in Zeile **8** verschoben, und Zeile **7** ist wieder frei.

7 Anschließend wollen wir die Daten in Zeile **3** noch löschen. Dazu markieren Sie alle drei Zellen erneut, klicken anschließend noch einmal mit rechts darauf und wäh-

len im Kontextmenü den Befehl **Inhalte löschen**. Wenn Sie sich nun fragen, warum in Schritt 4 nicht gleich Strg+X zum Ausschneiden benutzt worden ist, immerhin wären die Zellen dann bereits leer, lesen Sie den Kasten »Warum nicht ausschneiden?« auf Seite 1137.

8 Heben Sie die Markierung der Eingabezellen auf, indem Sie eine beliebige leere Zelle des Dokuments anklicken. Danach sorgen Sie dafür, dass die Zelle **A3** ausgewählt ist. Denn wenn Sie diesen Schritt mit in die Aufzeichnung einfließen lassen, hat der Anwender leichtes Spiel bei der späteren Eingabe. Immerhin muss er **A3** nicht mehr manuell auswählen, ehe er einen Datensatz eingibt. Er kann also unmittelbar fortfahren, ohne zur Maus greifen zu müssen.

9 Stoppen Sie die Makroaufnahme, indem Sie im Menü der Schaltfläche **Makros** (**Ansicht > Makros**) den Befehl **Aufzeichnung beenden** wählen.

10 Geben Sie nun einen Datensatz ein, und schauen Sie, ob das Dokument funktioniert. Dazu drücken Sie Strg+K. Sofern anschließend die Zeilen **8** und **9** mit einem Datensatz gefüllt werden und zudem Zeile **7** geräumt wird, haben Sie alles richtig gemacht. Glückwunsch!

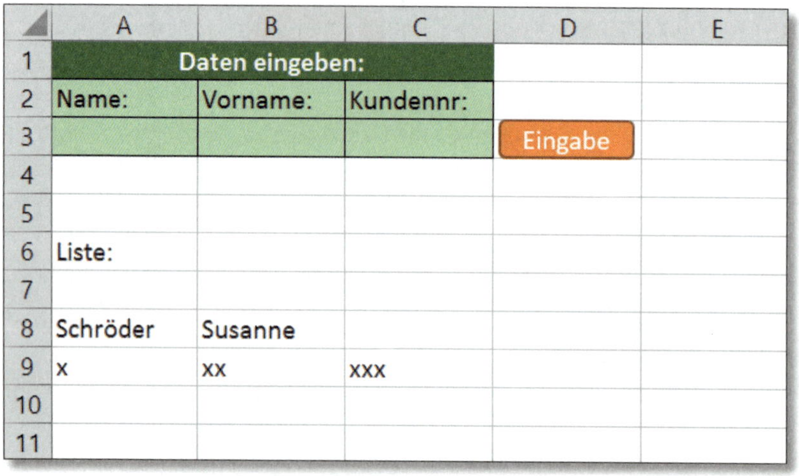

11 Löschen Sie nun alle Zellen, die sich in der Liste befinden. Diese waren ja lediglich zur Produktion des Makros vonnöten.

12 Jetzt müssen Sie sich nur noch darum kümmern, dass die Eingabetaste mit einer Funktion ausgestattet wird. Zwar gibt es ein Tastaturkürzel zur Aktivierung des Makros, jedoch müssen wir einem Mitarbeiter, dem dieses Kürzel nicht bekannt sein sollte, eine Alternative bieten. Klicken Sie deshalb mit rechts auf die Schaltfläche **Eingabe** des Tabellendokuments, und wählen Sie im Kontextmenü **Makro zuweisen**. Im Folgedialog wählen Sie das Makro **Kunden** in der Liste **Makroname** und bestätigen mit einem Klick auf **OK**.

13 Testen Sie die Funktion erneut. Falls Sie das Dokument speichern wollen, richten Sie im Dialogfenster **Speichern unter** im Feld **Dateityp** das Format **Excel-Arbeitsmappe mit Makros (*.xlsm)** ein. Anderenfalls bleibt das Makro nicht erhalten. Falls Sie das missachten und versuchen, das Dokument als herkömmliche Excel-Arbeitsmappe zu sichern, gibt die Anwendung einen entsprechenden Hinweisdialog aus, den Sie mit einem Klick auf **Nein** verlassen sollten.

Das Resultat dieses Workshops können Sie sich in der Arbeitsmappe *Eingabemaske-fertig.xlsm* im Ordner *Ergebnisse* der Beispieldateien anschauen.

INFO

Warum nicht ausschneiden?
Hätten Sie die Zellen in Schritt 4 mit [Strg]+[X] ausgeschnitten, anstatt sie zu kopieren und anschließend händisch zu löschen, wäre die Zellformatierung mit ausgeschnitten worden. Das hätte zum Verlust des grünen Zellenhintergrunds und somit zur Verunstaltung des Excel-Dokuments geführt.

Makros in anderen Dokumenten benutzen

Auf eine Besonderheit bei der Verwendung von Makros möchte ich abschließend noch eingehen. Im vorangegangenen Unterabschnitt »Ein Makro zur schnellen Tabelleneingabe erstellen« ab Seite 1133 haben Sie das Makro ja in die aktuelle Arbeitsmappe integriert. Das bedeutet, dass dieses Makro auch zunächst einmal nur dort zur Verfügung steht. Schließen Sie das Dokument und öffnen oder erzeugen Sie ein neues, steht das Makro nicht zur Verfügung. Dieses Problem können Sie jedoch umgehen, indem Sie zusätzlich das Excel-Dokument öffnen, in dem sich das Makro befindet. Klicken Sie im neuen Dokument danach auf den oberen Bereich der Schaltfläche **Makros** (**Ansicht > Makros**), können Sie es auch hier nutzen. Voraussetzung dafür ist, dass im Dialogfenster **Makros** im Feld **Makros in** die Option **Alle offenen Arbeitsmappen** eingestellt ist.

Natürlich muss ich dazu sagen, dass dieses Makro nur dann auch im neuen Dokument störungsfrei läuft, wenn die vom Makro verwendeten Steuerelemente auch dort vorhanden sind. Bereiten Sie das Dokument also entsprechend vor. Am schnellsten erreichen Sie das, wenn Sie alle relevanten Zellen des Quelldokuments per Zwischenablage an das Zieldokument übergeben und die Objekte, Beschriftungen und Zellformatierungen anschließend an die neuen Anforderungen anpassen.

Anhang

Anhang A
Tastaturbefehle

Auf den folgenden Seiten stelle ich Ihnen einige nützliche Tastaturbefehle vor, die Ihre Arbeit Office-übergreifend sowie in bestimmten Programmen der Office-Suite enorm erleichtern können. Verwenden Sie diese Tastenkombinationen, so können Sie sich den Weg über die Schaltflächen des Menübands oder der Schnellzugriffsleiste sparen. Beachten Sie, dass Sie die Tasten einer Tastenkombination alle gleichzeitig drücken müssen, um den Befehl auszuführen.

Office

Anwendungsübergreifende Funktionen	
Funktion	**Taste(n)**
Markierten Bereich in die Zwischenablage kopieren	Strg + C
Markierten Bereich ausschneiden und in die Zwischenablage kopieren	Strg + X
Inhalt der Zwischenablage einfügen	Strg + V
Letzte Aktion rückgängig machen	Strg + Z
Zuletzt rückgängig gemachte Aktion wiederherstellen	Strg + Y
Drucken	Strg + P
Speichern	Strg + S
Speichern unter	F12
Fenster schließen	Alt + F4

Word

Navigation und Markierung	
Funktion	**Taste(n)**
Ein Zeichen nach rechts	⇧ + →
Ein Zeichen nach links	⇧ + ←
Ans Wortende	⇧ + Ende
Zum Wortanfang	⇧ + Pos1 (Start)

Eine Zeile nach unten	⇧ + ↓
Eine Zeile nach oben	⇧ + ↑
Gesamten Dokumentinhalt auswählen	Strg + A
Markieren des Dokuments von aktueller Position bis zum Ende	Strg + ⇧ + End
Markieren des Dokuments von aktueller Position bis zum Anfang	Strg + ⇧ + Pos1 (Start)

Verschieben

Funktion	**Taste(n)**
Einfügemarke ans Zeilenende	Ende
Einfügemarke an den Zeilenanfang	Pos1 (Start)
Einfügemarke ein Wort nach links	Strg + ←
Einfügemarke ein Wort nach rechts	Strg + →
Einfügemarke einen Absatz nach oben	Strg + ↑
Einfügemarke einen Absatz nach unten	Strg + ↓
Grafik/Zeichenobjekt in feinen Abständen nach links	⇧ + ←
Grafik/Zeichenobjekt in feinen Abständen nach rechts	⇧ + →
Grafik/Zeichenobjekt in feinen Abständen nach oben	⇧ + ↑
Grafik/Zeichenobjekt in feinen Abständen nach unten	⇧ + ↓

Zeichenformatierung

Funktion	**Taste(n)**
Text fett darstellen	Strg + ⇧ + F
Text kursiv darstellen	Strg + ⇧ + K
Text unterstreichen	Strg + ⇧ + U
Ein Wort unterstreichen, in dem sich die Einfügemarke befindet	Strg + ⇧ + W
Doppelt unterstreichen	Strg + ⇧ + D
Text hochstellen	Strg + +
Text tiefstellen	Strg + #
Großbuchstaben	Strg + ⇧ + G
Kapitälchen	Strg + ⇧ + Q
Wechsel zwischen Groß- und Kleinschreibung	⇧ + F3
Schrift eine Punktgröße kleiner	Strg + 8
Schrift eine Punktgröße größer	Strg + 9

Absatzformatierung	
Funktion	**Taste(n)**
Absatz zentrieren	Strg + E
Absatz rechtsbündig ausrichten	Strg + R
Absatz linksbündig ausrichten	Strg + L
Blocksatz	Strg + B
Zeileneinzug vergrößern	Strg + M
Zeileneinzug verringern	Strg + ⇧ + M
Hängender Einzug	Strg + T
Aufhebung des hängenden Einzugs	Strg + ⇧ + T
Einfacher Zeilenabstand	Strg + 1
1½-facher Zeilenabstand	Strg + 5
Doppelter Zeilenabstand	Strg + 2
Absatzformatierung aufheben	Strg + 0 (Ziffer Null)

Weitere Tastaturbefehle	
Funktion	**Taste(n)**
Suchfunktion	Strg + F
Suchen und Ersetzen	Strg + H
Neues Dokument	Strg + N
Dokument schließen	Strg + W
Dokument öffnen	Strg + O
Fußnote erstellen	Strg + Alt + F
Endnote erstellen	Strg + Alt + E
Hyperlink einfügen	Strg + K

Excel

Arbeit mit Zellen, Zeilen und Spalten	
Funktion	**Taste(n)**
Aktive Zelle bearbeiten	F2
Aktive Zelle formatieren	Strg + 1
Aktive Spalte oder Zeile löschen	Strg + -
Aktive Spalte oder Zeile einfügen	Strg + +

Zeile ausblenden	Strg + 9
Spalte ausblenden	Strg + 0 (Ziffer Null)
Zeilenumbruch innerhalb einer Zelle	Alt + ↵

Formeln und Funktionen	
Funktion	**Taste(n)**
Zahlenformat Standard	Strg + ⇧ + 6
Zahlenformat TT.MM.JJ	Strg + ⇧ + 3
Zahlenformat Währung mit zwei Nachkommastellen	Strg + ⇧ + 4
Zahlenformat wissenschaftlich mit zwei Nachkommastellen	Strg + ⇧ + ^
Zahlenformat Prozent ohne Dezimalstellen	Strg + ⇧ + 5
Neues Tabellenblatt einfügen	⇧ + F11
Neues Diagrammblatt einfügen	F11
Datum einfügen	Strg + .
Uhrzeit einfügen	Strg + ⇧ + .
Hyperlink einfügen	Strg + K
Summen-Formel starten	⇧ + =
Formelüberwachung starten	Strg + #
Funktionseditor öffnen	⇧ + F3
Menü Formatvorlage öffnen	Alt + ⇧ + ,
Arbeitsmappe öffnen	Strg + O
Neue Arbeitsmappe	Strg + N
Zum nächsten Tabellenblatt wechseln	Strg + Bild ↑
Zum vorigen Tabellenblatt wechseln	Strg + Bild ↓

PowerPoint

Verschiedene	
Funktion	**Taste(n)**
Präsentationsmodus von vorne beginnen	F5
Präsentationsmodus ab aktueller Folie beginnen	⇧ + F5
Neue Folie	Strg + M
Neue Präsentation	Strg + N
Gitternetzlinien ein- oder ausblenden	⇧ + F9
Lineal ein- oder ausblenden	⇧ + Alt + F9

Führungslinien ein- oder ausblenden	Alt + F9
Kopf-/Fußzeile generieren	Alt + ⇧ + P

Outlook

E-Mails	
Funktion	**Taste(n)**
Als gelesen markieren	Strg + Q
Antworten	Strg + R
Nachricht kennzeichnen	Einfg
Nachricht öffnen	Strg + O
Neue Nachricht	Strg + N
Nachricht senden	Strg + ↵
Zum Posteingang gehen	Strg + ⇧ + I
Zum Postausgang gehen	Strg + ⇧ + O
Zur vorherigen oder nächsten Nachricht	↑ bzw. ↓
Zur Nachverfolgung kennzeichnen	Strg + ⇧ + G
Allen antworten	Strg + ⇧ + R
Adressbuch aufrufen	Strg + ⇧ + B
Termine	
Funktion	**Taste(n)**
Neuer Termin	Strg + N
Nächster Termin	⇆
Vorheriger Termin	⇧ + ⇆
Neue Besprechungsanfrage	Strg + ⇧ + Q
Besprechungsanfrage annehmen	Alt + C
Besprechungsanfrage ablehnen	Alt + D
Gehe zu Datum	Strg + G
Tagesansicht	Alt + H
Wochenansicht	Alt + W
Monatsansicht	Alt + M
Kalender	
Funktion	**Taste(n)**
Erster Tag der aktuellen Woche	Alt + Pos1

Letzter Tag der aktuellen Woche	Alt + Ende
Gleicher Tag der vorangegangenen Woche	Alt + ↑
Gleicher Tag der nächsten Woche	Alt + ↓
Erster Tag des aktuellen Monats	Alt + Bild ↑
Letzter Tag des aktuellen Monats	Alt + Bild ↓
Kontakte	
Funktion	**Taste(n)**
Neuer Kontakt	Strg + N
Erster Kontakt	Pos1
Nächster Kontakt	↓
Vorheriger Kontakt	↑
Letzter Kontakt	Ende
Aktivieren von Kontakt suchen	F11

OneNote

Verschiedene	
Funktion	**Taste(n)**
Ganzseitenansicht	F11
Neues OneNote-Fenster	Strg + M
Hinzufügen einer neuen Seite	Strg + N
Nächste Seite	Strg + Bild ↓
Vorherige Seite	Strg + Bild ↑
Nächster Notizencontainer	Alt + ↓

Teams

Verschiedene	
Funktion	**Taste(n)**
Suche aufrufen	Strg + E
Einstellungen öffnen	Strg + ,
Neuen Chat starten	Strg + N
Chat öffnen	Strg + 2
Kalender öffnen	Strg + 3
Aktivität öffnen	Strg + 1

Ansicht vergrößern	Strg + +
Ansicht verkleinern	Strg + - (Minus)
Zoom zurücksetzen	Strg + 0 (Ziffer Null)
Videoanruf annehmen	Strg + ⇧ + A
Audioanruf annehmen	Strg + ⇧ + S
Anruf ablehnen	Strg + ⇧ + A
Videoanruf starten	Strg + ⇧ + U

Anhang B
Hilfreiche Internetseiten

Auf den folgenden Seiten finden Sie interessante und nützliche Informationen rund um das Thema Microsoft Office 2021 und Microsoft 365. Ich stelle Ihnen hier einige Internetseiten vor, die Ihnen bei Ihrer Arbeit mit den Office-Anwendungen gute Dienste erweisen können. Sie finden auf ihnen beispielsweise Neuigkeiten aus der Office-Welt und können über einige dieser Internetseiten mit anderen Benutzern in Verbindung treten.

microsoft.com/microsoft-365

Alle Informationen rund um Microsoft Office sind auf diesen Seiten untergebracht. Zunächst einmal kann Office hier gekauft oder gemietet werden. Darüber hinaus stehen Informationen über zusätzliche Leistungen und Erweiterungen bereit, die bei Bedarf erworben werden können.

Auch die Hilfeseiten sind sehr interessant. Dazu klicken Sie ganz oben auf **Support**. Sie finden in diesem Bereich Downloads und Updates (zu Vorgängerversionen) sowie zur Leistungsoptimierung und Aktualisierung Ihres PCs. Darüber hinaus gibt es Hilfe zur Installation und zum Office-Konto, interessante Schulungen und Foren (z. B. die Word- oder Excel-Community).

social.technet.microsoft.com

Diese ebenfalls von Microsoft betriebene Seite stellt neben diversen Downloads rund um Office Informationen zu Erweiterungen, zur Fehlerbehebung und Trainingsmöglichkeiten bereit. Als Besucher dieser Seiten werden Sie sich über die vollgepackte **Library** freuen, die weiterführende Informationen zu Themen wie Windows Server, Exchange, Onlineservices oder SQL Server bereithält.

onedrive.com

Wenn Sie sich intensiv über die Möglichkeiten rund um Cloud-Speicher mit OneDrive informieren möchten, sollten Sie auf der angegebenen Seite einmal den Button **Jetzt teilen** benutzen. Daraufhin werden nützliche Erläuterungen zu OneDrive im Web, auf Ihrem PC und in Zusammenarbeit mit Office präsentiert.

vbarchiv.net

Sie befassen sich mit Visual Basic oder VBA? Dann werden Ihnen diese Seiten gefallen: Sie offenbaren einen schnellen Zugang zur Programmierung, halten eine Befehlsreferenz bereit und führen den Interessierten anhand zahlreicher Workshops ins Geschehen ein.

pixelio.de

Sie benötigen kostenloses Bildmaterial für Ihre Office-Dokumente? Dann sollten Sie die Pixelio-Datenbank kennenlernen. Bei ihr handelt es sich um ein gigantisches Archiv für Fotos, die zum Teil frei genutzt werden können. Nach der Registrierung lassen sich die Bilder herunterladen. Achten Sie jedoch stets auf die Nutzungsbedingungen, die von Bild zu Bild unterschiedlich sein können. Bei vielen ist die redaktionelle und/oder kommerzielle Nutzung untersagt. Darüber muss bei jeder Veröffentlichung eine entsprechende Quellenangabe erfolgen.

rheinwerk-verlag.de/5443

Auf der Verlagsseite zu diesem Buch stehen Ihnen sämtliche Übungsdateien, die ich im Text erwähne, kostenlos zum Download bereit. Die Dateien sind kapitelweise sortiert, und im Ordner *Ergebnisse* habe ich Ihnen alle finalen Dateien der Workshops zusammengestellt.

dtpx.de

Zu guter Letzt stelle ich Ihnen noch meine persönlichen Internetseiten vor. Dort veröffentliche ich neue Publikationen, Workshops und stelle diverse Unterrichtsmaterialien ein. Zudem können Sie dort etwas über meine weiteren Tätigkeitsfelder in Erfahrung bringen, die im Bereich der Fotografie, Bildbearbeitung und des Videofilmens liegen. Ich freue mich über Ihren Besuch.

Anhang C
Glossar

Auf den folgenden Seiten habe ich Ihnen wichtige Begriffe, die häufig im Buch verwendet werden, mit einer kurzen Erklärung zusammengetragen. So können Sie schnell in diesem Bereich nachschlagen, sollte Ihnen ein Begriff beim Lesen unklar sein.

App

Eine App (Kurzform von *Application*) ist eine Anwendung bzw. ein Computerprogramm. So sind z. B. *Mail*, *Kontakte* etc. jeweils eigenständige und separat ausführbare Apps.

Auflösung

Die Auflösung beschreibt die Anzahl der einzelnen Bildpunkte auf einer Fläche (z. B. auf einem Monitor oder Foto). Je höher die Werte sind, desto höher ist die Auflösung. Allerdings sagt die Anzahl der Bildpunkte nichts über die Größe der Fläche aus, da die Bildpunkte unterschiedlich groß sein können.

Backup

Sicherungskopie von Dateien oder Systemen zur späteren Wiederherstellung

Befehl

Anweisung an den Computer, zumeist ausgelöst durch das Anklicken einer Schaltfläche oder das Drücken der Eingabetaste auf Ihrer Tastatur

Betriebssystem

Ein Betriebssystem ist eine Software, die den Computer steuert. Neben Windows gibt es u. a. noch macOS und Linux.

Button

Knopf oder Schaltfläche, die beim Anklicken ein Ereignis auslöst. Vorselektierte Schaltflächen sind farbig hinterlegt und können auch durch Drücken von ↵ ausgelöst werden.

Checkbox

Das klassische Ankreuzkästchen. Im Gegensatz zum Radiobutton dürfen hier auch mehrere oder alle sowie einzelne oder keine Optionen angewählt sein. Die Checkbox wird jeweils per Mausklick aktiviert (Häkchen) bzw. deaktiviert.

Cloud

(dt. *Wolke*) Internetservice zur Speicherung und zum Abruf von im Internet gespeicherten Daten

Community

Interessengemeinschaft, die schwerpunktmäßig den Austausch von Informationen pflegt

Datenträger

Grundsätzlich jedes Gerät und jedes Medium, das imstande ist, Daten aufzunehmen (u.a. Festplatte, USB-Stick, CD, DVD). Während man Daten auf eine Festplatte »schreibt«, werden Daten auf CD oder DVD »gebrannt«.

Diagramm

Grafische Veranschaulichung unterschiedlicher Werte und Ergebnisse

Diagrammelement

Einzelteil eines Diagramms

Dialog

Jedes Fenster, in dem Benutzer und Betriebssystem (oder auch ein Programm) miteinander in Verbindung treten und Informationen austauschen, z.B. das Dialogfenster zu den Maus-Eigenschaften

Dokument

In erster Linie ein Schriftstück – ein Dokument kann allerdings auch das Produkt eines Computerprogramms sein.

Download

Dateiübertragung, in der Regel vom Internet auf den eigenen PC, mit dem Ziel, die Daten dort zu speichern. Klassische Download-Dateien sind Anwendungen, Bilder, Musik etc.

DPI

(engl. *Dots per inch*, dt. *Punkte pro Zoll*) Maßeinheit für die Auflösung von Dateien (z.B. Foto). Beispiel: 72 dpi bedeuten 72 × 72 Punkte auf einer Fläche von einem Zoll^2 (25,4 mm x 25,4 mm).

Drag & Drop

(dt. *ziehen und fallen lassen*) Damit werden Objekte verschoben. Klicken Sie auf das Objekt, halten Sie die Maustaste gedrückt, und ziehen Sie es herüber. An der gewünschten Stelle lassen Sie die Maustaste wieder los.

Eingabefeld

Box zur Eingabe von Werten mithilfe der Tastatur

Eingabetaste

Zeilenschaltungstaste der Tastatur. Mit dieser Taste werden zudem Eingaben (z.B. Texte) an das Betriebssystem oder die Anwendung übergeben. Auch *Enter-* oder *Return-Taste* genannt

Explorer

Der Explorer ist der Standarddateimanager. Von dort aus sind sämtliche Ordner und Verzeichnisse erreichbar. Außerdem stehen Suchoptionen zur Verfügung (von engl.: *to explore*, dt. *erforschen*).

Font

Schriftart, Schriftschnitt

Hyperlink

siehe *Link*

Icon

(dt. *Symbol, Sinnbild*) Ein grafisches Symbol (Piktogramm), das meist zum Öffnen einer

Datei, eines Verzeichnisses oder zum Start einer App dient

IP-Adresse

IP steht für *Internet Protocol* und ist ein Protokoll, das Computer im Internet eindeutig identifiziert. Die IP-Adresse ist vergleichbar mit der Nummer eines Personalausweises. Der zugehörige Rechner lässt sich durch diese Nummer immer eindeutig identifizieren.

Katalog

Zusammenstellung, Liste oder Bibliothek, die von bestimmten Personen bzw. von Anwendungen genutzt werden kann

Kontextmenü

Eine Sammlung von Befehlen, die unterschiedliche weitere Befehle bereithält. Das Kontextmenü lässt sich mit einem Rechtsklick öffnen.

Ligatur

Verschmelzung zweier Zeichen

Link

Ein *Link* oder *Hyperlink* ist eine Schaltfläche (oft in Textform), die Sie mit einer Internetseite verbindet, sobald Sie darauf klicken. Links sind im Internet selbst, aber auch in Programmen, Betriebssystemen, E-Mails etc. zu finden.

Menü

Menüs sind Zusammenfassungen mehrerer möglicher Befehle. Klicken Sie auf den Menüeintrag, öffnet sich eine Liste mit weiteren Befehlen, die nun per Mausklick ausgelöst werden können.

PDF

Seitenbeschreibungsformat, das aufgrund seiner Genauigkeit besonders gut zum Austausch bzw. zur Weitergabe geeignet ist. Zum Anzeigen von PDF-Dokumenten wird entweder der kostenlose Adobe Reader (*www.adobe.com/de*) oder die Windows-App *Reader* benötigt.

Peripherie

An den Computer angeschlossene externe Geräte

Pop-up-Menü

siehe *Pulldown-Menü*

Programm

Computeranwendung

Pulldown-Menü

Ein ausklappendes Menü, das weitere Schaltflächen in sich trägt. Oft verdeutlicht ein vorangestellter Punkt, welche Option gerade angewählt ist.

QuickInfo

Ein kleiner Hinweis, der automatisch erscheint, wenn Sie mit dem Mauszeiger einen Moment auf einem Programmobjekt verweilen. Er gibt Informationen zu der dahintersteckenden Funktion.

Radiobutton

Mehrere zusammenhängende Optionen, von denen immer nur eine angewählt sein kann. Wenn eine Option eingeschaltet wird, deaktivieren sich alle anderen automatisch. (Der Begriff stammt aus den Anfängen des Radios, bei dem ebenfalls nur ein Knopf gedrückt sein konnte.)

Registerkarte

Zusammenstellungen von individuellen Befehlstafeln. Die dazugehörigen Reiter oder Tabs stehen meist am oberen Rand eines Fensters oder einer App und können durch einen Mausklick nach vorn gestellt werden.

Schaltfläche

siehe *Button*

Scrollen

Verschieben des Inhaltsbereichs mithilfe eines Balkens, der immer dann auftaucht, wenn zu wenig Platz vorhanden ist, um den gesamten Inhalt darzustellen. Der Balken (meist rechts oder unten) wird durch Ziehen mit gedrückter Maustaste bewegt.

Shortcut

Tastaturbefehl, Tastenkombination zur Ausführung einer Anweisung an den PC

Software

siehe *Programm*

Suffix

Dateiendung, die durch einen Punkt vom Dateinamen getrennt ist. Sie weist auf das Format einer Datei hin (z. B. *.docx* für ein Word-Dokument).

Steuerelement

Alle Elemente, die vom Anwender bedient werden können. Das sind z. B. Buttons, aber auch Schieberegler, Checkboxen und Menüs.

Tastaturbefehl

siehe *Shortcut*

Tool

Werkzeug, mit dem bestimmte Arbeiten innerhalb einer Software verrichtet werden können

URL

Internetadresse

Wireless

Drahtlosverbindung zwischen zwei oder mehr Geräten für den Datenaustausch. Die Übertragung erfolgt über eine Funkverbindung.

Stichwortverzeichnis

A

C

D

E

G

H

I

J

K

L

M

N

O

P

Q

R

S

T

U

V

W

X

Y

Z